Deloitte.
Legal

Experience the future of law, today

Pioneering *and* pragmatic

Global *and* grounded

Connected *and* Committed

In challenging times more than ever: Work smarter – experience the future of law, today.

Watch our video

Visit our website
www.deloittelegal.de

Zu uns kommen Konzerne.

WEIL WIR KEINER SIND.

Nach unserem Selbstverständnis ist exzellente anwaltliche Beratung keine Frage der Größe der Sozietät, sondern der Qualität der beratenden Anwälte. Diesem Anspruch fühlt sich Schilling, Zutt & Anschütz als eine der traditionsreichsten und renommiertesten deutschen Sozietäten seit beinahe einem Jahrhundert verpflichtet. Deshalb legen wir größten Wert auf die enge Anbindung unserer Mandanten an den zuständigen Partner und sein Team. Kein Zufall, dass einige der bedeutendsten nationalen und internationalen Unternehmen auf unsere Beratung vertrauen.

Mehr auf www.sza.de

SZA
SCHILLING, ZUTT & ANSCHÜTZ

JUVE Handbuch
2022 | 2023

Wirtschafts
Kanzleien
Rechtsanwälte für Unternehmen

Das JUVE Handbuch finden Sie auch online: **juve.de/juve-rankings/deutschland**

IMPRESSUM

Herausgeberin
Dr. Astrid Gerber

Chefredaktion
Dr. Aled Griffiths, Antje Neumann, Jörn Poppelbaum

Publikationsleitung JUVE Handbuch Wirtschaftskanzleien
Laura Bartels, Astrid Jatzkowski

Redaktion
Christine Albert, Raphael Arnold, Catrin Behlau, Sonja Behrens, Julia Beyen, Silke Brünger, Marc Chmielewski, Eva Flick, Michael Forst, Helena Hauser, Johanna Heidrich, Annette Kamps, Mathieu Klos, Anika Krüger, Esra Laubach, Daniel Lehmann, Markus Lembeck, Eva Lienemann, Melanie Müller, Claudia Otto, Norbert Parzinger, Norbert Plützer, Pauline Pohlers, Konstanze Richter, Christiane Schiffer, Christina Schulze, Dr. Ludger Steckelbach, Dr. Martin Ströder

Koordination Unternehmensrecherche
Astrid Jatzkowski, Silvia Strauch

Koordination Kanzleiinformationen
Claudia Scherer

Redaktionelle Koordination
Claudia Scherer, Silvia Strauch

Onlineausgabe
Laura Bartels, Joris Schlosser, Marcus Willemsen

Digitale Produktentwicklung
Simone Bocksrocker (Redaktionelle Leiterin), Ulrike Sollbach (Leiterin Wissens- und Datenmanagement), Marcus Willemsen (Leiter IT)

Datenmanagement
Ulrike Sollbach (Leitung). Datenanalyse: Regina Cichon, Tina Puddu. Datenpflege: Claudia Voskuhl (Koordinatorin), Dominique Ehrmann, Verena Kind, Elisabeth Krüger, Fabian Lippke, Judith Pinger

Mitarbeit
Cordula Beyer, Antonia Dinslaken, Laura King, Katharina Kliem, Michelle Miebach, Joris Schlosser, Büro- und Schreibservice Christine Kolb

Vermarktung und Verkauf
Bert Alkema, Larissa Goscinski, Britta Hlavsa, Nadja Pauels, Ylva Wüstemann

Vertrieb
Jessica Lütkenhaus (Einzelbestellungen), Eva Wolff

Marketing und Veranstaltungen
Alke Hamann (Leitung), Jens David

Grafik
Andreas Anhalt (Leitung), Janna Lehnen (Produktionsleitung), Vivian Bosbach, Franziska Eismann, Dominik Rosse

Druckservice
Himmer GmbH Druckerei & Verlag, Augsburg

25. Auflage – 2022/2023
ISBN 978-3-9819038-5-0

Verlag
JUVE – Verlag für juristische Information GmbH
Sachsenring 6 · 50677 Köln
Telefon: 0221/913880-0
Telefax: 0221/913880-18
E-Mail   handbuch@juve.de
         vertrieb@juve.de
Internet www.juve.de

> *Denken heißt vergleichen.*
> Walther Rathenau

Es ist uns ein Anliegen, alle Geschlechter anzusprechen und dies auch sprachlich umzusetzen. Partizipialkonstruktionen sind eine von mehreren Möglichkeiten, die wir einsetzen. Wir verwenden jedoch teils auch das generische Maskulinum als übergreifende Bezeichnung. Die Verwendung dieser grammatischen Form hat praktische Gründe, die insbesondere in der Struktur dieser Publikation liegen.

Verantwortlich für den Inhalt ist im Sinne des Presserechts die Chefredaktion. Für den Anzeigenteil ist die Herausgeberin verantwortlich.

Alle Texte sind urheberrechtlich geschützt. Jede Verwertung wie Nachdruck, Vervielfältigung, elektronische Verarbeitung und Übersetzung, die nicht ausdrücklich vom Urheberrechtsgesetz zugelassen ist, bedarf der Zustimmung des Verlags. Für Ihre Hinweise, Anregungen und Kritik zum JUVE Handbuch Wirtschaftskanzleien sind wir sehr dankbar. Insbesondere bitten wir Kanzleien, die sich als zu Unrecht nicht berücksichtigt sehen oder deren Darstellung Unstimmigkeiten aufweist, die Redaktion entsprechend zu benachrichtigen.

EDITORIAL

TRANSPARENZ ALS AUFTRAG

Das Jahr 2022 bot weltpolitisch und -wirtschaftlich wenig Anlass zum Feiern. Corona und Inflation tobten sich aus, und der Angriff auf die Ukraine stellt die demokratische Weltgemeinschaft auf ihre wohl härteste Probe seit 1945.

Wir haben in Anbetracht dessen länger überlegt, ob wir überhaupt darauf eingehen wollen, dass wir Ihnen nun die **25. Ausgabe** des JUVE Handbuchs Wirtschaftskanzleien präsentieren. 25 Jahre mehr Transparenz im Rechtsberatungsmarkt – auf dieses Silber-Jubiläum, das ohne Ihre tatkräftige Unterstützung nicht möglich wäre, sind wir aber zugegeben ein bisschen stolz.

Wer 1997/98 als Anwalt tätig war, arbeitete in einer völlig anderen Welt: Internationale Kanzleien gab es kaum und niemand dachte an wie Compliance oder ESG. Legal Tech? Legal Operations? Eine bizarre Vorstellung, war doch Windows 95 gerade erst auf dem Markt. Näheres zu den rasanten Veränderungen des Markts und den Trends, die die kommenden 25 Jahre prägen werden, finden Sie ▶*ab Seite 57*.

ESG hält Einzug

Am Puls der Zeit bleiben wir aber auch bei kurzfristigeren Entwicklungen. Deshalb akzentuieren wir die **JUVE-Top50** neu und tragen damit veränderten Beratungsbedürfnissen stärker Rechnung (*Details* ▶*ab Seite 66*). Themen rund um Umwelt, Klima und Nachhaltigkeit spielen heute eine so große Rolle, dass wir ihnen erstmals ein **ESG**-Kapitel widmen (▶*ab Seite 819*). Im Zuge dessen haben wir die bisherigen Kapitel Umwelt- und Planungsrecht sowie Verfassungs- und Wirtschaftsverwaltungsrecht neu strukturiert (▶*ab Seite 739*).

Auch Entwicklungen bei der **Digitalisierung** tragen wir Rechnung: Die Beratung zu IT und Datenschutz sind bei steigender Bedeutung beraterseitig wieder enger zusammengerückt, so dass die Kapitel zusammengelegt wurden (▶*ab Seite 872*). Hoch spezialisierte Kanzleien für Datenschutz finden Sie natürlich weiterhin auf einen Blick. Zudem haben wir das Kapitel **Investmentfonds** stärker fokussiert, um zentrale Themen wie Strukturierung und Aufsicht in den Mittelpunkt zu stellen (▶*ab Seite 512*).

Den Beratungsfeldern, für die der JUVE Verlag inzwischen mit JUVE Patent und JUVE Steuermarkt eigene Publikationen aufgebaut hat, haben wir hier eine neue Struktur gegeben. So finden Sie zentrale Rankings aus dem **Patent- und Steuerrecht** zwar hier im Buch (▶*ab Seite 777 und 862*), die Details aber online dort, wo Sie sich auch über das aktuelle Geschehen informieren (juve-patent.com und juve-steuermarkt.de).

Einmal mehr hat uns das überwältigende **Feedback** von Ihnen als denjenigen, die Rechtsdienstleistungen abnehmen, beeindruckt. Bitte unterstützen Sie uns auch weiterhin mit Ihrer Meinung und Ihren Eindrücken und lassen uns daran teilhaben, was Sie bewegt.

Wir hoffen, Ihrem Informationsbedürfnis auch dieses Jahr wieder Rechnung getragen zu haben. Wir sagen Danke und stoßen mit Ihnen – virtuell – auf 25 Jahre rasanten Wandel, Transparenz und gute Zusammenarbeit an.

Astrid Jatzkowski

Laura Bartels

DIE AUTOREN

DIE JUVE FACHREDAKTION

Alle JUVE-Fachredakteure recherchieren ganzjährig ihre jeweiligen Spezialbereiche.
Neben dem Kernteam sind nahezu alle auch mit M&A und Gesellschaftsrecht befasst.

Christine Albert
Marken- und Wettbewerbsrecht
Hamburg

Raphael Arnold
Bank- und Bankaufsichtsrecht, Beratung von Versicherern

Laura Bartels
Arbeitsrecht, ESG, Immobilien- und Baurecht, Notariat, Öffentliches Wirtschaftsrecht
Nordrhein-Westfalen

Catrin Behlau
Steuerrecht

Sonja Behrens
Gesellschaftsrecht, M&A
Stuttgart, Baden-Württemberg

Julia Beyen
Notariat (Unterstützung)

Silke Brünger
Gesundheitswesen, Kartellrecht

Marc Chmielewski
Kartellrecht, Konfliktlösung

Eva Flick
Compliance, Informationstechnologie und Datenschutz, Wirtschafts- und Steuerstrafrecht
Frankfurt

Michael Forst
Gesellschaftsrecht, M&A, Private Equity und Venture Capital
München

Aled Griffiths
Gesellschaftsrecht, M&A, Private Equity und Venture Capital
Frankfurt, München

Johanna Heidrich
Energiewirtschaftsrecht, Gesundheitswesen
Düsseldorf, Köln, Nordrhein-Westfalen

Astrid Jatzkowski
Compliance, Lebensmittelrecht, Versicherungsrecht (Prozesse und Produkte), Wirtschafts- und Steuerstrafrecht
Bayern, Bremen, Niedersachsen

Annette Kamps
Arbeitsrecht

Mathieu Klos
Patentrecht

Anika Krüger
Medien, Presse- und Äußerungsrecht, Informationstechnologie und Datenschutz

Esra Laubach
Hamburg

Daniel Lehmann
Steuerrecht

Markus Lembeck
Insolvenz und Restrukturierung; Düsseldorf, Stuttgart, Rheinland-Pfalz/Saarland, Brandenburg, Hessen, Mecklenburg-Vorpommern, Schleswig-Holstein, Sachsen-Anhalt/Thüringen

Eva Lienemann
Medien, Presse- und Äußerungsrecht, Private Equity und Venture Capital
Berlin

Melanie Müller
Öffentliches Wirtschaftsrecht, Vergaberecht

Antje Neumann
Beihilferecht, Kartellrecht, Vergaberecht, Verkehrssektor
Brüssel

Claudia Otto
Anleihen und Strukturierte Finanzierung, Börseneinführungen und Kapitalerhöhungen

Jörn Poppelbaum
Investmentfonds, Nachfolge/Vermögen/Stiftungen, Steuerrecht
Sachsen

Konstanze Richter
Außenwirtschaftsrecht, Patentrecht, Vertrieb, Handel und Logistik

Christiane Schiffer
Immobilien- und Baurecht, Konfliktlösung

Christina Schulze
Patentrecht

Ludger Steckelbach
Anleihen und Strukturierte Finanzierung, Bank- und Bankaufsichtsrecht, Börseneinführungen und Kapitalerhöhungen, Insolvenz und Restrukturierung, Kredite und Akquisitionsfinanzierung

Martin Ströder
Energiewirtschaftsrecht, ESG, Öffentliches Wirtschaftsrecht, Telekommunikation, Verkehrssektor
Brüssel

We help ideas become change.

⊕ ypog.law

Swiss Roots.
Global Reach.

ZÜRICH   GENF   ZUG   LAUSANNE   LONDON   MADRID

Die regulatorischen und technologischen Anforderungen im modernen globalen Wirtschaftsleben stellen für Unternehmen und Unternehmer wahrhafte Herausforderungen dar. Das MLL-Team bietet seinen nationalen und internationalen Klienten massgeschneiderte, grenzüberschreitende Lösungen, um diesen Herausforderungen auf dem Schweizer Markt erfolgreich zu begegnen und um ihre wirtschaftlichen Möglichkeiten optimal zu nutzen.

MLL Meyerlustenberger Lachenal Froriep AG
www.mll-legal.com | www.mll-news.com

INHALT

Das JUVE Handbuch finden Sie auch online: **juve.de/juve-rankings/deutschland**

Editorial: Transparenz als Auftrag	4
Die Autoren	6
Über dieses Buch und unsere Arbeit: Details zu Recherche und Analyse	39

TRENDS UND ENTWICKLUNGEN

57 25 Jahre Kanzleien: Denken heißt vergleichen
Zum nunmehr 25. Mal steht die Beobachtung des Rechtsberatungsmarkts im JUVE Handbuch Wirtschaftskanzleien unter dem von Walter Rathenau geprägten Leitsatz „Denken heißt vergleichen". Der Vergleich zwischen dem Markt des Jahres 1998 und dem von 2022/23 zeugt von einem tiefgreifenden Wandel und erlaubt einen vorsichtigen Blick in die weitere Zukunft.

60 25 Jahre Rechtsabteilungen: Anwalt mal Zwei
Für das größte ‚Schisma' des Rechtberatungsmarkts der vergangenen Jahre steht der Berufsstand der Syndizi, eine von den Kammern über Jahrzehnte weitgehend ignorierte, aber als zahlungsfähige Klientel durchaus willkommene Berufsgruppe. Dass sie seit 2015 zur Anwaltschaft gehören, ist auch Ausdruck ihrer gewandelten Rolle und eines geänderten Verständnisses von unternehmerischen Risiken.

62 Legal Tech und Legal Operations: Auf der Beschleunigungsspur
International ist der Legal-Tech-Markt längst milliardenschwer und reizvoll für Investierende. Hierzulande fristen Legal-Tech- und Legal-Operations-Lösungen hingegen nach wie vor ein Nischendasein. Aber diese Nische wird größer. In 25 Jahren werden sie auch in Deutschland der Rechtsberatungsmarkt umgekrempelt haben.

66 JUVE Top 50: Die Relativität der Relevanz
Kanzleien, die den Anspruch haben, zu den bundesweiten Top 50 zu gehören, müssen sich ständig wandeln. Es gilt, den sich verändernden Bedürfnissen der Mandanten Rechnung zu tragen. Wo lange Zeit die hochkarätige Beratung im Gesellschaftsrecht und von Transaktionen das Nonplusultra waren, haben Konfliktlösungs- und Regulierungskompetenz praktisch gleichgezogen – das schlägt sich in den JUVE Top 50 deutlich nieder.

JUVE AWARDS 2022

ab Seite 69

Kanzleien des Jahres 2022	70
Inhouse-Teams des Jahres 2022	71
Alle Kanzleien des Jahres 2022	72/73

SERVICETEIL

Impressum	2	Index Personen	950
Stichwortverzeichnis	30	Index Kanzleien	966

INHALTSVERZEICHNIS

RANKINGS UND ANALYSEN

JUVE TOP 50: Ranking und Analyse der bundesweit wichtigsten Kanzleien 75
Einblicke in ihre nationale und internationale Strategie, ihre Personalpolitik, ihre Kultur, ihre Erfolge und Rückschläge, ihre Stärken und Schwächen
Anzeigen* 115

REGIONEN

Übersicht 273

Norden
Markt: Die Zeichen stehen auf Zukunft 274
Kanzlei des Jahres im Norden: Blaum Dettmers Rabstein 274
    Ranking Hamburg .... 275 f.
    Ranking Bremen 286
    Wichtige Kanzleien in Mecklenburg-Vorpommern 289
    Ranking Niedersachsen 290
    Führende Berater in Niedersachsen 291
    Wichtige Kanzleien in Schleswig-Holstein 293
    Kanzleien mit Besprechung nur in Rechtsgebieten .... 277 ff., 287, 292
Anzeigen* 294

Osten
Markt: Hightech beflügelt die Hauptstadt 313
Kanzlei des Jahres im Osten: CMS Hasche Sigle 313
    Ranking Berlin 314
    Ranking Sachsen 321
    Führende Berater in Sachsen 322
    Wichtige Kanzleien im Land Brandenburg 320
    Wichtige Kanzleien in Thüringen/Sachsen-Anhalt 325
    Kanzleien mit Besprechung nur in Rechtsgebieten .... 315 ff., 323
Anzeigen* 326

Westen
Markt: Mehr multidisziplinäre Mandate 331
Kanzlei des Jahres im Westen: Loschelder 331
    Ranking Düsseldorf .... 332 f.
    Ranking Köln 342
    Ranking Nordrhein-Westfalen 346
    Führende Berater in Nordrhein-Westfalen 347
    Kanzleien mit Besprechung nur in Rechtsgebieten .... 334 f., 343 f., 349
Anzeigen* 352

Frankfurt und Hessen
Markt: Der Dealmotor läuft 368
Kanzlei des Jahres in Frankfurt: Greenfort 368
    Ranking Frankfurt .... 369 f.
    Wichtige Kanzleien in Hessen .... 382 f.
    Kanzleien mit Besprechung nur in Rechtsgebieten .... 371 ff.
Anzeigen* 384

Südwesten
Markt: Stuttgarter Kanzleien ruhen in sich selbst 389
Kanzlei des Jahres im Südwesten: Luther 389
    Ranking Stuttgart 390
    Ranking Baden-Württemberg 396
    Ranking Rheinland-Pfalz/Saarland 401
    Führende Berater in Baden-Württemberg 397
    Führende Berater in Rheinland-Pfalz/Saarland 402
    Kanzleien mit Besprechung nur in Rechtsgebieten 391, 398, 403
Anzeigen* 404

Süden
Markt: Eine neue kritische Masse entsteht 422
Kanzlei des Jahres im Süden: Simmons & Simmons 422
    Ranking München .... 423 f.
    Ranking Bayern 434
    Führende Berater in Bayern 435
    Kanzleien mit Besprechung nur in Rechtsgebieten .... 425 ff., 436
Anzeigen* 438

Brüssel
Markt: US-Kanzleien erobern Marktanteile 444
    Ranking Brüssel 445
    Kanzleien mit Besprechung nur in Rechtsgebieten 446

RECHTSGEBIETE

Übersicht 451

Arbeitsrecht
Co-Publishing* 452
Markt: Arbeitswelt am Scheideweg 462
Kanzlei des Jahres: Trebeck & von Broich 462
Ranking .... 463 f.
Beratung von Führungskräften 465
Arbeitnehmerdatenschutz 466
Beratung von Betriebsräten, Gewerkschaften und Arbeitnehmern .... 467 f.
Gestaltung betrieblicher Altersversorgung 469
Führende Berater und Aufsteiger im Arbeitsrecht .... 470 ff.

Außenwirtschaftsrecht
Co-Publishing* 481
Markt: Die Stunde der Außenwirtschaftsrechtler 483
Kanzlei des Jahres: Dentons 483
Ranking 484
Kanzleien mit ausgeprägter Kompetenz für Zollrecht 485
Kanzleien mit Kompetenz für Investitionskontrolle 486
Führende Berater für Außenwirtschaftsrecht 487

Bank- und Finanzrecht
Co-Publishing* 490
Markt: Von Krise zu Krise 492
Kanzlei des Jahres: Freshfields Bruckhaus Deringer 492

*Index aller Kanzleianzeigen S. 23-27; Inhaltsverzeichnis Co-Publishing ab Seite 18

INHALTSVERZEICHNIS

RANKINGS UND ANALYSEN

RECHTSGEBIETE

Anleihen und Strukturierte Finanzierung
Ranking Anleihen 494
Ranking Strukturierte Finanzierung 495
Führende Berater bei Anleiheemissionen 496
Führende Berater in der Strukturierten Finanzierung 497

Bank- und Bankaufsichtsrecht
Ranking 502
Führende Berater 503

Börseneinführungen und Kapitalerhöhungen
Ranking 508
Führende Berater und Aufsteiger .... 509 f.

Investmentfonds
Ranking Fondsstrukturierung 512
Ranking Fondsaufsicht u. -investments 513

Kredite und Akquisitionsfinanzierung
Ranking 518
Führende Berater 519

Compliance-Untersuchungen
Co-Publishing* 524
Markt: In der Mitte angekommen 528
Kanzlei des Jahres: Hogan Lovells 528
Ranking 529
Führende Berater 530
Für Teilbereiche empfohlene Kanzleien 531

Gesellschaftsrecht
Co-Publishing* 538
Markt: Absagen, Neuanfänge und (k)ein großer Wurf 540
Kanzlei des Jahres: White & Case 540
Ranking Gesellschaftsrecht .... 541 ff.
Führende Berater 545, 546

Immobilien- und Baurecht
Co-Publishing* 567
Markt: Sicherer Hafen 573
Kanzlei des Jahres: Noerr 573
Ranking Immobilienwirtschaftsrecht 574
Ranking Projektentwicklung und Anlagenbau 575
Ranking Baurecht 576
Kanzleien mit Spezialkompetenz 578
Führende Berater und Aufsteiger .... 579 ff.

Insolvenz und Restrukturierung
Co-Publishing* 593
Markt: Insolvenzen politisch nicht erwünscht 599
Kanzlei des Jahres: Grub Brugger 599
Ranking Restrukturierung und Sanierung 600
Ranking Insolvenzverfahren 601
Führende Berater im Bereich Restrukturierung/Sanierung .. 602
Führende Anwälte für Insolvenzverfahren 603

Kartellrecht
Co-Publishing* 614
Markt: Kartellrecht ist überall 616
Kanzlei des Jahres: Hausfeld 616
Ranking .... 617 f.
Führende Berater .... 619 f., 621

Konfliktlösung – Dispute Resolution
Co-Publishing* 633
Markt: Drei Krisen machen einen neuen Boom 637
Kanzlei des Jahres: CMS Hasche Sigle 637
Ranking Prozesse .... 638 f.
Ranking Schiedsverfahren 640
Ranking Produkthaftung 641
Renommierte Parteivertreter in Schiedsverfahren .... 642 f.
Renommierte Schiedsrichter .... 644 f.
BGH-Kanzleien 646

M&A
Co-Publishing* 658
Markt: Am Wendepunkt 662
Kanzlei des Jahres: Gleiss Lutz 662
Ranking M&A .... 663 ff.
Führende Berater 667, 668

Marken- und Wettbewerbsrecht
Co-Publishing* 688
Markt: Markenschutz im Metaverse 690
Kanzlei des Jahres: Lubberger Lehment 690
Ranking Marken- und Designrecht .... 691 f.
Ranking Wettbewerbsrecht .... 693 f.
Führende Berater 695, 696

Nachfolge/Vermögen/Stiftungen
Markt: Neue Gesetze mit weitreichender Wirkung .. 709
Kanzlei des Jahres: Noerr 709
Ranking 710
Führende Berater von Unternehmern und vermögenden Privatpersonen 711
Führende Berater für Stiftungsthemen 712

Notariat
Co-Publishing* 721
Markt: Dienstleister bevorzugt 725

Öffentlicher Sektor
Markt: Staatlicher Einfluss steigt rasant 731

Beihilferecht
Markt: Finanzielle Hilfen für den Wandel 731

Öffentliches Wirtschaftsrecht
Co-Publishing* 735
Markt: Immer neue Beschäftigungsfelder 739
Kanzlei des Jahres: Posser Spieth Wolfers & Partners ... 739
Ranking Verwaltungs- und Verfassungsrecht 740
Ranking Planungs- und Umweltrecht 741
Führende Berater und Aufsteiger 742, 743, 744

Vergaberecht
Markt: Nachhaltigkeit als neues Kriterium für Vergaben .. 755
Kanzlei des Jahres: Eichler Kern Klein 755
Ranking .... 756 f.
Führende Berater und Aufsteiger 758, 759

*Inhaltsverzeichnis Co-Publishing ab Seite 18

RANKINGS UND ANALYSEN

RECHTSGEBIETE

Patentrecht
Co-Publishing* 769
Markt: UPC-Start verändert europäischen Patentmarkt 777
Kanzlei des Jahres: Simmons & Simmons 777
Ranking Patentprozesse: Patentanwälte 778
Ranking Patentprozesse: Rechtsanwälte 780

Private Equity und Venture Capital
Co-Publishing* 783
Markt: Large-Cap-Investoren präferieren internationale Kanzleien ... 787
Kanzlei des Jahres: Clifford Chance 787
Ranking Private-Equity: Large-Cap-Transaktionen 788
Ranking Private-Equity: Mid-Cap-Transaktionen .... 789 f.
Ranking Venture Capital 791
Führende Berater für Private Equity-Transaktionen .... 792 f.
Führende Berater für Venture Capital 794

Regulierung
Markt: Schöne neue, komplizierte Welt 803
Kanzlei des Jahres: CMS Hasche Sigle 803

Energiewirtschaftsrecht
Markt: Große Turbulenzen 804
Kanzlei des Jahres: AssmannPeiffer 804
Ranking Regulierung 805
Ranking Transaktionen/Finanzierung 806
Führende Berater für Regulierung 807
Aufsteiger im Energiewirtschaftsrecht 809
Führende Berater für erneuerbare Energien 810

ESG – Umwelt, Soziales, Unternehmensführung
Markt: Ein neuer Markt entsteht 819
Ranking 820

Gesundheitswesen
Co-Publishing* 824
Markt: Digitalisierung ist nicht zu bremsen 826
Kanzlei des Jahres: GND Geiger Nitz Daunderer 826
Ranking Pharma- und Medizinprodukterecht 827
Ranking Pharmarecht: Transaktionen 828
Ranking Krankenhäuser, MVZ und Apotheken 829
Führende Berater für Pharma- und Medizinprodukterecht 830
Aufsteiger im Gesundheitswesen 831

Lebensmittelrecht
Markt: Hotspot Gummersbach 840

Telekommunikation
Co-Publishing* 844
Markt: Beratungsbedarf en masse 846
Ranking 847
Aufsteiger im Telekommunikationsrecht 848

Verkehrssektor
Markt: Mobilitäts- statt Verkehrswende 851
Ranking Regulierung 852
Ranking Finanzierung 853

Steuern – Konzern-, Transaktions-, Finanzsteuerrecht
Co-Publishing* 860
Markt: Ohne geht es nicht 862
Ranking Konzernsteuern – steuerrechtliche Gestaltungs- und Projektberatung 863
Ranking Transaktionssteuern – steuerliche Vertragsgestaltung .. 864
Ranking Finanzsteuern – produktfokussierte Beratung der Finanzindustrie 865

Technologie und Medien
Markt: Die Digitalisierung ist nicht zu stoppen 866
Kanzlei des Jahres: CMS Hasche Sigle 866

Informationstechnologie und Datenschutz
Co-Publishing* 868
Ranking Verträge/Prozesse 872
Ranking Transaktionen/Outsourcing 873
Ranking Datenschutz 874
Aufsteiger in der Informationstechnologie 875

Medien
Co-Publishing* 883
Ranking Vertrags- und Urheberrecht 885
Ranking Regulierung 886
Ranking Transaktionen und Finanzierung 887
Medienkartellrecht 888
Führende Berater im Urheberrecht 889

Presse- und Äußerungsrecht
Co-Publishing* 895
Ranking 897
Führende Berater für geschädigte Unternehmen 898
Führende Berater für Verlage 899

Versicherungsrecht
Markt: Krise jagt Krise 902
Kanzlei des Jahres: Allen & Overy 902

Versicherungsvertragsrecht
Ranking Versicherungsrecht: Prozesse 903
Ranking Versicherungsrecht: Produktberatung 904
D&O-Beratung 905

Unternehmensbezogene Beratung von Versicherern
Ranking 910
Versicherungsaufsichtsrecht 911

Vertrieb, Handel und Logistik
Co-Publishing* 914
Markt: Vertrieb im Krisenmodus 916
Kanzlei des Jahres: CMS Hasche Sigle 916
Ranking Vertriebssysteme 917
Ranking Franchiserecht 918
Führende Berater im Vertriebsrecht 919

Wirtschafts- und Steuerstrafrecht
Co-Publishing* 928
Markt: Am Rand der Belastungsgrenze 930
Kanzlei des Jahres: Pfordte Bosbach 930
Ranking Individualverteidigung .... 931 f.
Ranking Beratung von Unternehmen 933
Ranking Steuerstrafrecht 934
Aufsteiger im Wirtschafts- und Steuerstrafrecht 935

*Inhaltsverzeichnis Co-Publishing ab Seite 18

INHALTSVERZEICHNIS

ANZEIGEN

Index aller Kanzleianzeigen ... 24
Index ausländischer Korrespondenzkanzleien ... 27
Index branchennaher Unternehmen und Institutionen ... 27

Anzeigen
Nationaler Überblick ... 115
Norden ... 294
Osten ... 326
Westen ... 352
Frankfurt und Hessen ... 384
Südwesten ... 404
Süden ... 438

CO-PUBLISHING

Hier informieren Praktiker aus Anwaltskanzleien über aktuelle Rechtsentwicklungen

Für den Inhalt der Beiträge und die Angaben zu den Kanzleien und Autoren sind die jeweiligen Kanzleien, die diese Seiten gebucht haben, allein verantwortlich.

▶ ARBEITSRECHT

Ein Jahr Koalitionsvertrag – was wurde erledigt und was kommt im Arbeitsrecht auf die Unternehmen noch zu?
BLUEDEX Labour Law, Frankfurt am Main ... 452/453

Digitale Transformation – was neue Arbeitsformen für das Arbeitsrecht bedeuten
Frahm Kuckuk Arbeitsrecht, Stuttgart/Berlin ... 454/455

Das „S" in ESG: Soziale Compliance als Herausforderung für HR und Arbeitsrecht
KLIEMT.Arbeitsrecht, Frankfurt a.M. ... 456/457

Beschlussfassung per Video, 3G am Arbeitsplatz, das Ende der Präsenzkultur – wie Corona das Arbeitsleben verändert hat
Pusch Wahlig Workplace Law, Berlin/Frankfurt ... 458/459

Betriebsratswahlen – welche Neuerungen bringt das Betriebsrätemodernisierungsgesetz?
Streitbörger PartGmbB, Bielefeld ... 460/461

▶ AUSSENWIRTSCHAFTSRECHT

Nachhaltigkeit großgeschrieben — Die Rolle von Menschenrechten und Umweltschutz in internationalen Lieferketten
KPMG Law ... 481/482

▶ BANK- UND FINANZRECHT

ESG-Kriterien in Finanzierungen: Welche Modelle setzen sich durch?
GÖRG, Köln ... 490/491

▶ COMPLIANCE-UNTERSUCHUNGEN

Das Transparenzregister und die Auswirkungen für Unternehmen – Erkenntnisse und offene Fragen nach fünf Jahren Praxis
Kuhn Carl Norden Baum, Stuttgart ... 524/525

Hinweisgeberschutzgesetz — Die Auswirkungen der gesetzlichen Regelung auf „Internal Investigation" Prozesse in Unternehmen
Taylor Wessing, Hamburg/Frankfurt ... 526/527

▶ GESELLSCHAFTSRECHT

Die Zukunft der Hauptversammlung: Präsent, hybrid oder virtuell?
Nieding + Barth, Frankfurt ... 538/539

▶ IMMOBILIEN- UND BAURECHT

Auswirkungen von Impact Investing auf die Immobilienbranche
GSK Stockmann, Hamburg/München ... 567/568

Unit Deal: Echte Alternative zum Share Deal oder bloß eine Notlösung?
HEUSSEN Rechtsanwaltsgesellschaft mbH, München ... 569/570

ESG-Kriterien und ihre Bedeutung für die Projektentwicklung
Hoffmann Liebs, Düsseldorf ... 571/572

▶ INSOLVENZ UND RESTRUKTURIERUNG

Restrukturierung statt Abwicklung – Die Entwicklung der Insolvenz- und Sanierungskultur der letzten Jahre
Anchor Rechtsanwälte, Hannover/Augsburg ... 593/594

Die richtige Wahl der Mittel: Wann passt die außergerichtliche Restrukturierung, wann ein Verfahren nach InsO oder StaRUG?
GRUB BRUGGER Rechtsanwälte, Stuttgart ... 595/596

Restrukturierung oder Eigenverwaltung: Worauf Unternehmen ihre Entscheidung stützen sollten
LIESER Rechtsanwälte, Koblenz ... 597/598

▶ KARTELLRECHT

Kartellschadensersatz: Schaffen Urteile aus der jüngsten Vergangenheit mehr Klarheit?
BUNTSCHECK, München ... 614/615

Doppelte Freude!

Anchor feiert dieses Jahr das 15-jährige Bestehen und freut sich mit JUVE über deren 25-jähriges Jubiläum! Was gibt es Besseres, als sich zweimal zu freuen.
Wir sind eine der führenden Insolvenzkanzleien. Unsere 150 Mitarbeitenden sind an 13 Standorten bundesweit tätig. Betriebswirtschaftliches Know-how bündeln wir in der Anchor Management GmbH. Gemeinsam verstehen wir uns als Hybrid aus Anwaltskanzlei und Unternehmensberatung.

INHALTSVERZEICHNIS

CO-PUBLISHING

▶ KONFLIKTLÖSUNG – DISPUTE RESOLUTION

Klimaschutz: Müssen sich Unternehmen auf eine Klagewelle einstellen?
Kantenwein Zimmermann Spatscheck & Partner, München 633/634

Die EU-Verbandsklage im Vergleich mit US-amerikanischen class actions – Worauf sich deutsche Unternehmen einstellen sollten
Morgan, Lewis & Bockius LLP, Frankfurt/Chicago 635/636

▶ M&A

Wahl der staatlichen Gerichtsbarkeit oder eines Schiedsgerichtes im M&A-Vertrag
BREIDENBACH RECHTSANWÄLTE, Wuppertal 658/659

ESG Due Diligence: Nachhaltigkeitskriterien als Schlüsselfaktor in Transaktionsprozessen
McDermott Will & Emery, Düsseldorf / München 660/661

▶ MARKEN- UND WETTBEWERBSRECHT

UWG-Reform: Was die Abschwächung des fliegenden Gerichtsstands für Unternehmen bedeutet
BOEHMERT & BOEHMERT, Bremen 688/689

▶ NOTARIAT

Das elektronische Urkundenarchiv – Update Erste Erfahrungen und Ausblick
Bögner Hensel & Partner, Frankfurt 721/722

Beurkundungen von Venture-Capital-Transaktionen: Worauf es wirklich ankommt
YPOG, Berlin 723/724

▶ ÖFFENTLICHER SEKTOR (ÖFFENTLICHES WIRTSCHAFTSRECHT)

Das Münchner Baulandmodell SoBoN 2021: Planungsabsprachen für den Wohnungsbau
Glock Liphart Probst & Partner, München 735/736

Der Industriepark – eine genehmigungsrechtliche und organisatorische Herausforderung
Ratajczak & Partner, Duisburg 737/738

▶ PATENTRECHT

Die Äquivalenz in der Patentverletzung: Neue Rechtsprechung
Maiwald, München 769/770

UPC: Was Unternehmen jetzt zum voraussichtlichen Start des neuen Patentgerichts in 2022 wissen müssen
Norton Rose Fulbright, München 771/772

Plausibilität – ein ungelöstes Problem bei der Patenterteilung
Prüfer & Partner, München 773/774

UPC: Opt-in und Opt-out Strategien für Patentinhaber
Uexküll & Stolberg, Hamburg 775/776

▶ PRIVATE EQUITY & VENTURE CAPITAL

Auswirkungen der verschärften Investitionskontrolle auf Private Equity Deals
POELLATH+, München 783/784

Welche Mitteilungspflichten gelten bei Managementbeteiligungen?
POELLATH+, München 785/786

▶ REGULIERUNG (GESUNDHEITSWESEN)

Medizinische Versorgungszentren im ambulanten ärztlichen Markt
Ebner Stolz, Köln 824/825

▶ REGULIERUNG (TELEKOMMUNIKATION)

Das TTDSG ist da – welche Herausforderungen bringt das neue Datenschutzrecht für Telekommunikation und Telemedien?
Taylor Wessing, Düsseldorf 844/845

▶ STEUERN – KONZERN-, TRANSAKTIONS-, FINANZSTEUERRECHT

ESG-Aspekte im Steuerrecht
Ernst & Young Law GmbH, Berlin 860/861

▶ TECHNOLOGIE UND MEDIEN (INFORMATIONSTECHNOLOGIE UND DATENSCHUTZ)

Plattformregulierung: Der Digital Services Act und der Digital Markets Act
Covington & Burling LLP, Brüssel 868/869

Cybercrime und digitale Aufrüstung! Moderne Strategien für eine erfolgreiche Strafverteidigung in Fällen mit starkem IT-Bezug
Quedenfeld Füllsack & Partner, Stuttgart 870/871

▶ TECHNOLOGIE UND MEDIEN (MEDIEN)

Nicht fungible Token (NFT) – eine rechtliche Einordnung
Lausen Rechtsanwälte, Köln 883/884

▶ TECHNOLOGIE UND MEDIEN (PRESSE- UND ÄUSSERUNGSRECHT)

Sind Kommunikationsfachleute die besseren Medienrechtsanwälte?
Tanja Irion Law, Hamburg 895/896

▶ VERTRIEB, HANDEL UND LOGISTIK

Lieferkettensorgfaltspflichtengesetz: Wie werden Unternehmen ihrer Verantwortung für ihre internationale Lieferketten gerecht?
Hoffmann Liebs, Düsseldorf 914/915

▶ WIRTSCHAFTS- UND STEUERSTRAFRECHT

Cum/ex-Geschäfte und ihre strafrechtlichen Folgen – droht mit cum/cum-Geschäften eine zweite Welle?
Ignor & Partner, Frankfurt und Berlin 928/929

Mit den aktuellen Zahlen der JUVE 100 Kanzleiumsätze. Interaktiv und individualisierbar.

Detaillierte Kennzahlen zum Wirtschaftsanwaltsmarkt in Deutschland und Österreich und zum deutschen Steuermarkt.

In einem interaktiven Benchmarking-Tool.

- Umfangreiche Daten, Analysen und die JUVE Rankings im **Mehrjahresvergleich**
- **Interaktive** Tabellen, Rankings und Diagramme
- Thematisch sortiert nach **Gehalt**, **Personal**, **Organisation & Finanzen** und JUVE Rankings
- **Individuell** sortier-, filter- und auswertbar
- Exklusive **Analysen** der JUVE-Redaktion

juve-plus.de

Sichern Sie sich jetzt Ihr Jahres- oder Monatsabo!
Ihre Ansprechpartnerin: Britta Hlavsa (britta.hlavsa@juve.de)

K&L GATES

KOMPLEXE RECHTSBERATUNG OHNE GRENZEN

Als eine der führenden internationalen Wirtschaftskanzleien vertritt K&L Gates etablierte, innovative und aufstrebende Unternehmen und Marktteilnehmer aller Branchen in neuen und sich verändernden Märkten sowie bei allen Herausforderungen unserer Zeit.

Wir agieren in der Praxis inspiriert, gemeinsam und global als Unternehmenskanzlei, um unseren Mandanten in komplexen Sachverhalten grenzüberschreitend die bestmögliche Beratung zu liefern.

Unsere weltweite Präsenz bietet unseren Mandanten lokale Marktexpertise und Zugang zu nationalen sowie internationalen Kompetenzen.

THE K&L GATES EXPERIENCE

www.klgates.com/DE-de

JUVE Handbuch 2022|2023

ANZEIGENINDEX

Kanzleianzeigen	24
Ausländische Korrespondenzkanzleien	27
Branchennahe Unternehmen und Institutionen	27

Anzeigen sind kostenpflichtig und von den Kanzleien selbst gestaltet.
Für den Inhalt sind die jeweiligen Kanzleien verantwortlich.

ANZEIGENINDEX

A

Aderhold	117
Adjuga	405
Advant Beiten	118
AHB Arends Hofert Bergemann	295
Ahlers & Vogel	296
Allen & Overy	119
Altenburg	120
Anchor	19, 121
Andersen	U2
Arnold Ruess	122
Atlantik Advisors	40
Aulinger	123

B

Baker McKenzie	Lesezeichen, 124/125
Dr. Beck & Partner	126
bhp Bögner Hensel & Partner	385
Binz & Partner	127
Bird & Bird	37, 128
Bissel + Partner	439
Blaum Dettmers Rabstein	297
Bluedex	33
Bock Legal	386
Boehmert & Boehmert	129
Boesen	130
von Boetticher	131
Braun-Dullaeus Pannen Emmerling	132
Brinkmann & Partner	133
Brinkmann Weinkauf	44, 298
BRL Boege Rohde Luebbehuesen	299
Brödermann Jahn	300
Brook	301
BRP Renaud und Partner	406
Büsing Müffelmann & Theye	134
Buntscheck	440

C

CBH Rechtsanwälte	135
Clayston	302
Cleary Gottlieb Steen & Hamilton	136
Cohausz & Florack	137
Comindis	353
CSW Rechtsanwälte	138

D

d h & k	354
Danckelmann und Kerst	140/141
Deloitte Legal	Vorsatz, 139
Dentons	142
DLA Piper	143
Dolde Mayen & Partner	144
Dombert	327
Dreiss	145
DTS Schnekenbühl und Partner	146
DWF	147

E

Ebner Stolz Mönning Bachem	17, 148
EIP	149
Esche Schümann Commichau	150
Eversheds Sutherland	151
EY Law	3, 152

F

Fiedler Cryns-Moll FCM	153
Fieldfisher	154
Flick Gocke Schaumburg	28/29, 155
Fontaine Götze	303
FPS Fritze Wicke Seelig	156
Frahm Kuckuk Hahn	407
Freshfields Bruckhaus Deringer	157
Freyschmidt Frings Pananis Venn	158
Frick + Partner	159
Fried Frank Harris Shriver & Jacobson	160/161

G

Ganten Hünecke Bieniek & Partner	304
Gerns & Partner	162
Gibson Dunn & Crutcher	163
Gleiss Lutz	164
Glock Liphart Probst & Partner	441

ANZEIGENINDEX

Godefroid & Pielorz 355
Göhmann 165
Görg 166
Friedrich Graf von Westphalen & Partner 38, 167
GreenGate 168
Grub Brugger 35
Gruendelpartner 328
Grüter 356
GSK Stockmann 169
GvW Graf von Westphalen 170

H

Harnischmacher Löer Wensing 357
HauckSchuchardt 171, 387
Haver & Mailänder 408
Hees 172
Hengeler Mueller 56, 173
Heuking Kühn Lüer Wojtek 174
Heussen 175
Hoffmann Liebs 46
Hogan Lovells 176/177
Hohmann 178
Honert 179
Hoyng ROKH Monegier 180
Huth Dietrich Hahn 181

I

Insquare 409

J

Jakoby 329
Jebens Mensching 182
Johlke Niethammer & Partner 183
Jones Day 184, U4
Justem 185

K

K&L Gates 22, 186
Kantenwein Zimmermann Spatscheck & Partner ... 187
Kapellmann und Partner 188
Kebekus et Zimmermann 358

King & Spalding 189
Klaka 190
Kleiner 191
Kliemt 192
Knierim & Kollegen 193
KNPZ Rechtsanwälte 194
König 410
Kozianka & Weidner 305
KPMG Law 195
Krieger Mes & Graf v. der Groeben 196
Sven Krüger 197
Kucera 198
Kümmerlein 199
Küttner 200/201
Kuhn Carl Norden Baum 411
Kunz 202

L

Lambsdorff 42, 203
Latham & Watkins 5, 204
Lehmann Neunhoeffer Sigel Schäfer 412
Leitfeld 205
Leitner & Kollegen 206
Leo Schmidt-Hollburg Witte & Frank 207
Lieb 442
Lindenpartners 208
LLR Legerlotz Laschet und Partner 209
Loschelder 359
Loyfort 306
Luther 210
Lutz Abel 211

M

Maikowski & Ninnemann 212
Manner Spangenberg 213
Martini Mogg Vogt 413
McDermott Will & Emery 214
Meinhardt Gieseler & Partner 443
Melchers 414
Milbank 49, 215
Möhrle Happ Luther 307

ANZEIGENINDEX

N

Neussel KPA	415
Nölle & Stoevesandt	308
Noerr	216/217
Nonnenmacher	416
Norton Rose Fulbright	218/219
Notos	220

O

OMF Otto Mittag & Partner	221
Oppenhoff & Partner	222
Oppenländer	224/225
Orbit	223
Orrick Herrington & Sutcliffe	54, 226
Orth Kluth	11, 227
Osborne Clarke	228

P

Peters	360
Peters Schönberger & Partner	229
Petersen Hardraht Pruggmayer	330
Poellath	230/231, U3
PricewaterhouseCoopers Legal	232
Prüfer & Partner	233

Q

Quedenfeld Füllsack & Partner	234

R

Raue	235
Reith Leisle Gabor	417
RellermeyerPartner	361
Rittershaus	236
Riverside	237
Rospatt Osten Pross	238
Rotthege Wassermann	362
Roxin	239
RPO Ruttkamp Oberthür	363

S

Dr. Schackow & Partner	309
Schindler	364
Schlatter	418
Schmidt von der Osten & Huber	365
Schmidt-Jortzig Petersen Penzlin	310
Schmitz Knoth	366
Schultze & Braun	240
Schultz-Süchting	241
Seitz	242
Sernetz Schäfer	243
Seufert	244
SGP Schneider Geiwitz & Partner	245
Shearman & Sterling	31, 246
Sidley Austin	247
SKW Schwarz	248
SMNG	249
Squire Patton Boggs	250
SSP-Law	367
Stassen	251
Stetter	252
Streck Mack Schwedhelm	254/255
Streitbörger	253
SZA Schilling Zutt & Anschütz	Rückseite Vorsatz, 388

T

Taylor Wessing	256
Thomas Deckers Wehnert Elsner	257
Treuhand Weser-Ems	311
TSC Schipp & Partner	258

U

Uexküll & Stolberg	259

V

Verte	260
Vogel & Partner	419
Voigt Salus	261

ANZEIGENINDEX

W

Waldeck	262
Weber & Sauberschwarz	51
Weil Gotshal & Manges	263
Weisner Partner	312
Weitnauer	264
Wildanger Kehrwald Graf v. Schwerin & Partner	265
Willkie Farr & Gallagher	15, 266
WilmerHale	267
Wirtz & Kraneis	268
Witte Weller & Partner	420

Y

Ypog	7, 269

Z

Zenk	270
Zimmermann & Partner	271
ZinnBöcker	421

AUSLÄNDISCHE KORRESPONDENZKANZLEIEN

Agon Partners 628
Schweiz

Bär & Karrer 13
Schweiz

CBBL Cross Border Business Law 82/83
60 Länder weltweit

Havel & Partners 105, 498, 551, 674
Slowakei, Tschechische Republik

Chandrakant M. Joshi 779
Indien

MLL Meyerlustenberger Lachenal Froriep 8/9
Schweiz

Molitor 504
Luxemburg

Monereo Meyer Abogados 74
Spanien

Niederer Kraft & Frey 95
Schweiz

Niederhuber & Partner 747
Österreich

Walder Wyss 113
Schweiz

Warbek Rechtsanwälte 781
Österreich

BRANCHENNAHE UNTERNEHMEN UND INSTITUTIONEN

AWA Außenwirtschafts-Akademie GmbH	488
BureauBorneo	67
Cobalt Deutschland GmbH	586
Consilio Legal Technology GmbH	534, 624
Haufe-Lexware GmbH & Co. KG	99
Hays AG	Buchrücken
HR Executive Search	91
Keiper & Dr. Kreth Versicherungsmakler GmbH	77
Legalutions (Mackney Gerbaulet GmbH)	79
NetDocuments	109
NWB Verlag GmbH & Co. KG	751
Schollmeyer&Steidl GmbH	53

1972
2022

Danke für 50 Jahre gemeinsames Wachstum

Mit unserer Verbindung aus herausragender Expertise im Steuerrecht, exzellentem Know-how im Wirtschaftsrecht und besonderer Kompetenz in Prüfung und Bewertung wachsen wir seit 50 Jahren erfolgreich und zählen heute mit unseren sieben Standorten zu den Top-Kanzleien in Deutschland.

Dafür bedanken wir uns: bei unseren Mandantinnen und Mandanten für das Vertrauen, das sie seit Jahrzehnten in uns setzen, bei unseren mehr als 750 Mitarbeiterinnen und Mitarbeitern für ihre Leistung, ihren Teamgeist und ihre Verbundenheit – und natürlich bei allen, die uns darüber hinaus inspiriert und begleitet haben.

Erfahren Sie mehr über unsere Steuerzentrierte Rechtsberatung: fgs.de

Kanzlei des Jahres für Konzernsteuern

Flick Gocke Schaumburg

STICHWORTE VON A–Z

Die folgende Liste verweist auf die Kapitel, in denen Sie nähere Informationen zu dem jeweiligen Stichwort finden.

A

Abfallrecht
- Öffentlicher Sektor *Öffentliches Wirtschaftsrecht*

Abwasserrecht
- Öffentlicher Sektor *Öffentliches Wirtschaftsrecht*

Akquisitionsfinanzierung
- Bank- und Finanzrecht *Kredite und Akquisitionsfinanzierung*

Aktien- und Konzernrecht
- Gesellschaftsrecht

Alternative Vertragsmodelle
- Immobilien- und Baurecht

Altlasten und Bodenschutz
- Öffentlicher Sektor *Öffentliches Wirtschaftsrecht*

Anfechtung
- Insolvenz und Restrukturierung

Anlagenbau
- Immobilien- und Baurecht

Anlegerschutz
- Konfliktlösung

Anleihen
- Bank- und Finanzrecht *Anleihen und Strukturierte Finanzierung*

Antidumping
- Brüssel
- Außenwirtschaftsrecht

Antitrust
- Kartellrecht

Arbeitnehmerdatenschutz
- Arbeitsrecht

Arbeitnehmervertretung
- Arbeitsrecht

Arbitration
- Konfliktlösung

Architektenrecht
- Immobilien- und Baurecht

Arzneimittelhaftung
- Regulierung *Gesundheitswesen*
- Konfliktlösung

Arzneimittelrecht
- Regulierung *Gesundheitswesen*

Asset-backed Securities
- Bank- und Finanzrecht *Anleihen und Strukturierte Finanzierung*

Assetmanagement
- Bank- und Finanzrecht *Investmentfonds*
- Immobilien- und Baurecht

Aufsichtsrecht
- Bank- und Finanzrecht *Bank- und Bankaufsichtsrecht*
- Versicherungsrecht *Unternehmensbezogene Beratung von Versicherern*

Ausschreibungen, öffentliche
- Öffentlicher Sektor *Vergaberecht*

Außenhandel
- Außenwirtschaftsrecht

B

Beihilferecht
- Öffentlicher Sektor *Öffentliches Wirtschaftsrecht*

Betriebliche Altersvorsorge
- Arbeitsrecht
- Unternehmensbezogene Beratung von Versicherern

Betriebsverfassungsrecht
- Arbeitsrecht

BGH-Anwälte
- Konfliktlösung

Börseneinführungen
- Bank- und Finanzrecht *Börseneinführungen und Kapitalerhöhungen*

Building Information Modelling
- Immobilien- und Baurecht

C

CBD
- Regulierung *Lebensmittelrecht*

Commercial
- Konfliktlösung
- Vertrieb, Handel und Logistik

Compliance
- Compliance-Untersuchungen
- Arbeitsrecht
- Außenwirtschaftsrecht
- Bank- und Finanzrecht *Bank- und Bankaufsichtsrecht, Börseneinführungen und Kapitalerhöhungen*
- Gesellschaftsrecht
- Kartellrecht
- Konfliktlösung
- Öffentlicher Sektor
- Technologie und Medien *Informationstechnologie*
- Wirtschafts- und Steuerstrafrecht

Corporate Governance
- Compliance-Untersuchungen
- Gesellschaftsrecht
- Konfliktlösung

D

D&O-Haftung
- Konfliktlösung
- Versicherungsrecht

Datenschutz
- Technologie und Medien *Informationstechnologie*
- Arbeitsrecht
- Compliance

Derivate
- Bank- und Finanzrecht *Anleihen und Strukturierte Finanzierung*

Designrecht
- Marken- und Wettbewerbsrecht

Digitalisierung
- Technologie und Medien *Informationstechnologie, Medien*
- Regulierung *Telekommunikation*

Dispute Resolution
- Konfliktlösung

E

Eigenverwaltung
- Insolvenz und Restrukturierung

STICHWORTVERZEICHNIS

E-Mobilität
- Regulierung *Verkehrssektor*

Embargo
- Außenwirtschaftsrecht
- Compliance-Untersuchungen

Energiewirtschaftsrecht
- Regulierung *Energiewirtschaftsrecht*

Equity-Kapitalmarktrecht
- Bank- und Finanzrecht *Börseneinführungen und Kapitalerhöhungen*

Erneuerbare Energien
- Regulierung *Energiewirtschaftsrecht*

ESG
- Bank- und Bankaufsichtsrecht
- Compliance-Untersuchungen
- Öffentlicher Sektor *Öffentliches Wirtschaftsrecht*
- Regulierung *Energiewirtschaftsrecht, ESG*

Europarecht
- Brüssel
- Außenwirtschaftsrecht
- Öffentlicher Sektor *Beihilferecht, Öffentliches Wirtschaftsrecht*

Exportkontrolle
- Außenwirtschaftsrecht

F

Film, Rundfunk und Entertainment
- Technologie und Medien *Medien*

Fintech
- Steuern
- Bank- und Finanzrecht *Bank- und Bankaufsichtsrecht*

Fördermittelrecht
- Öffentlicher Sektor *Beihilferecht*

Forward Deal
- Immobilien- und Baurecht

Franchising
- Vertrieb, Handel und Logistik

Führungskräfteberatung
- Arbeitsrecht

Fusionskontrolle
- Kartellrecht

G

Gefahrgut
- Öffentlicher Sektor *Öffentliches Wirtschaftsrecht*

Geheimnisschutz
- Compliance-Untersuchungen
- Marken- und Wettbewerbsrecht
- Patentrecht

Geistiges Eigentum
- Marken- und Wettbewerbsrecht
- Patentrecht

Gesundheitswesen
- Regulierung *Gesundheitswesen*

Gewerblicher Rechtsschutz
- Marken- und Wettbewerbsrecht
- Patentrecht

Glücksspielrecht
- Öffentlicher Sektor *Öffentliches Wirtschaftsrecht*
- Technologie und Medien *Medien*

H

Haftungsrecht
- Versicherungsrecht *Prozessvertretung und Beratung*
- Konfliktlösung

Handelsrechtliche Streitigkeiten
- Konfliktlösung
- Außenwirtschaftsrecht

Handelsvertreterrecht
- Vertrieb und Handel
- Arbeitsrecht

Hauptversammlung
- Gesellschaftsrecht
- Notariat

Health Claims
- Regulierung *Gesundheitswesen, Lebensmittelrecht*

Hotelimmobilien
- Immobilien- und Baurecht

I

Immobilienfinanzierung
- Bank- und Finanzrecht *Anleihen und Strukturierte Finanzierung, Investmentfonds*
- Immobilien- und Baurecht

Informationstechnologie/IT
- Technologie und Medien *Informationstechnologie*

Ingenieursrecht
- Immobilien- und Baurecht

Insolvenzrecht
- Insolvenz und Restrukturierung

Investitionskontrolle
- Außenwirtschaftsrecht

Investmentfonds
- Bank- und Finanzrecht *Investmentfonds*
- Immobilien- und Baurecht

IP/Intellectual Property
- Marken- und Wettbewerbsrecht
- Patentrecht

IPO
- Bank- und Finanzrecht *Börseneinführung und Kapitalerhöhungen*

J

Joint Ventures
- Gesellschaftsrecht
- Kartellrecht
- Vertrieb, Handel und Logistik

K

Kapitalmarktrecht
- Bank- und Finanzrecht *Börseneinführung und Kapitalerhöhung, Anleihen und Strukturierte Finanzierung*
- Konfliktlösung

Kartellschadensersatz
- Kartellrecht
- Konfliktlösung

Kennzeichnungen
- Marken- und Wettbewerbsrecht
- Regulierung *Gesundheitswesen, Lebensmittelrecht*

Klimaschutz
- Öffentlicher Sektor *Öffentliches Wirtschaftsrecht*
- Regulierung *Energiewirtschaftsrecht, ESG*

Kommunalrecht
- Öffentlicher Sektor *Öffentliches Wirtschaftsrecht*

Konzernrecht
- Gesellschaftsrecht

Konzernsteuern
- Steuern

Krankenhausrecht
- Regulierung *Gesundheitswesen*

Kredite, Kreditsicherheiten, Kreditverträge
- Bank- und Finanzrecht *Kredite und Akquisitionsfinanzierung*

L

LBO/Leveraged Buy-out
- Private Equity und Venture Capital

Lebensmittelrecht
- Regulierung *Lebensmittelrecht*

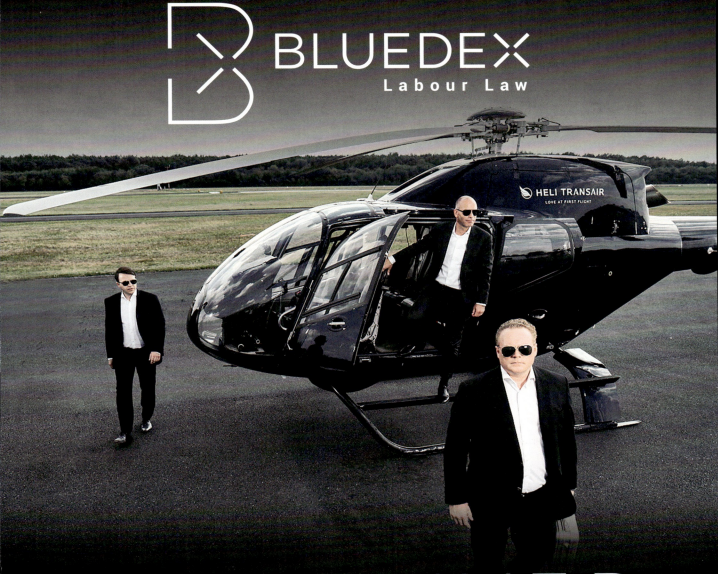

STICHWORTVERZEICHNIS

Lieferketten
- Außenwirtschaftsrecht
- Vertrieb, Handel und Logistik

Litigation
- Konfliktlösung

Lizenzrecht
- Technologie und Medien *Informationstechnologie, Medien*
- Marken- und Wettbewerbsrecht

Lizenzverträge
- Marken- und Wettbewerbsrecht
- Patentrecht

Logistikimmobilien
- Immobilien- und Baurecht

Luftverkehrsrecht
- Regulierung *Verkehrssektor*
- Öffentlicher Sektor *Öffentliches Wirtschaftsrecht*

M

Management-Buy-out, -in
- Private Equity und Venture Capital

Mediation
- Konfliktlösung

Medien
- Technologie und Medien *Medien*

Medizinrecht
- Regulierung *Gesundheitswesen*

Medizinprodukte
- Regulierung *Gesundheitswesen*

Mietrecht
- Immobilien- und Baurecht

Mobilität
- Regulierung *Verkehrssektor*

N

Nachfolgeregelung
- Gesellschaftsrecht
- Nachfolge/Vermögen/Stiftungen

Naturschutzrecht
- Öffentlicher Sektor *Öffentliches Wirtschaftsrecht*

Notare
- Notariat
- Gesellschaftsrecht
- Immobilien- und Baurecht
- Hinweise in vielen Regionalkapiteln

O

Öffentlich-Private Partnerschaften/ÖPP/PPP
- Immobilien- und Baurecht
- Öffentlicher Sektor *Öffentliches Wirtschaftsrecht, Vergaberecht*
- Regulierung *Verkehrssektor*

Öffentliche Übernahme
- Gesellschaftsrecht
- M&A

Öffentliches Auftragswesen
- Öffentlicher Sektor *Öffentliches Wirtschaftsrecht, Vergaberecht*

Öffentliches Wirtschaftsrecht
- Öffentlicher Sektor *Öffentliches Wirtschaftsrecht*

Onlinehandel
- Vertrieb, Handel und Logistik

ÖPNV
- Öffentlicher Sektor *Vergaberecht*
- Regulierung *Verkehrssektor*

Organhaftung/Organstreit
- Gesellschaftsrecht
- Konfliktlösung
- Versicherungsrecht *Prozesse*

Outsourcing
- Technologie und Medien *Informationstechnologie*

P

Pharma- und Medizinprodukterecht
- Regulierung *Gesundheitswesen*

Presserecht
- Technologie und Medien *Presse- und Äußerungsrecht*

Privates Baurecht
- Immobilien- und Baurecht

Privatisierung
- Öffentlicher Sektor *Öffentliches Wirtschaftsrecht*
- Regulierung *Verkehrssektor*

Problemkredite
- Bank und Finanzrecht *Anleihen und Strukturierte Finanzierung*

Produkteinführung
- Vertrieb und Handel

Produkthaftung
- Konfliktlösung

Projektentwicklung
- Öffentlicher Sektor *Öffentliches Wirtschaftsrecht*
- Immobilien- und Baurecht

Prozessführung
- Konfliktlösung
- Patentrecht
- Versicherungsrecht *Versicherungsvertragsrecht*
- Wirtschafts- und Steuerstrafrecht

R

Restrukturierung
- Arbeitsrecht
- Insolvenz und Restrukturierung

Rundfunkrecht
- Technologie und Medien *Medien*

S

Sachwalter
- Insolvenz und Restrukturierung

Sanierungen
- Insolvenz und Restrukturierung

Sanktionsrecht
- Außenwirtschaftsrecht

Schiedsverfahren
- Außenwirtschaftsrecht
- Immobilien- und Baurecht
- Konfliktlösung
- Vertrieb, Handel und Logistik

Schutzschirmverfahren
- Insolvenz und Restrukturierung

Securitisation
- Bank- und Finanzrecht *Anleihen und Strukturierte Finanzierung*

Seerecht
- Versicherungsrecht *Prozessvertretung und Beratung*

Selektivvertrieb
- Vertrieb, Handel und Logistik

Software
- Patentrecht
- Technologie und Medien *Informationstechnologie*

Steuerstrafrecht
- Wirtschafts- und Steuerstrafrecht

Stiftungen
- Nachfolge/Vermögen/Stiftungen

Strafrecht
- Wirtschafts- und Steuerstrafrecht

STICHWORTVERZEICHNIS

Strukturierte Finanzierung
- Bank- und Finanzrecht *Anleihen und Strukturierte Finanzierung*

Subventionen
- Öffentlicher Sektor *Beihilfe, Öffentliches Wirtschaftsrecht*

T

Tarifrecht
- Arbeitsrecht

Technische Schutzrechte
- Patentrecht

Telekommunikation
- Regulierung *Telekommunikation*

Transaktionen
- Immobilien- und Baurecht
- M&A
- Notariat
- Private Equity und Venture Capital

Transaktionssteuern
- Steuern

Transportversicherungsrecht
- Versicherungsrecht *Prozessvertretung und Beratung*

U

Umweltrecht
- Öffentlicher Sektor *Öffentliches Wirtschaftsrecht*

Umweltstrafrecht
- Wirtschafts- und Steuerstrafrecht
- Öffentlicher Sektor *Öffentliches Wirtschaftsrecht*

Unternehmenskauf
- M&A
- Private Equity und Venture Capital

Unternehmensnachfolge
- Gesellschaftsrecht
- Nachfolge/Vermögen/Stiftungen

Urheberrecht
- Technologie und Medien *Medien*
- Marken- und Wettbewerbsrecht

UWG
- Marken- und Wettbewerbsrecht

V

Venture Capital
- Private Equity und Venture Capital

Verbriefungen
- Anleihen und Strukturierte Finanzierung

Verfassungsrecht
- Öffentlicher Sektor *Öffentliches Wirtschaftsrecht*

Vergaberecht
- Öffentlicher Sektor *Vergaberecht*

Verkehrssektor
- Regulierung *Verkehrssektor*

Verlagsrecht
- Technologie und Medien *Medien*

Versicherungsrecht
- Versicherungsrecht *Versicherungsvertragsrecht, Unternehmensbezogene Beratung von Versicherern*
- Konfliktlösung

Vertragshändlerrecht
- Vertrieb, Handel und Logistik

Vertrieb, Handel und Logistik

Vertriebskartellrecht
- Kartellrecht
- Vertrieb, Handel und Logistik

Vertriebssysteme
- Vertrieb, Handel und Logistik

Vorstandsvergütung
- Arbeitsrecht, Gesellschaftsrecht

W

Wasserrecht
- Öffentlicher Sektor *Öffentliches Wirtschaftsrecht*

Wettbewerbsrecht
- Marken- und Wettbewerbsrecht
- Technologie und Medien *Medien*

Wirtschaftsstrafrecht
- Wirtschafts- und Steuerstrafrecht

Wirtschaftskriminalität
- Wirtschafts- und Steuerstrafrecht

Wirtschaftsverwaltungsrecht
- Öffentlicher Sektor *Öffentliches Wirtschaftsrecht*

WTO
- Außenwirtschaftsrecht

Z

Zahlungsdienste
- Bank- und Finanzrecht B*ank- u. Bankaufsichtsrecht*

Zollrecht
- Außenwirtschaftsrecht

ÜBER DIESES BUCH UND UNSERE ARBEIT

Das JUVE Handbuch Wirtschaftskanzleien hat sich längst zu einem Referenzwerk des deutschen Rechtsberatungsmarkts entwickelt. Umfangreiche Recherchen bei Kanzleien, Unternehmensverantwortlichen, Behörden sowie Justiz und Wissenschaft schaffen die Basis für dieses Buch. Die strikt unabhängig arbeitende Redaktion greift dabei auf 25 Jahre Erfahrung mit dem Anwaltsmarkt zurück.

WANDEL BEGLEITEN – PERSPEKTIVEN SCHAFFEN.

Als Interimsgesellschafter oder Treuhänder begleiten wir Unternehmenstransformationen.

ATLANTIKADVISORS

HAMBURG | FRANKFURT | BERLIN

www.atlantik-advisors.de

DIE JUVE-RECHERCHE

1.269 KANZLEIEN
per Fragebogen kontaktiert

53.128 MANDANTEN
per E-Mail kontaktiert

7.550 Gespräche geführt

1.038 Gespräche geführt

3.761 ausgefüllte Fragebögen von **689** Kanzleien

6.174 Mandantenrückmeldungen aus **2.243** Unternehmen

+ unzählige Wettbewerberempfehlungen

+ Markteinschätzungen

+ Markteinschätzungen

+ wirtschaftliche Entwicklungen

+ wirtschaftliche Entwicklungen

33 erfahrene Fachredakteure

recherchieren laufend aktuelle Deals, Prozesse, personelle Entwicklungen

analysieren und **vergleichen**

werten aus

gewichten

767 Kanzleien in

20 Regionen und

36 Rechtsgebieten

alle Inhalte auch online auf
juve.de/juve-rankings/deutschland

METHODE

RECHERCHE BEI MANDANTEN

Um möglichst viele Mandanten und Unternehmensverantwortliche in die Recherche einzubeziehen, bedient sich die JUVE-Redaktion standardisierter E-Mails. Darin erbittet sie Informationen über die persönlichen Erfahrungen mit Kanzleien und einzelnen Anwälten. Ebenfalls erfragt werden Kosten sowie Entwicklungen oder strategische Pläne, die sich auf das Verhältnis zwischen Anwalt und Mandant auswirken.

Befragte Entscheider
Flächendeckende Kontaktaufnahme mit Mandanten (per E-Mail)*

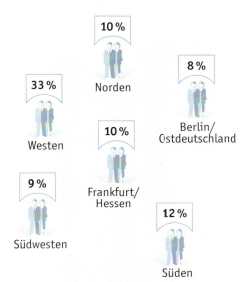

- Ausland 18 %
- Norden 10 %
- Berlin/Ostdeutschland 8 %
- Westen 33 %
- Frankfurt/Hessen 10 %
- Südwesten 9 %
- Süden 12 %

(Großbritannien 9 %, USA 2 %, Österreich 1 %. Nicht erfasst in der Statistik sind weitere 5.410 Entscheider, die wir im Rahmen unserer Österreich-Recherche kontaktiert haben)

*Hinzu kommen über 1.000 persönliche und Telefongespräche

Befragte Unternehmen
Große Bandbreite an Branchen (per E-Mail)

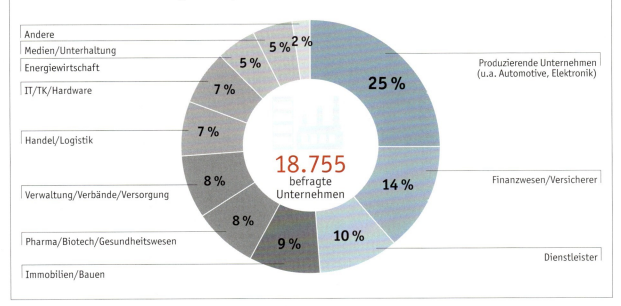

18.755 befragte Unternehmen

- Produzierende Unternehmen (u.a. Automotive, Elektronik) 25 %
- Finanzwesen/Versicherer 14 %
- Dienstleister 10 %
- Immobilien/Bauen 9 %
- Pharma/Biotech/Gesundheitswesen 8 %
- Verwaltung/Verbände/Versorgung 8 %
- Handel/Logistik 7 %
- IT/TK/Hardware 7 %
- Energiewirtschaft 5 %
- Medien/Unterhaltung 5 %
- Andere 2 %

RECHERCHE BEI KANZLEIEN

Gespräche mit Kanzleien

7.550 Gespräche mit Anwälten aus

1.141 Kanzleien und MDP-Einheiten

- Norden: 9 %
- Berlin/Ostdeutschland: 9 %
- Westen: 19 %
- Frankfurt/Hessen: 20 %
- Ausland: 21 %
- Südwesten: 6 %
- Süden: 16 %

Aufgrund der Relevanz der Großstädte als Standort von wirtschaftsberatenden Kanzleien findet ein Großteil der Recherche zwar in diesen Städten statt, doch ist vor allem für die Erfassung regional wichtiger Berater auch eine Recherche abseits der Großstädte unerlässlich. Entsprechend ist auch die Verteilung der Recherchegespräche.

Fragebögen von Kanzleien
Insgesamt sandten die Kanzleien 3.761 Recherchebögen zurück

Fachgebiet	Anzahl	Fachgebiet	Anzahl
Arbeitsrecht	203	Nachfolge/Vermögen/Stiftungen	79
Bank- und Finanzrecht	293	Notariat	36
Compliance	91	Öffentliches Recht	283
Gesellschaftsrecht/M&A/Private Equity/Venture Capital	550	Patentrecht	107
Immobilien- und Baurecht	212	Regulierung	287
Insolvenz und Restrukturierung	114	Technologie und Medien	237
Kartellrecht	105	Versicherungsrecht	69
Konfliktlösung	160	Vertrieb, Handel und Logistik	127
Legal Tech und Legal Operations	83	Wirtschafts- und Steuerstrafrecht	139
Marken- und Wettbewerbsrecht	157		

Neben **3.304 fachorientierten Fragebögen** und ergänzenden Informationen sandten die Kanzleien auch 139 kanzleiübergreifende Fragebögen zurück. Daneben lagen der Redaktion **318 Fragebögen mit Grundlageninformationen** zur Gesamtkanzlei, zu Personalstärke und Finanzkennzahlen vor.

Mit Blick auf das Wesentliche. Für eine bessere Zukunft.

Bei Hoffmann Liebs schreiben wir die Verantwortung für nachfolgende Generationen groß. Seit Mai 2022 sind wir eine klimaneutral-zertifizierte* Sozietät und leisten einen Beitrag für die Zukunft.

Gemeinsam mit ClimatePartner setzen wir ein Solarenergie-Projekt in Omaheke, Namibia, um und kompensieren unsere CO_2-Emissionen vollständig. Damit fördern wir bezahlbare, saubere Energie und schaffen Arbeitsplätze vor Ort.

Hoffmann Liebs Partnerschaft von Rechtsanwälten mbB | Kaiserswerther Straße 119 | 40474 Düsseldorf | www.hoffmannliebs.de

*Nähere Informationen unter: ClimatePartner.com/18079-2205-1001

DAS MANDANTEN-FEEDBACK

Empfehlungen
Mandanten machen den Markt

1.561 Personen aus
1.525 Unternehmen
sprechen
4.511 Empfehlungen für Anwälte und
4.646 Empfehlungen für Kanzleien aus

Funktion der Antwortenden
64 Prozent aller Antworten stammen von Führungspersonen

Geschäftsführer/Vorstand	24 %
Leitungsfunktion Recht	25 %
Andere Leitungsfunktion	24 %
Andere Funktion/keine Angabe	27 %

Die Rückmeldungen der Mandanten reichen inhaltlich von einfachen Aufzählungen bis zu detailliertem Lob und Kritik. Auffällig ist, dass nur selten Praxen oder Kanzleien empfohlen werden, die bislang nicht durch JUVE recherchiert wurden. Diese Ausnahmen bezieht die Redaktion bei ausreichendem Anlass in die Recherche für die Folgeauflage ein.

Branchen, in denen die Antwortenden arbeiten
Industrie und Finanzen dominieren

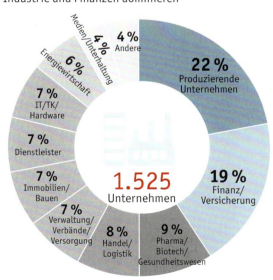

- 22 % Produzierende Unternehmen
- 19 % Finanz/Versicherung
- 9 % Pharma/Biotech/Gesundheitswesen
- 8 % Handel/Logistik
- 7 % Verwaltung/Verbände/Versorgung
- 7 % Immobilien/Bauen
- 7 % Dienstleister
- 7 % IT/TK/Hardware
- 6 % Energiewirtschaft
- 4 % Medien/Unterhaltung
- 4 % Andere

1.525 Unternehmen

Regionale Verteilung der Antwortenden

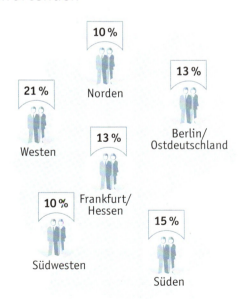

- 10 % Norden
- 13 % Berlin/Ostdeutschland
- 21 % Westen
- 13 % Frankfurt/Hessen
- 10 % Südwesten
- 15 % Süden

Die Mandanten, die unsere Recherche unterstützen haben, kommen aus allen Bereichen der deutschen Wirtschaft. Das Spektrum reicht von kleinen Unternehmen bis zum Großkonzern. Ein Teil der Antwortenden hat seinen Sitz im Ausland. Die Branchenverteilung dürfte repräsentativ sein, mit Schwerpunkten in der Industrie und der Finanzwirtschaft und einer im Übrigen recht gleichmäßigen Verteilung.

Die Mandanten, die auf unseren Rechercheanfragen geantwortet haben, verteilen sich auf das gesamte Bundesgebiet. Rund 18 Prozent antworteten uns zudem **aus dem Ausland**, überwiegend aus europäischen Staaten, aber auch darüber hinaus. Der Anteil der einzelnen Regionen spiegelt dabei durchaus ein wenig die Wirtschaftssituation wider mit ihren industriellen Stärken im Westen und Süden, Berlin unter anderem mit der sehr agilen Start-up-Szene.

METHODE

Unser Anliegen

Wir wollen Transparenz in einen noch immer unübersichtlichen Markt bringen. Als einem von mehr als 12.000 Handbuch-Empfängern in Unternehmen wollen wir Sie bei Ihren Mandatierungsentscheidungen unterstützen. Den gut 7.000 Empfängern in Kanzleien, die das Buch erhalten, soll es die Möglichkeit eröffnen, die Marktposition ihrer Kanzlei einer kritischen Analyse zu unterziehen. Und mit Hilfe der mehreren Hundert Exemplare für Gerichte und Universitätsbibliotheken können Jurastudierende und Referendare ihren Berufseinstieg planen.

Unsere Philosophie

Das mehr als 30 Köpfe zählende, fest angestellte Fachredakteursteam arbeitet unabhängig. Das fachlich spezialisiert arbeitende Team schreibt und recherchiert parallel nicht nur für das JUVE Handbuch, sondern auch für die anderen JUVE Publikationen (JUVE Rechtsmarkt, JUVE Steuermarkt, azur, azur100, Online-Nachrichten, die englischsprachige Digitalpublikation JUVE Patent und das österreichische JUVE Magazin). Nur so, davon sind wir überzeugt, baut sich kontinuierlich Wissen auf, das fundierte Analysen erlaubt. Die Redaktion lässt größte Sorgfalt bei der Auswertung und Analyse der ihr zur Verfügung stehenden Informationen walten. Ein Anspruch auf Vollständigkeit besteht dennoch nicht.

Bei den umfangreichen Recherchen (▶*Die JUVE-Recherche*, Seite 41 ff.) entstehen empirische Erkenntnisse verschiedenster Art. Sie bilden die Basis für das, was das JUVE Handbuch ausmacht: Die langjährige Marktkenntnis der Redaktion erlaubt es, die empirischen Ergebnisse zu

---

DIE BEWERTUNGSGRUNDLAGEN

In der Gesamtschau einer Kanzlei oder eines Kanzleistandorts spielen zahlreiche Kriterien eine wichtige Rolle bei der Analyse der Marktposition. Die Relevanz der einzelnen Aspekte verändert sich mit den Bedürfnissen der Mandanten. Zudem ist es heute unabdingbar, einzelne Spezialisierungen der Anwälte durch ein geeignetes Management effektiv zu koordinieren.

DIE KRITERIEN IM EINZELNEN:

- **Gesellschaftsrechtliche Kompetenz**, zur Gestaltung der Grundstrukturen unternehmerischer Geschäftstätigkeit
- **Finanzierungs-** und **Transaktions-Know-how** als Basis für die Weiterentwicklung von Unternehmen
- Aufbau von Kompetenzen, um die Mandanten bei ihrem rechtlichen **Risikomanagement** zu unterstützen (z.B. Regulierung, Compliance, Kartellrecht, Konfliktlösung)
- Aufbau und Pflege von Kapazitäten in **zentralen Gebieten** wie Arbeits- oder Steuerrecht
- Fähigkeit, auf hohem Niveau bei **grenzüberschreitenden Sachverhalten** zu beraten
- Zahl der in ihrem Rechtsgebiet als **herausragende Praktiker** geltenden Anwälte
- Ausbildung von **Branchenkenntnissen**

- **Komplexität** und **Umfang** der betreuten Mandate
- Gleichmäßig hohe **Qualitätsstandards** in allen Tätigkeitsbereichen
- **Serviceorientierung** und -bereitschaft

- Kanzleimanagement und -struktur auf **effektive Koordination** der einzelnen Spezialisierungen ausgerichtet
- **Teamarbeit**, um Synergien zum Nutzen der Mandanten zu schaffen
- Stabile und funktionierende **internationale Kontakte**
- **Pflege** und **Qualität** von Mandatsbeziehungen

- **Vorausplanung** und Erkennen von **Trends** auf dem Rechtsmarkt und dem jeweiligen Markt der Mandanten
- **Stimmige Kanzleikultur, Strategie** und **Philosophie**, die von den Anwälten einer Kanzlei gemeinsam vertreten wird
- **Nachhaltige Struktur**, die es erlaubt, qualitativ hochwertige Nachwuchsjuristen zu gewinnen und zu halten

Milbank
www.milbank.com

WIR WÜRDEN GERNE

MIT IHNEN FEIERN.

BEIM CLOSING DINNER.

Individuelle wirtschaftsrechtliche Fachberatung für Ihr Unternehmen. Kompakt, flexibel und lösungsorientiert.

Frankfurt
Thomas Ingenhoven
tingenhoven@milbank.com

München
Alexander Rinne
arinne@milbank.com

analysieren und zu gewichten. Wir stellen die Frage, warum Unternehmen sich für bestimmte Kanzleien entscheiden – und warum sie sich zu einem Wechsel entschließen. Wir vergleichen und analysieren: Welche Kanzleien haben die Bedürfnisse ihrer Mandanten erkannt und mit dem rasanten Wandel dieser Bedürfnisse Schritt gehalten? Empirie ohne Analyse ist für uns bestenfalls die halbe Miete.

Der Akzent der ganzjährigen Recherche liegt deutlich auf persönlichen Gesprächen vor Ort oder per Telefon. Die JUVE-Redaktion ist überzeugt, nur auf diesem Wege, also mit der Möglichkeit gezielter Nachfrage verlässliche Ergebnisse zu erhalten. Dennoch benutzen auch wir standardisierte Fragebögen für Kanzleien und Mandanten, um die erforderliche Breite der Recherche zu gewährleisten.

Orientierung
Der redaktionelle Teil (weiße Seiten)

Die Ergebnisse der redaktionellen Recherche sind in mehrere Teile gegliedert.

1. Trends und Entwicklungen: Analyse aktueller Markttrends und Übersicht über zentrale Entwicklungen des vergangenen Jahres.

2. Die JUVE Top 50-Kanzleien in Deutschland: Ranking und Bewertungen.

3. Regionen: Hier geht es um Kanzleien und Anwälte, die in ihrer Region die maßgeblichen und tonangebenden Unternehmen bei den für sie wichtigen Entscheidungen beraten. Die Darstellung der Top-50-Kanzleien ist in diesem Abschnitt knapper, da sie ihre Organisation meist eher an Praxisgruppen als an Standorten ausrichten. Entsprechend finden sich genauere Informationen über diese Gruppe von Kanzleien in den Fachgebietskapiteln.

4. Rechtsgebiete: Hier geht es um Kanzleien und Anwälte, die überregional einen besonderen Ruf und große Bekanntheit im jeweiligen Fachgebiet oder Beratungsbereich genießen.

Aufbau der Regional- und Rechtsgebietsinformationen
Marktentwicklung

Zusammenfassung und Analyse der wesentlichen Trends der Region oder des Rechtsbereichs. Erörtert werden sowohl gesamtwirtschaftliche und rechtliche Tendenzen des jeweiligen Bereichs als auch die wesentlichen Entwicklungen des entsprechenden Kanzleimarktes.

Die Rubriken der Kanzleibesprechungen

▌ *Bewertung:* Ordnet den Ruf und die aktuelle Entwicklung einer Kanzlei oder Praxis in das Marktumfeld ein. Hier werden außerdem typische Merkmale der Praxis sowie ihr Potenzial und ihre Herausforderungen beschrieben.

▌ *Stärken:* Besonderheiten der Praxis auf einen Blick.

▌ *Oft empfohlen:* Berufsträger, die von Mandanten und Wettbewerbern in einem bestimmten Rechtsbereich bzw. einer Region besonders hervorgehoben werden.

▌ *Team:* Anzahl und Status der Beratenden in der jeweiligen Region oder im Rechtsgebiet. Die Zahlen beruhen auf Angaben der Kanzleien und erfassen in den Rechtsgebietskapiteln Personen, die mindestens die Hälfte ihrer Zeit im jeweiligen Gebiet beraten.

▌ *Partnerwechsel:* Für das jeweilige Kapitel relevante Zu- und Abgänge in der Partnerschaft.

▌ *Schwerpunkte:* Wesentliche Tätigkeiten und Erfahrungen der Kanzlei.

▌ *Mandate:* Kurzdarstellung von Referenzmandaten, die die Kanzleien der JUVE-Redaktion unter Nennung des Mandanten oder in umschriebener Form mitgeteilt haben. Zudem recherchiert die JUVE-Redaktion eigenständig Mandate und wertet öffentliche Quellen aus. Blieben alle Recherchemöglichkeiten ergebnislos, ist dies mit ‚Keine Nennungen' vermerkt.

weber ■ sauberschwarz
Wettbewerbsrecht · Geistiges Eigentum · IT Recht

Wettbewerb. Marken. Medien.

weber ■ sauberschwarz
Königsallee 62
40212 Düsseldorf
Fon +49 211 440393-0
Fax +49 211 440393-99
mail@weber-sauberschwarz.de
www.weber-sauberschwarz.de

Die JUVE Kanzleirankings/-tabellen

Die ‚beste deutsche Wirtschaftskanzlei' gibt es nicht. Anwälte werden als Dienstleister von Mandanten ebenso subjektiv bewertet wie von Fachkollegen und Wettbewerbern – was der eine hervorhebt, findet der andere irrelevant, was der eine besonders positiv beurteilt, ist für den anderen eher ein Kritikpunkt. Die JUVE Kanzleientabellen basieren auf einer Vielzahl solcher Einschätzungen von Mandanten, Anwälten und Akademikern aus dem In- und Ausland und verfolgen nur ein Ziel: Sie versuchen in der Zusammenschau wiederzugeben, wie diese Marktteilnehmer über den Markt sprechen und denken. Sie bezeichnen Kanzleien als ‚führend' oder stufen sie ‚über' anderen ein. Obwohl in aller Regel aufgrund eigener Erfahrung wohl fundiert und begründet, bleiben solche Einschätzungen subjektive Meinungen.

Auch die Übersetzung dieser Fülle von Meinungen in eine Tabelle ist ein subjektiver Prozess, in den die langjährige Erfahrung der Fachredaktion einfließt. Die Einordnung einer Kanzlei in die Tabelle erklärt sich entsprechend nur bei Berücksichtigung der dazugehörigen Kanzleibesprechung. Um die Tabellen optisch noch übersichtlicher zu gestalten, sind die Rankingpositionen mit Sternen verdeutlicht. Grundsätzlich sind die einzelnen Gruppen mit ein bis fünf Sternen ausgezeichnet. Enthält eine Tabelle nur vier Gruppen, entfällt die Kennzeichnung mit einem Stern, sind nur drei Gruppen vorhanden, entfällt zusätzlich die Kennzeichnung mit zwei Sternen.

In den Rankingtabellen sind ein oder mehrere Kanzleistandorte aufgeführt, in denen das betreffende Rechtsgebiet einen Schwerpunkt bildet. Damit soll nicht impliziert werden, dass die Kanzlei Beratung in diesem Gebiet an anderen Standorten nicht anbietet.

Besonderheiten beim Nationalen Überblick/ JUVE Top 50 und den Regionen

Beide Teile fassen Rechercheergebnisse aus unterschiedlichen Fachbereichen zusammen, sei es zur bundesweiten Reputation einer Kanzlei, sei es zur Wahrnehmung eines Büros in seinem näheren Umfeld. Die Faktoren, die bei solchen subjektiven Einschätzungen der Gesamtreputation eine Rolle spielen, ändern sich in dem Maße, wie die Anforderungen der Unternehmen an ihre Berater sich wandeln. Seit dem ersten Erscheinen des JUVE Handbuchs sind eine Reihe von Aspekten sowohl für mittelständische Unternehmen als auch für Konzerne wichtiger geworden und bilden daher Bewertungsgrundlagen. Dabei geht es nicht nur um fachliche Kompetenz, sondern auch um weiche Faktoren wie Management und Teamfähigkeit.

Im ‚Nationalen Überblick/JUVE Top 50' finden sich Rubriken, die von den anderen Kapiteln abweichen. Die Rubrik **Auf den Punkt** gibt eine schlagwortartige Kurzanalyse der Kanzlei in Deutschland. Unter **Analyse** finden Sie eine Bewertung von aktuellen Entwicklungen der Kanzlei, während **Perspektive** sich mit der Entwicklung der Marktposition, Potenzialen und Strategien befasst. Unter **Service** wiederum finden sich Hinweise, wie Kanzleien ihre Leistung erbringen. Im Fokus stehen dabei unter anderem IT-gestützte Beratungsangebote und Besonderheiten der personellen Ausstattung.

Der kommerzielle Teil des Buchs (gelbe Seiten)

Anzeigenteile

Eine Reihe von Kanzleien hat hier eine Selbstdarstellung ihrer Praxis als Anzeige platziert. Im Gegensatz zu den redaktionellen Beschreibungen sind die Eigenpräsentationen kostenpflichtig. Für ihren Inhalt und die Gestaltung sind die jeweiligen Kanzleien allein verantwortlich. Die Buchung in diesem Teil des Handbuchs erfolgt unabhängig durch die Kanzleien und bildet kein Kriterium für die Darstellung im redaktionellen Teil.

Co-Publishing

In sogenannten Co-Publishing-Beiträgen schreiben Anwälte über aktuelle Entwicklungen in verschiedenen Rechtsgebieten. Für den Inhalt dieser kostenpflichtigen Beiträge und die Angaben zu den Kanzleien und Autoren sind die jeweiligen Kanzleien allein verantwortlich. Eine redaktionelle Bewertung der Beiträge oder Autoren seitens des Verlags erfolgte bei der Auswahl nicht.

VON JURISTEN FÜR JURISTEN

SCHOLLMEYER&STEIDL
LEGAL RECRUITMENT

„JURISTISCHE" PERSONAL- UND FUSIONSBERATUNG.
DEUTSCHLANDWEIT.

KNOW-HOW, NETZWERK, DISKRETION UND HÖCHSTE PROFESSIONALITÄT FÜR IHREN ERFOLG.

Fusionieren, Wechseln, Expandieren. Wir beraten seit Jahren nicht nur internationale Großkanzleien und Konzerne, sondern auch nationale Boutiquen und Mittelstand höchst erfolgreich. Profitieren Sie als Kunde und Kandidat/in von unserer gesamtumfassenden Marktkenntnis. Sie schauen sich diskret am Markt um. Wir freuen uns von Ihnen zu hören! WWW.SCHOLLMEYERSTEIDL.COM

WWW.SCHOLLMEYERSTEIDL.COM
INFO@SCHOLLMEYERSTEIDL.COM

FRANKFURT
T. +49 (0)69 7171 2983 0

DÜSSELDORF
T. +49 (0)211 30122 446

KÖLN
T. +49 (0)221 258 994 11

MÜNCHEN
T. +49 (0)89 1896 5972 0

M&A, PRIVATE EQUITY UND GROWTH VENTURE MIT SCHWERPUNKT TECH

Gehen Sie auf
orrick.de
für unsere jüngsten
Tech Insights

PitchBook #1
Anzahl an Venture Capital Transaktionen in Europa
2016, 2017, 2018, 2019, 2020, 2021

TRANSAKTIONEN, STREITBEILEGUNG, COMPLIANCE.

DÜSSELDORF | MÜNCHEN | WELTWEIT   orrick.de

JUVE Handbuch 2022|2023

ANWALTSMARKT 2022|23: TRENDS UND ENTWICKLUNGEN

Denken heißt vergleichen 57
Anwalt mal Zwei 60
Auf der Beschleunigungsspur 62
Die Relativität der Relevanz 66

.... 69

Nationaler Überblick: JUVE Top 50 75

Im Nationalen Überblick finden Sie Kanzleien, die nach der Recherche der JUVE-Redaktion bundesweit eine besondere Bedeutung und Reputation genießen. Sie bieten typischerweise Beratung und Vertretung in vielen Sparten des Wirtschaftsrechts an. Bitte beachten Sie auch die ▸*Verweise* auf eine detaillierte Besprechung in den Regional- und Rechtsgebietskapiteln im Anschluss.

25 JAHRE KANZLEIEN TRENDS UND ENTWICKLUNGEN

DENKEN HEISST VERGLEICHEN

Zum nunmehr 25. Mal steht die Beobachtung des Rechtsberatungsmarkts im JUVE Handbuch Wirtschaftskanzleien unter dem von Walter Rathenau geprägten Leitsatz „Denken heißt vergleichen". Denken wir also in seinem Sinne gemeinsam nach, vergleichen den Markt 1998 mit dem im Jahr 2023 und wagen einen vorsichtigen Blick in die weitere Zukunft.

Natürlich hat sich der Rechtsberatungsmarkt in den vergangenen 25 Jahren dramatisch verändert. Schon der Begriff des ‚Anwaltsmarkts' wäre heute nicht mehr richtig und ist längst dem des Rechtsberatungsmarkts gewichen – ein Tribut an die vielen Spielarten, die Rechtsberatung heute aufweist – und vielleicht auch an den deutlich gestiegenen Frauenanteil.

Beginn der Globalisierung

1998 fiel der Startschuss für die Internationalisierung im deutschen – damals noch - Anwaltsmarkt. Es war die Zeit der OLG-Singularzulassung und die Elite der Wirtschaftskanzleien war klassisch deutsch (▶Top-Kanzleien 1998). Nur wenige internationale Einheiten unterhielten hierzulande Büros. Ein knappes Dutzend tummelte sich im Markt, die meisten mit einem Heimathafen in den USA. Aber sie spielten - mit Ausnahme der US-Kanzlei Shearman & Sterling und der britischen Wettbewerberin Clifford Chance - nur eine untergeordnete Rolle, waren kaum mehr als Brückenköpfe ihrer ausländischen Mutterhäuser.

Heute ist von den Namenspartnern der einstigen deutschen Top-Kanzleien kaum noch die Rede. Eine Ausnahme bildet der Strafrechtler Prof. Dr. Nils Clemm. Seinerzeit gehörte er mit seiner wenig später zerbrochenen Kanzlei Schön Nolte Finkelnburg & Clemm zum Verfolgerfeld der Spitzengruppen. Sein Teil der Kanzlei fusionierte Anfang 1999 mit der ebenfalls zu den Verfolgern zählenden Sozietät Feddersen. Mitte 2000 brachte man dann gemeinsam den ersten großen deutsch-amerikanischen Merger über die Bühne und ging mit White & Case zusammen. Clemm ist bis heute im Berliner Büro von der Kanzlei tätig. Eine bemerkenswerte Konstanz. Feddersen war bei weitem nicht die einzige Kanzlei, die 1998/99 in den Startlöchern für eine mögliche Fusion stand. Die Zeichen standen klar auf Globalisierung. Bruckhaus, schon damals Teil der Marktspitze, hatte bereits mit der Wiener Kanzlei Heller Löber Bahn & Partner fusioniert und unterhielt insgesamt mehr als ein Dutzend Büros. Verfolgerin Deringer wiederum hatte eine strategische Allianz mit der britischen Kanzlei Freshfields verkündet, der auch die österreichische Spitzenkanzlei Wolff Theiss beitrat. Heute stehen die Namen Freshfields Bruckhaus Deringer für Top-Beratung in Deutschland und international.

Spekuliert wurde seinerzeit, dass auch Pünder, Vollhard, Weber & Axster sich gen Österreich orientiert: Gemunkelt wurde, die Kanzlei wolle mit der bis heute hoch angesehenen österreichischen Kanzlei Cerha Hempel Spiegelfeld gemeinsame Sache machen. Es wurde nichts daraus, stattdessen tat sich Pünder mit der bereits in Deutschland ansässigen britischen Einheit Clifford Chance zusammen.

Döser Amereller Noack war 1998 bereits mit Baker McKenzie verbandelt – eine Partnerschaft die wenig später

Top-Kanzleien 1998...

NATIONALER ÜBERBLICK
Bruckhaus Westrick Heller Löber Hengeler Mueller Weitzel Wirtz
Deringer Tessin Herrmann & Sedemung Gleiss Lutz Hootz Hirsch Oppenhoff & Rädler Pünder Volhard Weber & Axster
Boesebeck Droste Döser Amereller Noack Feddersen Laule Scherzberg & Ohle Hansen Ewerwahn

Quelle: JUVE-Handbuch Wirtschaftskanzleien 1998/99

in eine Fusion mündete. Oppenhoff & Rädler wiederum war in einer Allianz mit Linkaters & Paines, zu der auch die schwedische Kanzlei Lagerlöf & Leman, die belgische Einheit De Brandt Van Hecke & Lagae und De Brauw Blackstone Westbroek aus den Niederlanden gehörten. Auch die Verbindung Oppenhoff/Linklaters führte zu einer Fusion und Jahre später zur Abspaltung eines Teams, das die Keimzelle einer neuen und bis heute bestehenden Kanzlei Oppenhoff & Partner wurde.

Die letzte große transatlantische Fusion unter deutscher Beteiligung ging schließlich 2010 über die Bühne: Die britische Kanzlei Lovells, 2000 durch Fusion mit Boesebeck Drosten nach Deutschland gekommen, tat sich mit Hogan & Hartson aus den USA zu Hogan Lovells zusammen.

Beste Freunde und geplatzte Träume

Auch die Basis für solide internationale Kooperationen ohne Fusion war vor der Jahrtausendwende bereits gelegt. So kooperierte Hengeler Mueller schon damals regelmäßig mit der US-Einheit Davis Polk & Warwell – obwohl diese bis 2009 auch ein eigenes deutsches Büro unterhielt. Gleiss Lutz war sogar schon einen Schritt weiter und verhandelte mit den Niederländern von Stibbe Simont Monahan Duhot über einen Zusammenschluss. Von dem Plan verabschiedeten sich die Kanzleien zwar wieder, doch sind sie bis heute ziemlich beste Freunde

Einen Mittelweg wählte am Ende Sigle Loose Schmidt-Diemitz, die schon damals eng mit der britischen Kanzlei Cameron McKenna kooperierte. Es war der Anfang des heutigen CMS-Verbunds, einer Verbindung, die zwar keine Fusion ist, aber auch mehr als eine gemeinsame Dachmarke.

Genau betrachtet, sind die Veränderungen zwischen damals und heute mit Blick auf die Internationalität letztlich deutlich kleiner als es wirkt. Trotz vieler Aufs und Abs, Abspaltungen, Partnerwechsel und Umstrukturierungen sind die damals angelegten internationalen Strukturen erstaunlich stabil.

Nicht verschwiegen werden soll aber, dass es in dieser Aufbruchzeit auch Kooperationsversuche gab, die zu nichts führten. Aus Feddersen und Simmons & Simmons wurde nichts und auch Heuking Kühn Lüer Wojtek und Dentons oder Graf von Westphalen Fritze Bappert & Modest und Osborne Clarke fanden am Ende nicht zueinander. Letztere hatten 1999 sogar bereits ihre Frankfurter Büros zusammengelegt. Nörr und die britische Kanzlei Macfarlanes beschnupperten sich ebenfalls – heute ist Macfarlanes nicht einmal Mitglied des riesigen Lex-Mundi-Netzwerks, in dem sich Noerr – inzwischen ohne Umlaut – engagiert.

Auf Augenhöhe?

Die meisten grenzüberschreitenden Zusammenschlüsse liefen – glaubt man den damaligen Erklärungen deutscher Kanzleien – auf Augenhöhe. Daran darf gezweifelt werden. Schon damals war die monetäre Kraft von Sozietäten aus dem anglo-amerikanischen Raum größer als die der deutschen, in der Regel waren sie auch deutlich personalstärker.

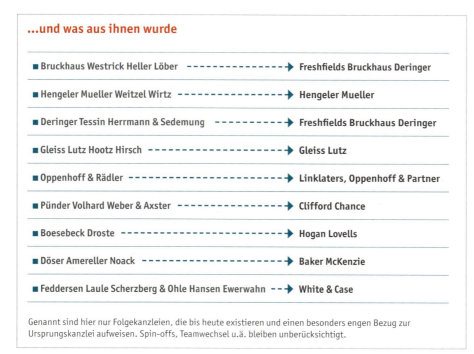

...und was aus ihnen wurde

Ursprungskanzlei	Folgekanzlei
Bruckhaus Westrick Heller Löber	Freshfields Bruckhaus Deringer
Hengeler Mueller Weitzel Wirtz	Hengeler Mueller
Deringer Tessin Herrmann & Sedemung	Freshfields Bruckhaus Deringer
Gleiss Lutz Hootz Hirsch	Gleiss Lutz
Oppenhoff & Rädler	Linklaters, Oppenhoff & Partner
Pünder Volhard Weber & Axster	Clifford Chance
Boesebeck Droste	Hogan Lovells
Döser Amereller Noack	Baker McKenzie
Feddersen Laule Scherzberg & Ohle Hansen Ewerwahn	White & Case

Genannt sind hier nur Folgekanzleien, die bis heute existieren und einen besonders engen Bezug zur Ursprungskanzlei aufweisen. Spin-offs, Teamwechsel u.ä. bleiben unberücksichtigt.

Zudem gingen die Avancen von London und New York aus, nicht von Frankfurt und Hamburg. Während britische und US-Kanzleien sich daran machten, ihren teils bereits bestehenden internationalen Netzwerken ein deutsches Element hinzuzufügen, machte sich keine einzige der damaligen deutschen Top-Adressen alleine auf den Weg, zu einem globalen Player zu werden. Kultur und Historie sprachen schlicht dagegen.

Ganz anders bei Freshfields oder Linklaters. Erstere eröffnete in den 1970er Jahren ihre ersten kontinentaleuropäischen Büros. Linklaters begann damit sogar schon in den 1960ern und hatte Ende der 1970er Dependancen in Mailand, New York, Brüssel, Paris und Hongkong.

Im Vergleich zu Baker McKenzie, deren Ursprünge in Chicago liegen und die heute eine der globalsten Kanzleien überhaupt ist, waren die britischen Einheiten allerdings Spätstarter. In den 1950ern ging Baker nach Venezuela, wenig später folgte Europa – unter anderem mit der Eröffnung in Brüssel nur kurz nach Unterzeichnung der Römischen Verträge. 1999 rückte die Französin und heutige EZB-Chefin Christine Lagarde für fünf Jahre an die Spitze der internationalen Kanzlei. Soweit bekannt war es das erste Mal, dass eine Frau eine internationale Kanzlei führte.

Die Folgen der frühen Expansion aus den USA heraus sind bis heute sichtbar: Von den 20 derzeit umsatzstärksten Kanzleien weltweit haben 16 ihren Ursprung in den USA, vier in Großbritannien. Unter den Top100 findet sich keine einzige deutsche Einheit, hat das US-Magazin American Lawyer ermittelt.

In Deutschland folgten der ersten Fusionswelle weitere. Schließlich fanden auch Spezialkanzleien ihren Weg hierher, darunter die Litigation-Spezialisten von Hausfeld (2015) und Quinn Emanuel Urquhart & Sullivan (2010) und die Versicherungsexperten von Clyde & Co (2016). 2020 kamen weitere der gefürchteten US-Klägerkanzleien.

Bei den deutschen Anwaltskammern, aber nicht nur dort, löste die erste Fusionswelle heftige Kontroversen, vereinzelt Panik aus. Von „britisch-imperialistischen Übernahmen" und rein profitorientierter US-Hegemonie war die Rede und vom völligen Verlust deutscher Rechtskultur. Nun – 25 Jahre später – ist klar, so schlimm kam es nicht.

Spaltungstendenzen

Die Konfliktlinien laufen heute, nachdem das anwaltliche Abendland durch die Globalisierung nicht untergegangen ist, sondern sich vielmehr besser an den Bedürfnissen der Unternehmen orientiert, woanders. Immer wieder kracht es aber zwischen den Verteidigenden hergebrachter anwaltlicher Modelle und denjenigen, die sich für eine Modernisierung und Liberalisierung der Rechtsberatung stark machen. Die Kritisierenden ziehen sich stets darauf zurück, dass das Gefüge auseinanderbricht, das ‚Organ der Rechtspflege' verwässert wird.

Unterm Strich geht es jedoch meist um Wettbewerb. Wettbewerb, den die Notariate bislang recht erfolgreich verhindern, dem sich aber die Anwaltschaft immer intensiver stellen muss. Dass es darum geht, Märkte zu sichern, zeigte sich schon bei den Diskussionen um die Aufhebung der Lokalisation und der OLG-Zulassung. Auch bei der großen Berufsrechtsreform 2007/08 mit Einführung des RDG knirschte es aus Angst vor Konkurrenz. Es waren bis heute bekannte Streitpunkte: Erfolgshonorar und nicht-anwaltliche Dienstleistungen. Beides erlaubte die Gesetzgebung – teils auf obergerichtlichen Druck – seinerzeit in homöopathischen Dosen. Erst die vor wenigen Wochen in Kraft getretene neue BRAO macht nun einen ernsthaften Schritt hin zur Liberalisierung und zur Anerkennung, dass Rechtsberatung heute – jedenfalls im Wirtschaftsumfeld – mehr verlangt als juristische Exzellenz. Nötig wurde das auch, weil erneut die Rechtsprechung Druck aufbaute und Wettbewerb schuf: Die Befugnisse von Inkassodienstleistenden wurden peu à peu in die Prozessführung erweitert. Mit deren No-win-no-fee-Angeboten konnten Kanzleien im privaten Sektor nicht ernsthaft konkurrieren.

Auch gegen diese letzte Reform gab es teils heftige und zum ersten Mal in wesentlichen Teilen erfolglose Gegenwehr aus den Kammern. Die meisten von ihnen haben bis heute auch keinen rechten Weg gefunden, mit den wirtschaftsberatenden Kanzleigiganten umzugehen. Die wiederum haben allerdings in den vergangenen Jahrzehnten auch wenig Interesse daran gezeigt, sich in den berufsständischen Einheiten zu engagieren. Man fühlte sich unverstanden. Die Folge: Im Frühjahr dieses Jahres nahm der Bundesverband der Wirtschaftskanzleien seine Arbeit auf. Im Sommer hatten sich bereits knapp 40 Kanzleien, nationale wie internationale, kleine wie große, Full-Service-Einheiten und Boutiquen unter dem neuen Dach zusammengefunden. Hinter ihnen steht ein Beirat aus teils einflussreichen General Counsel. Es ist nicht das erste ‚Schisma' im Umfeld wirtschaftsberatender Juristen und es wird nicht das letzte sein.

ANWALT MAL ZWEI

Für das größte ‚Schisma' des Rechtberatungsmarkts der vergangenen Jahre steht der Berufsstand der Syndizi, eine von den Kammern über Jahrzehnte weitgehend ignorierte, aber als zahlungsfähige Klientel durchaus willkommene Berufsgruppe. Dass sie seit 2015 zur Anwaltschaft gehören, ist auch Ausdruck ihrer gewandelten Rolle und eines geänderten Verständnisses von Risiken.

Schon 2011 entstand als eine Art Gegenbewegung der Bundesverband der Unternehmensjuristen (BUJ). Ein Ziel: Ihre Anerkennung als Rechtsanwälte – verbunden mit entsprechenden Rechten und Altersversorgungen. Rasch stieg die Mitgliederzahl. Erstmals hatten die bis dato eher lose in diversen kleineren Zirkeln organisierten Inhouse-Juristen eine Anlaufstelle, die sich ausschließlich ihrer Berufsgruppe widmete. Die Arbeitsgemeinschaft der Syndikusanwälte im Deutschen Anwaltverein (DAV) etwa hatte nie derart reüssiert, einfach weil das kleine Grüppchen im großen Gesamtgefüge DAV keine signifikante Rolle spielte.

2014 kam es zum Schwur: Das Bundessozialgericht schob der bis dato geduldeten semi-legalen Zulassungspolitik und der Befreiung der Unternehmensjuristen von der Rentenversicherungspflicht einen Riegel vor. Was folgte war ein nie gesehener Lobbying-Angriff auf die Kammern und erneut teils erbitterter Widerstand manch konservativer Kammer. Vor allem die Postulationsfähigkeit und das sogenannte Anwaltsprivileg wurden bekämpft. Beides, so die Sorge, würde viele niedergelassene Anwälte Geschäft kosten. Unerwünschter Wettbewerb drohte.

Erstmals zeigte sich, welchen Einfluss die großen Wirtschaftskanzleien und die Syndizi in den berufsständischen Vereinigungen haben könnten, wenn sie nur wollten. Sie überrannten die Kammerversammlungen, um deren Positionierung im Sinne der Syndizi durchzusetzen. Hinter vorgehaltener Hand räumten Kanzleivertretungen ein, dass sie sich dem Druck ihrer Mandantschaft beugten, die von ‚ihren' Kanzleien Unterstützung erwarteten. Auch die großen Wirtschaftsverbände sprangen den Unternehmensjuristen bei – auch dies eine völlig neue Allianz. Anfang 2016 kam die Reform, die in beachtlichem Tempo den Gesetzgebungsprozess durchlief. Der Syndikusrechtsanwalt war aus der Taufe gehoben – sehr eingeschränkt postulationsfähig und ohne Zeugnisverweigerungsrecht zwar, aber immerhin eingegliedert in die Riege der Anwaltschaft.

Knapp 23.000 Syndikusanwälte, der Großteil zugleich als Rechtsanwalt zugelassen, gab es Anfang 2022 (▶*Beständiges Wachstum*). Ihnen ist es zu verdanken, dass die Zahl der Anwälte in Deutschland in den vergangenen Jahren stabil erscheint. 2021 waren dennoch weniger Anwälte zugelassen als im Vorjahr und auch 2022 ging es ins Minus. Es ist das erste Mal seit Bestehen der Bundesrepublik, dass die Zunft schrumpft. Dafür ist der Frauenanteil von gut 22 Prozent 1998 auf jetzt 36 Prozent gestiegen – ebenfalls teilweise den Syndizi geschuldet.

Zankapfel Syndizi

Der Berufsstand der Syndikusanwälte war 2014 nicht zum ersten Mal ein Konfliktfall. Er war in den vergangenen Jahrzehnten ein steter Zankapfel zwischen Bundesgerichtshof und Bundesverfassungsgericht und zwischen Bundesrechtsanwaltskammer und DAV – kurz, überall, wo er auftauchte. Selbst die europäische Justiz beschäftigte er. Ein Vortrag von Prof. Hans-Jürgen Hellwig, langjähriger Partner bei Hengeler Mueller, machte 2014 die ganze Absurdität der Debatten deutlich: Er erinnerte daran, dass es die Nationalsozialisten waren, die die Unternehmensjuristen einst aus der Anwaltschaft drängten. Und er erinnerte daran, dass in den 1970ern ein junger und unbekannter Assistent der Hamburger Universität den Zustand öffentlich anprangerte: Es war der Grieche Vassilios Skouris, von 2003 bis 2015 Präsident des Europäischen Gerichtshofs. Genau 40 Jahre nach seinem Aufsatz kam die gesetzgeberische Teil-Korrektur.

Doch auch abseits der Politik war die Geschichte der Syndizi nicht weniger wechselvoll als die der Kanzleien. Einst gab es kaum einen Vorstand, in dem nicht mindestens ein Jurist saß, es folgte eine weitgehend juristenfreie Phase, der nach dem Siemens-Korruptionsskandal 2008 eine kleine Gegenbewegung folgte. Das Muster von Siemens hat sich seitdem mehrfach wiederholt: Zu abgeschottete oder einflusslose Rechtsabteilungen sind nicht in der Lage, aus ihrem Elfenbeinturm heraus die Rechtsrisiken zu überblicken, es folgt der teure und reputationsschädigende Skandal und die Berufung eines wahlweise Rechts-/Compliance-/Integritäts-/Ethikvorstands und eine grundlegende Reform der Rechtsabteilung. So oder so ähnlich geschah es unter anderem bei der Deutschen Telekom, bei Thyssenkrupp, Daimler, der Deutschen Bank und schließlich bei Volkswagen. Dass zumindest in der Frühphase von Compliance in der Regel auch Inhouse-Juristen die Leitung dieser neu geschaffenen Risiko-Abteilungen übernehmen, war da schon fast ein Selbstläufer.

Erstarktes Selbstbewusstsein

Gerade in den vergangenen Jahrzehnten hat sich die Rolle der Syndizi nicht nur wegen der Compliance-Debatte ebenso dramatisch verändert wie die der Kanzleien. Schon der Streit um die Syndikuszulassung machte deutlich: Unternehmensanwälte haben Macht. Sie haben die Macht, Kanzleien in den berufspolitischen Ring zu schicken, und sie haben genug Rückendeckung in ihren Unternehmen, um sich die Unterstützung der großen Unternehmensverbände zu sichern. Wenig überraschend zog es der Inhouseverband BUJ auch vor, mit diesen Verbänden 2021 gegen das Unternehmensstrafrecht zu Felde zu ziehen und nicht mit dem Anwaltskollegium, dessen Perspektive ihm zu intrinsisch war. Ein derartiges rechtspolitisches Engagement wäre noch in den 2000er-Jahren undenkbar gewesen.

Folgerichtig hat sich auch die tägliche Arbeit und die Zusammenarbeit mit Kanzleien dramatisch verändert. Aus der Stabsstelle Recht ist das Legal Team geworden, wahlweise inklusive Compliance. Es ist – nicht flächendeckend, aber jedenfalls in den meisten Großunternehmen – der General Counsel, der die Zügel in der Hand hält, der eine oder die maßgebliche Stimme hat, wenn es um die Rechtsberatenden des Unternehmens geht und der auch die Gremien bei der Wahl ihrer individuellen Berater unterstützt.

Angetrieben wird dieser Imagegewinn nicht nur durch den Generationswechsel in den Führungsetagen und eine zunehmende Professionalisierung und Ökonomisierung des Managements von Rechtsabteilungen. Angetrieben wird er vor allem dadurch, dass weltweit die Regulierung engmaschiger wird, die Rechtsrisiken stetig steigen und der gesellschaftliche Wandel jedenfalls in der westlichen Welt unangemessenes Verhalten von Unternehmen stärker abstraft, auch finanziell. Denkt man nicht 25, aber 24 Jahre zurück: Erst seit 1999 sind Schmiergelder nicht mehr steuerlich absetzbar. Heute kostet ein Unternehmen systematische Korruption schnell Milliarden. Von steigenden rechtlichen Risiken profitieren Unternehmensjuristen ebenso wie Kanzleien.

Parallel zu der wachsenden Bedeutung von Rechtsrisiken für Unternehmen mausern sich Rechtsabteilungen zu effizient geführten und dem allgemeinen Kostendruck gehorchenden Zentralabteilungen, meist mit unmittelbarem Zugang zum obersten Management. Es ist die zunehmende Professionalisierung dieser Mandantschaft, die derzeit auch die Kanzlei-Anwälte ein Stück weit vor sich her treibt. So hat BASF – nach beachtlichem Erfolg in den USA – ihre deutsche Rechtsberatungsriege schon einmal mit klaren Diversity-Forderungen ins Schwitzen gebracht. ESG gilt eben für alle. Mit dem in den USA begonnenen und inzwischen in Deutschland angekommenen Einzug juristischer IT-Tools, alternativer Dienstleistungen und Legal-Operations-Spezialisierungen geht der Markt zudem in eine völlig neue Phase. ∎

Beständiges Wachstum

2017 erfasste die BRAK erstmals die Zahl der Syndikuszulassungen. Seitdem steigt die Zahl der Doppel- wie Einzelzulassungen beständig. Die Zahl der Nur-Rechtsanwälte ist seitdem hingegen deutlich gesunken.

Quelle: Mitgliederstatistiken der Bundesrechtsanwaltskammer

TRENDS UND ENTWICKLUNGEN LEGAL TECH UND LEGAL OPERATIONS

AUF DER BESCHLEUNIGUNGSSPUR

International ist der Legal-Tech-Markt längst milliardenschwer und reizvoll für Investierende. Hierzulande fristen Legal-Tech- und Legal-Operations-Lösungen hingegen nach wie vor ein Nischendasein. Aber diese Nische wird Jahr für Jahr größer. In 25 Jahren wird auch in Deutschland der Rechtsberatungsmarkt nicht wiederzuerkennen sein.

Weltweit explodiert der Markt für Legal-Tech. Schon im Herbst 2021 hatten Wagniskapitalgebende laut der Datenbank Crunchbase mehr als eine Milliarde US-Dollar in Legal-Tech-Unternehmen gesteckt, andere Datenbanken kommen für das ganze Jahr auf mehr als zwei Milliarden. Law360 spricht von mehr als neun Milliarden Dollar, rechnet aber Investments und M&A-Aktivitäten zusammen. Klar ist: Der Löwenanteil der Deals spielt in den Vereinigten Staaten.

Das Nasdaq-Unternehmen Docusign – auch in Deutschland verbreitet – legte einen eigenen Venture-Capital-Fonds auf und die US-Kanzlei McDermott Will & Emery steckte zehn Millionen Dollar in The Legal Tech Fonds. Es sind nur zwei Beispiele von Dutzenden, die den US-Markt beschäftigten.

In Deutschland investierte unter anderem der KI-Fund Gradient Ventures von Google Geld in die Vertragssoftware Legal OS. Das deutsche Start-up Busylamp wiederum ist seit einem Jahr eine Tochter des US-Techunternehmens Onit, das zu den aktiven Beteiligten bei der Konsolidierung des Markts gehört. Daneben kauften unter anderem Mitratech, Litera und Lexisnexis fleißig zu.

Gespaltener Anwendermarkt

Die Seite der Investierenden verbreitet also jede Menge Optimismus. Die Seite der Anwendenden hingegen ist nach wie vor zwiegespalten, jedenfalls hierzulande. Während große Unternehmen und Kanzleien ihre Aktivitäten intensivieren, findet die Digitalisierung weitgehend ohne mittelständische Beteiligung statt. Kanzleien sehen mit Blick auf ihre Klientel oft die Notwendigkeit nicht, Unternehmen bewegen sich häufig in einem Teufelskreis: Um eine gründliche Analyse zu machen, fehlt es an Zeit und Kapazitäten, aber beides lässt sich nicht gewinnen, solange eine sinnvolle IT die Teams nicht entlastet. Sie bräuchten Unterstützung von ihren Rechtsberatenden, doch dort ist bislang wenig zu holen (▶*Mageres Angebot*).

Tatsächlich täten Kanzleien und Unternehmen gut daran, ihre Kräfte zu bündeln, um die Digitalisierung im Sinne aller Marktteilnehmenden zu gestalten. Ansätze dazu gibt es. So öffnete die Cloc, die US-Vereinigung der Legal-Operations-Experten, schon vor einiger Zeit ihre Türen auch für Kanzleien. Umgekehrt ging Reynen Court vor: Die Tech-Plattform startete mit rund 20 US- und internationalen Unterstützerkanzleien und hat nun eine Reihe von Großunternehmen, darunter UBS, Cisco und Intel sowie Expedia und Booking.com gewonnen. Auch Lupl, unter anderem mit Beteiligung von CMS, setzt auf Verbündete aus beiden Rechts-Welten.

Plattformtechnologien, so die herrschende Meinung, werden den Markt in der Zukunft maßgeblich beeinflussen. Das ist schon am Engagement von Microsoft erkennbar, die mit ihrer enormen Marktdurchdringung alle Voraussetzungen mitbringt, die Richtung künftig vorzugeben.

Legal Operations bleibt Legal Tech

Kanzleien definieren Legal Operations-Aufgaben weiterhin eng. Der Einsatz von Technologie steht klar im Fokus. Entsprechend berichten rund drei Viertel der Antwortenden, dass sie in Software investiert haben, nur gut die Hälfte auch in Personal.

Welche Teilbereiche umfasst Legal Operations?

Teilbereich	Anteil
Legal Tech	73 %
digitale Zusammenarbeit mit dem Mandanten	73 %
Projektsteuerung	69 %
Mandatsmanagement	68 %

Mehrfachantworten waren möglich.
Quelle: JUVE Recherche

Internationale Beobachtende gehen davon aus, dass sich der Markt insgesamt eher von kleinen Spezialanbietenden wegbewegen wird. Vielmehr werden IT-gestützte Lösungen zunehmend in der Hand großer Anbietender von Management-Lösungen und einiger weniger großer Spezialanbietender wie Mitratech, Litera, WoltersKluwer, Lexisnexis oder Onit liegen. Selbst die Service-Arme der großen Wirtschaftsprüfungsgesellschaften können dabei nur bedingt mithalten – sind allerdings derzeit in einer deutlich komfortableren Ausgangsposition als die meisten Anwaltskanzleien. Dass EY Law im Sommer 2022 Maurus Schreyvogel von Novartis zu sich lockte, der als einer der Vordenker der europäischen Legal-Ops-Szene gilt und in der Cloc aktiv ist, spricht für sich.

Doch auch abseits solcher Leuchtturm-Initiativen zieht in Deutschland das Tempo der Entwicklung gerade bei Anwaltskanzleien deutlich an. Dass Legal Tech in der Fläche angekommen ist, zeigt sich schon daran, dass der DAV erstmals einen Award auslobte (bei Drucklegung noch nicht entschieden). Der vor gut zwei Jahren entstandene Legal-Tech-Verband wiederum hat inzwischen eine Reife, dass er eine Geschäftsführung eingerichtet hat.

Die im August in Kraft getretene Liberalisierung des Berufsrechts könnte sich als kleiner Turbo für Legal-Tech- und Legal-Operations-Leistungen erweisen, erleichtert sie doch die interdisziplinäre Zusammenarbeit und damit die Möglichkeit für Kanzleien, sich über die reine Rechtsberatung hinaus zu entwickeln. Dass der BGH einer Anwendung wie Smartlaw im vergangenen Herbst seinen Segen erteilte, schuf zudem mehr Rechtssicherheit in der Frage, was (Nicht-)Kanzleien dürfen sollen.

Evolution der Kanzlei-Töchter

Die Taktiken der Kanzleien sind dabei unterschiedlich beziehungsweise komplementär. Viele setzen auf Kooperationen mit Tech-Anbietenden, Kooperationen die, über das Anbieter-Nutzer-Verhältnis weit hinausgehen. Neben Reynen Court mit ihrer breiten Kooperationsriege hat sich etwa Linklaters, die bereits ihre eigene Contract-Lifecycle-Management-Software an eine breite Kundschaft verkauft hat, mit dem No-code Plattform-Anbieter Bryter für künftige Projekte zusammengetan. CMS Hasche Sigle, eine der Vorreiterinnen für Service-Center und Tech-Anwendungen für Mandanten hierzulande, kooperiert schon seit längerem mit dem Schweizer Legaltech-Unternehmen Legartis. Auf Umwegen kommt so auch die Vertragsanalyse-Software Della nach

> **Mageres Angebot**
>
> Kanzleien sind noch nicht so weit, dass sie ihren Mandanten über die Rechtsberatung hinaus großflächig Unterstützung anbieten. Mehr als die Hälfte der Antwortenden bietet nichts an. Weit vorn sind neben einigen internationalen Kanzleien die Rechtsberatenden der großen Wirtschaftsprüfungsgesellschaften.
>
> *Welche Dienstleistungen stellen Sie Mandanten bereit?*
>
> Projektmanagement
> 25 %
>
> Transaktionsmanagement
> 8 %
>
> Prozessmanagement
> 7 %
>
> Vertragsmanagement
> 5 %
>
> Mehrfachantworten waren möglich.
> Quelle: JUVE Recherche

Deutschland: Ursprünglich Nutznießer der Inkubator-Initiative der US-Kanzlei Slaughter and May, folgt nun der Rollout bei Slaughters bester Freundin Hengeler Mueller.

Die Slaughter-Initiative ‚Collaborate', die jüngst in die dritte Runde ging und inzwischen mit 17 Start-ups zusammengearbeitet hat, zeigt einen anderen Weg auf, wie Kanzleien ihr Technik- und Operations-Engagement intensivieren: Tochtergesellschaften. Hier spielen nicht nur die Großen mit, sondern auch mittelständische Einheiten wie SKW Schwarz oder GSK Stockmann. Während diese Gesellschaften, ähnlich wie das kontinuierlich wachsende Service Center von Hogan Lovells in Berlin, primär als Compliance- oder Legal-Tech-Schmieden ins Leben gerufen wurden, entwickelt sich inzwischen rasant eine ganz spezifische Art von Töchtern, nämlich solche, die auf Massenphänomene bei der Prozessführung oder andere standardisierbare Rechtsarbeit zielen.

Die noch vor wenigen Jahren etwas naserümpfend als ‚Billig-Läden' gemiedene Form der Leistungserbringung bekommt mit der Zunahme von Massenklagen unterschiedlicher Couleur in den Augen etlicher Kanzlei-Führungskräfte einen ganz neuen Charme – durchaus mit Vorteilen für potenzielle Mandanten, die mit deutlich niedrigeren Kosten rechnen dürfen. Und dass Massenklagen auch nach dem Dieselskandal ein wachsendes Phänomen sein werden, ist längst klar. Nicht nur technisch hochgerüstete Klägerkanzleien und auf

> **Partner-Case**
> Legal Operations bleibt fest in anwaltlicher Hand. Zwar setzen auch etliche Kanzleien auf fachübergreifende Arbeitsgruppen, doch bedeutet das meist nicht, dass Verantwortung konsequent abgegeben wird. Eine interdisziplinäre Arbeitsgruppe hat nicht einmal die Hälfte der Kanzleien.
>
> *Wer kümmert sich um Legal Operations?*
>
> Partner: 73 %
> Kanzlei-Management: 64 %
> Mitarbeiter mit IT-Hintergrund: 58 %
>
> Mehrfachantworten waren möglich.
> Quelle: JUVE Recherche

Privatkundschaft zielende Tech-Unternehmen wie Flightright werden dafür sorgen. Gerade auch die zu erwartenden Klagen rund um Klimaschäden und soziale Missstände, neudeutsch ESG, bieten ein riesiges Feld. Rückversicherungs-Gesellschaften wie Swiss Re haben Litigation-Risiken aufgrund des Technologieeinsatzes auf Klägerseite längst auch jenseits der USA unter die steigenden Risiken eingeordnet.

Doch die Verteidiger-Kanzleien schlagen inzwischen zurück, allen voran Freshfields Bruckhaus Deringer. Voll gepumpt mit Know-how aus den VW-Prozessen verkündete die Kanzlei Anfang 2022, dass sie eine eigene Einheit für Massenprozesse ins Leben ruft. Start ist in Münster, weitere Standorte in B- und C-Lagen sollen folgen. Nur wenig später verkündete Fieldfisher den Start von FieldfisherX, eine ähnlich orientierte Gesellschaft, allerdings – wie auch beim Hogan-Lovells-Team – mit Sitz in Berlin.

Und es geht weiter: Cleary Gottlieb Steen & Hamilton, traditionsreiche New Yorker Edel-Adresse, sendete kleine Schockwellen entlang der US-Ostküste, als sie im Sommer die Gründung von ClearyX verkündete. Mit Technologie, kreativer Personalbesetzung und innovativen Honorarmodellen will die Kanzlei Transaktionsarbeit künftig kundenorientierter angehen. Auch in Deutschland ist der Einsatz von Tech in Deals längst mehrheitsfähig (▶*Großflächig willkommen*), doch brauchen Service-Einheiten meist eine Weile, um die erforderliche Besetzung für kontinentaleuropäische Bedürfnisse zu finden.

Eine derartige Initiative aus einem Haus wie Cleary wäre allerdings noch vor zwei Jahren genauso undenkbar gewesen wie Gleiss Lutz' Präsenz im Metaverse, die im Sommer 2022 Avatar-Gestalt annahm.

Halb zog es sie....

All dies kommt nicht von ungefähr. Globale Konzerne üben weiterhin einen beachtlichen Druck aus, um ihre Rechtsberatenden zu mehr Kostensensibilität und Effizienz zu bewegen. Das geht bereits los mit umfangreichen Panel-Ausschreibungen wie jüngst bei EnBW. Vor allem aber sind es Legal-Operations-Wegbereitende wie viele US-Konzerne, aber auch British Telecom, die jüngst einen langfristigen Vertrag mit dem alternativen Anbieter Factor geschlossen hat, oder UBS. Sie erwarten längst, dass ihre Rechtsberatenden genauso viel Energie in Operations-Maßnahmen stecken wie sie selbst. Legal Tech ist dabei nur ein Element von vielen. Es droht die Auslagerung an alternative Anbieter.

Das Darmstädter Unternehmen Merck macht hierzulande schon seit einigen Jahren vor, wie sich spezifisches Legal-Tech- und -Operations-Engagement mausern kann: Nach ersten klassischen Operations-Initiativen brachte das Rechtsteam durch eine Kooperation eine eigene Vertragssoftware auf den Markt. Nun will der Konzern die Prozesse der Gruppenfunktionen, also unter anderem Tech, Finanzen, Personal und Einkauf, effizienter gestalten. Statt dieses Thema externen Beratenden zu überlassen, ist der frisch berufene ‚Head of Lean Governance' dem Rechtsbereich zugeordnet. Ein Grund ist inhaltlich: Die Governance-Strukturen sollen und müssen sich an den regulatorischen Vorgaben und Risiken orientieren. Der andere Grund ist eben die wegbereitende Rolle der Rechtsabteilung durch Legal Operations-Initiativen. Genau dort finden sich bereits praktische Erfahrungen mit dem Lean Management.

Inzwischen setzen immer mehr deutsche Unternehmen auf Legal-Operations-Kompetenz, zuletzt kam unter anderem ZF Friedrichshafen hinzu. Das Bild, das Kanzleien in Deutschland derzeit abliefern, dürften gerade diese Konzerne als eher desolat empfinden. Kaum ein Angebot für sie, zu wenig Verantwortung in wirklich qualifizierter Hand (▶*Partner-Case*) und eine inhaltliche Verengung auf Legal Tech statt innovativer Service-Lösungen (▶*Legal Operations bleibt Legal Tech, Seite 62*).

Unternehmensberatungen wie Gartner gehen davon aus, dass Rechtsabteilungen ihre Investitionen in Legal Tech in den kommenden drei Jahren verdreifachen werden. Zugleich werden sie einen nicht unerheblichen Teil ihrer eher generalistisch arbeitenden Anwälte durch Nicht-Anwälte ersetzen. Diese werden dank ihrer operativen Erfahrungen Schlüsselrollen besetzen, wenn es um Mandatierungsstrategien und Digitalisierung geht. Letzteres wird – Cleary deutet es an – auch bei Transaktionen noch deutlich relevanter werden. Die Prognose: Die Hälfte aller bei Deals anfallender Arbeiten ist einer Automatisierung zugänglich.

Den Kanzleien bleibt also kaum eine Wahl: Entweder sie gestalten die Umbauprozesse des Markts aktiv mit oder sie werden von ihren wichtigsten Mandanten gestaltet. Man muss ja nicht so weit gehen wie Gleiss und man mag deren Engagement im Metaverse für einen Marketing-Gag halten, Zufall ist er sicherlich nicht. Meta, ehemals Facebook, ist einer der wichtigen Mandanten der Kanzlei – und eine treibende Kraft des neuen Universums.

Großflächig willkommen

Legal-Tech-Tools haben inzwischen in vielen Praxisgruppen, in unterschiedlichen Entwicklungsstadien, Einzug gehalten. Am häufigsten in folgenden Rechtsgebieten:

Wo setzen Sie Legal-Tech-Tools ein?

Compliance/Internal Investigations — 66 %
Gesellschaftsrecht — 61 %
Transaktionen — 61 %
Litigation/Dispute Resolution — 59 %

Mehrfachantworten waren möglich.
Quelle: JUVE Recherche

DIE RELATIVITÄT DER RELEVANZ

Kanzleien, die den Anspruch haben, zu den bundesweiten Top-Adressen zu gehören, müssen sich ständig wandeln. Es gilt, den sich verändernden Bedürfnissen der Mandanten Rechnung zu tragen. Wo lange Zeit die hochkarätige Beratung im Gesellschaftsrecht und von Transaktionen das Nonplusultra waren, haben Disziplinen wie Konfliktlösungs- und Regulierungskompetenz praktisch gleichgezogen – das schlägt sich in den JUVE Top 50 (▸ab Seite 75) deutlich nieder.

Dass sich Mandantenbedürfnisse ändern, klingt wie eine Binsenweisheit. Doch im Kontext von Digitalisierung, Compliance- und Litigation-Risiken und ganz besonders im Umfeld von Pandemie, Klimawandel und Ukraine-Krieg ist sie wahrer denn je. Die sogenannten Bet-the-Company-Mandate, bei denen der Preis kaum eine Rolle spielt, liegen heute nicht mehr wie früher primär im Transaktionsgeschäft. Sie finden dort natürlich unter Umständen auch statt, aber eben längst nicht mehr ausschließlich. Deshalb verändert sich auch die Rolle derjenigen, die Rechtsberatung für Unternehmen leisten.

Kontinuierlicher Wandel

Derartige Entwicklungen und Akzentverschiebungen hat die JUVE Redaktion in den vergangenen 25 Jahren eng verfolgt. Und natürlich haben sie immer wieder gerade auch beim JUVE-Top-50-Ranking ihren Niederschlag gefunden. Grenzüberschreitende Kompetenz oder Know-how im Finanzierungssektor etwa spielten Ende der 1990er Jahre als die Internationalisierungswelle bei den Kanzleien gerade begann, eine viel geringere Rolle als heute.

Im Lauf der Zeit haben sich aber auch die Anforderungen an das Kanzleimanagement gewandelt – sei es hinsichtlich der internationalen Strategie, einem Fokus auf mehr Teamwork und fachübergreifend vernetztem Arbeiten oder der Stimmigkeit der Personalentwicklung.

Bei letzterem etwa wirken sich veränderte **Ansprüche des anwaltlichen Nachwuchses** aus. So belegen die vom JUVE Verlag durchgeführten Umfragen des Karrieremagazins azur, dass eine Partnerschaft nicht mehr unbedingt das alleinige Lebensziel des heutigen Anwaltsnachwuchses ist. Auch eine hohe Bezahlung allein genügt als Lockmittel nicht. Förderung und Work-Life-Balance stehen hoch im Kurs, Teilzeitmodelle sind bis in die Vollpartnerschaft hinein gewünscht. Kanzleien müssen auch darauf adäquate Antworten finden, schließlich sind es die heutigen Associates, die mittelfristig die Ansprüche der Mandanten erfüllen sollen.

Seit einigen Jahren haben sich zudem die Ansprüche an **Services und Technologieeinsatz** verändert und sind stärker in die Bewertung der Spitzenkanzleien einbezogen worden. Der Grund: Immer mehr Mandanten erwarten, dass beides auf höchstem Niveau und für sie maßgeschneidert angeboten wird. Die Art und Weise, wie Kanzleien ihre Dienstleistung erbringen, genießt heute nicht nur bei Routinefragen wesentlich größere Aufmerksamkeit. In der jüngsten JUVE-Inhouse-Umfrage gab etwa ein Drittel der Antwortenden an, Legal-Tech-Angebote von Kanzleien bereits genutzt zu haben oder sie für sehr relevant zu halten. Und schon 2020 stand ein besseres Projektmanagement der Kanzleien weit oben auf der Wunschliste der Mandanten.

Zunehmende Komplexität

Weil die Herausforderungen für Unternehmen komplexer werden und Schwerpunkte sich verändern, müssen die führenden Kanzleien sich und ihr Angebot laufend überdenken. Ein Nebeneinander von herausragenden Spezialisierungen genügt dabei immer weniger. Vielmehr rückt vernetztes Arbeiten in den Vordergrund wie es sich schon am Beispiel von **Compliance** zeigte, sei es bei der Untersuchung von Rechtsverstößen oder bei der Überprüfung von Lieferketten. Zur Exzellenz in verschiedenen juristischen Feldern und einer nahtlosen Steuerung über diese Felder hinweg muss ein hohes Verständnis für Unternehmenskulturen und -strukturen treten.

Inzwischen stehen **ESG-Themen** wie eine robuste Unternehmens-Governance, Verantwortung für Klimawandel-Effekte und soziale Folgen auf der Agenda von Unternehmen

Out of the box

Visual Culture
Research & Analysis
Concept Development
Branding
Brand Strategy
Brand Culture

Corporate Design
Editorial Design
Campaign Strategy
Recruitment Strategy
Prototyping
Corporate Websites

Logos & Key Visuals
Naming & Claims
Style Guides
Design Management
Relaunches
Infographics

bureauborneo.com
hello@bureauborneo.com

Seit 2014 beraten und begleiten wir Kanzleien in ihrer Außendarstellung. Dabei entwickeln wir Ideen und liefern Ergebnisse, die weiter tragen und über das in der Branche Übliche hinausragen. Konzeptionell und gestalterisch erschließen wir neue Räume, schaffen Perspektiven und ermöglichen visuelle Freiheiten, die Ihre Unternehmung bereichern.

Zeitgemäßes
Kanzleimarketing

Bureauborneo

und Kanzleien. Auch hier spielen verschiedene juristische Kompetenzen ineinander.

Diese Entwicklungen haben schrittweise das (internationale) **M&A**, lange Zeit das unbestrittene Hochreck in der Rechtsberatung, aus seiner Stellung in den Kanzleien verdrängt. Selbstverständlich gibt es nach wie vor die internationalen, strategisch und rechtlich hoch komplexen Deals und die Beteiligung daran spielt weiter eine zentrale Rolle bei der Bewertung der Marktbedeutung einzelner Kanzleien. Doch haben auch viele Mandatsstrukturen im Lauf der Jahre einen Standardisierungsprozess durchlaufen.

Risiken im Fokus

Unveränderter Dreh- und Angelpunkt wirtschaftsberatender Kanzleien ist und bleibt jedoch das **Gesellschaftsrecht** in ganzer Breite – und das sogar mehr denn je. Denn ohne ausgeprägte Kompetenz in diesem Bereich, ist es schlechterdings kaum möglich, Unternehmen als solche strategisch und rechtlich sinnvoll zu beraten. Wer die Klaviatur gesellschaftsrechtlicher Strukturierungsmöglichkeiten nicht beherrscht, läuft Gefahr, zum Beispiel mit Blick auf Regulierungs-, Prozess-, Haftungs- und Compliance-Risiken bei nötigen Restrukturierungen, Joint Ventures, Carve-Outs oder strategischen Zukäufen nicht die optimale Lösung vorzuschlagen.

Und das wäre fatal, denn gerade das rechtliche **Krisen- und Risikomanagement** genießt heute größte Aufmerksamkeit in Vorständen und Rechtsabteilungen. Die Gründe dafür sind vielfältig. Da wäre zunächst die national wie international immer engmaschiger und komplexer werdende Regulierung. Fragt man Unternehmensjuristen, so stehen diese staatlichen Vorgaben ganz oben auf ihrer Sorgenliste, denn Verstöße werden teuer, sei es durch Bußgelder, Börsenkursverluste oder Reputationsschäden.

Gleiches gilt für Compliance-Fehler, die nicht nur persönliche Konsequenzen und staatliche Sanktionen nach sich ziehen, sondern auch schnell in **streitige Auseinandersetzungen** führen. Letztere wiederum nehmen nicht nur zu, sondern werden auch in Europa für Unternehmen immer heikler. Die Zeiten, wo US-Masseklagen das Menetekel schlechthin waren, sind vorbei. Längst sind derartige Phänomene in Europa und auch in Deutschland angekommen. Mit entsprechenden monetären aber auch Reputationsrisiken.

Beratung im Umfeld dieser Risiken ist heute entsprechend von immenser Bedeutung. Deshalb sind diese und andere Kompetenzfelder noch stärker in unsere Analyse der JUVE Top-50-Kanzleien eingeflossen. Indizien für die Stärken einer Kanzlei sind dabei dieselben wie schon seit Jahren: Das erkennbare Vertrauen von Mandanten, einer Kanzlei ihre wichtigsten Rechtsprobleme anzuvertrauen, die Reputation im Markt und ein Kanzleimanagement, das in sich stimmig agiert und sich (auch) an diesen Bedürfnissen der Mandanten orientiert.

Das Ergebnis ist bei noch so breit angelegter Recherche stets subjektiv, denn sowohl unsere zahlreichen Quellen als auch unsere auf deren Aussagen basierende Analyse reflektieren die Art und Weise, wie im Markt über Kanzleien gesprochen wird.

Relevanz ist dem Wandel unterworfen und die JUVE Redaktion wird sich weiterhin bemühen, so gut wie möglich diesen Wandel nachzuzeichnen und transparent zu machen.

DIE KANZLEIEN UND INHOUSE-TEAMS DES JAHRES 2022

Die JUVE-Redaktion zeichnet mit den JUVE Awards besonders erfolgreiche Kanzleien sowie Rechtsabteilungen und IP-Teams aus. Die Leitfrage ist dabei, wer mit seiner Arbeit und Marktpositionierung im letzten Jahr als **besonders aktiv und dynamisch** aufgefallen ist. Infrage kommen sowohl junge Einheiten als auch etablierte Akteure.

Die drei wichtigsten Auszeichnungen **Kanzlei des Jahres**, **Kanzlei des Jahres für den Mittelstand** sowie der **Gründerzeit-Award** prämieren alljährlich eine besonders **gelungene strukturelle Ausrichtung oder Kanzleistrategie**, die das Ergebnis bewusster Entscheidungen und Anstrengungen seitens der Partnerschaft ist.

Strategisches Bewusstsein ist es auch, das dynamische Inhouse-Teams auszeichnet. Neben der formaljuristischen Beratung geht es vor allem um einen eigenen, **wesentlichen Beitrag zum unternehmerischen Erfolg** des jeweiligen Unternehmens. In den Kategorien **Inhouse-Team des Jahres**, **Inhouse-Team des Jahres für IP** sowie **für M&A** zeichnet die Redaktion deshalb auch drei Rechtsabteilungen für die Arbeit des vergangenen Jahres aus.

Auf den Seiten 72 und 73 finden Sie die Übersicht mit allen in den einzelnen Regionen und Rechtsgebieten ausgezeichneten Kanzleien.

juveawards.juve-veranstaltungen.de

KANZLEI DES JAHRES

CMS HASCHE SIGLE

Mit einem Dutzend marktführender Praxen verfügt CMS nicht nur über eine unvergleichliche Breite, sondern hat in der Corona-Zeit immer neue Spitzenleistungen erbracht. Im Regulierungsbereich, vor allem bei der Gestaltung der Energiewende, spielt die Kanzlei eine zentrale Rolle, während die großen Teams auf Feldern wie Arbeitsrecht, Medien oder IT selbst wie Kraftwerke funktionieren. Sie haben aus der Informationssammlung und dem Datenmanagement eine hohe Kunst gemacht und können anhand eigener Kennzahlen Trends vorhersagen oder mit hoher Geschwindigkeit auf Ereignisse reagieren.

Dies hilft auch der Corporate-Praxis, die mit Mandaten wie VW oder Commerzbank in den Mandantenstamm anderer Top-Kanzleien vordringt und inzwischen ganz selbstverständlich Milliardendeals ins Ziel bringt. Diese starke Position verdankt CMS einer erfolgreichen Generation von Corporate-Partnern in der Altersgruppe zwischen 40 und 50.

Mit dem neuen Selbstbewusstsein der Partnerinnen und Partner steht einem Angriff auf die Marktführer nichts im Wege. Es ist ein bemerkenswertes Vermächtnis des ausscheidenden Managing-Partners **Dr. Hubertus Kolster**, der nach elf Jahren die Führungsrolle an den Kölner Partner **Dr. Martin Vorsmann** weitergegeben hat.

KANZLEI DES JAHRES FÜR DEN MITTELSTAND

LOSCHELDER

Loschelder macht vor, wie ein strategisch kluger Personalausbau geht. Trotz aller externer Verstärkung verliert die Kanzlei den eigenen Nachwuchs nicht aus den Augen. Drei der fünf zuletzt ernannten Partner haben ihre Anwaltskarriere bei Loschelder begonnen. Das und die regelmäßige Verstärkung mit Berufseinsteigern dürften dafür sorgen, dass ihr der Generationswechsel weder kurz- noch langfristig Probleme bereitet.

Zudem setzt die Kölner Kanzlei regelmäßig auf Quereinsteiger aus Großkanzleien. Ende 2021 nahm sie erneut einen Salary-Partner mit Freshfields-Historie auf. Sein Know-how bei Restrukturierungen und im Insolvenzrecht verhilft dem Corporate-Team zu mehr fachlicher Breite und bietet auch den Arbeitsrechtlern hervorragende Anknüpfungspunkte.

Die gute personelle Basis sorgt dafür, dass Loschelder ihr Profil als Mittelstandsberaterin kontinuierlich erweitert und zugleich von international tätigen, börsennotierten Konzernen wie Atlas Copco mandatiert wird. Ihr weltweites Netzwerk lässt sie auch im Vergleich zu Großkanzleien gut aussehen. Eine Erfolgsgeschichte ist zudem das Bau- und Immobilienrecht, wo es dem Team gelingt, sich bei namhaften Unternehmen wie Signa oder Art-Invest in immer umfangreicheren Mandaten zu positionieren.

GRÜNDERZEIT-AWARD

LMPS VON LAER MEYER PAUL STUTTMANN

Die vier ehemaligen Associates aus dem Düsseldorfer Linklaters-Büro hatten gerade ihre Kanzlei gegründet, als der erste Corona-Lockdown kam. Doch das hat sie nicht aufhalten können. Ihr mutiger unternehmerischer Ansatz macht LMPS zu einer der erfolgreichsten Corporate-Neugründungen der letzten Zeit.

Rasch bauten sie ein Netzwerk mit anderen Boutiquen auf und konnten im Gesellschaftsrecht ihre eigentliche Spezialität, die Beratung von Aktiengesellschaften und deren Organen, ergänzen und beraten nun spannende Wachstumsunternehmen. Ebenso gut gelang der Aufbau einer Transaktionspraxis, die von Anfang an einen starken Fluss von kleinen und mittelgroßen Deals verzeichnete.

Dieser Erfolg hat Außenstehende am meisten beeindruckt. Denn hier erreicht LMPS nicht nur solche Mandanten, die eher typisch für Corporate-Boutiquen sind. Sie zeigt stattdessen beachtlichen Ehrgeiz und sucht die direkte Konkurrenz mit den M&A-Praxen von Großkanzleien. Besonders hervorzuheben ist die Arbeit für Bitburger, die zuvor häufig auf Großkanzleien setzte. Auch die mit einer weiteren Linklaters-Anwältin personell verstärkte Umstrukturierungspraxis ist für die kommenden Marktverhältnisse bestens gerüstet.

INHOUSE-TEAM DES JAHRES

DEUTSCHE POST

In der Pandemie ist die Deutsche Post DHL Group das weltweit größte Unternehmen für den Versand von Impfstoffen geworden. Unermüdlich prüfte die Rechtsabteilung des Bonner Dax-Konzerns dafür die lokalen Covid-19-Gesetze durch – und sie sichert diese Speziallogistik bis heute rechtlich ab. Neben Lockdowns bringen auch internationale Konflikte wie der Ukraine-Krieg ständig neue Herausforderungen mit sich, die das Rechtsteam des Logistikkonzerns bewältigen muss. Daneben stemmt es beachtliche M&A-Transaktionen wie die Übernahme des Mainzer Getränkespediteurs Hillebrand oder des australischen Logistikunternehmens Glen Cameron Group.

Anwälte loben immer wieder das „ausgezeichnete Management auf Mandantenseite". Sie erleben das eingespielte Team um General Counsel **Dr. Gordon Weber** als „sehr fokussiert, effizient und sachkundig".

Dass dieses viele hundert Juristinnen und Juristen zählende Team trotz der anspruchsvollen Aufgaben seine internen Fortbildungen überarbeitete und digitalisierte, zudem ein konzernweites Vertragsmanagement mitentwickelte, ist wirklich beeindruckend. Dass es unter Einbeziehung seiner jungen Juristen obendrein Werte und Ziele bis 2025 definierte, macht es zum echten Trendsetter im Dax.

INHOUSE-TEAM DES JAHRES FÜR IP

BIONTECH

Den kometenhaften Aufstieg vom deutschen Biotech-Start-up zum globalen Branchenprimus bei der mRNA-Technik und Covid-19-Impfstoffen schaffte BioNTech in nur wenigen Jahren. Dabei vermied das Unternehmen einen Kardinalfehler vieler Start-ups und vergaß trotz des wirtschaftlichen Erfolgs nicht, in den Schutz ihres geistigen Eigentums zu investieren. Die Marke BioNTech ist heute Gold wert, die Patente sowie die Forschungs- und Kooperationsvereinbarungen mit anderen Pharmaunternehmen wie Pfizer sind zentrale Unternehmenswerte.

In Deutschland und Großbritannien baute BioNTech im Rekordtempo eine IP-Abteilung auf, und durch den Zukauf von Neon Therapeutics holte sie sich ein in US-Prozessen erprobtes IP-Team ins Haus. Heute zählt die Abteilung um IP-Chefin **Julie Anne Gillespie** rund 20 Berufsträger. Sie ist exzellent aufgestellt, um neue mRNA-basierte Produkte zu patentieren.

Die Prozesserfahrung des US-Teams half zudem im Sommer 2022, um schnell eine Verteidigung gegen die Klagen der Wettbewerber CureVac und Moderna um mRNA-Patente zu organisieren. Diese Klagen sind die ersten ihrer Art in Europa, und ihr Ausgang dürfte auch für künftige mRNA-basierte Impfstoffe entscheidend sein.

INHOUSE-TEAM DES JAHRES FÜR M&A

DEUTSCHE TELEKOM

Nur selten haben Konzernjuristen innerhalb eines Jahres so viele und so große Deals bewältigt wie das M&A-Team des Bonner Telekomriesen. Unter Leitung von Dr. Axel Lützner begann es im Herbst 2021 mit einer höchst wichtigen strategischen Transaktion: Die Telekom baute den Einfluss auf ihre lukrative Mobilfunktochter T-Mobile US aus und verkaufte gleichzeitig ihr Geschäft in den Niederlanden für 5,1 Milliarden Euro.

Riesig waren auch zwei Infrastruktur-Deals: der 900 Millionen Euro schwere Einstieg von IFM bei der Telekom-Tochter GlasfaserPlus sowie der Verkauf von 51 Prozent ihres Funkturmgeschäfts an Finanzinvestoren. Gerade den Funkturm-Deal beschreiben die Beteiligten als sehr komplex und aufreibend. Lützner war hier „ganz klar die prägende Figur", so ein Berater. „Ohne ihn wäre der Deal sicherlich nicht so gut gelaufen."

Tatkräftige Unterstützung kommt von Lützners Team, das laut Beobachtern eine „unglaubliche Schlagkraft" entfaltet. **Christoph Appel** wird für seine Präsenz gelobt. Er habe beim Kabel-Deal das Legal M&A-Team zusammengehalten. **Rainer Stockmann** sei „zurückhaltend, aber sehr smart", während **Jan Christoph Pfeffer** beim Funkturm-Deal einen besonders hohen Grad an Spezialisierung bewiesen habe.

JUVE AWARDS 2022

SIEGER UND NOMINIERTE

Aus fünf Nominierten wählt die JUVE-Redaktion den Gewinner, der im Rahmen der Preisverleihung ausgezeichnet wird.

KANZLEIEN

KANZLEI DES JAHRES
CMS Hasche Sigle
Freshfields Bruckhaus Deringer
Gleiss Lutz
GvW Graf von Westphalen
White & Case

KANZLEI DES JAHRES FÜR DEN MITTELSTAND
Loschelder
Blaum Dettmers Rabstein
Breidenbach
Orth Kluth
Schmidt von der Osten & Huber

GRÜNDERZEIT-AWARD
LMPS von Laer Meyer Paul Stuttmann
Orbit
Pfordte Bosbach
Reius
Rosin Büdenbender

KANZLEI DES JAHRES ÖSTERREICH
Buchberger Ettmayer
CHG Czernich Haidlen Gast & Partner
E+H Rechtsanwälte
FSM Rechtsanwälte
Schönherr

ARBEITSRECHT
Trebeck & von Broich
Bluedex
Greenberg Traurig
Luther
Orth Kluth

BANK- UND FINANZRECHT
Freshfields Bruckhaus Deringer
Allen & Overy
Hogan Lovells
Simmons & Simmons
White & Case

COMPLIANCE
Hogan Lovells
Allen & Overy
Comfield Legal
Gibson Dunn & Crutcher
Redeker Sellner Dahs

DISPUTE RESOLUTION
CMS Hasche Sigle
Gleiss Lutz
Latham & Watkins
Lutz Abel
Sernetz Schäfer

IMMOBILIEN- UND BAURECHT
Noerr
Freshfields Bruckhaus Deringer
K&L Gates
Luther
Taylor Wessing

IP
Hogan Lovells
Eisenführ Speiser
Freshfields Bruckhaus Deringer
Lubberger Lehment
Simmons & Simmons

KARTELLRECHT
Hausfeld
Allen & Overy
Blomstein
Clifford Chance
Glade Michel Wirtz

M&A
Gleiss Lutz
CMS Hasche Sigle
DLA Piper
Freshfields Bruckhaus Deringer
White & Case

PRIVATE EQUITY UND VENTURE CAPITAL
Clifford Chance
Goodwin Procter
Lupp + Partner
Osborne Clarke
Willkie Farr & Gallagher

REGULIERUNG
CMS Hasche Sigle
Allen & Overy
AssmannPeiffer
GND Geiger Nitz Daunderer
Posser Spieth Wolfers & Partners

TECHNOLOGIE UND MEDIEN
CMS Hasche Sigle
KNPZ Rechtsanwälte
Redeker Sellner Dahs
Schürmann Rosenthal Dreyer
Taylor Wessing

INHOUSE-TEAMS

INHOUSE-TEAM DES JAHRES
Deutsche Post
BASF
EnBW
Merck
Tennet TSO

IP
BioNTech
Deutsche Bahn
Infineon
Phoenix Contact
Tonies

M&A
Deutsche Telekom
Allianz
Bertelsmann
Bosch
Vonovia

WEITERE KANZLEIEN DES JAHRES

Die JUVE-Redaktion zeichnet jedes Jahr Wirtschaftskanzleien in einer Reihe von Rechtsgebieten und Regionen mit einem Preis aus. Zusätzlich zu denjenigen Gewinnern, die im Rahmen der Preisverleihung ihren Award verliehen bekommen, werden im JUVE Handbuch 2022/2023 folgende Kanzleien für die starke Entwicklung ihrer Praxis in den betreffenden Kapiteln als ‚Kanzlei des Jahres' ausgezeichnet.

NORDEN	OSTEN	WESTEN
Blaum Dettmers Rabstein (S. 274)	CMS Hasche Sigle (S. 313)	Loschelder (S. 331)

FRANKFURT UND HESSEN	SÜDWESTEN	SÜDEN
Greenfort (S. 368)	Luther (S. 389)	Simmons & Simmons (S. 422)

AUSSENWIRTSCHAFTSRECHT	ENERGIEWIRTSCHAFTSRECHT	GESELLSCHAFTSRECHT
Dentons (S. 483)	AssmannPeiffer (S. 804)	White & Case (S. 540)

GESUNDHEITSWESEN	INSOLVENZ UND RESTRUKTURIERUNG	MARKEN- UND WETTBEWERBSRECHT
GND Geiger Nitz Daunderer (S. 826)	Grub Brugger (S. 599)	Lubberger Lehment (S. 690)

NACHFOLGE/VERMÖGEN/STIFTUNGEN	PATENTRECHT	ÖFFENTLICHES WIRTSCHAFTSRECHT
Noerr (S. 709)	Simmons & Simmons (S. 777)	Posser Spieth Wolfers & Partners (S. 739)

VERGABERECHT	VERSICHERUNGSRECHT	VERTRIEB, HANDEL UND LOGISTIK
Eichler Kern Klein (S. 755)	Allen & Overy (S. 902)	CMS Hasche Sigle (S. 916)

WIRTSCHAFTS- UND STEUERSTRAFRECHT
Pfordte Bosbach (S. 930)

Barcelona

MONEREO MEYER ABOGADOS

Ihre Wirtschaftskanzlei in Spanien

Arbeitsrecht
Datenschutz
Energie und Umwelt
Erbrecht und Vermögensnachfolge
Finanzierungen und Kreditsicherheiten
Gesellschaften, Fusionen und Übernahmen
Gewerblicher Rechtsschutz und Urheberrecht
Immobilien- und Baurecht
Informationstechnologien
Luftverkehrsrecht
Restrukturierung und Insolvenz
Sportrecht
Steuern
Streitbeilegung
Vertriebsrecht
Wettbewerb und Handel

Anwälte aus Leidenschaft

Kompetenz, Erfahrung und stetige Motivation bringen uns dazu, die Dinge von allen Seiten zu betrachten.

Genau deshalb vertrauen uns unsere Mandanten ihre Angelegenheiten in Spanien an.

Kurzum: **Beratung aus Leidenschaft.**

Madrid
Barcelona
Palma de Mallorca

mmmm.es

NATIONALER ÜBERBLICK

Die in diesem Kapitel vorgestellten Kanzleien genießen nach JUVE-Recherchen bundesweit eine besondere Reputation.

Diese ergibt sich aus fachlichen Kompetenzen in für Unternehmen zentralen Bereichen, hohem Qualitätsstandard und der Komplexität der betreuten Mandate. Eine wichtige Rolle spielt außerdem, wie sich die Kanzlei strategisch auf verändernde Marktbedingungen und Ansprüche einstellt. Auch internationale Reichweite und Faktoren wie Serviceorientierung oder Teamfähigkeit gehen in die Bewertung ein.

Näheres zu veränderten Beratungsbedürfnissen finden Sie ab S. 66
Näheres zu den Bewertungsgrundlagen finden Sie ab S. 48
Näheres zum Rechercheumfang finden Sie ab S. 41

ADVANT BEITEN

Nationaler Überblick Top 50 ★★

Auf den Punkt: Besonders gefragt ist die Full-Service-Kanzlei beim dt. Mittelstand u. der öffentlichen Hand. 2021 hob Beiten die europ. Allianz Advant mit aus der Taufe.

Empfohlen für: ▷*Arbeit*; ▷*Außenwirtschaft*; ▷*Beihilfe*; ▷*Gesellsch.recht*; ▷*IT u. Datenschutz*; ▷*Kartellrecht*; ▷*Konfliktlösung*; ▷*M&A*; ▷*Marken u. Wettbewerb*; ▷*Medien*; ▷*Nachfolge/Vermögen/Stiftungen*; ▷*Presse*; Steuern;▷*Vergabe*.

Analyse: Die Veränderungsprozesse in der Kanzlei werden nun auch nach außen sichtbar: Mit NCTM aus Italien u. Altana aus Frankreich ging AB einen Verbund ein. Unter der Dachmarke Advant bündeln die Gründungsmitglieder ihre Kräfte, um ihren Mandanten ein Angebot nach dem Vorbild anderer Kanzleinetzwerke wie CMS zu machen. Insbesondere im Kartellrecht u. in der Corporate-/M&A-Praxis zeigte sich der Sinn dieser Allianz unmittelbar. So kamen etwa komplexe Fusionskontrollen für den ital. Maschinenbauer Comer bei der Übernahme von WPG Holdco über NCTM zu Uwe Wellmann u. weiteren dt. Kartellrechtlern. Bei den Transaktionsanwälten, die auch technisch eng mit ihren ital. u. frz. Kollegen verwoben sind, hat sich die Schlagzahl insbesondere im Private-Equity- u. Venture-Capital-Bereich schon signifikant erhöht.

Die bereits vor Gründung des Netzwerks bestehenden internationalen Büros entwickelten sich aufgrund der Weltlage höchst unterschiedlich. Das China-Geschäft ging deutlich zurück. Dass AB, anders als viele andere Kanzleien, in Moskau blieb, führt hingegen auch neue Mandanten mit Fragen über einen Rückzug aus Russland zur Kanzlei.

Nachdem sie 2021 den Weggang eines großen Teams zu GvW Graf von Westphalen wegstecken musste, der sich auch im Umsatz bemerkbar machte, standen die Zeichen zuletzt auf Wachstum: Im August eröffnete ein von Friedrich Graf von Westphalen & Partner gekommenes u. als akquisestark bekanntes Corporate-/M&A-Team um Dr. Barbara Mayer, Gerhard Manz u. Dr. Jan Barth in Freiburg. Mit dem Zugang verbreitern sich Mandantenbasis u. internationale Erfahrung deutlich. Dies kann, gerade in Verbindung mit den durch die Allianz nun einfacher zu beratenden Cross-Border-Mandanten, zu einer erheblichen Stärkung der bislang eher im Mittelfeld angesiedelten M&A-Praxis führen.

Andere Praxen hatten erneut mit Abgängen zu kämpfen. In München zog es ein dreiköpfiges Immobilienteam um Dr. Stefan Fink zu Eversheds. Härter trifft die Kanzlei der Weggang eines weiteren Equity-Partners: Mit dem Münchner Jörg Bielefeld u. dessen Team verliert sie einen wichtigen Teil ihrer Compliance-Praxis an Addleshaw. Insbesondere in der Beratung von Criminal Compliance u. White-Collar Crime wird sie nun entscheiden müssen, ob u. wie sie die Lücke füllt.

Perspektive: Mit dem internationalen Netzwerk hat AB ein wichtiges Element ihres Strategieprozesses umgesetzt, doch liegt vor dem Management weiterhin viel Arbeit, zuvorderst die rasche Integration u. der weitere Ausbau des neuen Freiburger Büros. Dass ein Arbeitsrechtler einen Teil seiner Zeit dort verbringt u. als Bindeglied fungiert, ist zumindest ein Ansatz. Aber auch der Hamburger Standort, der zwar heute besser dasteht, bietet noch weit mehr Potenzial. Zudem ist es bislang nicht gelungen, die Lücken im Regulierungsbereich, die Abgänge 2020 gerissen hatten, zu schließen. Dass erneut zwei

Nationaler Überblick Top 50

★★★★★
- Freshfields Bruckhaus Deringer
- Gleiss Lutz
- Hengeler Mueller

★★★★
- Clifford Chance
- CMS Hasche Sigle
- Hogan Lovells
- Latham & Watkins
- Linklaters

★★★★
- Allen & Overy
- Baker McKenzie
- DLA Piper
- Noerr
- White & Case

★★★
- Görg
- Heuking Kühn Lüer Wojtek
- Jones Day
- Luther
- SZA Schilling Zutt & Anschütz
- Taylor Wessing

★★★
- Bird & Bird
- Dentons
- Flick Gocke Schaumburg
- McDermott Will & Emery
- Milbank
- Norton Rose Fulbright
- Poellath

★★
- Advant Beiten
- Ashurst
- Eversheds Sutherland
- Gibson Dunn & Crutcher
- Greenberg Traurig
- GSK Stockmann
- GvW Graf von Westphalen
- Oppenhoff & Partner
- Osborne Clarke
- Raue
- Redeker Sellner Dahs

★
- CBH Rechtsanwälte
- Fieldfisher
- Friedrich Graf von Westphalen & Partner
- K&L Gates
- Kapellmann und Partner
- Mayer Brown
- Oppenländer
- Orth Kluth
- Pinsent Masons
- Rödl & Partner
- Skadden Arps Slate Meagher & Flom
- SKW Schwarz
- Watson Farley & Williams

Die Auswahl von Kanzleien und Personen in Rankings und tabellarischen Übersichten ist das Ergebnis umfangreicher Recherchen der JUVE-Redaktion. Sie ist in 2erlei Hinsicht subjektiv: Die Aussagen der befragten Quellen sind subjektiv u. spiegeln deren Erfahrungen u. Einschätzungen. Die JUVE-Redaktion wiederum analysiert die Rechercheergebnisse unter Einbeziehung ihrer eigenen Marktkenntnis. Der JUVE Verlag beabsichtigt keine allgemeingültige oder objektiv nachprüfbare Bewertung. Es ist möglich, dass eine andere Recherchemethode zu anderen Ergebnissen führt. Innerhalb einzelner Gruppen in Rankings und tabellarischen Übersichten sind Kanzleien und Personen alphabetisch sortiert.

Die Anwaltszahlen stammen von den Kanzleien selbst und beziehen sich auf das letzte abgelaufene Geschäftsjahr. Einige Kanzleien beschäftigen für bestimmte Projekte befristet angestellte Rechtsanwälte. Daraus erklären sich teils deutliche Unterschiede zu Personalzahlen der Vorjahre.

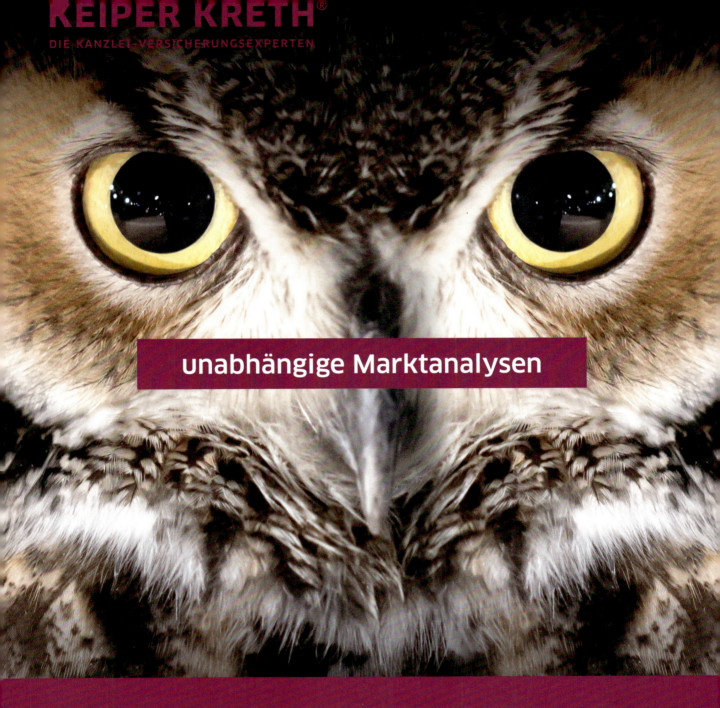

NATIONALER ÜBERBLICK JUVE TOP 50

Equity-Partner die Kanzlei verließen, mag geschäftlich zu verschmerzen sein, ist aber ein Hinweis auf die anhaltende Unruhe. Hier liegen Risiken für die strategisch nachhaltige Weiterentwicklung, etwa der Aufbau dezidierter Branchengruppen. Welches Potenzial in der interdisziplinären Zusammenarbeit liegt, zeigen bereits jetzt Großmandate etwa in der bAV-Beratung: Hier sind neben den Arbeits- u. Sozialversicherungsrechtlern auch Anwälte aus dem Steuer-, Bankenaufsichts- u. Datenschutzrecht eingebunden.

Ein schlechtes Signal sind auch die weiterhin zahlreichen Abgänge von Salary-Partnern ganz unterschiedlicher Praxisgruppen. Hier muss AB gegensteuern. Die Anpassung des Ernennungsprozesses ist ein Schritt in die richtige Richtung: Künftig will die Kanzlei es nicht mehr den Praxisgruppen überlassen, Kandidaten vorzuschlagen, stattdessen können sich Salary-Partner selbst bewerben. Die Kanzlei erhofft sich, auch den Frauenanteil in der Partnerschaft zu erhöhen, denn 2022 waren es erneut zwei Männer, die den Sprung in die Gesellschafterriege schafften.

Mandantenstimmen: V.a. die Arbeitsrechtspraxis erntet regelmäßig Lob von Mandanten. Dass AB als eine von wenigen Kanzleien ihr Moskauer Büro offen hielt, trifft ebenfalls vereinzelt auf Zustimmung.

Service: In immer mehr Rechtsgebieten setzt die Kanzlei Projektjuristen u. IT-Tools ein, um große Mandate oder solche mit hohem Reporting-Anteil effizient abzuwickeln. Damit ist sie nicht nur für künftige Massenverfahren gut gerüstet, zuletzt baute sie das Beratungsvolumen auch im Stiftungsrecht durch Managed Legal Services deutlich aus.

Anwälte in Deutschland: 232

Blick auf die Standorte: ▷*Berlin*; ▷*Düsseldorf*; ▷*Frankfurt*; Freiburg (▷*Baden-Württemberg*); Hamburg; ▷*München*; Brüssel.

Internat. Einbindung: Eigene Büros in Brüssel u. Peking sowie Moskau. 2021 gründete Beiten mit NCTM u. Altana die europ. Advant-Allianz. Diese umfasst derzeit Deutschland, Italien u. Frankreich u. soll in den kommenden Jahren auf weitere Jurisdiktionen, u.a. Spanien u. Benelux, ausgeweitet werden. Exklusives dt. Mitglied im Arbeitsrechtsnetzwerk ELA.

ALLEN & OVERY

Nationaler Überblick Top 50 ★★★★

Auf den Punkt: Die dt. Praxis der international renommierten Kanzlei legt ihren Fokus stärker als zuvor auf vernetztes Arbeiten – fachübergreifend u. international. Bei Legal-Tech-Entwicklungen zählt sie zur Speerspitze.

JUVE Kanzlei des Jahres für: Versicherungsrecht.

Fünf-Sterne-Praxis für: ▷*Insolvenz/Restrukturierung*; ▷*Unternehmensbez. Versichererberatung*.

Zudem empfohlen für: ▷*Anleihen*; ▷*Arbeit*; ▷*Bankrecht u. -aufsicht*; ▷*Börseneinführ. u. Kapitalerhöhung*; ▷*Compliance*; ▷*Energie*; ▷*Gesellsch.recht*; ▷*Immo/Bau*; ▷*Kartellrecht*; ▷*Konfliktlösung*; ▷*Kredite u. Akqu.fin.*; ▷*M&A*; ▷*Marken u. Wettbewerb*; ▷*Öffentl. Recht*; Patent; ▷*Private Equ. u. Vent. Capital*; Steuern; ▷*Versicherungsvertragsrecht*.

Analyse: Wachstum u. mehr Zusammenarbeit innerhalb der dt. Praxis sowie mit dem internationalen Netzwerk hatte sich die Kanzlei auf die Fahnen geschrieben – u. diese Vorgaben zeigen Wirkung. Dass zwei Jahre in Folge Umsatz- u. Profitabilität spürbar gestiegen sind, ist zugleich Gradmesser des Erfolgs u. Motivation für den nötigen längeren Atem. Bereiche, in denen sich die optimierte Zusammenarbeit besonders zeigten, sind Energie u. Infrastruktur, denn auch wenn die Beziehung nicht ganz neu ist, war es kein Selbstläufer, dass A&O bei den Rettungsmaßnahmen an der Seite von Uniper stand. Hier arbeiten Gesellschaftsrechtler sowie Insolvenz- u. Finanzierungsspezialisten aus mehreren europ. Büros zusammen. Die Beratung eines US-Investors als erfolgreichen Bieter um eine Beteiligung an der Funkturmsparte der Dt. Telekom ist ein weiteres Beispiel dafür, dass die Corporate-Praxis um den neuen Hamburger Praxisleiter Dr. Nicolaus Ascherfeld in einer höheren Gewichtsklasse kämpft als vor ein paar Jahren. Durch Partnerernennungen u. kontinuierliche Bildung von Tandems aus erfahrenen u. jüngeren Partnern geht die Kanzlei zudem einen absehbaren Generationswechsel in der Corporate-Praxis nachhaltig an.

Das Bekenntnis zu vernetztem Arbeiten belegen auch Entwicklungen bei zwei anderen Fachbereichen. Die Art u. Weise, wie Kanzleien an das Thema Compliance herangehen, zeigt oft, wie es tatsächlich um das Zusammenführen von verschiedenen Disziplinen steht. Deshalb ist es ein positives Signal, dass A&O mit der Ernennung eines strafrechtlich versierten Nachwuchspartners das Team personell aufwertete. Gleichzeitig gelang es, eine im Vorjahr gewonnene Spezialistin für Tax-Compliance-Systeme erfolgreich zu integrieren.

Das zweite Beispiel liefert der geräuschlos gelungene Generationswechsel in der Patentrechtspraxis, bei dem junge Quereinsteiger aus den vergangenen Jahren eine bedeutende Rolle spielten. Sie festigen den Anschluss an die europ. Patentrechtspraxis, die sich inzwischen anschickt, die hiesigen Marktführer Bird & Bird u. Hogan Lovells herauszufordern. Etablierte Mandatsbeziehungen zu namhaften Pharmakunden erweitern sich inzwischen bereits punktuell über das Patentrecht hinaus auf andere Spezialisierungen, etwa das Kartellrecht.

Diese Beispiele unterstreichen, wie strategisch die Kanzlei heute eine Full-Service-Aufstellung verfolgt, wo sie vor einigen Jahren noch v.a. für ihre Stärke im Finanzierungssektor bekannt war. Hier hat A&O keineswegs nachgelassen, sondern zeichnet sich durch eine nachhaltige Praxisentwicklung aus. Neben ihrer herausragenden Positionierung in der Versicherungsbranche (v.a. im Düsseldorfer Büro) zeigt die mehrjährige Beratung von Daimler im Zusammenhang mit der Spaltung des Konzerns die Stärke des Frankfurter Teams. Dieses gilt gleichzeitig als Vorreiter bei innovativen Themen im Finanzsektor, z.B. im Wertpapierbereich.

Perspektive: Für das zuletzt um einen Chief Transformation Officer erweiterte Managementteam um Dr. Wolf Bussian bleibt wenig Zeit zum Durchatmen. Zum einen ist Bussian selber einer der treibenden Partner der Konfliktlösungs- u. Compliance-Praxis. V.a. aber hat A&O sich Wachstumsziele gesetzt, um den Anschluss an international angesehene Bereiche zu schaffen. In den nächsten Jahren sollen hierzulande mehr als 20 Partner dazukommen, gleichzeitig gilt es, in noch mehr Praxen den Generationswechsel u. die Geschäftsentwicklung zu gestalten. A&O wird deshalb fortsetzen müssen, was sie schon begonnen hat: Nachwuchsanwälte konsequent fördern u. regelmäßig Partner ernennen. Dennoch wird sie nicht ohne externe Zugänge auskommen. Das wiederum bietet Chancen für Nachwuchstalente aus anderen Kanzleien, die in ihren eigenen Einheiten an Karrieregrenzen stoßen. Der Prozess muss sorgsam gemanagt werden, denn schnelles Wachstum ohne ein wachsames Auge auf die Kanzleikultur zu halten, diesen Fehler hat A&O schon einmal gemacht. Interne Konkurrenz u. Unstimmigkeiten waren die Folge. Doch während bspw. CMS Hasche Sigle sich für ihren Wandlungsprozess viel Zeit nehmen konnte, sind die eigenen Erwartungen u. die des internationalen Managements an die dt. Teams von A&O andere. Die Kanzlei hat auch international in Bereichen aufzuholen, die das weltweite Management zuvor weniger im Blick hatte. Das betrifft Regulierungsthemen u. dürfte z.B. ein Grund für den schnellen Nachbau in der Kartellrechtspraxis sein, die 2021 in Europa insgesamt sechs neue Partner bekam. Tempo u. eine neue teamorientierte Kanzleikultur unter einen Hut zu bekommen, ist eine mehr als anspruchsvolle Aufgabe. Die Fortschritte bei der Kanzleikultur sind aber langfristig das wichtigste Asset.

Mandantenstimmen: Es gibt einen gewissen roten Faden, der sich durch das Mandantenfeedback zieht: Neben der fachlichen Kompetenz weisen zufriedene Aussagen wie „verleiht Projekten Ruhe u. Struktur", „immer auf der Suche nach Lösungen, die für alle Parteien funktionieren" oder „pragmatische u. effiziente Steuerung des komplexen Deals" darauf hin, dass A&O-Partner einen Ruf für einen konstruktiven Stil aufgebaut haben.

Service: A&O setzt schon lange auf Legal-Tech-Tools u. gilt als eine der führenden Akteurinnen. Das Frankfurter Technologieteam ist auch personell erweitert worden u. tritt als Koordinator der europaweiten Legal-Tech-Arbeit neben die etablierten Strukturen in London u. Belfast. Dort werden schon länger Angebote gemeinsam mit Start-ups entwickelt. Hierzulande ist ein Produkt für Banken am Start, mit dem diese laufend aktualisiertes, aufsichtsrechtliches Know-how abonnieren können. Andere Anwendungen sind auf die Steuerung von komplexen Projekten u. Effizienzgewinne ausgerichtet, so etwa für Scania bei der Abwehr von Kartellschadensersatzklagen oder in der Immobilienpraxis.

Anwälte in Deutschland: 215

Blick auf die Standorte: ▷*Düsseldorf*; ▷*Frankfurt*; ▷*Hamburg*; ▷*München*; ▷*Brüssel*.

Internat. Einbindung: Integrierte Kanzlei, breit aufgestellt in West- u. Osteuropa sowie in Nahost, Nordafrika, Asien u. der Pazifikregion, teils mit eigenen Büros, teils in etablierten Verbindungen. Ihre Präsenz in den USA hat sie zuletzt ausgebaut, u.a. mit drei neuen Standorten an der US-Westküste.

ASHURST

Nationaler Überblick Top 50 ★★

Auf den Punkt: Die brit. Kanzlei mit etablierten Finanzierungs- u. Immobilienpraxen baut mit Verve ihre Konfliktlösungspraxis aus. Nächste Aufgabe: die Verbreiterung der Corporate-Beratung.

Empfohlen für: ▷*Anleihen*; ▷*Börseneinführ. u. Kapitalerhöhung*; ▷*Energie*; ▷*Gesellsch.recht*; ▷*Immo/Bau*; ▷*Insolvenz/Restrukturierung*; ▷*Kartellrecht*; ▷*Konfliktlösung*; ▷*Kredite u. Akqu.fin.*; ▷*M&A*; ▷*Private Equ. u. Vent. Capital*; ▷*Verkehr*.

Analyse: Ashurst treibt die Diversifikation ihres Geschäfts weiter behutsam voran. Während der eigene Nachwuchs vorhandene Kompetenzen stärkt, brachten die jüngsten Zugänge neue fachliche Facetten ein – angefangen mit Prof. Dr. Florian Drinhausen, der die gesellschaftsrechtliche Beratung stärker in Richtung Konzerne lenken soll. Zuletzt kam mit einem jungen Partner, der aus seiner Zeit als Freshfields-Counsel reichlich Erfahrung mit Massen- u. Schiedsverfahren hat, die benötigte Verstärkung für die Konfliktlösungspraxis. Insgesamt zählt diese seit dem Zugang von Praxisgruppenleiter Dr. Nicolas Nohlen vor vier Jahren zu den agilsten Teams in der Kanzlei. Der Gewinn von Mandaten der Fifa ist, so heißt es im Markt, bemerkenswert u. zeigt das Potenzial.

Punkten konnte die Kanzlei auch in ihrem Kernbereich Finanzierung. Dort hob sich Ashurst bspw. mit kapitalmarktnahen Infrastrukturfinanzierungen von Wettbewerbern ab. Zudem brachten die Anwälte ihre Erfahrung mit komplexen Finanzierungskonzepten für Schienenfahrzeuge in die Restrukturierungspraxis ein, die im Zuge der Abellio-Insolvenz gefragt ist. Auch in grenzüberschreitenden Transaktionen verknüpft Ashurst ihre Kompetenzen konsequenter. So beriet sie Vulcan Energy Recources beim Dual Listing in Frankfurt u. einer Kapitalbeteiligung durch Stellantis.

Trotz der guten Entwicklung des Mandatsgeschäfts bleiben ein paar Baustellen: Im Gesellschaftsrecht hat sie mit Drinhausen zwar einen neuen prominenten Berater in ihren Reihen, verliert aber zugleich mit dem sukzessiven Rückzug von Reinhard Eyring einen ihrer erfahrensten u. prominentesten Köpfe. Zudem ist das Ausscheiden des hoch angesehenen Dr. Thomas Sacher – Motor der M&A-Praxis – absehbar. Doch hat Ashurst den Generationswechsel durchaus im Blick. Ähnlich wie White & Case verfolgt auch sie die Strategie, Senior Associates u. junge Counsel von Top-Kanzleien zu holen. Erste Erfolge sind erkennbar: Corporate-Partner Dr. Stephan Hennrich u. Litigation-Partner Nohlen kamen von Hengeler u. gehören heute zu den produktivsten Partnern weltweit. Das zeigt, welch attraktive Plattform Ashurst bieten kann, wirft aber zugleich die Frage auf, warum es ausgerechnet zwei Quereinsteigern gelungen, sich in kurzer Zeit in die Riege der umsatzstärksten Partner vorzuarbeiten.

Perspektive: Auch wenn Ashurst neben Hennrich weitere vielversprechende jüngere Partner in ihrer Corporate-Praxis hat, ist das Team insgesamt zu klein, um sich bei den wirklichen Big Tickets zu platzieren. Ein Ausweg liegt in der stärkeren Branchenfokussierung. Schon in den vergangenen Jahren hat sich die dt. Praxis dem Infrastrukturschwerpunkt der Gesamtkanzlei stärker verschrieben, bspw. bei Finanzierungen im Verkehrssektor. Dazu passt, dass mit Dr. Frhr. Benedikt von Schorlemer nun auch ein Partner die Leitung der Corporate-Praxis übernimmt, dessen Geschäft stark durch die Beratung von Infrastrukturinvestoren, häufig mit Private-Equity-Bezug, geprägt ist. Hierauf gilt es aufzubauen.

Eine weitere Herausforderung ist u. bleibt das Münchner Büro, das noch nie mit der Entwicklung des Frankfurter Standortes mithalten konnte. Das Ausscheiden von Sacher aus der Praxisgruppenleitung u. der perspektivische Abschied in den Ruhestand machen die Situation nicht einfacher. Hier wird Ashurst nicht um Investitionen herumkommen, gerade weil die Stadt das Zentrum für die Beratung von Finanzinvestoren geworden ist – eine traditionelle Stärke der Kanzlei. Die Herausforderung wird darin liegen, für das Büro ähnlich attraktive Quereinsteiger zu gewinnen, wie es zuletzt in Frankfurt gelang. Anders wird es kaum möglich sein, dem Standort mehr Strahlkraft zu verleihen u. fähigen Nachwuchs anzulocken.

Einen wichtigen Schritt für Letzteres ist die Kanzlei bereits im vergangenen Jahr gegangen, als sie ihre Elternzeit-Policy in Deutschland radikal geändert hat, was sich laut Associates positiv auswirkt. Dadurch neue Talente anzulocken, ist aber nur der vordergründige Auftrag des Managements. Entscheidend ist Phase zwei, nämlich diesen Talenten auch echte Karrierechancen zu bieten, denn in der Partnerriege von Ashurst sucht man mit der Lupe nach Frauen u. vergeblich nach Teilzeitkräften.

Mandantenstimmen: Mandanten loben Ashurst insbesondere für ihre Erfahrung im Bankensektor u. führen diese als Grund für den Ausbau der Zusammenarbeit an. Doch nicht nur von den eigenen Mandanten, auch von der Gegenseite gibt es Anerkennung für die Qualität. Einige Unternehmen sind auch bereit, für die kompetente Beratung „überdurchschnittliche Stundensätze" zu zahlen.

Service: Ashurst war über ihre brit. Praxis eine der Vorreiterinnen in Europa bei Projektmanagement u. -analyse, Standardisierung u. Technologieeinsatz. Eine exponierte Rolle spielt insbesondere das Glas-

---

Die Anwaltszahlen stammen von den Kanzleien selbst und beziehen sich auf das letzte abgelaufene Geschäftsjahr. Einige Kanzleien beschäftigen für bestimmte Projekte befristet angestellte Rechtsanwälte. Daraus erklären sich teils deutliche Unterschiede zu Personalzahlen der Vorjahre.

gower Büro der Kanzlei, wo Ashurst ein Zentrum für Rechtsdienstleistungen aufgebaut hat. Die dt. Transaktions- u. Prozessführungspraxen setzen darüber hinaus marktübliche externe Legal-Tech-Tools ein.
Anwälte in Deutschland: 87
Blick auf die Standorte: ▷Frankfurt; ▷München.
Internat. Einbindung: Standorte in ganz Westeuropa, Asien, Australien, Nahost sowie kleinere Büros in Austin, New York u. Washington D.C.

BAKER MCKENZIE
Nationaler Überblick Top 50 ★★★★

Auf den Punkt: Global präsente u. eng vernetzte Kanzlei, die sich einen Transaktionsfokus verordnet hat, ohne auf eine breite Aufstellung zu verzichten. Die dt. Praxis besetzt innerhalb des europ. Netzwerks eine Schlüsselposition.
Fünf-Sterne-Praxis für: ▷Außenwirtschaft; ▷ESG; ▷IT u. Datenschutz; ▷Konfliktlösung; ▷Vergabe.
Zudem empfohlen für: ▷Anleihen; ▷Arbeit; ▷Beihilfe; ▷Compliance; ▷Energie; ▷Gesellsch.recht; ▷Gesundheit; ▷Immo/Bau; ▷Kartellrecht; ▷Kredite u. Akqu.fin.; ▷M&A; ▷Marken u. Wettbewerb; ▷Private Equ. u. Vent. Capital; ▷Telekommunikation; Steuern; ▷Vertrieb.

Analyse: Trotz Rückschlägen kommt BM auf ihrem Weg, sich auf Transaktionen u. internationale Großprojekte auszurichten, voran u. beweist dabei beachtliche Beweglichkeit. So erholte sie sich gut von dem Weggang zweier starker Corporate-Partner im Vorjahr. Für Auslastung sorgte u.a. die Zusammenarbeit mit dem internationalen Netzwerk bei mittelgroßen Deals, so etwa für Jumio beim Kauf von 4Stop. Zudem überzeugte Christian Atzler bei mehreren Mandaten von Accenture, u. der angesehene Gesellschaftsrechtler Dr. Christian Vocke trat auch bei M&A-Transaktionen zunehmend in Erscheinung. Die Private-Equity- u. Venture-Capital-Beratung wiederum speiste sich v.a. aus dem starken Lifescience-Schwerpunkt im Münchner Büro um Berthold Hummel u. Julia Braun. Darüber hinaus stärkte BM die Partnerriege der Corporate-Praxis mit Counsel von Hengeler Mueller u. Allen & Overy.
Auch wenn die Aufbauarbeit in der Corporate-Praxis noch nicht abgeschlossen ist, ist mit BM zu rechnen. So war sie an zwei der größten Deals des Jahres 2021 beteiligt: für Sika beim Kauf von MBCC u. für Allnex beim Verkauf an die taiwanesische PTT. Bei Transaktionen wie diesen punktet BM durch ihr riesiges globales Netzwerk sowie mit tiefem Industrie- u. Sektorwissen u. inhaltlicher Breite. So können nur wenige Kanzleien bei gleich hoher internationaler Abdeckung u. Mannstärke ein so ausgeprägtes Verständnis für den Technologiesektor vorweisen. Ein weiteres Asset ist das Projektmanagement, mit dem BM regelmäßig überzeugt.
Diese Fähigkeiten spielt die Kanzlei auch in anderen Praxen aus, etwa dem Außenwirtschaftsrecht. Eng verzahnt mit der Compliance- u. Vertriebspraxis besetzt sie zukunftsweisende Themen und gehört bei ESG in Deutschland zu den Vorreitern. Eine ganze Reihe von Unternehmen aus der Automobil-, Pharma-, Technologie- u. Konsumgüterbranche lässt sich zu Menschenrechten u. Umweltschutz in internationalen Lieferketten von der erfahrenen Partnerin Anahita Thoms beraten. Zur zentralen Schaltstelle wurde die Praxis auch durch Mandate im Zusammenhang mit Russland-Sanktionen u. die Beratung zur Investitionskontrolle, wie für die jap. Rakuten bei einer Kooperation mit Drillisch zum Ausbau des 5G-Netzes in Deutschland. Dabei war auch die hoch renommierte TK-Praxis gefragt. Dieses Mandat spiegelt eindrucksvoll, wie es BM inzwischen gelingt, Transaktions-Know-how mit regulatorischem Wissen zu kombinieren – eine Stärke, die ihr im aktuellen Markt weitere Chancen eröffnen dürfte.

Perspektive: Wie die vielen erfolgreichen Praxisgruppen der Kanzlei zeigen, sind die verstärkte internationale Vernetzung u. eine beständige Partnerriege die Schlüssel zum Erfolg. Personelle Rückschläge haben die dt. Transaktionspraxis zuletzt davon abgehalten, mit der Entwicklung der Gesamtkanzlei Schritt zu halten. Um wieder aufzuholen, kommt es nun auf personelle Stabilität u. gezielte Nachwuchsförderung an. Corporate- u. Steuerpraxis müssen wachsen. Entsprechend sind je ein Counsel u. ein Partner bei der Corporate-Praxis ernannt worden, ein neuer Counsel kommt aus dem Steuerbereich. V.a. das Düsseldorfer Büro könnte aber noch weitere Verstärkung brauchen. Jeweils vier Partner- u. Counsel-Ernennungen zeigen jedoch das Bekenntnis der Gesamtkanzlei zur dt. Praxis u. belegen ihre Schlüsselrolle im internationalen Kontext.
Zugleich arbeitet BM daran, die Produktivität zu steigern u. mit höheren Entnahmen starke Partner zu halten. Gelingen soll dies über höherwertiges Geschäft. Hier kommen die Zentralisierungsbestrebungen der Gesamtkanzlei ins Spiel, die sich etwa darin zeigen, dass auch über das Vergütungssystem eine verstärkte internationale Zusammenarbeit gefördert wird. Dass Kartellrechtspartner Dr. Nicolas Kredel einen internationalen Deal für Sika aus dem Düsseldorfer Büro heraus weltweit koordinierte, zeigt, wie die Umsetzung dieser Strategie aussehen kann.

Mandantenstimmen: Die Kanzlei wird für ihr globales Netzwerk u. ihre personelle Schlagkraft geschätzt. Mandanten loben die Baker-Anwälte insbesondere für ihren Pragmatismus, ihr Wissen in den jeweiligen Industriesektoren u. ihre gute internationale Vernetzung.

Service: BM gehört zu den Vorreitern bei der Entwicklung besonderer Services. Sie unterhält Servicecenter in Belfast, Manila (Philippinen), Tampa (Florida) u. Buenos Aires (Argentinien). In Deutschland engagierte sie sich 2018 als einer der ersten Kooperationspartner des Frankfurter Legal Innovation Hub ‚Reinvent Law' in einem Prestigeprojekt, das sich an Bakers Whitespace Legal Collab in Toronto orientiert. Eine neue Entwicklung aus Reinvent ist etwa die Kooperation mit Spark Beyond, die juristisches Wissen u. künstliche Intelligenz mit Blick auf Entscheidungssituationen zusammenbringt. BM hat zudem zahlreiche IT-Tools im Einsatz, die in der Abwicklung globaler Projekte, etwa Compliance, für mehr Effizienz sorgen.
Anwälte in Deutschland: 211
Blick auf die Standorte: ▷Berlin; ▷Düsseldorf; ▷Frankfurt; ▷München; ▷Brüssel.
Internat. Einbindung: Global aufgestellte Kanzlei, die in drei große Einheiten aufgeteilt ist: USA, Europa/Nahost/Afrika sowie, besonders stark, Asien. Wie viele Wettbewerber schloss sie ihre Büros in Russland. Die Einheiten in Moskau u. St. Petersburg wurden zu unabhängigen Kanzleien.

BIRD & BIRD
Nationaler Überblick Top 50 ★★★

Auf den Punkt: Internationale Kanzlei mit Fokus auf technologiegeprägte Branchen wie Automobil, Energie, Gesundheitswesen u. Telekommunikation. Die dt. Praxis punktet zudem mit einem marktführenden IP-Team.
Fünf-Sterne-Praxis für: ▷IT u. Datenschutz; ▷Marken u. Wettbewerb; ▷Telekommunikation; ▷Vergabe.
Zudem empfohlen für: ▷Arbeit; ▷Energie; ▷Gesellsch.recht; ▷Kartellrecht; ▷Konfliktlösung; ▷M&A; Patent; ▷Private Equ. u. Vent. Capital; ▷Verkehr; ▷Vertrieb.

Analyse: Mit ihrem starken Auftritt in technologiebetonten Sektoren, bei Digitalisierungsthemen u. mit zunehmender Internationalisierung ihres Geschäfts punktet B&B im dt. Markt. Diese Aspekte prägen das Prozessgeschäft der marktführenden IP-Praxis mit ihren Schwerpunkten in der Lifescience- bzw. Mobilfunkbranche schon lange. Das Patentteam arbeitet in grenzüberschreitenden Prozessserien für Nokia gegen Oppo um Mobilfunkgeräte bzw. für Edwards Lifesciences um Medizintechnik eng mit anderen europ. Büros zusammen. Die Vertretung von CureVac bei der ersten Klage um Covid-19-Vakzine in Europa unterstreicht die starke Verankerung im Pharmasektor. Allerdings musste die IP-Praxis auch zwei Partnerabgänge hinnehmen.
Auch die Arbeitsrechtspraxis setzt inzwischen konsequenter auf die Zusammenarbeit mit ausländischen Büros, etwa bei der Integration nach grenzüberschreitenden Fusionen. Im Kontext digitaler Transformation beraten die Arbeitsrechtler Unternehmen inzwischen zu neuen Arbeitsmodellen an sämtlichen europ. Standorten.
Wie verschiedene Fachbereiche mit stärkerer Vernetzung komplexe Mandate stemmen, zeigte sich zuletzt auch im Verkehrssektor. Hier waren die Anwälte aufseiten von Abellio gefordert, die mit mehreren Bundesländern geschlossenen SPNV-Verträge nachzuverhandeln. Die stark positionierte Vergaberechtspraxis u. die Verankerung in regulierungsnahen Branchen bleiben zuverlässige Säulen von B&B. An dieser Schnittstelle spielte auch die Corporate-Gruppe zuletzt bei der Beratung im Gesundheitssektor ihre Stärke aus, als es bspw. um medizinisches Cannabis ging. Dass sie auch in anderen zukunftsweisenden Technologien verankert ist, demonstrierte sie mit der Beratung des Stellantis-Konzerns beim Kauf von Share Now sowie von Hy24 bei einer großen Kapitalerhöhung im Bereich der Wasserstoffbetankung. Wie international B&B inzwischen in der Energiebranche unterwegs ist, zeigte die Betreuung von Itron beim Verkauf ihres globalen Gasregulierungsgeschäfts.

Perspektive: Den Fokus auf Beratung im Technologie- u. Digitalisierungszusammenhang werden die dt. Büros auch unter dem neuen Management um Corporate-Partner Dr. Peter Veranneman behalten. Ein erster Beleg dafür sind die sechs neuen Partner in 2022. B&B stärkte die Bereiche Corporate, Finanzierungen, Commercial, Gesundheit u. Vergaberecht, aber nicht die ohnehin schon starke IP-Gruppe. Die neuen Partner haben klare Branchenspezialisierungen bei Automotive, Gesundheit, Telekommunikation bzw. IT-Infrastrukturprojekten. Dass die große IP-Gruppe sie seit Anfang des Jahres nicht mehr im dreiköpfigen Management vertreten ist, bedeutet keine Abkehr vom IP-Geschäft, doch ist eine behutsame Schwerpunktverlagerung zu erwarten.
Doch zurzeit befindet sich die dt. Praxis in einer Übergangsphase. Zuletzt galt es, alte Themen wie eine neue Vergütungsstruktur für Associates u. eine

höhere Diversität der Belegschaft umzusetzen. Eine eigene Agenda will das neue Management bis Ende 2022 festlegen. Das dürfte auch erklären, warum B&B zuletzt auf Quereinsteiger verzichtete.

Auch gilt es, den eigenen Nachwuchs nicht zu vernachlässigen, wie die Abgänge von zwei jungen Partnern aus dem Patentteam unterstreichen. Hierin liegt ein Warnschuss für den stärksten Fachbereich bei B&B. Dieser steht weiter personell gefestigt da, doch steht die Herausforderung im Raum, guten Talenten mehr Freiheiten zur Entwicklung zu geben, um langfristig den Generationswechsel einzuleiten. Zudem steht mit dem Start des neuen europ. Patentgerichts Anfang 2023 die wohl größte Herausforderung der letzten Jahre an: Hier gilt es, mit großen u. international aufgestellten Teams Patentprozesse mit Wirkung für große Teile Europas zu führen. Insofern könnte das Patentteam in zwei bis drei Jahren eine noch größere Vorreiterrolle für andere Praxisgruppen spielen. Künftig kann B&B auch in anderen Feldern auf einen immensen Erfahrungsschatz zu Prozesstaktiken u. bei der Koordination von Großverfahren – auch in technischer Hinsicht – zurückgreifen.

Mandantenstimmen: Mandanten loben oft die Arbeit bei Prozessen: „sehr gute Koordinationsarbeit", „reicher Erfahrungsschatz" u. „hohe Sorgfalt", solches Lob bezieht sich nicht nur auf die Arbeit der IP-Teams, sondern auch anderer Fachgruppen, wenn es streitig wird – etwa auf die Arbeitsrechtsgruppe u. ihr „souveränes Auftreten vor Gericht". Ein Stammmandant schreibt der IP-Gruppe aber auch ins Hausaufgabenheft, mehr für die Diversity des Teams u. „die Marktwahrnehmung ihrer vielen Talente" zu tun.

Service: Ein neuer Legal-Tech-Manager soll seit 2022 neuen Schwung in die Entwicklung von innovativen Dienstleistungs- u. Serviceangeboten bringen. Bislang arbeitete B&B schon aufgrund ihrer starken prozessualen Ausrichtung an Legal-Tech-Lösungen zur Koordination internationaler Streitigkeiten. Zudem setzte sie – v.a. mit Blick auf Kosteneffizienz – intensiv auf digitale Unterstützung der anwaltlichen Arbeit, so bspw. bei arbeitsrechtlichen Großmandaten oder über eine eigene Servicegesellschaft für das Management von Markenrechten. International bietet B&B über einen Servicearm bspw. Consulting-Leistungen, Risikoanalyse für Verträge oder virtuelle personelle Unterstützung für Unternehmen.

Anwälte in Deutschland: 262
Blick auf die Standorte: ▷Düsseldorf; ▷Frankfurt; Hamburg; ▷München; ▷Brüssel.
Internat. Einbindung: International integrierte Kanzlei mit 33 Büros in Europa, Asien u. Australien. Eigenes Büro in San Francisco. Zuletzt eröffnete die Kanzlei in Amsterdam u. Dublin, die stärksten Ländergruppen bleiben aber Deutschland u. GB.

CBH RECHTSANWÄLTE
Nationaler Überblick Top 50 ★

Auf den Punkt: Im Rheinland fest verankerte, bundesweit tätige Kanzlei mit mehreren Leuchtturmpraxen. Die Zusammenarbeit der Standorte u. Praxisgruppen gelang zuletzt besser.
Empfohlen für: ▷Arbeit; ▷Beihilfe; ▷Gesellsch.recht; ▷Immo/Bau; ▷M&A; ▷Marken u. Wettbewerb; ▷Medien; ▷Öffentl. Recht; Patent; ▷Vergabe; ▷Verkehr.
Analyse: Der Modernisierungskurs, dem sich CBH seit dem Managementwechsel 2021 verschrieben hat, führt zu ersten Erfolgen. Dazu zählt v.a. die schon zuvor angestoßene verbesserte praxis- u. standortübergr. Zusammenarbeit. Sie zeigt sich z.B. in der Arbeit für Neumandantin Birkenstock, die bei der Realisierung eines Produktionsstandorts auf eine Kombination aus verschiedenen Teams wie etwa den angesehenen Öffentlichrechtlern sowie der etablierten Baurechtspraxis setzt. Im Arbeitsrecht gelingt die Zusammenarbeit entlang der Achse Köln-Berlin immer besser, z.B. bei Mandanten aus dem Gesundheitssektor.

Dank ihres Berliner Standorts positionierte sich CBH zudem erneut für teils prestigeträchtige Mandate von Ministerien. Seite an Seite mit einem Clifford Chance-Team begleiteten bspw. die Vergaberechtler um den renommierten Prof. Dr. Stefan Hertwig das Bundeswirtschaftsministerium im Zusammenhang mit den sog. ‚Pandemiebereitschaftsverträgen' zur Impfstoffversorgung. Um sich in Berlin zukunftsfähig aufzustellen, muss die Kanzlei jedoch den Generationswechsel forcieren. Derzeit werden die Geschicke dort in erster Linie von erfahrenen Partnern gelenkt u. abgesehen von einer Associate stehen keine jungen Talente bereit.

In Köln ist die Kanzlei diesbezüglich weiter: In Bereichen wie dem Verkehrs- u. Vergaberecht treten zunehmend jüngere Partner wie Dr. Jan Deuster oder Andreas Haupt in den Vordergrund u. übernehmen die Federführung in wichtigen Mandaten. Hier ergeben sich zudem Anknüpfungspunkte zu den Gesellschaftsrechtlern. Bspw. stand zuletzt die Transaktionsspezialistin Andrea Heuser im Rahmen der Restrukturierung der Hansalinie A1 u. des Verkaufs der A1 Mobil an der Seite des Konzerns Johann Bunte. Daneben stach die anerkannte IP-Praxis zuletzt mit ihrem Know-how bei Gewährleistungsmarken u. Gütezeichen hervor, z.B. für Climate Partners bzgl. des Labels ‚Klimaneutral'.

Perspektive: Nach wie vor ist die Entwicklung der Corporate-Praxis durch ihre Personalstärke gehemmt. Um die Aufnahme von Quereinsteigern wird CBH deshalb auf lange Sicht nicht herumkommen. Potenzial dafür bietet etwa der Berliner Standort, an dem derzeit noch keine Gesellschaftsrechtler angesiedelt sind. Der Aufbau dort könnte CBH zudem helfen, sich noch besser im lokalen Markt zu positionieren. Auch auf Berufseinsteigerebene muss die Kanzlei wachsen, hat aber genau wie andere Einheiten Schwierigkeiten. Mit ihrem neuen Büro in Köln unterstreicht sie schon einmal ihre Wachstumsambitionen. Um attraktiver zu werden, sollte CBH jedoch mit Blick auf die Ansprüche von Bewerbern weitere Themen angehen. Mit Punkten wie einer Teilzeitpartnerschaft aber tut sich die Kanzlei mit ihrem traditionell mittelständischen Selbstverständnis derzeit noch schwer.

Mandantenstimmen: Mandanten loben einzelne Anwälte aus mehreren Praxisgruppen. Aspekte, die dabei hervorstechen, sind die große Erfahrung u. Fachkompetenz, die diese auch bei komplexen Angelegenheiten zeigen. Daneben kommen ein „Fokus auf das Wesentliche" u. die damit verbundene Schnelligkeit in der Mandatsbearbeitung gut an.

Service: Als Kanzlei, die in der Aufarbeitung des VW-Dieselabgasskandals eingebunden ist, hat CBH Erfahrungen mit Legal Tech u. Projektjuristen gesammelt. Auch auf weiteren Gebieten wie der Prozesspraxis für Banken bietet sich für die Kanzlei Potenzial zum Einsatz von Technologietools. Dieses Potenzial hat sie erkannt u. arbeitet an einer Softwarelösung, die ihre Anforderungen zum Einsatz in unterschiedlichen Mandaten abbildet.

Anwälte in Deutschland: 82
Blick auf die Standorte: Berlin; Hamburg; ▷Köln; München; Brüssel.
Internat. Einbindung: Seit 2020 hat CBH einen Standort in Brüssel, der sich auf Fördermittelberatung fokussiert. Außerdem etablierte Zusammenarbeit im Netzwerk Iurope mit mittelgroßen Kanzleien aus europ. Nachbarländern. Zugleich besteht eine etablierte, aber nicht exklusive Zusammenarbeit mit der US-Kanzlei Holland & Knight. Beides betrifft v.a. M&A u. Arbeitsrecht.

CLIFFORD CHANCE
Nationaler Überblick Top 50 ★★★★

Auf den Punkt: Die Kanzlei zeichnet sich durch eine ausgeprägte u. oft kopierte Branchenfokussierung aus. Deutschland ist neben London der wichtigste Markt, wobei sich die Kanzlei aber als europäische Einheit begreift.
JUVE Kanzlei des Jahres für: Private Equity u. Venture Capital.
Fünf-Sterne-Praxis für: ▷Anleihen; ▷Energie; ▷ESG; ▷Gesundheit; ▷Immo/Bau; ▷Insolvenz/Restrukturierung; ▷Investmentfonds; ▷M&A.
Zudem empfohlen für: ▷Außenwirtschaft; ▷Bankrecht u. -aufsicht; ▷Börseneinführ. u. Kapitalerhöhung; ▷Compliance; ▷Gesellsch.recht; ▷Kartellrecht; ▷Konfliktlösung; ▷Kredite u. Akqu.fin.; ▷Notare; ▷Öffentl. Recht; ▷Private Equ. u. Vent. Capital; Steuern; ▷Unternehmensbez. Versichererberatung; ▷Vergabe; ▷Vertrieb; ▷Wirtschafts- u. Steuerstrafrecht.
Analyse: Die 2014 ausgerufene Strategie, sich auf großvolumige Transaktionen u. gewinnträchtiges Fonds- u. Projektgeschäft zu konzentrieren, geht auf. Nach einigen finanziell eher mauen Jahren zeigte sich zuletzt, dass CC produktiver ist denn je. Der langjährige Managing-Partner Dr. Peter Dieners hinterließ am Ende seiner Amtszeit eine verjüngte u. strukturell optimierte Partnerschaft, die die Stärken der Kanzlei weiterträgt.

CC hatte in den vergangenen Jahren verstärkt auf den Gewinn von jungen Partnern gesetzt, die sich fast alle als echter Gewinn entpuppten – besonders gut ablesbar ist es in der Konfliktlösung: Die Quereinsteiger übernehmen die Federführung in großen Prozesskomplexen der internat. Praxis: Christine Gärtner etwa für den Einlagensicherungsfonds im Zusammenhang mit der Greensill-Insolvenz u. Dr. Moritz Keller mit Blick auf einen Investitionsschutzstreit gegen Grönland u. Dänemark.

Dreh- u. Angelpunkt bleibt bei all dem die ausgeprägte Branchenfokussierung. Traditionell beeinflusst sie die Transaktions- u. Finanzierungsberatung in Branchen wie Pharma, Energie u. Immobilien sowie natürlich Banken. Sie zeigt sich aber auch bei der Beratung von VW bei der Gründung eines Joint Ventures mit TraceTronic u. der Vertretung von BMW gegen eine der ersten Klimaklagen. Mit Letzterem demonstriert CC – ebenso wie mit Mandaten aus dem Energie- u. Finanzsektor – zugleich, dass sie schon jetzt mit ihrem Mix aus Branchen- u. Regulierungskompetenz zu den Top-ESG-Beratern gehört. Eine globale Praxis, der drei dt. Partner angehören, soll dafür sorgen, dass CC diese Marktposition auch international besetzt.

Die Strategie, sich als europ. Einheit zu definieren, geht ebenfalls auf. Ein Mandant lobt etwa das Bank- u. Bankaufsichtsrechtsteam explizit für seine Koordination über mehrere Jurisdiktionen hinweg. Paradebeispiel ist das Mandat des Bundesverbands dt. Banken in den Insolvenzverfahren

Die führenden deutschsprachigen Kanzleien weltweit

unabhängig, unternehmerisch, lösungsorientiert

Argentinien

leonhardt@cbbl-lawyers.de

Belgien

weinand@cbbl-lawyers.de

China

burkardt@cbbl-lawyers.de

Costa Rica
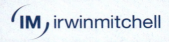
andre@cbbl-lawyers.de

Finnland

leppa@cbbl-lawyers.de

Frankreich

epp@cbbl-lawyers.de

Großbritannien

s.steiner@cbbl-lawyers.de

Israel
Heskia-Hacmun Law Firm
hacmun@cbbl-lawyers.de

Italien
JENNY. AVVOCATI
jenny@cbbl-lawyers.de

Luxemburg
GSK STOCKMANN
peter@cbbl-lawyers.de

Naher Osten / Nordafrika

ule@cbbl-lawyers.de

Niederlande

bonnet-vogler@cbbl-lawyers.de

5 Kontinente – 60 Länder

CBBL – Das einzige weltweite Netzwerk deutschsprachiger Wirtschaftskanzleien im Ausland

- Kompetente Rechtsberatung weltweit in deutscher Sprache

- Erfahrene Ansprechpartner im Ausland für Unternehmen (Geschäftsführung, Personal- und Rechtsabteilung) sowie für Rechtsanwälte und Steuerberater aus Deutschland, Österreich und der Schweiz

- Mittelstands- und lösungsorientierte juristische Beratung in 60 Ländern weltweit

Rumänien

weident@cbbl-lawyers.de

Russland

brand@cbbl-lawyers.de

Serbien

tomic@cbbl-lawyers.de

Slowenien

devetak@cbbl-lawyers.de

Spanien

meyer@cbbl-lawyers.de

Südafrika

zumpt@cbbl-lawyers.de

Ukraine

dykunskyy@cbbl-lawyers.de

USA Chicago

thiedmann@cbbl-lawyers.de

USA New York

schumann@cbbl-lawyers.de

und weitere Kanzleien in insgesamt 60 Ländern auf **www.cbbl-lawyers.de**

der Greensill-Gruppe in Deutschland, GB u. Australien. Zusätzlich zu den regulatorischen Grundlagen berät die Kanzlei hier auch mit Insolvenz- u. Konfliktlösungsspezialisten, um die Interessen des größten Einzelgläubigers zu wahren. Auch die jüngsten Quereinsteiger drücken aufs Gas: Die Private-Equity-Praxis wurde – nach dem Zugang zweier Kirkland-Partner u. einigen Jahren Pause – von Cinven für einen mrd-schweren Carve-out mandatiert.

Bemerkenswert ist auch, dass das Management bereit ist, Fehler zu korrigieren. So war die Arbeitsrechtspraxis vor Jahren der neuen Geschäftsstrategie weitgehend zum Opfer gefallen. Nun folgt der Wiederaufbau: Mit Nicole Engesser Means, die sogar einen eigenen Status erhält, u. Dr. Sebastian Ritz kamen zwei frühere CC-Anwälte zurück. So schließt sie zugleich eine signifikante Lücke im Compliance- u. Governance-Angebot.

Doch auch Rückschläge blieben nicht aus: Die in den vergangenen Jahren gewachsene ECM-Praxis erlitt einen herben Verlust. Philipp Klöckner, erst 2019 von Sullivan & Cromwell gekommen, u. eine erfahrene Counsel wechselten zu Milbank – ebenso wie zwei hoch angesehene Partner im Vorjahr.

Perspektive: Das kommende Jahr wird für CC schon deswegen einen neuen Abschnitt einläuten, weil die Amtszeit von Dieners nach acht Jahren zu Ende ging und Dr. Stefan Sax, bisher Leiter der Restrukturierungspraxis, die Verantwortung übernahm. Eine dringliche Baustelle, die der Neue gemeinsam mit dem globalen Management wird angehen müssen, ist die Wiedererstarkung der ECM-Praxis. Da dort kein eigener Nachwuchs in den Startlöchern steht, wird es darauf ankommen, zeitnah erfahrene Quereinsteiger zu gewinnen.

Dass die Kanzlei das beherrscht u. gleichzeitig den eigenen Nachwuchs nicht vernachlässigt, hat sie bereits mehrfach bewiesen; Die Ernennung von vier Partnern u. neun Counsel sprechen für sich – zumal bereits im Vorjahr neun Anwälte aufstiegen, drei in die Partnerschaft. Wenig überraschend zeigten sich Junganwälte in der azur-Associate-Umfrage auch deutlich zufriedener mit den Aufstiegschancen als ihre Pendants bei Freshfields, Linklaters oder Latham & Watkins. Besonders gestärkt wurde durch die Ernennungen zuletzt die gesellschaftsrechtliche Praxis, die zwar inhaltlich mit attraktiven Mandaten wie von VW oder der Beratung von BNP Paribas bei der Neuorganisation des europaweiten Finanzierungsangebots von Stellantis aufwartet, aber personell eher übersichtlich war.

Mandantenstimmen: Mandanten loben Clifford-Anwälte in fast allen Bereichen: „sehr professionell u. sehr kooperativ", „sehr responsiv u. erfahren".

Service: Bereits Ende 2018 gründete die Kanzlei für die Entwicklung ihrer IT-Produkte eine Tochtergesellschaft, die sie nun in das sog. Innovation & Best Delivery Hub in Frankfurt integriert. Dort arbeitet ein interdisziplinäres Team an Tools, die schon bei zahlreichen Mandaten zum Einsatz kamen, etwa für länderübergreifende Softwareverträge, zu Fragen des internationalen Vertriebs oder bei einer Geschäftsneustrukturierung wegen einer globalen Ausgliederung. Daneben kooperiert CC eng mit verschiedenen Anbietern wie Kira u. Evana.

Anwälte in Deutschland: 267

Blick auf die Standorte: ▷*Düsseldorf*; ▷*Frankfurt*; ▷*München*.

Internat. Einbindung: International integrierte Kanzlei mit Büros auf allen Kontinenten, einschließlich langjähriger Präsenz in Südamerika (Brasilien). US-Büros in Washington u. New York. Deutlich stärkstes Büro bleibt der Stammsitz in London. Moskau wurde geschlossen.

CMS HASCHE SIGLE

Nationaler Überblick Top 50 ★★★★

Auf den Punkt: Größte Kanzlei in Deutschland, die die Breite der Praxis genutzt hat, um den Top-Kanzleien Marktanteile abzunehmen. Marktführerin in mehreren Gebieten mit schlagkräftigeren Gesellschaftsrechts- u. M&A-Praxen. Die viel gepriesene Partnerschaftskultur bleibt eine Stärke.

JUVE Kanzlei des Jahres: Für Dispute Resolution; im Osten; für Regulierung; für Technologie u. Medien; für Vertrieb, Handel u. Logistik.

Fünf-Sterne-Praxis für: ▷*Arbeit*; ▷*Energie*; ▷*Gesundheit*; ▷*Immo/Bau*; ▷*IT u. Datenschutz*; ▷*Konfliktlösung*; ▷*Marken u. Wettbewerb*; ▷*Medien*; ▷*Öffentl. Recht*; ▷*Private Equ. u. Vent. Capital*; ▷*Versicherungsvertragsrecht*.

Zudem empfohlen für: ▷*Außenwirtschaft*; ▷*Bankrecht u. -aufsicht*; ▷*Beihilfe*; ▷*Börseneinführ. u. Kapitalerhöhung*; ▷*Compliance*; ▷*ESG*; ▷*Gesellsch.recht*; ▷*Insolvenz/Restrukturierung*; ▷*Investmentfonds*; ▷*Kartellrecht*; ▷*Kredite u. Akqu.fin.*; ▷*Lebensmittel*; ▷*M&A*; ▷*Nachfolge/Vermögen/Stiftungen*; ▷*Öffentl. Recht, Patent*; ▷*Presse*; *Steuern*; ▷*Telekommunikation*; ▷*Unternehmensbez. Versichererberatung*; ▷*Vergabe*; ▷*Verkehr*; ▷*Vertrieb*.

Analyse: Wer glaubte, CMS zu kennen u. einschätzen zu können, wurde in den vergangenen Jahren immer wieder eines Besseren belehrt. Lange wurde sie von Top-Kanzleien zwar mit Respekt, aber auch mit einer gewissen herablassenden Zuneigung betrachtet. Der Grund: Sie schien eine potenziell marktführende Position für einen gewissen Lifestyle zu opfern u. einer kollegialen Kultur den Vorzug vor einem rigideren Management zu geben. Kurz: ein zu sehr auf den Mittelstand fokussierter, nicht besonders teurer u. vergleichsweise unproduktiver Gemischtwarenladen. Das bemerkenswerte Vermächtnis von Managing-Partner Dr. Hubertus Kolster, der nach elf Jahren die Führungsrolle an den Kölner Partner Dr. Martin Vorsmann weitergeben hat, sieht jedoch ganz anders aus.

In einem langjährigen Prozess, der sich zuletzt beschleunigt hat, hat CMS von einem Markt profitiert, der seine übermäßige Abhängigkeit von der Transaktionsarbeit abgelegt hat, u. ihre konkurrenzlose Breite genutzt, um eine Reihe von marktführenden Praxen hervorzubringen.

Das Erfolgsrezept besteht darin, die Masse an Informationen, die von den unterschiedlichsten Mandanten stammen, in Trendprognosen umzuwandeln oder auf exogene Ereignisse zu reagieren. So schafft es das Arbeitsrechtsteam bspw., sich bei Trendthemen, wie aktuell Vergütungsmodelle oder ESG, frühzeitig u. v.a. regelmäßig zu positionieren. Die Öffentlichrechtler berieten die Autobahn GmbH in Planfeststellungsverfahren u. im Energierecht sowie das Bundeswirtschaftsministerium u. die Bundesnetzagentur beim Umbau der dt. Gas- u. Ölversorgung. In IT u. Medien ist es nicht überraschend, dass Accenture, Airbnb u. BBC zur Stammmandantschaft gehören.

Die Stärke in der Regulierung u. die Kontakte zur Regierung sind auch für die Corporate-Praxis besonders wichtig geworden u. tragen dazu bei, das Profil zu schärfen. Die Rolle beim Porsche-Börsengang, geschuldet der Nähe zum Land Niedersachsen, war ein Coup. Dass sich CMS zu einer führenden Energietransaktionspraxis entwickelt hat, ist nur zum Teil dem Ruf von Gesellschaftsrechtler Dr. Holger Kraft zu verdanken. Die Gründe dafür liegen v.a. in der tiefen Branchenverwurzelung durch das Regulierungsteam. Die Corporate-Praxis baut auf solchen Leuchtturmmandaten auf: Die Arbeit für Daimler Truck zeigt deutlich, wie weit entfernt CMS heute von ihrem einst jetzt mittelständ. Profil ist.

Ein Knackpunkt war lange die internationale Zusammenarbeit im finanziell nicht integrierten Verbund. Zwar hat CMS noch einen weiten Weg vor sich, doch ist die Qualität der grenzüberschreitenden Mandate inzwischen beachtlich: Das Private-Equity-Team beriet bei einer komplexen grenzüberschreitenden Finanzierung im Fintechbereich, im Vertriebsrecht setzte Ionity beim Aufbau eines Schnellladenetzwerks für E-Autos in mehr als 20 Ländern auf CMS.

Eine der wenigen echten Schwächen bleibt das Steuerrecht. Mit fast 40 Partnern müsste CMS einen viel stärkeren Eindruck auf dem Markt hinterlassen, bleibt aber oft im Klein-Klein hängen. Das mag am Engagement bei Tax-Compliance-Dienstleistungen für Mittelstandsmandanten liegen, ist aber mit Blick auf die starken Steuerpraxen anderer CMS-Kanzleien, etwa in Frankreich, eine genauere Betrachtung des dt. Managements wert.

Die Sozietät präsentiert sich heute wesentlich homogener, der Kuschelkurs ist Geschichte: Etwa 30 Partner haben in den vergangenen Jahren die Kanzlei verlassen oder wurden im (nun flexibleren) Lockstep neu eingestuft. Infolgedessen tritt die Partnerschaft heute sehr viel selbstbewusster auf. Ein Teil ihrer Zuversicht fußt dabei auch auf der erfolgreichen Nachwuchspolitik. CMS hat u.a. ihre Vergütung so umgestaltet, dass Senior Associates u. Counsel Gehälter erhalten, die nicht mehr so weit von den Marktführern entfernt sind. Dass sie eine der ersten Kanzleien war, die festlegte, dass Teilzeit-Associates keine verlängerte Partnerlaufbahn haben, war zwar keine Überraschung, aber ein wichtiges Signal.

Perspektive: Will CMS die Marktführer herausfordern, wird sie ihre Transformation fortsetzen müssen. Dabei warten eine Reihe teils grundlegender Herausforderungen. Es ist eine bemerkenswerte Anomalie im Markt – wenn auch teilweise auf die schiere Größe zurückzuführen –, dass der Partnerschaftsvertrag standortbasiert ist. Auch wenn es in der Sozietät einen breiten Konsens zu geben scheint, nicht zuletzt unter den jüngeren Partnern, für die büroübergreifendes Arbeiten selbstverständlicher ist, dass sich dies ändern muss, wird es für Vorsmann am Anfang seiner Amtszeit der wichtigste Agendapunkt, den es sensibel umzusetzen gilt.

Der Wechsel in die Gewerblichkeit ging weitgehend geräuschlos vonstatten. Es war schon lange klar, dass CMS mit ihren tiefen Taschen u. ihrem frühen Engagement, Geschäft zu standardisieren, das Potenzial stärker industrialisierter Arbeitspraktiken u. Rechtstechnologie nutzen würde. Die große juristische Dienstleistungseinheit in Berlin hat sich längst als wertvoll für das Streben nach mehr Effizienz erwiesen, aber auch dafür, verwertbare Daten über die gesamte Bandbreite der Arbeit abzuleiten. Nur wenige Partner sehen in dem Ausbau dieses

JUVE TOP 50 NATIONALER ÜBERBLICK

Zweigs einen Widerspruch zum Versuch, mehr High-End-Arbeit zu gewinnen.

Letzteres stellt CMS jedoch vor besondere Probleme, hat die Kanzlei doch eine fast pathologische Abneigung gegenüber der Förderung von Einzelpersonen als Leuchttürme. Das hat sie zugegebenermaßen zu einer bemerkenswert erfolgreichen Marke werden lassen. Sie muss sich dennoch fragen, ob es realistisch ist, als solche die Marktführer herauszufordern. Der Mix aus Koryphäen u. dem Ruf der Kanzlei als Ganzes ist in der Praxis meist erfolgversprechender. Abseits von führenden Figuren wie Prof. Dr. Klaus-Michael Sachs (Schiedsverfahren) oder Dr. Christian von Lenthe (Gesellschaftsrecht) wird CMS nicht nur zulassen müssen, dass sich andere Galionsfiguren entwickeln, sondern sie auch identifizieren u. aktiv fördern müssen.

Mandantenstimmen: Transaktionsanwälte bei CMS gelten als „äußerst pragmatisch" u. „industrienah", die Prozessrechtler zeigen „Kampfgeist vor Gericht". Es gibt mehr Lob als in den Vorjahren zur Internationalität: „Die Kanzlei hat Standorte in allen für uns wichtigen europ. Jurisdiktionen u. ein sehr gutes internationales Netzwerk", sagt ein Mandant. Sehr oft wird zudem die Kultur gelobt: „Super schnell u. freundlich".

Service: CMS war lange vor dem breiten Einbruch von Legal Tech Vorreiter in Sachen systematisierter Analyse von Verträgen. Mit dem kanzleieigenen Servicecenter in Berlin ist sie jetzt auch einer der Marktführer bei der Unterstützung der Beratungspraxis mit IT-Lösungen, z.B. im Bereich Arbeitsrecht u. Compliance. Dass Legal-Tech-Anwendungen auch bei der Abwicklung von Massenverfahren wie etwa für Daimler zum Einsatz kommen, versteht sich fast schon von selbst.

Anwälte in Deutschland: 726
Blick auf die Standorte: ▷Berlin; ▷Düsseldorf; ▷Frankfurt; ▷Hamburg; ▷Köln; Leipzig (▷Sachsen); ▷München; ▷Stuttgart; ▷Brüssel.
Internat. Einbindung: Mitglied der CMS-Allianz aus 18 unabhängigen Kanzleien mit gemeinsamer Dachmarke u. übergreifenden Fach- u. Industriegruppen, eigenes Büro in Hongkong, Kooperation mit ehemaligem CMS-Büro in Teheran. In der Türkei u. Asien betreiben CMS-Mitglieder in verschiedener Zusammenstellung Standorte. Über CMS Reich-Rohrwig Hainz (Österreich) starke Osteuropaverbindungen.

DENTONS
Nationaler Überblick Top 50 ★★★

Auf den Punkt: Die expansive dt. Praxis der weltumspannenden Kanzlei unterstreicht ihren Full-Service-Ansatz mit einer Stärkung u. besserem Vernetzung der Praxisgruppen.

JUVE Kanzlei des Jahres für: Außenwirtschaftsrecht.
Fünf-Sterne-Praxis für: ▷Insolvenz/Restrukturierung.
Zudem empfohlen für: ▷Anleihen; ▷Arbeit; ▷Außenwirtschaft; ▷Beihilfe; ▷Energie; ▷ESG; ▷Gesellsch. recht; ▷Gesundheit; ▷Immo/Bau; ▷Kartellrecht; ▷Konfliktlösung; ▷M&A; ▷Marken u. Wettbewerb; ▷Notare; ▷Private Equ. u. Vent. Capital; Steuern; ▷Vergabe.

Analyse: Ihre globale Präsenz u. der konsequent internationale Außenauftritt haben bisweilen den Blick darauf verstellt, dass Dentons in Deutschland lange eine recht traditionelle Kanzlei mit klassischen Managementstrukturen blieb. Die Entwicklung verlief eher im Stillen: Die mittlerweile vier dt. Büros wurden v.a. mit Quereinsteigern aufgebaut, gleichzeitig ist Dentons zu Berlins größter Wirtschaftskanzlei geworden, wodurch es eine Zeit lang schwerfiel, in den westdt. Zentren ähnliche Präsenz zu entwickeln. Der Ausbau ist aber gut gelaufen, hat strategisch wichtige Fachbereiche gestärkt u. ging oft einher mit einer besseren Verknüpfung dieser Fachgebiete. Die Beratung von KKR u. Global Infrastructure Partners beim Kauf des Rechenzentrumbetreibers CyrusOne belegt dies.

Auch andere Praxen beeindrucken. So hat Dentons mit zwei angesehenen Partnerinnen an der Spitze im Außenwirtschaftsrecht u. in der Investitionskontrolle viel mehr als nur eine Nische besetzt. Ihr Know-how bei Exportkontrolle u. Sanktionsrecht ist angesichts des Ukraine-Kriegs gefragter denn je. Hinzu kommen das Energie- sowie das Kartellrecht, wo der Zugang eines früheren Clifford-Anwalts als Partner vor wenigen Jahren nun Früchte trägt. Mit ihm ist es gelungen, die Arbeit für dt. Automobilkonzerne fachbereichsübergreifend auszuweiten. Mit einer erfahrenen Counsel von Freshfields, die im Sommer als Partnerin einstieg, erweiterte u. verjüngte die Kanzlei das Team abermals. Manchmal verkannt wurde, dass ein rund 90-köpfiges Team in gesellschaftsrechtlichen u. Transaktionsmandaten aktiv ist – mitunter sehr schlagkräftig, wenn die internen Ressourcen genutzt werden, etwa in der Verbindung mit dem Kartell- oder Außenwirtschaftsrecht oder den starken Restrukturierern. Unter den Corporate-Mandanten sind etliche Dax-Konzerne, u. Dentons konnte zuletzt mehrfach zukunftsträchtige Joint Ventures begleiten, etwa VW bei der Kooperation mit dem ital. Energieversorger Enel X, Audi u. zuletzt Porsche.

Diesen positiven Trend festigt Dentons mit einer neuen Managementstruktur, die v.a. den Praxisgruppen u. ihren Leitern mehr Verantwortung für vernetzte Beratung, Geschäftsentwicklung u. Personalförderung überträgt.

Perspektive: Wenn eine Kanzlei für grenzüberschreitende Beratung prädestiniert ist, dann Dentons. Für viele Mandanten ist eine belastbare, grenzüberschreitend verfügbare Beraterstruktur entscheidend, nicht zuletzt im Hinblick auf ESG-Compliance. In diesem Feld geht die Kanzlei mit ihrem zentralen Top-down-Ansatz im einen Sonderweg. Die weltpolitische Lage stellt für ein globales Netzwerk wie Dentons aber auch Gefahr dar. In Russland war die Kanzlei bzw. die Vorgängerin Salans beinahe drei Jahrzehnte lang präsent, bis wegen des Ukraine-Kriegs diese Verbindung gekappt wurde. Die jahrelange Nähe der Praxis zu Gazprom wird plötzlich mit anderen Augen gesehen. Auch das Agieren der chin. Regierung könnte einmal den Bewegungsspielraum einschränken, wobei die dt. Dentons-Büros nicht sehr von chin. Inbound-Geschäft abhängen. Trotzdem ist es von großer Bedeutung, dass die dt. Praxisgruppen den jungen Anwälten die grenzüberschreitende Arbeit weiter forcieren u. über alle Karrierestufen hinweg eine Aufstiegsmöglichkeit bieten. So kann der erfolgreiche Generationswechsel, wie er sich im Kartellrecht abzeichnet, auch in anderen Rechtsgebieten u. ohne allzu viele Quereinstiege vollzogen werden. Die hohe Flexibilität, die die verschiedenen Leistungsniveaus der Partner auch in der Vergütung abbildet, kann dies stützen.

Mandantenstimmen: „Schnell, prägnant u. pragmatisch" – das Mandantenlob für die Vergaberechtler findet sich ähnlich auch in anderen Fachgebieten. Hohe Zuverlässigkeit, Lösungsorientierung u. die große internationale Erfahrung sind häufig genannte Pluspunkte. Mandanten heben zudem die starke Serviceorientierung hervor.

Service: Für die nahtlose Zusammenarbeit mit Mandanten, etwa beim Austausch von Dokumenten, hat die Kanzlei ein Tool entwickeln lassen. Bei der Massenbearbeitung von Klagen oder Beschwerden sowie bei Due-Diligence-Phasen kommt Legal Tech zum Einsatz. Auf europ. Ebene kümmert sich ein eigenes Team um strategische Initiativen zum Thema Innovation, Legal Tech, Legal Operations sowie Knowledge Management.

Anwälte in Deutschland: 245
Blick auf die Standorte: ▷Berlin; ▷Düsseldorf; ▷Frankfurt; ▷München.
Internat. Einbindung: Integrierte Kanzlei in der Struktur eines Schweizer Vereins, polyzentrisch organisiert, mit mehr als 10.000 Anwälten u. Büros in mehr als 80 Ländern weltweit. Über Nextlaw Global Referral Network weiteres loses Netzwerk mit mehr als 700 Kanzleien in 200 Ländern. Zudem Anbindung an die multidisziplinäre Beratungsgesellschaft Dentons Global Advisors.

DLA PIPER
Nationaler Überblick Top 50 ★★★★

Auf den Punkt: Die dt. Praxis der global aufgestellten Full-Service-Kanzlei überzeugt Mandanten mit ausgeprägter Internationalität, einem guten Preis-Leistungs-Verhältnis u. fachbereichsübergreifender Beratung. Damit landet sie immer häufiger auf den Mandatierungslisten großer Konzerne, auch bei strategisch wichtigen Projekten.

Fünf-Sterne-Praxis für: ▷IT u. Datenschutz; ▷Medien; ▷Presse; ▷Verkehr; ▷Versicherungsvertragsrecht.
Zudem empfohlen für: ▷Arbeit; ▷Außenwirtschaft; ▷Börseneinführ. u. Kapitalerhöhung; ▷Compliance; ▷Energie; ▷ESG; ▷Gesellsch.recht; ▷Immo/Bau; ▷Insolvenz/Restrukturierung; ▷Investmentfonds; ▷Kartellrecht; ▷Konfliktlösung; ▷M&A; ▷Marken u. Wettbewerb; ▷Nachfolge/Vermögen/Stiftungen; ▷Öffentl. Recht; Patent; ▷Presse; ▷Private Equ. u. Vent. Capital; Steuern; ▷Unternehmensbez. Versichererberatung; ▷Vergabe; ▷Vertrieb; ▷Wirtschafts- u. Steuerstrafrecht.

Analyse: Bei DLA zeigt sich immer deutlicher die Wirkung der vor einigen Jahren eingeleiteten strategischen Schritte: Der vom dt. Management eingeschlagene Kurs zu mehr Teamgeist u. Kooperation hat zu einer beeindruckend engen Vernetzung der Praxisgruppen u. einer stärker werdenden Integration in die internationale Praxis geführt. Mandanten loben zunehmend die „Betreuung aus einer Hand" u. den „Blick über den Tellerrand hinaus". Gleichzeitig hat die Kanzlei der Entwicklung auf breiter Ebene viel Raum gelassen, sodass sie heute in zahlreichen Fachgebieten mit einer guten Marktposition aufwartet. Mit diesem Kurs u. einem ausgeprägten Industriefokus hat DLA die Voraussetzung geschaffen, ihre Position als Konzernberaterin kontinuierlich auszubauen. Neben dt. Schwergewichten wie BASF, Siemens, Traton u. Heidelberger Druckmaschinen verbessern die dt. Partner auch ihre Kontakte zu internationalen Konzernen wie Entain, BorgWarner u. einem großen US-Technologiekonzern. Zwar gehört die internationale Orientierung zur traditionellen Stärke der Kanzlei – gerade in den Anfangsjahren der dt. Praxis kam viel Arbeit aus dem riesigen Netzwerk –, heute allerdings beeindruckt sie eher mit einer nachhaltigen eigenen Mandatsbasis.

NATIONALER ÜBERBLICK JUVE TOP 50

Zentral für die Konzernberatung war der Aufbau einer leistungsfähigen Corporate-Praxis, deren Arbeitslast sich heute auf viele Schultern verteilt. Trotz einiger Partnerabgänge insbesondere im M&A unterstützte sie ihre Mandanten erneut bei strategisch wichtigen Projekten. So beriet ein dt.-niederl. Team um den Münchner Partner Gerald Schumann Traton bei der Gründung eines Gemeinschaftsunternehmens mit Volvo u. Daimler Truck. Stammmandantin BASF setzte bei der Partnerschaft mit Vattenfall für ein Offshorewindparkprojekt auf ein Team um Dr. Benjamin Parameswaran aus Gesellschafts-, Kartell- u. Energierechtlern sowie Finanzierungsexperten. Anders als bei stärker transaktionsfokussierten Wettbewerbern wie Baker McKenzie liegt der Ursprung der Mandatsbeziehungen in verschiedenen Praxisgruppen. Ein Beispiel dafür liefert die hoch angesehene IT-Praxis, die sich schon häufig als Türöffner erwies u. die ihre Beziehungen in die Kfz-Industrie erweiterte u. einen großen dt. Familienkonzern in einer Ausschreibung für ein weltweites Digitalisierungsprojekt überzeugte. Auch das Regulierungsteam gehört weiterhin zu den Aushängeschildern der Kanzlei, insbesondere seine marktführende Stellung im Bereich der Produktregulierung trug dazu bei, dass es sich auch als Beraterin zu ESG-Themen schnell in einem hochaktuellen Beratungsfeld platzieren konnte.

Perspektive: DLAs Kurs bringt weiter personelle Unruhe mit sich, denn er beinhaltet auch, dass sich die Partner regelmäßig am Grad ihrer Integration messen lassen müssen. Ist der nicht hoch genug, kommt es immer wieder zu (gewollten) Abgängen. Unglücklich für DLA war zuletzt der Wechsel eines vierköpfigen Immobilienteams, denn mit Christian Lonquich verlor sie einen viel gelobten Nachwuchspartner. Allerdings ist das Team so breit u. stabil aufgestellt, dass die Abgänge die Entwicklung nicht wesentlich hemmen dürften.

Dass ein Umbau durchaus vorteilhaft für einige Praxen ist, zeigt das Arbeitsrecht: Nach teils gewollten, teils ungewollten Abgängen in den Vorjahren stemmt das Team um Dr. Kai Bodenstedt große Projekte für Mandanten wie H&M u. arbeitet dabei gut eingebunden in die Gesamtkanzlei. Mit dem Zugang des renommierten Allen & Overy-Partners Dr. Hans-Peter Löw, der sich als of Counsel anschloss, baut DLA zudem die Kontakte in die Bankenbranche aus, was zugleich dem kanzleieigenen Nachwuchs beim Aufbau eines Business Cases helfen kann.

Ins Stocken geraten ist zuletzt das Bank- u. Finanzrecht. Mit dem Tod von Dennis Kunschke verlor das Team einen bekannten u. engagierten Bankaufsichtsrechtler, der Wechsel zweier Immobilienfinanzierer schwächte die Praxis zusätzlich. Inhaltlich fehlte es ohnehin an Breite: Obwohl in einigen Praxen gute Kontakte zu Banken bestehen, konnte sie bislang nur in der Eigenkapitalmarkt- u. Investmentfondsberatung ein signifikantes Profil entwickeln.

Vieles wird bei DLA davon abhängen, wie gut es ihr gelingt, ihren Erfolg nicht nur in der Mandats-, sondern auch der personellen Entwicklung abzubilden, denn schließlich geht es auch um den Aufbau des Nachwuchses, der sich in die Strategie der Kanzlei fügt. Mit der Ernennung eines Restrukturierungspartners setzte die Kanzlei nach zwei Partnernullrunden wieder ein positives Signal. Den Sprung zum Counsel schafften bislang deutlich mehr. Wie eigenverantwortlich Anwälte dieser Karrierestufe in Mandaten agieren, belegen zahlreiche Mandantenstimmen. Dass es hier immer wieder zu Fluktuation kommt, zuletzt im Versicherungs- u. im Strafrecht, schwächt diesen Mittelbau u. spricht nicht für die Attraktivität des Modells.

Mandantenstimmen: Der umfassende Beratungsansatz der Kanzlei spiegelt sich auch im Feedback von Mandanten wider. „Hervorragendes Know-how u. hohe Identifikation mit dem Mandanten; Die Beratung ist stets schnell u. umfassend, abgewogen u. orientiert an unseren Bedürfnissen", lobt einer, der zuletzt in mehreren Fachbereichen auf DLA setzte. Verstärkt werden nicht mehr nur erfahrene Partner hervorgehoben, sondern auch die junge Generation: „Der direkte Kontakt zum Partner ist wichtig, aber die Associates sind meist perfekt im Thema u. können fachlich sehr gut helfen", sagt ein Mandant. Ein anderer lobt die gute Teamarbeit u. die durchgängig hohen Qualitätsstandards.

Service: DLA unterhält unter dt. Beteiligung eine internationale Arbeitsgruppe, die IT-Produkte entwickelt, flankierend zur Rechtsberatung. In Deutschland verwenden drei Counsel als sog. Legal Tech Fellows 25 Prozent ihrer Arbeitszeit darauf, die Teams über Legal-Tech-Angebote zu informieren u. bei deren Einsatz zu unterstützen, außerdem wurde im Herbst 2021 eine erfahrene Legal-Tech-Managerin eingestellt. Strategisch investiert die Kanzlei in Legal-Tech-Lösungen, etwa für die Prozess- u. M&A-Praxis, darunter KI-Programme wie Kira, Naix u. Ravn. Daneben sind auch selbst entwickelte Anwendungen im Einsatz, etwa eine KI-basierte Plattform für Compliance-Risiken oder eine Smart-Contracts-Lösung zum Verkauf hochwertiger Güter.

Anwälte in Deutschland: 282
Blick auf die Standorte: ▷*Frankfurt*; ▷*Hamburg*; ▷*Köln*; ▷*München*; Brüssel.
Internat. Einbindung: Eine der weltweit größten Kanzleien mit insgesamt mehr als 80 Standorten in über 40 Ländern (inkl. USA, Kanada, Asien, Südamerika, Australien, Afrika). Daneben exklusive Zusammenarbeit mit Kooperationspartnern in Brasilien u. Saudi-Arabien. Nachdem DLA bereits im Sommer 2021 ihr Büro in Kiew geschlossen hatte, verabschiedete sie sich nach Ausbruch des Krieges aus Moskau u. St. Petersburg.

EVERSHEDS SUTHERLAND

Nationaler Überblick Top 50 ★ ★

Auf den Punkt: Die dt. Praxis ist im Umbruch. Traditionell im Mittelstand verankert, übernehmen dt. Partner vermehrt die Federführung in teils grenzüberschreitenden Mandaten von Konzernen.
Empfohlen für: ▷*Arbeit*; ▷*Energie*; ▷*Gesellsch.recht*; ▷*Immo/Bau*; ▷*IT u. Datenschutz*; ▷*Konfliktlösung*; ▷*M&A*; ▷*Marken u. Wettbewerb*; ▷*Vertrieb*.

Analyse: Die Entwicklung hin zu einer international agierenden, gut vernetzten Einheit zeigt sich mittlerweile über viele Fachbereiche hinweg. So begleiteten die M&A-Anwälte gemeinsam mit den Arbeitsrechtlern Benteler beim Verkauf zweier Werke in Dänemark u. Frankreich. Die Gesellschaftsrechtler agieren für RWE Renewables eng mit der aufstrebenden Energiepraxis zusammen, als der Konzern ein Joint Venture mit der kanad. Northland Power zur Entwicklung von Offshorewindparks gründete.

Diese Mandate verdeutlichen, wie sich ES immer besser bei namhaften dt. Konzernen positioniert. Immer weniger sind die Teams auf Verweismandate aus dem internationalen Netzwerk angewiesen u. geben ihrerseits Mandate weiter. Ein Beispiel dafür ist die Arbeit für die Dt. Post/DHL beim Kauf von Prologis Germany, an dem niederl. ES-Anwälte beteiligt waren. Die Bedeutung der dt. Praxis in der nach wie vor v.a. aus GB dominierten Kanzlei steigt, je besser sie dem Ansatz, große Mandanten dauerhaft grenzüberschreitend zu beraten, gerecht wird. Für die für Anfang 2023 geplante Eröffnung ihres Büros in Frankfurt gewann sie den renommierten Corporate-Anwalt Dr. Steffen Schniepp von PwC Legal. Damit schließt sie auch räumlich zu zahlreichen Großkanzleien auf u. will vor Ort klar weiterwachsen. Auch anderswo steht Aufbauarbeit an, denn der Wechsel von insgesamt drei Partnern, teils mit Team, aus München und Düsseldorf zu Norton Rose Fulbright schwächen die Corporate-Praxis. Anfang 2022 musste die Kanzlei zudem ein Team um die angesehene Bank- u. Finanzrechtlerin Dr. Carola Rathke zu Ypog ziehen lassen, im August folgte ihr der IT- u. Datenschutzrechtler Dr. Lutz Schreiber mit zwei Associates. Diese Abgänge sind ein weiterer Rückschlag für den Hamburger Standort, der die Achillesferse der Kanzlei bleibt.

Perspektive: Nach wie vor existieren bei ES zwei Welten parallel. So bietet sie einer mittelständischen Mandantschaft eine vergleichsweise preiswerte Rundumberatung. V.a. im M&A hat sie sich aber davon in den letzten Jahren durch hochvolumige, internationale Deals emanzipiert. Die jüngsten Abgänge sind deshalb ein herber Rückschlag, umso mehr, da sie auch den Aufbau in Düsseldorf zurückwerfen. Die anstehende Eröffnung in Frankfurt kann das nicht unmittelbar kompensieren. So überfällig sie war, so wird es doch in diesem kompetitiven Markt eine große Anstrengung werden, ein Team aufzubauen u. Marktanteile zu gewinnen.

Im Immobilienrecht setzte ES dem Verlust eines großen Teams im Vorjahr nun die Aufnahme von Dr. Stefan Fink sowie zweier weiterer Anwälte von Advant Beiten entgegen. Auch hier sind die Möglichkeiten noch nicht ausgeschöpft.

Aufgabe des Managements wird es bleiben, die Kanzlei auf eine möglichst gerade Linie zu bringen u. dabei die Belange Deutschlands im internationalen Kanzleigefüge zu priorisieren. Handlungsbedarf besteht nicht nur darin, die Mannschaft zu stabilisieren, sondern nach wie vor auch am Hamburger Standort zu wachsen, etwa mit weiteren Schritten im Energiesektor, der dort stark vertreten ist. Weiteres Potenzial, um den Fuß in die Tür großer dt. Unternehmen zu bekommen, bietet die Lifescience-Branche. Derzeit fokussiert sich die Münchner Gesundheitspraxis auf international agierende Mandanten.

Mandantenstimmen: Mandanten loben Kundenorientierung, Zuverlässigkeit sowie das tiefe Wissen einzelner Anwälte. Auch junge Partner bezeichnen sie als „engagiert" oder „aufstrebend".
Service: Eversheds ist vielen Wettbewerbern bei der Erledigung von Standardaufgaben zu moderaten Preisen weit voraus. Dafür setzt die Kanzlei in Bereichen wie IT/Datenschutz, Litigation oder bei Transaktionen auf Legal Tech. Sie nutzt selbst entwickelte Lösungen in Kombination mit Systemen von externen Anbietern. Dadurch kann sie ihren Mandanten z.B. Fixpreise anbieten. Sie knüpft damit datenbasiert an eine lange Geschichte mit alternativen Honorarmodellen an. Weit fortgeschritten sind auch die Angebote, die in ihrer Legal-Services-Tochter Konexo gebündelt sind. Über sie übernimmt die Kanzlei Corporate-Standardaufgaben u. bietet

etwa Legal-Tech-Consulting u. Projektmanagement für Rechtsabteilungen an. Bisher ist das Angebot nur in GB, Asien u. den USA etabliert, soll jedoch auf Europa ausgeweitet werden.
Anwälte in Deutschland: 163
Blick auf die Standorte: Berlin; ▷*Düsseldorf*; Hamburg; ▷*München*.
Internat. Einbindung: Die dt. Büros sind voll integrierter Teil der internationalen Kanzlei mit mehr als 3.000 Anwälten an 74 Standorten in Europa, den USA, Südafrika, dem Nahen Osten u. Asien. Über regionale Allianzen weiteres loses Netzwerk mit mehr als 200 Kanzleien weltweit.

FIELDFISHER
Nationaler Überblick Top 50 ★

Auf den Punkt: Aufstrebende Kanzlei mit klarem Technologiefokus u. relativ jungem Partnerteam. Mit diesem Mix berät sie auffallend viele internationale Mandanten mit digitalen Geschäftsmodellen.
Empfohlen für: ▷*Compliance*; ▷*Energie*; ▷*Gesellsch. recht*; ▷*Gesundheit*; ▷*IT u. Datenschutz*; ▷*Kartellrecht*; ▷*M&A*; ▷*Marken u. Wettbewerb*; ▷*Vertrieb*.
Analyse: Ihr klarer Technologiefokus verpflichtet u. dessen ist sich die Kanzlei auch bewusst. Als eine der Ersten im dt. Markt erweitert sie ihr Angebot in Richtung Managed Legal Services u. gründete Anfang 2022 mit Fieldfisher X eine Gesellschaft, die skalierbare Rechtsdienstleistungen anbietet. Dafür gewann sie mit Dr. Jan Wildhirth einen Partner, der als einer der Gründer des Legal-Service-Providers Eagle lsp viel Erfahrung mitbringt. Dieser Schritt ist eine Investition in die Zukunft u. ein Andocken an das internationale Angebot der Kanzlei. Aber der Ansatz fand bei Mandanten schnell Zuspruch: So setzt etwa Olympus im Vertragsmanagement auf den neuen Service.

Verantwortlich für den Ausbau der klassischen Rechtsberatung ist eine junge Partnerriege, die engagiert ihr eigenes Geschäft ausbaut und viel Wert auf Kooperation legt. So liegt hinter der Corporate-Praxis erneut ein erfolgreiches Jahr, das mit Deals für den Gfk-Gesellschafter NIM u. Transaktionen in der Energiebranche Achtungserfolge erzielte. Mit dieser Entwicklung war Fieldfisher auch für Quereinsteiger attraktiv: So kam in Düsseldorf ein vierköpfiges Team um CMS-Partner Dr. Daniel Kamke hinzu, wodurch sie das Angebot in Richtung Restrukturierungsberatung erweiterte. In Hamburg stockte die M&A-Praxis mit einem jungen Partner von Chatham auf.

Daneben hat sich die Beratung technologiegetriebener u. digitaler Geschäftsmodelle als zentrale Säule etabliert. Branchengrößen wie Verizon Media u. LinkedIn zählen genauso wie zahlreiche Unternehmen aus den Bereichen Legal-, Fin- u. Ad-Tech zu den Mandanten. Mit der Bündelung der Kompetenzen in einer Techpraxisgruppe führte sie spezialisierte Datenschutz-, IT- u. Wettbewerbsrechtler noch stärker zusammen. Damit reagiert Fieldfisher auf die starke geschäftliche Entwicklung, aber auch auf die Bedürfnisse datenbasierter Unternehmen. Zugleich optimiert sie so noch einmal ihre Aufstellung analog zu ihren internationalen Stärken: Der Aufbau einer öffentlich-rechtlichen Praxis um den von KPMG Legal gekommenen Hamburger Partner Dennis Hillemann passt dazu. Seine verwaltungsrechtliche Kompetenz war etwa in einem Prozess für den Cookie-Einwilligungsmanagementdienstleister Cybot gefragt. Durch den Zugang wurde aber auch die aufstrebende Energiepraxis sinnvoll verstärkt, weil der neue Partner Kontakte zu Mandanten wie Tree Energy Solutions mitbrachte. Wertvoll dürften auch seine Erfahrungen aus der Beratung des Bundesverkehrsministeriums hinsichtlich des Dieselskandals sein.
Perspektive: Fieldfisher ist noch lange nicht am Ende ihrer ehrgeizigen Pläne. Personell gehört dazu einerseits die Verstärkung von Fachgebieten wie Compliance oder der Finanzpraxis in Frankfurt durch Quereinsteiger, andererseits die Förderung des eigenen Nachwuchses – beides fiel ihr zuletzt nicht leicht. 2022 war bisher ein Jahr ohne dt. Partnerernennungen u. vergleichsweise wenigen Quereinsteigern. Letztlich unterstreicht dies aber auch, dass sie nicht opportunistisch vorgeht. Die Kanzlei bietet v.a. engagierten jungen Partnern eine Plattform, Geschäft auf- u. auszubauen – integriert in das internationale Netzwerk, aber nicht abhängig davon. Managing-Partner Dr. Philipp Plog setzt dabei auf einen Kurs, der die Balance zwischen Management u. individueller Freiheit für die Partner sucht. Mit diesem Ansatz war die Kanzlei in Bereichen wie Corporate, Energie u. IP/IT nicht nur wirtschaftlich erfolgreich, sondern setzt sich auch im Markt immer besser durch. In anderen zentralen Bereichen wie dem Arbeits-, Bank- u. Finanzrecht sowie Konfliktlösung fehlt es den Praxen bislang allerdings noch an der nötigen Breite.
Mandantenstimmen: Mandanten schätzen an Fieldfisher-Anwälten deren tiefes Themenverständnis auch abseits rein juristischer Belange sowie einen pragmatischen Beratungsstil. „Gutes Verständnis, was als Produkt gewünscht wird, zudem gutes Preis-Leistungs-Verhältnis", sagt ein Mandant, ein anderer findet: „Sehr pragmatischer u. schlanker Ansatz, exakt wie angefragt."
Service: In Deutschland hat die Kanzlei diverse Legal-Tech-Anwendungen selbst entwickelt, darunter bspw. eine Kollaborationsplattform zu Datenschutzthemen u. ein Evaluationstool für Compliance-Prüfungen. Vermarktet werden die Angebote über die Fieldfisher Tech Rechtsanwaltsgesellschaft. In der Fieldfisher X-Gesellschaft werden von einem interdisziplinären Team Technologie- u. Legal-Operations-Lösungen für skalierbare Rechtsdienstleistungen entwickelt. Auf internationaler Ebene betreibt Fieldfisher bereits seit 2017 eine Plattform für alternative Rechtsdienstleistungen: ‚Condor' richtet sich v.a. an Banken u. umfasst bspw. Vertragsverhandlungen, Dokumentation, Projektmanagement u. Automatisierung. Die Aufträge werden, stark technisiert, teils aus dem Ausland heraus bearbeitet.
Anwälte in Deutschland: 102
Blick auf die Standorte: Berlin; ▷*Düsseldorf*; Frankfurt; ▷*Hamburg*; München.
Internat. Einbindung: Aus GB stammende Kanzlei mit rund 900 Anwälten in 25 Büros in elf Ländern. Neben GB u. Deutschland ist sie u.a. in Italien, Frankreich, Spanien, Luxemburg, China, Belgien, Irland u. den USA (Palo Alto) präsent, zudem gibt es einen Service-Hub in Belfast.

FLICK GOCKE SCHAUMBURG
Nationaler Überblick Top 50 ★★★

Auf den Punkt: Expansive, im Steuerrecht seit Jahrzehnten führende Großkanzlei mit tiefer Vernetzung bei großen Familienunternehmen.
Fünf-Sterne-Praxis für: ▷*Nachfolge/Vermögen/Stiftungen*; Steuern; ▷*Wirtschafts- u. Steuerstrafrecht*.
Zudem empfohlen für: ▷*Arbeit*; ▷*Gesellsch. recht*; ▷*Investmentfonds*; ▷*Kartellrecht*; ▷*M&A*; ▷*Notare*.
Analyse: Die Bonner Traditionskanzlei schreibt Jahr für Jahr ihre Erfolgsgeschichte fort. Das Wachstum gründet auf der gesamten Breite ihrer multidisziplinären Aufstellung, stammt also nicht nur aus dem Steuerrecht u. der Steuerberatung. Zwar bleibt dieses Beratungsfeld, das die Kanzlei in voller Breite bespielt, dasjenige, das für den größten Umsatzanteil u. das größte Renommee steht, doch dass es auch in anderen Bereichen Entwicklungen gibt, zeigen die Equity-Partner-Ernennungen: Von fünf Neupartnern stammte nur einer aus dem klassischen dt. Kern-Steuerrecht, zwei aber waren Gesellschaftsrechtler. Hier wie bei Transaktionen machte FGS zuletzt die größten Fortschritte: So hat die Kanzlei über ihre klassische Klientel von familiengeführten Mittel- u. Großkonzernen hinaus auch bei börsennotierten Gesellschaften u. im Kapitalmarktrecht mittlerweile mehr als einen Fuß in der Tür. Das bewies sie bspw. als Beraterin der Policen-Direkt-Gruppe, die sie vom Kauf der Aktienmehrheit an cash.life bis zum Squeeze-out begleitete. Aber v.a. der Carve-out von 26 MAN-Tochterfirmen u. ihre Bündelung in einer luxemb. Holding als Vorbereitung der Verschmelzung auf Traton zeigt, dass die Kanzlei heute auch zu grenzüberschreitenden Umstrukturierungen in der Lage ist – nicht zuletzt aufgrund der Kooperation im internationalen Taxand-Netzwerk, das hier über das Steuerrecht hinaus eine wichtige Rolle spielte. Auch der Trackrecord bei Kapitalmarkttransaktionen wächst: So beriet FGS etwa Babbel beim Börsengang aus dem Berliner Büro heraus. Zudem ist die Kanzlei über einen Frankfurter Steuerrechtler zu einem festen Kooperationspartner der Kapitalmarktkanzlei Sullivan & Cromwell geworden u. war so Teil von diversen IPOs u. SPAC-Notierungen.
Perspektive: Der Kurs der Kanzlei, sich stetig fachlich u. geografisch zu verbreiten u. mit einer jährlich großen Anzahl von Partnerernennungen zu verjüngen, ist nachhaltig u. damit praktisch alternativlos. Dass die traditionell männlich geprägte Partnerschaft im dritten Jahr hintereinander auch eine Frau in die Equity-Riege aufnahm, ist für den Nachwuchs ein wichtiges Signal – genauso wie die Tatsache, dass seit zehn Jahren jedes Jahr bis zu fünf Anwälte zu Equity-Partnern werden. Dennoch bleibt die Förderung der Diversität in der Kanzlei u. insbesondere in den Kanzleimanagementgremien eine große Aufgabe. FGS ist in dieser Disziplin klar unterdurchschnittlich aufgestellt, was mit Blick auf die Gewinnung von Mitarbeitern u. den sich ändernden Anforderungen von Mandanten nicht zu unterschätzen ist. Platz gibt es genug, denn die Geschichte von FGS zeigt: In den starken Rechtsberatungsfeldern ist der Erfolg die beste Grundlage für weitere Expansion, häufig verbunden mit fachlicher Verbreiterung. Etwa im Strafrecht: FGS ist im Steuerstrafrecht eine der führenden Kanzleien, doch im weiteren Wirtschaftsstrafrecht ist Luft nach oben. Auch ist sie an den Schnittstellen zum Kartell- oder Datenschutzrecht bisher wenig engagiert. Das ließe sich ändern, wenn jüngere Anwälte ermutigt würden, sich darauf zu spezialisieren. Auch in der Fondsberatung liegt Potenzial. Die Querschnittsmaterie aus Gesellschafts-, Steuer- u. Bankaufsichtsrecht ist an sich ideal, doch hat FGS es bislang nicht geschafft, über ihr kleines, aber sehr etabliertes Münchner Team hinaus bei Start-ups u. Finanzinvestoren Fuß zu fassen, die sich insbeson-

dere in Berlin finden. Das dortige Büro wächst zwar wieder, doch der Partnerabgang im Notariat im Frühjahr 2022 offenbart, dass es teils noch an Stabilität fehlt.

Mandantenstimmen: Eine Vielzahl von Mandanten lobt die Kompetenz der Kanzlei auch jenseits der hoch angesehenen Steuer- u. Nachfolgepraxis, v.a. jüngere Partner im Gesellschaftsrecht geraten mehr u. mehr in den Fokus.

Service: Die Kanzlei setzt im juristischen Bereich auf etablierte Softwarelösungen, jedoch mehr u. mehr auch auf selbst entwickelte Tools, wie sie dies in der Steuerberatung schon seit Jahren betreibt, etwa bei Einführung von TCMS u. Reporting sowie beim Vermögensverwaltungstest in der Nachfolgeberatung. Besonders hervor tut sich insoweit das Arbeitsrecht: Mit ihrem selbst entwickelten Tool zur Sozialauswahl hat FGS einen echten Mehrwert für Mandanten geschaffen.

Anwälte in Deutschland: rund 220 (plus ca. 160 steuerliche Berufsträger)

Blick auf die Standorte: ▷Berlin; Bonn (▷NRW); ▷Frankfurt.

Internat. Einbindung: Als unabhängige multidisziplinäre Kanzlei Mitglied der weltweiten Steuerallianz Taxand; zudem formalisiertes steuerliches Netzwerk in Österreich/Osteuropa mit Leitner + Leitner. Abseits des Steuerrechts informelles Netzwerk von Korrespondenzkanzleien mit steigender Bedeutung von Taxand.

FRESHFIELDS BRUCKHAUS DERINGER

Nationaler Überblick Top 50   ★★★★★

NOMINIERT JUVE Awards 2022 Kanzlei des Jahres

Auf den Punkt: Auf vielen Gebieten zur Marktspitze gehörend u. weltweit integriert, setzt sie auch bei strategischen Entwicklungen Maßstäbe. Im Fokus stehen das transatlantische Transaktionsgeschäft u. die Steuerung von Großprojekten. In der Nutzung von Techlösungen reicht kaum eine Wettbewerberin an ihre Erfahrung heran.

JUVE Kanzlei des Jahres für: Bank- u. Finanzrecht.

Fünf-Sterne-Praxis für: ▷Anleihen; ▷Arbeit; ▷Bankrecht u. -aufsicht; ▷Börseneinführ. u. Kapitalerhöhung; ▷Compliance; ▷ESG; ▷Gesellsch.recht; ▷Immo/Bau; ▷Insolvenz/Restrukturierung; ▷Kartellrecht; ▷Konfliktlösung; ▷Kredite u. Akqu.fin.; ▷M&A; ▷Medien; ▷Private Equ. u. Vent. Capital; Steuern; ▷Unternehmensbez. Versichererberatung; ▷Verkehr; ▷Wirtschafts- u. Steuerstrafrecht.

Zudem empfohlen für: ▷Beihilfe; ▷Energie; ▷Gesundheit; ▷Investmentfonds; ▷IT u. Datenschutz; ▷Marken u. Wettbewerb; ▷Öffentl. Recht; Patent; ▷Telekommunikation; ▷Vertrieb.

Analyse: In Sachen Strategie u. Gespür für Beratungstrends macht FBD kaum jemand etwas vor. Damit das so bleibt, verlässt sie die ausgetretenen Pfade einer auf Transaktionsgeschäft fokussierten europ. Kanzlei. Das zeigt sich an zwei Entwicklungen, die auf den ersten Blick widersprüchlich wirken: Mit ihrer Erfahrung aus Tausenden von Prozessen u. Vergleichen für VW aus dem Dieselskandal baut sie an einer Infrastruktur für kommende Massenverfahren, etwa nach Datenschutzverstößen oder in der Banken- u. Versicherungsbranche. Zum Jahresbeginn 2022 kündigte sie eine neue Serviceeinheit zur Klageabwehr an, im Februar startete sie damit in Münster u. im Frühsommer eröffnete sie weitere Standorte in Nürnberg, Mannheim u. Hannover. Ziel ist es, dort jeweils bis zu 50 junge ‚Litigators' zu beschäftigen, die ähnlich gelagerte Verfahren an den umliegenden Gerichten führen. Einen derart hohen Stellenwert räumt dem Litigation-Management bislang kaum eine Kanzlei ein.

Die zweite Entwicklung vollzieht sich eher schleichend, aber merklich: FBD setzt sich – nicht zuletzt dank ihrer komplementären Kompetenzen – auch im Transaktionsgeschäft von ihren Hauptwettbewerbern in Deutschland ab. In der Private-Equity-Beratung gelingt es der Kanzlei besser als Linklaters oder Hengeler Mueller, sich gegen die starke Konkurrenz von US-Kanzleien zu behaupten. Das zeigt sich u.a. an der Arbeit für die US-Gesellschaft Hellman & Friedman, die schon seit Jahren immer wieder Teams um Dr. Arend von Riegen mandatiert, zuletzt bei der Übernahme von Zooplus.

Ursächlich für die vergleichsweise gute Position gegenüber US-Wettbewerbern ist der fortlaufende Ausbau des US-Teams, zuletzt um Partnerzugänge von hochkarätigen Kanzleien wie Wilson Sonsini u. Cravath. Regelmäßig gibt es auch Lob aus dt. Konzernen für die Qualität von Nachwuchspartnern in den US-Büros. Das bedeutet nicht, dass Freshfields die Platzhirsche in New York u. an der US-Westküste in Bedrängnis bringt, vielmehr setzt sie dem beschleunigten Vorpreschen der US-Kanzleien auf den europ. Märkten eine eigene Strategie entgegen. Es gelingt ihr so besser als noch vor wenigen Jahren, europ. Mandanten bei hochkarätigen Fällen in Nordamerika zu beraten. Ein Beispiel dafür ist die Arbeit eines internationalen Teams für Lanxess beim Kauf der IFF-Sparte Microbial Control. Umgekehrt ist die Kanzlei inzwischen so gut aufgestellt, dass sie immer öfter US-Mandanten für Europa-Transaktionen gewinnt. Das belegt das Mandat von Goldman Sachs beim €1,7-Milliarden-Kauf des Asset-Managers des niederl. Versicherers NN Group, bei dem ein Team um Dr. Gunnar Schuster u. Dr. Markus Benzing beriet.

Zugleich ist ihr Zugang zu Dax-Unternehmen unverändert stark. Prof. Dr. Christoph Seibt gehört zu den Aushängeschildern in der gesellschaftsrechtlichen Beratung, Dr. Stephan Waldhausen u. Dr. Sabrina Kulenkamp sind ebenfalls bestens vernetzt. Eine Stärke der Praxis ist auch die Zusammenarbeit mit den hoch angesehenen Spezialisten im Finanzierungs- u. Finanzaufsichtsrecht. Für das Zusammenspiel gesellschaftsrechtlichen u. regulatorischen Know-hows stehen die Umstrukturierung der Mandantin JPMorgan innerhalb der Eurozone u. der Kauf eines großen Lebensversicherungsportfolios der Zurich durch die Mandantin Viridium.

Ein weiteres Asset ist die strategische Weitsicht, früh u. entschlossen auf Regulierungs- u. Compliance-Themen gesetzt zu haben. In den sich überlagernden Corona-, Energie- u. Ukraine-Krisen zeigte sich deutlich, wie souverän ihre Marktposition bei heiklen Angelegenheiten ist. Ob beim Start des Reisesicherungsfonds oder bei den milliardenschweren Rettungsmaßnahmen für Uniper, Gazprom Germania u. den ostdt. Energieerzeuger Leag – FBD-Anwälte waren mehrfach bei solchen Vorhaben gefragt. Eine herausragende Rolle spielte etwa das Finanzierungsteam um Dr. Frank Laudenklos, das immer wieder für die KfW arbeitete.

Mit dieser Mischung setzt sich FBD inzwischen auch beim neuen Großthema ESG an die Spitze des Kanzleimarktes. Während andere Finanzpraxen noch ihre ersten ESG-Finanzierungen beraten, restrukturierte sie bereits eine an ESG-Risiken gescheiterte Refinanzierung. Bei den ersten Klimaklagen hierzulande ist sie ebenso gefragt wie bei der Compliance-orientierten Risikoanalyse.

Perspektive: FBD ist als eine der europ. Spitzenkanzleien Treibende u. Getriebene zugleich. In der M&A-Beratung gehört sie zu den Getriebenen, insbesondere in London. Dort stellten Latham & Watkins u. Kirkland & Ellis zuletzt die umsatzstärksten Praxen. In diesem Wettbewerb sind die inzwischen ansehnliche US-Präsenz u. das Know-how im Regulierungsrecht sowie in Compliance fast schon unverzichtbar, um sich gegen die Dealmaschinen zu behaupten. Sich hier künftig womöglich Schwächen zu erlauben, wäre gefährlich.

In einem ähnlichen Kontext ist auch die neue Serviceeinheit für Massenklagen zu sehen. Keine andere internationale Kanzlei setzt den Litigation-starken US-Kanzleien ein so konsequentes Modell entgegen. Allerdings widerspricht es dem bisherigen Mantra der Kanzlei, weltweit als integrierte Einheit zu agieren, denn erstmals beschäftigt sie Juristen in zwei Einheiten u. zu unterschiedlichen Bedingungen. Damit könnte eine Unwucht entstehen, die sie aus dem Management ihrer internationalen Standorte kennt: Unterschiedliche Erwartungen von Mandanten u. Mitarbeitern, etwa zu Stundensätzen, Diversitätsanforderungen oder Gehaltsvorstellungen lassen sich nicht immer unter einen Hut bringen. Auf der Habenseite des Projekts stehen der Gewinn von Marktanteilen in Segmenten, in denen sie bisher schon aus Honorargründen nicht mitspielte. Nicht zu unterschätzen ist auch der Zugang von Absolventen an den Orten, wo sie jetzt ihre Zelte aufschlägt. Gestaltet sie die Grenzen zwischen Kanzlei u. Serviceeinheit durchlässig, eröffnen sich ganz neue Recruiting-Chancen.

Womöglich liegt darin auch ein Weg, dem wachsenden Druck v.a. von US-Mandanten zu begegnen, dass sich die Kanzleien selbst diverser u. ESG-konformer aufstellen. FBD ist insoweit zwar gewohnt konsequent u. legte in einem Zwischenbericht Zahlen zur Diversität vor, darin zeigen sich durchaus ansehnliche Fortschritte, allerdings v.a. bei den US- u. Londoner Aktivitäten. Details zum dt. Markt fehlen, trotz entsprechender interne Programme u. Förderstrukturen. Dass die Kanzleien in dem Bericht die zentralen Regionen Deutschland u. EU ausspart, kann nicht der langfristige Weg sein. Es wirft vielmehr ein Schlaglicht darauf, wie schwer sich die Rechtsbranche u. FBD hierzulande tun. Wer bei ESG aber weiter vorne mitspielen will, tut im derzeitigen wirtschaftspolitischen Klima gut daran, diesen Schwierigkeiten zu begegnen.

Mandantenstimmen: „Tiefenwissen u. Überblick exzellent vereint", „sehr engagiert, kommerzielles Verständnis, Zug zum Tor", „Für die großen Themen eine gute, wenn auch sehr teure Adresse", „bei Beauty Contest den Eindruck vermittelt, recht administrativ u. stundenintensiv zu arbeiten, zu viele Teammitglieder, hohe Kosten". Mandanten äußern sich zu Freshfields u. einzelnen Beratern überwiegend sehr positiv. Das gilt für die fachlichen Kenntnisse ebenso wie die Leistung in Verhandlungen. Doch gibt es immer wieder Kritik am Preis, was ein Hinweis darauf sein könnte, dass es insoweit an einer transparenten Kommunikation mangelt.

Service: Die Zusammenarbeit von kanzleieigenen IT-Entwicklern u. Anwälten treibt sie am Standort Berlin weiter voran, wo insbesondere die Konfliktlösungsexperten mit den Technologiespezialisten unter einem Dach arbeiten. Für Großmandate setzt sie verstärkt auf Projektmanager, die eine koordinierende Funktion einnehmen. Für Aufgaben in der Due Diligence, für Simulationen sowie zur Unterstützung bei Settlements hat sie bereits eigene Lösungen entwickelt, zugleich greift sie auf externe Instrumente wie Kira oder Relativity zurück. Mit der neuen Einheit für Prozessführung baut die Kanzlei ihr Geschäftsmodell aus.

Anwälte in Deutschland: 603

Blick auf die Standorte: ▷*Berlin*; ▷*Düsseldorf*; ▷*Frankfurt*; ▷*Hamburg*; ▷*München*; ▷*Brüssel*. Litigation-Büros: Hannover, Mannheim, Münster, Nürnberg.

Internat. Einbindung: International integrierte Kanzlei mit einheitlichem Vergütungssystem (modifizierter Lockstep), v.a. in Europa sehr stark. In den USA nach New York u. Washington nun auch im Silicon Valley präsent (aktuell rund 65 US-Partner). Im Nahen Osten mehrere eigene Büros u. exklusive Beziehungen. In Asien liegen strategische Schwerpunkte in China u. Japan.

GIBSON DUNN & CRUTCHER
Nationaler Überblick Top 50 ★★

Auf den Punkt: Auf Transaktionen ausgerichtete Kanzlei mit langjähriger Erfahrung bei Compliance u. intensiven Verbindungen zu ihren u.a. prozessstarken US-Standorten.

Empfohlen für: ▷*Compliance*; ▷*Gesellsch.recht*; ▷*Kartellrecht*; ▷*Konfliktlösung*; ▷*M&A*; ▷*Private Equ. u. Vent. Capital*.

Analyse: GDC hat zuletzt in mehrfacher Hinsicht beeindruckt u. ihre Ambitionen im dt. Markt signalisiert. Das gilt v.a. für Private Equity, Compliance, Litigation u. Kartellrecht. Sie kann dabei auf die soliden Verbindungen zwischen dem dt. Team u. denen in den USA u. London aufsetzen. Dabei zeichnet sich ab, dass auch die Corporate-Praxis immer besser ins internationale Gefüge integriert ist. So brachte die massive Verstärkung der Transaktionskompetenz in London nicht nur bessere Voraussetzungen bei Pitches, sondern auch bereits Mandate nach Deutschland. Die Private-Equity-Teams beider Länder kooperierten etwa in Mandaten von Lone Star. An der Seite von Perusa wiederum berieten dt. u. frz. Anwälte gemeinsam. Das dürfte nur der Anfang sein, denn das globale Management hatte nach der Berufung der angesehenen New Yorker M&A-Anwältin Barbara Becker für die Corporate-Praxis weltweit Wachstumspläne verkündet.

Internationale Zusammenarbeit war auch der Schlüssel für die Beratung des Allianz-Aufsichtsrats beim Vergleich mit US-Behörden. US-Compliance-Spezialist Joel Cohen, sein dt. Pendant Dr. Benno Schwarz u. Corporate-Partner Dr. Ferdinand Fromholzer lotsten das Gremium durch die Untiefen dt.-amerikanischer Compliance-Vorfälle. Für den dt. Markt zeigte das Mandat nicht nur die exzellente Kooperation, sondern auch, dass das Compliance-Team weit mehr kann als Autohersteller.

Bei denen allerdings sitzt GDC fest im Sattel – zuletzt kam auch noch BMW in einer Kartellsache auf die Kanzlei zu. VW wiederum blieb einem kartellrechtlichen Quereinsteiger aus dem Vorjahr treu, u. im zuvor dezimierten Brüsseler Büro kam ein Kartellspezialist von der EU-Kommission hinzu. Wie stark Daimler bzw. jetzt Mercedes-Benz auf die Kompetenz von GDC vertrauen, zeigte sich in einem anderen Umfeld: Die Mandatierung in der sog. Klimaklage der Dt. Umwelthilfe brachte die Anwälte in die Verteidigerrolle für das Geschäftsmodell insgesamt. Das Litigation-Team um Dr. Markus Rieder hatte Daimler auch schon in Sachen Diesel vertreten u. wuchs binnen eines Jahres um zehn Associates. Das ist für eine Top-US-Litigation-Kanzlei durchaus angemessen, dürfte aber dennoch den Ambitionen hierzulande nicht gänzlich gerecht werden, denn noch hängt der Erfolg an wenigen Köpfen – ein Zustand, der Risiken birgt. Das gilt umso mehr, als dass bei GDC derzeit gerade der Erfolg der krisennahen Beratung rund um Kartellrecht, Litigation u. Compliance zu einem erfolgreichen Cross-Selling führt. Erste Erfolge beim Export des dt. Mandantenstamms in die USA u. die höhere Frequenz an Mandaten für große US-Mandanten zeigen, dass die Integrationsbemühungen wirken.

Perspektive: Personalwachstum ist u. bleibt die Achillesferse von GDC. Mehr Kapazitäten braucht es auf allen Ebenen. Zwar wird der geduldige, aber langsame Aufbau der eigenen Anwälte in der Corporate-Praxis weitere Früchte tragen, allzu viel Zeit darf diese Entwicklung aber nicht in Anspruch nehmen, sonst drohen die exzellenten Ansätze in grenzüberschreitenden Large-Cap Private Equity in Frankfurt sowie M&A in München zu verpuffen. Zudem gilt es, daneben das erfolgreiche Mid-Cap-Geschäft nicht zu vernachlässigen.

Dass sie in der Lage ist, Quereinsteiger gut zu integrieren, hat GDC gerade in den Erfolgspraxen Kartellrecht u. Litigation bereits bewiesen. Doch auch der Unterbau bedarf Verstärkung. Die Erweiterung der Litigation-Praxis zeigt, dass es an Interessenten nicht mangelt, u. das mit gutem Grund: Bislang ist es an beiden Standorten laut Associates gelungen, ein ausgesprochen gutes Klima aufrechtzuerhalten. Das alleine wird auf Dauer aber nicht genügen. Der Ernennung eines dt. Partners im Vorjahr müssen weitere folgen, um glaubwürdig zu bleiben. Gerade die erfolgreichen krisenorientierten Praxen brauchen das insoweit die Rückendeckung des globalen Managements. Das gilt ganz besonders bei Compliance, wo sich starke Nachwuchsanwälte finden.

Mandantenstimmen: Mandanten loben v.a. die Transaktionskompetenz der Kanzlei.

Service: GDC gehört zwar nicht zu den Entrepreneuren bei der Digitalisierung der Rechtsberatung, nutzt jedoch global eine Reihe von Tools. Eine starke US-Litigation-Praxis u. eine erfolgreiche Compliance-Praxis auch in Deutschland wären ohne technische Kompetenz auch kaum mehr denkbar.

Anwälte in Deutschland: 52

Blick auf die Standorte: ▷*Frankfurt*; ▷*München*; Brüssel.

Internat. Einbindung: Voll integrierte US-Kanzlei mit mehreren Standorten in den USA, dazu in Dubai, Brasilien, Asien u. Europa.

GLEISS LUTZ
Nationaler Überblick Top 50 ★★★★★

NOMINIERT
JUVE Awards 2022
Kanzlei des Jahres

Auf den Punkt: Die Kanzlei gehört seit Jahren in zahlreichen Rechtsgebieten zu den Marktführern. Die Kanzleikultur ist geprägt von enger Zusammenarbeit in der Partnerschaft, die nicht zuletzt dadurch Marktanteile gewonnen hat u. nun zur Marktspitze zählt.

JUVE Kanzlei des Jahres für: M&A.

Fünf-Sterne-Praxis für: ▷*Arbeit*; ▷*Compliance*; ▷*Gesundheit*; ▷*Insolvenz/Restrukturierung*; ▷*Kartellrecht*; ▷*Konfliktlösung*; ▷*M&A*.

Zudem empfohlen für: ▷*Anleihen*; ▷*Außenwirtschaft*; ▷*Bankrecht u. -aufsicht*; ▷*Beihilfe*; ▷*Börseneinführ. u. Kapitalerhöhung*; ▷*Energie*; ▷*ESG*; ▷*Gesellsch.recht*; ▷*Immo/Bau*; ▷*IT u. Datenschutz*; ▷*Kredite u. Akqu.fin.*; ▷*Lebensmittel*; ▷*Marken u. Wettbewerb*; ▷*Nachfolge/Vermögen/Stiftungen*; ▷*Notare*; ▷*Öffentl. Recht*; Patent; ▷*Private Equ. u. Vent. Capital*; Steuern; ▷*Unternehmensbez. Versichererberatung*; ▷*Vergabe*; ▷*Verkehr*; ▷*Vertrieb*.

Analyse: Wohl kaum jemand hätte GL vor ein paar Jahren zugetraut, die Marktführerinnen Freshfields u. Hengeler direkt herauszufordern. Insbes. während der fünfjährigen Amtszeit von Dr. Alexander Schwarz u. Dr. Michael Arnold, die 2023 zu Ende geht, ist ihr Konzept jedoch voll aufgegangen. M&A können alle, aber die Kooperationskultur bei GL macht es möglich, Mandate auch jenseits von Transaktionen in einer Größenordnung zu erhalten, die früher undenkbar gewesen wären.

Auch wenn viel in die Corporate-Praxis investiert wurde, so ist doch das Geheimnis des Erfolgs, dass die Kanzlei auf ihre Praxen im Regulierungssektor, Kartellrecht, in der Konfliktlösung u. im Arbeitsrecht aufgebaut hat, wo sie teils seit Jahrzehnten als Marktführerin gilt. Diese Praxen haben geholfen, sich weitere Schlüsselpositionen bzw. -mandate zu erarbeiten. So profitierte die Corporate-Praxis etwa von den außergewöhnlich guten Beziehungen von Arbeitsrechtler Prof. Dr. Christian Arnold zu Dax-Vorständen. Was sich durch Zusammenarbeit erreichen lässt, zeigt besonders deutlich die heutige marktführende Position in einem Feld wie Compliance, das zugleich ein Gradmesser dafür ist, wie flexibel u. schnell Kanzleien auf sich ändernde Marktbedingungen reagieren.

GL ist in vielerlei Hinsicht ein Paradebeispiel dafür, was Management in einer Anwaltskanzlei bewirken kann. Sechs Umsatzrekordjahre haben auch die letzten Skeptiker verstummen lassen. Das Vertrauen in das scheidende Managementduo war auch deshalb groß, weil es bewiesen hat, dass eine Kanzlei Marktanteil, Mandatsqualität, Profitabilität u. Attraktivität verbessern kann, ohne das Selbstverständnis eines freien Berufs zu beeinträchtigen. Dazu gehört auch der schrittweise u. fast geräuschlose Abschied von Partnern, deren Ansatz mit der Strategie nicht kompatibel war.

Die vielleicht bedeutendste Veränderung bei GL zeigt sich aber bei Deals: Vor etwa drei Jahren hatte die Kanzlei beschlossen, weiter zur Deutschland AG vorzudringen, nachdem Michael Arnolds Arbeit für den VW-Aufsichtsrat große Aufmerksamkeit erregt hatte. Gut zwei Jahre danach blickt die M&A-Praxis auf ein bemerkenswertes Jahr zurück, in dem sie große Deals für Lanxess u. die Dt. Post abschloss u. für den milliardenschweren Verkauf des Funkturm-Netzwerks der Dt. Telekom ausgewählt wurde. Die meisten dieser Mandatsgewinne haben damit zu tun, dass GL mit ihrem Full-Service-Angebot für komplizierte M&A-Mandate so viel Mehrwert schaffen konnte, dass sie Kanzleien wie Hengeler u. insbesondere US-Kanzleien, die nicht über die gleiche Angebotsbreite verfügen, verdrängen konnte.

Umso enttäuschender ist, dass die Fortschritte im Private Equity ausbleiben, zumal GL mit Dr. Christian Cascante schon vor vielen Jahren zu den Vorreitern in diesem Bereich gehörte. Wie viele andere dt. Kanzleien hat es GL schwer, mit den Haus- u. Hofbeziehungen der US-Einheiten hierzulande mitzuhalten, u. ist daher bei Large-Cap-Deals primär auf Verweisgeschäft aus den USA angewiesen.

Das macht die Büroeröffnung in London umso interessanter, deutet sie doch auf das Bestreben hin, die

Beziehungen zu Banken u. Finanzinvestoren in der europ. Finanzhauptstadt zu pflegen. Der Umzug eines Grandseigneurs wie Dr. Wolfgang Bosch nach London unterstreicht die Ernsthaftigkeit. Mehrere Praxisgruppen setzen große Hoffnung in die neue Präsenz. So dürfte es sich lohnen, die Möglichkeiten der ohnehin starken Position des Restrukturierungsteams auszuloten, sollte der erwartete Abschwung eintreten. Auch in der Konfliktlösung ist GL besser als die meisten Wettbewerber für die zyklische Veränderung des Marktes positioniert: Das Team ist an fast allen prominenten Verfahrenskomplexen beteiligt, Prof. Dr. Eric Wagner gilt als einer der künftigen Stars.

Weitere Bereiche, die in einem schwierigen Marktumfeld wichtig sein könnten u. die sich die Kanzlei frühzeitig erschlossen hat, sind u.a. die Arbeit der IT-Praxis zum Thema Quantencomputing sowie das ESG-betonte Engagement von Öffentlichrechtler Dr. Marc Ruttloff, das auch für die Compliance-Praxis von Bedeutung ist. Die Eröffnung eines Büros im Metaverse war erst mal ein gelungener PR-Gag, aber sie steht zumindest auch als Metapher für die neue innovative Kultur in der Kanzlei.

Perspektive: Es gibt Anzeichen dafür, dass der bemerkenswerte Erfolg, einschließlich der wirtschaftlichen Performance, seinen Preis hat: die Überarbeitung u. Erschöpfung der Partner. GL wird vermutlich nie mit hoher Leverage arbeiten oder von ihren Associates große Mengen an abrechenbaren Stunden erwarten. Stattdessen sind es die Partner, die Tausende von Stunden pro Jahr leisten. Deshalb ist die anstehende Wahl des Managements im Jahr 2023 so wichtig. Die neue Doppelspitze wird definieren müssen, wie viel mehr Beschneidung u. Gestaltung des Kanzleigeschäfts notwendig u. wünschenswert ist, wie viel Maßregelung u. Kontrolle die Leistung der Partner verträgt.

Die Gebiete, auf denen eine dt. Kanzlei wie GL hinter internationalen wie Freshfields, Latham & Watkins oder Clifford Chance zurückbleibt, betreffen die grenzüberschreitende Arbeit. Dort hat sie einen strukturellen Nachteil, der sich v.a. bei Private Equity bemerkbar macht, wo GL nicht auf Spitzenniveau konkurrieren kann. Deshalb setzen etliche Partner ihre Hoffnungen auf das Londoner Büro. Zu den Aufgaben des Managements werden gehören, die Erwartungen auf ein angemessenes Maß zu stutzen.

Ein übermäßiges Herumdoktern an der Kanzleistruktur wäre ebenso wenig zielführend wie eine Lockerung des Locksteps, die von einigen Partnern bevorzugt wird. Dennoch gilt es, einige strukturelle u. strategische Entscheidungen zu treffen. Wettbewerberinnen wie Freshfields u. Hengeler haben beschlossen, die Welle von Massenverfahren u. groß angelegten Investigations zu reiten. Um hier die Profitabilität zu halten, sind allerdings eine große Anzahl an juristischen Zuarbeitern u. eventuell sogar parallele Karrierestrukturen nötig. GL entschied sich vor einigen Jahren, diesen Weg nicht zu gehen aus Sorge um Kanzleikultur u. Marke.

Da Freshfields u. Hengeler bewiesen haben, dass dies kein echtes Problem darstellt, gilt es nun, die wahren Gründe zu analysieren. Es ist kein Geheimnis, dass bspw. einige Litigation-Partner eine Aversion gegen Massengeschäft hegen u. anspruchsvolle Rechtsberatung vorziehen. Solche Einzelvetos dürfen einem Startegiecheck aber nicht entgegenstehen. Die Partnerschaft braucht einen erneuten Konsens darüber, ob diese Massenmandate den Markt so prägen werden, dass sie es sich kaum leisten kann, nicht beteiligt zu sein. Kandidaten gäbe es sicher genug, die eine solche Arbeit als unternehmerische Herausforderung u. Fahrkarte in Richtung Partnerschaft sehen würden.

Mandantenstimmen: In fast jedem Rechtsgebiet werden GL-Partner für ihre „100 Prozent zuverlässige u. verbindliche, überaus engagierte u. fachlich ausgezeichnete" Beratung gelobt, die Transaktionsanwälte außerdem für „rasche Arbeit u. Ergebnisse". Stärker als früher betonen Mandanten die Zusammenarbeit zwischen den einzelnen Fachbereichen. Die Kultur wird als „unprätentiös, angenehm u. pragmatisch" beschrieben.

Service: GL integriert ihr betriebswirtschaftliches Know-how in die Mandatsarbeit u. bindet etwa Pricing- u. Projektmanagement-Know-how in Ausschreibungen ein. Zudem setzt die Kanzlei eine große Palette von Legal-Tech- u. Legal-Operation-Tools in Mandaten ein, die zum Teil eingekauft, zum Teil selbst entwickelt werden.

Anwälte in Deutschland: 352

Blick auf die Standorte: ▷*Berlin*; ▷*Düsseldorf*; ▷*Frankfurt*; ▷*Hamburg*; ▷*München*; ▷*Stuttgart*; ▷*Brüssel*.

Internat. Einbindung: Unabhängige Kanzlei mit engen Kooperationsbeziehungen zu Gide Loyrette Nouel (Frankreich), Chiomenti (Italien) u. Cuatrecasas (Spanien/Portugal). Außerdem Zusammenarbeit in NL mit Stibbe, mit verschiedenen Kanzleien in GB, die durch ein neues Büro verstärkt werden soll. In den USA breites Netzwerk, u.a. mit Paul Weiss, Cravath Swaine & Moore, Simpson Thacher & Bartlett u. Fenwick & West. Zudem gute Beziehungen zu asiat., insbesondere chin. Kanzleien.

GÖRG

Nationaler Überblick Top 50   ★★★

Auf den Punkt: Bundesweit präsente Kanzlei mit Full-Service-Angebot, die ihre Kompetenz bei Insolvenz u. Sanierung weiter in den Mittelpunkt ihres Geschäfts stellt.

Fünf-Sterne-Praxis für: ▷*Insolvenz/Restrukturierung*.

Zudem empfohlen für: ▷*Arbeit*; ▷*Bankrecht u. -aufsicht*; ▷*Energie*; ▷*Gesellsch.recht*; ▷*Gesundheit*; ▷*Immo/Bau*; ▷*IT u. Datenschutz*; ▷*Konfliktlösung*; ▷*M&A*; ▷*Notare*; ▷*Öffentl. Recht*; ▷*Private Equ. u. Vent. Capital*; Steuern; ▷*Vergabe*; ▷*Vertrieb*;.

Analyse: Aufbauend auf ihrem eher mittelständischen Profil verfolgt die Kanzlei beharrlich das Ziel, die fachliche Spezialisierung ihrer Partner auch jenseits des virtuos beherrschten u. weiterhin klar dominierenden Themas Insolvenz u. Restrukturierung voranzutreiben. Nicht ohne Erfolg: Auf den Beraterlisten großer Konzerne wie Dt. Telekom oder EnBW taucht der Name Görg immer wieder auf – zwar nicht an vorderster Stelle, aber in Spezialdisziplinen wie IT-, Immobilien- oder Energierecht. Das heißt, das mittelfristige Ziel der Kanzlei, von allzu unspezifischem Alltagsgeschäft allmählich Abstand zu nehmen u. komplexeres Geschäft zu erledigen, ist erreichbar.

Görg fängt damit auf keinen Fall bei Null an, wie zahlreiche Empfehlungen belegen – auch für die Servicequalität. Dass dieses Lob mehrfach aus der jetzt im Zentrum des allgemeinen Interesses stehenden Energiewirtschaft kommt, ist eine Bestätigung für die gute Arbeit von Dr. Achim Compes, Thoralf Herbold oder Dr. Wibke Schumacher. Gerade die Energierechtler haben sich zuletzt mit den Insolvenz- u. den Öffentlichrechtlern gut abgestimmt. Positiv fällt auch M&A auf, mit Dr. Bernt Paudtke als gefragtem Allrounder in München sowie den jüngeren Dr. Tobias Fenck u. Dr. Christoph Niemeyer, die Görg im Transaktionsgeschäft (auch für Private-Equity-Investoren) eine zusätzliche Perspektive eröffnen. Beachtliche Transaktionen stemmten auch die Immobilienrechtler, die ihre Dauermandantin Ampega zum Kauf des Frankfurter Skyper berieten. Hier zeigt sich die Qualität eines geduldigen Aufbaus mit internem u. externem Wachstum, der allenfalls an den Standorten München u. Hamburg noch Lücken aufweist.

Die Restrukturierer sind ganz selbstverständlich weiter bundesweit aktiv u. spielen eine wichtige Rolle bei der Umstrukturierung u. Krisenbewältigung in der Autozulieferindustrie, wie das marktbekannte Beispiel Leoni zeigt oder die Sachwalterei von Dr. Holger Leichtle im Südwesten. Speziell für Management oder für Gesellschafter sind die Görg-Anwälte häufig erste Wahl, um zu erläutern, was alles passieren kann – eine gute Positionierung für eine krisengeplagte Wirtschaftslage.

Perspektive: Für eine so große u. ambitionierte Kanzlei wie Görg ist die fehlende strukturierte internationale Vernetzung immer dann schmerzhaft wenn Mandanten zu anderen Kanzleien gehen. Hier besteht weiterhin Handlungsbedarf. Bei anderen Themen beweist sie mehr Weitsicht, wie der erneute Generationswechsel im Insolvenzrecht zeigt. Der Erfolg von jüngeren Partnern wie Oliver Nobel oder Dr. Mike Westkamp kommt nicht von ungefähr. Unter dem Erneuerungsaspekt ist auch die nochmalige Erweiterung der Praxis in Berlin zu verstehen. Aber diese ist zugleich eine Wette auf die Zukunft – nicht, weil die Kompetenz des Neuzugangs Prof. Dr. Torsten Martini umstritten wäre, sondern weil der Markt gerade so sehr von politischer Einflussnahme geprägt wird u. nicht wie erwartet geboomt hat.

Wo der Staat immer schon regulierend eingegriffen hat, hat Görg mit ihren angesehenen Energierechtlern eine gute Ausgangsbasis. Das Öffentliche Recht könnte noch mehr zu einer Schlüsselstelle für die Vernetzung der regulierungsnahen Teams werden. Beispiele aus dem Vergaberecht, insbesondere bei Digitalisierungsprojekten, wo in den vergangenen Jahren die interne Kooperation immer häufiger angestoßen wurde, eignen sich für andere Praxen als Vorbild.

Mandantenstimmen: In einer Vielzahl unterschiedlicher Rechtsgebiete sammelt die Kanzlei Lob für eine „sehr gute Beratung" ein, nicht zuletzt im Gesellschaftsrecht. „Wenn es um Organhaftungsfragen geht, ist das Team von Görg immer meine erste Wahl", lobt ein Mandant, der ansonsten nur internationale Kanzleien empfiehlt. Auch bei jüngeren Anwälten wird die pragmatische u. lösungsorientierte Beratung gelobt.

Service: Görg setzt auf ein partnerzentriertes, persönliches Beratungsangebot. Zur Unterstützung arbeitsrechtlicher Restrukturierungsmaßnahmen hat die Kanzlei aber bereits vor Jahren ein IT-Werkzeug eingeführt, das eine rechtssichere Sozialauswahl beschleunigt. Weitere kommen in der Insolvenzverwaltung u. im Vergaberecht zum Einsatz.

Anwälte in Deutschland: 308

Blick auf die Standorte: ▷*Berlin*; ▷*Frankfurt*; ▷*Hamburg*; ▷*Köln*; ▷*München*; Stuttgart.

Internat. Einbindung: Offenes Netzwerk mit anderen unabhängigen Kanzleien.

Anzeige

FRIEDRICH GRAF VON WESTPHALEN & PARTNER
Nationaler Überblick Top 50

Auf den Punkt: Die Mittelstandsberaterin ist eine renommierte Adresse für Manager- u. Produkthaftung sowie das IP-Management. Fest im Full Service verankert.

Empfohlen für: ▷ *Arbeit*; ▷ *Gesellsch.recht*; ▷ *Gesundheit*; ▷ *Konfliktlösung*; ▷ *M&A*; ▷ *Marken u. Wettbewerb*; ▷ *Versicherungsvertragsrecht*; ▷ *Vertrieb*.

Analyse: Die seit Jahren eher auf Expansion ausgerichtete Mittelstandskanzlei erlebte 2022 eine Zäsur: Ein angesehenes Corporate-Team um Dr. Barbara Mayer u. Gerhard Manz verließ den Freiburger Stammsitz u. schloss sich Advant Beiten an. Mayer war bis zuletzt auch Managing-Partnerin neben dem Kölner Partner Carsten Laschet. Die Trennung setzt den Schlusspunkt unter Differenzen in der Freiburger Partnerschaft.

Die Weggänge, die etwa ein Drittel der Corporate-Praxis ausmachen, werden Spuren hinterlassen in der Mandantschaft u. in FGvWs internationalen Netzwerken. Die Kanzlei deshalb im Transaktionsbereich abzuschreiben, wäre aber falsch. Neben gut ausgebildeten Eigengewächsen, die Anfang des Jahres in die Partnerschaft aufrückten, sorgen frühere Quereinsteiger aus internationalen Kanzleien wie Dr. Annette Bödeker, die das US-Unternehmen CuriosityStream bei seiner strategischen Partnerschaft mit Spiegel TV beriet, u. der Venture-Capital-Spezialist Dr. Alexander Hartmann dafür, dass Transaktionen weiterhin breit bespielt werden können. Diese Köpfe müssen nun eine größere Rolle im Gesamtgefüge spielen, zumal das verbliebene Team in Freiburg mit ungewohnt starker Konkurrenz durch die Ex-Kollegen konfrontiert ist.

Für die Gesamtkanzlei ist die Zäsur auch eine Chance, sich auf andere Stärken ihres Full-Service-Angebots zu besinnen, die teils im Schatten der Transaktionspraxis standen. Dazu zählt traditionell die Arbeit aufseiten von Versicherern in Köln. Regelmäßig werden dem Team um den neuen Kanzleisprecher Laschet große Schadenskomplexe anvertraut, darunter zuletzt die Explosion bei Currenta u. die Wirecard-Insolvenz. Dass eine Anfang 2022 zur Salary-Partnerin ernannte Arbeitsrechtlerin die Führungskräfteberatung vorantreibt, passt hervorragend dazu, da sich hier Querschnittsthemen zu der etablierten D&O-Praxis entwickeln lassen.

Gleiches gilt für Verknüpfungen zwischen der Versicherungs- u. Prozesspraxis sowie dem Gesundheitswesen. Der Zugang einer erfahrenen Lebensmittelrechtlerin eröffnet nun Möglichkeiten, im Grenzbereich zu Pharma u. in der Produkthaftung neue Beratungsfelder zu erschließen.

Die im Frühjahr um einen weiteren Quereinsteiger verstärkte Immobilienpraxis könnte mehr Aufmerksamkeit auf sich zu ziehen. Das große Team agiert bisher eher standortbezogen – in Köln klassisch, in Berlin etwa für Harbona Invest dezidiert steuerrechtlich u. in Frankfurt für einige Investmentgesellschaften – u. fällt daher im Markt kaum auf.

Perspektive: Das verjüngte Management von FGvW steht vor großen Herausforderungen – u. vielleicht noch größeren Chancen. Mit Laschet u. Thies muss es die Kanzlei im internationalen Geschäft neu positionieren. Anknüpfungspunkte gibt es aus Sektoren wie Gesundheit, Umwelt oder Prozessführung genug. Voraussetzung wird sein, diese konsequenter zu managen. Womöglich fällt es jetzt sogar leichter, die latente Dominanz der Standorte Freiburg u. Köln zu überwinden u. die Newcomer Frankfurt u. Berlin stärker einzubeziehen. Dazu beitragen könnte eine strategische Verstärkung der kleineren Standorte. Beide tun sich noch schwer, in den wettbewerbsintensiven Märkten ihre Position zu finden. Gerade dort aber bietet sich die Chance, mit ambitionierten jungen Quereinsteigern neue Geschäftsfelder zu erschließen.

All das würde voraussetzen, dass das neue Management die Chance beherzt ergreift. Dass sich einer der beiden neuen Management-Verantwortlichen künftig um IT u. Digitalisierung kümmern wird, ist ein weiterer (überfälliger) Schritt in Richtung Moderne.

Mandantenstimmen: Mandanten loben Markenrechtler u. Transaktionsanwälte für ihre „ausgezeichnete Sachkenntnis" u. für „ergebnisorientierte Verhandlungsführung". Auch aus dem Ausland kommende Mandanten sind zufrieden.

Service: In Sachen Technik agierte FGvW lange eher verhalten. Im Herbst 2021 wurde ein neues Kanzleimanagementsystem eingeführt, das nicht nur in-

terne Prozesse optimiert, sondern auch das Datenmanagement mit den Mandanten. Mit der Neuwahl des Managements wurde ein Ressort zu IT/Digitalisierung geschaffen, das praxisspezifische Tools entwickeln soll.
Anwälte in Deutschland: 100
Blick auf die Standorte: Berlin; ▷Frankfurt; Freiburg (▷Baden-Württemberg); ▷Köln.
Internat. Einbindung: Gut gepflegtes weltweites Netzwerk, insbesondere für den Versicherungs- u. Gesundheitssektor.

GREENBERG TRAURIG
Nationaler Überblick Top 50 ★★

Auf den Punkt: Die dt. Praxis der US-Kanzlei hat sich aus ihren Kernbranchen Immobilien u. Medien zu einer Full-Service-Einheit mit enger Anbindung an das internationale Netzwerk entwickelt.
Fünf-Sterne-Praxis für: ▷Immo/Bau.
Zudem empfohlen für: ▷Arbeit; ▷Gesellsch.recht; ▷Insolvenz/Restrukturierung; ▷IT u. Datenschutz; ▷M&A; ▷Medien; ▷Private Equ u. Vent. Capital; ▷Telekommunikation.
Analyse: Die verstärkte Integration des dt. Teams der US-Kanzlei durch eine inhaltliche Anpassung an das internationale Kanzleigefüge hat eine neue Ära eingeläutet: Besonders deutlich zeigte sich das an der beachtlichen Zahl an grenzüberschreitenden Joint Ventures u. Deals, die Gesellschafts- u. Transaktionsrechtler stemmten. Ein Beispiel ist der Zusammenschluss des dt. Logistikdienstleisters Röhling mit dem US-Unternehmen Penske, ein anderes die Begleitung des australischen Testing-Spezialisten ALS bei der Beteiligung an einem dt. Auftragsforschungsinstitut mit Töchtern in Frankreich. Mit dem Restrukturierungsteam arbeiteten die M&Aler u.a. beim Verkauf des Automobilzulieferers IFA zusammen. Für die Arbeit an Distressed-M&A-Fällen ist GT somit gut eingespielt. Auch die starke Position im Immobiliensektor könnte den Restrukturierern bei der derzeitigen Zinsentwicklung weiteres Geschäft bescheren. Zuletzt zeigte die Immobilienpraxis allerdings mit teils milliardenschweren Deals für Heimstaden, Velero u. Dream Industrial u. einer wachsenden Private-Equity-Mandantschaft, wie selbstverständlich internationales Geschäft mittlerweile ist.
Auch das Engagement in neuen Beratungsfeldern wie Litigation oder Fonds zeigt, dass GTs Selbstverständnis längst nicht mehr das einer Immobilien- u. Medienkanzlei ist. Bemerkenswert ist, wie sie diese Felder aus ihren Kernbereichen heraus mit dem eigenen Nachwuchs aufgebaut hat.
Dass GT die richtige externe Verstärkung zur richtigen Zeit aber ebenfalls nutzt, zeigt sich heute im Arbeitsrecht: Der Bereich hat mit dem Zugang eines Teams vor drei Jahren einen ganz neuen Schub bekommen. Jenseits des geschäftlichen Erfolgs, der sich u.a. im Gewinn neuer Mandanten zeigt, hat die Praxis auch intern die Nagelprobe bestanden. Mit der Partnerernennung von Konradin Pleul u. der Berufung von Praxisgruppenleiterin Dr. Kara Preedy als Co-Leiterin der europ. Arbeitsrechtspraxis macht GT klar, welche Bedeutung das noch recht junge Rechtsgebiet in der Gesamtkanzleistruktur heute hat. Zugleich steckt darin ein wichtiges Signal an den freizeit- u. familienaffinen Nachwuchs: Nicht nur Neupartner Pleul, sondern alle Teammitglieder sind in Teilzeit tätig.
Perspektive: Das Signal, das GT mit ihrer Beförderungspolitik in den Markt sendet, ist im immer kompetitiveren Wettstreit um Talente nicht zu unterschätzen, denn sie macht so deutlich, dass sie eine der wenigen internationalen Kanzleien ist, die darauf setzt, die nächste Anwaltsgeneration nicht allein mit Geld zu überzeugen. Das Arbeitsrechtsteam geht als Erstes den Schritt, alternativen Arbeitszeit- u. Karrieremodellen mehr Raum zu geben. Andere müssen folgen, um glaubwürdig zu bleiben. Das gilt auch im Dealgeschäft, das das Management aufgrund seiner Volatilität insoweit allerdings vor größere kreative Herausforderungen stellt.
Von den ausgemachten Wachstumspraxen bietet sich wohl eher der öffentlich-rechtliche/regulatorische Bereich für ein familienfreundliches Karrieremodell an. Allerdings zeigt GT beim Thema Regulierung bislang insgesamt wenig Dynamik, obwohl sie beste Voraussetzungen hat, hier offensiver zu werden. So bringt sie reichlich Erfahrung mit TK-Projekten u. betreut im Verkehrssektor prominente Mandate bspw. für Toll Collect. Doch abseits davon ist das Profil bei Regulierungsthemen unscharf. Ihr eher generalistischer Ansatz, der auch für das Zukunftsthema ESG gilt, erschwert es womöglich, sich in diesem Zukunftsfeld zu behaupten.
Mandantenstimmen: Mandanten loben die Anwälte quer durch fast alle Praxisgruppen für das „hohe fachliche Know-how" u. die „starke Verhandlungsführung". Mehrfach erwähnen sie außerdem eine langjährige u. vertrauensvolle Zusammenarbeit. Neben den bereits etablierten Partnern gibt es auch regelmäßig Anerkennung für jüngere Anwälte.
Service: GT gehörte zu den ersten Kanzleien in Deutschland, die beim Due-Diligence-Prozess eine selbst entwickelte Software einsetzten, v.a. bei Immobilientransaktionen. Zudem verfügt die Kanzlei über ein selbst entwickeltes Knowledge-Management-Tool, das v.a. im Corporate- sowie Immobilien- u. Arbeitsrecht genutzt wird. Ihren Fokus legt GT generell v.a. auf maßgeschneiderte Lösungen, gleichzeitig ist aber auch Kira im Einsatz.
Anwälte in Deutschland: 83
Blick auf die Standorte: ▷Berlin.
Internat. Einbindung: Die US-Kanzlei unterhält zahlreiche Büros in den USA u. ist in Europa auch in London, Amsterdam u. Warschau präsent. Weitere Büros in Seoul, Schanghai, Tokio u. Israel.

GSK STOCKMANN
Nationaler Überblick Top 50 ★★

Auf den Punkt: Überwiegend mittelständisch orientierte Kanzlei mit tiefen Wurzeln im Immobiliensektor. Daneben etabliert im Finanzumfeld, u.a. bei Venture Capital u. innovativen Finanzierungen.
Empfohlen für: ▷Arbeit; ▷Bankrecht u. -aufsicht; ▷Beihilfe; ▷Compliance; ▷Gesellsch.recht; ▷Immo/Bau; ▷Insolvenz/Restrukturierung; ▷Investmentfonds; ▷Konfliktlösung; ▷M&A; ▷Notare; ▷Öffentl. Recht; ▷Private Equ. u. Vent. Capital; Steuern; ▷Vergabe.
Analyse: GSK befindet sich nach einer grundlegenden Strukturreform im Stadium von Feinschliff u. Optimierung. Bislang hat sie vieles richtig gemacht, wie die zuletzt erfreulichen finanziellen Ergebnisse ebenso zeigen wie ein nach einer Corona-Pause wieder deutlicheres personelles Wachstum u. eine moderate Fluktuation. Entscheidend ist, dass sich Fortschritte nicht auf die Kernpraxis Immobilien beschränken, sondern über eine Vielzahl von Fachgebieten reichen – ein Erfolg, der sich erneut in Partnerernennungen spiegelt.
Die Immobilien- bzw. Transaktionspraxis präsentierten sich aber gewohnt stark, dank des Luxemburger Standorts auch bei Transaktionen mit alternativen Finanzierungen. Letzteres spielte bei der Beratung von Hines beim Verkauf der Zalando-Zentrale eine Rolle. Aber auch Wohnungsdeals wie die Arbeit für die Becken-Gruppe beim Kauf einer Mehrheit an Industria Wohnen oder die politisch aufgeheizte Beratung der Dewoge bei der Rekommunalisierung von Berliner Wohnungen bestätigten die exzellente Positionierung u. die gute Kooperation aller erforderlichen Fachbereiche.
Zu den erfolgreichen Praxen gehört auch die für Venture Capital in Berlin. Sie versteht es, sich exzellent zu behaupten u. innovative Mandanten wie das Krypto-Start-up Unstoppable Finance oder den Plattformanbieter Branded zu gewinnen. Auch hier zeigt sich der Wert des Luxemburger Büros. Es rückt bei GSK immer klarer in eine Scharnierrolle für vernetzte Mandate, die in vielen anderen Kanzleien klassische Corporate-Praxen einnehmen.
Nicht nur von Luxemburg aus, auch in Deutschland entwickelt sich das banken- u. finanzierungsnahe Geschäft immer deutlicher zum Treiber der Gesamtentwicklung. Das gilt für die noch einmal personell verstärkte Arbeitsrechtspraxis ebenso wie für die Compliance-Beratung. Bei Letzterer übernehmen die Finanzexperten etwa auch die Beratung zur Geldwäscheprävention, während sich das Kern-Compliance-Team stärker der Realwirtschaft u. dem Schulterschluss mit Immobilien- u. Öffentlichrechtlern widmet. Hier findet sich zugleich eine der wenigen ungenutzten Chancen bei GSK, denn gerade die Geldwäscheberatung hätte zu einer engeren Verbindung zwischen Finance u. Compliance führen können. Dass GSK dazu durchaus fähig ist, zeigt sich beim Querschnittsthema ESG, das die Kanzlei ebenfalls von der Finanzierungs- u. Asset-Management-Seite angeht. Die Mandatierung durch die Gothaer Versicherung für Fragen der ESG-Regulierung, aber auch vertriebsrechtlich geprägte Mandate belegen, dass GSK auf diesem neuen Feld früh u. fachlich breit mit von der Partie ist. Es wäre bedauerlich, gelänge es nicht, auch die Immobilien-, öffentlich-rechtlichen, Corporate- u. Compliance-Praxen – u. perspektivisch auch die Litigation-Praxis – ins Boot zu holen. Positive Erfahrung mit vernetzter Beratung hat die Partnerschaft jedenfalls inzwischen genug.
Perspektive: Weiterhin trägt die Partnerschaft den Wandlungsprozess der Kanzlei mit. Das Risiko eines Zerbrechens scheint gebannt. Je erfolgreicher GSK aber gerade auf gefragten Beratungsfeldern ist, desto mehr wird es für den anwaltlichen Mittelbau attraktivere Angebote von Wettbewerbern geben. GSK steuert zwar mit höheren Gehältern, flexibleren Boni u. einer intensiven Teilhabe junger Anwälte an der Gesamtentwicklung gegen, doch mehrte sich zuletzt die Kritik aus deren Reihen. Ein Knackpunkt scheint zu sein, dass die Personalentwicklung zum Teil noch stark durch den jeweils ausbildenden Partner geprägt wird. Mit einer klaren Steuerung etwa der Teilzeitmöglichkeiten beginnt GSK nun, für mehr Homogenität zu sorgen. Es ist ein erster Schritt, dem weitere folgen müssen, denn die Kanzlei muss Nachwuchspartner weiter erfolgreich entwickeln, will sie das bisher Erreichte nicht riskieren. Das wiederum kann sie sich nicht leisten, denn mit der Eröffnung eines Büros in London nimmt sie den nächsten Schritt für eine überzeugendere internationale Aufstellung in Angriff. Sie rückt damit näher an ihre internationalen Mandanten, aber v.a. auch an potenzielle Kooperationskanzleien aus

Die Anwaltszahlen stammen von den Kanzleien selbst und beziehen sich auf das letzte abgelaufene Geschäftsjahr. Einige Kanzleien beschäftigen für bestimmte Projekte befristet angestellte Rechtsanwälte. Daraus erklären sich teils deutliche Unterschiede zu Personalzahlen der Vorjahre.

dem europ. Ausland. Es spricht für die Stabilität der Partnerschaft, dass die Entscheidung zwar lange gedauert hat, aber letztlich von einer überwältigenden Mehrheit mitgetragen wurde. Dass groß gedacht werden kann, hat GSK schon im Vorjahr mit der Entscheidung für die Gewerblichkeit bewiesen – hieraus noch mehr zu machen, steht ebenfalls an, auch wenn die Kanzlei mit der Vermarktung von Vertragstools schon weiter ist als viele ihrer Wettbewerber.

Mandantenstimmen: Mandanten äußern sich im Allgemeinen zufrieden u. betonen oft die fachliche Kompetenz gerade im Immobilienumfeld. Auch das Luxemburger Büro wird für fachliche Qualität u. angemessene Honorarvorstellungen gelobt.

Service: GSK ist für eine Kanzlei ihres Zuschnitts sehr aktiv in der Digitalisierung. Sie hat ein Kompetenzzentrum eingerichtet, das seit Kurzem von einem Experten aus dem Bankenumfeld geleitet wird, u. eine Digitalstrategie entwickelt. Anwendungen, die für mehr Effizienz u. eine reibungslose Zusammenarbeit mit Mandanten sorgen sollen, sind im Einsatz bzw. in der Erprobung. Ein selbst entwickelter Vertragsgenerator unterstützt Mandanten schon seit einiger Zeit, auch Projektmanagement gibt es. Eine eigene Gesellschaft flankiert bei – ebenfalls teils technisch unterstützten – Compliance-Mandaten. Darüber hinaus bietet sie über praxiserprobte Kooperationen mit Beratungsunternehmen aus dem Finanz- u. Immobiliensektor nahtlose Unterstützung hinsichtlich technischer Aspekte oder ökonomischer Risikoanalysen.

Anwälte in Deutschland: 208
Blick auf die Standorte: ▷Berlin; ▷Frankfurt; ▷Hamburg; Heidelberg (▷Baden-Württemberg); ▷München.
Internat. Einbindung: Unabhängige Kanzlei mit eigenem Büro in Luxemburg, das auch chin. Anwälte beschäftigt. Keine institutionalisierte internationale Vernetzung, aber ein vielfältiges Netz individueller, teils gefestigter Kontakte mit Fokus auf Kontinentaleuropa. Repräsentanzbüro in London.

GVW GRAF VON WESTPHALEN
Nationaler Überblick Top 50 ★★

NOMINIERT JUVE Awards 2022 Kanzlei des Jahres

Auf den Punkt: Die Zusammenarbeit der einzelnen Teams u. Standorte ist heute eines der Markenzeichen der im Kern mittelständisch orientierten Kanzlei.
Fünf-Sterne-Praxis für: ▷Außenwirtschaft.
Zudem empfohlen für: ▷Arbeit; ▷Beihilfe; ▷Energie; ▷Gesellsch.recht; ▷Immo/Bau; ▷Insolvenz/Restrukturierung; ▷IT u. Datenschutz; ▷Lebensmittel; ▷M&A; ▷Öffentl. Recht; ▷Presse; Steuern; ▷Telekommunikation; ▷Vergabe; ▷Verkehr; ▷Vertrieb.

Analyse: Mission geglückt, aber noch nicht vollendet – so lässt sich das Stadium des Transformationsprozesses von GvW zusammenfassen. Lange galt sie als Mittelstandskanzlei, die zwar größeren Wettbewerbern wie Luther oder Heuking in Sachen Kanzleikultur u. bundesweiter Zusammenarbeit einen Schritt voraus war, aber in der Qualität der Mandate noch Aufholbedarf hatte. Das ändert sich.

Ausgehend von ihrer starken öffentlich-rechtlichen Praxis wandelt sich GvW mehr u. mehr zu einer Infrastrukturkanzlei u. steigert gerade in diesem Sektor die Qualität ihrer Mandate kontinuierlich. Dafür steht u.a. die Beratung der öffentlichen Hand im Zusammenhang mit der Abellio-Insolvenz, wo die Praxis um Dr. Dietrich Drömann ihr Vernetzungspotenzial voll ausspielte. Auf der Seite der Länder Sachsen-Anhalt, Sachsen u. Thüringen verhandelten v.a. die Beihilfe- u. Vergaberechtler die Zukunft der betroffenen Verkehrsverträge in enger Abstimmung mit den Insolvenzrechtlern u. Restrukturierern. Auch im Kontext von LNG-Terminals u. der aktuellen energiepolitischen Krise zeigte sich die starke Positionierung des öffentlichen Hand. Befeuert wurde die Entwicklung auch durch den Wechsel eines großen Teams von Advant Beiten, zu dem u.a. IT- u. Datenschutzrechtler sowie Energierechtler gehören. Hier schloss GvW eine Lücke, nämlich das regulatorische Know-how im Energiesektor, genau zur richtigen Zeit. Auch wenn es in IT- u. Datenschutz u. auch im IP-Bereich bereits gute Integrationsansätze in der Mandatsarbeit gibt, sind die Synergien mit den Energierechtlern derzeit am offensichtlichsten. Das gilt in der Projektentwicklungspraxis von Dr. Sigrid Wienhues ebenso wie für die baurechtliche Beratung um Dr. Thomas Senff u. Dr. Robert Theissen. Die Bemühungen, im Anlagenbau stärker Fuß zu fassen, haben so weiteren Rückenwind bekommen u. beiden Praxisgruppen neue gemeinsame Mandate beschert. Auch die Corporate-Praxis profitiert von den Neuzugängen, scheint doch im zweiten Anlauf der Aufbau einer Energietransaktionspraxis zu klappen.

Schon zuvor hatten sich Gesellschaftsrechtler u. Transaktionsspezialisten stärker spezialisiert u. Know-how in Branchen wie Luftfahrt, Gastgewerbe u. Technologie aufgebaut. Hinzu kommt ein stärkerer internat. Einschlag, den u.a. Dr. Ritesh Rajani u. Dr. Malte Hiort mitverantworten.

Dass die Kanzlei sich auch intern zukunftsgerichtet aufstellt, bewies sie, indem sie die Rolle eines Head of People schuf u. eine noch junge Associate zur Beauftragten für Nachhaltigkeit berief. Das ist ein wichtiges Signal an die Generation, die den Arbeitsmarkt in den kommenden Jahren dominieren wird u. die stärker darauf achtet, was sie tut u. weniger, wie viel Geld sie damit verdient.

Perspektive: So gut die Integration des großen Advant Beiten-Teams u. auch weiterer Quereinsteiger, bspw. am jüngsten Standort Stuttgart, gelungen ist, so klar ist auch, dass GvW die Chancen u. das Verknüpfungspotenzial noch lange nicht ausgereizt hat. Vielversprechende Ansätze im Digitalisierungskontext bei IT, Datenschutz u. Telekommunikation, etwa in der Arbeit für Kernmandantin 1&1, zeigen die Richtung an, in die noch mehr Engagement gehen muss. Grundsätzlich funktioniert bei GvW die praxis- u. standortübergreifende Zusammenarbeit. Letztere hakt allerdings in einzelnen Praxen, insbesondere wenn es wie im Arbeits- oder Baurecht regional ausgeprägte Schwerpunkte oder personell unterschiedlich große Teams gibt.

Beim Thema ESG ist GvW, was ihre interne Aufstellung angeht, vorbildlich. Doch auch geschäftlich gibt es für eine mittelständische Kanzlei mit breiter Themenabdeckung schier unendliche Möglichkeiten, sich bei diesem Zukunftsthema zu positionieren. Dabei sollte sie keine Zeit verlieren, denn viele Großkanzleien sehen in der ESG-Beratung das nächste große Ding. Oft nähern sie sich dem Thema sowohl von regulatorischer Seite als auch durch gute Kontakte in die Bank- u. Finanzbranche, in der GvW kaum vertreten ist. Doch kann der Weg über die öffentlich-rechtliche Leuchtturmpraxis führen.

Mandantenstimmen: Mehrere Mandanten bestätigen ihre Zufriedenheit auch nach langjähriger Zusammenarbeit. Einzelne GvW-Anwälte werden regelmäßig für ihre „hohe Fachkompetenz", den Qualitätsanspruch u. die „Praxistauglichkeit des Rechtsrats" gelobt.

Service: Bei GvW befasst sich ein Team mit der Digitalisierung der Arbeitsprozesse, begleitet von einem Digital Transformation Officer. Über eine Plattform ermöglicht sie Mandanten eine kostenlose rechtliche Ersteinschätzung, etwa zu Risiken bei der Exportkontrolle. Auch im Bau- u. Insolvenzrecht sowie bei Massenverfahren setzt GvW IT-Tools ein. Projektjuristen, die sie im Zuge der VW-Klagen eingestellt hatte, arbeiten in anderen Verfahrenskomplexen weiter an ähnlich gelagerten Mandaten, derzeit z.B. für die Caravanbranche.

Anwälte in Deutschland: 137
Blick auf die Standorte: ▷Berlin; ▷Düsseldorf; ▷Frankfurt; ▷Hamburg; ▷München; Stuttgart.
Internat. Einbindung: Unabhängige Kanzlei mit etablierten (nicht exklusiven) internationalen Beziehungen, auch zu US-Kanzleien. Mitglied in den Netzwerken State Capital Global u. Cicero. Daneben regelmäßige Zusammenarbeit mit der brit. Kanzlei Mills & Reeve. Eigenes Büro in Schanghai.

HENGELER MUELLER
Nationaler Überblick Top 50

Auf den Punkt: Ihre Spitzenposition fußt traditionell auf der exzellenten Corporate-Finance-Praxis. Doch Compliance, Litigation u. Regulierung ziehen auf hohem Niveau nach.
Fünf-Sterne-Praxis für: ▷Anleihen; ▷Bankrecht u. -aufsicht; ▷Börseneinführ. u. Kapitalerhöhung; ▷Energie; ▷Gesellsch.recht; ▷Kartellrecht; ▷Konfliktlösung; ▷Kredite u. Akqu.fin.; ▷M&A; ▷Medien; ▷Private Equ. u. Vent. Capital; ▷Unternehmensbez. Versichererberatung.
Zudem empfohlen für: ▷Arbeit; ▷Beihilfe; ▷Compliance; ▷ESG; ▷Gesundheit; ▷Immo/Bau; ▷Insolvenz/Restrukturierung; ▷Investmentfonds; ▷Nachfolge/Vermögen/Stiftungen; ▷Notare; ▷Öffentl. Recht; Patent; Steuern; ▷Telekommunikation; ▷Verkehr; ▷Wirtschafts- u. Steuerstrafrecht.

Analyse: HM gehört weiterhin unstrittig zur Spitze des Markts. In den Vorstandsetagen der Dax- u. MDax-Konzerne wird sie seit vielen Jahren für ihre gesellschaftsrechtliche Exzellenz geschätzt. Das Leistungsspektrum erstreckt sich allerdings deutlich darüber hinaus. Die einstige Corporate-Dynastie hat durch erfolgreiche Compliance- u. Litigation-Praxen Gesellschaft bekommen. Mandate wie das von VW zur Abwehr von Anlegerklagen aus der Dieselaffäre, der Allianz im Zusammenhang mit Betrugsvorwürfen einer US-Hedgefonds-Tochter u., wie im Markt bekannt wurde, auch DWS zu Greenwashing-Vorwürfen in den USA u. in Deutschland belegen eindrucksvoll die Entwicklung der einst weitgehend auf M&A u. Gesellschaftsrecht zugeschnittenen Kanzlei.

Die Fähigkeit, schlagkräftige Top-Teams auf der ganzen Breite der Corporate-Beratung zu formieren, bleibt aber ihr Markenkern. Das bewiesen bedeutende Transaktionen wie bspw. die Übernahme der Dt. Wohnen durch Vonovia, wo HM mit gleich zwei Teams sowohl dem Aufsichtsrat des Übernahmeziels als auch den finanzierenden Banken zur Seite stand. Auch Siemens griff beim Verkauf ihres Post- u. Paket- sowie ihres Straßeninfrastrukturgeschäfts erneut auf HM zurück. Weitere namhafte Konzerne u. Familienunternehmen vertrauen HM regelmäßig auch bei Deals im europ. Ausland.

Etwas weniger fest im Sattel saß die Kanzlei zuletzt im einstigen Prestigebereich Private Equity. Mit KKR, Blackstone (Immobilien) u. Waterland berät HM zwar weiterhin drei bedeutende Marktakteure, doch kam sie bei PE-Häusern wie Bain oder Cinven zuletzt weniger zum Einsatz, da diese stärker auf Kanzleien mit US-Hintergrund setzten. Mandanten u. Wettbewerber sehen die Kanzlei, die nach drei Partnerernennungen im Vorjahr zuletzt im M&A keine neuen Partner ernannt hat, allerdings weiterhin mit Spezialisten der jüngeren Generation wie Dr. Daniel Möritz, Dr. Martin Ulbrich, Elisabeth Kreuzer u. Dr. Katharina Hesse sehr gut positioniert.

Die jüngsten Partner- u. auch Counsel-Ernennungen belegen aber, dass die Kanzlei zugleich dem Ausbau von Schnittstellenspezialisierungen wie Steuer- u. Kartellrecht sowie Finanzierung eine hohe Bedeutung beimisst u. als strategische Entwicklungsfelder erkannt hat, denn sie sind heute bei strategischen, technisch geprägten, vielschichtigen u. grenzüberschreitenden Beratungsmandaten deutlich zentraler als noch vor einigen Jahren.

Perspektive: Die Partner- u. Counsel-Ernennungen machen deutlich, dass HM zum Ende der Amtszeit des Managements um Dr. Rainer Krause u. Dr. Georg Frowein einige strategische Weichenstellungen vorgenommen hat. In der konsensual geführten Partnerschaft sind keine großen Richtungsentscheidungen vom Management zu erwarten. Dennoch haben die vier Jahre Amtszeit gezeigt, wie mit einem kommunikativen Führungsstil auch bei HM Entscheidungen gelenkt werden können.

Die Ernennung von sechs Partnern, von denen vier in den Bereichen Steuerrecht, Finanzierung u. Kartellrecht zu Hause sind, ist ein weiterer Beleg für die anhaltende fachliche Verbreiterung, die die Sozietät vollzieht – u. für das sichere Gespür der Partnerschaft für verändertern Beratungsbedarf ihrer Mandanten: Sie stärkt damit genau solche Fachgebiete, die im Rahmen komplexer Mandate in den Bereichen M&A, Compliance, Litigation u. Restrukturierung zentral sind. Bemerkenswert ist in diesem Zusammenhang insbesondere die Ernennung eines Steuerpartners, mit dem HM in das hochpreisige Geschäft der Transaktionsstrukturierung u. der steuerrechtlichen Beratung dazu hineinwachsen will. Diese einstige Domäne der Big Four haben bereits Top-Kanzleien wie Freshfields, Linklaters oder auch Clifford Chance für sich erschlossen. Die weitere Stärkung der kartellrechtlichen Beratungspraxis verweist zudem auf Entwicklungspotenziale rund um das Thema Plattformregulierung. In diesem Zusammenhang ist auch der Wechsel des Berliner Partners Dr. Albrecht Conrad nach London von Bedeutung. Das Kalkül lautet, dass der auf die Kommunikations-, Medien- u. Technikbranche spezialisierte Transaktions- u. Litigation-Anwalt seine Kontakte zu großen Plattformgesellschaften in London ausbauen soll.

Ein wichtiger Schritt war auch der Eintritt in die Gewerblichkeit, mit dem sich die Kanzlei vor einigen Jahren für die Digitalisierung ihrer Produktpalette entschieden hat. Erste Hinweise gibt es, dass HM etwa im Private-Equity-Geschäft auch die Preisgestaltung anpasst. Ausgefeiltere Preisgestaltungstechniken wären auch in anderen Bereichen, etwa bei internen Untersuchungen, hilfreich, um den Anteil nichtjuristischer Dienstleistungen an den Beratungsprodukten zu steigern. Auf all das lässt sich die Sozietät Schritt für Schritt ein.

Entscheidend für ihre Zukunft bleibt allerdings noch ein anderes Thema: HM muss in einem hitzigen Bewerbermarkt eine ausreichende Menge an qualifizierten Nachwuchsanwälten finden, die sich vollkommen auf einen Werdegang in dem Lockstep-Modell einlassen, das die Kanzlei seit jeher prägt u. an dem sie festhalten will.

Mandantenstimmen: Mandanten heben oft die homogene Partnerschaft hervor. Selbst Nachwuchspartnern attestieren sie teils schon „große Erfahrung". Mandanten schätzen überdies die Fähigkeit der Partner, „effizient u. pragmatisch" zu beraten. Sie kommentieren hohe Stundensätze, die insgesamt allerdings nicht zu überteuerten Rechnungen führten. Viele Partner gelten als „Boardroom-kompatibel", einzelne Litigation- u. Compliance-Partner als die richtigen Leute für sog. ‚Bet the Company'-Situationen.

Service: HM investiert laufend in technische Hilfsmittel, die v.a. in Transaktions-, Finanzierungs-, Litigation- u. Compliance-Zusammenhängen angewendet werden. Neben Investigation- u. eReview-Tools (NUIX) auf eigenen Servern hat sie eine wachsende Auswahl von Tools zur KI-basierten Dokumentenanalyse u. mit HM Connect ein HighQ-gestütztes Projektmanagement- u. Kollaborationstool im Angebot. Über das hauseigene Legal-Tech-Center bietet HM ihren Mandanten an, maßgeschneiderte Legal-Tech-Strategien zu entwickeln u. entsprechende Lösungen einzusetzen. Die Anwälte der Sozietät werden in Legal-Tech-Fragen geschult. U.a. bei Investigations setzt die Kanzlei auch Projektmanager ein.

Anwälte in Deutschland: 314
Blick auf die Standorte: ▷Berlin; ▷Düsseldorf; ▷Frankfurt; ▷München; ▷Brüssel.
Internat. Einbindung: Unabhängige dt. Kanzlei, Best-Friend-Beziehungen mit den europ. Kanzleien Slaughter and May (GB), Bredin Prat (Frankreich), Uria Menéndez (Spanien), Bonelli Erede Pappalardo (Italien), De Brauw (Niederlande). Außerdem Kontakte zu US-Kanzleien.

HEUKING KÜHN LÜER WOJTEK

Nationaler Überblick Top 50 ★★★

Auf den Punkt: Expansionsfreudige Kanzlei, die mit ihrem – ebenso intern gepflegten – unternehmerischen Ansatz immer wieder Highlights setzt, auch im grenzüberschreitenden Geschäft. Im Kern mittelständisch orientiert.

Fünf-Sterne-Praxis für: ▷Vergabe.
Zudem empfohlen für: ▷Anleihen; ▷Arbeit; ▷Beihilfe; ▷Börseneinführ. u. Kapitalerhöhung; ▷Compliance; ▷Energie; ▷Gesellsch.recht; ▷Immo/Bau; ▷Insolvenz/Restrukturierung; ▷Investmentfonds; ▷IT u. Datenschutz; ▷Kartellrecht; ▷Konfliktlösung; ▷Kredite u. Akqu.fin.; ▷M&A; ▷Marken u. Wettbewerb; ▷Medien; ▷Nachfolge/Vermögen/Stiftungen; Patent; ▷Private Equ. u. Vent. Capital; Steuern; ▷Versicherungsvertragsrecht; ▷Vertrieb; ▷Verkehr; ▷Wirtschafts- u. Steuerstrafrecht.

Analyse: Mit fachlich breiter Aufstellung, starken Spezialgebieten, einer bundesweiten Aufstellung u. Fokus auf die Beratung mittelständischer Unternehmen sowie der öffentlichen Hand hat Heuking ihre strategische Aufstellung gefunden. Dabei gelingt es ihr regelmäßig, Veränderungen im Beratungsbedarf ihrer Mandanten aufzugreifen u. dabei mehr zu sein als die Summe ihrer Einzelteile. Ein Image für allzu individualistische Beratung haftet ihr durchaus noch an, doch ein genauerer Blick offenbart, wie gut sie es heutzutage versteht, sich auch in kooperationsintensiven Bereichen wie Compliance oder Restrukturierungen zu positionieren. So hat die Compliance-Praxis ihren Anker im Strafrechtsteam, ist aber mittlerweile dabei, sich nicht nur zu verbreitern, sondern auch Teams mit Unterspezialisierungen wie Sanktionsrecht, CSR oder interne Untersuchungen herauszubilden.

Im Bereich Restrukturierung arbeiteten Teams aus Insolvenz-, Gesellschafts- u. Arbeitsrecht eng mit Finanzierungsspezialisten zusammen. So begleitete die Kanzlei etwa den erfolgreichen Bieter um den insolventen Flughafen Frankfurt-Hahn. Die Beratung der Bundesländer NRW u. Baden-Württemberg im Zuge der Neuverhandlung von hochvolumigen Verkehrsverträgen mit dem in Schieflage geratenen Anbieter Abellio brachte Insolvenz-, Verkehrsinfrastruktur- u. Vergabespezialisten zusammen. Die marktführende Praxis für Vergaberecht stand auch an der Seite der Gesellschaft für die landeseigenen niedersächsischen Häfen, als es um die schnelle Umsetzung der Pläne für LNG-Terminals ging.

Eine Besonderheit, die unter den mittelstandsberatenden Kanzleien eher selten ist, ist zudem die spezialisierte kapitalmarktrechtliche Praxis. Die Kanzlei begleitet nicht nur zahlreiche kleinere u. mittlere Aktiengesellschaften bei HVen, sondern berät auch bei Finanzierungsinstrumenten.

In der großen Corporate-Praxis wird sichtbar, wie schrittweise weitere Unterspezialisierungen aufgebaut werden. Die Praxis pflegt durch einige erfahrene Partner stabile Beziehungen etwa zur Funke Mediengruppe u. ihren Eignern oder Rheinmetall. Mehrere Partnerernennungen zeigen aber, dass auch hinsichtlich der Gesundheitsbranche sowie bei Compliance u. Prozessführung gesellschaftsrechtliche Schnittstellen gestärkt werden können. Bei mehreren Mandanten konnte das Team zudem beim Aufsetzen von Mitarbeiterbeteiligungsprogrammen beraten.

Perspektive: Ebenso wie in der Partnerschaft u. den Fachbereichen bahnt sich auch im Management der Kanzlei eine Verjüngung an. Das Leitungsgremium, das vor rund einem Jahr an den Start ging, besteht aus erfahrenen u. jüngeren Partnern. Dass die Kanzlei zur Unterstützung neue Positionen für Knowledge-Management u. kanzleieigene Compliance eingerichtet hat, zeigt den Zug zu mehr Professionalisierung. HKLW zählt hier nicht zu den Vorreitern, aber gerade weil die Kanzlei in der Vergangenheit – u. weiterhin – einen individuellen unternehmerischen Ansatz der Partner betont, illustrieren solche Schritte den Zusammenhalt der Partnerschaft. Diese hat mit vielen kleinen Schritten an einem Kulturwandel u. Generationswechsel gearbeitet, der inzwischen immer sichtbarer wird. Weil die Kanzlei dabei unterschiedliche Geschwindigkeiten zulässt, blieben ihr größere Verwerfungen dabei bislang erspart.

Das sind gute Voraussetzungen, um den Mittelstandsfokus weiter zu modernisieren, denn es gibt Bereiche, in denen noch mehr möglich ist u. in denen die enge Zusammenarbeit mit anderen Fachrichtungen noch nicht zum Standard gehört. Hier Standards zu schaffen, wird ohne ein intensiveres Management schwerlich funktionieren. Ein moderates Umdenken scheint jedoch unumgänglich, will die Kanzlei an bisherige Erfolge anknüpfen, denn individuelle Präferenzen, die für langjährige Mandantenbeziehungen funktionieren, sind im ungünstigen Fall für neue Mandanten, die mit der Kanzlei erstmals arbeiten, undurchschaubar.

NIEDERER KRAFT FREY

Innovation grounded in expertise

Niederer Kraft Frey zählt seit Jahrzehnten zu den führenden Full-Service Wirtschaftskanzleien der Schweiz mit Sitz in Zürich.

Wir arbeiten eng mit unseren Klienten in der Schweiz und auf internationaler Ebene zusammen und unterstützen sie, ihre strategischen Ziele zu erreichen, ihr Geschäftsfeld zu stärken und Veränderungen erfolgreich umzusetzen.

NKF ist die Partnerin der Wahl für grenzüberschreitende Beratung mit schweizerischem Rechtsbezug.

nkf.ch

Mandantenstimmen: Es ist bemerkenswert, wie neben dem Respekt für die erfahrenen Partner auch von Mandanten viel Einzellob für die Zusammenarbeit mit der nachwachsenden Partnergeneration kommt. Dabei werden „klare u. pragmatische Hilfe", „hohe Fachkompetenz" u. eine „unternehmerische u. konstruktive Beratung" genannt. Ein langjähriger Mandant attestiert dem anerkannten Vergaberechtsteam zudem ausdrücklich eine „hervorragende Nachwuchsförderung" u. „frühe Beteiligung junger Anwälte an komplexen Mandaten".
Service: Über den Einsatz von verfügbaren Softwareinstrumenten hinaus geht die Kanzlei verstärkt daran, Lösungen für präzise definierte Probleme selbst zu entwickeln. Ein interdisziplinäres Team hat zuletzt die Hinweisgebersystem WhistleFox entwickelt, mit Anwendungsbereichen bei Compliance u. Lieferkettenthemen. Legal-Tech-Beauftragte gibt es auch auf Ebene der Praxisgruppen.
Anwälte in Deutschland: 401
Blick auf die Standorte: ▷*Berlin*; Chemnitz (*Sachsen*); ▷*Düsseldorf*; ▷*Frankfurt*; ▷*Hamburg*; ▷*Köln*; ▷*München*; ▷*Stuttgart*.
Internat. Einbindung: Unabhängige Kanzlei mit eigenem Büro in Zürich, exklusives dt. Mitglied im weltweiten Netzwerk World Services Group, dem u.a. Garrigues (Spanien), Dorda (Österreich), Arendt & Medernach (Luxemburg), Gianni Origoni (Italien) u. Veirano (Brasilien) angehören, u. zahlreiche individuelle Kontakte.

HOGAN LOVELLS

Nationaler Überblick Top 50 ★★★★

Auf den Punkt: Internationale Kanzlei mit intensiver transatlantischer Zusammenarbeit, v.a. in Schlüsselbranchen wie Gesundheit u. Automotive. Die nächste Herausforderung ist die Positionierung beim Zukunftsthema ESG.
JUVE Kanzlei des Jahres für: Compliance; IP.
Fünf-Sterne-Praxis für: ▷*Gesundheit*; ▷*Immo/Bau*; ▷*Konfliktlösung*; ▷*Marken u. Wettbewerb*; Patent; ▷*Unternehmensbez. Versichererberatung*; ▷*Vertrieb*.
Zudem empfohlen für: ▷*Anleihen*; ▷*Arbeit*; ▷*Außenwirtschaft*; ▷*Bankrecht u. -aufsicht*; ▷*Beihilfe*; ▷*Börseneinführ. u. Kapitalerhöhung*; ▷*Compliance*; ▷*Energie*; ▷*ESG*; ▷*Gesellsch.recht*; ▷*Insolvenz/Restrukturierung*; ▷*IT u. Datenschutz*; ▷*Kartellrecht*; ▷*Kredite u. Akqu.fin.*; ▷*Lebensmittel*; ▷*M&A*; ▷*Öffentl. Recht*; ▷*Private Equ. u. Vent. Capital*; Steuern; ▷*Telekommunikation*; ▷*Vergabe*; ▷*Verkehr*;.
Analyse: So früh u. so konsequent wie nur wenige Wettbewerber hat HL ihren sektorfokussierten Beratungsansatz etabliert. Ergebnis ist nicht nur eine starke Präsenz in Branchen wie Energie, Gesundheit, Versicherung u. allen voran Automotive. Vielmehr hat sie so frühzeitig die Weichen für die Zukunft gestellt, denn ein noch vernetzteres Zusammenarbeiten wird immer wichtiger. Wie gut HL mit diesem teamübergreifenden Ansatz vorankommt, zeigt sich u.a. darin, dass es zuletzt immer besser gelungen ist, Mandanten aus der Finanzbranche über deren Kernthemen hinaus zu beraten. Die Zusammenführung der Corporate- u. Finance-Praxen vor ein paar Jahren hatte hier bereits die Basis geschaffen, nun kam die engere Verknüpfung der starken Banking- u. Finance-Teams nicht besser zum Tragen – zumal im Herbst 2021 mit den etablierten Corporate-Partnern Dr. Christoph Naumann u. Dr. Torsten Rosenboom eine in Frankfurt dringend benötigte externe Verstärkung dazukam. Beide brachten langjährige Kontakte zu Finanzinvestoren mit, was zum Profil des bereits im Vorjahr von Allen & Overy hinzugekommenen Nikolai Sokolov passt.

Ein Resultat der internen Umstrukturierung ist auch eine verbesserte Bilanz bei öffentlichen Übernahmen. Ein Highlight war die Beratung von Akasol. Mit Blick auf ihren Trackrecord bei großen Abspaltungs- u. Umstrukturierungsprojekten, einem Markenzeichen der gesellschaftsrechtlichen Praxis, konnte das Team sich nach dem riesigen Daimler-Projekt nun für ein ähnliches Großprojekt bei einem US-Technologiekonzern empfehlen. Hier zeigt sich erneut die gut funktionierende transatlantische Achse. Ausgezahlt hat sich in dem Zusammenhang auch HLs frühes Investment in Legal-Tech- u. Projektmanagementtools, wo sie mittlerweile eine der Speerspitzen des Markts bildet, denn solche Instrumente sind inzwischen flächendeckend regelmäßig im Einsatz. Auch die Compliance-Praxis macht sich diese Tools u. das stetig wachsende Berliner Servicecenter zunutze, um sich Marktanteile zu erobern. Mit ihrem großen Team u. der digitalen Unterstützung aus Berlin ist sie für umfangreiche Untersuchungen aufgestellt, wie z.B. die Untersuchung der Explosion auf dem Werksgelände von Currenta zeigt, die HL gemeinsam mit Redeker steuert. Die vorhandenen Projektmanagementwerkzeuge, kombiniert mit ihrem enormen Know-how in der Automobilbranche, das sie für Daimler u. Porsche regelmäßig ausspielt, haben einen weiteren Kfz-Hersteller dazu bewogen, mit der Kanzlei zusammenzuarbeiten. Hier berät sie im Rahmen einer ESG-Untersuchung.

Perspektive: Nirgendwo wird so deutlich wie in der ESG-Beratung, dass die Entscheidungen des globalen Managements in den vergangenen Jahren richtig waren. Ihr Full-Service-Angebot u. der Schulterschluss mit den transatlantischen Praxen versetzen die dt. Büros in eine hervorragende Ausgangslage, um ihren Mandanten in dem regulatorisch immer komplexer werdenden Umfeld zur Seite zu stehen. In der dt. ESG-Strategie spielen drei Partner eine zentrale Rolle: Dr. Patrick Ayad u. Dr. Thomas Dünchheim prägen v.a. die fachliche Ebene u. kümmern sich um die regulatorischen Aspekte an den Schnittstellen von Vertriebs- u. Öffentlichem Recht sowie Compliance. Darüber hinaus verantwortet Corporate-Praxisgruppenleiter Dr. Nikolas Zirngibl die Weiterentwicklung aus der Managementperspektive. Ayad wurde zudem zum Global Managing Partner Sectors ernannt, wodurch er Teil des International Management Committee wird. Im Wesentlichen geht die Ernennung auf sein Engagement in Sektoren wie Automotive u. bei Mobilitätsthemen zurück. Zugleich ist die Besetzung eine Bestätigung der starken Stellung der dt. Büros im Gesamtkanzleinetzwerk.

Ein weiteres vom internationalen Management ausgerufenes Ziel bleibt der Schulterschluss in Asien. Auch hier bringt die dt. Praxis beste Grundvoraussetzungen mit, kommt aber jenseits der starken IP-Praxis wenig voran. Das Patentteam unterstrich durch die Mandatierung des chin. Elektronikherstellers Oppo in einem der beiden global wichtigsten Mobilfunkfälle erneut seine herausragende Position bei SEP-Verfahren. Das zeigt, dass das dt. Team durchaus in der Lage ist, sich bei asiat. Mandanten zu platzieren, so wie es bereits bei Xiaomi gelungen war. Logisch u. konsequent scheint es daher, den Weg über Leuchtturmpraxen wie Patent oder Immobilien zu suchen oder über herausragende Branchenkompetenzen wie Gesundheit, Versicherungen u. Automotive. Der Weg zum Erfolg muss in einer Full-Service-Kanzlei wie HL nicht zwangsläufig über den derzeit wegen Chinas No-Covid-Strategie steinigen M&A-Pfad führen – die IP-Praxis geht bereits voran.

Mandantenstimmen: Mandanten verteilen viel Lob für die Anwälte. Besonders heben sie eine praxisnahe Beratung u. oft ein souveränes Auftreten in schwierigen Verhandlungssituationen hervor. Neben der etablierten Partnerriege gibt es quer durch fast alle Rechtsbereiche auch viel Anerkennung für jüngere Anwälte sowohl für fachliches Know-how als auch anwaltliche Fertigkeiten.
Service: Von Berlin aus unterstützen Projektjuristen insbesondere die Teams für Litigation, Investigation u. Produkthaftung bei Großprojekten, wie aktuell z.B. bei der Arbeit für Currenta. Parallel konzentriert sich die Kanzlei immer stärker darauf, ihre Legal-Tech-Angebote zu erweitern, u.a. für standardisierte Beratungsleistungen, zur Kommunikation mit Mandanten oder zur internen Effizienzsteigerung. Weit entwickelt sind IT-gestützte Lösungen bei der Marken-Prosecution. Im nächsten Schritt werden mithilfe eines Legal-Tech-Managers Produkte für Mandanten entwickelt.
Anwälte in Deutschland: 459
Blick auf die Standorte: Berlin; ▷*Düsseldorf*; ▷*Frankfurt*; ▷*Hamburg*; ▷*München*; ▷*Brüssel*.
Internat. Einbindung: Voll integrierte Kanzlei mit Büros in Europa, Asien, Südamerika u. den USA. Daneben auch Standorte im Nahen Osten u. in Afrika. Die dt. Büros sind ein zentraler Pfeiler der kontinentaleurop. Praxis, die Teil der Region EMEA ist u. von einer Pariser Partnerin geleitet wird.

JONES DAY

Nationaler Überblick Top 50 ★★★

Auf den Punkt: Aus den USA stammende Kanzlei mit anerkannten u. international agierenden Praxen, v.a. bei Transaktionen u. im Patentrecht. Mandate mit Regulierungs- u. Litigation-Bezügen gewinnen weiter an Bedeutung.
Empfohlen für: ▷*Anleihen*; ▷*Außenwirtschaft*; ▷*Beihilfe*; ▷*Energie*; ▷*Gesellsch.recht*; ▷*IT u. Datenschutz*; ▷*Kartellrecht*; ▷*Konfliktlösung*; ▷*M&A*; Patent; ▷*Private Equ. u. Vent. Capital*; Steuern; ▷*Telekommunikation*; ▷*Verkehr*.
Analyse: Die Transaktionspraxis bleibt das Aushängeschild von JD. Stärker als andere transaktionsfokussierte US-Kanzleien wie Skadden oder Milbank hat sie indes ein breiteres Spektrum erfolgreicher Fachbereiche aufgebaut. Deren Wert für die Gesamtkanzlei zeigte sich zuletzt auch im Transaktionsbereich gewachsen zeigte.

So steht neben der hoch renommierten Patentpraxis, auch die IT- u. Datenschutzpraxis um die Münchner Partnerin Dr. Frfr. Undine von Diemar für technologiebezogene Mandate, inklusive Transaktionen. Deals mit datenschutzrelevanten Bezügen waren die Beratung von Plastic Omnium beim Kauf u. Carve-out des Autolichtsystemgeschäfts von Ams Osram oder von Hilti beim Kauf eines Softwareunternehmens in den USA. Ein Highlight war für das Münchner Team wieder die Begleitung von Celonis, zuletzt bei einer Partnerschaft mit dem US-IT-Anbieter Service Now.

Mandate im Zusammenhang mit Satellitenkommunikation, Wasserstoffprojekten oder Ladesäuleninvestments zeigen ebenfalls, wie gut JD sich bei regulierungsbetonten Aspekten von Deals einbringen

JUVE TOP 50 NATIONALER ÜBERBLICK

kann. Hier wirkt sich zudem die gute Zusammenarbeit mit dem Pariser Büro aus, die schon seit ein paar Jahren verlässlich Mandate bringt. Neben Ansgar Rempp, dem nach wie vor bekanntesten Corporate-Partner u. zugleich Managing Partner, treten immer regelmäßiger auch weitere Partner in prominenten Deals auf.

Auch die in den Vorjahren mehrmals personell erweiterte Konfliktlösungspraxis setzt sich immer besser durch. Die erfolgreiche Begleitung von Bayer bei einer Auseinandersetzung mit BASF zeigt, in welcher Liga die Kanzlei zu spielen in der Lage ist. Hier wie auch in internationalen energierechtlichen Schiedsverfahren steht u.a. der Frankfurter Partner Dr. Johannes Willheim für die gute Positionierung. Dabei punktet JD weniger mit ausgefeiltem Einsatz von Technologie als mit international erfahrenen Partnern, die schon viel gesehen haben.

Auch die vor knapp drei Jahren ausgebaute Compliance-Praxis gewinnt an Profil. Wettbewerber weisen zwar immer noch auf die Durchsuchung der Kanzlei im Zuge der VW-Beratung im Abgasskandal 2017 hin, doch schüttelt die Praxis das Thema allmählich ab. Namhafte Unternehmen vertrauten dem Team die Begleitung von internen Untersuchungen an, u. die Erweiterung um mehrere strafrechtlich versierte Associates belegt, dass JD diesem Bereich weiterhin strategische Bedeutung beimisst.

Perspektive: Es spricht für die Erfahrung u. die grundsätzliche Offenheit der Partner für gemeinsame Mandate, dass die Kanzlei in der Lage ist, bei durch Digitalisierung, Verkehrs- u. Energiewende wichtiger werdenden Themen mitzuhalten. Allerdings sind es die Partner selbst, die Kontakte zu namhaften Unternehmen initiieren u. pflegen, u. diese Herangehensweise setzt strategischen Fortschritten Grenzen. Dass die Kanzlei eine bei Windenergieprojekten anerkannte Partnerin gerade jetzt verlor, schmälert nicht nur ihre Chance, dieses Thema weiter zu forcieren. Dass sich für EY Law entschied, eine Kanzlei mit strategischem Engagement für Geschäftsentwicklung, ist zugleich ein Indiz dafür, dass bestimmte Spezialkompetenzen eine gemanagte Plattform brauchen, um ihre ganze Wirkung zu entfalten. Andere Kanzleien, z.B. Allen & Overy, starteten mit wenig Verbindungen im Energiesektor, konnten aber mit strategischem Ansatz schnell Fortschritte machen. Auch der Aufbau in den Praxen Compliance u. Konfliktlösung ging bei JD nicht ohne Rückschläge vonstatten.

Deshalb ist es umso wichtiger, die nächste Generation von Partnern aufzubauen u. mit ihnen die Entwicklung der Kanzlei im dt. Markt für die nächsten zehn Jahre zu gestalten. Generationswechsel in den Patent- u. Steuerpraxen hat JD zuletzt weitgehend geräuschlos vollzogen. Doch ausgerechnet in der Corporate-Praxis steht der noch bevor. Und damit nicht genug: Im Wettbewerb um die besten Associates muss JD vermutlich intensiver als zuvor an strukturierten Fördermöglichkeiten schrauben.

Mandantenstimmen: Das Feedback von Unternehmen bestätigt, dass die Partner oft persönlich im Mandat engagiert sind. Mandanten lobten zuletzt „hohe Dienstleistungsaffinität u. Internationalität", „kompetent, gute Reaktionszeiten" u. „durchdachte, individuelle Beratung". Die Stimmen beziehen sich u.a. auf Arbeits- oder Kartellrecht u. die europarechtliche Praxis im Brüsseler Büro.

Service: Die dt. Partner haben Zugriff auf das in den USA angesiedelte Technologieteam, Tools u. KI-Anwendungen für z.B. Dokumentenmanagement, Kostenübersicht, Due Diligence u. E-Discovery. Dabei die Herangehensweise betont pragmatisch. Hauptanwendungsbereiche liegen bei internen Untersuchungen, Litigation u. Patentthemen.

Anwälte in Deutschland: 94

Blick auf die Standorte: ▷Düsseldorf; ▷Frankfurt; ▷München; ▷Brüssel.

Internat. Einbindung: Integrierte Kanzlei mit globaler Reichweite. In Europa starke Büros in Paris u. London. Im internat. zusammengesetzten Brüsseler Büro sind auch mehrere dt. Partner tätig. Hoch angesehene US-Praxis u. gute Asien-Kontakte.

K&L GATES
Nationaler Überblick Top 50 ★

Auf den Punkt: US-Kanzlei, die auf ihren Stärken im Technologiesektor aufbaut. Neben dem angesehenen Berliner Büro gewinnen auch Frankfurt u. München langsam an Profil.

Empfohlen für: ▷Gesellsch.recht; ▷Immo/Bau; ▷M&A; ▷Medien; ▷Private Equ. u. Vent. Capital; ▷Vergabe; ▷Verkehr.

Analyse: Die US-stämmige Kanzlei hatte in Deutschland lange ihren Schwerpunkt im Berliner Markt, doch entwickelt sie inzwischen auch die Büros in Frankfurt u. München durch die internat. Integration u. die Vernetzung untereinander voran. Kennzeichnend für die Corporate-Praxis sind grenzüberschreitende Transaktionen, häufig für Unternehmen mit Technologiebezug: Microsoft zählt zu den Mandanten, u. zuletzt vertraute der Cloud-Anbieter Sinch dem Team bei Zukäufen von dt. Softwareunternehmen. Thematisch passend u. in engem Kontakt zur US-Praxis entwickelt sich die aktive Venture-Capital-Praxis, die einige US-Investoren bei Investitionen in dt. Start-ups berät.

Auch die Immobilienrechtler u. die anerkannte Vergaberechtspraxis liefern Beispiele für entschlossene Schritte, um an allen dt. Standorten stärker zusammenzuwachsen. Nachdem sie die Immobilienpraxis in München u. Frankfurt mit einem Team von Eversheds ausgebaut hatte, bot auch der Zugang eines jungen Quereinsteigers eine willkommene Verstärkung im Kartellrecht, denn bislang hatte das Berliner Vergaberechtsteam um Dr. Annette Mutschler-Siebert an der Schnittstelle zum Kartellrecht beraten. Schon bestens etabliert ist die Zusammenarbeit der Vergaberechtler ihrer u. der angesehenen Frankfurter Finanzierungspraxis. Diese Kombination macht K&L Gates zu einer gesuchten Beraterin bei Ausschreibungen u. Finanzierungsmodellen im Verkehrssektor.

Einen strategischen Fokus bildet in Frankfurt zudem die Beratung von notleidenden Unternehmen u. Restrukturierungen, die oft mit komplexen finanzrechtlichen Aspekten einhergehen. Die Praxis wurde vor zwei Jahren mit einem Team von Insolvenzspezialisten um Dr. Georg Bernsau ergänzt.

Perspektive: Das Management wird weitere Anstrengungen unternehmen müssen, um die dt. Praxis zu integrieren u. zu stabilisieren. Noch sind insbesondere die Synergien zwischen der Fachbereichen hierzulande nicht ausgereizt. Vorzeigebereiche wie die anerkannte Medienpraxis oder der Verkehrssektor könnten hier Anknüpfungspunkte bieten. Das gilt auch für die Patentpraxis, die an allen Standorten stark ins internationale Netzwerk eingebunden ist. Im klassischen Corporate-Bereich bleibt in Frankfurt auch unabhängig davon weitere Aufbauarbeit nötig, insbesondere nach dem Weggang von Klaus Banke zu Simmons & Simmons u. einer weiteren Partnerin. Ein wichtiges Signal – auch intern – waren vor diesem Hintergrund die vermehrten Partnerernennungen, aktuell in Private Equity, Restrukturierung u. Arbeitsrecht. Doch es gibt seit ein paar Jahren auch immer wieder bedenkliche Signale aus dem Kreis der Nachwuchsanwälte, die eine strukturierte u. auf den dt. Markt zugeschnittene Förderung u. Weiterbildung vermissen. Dieses Thema muss bei weiteren Wachstumsplänen auf der Agenda des Managements ganz oben stehen.

Mandantenstimmen: In einer Reihe von Fachbereichen geben Mandanten positives Feedback für die Partner, wobei dies sich oft auf „praxisnahe Vorschläge" u. Nähe zu „praktischen Bedürfnissen des Unternehmens" bezieht. Lob gab es etwa für die Bereiche Gesellschaftsrecht, Datenschutz, Venture Capital, Fonds, Steuerrecht u. den Verkehrssektor.

Service: In den USA setzt die Kanzlei seit Langem E-Discovery-Tools ein, auf die auch die Deutschen Zugriff haben. Hierzulande arbeiten die Anwälte darüber hinaus mit marktüblichen Softwareprodukten z.B. für Vertragsverwaltung oder Due Diligence. Deren Einsatz soll weiter intensiviert werden.

Anwälte in Deutschland: 79

Blick auf die Standorte: ▷Berlin, ▷Frankfurt, München.

Internat. Einbindung: Von ihren weltweit mehr als 40 Standorten liegt mehr als die Hälfte in den USA. In Europa neben Deutschland Büros in Paris, London, Luxemburg, Mailand u. Brüssel. Auch präsent in Asien u. Australien.

KAPELLMANN UND PARTNER
Nationaler Überblick Top 50 ★

Auf den Punkt: Seit Jahren marktführende Kanzlei im Baurecht u. dort regelmäßig Trendsetter. Ihr Angebotsspektrum – oft dank des Engagements jüngerer Partner – hat sie kontinuierlich verbreitert.

Fünf-Sterne-Praxis für: ▷Immo/Bau.

Zudem empfohlen für: ▷Beihilfe; ▷Compliance; ▷Gesellsch.recht; ▷Kartellrecht; ▷M&A; ▷Vergabe; ▷Verkehr.

Analyse: Mit einem sicheren Gespür für Trendthemen wie nachhaltiges Bauen u. IPA-Verträge setzt sich Kapellmann immer wieder an die Spitze aktueller Entwicklungen im Bausektor. So hat sie in ihrer Beratung auch rasch auf unerwartete Herausforderungen ihrer Kernmandantschaft reagiert, etwa bei Sanktionen infolge des Ukraine-Kriegs. Wichtig wie wohl selten war hier das Brüsseler Büro, das sich nicht nur bei diesem Thema bewies. Der Standort emanzipiert sich zusehends von der dominierenden Baurechtspraxis u. ist zudem ein leuchtendes Beispiel für eine generelle Stärke der Kanzlei: die Entwicklung junger Anwälte. Bemerkenswert ist dort zudem das beihilfe- u. zuwendungsrechtliche Engagement im Umfeld ESG-getriebener Unternehmensumstrukturierungen. Die Mandatierung durch ein Stahlunternehmen bei seiner Transformation u. Dekarbonisierung ist hier nur ein Beispiel.

Deutlich fachübergreifender war KuP im Verkehrssektor gefragt: Nicht nur, dass sie mit ihrem Flughafenteam beihilferechtlich zu den Corona-Herausforderungen beriet, auch Datenschutz u. Öffentliches Recht standen auf der Agenda.

Etwas langsamer geht es hingegen in anderen Feldern voran. So findet die Compliance-Praxis nach Personalabgängen in den Vorjahren erst langsam wieder zu alter Stärke. Auch dort deutet sich an, dass umweltrechtliche Themen die traditionell kartell- u. vertriebsrechtliche Orientierung verbreitern. Auch die Corporate-Praxis, obwohl personell erweitert u. inzwischen auf mehr Standorte verteilt, blieb solide, aber ohne echte Highlights. Beide Praxen könnten durch einen besseren Zugang zur Kernbranche deutlich gewinnen.

Personell bleibt die Kanzlei ihrer bisherigen Linie treu, v.a. auf den eigenen anwaltlichen Nachwuchs zu setzen. Bemerkenswert war, dass unter den zuletzt ernannten fünf Voll- u. Salary-Partnern immerhin eine Teilzeitpartnerin war. Das tut zwar wenig für die Diversität der Partnerriege, sendet aber ein deutliches Signal an den Nachwuchs, dass die eher konservative Kanzleistruktur kein Dogma ist.

Perspektive: Die Dominanz im Baurecht ist Fluch u. Segen zugleich. Der Segen liegt auf der Hand: Kaum eine andere Kanzlei kann von einer solchen Position der Stärke aus ihr Geschäft weiterentwickeln. Der Fluch liegt genau in dieser Ruhe, denn das Kanzleimanagement reagiert oft eher, als dass es agiert. Nach einiger Fluktuation u. wohl auch, um ihre hohen Ansprüche bei Neueinstellungen aufrechtzuerhalten, hat sie nicht nur bei den Gehältern nachgelegt, sondern beginnt, sich intensive Gedanken über alternative Karrieremodelle zu machen.

Aber auch inhaltlich könnte ein aktiveres Management die Kanzlei voranbringen. Sie bringt alles mit, um beim Umbau der Wirtschaft eine wichtige Rolle zu spielen: Zugang zu Ministerien u. Verbänden, eine solide Corporate-Praxis, ein engagiertes Brüsseler Team, große Erfahrung im Projektmanagement u. ein junges Anwaltsteam, das sich mit dem Beratungsprojekt ‚Green Contracts' schon erste Sporen verdient hat. Gelingt es, diese Stärken zu kombinieren, dürften die Türen nicht nur bei Stammmandanten sperrangelweit offenstehen.

Dass die Kanzlei innovationsfähig ist, zeigt sich darin, dass sie die neuen Freiheiten nach der Berufsrechtsreform durch die Gründung einer gewerblichen Servicetochter nutzen will. Tatsächlich bietet gerade das technisch getriebene Baumfeld reichlich Möglichkeiten berufsübergreifender Synergien u. IT-gestützter Lösungen. Mit intimer Branchenkenntnis u. der Erfahrung aus langjährigen Kooperationen u.a. mit Schiffers Bauconsult sollte der Plan kaum scheitern können.

Mandantenstimmen: Mandanten loben KuP v.a. im Baurecht regelmäßig als Ganzes, was für eine beachtliche Markenetablierung spricht. Abseits davon fallen aber auch Anwälte aus Vergabe-, Beihilfe-, Kartell- oder Gesellschaftsrecht durch Kompetenz u. „angemessene Stundensätze" auf.

Service: KuP setzte bislang v.a. auf Kooperationen, ist aber dabei, eine eigene Servicegesellschaft zu gründen. Als Produkt etabliert ist das Anti-Claim-Management mit dem Dienstleister Schiffers Bauconsult. Dieses unterstützt, individuell zugeschnitten, bei der Projektrealisierung. Bei ihrer Smart-Building-Initiative steht die Kanzlei in engem Austausch mit einem Start-up für Mobilitätskonzepte u. einem auf den Bau- u. Immobiliensektor ausgerichteten Beratungsunternehmen.

Anwälte in Deutschland: 153
Blick auf die Standorte: Berlin; ▷*Düsseldorf*; Frankfurt; Hamburg; Mönchengladbach; München; ▷*Brüssel*.
Internat. Einbindung: Lose, aber etablierte Kontakte zu Partnerkanzleien im Ausland; eigenes Büro in Brüssel.

LATHAM & WATKINS
Nationaler Überblick Top 50 ★★★★
Auf den Punkt: US-Kanzlei, die bei Transaktionen mit den Marktführern auf Augenhöhe, aber etwas weniger breit aufgestellt ist. Eine starke Nachwuchsgeneration deutet an, dass sie die Marktführer weiter unter Druck setzen wird.
Fünf-Sterne-Praxis für: ▷*Börseneinführ. u. Kapitalerhöhung*; ▷*Gesundheit*; ▷*Insolvenz/Restrukturierung*; ▷*IT u. Datenschutz*; ▷*Konfliktlösung*; ▷*Kredite u. Akqu.fin.*; ▷*M&A*; ▷*Private Equ. u. Vent. Capital*.
Zudem empfohlen für: ▷*Anleihen*; ▷*Arbeit*; ▷*Bankrecht u. -aufsicht*; ▷*Compliance*; ▷*Energie*; ▷*Gesellsch. recht*; ▷*Kartellrecht*; Steuern.
Analyse: Der Vormarsch der US-Kanzlei geht weiter. Nachdem sie bereits Marktführerin in den Bereichen Private Equity sowie Bank- u. Finanzrecht war, greift sie nun in anderen Feldern an, jedoch ohne vergleichbare Tiefe in Bereichen wie Regulierung. Es wird sich erst zeigen, ob Latham mit ihrem Transaktionsfokus zu jenen Top-Kanzleien aufschließen kann, die in den vergangenen Jahren stark in Bereiche abseits dieser Tätigkeit investiert haben.

Erneut war Latham an einer großen Zahl bedeutender Deals beteiligt. Doch auch andere Mandate stachen ins Auge: Das Litigation-Team war für ZF Friedrichshafen an einem wegweisenden Verfahren vor dem US Supreme Court zum Einsatz von US-Discovery-Verfahren vor ausländischen Schiedsgerichten beteiligt, u. auch das Restrukturierungsteam bewies sich erneut: Mit Löwenplay kam erstmals seit dem Brexit ein engl.-rechtliches Scheme of Arrangement für ein dt. Unternehmen zum Einsatz. Solche Mandate zeigen, wie nicht transaktionale Bereiche prominenter werden können.

Der bemerkenswerte Erfolg der letzten Jahre hat die Produktivität der Kanzlei in astronomische Höhen getrieben (über €1 Millionen Umsatz pro Berufsträger) – ein Niveau, das jedoch auf einer enormen Arbeitsbelastung der Associates basierte. Aber L&W ist zugleich in der Lage, den Ton auf dem Nachwuchsmarkt anzugeben: Sie war die erste Großkanzlei, die die Associate-Gehälter erhöht hat – u. zwar mit einem gewaltigen Sprung von €25.000 an. Damit setzte sie v.a. brit. Kanzleien, die mit einer höheren Kostenquote kämpfen, unter Druck.

Die enorme Produktivität ist aber auch darauf zurückzuführen, dass Lathams durchschnittliche Stundensätze deutlich höher als bei anderen führenden Kanzleien ausfallen. Das wiederum liegt nur zum Teil daran, dass sie über die Beratung von Unternehmen wie Meta US-Stundensätze in die dt. Büros importiert. Der andere Teil der Wahrheit ist für Wettbewerber weit beunruhigender: Latham hat sich in den begrenzten Bereichen, in denen sie tätig ist, in eine Position gearbeitet, in der sie sich auf die komplexesten u. lukrativsten Mandate beschränken kann – u. sie hat keine riesige Associate-Riege, die ausgelastet sein muss.

Die regelmäßige Aufstockung der Partnerriege mit Quereinsteigern hat sich zuletzt merklich verlangsamt. Der Zugang des Immobilienrechtlers Dr. Carsten Loll von Linklaters füllte eine wichtige Lücke, doch verfügt Latham in fast allen anderen Praxen über hervorragende junge Partner u. Partnerschaftskandidaten, sodass weitere Streifzüge in den Markt nicht notwendig sind.

Perspektive: Die Übergabe der Geschäftsführung von Oliver Felsenstein an das Duo Burc Hesse u. Dr. Tobias Larisch war ein wichtiger Schritt für die Entwicklung der Kanzlei. Felsenstein gilt zu Recht als der Architekt des Erfolgs von Latham in Deutschland. Die Tatsache, dass er zum weltweiten Leiter der zentralen Private-Equity-Praxis avancierte, zeigt seinen Wert für die Kanzlei. Sein Weggang in rund drei Jahren wird eine Zäsur sein, auch weil er die Large-Cap-Private-Equity-Praxis verkörpert. Dass es in diesem Bereich keinen klaren Nachfolger gibt, ist eine der wenigen Lücken in der Strategie, die bald geschlossen werden muss.

Die andere Frage ist, inwieweit Latham die Notwendigkeit sieht, Bereiche außerhalb ihrer Kernbereiche Corporate u. Finance zu verstärken, um ihre starke Stellung zu erhalten. So hat die Kanzlei zwar ihren Anteil an wichtigen Mandaten im Energiesektor, doch ist dies größtenteils auf den Ruf von Larisch als branchenkundigem Gesellschaftsrechtler zurückzuführen u. nicht auf eine ausgeprägte regulatorische Kompetenz. Ein ähnliches Muster ist in der Gesundheitsbranche mit Dr. Henning Schneider zu sehen. Bereiche wie Datenschutz mit Tim Wybitul wiederum zeigen, dass sie nicht nur als Transaktionsunterstützung fungieren müssen. Angesichts der Flexibilität von Lathams Vergütungssystem gibt es zudem keinen strukturellen Grund, warum sie nicht neben dem Ausbau der Prozesspraxis auch starke Regulierungsteams aufbauen kann.

Hier nicht nachzusteuern, könnte sich als problematisch erweisen, denn der Corporate-Markt scheint zu zeigen, dass die Mandatierung durch dt. Konzerne bei zentralen Transaktionen derartige Kompetenzen verlangt. Da die Gewinnung solcher Mandanten, um sie in das Netzwerk zu exportieren – wie es bei der Arbeit für DB Schenker mit Larisch erneut bei einem großen Deal in den USA der Fall war –, eines der strategischen Ziele von Latham war, könnte künftig mehr Breite der Praxis entscheidend sein. Immerhin hat auch Hengeler so ihre Marktposition gehalten.

Mandantenstimmen: Mandanten sprechen Individuen in der Partnerschaft oft sehr großes Lob aus. Immer wieder kommen Aussagen wie „unglaublicher Erfahrungsschatz gepaart mit Pragmatismus", „zielorientiertes Transaktionsmangement", verbunden mit einem etwas lockereren Umgang. „Macht Spaß, mit ihm zusammenzuarbeiten" u. „angenehme Zurückhaltung" sind typisch. Auf die Internationalität der Kanzlei wird immer weniger hingewiesen: Sie wird schlicht vorausgesetzt.

Service: Latham mag zwar keine Vorreiterin beim Einsatz von Legal Tech sein, aber sie analysiert u. managt die eigenen Prozesse intensiv, sodass genau bekannt ist, wie sich die Kosten in Mandaten zusammensetzen – auf Basis dieses Wissens bietet die Kanzlei auch alternative Abrechnungsmodelle. In dieser Hinsicht ist sie beim Pricing eine der innovativeren Kanzleien. Ähnliches gilt beim Einsatz von Diplomjuristen, wo möglich. Im brit. Manchester unterhält L&W ein Servicebüro, in dem sich ein Team u.a. mit künstlicher Intelligenz beschäftigt.

Anwälte in Deutschland: 174
Blick auf die Standorte: ▷*Düsseldorf*; ▷*Frankfurt*; ▷*Hamburg*; ▷*München*; ▷*Brüssel*.
Internat. Einbindung: International integrierte Kanzlei, ursprünglich aus Los Angeles, mit starken Büros u.a. in New York, Washington u. London. Seit mehreren Jahren strategischer Akzent auf der Stärkung der europ. Büros.

LINKLATERS
Nationaler Überblick Top 50 ★★★★
Auf den Punkt: Auf die Beratung dt. Großkonzerne fokussierte brit. Großkanzlei, mit starker internati-

Anzeige

onaler Bank- u. Finanzrechtspraxis. Bei Zukunftsthemen wie Legal Operations zählt Linklaters zu den Vorreitern.

Fünf-Sterne-Praxis für: ▷*Anleihen*; ▷*Bankrecht u. -aufsicht*; ▷*Börseneinführ. u. Kapitalerhöhung*; ▷*Energie*; ▷*Gesellsch.recht*; ▷*Investmentfonds*; ▷*Konfliktlösung*; ▷*M&A*; Steuern.

Zudem empfohlen für: ▷*Arbeit*; ▷*Beihilfe*; ▷*Compliance*; ▷*ESG*; ▷*Immo/Bau*; ▷*Insolvenz/Restrukturierung*; ▷*Kartellrecht*; ▷*Kredite u. Akqu.fin.*; ▷*Öffentl. Recht*; Patent; ▷*Private Equ. u. Vent. Capital*; ▷*Unternehmensbez. Versichererberatung*.

Analyse: Die Rolle der brit. Top-Kanzlei bei der Beratung der dt. Großindustrie u. Konzernlandschaft ist u. bleibt überragend. Die seit vielen Jahren intensivierte Fokussierung auf Schlüsselmandanten wie Volkswagen/Porsche, Daimler, Uniper, Fresenius oder Dt. Bank u. Dt. Börse, die häufig in praktisch allen gesellschafts-, kapitalmarkt-, finanz-, kartell- u. steuerrechtlichen Fragen sowie in streitigen Aspekten beraten werden, hat Linklaters eine ungeheure Schlagkraft u. Stabilität verliehen – einerseits. Andererseits ist eine gewisse Stagnation jenseits dieses Kerns im Vergleich zu Hauptwettbewerbern wie Freshfields, Hengeler, aber auch zu Clifford u. Gleiss mittlerweile unübersehbar. So erscheint die offenbare Beschränkung auf zentrale Transaktionen in regulierten Sektoren wie Energie, Gesundheit oder Verkehr nicht mehr zeitgemäß. Auch die im Vergleich zu Wettbewerbern langsamere u. verhaltene fachübergreifende Vernetzung in Feldern wie Compliance-Untersuchungen u. ESG muss das neue dt. Management um den erfahrenen Finanzrechtler Dr. Kurt Dittrich als Herausforderung sehen – denn wie immer ändern sich die Bedürfnisse auch sehr großer Unternehmen wellenartig. Schienen sie lange auf Projektberater für die unterschiedlichsten Fragen zu setzen, spielt die fachliche Breite angesichts der zunehmenden Verknüpfung vieler rechtlicher Fragen heute wieder eine viel größere Rolle. Die rapide Verbreitung von ESG-Aspekten in immer mehr Beratungsfeldern ist dafür nur ein Indiz. Dem wird Linklaters künftig deutlicher Rechnung tragen müssen, auch wenn die Kanzlei bspw. ESG mit einer sozietätsübergreifenden Gruppe sowie dem Einzug der jungen Partnerin Dr. Julia Grothaus in die dt. Geschäftsführung zuletzt mehr Aufmerksamkeit geschenkt hat. Dass Linklaters aber an ihrer bisherigen strategischen Aufstellung festhält, zeigen die Partnerernennungen des Jahres 2022: zwei verzeichnete die Corporate-, eine die Banking-Praxis.

Dabei ist das Potenzial, das Linklaters hat, riesig. So ist die konstante Dominanz in der regulierten Finanz- u. Versicherungsindustrie beeindruckend u. die Stärke in der Energiebranche atemberaubend. Nur speist sich die dortige Stärke etwa aus der regelmäßigen Gesellschaftsrechts- u. M&A-Arbeit für E.on oder zuletzt der finanzrechtlichen Beratung des Uniper-Vorstands sowie der KfW beim Aufbau einer dt. LNG-Landschaft, aber eben nicht aus den mindestens genauso zentralen regulatorischen Fragen. Insbesondere Freshfields macht aber vor, dass beides gut zusammengeht, u. hat sich so von Linklaters kontinuierlich im absoluten dt. Spitzensegment abgesetzt, denn gleichzeitig war Linklaters zuletzt nicht mehr in der Lage, ihre Zurückhaltung bei regulator. Beratung durch ihre Stärke in M&A u. Private Equity auszugleichen. So war Linklaters' reiner M&A-Trackrecord jenseits ihrer Corporate-Schlüsselmandanten im Vergleich zu engsten Wettbewerbern schwach, wie etwa das weniger ausgeprägte grenzüberschreitende Geschäft gegenüber Freshfields u. Clifford zeigt. Die Private-Equity-Praxis ist nach dem neuerlichen Verlust eines Partners in München im Vorjahr nicht mehr in der Lage mit den Spitzenkanzleien mitzuhalten, denn es fehlt an Breite u. der Riege hinter dem Frankfurter Dr. Ralph Drebes noch das ausreichende Profil.

Perspektive: Die Kanzlei befindet sich v.a. angesichts ihrer schmalen Aufstellung im regulierten Bereich in einer herausfordernden Phase, sie hat aber gute Chancen, gestärkt daraus hervorzugehen. Mittlerweile hat bei Linklaters die Partnergeneration in den 40ern fast überall die Federführung übernommen – vom neu besetzen dt. Executive Team bis zu den starken Corporate- u. Finanzpraxen. Natürlich wird sich erst zeigen, ob die Überleitung der wichtigsten Mandatsbeziehungen gelungen ist, wenn Corporate-Partner wie Dr. Ralph Wollburg, Prof. Dr. Hans-Ulrich Wilsing oder Dr. Wolfgang Krauel tatsächlich ausgeschieden sind. Doch die Reihen potenzieller Nachfolger sind gut

---

Die Anwaltszahlen stammen von den Kanzleien selbst und beziehen sich auf das letzte abgelaufene Geschäftsjahr. Einige Kanzleien beschäftigen für bestimmte Projekte befristet angestellte Rechtsanwälte. Daraus erklären sich teils deutliche Unterschiede zu Personalzahlen der Vorjahre.

NATIONALER ÜBERBLICK JUVE TOP 50

besetzt u. die Wechsel der zentralen Banking-Partner Dittrich u. Andreas Steck ins dt. bzw. kontinentaleurop. Management haben die Bank- u. Finanzrechtspraxen bislang nicht nachhaltig beeinträchtigt. Zudem steht Steck in gewisser Weise für die Zukunft der Kanzlei, denn mit der Übernahme der neu geschaffenen Position des Regional-Managing-Partners Europe soll in Kontinentaleuropa das gelingen, was die dt. Partnerschaft schon vollbracht hat: die Entwicklung europ. Schlüsselmandanten, die praxis- u. büroübergreifend beraten werden. Dafür hat die weltweite Partnerschaft Deutschland eine zentrale Rolle zugewiesen, denn neben Steck wurde Kristina Klaaßen-Kaiser zur Leiterin der neuen europ. Corporate Division ernannt. Verantwortlich für die Weiterentwicklung dieses Schlüsselbereichs, wurde sie auch Mitglied im kontinentaleurop. Steuerungsgremium, was den Einfluss dt. Partner in der internationalen Aufstellung der Kanzlei formal so groß wie nie zuvor werden ließ – auch wenn es der Kanzlei weiter nicht so gut wie Freshfields u. Clifford gelingt, sich besser mit der Londoner Zentrale zu verknüpfen. Gleichzeitig sind die Chancen, hochkarätige Partner aus anderen Kanzleien zu gewinnen, so gut wie selten. Grund: Linklaters hat sich von ihrem recht starren Lockstep-System verabschiedet u. kann nun auch jüngeren High Potentials eine bessere Alternative im Kampf mit den US-Kanzleien bieten. Das war überfällig, denn insbesondere in Deutschland hat das Ausmaß von Wechslern v.a. zu Latham & Watkins – wie zuletzt des erfolgreichen Immobilientransaktionspartners Dr. Carsten Loll – in den vergangenen Jahren überhand genommen.

Mandantenstimmen: Mandanten der Kanzlei loben einzelne Partner als „businessorientiert" oder „echt super" u. heben ihren „großen Erfahrungsschatz u. Dienstleistungsorientierung" heraus.

Service: Linklaters hat früh Projektmanager bei komplexen Transaktionen eingesetzt u. verfügt über globale wie nationale Teams, die sich der Weiterentwicklung von Services u. Legal Tech annehmen. Im Einsatz sind eine Vielzahl von Automatisierungs- u. anderen effizienzsteigernden Tools. In allen relevanten Fachbereichen arbeiten Teams aus Anwälten u. Entwicklern, z.B. im Kartell-, Immobilien- oder Steuerrecht. Die Kanzlei setzt gleichermaßen auf Fremdanbieter u. führte zuletzt etwa eine Plattform für Aufgaben aus dem Bereich Corporate Housekeeping ein, aber auch auf eigene Produkte wie ein Tool zur Entwicklung von Side Letters bei der Strukturierung von Investmentfonds.

Anwälte in Deutschland: 301

Blick auf die Standorte: ▷Berlin; ▷Düsseldorf; ▷Frankfurt; ▷Hamburg; ▷München; ▷Brüssel.

Internat. Einbindung: Weltweit integrierte Sozietät, als Transaktionskanzlei v.a. in Europa eine der stärksten. Ihr Moskauer Büro hat sie geschlossen. In einigen Regionen setzt die Kanzlei auf (exklusive) Allianzen: in Südafrika mit Webber Wentzel, in Saudi-Arabien mit Zamakhchary & Co sowie in Asien u. Australien mit Allens, zudem gemeinsames Büro mit Zhao Sheng in Schanghai.

LUTHER
Nationaler Überblick Top 50 ★★★

Auf den Punkt: Die Full-Service-Kanzlei ist bundesweit beim regionalen Mittelstand fest verwurzelt, wobei sie sich an Branchenschwerpunkten orientiert. Im Energie- u. Gesundheitssektor berät sie auch Konzerne.

JUVE Kanzlei des Jahres: Im Südwesten.
Fünf-Sterne-Praxis für: ▷Energie; ▷Öffentl. Recht.
Zudem empfohlen für: ▷Anleihen; ▷Arbeit; ▷Außenwirtschaft; ▷Beihilfe; ▷Gesellsch.recht; ▷Gesundheit; ▷Immo/Bau; ▷Investmentfonds; ▷IT u. Datenschutz; ▷Kartellrecht; ▷Konfliktlösung; ▷M&A; ▷Marken u. Wettbewerb; ▷Notare; ▷Steuern; ▷Vergabe; ▷Vertrieb.

Analyse: Der Kurs einer behutsamen Erneuerung, den die Kanzlei verfolgt, ist der richtige. Das bestätigte die Partnerschaft durch die Wiederwahl des Managementduos Elisabeth Lepique u. Dr. Markus Sengpiel für eine dritte Amtszeit. Luther ist es gelungen, die breite regionale Aufstellung im Mittelstand zu erhalten u. gleichzeitig die Konzernberatung in den Fokusbranchen deutlich auszubauen. Spätestens seit dem großen Dieselprojekt zeigt sich die Kanzlei innovationsfreudig bei der Erprobung digitaler Lösungen, wovon bereits jetzt viele Mandanten profitieren.

Erneut baute sie die Vergaberechtspraxis aus: Mit dem Zugang des Teams um den gut vernetzten Tobias Osseforth hat Luther nun den Grundstein gelegt, um auch im südtdt. Raum mit Experten vor Ort aufzuwarten. Der Fokus im IT-, Gesundheits-, Planungs- u. Bauwesen des neuen Teams bietet großes Potenzial, an die kanzleiweiten Branchenschwerpunkte anzuknüpfen. Gleichzeitig stellt sie sich für größere Projekte der öffentlichen Hand auf.

Ein Asset der Kanzlei ist ihre Stellung im Energiesektor, der zum echten Mandatstreiber wurde. So setzte bspw. Leag zu den Forderungen anderer Marktteilnehmer im Zusammenhang mit den steigenden Energiepreisen auf das renommierte Team. Mandate dieser Art sind jetzt möglich, weil die Kanzlei vor einiger Zeit schon einen Experten für das Thema Energiehandel gewann. Dass die Kanzlei um den Düsseldorfer Partner Michael Bormann eine gut etablierte Dealberatung im Energiesektor aufgebaut hat, erweist sich gerade jetzt als Wettbewerbsvorteil.

Ebenso trägt der vor rund zwei Jahren angestoßene Ausbau der Arbeitsrechtspraxis Früchte: Insbesondere die Beratung zur betrieblichen Altersversorgung bekam durch Dr. Marco Arteaga u.Dr. Annekatrin Veit Auftrieb. Einsätze bei Großprojekten wie der Abspaltung von Daimler Truck sind nun selbstverständlich.

Rückschläge musste die Kanzlei beim angestrebten Ausbau einer Insolvenzrechts- u. Restrukturierungspraxis hinnehmen. Erneut verlor sie mit Dr. Karl von Hase einen Experten, der insbesondere gesellschaftsrechtliche Prozesserfahrung hatte. Der Zugang eines bislang am Markt unauffällig agierenden Insolvenzrechtlers ist ein weiterer Versuch, personell aufzustocken. Auch am Aufbau einer marktrelevanten Compliance-Praxis arbeitete die Kanzlei weiter u. holte einen Inhouse-erfahrenen of Counsel in München.

Von dem eigens gegründeten internationalen Kanzleinetzwerks profitieren inzwischen diverse Praxisgruppen, insbesondere von der Verbindung mit der frz. Kanzlei Fidal. Gerade die M&Aler können auf dieses Netzwerk zurückgreifen. Ein Erfolgsbeispiel ist etwa das gemeinsame Mandat der Groupe Briand, das aus dem Frankfurter Büro geleitet wurde – der Standort, der bis vor wenigen Jahren noch die größte Baustelle des Managements war.

Perspektive: Ein Großteil ihrer Weiterentwicklung treibt Luther mit Hilfe von Quereinsteigern voran. Dieser Strategie blieb die Kanzlei treu u. drehte auch zuletzt an der ein oder anderen personellen Stellschraube – einerseits um regionale Unterschiede auszugleichen, andererseits um fachliche Entwicklungen voranzutreiben. Doch nicht immer gelingt die Integration oder Zugänge sind nicht nachhaltig, wie etwa im Versicherungsrecht. Ins Stocken gerät darüber hinaus v.a. die Verbreiterung in den Bereichen, die die Kanzlei später als Wettbewerber in den Fokus nahm. Dies betrifft zum einen die Compliance-Beratung u. zum anderen Restrukturierung u. Insolvenz. Gerade Letztere passt eigentlich perfekt in die breite regionale Aufstellung. Doch nach den letzten Integrationsschwierigkeiten ist es Zeit für die Erkenntnis, dass die Quereinsteiger-Strategie hier nicht aufzugehen scheint. Der Fokus auf echte Nachwuchsförderung oder der Gewinn eines voll integrierten größeren Teams könnte helfen.

Dem eigenen Nachwuchs den Vortritt lassen, könnte auch in anderen Fachbereichen Fortschritte bringen, etwa im Gesundheitssektor. So ist Luther zwar besonders stark bei Krankenhaustransaktionen, bei regulatorischen Themen wie Medizintechnik u. Datenschutz im Gesundheitssektor weist die Kanzlei aber deutlich weniger Marktpräsenz auf.

Der wichtigste Schritt für die internationale Aufstellung ist mit dem Kanzleinetzwerk Unyer gemacht. Wenn die Verbindungen zur ital. Partnerkanzlei weiter vertieft werden, ist der nächste logische Schritt eine Erweiterung nach Spanien. Dann würde Luther einer verlässlichen Abdeckung der europ. Wirtschaftsnationen noch näherkommen.

Mandantenstimmen: Mandanten betonen die „tiefe fachliche Kompetenz", immer häufiger auch die Zusammenarbeit innerhalb der Kanzlei. Die Beratung ist „pragmatisch u. lösungsorientiert". Die meisten Mandanten pflegen eine langjährige Beziehung zu ihren Anwälten: „Seit über 20 Jahren arbeite ich mit dem Team sehr vertrauensvoll u. erfolgreich zusammen u. kann dieses ohne jeglichen Vorbehalt vollumfänglich empfehlen."

Service: Die Kanzlei hat in den vergangenen Jahren große Sprünge gemacht, was den Einsatz von neuen Technologien in der Rechtsberatung u. in der Mandantenkommunikation angeht. Mandanten können über eine Kollaborationsplattform Einblicke in die Mandatsbearbeitung nehmen, Status u. Kosten sind ebenfalls abrufbar. Wie die meisten Kanzleien setzt auch Luther zunehmend Teams aus Anwälten, Projektjuristen u. Support Lawyers ein, senkt damit die Kosten für Mandanten u. sammelt selbst Erfahrung, welche Projekte mit welchem Personal flexibel besetzt werden können.

Anwälte in Deutschland: 408

Blick auf die Standorte: ▷Berlin; ▷Düsseldorf; Essen (▷NRW); ▷Frankfurt; ▷Hamburg; Hannover (▷Niedersachsen); ▷Köln; Leipzig (▷Sachsen); ▷München; ▷Stuttgart; ▷Brüssel.

Internat. Einbindung: Eigene Büros in Brüssel, London, Luxemburg, Singapur, Yangon u. Schanghai, wo auch Anwälte mit chin. Zulassung arbeiten. Im Jahr 2021 gründete sie mit der frz. Kanzlei Fidal das Netzwerk Unyer, zu dem mittelfristig weitere Partner hinzukommen sollen, v.a. aus Kontinentaleuropa; 2022 hat sich Pirola Pennuto Zei aus Italien angeschlossen. Darüber hinaus pflegt sie weitere Best-Friend-Beziehungen.

MAYER BROWN
Nationaler Überblick Top 50 ★

Auf den Punkt: Immer stärker länder- u. fachübergreifend integriert arbeitende US-Kanzlei mit kla-

rem Corporate- u. finanzrechtlichem Transaktionsfokus in Deutschland.
Empfohlen für: ▷Anleihen; ▷Arbeit; ▷Bankrecht u. -aufsicht; ▷Gesellsch.recht; ▷Immo/Bau; ▷Insolvenz/Restrukturierung; ▷Kartellrecht; ▷Kredite u. Akqu. fin.; ▷M&A; ▷Notare; ▷Private Equ. u. Vent. Capital.
Analyse: Die US-Kanzlei ist in Deutschland seit einigen Jahren dabei, ihre Aufstellung neu zuzuschneiden u. kam auch 2022 dabei wieder gut voran. Das zeigen sowohl Umsatz- als auch Personalentwicklung: Innerhalb eines Jahres ist MB nach Köpfen um über zwölf Prozent gewachsen u. steigerte im vergangenen Geschäftsjahr ihre Einnahmen sogar um knapp 30 Prozent. V.a. in ihren Schlüsselbereichen Corporate u. Finance legte sie erneut nach. So holte sie den Gesellschaftsrechts- u. M&A-Anwalt Carlos Robles y Zepf (von DLA Piper, zuvor BASF) u. die erfahrene Kapitalmarktrechtlerin Dr. Susanne Lenz (von Pinsent Masons) als Partner hinzu. Zudem ernannte sie den Bank- u. Finanzrechtler Dr. Martin Heuber u. den Gesellschaftsrechtler Dr. Jan Streer zu Partnern. Letzterer steht auch für M&A u. soll perspektivisch einen Fußabdruck im Venture-Capital-Segment hinterlassen. Diese Schritte stärken das Geschäft bei dem die fachübergreifende u. internat. Zusammenarbeit der MB-Büros gefragt ist, etwa bei der gesellschaftsrechtlichen Beratung im Bankensektor.
Ihre Internationalität spielt die Kanzlei inzwischen häufiger aus. So beriet sie den Automobilzulieferer Lear bei der Übernahme eines Geschäftsbereichs von Kongsberg. Die Steuerung des Deals übernahmen Partner aus Frankfurt u. London, beteiligt waren M&A-, Restrukturierungs- u. Arbeitsrechtsanwälte. Zudem beraten die Kartellrechtler Lear in einem Schadensersatzverfahren. Weitere Beispiele sind Qualium u. die Ausweitung der finanzrechtlichen Beratung von JPMorgan auch in Deutschland. Nicht zuletzt im Energiemarkt punktet MB mit internat. Netzwerkmandanten: So beriet sie US-Stammmandantin Dow Chemical bei ihrer Beteiligung am Konsortium für das LNG-Terminal in Stade.
Das zunehmende Gewicht der dt. Praxis spiegelt sich nun auch im weltweiten Management wider: Dr. Julian Lemor ist Anfang 2022 an der Seite von drei US-Kollegen zum Global Co-Head für M&A u. Private Equity ernannt worden. Er ist der erste Co-Head in dieser Praxis aus einem kontinentaleurop. Büro.
Perspektive: Die Kanzlei kommt voran, doch zu Ende ist der Umbau noch lange nicht. Was das dt. Management, wenn es sein muss, drauf hat, hat es mit dem schnellen Wiederaufbau des Kartellrechts 2021 gezeigt. Doch v.a. in der Breite in den Gebieten Private Equity, Konfliktlösung sowie Restrukturierung – die die Kanzlei als Schlüsselfelder ausgemacht hat – hat sie noch Luft nach oben. So ist sie bei Mid-Cap-Transaktionen zwar ordentlich dabei, hat sich aber in anderen Größenordnungen noch nicht nachhaltig etabliert. Dasselbe gilt im Bereich Restrukturierung, wo sie bislang v.a. auf Distressed M&A setzt, es aber an umfassenderer Beratung vermissen lässt.
Den größten Sprung gilt es weiter bei Konfliktlösungsmandanten zu absolvieren: Seitdem 2019 Ulrich Helm kam, wächst das Team zwar u. konnte sich – wiederum z.T. grenzüberschreitend – bei einigen Großanlagen- u. Infrastrukturmandaten durchsetzen, doch bleibt die Praxis v.a. für versicherungsvertragsrechtliche Streitigkeiten in Nischen wie W&I oder D&O bekannt.

Mandantenstimmen: Von ihren Kunden werden Partner verschiedenster Fachbereiche positiv hervorgehoben – auch solche, die erst in den vergangenen Jahren hinzugekommen sind. Fast durchgehend loben Mandanten aus diversen Branchen Pragmatismus, Lösungsorientierung u. kommerzielles Verständnis.
Service: In vielen Rechtsgebieten nutzt die Kanzlei Tools, sei es im Dokumentenmanagement, für Due Diligences oder zur Analyse von Compliance-Risiken. Hinzu kommen bspw. Kollaborationsplattformen, auch für Legal-Project- u. Budgetmanagement. Damit bewegt sich Mayer Brown im normalen Standard im Umfeld der dt. Spitzenkanzleien.
Anwälte in Deutschland: 72
Blick auf die Standorte: ▷Düsseldorf; ▷Frankfurt.
Internat. Einbindung: Intergrierte, transatlantisch aufgestellte Kanzlei mit vielen US-Büros (Stammsitz in Chicago), Mexiko u. in London, Paris u. Brüssel. Mehr große asiat. als europ. Büros, v.a. Hongkong.

MCDERMOTT WILL & EMERY
Nationaler Überblick Top 50   ★★★
Auf den Punkt: US-Kanzlei mit relativ unabhängiger dt. Praxis. Besonders starke Marktposition im Immobilienrecht. Auf dem Weg zu einer Full-Service-Einheit schließt sie Lücken in ihrem Beratungsangebot konsequent u. strategisch.
Empfohlen für: ▷Arbeit; ▷Börseneinführungen u. Kapitalerhöhungen; ▷Gesellsch.recht; ▷Gesundheit; ▷Immo/Bau; ▷Insolvenz/Restrukturierung; ▷Investmentfonds; ▷IT u. Datenschutz; ▷Kartellrecht; ▷Konfliktlösung; ▷M&A; ▷Medien; ▷Öffentl. Recht; Patent; ▷Private Equ. u. Vent. Capital; Steuern; ▷Verkehr.
Analyse: In den vergangenen Jahren gehörte MWE zu den Einheiten, die in Deutschland am stärksten wuchsen. Inzwischen ist sie eine der US-Kanzleien mit dem breitesten Angebot hierzulande. Fundament für das Wachstum war die starke Immobilienpraxis, die auch weiterhin das Kraftzentrum der Sozietät ist. Mandanten wie Imfarr oder Hahn setzten regelmäßig bei großvolumigen Transaktionen u. komplexen Projektentwicklungen auf das Team. Besonders eng ist die Beziehung zur österr. Signa, die das dt. Team zuletzt wieder bei einem Deal in den USA beraten hat.
MWE ist in den vergangenen Jahren dem Status einer Full-Service-Einheit sehr nahe gekommen. Die Zusammenarbeit zwischen vielen Praxen funktioniert reibungslos u. führt zu immer breiteren Mandatsbeziehungen. Als fruchtbar erweist sich etwa die Schnittstelle zwischen der Gesundheits- u. Private-Equity-Praxis, wie die Begleitung von Apax beim Verkauf von Unilabs zeigt. Künftig will MWE die Beziehungen in die USA besser nutzen, um sich stärker um Private-Equity-Mandanten zu bemühen. Auch dafür hat sie sich strategisch mit einem weiteren Hengeler-Anwalt verstärkt, der bereits für Blackstone oder KKR gearbeitet hat.
Zudem besetzt ein neu ernannter Partner im Gesundheitswesen erfolgreich die Schnittstelle zum Datenschutz. Besonders beeindruckend haben sich Konfliktlösung u. Restrukturierung entwickelt: Hier hat MWE die Schlagkraft deutlich erhöht u. nochmals mit Partnerernennungen untermauert. Wie ernst die Kanzlei den Full-Service-Ansatz nimmt unterstrich sie zudem mit der Aufnahme von Rolf Hünermann von Reed Smith, der an der Schnittstelle Gesellschaftsrecht/Compliance sehr erfahren ist. Allerdings gab es auch Rückschläge: So musste MWE Abgänge u.a. im Kapitalmarktrecht verkraften.

Perspektive: Dass das sehr hohe Expansionstempo der vergangenen Jahre nicht durchzuhalten ist u. die Kanzlei aktuell eher in eine Konsolidierungsphase eintritt, ist nicht überraschend. Auch dass die Glückssträhne in puncto Quereinsteiger nicht ewig anhält, war zu erwarten. Dass erneut Partner der Kanzlei den Rücken kehrten u. auch ein frisch ernannter Partner eigene Wege ging, ist jedoch ein Warnsignal – zumal schon in der Vergangenheit immer wieder Quereinsteiger nur kurz blieben. Zwar sind die jüngsten Abgänge im Kapitalmarktrecht, nicht zuletzt aufgrund des flauen ECM-Marktes, zu verschmerzen, sie zeigen aber auch, dass MWE sich insbesondere jenseits ihrer starken Praxen genauer anschauen muss, wen sie sich ins Haus holt, wen sie wie einbindet u. auch, auf welche Rechtsgebiete sie sich konzentrieren will. Nicht überall ist der strategische Ansatz so klar erkennbar wie im Immobilienrecht, wo MWE Zugänge stets erfolgreich integriert. Auch wenn gewisse Korrekturen nach der Expansion sicher zu erwarten sind, wird es darauf ankommen, interne Unruhe zu vermeiden, nicht zuletzt damit (weitere) unerwünschte Abgänge ausbleiben. Zugleich bietet es sich an, mittelfristig noch stärker auf Eigengewächse zu setzen. Das dürfte nicht nur die Zufriedenheit des jungen u. insgesamt harmonischen dt. Teams steigern, sondern auch im Wettkampf um den Nachwuchs ein wichtiges Pfund sein, denn wenn MWE die Marktspitze mittelfristig ernsthaft herausfordern will, braucht die Kanzlei eine höhere Leverage u. insbesondere ihre Corporate-Praxis mehr Schlagkraft u. Präsenz. Auch für den Plan, nach dem erfolgreichen Aufbau des eigenständigen dt. Geschäfts stärker auf Verbindungen in die USA zu setzen u. Mandanten von dort nach Deutschland zu transportieren, braucht es engagierte, junge Anwälte.
Mandantenstimmen: Viel Lob heimsen v.a. die Immobilienspezialisten ein, etwa für ihre „überragende Beratung". Besonders häufig betonen Mandanten den „pragmatischen Ansatz" u. die „Zielorientierung" der Berater. Auch die „sehr unkomplizierte Zusammenarbeit" schätzen mehrere.
Service: MWE setzt bekannte Programme u. Legal-Tech-Tools, etwa Bryter u. Lawlift, v.a. ein, um Arbeitsprozesse effizienter zu gestalten. Auch individuelle Tools sind aufgesetzt, etwa für die öffentliche Hand. Dahinter steht ein Legal-Tech-Kompetenzteam, in dem auch ein Associate die Hälfte seiner Arbeitszeit ausschließlich diesem Thema widmet.
Anwälte in Deutschland: 151
Blick auf die Standorte: ▷Düsseldorf; ▷Frankfurt; ▷Köln; ▷München.
Internat. Einbindung: Aus Chicago stammende Kanzlei, die Standorte in den gesamten USA unterhält. Gute Zusammenarbeit der dt. Praxis mit dem Pariser Büro. In Europa zudem Büros in London, Mailand u. Brüssel. In Asien ist MWE seit 2021 in Singapur vertreten.

MILBANK
Nationaler Überblick Top 50   ★★★
Auf den Punkt: US-stämmige Kanzlei, deren Paradedisziplin komplexe Transaktionen sind, oft für Finanzinvestoren. Der begonnene Ausbau der Bank- u. Finanzrechtspraxis weist auf weitere Ambitionen hin.
Fünf-Sterne-Praxis für: ▷Private Equ. u. Vent. Capital; Steuern.
Zudem empfohlen für: ▷Gesellsch.recht; ▷Kartellrecht; ▷Kredite u. Akqu.fin.; ▷M&A.

Analyse: Nach fast zwei Jahrzehnten in Deutschland war das Marktprofil der US-Kanzlei gut etabliert: Corporate-Transaktionen mit einem starken Schwerpunkt bei Private-Equity-Mandanten. Andere Bereiche spielten eine klar untergeordnete Rolle. Der bemerkenswerte Erfolg der vergangenen zwei Jahre hat jedoch das Wachstum in verschiedene Richtungen vorangetrieben, sodass sie in der Lage ist, die Marktführer auch jenseits ihres Stammgebiets Private Equity herauszufordern.

Das ist v.a. der sehr erfolgreichen Integration der Seiteneinsteiger von Clifford zu verdanken, die Ende 2020 kamen: Markus Muhs hat Milbank bei Infrastrukturdeals deutlich mehr Glaubwürdigkeit verschafft, aber noch wichtiger war der Zugang von Barbara Mayer-Trautmann: Sie lieferte nicht nur eine starke Kreditnehmerpraxis, sondern ermöglicht es der Partnerschaft auch, andere Praxisbereiche zu erkunden. Der Wechsel von Dr. Mathias Eisen in die Restrukturierungsarbeit war mit Blick auf die erwartete Verschiebung des Marktzyklus ein wichtiger Schritt.

Trotzdem ist es die dt. Private-Equity-Praxis, die den Kern von Milbanks Erfolg ausmacht. Haus- u. Hofkanzlei für EQT zu werden, ist ein bemerkenswerter Meilenstein. Nicht zu verachten ist auch der enorme Dealflow der Frankfurter Praxis um Dr. Michael Bernhardt im Jahr 2021. Die Rekrutierung eines hoch angesehenen Kapitalmarktrechtlers, erneut von Clifford Chance, bietet nun Dual-Track-Kapazitäten für die Arbeit mit Large-Cap-Häusern u. bedeutet, dass Milbank alle Bereiche für solche Mandanten abdeckt.

Wohl insbesondere aufgrund der enormen PE-Dominanz blieb eine Parallelentwicklung in der Corporate-Praxis weniger auffällig: der allmähliche Aufbau eines Mandantenstamms von meist von Finanzinvestoren unterstützten technologieorientierten Wachstumsunternehmen, die komplexe gesellschaftsrechtliche Bedürfnisse haben. Sie suchen starke Beraterpersönlichkeiten wie Dr. Norbert Rieger u. sind auch bereit, dessen Kurse zu bezahlen. Er gilt nach dem Weggang des anderen Gründungspartners, Dr. Peter Nussbaum, mehr denn je als Gesicht der dt. Praxis.

Perspektive: Milbanks Schwerpunkte lagen schon immer im Gesellschafts-, Finanz- u. Steuerrecht. Abgesehen vom Aufbau einer Kartellrechtspraxis ist die Kanzlei dieser Strategie treu geblieben. Letztere hat zwar aufgrund der Nachfrage in der Dealpraxis ins Außenwirtschaftsrecht expandiert, eine weitere Diversifizierung ist aber nicht zu erwarten. Doch Entwicklungspotenzial gibt es trotzdem: Ein wichtiger Schritt ist etwa die zunehmende grenzüberschreitende Zusammenarbeit, insbesondere zwischen den dt. Büros u. London. Das Wachstum der Finanzpraxis hat es der Kanzlei ermöglicht, viel engere Beziehungen auch im Restrukturierungsumfeld zu knüpfen. Darüber hinaus gibt es Anzeichen dafür, dass Milbank auch jenseits dessen in der Lage ist, international eine größere Rolle zu spielen: Die Außenwirtschaftspraxis fördert zwar die internationale Zusammenarbeit, aber auch der Gewinn neuer Corporate-Partner in New York u. London hat es ermöglicht, dt. Mandanten in einem bisher nicht gekannten Umfang weiterzuvermitteln. Die Inbound-Arbeit ist zwar nicht so offensichtlich wie bei anderen US-Kanzleien, die jüngsten globalen Entwicklungen in der Kanzlei deuten aber das Potenzial an, das hier noch gehoben werden kann. Dafür braucht es starke Beraterpersönlichkeiten. V.a. Dr. Sebastian Heim in München ist Beweis genug, dass Milbank nicht so sehr auf ihre Seniorpartnerriege angewiesen ist, wie Wettbewerber gerne behaupten. Solange sie Partner von ähnlichem Kaliber hervorbringt, wird sie in der Lage sein, mit den Top-Kanzleien in ihren Spezialdisziplinen mitzuhalten. Hauptaufgabe bleibt demnach, mehr solcher Eigengewächse zu fördern u. zu Partnern zu machen.

Mandantenstimmen: Die schnelle Verfügbarkeit ist ein Lob, das sich durch fast alle Praxen bei Milbank zieht. Einzelne Partner werden außerdem für ihre große Erfahrung gelobt.

Service: Bei Milbank liegt der Schwerpunkt auf einer hochwertigen, partnergeführten Beratung, weshalb Legal Tech u. Projektmanagement keine so große Rolle spielen wie in anderen Kanzleien.

Anwälte in Deutschland: 57

Blick auf die Standorte: ▷Frankfurt, ▷München.

Internat. Einbindung: Ursprünglich von New York, weitere Standorte in Washington D.C., Los Angeles u. São Paulo. In Europa außer in Deutschland nur in London vertreten. Stark auch in Fernost (Singapur, Tokio, Peking, Hongkong, Seoul).

NOERR

Nationaler Überblick Top 50 ★★★★

Auf den Punkt: Die Kanzlei zeichnet sich durch eine bemerkenswerte Stärke im dt. Mittelstand aus, richtet sich aber zugleich mit wachsendem Erfolg u. internationalem Ausblick auf das obere Marktsegment aus.

JUVE Kanzlei des Jahres für: Immobilien- u. Baurecht; Nachfolge/Vermögen/Stiftungen.

Fünf-Sterne-Praxis für: ▷Außenwirtschaft; ▷Immo/Bau; ▷Insolvenz/Restrukturierung; ▷IT u. Datenschutz; ▷Konfliktlösung; ▷Medien; ▷Öffentl. Recht; ▷Private Equ. u. Vent. Capital; ▷Telekommunikation; ▷Vertrieb.

Zudem empfohlen für: ▷Anleihen; ▷Arbeit; ▷Bankrecht u. -aufsicht; ▷Beihilfe; ▷Börseneinführ. u. Kapitalerhöhung; ▷Compliance; ▷Energie; ▷ESG; ▷Gesellsch. recht; ▷Gesundheit; ▷Kartellrecht; ▷Kredite u. Akqu.fin.; ▷Lebensmittel; ▷M&A; ▷Marken u. Wettbewerb; ▷Nachfolge/Vermögen/Stiftungen; ▷Notare; Patent; Steuern; ▷Unternehmensbez. Versichererberatung; ▷Verkehr; ▷Versicherungsvertragsrecht; ▷Wirtschafts- u. Steuerstrafrecht;.

Analyse: Konsequent baut Noerr auf bereits erreichten Fortschritten auf. Ein Beispiel ist die weitere Schärfung des Profils der Corporate-Praxis. In Zukunft leiten die Gesellschaftsrechtler als eigenständige Praxisgruppe unter der Leitung von Dr. Michael Brellochs u. Dr. Martin Neuhaus. An diesem Schritt werden gleich zwei Charakteristika der Kanzlei deutlich: Zum einen wählt sie als Doppelspitze einen langjährigen Partner u. einen erst vor kurzer Zeit hinzugestoßenen Quereinsteiger, zum anderen sendet sie ein strategisches Signal. Noerr wird keine Transaktionskanzlei, sondern steht weiterhin auch ihren mittelständischen Mandanten mit breitem Angebot zur Verfügung. Daran hätten gerade nach der massiven Verstärkung der M&A-Praxis mit vier Partnern von Latham im Vorjahr Zweifel aufkommen können. Die Transaktionsarbeit umfasst allerdings inzwischen eine beachtliche Anzahl von meist grenzüberschreitenden M&A- u. Private-Equity-Deals. Die Beratung von Befesa beim Kauf der American Zinc Recycling, inklusive vorangegangener Kapitalerhöhung, ist hier ebenso beispielhaft wie der Kauf des europ. Geschäfts von Real Alloy, bei der Noerr an der Seite von KPS Capital Partners stand.

Auch bei Distressed-Transaktionen überzeugt Noerr mit ihrer zur Marktspitze gehörenden Insolvenz- u. Restrukturierungspraxis. Regelmäßig gehen von dort Impulse für die fachübergreifende Zusammenarbeit aus. Ein Beispiel ist der Abverkauf von Wirecard-Töchtern auf der ganzen Welt, der Noerr bereits im Vorjahr beschäftigt hielt. Das Know-how der Praxis war auch bei der Beratung eines Bankenkonsortiums im Zusammenhang mit der milliardenschweren finanziellen Restrukturierung des Energiekonzerns Steag gefragt.

Rückschläge mussten jedoch die Wirtschaftsstrafrechtler u. damit eng verknüpft auch die Compliance-Praxis einstecken. Zwar war schon im Vorjahr strafrechtliche Verstärkung gekommen, doch hinterlässt der Abgang von Dr. Martin Schorn eine Lücke, zumal er einige attraktive Mandate mitnahm. Zudem geriet Noerr wegen ihrer internen Ermittlung bei der langjährigen Mandantin Continental stark in die Kritik. Letztendlich führte dies nicht nur dazu, dass sie nicht mehr mit dem Mandat betraut ist, sondern stellt auch einen Reputationsverlust in Sachen Compliance-Beratung dar, ein Feld, auf dem sie vor Jahren zu den Vorreiterinnen gehörte.

Mit Blick auf die personelle Aufstellung fährt Noerr eine klare Strategie u. treibt so auch konsequent den Generationswechsel voran. Bei den Neubesetzungen in der Corporate-Praxis setzt sie dabei zugleich ein Zeichen für die Integration ihrer Quereinsteiger. Neben Neuhaus im Gesellschaftsrecht übernahm Dr. Natalie Daghles Leitungsaufgaben für die M&A-Praxis. Beide kamen 2020 und wurden zu Partnern. Dass Noerr weiterhin auf ihre bewährte Strategie setzt, jüngere Salary-Partner oder Counsel von angesehenen Wettbewerbern zu holen u. ihnen Perspektiven zu bieten, zeigt sich u.a. in den Arbeitsrecht u. Private-Equity. Zugleich ernannte sie aber etliche Partner – u. nimmt dem Anwaltsnachwuchs damit die Sorge, hinter den Quereinsteigern zurückstecken zu müssen. Im Vergleich zu Wettbewerbern hat sich Noerr so bereits in Sachen Generationswechsel einen Vorsprung erarbeitet. Zeit gewonnen, die jüngeren Praxismanager in ihrer Rolle wachsen zu lassen. Dafür steht auch Dr. Henner Schläfke, der erst 2020 zum Vollpartner berufen wurde u. nun die Leitung der Fokusgruppe Massenverfahren übernahm. Dies ist ein Feld, wo Noerr für namhafte Mandanten wie Audi u. die Dt. Bank tätig ist und strategisch weit vorne mit dabei ist.

Perspektive: Über die Jahre ist es Noerr gelungen, sich bei börsengelisteten u. namhaften dt. Unternehmen zu platzieren u. den Mandantenkreis auszubauen. So setzen inzwischen Scout24, Stada u. die Schwarz-Gruppe regelmäßig auf sie. Durch den Zugang der ehemaligen Latham-Partner im Vorjahr, die u.a. Kontakte zu Lanxess u. Ceconomy mitbrachten, ist Noerr bestens positioniert, um diesen Kreis weiter zu verbreitern. Langfristig könnte diese Entwicklung Noerr auf ihrem Weg in Richtung Marktspitze an einen Scheideweg führen: Konzerne oder Mittelstand? Nicht nur sind die Charaktere der Mandantengruppen unterschiedlich, auch die unterschiedlichen Toleranzen in Sachen Honorare könnten Spannungen auslösen.

In gewissem Umfang gibt es die vereinzelt ohnehin schon, denn auch wenn Noerr schon lange keine Münchner Kanzlei mehr ist, kommt dem ehemaligen Stammhaus kulturell u. als personalstärkstem Standort eine besondere Rolle zu. Genau dort ste-

hen strukturelle Veränderungen an, in deren Zuge einige alte Zöpfe fallen sollen. Komplizierter wird dieser Prozess dadurch, dass die Managing-Partner selbst nicht in München sitzen u. so den Prozess nicht direkt vor Ort begleiten können. Reformen sind in München dennoch unumgänglich, will die Kanzlei ihren Erfolgskurs fortsetzen.
Mandantenstimmen: Gelobt werden die Noerr-Anwälte oft für ihre schnelle Reaktionszeit ebenso wie für ihre lösungsorientierte u. pragmatische Arbeit. Ebenfalls gut kommt bei den Mandanten Noerrs Kanzleinetzwerk Lex Mundi an.
Service: Die Kanzlei investierte zuletzt erneut in Personal u. Software im Bereich Legal Tech. Im vergangenen Jahr entwickelten die Legal Engineers gemeinsam mit den Arbeitsrechtlern ein Instrument zur Prüfung von Fremdpersonaleinsatz. Bereits im Einsatz sind Analysetools zum Umgang mit großen Datenmengen, eine Plattform zur automatischen Generierung von Dokumenten u. ein Projektmanagementtool.
Anwälte in Deutschland: 415
Blick auf die Standorte: ▷Berlin; Dresden (▷Sachsen); ▷Düsseldorf; ▷Frankfurt; ▷Hamburg; ▷München; ▷Brüssel.
Internat. Einbindung: Kanzlei mit sechs eigenen Büros in Osteuropa. Aus Russland hatte sich Noerr bereits vor Kriegsausbruch zurückgezogen, kooperiert aber weiterhin mit den dortigen Anwälten; zudem Russland-Desk in Hamburg. Dazu London, New York, Alicante u. Brüssel. Exklusives dt. Mitglied im internationalen Netzwerk Lex Mundi. Daneben Kontakte zu namhaften US-Kanzleien. Traditionell gute Beziehung zu Macfarlanes in London.

NORTON ROSE FULBRIGHT
Nationaler Überblick Top 50 ★★★

Auf den Punkt: Internationale Kanzlei, die auch in Deutschland immer häufiger grenzüberschreitend arbeitet. Konsequenter praxisübergreifender Sektoransatz.
Fünf-Sterne-Praxis für: ▷Verkehr.
Zudem empfohlen für: ▷Anleihen; ▷Beihilfe; ▷Börseneinführ. u. Kapitalerhöhung; ▷Compliance; ▷Energie; ▷Gesellsch.recht; ▷Immo/Bau; ▷Investmentfonds; ▷IT u. Datenschutz; ▷Konfliktlösung; ▷Kredite u. Akqu.fin.; ▷M&A; ▷Marken u. Wettbewerb; ▷Private Equ. u. Vent. Capital.
Analyse: Die strategischen Schritte der jüngeren Zeit, zu denen insbesondere eine personalstärkere dt. Praxis sowie eine bessere internationale Integration zählen, zeigen Wirkung. Gepaart mit ihrem ausgeprägten Branchenfokus in einzelnen Fachbereichen u. einem guten Preis-Leistungs-Verhältnis schafft NRF es so, ihre Mandantschaft stetig zu erweitern. Dass die dt. Praxis unter Managing-Partner Dr. Stefan Feuerriegel nach einigen Jahren des Umbruchs nun bereit ist, die Wettbewerber herauszufordern, zeigte sich im Herbst, als NRF bekannt gab, dass sie mit einem Corporate-Partner von Eversheds Sutherland u. einer Counsel von Allen & Overy ihren vierten dt. Standort in Düsseldorf eröffnet. Zwei weitere Eversheds-M&A-Partner stoßen in München hinzu.

Nun ist es NRF auch in der Vergangenheit immer wieder gelungen, renommierte Quereinsteiger zu holen. Oftmals agierten diese jedoch mehr oder weniger als Einzelkämpfer, was nicht selten zu einer kurzen Verweildauer führte. Dies dürfte nun anders sein, denn die Quereinsteiger fügen sich gut ein: Dr. Maximilian Findeisen ist im Industrie-, Pharma- u. Energiesektor aktiv – diese gehören auch zu NRFs Schwerpunkten. Sven Schweneke steuert den Kontakt zu Finanzinvestoren bei, die die aufstrebende Private-Equity-Praxis mit ihren bestehenden Kontakten v.a. zu Immobilien-PE-Häusern verstärkt. In München stößt mit Dr. Michael Prüßner ein Transaktionsanwalt zur Kanzlei, die Erfahrung in grenzüberschreitenden M&A im Industrie- u. Konsumgütersektor hat. Damit wird das ohnehin über die Jahre erweiterte Corporate-Team weiter gestärkt. Während sich das Team verbreitert, intensiviert sich der Sektorfokus der Kanzlei. Immer stärker zeichnet sich eine Konzentration auf Kernbereiche ab, die der vom globalen Management in den USA vorgegebenen Ausrichtung entsprechen: Energie, Mobilität u. Immobilien. Das starke Immobilienrechtsteam hat nach Abgängen im Vorjahr die nötige Schlagkraft durch den Zugang eines fünfköpfigen Transaktionsteams um Dr. Oliver Beyer wieder aufgebaut. Auch die Finanzierungspraxis ist durch den Zugang des Teams um Dr. Stefan Schramm, der ebenfalls von Eversheds kam, erweitert. u. verfügt mit Christoph Enderstein über einen renommierten Partner, der immer mehr Mandanten von NRF überzeugen kann. So gewann die Kanzlei in einer Ausschreibung etwa das Mandat der Dt. Bank. Auch die Compliance-Praxis zeigt, dass NRF in der Lage ist, neue Bereiche zu erschließen. Der Schritt nach vorne gelang auch hier durch eine bessere Vernetzung: Gemeinsam mit dem internationalen Netzwerk stellte das Team etwa eine interne Untersuchung bei einem Kfz-Zulieferer in Nordamerika auf die Beine. In der Investmentberatung hat NRF durch den Weggang von Martin Krause allerdings einen Schlag erlitten, der sich nur schwer durch die sich vertiefende Zusammenarbeit mit dem Luxemburger Büro der Kanzlei wettmachen lassen wird. Auch die aufstrebende Restrukturierungspraxis erlitt einen Dämpfer, als Regina Rath, die erst 2020 zu NRF kam, die Kanzlei wieder verließ.
Perspektive: Nach einigen Jahren, in denen NRF hinter den Kulissen an Umbau u. Fokussierung der dt. Praxis geschraubt hat, betritt die Kanzlei ordentlich selbstbewusst die Bühne. Die Führungsriege hat es geschafft, einige Baustellen zu beseitigen. Die Zeiten, in denen drei dt. Büros relativ unabhängig voneinander u. in schwankender Auslastung agierten, sind vorbei. Was die internationale Vernetzung angeht, hat NRF im Vergleich zu bspw. DLA Piper zwar noch ein Stück des Weges vor sich, doch gemeinsame M&A-Einsätze mit London oder den Büros in Asien zeigen die Fortschritte. Nun muss die Kanzlei unter Beweis stellen, dass es ihr gelingt, Quereinsteiger auch dauerhaft zu halten und dabei das bestehende Team nicht zu vernachlässigen. Straff gemanagte internationale Großkanzleien, die genauer auf abrechenbare Stunden als auf Ausbildung zu achten scheinen, zählen nicht zu den ersten Anlaufstellen für Nachwuchsanwälte. Schon jetzt hat NRF in dieser Hinsicht einige Sympathiepunkte eingebüßt. Umso entscheidender ist es, den Bewerberansprüchen durch eine weiterhin gute Work-Life-Balance, aber v.a. durch fundierte Ausbildung, die auf die dt. Praxis zugeschnitten ist, Rechnung zu tragen.
Mandantenstimmen: Mandanten loben neben der Kompetenz auch regelmäßig die Mandanten- u. Lösungsorientierung sowohl der Corporate- als auch der Litigation-Anwälte. Vereinzelt würdigen sie auch die gute internationale Zusammenarbeit.
Service: NRF hat sich früh bei Digitalisierung u. Transformation der Rechtsdienstleistung positioniert. Im brit. Newcastle hatte sie schon seit 2019 eine Legal-Operations-Einheit, nun will sie auch in Deutschland ein Pendant aufbauen, das Produktentwickler, Projektjuristen u. Legal Services zusammenbringt: Eine Hamburger Anwältin ist in der neu geschaffenen Position der Innovationsmanagerin für den Ausbau des Legal-Tech-Angebots zuständig. NRF ist damit nicht die erste Großkanzlei, die derlei Themen für den dt. Rechtsmarkt aufgreift, gehört aber zur Vorreitergruppe. Des Weiteren gibt es zwei Ideen-Hubs in Newcastle u. Houston. Außerdem arbeiten dort Projektjuristen, die bei großen Mandaten zum Einsatz kommen. Die dt. Praxis nutzt fachbereichsübergreifend diverse No-Code-Tools zur automatisierten Erstellung von Entscheidungsprozessen u. entwickelt aus Deutschland heraus auch eigene Software.
Anwälte in Deutschland: 119
Blick auf die Standorte: ▷Düsseldorf; ▷Frankfurt; ▷Hamburg; ▷München; ▷Brüssel.
Internat. Einbindung: Internationale Kanzlei mit rund 50 Büros in Europa (auch Luxemburg), den USA, Kanada, Südafrika, Fernost u. Australien.

OPPENHOFF & PARTNER
Nationaler Überblick Top 50 ★★

Auf den Punkt: Seit Langem sind Gesellschaftsrecht u. M&A ihr Aushängeschild, ebenso einige enge u. langjährige Verbindungen zu namhaften Mandanten. Wachstum u. Modernisierung geht die Kanzlei beherzt an.
Empfohlen für: ▷Arbeit; ▷Außenwirtschaft; ▷Compliance; ▷Gesellsch.recht; ▷IT u. Datenschutz; ▷Konfliktlösung; ▷M&A; ▷Nachfolge/Vermögen/Stiftungen); ▷Private Equ. u. Vent. Capital; Steuern; ▷Unternehmensbez. Versichererberatung; ▷Vergabe;.
Analyse: Mit der klugen Aufnahme von Quereinsteigern u. insbesondere der Herausbildung eines konsensualen, aber zielstrebigen Managements ist O&P in einer viel stärkeren Position als vor einigen Jahren. Wohl auch weil einige ihrer Anwälte eine Großkanzleivergangenheit haben, sind die Partner offener für Managementschritte geworden. Zugleich können diese in der Kanzlei flexibler umgesetzt werden, als es die Strukturen einer großen internationalen Einheit zuließen. So ist O&P eine der wenigen dt. Kanzleien, das das Beste aus beiden Welten – Großkanzlei u. mittelständische Wurzeln – zu verbinden versteht.

Die Kanzlei profitierte von dem wirtschafts- u. geopolitischen Umfeld. Die IT-Praxis ist eine der wenigen, die an der Spitze des Markts mit Großkanzleien konkurrieren kann, u. die Coronazeit bot reichlich Gelegenheit, dies zu zeigen. Inzwischen ist auch das Außenwirtschaftsrechtsteam stark gefragt, das nicht nur die M&A-Praxis ergänzt, die nach wie vor stärker grenzüberschreitend tätig ist als bei anderen Kanzleien ihrer Größe, sondern auch das Team der Wahl für bspw. US-Kanzleien ist, die keine eigenen Kapazitäten vorhalten. Darüber hinaus ist ihre Erfahrung mit der Rüstungsindustrie, die vorher von der Kanzlei selten herausgestellt wurde, seit der Ukraine-Krise ein wichtiges Asset geworden.

Besonders auffällig ist, wie sehr O&P zuletzt durch ihre Vorstöße in den Quereinsteigermarkt vorangekommen ist, insbesondere in Frankfurt. War das Büro früher gleichzusetzen mit der Corporate-Praxis, so hat sich seit dem Zugang von Dr. Michael Weigel vor zwei Jahren das Litigation-Team stark entwickelt. Auch das Immobilienteam ist durch den Zu-

NATIONALER ÜBERBLICK JUVE TOP 50

gang eines erfahrenen Partners vor einigen Jahren deutlich besser aufgestellt.
Die vielleicht wichtigste Errungenschaft ist der schrittweise Abbau von Silos innerhalb der Kanzlei. Dies zeigt sich in der engeren Zusammenarbeit von Teams in Corporate, IT u. Außenwirtschaft, aber auch die Entwicklung des Compliance-Teams demonstriert, was O&P aus ihrem Full-Service-Ansatz machen kann. Generationswechsel u. der Einfluss von Quereinsteigern sind nur zwei Gründe, warum die praxisübergreifende Zusammenarbeit besser funktioniert. Ein weiterer ist die Schaffung von mehr Transparenz in der Kanzlei, die das Teilen von Mandantenbeziehungen u. die Auslastung größerer Teams belohnt. Die Arbeit von Myriam Baars-Schilling (eine der wenigen Managing-Partnerinnen in den JUVE Top 50) u. ihren Kollegen Dr. Jürgen Hartung u. Dr. Harald Gesell, um die Akzeptanz für diesen Wandel zu erreichen, war vorbildlich. Die Entscheidung, viel operative Verantwortung an einen sehr erfahrenen COO zu delegieren, war auch deshalb sinnvoll, weil dadurch Managementkapazitäten freigesetzt wurden. Dieses Modell kann als Blaupause für andere Kanzleien dienen.

Perspektive: Nachdem die notwendigen internen Reformen umgesetzt sind u. der Generationswechsel vollzogen wurde, stellt sich für das Management die Frage, in welche Richtung sich O&P weiterentwickeln soll. Meist bleiben nur kleinere Anpassungen in den verschiedenen Praxen. Marktstellung u. Profitabilität der einzelnen Praxisgruppen sind jedoch relativ heterogen, das muss auf Dauer angegangen werden. So erfolgreich die Entwicklung der Corporate-Praxis in den vergangenen Jahren auch war, weiteres Wachstum – v.a. auf der Transaktionsseite – ist notwendig, um die Entwicklung der Gesamtkanzlei, etwa mithilfe von Verweisgeschäft, voranzutreiben.
Auch standortbezogen gibt es noch Arbeit. Zwar hat sich das Frankfurter Büro im Markt gut etabliert, die Entwicklung in Hamburg verläuft aber deutlich langsamer. Dies ist ein bekanntermaßen schwieriger Markt u. wirft die Frage auf, ob O&P ihre Expansionsenergie ausschließlich auf die Hansestadt konzentrieren sollte. Ein weiterer Standort würde den noch immer im Markt verbreiteten Eindruck, Oppenhoff sei eine von Köln dominierte Kanzlei, weiter abschwächen. Je mehr Standorte, desto attraktiver wird die Kanzlei für Außenstehende. München gilt intern als offensichtlicher Ausgangspunkt für weitere Ambitionen, auch wenn der Markt dort relativ gesättigt ist. Wenn die Kanzlei dort tatsächlich eröffnen will, sollte sie nicht zu lange warten.

Mandantenstimmen: Einzelne Partner werden für die „kompetente, serviceorientierte u. proaktive" Beratung, die Transaktionsrechtler als „unkompliziert u. lösungsorientiert" gelobt. Zudem heben Mandanten die „gute Verfügbarkeit u. den kommerziellen Beratungsansatz" hervor. Besonders auffällig ist die Reputation in einigen industrienahen Bereichen: „hoher technischer Sachverstand, sehr pragmatisch".

Service: Für eine mittelgroße Kanzlei investiert O&P relativ viel Zeit u. Geld in Ausbau u. Anwendung von Legal-Tech-Tools. Dabei helfen die große Erfahrung der IT-Rechtler u. die Analyse, was genau man damit erreichen will. Entsprechende Produkte werden primär als Ergänzungen u. schrittweise Erweiterung des Portfolios betrachtet u. weniger als Wunderwaffe. Das zeugt von einem tieferen Verständnis als bei einigen anderen Kanzleien.

Anwälte in Deutschland: 94
Blick auf die Standorte: ▷Frankfurt; Hamburg; ▷Köln.
Internat. Einbindung: Besonders breites internationales Netzwerk an befreundeten Kanzleien, die in ihren jeweiligen Ländern zu den führenden unabhängigen Einheiten gehören, über alle Kontinente. Bewusste Entscheidung gegen ein Best-Friend-Prinzip oder Einbindung in ein festes Netzwerk.

OPPENLÄNDER
Nationaler Überblick Top 50 ★

Auf den Punkt: Kartellrecht ist die traditionelle Stärke der Kanzlei. Durch die engere Verknüpfung zwischen Kartellthemen, Regulierung u. Prozessführung gelingt es, die interne Zusammenarbeit zu stärken.

Empfohlen für: ▷Energie; ▷Gesellsch.recht; ▷Gesundheit; ▷Kartellrecht; ▷M&A; ▷Marken u. Wettbewerb; ▷Öffentl. Recht; ▷Vergabe; ▷Verkehr.

Analyse: Eine klassische Rundumberaterin, die ihr Angebot auf den starken Mittelstand in ihrer Heimatregion ausrichtet, ist Oppenländer nie gewesen. Bundesweit herausragendes Renommee genießt sie im Kartellrecht. Hier hat sie ein altersmäßig ausgeglichenes Team aufgebaut, dessen Partner durchweg im Markt respektiert werden u. dem namhafte Mandanten wie Axel Springer, EnBW u. Unternehmen aus der Automotive-Branche vertrauen. Bei kartellrechtlichen Schadensersatzprozessen zählt sie zu den erfahrensten Praxen. So steuert das Team umfangreiche Verfahrenskomplexe gegen die Teilnehmer am Schienenkartell, nun kam mit der Vertretung von 270 Sparkassen gegen Visa ein neues Großmandat hinzu.
Eine weitere – wenngleich kleinere – Praxis, die durch anerkannte Spezialisten glänzt u. überregional Respekt genießt, ist die öffentlich-rechtliche. Kartellrechtliche Bezüge ergeben sich dabei über das Vergaberecht, aber besonders prominent sind oft Mandate von Verbänden u. Parteien. So vertritt das Team etwa den Bundesverband der Volks- u. Raiffeisenbanken in einem Musterverfahren gegen eine Verfügung der BaFin. Viel Aufmerksamkeit erntete es auch, weil es – nach mehrjähriger Beratung – einer innovativen Lösung für den Öffentlichen Personennahverkehr in u. um Karlsruhe zum Start verhalf.
Mit diesen Leuchtturmpraxen ist es kaum verwunderlich, dass Oppenländer auch in den regulierten Branchen Energie, Gesundheit u. Verkehr gut positioniert ist. Bei aktuellen Themen rund um Lieferketten im Gesundheitswesen beriet sie zu medizin-, kartell- u. vergaberechtlichen Aspekten. Auch die Datenschutzpraxis, die erst im Vorjahr mit zwei Partnerernennungen aufgewertet worden war, beriet bei diversen Projekten im Gesundheitssektor.
Die Corporate-Praxis spielt im Kanzleigefüge eine geringere strategische Rolle als bei vielen Wettbewerbern. Hier berät die Kanzlei mit gewohnt hohem juristischem Anspruch aber auch bei Organhaftungsfällen u. Gesellschafterstreitigkeiten.

Perspektive: Die Marktwahrnehmung der Kanzlei ist v.a. durch ihre einzelnen Fachbereiche bestimmt. Dennoch ist Oppenländer mehr als eine Ansammlung dieser Rechtsgebiete, die unter einem gemeinsamen Namen agieren. Auch wenn die Kanzlei es nicht laut als Ziel ausruft, mehr vernetzte Beratungsprodukte zu entwickeln, zeigt sich, dass sie Schnittstellen gut zu besetzen weiß – wenn sie sich denn ergeben.

Ob sich ein weiterer Fachbereich so stark personell u. innovativ entwickeln wird, wie das Kartellrecht – es stellt mit 13 Anwälten einen großen Teil der Kanzlei –, wird von den Ambitionen der Partner abhängen. Gerade weil im Markt die öffentlich-rechtliche u. regulatorische Beratung u. die Konfliktlösung stark an Bedeutung gewonnen haben, ist Oppenländer einerseits gut positioniert. Andererseits legen auch größere Konkurrentinnen ihren Akzent mehr auf diese Felder u. verschärfen so möglicherweise den Wettbewerb in Kerngebieten, in denen die Kanzlei eigentlich in ihrem Tempo organisch wachsen könnte. Hier drängt sich der Vergleich mit Redeker Sellner Dahs auf: Diese ist mehr als doppelt so groß, was es ihr erleichtert, sich schneller in vernetzten Beratungsbereichen wie Compliance oder ESG-Themen zu positionieren.
Doch hat Oppenländer sich bei anderen Themen strategisch gezeigt, die genauso wichtig für eine zukunftsweisende Aufstellung sind. Mit einem offenen Blick auf Partnerkarrieren von Frauen u. dem Engagement im Bereich Legal Tech ist sie keinesfalls verstaubt. Es gibt nicht allzu viele Kanzleien dieses Zuschnitts, in denen ein fachübergreifendes Team aus Partnern u. IT-Mitarbeitern als Kernteam Lösungen für Projektmanagement u. Informationsaufbereitungstools vorantreibt.

Mandantenstimmen: Die fachliche Kompetenz u. Erfahrung sind prägende Elemente des Mandantenfeedbacks. Das spiegelt sich auch in Aussagen über verlässliches u. seriöses Auftreten sowie „gutes Gespür auch für politische Verhältnisse", bezogen auf die Arbeit im Umfeld des Öffentlichen Sektors. Besonders häufig werden Anwälte aus den Bereichen Kartell-, Gesellschafts-, Öffentliches u. Markenrecht hervorgehoben.

Service: Der Beratungsansatz ist klassisch partnerzentriert. Doch die Kanzlei hat v.a. an der Schnittstelle von Kartellrecht u. Prozessführung diverse Technikanwendungen im Einsatz, etwa zur Erfassung von Sachverhalten u. zum Prozessmanagement. Neben marktüblichen Tools gibt es auch selbst entwickelte Lösungen. Zudem verwendet die Kanzlei Compliance-Tools im Datenschutzrecht sowie Automatisierungshilfen in der Litigation-Praxis.

Anwälte in Deutschland: 46
Blick auf die Standorte: ▷Stuttgart.
Internat. Einbindung: Unabhängige Kanzlei, die projektbezogen mit verschiedenen internationalen Großkanzleien zusammenarbeitet.

ORTH KLUTH
Nationaler Überblick Top 50 ★

Auf den Punkt: Mittelstandskanzlei, die sich zu einer vernetzt arbeitenden Einheit transformiert. Noch gibt es in den Fachbereichen unterschiedliche Geschwindigkeiten.

Empfohlen für: ▷Arbeit; ▷Compliance; ▷Gesellsch.recht; ▷Immo/Bau; ▷Konfliktlösung; ▷M&A; ▷Marken u. Wettbewerb; ▷Verkehr.

Analyse: Die Kanzlei berät einen vielfältigen Mandantenstamm aus Mittelständlern, Investoren u. Konzernen, darunter auch Siemens, Thyssenkrupp oder Henkel. Charakteristisch ist die qualitativ hochwertige Arbeit zu Honoraren, deren Angemessenheit Mandanten immer wieder hervorheben. Bereits in den letzten Jahren hat sie sich stärker nach Praxisgruppen u. Branchen aufgestellt, um sich von einer eher generalistischen Arbeitsweise zu verabschieden. In der Praxis sind die Fortschritte dabei aber sehr unterschiedlich. Als leuchtendes Vorbild gilt schon seit Längerem das Regulierungsteam in Berlin, das durch seine Arbeit im Verkehrssektor regelmäßig von sich reden macht. Hier hat sich ein Sektoransatz etabliert, der neben den Regulierungsexperten insbesondere Gesellschafts-, Finanzierungs- u. IT-Rechtler einbezieht. Zur Dauermandantin entwickelt sich Mobility Inside, die gemeinsam mit ihrer Gesellschafterin Dt. Bahn für die Konzeption u. rechtliche Umsetzung einer App zum Kauf des 9-Euro-Tickets auf ein praxisgruppenübergreifendes Team setzte.

Eine ähnlich gute Entwicklung zeichnet sich im Arbeitsrecht ab, wo das Team mittlerweile eine recht spezialisierte u. gut in die Gesamtkanzlei integrierte Praxis aufgebaut hat. Damit kann es sich bei neuen Mandanten u. für komplexere Projekte positionieren, wie etwa beim Lieferdienst Gorillas. Regelmäßig kooperieren die Arbeitsrechtler auch mit Straf- u. Gesellschaftsrechtlern bei Compliance-Mandaten, etwa für Melitta.

Mit Verve geht OK daneben neue Projekte wie die im Vorjahr gegründete Legal-Tech-Gesellschaft an, über die sie Produkte entwickelt u. implementiert, die bspw. im Arbeitsrecht schon weit über das Stadium kostenloser Selbsteinschätzungstools hinausgehen. Nennenswert verstärkt hat OK zuletzt ihre IP-Praxis, indem sie von der Patentanwaltskanzlei Farago nicht nur zwei erfahrene IP-Rechtler gewann, sondern auch einige große Schutzrechtsportfolios. Dass die Integration geglückt ist, zeigt sich daran, dass einige ihrer Mandanten schnell auch auf andere Kompetenzen von OK, bspw. im Gesellschaftsrecht, zugriffen.

Perspektive: Abseits der starken Verkehrsrechtspraxis spielte das Berliner Büro bisher eine kaum erwähnenswerte Rolle im Gesamtkanzleigefüge. Das soll sich jetzt ändern. Ein erfahrener Immobilienrechtler kam im Herbst 2021 hinzu u. soll die anerkannte Baurechtspraxis dabei unterstützen, im Immobilientransaktionsgeschäft stärker Fuß zu fassen. Das Vorhaben ist ambitioniert, sind an derartigen Plänen doch bereits viele Kanzleien mit starker Baurechtspraxis gescheitert. Auch OK hat insoweit schon Lehrgeld bezahlt. Im Arbeitsrecht hat ein junger Salary-Partner den Auftrag, das stark industriell geprägte Mandantenportfolio insbesondere um Start-ups in der Hauptstadt zu erweitern. Mit einem Quereinsteiger von Taylor Wessing verankerte die Konfliktlösungspraxis außerdem erstmals spezifisches Prozess-Know-how auf Partnerebene am Berliner Standort. Aufgabe der Kanzleiführung ist es nun, die vielen losen Enden zusammenzuführen.

Mandantenstimmen: Unternehmen erwähnen regelmäßig das gute Preis-Leistungs-Verhältnis. Außerdem loben sie das fachl. Know-how ebenso wie ein tiefes wirtschaftliches Verständnis.

Service: OK setzt sich intensiv mit Digitalisierung u. der Möglichkeit technischer Unterstützung in der Mandatsarbeit auseinander. Im Arbeitsrecht hat sie ein Tool zum Fremdpersonaleinsatz selbst entwickelt u. als fertiges Produkt an ihre Mandanten verkauft, u. auch das Compliance-Team ist Tech-affin. Unter mittelständischen Kanzleien zählt sie damit zu den Vorreitern.

Anwälte in Deutschland: 77
Blick auf die Standorte: Berlin, ▷Düsseldorf
Internat. Einbindung: Netzwerk mit befreundeten Kanzleien. China- u. Frankreich-Desk.

OSBORNE CLARKE
Nationaler Überblick Top 50 ★★

Auf den Punkt: Technologiegetriebene Branchen stehen im Fokus von OC, die sich konsequent auf die Beratung zur Digitalisierung ausrichtet. Das Management der Kanzlei ist mit mehr Befugnissen ausgestattet worden, um auf dem Erfolg aufzubauen.

Fünf-Sterne-Praxis für: ▷IT u. Datenschutz; ▷Private Equ. u. Vent. Capital.

Zudem empfohlen für: ▷Arbeit; ▷Energie; ▷Gesellsch.recht; ▷Kartellrecht; ▷M&A; ▷Marken u. Wettbewerb; ▷Medien; Steuern; ▷Vertrieb.

Analyse: Es gibt nur wenige Kanzleien, die sich während der Coronazeit so stark verändert haben wie OC: Die Sozietät geht aus der Pandemie mit gestärkten Praxisgruppen, besser integrierten Büros, starkem Wachstum insbesondere in Berlin u. schließlich einer Managementstruktur hervor, die nach Meinung der Partnerschaft noch besser in der Lage ist, Entscheidungen schneller zu treffen.

PRAG | BRNO | BRATISLAVA | PILSEN | OLOMOUC | OSTRAVA

www.havelpartners.cz

Mehr als nur Rechtsberatung

Tschechien & Slowakei

| 290 Juristen und Steuerberater; die größte tschechisch-slowakische Anwaltskanzlei
| German Desk mit mehr als 25 Juristen
| Standorte in Prag, Brno, Bratislava, Pilsen, Olomouc und Ostrava
| Führende tschechische Anwaltskanzlei
| Internationaler Qualitätsstandard, umfassendes Fachwissen und langjährige Transaktionserfahrungen
| Den renommierten internationalen Ratingagenturen EMIS DealWatch und Mergermarket zufolge die führende Anwaltskanzlei im M&A-Bereich seit 2010
| Beratung auf Deutsch, Englisch und 10 weitere Sprachen

Umfassende Beratungsdienstleistungen in allen Rechtsgebieten, insb.

| Mergers & Acquisitions
| Immobilien- und Baurecht
| Gesellschaftsrecht, Restrukturierung und Insolvenz
| Arbeitsrecht
| Kartell- und Wettbewerbsrecht
| Bank-, Finanz- und Kapitalmarktrecht
| PPP, Vergaberecht und staatliche Beihilfen
| Private Clients Praxis, Nachfolgeplanung
| Steuerrecht
| Strafrecht

Jaroslav Havel | MANAGING PARTNER | jaroslav.havel@havelpartners.cz
Adéla Havlová | PARTNER | adela.havlova@havelpartners.cz

Bei den Chambers Europe Awards
wiederholt die beste Anwaltskanzlei in Tschechien

Ihr Schwerpunkt im Technologiesektor u. der Digitalisierungsdruck der Mandanten führten dazu, dass die bekannteste Praxisgruppe der Sozietät – IT u. Medien – besonders gefragt war, u. obwohl sie bereits zu den Marktführern gehört, hat sie sich mit zwei Quereinsteigern, Spezialisten für Open-Source u. Fintech, weiter verstärkt. Das zeigt, wie es dem Management um Carsten Schneider gelungen ist, eine klare strategische Vision sowie die Souveränität der viel gepriesenen OC-Kultur zu fördern, die sich durch die Ankunft von Außenstehenden nicht bedroht fühlt. Tatsächlich ist OC für Partnerkandidaten attraktiver geworden, was das Entwicklungstempo der Kanzlei anziehen lässt. Das Berliner Büro zeigt das besonders deutlich. Das viel kritisierte Zögern, ein vollwertiges Büro in der Hauptstadt zu eröffnen, wurde durch das Bestreben ersetzt, rasant zu wachsen, um dem Beratungsbedarf gerecht zu werden. Das zeigt sich v.a. im Wachstum der bereits marktführenden Venture-Capital-Praxis. Nicht zu unterschätzen ist auch, dass Berlin nun auch als Rekrutierungszentrum für die gesamte Kanzlei genutzt werden kann.

Haupttreiber der Kanzlei bleiben das breit aufgestellte Technologieteam sowie der Gewerbliche Rechtsschutz. Die Fähigkeit, die Beziehung zu Mandanten wie Google trotz erheblicher Konkurrenz zu stärken, verschafft OC im Markt Respekt, denn sie ist eines der besten Beispiele dafür, dass eine Corporate-Praxis von den Kontakten des IT-Teams profitiert u. nicht umgekehrt. Das VC-Team ist inzwischen groß u. stark genug, um die Kapazitäten seiner ranghöchsten Partner auf US-Mandanten umzuleiten, was ihm einen weiteren Vorteil gegenüber direkten Wettbewerbern verschaffen könnte. Der Umzug eines dt. IT-Partners in die USA ist ein wichtiger Baustein bei diesem Vorhaben.

Perspektive: OC kann als eine der wenigen Kanzleien gegenüber Associates glaubhaft beteuern, dass ein Leben jenseits des Arbeitsplatzes begrüßt wird u. sie sich um eine Unternehmensphilosophie bemüht, die als kultureller Klebstoff wirkt. Das ist deswegen wichtig, weil der Ehrgeiz, der in der Sozietät nach den Erfolgen der vergangenen Jahre geweckt wurde, nun auch gestillt werden muss. Dafür müssen aber noch mehrere Baustellen beseitigt werden: So bedarf es Investitionen in die Gesellschaftsrechts- u. M&A-Praxen, die noch einen weiten Weg vor sich haben, um eine ähnliche Marktposition wie das führende Venture-Capital-Team zu erreichen. OC hat gezeigt, dass sie junge Partner als Seiteneinsteiger integrieren kann, davon braucht es mehr. Untergewichtig ist die Kanzlei auch in der Konfliktlösung. Die Einstellung eines internationalen Schiedsrichters vor einigen Jahren war zwar ein guter erster Schritt, doch weiteres Engagement erfordert die internationale Rückendeckung in der als Verein strukturierten Kanzlei. Es ist ein Test für die gemeinsame Entschlossenheit des OC-Netzwerks, ebenso wie die Pläne zur Stärkung der US-Praxis. Es gibt aber ausreichend Felder, in denen die dt. Sozietät die volle Kontrolle über die Entscheidung für weitere Investitionen hat: Immobilien u. Steuern sind Bereiche, die stärker fokussiert werden können, um der technologieorientierten Praxis zu entsprechen – u. für ein stärkeres Wachstum der Projektfinanzierungsarbeit, v.a. im Energiebereich, braucht es mehr als eine Kölner Partnerin.

Mandantenstimmen: Besonders oft werden die Praxen aus dem Umfeld von IT u. Digitalisierung empfohlen. Mandanten loben OC-Anwälte u.a. für ihre langjährige Erfahrung, hohe Spezialisierung u. das pragmatische Vorgehen.

Service: Beim Einsatz von Legal Tech ist OC klar voraus, nicht zuletzt dank des Know-hows der marktführenden TMT-Praxis der Kanzlei. Generell setzt die Kanzlei jedoch mehr Ressourcen als andere Kanzleien (sowohl Personal als auch Kapital) für den Aufbau dieses Bereichs ein, darunter eine eigens entwickelte Vertragssoftware u. ein Corporate-Housekeeping-Tool, die sich bei den Mandanten als beliebt erwiesen haben.

Anwälte in Deutschland: 205
Blick auf die Standorte: Berlin; ▷Hamburg; ▷Köln; ▷München.
Internat. Einbindung: Schweizer Vereinsstruktur mit Mitgliedern in GB, Spanien, Italien, den Niederlanden u. nun Frankreich u. Brüssel. Insgesamt in 13 Ländern mit 24 Standorten vertreten. US-Büros im Silicon Valley, in San Francisco u. New York. Kontakte nach Indien, Skandinavien u. in den Asien-Pazifik-Raum bestehen v.a. von Köln u. Hamburg aus.

PINSENT MASONS

Nationaler Überblick Top 50 ★

Auf den Punkt: Nach dem Vorbild der britischen Mutter verfolgt die Kanzlei eine stringente Sektorfokussierung auch hierzulande. Das Angebot von Projektjuristen u. im Prozessmanagement baut sie dabei kontinuierlich aus.

Empfohlen für: ▷Beihilfe; ▷Compliance; ▷Energie; ▷Gesellsch.recht; ▷Immo/Bau; ▷IT u. Datenschutz; ▷Kartellrecht; ▷Konfliktlösung; ▷M&A; ▷Telekommunikation.

Analyse: Zielstrebig hat PM ein schlagkräftiges Team aufgebaut, das sich fachübergreifend auf die Branchen Technologie, Energie, Lifescience, Financial Services u. Immobilien konzentriert. Mid-Cap-Deals mit namhaften Mittelständlern sind mittlerweile eine Selbstverständlichkeit. Insbesondere für Kfz-Zulieferer wie Borg ist PM regelmäßig tätig. Zunehmend erregt das Team auch durch andere Transaktionen, etwa der Beratung der Pacific Media Group zum Einstieg beim 1. FC Kaiserslautern, Aufmerksamkeit.

Ihr Sektorfokus bildet die Basis, um in der strategischen Beratung komplexer u. grenzüberschreitender Projekte voranzukommen. Dafür treibt die Kanzlei auch die länder-, standort- u. fachbereichsübergreifende Zusammenarbeit immer stärker voran. Insbesondere dem Energieteam gelingt es gut, sich über Kontakte zu kommunalen Dienstleistern bei Smart-City-Projekten wie dem Lok-Viertel Osnabrück zu platzieren, für das sie eng mit der Telekommunikationspraxis u. dem Londoner Büro kooperierten. Besonders intensiv nutzt die Praxis im IT- u. Datenschutzrecht die Möglichkeiten internationaler Zusammenarbeit, sei es die mit den GB-Partnern für Unilever oder Honda, sei es die Kooperation mit einer US-Kanzlei zu Cybersecurity. Dem Technologiefokus entsprechend, investierte PM schon früh in ein Team, das sich bei Fragen rund um Connected Cars u. autonomes Fahren einen Namen gemacht hat.

Die Konfliktlösungspraxis hat sich – auf Basis des VW-Dieselmandats – eine solide Präsenz in Massenverfahren erarbeitet. Mit der Vertretung von Wirecard-Anlegern setzte sie diese Erfolgsgeschichte fort u. wurde zuletzt vom Versicherungskonzern Lloyd für die Abwehr von Massenklagen im Zusammenhang mit ‚Clerical Medical' mandatiert. Konsequenz aus der zunehmenden internationalen Zusammenarbeit u. internen Vernetzung ist auch, dass dt. Anwälte immer selbstverständlicher in große internationale Projekte eingebunden sind u. diese sogar aus den dt. Büros heraus steuern. Auch die Leitung internationaler Sektorgruppen wie Technologie, Wissenschaft u. Industrie durch Dr. Florian von Baum u. der Corporate-Praxis EMEA durch Dr. Thomas Peschke unterstreicht die gestiegene Bedeutung der dt. Büros.

Dem stehen einige Partnerverluste gegenüber, darunter eine erfahrene Kapitalmarktrechtlerin u. ein profilierter Konfliktlösungspartner. Nach dem Weggang eines renommierten Energierechtsteams im Vorjahr verlor PM damit erneut in den Fachbereichen wichtige Leute, die sie analog zum Sektorfokus gezielt aufbaut. Ähnliches gilt für die IP-Praxis, die zuletzt regelrecht ausgeblutet ist. Die Euphorie der Start-up-Jahre ist vorbei.

Perspektive: PM ist hierzulande als Full-Service-Einheit etabliert u. emanzipiert sich zunehmend von der brit. Mutterkanzlei. Bisher wuchs sie, wie junge Kanzleien üblich, v.a. durch teils renommierte Quereinsteiger. Von denen haben jedoch einige die Kanzlei – zum Teil nach nur wenigen Jahren – wieder verlassen. Nach in Einzelfällen zu rasantem personellen Wachstum stehen die Zeichen nun, wo PM eine solide Marktposition hat, auf Stabilität u. Nachwuchsförderung. Zwar hat die Kanzlei die Anzahl der Associates deutlich aufgestockt, was aber noch fehlt, sind überzeugende Karriereperspektiven. Transparente u. einheitliche Kriterien für Aufstiegschancen u. Entwicklungsmöglichkeiten sind zwingende Voraussetzung, zumal Partnerernennungen in Deutschland bisher eher die Ausnahme waren. Mit der Aufnahme des Energierechtlers Dr. Frhr. Valerian von Richthofen in die Partnerriege u. der Ernennung einer Counsel als Legal Director, flankiert von einer deutlichen Erhöhung der Associate-Gehälter, ist PM immerhin einen wichtigen ersten Schritt gegangen. Folgen diesem keine weiteren, wird es ihr aber nicht gelingen, die nötige Glaubwürdigkeit zu entwickeln, um junge Anwälte an sich zu binden. Eine Weiterentwicklung der Praxis ist über den Rückgriff auf die Vario-Juristen jedenfalls kaum möglich.

Mandantenstimmen: Mandanten heben ein tiefes Branchenwissen der Anwälte hervor, zuletzt insbesondere im Energiesektor. Sie loben deren Pragmatismus bei gleichzeitig innovativen u. unkonventionellen Lösungsansätzen.

Service: Mit ihrer Dienstleistungsgesellschaft Vario bietet die Kanzlei einen Pool von rund 400 Projektjuristen mit einem Schwerpunkt auf Kompetenzen in Gesellschaftsrecht/M&A, Bank- u. Finanzrecht sowie den Branchen Lifescience u. Tech. Hinzu kommen Projektmanagementservices gepaart mit dem Einsatz verschiedener Legal-Tech-Tools, etwa zum Prozessmanagement. Auf das Angebot greifen Mandanten regelmäßig zu, etwa bei großen Vertragsprüfungsprojekten oder Engpässen in der Rechtsabteilung. Diese können auch dauerhaft bestimmte Aufgaben der Abteilung an Vario übertragen. PM selbst greift bei Belastungsspitzen auf die Projektjuristen zurück, etwa bei Massenklagen oder großen Beratungsprojekten.

Anwälte in Deutschland: 123
Blick auf die Standorte: ▷Düsseldorf; ▷Frankfurt; ▷München.
Internat. Einbindung: Insgesamt 23 Auslandsbüros in GB, Irland, Frankreich, Spanien, Luxemburg, China, Hongkong, Singapur, Südafrika, Australien u. im Nahen Osten.

POELLATH
Nationaler Überblick Top 50 ★★★

Auf den Punkt: Die Kanzlei ist im Steuerrecht u. bei Nachfolgefragen hoch angesehen. Ihre Partner sind in Mid-Cap-Transaktionen bei Finanzinvestoren ebenso gefragt wie bei vermögenden Privatpersonen u. Familien.

Fünf-Sterne-Praxis für: ▷*Nachfolge/Vermögen/Stiftungen*; ▷*Private Equ. u. Vent. Capital*.

Zudem empfohlen für: ▷*Gesellsch.recht*; ▷*Immo/Bau*; ▷*Investmentfonds*; ▷*M&A*; Steuern.

Analyse: Es ist schwierig, sich Marktbedingungen vorzustellen, die für eine transaktionsorientierte Kanzlei wie Poellath günstiger sein könnten. Die riesigen Geldmengen im Sektor privater Investmentfonds verschaffen insbesondere den Private-Equity-Anwälten einen zuverlässigen Dealflow. So teilt Poellath mit den meisten Wettbewerbern eher die Sorge, wie eine solch hohe Auslastung personell bewältigen kann.

Die konsequente Konzentration auf Finanzinvestoren, Steuern u. vermögende Familien u. die optimale Synergienutzung dieser Bereiche ist das Modell, mit dem Poellath vor rund 25 Jahren angetreten ist u. das heute von einer Reihe junger Kanzlei-Start-ups kopiert wird. Das unterstreicht den Erfolg u. die Zeitlosigkeit dieses Konzepts. Die Solidität der daraus resultierenden Marktposition zeigt sich darin, dass sich die Reputation trotz relativ dramatischer Abgänge im Berliner Fondsteam u. dem Weggang des Gründungsvaters Dr. Andreas Rodin nicht nennenswert verändert hat. Nach wie vor stellt Poellath das größte u. angesehenste Team im Markt u. weist einen Spezialisierungsgrad auf, an den kaum ein Wettbewerber heranreicht.

Die Stärke des anderen großen Teams der Kanzlei, das sich auf Private-Equity-Transaktionen fokussiert, beruht auf hervorragenden Fähigkeiten u. etablierten Kontakten einzelner Partner, die sich peu à peu spezifische Sektoren erarbeitet haben. So ist erkennbar, dass sich die M&A-Arbeit bspw. bei Healthcare u. Technologie deutlich intensiviert hat, was u.a. auf die reifende Venture-Capital-Praxis von Christian Tönies zurückzuführen ist, der mehrere bemerkenswerte Exits beriet.

Nicht zu übersehen ist aber auch, dass das Mid-Cap-PE-Team nicht mehr zu den Marktführern gehört, da es nicht mehr die gleiche Masse an Deals vorweisen kann wie andere Kanzleien. Das ist an sich kein Problem: Da der Markt gewachsen ist, blieb die Zahl der Deals konstant, nur Poellaths Anteil ging zurück.

Das zeigt allerdings, dass der Druck auf das Geschäftsmodell steigt. Mehr als Wettbewerber, zu denen große Full-Service-Einheiten u. US-Kanzleien zählen, ist Poellath auch deswegen auf den stetigen Zustrom exzellenter u. unternehmerisch denkender Berufseinsteiger angewiesen, um die Kanzlei weiterentwickeln zu können. Das ist der Kanzlei auch durchaus bewusst, wie sich im Herbst 2021 zeigte, als der Gehälterkrieg – angezettelt von den brit. Top-Kanzleien – begann. Poellath erhöhte die Gehälter um satte 40 Prozent, um den Anschluss an die Marktspitze nicht ganz zu verlieren. Beim Blick auf die Ansprüche der jungen Generation ist allerdings auch klar, dass sich der Wettkampf um die besten Talente mittelfristig nicht allein mit Geld gewinnen lässt.

Perspektive: Aus der Sicht der Poellath-Partner ist es verständlich, dass sie wenig Grund für einen Kurswechsel sehen – schließlich boomen die einzelnen Praxen –, doch verändert sich die Welt um die Kanzlei herum. Die Private-Equity- u. insbesondere die Venture-Capital-Praxen anderer Kanzleien sind viel stärker gewachsen, sodass Poellath an Marktdominanz eingebüßt hat. Zum einen hat es die Kanzlei versäumt, das hohe Ansehen ihrer Partner zu nutzen, um in neue Geschäftsbereiche vorzustoßen, obwohl die Gelegenheit günstig war. Schließlich schließt ihre Stammklientel, die Mid-Cap-Fonds, viel größere Transaktionen ab als noch vor ein paar Jahren. Zum anderen hat es die Kanzlei nicht geschafft, die massive Zunahme der VC-Arbeit über die herausragenden Aktivitäten eines Partners hinaus zu nutzen.

Die Folge ist, dass die nächste Partnerriege, die die herausragende Generation der Mittfünfziger beerben soll, nicht so zahlreich u. prominent in Erscheinung tritt, wie sie könnte. Zwar ist es heutzutage für junge Anwälte deutlich schwerer, sich im Markt zu profilieren, doch trifft das auf alle Kanzleien zu. Hängt die Entwicklung der Gesamtkanzlei allerdings so stark von Individuen ab wie bei Poellath, kann das zum Problem werden.

Während andere Kanzleien die steigende Nachfrage nach integrierter Full-Service-Beratung, v.a. mit Blick auf Regulierung, nutzen, verbleibt Poellath in ihrer Nische. Ändert sie das nicht, wird sie trotz hoher Profitabilität u. hohem Ansehen eine andere Rolle in einem Beratungsmarkt spielen, der mehr u. mehr von fach- u. grenzüberschreitender Beratung bestimmt wird.

Mandantenstimmen: Die Empfehlungen für Poellath-Anwälte sind meist zahlreich. Passend zum Kanzleikonzept steht dabei der einzelne Partner eher im Fokus als die Kanzleileistung als Ganzes. Mandanten finden die Partner u.a. „pragmatisch, schnell, verlässlich" sowie „höchst intelligent u. kompetent".

Service: Projektmanagement ist bei Poellath Partneraufgabe, aber die Kanzlei tastet sich langsam an die Einführung technischer Unterstützung, v.a. im Transaktionsbereich, heran. Sie könnte auf dieselben Mittel wie Großkanzleien zurückgreifen; allerdings ist der Verwaltungsapparat nicht so groß wie in diesen Einheiten, was ihr bei der Umsetzung von Entwicklungen zugutekommen könnte.

Anwälte in Deutschland: 136

Blick auf die Standorte: ▷Berlin; Frankfurt; ▷München.

Internat. Einbindung: Unabhängige Kanzlei. Einzelne Partner unterhalten enge Kontakte zu führenden, oft kleineren Spezialkanzleien im Ausland, die meist anlassbezogen genutzt werden.

RAUE
Nationaler Überblick Top 50 ★★

Auf den Punkt: Berliner Kanzlei mit sehr gutem Ruf für ihre regulatorische Beratung, v.a. bei Energie u. Gesundheit.

Fünf-Sterne-Praxis für: ▷*Presse*.

Zudem empfohlen für: ▷*Arbeit*; ▷*Energie*; ▷*Gesellsch.recht*; ▷*Gesundheit*; ▷*M&A*; ▷*Medien*; ▷*Öffentl. Recht*; ▷*Private Equ. u. Vent. Capital*; ▷*Telekommunikation*; ▷*Verkehr*.

Analyse: Die Kanzlei ist für ihre renommierten Praxen in regulierten Industrien u. für die marktführende Beratung in presse- u. medienrechtlichen Fragen angesehen. Zudem zählt sie zu einer der Venture-Capital-Beraterinnen der ersten Stunde. Der Mix passt zu Berlin, zumal Raue es sehr gut versteht, sich durch intensive Zusammenarbeit der Fachbereiche für komplexe Mandate aufzustellen.

In der Beratung regulierter Branchen glänzt die Kanzlei oft in Mandaten von großer Tragweite – dies gilt insbesondere für die Bereiche Energie u. Gesundheit. So spielte das Energierechtsteam seine große Stärke in Prozessen sowohl gegenüber der Bundesnetzagentur als auch in teils grundsätzlichen Konzessionsverfahren (u.a. für EnBW) aus. Zudem sammelte das Team, das sich intern durch einen Partner verstärkte, bei der Arbeit für RightNow erste Erfahrungen in einem Massenklagekomplex. Die Gesundheitspraxis hat neben einem erfahrenen Krankenhausrechtler zwei Regulierungsexpertinnen in ihren Reihen, die u.a. Unternehmen wie Sanofi oder DocMorris beraten. Gerade aus diesen beiden Sektoren ergeben sich etliche Querverbindungen in die Corporate-Praxis, die bspw. für Energie-Start-ups tätig ist oder Buy-and-Build-Strategien für Healthcare-Unternehmen steuert.

In diesem Jahr stieg ein Öffentlichrechtler in die Partnerschaft auf, zudem ernannte Raue zwei Counsel. Mit einer gemessen an der Kanzleigröße hohen, weil v.a. regelmäßigen Beförderung von Nachwuchstalenten zeigt Raue, wie nachhaltig sie sich Gedanken über ihre Aufstellung macht. Das ist umso wichtiger, weil sie selten auf Quereinsteiger zurückgreift. Immer öfter stehen die jüngeren, aber berufserfahrenen Anwälte in der ersten Reihe, wenngleich die Gründungspartner weiterhin den Ruf der Sozietät prägen. Ausgerechnet im Presse- u. Äußerungsrecht, einer der viel beachteten Praxen, verließ ein vielversprechender Counsel die Kanzlei Ende 2021.

Perspektive: Aus der Binnenperspektive gesehen hat Raue bislang vieles richtig gemacht: Sie hat auf die richtigen Themen gesetzt, versteht es, Mandatsbeziehungen bereichsübergreifend auszubauen, u. hat erkannt, dass eine gelungene Nachwuchsarbeit entscheidend ist. So hat Raue in etlichen, für die Kanzlei zentralen Bereichen eine junge Riege an Partnerinnen u. Partnern aufgebaut, wie etwa zuletzt im Energie- oder Medienrecht. Insgesamt bleibt die Aufstellung jedoch klassisch, das Wachstum geht langsamer voran als bei Kanzleien, die den Einstieg von Quereinsteigern als eine Option sehen. Hinzu kommt, dass die Kanzlei einen Vorteil ihres Standorts bislang zu wenig nutzt: Obwohl sie über ihre Mandanten aus der Gründer- oder Medienszene besten Zugang zu innovativen Geschäftsmodellen hat, ist sie bislang als Kanzlei recht analog aufgestellt – auch wenn sie einzelne Legal-Tech-Lösungen nutzt, etwa als Teil der internen Ausbildung. Mit renommierter Rechtsberatung, gut ausgebildeten Juristen u. diversen Teams hat Raue schon einige wichtige Bedürfnisse ihrer Mandanten erfüllt: Sich nun dem Thema Legal Tech u. Legal Operations stärker zu widmen, wäre der nächste Schritt.

Mandantenstimmen: Mandanten loben die Partner der Kanzlei für ihr „sehr hohes Servicelevel" u. bescheinigen, „dass Bewertungen laienverständlich ausgedrückt sind u. die Aufträge rasch erledigt werden". „Sehr gute businessorientierte Unterstützung", meinen andere.

Service: Raue setzt nur begrenzt auf technische Unterstützung, etwa bei der Dokumentenautomation u. der Markenverwaltung. Im Übrigen bleibt der Serviceansatz klassisch.

Anwälte in Deutschland: 78

Blick auf die Standorte: ▷Berlin.

Internat. Einbindung: Es bestehen gute Kontakte zu Partnerkanzleien im Ausland, aber auch unab-

NATIONALER ÜBERBLICK JUVE TOP 50

hängig davon bearbeiten die Anwälte regelmäßig internationale Mandate.

REDEKER SELLNER DAHS
Nationaler Überblick Top 50 ★★

Auf den Punkt: Full-Service-Kanzlei, die ihre langjährige Stärke im Öffentlichen Wirtschaftsrecht immer besser für die Weiterentwicklung ihres Geschäfts nutzt. Bei der internen Vernetzung der Fachbereiche gehen v.a. die Jüngeren voran.
Fünf-Sterne-Praxis für: ▷*Immo/Bau*; ▷*Öffentl. Recht*; ▷*Verkehr*.
Zudem empfohlen für: ▷*Beihilfe*; ▷*Compliance*; ▷*Energie*; ▷*ESG*; ▷*Gesellsch.recht*; ▷*IT u. Datenschutz*; ▷*Kartellrecht*; ▷*M&A*; ▷*Medien*; ▷*Presse*; ▷*Vergabe* (auch ÖPP); ▷*Wirtschafts- u. Steuerstrafrecht*.
Analyse: In kleinen Schritten, aber konsequent treibt RSD den Umbau der Kanzlei zu einer integriert u. vernetzt arbeitenden Einheit voran. Was im Jahr 2022 wie eine Selbstverständlichkeit klingt, ist für eine traditionell geprägte Kanzlei wie RSD, deren Partnerriege nach wie vor zu einem Gutteil aus Personen besteht, die ein eher konservatives Rollenverständnis des Anwaltsberufs haben, tatsächlich eine große Leistung. Initiiert v.a. von der stetig wachsenden jüngeren Partnergeneration gelingt es mittlerweile regelmäßig, Kompetenzen zu bündeln u. diese bei Mandanten umfassender auszuspielen. Die allgemeine Marktentwicklung kommt RSD dabei entgegen, denn das wachsende Bedeutung regulatorischer Fragen holt die Kanzlei bei ihren Kernkompetenzen ab.

Beispiele für ein vernetzteres Arbeiten gibt es in vielen Praxisgruppen, darunter Baurecht. Während die Kooperation mit den Öffentlichrechtlern schon immer gut war, gibt es nun auch vermehrt Anknüpfungspunkte mit den Corporate-Anwälten u. den Energierechtlern, was insbesondere im Kontext der Transformation des europ. Energiemarkts noch viel Potenzial, bspw. im Anlagenbau, freisetzen kann. Auch im Immobilienrecht ist RSD zunehmend aktiv, dem sie sich über die Projektentwicklungsschiene nähert u. weniger das klassische Transaktionsgeschäft ins Visier nimmt. Dieser Weg verspricht mit Blick auf die technische Erfahrung der Anwälte u. der vergleichsweise kleinen Corporate-Praxis auch schnelleren Erfolg.

Bei allen Bemühungen, ihr Beratungsportfolio zu diversifizieren, versucht RSD nicht, ihren Ruf als öffentlich-rechtliche Spezialistin abzulegen, sondern vielmehr sich diesen zunutze zu machen. Exemplarisch dafür stehen u.a. die Abwehr von Staatshaftungsklagen gegen die BaFin im Wirecard-Skandal sowie Masseverfahren im Glücksspielsektor. RSD gelingt hier nicht nur die Verknüpfung der öffentlich-rechtlichen mit der zivilprozessrechtlichen Praxis, sondern sie nähert sich auch dem Thema Legal Tech weiter an. Viel Potenzial, den eingeschlagenen Weg zügig weiterzuentwickeln, bietet das Großmandat für Currenta, das die Compliance-Praxis der Kanzlei in eine neue Liga katapultiert hat. Auch wenn sie die interne Untersuchung der Explosion auf dem Werksgelände im Sommer 2021 neben Hogan Lovells betreut, hat es die Kanzlei in Sachen fachübergreifender Zusammenarbeit u. Projektmanagement vorangebracht. Zentral ist zudem, dass RSD hier in einem Mandat tätig ist, das viele Berührungspunkte mit bedeutender werdenden Themen wie Arbeits- u. Umweltschutz aufweist – beides Bereiche, in denen sie auf ihren traditionellen Stärken aufbauen kann.

Dadurch ergeben sich auch Entwicklungschancen für jüngere Anwälte.
Perspektive: Die Weiterentwicklung der Kanzlei eng an die regulatorischen Kernkompetenzen zu binden, ist klug, weil die zunehmende staatliche Regulierung für diese strategische Grundausrichtung enormes Entwicklungspotenzial bereithält. Ihre Dominanz im Öffentlichen Wirtschaftsrecht ist für RSD folgerichtig auch Ausgangspunkt, um sich beim Zukunftsthema ESG zu positionieren. Hieraus entwickelt sie die Beratung bisher unter dem Stichwort nachhaltiger Finanzierung. Erste Mandate, wie das des österr. Wirtschaftsministeriums zur Taxonomie-VO, belegen, dass Mandanten ihr auch ohne kapitalmarktrechtliche Kompetenz zutrauen, zentrale Fragen des neuen Regelwerks u.a. zur Nachhaltigkeit von einzelnen Techniken zu beantworten. Auch die enge Zusammenarbeit von Öffentlichrechtlern u. Compliance-Experten sind vielversprechende Vorzeichen dafür, dass sich RSD in der ESG-Beratung frühzeitig platzieren kann, denn auch wenn der Fokus derzeit noch stark auf Umwelt- u. Klimaschutz liegt, werden auch die sozialen u. insbesondere die Governance-Komponenten des Themas in den kommenden Jahren mehr Gewicht bekommen. Insbesondere Letzteres bietet Möglichkeiten, die Corporate-Praxis, die auch aufgrund ihrer personellen Größe häufig unter dem Radar des Marktes läuft, stärker einzubinden u. ihr mehr Gewicht im Gesamtkanzleigefüge zu verschaffen.
Mandantenstimmen: Die Kanzlei wird von Mandanten v.a. für die wissenschaftliche Tiefe u. fachliche Kenntnis im Öffentlichen Wirtschaftsrecht gelobt. Zudem schätzen sie die hervorragende Prozesserfahrung u. Vernetzung der Partner mit Behörden – eine Qualität, die zweifellos den Markenkern der Kanzlei bestimmt.
Service: Die Kanzlei steht (noch) für klassische partnerzentrierte Beratung. Im Zuge ihres Transformationsprozesses stellt auch RSD Überlegungen zum Einsatz von Legal-Tech-Tools zur Unterstützung ihrer anwaltlichen Beratung an. Im Kontext konkreter Mandate wie Masseverfahren u. Compliance-Untersuchungen testet sie Tools u. entwickelt ihre Digitalstrategie.
Anwälte in Deutschland: 119
Blick auf die Standorte: ▷*Berlin*; Bonn (▷*NRW*); Leipzig (▷*Sachsen*); München; ▷*Brüssel*.
Internat. Einbindung: Strategische Allianz mit der brit. Kanzlei Bond Dickinson (seit 2014). Ende 2017 fusionierte Bond Dickinson mit einer US-Kanzlei zu Womble Bond Dickinson, mit der die strategische Allianz fortgeführt wird.

RÖDL & PARTNER
Nationaler Überblick Top 50 ★

Auf den Punkt: Die Kanzlei zeichnet sich durch ihre MDP-Aufstellung verbunden mit einem Full-Service-Ansatz aus sowie der außergewöhnlich hohen Anzahl an Auslandsbüros. Großen Wert legt Rödl zudem auf den Ausbau der Digitalisierung in der Steuer- u. Rechtsberatung.
Empfohlen für: ▷*Außenwirtschaft*; ▷*Energie*; ▷*Gesellsch.recht*; ▷*M&A*; ▷*Nachfolge/Vermögen/Stiftungen*; Steuern; ▷*Telekommunikation*; ▷*Verkehr*; ▷*Vertrieb*.
Analyse: Die Kanzlei, die mit ihrem breiten u. multidisziplinären Beratungs- u. Prüfungsansatz als Inbegriff der dt. Mittelstandsberaterin gilt, bestätigt ihren Ruf Jahr für Jahr. Stammmandanten wie Ehrmann oder zuletzt umfassend beratene Unternehmen wie Hörmann, Liebherr oder Balluf zeigen, wie fest verankert Rödl im gehobenen u. international tätigen Mittelstand ist. Insbesondere die sehr starke Aufstellung mit ihren ausländischen Büros sichert ihr kontinuierliche Arbeit, wie etwa die Beratung der Kathrein- u. der Balluf-Gruppe bei der Reorganisation ihrer Auslandsstandorte oder die Beratung von Cybex bei der konzerninternern Reorganisation des US-Geschäfts zeigen.

Neben ihren Stärken in der Beratung des klassischen produzierenden Mittelstands, mit zentralen Bereichen wie dem Gesellschafts- oder Vertriebsrecht sowie Nachfolge- u. Erbrecht, verfügt Rödl auch über eine besondere Nähe zu Städten u. Kommunen. So ist es der Kanzlei gelungen, sich einen festen Platz im Kreis der angesehenen Beraterinnen in Regulierungsfragen zu sichern. Dort berät sie Kommunen u. öffentliche Einrichtungen etwa zu gefragten Themen wie der Überarbeitung städtischer Mobilitätskonzepte, vergaberechtlichen Ausschreibungen oder dem Ausbau von Telekommunikationsnetzen im geförderten Umfeld.

Sie begreift sich indes selbst weniger als Anwaltskanzlei, sondern als mittelständisches internationales Dienstleistungsunternehmen. Im Fokus des Managements um den Unternehmenserben u. Mehrheitsgesellschafter Prof. Dr. Christian Rödl hat weiterhin die laufende Beratung im Betrieb einen festen Platz. Dazu gehören auch Outsourcing-Dienstleistungen für Rechts- u. Steuerabteilungen.
Perspektive: Dass Rödl sich dem umfassenden Beratungsansatz verschrieben hat, wurde zuletzt wieder dadurch deutlich, dass sie den Ausbau in Bereichen vorantreibt, die weniger für Spezial- als für unternehmerisches Tagesgeschäft stehen. So übernahm Rödl im Frühjahr die auf Medien- u. IP-Recht ausgerichtete Stuttgarter Kanzlei Löffler Wenzel Sedelmeier. Der Schritt weist zwei Besonderheiten auf: Zum einen wächst Rödl in aller Regel organisch, der Zugang ganzer Teams hat Seltenheitswert. Zum anderen will Rödl so nicht nur die klassische äußerungs- u. medienrechtliche Beratung verstärken, sondern plant aus der baden-württembergischen Hauptstadt heraus, auch der Beratung rund um Fragen der Digitalisierung, künstlicher Intelligenz, Social Media u. Software einen Schub zu verleihen. Zugleich untermauert die Kanzlei so letztlich nur ihren bisherigen Erfolgsweg, denn Digitalisierungsthemen mögen rechtlich noch immer Neuland sein, zum unternehmerischen Alltag gehören sie längst. Die bewusst gewählte Aufstellung für die Begleitung von laufendem Geschäft erschwert es, sich gleichzeitig als High-End-Anwaltskanzlei zu profilieren, doch es wäre verfehlt, dies mit strategischem Stillstand zu verwechseln oder als mangelnden Ehrgeiz zu deuten.
Mandantenstimmen: Mandanten geben positives Feedback in vielen rechtlichen u. steuerrechtlichen Beratungsfeldern. Etliche Anwälte werden für ihre pragmatische u. serviceorientierte Herangehensweise gelobt. Auffällig ist zudem, dass diverse Beraterinnen u. Berater auch hinsichtlich ausländischer Jurisdiktionen hervorgehoben werden, konkret zuletzt bzgl. USA, GB, China u. Osteuropa.
Service: Rödl verfolgt die stetige Digitalisierung in der Rechtsberatung im Rahmen ihrer unternehmensweit geltenden digitalen Agenda. Im Bereich Recht finden sich diverse Tools v.a. im Bau-, Energiewirtschafts-, u. Wettbewerbsrecht sowie für Investmentfonds u. Asset-Management. In aller Regel dienen diese einer durch Automatisierung gestützten

The World's #1 Trusted Cloud Platform Where Legal Professionals Do Work.

When you spend less time searching and more time doing

That's Work Inspired™

Your cloud-first, cloud-only content management platform where you can secure, organize, and collaborate on everything that matters to you.

netdocuments®
Learn more at netdocuments.com

Mandatsbearbeitung, allerdings existieren auch Schnittstellen für Kommunikationsplattformen mit Mandanten. Um die digitale Transformation in der Rechtsberatung voranzutreiben, hat die Kanzlei 2022 eine Taskforce ins Leben gerufen.

Anwälte in Deutschland: 268
Blick auf die Standorte: Nürnberg als Stammsitz, dazu weitere Standorte in ▷*Bayern*; zudem u.a. Bielefeld, Eschborn, Hamburg, ▷*Köln*, ▷*München*, ▷*Stuttgart*. In Deutschland insgesamt 23.
Internat. Einbindung: Vom Nürnberger Stammsitz aus hat Rödl ein weltweites Netz eigener Büros aufgebaut (v.a. Europa, Asien, Nord- u. Südamerika) u. – anders als viele Wettbewerber – bislang an ihren russischen Büros festgehalten.

SKADDEN ARPS SLATE MEAGHER & FLOM
Nationaler Überblick Top 50 ★

Auf den Punkt: US-stämmige Kanzlei mit langer Tradition in Deutschland u. starker Transaktions- sowie Compliance- u. Litigation-Orientierung. Enge Verbindung insbesondere zu US-Büros u. London.
Empfohlen für: ▷*Anleihen*; ▷*Börseneinführ. u. Kapitalerhöhung*; ▷*Compliance*; ▷*Gesellsch.recht*; ▷*Konfliktlösung*; ▷*Kredite u. Akqu.fin.*; ▷*M&A*; ▷*Private Equ. u. Vent. Capital*.
Analyse: Immer wieder überzeugt Skadden – nicht nur im großvolumigen Transaktionsgeschäft – mit einer engen Vernetzung mit den US-Büros, die vor Jahren auch einer der Treiber für die frühzeitige Entwicklung einer Compliance-Praxis war. Gerade in diesem Querschnittsbereich spielt die Kanzlei ihre Stärken regelmäßig aus u. hat einen guten Zugang zu dt. Konzernen. So steht sie nicht nur Daimler/Mercedes-Benz seit Jahren in Governance-Fragen zur Seite, sondern berät inzwischen auch den Aufsichtsrat von Continental. Schon an diesem Mandat lässt sich erkennen, womit die Kanzlei strategisch überzeugt: großvolumige Aufträge mit internationalem Ansatz u. fachübergreifender Kooperation. Das gilt für die Transaktionspraxen ebenso wie für Konfliktlösungen oder im Kapitalmarktrecht, wo – eher untypisch – auch österr. oder Schweizer Bezüge regelmäßig erkennbar sind, so zuletzt etwa bei der IPO-Beratung für Chronext. Doch auch das erste Private Investment in Public Equity in Deutschland spiegelt diese Stärke. Die Beziehung zur Mandantin Silver Lake entwickelte sich über das Londoner Büro, während das Mandat selbst dt. u. US-Anwälte an einen Tisch brachte.

Dass Skadden bei dieser Orientierung bleibt, ist in Anbetracht der Profitabilitätserwartungen des US-Mutterhauses konsequent, auch wenn es den Aktionsradius der dt. Praxis beschränkt. M&A-Mandate für HeidelbergCement oder Dürr zeigen jedoch, dass nicht nur die Compliance-Praxis Zugang zu dt. Unternehmen findet. Erklärtes Ziel ist jedoch, die Kernbereiche personell zu stärken.

Perspektive: Personelles Wachstum ist für die dt. Praxis unter dem neuen Managing-Partner, dem Transaktionsspezialisten Dr. Jan Bauer, nicht nur Strategie, sondern auch Notwendigkeit. Das gilt für die Corporate-Praxis ebenso wie für die potenziell hoch profitablen Bereiche Compliance u. Litigation. Dass Skadden hier eine lose Kooperation mit der Compliance-Boutique Pohlmann eingeht, zeigt ihr Dilemma: Einerseits ist es strategisch sinnvoll, um u.a. das Thema ESG früh zu besetzen, andererseits ist es dem internationalen Management offenkundig schwer zu vermitteln, hierfür Kompetenzen in Deutschland aufzubauen. Die erneute Erhöhung der Einstiegsgehälter ist ebenfalls kein Strategieschwenk der internationalen Partnerschaft: Sie war v.a. allem durch den Wettbewerbsdruck in den USA getrieben. Ausreichen wird das nicht, zumal zuletzt 2018 ein Partner in Deutschland ernannt wurde. Dass ein Counsel aus der Konfliktlösungspraxis die Kanzlei verließ, dürfte ein Symptom dieser Zurückhaltung sein.

Die Herausforderung für den neuen Managing-Partner, der vor wenigen Jahren von Gleiss kam, ist deshalb klar: interne Aufstiegschancen verbessern, um den wichtigen Mittelbau langfristig zu halten, u. zugleich die Partnerriege verbreitern, um nicht dauerhaft als hochklassige Werkbank der internationalen Praxis zu gelten. Dies gilt umso mehr, als dass die derzeit bekanntesten Partner aus den zentralen Praxen deutlich jenseits der Fünfzig sind, ohne dass sich heute – außer im Kapitalmarktrecht – schon Nachfolger ausmachen ließen. Für eine Kanzlei, die global zu den Top-Adressen in diesen Feldern gehört, kann der Status quo nicht zufriedenstellend sein. Was aber auch mit einer stärkeren Corporate-Mannschaft möglich wäre, deutet sich in der Beratung von Kraft Heinz bei der Übernahme der Mehrheit an Just Spices an: Es war der erste Auftrag der Mandantin außerhalb der USA.

Mandantenstimmen: Skadden genießt in nahezu allen ihren Beratungsfeldern großes Vertrauen, was sich u.a. daran zeigt, dass vergleichsweise oft die Gesamtkanzlei empfohlen wird. Mandanten betonen dabei insbesondere die Kompetenz. Dieses Lob erstreckt sich auch auf einige jüngere Anwälte.
Service: Als US-Kanzlei mit starker Compliance-Praxis bietet Skadden auch hierzulande die bei internen Untersuchungen zu erwartende IT-Kompetenz. Gleiches gilt für den Bereich Konfliktlösung. Darüber hinaus bleibt der Beratungsansatz aber eher traditionell.
Anwälte in Deutschland: 35
Blick auf die Standorte: ▷*Frankfurt*; München
Internat. Einbindung: US-Ostküsten-Kanzlei mit weltweit eigenen Standorten, darunter Hongkong, Peking, Tokio, London u. Paris sowie enger internationaler Vernetzung. In Brüssel v.a. Kartellrecht.

SKW SCHWARZ
Nationaler Überblick Top 50 ★

Auf den Punkt: Full-Service-Kanzlei, die als Beraterin für Digital- u. Techthemen besonders präsent ist. In ihren Kernbereichen IT-, Datenschutz- u. Medienrecht positioniert sie sich zunehmend als Alternative zu Großkanzleien.
Fünf-Sterne-Praxis für: ▷*Medien*.
Zudem empfohlen für: ▷*Arbeit*; ▷*Gesellsch.recht*; ▷*IT u. Datenschutz*; ▷*M&A*; ▷*Marken u. Wettbewerb*; ▷*Nachfolge/Vermögen/Stiftungen*; ▷*Presse*; ▷*Vergabe*; ▷*Vertrieb*.
Analyse: SKW ist eine der wenigen Mittelstandskanzleien, die in- wie extern keinerlei Probleme zu haben scheint, mit der digitalen Entwicklung Schritt zu halten. Anders als die meisten Wettbewerber richtet sie ihre Beratung deshalb nicht an Branchen aus. Vielmehr hat sie sich vor einigen Jahren auf Virtual and Augmented Reality, Industrie 4.0, Fintech, Arbeit 4.0 sowie Smart City konzentriert. Zuletzt sind mit NFT oder Kryptowährung weitere Themen hinzugekommen, die insbesondere in der marktführenden IT- u. medienrechtlichen Beratung eine wichtige Rolle spielen. Leuchtturmmandanten wie Amazon Studios, Sky Deutschland, Sony Pictures Entertainment oder Disney vertrauen den Teams bereits seit Jahren. Die teils tiefen strukturellen Kenntnisse ihrer Mandanten hat sich SKW früh zunutze gemacht, um digitale Strukturen in ihren Arbeitsalltag zu integrieren, Legal-Tech-Anwendungen kontinuierlich weiterzuentwickeln u. diese im Interesse der Mandanten einzusetzen. Die Strategie geht auf: Das sog. Innovation Lab ist mittlerweile ein etablierter Bestandteil der Kanzlei, den sie kontinuierlich weiterentwickelt. Die neu eingeführten ‚Ambassadors' geben Prozesse aus der Praxis ins Innovation Lab, die dort digitalisiert werden. Mit Dr. Alexander Steinbrecher hat SKW einen langjährig erfahrenen Inhouse-Anwalt als of Counsel gewonnen, von dessen tiefen Einblicken in die Legal-Tech-Branche sie sich neue Denkanstöße verspricht. Das Management hat in den vergangenen Jahren interne Strukturen neu aufgesetzt, die auch in der klassischen Mandatsarbeit zu mehr Integration u. Zusammenhalt geführt haben. Praxisgruppen wie Arbeits- oder Gesellschaftsrecht sind zwar stark ausgelastet mit Mandaten u. Mandanten aus der IT- u. Medienbranche, bauen aber auch Geschäft jenseits der Kernsektoren auf u. aus. Das ging einher mit der Aufnahme des Gesellschafts- u. Insolvenzrechtsexperten Dr. Thomas Hausbeck von Buse. Welches Potenzial gerade hier die fachübergreifende Kooperation hat, zeigen Mandate für Bosch, die zuletzt beim Kauf von Evergrande Hofer Powertrain auf ein Team aus Gesellschafts-, Steuer-, Arbeits-, Insolvenz- u. IT-Rechtlern setzte. Ein kluger Schritt war es auch, das Engagement der Associates stärker zu fördern. Die vor wenigen Jahren vom Kanzleinachwuchs in Angriff genommene Beratung zu E-Sport hat sich erfolgreich entwickelt. Ähnliches Potenzial besteht bei NFTs u. Kryptowährungen, die etwa für die Games-Branche zunehmend im Metaverse interessant werden. Dabei positioniert sich schon jetzt neben der erfolgreichen Medien- u. IT-Praxis auch die IP- u. Markenrechtspraxis.

Perspektive: Die Vereinheitlichung der Personalstrategie an allen Standorten bildet die stabile Basis, um auf das Mandatsaufkommen flexibel reagieren zu können. Die Stärkung der gesellschaftsrechtlichen Praxis ist zudem ein konsequenter Schritt, um sich aufbauend auf dem Branchen-Know-how in tech-u. medienbezogenen Transaktionen stärker positionieren zu können. Voraussetzung dafür u. für die Erweiterung des Engagements auf andere Branchen wird aber sein, die interne Zusammenarbeit weiter zu forcieren. Potenzial bietet etwa die Vergabepraxis, die nicht auf die Kernbranchen abonniert ist, aber Zugang zur öffentlichen Hand u. zu Wohlfahrtsunternehmen hat.

Auch der Hamburger Standort würde davon profitieren. Seit Partnerweggängen im Vorjahr liegt der Fokus dort eher auf Handel u. Transport u. das Büro sucht noch den Schulterschluss mit dem Rest der Kanzlei. Die Möglichkeiten liegen jedoch auf der Hand, wenn SKW ihr Gespür für digitale Trends nutzt u. den Standort in Themen rund um Logistik 4.0 konsequent einbindet.

Weiterer wichtiger Punkt auf der Managementagenda muss die Nachwuchsförderung bleiben. Während sich die Associates bei Themen rund um Digitalisierung u. E-Sport teils schon Meriten verdient haben, darf die Kanzlei andere Kernsegmente nicht vernachlässigen. An Kandidaten dürfte es ob der schieren Größe der Teams in den IT- u. Medienpraxen nicht mangeln – fehlt nur noch die passende Strategie.

Mandantenstimmen: Mandanten – v.a. aus der IT- u. Medienbranche – betonen immer wieder die tiefen Branchenkenntnisse u. die Beratung „über die Grenzen von Legal hinaus". Zunehmend tritt die „hervorragende Beratung" der Corporate-Praxis zutage. Gelobt wird immer wieder das Verständnis für die Mandantenwünsche u. das lösungsorientierte Vorgehen.

Service: Legal Tech ist nicht mehr nur Chefsache bei SKW Schwarz. Die Kanzlei bildet quer durch die Anwaltsriege im kanzleieigenen Innovation Lab eine sechsmonatige Ausbildung zum Thema Legal Tech an. Im Einsatz sind Tools für Start-ups, um die richtige Rechtsform u. das richtige Schutzrecht für Marken oder sein Patente zu finden, für individualisierte M&A-Checklisten, aber auch ein Tool, das Antworten auf europ. wettbewerbsrechtliche Fragen liefert. Für die Versicherungsbranche entwickelte die Kanzlei ein Private-Clients-Tool zur Erbschaftsteuerberechnung.

Anwälte in Deutschland: 124

Blick auf die Standorte: Berlin; ▷Frankfurt; Hamburg; ▷München.

Internat. Einbindung: Mitglied in diversen Kanzleivereinigungen, darunter Terralex u. PLG International Lawyers. Zudem kooperiert sie mit Partnerkanzleien, u.a. in Frankreich.

SZA SCHILLING ZUTT & ANSCHÜTZ
Nationaler Überblick Top 50 ★★★

Auf den Punkt: Die für ihre hochkarätige Gremienberatung bekannte Kanzlei überzeugt auch im Transaktionsgeschäft. Die zuletzt ausgebaute Prozessarbeit gewinnt weiter an Profil.

Empfohlen für: ▷Arbeit; ▷Compliance; ▷Gesellsch. recht; ▷Insolvenz/Restrukturierung; ▷Kartellrecht; ▷Konfliktlösung; ▷M&A; ▷Nachfolge/Vermögen/Stiftungen; Steuern.

Analyse: Die angesehene Sozietät spielt offensiver als früher ihre gesellschafts- u. kapitalmarktrechtlichen Kompetenzen gemeinsam aus: So begleitete SZA bspw. Vitesco Technologies nicht nur beim umfangreichen Carve-out aus der Continental-Gruppe, sie war auch die Emittentenberaterin des milliardenschweren Unternehmens beim IPO.

Ihre breite Kompetenz wissen nicht nur Dax-Konzerne wie Bayer u. die Dt. Bank zu schätzen, sondern auch ein US-notierter Konzern wie Diebold Nixdorf, der ihr inzwischen fortlaufend hierzulande vertraut. Das Mandat geht primär auf die Erfahrung des früheren Sullivan-Anwalts Dr. Martin Gross-Langenhoff mit transatlant. Mandatsarbeit zurück. Weitere Fortschritte machte die Kanzlei auch im hiesigen M&A, wo sie sich u.a. als wiederkehrende Beraterin der ProSiebenSat.1-Gruppe bewies.

Mit der Arbeit für die Sendergruppe geht auch die Verankerung im Münchner Markt einher. Dort sorgt die intensivierte Prozessarbeit des Litigation-Teams um den ehemaligen Noerr-Partner Michael Molitoris für mehr Präsenz. Es zählt rund zehn Anwälte u. unterstützt in den Bereichen Produkthaftung u. Massenverfahren bspw. auch Wohnmobilhersteller Knaus Tabbert im Dieselkomplex.

Diese neue Dynamik hat auch Auswirkungen auf den Rest der Kanzlei: Das im Mannheimer Büro angesiedelte Team um Hans-Joachim Hellmann zieht für die Abwehr von zahlreichen Kartellschadensersatzklagen inzwischen praxisübergreifend Associate-Teams zusammen. Ebenso gekonnt parierten SZA-Partner aus München u. Frankfurt die feindliche Offerte an die VIB Vermögen u. handelten anschließend den Unternehmenszusammenschluss mit DIC Asset aus. Dass dabei gleich alle drei neu ernannten Partner im Einsatz waren, zeigt, dass auch die Nachwuchsanwälte immer mehr Profil gewinnen.

Perspektive: Für das Bild der Kanzlei im Markt werden auch weiterhin hochkarätige gesellschaftsrechtliche Mandate u. entsprechend prominente Berater prägend sein. Doch SZA wächst schnell über diesen Nukleus hinaus:

So hat sich die Kanzlei in den vergangenen Jahren um Diversifizierung bemüht u. Insolvenz-, Compliance- u. Litigation-Praxen aufgebaut. Das verschafft ihr nicht nur eine größere Marktpräsenz in Krisenzeiten, sondern bietet den Praxen auch deutlich mehr Anknüpfungspunkte, sich zu spezialisieren. SZA hat darauf reagiert u. Praxisgruppen definiert; hinzugekommen sind auch Ressortverantwortlichkeiten im Kanzleimanagement. Was selbstverständlich klingen mag, ist für eine Kanzlei wie SZA mit basisdemokratischer Partnerschaftskultur aber ein durchaus großer Schritt.

Ihr Augenmerk sollte die Kanzlei zudem auf die Personalentwicklung der renommierten Nachfolgepraxis lenken, damit diese nicht irgendwann so dasteht wie derzeit das Arbeitsrecht, das in den Händen nur einer Partnerin liegt. Hier verfolgt die Kanzlei angesichts der höheren Schlagzahl bei Transaktionen u. Restrukturierungen derzeit Pläne für einen personellen Ausbau.

Ein weiterer logischer Schritt wäre es, angesichts von Fortschritten in der gesellschafts- u. kapitalmarktrechtlichen Verknüpfung, diese über eine tiefere Vernetzung der Münchner u. Frankfurter Kompetenzen noch zu vertiefen. Dort zeigte Dr. Christoph Nolden mit der Beratung der luxemburgischen Beteiligungsgesellschaft Luxempart als Anteilseignerin in öffentlichen Übernahmeprozessen welches Potenzial noch darin steckt.

Mandantenstimmen: Ein Mandant schätzt die „nahtlose Zusammenarbeit zwischen Kartell- u. Litigation-Team", andere arbeiten „bei konzernstrategischen Themen überwiegend mit SZA zusammen". Ein Unternehmen resümierte: „Aufgrund der hohen Beratungsqualität haben wir uns entschieden, mit SZA längerfristig zusammenzuarbeiten."

Service: Mit ihrem papierfreien Litigation-Management hat die Konfliktlösungspraxis den Prozess zu einer kanzleiweiten Digitalisierung beschleunigt. Zudem kommen Effizienzsteigerungen durch Schriftsatzstandardisierungen hinzu, die allerdings sehr dosiert verwendet werden.

Anwälte in Deutschland: 108

Blick auf die Standorte: ▷Frankfurt; Mannheim (▷Baden-Württemberg); München; ▷Brüssel.

Internat. Einbindung: Unabhängige dt. Kanzlei mit guten Kontakten zu führenden ausländischen Kanzleien, v.a. in Europa u. in den USA. Eigenes Büro in Brüssel.

TAYLOR WESSING
Nationaler Überblick Top 50 ★★★

Auf den Punkt: International expandierende Full-Service-Kanzlei mit Fokus auf die Sektoren TMT, Lifescience u. Gesundheit, Energie sowie Vermögen. Innovationsfreudig bei der Besetzung neuer Themenfelder, auch mithilfe von Legal-Tech- u. Legal-Project-Managern.

Fünf-Sterne-Praxis für: ▷Gesundheit; ▷IT u. Datenschutz; ▷Marken u. Wettbewerb; ▷Private Equ. u. Vent. Capital.

Zudem empfohlen für: ▷Arbeit; ▷Beihilfe; ▷Börseneinführ. u. Kapitalerhöhung; ▷Energie; ▷Gesellsch. recht; ▷Immo/Bau; ▷Insolvenz/Restrukturierung; ▷Kartellrecht; ▷Konfliktlösung; ▷Kredite u. Akqu.fin.; ▷M&A; ▷Medien; ▷Nachfolge/Vermögen/Stiftungen; ▷Notare; ▷Öffentl. Recht; Patent; Steuern; ▷Unternehmensbez. Versichererberatung; ▷Vergabe; ▷Verkehr; ▷Versicherungsvertragsrecht; ▷Vertrieb;.

Analyse: Nach einer turbulenten ersten Amtszeit, die von den Herausforderungen der Corona-Pandemie geprägt war, ist das Management von TW für weitere vier Jahre bestätigt. Diese Kontinuität unterstreicht den Willen der Partnerschaft, den eingeschlagenen Weg gemeinsam weiterzugehen. Ein zentrales Ziel dabei ist die Stärkung der praxisgruppenübergreifenden Sektorberatung, mit deren Hilfe die Kanzlei in ihren Kernbereichen zur Marktspitze aufrücken will.

Erfolge zeigen sich insbesondere im Lifescience- u. Gesundheitssektor sowie im Energiebereich. Die Patentrechtler bewiesen bspw. an der Seite von Abott, dass sie zu den ersten Adressen in Patentverletzungsverfahren um Medizintechnik zählen. Auch die erstmalige Mandatierung durch das Biosimilar-Unternehmen Formycon bei der strategischen Partnerschaft mit Athos ist ein Resultat der konsequenten Branchenorientierung. Zugleich zeigt sie, dass die große Corporate-Gruppe gerade dank dieser Aufstellung nicht mehr nur auf ihre starke Kernmandantschaft, zu denen Private-Equity-Häuser u. insbesondere Familiengesellschafter zählen, angewiesen ist. Auch die Gesellschaftsrechtler machten durch umfangreiche Strukturmaßnahmen bei dt. Familienunternehmen u. ausländischen Konzernen auf sich aufmerksam, wie zuletzt bei Alimera Sciences u. Compagnie de Saint-Gobain.

Dass die Praxis jedoch immer wieder Verluste von ambitionierten Anwälten aus dem Mittelbau verkraften muss, erschwert die weitere Entwicklung. Zuletzt verließen erneut zwei junge Anwälte die Kanzlei in Richtung Unternehmen. Zwar gewann sie in Düsseldorf einen gut vernetzten Inhouse-Quereinsteiger hinzu, doch solange es nicht gelingt, die Riege an Equity-Partnern um Praxisleiter Dr. Klaus Grossmann vor Ort zu erweitern, u. an den Industriemandanten dranzubleiben, wird es gerade auf dem Düsseldorfer Pflaster nicht gelingen, Marktführer anzugreifen.

Ein Beispiel erfolgreicher Sektorstrategie findet sich im Hamburger Büro, wo ein Team früh einen Fokus auf den Offshorewind-Bereich legte, etwa für Mandanten wie Vestas. Mit dem Zugang eines ehemaligen Inhouse-Counsels von Tata Consultancy Services stärkte die Kanzlei ihre Aufstellung für Windenergieprojekte nun noch einmal sinnvoll.

Auch die Entwicklung der seit jeher renommierten Nachfolgepraxis ging gut voran. Die erfahrenen Anwälte begleiten inzwischen einige milliardenschwere Family Offices umfassend im Sinne eines 'Legal & Tax FO'. Ein besonderer Coup gelang mit der öffentlich bekannt gewordenen Beratung des Testamentsvollstreckers von Heinz Herrmann Thiele bei der Nachlassabwicklung im In- u. Ausland.

Wo andere Praxisgruppen noch mangels Marktstellung vor Herausforderungen stehen, ist es für die renommierte TMT-Praxis kaum problematisch, guten Nachwuchs zu gewinnen u. zu entwickeln. Dass mit Paul Voigt nun ein junger Partner, der v.a. die Datenschutzberatung maßgeblich mitgeprägt hat, die Praxisgruppenleitung übernommen hat, ist ein weiterer Schritt auf diesem Weg.

Perspektive: Bei der internationalen Expansion liegt ein Schwerpunkt auf TWs Aufstellung in Kontinentaleuropa, denn bislang ist sie nicht in den Top-Wirtschaftsnationen vertreten. Gerade für das Ziel, Marktführer in ihren Kernsektoren zu werden, kann eine Erweiterung der TW-Marke ein Gamechanger für diverse Praxisgruppen werden – allen voran die Corporate-Praxis, die dann endlich auch bei grenzüberschreitenden Deals eine Liga aufsteigen könnte. Wettbewerber wie Noerr haben diesen Schritt schon gemacht.

Zu einem Wettbewerbsnachteil entwickelt sich zunehmend das fehlende US-Westküsten-Büro, wo die Kanzlei seit einiger Zeit nicht über den Status von Gesprächen mit möglichen Teams vor Ort hinauskommt. Gerade für die Datenschutzpraxis reicht das bisherige Repräsentanzbüro nicht aus, um an Wettbewerber wie Osborne Clarke heranzukommen.

TW erkennt langsam, aber sicher, dass sie, um Nachwuchsprobleme in den Griff zu bekommen, auch an den Karrieremodellen arbeiten muss. Dies wird umso dringlicher, wenn sie regelmäßig Anwälte aus dem so wichtigen Mittelbau verabschieden. Attraktive Karrierechancen sollen dafür sorgen, dass dies seltener passiert. So steht immer wieder das Partnerschaftsmodell mit einer Experten- u. einer Unternehmerlaufbahn – nur Letztere führt in die Equity-Partnerschaft – auf dem Prüfstand u. soll flexibilisiert werden. Dass sich hier sowohl Anwältinnen als auch Anwälte eine Großkanzleikarriere im Einklang mit dem Privatleben aufbauen können, ist ein wichtiges Asset u. wird zuletzt durch eine Diversity-Managerin weiter fokussiert. Personalinnovationen testet TW auch für Karrieren abseits der Partnerschaft u. der Volljuristen.

Mandantenstimmen: "Sehr gute u. klare Vertragsgestaltung, starke internat. Zusammenarbeit innerhalb der Kanzlei." Mandanten heben oft die punktgenaue Beratung hervor, die fachlich sehr gut, pragmatisch u. lösungsorientiert ist. Dabei attestieren Mandanten TW ein „hervorragendes Verhältnis zwischen Ertrag u. Beratungskosten".

Service: TW arbeitet intensiv daran, Mandate u. Projekte intelligent mit Personal zu besetzen. Der Einsatz von Legal-Project-Managern ist inzwischen v.a. bei großen Compliance-Verfahren, in Deals u. beim Corporate Housekeeping etabliert. Teils fungieren sie als zentrale Manager im Mandat, oft an der Schnittstelle zum Legal-Tech-Team. Wie viele Wettbewerber bietet TW einen Mix aus eingekauften u. intern weiterentwickelten Softwarelösungen an, etwa im Vertragsmanagement, sowie komplett eigene Software.

Anwälte in Deutschland: 419

Blick auf die Standorte: ▷Berlin; ▷Düsseldorf; ▷Frankfurt; ▷Hamburg; ▷München.

Internat. Einbindung: Internat. Kanzlei mit Büros in GB, einigen europ. Städten, auch Dublin, u. Dubai. In Österreich als enwc Taylor Wessing. China-Praxis mit Büros in Peking u. Schanghai, auch in Hongkong u. Kooperation mit HM Chan & Co, in Südkorea mit DR&AJU. Langjährige Verbindungen zu US-Kanzleien, v.a. an der Westküste, mit Repräsentanzbüros in New York u. Palo Alto, bei Technologietransaktionen Kooperation mit Wilson Sonsini. Aktiver Brasilien-Desk. In Saudi-Arabien Kooperation mit AlSulaim AlAwaji & Partners.

WATSON FARLEY & WILLIAMS
Nationaler Überblick Top 50 ★

Auf den Punkt: Internationale Kanzlei, die sich strategisch auf die Sektoren Transport (v.a. Schifffahrt) sowie Energie konzentriert u. ihre Praxis danach konsequent ausrichtet.

Empfohlen für: ▷Arbeit; ▷Energie; ▷Gesellsch.recht; ▷M&A; ▷Private Equ. u. Vent. Capital; ▷Vergabe.

Analyse: Energierechtsberater sind in dem aktuellen wirtschaftlichen Umfeld gefragt wie nie zuvor u. die dt. Praxis von WFW ist dafür bestens gewappnet. Dank ihres ausgeprägten Sektoransatzes agiert sie schon seit einiger Zeit v.a. im Bereich erneuerbarer Energien sehr erfolgreich u. setzte hier auch im vergangenen Jahr mit Transaktionen sowie Finanzierungen Zeichen im Markt: Die Beratung der VM Offshore bei der kompletten Übernahme des Windparks Veja Mate ist nur ein Beispiel für die exzellente Positionierung der Kanzlei. In solchen Mandaten zeigt WFW eindrucksvoll, wie nahtlos die fach- u. länderübergreifende Zusammenarbeit funktioniert. Konsequent richtet sie ihre hiesige Aufstellung an den Bedürfnissen der Branche aus: Neben dem erfolgreichen Aufbau regulatorischer sowie prozessrechtlicher Kompetenz gehört dazu auch die Erhöhung ihrer personellen Schlagkraft mit der Eröffnung in Düsseldorf im Vorjahr sowie einer internen Partnerernennung in Hamburg. Der gemeinsame Branchenfokus hat die Integration der Düsseldorfer Quereinsteiger stark forciert, sichtbar wurde dies als Dr. Thorsten Volz Neumandantin Enercity beim Kauf eines großen Onshore-Windportfolios beriet u. dabei auf ein fachübergreifendes Team aus allen vier dt. Standorten setzen konnte.

Dieser Klebstoff fehlte zwei Partnern aus dem Frankfurter Büro: Dr. Torsten Rosenboom u. Dr. Christoph Naumann entwickelten ihre Tätigkeit primär außerhalb des Sektorfokus u. standen damit für eine Verbreiterung der Corporate-Praxis. Mit ihrem Wechsel zu Hogan Lovells Ende 2021 wählten sie eine Plattform, die deutlich umfassender agiert. Fest in der DNA der Gesamtkanzlei verwurzelt ist zudem die Beratung der maritimen Wirtschaft, dementsprechend nahtlos fügt sich die Praxis hier in das internationale Netzwerk der Kanzlei ein. Welche Rolle der Fachbereich im Gesamtgefüge der Kanzlei heute noch spielt, belegt außerdem, dass auf internationaler sowie dt. Managementebene zuletzt die zentralen Positionen mit Partnern eben dieses Fachgebiets besetzt wurden.

Dass sich aber auch Praxen außerhalb des ausgeprägten Branchenansatzes ausgezeichnet entwickeln können, macht die Arbeitsrechtspraxis vor: Sie hat mit ihrem Fokus auf große Umstrukturierungen sowie Arbeitnehmerdatenschutz u. Compliance eine starke eigene Mandatsbasis aufgebaut u. berät u.a. Fujitsu, Provinzial Versicherung oder BioNTech. Zunehmend entwickelt sich die arbeitsrechtl. Beratung dabei zum Türöffner für andere Bereiche wie Gesellschafts- u. Steuerrecht. Gleichzeitig fügt sich mit Mandanten wie Orsted oder Tui Cruises gut in die Strategie der Gesamtkanzlei ein.

Perspektive: Auch wenn die Entwicklung der Arbeitsrechtspraxis u. einiger Münchner Partner das Gegenteil zu zeigen scheint: Am nachhaltigsten gelingt WFW Wachstum dort, wo es innerhalb ihrer bestehenden Sektorfokussierung stattfindet. Hier kennt sie die Bedürfnisse ihrer Mandanten genau u. verfolgt einen gezielten Aufbau. Nach Beginn des Ukraine-Kriegs rief sie schnell eine auch mit dt. Mitgliedern besetzte Gruppe ins Leben, die Mandanten aus der Transportbranche speziell zum Thema Sanktionen berät. Zudem berät sie mittlerweile nicht mehr nur Unternehmen der maritimen Wirtschaft, sondern auch verstärkt des Schienenverkehrs, zuletzt etwa Abellio Transport im Zusammenhang mit der Sanierung in Deutschland.

Dass ein zehnköpfiges Team in Frankfurt die Kanzlei verließ, schadet ihrer guten Position in den Sektoren zwar nicht, wirft aber dennoch den Aufbau in diesem wichtigen Markt deutlich zurück. Beim Wiederaufbau ist deshalb strategische Umsicht gefragt: Bislang sind etwa die beiden Branchenschwerpunkte der Gesamtkanzlei Immobilien u. Luftfahrt in Deutschland nur punktuell vertreten u. bieten aufgrund der starken internationalen Mandantenbasis viel Ausbaupotenzial. Allerdings dürfte ein effektiver Aufschlag weniger durch solitäre Quereinsteiger u. eher über den Zugang eines größeren Teams gelingen, denn dies böte vom Beginn an die Möglichkeit, Netzwerkmandate ebenso aufzugreifen wie eigenständiges Geschäft zu entwickeln. Auch bestehende Kontakte der sich dynamisch entwickelnden Vergaberechtspraxis, u.a. zu Kliniken, könnten Anknüpfungspunkte bilden.

Mandantenstimmen: Passend zur Sektorfokussierung loben Mandanten v.a. die gute Branchenkenntnis in der Schifffahrt u. Energie. Dabei wurde zuletzt auch die Konfliktlösungspraxis bei Auftraggebern verstärkt wahrgenommen: „Ausgewiesener Experte in allen Bereich rund um Offshorewind", lobte bspw. ein Mandant den Hamburger Prozessspezialisten Stefan Hoffmann.

Service: Insbesondere bei der Beratung großer grenzüberschreitender Energieprojekte verwendet WFW effizienzsteigernde technische Unterstützung, etwa für Due Diligences, Transaktionsmanagement oder die Automatisierung von Dokumenten. Daneben setzt bspw. die Prozesspraxis regelmäßig auch Diplomjuristen ein, wenn es um Recherchen oder Sachverhaltsanalysen geht. Im Herbst 2021 brachte WFW ein interaktives Onlineanalysetool speziell für die Luftfahrtindustrie heraus, das einen Überblick über laufende Restrukturierungsverfahren in derzeit knapp 30 Ländern bietet.

Anwälte in Deutschland: 90

Blick auf die Standorte: Düsseldorf; Frankfurt; ▷Hamburg; ▷München.

Internat. Einbindung: International integrierte Kanzlei, die mit 15 Büros in zwölf Ländern vertreten ist. Diese liegen aufgrund ihrer ursprünglichen Tradition im Maritimen Wirtschaftsrecht oft in Hafenstädten wie Athen oder Hongkong oder auch Sydney. Im Londoner Stammbüro liegt ein ausgeprägter Schwerpunkt auf der Betreuung von Banken. Dort sowie in ihren Büros in Madrid u. Singapur verstärkte sie 2022 die Konfliktlösungspraxis mit erfahrenen Quereinsteigern.

WHITE & CASE
Nationaler Überblick Top 50 ★★★★

NOMINIERT JUVE Awards 2022 Kanzlei des Jahres

Auf den Punkt: Den vom Management eingeräumten Freiraum zum Wachsen nutzt das dt. Team ausgehend von seinen Kernbranchen Finanzen, Energie, Mobilität, Immobilien u. Technologie. Besonders gefragt sind die Praxen bei komplexen internationalen Transaktionen etwa im Kapitalmarktrecht.

Walder Wyss AG   Zürich, Genf, Basel, Bern, Lausanne, Lugano   Telefon + 41 58 658 58 58   www.walderwyss.com

Your business,
our dedication.

Eine dynamische Präsenz im Markt – **Walder Wyss** gehört mit rund 250 juristischen Experten an sechs Standorten in allen Sprachregionen zu den führenden Schweizer Kanzleien für Wirtschaftsrecht. Kontinuierliches Wachstum, Kollegialität, Teamarbeit und Leistungswille haben bei uns einen hohen Stellenwert – über alle Bereiche und Funktionen hinweg.

50 Jahre Walder Wyss

Schalten Sie mit uns in den **Jubiläumsmodus** und lernen Sie uns hinter den Kulissen kennen: **www.walderwyss.com**

walderwyss rechtsanwälte

JUVE Kanzlei des Jahres im: Gesellschaftsrecht.
Fünf-Sterne-Praxis für: ▷Anleihen; ▷Energie; ▷Insolvenz/Restrukturierung; ▷IT u. Datenschutz; ▷Verkehr.
Zudem empfohlen für: ▷Arbeit; ▷Bankrecht u. -aufsicht; ▷Beihilfe; ▷Börseneinführ. u. Kapitalerhöhung; ▷Compliance; ▷ESG; ▷Gesellsch.recht; ▷Immo/Bau; ▷Kartellrecht; ▷Konfliktlösung; ▷Kredite u. Akqu.fin.; ▷M&A; ▷Medien; ▷Notare; ▷Öffentl. Recht; ▷Private Equ. u. Vent. Capital; Steuern; ▷Telekommunikation; ▷Versicherungsvertragsrecht; ▷Wirtschafts- u. Steuerstrafrecht.

Analyse: Seit vier Jahren arbeitet sich die US-Kanzlei in immer mehr Rechtsgebieten an die jeweiligen Spitzengruppen heran. Die wirtschaftlichen Ergebnisse sprengen einen Rekord nach dem anderen, denn die Mandate sind komplexer u. internationaler geworden u. viele Partner angesehen genug, auch in Deutschland hohe Stundensätze zu nehmen. Noch dazu ist W&C für die aktuelle Marktlage mit zunehmender staatlicher Regulatorik u. Konjunkturkrise überdurchschnittlich gut vorbereitet.

Dieser wirtschaftliche Erfolg hat zwei Seiten: Einerseits muss W&C mittlerweile abwägen, welche Mandate attraktiv genug sind. Das betrifft sowohl die Honorare als auch das Risiko interner Mandatskonflikte u., durch die strenge US-Brille, auch durch politische Krisen wachsenden Sanktions- u. Compliance-Risiken. Andererseits fördert der Erfolg den Zusammenhalt: Umsatz- u. Qualitätssteigerung machen W&C attraktiv, ebenso wie die schlanken administrativen Strukturen. So zog die Kanzlei in den Vorjahren insbesondere talentierte Associates aus brit. Top-Kanzleien an, denen sie Raum zur Entwicklung gibt. Dieser langfristige Ansatz in den einzelnen Teams sorgt für eine gute Altersstruktur. So werden bspw. im Insolvenzrecht Anwälte aus drei Generationen empfohlen, u. das Strafrechtsteam, zuletzt verstärkt durch einen DLA-Counsel in Frankfurt, deckt sogar noch mehr Generationen ab.

Inzwischen ist W&C in ihren Kerngebieten so personalstark, dass die Praxen unabhängiger von Marktentwicklungen geworden sind: Gibt es im Insolvenzrecht weniger Verfahren, punkten statt der sonst starken Verwalter nun etablierte Berater wie Riaz-Karim Janjuah. Boomt im Finanzierungsrecht wegen der Energiewende Florian Degenhardts Beratung in der Projektfinanzierung, schart er einen größeren Anteil des Teams um sich.

Die Kanzlei verzichtet auf einen nationalen Managing-Partner u. setzt stattdessen auf dezent agierende Standortleiter. Zugleich sind die Anwälte in den weltweit in drei Regionen aufgeteilten Praxisgruppen beheimatet. So besteht eine Matrix, die in der Praxis gut umgesetzt wird. Bei Faurecias Übernahmeangebot für Hella, mit €6,8 Milliarden der zweitgrößte M&A-Deal 2021 in Deutschland, zeigte sich die eingespielte grenzüberschreitende Beratung zusammen mit Teams aus Frankreich, Belgien u. den USA. Die Beratung der in Bedrängnis geratenen Adler Group zeigt zudem, dass es W&C schnell gelingt, sich für eine umfassende Beratung zu empfehlen: Finanzierung, Kapitalmarktrecht, M&A, Gesellschaftsrecht. Auch für Restrukturierung u. Compliance steht sie hier bereit. Dass sie nach eingeleiteten Strukturmaßnahmen auch die Spruchverfahren betreut, z.B. bei Westgrund, festigt die Mandatsbeziehungen. In einer verbesserten Zusammenarbeit liegt aber immer noch Potenzial bspw. zwischen Restrukturierern u. Kreditrechtlern.

Perspektive: Qualitativ hochwertige Mandate u. eine durchdachte Personalpolitik sorgen dafür, dass die positive Entwicklung von W&C nachhaltig ist. Unterfüttert wird dies mit einer gesunden Personalstruktur, in der es möglich ist, neben den starken Partnern weitere Leistungsträger zu etablieren.

Auch wenn dies inzwischen zu einer größeren Stabilität geführt hat, birgt die attraktive Arbeit für bonitätsschwächere bzw. krisennahe Mandanten das Risiko, dass diese wegbrechen. Eine Verschärfung der Unternehmenskrise etwa bei der Adler Group, die W&C über Jahre im Entstehen beraten hat, wäre eine bedauerliche Entwicklung. Erstrebenswert ist daher die parallele Vertiefung integrierter Mandate bei Konzernen. Erste Ansätze sind z.B. bei Daimler mit der Verknüpfung von Litigation- u. Restrukturierungsberatung erkennbar. Ausbaufähig sind allerdings noch immer die Möglichkeiten der Private-Equity-Praxis – hier fehlen weitere Partner vom Kaliber eines Dr. Stefan Koch oder auch der Gesellschaftsrechtler, derartige Mandatsbeziehungen zu initiieren.

Große Teams u. die nur intern transparente Unterscheidung zwischen Equity- u. Salary-Partnern bedeuten, dass immer wieder einzelne Leistungsträger von anderen noch etwas profitableren US-Kanzleien abgeworben werden könnten. Das gilt zwar auch für junge, ambitionierte Anwälte in den Kernpraxen, aber insbesondere für die Fachbereiche, die nicht unmittelbar im strategischen Fokus der Kanzlei stehen. So ist es eine Aufgabe, Teams im Steuer- u. Arbeitsrecht, die insbesondere im Transaktionskontext eher die zweite Geige spielen, hochklassig u. personell breit genug besetzt vorzuhalten, denn auch wenn sie den Anschein von Supportpraxen haben, sind sie gerade für die erstrebte Tiefe in den Spitzenmandaten kaum ersetzbare Qualitätsbestandteile.

Mandantenstimmen: Mandanten loben das Zusammenspiel der verschiedenen Praxisgruppen bei Transaktionen, erwähnen bspw. die „führende Kompetenz für komplexe Finanzierungen". Diese Zufriedenheit mündet regelmäßig in Dauermandate, in denen sich „nach mehreren Jahren Zusammenarbeit die Beziehung noch einmal verstärkt" hat. Auch Streitgegner schätzen ihre Arbeit u. haben sie „oft mit durchgehender Qualität auf der Gegenseite erlebt".

Service: Die Kanzlei nutzt diverse KI-fähige Lösungen externer Anbieter, etwa für Due Diligences, Transaktionsmanagement u. Vertragsanalysen. Für Rechtsbereiche wie Corporate, Litigation, Compliance u. Immobilienrecht sind ebenfalls Legal-Tech-Tools im Einsatz. Die strategische Weiterentwicklung ist global auf möglichst einheitliche Lösungen angelegt, flankiert von lokalen oder praxisspezifischen Lösungen. Dabei arbeiten die Anwälte mit Legal-Tech-Experten u. Projektmanagern zusammen. Für die technische Unterstützung effizienterer Mandatsarbeit erarbeitet die Kanzlei ein Schulungsprogramm, um die eigenen Anwälte im Projektmanagement fitter zu machen.

Anwälte in Deutschland: 237
Blick auf die Standorte: ▷Berlin; ▷Düsseldorf; ▷Frankfurt; ▷Hamburg; ▷Brüssel.
Internat. Einbindung: Internationale Kanzlei (ursprünglich aus den USA) mit überaus starker Verbreitung der 44 Büros, insbesondere stark in Osteuropa u. Asien. Viele Praxisgruppen werden europaweit gemeinsam geleitet.

Die Anwaltszahlen stammen von den Kanzleien selbst und beziehen sich auf das letzte abgelaufene Geschäftsjahr. Einige Kanzleien beschäftigen für bestimmte Projekte befristet angestellte Rechtsanwälte. Daraus erklären sich teils deutliche Unterschiede zu Personalzahlen der Vorjahre.

JUVE Handbuch 2022|2023

ANZEIGEN: KANZLEIEN NATIONALER ÜBERBLICK

Aderhold	117
Advant Beiten	118
Allen & Overy	119
Altenburg	120
Anchor	121
Arnold Ruess	122
Aulinger	123
Baker McKenzie	124/125
Dr. Beck & Partner	126
Binz & Partner	127
Bird & Bird	128
Boehmert & Boehmert	129
Boesen	130
von Boetticher	131
Braun-Dullaeus Pannen Emmerling	132
Brinkmann & Partner	133
Büsing Müffelmann & Theye	134
CBH Rechtsanwälte	135
Cleary Gottlieb Steen & Hamilton	136
Cohausz & Florack	137
CSW Rechtsanwälte	138
Danckelmann und Kerst	140/141
Deloitte Legal	139
Dentons	142
DLA Piper	143
Dolde Mayen & Partner	144
Dreiss	145
DTS Schnekenbühl und Partner	146
DWF	147
Ebner Stolz Mönning Bachem	148
EIP	149
Esche Schümann Commichau	150
Eversheds Sutherland	151
EY Law	152
Fiedler Cryns-Moll FCM	153
Fieldfisher	154
Flick Gocke Schaumburg	155
FPS Fritze Wicke Seelig	156
Freshfields Bruckhaus Deringer	157
Freyschmidt Frings Pananis Venn	158
Frick + Partner	159
Fried Frank Harris Shriver & Jacobson	160/161
Gerns & Partner	162
Gibson Dunn & Crutcher	163
Gleiss Lutz	164
Göhmann	165
Görg	166
Friedrich Graf von Westphalen & Partner	167
GreenGate	168
GSK Stockmann	169
GvW Graf von Westphalen	170
HauckSchuchardt	171
Hees	172
Hengeler Mueller	173
Heuking Kühn Lüer Wojtek	174
Heussen	175
Hogan Lovells	176/177
Hohmann	178
Honert	179
Hoyng ROKH Monegier	180
Huth Dietrich Hahn	181
Jebens Mensching	182

ANZEIGE

Kanzlei	Seite
Johlke Niethammer & Partner	183
Jones Day	184
Justem	185
K&L Gates	186
Kantenwein Zimmermann Spatscheck & Partner	187
Kapellmann und Partner	188
King & Spalding	189
Klaka	190
Kleiner	191
Kliemt	192
Knierim & Kollegen	193
KNPZ Rechtsanwälte	194
KPMG Law	195
Krieger Mes & Graf v. der Groeben	196
Sven Krüger	197
Kucera	198
Kümmerlein	199
Küttner	200/201
Kunz	202
Lambsdorff	203
Latham & Watkins	204
Leitfeld	205
Leitner & Kollegen	206
Leo Schmidt-Hollburg Witte & Frank	207
Lindenpartners	208
LLR Legerlotz Laschet und Partner	209
Luther	210
Lutz Abel	211
Maikowski & Ninnemann	212
Manner Spangenberg	213
McDermott Will & Emery	214
Milbank	215
Noerr	216/217
Norton Rose Fulbright	218/219
Notos	220
OMF Otto Mittag & Partner	221
Oppenhoff & Partner	222
Oppenländer	224/225
Orbit	223
Orrick Herrington & Sutcliffe	226
Orth Kluth	227
Osborne Clarke	228
Peters Schönberger & Partner	229
Poellath	230/231
PricewaterhouseCoopers Legal	232
Prüfer & Partner	233
Quedenfeld Füllsack & Partner	234
Raue	235
Rittershaus	236
Riverside	237
Rospatt Osten Pross	238
Roxin	239
Schultze & Braun	240
Schultz-Süchting	241
Seitz	242
Sernetz Schäfer	243
Seufert	244
SGP Schneider Geiwitz & Partner	245
Shearman & Sterling	246
Sidley Austin	247
SKW Schwarz	248
SMNG	249
Squire Patton Boggs	250
Stassen	251
Stetter	252
Streck Mack Schwedhelm	254/255
Streitbörger	253
Taylor Wessing	256
Thomas Deckers Wehnert Elsner	257
TSC Schipp & Partner	258
Uexküll & Stolberg	259
Verte	260
Voigt Salus	261
Waldeck	262
Weil Gotshal & Manges	263
Weitnauer	264
Wildanger Kehrwald Graf v. Schwerin & Partner	265
Willkie Farr & Gallagher	266
WilmerHale	267
Wirtz & Kraneis	268
Ypog	269
Zenk	270
Zimmermann & Partner	271

Alle hier alphabetisch erscheinenden Anzeigen sind kostenpflichtig und von den Kanzleien selbst gestaltet.
Für den Inhalt sind die jeweiligen Kanzleien verantwortlich.

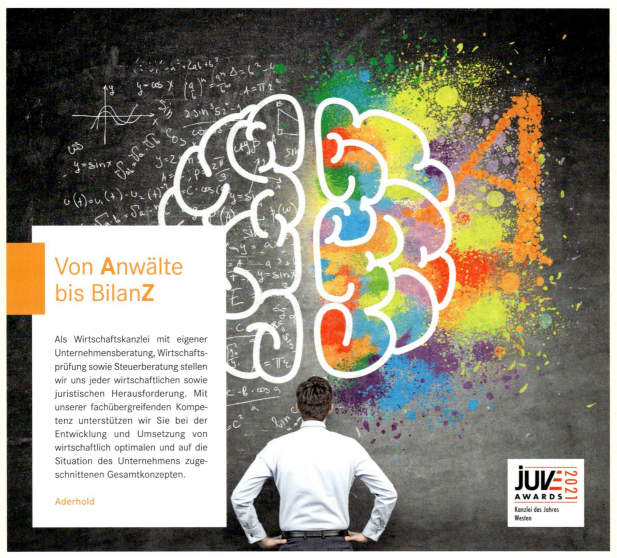

Aderhold

Dortmund | Düsseldorf | Leipzig | Berlin | Frankfurt am Main | Köln

Von **A**nwälte bis Bilan**Z**

Als Wirtschaftskanzlei mit eigener Unternehmensberatung, Wirtschaftsprüfung sowie Steuerberatung stellen wir uns jeder wirtschaftlichen sowie juristischen Herausforderung. Mit unserer fachübergreifenden Kompetenz unterstützen wir Sie bei der Entwicklung und Umsetzung von wirtschaftlich optimalen und auf die Situation des Unternehmens zugeschnittenen Gesamtkonzepten.

Aderhold

Aderhold Rechtsanwaltsgesellschaft mbH

Dortmund
Westfalentower
Westfalendamm 87
44141 Dortmund
+49 (0)231 42 777-100

Düsseldorf
Speditionstraße 23
40221 Düsseldorf
+49 (0)211 447 33-0

Leipzig
Aderholdhaus
Reichsstraße 15
04109 Leipzig
+49 (0)341 44 924-0

Berlin
Mommsenstraße 5
10629 Berlin
+49 (0)30 88 720-647

Frankfurt am Main
Turmcenter
Eschersheimer Landstraße 14
60322 Frankfurt am Main
+49 (0)69 240 030-000

Köln
KölnTurm
Im Mediapark 8
50670 Köln
+49 (0)221 933 12-0

www.aderhold.legal
kontakt@aderhold-legal.de

ADVANT Beiten

YOUR EUROPEAN ADVANTAGE

Als eine der führenden Wirtschaftskanzleien in Deutschland berät ADVANT Beiten den Mittelstand, Großunternehmen, Banken, Stiftungen sowie die öffentliche Hand zu Fragen des deutschen und internationalen Wirtschaftsrechts. Um Mandanten sowohl in Deutschland als auch weltweit in allen rechtlichen Angelegenheiten bestmöglich zu beraten und zu vertreten, arbeiten wir nahtlos innerhalb unserer ADVANT-Allianz und unserem globalen Netzwerk von Top-Kanzleien zusammen.

advant-beiten.com

ANZEIGE

KOMPLEXE WELT. KLARER KURS.

Tektonische Verwerfungen in der globalen Ökonomie verlangen Führungskräften alles ab. Strategie, Risikomanagement, Finanzierung – ganze Geschäftsmodelle stehen auf dem Prüfstand. Andererseits: Aus Umbrüchen erwachsen neue Möglichkeiten. Wir begleiten weltweit mehr Transaktionen und Transformationen als jede andere Kanzlei. Langjährige Erfahrung und innovatives Denken sind ein gutes Fundament für Veränderung.

ALLEN & OVERY

www.allenovery.de

Anchor.
Krisen vermeiden —
Krisen meistern.

www.anchor.eu

ANZEIGE

ARNOLD RUESS

Excellence in IP is all we do

Es ist vielleicht nicht spannend, was wir über uns selbst sagen. Hier ist, was andere zu sagen haben:

JUVE Handbuch, Chambers, Legal 500, Best Lawyers, Who's Who Legal, IAM, WTR, Leader's League und andere bewerten ARNOLD RUESS seit Jahren durchweg positiv. Kommentare heben den "brillanten Klientenservice" (WTR) in "einer der führenden IP Boutiquen in Deutschland" (IAM) mit "Stärke und Tiefe" (Legal 500) hervor.

ARNOLD RUESS
Rechtsanwälte Partnerschaft mbB

Königsallee 59 a
40215 Düsseldorf
T +49 211 54 24 40 40
F: +49 211 54 24 40 44
E: info@arnold-ruess.com
www.arnold-ruess.com

ANZEIGE

Aulinger

Exzellente Rechtsberatung für die Metropole Ruhr und weit darüber hinaus

53 Städte. Fünf Millionen Menschen. Und eine Kanzlei, so facettenreich wie die Region.

Lernen Sie uns kennen:
www.aulinger.eu

ANZEIGE

Substanz erhalten

Dr. Beck & Partner zählt im Bereich Insolvenzverwaltung und Restrukturierung zu den führenden Kanzleien in Deutschland. Zu unseren Kompetenzen gehören neben der klassischen Insolvenzverwaltung insbesondere auch die Begleitung von Eigenverwaltungs- und Schutzschirmverfahren.

Unser Ziel ist stets die bestmögliche Gläubigerbefriedigung bei gleichzeitiger nachhaltiger betriebswirtschaftlicher Sanierung der Unternehmen. Wir verstehen uns als unabhängige Wahrer der Interessen der Gläubiger, sehen uns aber auch in einer besonderen sozialen Verantwortung.

Zukunft sichern

Grundlagen unserer Arbeit sind unser hoher Qualitätsanspruch sowie die interdisziplinäre Ausrichtung unserer Kanzlei. Erfahrene Betriebswirte, Controller, spezialisierte Rechtsanwälte und Diplom-Wirtschaftsjuristen stehen den Insolvenzverwaltern aktiv zur Seite.

Gerade das Ineinandergreifen betriebswirtschaftlicher und juristischer Instrumentarien erlaubt es, die Substanz von Betrieben zu erhalten und deren Zukunft zu sichern.

www.ra-dr-beck.de

Familienunternehmen?
BINZ & PARTNER

Wir beraten seit Jahrzehnten bundesweit Familienunternehmen und deren Eigentümerfamilien. Unser Markenzeichen ist die Kombination von juristischem Know-how, unternehmerischem Denken, psychologischem Einfühlungsvermögen, kreativem Verhandlungsgeschick und außergewöhnlichem persönlichen Einsatz mit starker Erfolgsorientierung.

Schwerpunkte unserer Beratung sind:

- **Nachfolgeregelungen**
  Unternehmer-Testament, Erbvertrag, vorweggenommene Erbfolge, Stiftungslösungen

- **Gesellschafterkonflikte**
  Vermeidung und Lösung von Gesellschafterkonflikten

- **Neuordnungen**
  Rechtsformwechsel, Gesellschaftsverträge, Steueroptimierung, Familienverfassungen, Kodex

- **M&A**
  Kauf und Verkauf von Unternehmen und Beteiligungen, interne Auktionsverfahren, Akquisitionsfinanzierungen

- **Wahrnehmung von Beirats- und Aufsichtsratsmandaten**
  Vertretung von Familienunternehmern auf Dauer oder wegen mittelfristiger strategischer Ziele wie Begleitung eines Generationenwechsels etc.

Wir verfolgen stets einen **ganzheitlichen, unternehmerischen Lösungsansatz**, der auf unseren jahrzehntelangen Erfahrungen in der Beratung von Familienunternehmen beruht und **maßgeschneidert** alle Besonderheiten des Einzelfalls berücksichtigt.

Rechtsanwälte ı Steuerberater ı Wirtschaftsprüfer mbB
Rosshaustraße 4 ı 70597 Stuttgart ı 0711 / 769 64 60 ı www.binz-partner.de

BOESEN RECHTSANWÄLTE

DIE KANZLEI

DIE SCHWERPUNKTE

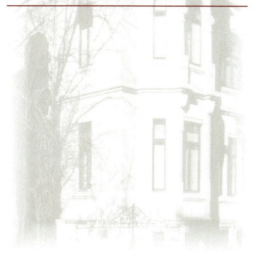

Boesen Rechtsanwälte ist eine bundesweit tätige Anwaltskanzlei. Zu unseren Mandanten gehören sowohl große als auch mittelständische Unternehmen, Verbände und die öffentliche Hand. Diese begleiten wir beratend bei der Realisierung ihrer Projekte und vertreten sie bei der Wahrnehmung ihrer Interessen gegenüber Dritten.

Boesen Rechtsanwälte ist seit Jahren eine der führenden deutschen Kanzleien auf dem Gebiet des Vergaberechts und hat die Entwicklung dieses Rechtsgebiets von Beginn an mitgeprägt. Die Bandbreite unserer Tätigkeit reicht von der gutachterlichen Bearbeitung komplexer Fragestellungen bis zur umfassenden Begleitung und Vertretung bei öffentlichen Auftragsvergaben. Weitere Rechtsgebiete, auf die sich unsere Beratungstätigkeit konzentriert, sind das private und öffentliche Baurecht sowie das öffentliche Wirtschaftsrecht.

BOESEN RECHTSANWÄLTE
KAISER-FRIEDRICH-STR. 3 • 53113 BONN
TELEFON: 0228 – 21 52 90 • TELEFAX: 0228 – 21 54 91
kanzlei@boesen.de • www.boesen.de

BRAUN-DULLAEUS PANNEN EMMERLING
PATENT- & RECHTSANWÄLTE | MÜNCHEN · DÜSSELDORF

Vernetzte Mobilität:
PATENTRECHT UND IP-LITIGATION AUS EINER HAND

BRAUN-DULLAEUS PANNEN EMMERLING versteht sich als echte Service-Boutique – daher betreuen wir unsere Mandanten mit dem ausdrücklichen Versprechen, eine persönliche Beratung auf exklusiver Basis langfristig zu garantieren.

Unsere Kanzleipartner sind in ihren Bereichen seit 20 Jahren als Ansprechpartner bekannt und zählen in den Branchen unserer Mandanten zu den wenigen, etablierten Experten.

Unsere Anwälte sind auf Litigation und Prosecution im Bereich des gewerblichen Rechtsschutzes spezialisiert. Wir vereinen branchenspezifisches und technisches Wissen mit juristischer Kompetenz.

Unsere Fachkompetenz liegt im Patent- und Gebrauchsmusterrecht, im Markenrecht sowie im Design- und Urheberrecht, ferner im Wettbewerbs-, Domain- und Arbeitnehmererfinderrecht.

Etablierte Experten seit 20 Jahren.

Echte Business Partner, die Ihr Geschäft verstehen.

Persönlich.
Exklusiv.
Langfristig.

MÜNCHEN
Ottostraße 4
D-80333 München

DÜSSELDORF
Platz der Ideen 2
D-40476 Düsseldorf

www.bdpe.de

Sanierung | Insolvenzverwaltung | Restrukturierung

In Restrukturierungssituationen, Eigenverwaltungen oder Insolvenzen gilt es, Potenziale zu erkennen und zu nutzen. Um ihren Neustart erfolgreich zu gestalten, begleiten wir Unternehmen in Krisensituationen und unterstützen sie dabei, den Sanierungsweg umzusetzen. Dabei beraten wir sie rechtlich hochqualitativ und berücksichtigen durch unseren interdisziplinären Ansatz, dass ihr Ziel auch operativ schnell und zielorientiert umgesetzt wird.

www.brinkmann-partner.de

CLEARY GOTTLIEB

Global Excellence

Cleary Gottlieb genießt einen erstklassigen Ruf für die effiziente und innovative Lösung hochkomplexer Rechtsfragen sowohl im nationalen als auch grenzüberschreitenden Kontext. Mit Kreativität und höchstem Qualitätsanspruch sowie hohem persönlichen Engagement unterstützen wir unsere deutschen und internationalen Mandanten weltweit pragmatisch bei der Verfolgung ihrer strategischen Ziele.

Main Tower, Neue Mainzer Straße 52
60311 Frankfurt am Main
T: 069 97103 0
F: 069 97103 199

Theodor-Heuss-Ring 9
50668 Köln
T: 0221 80040 0
F: 0221 80040 199

clearygottlieb.com

You create, we protect.

**Mit Sicherheit eine gute Idee:
Eine gute Idee mit Sicherheit!**

Über 140 Personen unterstützen in Düsseldorf und München unsere Mandanten in allen Fragen rund um den gewerblichen Rechtsschutz, den unlauteren Wettbewerb und in Verfahren, in denen es um die Verletzung oder den Rechtsbestand von Schutzrechten geht.
Die überdurchschnittlich hohe Fachexpertise unserer 31 Patent- und 4 Rechtsanwälte ermöglicht es dabei Unternehmen, sich auf die Entwicklung von Innovationen zu konzentrieren und somit wettbewerbsfähig zu bleiben.

COHAUSZ & FLORACK

Patent- und Rechtsanwälte
Partnerschaftsgesellschaft mbB

Standort Düsseldorf
Telefon: +49 211 90490-0

Standort München
Telefon: +49 89 20300-6320

www.cohausz-florack.de

ANZEIGE

CSW

CSW ist am 1. Juni 2020 aus der Sozietät SSW hervorgegangen und besteht aus einer Rechtsanwaltsgesellschaft und einer Steuerberatungsgesellschaft, beide Gesellschaften zusammen mit insgesamt 12 Partnern. In dem Zeichen **CSW** spiegeln sich die Anfangsbuchstaben der Namen von Isabell **C**onrad, Prof. Dr. Jochen **S**chneider und Sabine **W**eihermüller. Unsere langjährige und erfolgreiche Zusammenarbeit, die vor mehr als 30 Jahren begann, wird noch stärker als bisher auf die Zukunftsthemen ausgerichtet.

Wir beraten Mandanten aller Größenordnungen – vom Startup bis zum Dax Konzern sowie die öffentliche Hand. Im Zentrum unserer Tätigkeitsfelder stehen Technologie, Transformation und Digitalisierung. Wir beraten umfassend zu IT-Recht, Telemedien-, Telekommunikationsrecht, Datenschutz- und IT-Sicherheitsrecht, Urheber- und Medienrecht (inklusive Medienaufsichtsrecht), Wettbewerbsrecht, Markenrecht, Kartellrecht, Gesellschafts- und Handelsrecht, Steuerrecht und Arbeitsrecht. Selbstverständlich vertreten wir unsere Mandanten auch bei Streitigkeiten vor den ordentlichen Gerichten und in Schiedsverfahren.

Die Steuerberatung beinhaltet neben den klassischen Bereichen wie laufende Steuerberatung & Compliance, Steuerabwehrberatung und Führung von Prozessen vor den Finanzgerichten auch die Steuerstrukturierung und -gestaltung (national und international), wirtschaftliche Beratung sowie die Vertretung in Steuerstrafsachen. Dabei wird ein großer Fokus in die Zukunftsthemen IT und Digitalisierung gelegt und mit steuerlicher Expertise abgedeckt.

Die Rechtsanwälte von CSW publizieren regelmäßig in Fachzeitschriften und Fachbüchern. Einige sind (Mit-)Herausgeber angesehener Fachbücher zum IT-Recht (z.B. Schneider, Handbuch EDV-Recht; Auer-Reinsdorff/Conrad, Handbuch IT- und Datenschutzrecht) und Zeitschriften (ZD, ITRB) und Mitglied der Schriftleitung (CR).

CSW

CSW Rechtsanwälte
Beethovenstraße 6
80336 München

Telefon: +49 89 54349-100
Fax: +49 89 54349-111
Web: www.csw.partners
Mail: kontakt@csw.partners

Ansprechpartner

Arbeitsrecht:
Ludwig Antoine

Datenschutz, IT-Sicherheit, Compliance:
Isabell Conrad, Dennis Krings,
Prof. Dr. Jochen Schneider, Marion Schultz,
Dr. Carsten Siara

Gesellschaftsrecht und M&A:
Matthias Kastenbauer

IT-Vertragsrecht, AGB und IT-Projekte:
Isabell Conrad, Prof. Dr. Jochen Schneider,
Marion Schultz, Dr. Alin Seegel, Dr. Carsten Siara

Kartellrecht, Wettbewerbs- und Markenrecht:
Ludwig Antoine, Isabell Conrad, Dr. Carsten Siara

Multimedia, E-Commerce, Mobile Commerce, Telekommunikation:
Isabell Conrad, Dennis Krings, Dr. Alin Seegel,
Dr. Carsten Siara

Medien-, Medienaufsichts- und Presserecht:
Dr. Carsten Siara

Open Source Software:
Isabell Conrad, Dr. Alin Seegel, Dr. Carsten Siara

Outsourcing:
Isabell Conrad, Dr. Carsten Siara

Prozessrecht:
Ludwig Antoine, Dr. Carsten Siara

Urheberrecht:
Isabell Conrad, Dr. Alin Seegel, Dr. Carsten Siara

Steuer- und Wirtschaftsberatung:
Georg Bäumler, Andrea Forster, Clarissa Lindner, Michael Kopp, Prof. Dr. Michael Reitsam, Christopher Unholzer, Sabine Weihermüller, Reinhard Altmüller, Thomas Deiritz, Ganna Laukhina

Steuerstrukturierung und -gestaltung (national und international):
Prof. Dr. Michael Reitsam, Matthias Kastenbauer, Christopher Unholzer

ANZEIGE

Deloitte.
Legal

Experience the future of law, today

Um den besonderen Anforderungen der heutigen Zeit gerecht zu werden, benötigen Sie einen Berater, der Ihr Unternehmen und Ihre Branche kennt und Sie mit innovativem Denken bei der Bewältigung Ihrer Herausforderungen begleitet.

Erleben Sie unseren ganzheitlichen Beratungsansatz, der rechtliches Fachwissen mit Industrie- und Branchenexpertise und wirtschaftlichem Verständnis vereint. Profitieren Sie von unserer globalen Präsenz, unserer Innovationskraft und unserer umfangreichen Erfahrung mit Technologie- und Prozessoptimierungsprojekten.

Work smarter – experience the future of law, today.

www.deloittelegal.de

weit oben, aber nicht abgehoben

DANCKELMANN UND KERST ist eine bekannte Frankfurter Anwaltssozietät, die auf eine mehr als 100-jährige Tradition zurückblicken kann. Sie verbindet exzellente fachliche Expertise mit persönlicher Beratung.

Über besonders hohe überregionale Bekanntheit verfügt DANCKELMANN UND KERST in den Bereichen des gewerblichen Rechtsschutzes, vor allem auf den Gebieten des Wettbewerbs- und Markenrechts, des Heilmittelwerberechts und des Urheberrechts, sowie des Telekommunikations- und des Medienrechts. Hier besitzen die Anwälte von DANCKELMANN UND KERST aufgrund ihrer jahrzehntelangen und äußerst umfangreichen Prozesstätigkeit besonders herausragende forensische Erfahrungen, die sich auch in einer nachhaltigen Vortrags- und Publikationstätigkeit widerspiegeln.

Darüber hinaus berät die Kanzlei, der verschiedene Fachanwälte und drei Anwaltsnotare angehören, aber auch zahlreiche Unternehmen, Verbände und Privatpersonen in arbeitsrechtlichen, handels- und gesellschaftsrechtlichen sowie immobilien- und steuerrechtlichen Verfahren.

Mit persönlicher Kontinuität in der Beratung und Vertretung der Mandanten betreut DANCKELMANN UND KERST die Mandanteninteressen umfassend, reaktionsschnell, zielstrebig und durchsetzungsstark. Großunternehmen, aber auch viele mittelständische Unternehmen und Verbände wissen dies seit vielen Jahren zu schätzen.

Die hohe Kompetenz von DANCKELMANN UND KERST ist deshalb auch seit Jahren ausgezeichnet worden. So wird DANCKELMANN UND KERST etwa in den Rankings für Wettbewerbsrecht sowohl in dem „JUVE Handbuch Wirtschaftskanzleien" als auch bei „Legal500 Germany" weit oben geführt.

Überzeugen Sie sich selbst!

ANZEIGE

DANCKELMANN UND KERST

RECHTSANWÄLTE NOTARE

Member of

MACKRELL INTERNATIONAL

a network of
independent law firms

Lise-Meitner-Straße 4 | 60486 Frankfurt am Main
Telefon +49 (69) 92 07 27-0 | Telefax +49 (69) 92 07 27-60
email@danckelmann-kerst.de | www.danckelmann-kerst.de

ANZEIGE

Big Business.
Big Deal.
Big Law.

Dentons. Global aufgestellt. Lokal exzellent.

dentons.com

© 2022 Dentons. Dentons is a global legal practice providing client services worldwide through its member firms and affiliates. Please see dentons.com for Legal Notices.

Crossing new horizons together.

Die Zukunft stellt uns täglich neue Fragen.
Die Antworten liegen jenseits des rechtlichen Tellerrands:
Daher planen wir Szenarien interdisziplinär, verstehen Nachhaltigkeit als Wachstumsmotor
und setzen digitale Technologien souverän ein.

250+ Anwältinnen und Anwälte | 90+ Büros | 40+ Länder weltweit
Frankfurt • Hamburg • Köln • München

DLA Piper is a global law firm operating through various separate and distinct entities. Further details of these entities can be found at dlapiper.com. This may qualify as "Lawyer Advertising" requiring notice in some jurisdictions. Copyright @ 2022 DLA Piper. All rights reserved.

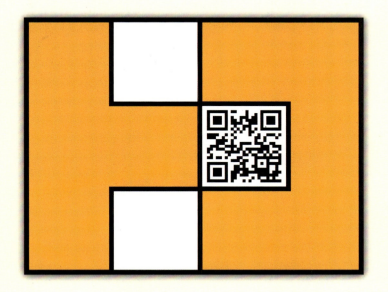

DREISS Patentanwälte PartG mbB
Friedrichstraße 6
70174 Stuttgart
Germany

Tel.: +49 (0)711 24 89 38-0
Fax.: +49 (0)711 24 89 38-99
email@dreiss.de
www.dreiss.de

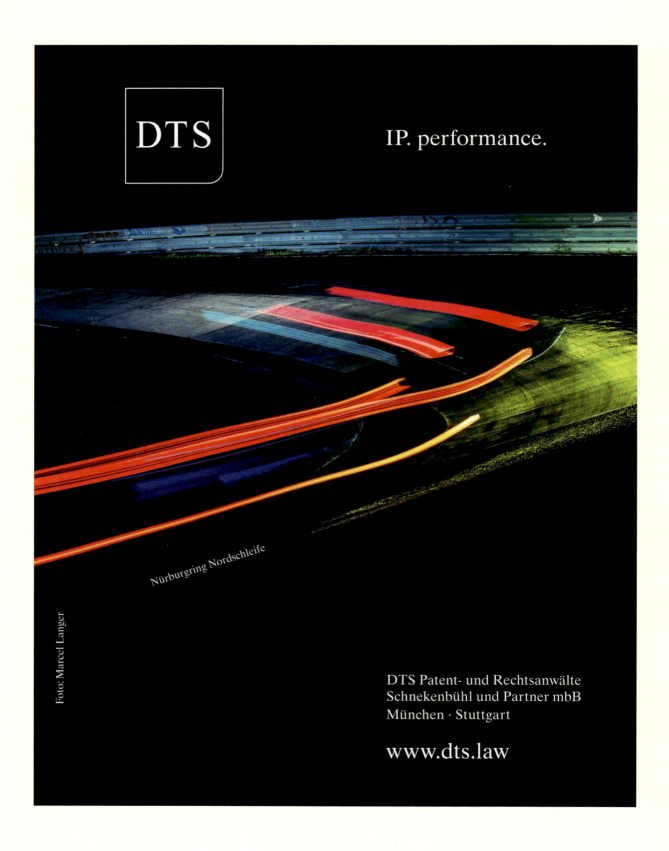

ANZEIGE

DWF is a leading global provider of integrated legal and business services.

Der Rechtsmarkt hat sich in der letzten Dekade tiefgreifend verändert und die Geschwindigkeit des Wandels nimmt weiter zu.

Unsere Vision ist es, durch unsere drei Angebote - Legal Advisory, Mindcrest und Connected Services - integrierte Rechts- und Unternehmensdienstleistungen auf globaler Ebene in unseren acht Schlüsselsektoren anzubieten.

Erfahren Sie mehr über DWF in Deutschland unter
dwfgroup.com

©DWF 2022, alle Rechte vorbehalten. DWF ist ein kollektiver Handelsname für die internationale Rechtspraxis und das multidisziplinäre Handelsgeschäft, das die DWF Group plc und alle ihre Tochtergesellschaften und Tochterunternehmen umfasst, vor denen die Einheiten, die Recht praktizieren, separate und eigenständige Anwaltskanzleien sind. Weitere Einzelheiten finden Sie auf der Seite Rechtliche Hinweise auf unserer Website dwfgroup.com. Die Anwälte von DWF unterliegen der Regulierung durch die zuständige Aufsichtsbehörde in dem Land, in dem sie qualifiziert sind und/oder in dem sie praktizieren. Ref 5222

EBNER STOLZ – FULL-SERVICE FÜR DEN MITTELSTAND

Mittelständische Unternehmen sind anspruchsvoll – der Blick stets auf das große Ganze gerichtet – wie Ebner Stolz. Die umfassende Lösung als Ziel kümmert sich ein vertrauter Ansprechpartner um die Angelegenheiten des Mandanten und nutzt dabei das gesamte Wissen von Ebner Stolz – von der Rechtsberatung über die Wirtschaftsprüfung und die Steuerberatung bis hin zur Unternehmensberatung. Was Ebner Stolz einzigartig macht, ist der persönliche Kontakt zu den Mandanten und die Identifikation mit deren Zielen: Über 1.900 Mitarbeiter sind „näher dran" an mittelständischen und kapitalmarktorientierten Mandanten. Ebner Stolz gehört zu den Top 10 der Branche mit 14 Standorten in Deutschland.

WIRTSCHAFTSRECHTLICHER FULL-SERVICE

Unternehmen sind mit vielen wirtschaftsrechtlichen Anforderungen konfrontiert. Im Vorteil ist, wer eine Full-Service Anwaltskanzlei mit Experten für alle relevanten Bereiche an seiner Seite hat. Die Rechtsanwälte von Ebner Stolz sind Wegbereiter für die Ideen der Mandanten und Wegbegleiter entlang deren Wertschöpfungskette. Gemeinsam packen sie die Herausforderungen an und entwickeln individuelle Lösungen. Pragmatismus ist gepaart mit hoher Fachkompetenz: Unsere Rechtsanwälte verfügen meist über mehrere Berufsexamina und weitere Zusatzqualifikationen. Wer an einer Stellschraube dreht, muss die Konsequenzen für alle anderen Bereiche kennen: Deshalb arbeiten unsere Rechtsanwälte Hand in Hand mit den anderen Disziplinen von Ebner Stolz.

IN DEUTSCHLAND ZU HAUSE – WELTWEIT GUT BERATEN

Gleichgültig, ob nationaler oder globaler Player – die Rechtsanwälte von Ebner Stolz stehen auch in internationalen Fragestellungen mit dem weltweiten Netzwerk von Nexia International zur Seite. Die Zusammenarbeit funktioniert rasch, reibungslos und pragmatisch, weil sich die Spezialisten dieses Netzwerks persönlich kennen.

www.ebnerstolz.de WIRTSCHAFTSPRÜFER | STEUERBERATER | RECHTSANWÄLTE | UNTERNEHMENSBERATER

ANZEIGE

DREIKLANG®
in Hamburgs HafenCity

ESCHE SCHÜMANN COMMICHAU

Rechtsberatung | Steuerberatung | Wirtschaftsprüfung

esche.de

ESCHE SCHÜMANN COMMICHAU
Rechtsanwälte Wirtschaftsprüfer Steuerberater
Partnerschaftsgesellschaft mbB

Am Sandtorkai 44
20457 Hamburg
Tel +49 (0)40 36805-0

ANZEIGE

EY Law – international, interdisziplinär und innovativ

Unsere Rechtsgebiete

- Gesellschaftsrecht
- Mergers & Aquisitions
- Private Equity
- Kapitalmarktrecht
- Internationale Umstrukturierungen
- Venture Captial
- Kartellrecht
- Restrukturierung und Insolvenzrecht
- Massenklageverfahren
- Litigation und Dispute Resolution
- Healthcare
- Aufenthaltsrecht und Mitarbeiterentsendung

- Arbeitsrecht
- Umweltrecht
- Energierecht
- Öffentliches Recht und öffentliches Wirtschaftsrecht
- Öffentlicher Verkehr
- Immobilienrecht
- Handels- und Vertriebsrecht
- Private Client Services
- Compliance
- Steuerstrafrecht
- Notariat
- Banken- und Versicherungsaufsichtsrecht
- Investmentrecht
- Payments & FinTechs

Digital Law

- Datengetriebene Geschäftsmodelle
- Datenschutz und Cybersecurity
- Intellectual Property
- E-Commerce und IT
- Regulierung und digitale Transformation

Legal Process and Technology

- Legal Function Consulting
- Legal Managed Services
- Legal Technology

Unsere Branchenexpertise

- Automotive & Transportation
- Energie- und Versorgungsunternehmen
- ESG-Sustainability
- Financial Services
- Handels- & Konsumgüter

- Healthcare & Life Sciences
- Immobilien- und Bauwirtschaft
- Institutionen der öffentlichen Hand
- Public Mobility

- Private Clients
- Technologie, Medien und Telekommunikationsrecht
- Private Equity

Anwälte
weltweit: über **2.400**
Deutschland: über **240**

Standorte
weltweit: **147** Standorte in über 90 Ländern
Deutschland: **13** Standorte

ANZEIGE

FIEDLER CRYNS-MOLL

FCM RECHTSANWÄLTE PARTNERSCHAFT

Managerhaftung
Versicherungsrecht
Wirtschaftsrecht

„Wir sind nicht nur verantwortlich für das, was wir tun, sondern auch für das, was wir nicht tun."
(Molière)

Mit dieser Aussage wird ein wichtiger Kern unternehmerischer Pflichten beschrieben.

Wachsende Wirtschaft und fortschreitende Technisierung führen zu einer Erhöhung der Anforderungen, die an unternehmerisches Handeln gestellt werden. Damit einher geht der steigende Bedarf nach einer Absicherung von Haftungsrisiken.

Wir gehören zu den führenden Kanzleien im Bereich der Managerhaftung und des Versicherungsrechtes und vertreten Unternehmensleiter und Versicherungsunternehmen bei der Bearbeitung komplexer Industrieversicherungsprodukte (D&O / E&O / POSI / M&A / Fidelity / PI / Cyber / PLI).

Anwaltliche Interessenwahrnehmung darf sich dabei nicht in der Aufarbeitung und Darstellung von Risiken beschränken, sondern erfordert die Erarbeitung klarer Entscheidungsvorlagen. Dies setzt höchste Qualität bei der rechtlichen Prüfung und umfassende Erfahrung im Umgang mit komplexen Sachverhalten voraus. Dafür stehen wir mit unserem Namen.

www.fcm-law.com

ANZEIGE

Stabiles Wachstum kommt von innen

Unser Markenzeichen, die Steuerzentrierte Rechtsberatung, hat uns zu einer der führenden Kanzleien in Deutschland gemacht. Mit mehr als 750 Mitarbeiterinnen und Mitarbeitern an sieben Standorten in Deutschland und eingebunden in das internationale Taxand-Netzwerk bieten wir Know-how und wertschöpfende Impulse auf höchstem Niveau. Wir sind stolz darauf, dass unsere Partnerschaft insbesondere aus den eigenen Reihen wächst.

Erfahren Sie mehr: fgs.de

Flick Gocke Schaumburg

ANZEIGE

Am Puls: Beratung auf dem neuesten Stand.

Als dynamische und reaktionsschnelle Taskforce mit jahrzehntelanger Erfahrung stehen wir Ihnen mit kreativen Lösungen und professioneller Beratung zur Seite. So sind wir Ihr starker und verlässlicher Partner – heute und morgen.

www.fps-law.de

Ihre Kanzlei. Ihr Partner.

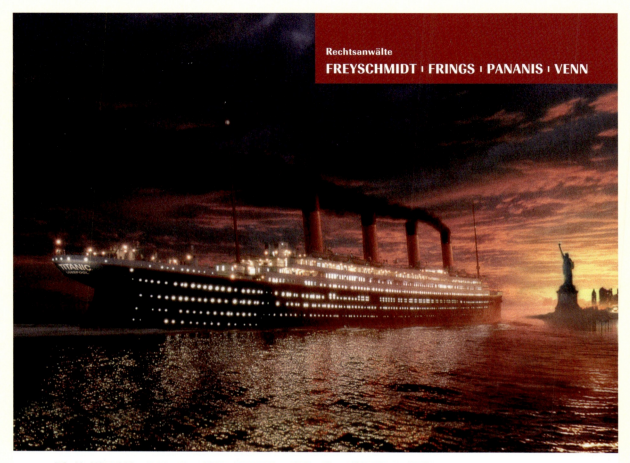

WENN DIE SACHE GUT AUSGEHEN SOLL.
VERTEIDIGER-IN-STRAFSACHEN.DE

Unsere Kanzlei ist ausschließlich auf die Beratung und Verteidigung in Strafsachen ausgerichtet. Wir verfügen auf diesem Gebiet über eine langjährige bundesweite und internationale Erfahrung.

Mit unserem leistungsstarken Team sind wir in allen Bereichen des Wirtschaftsstrafrechts, einschließlich des Nebenstrafrechts, als Individualverteidiger von Entscheidungsträgern und als Berater von Unternehmen und Verbänden tätig.

Hausvogteiplatz 10, 10117 Berlin
Tel. +49 30 868759 - 0
Fax +49 30 868759 - 11
info@ffpv.de

STEUERSTRAFRECHT

WIRTSCHAFTSSTRAFRECHT

STEUERSTREIT

ZOLL- UND ZOLLSTRAFRECHT

Florian Jandl, LL.M. (Tax)
Rechtsanwalt
Fachanwalt für Strafrecht
Fachanwalt für Steuerrecht

Markus Krauter
Rechtsanwalt
Steuerberater

Dr. Melanie Bär
Rechtsanwältin
Fachanwältin für Steuerrecht

Ann-Sophie Hummel
Rechtsanwältin
Steuerberaterin
in freier Mitarbeit

Nico Glöckle
Rechtsanwalt

Augustenstraße 1 | 70178 Stuttgart | Telefon +49 (0) 711 22 22 83 | Telefax +49 (0) 711 22 22 859 | www.frickpartner.com

ANZEIGE

Fried, Frank, Harris, Shriver & Jacobson LLP

Wir beraten Unternehmen und Unternehmer mit weltweit mehr als 500 Anwälten und Büros in Nordamerika und Europa.

Unternehmenstransaktionen (M&A, Private Equity) | Gesellschaftsrecht | Corporate Governance | Finance | Steuerrecht | Kartellrecht | Real Estate | Litigation

Besuchen Sie uns auf: www.friedfrank.com

Attorney Advertising. Prior results do not guarantee a similar outcome.

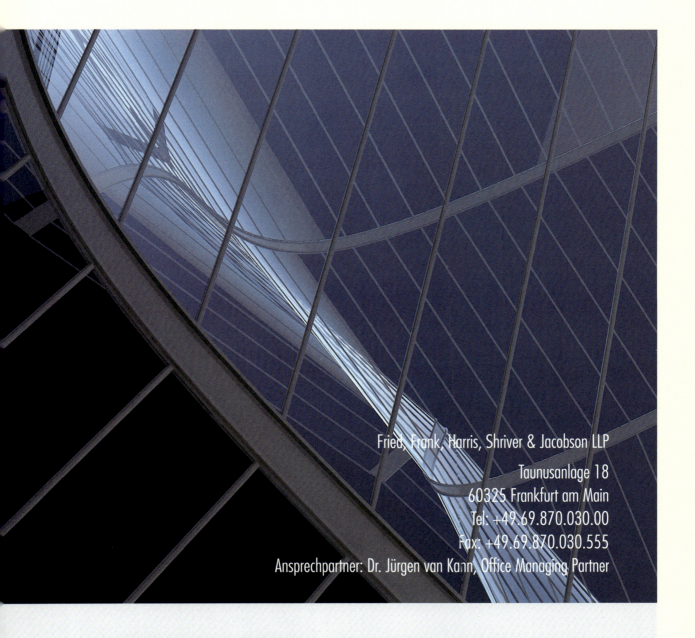

GIBSON DUNN

20 Jahre Gibson Dunn in Deutschland

2022

Teamgeist
Exzellenz
Verantwortung
Professionalität
Motivation
Engagement
Dynamik
Flexibilität
Offenheit
Vielfältigkeit
Internationalität
Wertschätzung
Kollegialität
Kultur
Persönlichkeit
Qualität
Zusammenhalt
Kompetenz
Integrität
Respekt

www.gibsondunn.com

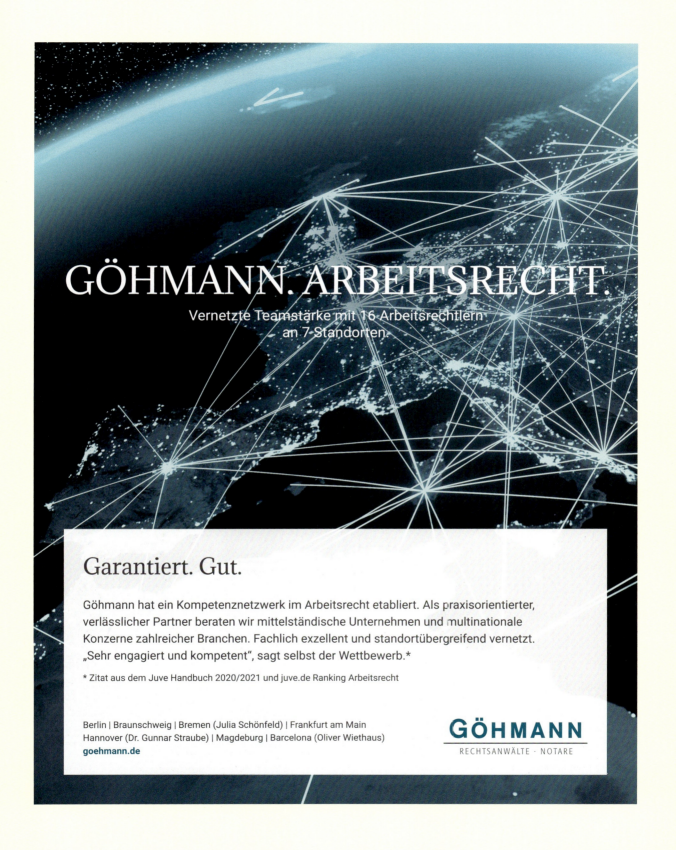

ANZEIGE

WIRTSCHAFTSRECHT VON **A** BIS **Z**

Was Sie für uns sind?
VON BEDEUTUNG

azur AWARD 2022
Arbeitgeber Region

FRIEDRICH GRAF VON WESTPHALEN
& PARTNER mbB | RECHTSANWÄLTE

Wir sind eine etwas andere Wirtschaftskanzlei. Wir denken nicht hierarchisch und lassen niemanden im Datenraum schmoren. Unsere jungen Kolleginnen und Kollegen werden vom ersten Tag an gefördert und gefordert. Wer Spaß daran hat, schon früh Mandatsverantwortung zu übernehmen und unsere Sozietät aktiv mitzugestalten, ist bei uns richtig. Klingt das interessant? Dann freuen wir uns auf Ihre Bewerbung. fgvw.de/karriere

ANZEIGE

Real Real Estate

■■ HAUCKSCHUCHARDT

Partnerschaft von Steuerberatern und Rechtsanwälten mbB
Pollux · Platz der Einheit 2 · 60327 Frankfurt am Main
T +49 (0) 69 90 55 88 - 0 · F +49 (0) 69 90 55 88 - 20
info@hauckschuchardt.com · www.hauckschuchardt.com

HEES
RECHTSANWÄLTE

Wir gehen nicht nur ausgetretene Wege, sondern finden neue Lösungen.

- **Pharmarecht** - Arzneimittel und Medizinprodukte (z. B. Zulassung, Vertrieb, Abgrenzungsfragen), Pharmaverträge (z. B. CRO, Übertragungen Arzneimittelzulassungen, Mitvertrieb, Lizenz, Co-Marketing, Logistik, Lohnherstellung, Rabattverträge)

- **Wettbewerbsrecht für Pharmaunternehmen** - Proaktive rechtliche Beratung bei der Gestaltung von Pharmawerbung in enger Abstimmung mit Marketing und Medizin, Betreuung wettbewerbsrechtlicher Auseinandersetzungen auf Angreifer- oder Verteidigerseite (vorgerichtliche Abmahnphase (Abmahnungen, Verteidigungen, Unterlassungsverpflichtungserklärungen, Schutzschriften), gerichtliche Auseinandersetzung (regelmäßig in Eilverfahren))

- **Gewerblicher Rechtsschutz** - Wettbewerbs-, Marken-, Patent-, Urheber- und Lizenzrecht

Besondere Stärken sind das Pharmarecht, der Gewerbliche Rechtsschutz und die Rundumbetreuung im Rahmen langjähriger Dauerberatung - vielfach in der Funktion einer "ausgelagerten" Rechtsabteilung - mit Branchenfokus Pharma und IT.

Der rechtliche Beratungsbedarf ist im gesamten Gesundheitswesen enorm, da der Gesetzgeber aktionistisch meint, die gesetzlichen Rahmenbedingungen ständig ändern zu müssen, um der steigenden Kosten im Gesundheitswesen Herr zu werden. Folglich reiht sich ein Änderungsgesetz an das andere. Handwerklich lassen die Regelungen häufig zu wünschen übrig. Gerade wegen der vielfach nicht zu Ende gedachten und widersprüchlichen Regelungen ist eine sofortige rechtliche Orientierung unerlässlich. Dabei helfen wir.

Eine Spezialität der Kanzlei ist ein besonderes Branchen-Know-how Pharma und Medical Care. Die Kanzlei verfügt über langjährige Erfahrung im Arzneimittel-, Heilmittelwerbe- und Medizinprodukterecht und den damit zusammenhängenden vertrags-, wettbewerbs-, marken- und EU-rechtlichen Fragen.

Seit Jahren sind wir bundesweit an vielen einschlägigen Gerichtsverfahren beteiligt, die vielfach in Hamburg, Frankfurt und Köln entschieden werden. Wir betreuen effektiv und ergebnisorientiert gerichtliche Eil- und Hauptsacheverfahren. Das versetzt uns in die Lage, unsere Mandanten in richtungsweisenden Auseinandersetzungen zu positionieren.

Zusätzlich haben wir langjährige Expertise im

- **Gesellschaftsrecht** - Rechtliche Beratung von Geschäftsführern und Gesellschaftern gesellschaftsrechtliche Streitigkeiten, M&A-Mittelstandsberatung (Verkäuferseite)

- **Immobilienrecht** - Erwerb und Verkauf von Immobilien

HEES, RECHTSANWÄLTE
Alsterufer 16, 20354 Hamburg
T +49 (0)40 35 72 36 36
hees@heeslawfirm.de
www.heeslawfirm.de

ANZEIGE

ANZEIGE

Pragmatische Lösungen und souveränes Risikomanagement

Eine sich schnell verändernde und immer stärker vernetzte Welt erfordert sowohl innovatives Denken als auch verlässliche Erfahrungswerte.

Wir bieten beides und helfen, Risiken und Chancen optimal zu steuern. Dabei verbinden wir Full-Service-Rechtsberatung und Branchenkenntnisse mit dem Einsatz neuester Technologien sowie den unterschiedlichen Sichtweisen unseres vielfältigen Teams.

ANZEIGE

Hohmann
Rechtsanwälte

Verstrickt im Export- und Zollrecht?
Wir helfen Ihnen durch den Paragraphendschungel!

Und unterstützen Sie in den Bereichen:

- EU- und US-Exportrecht (EAR, OFAC, ITAR), inkl. Genehmigungen EU und USA, Organisationsanweisungen und Audits
- EU- und US-Embargos, v.a. Iran und Russland, und EU Antiboykott-Anträge
- EU- und US-Zollrecht
- Export- und Zollverstöße sowie Sanktionslisten
- rechtliche Begleitung Exportfinanzierung (Beratung Zahlungsweg, Anti-Geldwäsche, Organisationsanweisung Banken)
- internationales Vertragsrecht
- internationales Vertriebs- und Transportrecht
- Beilegung von Streitigkeiten/Dispute Settlement sowie Genehmigung-Diplomatie
- Stoffrecht (v.a. Chemikalienrecht) sowie sonstiges Wirtschaftsrecht

Wir haben langjährige Erfahrung in diesen Rechtsgebieten und sehr gute Behördenkontakte

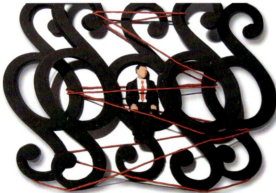

„Verstrickt" von Volker Kühn,
(mit freundlicher Genehmigung der
Hermann Krause Kunsthandel GmbH in Köln)

Seit 20 Jahren beraten wir zum Export- und Zollrecht!

Referenzen zu unserer Kanzlei:

- Handelsblatt: „Deutschlands Beste Anwälte, 2020 und 2021"
- Legal 500: „Leading Law Firm, 2021 und 2022" (Rang 2 Außenwirtschaftsrecht) und „Recommended Lawyer"
- Juve Handbuch: Rang 3 der Kanzleien zum Außenwirtschaftsrecht und: „führender Berater zum Außenwirtschaftsrecht"
- Juve Handbuch: „Stärken: EU- und US-Embargorecht. Viel Erfahrung auch mit operativen Fragen des Außenhandels"
- Who's Who Legal „Profound practitioner's exeprtise in EU and US export control law, international sanctions and customs law"
- „Export Control Law Firm 2022" (Corporate International)

Ihr Ansprechpartner:
RA Dr. Harald Hohmann
(Rechtsanwalt)

Die Kanzlei für deutsches und internationales Wirtschaftsrecht

Hohmann Rechtsanwälte
Am Galgenfeld 14-16, D-63571 Gelnhausen
Tel. +49 (0) 6051 - 8888 644 | Fax +49 (0) 6051 - 8888 645
E-Mail: info@hohmann-rechtsanwaelte.com | www.hohmann-rechtsanwaelte.com

Kooperationspartner in: Bangkok, Brüssel, London, Miami, New York, New Delhi, Peking, Shanghai, Tokio, Washington DC

Immer an der Seite unserer Mandanten – immer.

Gesellschaftsrecht / M&A || Steuerrecht || Prozessführung

www.honert.de

ANZEIGE

AMSTERDAM
BRUSSELS
DÜSSELDORF
LYON
MADRID
MANNHEIM
MUNICH
PARIS

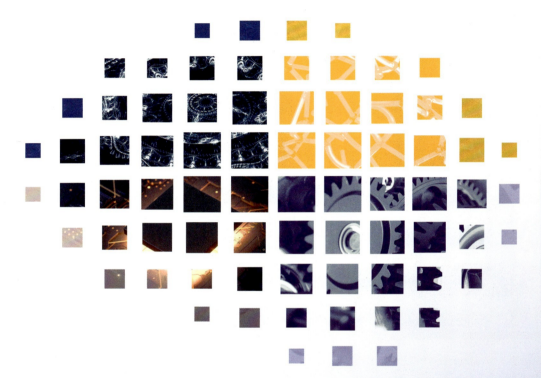

GEISTIGES EIGENTUM IST UNSERE LEIDENSCHAFT.

HOYNG ROKH MONEGIER ist eine auf den gewerblichen Rechtsschutz spezialisierte europäische IP-Boutique, die 2015 aus dem Zusammenschluss der etablierten Top-Tier IP-Kanzleien Hoyng Monegier und Reimann Osterrieth Köhler Haft (ROKH) hervorging. **HOYNG ROKH MONEGIER** vereint über 100 IP-Spezialisten an den Standorten Amsterdam, Brüssel, Düsseldorf, Lyon, Madrid, Mannheim (Zweigstelle), München und Paris. Mit der ausgeprägten internationalen Ausrichtung, der erweiterten europäischen Präsenz und Wirkungskraft bietet die Kanzlei ihren Mandanten umfassende Beratung und Vertretung in allen Belangen des gewerblichen Rechtsschutzes.

www.hoyngrokhmonegier.com

ANZEIGE

JEBENS MENSCHING

KANZLEI MIT KLAREM FOKUS
BOUTIQUE FÜR DIE IMMOBILIENBRANCHE

Wir bieten sämtlichen Akteuren auf dem Immobilienmarkt seit knapp fünfzehn Jahren eine integrierte rechtliche, steuerliche und regulatorische Beratung aus einer Hand – effizient, persönlich und immer mit Blick auf Ihr unternehmerisches Ziel.

JEBENSMENSCHING.COM

JEBENS MENSCHING PartG mbB
Rechtsanwälte, Wirtschaftsprüfer, Steuerberater

Großer Burstah 45
20457 Hamburg
Germany

T +49 (0)40 3252166-0
F +49 (0)40 3252166-66
E info@jebensmensching.com

ANZEIGE

Wir beraten die Welt vor Ort.

Jones Day in Deutschland, das bedeutet über 30 Jahre Erfahrung in allen für Unternehmen relevanten Rechtsgebieten, Büros in Düsseldorf, Frankfurt und München, Servicebereitschaft, Kreativität und Flexibilität. Hervorragende Rechts- und Wirtschaftskenntnisse sind eine Selbstverständlichkeit. Unsere 100 deutschen Rechts- und Patentanwälte sind Teil einer globalen Sozietät mit mehr als 2.500 Anwälten in 42 Wirtschaftszentren. Unser weltweit einheitlicher Servicestandard vereint die höchsten lokalen Standards für unsere Mandanten.

www.jonesday.com

DÜSSELDORF	FRANKFURT	MÜNCHEN
DR. ULRICH BRAUER	SANDRA KAMPER	FRIEDERIKE GÖBBELS
PARTNER-IN-CHARGE	PARTNER-IN-CHARGE	PARTNER-IN-CHARGE
BREITE STRASSE 69	THURN-UND-TAXIS-PLATZ 6	PRINZREGENTENSTRASSE 11
40213 DÜSSELDORF	60313 FRANKFURT	80538 MÜNCHEN
TEL. 0211.5406.5500	TEL. 069.9726.3939	TEL. 089.2060.42200

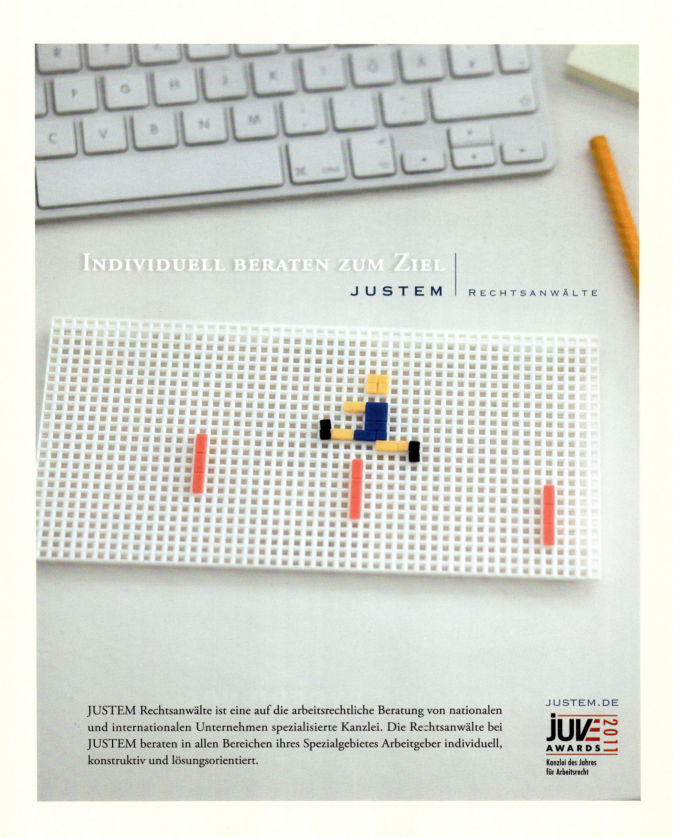

ANZEIGE

K&L GATES

DISCOVER.
DEVELOP.
THRIVE.

THE K&L GATES EXPERIENCE

www.klgates.com/DE-de

VORAUSDENKER

Beim Betreten von Neuland ist Weitsicht der beste Ratgeber.

Im rasanten Wandel der Wirtschaftswelt brauchen Unternehmen einen juristischen Partner, der nicht nur Schritt hält, sondern vorausdenkt. Mit innovativen Beratungsansätzen und einem in über 40 Jahren Praxis geschärften Weitblick verschaffen wir unseren Mandanten immer wieder einen Vorsprung im Wettbewerb. Und haben uns damit eine Top-Position unter den deutschen Wirtschaftssozietäten erarbeitet, im Baurecht die Marktführerschaft.

Die Basis dafür sind fachliche Exzellenz und tiefgreifendes unternehmerisches Verständnis. Vor allem aber: der unermüdliche Antrieb, gute Lösungen durch noch bessere abzulösen. Dies verbindet das gesamte Team unserer rund 160 Anwältinnen und Anwälte an sieben Standorten. Für zukunftsweisendes Denken bietet die Kapellmann Akademie wertvolle Impulse – aus unserer Praxis und speziell aus unserem umfangreichen Engagement in Forschung und Lehre.

Doch bei allem Blick nach vorn behalten wir stets das Wichtigste im Fokus: unsere Mandanten und ihre individuellen Anliegen. Ihre Herausforderungen nehmen wir sehr persönlich, und den Weg zur Lösung gehen wir partnerschaftlich an. Dafür schenken uns unsere Mandanten ihr größtes Lob – langfristiges Vertrauen.

UNSERE PRAXISGRUPPEN

- Bau- und Architektenrecht
- Recht des Anlagenbaus
- Immobilienwirtschaftsrecht
- Vergaberecht
- Handels- und Gesellschaftsrecht
- Kartellrecht und EU-Recht
- IP, IT und Datenschutz
- Arbeitsrecht
- Öffentliches Recht
- Wirtschaftsstrafrecht
- Bank- und Finanzierungsrecht
- Versicherungsrecht

Kapellmann und Partner Rechtsanwälte mbB

BERLIN   BRÜSSEL   DÜSSELDORF   FRANKFURT/MAIN   HAMBURG   MÖNCHENGLADBACH   MÜNCHEN   kapellmann.de

1885 in Atlanta gegründet, zählt King & Spalding LLP heute zu den führenden internationalen Wirtschaftskanzleien.

Mit mehr als 1.100 Rechtsanwälten an 23 Standorten in den Vereinigten Staaten, in Europa, in Asien sowie im Nahen Osten hat die Sozietät Mandate in über 160 Ländern auf sechs Kontinenten betreut. Zu unseren Mandanten, die wir oft seit Jahrzehnten beraten, zählt die Hälfte der 100 größten Unternehmen der Welt (Fortune 100).

Das Frankfurter Büro von King & Spalding berät unter Konzentration auf Beratungsfelder mit marktführender Expertise fokussiert in den Bereichen

- Investmentfonds
- Immobilienkapitalmarkt
- Finanzierung
- Steuerrecht
- Prozessvertretung/Schiedsverfahren/Streitbeilegung
- Life Sciences/Healthcare/Lebensmittelrecht
- M&A/Private Equity

Bei grenzüberschreitenden Mandaten überzeugen wir durch optimale Betreuung „aus einer Hand" unter effizienter Zusammenarbeit mit unseren lokalen Büros und den Experten unseres hervorragenden internationalen Netzwerks.

kslaw.com

ANZEIGE

Wir finden einen Weg.

www.klaka.com

Geistiges Eigentum ist richtungsweisend. Sein Schutz durch Patente, Marken und Designs ist wirksam, aber auch komplex. Für nationale wie für internationale Unternehmen finden wir Wege, ihr Recht effektiv durchzusetzen. Mit Kompetenz zum Erfolg.

Hochspezialisierte Anwälte. Große forensische Erfahrung. Internationale Reputation. Ständige Präsenz in Fachausschüssen und Fachmedien.

Effiziente, mandantenorientierte Lösungen für:

» Patentrecht
» Marken- und Designrecht
» Urheberrecht
» Wettbewerbs- und Kartellrecht
» Presse- und Medienrecht
» Lebensmittel- und Arzneimittelrecht

IP – effektiv!

**Delpstraße 4
81679 München**
Telefon: +49 (89) 99 89 190
Telefax: +49 (89) 98 00 36
E-Mail: info@klaka.com

ANZEIGE

KLEINER

Wir schaffen Klarheit

Mit Leidenschaft für Exzellenz, persönlicher Nähe zum Mandanten und echtem Interesse an seinen Produkten und Märkten sorgen wir für klare Verhältnisse. Im Alltagsgeschäft und bei der Vertretung vor Gericht.

Partnerschaftlich geprägt und digital up-to-date konzentrieren wir uns auf die Themen **Arbeitsrecht, Commercial, Corporate, Health Care, Intellectual Property, IT** und **Public.**

KLAR. KLEINER

KLEINER Rechtsanwälte Partnerschaftsgesellschaft mbB

Alexanderstraße 3
70184 Stuttgart
T +49 711 601708-0
F +49 711 601708-88
stuttgart@kleiner-law.com

Breite Straße 27
40213 Düsseldorf
T +49 211 302066-0
F +49 211 302066-11
duesseldorf@kleiner-law.com

www.kleiner-law.com

Im Arbeitsrecht eine Klasse für sich!

Wir finden immer eine Lösung. Mit Kreativität, Innovationskraft und viel Erfahrung bringen wir Sie auch unter schwierigsten Bedingungen sicher und zeitgerecht an Ihr Ziel. Mit Büros in Düsseldorf, Berlin, Frankfurt a.M., München und Hamburg beraten wir Sie deutschlandweit und – gemeinsam mit unseren Ius Laboris-Partnern – weltweit. Nähere Informationen zu unserer vielfach ausgezeichneten Kanzlei finden Sie unter **www.kliemt.de**

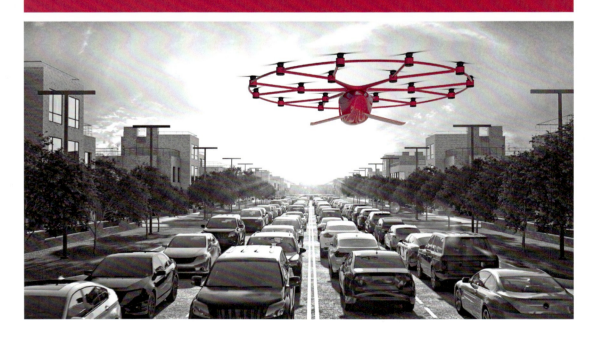

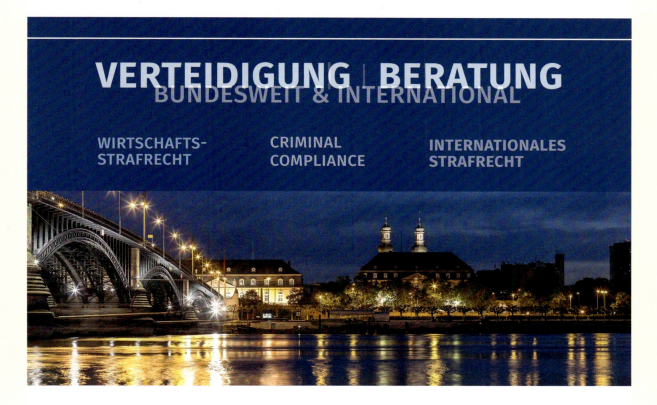

SVEN KRÜGER

RECHTSANWÄLTE

Medienrecht

Urheber- und Verlagsrecht

Gewerblicher Rechtsschutz

Dr. Sven Krüger LL.M.[1] • Inke Linde LL.M.[2,3]

[1] UT/Austin   [2] Stellenbosch   [3] in Anstellung

Große Elbstraße 14
22767 Hamburg

Telefon: +49 (0)40 41 43 98 0
Telefax: +49 (0)40 41 43 98 43
E-Mail: info@rechtschaffen.de

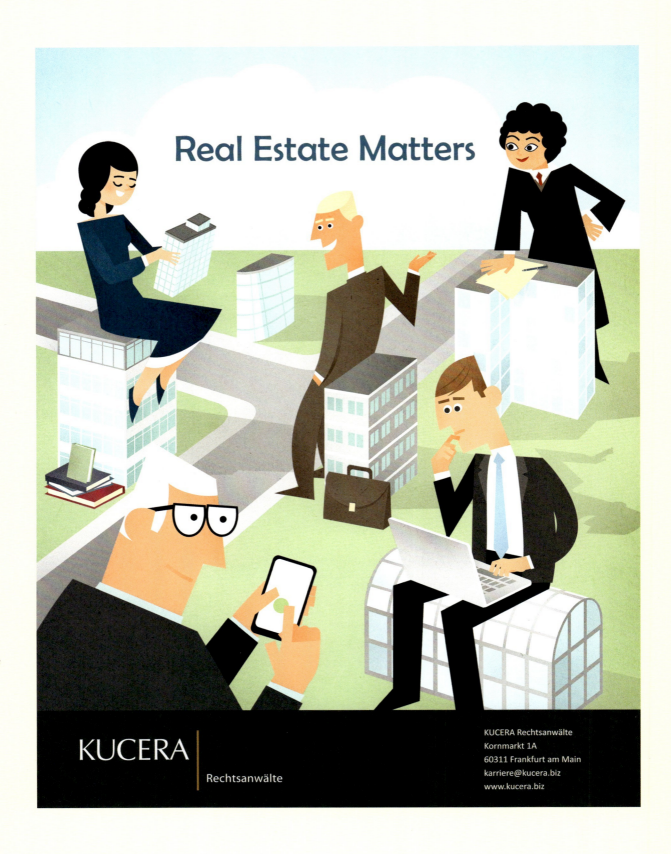

ANZEIGE

Geradeheraus war schon immer der kürzeste Weg.

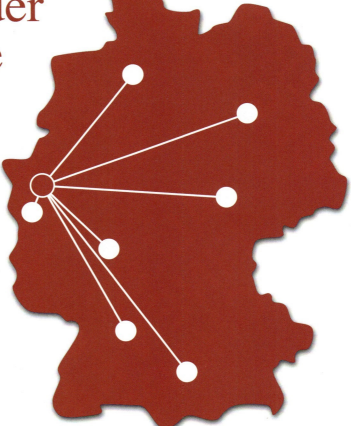

KÜMMERLEIN – die Wirtschaftskanzlei, die Klartext spricht.
Aus Essen für ganz Deutschland.

www.kümmerlein.de

KÜMMERLEIN
RECHTSANWÄLTE & NOTARE

IM MEDIAPARK 8A
50670 KÖLN
FON +49 221 949 927-0
INFO@LEITFELD-RECHT.DE

WIRTSCHAFT UND UMWELT
WETTBEWERB UND REGULIERUNG

Wir beraten Unternehmen in Wirtschaftssektoren, die in besonderem Maße staatlicher Regulierung ausgesetzt sind.

WWW.LEITFELD-RECHT.DE

ANZEIGE

Kompetenz im Wirtschafts- und Steuerstrafrecht

Wir sind eine der führenden Kanzleien auf dem Gebiet des Wirtschafts- und Steuerstrafrechts.

Für unsere Mandanten entwickeln wir individuelle und vor allem erfolgsorientierte Lösungen.

Wir stehen für Erfahrung, schnelle Reaktion und persönlichen Kontakt.

Von unserem Münchener Standort aus sind wir bundesweit und international tätig.

Herzogspitalstraße 5 • 80331 München
Tel. +49 89 231175-0 • Fax +49 89 231175-55
www.leitner-partner.de

ANZEIGE

Leo Schmidt-Hollburg Witte & Frank

Corporate/M&A
Real Estate
IP/IT
Employment/Restructurings

Hamburg · Frankfurt am Main   www.lswf.de

ANZEIGE

Begeisterung.
Erfahrung.
Teamwork.

LLR Rechtsanwälte PartG mbB
Mevissenstraße 15
50668 Köln
T +49 221 55400-0
koeln@llr.de
www.llr.de

Luther.

One firm. Global reach.

Bangkok, Berlin, Brussels, Cologne, Delhi-Gurugram, Dusseldorf, Essen, Frankfurt a.M., Hamburg, Hanover, Kuala Lumpur, Jakarta, Leipzig, London, Luxembourg, Munich, Shanghai, Singapore, Stuttgart, Yangon

Wir beraten in allen für Unternehmen, Investoren und die öffentliche Hand relevanten Rechts- und Steuerfragen. International sind wir über unyer aktiv, einer globalen Organisation führender Professional Services Firms, die exklusiv miteinander kooperieren.

Bangkok, Berlin, Brüssel, Delhi-Gurugram, Düsseldorf, Essen, Frankfurt a. M., Hamburg, Hannover, Jakarta, Köln, Kuala Lumpur, Leipzig, London, Luxemburg, München, Shanghai, Singapur, Stuttgart, Yangon

Rechts- und Steuerberatung | www.luther-lawfirm.com

ANZEIGE

WIR MACHEN IHNEN DAS RECHT EINFACH.

Mit rund 90 hochqualifizierten Rechtsanwält:innen unterstützt Sie LUTZ | ABEL da, wo Sie mit Ihrem Latein am Ende sind. Wir verteidigen Ihren Standpunkt konsequent, mit hervorragenden Branchenkenntnissen und entsprechenden Kapazitäten.

LUTZ | ABEL

Maikowski & Ninnemann
Patentanwälte • European Patent and Trademark Attorneys

Leitgedanken

Die persönliche Betreuung der Mandanten steht seit über 40 Jahren im Mittelpunkt unseres strategischen Denkens und Handelns. Entscheider in Unternehmen jeder Größe finden ihren direkten Ansprechpartner – das ist die Basis für ein persönliches Vertrauensverhältnis.

Sozietät

Maikowski & Ninnemann ist eine Sozietät von Patentanwälten mit Büros in Berlin, München, Leipzig und Frankfurt am Main. Im Zentrum stehen eine individuelle, mandantenorientierte Beratung und Vertretung mit dem Ziel, ein hohes Maß an fachlicher Qualität zu liefern – das gelingt nicht zuletzt durch ausgeprägte Einsatzbereitschaft und viel Freude an der Arbeit.

Unsere Tätigkeiten umfassen alle Kernbereiche des gewerblichen Rechtsschutzes wie Anmeldung, Verteidigung und Durchsetzung von Patenten, Gebrauchsmustern, Marken und Designrechten sowie die Betreuung in Lizenz-, Wettbewerbs- und Urheberrechtsfragen.

Kompetenzfelder

- Fahrzeug- und Maschinenbau
- Telekommunikation
- Medizintechnik
- Chemie, Biochemie und Biotechnologie
- Optik, Licht- und Feinwerktechnik
- Halbleitertechnologie
- Software

Patentanwälte • Partnerschaft mbB
Kurfürstendamm 54–55 • 10707 Berlin

TEL +49 30 881 81 81
FAX +49 30 882 58 23

E-MAIL office@maikowski-ninnemann.com
INTERNET www.maikowski-ninnemann.com

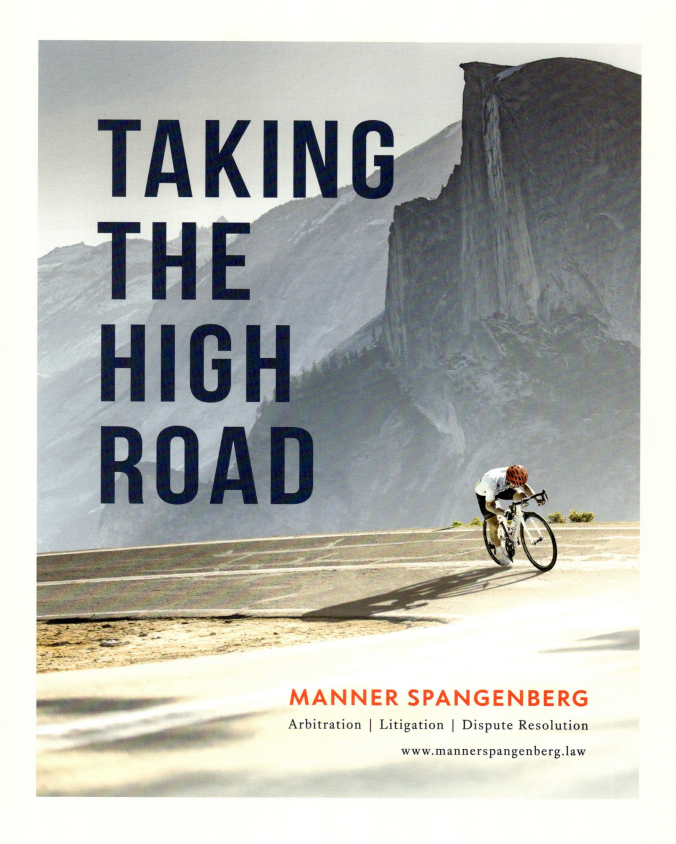

ANZEIGE

ANZEIGE

NORTON ROSE FULBRIGHT

Towards a greener economy

Wir begleiten Sie bei den Herausforderungen der Energiewende. Weil Energie uns alle angeht.

Weltweit voller Energie: Mehr als 20 Energy & Infrastructure-Anwältinnen und Anwälte in Hamburg, München und Frankfurt. Weitere 1.000 in Europa, Nordamerika, Afrika, dem Nahen Osten und in Asien-Pazifik. Vertrauen Sie bei Ihren nationalen und internationalen Transaktionen und Projekten auf unsere Beratung aus einer Hand.

M&A	Wind (Onshore, Offshore)
Projects, Project Finance	PV, Geothermie, Biomasse, Biogas
Regulatory	Speicherlösungen
Private Equity	Wasserstoff
Venture Capital, Growth Equity	Netzinfrastruktur
Tax	Digitale Lösungen, Software as a Service
IT/IP	eMobility, Clean Mobility
Dispute Resolution	Energieeffizienz

Weitere Informationen finden Sie auf www.nortonrosefulbright.com/energytransition

ANZEIGE

ANZEIGE

```
Web2 < Web3
DeFi ≠ TradFi
   IQ > AI
```

That's it. That's the tweet.

NOTOS

IP/IT Privacy Commercial Litigation
Frankfurt Darmstadt Berlin
www.notos.de

ANZEIGE

Als hochspezialisierte Sozietät in Frankfurt am Main beraten wir unsere Mandanten bei Unternehmenstransaktionen, im Gesellschafts- und Wirtschaftsrecht, Bank- und Kapitalmarktrecht und bei der Beilegung von Rechtsstreitigkeiten.

Bank- und Kapitalmarktrecht
Wir verbinden Produkt-Know-How mit rechtlicher Expertise für Banken und Finanzdienstleister.

DR. JOCHEN MITTAG
jochen.mittag@omf-law.com

M&A / Private Equity
Wir bieten die vollständige Transaktionsberatung aus einer Hand.

DR. THOMAS M. HOFACKER
thomas.hofacker@omf-law.com

Gesellschafts- und Wirtschaftsrecht
Wir beraten zu allen Aspekten des Gesellschafts- und Wirtschaftsrechts.

DR. KARL MARIA WALTER
karl.walter@omf-law.com

OMF OTTO MITTAG & PARTNER mbB – Rechtsanwälte, Steuerberater
MesseTurm | Friedrich-Ebert-Anlage 49 · 60308 Frankfurt am Main
Telefon: +49 69 450013-500 · www.omf-law.com

automatisiert
maßgeschneidert
bedarfs-orientiert

oppenhoff.eu/de/legaltech

Oppenhoff

ANZEIGE

»WIR SEHEN IN IHNEN ZUKÜNFTIGE PARTNERINNEN UND PARTNER.«

*Dr. Florian Schmidt-Volkmar,
Partner Kartellrecht*

OPPENLÄNDER
RECHTSANWÄLTE

Treten Sie in Kontakt mit uns, wir stehen Ihnen gerne persönlich zur Verfügung:
Dr. Christina Koppe-Zagouras koppe@oppenlaender.de 0711 / 601 87 - 160
Dr. Florian Schmidt-Volkmar schmidt-volkmar@oppenlaender.de 0711 / 601 87 - 262

ANZEIGE

ANZEIGE

Remote Work? Distance Work? Workation? Bevor der Name steht, steht schon unsere Lösung.

Remote Work Assistant: Vertrauen Sie auf ein Team, das Sie mit einer digitalen Lösung in die Lage versetzt, grenzüberschreitendes Remote Working ebenso sicher wie attraktiv zu gestalten. So schaffen wir gemeinsam mit Ihnen nachhaltige Werte und Vertrauen – heute und in Zukunft. www.pwc.de/workation

50 Jahre Sorgfalt und Leidenschaft – weil Ihre Idee schützenswert ist

Unsere starke und sorgfältig ausgewählte Gemeinschaft aus Patentanwälten, Rechtsanwälten und Patentingenieuren steht Ihnen in allen Fragen zum gewerblichen Rechtsschutz beratend zur Seite.

Seit über 50 Jahren sind wir erfolgreich für unsere Mandanten national und weltweit tätig, wobei wir mit höchstem Engagement Ihre Ziele gründlich, pünktlich und kosteneffizient umsetzen.

Unsere Kompetenzen

- Patent- und Gebrauchsmusterrecht
- Marke- und Designrecht
- Produktpiraterie und Zollgrenzbeschlagnahme
- Wettbewerbs- und Kartellrecht
- Domain-Recht
- IP-Transaktionen und Due Dilligence
- Lizenz- und Vertragsrecht
- Urheber- und Software-Recht
- Arbeitnehmererfindungsrecht

www.pruefer.eu
Sohnckestraße 12, 81479 München
Tel. +49 89 69 39 210

QUEDENFELD FÜLLSACK & PARTNER
Rechtsanwälte PartG mbB

Wir sind eine auf Wirtschafts- und Steuerstrafrecht sowie Steuerstreitverfahren spezialisierte Anwaltssozietät im Herzen Stuttgarts. Wir verteidigen Unternehmen und Privatpersonen. Neu hinzugekommen ist das IT-Recht, welches unsere Expertise und Schlagkraft insbesondere auch im Wirtschafts- und Steuerstrafrecht effektiv verstärkt.

Unser Leistungsspektrum im Schwerpunkt:

- Jahrzehntelange Hauptverhandlungserfahrung im Wirtschaftsstrafrecht
- Außergerichtliche Erledigung hochkomplexer Umfangsverfahren
- Beherrschung IT-lastiger Fälle dank überlegener technischer Kompetenz im Team
- Vetretung bei Vermögensabschöpfung und Unternehmensgeldbuße
- Spezialkompetenz Sozialversicherungsbetrug und Steuerstrafrecht
- Selbstanzeige als disziplinübergreifende Gesamtberatung mit der Erfahrung aus über 1.000 Fällen

Dr. Dietrich Quedenfeld
Fachanwalt für Strafrecht

Prof. Dr. Markus Füllsack
Fachanwalt für Steuerrecht

Axel G. Sauer
Fachanwalt für Strafrecht

Privatdozent Dr. Sebastian Bürger
LL.M. (Auckland)

Norbert Pfrenger
Master of Science (IT), Rechtsanwalt

NEU IN 2022: INFORMATIONSTECHNIK
IT-Recht, Datenschutz, Cybercrime

- Verteidigung im IT-Strafrecht (interdisziplinär inkl. IT-Forensik)
- Soforthilfe bei Datenpannen
- Digital Rights & Neue Medien
- Interdisziplinäre Beratung von Software-Entwicklern
- IT-Compliance: Analyse, Schulung, Audits

ANSCHRIFT
Quedenfeld Füllsack & Partner
Rechtsanwälte PartG mbB
Kronprinzstraße 30
70173 Stuttgart (Stadtmitte)

KOMMUNIKATION
Tel. +49.711.229314 - 0
Fax. +49.711.229314-10
info@qf-partner.de
www.qf-partner.de

ANZEIGE

GESTALTEN. MIT UNS.

RAUE

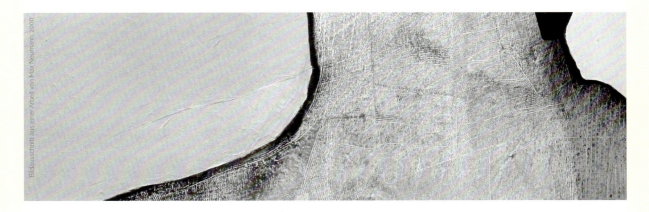

Wir gratulieren zu 25 Jahren herausragender Aus- und Einblicke!

Raue ist eine international tätige Wirtschaftskanzlei. Unsere Wurzeln liegen in Berlin: Hier begann vor über 40 Jahren die Geschichte der Kanzlei. Heute beraten wir vom Potsdamer Platz aus mit über 80 Anwälten unsere Mandanten bei Transaktionen, begleiten sie im operativen Geschäft und vertreten sie in Regulierungsverfahren und Prozessen. Im JUVE Handbuch sind wir seit den Anfängen vor 25 Jahren in den Rankings vertreten.

Unser Standort Berlin spiegelt unsere Stärken in staatlich regulierten Sektoren (Energie, Gesundheit, Medien und Telekommunikation), im Bereich Venture Capital und in der politiknahen Rechtsberatung wider. Besondere Erfahrung haben wir zudem in den Bereichen Immobilien und Infrastruktur sowie Kunst und Kultur. Diese Schwerpunktbranchen begleiten wir seit langem intensiv, verstehen die wirtschaftlichen und technischen Zusammenhänge und kennen die relevanten Akteure.

Die Vertretung von Mandanten in streitigen Auseinandersetzungen vor Gerichten aller Instanzen und in Schiedsverfahren ist ein zentraler Teil der Arbeit in sämtlichen Bereichen unserer Kanzlei.

Raue
Potsdamer Platz 1
10785 Berlin
Tel +49 30 818 550 0
info@raue.com
www.raue.com

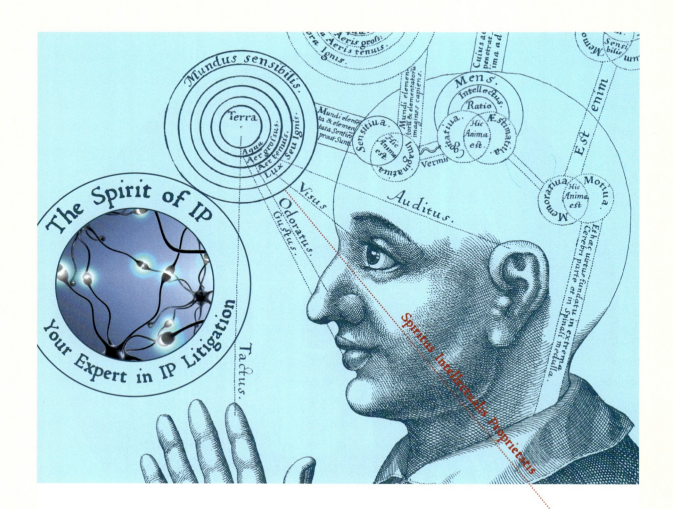

rospatt osten pross (IP)

INTELLECTUAL PROPERTY RECHTSANWÄLTE

Top Rankings.
International und
unabhängig.
IP-Experten seit
über 70 Jahren.

Partnerschaftsgesellschaft mbB
RheinOffice, Emanuel-Leutze-Str. 11
D-40547 Düsseldorf
Fon +49 211 57 72 45-0
www.rospatt.de

ANZEIGE

seitz

Weitblick, der

[ˈvaɪ̯tblɪk], Substantiv

die Fähigkeit, vorauszublicken, frühzeitig künftige Entwicklungen und Erfordernisse zu erkennen und richtig einzuschätzen

Arbeitsrecht
Gesellschaftsrecht
Steuern
seitz.digital

Seitz Partnerschaftsgesellschaft mbB
Aachener Straße 621 · D-50933 Köln
Telefon +49 221 5 69 60-0

www.seitzpartner.de

SEUFERT RECHTSANWÄLTE

Mit einem **breiten Spektrum wirtschaftsrechtlicher Kompetenz,** hochspezifischer Branchenexpertise und einer ausgewiesenen Stärke im Öffentlichen Recht eröffnen wir Unternehmen ebenso wie der öffentlichen Hand auch in einem oft eng regulierten Umfeld die **Handlungsfreiheit, die sie für ihren Erfolg** benötigen.

Insbesondere in den **Branchenschwerpunkten Health Care, Bau, Rohstoffe, Energie** und **Recycling** steuern wir unsere Mandanten vielfach schon seit Jahrzehnten effizient durch das zunehmend dichtere Regelungsgeflecht.

Erwerber und Veräußerer aller Branchen schätzen unsere **versierte Transaktionsbegleitung**. Das herausragende Know-how von Seufert Rechtsanwälte in **Krankenhausverfahren** ist marktbekannt.

Als langjähriges Mitglied des angesehenen **Kanzleinetzwerks advoc** bieten wir unseren Mandanten auch **international erstklassige wirtschaftsrechtliche Beratung.**

Arbeitsrecht
Baurecht
Finanzierung
Gesellschaftsrecht & Transaktionsberatung
Gesundheitsrecht
Gewerblicher Rechtsschutz
Handelsrecht
IT-Recht
Kapitalmarktrecht
Kartellrecht & Fusionskontrolle
Öffentliches Recht
Sanierung & Insolvenz
Unternehmensnachfolge & Erbrecht
Vergaberecht
Versicherungsrecht

Residenzstraße 12
80333 München
Telefon +49 89 29033-0
munich@seufert-law.de

Markt 10
04109 Leipzig
Telefon +49 341 58927-0
leipzig@seufert-law.de

advoc

www.seufert-law.de

ANZEIGE

Fortschrittlich.

Innovation und Beständigkeit sind keine Widersprüche. Nur wer die Vergangenheit kennt und den Mut besitzt, sie zu bewahren, kann die Zukunft gestalten. Diese Haltung zeichnet uns als Kanzlei und Berater aus.

Unternehmen. Besser. Machen.

www.schneidergeiwitz.de

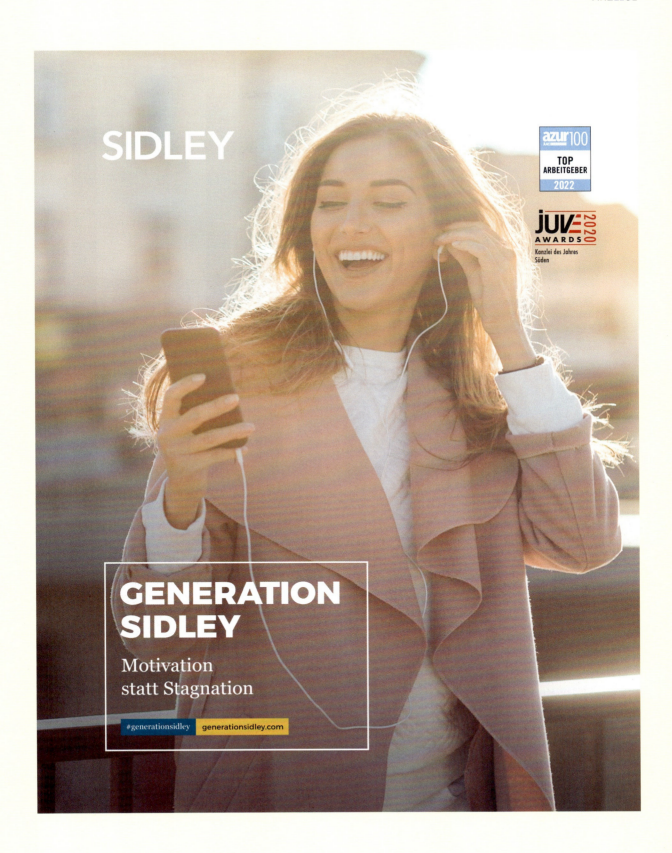

ANZEIGE

Wandel
Wandel
Wandel
Wandel

**Ihre Herausforderungen von morgen
sind unser Antrieb von heute.**

skwschwarz.de

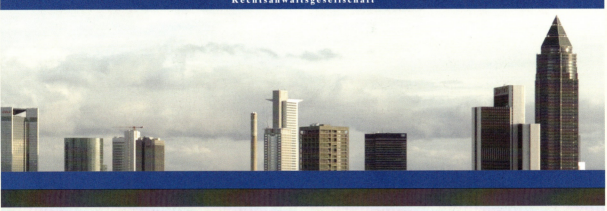

S|M|N|G

Rechtsanwaltsgesellschaft

SMNG ist eine der bundesweit führenden Kanzleien in den Bereichen des privaten Baurechts, des Immobilienwirtschaftsrechts, des Vergaberechts und des Anlagenbaus. Zum Mandantenkreis zählen Investoren und Projektentwickler, Unternehmen des Baugewerbes und der Bauindustrie, Privatinvestoren, öffentliche Auftraggeber, Architekten, Ingenieure und Systemhäuser.

Die Kanzlei berät zu allen Rechtsfragen im Zusammenhang mit der Planung, Ausschreibung und Vergabe bis hin zur Ausführung, Abnahme und Abrechnung sowie zu Gewährleistungsfragen in Verbindung mit dem Besicherungsmanagement und der Immobilienbewirtschaftung. Das Architekten- und Ingenieurrecht sowie das Vergaberecht und das gewerbliche Mietrecht werden von Fachabteilungen bearbeitet; gleiches gilt für das öffentliche Baurecht. Durch das Notariat bietet SMNG die Möglichkeit, insbesondere Immobilientransaktionen abzuwickeln. Hervorzuheben sind zudem die Aktivitäten im Rahmen der Schiedsgerichtsbarkeit. Vor dem Hintergrund der Spezialisierung besitzen zahlreiche Anwältinnen und Anwälte bei SMNG die Zusatzqualifikation als Fachanwalt für Bau- und Architektenrecht bzw. artverwandte Fachanwaltsqualifikationen.

SMNG ist aus der im Jahr 1992 gegründeten Schilling, Dr. Marbach, Niemöller, Dr. Griem & Partner GbR hervorgegangen.

SMNG Rechtsanwaltsgesellschaft mbH
Königsberger Straße 2; 60487 Frankfurt am Main
Telefon: 069 / 247013-0; Telefax: 069 / 247013-24
E-Mail: kanzlei@smng.de; www.smng.de

SMNG Rechtsanwaltsgesellschaft mbH
Hansaring 20, 50670 Köln
Telefon: 0221 / 58946227; Telefax: 0221 / 58946228
E-Mail: koeln@smng.de; www.smng.de

ANZEIGE

Local Connections.
Global Influence.

Seit unserer Gründung im Jahr 1886 fühlen wir uns der umfassenden Beratung von Unternehmern verpflichtet und zählen mit unseren 1.500 Anwältinnen und Anwälten an über 40 Standorten auf vier Kontinenten zu den weltweit führenden internationalen Wirtschaftskanzleien.

Unsere Sozietät berät nationale und internationale Unternehmen in allen Bereichen des Wirtschaftsrechts und verfügt über einen herausragenden Public Policy Bereich mit weitreichenden Beziehungen in Washington D.C. und Brüssel. Darüber hinaus bieten wir mit unserer globalen German Practice eine deutschsprachige Beratung an den größten Wirtschaftsmärkten der Welt an und unterstützen unsere Mandanten mit einem Ansprechpartner in nahezu jeder Zeitzone.

Wir kombinieren umfassende juristische Expertise mit hervorragenden wirtschaftlichen Kenntnissen und vorausschauendem unternehmerischem und politischem Denken. Die langfristige Zusammenarbeit mit unseren Mandanten ist geprägt von gegenseitigem Vertrauen, individuellen und kreativen Lösungsansätzen und gemeinsamen Erfolgen.

Berlin
Unter den Linden 14
10117 Berlin
T +49 30 72616 8000

Böblingen (Stuttgart)
Herrenberger Straße 12
71032 Böblingen
T +49 7031 439 9600

Frankfurt am Main
Eurotheum, Neue Mainzer Straße 66-68
60311 Frankfurt am Main
T +49 69 1739 2400

squirepattonboggs.com

ANZEIGE

stetter
maximum protection

„Wir erzielen Resultate, die andere nicht im Blick hatten oder für unmöglich gehalten hätten."

Sie wachsen rasant, sind in einer Krise oder wollen rechtswidrige Angriffe abwehren? Ihr Ziel ist in jedem Fall profitable Kontinuität Ihres Geschäfts, erfolgreiches Management Ihrer Reputation und unternehmerischer Spielraum? Dafür suchen Sie nach Lösungen – schnell, nachhaltig, international?

Wir sind eine hochspezialisierte Kanzlei für internationales Wirtschaftsstrafrecht und haben seit unserer Gründung eine Vielzahl großer Mandate betreut. Ihr Vorteil: Ein agiles, kreatives und beharrliches Team. **Wir freuen uns auf die Zusammenarbeit mit Ihnen!**

Wirtschaftsstrafrecht | Steuerstrafrecht | Geldbußen / Abschöpfung | Compliance

stetter Rechtsanwälte
Amiraplatz 3
Im Luitpoldblock
80333 München
Germany

Tel. +49 (0)89 1 39 27 91-0
info@stetterlegal.com
www.stetterlegal.com

„We achieve results that others would not have thought of or would have considered impossible."

You are growing rapidly, facing a crisis or wish to fend off unlawful attacks? If your goals are to continue in business profitably and to successfully manage your reputation and entrepreneurial freedom, then you will need solutions that are quick, sustainable and global.

We are a highly specialized law firm in the field of international white-collar crime. Since our foundation, we have handled a multitude of complex mandates. Your benefit: an agile, creative and persistent team. **We are looking forward to working with you!**

White Collar Crime | Tax Crime | Fines/Disgorgement | Compliance

STREITBÖRGER.

| Rechtsanwälte
| Steuerberater
| Notare

Wir Streitbörger.

Wir glauben, dass nur persönliche Verantwortung Sicherheit schaffen kann.

Jede Herausforderung mit unseren Mandanten zu meistern – das sehen wir als unsere persönliche Aufgabe. Mit Leidenschaft, Kreativität und einer breit gefächerten Expertise halten wir ihnen in allen juristischen Fragen den Rücken frei.

Mit mehr als 70 Rechtsanwälten, Steuerberatern und Notaren sind wir Streitbörger eine der größten Sozietäten in Nordrhein-Westfalen und Brandenburg.

Wir verstehen uns als Unternehmer und als Mittelständler – und das prägt unsere Haltung: Wir übernehmen persönliche Verantwortung.

Bielefeld · Düsseldorf · Hamm · Lingen · Münster · Potsdam

www.streitboerger.de

ANZEIGE

29 Anwälte und Anwältinnen und nur 1 Thema.

KÖLN
Wilhelm-Schlombs-Allee 7–11
50858 Köln

BERLIN
Kurfürstendamm 59
10707 Berlin

MÜNCHEN
Seitztstraße 8e
80538 München

www.steueranwalt.de   Rechtsanwälte Steuerberater Partnerschaft mbB

ANZEIGE

KOMPETENZ SCHAFFT VERTRAUEN

|tdwe|

THOMAS · DECKERS · WEHNERT · ELSNER · RECHTSANWÄLTE

WIRTSCHAFTSSTRAFRECHT
STEUERSTRAFRECHT

Wasserstraße 13 · 40213 Düsseldorf
Telefon: 0211.86 50 60 · Telefax: 0211.86 50 650
E-Mail: email@tdwe.de · Internet: www.tdwe.de

ANZEIGE

T/S/C
FACHANWÄLTE FÜR ARBEITSRECHT

Wir sind eine hoch spezialisierte Partnerschaft von Fachanwälten, die ausschließlich arbeitsrechtliche Mandate betreut.

- eine der führenden Kanzleien im Bereich Arbeitsrecht
- bundesweite Beratung und Betreuung
- Prozessvertretung bis zum Bundesarbeitsgericht und EuGH
- umfassende Erfahrung in Massenverfahren
- maßgeschneiderte Lösungen für Mandanten
- schnelle, präzise, effiziente und ergebnisorientierte Arbeitsweise

Carl-Bertelsmann-Straße 4
33332 Gütersloh
Telefon +49 52 41 90 33-0
Telefax +49 52 41 148 59
E-Mail info@t-s-c.eu
www.t-s-c.eu

ANZEIGE

UEXKÜLL +STOLBERG
Advocates for your ideas

**CHEMIE
PHARMAKOLOGIE**

**BIOTECHNOLOGIE
BIOWISSENSCHAFTEN**

Wir machen uns stark für gute Ideen. Als Spezialisten im Patent-, Marken- und Designrecht beraten wir seit 1958 unsere Mandanten zu allen juristischen Fragen des geistigen Eigentums: Anmeldung, Verfolgung und Durchsetzung von Patenten, Marken, Designs und anderer gewerblicher Schutzrechte.

**ELEKTRONIK
MASCHINENBAU**

**MARKEN
GESCHMACKSMUSTER
WETTBEWERBSRECHT**

UEXKÜLL +STOLBERG
Partnerschaft von Patent- und Rechtsanwälten PartmbB
WWW.UEX.DE

ANZEIGE

verte.net

DIE SITUATION IST |VERFAHREN | BETREUEN WIR AUSGEZEICHNET

Experten für Wirtschaftsstrafrecht

JUVE AWARDS 2018
Kanzlei des Jahres für Wirtschafts- und Steuerstrafrecht

verte | rechtsanwälte
WIR. UNTERNEHMEN. VERTEIDIGUNG.

ANZEIGE

WALDECK RECHTSANWÄLTE

» **excellence together**

UNSERE STÄRKE IST GEMEINSAMKEIT. UNSERE QUALITÄT IST EXZELLENZ.

Denn gemeinsam im Team und zusammen mit unseren Mandanten finden wir die beste Lösung. Individuell, intelligent und außergewöhnlich. Wir denken in Fähigkeiten, statt in Hierarchien. Darum bringen wir Menschen und ihre Kompetenzen passgenau mit den richtigen Aufgaben zusammen. Weil Erfolg dort entsteht, wo Expertise sich mit Agilität verbindet. Weil das Wir den Wert macht. Und weil die besten Ideen im Miteinander entstehen.

BANKING, INFRASTRUCTURE, IT/OUTSOURCING, M&A CORPORATE

WALDECK.EU

WALDECK RECHTSANWÄLTE
Beethovenstraße 12 – 16, 60325 Frankfurt am Main

Klar positioniert.
Wildanger ist seit über 50 Jahren auf den Schutz und die Durchsetzung geistigen Eigentums spezialisiert. Von Beginn an haben wir den herausragenden Ruf Düsseldorfs als dem führenden Gerichtsstandort für Patentverletzungsprozesse in Europa entscheidend mitgeprägt.

Neben unserer anerkannten Expertise im Patentrecht steht Wildanger auch im Marken-, Design-, Wettbewerbs- und IP-Vertragsrecht für herausragende Beratung und Prozessführung. Viele Verfahren, an denen wir maßgeblich beteiligt waren, haben zu bedeutenden Grundsatzentscheidungen geführt.

Ein starkes Team.
Wildanger ist ein Team ausgewiesener Spezialisten. Nationale und internationale Mandanten aus allen Branchen - u.a. Telekommunikation und Pharma - vertrauen auf unser herausragende Kompetenz in Beratung und Prozessführung.

Wildanger Kehrwald Graf v. Schwerin
& Partner mbB Rechtsanwälte

Couvenstraße 8
40211 Düsseldorf
Germany

Telefon +49(0)211/4 97 67 830
Telefax +49(0)211/4 93 02 65
E-Mail mail@wildanger.eu
Internet www.wildanger.eu

Wildanger – entscheidend anders.

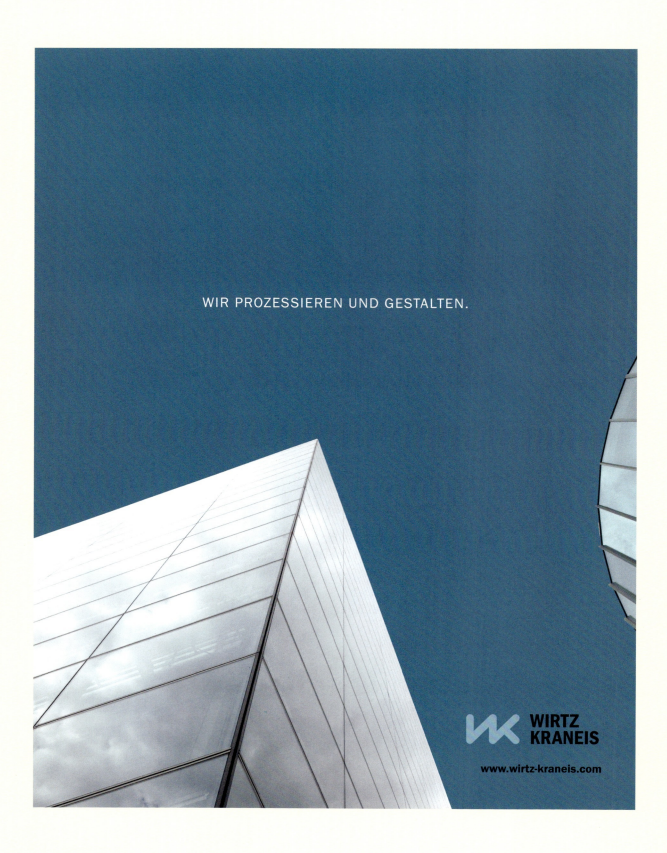

ANZEIGE

YPOG

Change the Game with us.

Mit YPOG werden aus visionären Ideen echte Veränderungen.
Dafür sorgen unsere Mandant:innen gemeinsam mit unseren Expert:innen aus den Bereichen Steuern, Fonds, Transaktionen, Corporate, Litigation, Financial Services sowie IP/IT und notarielle Dienstleistungen.

Werde Teil eines Teams, auf das du dich verlassen kannst und mit dem du die Zukunft von Unternehmen, ganzen Branchen und deine persönliche Karriere gestaltest.

🌐 ypog.law

Berlin
Hamburg
Köln

Herzenssache

10 Jahre JUVE in Österreich

Das feiern wir! Ein ausführliches Special finden Sie in unserer Jubiläumsausgabe des **JUVE Magazin für Wirtschaftsjuristen in Österreich.**

Lesen Sie das Jubiläumsheft (Ausgabe Juli | August 2022) als E-Paper oder bestellen Sie die Printausgabe auf juve.de.

JUVE Handbuch
2022 | 2023

REGIONEN

274 Norden
- Hamburg 275
- Bremen 286
- Mecklenburg-Vorpommern 289
- Niedersachsen 290
- Schleswig-Holstein 293

313 Osten
- Berlin 314
- Land Brandenburg 320
- Sachsen 321
- Thüringen/Sachsen-Anhalt 325

331 Westen
- Düsseldorf 332
- Köln 341
- Nordrhein-Westfalen 346

444 Brüssel

368 Frankfurt und Hessen
- Frankfurt 369
- Hessen 382

389 Südwesten
- Stuttgart 390
- Baden-Württemberg 395
- Rheinland-Pfalz/Saarland 400

422 Süden
- München 423
- Bayern 434

In den Regionalkapiteln finden Sie Kanzleien, die nach der Recherche der JUVE-Redaktion in ihrer Region eine besondere Bedeutung und Reputation genießen. Sie bieten typischerweise Beratung und Vertretung in vielen Sparten des Wirtschaftsrechts an. Bitte beachten Sie aber ggf. ▶Verweise auf eine detaillierte Besprechung in den Rechtsgebietskapiteln im Anschluss.

Das JUVE Handbuch finden Sie auch online: **juve.de/juve-rankings/deutschland**

Region: Norden

(Hamburg, Bremen, Mecklenburg-Vorpommern, Niedersachsen, Schleswig-Holstein)

- 275 Hamburg
- 286 Bremen
- 289 Mecklenburg-Vorpommern
- 290 Niedersachsen
- 293 Schleswig-Holstein

Hamburg: Die Zeichen stehen auf Zukunft

Der Hamburger Beratermarkt erweist sich nach zwei Krisenjahren als resilient. Zwar gingen weniger Boutiquen und Spin-offs als in den Vorjahren an den Start, doch haben sich die Kanzleien trotz hohem Arbeitsaufkommen verstärkt mit sich selbst, ihren Strukturen und Zukunftsaussichten auseinandergesetzt. Ein Grund dafür ist der anhaltende Personalmangel. Lange galt der Hamburger Markt als relativ entspannt, mittlerweile klagt aber der überwiegende Teil der Kanzleien über fehlenden Nachwuchs. Doch junge Anwälte werden von vielen dringend benötigt, insbesondere weil bei Traditionskanzleien wie **Esche Schümann Commichau** oder **Huth Dietrich Hahn** der Generationswechsel in vollem Gange ist. Schnell wachsende MDP-Kanzleien befeuern den Wettbewerb um die besten Talente zusätzlich. Ihr Geschäftsmodell ist in Hamburg schon lange erfolgreich: Denn Kanzleien wie **BRL Boege Rohde Luebbehuesen** und **Möhrle Happ Luther** aber auch **Baker Tilly** fokussieren sich auf die Bedürfnisse des hier verankerten Mittelstands.

Eine Besonderheit des Markts bleiben die vielen Freshfields-Spin-offs wie **Renzenbrink & Partner** oder **Neuwerk**. Mit **Vesthaus** startete im August 2021 eine weitere Kanzlei, deren Gründer eine Freshfields-Vergangenheit haben, dieses Mal mit starkem Legal-Tech-Einschlag. Das Konzept scheint dem Nachwuchs zu gefallen, denn die junge Einheit wuchs schnell.

Die lokaltypische maritime Wirtschaft bleibt volatil, nicht zuletzt wegen der gestörten Logistikketten. Kanzleien wie **Watson Farley & Williams** und **Lebuhn & Puchta** kurbelten mit Schiffsfinanzierungen den Markt wieder an und Hapag-Lloyd investierte mit **Allen & Overy** in einen Tiefwasserhafen.

Die globale Energiekrise bescherte den norddeutschen Beratern durch ihren Standortvorteil ebenfalls Geschäft. Die Teams von **Freshfields Bruckhaus Deringer** und **DLA Piper** waren im Offshore-Windenergie-Bereich gefragt. Und **CMS Hasche Sigle** beriet nicht nur das Bundesministerium für Wirtschaft und Klimaschutz bei der Uniper-Rettung, sondern war auch mit **White & Case** an der Seite eines Konsortiums gesetzt, das sich beim geplanten LNG-Terminal in Stade engagiert. Daneben blüht das Start-up-Geschehen in Hamburg allmählich auf. Das bringt etablierten Start-up- und Venture-Capital-Beratern wie **Honert** neues Geschäft. Aber auch Kanzleien wie **Corvel** und **Buse** nutzen die Gelegenheit, um sich stärker zu profilieren.

Bremen: Führende Kanzlei zerbricht

Während es personell in Hamburg eher ruhig zuging, verabschiedete sich in Bremen eine weitere führende Traditionskanzlei aus dem Markt. Nachdem sich Schütte Richter 2021 mit **Blaum Dettmers Rabstein** zusammentat, sorgte im Sommer das Team von **Büsing Müffelmann & Theye** für ein Beben: Der Großteil der etablierten Partner macht als **Loyfort** weiter, andere schlossen sich **Ahlers & Vogel** und der Immobilienkanzlei **Ganten Hünecke Bieniek & Partner** an. Die übrigen Kanzleien zeigten sich gewohnt solide und profitierten insbesondere vom steigenden Bedarf notarieller Leistungen.

Die folgenden Kapitel behandeln Kanzleien, die in ihrer Region eine besondere Bedeutung und Reputation genießen. Typischerweise decken diese Kanzleien viele Teilbereiche des Wirtschaftsrechts ab. Eine tabellarische Übersicht erfasst ergänzend regional ansässige und auf nur wenige Fachgebiete ausgerichtete Kanzleien. Die Übersicht weist zugleich die Fachkapitel aus, in denen Informationen zu diesen Kanzleien zu finden sind.

JUVE KANZLEI DES JAHRES IM NORDEN

BLAUM DETTMERS RABSTEIN

Vor allem das Bremer Büro dieser ur-hanseatischen Kanzlei nötigte Wettbewerbern zuletzt Respekt ab. Einer Fusion mit dem hoch angesehenen Anwaltsnotariat Schütte Richter folgte eine bemerkenswert schnelle Integration der Neupartner. Deren steuerrechtliche Kompetenz erweist sich nicht nur in Mandaten als Gewinn, sondern auch weil nun erfahrene Partner bereitstehen, die den weiteren Aufbau der Praxis in Angriff nehmen können. Beides ist insbesondere für die Corporate-Arbeit ein Mehrwert. Hier zählt BDR dank eines starken Notariats, internationaler Erfahrung und Partnern wie **Dr. Götz Grevesmühl** und **Dr. Andreas Holzhüter** – die zugleich für den gelungenen Generationswechsel stehen – in Bremen zu den unbestrittenen Marktführern. Die regelmäßige Arbeit für C. Melchers oder die Beratung von Eurogate beim Einstieg von Hapag-Lloyd beim Jadeweserport untermauern diese Position. Mit Hamburg verbindet die Bremer nicht nur die erfolgreiche gesellschaftsrechtl. Beratung, sondern vor allem die Stärke im Logistiksektor, der an beiden Kanzleistandorten eine wichtige Rolle spielt. Dass ein jüngerer Bremer Anwalt inzwischen teils in Zusammenarbeit mit einer E-Commerce-Spezialistin im Hamburger Büro das Feld IT u. Datenschutz erobert, deutet zudem an, dass sich die standortübergreifende Zusammenarbeit auch jenseits der Kernbranche verbessert.

Hamburg

ADDLESHAW GODDARD
Hamburg ★

Bewertung: Mit ihrem Fokus auf die Beratung des dt. u. internat. Mittelstands sowie von Familiy Offices etabliert sich die brit. Kanzlei immer besser im HHer Markt, wo auch das Herz ihrer gesellschaftsrechtl. dt. Praxis schlägt. Konsequent richtet AG ihr Angebot an den Bedürfnissen ihrer mittelständ. Kernklientel aus: Dazu gehört insbes. auch ein aktives Arbeitsrechtsteam, das bei Transaktionen u. Markteintritten, u.a. eines US-Medizinprodukteherstellers, eine wichtige Rolle spielt, aber auch über eine wachsende eigenständige Mandatsbasis verfügt. Von HH aus treibt AG ihre weitere Expansion in Dtl. voran, die neuen Büros in Frankfurt u. München arbeiten von Anfang an eng verzahnt u. ergänzen fachl. das Angebot. Das Münchner Team steuert nun zusätzl. Know-how im Beihilfe-, Kartell- u. Vergaberecht bei u. verstärkt die IP-Praxis deutlich, zudem werden aus Frankfurt etwa Compliance, Steuer- u. Vertriebsrecht abgedeckt. Damit bietet AG nun bundesweit die Fachgebiete an, die sie braucht, um weitere Mandanten aus dem starken internat. Netzwerk zu überzeugen. Gelingt ihr hier eine gute Verzahnung, könnte die Kanzlei im Markt noch präsenter werden.

Oft empfohlen: Eckart Budelmann, Dr. Hubertus Schröder (beide M&A), Dr. Jan-Oliver Schrotz („sehr prägnante u. fokussierte Schriftsätze, unkomplizierte Abstimmung, gutes taktisches Prozessverständnis", Wettbewerber; Vergaberecht).
Team: 7 Partner, 3 Counsel, 7 Associates
Schwerpunkte: V.a. lfd. gesellsch.rechtl. Beratung von mittelständ. Unternehmen u. Family Offices, oft auch zu Transaktionen u. Beteiligungen. Zudem arbeitsrechtl. Praxis, u.a. auch transaktionsbegl. für Unternehmen sowie Führungskräfteberatung. Zudem Finanzierungsberatung, IP-, IT- u. Datenschutzrecht sowie eine vertriebsrechtl. Praxis. Neben gesellschaftsrechtl. Prozessen auch Schiedsverfahren.
Mandate: Juers Pharma bei Verkauf an German Pharma Wholesale; Alfmeier-Gesellschafter bei €177,5-Mio-Verkauf der Automotive-Sparte an Gentherm; Octopus Energy bei Kauf von Kundenportfolio; ProLogium bei Joint Venture mit OEM; Team17 bei €100-Mio-Kauf von Astragon; Hitachi Credit bei Leasingfinanzierungen; Leggett & Platt zu Lieferkettenfinanzierung; Silva Viridis zu Finanzierungsrunden u. gesellschaftsrechtl.; Inflexion u.a. bei arbeitsrechtl. Due Diligence; Onlinefinanzplattform bei Compliance-Untersuchung; Onlinespieleanbieter bei Umstrukturierung; US-Medizinprodukteherstelller arbeitsrechtl. bei Markteintritt.

AHB ARENDS HOFERT BERGEMANN
Hamburg ★★

Bewertung: Die HHer Kanzlei ist mit ihrer eng verzahnten gesellschafts- u. steuerrechtl. Beratung eine feste Adresse für Immobilientransaktionen. Darauf vertrauen seit vielen Jahren Investoren wie Patrizia, Paribus u. der israel. Fonds Mideal. Letzterer setzte zuletzt beim Kauf von 6 Metro-Märkten (€260 Mio) auf die Kanzlei. Daneben verleiht AHB ihr Know-how bei der Beratung internat. Projektfinanzierungen, insbes. der interdiszipl. Due Diligence für internat. Exportkreditagenturen, ein besonderes Profil ggü. anderen örtl. Corporate-Boutiquen. Die enge Kooperation mit EY, die sie dabei pflegt, ist regelm. bei Energieprojekten gefragt, zuletzt bspw. erstmals beim Projektentwickler Neom zur Finanzierung einer Basisinfrastruktur für Zugtunnel in Saudi-Arabien. In ihrer personellen Entwicklung spiegelt sich der geschäftl. Erfolg allerdings nicht wider: Nachdem eine erst 2020 ernannte Partnerin u. ein Associate die Kanzlei verlassen haben, steht AHB vor der Herausforderung, ihre Wachstumspläne umzusetzen.

Oft empfohlen: Dr. Volker Arends (Immobilienrecht), Dr. Henrik Bergemann, Dr. Sebastian Hofert von Weiss (beide Projektfinanzierungen), Dr. Felix Reiche (Steuerrecht), Dr. Benjamin Waitz („sehr erfahrener Verhandler", Wettbewerber; M&A)
Team: 6 Eq.-Partner, 5 Associates
Partnerwechsel: Jeannine Drossart (unbekannt); Immobilienrecht)
Schwerpunkte: Gesellschaftsrecht/M&A, Finanz- u. Immobilienrecht sowie Steuer- (insbes. Transaktionssteuern) u. Arbeitsrecht. Mandanten u.a. aus den Branchen Immobilien, erneuerbare Energien, Logistik. Koop. mit EY bei Tragfähigkeitsgutachten für Exportkredite.
Mandate: BLS Bike Leasing bei Verkauf an Brockhaus Technologies; Mideal bei Kauf von 6 niederl. B.V.-Gesellschaften; Neom Spine Infrastructure bei Finanzierung für Zugtunnel; lfd. gesellschaftsrechtl.: Paribus Fondsdienstleistung, Patrizia, 3L Ludvigsten, Clou Container Leasing, HGA Real Estate, HJD Holding.

ALLEN & OVERY
Hamburg

Detaillierte Informationen zu dieser Kanzlei finden Sie in den jeweiligen Fachkapiteln sowie im ▷Nationalen Überblick Top 50.
Bewertung: Einige sehr erfahrene Corporate-Partner im HHer Büro für Gesellschaftsrecht, M&A u. Private Equity, die insbes. auch für gute Skandinavien- u. Schifffahrtskontakte sowie Verbindungen zur Energiebranche bekannt sind. Dazu sehr respektierte Kartellrechtspraxis u. internat. ausgerichtete Arbeits- u. Immobilienrechtler.
Team: 9 Partner, 5 Counsel, 27 Associates
Schwerpunkte: ▷Arbeit; ▷Energie; ▷Gesellsch.recht; ▷Immo/Bau; ▷Kartellrecht; ▷Konfliktlösung; ▷M&A; ▷Private Equ. u. Vent. Capital.
Mandate: Siehe Fachkapitel.

ARNECKE SIBETH DABELSTEIN
Hamburg ★

Bewertung: Das HHer Büro der Kanzlei genießt für die transport- u. versicherungsrechtl. Beratung der maritimen Branche hohes Ansehen. Regelm. kommt ASD in Seeversicherungsfällen u. im Großschadenmanagement zum Einsatz. Im Immobilienrecht hat das HHer Büro mit einem Partnerzugang von BDO

Hamburg

★★★★★
Freshfields Bruckhaus Deringer

★★★★★
CMS Hasche Sigle
Latham & Watkins

★★★★
Hogan Lovells
Taylor Wessing

★★★★
Allen & Overy
DLA Piper
Esche Schümann Commichau
Heuking Kühn Lüer Wojtek
White & Case

★★★
BRL Boege Rohde Luebbehuesen
Görg
GvW Graf von Westphalen
Luther
Möhrle Happ Luther
Noerr
Norton Rose Fulbright
Renzenbrink & Partner
Watson Farley & Williams
Zenk

Fortsetzung nächste Seite

REGION NORDEN HAMBURG

Hamburg Fortsetzung

AHB Arends Hofert Bergemann
Brödermann Jahn
Buse
Corvel
Gleiss Lutz
Honert
Huth Dietrich Hahn
Lebuhn & Puchta
Leo Schmidt-Hollburg Witte & Frank
Linklaters
Neuwerk
Raschke von Knobelsdorff Heiser
Schmidt-Jortzig Petersen Penzlin
Schulz Noack Bärwinkel
Voigt Wunsch Holler

Addleshaw Goddard
Arnecke Sibeth Dabelstein
Baker Tilly
Blaum Dettmers Rabstein
Ehlermann Rindfleisch Gadow
Fieldfisher
GSK Stockmann
Krohn
Lutz Abel
Osborne Clarke
Riverside
Weisner Partner

Die Auswahl von Kanzleien und Personen in Rankings und tabellarischen Übersichten ist das Ergebnis umfangreicher Recherchen der JUVE-Redaktion. Sie ist in 2erlei Hinsicht subjektiv: Die Aussagen der befragten Quellen sind subjektiv u. spiegeln deren Erfahrungen u. Einschätzungen. Die JUVE-Redaktion wiederum analysiert die Rechercheergebnisse unter Einbeziehung ihrer eigenen Marktkenntnis. Der JUVE Verlag beabsichtigt keine allgemeingültige oder objektiv nachprüfbare Bewertung. Es ist möglich, dass eine andere Recherchemethode zu anderen Ergebnissen führt. Innerhalb einzelner Gruppen in Rankings und tabellarischen Übersichten sind Kanzleien und Personen alphabetisch sortiert.

nun eine Lücke geschlossen. Das passt nicht nur zur Ausrichtung der Gesamtkanzlei, sondern könnte auch die Beziehungen zu Mandanten aus der Logistikbranche vertiefen. Hier werden bereits regelm. Corporate- u. Arbeitsrechtsspezialisten hinzugezogen. Sie verhandelten bspw. Transport- u. Logistikverträge für ein Batterieunternehmen u. bereiteten die Kündigung eines Logistikleiters vor. ASD hat daneben zuletzt viel Engagement in die Verbesserung ihrer überörtl. Zusammenarbeit gesteckt: Damit hat sie die Voraussetzung geschaffen, Mandanten, bspw. aus der Luftfahrtbranche, noch umfassendere Beratungsangebote zu machen.
Stärken: Lange Tradition im Transport- u. Versicherungsrecht für die Schifffahrtsbranche.
Oft empfohlen: Prof. Dr. Dieter Schwampe, Dr. Jan Dreyer (Maritimes Wirtschaftsrecht), Dr. Oliver Peltzer (Energie/Vertragsrecht), Esther Mallach (Arbeitsrecht).
Team: Inkl. Leer: 10 Eq.-Partner, 8 Sal.-Partner, 3 Counsel, 10 Associates
Partnerwechsel: Dr. Martin Krüger (von BDO Legal; Immobilienrecht)
Schwerpunkte: Umf. Betreuung der Schifffahrtsbranche im dt. u. internat. Recht, bei ▷gesellschaftsrechtl. Umstrukturierungen von Reedereien, zu Refinanzierungen u. veränderten Schiffsbauverträgen, Seearbeitsrecht. Regelm. Versicherungsfälle aus Schiffsbau, Havarien u. Bergungen. Rückversicherungsstreitigkeiten, dazu auch regelm. Arbeitsrecht. Beratung bei On- u. Offshoreprojekten, auch bei Transaktionen. Zudem Prozesse u. Schiedsverfahren. Enge Zusammenarbeit mit Büro in Leer.
Mandate: Ausl. Unternehmen zu Genehmigung unbemannter Schifffahrt; US-Batterietechnologieunternehmen transportrechtl.; Batterietechnikunternehmen zu Transport- u. Logistikverträgen.

BAKER TILLY
Hamburg

Bewertung: Der Rechtsarm der MDP-Einheit entwickelt im Hamburger Markt zunehmend ein eigenständiges Profil: Klar im Fokus steht der Mittelstand, dementspr. deckt auch die Corporate-Praxis eine breite Beratungspalette ab. So hat sie sich einen festen Platz an der Seite von Mandanten wie Läpple gesichert. Bei Bedarf kann BT auch die Beratung in anderen relevanten Fachgebieten bieten, dabei ist die standortübergr. Zusammenarbeit gut eingespielt: So griffen die Gesellschaftsrechtler bei der Beratung von Red Bull zum Lieferkettengesetz auf zoll- u. außenwirtschaftsrechtl. Know-how aus dem Münchner Büro zurück. Vor Ort ergeben sich zw. der Corporate- u. der IP-/IT-Praxis oft Anknüpfungspunkte, etwa in Mandaten für den ADAC. Ergänzt wird die Aufstellung von einer regen Arbeitsrechtspraxis, die über gute Kontakte zu namh. HHer Mandanten wie etwa NDR Media verfügt. Zu einem Charakteristikum könnte sich die Beratung des dt.-baltischen Rechtsverkehrs entwickeln, den jüngst eine von Luther dazugestoßene Anwältin vorantreibt.
Team: 7 Partner, 15 Associates
Schwerpunkte: Rechtl. u. steuerl. Beratung in ▷Gesellschaftsrecht u. ▷M&A, zudem Arbeitsrecht u. IP/IT. Mandanten: mittelständ. u. börsennot. Unternehmen aus den Branchen Schifffahrt, Automotive, Maschinenbau u. erneuerbare Energien.
Mandate: Läpple u. Addsecure Smart Transport gesellsch.rechtl.; Red Bull zu Lieferkettengesetz; Die Kartenmacherei arbeitsrechtl.; NDR Media u. Suhrkamp Verlag individual- u. kollektivarbeitsrechtl.; Pella Sietas Werft bei arbeitsrechtl. Due Diligence bei Unternehmenskauf; ADAC lfd. datenschutzrechtl.; Chairish umf. datenschutzrechtl.; Harvard Bioscience umf. gesellsch.rechtl., u.a. zu Austausch des dt. Geschäftsführers; Lokmam HH bei gesellsch.rechtl. Strukturierung; Gebr. Honnef zu Nachfolgeregelung; Breeze Three Energy bei Verkauf von 43 Windparks an Statkraft; Smart Healthcare Solutions bei Verkauf einer Mehrheitsbeteiligung.

BLAUM DETTMERS RABSTEIN
Hamburg

Bewertung: Das Zusammenspiel von handels-, transport- u. gesellschaftsrechtl. Beratung kombiniert mit einer langen Tradition im Seerecht ist die Stärke des HHer Büros dieser mittelständ. Kanzlei. Damit überzeugt sie regelm. dt. Logistikunternehmen u. Spediteure, aber auch internat. Mandanten, wie zuletzt einen Metallerzeuger beim Kauf von Metallen aus dem 2. Weltkrieg. Gefragt war die Corporate-Praxis, die sich zum einen in internat. Handelsrechtsstreitigkeiten bewies u. zum anderen im Recht von Freiberuflergesellschaften u. in Gesellschafterprozessen. Darüber hinaus wird sie regelm. zur Beratung von umfangreichen Umstrukturierungen mandatiert, zuletzt von einem dt. ökolog. Forschungs- u. Beratungsunternehmen. Daneben gewinnt auch die kl. IT-Praxis an Profil, insbes. durch die Beratung zu E-Commerce-Themen u. digitalen Geschäftsmodellen, etwa für einen Baumaschinengroßhändler. Ergänzt wird das Angebot durch eine hoch spezialisierte marken- u. wettbewerbsrechtl. Praxis, die über eine eigene Mandatsbasis verfügt u. regelm. für Unternehmen aus der Spielwarenindustrie Präsenz zeigt.
Team: 7 Partner, 5 Associates
Partnerwechsel: Dr. Axel Henriksen (in eigene Kanzlei; Handels- u. Gesellschaftsrecht)
Schwerpunkte: Trad. Schwerpunkt neben ▷Gesellschaftsrecht u. ▷M&A liegt im Transport- u. Seehandelsrecht, oft mit internat. Bezügen. Daneben auch umf. bei Schiffsfinanzierungen sowie im Marken-, Arbeits-, Immobilien-, Vertrags- u. Vertriebsrecht tätig. Zusammenarbeit mit dem ▷Bremer Büro v.a. im Datenschutz u. mit dem dortigen Notariat im Immobilienrecht.
Mandate: Dt. Maschinenhandelshaus lfd. handelsrechtl.; dt. ökolog. Forschungs- u. Beratungsunter-

nehmen umf. gesellschaftsrechtl.; Gründer eines norddt. Pflegeunternehmens bei Verkauf; Schweizer Hotelgesellschaft zu Franchiseverträgen; chilen. Chemieunternehmen zu Deckungsansprüchen; norddt. Immobilienentwickler lfd. immobilienrechtl.; Medizinproduktehersteller lfd. arbeits- u. handelsrechtl.; Metallerzeuger zu Kauf von Weltkrieg II-Metallen, u.a. see-, völker- u. bergungsrechtl.; Speditionsunternehmen seestrafrechtl. zu Schiffshavarie im Suezkanal; Kurt Hesse in div. Markenverfahren zu ‚Testa Rossa'; Spielzeughersteller wettbewerbsrechtl. gg. Onlineplattform.

BRL BOEGE ROHDE LUEBBEHUESEN
Hamburg ★★★

Bewertung: Mit ihrer multidiszipl. u. fachl. breiten Aufstellung hat sich BRL in HH einen guten Ruf bei mittelständ. Unternehmen u. öffentl. Auftraggebern erarbeitet. Die Transaktionspraxis war zuletzt viel gefragt bei kleinen u. mittleren Unternehmens- u. Immobilientransaktionen, wo sie nahezu immer verschränkt mit den Steuerberatern agiert. Ein besonderes Charakteristikum der Praxis ist der French-Desk, der etwa Transaktionen mit Frankreich-Bezug sowohl rechtl. als auch steuerl. abdeckt, wie zuletzt erstmals für die frz. Schuhmarke Veja. Bes. jüngere Partner der Corporate-Praxis besetzen zunehmend auch den Bereich der erneuerbaren Energien, wie die Mandatierung eines Herstellers für batterieelektrische Speichersysteme zeigt. Kompetenzen aus den Bereichen Sanierung, Restrukturierung, Insolvenzen u. dem Immobilienrecht waren bei der viel beachteten Abellio-Insolvenz für die umfangr. Steuerung der M&A-Prozesse u. einen Asset-Deal gefragt. BRL fasst auch immer besser Fuß bei der Werftensanierung – etwa für die MV Werften – u. wird durch ihren MDP-Ansatz zur Konkurrentin für etablierte Sanierungsberater in der maritimen Wirtschaft. Eingespielt ist dabei auch die Zusammenarbeit mit der Arbeitsrechtspraxis, die sich um 2 Associates erweiterte. Auch die kl. IP-Praxis enwickelt sich erfolgreich, was sie mit einer Verstärkung auf Partnerebene krönt. Wie gut BRL die Bedürfnisse ihrer mittelständ. Klientel im Blick hat, unterstrich sie zudem mit der Gründung einer multidiszipl. ESG-Praxis.

Stärken: Insolvenzrecht, multidisziplinäre Rundumberatung für den Mittelstand.

Oft empfohlen: Thilo Rohde, Stefan Denkhaus („stets effizient u. lösungsorientiert im Interesse aller Beteiligten", Wettbewerber; Insolvenz), Dominik Demisch („erste Liga", Wettbewerber; Insolvenz), Dr. Oliver Tomat, Dr. Rüdiger Brock (Gesellschaftsrecht/M&A), Andrea Ringle (IP/IT), Jan Rickauer, Nina Schütte („absolute Steuerexpertin", Wettbewerber; beide Steuerrecht)

Team: 10 Eq.-Partner, 15 Sal.-Partner, 5 Counsel, 30 Associates, 1 of Counsel

Partnerwechsel: Britta Klingberg (von Fechner; Marken- u. Wettbewerbsrecht)

Schwerpunkte: ▷Gesellsch.recht (inkl. Prozesse)/ ▷M&A u. Steuerrecht (oft zu Nachfolgethemen) sowie ▷Insolvenzrecht u. Restrukturierung. Zudem Immobilien-, Arbeits- sowie Marken- u. Wettbewerbsrecht (u.a. zu geograf. Herkunftsangaben). Ergänzend betriebswirtschaftl. Beratung inkl. Compliance. Spezialisierung auf dt.-frz. Rechtsverkehr.

Mandate: Abellio Rail vergaberechtl. im Rahmen seiner Insolvenz; Haspa Beteiligungsgesellschaft für den Mittelstand umf. gesellschaftsrechtl.;

Hamburger Kanzleien mit Besprechung nur in Rechtsgebieten

Advant Beiten	▷Arbeit ▷Beihilfe ▷Gesellsch.recht ▷M&A ▷Presse
Ahlers & Vogel	▷Immo/Bau
Altenburg	▷Arbeit
AWB Rechtsanwälte	▷Außenwirtschaftsrecht
Baumann Resolving Disputes	▷Konfliktlösung
Becker Büttner Held	▷Energie
Bertelsmann und Gäbert	▷Arbeit
Bird & Bird	▷Energie ▷Patent ▷Marken u. Wettbewerb ▷Vergabe ▷Verkehr ▷Vertrieb
Börgers	▷Immo/Bau
Brinkmann & Partner	▷Insolvenz/Restrukturierung
CausaConcilio	▷Gesundheit
CBH Rechtsanwälte	▷Marken u. Wettbewerb ▷Medien
Chatham Partners	▷Energie ▷Immo/Bau
Clyde & Co	▷Versicherungsvertragsrecht
Damm & Mann	▷Presse
Deloitte Legal	▷Arbeit ▷Gesellsch.recht ▷Kartellrecht ▷M&A
Dünnwald	▷Presse
Ebner Stolz Mönning Bachem	▷Außenwirtschaft ▷Gesellsch.recht ▷M&A ▷Nachfolge/Vermögen/Stiftungen
Eisenführ Speiser & Partner	▷Marken u. Wettbewerb ▷Patent
Eversheds Sutherland	▷Arbeit ▷M&A ▷Konfliktlösung
EY Law	▷M&A ▷Private Equ. u. Vent. Capital
Fechner	▷Marken u. Wettbewerb
Flick Gocke Schaumburg	▷M&A ▷Nachfolge/Vermögen/Stiftungen
FPS Fritze Wicke Seelig	▷Immo/Bau ▷IT ▷Marken u. Wettbewerb
FRH Fink Rinckens Heerma	▷Insolvenz/Restrukturierung
Gaidies Heggemann und Partner	▷Arbeit
Gierschmann	Datenschutz (▷IT u. Datenschutz)
Glawe Delfs Moll	▷Patent
Graef	▷Medien
Hamm & Wittkopp	▷Patent
Hanefeld	▷Konfliktlösung
Harmsen Utescher	▷Gesundheit ▷Marken u. Wettbewerb ▷Lebensmittel ▷Patent ▷Vertrieb
Harte-Bavendamm	▷Marken u. Wettbewerb
Hees	▷Gesundheit
HFK Heiermann Franke Knipp und Partner	▷Öffentl. Recht ▷Vergabe
Hoffmann Eitle	▷Patent
hww Hermann Wienberg Wilhelm	▷Insolvenz/Restrukturierung
Tanja Irion	▷Presse
Jacobsen + Confurius	▷Arbeit ▷Vertrieb
Jebens Mensching	▷Immo/Bau
Kapellmann und Partner	▷Immo/Bau

Fortsetzung nächste Seite

REGION NORDEN HAMBURG

Hamburger Kanzleien mit Besprechung nur in Rechtsgebieten Fortsetzung

Dr. Kirsten Völckers Kirsten Dr. Fitzau	▷Versicherungsvertragsrecht
Kliemt	▷Arbeit
KNPZ Rechtsanwälte	▷IT u. Datenschutz ▷Marken u. Wettbewerb ▷Medien ▷Presse ▷Vertrieb
Köchling & Krahnefeld	▷Öffentl. Recht
Kozianka & Weidner	▷Gesundheit ▷Lebensmittel
KPMG Law	▷Gesellsch.recht ▷M&A
Sven Krüger	▷Presse
Kruhl von Strenge	▷Öffentl. Recht
Otmar Kury	▷Wirtschafts- u. Steuerstrafrecht
Langrock Voß & Soyka	▷Wirtschafts- u. Steuerstrafrecht
Leinemann & Partner	▷Immo/Bau ▷Vergabe
Lubberger Lehment	▷Marken u. Wettbewerb
Lupp + Partner	▷M&A ▷Private Equity
Manner Spangenberg	▷Konfliktlösung
Medlegal	▷Gesundheit
Meyer-Lohkamp & Pragal	▷Wirtschafts- u. Steuerstrafrecht
Müller-Knapp Hjort Wulff	▷Arbeitnehmer
Münzel & Böhm	▷Insolvenz/Restrukturierung
Nesselhauf	▷Presse ▷Marken u. Wettbewerb
Notariat am Alstertor	▷Notare
Notariat an den Alsterarkaden	▷Notare
Notariat Ballindamm	▷Notare
Notariat Bergstraße	▷Notare
Olbricht Buchhold Keulertz	▷Patent
Oppenhoff & Partner	▷Gesellschaftsrecht ▷Nachfolge/Vermögen/Stiftungen ▷Vergabe
Oppolzer Seifert	▷Kartellrecht
Preu Bohlig & Partner	▷Patent
PricewaterhouseCoopers Legal	▷Beihilfe ▷Energie ▷Vergabe
Prinz	▷Presse
Pusch Wahlig	▷Arbeit
Quinn Emanuel Urquhart & Sullivan	▷Konfliktlösung ▷Patent
Reimer	▷Insolvenz/Restrukturierung
Reius	▷Immo/Bau
Rembert	▷Immo/Bau
Remé	▷Versicherungsvertragsrecht
Rödl & Partner	▷Gesellsch.recht ▷M&A ▷Verkehr
Roxin	▷Wirtschafts- u. Steuerstrafrecht
Ruge Krömer	▷Arbeit
Dr. Schackow & Partner	▷Gesellsch.recht
Schalast & Partner	▷M&A ▷Telekommunikation

Fortsetzung nächste Seite

Haspa Projektentwicklungs- u. Beteiligungsgesellschaft bei Projektfinanzierung; Zalaris ASA bei Kauf von Vyble; Shared-X bei Beteiligung an Macalea; Geschäftsführer einer Luftfahrtgesellschaft bei Abwehr von Haftungsansprüchen; Staples insolvenzrechtl.; Greensill Bank insolvenz- u. sanierungsrechtl.; MV Werften insolvenzrechtl.; Art-Invest Real Estate bei Hotelverkauf; Batterieunternehmen bei Gridboosterprojekt; mittelständ. Unternehmensgruppe umf. gesellschafts- u. steuerrechtl.; lfd.: Novum, J.P. Bachem, Art Invest, HPM Die Handwerksgruppe.

BRÖDERMANN JAHN
Hamburg ★★

Bewertung: Die HHer Kanzlei gilt als Spezialistin für grenzüberschr. Handelsbeziehungen – auch für mittelständ. Unternehmen – u. zeigt dieses Knowhow auch bei internat. Streitigkeiten: Regelm. vertritt sie hier vermögende Privatpersonen in Nachfolge- u. Erbfragen. Die internat. Kompetenz ist auch das Markenzeichen ihrer Corporate-Praxis: „Herrvorragende Transaktionsanwälte, die gut vernetzt sind u. präzise u. schnell arbeiten", lobt ein Wettbewerber. Diese Kombination kann sie zunehmend auch für Unternehmen aus der Branche erneuerbare Energien einbringen, bsph. dafür ist die Mandatierung durch mehrere Biogasunternehmen gesellschaftsrechtl. u. bei div. Transaktionen – auch mit internat. Bezug. Die kontinuierl. aufgebaute insolvenzrechtl. Beratung, die etwa bei Umstrukturierungen mit dem Gesellschaftsrecht Hand in Hand geht, ist mittlerweile eine fest etablierte Komponente: Auf Zieren vertrauen eine Reihe dt. u. ausl. Unternehmen sowie Insolvenzverwalter, zuletzt etwa ein Verwalter im Rahmen von 8 afrikan. Transaktionen. Ergänzt wird das Angebot von einer erfahrenen lizenz- u. IT-rechtl. Praxis, hier vertrauen einige gr. u. namh. Unternehmen auf die datenschutzrechtl. Beratung von von Bodenhausen.

Stärken: Über Jahre aufgebaute u. kulturell verankerte internat. Kompetenz.

Oft empfohlen: Prof. Dr. Eckart Brödermann, Dr. Philipp von Dietze, Tina Denso, York Zieren (alle Gesellsch.recht/M&A), Dr. Eckard Frhr. von Bodenhausen („brillanter Verhandler für komplexe IT-Transaktionen", Wettbewerber), Dr. Andrea Tiedemann (internat. Erbfälle)

Team: 8 Eq.-Partner, 3 Sal.-Partner, 3 Counsel, 10 Associates, 1 of Counsel

Schwerpunkte: ▷Gesellsch.recht (M&A, Beteiligungen u. Joint Ventures, oft mit Bezug zu Lateinamerika, Frankreich, Afrika, den USA, China), außerdem internat. Prozessmanagement u. Schiedsverfahren. IT-Recht auch an Schnittstelle zu anderen Rechtsgebieten. Viel Erfahrung mit internat. Erbstreitigkeiten u. Nachlassgestaltung. Eingespieltes Netzwerk.

Mandate: Energieunternehmen bei Verkauf einer Biogasanlage an frz. Fonds; Flugzeugbauer lizenzrechtl. zu Nutzung von Know-how u. Patenten eines Entwicklungsunternehmens; Baustoffproduzent lizenz-, datenschutzrechtl. u. zu IT-Verträgen; Maredo insolvenz-, gesellschafts-, arbeits- u. markenrechtl.; Logis lizenzrechtl.; Rightware Oy IT-rechtl.; Insolvenzverwalter im Rahmen von 8 afrikan. Transaktionen; Comline lfd. vertragsrechtl. bei IT-Projekten; Dermalog Identification lfd. zu Datenschutz; GeneQuine Biotherapeutics lfd. gesellschafts-, vertrags- u. lizenzrechtl. u. in Finanzierungsrunden; SEW-Eurodrive lfd. zu Datenschutz.

BUSE
Hamburg ★★

Bewertung: Der HHer Standort von Buse zeichnet sich durch starke Bereiche wie Gesellschaftsrecht, Bau- u. Vergaberecht aus u. berät Mandanten dabei zunehmend fachbereichsübergr.: Das zeigte sich etwa bei Stammmandantin IBA Hamburg im Vergabeverfahren von Wärme- u. Kältekonzessionsverträgen. Fester Bestandteil des Angebots ist auch die energierechtl. Kompetenz, auf die bes. Projektentwickler u. Banken hinsichtl. Erneuerbare-Energie-Projekte seit Langem vertrauen. Die Praxis musste jedoch den Weggang einer Partnerin hinnehmen. Auch ein renommierter IP-Rechtler verließ die Kanzlei, sodass dieses Feld jetzt über die Zusammenarbeit mit dem Berliner Büro abgedeckt wird. Dass die büroübergr. Zusammenarbeit funktioniert, zeigte sich bei Dauermandantin Apleona: Sie setzte bei ihrem Investment in die Residenz Schloss Bensberg auf die HHer Immobilienrechtler, die dabei eng mit den Investmentrechtlern aus Düsseldorf zusammenarbeiteten.
Stärken: Energierecht. Vertriebsrecht.
Oft empfohlen: Dr. Dagmar Waldzus (Gesellschafts-, Vertriebsrecht), Dr. Florian Brem (Bank-, Gesellschaftsrecht), Thomas Geißler (Arbeits-, Gesellschaftsrecht), Ines Heydasch („sehr kompetent u. umgänglich" Wettbewerber; Arbeitsrecht), Astrid Zielke (Energiewirtschaft), Dr. Nadim Hermes („akribisch, berät perspektivreich, verhandelt mit Augenmaß", Mandant; Baurecht)
Team: 14 Eq.-Partner, 5 Sal.-Partner, 3 Counsel, 5 Associates
Partnerwechsel: Christina Monticelli (unbekannt; Energierecht), Dr. Gösta Schindler (in eigene Kanzlei; IP)
Schwerpunkte: Immobilien-, Arbeits- u. Versicherungsrecht. In ▷Gesellsch.recht u. ▷M&A auch im ▷Energiebereich tätig. Zudem ▷Vertriebs-, Bank-, Vergabe-, Kartell- u. Außenhandelsrecht sowie Prozesse, Presse- u. Äußerungsrecht.
Mandate: IBA Hamburg vergaberechtl. bei Wärme- u. Kälteversorgung eines Stadtteils; Apleona Invest bei Kauf von Service-Residenz Schloss Bensberg; dän. Investor zu Kauf von Fotovoltaikprojekten in Chile; Betreibergesellschaft zu Batteriespeicherprojekt; dt. Projektentwickler zu Joint Venture mit brit. Investor, u.a. zur Verwertung von Fotovoltaikprojekten; Reconcept bei Kauf eines Wasserkraftwerks in Kanada; franchiserechtl.: Dreadfactory, Costconsult; lfd. energierechtl.: Obton, Difco, Innogy.

CMS HASCHE SIGLE
Hamburg ★★★★★

Detaillierte Informationen zu dieser Kanzlei finden Sie in den jeweiligen Fachkapiteln sowie im ▷Nationalen Überblick Top 50.
Bewertung: Mit seiner enormen fachl. Bandbreite u. langen Tradition zählt das HHer Büro zu den bes. renommierten Praxen der Stadt. Das Team pflegt Verbindungen zu vielen norddt. Mandanten. Ein Team aus ▷Gesellschafts-, ▷Energie- u. ▷Restrukturierungsspezialisten berät das Wirtschaftsministerium u. die Bundesnetzagentur umf. zur Gas- u. Ölkrise. Zudem anerkannte Finanzierungspraxis u. ein gut vernetztes Pharma- u. IP-Team.
Team: 37 Eq.-Partner, 2 Sal.-Partner, 25 Counsel, 61 Associates, 1 of Counsel
Partnerwechsel: Sören Seidel (von Allen & Overy; Arbeitsrecht)
Schwerpunkte: ▷Arbeit; ▷Außenwirtschaft; ▷Bankrecht u. -aufsicht; ▷Compliance; ▷Energie; ▷Gesellsch.recht; ▷Gesundheit; ▷Immo/Bau; ▷IT u. Datenschutz; ▷Kartellrecht; ▷Konfliktlösung; ▷Kredite u. Akqu.fin.; ▷Lebensmittel; ▷M&A; Maritimes Wirtschaftsrecht; ▷Marken u. Wettbewerb; ▷Medien; ▷Nachfolge/Vermögen/Stiftungen; ▷Öffentl. Recht; Patent; ▷Presse; ▷Private Equ. u. Vent. Capital; Steuern; ▷Verkehr; ▷Versicherungsvertragsrecht; ▷Vertrieb.
Mandate: Siehe Fachkapitel.

CORVEL
Hamburg ★★

Bewertung: Die HHer Boutique ist spezialisiert auf M&A- u. Private-Equity-Transaktionen u. auch im Venture Capital gefragt. Eine Reihe dt. u. internat. Unternehmen, darunter Also u. Unzer, vertraut beständig auf die partnerzentrierte Beratung, insbes. bei ww. Zukäufen. Routiniert agiert Corvel v.a. bei Deals im Small- u. Mid-Cap-Bereich. Auf diese Erfahrung setzte auch ein Luftfahrtunternehmen bei seinem Verkauf an Vista Global. Im Bereich Aviation gewinnt die Kanzlei sukzessive an Branchenkenntnis, während neue Technologien u. erneuerbare Energien bereits vertrautes Terrain sind. Nicht nur bei Transaktionen steht die Kanzlei hier ihren Mandanten zur Seite, eine Partnerin ist als Schiedsrichterin aktiv für einen Windkraftanlagenhersteller in mehreren Streitigkeiten aktiv.
Stärken: Solar- u. Windprojekte, neue Technologien.
Oft empfohlen: Dr. Felix Brammer („versierter Verhandlungspartner", Wettbewerber), Dr. Philipp Jacobi (beide Gesellschaftsrecht/M&A), Dr. Dirk Brockmeier (Gesellschaftsrecht), Dr. Nicoletta Kröger (Prozesse/Schiedsverfahren), Dr. Jan Backhaus (Vertragsrecht)
Team: 5 Partner, 1 Associate
Schwerpunkte: Neben ▷M&A auch Gesellschaftsrecht u. v.a. Beratung bei Projektentwicklung im Bereich der erneuerbaren Energien. Betreuung bei finanzierungsrechtl. Aspekten u. bei kleineren Immobilientransaktionen u. aktienrechtl. Fragen. Im Maritimen Wirtschaftsrecht neben Vertragsrecht (Anlagenbau) auch in Schiedsverfahren aktiv. Zudem Beratung von Start-ups.
Mandate: Haspa BGM bei Kauf von Hansa Maschinenbau Vertriebs- u. Fertigungs GmbH; Anbieter von Antriebslösungen für Lkw u. Busse umf. gesellschaftsrechtl.; Anbieter von U-Boot-Turmsystemen bei Zulieferervertrag; dt. Reederei bei Schiffsbauvertrag mit niederl. Großwerft; dt. Reederei bei Rückabwicklung eines Schiffbauprojekts; Air Hamburg bei Verkauf an Vista Global; Also Holding u.a bei Kauf von Ireo; Opheo bei Verkauf an Solvares; Unzer bei div. Käufen; Vendis Capital bei Kauf von Model Car World; Dryad Networks bei Safe Investment Commitments von US-Investoren; Windkraftanlagenhersteller in Streitigkeiten wg. langj. Wartungsverträgen.

DLA PIPER
Hamburg ★★★★

Detaillierte Informationen zu dieser Kanzlei finden Sie in den jeweiligen Fachkapiteln sowie im ▷Nationalen Überblick Top 50.
Bewertung: Sehr präsent sind die HHer ▷M&A-Partner, die häufig internat. agieren u. die dt. Praxis vorantreiben. Dazu gibt es ein hoch angesehenes IP- u. ▷Medienteam sowie gut vernetzte u. versierte Arbeitsrechtler.
Team: 9 Partner, 9 Counsel, 26 Associates, 3 of Counsel
Partnerwechsel: Dr. Justus Herrlinger (von White & Case; Kartellrecht)
Schwerpunkte: ▷Arbeit; ▷Compliance; Datenschutz (▷IT u. Datenschutz); ▷Energie; Fondsstrukturierung; ▷Gesellsch.recht; ▷Kartellrecht; ▷M&A; ▷Marken u. Wettbewerb; ▷Medien; ▷Nachfolge/Vermögen/Stif-

---

Hamburger Kanzleien mit Besprechung nur in Rechtsgebieten *Fortsetzung*

Schramm Meyer Kuhnke	▷Arbeit
Schultz-Süchting	▷Marken u. Wettbewerb ▷Gesundheit ▷Presse
SGP Schneider Geiwtz & Partner	▷Insolvenz/Restrukturierung
SKN von Geyso	▷Vertrieb
SKW Schwarz	▷Arbeit ▷Gesellsch.recht ▷M&A ▷Vertrieb
Strate und Ventzke	▷Wirtschafts- u. Steuerstrafrecht
Trûon	▷Immo/Bau
Uexküll & Stolberg	▷Marken u. Wettbewerb ▷Patent
Unverzagt	▷Medien
Vangard	▷Arbeit
Wagner Legal	▷Kartellrecht
Wigge	▷Gesundheit
Willmer Köster	▷Insolvenz/Restrukturierung
Ypog	▷Investmentfonds ▷Private Equity u. Venture Capital

Die Auswahl von Kanzleien und Personen in Rankings und tabellarischen Übersichten ist das Ergebnis umfangreicher Recherchen der JUVE-Redaktion. Sie ist in 2erlei Hinsicht subjektiv: Die Aussagen der befragten Quellen sind subjektiv u. spiegeln deren Erfahrungen u. Einschätzungen. Die JUVE-Redaktion wiederum analysiert die Rechercheergebnisse unter Einbeziehung ihrer eigenen Marktkenntnis. Der JUVE Verlag beabsichtigt keine allgemeingültige oder objektiv nachprüfbare Bewertung. Es ist möglich, dass eine andere Recherchemethode zu anderen Ergebnissen führt. Innerhalb einzelner Gruppen in Rankings und tabellarischen Übersichten sind Kanzleien und Personen alphabetisch sortiert.

tungen; ▷*Öffentl. Recht* (Verfassung/Wirtschaftsverwaltung); ▷*Presse*; ▷*Private Equity u. Venture Capital*; ▷*Vertrieb*.
Mandate: Siehe Fachkapitel.

EHLERMANN RINDFLEISCH GADOW
Hamburg ★

Bewertung: Die Kanzlei ist in HH besonders etabliert in der Beratung der maritimen Wirtschaft. Dt. u. internat. Reedereien u. Banken setzen oft langj. bei Schiffsan- u. -verkäufen sowie Schiffsfinanzierungen auf die Sozietät. Insbes. große Banken vertrauen auf die erfahrenen Anwälte, auch bei Prozessen. Ein Asset ist dabei die enge Zusammenarbeit mit ihrem Londoner Büro u. die Tätigkeit brit. qualifizierter Juristen in HH. Überdies erhalten Mandanten auch originär zu griech. u. neuerdings zu span. Recht Beratung. Branchenmandanten loben zudem das faire Abrechnungsmodell im Vergl. zu größeren Einheiten. Zwar ist die Gesellschaftsrechts- u. M&A-Praxis stark von Branchenmandanten gefragt, doch kommen auch Unternehmen aus dem nicht maritimen Bereich auf ERG zu: Ein dt. Pflegedienst zog die Kanzlei bei Post-M&A-Auseinandersetzungen hinzu.
Stärken: Schiffsfinanzierungen.
Oft empfohlen: Dr. Stefan Rindfleisch („sehr erfahren u. fachl. top", Wettbewerber), Sven Deters (beide Schiffsfinanzierungen), Dr. Klaus Dimigen (Banken), Dr. Hauke Rittscher („sehr versiert u. durchsetzungsstark, immer eindeutig klientenzentriert, ehrlich u. klar in Optionen", Mandant; Gesellschaftsrecht)
Team: 7 Eq.-Partner, 3 Sal.-Partner, 11 Associates
Schwerpunkte: Beratung von Banken u. Reedereien zu Schiffsfinanzierungen. Zunehmend auch für Fonds bei Projektfinanzierungen u. im Gesellschaftsrecht. Beratung im engl. Recht u. im Recht der Marshallinseln.
Mandate: Commerzbank zu Bauzeitfinanzierung für Kreuzfahrtschiffbau; dt. Reederei bei Joint Venture; dt. Reederei bei Umstrukturierung einer Beteiligung; dt. Bank bei Finanzierung von 5 Containerschiffen; dt. Investmentgesellschaft bei Gründung u. Finanzierung von 4 Schiffseigentumsgesellschaften; US-Private-Equity-Fonds zu Schiffsbauverträgen für Kreuzfahrtschiffe; US/GB-Investmentfonds bei potenziellem Kauf eines Kreditportfolios.

ESCHE SCHÜMANN COMMICHAU
Hamburg ★★★★

Bewertung: Die HHer Traditionskanzlei ist fest im norddt. u. überreg. Mittelstand verwurzelt u. punktet mit einem nahtlos funktionierenden MDP-Ansatz. Kernstück der Kanzlei ist die breit aufgestellte Corporate-Praxis, die bes. erfahren bei Umstrukturierungen ist, aber auch Prozesse u. Transaktionen abdeckt. Zahlr. langj. Mandanten wie Elis ziehen ESC regelm. bei strateg. Käufen im kleineren bis mittleren Segment hinzu. Diese Ausrichtung überzeugt namh. Mandanten wie die Dt. Finanzagentur/Wirtschaftsstabilisierungsfonds, bei der sich ESC neben Großkanzleien positionieren konnte, auch zu Fragen der Finanzierung. Gezielt erweitert ESC ihre Aufstellung an sinnvollen Schnittstellen: Ein Partnerzugang für die anerkannte Vergaberechtspraxis brachte bspw. kartellrechtl. Know-how mit u. unterstützt das Compliance-Team, das durch das vermehrte Aufkommen von internen Untersuchungen Verstärkung gebrauchen kann. Aber auch dem eigenen Nachwuchs bietet die Kanzlei Perspektiven u. ernannte eine Gesellschafts- u. eine Arbeitsrechtlerin mit insolvenzrechtl. Einschlag zu assoziierten Partnerinnen.
Oft empfohlen: Dr. Jan Ingerowski (Umwelt- u. Planungsrecht), Dr. Stephan Bauer (Vertrags- u. Gesellschaftsrecht), Dr. Andreas von Criegern („fachlich hoch qualifiziert", Wettbewerber; Litigation), Dr. Martin Dieckmann („Spezialist im Abfallrecht", Wettbewerber; Umweltrecht), Dr. Philipp Engelhoven („fachlich hoch qualifiziert", Wettbewerber; Zivil- u. Prozessrecht), Dr. Julia Runte (Stiftungen)
Team: 14 Eq.-Partner, 8 Sal.-Partner, 7 Counsel, 31 Associates, 3 of Counsel, dazu 30 WP/StB
Partnerwechsel: Jan Eggers (von Advant Beiten; Vergaberecht), Sabine Schellscheidt (in Ruhestand; Gesellschaftsrecht), Dr. Hermann Haas (in Ruhestand; Arbeitsrecht)
Schwerpunkte: ▷*Arbeit*; Compliance; ▷*Gesellsch. recht*; Insolvenzrecht inkl. Sanierungsberatung; Kartellrecht; ▷*Konfliktlösung*; ▷*M&A*; ▷*Marken u. Wettbewerb*; ▷*Nachfolge/Vermögen/Stiftungen*; Patent; Umwelt u. Planung; Schiedsverfahren; Steuer; ▷*Vergabe*.
Mandate: Dt. Finanzagentur/Wirtschaftsstabilisierungsfonds lfd. zu stillen Beteiligungen im Rahmen von Stabilisierungsmaßnahmen; Elis u. The Social Chain Group bei div. Transaktionen, auch steuer-, kartell-, immobilien-, arbeits- u. öffentl.-rechtl.; Hempel, u.a. in Post-M&A- u. Anlagenbaustreitigkeiten; Land Meck.-Vorp. prozess-, finanzierungs- u. insolvenzrechtl. gg. Genting; Bauunternehmen bei Neuausrichtung gesellschafts-, stiftungs- u. steuerrechtl.; Energieversorger lfd. gesellschaftsrechtl., u.a. zu Beteiligungen an Start-ups, Corporate-Governance-Fragen u. div. Streitigkeiten; Logistikunternehmen bundesw. zu Arbeitszeitregelungen bei gleichzeitiger Vermeidung von Personalabbau; dt. Tochter von CH-Konzern zu Verhandlungen mit IG BCE u. Tarifkommission zur Vermeidung von Tarifbindung; Abfallwirtschaft Minden-Lübbecke vergaberechtl. zu Projektsteuerung u. Controlling für Deponieerweiterung u. Heizkraftwerkmodernisierung; Fehmarnbelt/Feuerschiff für Lübeck im Fördermittel- u. Vergaberecht.

FIELDFISHER
Hamburg ★

Detaillierte Informationen zu dieser Kanzlei finden Sie in den jeweiligen Fachkapiteln sowie im ▷*Nationalen Überblick Top 50*.
Bewertung: Die Kanzlei tritt in HH mit einer klaren Technologiefokussierung u. ausgeprägter Kompetenz im IP, IT u. Datenschutz an, die Beratung digit. Geschäftsmodelle ist hier ein Aushängeschild. Zudem rege Immobilientransaktionspraxis.
Team: 14 Eq.-Partner, 3 Counsel, 21 Associates
Partnerwechsel: Dennis Hillemann (von KPMG Law; Öffentliches Recht), Dr. Sebastian Kamm (von Chatham; M&A)
Schwerpunkte: Datenschutz (▷*IT u. Datenschutz*); ▷*Gesellsch. recht*; ▷*Gesundheit*; ▷*Kartellrecht*; ▷*M&A*; ▷*Marken- u. Wettbewerb*; ▷*Vertriebssysteme*; Immobilien.
Mandate: Siehe Fachkapitel.

FRESHFIELDS BRUCKHAUS DERINGER
Hamburg ★★★★★

Detaillierte Informationen zu dieser Kanzlei finden Sie in den jeweiligen Fachkapiteln sowie im ▷*Nationalen Überblick Top 50*.
Bewertung: Das HHer Büro sticht im örtl. Wettbewerb v.a. durch die marktführende Stellung seiner Corporate- u. Restrukturierungspartner heraus (▷*Gesellsch.recht*; ▷*Insolvenz/Restrukturierung*). Äußerst anerkannt sind zudem die ▷*Arbeits- u.* ▷*Immobilienrechtsteams* sowie die rege Prozesspraxis.
Team: 16 Partner, 3 Counsel, 101 Associates
Partnerwechsel: Dr. Jochen Dieselhorst (in eigene Kanzlei; Gesundheitswesen), Dr. Peter Versteegen (in eigene Kanzlei; M&A/Gesellschaftsrecht)
Schwerpunkte: ▷*Arbeit*; Börseneinführ. u. Kapitalerhöhung; ▷*Energie*; ▷*Gesellsch.recht*; ▷*Gesundheit*; ▷*Immo/Bau*; ▷*Insolvenz/Restrukturierung*; ▷*IT u. Datenschutz*; ▷*Konfliktlösung*; ▷*M&A*; ▷*Medien*; Nachfolge/Vermögen/Stiftungen; ▷*Private Equ. u. Vent. Capital*; Steuerrecht; ▷*Vertrieb*.
Mandate: Siehe Fachkapitel.

GLEISS LUTZ
Hamburg ★★

Detaillierte Informationen zu dieser Kanzlei finden Sie in den jeweiligen Fachkapiteln sowie im ▷*Nationalen Überblick Top 50*.
Bewertung: Das HHer Büro der Kanzlei setzt mit einem jungen wachsenden Team Schwerpunkte im Arbeits- u. Immobilienrecht, bes. bekannt ist zudem die Steuerpraxis. Die im Vgl. zu anderen Standorten kl. Corporate-Praxis engagiert sich zunehmend als Beraterin in Private-Equity-Deals u. verstärkte sich zuletzt mit einem erfahrenen ehem. Linklaters-Partner, der als of Counsel dazukam.
Team: 5 Partner, 5 Counsel, 14 Associates, 1 of Counsel
Schwerpunkte: ▷*Arbeit*; ▷*Gesellsch.recht*; ▷*Immo/Bau*; Insolvenz/Restrukturierung; ▷*Konfliktlösung/Schiedsverfahren*; ▷*M&A*; ▷*Private Equity*; Steuerrecht.
Mandate: Siehe Fachkapitel.

GÖRG
Hamburg ★★★

Detaillierte Informationen zu dieser Kanzlei finden Sie in den jeweiligen Fachkapiteln sowie im ▷*Nationalen Überblick Top 50*.
Bewertung: Aktive u. etablierte ▷*Insolvenzrechts- u. Restrukturierungspraxis* im HHer Büro, die eine der großen Stärken von Görg widerspiegelt. Zudem starke vergabe- u. öffentl.-rechtl. Praxis, häufig mit Beteiligung an ▷*Energieprojekten*.
Team: 18 Eq.-Partner, 1 Sal.-Partner, 2 Counsel, 35 Associates, 2 of Counsel
Schwerpunkte: ▷*Arbeit*; ▷*Energie*; ▷*Gesellschaftsrecht*; ▷*Gesundheit*; ▷*Immo/Bau*; ▷*Insolvenz/Restrukturierung*; ▷*Kartellrecht*; ▷*M&A*; ▷*Öffentl. Recht*; Steuerrecht (inkl. StB u. WP in eig. Gesellschaft BWLS); ▷*Vergabe*.
Mandate: Siehe Fachkapitel.

GSK STOCKMANN
Hamburg ★

Detaillierte Informationen zu dieser Kanzlei finden Sie in den jeweiligen Fachkapiteln sowie im ▷*Nationalen Überblick Top 50*.
Bewertung: Wie andere GSK-Standorte ist auch das HHer Büro für seine ▷*bau- u. immobilienrechtl.* Beratung bekannt. Mit den Branchen Energie u. Verkehr entwickeln sich weitere Schwerpunkte. Anerkannt ist zudem die Prozesspraxis (▷*Konfliktlösung*).
Team: 7 Eq.-Partner, 4 Sal.-Partner, 18 Associates

Schwerpunkte: ▷*Bankrecht u. -aufsicht;* ▷*Beihilfe;* ▷*Gesellsch.recht;* ▷*Immo/Bau;* ▷*Investmentfonds;* ▷*Konfliktlösung;* ▷*M&A;* ▷*Öffentl. Recht;* ▷*Private Equ. u. Vent. Capital;* ▷*Vergabe.*
Mandate: Siehe Fachkapitel.

GVW GRAF VON WESTPHALEN
Hamburg ★★★
Detaillierte Informationen zu dieser Kanzlei finden Sie in den jeweiligen Fachkapiteln sowie im ▷*Nationalen Überblick Top 50.*
Bewertung: Das HHer Büro gehört zu den stärksten Standorten der Kanzlei, die Marktgeltung ist von den Leuchtturmpraxen im ▷Außenhandels-, ▷Immobilien- u. ▷Baurecht sowie der Beratung bei Verkehrs- u. Infrastrukturprojekten geprägt. Die Prozesspraxis war zuletzt aufseiten von Wohnmobilhändlern im Dieselkomplex sehr gefragt.
Team: 24 Eq.-Partner, 8 Sal.-Partner, 1 Counsel, 31 Associates, 1 of Counsel
Schwerpunkte: ▷*Arbeit;* ▷*Außenwirtschaft;* Bankrecht u. -aufsicht; ▷*Beihilfe;* ▷*Energie;* ▷*Gesellsch. recht;* ▷*Immo/Bau;* ▷*Kartellrecht;* ▷*Lebensmittel;* ▷*M&A;* ▷*Marken u. Wettbewerb;* ▷*Öffentl. Recht;* ▷*Presse;* ▷*Vergabe;* ▷*Verkehr;* Versicherungsvertragsrecht; ▷*Vertrieb.*
Mandate: Siehe Fachkapitel.

HEUKING KÜHN LÜER WOJTEK
Hamburg ★★★★
Detaillierte Informationen zu dieser Kanzlei finden Sie in den jeweiligen Fachkapiteln sowie im ▷*Nationalen Überblick Top 50.*
Bewertung: Das HHer Büro zeichnet sich durch eine aktive jüngere Partnergeneration aus, die sich für eine standort- u. fachübergr. Arbeit engagiert. Fachl. breit aufgestellt; Schwerpunkte bilden am zweitgrößten Standort der Kanzlei v.a. ▷*M&A,* ▷*Gesellsch. recht* u. Private Equity sowie transaktionsbez. Steuerrecht.
Team: 29 Eq.-Partner, 19 Sal.-Partner, 22 Associates
Schwerpunkte: ▷*Arbeit;* ▷*Energie;* ▷*Gesellsch.recht;* ▷*Insolvenz/Restrukturierung;* ▷*Investmentfonds;* ▷*Kartellrecht;* ▷*Konfliktlösung;* ▷*Kredite u. Akquisitionsfinanzierung;* ▷*M&A;* ▷*Marken u. Wettbewerb;* Medien; ▷*Nachfolge/Vermögen/Stiftungen;* ▷*Private Equ. u. Vent. Capital;* transaktionsbezogenes Steuerrecht; ▷*Vergabe;* ▷*Versicherungsvertragsrecht;* ▷*Vertrieb.*
Mandate: Siehe Fachkapitel.

HOGAN LOVELLS
Hamburg ★★★★
Detaillierte Informationen zu dieser Kanzlei finden Sie in den jeweiligen Fachkapiteln sowie im ▷*Nationalen Überblick Top 50.*
Bewertung: Im HHer Markt genießt die traditionsreiche IP-Praxis einen bes. guten Ruf (v.a. ▷*Marken u. Wettbewerb*). Mit (Corporate-)Mandaten aus der Erneuerbare-Energien-Branche u. der verstärkter ▷Kartell- u. ▷Beihilferechtspraxis hat HL eine starke örtl. Präsenz aufgebaut.
Team: 22 Partner, 12 Counsel, 64 Associates
Schwerpunkte: ▷*Arbeit;* ▷*Beihilfe;* ▷*Energie;* ▷*Gesellsch.recht;* ▷*Gesundheit/Pharma;* ▷*Immo/Bau;* ▷*Kartellrecht;* ▷*Konfliktlösung;* ▷*Lebensmittelrecht;* ▷*M&A;* ▷*Marken u. Wettbewerb;* ▷*Patent;* Private Equ. u. Vent. Capital; Produkthaftung; ▷*Vergabe;* ▷*Verkehr;* ▷*Vertrieb.*
Mandate: Siehe Fachkapitel.

HONERT
Hamburg ★★
Bewertung: Die Kanzlei gehört in HH zu den festen Größen im Gesellschaftsrecht u. M&A. Das Team um Heins war zuletzt gesellschaftsrechtl. häufig in Mid-Cap-M&A-Transaktionen u. bei (Um-)Strukturierungen, etwa bei Expansionen ins Ausland gefragt. Die Strukturierungserfahrung kommt zunehmend bei Nachfolgethemen zum Tragen, mit denen Slabschi betraut wird. Daneben etabliert sich Honert immer besser als Beraterin in der Start-up-Szene: Sowohl Business Angels setzen auf die VC-Kenntnisse der Anwälte als auch Start-up-Gründer, etwa in Finanzierungsrunden für Digital Blast. Das benötigte steuerl. Know-how liefert das Münchner Büro. Die Transaktions- u. Start-up-Beratungspraxis ergänzt Mann mit Litigation- u. Arbeitsrechtskenntnissen. Er vertritt auch Hersteller untersch. Branchen in Prozessen gg. Lieferanten. An der Schnittstelle von Litigation, Arbeits- u. Gesellschaftsrecht ernannte die Kanzlei einen Partner.
Oft empfohlen: Dr. Peter Slabschi („fachl. sehr gutes u. stets praxisorient. Mandatshandling", Wettbewerber), Dr. Jan-Christian Heins („erfahrener Berater mit sehr guten u. fundierten Kenntnissen", Mandant; „verhandlungsstark, effizient u. mit hohem Verständnis für wirtschaftl. Belange des Mandanten", Wettbewerber; beide Gesellschaftsrecht), Dr. Claudius Mann (Arbeitsrecht), Dr. Jörn-Ahrend Witt („perfekte Zusammenarbeit, schnelle Kommunikation u. sehr breit aufgestellt", „sehr hilfreich bei Transaktionen u. Beteiligungen mit internat. Bezug", Wettbewerber; Gesellschaftsrecht/M&A)
Team: 6 Eq.-Partner, 1 Sal.-Partner, 5 Associates
Schwerpunkte: Fokussiert auf ▷*Gesellsch.recht* u. ▷*M&A,* auch im Zshg. mit Restrukturierungen, daneben Arbeitsrecht. Überwiegend mittelständ. Klientel. Zudem Family Office für vermögende Familien aus HH. Ebenfalls gesellschafts-, handels- u. arbeitsrechtl. Prozessführung. Steuerrechtl. Kompetenz bei Bedarf aus Münchner Büro.
Mandate: Business Angels bei div. Investments (Medizinbranche); Aeditive bei Seed-Finanzierungsrunde (€6 Mio); E-Commerce-Unternehmen bei Kauf von div. Amazon-Shops; norwg. Move About bei Kauf von mobileeee; Etribes bei Joint Venture mit Orbit Ventures; Anlagenhersteller in gerichtl. Streitigkeiten mit Lieferanten u. Kunden.

HUTH DIETRICH HAHN
Hamburg ★★
Bewertung: Durch ihren partnerzentrierten Ansatz pflegt HDH seit vielen Jahren erstklassige Kontakte zu norddt. Mandanten u. ist so eine feste Größe im HHer Markt. Die Anwälte sind insbes. im Immobiliensektor gefordert, wo bei Projektentwicklungen auch die etablierte stiftungsrechtl. Beratung u. jene zu Finanzierungen gefragt ist. Darauf vertraut etwa regelm. die Karg-Stiftung, die zudem die gesellschaftsrechtl. u. M&A-Kenntnisse von HDH in Anspruch nimmt. Häufig ist die Kanzlei auch bei Umstrukturierungen u. Gesellschafterstreitigkeiten gefragt, wo sich ein jüngst dazugestoßener Gesellschaftsrechtler schnell etablierte. Die Integration neuer Partner gelingt HDH immer wieder, was sich am Compliance-Spezialisten Passarge zeigt: Er berät neben eigenen inzw. regelm. auch angestammte Mandanten der Kanzlei. Daneben nimmt HDH auch den Generationswechsel ins Visier: Zeitgleich mit dem Ausscheiden von Namenspartner Dietrich wurde erstmals in der Geschichte der Kanzlei eine Frau in die Partnerschaft aufgenommen.
Stärken: Gute Kontakte zu vermög. Privatpersonen sowie skand. Unternehmen.
Oft empfohlen: Dr. Georg Wittuhn, Dr. Christian Jacobs, Oliver Förster („arbeitet sehr detailliert, gute Zusammenarbeit", Wettbewerber; alle Gesellschaftsrecht), Dr. Jörg Strasburger (Immobilienrecht), Dr. Niklas Mirbach (Handels- u. Gesellschaftsrecht), Dr. Sebastian Kühl („sehr erfahren bei Transaktionen; stark in Verhandlungen", Wettbewerber; Gesellschaftsrecht), Dr. Malte Passarge („fachl. hervorragend, sehr angenehme Zusammenarbeit", Wettbewerber; Compliance), Dr. Frhr. Friedrich-Carl von Gersdorff („unglaubl. guter Verhandler, sehr kluger Stratege, absolut makellos im Umgang, einer der wenigen Anwälte, der auch ökonomisch im Sinne des Mandanten denkt", Mandant; Immobilienrecht/M&A)
Team: 15 Partner, 5 Associates
Partnerwechsel: Dr. Hartmut Dietrich (in Ruhestand)
Schwerpunkte: Kernbereiche ▷*Gesellsch.recht*/Venture Capital, ▷*Immo/Bau.* Neben allg. gesellschaftsrechtl. Beratung zu Umstrukturierungen, Umwandlungen u. Begleitung von HVen auch Transaktionen u. Managerhaftung. Außerdem Fragen der Nachfolge u. Beratung vermög. Privatpersonen, Prozessführung sowie Baurecht.
Mandate: Electronics for Imaging bei Verkauf von EBS Business Units; Captiva bei Immobilienkauf; Aves One bei Kauf u. Finanzierung von div. Güterwagen- u. Logistikportfolios; TCL Healthcare Capital bei Kauf der Wolf Medizintechnik; Engel & Völkers Capital bei Mezzaninekapitalvergabe für Neu- u. Bestandsobjekte; Joh. Jacobs & Co. zu Bremer Projektentwicklungen Langemarckstr. u. Balgequartier; Karg-Stiftung lfd. immobilien- u. stiftungsrechtlich.

KROHN
Hamburg ★
Bewertung: Die HHer Kanzlei sticht durch ihre spezialisierte Beratung der Lebensmittelbranche hervor: Zahlr. namh. Mandanten vertrauen auf die lebensmittel- sowie marken- u. wettbewerbsrechtl. Beratung. Zuletzt setzte sich der Generationswechsel in dem Team fort: Nachdem sich ein etablierter Markenrechtler in den Ruhestand verabschiedete, wurde ein bereits erfahrener junger IP-Rechtler zum Partner ernannt, der die Mandate fortführt. Zudem erweiterte das Team mit IT- u. IP-Counsel von Glawe Delfs Moll seine Kapazitäten. Daneben hat Krohn durch die langj. Tätigkeit für Mandanten aus den Branchen Chemie, Pharma u. Düngemittel auch im Gesellschaftsrecht Profil entwickelt. Dauermandanten wie Helm beschäftigen die Transaktionspraxis um Junge mit zahlr. Käufen. Zuletzt bildete sich durch ein prestigeträchtiges Mandat für ein ehem. Vorstandsmitglied der Elsflether Werft ein Beratungsschwerpunkt in Organhaftungsangelegenheiten heraus.
Stärken: Gute Kontakte zur Lebensmittelbranche.
Oft empfohlen: Dr. Ulf Junge („sehr erfahrener, hoch qualifizierter Gesellschaftsrechtler", Wettbewerber), Dr. Tobias Teufer („fachl. exzellent u. praxisorientiert", Mandant), Dr. Carl von Jagow („hohe Spezialisierung im Tabakrecht", Wettbewerber), Prof. Dr. Moritz Hagenmeyer (alle Lebensmittelrecht)
Team: 9 Eq.-Partner, 2 Counsel, 3 Associates

REGION NORDEN HAMBURG

Partnerwechsel: Prof. Dr. Wolfgang Berlit (in Ruhestand; Markenrecht)
Schwerpunkte: ▷Lebensmittelrecht; Marken- u. Wettbewerbsrecht.
Mandate: Brasilian. Reedereidienstleister in GMAA-Schiedsverfahren; Optel Vision bei Kauf der Track-&-Trace-Sparte von Körber; TecAlliance lfd. gesellschaftsrechtl., u.a. bei 2 Kapitalerhöhungen in Tochtergesellschaft über €12 Mio; Optiker Bode umf. arbeits- u. prozessrechtl.; Helm lfd. gesellschaftsrechtl., u.a. bei Beteiligung an Leverton Clarke u. strateg. Partnerschaft inkl. Investition in CropX Technologies; Baustoffproduzent zivilrechtl. zu Betriebsunterbrechung.

LATHAM & WATKINS
Hamburg ★★★★★
Detaillierte Informationen zu dieser Kanzlei finden Sie in den jeweiligen Fachkapiteln sowie im ▷Nationalen Überblick Top 50.
Bewertung: Latham konzentriert sich in HH auf ihre renommierte ▷Insolvenz- u. Restrukturierungspraxis sowie die große ▷gesellschaftsrechtl. u. ▷M&A-Kompetenz (v.a. im Gesundheitssektor u. grenzüberschreitend). Dazu sehr anerkannte Prozesspraxis (▷Konfliktlösung).
Team: 12 Partner, 6 Counsel, 24 Associates
Schwerpunkte: ▷Bank- u. Bankaufsichtsrecht; ▷Energie; ▷Gesellsch.recht; Gesellschaftsrechtliche Streitigkeiten; ▷Gesundheit; ▷Insolvenz/Restrukturierung; ▷IT; ▷Kartellrecht; ▷Konfliktlösung; ▷Kredite u. Akqu.fin.; ▷M&A; ▷Private Equ. u. Vent. Capital; Steuerrecht.
Mandate: Siehe Fachkapitel.

LEBUHN & PUCHTA
Hamburg ★★
Bewertung: Die Kanzlei ist mit ihrer ausgeprägten Ausrichtung auf die maritime Wirtschaft eine feste Größe im HHer Markt. Dabei vereint sie See(handels)-, Transport- u. Versicherungsrecht, auf die Reedereien u. namh. (Rück-)Versicherer umf. u. meist langj. zugreifen. „Sehr stabiles, langj. Vertrauensverhältnis", lobt ein Mandant. Daneben gehören zu ihrem etablierten Portfolio Schiffsan- u. -verkäufe sowie Schiffsfinanzierungen u. -bauverträge – auch mit ausl. Werften. Sowohl im Schifffahrts- als auch Versicherungsbereich punktet L&P in Streitfällen mit internat. Know-how, auf das eine griech. Reedereigruppe bei Streitigkeiten in div. Rechtsordnungen vertraute. Verbindungen zu skand. Mandanten vertieften sich noch einmal, bspw. vertraute ein dän. Projektlogistiker bei Schadensersatzansprüchen gg. einen dt. Schiffsmakler auf L&P. Regelm. setzen auch Mandanten anderer Branchen auf das Team, so beriet es bspw. Medcert beim Verkauf an die norweg. DNV.
Stärken: Langj. Kompetenz im Schifffahrtsrecht, inkl. Schiffsfinanzierung.
Oft empfohlen: Dr. Matthias Wittschen („sehr genau, verlässl. u. professionell, stets gute Beratung in allen gesellschaftsrechtl. Themen; zudem kompetentet, ruhig u. freundlich", Mandant; „hoch kompetent in Gesellschaftsrecht, ausgewiesene Prozesserfahrung; sehr teamfähig u. schlagkräftig", Wettbewerber), Dr. Ulrich Stahl, Edward Maguin, Dr. Johannes Trost (alle Maritimes Wirtschaftsrecht), Dr. Dirk Blömer („hohe fachl. Kompetenz u. klare Meinungen zu Sachverhalten; lösungsorientierte Vertretung unserer Interessen", Mandant), Dr. Simone Claußen

Team: 8 Eq.-Partner, 2 Sal.-Partner, 1 Counsel, 10 Associates
Schwerpunkte: Klass. Schifffahrtsrecht (u.a. zu Schiffsfonds), Auseinandersetzungen zw. Gesellschaftern, Gesellschaftsgründungen sowie Begleitung von HVen, Umstrukturierung u. Umwandlung von Gesellschaften, zudem bei grenzüberschr. Transaktionen, auch im Windkraftsektor. Betreuung div. Schiedsverfahren. Engl.-rechtl. Kompetenz über 2 Solicitors u. etabliertes Netzwerk. Div. Rückversicherer rückversicherungsrechtl. zu Deckungsfragen.
Mandate: Chin. Linienreederei bei 2 Joint-Venture-Gründungen; wpd vertragsrechtl. zu Windparkprojekt in Taiwan; Family Office bei Investition in Evergreen-Fonds; Medcert-Gesellschafter bei Verkauf an norweg. DNV; internat. Werftenkonsortium bei Ausschreibung für Offshore-Wind-Konvertersystem u. Offshore-Plattform; dt. Kaskoversicherer binnenschifffahrtsrechtl.; Eigentümer einer Superyacht zu Ablieferung, Registrierung u. bauvertragsrechtl.; griech. Reedereigruppe seerechtl.; internat. Versicherungskonzern versicherungsrechtl.; US-Großbank im maritimen Verticherungsrecht; dt. Rückversicherer bei Abwehr von Deckungsansprüchen.

LEO SCHMIDT-HOLLBURG WITTE & FRANK
Hamburg ★★
Bewertung: Die tief im HHer Markt verankerte Kanzlei ist regelm. bei Transaktionen für mittelständ. Unternehmen gesetzt u. verschafft sich auch bei gesellschaftsrechtl. Prozessen Geltung. Ihr internat. Know-how findet nicht nur im Transaktionskontext Beachtung, insbes. die IP-Praxis ist für etliche internat. Mandanten tätig. Wie gut die praxisübergr. Zusammenarbeit funktioniert, zeigt die erstmalige Mandatierung des M&A-Teams durch die langj. IP-Mandantin Stokke. Die kl., aber erfolgr. u. breit aufgestellte IP-Praxis überzeugt regelm. sowohl bei eigenständigen Mandaten als auch transaktionsbegleitend. Ähnliches gilt für die angesehene Arbeitsrechtspraxis, die bei der Umstrukturierung eines gr. Logistikkonzerns eng mit den Gesellschaftsrechtlern kooperierte. Zudem erschließen sich die Arbeitsrechtler Tech-Start-ups wie JOKR Services. Die im Vorjahr gewachsene Immobilienpraxis hat erneut einen Associate gewonnen. Sie deckt ein breites Beratungsspektrum ab u. gewann ein global tätiges Luftfrachtunternehmen als Mandanten.
Stärken: Gesellschaftsrecht, M&A, transaktionsbegl. Beratung in IP/IT u. Arbeitsrecht.
Oft empfohlen: Hubertus Leo („exzellenter, vorausblickender u. sehr erfahrener Transaktionsanwalt", Wettbewerber; M&A), Dr. Andreas Witte, Dr. Tom Frank („fachl. sehr gut; hands on bei der Entwicklung pragmat. Lösungen im Sinne der Mandanten", Wettbewerber; Arbeitsrecht), Dr. Hartwig Schmidt-Hollburg (Gewerblicher Rechtsschutz), Dr. Thorben Rein („fachl. top; pragmat. Lösungen", Wettbewerber; Gesellschaftsrecht)
Team: 6 Partner, 5 Counsel, 3 Associates
Schwerpunkte: ▷Gesellschaftsrecht u. ▷M&A (inkl. Immobilientransaktionen), Private Equity u. Venture Capital sowie Prozesse. IP- u. IT-Praxis ist u.a. stark transaktionsbegleitend. Daneben arbeitsrechtl. Restrukturierungen sowie Datenschutz.
Mandate: DSV lfd. gesellschaftsrechtl., u.a. Post-Closing-Umstrukturierung; Oyster Bay Venture Capital bei Seed-Finanzierungsrunde von GoodBytz;

Madsack bei Kauf von Kieler-Nachrichten-Gruppe; Zertus bei Kauf von Lotao; FMS Friedrich Meyer's Sohn bei Kauf von Evertracker-Softwareplattform aus Insolvenz; Altor Equity Partners IP- u. IT-rechtl. bei Kauf von Rise Up Fashion; General Atlantic IP- u. IT-rechtl. bei Beteiligung an Internethandelsplattform; Immobilienunternehmen zu Käufen von Wohn- u. Gewerbeimmobilien u. bei Projektentwicklung; JOKR Services umf. arbeitsrechtl.; Zertus lfd. gesellschaftsrechtlich.

LINKLATERS
Hamburg ★★
Detaillierte Informationen zu dieser Kanzlei finden Sie in den jeweiligen Fachkapiteln sowie im ▷Nationalen Überblick Top 50.
Bewertung: Das kl. Büro der internat. Kanzlei ist in HH mit einem der erfahrensten dt. Steuerrechtler präsent u. baut daneben mit einem jungen Team kontinuierl. seine M&A- u. Gesellschaftsrechtsaktivitäten aus.
Team: 3 Partner, 7 Associates
Partnerwechsel: Wolfgang Sturm (zu Gleiss Lutz; M&A)
Schwerpunkte: ▷Gesellschaftsrecht; ▷M&A; Steuerrecht.
Mandate: Siehe Fachkapitel.

LUTHER
Hamburg ★★★
Detaillierte Informationen zu dieser Kanzlei finden Sie in den jeweiligen Fachkapiteln sowie im ▷Nationalen Überblick Top 50.
Bewertung: Die Kanzlei ist in HH v.a. für ihre starke Schieds- u. Prozesspraxis bekannt, oft mit internat. Bezug (▷Konfliktlösung). Auch die IT-Rechtler werden regelm. für namh. Mandanten tätig, während die Corporate-Praxis eher von der Beratung mittelständ. Mandanten aus der Region geprägt ist.
Team: 10 Eq.-Partner, 8 Sal.-Partner, 4 Counsel, 45 Associates, 3 of Counsel
Partnerwechsel: Jette Gustafsson (von Blaum Dettmers Rabstein; Handels- u. Transportrecht)
Schwerpunkte: ▷Arbeitsrecht; ▷Außenwirtschaft; ▷Energie; ▷Gesellsch.recht; ▷Investmentfonds; ▷IT; ▷Konfliktlösung; ▷M&A; Maritimes Wirtschaftsrecht; ▷Marken u. Wettbewerb; Medien; ▷Öffentl. Recht; Produkthaftung; Restrukturierung; ▷Vergabe.
Mandate: Siehe Fachkapitel.

LUTZ ABEL
Hamburg ★
Bewertung: Das HHer Büro der Kanzlei mit Stammsitz in München hat sich in den vergangenen Jahren als Venture-Capital- u. M&A-Beraterin im norddt. Markt Geltung verschafft. „Sehr gute Anwälte mit dem Gespür für die Erfordernisse der Praxis", lobt ein Mandant das Team um Jellinghaus. Neben der Beratung zahlr. Gesellschafter bei Anteilsverkäufen hat sich LA dabei auch auf Investorenseite, etwa für EIT Health, etabliert. Ein Aushängeschild in HH sind zudem die IT- u. Datenschutz- sowie die Arbeitsrechtspraxis, die ausgezeichnete Kontakte zu gr. norddt., internat. agierenden Unternehmen unterhalten. So zählt etwa CMA CGM zu den Mandanten, die sowohl im Arbeitsrecht als auch in M&A/VC-Transaktionen auf die Kanzlei setzt. Wichtiges Standbein in HH ist zudem die Immobilienpraxis, die sich im Vorjahr mit einem Partner von GSK verstärkt hatte u. sich seither positiv entwickelt.

Oft empfohlen: Dr. Lorenz Jellinghaus („hervorragende Zusammenarbeit über die Standorte hinweg", Mandant; M&A/Venture Capital)
Team: 6 Partner, 9 Associates
Schwerpunkte: ▷Immobilien- u. Baurecht, ▷Venture Capital u. IT- u. Datenschutzrecht sowie Arbeitsrecht.
Mandate: Just Spices bei Verkauf an Kraft Heinz u. lfd. gesellschaftsrechtl.; Gesellschafter von Musterhaus.net bei Anteilsverkauf an Funke Mediengruppe; Instaclustr bei Kauf eines internat. Open-Source-Softwareunternehmens; Priemer Consulting und Invest bei Kauf von Channel Pilot Solutions; Besser Zuhause, Circula u. Seon bei Finanzierungsrunden; Evoila bei internat. Expansion, Joint Venture u. Aufnahme von Neugesellschaften; Numa öffentl.-rechtl. zu Anmietung div. Immobilien; Bauträger von Bildungseinrichtungen bau- u. immobilienrechtl. vor Gericht; CMA CGM, Containerships CSG, EWE, Stadt HH/Senatsverwaltung arbeitsrechtl.; Dt. Klimarechenzentrum arbeitsrechtl. zu Corona-spez. Fragen; Meyer Werft u. Neptun Werft arbeits- u. gesellschaftsrechtl.; Auditi, Bechtle, Casio Europe, EIT Health, HCoB IT- u. datenschutzrechtlich.

MÖHRLE HAPP LUTHER
Hamburg ★★★

Bewertung: Tief verankert im HHer Markt steht MHL wie nur wenige norddt. Einheiten für eine sehr gut integrierte MDP mit einem soliden mittelständ. Mandantenstamm. Parallel zur anerkannten insolvenzrechtl. Beratung führt die Kanzlei eine gut aufgestellte Corporate-Praxis, die etwa bei Familienunternehmen bei Umstrukturierungen u. Nachfolgethemen – häufig multidisziplinär agierend – gefragt ist. Dabei kommt regelm. auch die immobilienrechtl. Kompetenz zum Tragen. Dieser praxisübergr. Ansatz wird seit vielen Jahren auch von namh. Pharma- u. Gesundheitsunternehmen wie Pfizer in Anspruch genommen. Diese Branche vertraut auf das tiefe Know-how von MHL im Erstattungs-, Vertriebs- u. Sozialrecht sowie im Arbeitsrecht. Die nachhaltige Personalstrategie zeigte sich zuletzt in 5 Partnerernennungen im Rechtsbereich. MHL erweiterte sich zudem in Berlin mit 2 Quereinsteigern, die mit ihrem Know-how bei Kryptowährungen u. Blockchain auch dem HHer Team eine neue Facette hinzufügen können.
Stärken: Integrierte Zusammenarbeit der Gesellschafts- u. Steuerrechtler.
Oft empfohlen: Rüdiger Ludwig, Dr. Tobias Möhrle („hohe Spezialkompetenz; angenehme Zusammenarbeit in zahlr. Schnittstellenmandaten", Wettbewerber), Dr. Frauke Möhrle, Dr. Sven Oswald (alle Gesellschaftsrecht), Dr. Lars Bohlken („sehr angenehme u. kollegiale Zusammenarbeit; präzise Arbeit", Wettbewerber; Kapitalmarktrecht), Dr. Helge Hirschberger („führende Ansprechpartner für maritime Insolvenzberatung", Wettbewerber; „zielstrebig, lösungsorientiert", Wettbewerber; Insolvenzrecht), Henning Anders („hervorragende Kompetenz bei AMNOG-Preisverhandlungen; stets pragmat. u. lösungsorientiert", Mandant; Pharmarecht), Oliver Reimann, Dr. Anne Schöning (beide Immobilienrecht), Dr. Andrea Kröpelin („kompetent, lösungsorientiert", Wettbewerber; Arbeits- u. Pharmarecht)
Team: 16 Eq.-Partner, 5 Sal.-Partner, 39 Associates, 2 of Counsel
Schwerpunkte: Neben Aktien- u. ▷Gesellsch.recht auch ▷Gesundheits-, Marken- u. Wettbewerbsrecht sowie Arbeits-, Kartell- u. Immobilienrecht, ▷Insolvenz/Restrukturierung. Betreuung von Stifterfamilien. Beratung bei HVen u. Umstrukturierungen, auch Prozesse (u.a. Abwehr von Prospekthaftungsklagen u. für Insolvenzverwalter). Starke Gutachtertätigkeit. WP-Gesellschaft mit internat. Anbindung an Crowe Horwarth.
Mandate: Camerit lfd. aktien- u. kapitalmarktrechtl.; E.I.S. Electronics u. Hawesko gesellschafts-, steuer- u. arbeitsrechtl. bei Verkauf; Versorgungswerk der Zahnärztekammer Berlin bei Verkauf an Permira; Petronord bei Kauf von schwed. Runes; norddt. Familienunternehmen bei Transaktion; Venture-Capital-Unternehmen bei Fondsbeteiligung; Habacker bei Grundstückskauf u. städtebaul. Vertrag; Union Investment Institutional bei div. Käufen, u.a. von Planetencenter Garbsen; Hammonia umf. gesellschaftsrechtl., zu Litigation u. Cyber Fraud; Amgen pharma-, heilmittelwerbe-, wettbewerbsrechtl.; Dt. Fernsehlotterie lfd. stiftungs- u. gemeinnützigkeitsrechtl.; Brick lfd. im Gesellschaftsrecht; Arthur Darboven zu Nachfolgethemen; immobilienrechtl.: HafenCity Hamburg, J. Safra Sarasin, LogiCor, PEG; lfd. im Pharmarecht: Novartis, Pfizer Consumer Healthcare, AstraZeneca.

NEUWERK
Hamburg ★★

Bewertung: Die Kanzlei bleibt eine der aufstrebendsten Einheiten im HHer Markt u. überzeugt teils sehr namh. Mandanten in vielen Rechtsgebieten. So hat sie sich etwa bei Grünenthal als feste Beraterin für IT u. Datenschutz etabliert. Neuerdings setzt das Unternehmen aber auch auf das renommierte Immobilienrechtsteam. Dem stehen andere Teams in nichts nach. So stützt die IT-Praxis ein umf. Plattformprojekt für die Uniklinik Köln, u. die durch Amedes u. BP Europa geforderte Arbeitsrechtspraxis wird vermehrt auch von anderen Kanzleien hinzugezogen, etwa für FMC bei einem Carve-out. Charakteristisch für die Kanzlei ist ihre Beratung an der Schnittstelle zu IP-, IT- u. Datenschutzrecht sowie Gesellschaftsrecht u. M&A. U.a. in diesen Spannungsfeldern kommt auch die Litigation-Praxis um Deiß zum Einsatz, die sich zuletzt mit einem Associate verstärkte.
Stärken: Praxisgruppenübergr. Zusammenarbeit als Team; Immobilientransaktionen.
Oft empfohlen: Dr. Claudia Jehle („komplexe Beratungsansätze u. hohe Fachkompetenz", Mandant; „hart in der Sache, stets den lösungsorientiert u. konstruktiv", Wettbewerber), Dr. Philipp Jehle („Deal-orientierter Kollege, herausragende Zusammenarbeit", „beeindruckende Marktpräsenz", Wettbewerber; Immobilienrecht), Dr. Matthias Peukert („engagierter junger Kollege", „hohe fachl. Kompetenz", Wettbewerber; Wirtschaftsstrafrecht), Dr. Sebastian Naber („extrem gut vernetzt u. gleichermaßen aktiv auf Arbeitgeber- u. Arbeitnehmerseite", Wettbewerber; Arbeitsrecht), Börge Seeger („hoch kompetent, pragmat. u. zielorientiert", Mandant; „gutes Verständnis für komplexe Zusammenhänge", Wettbewerber; IP/IT), Kirsten Seeger (Gesellschaftsrecht/M&A), Dr. Johannes Deiß („klare Sprache", Wettbewerber; Corporate Litigation), Dr. Annette Heinz („innovativer Beratungsansatz, vertiefte Kenntnisse im Investmentrecht; hervorragende Mandantenausrichtung", Wettbewerber)
Team: 8 Partner, 19 Associates

Schwerpunkte: ▷Immobilien; ▷Konfliktlösung u. M&A-Transaktionen, Arbeits-, Gesellschaftsrecht, zudem gesellschafts-, steuerstraf- u. wirtschaftsstrafrechtl. Prozesse. IT-rechtl. Beratung sowie Pharmarecht u. Datenschutz.
Mandate: Bayer. Beamtenkrankenkasse zu Immobilienkauf; INP Invest bei Kauf eines niedersächs. Pflegeheims; Tishman Speyer bei Kauf einer €160-Mio-Immobilie in HH; Soravia immobilienrechtl.; Universal-Investment-Fonds bei Joint-Venture-Kauf des T1 in Ffm.; Armstrong Building Products in erfolgr. Klageabwehr gg. E.on; Hemera in Post-M&A-Verfahren; Fresenius bei Carve-out; Universitätsklinik Köln lfd. zu Kooperation u. Lizenz bzgl. eines Corona-Wirkstoffs u. zu gepl. Auslizenzierung an brit. Pharmaunternehmen; börsennot. Automobilzulieferer u. Tochterfirmen in div. Prozessen; dt. Pharmaunternehmen in engl. Schiedsverfahren; BP arbeitsrechtl. u. zum Datenschutz; Flensburg Schiffbau arbeitsrechtl. zu Verhandlungen mit IG Metall u. Betriebsräten wg. Haustarif u. Restrukturierungen; Amedes lfd. arbeitsrechtl.

NOERR
Hamburg ★★★

Detaillierte Informationen zu dieser Kanzlei finden Sie in den jeweiligen Fachkapiteln sowie im ▷Nationalen Überblick Top 50.
Bewertung: Die Kanzlei in Hamburg fokussiert sich auf ▷Gesellschaftsrecht u. ▷M&A, ist aber insges. breit aufgestellt. Dazu gehört auch die anerkannte ▷kartell- u. ▷vertriebsrechtl. Praxis. Gute Vernetzung mit anderen Noerr-Standorten. Nach dem Rückzug aus Russland verantwortet ein HHer Partner den Russia-Desk der Kanzlei.
Team: 9 Eq.-Partner, 7 Sal.-Partner, 25 Associates
Partnerwechsel: Jörg-Peter Kraack (von Freshfields Bruckhaus Deringer; Gesellschaftsrecht)
Schwerpunkte: ▷Bankrecht u. -aufsicht; ▷Energie; ▷Gesellsch.recht; ▷Insolvenz/Restrukturierung; Kapitalmarktrecht; ▷Kartellrecht; ▷Konfliktlösung; ▷M&A; ▷Private Equ. u. Vent. Capital; ▷Verkehrssektor; ▷Vertrieb.
Mandate: Siehe Fachkapitel.

NORTON ROSE FULBRIGHT
Hamburg ★★★

Detaillierte Informationen zu dieser Kanzlei finden Sie in den jeweiligen Fachkapiteln sowie im ▷Nationalen Überblick Top 50.
Bewertung: Die aktive ▷Immobilienpraxis hat sich zum Aushängeschild in HH entwickelt. Auch das Kartellrechtsteam ist hier angesiedelt. Etabliert auch in ▷Gesellsch.recht u. ▷M&A.
Team: 7 Partner, 8 Counsel, 14 Associates
Schwerpunkte: Arbeit; ▷Compliance; ▷Energie; ▷Gesellsch.recht; ▷Immo/Bau; Insolvenz/Restrukturierung; Kartellrecht; ▷Konfliktlösung; ▷Kredite u. Akqu.fin.; ▷M&A; ▷Verkehr.
Mandate: Siehe Fachkapitel.

OSBORNE CLARKE
Hamburg ★

Detaillierte Informationen zu dieser Kanzlei finden Sie in den jeweiligen Fachkapiteln sowie im ▷Nationalen Überblick Top 50.
Bewertung: Innerhalb des breit gefächerten fachl. Spektrums im HHer Büro sticht u.a. die ▷IT- u. datenschutzrechtl. Kompetenz mit ihrer überreg. Anerkennung heraus.
Team: 11 Partner, 4 Counsel, 24 Associates

REGION NORDEN HAMBURG

Partnerwechsel: Heiko Petzold (von Jebens Mensching; Immobilienrecht)
Schwerpunkte: ▷Arbeit; ▷Energie; ▷Gesellsch.recht; Immobilien- u. Baurecht; ▷IT u. Datenschutz; ▷M&A; ▷Marken- u. Wettbewerb; ▷Medien; ▷Vertrieb; Zollrecht.
Mandate: Siehe Fachkapitel.

RASCHKE VON KNOBELSDORFF HEISER
Hamburg ★★

Bewertung: Die Kanzlei ist im HHer Markt aufgr. ihrer Spezialisierung auf die börsen-, kapitalmarkt- u. gesellschaftsrechtl. Beratung angesehen u. fokussiert sich daneben erfolgr. auf die Beratung von Finanzierungen gr. Unternehmen u. Immobilientransaktionen. Auch wenn die Gründung der Kanzlei nun schon Jahre zurückliegt, lobte ein Wettbewerber zuletzt das „Freshfields-Niveau" der Partner. Längst haben sich feste Beziehungen zu Mandanten wie Telio, Publity u. Preos entwickelt. Die Geschäftsführer von moebel.de, die RKH schon beim Einstieg von ProSiebenSat.1 mandatiert hatten, vertrauten beim Verkauf an XXXLutz über die gesellschaftsrechtl. Beratung hinaus nun auch in Steuerrecht auf die Kanzlei. Die Corporate-Praxis macht zudem immer wieder durch ihre prozessuale Vertretung etwa bei Post-M&A-Streitigkeiten auf sich aufmerksam u. punktet mit einem ausgewiesenen kapitalmarktrechtl. Know-how, das z.B. Lloyd Fonds verstärkt setzt. RKH berät hier in einer Vielzahl an Projekten wie etwa bzgl. Blockchain-basierter Verbriefung oder beim Einstieg in Growney. Die Finanzierungs- u. Kapitalmarktrechtspraxis bekam zudem Verstärkung von einem erfahrenen Anwalt von Sullivan & Cromwell.
Oft empfohlen: Dr. Kristian Heiser („versierter u. erfahrener Gesellschaftsrechtler", „sehr erfahren in Immobilientransaktionen", Wettbewerber), Dr. Thorsten Raschke („ein Mann für die schwierigen rechtl. Themen", „sehr guter, versierter Gesellschaftsrechtler", Wettbewerber; Restrukturierung), Gilbert von Knobelsdorff („exzellenter Gesellschaftsrechtler, sehr erfahren in gesellschaftsrechtl. Prozessen u. Schiedsverfahren", Wettbewerber), Dr. Dominik Ziegenhahn („sehr erfahren, besonnen, ziel- u. lösungsorientiert", Wettbewerber; beide Gesellschaftsrecht), Nico Torka („versierter Prozessrechtler", Wettbewerber; Handelsrecht)
Team: 5 Partner, 2 Counsel, 5 Associates, 1 of Counsel
Schwerpunkte: Neben lfd. Beratung im ▷Gesellsch.recht v.a. kl. u. mittlere ▷M&A-Transaktionen. Zudem Kapitalmarktrecht, Restrukturierungen sowie gesellschafts- u. handelsrechtl. Streitigkeiten.
Mandate: Easymotionskin Tec bei IPO; Alliance Marine Group bei Kauf von 12seemeile.de; Diok-Real-Estate-Aktionäre bei Verkauf von Mehrheitsbeteiligung an Investorenkonsortium; Lloyd Fonds zu Blockchain-basierter Verbriefung, Barkapitalerhöhung sowie Kauf der BV Holding u. bei Einstieg in Growney; Telio-Management beim Verkauf an Charterhouse u. Rückbeteiligung; moebel.de bei Verkauf an XXXLutz; Chemtec Chemicals bei Verkauf an WVT Industries u. Sofindev; Aufsichtsratsmitglieder der Elsflether Werft in Haftungsprozess.

RENZENBRINK & PARTNER
Hamburg ★★★

Bewertung: Die HHer Kanzlei beeindruckt mit tiefem u. umfangr. transaktionsrechtl. Know-how, das oft auch steuerrechtl. Elemente einschließt. Insbes. die vom Namenspartner vorangetriebene Private-Equity-Praxis ist im kleineren u. mittleren Dealsegment gefragt u. berät regelm. zahlr. Investoren. So schnürte sie für H.I.G. Capital erstmals ein größeres Dealpaket. Daneben sind die Transaktionsspezialisten bei zahlr. klass. strateg. motivierten Transaktionen, etwa für Stammandantin Engel & Völkers gesetzt. Darüber hinaus setzte die Praxis ein Ausrufezeichen mit der gesellschafts- u. steuerrechtl. Strukturierung eines Reisesicherungsfonds für DRV Deutscher Reiseverband. Strukturierungskenntnisse sind auch bei der Beratung von Family Offices gefragt. Die Prozesspraxis von Kirschner wiederum engagiert sich bei Geschäftsführerhaftung u. Organstreitigkeiten sowie Konflikten um die Haftung von Steuerberatern u. Wirtschaftsprüfern. Die enge Verschränkung der steuerl. u. Rechtsberatung betonte zuletzt die Partnerernennung eines doppelt qualifizierten Anwalts zum Partner.
Oft empfohlen: Dr. Ulf Renzenbrink („hervorragender Verhandler mit wirtschaftl. Gespür", „hat die M&A-Boutique gekonnt an die Spitze geführt", Wettbewerber; M&A/Private Equity), Dr. Lars Kirschner („zielorientiert, sachl. kompetent, angenehmer Verhandlungspartner", Wettbewerber; Gesellschaftsrecht), Marc-Holger Kotyrba („exzellenter Steuerrechtler mit umf. Immobilienerfahrung", Wettbewerber; Steuerrecht), Dr. Andreas Stoll (Gesellschaftsrecht)
Team: 6 Eq.-Partner, 1 Sal.-Partner, 9 Associates
Schwerpunkte: Neben ▷M&A- u. ▷Private-Equity-Transaktionen auch lfd. ▷gesellschaftsrechtl. Beratung (oft im Nachgang von Deals) sowie Prozessvertretung. Zudem Steuerrecht (auch Steuerberaterhaftung). Im Münchner Büro Finanzierungs- u. Bankaufsichtsrecht.
Mandate: DRV Dt. Reiseverband zu gesellschaftsrechtl. Strukturierung eines Reisesicherungsfonds u. steuerrechtl.; About You lfd. gesellschafts- u. kapitalmarktrechtl., u.a. bei Gründung eines Joint Ventures; IK Partner bei Kauf von Müpro; 2 Gesellschafter in internat. Gesellschafterstreitigkeit; Holdinggesellschaft in Organstreitigkeiten; Geschäftsführer insolvenzrechtl. u. zu Geschäftsführerhaftung; Fair Doctors bei Verkauf an Finanzinvestor; Friedrich & Wagner bei Anteilsverkauf an in-tech (rd. €250 Mio); H.I.G. Capital bei Verkauf von poln. Marflex an internat. Konsortium; HiQ International bei €100-Mio-Kauf von Scandio.

RIVERSIDE
Hamburg ★

Bewertung: Die Sozietät besticht durch ihren breiten Beratungsansatz mit gesellschaftsrechtl. Fokus, der v.a. mittelständ. Unternehmen, Gesellschafter u. Investoren anzieht. Eine Reihe von Gründern mandatiere die Kanzlei an der Schnittstelle von Corporate u. der Finanzierung durch Finanzinvestoren, wodurch sich die Kanzlei zunehmend im Bereich Venture Capital positioniert u. ihren Mandanten u.a. bei der Suche nach strateg. Investoren hilft. Im Arbeitsrecht konzentriert sich die Kanzlei auf die Sektoren Medizin u. Wohlfahrt – auch mit internat. Bezügen – u. berät punktuell zum Sozialversicherungsrecht. Auf die öffentl.-rechtl. Kompetenz setzen langj. HHer Behörden, aber im Umweltrecht auch Unternehmen. Zuletzt verstärkte sich Riverside in ihren Kernbereichen mit Quereinsteigern, wobei die Gesellschaftsrechtlerin insolvenzrechtl. Kompetenzen mitbringt.

Team: 6 Partner, 3 Associates
Partnerwechsel: Dr. Kirsten Mäurer (Gesellschaftsrecht), Dr. Volker Bahnsen (Arbeitsrecht; beide von Wiegel Ihde Ekrutt + Partner)
Schwerpunkte: Gesellschaftsrecht für mittelständ. Unternehmen, inkl. kl. M&A-Transaktionen u. Gesellschafterstreitigkeiten. Im Arbeitsrecht Beratung von Unternehmen sowie Vorständen u. Geschäftsführern zu betriebl. Umstrukturierungen, auch sozialrechtl. Beratung. Zudem Verwaltungs- u. Bauplanungsrecht.
Mandate: GLI Business Solutions bei Verkauf an Schweizer Investor; Abfallentsorgungsunternehmen umwelt- u. abfallsrechtl.; Logistikunternehmen bei Verkauf an niederl. Logistikkonzern; Privatinvestor bei Anteilskauf von Liberty Damenmoden; Windenergieprojektentwickler bei Beteiligung von frz. Finanzinvestor; US-Maschinenbauunternehmen umf. gesellschaftsrechtl.; Logistikgesellschaft gesellschafts- u. aktienrechtl.; ASB Landesverband Nds. im Arbeits- u. Sozialrecht; DDent MVZ arbeits- u. gesellschaftsrechtl.; scripts for sale lfd. im Arbeitsrecht.

SCHMIDT-JORTZIG PETERSEN PENZLIN
Hamburg ★★

Bewertung: Klar positioniert sich die kleine HHer Kanzlei im M&A sowie im Insolvenz- u. Verwaltungsrecht. Zuletzt stach Penzlin als Berater bei den großen Insolvenzen im norddt. Raum – MV Werften u. Abellio – hervor. Die mittelständ. geprägte Mandantschaft vertraut zudem auf die rührige Prozesspraxis, v.a. insolvenznah, bei Post-M&A- oder Gesellschafterstreitigkeiten. Darüber hinaus suchte die JP Beteiligungsgesellschaft gesellschaftsrechtl.-strateg. Rat u. das Start-up 1komma5° bei Transaktionen. Zukunftsweisend ist auch die öffentl.-rechtl. Beratung, da sich die Kanzlei bereits seit Jahren mit dem wichtiger werdenden Klimaschutz befasst. Personell betonte SJPP den Insolvenzbereich: Hier ernannte sie 2 Partner u. einen Counsel u. stellte eine Berufseinsteigerin ein. Ein weiterer neuer Berufseinsteiger unterstützt die florierende M&A-Beratung.
Stärken: Gut vernetzte Insolvenzpraxis.
Oft empfohlen: Dr. Bjarne Petersen, Dr. Dietmar Penzlin („bei Konflikten verlässlich", „pragmat. u. schnell", Wettbewerber; Insolvenzrecht), Dr. Edzard Schmidt-Jortzig („sehr gute Verhandlungsführung u. breites Wissen, gute Wahl für den Mittelstand", Mandant; M&A/Gesellschaftsrecht), Dr. Philippe Rollin („sehr gewissenhaft u. schnell", „immer mit dem richtigen Blick für die Interessen des Mandanten", Wettbewerber; Gesellschaftsrecht)
Team: 4 Eq.-Partner, 1 Sal.-Partner, 7 Associates, 1 of Counsel
Schwerpunkte: Neben Transaktionen oft lfd. gesellschaftsrechtl. Beratung u. Prozesse (auch Post-M&A-Streitigkeiten). Beratung der öffentl. Hand u. Sparkassen sowie Energie- u. Versorgungsunternehmen im Öffentl. Recht (u.a. zum Klimaschutz). Neben ▷Insolvenzverwaltung auch insolvenznahe Beratung sowie Verkäufe u. Prozessführung (u.a. für viele Stadtwerke).
Mandate: Hansestadt Stralsund insolvenzrechtl. bei MV-Werften-Insolvenz; Abellio insolvenz- u. gesellschaftsrechtl.; Pharmaunternehmen zu Sanierung; Metrics Technologies in gesellschaftsrechtl. Auseinandersetzung; 1komma5° bei div. dt. u. internat. Transaktionen; Global Renewables Shipbro-

kers u.a. bei Joint Venture mit schweizer Ifchor; Carbonbay im Klimaschutzrecht; Juvia in Prozess gg. Appelrath Cüpper; regelm. JP Beteiligungsgesellschaft.

SCHULZ NOACK BÄRWINKEL
Hamburg ★★

Bewertung: Die anerkannte HHer Kanzlei konzentriert sich auf die Felder Corporate, IT- u. Energierecht. Dabei arbeitet sie zunehmend fachbereichsübergr. Die Mandanten der anerkannten Energiepraxis um Schulz-Gardyan, darunter zahlr. Netzbetreiber, setzen bspw. immer häufiger auch im IT-Recht auf das Angebot der Kanzlei. Das zeigte sich zuletzt in Mandaten zu Themen wie E-Mobilität u. bei Wasserstoffnetzprojekten. An dieser Schnittstelle profiliert sich inzw. auch ein Associate im Datenschutz. Gesellschaftsrechtler Huth repräsentiert den etablierten China-Desk. Viele asiat. Logistikunternehmen setzen etwa bei grenzüberschr. Joint Ventures, Kapitalerhöhungen oder Handelsstreitigkeiten auf das erfahrene Team. Die Bank- u. Kapitalmarktrechtler verbreitern derweil ihr Angebot Richtung insolvenzrechtl. Beratung.

Stärken: Lange Tradition im dt.-chin. Rechtsverkehr. Ausgeprägte Prozesserfahrung, energierechtl. Themen, u.a. im Zshg. mit IT-Recht.

Oft empfohlen: Corinna Rindfleisch („reaktionsschnell, pragmat.", Wettbewerber; IT/IP), Dr. Olaf Schulz-Gardyan („hervorragende Zusammenarbeit, schnelle u. unkomplizierte Abstimmung, Helfer in der Not bei kurzfristigen Stellungnahmen trotz erhebl. Schriftumfangs", Mandant; Energie/Vergabe), Martin Stangl (Energierecht), Dr. Mark-Alexander Huth („tolles Teamwork bei der Abwehr gesamtschuldner. Haftungsansprüche gg. Geschäftsführer", Wettbewerber; Gesellschaftsrecht)

Team: 9 Partner, 7 Associates, 3 of Counsel

Schwerpunkte: Gesellschaftsrecht, Vertragsgestaltung u. Prozesse/Schiedsverfahren mit Bezügen zu Energienetzen u. -preisen sowie Bankenkonditionen. Auch Bank- u. Kapitalmarktrecht (Kapitalerhöhung), Baurecht, Zwangsverwaltungen, IT/IP (inkl. Datenschutzrecht) u. Versicherungen. Tätig für chin. Unternehmen u. dt. Unternehmen im chin. Markt, oft patentbezogen. Eigene, mit Partnern u. Patentanwälten besetzte Büros in Schanghai u. Ho-Chi-Minh-Stadt.

Mandate: Internat. Logistikunternehmen zu Finanzierung eines Joint Ventures; Fintechunternehmen zu Kapitalerhöhung; Chemieunternehmen in div. Streitigkeiten, u.a. um Zahlung einer Warenlieferung nach Hackerangriff; Netzbetreiber energierechtl. zu wettbewerbl. Messstellenbetrieb, Netzanschluss bei Kundenanlagen/Quartierslösungen, Biogaseinspeisung; Netzbetreiber in Missbrauchsverfahren bei BNetzA wg. energierechtl. Einordnung von Speichern; Fernwärmeversorger zu vergaberechtsfreien Vergaben von Instandhaltungsleistungen für Kraftwerke; Netzbetreiber in vergaberechtsähnl. Konzessionsverfahren.

TAYLOR WESSING
Hamburg ★★★★

Detaillierte Informationen zu dieser Kanzlei finden Sie in den jeweiligen Fachkapiteln sowie im ▷Nationalen Überblick Top 50.

Bewertung: Tragende Säulen des HHer Büros sind neben Gesellschaftsrecht v.a. die ▷marken- u. wettbewerbsrechtl. u. ▷Medienpraxis, inkl. ▷IT u. Datenschutz. Die M&A-Praxis hat im Mid-Cap-Segment eine feste Marktstellung.

Team: 31 Eq.-Partner, 25 Sal.-Partner, 50 Associates, 5 of Counsel

Partnerwechsel: Henning von der Blumensaat (von Tata Consultancy Services; Energierecht)

Schwerpunkte: ▷Arbeit; ▷Beihilfe; ▷Energie; ▷Gesellsch.recht; ▷Immo/Bau; ▷Insolvenz/Restrukturierung; ▷IT u. Datenschutz; ▷Kartellrecht; ▷Konfliktlösung; ▷Kredite u. Akqu.fin.; ▷M&A; ▷Marken u. Wettbewerb; ▷Medien; ▷Nachfolge/Vermögen/Stiftungen; ▷Öffentl. Recht; ▷Private Equ. u. Vent. Capital; Sport; ▷Unternehmensbez. Versichererberatung; ▷Vergabe; ▷Verkehr; ▷Vertrieb.

Mandate: Siehe Fachkapitel.

VOIGT WUNSCH HOLLER
Hamburg ★★

Bewertung: Die Boutique ist im HHer Markt bekannt für einen breiten Beratungsansatz im Gesellschaftsrecht u. M&A. Börsennot. Unternehmen wie Basler vertrauen Voigt aktien- u. kapitalmarktrechtl. sowie bei M&A-Projekten u. Joint Ventures. Wunsch wiederum setzte sich mit einem kl. Team bei Siemens Energy im Gesellschaftsrecht durch, berät aber auch mittelständ. u. Familienunternehmen bei Transaktionen, etwa zur Nachfolge. Primär steht jedoch Holler für Nachfolgelösungen. Er berät eine Vielzahl von Private Clients u. Familienunternehmen, verfügt aber auch über prozessuale Erfahrung. Die Konzentration auf diese Kernthemen überzeugt zunehmend Mandanten außerhalb des norddt. Raums.

Stärken: Hochkarät. gesellschaftsrechtl. Praxis.

Oft empfohlen: Dr. Oliver Wunsch („erprobte Zusammenarbeit in Transaktionen", „pragmat. u. ergebnisorientiert, angenehm in der Zusammenarbeit", Wettbewerber; Gesellschaftsrecht/M&A), Dr. Hans-Christoph Voigt („hohe Kompetenz gepaart mit hanseatisch freundl. Auftreten", Wettbewerber; M&A), Dr. Lorenz Holler („exzellenter Ruf bei der Beratung von Private Clients", Wettbewerber; Corporate Litigation/Gesellschaftsrecht)

Team: 3 Eq.-Partner, 1 Sal.-Partner, 6 Associates

Schwerpunkte: Schwerpunkt im ▷Gesellsch.recht (inkl. Aktien- u. Kapitalmarktrecht, Nachfolgeregelungen). Beratung bei Transaktionen (auch Private Equity u. ▷M&A), ▷Nachfolge/Vermögen/Stiftungen, zudem gesellschaftsrechtl. Konfliktlösung inkl. Schiedsrichtertätigkeit.

Mandate: Siemens Energy bei Auflösung u. Anteilsverkauf eines Joint Ventures; HHer Unternehmerfamilie in Post-M&A-Streitigkeit; Adiuva lfd. gesellschaftsrechtl.; Aufsichtsratsmitglied eines Beteiligungsunternehmens bei Abwehr von Schadensersatzansprüchen; Basler lfd. gesellschafts- u. kapitalmarktrechtl., u.a. bei Joint Ventures u. M&A; digitale Lernplattform bei Investorenaufnahme u. fusionskontrollrechtl.; Eppendorf bei Transaktion; H.I.G. lfd. gesellschaftsrechtl., u.a. bei Strukturierung u. Verkauf von Weru in internat. Bieterverfahren.

WATSON FARLEY & WILLIAMS
Hamburg ★★★

Detaillierte Informationen zu dieser Kanzlei finden Sie in den jeweiligen Fachkapiteln sowie im ▷Nationalen Überblick Top 50.

Bewertung: Schiffsfinanzierung auf Banken- sowie Reederseite, zudem die Rundumberatung im Sektor erneuerbarer ▷Energien prägen zusammen mit dem Transaktionsfokus das Bild des HHer Büros (▷M&A, ▷Private Equity). Außerdem renommierte Arbeitsrechtspraxis.

Team: 18 Partner, 1 Counsel, 29 Associates, 2 of Counsel

Schwerpunkte: ▷Arbeit; ▷Energie; ▷Gesellsch.recht; Infrastruktur; Kredite u. Akqu.fin.; ▷M&A; Nachfolge/Vermögen/Stiftungen; ▷Private Equity; Schiffsu. Projektfinanzierung; Steuerrecht; Verkehr.

Mandate: Siehe Fachkapitel.

WEISNER PARTNER
Hamburg ★

Bewertung: Die HHer Kanzlei konzentriert sich auf Gesellschaftsrecht u. Finanzierungen. Ein Wettbewerber lobt die „guten u. effizienten Lösungen", die der Namenspartner u. sein Team finden. Diese Fähigkeit ist insbes. bei Umstrukturierungen im Mittelstand gefragt, aber erstmals auch von einer gr. börsennot. Finanzdienstleistungsgruppe. Auf Branchen ist die Kanzlei jedoch nicht festgelegt. Die Prozesspraxis orientiert sich mittlerw. ebenfalls in die Corporate-Richtung u. ist in Gesellschafter- u. Post-M&A-Streitigkeiten gefragt.

Oft empfohlen: Dr. Arnd Weisner („zielorientiert, schnell", „effektiv u. kreativ mit Fokus auf die wirtschaftl. Interessen seiner Mandanten", Wettbewerber; Kartellrecht, Gesellschaftsrecht), Dr. Dominik Heimberg („kreativer Kopf", „idealer Ansprechpartner bei konfliktreichen Auseinandersetzungen", Wettbewerber; Litigation), Dr. Sönke Friedrichsen („ein 'Macher', der Transaktionen durchzieht", Wettbewerber; Gesellschaftsrecht)

Team: 3 Eq.-Partner, 2 Associates, 1 of Counsel

Schwerpunkte: Konzentration auf gesellschaftsrechtl. Beratung u. Prozessvertretung sowie M&A. Zudem Emissionshäuser u. Fonds bei der Abwehr von Prospekthaftungsklagen.

Mandate: MPC Energy Solutions zu strateg. Zusammenarbeit mit schweizer Leclanche für Fotovoltaik- u. Batteriespeicherprojekt; Allround Autovermietung bei Kauf von Hoffmann Autovermietung; Flying Pizza Food Service bei Verkauf von 3 Filialen an New-York-Pizza-Gruppe; Containerschiffunternehmen gesellschaftsrechtl. bei Finanzierungsstruktur für 4 Schiffsneubauten; börsennot. Finanzdienstleistungsunternehmen bei Umstrukturierung der europ. Beteiligungen.

WHITE & CASE
Hamburg ★★★★

Detaillierte Informationen zu dieser Kanzlei finden Sie in den jeweiligen Fachkapiteln sowie im ▷Nationalen Überblick Top 50.

Bewertung: Im HHer Büro ist ein wesentl. Teil der großen u. anerkannten ▷Insolvenzverwaltungs- u. Restrukturierungspraxis der Kanzlei angesiedelt. Dabei ist bei einschlägigen Finanzierungsthemen eine enge Zusammenarbeit der einzelnen Teams etabliert (▷Kredite u. Akqu.fin.).

Team: 8 Partner, 6 Counsel, 24 Associates, 2 of Counsel

Partnerwechsel: Dr. Justus Herrlinger (zu DLA Piper; Kartellrecht)

Schwerpunkte: ▷Energie; ▷Gesellsch.recht; ▷Insolvenz/Restrukturierung; ▷IT u. Datenschutz; ▷Kartellrecht; ▷Kredite u. Akqu.fin.; ▷M&A; ▷Medien; ▷Verkehr.

Mandate: Siehe Fachkapitel.

ZENK
Hamburg ★★★

Bewertung: Die HHer Kanzlei kombiniert erfolgr. Branchen- mit fachspez. Know-how. Zahlr. namh. Mandanten aus der Lebensmittelwirtschaft – die langj. auf die lebensmittel- u. IP-rechtl. sowie Krisenberatung von Zenk setzen – vertrauen vermehrt auch auf die handels- u. gesellschaftsrechtl. Beratung. Wie erfolgreich die Kanzlei eine enge Zusammenarbeit zw. ihren Beratern umsetzt, zeigt sich nicht nur bei der Kooperation mit dem Berliner Büro, sondern auch in der im Vorjahr gegründeten Steuerberatungseinheit: Ein Landkreis setzte bei der Vertragsgestaltung für ein Kulturevent nicht nur auf die jurist., sondern auch die steuerl. Erfahrung von Zenk. Auch die öffentl.-rechtl. Praxis steht regelm. an der Seite von Gebietskörperschaften, sowie von Energieversorgern. Ausbaufähig bleibt die Verknüpfung der gestärkten Immobilienrechtspraxis mit dem Gesellschafts- u. Steuerrecht. Neues Potenzial dafür liefert ein dazugestoßener Gesellschafts- u. Steuerrechtler.

Stärken: Umf. Betreuung der Lebensmittelbranche. Öffentl. Wirtschaftsrecht u. angrenzende Bereiche.

Oft empfohlen: Dr. Ralf Hüting, Dr. Wolfgang Hopp (beide Umwelt- u. Planungsrecht), Dr. Henrik Nacke, Alexander Baden („besonnener u. kollegialer Verhandler, sehr erfahren, zudem pragmat. u. unkompliziert", Mandant; beide Bau-/Immobilienrecht), Jan Dietze (Gesellschaftsrecht), Dr. Bastian Schmidt-Vollmer (Gesellschaftsrecht/Restrukturierung), Dr. Carsten Oelrichs, Dr. Stefanie Hartwig („fachl. u. menschl. überzeugend", Mandant; „blickt über den Horizont", Wettbewerber; Lebensmittelrecht), Sonja Schulz (Lebensmittelrecht)

Team: 16 Eq.-Partner, 4 Sal.-Partner, 10 Associates
Partnerwechsel: Dr. Zoran Domić (von SKN von Geyso; Gesellschafts- u. Steuerrecht)

Schwerpunkte: ▷*Öffentl. Recht* (auch Vergabe- u. Abfallrecht), M&A, ▷*Gesellsch.recht*, Steuerrecht u. Abwehr von Prospekthaftungsklagen (v.a. für Emissionshäuser); umf. Betreuung im ▷*Lebensmittel-* sowie ▷*Marken- u. Wettbewerbsrecht*. Zudem ▷*Immo/Bau* (inkl. Architektenrecht).

Mandate: Coca-Cola lfd. lebensmittelrechtl.; Rewe lebensmittelrechtl., u.a. in Zshg. mit Corona u. Compliance; BGZ bei Zwischenlagerübernahme für radioakt. Abfälle; Extr:act verbands- u. kartellrechtl.; Energieversorger vergaberechtl. bei Bau einer Verbrennungsanlage; 2 Immobilienentwickler bau- u. planungsrechtl. im Städtebau; Fr. Holst lfd. baurechtl. u. prozessual in Schlussrechnungsstreitigkeiten; Energieversorger zu Bau einer Elektrolyseanlage; HHer Immobilieninvestor planungs- u. baurechtl. zu Neubau eines Gebäudeensembles (Vol. €100 Mio); Carl Kühne wettbewerbsrechtl.; Unilever lfd. in UWG-Prozessen; lfd. im Lebensmittelrecht u. in IP: Iglo, Zertus, Südzucker.

Bremen

AHLERS & VOGEL
Bremen ★★★★★

Bewertung: Die auf den Mittelstand ausgerichtete Bremer Full-Service-Kanzlei zeigte sich ungewöhnl. expansiv: Im Zuge des Zerbrechens von Büsing Müffelmann & Theye nahm sie ein Team von 4 Anwälten auf. Als Partner kamen die Öffentlichrechtlerin u. Notarin Nottbusch u. der auf Gesellschafts- u. Steuerrecht ausgerichtete Hintze. Begleitet wurden sie von einem IT-Rechtler – eine Kompetenz, die A&V ohnehin verstärken wollte – u. einer jungen Anwältin. Im Übrigen arbeitet das Bremer Büro erfolgr. weiter daran, höherwertiges Geschäft zu gewinnen. Die Umstrukturierung der Oldenburg. Landesbank steht dafür ebenso wie die Arbeit für Wittrock, ein kontinuierl. Strom kleinerer Transaktionen u. der Gewinn neuer Mandanten im Arbeitsrecht. Das Ausscheiden eines Seniorpartners u. Notars blieb dank einer Neuberufung u. guter Vorbereitung folgenlos. Die erneute Ernennung eines Partners steht zudem für einen sorgsamen Aufbau des Nachwuchses. Ergänzt wird das Angebot u.a. durch eine anerkannte Bau- u. Immobilienpraxis, die den Wechsel eines erfahrenen Bau- u. Vergaberechtlers zur Wettbewerberin Schackow nicht zuletzt wg. des Zugangs verkraften dürfte. Die Büros in HH u. Leer sind insbes. für ihre Erfahrung mit der Logistik- u. Schifffahrtsbranche bekannt. V.a. dort sind die Anwälte auch bei grenzüberschr. Themen gefragt. Den Ausbau des HHer Standorts nimmt A&V nun stärker strateg. in den Blick, da Wachstum im Bremer Markt limitiert ist.

Stärken: Langj. Erfahrung mit mittelständ. Unternehmen.

Oft empfohlen: Dr. Jan van Dyk (Baurecht), Jörn Linnertz („immer ein sachl. u. angenehmer Gegner", Wettbewerber), Dr. Klaus Starke („immer ruhig, sachl. u. unaufgeregt – hervorragend", Mandant), Dr. Carsten Heuel („viel Know-how für internat. Projekte, praxisorientiert", Mandant; „konstruktive Zusammenarbeit", Wettbewerber), Dr. Jochen Böning („exzellent", Mandant; alle Gesellschaftsrecht)

Team: 14 Eq.-Partner, davon 8 Notare, 2 Sal.-Partner, 13 Associates, 1 of Counsel
Partnerwechsel: Dr. Claudia Nottbusch (Öffentl. Recht), Dr. Robert Hintze (Gesellschafts-/Steuerrecht; beide von Büsing Müffelmann & Theye), Dr. Rüdiger Leykam (in Ruhestand)

Schwerpunkte: Gesellschaftsrecht, inkl. starkem Notariat. Etablierte Praxen im ▷*Bau-* u. Arbeitsrecht; über Büros in HH u. Leer langj. Erfahrung mit der Schifffahrtsbranche.

Mandate: Beratung: Wittrock Holding bei Neuaufstellung der Igefa-Gruppe; BSAG gesellschaftsrechtl. u. nach Squeeze-out; Ernst Russ regelm. gesellschaftsrechtl. u. bei Transaktionen, u.a. Übernahme Schiffsportfolio; dt. Tochter eines Technologiekonzerns gesellschafts. u. arbeitsrechtl.; oldenburg. Landesbank bei umfangr. arbeitsrechtl. Rahmenvertrag; internat. Stahlhändler bei Umstrukturierung; Käufer bei mittelb. Kauf 2er MVZ für institut. Fonds; Gesellschafter bei Verkauf

---

Bremen ★★★★★

Ahlers & Vogel
Blaum Dettmers Rabstein
Loyfort
Dr. Schackow & Partner

★★★★

Castringius
v. Einem & Partner
Kessler

★★★

Nölle & Stoevesandt
S2H Ströver Strohkirch Hardt

★★

Blanke Meier Evers
Göhmann
Schultze & Braun

Die Auswahl von Kanzleien und Personen in Rankings und tabellarischen Übersichten ist das Ergebnis umfangreicher Recherchen der JUVE-Redaktion. Sie ist in 2erlei Hinsicht subjektiv: Die Aussagen der befragten Quellen sind subjektiv u. spiegeln deren Erfahrungen u. Einschätzungen. Die JUVE-Redaktion wiederum analysiert die Rechercheergebnisse unter Einbeziehung ihrer eigenen Marktkenntnis. Der JUVE Verlag beabsichtigt keine allgemeingültige oder objektiv nachprüfbare Bewertung. Es ist möglich, dass eine andere Recherchemethode zu anderen Ergebnissen führt. Innerhalb einzelner Gruppen in Rankings und tabellarischen Übersichten sind Kanzleien und Personen alphabetisch sortiert.

BREMEN NORDEN REGION

der Maschinen Meyer GmbH & Co. KG; US-Private-Equity-Fonds bei Beteiligung eines dt.-österr. Family Offices an dt. Unternehmen; Flughafen Bremen v.a. kollektivarbeitsrechtlich. **Prozesse:** Ernst Russ (vormals HCI Capital) in KapMuG-Verfahren bis BGH; Stromversorger gg. Verleger von Glasfaserkabeln; div. Verfahren für Emissionshäuser u. Reedereienprüfung für Schulgebäude.

BLANKE MEIER EVERS
Bremen ★★

Bewertung: BME ist im Bremer Markt weiterhin die erste Adresse für die breit angelegte Beratung im Sektor erneuerbarer Energien. Die enge Verbindung zum Bremer Projektentwickler WPD besteht fort, doch wurde dessen Offshore-Geschäft im Frühjahr an einen US-Fonds verkauft. Aber auch bei lokalen KMU u. Start-ups ist die nicht zuletzt durch die Beratung der Kernbranche gesammelte gesellschafts- u. finanzierungsrechtl. Erfahrung nachgefragt. Der Verzicht auf ein Notariat macht BME zu einem Unikum in der Riege etablierter Bremer Kanzleien u. sorgt dafür, dass die Arbeit jenseits des Energiesektors im Markt eher unterschätzt wird. Der kleine HHer Standort konzentriert sich weiter auf das Öffentl. Recht u. ist v.a. beim Thema erneuerbare Energien längst auch in den benachbarten Bundesländern gefragt.
Stärken: Erneuerbare Energien.
Oft empfohlen: Dr. Gernot Blanke (Gesellschaftsrecht), Dr. Andreas Hinsch (Öffentl. Recht)
Team: 8 Eq.-Partner, 13 Associates
Schwerpunkte: Umf. Beratung zu erneuerbaren Energien, v.a. Öffentl. Recht, M&A, auch (internat.) Finanzierung.
Mandate: Beratung: regelm. u. umf. WPD, u.a. bei Verkauf des Offshore-Geschäfts an Global Infrastructure Partners u. im Energierecht; div. Windparkentwickler regelm. bei Projekten; Stromhändler zu Lieferverträgen; lokale Familien- u. Handelsunternehmen gesellschaftsrechtl.; Elektrotechnikunternehmen lfd. vertrags- u. arbeitsrechtlich. **Prozesse:** OWP in div. Streitigkeiten.

BLAUM DETTMERS RABSTEIN
Bremen ★★★★★

Kanzlei des Jahres Norden

NOMINIERT
JUVE Awards 2022
Kanzlei des Jahres für den Mittelstand

Bewertung: Der Bremer Kanzlei ist es schnell gelungen, die im Vorjahr von Schütte Richter hinzugestoßenen Anwälte einzubinden. V.a. die zusätzl. steuerrechtl. Kompetenz erweist sich als echtes Asset, zumal nun erfahrene Partner bereitstehen, weitere Berater an das Thema heranzuführen. Klar im Fokus stehen jedoch, neben dem Transportrecht, weiterhin die gesellschaftsrechtl. u. die Transaktionspraxis, die sowohl notariell als auch in der Beratung zu den stärksten vor Ort zählen. Ein Grund dafür ist, dass Wettbewerber die Anwälte als „harte Verhandler, aber konstruktiv" schätzen. Joint Ventures in der Hafenwirtschaft, Verschmelzungen u. M&A hielten die Anwaltsnotare beschäftigt, aber auch die Nachwehen der Igel-Transaktion im Vorjahr u. Gesellschafterstreitigkeiten. Derweil erobert sich ein jüngerer Anwalt, teils in Zusammenarbeit mit einer E-Commerce-Spezialistin im HHer Büro, das Feld IT u. Datenschutz u. überzeugte hier auch neue Mandanten. Parallel zu derartigen Erweiterungen des Spektrums ist die Kanzlei intensiv damit befasst, den Generationswechsel vorzubereiten. Auch wenn renommierte Seniorenanwälte wie Kulenkampff u. Richter aktiv bleiben, steckt BDR viel Energie in eine sorgsame Überleitung. Vor diesem Hintergrund ist das Ausscheiden eines jüngeren Partners ärgerlich.
Stärken: Notariat, v.a. Gesellschaftsrecht.
Oft empfohlen: Dr. Götz Grevesmühl, Stephan Kulenkampff, Dr. Andreas Holzhüter (alle Gesellschaftsrecht, M&A), Dr. Uwe Lenz, Dr. Wolfgang Richter („brillant", Wettbewerber), Dr. Andreas Meyer im Hagen (letzten 3 Gesellschafts- u. Steuerrecht), Claus Holzhüter (Transportrecht)
Team: 13 Eq.-Partner, davon 8 Notare, 3 Counsel, 6 Associates, 2 of Counsel
Partnerwechsel: Mark-Bernhard von Busse (zu Loyfort; Gesellschaftsrecht, M&A), Dr. Eberhard Lohmann, Rolf Werther (beide in Ruhestand)
Schwerpunkte: ▷Gesellsch.recht, ▷M&A (auch grenzüberschr.), Transport- u. Schifffahrtsrecht, auch Schiedsverfahren.
Mandate: Beratung: Sunfire bei Finanzierungsrunde; Eurogate bei Einstieg Hapag-Lloyd in Jadeweserport u. ägypt. Terminal (aus dem Markt bekannt); Gesellschafter eines Versicherungsmaklers bei Verkauf der Holding; C. Melchers regelm. gesellschaftsrechtl. u. bei Transaktionen; Handelsunternehmen bei Umstrukturierung; Reeder bei Refinanzierung div. Einschiffsgesellschaften; Baumaschinengroßhändler bei Digitalisierung; regelm. E-Commerce-Unternehmen, Onlinehändler für Kaffeeprodukte; persönl. haftender Gesellschafter in Insolvenz des Unternehmens. **Prozesse:** Gesellschafter-GF außergerichtl. in Gesellschafterstreit; Aktionär einer Familien-AG in Gesellschafterstreit.

CASTRINGIUS
Bremen ★★★★

Bewertung: Die Bremer Kanzlei bleibt mit ihrem Fokus auf die Beratung der Gesundheits- u. Pharmabranche u. auf das Immobilienrecht eine feste u. anerkannte Größe im Markt. Die Dominanz dieser Schwerpunkte verleiht der Einheit einerseits ein klares Profil, verstellt andererseits jedoch den Blick darauf, dass sich die Beratung von Unternehmen der entspr. Branchen nicht nur auf die Kernrechtsgebiete beschränkt, sondern vielmehr auch Vergabe-, Arbeits- u. Gesellschaftsrecht zum Spektrum gehören. Die Beratung zu Letzterem ist jedoch abseits des Notariats weniger auffällig als bei vielen, v.a. den marktführenden Wettbewerbern.
Oft empfohlen: Dr. Ingo Schneider (Pharmarecht), Claus Pfisterer (Medizinrecht), Heinrich Immoor (Baurecht), Dr. Nils Bulling (Arbeitsrecht)
Team: 12 Eq.-Partner, davon 7 Notare, 4 Associates
Schwerpunkte: Bau- u. Immobilienrecht, Medizinrecht, breit angelegte Beratung u. Vertretung im Gesundheitswesen.
Mandate: Beratung/Prozesse: PVS Bremen (auch Ombudstätigkeit); Klinik regelm., u.a. bei Kooperationsverträgen; regelm. div. Bauträger, Forschungs- u. gemeinnütz. Einrichtungen im Arbeits-, Gesellschafts- u. Baurecht.

V. EINEM & PARTNER
Bremen ★★★★

Bewertung: Nach einer personell unruhigen Phase ist bei der Bremer Traditionskanzlei wieder Ruhe eingekehrt. So bleibt es auch bei den bekannten Schwerpunkten: Das Notariat, das gesellschafts- wie immobilienrechtl. gefragt ist, legte wie auch in anderen Kanzleien deutl. zu. Auch die kombinierten Kompetenzen von Restrukturierungs- u. Arbeitsrechtsspezialisten erwiesen sich erneut bei einem großen Projekt als sinnvoll. Abseits des Notariats treibt v.a. ein Partner die gesellschaftsrechtl. Beratung voran, zuletzt mit der Beratung bei einer größeren Fusion. Grenzüberschr. Mandate bleiben jedoch, trotz des Engagements im Netzwerk Eurojuris, eher rar. Hier sind Wettbewerber wie Nölle & Stövesandt oder Blaum Dettmers Rabstein wesentl. routinierter.
Oft empfohlen: Dr. Christoph Förster (Arbeitsrecht), Olaf Gründahl („sehr überzeugendes Notariat", Wettbewerber), Dr. Joachim Asendorf (beide Gesellschaftsrecht)
Team: 6 Eq.-Partner, davon 3 Notare, 1 Sal.-Partner, 3 Associates
Schwerpunkte: Arbeitsrecht; Gesellschaftsrecht, Miet- u. Immobilienrecht (beides auch notariell).
Mandate: Beratung: Unternehmen der Pferdezucht bei Unternehmenskauf; Oxycare bei internat. Handelsverträgen; Mdexx in Insolvenz arbeitsrechtl.; Rehavista lfd., u.a. bei Unternehmenskauf; Arkema-Gruppe lfd., u.a. zu Miete u. Grundstückskäufen; Onlineapotheke bei Aufbau Holdingstruktur; Immobilienentwickler bei div. Transaktionen. **Prozesse:** Lieferant med. Schutzausrüstung in Zahlungsprozess gg. Land Hessen u. Bund; BLG in Kündigungsschutzverfahren.

Bremer Kanzleien mit Besprechung nur in Rechtsgebieten

BBG und Partner	▷Öffentl. Recht ▷Vergabe ▷Verkehr
Boehmert & Boehmert	▷Marken u. Wettbewerb ▷Patent
Ebner Stolz Mönning Bachem	▷Nachfolge/Vermögen/Stiftungen
Eisenführ Speiser	▷Marken u. Wettbewerb
Evers	▷Vertrieb
Ganten Hünecke Bieniek & Partner	▷Immobilien- und Baurecht
Willmer Köster	▷Insolvenz/Restrukturierung

Die Auswahl von Kanzleien und Personen in Rankings und tabellarischen Übersichten ist das Ergebnis umfangreicher Recherchen der JUVE-Redaktion. Sie ist in 2erlei Hinsicht subjektiv: Die Aussagen der befragten Quellen sind subjektiv u. spiegeln deren Erfahrungen u. Einschätzungen. Die JUVE-Redaktion wiederum analysiert die Rechercheergebnisse unter Einbeziehung ihrer eigenen Marktkenntnis. Der JUVE Verlag beabsichtigt keine allgemeingültige oder objektiv nachprüfbare Bewertung. Es ist möglich, dass eine andere Recherchemethode zu anderen Ergebnissen führt. Innerhalb einzelner Gruppen in Rankings und tabellarischen Übersichten sind Kanzleien und Personen alphabetisch sortiert.

Anwaltszahlen: Angaben der Kanzleien zur Bürogröße vor Ort.
Sie spiegeln nicht zwingend die Gesamtgröße einer Kanzlei wider.

REGION NORDEN BREMEN

GÖHMANN
Bremen ★★

Bewertung: Das Bremer Büro der überörtl. Kanzlei steht im Markt weiterhin v.a. für seine arbeitsrechtl. Erfahrung. Allerdings berief die Kanzlei zuletzt einen Handels- u. Gesellschaftsrechtler neu in die Partnerschaft, was das Augenmerk künftig etwas stärker auf diese Kompetenzen lenken könnte, denn nun engagieren sich 3 Partner auf diesem Feld. Das lokal vergleichsweise kleine Notariat erschwert dies jedoch, da in Bremen Beratung u. Notariat oft Hand in Hand gehen. In der Breite des Beratungsangebots, das auch das Markenrecht u. den Datenschutz umfasst, steht die Kanzlei jedenfalls Wettbewerbern in nichts nach, auch wenn dies im Markt nach wie vor unterschätzt wird.

Oft empfohlen: Julia Schönfeld, Dr. Teemu Tietje (beide Arbeitsrecht)

Team: 7 Eq.-Partner, davon 2 Notare, 3 Associates

Schwerpunkte: Arbeitsrecht. Erfahrung in der Gesundheits- u. Wohlfahrtswesen. Auch Gesellschaftsrecht u. Datenschutz sowie Beratung zum dt.-span. Geschäft.

Mandate: Beratung: Krankenkasse lfd. arbeitsrechtl.; Avient lfd. kollektiv- u. individualarbeitsrechtl.; div. Kliniken u. Träger, u.a. im Gemeinnützigkeits- u. Arbeitsrecht. **Prozesse:** Abwehr von Kundenklagen gg. VW.

KESSLER
Bremen ★★★★

Bewertung: Nach der internen Umstrukturierung im Vorjahr hat die Bremer Kanzlei weiter expandiert. Das Notariat wuchs ebenso wie die Zahl der StB. Ersteres ist damit auch gut auf den Generationswechsel vorbereitet. Auch die Erweiterung des anwaltl. Unterbaus hat die Kanzlei erfolgr. in Angriff genommen. Sie profitiert dabei von ihrem konsequenten Teamansatz u. einem vglw. großen Engagement beim Aufbau des Nachwuchses. Inhaltl. bleibt die Einheit ihren angestammten Stärken treu: Ihre meist mittelständ. Mandanten berät sie rechtl. wie steuerl. bei Umstrukturierungen, der Nachfolgeplanung u. auch bei einigen größeren Prozessen. Oft ist bei komplexen Beratungsmandaten auch die strateg. Kompetenz gefragt. Die Beratung eines Wittrock-Gesellschafters u. einiger Gründungen – auch für Gründer aus dem Ausland – zeigen weitere Facetten. Die internat. Komponente bleibt dabei noch eher überschaubar, doch trägt die Orientierung in Richtung Lateinamerika inzw. erste zarte Früchte.

Stärken: Kombination aus Rechts- u. Steuerberatung.

Oft empfohlen: Dr. Arvid Siebert („exzellenter Praktiker im Gesellschaftsrecht", „immer angenehme Zusammenarbeit", Wettbewerber; M&A), Dr. Holger Sudbrink (als Notar)

Team: 8 Eq.-Partner (davon 1 StB), davon 4 Notare, 1 Sal.-Partner, 7 Associates (inkl. StB)

Schwerpunkte: Gesellschafts- u. steuerrechtl. Neuaufstellung (Umstrukturierung, Sanierung, Nachfolge) von Unternehmen, regelm. auch Transaktionen. In diesem Kontext auch Erbrecht.

Mandate: Beratung: Gesellschafter der Wittrock Holding bei Neuaufstellung der Igefa-Gruppe; internat. Großhandel in gesellschafts- u. steuerrechtl. Frage zw. Dtl. u. Spanien; regelm. Fassemer strateg. u. gesellschaftsrechtlich; regelm. Hansa Flex, Wohnungsbaugesellschaft, Medizinprodukteherseller (gesellschaftsrechtl.). **Prozesse:** regelm. Insolvenzverwalter; Vertretung in innerfamiliärer Gesellschafterauseinandersetzung (marktbekannt).

LOYFORT
Bremen ★★★★★

Bewertung: Der Großteil der bisher bei Büsing Müffelmann & Theye tätigen Bremer Anwälte u. der polit. erfahrene Counsel im Bremerhavener Büro sind seit Sommer 2022 unter neuem Namen tätig. Unter ihnen sind fast alle im Markt besonders anerkannte Anwälte, sodass das Team seine Marktposition halten kann. 3 bislang als Counsel oder Associate tätige Anwälte wurden in der neuen Einheit, die sich einen ambitionierten Modernisierungskurs vorgenommen hat, Partner. Zu ihnen stieß zum Start der bisher als Partner bei Blaum Dettmers Rabstein tätige Gesellschaftsrechtler Mark-Bernhard von Busse. Er bringt auch Erfahrung mit gesellschaftsrechtl. Streitigkeiten ein. Die inhaltl. Aufstellung bleibt wie bisher breit, die gesellschaftsrechtl. Praxis personell stark. Lediglich im Öffentl. u. Steuerrecht büßt das Team etwas Prominenz ein, besetzt die Themen jedoch weiterhin. Das Notariat schrumpfte etwas, bleibt jedoch stark u. v.a. mit einem eingespielten Backoffice versorgt. Mandanten zeigten sich von der Entscheidung, die überörtl. Kanzlei zu verlassen, weitgehend unbeeindruckt, auch wenn sicher noch nicht endgültig klar ist, ob alle der neuen Einheit langfristig treu bleiben.

Stärken: Langj. etablierte u. exzellent vernetzte Anwälte.

Oft empfohlen: Dr. Monika Beckmann-Petey („ausgewiesene Expertin der hafenaffinen Wirtschaft", Wettbewerber; Gesellschaftsrecht/M&A), Dr. Matthias Boehme (Prozesse), Dieter Janßen (Transport- u. Arbeitsrecht), Dr. Jan Nollmann („pragmatisch, vermittelnd", Wettbewerber; Gewerbl. Rechtsschutz)

Team: 12 Eq.-Partner, davon 4 Notare, 1 Associate, 1 of Counsel

Schwerpunkte: Gesellschaftsrecht und M&A.

Mandate: Beratung: Stadt Bremen bei Verkauf des Mehrheitsanteils an der Jacobs University Bremen; Getränkegroßhandel kartellrechtl. zu Einkaufsorganisation; großer internat. Anbieter von Spezialanlagen bei Betriebsvereinbarung; WP-Gesellschaft, Wirtschaftsförderer u. Forschungsunternehmen beihilferechtl. zu unterschiedl. Wasserstoffprojekten; internat. Logistikdienstleister u. -anbieter arbeitsrechtl.; regionale Bank bei Immobilienkäufen; großer Sportverband kennzeichenrechtlich. **Prozesse:** großer Versicherer in div. Insolvenzanfechtungsverf.; Hersteller von Twistlocks in Patentstreit.

NÖLLE & STOEVESANDT
Bremen ★★★

Bewertung: Die kleine Einheit besetzt ihre Beratungsnische in Bremen mit beachtl. Erfolg u. großer Kontinuität. Im Gesellschaftsrecht u. bei Transaktionen mit internat. Bezug kann dem Team kaum ein lokaler Wettbewerber das Wasser reichen. Die enge Anbindung an die StB/WP-Einheiten von Fides sorgt dabei für einen Teil der Mandate u. erlaubt es in Einzelfällen auch, sich personelle Verstärkung zu holen. Auch Kanzleien außerh. der Hansestadt greifen immer wieder auf die Kompetenz der Bremer zurück. All dies würde eine Erweiterung des anwaltl. Unterbaus nicht nur erlauben, sondern erfordern. Bislang hat sich dies aber nicht umsetzen lassen, auch weil vor Ort schwer Anwälte mit passendem Erfahrungsprofil zu finden sind.

Stärken: Projektbezogene Beratung in enger Koop. mit Fides.

Oft empfohlen: Dr. Jens-Uwe Nölle („erfahren, guter Verhandler", Wettbewerber), Dr. Martin Stoevesandt (beide Gesellschaftsrecht/M&A)

Team: 2 Eq.-Partner, 2 Sal.-Partner

Schwerpunkte: Gesellschaftsrecht u. M&A.

Mandate: Beratung: mittelständ. Energieunternehmen bei internat. Projektverträgen für Solarpark; mittelständ. Modeunternehmen bei Verkauf im Bieterverf.; 2 Unternehmen bei Kauf eines Start-ups, inkl. Finanzierung; niederl. Beteiligungsgruppe zu Investition in Immobilien in Dtl.; Entsorger bei Unternehmenskauf; mittelständ. Unternehmen bei Verschmelzung; mittelständ. Unternehmen bei Restrukturierung Hafenbetrieb (mit Fides); mittelständ. IT-Unternehmen bei Umgestaltung für US-Lizenzen; Aufsichtsrat eines Pflegeunternehmens bei Vorbereitung Geschäftsführerwechsel. **Prozesse:** mittelständ. Mineralölunternehmen bei Abwehr von Insolvenzforderungen.

S2H STRÖVER STROHKIRCH HARDT
Bremen ★★★

Bewertung: Im Bremer Markt behauptet die kleine Kanzlei ihre Position v.a. dank ihrer Kompetenzen im Gesellschaftsrecht u. mit ihrem Notariat. Letzteres ist auch regelm. bei Transaktionen gesetzt. Gerade bei den zahlr. Dauermandanten ist die Kanzlei aber auch bei anderen Themen gefragt, etwa arbeitsrechtl. oder im Gewerbl. Rechtsschutz. Demggü. ist die vertriebsrechtl. Arbeit derzeit eher prozessual geprägt. So vertritt die Kanzlei einen Mobilfunkdienstleister im Streit um Provisionsmodelle gegen einen großen Mobilfunkanbieter. Über diese Kontakte haben sich inzw. auch gesellschaftsrechtl. Mandate ergeben. Weiterhin gehört die Kanzlei zu den Einheiten in Bremen, die ihre Arbeit besonders stark digitalisiert haben u. damit sehr effizient gestalten. Dies u. die Tatsache, dass ein Associate hinzukam, erlaubt es, dem Beratungsbedarf auch mit relativ kleinem Team gerecht zu werden.

Oft empfohlen: Dr. Alexander Hardt (Gesellschaftsrecht), Eckhard Strohkirch („zügig, pragmatisch", Wettbewerber; Notariat)

Team: 3 Eq.-Partner, davon 2 Notare, 2 Counsel, 1 Associate

Schwerpunkte: Gesellschaftsrecht u. M&A.

Mandate: Beratung: Entsorger arbeitsrechtl. u. notariell; Hersteller von Reisprodukten handels- u. gesellschaftsrechtl.; internat. Fruchtimporteur, Verpackungshersteller u.a. gesellschaftsrechtl.; Versorger arbeitsrechtl. Bei Umstrukturierung; Spirituosengroßhändler regelm., auch zu Vertriebskartellrecht; regelm. Ardagh, Fassemer, Betreiber von Seniorenresidenzen. **Prozesse:** ital. Weinproduzent bei Abwehr handelsvertreterrechtl. Ansprüche; TK-Dienstleister bei vertriebsrechtl. Ansprüchen; Versicherer bei Anspruchsabwehr.

DR. SCHACKOW & PARTNER
Bremen ★★★★★

Bewertung: Die Bremer Traditionskanzlei behauptet sich nicht nur an der Marktspitze, sondern demonstrierte, dass sie den Aufbau ihres anwaltl. Nachwuchses erfolgr. gestaltet: Mit der Berufung von gleich 3 Sal.-Partnern u. der Aufnahme eines weiteren hat sie ihren Mittelbau deutl. erweitert. Mit dem Zugang eines Bau- u. Vergaberechtlers trägt S&P der guten Entwicklung in diesem Beratungsfeld Rechnung. Zugleich soll der Neuzugang die Fachgebiete auch im HHer Büro verstärken. Die Basis des Kanzleierfolgs bleibt ein vielfältiger Mandantenstamm mit vorwiegend Mittelständlern, aber auch einigen Großunternehmen, die der Kanzlei seit Jahren die Treue halten. Das starke Notariat hat daran einen wesentl. Anteil. Umfangr. ist aber auch die gesellschaftsrechtl. Beratung, etwa bei Umstrukturierungen. Einmal mehr hat sich auch das insolvenzrechtl. Know-how als wertvoll erwiesen: So agierte S&P im Hintergrund bei der spektakulären Insolvenz der Lloyds-Werften. Mit Blick auf solche Mandate scheint eine Erweiterung der durch die Beförderungen ausgedünnten Associate-Riege angebracht.

Stärken: Langj. Erfahrung mit der maritimen Wirtschaft.
Oft empfohlen: Dr. Detlev Gross, Tobias Haas, Dr. Klaus Rentsch (alle Gesellschaftsrecht), Dr. Gerhard Liening („pragmatisch, hoch qualifiziert", Wettbewerber; Insolvenzrecht), Dr. Thomas Brinkmann (Transportrecht)
Team: 8 Eq.-Partner, davon 7 Notare, 8 Sal.-Partner, 3 Associates
Partnerwechsel: Jan-Eric Smolarek (von Ahlers & Vogel; Bau- u. Vergaberecht)

Schwerpunkte: ▷*Gesellsch.recht*, Transport- u. Schifffahrtsrecht, auch internat. Verträge u. Schiffsfinanzierung, M&A, Arbeitsrecht.
Mandate: Beratung: lfd. Anheuser-Busch InBev Holding, Thermo Fisher; europ. REIT bei div. Transaktionen; Unternehmensgruppe bei Umstrukturierung; Lebensmittelhersteller regelm. zu Verträgen; Werft lfd., u.a. bei Umstrukturierung u. Subunternehmerinsolvenz; Personalvermittler zu Verträgen; Rüstungsunternehmen zu Verträgen, auch notariell; Maschinenbauer vertrags-, insolvenz- u. arbeitsrechtl.; Anbieter von Anlagenschutz bei Joint Venture für nachhaltigen, KI-gestützten Betrieb von Windkraftanlagen; div. Logistiker u.a. handels- u. gesellschaftsrechtl.; brit. Venture-Capital-Tochter eines Konzerns bei Transaktionen; Gebietskörperschaft vergaberechtl.; dt. Bank bei Schiffsrefinanzierungen. **Prozesse:** Bredo Dry Docks in Streit um Gorch-Fock-Sanierung (aus dem Markt bekannt); Gesellschafterstreit in Family Business; div. Verfahren im Zshg. mit Schiffsfondsinsolvenzen, u.a. für Insolvenzverwalter.

SCHULTZE & BRAUN
Bremen ★★

Bewertung: Die Rechtsberatung vor Ort bleibt zwar unauffällig, doch bildet das Bremer Büro das v.a. gesellschaftsrechtl. Gravitationszentrum für die Gesamtkanzlei. Darum herum gruppieren sich inzw. auch kleinere Beratungseinheiten in Hamburg u. Hannover, die von Bremen aus mitbetreut werden. Die größten Mandate gewinnt S&B nach wie vor außerh. Bremens, doch bei Gesellschafterauseinandersetzungen u. dem ein oder anderen Auftrag aus dem Bankenumfeld zeigt sich, dass das Team auch lokal gefragt ist. An der Seite der Insolvenzspezialisten sind die Anwälte ohnehin regelm. zu sehen. Die Beratung im dt.-niederl. Geschäft wiederum machte zwar Fortschritte, blieb jedoch pandemiebedingt hinter den Erwartungen zurück. Strateg. stehen nun auch eher die jungen norddt. Standorte im Fokus, als dass in Bremen signifikantes Wachstum zu erwarten wäre.

Stärken: Bundesweit gr. Team für Restrukturierung u. Insolvenzberatung.
Oft empfohlen: Dr. Ludwig Weber (Gesellschaftsrecht, M&A), Dr. Peer Koch (Kapitalmarktrecht)
Team: 3 Eq.-Partner, 2 Sal.-Partner, 12 Associates, exkl. Insolvenzverwaltung
Schwerpunkte: ▷*Insolvenzverwaltung u. Restrukturierungsberatung*, flankiert von Gesellschaftsrecht/M&A.
Mandate: Beratung: Logistikunternehmen bei Unternehmenskauf; Unternehmen aus dem Schienenverkehr bei Beteiligungskauf in NL; Unternehmen der Gesundheitsbranche bei Finanzierung; Entsorger bei Aufteilung auf 15 Gesellschaften; Gesellschafterstamm einer Unternehmensgruppe (Recycling) bei Auseinandersetzung. **Prozesse:** IT-Unternehmen in Gesellschafterstreit.

Mecklenburg-Vorpommern

Kanzlei	Ort	Stärken	Oft empfohlen
Brügmann	Schwerin	langj. Erfahrung im Baurecht	Björn Schugardt
Geiersberger Glas & Partner	Rostock, Schwerin	personalstarke u. inhaltl. breit aufgestellte Kanzlei, sehr anerkannt im Landwirtschaftsrecht u. im Gesellschaftsrecht	John Booth (Agrarrecht), Dr. Carlo Thiel („erfolgreiche Transaktion, exzellente Arbeit, sehr zufrieden", Mandant; Gesellschaftsrecht/M&A)
Irmler	Schwerin	immobilienrechtl. ausgerichtete Kanzlei, insbes. auf Vergabe- u. Architektenrecht	
Klopsch & Partner	Rostock	inhaltl. breit aufgestellte Kanzlei; anerkannt v.a. im Gesellschafts- u. Strafrecht	Thomas Knüppel (Gesellschaftsrecht), Dr. Detlev Geerds (Strafrecht)
Polaris	Rostock	erfahren im Sport- bzw. Sportvereins- sowie Verwaltungsrecht	Gunnar Kempf (Sportrecht)

Die Auswahl von Kanzleien und Personen in Rankings und tabellarischen Übersichten ist das Ergebnis umfangreicher Recherchen der JUVE-Redaktion. Sie ist in 2erlei Hinsicht subjektiv: Die Aussagen der befragten Quellen sind subjektiv u. spiegeln deren Erfahrungen u. Einschätzungen. Die JUVE-Redaktion wiederum analysiert die Rechercheergebnisse unter Einbeziehung ihrer eigenen Marktkenntnis. Der JUVE Verlag beabsichtigt keine allgemeingültige oder objektiv nachprüfbare Bewertung. Es ist möglich, dass eine andere Recherchemethode zu anderen Ergebnissen führt. Innerhalb einzelner Gruppen in Rankings und tabellarischen Übersichten sind Kanzleien und Personen alphabetisch sortiert.

Niedersachsen

APPELHAGEN
Niedersachsen ★★★★
Bewertung: Die Braunschweiger Traditionskanzlei hat ihre Struktur modernisiert u. sich damit bereit gemacht, ihre regional marktführende Position langfristig zu behaupten: 3 jüngere Partner haben das Management übernommen, das zuvor bei einem Seniorpartner lag. Die Arbeitsteilung erlaubt mehr Konzentration auf zentrale Themen wie Digitalisierung, Personal u. Finanzen. Inhaltl. bleibt sich die Kanzlei treu: Mit ihrem Kompetenzmix aus Immobilien-, Gesellschafts- u. Steuerrecht steht sie u.a. Volksbanken u. Mittelständlern zur Seite. Personell verstärkt wurden das Immobilienrecht u. die Steuerberatung. Stärker nachgefragt waren zuletzt marktbedingt Nachfolgelösungen u. das Notariat. Aber auch der Gesundheitssektor, für den die Kanzlei schon seit Längerem eine fachübergr. Praxis pflegt, suchte gesellschaftsrechtl. u. bei Transaktionen Rat.
Stärken: Baurecht, Immobilientransaktionen.
Oft empfohlen: Dr. Joachim Gulich (Notariat u. Vergaberecht), Dr. Hendrik Ott (Prozesse/Gesellschaftsrecht), Dr. Thomas Brandes (Gewerbl. Rechtsschutz)
Team: 20 Eq.-Partner, davon 3 Notare, 1 Sal.-Partner, 11 Associates, zzgl. StB
Partnerwechsel: Jürgen Homann (in Ruhestand)
Schwerpunkte: Bau- u. Immobilienwirtschaftsrecht, Öffentl. Recht, Verwaltungs- u. Vergaberecht. Zudem Gesellschafts- u. Steuerrecht. Daneben Erbrecht/Nachfolge. Anerkannte Prozesspraxis. Gesundheitswesen, IT, Arbeitsrecht.
Mandate: 2 Versicherer bei Verkauf eines Immobilienportfolios; Fitnessland-Holding bei Kauf der Hygia-Gruppe; Flughafen bei Vergabe eines Remote-Tower-Centers; Sinn zu div. Verträgen; Volksbank Wolfenbüttel u.a. bei Ankauf C&A München; lfd. Realkapital Mittelstand, u.a. bei Kauf Switch.

BRANDI
Niedersachsen ★★★
Bewertung: Das Hannoveraner Büro der v.a. in ▷Westfalen ansässigen Kanzlei ist im ▷Gesellschaftsrecht u. ▷M&A sowie bei Nachfolgefragen nicht nur dank des Notariats fest etabliert. Letzteres genießt einen exzellenten Ruf u. wird regelm. von örtl. StB u. einer Reihe von Banken ins Spiel gebracht. Wettbewerber loben das Team insges. als „gute Truppe". Ausgeprägt ist auch die prozessuale Tätigkeit, sowohl gesellschafts- als auch arbeits- u. IP-rechtlich. Die solide Arbeitsrechtspraxis berät aber auch z.B. zu Sozialplänen u. gewann eine namh. Wohlfahrtseinrichtung hinzu. Personell ungewöhnl. stark besetzt ist die Praxis für (Steuer-)Strafsachen, die zuletzt auch als präventive Beraterin für Geldwäsche-Compliance im Mittelstand sehr gefragt war u. sich gemeins. mit anderen Standorten auch im Umweltstrafrecht engagiert.
Stärken: Steuer- u. Wirtschaftsstrafrecht.
Oft empfohlen: Dr. Josef Fullenkamp, Michael Weber-Blank (beide Prozesse), Dr. Carsten Hoppmann („anerkannte Größe bei gesellschaftsrechtl. Streitigkeiten", Wettbewerber; Gesellschaftsrecht/Notariat)
Team: 7 Partner, davon 2 Notare, 8 Associates
Schwerpunkte: Beratung des Mittelstands v.a. im ▷Gesellschafts- u. Arbeitsrecht. Ausgeprägt Steuer- u. Wirtschaftsstrafrecht sowie insges. Prozessführung, inkl. Schiedsverfahren. Zudem: Kapitalanlagerecht für Finanzinstitute. Komplementäre Kompetenzen wie Baurecht an westfäl. Standorten.
Mandate: GTI bei Kauf von Tegra; Multifit Rheine bei Kauf von Reha-Team Perick; Enercity wettbewerbsrechtl.; Resinnovation markenrechtl.; Scanvest in Auseinandersetzungen wg. Verrats von Geschäftsgeheimnissen; Ökofair gesellschaftsrechtl.; regelm. Aric-Gruppe, Immobiliengruppe, Formaxx, Preuss (beide u.a. gesellschaftsrechtl.); ausl. Energieversorger in DIS-Schiedsverf.; Arbeitsrecht: Hansella, Helma Eigenheimbau, Parität. Wohlfahrtsverband Nds., Preuss, Rapid Peaks.

BRINKMANN WEINKAUF
Niedersachsen ★★★★
Bewertung: Der trad. starke Insolvenz- u. Restrukturierungsbereich der niedersächs. Kanzlei überzeugte mit der Beratung von EMT einmal mehr mit einem komplexen Mandat. Dank enger Kontakte zu Insolvenzverwaltern ist das Team trotz Insolvenzflaute stark nachgefragt. Daneben prägen klass. Gesellschaftsrecht u. Transaktionen das Geschäft. Für ein solides Grundrauschen u. Stabilität sorgen neben dem Projektgeschäft etl. Dauermandanten, die auch zu arbeitsrechtl. Fragen Rat suchen. Der Rückzug von Namenspartner Weinkauf gestaltete sich dank guter Vorbereitung reibungslos u. die dadurch dezimierte Notarsriege soll bald wieder zu alter Stärke zurückfinden. Die Partnerriege hat das bereits erreicht, da die Kanzlei mit Julia Blaue die erste Frau in die Partnerschaft aufnahm.
Oft empfohlen: Andreas Brinkmann („sehr lösungsorientiert", Wettbewerber; Sanierung), Dr. Nikolas von Wrangell („hoch kompetent u. angenehm im Umgang", Wettbewerber; Gesellschaftsrecht/M&A), Joachim Rudo (Gewerbl. Rechtsschutz), Dr. Oliver Liersch (Restrukturierung),

Niedersachsen

★★★★★	
Deloitte Legal	Hannover
Göhmann	Hannover, Braunschweig
KSB Intax	Hannover, Celle, Lüneburg
Luther	Hannover
★★★★	
Appelhagen	Braunschweig
Brinkmann Weinkauf	Hannover, Braunschweig
★★★	
Brandi	Hannover
Schindhelm	Osnabrück, Hannover
★★	
Fontaine Götze	Hannover
MBN	Hannover

Die Auswahl von Kanzleien und Personen in Rankings und tabellarischen Übersichten ist das Ergebnis umfangreicher Recherchen der JUVE-Redaktion. Sie ist in 2erlei Hinsicht subjektiv: Die Aussagen der befragten Quellen sind subjektiv u. spiegeln deren Erfahrungen u. Einschätzungen. Die JUVE-Redaktion wiederum analysiert die Rechercheergebnisse unter Einbeziehung ihrer eigenen Marktkenntnis. Der JUVE Verlag beabsichtigt keine allgemeingültige oder objektiv nachprüfbare Bewertung. Es ist möglich, dass eine andere Recherchemethode zu anderen Ergebnissen führt. Innerhalb einzelner Gruppen in Rankings und tabellarischen Übersichten sind Kanzleien und Personen alphabetisch sortiert.

Team: 9 Eq.-Partner, davon 3 Notare, 14 Associates
Partnerwechsel: Dr. Holger Weinkauf (in Ruhestand)
Schwerpunkte: Gesellschafts- u. Insolvenzrecht/Sanierungen sowie M&A-Transaktionen, Kapitalanlagerecht. Auch Wettbewerbs-, Arbeits-, Vertriebs-, Immobilien- u. Mietrecht sowie Notariat.
Mandate: Lfd. Baum-Gruppe, zuletzt bei Verkauf von 85% an Burger King Dtl. an McWin; insolv. EMT als Generalbevollmächtigter u.a. bei Übernahme durch Rheinmetall; regelm. CBR Fashion; öffentl. bekannt: BHW u. Postbank lfd. in Anlegerklagen.

DELOITTE LEGAL
Niedersachsen ★★★★★
Bewertung: Mit ihrer guten Verankerung bei regionalen Mittelständlern u. großen Unternehmen behauptet sich die Kanzlei souverän als eine der führenden in Niedersachsen. Geschuldet ist das gute Renommee v.a. dem erfahrenen Gesellschaftsrechtler u. M&A-Berater Stang. Mit Deals für den Minderheitseigner von Getec u. dem Roller-Verkauf machten er u. sein oft fach- u. standortübergr. Team einmal mehr auf sich aufmerksam. Daneben entwickelt sich die ▷Arbeitsrechtspraxis erfolgreich weiter – auch sie mit guten regionalen wie internat. Kontakten. Mit dem Zugang einer Inhouse-erfahrenen Counsel geht das Büro inzw. auch die Beratung zu Compliance konsequenter an u. kommt damit gerade noch rechtzeitig, um dem wachsenden Risikobewusstsein in der mittelständ. Unternehmenslandschaft ein passendes Beratungsangebot zu machen. Gerade in diesem Bereich kann mit der MDP-Aufstellung des Gesamtunternehmens Deloitte lokal kein Wettbewerber mithalten.
Oft empfohlen: Dr. Harald Stang („einer der wenigen Anwälte, die auch rechnen können, daher Top-M&A-Berater", Mandant)

Team: 2 Eq.-Partner, 5 Sal.-Partner, 5 Counsel, 7 Associates, 2 of Counsel
Schwerpunkte: Umf. Beratung, insbes. ▷*Gesellsch. recht*, v.a. Um- u. Restrukturierungen sowie Nachfolgeregelungen, u. ▷*M&A*, oft in Verbindung mit Steuer- u. Arbeitsrecht sowie insolvenznah. Auch ▷*Private Equity u. Venture Capital*. Kanzleiinternes Kompetenzzentrum für Steuerstrafrecht, Compliance zunehmend. Auch Vertriebsverträge. Enge Zusammenarbeit mit den eigenen StB u. WP.
Mandate: Getec bei Verkauf an IIF; Tessner bei Verkauf der Roller- u. Tejo-Beteiligung; Patrimonium u.a. bei Kauf der Netzlin-Gruppe; Versicherer bei Kauf eines Neubauprojekts; Hannover Finanz regelm., u.a. bei Beteiligung an First Climate, Hübers; Globalfoundries zu Betriebsvereinbarung hinsichtl. IT; Fintech bei Verkauf Immobilienportfolio; Family Office bei Verkauf eines Immobilienquartiers; arbeitsrechtl. u.a.: Hello Fresh, Kind Hörgeräte, Brill.

FONTAINE GÖTZE
Niedersachsen ★★
Bewertung: Die Hannoveraner Traditionskanzlei überzeugt ihre Mandantschaft aus mittelständ. Unternehmen u. Privatpersonen v.a. mit ihrem starken Notariat u. ihrer Erfahrung in allen gesellschaftsrechtl. Fragen. Letzteres wird auch zunehmend von Start-ups bzw. den hinter ihnen stehenden Kapitalgebern abgefragt. Aus diesen Kontakten ergaben sich auch neue Mandatsbeziehungen in die Medienbranche. Teils komplexe Nachfolgeplanungen u. Transaktionen, auch mit Auslandsbezug, sind weitere Facetten der Arbeit. Mit einem Quereinstieg hat FG ihr Angebot sinnvoll ergänzt: Wisotzki bringt Erfahrung mit Immobilienzwangsversteigerungen u. Inkasso für Versicherer mit. Da FG traditionell Banken u. Versicherer vertritt, greifen die Kompetenzen exzellent ineinander. Das prozessuale Engagement bleibt insges. sehr intensiv, wobei die Kanzlei auch bei Anspruchstellern gefragt ist, etwa im Zshg. mit Corona-bed. Betriebsschließungen.
Stärken: Sehr anerkanntes Notariat, große Prozesserfahrung.
Oft empfohlen: Dr. Nicolas Fontaine („Notar, der auch schwierigste Unternehmensnachfolgen souverän konzipiert", Wettbewerber), Dr. Torsten Becker („einer der Top-Prozessanwälte für Haftungsfragen in Hannover", Wettbewerber), Stephen Merz („richtig gut bei Corporate u. M&A", Wettbewerber), Dr. Sebastian-Alexander Kampe („sehr erfahren", Wettbewerber; alle Gesellschaftsrecht)
Team: 6 Eq.-Partner, davon 5 Notare, 1 of Counsel
Partnerwechsel: Jörg Wisotzki (von Lehmann und Partner)
Schwerpunkte: Beratung, insbes. im Erbrecht u. bei Nachfolgeregelungen, oft in Verbindung mit Gesellschafts- u. Stiftungsrecht, auch zu gesellschaftsrechtl. Auseinandersetzungen u. Beteiligungen. Kapitalanlageprozesse u. Prospekthaftung, insbes. für Banken. Renommiertes Notariat (auch HV-Beurkundungen).
Mandate: Inhaber eines Pharmaunternehmens zu Nachfolge; Erbengemeinschaft bei Übertragung Immobilienbesitz; Distributionsunternehmen zu Formwechsel; Stadt bei Wahrnehmung erbrechtl. Interessen; Investmentgesellschaft bei Gründungen u. Käufen; Lebensmittelhersteller bei Umstrukturierung; Mitglieder einer Immobiliengruppe bei komplexer Umstrukturierung; Institut für med. Dienstleistung zu Expansion durch Kauf von Arztpraxen; GF eines ww. tätigen Kältetechnikunternehmens bei Streit mit brit. Mutter; Swiss Life prozessual zu Haftungsabwehr; Ex-Aufsichtsrat im Maschmeyer/Classen-Streitkomplex.

GÖHMANN
Niedersachsen ★★★★★
Bewertung: Keine andere Kanzlei verfügt in Niedersachsen über eine so große Praxis im ▷*Gesellschaftsrecht* u. ein so personalstarkes Notariat, in das auch Wettbewerber ihre Mandanten immer wieder empfehlen. So deckt Göhmann das gesamte gesellschaftsrechtl. Spektrum ab, übernimmt die Begleitung von Hauptversammlungen ebenso wie die Gestaltung von Nachfolgelösungen oder Transaktionen im Mittelstand. Aber nicht allein deswegen behauptet sich die Traditionskanzlei unter den regional marktführenden Einheiten. Das zeigen etwa das ▷*Arbeitsrecht*, die Beratung im Automotive-Sektor zum Datenschutz oder der Gewerbl. Rechtsschutz. Abgerundet wird das Portfolio durch erfahrene Prozessrechtler u. auch bei der öffentl. Hand gefragte Vergaberechtler. Dabei bedienen die einzelnen Partner oft mehrere Kompetenzfelder. Dank des breiten Angebots setzen zahlr. mittelständ. Unternehmen dauerhaft auf Göhmann.
Stärken: Gesellschaftsrecht, Notariat, Prozesse.
Oft empfohlen: Axel Müller-Eising, Dr. Ulrich Haupt, Dr. Johannes Waitz, Dr. Sebastian Scherrer, Dr. Dirk Beddies, Dr. Florian Hartl (alle Gesellschaftsrecht), Dr. Ulrich von Jeinsen, Dr. Jörg-Rainer Hens (beide Prozesse), Dr. Maximilian Schunke (IP/IT), Dr. Henning Rauls (Versicherungsrecht), Prof. Dr. Martin Notthoff (Versicherungsrecht u. Notariat), Martin Gehrlein (Vergaberecht; auch Berlin), Dr. Gunnar Straube (Arbeitsrecht), Ralf Stötzel (Vergabe-/Kartellrecht)
Team: 29 Partner, davon 14 Notare, 1 Counsel, 27 Associates
Schwerpunkte: Umf. für ▷*Gesellsch.recht*, aktienrechtl. Beratung, starkes ▷*Notariat*. Anerkannte Praxen in Konfliktlösung, ▷*Marken- u. Wettbewerbsrecht* sowie Versicherungsrecht. Zusätzl. Bau-, Architekten- u. Ingenieurrecht, IT-, ▷*Arbeits-*, Öffentl. u. Vergaberecht, zudem ▷*M&A*, Kartellrecht u. Kapitalanlageprozesse.
Mandate: Insolv. EMT bei Verkauf vergaberechtl.; Pflegeheimbetreiber bei Anteilsverkauf; Familienunternehmen bei Umstrukturierung; poln. Chemiekonzern arbeits-, bau- u. gesellschaftsrechtl.; öffentl. Hand bei Verkauf eines Unternehmens; internat. Technologiekonzern bei Zukauf von mittelständ. Unternehmen; Puma im Markenrecht; Bundesverband für Logistik zu Kartell-Compliance; Bundesstiftung für Gleichstellung u. Land Nds. vergaberechtl.; öffentl. bekannt: Hauptversammlungen für Nordzucker, KWS Saat, Continental, Tui; Familienunternehmen/Entsorgung bei Verkauf von Teilbetrieb; Unternehmer bei Verkauf von Anteilen an Softwareunternehmen; VW Bank in Musterfeststellungsklage zur Dieselaffäre; VW in Anlegerverfahren zur Dieselaffäre; Lebensmittelhersteller bei Trennung von Geschäftsführer; arbeitsrechtl. Tuifly, DRK-Region Hannover (auch vergaberechtl.), St. Augustinus Gelsenkirchen.

KSB INTAX
Niedersachsen ★★★★★
Bewertung: Die multidiszipl. Einheit ist von der Marktspitze in Niedersachsen nicht wegzudenken. Die enge Verzahnung steuerl. u. jurist. Erfahrung, gepaart mit einer starken Arbeitsrechtspraxis, macht sie v.a. für viele Mittelständler, aber auch für öffentl.-rechtl. Träger zur gefragten Dauerberaterin. Notariat u. Beratung gehen v.a. bei Umstrukturierungen, Nachfolgeplanungen u. im Stiftungsrecht, aber auch bei Transaktionen u. in der Start-up-Beratung nahtlos ineinander über. Wie nahezu flächendeckend gewann auch bei KSB das

---

Führende Berater in Niedersachsen

Dr. Marcel Barth (Gesellsch.recht/M&A)
MBN, Hannover

Dr. Torsten Becker (Konfliktlösung)
Fontaine Götze, Hannover

Dr. Dirk Beddies (Konfliktlösung)
Göhmann, Braunschweig

Dr. Christoph Bottermann (Gesellsch.recht/M&A)
Schindhelm, Osnabrück

Dr. Ferdinand Brüggehagen (Arbeitsrecht)
Brüggehagen, Hannover

Dr. Nicolas Fontaine (Notariat, Nachfolge)
Fontaine Götze, Hannover

Dr. Reinhard Geck (Nachfolge/Vermögen/Stiftungen)
Kapp Ebeling & Partner, Hannover

Dr. Thomas Halberkamp (Gesellschaftsrecht/M&A)
Luther, Hannover

Dr. Ulrich Haupt (Gesellschaftsrecht, Notariat)
Göhmann, Hannover

Dr. Oliver Kairies (Gesellschaftsrecht/M&A)
Luther, Hannover

Axel Müller-Eising (Gesellschaftsrecht)
Göhmann, Hannover

Dr. Peter Schrader (Arbeitsrecht)
Laborius Schrader Siebert Thoms Klagges, Hannover

Dr. Harald Stang (Gesellschaftsrecht/M&A)
Deloitte Legal, Hannover

Dr. Gunnar Straube (Arbeitsrecht)
Göhmann, Hannover

Dr. Nikolas von Wrangell (Gesellsch.recht/M&A)
Brinkmann Weinkauf, Hannover

Die Auswahl von Kanzleien und Personen in Rankings und tabellarischen Übersichten ist das Ergebnis umfangreicher Recherchen der JUVE-Redaktion. Sie ist in 2erlei Hinsicht subjektiv: Die Aussagen der befragten Quellen sind subjektiv u. spiegeln deren Erfahrungen u. Einschätzungen. Die JUVE-Redaktion wiederum analysiert die Rechercheergebnisse unter Einbeziehung ihrer eigenen Marktkenntnis. Der JUVE Verlag beabsichtigt keine allgemeingültige oder objektiv nachprüfbare Bewertung. Es ist möglich, dass eine andere Recherchemethode zu anderen Ergebnissen führt. Innerhalb einzelner Gruppen in Rankings und tabellarischen Übersichten sind Kanzleien und Personen alphabetisch sortiert.

Notariat an Gewicht. Daneben lastet das Prozessmandat von Mercedes mehrere junge Anwälte aus, die aber auch in den sonstigen Beratungsalltag integriert sind. Mit der Ernennung von gleich 2 Partnern demonstriert KSB zugleich, dass sie die eigene Nachfolgeplanung im Blick hat. 2 Seniorpartner schieden inzw. aus der Partnerschaft aus, sind aber noch als of Counsel tätig.
Stärken: Multidiszipl. Beratung v.a. inhabergeführter Unternehmen. Starke Position in den Branchen Automobile u. Pflegeheime.
Oft empfohlen: Valentin Seidenfus, Dr. Nicolas Penner (beide Steuerrecht), Dr. Karl-Heinz Vehling, Graf Friedrich zu Ortenburg (beide Gesellschaftsrecht)
Team: 16 Eq.-Partner, davon 7 Notare, 5 Sal.-Partner, 14 Counsel, 21 Associates, 3 of Counsel
Schwerpunkte: Umf. gesellschafts- u. steuerrechtl. Beratung, oft als ausgelagerte Steuer- u. Rechtsabteilung für mittelständ. Unternehmen, auch kommunale Betriebe u. kirchl. Träger. Anerkanntes Notariat. Due Diligence, ▷M&A. Weiterer Schwerpunkt im Projektmanagement u. Baurecht. Daneben Handels-, Arbeits-, Marken- u. Wettbewerbsrecht sowie Finanzierungsfragen. Celle: v.a. Prozessvertretung.
Mandate: Beteiligungsunternehmen von JWL bei Kooperation für Solarprojekt; Ernst August v. Hannover zu Nachfolge, Immobilien, Gesellschaftsrecht; Focast zu Vertrieb u. Sanierung; VW u. TÜV Nord lfd. zu Transaktionen; lfd. Lorenz Snack-World, Medifox; Mercedes in Prozessen wg. NOx.

LUTHER
Niedersachsen ★★★★★
Detaillierte Informationen zu dieser Kanzlei finden Sie in den jeweiligen Fachkapiteln sowie im ▷Nationalen Überblick Top 50.
Bewertung: Das Hannoveraner Büro zeichnet sich durch sehr große Erfahrung mit Umstrukturierungen u.a. im Krankenhaus- u. Öffentlichen Sektor aus. Von hier aus werden auch die Gesundheitsteams anderer Standorte koordiniert. Die M&A-Praxis pflegt etablierte internat. Kontakte.
Team: 6 Eq.-Partner, 3 Sal.-Partner, 3 Counsel, 19 Associates
Schwerpunkte: ▷Beihilfe; ▷Energie; ▷Gesellsch. recht; ▷Gesundheit; Konfliktlösung; ▷M&A; Steuer; Umwelt u. Planung; ▷Vergabe.
Mandate: Siehe Fachkapitel.

MBN
Niedersachsen ★★
Bewertung: Im Hannoveraner Markt ist der Gesellschaftsrechtler u. Notar Barth fest etabliert, auch wenn seine Mandate oft wenig Bezug zur Region aufweisen. Dank etablierter Kontakte ist er immer wieder bei komplexen, teils internat. Vertrags- u. M&A-Projekten gefragt. Dabei versteht er sich auch in notarieller Funktion als Berater, wofür ihm Wettbewerber immer wieder Anerkennung zollen. Seine langj. engen Verbindungen zu PwC Legal bringen zudem regelm. eine internat. Komponente in seine Mandate. Sein notarielles Know-how ist darüber hinaus bei Umstrukturierungen, bes. in der Nachfolgeberatung, im Immobilienbereich u. im Energiesektor gefragt.

Niedersächsische Kanzleien mit Besprechung nur in Rechtsgebieten

Anchor (Hannover)	▷Insolvenz/Restrukturierung
Brüggehagen (Hannover)	▷Arbeit
Ebner Stolz Mönning Bachem (Hannover)	▷Nachfolge/Vermögen/Stiftungen
Eckert (Hannover)	▷Insolvenz/Restrukturierung
Kapp Ebeling & Partner (Hannover)	▷Nachfolge/Vermögen/Stiftungen
KPMG Law (Hannover)	▷M&A
Küstner v. Manteuffel & Wurdack (Göttingen)	▷Vertrieb
Laborius Schrader Siebert Thoms Klagges (Hannover)	▷Arbeit
Pluta (Hannover)	▷Insolvenz/Restrukturierung
Ritter Gent Collegen (Hannover, Braunschweig)	▷Energie
Schwegler (Oldenburg)	▷Arbeitnehmer
Willmer Köster (Verden)	▷Insolvenz/Restrukturierung
Wolter Hoppenberg (Osnabrück)	▷Öffentl. Recht

Die Auswahl von Kanzleien und Personen in Rankings und tabellarischen Übersichten ist das Ergebnis umfangreicher Recherchen der JUVE-Redaktion. Sie ist in 2erlei Hinsicht subjektiv: Die Aussagen der befragten Quellen sind subjektiv u. spiegeln deren Erfahrungen u. Einschätzungen. Die JUVE-Redaktion wiederum analysiert die Rechercheergebnisse unter Einbeziehung ihrer eigenen Marktkenntnis. Der JUVE Verlag beabsichtigt keine allgemeingültige oder objektiv nachprüfbare Bewertung. Es ist möglich, dass eine andere Recherchemethode zu anderen Ergebnissen führt. Innerhalb einzelner Gruppen in Rankings und tabellarischen Übersichten sind Kanzleien und Personen alphabetisch sortiert.

Stärken: Über PwC u. PwC Legal Zugang zu einem großen internat. Netzwerk.
Oft empfohlen: Dr. Marcel Barth („angenehmer u. kompetenter Gegner bei gesellschaftsrechtl. Streitigkeiten", „überzeugend als Notar", „bei Umwandlungen exzellent", Wettbewerber)
Team: 1 Partner, auch Notar
Schwerpunkte: V.a. gesellschaftsrechtl. Beratung u. Transaktionen, häufig grenzüberschreitend u. notariell. Auch Immobilien u. vereinzelt streitige Auseinandersetzungen.
Mandate: Keine Nennung.

SCHINDHELM
Niedersachsen ★★★
Bewertung: In Osnabrück ist die Kanzlei von der Marktspitze nicht zu verdrängen. Mit ihrer umfangr. Transaktionserfahrung – derzeit eher auf Verkäuferseite – u. einem gut eingespielten Netzwerk nationaler u. internat. Standorte hat sie einen kaum einzuholenden Vorsprung. Auch die Tatsache, dass mehrere ältere Partner in den kommenden Jahren ausscheiden werden, wird daran wenig ändern, da die Kanzlei schon jetzt die Nachfolge konsequent vorbereitet. Dies ist jedoch nur eine Aufgabe, der sich das erst 2021 etablierte Managementgremium annimmt. Auf der Agenda steht auch die Modernisierung interner Strukturen. Der Hannoveraner Standort ergänzt das Beratungsspektrum nicht nur mit weiterer Corporate-Kompetenz u. einem Notariat, sondern auch mit IP-/IT-Kompetenz, die auch der Frankfurter Standort vorhält. Über die Achse Frankfurt-Berlin kommen, neben der Bremer Mandantin Smart City, immer wieder Start-ups auf die norddt. Büros zu. Prägend bleibt jedoch die Beratung bei Umstrukturierungen, Transaktionen u. anderen gesellschaftsrechtl. ausgerichteten Mandaten. D'dorf steuert hierfür durchaus passende Restrukturierungserfahrung bei u. hat diesen Bereich zuletzt durch den Zusammenschluss mit einer Einzelkanzlei noch einmal erweitert.
Stärken: Über die SCWP-Allianz internat., insbes. nach Österreich, bestens vernetzt.
Oft empfohlen: Dr. Philipp Albrecht, Dr. Christoph Bottermann („professionell, angenehm", „fair, präzise, zuverlässig", Wettbewerber), Dr. Axel Berninger (alle Gesellschaftsrecht), Sarah Schlösser („schnell, pragmatisch, kompetent", Wettbewerber; IP/IT)
Team: 9 Eq.-Partner, davon 1 Notar, 6 Sal.-Partner, 10 Associates
Schwerpunkte: Handels- u. Gesellschaftsrecht, M&A, Notariat, Nachfolgefragen inkl. internat. Erbschaftsteuerrecht. Marken- u. Wettbewerbsrecht, insolvenznahe Beratung. Auch Arbeits- u. Beihilferecht u. Compliance sowie Medien/IT. Baurecht einschl. Projektentwicklung. Steuerrecht, in Osnabrück mit versch. WP- u. Steuerberatungsgesellschaften. Eigene Büros im Ausland u. exklusive Koop., teils als SCWP Schindhelm.
Mandate: Onlinehändler bei Entwicklung Logistikstandort; XXXLutz gesellschafts- u. kartellrechtl. bei Joint Venture (mit Allen & Overy); m+p internat. bei Neustrukturierung chin. Tochter; Orange Connex bei Neustrukturierung dt. Tochter; Schiffsmakler zu streitiger Auseinandersetzung in Beteiligungsgesellschaft; B&W Internat. bei Beteiligung an Branchenunternehmen; Echterhoff bei Kauf einer Gruppe von Spezialtiefbauunternehmen; internat. Gewürzhändler lfd.; MSS Holding bei div. Transaktionen u. Venture-Capital-Beteiligungen; mittelständ. Softwareunternehmen bei Verkauf; Smart City regelm.; Seedforward im IP.

Schleswig-Holstein

Kanzlei	Ort	Stärken	Oft empfohlen
Brock Müller Ziegenbein	Kiel, Lübeck, Kaltenkirchen, Flensburg	überregional gefragt in ▷*M&A* u. Gesellschaftsrecht; angesehenes Notariat mit 16 Amtsträgern; Kartellrecht; Betreuung der Medienbranche (einschl. Rundfunkrecht) u. zahlr. dän. Unternehmen; Gewerbl. Rechtsschutz, Energie- u. Vergaberecht	Dr. Hauke Thilow (M&A, Gesellschaftsrecht), Prof. Dr. Mathias Nebendahl (Medizinrecht), Dr. Bastian Koch („extrem guter u. durchsetzungsstarker Jurist", Wettbewerber; Gesellschaftsrecht), Dr. Bernd Richter (Kartellrecht), Dr. Matthias Krisch (Gewerbl. Rechtsschutz), Dr. Thomas Guttau (Lebensmittelrecht)
CausaConcilio	Kiel, Flensburg, Schönberg	Beratung von Kliniken, Ärzten u. deren Berufsverbänden (▷*Gesundheit*); wirtschaftsrechtl. Beratung mit Arbeits-, Erb- u. Gesellschaftsrecht (inkl. 12-köpfigem Notariat)	Stephan Gierthmühlen (Medizinrecht), Andreas Kühnelt (Erbrecht), Dr. Steffen Kraus (Notariat)
Cornelius + Krage	Kiel	M&A u. Gesellschaftsrecht (einschl. Prozesse), 6 Notare; Insolvenzverwaltung u. Sanierungsberatung; Erfahrung in erneuerbare Energien u. Betreuung skand. Unternehmen	Dr. Claus Cornelius, Dr. Carsten Krage, Dr. Klaas Ziervogel (alle Gesellschaftsrecht), Andreas Kolberg (erneuerbare Energien)
Ehler Ermer & Partner	Flensburg, Kiel, Rendsburg, Neumünster, Lübeck, Elmshorn	neben den Schwerpunkten Steuerberatung u. Wirtschaftsprüfung insbes. Gesellschaftsrecht, Unternehmensnachfolge u. M&A für Mittelstand, Insolvenzrecht u. Notariat; Legal-Tech-Angebot im Arbeitsrecht	Dr. Jan Reese (Gesellschaftsrecht, M&A)
Lauprecht	Kiel, Itzehoe	renommierte Praxis im Gesellschaftsrecht, einschl. 9-köpfigem Notariat; Branchenschwerpunkte: Landwirtschaft, Schifffahrt, Technologie; Beratung von Family Offices	Dr. Frank Martens (Gesellschaftsrecht), Dr. Knut Weigle (Arbeitsrecht), Dr. Detlev Behrens (Notariat)
Reimer	Kiel	▷*Insolvenz/Restrukturierung*, Notariat	Reinhold Schmid-Sperber
RPM Dres. Ruge Purrucker Makowski	Kiel, Preetz, Gettorf	bekannt im Bau- u. Erbrecht (einschl. Nachfolgeregelung); Prozesse inkl. Schiedsverfahren; 7-köpfiges Notariat	Dr. Volker Arndt (Gesellschaftsrecht)
Wachenhausen	Lübeck	renommierte Kanzlei für Pharma- u. Medizinprodukte (▷*Gesundheit*)	Prof. Dr. Heike Wachenhausen („große Fachkompetenz, führend im Recht der In-Vitro-Diagnostika", Mandant)
Weissleder Ewer	Kiel	▷*Öffentliches Wirtschaftsrecht*, insbesondere Verwaltungsrecht (Umwelt u. Planung) sowie Vergaberecht	Prof. Dr. Marius Raabe („kompetent u. zuverlässig", Wettbewerber; Vergaberecht), Prof. Dr. Wolfgang Ewer (Verwaltungsrecht)

Die Auswahl von Kanzleien und Personen in Rankings und tabellarischen Übersichten ist das Ergebnis umfangreicher Recherchen der JUVE-Redaktion. Sie ist in 2erlei Hinsicht subjektiv: Die Aussagen der befragten Quellen sind subjektiv u. spiegeln deren Erfahrungen u. Einschätzungen. Die JUVE-Redaktion wiederum analysiert die Rechercheergebnisse unter Einbeziehung ihrer eigenen Marktkenntnis. Der JUVE Verlag beabsichtigt keine allgemeingültige oder objektiv nachprüfbare Bewertung. Es ist möglich, dass eine andere Recherchemethode zu anderen Ergebnissen führt. Innerhalb einzelner Gruppen in Rankings und tabellarischen Übersichten sind Kanzleien und Personen alphabetisch sortiert.

JUVE Handbuch 2022|2023

ANZEIGEN: KANZLEIEN NORDEN

AHB Arends Hofert Bergemann	295
Ahlers & Vogel	296
Blaum Dettmers Rabstein	297
Brinkmann Weinkauf	298
BRL Boege Rohde Luebbehuesen	299
Brödermann Jahn	300
Brook	301
Clayston	302
Fontaine Götze	303
Ganten Hünecke Bieniek & Partner	304
Kozianka & Weidner	305
Loyfort	306
Möhrle Happ Luther	307
Nölle & Stoevesandt	308
Dr. Schackow & Partner	309
Schmidt-Jortzig Petersen Penzlin	310
Treuhand Weser-Ems	311
Weisner Partner	312

Alle hier alphabetisch erscheinenden Anzeigen sind kostenpflichtig und von den Kanzleien selbst gestaltet. Für den Inhalt sind die jeweiligen Kanzleien verantwortlich.

ANZEIGE

EIN STARKER PARTNER

blaum bietet fachlich kompetente und engagierte Unterstützung bei der Gestaltung und Vertretung Ihrer wirtschaftsrechtlichen Angelegenheiten.

Unser Anspruch ist höchstes juristisches Niveau, gepaart mit nachhaltigem Einsatzwillen und hohem wirtschaftlichen Verständnis.

blaum

Blaum Dettmers Rabstein
Rechtsanwaltspartnerschaft mbB und Notare

Bremen Hamburg München
blaum.de

ANZEIGE

Brödermann Jahn

Active worldwide
Wir können cross-border!

Brödermann Jahn Rechtsanwaltsgesellschaft mbH
ABC-Straße 15, 20354 Hamburg
Phone +49. (0)40.37 09 05 – 0
www.german-law.com

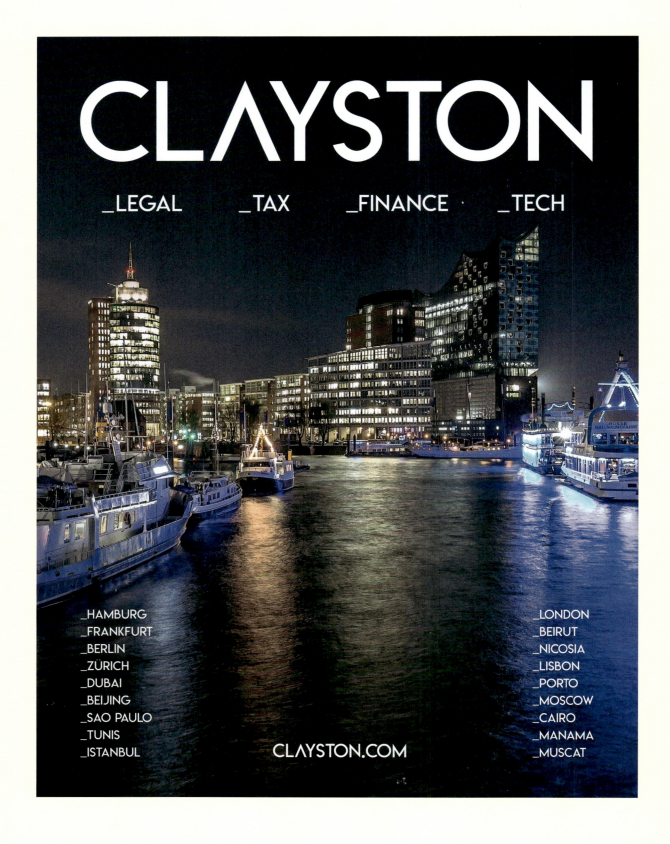

FONTAINE GÖTZE
Rechtsanwälte · Notare

FONTAINE GÖTZE mit Sitz in Hannover ist eine renommierte Wirtschaftskanzlei mit überregionalen und internationalen Mandaten.

Die Kanzlei: Seit ihrer Gründung im Jahre 1917 betreut die Praxis Unternehmen in Hannover und der Region in allen wirtschaftsrechtlichen Fragen. Vier erfahrene Notare ergänzen den anwaltlichen Bereich. Die Partner der Sozietät sind Mitglieder in Verwaltungsräten, Beiräten und Stiftungsvorständen.

Die Erwartungen unserer Mandanten erfordern nicht nur exzellentes Fachwissen und hohe Servicebereitschaft, sondern auch Verständnis für das wirtschaftliche Umfeld, in dem sich unsere Mandanten bewegen, ein treffsicheres Urteilsvermögen und die Fähigkeit, innovative Lösungsmodelle zu entwickeln. Unsere Arbeitsweise ist geprägt von persönlichem Engagement, Freude an der Arbeit und am gemeinsamen Erfolg.

Arbeitsbereiche: FONTAINE GÖTZE bietet ihren Mandanten umfassende Beratung und Vertretung im gesamten Wirtschaftsrecht.

Die Kanzlei hat sich vor allem auf die Gebiete Gesellschaftsrecht, Bank- und Kapitalmarktrecht sowie Immobilienrecht ausgerichtet. Insbesondere beraten ihre Rechtsanwälte bei der Gründung und Gestaltung von Gesellschaften, der Unternehmensnachfolge, der Strukturierung und Anlage von Vermögen, der Umwandlung und beim Unternehmenskauf.

Neben regionalen, überregionalen und internationalen Unternehmen gehören auch öffentlich-rechtliche Auftraggeber zur Mandantschaft von FONTAINE GÖTZE. Die Bandbreite der betreuten Branchen reicht vom Handel über die Industrie bis hin zu Finanzdienstleistern und Kreditinstituten. Ein Stamm von Privatmandanten, überwiegend Unternehmer, werden auch in persönlichen Fragen beraten, vor allem im Bereich des Erbrechts und des Grundstücksrechts. Alle Felder des Wirtschaftsrechts, vom Stiftungsrecht bis zum gewerblichen Rechtschutz, werden von der Kanzlei auch forensisch abgedeckt, ebenso arbeitsrechtliche Mandate.

Bristoler Str. 6
30175 Hannover
Telefon: 05 11 / 81 20 33
Telefax: 05 11 / 81 77 30
mail@fontaine-goetze.de
www.fontaine-goetze.de

Ansprechpartner:

Gesellschaftsrecht
Matthias Fontaine, Dr. Nicolas Fontaine,
Dr. Torsten Becker, Dr. Sebastian-Alexander Kampe,
Stephen Merz, Hans-J. Dämmrich

Mergers & Acquisitions
Matthias Fontaine, Dr. Nicolas Fontaine,
Dr. Torsten Becker, Dr. Sebastian-Alexander Kampe,
Stephen Merz, Hans-J. Dämmrich

Bank- und Kapitalanlagerecht
Dr. Torsten Becker, Dr. Sebastian-Alexander Kampe,
Stephen Merz

Gewerblicher Rechtsschutz
Stephen Merz, Hans-J. Dämmrich

Erbrecht
Matthias Fontaine, Dr. Nicolas Fontaine

Handelsvertreter- und Vertriebsrecht
Dr. Sebastian-Alexander Kampe, Stephen Merz,
Hans-J. Dämmrich

Stiftungsrecht
Matthias Fontaine, Dr. Nicolas Fontaine

Arbeitsrecht
Hans-J. Dämmrich

Wettbewerbsrecht
Dr. Nicolas Fontaine, Stephen Merz

Haftungs- und Versicherungsrecht
Dr. Torsten Becker, Hans-J. Dämmrich

Immobilienrecht
Matthias Fontaine, Dr. Nicolas Fontaine,
Dr. Torsten Becker, Dr. Sebastian-Alexander Kampe,
Hans-J. Dämmrich

Insolvenzrecht
Stephen Merz

Tätigkeitsschwerpunkte:
Gesellschaftsrecht
Mergers & Acquisitions
Bank- und Kapitalanlagerecht
Gewerblicher Rechtsschutz
Erbrecht
Handelsvertreter- und Vertriebsrecht
Stiftungsrecht
Arbeitsrecht
Wettbewerbsrecht
Haftungs- und Versicherungsrecht
Immobilienrecht
Insolvenzrecht

ANZEIGE

KOZIANKA & WEIDNER
Rechtsanwälte

Von der Produktidee über die Zulassung bis zum Wettbewerbsrecht
Die Allrounder im Gesundheitsrecht

Sie möchten ein Gesundheitsprodukt entwickeln, zulassen, einlizensieren oder vermarkten? Sie stehen vor einer unternehmerischen Transaktion? Sie haben Fragen zur frühen Nutzenbewertung und Erstattungsfähigkeit eines Arzneimittels, Medizinproduktes oder Lebensmittels? Es gibt viele Fragen, für die wir Ihr perfekter Partner sind.

Pharmabusiness ist mehr als Chemie

Juristische Fallstricke begleiten dieses Geschäft auf Schritt und Tritt. Schon die Frage, ob es sich bei Ihrem Präparat um ein Arzneimittel, ein Medizinprodukt, ein Nahrungsergänzungsmittel, eine ergänzende bilanzierte Diät oder um ein Kosmetikum handelt, ist oft nicht einfach zu beantworten. Dabei ist das entscheidend für die Verkehrsfähigkeit, Zulassung, Produktaufmachung, rechtlich einwandfreie Vermarktung und Compliance Ihrer Aktivitäten. Regulatorische Aspekte der Zulassung empfinden selbst erfahrene Pharma-Manager als „Handstand auf der Rasierklinge". Und die Debatte, welche Werbung geht und welche nicht, wird meist leider erst vor Gericht entschieden. Nicht zuletzt erhöhen die europarechtlichen Bezüge die Komplexität dieser Fragestellungen.

Mehr als 25 Jahre umfassende Healthcare-Expertise

Gut, wenn Sie bei Ihrem Projekt von Anfang an die Weichen richtig stellen. Noch besser, wenn Sie das mit der Kanzlei Kozianka & Weidner tun – eine der führenden Adressen für Gesundheitsrecht mit mehr als 25jähriger Expertise auf allen für Gesundheitsprodukte bedeutsamen Rechtsgebieten.

Gemeinsam lösen wir Ihre Probleme. Schnell, pragmatisch und betriebswirtschaftlich vernünftig. Mehr unter www.kozianka-law.de

KOZIANKA & WEIDNER
Habichthorst 32 | 22459 Hamburg
+49 (0) 40 551 7041 | info@kozianka-law.de

ANZEIGE

Gut beraten können viele. Eng verzahnt und multidisziplinär auf unterschiedlichste Kompetenzen zugreifen – da trennt sich eine gute Beratung von einer exzellenten.

MÖHRLE HAPP LUTHER ist eine führende Wirtschaftskanzlei, in der mehr als 350 Mitarbeiter*innen aus den Bereichen Rechtsberatung, Steuerberatung und Wirtschaftsprüfung Hand in Hand für Ihren Erfolg arbeiten. Neben der juristisch hochwertigen Beratung sind Verhandlungsgespür, praktisches Know-how und Branchenkenntnisse für unsere mehr als 50 Rechtsanwält*innen selbstverständlich.

Exzellenz zeigt sich an den Ergebnissen. Legen wir los!

MÖHRLE HAPP LUTHER
BRANDSTWIETE 3 ▪ 20457 HAMBURG ▪ TEL 040 85 301 - 0

WWW.MHL.DE

ANZEIGE

Nölle & Stoevesandt

Die besten Argumente für Ihren Standpunkt

- Handels- und Wirtschaftsrecht
- Gesellschaftsrecht
- M&A / Transaktionsberatung
- Corporate Finance
- Erneuerbare Energien
- Unternehmensnachfolge
- Stiftungs- und Gemeinnützigkeitsrecht
- Beihilferecht / Öffentliches Wirtschaftsrecht

Dr. Jens-Uwe Nölle
Rechtsanwalt
Fachanwalt für Steuerrecht

Dr. Martin Stoevesandt
LL.M. (University of Chicago)
Rechtsanwalt
Attorney at Law (New York)

Birkenstraße 37
28195 Bremen
Tel. +49 421 3013 165
Fax +49 421 3013 166
info@noelle-stoevesandt.de
www.noelle-stoevesandt.de

www.noelle-stoevesandt.de

SCHACKOW

Bremen, Hamburg und die Welt

Wir sind eine der führenden Wirtschaftskanzleien Norddeutschlands und steuern stets die ökonomisch sinnvollste Lösung an. Soweit möglich versuchen wir, gerichtliche Auseinandersetzungen zu vermeiden.

Durch individuelle Betreuung unterstützen wir Sie im In- und Ausland dabei, das Recht für Ihre unternehmerischen Ziele zu nutzen, insbesondere auf den Gebieten

- Arbeitsrecht
- Bank- und Kapitalmarktrecht
- Gewerblicher Rechtsschutz
- Handels- und Gesellschaftsrecht
- Immobilienrecht
- Internationales Wirtschaftsrecht
- Maritime Wirtschaft
- Notare
- Sanierungs- und Insolvenzrecht
- Schiffsfinanzierung
- Steuer- und Zollrecht
- Transaktionen
- Transportrecht
- Vergaberecht
- Zwangsvollstreckung

Langjährige Branchenerfahrung, ständige Fortbildung und Spezialisierung – das ist für unser über 60-köpfiges Team das Fundament dafür, Sie exzellent, zuverlässig, flexibel und schnell beraten zu können.

Dr. Schackow & Partner
Rechtsanwälte PartG mbB

Domshof 17
28195 Bremen
Telefon: 0421 3699-0
Telefax: 0421 3699-144
E-Mail: bremen@schackow.de

Jungfernstieg 30
20354 Hamburg
Telefon: 040 303730-0
Telefax: 040 303730-99
E-Mail: hamburg@schackow.de

www.schackow.de

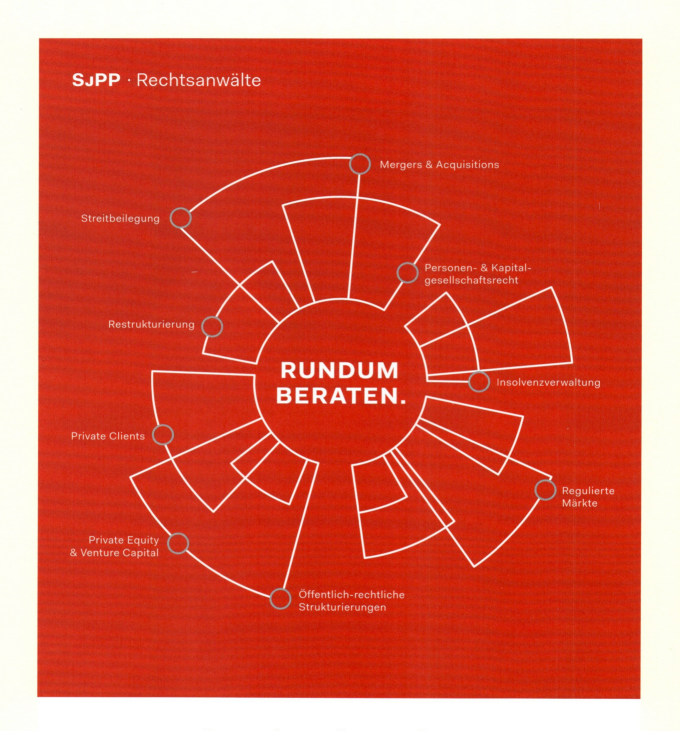

Region: Osten

(Berlin, Land Brandenburg, Sachsen, Thüringen/Sachsen-Anhalt)

314 Berlin
320 Land Brandenburg
321 Sachsen
325 Thüringen/Sachsen-Anhalt

Berlin: Hightech beflügelt die Hauptstadt

Berlin ist nicht nur Heimat von mittlerweile milliardenschweren Start-ups, die Stadt wird auch immer mehr zum Sehnsuchtsort für internationale Investoren, die auf der Suche nach dem nächsten ‚Einhorn' sind. Somit wird auch die anwaltliche Beratung im Venture Capital immer großvolumiger. Auch kleinere Berliner Einheiten wie **BMH Bräutigam & Partner** fokussieren sich schon länger nicht mehr allein auf die Beratung von Gründern, sondern zählen immer mehr Investoren zu ihren Mandanten. Zu den personell stärksten Einheiten, die sich die Venture-Capital-Beratung auf die Fahnen geschrieben haben, zählen weiterhin **Ypog** – die zudem noch renommiert für ihre Fondsstrukturierungspraxis ist – und **Noerr**, aber auch das Berliner Team von **Hengeler Mueller**.

Berlin als Motor für Innovationen bietet außerdem viel Arbeit für alle Kanzleien, die sich neuen Formen des Bankings widmen: Besonders **Lindenpartners** zählt etliche Fintechs zu ihren Mandanten. Doch auch klassische Branchen wie der Immobiliensektor bleiben im Fokus der Kanzleien in Berlin. Dem haben sich besonders **Greenberg Traurig** und **GSK Stockmann** verschrieben. **Squire Patton Boggs** wiederum beriet ihre Stammmandantin Deutsche Wohnen beim Verkauf Tausender Wohnungen an Berliner Landesgesellschaften. Gefragter denn je sind für die boomenden Immobilien- und Venture-Capital-Transaktionen die Berliner Notare – vor allem Großkanzleien wie **Dentons**, **Görg** oder **Taylor Wessing** haben renommierte Notare in ihren Reihen. **Flick Gocke Schaumburg** hingegen verlor einen Notar an **Gleiss Lutz**.

Sachsen: Generationswechsel allerorten

In Sachsen entwickelt sich die Nachfolgeberatung zu einem der wichtigsten Felder in Kanzleien. Denn in der von Familienunternehmen geprägten Wirtschaft übergibt die Gründergeneration allmählich ihr Geschäft. Anders als im Westen sind familieninterne Übergaben seltener. Vor diesem Hintergrund stehen Kanzleien beispielhaft für ganz unterschiedliche Wege: So gestaltet die MDP-Kanzlei **Eureos** Nachfolgen häufig durch Umstrukturierungen in der Kombination von (Erbschaft-)Steuer- und Gesellschaftsrecht, die auf Venture Capital und Private Equity spezialisierte **Gruendelpartner** berät teilstaatliche Beteiligungsgesellschaften bei ihrem (vorübergehenden) Einstieg und **Aderhold** setzt in der Nachfolgeberatung auf das im Osten deutl. stärker als im Westen verbreitete Modell der Mitarbeiterbeteiligungsgesellschaft.

Der Generationswechsel betrifft aber auch die Kanzleien selbst. **Kiermeier Haselier Grosse**, **Battke Grünberg** oder **Petersen Hardraht Pruggmayer** bringen Nachfolger in Stellung. Für diese mittelgroßen Kanzleien ist es jedoch schwierig, im umkämpften sächsischen Nachwuchsmarkt gegen die hohen Gehälter der Großkanzleien wie **Noerr**, **CMS Hasche Sigle** oder **Luther** auf der einen und den Work-Life-Balance-Verlockungen von Justiz und Verwaltung auf der anderen Seite zu bestehen, denn auch für Gerichte und Behörden gilt: Die vor 30 Jahren auf einen Schlag gekommene Juristengeneration geht von nun an in Windeseile in den Ruhestand.

Die folgenden Kapitel behandeln Kanzleien, die in ihrer Region eine besondere Bedeutung und Reputation genießen. Typischerweise decken diese Kanzleien viele Teilbereiche des Wirtschaftsrechts ab. Eine tabellarische Übersicht erfasst ergänzend regional ansässige und auf nur wenige Fachgebiete ausgerichtete Kanzleien. Die Übersicht weist zugleich die Fachkapitel aus, in denen Informationen zu diesen Kanzleien zu finden sind.

JUVE KANZLEI DES JAHRES IM OSTEN

CMS HASCHE SIGLE

Der Anwaltsmarkt in Ostdeutschland tickt langsamer und ist weniger ertragreich. Keine Kanzlei weiß das besser als CMS. Sie zeigte direkt nach der Wende Flagge und war lange in Leipzig, Dresden und Chemnitz präsent. Dresden und Chemnitz wurden vor Jahren geschlossen und auch in Leipzig kam die Kanzlei irgendwann nicht mehr recht von der Stelle. Doch nun hat sie die Weichen gestellt: Beflügelt von den Erfolgen des Corporate-Teams um **Dr. Jörg Lips** und **Dr. Jochen Lux** erfindet sie sich in Leipzig neu. Die Zukunft liegt nicht mehr im Bau- und Immobilien- oder Insolvenzrecht, sondern primär bei Transaktionen, bei denen sich die Großkanzlei wirklich vom regionalen Wettbewerb absetzen kann – und dies auch tut: Die Beratung beim Verkauf des Leipziger Fahrradverleihers Nextbike an Tier Mobility oder des Cloud-Anbieters Freshbooks beim Kauf von Fastbill setzen Zeichen in einem Beratermarkt, der oft zuschauen muss, wie attraktive Deals nach Berlin oder Frankfurt abwandern. Drei ernannte Counsel für M&A und Private Equity geben die Richtung vor.

Überdies beförderte CMS **Dr. Anja Naumann** und besetzte so das Arbeitsrecht vor Ort endlich wieder auf Partnerebene. In den für CMS zentralen Gebieten, zu denen in Leipzig noch IP/IT zählt, sitzen nun Anwälte im besten Partneralter an den Hebeln, die genug Zeit und Rückendeckung aus der Gesamtkanzlei haben, den eingeschlagenen Weg konsequent weiterzuverfolgen.

Berlin

ADVANT BEITEN
Berlin ★★

Detaillierte Informationen zu dieser Kanzlei finden Sie in den jeweiligen Fachkapiteln sowie im ▷*Nationalen Überblick Top 50*.

Bewertung: In Berlin bekannt für die Beratung der ▷*Immobilienbranche* u. der öffentl. Hand (▷*Vergaberecht*). Kontakte zu Bundesbehörden. Enge Verbindung von Steuer- u. ▷*Gesellsch. recht*.

Team: 10 Eq.-Partner, 18 Sal.-Partner, 8 Associates, 1 of Counsel

Schwerpunkte: ▷*Arbeit*; ▷*Beihilfe*; Energie; ▷*Gesellsch. recht*; ▷*Immo/Bau*; ▷*Kartellrecht*; ▷*Konfliktlösung*; ▷*M&A*; ▷*Marken u. Wettbewerb*; ▷*Medien*; Öffentl. Recht (▷*Vergabe*); Verkehr.

Mandate: Siehe Fachkapitel.

BAKER MCKENZIE
Berlin ★★★★

Detaillierte Informationen zu dieser Kanzlei finden Sie in den jeweiligen Fachkapiteln sowie im ▷*Nationalen Überblick Top 50*.

Bewertung: Im Berliner Büro spiegelt sich auch in der starken ▷*Vergaberechtspraxis* die globale Aufstellung der Kanzlei. Zudem große Erfahrung u. zahlreiche Mandanten in regulierten Branchen wie dem ▷*Gesundheitssektor*.

Team: 3 Eq.-Partner, 3 Sal.-Partner, 6 Counsel, 14 Associates

Schwerpunkte: Arbeitsrecht; ▷*Beihilfe*, ▷*Energie*; ▷*Gesellsch. recht*; ▷*Gesundheit*; ▷*Immo/Bau*; Insolvenz und Restrukturierung; ▷*Kartellrecht*; ▷*M&A*; Öffentl. Recht; ▷*Vergabe*.

Mandate: Siehe Fachkapitel.

BMH BRÄUTIGAM & PARTNER
Berlin ★★

Bewertung: Die Berliner Kanzlei bietet ihren Mandanten Beratung in den Kernbereichen Transaktionen (▷*Private Equity/Venture Capital*, ▷*M&A*) u. ▷*Immobilien*. Im Private Equity tritt BMH regelm. an der Seite des Mid-Cap-Fonds Capiton auf, die Immobilienrechtler können auf regelm. Arbeit für Signa vertrauen u. beraten Blackstone in mietrechtl. Angelegenheiten. Immer stärker in Erscheinung tritt das Venture-Capital-Team, das weiterhin auf Gründer-, aber auch auf Investorenberatung setzt. Damit ist BMH bei immer größeren Finanzierungsrunden zu sehen, verzeichnet aber v.a. Akquiseerfolge bei Investoren: Neben dem Ausbau der Beziehung zu Earlybird wandten sich erstmals Munich Re u. Investor Balderton für ein VC-Investment an die Berliner Kanzlei. Zudem gehört BMH bei Kanzleien ihrer Größe zu den Vorreitern in Sachen Legal Tech, setzt ein gemeinsam mit einem Partner entwickeltes Programm zur Dokumentenautomatisierung ein u. bindet ihre jungen Anwälte in die Legal-Tech-Ausbildung ein.

Oft empfohlen: Dr. Johannes Meinel (Gesellschafts- u. Immobilienrecht, Notariat), Dr. Benedikt Bräutigam („kompetent u. lösungsorientiert", Mandant; Gesellschaftsrecht, Notariat), Jan-Peter Heyer (Private-Equity), Dr. Patrick Auerbach-Hohl (Venture Capital, Notariat), Dr. Andrea Reichert-Clauß („extrem sachlich, findet praxisorientierte Lösungen", Mandant; Gesellschaftsrecht), Bastian Reinschmidt (Gesellschaftl. Streitigkeiten), Boris Reschucha („ausgeprägtes kommerzielles Verständnis, viel Verhandlungsgeschick", Mandant; Immobilienrecht)

Team: 10 Eq.-Partner, 4 Sal.-Partner, 12 Associates

Schwerpunkte: Schwerpunkte im Personen- u. Kapitalgesellschaftsrecht; ▷*Private Equ. u. Vent. Capital*; Gesellsch. recht; ▷*Immo/Bau*; ▷*M&A*; Grundstückstransaktionen; Konfliktlösung im Handels- u. Gesellschaftsrecht u. im Gewerbl. Rechtsschutz inkl. Compliance; umf. Wettbewerbs- u. Kartellrecht; angesehenes Notariat.

Mandate: Capiton u.a. bei Kauf der Stürtz-Gruppe u. Einstieg bei Betonbau u. Wundex; EVP bei Kauf der Korott-Gruppe u. Zusammenschluss mit Vitafy; Stürtz bei Kauf von Stuga Machinery; Forto bei D-Finanzierungsrunde; Elopage, Comgy, Xayn, Kombuchery in Finanzierungsrunden; Balderton Capital

---

Berlin

★★★★★
- Dentons
- Hengeler Mueller
- Noerr
- White & Case

★★★★
- Baker McKenzie
- CMS Hasche Sigle
- Freshfields Bruckhaus Deringer
- Gleiss Lutz
- Linklaters

★★★
- Greenberg Traurig
- K&L Gates
- Morrison & Foerster
- Raue
- Ypog

★★
- Advant Beiten
- BMH Bräutigam & Partner
- Görg
- GSK Stockmann
- Lindenpartners
- Luther
- Poellath
- Taylor Wessing

★★
- Buse
- Flick Gocke Schaumburg
- GvW Graf von Westphalen
- Heuking Kühn Lüer Wojtek
- Lambsdorff
- Redeker Sellner Dahs
- Squire Patton Boggs
- Wegnerpartner

★
- KPMG Law
- Mazars

Die Auswahl von Kanzleien und Personen in Rankings und tabellarischen Übersichten ist das Ergebnis umfangreicher Recherchen der JUVE-Redaktion. Sie ist in 2erlei Hinsicht subjektiv: Die Aussagen der befragten Quellen sind subjektiv u. spiegeln deren Erfahrungen u. Einschätzungen. Die JUVE-Redaktion wiederum analysiert die Rechercheergebnisse unter Einbeziehung ihrer eigenen Marktkenntnis. Der JUVE Verlag beabsichtigt keine allgemeingültige oder objektiv nachprüfbare Bewertung. Es ist möglich, dass eine andere Recherchemethode zu anderen Ergebnissen führt. Innerhalb einzelner Gruppen in Rankings und tabellarischen Übersichten sind Kanzleien und Personen alphabetisch sortiert.

bei Investment in Clue; Earlybird bei Investment u.a. in Mayd, Hive u. Droiddrive; Immobilienberatungsgesellschaft bei Streitigkeiten über Provisionszahlungen; Blackstone/Officefirst bei Vermietung von X8.Berlin; Signa-Gruppe in div. Immobilientransaktionen.

BUSE
Berlin ★★

Bewertung: Für das traditionsreiche Berliner Büro der auf den Mittelstand fokussierten Kanzlei ist die ▷gesellschaftsrechtl. Arbeit ein wichtiges Standbein. V.a. Family Offices setzen auf die partnerzentrierte Beratung bei Buse, doch auch gr. Unternehmen suchen Rat, gerade wenn es um Fragen an der Schnittstelle zu Compliance geht: Das zeigt das Mandat für eine gr. Bank. Eine weitere wichtige Säule bildet die Arbeit im IP-Recht: Dort berät die Kanzlei Schneekoppe, regelm. auch Subway und Guess. Dass die Vernetzung versch. Praxisgruppen funktioniert, zeigt sich u.a. bei der engen Zusammenarbeit mit der Gesundheitspraxis: Das Dezernat, das kürzl. durch einen weiteren Counsel verstärkt wurde, berät etwa in div. Verfahren zum Heilmittelwerberecht.

Oft empfohlen: Jasper Hagenberg („sehr kompetent, hervorragende Zusammenarbeit", Wettbewerber; IP), Prof. Dr. Peter Fissenewert (Compliance)

Team: 11 Equity-Partner, 5 Salary-Partner, 5 Counsel, 2 Associates, 1 of Counsel

Schwerpunkte: ▷M&A, ▷Gesellsch.recht, Immobilien- u. Arbeitsrecht sowie Nachfolge-/Vermögensberatung. Außerdem Schwerpunkt im Marken- u. Wettbewerbsrecht, auch Streitigkeiten, Medienrecht sowie Compliance. Immobiliennotariat.

Mandate: Beratung einer Gesellschafterin bei Auseinandersetzung im Familienkonzern; Aufbau Anti-Geldwäsche u. -Fraudsysteme einer internat. Bank; Betreuung Managementwechsel in investigativ-journalistischem Unternehmen; Vertretung von Gläubigern ggü. Karstadt Kaufhof; lfd. Stiftung Zukunft Berlin; Subway, Schneekoppe, Wefox markenrechtl.; Citizen Systems Europe IP-, IT- u. datenschutzrechtl.; Guess bei Werbung/UWG; Floragunn urheber- u. datenschutzrechtl.; Schuhhersteller bei markenrechtl. Streitigkeiten; Audi Interaction bei UWG u. Werbung.

CMS HASCHE SIGLE
Berlin ★★★★

Kanzlei des Jahres Osten

Detaillierte Informationen zu dieser Kanzlei finden Sie in den jeweiligen Fachkapiteln sowie im ▷Nationalen Überblick Top 50.

Bewertung: Innerhalb des etablierten Full-Service-Ansatzes in Berlin besonders erfolgreich im ▷Medienrecht, in ▷Private Equ. u. Vent. Capital sowie im ▷Baurecht. Tiefes Branchen-Know-how in Technologie u. Entertainment.

Team: 21 Eq.-Partner, 12 Counsel, 32 Associates, 1 of Counsel

Schwerpunkte: Arbeitsrecht; ▷Bankrecht u. -aufsicht; ▷Gesellsch.recht; ▷Gesundheit; Gewerbl. Rechtsschutz, Insolvenzverw.; ▷Kredite u. Akqu.fin.; ▷M&A; ▷Marken u. Wettbewerb; Nachfolge/Vermögen/Stiftungen; Notare; ▷Öffentl. Recht (Umwelt u. Planung); Presse; Steuer; ▷Vergabe; Wettbewerbsrecht.

Mandate: Siehe Fachkapitel.

Berliner Kanzleien mit Besprechung nur in Rechtsgebieten

Altenburg	▷Arbeit
Annerton	▷Bankrecht u. -aufsicht
Arnecke Sibeth Dabelstein	▷Gesellsch.recht ▷Immo/Bau
AssmannPeiffer	▷Energie
BBL Brockdorff	▷Insolvenz/Restrukturierung
Becker Büttner Held	▷Energie
BLD Bach Langheid Dallmayr	▷Konfliktlösung ▷Versicherungsvertragsrecht
Blomstein	▷Außenwirtschaft ▷Kartellrecht ▷Vergabe
Boehmert & Boehmert	▷Marken u. Wettbewerb ▷Medien
Börgers	▷Immo/Bau
von Boetticher	▷IT ▷Gesundheit ▷Gesellsch.recht ▷M&A
Boos Hummel & Wegerich	▷Energie
von Bredow Valentin Herz	▷Energie
Brehm & v. Moers	▷Medien
BRL Boege Rohde Luebbehuesen	▷Gesellsch.recht ▷Insolvenz/Restrukturierung ▷M&A
Bryan Cave Leighton Paisner	▷Immo/Bau ▷Notare
Busse & Miessen	▷Gesundheit
CBH Rechtsanwälte	▷Arbeit ▷Vergabe ▷Verkehr
Comfield Legal	▷Compliance
D+B Rechtsanwälte	▷Gesundheit
Deloitte Legal	▷Bankrecht u. -aufsicht ▷Gesellsch.recht ▷Private Equity u. Venture Capital
Dierks+Company	▷Gesundheit
dka Rechtsanwälte	▷Arbeitnehmer
DWF	▷Gesellschaftsecht
Ehlers Ehlers & Partner	▷Gesundheit
Eichler Kern Klein	▷Vergabe
Dr. Eick & Partner	▷Versicherungsvertragsrecht
Eversheds Sutherland	▷Arbeit ▷M&A
EY Law	▷Energie ▷Gesellschaftsrecht ▷Private Equ. u. Vent. Capital
FPS Fritze Wicke Seelig	▷IT u. Datenschutz ▷Vergabe
Frahm Kuckuk Hahn	▷Arbeit
Franßen & Nusser	▷Öffentl. Recht
Freyschmidt Frings Pananis Venn	▷Wirtschafts- u. Steuerstrafrecht
FS-PP Berlin	▷Compliance ▷Wirtschafts- u. Steuerstrafrecht
Gaßner Groth Siederer & Coll.	▷Energie ▷Öffentl. Recht ▷Vergabe
GND Geiger Nitz Daunderer	▷Gesundheit
Göhmann	▷Arbeit ▷Notare
Friedrich Graf von Westphalen & Partner	▷Gesellschaftsrecht
Grünecker	▷Patent
Gulde & Partner	▷Patent

Fortsetzung nächste Seite

Berliner Kanzleien mit Besprechung nur in Rechtsgebieten Fortsetzung

Hausfeld	▷Kartellrecht ▷Konfliktlösung
Hellriegel	▷Öffentl. Recht
Heussen	▷Gesellsch.recht ▷Immo/Bau ▷Medien
HFK Heiermann Franke Knipp und Partner	▷Immo/Bau ▷Öffentl. Recht ▷Vergabe
Höch und Partner	▷Energie
hww Hermann Wienberg Wilhelm	▷Insolvenz/Restrukturierung
Ignor & Partner	▷Wirtschafts- u. Steuerstrafrecht
Irle Moser	▷Presse
Jacobsen + Confurius	▷Vertrieb
Jakoby	▷Immo/Bau
JBB Rechtsanwälte	▷IT u. Datenschutz ▷Marken u. Wettbewerb ▷Medien
Jung & Schleicher	▷Immo/Bau
Kallan	▷M&A
Kapellmann und Partner	▷Immo/Bau ▷Vergabe ▷Verkehr
Kliemt	▷Arbeit
KNH Rechtsanwälte	▷Immo/Bau
Krause & Kollegen	▷Wirtschafts- u. Steuerstrafrecht
Leinemann & Partner	▷Immo/Bau ▷Vergabe
Lexton	▷Vergabe
LSP Lindemann Schwennicke & Partner	▷Bankrecht u. -aufsicht
Lubberger Lehment	▷Marken u. Wettbewerb ▷Vertrieb
Lutz Abel	▷Gesellschaftsrecht
Maikowski & Ninnemann	▷Patent
Meincke Bienmüller	▷Immo/Bau
Melchers	▷Gesellsch.recht
Müller-Wrede & Partner	▷Vergabe ▷Beihilfe
Münzel & Böhm	▷Insolvenz/Restrukturierung
Nordemann Czychowski & Partner	▷Marken u. Wettbewerb ▷Medien
Oexle Kopp-Assenmacher Lück	▷Öffentl. Recht
Orth Kluth	▷Verkehr
Orbit	▷Investmentfonds
Osborne Clarke	▷Arbeit ▷Gesellschaftsrecht ▷Medien
Pluta	▷Insolvenz/Restrukturierung
Posser Spieth Wolfers & Partners	▷Öffentl. Recht ▷Verkehr
Preu Bohlig & Partner	▷Marken u. Wettbewerb ▷Patent
PricewaterhouseCoopers Legal	▷Energie ▷Vergabe ▷Verkehr
Prinz	▷Presse
Prinz & Partner	▷Patent
Pusch Wahlig	▷Arbeit
PXR legal	▷Private Equity u. Venture Capital
Ratajczak & Partner	▷Gesundheit
Rödl & Partner	▷Gesellsch.recht ▷Energie ▷M&A
Schalast & Partner	▷M&A

Fortsetzung nächste Seite

DENTONS
Berlin ★★★★★

Detaillierte Informationen zu dieser Kanzlei finden Sie in den jeweiligen Fachkapiteln sowie im ▷Nationalen Überblick Top 50.

Bewertung: Die Kanzlei hat eines der größten Büros in Berlin. Traditionell bestens integrierte steuer-, ▷gesellschafts- u. insolvenzrechtl. Beratung. Gesellschafts- u. immobilienrechtl. Beratung, inkl. großem u. angesehenen Anwaltsnotariat. Zudem ausgeprägtes Regulierungswissen, etablierte ▷Kartellrechtspraxis.

Team: 19 Eq.-Partner, 6 Sal.-Partner, 18 Counsel, 38 Associates, 6 of Counsel

Schwerpunkte: ▷Außenwirtschaft; Bank- u. Finanzrecht; ▷Beihilfe; ▷Energie; ▷Gesellsch.recht (inkl. 3-köpfigem ▷Notariat); ▷Gesundheit; ▷Immo/Bau; ▷Insolvenz/Restrukturierung; ▷Kartellrecht; ▷Konfliktlösung; ▷M&A; ▷Marken u. Wettbewerb; Medizinrecht; ▷Notare; Öffentl. Recht; ▷Verkehr.

Mandate: Siehe Fachkapitel.

FLICK GOCKE SCHAUMBURG
Berlin ★★

Detaillierte Informationen zu dieser Kanzlei finden Sie in den jeweiligen Fachkapiteln sowie im ▷Nationalen Überblick Top 50.

Bewertung: Steuerzentrierte Großkanzlei, die in Berlin ihre große steuerrechtl. Kompetenz mit ▷gesellschaftsrechtl. Know-how verknüpft u. insbes. im Private-Equity-Sektor auch bundesw. aktiv ist.

Team: 6 Eq.-Partner, 3 Sal.-Partner, 10 Associates, 2 of Counsel

Schwerpunkte: ▷Gesellsch.recht; ▷M&A; ▷Private Equity u. Venture Capital; Steuern.

Mandate: Siehe Fachkapitel.

FRESHFIELDS BRUCKHAUS DERINGER
Berlin ★★★★

Detaillierte Informationen zu dieser Kanzlei finden Sie in den jeweiligen Fachkapiteln sowie im ▷Nationalen Überblick Top 50.

Bewertung: Berliner Büro mit ausgeprägter Kompetenz für Transaktionen in regulierten Märkten, etwa im ▷Pharmasektor. Enge teamübergreifende Zusammenarbeit. Angesehene ▷Kartellrechtspartner. Kontinentaleurop. Service- u. Legal-Tech-Zentrum.

Team: 6 Partner, 4 Counsel, 61 Associates, 1 of Counsel

Schwerpunkte: ▷Beihilfe; ▷Energie; ▷Gesellsch. recht; ▷Gesundheit; ▷Kartellrecht; ▷Konfliktlösung; ▷M&A; ▷Öffentl. Recht; ▷Priv. Equ. u. Vent. Capital; ▷Verkehr.

Mandate: Siehe Fachkapitel.

GLEISS LUTZ
Berlin ★★★★

Detaillierte Informationen zu dieser Kanzlei finden Sie in den jeweiligen Fachkapiteln sowie im ▷Nationalen Überblick Top 50.

Bewertung: Das Berliner Büro ist stark bei ▷energiepolitischen Mandaten u. in der Beratung des ▷Gesundheitssektors. Eingespieltes Team aus ▷M&A-Spezialisten, ▷Gesellschafts-, ▷IT- u. ▷Arbeitsrechtlern, Notariat.

Team: 10 Eq.-Partner, 3 Counsel, 30 Associates, 2 of Counsel

Schwerpunkte: ▷Arbeit; ▷Energie; ▷Gesellsch.recht; ▷Gesundheit; ▷Immo/Bau; ▷IT u. Datenschutz; ▷Kon-

fliktlösung; ▷M&A; ▷Marken u. Wettbewerb; ▷Notare; ▷Öffentl. Recht; ▷Private Equ. u. Vent. Capital; ▷Vergabe; ▷Verkehr.
Mandate: Siehe Fachkapitel.

GÖRG
Berlin ★★

Detaillierte Informationen zu dieser Kanzlei finden Sie in den jeweiligen Fachkapiteln sowie im ▷Nationalen Überblick Top 50.
Bewertung: Berliner Büro mit umfangreicher Erfahrung bei großvol. ▷Immobilientransaktionen u. ▷Energieinfrastrukturprojekten; anerkanntes ▷Notariat.
Team: 19 Eq.-Partner, 2 Sal.-Partner, 1 Counsel, 27 Associates
Partnerwechsel: Dr. Torsten Martini (von Leonhardt Rattunde; Insolvenzrecht), Dr. Nils Willich (zu Busse & Miessen; Franchiserecht)
Schwerpunkte: ▷Arbeit; ▷Energie; Finanz- u. Kapitalmarktrecht; ▷Bankrecht u. -aufsicht; ▷Gesellsch. recht; ▷Immo/Bau; ▷Insolvenz u. Restrukturierung;▷IT; ▷Konfliktlösung; ▷M&A; Marken u. Wettbewerb; ▷Notare; ▷Öffentl. Recht; ▷Vergabe; ▷Vertrieb
Mandate: Siehe Fachkapitel.

GREENBERG TRAURIG
Berlin ★★★

Detaillierte Informationen zu dieser Kanzlei finden Sie in den jeweiligen Fachkapiteln sowie im ▷Nationalen Überblick Top 50.
Bewertung: Berliner Büro mit bundesweitem Radius, das insbes. für die Verknüpfung seiner Paradedisziplinen (▷Immobilien-, ▷TK- u. ▷Medienrecht) einen guten Ruf genießt. Zunehmend im internat. ▷M&A-Geschäft tätig.
Team: 21 Eq.-Partner, 8 Sal.-Partner, 47 Associates, 2 of Counsel
Partnerwechsel: Robert Whitener (von Freshfields Bruckhaus Deringer; Konfliktlösung)
Schwerpunkte: ▷Arbeit; Bank- u. Finanzrecht; ▷Gesellsch.recht; ▷Immo/Bau; ▷Insolvenz/Restrukturierung; ▷IT u. Datenschutz (inkl. Steuerrecht); ▷M&A; ▷Medien; ▷Private Equ. u. Vent. Capital; ▷Telekommunikation; Verkehr.
Mandate: Siehe Fachkapitel.

GSK STOCKMANN
Berlin ★★

Detaillierte Informationen zu dieser Kanzlei finden Sie in den jeweiligen Fachkapiteln sowie im ▷Nationalen Überblick Top 50.
Bewertung: Anerkannte Berliner Praxis für ▷Bau- u. Immobilienrecht, die neben Transaktionen auch in bedeutende Bauprojekte eingebunden ist. Starkes Team im ▷M&A, dynamische Entwicklung im ▷Private Equity u. Venture Capital. Gute Vernetzung mit dem für Finanzierungsfragen relevanten Luxemburger Büro.
Team: 17 Eq.-Partner, 1 Sal.-Partner, 3 Counsel, 25 Associates, 2 of Counsel
Schwerpunkte: Arbeitsrecht; ▷Beihilfe; ▷Compliance; Energierecht; ▷Gesellsch.recht; ▷Immo/Bau; ▷Investmentfonds; IP/IT; ▷Konfliktlösung; ▷M&A; ▷Notare; ▷Öffentl. Recht; ▷Private Equ. u. Vent. Capital; Vergabe.
Mandate: Siehe Fachkapitel.

GVW GRAF VON WESTPHALEN
Berlin ★★

Detaillierte Informationen zu dieser Kanzlei finden Sie in den jeweiligen Fachkapiteln sowie im ▷Nationalen Überblick Top 50.
Bewertung: Berliner Büro mit marktgerechter Aufstellung, die sich insbes. in großer Erfahrung mit regulator. Fragen (▷Energie, Umwelt- u. Planungsrecht) niederschlägt. Außerdem hervorragende Beziehungen zum Hotelsektor (▷Immobilien- u. Baurecht).
Team: 7 Eq.-Partner, 7 Sal.-Partner, 5 Associates, 1 of Counsel
Schwerpunkte: ▷Arbeit; ▷Energie; ▷Gesellsch.recht; ▷Immo/Bau; IT, inkl. Datenschutz; Kapitalmarktrecht; ▷M&A; Notariat; Umwelt u. Planung; Vertragsgestaltung u. Transaktionen für Landesgesellschaften, Kommunen u. Investoren.
Mandate: Siehe Fachkapitel.

HENGELER MUELLER
Berlin ★★★★★

Detaillierte Informationen zu dieser Kanzlei finden Sie in den jeweiligen Fachkapiteln sowie im ▷Nationalen Überblick Top 50.
Bewertung: Berliner Büro mit anerkannter Kompetenz im ▷Gesellschaftsrecht u. in ▷Venture Capital, Fragen an der Schnittstelle zum ▷Medien- u. zum ▷Energiesektor. Starkes Notariat u. vertieftes Regulierungs-Know-how.
Team: 14 Eq.-Partner, 5 Counsel, 46 Associates
Schwerpunkte: ▷Beihilfe; ▷Compliance; ▷Energie; ▷Gesellsch.recht, inkl. 3-köpf. Notariat; ▷Gesundheit; Immo/Bau; ▷Insolvenz/Restrukturierung; ▷Konfliktlösung; ▷M&A; ▷Medien; ▷Nachfolge/Vermögen/Stiftungen; ▷Öffentl. Recht; ▷Private Equ. u. Vent. Capital; ▷Telekommunikation; ▷Verkehr, ▷Wirtschafts- und Steuerstrafrecht.
Mandate: Siehe Fachkapitel.

HEUKING KÜHN LÜER WOJTEK
Berlin ★★

Detaillierte Informationen zu dieser Kanzlei finden Sie in den jeweiligen Fachkapiteln sowie im ▷Nationalen Überblick Top 50.
Bewertung: Anerkannte Teams im ▷Immobilien- u. ▷Gesellschaftsrecht, dazu Notariat. Prozessrechtl. Beratung. Darüber hinaus häufig standortübergreifende Zusammenarbeit mit anderen Büros, z.B. im ▷Vergaberecht.
Team: 12 Eq.-Partner, 1 Sal.-Partner, 10 Associates
Schwerpunkte: ▷Arbeitsrecht; ▷Gesellsch.recht; Gewerbl. Rechtsschutz; ▷Immo/Bau; ▷Insolvenz/Restrukturierung;▷M&A; Produkthaftung (Medizinbranche); ▷Vergaberecht.
Mandate: Siehe Fachkapitel.

Berliner Kanzleien mit Besprechung nur in Rechtsgebieten Fortsetzung

Schertz Bergmann	▷Presse
Schürmann Rosenthal Dreyer	▷IT u. Datenschutz
Schumann	▷Verkehr
Schwegler	▷Arbeitnehmer
Schweibert Leßmann & Partner	▷Arbeit
SKW Schwarz	▷Arbeit ▷Marken u. Wettbewerb ▷Medien ▷Vergabe ▷Vertrieb
Soudry & Soudry	▷Vergabe
Stassen	▷Immo/Bau
Streck Mack Schwedhelm	▷Wirtschafts- u. Steuerstrafrecht
Studio Legal	▷Private Equity u. Venture Capital
Tsambikakis & Partner	▷Wirtschafts- u. Steuerstrafrecht
TSP Theißen Stollhoff & Partner	▷Immo/Bau
Ufer Knauer	▷Wirtschafts- u. Steuerstrafrecht
Vangard	▷Arbeit
Andrea Versteyl	▷Öffentl. Recht
Vogel Heerma Waitz	▷Private Equ. u. Vent. Capital
Voigt Salus	▷Insolvenz/Restrukturierung
Widmaier Norouzi	▷Wirtschafts- u. Steuerstrafrecht
Winheller	▷Nachfolge/Vermögen/Stiftungen
Wolter Hoppenberg	▷Öffentl. Recht
Zenk	▷Öffentl. Recht ▷Gesellsch.recht ▷Immo/Bau
Zimmermann & Partner	▷Patent
Zirngibl	▷Immo/Bau

Die Auswahl von Kanzleien und Personen in Rankings und tabellarischen Übersichten ist das Ergebnis umfangreicher Recherchen der JUVE-Redaktion. Sie ist in 2erlei Hinsicht subjektiv: Die Aussagen der befragten Quellen sind subjektiv u. spiegeln deren Erfahrungen u. Einschätzungen. Die JUVE-Redaktion wiederum analysiert die Rechercheergebnisse unter Einbeziehung ihrer eigenen Marktkenntnis. Der JUVE Verlag beabsichtigt keine allgemeingültige oder objektiv nachprüfbare Bewertung. Es ist möglich, dass eine andere Recherchemethode zu anderen Ergebnissen führt. Innerhalb einzelner Gruppen in Rankings und tabellarischen Übersichten sind Kanzleien und Personen alphabetisch sortiert.

REGION OSTEN BERLIN

K&L GATES
Berlin ★★★
Detaillierte Informationen zu dieser Kanzlei finden Sie in den jeweiligen Fachkapiteln sowie im ▷Nationalen Überblick Top 50.
Bewertung: Das Berliner Büro der US-Kanzlei hat eine rege Mid-Cap-Corporate-Praxis u. ist in Venture-Capital-Mandaten gefragt. Dank des großen internat. Netzwerks zählen viele Technologieunternehmen zu den Mandanten. Sehr präsent sind auch die Vergabe- u. Verkehrspraxis.
Team: 9 Eq.-Partner, 9 Sal.-Partner, 7 Counsel, 15 Associates, 1 of Counsel
Schwerpunkte: ▷M&A; ▷Medien; ▷Private Equ. u. Vent. Capital; ▷Immo/Bau; ▷Vergabe; ▷Verkehr, zudem Gesundheit, Energie, kartellrechtl. Kompetenz u. Compliance.
Mandate: Siehe Fachkapitel.

KPMG LAW
Berlin ★
Bewertung: Die Kanzlei ist im Berliner Markt insbes. für die Beratung des Öffentl. Sektors bekannt. Die Vergabepraxis wird von Auftraggebern häufig zu Bau- u. Infrastrukturprojekten hinzugezogen. Dabei arbeiten die Anwälte eng mit den Gesellschafts- u. Steuerrechtlern der WP-Gesellschaft zusammen. Den Wachstumskurs der verg. Jahre hat KPMG konsequent vorangetrieben: Im Frühjahr gewann sie den ehem. Leiter der Vergabestelle von Berlinovo. Mandanten ziehen KPMG regelm. bei gesellschafts- u. kapitalmarktrechtl. Litigation-Mandaten hinzu, doch das klass. ▷Corporate-Geschäft bleibt überw. in Düsseldorf u. Frankfurt verortet.
Stärken: Multidisziplinärer Beratungsansatz.
Team: 10 Eq.-Partner, 12 Sal.-Partner, 32 Associates
Schwerpunkte: Öffentl. Recht, ▷Vergabe- u. Beihilferecht, inkl. ÖPP, Energie- u. Infrastrukturprojekte, Arbeits-, Bau- u. Immobilienrecht; Bank- u. Versicherungsaufsichtsrecht, auch ▷Gesellsch.recht, inkl. M&A u. Prozessführung sowie Private Equity, Insolvenzrecht u. Sanierung.
Mandate: Automobilzulieferer bei ww. Konzernumstrukturierung; L&S Holding bei Finanzierungsrunde; BVG vergaberechtl. zu Tram Betriebshof Adlershof; Charité bei Beschaffung von SAP-Lizenzen; Autobahn Bund vergaberechtlich.

LAMBSDORFF
Berlin ★★
Bewertung: Die Berliner Kanzlei zählt zu den etablierten Marktteilnehmern – unter anderem, weil sie die in der Hauptstadt florierende Start-up-Szene seit der ersten Stunde berät. Das Team unterhält sowohl gute Kontakte zu Gründern als auch zu Frühphaseninvestoren wie Earlybird. Verbreitert hat sich auch das Mandatsportfolio der immobilienrechtl. Praxis, zum Teil durch neue Mandanten wie Estate Guru, aber auch durch höheres Beratungsvolumen für Bestandsmandanten wie Cushman & Wakefield. Eine Partnerernennung in diesem Bereich belegt die Dynamik. Der Schwerpunkt liegt auf Transaktionen, aber auch der mietrechtl. Beratung von Mandanten. In vielen Bereichen gelingt es der Kanzlei zudem, Mandatsbeziehungen auszubauen: Ein Beispiel ist Novartis, schon seit Längerem Mandantin für IT- u. datenschutzrechtl. Fragen, die Lambsdorff nun auch zu Gewerbemietverträgen berät.
Team: 7 Eq.-Partner, 14 Associates

Schwerpunkte: Gesellschaftsrechtl. Beratung u. M&A für mittelständ. Unternehmen u. Einzelpersonen, zudem bau- u. immobilienrechtl. Fokus. Zunehmend im ▷Private-Equ.- u. Vent.-Capital-Bereich für Investoren, seit Längerem für Gründer, v.a. vertrags- u. IT-rechtlich.
Mandate: Hypoprt bei div. Zukäufen, u.a. bei Kauf von CMP Financial Engineers; Gründer Viafintech bei Verkauf an Paysafe; Axa Ventures bei Investments; Venture Debt Geber aus GB, Norgine Ventures bei Investments in dt. Start-ups; Finleap bei Finanzierungsrunde; Livebuy bei Finanzierungsrunde; Sphaira Medical bei US-Flip; Gesundheitsimmobilienfonds bei Kauf von Pflegeimmobilien; Wertconcept, Signature Capital lfd. immobilienrechtl.; Novartis Dtl. vertragsrechtl.; Babbel, Datadog, Felmo, luca App lfd. IT-rechtlich.

LINDENPARTNERS
Berlin ★★
Bewertung: Lindenpartners bietet im Berliner Kanzleikosmos ein Alleinstellungsmerkmal: Die Kanzlei hat sich sehr konsequent der Beratung neuer Banking-Formen verschrieben. Viele Mandanten sind Fintechunternehmen, andere suchen wegen Fragen zur Sustainable Finance Rat. Ihrem guten Ruf als Spezialistin für Kryptowährung versetzte der Abgang 2er Partner zwar einen Dämpfer, in der regulator. Beratung ist Lindenpartners dennoch weiterhin gut aufgestellt. Der Schwerpunkt der bank- u. bankaufsichtsrechtl. Beratung liegt in der renomm. Bank- u. Bankaufsichtsrechtspraxis. Eine sinnvolle Erweiterung des Spektrums bietet der Zugang eines Finanzierungspartners, der nun den Aufbau einer Fremdfinanzierungspraxis vorantreiben soll. Die Beratung in diesem Bereich bietet Möglichkeiten zur Verknüpfung mit der Venture-Capital- u. der aufsichtsrechtl. Beratung.
Stärken: Gerichts- u. Schiedsverfahren.
Oft empfohlen: Dr. Matthias Birkholz (Corporate/M&A), Dr. Thomas Asmus („guter Verhandler, angenehm in der Zusammenarbeit", Wettbewerber; Kapitalmarktrecht), Dr. Lars Röh („hochklassige Beratung in kurzer Zeit", Mandant; Kapitalmarktrecht), Dr. Brigitta Varadinek, Dr. Tobias de Raet
Team: 17 Eq.-Partner, 3 Sal.-Partner, 15 Associates
Partnerwechsel: Michael Kohl (von Weil Gotshal & Manges; Kredite und Akquisitionsfinanzierung), Eric Romba, Dr. Robert Oppenheim (beide zu Osborne Clarke; beide Bank- u. Kapitalmarktrecht)
Schwerpunkte: V.a. Kapitalmarktrecht, ▷Bankrecht u. -aufsicht, daneben ▷Gesellsch.recht u. ▷M&A, auch Öffentl. Wirtschafts- u. Vergaberecht, Steuerrecht u. IP/IT, besondere Kompetenz bei Gerichts- u. Schiedsverfahren (▷Konfliktlösung), zunehmend Datenschutz.
Mandate: Dt. Gesellschafter einer internat. Vertical-Farming-Gruppe zur Einbringung von Anteilen in einer norweg. Holding; Howoge bei Immobilientransaktionen; Umweltbundesamt gutachterl. zur Verfassungsmäßigkeit des Brennstoffemissionshandelsgesetzes; Gröner Residential bei immobilienbesicherter Nachrangfinanzierung; Invision bei Finanzierung für Kauf von Reichelt-Gruppe; KMEW zu Akquisitionsfinanzierung bei Joint Venture mit Paragon; VR Equitypartner bei Akquisitionsfinanzierung; Zusammenschluss von Banken bei Musterklagen gg. Festsetzung der Eigenmittelzielkennziffer für Banken durch BaFin.

LINKLATERS
Berlin ★★★★
Detaillierte Informationen zu dieser Kanzlei finden Sie in den jeweiligen Fachkapiteln sowie im ▷Nationalen Überblick Top 50.
Bewertung: Berliner Büro mit hoher Kompetenz bei Regulierungsthemen, die in den starken Kernpraxen wie z.B. ▷Energie u. bei großvolumigen Transaktionen (▷M&A) besonders zum Tragen kommt.
Team: 5 Partner, 2 Counsel, 22 Associates, 2 of Counsel
Schwerpunkte: ▷Beihilfe; ▷Energie; ▷Gesellsch. recht; ▷Konfliktlösung; ▷M&A; ▷Öffentl. Recht (Umwelt. u. Planung; Verwaltungsrecht) u. Vergabe.
Mandate: Siehe Fachkapitel.

LUTHER
Berlin ★★
Detaillierte Informationen zu dieser Kanzlei finden Sie in den jeweiligen Fachkapiteln sowie im ▷Nationalen Überblick Top 50.
Bewertung: Berliner Büro mit Full-Service-Ansatz. Starke Partner im Planungsrecht u. im Privaten ▷Baurecht. Mid-Cap-Transaktionen sowie grenzüberschr. ▷M&A-Deals, oft mit energierechtlichem Bezug. Angesehene ▷Arbeitsrechtspraxis.
Team: 9 Eq.-Partner, 4 Sal.-Partner, 2 Counsel, 16 Associates, 2 of Counsel
Schwerpunkte: ▷Energie; ▷Gesellsch.recht (v.a. Gesundheitsbranche u. ÖPP, Beratung vermög. Privatpersonen; Compliance); ▷Immo/Bau, auch ÖPP; IT/IP; ▷M&A; ▷Öffentl. Recht (Umwelt u. Planung).
Mandate: Siehe Fachkapitel.

MAZARS
Berlin ★
Bewertung: Der Rechtsberatungsarm der Berliner MDP-Einheit überzeugt mit einer breiten Aufstellung. Trad. ist das Team im Gesundheitssektor insbes. aufseiten von Krankenhaus- u. Pflegeheimträgern bei Transaktionen u. Umstrukturierungen gut verwurzelt. Zudem erweiterte sie den Mandantenstamm zuletzt um eine Reihe von Medizin- u. Diagnostikaprodukteherstellern. Leuchtturmmandat der energierechtl. Praxis ist sicherl. die Beratung der BEN Berlin Energie u. Netzholding beim milliardenschweren Kauf des Berliner Stromnetzes.
Stärken: Umf. Beratung des Krankenhaussektors.
Oft empfohlen: Dr. Daniel Ruppelt
Team: 5 Eq.-Partner, 8 Sal.-Partner, 23 Associates
Schwerpunkte: ▷Energie, M&A/Gesellschaftsrecht, insbes. Privatisierungen u. ÖPP im ▷Gesundheits- u. Medizinrecht. Zudem Vergaberecht, Berufshaftung (Ärzte, WP, StB, Architekten u. Ingenieure), Arbeitsrecht, Bank- u. Finanzrecht sowie Immobilien- u. Baurecht, zunehmend Governance-/Compliance-Beratung. Gute Verbindungen zu Non-Profit-Organisationen aus dem Wissenschaftsbereich. Beratung jew. auch steuerrechtlich.
Mandate: Grün Berlin beim Kauf der Lichtanlagensparte der Aliander-Gruppe; Med Europa bei Kauf der Margarethenkliniken Kappeln; Rostocker Versorgungs- u. Verkehrsholding bei Bieterverfahren zum Verkauf des zivilen Teils des Flughafens Rostock-Laage-Güstrow; Stadt Eisenhüttenstadt bei Bieterverfahren zum Verkauf der Altenheime der Stadt; Telemos Capital bei Aufbau von MVZ im Bereich Strahlentherapie; lfd. Helios Fachkliniken, BEN Berlin u. Netzholding, Labor Berlin.

BERLIN OSTEN REGION

MORRISON & FOERSTER
Berlin ★★★

Bewertung: Der kanzleiweite Fokus auf Techunternehmen ist auch am einzigen dt. Standort in Berlin klar erkennbar: Die ▷*Transaktionspraxis* kann durch die starke Anbindung an die US-Westküstenbüros zum einen grenzüberschreitende Netzwerkdeals bearbeiten, ist aber nicht auf internat. Plattformdeals angewiesen: So berät das Team u.a. den Berliner Investor Elvaston bei div. Akquisitionen von Softwareunternehmen. Transaktionen bilden auch einen Schwerpunkt der starken, auf Medienberatung fokussierten ▷*Medienpraxis*, die u.a. eine global aufgestellte Musik-Streaming-Plattform bei Akquisitionen u. Lizenzdeals begleitet u. weiterhin bestens in der Film- u. Entertainmentbranche vernetzt ist. Dass ihr auch dort die US-Schiene hilfreich ist, beweist die Arbeit für die NFL.

Stärken: Führende Medienpraxis, insbes. technologiegetriebene Transaktionen.

Oft empfohlen: Dr. Christoph Wagner (Medienrecht), Dr. Dirk Besse („mitdenkend, hat einen Blick für die Belange des Unternehmens", Mandant; M&A), Dr. Roland Steinmeyer („hat das große Ganze im Blick"; Wettbewerber; Compliance)

Team: 9 Eq.-Partner, 5 Sal.-Partner, 9 Counsel, 19 Associates

Schwerpunkte: Starke ▷*Medien-* u. Telekommunikationspraxis; ▷*Compliance;* darüber hinaus aber auch breite ▷*M&A-* u. ▷*Gesellschaftsrechtspraxis* inkl. Private Equ. u. Vent. Capital sowie flankierende kartellrechtl. u. steuerrechtl. Beratung. Häufig mit Asien-Bezug.

Mandate: Gesellschafter bei Verkauf von Alpha Fintech an PPRO; Ascedent Capital Partners bei Kauf eines dt. Kfz-Zulieferers; CIC Capital Dtl. bei Kauf einer Minderheitsbeteiligung an Expondo; DEAG bei Delisting; Elvaston Capital bei Kauf von Docufy; Medios bei Kauf von NewCo Pharma; Nouryon bei Ausgründung von Nobian; Perconex bei Kauf von Flex Suisse; Softbank Vision Fund bei Investment in Enpal; Fachverband Rundfunk- u. Breitbandkommunikation zu urheberrechtl.; Streitigkeiten mit Corint Media; iGrove vertrags- u. urheberrechtl.; US-Sportteam vertrags- u. urheberrechtl. in Europa; Majid Al Futtam Cinemas in Transaktionen u. zu Finanzierung; Martin Eder im Urheberrechtsstreit gg. Daniel Conway zur Pastiche-Schranke; NFL zu Spielen in Dtl., Verträgen mit der Stadt München u. dem FC Bayern; internat. Spielwarenunternehmen vertrags- u. urheberrechtl.; Radio NRJ rundfunkrechtl.; lfd.: SoundCloud, Telecolumbus.

NOERR
Berlin ★★★★★

Detaillierte Informationen zu dieser Kanzlei finden Sie in den jeweiligen Fachkapiteln sowie im ▷*Nationalen Überblick Top 50.*

Bewertung: Eines der personalstärksten Büros der Kanzlei mit führender ▷*Private-Equ.- u. Vent.-Capital*-Praxis sowie hervorragendem ▷*M&A-Transaktionsteam.* Zudem öffentl.-rechtl. u. regulator. Kompetenz.

Team: 20 Eq.-Partner, 17 Sal.-Partner, 3 Counsel, 43 Associates, 1 of Counsel

Schwerpunkte: ▷*Arbeit;* ▷*Außenwirtschaft;* ▷*Bankrecht u. -aufsicht;* ▷*Compliance;* ▷*Energie;* ▷*Gesellsch. recht;* ▷*Gesundheit;* Gewerbl. Rechtsschutz; ▷*Insolvenz/Restrukturierung;* ▷*IT u. Datenschutz;* ▷*Kartellrecht;* ▷*Konfliktlösung;* ▷*M&A;* ▷*Marken u. Wettbewerb;* ▷*Medien;* ▷*Nachfolge/Vermögen/Stiftungen;* ▷*Öffentl. Recht;* ▷*Private Equ. u. Vent. Capital;* Steuer; ▷*Telekommunikation;* ▷*Verkehr;* ▷*Vertrieb;* ▷*Wirtschafts- u. Steuerstrafrecht.*

Mandate: Siehe Fachkapitel.

POELLATH
Berlin ★★

Detaillierte Informationen zu dieser Kanzlei finden Sie in den jeweiligen Fachkapiteln sowie im ▷*Nationalen Überblick Top 50.*

Bewertung: Berliner Büro mit starken Praxen im Immobilienrecht, in der ▷*Fondsstrukturierung* u. der Beratung namh. Family Offices (▷*Nachfolge*), die die Kanzlei auch in Transaktionen berät (▷*M&A*).

Team: 12 Eq.-Partner, 3 Sal.-Partner, 8 Counsel, 35 Associates

Schwerpunkte: ▷*Gesellsch.recht;* ▷*Immo/Bau;* ▷*Investmentfonds;* ▷*M&A;* ▷*Nachfolge/Vermögen/Stiftungen;* Restitutionen.

Mandate: Siehe Fachkapitel.

RAUE
Berlin ★★★

Detaillierte Informationen zu dieser Kanzlei finden Sie in den jeweiligen Fachkapiteln sowie im ▷*Nationalen Überblick Top 50.*

Bewertung: Berliner Kanzlei mit breiter Aufstellung. Hoch angesehen bei der Beratung regulierter Branchen, v.a ▷*Energie* u. Gesundheit, auch an der Schnittstelle zu ▷*M&A.* Zudem eine der etabliertesten ▷*Venture-Capital-*Praxen u. tiefes Know-how der ▷*Medienbranche.*

Team: 30 Eq.-Partner, 5 Sal.-Partner, 8 Counsel, 32 Associates, 3 of Counsel

Schwerpunkte: Schwerpunkte im ▷*Energie-* und ▷*Gesellsch.recht*, ▷*M&A;* ▷*Private Equ. u. Vent. Capital;* Kartellrecht; ▷*Medien* u. ▷*Telekommunikation* sowie Patent-, ▷*Presse-,* Urheber- u. Wettbewerbsrecht u. besondere Spezialisierungen im ▷*Gesundheits-,* Kunst- u. Sportrecht, ▷*Öffentl. Recht;* ▷*Verkehr.*

Mandate: Siehe Fachkapitel.

REDEKER SELLNER DAHS
Berlin ★★

Detaillierte Informationen zu dieser Kanzlei finden Sie in den jeweiligen Fachkapiteln sowie im ▷*Nationalen Überblick Top 50.*

Bewertung: Marktführende Praxis im ▷*Öffentl. Recht.* Die Berliner Partner verfügen über hervorragende Kontakte zu Bundesministerien, für die sie regelm. tätig sind, u.a. in Staatshaftungsklagen.

Team: 12 Eq.-Partner, 1 Sal.-Partner, 4 Counsel, 15 Associates, 1 of Counsel

Schwerpunkte: Baurecht; ▷*Beihilfe;* ▷*Compliance;* Datenschutz (▷*IT u. Datenschutz*); ▷*Energie;* ▷*Gesellsch.recht;* ▷*Kartellrecht;* ▷*M&A;* ▷*Öffentl. Recht;* Presse u. Äußerungsrecht; Restitutionsrecht; ▷*Vergabe;* ▷*Verkehr,* v.a. Flughäfen, (Wasser-)Straßen u. Schienen; Wettbewerbs-, Markenrecht u. unternehmensbezogenes Zivilrecht.

Mandate: Siehe Fachkapitel.

SQUIRE PATTON BOGGS
Berlin ★★

Bewertung: Das Berliner Büro der Kanzlei wird geprägt durch die gesellschaftsrechtl. Beratung: So fungiert das Büro der US-Kanzlei u.a. als Drehkreuz für grenzüberschreitende M&A-Mandate, betreut aber auch regelm. regionale Großunternehmen. Leuchtturmmandat der ▷*M&A-Praxis* war zuletzt sicher die Arbeit für Dt. Wohnen, u.a. beim Verkauf von 2.200 Wohneinheiten an die LEG u. weitere Landesgesellschaften. Insges. ist das Berliner SPB-Büro jedoch breiter aufgestellt u. bietet sowohl immobilien- als auch arbeitsrechtl. Kompetenz. Ein neu ernannter Partner widmet sich zudem verstärkt dem boomenden Start-up-Markt.

Oft empfohlen: Dr. Kai Mertens (Gesellschaftsrecht/Immobilientransaktionen)

Team: 7 Eq.-Partner, 2 Sal.-Partner, 11 Associates, 2 of Counsel

Schwerpunkte: Full-Service-Ansatz, Schwerpunkte im ▷*Gesellsch.recht* (inkl. Aktienrecht, Private Equity, Kreditsicherung u. Bankenberatung), ▷*M&A* (inkl. Immobilientransaktionen), Marken-, Wettbewerbs- u. Lebensmittelrecht. Daneben: Steuer-, Arbeits- u. Insolvenzrecht, ▷*Konfliktlösung,* IT u. Medien.

Mandate: Dt. Wohnen u.a. bei Verkauf von 2.200 Wohnungen an die LEG u. Fusions- und Post-M&A-Beratung zu Vonovia-Übernahme; EDF bei Joint Venture mit Getec; Green Light bei aktienrechtl. Auseinandersetzung mit Dromos Technologies; NOV gesellschaftsrechtl.; Vice Media, Live Nation, WHSmith lfd. arbeitsrechtlich.

TAYLOR WESSING
Berlin ★★

Detaillierte Informationen zu dieser Kanzlei finden Sie in den jeweiligen Fachkapiteln sowie im ▷*Nationalen Überblick Top 50.*

Bewertung: Berliner Büro mit gutem Ruf im Immobilienrecht u. angesehenem gesellschaftsrechtl. Notariat, das sich auch in der Venture-Capital-Szene etabliert hat. Daneben bedeutender Schwerpunkt in den Bereichen IT, Medien sowie Datenschutz.

Team: 11 Eq.-Partner, 8 Sal.-Partner, 17 Associates

Partnerwechsel: Volker Herrmann (zu Orth Kluth; Prozesse)

Schwerpunkte: Arbeit; Bankrecht u. -aufsicht; ▷*Börseneinführ. u. Kapitalerhöhung;* ▷*Gesellsch. recht;* ▷*Immo/Bau;* ▷*IT u. Datenschutz;* ▷*Konfliktlösung;* ▷*M&A;* ▷*Marken u. Wettbewerb;* ▷*Medien;* Nachfolge/Vermögen/Stiftungen; ▷*Notare;* ▷*Private Equ. u. Vent. Capital* (inkl. Fondsstrukturierungen); Steuerrecht; Vertriebssysteme.

Mandate: Siehe Fachkapitel.

WEGNERPARTNER
Berlin ★★

Bewertung: Die Berliner Kanzlei fokussiert sich auf die Beratung der Bau- u. Immobilienbranche, die auch den größten Anknüpfungspunkt für die gesellschaftsrechtl. Arbeit bildet. So ist die Kanzlei regelm. in Immobilientransaktionen eingebunden. Vergrößert hat sich der Anteil an streitigen Mandaten, u.a. ist die Kanzlei regelm. für Projektentwickler in Prozessen gg. das Land Berlin zu sehen. Personell war es ein unruhigeres Jahr: Zum einen verließ ein Arbeitsrechtspartner die Kanzlei nach kurzer Zeit wieder, zum anderen gab es auch im Gesellschaftsrecht einen Partnerabgang. Die Auswirkungen auf das Kerngeschäft der Kanzlei dürften allerdings überschaubar bleiben.

Oft empfohlen: Mario Wegner (Baurecht), Dr. Fabian Rief-Drewes (Gesellschaftsrecht/M&A)

Team: 4 Eq.-Partner, 5 Sal.-Partner, 4 Counsel, 7 Associates, 1 of Counsel

Partnerwechsel: Dr. Ines Krolop (zu Paychex; Corporate/M&A), Dr. Marcus Longino (zu PwC Legal; Arbeitsrecht)

Schwerpunkte: Immobilienwirtschafts- u. Gesellschaftsrecht.

REGION OSTEN BERLIN / LAND BRANDENBURG

Mandate: Kilian-Gruppe in Transaktionen, bau- u. architektenrechtl.; span. Hotelgesellschaft zu Gesellschafterstreit; dt. börsennot. Unternehmen miet- u. baurechtl.; Orderbird bei D-Finanzierungsrunde; Pharmaunternehmen in markenrechtl. Widerspruchsverfahren; Projektentwickler aus München bauplanungs- u. -ordnungsrechtlich.

WHITE & CASE
Berlin ★★★★★

Detaillierte Informationen zu dieser Kanzlei finden Sie in den jeweiligen Fachkapiteln sowie im ▷Nationalen Überblick Top 50.

Bewertung: In Berlin breitere Aufstellung als vergleichbare Wettbewerber. Hervor sticht die Prozesserfahrung insbes. im ▷Strafrecht an der Schnittstelle zu ▷Compliance. Regulator. Fachwissen insbes. in den Branchen ▷Telekommunikation u. im ▷Bankensektor.

Team: 11 Eq.-Partner, 6 Counsel, 33 Associates
Schwerpunkte: ▷Bankrecht u. -aufsicht; ▷Beihilfe; ▷Compliance; ▷Energie; ▷Gesellsch.recht; Immo/Bau; ▷Konfliktlösung; ▷M&A; ▷Medien; ▷Öffentl. Recht; Private Equ. u. Vent. Capital; ▷Telekommunikation; ▷Verkehr; ▷Versicherungsvertragsrecht; ▷Wirtschafts- u. Steuerstrafrecht.
Mandate: Siehe Fachkapitel.

YPOG
Berlin ★★★

Bewertung: Das Berliner Büro der bundesw. aktiven Kanzlei bleibt bei seiner Konzentration auf Fondsstrukturierung u. -beratung sowie Venture Capital. Stetig gelingt es der Kanzlei, sich nicht nur personell, sondern auch inhaltlich zu verbreitern: So bietet sie seit 2021 ein Notariat an. Mit einem zum Jahresanfang ernannten Sal.-Partner nimmt sie zudem die IP/IT-Praxis – eine im Venture Capital oft nachgefragte Beratung – strateg. in den Blick. Eine der großen Stärken der Kanzlei bleibt jedoch die Integration von steuerrechtl. Fondsstrukturierungs- u. Transaktionsarbeit: So besetzt Ypog nicht nur bei der hochvolumigen VC-Beratung, sondern auch bei Auflegung u. Strukturierung von VC- u. Kryptofonds eine marktführende Stellung. Bei Letzterem wird ihr ein personeller Zugang weiteren Schwung verleihen können: Regulierungsexpertin Dr. Carola Rathke samt Team bringt Erfahrung aus den Bereichen Aufsichtsrecht u. Regulierung mit.

Stärken: Integration von steuerrechtl. Fondsstrukturierungs- u. Transaktionsarbeit.

Oft empfohlen: Dr. Helder Schnittker (Fondsstrukturierung), Dr. Benjamin Ullrich („toller Trackrecord", „sicherer u. angenehmer Verhandler", Wettbewerber; Venture Capital), Dr. Tim Schlösser („kluger Verhandler", Wettbewerber; Corporate)

Team: 10 Eq.-Partner, 4 Sal.-Partner, 29 Associates
Partnerwechsel: Dr. Carola Rathke (von Eversheds Sutherland; Finanzaufsichtsrecht)
Schwerpunkte: Fondsstrukturierung u. Investorenberatung, ▷VC-Transaktionen, auch Private Equity. Schwerpunkt auf ▷Fondsseite, aber auch für Gründer aktiv; Notariat. Kooperation in den USA mit Gunderson Dettmer u. Cooley.

Mandate: Delivery Hero bei Investment in Gorillas u. bei Verkauf des dt. Logistikgeschäfts an Gorillas; AllianzX bei Investment in Heycar; Molten Ventures bei investment in SimScale; Project A bei div. Investments, u.a. Trade Republic, Pactum, Knowunity; 468 Capital bei div. Investments, u.a. Climate Labs, Vectornator; Dawn Capital bei Investment in billie.io; Insight Partners/Atomico bei Investment in Y42; Greenfield One bei Auflegen eines €130-Mio-Kryptofonds; Revent bei Auflegung u. Strukturierung eines auf ESG spezialis. €50-Mio-Fonds; Speedinvest bei div. Fondsstrukturierungen; WF bei Auflegen des Climate Tech $350-Mio-VC-Fonds; Cherry Ventures bei Strukturierung von €300-Mio-Seed-Fonds; ECBF bei Strukturierung von €300-Mio-VC-Fonds.

Land Brandenburg

Kanzlei	Ort	Stärken	Oft empfohlen
BBL Brockdorff	Potsdam	Konzentriert auf ▷Insolvenz/Restrukturierung, sowohl Beratung als auch Insolvenzverwaltung u. Prozessführung	Christian Graf Brockdorff („sehr kompetenter, sehr engagierter Kollege", Wettbewerber)
Dombert	Potsdam	Vielseitige öffentl.-rechtl. Boutique (▷öff. Wirtschaftsrecht); überregional geschätzt im Umwelt-, Planungs- u. Verwaltungsrecht sowie Hochschul- u. Stiftungsrecht	Prof. Dr. Matthias Dombert („pragmatisch, verlässlich, fachl. gut", Wettbewerber; Verwaltungsrecht), Janko Geßner (Vergaberecht), Dr. Margarete Mühl-Jäckel (Stiftungsrecht)
HSA Hentschke & Partner	Potsdam	Ausgerichtet primär auf Öff. Wirtschaftsrecht, v.a. Genehmigungsrecht/EEG	Dr. Helmar Hentschke („das ganze Team: echte Spezialisten", Wettbewerber)
Nordemann Czychowski & Partner	Potsdam	Hochrenommiert im Vertrags- u. Urheberrecht (▷Medien) mit engen Kontakten zur internat. Filmbranche; ▷Marken u. Wettbewerbsrecht; IT-Recht	Prof. Dr. Jan Nordemann („Koryphäe im dt. u. internat. IP-Recht", Wettbewerber), Prof. Dr. Christian Czychowski („herausragend kompetent", Wettbewerber; beide Urheberrecht)
Sandkuhl Bellinghausen	Potsdam	Umfangreiche Erfahrung im (Wirtschafts-)Strafrecht	Dr. Heide Sandkuhl („hervorragendes taktisches Gespür", Wettbewerber)
Streitbörger	Potsdam	Breite wirtschaftsrechtl. Ausrichtung, stark v.a. im Arbeitsrecht sowie Bau- u. Erbrecht; interne Zusammenarbeit mit Steuerberatern; starke Gesellschaftsrechtspraxis (v.a. in ▷NRW)	Dr. Jochen Lindbach („hervorragende Beratung, kompetent u. zielführend", Wettbewerber; Arbeitsrecht), Dr. Thorsten Purps (Erbrecht), Martin Vogel (Baurecht)

Die Auswahl von Kanzleien und Personen in Rankings und tabellarischen Übersichten ist das Ergebnis umfangreicher Recherchen der JUVE-Redaktion. Sie ist in 2erlei Hinsicht subjektiv: Die Aussagen der befragten Quellen sind subjektiv u. spiegeln deren Erfahrungen u. Einschätzungen. Die JUVE-Redaktion wiederum analysiert die Rechercheergebnisse unter Einbeziehung ihrer eigenen Marktkenntnis. Der JUVE Verlag beabsichtigt keine allgemeingültige oder objektiv nachprüfbare Bewertung. Es ist möglich, dass eine andere Recherchemethode zu anderen Ergebnissen führt. Innerhalb einzelner Gruppen in Rankings und tabellarischen Übersichten sind Kanzleien und Personen alphabetisch sortiert.

Sachsen

ADERHOLD
Sachsen ★★★

Bewertung: Das Leipziger Büro der Dortmunder Kanzlei hat seine Positionierung in den vergangenen Jahren stetig verbessert u. ist eine sehr eigenständige Größe im sächs. Markt. Die Transaktionsberatung hat sich schon seit einiger Zeit in Richtung Immobilien verschoben, wobei das Team bei Investitionen u. Projektentwicklungen genauso zur Stelle ist wie bei ‚distressed' Transaktionen, bei denen Aderhold seine traditionelle Restrukturierungskompetenz voll einbringen kann. Erneut zahlt sich aus, dass die Kanzlei in Leipzig inhaltl. sehr flexibel auf sich verändernde Marktbedürfnisse reagiert u. so neue Geschäftsfelder entwickeln kann. Dasselbe gilt für die Nachfolgeberatung: Das Thema pressiert bei ostdt. Familienunternehmen Jahr für Jahr mehr, anders als in Westdtl. fehlt es jedoch häufig an Nachfolgern. Aderhold berät daher mittlerw. in recht großem Stil zur Ausgestaltung von Mitarbeiterbeteiligungsmodellen u. setzt Unternehmensbeteiligungsstiftungen auf. Zuletzt bleibt die bundesw. aktive Arbeitsrechtspraxis eine zentrale Säule, wo etwa die lfd. Beratung der Leipzig International School heraussticht.

Stärken: Gesellschaftsrecht, Restrukturierung, Arbeitsrecht.

Oft empfohlen: Till Vosberg (Gesellschaftsrecht), Dirk Laskawy (Arbeitsrecht), Hubertus Frhr. von Erffa (Insolvenzrecht)

Team: 4 Eq.-Partner, 1 Sal.-Partner, 4 Counsel, 5 Associates

Schwerpunkte: Gesellschaftsrecht/▷M&A (inkl. gesellschaftsrechtl. Konfliktlösung), Immobilienwirtschaftsrecht (inkl. Transaktionen), ▷Insolvenz/Restrukturierung (inkl. Verwaltung, Kauf/Verkauf aus Insolvenz, Beratung von u. Prozessführung für andere Insolvenzverwalter), Arbeitsrecht (u.a. Führungskräftevertretung, kollektives Arbeitsrecht).

Mandate: Gesellschaftsrecht: VHG-Gruppe bei Unternehmensbeteiligungsstiftung u. Mitarbeiterbeteiligungsgesellschaft; Lubolzer Agrarunternehmen bei Kauf u. Integration anderer Agrarbetriebe sowie Mitarbeiterbeteiligungen; Tatravagónka umf. (inkl. Konfliktlösung); FF Agrarbau bei Restrukturierung u. Insolvenzverfahren in Eigenverwaltung; lfd. Ev.-Luth. Landeskirche Sachsens. **Arbeitsrecht:** Leipzig International School lfd. (inkl. Datenschutzrecht); Metabo bei Betriebsstilllegung mit Interessenausgleichs-, Sozialplanverhandlungen u. Kündigungsschutzklagen; lfd. Satra Eberhardt. **Immobilienrecht:** Investor bei in Schieflage geratenem €45-Mio-Bauvorhaben; Investor bei €17,5-Mio-Kauf einer Gewerbeimmobilie im Stadtgebiet Leipzig; Immobilienunternehmen bei €25-Mio-Kauf von Bauflächen im Randgebiet Leipzigs.

BATTKE GRÜNBERG
Sachsen ★★★★

Bewertung: Die Dresdner Kanzlei gilt als Modernisiererin im sächsischen Anwaltsmarkt, was v.a. auf der innovativen Arbeitsrechts- und IT/IP-Praxis beruht. Zuletzt bestätigte sie ihren Ruf etwa durch die Nutzung selbst entwickelter digitaler Beratungslösungen. So kombiniert BG ihre Stärke im Arbeits- mit dem Datenschutzrecht, wo sie ein Tool für Arbeitgeber mit Blick auf den neuen Arbeitnehmerauskunftsanspruch geschaffen hat. Auch bei IT-Vergaben punktet die Kanzlei mit dieser Kombination. Zudem hat sie sich die digitale Beschreibung von Arbeitsprozessen auf die Fahnen geschrieben, um dem anstehenden Generationswechsel in vielen Belegschaften sächs. Unternehmen zu begegnen u. diesen etwa mit Lebensarbeitszeitkonten arbeitsrechtl. abgesichert zeitl. flexibler zu gestalten. Der Generationswechsel steht jedoch auch bei BG selbst bevor: Insbes. im Gesellschaftsrecht hat die Kanzlei nun begonnen, Nachfolger für die etablierten Partner in Stellung zu bringen. Gleichzeitig zeigt sich BG offen für erfahrene Quereinsteiger, die meist als of Counsel gewachsene Mandatsbeziehungen mitbringen, um sie behutsam auf andere Anwälte zu überführen. So erweiterte BG ihre Baurechts- und Medizinrechtsreferate und erschloss sich mit der Beratung div. Ärzte und Medizinische Versorgungszentren sogar eine ganz neue Klientel.

Oft empfohlen: Dr. Andrea Benkendorff (Arbeitsrecht), Jörg-Dieter Battke (Gesellschaftsrecht), Dr. Ekkehard Nolting (Gesellschaftsrecht), Dr. Ludger Meuten (Vergaberecht).

Team: 7 Eq.-Partner, 3 Counsel, 11 Associates

Schwerpunkte: Arbeitsrecht, Gesellschaftsrecht/M&A, Vergaberecht, IT-, Marken- u. Wettbewerbsrecht. Daneben Prozessvertretungen u. Schiedsverfahren (inkl. Schiedsrichterbestellungen), Medizinrecht, Energiewirtschaftsrecht. Branchen: regionale (Industrie-)Unternehmen, Wirtschaftsbetriebe der öffentl. Hand u. der Sozialwirtschaft.

Mandate: MVZ Kinderzentrum Dresden-Friedrichstadt umf. im Gesellschafts-, Arbeits- und Datenschutzrecht, u.a. bei Praxisverkäufen. **Gesellschaftsrecht:** VG Verbrauchergemeinschaft für umweltgerecht erzeugte Produkte bei der (voll-)virtuellen Generalvers.; ZV kommunale Wasserversorgung u. Abwasserentsorgung Mittleres Erzgebirgsvorland zu Gestaltung des Abrechnungssystems im Rahmen der Änderung von § 2b UStG. **Arbeitsrecht:** Dental-Kosmetik bei Betriebsvereinbarung zur Arbeitszeitordnung; Stiftung Staßfurter Waisenhaus bei Anpassung der Arbeitsbedingungen an die Richtlinien der Evangelischen Kirche Mitteldeutschland. **Vergaberecht:** Gemeinde Ottendorf-Okrilla bei Abschluss einer vergaberechtsfreien interkommunalen Kooperation für Abwasserbeseitigung; KAEV Kommunaler Abfallentsorgungsverband Niederlausitz bei Beschaffung von Software. **IT/IP:** Stadt Dresden bei urheberrechtl. Streitigkeit; Staatl. Schlösser, Burgen u. Gärten Sachsen, u.a. bei umfangreichem Softwarevertrag für eine App.

Sachsen

★★★★★

CMS Hasche Sigle	Leipzig
Luther	Leipzig
Noerr	Dresden

★★★★

Battke Grünberg	Dresden
Petersen Hardraht Pruggmayer	Leipzig, Dresden, Chemnitz

★★★★

Kiermeier Haselier Grosse	Dresden
KPMG Law	Dresden, Leipzig

★★★

Aderhold	Leipzig
Eureos	Leipzig, Dresden, Chemnitz
Gruendelpartner	Leipzig, Jena
Mazars	Dresden, Leipzig

★★

Heuking Kühn Lüer Wojtek	Chemnitz
Mulansky + Kollegen	Dresden
Weidinger Richtscheid	Leipzig

★

Redeker Sellner Dahs	Leipzig

Die Auswahl von Kanzleien und Personen in Rankings und tabellarischen Übersichten ist das Ergebnis umfangreicher Recherchen der JUVE-Redaktion. Sie ist in 2erlei Hinsicht subjektiv: Die Aussagen der befragten Quellen sind subjektiv u. spiegeln deren Erfahrungen u. Einschätzungen. Die JUVE-Redaktion wiederum analysiert die Rechercheergebnisse unter Einbeziehung ihrer eigenen Marktkenntnis. Der JUVE Verlag beabsichtigt keine allgemeingültige oder objektiv nachprüfbare Bewertung. Es ist möglich, dass eine andere Recherchemethode zu anderen Ergebnissen führt. Innerhalb einzelner Gruppen in Rankings und tabellarischen Übersichten sind Kanzleien und Personen alphabetisch sortiert.

REGION OSTEN SACHSEN

CMS HASCHE SIGLE
Sachsen ★★★★★

Kanzlei des Jahres Osten

Detaillierte Informationen zu dieser Kanzlei finden Sie in den jeweiligen Fachkapiteln sowie im ▷*Nationalen Überblick Top 50*.
Bewertung: Die Großkanzlei hat in Leipzig v.a. in Sachen M&A/PE/VC-Beratung die nächste Stufe gezündet. Schon länger das zentrale Feld, hat CMS 2022 mit 3 neu ernannten Counsel ein klares Zeichen an den regionalen Wettbewerb gesendet. Zudem verfügt das Büro nun wieder über eine dauerhaft vor Ort befindl. Arbeitsrechtspartnerin, die ebenfalls 2022 ernannt wurde. Die starken Praxen für ▷*Informationstechnologie* u. ▷*Marken- u. Wettbewerbsrecht* sowie gute Perspektiven bei Großprozessen runden das Bild ab.
Team: 7 Partner (plus 3 Partner zeitweise), 5 Counsel, 10 Associates, 1 of Counsel
Schwerpunkte: ▷*Arbeit* u. Commercial; ▷*Gesellsch. recht*; ▷*Immo/Bau*; ▷*Insolvenz/Restrukturierung*; ▷*IT*; ▷*M&A*; ▷*Marken* u. *Wettbewerb*; ▷*Private Equ.* u. *Vent. Capital*.
Mandate: Siehe Fachkapitel.

EUREOS
Sachsen ★★★

Bewertung: Die MDP-Kanzlei gehört in der Steuer- u. Steuerrechtsberatung zu den führenden Adressen Mitteldtl.s und zeigt auch in der reinen Rechtsberatung immer mehr Ambitionen. Hier versprechen in S-Anhalt das Magdeburger u. in Thüringen das neue Erfurter Büro noch Potenzial. Im fachl. Fokus steht überall die weitere Stärkung des Gesellschaftsrechts: Nachdem Eureos 2021 hierfür einige neue Anwälte und Partner gewann, geht es nun darum, u.a. die Schnittstelle zu Restrukturierungen auszubauen. Über Umstrukturierungen in der Privatindustrie hinaus, für die die Steuerrechtler stehen, ist die gesellschaftsrechtl. Praxis derzeit v.a. durch stiftungsrechtl. Fragen geprägt, denn die Kanzlei berät auch zahlr. Einrichtungen aus Kirche und Wohlfahrt. Als weitere Schnittstelle nimmt die Nachfolgeberatung immer größeren Raum ein, wo Eureos – für ostdt. Verhältnisse – größere Familienunternehmen bei Umstrukturierungen berät.
Stärken: Breites steuerl. Spezial-Know-how (inkl. Fördermittelrecht); Umstrukturierungen an der Schnittstelle Gesellschafts- u. Steuer- sowie Arbeitsrecht; Beratung der Gesundheitsbranche.
Oft empfohlen: Claus Meyer-Wyk (Gesellschaftsrecht), Arell Buchta (Steuer- u. Gesellschaftsrecht)
Team: 9 Eq.-Partner, 10 Associates (z.T. doppelt qualifiziert), 1 of Counsel, zzgl. mehr als 20 StB/WP
Schwerpunkte: Steuerrecht (u.a. Umstrukturierungen, internat. Steuerrecht, Umsatzsteuer, Verrechnungspreise), Gesellschafts- (Umstrukturierungen, M&A, Unternehmensnachfolgen) u. Arbeitsrecht. Daneben Nachfolgen, Öffentl. Recht (u.a. Wasser- u. Abwasserrecht, Energie-, Beihilfe-, Kommunalverfassungsrecht) u. Vergaberecht überw. für Kommunen u. Zweckverbände. IT- u. Datenschutzrecht über exklusive Kooperation mit ESB.
Mandate: Gesellschaftsrecht: Bistum Erfurt u.a. im kirchl. Stiftungsrecht; Marienstift Arnstadt bei Umstrukturierung (inkl. Steuer-, Gemeinnützigkeits-, Arbeitsrecht); DRK Kreisverband Naumburg/Nebra, Amiblu, Mercer-Gruppe, Peppermint Holding, Azenta Germany, MDR Media, Saxonia-Gruppe (lfd., jew. inkl. Steuer- u. Arbeitsrecht). **Arbeitsrecht** (kollektiv u. Individual): Eppendorf Zentrifugen, Heinrich-Braun-Klinikum Zwickau, International School Leipzig. **Öffentl. Recht:** Vielzahl von Kommunen bei Klagen wg. Kreisumlagen-Änderung-Finanzausgleichsgesetz.

GRUENDELPARTNER
Sachsen ★★★

Bewertung: In der Leipziger Kanzlei dominiert seit jeher das Venture-Capital- u. Transaktionsgeschäft. Mit ihren Beziehungen zu den teilstaatl. u. sparkassennahen Investmentgesellschaften TGFS, WMS, SIB u. b-mt gilt Gruendel als eine der schlagkräftigsten Einheiten Mitteldtl.s in diesem Feld. Allerdings hat sich das Geschäft über die Frühphasenfinanzierung hinaus in Richtung kleiner u. mittelgroßer Private-Equity- und M&A-Transaktionen entwickelt, wie bspw. die Beratung von WMS bei der Beteiligung an Color Parts im Rahmen der Unternehmensnachfolge zeigt. Geteilt ist das Bild dagegen im IT- und Datenschutzrecht: Das in den vergangenen Jahren gewachsene Team unterstützt bei Technologietransaktionen u. bearbeitet weiter auch eine Vielzahl eigenständiger Mandate, verlor mit dem Wechsel eines Sal.-Partners zu Mazars 2021 jedoch auch zentrale Mandate, u.a. die Leipziger Messe oder GoHiring. Daneben bleibt das Geschäft in den wesentl. anderen Bereichen der Kanzlei – dem Arbeitsrecht u. dem Immobilien-, Bau- bzw. Vergaberecht – stetig, wofür u.a. auch das Büro in Jena steht. Mit dem Weggang des bekannten Leipziger Partners Frank Vennemann steht Gruendel zwar für einen spektakulären Personalwechsel, der erfahrene Anwalt widmet sich nun jedoch der individuellen Beratung vermögender Privatkunden. Ein Großteil der immobilienrechtl. Mandate ist bei Gruendel verblieben u. wird jetzt von einem frisch ernannten Sal.-Partner abgedeckt.
Stärken: Umfangr. Erfahrung im Beteiligungsgeschäft u. mit Transaktionen/VC.
Oft empfohlen: Dr. Mirko Gründel (Venture Capital, Gesellschaftsrecht), Dr. Steffen Fritzsche (M&A, Venture Capital), Ralph Schmidkonz („jederzeit verfügbar", Mandant; Medien- u. Presserecht), Steffen Tietze (Arbeitsrecht), Dr. Albrecht Tintelnot (Verwaltungs-, Immobilien- u. Gesellschaftsrecht)
Team: 12 Eq.-Partner, 1 Sal.-Partner, 6 Associates, 3 of Counsel
Partnerwechsel: Frank Vennemann (in eigene Kanzlei; Immobilien u. Gesellschaftsrecht)
Schwerpunkte: Gesellschaftsrecht, M&A, Venture Capital (Beratung von Beteiligungsgesellschaften u. Finanziers, auch in Berlin), Immobilienrecht (Bau, Vergabe, Gewerbl. Mietrecht), IT-Recht. Daneben: Energie-, Arbeitsrecht, Gewerbl. Rechtsschutz, Presse- u. Medienrecht, Steuern.
Mandate: VC/PE/M&A: Technologiegründerfonds Sachsen (TGFS), u.a. bei Verkauf von Infrasolid an Innovative Sensor Technology sowie €40-Mio-Finanzierung von Lecturio; Wachstumsfonds Mittelstand Sachsen (WMS), u.a. bei Beteiligung an AllTec Automatisierungs- und Kommunikationstechnik, Anteilsverkauf an der Radeberger Fleisch- und Wurstwaren Korch an Rieker Investment sowie Beteiligung an Color Parts; Födisch Umweltmesstechnik bei Kauf von Testa; Agrando bei €12-Mio-Serie-A-Finanzierungsrunde. **Laufend:** Rahn Education (umf.), Saxess (IT-Recht), CVD Mediengruppe (Presserecht), Leipziger Volkszeitung (Medien-/Arbeitsrecht).

HEUKING KÜHN LÜER WOJTEK
Sachsen ★★

Detaillierte Informationen zu dieser Kanzlei finden Sie in den jeweiligen Fachkapiteln sowie im ▷*Nationalen Überblick Top 50*.
Bewertung: Das Chemnitzer Büro der Großkanzlei hat seinen Schwerpunkt traditionell in der Betreu-

---

Führende Berater in Sachsen

Dr. Matthias Aldejohann (Konfliktlösung)
KPMG Law, Dresden

Dr. Andrea Benkendorff (Arbeit)
Battke Grünberg, Dresden

Dr. Lucas Flöther (Insolvenz/Restrukturierung)
Flöther & Wissing, Leipzig

Jens Gehlich (M&A)
Noerr, Dresden

Dr. Armin Frhr. von Grießenbeck (Gesellschaftsrecht/Immo/Bau)
Heuking Kühn Lüer Wojtek, Chemnitz

Dr. Mirko Gründel (Private Equity/Venture Capital)
Gruendelpartner, Leipzig

Dr. Tobias Hänsel (Vergabe)
Kiermeier Haselier Grosse, Dresden

Lothar Kiermeier (Gesellschaftsrecht/Steuerrecht)
Kiermeier Haselier Grosse, Dresden

Dr. Thilo Korn (Arbeitnehmervertretung)
Korn & Letzas, Leipzig

Dr. Jörg Lips (M&A)
CMS Hasche Sigle, Leipzig

Dr. Nikolaus Petersen (Gesellschaftsrecht)
Petersen Hardraht Pruggmayer, Leipzig

Steffen Pruggmayer (Presse- und Äußerungsrecht)
Petersen Hardraht Pruggmayer, Leipzig

Dr. Barbara Schmidt (Immo/Bau)
Luther, Leipzig

Dr. Albrecht Tintelnot (Gesellschaftsrecht/Öffentl. Wirtschaftsrecht)
Gruendelpartner, Leipzig

Till Vosberg (Gesellschaftsrecht)
Aderhold, Leipzig

Die Auswahl von Kanzleien und Personen in Rankings und tabellarischen Übersichten ist das Ergebnis umfangreicher Recherchen der JUVE-Redaktion. Sie ist in zweierlei Hinsicht subjektiv: Die Aussagen der befragten Quellen sind subjektiv u. spiegeln deren Erfahrungen u. Einschätzungen. Die JUVE-Redaktion wiederum analysiert die Rechercheergebnisse unter Einbeziehung ihrer eigenen Marktkenntnis. Der JUVE Verlag beabsichtigt keine allgemeingültige oder objektiv nachprüfbare Bewertung. Es ist möglich, dass eine andere Recherchemethode zu anderen Ergebnissen führt. Innerhalb einzelner Gruppen in Rankings und tabellarischen Übersichten sind Kanzleien und Personen alphabetisch sortiert.

ung bundesw., aber auch regionaler Bau- u. Immobilien- sowie Infrastrukturprojekte, u.a. für den Verkehrsverbund Mittelsachsen. Daneben berät es eine Reihe kleinerer u. jüngerer Unternehmen in der industriell auflebenden Region um die sächs. Großstadt herum.
Team: 4 Eq.-Partner, 3 Sal.-Partner, 2 Associates
Schwerpunkte: ▷*Arbeit*; Gesellsch.recht; zudem Gewerbl. Rechtsschutz; ▷*Immo/Bau*; ▷*M&A*; Vergabe.
Mandate: Siehe Fachkapitel.

KIERMEIER HASELIER GROSSE
Sachsen ★★★★

Bewertung: Die alteingesessene Dresdner Kanzlei steht am Anfang einer Frischzellenkur. Dass eine Reihe von Junganwälten in den vergangenen 2 Jahren hinzugekommen ist, demonstriert den Aufbruch, der sich zeitgleich in einer Vielzahl großer Neumandate in allen Kanzleipraxen niederschlägt. Grund dafür ist eine engere u. praxisübergreifende Zusammenarbeit auch der älteren Partner, die ein gewisses Dezernatsdenken hinter sich gelassen zu haben scheinen. Hinzu kommen Highlights in einzelnen Teams: So hat die Vergaberechtsabteilung – die nach wie vor mit Abstand größte Einzelpraxis von KHG – für einen Bieter an einer sehr großen Vergabe im Rahmen einer sog. integrierten Projektabwicklung (IPA) teilgenommen, einer bundesw. neuartigen Vergabeform, und auch die Beratung von Energie Sachsen in Sachen Pumpspeicherwerk in Niederwartha stellt eine neue Qualität u. Erweiterung der Baurechtspraxis auf verwaltungsrechtl. Aspekte dar. Die Beratung im Gesellschaftsrecht ist dagegen zwar sehr gut am regionalen Markt eingeführt u. mittlerw. stark auf Nachfolgegestaltungen im sächs. Mittelstand ausgerichtet, sie hängt jedoch in puncto Mandatsgröße u. -umfang den marktführenden Kanzleien weiter deutl. hinterher.
Stärken: Spezialisierung an der Schnittstelle von Bau- u. Vergaberecht.
Oft empfohlen: Lothar Kiermeier (Steuer- u. Gesellschaftsrecht, auch StB), Markus Haselier (Strafrecht), Dr. Tobias Hänsel (Vergaberecht)
Team: 7 Eq.-Partner, 8 Associates
Schwerpunkte: Vergaberecht, Immobilienrecht (v.a. Bau-, Architekten-, Gewerbl. Mietrecht), Wirtschaftsstrafrecht, Arbeitsrecht, Gesellschaftsrecht (Gründungen, M&A, Gesellschafterstreitigkeiten, Nachfolgeberatung/Erbrecht). Eigene Steuerberatungsgesellschaft.
Mandate: Gesellschaftsrecht: G.U.B. Ingenieur AG, IFW Leibniz-Institut für Festkörper und Werkstoffforschung. **Baurecht:** Arge Berlin-Ostkreuz VP 11 (Spitzke u. Hentschke Bau) bei Umbau der Stadtbahnebene; G.U.B. Ingenieur AG bei Baustellenmanagement für den sog. SüdOstLink; Lausitzer und Mitteldt. Bergbau-Verwaltungsgesellschaft (LMBV) baubegleitend bei Errichtung einer Wasserbehandlungsanlage für eine Seenlandschaft in der Lausitz; SachsenEnergie bei der mögl. Übernahme des PSW Niederwartha im Wasser-, Energie- u. Denkmalrecht; lfd.: Wolff & Müller, Hentschke Bau, Eurovia. **Immobilienwirtschaftsrecht:** Condor, Globus-Gruppe. **Vergaberecht:** Kassenärztl. Vereinigung Sachsen bei Nachprüfungsverf. „Modellprojekt Studieren in Europa – Zukunft in Sachsen"; Stadt Dresden u. Staatsbetrieb Staatl. Kunstsammlungen lfd. bei Ausschreibungen; lfd. Media Logistik. **Arbeitsrecht:** sehr große Kulturstiftung bei grds. tarifrechtl. Auseinandersetzung.

Sächsische Kanzleien mit Besprechung nur in Rechtsgebieten

Braun & Zwetkow (Leipzig)	▷*Vergabe*
Dr. Eick & Partner (Dresden)	▷*Versicherungsvertragsrecht*
Eisenmann Wahle Birk & Weidner (Dresden)	▷*Versicherungsvertragsrecht*
Flöther & Wissing (Leipzig, Dresden, Chemnitz)	▷*Insolvenz/Restrukturierung*
Götze (Leipzig)	▷*Öffentl. Recht*
Hecker Werner Himmelreich (Leipzig)	▷*Immo/Bau*
Heckschen & van de Loo (Dresden)	▷*Notare*
Maikowski & Ninnemann (Leipzig)	▷*Patent*
Ratajczak & Partner (Meißen)	▷*Gesundheitswesen*
Thümmel Schütze & Partner (Dresden)	▷*Versicherungsvertragsrecht*
Viering Jentschura & Partner (Dresden)	▷*Patent*
Voigt Salus (Leipzig)	▷*Insolvenz/Restrukturierung*

Die Auswahl von Kanzleien und Personen in Rankings und tabellarischen Übersichten ist das Ergebnis umfangreicher Recherchen der JUVE-Redaktion. Sie ist in 2erlei Hinsicht subjektiv: Die Aussagen der befragten Quellen sind subjektiv u. spiegeln deren Erfahrungen u. Einschätzungen. Die JUVE-Redaktion wiederum analysiert die Rechercheergebnisse unter Einbeziehung ihrer eigenen Marktkenntnis. Der JUVE Verlag beabsichtigt keine allgemeingültige oder objektiv nachprüfbare Bewertung. Es ist möglich, dass eine andere Recherchemethode zu anderen Ergebnissen führt. Innerhalb einzelner Gruppen in Rankings und tabellarischen Übersichten sind Kanzleien und Personen alphabetisch sortiert.

KPMG LAW
Sachsen ★★★★

Bewertung: Die Rechtsberatung der Big-Four-Gesellschaft ist in Sachsen traditionell in Leipzig u. Dresden vertreten, wenn auch sehr unterschiedlich aufgestellt. In der Landeshauptstadt gehört das Büro nicht zuletzt aufgrund des sehr erfahrenen Standortleiters Aldejohann praktisch seit seiner Gründung zu den anerkanntesten Einheiten, was sich an den engen Beziehungen zu Stadt und Land – etwa in der Prozessvertretung –, aber auch an den etablierten Beziehungen zum regionalen Mittelstand im Gesellschaftsrecht oder im Bau- und Immobilienrecht zeigt. Während Dresden insofern für Kontinuität steht, nutzt KPMG ihr Leipziger Büro eher als überreg. Drehscheibe als für regionale Mandatsarbeit: So wurde der Leipziger Standortleiter u. Tax-Technology-Spezialist Philipp Glock zum neuen Dtl.-Verantwortlichen der sog. Solution Line Legal Corporate Services ernannt. Zudem nutzt KPMG den als attraktiv geltenden Leipziger Personalmarkt für ihr dezentrales Rekrutierungskonzept, mit dem junge Anwälte in bundesw. Teams etwa im Gesellschafts- oder Investmentaufsichtsrecht eingesetzt werden. Der Erfolg gibt KPMG recht: Mit 5 zusätzl. Anwälten in 12 Monaten gehört die Gesellschaft zu den Wachstumssiegerinnen im Markt u. stellt nun die zweitgrößte sächs. Anwaltseinheit nach Petersen Hardraht Pruggmayer.
Stärken: Prozessführung, Baurecht.
Oft empfohlen: Dr. Matthias Aldejohann
Team: Dresden: 2 Eq.-Partner, 3 Sal.-Partner, 10 Associates; Leipzig: 1 Eq.-Partner, 3 Sal.-Partner, 17 Associates
Schwerpunkte: Gesellschaftsrecht/▷*M&A*, Prozessführung. In Dresden zudem: Immobilien-, Bau-, Vergabe-, Arbeitsrecht, Compliance. In Leipzig zudem: IT/Datenschutz, Kapitalmarkt-, Investment-, Versicherungsaufsichtsrecht.
Mandate: Gesellschaftsrecht/M&A: Synergy Health bei Rückstellungsbildung für Entsorgungskosten von Brennstäben; IT-Start-up (Onlinemarktplätze), u.a. bei Kapitalerhöhung u. Neufassung des Gesellschaftsvertrags; Tesoma bei Verkauf des Maschinenbauers Kornit; BTR Lasertechnik bei Verkauf an WaCo Gerätetechnik. **Prozesse:** lfd.: Landeshauptstadt Dresden, Ostsächs. Sparkasse Dresden, Sparkasse Elbe-Elster; Bundesanstalt für vereinigungsbedingte Sonderaufgaben bei vermeintl. Forderungen aus einem Privatisierungsvertrag. **Arbeitsrecht:** ATN Hölzel lfd.; Inso-Verwalter von Finoba; weitere Inso-Verwalter in Verfahren. **Bau-/Immobilienrecht:** Baywobau u. CTR-Gruppe bei Realisierung verschiedener Projekte in Dresden. **Aufsichts-/Fondsrecht:** Dt. Reisesicherungsfonds bei dessen Errichtung.

LUTHER
Sachsen ★★★★★

Detaillierte Informationen zu dieser Kanzlei finden Sie in den jeweiligen Fachkapiteln sowie im ▷*Nationalen Überblick Top 50*.
Bewertung: Luther bleibt mit ihrem Büro in Leipzig eine der dominanten Größen Sachsens. Die Stärke rührt seit einiger Zeit etwa aus der Beratung von Infrastrukturprojekten im Kraftwerks(um)bau sowie großen ▷*Immobilienprojekten*. In der Beratung von Kliniken bei Zusammenschlüssen u. Umstrukturierungen spielt das Leipziger Büro auch bundesw. eine Rolle. Im Aufwind ist weiter die Beratung im ▷*Gesundheitssektor* bei M&A-Transaktionen, Umstrukturierungen und im allg. Vertragsrecht.
Team: 8 Partner, 1 Counsel, 16 Associates, 1 of Counsel
Schwerpunkte: Arbeitsrecht; ▷*Beihilfe*; Gesellschaftsrecht; ▷*Gesundheit*; ▷*Immo/Bau*; ▷*Konfliktlösung*; ▷*M&A*; ▷*Öffentl. Recht* (Umwelt und Planung); Steuerrecht; ▷*Vergabe*.
Mandate: Siehe Fachkapitel.

MAZARS
Sachsen ★★★

Bewertung: Die Rechtsberatungssparte innerh. des internat. Prüfungs- u. Beratungshauses untermauerte ihren Ruf, die derzeit dynamischste Wirtschaftsrechtseinheit Sachsens zu sein. Dies liegt

REGION OSTEN SACHSEN

nicht zuletzt daran, dass bei dem in Dresden ansässigen ww. Mazars-Rechtsberatungschef Kochta auch vielfach die lfd. gesellschaftsrechtl. Beratung einer großen Zahl ausl. Mittelstandsunternehmen aufgehängt ist. Hier kopieren die Rechtsberater ein Stück weit die erfolgreiche Strategie der Steuerberatung, über sog. Corporate Housekeeping auch höherwertiges Gestaltungsgeschäft anzuziehen, was etwa bei Boels bereits aufgegangen ist. So wenig dieses Geschäft mit dem sächs. Mittelstand zu tun hat, desto mehr ist dies in anderen Bereichen der Fall. So berät Mazars ambitionierte sächs. oder Berliner Mittelständler wie Bike24 oder Richert. Zudem gehört die Kanzlei mittlerw. zu den am besten mit kommunalen sächs. Beteiligungsgesellschaften vernetzten Kanzleien und wildert so erfolgreich im Terrain viel etablierterer Wettbewerber wie Luther oder Petersen Hardraht Pruggmayer. Mit dem Zugang eines erfahrenen Leipziger IT-Rechtlers von Gruendelpartner 2021 gewann Mazars darüber hinaus nicht nur eine Reihe wichtiger sächs. Adressen, sondern stärkte auch ihre Paradedisziplin IT u. IP insges. spürbar: Die Übernahme der umf. Beratung der Bundesagentur SPRIND war der nächste große Erfolg, nachdem Mazars im Jahr zuvor bereits eine wichtige Rolle beim Entstehen von Sachsen Energie gespielt hat.
Oft empfohlen: Rudolf Raven (Immobilien- u. Gesellschaftsrecht), Dr. Christian Ziche (Gesellschafts- u. Öffentl. Wirtschaftsrecht), Jan Kochta („geiler Anwalt und super Typ", Wettbewerber; IT/IP, Gesellschaftsrecht)
Team: Dresden: 2 Eq.-Partner, 2 Sal.-Partner, 7 Associates, 2 of Counsel; Leipzig: 3 Sal.-Partner, 5 Associates
Schwerpunkte: Gesellschaftsrecht, IT, Immobilienrecht, Öffentl. Wirtschaftsrecht.
Mandate: Bundesagentur für Sprunginnovationen (SPRIND) im Gesellschafts-, IT-, IP- u. Datenschutzrecht (u.a. SaaS-Verträge, Lizenzmodelle, Know-how-Transfer-Projekte, ITK-Sicherheit). **Gesellschaftsrecht:** Argenx, Sodecia Group, Enpal lfd.; Boels Verhurr (Post-Merger-Integration); Richert-Gruppe, Bike24, Little John Bikes, Quarters (jew. auch im Immobilienrecht); KBE (Kommunale Beteiligung Envia) u. KBM (Kommunale Beteiligung envia Mitteldt. Energie AG) mit Bezug zum Wirtschaftsverwaltungsrecht; Cainiao/Alibaba Group mit Bezug zum IT-Recht. **IT-Recht:** lfd.: Leipziger Messe, WWF Dtl., GoHiring, Kiwigrid. **Wirtschaftsverwaltungsrecht:** div. sächs. Groß- und Kreisstädte (u.a. Dresden, Leipzig, Chemnitz Riesa, Radebeul) u. deren Beteiligungen (auch im Steuerrecht).

MULANSKY + KOLLEGEN
Sachsen ★★

Bewertung: Sachsenweite Bekanntheit genießt die Kanzlei aufgrund ihrer Insolvenz- u. Restrukturierungskompetenz. Das spezialisierte Team des Namenspartners arbeitet lfd. für eine Reihe größerer Insolvenzverwalterkanzleien insbes. bei Prozessen u. Abverkäufen u. berät in Schieflage geratene Betriebe vor der Insolvenz u. in Eigenverwaltungen. Das Beratungsfeld hat die Kanzlei als integrierter Teil der Schneider+Partner-Gruppe zuletzt nochmals gestärkt. 2022 hat S+P eine weitere Beratungsgesellschaft aufgesetzt, die u.a. operativ-betriebswirtschaftl. in der Sanierungsberatung u. bei Eigenverwaltungen tätig ist u. als M&A-Beraterin agiert. Mulansky hat ihre Handlungsfelder so zielgerichtet erweitert, u. zwar sowohl für distressed Transaktionen, als auch für Verkäufe, die nun vermehrt bei Unternehmensnachfolgen gefragt sind. Für diese Mandate setzt die Kanzlei auf die enge Kooperation mit den S+P-Steuerberatern, die v.a. im Gesundheitssektor zu den wichtigsten Akteuren in Sachsen gehören.
Stärken: Insolvenzrecht.
Oft empfohlen: Thomas Mulansky, Dr. Bernd Kugelberg
Team: 2 Partner, 11 Associates
Schwerpunkte: Insolvenzrecht (u.a. Eigenverwaltung, Sanierungsberatung, Anfechtungsprozesse), Gesellschaftsrecht/M&A. Spezial-Know-how für Ärzte u. Apotheken (u.a. Gesellschaftsverträge, Übernahmen, Werbe-/Berufsrecht). Steuerrechts- u. Steuerberatung über Schneider+Partner-Gruppe.
Mandate: Insolvenzrecht: Verwalter (Danko) des DRK-Klinikums Kassel bei vorl. Insolvenz; Verwalter (Wienberg) bei SF Market; BSG Components im Vorfeld der Insolvenz u. im Arbeitsrecht; weitere Verwalterkanzleien, z.B. Flöther & Wissing, Voigt-Salus, Tiefenbacher bei Prozessen u. Eigenverwaltungen; Geschäftsführung von HMW Furnteam in Eigenverwaltung; Geschäftsführung von Mein Dentist in Eigenverwaltungs- u. Regelverfahren. **Gesellschaftsrecht/M&A:** Scanacs bei Einstieg von CGM Lauer; Familienstamm von Auto-Holding Dresden bei Verkauf an Volkswagen Retail.

NOERR
Sachsen ★★★★★

Detaillierte Informationen zu dieser Kanzlei finden Sie in den jeweiligen Fachkapiteln sowie im ▷Nationalen Überblick Top 50.
Bewertung: Das Dresdner Büro der Großkanzlei sticht im sächs. Anwaltsmarkt seit Langem als hoch spezialisierte Einheit hervor. Dementsprechend arbeitet das örtl. Team vielfach an bundesw. Mandaten, etwa in der Restrukturierung oder bei Private-Equity- u. Venture-Capital-Projekten. Kanzleiw. stehen das Lebensmittelrecht u. neuerdings auch die Praxisgruppe Healthcare unter der Leitung einer Dresdner Sal.-Partnerin. Im Gesellschaftsrecht berät Noerr dagegen sehr regional – dafür allerdings die größten privaten u. öffentl. Unternehmen Sachsens, etwa Globalfoundries oder Sachsen Energie.
Team: 2 Eq.-Partner, 5 Sal.-Partner, 3 Assoziierte Partner, 5 Counsel, 6 Associates, 1 of Counsel, 1 Projektanwältin
Schwerpunkte: ▷Energie; ▷Gesellsch.recht (einschl. ▷M&A u. Finanzierung); ▷Gesundheit; Gewerbl. Rechtsschutz (insbes. Onlinevertrieb); ▷Immo/Bau; ▷Insolvenz/Restrukturierung; ▷Konfliktlösung; ▷Lebensmittel; ▷Öffentl. Recht; ▷Private Equity und Venture Capital.
Mandate: Siehe Fachkapitel.

PETERSEN HARDRAHT PRUGGMAYER
Sachsen ★★★★

Bewertung: Die hoch angesehene, regional tätige Full-Service-Kanzlei zementiert Jahr für Jahr ihren Ruf als einer der wichtigsten Wirtschaftsanwaltsadressen Sachsens. Sie besticht durch ihre geograf. u. fachl. Breite, die so keine Wettbewerberin aufweist, sowie ihr stetiges Personalwachstum. Mit der deutl. Ausweitung der Beratung u. Prozessvertretung von Krankenhäusern, Med. Versorgungszentren und Ärzten in allen Fragen des Medizinrechts (u.a. Arzthaftung, Zulassungs- u. Abrechnungsfragen) sowie des Gesellschafts- und Arbeitsrechts hat sie sich zuletzt in einem weiteren Beratungszweig fest etabliert. Als noch zartes Pflänzchen tritt nun auch die Beratung von kath. Diözesen u. ev. Kirchengemeinden bei häufig stiftungsrechtl. induzierten Umstrukturierungen u. Prozessvertretungen hinzu. Diese vielen Verästelungen machen die Strategie von PHP deutlich: Sie ergänzt ihre klassischen Säulen Gesellschaftsrecht, M&A u. Wirtschaftsverwaltungsrecht durch Nischengeschäft u. verbindet sie idealerweise miteinander – so wie PHP es mit dem Steuerrecht u. der Steuerberatung in Richtung Privatwirtschaft sowie der hauseigenen Unternehmensberatung in Richtung Kommunen schon seit einigen Jahren erfolgreich praktiziert.
Stärken: Schnittstelle zw. Gesellschafts- u. Steuerrecht; Öffentl. Wirtschaftsrecht.
Oft empfohlen: Dr. Nikolaus Petersen (Gesellschaftsrecht), Klaus Hardraht (Öffentl. Recht), Steffen Pruggmayer (Arbeits- u. Medienrecht), Joachim Kloos (Öffentl. Wirtschaftsrecht)
Team: 7 Eq.-Partner, 5 Sal.-Partner, 9 Counsel, 13 Associates, 6 of Counsel (in Leipzig, Dresden, Chemnitz)
Schwerpunkte: Gesellschaftsrecht/M&A (inkl. Schnittstelle zum Steuerrecht); Öffentl. Recht (inkl. Vergabe-, Energie-, Abwasserwirtschaftsrecht sowie Bau-, Umwelt-, Fördermittelrecht); Immobilien-, Arbeitsrecht (Kollektiv-, Individualrecht); Datenschutzrecht; Medizin- u. Arztrecht. Über angeschlossene StB-Gesellschaft auch Deklarationen, über angeschlossene Unternehmensberatungsgesellschaft Organisationsberatung von Kommunen.
Mandate: Gesellschaftsrecht/M&A: Haeswe- u. Wincon-Gruppe jew. bei Umstrukturierung; Funkwerk lfd., u.a. bei Kauf von Vipro.sys sowie Verkauf der ca. 50.000 qm großen Betriebsimmobilie in Dabendorf; div. Kommunen bei Gründung einer Genossenschaft zum Verwalten u. Betrieb einer Software für ein digitales Rathaus; Bistum Regensburg u.a. bei Umstrukturierung der Bischöfl. Knabenseminarstiftung der Diözese Regensburg; süddt. Diözese bei grundlegender Strukturreform (u.a. Beratung aller kirchlichen Stiftungen u. des bischöfl. Stuhls); lfd. Travel24.com. **Immobilienrecht:** Edeka Nordbayern-Sachsen-Thüringen lfd., u.a. bei Ansiedlung von Märkten, Einkaufs- u. Fachmarktzentren; börsenot. Immobiliendienstleister arbeits-, grundstücks-, bau- u. architekten- sowie mietrechtlich. **Wirtschaftsverwaltungsrecht:** div. Städte u. Kommunen in Normenkontrollverfahren gg. Bebauungspläne zu Windkraft- und Handelsvorhaben; Mitteldt. Airport Holding im Verwaltungs- u. Energierecht. **Arbeitsrecht:** lfd. MDR (auch Medienrecht, aus dem Markt bekannt).

REDEKER SELLNER DAHS
Sachsen ★

Detaillierte Informationen zu dieser Kanzlei finden Sie in den jeweiligen Fachkapiteln sowie im ▷Nationalen Überblick Top 50.
Bewertung: Das Leipziger Büro der bundesw. aktiven Kanzlei ist mittlerw. stetig mit rund einer Handvoll Anwälten besetzt und zeichnet sich durch eine hohe Spezialisierung aus. So ist es sehr profiliert im ▷Vergaberecht, weist aber auch Nischenspezialisierungen wie etwa im Abwasserrecht auf. Mandanten werden bundesw., häufig aber auch mit regionalem Bezug beraten.
Team: 1 Partner, 2 Counsel, 3 Associates

Schwerpunkte: ▷*Immo/Bau*; ▷*Vergabe* (auch ÖPP).
Mandate: Siehe Fachkapitel.

WEIDINGER RICHTSCHEID
Sachsen ★ ★

Bewertung: Die Kanzlei zählt zu den etablierten Einheiten in Sachsen und untermauert ihre Stellung Jahr für Jahr durch ihre hochwertigen regionalen Mandate und Mandanten. Das Geschäft erfuhr durch die polit. Entwicklungen 2022 noch mal einen besonderen Schub. So hatte das angesehene Energiewirtschaftsteam im Umfeld der seit Ende 2021 rasant gestiegenen Energiepreise alle Hände voll zu tun, etwa bei der Beratung ostdt. Stadtwerke in Bezug auf die Preisgestaltung (Preisspreizung), die z.T. auch gerichtl. durch die Instanzen vertreten wurden. Auch die Beratung von Unternehmen im Umfeld der sächs. Flughäfen erfuhr angesichts der Russland-Sanktionen neue Relevanz. Dieses Ad-hoc-Geschäft ergänzte die beiden anderen Beratungsfelder Gesellschaftsrecht/M&A sowie Arbeitsrecht, die sich ordentl. weiterentwickelten. Dies zeigen die wiederholten Mandate für (teil-)staatl. sächs. Beteiligungsgesellschaften, deren Aufkommen sich in den vergangenen Jahren verstetigt hat.
Stärken: Arbeits- u. Energierecht.
Oft empfohlen: Steffen Richtscheid (Arbeits-/Gesellschaftsrecht)
Team: 1 Eq.-Partner, 4 Sal.-Partner, 5 Associates, 2 of Counsel
Schwerpunkte: Arbeitsrecht, Energierecht, M&A, Gesellschaftsrecht, Bank- u. Finanzrecht.
Mandate: Keine Nennungen.

Thüringen/Sachsen-Anhalt

Kanzlei	Ort	Stärken	Oft empfohlen
Bergerhoff	Erfurt, Weimar, Jena	breites wirtschaftsrechtl. Angebot mit Gesellschaftsrecht/M&A sowie Bank-, Arbeits-, Immobilien- u. Vergaberecht; Wirtschaftsstrafrecht u. Compliance	Dr. Frank Halfpap (Arbeitsrecht), Dr. Michael Klepsch (Gesellschaftsrecht), Jan Leue (Strafrecht), Wolfgang Bergerhoff (Bankrecht)
Bette Westenberger Brink	Erfurt	sehr anerkannt im Arbeitsrecht; zudem Baurecht u. starke Prozesspraxis; enge Zusammenarbeit mit dem Büro in Mainz (▷*Rheinland-Pfalz*) bei Gesellschaftsrecht u. Compliance	Birgit Anuschek, Christian Stückrad (beide Arbeitsrecht)
Dr. Eick & Partner	Erfurt	breites Beratungsangebot, v.a. erfahren im ▷*Versicherungsvertragsrecht*	
Flöther & Wissing	Halle, Magdeburg	spezialisiert auf ▷*Insolvenzverwaltung* u. insolvenzrechtl. Beratung	Prof. Dr. Lucas Flöther („hervorragende Auffassungsgabe, sehr kompetenter Insolvenzrechtler", Wettbewerber)
Göhmann	Magdeburg	Gesellschaftsrecht u. M&A; zudem Energie-, Vergabe-, Bau-, Arbeitsrecht u. TK, häufig für kommunale Unternehmen; weitere Rechtsgebiete in ▷*Niedersachsen*, ▷*Bremen* u. ▷*Frankfurt*	Peter Groß (Energierecht), Dr. Michael Backhaus (Gesellschaftsrecht), Dr. Stefan Sasse (Arbeitsrecht)
Gruendelpartner	Jena	Gewerblicher Rechtsschutz, IT, Energie- u. Arbeitsrecht; etablierte multidisziplinäre Kanzlei mit Hauptsitz in ▷*Leipzig*	
Hümmerich & Partner	Halle	anerkannte Arbeitsrechtspraxis; als MDP Kompetenz an der Schnittstelle Gesellschafts- u. Steuerrecht; zudem Baurecht	Beate Kallweit (Arbeitsrecht)
Schicker Thies	Erfurt	anerkannt im Umweltrecht, speziell Wasserrecht	
Suffel & Kollegen	Jena	fokussiert auf Bau- u. Immobilienrecht, inkl. Mietrecht u. baurechtl. Prozesse	
Weisskopf	Erfurt	Spezialisierung im Bau-, Vergabe- u. Öffentl. Recht; daneben Gesellschafts-, Energie- u. Arbeitsrecht	Dr. Wolfgang Weisskopf (Bau-/Vergaberecht), Dr. Gudrun Mandler (Gesellschaftsrecht)

Die Auswahl von Kanzleien und Personen in Rankings und tabellarischen Übersichten ist das Ergebnis umfangreicher Recherchen der JUVE-Redaktion. Sie ist in 2erlei Hinsicht subjektiv: Die Aussagen der befragten Quellen sind subjektiv u. spiegeln deren Erfahrungen u. Einschätzungen. Die JUVE-Redaktion wiederum analysiert die Rechercheergebnisse unter Einbeziehung ihrer eigenen Marktkenntnis. Der JUVE Verlag beabsichtigt keine allgemeingültige oder objektiv nachprüfbare Bewertung. Es ist möglich, dass eine andere Recherchemethode zu anderen Ergebnissen führt. Innerhalb einzelner Gruppen in Rankings und tabellarischen Übersichten sind Kanzleien und Personen alphabetisch sortiert.

JUVE Handbuch 2022 | 2023

ANZEIGEN: KANZLEIEN OSTEN

Dombert	327
Gruendelpartner	328
Jakoby	329
Petersen Hardraht Pruggmayer	330

Alle hier alphabetisch erscheinenden Anzeigen sind kostenpflichtig und von den Kanzleien selbst gestaltet. Für den Inhalt sind die jeweiligen Kanzleien verantwortlich.

ANZEIGE

RECHTSANWÄLTE   STEUERBERATER   WIRTSCHAFTSPRÜFER

We know how.

LEIPZIG   Mädler-Passage - Aufgang B, Grimmaische Str. 2-4, 04109 Leipzig
JENA   Leutragraben 2-4, 07743 Jena   ·   BERLIN   Am Zirkus 3a, 10117 Berlin

www.gruendelpartner.de

JAKOBY RECHTSANWÄLTE
RECHTSANWÄLTE · NOTAR

Immobilienrecht
Baurecht
Vergaberecht
IT-Recht
Wirtschaftsrecht
Notariat

Für alle, die Unbewegliches bewegt
Die Spezialisten für Immobilien-, Bau- und Vergaberecht

Immobilienprojekte juristisch auf den Punkt bringen
Die Kanzlei Jakoby Rechtsanwälte steht für Projektentwicklung, Vertragsgestaltung und alle rechtlichen Facetten von Bauvorhaben und Immobilien. Das Team: erfahrene Fachleute, die komplexe Immobilienvorhaben durch alle Projektphasen hindurch juristisch und organisatorisch erfolgreich begleiten.

Vergaben prüfen, konzipieren, begleiten
Jakoby Rechtsanwälte gestalten und strukturieren im Vergaberecht von IT- bis Bau-Vergaben verschiedenste Projekte und sorgen für störungsfreie Abläufe.

Berlin, Deutschland und weltweit
Jakoby Rechtsanwälte ist ein Team aus engagierten Persönlichkeiten, das mit Fairness und Transparenz Projekte zum Ziel führt. Die Kanzlei ist grenzüberschreitend aktiv mit dem internationalen Anwaltsnetzwerk Legalink.

Jakoby Rechtsanwälte
Rechtsanwälte und Notar

Schlüterstraße 37
10629 Berlin
Tel: +49 (0)30. 88 03 20 - 0
Fax: +49 (0)30. 88 03 20 - 10
info@jakobyrechtsanwaelte.de
www.jakobyrechtsanwaelte.de

ANZEIGE

RECHT BEWEGT

PETERSEN HARDRAHT PRUGGMAYER
Rechtsanwälte Steuerberater

www.petersenhardrahtpruggmayer.de

LEIPZIG
Petersstraße 50 · 04109 Leipzig
T +49 (0) 341 3558210
F +49 (0) 341 35582130
E leipzig@phplaw.de

DRESDEN
Königstraße 1 · 01097 Dresden
T +49 (0) 351 2856910
F +49 (0) 351 28569129
E dresden@phplaw.de

CHEMNITZ
Stefan-Heym-Platz 1 · 09111 Chemnitz
T +49 (0) 371 66645960
F +49 (0) 371 666459620
E chemnitz@phplaw.de

Region: Westen

(Düsseldorf, Köln, Nordrhein-Westfalen)

332 Düsseldorf
341 Köln
346 Nordrhein-Westfalen

Mehr multidisziplinäre Mandate

Die gute oder zumindest stabile Umsatzentwicklung der deutschen Mittelstandskanzleien gilt auch für die in Düsseldorf, Köln und im übrigen Nordrhein-Westfalen ansässigen Einheiten. Vielen Transaktionsberatern gelingt es immer besser, ihre ursprünglich nur projektweise beratenen Mandanten von einer dauerhaften Beziehung zu überzeugen. Das gilt für gesellschaftsrechtliches Alltagsgeschäft, aber auch für die strategische Planung etwa in Bezug auf Gruppenstrukturen, Rechtsformwechsel und Nachfolgelösungen. Dass diese Ausweitung von Mandatsbeziehungen meist von den Kontakten einzelner Partner getragen wird, bedeutet allerdings auch, dass dieses Modell nur schwer skalierbar ist.

Hier haben multidisziplinäre Berater wie **Deloitte Legal** einen Vorteil, indem sie Leistungen aus ihrem eigenen Netzwerk mitverkaufen können – sei es zur Finanzplanung, zur Steuergestaltung oder auch zur grundsätzlichen Struktur aller juristischen Belange. Die Big Four können allesamt Legal-Operations-Lösungen aufsetzen und dabei das Wissen ihrer jeweiligen Netzwerke anzapfen. Das Parademandat liefert **KPMG Law** in Düsseldorf, die Volkswagen für die globale Neuaufstellung der Rechtsabteilung engagierte. Dass es ohne Digitalisierung in der anwaltl. Beratung irgendwann schwierig wird, haben auch eher konservativ ausgerichtete Kanzleien erkannt. Vorreiterin ist die Bonner Einheit **Meyer-Köring**, die einen Legal-Tech-Manager eingestellt hat, der die Abläufe in der Kanzlei verbessern und den Einsatz von Technik forcieren soll.

Schöne neue Flexibilität

Immer deutlicher wird, dass die Coronakrise auch bei den hartnäckigsten Homeoffice-Verweigerern unter den Kanzleien für mehr Flexibilität gesorgt hat. Dadurch verschwimmen Standortgrenzen und die unterschiedlichen Büros der nordrhein-westfälischen Einheiten arbeiten zunehmend unkompliziert zusammen.

Ein Beispiel dafür ist **Brandi** mit ihren standortübergreifenden Kompetenzgruppen. Durch die neu gewonnene Flexibilität rückt der Arbeitsort der Anwälte immer weiter in den Hintergrund. Das könnten sich die Kanzleien auch auf dem seit jeher angespannten Nachwuchsmarkt zunutze machen. Einige alteingesessene Einheiten tun sich damit jedoch nach wie vor schwer.

In puncto Nachwuchs hat zuletzt die Gründung der neuen, auf Massenverfahren spezialisierten Einheit von **Freshfields Bruckhaus Deringer** für Aufregung gesorgt. Sie eröffnete ihr erstes Büro in Münster und will dort rund 50 Anwälte – hauptsächlich Berufseinsteiger – einstellen. Sie sind keine regulären Associates, sondern führen den Titel Litigator. Die Anforderungen bei den Examensnoten sind geringer, die Bezahlung ist es auch.

Trotzdem gibt es dadurch nun einen weiteren Mitbewerber um Talente, denn gerade in den durch Mittelstandskanzleien geprägten NRW-Anwaltsspots jenseits von Düsseldorf und Köln entspricht das Gehaltsgefüge nicht dem von Großkanzleien. Ob die neue Einheit lokale Kanzleien tatsächlich vor Recruiting-Schwierigkeiten stellt, wird sich zeigen. Im seit Jahren gleichförmigen westfälischen Markt sorgt die neue Akteurin auf jeden Fall für Abwechslung.

Die folgenden Kapitel behandeln Kanzleien, die in ihrer Region eine besondere Bedeutung und Reputation genießen. Typischerweise decken diese Kanzleien viele Teilbereiche des Wirtschaftsrechts ab. Eine tabellarische Übersicht erfasst ergänzend regional ansässige und auf nur wenige Fachgebiete ausgerichtete Kanzleien. Die Übersicht weist zugleich die Fachkapitel aus, in denen Informationen zu diesen Kanzleien zu finden sind.

JUVE KANZLEI DES JAHRES IM WESTEN

LOSCHELDER

Loschelder macht vor, wie strategisch kluger Personalausbau geht. Schon in der Vergangenheit setzte die Kölner Kanzlei regelmäßig auf Quereinsteiger aus Großkanzleien, die mittlerweile tragende Rollen im Kanzleigefüge spielen. Nun hat sie es wieder getan: Ende 2021 nahm sie erneut einen Salary-Partner mit Freshfields-Historie auf. Sein Know-how bei Restrukturierungen und im Insolvenzrecht verhilft dem Corporate-Team zu mehr fachlicher Breite und bietet auch den Arbeitsrechtlern Anknüpfungspunkte, die ihr Engagement bei Restrukturierungen ohnehin bereits erhöht haben. Trotz aller externer Verstärkung verliert die Kanzlei den eigenen Nachwuchs nicht aus den Augen. Drei der fünf zuletzt ernannten Partner haben ihre Anwaltskarriere bei Loschelder begonnen. Das und die regelmäßige Verstärkung mit Berufseinsteigern dürften dafür sorgen, dass ihr der Generationswechsel weder kurz- noch langfristig Probleme bereitet.

Die gute personelle Basis sorgt dafür, dass Loschelder ihr Profil als Mittelstandsberaterin kontinuierlich erweitert und zugleich von international tätigen, börsennotierten Konzernen wie Atlas Copco mandatiert wird. Ihr weltweites Netzwerk lässt sie auch im Vergleich zu Großkanzleien gut aussehen. Eine Erfolgsgeschichte ist zudem das Bau- und Immobilienrecht, wo es dem Team gelingt, sich bei namhaften Unternehmen wie Signa oder Art-Invest in immer umfangreicheren Mandaten zu positionieren.

REGION WESTEN DÜSSELDORF

Düsseldorf

ADVANT BEITEN
Düsseldorf ★★

Detaillierte Informationen zu dieser Kanzlei finden Sie in den jeweiligen Fachkapiteln sowie im ▷Nationalen Überblick Top 50.
Bewertung: Der D'dorfer Standort hat viel Erfahrung bei ▷Nachfolgethemen u. Stiftungen. In diesem Zshg. kommen auch die gut verzahnten Steuer- u. ▷Gesellschaftsrechtspraxen zum Einsatz sowie das interdisziplinäre Know-how. Zudem anerkannter Niederlande-Desk.
Team: 10 Eq.-Partner, 17 Sal.-Partner, 14 Associates, 1 of Counsel
Schwerpunkte: ▷Arbeits- u. Wettbewerbsrecht; ▷Gesellsch.recht; ▷Immo/Bau; ▷IT; ▷Konfliktlösung; ▷M&A; ▷Nachfolge/Vermögen/Stiftungen; ▷Private Equity u. Venture Capital; Sport, Steuern; ▷Vergabe.
Mandate: Siehe Fachkapitel.

ALLEN & OVERY
Düsseldorf ★★★★

Detaillierte Informationen zu dieser Kanzlei finden Sie in den jeweiligen Fachkapiteln sowie im ▷Nationalen Überblick Top 50.
Bewertung: Das D'dorfer Büro der Kanzlei verfügt u.a. über eine bedeutende ▷Gesellschaftsrechtspraxis mit hochkarätigen Partnern u. einen anerkannten Schwerpunkt in der Beratung von ▷Versicherungsunternehmen.
Team: 6 Partner, 4 Counsel, 13 Associates
Schwerpunkte: Arbeitsrecht; ▷Compliance; ▷Gesellsch.recht; Immo/Bau; ▷Konfliktlösung; ▷M&A; ▷Marken u. Wettbewerb; ▷Patent; Private Equity; ▷Unternehmensbez. Versichererberatung.
Mandate: Siehe Fachkapitel.

ARQIS
Düsseldorf ★★★

Bewertung: An ihrem D'dorfer Stammsitz hat die Kanzlei mehrere starke Teams, die sie zunehmend miteinander verzahnt. Die renommierte Transaktionspraxis ist regelm. für Private-Equity-Investoren wie Triton tätig u. hat sich in 2 wachstumsstarken Branchen, Gesundheit u. Technologie, gut positioniert. Dafür stehen Mandate wie die Beratung von Quadriga Capital bei der Beteiligung an United Therapy. Bei Deals arbeitet das Corporate-Team regelm. eng mit den Arbeitsrechtlern zusammen. Auch deshalb hat Arqis das Arbeitsrecht mit einer neu geschaffenen sog. Special-Counsel-Position verstärkt, die eine ehem. Freshfields-Associate besetzt. Sie koordiniert nun sämtl. Transaktionen mit arbeitsrechtl. Bezug u. forciert in diesem Kontext die Entwicklung von Legal-Tech-Lösungen. Zudem spielt im Arbeitsrecht die von Neufeld besetzte Schnittstelle zu Datenschutz u. IT-Themen eine immer wichtigere Rolle. Ein weiteres Aushängeschild ist die gut vernetzte Japan-Praxis, die nach einem coronageschuldeten Rückgang in den Vorjahren nun wieder zunehmend bei Deals gefragt ist, etwa von jap. Unternehmen, die in den dt. Markt drängen.
Stärken: Grenzüberschr. ▷M&A, dt.-jap. Rechtsverkehr (eigenes Büro in Tokio), ▷Arbeitsrecht.
Oft empfohlen: Dr. Shigeo Yamaguchi („lösungsorientiert, internat. sehr gut vernetzt", Wettbewerber), Dr. Jörn-Christian Schulze („herausragende Kompetenz, Top-Verhandler", Mandant; „gr. Trans-

Düsseldorf ★★★★★

Freshfields Bruckhaus Deringer
Hengeler Mueller
Linklaters

★★★★★

Clifford Chance

★★★★

Glade Michel Wirtz
Heuking Kühn Lüer Wojtek
Hogan Lovells

★★★★

Allen & Overy
Bird & Bird
CMS Hasche Sigle
Gleiss Lutz
Latham & Watkins
McDermott Will & Emery
Noerr
Taylor Wessing

★★★

Arqis
Baker McKenzie
Deloitte Legal
Hoffmann Liebs
Jones Day
Kapellmann und Partner
Luther
Orrick Herrington & Sutcliffe
Orth Kluth

Fortsetzung nächste Seite

aktionserfahrung, sehr visibel auch im Gesundheitsmarkt", Wettbewerber), Dr. Mirjam Boche („ist im W&I-Geschäft die absolute Nummer 1", „immer auf dem aktuellen Stand der Rechtsprechung, professionelle Arbeitsweise u. gute Projektübersicht", Mandanten), Johannes Landry (alle M&A/Gesellschaftsrecht), Dr. Andrea Panzer-Heemeier, Tobias Neufeld („langj., wichtiger Berater; hervorragende Fach- u. Beratungskompetenz über juristische Fragen hinaus", Mandant; beide Arbeitsrecht).
Team: 5 Eq.-Partner, 7 Sal.-Partner, 6 Counsel, 22 Associates
Schwerpunkte: Schwerpunkt im ▷Gesellsch.recht, fachübergreifende Organberatung, ▷M&A, M&A-Versicherungen, ▷Private Equ. u. Vent. Capital. Außerdem Kapitalmarkt-, ▷Arbeits-, Datenschutz- u. Immobilienrecht sowie Restrukturierung u. zunehmend Prozesse. Viel grenzüberschr. Geschäft mit Japan-Bezug.
Mandate: Delta Dore bei Kauf Radermacher; Itochu (Japan) beim Verkauf I.C. Autohandel Beteiligungen; New York Pizza bei Kauf Stückwerk; EQOS Energie Dtl. bei Kauf TCT-Gruppe; VW-Betriebsrat umf. arbeitsrechtl.; Ameropa-Reisen arbeitsrechtl. bei Restrukturierung; Alloheim bei div. Zu- u. Verkäufen sowie lfd. immobilien-, miet- u. baurechtl.; Dual Specialty, Themis Capital, Risk Point as Underwriting Counsel bei Abschluss W&I-Versicherungen; Extrude Hone in Produkthaftungsverfahren; ital. Chemieunternehmen in Post-M&A-Streitigkeit; Cura mietrechtl.; Engmatec versicherungsrechtl.; Hochtief gesellschafts- u. versicherungsrechtlich.

AUSTMANN & PARTNER
Düsseldorf ★

Bewertung: Die Corporate-Boutique zählt sowohl dt. inhabergeführte als auch internat. Unternehmen zu ihren Stammmandanten. Diese setzten erneut bei zahlr. Transaktionen auf das Team, z.B. ein Bauplanungsunternehmen beim Verkauf der Anteile an einem Start-up. Daneben zogen Mandanten die Kanzlei vermehrt bei Post-M&A- u. Gesellschafterstreitigkeiten hinzu. Zuletzt verstärkte Austmann das Gesellschaftsrecht mit einer Berufseinsteigerin. Auf lange Sicht ist jedoch auch ein Ausbau der Partnerebene erforderlich, damit sie sich weiterhin im umkämpften D'dorfer Corporate-Markt durchsetzen kann.

Stärken: Gesellschaftsrecht, Restrukturierung.
Oft empfohlen: Thomas Austmann („schnell u. präzise, hervorragender Verhandler", Wettbewerber; Corporate/M&A)
Team: 2 Partner, 3 Associates, 1 of Counsel
Schwerpunkte: Schwerpunkt im Gesellschaftsrecht (inkl. Restrukturierung), M&A u. gesellschaftsrechtl. Streitigkeiten. Viele mittelständ. Mandanten (u.a. Familienunternehmen), aber auch internat. Unternehmen sowie Investoren.
Mandate: Concrete bei Vgl. zur Beendigung eines Spruchverfahrens zum IVG-Squeeze-out; Getränkehersteller im Gesellschafts- u. Handelsrecht; Bauplanungsunternehmen umf. gesellschafts- u. vertragsrechtl., z.B. bei Umstrukturierung u. bei Deals; Setlog umf. gesellschaftsrechtl.; Logistikdienstleister bei Zukauf; Medizinproduktehersteller umf. im Gesellschaftsrecht; Fahrzeugbauer zu Schadensersatzansprüchen im Lkw-Kartell.

BAKER MCKENZIE
Düsseldorf ★★★
Detaillierte Informationen zu dieser Kanzlei finden Sie in den jeweiligen Fachkapiteln sowie im ▷Nationalen Überblick Top 50.
Bewertung: Auf Partnerseite deckt das D'dorfer Büro v.a. die Beratung in ▷Konfliktlösung u. ▷Außenwirtschaftsrecht ab, die beide zu den renommiertesten Disziplinen der Kanzlei gehören. Hinzu kommen ▷Kartellrecht mit vielen internat. Bezügen sowie ▷M&A, das an diesem Standort für Baker-Maßstäbe personell klein aufgestellt ist.
Team: 7 Partner, 5 Counsel, 10 Associates
Schwerpunkte: ▷Arbeit; ▷Außenwirtschaft; ▷Compliance; ▷Energie; ▷Gesellsch.recht; ▷Immo/Bau; ▷Kartellrecht; ▷Konfliktlösung; ▷M&A; ▷Pivate Equ. u. Vent. Capital; ▷Vertrieb Steuern; Vergabe.
Mandate: Siehe Fachkapitel.

BERNER FLECK WETTICH
Düsseldorf ★★
Bewertung: Für die D'dorfer Corporate-Boutique zahlte sich im Verlauf der Coronapandemie der enge persönl. Kontakt zu den mittelständ. Mandanten aus, die in tlw. existenzbedrohender Situation auf BFW setzten, diese aber auch für längerfr. Nachfolgelösungen mandatieren. Die Facetten der Kanzlei umfassen die zivilrechtl. Aufarbeitung von Cum-Ex-Geschäften sowie internat. Transaktionsgeschäft etwa aus den Niederlanden oder Schweden, nicht selten für strateg. Investoren bspw. aus dem Pflege- sowie IT-Sektor. Aber auch Sonderthemen wie Sozietätentrennungen kommen vor u. belegen die Anerkennung, die das kleine Team durch den intensiven persönl. Beratungsansatz erlangt hat.
Stärken: Gesellschaftsrecht aufseiten von Organen oder Gesellschaftern, M&A.
Oft empfohlen: Dr. Thilo Fleck, Dr. Olaf Berner („erstklassiger Rechtsberater", Mandant), Dr. Carsten Wettich („überzeugt durch sein Fachwissen u. das extrem hohe Service-Level; Qualität u. Schnelligkeit kommen hier in bester Form zusammen", Mandanten), Christian Nienkemper (alle Corporate/M&A)
Team: 4 Partner, 2 Associates
Schwerpunkte: ▷Gesellschaftsrecht inkl. Umstrukturierung, Organberatung, u.a. bei D&O-Haftungsfällen. Familienunternehmen bei Investitionen in Start-ups sowie M&A.
Mandate: Gesellschaftsrecht: Streaminganbieter zu Kapitalerhöhung u. Beteiligungsmodell; Kreditinstitut zu Schadensersatzansprüchen gg. ehem. Gf. u. Rechtsberater nach Cum-Ex-Geschäften; Start-up zu grenzüberschr. Verschmelzung u. Mitbestimmungsstruktur; Tönnies Holding in mehreren Gerichtsverfahren gg. mehrere ehem. Gf.; lfd. 21Dx (Corona-Teststationen), Unternehmensfamilie Müller Medien, Minderheitsgesellschafter einer Werbeagentur, Multi-Family-Office zu M&A u. gesellschaftsrechtl., v.a. Corporate Governance. M&A: Carecianо zu Käufen von Pflegeeinrichtungen; Humble Group zu Kauf der Marabu Markenvertrieb; LEG zu Joint Venture mit österr. Rhomberg-Gruppe; wwwe zu Käufen von IT-Systemhäusern.

BIRD & BIRD
Düsseldorf ★★★★
Detaillierte Informationen zu dieser Kanzlei finden Sie in den jeweiligen Fachkapiteln sowie im ▷Nationalen Überblick Top 50.
Bewertung: Prägend für die Marktwahrnehmung des D'dorfer Büros – größter Standort von B&B in Dtl. – sind die marktführende ▷Patentprozess- sowie die ▷Vergaberechtspraxis. Das ▷M&A-Team pflegt eine starke Branchenfokussierung, in erster Linie Telekommunikation/IT u. die Energiebranche.
Team: 23 Partner, 9 Counsel, 61 Associates, 3 of Counsel

Düsseldorf Fortsetzung
★★

Advant Beiten
Dentons
Fieldfisher
Herbert Smith Freehills
KPMG Law
Pinsent Masons
White & Case

★★

Berner Fleck Wettich
Buse
Eversheds Sutherland
EY Law
PPR & Partner Pape Rauh
PricewaterhouseCoopers Legal
Rotthege
Sernetz Schäfer
Simmons & Simmons

★

Austmann & Partner
Dr. Gantefüher Marquardt & Partner
Godefroid & Pielorz
GvW Graf von Westphalen
LMPS von Laer Meyer Paul Stuttmann
Mayer Brown
Peters
RellermeyerPartner
SSP-Law
Tigges

Die Auswahl von Kanzleien und Personen in Rankings und tabellarischen Übersichten ist das Ergebnis umfangreicher Recherchen der JUVE-Redaktion. Sie ist in 2erlei Hinsicht subjektiv: Die Aussagen der befragten Quellen sind subjektiv u. spiegeln deren Erfahrungen u. Einschätzungen. Die JUVE-Redaktion wiederum analysiert die Rechercheergebnisse unter Einbeziehung ihrer eigenen Marktkenntnis. Der JUVE Verlag beabsichtigt keine allgemeingültige oder objektiv nachprüfbare Bewertung. Es ist möglich, dass eine andere Recherchemethode zu anderen Ergebnissen führt. Innerhalb einzelner Gruppen in Rankings und tabellarischen Übersichten sind Kanzleien und Personen alphabetisch sortiert.

Schwerpunkte: ▷Arbeit; ▷Energie; ▷Gesellsch.recht; Gesundheitswesen; ▷IT u. Datenschutz; ▷Kartellrecht; ▷Konfliktlösung; ▷M&A; ▷Marken u. Wettbewerb; Medien (Sport); ▷Patent; ▷Private Equ. u. Vent. Capital; ▷Vergabe; ▷Verkehr; ▷Vertrieb.
Mandate: Siehe Fachkapitel.

BUSE
Düsseldorf ★★
Bewertung: Im Mittelpunkt der Arbeit des D'dorfer Standorts der Kanzlei steht die Beratung mittelständ. u. familiengef. Unternehmen. Ihnen steht sie v.a. bei Transaktionen u. gesellschaftsrechtl. Fragen zur Seite, etwa bei Umstrukturierungen. Hinzu kommt ein starkes Standbein im Arbeitsrecht, wo Buse bei regionalen Mandanten wie der Stadt u. der Uniklinik D'dorf fest verankert ist. Dass sie weitere Gebiete wie das IT- u. Datenschutzrecht erschließen kann, zeigt eine interne Partnerernennung. Mandanten profitieren vom Know-how, das die Kanzlei bei grenzüberschr. Fragen bietet. So unterstützte sie zuletzt etwa Metrix aus Dubai beim Markteintritt in Dtl. Daneben festigt sie durch die Mitgliedschaft im TELFA-Netzwerk ihre europ. Kontakte zunehmend.
Oft empfohlen: Dr. Christian Quack (Gesellschaftsrecht/M&A, Kartellrecht), Dr. Mathias Kühnreich

REGION WESTEN DÜSSELDORF

Düsseldorfer Kanzleien mit Besprechung nur in Rechtsgebieten

Aderhold	▷Insolvenz/Restrukturierung
AndresPartner	▷Insolvenz/Restrukturierung
AntweilerLiebschwagerNieberding	▷Verkehr ▷Vergabe
Arnold Ruess	▷Marken u. Wettbewerb ▷Patent
Bardehle Pagenberg	▷Marken u. Wettbewerb ▷Patent
BBL Brockdorff	▷Insolvenz/Restrukturierung
Braun-Dullaeus Pannen Emmerling	▷Patent
Buchalik Brömmekamp	▷Insolvenz/Restrukturierung
Clyde & Co	▷Unternehmensbez. Versichererberatung ▷Versicherungsvertragsrecht
Cohausz & Florack	▷Marken u. Wettbewerb ▷Patent
D+B Rechtsanwälte	▷Gesundheit
Dr. Wilhelm Droste und Dr. Henryk Habit	▷Notare
DWF	▷Gesellschaftsrecht
EIP	▷Patent
Flick Gocke Schaumburg	▷Gesellschaftsrecht
FRH Fink Rinckens Heerma	▷Insolvenz/Restrukturierung
Frings Partners	▷Arbeit
Gantenberg	▷Konfliktlösung
GTW Rechtsanwälte	▷Immo/Bau
Hausfeld	▷Kartellrecht ▷Konfliktlösung
Hauschild Böttcher	▷Notare
Hecker Werner Himmelreich	▷Immo/Bau
Hermanns Wagner Brück	▷Kartellrecht
Hoffmann Eitle	▷Marken u. Wettbewerb ▷Patent
Hoyng ROKH Monegier	▷Marken u. Wettbewerb ▷Patent
Hüttebräuker	▷Lebensmittel
hww Hermann Wienberg Wilhelm	▷Insolvenz/Restrukturierung
Juconomy	▷Telekommunikation
Dr. Marcus Kämpfer und Andrea Bergmann	▷Notare
Kebekus et Zimmermann	▷Insolvenz/Restrukturierung
Kleiner	▷Marken u. Wettbewerb
Kliemt	▷Arbeit
König Szynka Tilmann von Renesse	▷Patent
Krieger Mes Graf v. der Groeben	▷Patent
LMPS von Laer Meyer Paul Stuttmann	▷Gesellschaftsrecht
Lambrecht	▷Insolvenz/Restrukturierung
Leinemann & Partner	▷Immo/Bau ▷Vergabe
Löffel Abrar	▷Marken u. Wettbewerb
Maiwald	▷Patent
Meissner Bolte	▷Patent
Michalski Hüttermann & Partner	▷Patent

Fortsetzung nächste Seite

(„fachl. u. persönl. überzeugend", Wettbewerber), Dr. Alexander Otto (beide Arbeitsrecht), Lars Roßner (Beratung von Familienunternehmen)
Team: 14 Eq.-Partner, 2 Counsel, 10 Associates
Schwerpunkte: Breit angelegte Praxis mit Schwerpunkten in ▷Gesellsch.recht, ▷M&A, u.a. zu Stiftungen u. Umstrukturierungen (auch für ausl. Unternehmen). Zudem Arbeitsrecht, Kartellrecht, Immobilienrecht, Vergaberecht, IT/Datenschutz. Regelm. in Prozessen. Länderschwerpunkt Japan, auch Naher Osten.
Mandate: Metrix (Dubai) u. Health Notion (USA) bei Markteintritt in Dtl.; Monaghan arbeitsrechtl. bei Schließung; Sogo Shosha Handelsgesellschaft gesellschaftsrechtl. bei Brexit-bedingter Umstrukturierung; lfd. arbeitsrechtl.: Nikon, Airbus Defence & Space, Uniklinik D'dorf, Stadt D'dorf, Dt. Städtetag, Stiftung Museum Kunstpalast; lfd.: Sojitz Europe, Deichmann, Tarasteel.

CLIFFORD CHANCE
Düsseldorf ★★★★★
Detaillierte Informationen zu dieser Kanzlei finden Sie in den jeweiligen Fachkapiteln sowie im ▷Nationalen Überblick Top 50.
Bewertung: Im Vergleich zu anderen führenden D'dorfer Kanzleien wie Linklaters weist das CC-Büro eine fachl. recht breite Aufstellung auf. Dabei hat nicht nur die M&A-Praxis eine starke Branchenfokussierung auf ▷Gesundheitswesen u. ▷Energie. CC hat eine der wenigen Finanzpraxen in D'dorf u. zudem hier den Schwerpunkt ihrer dt. ▷Kartellrechtspraxis.
Team: 17 Partner, 12 Counsel, 41 Associates
Schwerpunkte: Arbeitsrecht; ▷Compliance; ▷Energie; ▷Gesellsch.recht; ▷Gesundheit; ▷Immo/Bau; ▷Kartellrecht; ▷Konfliktlösung; ▷M&A; ▷Öffentl. Recht; Patent; ▷Private Equ. u. Vent. Capital; Steuer; ▷Vertrieb.
Mandate: Siehe Fachkapitel.

CMS HASCHE SIGLE
Düsseldorf ★★★★
Detaillierte Informationen zu dieser Kanzlei finden Sie in den jeweiligen Fachkapiteln sowie im ▷Nationalen Überblick Top 50.
Bewertung: Das D'dorfer Büro beherbergt das Hauptquartier der bundesweit aktiven CMS-▷Insolvenzverwaltung u. weist insgesamt eine breite fachl. Aufstellung auf, u.a. mit wichtigen Leistungsträgern der ▷arbeits-, ▷gesellschafts- u. ▷energierechtl. Praxis.
Team: 16 Eq.-Partner, 1 Sal.-Partner, 6 Counsel, 36 Associates, 2 of Counsel
Partnerwechsel: Dr. Daniel Kamke (zu Fieldfisher; Insolvenz/Restrukturierung)
Schwerpunkte: ▷Arbeit; ▷Energiewirtschaftsrecht; ▷Gesellsch.recht; ▷Immo/Bau; ▷Insolvenz/Restrukturierung; ▷Kartellrecht; ▷Konfliktlösung; ▷M&A; ▷Marken u. Wettbewerb; ▷Patent; Private Equ. u. Vent. Capital; ▷Vertrieb.
Mandate: Siehe Fachkapitel.

DELOITTE LEGAL
Düsseldorf ★★★
Bewertung: Das gr. u. erfahrene Team am D'dorfer Standort punktet v.a. mit seiner Stärke im Gesellschaftsrecht u. M&A. Die unterschiedl. Mandantenkonstellationen, die sich aus der MDP-Aufstellung des dt. u. internat. Deloitte-Netzwerks ergeben, kann die Kanzlei durch eine Mischung

Düsseldorfer Kanzleien mit Besprechung nur in Rechtsgebieten *Fortsetzung*

Möller & Partner	▷Gesundheit
Mutter & Kruchen	▷Gesellsch.recht
Novacos	▷Gesundheit
Posser Spieth Wolfers & Partners	▷Öffentl. Recht ▷Verkehr
Preu Bohlig & Partner	▷Gesundheit ▷Patent
Dr. Burkhard Pünder & Dr. Gerrit Wenz	▷Notare
Pusch Wahlig	▷Arbeit
Rospatt Osten Pross	▷Marken u. Wettbewerb ▷Patent
Schindler	▷Vertrieb
Schwegler	▷Arbeitnehmer
Silberberger Lorenz	▷Arbeitnehmer
SKW Schwarz	▷Arbeit
SWP Rechtsanwälte	▷Arbeitnehmer
Thomas Deckers Wehnert Elsner	▷Wirtschafts- u. Steuerstrafrecht
Tradeo	▷Vertrieb
Vangard	▷Arbeit
VBB Rechtsanwälte	▷Wirtschafts- u. Steuerstrafrecht
Viering Jentschura & Partner	▷Patent
Vossius & Partner	▷Patent
Weber & Sauberschwarz	▷Marken u. Wettbewerb
Wellensiek	▷Insolvenz/Restrukturierung
Wessing & Partner	▷Wirtschafts- u. Steuerstrafrecht
Wildanger Kehrwald Graf v. Schwerin & Partner	▷Patent
Wilhelm	▷Versicherungsvertragsrecht
WTS Legal	▷Energie
Wurll + Kollegen	▷Arbeitnehmer

Die Auswahl von Kanzleien und Personen in Rankings und tabellarischen Übersichten ist das Ergebnis umfangreicher Recherchen der JUVE-Redaktion. Sie ist in 2erlei Hinsicht subjektiv: Die Aussagen der befragten Quellen sind subjektiv u. spiegeln deren Erfahrungen u. Einschätzungen. Die JUVE-Redaktion wiederum analysiert die Rechercheergebnisse unter Einbeziehung ihrer eigenen Marktkenntnis. Der JUVE Verlag beabsichtigt keine allgemeingültige oder objektiv nachprüfbare Bewertung. Es ist möglich, dass eine andere Recherchemethode zu anderen Ergebnissen führt. Innerhalb einzelner Gruppen in Rankings und tabellarischen Übersichten sind Kanzleien und Personen alphabetisch sortiert.

---

aus Branchen- u. Fachspezialisierung umf. betreuen. Paradebeispiele sind grenzüberschr. Verschmelzungen mit steuerl. Hintergrund u. Rechtsformwechsel. Hier können die Anwälte zudem auf das digitale Know-how zur Prozesssteuerung zurückgreifen, das Deloitte in ihren Tax- u. Consulting-Teilen schon routiniert einsetzt. Etwas stärker noch könnte die Kanzlei am Standort die Beratung gr. Konzerne ausbauen. Traditionell bewährt sich die Präsenz des Anwaltsteams v.a. bei mittelständ. Unternehmen. Die langj. Mandanten stammen etwa aus der Technik- oder Medienbranche u. werden neben Arbeits-, Handels- u. IP-Recht zu Nachfolgelösungen, Carve-outs oder Digitalisierungsdeals beraten.

Stärken: Gesellschaftsrecht/M&A-Praxis, internat. Verschmelzungen u. Umstrukturierungen sowie bekannter Benelux-Schwerpunkt; Steuerstrafrecht.
Oft empfohlen: Georg Lehmann, Felix Felleisen, Dr. Michael von Rüden („extrem engagiert, zuverlässig, mandantenorientiert, fair in der Abrechnung, gr. Verhandlungsgeschick", Mandant), Dr. Markus Schackmann, Christofer Mellert („erstklassige jurist. Begleitung, klare Wahrnehmung unserer Interessen", Mandant; alle Gesellschaftsrecht/M&A)
Team: 7 Eq.-Partner, 10 Sal.-Partner, 9 Counsel, 15 Associates, 1 of Counsel
Partnerwechsel: Danny Essing (von EY Law; Öffentl. Recht)
Schwerpunkte: ▷Gesellsch.recht, v.a. Umstrukturierungen u. ▷M&A, ▷Arbeitsrecht, auch Bank- u. Finanzrecht, Energiewirtschaftsrecht u. Steuerstrafrecht, Insolvenz u. Sanierung. Außerdem Vertriebs- u. Versicherungsrecht u. ▷Private Equity u. Venture Capital.
Mandate: Daikin-Konzern zu Umstrukturierung der europ. Chemiesparte; Tripadvisor zu grenzüberschr. Post-Merger-Integration; CWS Fire Safety/CWS International zu strateg. Transaktionen; lfd. Datev zu Corporate/M&A; Main Capital Partners u.a. zu Kauf von Emagixx (für Foconis) u. zu Kauf von BioMedion; Refresco (NL) zu Kauf von Hansa Heemann; Rheinische Post u. DuMont Mediatainment zu Verkauf von DerTicketservice.de; Pharmakonzern zu Lieferverträgen mit dt. Krankenhäusern; Automobilmarke zu Vertrieb, Datenschutz u. Einrichtung Legal Help Desk. Arbeitsrecht: Arvato Financial Solutions zu Aufbau internat. Matrixstruktur; Lixil-Gruppe zu Verträgen von Führungskräften.

DENTONS
Düsseldorf ★★

Detaillierte Informationen zu dieser Kanzlei finden Sie in den jeweiligen Fachkapiteln sowie im ▷Nationalen Überblick Top 50.
Bewertung: In D'dorf setzt die Kanzlei seit ihrer Eröffnung in 2019 auf konsequentes Wachstum u. besticht mittlerw. durch fachl. Breite. Das kleine Corporate-Team berät auch aufgr. der internat. Aufstellung der Gesamtkanzlei oft Mandate mit internat. Bezügen.
Team: 6 Eq.-Partner, 4 Sal.-Partner, 4 Counsel, 20 Associates
Schwerpunkte: ▷Arbeit; ▷Bank- u. Finanzrecht; ▷Beihilferecht; ▷Energie; ▷Gesellsch.recht; ▷Immo/Bau; ▷Kartellrecht; ▷Konfliktlösung; ▷M&A; Steuern; ▷Verkehr, Wirtschaftsstrafrecht/Compliance.
Mandate: Siehe Fachkapitel.

EVERSHEDS SUTHERLAND
Düsseldorf ★★

Detaillierte Informationen zu dieser Kanzlei finden Sie in den jeweiligen Fachkapiteln sowie im ▷Nationalen Überblick Top 50.
Bewertung: Kontinuierl. steigende Präsenz in M&A/Gesellschaftsrecht, außerdem solide Beratung in Private Equity u. Energierecht. Eine junge Partnergeneration trägt zur positiven Entwicklung bei u. agiert zunehmend selbstständig in fast allen Fachbereichen.
Team: 7 Partner, 9 Counsel, 11 Associates, 2 of Counsel
Partnerwechsel: Dr. Maximilian Findeisen (zu Norton Rose Fulbright; Corporate/M&A)
Schwerpunkte: ▷Energie; ▷Gesellschaftsrecht; ▷Immo/Bau; ▷Konfliktlösung; ▷M&A.
Mandate: Siehe Fachkapitel.

EY LAW
Düsseldorf ★★

Bewertung: Mit ihren rd. 50 Anwälten in D'dorf u. der zusätzl. Möglichkeit, bei Bedarf die eng vernetzten Rhein-Ruhr-Büros in Köln u. Essen einzubinden, ist EY Law eine der größten Kanzleien vor Ort. EYs Big-Four-Netzwerk sorgt für eine breite Mandantenbasis u. begleitend dazu für eine hohe steuerl. Beratungskompetenz, die von Mittelständlern u. kommunalen Unternehmen genauso geschätzt wird wie von internat. Gesellschaften. Seit den letztjährigen Zugängen mit Regulierungs-Know-how können im öffentl.-rechtl. Bereich jetzt nicht nur Transaktionen, sondern auch gr. Reorganisationen nahtlos betreut werden – hier umfassen die Mandate Aktien-, Steuer- u. Arbeitsrecht zusammen mit Bewertungsfragen u. notariellem Input. Besonders die Krisenszenarien im Energiesektor versprechen für diesen Kombinationsansatz eine hohe Nachfrage.
Team: 10 Eq.-Partner, 7 Sal.-Partner, 36 Associates

Partnerwechsel: Danny Essing (zu Deloitte Legal; Öffentl. Recht), Dr. Kerstin Henrich (von Jones Day; M&A)
Schwerpunkte: ▷*Gesellschaftsrecht*, vielfach Reorganisationen; Transaktionen; ▷*Energierecht*; ▷*Verkehrssektor*.
Mandate: MMI Leisure & Capital Management zu Gastronomie-JV; Opti Health Consulting zu Fremdbeteiligungen; Sino zu Beteiligung an Fintech-Start-up Quin u. zu Verkauf von Anteilen an Trade Republic; Lieferdienst zu neuer Holdingstruktur inkl. grenzüberschr. Rechtsformwechsel; Konsumgüterkonzern zu grenzüberschr. Umstrukturierung nach Zukäufen; Stadtwerke zu Gesellschaftsgründung für Breitbandausbau sowie zu Finanzierung; Metallverarbeiter zu Kauf eines Wettbewerbs; Huawei Technologies D'dorf, Regus, Japan Steel Works sowie Luwin Management lfd. gesellschaftsrechtl.; kommunale Versorger wie BEW, Gelsenwasser, LSW-Netz lfd. regulierungsrechtlich.

FIELDFISHER
Düsseldorf ★★

Detaillierte Informationen zu dieser Kanzlei finden Sie in den jeweiligen Fachkapiteln sowie im ▷*Nationalen Überblick Top 50*.
Bewertung: Der Schwerpunkt liegt neben dem ▷*Kartellrecht*, auch mit Compliance-Bezug, auf dt. u. internat. Transaktionen. Fieldfisher berät u.a. strateg. Investoren aus China u. Indien. Exzellenter Ruf bei Organhaftung u. der Beratung von Aufsichtsräten, zunehmend auch Vorständen.
Team: 9 Eq.-Partner, 2 Counsel, 13 Associates, 1 of Counsel
Partnerwechsel: Dr. Daniel Kamke (von CMS Hasche Sigle; Insolvenz/Restrukturierung)
Schwerpunkte: ▷*Gesellschaftsrecht*, v.a. Aktienrecht; Arbeits-, ▷*Kartellrecht*; ▷*M&A*; (internat.) Patentrecht.
Mandate: Siehe Fachkapitel.

FRESHFIELDS BRUCKHAUS DERINGER
Düsseldorf ★★★★★

Detaillierte Informationen zu dieser Kanzlei finden Sie in den jeweiligen Fachkapiteln sowie im ▷*Nationalen Überblick Top 50*.
Bewertung: Im D'dorfer Büro liegt einer der Schwerpunkte der Kanzlei: die angesehene ▷*Compliance-Beratung*. Zum hohen Renommee tragen auch die hochkarätigen ▷*Kartell-* u. ▷*Patentrechtspraxen* bei. Das ▷*Gesellschaftsrechtsteam* ist im Vergleich zu einigen örtl. Wettbewerbern etwas kleiner, allerdings mit sehr anerkannten Partnern besetzt.
Team: 27 Partner, 9 Counsel, 124 Associates, 2 of Counsel
Schwerpunkte: ▷*Arbeit*; ▷*Börseneinführ. u. Kapitalerhöhung*; ▷*Compliance*; ▷*Energie*; ▷*Gesellsch.recht*; ▷*Gesundheit*; ▷*Immo/Bau*; Insolvenz/Restrukturierung; ▷*Investmentfonds*; ▷*IT u. Datenschutz*; ▷*Kartell*; ▷*Marken u. Wettbewerb*; ▷*Medien*; Nachfolge/Vermögen/Stiftungen; ▷*Öffentl. Recht*; ▷*Patent*; ▷*Private Equ. u. Vent. Capital*; Steuer; Telekommunikation; ▷*Verkehr*; ▷*Vertrieb*; ▷*Wirtschafts- u. Steuerstrafrecht*.
Mandate: Siehe Fachkapitel.

DR. GANTEFÜHRER MARQUARDT & PARTNER
Düsseldorf ★

Bewertung: Die D'dorfer MDP-Einheit bietet ihren meist mittelst. Mandanten einen umf. Beratungsansatz. Wegen ihres Know-hows im Gesellschaftsrecht ziehen Unternehmen wie die LifeFit Group sie regelm. bei Transaktionen hinzu u. auch bei gesellschaftsrechtl. Streitigkeiten u. im D&O-Bereich ist sie gefragt. Bundesw. angesehen ist sie zudem für die Beratung bei Nachfolgethemen u. im Stiftungsrecht, v.a. im Kunst- u. Kulturbereich, wo z.B. zahlr. Kunstsammler u. Museen auf das Team setzen. Ihr MDP-Ansatz, den sie beispielsw. für ein Umwelttechnik-Unternehmen beim Verkauf an einen skandinav. Investor ausspielt, hebt die Kanzlei von div. Mittelstandsberatern in D'dorf ab u. kommt dem Bedürfnis vieler Mandanten nach integrierter Beratung entgegen.
Stärken: Beratung zu Nachfolge/Vermögen/Stiftungen mit einem Fokus auf der Kunst- u. Kulturbranche.
Oft empfohlen: Dr. Imke Aulbert („versiert, engagiert, kooperativ u. informiert", Mandant; Öffentl. Recht), Bernd Rühland („fachl. sehr qualifiziert", „langj. Erfahrung an der Schnittstelle zum Insolvenz(steuer)recht", Wettbewerber; Steuerrecht)
Team: 7 Partner, 13 Associates
Schwerpunkte: M&A u. Gesellschafts- sowie Immobilienrecht. Beratung im Öffentl. Recht, z.B. von Kommunen. Zunehmend IT- u. Versicherungsrecht.
Mandate: LifeFit Group Dtl., u.a. bei Umwandlung von Konzerngesellschaften in GmbHs, bei Zukäufen u. im Mietrecht; BellandVision umf. gesellschaftsrechtl., u.a. in Prozessen; AIK Immobilien-Investment immobilien- u. gesellschaftsrechtl. bei Zukäufen; Familienunternehmen, u.a. bei streitiger Trennung von Minderheitsgesellschafter; Stadt aus NRW bei Gründung einer Museums-Förderstiftung; Start-up-Millionär bei Nachfolgeplanung u. Stiftungsgründung; Umwelttechnik-Unternehmen beim Verkauf an einen skandinav. Investor.

GLADE MICHEL WIRTZ
Düsseldorf ★★★★

Bewertung: Die insges. 4 internen Partner- u. Counsel-Ernennungen im vergangenen Jahr stärken die gesellschaftsrechtl. Präsenz der Düsseldorfer Kanzlei. Sie festigen zugleich den Altersaufbau auf den unterschiedl. Karrierestufen u. zeugen von einem moderaten Expansionsdrang, gerade auch nach dem endgültigen Abschied eines der Gründungspartner, der GMW zuletzt noch als of Counsel verbunden war. Die Aufspaltung des Daimler-Konzerns, speziell die Herauslösung des Truck-Geschäfts, bescherte dem Team um Sustmann erneut eine Herkulesaufgabe. Gerade im Corporate-Bereich sind die Partner durch den intensiven persönl. Einsatz gefragt als Korrektiv zu Großkanzleien, aber ebenso für eigenständige Transaktionen oder prozessual. Ein ziemlich dickes Brett bohren die Kartellrechtler weiterhin mit den aufwendigen Prozedere für ein einheitl. digitales Bezahlsystem der dt. Banken, für das vom Bundeskartellamt die 2. Projektphase genehmigt wurde.
Stärken: Gesellschaftsrecht, v.a. Aktien- u. Konzernrecht; Kartellrecht.
Oft empfohlen: Dr. Achim Glade („bringt jurist. Formalitäten u. wirtschaftl. Ziele unter einen Hut, dabei konstruktiv u. lösungsorientiert", Mandant; Gesellschaftsrecht/M&A), Dr. Markus Wirtz (Kartellrecht), Dr. Marco Sustmann (Aktien- u. Kapitalmarktrecht), Dr. Andreas Merkner (Gesellschaftsrecht/M&A), Dr. Jochen Markgraf (Prozessführung, Restrukturierung), Dr. Silke Möller (Kartellrecht)
Team: 10 Partner, 2 Counsel, 17 Associates

Partnerwechsel: Dr. Arndt Michel (in eig. Kanzlei; Gesellschaftsrecht)
Schwerpunkte: ▷*Kartellrecht*; ▷*Gesellsch.recht*; ▷*M&A* u. Restrukturierungen; Aktien- u. Kapitalmarktrecht sowie Compliance.
Mandate: Daimler zu außerordentl. HV u. nachfolgender Abspaltung von Daimler Truck; Dt. Banken zu Genehmigung des dig. Bezahlsystems giropay durch das Bundeskartellamt; Gea Group zu Aktienrückkaufprogramm; ZF Friedrichshafen zu Verkauf der ZF Luftfahrttechnik; Mycronic zu Kauf der ATG Luther & Maelzer; Klöckner & Co. lfd. kartellrechtl.; Profisportverein zu Prüfung von Verbandsregularien durch das Bundeskartellamt; Apothekerverband Nordrhein prozessual zu AvP-Insolvenz.

GLEISS LUTZ
Düsseldorf ★★★★

Detaillierte Informationen zu dieser Kanzlei finden Sie in den jeweiligen Fachkapiteln sowie im ▷*Nationalen Überblick Top 50*.
Bewertung: Das D'dorfer Büro zeichnet sich durch die kleine, aber schlagkräftige ▷*Gesellschaftsrechtspraxis* sowie innerhalb der Kanzlei etablierte ▷*Arbeits-* u. ▷*Kartellrechtler* aus. Dazu etabliertes ▷*Patentteam*, v.a. prozessual stark in den Branchen ▷*Gesundheitswesen*, Telekommunikation u. Konsumgüter.
Team: 10 Eq.-Partner, 5 Counsel, 26 Associates, 2 of Counsel
Schwerpunkte: ▷*Arbeit*; ▷*Außenwirtschaft*; ▷*Beihilfe*; ▷*Energie*; ▷*Gesellsch.recht*; ▷*Gesundheit*; ▷*Kartellrecht*; ▷*Konfliktlösung*; ▷*Öffentl. Recht*; ▷*Patent*; Private Equ. u. Vent. Capital; ▷*Verkehr*.
Mandate: Siehe Fachkapitel.

GODEFROID & PIELORZ
Düsseldorf ★

Bewertung: Die D'dorfer Traditionskanzlei ist als Beraterin der Bank- u. Finanzbranche regelm. gesetzt. Renommiert ist sie v.a. für ihre Prozesstätigkeit u. steht ihren häufig langj. Mandanten in erster Linie bei Organhaftungs- u. Widerrufsfällen sowie bei Streitigkeiten mit Bezug zum Wertpapiergeschäft zur Seite. Regelm. kommt der Kanzlei die gute Vernetzung der beiden Namenspartner bei Aufsichtsräten u. Vorständen zugute, die z.B. bei Compliance-Fragen oder Nachfolgethemen berät. Von anderen Einheiten hebt sie sich durch ihren generalistischen Ansatz ab, bei dem die einzelnen Anwälte Themen wie Vergabe-, Arbeits- oder IP-Recht in einer Person abdecken, was dem Markttrend zur inhaltl. Spezialisierung sehr entgegenläuft.
Stärken: Gesellschaftsrecht (v.a. Organhaftung), Bankrecht (Leasing- u. Refinanzierungsstrukturen). Große Prozesserfahrung.
Oft empfohlen: Dr. Christoph Godefroid (Bank- u. Leasingrecht), Dr. Michael Pielorz (Gesellschaftsrecht)
Team: 6 Partner, 3 Associates
Schwerpunkte: ▷*Gesellsch.recht* u. Bank- u. Finanzrecht, in Prozessen ebenso wie beratend, v.a. bei Transaktionen. Auch Beratung im Arbeitsrecht, Marken- u. Wettbewerbsrecht. Außerdem Kartell- u. Vergaberecht.
Mandate: Div. Banken in Prozessen um Kreditgeschäft; Konzernvorstand lfd. zu Compliance; jap. Autoimporteur in Prozessen zu Aftersales; ausl. Bank lfd. bankrechtl.; Privatinvestor zu Gesellschafterdarlehen.

DÜSSELDORF WESTEN REGION

GVW GRAF VON WESTPHALEN
Düsseldorf ★

Detaillierte Informationen zu dieser Kanzlei finden Sie in den jeweiligen Fachkapiteln sowie im ▷*Nationalen Überblick Top 50*.
Bewertung: Starke internat. Ausrichtung im D'dorfer Büro, insbes. enge Zusammenarbeit mit etablierter China-Praxis im ▷*Gesellschaftsrecht* u. bei Transaktionen (▷*M&A*). Daneben Fokussierung auf Branchen wie Gesundheit u. Luftverkehr, die von praxis- u. standortübergreifenden Teams beraten werden.
Team: 6 Eq.-Partner, 2 Sal.-Partner, 3 Associates
Partnerwechsel: Carsten Beisheim (von Werhahn; Compliance)
Schwerpunkte: Außenwirtschaft; ▷*Energie*; ▷*Gesellsch.recht*; ▷*Immo/Bau*; ▷*M&A*; ▷*Öffentl. Recht*; ▷*Telekommunikation*; ▷*Vergabe*.
Mandate: Siehe Fachkapitel.

HENGELER MUELLER
Düsseldorf ★★★★★

Detaillierte Informationen zu dieser Kanzlei finden Sie in den jeweiligen Fachkapiteln sowie im ▷*Nationalen Überblick Top 50*.
Bewertung: Im D'dorfer Büro gehören die ▷*M&A*- u. ▷*Gesellschaftsrechtspraxen* seit Jahren unangefochten zu den Marktführern. Auch das ▷*Kartellrechtsteam* zählt zur Marktspitze.
Team: 31 Partner, 14 Counsel, 72 Associates
Schwerpunkte: ▷*Bankrecht u. -aufsicht*; ▷*Beihilfe*; ▷*Börseneinführ. u. Kapitalerhöhung*; ▷*Compliance*; ▷*Energie*; ▷*Gesellsch.recht*; ▷*Gesundheit*; ▷*Immo/Bau*; Insolvenz/Restrukturierung; IT; ▷*Kartellrecht*; ▷*Konfliktlösung*; ▷*M&A*; ▷*Nachfolge/Vermögen/Stiftungen*; ▷*Öffentl. Recht*; ▷*Patent*; ▷*Private Equ. u. Vent. Capital*; ▷*Unternehmensbez. Versichererberatung*; ▷*Verkehr*; ▷*Wirtschafts- u. Steuerstrafrecht*.
Mandate: Siehe Fachkapitel.

HERBERT SMITH FREEHILLS
Düsseldorf ★★

Bewertung: Das D'dorfer Büro der internat. Kanzlei ist weiter auf Expansionskurs u. nahm dafür ein Team von DLA Piper auf. Die neuen Partner Eltzschig u. Schmitz sind in der Versicherungsbranche sehr gut vernetzt. Dadurch stärkt HSF einen Bereich, in dem die Kanzlei internat. bereits gut aufgestellt ist, u. gewinnt auch in Dtl. namh. Mandanten wie Generali oder Gothaer hinzu. Dass die Eingliederung von Quereinsteigern gelingen kann, zeigt die Patent-Litigation-Praxis um vom Feld, die mittlerw. vermehrt Mandanten jenseits ihres trad. Schwerpunkts auf dem Gesundheitssektor von sich überzeugen kann. Darüber hinaus wird das Büro weiterhin von der erfolgr. u. schlagkräftigen Corporate-Praxis geprägt, die mit Unternehmen wie Lufthansa zusammenarbeitet. Die aufstrebende Kartellrechtspraxis um einen jungen, zunehmend visiblen Partner tritt wie bei der Beratung von Klarna beim Kauf von Stocard regelm. mit dem Corporate-Team im Tandem auf, bearbeitet jedoch auch unabh. davon Mandate.
Stärken: M&A u. Patent-Litigation.
Oft empfohlen: Dr. Sönke Becker („fachl. exzellent, sehr erfahren u. kollegial in der kanzleiübergr. Zusammenarbeit", Wettbewerber), Dr. Christoph Nawroth, Dr. Ina vom Feld (beide M&A), Dr. Sebastian Schürer („konzentriert, fokussiert, nüchtern", „intelligent, gewissenhaft, stets lösungsorientiert u. sehr verlässlich", Mandanten; Corporate/M&A)
Team: 7 Partner, 5 Counsel, 10 Associates

Partnerwechsel: Jan Eltzschig, Heike-Andrea Schmitz (von DLA Piper; Versicherungsrecht)
Schwerpunkte: ▷*Konfliktlösung*; ▷*M&A*; ▷*Gesellschaftsrecht*; ▷*Patent*; ▷*Private Equ. u. Vent. Capital*, Kartellrecht.
Mandate: InfraVia Capital Partners zu JV mit Liberty Global Ventures; Klarna bei Kauf Stocard; Ardonagh bei Kauf Hemsley Wynne Furlonge; Gothaer zu Strukturierung u. Entflechtung des Gesellschafterkreises eines Equity- und Mezzanine-Investments; Engie bei Verkauf Equans an Bouygues; Foundation Medicine u. Thales in Patentverletzungsverfahren; Copenhagen Infrastructure Partners, Generali u. Scottish Widows im Versicherungsrecht.

HEUKING KÜHN LÜER WOJTEK
Düsseldorf ★★★★

Detaillierte Informationen zu dieser Kanzlei finden Sie in den jeweiligen Fachkapiteln sowie im ▷*Nationalen Überblick Top 50*.
Bewertung: Innerhalb des Full-Service-Ansatzes hat im D'dorfer Büro insbes. die marktführende ▷*Vergaberechtspraxis* eine herausragende Stellung, in ▷*Verkehrssektor* dazu etabliertes u. schlagkräftiges ▷*Immobilienteam*; erfahrene Praxen in ▷*M&A*, Privatisierung u. ▷*Insolvenzrecht*; stark bei ÖPP.
Team: 40 Eq.-Partner, 25 Sal.-Partner, 41 Associates
Schwerpunkte: ▷*Arbeit*; ▷*Beihilfe*; ▷*Compliance*; ▷*Energie*; ▷*Gesellsch.recht*; ▷*Immo/Bau*; ▷*Insolvenz/Restrukturierung*; ▷*IT*; ▷*Kartellrecht*; ▷*Konfliktlösung*; ▷*Kredite u. Akqu.fin.*; ▷*M&A*; ▷*Marken u. Wettbewerb*; ▷*Medien*; ▷*Nachfolge/Vermögen/Stiftungen*; ▷*Patent*; Steuer u. Steuerabwehr; Umwelt u. Planung; ▷*Vergabe*; ▷*Verkehr*; ▷*Versicherungsvertragsrecht*; ▷*Wirtschafts- u. Steuerstrafrecht*.
Mandate: Siehe Fachkapitel.

HOFFMANN LIEBS
Düsseldorf ★★★

Bewertung: Als Musterbeispiel einer breit aufgestellten, mit ihren mittelständ. Mandanten eng verbundenen Allroundkanzlei sammelte HL zuletzt Empfehlungen für ganz unterschiedl. Rechtsgebiete. Die Mandanten loben etwa die „ausgezeichnete Fachkenntnis u. hohe Serviceorientierung" der Immobilienrechtler oder die Vertragsrechtler für „tiefes Wissen, Pragmatismus u. enorme Schnelligkeit". Bei dieser breiten Präsenz gleicht sich eine leichte Umsatzdelle, die wg. etwas weniger M&A- u. deutl. weniger Dieselprozessgeschäft zustande kam, gut aus. Die Arbeitsrechtspraxis setzte ihren guten Lauf mit zahlr. großen Restrukturierungsprojekten wie Technotrans fort, während die gute Vernetzung im Bankensektor für eine Mittelstandskanzlei ein besonderes Merkmal ist. Die gr., teils sehr aktive Of-Counsel-Riege lässt den jüngeren Partnern zunehmend mehr Raum, die Weiterentwicklung der Kanzlei voranzutreiben.
Stärken: Hochkarät. Rechtsberatung zu vglw. günstigen Kosten; stark bei börsennot. Unternehmen. China-Kompetenz.
Oft empfohlen: Norbert Bröcker („sehr gute u. kompetente Betreuung", Mandant; Gesellschafts-, Kapitalmarktrecht), Heiko Langer (Arbeitsrecht), Dr. Roland Erne (Bank- u. Bankaufsichtsrecht), Dr. Andreas Gabler (Energierecht), Peter Huppertz (IP/IT), Daniel-Sebastian Kaiser („starke Kompetenz, pragmat. Vorgehen, guter Berater für mid-sized Transaktionen", Mandant; M&A), Dr. Kerstin Pallinger (Kartellrecht), Dr. Jörg Podehl (Arbeitsrecht), Dr. Philipp Wehler (IP/Compliance), Claus Eßers (Gesellschaftsrecht), Wolfgang Bucksch (Arbeitsrecht)
Team: 31 Partner, 4 Counsel, 17 Associates, 8 of Counsel
Schwerpunkte: ▷*Energie*, ▷*Gesellsch.recht* u. ▷*M&A*, ▷*Arbeits-* u. Steuerrecht, Steuerstrafrecht, Bank- u. Bankaufsichtsrecht, Energierecht, Konfliktlösung, Immobilienrecht, Compliance/Kartellrecht, IT, auch Marken- u. Wettbewerbsrecht. Kommunen in Vergaberecht, ▷*Öffentl. Recht*.
Mandate: Friwo zu Kapitalerhöhung; JHW Gesundheitszentrum (Alternativer Investmentfonds) umf. zur Errichtung; UTC-Vastwin Project Logistics zu Logistikprojekt in Osteuropa; Intco Medical gesellschafts- u. vertriebsrechtl.; Versorgungswerke zur Neustrukturierung von Anlagerichtlinien; Vestas Blades Dtl. zu Betriebsschließung in Süd-Brandenburg; Technotrans umf. zu Umstrukturierung u. arbeitsrechtl. Betriebsstruktur; Klinikgruppe zu arbeitsrechtl. Neuaufstellung infolge Expansion; Bochum Perspektive 2022 zu Grundstücksverkauf Opel-Areal; Ministerium zu vertriebsrechtl. Streit mit Maskenlieferanten; Wäschehersteller zu Neuerstellung der Vertriebsverträge u. im Vertriebskartellrecht.

HOGAN LOVELLS
Düsseldorf ★★★★

Detaillierte Informationen zu dieser Kanzlei finden Sie in den jeweiligen Fachkapiteln sowie im ▷*Nationalen Überblick Top 50*.
Bewertung: Aus der besonders breiten fachl. Aufstellung am Düsseldorfer Standort ragt die IP-Praxis der Großkanzlei heraus, v.a. bei ▷*Patentprozessen*. ▷*M&A-* u. ▷*Gesellschaftsrechtsteams* mit viel Branchenerfahrung, u.a. im Versicherungssektor. Sehr guter Ruf auch im ▷*Immobilien-* u. Steuerrecht.
Team: 25 Partner, 20 Counsel, 58 Associates
Schwerpunkte: ▷*Arbeit*; ▷*Bankrecht u. -aufsicht*; ▷*Compliance*; ▷*Energie*; ▷*Gesellsch.recht*; ▷*Gesundheit*; ▷*Immo/Bau*; ▷*IT u. Datenschutz*; ▷*Kartellrecht*; ▷*Konfliktlösung*; ▷*Lebensmittel*; ▷*M&A*; ▷*Marken u. Wettbewerb*; ▷*Öffentl. Recht*; ▷*Patent*; ▷*Private Equ. u. Vent. Capital*; Steuern; ▷*Telekommunikation*; ▷*Unternehmensbez. Versichererberatung*; ▷*Vertrieb*.
Mandate: Siehe Fachkapitel.

JONES DAY
Düsseldorf ★★★

Detaillierte Informationen zu dieser Kanzlei finden Sie in den jeweiligen Fachkapiteln sowie im ▷*Nationalen Überblick Top 50*.
Bewertung: Im D'dorfer Büro hat die ▷*M&A-Praxis* der Kanzlei einen Schwerpunkt, neben ▷*Private Equity* gibt es u.a. Branchenerfahrung mit Hotels u. im Energiesektor.
Team: 10 Partner, 1 Counsel, 7 Associates, 3 of Counsel
Partnerwechsel: Dr. Kerstin Henrich (zu EY Law; M&A)
Schwerpunkte: ▷*Energie*; ▷*Gesellsch.recht*; Immo/Bau; ▷*Kartellrecht*; ▷*Konfliktlösung*; ▷*M&A*; Marken u. Wettbewerb; ▷*Patent*; ▷*Private Equ. u. Vent. Capital*.
Mandate: Siehe Fachkapitel.

KAPELLMANN UND PARTNER
Düsseldorf ★★★

Detaillierte Informationen zu dieser Kanzlei finden Sie in den jeweiligen Fachkapiteln sowie im ▷*Nationalen Überblick Top 50*.

Anwaltszahlen: Angaben der Kanzleien zur Bürogröße vor Ort.
Sie spiegeln nicht zwingend die Gesamtgröße einer Kanzlei wider.

REGION WESTEN DÜSSELDORF

Bewertung: Das Düsseldorfer Büro spielt in der Kombination mit dem Mönchengladbacher Stammsitz seit Jahren bei komplexen ▷Bauvorhaben an der Marktspitze mit. Zusätzlich haben sich weitere Fachbereiche etabliert, v.a. ▷Kartellrecht u. Gesellschaftsrecht.
Team: 19 Eq.-Partner, 14 Sal.-Partner, 12 Associates, 1 of Counsel
Schwerpunkte: ▷Compliance; ▷Gesellsch.recht; ▷Immo/Bau; IP/Wettbewerbsrecht; ▷M&A; ▷Vergabe; ▷Verkehr u. ÖPP; Vertriebsrecht.
Mandate: Siehe Fachkapitel.

KPMG LAW
Düsseldorf ★★

Bewertung: Die breite Corporate-Praxis sowie das Arbeitsrecht bilden das Rückgrat für KPMG Law in D'dorf. Der MDP-Ansatz der gemeinsamen Marktbearbeitung von Anwälten u. anderen Berufsträgern ist erfolgr., indem einige namh. Konzerne nicht nur zu lfd. Angelegenheiten beraten werden, sondern auch bei bedeutenden Transaktionen, wie das Bsp. RWE zeigt. Das KPMG-Team beriet den Verkauf des europ. u. israel. Geschäfts von Belectric. Dieser Deal belegt zudem, dass die internat. Ausrichtung des gesamten KPMG-Standorts für den Anwaltsbereich Früchte trägt – die grenzüberschr. Mandate betreffen aber nicht nur M&A oder Reorganisationen, sondern auch Compliance u. den Legal-Operations-Bereich, insoweit KPMG hier internat. aufgestellte Rechtsabteilungen berät. Parademandat ist hier der w. reichende Umbau der VW-Rechtsabteilung. Auch sonst zeigt sich KPMG Law nah an den Mandanten: Zuletzt wurde der Zweig der ‚Financial Services Legal' mit 2 Inhouse-Quereinsteigern von Santander bzw. HSBC Trinkaus & Burkhardt gestärkt.
Oft empfohlen: Dr. Stefan Middendorf (Arbeitsrecht), Dr. Dr. Boris Schilmar (Gesellschaftsrecht)
Team: 9 Eq.-Partner, 12 Sal.-Partner, 7 Associates
Partnerwechsel: Matthias Lüger (von Santander), Dr. Ulrich Florian (von HSBC Trinkaus & Burkhardt; beide Bank-/Finanzrecht)
Schwerpunkte: Klassisches ▷Gesellschaftsrecht in allen Facetten, ▷M&A u. Arbeitsrecht, häufig mit internat. Bezug; ▷Vergaberecht, Compliance, Bankaufsichtsrecht, IP/IT.
Mandate: Volkswagen zu globaler Transformation der Rechtsabteilung; RWE zu Verkauf von Belectric; Toyota Gazoo Racing Europe zu Kauf von IP-Rechten; Mauser Industrieverpackungen u. Roularta Media jeweils zu Umstrukturierung; EGV (Transgourmet) arbeitsrechtl. zu Kauf von Bauer Frischdienst; Fr. Lürssen Werft zu arbeits- u. betriebsrentenrechtl. Reorganisation; Vodafone zu interner Untersuchung; Dax-Konzern zu Reorganisation u. Vergütungsbericht; Cartonplast Holding zu Aufsetzen eines Cashpools; K+S lfd. gesellschaftsrechtlich.

LATHAM & WATKINS
Düsseldorf ★★★★

Detaillierte Informationen zu dieser Kanzlei finden Sie in den jeweiligen Fachkapiteln sowie im ▷Nationalen Überblick Top 50.
Bewertung: Das D'dorfer Büro zeichnet sich durch seine ▷M&A-, ▷Gesellschafts- u. ▷Kartellrechtspraxen aus, mit besonderem Fokus auf die Beratung von Industrieunternehmen.
Team: 6 Partner, 1 Counsel, 13 Associates

Schwerpunkte: ▷Compliance; ▷Energie; ▷Gesellsch.recht; Insolvenz/Restrukturierung; ▷Kartellrecht; ▷Konfliktlösung; ▷M&A.
Mandate: Siehe Fachkapitel.

LINKLATERS
Düsseldorf ★★★★★

Detaillierte Informationen zu dieser Kanzlei finden Sie in den jeweiligen Fachkapiteln sowie im ▷Nationalen Überblick Top 50.
Bewertung: Die äußerst schlagkräftige Corporate-Praxis (▷Gesellschaftsrecht, ▷M&A) hat ihren Schwerpunkt in D'dorf u. weist eine bemerkenswerte Vernetzung in der Rhein-Ruhr-Industrie auf. Dazu sehr anerkannte ▷Kartellrechtspraxis.
Team: 14 Partner, 11 Counsel, 49 Associates, 1 of Counsel
Partnerwechsel: Wolfgang Sturm (zu Gleiss Lutz; M&A)
Schwerpunkte: ▷Arbeit; ▷Gesellsch.recht; ▷Kartellrecht; ▷Konfliktlösung; ▷M&A; ▷Patent; Steuer; ▷Unternehmensbez. Versicherberatung.
Mandate: Siehe Fachkapitel.

LMPS VON LAER MEYER PAUL STUTTMANN
Düsseldorf ★

JUVE AWARDS 2022
Gründerzeit-Award

Bewertung: Das Linklaters-Spin-off hat sich innerh. von 2 Jahren einen Namen im D'dorfer Markt gemacht u. setzt mit dem Aufbau einer Associate-Riege auf langfristiges Wachstum. Ausgangspunkt waren komplexe Mandate für AGen u. SEs. Die hier aktive Umstrukturierungspraxis wurde durch eine Ex-Linklaters-Kollegin, die als Sal.-Partnerin kommt, weiter gestärkt. Außerdem konnte LMPS bei VC-finanzierten Wachstumsunternehmen Fuß fassen, wobei die Kanzlei häufig von anderen Kanzleien für komplexere gesellschaftsrechtl. Arbeit mandatiert wurde. Sehr gut gelang der Aufbau einer Transaktionspraxis, die von Anfang an einen starken Dealflow bei Small- u. Mid-Cap-Transaktionen verzeichnete. Besonders hervorzuheben ist die Arbeit für Bitburger, die zuvor häufig auf größere Kanzleien setzte.
Stärken: Umstrukturierung, Organhaftung
Oft empfohlen: Dr. Carl von Laer („sehr erfahren, angenehm in der Zusammenarbeit", Wettbewerber), Dr. Hubertus Stuttmann („sicherer, versierter Verhandler", Wettbewerber); Dr. Carsten Paul („versierter Aktien- u. Kapitalmarktrechtler", Wettbewerber), Dr. Daniel Meyer („brillianter Jurist mit treffsicherem Blick für wirtschaftl. Zusammenhänge", Wettbewerber; alle Gesellschaftsrecht/M&A)
Team: 4 Eq.-Partner, 1 Sal.-Partner, 2 Associates
Schwerpunkte: Konzern-, aktien- u. kapitalmarktrechtl. Begleitung von Großunternehmen, Organberatung sowie gesellschaftsrechtl. Prozesse. Stetiger Fluss an kl. bis mittelgr. Transaktionen, inkl. Venture Capital.
Mandate: Bitburger Braugruppe bei Kauf von Crew Republic einschl. Finanzierung; Bitburger Ventures als Investorin bei Beteiligungserwerben an HelloFreshGO, Naughty Nuts, MushLabs, The Stryze Group; Gesellschafter von Smunch bei Verkauf an Delivery Hero; Medwing bei 4 Akquisitionen von dt. Personaldienstleistern. Gesellschaftsrecht: Ehemaliges Vorstandsmitglied der WestLB bei Organhaftung. Lfd.: Gesco inkl. HV; Hugo Boss Vorstand u. Aufsichtsrat inkl. HV; Indus Holding inkl. Kapi-

talmarktrecht; Pantera inkl. HV; 1komma5, CoachHub, Knipex Werk C. Gustav Putsch.

LUTHER
Düsseldorf ★★★

Detaillierte Informationen zu dieser Kanzlei finden Sie in den jeweiligen Fachkapiteln sowie im ▷Nationalen Überblick Top 50.
Bewertung: Im D'dorfer Büro ist u.a. die hochkarätige ▷energiewirtschaftsrechtl. Praxis angesiedelt, mit Schnittstellen zu ▷Kartellrecht, ▷M&A u. ▷Öffentl. Recht (Umwelt u. Planung); doch ist das Büro insgesamt breiter aufgestellt u. begleitet zahlreiche mittelständ. Unternehmen umfassend, auch bei M&A-Deals. Zudem bekannte Italien-Praxis.
Team: 9 Eq.-Partner, 3 Sal.-Partner, 3 Counsel, 19 Associates
Partnerwechsel: Dr. Karl von Hase (zu Pluta; Konfliktlösung)
Schwerpunkte: ▷Arbeit; Bank- u. Finanzrecht; ▷Energie; ▷Gesellsch.recht; ▷Immo/Bau; ▷Kartellrecht; ▷Konfliktlösung; ▷M&A; ▷Marken u. Wettbewerb; ▷Öffentl. Recht (Umwelt u. Planung); ▷Vertrieb.
Mandate: Siehe Fachkapitel.

MAYER BROWN
Düsseldorf ★

Detaillierte Informationen zu dieser Kanzlei finden Sie in den jeweiligen Fachkapiteln sowie im ▷Nationalen Überblick Top 50.
Bewertung: Das D'dorfer Büro der US-Kanzlei legt seinen Fokus auf ▷M&A/▷Gesellsch.recht u. Gewerblichen Rechtsschutz. Im Vergleich zu Frankfurt ist der Standort klein, bildet jedoch den Kern der neu aufgebauten ▷Kartellrechtspraxis.
Team: 6 Eq.-Partner, 3 Counsel, 5 Associates, 1 of Counsel
Schwerpunkte: ▷Gesellsch.recht; Gewerbl. Rechtsschutz; ▷Kartellrecht; ▷M&A; Private Equ. u. Vent. Capital.
Mandate: Siehe Fachkapitel.

MCDERMOTT WILL & EMERY
Düsseldorf ★★★★

Detaillierte Informationen zu dieser Kanzlei finden Sie in den jeweiligen Fachkapiteln sowie im ▷Nationalen Überblick Top 50.
Bewertung: Bundesweit angesehen sind die D'dorfer ▷Immobilienpraxis, die u.a. bei großen Transaktionen erfahren ist, sowie das ▷Restrukturierungsteam. ▷M&A zählt zu den weiteren Schwerpunkten, ebenso das ▷Arbeitsrecht.
Team: 28 Partner, 4 Counsel, 31 Associates, 1 of Counsel
Schwerpunkte: ▷Arbeit; ▷Gesellsch.recht; ▷Immo/Bau; ▷Insolvenz/Restrukturierung; ▷Konfliktlösung; ▷M&A; ▷Patent; ▷Private Equ. u. Vent. Capital; Steuerrecht; ▷Verkehr.
Mandate: Siehe Fachkapitel.

NOERR
Düsseldorf ★★★★

Detaillierte Informationen zu dieser Kanzlei finden Sie in den jeweiligen Fachkapiteln sowie im ▷Nationalen Überblick Top 50.
Bewertung: Die breit aufgestellte D'dorfer Prozesspraxis genießt im Markt ein ausgeprägtes Renommee (▷Konfliktlösung). Sehr versiert ist sie u.a. bei Produkthaftung u. -sicherheit sowie Fragen der D&O-Haftung. Durch den Zugang eines renommier-

ten Teams von Latham & Watkins im Vorjahr hat sich zudem die M&A-Praxis enorm verstärkt.
Team: 15 Partner, 9 Sal.-Partner, 4 Counsel, 31 Associates
Partnerwechsel: Carsten Bringmann (von Hogan Lovells; Öffentl. Wirtschaftsrecht)
Schwerpunkte: ▷*Arbeit*; ▷*Bankrecht u. -aufsicht*; Baurecht; ▷*Börseneinführ. u. Kapitalerhöhung*; ▷*Gesellsch.recht*; ▷*Immo/Bau*; ▷*Konfliktlösung*; ▷*M&A*; ▷*Marken u. Wettbewerb*; ▷*Private Equ. u. Vent. Capital*; ▷*Unternehmensbez. Versichererberatung*; ▷*Verkehr*.
Mandate: Siehe Fachkapitel.

ORRICK HERRINGTON & SUTCLIFFE
Düsseldorf ★★★

Bewertung: Im verg. Jahr hatte Orrick mit 2 Neuzugängen die Felder Kartellrecht/Auslandsinvestitionen sowie Patentrecht gestärkt. Die gelungene Integration der neuen Partner – insbes. auch in die internat. Praxen – zeigt exemplar., wie konsequent sich das D'dorfer Büro an grenzüberschr. Mandaten orientiert. Das gilt mittlerw. nicht mehr nur für die angestammten Schwerpunkte im Schiedsrecht oder M&A. Die €115-Mio-Finanzierungsrunde des Online-Marketing-Anbieters Uberall, die mit einer US-Transaktion verknüpft wurde, belegt die Stärke bei komplexen internat. Transaktionen. Auch die Datenschutzpraxis u. das Arbeitsrecht sind internat. stärker integriert. Trotzdem bleiben die Partner mit originär dt. Mandanten gut im Geschäft, nicht zuletzt der Schiedsstreit um die Beendigung des Pkw-Maut-Projekts lastet ein gr. Team aus.
Stärken: M&A; Schiedsverfahren.
Oft empfohlen: Prof. Dr. Siegfried Elsing („vorbildl. Engagement, mit Herzblut dabei", Wettbewerber; Schiedsverfahren), Dr. Oliver Duys, Dr. Wilhelm Nolting-Hauff (beide M&A), Dr. André Zimmermann (Arbeitsrecht), Dr. Christian Schröder (Datenschutz, IP/IT), Dr. Sven Greulich (M&A/Venture Capital)
Team: 9 Eq.-Partner, 6 Sal.-Partner, 5 Counsel, 23 Associates
Schwerpunkte: V.a. mittelgr. Transaktionen (▷*M&A*), häufig grenzüberschr. aktiv. Starke internat. Schiedspraxis (▷*Konfliktlösung*), zudem ▷*Gesellsch.recht*, ▷*Private Equ. u. Vent. Capital* u. Arbeitsrecht, IT und Datenschutz.
Mandate: Uberall zu Finanzierungsrunde sowie Kauf von MomentFeed; Steag bei Anteilskauf am Kraftwerk Walsum 10; Skillz zu strateg. Partnerschaft u. Investition bei Exit Games; Deel zu Kauf von Zeitgold; Neuroloop zu Kooperation bzgl. Neurostimulation mit Merck; Headline zur Fusion der Portfoliogesellschaft Deposit Solutions mit Raisin; Bund bei Schiedsverfahren zur Pkw-Maut.

ORTH KLUTH
Düsseldorf ★★★

NOMINIERT
JUVE Awards 2022
Kanzlei des Jahres für den Mittelstand

Detaillierte Informationen zu dieser Kanzlei finden Sie in den jeweiligen Fachkapiteln sowie im ▷*Nationalen Überblick Top 50*.

Bewertung: Breit aufgestellte mittelständ. Kanzlei, die sowohl Konzerne als auch mittelständ. Unternehmen zu ihren Stammmandanten zählt. Zunehmend Transaktionen in Wachstumsbranchen wie Gesundheitswesen u. Energiesektor. Starke Praxen im Arbeits- u. Baurecht. Zuletzt prominente Verstärkung im IP geholt.

Team: 17 Eq.-Partner, 20 Sal.-Partner, 2 Counsel, 25 Associates, 2 of Counsel
Partnerwechsel: Dr. Moritz Dästner (von Freshfields; Kartellrecht), Maren Müller-Mergenthaler (von Farago; Marken- u. Wettbewerbsrecht), Dr. Lars Maritzen (zu Kleiner; Kartellrecht)
Schwerpunkte: ▷*Arbeit*; ▷*Compliance*; ▷*Gesellsch. recht*; Handelsrecht; ▷*Immo/Bau*; ▷*IP*; Kartellrecht; ▷*Konfliktlösung*; ▷*M&A*; ▷*Marken u. Wettbewerb*; ▷*Verkehr*; dt. u. internat. Vertragsrecht.
Mandate: Siehe Fachkapitel.

PETERS
Düsseldorf ★

Bewertung: Die Kanzlei berät einen treuen Stamm an familiengeführten u. mittelständ. Unternehmen. Mandanten vertrauen ihr v.a. im Corporate/M&A, Bau- u. Immobilien- sowie Arbeitsrecht. Die 4. gr. Säule bildet die Beratung dt. Töchter jap. Konzerne über versch. Rechtsgebiete hinweg. Um das zuletzt in allen Bereichen florierende Geschäft bearbeiten zu können, baut sie ihre Anwaltschaft konsequent aus, zuletzt durch die Zugänge 2er Partner im Arbeits- bzw. Gesellschaftsrecht. Erneut stand Peters zahlr. Mandanten bei Transaktionen zur Seite, etwa mehreren Ärzten beim Verkauf ihrer Praxen an Investoren. Sie profitierten vom Know-how einer im Vorjahr hinzugekommenen Medizinrechtlerin, die z.B. bei Zulassungsfragen berät.
Oft empfohlen: Dr. Wolfgang Peters (Gesellschaftsrecht), Dr. Jürgen Einbeck (Immobilien- u. Baurecht)
Team: 3 Eq.-Partner, 4 Sal.-Partner, 13 Associates, 2 of Counsel
Partnerwechsel: Frank Lötters (von von der Fecht; Gesellschaftsrecht), Thomas Pauken (von Färber; Arbeitsrecht)
Schwerpunkte: Gesellschaftsrecht (inkl. M&A), v.a. für den Mittelstand, oft mit Regionalbezug. Auch Arbeits- u. Bau-/Immobilienrecht; Japan-Kompetenz.
Mandate: Kitzig Interior Design baurechtl. zu Revitalisierung u. Nutzungsänderung eines denkmalgeschützten ehem. Konsulatsgebäudes; Lenzen-Gruppe beim Sale-and-lease-back mit Neuerrichtung eines Logistik- u. Verwaltungszentrums; Tinbergen Immobilien immobilienrechtl. bei Kauf div. Grundstücke für Projektentwicklungen; Barthel Management bei Projektierung eines ehem. Bahngeländes; lfd. arbeitsrechtl.: Brandmasters, Bundesverband Dt. Volks- und Betriebswirte, Hüsges-Gruppe, Thermobiel.

PINSENT MASONS
Düsseldorf ★★

Detaillierte Informationen zu dieser Kanzlei finden Sie in den jeweiligen Fachkapiteln sowie im ▷*Nationalen Überblick Top 50*.

Bewertung: Das Düsseldorfer Büro der Kanzlei ist für Mittelstands- u. Industriemandanten in einem breiten Spektrum tätig, ein Schwerpunkt ist die ▷*Energiebranche*.
Team: 8 Partner, 22 Associates
Schwerpunkte: Arbeit; ▷*Beihilfe*; ▷*Compliance*; ▷*Energie*; ▷*Gesellsch.recht*; ▷*IT*; ▷*Kartellrecht*; ▷*M&A*; Private Equ. u. Vent. Capital; ▷*Telekommunikation*.
Mandate: Siehe Fachkapitel.

PPR & PARTNER PAPE RAUH
Düsseldorf ★★

Bewertung: Die Kanzlei blieb vom 2. Coronajahr vollkommen unbeeindruckt u. entwickelte sich zu einer regelrechten Transaktionsmaschine, die besser ausgelastet war als mancher D'dorfer Konkurrent u. für die Vielzahl der Deals vielleicht sogar schon ein wenig zu schmal aufgestellt ist. Die M&A-Mandate kamen wie gewohnt nicht nur von strateg. Käufern aus dem Mittelstand sowie zum kleineren Teil aus dem Private-Equity-Sektor, sondern auch über die äußerst fruchtbaren internat. Kontakte. Unter den ausl. Investoren, die sich auf dem dt. Markt mit PPR umschauten, waren auch neue Namen. Dass die Kanzlei mehr anbietet als M&A-Beratung, gerät unter Wettbewerbern allmähl. in Vergessenheit, die v.a. das Transaktionsgeschäft von Rauh wahrnehmen.
Stärken: Internat. M&A.
Oft empfohlen: Dr. Theo Rauh, Dr. Ulf Hackenberg (beide M&A), Dieter Pape (Arbeitsrecht), Markus Melcher („sehr gute Beratung u. Erreichbarkeit", Mandant; Immobilienrecht)
Team: 9 Partner, 5 Associates
Schwerpunkte: Gesellschaftsrecht, insbes. ▷*M&A*, oft mit internat. Ausrichtung u. Mandanten v.a. aus den USA, GB, Frankreich u. China. Außerdem Arbeitsrecht. Ergänzend Wettbewerbs-, Vertriebs- u. Prozessrecht.
Mandate: IT-/TK-Gruppe zu Betriebsverkauf mit gesellschaftsrechtl. Ausgliederung u. Steueroptimierung; Logistiker zu Beteiligung an niederl. Joint Venture; Goletz zu Kauf von Nanogate Kierspe aus Insolvenz; US-Chemiekonzern zu Kauf eines Löschmittelherstellers; Stahlhersteller zu Restrukturierung eines JV; Kentucky Fried Chicken Dtl. lfd. immobilienrechtl.; Mode-Onlinehändler markenrechtl. zur Sicherstellung von internat. Vertriebswegen.

PRICEWATERHOUSECOOPERS LEGAL
Düsseldorf ★★

Bewertung: Das auf der Achse Frankfurt-Düsseldorf gut eingespielte M&A-Team nahm mit dem Reebok-Carve-out für Adidas ein weiteres Großprojekt in Angriff u. hat einen bemerkenswerten Trackrecord aufgebaut. Der involvierte D'dorfer Partner wurde zugleich Co-Leiter des PwC-Restrukturierungsnetzwerks. Insges. verstärkt PwC auch am D'dorfer Standort weiter die multidiszipl. Zusammenarbeit zw. Anwälten u. anderen Beratungsbereichen. So wuchs der dortige Teil des Legal-Technology-Teams um einen früheren Axiom- u. Bryter-Experten. Auch in der Paradedisziplin Energiewirtschaftsrecht funktioniert das multidiszipl. Modell u. überzeugt nicht zuletzt Mandanten aus der Wohnungswirtschaft.
Stärken: ▷*Energie*, Carve-out-Transaktionen u. Umstrukturierungen (▷*Gesellschaftsrecht*).
Oft empfohlen: Marc Peisert („unglaubl. praxisorientiert u. super Projektmanagement", Mandant; M&A), Arne Ferbeck („geschätzter Berater zu Rückstellungen", Mandant; Arbeitsrecht), Peter Mussaeus (Energierecht)
Team: 15 Partner, 35 Associates
Partnerwechsel: Dr. Thomas Brunn (zu Rosin Büdenbender, Energierecht)
Schwerpunkte: ▷*Gesellschaftsrecht*, ▷*M&A* (beides v.a. für regionale Mandantschaft), ▷*Energierecht*, Immobilienrecht, Öffentliches Recht, auch Arbeitsrecht, ▷*Nachfolge/Vermögen/Stiftungen*.
Mandate: Adidas zu Carve-Out u. Verkauf von Reebok; GfI Ingenieurdienste zu Einstieg einer Investorengruppe; Bayer zu Carve-out u. Verkauf von Environmental Science Professional; IMCap zu Verkauf von Sematell; TransnetBW SuedLink (TSL) zu Flächensicherung/Wegerecht inkl. Projektmangament u. Rechtsdurchsetzung; I-PRO Sensing Solutions zu

REGION WESTEN DÜSSELDORF

Carve-out u. Kauf der Sales-Abteilung von Panasonic Marketing Europe; Ardex zu Kauf von Wedi.

RELLERMEYERPARTNER
Düsseldorf ★

Bewertung: Die D'dorfer Kanzlei legt ihren Fokus auf Mittelständler aus der Region, ist jedoch auch bundesw. tätig. Wichtigstes Standbein ist das Gesellschaftsrecht, zu dem sie Mandanten wie die Salamon-Gruppe berät. Im Markt ist sie v.a. für ihre Tätigkeit für Robert Tönnies u. DKV bekannt, aber auch die Beziehung zu anderen Mandanten weitet sie aus, etwa zu einem mittelständ. Autozulieferer, der neben dem Arbeits- nun auch im Vertriebsrecht u. bei Compliance-Fragen auf RP setzt. Zuletzt musste die Kanzlei die Abgänge eines Konfliktlösungspartners zu RWP sowie 2er Associates hinnehmen, die in Unternehmen wechselten. Hier gilt es, schnell nachzubauen, um nicht den Anschluss an Wettbewerber wie Peters zu verlieren.

Oft empfohlen: Dr. Stefan Gröblinghoff („extrem versiert bei gleichzeitig hoher strateg. Weitsicht u. dem notwendigen Blick für ökonom. Aspekte", Wettbewerber)

Team: 6 Partner, 4 Associates, 2 of Counsel

Partnerwechsel: Johannes Pitsch (zu RWP; Konfliktlösung)

Schwerpunkte: Gesellschaftsrecht (inkl. M&A), v.a. für regionalen Mittelstand. Bankrecht, u.a. Organhaftung, sowie Prozesse u. Schiedsverfahren.

Mandate: Robert Tönnies lfd. im Gesellschaftsrecht, DKV umf., u.a. gesellschafts-, vertriebs- u. bankrechtl.; Gesellschafter DermaTools Biotech u. ehem. Vorstandsmitglieder CytoTools bei Einigungsvertrag; UNITI bankrechtl. in Konsultationsverfahren durch die EBA zur PSD2; UnionStahl bei Kauf Stahlhandel; Salamon-Gruppe lfd. gesellschaftsrechtl.; mittelst. Autozulieferer arbeitsrechtl. bei Restrukturierung u. in Compliance u. Vertriebsrecht; Agasaat umf. arbeitsrechtl.; WSH Deutsche Vermögenstreuhand lfd. bankrechtl.

ROTTHEGE
Düsseldorf ★★

Bewertung: In einem weiteren Kapitel der Kanzleihistorie trennten sich Ende 2021 am Essener Standort einige Wirtschaftsprüfer u. Steuerberater, unter ihnen der bisherige Namenspartner Prof. Dr. Bernd Wassermann, um mit der Kanzlei Holthoff-Pförtner eine neue Einheit zu bilden. Damit fehlt dem D'dorfer Büro von Rotthege zwar ein Teil der WP-/StB-Kompetenz, allerdings bleibt Rotthege im Anwaltsbereich intakt u. kann nahtlos die verbliebenen Essener Steuerkollegen u. das Notariat einbinden. Diese Verzahnung spielt in den Kerngebieten Gesellschaftsrecht/M&A sowie Immobilienrecht eine wichtige Rolle u. bietet jenseits der Transaktionsberatung auch einen Anker, um wachstumsorientierte Dauermandanten umf. zu betreuen. Gerade hier kommt auch das v.a. steuerrechtl. geprägte internat. Wiras-Netzwerk zum Zuge.

Oft empfohlen: Dr. Lars Kölling („breite Fachkenntnisse, jahrelange Erfahrung u. Verlässlichkeit; bsp. haftes Engagement", Mandant; Immobilienrecht)

Team: 6 Partner, 5 Counsel, 11 Associates, 1 of Counsel

Schwerpunkte: Ganzheitl. Betreuung von Projektentwicklungsvorhaben (▷Immo/Bau), Transaktionen (oft Hotels), Mietrecht; ▷gesellschaftsrechtl. Beratung, auch an der Schnittstelle zu Bank- u. Kapitalmarktrecht u. Sanierung/Restrukturierung; M&A.

Mandate: Adenauer&Co.-Gruppe umf. im Gesellschafts- u. Steuerrecht; lfd. Hahn-Gruppe gesellschafts-, insolvenz-u. aufsichtsrechtlich; Intecplan zu Post-Merger-Integration u. Gesellschafterausscheiden; Finanzvermittler zu Gesellschafterstruktur u. steuerl. Optimierung; Starrag zu Restrukturierung u. Verlagerung von Ecospeed in die Schweiz; Stoba-Holding lfd. gesellschafts- u. arbeitsrechtl.; Art-Invest zu Claim- u. Mängelmanagement bei Bonner Projekt Neuer Kanzlerplatz; Bauwens Development zu versch. Projektentwicklungen; Gerchgroup umf. zu Immobilienprojekten wie „The Q' Nürnberg u. „The Oval' D'dorf; Hines Immobilien zu Vertragsgestaltung für „KOE37'.

SERNETZ SCHÄFER
Düsseldorf ★★

Bewertung: Das Team am D'dorfer Standort der Kanzlei wird von Mandanten für seine gr. Erfahrung im Bankaufsichtsrecht geschätzt. Banken u. andere Finanzdienstleister berät es zu Themen wie Produktentwicklung, Anlageberatung u. Vermögensverwaltung sowie Immobilienfinanzierungen. Immer häufiger wird die Einheit zudem von Kanzleien ohne bankaufsichtsrechtl. Kompetenz bei teils hochvol. Transaktionen hinzugezogen. Mandate wie diese haben zuletzt ausgeglichen, dass es im Bereich Konfliktlösung ruhiger war. Unverändert hoch ist aber die Nachfrage in der Organberatung, wo Mandanten den Partnern sowohl bei Haftungsfällen als auch im lfd. Geschäft vertrauen. Zuletzt musste die Kanzlei einen Sal.-Partner zu Hausfeld ziehen lassen, verstärkte sich jedoch mit einem Inhouse-Quereinsteiger, der Erfahrung im Bank- u. Kapitalmarktrecht sowie in Compliance mitbringt.

Stärken: Vertretung in Großverfahren, ▷Bankrecht u. -aufsicht (auch umf. gutachterl. Tätigkeit).

Oft empfohlen: Prof. Dr. Frank Schäfer („hohe Fachkenntnis", „fachl. hervorragend", Wettbewerber; Gesellschaftsrecht/Bankrecht), Dr. Ulrike Schäfer („breite Expertise im Bank- u. Kapitalmarktrecht u. erfahren in der Prozessführung", Wettbewerber; Gesellschaftsrecht/Prozessführung), Dr. Peter Balzer (Bank- u. Kapitalmarktrecht/Prozessführung), Dr. Hans-Michael Pott (Steuerrecht), Dr. Thomas Eckhold („hohe Expertise im Bank- u. Versicherungsaufsichtsrecht", Wettbewerber; Bank- u. Kapitalmarktrecht)

Team: 8 Partner

Partnerwechsel: Thomas Klanten (von Deutsche WertpapierService Bank; Bank- u. Kapitalmarktrecht), Dr. Philipp Hardung (zu Hausfeld; Konfliktlösung)

Schwerpunkte: ▷Bank- u. Finanzrecht auf Bankenseite, oft für Organe u. zu Transaktionen, Produktentwicklung, Anlageberatung, Vermögensverwaltung sowie Immobilienfinanzierung. Außerdem ▷Gesellsch.recht, auch ▷Konfliktlösung u. Beratung von vermög. Privatpersonen (Nachfolge/Vermögen/Stiftungen). Steuerrecht häufig für internat. Konzerne, zudem mittelstd. Unternehmen.

Mandate: Wirecard Bank aufsichtsrechtl. nach Wirecard-Skandal; Stiftung aufsichtsrechtl. bei grenzüberschr. Fondsinvestitionen; Dt. Privatbank zu geldwäscherechtl. Compliance-Organisation; Immobilienentwickler bei HV; ehem. Aufsichtsratsmitglied bei Abwehr von Organhaftungsansprüchen; strateg. Investor versicherungsaufsichtsrechtl. bei Kauf eines Unternehmens; Pharmahersteller in europarechtl. Streit über Alkohol-Export u. -Steuer.

SIMMONS & SIMMONS
Düsseldorf ★★

Bewertung: Simmons setzt weiterhin ihre Zentrierungsstrategie um, für den D'dorfer Standort ergibt sich daraus eine Konzentration auf Corporate/M&A, Arbeitsrecht u. Litigation. Der Düsseldorfer Patentrechtspartner Dr. Peter Meyer ist jetzt in München angedockt, wo Simmons auch im Zuge des Teamzugangs aus der Patentkanzlei Isenbruck ihre IP-Kompetenz fokussiert. Im Mid-Cap-Transaktionssegment gelang den Düsseldorfern fulminant die Fortführung des Mandats der niederl. Private-Equity-Gruppe Waterland u. der Abschluss versch. weiterer Technologiedeals, die in der Regel grenzüberschr. Projektmanagement verlangen. Arbeitsrechtler Aldenhoff demonstrierte seine Kompetenz nicht nur im Bankensektor, sondern auch am Übergang zu Compliance mit der ersten eigenen Monitorbeauftragung.

Stärken: Grenzüberschr. M&A, Arbeitsrecht, v.a. Umstrukturierungen im Finanzsektor.

Oft empfohlen: Dr. Hans-Hermann Aldenhoff („sehr kompetent u. erfahren, ein guter Litigator", „zielgerichtete Unterstützung bei Verhandlungen", Mandanten; Arbeitsrecht/Compliance), Dr. Stephan Ulrich (Gesellschaftsrecht/M&A)

Team: 4 Partner, 5 Counsel, 10 Associates, 1 of Counsel

Schwerpunkte: ▷Arbeitsrecht, Gesellschaftsrecht u. ▷M&A; Private Equity, häufig im Technologiesektor; Compliance u. Datenschutz. Auch IP (v.a. ▷Patentprozesse).

Mandate: Waterland u.a. beim Kauf von Amorelie, LionsHome, SonomaInternet u. Shopping24; Mitratech zu Kauf von Alyne u. von Quovant; Nano Dimension zu JV mit Hensoldt Germany; Privatbank lfd. arbeitsrechtl., insbes. Mitbestimmungsfragen; US-Monitor von VW lfd. arbeits- u. datenschutzrechtl.; Teleflex zu Interessenausgleich u. Sozialplan sowie prozessual.

SSP-LAW
Düsseldorf ★

Bewertung: Durch ihre langj. persönl. Mandatsbetreuung ist es den SSP-Partnern gelungen, über die erfolgr. Transaktionsbegleitung hinaus immer umfassender zum geschätzten gesellschaftsrechtl. Berater für renommierte Familienunternehmen zu werden, auch inkl. steuerrechtl. Aspekte. Außer bei strateg. Zukäufen setzen diese die Kanzlei jetzt regelm. ein, um interne Strukturen hinsichtl. Konzernauf- u. -ausbau oder Nachfolge zu optimieren. In Einzelfällen ist die Kanzlei auch in einem breiteren Rechtsgebietsspektrum unterwegs, um als ausgelagerte Rechtsabteilung zu arbeiten bzw. Family Offices zu Investitionen oder strukturellen Veränderungen zu beraten.

Stärken: Strategische M&A-Transaktionen.

Oft empfohlen: Dr. Michael Schmidt-Versteyl („herausragender Anwalt im Gesellschaftsrecht, enorm pragmat.", Mandant), Dirk Lange (beide Corporate), Stephan Schuran (Corporate, Steuerrecht)

Team: 3 Partner, 8 Associates, 1 of Counsel (inkl. Steuerberater)

Schwerpunkte: Vielfältiges ▷M&A-Geschäft, auch in Private Equity u. Venture Capital, breite gesellschaftsrechtl. Beratung, u.a. Umstrukturierung, Rechtsformwechsel u. Begleitung bei Gesellschafterstreitigkeiten. Auch Steuerrecht.

Mandate: WM Osnabrück u. deren Gruppenunternehmen sowie Family Office; Fressnapf, Deichmann, Materna u. Orbis lfd. im Gesellschaftsrecht/M&A; Fressnapf u.a. bei Kauf von Arcaplanet u. Zusammenschluss mit Maxi Zoo Italia; Snipes zu versch. Käufen; Materna zu Kauf der Virtual Solution; Wischemann beim Verkauf an Dörken; Kliniku. Hotelkette zu Umstrukturierung u. Rechtsformwechsel.

TAYLOR WESSING
Düsseldorf ★★★★

Detaillierte Informationen zu dieser Kanzlei finden Sie in den jeweiligen Fachkapiteln sowie im ▷*Nationalen Überblick Top 50*.

Bewertung: Das Düsseldorfer Büro ist fachl. breit aufgestellt und dabei u.a. mit einem großen Team im Small- bis Mid-Cap-Bereich sehr aktiv (▷*M&A*).
Team: 27 Eq.-Partner, 25 Sal.-Partner, 42 Associates, 3 of Counsel
Partnerwechsel: Nikolaus Plagemann (von Ceconomy; Gesellschaftsrecht)
Schwerpunkte: ▷*Arbeit*; Bank- u. Finanzrecht; ▷*Beihilfe*; ▷*Energie*; ▷*Gesellsch.recht*; ▷*Gesundheit*; ▷*Immo/Bau*; ▷*Insolvenz/Restrukturierung*; ▷*IT*; ▷*Konfliktlösung*; ▷*M&A*; ▷*Marken u. Wettbewerb*; ▷*Medien*; ▷*Nachfolge/Vermögen/Stiftungen*; ▷*Öffentl. Recht*; ▷*Patent*; ▷*Private Equ. u. Vent. Capital*; ▷*Unternehmensbez. Versichererberatung*; ▷*Vergabe*; ▷*Verkehr*; ▷*Versicherungsvertragsrecht*.
Mandate: Siehe Fachkapitel.

TIGGES
Düsseldorf ★

Bewertung: Die meist mittelständ. Mandanten profitieren von dem breiten Beratungsansatz der D'dorfer Kanzlei, mit dem sie ihnen häufig langj. u. praxisübergr. zur Seite steht. Bsp.haft dafür steht die Zusammenarbeit mit VGP, die mittlerw. im Mietu. Baurecht sowie im Arbeits- u. Datenschutzrecht auf Tigges setzt. Eines der Aushängeschilder der Kanzlei ist das dt.-poln. Geschäft. Das führte zuletzt dazu, dass sie zahlr. Unternehmen beim Markteintritt in Dtl. beriet, etwa Laude Smart Intermodal, wobei das Team zudem seine tiefen Kenntnisse des Transportsektors ausspielen konnte. Einen weiteren Schwerpunkt hat Tigges im Marken- u. Wettbewerbsrecht u. steht Mandanten regelm. in Prozessen zur Seite, etwa Eprimo im EuGH-Verfahren um Inbox-Advertising. Ihren zunehmenden Fokus auf das Datenschutzrecht untermauerte sie mit einem neuen, erfahrenen of Counsel von Creditreform.
Stärken: Dt.-poln. Geschäft.
Team: 9 Eq.-Partner, 3 Sal.-Partner, 1 Counsel, 10 Associates, 6 of Counsel
Partnerwechsel: Gönül Özdemir (unbekannt; Steuerrecht)
Schwerpunkte: Gesellschaftsrecht inkl. Nachfolgeberatung (inkl. Erb- u. Steuerrecht); Marken-, Arbeits-, Transportrecht u. Datenschutz.
Mandate: Laude Smart Intermodal beim Markteintritt in Dtl.; Eprimo wettbewerbsrechtl. um Inbox-Advertising (EuGH); RailWatch bei Einstieg Agartha Fund; MedApp umf. bei Gründung dt. Tochtergesellschaft; Promedica in franchiserechtl. Verfahren gg. ehem. Kooperationspartner (OLG Hamm); CFL Cargo Dtl. arbeitsrechtl. bei Tarifverhandlungen; Oknoplast lfd. arbeits- u. gesellschaftsrechtl. sowie poln. Mutterkonzern v.a. handelsrechtl.; VGP umf. im Miet- u. Baurecht sowie Arbeits- u. Datenschutzrecht; Ricoh lfd. u umf.; Hitschler, Miltenyi Biotec, Keter im IP.

WHITE & CASE
Düsseldorf ★★

Detaillierte Informationen zu dieser Kanzlei finden Sie in den jeweiligen Fachkapiteln sowie im ▷*Nationalen Überblick Top 50*.

Bewertung: Das D'dorfer Team ist im Markt für seinen fachl. u. personell starken Fachbereich ▷*Insolvenzverwaltung u. Sanierungsberatung* bekannt. Seit einigen Jahren haben sich rund um den Branchenschwerpunkt Energie Corporate- u. Kartellrechtspraxen etabliert.
Team: 8 Partner, 5 Local-Partner, 3 Counsel, 13 Associates
Schwerpunkte: ▷*Energie*; ▷*Gesellsch.recht*; ▷*Insolvenz/Restrukturierung*; ▷*Kartellrecht*; ▷*Konfliktlösung*; ▷*M&A*.
Mandate: Siehe Fachkapitel.

Köln

ANDERSEN
Köln ★

Bewertung: Der Kölner Standort der MDP-Kanzlei ist geprägt von der Corporate-Praxis, die ihrer meist mittelständ. Mandantschaft neben der lfd. gesellschaftsrechtl. Beratung sowohl bei Transaktionen als auch in Prozessen zur Seite steht. Für die Konfliktlösung verstärkte sich die Kanzlei zuletzt mit einem Partner von der D'dorfer Boutique Hartmannsberger Franke, der für Andersen u.a. die insolvenznahen Streitigkeiten ausbauen soll. Insges. profitieren die Mandanten von der engen Verzahnung mit dem internat. u. der Anbindung an die kanzleieig. StB. Dabei gelingt es dem Team regelm., Mandate aus der Steuerpraxis in die rechtl. Beratung auszuweiten.
Stärken: Gesellschaftsrecht, Steuerrecht.
Team: 5 Partner, 1 Sal.-Partner, 7 Associates, 2 of Counsel
Partnerwechsel: Dr. Thiemo Schäfer (von Hartmannsberger Franke; Konfliktlösung)
Schwerpunkte: ▷*Gesellsch.recht*, M&A, Konfliktlösung, Bank- u. Finanzrecht, Steuerrecht.
Mandate: Kurita Europe gesellschaftsrechtl., u.a. zu Post-Merger-Aktivitäten, Ambratec lfd. gesellschaftsrechtl. u. zu Compliance; NEG-Novex bei Zukauf sowie umf. lfd., z.B. im Immobilien- u. Datenschutzrecht; INOVYN Dtl. u. Matecra umf., u.a. gesellschafts-, steuer-, u. arbeitsrechtl. u. zu Compliance; NOAH bei Post-Merger-Integration von Portfoliogesellschaften.

CBH RECHTSANWÄLTE
Köln ★★★

Detaillierte Informationen zu dieser Kanzlei finden Sie in den jeweiligen Fachkapiteln sowie im ▷*Nationalen Überblick Top 50*.

Bewertung: Stabiles Geschäft und eine gute Vernetzung im Rheinland zeichnen das Kölner Büro aus. Aus dem breiten fachl. Spektrum sticht u.a. die anerkannte öffentl.-rechtl. Praxis und die Einbindung in eine Reihe von Bauprojekten im Rheinland heraus (▷*Immo/Bau*, ▷*Vergaberecht*). Bekannte Praxis auch im Arbeitnehmererfinderrecht (▷*Patent*).
Team: 27 Eq.-Partner, 2 Sal.-Partner, 4 Counsel, 28 Associates, 5 of Counsel
Schwerpunkte: ▷*Arbeit*; ▷*Beihilfe*; ▷*Gesellsch.recht*; ▷*Immo/Bau* u. zunehmend Kartellrecht; ▷*M&A*; ▷*Marken u. Wettbewerb*; ▷*Medien*; ▷*Öffentl. Recht*; ▷*Patent*; Presse; ▷*Vergabe*; ▷*Verkehr*.
Mandate: Siehe Fachkapitel.

CLASSEN FUHRMANNS & PARTNER
Köln ★★

Bewertung: Dreh- u. Angelpunkt der Kölner Corporate-Boutique ist ihre M&A-Praxis, die jährl. div. Transaktionen stemmt. Dazu zählte zuletzt etwa die Beratung von Paul Bauder beim Anteilskauf an Sita Bauelemente. Neben Mittelständlern u. Finanzinvestoren, die den größten Teil der Mandantschaft ausmachen, kann das Team um den angesehenen Classen auch internat. Konzerne wie Corning von sich überzeugen. Anknüpfungspunkte für Folgegeschäft aus Transaktionen ergeben sich regelm. im Arbeitsrecht u. der lfd. gesellschaftsrechtl. Beratung, wofür langj. Mandanten wie Artefact stehen. Zwar punktet Classen Fuhrmanns personell derzeit noch mit Stabilität, perspektivisch könnten neue, junge Talente die Kanzlei jedoch weiter voranbringen.
Stärken: M&A.
Oft empfohlen: Dr. Dirk Classen („kompetenter u. sympathischer Kollege, Klartexter", Wettbewerber)
Team: 3 Eq.-Partner, 3 Counsel, 1 Associate
Schwerpunkte: Lfd. gesellschaftsrechtl. Beratung, ▷*M&A*-Transaktionen, Private Equity. Finanzierungsfragen für Mittelständler, gute Vernetzung in der Start-up-Szene. Arbeitsrecht (Reorganisation, betriebl. Altersvorsorge u. Prozesse), zunehmend Bank- u. Kapitalmarktrecht. Fundiertes Restrukturierungs- u. Sanierungs-Know-how. Netzwerk mit anderen großkanzleierfahrenen Teams.
Mandate: Paul Bauder bei Anteilskauf an Sita Bauelemente; Corning bei Verkauf Corning Services an Chequers Capital; internat. Industrieunternehmen bei Beteiligung an dt. Technologieunternehmen durch Kapitalerhöhung; Gesellschafterin eines Unternehmens aus dem Anlagenbau bei Verkauf internat. Unternehmensgruppe; Kajo-Neukirchen-Gruppe u. BE Beteiligungen lfd. bei div. Transaktionen; eTherapist lfd. im M&A u. Arbeitsrecht; Artefact Germany lfd. gesellschafts- u. arbeitsrechtlich.

CLEARY GOTTLIEB STEEN & HAMILTON
Köln ★★

Bewertung: Durch die kartellrechtl. Leuchtturmpraxis mit starken Überschneidungen bei Litigation-Themen übernimmt das Kölner Büro der US-Kanzlei eine Sonderrolle im lokalen Markt. Mehrere überaus renommierte Partner steuern von dort aus teils internat. Mandate, zuletzt z.B. die Beratung von Attestor Limited beim gepl. Kauf von Europcar. Auch das in Köln ansässige Corporate-Team übernahm zuletzt die Federführung in mehreren hochvol. Deals, etwa für International Flavors & Fragrances beim Verkauf des Nahrungsmittelzubereitungsgeschäfts. Um Mandate wie die umf. Beratung u. Vertretung von Google stemmen zu können,

verstärkte die Kanzlei sich zuletzt mit mehreren Associates. Auch die Ernennung eines neuen Partners im Kartellrecht unterstreicht die gute Geschäftsentwicklung.
Oft empfohlen: Dr. Wolfgang Deselaers, Dr. Romina Polley, Prof. Dr. Dirk Schroeder („Koryphäe im europ. u. dt. Kartellrecht", Wettbewerber; alle Kartellrecht), Rüdiger Harms („sehr erfahrener u. guter Kartellrechts-Litigator", Wettbewerber; Konfliktlösung)
Team: 3 Partner, 3 Counsel, 14 Associates, 1 of Counsel
Schwerpunkte: Umf. Beratung im ▷Kartellrecht, insbes. Fusionskontrollen u. Kartellschadensersatz (▷Konfliktlösung). Zusammen mit Frankfurt auch ▷M&A u. ▷Gesellsch.recht.
Mandate: International Flavors & Fragrances bei Verkauf Nahrungsmittelzubereitungsgeschäft an Frulact Serviços Partilhados; LVMH bei Kauf der restlichen 20% an Rimowa; Attestor Limited kartellrechtl. bei geplanter Übernahme von Europcar; Google, u.a. bei Abwehr von Schadensersatz gg. Idealo im Zshg. mit Google Shopping; General Motors bei Kundenklagen insbes. gg. Opel wg. Dieselemissionen (öffentl. bekannt); VfL Wolfsburg, Bayer Leverkusen, TSG Hoffenheim im Zshg. mit 50+1-Regel der DFL; Casa Taradellas lfd. arbeitsrechtlich.

CMS HASCHE SIGLE
Köln ★★★★★
Detaillierte Informationen zu dieser Kanzlei finden Sie in den jeweiligen Fachkapiteln sowie im ▷Nationalen Überblick Top 50.
Bewertung: Großes Kölner Büro mit führender Marktposition, insbes. sehr anerkannt im ▷Medien- u. ▷Arbeitsrecht. Außerdem sehr aktive Prozesspraxis. Durch die gute Vernetzung mit regionaler Wirtschaft u. öffentl. Hand u.a. bei Mid-Cap-▷M&A hält sie die Spitzenposition vor Ort.
Team: 35 Eq.-Partner, 3 Sal.-Partner, 17 Counsel, 79 Associates, 2 of Counsel
Schwerpunkte: ▷Arbeit; ▷Außenwirtschaft; ▷Bankrecht u. -aufsicht; ▷Energie; ▷Gesellsch.recht; ▷Insolvenz/Restrukturierung; ▷IT u. Datenschutz; ▷Konfliktlösung; ▷Kredite u. Akqu.fin.; ▷Lebensmittel; ▷M&A; ▷Marken u. Wettbewerb; ▷Medien; ▷Öffentl. Recht; Presse; ▷Private Equ. u. Vent. Capital; ▷Telekommunikation; ▷Unternehmensbez. Versichererberatung; ▷Vergabe; ▷Verkehr; ▷Versicherungsvertragsrecht; ▷Vertrieb.
Mandate: Siehe Fachkapitel.

DLA PIPER
Köln ★★★★
Detaillierte Informationen zu dieser Kanzlei finden Sie in den jeweiligen Fachkapiteln sowie im ▷Nationalen Überblick Top 50.
Bewertung: Die enge Einbindung des Kölner Büros in das internat. Netzwerk zeigt sich u.a. in den ▷gesellschafts- u. ▷kartellrecht. Teams. Ausgeprägte Spezialisierungen mit überreg. Renommee finden sich zudem in der ▷Versichererberatung sowie dem ▷Öffentl. Recht, ▷Verkehr).
Team: 13 Eq.-Partner, 11 Counsel, 37 Associates, 6 of Counsel
Partnerwechsel: Jan Eltzschig (zu Herbert Smith Freehills; Versicherungsrecht)
Schwerpunkte: ▷Außenwirtschaft; ▷Energie; ▷Gesellsch.recht; ▷Immo/Bau; ▷Insolvenz/Restrukturierung; ▷IT u. Datenschutz; ▷Kartellrecht; ▷Konfliktlösung; ▷M&A; ▷Marken u. Wettbewerb; ▷Medien; ▷Öffentl. Recht; ▷Patent; ▷Unternehmensbez. Versichererberatung; ▷Vergabe; ▷Verkehr; ▷Vertrieb;
Mandate: Siehe Fachkapitel.

EBNER STOLZ MÖNNING BACHEM
Köln ★★★
Bewertung: Das Kölner Büro der MDP-Kanzlei berät ihre meist mittelständ. Mandantschaft umf., wobei die Corporate/M&A-Praxis trad. am stärksten ist. Das Team begleitete erneut zahlr. Deals u. legte dabei Schwerpunkte in Branchen wie Gesundheitswesen, was sich in zahlr. Transaktionen für Sanoptis zeigt, bei denen die Medizinrechtler das regulator. Know-how beisteuerten. Bei Deals, aber auch auf Gebieten wie dem Wirtschaftsstrafrecht ergeben sich regelm. Anknüpfungspunkte zu den Steuerteams. Dass viele Anwälte gleichz. als StB qualifiziert sind, entspricht zudem dem Wunsch der Mandanten nach integrierter Beratung. Für die arbeitsrechtl. Praxis ist der Wechsel des angesehenen Ritz zu Clifford Chance ein Schlag ins Kontor, nun wird sich zeigen, inwiefern ESMB mit der ebenfalls renommierten Einfeldt die erfolgr. Entwicklung der verg. Jahre fortsetzen kann. Nach wie vor engagiert ist die Kanzlei beim Thema Legal Tech/Digitalisierung u. treibt Projekte wie ein Mandantenportal mit Services wie Self-Audits zu Compliance voran.
Stärken: ▷Gesellschaftsrecht mit integrierter steuerrechtl. Beratung.
Oft empfohlen: Dr. Dirk Janßen, Dr. Tim Odendahl („sehr kompetent u. lösungsorientiert", Wettbewerber; beide Gesellschaftsrecht), Dr. Jörg Nickel (Gesellschafts- u. Kapitalmarktrecht), Dr. Daniel Kautenburger-Behr (Gesellschaftsrecht/M&A), Philipp Külz („guter Blick für das Wesentliche", Wettbewerber; Wirtschafts- u. Steuerstrafrecht)
Team: 5 Eq.-Partner, 4 Sal.-Partner, 8 Counsel, 21 Associates
Partnerwechsel: Eva Einfeldt (von DWF), Dr. Sebastian Ritz (zu Clifford Chance; beide Arbeitsrecht)
Schwerpunkte: Gesellschafts-, Steuer- u. Erbrecht, ▷M&A, ▷Insolvenz/Restrukturierung, Kapitalerhöhungen. Umstrukturierung von Kapitalgesellschaften. Dauerberatung von Immobilien- u. IT-Unternehmen, Handel, Medien, Automobilzulieferern u. familiengeführten Gesellschaften. Ausbau der WP-Verweismandate.
Mandate: Global Airline Services Holding bei Verkauf Mehrheitsanteile an AIC-Gruppe; DFB gesellschaftsrechtl. bei Umstrukturierung; Sanoptis bei div. MVZ-Transaktionen u. bei Verschmelzung Gesellschaften; Telemos Capital bei Verkauf Sanoptis an GBL; Chefs

---

Köln

★★★★★
CMS Hasche Sigle
Oppenhoff & Partner
Osborne Clarke

★★★★
DLA Piper
Görg
Heuking Kühn Lüer Wojtek
Luther
Seitz

★★★
CBH Rechtsanwälte
Ebner Stolz Mönning Bachem
LLR Legerlotz Laschet und Partner
Loschelder

★★
Classen Fuhrmanns & Partner
Cleary Gottlieb Steen & Hamilton
Hecker Werner Himmelreich
McDermott Will & Emery
Rödl & Partner

★
Andersen
Friedrich Graf von Westphalen & Partner
Qivive
Wirtz & Kraneis

Die Auswahl von Kanzleien und Personen in Rankings und tabellarischen Übersichten ist das Ergebnis umfangreicher Recherchen der JUVE-Redaktion. Sie ist in 2erlei Hinsicht subjektiv: Die Aussagen der befragten Quellen sind subjektiv u. spiegeln deren Erfahrungen u. Einschätzungen. Die JUVE-Redaktion wiederum analysiert die Rechercheergebnisse unter Einbeziehung ihrer eigenen Marktkenntnis. Der JUVE Verlag beabsichtigt keine allgemeingültige oder objektiv nachprüfbare Bewertung. Es ist möglich, dass eine andere Recherchemethode zu anderen Ergebnissen führt. Innerhalb einzelner Gruppen in Rankings und tabellarischen Übersichten sind Kanzleien und Personen alphabetisch sortiert.

Culinar gesellschaftsrechtl. bei gruppenw. Umstrukturierung; EuroParcs immobilienrechtl. bei Expansion nach Dtl.; Solutions 30 arbeitsrechtl. bei Betriebsstilllegung; PWK Automotive in Eigenverwaltungsverfahren; E.on lfd. datenschutzrechtl.; d.velop lfd. IT- u. datenschutzrechtlich.

GÖRG
Köln ★★★★
Detaillierte Informationen zu dieser Kanzlei finden Sie in den jeweiligen Fachkapiteln sowie im ▷Nationalen Überblick Top 50.
Bewertung: Das Kölner Büro ist mit einem Full-Service-Angebot etabliert. Über die starke ▷Restrukturierungsberatung u. Insolvenzverwaltung hinaus genießen Gesellschaftsrecht und M&A einen guten Ruf. Eine von wenigen Kanzleien mit anerkanntem Bank- u. Finanzrechtsteam vor Ort.
Team: 42 Eq.-Partner, 1 Sal.-Partner, 7 Counsel, 61 Associates
Schwerpunkte: ▷Arbeit; ▷Bankrecht u. -aufsicht; ▷Energie; ▷Gesellsch.recht; ▷Gesundheit, ▷Immo/Bau; IP; ▷IT; ▷Kartellrecht; ▷Kredite u. Akqu.fin.; ▷Konfliktlösung; ▷M&A; ▷Öffentl. Recht; ▷Private Equ. u. Vent. Capital. Daneben ▷Vertrieb.
Mandate: Siehe Fachkapitel.

FRIEDRICH GRAF VON WESTPHALEN & PARTNER
Köln ★
Detaillierte Informationen zu dieser Kanzlei finden Sie in den jeweiligen Fachkapiteln sowie im ▷Nationalen Überblick Top 50.
Bewertung: Auf den Gebieten von D&O- u. Produkthaftungsfällen (▷Versicherungsvertragsrecht, ▷Konfliktlösung) sowie ▷Vertriebsrecht sind die Kölner Anwälte besonders angesehen.
Team: 14 Eq.-Partner, 1 Sal.-Partner, 16 Associates
Partnerwechsel: Gregor Lamla (von Lighthouse Legal; Immobilienrecht)
Schwerpunkte: ▷Arbeit; ▷Gesellsch.recht; ▷Gesundheit; ▷Konfliktlösung, v.a. D&O- u. Produkthaftungsfälle; ▷M&A; ▷Marken u. Wettbewerb; ▷Versicherungsvertragsrecht; ▷Vertrieb.
Mandate: Siehe Fachkapitel.

HECKER WERNER HIMMELREICH
Köln ★★
Bewertung: Die Kanzlei mit Mittelstandsfokus ist fest im Kölner Markt verwurzelt u. v.a. für ihre Tätigkeit im Bau- u. Immobilienrecht angesehen. Dabei vertritt das Team seine Mandanten auch regelm. in Prozessen, z.B. div. Ingenieure im Zshg. mit Haftpflichtfällen. Mandanten wie die Stadt Köln profitieren zudem vom Schnittstellenwissen zu Rechtsgebieten wie dem Vergaberecht. Hinzu kommt eine angesehene Corporate-Praxis mit Know-how sowohl im Gesellschaftsrecht – etwa bei Gesellschafterstreitigkeiten – als auch bei Transaktionen. Zuletzt erlebte zudem die Nachfolgeberatung für familiengeführte Unternehmen einen Schub, wobei sich die Mandate regelm. im Anschluss an einen klass. gesellschaftsrechtl. Auftrag ergaben.
Stärken: ▷Immo/Bau.
Oft empfohlen: Prof. Frank Siegburg („sehr anerkannter Architektenrechtler", Wettbewerber), Dr. Petra Christiansen-Geiss, Fabian Frechen, Ulrich Dölle (alle Bau- u. Immobilienrecht), Stefan Nüsser (Gesellschaftsrecht), Dr. Frank Heerspink (Strafrecht, Compliance)
Team: 13 Partner, 6 Associates, 6 of Counsel

Kölner Kanzleien mit Besprechung nur in Rechtsgebieten

Avocado	▷Gesellsch.recht ▷M&A ▷IT ▷Öffentl. Recht
Becker Büttner Held	▷Energie
Dr. Kai Bischoff und Dr. Andreas Bürger	▷Notare
BLD Bach Langheid Dallmayr	▷Konfliktlösung ▷Versicherungsvertragsrecht ▷Unternehmensbez. Versichererberatung
Boos Hummel & Wegerich	▷Energie
Borris Hennecke Kneisel	▷Konfliktlösung
CKSS Carlé Korn Stahl Strahl	▷Wirtschafts- u. Steuerstrafrecht
Creutzig & Creutzig	▷Vertrieb
Deloitte Legal	▷Gesellschaftsrecht
Dompatent von Kreisler Selting Werner	▷Patent
Eckert	▷Insolvenz/Restrukturierung
Esch Bahner Lisch	▷Vergabe
EY Law	▷Nachfolge/Vermögen/Stiftungen
Feigen Graf	▷Wirtschafts- und Steuerstrafrecht
Fiedler Cryns-Moll FCM	▷Versicherungsvertragsrecht
Franz + Partner	▷Immo/Bau
Frey	▷Medien
Gazeas Nepomuck	▷Wirtschafts- u. Steuerstrafrecht
Gercke Wollschläger	▷Wirtschafts- u. Steuerstrafrecht
Grünecker	▷Patent
Heinz & Zagrosek	▷Kartellrecht
Dr. Hermanns & Dr. Schumacher	▷Notare
Höcker	▷Presse
Jonas	▷Marken u. Wettbewerb ▷Presse ▷Vertrieb
Küttner	▷Arbeit
Lausen	▷Medien
Leinemann & Partner	▷Immo/Bau ▷Vergabe
Leitfeld	▷Energie
Lenz und Johlen	▷Öffentl. Recht
LHP Luxem Heuel Powatke	▷Wirtschafts- u. Steuerstrafrecht
Michels pmks	▷Arbeit ▷Gesundheit
Niering Stock Tömp	▷Insolvenz/Restrukturierung
Oexle Kopp-Assenmacher Lück	▷Öffentl. Recht ▷Vergabe
Pauly	▷Öffentl. Recht
Pusch Wahlig	▷Arbeit
RPO Ruttkamp Oberthür	▷Arbeitnehmer
Schmitt Teworte-Vey Simon & Schumacher	▷Marken u. Wettbewerb
Schwegler	▷Arbeitnehmer
Segger	▷Versicherungsvertragsrecht
SMNG	▷Immo/Bau
Streck Mack Schwedhelm	▷Wirtschafts- u. Steuerstrafrecht

Fortsetzung nächste Seite

REGION WESTEN KÖLN

Schwerpunkte: Lfd. gesellschaftsrechtl. Beratung mittelständ. Unternehmen der Region u. Nachfolgeberatung für langj. Mandanten. Fachl. breite Prozesspraxis, regelm. bei Gesellschafterstreitigkeiten u. Haftungsfällen, ausgeprägte Schnittstelle zum Steuer- u. Wirtschaftsstrafrecht. Etabliert im Arbeitsrecht sowie ▷Bau- u. Vergaberecht.
Mandate: Bühnen der Stadt Köln in Vergabeverfahren für Ticketing-System; Gebäudewirtschaft Köln zu Vertrags- und Nachtragsmanagement bei Schulbauvorhaben; Unternehmen aus der Holzverarbeitung bei Verkauf an Investor; Gesellschafterin einer Tagespflegeeinrichtung (außer)gerichtl. in Gesellschafterstreit; Baustofflieferant in selbstst. Beweisverfahren um Fassadenschäden (LG Freiburg); Energieunternehmen zur Strafbarkeit des Betriebs einer verwaltungsrechtl. illegalen Biogasanlage; Stadt Köln lfd. vergabe- u. baurechtlich.

HEUKING KÜHN LÜER WOJTEK
Köln ★★★★

Detaillierte Informationen zu dieser Kanzlei finden Sie in den jeweiligen Fachkapiteln sowie im ▷Nationalen Überblick Top 50.
Bewertung: Im Kölner Büro ist die angesehene transaktions- u. kapitalmarktrechtl. Beratung angesiedelt, die auch Venture-Capital-Themen umfasst und ihren Schwerpunkt im Mittelstand hat. Hinzu kommen renommierte Praxen im ▷Arbeits- u. prozessual geprägten ▷Versicherungsrecht.
Team: 24 Eq.-Partner, 19 Sal.-Partner, 21 Associates
Partnerwechsel: Prof. Dr. Isabel Langenbach (zur Hochschule des Bundes für öffentliche Verwaltung; Vergaberecht).
Schwerpunkte: ▷Anleihen; ▷Arbeit; ▷Beihilfe; ▷Börseneinführ. u. Kapitalerhöhung; ▷Gesellsch.recht; ▷IT; ▷M&A; ▷Marken u. Wettbewerb; Steuerrecht; Telekommunikation; ▷Vergabe; ▷Verkehr; ▷Vertrieb.
Mandate: Siehe Fachkapitel.

LLR LEGERLOTZ LASCHET UND PARTNER
Köln ★★★

Bewertung: Die Kölner Kanzlei punktet bei Mandanten mit ihrem breiten Beratungsansatz, mit dem sie ihnen häufig praxisübergr. zur Seite steht. Bsp. haft dafür steht die Tätigkeit für die Gelderner Baugesellschaft, die im Vergabe-, Immobilien- u. seit Neuestem auch im Gesellschaftsrecht auf LLR setzt. Bei Letzterem hat sie sich in den verg. Jahren zunehmend neue Gebiete erschlossen, so etwa Compliance. Sehr angesehen ist das Team zudem für seine Stärke im Aktien- u. Kapitalmarktrecht, die es in Mandaten wie der langj. Beratung von Deutz ausspielt u. durch die sich die Kanzlei von lokalen Wettbewerbern abhebt. Diese Mandatsbeziehung ist zugleich ein Bsp. für ihre feste Verankerung im Kölner Markt. Weniger regelm. ist LLR auch bundesw. u. für internat. Unternehmen tätig, z.B. für die austral. Brambles, die ihr zusätzl. zum Arbeitsrecht nun auch im Marken- u. Werberecht vertraut.
Stärken: Kapitalmarktrecht u. HV-Begleitung.
Oft empfohlen: Prof. Dr. Stefan Siepelt, Michael Schwartzkopff, Till Freyling (alle Gesellschaftsrecht), Prof. Klaus Gennen (IP/IT), Christoph Legerlotz (Arbeitsrecht), Dr. Moritz Vohwinkel („ideal für hochkomplexe Rechtsfragen u. schwierige Fälle", „fachl. ausgezeichnet u. erfahren", Wettbewerber; IP)
Team: 12 Eq.-Partner, 4 Sal.-Partner, 8 Associates, 2 of Counsel

Kölner Kanzleien mit Besprechung nur in Rechtsgebieten Fortsetzung

Dr. Velke	▷Wirtschafts- u. Steuerstrafrecht
Thür Werner Sontag	▷Arbeitnehmer
Tsambikakis & Partner	▷Wirtschafts- u. Steuerstrafrecht
Uhlenbruch	▷Arbeitnehmer
Verte	▷Wirtschafts- u. Steuerstrafrecht
Dr. Vogels	▷Vertrieb
Ulrich Weber & Partner	▷Arbeitnehmer
WTS Legal	▷Energie
Ypog	▷Investmentfonds

Die Auswahl von Kanzleien und Personen in Rankings und tabellarischen Übersichten ist das Ergebnis umfangreicher Recherchen der JUVE-Redaktion. Sie ist in 2erlei Hinsicht subjektiv: Die Aussagen der befragten Quellen sind subjektiv u. spiegeln deren Erfahrungen u. Einschätzungen. Die JUVE-Redaktion wiederum analysiert die Rechercheergebnisse unter Einbeziehung ihrer eigenen Marktkenntnis. Der JUVE Verlag beabsichtigt keine allgemeingültige oder objektiv nachprüfbare Bewertung. Es ist möglich, dass eine andere Recherchemethode zu anderen Ergebnissen führt. Innerhalb einzelner Gruppen in Rankings und tabellarischen Übersichten sind Kanzleien und Personen alphabetisch sortiert.

Schwerpunkte: ▷Gesellschaftsrecht, auch an der Schnittstelle zum Kapital- u. Aktienrecht (inkl. HV-Betreuung). Arbeitsrecht, ▷Immo/Bau, IT, ▷Marken u. Wettbewerb, Compliance. Kooperation mit finn. Kanzlei im IT-Recht; Initiative CPiT-Law mit anderen dt. Kanzleien.
Mandate: Biofrontera lfd. zu Folgethemen des US-IPOs und div. Rechtsstreitigkeiten; Dt. Olymp. Sportbund bei Verkauf von Sportdeutschland.TV; Deutz umf. aktien- u. kapitalmarktrechtl., u.a. zu HV; Shopware lfd. gesellschaftsrechtl., u.a. zu Einstieg Paypal u. Carlyle (öffentl. bekannt); Gelderner Baugesellschaft vergaberechtl. um Sanierung u. Neubau Friedrich-Spee-Gymnasium; Axa, Betriebsrat Zalando-Logistics, Dt. Welle lfd. arbeitsrechtl.; Brambles werbe- u. markenrechtl.; Brio u.a. bei Vorgehen gegen Produktpiraterie; Dt. Jugendherbergswerk markenrechtl., u.a. zur Markenstrategie.

LOSCHELDER
Köln ★★★

Kanzlei des Jahres Westen

Kanzlei des Jahres für den Mittelstand

Bewertung: Die breit aufgestellte Kölner Mittelstandskanzlei berät ihre Mandanten häufig praxisübergr. u. entwickelt ihr Angebot kontinuierl. weiter; zuletzt etwa im Bereich Insolvenz u. Restrukturierung durch den Zugang eines Quereinsteigers von Freshfields. Er trifft in der Kanzlei auf mehrere ehem. Kollegen u. bringt zahlr. Kontakte mit, z.B. zu einem Entsorgungskonzern, den Loschelder nun an der Schnittstelle von Restrukturierung, Insolvenz- u. Gesellschaftsrecht sowie Distressed M&A berät. Somit ergeben sich Anknüpfungspunkte zum Corporate/M&A, in dem die Kanzlei trad. stark ist u. in dem sie zusätzl. zu Stammmandanten mit einem starken Dealflow wie Atlas Copco zunehmend Private-Equity-Investoren wie Sofindev bei Transaktionen berät. Die gute Geschäftsentwicklung unterstrichen intern zuletzt 5 Partnerernennungen u. div. Associate-Zugänge. Damit entwickelt sich die Kanzlei personell dynamischer als lokale Wettbewerber wie CBH oder LLR u. stellt sich nachhaltig auf.
Oft empfohlen: Dr. Henning Wahlers (Gesellschaftsrecht), Dr. Thomas Schulte-Beckhausen (IP), Dr. Raimund Schütz (Telekommunikation/Energieregulierung), Dr. Detlef Grimm (Arbeitsrecht), Dr. Stefan Stock („rasche Auffassungsgabe, exzellente Branchen- u. Fachkenntnis, sehr guter Verhandler", Wettbewerber, Immobilien), Dr. Sebastian Kalb („kombiniert jurist. Kompetenz mit herausragendem wirtschaftl. Verständnis", Mandant; „fair, kompetent u. lösungsorientiert", Wettbewerber), Dr. Nikolai Wolff, Dr. Felix Ebbinghaus (alle Gesellschaftsrecht)
Team: 23 Eq.-Partner, 1 Sal.-Partner, 2 Counsel, 26 Associates
Partnerwechsel: Dr. Nils Derksen (von Freshfields; Restrukturierung).
Schwerpunkte: Kompetenz in ▷Marken u. Wettbewerb, ▷Arbeitsrecht, ▷Immo/Bau u. ▷Telekommunikation, Medien, ▷Öffentl. Recht (Umwelt und Planung), Kartell- u. Vergaberecht (Letzteres an der Schnittstelle zur Praxis im ▷Baurecht). ▷Gesellsch.recht u. ▷M&A-Transaktionen. Mitglied im internat. Netzwerk TerraLex.
Mandate: Sofindev bei Kauf von Chemtec Chemicals; Atlas Copco bei div. Transaktionen, u.a. Kauf von Pumpenfabrik Wangen u. Soft2tec; Butlers bei Verkauf an Home24 u. im Marken- u. Designrecht; Art Invest umf. immobilienrechtl., u.a. bei Quartiersentwicklung I/D Cologne; IC Campus immobilienrechtl. bei Projektentwicklungen; Cognos bei Umstrukturierung; 1. FC Köln arbeitsrechtl.; AOK Systems arbeitsrechtl., u.a. zu Mitbestimmung des Betriebsrats bei Sonderzahlungen; Pfeifer-&-Langen-Gruppe umf. markenrechtl.; Henkel in UWG- u. Markenverf. sowie zu Know-how-Schutz; 1&1 lfd. energiewirtschaftsrechtl.; Regulierungskammern div. Länder, u.a. Rheinland-Pfalz, in zahlr. Beschwerdeverfahren.

LUTHER
Köln ★★★★

Detaillierte Informationen zu dieser Kanzlei finden Sie in den jeweiligen Fachkapiteln sowie im ▷Nationalen Überblick Top 50.
Bewertung: Das Kölner Büro hat über die fachl. breite Aufstellung hinaus einige besondere Spezialisierungen aufgebaut. Neben der angesehenen ▷arbeitsrechtl. Beratung im Rahmen von Reorganisationen zählen dazu die Begleitung von ▷M&A-Transaktionen, die erfahrene ▷IT-Praxis sowie die Erfahrung mit öffentl.-rechtl. Unternehmen.
Team: 14 Eq.-Partner, 8 Sal.-Partner, 5 Counsel, 36 Associates, 1 of Counsel

Partnerwechsel: Dr. Boris Ober (Insolvenzrecht; von Reitze & Wilken)
Schwerpunkte: ▷*Arbeitsrecht*; ▷*Energie*; ▷*Gesellsch. recht*; ▷*Immo/Bau*; ▷*Investmentfonds*; ▷*IT u. Datenschutz*; ▷*Konfliktlösung*; ▷*M&A*; ▷*Marken u. Wettbewerb*; ▷*Öffentl. Recht* (Umwelt u. Planung); ▷*Vertrieb*.
Mandate: Siehe Fachkapitel.

MCDERMOTT WILL & EMERY
Köln ★★

Detaillierte Informationen zu dieser Kanzlei finden Sie in den jeweiligen Fachkapiteln sowie im ▷*Nationalen Überblick Top 50*.
Bewertung: US-Kanzlei mit starkem Standbein in der ▷*Immobilienbranche*. Daneben auch ▷*M&A*-Projekte sowie ▷*kartellrechtl.* Beratung. Urspr. als Arbeitsmöglichkeit für in Köln ansässige Partner gedacht, entwickelt sich das Büro allmählich zu einem vollwertigen Standort.
Team: 1 Partner, 2 Counsel, 10 Associates
Schwerpunkte: ▷*Gesellsch.recht*; ▷*Immo/Bau*; ▷*Kartellrecht*; ▷*M&A*.
Mandate: Siehe Fachkapitel.

OPPENHOFF & PARTNER
Köln ★★★★★

Detaillierte Informationen zu dieser Kanzlei finden Sie in den jeweiligen Fachkapiteln sowie im ▷*Nationalen Überblick Top 50*.
Bewertung: Als Stammsitz der Kanzlei ist das Kölner Büro bekannt für hervorragende Kontakte zu großen familiengeführten Unternehmen u. internat. Konzernen, wobei eine stärkere Branchenfokussierung immer mehr erkennbar ist (z.B. Automotive, Handel). Hier sind u.a. die ▷*M&A*-Partner regelm. gefragt. Hinzu kommen u.a. ein sehr erfahrenes ▷*Arbeitsrechtsteam* sowie die respektierten ▷*Compliance*- und ▷*IT*-*Praxen*.
Team: 21 Eq.-Partner, 22 Sal.-Partner, 21 Associates, 4 of Counsel
Schwerpunkte: ▷*Arbeit*; ▷*Außenwirtschaft*; Beihilfe; ▷*Compliance*; ▷*Gesellsch.recht*; Gesundheitswesen; ▷*IT u. Datenschutz*; ▷*M&A*; ▷*Konfliktlösung*; ▷*Nachfolge/Vermögen/Stiftungen*; ▷*Private Equ. u. Vent. Capital*; Steuerrecht; ▷*Unternehmensbez. Versichererberatung*; ▷*Vergabe*.
Mandate: Siehe Fachkapitel.

OSBORNE CLARKE
Köln ★★★★★

Detaillierte Informationen zu dieser Kanzlei finden Sie in den jeweiligen Fachkapiteln sowie im ▷*Nationalen Überblick Top 50*.
Bewertung: Größter Standort der europ. Kanzlei, der v.a. bekannt für seine Fokussierung auf die Technologiebranche ist, bei dem auch die anerkannten ▷*IT*- u. ▷*Venture-Capital*-Partner sowie das marktführende ▷*Vertriebsrechtsteam* feste Bestandteile bilden.
Team: 36 Partner, 16 Counsel, 64 Associates
Schwerpunkte: ▷*Arbeitsrecht*; ▷*Energie*; ▷*Gesellsch. recht*; ▷*IT u. Datenschutz*; ▷*Kartellrecht*; ▷*M&A*; ▷*Marken u. Wettbewerb*; ▷*Medien*; Nachfolge/Vermögen/Stiftungen; ▷*Private Equ. u. Vent. Capital*; ▷*Vertrieb*.
Mandate: Siehe Fachkapitel.

QIVIVE

Köln ★

Bewertung: Das Markenzeichen der Kanzlei mit Sitz in Köln ist die Beratung einer vielfältigen Mandantschaft im dt.-frz. Recht, wozu neben Mittelständlern auch internat. Konzerne zählen. Dabei setzen die Anwälte, von denen einige sowohl in Dtl. als auch in Frankreich zugelassen sind, Schwerpunkte im Gesellschafts- u. Arbeitsrecht sowie in der Konfliktlösung. Hinzu kommt ein stetiger Dealflow, wobei Qivive z.B. regelm. frz. Unternehmen bei Zukäufen sowie dem Markteintritt in Dtl. – u. umgekehrt – berät. Dyn. zeigte sie sich zuletzt auch personell durch mehrere Zugänge auf Associate-Ebene.
Stärken: Dt.-frz. Rechtsverkehr.
Oft empfohlen: Dr. Christophe Kühl, Larissa Wohlgemuth, Dr. Christine Beneke (alle Gesellschafts- u. Vertragsrecht), Anne Brion (Arbeitsrecht), Gordian Deger (Litigation)
Team: 1 Eq.-Partner, 2 Sal.-Partner, 7 Counsel, 13 Associates
Schwerpunkte: Dt.-frz. Rechtsverkehr, v.a. (deutsche Mandanten in Frankreich), Vertrags- u. Vertriebsrecht, Gesellschaftsrecht, M&A, Arbeitsrecht, Konfliktlösung. Auch Standorte in Paris u. Lyon.
Mandate: Multinat. Spielwarenhersteller bei Gründung von Tochterges. in Dtl.; dt. Modeunternehmen im frz. Gewerbemiet- u. Wettbewerbsrecht; dt. Schuhhersteller im frz. Arbeitsrecht; frz. Hersteller von Lüftungssystemen bei Kauf Gesellschaften in Dtl. u. Tschechien; internat. Bank gesellschaftsrechtl. - sowie bei Immobilientransaktion; lfd.: Agrogaz France, European Academy of Neurology, Klingelnberg, Med Trust Handelsges., Varroc Lighting Systems, FROMI, Heinrich Schmid, Caussade Saate Vertrieb.

RÖDL & PARTNER
Köln ★★

Detaillierte Informationen zu dieser Kanzlei finden Sie in den jeweiligen Fachkapiteln sowie im ▷*Nationalen Überblick Top 50*.
Bewertung: Der Kölner Standort der MDP-Kanzlei zeichnet sich durch eine interdiszipl. Beratung von mittelständ. Unternehmen u. der öffentlichen Hand aus, v.a. bei ▷*M&A*-Deals u. rund um die Themen ▷*Nachfolge/Vermögen/Stiftungen*.
Team: 7 Eq.-Partner, 8 Sal.-Partner, 12 Associates
Partnerwechsel: Henning Fischer (unbekannt; Energierecht)
Schwerpunkte: Arbeitsrecht; ▷*Gesellsch.recht*; ▷*M&A*; Nachfolge/Vermögen/Stiftungen; Steuern; ▷*Telekommunikation*.
Mandate: Siehe Fachkapitel.

SEITZ
Köln ★★★★

Bewertung: Die Kanzlei ist bei zahlr. namh. Unternehmen in Köln fest verankert u. baut ihren Mandantenstamm stetig aus. Neben dem Arbeitsrecht, das mit Mandanten wie Lufthansa, E.on oder neuerdings Real das Aushängeschild der Kanzlei bleibt, entwickeln sich auch andere Rechtsgebiete dynamisch. Hervor sticht dabei die M&A-Praxis mit gr. Deals wie der Beratung von Rewe u. DER Touristik beim Zusammenschluss mit der Dt. Seereederei. Zudem ist Seitz im Gesellschaftsrecht nach wie vor eine Bank u. macht sich zunehmend einen Namen in D&O-Fällen, etwa bei der Vertretung eines Ex-Thyssenkrupp-Managers beim Vgl. im Schienenkartell. Auch personell ist sie auf Wachstumskurs, wie mehrere Counsel- u. Associate-Zugänge im verg. Jahr zeigen. Dabei übernimmt die nächste Generation zunehmend eine tragende Rolle in wichtigen Mandaten, z.B. 2 Counsel bei der Beratung der Borbet Holding im Schutzschirmverfahren von Borbet Solingen.
Stärken: Starke ▷*arbeitsrechtl.* Praxis, insbes. im Zshg. mit Umstrukturierungen. Vertragsrechtl. Beratung bekannter Privatpersonen, insbes. Profisportler.
Oft empfohlen: Dr. Stefan Seitz („konstruktiv, kreativ, kompromissfähig", „sehr visibel u. erfahren", Wettbewerber), Prof. Dr. Thomas Kania („fachl. unangefochten", Wettbewerber), Dr. Marc Werner (alle Arbeitsrecht), Dr. Wolfgang Schüler, Dr. Daniel Grewe („fachl. sehr gut, pragmat., tolle Zusammenarbeit", Mandant; beide Gesellschaftsrecht/M&A), Nils Kröber (Steuerstrafrecht)
Team: 10 Eq.-Partner, 12 Sal.-Partner, 15 Counsel, 30 Associates, 2 of Counsel
Schwerpunkte: Arbeits-, Steuer- u. Gesellsch. recht., Letzteres v.a. bei ▷*M&A*, Outsourcing u. Umstrukturierungen sowie Prozessführung. Auch ▷*Nachfolge/Vermögen/Stiftungen*, ▷*Private Equ. u. Vent. Capital* u. ▷*Wirtschafts- u. Steuerstrafrecht*. Zudem kartell- u. zunehmend markenrechtl. Beratung. Bewährte internat. Netzwerkkontakte.
Mandate: Borbet Holding im Schutzschirmverfahren von Borbet Solingen; Rewe/DER Touristik bei JV mit Dt. Seereederei; Keramikhersteller bei Logistik-Outsourcing; E.on lfd. arbeitsrechtl.; Douglas-Gruppe bei Restrukturierungsmaßnahmen; Ex-Thyssenkrupp-Manager bei Vergleich im Schienenkartell (öffentl. bekannt); Real u. Rewe arbeitsrechtl.; Dt. Telekom bei 2 Transaktionen; Uniklinik Köln bei gepl. Zusammenschluss mit Städt. Kliniken Köln; Homann Feinkost im M&A; Axa bei VC-Investments, u.a. in Tier Mobility; Jumingo bei Finanzierungsrunden; DuMont Digital gesellschaftsrechtlich.

WIRTZ & KRANEIS
Köln ★

Bewertung: Die Kölner Kanzlei mit Schwerpunkt auf dem Mittelstand ist für 2 Spezialgebiete renommiert: Einerseits berät sie Unternehmen u. ihre Gesellschafter lfd. gesellschaftsrechtl. u. ist dabei zunehmend bei Nachfolgeregelungen gefragt, zuletzt etwa für ein europaw. tätiges Verkehrs- u. Logistikunternehmen. Die 2. Säule ist die renommierte Versicherungspraxis, die ihre Mandanten u.a. in D&O-Haftungsverfahren vertritt. Diese profitieren von einer verbesserten praxisübergr. Zusammenarbeit innerh. der Kanzlei, bei der die Anwälte z.B. ihre versicherungsrechtl. Beratung eng mit steuer- u. gesellschaftsrechtl. Themen verknüpfen.
Stärken: Prozessvertretung beklagter Organe u. Geschäftsführer. D&O-Deckung.
Oft empfohlen: Dr. Thomas Klein, Dr. Randolf Mohr (Gesellschaftsrecht)
Team: 7 Partner, 6 Associates
Schwerpunkte: Breite zivilrechtl. Aufstellung im Gesellschafts-, Steuer-, Immobilien-, Arbeits- u. ▷*Versicherungsvertragsrecht*. Begleitung kleiner u. mittelgr. Transaktionen. Spezialisierung im Bank- u. Kapitalmarktrecht, dort u. in D&O-Haftung viel Forensik. Mandantschaft: überwiegend mittelständ. Unternehmen, Insolvenzverwalter, div. überregionale Versicherer, Banken.
Mandate: Kommune bei Verschmelzung mehrerer kommunaler Gesellschaften; europaw. tätiges Verkehrs- u. Logistikunternehmen zu Nachfolgeregelung; Immobilienunternehmen bei Umwandlung aus Personen- in Kapitalgesellschaft; Anlagenbauer steuerrechtl. bei Betriebsprüfung; dt. Tochter eines amerikan. Erdölkonzerns arbeitsrechtl. bei Umstrukturierung; Kreditinstitut lfd. bei Prozessen im Leasing- u. Bankrecht.

Nordrhein-Westfalen

ADERHOLD
Nordrhein-Westfalen ★★★★
Bewertung: Gute Beziehungen zum regionalen (gehobenen) Mittelstand bilden das Fundament der Kanzlei mit Stammsitz in Dortmund. Erneut waren es v.a. Restrukturierungs- u. Sanierungsthemen, die Aderhold besonders beschäftigten. Angezogen hat in diesem Kontext auch das Transaktionsgeschäft. Vermehrt wurde das Immobilienteam von Family Offices aus der Region mandatiert, die verstärkt bundesw. in Projekte investierten. Das wiederum verlieh dem Notariat in Dortmund einen spürbaren Schub. Intensiviert hat die Kanzlei noch einmal die Zusammenarbeit ihrer Büros, von denen sie allein in NRW 3 hat. Nach dem erfolgr. Ausbau des Kartellrechts durch einen Quereinsteiger hat sich Aderhold nun auch mit einem erfahrenen Medizinrechtler verstärkt, der neben dem Kerngeschäft die Transaktionsberatung im Gesundheitssektor unterstützen soll.
Stärken: Bundesw. tätige Teams in der Sanierungsberatung u. im Bank- u. Finanzrecht, sehr angesehene Schiedsrechtspraxis.
Oft empfohlen: Prof. Dr. Lutz Aderhold (Gesellschaftsrecht, Schiedsverfahren), Jürgen Schemann (Gesellschaftsrecht), Dr. Alexander Bardenz, Dr. Gunther Lehleiter („hervorragend, sehr reaktionsschnell u. umgänglich", Wettbewerber; beide Bankrecht)
Team: 8 Eq.-Partner, 2 Sal.-Partner, 7 Associates, 1 of Counsel
Schwerpunkte: ▷Gesellsch.recht (inkl. Finanzierungsfragen). Auch M&A, daneben bundesw. Prozessführung im Bankenbereich, auch oft in gesellschaftsrechtl. Schiedsverfahren u. Prozessen. Gr. Engagement im Bank- u. Bankaufsichtsrecht. Mandanten: gehobener (über)regionaler Mittelstand, Banken, Sparkassen, öffentl. Hand.
Mandate: Family Office bei Beteiligung an Softwareunternehmen; Gerüstbauer bei Zukauf; Pflegeheimbetreiber bei Kauf von Pflegeheimgruppe mit 19 Einrichtungen; Kludi bei Verkauf an RAK Ceramics; Verlag, u.a. bei Restrukturierung u. Erstellung eines Finanzierungskonzepts; Lebensmittelhändler bei Sanierungskonzept; Borussia Dortmund gesellschafts- u. kapitalmarktrechtl.; GBK Beteiligungen, Hahn-Gruppe, Nordwest Handel aktienrechtl.; div. Banken u. Sparkassen zu lfd. Fragen sowie prozessual.

ALPMANN FRÖHLICH
Nordrhein-Westfalen ★
Bewertung: Die Kernklientel der westfäl. Kanzlei ist der Mittelstand, den sie meist umf., häufig sogar als ausgelagerte Rechtsabteilung berät. Damit ist sie ähnl. aufgestellt wie die lokale Wettbewerberin HLW. Je nach Standort sind die Beratungsfelder bei AF unterschiedl. stark ausgeprägt. In Münster stehen gesellschafts-, arbeits- u. markenrechtl. Themen im Fokus. Im Büro in Emsdetten spielt die insolvenzrechtl. Beratung eine gr. Rolle. Zuletzt wurde ein Anwalt etwa zum Verwalter der insolventen Teutoguss bestellt. Eine regionale Besonderheit bleibt die Beratung von Mandanten in den Niederlanden, für die insbes. das Büro in Rheine steht.
Stärken: Gesellschaftsrecht. Internat., insbes. an der Schnittstelle zum niederl. Recht; Insolvenzverwaltung.

Nordrhein-Westfalen

★★★★★	
Flick Gocke Schaumburg	Bonn
Kümmerlein	Essen
Luther	Essen
Redeker Sellner Dahs	Bonn
Schmidt von der Osten & Huber	Essen

★★★★	
Aderhold	Dortmund
Aulinger	Bochum, Essen
Grüter	Duisburg
Spieker & Jaeger	Dortmund

★★★	
Brandi	Bielefeld, Paderborn, Gütersloh u.a.
Busse & Miessen	Bonn
Streitbörger	Bielefeld, Hamm, Münster

★★	
Breidenbach	Wuppertal
Harnischmacher Löer Wensing	Münster
Meilicke Hoffmann & Partner	Bonn
Meyer-Köring	Bonn
Schlüter Graf	Dortmund
Schmitz Knoth	Bonn
Stein & Partner	Aachen

★	
Alpmann Fröhlich	Münster, Emsdetten, Rheine
d h & k	Aachen
LTS Rechtsanwälte Wirtschaftsprüfer Steuerberater	Herford
PKF Fasselt	Duisburg

Die Auswahl von Kanzleien und Personen in Rankings und tabellarischen Übersichten ist das Ergebnis umfangreicher Recherchen der JUVE-Redaktion. Sie ist in 2erlei Hinsicht subjektiv: Die Aussagen der befragten Quellen sind subjektiv u. spiegeln deren Erfahrungen u. Einschätzungen. Die JUVE-Redaktion wiederum analysiert die Rechercheergebnisse unter Einbeziehung ihrer eigenen Marktkenntnis. Der JUVE Verlag beabsichtigt keine allgemeingültige oder objektiv nachprüfbare Bewertung. Es ist möglich, dass eine andere Recherchemethode zu anderen Ergebnissen führt. Innerhalb einzelner Gruppen in Rankings und tabellarischen Übersichten sind Kanzleien und Personen alphabetisch sortiert.

Team: 27 Eq.-Partner, 1 Sal.-Partner, 23 Associates
Schwerpunkte: Umf. Beratung v.a. im Gesellschaftsrecht (Umstrukturierungen u. Transaktionen bis ca. €50 Mio), auch Nachfolgefragen (mit Erbrecht). Großes Notariat. Mandantschaft: v.a. gehobener Mittelstand aus Westfalen, auch Banken, Kommunen u. einige Großunternehmen.
Mandate: Compo, Jade Team, BU Power Systems, Sagaflor lfd. markenrechtl.; Schmitz Cargobull u. Vossko umf., u.a. im Gesellschafts-, Handels- u. Markenrecht; Anthec, Hybeta lfd. arbeitsrechtl.; Klara-Stift-Gruppe Münster bei arbeitsrechtl. Restrukturierung; Sutnik zu Homeoffice.

AULINGER
Nordrhein-Westfalen ★★★★
Bewertung: Die Kanzlei mit Standorten in Essen u. Bochum zählt zu den prägenden Einheiten im Ruhrgebiet. Ihren Mandanten, zu denen sie teils langj. Beziehungen pflegt, bietet sie ein breites Angebot mit klarem Schwerpunkt im Gesellschaftsrecht u. M&A inkl. eines gr. Notariats. Die Arbeit des Corporate-Teams war zuletzt stark transaktionsgetrieben. So begleitete es etwa Meridiam beim Aufbau eines Joint Ventures mit öffentl. Unternehmen. Bei Mandaten wie diesen kann Aulinger zusätzl. ihr tiefes Know-how im Kartellrecht u. bei Infrastrukturprojekten ausspielen. Ein weiteres Mandat, das die Stärke ihrer öffentl.-rechtl. Praxis belegt, ist die Beratung von VW bei der Standortauswahl für das neue E-Modell ‚Trinity'. Anerkannt ist die Kanzlei zudem im Vergaberecht. Nach einigen Abgängen in den Vorjahren gelang es Aulinger jedoch nicht, die Praxis erneut zu verstärken, sodass das Geschäft an der hoch angesehenen Ohrtmann hängt. Nach ihrem mehrmonatigen Sabbatical muss die Partnerin personell aufrüsten, um so die Praxis langsam zu alter Stärke zurückzuführen.
Stärken: Bundesw. angesehene Praxis im ▷Kartellrecht.

Oft empfohlen: Dr. Markus Haggeney ("sehr erfahren u. erfolgr.", Mandant; "professionell u. zielorientiert", Wettbewerber), Dr. Andreas Eickhoff (beide Gesellschaftsrecht), Dr. Karlheinz Lenkaitis (M&A), Dr. Andreas Lotze ("zielorientiert, angenehm in der Zusammenarbeit", Mandant; Kartellrecht), Dr. Nicola Ohrtmann ("herausragende Beratung: umfassend, pointiert, in jedem Bereich rechtssicher, stichhaltig und fachl. einwandfrei", Mandant; "sehr engagiert u. fachl. sowie argumentativ stark", Wettbewerber; Vergaberecht), Dr. Christian Stenneken, Dr. Bastian-Peter Stenslik ("fachl. sehr versiert, kreative Lösungsansätze, guter Verhandler"; "top Anwalt, zuverlässig u. mit dem richtigen Biss", Mandanten; "stets kollegialer Umgang", Wettbewerber; Arbeitsrecht)
Team: 16 Eq.-Partner, 13 Sal.-Partner, 14 Associates, 3 of Counsel
Schwerpunkte: Mandantenbasis aus öffentl. u. regulierten Unternehmen, Ruhrgebietsindustrie u. gehobenem Mittelstand, u.a. aus dem Energie- u. med. Sektor; inhaltl. breit, inkl. u.a. Arbeitsrecht, Datenschutz; ▷*Gesellsch.recht* u. ▷*M&A* notariell u. beratend.
Mandate: Meridiam umf. bei Joint Venture mit öffentl. Unternehmen zum Ausbau des Glasfasernetzes in Montabaur; VW planungsrechtl. bei Standortauswahl für neues E-Modell ‚Trinity'; BP Europe notariell sowie im Umwelt- u. Planungs-, Kartell- u. Vergaberecht; Landesamt für Zentrale Polizeil. Dienste NRW umf. vergaberechtl.; Glasfaser Nord-West zu Kooperation beim Glasfaserausbau u. bei Abwehr einer kartellrechtl. Unterlassungsklage; Wohnungsbauunternehmen bei Forward-Funding-Deal zur Realisierung div. Wohnungen; Herner Gesellschaft für Wohnungsbau immobilienrechtl.; Energiedienstleister arbeitsrechtl. bei Betriebsstilllegung.

BRANDI
Nordrhein-Westfalen ★★★

Bewertung: Brandi ist neben Streitbörger einer der Platzhirsche in OWL u. berät von ihren 5 Standorten aus einen gr. Stamm an lokalen Mandanten mit teils klangvollen Namen wie Miele u. Schüco. Letztere begleitet sie im Zuge ihres breiten Beratungsansatzes u.a. im Arbeits- u. Baurecht sowie neuerdings bei markenrechtl. Fragen. Das Herzstück der Kanzlei bildet seit jeher die standortübergr. agierende Corporate-Praxis, der das renommierte u. gr. Notariat regelm. den Zugang zu neuen Mandaten eröffnet. Der Paderborner Standort ist zudem für seine öffentl.-rechtl. Kompetenz bekannt, v.a. für das Umwelt- u. Planungsrecht um den angesehenen Dippel. Auch die Verknüpfung der bau- u. vergaberechtl. Praxis entwickelt sich gut, was in Mandaten wie das des Kreises Höxter u. der Kreishandwerkerschaft Höxter-Warburg deutlich wird. Darüber hinaus profitieren Mandanten bei grenzüberschr. Fragen von der eingespielten Zusammenarbeit mit anderen Kanzleien aus dem internat. Pangea-Netzwerk.
Stärken: Internat. gesellschaftsrechtl. Beratung, v.a. durch das internat. Netzwerk Pangea. Tiefe Spezialisierung, insbes. im Arbeitsrecht u. im ▷*Öffentl. Recht* (Umwelt und Planung).
Oft empfohlen: Dr. Franz Tepper, Dr. Oliver Knodel ("versiert u. kompetent", Wettbewerber; beide Gesellschaftsrecht), Prof. Dr. Martin Dippel (Öffentl. Recht), Dr. Kevin Kruse ("pragmatisch, präzise, überzeugend u. angenehm", "kompetent, rasch u. kreativ", Mandanten; Gewerbl. Rechtsschutz/IT)

Team: 53 Partner, 4 Counsel, 19 Associates, 3 of Counsel
Schwerpunkte: ▷*Gesellschafts-* u. Steuerrecht (Strukturberatung, Unternehmensnachfolge, Transaktionen) sowie im Bau- u. Immobilienrecht, zudem Notariat. Sehr internat. geprägtes Handels- u. ▷*Vertriebsrecht*. Starkes Standbein im Öffentl. Recht, zudem Arbeitsrecht u. ▷*M&A*, ▷*Marken- u. Wettbewerbsrecht*. Mandantschaft: namh. mittelständ., z.T. inhabergeführte Unternehmen, Großhandelsketten u. karitative Einrichtungen; auch bundesw. Compliance mit standortübergr. Kompetenzgruppe.
Mandate: Rotzinger bei Carve-out u. Kauf aller Anteile an Rotzinger PharmaPack; Miele bei Kauf der Assets der insolventen Foldimate; GTI bei Kauf von Tegra; Eckert u. Ziegler im Strahlenschutz- u. Umweltrecht; Benteler Steel/Tube lfd., u.a. immissionsschutzrechtl.; Bertelsmann Stiftung umf. im Lizenz-, Wettbewerbs- u. Markenrecht; Edeka, Leineweber, Miele lfd. markenrechtl.; Kreis Höxter u. Kreishandwerkerschaft Höxter-Warburg bei Ausschreibung von Planungsleistungen für Neubauprojekt; TH OWL vergaberechtl. zu Bau- u. Lieferleistungen für das Bauvorhaben KreativInstitut OWL; Claas lfd., u.a. im Datenschutz-, Gesellschafts-, Marken- u. Arbeitsrecht; Takko, Uni Paderborn, Roller im Mietrecht.

BREIDENBACH
Nordrhein-Westfalen ★★

NOMINIERT JUVE Awards 2022 Kanzlei des Jahres für den Mittelstand

Bewertung: Die Wuppertaler Traditionskanzlei zeichnet sich durch eine interdiszipl. gesellschafts- u. steuerrechtl. Beratung aus. Insbes. beim inhabergeführten Mittelstand, der die Kernmandantschaft bildet, ist diese Kombination sehr gefragt. Den beriet sie zuletzt auch in bemerkenswert vielen Deals, u.a. in umfangr. Bieterverf. unter Beteiligung von Private-Equity-Investoren. Anders als die meisten Mittelstandskanzleien konzentriert sich Breidenbach auf gesellschaftsrechtl. Dauerberatung u. Transaktionen u. strebt keine Full-Service-Ausrichtung an. Vielmehr weitet sie ihr Geschäft nur auf Rechtsgebiete aus, die (auch) eine sinnvolle Ergänzung zum Corporate-Geschäft bilden. Zuletzt gelang ihr das im Arbeitsrecht. Neben Transaktionsthemen waren es v.a. Fragen im Zshg. mit der Pandemie, die das Geschäft schnell wachsen ließen.
Stärken: Gestaltende Beratung an der Schnittstelle von Gesellschafts- u. Steuerrecht.
Team: 3 Eq.-Partner, 3 Sal.-Partner, 2 Counsel, 4 Associates
Schwerpunkte: M&A-Transaktionen, Immobilienwirtschaftsrecht. Auch Arbeitsrecht. Gründungsmitglied von BDO Deutschland Alliance.
Mandate: Rasche Umformtechnik bei Verkauf an Mutares; Interboden regelm. bei Transaktionen, u.a. bei Kauf von 3 Grundstücken, sowie steuerrechtl.; Pipersberg bei Verkauf von Geschäftsanteilen an EMZ Partners; schwed. Hanza Holding zu Etablierung einer dt. Zwischenholding u. zu Kauf von Helmut Beyers GmbH; Bültmann-Gruppe lfd. arbeitsrechtlich.

BUSSE & MIESSEN
Nordrhein-Westfalen ★★★

Bewertung: Die Kanzlei mit Stammsitz in Bonn zieht ihre Stärke aus der Verzahnung div. Fachberei-

---

Führende Berater in Nordrhein-Westfalen

Dr. Lutz Aderhold (Gesellsch.recht, Prozesse)
Aderhold, Dortmund

Dr. Achim Bischoff (Gesellsch.recht)
Grüter, Duisburg

Dr. Ina-Maria Böning (Gesellsch.recht)
Grüter, Duisburg

Prof. Dr. Franz-Josef Dahm (Gesundheit)
Schmidt von der Osten & Huber, Essen

Prof. Dr. Martin Dippel (Umwelt u. Planung)
Brandi, Paderborn

Dr. Andreas Eickhoff (Gesellsch.recht)
Aulinger, Bochum

Dr. Joachim Gores (Gesellsch.recht, M&A)
Kümmerlein, Essen

Dr. Thomas Heidel (Gesellsch.recht)
Meilicke Hoffmann & Partner, Bonn

Dr. Ulrich Irriger (Gesellsch.recht, M&A)
Kümmerlein, Essen

Gernot Lehr (Presse)
Redeker Sellner Dahs, Bonn

Dr. Karlheinz Lenkaitis (M&A)
Aulinger, Bochum

Prof. Dr. Heiko Lesch (Wirtschafts- u. Steuerstrafrecht)
Redeker Sellner Dahs, Bonn

Dr. Andreas Lotze (Kartellrecht)
Aulinger, Bochum

Dr. Jürgen Lüders (Gesellsch.recht)
Redeker Sellner Dahs, Bonn

Dr. Martin Mönks (Arbeit)
Kümmerlein, Essen

Prof. Dr. Bernd Müssig (Wirtschafts- u. Steuerstrafrecht)
Redeker Sellner Dahs, Bonn

Prof. Dr. Tido Park (Wirtschafts- und Steuerstrafrecht)
Park, Dortmund

Prof. Dr. Thomas Rödder (Steuerrecht)
Flick Gocke Schaumburg, Bonn

Dr. Bertram Schacker (Gesellsch.recht/M&A)
Streitbörger, Bielefeld

Dr. Edgar Stein (Gesellsch.recht)
Stein & Partner, Aachen

Die Auswahl von Kanzleien und Personen in Rankings und tabellarischen Übersichten ist das Ergebnis umfangreicher Recherchen der JUVE-Redaktion. Sie ist in 2erlei Hinsicht subjektiv: Die Aussagen der befragten Quellen sind subjektiv u. spiegeln deren Erfahrungen u. Einschätzungen. Die JUVE-Redaktion wiederum analysiert die Rechercheergebnisse unter Einbeziehung ihrer eigenen Marktkenntnis. Der JUVE Verlag beabsichtigt keine allgemeingültige oder objektiv nachprüfbare Bewertung. Es ist möglich, dass eine andere Recherchemethode zu anderen Ergebnissen führt. Innerhalb einzelner Gruppen in Rankings und tabellarischen Übersichten sind Kanzleien und Personen alphabetisch sortiert.

REGION WESTEN NORDRHEIN-WESTFALEN

che. Besonders deutl. wird das aktuell im Medizinsektor, wo B&M regelm. auch Transaktionen begleitet. Bundesw. Ansehen genießt die Kanzlei im Franchiserecht, wo sie v. a. Mandanten aus der Gastronomie u. Fitnessbranche berät. Diese von der Coronapandemie besonders betroffenen Mandanten profitierten etwa bei Fragen zu Kurzarbeit u. Mietzahlungen von der engen Vernetzung der Vertriebsrechtler mit der arbeits- bzw. immobilienrechtl. Praxis. Auch intern hat B&M zuletzt einiges in Gang gesetzt: Mit Blick auf den angespannten Bewerbermarkt u. die veränderten Bedürfnisse der Generation Z hat sie einen Prozess angestoßen, der die bereits gelebte Flexibilisierung von Karrieremodellen institutionalisieren soll.
Stärken: Enge Verknüpfung von Fachgebieten.
Oft empfohlen: Dr. Patrick Giesler, Dr. Volker Güntzel (beide Franchiserecht), Michael Nimphius (Öffentl. Recht), Uwe Scholz, Dr. Ingo Pflugmacher („guter Berater, schneller Entscheider", Wettbewerber; beide Medizinrecht)
Team: 17 Eq.-Partner, 2 Sal.-Partner, 3 Associates
Schwerpunkte: Beratung im ▷*Franchiserecht*, im Gesundheitssektor mit Medizin- u. ▷*Krankenhaus-* sowie Arzthaftungsrecht sowie Immobilien- u. Baurecht für Bauträger u. Investoren.
Mandate: Vapiano bei internat. Expansion; Tank & Rast zu Franchise- u. Pachtverträgen; Gastronomie-System bei Übernahme eines Wettbewerbers; dt. TK-Unternehmen ggü. Handelsvertretern zu Ausgleichsansprüchen u. Provision; lfd. vertriebsrechtl.: AmRest-Gruppe, Clever Fit, Hairfree, Life Fit; mehrere MVZ-Gruppen transaktional u. regulator. bei Expansion; Uniklinik Münster in Klage auf Zulassung als Zentrum für Präimplantationsdiagnostik; Klinikverbund Sachsen-Anhalt u.a. im Tarifrecht; Modeunternehmen arbeitsrechtl.; Stadt Bonn, Stadt Königswinter jew. zu Bauvorhaben; MAG Grundbesitz baurechtl.; Bauunternehmung Düx in div. Projekten.

D H & K
Nordrhein-Westfalen ★
Bewertung: Die Aachener Kanzlei ist in der Region angesehen u. als Beraterin bei zahlr. Unternehmen gesetzt. Für sie ist sie häufig auch als ausgelagerte Rechtsabteilung im lfd. Geschäft tätig, z.B. für Utimaco. Ihr klass. Schwerpunkt liegt im Gesellschaftsrecht/M&A, wobei d h & k ihre Mandanten auch grenzüberschr. u. über die an Aachen angrenzende Euregio hinaus begleitet, z.B. die frz. Sotexpro beim Zukauf in Deutschland. Neben den etablierten Arbeits- u. Baurechtspraxen entwickelt sich das Erbrecht gut, was d h & k zuletzt durch den Zugang einer erfahrenen Anwältin unterstrich.
Oft empfohlen: Dirk Daniel („außergewöhnl. kompetente Beratung, sehr erfahren, ruhig, mandanten- u. immer lösungsorientiert", Mandant), Carsten Lange, Christoph Schmitz-Schunken (alle Gesellschaftsrecht), Thomas Hagelskamp („sehr gut, bringt die Dinge auf den Punkt u. verfügt dank langer Erfahrung über profundes Wissen", Mandant; Baurecht), Dr. Dirk Brust („der perfekte Arbeitsrechtler, erfahren, kompetent u. schnell", Mandant; Arbeitsrecht)
Team: 12 Eq.-Partner, 6 Associates, 2 of Counsel
Schwerpunkte: Gesellschaftsrecht/M&A, Arbeitsrecht, Steuerrecht, Baurecht.
Mandate: Inoges umf. im M&A, u.a. zu Joint Venture mit Gezeiten-Haus-Gruppe u. bei Aufbau Rehazentrum Burtscheid 4.0; Zentis bei ww. Strukturierung, Roll-out u. Begleitung eines Konzern-Compliance-Systems; Babor zu Abgrenzung Medizin-/Kosmetikprodukte u. in Prozessen; Rooq umf. gesellschafts- u. IT-rechtl., u.a. bei Beteiligung von Henry Maske; Ages umf., u.a. zur Abrechnung von Tankkarten im neuen E-Toll-Mautsystem in Polen; Sotexpro bei Kauf von Drapilux.

FLICK GOCKE SCHAUMBURG
Nordrhein-Westfalen ★★★★★
Detaillierte Informationen zu dieser Kanzlei finden Sie in den jeweiligen Fachkapiteln sowie im ▷*Nationalen Überblick Top 50*.
Bewertung: Die steuerzentrierte Großkanzlei hat ihren Stammsitz in Bonn u. ist hier fachlich breit aufgestellt. In ihrer Kernkompetenz ▷*Steuerstrafrecht* sowie für die Beratung zu ▷*Nachfolge/Vermögen/Stiftungen* gehört sie bundesweit zu den Marktführern. Den Schwerpunkt im Energiewirtschaftsrecht verlor der Standort zuletzt durch den Weggang 3er Partner.
Team: 31 Eq.-Partner, 21 Sal.-Partner, 45 Associates, 2 of Counsel
Partnerwechsel: Dr. Thilo Richter, Dr. Christoph Sieberg, Dr. Margret Schellberg (alle zu Leitfeld; Energiewirtschaftsrecht)
Schwerpunkte: ▷*Arbeit*; ▷*Gesellsch.recht*; ▷*Kartellrecht*; ▷*M&A*; ▷*Nachfolge/Vermögen/Stiftungen*; Steuern; ▷*Wirtschafts- u. Steuerstrafrecht*.
Mandate: Siehe Fachkapitel.

GRÜTER
Nordrhein-Westfalen ★★★★
Bewertung: Die Duisburger Kanzlei ist als eine der renommiertesten Einheiten im Ruhrgebiet v.a. für ihre gesellschaftsrechtl. Kompetenz bekannt. Zudem begleitet sie regelm. Transaktionen u. ist dabei für eine Kanzlei ihres Zuschnitts bemerkenswert häufig grenzüberschr. tätig. Ein Bsp. ist die Beratung der kanad. Exco Technologies beim Kauf des Geschäftsbereichs Extrusion Dies von Halex. Komplementiert wird diese Aufstellung von einem starken Notariat, das von neuen Mandanten häufig in Kombination mit dem Gesellschaftsrecht angefragt wird, z.B. von einem Fitnessanbieter. Auch die Praxen für Arbeitsrecht u. Konfliktlösung sind angesehen, wobei Letztere für ihre Mandanten teils großvol. Schadensersatzprozesse führt. Der Zugang einer Corporate-Anwältin aus der aufgelösten D'dorfer Kanzlei Franz ist entspr. der guten Geschäftsentwicklung nun eine sinnvolle u. notwendige Ergänzung.
Stärken: Starke Prozess- u. Corporate-Praxis. Große Erfahrung in Schiedsverfahren. Angesehenes Notariat.
Oft empfohlen: Dr. Achim Bischoff (Gesellschaftsrecht), Dr. Ina-Maria Böning („sach- u. lösungsorientiert", Wettbewerber; Gesellschaftsrecht/M&A), Dr. Thorsten Schäckel (Arbeitsrecht)
Team: 8 Eq.-Partner, 6 Sal.-Partner, 5 Associates, 3 of Counsel
Schwerpunkte: ▷*Gesellsch.recht*, ▷*M&A* u. Schiedsrecht. Ebenfalls Arbeitsrecht u. Sanierungsberatung sowie Kartellrecht.
Mandate: Exco Technologies bei Kauf Geschäftsbereich Extrusion Dies von Halex; H-&-T-Gruppe bei Transaktionen; Maschinenhersteller gesellschaftsrechtl. u. bei div. (internat.) Transaktionen; Komponentenhersteller gg. Anlagenbauer in €30-Mio-Schadensersatzprozess; HDN Touristik gg. Landkreis Bautzen in €3,5-Mio-Schadensersatzprozess; Fitnessanbieter gesellschaftsrechtl. u. im Notariat; Betriebsrat der Medion-Unternehmensgruppe lfd. arbeitsrechtl.; Barthel lfd. arbeitsrechtl., u.a. bei Zukäufen.

HARNISCHMACHER LÖER WENSING
Nordrhein-Westfalen ★★
Bewertung: Die Kanzlei aus Münster ist einer der Platzhirsche in Westfalen, was u.a. an ihren ausgezeichneten u. langj. Beziehungen zum regionalen Mittelstand liegt. Ihr Mandantenportfolio hat sie zuletzt v.a. im Bereich der Unternehmensnachfolgen erweitert, wo sich der Zugang eines erfahrenen Steuerrechtlers im Vorjahr ausgezahlt hat. Zugleich gibt es hier regelm. Anknüpfungspunkte an das erfolgr. Notariat. Im Kontext des Russland-Ukraine-Krieges war zudem die Außenwirtschaftspraxis sehr gut ausgelastet mit Fragen rund um die Sanktionierung russ. Unternehmen. Trad. stark ist das Team zudem bei Zoll- u. Einfuhrumsatzsteuerfragen – oft an der Schnittstelle zu Transport u. Logistik im grenzüberschr. Handel.
Stärken: Gesellschaftsrecht, inkl. Notariat. Prozesserfahrung.
Oft empfohlen: Dr. Christoph Harnischmacher (Gesellschaftsrecht), Dr. Jörg Bonke (Bankrecht, Zivilrecht), Dr. Nils Harnischmacher („tief im Thema, sehr zielorientiert", Wettbewerber), Dr. Talke Ovie (beide Außenhandel)
Team: 14 Eq.-Partner, 10 Associates
Schwerpunkte: Gesellschaftsrecht, prozessual wie beratend, v.a. bei Umstrukturierungen, Transaktionen u. Nachfolgeregelungen. Daneben (insbes. kollektives) Arbeitsrecht u. Versicherungsrecht. ▷*Zoll- u. Außenwirtschaftsrecht*. Mandanten: v.a. regionaler Mittelstand, im Außenwirtschafts- u. im Bankrecht auch bundesw. tätig.
Mandate: Praxisverbund bundesw. zu Kauf von Zahnarztpraxen; Unternehmen (Anlagetechnik) bei Verkauf von Mittelständler; Nahrungsmittelunternehmen bei Stiftungsgründung; Stadtwerke Münster aufsichtsrechtl.; Remondis lfd., u.a. im Gesellschafts- u. Arbeitsrecht, in Compliance u. im Gewerbl. Rechtsschutz; Apetito, Betek, Deichmann, Fiege, Homann, Grohe im Zollrecht; lfd. im Arbeitsrecht: Alexianer Misericordia, Hengst, Helmut Brüninghaus, Saria, Stadtentsorgung Potsdam, Metro Deutschland (Individualarbeitsrecht).

KÜMMERLEIN
Nordrhein-Westfalen ★★★★★
Bewertung: Die Essener Traditionskanzlei gehört in NRW unbestritten zur Marktspitze u. untermauert diese Position regelm. durch eine zwar langsame, aber kontinuierl. Weiterentwicklung. Dass organ. Wachstum in Kombination mit kontrolliertem Ausbau durch Quereinsteiger mit Großkanzleierfahrung die richtige Strategie war, zeigt die zunehmende Qualität u. Quantität der Mandate, etwa die Arbeit für Xeptor Distribution Holding beim Kauf einer IT-Sparte. Geographisch längst nicht mehr auf das Ruhrgebiet beschränkt, haben v.a. in ihren Kerndisziplinen, M&A u. Gesellschaftsrecht, die internat. Bezüge deutl. zugenommen. Dafür steht bspw. die Arbeit für einen schwed. Private-Equity-Investor. Weitere Aushängeschilder der Kanzlei sind die Gesellschaftsrechtspraxis sowie die Arbeitsrechtspraxis sowie die Öffentl. Recht, wo sich Kümmerlein in den verg. Jahren insbes. durch ihre Tätigkeit als Projektmanager bei der Realisierung von Netzausbauvorhaben einen Namen gemacht hat. Daneben hat die Kanzlei neue

Praxisgruppen wie bspw. Immobilien- u. Baurecht geformt u. berät stärker als noch vor ein paar Jahren best. Branchen, wie z.B. Gesundheit u. Energie, mit praxisübergr. Teams – für eine mittelständ. geprägte Kanzlei ihres Zuschnitts keine Selbstverständlichkeit.
Stärken: Sehr angesehene Corporate-Praxis inkl. renommiertem Notariat.
Team: 17 Eq.-Partner, 15 Sal.-Partner, 2 Counsel, 25 Associates, 2 of Counsel
Schwerpunkte: ▷*Gesellsch.recht* (u.a. Vermögens- u. Unternehmensnachfolge, Umstrukturierungen); Kartellrecht; ▷*M&A*, ▷*Notariat*. Außerdem ▷*Arbeitsrecht*, ▷*Öffentl. Recht*, insbes. Planungsrecht.
Mandate: Xeptor Distribution Holding bei Kauf von dt. Circular IT-Geschäft; AH Holding bei 80%-Beteiligung von BHG Group; dt.-poln. Maschinenbauer bei Verkauf von Auslandsbeteiligungen; Fahrzeugwerke Lueg bei Beteiligung an Was-Gruppe; RAG in Post-M&A-Streit vor OLG Hamm; MMC Gruppe bei gesellschaftsrechtl. Refinanzierung; lfd. gesellschaftsrechtl. Evonik, RWE, Contilia, Opta Data, LSG Sky Chefs; Aalberts Surface Technologie bei Betriebsstilllegungen; Chefs Culinar zu Tarifrecht; Ev. Klinikum Niederrhein, u.a. zu Mitbestimmung; Energieerzeuger im Zshg. mit Projekten für regenerative Energien; Landesamt für Bergbau, Geologie u. Rohstoffe im Planfeststellungsverf. zur Zulassung einer 110-kV-Freileitung (Projektmanagement); Greyfield Group immobilienrechtl.; IFM Real Estate bei Neubau Zentrale; Einkaufsverbund kartellrechtl. zu Fusion; Leasingbank eines Kfz-Herstellers zu kartellrechtl. Compliance-Untersuchung.

LTS RECHTSANWÄLTE WIRTSCHAFTSPRÜFER STEUERBERATER
Nordrhein-Westfalen ★
Bewertung: Die Herforder MDP-Kanzlei konzentriert sich auf die Beratung des Mittelstands. Insbes. in der Möbel- u. der Baubranche unterhält LTS langj. Kontakte zu Unternehmen aus der Region, aber auch jenseits von OWL. Punkten kann sie bei ihren Mandanten v.a. durch die enge Verknüpfung von gesellschafts- u. steuerrechtl. Beratung, die bei Re- u. Umstrukturierungen sowie bei Nachfolgeregelungen zentral ist.
Stärken: Gestaltende Beratung an der Schnittstelle von Gesellschafts- u. Steuerrecht.
Team: 6 Partner, 6 Associates
Schwerpunkte: Steueroptimierte Gestaltungsberatung (Umstrukturierung, M&A), Unternehmensnachfolge inkl. Erbrecht. Daneben gesellschaftsrechtl. Streitigkeiten (Parteienvertreter u. Schiedsrichter). Auch Arbeitsrecht.
Mandate: Keine Nennungen.

LUTHER
Nordrhein-Westfalen ★★★★★
Detaillierte Informationen zu dieser Kanzlei finden Sie in den jeweiligen Fachkapiteln sowie im ▷*Nationalen Überblick Top 50*.
Bewertung: Das Essener Büro der in NRW u. mit zahlr. Standorten bundesw. präsenten Kanzlei ist insbes. wg. seiner ▷*gesellschaftsrechtl.* Praxis inkl. eines angesehenen ▷*Notariats* etabliert. Stark in der Beratung des Öffentl. Sektors, insbes. in den Branchen Energie und Bauen (ÖPP-Projekte). Gute Zusammenarbeit mit anderen Standorten.
Team: 9 Eq.-Partner, 5 Sal.-Partner, 4 Counsel, 29 Associates, 2 of Counsel

Nordrhein-westfälische Kanzleien mit Besprechung nur in Rechtsgebieten

Adick Linke (Bonn)	▷*Wirtschafts- u. Steuerstrafrecht*
Andrejewski Honke (Essen)	▷*Patent*
AWB Rechtsanwälte (Münster)	▷*Außenwirtschaft*
Baumeister (Münster)	▷*Öffentl. Recht* ▷*Vergabe*
Boesen (Bonn)	▷*Vergabe*
Cibus (Gummersbach)	▷*Lebensmittel*
CNH Anwälte (Essen)	▷*Arbeitnehmer*
Dolde Mayen & Partner (Bonn)	▷*Energie* ▷*Öffentl. Recht* ▷*Telekommunikation* ▷*Vergabe*
Dr. Eick & Partner (Bochum, Hamm)	▷*Versicherungsvertragsrecht*
Görg (Essen, Wuppertal)	▷*Insolvenz/Restrukturierung*
GTW Rechtsanwälte (Krefeld)	▷*Immo/Bau*
Grube Pitzer Konnertz-Häußler (Gummersbach)	▷*Lebensmittel*
Heinemann & Partner (Essen)	▷*Immo/Bau*
Höch und Partner (Dortmund)	▷*Energie*
Kapellmann und Partner (Mönchengladbach)	▷*Immo/Bau* ▷*Compliance* ▷*Kartellrecht* ▷*Vergabe*
Kraft Rechtsanwälte (Mönchengladbach)	▷*Wirtschafts- und Steuerstraf)*
LADM Liesegang Aymans Decker Mittelstaedt & Partner (Wuppertal)	▷*Vertrieb*
Prof. Stefan Leupertz (Essen)	▷*Immo/Bau*
LNS Rechtsanwälte (Bochum)	▷*Arbeitnehmer*
Niering Stock Tömp (Aachen, Krefeld)	▷*Insolvenz/Restrukturierung*
Park (Dortmund)	▷*Compliance* ▷*Wirtschafts- u. Steuerstrafrecht*
Quaas & Partner (Dortmund)	▷*Gesundheit*
Ratajczak & Partner (Essen)	▷*Gesundheit*
Rehborn (Dortmund)	▷*Gesundheit*
Rosin Büdenbender (Essen)	▷*Energie*
Sträter (Bonn)	▷*Gesundheit*
Ter Meer Steinmeister & Partner (Bielefeld)	▷*Patent*
Tsambikakis & Partner (Bonn)	▷*Wirtschafts- u. Steuerstrafrecht*
TSC (Gütersloh)	▷*Arbeit*
VBB Rechtsanwälte (Essen)	▷*Wirtschafts- u. Steuerstrafrecht*
Wigge (Münster)	▷*Gesundheit*
Willmer Köster (Vreden)	▷*Insolvenz/Restrukturierung*
Wolter Hoppenberg (Hamm, Münster)	▷*Öffentl. Recht*

Die Auswahl von Kanzleien und Personen in Rankings und tabellarischen Übersichten ist das Ergebnis umfangreicher Recherchen der JUVE-Redaktion. Sie ist in 2erlei Hinsicht subjektiv: Die Aussagen der befragten Quellen sind subjektiv u. spiegeln deren Erfahrungen u. Einschätzungen. Die JUVE-Redaktion wiederum analysiert die Rechercheergebnisse unter Einbeziehung ihrer eigenen Marktkenntnis. Der JUVE Verlag beabsichtigt keine allgemeingültige oder objektiv nachprüfbare Bewertung. Es ist möglich, dass eine andere Recherchemethode zu anderen Ergebnissen führt. Innerhalb einzelner Gruppen in Rankings und tabellarischen Übersichten sind Kanzleien und Personen alphabetisch sortiert.

Schwerpunkte: ▷*Arbeit*; ▷*Außenwirtschaft*; ▷*Energie*; ▷*Gesellsch.recht*; ▷*Immo/Bau*; ▷*IT u. Datenschutz*; ▷*Konfliktlösung*; ▷*Marken u. Wettbewerb*; insbes. M&A u. Unternehmensnachfolge; ▷*Notare*; Betreuung des Öffentl. Sektors, insbes. Umwelt- u. Planungsrecht; ▷*Vergabe-*; ▷*Vertrieb*.
Mandate: Siehe Fachkapitel.

MEILICKE HOFFMANN & PARTNER
Nordrhein-Westfalen ★★
Bewertung: Die Bonner Kanzlei ist eine anerkannte Mittelstandsberaterin u. unterhält zu ihren Mandanten teils über viele Jahre gewachsene Beziehungen. Das Traditionsunternehmen Falke etwa berät sie mittlerw. in div. Rechtsgebieten. Im Ge-

sellschafts- u. Aktienrecht ist sie v.a. für streitige Auseinandersetzungen renommiert, wobei die Tätigkeit für Dr. Carsten Maschmeyer u. MM Familien KG das Aushängeschild bleibt. Zudem genießt die Kanzlei einen sehr guten Ruf im Steuerrecht u. kann dabei häufig ihr Wissen an der Schnittstelle zum Gesellschaftsrecht unter Beweis stellen. Diese gut eingespielte Kombination beflügelt auch die Nachfolgeberatung, die von Mandanten stark nachgefragt ist, u.a. von den Nachkommen eines ausl. Investors, die MHP bei der Übernahme der Erbschaft begleitet.
Stärken: ▷*Gesellsch.recht* (u.a. Minderheitsaktionäre), Kapitalanlagerecht, Gesellschaftsrecht. Streitigk., internat. Steuerrecht, ▷*Konfliktlösung*, ▷*Nachfolge/Vermögen/Stiftungen*.
Oft empfohlen: Dr. Thomas Heidel, Dr. Jürgen Hoffmann, Dr. Daniel Lochner („Top-Anwalt auf dem Gebiet des praktischen Aktienrechts", Mandant; beide Gesellschaftsrecht), Dr. Wienand Meilicke (Steuerrecht), Dr. Uwe Scholz (Steuer- u. Gesellschaftsrecht)
Team: 10 Partner, 2 Associates, 2 of Counsel
Schwerpunkte: Beratung u. Vertretung von Mittelständlern, vermög. Privatpersonen/Unternehmern, Stiftungen u. Minderheitsaktionären v.a. im Aktien-, M&A/Gesellschafts-, Steuer- sowie Bank-, Aktien- u. Kapitalmarktrecht. Prozesse/Schiedsverfahren.
Mandate: Dr. Carsten Maschmeyer u. MM Familien KG bei gerichtl. Auseinandersetzung mit Prof. Dr. Utz Claassen; AAM American Axle & Manufacturing gesellschaftsrechtl.; Falke lfd. gesellschafts-, handels- u. insolvenzrechtl. bei Insolvenzen von Vertragspartnern; Unternehmerfamilie aus dem Sauerland im Erbrecht u. bei Umbau des Gesellschaftsvertrages zur Implementierung von Familienholdinggesellschaften; Erben eines ausl. Investors bei Übernahme der Erbschaft nach dessen Unfalltod; SPX Corporation beim gepl. Kauf dt. Konkurrenzunternehmen; Baudienstleister bei Kauf div. Beteiligungen eines Konzerns zur Beendigung eines Gesellschafterstreits; Peter Koepff in Gelita-Gesellschafterstreit.

MEYER-KÖRING
Nordrhein-Westfalen ★★
Bewertung: Die tief in der Region verwurzelte Bonner Einheit bietet ihren Mandanten einen Full-Service-Beratungsansatz u. steht ihnen häufig praxisübergr. zur Seite. Besonders renommiert ist MK für ihre gesellschaftsrechtl. Beratung, ein weiteres wichtiges Standbein ist das Arbeitsrecht. Die Bedeutung letzterer Praxis zeigte sich zuletzt in der Ernennung 2er Eq.-Partner. Zudem erschließt sich die Kanzlei neue Gebiete wie das Querschnittsthema ESG, dessen Relevanz ihre meist mittelst. Mandanten zunehmend erkennen. Mit ihrer Weitsicht bei diesem Thema ist sie weiter als viele Wettbewerber, das Gleiche gilt für Legal Tech. Ihr Engagement dabei demonstriert MK mit der Einstellung eines Legal-Tech-Managers, der die Abläufe in der Kanzlei verbessern u. den Einsatz von Technik forcieren soll.
Oft empfohlen: Dr. Nicolai Besgen („guter Arbeitsrechtler, fair", Wettbewerber; Arbeitsrecht), Andreas Jahn (Gesellschaftsrecht)
Team: 14 Eq.-Partner, 5 Sal.-Partner, 5 Associates, 1 of Counsel
Partnerwechsel: Michael-Carl Gussone (in Ruhestand; Versicherungsrecht)
Schwerpunkte: Arbeits- u. Gesellschaftsrecht, insbes. an der Schnittstelle zu Steuern, auch Steuerstrafrecht. Gemeinsam mit dem Berliner Büro ausl.

Institutionen u. vermögende Privatpersonen, u.a. bei Stiftungsgründungen, Krankenhaus- u. Medizinrecht.
Mandate: Dt. Steuerberater-Versicherung umf. gesellschafts-, bank- u. kapitalmarktrechtl., u.a. bei Gläubigerversammlungen; lfd. arbeitsrechtl. inkl. Prozessen: Dt. Postbank, Dt. Institut für Entwicklungspolitik, Hochschule der Sparkassen-Finanzgruppe; Engagement Global lfd. im Arbeits-, Gesellschafts- u. Datenschutzrecht; div. Stiftungen u. Vereine bei der Nachfolgegestaltung u. Nachlassabwicklung.

PKF FASSELT
Nordrhein-Westfalen ★
Bewertung: Die multidiszipl. Einheit berät von ihrem Duisburger Standort aus primär im Steuer- u. Gesellschaftsrecht, häufig mit Anwälten, die zusätzl. als StB oder WP qualifiziert sind. Als Teil des PKF-Netzwerks ist das Büro eng mit anderen dt. Standorten verdrahtet, z.B. mit Köln, u. somit profitieren Mandanten auch vom Know-how der dort ansässigen Anwälte. Zum Mandantenstamm der Kanzlei zählen neben mittelständ. Unternehmen, Non-Profit-Organisationen u. vermögenden Privatpersonen auch internat. Konzerne. So berät der China-Desk u.a. chin. Unternehmen, die Töchter in Dtl. gründen. Weitere Kompetenzen bietet PKF bei Nachfolgethemen u. im Steuerstraf-, Stiftungs- oder Arbeitsrecht. Letzteres erweiterte sie zuletzt durch den Zugang einer Anwältin mit Fokus auf Kollektivarbeitsrecht für Kirchen u. Krankenhäuser.
Stärken: Steuergestaltende Beratung, betriebswirtschaftl. Know-how.
Team: 10 Partner, 15 Associates
Schwerpunkte: Steuergetriebene Gestaltungsberatung (Unternehmensnachfolge, Umstrukturierungen, Unternehmenskäufe u. -verkäufe). Gründung u. Gestaltung von gemeinnützigen Stiftungen.
Mandate: Stadtwerke gesellschafts- u. steuerrechtl. bei Ausgliederung Energie-Verteilnetze in Tochtergesellschaft; schott. Whisky-Auktionshaus gesellschaftsrechtl. bei Gründung dt. Tochtergesellschaft; überörtl. ärztl. Gemeinschaftspraxis gesellschaftsrechtl. bei Verkauf an Finanzinvestor; Family Office lfd. gesellschafts- und steuerrechtl., z.B. zu Nachfolgethemen u. Immobilieninvestments; lfd. im Steuer- u. Gesellschaftsrecht: amerikan. Motorradhersteller, internat. tätiger Schreibartikelhersteller, gemeinnützige Stiftung.

REDEKER SELLNER DAHS
Nordrhein-Westfalen ★★★★★
Detaillierte Informationen zu dieser Kanzlei finden Sie in den jeweiligen Fachkapiteln sowie im ▷*Nationalen Überblick Top 50*.
Bewertung: Der Bonner Standort zählt in NRW zu den Marktführern. Exzellenter Ruf im Öffentl. Recht (insbes. ▷*Vergaberecht*). Renommiert außerdem im Bau- sowie im ▷*Wirtschafts- u. Steuerstrafrecht*. Ausgezeichnete Kontakte zu Behörden auch in Berlin u. Brüssel.
Team: 25 Eq.-Partner, 3 Sal.-Partner, 8 Counsel, 33 Associates, 7 of Counsel
Schwerpunkte: ▷*Beihilfe*; ▷*Compliance*; ▷*Energie*; ▷*Gesellsch.recht*; ▷*Kartellrecht*; ▷*M&A*, ▷*Medien*; Nachfolgeberatung; ▷*Presse*; Umwelt- u. Planungsrecht; Verfassungs- u. Wirtschaftsverwaltungsrecht; ▷*Vergabe*; ▷*Verkehr*.
Mandate: Siehe Fachkapitel.

SCHLÜTER GRAF
Nordrhein-Westfalen ★★
Bewertung: Die Mittelstandskanzlei ist einer der Platzhirsche in Dortmund. Ihre Arbeit ist geprägt durch die umf. Beratung ihres treuen u. langj. Mandantenstamms. Die Langlebigkeit der Mandantsbeziehungen resultiert u.a. aus einem gut vorbereiteten Generationswechsel in den einzelnen Praxen. Aktuell gilt das v.a. für das Arbeitsrecht. Auch im ohnehin gut aufgestellten Notariat stehen jüngere Anwälte bereit, das Geschäft zu übernehmen u. weiter auszubauen. Hervor sticht die Kanzlei weiterhin durch ihr starkes Engagement im arab. Raum, das sie zuletzt von ihrem Büro in Dubai aus auf Ägypten u. Pakistan ausgeweitet hat.
Stärken: Gesellschaftsrecht; eigenes Büro u. langj. Vernetzung in der Golfregion, u.a. VAE, Saudi-Arabien.
Team: 7 Eq.-Partner, 6 Associates, 2 of Counsel
Schwerpunkte: Gesellschafts- u. Arbeitsrecht (u.a. Umstrukturierungen, Übernahmen, Stilllegungen). Zudem Gewerbl. Rechtsschutz inkl. Markenrecht. Aus Büro in Dubai: Betreuung dt. Unternehmen bei Ansiedlung, Vertrieb, Schiedsverfahren.
Mandate: Restaurantkette bei Expansion in VAE; Fluggesellschaft bei Restrukturierung u. Compliance-Themen von Niederlassungen in den VAE; Sportartikelhersteller bei Einführung von E-Commerce-Plattform in den VAE; BayWa, Hellweg lfd. gesellschaftsrechtl. u. zu Gewerbl. Rechtsschutz; Signal Iduna im Wettbewerbs- u. Vertriebsrecht; Chemiekonzern lfd. im Gesellschaftsrecht u. zu Compliance.

SCHMIDT VON DER OSTEN & HUBER
Nordrhein-Westfalen ★★★★★

NOMINIERT
JUVE Awards 2022
Kanzlei des Jahres für den Mittelstand

Bewertung: Die in den Vorjahren angestoßenen Strukturmaßnahmen zeigen bei der Essener Kanzlei nun Wirkung. Eine verjüngte Partnerschaft, gezielte Verstärkung mit Quereinsteigern u. der strateg. Aufbau von Praxen wie Immobilien- u. Baurecht sowie Öffentl. Recht zahlen sich für ihre Mandanten aus, die gerne in mehreren Rechtsgebieten auf die Kompetenz von SOH setzen u. so auch Schnittstellenthemen in die Hand der Kanzlei legen können. Zudem hat SOH in ihrem Kerngeschäft M&A die Qualität u. Zahl ihrer Deals zuletzt deutlich gesteigert. Ein Bsp. ist der Verkauf des Mountainbike-Herstellers YT Industries an der Seite von Dauermandant Jacob Fatih. Zugleich steht der Deal für die zunehmende Internationalisierung. Lange auf das Engagement für die Aldi-Gruppe reduziert, hat sich SOH jenseits dieses Großmandanten ein beachtl. Portfolio aufgebaut. Die neue Beziehung zur Tochter eines Ruhrkonzerns zeigt zudem, dass das Modell der ausgelagerten Rechtsabteilung weiterhin gefragt ist. Viele Mandanten setzen seit vielen Jahren auf eine solch umf. Beratung durch die Kanzlei u. begründen das u.a. mit der „hohen Business-Affinität" u. „jur. Exzellenz". Das bescheinigen Mandanten auch dem Arbeitsrechtsrechtsteam, das zuletzt umfangr. Projekte für Aldi stemmte u. Schalke04 im Zshg. mit dem Bundesligaabstieg beriet.
Stärken: Langj. Betreuung eines hochkarät. Mandantenstamms. Hohe Kompetenz im Stiftungsrecht. Angesehene Medizinrechtspraxis.
Oft empfohlen: Dr. Ulf Rademacher (Gesellschaftsrecht/IP), Dr. Till Wegmann (Arbeitsrecht), Dr. Jo-

chen Lehmann („sachlich, sehr präzise u. schnörkellos; jurist. sehr stark!", „aufgrund seiner fachl. Kompetenz u. stets professioneller Beratung besteht ein außerordentl. Vertrauensverhältnis", Mandanten; Gesellschaftsrecht), Dr. Stefan Bäune („sehr versiert", Wettbewerber; Medizinrecht).
Team: 16 Eq.-Partner, 8 Sal.-Partner, 11 Associates
Schwerpunkte: Kanzlei agiert häufig als ausgelagerte Rechtsabteilung auch für gr. Unternehmen v.a. im ▷*Gesellsch.recht* u. ▷*M&A*, Arbeits- u. Steuerrecht, auch Aktienrecht. Etabliert im ▷*Gesundheitsrecht*. Besonders aktiv im Bereich ▷*Nachfolge/Vermögen/Stiftungen*.
Mandate: Jacob Holding bei Verkauf YT Industries; Private-Equity-Unternehmen bei Kauf von Fachklinik; Crealize, u.a. bei div. Start-up-Gründungen; Private-Equity-Unternehmen zu Exitstrategie; Aldi Nord und Süd umf., insbes. im Gesellschafts-, Arbeits-, Marken- u. Immobilienrecht; lfd. im Gesellschaftsrecht: Lingohr & Partner, Kötter; Schalke 04 arbeitsrechtl. im Zshg. mit Bundesligaabstieg; lfd. im Arbeitsrecht: TÜV Nord, Gelsenwasser, Alfred Krupp Krankenhaus, Bofrost, Jacob Holding; Flowserve umweltrechtl. zu Industriestandorten; Einzelhandelsunternehmen bei Kauf von Baugrundstücken u. mietrechtl.; div. Familiy Offices bei Immobilientransaktionen.

SCHMITZ KNOTH
Nordrhein-Westfalen ★★
Bewertung: Die Bonner Kanzlei ist breit aufgestellt u. wird von ihren primär mittelständ. Mandanten insbes. für ihr Know-how im Gesellschafts-, Bank- u. Versicherungs- sowie Arbeitsrecht geschätzt. Unternehmen wie Meyer Burger setzen teils seit vielen Jahren umf. auf das Team. Bestehende Kontakte weitet SK regelm. praxisübergr. aus, z.B. die zu einem Pharmaunternehmen, das die Kanzlei zunächst bei Compliance-Fragen hinzuzog u. nun im Vertrags- u. Gesellschaftsrecht auf sie setzt. Hinzu kommt für eine Kanzlei ihres Zuschnitts bemerkenswert viel grenzüberschr. Geschäft, wobei häufig das europ. Kanzleinetzwerk Awerian als gute Quelle neuer Mandatsbeziehungen dient.
Stärken: Breit angelegte Beratung mit Akzenten in Gesellschaftsrecht u. Forensik.
Oft empfohlen: Dr. Claus Recktenwald (Bank- u. Finanzrecht), Dr. Guido Plassmeier (Gesellschaftsrecht)
Team: 9 Eq.-Partner, 6 Associates, 2 of Counsel
Partnerwechsel: Dr. Michael Wüllrich (in Ruhestand; Marken- u. Wettbewerbsrecht)
Schwerpunkte: Gesellschafts- u. Handelsrecht für Unternehmer, Bank- u. Versicherungsrecht, Arbeitsrecht.
Mandate: Meyer Burger umf., u.a. bei Expansionsfinanzierung u. Entflechtung eines internat. Joint Ventures; dt. Pharmaunternehmen zu Compliance u. im Vertrags- u. Gesellschaftsrecht; internat. Pharmaunternehmen lizenz- u. vertriebsrechtl. bei Auslizenzierung onkolog. Präparate; Wasserstoffunternehmen vertriebs- u. gesellschaftsrechtl.; Verbio gesellschafts- u. kapitalmarktrechtl.; Action arbeitsrechtl.; Targo Bank lfd. in Prozessen; DPC Finanz lfd. bankrechtlich.

SPIEKER & JAEGER
Nordrhein-Westfalen ★★★★
Bewertung: Ein langj. u. treuer Mandantenstamm bildet das Fundament der Dortmunder Traditionskanzlei. V.a. in ihrer Kerndisziplin, dem Gesellschaftsrecht inkl. angesehenem Notariat, steht S&J Unternehmen aus der Region Westfalen, dem Sauerland sowie dem Berg. Land seit vielen Jahren zur Seite. Als richtige Strategie hat sich dabei die letztjährige Verstärkung mit einem Steuerrechtler erwiesen, der eng in gesellschaftsrechtl. Mandate einbezogen wird. Zuletzt beriet die Kanzlei, meist im Nachgang von Transaktionen, Unternehmen vermehrt zur Neukonzipierung ihrer Vertriebsstrukturen. Aber auch Bereiche wie Kartell-, Marken- oder Bankrecht entwickelten sich durch den Gewinn neuer u. die Stärkung bestehender Beziehungen.
Stärken: ▷*Gesellsch.recht*, Notariat, Marken- u. Wettbewerbsrecht.
Oft empfohlen: Dr. Carsten Jaeger, Dr. Thorsten Mätzig, Dr. Steffen Lorscheider, zunehmend: Dr. Timo Floren (alle Gesellschaftsrecht/M&A), Dr. Achim Herbertz, Dr. Robert Jung (beide Marken- u. Wettbewerbsrecht)
Team: 18 Eq.-Partner, 7 Associates, 2 of Counsel
Schwerpunkte: Steuer- u. Arbeitsrecht, häufig zu Umstrukturierungen, Akquisitionen u. Nachfolgefragen. Urheber- u. Markenrecht. Bau- u. Immobilienrecht. Kartellrecht (insbes. Kartellschadensersatz).
Mandate: Sparkasse Dortmund bei Fusion mit Sparkasse Schwerte; Wirtschafts- u. Unternehmergemeinschaft freier Familienbrauereien vor BKartellamt im Zshg. mit dem gemeins. Aushandeln von Einkaufsbedingungen; Dt. Mineralbrunnen Staatlich Bad Meinberger zu Beteiligungsstrukturen; Materna Information & Communication bei Kauf Traffgo Road; Atlas Schuhfabrik, Signal Iduna zu Markenportfolio; GE Power Systems in Schadensersatzklage wg. Bauzeitverlängerung bei Kraftwerk; lfd. notariell: Materna Information & Communication, Dortmunder Stadtwerke, Automobilzulieferer; Verkauf der Elmos-Waferfertigung an MEMS-Foundry Silex (Beurkundung).

STEIN & PARTNER
Nordrhein-Westfalen ★★
Bewertung: Die Kanzlei gehört in der Region Aachen zu den maßgebl. Einheiten u. ist darüber hinaus auch in der Euregio u. für internat. Unternehmen tätig. Dazu zählt Atlas Copco, die das Team bei Transaktionen in der DACH-Region berät. Neben ihren Schwerpunkten im Gesellschafts-, Bau- u. Immobilien- sowie Arbeitsrecht entwickelte sich zuletzt v.a. das Vergaberecht gut. Hier setzen u.a. EVS Euregio u. die AWA auf die Kanzlei. Neue Kontakte ergeben sich regelm. durch die starke Verankerung bei regionalen Playern wie der RWTH Aachen, etwa zu einem an der Uni gegründeten Biotech-Start-up, das S&P bei 2 Finanzierungsrunden hinzuzog.
Stärken: Gesellschafts-, Bau- u. Arbeitsrecht.
Oft empfohlen: Dr. Edgar Stein („äußerst kompetent u. lösungsorientiert, hervorragende Zusammenarbeit", Mandant), Thomas Schmitz (beide Gesellschaftsrecht), Dr. Frank Neuß (u.a. Wirtschaftsstrafrecht), Hans-Peter Girkens, Dr. Alexander Martius (beide Baurecht)
Team: 8 Eq.-Partner, 5 Sal.-Partner, 1 Associate, 2 of Counsel
Schwerpunkte: Kernkompetenzen im Gesellschaftsrecht/M&A (auch internat., bes. Euregio), Öffentl. Recht (z.B. Vergaberecht), Bau- u. Immobilienrecht.
Mandate: Atlas Copco gesellschaftsrechtl. bei Zukäufen in der DACH-Region; Zukunftsagentur Rhein. Revier umf. bei Strukturwandelvorhaben; Biotech-Start-up bei 2 Finanzierungsrunden; vergaberechtl.: AWA, EVS Euregio; Full-Service-Krankenhaus zu Restrukturierung nach Flutkatastrophe; Uniklinikum Aachen baurechtl. bei Neuerrichtung OP-Saal-Komplex; Ursulinenkongregation Calvarienberg Ahrweiler bei Verkauf Klosteranlage an Investor; 2 Messebauer arbeitsrechtl. zu Coronafolgen; Lindt vertrags- u. baurechtl. bei Neubauvorhaben.

STREITBÖRGER
Nordrhein-Westfalen ★★★
Bewertung: Die Traditionskanzlei pflegt zu zahlr. namh. Unternehmen in OWL langj. Mandatsbeziehungen u. steht neben Mittelständlern auch gr., internat. tätigen Unternehmen zur Seite. Ein Bsp. dafür ist der Oetker-Konzern, dessen Aufspaltung der anerkannte Schacker notariell beurkundete. Für die Kompetenz im Gesellschaftsrecht steht v.a. der Bielefelder Standort. Wettbewerber heben zudem die gr. Kompetenz im Bankrecht hervor, worin Streitbörger bundesw. für zahlr. Kreditinstitute tätig ist, u.a. in Massenverfahren um Widerrufsbelehrungen. Dafür steht das Hammer Büro um den renommierten Lange. In Hamm ist zudem die Compliance-Beratung an der Schnittstelle zum Steuerrecht u. der Organhaftung angesiedelt, die sich immer besser etabliert u. auch bei neuen Mandanten gefragt ist.
Stärken: Große Prozesserfahrung, hohe Kompetenz im Bankrecht, großes Notariat.
Oft empfohlen: Dr. Martin Lange („sehr fundiert u. gründlich", „hoch kompetent (wandelndes Lexikon), absolute Mandantenorientierung", Mandanten; Bankrecht), Dr. Götz Zerbe (Arbeitsrecht), Dr. Matthias Rose (Öffentl. Recht), Dr. Bertram Schacker (Gesellschaftsrecht), zunehmend: Dr. Philip Seel (Steuerrecht)
Team: 31 Partner, 21 Associates
Schwerpunkte: In Bielefeld v.a. Gesellschaftsrecht, Öffentl. Baurecht u. Insolvenzrecht, in Hamm insbes. Bankrecht, Nachfolge/Vermögen/Stiftungen sowie Compliance, in Münster v.a. Bankrecht, auch Mittelstandsberatung. Weitere Standorte: Potsdam, Lingen u. D'dorf.
Mandate: Helinet Telekommunikation insolvenzrechtl.; Oetker-Konzern notariell bei Aufspaltung; NRW.Bank notariell bei Verkauf Westspiel an Gauselmann (alle öffentl. bekannt); Versicherungskonzern zu Compliance; lfd. gesellschaftsrechtl. u. im Notariat: Oetker, Schüco, JAB Anstoetz, Bugatti Holding Brinkmann, Plasmatreat, Hanning Elektro-Werke, Diamant Software, Alcina, Eriks-Gruppe, Paragon, Voltabox, Quakernack, Goldbeck, Hanning & Kahl, Stute, Seidensticker.

JUVE Handbuch 2022 | 2023

ANZEIGEN: KANZLEIEN WESTEN

Comindis	353
d h & k	354
Godefroid & Pielorz	355
Grüter	356
Harnischmacher Löer Wensing	357
Kebekus et Zimmermann	358
Loschelder	359
Peters	360
RellermeyerPartner	361
Rotthege Wassermann	362
RPO Ruttkamp Oberthür	363
Schindler	364
Schmidt von der Osten & Huber	365
Schmitz Knoth	366
SSP-Law	367

Alle hier alphabetisch erscheinenden Anzeigen sind kostenpflichtig und von den Kanzleien selbst gestaltet. Für den Inhalt sind die jeweiligen Kanzleien verantwortlich.

COMINDIS

YOUR BUSINESS
IS OUR PASSION

DISPUTE RESOLUTION
CORPORATE & COMPLIANCE
INSURANCE

FOKUS
ANLAGENBAU + ENERGIE + INFRASTRUKTUR

COMINDIS PartG mbB - Düsseldorf, Germany - www.comindis.com
T +49 211 542249 20

Mit uns sicher auf Cours!

Wirtschaft - Steuern - Internationale Handelsbeziehungen

Deutschland - Belgien - Niederlande

DHK Rechtsanwälte Steuerberater PartG mbB
Jülicher Straße 215 - D 52070 Aachen
Fon +49 241 946210 / Fax +49 241 94621111
www.dhk-law.de / www.dhk-tax.de / www.dgc-integrity.de

ANZEIGE

GODEFROID & PIELORZ
RECHTSANWÄLTE

KANZLEI GODEFROID & PIELORZ gehört zu den namhaften national und international tätigen deutschen Anwaltssozietäten. Seit über 30 Jahren beraten und vertreten wir deutsche und ausländische Unternehmen und deren Gesellschafter auf den wesentlichen Gebieten des deutschen und internationalen Wirtschaftsrechts.

QUALITÄT Wir bieten praxisorientierte effiziente Beratung und Prozessführung bei Einhaltung höchster beruflicher Standards. Unsere Anwälte waren und sind wissenschaftlich tätig, haben sich durch Veröffentlichungen einen Namen gemacht und treten als Referenten auf juristischen Kongressen und Seminaren auf. Arbeitssprachen sind neben Deutsch Englisch und Französisch.

KOMPETENZ Die Schwerpunkte unserer Arbeit liegen im Gesellschaftsrecht, im Bank- und Kapitalmarktrecht einschließlich des jeweiligen Aufsichtsrechts, bei nationalen und internationalen Transaktionen sowie allen angrenzenden Gebieten wie Insolvenzrecht/Restrukturierung, Arbeitsrecht und Vertriebsrecht. Ergänzt werden alle Bereiche durch eine umfangreiche Prozessführung vor den nationalen Gerichten und vor nationalen und internationalen Schiedsgerichten.

GODEFROID & PIELORZ
RECHTSANWÄLTE
Grafenberger Allee 87
40237 Düsseldorf

Telefon: +49 (0) 211 / 96 89 30
Telefax: +49 (0) 211 / 66 45 43
E-Mail: gp@godefroid-pielorz.de
Web: www.godefroid-pielorz.de

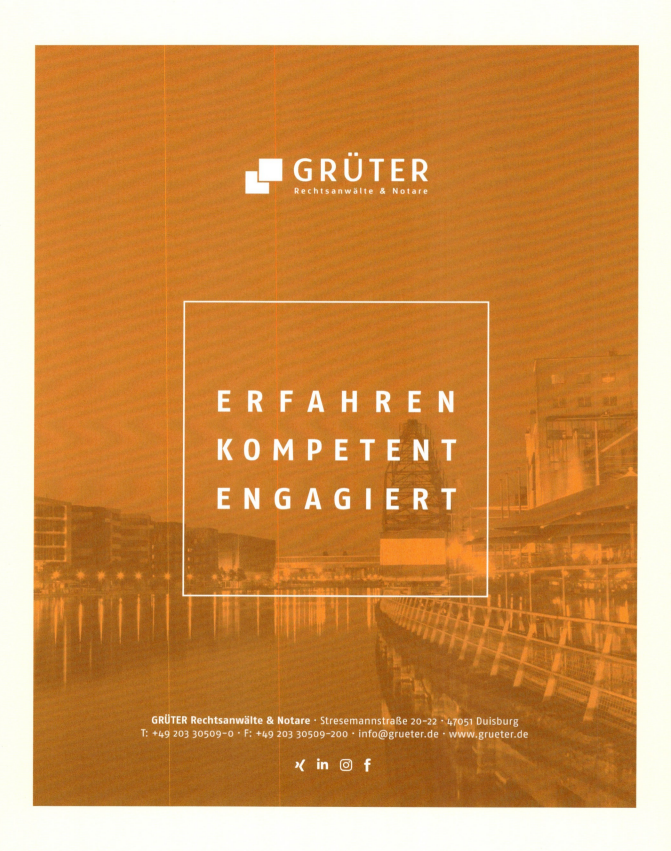

ANZEIGE

KEIN GRUND, NERVÖS ZU WERDEN.
WIR BEGLEITEN SIE. IN JEDEM FALL.

Von A wie Arbeitsrecht bis Z wie Zollrecht – unser vielseitiges Team kämpft mit Leidenschaft dafür, dass Sie Recht bekommen. Ganz gleich, ob internationaler Konzern, mittelständisches Unternehmen oder Privatperson – gemeinsam mit Ihnen erarbeiten wir strategische und pragmatische Lösungen, die Sie ans Ziel führen.

HARNISCHMACHER LÖER WENSING
Rechtsanwälte Partnerschaftsgesellschaft mbB

Hafenweg 8 | 48155 Münster | Tel. +49 251 68 68 60-0 | Fax +49 251 68 68 60-100
info@hlw-muenster.de | www.hlw-muenster.de

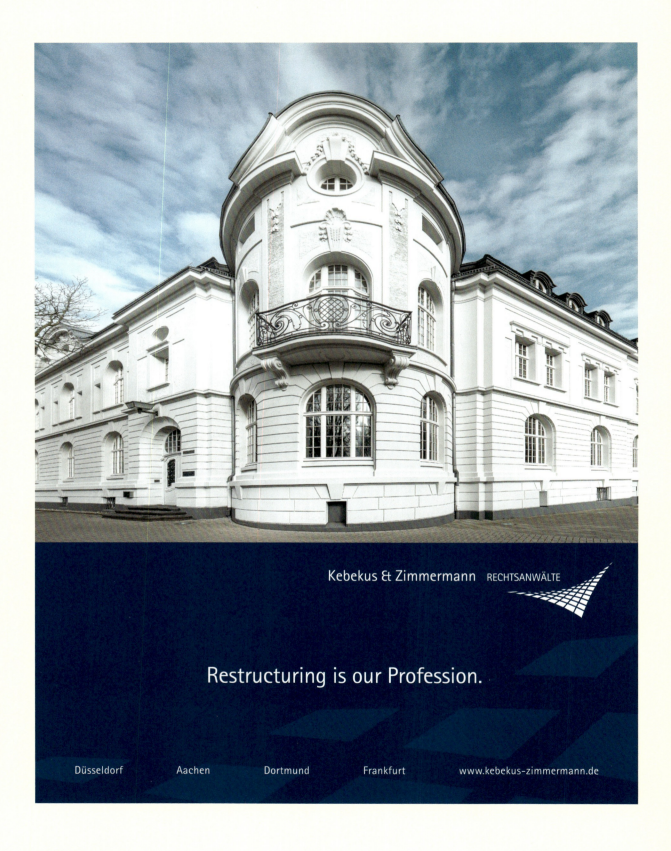

ANZEIGE

„Kompetente Beratung mit Weitblick"

Als wirtschaftsberatende Boutique sind wir seit 60 Jahren eine der führenden, bundesweit tätigen Kanzleien im Vertriebsrecht mit Sitz im Herzen von Düsseldorf.

Wir betreuen insbesondere Vertriebsnetze und Vertriebssysteme in allen rechtlichen Belangen, ihrer Struktur an sich und den sich daraus entwickelnden Bereichen. Zu unseren Mandanten gehören insbesondere namhafte Unternehmen aus den Bereichen Automotive, Elektronik, Baumaschinen, Immobilien, Kommunikation und Touristik. Zugleich betreuen wir erfolgreich Unternehmen in ihrem Aufbau und allen sich daraus ergebenden Fragestellungen.

Wir erarbeiten nicht nur die vertraglichen Grundlagen für sämtliche möglichen Vertriebsformen, sondern gestalten auch die rechtlichen Voraussetzungen für deren Weiterentwicklung unter Berücksichtigung der aktuellen Anforderungen des IT-Rechts und des Datenschutzes. Hinzu kommt die Beratung und Durchsetzung der Ansprüche unserer Mandanten in der tagtäglichen Praxis und vor Gericht sowie die Betreuung in die Zukunft gerichteter Belange.

Unsere Rundumbetreuung umfasst insbesondere die Bereiche Handels- und Gesellschaftsrecht, Gewerblicher Rechtsschutz, Arbeitsrecht, Kartellrecht, Insolvenzrecht und Restrukturierung sowie die Prüfung sämtlicher Marketingmaßnahmen.
Im JUVE-Handbuch Wirtschaftskanzleien 2004/2005 sind wir dafür in der Kategorie Vertriebssysteme als Kanzlei des Jahres ausgezeichnet worden.

Wir bieten unseren Mandanten Qualität, Kompetenz und Erfahrung mit Blick für das Wesentliche und die Zukunft.

SCHINDLER Rechtsanwälte
Königsallee 40 D-40212 Düsseldorf
Fon +49 (0)211/864 66-0 Fax +49 (0)211/864 66-32
Mail: info@rae-schindler.de Web: rae-schindler.de

ANZEIGE

KÖPFE MIT CHARAKTER

Schmitz Knoth Rechtsanwälte Partnerschaftsgesellschaft mbB agiert als überregionale Sozietät und ist durch starke Persönlichkeiten in Bonn und Berlin präsent.

Wir verstehen uns als Berater, die gemeinsame Werte immer im Sinne des gemeinsamen Ziels leben: **Erfolge für unsere Mandanten.**

Auf diesen Fokus verlassen sich bereits heute große Konzerne und mittelständische Unternehmen, insbesondere **Pharma- und Biotech-Unternehmen, Banken und Versicherungen.**

www.schmitzknoth.de

BONN

Genscherallee 12
D-53113 Bonn

Telefon: 02 28 / 9 85 09 - 0
Telefax: 02 28 / 9 85 09 - 33

E-Mail: kontakt@schmitzknoth.de

BERLIN

Zimmerstraße 79-80
D-10117 Berlin

Telefon: 030 / 20 64 68 - 0
Telefax: 030 / 20 64 68 - 68

E-Mail: kontakt@schmitzknoth.de

Region: Frankfurt und Hessen

369 Frankfurt
382 Hessen

Der Dealmotor läuft

Die Kanzleien in der Finanzmetropole Frankfurt zeigen sich im Sommer 2022 unbeeindruckt von Negativprognosen für die deutsche Wirtschaft. Schon zu Beginn der Corona-Krise währte der Schock über den ersten Lockdown nur kurz. Der M&A- und Private-Equity-Motor lief schnell wieder auf Hochtouren und behielt die hohe Drehzahl auch 2021/22 bei. Davon profitierten fast alle Transaktionspraxen, seien es die von den führenden Full-Service-Kanzleien wie **Freshfields Bruckhaus Deringer** oder **Clifford Chance**, seien es auf Deals fokussierte Einheiten wie **Paul Hastings**, **Sullivan & Cromwell** und **Willkie Farr & Gallagher**. Gerade die Private-Equity-Spezialisten waren erneut stark gefragt, auch weil der SPAC-Hype anhielt. Der Wegfall des Russland-Geschäfts und das Schließen vieler Kanzleistandorte in Moskau sorgte dann im Sommer 2022 doch für gewisse Zweifel am Dauerhoch.

Auch die Bankrechtspraxen waren fleißig: So beschäftigt die Digitalisierung immer noch die Finanzbranche, etwa wenn es darum geht, eine Infrastruktur so aufzubauen, um mit den Neobanken konkurrenzfähig zu bleiben. Die Auswirkungen des Brexits sorgen weiterhin für viel Arbeit für Aufsichtsrechtler, ebenso wie die Sanktionen gegen russische Finanzinstitute, von denen viele bedeutende Standorte in der Stadt hatten. Es gibt jedoch Anzeichen dafür, dass Frankfurt auch im Hinblick auf bestimmte Handelsgeschäfte (z.B. Derivate) gegenüber Paris verliert. Das wird Auswirkungen auf die personelle Besetzung der Kanzleien am Main haben.

Davon unbeeindruckt waren die breit aufgestellten Mittelständler. So profitierten Einheiten wie **FPS Fritze Wicke Seelig** und **Schalast & Partner** etwa von Deals mit großen Rechenzentren, und Kanzleien wie **act AC Tischendorf** spielten ihr Know-how im Arbeitsrecht und bei Restrukturierungen aus. Das Geschäft mit Fintechs erreicht in Frankfurt zwar noch immer nicht die Dimensionen wie in Berlin, nimmt aber weiter Fahrt auf.

Schwieriges Pflaster

In Frankfurt sorgten der **Avocado**-Spin-off **Ferox** und die Fusion von **Schalast** mit der auf Finanzdienstleister spezialisierten WP-Gesellschaft Auerbach für größere Aufmerksamkeit. Der Managing-Partner von **Herbert Smith Freehills** wechselte zu **Cleary Gottlieb Steen & Hamilton**. **Arnecke Sibeth Dabelstein** musste zwei Immobilienpartner zu **Rittershaus** ziehen lassen. Schnell gewann die Kanzlei jedoch Ersatz und verstärkte mit einem etablierten Anwalt von **Waldeck** zudem ihre IT-Rechtspraxis. **Hogan Lovells** machte von sich reden, als zwei Transaktionsspezialisten von **Watson Farley & Williams** wechselten. Gleich fünf neue Partner kamen bei **Baker Tilly** an Bord, die damit ihre Schlagkraft deutlich erweiterte. Vier Partner gingen von **DLA Piper** zu **Bryan Cave Leighton Paisner**.

Frankfurt bleibt jedoch ein schwieriges Pflaster für Kanzleineueröffnungen. Vor Jahren war die Mainmetropole für US-Kanzleien das erste Ziel für den Markteintritt, das ist heute anders: Auch zuletzt eröffnete hier keine US-Einheit, im Gegenteil: **Shearman & Sterling** konzentriert sich immer stärker auf den Münchner Standort, und dass **Willkie Farr & Gallagher** genau wie in diesem Jahr **Goodwin Procter** in Richtung München expandieren möchte, ist ein offenes Geheimnis.

Die folgenden Kapitel behandeln Kanzleien, die in ihrer Region eine besondere Bedeutung und Reputation genießen. Typischerweise decken diese Kanzleien viele Teilbereiche des Wirtschaftsrechts ab. Eine tabellarische Übersicht erfasst ergänzend regional ansässige und auf nur wenige Fachgebiete ausgerichtete Kanzleien. Die Übersicht weist zugleich die Fachkapitel aus, in denen Informationen zu diesen Kanzleien zu finden sind.

JUVE KANZLEI DES JAHRES IN FRANKFURT UND HESSEN

GREENFORT

Über die vergangenen zwei Jahre hat Greenfort beeindruckend vorgemacht, wie sich eine Kanzlei unter schwierigen Marktbedingungen nicht nur behauptet, sondern auch weiterentwickelt. Basis dieses Erfolgs sind eine konsequente strategische Ausrichtung, verbunden mit hoher interner Kooperationsbereitschaft und viel Pragmatismus – Letzteres wird auch von Mandanten lobend hervorgehoben.

Mit diesen Tugenden ist es gelungen, sich bei zahlreichen Deals ins Spiel zu bringen. Höhepunkt war zweifellos die Beratung von RTL beim Kauf von Gruner + Jahr durch **Dr. Andreas von Oppen** – ein Deal, den man normalerweise bei führenden Corporate-Praxen verorten würde. Gleichzeitig behält die Praxis ihren klaren strategischen Fokus auf Small- bis Mid-Cap-Transaktionen, den auch das starke Notariat stützt.

Einen Nerv getroffen hat das Team zudem mit dem Aufbau einer Praxis für das Corporate Housekeeping internationaler Konzerne. In dieser logischen Fortentwicklung der etablierten gesellschaftsrechtlichen Arbeit zeigt sich ein geschäftsorientierter, pragmatischer Beratungsansatz. Zugleich demonstriert die Kanzlei dabei die Bereitschaft, für derartige Aufbauprojekte neue Wege zu gehen und die Struktur der Kanzlei mit Paralegals anzupassen.

Dass daneben auch die Praxen im Arbeitsrecht und für Konfliktlösung sowohl mit eigenem Geschäft überzeugen als auch im Zusammenspiel mit den Corporate-Anwälten, ist ein Plus, das der Kanzlei gerade im kompetitiven Frankfurter Markt eine beachtliche Stabilität verleiht.

Frankfurt

ACT AC TISCHENDORF
Frankfurt ★★★

Bewertung: Die Frankfurter Kanzlei ist bekannt für einen Mandantenstamm, der von einer typ. mittelständ. Klientel bis hin zu Private-Equity-Häusern reicht. ACT begegnet ihren Mandanten unternehmer. dabei so auf Augenhöhe, dass sie vielen schon langj. – teils als ausgelagerte Rechtsabteilung – zur Seite steht. Von ähnl. aufgestellten Einheiten hebt sie sich insofern ab, weil sie seit einigen Jahren über ein gutes internat. Netzwerk mit eigenen Büros verfügt. Dadurch hat sich der Grad der Internationalisierung ihres Geschäfts zunehmend erhöht. Die Transaktionspraxis, die regelm. eng mit der Arbeitsrechtspraxis zusammenarbeitet, war gut frequentiert u. beriet bspw. Axel Semrau beim Verkauf an Trajan Scientific. Auch bei Restrukturierungen, ein weiterer Schwerpunkt von ACT, arbeiten die Anwälte mit den Arbeitsrechtlern und den Transaktionsanwälten. Im Frühjahr 2022 gewann die Kanzlei zudem eine Strafrechtlerin zurück u. deckt damit wieder ein Feld ab, das seit dem Weggang eines Teams vor 2 Jahren verwaist war. Ein lebhaft frequentiertes Transaktionsnotariat rundet ähnl. wie bei Göhmann das Geschäft ab. Mit der Aufnahme von 2 Anwälten in die Partnerschaft demonstriert ACT erneut, dass sie ihrem Nachwuchs realistische Aufstiegschancen bietet.

Stärken: Arbeitsrecht, Restrukturierungen, Transaktionen.

Oft empfohlen: Dr. Sven Tischendorf („Vollprofi, unternehmerisch, engagiert, Macher", Mandant; „zielorientiert, unternehmerisch denkend", Wettbewerber; M&A/Restrukturierung), Dr. Tara Kamiyar-Müller („exzellent bei Transaktionen", Wettbewerber; Immobilienrecht), Dr. Matthias Müller („große Sachkunde u. sehr angenehm in der Zusammenarbeit", „sehr breite Expertise, sehr smartes Auftreten", „exzellent, kaufmännisch sehr kompetent", „sehr gut, schnell", „sehr gut organisiert", Wettbewerber; Restrukturierung)

Team: 14 Eq.-Partner, 7 Sal.-Partner, 5 Associates, 2 of Counsel

Partnerwechsel: Dr. Michelle Wiesner-Lameth (von Rosinus; Wirtschaftsstrafrecht)

Schwerpunkte: Dauerberatung für Konzerne aus vielen Branchen mit Schwerpunkt im ▷*Gesellschafts-* u. ▷*Arbeitsrecht*; Transaktionen inkl. Finanzierung u. Steuerrecht; ▷*Insolvenz/Restrukturierung*; Prozessführung, zudem lfd. im Gewerbl. Mietrecht, bei Immobiliendeals u. IP/IT. Internat. Kanzleiverbund ACT Legal.

Mandate: M&A: Robus Capital Management beim Einstieg als neuer Investor bei Eterna; Real bei Kauf von SCP durch Act Treuinvest; Heizungsdiscount 24 bei Verkauf an VR Equitypartner; Axel Semrau bei Verkauf an Trajan Scientific; Restrukturierung/Insolvenz: Saurer Spinning Solutions bei Insolvenzverfahren; Rhein-Plast, Gespamp, Pluradent, Good Mills; Arbeitsrecht: Phoenix bei Post Merger Integration; Immobilien: Kre Group bei Verkauf von Lebensmittelimmobilien an Slate; Advenis bei Kauf von Büroimmobilien.

ADVANT BEITEN
Frankfurt ★★★

Detaillierte Informationen zu dieser Kanzlei finden Sie in den jeweiligen Fachkapiteln sowie im ▷*Nationalen Überblick Top 50*.

Frankfurt

★★★★★
- **Clifford Chance**
- **Freshfields Bruckhaus Deringer**
- **Hengeler Mueller**
- **Linklaters**

★★★★
- **Gleiss Lutz**
- **Hogan Lovells**
- **Latham & Watkins**

★★★★
- **Allen & Overy**
- **Baker McKenzie**
- **CMS Hasche Sigle**
- **Noerr**
- **Sullivan & Cromwell**
- **SZA Schilling Zutt & Anschütz**
- **White & Case**
- **Willkie Farr & Gallagher**

★★★
- **act AC Tischendorf**
- **Greenfort**
- **Jones Day**
- **Mayer Brown**
- **Skadden Arps Slate Meagher & Flom**
- **Taylor Wessing**

★★★
- **Ashurst**
- **DLA Piper**
- **FPS Fritze Wicke Seelig**
- **GSK Stockmann**
- **Herbert Smith Freehills**
- **Heuking Kühn Lüer Wojtek**
- **Paul Hastings**
- **Weil Gotshal & Manges**
- **Wendelstein**

Fortsetzung nächste Seite

Bewertung: Besonders anerkannt sind die Frankfurter Teams im ▷*Arbeits-* u. Stiftungsrecht (▷*Nachfolge/Vermögen/Stiftungen*). Die eingespielte multidisziplinäre Zusammenarbeit der Fachbereiche von Steuer- u. ▷*Gesellsch.recht* begründen ihren guten Ruf für Nachfolgeplanungen.

Team: 14 Eq.-Partner, 26 Sal.-Partner, 15 Associates

Partnerwechsel: Angela Schilling (zu Schiedermair; Arbeitsrecht)

Schwerpunkte: ▷*Arbeit*; Energie; ▷*Gesellsch.recht*; ▷*Immo/Bau*; Insolvenz u. Restrukturierung; ▷*IT u. Datenschutz*; ▷*Kartell*; ▷*M&A*; ▷*Marken u. Wettbewerb*; ▷*Medien*; ▷*Nachfolge/Vermögen/Stiftungen*; Steuern.

Mandate: Siehe Fachkapitel.

ALLEN & OVERY
Frankfurt ★★★★

Detaillierte Informationen zu dieser Kanzlei finden Sie in den jeweiligen Fachkapiteln sowie im ▷*Nationalen Überblick Top 50*.

Bewertung: In Frankfurt gehört insbes. die Finanzierungspraxis zur erweiterten Marktspitze, speziell bei ▷*Anleihen u. Strukturierten Finanzierungen* sowie ▷*Krediten u. Akqu.fin*. Zudem starke Partner in Vergabe- u. ▷*Arbeitsrecht* u. für ▷*Insolvenz/Restrukturierung*, die eng in die Corporate- u. Banking-Praxen eingebunden sind.

Team: 25 Partner, 18 Counsel, 69 Associates, 2 of Counsel

Partnerwechsel: Dr. Katharina Stüber (zu Baker & McKenzie; Gesellschaftsrecht)

REGION FRANKFURT UND HESSEN FRANKFURT

Schwerpunkte: ▷Anleihen; ▷Arbeit; ▷Bankrecht u. -aufsicht; ▷Börseneinführ. U. Kapitalerhöhung; ▷Compliance; ▷Energie; ▷Gesellsch.recht; Gesellschaftsrechtl. Streitigk.; ▷Immo/Bau; ▷Insolvenz/Restrukturierung; ▷Konfliktlösung; ▷Kredite u. Akqu.fin.; ▷M&A; ▷Öffentl. Recht; ▷Private Equ. U. Vent. Capital; Steuern; ▷Unternehmensbez. Versichererberatung; Vergabe; Verkehr; ▷Versicherungsvertragsrecht.
Mandate: Siehe Fachkapitel.

ARNECKE SIBETH DABELSTEIN
Frankfurt ★★★

Bewertung: Kaum eine Kanzlei hat in den vergangenen Jahren so viele Entwicklungsschritte vollzogen wie die Rundumberaterin ASD. So auch zuletzt: Der erst im Vorjahr gewonnene Kartellrechtler konnte sein Geschäft bei der Fusionskontrolle weiter festigen u. zeigte zudem bei der Gründung der NeoCargo, dass auch die fachübergr. Zusammenarbeit zw. Kartell-, Aktien- u. Gesellschaftsrecht funktioniert. Einen größeren Umbruch vollzog die Immobilienpraxis. Sie verlor in Frankfurt u. München ein insgesamt 9-köpfiges Team, darunter 2 Frankfurter Partner und mit Boldt die bekannteste Partnerin. Diese Lücke wenigstens teilweise wieder zu schließen, gelang mit dem Gewinn von Ludwig, der eine Counsel mitbrachte. Als echter Expansionsschritt dürfte der Eintritt von IT-Experte Fischer im Sommer 2022 zu werten sein, da ASD bis dato im IT-Recht eher unauffällig agierte. Er passt auch deswegen gut in die Aufstellung, weil er neben IT-Know-how auch Geschäft im Transportrecht, einer traditionellen Stärke von ASD, mitbringt.
Stärken: Transportrecht.
Oft empfohlen: Thomas Fischer (IT)
Team: 20 Eq.-Partner, 8 Sal.-Partner, 7 Counsel, 19 Associates, 4 of Counsel
Partnerwechsel: Sven Ludwig (aus eigener Kanzlei; Baurecht), Thomas Fischer (von Waldeck; IT), Prof. Dr. Antje Boldt, Steffen Holatka (beide zu Rittershaus; Bau- u. Vergaberecht)
Schwerpunkte: Internat. Rechtsverkehr, v.a. Transportrecht, M&A. Auch regelm. für mittelständ. dt. Mandanten in Corporate/M&A u. Steuerrecht; ▷Immo/Bau; ▷Gesellsch.recht. Gewerbl. Rechtsschutz inkl. Wettbewerbsrecht, ▷IT u. Datenschutz, Presse- u. Kartellrecht. Daneben Arbeits- u. Versicherungsrecht. Zudem Sportrecht.
Mandate: M&A: Sodexo beim Verkauf des dt. Cateringgeschäfts an Certina; Safran bei Gründung des Joint Ventures Eumet mit MTU Aero Engines; IntReal bei Kauf eines Immobilienportfolios in Magdeburg; Sternbach-Kliniken bei Kauf des Kreiskrankenhauses Schleiz; Banking/Finance: Gerch bei Finanzierung des Projektes ‚Altes Polizeipräsidium' in Ffm. u. zur Refinanzierung des Projekts Laurenz in Köln; Kartellrecht: Aryzta zu Kartellschadensersatzverf. beim LG Stuttgart; Sodexo fusionskartellrechtl. bei Verkauf an Certiuna; Gründung der NeoCargo kartell-, aktien- u. gesellschaftsrechtlich; Transportrecht: Energieunternehmen zu Logistik- u. Transportverträgen.

ASHURST
Frankfurt ★★★

Detaillierte Informationen zu dieser Kanzlei finden Sie in den jeweiligen Fachkapiteln sowie im ▷Nationalen Überblick Top 50.
Bewertung: Im Zentrum des Frankfurter Büros steht die internat. geprägte ▷M&A-Praxis. Sie profiliert sich auch jenseits des prominenten Schwerpunkts in der ▷Immobilienbranche, u.a. über gewachsene Asienkontakte. Die Banking-Praxis ist v.a. bei Strukturierter Finanzierung u. ▷Anleihen etabliert. Auch die ▷Litigation-Praxis fasst immer besser Fuß.
Team: 22 Partner, 16 Counsel, 34 Associates
Partnerwechsel: Conrad Ruppel (von Hengeler Mueller; Bankaufsichtsrecht)
Schwerpunkte: ▷Anleihen; ▷Börseneinführ. U. Kapitalerhöhung; ▷Energie-; ▷Gesellsch.recht; ▷Immo/Bau; ▷Insolvenz/Restrukturierung; ▷Kartell; ▷Konfliktlösung; ▷Kredite u. Akqu.fin.; ▷M&A; ▷Private Equ. U. Vent. Capital; ▷Verkehr.
Mandate: Siehe Fachkapitel.

Frankfurt Fortsetzung

★★★

- Advant Beiten
- Arnecke Sibeth Dabelstein
- Covington & Burling
- Dentons
- Gibson Dunn & Crutcher
- Göhmann
- Görg
- GvW Graf von Westphalen
- K&L Gates
- King & Wood Mallesons
- McDermott Will & Emery
- Metis
- Milbank
- Morgan Lewis & Bockius
- Norton Rose Fulbright
- Oppenhoff & Partner
- Schalast & Partner
- Schiedermair

★★

- Avocado
- Bird & Bird
- Cleary Gottlieb Steen & Hamilton
- Debevoise & Plimpton
- Flick Gocke Schaumburg
- Fried Frank Harris Shriver & Jacobson
- Goodwin Procter
- Luther
- Pinsent Masons
- Reed Smith
- Simmons & Simmons
- SKW Schwarz
- Squire Patton Boggs

★

- Baker Tilly
- Eifler Grandpierre Weber
- Friedrich Graf von Westphalen & Partner
- KPMG Law
- OMF Otto Mittag & Partner
- Rittershaus
- WilmerHale

Die Auswahl von Kanzleien und Personen in Rankings und tabellarischen Übersichten ist das Ergebnis umfangreicher Recherchen der JUVE-Redaktion. Sie ist in 2erlei Hinsicht subjektiv: Die Aussagen der befragten Quellen sind subjektiv u. spiegeln deren Erfahrungen u. Einschätzungen. Die JUVE-Redaktion wiederum analysiert die Rechercheergebnisse unter Einbeziehung ihrer eigenen Marktkenntnis. Der JUVE Verlag beabsichtigt keine allgemeingültige oder objektiv nachprüfbare Bewertung. Es ist möglich, dass eine andere Recherchemethode zu anderen Ergebnissen führt. Innerhalb einzelner Gruppen in Rankings und tabellarischen Übersichten sind Kanzleien und Personen alphabetisch sortiert.

AVOCADO
Frankfurt ★★

Bewertung: Das Geschäft des Frankfurter Teams prägt v.a. die große Zahl an Stammmandanten, die häufig auf mehrere Praxisgruppen vertrauen. Die M&A-Praxis um Berger lebt in erster Linie von Mid-Cap-Deals. Auf sie setzen Unternehmen wie Dürr in schöner Regelmäßigkeit, zuletzt etwa beim Kauf von Mytronic. Dabei profitiert die Kanzlei zunehmend von ihrem Netzwerk zu befreundeten Auslandskanzleien, sodass Mandate mit internat. Bezug mehr Raum einnehmen. Ein Bsp. ist Algeco, die aufgrund einer GB-Empfehlung zu Avocado kam und mittlerw. im Gesellschaftsrecht und bei weiteren Fragen auf die Kanzlei setzt. Eine Besonderheit im Vergleich zu

den Wettbewerbern dieser Größenordnung ist das China-Desk, der v.a. taiwanes. Unternehmen berät. Eine sichere Bank bleibt die IT-Praxis, die anwender- wie anbieterseitig berät und zuletzt v.a. hinsichtl. Digitalisierung und in der Healthcare-Branche zulegte. Dass 2 Partner die Kanzlei Richtung Selbstständigkeit verließen, ist allerdings ein Verlust für den Frankfurter Standort – zumal Geißler erst kürzlich zum Eq.-Partner ernannt wurde.
Stärken: IT u. Telekommunikation.
Oft empfohlen: Jan Voß (IT), Dr. Christian Berger („schnell, kompetent, verlässlich", Mandant; Gesellschaftsrecht), Dr. Udo Zietsch (Gesellschafts- u. Bankrecht)
Team: 13 Eq.-Partner, 1 Sal.-Partner, 3 Counsel, 6 Associates, 2 of Counsel
Partnerwechsel: Dr. Matthias Achenbach (von Bock Legal; Konfliktlösung); Dr. Dennis Geißler (zu Ferox; Konfliktlösung), Dr. Johannes Weisser (zu Ferox; Gesellschaftsrecht)
Schwerpunkte: ▷Gesellsch.recht; ▷M&A; klass. ▷IT-Recht; häufig an der Schnittstelle zu Telekommunikation, Datenschutz, Gewerbl. Rechtsschutz (Markenrecht, UWG) u. Prozessführung (u.a. für Banken, Telekommunikationsunternehmen). Arbeitsrecht, daneben Handels- u. Vertriebsrecht, Immobilienrecht. Notariat. Dt.-frz. Rechtsverkehr.
Mandate: M&A u. Gesellschaftsrecht: Dürr Dental beim Kauf von Mytronic; Musico bei Finanzierungsrunde; NCardia beim Kauf der Axiogenesis; SCPI Corum bei 2 Share-Deals über Büroimmobilien; SEC Consult Dtl. bei Joint Venture; Beyond Trust beim Kauf von Avecto u. gesellschaftsrechtl.; Real-Estate-Gesellschaft bei Übertragung von Gesellschaftsanteilen u. Verschmelzung; Med Alliance bei Gründung einer GmbH; Partslife bei Verschmelzung einer Tochter; lfd. gesellschaftsrechtl.: Algeco, Allmed, Dürr Dental, FE Fundinfo, Genovac, Mirado Real Estate, PharmacoVision, Portwell; Dt. Telekom, lfd. u.a. zu ITK-Einkaufsverträgen; IT-Recht: lfd. DFL, Heraeus, Media Frankfurt, TK8 Sports Academy.

BAKER MCKENZIE
Frankfurt ★★★★
Detaillierte Informationen zu dieser Kanzlei finden Sie in den jeweiligen Fachkapiteln sowie im ▷Nationalen Überblick Top 50.
Bewertung: Mit fachl. breiter u. internat. Aufstellung, einschl. der angesehenen ▷Marken- u. ▷Arbeitsrechtspraxis, begleitet das Frankfurter Büro nicht nur ▷M&A-Transaktionen, sondern auch komplexe Vertragsprojekte im ▷Vertriebsrecht. In der Banking-Praxis dominieren Finanzierungsthemen, z.B. ▷Anleihen.
Team: 17 Eq.-Partner, 20 Sal.-Partner, 20 Counsel, 50 Associates, 1 of Counsel
Partnerwechsel: Dr. Katharina Stüber (von Allen & Overy; Gesellschaftsrecht)
Schwerpunkte: ▷Anleihen; ▷Arbeit; ▷Außenwirtschaft; ▷Compliance; ▷Energie; ▷Gesellsch.recht; ▷Gesundheit; ▷Immo/Bau; ▷IT; ▷Konfliktlösung; ▷Kredite u. Akqu.fin.; ▷M&A; ▷Marken; Öffentl. Recht; Patent; ▷Private Equ. u. Vent. Capital; Steuern; ▷Telekommunikation; ▷Vertrieb.
Mandate: Siehe Fachkapitel.

BAKER TILLY
Frankfurt ★
Bewertung: Die multidisziplinäre Einheit war in anderen Städten stärker etabliert, in Frankfurt bisher jedoch kaum bekannt. Das hat sich nicht zuletzt

Frankfurter Kanzleien mit Besprechung nur in Rechtsgebieten

AGS Acker Schmalz	▷Compliance
Annerton	▷Bankrecht u. -aufsicht
Apitzsch Schmidt Klebe	▷Arbeitnehmer
BBL Brockdorff	▷Insolvenz/Restrukturierung
bhp Bögner Hensel & Partner	▷Notare
BLD Bach Langheid Dallmayr	▷Konfliktlösung ▷Versicherungsvertragsrecht
Bluedex	▷Arbeit
Bock Legal	▷Marken u. Wettbewerb ▷Versicherungsvertragsrecht
Brehm & v. Moers	▷Medien
Breyer	▷Immo/Bau
Brinkmann & Partner	▷Insolvenz/Restrukturierung
Broich	▷Gesellsch.recht
Bryan Cave Leighton Paisner	▷Immo/Bau ▷Notare
Busse Disputes	▷Konfliktlösung
Clouth & Partner	▷Konfliktlösung
Commeo	▷Kartellrecht
Deloitte Legal	▷Bankrecht u. -aufsicht ▷M&A
Dr. Dörr & Kollegen	▷Wirtschafts- u. Steuerstrafrecht
Ebner Stolz Mönning Bachem	▷Gesellschaftsrecht ▷Nachfolge/Vermögen/Stiftungen
EY Law	▷Bankrecht u. -aufsicht
Faust Gerber Haines	▷Notare
Feigen Graf	▷Wirtschafts- u. Steuerstrafrecht
Finkenhof	▷Insolvenz/Restrukturierung
Flick Gocke Schaumburg	▷M&A ▷Nachfolge/Vermögen/Stiftungen ▷Notare
Forstmann & Büttner	▷Lebensmittel
Franzmann Geilen Brückmann	▷Arbeitnehmer
Funke Mühe	▷Notare
Gerns & Partner	▷Notare
Göring Schmiegelt & Fischer	▷Notare
Friedrich Graf von Westphalen & Partner	▷Arbeit ▷Gesundheit ▷M&A
Grub Brugger	▷Insolvenz/Restrukturierung ▷Wirtschafts- u. Steuerstrafrecht
HammPartner	▷Wirtschafts- u. Steuerstrafrecht
Dr. Kai Hart-Hönig	▷Wirtschafts- u. Steuerstrafrecht
HauckSchuchardt	▷Immo/Bau
Heuer Busch & Partner	▷Nachfolge/Vermögen/Stiftungen
Heussen	▷Gesellsch.recht ▷Vergabe
HFK Heiermann Franke Knipp und Partner	▷Immo/Bau ▷Öffentl. Recht ▷Vergabe
hww Hermann Wienberg Wilhelm	▷Insolvenz/Restrukturierung
Ignor & Partner	▷Wirtschafts- u. Steuerstrafrecht
Jaffé	▷Insolvenz/Restrukturierung

Fortsetzung nächste Seite

Frankfurter Kanzleien mit Besprechung nur in Rechtsgebieten Fortsetzung

Jahn Hettler	▷Immo/Bau
Justem	▷Arbeit
Kallan	▷M&A
Kapellmann und Partner	▷Immo/Bau ▷Vergabe ▷Verkehr
Kempf Schilling + Partner	▷Wirtschafts- u. Steuerstrafrecht
King & Spalding	▷Gesundheit ▷Immo/Bau ▷Investmentfonds ▷Konfliktlösung ▷Lebensmittel
King & Wood Mallesons	▷M&A ▷Private Equ. u. Vent. Capital
Kliemt	▷Arbeit
Klinkert	▷Medien ▷Marken u. Wettbewerb ▷Wirtschafts- u. Steuerstrafrecht
KNH Rechtsanwälte	▷Immo/Bau
Kucera	▷Immo/Bau
Leinemann & Partner	▷Immo/Bau ▷Vergabe
Lennert Schneider & Partner	▷Notare
Livonius van Rienen	▷Wirtschafts- u. Steuerstrafrecht
Maat	▷Arbeit
Maikowski & Ninnemann	▷Patent
Mainwerk	▷Arbeit
Prof. Dr. Holger Matt	▷Wirtschafts- u. Steuerstrafrecht
Mazars	▷Energie
Media Kanzlei	▷Presse
Meisterernst	▷Lebensmittel
Melchers	▷Gesellsch.recht
MGR Rechtsanwälte	▷Immo/Bau ▷Wirtschafts- u. Steuerstrafrecht
Neuland	▷Telekommunikation
Nieding + Barth	▷Konfliktlösung
Notos	▷Marken u. Wettbewerb
Olbricht Buchhold Keulertz	▷Patent
Patzina Lotz	▷Versicherungsvertragsrecht
Poellath	▷Gesellsch.recht ▷Investmentfonds ▷M&A ▷Private Equ. u. Vent. Capital
Pohlmann & Company	▷Compliance
PricewaterhouseCoopers Legal	▷Energie ▷M&A ▷Vergabe
Pusch Wahlig	▷Arbeit
Rath	▷Immo/Bau
Reimer	▷Insolvenz/Restrukturierung
Rettenmaier	▷Wirtschafts- u. Steuerstrafrecht
Rosinus Partner	▷Wirtschafts- u. Steuerstrafrecht
Rothorn	▷Konfliktlösung
Sander & Krüger	▷Gesundheit
Schiller & Kollegen	▷Wirtschafts- u. Steuerstrafrecht

Fortsetzung nächste Seite

dank allein 5 Quereinsteigern im vergangenen Jahr geändert. Im Ergebnis verfügt die Kanzlei nun über eine etablierte Bau- u. Immobilienrechtspraxis sowie ein verstärktes Arbeitsrechtsteam. Die Corporate-Praxis war bisher etwas zu klein, um im Markt viel bewirken zu können, wird aber jetzt langsam sichtbar. BT ist v.a. auf die Rundumbetreuung mittelständ. Mandanten fokussiert, doch verfügt das Büro in Ffm. nun auch über eine Bankaufsichtsrechtspraxis, die insbes. ausl. Banken betreut. Auch ein starker Asien-Desk ist nun etabliert, der mit neu hinzugekommenen Teams bereits die Schnittstellen erkundet, z.B. zu Immobilien.
Team: 9 Partner, 24 Associates
Partnerwechsel: Dr. Markus Lange (von PwC Legal; Bankaufsichtsrecht), Dr. Jörg Buschbaum (von Schiedermair; Arbeitsrecht), Andreas Bode (von PwC Legal; Steuern)
Schwerpunkte: ▷Gesellschaftsrecht, ▷M&A, Arbeitsrecht, Bankaufsichtsrecht, Immobilien u. Baurecht, Steuern, China-Desk.
Mandate: Arbeitsrecht: ADAC Luftrettung, Benetton Group, Euroboden-Gruppe, Holoride; Bau/Immobilienrecht: China Logistics bei Erbbaurechtsvertrags für Güterverkehrszentrum Wilhelmshaven; DII bei Kauf von Bestandsimmobilien; HIH Real Estate bei Kauf div. Objekte. M&A/Gesellschaftsrecht: Korian im Zshg. mit Zukäufen von Pflegeheimen; Trident Maschinen zu Post-M&A-Themen nach dem Erwerb von Hitech.

BIRD & BIRD
Frankfurt ★★
Detaillierte Informationen zu dieser Kanzlei finden Sie in den jeweiligen Fachkapiteln sowie im ▷Nationalen Überblick Top 50.
Bewertung: Wie in der Kanzlei insges. zeigt sich auch im Frankfurter Büro in den Fachbereichen ▷IT, ▷Vertrieb u. ▷Marken u. Wettbewerb ein hoher Technologie- u. Automotive-Bezug. Ein Aushängeschild ist zudem die lang etablierte ▷Telekommunikationspraxis.
Team: 14 Partner, 10 Counsel, 34 Associates, 1 of Counsel
Schwerpunkte: ▷Gesellsch.recht; ▷IT; ▷Konfliktlösung; ▷M&A; ▷Marken u. Wettbewerb; ▷Private Equ. u. Vent. Capital; ▷Telekommunikation; ▷Vertrieb.
Mandate: Siehe Fachkapitel.

CLEARY GOTTLIEB STEEN & HAMILTON
Frankfurt ★★
Bewertung: Im Frankfurter Büro konzentriert sich zz. fast alles auf die kleine M&A-Praxis, nachdem die Kapitalmarktarbeit für die New Yorker Top-Kanzlei unattraktiv geworden ist. Das Transaktionsteam verfügt über eine bemerkenswerte Schlagkraft – zumal es im Wesentlichen aus dem Partner Ulmer besteht. Die Nachricht, dass der angesehene M&A Partner Abel das Team verstärkt, war daher eine willkommene Nachricht. Er bringt erhebliche Erfahrung im Bereich Finanzinstitute mit. Schwerpunkt sind bis dato grenzüberschr. Deals für gr. Konzerne wie Walt Disney u. Westlake. Die Beziehung zu Henkel wurde zuletzt weiter vertieft, und Ulmer verfügt über langjährige Kontakte zu anderen Dax-Unternehmen, die das Cleary-Netzwerk für grenzüberschr. Deals nutzen. Die geringe Größe der Partnerschaft bleibt jedoch ein Handicap. Nur mit Seiteneinsteigern hat Cleary die Chance, wieder zu der Rolle zu kommen, die sie vor einigen Jahren auf dem dt. Markt gespielt hat.
Stärken: M&A.

Oft empfohlen: Dr. Michael Ulmer, Dr. Gabriele Apfelbacher („eine der führenden Kapitalmarktrechtlerinnen in Dtl. mit einem Fachwissen wie nur wenige", Wettbewerber)
Team: 4 Partner, 5 Counsel, 15 Associates
Partnerwechsel: Dr. Nico Abel (von Herbert Smith Freehills; M&A)
Schwerpunkte: ▷*Gesellsch.recht*; Konfliktlösung; Kredite u. Akquisitionsfinanzierung; ▷*M&A*; Anleihen; Börseneinführ. u. Kapitalerhöhung.
Mandate: LVMH bei Kauf der restlichen 20% an Rimova; Westlake bei Kauf des ww. Epoxidgeschäfts von Hexion; International Flavors & Fragrances bei Verkauf des Nahrungsmittelzubereitungsgeschäfts; NVHL bei Verkauf der Sparten Pharma Solutions und Process Solutions von Novasep; DWS Infrastructure in Zshg. mit Kauf eines Radioonkologienetzwerks.

CLIFFORD CHANCE
Frankfurt ★★★★★
Detaillierte Informationen zu dieser Kanzlei finden Sie in den jeweiligen Fachkapiteln sowie im ▷*Nationalen Überblick Top 50*.
Bewertung: Die Spitzenpraxen des Frankfurter Büros punkten regelm. als Berater bei komplexen internat. Transaktionen (▷*M&A*), im ▷*Immobiliensektor* seit Jahren an der Marktspitze durch umf. Beratungsansatz. Hoch spezialisierte Praxen im Bank- u. Finanzrecht, sehr gefragt bei ▷*Anleihen u. Strukturierten Finanzierungen* sowie ▷*Investmentfonds*.
Team: 43 Partner, 24 Counsel, 89 Associates
Partnerwechsel: Philipp Klöckner (zu Milbank; Bank- u. Finanzrecht)
Schwerpunkte: ▷*Anleihen*; ▷*Bankrecht u. -aufsicht*; ▷*Börseneinführ. u. Kapitalerhöhung*; ▷*Compliance*; ▷*Energie*; ▷*Gesellsch.recht*; ▷*Immo/Bau*; ▷*Insolvenz/Restrukturierung*; ▷*Investmentfonds*; Kartellrecht; ▷*Konfliktlösung*; ▷*Kredite u. Akqu.fin.*; ▷*M&A*; ▷*Notare*; ▷*Öffentl. Recht*; ▷*Private Equ. u. vent. Capital*; Steuern; ▷*Unternehmensbez. Versichererberatung*; ▷*Vergabe*; ▷*Vertrieb*; ▷*Wirtschafts- u. Steuerstrafrecht*.
Mandate: Siehe Fachkapitel.

CMS HASCHE SIGLE
Frankfurt ★★★★
Detaillierte Informationen zu dieser Kanzlei finden Sie in den jeweiligen Fachkapiteln sowie im ▷*Nationalen Überblick Top 50*.
Bewertung: Im Bank- u. Finanzrecht hält das Frankfurter Büro eine Full-Service-Aufstellung vor, inklusive hoher Präsenz im Equity-Kapitalmarktrecht (▷*Börseneinführ. u. Kapitalerhöhung*) u. Asset-Management (▷*Investmentfonds*). Auch in der ▷*Insolvenzverwaltung u. Restrukturierung* gibt es zahlr. bankrechtl. Bezüge. Zudem vielfältige Transaktionsberatung, u.a. auch ▷*Private Equity*.
Team: 23 Eq.-Partner, 2 Sal.-Partner, 18 Counsel, 39 Associates, 1 of Counsel
Schwerpunkte: Anleihen; ▷*Arbeitsrecht*; ▷*Bankrecht u. -aufsicht*; Beihilfe; ▷*Börseneinführ. u. Kapitalerhöhung*; ▷*Gesellsch.recht*; ▷*Immo/Bau*; ▷*Insolvenz/Restrukturierung*; ▷*Investmentfonds*; ▷*Kartellrecht*; ▷*Konfliktlösung*; ▷*Kredite u. Akqu.fin.*; ▷*M&A*; ▷*Nachfolge/Vermögen/Stiftungen*; ▷*Private Equ. u. Vent. Capital*; Steuern; ▷*Vergabe*; ▷*Versicherungsvertragsrecht*.
Mandate: Siehe Fachkapitel.

COVINGTON & BURLING
Frankfurt ★★★
Bewertung: 4 Jahre nach dem Zusammenschluss von Heymann & Partner mit C&B zählt die Kanzlei zu

Frankfurter Kanzleien mit Besprechung nur in Rechtsgebieten Fortsetzung

Schmitz & Partner	▷*Konfliktlösung*
Schneider Schultehinrichs	▷*Wirtschafts- u. Steuerstrafrecht*
Schwegler	▷*Arbeitnehmer*
Schweibert Leßmann & Partner	▷*Arbeit*
SMNG	▷*Immo/Bau*
Sobotta Meidrodt	▷*Notare*
Ulrich Sorgenfrei	▷*Wirtschafts- u. Steuerstrafrecht*
Steiner Mittländer Fischer	▷*Arbeitnehmer*
Tsambikakis & Partner	▷*Wirtschafts- u. Steuerstrafrecht*
Ufer Knauer	▷*Wirtschafts- u. Steuerstrafrecht*
Ulrich Weber & Partner	▷*Arbeitnehmer*
Vangard	▷*Arbeit*
Dr. Velke	▷*Wirtschafts- und Steuerstrafrecht*
Watson Farley & Williams	▷*Energie* ▷*Gesellsch.recht*
Wellensiek	▷*Insolvenz/Restrukturierung*
Wicker Schütz	▷*Notare*
Winheller	▷*Nachfolge/Vermögen/Stiftungen*

Die Auswahl von Kanzleien und Personen in Rankings und tabellarischen Übersichten ist das Ergebnis umfangreicher Recherchen der JUVE-Redaktion. Sie ist in 2erlei Hinsicht subjektiv: Die Aussagen der befragten Quellen sind subjektiv u. spiegeln deren Erfahrungen u. Einschätzungen. Die JUVE-Redaktion wiederum analysiert die Rechercheergebnisse unter Einbeziehung ihrer eigenen Marktkenntnis. Der JUVE Verlag beabsichtigt keine allgemeingültige oder objektiv nachprüfbare Bewertung. Es ist möglich, dass eine andere Recherchemethode zu anderen Ergebnissen führt. Innerhalb einzelner Gruppen in Rankings und tabellarischen Übersichten sind Kanzleien und Personen alphabetisch sortiert.

den etablierten Einheiten im Markt, die mit ihrem Fokus auf Lifescience u. Technologie der Marktentwicklung gemäß ihr Geschäft erweitert. So stand sie erneut BioNTech zur Seite, u.a. bei der vorzeitigen Abwicklung der $100-Mio-Pflichtwandelanleihe von Temasek und zur Kapitalbeteiligung von Pfizer. Zudem beweist sie bei der Beratung von BioNTech, wie gut die Zusammenarbeit mit dem internat. Netzwerk funktioniert. Gut entwickelt hat sich die Private-Equity-Praxis, die v.a. für Small- und Mid-Cap-Deals im Bereich Lifescience und Technologie gefragt ist. Der Gewinn eines Londoner Partners bietet hier weiteres Potenzial für die länderübergr. Kooperation. Eine feste Bank bleibt auch die IT-Praxis, die zuletzt zum Thema Cloud Akzente setzte, etwa durch die Mandatierung eines FinTech-Unternehmens. Outsourcings bleiben ebenso relevant.
Stärken: IT-Outsourcing, Private Equity u. Venture Capital.
Oft empfohlen: Dr. Lars Lensdorf („an der Schnittstelle IT/Datenschutz absoluter Experte", Wettbewerber; IT-Recht), Dr. Dr. Adem Koyuncu („vielseitig kompetent", „der Off-Label-Papst, inhaltlich sehr gut, kreativ", Wettbewerber; Gesundheitsrecht), Thomas Heymann (M&A/PE), Horst Henschen (Kartellrecht)
Team: 7 Partner, 11 Associates, 1 of Counsel
Schwerpunkte: Fokus auf ▷*IT-Outsourcing*. Auch Insolvenz/Restrukturierung u. Datenschutz, ▷*Gesellsch.recht*, ▷*Gesundheit*, Private Equ. u. Vent. Capital u. ▷*M&A* sowie Kartell-, Arbeitsrecht u. ▷*Außenwirtschaft*.
Mandate: Merck bei der ww. Abspaltung der Women's Health, Legacy Products u. Biosimilar; BioNTech zur vorzeitigen Abwicklung der $100-Mio-Pflichtwan-

delanleihe von Temasek, zur Kapitalbeteiligung von Pfizer; Dt. Börse bei Aktienakquisition von Institutional Shareholders Services; Protagen Protein Service beim Verkauf an BioAgilytix; RAG Stiftung bei Serie-B-Investment in Fasciotens; lfd. gesellschaftsrechtl. Tom Taylor, Nero, Overland. Broadridge zu Abschluss von Zusatzvereinbarungen mit Bank- u. Finanzkunden zur Umsetzung der neuen Outsourcing-Anforderungen der Europ. Bankaufsichtsbehörde; Fintech-Untern. u.a. zu Cloud-Leistungen.

DEBEVOISE & PLIMPTON
Frankfurt ★★
Bewertung: Das Frankfurter Büro der führenden New Yorker Kanzlei war schon immer relativ klein, wenn auch stark in das internat. Büronetzwerk integriert. Die Gründung eines Luxemburger Büros u. die Auswirkungen des Brexit haben der bankaufsichtsrechtl. und Investmentfonds-Praxis jedoch deutl. mehr Arbeit – und damit Wachstumspotenzial – beschert. Volhard ist im Markt hoch angesehen, und die Möglichkeit, Fondsstrukturierungen über Luxemburg für wichtige Mandanten in Dtl. anbieten zu können, ist ein wichtiger qualitativer Schritt. Die Arbeit in Datenschutz- und Cybersecurity, die eng mit der lang bestehenden Compliance-Praxis der Kanzlei verknüpft ist, erfährt eine ähnl. Dynamik, wobei Ffm. als Hauptbrückenkopf für Europa fungiert. Die M&A-Praxis um von Holst war wie immer an einer kl. Anzahl von bedeutenden Transaktionen beteiligt. Die Arbeit für CD&R bei der Übernahme von der PwC-Sparte Mobility Services war dabei besonders bemerkenswert, da sie auf eine erneute Stärkung der Beziehung zum Private-Equity-Mandanten hinweist.

REGION FRANKFURT UND HESSEN — FRANKFURT

Stärken: Investmentfonds. Internat. Integration des Büros in ww. Netzwerk.
Oft empfohlen: Patricia Volhard (Investmentfonds), Philipp von Holst („besonnen, umsichtig und v.a. wenn es knirscht, ruhig agierend", Wettbewerber; M&A)
Team: 1 Eq.-Partner, 3 Counsel, 8 Associates, 2 of Counsel
Schwerpunkte: Gesellschaftsrecht u. internat. ▷M&A; ▷Investmentfonds (Strukturierung u. Aufsichtsrecht), Kartellrecht, Private Equ. u. Vent. Capital.
Mandate: Fonds: Alpine Space Ventures bei dt. VC Fonds; FitzWalter Capital bei Gründung der dt. Tochter; HF Debt bei Fondsstrukturierung. Lfd.: Schroders Capital, Adams Street Partners, Apera Asset Manager, Hannover Finanz. M&A: CD&R bei Erwerb des dt. Global Mobility Services Geschäftes von PwC; Doubleverify/Providence bei Kauf von Meetrics; Helios bei Verkauf der Beteiligung am GB Foods Africa.

DENTONS
Frankfurt ★★★
Detaillierte Informationen zu dieser Kanzlei finden Sie in den jeweiligen Fachkapiteln sowie im ▷Nationalen Überblick Top 50.
Bewertung: Das Frankfurter Büro ist neben der renommierten Beratung zu ▷Insolvenz/Restrukturierung v.a. bank- u. finanzrechtl. orientiert. Eine besondere Stärke liegt bei Strukturierter Finanzierung u. ▷Anleihen.
Team: 9 Eq.-Partner, 10 Sal.-Partner, 15 Counsel, 28 Associates, 1 of Counsel
Schwerpunkte: ▷Anleihen; ▷Arbeit; ▷Außenwirtschaft; ▷Energie; ▷Gesellsch.recht; ▷Gesundheit; ▷Immo/Bau; ▷Konfliktlösung; ▷M&A; ▷Marken u. Wettbewerb; Öffentl. Recht; ▷Private Equ. u. Vent. Capital.
Mandate: Siehe Fachkapitel.

DLA PIPER
Frankfurt ★★★
Detaillierte Informationen zu dieser Kanzlei finden Sie in den jeweiligen Fachkapiteln sowie im ▷Nationalen Überblick Top 50.
Bewertung: Das Frankfurter Büro ist bekannt für seine ▷wirtschaftsstrafrechtl. Kompetenz, auch mit Erfolgen in ▷Compliance. Zudem breites finanzrechtl. Geschäft.
Team: 18 Partner, 16 Counsel, 50 Associates, 2 of Counsel
Partnerwechsel: Marc Jacob (von Shearman & Sterling; Konfliktlösung); Carlos Robles y Zepf (zu Mayer Brown; Gesellschaftsrecht); Mike Danielewsky (Restrukturierung); Frank Schwem; Dr. Torsten Pokropp (beide Finanzierung); Christian Lonquich (M&A; alle zu Bryan Cave Leighton Paisner)
Schwerpunkte: ▷Anleihen; ▷Arbeitsrecht; ▷Börseneinführ. u. Kapitalerhöhung; ▷Compliance; ▷Energie; ▷Gesellsch.recht; Gesellschaftsrechtl. Streitig.; ▷Immo/Bau; ▷Insolvenz/Restrukturierung; ▷Investmentfonds; ▷Kartellrecht; ▷Konfliktlösung; ▷M&A; ▷Marken u. Wettbewerb; ▷Nachfolge/Vermögen/Stiftungen; ▷Private Equity u. Venture Capital; ▷Verkehr; ▷Vertriebssysteme; ▷Wirtschafts- u. Steuerstrafrecht.
Mandate: Siehe Fachkapitel.

EIFLER GRANDPIERRE WEBER
Frankfurt ★
Bewertung: Die Frankfurter Kanzlei hat sich im Markt etabliert. Mit ihren Schwerpunkten im Transaktionsgeschäft und der gesellschaftsrechtl. Beratung erarbeitete sie sich zuletzt auch einen bemerkenswerten Trackrecord. Das gelang, weil zum einen regelm. eine Reihe Stammmandanten auf EGW bei M&A-Deals auf das Team setzten. Zum anderen stellten sich pandemiebedingt gleichzeitig für viele Unternehmen Finanzierungsfragen, mit denen sie sich ebenfalls an die Kanzlei wandten. Bemerkenswert für eine Einheit dieser Größe ist die Arbeit für chin. Mandanten, die zuletzt anzog, wie etwa die Mandatierung durch ein chin. Sicherheitsunternehmen zu einer internen Umstrukturierung zeigt. Durch eine kaum vorhandene Associate-Ebene sind der Kanzlei allerdings Grenzen bei der Weiterentwicklung gesetzt.
Stärken: Mid-Cap-Transaktionen.
Team: 6 Partner, 1 Counsel, 1 Associate
Schwerpunkte: ▷Gesellsch.recht u. Transaktionsberatung für Mittelständler, Family Offices u. Private-Equity-Fonds (▷M&A). Dazu Finanzierung, Kapitalmarktrecht, Konfliktlösung u. Unternehmensnachfolge. Notariat.
Mandate: Conzima Construction beim Verkauf an R+S; IHSE beim Kauf der KVM-TEC-Gruppe; Investorengruppe beim Verkauf der TCT an EQOS Energie; Eurofins Genomics bei aktienrechtl. Spruchverf. wg Squeeze-out; chin. Sicherheitsuntern. bei Umstrukturierung; Privatinvestor bei Käufen im Bereich künstliche Intelligenz, Machine Learning; Kfz-Zulieferer bei Beteiligungskäufen in Dtl. u. Italien.

FLICK GOCKE SCHAUMBURG
Frankfurt ★★
Detaillierte Informationen zu dieser Kanzlei finden Sie in den jeweiligen Fachkapiteln sowie im ▷Nationalen Überblick.
Bewertung: Von allen Standorten der steuerzentrierten Kanzlei sicherlich derjenige, der besonders viel grenzüberschr. Mandate vorweisen kann. ▷Gesellschaftsrechtspraxis berät viel zu Umstrukturierungen. Bes. starker Schwerpunkt in ▷Nachfolgeberatung. Auch Immobilienrecht. Eines von 2 Büros von FGS mit Notariat.
Team: 9 Eq.-Partner, 5 Sal.-Partner, 16 Associates, plus 21 StB/WP
Schwerpunkte: ▷Gesellschaftsrecht; Immobilienrecht; ▷M&A; ▷Nachfolge/Vermögen/Stiftungen; ▷Notariat; Steuern.
Mandate: Siehe Fachkapitel.

FPS FRITZE WICKE SEELIG
Frankfurt ★★★
Bewertung: Das Frankfurter Büro von FPS war schon immer das größte im Verbund, hat sich aber in den vergangenen Jahren immer deutlicher zum Motor für die Entwicklung der bundesw. Praxis entwickelt. So wurde jetzt etwa auch das kleine D'dorfer Büro organisatorisch mit Ffm. fusioniert. Die Dominanz des Standorts liegt nach wie vor an den Schwerpunkten ▷Immobilien- u. Baurecht, ▷Gewerblicher Rechtsschutz sowie ▷M&A. Die Immobilienpraxis ist ein regionaler Marktführer: Es gibt kaum ein Großprojekt in Frankfurt, an dem FPS nicht beteiligt ist. V.a. die öffentl. Baurechtspraxis hat eine sehr starke Marktposition. Von dieser Stärke im Immobiliensektor profitieren längst auch andere Praxen: So besteht die finanzrechtl. Praxis inzw. aus 4 Anwälten u. verfügt über einen starken Schwerpunkt in der Bankenberatung, ein Bereich, aus dem sich größere Kanzleien zunehmend zurückgezogen haben. Das IT-Team ist ebenfalls bekannt und unterhält enge Verbindungen nach Israel u. zur sich schnell entwickelnden Venture-Capital-Praxis. Die Entwicklung der Letzteren zeigt, dass FPS junge Leistungsträger anziehen kann, die ihre eigene Praxis jenseits der Großkanzleien aufbauen wollen. Weitere Neueinstellungen von Associates von Hengeler und Freshfields unterstreichen diese Tendenz.
Oft empfohlen: Dietrich Sammer („seit vielen Jahren zuverlässig an unserer Seite, absolut kompetent u. vertrauenswürdig", Mandant; Dr. Hendrik Sandmann („sehr mandantenorientiert; tiefes Wissen über den Frankfurter Immobilienmarkt", Mandant; beide Immobilienrecht), Volker Serth (Arbeitsrecht), Stephan Jüngst, Florian Wiesner (beide Baurecht), Philipp Weber (Gesellschaftsrecht/VC), Dr. Holger Jakob (M&A), Dr. Hauke Hansen („sehr engagiert", Wettbewerber), Daniel Herper („hohe fachl. u. strateg. Kompetenz", Wettbewerber)
Team: 25 Eq.-Partner, 22 Sal.-Partner, 1 Counsel, 35 Associates, 3 of Counsel
Schwerpunkte: ▷IT-Recht, Marken- u. Wettbewerbs-, Energie-, ▷Immobilien- u. Baurecht, ▷Vergabe- u. Umwelt- u. Planungsrecht. Daneben Arbeits-; ▷Gesellsch.recht, ▷M&A, Versicherungsvertragsrecht, Steuerrecht u. Kapitalanlageprozesse, Bank- u. Finanzrecht.
Mandate: Immobilienrecht: CV Real Estate bei Kauf der ehem. Zentrale der HVB; Dodenhof Immobilien lfd. bei größtem Einkaufszentrum in Norddtl.; Edeka Südwest bei Miet-, priv./öffentl. Baurecht. Markenrecht/UWG: Abercrombie & Fitch, Big City Beats, BigBen Interactive, EnBW-Gruppe, Paramount. M&A: Gründer von Zenhomes bei Übernahme durch Scout24; Hexagon Purus bei Kauf von Wystrach; 360ventures bei Beteiligung an Start-up im Bereich Kosmetik u. Pflege; Advancis bei Kauf von Curatech; MVZ bei Verkauf an Triton. Bankrecht: Kreissparkasse Köln bei Unternehmensfinanzierung u.a. für Schoellshammer u. Miltenyi Biotec; Raiffeisenbank Internat. bei Immobilienfinanzierung für Even Immobilien.

FRESHFIELDS BRUCKHAUS DERINGER
Frankfurt ★★★★★
Detaillierte Informationen zu dieser Kanzlei finden Sie in den jeweiligen Fachkapiteln sowie im ▷Nationalen Überblick Top 50.
Bewertung: In Frankfurt sehr angesehen für die Kombination aus fachl. Breite u. Qualität. Die Bankenpraxis sticht mit prominenten Mandaten aus den Bereichen ▷Anleihen, ▷Bankrecht u. -aufsicht u. ▷Börseneinführ. u. Kapitalerhöhung heraus. Auch die Anwälte aus ▷Gesellschaftsrecht, ▷M&A u. ▷Private Equity arbeiten eng vernetzt mit den übrigen, durchweg ebenfalls führenden dt. Standorten u. London.
Team: 34 Partner, 16 Counsel, 129 Associates, 4 of Counsel
Partnerwechsel: Jochen Wilkens (zu Chatham Partners)
Schwerpunkte: ▷Anleihen; ▷Arbeit; ▷Bankrecht u. -aufsicht; ▷Börseneinführ. u. Kapitalerhöhung; ▷Compliance; ▷Gesellschaftsrecht; Gesellschaftsrechtl. Streitig.; ▷Immo/Bau; ▷Insolvenz/Restrukturierung; ▷Investmentfonds; ▷IT; ▷Konfliktlösung; ▷Kredite u. Akqu.fin.; ▷M&A; ▷Private Equ. u. Vent. Capital; Steuern; ▷Telekommunikation; ▷Unternehmensbez. Versichererberatung; ▷Verkehr; ▷Vertrieb.
Mandate: Siehe Fachkapitel.

FRANKFURT **FRANKFURT UND HESSEN** REGION

FRIED FRANK HARRIS SHRIVER & JACOBSON
Frankfurt ★★

Bewertung: Das Frankfurter Büro der US-Kanzlei verfügt über eine stabile, wenn auch kl. Praxis, die um die 3 dortigen Corporate-Partner aufgebaut ist: Van Kann hat traditionell ein starkes Standbein im Corporate-Immobilienmarkt und arbeitet zunehmend im Infrastrukturbereich. Kleeberg verfügt über einen konstanten Strom von mittelgr. bis gr. Deals, in größerem Umfang für Finanzinvestoren (z.B. Permira), während Friedrichs Praxis sich auf Finanzierungsarbeit erstreckt, oft mit einem erheblichen frz. Einschlag (z.B. Odin). Die enge Zusammenarbeit mit den Londoner u. New Yorker Büros stärkt zwar in gewissem Maß die Kapazitäten in Ffm., doch bleibt die Rekrutierung von Associates für das Frankfurter Büro ein Problem.
Stärken: Internat. Transaktionen.
Oft empfohlen: Dr. Christian Kleeberg (M&A/Private Equity), Dr. Jürgen van Kann (M&A/Real Estate), Jérôme Friedrich (Gesellschaftsrecht/Finanzrecht)
Team: 4 Eq.-Partner, 3 Counsel, 2 Associates
Schwerpunkte: Corporate u. ▷M&A, v.a. für Mandanten aus Private Equity u. Venture Capital. Daneben auch Steuer-, Immobilien- u. Kartellrecht sowie Prozessführung.
Mandate: Odin Automotive bei Kauf von StreetScooter von Dt. Post; OmnesEducation beim Kauf der EU Business School; Permira bei dt.-rechtl. Aspekte des Kaufs der Mimecast-Gruppe; Jacobs Engineering bei dt.-rechtl. Aspekten des Kaufs von PA Consulting von Carlyle.

GIBSON DUNN & CRUTCHER
Frankfurt ★★★

Detaillierte Informationen zu dieser Kanzlei finden Sie in den jeweilgen Fachkapiteln sowie im ▷*Nationalen Überblick Top 50*.
Bewertung: Das Frankfurter Büro ist für seine starke ▷*Private-Equity*-Praxis bekannt. Die Kompetenz für Prozesse und Compliance bzw. interne Ermittlungen zeigt, dass das Büro eine breitere Basis aufweist.
Team: 5 Partner, 2 Counsel, 11 Associates
Schwerpunkte: ▷*Compliance*; ▷*Gesellsch.recht*; ▷*Kartell*; ▷*Konfliktlösung*; ▷*M&A*; ▷*Private Equity*. Gute Beziehungen nach Japan sowie zu US- u. dt. Großunternehmen.
Mandate: Siehe Fachkapitel.

GLEISS LUTZ
Frankfurt ★★★★

Detaillierte Informationen zu dieser Kanzlei finden Sie in den jeweilgen Fachkapiteln sowie im ▷*Nationalen Überblick Top 50*.
Bewertung: Die Finanzierungspraxis im Frankfurter Büro arbeitet besonders eng mit den angesehenen Anwälten aus ▷*Insolvenz u. Restrukturierung* zusammen. Bemerkenswerte Entwicklung der Bankenpraxis u. im Bereich ▷*Compliance*. Zudem sehr anerkannte Praxis für ▷*Arbeitsrecht*
Team: 22 Partner, 10 Counsel, 40 Associates, 1 of Counsel
Schwerpunkte: ▷*Anleihen*; ▷*Arbeit*; ▷*Bankrecht u. -aufsicht*; ▷*Börseneinführ. u. Kapitalerhöhung*; ▷*Compliance*; ▷*Gesellsch.recht*; Gesellschaftsrechtl. Streitigk.; ▷*Immo/Bau*; ▷*Insolvenz/Restrukturierung*; ▷*Kartellrecht*; ▷*Konfliktlösung*; ▷*Kredite u. Akqu.fin.*; ▷*M&A*; ▷*Nachfolge/Vermögen/Stiftungen*; ▷*Notare*; ▷*Private Equ. u. Vent. Capital*; Steuern;

▷*Unternehmensbez. Versichererberatung*; ▷*Verkehr*; ▷*Vertrieb*.
Mandate: Siehe Fachkapitel.

GÖHMANN
Frankfurt ★★★

Bewertung: Mit einer stabilen Reihe von Stammmandanten aus der Bankenbranche, darunter so bekannte Namen wie ING-DiBa, Commerzbank oder die Mercedes-Benz Bank, gehört Göhmann in Frankfurt zu den regionalen Größen. Die Konfliktlösungspraxis begleitet dabei immer wieder Verf. bis zum BGH, wie etwa PFM Private Funds Management im Streit um Schadensersatz aus dem Investment in ‚The Gherkin'. Im Gesellschaftsrecht arbeitet der Frankfurter Standort eng mit Hannover zusammen, wo das Herzstück der Praxis beheimatet ist, ebenso beim Thema Datenschutz. Eine im Verhältnis zu den Wettbewerbern wichtige Rolle nimmt das Notariat in Frankfurt ein, das einen steten Strom von Transaktionen beurkundet.
Oft empfohlen: Dr. Ilka Heigl (Bank- u. Finanzrecht), Dr. Peter Hoh-Malewski (Corporate/Notar), Dr. Holger Haas (M&A/Corporate)
Team: 8 Eq.-Partner, 5 Counsel, 15 Associates
Schwerpunkte: ▷*Gesellsch.recht*, ▷*M&A* sowie Bankrecht u. Konfliktlösung. Auch Beratung im Verkehrssektor, Vergaberecht u. ▷*Marken u. Wettbewerb*.
Mandate: EMT beim Verkauf an Rheinmetall aus Insolvenz; PFM Private Funds Management in BGH-Verf. um Schadensersatz aus Investment in ‚The Gherkin'; lfd. in Bankrecht u. Prozessen: Commerzbank, ING-DiBa, Mercedes-Benz Bank; Dt. Vermögensberatung AG im Marken- u. Wettbewerbsrecht.

GÖRG
Frankfurt ★★★

Detaillierte Informationen zu dieser Kanzlei finden Sie in den jeweilgen Fachkapiteln sowie im ▷*Nationalen Überblick Top 50*.
Bewertung: Bekannte Frankfurter Partner im ▷*Immobilienrecht*, speziell mit ▷*Restrukturierungs*bezug. Außerdem Fokus auf ▷*M&A* u. Finanzierung. Traditionell stark im Vergaberecht sowie bei ▷*IT*-rechtlicher Beratung. Zudem mittelständ. orientierte Praxis im Gesellschaftsrecht.
Team: 17 Eq.-Partner, 5 Sal.-Partner, 2 Counsel, 36 Associates
Partnerwechsel: Nancy Faeser (zu Bundesinnenministerium; öffentliches Wirtschaftsrecht)
Schwerpunkte: ▷*Arbeit*; ▷*Bankrecht u. -aufsicht*; ▷*Gesellsch.recht*; ▷*Immo/Bau*; ▷*Insolvenz/Restrukturierung*; ▷*IT*; ▷*Konfliktlösung*; ▷*Kredite u. Akqu.fin.* ▷*M&A*; ▷*Notare*; ▷*Private Equity u. Venture Capital*; ▷*Vergabe*.
Mandate: Siehe Fachkapitel.

GOODWIN PROCTER
Frankfurt ★★

Bewertung: Die solideste Praxis des Frankfurter Büos ist nach wie vor das Immobilienteam, das zuletzt auch in Schnittstellenbereichen wie Fonds u. Finanzierung weiter gewachsen ist. Nach dem Verlust von 2 Frankfurter Corporate-Partnern im vergangenen Jahr ist der Zugang des erfahrenen Transaktionsanwalts Käpplinger von Allen & Overy, der sowohl einen Immobilienschwerpunkt als auch aktienrechtl. Kompetenz mitbrachte, jedoch auch über das Immobilienrecht hinaus ermutigend. Er ist eine wichtige Unterstützung für Klenk, der in der Praxis zuletzt isoliert wirkte. Weitere Verstärkung war zunächst angekündigt, aber tatsächl. bildeten die Zugänge das Startteam für das neue Münchner Büro. Diese Expansion ermöglicht es den Ffm.er Corporate-Partnern, sich stärker dt. Mandanten zuzuwenden, anstatt allein die beträchtl. Nachfrage aus dem Goodwin-Netzwerk zu bedienen. Die Fondspraxis hatte ihr erstes volles Jahr und suchte rasch den Schulterschluss mit dem relativ neuen Luxemburger Büro. Kock bleibt der Kern des Finanzteams, aber hier ist weiteres Wachstum erforderlich, v.a. zur Unterstützung der nun verstärkten Private-Equity-Praxis.
Stärken: Immobilientransaktionen; Fondsstrukturierung, Private Equity.
Oft empfohlen: Marc Bohne, Peter Junghänel („sehr kompetent u. umsichtig", Mandant; beide Immobilienrecht), Dr. Stephan Kock (Finanzierung), Gregor Klenk (Private Equity)
Team: 8 Partner, 3 Counsel, 20 Associates
Partnerwechsel: Dr. Markus Käpplinger (von Allen & Overy; M&A).
Schwerpunkte: Akquisitionsfinanzierung, ▷*Immo/Bau*, ▷*Investmentfonds*, ▷*Private Equity*.
Mandate: Immobilien: 777 Capital bei mehreren An- u. Verkäufen; Cerberus bei Joint Venture mit Arrow Capital; Clarion Partners bei Verkauf von 31 dt. Logistikimmobilien; Wecubex bei Verkauf von 3 Standorten in Süddeutschland. VC: DST Global bei Serie-C-Finanzierung für Gorillas; Left Lane Capital bei Serie-B-Finanzierung für Yokoy u. bei Serie D für GoStudent; DN Capital bei Finanzierungsrunde für Numa. M&A: Ampersand Capital bei Verkauf der Vibalogics-Gruppe; Tiancheng Internat. gepl. Verkauf von Iancheng Pharmaceutical Holding. Investmentfonds: Aavishkaar Capital Impact Fund zum dt. Lieferkettengesetz; engl. Infrastrukturmanager zu versicherungsaufsichtsrechtl. Erwerbbarkeit von Anteilen an einem Luxemburger Infrastrukturfonds.

FRIEDRICH GRAF VON WESTPHALEN & PARTNER
Frankfurt ★

Detaillierte Informationen zu dieser Kanzlei finden Sie in den jeweilgen Fachkapiteln sowie im ▷*Nationalen Überblick Top 50*.
Bewertung: Langjähriger Standort der auf Mittelstand fokussierten Kanzlei, der v.a. für die Beratung im ▷*Marken- u. Urheberrecht* sowie ▷*Arbeitsrecht* bekannt ist. Eine Gesellschaftsrechtspraxis (inkl. Notariat) besteht seit einigen Jahren.
Team: 5 Eq.-Partner, 3 Sal.-Partner, 4 Associates, 2 of Counsel
Schwerpunkte: ▷*Arbeitsrecht*; ▷*Gesellschaftsrecht inkl. Notariat*; Immobilienrecht; ▷*Marken u. Wettbewerbsrecht*; Öffentliches Recht.
Mandate: Siehe Fachkapitel.

GREENFORT
Frankfurt ★★★

JUVE AWARDS 2022
Kanzlei des Jahres
Frankfurt und Hessen

Bewertung: Die Frankfurter Kanzlei ist nach wie vor für die Kernbereiche Arbeitsrecht, Konfliktlösung u. Corporate bekannt u. hat insbes. im M&A über die vergangenen Jahre einen beachtl. Dealflow aufgebaut. Der Fokus liegt auf Mid-Cap-Arbeit mit einem immer größer werdenden Anteil an grenzüberschr. Deals. Dies hat es dem Team in mehreren Jahren erlaubt, 3 Anwälte in die Partnerschaft aufzunehmen. Im Corporate-Housekeeping für internat. Unternehmen hat Greenfort zudem durch den Einsatz von Paralegals eine Nische gefunden, die für eine eher kleinere dt. Kanzlei ungewöhnlich ist. Daneben ist die Konfliktlösungspraxis zuletzt stark gewachsen u. inzw. im Bereich Managerhaftung bes. etabliert, was dazu führt, dass sie bei einigen D&O-Versicherern gesetzt ist. Weitere Schwerpunkte liegen bei Post M&A-Litigation u. in alternativer Streitbeilegung. Schließl. war auch die selbstständige Arbeitsrechtspraxis bei einer Reihe von prominenten Umstrukturierungen, etwa bei Galileo, gefragt. Ein starkes Notariat rundet das Angebot ab.

Stärken: M&A, Arbeitsrecht, Konfliktlösung (inkl. Mediation).

Oft empfohlen: Andreas von Oppen („pragmatisch, kreativ, guter Verhandler", Wettbewerber); Gunther Weiss, Dr. Daniel Röder („top qualifiziert, sehr gut erreichbar, sehr verständlich", Mandant; „top Prozessrechler u. Mediator, sehr gründlich und innovativ", Wettbewerber), Tobias Glienke („sehr guter Stratege, besonnen und präzise", Wettbewerber), Martin Asmuß („präzise u. pragmatisch, rhetorisch brillant in Verhandlungen", Mandant; alle Corporate, Corporate Litigation), Dr. Carsten Angersbach (Notariat), Dr. Mark Lembke („wissenschaftlich-fachlich vertiefter Antritt, der den Blick für die praktischen Bedürfnisse nicht verliert", Wettbewerber), Dr. Jens-Wilhelm Oberwinter (beide Arbeitsrecht)

Team: 7 Eq.-Partner, 2 Sal.-Partner, 7 Counsel, 12 Associates

Schwerpunkte: ▷Gesellsch.recht, ▷Konfliktlösung. Notariat. Zudem Aktien-/Kapitalmarktrecht, ▷M&A, ▷Arbeitsrecht, Compliance.

Mandate: M&A: DPE bei Kauf von Engelmann Sensors; Feintool International bei Kauf Kienle & Spiess; Gesellschafter von Westbridge bei Verkauf von 50%; RTL bei Kauf von Gruner+Jahr; Panasonic Marketing Europe bei Verkauf der Security-Solutions-Sparte. Konfliktlösung: Celanese strateg. zu Konfliktprävention; ehem. Aufsichtsratsmitglied der HRE in Zshg. mit Anlegerforderungen wg. angebl. Pflichtverletzungen; Arbeitsrecht: 3D Systems bei zahlr. Streitigkeiten; Galileo bei Personalabbau; ING-DiBa bei Interessenausgleich bei Neustrukturierung des Service-Bereichs; Wella im Betriebsverfassungsrecht sowie bei Streitigkeiten.

GSK STOCKMANN
Frankfurt ★★★

Detaillierte Informationen zu dieser Kanzlei finden Sie in den jeweiligen Fachkapiteln sowie im ▷Nationalen Überblick Top 50.

Bewertung: Das Frankfurter Büro ist jetzt mit München und Berlin ebenbürtig und hat einen starken Ruf für ▷Immobilientransaktionen, kombiniert mit entspr. Finanzierungserfahrung. Aktive ▷Bankaufsichts- u. ▷Investmentfondspraxis, die eng mit dem Team in Luxemburg zusammenarbeitet.

Team: 19 Eq.-Partner, 3 Sal.-Partner, 3 Counsel, 27 Associates, 4 of Counsel

Schwerpunkte: ▷Arbeitsrecht; ▷Bank- u. Bankaufsichtsrecht; ▷Compliance; ▷Gesellsch.recht; ▷Immo/Bau; ▷Investmentfonds; ▷M&A; ▷Notare; ▷Öffentl. Recht; Private Equ. u. Vent. Capital; Steuern.

Mandate: Siehe Fachkapitel.

GVW GRAF VON WESTPHALEN
Frankfurt ★★★

Detaillierte Informationen zu dieser Kanzlei finden Sie in den jeweiligen Fachkapiteln sowie im ▷Nationalen Überblick Top 50.

Bewertung: Frankfurter Büro, in dem ▷IT u. Datenschutz als Motoren auch für andere Fachbereiche wirken. Die ▷M&A-Praxis zeichnet sich durch stabiles Mid-Cap-Geschäft aus; besonders viel Erfahrung mit internationalem Bezug, v.a. China u. USA.

Team: 19 Eq.-Partner, 7 Sal.-Partner, 15 Associates

Schwerpunkte: ▷Arbeit; Bankrecht; ▷Gesellsch.recht; ▷Immo/Bau; ▷IT; Kartellrecht; ▷Lebensmittel; ▷M&A; ▷Private Equity u. Venture Capital.

Mandate: Siehe Fachkapitel.

HENGELER MUELLER
Frankfurt ★★★★★

Detaillierte Informationen zu dieser Kanzlei finden Sie in den jeweiligen Fachkapiteln sowie im ▷Nationalen Überblick Top 50.

Bewertung: Die herausragende Transaktionspraxis (▷M&A) sticht im Frankfurter Büro besonders hervor. Ebenfalls hoch angesehen für komplexe Mandate im ▷Gesellschaftsrecht, hervorragende Verbindungen zu Dax-Konzernen, stark besetzte Praxen in allen Facetten des Bank- u. Finanzrechts u. für ▷Konfliktlösung.

Team: 33 Partner, 7 Counsel, 62 Associates

Schwerpunkte: ▷Anleihen; ▷Arbeitsrecht; ▷Bankrecht u. -aufsicht; ▷Börseneinführ. u. Kapitalerhöhung; ▷Compliance; ▷Energie; ▷Gesellsch.recht; Gesellschaftsrechtl. Streitigk.; ▷Gesundheit; ▷Immo/Bau; ▷Insolvenz/Restrukturierung; ▷Investmentfonds; ▷Konfliktlösung; ▷Kredite u. Akqu.fin.; ▷M&A; ▷Nachfolge/Vermögen/Stiftungen; Notare; ▷Private Equ. u. Vent. Capital; Steuern; ▷Unternehmensbez. Versichererberatung.

Mandate: Siehe Fachkapitel.

HERBERT SMITH FREEHILLS
Frankfurt ★★★

Bewertung: Das Frankfurter Büro der internat. Kanzlei ist vor allem als Standort der starken u. immer noch wachsenden ▷Konfliktlösungspraxis bekannt. Diese ist sowohl bei internat. Streitigkeiten tätig, v.a. im potenziell weiter wachsenden Bereich Investorenschutz mit Nacimiento, als auch in der klass. Prozessführung. Der andere Hauptschwerpunkt in Ffm. war traditionell die Corporate-Praxis um Managing Partner Abel. Dass er die Kanzlei Richtung US-Konkurrenz verlässt, nachdem er einen Trackrecord bei Fintech-Deals aufgebaut hatte, war ein schwerer Schlag. Ein weiterer Partner deckt zwar die Schnittstelle zu Kapitalmarktrecht ab u. baut ein Notariat auf. Der Weggang Abels wird sich aber ohne einen erfahrenen M&A-Anwalt kaum kompensieren lassen.

Stärken: Prozessführung und Schiedsverfahren, M&A u. Private Equity.

Oft empfohlen: Dr. Patricia Nacimiento (Konfliktlösung), Dr. Dirk Seiler („hoch kompetent, strukturiert u. mit stets praktikablem Ansatz", Wettbewerber; Compliance)

Team: 10 Partner, 6 Counsel, 21 Associates, 1 of Counsel

Partnerwechsel: Dr. Nico Abel (zu Cleary Gottlieb; M&A)

Schwerpunkte: Corporate/▷M&A, u.a. bei ▷Immobiliendeals. Zudem lfd. für ▷Private-Equity-Häuser. Weiterer Schwerpunkt bei Prozessen (▷Konfliktlösung). Daneben auch Finanzierungen, Kartellrecht, ▷Compliance u. Arbeitsrecht.

Mandate: M&A: Klarna bei Kauf von Stocard u. bei globaler Partnerschaft mit Billie; General Mills bei Verkauf des europ. Teiggeschäfts; Société Générale u. Natixis bei Abgabe eines öffentl. Barangebots von Faurecia für Hella. Compliance: internat. Bank u. ltd. Mitarbeiter in Cum-Ex-Verfahren; Kfz-Hersteller wg. Dieselabgasskandal. Immobilien: EQT/Exeter Fonds bei Verkauf des Tiger-Logistikportfolios an GIC.

HEUKING KÜHN LÜER WOJTEK
Frankfurt ★★★

Detaillierte Informationen zu dieser Kanzlei finden Sie in den jeweiligen Fachkapiteln sowie im ▷Nationalen Überblick Top 50.

Bewertung: Aus der fachl. breiten Aufstellung des Frankfurter Büros sticht in der Marktwahrnehmung u.a. die anerkannte ▷IT-Praxis heraus. ▷Kredit- u. Akquisitionsfinanzierungmandate sowie Prozesse zählen ebenfalls zu den Stärken. Die Federführung in gesellschaftsrechtl. Mandaten liegt hingegen häufig in anderen Standorten.

Team: 18 Eq.-Partner, 6 Sal.-Partner, 16 Associates

Schwerpunkte: ▷Arbeit; ▷Beihilfe; ▷Gesellsch.recht; Gesundheit; ▷Immo/Bau; Insolvenz/Restrukturierung; ▷Investmentfonds; ▷IT; ▷Konfliktlösung; ▷Kredite u. Akqu.fin.; ▷M&A; ▷Marken u. Wettbewerb; ▷Medienrecht; Pharmarecht; Steuern; Umwelt u. Planung; ▷Verkehr.

Mandate: Siehe Fachkapitel.

HOGAN LOVELLS
Frankfurt ★★★★

Detaillierte Informationen zu dieser Kanzlei finden Sie in den jeweiligen Fachkapiteln sowie im ▷Nationalen Überblick Top 50.

Bewertung: Angesehene Bank- u. Finanzierungspraxen prägen das Bild in Frankfurt, v.a. ▷Kredite u. Akquisitionsfinanzierung, ▷Anleihen u. Strukturierte Finanzierung sowie ▷Bankaufsichtsrecht. Daneben spielt auch die Beratung der ▷Immobilienbranche eine bedeutende Rolle.

Team: 22 Partner, 8 Counsel, 50 Associates

Partnerwechsel: Dr. Christoph Naumann, Dr. Torsten Rosenboom (beide von Watson Farley; beide M&A)

Schwerpunkte: ▷Anleihen; ▷Arbeitsrecht; ▷Bankrecht u. -aufsicht; ▷Börseneinführ. u. Kapitalerhöhung; ▷Compliance; ▷Energie; ▷Gesellsch.recht; Gesellschaftsrechtl. Streitigkeiten; ▷Immo/Bau; ▷IT; ▷Konfliktlösung; ▷Kredite u. Akqu.fin.; ▷M&A; ▷Öffentl. Recht (Umwelt u. Planung); ▷Private Equ. u. Vent. Capital; Steuerrecht; ▷Unternehmensbez. Versichererberatung; ▷Verkehr.

Mandate: Siehe Fachkapitel.

JONES DAY
Frankfurt ★★★

Detaillierte Informationen zu dieser Kanzlei finden Sie in den jeweiligen Fachkapiteln sowie im ▷Nationalen Überblick Top 50.

Bewertung: Ein Markenzeichen der Frankfurter Kanzlei bilden grenzüberschr. ▷M&A- u. ▷Private-Equity-Transaktionen. Hier ist auch der Kern der ▷gesellschaftsrechtl. Praxis angesiedelt sowie die engagierte Prozesspraxis (▷Konfliktlösung) mit Schnittstelle zu Compliance.

Team: 16 Eq.-Partner, 18 Associates, 5 of Counsel

Schwerpunkte: ▷Anleihen; Compliance; ▷Energie; ▷Gesellsch.recht; Immo/Bau; ▷Kartellrecht; ▷Konfliktlösung; ▷M&A; Marken u. Wettbewerbsrecht; ▷Patent; ▷Private Equ. u. Vent. Capital; Steuern; ▷Telekommunikation; ▷Verkehr; Wirtschaftsstrafrecht.

Mandate: Siehe Fachkapitel.

K&L GATES
Frankfurt ★★★

Detaillierte Informationen zu dieser Kanzlei finden Sie in den jeweiligen Fachkapiteln sowie im ▷Nationalen Überblick Top 50.
Bewertung: Das Frankfurter Büro der US-Kanzlei ist oft für notleid. Unternehmen u. bei Restrukturierungen tätig. In der aktiven Finance-Praxis ist der Bereich Verkehrsfinanzierung ein weiteres Alleinstellungsmerkmal. Die Entwicklung der jungen Kartellrechtspraxis unterstreicht die enge internat. Einbindung.
Team: 6 Eq.-Partner, 6 Sal.-Partner, 6 Counsel, 5 Associates
Partnerwechsel: Klaus Banke (zu Simmons & Simmons; M&A/Gesellschaftsrecht), Susanna Fuchsbrunner (unbekannt; M&A).
Schwerpunkte: ▷Gesellsch.recht; ▷M&A; Refinanzierung u. Restrukturierung; Asset-Finance; ▷Verkehr; Insolvenzrecht, Steuerrecht mit internat. Prägung, Schiedsverfahren, Kartellrecht.
Mandate: Siehe Fachkapitel.

KING & WOOD MALLESONS
Frankfurt ★★★

Bewertung: Das Frankfurter Büro der riesigen asiat. Kanzlei hat sich mit einem klaren Fokus auf transaktionsbezogene Arbeit, die größtenteils völlig unabhängig von der asiat. Kanzlei ist, im Markt etabliert. So hat KWM inzw. ein Corporate-Team aus 4 Partnern für M&A- und Private-Equity-Tätigkeiten aufgebaut, das neben einem separaten Team agiert, das Inbound-Tätigkeiten aus Asien (vor allem China) betreut. V.a. die Präsenz im Private Equity verbessert sich kontinuierlich. Nicht zuletzt wg. Roos, einem der erfahrensten PE-Anwälte im lokalen Markt, verfügt die Kanzlei über einen konstanten Dealflow u. einen gr. Mandantenstamm. Die Mandatierung durch Star Capital war ein besonderer Erfolg u. zeigt 2 weitere positive Aspekte: ein funktionierendes Cross-Selling mit Knopfs Steuerpraxis u. die Fähigkeit, jüngere Partner in PE zu positionieren. Die hohe Auslastung in PE führte allerdings dazu, dass die Beratung von Familienunternehmen bei größeren Veräußerungen in den Hintergrund trat.
Oft empfohlen: Dr. Michael Roos („sehr erfahren, ruhig u. strukturiert", Wettbewerber; M&A/PE), Rüdiger Knopf (Steuern), Dr. Christian Cornett („fachl. überaus versiert; verhandlungsstark", Wettbewerber; Gesellschaftsrecht), Rudolf Haas („guter u. fairer Verhandler, kompetent u. sehr angenehm in der Zusammenarbeit", Wettbewerber; Kapitalmarktrecht), Daniel Ehret („irre zuverlässig u. immer praktisch verwertbare Aussagen", Mandant; Restrukturierung)
Team: 11 Partner, 6 Counsel, 7 Associates
Schwerpunkte: Starke Fokussierung auf Transaktionen, v.a. kl. bis mittelgr. Deals für europ., oft familiengeführte Mandanten sowie Private-Equity-Häuser. Größere Volumina (inkl. Kapitalmarktrecht) v.a. für chin. Industriekonzerne u. Banken. Renommierte Steuerrechtspraxis. Auch Kartell-, Finanz- u. Insolvenzrecht. ▷Private Equity u. Venture Capital. ▷M&A
Mandate: M&A/Private Equity: Beijing Automotive wg. Beteiligung an Mercedes-Benz u. Daimler Truck; Compo Investco bei Verkauf der Sparte Compo Consumer an Duke Street; ECM, Pinova u. Gilde bei Kauf der Detax-Gruppe; Silver Investment Partners bei Kauf von Crystal Laser Systems; Star Capital bei Kauf der Vincorion-Gruppe von Jenoptik. Kartellrecht: DBAG umf., Expedia wg. Verwendung von Bestpreisklauseln; Star Capital bei Kauf Vincorion-Gruppe.

KPMG LAW
Frankfurt ★

Bewertung: Das Frankfurter Büro der Big-Four-Kanzlei blieb lange unscheinbar, doch das hat sich in der jüngeren Vergangenheit geändert. Zusätzl. zu gut etablierten Bereichen wie Gesellschaftsrecht hat sich das Bank- und Finanzteam viel stärker auf den erfolgr. Consultancy-Bereich der Gesamtorganisation ausgerichtet. Dies hat zu einem Wachstum in den Kernbereichen Aufsichtsrecht, Finanzierung und Asset-Management geführt. Die Strategie, als erweiterter Teil der Rechtsabteilungen von Banken zu agieren, hat sich als erfolgreich erwiesen und die Mandantenbeziehungen gefestigt. Die weitere Expansion deutet an, dass KPMG Law den Erfolg der letzten Jahre als Sprungbrett nutzt. Zugänge im Gesundheitswesen, Legal Operations und Datenschutz-Compliance sind weitere Zeichen der immer engeren Zusammenarbeit mit dem gesamten KPMG-Netzwerk.
Oft empfohlen: Miriam Bouazza (Bank- u. Finanzrecht), Dr. Stefan Suchan (Gesellschaftsrecht)
Team: 4 Eq.-Partner, 20 Sal.-Partner, 34 Associates
Partnerwechsel: Bernd Bäumer (von Ashurst; Immobilienrecht), Kai Jacob (von Deloitte; Legal Operations), Matthias Lüger (von Santander Bank; Bankaufsichtsrecht), Dr. Martin Krause (von Norton Rose Fulbright; Bank- und Finanzrecht).
Schwerpunkte: Arbeitsrecht; Bank- u. Finanzrecht; ▷Gesellschaftsrecht; ▷M&A; ▷Nachfolge/Vermögen/Stiftungen; ▷Vergaberecht, Datenschutz, Immobilienrecht, Beratung bei Legal Operations.
Mandate: Gesellschaftsrecht: DAX-40-Unternehmen bei Reorganisationsprojekt; internat. Chemiekonzern bei gruppeninterner Umstrukturierung; grenzüberschr. Hinausverschmelzung einer dt. GmbH auf eine luxemb. Sarl. Arbeitsrecht: globaler Logistikdienstleister bei Implementierung einer Matrix-Organisation in Dtl.; Autozulieferer bei Umstrukturierung. Bankrecht: div. Sparkassen zu Kontoführungsgebühren u. ESG-Themen; Landesbank bei Konzeption eines Green Bond Frameworks; Banktochter eines Autoherstellers bei Integration des österr. Geschäfts; Fintech bei Gründung; dt. Geschäftsbank umf. bei Aufsichtsrecht u. Auslagerungsthemen.

LATHAM & WATKINS
Frankfurt ★★★★

Detaillierte Informationen zu dieser Kanzlei finden Sie in den jeweiligen Fachkapiteln sowie im ▷Nationalen Überblick Top 50.
Bewertung: Hoch angesehene Praxis in ▷Private Equity u. zudem in einem breiten Spektrum von Finanzierungsthemen, nicht zuletzt Hochzinsanleihen (▷Anleihen, ▷Kredite u. Akquisitionsfinanzierung, ▷Börseneinführungen u. ▷Restrukturierungen).
Team: 18 Partner, 13 Counsel, 42 Associates
Schwerpunkte: ▷Anleihen; Arbeitsrecht; ▷Bankrecht u. -aufsicht; ▷Börseneinführ. u. Kapitalerhöhung; ▷Compliance; ▷Gesellsch.recht; Gesellschaftsrechtl. Streitigk.; ▷Insolvenz/Restrukturierung; ▷IT; ▷Kartellrecht; ▷Konfliktlösung; ▷Kredite u. Akqu.fin.; ▷M&A; Steuern.
Mandate: Siehe Fachkapitel.

LINKLATERS
Frankfurt ★★★★★

Detaillierte Informationen zu dieser Kanzlei finden Sie in den jeweiligen Fachkapiteln sowie im ▷Nationalen Überblick Top 50.
Bewertung: V.a. die in Frankfurt angesiedelte bank- u. finanzrechtl. Praxis genießt wie das ▷Gesellschaftsrechts-/▷M&A-Team einen exzellenten Ruf, insbes. bei ▷Anleihen, ▷Bank- u. -aufsichtsrecht, ▷Investmentfonds sowie Versicherungsaufsicht (▷Unternehmensbez. Versichererberatung).
Team: 36 Partner, 16 Counsel, 102 Associates, 2 of Counsel
Schwerpunkte: ▷Anleihen; ▷Arbeitsrecht; ▷Bankrecht u. -aufsicht; ▷Börseneinführ. u. Kapitalerhöhung; ▷Compliance; ▷Energie; ▷Gesellschaftsrecht; Gesellschaftsrechtl. Streitigk.; ▷Immo/Bau; ▷Insolvenz/Restrukturierung; ▷Investmentfonds; ▷Konfliktlösung; ▷Kredite u. Akqu.fin.; ▷M&A; ▷Patent; ▷Private Equ. u. Vent. Capital; Steuern; ▷Unternehmensbez. Versichererberatung; Vertriebssysteme.
Mandate: Siehe Fachkapitel.

LUTHER
Frankfurt ★★

Detaillierte Informationen zu dieser Kanzlei finden Sie in den jeweiligen Fachkapiteln sowie im ▷Nationalen Überblick Top 50.
Bewertung: Renommierte Frankfurter Partner für ▷Anleihen u. Strukturierte Finanzierung mit Fokus auf mittelständ. Mandanten. Neben breiter Corporate-Praxis Fokussierung auf ▷Gesundheitswesen.
Team: 12 Eq.-Partner, 5 Sal.-Partner, 4 Counsel, 26 Associates, 5 of Counsel
Schwerpunkte: ▷Anleihen; ▷Gesellsch.recht; ▷Gesundheit; ▷Immo/Bau; ▷Investmentfonds; ▷IT u. Datenschutz; Konfliktlösung; ▷M&A; Marken u. Wettbewerb; Medizinrecht; Private Equ. u. Vent. Capital; Projektfinanzierung; auch Steuern.
Mandate: Siehe Fachkapitel.

MAYER BROWN
Frankfurt ★★★

Detaillierte Informationen zu dieser Kanzlei finden Sie in den jeweiligen Fachkapiteln sowie im ▷Nationalen Überblick Top 50.
Bewertung: Traditionell starke Praxen für ▷Gesellschaftsrecht u. ▷M&A im Frankfurter Büro, zudem Bank- u. Finanzrecht mit regulator. Schwerpunkt. ▷Immobilientransaktionen.
Team: 6 Eq.-Partner, 12 Sal.-Partner, 9 Counsel, 26 Associates, 5 of Counsel
Partnerwechsel: Dr. Susanne Lenz (von Pinsent Masons; Kapitalmarktrecht), Carlos Robles y Zepf (von DLA Piper; M&A)
Schwerpunkte: ▷Anleihen; ▷Arbeit; ▷Bankrecht u. -aufsicht; ▷Gesellsch.recht; Gesundheit; ▷Immo/Bau; ▷Insolvenz/Restrukturierung; ▷Kredite u. Akqu.fin.; ▷M&A; Notariat; ▷Private Equ. u. Vent. Capital.
Mandate: Siehe Fachkapitel.

MCDERMOTT WILL & EMERY
Frankfurt ★★★

Detaillierte Informationen zu dieser Kanzlei finden Sie in den jeweiligen Fachkapiteln sowie im ▷Nationalen Überblick Top 50.
Bewertung: Regelm. Begleitung von ▷M&A-Transaktionen; Frankfurter Büro konzentriert sich auch auf die Branchen Lifescience u. Biotech.
Team: 17 Partner, 5 Counsel, 14 Associates, 2 of Counsel

REGION FRANKFURT UND HESSEN FRANKFURT

Partnerwechsel: Dr. Johannes Honzen (von Hengeler Mueller; Immobilienrecht)
Schwerpunkte: Börseneinführungen und Kapitalerhöhungen; Eigenkapitalmarktrecht; ▷Gesellsch. recht; ▷Gesundheit; ▷Immo/Bau; ▷Investmentfonds u. Assetmanagement; ▷Konfliktlösung; Private Equ. u. Vent. Capital.
Mandate: Siehe Fachkapitel.

METIS
Frankfurt ★★★

Bewertung: Das Geschäft der Frankfurter Kanzlei basiert zu einem erhebl. Teil auf einem steten Trackrekord von Transaktionen für meist mittelständ. Mandanten. Häufig ist dabei gleichzeitig die gesellschaftsrechtl. Praxis aktiv, wie etwa für die FraSec Fraport, die sich Metis für eine umfassende Umstrukturierung an die Seite holte. Gleich mehrere Deals brachte die Kanzlei für Lafayette Mittelstand Capital über die Ziellinie. Zudem ist Metis regelm. grenzüberschreitend aktiv, z.B. für Hexagon beim Kauf von Enterprise Asset Management. Hier kommt der Einheit ihr ausgesprochen gutes internat. Netzwerk zugute, das sie v.a. in die USA, GB und in die Schweiz unterhält. Viel Raum nahm zuletzt die Healthcare-Branche ein, genauso wie Technologietransaktionen. Stark gefragt war erneut die Konfliktlösungspraxis, v.a. hinsichtl. Schadensersatzhaftung von Unternehmensorganen, aber ebenso bei Post-M&A-Streitigkeiten.
Stärken: M&A, Organhaftungsprozesse.
Oft empfohlen: Bernhard Maluch, Dr. Lars Friske, („höchste Beratungsqualität", Wettbewerber über beide), Dr. Andreas Rasner (alle Corporate/M&A), Dr. Florian Wettner („erfahrener u. fachl. sehr starker Prozessrechtler, taktisch gewieft", „clever, fachl. herausragend u. mandantenorientiert", „versierter Verhandlungsstratege", Wettbewerber; Prozessführung), Dr. Daniel Benkert (Arbeitsrecht)
Team: 7 Partner, 3 Counsel, 6 Associates
Schwerpunkte: Insbes. Corporate/▷M&A, außerdem Litigation (▷Konfliktlösung), Arbeitsrecht.
Mandate: Lafayette beim Kauf von Aciso u. von Rudolf Dankwardt; Belectric beim Verkauf von Jurchen Technology an Lafayette; Westfalia Fruit International beim Kauf einer Mehrheitsbeteiligung an Hausladen; FraSec Fraport Security Services gesellschaftsrechtl. zu Umstrukturierung; Klotter Elektrotechnik beim Einstieg von Gimv; WebID Solutions beim Kauf einer Mehrheitsbeteiligung durch AnaCap Financial Partners; Hexagon beim Kauf von Enterprise Asset Management von Infor.

MILBANK
Frankfurt ★★★

Detaillierte Informationen zu dieser Kanzlei finden Sie in den jeweiligen Fachkapiteln sowie im ▷Nationalen Überblick Top 50.
Bewertung: Die Frankfurter Partner sind insbes. sehr angesehen für ihre Finanzierungspraxis (Kredite u. Akqu.fin.), stark auch im ▷Gesellschaftsrecht u. bei ▷Private-Equity-Deals.
Team: 3 Partner, 1 Counsel, 12 Associates
Partnerwechsel: Philipp Klöckner (von Clifford Chance; Bank- und Finanzrecht)
Schwerpunkte: ▷Gesellsch.recht; Kredite u. Akqu. fin.; ▷M&A; ▷Private Equ. u. Vent. Capital.
Mandate: Siehe Fachkapitel.

MORGAN LEWIS & BOCKIUS
Frankfurt ★★★

Bewertung: MLB konzentriert sich weiterhin auf M&A-, Kapitalmarkt und Private Equity-Transaktionen. Dabei liegt der Schwerpunkt, ähnl. wie bei Wettbewerbern wie Skadden, auf grenzüberschr. Geschäft, das zuletzt mehr Raum einnahm. Ein Bsp. ist das Mandat von Cellex und AvenCell, bei dem MLB zur Finanzierung, dem Lizenzvertrag sowie zu kartell- u. außenwirtschaftskontrollrechtl. Fragen in Dtld. und USA beriet. Rein dt. Mandanten geben sich hier allerdings weniger die Klinke in die Hand, wobei Unternehmer wie Georg Haub weiterhin auf die Einheit setzen. Früchte trug bereits der im Vorjahr errungene Panelplatz bei Elekta bei einem Kooperationsvertrag mit Philips u. einem Schiedsverfahren. Grenzen sind dem Team durch die eher schmale Personaldecke gesetzt. Bemerkenswert ist allerdings eine Partnerernennung, die die Relevanz des dt. Büros im internat. Kanzleigefüge unterstreicht.
Stärken: Übernahmerecht, Kartellrecht.
Oft empfohlen: Dr. Christian Zschocke (Kartellrecht u. Corporate), Jörg Siegels (Corporate)
Team: 7 Eq.-Partner, 1 Sal.-Partner, 1 Counsel, 12 Associates, 2 of Counsel
Schwerpunkte: ▷M&A (v.a. im Netzwerk), umf. ▷Gesellsch.recht; ▷Konfliktlösung sowie Bank- u. Finanzrecht, Kartellrecht, Arbeitsrecht, Steuern, Prozesse.
Mandate: Davidson Kemper, Polygon u. Blackwell vor BGH wg. Celesio-Übernahme; Sequoia Capital China bei Serie-A-Finanzierung bei Agile Robots; Calibre Scientific beim Kauf von Carl Stuart u. Reagecon Diagnostics; Cellex Cells Professionals bei Gründung u. Finanzierung von AvenCell Therapeutics; Third Point bei $900-Mio-Finanzierung von N26; Elekta zu Kooperation mit Philips u. bei einem Schiedsverfahren; Georg Haub bei Streit der Hauptgesellschafter von Tengelmann (aus dem Markt bekannt).

NOERR
Frankfurt ★★★★

Detaillierte Informationen zu dieser Kanzlei finden Sie in den jeweiligen Fachkapiteln sowie im ▷Nationalen Überblick Top 50.
Bewertung: Differenziertes Full-Service-Angebot in Frankfurt mit Stärken in ▷Gesellschaftsrecht/▷M&A und Kreditfinanzierungen u. ▷Restrukturierungen. Fachübergr. aufgestellte ▷Compliance-Praxis; zudem Erfahrung mit komplexen Massenverfahren.
Team: 22 Eq.-Partner, 23 Sal.-Partner, 4 Counsel, 45 Associates
Partnerwechsel: Dr. Florian Sippel (von Freshfields; Private Equity), Boris Blunck (von Allen & Overy; Arbeitsrecht)
Schwerpunkte: ▷Arbeit; ▷Anleihen; ▷Bankrecht u. -aufsicht; ▷Börseneinführ. u. Kapitalerhöhung; ▷Compliance; ▷Energie; ▷Gesellsch.recht; Gesellschaftsrechtl. Streitigk.; ▷Immo/Bau; ▷Insolvenz/Restrukturierung; ▷IT; ▷Kartellrecht; ▷Konfliktlösung; ▷Kredite u. Akqu.fin.; ▷M&A; Marken- u. Wettbewerbsrecht; Nachfolge/Vermögen/Stiftungen; ▷Private Equ. u. Vent. Capital; Steuern; ▷Öffentl. Recht; ▷Unternehmensbez. Versichererberatung; ▷Verkehr; ▷Vertrieb; Wirtschafts- u. Steuerstrafrecht.
Mandate: Siehe Fachkapitel.

NORTON ROSE FULBRIGHT
Frankfurt ★★★

Detaillierte Informationen zu dieser Kanzlei finden Sie in den jeweiligen Fachkapiteln sowie im ▷Nationalen Überblick Top 50.
Bewertung: Das Frankfurter Büro ist traditionell angesehen in der Beratung des Finanzsektors, u.a. bei ▷Börseneinführ. u. Kapitalerhöhung, u. gilt als versiert bei unterschiedl. Finanzierungsformen. Eine anerkannte Marktposition hat es zudem bei der Arbeit für M&A-Versicherer.
Team: 18 Partner, 8 Counsel, 20 Associates
Partnerwechsel: Regina Rath (zu JP Morgan; Restrukturierung), Dr. Martin Krause (zu KPMG Law; Bank- und Finanzrecht)
Schwerpunkte: ▷Anleihen; ▷Börseneinführ. u. Kapitalerhöhung; ▷Compliance; ▷Energie; ▷Gesellsch. recht; Immobilienrecht; Infrastrukturprojekte; ▷Insolvenz/Restrukturierung; ▷Investmentfonds; ▷Konfliktlösung; ▷Kredite u. Akqu.fin.; ▷M&A; ▷Marken u. Wettbewerb; Steuern; Unternehmensbez. Versichererberatung.
Mandate: Siehe Fachkapitel.

OMF OTTO MITTAG & PARTNER
Frankfurt ★

Bewertung: Die Frankfurter Kanzlei zählt zu den etablierten Marktteilnehmern und ist für ihre überaus guten Verbindungen zu Banken bekannt, u.a. zur Dt. Bank, Haspa u. der Société Générale. Die Beratung zu Wertpapierprospekten sorgt weiterhin für regelm. Geschäft. Deutl. angezogen haben zuletzt Mandate, die aus dem internat. Netzwerk stammen, v.a. zu gesellschaftsrechtl. Fragen und zu Kredittransaktionen. Durch ihr kapitalmarktrechtl. Know-how ist OMF zudem gesetzt für weitere Cum-Ex- und neuerdings auch Cum-Cum Verfahren, in denen sie mit Strafrechtlern kooperiert.
Stärken: Transaktionsberatung bei mittelgroßen Deals.
Oft empfohlen: Dr. Jochen Mittag, Thomas Lesser („gut und schnell", Mandant; beide Bank- u. Finanzrecht)
Team: 7 Partner, 2 Associates, 1 of Counsel
Schwerpunkte: Transaktionsberatung, inkl. Finanzierung u. Steuerrecht. 2. Schwerpunkt ist die Beratung div. Großbanken bei Wertpapierprospekten.
Mandate: Medicom, SGT German Private Equity, TWiY zu Transaktionen; lfd. gesellschaftsrechtl.; Kurtz Ersa, Schoeller Allibert Services; Citigroup zu Compliance u. WpHG-Meldepflichten bankrechtl.; Dt. Bank zu Kreditdokumentation; Bank zu Cum-Ex; Haspa zu Vertrieb von Finanzprodukten, Wertpapierprospekten; Société Générale zu Compliance u. WpHG-Meldepflichten u. OTC-Transaktionen mit Fonds.

OPPENHOFF & PARTNER
Frankfurt ★★★

Detaillierte Informationen zu dieser Kanzlei finden Sie in den jeweiligen Fachkapiteln sowie im ▷Nationalen Überblick Top 50.
Bewertung: Durch ein kontinuierl. personelles Wachstum ist der Frankfurter Standort mittlerweile fachl. breit aufgestellt. Im Corporate ist das Team zwar verhältnismäßig klein, aber gut eingespielt, u. berät im M&A u. Private Equity oft grenzüberschr., v.a. mit Fokus auf Asien u. die USA.
Team: 9 Eq.-Partner, 6 Sal.-Partner, 5 Associates
Partnerwechsel: Jan Mohrmann (von Advant Beiten; Steuerrecht)
Schwerpunkte: ▷Arbeit; Beihilferecht; Finanzierungen; ▷Gesellschaftsrecht; Kartellrecht; ▷Konfliktlösung; ▷M&A; Notariat; ▷Private Equity, Steuern.
Mandate: Siehe Fachkapitel.

PAUL HASTINGS
Frankfurt ★★★
Bewertung: Die 3 Partner, die Anfang 2021 das Frankfurter Büro der US-Kanzlei verstärkten, wurden rekrutiert, um Private-Equity-Häuser bei größeren Transaktionen zu beraten – und das vergangene Jahr hat gezeigt, dass sich diese Strategie auszuzahlen beginnt. Höhepunkt war die von Wolff geleitete Arbeit an der Beteiligung an Condor – ein besonders prominenter und komplexer Deal, den die dt. Partnerschaft dank eines tiefen Spezialisierungsgrads sowie Partnerkapazität im Corporate-Bereich begleiten konnte. Stammmandanten wie Apollo waren regelm. Mandatsbringer, ebenso wie eine Reihe von Mid-Cap-PE-Häusern, die sich zunehmend auf größere Transaktionen konzentrieren. Auch das gr. internat. Netzwerk lieferte Deals. Engelstädter ist hier traditionell die zuständige Partnerin, wie auch einer der neuen Partner war für Moody's in Dtl. tätig. Kaulamo zeigte u.a. bei einer geplanten schweizer.-dt. Kapitalerhöhung, dass sie in der Lage ist, grenzüberschr. Kapitalmarktmandate zu gewinnen. Viel zu tun hatten auch die kleineren Finanz- und Immobilienteams, wobei Letzteres Hand in Hand mit den Corporate-Partnern PE-Kunden berät.
Stärken: Private Equity, grenzüberschreitende M&A.
Oft empfohlen: Dr. Christopher Wolff, Lars Jessen (beide Private Equity), Dr. Regina Engelstädter (M&A), Dr. Katja Kaulamo (Kapitalmarktrecht)
Team: 4 Eq.-Partner, 3 Sal.-Partner, 10 Associates
Schwerpunkte: Gesellschaftsrecht; Immobilien-, Kapitalmarktrecht; Kreditfinanzierung; ▷M&A; ▷Private Equ. u. Vent. Capital; Restrukturierung.
Mandate: Private Equity/M&A: Attestor bei Kauf von Condor; Apollo bei Kauf von div. dt. Wohnimmobilienportfolios; Bregal bei Verkauf von Sovendus; CDE bei Kauf zusätzl. Anteile an H&K; Decisive Capital Management bei Fondsstrukturierung; Francisco Partners bei Kauf von Boomi Dtl.; Genui bei Kauf der GHM Group; Providence bei Kauf von Marlink; STG Partners bei Kauf von eProductivity u. FireEye; Moody's bei Kauf von 360kompany; SK Hynix bei Kauf einer Minderheit an FMC. Kapitalmarktrecht: Salt Mobile bei IPO; Apollo Global Management bei Verkauf von Anteilen an Agrob Immobilien; LR Global Holding bei Refinanzierung u. Notierung von Anleihen an Nasdaq Stockholm. Immobilienrecht: KanAm Grund bei Kauf eines Light Industrial Portfolios in 4 dt. Städten; ConrenLand bei Kauf eines Gewerbeobjektes in Frankfurt; GCA Altium/Dt. Bank bei Finanzierung des Kaufs von Berlin Brands durch Bain Capital.

PINSENT MASONS
Frankfurt ★★
Detaillierte Informationen zu dieser Kanzlei finden Sie in den jeweiligen Fachkapiteln sowie im ▷Nationalen Überblick.
Bewertung: Die GB-Kanzlei verfügt seit 2019 über ein Büro in Frankfurt, es ist ihr 3. in Deutschland. Kern der Praxis ist das ▷Corporate-Team, das in Frankfurt eine etwas weniger ausgeprägte Branchenfokussierung als in anderen Büros aufweist. Auch ein Teil der ▷IT-Praxis ist vor Ort.
Team: 9 Partner, 1 Counsel, 13 Associates
Partnerwechsel: Dr. Susanne Lenz (zu Mayer Brown; Kapitalmarktrecht)
Schwerpunkte: Bankaufsichtsrecht; Börseneinführungen und Kapitalerhöhungen; ▷Gesellschaftsrecht; ▷Immo/Bau; ▷Informationstechnologie; Investmentfonds; ▷M&A.
Mandate: Siehe Fachkapitel.

REED SMITH
Frankfurt ★★
Bewertung: Die US-Kanzlei gewinnt in Frankfurt weiter an Fahrt, was durch den Gewinn gr. Deals wie die Arbeit für die Bank of America beim Kauf von gr. notleidenden Schiffskreditportfolios weiter beschleunigt wird. Solche Deals zeigen, wie das Büro zunehmend von der Integration der Finanz- u. Gesellschaftsrechtspraxis sowie der Integration mit London, der Quelle der Mandatierung, profitiert. Der bekannteste Corporate-Partner bleibt de Sousa (inkl. Privte Equity). Auf ihm lastet nun mehr Verantwortung, nachdem bekannt wurde, dass Hünermann mit einem Counsel zu McDermott wechselt – ein herber Rückschlag insbes. im Compliance, aber auch für die Corporate-Praxis. Andere Bereiche, v.a. Immobilien, überzeugten ebenfalls, u.a. mit einer Reihe von Transaktionen über Objekte der Lagerhaltung u. Rechenzentren. Die Patentpraxis bleibt der Brückenkopf zum starken Gesundheitswesenteam in den USA.
Oft empfohlen: Dr. Octávio de Sousa (M&A), Dr. Simon Grieser („einer der besten Ansprechpartner im Markt für NPL-Transaktionen", Wettbewerber)
Team: 9 Partner, 11 Associates
Partnerwechsel: Rolf Hünermann (zu McDermott Will & Emery; Gesellschaftsrecht/Compliance),
Schwerpunkte: ▷M&A-u. ▷Private-Equity- u. Venture-Capital-Transaktionen mit meistens mittelgr. Volumina; Konfliktlösung; finanzielle Restrukturierung u. ▷Gesellschaftsrecht. Auch Immobilien-, Patent- sowie ▷IT-Recht.
Mandate: M&A: Bank of America/David Kempner bei Kauf von Schiffskreditportfolio von HSH Management; iApplus+ Konzern bei Kauf von IMA Materialforschung; ADS-TEC Energy bei De-SPAC; Curtiss-Wright bei Verkauf der CWFC-Phönix-Gruppe; EPAM Systems bei Kauf von Core SE; L3Harris bei Verkauf von Harris Orthogon. PE/VC: EMnify bei Serie-B-Finanzierungsrunde; York Capital bei Kauf von Immobilienportfolio Boulevard Berlin. Bankrecht: Silicon Valley Bank Vergabe und Verlängerung von Capital Call Facilites an dt. Fonds.

RITTERSHAUS
Frankfurt ★
Bewertung: Nachdem die Sozietät den Frankfurter Standort erfolgreich für das grenzüberschreitende M&A-Geschäft ausgebaut hatte, erhielt das Büro nun noch einen Schub mit dem Zugang eines vergabe- und baurechtl. Teams von Arnecke Sibeth Dabelstein um Partnerin Boldt. Diese ist sowohl in der Region als auch im Norden Dtl.s gut vernetzt. Mandanten von ihr suchten unmittelbar auch Rat im Corporate-Team u. im Notariat, beides ebenfalls tragenden Säulen des Standorts. Parallel setzt die Sozietät zudem unvermindert ihre prozessrechtl. Kompetenz für Mandanten wie Global Vermögensberatung u. Union Investment, aber auch für div. Pharma-/Lifescience-Unternehmen ein.
Oft empfohlen: Dr. Wolf-Henrik Friedrich („sehr angenehmer Kollege mit präziser Schreibe", Wettbewerber; Medizinprodukterecht), Prof. Dr. Antje Boldt (Vergaberecht), Steffen Holatka (Baurecht).
Team: 14 Eq.-Partner, 3 Sal.-Partner, 6 Associates
Partnerwechsel: Prof. Dr. Antje Boldt (Vergaberecht), Steffen Holatka, Manuela Luft, Julia Zerwell (alle von Arnecke Sibeth Dabelstein; Baurecht)
Schwerpunkte: ▷Gesellsch.recht, häufig in Verbindung mit ▷Nachfolge/Vermögen/Stiftungen. ▷M&A, Marken- u. Wettbewerbsrecht, Heilmittelwerberecht mit Branchenfokus auf Biotech u. Pharma. Kapitalmarktrecht, IT- u. Telekommunikationsrecht sowie Arbeitsrecht. Bau- u. vergaberechtl. Beratung von Kommunen, Investoren u. Projektentwicklern. Notariat. Weitere Büros in ▷Mannheim u. München.
Mandate: Vergaberecht: Dt. Bahn im Vergabeverf. zu ‚Phönix – Neues Werk Cottbus'; Stadt Frankfurt lfd. im Vergaberecht, u.a. Neubau Gymnasium Römerhof; Stadt Darmstadt zu Ausschreibungen bzgl. Green City Plan. Immobilienrecht: St.-Vinzenz-Krankenhäuser Hanau u. Fulda zu Neubauvorhaben; Swiss Life Asset Managers zu Projektentwicklungen in Ffm. u. Bonn; Immobilienentwickler zu Erstellung von Investmentprospekten. Corporate/M&A: Malt bei Kauf von Comatch; Israel Chemicals zu dt. u. österr. Beteiligungen; Jochen & Klaus Darmstädter Beteiligung zu Verkauf einer Immobiliengesellschaft; Merz Consumer Care zu Kauf der Brooklyn Soap. Prozesse: internat. Pharmakonzern im streitigen Heilmittelrecht; earlybird-coffee u. fourty:love zu Anmeldung/Verteidigung der Kernmarken.

SCHALAST & PARTNER
Frankfurt ★★★
Bewertung: Frankfurt bleibt mit Abstand der größte Standort der Kanzlei. Doch während die Bereiche Bankaufsichtsrecht u. Arbeitsrecht unverändert stark sind, hat sich die Schlagkraft in den Kernbereichen M&A u. Gesellschaftsrecht gewandelt: Die M&A-Praxis ist seit Langem etabliert und erhielt durch den Zusammenschluss mit einer lokalen WP-Gesellschaft, die nicht nur steuerl. Kompetenz, sondern auch besonderes Know-how in der Finanzbranche einbrachte, einen zusätzl. Schub. Besonders eng ist jedoch die Verbindung zur anderen nennenswerten Praxis der Kanzlei, der aufsichtsrechtl. Beratung von Fintech-Start-ups, der sich Schalast ungewöhnl. intensiv widmet. Allerdings gibt es noch Potenzial, sich stärker in die gesellschaftsrechtl. Beratung dieser Mandanten einzubringen. Zusätzliche Manpower im M&A-Team, v.a. in Stuttgart, hat es zudem ermöglicht, bei einer Reihe von Transaktionen für Rechenzentren in u. um Ffm. eine starke Rolle zu spielen. Dass die Kanzlei ein bedeutender Akteur im Kanzleiverbund Multilaw ist, half ihr, internat. Investoren für diese Arbeit zu beraten. Der traditionelle Schwerpunkt in der Luftfahrt- u. Touristikbranche des Arbeitsrechtsteams bleibt bestehen, u. das Team gewann u.a. Fraport hinzu. Die Kanzlei wird auch für ihr Notariat respektiert.
Oft empfohlen: Prof. Dr. Christoph Schalast, Kristof Schnitzler, Gregor Wedell („gutes wirtschaftl. Verständnis, verhandlungsstark u. pragmatisch", Mandant; alle Corporate), Prof. Dr. Andreas Walter („vielseitig u. engagiert, hohes fachl. Know-how", Wettbewerber; Bank- und Finanzrecht)
Team: 7 Eq.-Partner, 10 Sal.-Partner, 2 Counsel, 17 Associates, 7 of Counsel
Schwerpunkte: ▷Gesellsch.recht u. ▷M&A, zudem Arbeitsrecht, Bankrecht (v.a Beratung von Fintechs), Immobilien, Telekommunikation.

REGION FRANKFURT UND HESSEN FRANKFURT

Mandate: M&A: Beyond Capital bei Kauf von Dr. Hoffmann Gebäudedienste; Viessmann bei Verkauf des Biomassegeschäfts, des Industriekesselgeschäfts an einen nationalen Käufer u. der Schmack-Biogas-Gruppe u. bei Beteiligung an der Pewo Energietechnik. Gesellschaftsrecht: Mainova/Stadtwerke Ffm. bei Klage gegen E.on/RWE/Innogy-Transaktion; GeVi Beteiligungen bei Joint Venture div. regionaler Verlags- u. Druckunternehmen. Arbeitsrecht: DER Touristik, Dt. Lufthansa, Fraport. Bankrecht: Raisin Bank bei Fintechprojekten; EstateGuru/Raisin Bank bei Strukturierung vom Crowd-Funding-Plattform u. Refinanzierungsstruktur; Global Loan Agency Services bei Eröffnung in Ffm.; Lukso bei Auktion u. Verkauf/Kauf des Non-fungible Tokens Lambada.

SCHIEDERMAIR
Frankfurt ★★★

Bewertung: Die Frankfurter Kanzlei zählt zu den etablierten Akteuren auf dem Markt u. berät eine Reihe von Stammandanten oft praxisübergreifend. Präsent sind vor allem ihre IP-, Franchise- u. Gesellschaftsrechtspraxen. Gerade Letztere agiert regelm. im Schulterschluss mit der Konfliktlösungspraxis, die neben der Vertretung von Stellantis zuletzt durch Geoven ihre Aktivitäten mit Massenverf. weiter ausbaute. Auch die M&A-Praxis, die zwar im Vergleich zu Wettbewerbern eher wenig Aufmerksamkeit auf sich zieht, prosperierte mit mehreren Deals, u.a. für Kfz-Hersteller, Unternehmen aus der Medizinbranche u. Private Equity-Häuser. Präsenter im Markt ist die breit aufgestellte Marken- und Wettbewerbspraxis, die u. a. bei der Plagiatsbekämpfung und der Beratung an der Schnittstelle zum Internet- u.- IT-Recht sehr erfahren und u.a. für Ferrero in div. EV- u. Löschungsverfahren sowie im Domainrecht tätig ist. Einen personellen Wechsel verzeichnete die arbeitsrechtl. Praxis: Zwar verlor die Kanzlei einen Partner, konnte diese Lücke aber zügig wieder schließen.
Stärken: Prozessvertretung, Nachfolge u. Vermögen, IT/Datenschutz, ▷Marken u. Wettbewerb, ▷Vertrieb.
Oft empfohlen: Dr. Franz-Josef Kolb (Corporate), Dr. Matthias Möller (M&A), Dr. Ulf Heil („sehr reaktionsschnell u. fachl. hervorragende Zusammenarbeit", Wettbewerber; Marken- u. Wettbewerbsrecht), Dr. Swen Vykydal („pragmat. u. angenehm, immer gute Ergebnisse"; „sehr zu empfehlen, arbeiten sehr solide, führen keine unnötigen Prozesse", Wettbewerber über beide; Marken- u. Wettbewerbsrecht)
Team: 20 Eq.-Partner, 5 Sal.-Partner, 2 Counsel, 11 Associates, 1 of Counsel
Partnerwechsel: Angela Schilling (von Advant Beiten; Arbeitsrecht); Dr. Jörg Buschbaum (zu Baker Tilly; Arbeitsrecht)
Schwerpunkte: Arbeitsrecht; Gesellschaftsrecht; Immobilienrecht; IP u. IT; Steuern; Unternehmensnachfolge; Vertriebsrecht.
Mandate: Konfliktlösung: Geoven gg. Schadensersatzansprüche dt. Haus- u. Wohnungseigentümer; Gesellschaftsrecht: Universal Investment umf. bei Übernahme durch Montagu; Insolvenzverwalter der VestCorp zu Organhaftungsansprüchen; SDG Investment zu virtuellem Mitarbeiterbeteiligungsprogramm; IP: AHK Vermögensverwaltung beim Kauf der Marken Leitz u. Ernst Leitz; Apollo-Optik u. Coca-Cola lfd.; Immobilienrecht: Finanzinstitut zu Mietverträgen für Logistikimmobilien.

SIMMONS & SIMMONS
Frankfurt ★★

Bewertung: Der Schwerpunkt des Frankfurter Büros der brit. Kanzlei liegt weiterhin klar im Bank- und Finanzrecht. Entsprechend der ww. Stärken der Sozietät hat S&S eine besondere Schlagkraft bei Investmentfonds, im Aufsichtsrecht u. bei strukturierter Finanzierung, alles Felder, die nach dem Brexit bereits gewachsen sind u. über weiteres Potenzial verfügen. Zudem ist S&S dank einer neuen Praxisleiterin, die in München beheimatet ist, aber viel Zeit in Ffm. verbringt, auch im Fremdfinanzierungsmarkt (inkl. Akquisitionsfinanzierung) präsenter als früher. Die Verstärkung der Corporate-Praxis steht zwar im Gegensatz zum jüngsten Trend innerhalb der Kanzlei, Düsseldorf und München als Schwerpunkte der Praxis auszubauen, dass S&S Banke von K&L Gates gewinnen konnte, zeigt jedoch, dass die Kanzlei in der Lage ist, auch am Main zu wachsen, insbesondere im Bereich Private Equity.
Oft empfohlen: Dr. Benedikt Weiser (Fondsstrukturierung), Dr. Felix Biedermann (Bank- u. Finanzrecht), Dr. Barbara Heinrich, Dr. Bernulph Frhr. von Crailsheim (M&A/Steuerrecht), Klaus Banke („versierter Corporate-Experte", Wettbewerber; Gesellschaftsrecht), Dr. Christopher Kranz („hohe fachliche u. strategische Kompetenz", Wettbewerber; Restrukturierung), Dr. Sascha Morgenroth („profundes Wissen, praxis- u. lösungsorientiert", Mandant; Arbeitsrecht)
Team: 11 Partner, 5 Counsel, 15 Associates, 2 of Counsel
Partnerwechsel: Klaus Banke (von K&L Gates; Gesellschaftsrecht/M&A), Dr. Christopher Kranz (von Allen & Overy; Restrukturierung)
Schwerpunkte: ▷Anleihen u. Strukturierte Finanzierung; ▷Arbeitsrecht; Bankrecht u. -aufsicht, Compliance; Gesellschaftsrecht; Immobilientransaktionen; ▷Investmentfonds, u. ▷M&A.
Mandate: Anleihen: Dt. Bank bei Green Bonds für Talanx; ING bei erster Verbriefung dt. Kreditkartenportfolios. Finanzierung: Commerzbank bei Onshore-Windparkfinanzierungen in Frankreich, Finnland u. Spanien; UniCredit u.a. bei Wachstumsfinanzierung des Green Start-ups Enpal. Investmentfonds: Baillie Gifford bei Europageschäft; gr. Asset-Manager bei Brexit u. Transparenzpflichten; First Sentier im Aufsichtsrecht. Arbeitsrecht: Juris bei Reorganisation. Umf. Vanguard.

SKADDEN ARPS SLATE MEAGHER & FLOM
Frankfurt ★★★

Detaillierte Informationen zu dieser Kanzlei finden Sie in den jeweiligen Fachkapiteln sowie im ▷Nationalen Überblick Top 50.
Bewertung: Internat. exzellent vernetzte US-stämmige Kanzlei mit Fokus auf hochvolumigen u. meist grenzüberschreitenden Transaktionen sowie einer angesehenen Kapitalmarktrechtspraxis. Daneben etablierte Konfliktlösungspraxis, ebenfalls oft internat. engagiert. Compliance primär in München.
Team: 8 Partner, 11 Counsel, 24 Associates
Schwerpunkte: ▷Anleihen; ▷Börseneinführ. u. Kapitalerhöhungen; ▷Compliance; transaktionsbezogenes ▷Gesellsch.recht; Konfliktlösung; ▷Kredite u. Akqu.fin.; ▷Private Equ. u. Vent. Capital; Transaktionen (▷M&A) inkl. Steuern.
Mandate: Siehe Fachkapitel.

SKW SCHWARZ
Frankfurt ★★

Detaillierte Informationen zu dieser Kanzlei finden Sie in den jeweiligen Fachkapiteln sowie im ▷Nationalen Überblick Top 50.
Bewertung: ▷IT- u. Datenschutzthemen, bei denen die Frankfurter mit Banken gut vernetzt sind, dominieren die Wahrnehmung der Kanzlei vor Ort. Gesellschaftsrecht u. Transaktionsgeschäft weisen oft internat. Bezüge u. eine enge Zusammenarbeit mit dem Münchner Standort auf.
Team: 12 Partner, 1 Counsel, 6 Associates, 2 of Counsel
Schwerpunkte: ▷Arbeit; ▷Gesellsch.recht; ▷M&A; ▷Marken u. Wettbewerb; ▷Medien; ▷Nachfolge/Vermögen/Stiftungen.
Mandate: Siehe Fachkapitel.

SQUIRE PATTON BOGGS
Frankfurt ★★

Bewertung: Den Frankfurter Standort prägen die Corporate- u. Konfliktlösungs- sowie die Marken- u. Wettbewerbspraxis. Letztere ist v.a. für ihre themat. Breite und die gute internat. Vernetzung bekannt, die sie bspw. für das Kosmetikunternehmen Cosnova beim globalen Vorgehen gg. Produktpiraterie einsetzt. Gefragt war zudem die Konfliktlösungspraxis, die bekannt für ihre IP-Streitigkeiten ist, wobei das größte Mandat, Daimler, von Böblingen aus gesteuert wird. Das Frankfurter Büro wiederum machte bspw. durch die Vertretung von Autoliv beim Beweissicherungsverf. zu Produkthaftung von sich reden. Bei Transaktionen agiert das Frankfurter Büro eher unauffällig, pflegt aber gleichwohl eine gute Brücke nach Berlin, was sich u.a. bei der Beratung von EDF Trading niederschlägt. Gleich 2 Partnerernennungen (M&A und Arbeitsrecht) sind für eine US-Einheit ein deutl. Zeichen für die Relevanz des dt. Standorts im Gesamtgefüge der Kanzlei.
Oft empfohlen: Dr. Christofer Eggers, Reinhart Lange (beide Marken- u. Wettbewerbsrecht)
Team: 9 Eq.-Partner, 5 Sal.-Partner, 9 Associates
Schwerpunkte: ▷Gesellsch.recht/▷M&A, Lebensmittelrecht; ▷Konfliktlösung sowie Bank-, Finanz- u. Kapitalmarktrecht; auch Steuer-, Arbeits- u. Vertriebsrecht.
Mandate: M&A: Origimm beim Verkauf an Sanofi; Amcor Flexibles beim Verkauf an Sterimed; EDFT bei Joint Venture mit Getec; Gesellschaftsrecht: Green Light bei aktienrechtl. Auseinandersetzung mit Dromos; IP: Beijing Niu Technology bei europ. IP-Streitigkeiten; Bora Creations zu Marken- u. Geschmacksmusterfragen; Bank- u. Bankaufsichtsrecht: irische Gesellschaft von Banken zu Vertriebsfinanzierungsprogramm; Konfliktlösung: Latam in Kartellschadensersatzverf. zum Air-Cargo-/Luftfrachtkartell; Autoliv im Beweissicherungsverf. zu Produkthaftung.

SULLIVAN & CROMWELL
Frankfurt ★★★★

Bewertung: Die Partnerriege der US-Kanzlei ist renommiert für öffentl. Übernahmen, Börsengänge u. sonstige Kapitalmaßnahmen. Dank ihrer langj. Erfahrung im Kapitalmarkt- u. Gesellschaftsrecht wurde sie von der Piëch-/Porsche-Familie zur mögl. Rückbeteiligung an der Porsche AG mandatiert. Damit ist das Team nach der Fusion von Vonovia/Dt. Wohnen 2021 gleich am nächsten marktbewegenden Deal beteiligt. Das eingespielte

Team um Berrar zählte auch zu den ersten, das sich an die Lancierung von SPACs u. mehrstufige De-SPac-Transaktionen wagte u. damit das Transaktionsaktionswissen aus den USA in europ. Recht transferierte. Doch das eingespielte Team bedient nicht nur komplexes Projektgeschäft, sondern deckt auf Wunsch der Mandanten auch regelm. die HV- u. gesellschaftsrechtl. Konfliktberatung wie etwa Spruchverf. ab.
Stärken: M&A, v.a. öffentl. Übernahmen; Börseneinführungen u. Delistings.
Oft empfohlen: Dr. Carsten Berrar („hohe Kompetenz im internationalen Gesellschafts- u. Kapitalmarktrecht", Wettbewerber, Dr. Konstantin Technau (beide M&A/Kapitalmarktrecht), Dr. York Schnorbus (Gesellschaftsrecht/M&A), Dr. Clemens Rechberger („kompetent, kollegial u. angenehm", Wettbewerber; Kapitalmarktrecht)
Team: 6 Partner, 2 Counsel, 22 Associates, 1 of Counsel
Schwerpunkte: ▷Anleihen; Bank- u. Finanzrecht (▷Börseneinführ. u. Kapitalerhöhung); ▷Gesellsch. recht; Kredite u. Akquisitionsfinanzierung; ▷M&A.
Mandate: Gesellschaftsrecht/M&A: Porsche Automobil Holding SE zu Eckpunktevereinbarung mit VW bzgl. Porsche AG IPO u. Beteiligung; Dt. Wohnen zu Post-M&A-Verhandlungen mit Vonovia; CMS Bakery zu Verkauf ihres europ. Geschäfts mit Backzutaten; Allianz X zu div. Investments; Bankenkonsortium zu Spin-off u. Listing der Daimler Truck; CTP zu Übernahme- u. Delistingangebot an Dt. Industrie REIT. Kapitalmarktrecht: About You bei IPO; bike24 bei Erstnotierung an Frankfurter Börse; EHC SPAC bei Börsengang an Euronext Amsterdam; Majorel bei Börsengang an Euronext Amsterdam; Mister Spex bei IPO.

SZA SCHILLING ZUTT & ANSCHÜTZ
Frankfurt ★★★★
Detaillierte Informationen zu dieser Kanzlei finden Sie in den jeweiligen Fachkapiteln sowie im ▷Nationalen Überblick Top 50.
Bewertung: Das Frankfurter Büro hat eine sehr aktive Prozesspraxis (▷Konfliktlösung) u. pflegt hervorragende Beziehungen zu großen Börsen- und wichtigen Familienunternehmen.
Team: 10 Partner, 2 Counsel, 25 Associates, 2 of Counsel
Schwerpunkte: ▷Arbeit; ▷Gesellschaftsrecht; ▷Insolvenz/Restrukturierung; Kapitalmarktrecht u. Finanzierung; ▷Konfliktlösung; ▷M&A; ▷Nachfolge/Vermögen/Stiftungen; Steuern.
Mandate: Siehe Fachkapitel.

TAYLOR WESSING
Frankfurt ★★★
Detaillierte Informationen zu dieser Kanzlei finden Sie in den jeweiligen Fachkapiteln sowie im ▷Nationalen Überblick Top 50.
Bewertung: Schwerpunkte der Praxis bleiben Corporate und Finanzierung mit den Fokusbranchen Technologie u. Lifescience. Zudem anerkanntes ▷IT-Team. Viel Erfahrung bei Transaktionen im Gesundheitswesen.
Team: 20 Eq.-Partner, 17 Sal.-Partner, 30 Associates
Schwerpunkte: Bankrecht u. -aufsicht; ▷Börseneinführ. u. Kapitalerhöhung; ▷Gesellsch.recht; Gesellschaftsrechtl. Streitig.; ▷Gesundheit; ▷Immo/Bau; ▷IT; ▷Konfliktlösung; ▷Kredite u. Akqu.fin.; ▷M&A; ▷Marken u. Wettbewerb; Medizinrecht; ▷Nachfolge/ Vermögen/Stiftungen; Patentrecht; ▷Private Equ. u. Vent. Capital; Steuer-/Steuerstrafrecht; ▷Versicherungsvertragsrecht; ▷Vertrieb.
Mandate: Siehe Fachkapitel.

WEIL GOTSHAL & MANGES
Frankfurt ★★★
Bewertung: Das Frankfurter Büro der US-Kanzlei verfügt seit Jahrzehnten über eine Restrukturierungspraxis, die eng in die internat. Praxis integriert, aber auch in komplexe Mandate hierzulande involviert ist. Letzteres zeigt sich an einigen Transaktionen im Schiffbau. Auch die Prozesspraxis von Grauke, der jetzt Co-Managing-Partner in Dtl. ist, ist in Ffm. angesiedelt. Dieses Team war weiterhin mit der Beratung bei Litigation in der Bankenbranche beschäftigt, u.a. im Wirecard-Komplex. Die M&A-Praxis schließl. legt mit Tappeiner u. und dem aufstrebenden Partner Wimber einen Schwerpunkt im Mid-Cap Private Equity. Eine positive Entwicklung war die Integration des Finanzpartners Defren im vergangenen Jahr. Er hat der Kanzlei deutl. mehr Glaubwürdigkeit in diesem Bereich verliehen. Da die Galeonsfigur von Weil in Deutschland, Prof. Dr. Gerhard Schmidt, nun in München beheimatet ist, ist das Frankfurter Büro – v.a. in den Bereichen M&A und Private Equity – jedoch unterdimensioniert.
Stärken: Private Equity, Restrukturierung, Litigation.
Oft empfohlen: Dr. Christian Tappeiner, Dr. Ansgar Wimber (beide M&A/Private Equity), Dr. Uwe Hartmann (Restrukturierung/M&A), Britta Grauke („hoch intelligent", „sehr erfahrene u. fachlich exzellente Anwältin an der Schnittstelle Litigation u. Restrukturierung", Wettbewerber)
Team: 5 Eq.-Partner, 6 Counsel, 33 Associates, 1 of Counsel
Schwerpunkte: Komplexe Transaktionen (▷Gesellsch.recht; ▷M&A; ▷Private Equ. u. Vent. Capital); ▷Insolvenz/Restrukturierung; Prozessführung, Steuerrecht, Finanzierung.
Mandate: Private Equity: Advent bei Kauf von Protel Hotelsoftware; Bain bei dt.-rechtl. Aspekte des Kaufs von Valeo Foods; Inven Capital bei Serie-D-Finanzierungsrunde für Forto sowie für Sunfire; Providence Strategic Growth Investition in Sport Alliance sowie bei Mehrheitsbeteiligung an Billwerk. Restrukturierung: Odeon Cinemas bei Refinanzierung; Vallourec bei Restrukturierung; Prozessführung: Ryanair bei Klage von Lufthansa gg. Flughafen Frankfurt-Hahn wg. Beihilfe.

WENDELSTEIN
Frankfurt ★★★
Bewertung: Fokussiert auf Transaktionen und Prozessführung wächst die Frankfurter Boutique sowohl in Größe als auch Reputation weiter. Die Corporate-Praxis ist stark von ▷Private-Equity-Deals geprägt, wobei sich von Bismarck u. Hofstetter einen Ruf für Infrastrukturdeals, insbes. für die digitale Wirtschaft, erarbeitet haben. Die enge Beziehung zur Investitionssparte der Dt. Telekom hat es der Kanzlei ermöglicht, ihre Tätigkeit auf das internat. Parkett zu bringen: Im vergangenen Jahr gab es große Deals z.B. in den Niederlanden. Lfd. Beratung ergibt sich tendenziell aus der Arbeit für PE-Portfoliounternehmen, ist aber im Gegensatz zu einigen anderen Großkanzlei-Spin-offs kein wesentl. Schwerpunkt. Angesichts der Erfahrung u. Marktstellung in Ffm. bleiben die Beziehungen zu ausl. PE-Praxen, insbes. zu den USA, unterentwickelt u. damit die Marktstellung der Kanzlei bei grenzüberschr. Deals. Die Litigation-Praxis um Fischer hat sich auf Bank- und Finanzrecht spezialisiert und ist zunehmend in hochkarätige Fälle mit komplexen Finanzprodukten involviert. Der Status als unabhängige Kanzlei verschafft Wendelstein in diesem Markt deutlich mehr Freiraum, da größere Wettbewerber oft von Konflikten zerrissen sind. Die Ernennung des ersten internen Partners war ein wichtiger Schritt in der Entwicklung der Praxis. Dem steht jedoch der Verlust eines vielversprechenden Counsels im Bereich Litigation an einen Wettbewerber gegenüber.
Oft empfohlen: Dr. Daniel Müller-Etienne („hochkarätige Beratung in M&A", Wettbewerber), Philipp von Bismarck, Nikolaus Hofstetter („unglaubl. responsive u. fachl. stark", Wettbewerber), Karl Koenen, Dr. Matthias Budde („überaus umsichtige Vorbereitung von Aktionärshauptversammlungen", Wettbewerber), Frank Fischer („sehr empfehlenswert, v.a. bei komplexen zivilrechtl. Streitigkeiten", Wettbewerber; Litigation)
Team: 7 Partner, 1 Counsel, 15 Associates
Schwerpunkte: ▷Private Equity u. Venture Capital, ▷M&A, auch Restrukturierungen u. Gesellschaftsrecht. Unabhängige Litigation-Praxis, fokussiert auf Bank- und Finanzrecht. Auch Kapitalmarkt- u. Immobilienrecht, Steuern/Nachfolge.
Mandate: PE/VC: Dt. Telekom Capital Partners bei Kauf einer Mehrheit an Community Fiber mit Warburg Pincus sowie bei Zusammenarbeit mit KKR und T Mobile NL wg. Glasfasebreitbandanschlüssen in den Niederlanden. M&A: Delom Wohnbau bei Verkauf eines Wohnportfolios in Rhein-Main; DexKo Global/AL-KO Vehicle bei Verkauf der Sparte Dämpfungstechnik; Öko-Test bei HV u. Umstrukturierung. Konfliktlösung: ausl. Finanzuntern. bei Aufarbeitung von Cum-Ex; ausl. Unternehmen als Käufer bei komplexen Post-M&A-Gerichtsverfahren; dt. Unternehmen bei Schadensersatzansprüchen im Zshg. mit Finanzderivaten; gr. dt. Unternehmen bei Schadensersatzansprüchen gg. Kreditinstitut im Zshg. mit Cum-Cum; US-Investoren bei Ansprüchen im Zshg. mit Wirecard.

WHITE & CASE
Frankfurt ★★★★
Detaillierte Informationen zu dieser Kanzlei finden Sie in den jeweiligen Fachkapiteln sowie im ▷Nationalen Überblick Top 50.
Bewertung: In Frankfurt zählen die Teams für ▷Anleihen u. Strukturierte Finanzierung sowie Bank- u. Bankaufsichtsrecht ebenso zu den besonders angesehenen Praxen wie ▷IT u. Datenschutz. Besondere Stärke ergibt sich aus der Verzahnung von internat. Bankrecht mit dt. Corporate-Know-how.
Team: 35 Eq.-Partner, 7 Counsel, 79 Associates
Partnerwechsel: Dr. Yannick Adler (von Cravath Swaine & Moore; Kapitalmarktrecht), Johannes Goossens (von Skadden Arps Slate Meagher & Flom; M&A), Dr. Daniel Zapf (von DLA Piper; Wirtschaftsstrafrecht)
Schwerpunkte: ▷Anleihen; ▷Arbeit; ▷Börseneinführ. u. Kapitalerhöhung; ▷Compliance; ▷Gesellsch.recht; ▷Immo/Bau; ▷Insolvenz/Restrukturierung; Investmentfonds; ▷IT; ▷Konfliktlösung; ▷Kredite u. Akqu. fin.; ▷M&A; ▷Medien; Notariat; ▷Private Equ. u. Vent. Capital; Steuern; Telekommunikation; ▷Versicherungsvertragsrecht; ▷Wirtschafts- u. Steuerstrafrecht.
Mandate: Siehe Fachkapitel.

REGION FRANKFURT UND HESSEN FRANKFURT / HESSEN

WILLKIE FARR & GALLAGHER
Frankfurt ★★★★

Bewertung: Die US-Kanzlei unterhält in Frankfurt seit Langem eine marktführende Private-Equity-Praxis für Mid-Cap-Deals, u. bis jetzt war Linde der Partner, der hauptsächl. auch im großvol. Marktsegment gefragt war. Doch auch die 3 jüngeren Partner, v.a. Schwab, berieten zuletzt eine Reihe von Deals für einen loyalen Mandantenstamm von PE-Häusern. Die Vertretung 2er Bieter, u.a. durch Abrar für die Reebok-Sparte von Adidas, war ein Qualitätssprung für die gesamte Corporate-Praxis und zeigt, dass das Büro unabhängiger von Linde wird. Dieser unterstrich jedoch seinen Ruf als einer der führenden Transaktionsanwälte in Frankfurt mit der wiederholten Beratung von CVC. Zudem deuten eine Reihe anderer Entwicklungen die Umsetzung einer neuen Strategie an: Der Aufbau der Immobilienpraxis nach einer von Covid-19 erzwungenen Pause, die Beförderung eines Prozessrechtlers zum Partner sowie die Aufnahme einer erfahrenen Arbeitsrechtlerin von Latham und eines Kapitalmarktteams von McDermott zeigen, dass die Kanzlei ihren Boutiquestatus hinter sich lässt. Zugleich verleiht die Beförderung einer auf Venture Capital spezialisierten Anwältin zur Partnerin der Transaktionspraxis mehr Breite, u. die Entscheidung von Dettmar, in der Kanzlei zu bleiben, gibt dem mit einem erfahrenen Counsel erweiterten Finanzteam mehr Solidität.

Stärken: Private Equity, M&A, Real Estate.

Oft empfohlen: Georg Linde, Dr. Axel Wahl („mehrere erfolgreiche Transaktionen, exzellente Zusammenarbeit", Mandant; „versiert u. erfahren; sehr angenehm, sehr transparent", Wettbewerber), Dr. Maximilian Schwab, Dr. Kamyar Abrar („technisch stark, pragmat. u. lösungsorientiert, sehr angenehm u. konstruktiv im Umgang in der Zusammenarbeit bzw. bei Verhandlungen", Wettbewerber), Dr. Markus Lauer, („pragmat. Lösungen, fachl. hochversiert", Wettbewerber), Miriam Steets („up-and-coming in Frankfurt; stark in VC", Wettbewerber; alle M&A/Private Equity), Cornelia Thaler („besser geht nicht", Mandant; Immobilienrecht), Dr. Jasmin Dettmar (Finanzierung)

Team: 9 Eq.-Partner, 3 Sal.-Partner, 12 Counsel, 21 Associates

Partnerwechsel: Anne Kleffmann (von Latham & Watkins; Arbeitsrecht), Joseph Marx, Simon Weiß (von McDermott Will & Emery; beide Kapitalmarktrecht)

Schwerpunkte: *M&A*; ▷*Private Equ. u. Vent. Capital*; Immobilientransaktionen, ▷*Kredite u. Akqu.fin.*; transaktionsbegleitendes ▷*Gesellsch.recht*; Litigation; Kartell-, Steuer- u. Arbeitsrecht.

Mandate: PE: 3i bei Investition in MAIT; Ardian bei Verkauf der Minderheit an Berlin Brands; Insight Serie-C-Finanzierung von Moonfare; CVC u. Gainline/KKR bei gepl. Kauf von Reebok. M&A: Calida bei Kauf von Erlich Textil; Stark bei Kauf von Dach u. Wand Handel. Finanzierung: Barings als Senior-Kreditgeber bei der Finanzierung von Sanoptis; Dt. Bank bei der Finanzierung der Beteiligung an Simon Hegele durch EMZ; Immobilien: Globus bei der Übernahme von Real-Standorten; Samsung bei Projektentwicklung des dt. Hauptquartiers Eschborn Gate.

WILMERHALE
Frankfurt ★

Bewertung: Das Frankfurter Büro der US-Kanzlei bleibt relativ übersichtlich, wird aber für sein Profil bei Compliance-Untersuchungen u. Prozessen, insbes. an der Schnittstelle zu Kartellrecht und Datenschutz, hoch geschätzt. Diese Stärke speist sich u.a. aus der konsequenten Zusammenarbeit innerhalb des Teams vor Ort, aber v.a. mit anderen Büros: Berlin u. Brüssel im Besonderen, aber auch mit dem Team in den gr. US-Büros, wie sich beim Facebook/Meta-Mandat zeigt. Neben der Arbeit für solche gr. internat. Konzernen beraten die Partner auch eine Reihe von dt. Mandanten. In Gesellschaftsrecht u. M&A umfasst dies regelm. Arbeit für dt. mittelständ. Mandanten bei Akquisitionen. Obwohl es im vergangenen Jahr Erfolge bei der Verstärkung der Associate-Riege gab u. die Kanzlei endlich wieder in Frankfurt wächst, bleiben relevante Lücken: Die Corporate-Praxis ist weiterhin unterdimensioniert, u. das Fehlen einer Patentpraxis ist angesichts der internat. Stärke der Kanzlei in diesem Bereich eine Anomalie.

Stärken: Kartellrecht, Konfliktlösung, Datenschutz.

Oft empfohlen: Prof. Dr. Hans-Georg Kamann (Beihilfe), Dr. Vanessa Wettner („sehr gute u. erfahrene Prozessanwältin", Wettbewerber; zivilrechtl. Litigation), Dr. Martin Braun („extrem versierter Experte; überragendes Wissen u. gut vernetzt", Wettbewerber; Datenschutz), Dr. Jan-Sebastian Wendler („umsichtiger Experte im Zshg. mit internen Ermittlungen", Wettbewerber; beide Compliance), Dr. Christian Crones (Corporate)

Team: 5 Eq.-Partner, 1 Sal.-Partner, 2 Counsel, 7 Associates

Schwerpunkte: ▷*Beihilfe*; ▷*Compliance*; Datenschutz (▷*IT u. Datenschutz*); ▷*Gesellsch.recht*; ▷*Kartellrecht*; ▷*Konfliktlösung*; ▷*M&A*; ▷*Öffentl. Recht*.

Mandate: Compliance/Investigations: BMW bei SEC-Untersuchung; Compliance-Monitor für Fresenius Medical Care. Kartellrecht: Meta/Facebook wg. Datenverarbeitungsbedingungen u. im Datenschutz zum Like-Button u. App-Center. Litigation: Becton Dickinson bei Wettbewerbs- u. Vertriebsrechtsstreitigkeiten; Bund RD wg. Beihilfeverstoßes bzgl. Germania Fluglinie; Medtronic im Verf. gg. Markentroll. Arbeitsrecht: Danaher Corp. bei neuer arbeitsrechtl. Strukturen nach Kauf dt. IT-Unternehmen.

Hessen

Kanzlei	Ort	Stärken	Oft empfohlen
Berghäuser Albach Landzettel Wieland Berg Schiweck	Darmstadt	große Präsenz im Öffentl. Recht, speziell Verwaltungsrecht, Arbeits- u. Gesellschaftsrecht; 5 Notare	Dr. Wulf Albach (Arbeitsrecht), Dr. Klaus Berghäuser (Öffentl. Recht)
Helmut Bleier	Kronberg	renommiert im Zollrecht (▷*Außenwirtschaftsrecht*)	Helmut Bleier
Buschlinger Claus & Partner	Wiesbaden	geschätzt für Gesellschafts-, Immobilien- u. Arbeitsrecht; 2 Notare	Andreas Hartung („sehr kompetent, auch bei komplexen Vorgängen", Mandant; Baurecht), Dr. Christoph Gyo („gewiefter Taktiker, sehr angenehme Zusammenarbeit", Wettbewerber; Arbeitsrecht)
de Faria & Partner	Wiesbaden	etablierte arbeitsrechtl. Praxis; Gesellschaftsrecht/M&A; 3 Notare	Andreas Riedel („fundierte Beratung u. sehr gute Unterstützung bei Verhandlungen mit dem Betriebsrat, absolute Empfehlung", Mandant), Silvia Schrade („sehr patente Anwältin mit klarem Blick für das Wesentliche", Mandant; beide Arbeitsrecht)
Dierlamm	Wiesbaden	bundesweit empfohlene, auf alle Facetten des ▷*Wirtschafts- u. Steuerstrafrechts* spezialisierte Kanzlei (insbes. Individualverteidigung)	Dr. Alfred Dierlamm, Ute Bottmann
Fuhrmann Wallenfels	Wiesbaden	viele Mandanten im öffentl. u. priv. Baurecht; dazu Urheber- u. Medienrecht; Bank- u. Versicherungsrecht; Arbeitsrecht; 3 Notare	Dr. Tobias Stauder (Zivilrecht), Dr. Eike Bornemann (Baurecht), Prof. Dr. Christian Russ (Medien- u. Urheberrecht)

Fortsetzung nächste Seite

Hessen Fortsetzung

Kanzlei	Ort	Stärken	Oft empfohlen
Hohmann	Büdingen	▷*Außenhandelsrecht*, insbes. Embargo- u. Sanktionsrecht	Dr. Harald Hohmann
Iffland Wischnewski	Darmstadt	bundesweit aktiv in der Beratung von sozialen Einrichtungen im Heim- u. Pflegerecht, ▷*Gesundheitssektor*	Sascha Iffland („sehr gut in Vergütungsverhandlungen", Mandant; Heimrecht), Jörn Bachem
v. Keussler	Darmstadt	bekannt für Beratung im Chemie- u. Biotechsektor sowie von Industrieparks, internat. Vertragsgestaltung; M&A; Strafrecht	Johann von Keussler (M&A), Nils Schmiedeknecht (Gesellschaftsrecht)
Kipper + Durth	Darmstadt	deutschlandweit u. international gut vernetzte Boutique für ▷*Wirtschafts- u. Steuerstrafrecht*	Dr. Oliver Kipper („juristisch versiert u. in Krisensituationen gelassen", Wettbewerber), Dr. Hanno Durth („ruhig, gelassen u. geerdet, ausgleichend", Wettbewerber), Stefanie Schott („sehr gut im Steuerstrafrecht", Wettbewerber)
Kleber Knüpfer Collegen	Darmstadt, Roßdorf	breites Know-how im Gesellschafts- u. Immobilienrecht; 3 Notare	Dr. Thomas Knüpfer
Kleymann Karpenstein & Partner	Wetzlar	Handels- u. Gesellschaftsrecht sowie Immobilien- u. Arbeitsrecht; umf. für Technologieunternehmen tätig, v.a. IT/IP-Recht	
Knarr & Knopp Milde Netuschil Zimmer	Darmstadt u. Umgebung	Bank- u. Kapitalmarktrecht, Erb- u. Erbschaftsteuerrecht, 6-köpfiges, empfohlenes Notariat	
Möller Theobald Jung Zenger	Gießen	breite wirtschaftsrechtl. Praxis mit interdisziplinärem Ansatz; 5 Notare (inkl. Frankfurter Büro); Insolvenzrecht inkl. Insolvenzverwaltung	Dr. Wolfgang Theobald (Gesellschafts- u. Steuerrecht), Dr. Hans-Jörg Laudenbach (Insolvenzverwaltung)
Moog	Darmstadt	großes, mittelständisch orientiertes Beratungsangebot mit Fokus auf Gesellschafts-, Steuer- u. Arbeitsrecht; multidisziplinär aufgestellt; 2 Notare	Dr. Tobias Moog („Zusammenarbeit war jederzeit vertrauensvoll, hoch engagiert u. effizient", Mandant; M&A), Dr. Tim Becker (Gewerbl. Rechtsschutz/IT), Dirk Langner (Gesellschaftsrecht), Marc Sälzer („ausgeprägte Kenntnisse bei Transaktionssteuern", Wettbewerber; Steuerrecht)
Muth & Partner	Fulda u.a.	neben Steuerberatung u. Wirtschaftsprüfung Schwerpunkte im Bau- u. Arbeitsrecht sowie Gesellschafts- u. Steuerrecht	Ina Hüttig (Arbeitsrecht), Dr. Matthias Freund (Baurecht)
Paulus Westerwelle	Wiesbaden	5 Notare, daneben v.a. Immobilien- u. Gesellschaftsrecht	Petra Schürmann-Bratz (Notariat)
Petri & Puvogel	Gießen	mittelständisch orientiert mit Arbeits-, Handels- u. Gesellschaftsrecht sowie Baurecht	Knuth Petri (Arbeits-/Baurecht)
Ruhmann Peters Altmeyer	Wetzlar u.a.	multidiszipl. Beratungsansatz; insbes. Gesellschafts- u. Arbeitsrecht; Gewerbl. Rechtsschutz; 2 Notare	Dr. Ingo Peters (Erbrecht), Thorsten Straßheim (Notariat/Gesellschaftsrecht)
Unützer Wagner Werding	Wetzlar	Full-Service-Ausrichtung inkl. 3 Notare; breite Tätigkeit im Insolvenzbereich; Steuer- u. Versicherungsrecht	Bernd Ache (Insolvenzrecht)
Weidmann Amin & Partner	Wiesbaden	empfohlen im Gesellschaftsrecht u. für das Notariat mit 2 Notaren	Kian Amin Farhadian („unterstützt uns gut u. zuverlässig, sehr empfehlenswert", Mandant; Gesellschaftsrecht)
Zimmermann Smok	Gießen	spezialisiert im Wirtschafts- u. Steuerstrafrecht	Gernot Zimmermann („sehr erfahren u. sehr gut vernetzt", Wettbewerber) Dr. Robin Smok

Die Auswahl von Kanzleien und Personen in Rankings und tabellarischen Übersichten ist das Ergebnis umfangreicher Recherchen der JUVE-Redaktion. Sie ist in 2erlei Hinsicht subjektiv: Die Aussagen der befragten Quellen sind subjektiv u. spiegeln deren Erfahrungen u. Einschätzungen. Die JUVE-Redaktion wiederum analysiert die Rechercheergebnisse unter Einbeziehung ihrer eigenen Marktkenntnis. Der JUVE Verlag beabsichtigt keine allgemeingültige oder objektiv nachprüfbare Bewertung. Es ist möglich, dass eine andere Recherchemethode zu anderen Ergebnissen führt. Innerhalb einzelner Gruppen in Rankings und tabellarischen Übersichten sind Kanzleien und Personen alphabetisch sortiert.

JUVE Handbuch
2022 | 2023

ANZEIGEN: KANZLEIEN FRANKFURT UND HESSEN

bhp Bögner Hensel & Partner	385
Bock Legal	386
HauckSchuchardt	387
SZA Schilling Zutt & Anschütz	388

Alle hier alphabetisch erscheinenden Anzeigen sind kostenpflichtig und von den Kanzleien selbst gestaltet. Für den Inhalt sind die jeweiligen Kanzleien verantwortlich.

ANZEIGE

Real Real Estate

■■ HAUCKSCHUCHARDT

Partnerschaft von Steuerberatern und Rechtsanwälten mbB
Pollux · Platz der Einheit 2 · 60327 Frankfurt am Main
T +49 (0) 69 90 55 88 - 0 · F +49 (0) 69 90 55 88 - 20
info@hauckschuchardt.com · www.hauckschuchardt.com

ANZEIGE

»some of the brightest minds in the German market«

Chambers Europe

Wir beraten in folgenden Bereichen:

Arbeitsrecht
Bank- & Finanzrecht
China Desk
Compliance
Datenschutz & Cyber Security
Gesellschaftsrecht
Gewerblicher Rechtsschutz
Immobilienrecht
Insolvenzrecht
IT-Recht

Kapitalmarktrecht
Kartellrecht
Mergers & Acquisitions
Öffentliches Recht
Private Clients
Prozessführung
Restrukturierung
Startups / Venture Capital
Steuerrecht
Vertriebsrecht

SZA Schilling, Zutt & Anschütz Rechtsanwaltsgesellschaft mbH

FRANKFURT
Taunusanlage 1
60329 Frankfurt a. M.
T +49 69 9769601-0

MANNHEIM
Otto-Beck-Straße 11
68165 Mannheim
T +49 621 4257-0

MÜNCHEN
Maximilianstraße 30a
80539 München
T +49 89 4111417-0

BRÜSSEL
Square de Meeûs 23
1000 Brüssel, Belgien
T +32 2 8935-100

E-Mail: info@sza.de   www.sza.de

SZA
SCHILLING, ZUTT & ANSCHÜTZ

Region: Südwesten
(Stuttgart, Baden-Württemberg, Rheinland-Pfalz/Saarland)

390   Stuttgart
395   Baden-Württemberg
400   Rheinland-Pfalz/Saarland

Stuttgarter Kanzleien ruhen in sich selbst

Die Kanzleien in Stuttgart waren, auch dank des M&A-Booms, erneut gut beschäftigt. Wohl auch deswegen gab es weniger Partnerwechsel als im Jahr zuvor – wenn man von den namhaften Insolvenzrechtlern absieht, die im Herbst 2021 von **Menold Bezler** zu **Grub Brugger** umzogen. Allerdings schloss sich die alteingesessene Stuttgarter IP-Kanzlei **Lichtenstein Körner und Partner** dem noch jungen Stuttgarter Büro von **Schalast & Partner** an. Die Zeichen auf Wachstum stellte auch **Flick Gocke Schaumburg** in der Landeshauptstadt und verstärkte sich mit einem Gesellschaftsrechtler von **SZA Schilling Zutt & Anschütz**. Mehr Aufmerksamkeit erregte allerdings das Justizministerium: Es ringt mit der Richterschaft um die Neubesetzung an der Spitze des Oberlandesgerichts. Die Auseinandersetzung landete sogar vor dem Verwaltungsgericht. Dabei ist die Justiz auch so ausgelastet, denn die Dieselklagewelle rollt in Stuttgart nach wie vor.

Mehr Wettbewerb in Baden-Württemberg

Während viele Stuttgarter Einheiten längst überregional u. international arbeiten, orientiert sich die Mehrheit der Kanzleien in Baden-Württemberg nur selten in großem Umfang über die Region hinaus. So wandern wichtige Mandate regelmäßig zu den Wettbewerbern in Stuttgart oder Frankfurt ab. Zu den weniger regional fokussierten Kanzleien gehört neben **SZA Schilling Zutt & Anschütz** und **GSK Stockmann** auch die transaktionserfahrene Einheit **Friedrich Graf von Westphalen & Partner**. Die angesehene Kanzlei erlitt jedoch einen herben Rückschlag, als ein eingespieltes M&A-Team zu **Advant Beiten** wechselte. Dabei bleibt es nicht, denn multidisziplinär arbeitende Kanzleien wie die **RWT**-Gruppe und die Rechtsarme der Big-Four-Gesellschaften haben ihr Engagement in der Region inzwischen deutlich ausgebaut. Die meist eher konservativ agierenden lokalen Traditionskanzleien werden sich bewegen müssen, um gegen die oft innovativeren Wettbewerber zu bestehen.

In der Goldgrube Mainz

Der unerwartete Durchbruch des Mainzer Unternehmens BioNTech als Impfstoffentwickler beschert dem Haushalt der Stadt Mainz eine mächtige Geldspritze. Zeitgleich (re)formieren sich dort mit **Neussel KPA** und **Bette Westenberger Brink** zwei Sozietäten als wachsende, auch überregional beratende Player – allerdings nicht unbedingt im Biotechsegment, sondern als Full-Service-Kanzleien für die mittelständische Wirtschaft. Auch die Koblenzer Sozietäten bauen ihre Präsenzen aus. Gut vernetzt ist z.B. der anerkannte Vergaberechtler Dr. Andreas Ziegler, den die Kanzlei **Kunz** für den Mainzer Standort gewinnen konnte.

Von der rheinhessischen Aufbruchstimmung ist das Saarland weit entfernt. Wichtige Mandantengruppen wie Handel und Touristik haben in der Coronazeit gelitten, und ausgerechnet das Insolvenzrecht, ein Aushängeschild zahlreicher Saar-Kanzleien, wurde durch die Staatshilfen weitgehend ausgehebelt.

Die folgenden Kapitel behandeln Kanzleien, die in ihrer Region eine besondere Bedeutung und Reputation genießen. Typischerweise decken diese Kanzleien viele Teilbereiche des Wirtschaftsrechts ab. Eine tabellarische Übersicht erfasst ergänzend regional ansässige und auf nur wenige Fachgebiete ausgerichtete Kanzleien. Die Übersicht weist zugleich die Fachkapitel aus, in denen Informationen zu diesen Kanzleien zu finden sind.

JUVE KANZLEI DES JAHRES IM SÜDWESTEN

LUTHER

Mit Geduld und Weitblick erobert sich Luther im Südwesten ihren Platz. Dabei zeigt sich, dass sie mit der Entscheidung, am Standort stark auf den Mobilitätssektor zu setzen, goldrichtig lag, denn die Mannschaft rund um den Automotive-Experten **Dr. Steffen Gaber** und den Gesellschaftsrechtler **Dr. Axel Mühl** ist mit Mandanten wie Joysonquin Automotive und dem Familienunternehmen Mahle exzellent vernetzt in der Branche. Auch die Nahverkehrsgesellschaft Baden-Württemberg vertraute auf das Team bei der Modernisierung ihrer Verkehrsinfrastruktur. Es ist nur ein Beispiel von vielen für das Engagement bei Digitalisierungsvorhaben der Mandanten – nicht nur aus dem Automotive-Sektor.

Ein vor zwei Jahren hinzugekommenes insolvenzrechtliches Team passt hervorragend in das bestehende Gefüge. Es stabilisierte zum Beispiel den Getriebehersteller Atlanta über einen Insolvenzplan und arbeitete bei der Beratung der indischen Mandantin Cumi, die Awuko Wandbacher aus der Insolvenz erwarb, auch mit Luther-Anwälten anderer Standorte eng zusammen.

Dass sich das Stuttgarter Team nicht auf seine Kernbranche beschränken lässt, sondern in der Region fest im Sattel sitzt, zeigt sich in Dauerberatungen wie für den Wäschehersteller Mey, aber auch in der Beratung der Chiron-Gruppe bei einer grenzüberschreitenden Umstrukturierung oder des Modehauses Breuninger bei der Übernahme der Konen-Gruppe.

Mit dieser gelungenen Mischung aus Branchenkompetenz und breit angelegter Mittelstandsberatung erarbeitet sich Luther immer mehr Respekt im Markt und macht inzwischen sogar den Stuttgarter Großkanzleien Konkurrenz.

Stuttgart

BINZ & PARTNER
Stuttgart ★★

Bewertung: Die Stuttgarter Boutique genießt bundesweites Renommee für die Beratung von Familienunternehmen, v.a. wenn es darum geht, Differenzen in der Unternehmensnachfolge auszuräumen. Zwar profitiert die Kanzlei in erster Linie von der Bekanntheit des Namenspartners Binz, der bspw. als Aufsichtsratsvorsitzender bei Fielmann amtiert u. mit dessen Hilfe Christian Haub seine Tengelmann-Beteiligung ausbaut, doch auch die anderen Kanzleipartner sind mit zahlr. Transaktions- u. Gremienmandaten betraut.
Stärken: Aufsichts- oder Beiratstätigkeit; außergerichtl. Beilegung von Gesellschafterstreitigkeiten; Governance-Beratung.
Oft empfohlen: Prof. Dr. Mark Binz („er ist clever u. beherrscht die Litigation-PR", Wettbewerber), Prof. Dr. Götz Freudenberg, Dr. Gerd Mayer („immer kollegial", Wettbewerber), Dr. Armin Weinand („sehr vertrauenswürdig", „wir arbeiten regelmäßig mit ihm zusammen", Wettbewerber), Dr. Martin Sorg (alle Gesellschaftsrecht)
Team: 5 Eq.-Partner, 1 Counsel
Schwerpunkte: Beratung von Familienunternehmen, v.a. zur ▷Unternehmensnachfolge, im ▷Gesellsch.recht u. in M&A, mit steuer- u. stiftungsrechtl. Kompetenz. Optimierung von Finanzierungsstrukturen u. Rechtsformen (auch SE-Umwandlungen). Multidisziplinärer Beratungsansatz mit Steuerberatung u. Wirtschaftsprüfung.
Mandate: Christian Haub (Tengelmann-CEO) im Gesellschafterstreit mit Georg Haub; Eigentümer zum Verkauf der Psychosomatischen Klinik Windach-Ammersee; Minderheitsgesellschafter eines westfäl. Familienunternehmens zu strateg. Fragen; fränk. Firmengruppe erbschaftsteuerl.; Gesellschafterstämme einer Logistikfirma u. eines Holzverarbeiters in Konfliktsituation; Klinikunternehmen zu Stiftungsthemen; Edelmetallfirma zu Nachfolgegestaltung; Gremienmitgliedschaften, u.a. bei Mahle Behr, Fielmann, Sick, Würth, Festo, Mosolf, Zahoransky. Lfd.: Automobillogistik-Gruppe u. Betreiber v. Rehabilitationszentren.

BRP RENAUD UND PARTNER
Stuttgart ★★★

Bewertung: Die Stuttgarter Kanzlei mit Litigation- u. Transaktionskompetenzen profitiert von dem Ausbau des kleineren Frankfurter Büros: Der am Main von Flick Gocke Schaumburg gewechselte Notar schafft schon nach kurzer Zeit gute Synergien mit den Stuttgarter Immobilien- u. Baurechtlern. Die interne Kooperation gelingt ebenfalls zwischen den Stuttgarter Teams, am offensichtlichsten zwischen den Kartell- u. Strafrechtlern etwa bei kartellrechtl. motivierten Durchsuchungen. Anders als bei vergleichbar großen Kanzleien erstrecken sich die Mandantenempfehlungen auf eine gr. Palette von Partnern u. Rechtsgebieten, wodurch der Full-Service-Ansatz bestätigt wird. Um dieses Angebot weiterzuentwickeln, hat BRP einen breit besetzten internen Thinktank gegründet.
Stärken: Patentanmeldungen; Kartell-, Arbeits- u. Gesellschaftsrecht.
Oft empfohlen: Dr. Martin Beutelmann („durchsetzungsstark in der Sache, angenehm im Umgang", Wettbewerber; Kartellrecht), Dr. Ulrich-Peter Kinzl (Gesellschaftsrecht, M&A), Dr. Thomas Glöckle, Dr. Jörg Fecker (beide Arbeitsrecht), Dr. Roman Wexler-Uhlich („immer knapp, klar u. strukturiert", Wettbewerber; Prozessrecht), Daniela Glöckle („hohe Lösungskompetenz, sehr gutes Projektmanagement", Mandant), Dr. Friedrich Bozenhardt („exzellent", Mandant; beide Gesellschaftsrecht), Sonja Fingerle („gut vernetzt", Wettbewerber; Strafrecht)
Team: 25 Eq.-Partner, 12 Sal.-Partner, 22 Associates
Schwerpunkte: Gesellschaftsrecht u. Nachfolgeregelungen; Arbeits-, Steuer-, Kartell- u. Bankrecht für mittelständ. Mandanten, häufig Automotive od. andere techn. Branchen. Patentrecht mit eig. Patentanwälten. Wirtschafts- u. Steuerstrafrecht u. Compliance-Beratung, daneben u.a. Medizin-, IT-, Versicherungs-, Immobilien- u. Baurecht. Weiteres Büro in Frankfurt.
Mandate: Eberspächer zu Beteiligungsverträgen u. Finanzierungsrunden von Pace Telematics; Gustav Dehler Matratzenfabrik zu Verkauf an Signet Wohnmöbel; Engelhardt Kaupp Kieffer & Co. lfd. gesellschaftsrechtl. u. zu Beteiligung an Tradingtwins; Leander Holding u. GF der Aesku.Group in Gesellschafterstreit; Progress-Werk Oberkirch lfd., u.a. aktienrechtl.; SolarKapital zu Umstrukturierung u. lfd. gesellschaftsrechtl.; Standard Motor Products gesellschafts- u. steuerrechtl.; Gesellschafter der E&G Real Estate zu Beteiligungsverträgen mit Grossmann & Berger; Witzenmann lfd. kartellrechtl., insbes. zu Einkaufskooperationen; ehem. Aufsichtsräte der Geno Wohnbau zu Abwehr von Organhaftungsansprüchen nach Insolvenz; Makino arbeitsrechtl. zu Neustrukturierung der dt. Standorte; Leonhardt Weiss Bau lfd. arbeitsrechtlich; Scanfil Oy zu Werksschließung in HH.

CMS HASCHE SIGLE
Stuttgart ★★★★★

Detaillierte Informationen zu dieser Kanzlei finden Sie in den jeweiligen Fachkapiteln sowie im ▷Nationalen Überblick Top 50.
Bewertung: Im gesamten Wirtschaftsrecht tätiges Büro mit herausragender Stellung im Stuttgarter

---

Stuttgart

★★★★★
CMS Hasche Sigle
Gleiss Lutz

★★★★
Menold Bezler
Oppenländer

★★★
BRP Renaud & Partner
Haver & Mailänder
Hennerkes Kirchdörfer & Lorz
Heuking Kühn Lüer Wojtek
Luther

★★
Binz & Partner
Ebner Stolz Mönning Bachem
Kasper Knacke
KPMG Law
Lehmann Neunhoeffer Sigel Schäfer
PricewaterhouseCoopers Legal
Thümmel Schütze & Partner
Wuertenberger

★
Heussen
Kuhn Carl Norden Baum
Lutz Abel
Reith Leisle Gabor
Rödl & Partner

Die Auswahl von Kanzleien und Personen in Rankings und tabellarischen Übersichten ist das Ergebnis umfangreicher Recherchen der JUVE-Redaktion. Sie ist in 2erlei Hinsicht subjektiv: Die Aussagen der befragten Quellen sind subjektiv u. spiegeln deren Erfahrungen u. Einschätzungen. Die JUVE-Redaktion wiederum analysiert die Rechercheergebnisse unter Einbeziehung ihrer eigenen Marktkenntnis. Der JUVE Verlag beabsichtigt keine allgemeingültige oder objektiv nachprüfbare Bewertung. Es ist möglich, dass eine andere Recherchemethode zu anderen Ergebnissen führt. Innerhalb einzelner Gruppen in Rankings und tabellarischen Übersichten sind Kanzleien und Personen alphabetisch sortiert.

Markt. Große Corporate-Praxis mit vielfältigen Spezialisierungen. Langj. Erfahrung in der Beratung von vermögenden Privatpersonen u. Familiengesellschaftern. Enge Verzahnung der Restrukturierungs- u. Compliance-Beratung mit anderen Fachbereichen. Häufig gefragte Immobilien- u. Kartellrechtspraxis; anerkannt auch bei IT, Arbeitsrecht u. Konfliktlösung.
Team: 42 Eq.-Partner, 2 Sal.-Partner, 24 Counsel, 65 Associates, 1 of Counsel
Schwerpunkte: ▷*Arbeit*; ▷*Compliance*; ▷*Energie*; ▷*Gesellsch.recht*; ▷*Gesundheit*; ▷*Immo/Bau*; ▷*Insolvenz/Restrukturierung*; ▷*IT u. Datenschutz*; ▷*Kartellrecht*; ▷*Konfliktlösung*; ▷*Kredite u. Akqu.fin.*; ▷*M&A*; ▷*Marken u. Wettbewerb*; ▷*Medien*; ▷*Nachfolge/Vermögen/Stiftungen*; ▷*Öffentl. Recht* (Umwelt u. Planung); ▷*Patent*; Presse; ▷*Private Equ. & Vent. Capital*; Steuerrecht; ▷*Vergabe*; ▷*Verkehr*; ▷*Vertrieb*.
Mandate: Siehe Fachkapitel.

EBNER STOLZ MÖNNING BACHEM
Stuttgart ★★

Bewertung: Die MDP-Kanzlei berät gleichermaßen Familienunternehmen, Private-Equity-Investoren u. internat. Strategen u. verbuchte zuletzt Erstmandate u.a. von Carl Zeiss, EnBW Energie u. der schwed. Sigma Technology Group. Dass sie in den vergangenen Jahren ihre Transaktionskompetenz deutl. ausgebaut hat, zeigt sich u.a. an M&A-Mandaten der Porsche Holding u. an einer deutl. höheren Schlagzahl an grenzüberschr. Mandaten. Die multidisziplinäre Aufstellung bewährt sich im Transaktions- u. Immobiliengeschäft ebenso wie bspw. in der Beratung von Nachfolgethemen u. gr. Stiftungen, wie etwa der Ev. Heimstiftung. Dass ESMB nach einem Teamzugang in HH nun auch die prozessuale Arbeit bundesweit ausbaut, ist eine sinnvolle Ergänzung für das ansonsten breit aufgestellte Stuttgarter Team.
Stärken: Gute Verankerung in der süddt. Unternehmenslandschaft; gesellschaftsrechtl. Dauerberatung u. Steuergestaltungsberatung.
Oft empfohlen: Dr. Oliver Schmidt („sehr guter Gesellschaftsrechtler", Wettbewerber), Dr. Roderich Fischer („sehr lösungsorientiert, ganzheitl. Blick, hoher Sachverstand", Mandant; beide Gesellschaftsrecht/M&A), Dr. Christoph Winkler (M&A), Dr. Torsten Lörcher (IT-Recht)
Team: 4 Eq.-Partner, 5 Sal.-Partner, 9 Counsel, 29 Associates
Schwerpunkte: ▷*M&A* inkl. China-Desk, ▷*Gesellschaftsrecht*; ▷*Stiftungsrecht u. Nachfolgeplanung*, IT-, arbeits-, steuer- u. wirtschaftsstrafrechtl. Beratung sowie multidisziplinärer Full-Service-Ansatz.
Mandate: Porsche Holding zu Kauf der Autoholding Dresden; Ev. Heimstiftung zur Integration der Ev. Pflegedienste Mannheim u. lfd. arbeitsrechtl.; Carl Zeiss AG zu Verkauf von Nanoscribe; Hoffnungsträgerstiftung zu Kauf von Rosskopf + Partner; KW Automotive zu Kauf von AL-KO Record; Sigma Technology u. Mosolf zu Kauf von Etecture; Christian Winkler zu Nachfolgeregelungen; Katrin Möhl zu Errichtung einer gemeinnützigen Stiftung; TTS Tooltechnic Systems zu Organschaftsfragen; Albert Knebel Holding zu Beteiligung an Howema Italia u. Kauf von Instreita (Litauen); All for One Steeb Group zu Kauf der Advance Solution (Schweiz); Planmeca (Finnland) beim Kauf von KaVo Treatment; Blanc & Fischer zu Joint-Venture-Gründung mit BridgeMaker; Cinemobil zu Kauf der FTA Film- u. Theaterausstattung; Rantum Capital zu Kauf von A.B.T Wasserschaden; Swarco Traffic u. SHV Stuttgarter Haus- und Vermögensverwaltung im Bau- u. Immobilienrecht; Altro Debolon, BBS Automotive, BMK, Futronic, Illig Maschinenbau, Party X People im Arbeitsrecht.

GLEISS LUTZ
Stuttgart ★★★★★

Detaillierte Informationen zu dieser Kanzlei finden Sie in den jeweiligen Fachkapiteln sowie im ▷*Nationalen Überblick Top 50*.
Bewertung: Im Stuttgarter Markt eines der unbestritten führenden Büros mit bundesweit renommierten Teams für M&A, Gesellschafts-, Arbeits- u. Kartellrecht. Anerkannte Reputation bei aktienrechtl. Streitigkeiten u. Organhaftung, Compliance, Datenschutz u. Produkthaftung sowie im Schiedsrecht; zudem lfd. hochkomplexe Restrukturierungen.
Team: 26 Eq.-Partner, 20 Counsel, 73 Associates, 7 of Counsel
Schwerpunkte: ▷*Arbeit*; ▷*Compliance*; Datenschutz (▷*IT u. Datenschutz*); ▷*Energie*; ▷*Gesellsch.recht*; ▷*Gesundheit*; ▷*Immo/Bau*; ▷*Insolvenz/Restrukturierung*; ▷*Kartellrecht*; ▷*Konfliktlösung*; ▷*Lebensmittel*; ▷*M&A*; ▷*Nachfolge/Vermögen/Stiftungen*; ▷*Öffentl. Recht*; ▷*Patent*; ▷*Private Equ. u. Vent. Capital*; Steuerrecht; ▷*Unternehmensbez. Versichererberatung*; ▷*Vergabe*; ▷*Verkehr*; ▷*Vertrieb*.
Mandate: Siehe Fachkapitel.

Stuttgarter Kanzleien mit Besprechung nur in Rechtsgebieten

Baker Tilly	▷*Energie* ▷*Gesellsch.recht* ▷*M&A* ▷*Nachfolge/Vermögen/Stiftungen*
Becker Büttner Held	▷*Energie*
Börgers	▷*Immo/Bau*
Breyer	▷*Immo/Bau*
Buse	▷*Gesellsch.recht*
Deloitte Legal	▷*Bankrecht u. -aufsicht* ▷*Gesellsch.recht* ▷*M&A*
Dolde Mayen & Partner	▷*Energie* ▷*Öffentl. Recht* ▷*Vergabe*
Dreiss	▷*Patent*
Eisenmann Wahle Birk & Weidner	▷*Versicherungsvertragsrecht*
EY Law	▷*Energie* ▷*Gesellschaftsrecht* ▷*Gesundheitsrecht* ▷*M&A* ▷*Nachfolge/Vermögen/Stiftungen* ▷*Private Equ. u. Vent. Capital*
Flick Gocke Schaumburg	▷*Wirtschafts- u. Steuerstrafrecht* ▷*Gesellschaftsrecht*
Frahm Kuckuk Hahn	▷*Arbeit*
Frick + Partner	▷*Wirtschafts- u. Steuerstrafrecht*
Glawe Delfs Moll	▷*Patent*
Görg	▷*Insolvenz/Restrukturierung*
Grub Brugger	▷*Insolvenz/Restrukturierung*
GvW Graf von Westphalen	▷*Arbeit*
Hecker Werner Himmelreich	▷*Immo/Bau*
HFK Heiermann Franke Knipp und Partner	▷*Vergabe*
Pluta	▷*Insolvenz/Restrukturierung*
Quaas & Partner	▷*Gesundheit*
Quedenfeld Füllsack & Partner	▷*Wirtschafts- u. Steuerstrafrecht*
Quinn Emanuel Urquhart & Sullivan	▷*Konfliktlösung* ▷*Patent*
Schalast & Partner	▷*M&A* ▷*Marken u. Wettbewerb*
Schork Kauffmann Wache	▷*Wirtschafts- u. Steuerstrafrecht*
Tsambikakis & Partner	▷*Wirtschafts- u. Steuerstrafrecht*
Unit 4 IP	▷*Marken u. Wettbewerb*
Vogel & Partner	▷*IT*
Witte Weller u. Partner	▷*Patent*
Wohlfarth Dr. Gutmann Pitterle Zeller Behl	▷*Arbeitsrecht*

Die Auswahl von Kanzleien und Personen in Rankings und tabellarischen Übersichten ist das Ergebnis umfangreicher Recherchen der JUVE-Redaktion. Sie ist in 2erlei Hinsicht subjektiv: Die Aussagen der befragten Quellen sind subjektiv u. spiegeln deren Erfahrungen u. Einschätzungen. Die JUVE-Redaktion wiederum analysiert die Rechercheergebnisse unter Einbeziehung ihrer eigenen Marktkenntnis. Der JUVE Verlag beabsichtigt keine allgemeingültige oder objektiv nachprüfbare Bewertung. Es ist möglich, dass eine andere Recherchemethode zu anderen Ergebnissen führt. Innerhalb einzelner Gruppen in Rankings und tabellarischen Übersichten sind Kanzleien und Personen alphabetisch sortiert.

Anwaltszahlen: Angaben der Kanzleien zur Bürogröße vor Ort. Sie spiegeln nicht zwingend die Gesamtgröße einer Kanzlei wider.

REGION SÜDWESTEN STUTTGART

HAVER & MAILÄNDER
Stuttgart ★★★
Bewertung: Die 3 Kerndisziplinen der Kanzlei erweisen sich als sehr stabil. Im Schieds-, Gesellschafts- u. Kartellrecht stellten die Partner wiederholt ihre Kompetenz unter Beweis, v.a. bei sehr langj. betreuten Mandaten: So beendeten die Konfliktlöser für Autozulieferer Bosch versch. Prozesse u. Schiedsverfahren mit positivem Ergebnis, während die Corporate-Experten ihre Kontakte zu einer Teilgruppe der Oetker-Gesellschafter ausbauten, um Firmen aus der schließlich aufgeteilten Gruppe nunmehr dauerhaft u. umf. zu beraten. Für die Beteiligungsverwaltung des Landes Ba.-Wü. sind die Gesellschaftsrechtler neuerdings in herausgehobener Funktion tätig, indem sie v.a. die Organe der Landesbeteiligungen beraten. Die Kartellrechtler demonstrierten ihre Vielseitigkeit, indem sie neben neuen Fällen im Schadensersatz- und Fusionskontrollbereich nun auch das Energiekartellrecht ins Visier nehmen.
Stärken: Schiedsverfahren u. Litigation, Kartellrecht u. Beratung von Familienunternehmen.
Oft empfohlen: Dr. Gert Brandner (Gesellschafts-/Schiedsrecht), Dr. Hans-Georg Kauffeld („äußerst positiver Eindruck, liefert erfreul. eindeutige Stellungnahmen", Mandant; Gesellschaftsrecht/Organhaftung), Prof. Dr. Ulrich Schnelle (Kartellrecht), Dr. Jörg Richardi (Arbeitsrecht), Dr. Peter Mailänder („sehr zielorientiert u. kompetent, ein geschickter Verhandler", Mandant; Gesellschaftsrecht), Dr. Alexander Hübner (Vergaberecht), Dr. Roland Kläger (Schiedsrecht)
Team: 8 Eq.-Partner, 7 Sal.-Partner, 2 Counsel, 5 Associates, 5 of Counsel
Schwerpunkte: ▷*Gesellschaftsrecht*, u.a. Abwehr von Organhaftungsklagen, M&A, Kartellrecht u. Schiedsverfahren (▷*Konfliktlösung*). ▷*Vergabe* u. ▷*Vertrieb*. Zudem Arbeits- sowie Marken- u. Wettbewerbsrecht, Medien, Beihilferecht (Zweigstelle in Brüssel), Bank- u. Finanzrecht.
Mandate: Bosch zu Abwehr von Schadensersatzansprüchen von VW-Aktionären im Dieselkomplex (BGH); Bosch zu Verkauf von Joint-Venture-Beteiligungen an Knorr-Bremse nach Schiedsverfahren; Württemberg. Tennis-Bund zu Compliance nach Untreueskandal; Finanzministerium Ba.-Wü. zu gesellschaftsrechtl. Aspekten der Beteiligungsverwaltung, speziell Führungskräfteberatung; 3 Oetker-Geschwister zur Konzernaufspaltung; Henkell Sektkellerei, Martin Braun Backmittel, Chem. Fabrik Budenheim u. Oetker Hotel Collection lfd. zu M&A u. gesellschafts-, kartell-, IT-, arbeits- u. immobilienrechtl.; Vertriebsgenossenschaft für Elektronikgeräte kartellrechtl. zu Sonderaktionen mit Preisbindung; Medizinprodukehersteller vertriebs-, kartell- u. vergaberechtl.; Dt. Post lfd. zu Schadensersatzansprüchen wg. Lkw-Kartell.

HENNERKES KIRCHDÖRFER & LORZ
Stuttgart ★★★
Bewertung: Mit der ausschl. Fokussierung auf die Beratung von Familien u. deren Unternehmen nimmt HKL weiterhin eine erfolgreiche Sonderrolle ein. Mit ihrer dauerhaften Tätigkeit in vielen Aufsichts- oder Beiräten sind die Partner nicht nur Rechtsberater, sondern stets auch nah an den unternehmer. Entscheidungen. Für rechtl. Themen, die außerhalb des Spektrums Nachfolge u. Unternehmens- bzw. Vermögensstrukturen anfallen, setzt die Kanzlei auf ein Netzwerk befreundeter Kanzleien u. konzentriert sich selbst auf Gestaltung, Strategie u. Transaktionen. Dazu gehört auch die langfristige Betrachtung von erbschaftsteuerrechtl. Fragen, insbes. bei grenzüberschr. Familienstrukturen, sowie eine virtuose Wahl der jeweils passenden Rechtsform, wie etwa bei der Berner Group Holding.
Stärken: Enge Verknüpfung von Nachfolge- u. ▷*gesellschaftsrechtl.* Beratung. Großes Netzwerk mit familiengeführten Unternehmen.
Oft empfohlen: Prof. Rainer Kirchdörfer, Prof. Dr. Rainer Lorz, Prof. Dr. Andreas Wiedemann, Dr. Thomas Frohnmayer (alle Nachfolge/Gesellschaftsrecht)
Team: 9 Partner, 8 Associates, zzgl StB
Schwerpunkte: Gesellschaftsrechtl. basierte Nachfolgeberatung (▷*Nachfolge/Vermögen/Stiftungen*) für inhabergeführte Firmen u. ehem. Unternehmer durch Umstrukturierungen, Stiftungen u. familienrechtl. Verträge. Außerdem strateg. u. operative Beratung in Aufsichts-, Verwaltungs- u. Beiräten. Zudem Transaktionen, Erb- u. Steuerrecht sowie Finanzierungs-, Kapitalmarkt- u. Aktienrecht. Enge Kooperation mit Family-Office-Dienstleister. Keine prozessuale Tätigkeit.
Mandate: Mack & Schühle zu Beteiligung an Elephant Gin; Peri, Brose, Berner Group, BTI Holding u. RAPA zu SE-Umwandlung; organbezogene Mandate u.a. bei Hager, Dussmann Stiftung, DVAG, Bauerfeind, Uzin Utz, GFT, Trox, MHK, Jowat, GNH Georg Nordmann Holding, S. Oliver, Theo Müller, Conrad, Kannegiesser, Talke, Handtmann, Heidenhain, Kern-Liebers, Garmo, Schmalz-Gruppe.

HEUKING KÜHN LÜER WOJTEK
Stuttgart ★★★
Detaillierte Informationen zu dieser Kanzlei finden Sie in den jeweiligen Fachkapiteln sowie im ▷*Nationalen Überblick Top 50*.
Bewertung: Gut vernetzte Immobilien- u. M&A-Praxen im Stuttgarter Büro, die auch grenzüberschr. Transaktionen begleiten. Versierte Mittelstandsberatung mit Kapitalmarktkompetenz für u.a. Anleihen.
Team: 10 Eq.-Partner, 3 Sal.-Partner, 1 Associate, 1 of Counsel
Schwerpunkte: ▷*Beihilfe*; ▷*Gesellsch.recht*; ▷*Immo/Bau*; ▷*IT*; Kapitalmarkt u. Finanzierung (▷*Bank- u. Finanzrecht*); ▷*M&A*; ▷*Marken u. Wettbewerb*; ▷*Private Equ. u. Vent. Capital*; Steuern.
Mandate: Siehe Fachkapitel.

HEUSSEN
Stuttgart ★
Bewertung: Die Stuttgarter Gesellschaftsrechtler von Heussen sind in namhaften südwestdt. Unternehmen gesetzt als Dauerberater bzw. Koordinatoren für komplexe, häufig grenzüberschr. Fragen. Mit erfahrenen Quereinsteigern im Bau- sowie im Versicherungsrecht stärkte die Kanzlei 2 Rechtsgebiete, die zuletzt einen stetigen Aufwärtstrend vorweisen konnten. Speziell den Versicherungsrechtlern, die Wettbewerber als „sehr gründlich u. fachl. fundiert" beschreiben, gelingt so eine deutl. Verbreiterung der Mandantenbasis in Richtung unternehmensseitiger Beratung. Als gute Schnittstelle für die rechtsgebietsübergreifende Zusammenarbeit erweist sich das vielseitige IP-Dezernat, das neben dem Marken- u. Wettbewerbsrecht viel mit vertriebs- sowie gesellschaftsrechtl. Fragen zu tun hat. Für einen Chemiekonzern betreut Heussen nicht nur das Markenportfolio, sondern auch IT-, Versicherungs- u. Forschungsverträge.
Stärken: ▷*Gesellsch.recht*, internat. Netzwerk.
Oft empfohlen: Dr. Michael Frühmorgen (Gesellschafts-/Insolvenzrecht), Dr. Sabine Hohmann (Markenrecht), Sven Hoffmann („angenehm sachl. Zusammenarbeit", Wettbewerber; Gesellschafts-/Vertriebsrecht), Mark Münch („sehr gut an der Schnittstelle zum Vergaberecht", Mandant; IT), Tobias Scholl („erfahren, sicher u. präzise", Wettbewerber; Versicherungsrecht)
Team: 1 Eq.-Partner, 8 Sal.-Partner. 3 Associates, 2 of Counsel
Partnerwechsel: Torsten Prokoph (von Hartmann Gallus & Partner; Baurecht), Dr. Michael Heidelbach (von Simon & Partner; Versicherungsrecht)
Schwerpunkte: Gesellschaftsrecht, häufig als Dauerberatung, sowie Restrukturierung, Insolvenzrecht u. Gläubigerberatung, ▷*Immobilien- u. Baurecht*, ▷*Medien*, Versicherungsrecht; Marken- u. Wettbewerbsrecht, Vertriebsrecht, IT-Recht, Gewerbl. Rechtsschutz. Enge Einbindung in das internat. Kanzleinetzwerk Multilaw.
Mandate: Große Sparkasse lfd. zu insolvenznahen Themen; Softwarehaus zu Unternehmenskauf u. lfd. IT-rechtl.; Anlagen- u. Maschinenbauer zu Nachfolge, Vertragsmanagement u. vertriebsrechtl.; Werkzeugbauer zu Verkauf; Multivac Haggenmüller lfd. in div. Rechtsgebieten; GB-Investor zu Umstrukturierung der dt. Beteiligungen; österr. Unternehmensgruppe zu Expansion in Dtl.; CHT u. Bowa-Electronic lfd. markenrechtl.; Lkw-Hersteller zur Verwendung von Open-Source-Software in Fahrzeugen; Start-up für 3D-Anwendungen zu Vertragsstrukturen; Michael Weinig lfd. baurechtl.; türk. Fassadenbauer zu Neuverträgen sowie prozessual.

KASPER KNACKE
Stuttgart ★★
Bewertung: Die erfahrenen Arbeitsrechtsprofis der Stuttgarter Kanzlei – die u.a. Führungskräfte von Daimler, Leoni u. Knorr-Bremse vertreten – werden für ihre Verlässlichkeit von Mandanten wie Wettbewerbern gleichermaßen gelobt. Die langjährige Vernetzung mit anderen Stuttgarter Spezialkanzleien sorgt im Arbeitsrecht obendrein für einen stetigen Mandatsfluss im prozessualen Bereich. Auch das Öffentl. Wirtschaftsrecht sowie die Beratung im Immobiliensektor gehören zum Fokus, ebenfalls mit gerichtl. Tätigkeit u. einem Dauerbrenner wie der Bahnhofsbaustelle Stuttgart 21. Im Gesellschaftsrecht bestimmen kleinere Transaktionen u. Gesellschafterstreitigkeiten das Bild. Mit regelm. Partnerernennungen ist es der Kanzlei gelungen, für ihre Schwerpunkte interne Nachfolger zu identifizieren, die allerdings im Markt noch positioniert werden müssen.
Stärken: ▷*Arbeitsrecht*, Öffentl. Wirtschaftsrecht.
Oft empfohlen: Dr. Frank Hahn, Dr. Wolfram Sitzenfrei (beide Arbeitsrecht), Dr. Frank Hospach („sehr gute Beratung", Mandant; Bau- u. Architektenrecht), Dr. Michael Dollmann („absoluter Profi, verkörpert Strategie u. Professionalität", Mandant; Gesellschaftsrecht/Prozessführung), Dr. Stephan Spilok („berät zeitnah u. vollumfänglich, die Lösungen sind nachvollziehbar u. gut umsetzbar", Mandant; Immobilienrecht)
Team: 12 Eq.-Partner, 4 Associates
Schwerpunkte: ▷*Arbeitsrecht*, auch für Betriebsräte u. Führungskräfte, ▷*Immobilien-/Baurecht*, Öffentl.

Wirtschafts- u. Vergaberecht, vielfach verbunden mit Prozessführung. Auch Gesellschaftsrecht, Gewerbl. Rechtsschutz, Bank- u. IT-Recht. Vereinzelt M&A. Überwiegend mittelständ. Mandanten, aber auch namh. Industriekonzerne.

Mandate: CEO von Knorr-Bremse zu Ausscheiden; Vorstandsvors. der Postbeamtenkrankenkasse u. Arbeitsdirektorin der Stuttgarter Straßenbahnen jeweils lfd. arbeitsrechtl.; GF der Leoni-Gruppe gerichtl. u. außergerichtl.; Mitarbeiter von Eberspächer Climate Control Systems zu Massenentlassungen; Gesellschafter einer Vermögensverwaltung zu internem Streit; lfd. Dt. Bahn zu Stuttgart 21 im öffentl., Bau- u. Vergaberecht.

KPMG LAW
Stuttgart ★★

Bewertung: Nach dem personellen Wachstum der vergangenen Jahre ist das Stuttgarter Team der multidisziplinären Einheit häufiger bei grenzüberschr. Transaktionen zu sehen – für das Familienunternehmen Mosolf genauso wie für die börsennotierte All for One Group. Letztere beriet sie bspw. zur Mehrheitsbeteiligung an SNP Poland. Gut etabliert sind auch die Arbeitsrechts-, Compliance- u. Datenschutzteams vor Ort, vor allem im Automotive-Umfeld. Dass KPMG Law parallel die wirtschaftsstraf- u. steuerverfahrensrechtl. Beratung in Stuttgart ausbaut, korreliert mit ihrer Mittelstandsberatung im Konfliktfall u. den Compliance-Kompetenzen.

Stärken: Lfd. gesellschaftsrechtl. Beratung mit multidiszipl. Ansatz; größere Umstrukturierungen; Implementierung von Compliance-Systemen.
Oft empfohlen: Dr. Steffen Fortun (Gesellschaftsrecht), Lars-Alexander Meixner (M&A)
Team: 4 Eq.-Partner, 7 Sal.-Partner, 5 Associates
Schwerpunkte: ▷*Gesellschaftsrecht* u. ▷*M&A*, v.a. für den Mittelstand, eng verknüpft mit Arbeitsrechts-, Datenschutz- u. Compliance-Beratung, ▷*Nachfolge/Vermögen/Stiftungen*. Weitere Büros in Mannheim u. Freiburg.
Mandate: Mosolf zu Verkauf der Mehrheitsanteile an Cenntro Electric u. zu Verkauf eines Tochtergeschäftsbetriebs an die Volkswagen Group Services; All for One Group zu Anteilskauf bei SNP Poland; Servicetrace-Gründer zu Unternehmensverkauf an Salesforce-Gruppe; Elevat3 Capital (Apeiron) zu Biotechinvestment; Unger Steel Group zu Kauf des Geschäftsbetriebs der Stahlbau Brehn; Versicherungskonzern zu Implementierung eines Fremdpersonal-Compliance-Systems; Automobilzulieferer in ww. Umstrukturierungsüberlegungen; Medtech Biopeak lfd. im Gesellschaftsrecht.

KUHN CARL NORDEN BAUM
Stuttgart ★

Bewertung: Die Stuttgarter Kanzlei, die in den vergangenen beiden Jahren die Nachfolgeberatung auch in steuerrechtl. Hinsicht ausgebaut hat, ist v.a. für ihre gesellschaftsrechtl. Umstrukturierungsberatung bekannt sowie die Vertretung in komplexen Gesellschafter- u. Erbstreitigkeiten. Wie bei anderen Corporate-Boutiquen der Stadt zählen familiengeführte Mittelständler u. Family Offices zur Kernklientel. Eine Verbreiterung dieser Mandantenbasis könnte in den kommenden Jahren ein transaktionserfahrener Anwalt ermöglichen, der im Herbst 2021 von Gleiss Lutz kam u. gute Beziehungen nach Japan einbrachte.

Stärken: Gesellschaftsrechtliche Beratung u. Streitigkeiten.

Oft empfohlen: Dr. Jürgen Rieg („sehr präzise u. hat Biss", Wettbewerber; Gesellschaftsrecht/Konfliktlösung), Michael Rudnau, Dr. Marcus Baum (beide M&A/Gesellschaftsrecht)
Team: 3 Eq.-Partner, 4 Associates, 3 of Counsel
Schwerpunkte: Dauerberatung familiengeführter Mittelständler mit M&A, Gesellschafts- u. Handelsrecht. Zudem Erbrecht, Unternehmensnachfolge u. Testamentsvollstreckungen. Vertretung in streitigen Auseinandersetzungen.
Mandate: Keine Nennungen.

LEHMANN NEUNHOEFFER SIGEL SCHÄFER
Stuttgart ★★

Bewertung: Die Stuttgarter Anwalts- und Notarkanzlei genießt insbes. für Nachfolgeregelungen, Transaktionen u. Stiftungsgründungen bei Familiengesellschaften einen guten Ruf. Ebenso zum Kerngeschäft der eingespielten Partnerriege zählt die Vertretung in Gesellschafterstreits u. Organhaftungsprozessen. Auf die HV-Kompetenz von Namenspartner Sigel greifen auch börsennot. Gesellschaften zurück.

Stärken: Streitverfahren, auch außergerichtl.; Transaktionen für Family Offices; Notariat.
Oft empfohlen: Dr. Achim Schäfer („wir empfehlen ihn gern im Konfliktfall, er ist verlässlich", Wettbewerber; Gesellschaftsrecht/Konfliktlösung), Dr. Peter Sigel („wie immer sehr professionell", Mandant; Notariat)
Team: 4 Partner, 2 of Counsel
Schwerpunkte: Gesellsch.rechtl. Umgestaltungen einschl. M&A; strateg. Nachfolgeplanung, Stiftungskonstruktionen u. Erarbeitung von Familiencodices. Bei streitigen Mandaten auch Schiedsverfahren. ▷*Notariat*, inkl. HV-Begleitung.
Mandate: Keine Nennungen.

LUTHER
Stuttgart ★★★

Kanzlei des Jahres Südwesten

Detaillierte Informationen zu dieser Kanzlei finden Sie in den jeweiligen Fachkapiteln sowie im ▷*Nationalen Überblick Top 50*.

Bewertung: Renommierte Stuttgarter Berater für M&A u. Arbeitsrecht sowie langj. aufgebautes Know-how im Vertriebs- u. Handelsrecht, auch bei Streitigkeiten. Eigenes Team für Insolvenzverwaltung. Enge Vernetzung mit gr. mittelständ. Wirtschaftsverbänden.
Team: 6 Eq.-Partner, 2 Sal.-Partner, 5 Counsel, 13 Associates
Schwerpunkte: ▷*Arbeit*; ▷*Gesellsch.recht*; ▷*IT u. Datenschutz*; ▷*Konfliktlösung*; ▷*M&A*; Nachfolgeberatung u. Umstrukturierungen; ▷*Vertrieb*.
Mandate: Siehe Fachkapitel.

LUTZ ABEL
Stuttgart ★

Bewertung: Der weithin beachtete Auf- u. Ausbau des Stuttgarter Büros seit der Gründung der dauerhaften Präsenz im Jahr 2016 erhielt Anfang des Jahres einen Dämpfer, als der anerkannte Gesellschaftsrechtler Henne die Kanzlei verließ. Während LA diese Lücke zunächst mit anderen Partnern auch aus München schließt, kompensierte sie weitere Abgänge im Immobilien- u. Baurecht, die weniger Seniorität hatten, umgehend mit einem Quereinsteiger. Mit dem Zugang kann LA nun auch Immobilientransaktionen leichter im Stuttgarter Raum abbilden u. ihre Spezialkompetenzen in der Beratung von Tunnel- u. Klinikbauten ergänzen. Unter der Ägide von Standortleiter Mann behält LA zudem im Vertriebs-, Handels- u. Schiedsrecht ihre angestammte Stärke. Wenn sie sich auch mit Corporate-Beratung tiefer im regionalen Mittelstand verankern will, sollte sie dies jedoch nicht langfristig primär ihren Partnern an anderen Kanzleistandorten überlassen.

Stärken: Handels-. u. baurechtl. Streitigkeiten
Oft empfohlen: Dr. Marius Mann („pragmat., responsiv u. fachl. stark", Wettbewerber; Vertriebsrecht), Dr. Marc Seiffert (Bank- u. Kapitalmarktrecht)
Team: 2 Eq.-Partner, 2 Sal.-Partner, 9 Associates, 1 of Counsel
Partnerwechsel: Dr. Christian Kruska (von Breyer; Immobilienrecht); Dr. Alexander Henne (zu Werwigk & Partner; Gesellschaftsrecht)
Schwerpunkte: Lfd. handels- u. gesellschaftsrechtl. Beratung (▷*Gesellschaftsrecht*) sowie gerichtl. Vertretungen, v.a. zu Haftungsthemen u. Schadensersatz. Klinikbauten u. Projekte nach dem Modell des Mehrparteienvertrags im ▷*Bau- u. Immobilienrecht*. ▷*Vertrieb, Handel u. Logistik*. ▷*Vergaberecht*. ▷*Private Equity u. Venture Capital*. ▷*Konfliktlösung*.
Mandate: Austar Biosciences (Hongkong) zu Beteiligung an H+E Pharma; Alb Fils Kliniken zu Neubau Klinik am Eichert bau- u. vergaberechtl. sowie prozessual; Carl Zeiss Grundstücksgesellschaft gerichtl. gg. Baufirma; Helmholtz-Zentrum Dresden-Rossendorf zu BIM-Forschungsprojekt; Kliniken des Landkreises Lörrach zu Neubau Zentralklinikum; Neue Pressegesellschaft Ulm zu Bauprojekt Medienhaus; Dean & David Holding zu Franchisesystem; Erfurt & Sohn vertragsrechtl.; Frischepost, Occhio, Putzmeister Holding, Zarges lfd. vertrags-/vertriebsrechtl.; Haworth lfd. zu Produktsicherheit; dt. Tochter eines kanad. Zulieferers zu Produkthaftung u. Regressforderungen.

MENOLD BEZLER
Stuttgart ★★★★

Bewertung: Die nach CMS und Gleiss personell größte Stuttgarter Kanzlei ist insbes. respektiert für ihre Kompetenzen im Gesellschafts- u. Arbeitsrecht sowie für die vergaberechtl. Beratung bei Bau- u. Infrastrukturprojekten. Dank der langj. notariellen Tradition zählt sie zu den regelm. Beratern von gr. Familienunternehmen wie Alfred Ritter. Doch auch internat. strateg. Investoren greifen auf sie zurück – darunter Saubermacher aus Österreich sowie Model Holding u. Metall Zug aus der Schweiz bei Transaktionen. Dass in ihrem Partnerausschuss seit Jahresbeginn alle gr. Praxen vertreten sind, zeigt, dass die multidisziplinäre Einheit bewusster als früher die Verschränkung ihrer unterschiedl. Kernkompetenzen sucht. Mit einer regen Prozesstätigkeit, etwa im Energie-, Umwelt- u. Verwaltungsrecht, versucht MB zwar bundesweit ihre Präsenz zu steigern, doch könnte sie diese Entwicklung forcieren, wenn sie sich aktiver um Quereinsteiger bemühen würde. Im Insolvenzrecht wählt sie jedoch einen anderen Weg: Nach dem Weggang eines großen Teams orientiert sie sich in Richtung multidisziplinäre Restrukturierungs- u. Sanierungsberatung.

Stärken: Beratung des mittleren bis gehobenen Mittelstands sowie von Gebietskörperschaften.

REGION SÜDWESTEN STUTTGART

Oft empfohlen: Dr. Michael Oltmanns („fachlich brillant, klarer Blick für zentrale Fragen", Wettbewerber), Vladimir Cutura („hervorragende Rechtskenntnis, ruhender Pol", Mandant; beide Gesellschaftsrecht), Dr. Carsten Ulbricht („kompetenter, angenehmer Kollege", Wettbewerber; IT-Recht), Dr. Jochen Stockburger („dealorientiert, kooperativ", Wettbewerber; Immobilienrecht), Dr. Frank Meininger („sehr kompetente Beratung, Aufzeigen von klugen Lösungswegen", Mandant; Vergaberecht)
Team: 22 Eq.-Partner, 20 Sal.-Partner, 7 Counsel, 37 Associates, 1 of Counsel
Partnerwechsel: Felix Rebel (M&A/Insolvenzrecht), Dr. Frank Schäffler, Jochen Sedlitz, Dr. Jasmin Urlaub (alle zu Grub Brugger; Insolvenzrecht/Restrukturierung)
Schwerpunkte: Arbeitsrecht; Bau- u. Immobilienrecht; ▷Gesellsch.recht; IT-Recht; Kartellrecht; ▷M&A inkl. Kapitalmarktrecht; ▷Marken u. Wettbewerb; Nachfolgeberatungen u. gut vernetztes Notariat; ▷Öffentl. Recht; ▷Vergabe; zahlr. Mandanten in den Gesundheits-, Automobil- u. Energiesektoren; integrierte Steuerberatung/WP.
Mandate: Manz zu Kapitalerhöhung u. Einstieg von Daimler Truck; Management von Jacob Elektronik zu MBO; Anton Häring zu Joint-Venture-Gründung mit Hewi G. Winkler (E-Mobilität/Wasserstofftechnik); Haag-Streit-Gruppe (Metall-Zug-Gruppe) bei Verkauf von IPRO; Gardena bei Kauf des Firmensitzes; Syz Capital zu Akquisitionsfinanzierung für SK Pharma Logistics; Uni Stuttgart zu Technologiepartnerschaft für innov. Neubau; SWR zu Studioneubau in Tübingen; Wettbewerbszentrale in Prozess um ‚Milck'-Werbung für Hanfgetränk; Gemeinde Schluchsee gg. Bau von 2 Windparks; Uhl Windkraft zu Projektierungen u. Verkäufen; lfd. gesellschaftsrechtl.: Apleona, Apleona Invest, ARE Beteiligungen, BWK, Dt. Immobilien-Renten AG, Erdgas Südwest, Landeshauptstadt Stuttgart und Stadion NeckarPark, Ritter Energie- und Umwelttechnik, Seitenbau, Winker Massivumformung; Instone Real Estate, Habona Invest immobilienrechtlich.

OPPENLÄNDER
Stuttgart ★★★★

Detaillierte Informationen zu dieser Kanzlei finden Sie in den jeweiligen Fachkapiteln sowie im ▷Nationalen Überblick Top 50.
Bewertung: Die Praxen der Stuttgarter Kanzlei im Gesellschafts- u. besonders im Kartellrecht genießen bundesw. hohes Ansehen. Große Erfahrung auch in Regulierten Industrien u. im Öffentl. Wirtschaftsrecht.
Team: 22 Eq.-Partner, 5 Sal.-Partner, 19 Associates
Schwerpunkte: ▷Energie; ▷Gesellsch.recht; ▷Gesundheit; ▷Kartell; Konfliktlösung (auch außergerichtlich); ▷M&A; ▷Marken u. Wettbewerb; ▷Öffentl. Recht; ▷Vergabe; ▷Verkehr.
Mandate: Siehe Fachkapitel.

PRICEWATERHOUSECOOPERS LEGAL
Stuttgart ★★

Bewertung: Das Stuttgarter Team berät gleichermaßen Start-ups, Private-Equity-Häuser, gr. Mittelständler u. Konzerne. Zuletzt konnte es insbes. bei grenzüberschr. Deals überzeugen, wie die erstmaligen Mandatierungen durch einen Dax-Konzern für einen Kauf in Südeuropa sowie von frz. u. brit. Private-Equity-Investoren zeigten. Auch in der Nachfolgeberatung wurde komplexen Transaktionsstrukturen durch eine standortübergreifende Kooperation Rechnung getragen. Allerdings hinterlässt der Wechsel des erfahrenen Transaktionspartners Schniepp hier eine gr. Lücke. Zudem bremsten 2 weitere Abgänge die Entwicklung, auch wenn PwC mit dem erfahrenen Medizinrechtler Kuhlmann weiterhin locker kooperieren will. Etabliert hat sich die Arbeit von Partner Sonder, der mit seinem Team lfd. zu digitalen Infrastrukturprojekten im Südwesten berät.
Stärken: Grenzüberschreitende M&A- u. Private-Equity-Transaktionen, teils mit Umstrukturierungen verbunden.
Oft empfohlen: Dr. Nicolas Sonder („kompetent, lösungsorientiert", Wettbewerber; Telekommunikations-/Beihilferecht)
Team: 2 Eq.-Partner, 7 Sal.-Partner, 13 Associates
Partnerwechsel: Dr. Jens-Michael Kuhlmann (zu Schick und Schaudt; Medizinrecht), Carmen Meola (zu Deloitte Legal; Arbeitsrecht), Dr. Steffen Schniepp (zu Eversheds Sutherland; M&A)
Schwerpunkte: ▷M&A, ▷Private Equ. u. Vent. Capital, ▷Gesellschaftsrecht, enge Zusammenarbeit mit dem WP- u. StB-Stamm. Arbeitsrecht, Finanzierungen u. Nachfolgelösungen (Stiftungen, Umstrukturierungen, Familienverfassung). Gesellschaftsrechtl. Streitigkeiten. Digitale Infrastrukturvorhaben.
Mandate: Delivery Hero bei Zukauf in Spanien; Messe Friedrichshafen zu Joint Venture mit Messe Frankfurt (Fairnamic); Bex Technologies, Aleph Alpha, HQS Quantum Simulation bei Finanzierungsrunden; Mahle zur Beteiligungsverwaltung; Lea Venturespartner zu Investments in Paretos u. Flip; US-Konzern zu Vereinfachung der dt. Konzernstruktur; internat. Energiekonzern zu Abspaltung; Süd Beteiligung zu div. Investments; Großstadt zu Entwicklung eines Modells zum flächendeckenden Glasfaserausbau; Stadtwerk zu Privatisierungsvorhaben; lfd.: TinyInspektor, PACE.

REITH LEISLE GABOR
Stuttgart ★

Bewertung: Die Anwalts- u. Notarkanzlei mit Standorten in Stuttgart u. Tuttlingen ist bekannt für ihre erbrechtl. Kompetenz, die Strukturierung von Vermögens- u. Unternehmensnachfolgen, aber auch die klass. Mittelstandsberatung. Neben der gesellschafts-, handels- u. arbeitsrechtl. Beratung, die von div. Insolvenzverwaltern u. Medizintechnikunternehmen aus dem weiteren Umkreis genutzt wird, wird auch ihre M&A-Kompetenz immer wieder in Anspruch genommen.
Stärken: Notariat; Nachfolge- u. Unternehmensplanung.
Oft empfohlen: Prof. Dr. Thomas Reith (Notariat)
Team: 3 Eq.-Partner, 1 Sal.-Partner, 4 Associates
Schwerpunkte: ▷Nachfolge/Vermögen/Stiftungen; Arbeits-, Steuer- u. Erbrecht. IT-Sicherheit u. Compliance; Notariat. Mandanten v.a. aus dem südd. Mittelstand u. Unternehmer, teils internat. tätige Unternehmen. Weiteres Büro in Tuttlingen.
Mandate: Eberspächer-Gruppe im M&A u. zu Joint-Venture-Gründungen; Drucktechnologieunternehmen zu Umstrukturierung; gr. Immobilienunternehmen zur rechtl. u. steuerl. Gestaltung der Nachfolge; Großgärtnerei, südd. Beteiligungsgesellschaft u. Designuhrenhersteller lfd. gesellschaftsrechtl.; Aesculap u. deren Beteiligung lfd. arbeitsrechtl.; Schweizer Unternehmensgruppe vertriebsrechtl.; Arburg, Breyer, Obstvermarkter, Grohmann, Stopa lfd. handelsrechtl.; Schwarz-Gruppe notariell (aus dem Markt bekannt).

RÖDL & PARTNER
Stuttgart ★

Detaillierte Informationen zu dieser Kanzlei finden Sie in den jeweiligen Fachkapiteln sowie im ▷Nationalen Überblick Top 50.
Bewertung: Im Stuttgarter Büro der MDP-Kanzlei liegt der Fokus auf interdisziplinärer Transaktionsarbeit, die häufig Bezüge zum Außenwirtschaftsrecht aufweist (China-Desk).
Team: 6 Eq.-Partner, 7 Sal.-Partner, 7 Associates
Partnerwechsel: Prof. Dr. Emanuel Burkhardt (Presse- u. Medienrecht), Dr. Susanne Grimm (IP/IT; beide von Löffler Wenzel Sedelmeier)
Schwerpunkte: ▷Außenwirtschaftsrecht; ▷Gesellschaftsrecht; ▷M&A; ▷Nachfolge/Vermögen/Stiftungen; ▷Vertriebssysteme.
Mandate: Siehe Fachkapitel.

THÜMMEL SCHÜTZE & PARTNER
Stuttgart ★★

Bewertung: Die breite, nicht nur auf den Mittelstand ausgelegte Beratungspalette der Kanzlei in ihrem Stuttgarter Stammbüro kann nicht darüber hinwegtäuschen, dass TSP bundesweit v.a. als versicherungsrechtl. Kanzlei renommiert ist. Die Spezialkenntnisse im Haftungs- u. Versicherungsrecht, insbes. das D&O-Know-how, dominieren die Wahrnehmung im Markt, auch wg. prominenter Mandate in Komplexen wie Wirecard oder Gelita. Dabei sind das Immobilienrecht oder der Bereich Konfliktlösung personell stark besetzt u. agieren für einen insges. breiten Mandantenkreis, der Automobil-OEMs zum Dieselkomplex ebenso einschließt wie Immobilieninvestoren, dt.-chin. Firmen oder die öffentl. Hand. Nach dem Rückbau im Bankrecht zeigt sich auch dieser Bereich wieder erholt u. wird von zahlr. Banken u. Bausparkassen wg. des Widerrufs von Darlehensverträgen mandatiert.
Stärken: Monitoring für Versicherer u. Managerhaftungsverfahren; internat. Schiedsverfahren.
Oft empfohlen: Dr. Roderich Thümmel („speziell für D&O eine sehr gute Wahl", Wettbewerber; D&O/Konfliktlösung), Dr. Franck Schmidt-Husson („angenehme Zusammenarbeit, professionelles Auftreten", Wettbewerber), Dr. Jörg Henzler („gute Verhandlungsführung", Wettbewerber; beide Versicherungsrecht/D&O), Dr. Thomas Klötzel (Konfliktlösung), Dr. Hervé Edelmann (Bank- u. Kapitalmarktrecht)
Team: 15 Eq.-Partner, 6 Sal.-Partner, 11 Associates, 4 of Counsel
Schwerpunkte: ▷Versicherungsvertragsrecht bzgl. D&O-Policen; Konfliktlösung; Gesellsch.recht, speziell Organberatung u. -haftung; M&A, auch über eigenen China-Desk; Bankrecht, Öffentl. Wirtschaftsrecht, Datenschutz-, Vergabe- u. Immobilienrecht. Daneben Dauerberatung des regionalen Mittelstands, inkl. Vertrags- u. Arbeitsrecht. Weitere Büros in Dresden, Berlin, Frankfurt u. Singapur.
Mandate: Stellantis/FCA Italy zu Klagen von Wohnmobilbesitzern im Dieselkomplex (aus dem Markt bekannt); Banken, Sparkassen u. Versicherungen zu Abwehr von Klagen nach Widerruf von Darlehensverträgen; Versicherer zu Organhaftungsfällen mit Fehlkalkulation u. Compliance-Verstößen; Versicherer zu Wirecard-Komplex (Monitoring u. deckungsrechtl.); D&O-Versicherer, u.a. im Zshg. mit German-Pellets-Insolvenz, Cum-Ex-Deals, VW-Dieselaffäre (Monitoring u. deckungsrechtl.); Ex-Aufsichtsräte von Gelita in Streit

mit bes. Vertreter; regelm. Monitoring: AIG, Chubb, Zurich, Vov; Medienhaus Schwäbischer Verlag u. Beteiligungen arbeitsrechtl.; Brutschin Wohnbau zu Immobilientransaktionen u. Projektentwicklung; IVT, Primo Holding, Thalos, WI Immobilien jeweils zu Transaktionen u. immobilienrechtl.; Landesbetrieb Vermögen u. Bau Ba.-Wü. lfd. im gewerbl. Mietrecht; Immobilienverkäufer zu Klageabwehr u. Widerklage.

WUERTENBERGER
Stuttgart ★★

Bewertung: Die Stuttgarter Sozietät ist für Kompetenzen im Gesundheitsrecht, Glücksspiel- u. Verwaltungsrecht bekannt. Anfang 2022 erweiterte sie dieses Spektrum: Der versierte Quereinsteiger Zwecker, ehem. Mit-GF der Kanzlei SGP Schneider Geiwitz, bringt seine Erfahrung zur Vertretung in Kartell- bzw. Kartellschadensersatzverfahren, aber auch zu Compliance, Unternehmenskooperationen u. Fusionskontrollen ein. Damit bildet er auch eine gute Ergänzung zu Winstel, der wie andere Stuttgarter Corporate-Partner ein breites Spektrum anbietet, das von aktienrechtl. Fragen u. gesellschaftsrechtl. Streitigkeiten bis zu M&A u. Private-Equity- u. Venture-Capital-Investments reicht. Dass die Einheit auf Empfehlung des Douglas-Mehrheitsgesellschafters CVC ins Spiel kam, als die Parfümeriekette mit dem Zukauf der niederl. Versandapotheke Disapo in eine neue Branche eintrat, spricht für die regulator. Kompetenz, die sie sich erarbeitet hat.

Oft empfohlen: Dr. Hannes Kern („pragmat., informierter Anwalt; für schweres regulator. Umfeld super", Mandant; Kartell- u. Vergaberecht), Dr. Thomas Würtenberger („sorgfältige Analyse, umf jurist. Aufbereitung, hoher Scharfsinn"; Wettbewerber; Öffentl. Wirtschaftsrecht), Dr. Marc Winstel („fairer Verhandler", Wettbewerber; Gesellschaftsrecht)

Team: 6 Partner, 1 Counsel, 4 Associates, 1 of Counsel

Partnerwechsel: Prof. Dr. Kai-Thorsten Zwecker (von Universität Neu-Ulm)

Schwerpunkte: Beratung für regulierte Branchen, v.a. ▷Gesundheit, Verkehr, Glücksspiel, Energie; Gesellschaftsrecht inkl. Prozessführung; Vergabe- u. Kartellrecht (insbes. Schadensersatzprozesse auf Klägerseite); Arbeits- u. Immobilienrecht, Gewerbl. Rechtsschutz, Compliance. Weiteres Büro in Karlsruhe.

Mandate: Volocopter zu Kauf von DG Flugzeugbau; Transdev im Umstrukturierungsprozess; Schwa-Medico-Gruppe zu Reorganisation u. Einstieg v. Oaktree Capital; QVM Privatkapital zu Kauf von Schardt; Lea Venturepartner zu Finanzierungsrunden bei Workise, Flowers Software u. Akusi; Lea Mittelstandspartner bei div. Add-on-Deals; ZG Raiffeisen-Gruppe zu Joint-Venture-Gründung mit Fenaco-Genossenschaft (Schweiz); Douglas Group regulator. zu Kauf von Versandapotheke Disapo; Tipico/CVC im Bieterverfahren für Westspiel u. Bieterprozess zum Europageschäft von William Hill (beides aus dem Markt bekannt); Vorstand der Spielbetriebs-AG eines Bundesligavereins zu Anstellungsvertrag u. aktienrechtl.; Merck zu Strukturierung des Arzneimittelvertriebs; 28 Städte aus Hessen (inkl. Frankfurt, Wiesbaden) zu Schadensersatz aus Lkw-Kartell.

Baden-Württemberg

ADJUGA
Baden-Württemberg ★

Bewertung: Da die Heidelberger Kanzlei regelm. als ausgelagerte Rechtsabteilung tätig ist, sind ihre Partner eng in die operativen Prozesse der Mandanten eingebunden – wie etwa bei Leica Microsystems. Dank ihrer langj. Inhouse-Erfahrung werden ihnen neben gesellschaftsrechtl. Themen insbes. Entwicklungs-, Handels- u. Vertriebsverträge aus dem grenzüberschreitenden Geschäft anvertraut.

Stärken: Gute Kenntnis der Branchen Pharma, Maschinenbau, Verpackung u. Softwareentwicklungen.

Oft empfohlen: Dr. Markus Ackermann (Gesellschaftsrecht), Andreas Dömkes (Handels- u. Vertriebsrecht), Dr. Tilo Jung („Pragmatiker mit großem Fachwissen", Wettbewerber; IT-Recht/ Produkthaftung)

Team: 3 Eq.-Partner, 1 Sal.-Partner, 1 of Counsel

Schwerpunkte: Verträge zu Entwicklungskooperationen, Vertriebsabläufen u. zur Nutzung von Softwarelizenzen, Handels- u. Produkthaftungsrecht, Arbeits- u. Datenschutzrecht, Gesellschaftsrecht/ M&A sowie Neuordnung von Beteiligungsstrukturen.

Mandate: Wasseranalyseunternehmen zu strateg. Vertragsprojekt mit US-Firma; engl. Sensorhersteller zu Liefervertrag; Maschinenbauer zu Kündigung eines ind. Vertragshändlers; Mess- u. Wafertechniker zu Vertriebsverträgen in Asien; Sicherheitslösungsanbieter zu Neufassung des Servicevertragskonzeptes; dt. Teilkonzern bzgl. eines in Schieflage geratenen Bauprojektes; lfd. in div. Fachgebieten: Leica Microsystems u. verbundene Unternehmen, Hersteller von Laserlithografiesystemen, Hersteller optischer Präzisionsinstrumente, Verpackungsspezialist.

ADVANT BEITEN
Baden-Württemberg ★★★

Detaillierte Informationen zu dieser Kanzlei finden Sie in den jeweiligen Fachkapiteln sowie im ▷Nationalen Überblick Top 50

Bewertung: Am neuen Freiburger Standort berät ein eingespieltes, überregional etabliertes Team von Friedrich Graf von Westphalen v.a. im Corporate u. M&A. Kooperationskanzleien insbes. in der Schweiz, Frankreich u. Italien.

Stärken: Organberatung, M&A u. ▷Unternehmensnachfolgen.

Team: 3 Eq.-Partner, 1 Sal.-Partner, 8 Associates, 1 of Counsel

Partnerwechsel: Dr. Barbara Mayer, Dr. Jan Barth, Dr. Birgit Münchbach (alle von Friedrich Graf von Westphalen)

Schwerpunkte: ▷Gesellsch.recht u. grenzüberschr. ▷M&A.

Mandate: Siehe Fachkapitel

BARTSCH
Baden-Württemberg ★★

Bewertung: An ihrem Karlsruher Stammsitz bietet die Kanzlei ihren meist mittelständ. Mandanten Kompetenzen im M&A, IT-, Arbeits- u. Baurecht. Ergänzt wird das Angebot durch die steuerl. Erfahrung der Schwesterfirma Bartsch Tax. Diese eröffnete 2021 auch in Baden-Baden u. besetzte die Schnittstelle zum Steuerstrafrecht prominent mit dem ehem. Bundesanwalt Wolfgang Kalf. Auch die Kanzlei selbst zeigte sich einmal mehr expansiv u. eröffnete in München mit einem ehem. PwC Legal-Anwalt, der Transaktionserfahrung u. Mandatsbeziehungen nach Österreich mitbrachte.

Stärken: Branchenfokus auf IT-Unternehmen u. Consumer Electronics; infrastrukturbezogene Bauprojekte, inkl. Prozesse.

Oft empfohlen: Dr. Alexander Hoff (Arbeits- u. Baurecht), Hendrik Stroborn (Gesellschaftsrecht/ M&A), Bernhard Fritz (Bankrecht), Dr. Reinhard Möller (Arbeitsrecht),

Team: 10 Partner, 9 Associates, 1 of Counsel

Schwerpunkte: Baurecht; Arbeitsrecht; Gesellschaftsrecht u. Gesellschafterstreitigkeiten; M&A u. Erbrecht/Unternehmensnachfolge; IT- u. Datenschutzrecht sowie Gewerbl. Rechtsschutz. Weitere Büros in Frankfurt u. in München. Zusammenarbeit mit Hunters (GB).

Mandate: SAP Arena Betriebsgesellschaft zu Beseitigung coronabezogener Zuschauerbeschränkungen (VGH Baden-Württemberg); POET-Gesellschafter bei Unternehmensverkauf an All for One; Mediengruppe zu div. Beteiligungen; schwäb. Technologiegruppe zu Gründung der Holdinggesellschaft u. in M&A; Rentenversicherungsträger zu Pachtvertrag; Albert Eisenbiegler Bauunternehmung bei Bauprojekt der Diakonie Baden; Forschungszentrum Informatik in div. Vergabeverfahren; Landratsamt zu Deponiesanierungen; Steininger Architecture u. Max Grundig Klinik in Verträgen; Sparkasse Rastatt-Gernsbach zu Bau eines Gesundheitszentrums.

BEINERT & PARTNER
Baden-Württemberg ★

Bewertung: Die Karlsruher Sozietät, die schon langj. für dm als ausgelagerte Rechtsabt. arbeitet, hat inzw. weit mehr Mandanten von ihrer Full-Service-Beratung überzeugt. Neben dem klass. Gesellschafts-, Handels- u. Arbeitsrecht unterstützt sie etwa auch größere Bauvorhaben. Dass sich das Beratungsportfolio weiter differenziert, z.B. im med. Umfeld, spricht für die solide Grundlagenarbeit der Sozietät, die primär aus den eigenen Reihen heraus wächst.

REGION SÜDWESTEN BADEN-WÜRTTEMBERG

Baden-Württemberg

★★★★★
SZA Schilling Zutt & Anschütz	Mannheim

★★★★
Friedrich Graf von Westphalen & Partner	Freiburg
Rittershaus	Mannheim

★★★
Advant Beiten	Freiburg
GSK Stockmann	Heidelberg
Ladenburger	Pforzheim
Melchers	Heidelberg, Mannheim
Voelker & Partner	Reutlingen, Balingen, Stuttgart

★★
Bartsch	Karlsruhe
Bender Harrer Krevet	Lörrach, Freiburg, Karlsruhe, Pforzheim
Caemmerer Lenz	Karlsruhe
Schlatter	Heidelberg, Mannheim
Tiefenbacher	Heidelberg

★
Adjuga	Heidelberg
Beinert & Partner	Karlsruhe
Insquare	Mannheim, Stuttgart
Nonnenmacher	Karlsruhe
Reeg	Mannheim
ZinnBöcker	Mannheim

Die Auswahl von Kanzleien und Personen in Rankings und tabellarischen Übersichten ist das Ergebnis umfangreicher Recherchen der JUVE-Redaktion. Sie ist in 2erlei Hinsicht subjektiv: Die Aussagen der befragten Quellen sind subjektiv u. spiegeln deren Erfahrungen u. Einschätzungen. Die JUVE-Redaktion wiederum analysiert die Rechercheergebnisse unter Einbeziehung ihrer eigenen Marktkenntnis. Der JUVE Verlag beabsichtigt keine allgemeingültige oder objektiv nachprüfbare Bewertung. Es ist möglich, dass eine andere Recherchemethode zu anderen Ergebnissen führt. Innerhalb einzelner Gruppen in Rankings und tabellarischen Übersichten sind Kanzleien und Personen alphabetisch sortiert.

Stärken: Arbeits-, Bau- u. Gesellschaftsrecht, IP- u. IT-Recht.
Team: 14 Eq.-Partner, 2 Sal.-Partner, 10 Associates
Schwerpunkte: Handels- u. Gesellschaftsrecht, auch M&A, Arbeitsrecht, IT- u. Datenschutzrecht, Bau- u. Immobilienrecht, Öffentl. u. Vergaberecht, div. Gemeinden in Prozessen; Medizinprodukterecht.
Mandate: dm-Markt lfd. (aus dem Markt bekannt); Cleantechunternehmen im Arbeits-, Datenschutz- u. Öffentl. Recht; Konzern zu Preiserhöhung bei Rohstoffen u. Lieferantenausfällen; Ecommerce-Firma zur Umsetzung der Omnibus-Richtlinie; Praxisinhaber bei An- und Verkäufen; Einzelhandelsunternehmen im Wettbewerbs-, Design- u. Urheberrecht; Energiekonzern markenrechtl.; Lebensmitteleinzelhändler zur Expansion nach Polen; div. Handelsvertreter u. Vertragshändler in Schadensersatzverfahren.

BENDER HARRER KREVET
Baden-Württemberg ★★

Bewertung: Die Partnerriege der Full-Service-Kanzlei begleitet im Dreiländereck ihre Mandantschaft auch als ausgelagerte Rechtsabteilung. Entsprechend groß ist die Erfahrung im Vertragswesen u. mit öffentl.-rechtl. Genehmigungen. Auf das breite Know-how greifen auch internat. Mandanten zurück, wie etwa ein Schweizer Unternehmen, das inzw. gesellschafts-, handels-, zoll- u. arbeitsrechtl. unterstützt wird. Das M&A-Geschäft, das von mehreren Büros aus bedient wird, bewegt sich meist im Small- u. unteren Mid-Cap-Bereich. Nur gelegentl. umfasst es auch die Post-M&A-Beratung, wie die Integration von über 16 Jurisdiktionen für einen börsennot. Käufer. Um solche Mandate regelm. anbieten zu können, bräuchte die Corporate-Praxis noch kanzleiweit Verstärkung. In der gut etablierten öffentl.-rechtl. Praxis stieg zum Jahresbeginn der Verwaltungsrechtler Dr. Patrick Heinemann in die Partnerriege auf, der mit Verfahren zur Aufhebung von Corona-Maßnahmen schon bundesw. Aufmerksamkeit erregte.
Stärken: Kirchl. Arbeitsrecht; gesellschaftsrechtl. Umstrukturierungen; Bauprojektberatung u. Verwaltungsrecht; Zoll- u. Steuerrecht. Geschäft mit dt.-schweizer. Bezug.
Oft empfohlen: Dr. Jochen Scholz, Birgit Roth-Neuschild („pragmat., kundenorientiert", Wettbewerber; beide IT-Recht), Dr. Jörg Vogel („sehr erfahrener arbeitsrechtlicher Restrukturierungsexperte", Wettbewerber; Arbeitsrecht), Dr. Sebastian Seith („ein guter Anwalt", Wettbewerber; Verwaltungsrecht), Dr. Fabian Schmeisser („vertrauenswürdig – wir machen regelmäßig wechselseitige Terminvertretungen", Wettbewerber; Arbeitsrecht)
Team: 28 Eq.-Partner, 11 Associates, 3 of Counsel
Schwerpunkte: Arbeitsrecht; IT- u. Datenschutzrecht; Vertriebs- u. Produkthaftungsrecht einschl. Rahmen- bzw. Lieferverträge, E-Commerce; Markenverwaltungen u. Kollisionsüberwachung; Energiewirtschaftsrecht; Öffentl. u. Baurecht; gerichtl. u. schiedsgerichtl. Vertretungen; gesellschaftsrechtl. Dauerberatung, Unternehmensnachfolgen.
Mandate: Caritasverband für die Diözese Regensburg zu Beteiligung an Goldberg-Klinik Kelheim; börsennot. Chemiekonzern bei Post-M&A-Integration; Alleinerbin eines Unternehmens erb-, gesellschafts- u. immobilienrechtl.; EnBW im Datenschutz/IT-Recht; Kfz-Leasingunternehmen zu Fernsignaturverfahren; Bekleidungsunternehmen zu Schadensersatzansprüchen ggü. IT-Dienstleister; Diagnosespezialist bei Restrukturierung; div. Tabakhändler wettbewerbsrechtl. im Grenzgebiet (auch Prozesse); Tabakhersteller marken- u. wettbewerbsrechtl.; Ferienwohnparkbetreiber in Eilverfahren gg. Bund wg. Infektionsschutzgesetz; Kreisstadt ggü. Spielhallenbetreibern (VerwG); div. Landkreise u. Kommunen zu Windenergieanlagen; lfd. in div. Fachgebieten: Hersteller von Wasserzählern, Kassensystemhändler, Aluminiumprodukthersteller, Getriebehersteller, Tochter eines frz. Konzerns, Edelstahlrohrproduzent. Ombudsfunktion für Land Ba.-Wü.

CAEMMERER LENZ
Baden-Württemberg ★★

Bewertung: Die Karlsruher Sozietät ist in der Region v.a. wg. ihrer Tätigkeit für Kommunen u. Genossenschaftsbanken bekannt. Diese berät sie ebenso wie ihre mittelständ. Mandantschaft in div. Themen, Banken insbes. auch in großem Umfang in Prozessen. Immer wieder werden CL anspruchsvolle Projekte anvertraut, zuletzt etwa vom Abrechnungsdienstleister PVS Südwest u. der Karlsruher Schienen- u. Infrastrukturgesellschaft KASIG. Dass auch ein gr. Automobilhersteller im Dieselkomplex auf sie zurückgreift, geht auf ihrer langj. Erfahrung mit bankrechtl. Massenverfahren zurück. Doch insges. läutet die Kanzlei einen behutsamen Strategieschwenk ein: Sie fährt die Prozessarbeit zurück, die auch einen entspr. personellen Unterbau erfordern würde. Stattdessen setzt sie stärker auf die partnerzentrierte Erb- u. Nachfolgeberatung u. begleitet bspw. ein mehrj. Immobilienprojekt in vorweggenommener Erbfolge.
Stärken: Prozesserfahrung, v.a. bei Massenverfahren im Bank- u. Kapitalmarktrecht, sowie Organhaftung. Vernetzung mit Gebietskörperschaften.
Oft empfohlen: Dr. Michael Pap („erfahren im Umgang mit Massenverfahren", Wettbewerber; Bank- u. Kapitalmarktrecht), Dr. Oliver Melber (Gesellschaftsrecht), Christian Walz („kompetenter Kollege", „verlässl. u. flexibel" Wettbewerber; Bau- u. Vergaberecht), Jörg Schröder (Gesellschaftsrecht)
Team: 11 Eq.-Partner, 11 Associates, 3 of Counsel
Schwerpunkte: Gesellschaftsrecht; Nachfolge u. Erbrecht; Start-up-Beratung; Bau- u. Architektenrecht; öffentl.-rechtl. Beratung/Vergaberecht, Bank- u. Kapitalmarktrecht; Restrukturierung. Compliance- u. Datenschutzdienstleistungen über Tochtergesellschaft. Büro in Basel.
Mandate: Volksbank Karlsruhe Baden-Baden zu Fusion mit Instituten in Rastatt, Enzkreis u. Pforzheim; KASIG zu Neubau des Wildparkstadions; Aldi Süd Immobilienverwaltung zu div. Neubauprojekten; Medical Jobs 24 u. Maschinenbauunternehmen

BADEN-WÜRTTEMBERG SÜDWESTEN REGION

zu Unternehmensnachfolge; ISCAR zu Joint-Venture-Gründung; s.Oliver vertriebs-, miet- u. kartellrechtl.; Bokela handels- u. arbeitsrechtl.; MVZ Rothauser Land bei Genossenschaftsgründung; Bührer & Wehling u. Evohaus baurechtl.; MedicalCommunications IT-rechtl.; Fondsverwaltungsgesellschaften bei Post-M&A-Gutachten; UBS AG/UBS Switzerland zu Regressansprüchen bzgl. Offshore-Vermögensverwaltungsmodellen; UBS Europe in div. KapMuG-Verfahren; LBBW, Helaba u.a. bei Abwehr von Anlegerklagen; Stadt Bruchsal in glücksspielrechtl. Verfahren; MEEH in Schadensersatz-/ Unterlassungsverfahren wg. Know-how-Abfluss; gr. Versicherer prozessual zu Anwaltshaftpflicht.

FRIEDRICH GRAF VON WESTPHALEN & PARTNER
Baden-Württemberg ★★★★
Detaillierte Informationen zu dieser Kanzlei finden Sie in den jeweiligen Fachkapiteln sowie im ▷Nationalen Überblick Top 50.
Bewertung: Hohe Kompetenz bei grenzüberschr. ▷M&A kennzeichnet den Freiburger Standort – auch nach dem Verlust eines erfahrenen Corporate-Teams. Mit 6 Ernennungen, darunter 2 aus der Corporate-Praxis, verbreiterte sich die Partnerriege. Angesehene gesellschaftsrechtl. Beratung, auch im Konfliktfall. Langj. Erfahrung im Marken- u. Wettbewerbsrecht. Gute Vernetzung in der Gesundheits- u. Biotechbranche. Beachtl. internat. Netzwerk.
Team: 18 Eq.-Partner, 4 Sal.-Partner, 20 Associates, 4 of Counsel
Partnerwechsel: Gerhard Manz, Dr. Barbara Mayer, Dr. Jan Barth, Dr. Birgit Münchbach (alle zu Advant Beiten)
Schwerpunkte: ▷Arbeit; Baurecht inkl. Prozessvertretung; ▷Gesellsch.recht, ▷Gesundheit; ▷Konfliktlösung; ▷M&A; ▷Marken u. Wettbewerb; Nachfolgeberatung; ▷Vertriebsrecht. Start-up-Beratung; Südamerika- u. Frankreich-Desk.
Mandate: Siehe Fachkapitel.

GSK STOCKMANN
Baden-Württemberg ★★★
Detaillierte Informationen zu dieser Kanzlei finden Sie in den jeweiligen Fachkapiteln sowie im ▷Nationalen Überblick Top 50.
Bewertung: Bekannte bundesw. ▷Immobilienrechtspraxis. Für mittelständ. Mandanten ist der Heidelberger Standort auch regelmäßig in ▷M&A-, Restrukturierungs- u. ▷Konfliktlösungsmandaten tätig. Arbeitsrechtl. Beratung von Führungspersonen.
Team: 6 Eq.-Partner, 2 Sal.-Partner, 7 Associates, 2 of Counsel
Partnerwechsel: Dr. Martin Prothmann (von CMS Hasche Sigle; Immobilienrecht), Frederic Jürgens (von Melchers; Baurecht)
Schwerpunkte: ▷Arbeit; ▷Bankrecht u. -aufsicht; ▷Gesellschaftsrecht; ▷Immo/Bau; ▷Insolvenz/Restrukturierung ▷Konfliktlösung; ▷M&A; ▷Notare.
Mandate: Siehe Fachkapitel.

INSQUARE
Baden-Württemberg ★
Bewertung: Die Mannheimer Kanzlei kombiniert gesellschafts- u. IP-rechtl. Kompetenzen. So hat sie bspw. nun für Bechtle die gesamte Markenverwaltung übernommen. Darüber hinaus berät sie aber auch zu Vertriebsthemen. Hier setzt u.a. Mühlen Sohn auf sie, die zunächst wettbewerbsrechtl. be-

raten wurde. Doch nicht nur in der Mandatsarbeit, auch personell hat sich das Team verbreitet dank des Zugangs einer Counsel mit Inhouse-Erfahrung.
Stärken: Start-up-Beratung; strateg. Markenverwaltung.
Oft empfohlen: Jan Joneschet („gute steuerrechtl. Kompetenz, auch erfahren im Bereich Start-ups", Wettbewerber; Gesellschaftsrecht), Dirk Pauli („ein versierter Gegner, der bei aller Härte der Auseinandersetzung sportl. u. fair bleibt", Wettbewerber; Markenrecht)
Team: 4 Eq.-Partner, 1 Counsel, 2 Associates
Schwerpunkte: Gesellschaftsrecht, M&A u. Unternehmensnachfolge; Handelsrecht; Compliance-Beratung; Marken- u. Wettbewerbsrecht; Mandanten u.a. aus der Holzwerkstoffbranche, Biolandwirtschaft, Reinigungsmittelindustrie, erneuerbare Energien sowie Arztpraxen u. MVZs.
Mandate: Gesellschafter zu Verkauf einer Stahldesignfirma; KSI-Gruppe im Schutzschirmverfahren; Mühlen Sohn bei Musterhandelsvertreterverträgen für Nicht-EU-Märkte; dt. Fußbodenhersteller zu Beschaffungsverträgen (Produktionsanlagen); Disapo zu Kauf div. Markenportfolios; Spielehersteller zu Vertriebskooperation mit Verlag u. zu Rahmenliefervertrag mit Supermarkt; Wohnungsbaugesellschaft zu Compliance; Obstbauunternehmen gerichtl. zu Spritzschäden; Paragon Internet Group zu Markenanmeldung für 123-reg, Bechtle, BrandsCommerce, GoDaddy Group, Heart Internet, Mühlen Sohn, Plexus, Swarma, WorldHostingDays.

LADENBURGER
Baden-Württemberg ★★★
Bewertung: In Pforzheim gilt die Kanzlei als die führende Adresse. Ihre Partner beraten mit einem Full-Service-Angebot Kommunen, Banken u. Familienunternehmen weiträumig am Nordrand des Schwarzwalds. Weiterhin vertraut bspw. auch Daimler/Mercedes auf das prozessrechtl. versierte Team bei der Abwehr von Dieselkundenklagen. Dass für dieses Großmandat kaum personelles Wachstum eingeläutet werden musste, spricht für die gute Arbeitsorganisation der Sozietät. Analog zu dem Renommee im Gesellschafts- u. Arbeitsrecht baut die jüngere Partnerriege auch Kompetenzen in der Vertriebsrecht. Beratung auf – nicht zuletzt, um sich beim Thema Lieferketten-Compliance in der regionalen Industrie zu empfehlen.
Stärken: Umf. Organberatung u. Streitbeilegungskompetenz; Steuerung von Massenverfahren; Verhandlungen zu Mitbestimmungsvereinbarungen (SE-Umwandlungen).
Oft empfohlen: Dr. Clemens Ladenburger („ein echter Grandseigneur", „eine verlässl. Größe im Gesellschaftsrecht", Wettbewerber), Dr. Felix Ladenburger („sehr gute Auffassungsgabe – mit ihm macht es immer Freude zu arbeiten", Wettbewerber), Niels Jauch („unaufgeregt u. durchsetzungsstark", Wettbewerber; alle Gesellschafts- u. Handelsrecht), Henning von Restorff („angenehmer, konstruktiver Verhandler", Wettbewerber; IT-Recht), Dr. Christoph Bühler („sehr erfahren", Wettbewerber; Wirtschaftsstrafrecht)
Team: 15 Eq.-Partner, 17 Associates, 4 of Counsel
Schwerpunkte: Gesellschaftsrecht/M&A, Restrukturierung sowie Stiftungs-/Vermögensgestaltungen, u.a. für div. vermögende Privatpersonen. Produkthaftung. Bank- u. Finanzrecht. Arbeitsrecht. Öffentl. Recht, Bau- u. Immobilienrecht. Häufig

---

Führende Berater in Baden-Württemberg

Dr. Michaela Balke (Gesellsch.recht/M&A)
SZA Schilling Zutt & Anschütz, Mannheim

Verena Eisenlohr (Gesellsch.recht/M&A)
Rittershaus, Mannheim

Dr. Marcus Grosch (Patentrecht)
Quinn Emanuel Urquhart & Sullivan, Mannheim

Hans-Joachim Hellmann (Kartellrecht)
SZA Schilling Zutt & Anschütz, Mannheim

Gerhard Manz (Gesellsch.recht/M&A)
Advant Beiten, Freiburg

Dr. Barbara Mayer (Gesellsch.recht/M&A)
Advant Beiten, Freiburg

Dr. Nicolas Ott (Gesellsch.recht/Compliance)
SZA Schilling Zutt & Anschütz, Mannheim

Dr. Jochem Reichert (Gesellsch. recht/M&A)
SZA Schilling Zutt & Anschütz, Mannheim

Die Auswahl von Kanzleien und Personen in Rankings und tabellarischen Übersichten ist das Ergebnis umfangreicher Recherchen der JUVE-Redaktion. Sie ist in 2erlei Hinsicht subjektiv: Die Aussagen der befragten Quellen sind subjektiv u. spiegeln deren Erfahrungen u. Einschätzungen. Die JUVE-Redaktion wiederum analysiert die Rechercheergebnisse unter Einbeziehung ihrer eigenen Marktkenntnis. Der JUVE Verlag beabsichtigt keine allgemeingültige oder objektiv nachprüfbare Bewertung. Es ist möglich, dass eine andere Recherchemethode zu anderen Ergebnissen führt. Innerhalb einzelner Gruppen in Rankings und tabellarischen Übersichten sind Kanzleien und Personen alphabetisch sortiert.

---

ausgelagerte Rechtsabteilung für regionale Mittelständler.
Mandate: Daimler/Mercedes-Benz Group in Dieselklagen; Betriebsrat der Porsche Leipzig lfd. im Arbeitsrecht; Wormser Unternehmen zu Schließung einer Zweigniederlassung; Automobilzulieferer zu ERP-Softwareverträgen; Kosmetikunternehmen zu neuer Holdingstruktur; internat. Kosmetikproduzent zu Vertriebspartnerprogramm (Social Selling); Familienunternehmen zu Kauf eines Start-ups; Logistiker zu Auflösung eines Joint Ventures; Gläubigerschutzorganisation zu Satzungsänderung; 2 Antragstellerinnen am VG Berlin zur Anfechtung einer Bundesverordnung (Genesenenstatus).

MELCHERS
Baden-Württemberg ★★★
Bewertung: Mit Büros in Heidelberg u. Mannheim ist Melchers fest im Rhein-Neckar-Raum verwurzelt. Sie steht den Mittelständlern und regionalen Gebietskörperschaften mit gesellschafts-,immobilien-u. arbeitsrechtl. Kompetenzen bei, ggf. auch in der Aufarbeitung von Compliance-Fällen. Von Wettbewerbern hebt sie sich mit Kompetenzen wie Glücksspielrecht ab, aber auch durch das inzw. voll integrierte Strafrechtsteam, das v.a. im Steuerstrafrecht erfahren ist. Dass sie Anfang des Jahres die Handels- und Gesellschaftsrechtlerin Dr. Victoria Berger in die Partnerriege aufnahm, ist genauso ein Beleg ihrer guten Nachwuchsarbeit wie die Rückkehr eines früheren Associates, der im Frankfurter Büro IP/IT-Partner wurde. Einen Dämpfer er-

REGION SÜDWESTEN BADEN-WÜRTTEMBERG

Baden-württembergische Kanzleien mit Besprechung nur in Rechtsgebieten

Dr. Brunhilde Ackermann (Karlsruhe)	▷Konfliktlösung (BGH)
Anchor (Mannheim, Ulm)	▷Insolvenz/Restrukturierung
Baukelmann Tretter (Karlsruhe)	▷Konfliktlösung (BGH)
BLD Bach Langheid Dallmayr (Karlsruhe)	▷Versicherungsvertragsrecht
Deubner & Kirchberg (Karlsruhe)	▷Öffentl. Recht
EHZ Rechtsanwälte (Reutlingen)	▷Arbeitnehmer
Engel & Rinkler (Karslruhe)	▷Konfliktlösung (BGH)
EY Law (Mannheim)	▷Gesellschaftsrecht, ▷Verkehr,
Dr. Reiner Hall (Karlsruhe)	▷Konfliktlösung (BGH)
Hoyng ROKH Monegier (Mannheim)	▷Patent
Ihrig & Anderson (Mannheim)	▷Gesellsch.recht
Koeble Fuhrmann Locher Zahn Hüttinger (Reutlingen)	▷Immo/Bau
Kullen Müller Zinser (Sindelfingen)	▷Wirtschafts- u. Steuerstrafrecht
Mainwerk (Heidelberg)	▷Arbeit
Mennemeyer & Rädler (Karlsruhe)	▷Konfliktlösung (BGH)
Pluta (Ulm)	▷Insolvenz/Restrukturierung
Quinn Emanuel Urquhart & Sullivan (Mannheim)	▷Konfliktlösung ▷Patent
Rohnke Winter (Karlsruhe)	▷Konfliktlösung (BGH)
Rospatt Osten Pross (Mannheim)	▷Patent
Rowedder Zimmermann Hass (Mannheim)	▷Gesellsch.recht
Schultze & Braun (Achern)	▷Insolvenz/Restrukturierung
Dr. Jörg Semmler (Karlsruhe)	▷Konfliktlösung (BGH)
SGP Schneider Geiwitz & Partner (Ulm)	▷Insolvenz/Restrukturierung
Dr. Matthias Siegmann (Karlsruhe)	▷Konfliktlösung (BGH)
Squire Patton Boggs (Böblingen)	▷Konfliktlösung
Stather Dr. Helmke Döther Hausmann Evisen Boger Schumacher (Heidelberg)	▷Arbeitnehmer
Tilp (Kirchentellinsfurt)	▷Konfliktlösung
Toussaint & Schmitt (Karlsruhe)	▷Konfliktlösung (BGH)
Trüg Habetha (Freiburg)	▷Wirtschafts- u. Steuerstrafrecht
VBB Rechtsanwälte (Karlsruhe)	▷Wirtschafts- u. Steuerstrafrecht
Vogel & Partner (Karlsruhe)	▷IT
Vorwerk (Karlsruhe)	▷Konfliktlösung (BGH)
Wellensiek (Heidelberg)	▷Insolvenz/Restrukturierung

Die Auswahl von Kanzleien und Personen in Rankings und tabellarischen Übersichten ist das Ergebnis umfangreicher Recherchen der JUVE-Redaktion. Sie ist in 2erlei Hinsicht subjektiv: Die Aussagen der befragten Quellen sind subjektiv u. spiegeln deren Erfahrungen u. Einschätzungen. Die JUVE-Redaktion wiederum analysiert die Rechercheergebnisse unter Einbeziehung ihrer eigenen Marktkenntnis. Der JUVE Verlag beabsichtigt keine allgemeingültige oder objektiv nachprüfbare Bewertung. Es ist möglich, dass eine andere Recherchemethode zu anderen Ergebnissen führt. Innerhalb einzelner Gruppen in Rankings und tabellarischen Übersichten sind Kanzleien und Personen alphabetisch sortiert.

hielt Melchers allerdings durch den Wechsel des jungen Baurechtlers Jürgens.
Stärken: Gesellschaftsrecht. Strukturierungen. Post-M&A-Streitigkeiten. Komplexe Nachfolgeplanungen. Großes Know-how im Glücksspielrecht. Bauentwicklungs- u. Konversionsflächenprojekte.
Oft empfohlen: Dr. Andreas Masuch ("angenehmer Gegenpart in div. Verfahren, verlässl.", Wettbewerber), Dr. Carsten Lutz (beide Gesellschaftsrecht), Tobias Wellensiek (Baurecht), Hanja Rebell-Houben ("sehr kollegial u. erfahren im Umgang mit sehr komplexen Sachverhalten", Wettbewerber; Strafrecht).
Team: 15 Eq.-Partner, 1 Sal.-Partner, 16 Associates, 5 of Counsel

Partnerwechsel: Dr. Konrad Schmidt, Hanja Rebell-Houben (beide von Schmidt Rebell-Houden; beide Strafrecht), Frederic Jürgens (zu GSK Stockmann; Baurecht).
Schwerpunkte: ▷Gesellschaftsrecht, M&A, Bau- u. Immobilienrecht, Arbeitsrecht, Nachfolgeplanung, Compliance u. Steuerstrafrecht, Gewerbl. Rechtsschutz (Marken- u. Wettbewerbsrecht), Glücksspielrecht. Tlw. als ausgelagerte Rechtsabteilung tätig. Weitere Büros in Frankfurt u. Berlin. Netzwerk Ally Law für internat. Transaktionen.
Mandate: Betty Barclay, Wircon lfd. gesellschaftsrechtl.; Gründer von Grillhersteller Flammkraft bei Anteilsverkauf; Stiftung im Transfer von Ewigkeits- zu Verbrauchsstiftung; NL-Beteiligungsfirma zu Wandeldarlehen durch Mehrheitsgesellschafter; Vorstand einer Investmentgesellschaft im Cum-Ex-Komplex; internat. Unternehmen wg. Steuerhinterziehung (Verrechnungspreise); Mitarbeiter der Automobilbranche im Dieselskandal; EGP Entwicklungsgesellschaft Patton Barracks zu Grundstücksverkäufen u. Bau von BioLabs; Wohnungsbaugesellschaft der Stadt Heidelberg bau- u. gesellschaftsrechtl.; EGH Entwicklungsgesellschaft zu Abverkäufen im Stadtteil Bahnstadt; Stuttgarter Straßenbahn im Bau- u. Architektenrecht; A. Altenbach lfd. im Baurecht; Schuler Service Group bundesw. im Vergaberecht; US-Techkonzern zu Führungskräfteverträgen/On-Boarding-Prozessen.

NONNENMACHER
Baden-Württemberg ★
Bewertung: Die Karlsruher Kanzlei berät v.a. Städte, Bildungsträger u. Unternehmenseigentümer im Alltagsgeschäft. Bekannt ist sie zudem für ihre prozessuale Erfahrung, auf die u.a. der Bund u. die Baumarktkette Hornbach zurückgreifen. Breiter als ihre lokalen Wettbewerber betreibt sie die arbeitsrechtl. Beratung, wo sie sich gleich mehrere Nischenkompetenzen erarbeitet hat, u.a. im öffentl. Dienstrecht u. bei sozialversicherungsrechtl. Verpflichtungen.
Stärken: Schadens- u. Sozialversicherungsrecht, Beamtenrecht, Verfassungsrecht. Breite Unterstützung von Gebietskörperschaften, ihrer Organe u. Töchter.
Team: 10 Eq.-Partner, 2 Sal.-Partner, 8 Associates
Schwerpunkte: Handels- u. Gesellschafts-, Bau- u. Immobilienrecht, Sozialversicherungs- u. Öffentl. Recht. Daneben Arbeits-, Bank- u. Finanzrecht. Gewerbl. Rechtsschutz, Steuer- u. Insolvenzrecht. Nachfolgeberatung. Wirtschaftsstrafrecht.
Mandate: Gr. Genossenschaftsbank im Bankrecht; Baugruppe zu Bebauung einer Konversionsfläche; Bauträger zu div. Vorhaben in Süddtl.; Stadt zu Sanierung einer Mehrzweckhalle, bei Teilflächennutzungsplan für Windenergie u. im öffentl. Dienstrecht; Gemeinde zu dienstpflichtwidrigem Verhalten u. Regressen; Landesministerium zu Stellenbesetzungsverfahren; Zweckverband der Abfallentsorgung, Wasserzweckverband, Hersteller von orthopäd. Produkten, E-Learning-Anbieter u. Leasingunternehmen im Arbeitsrecht; Hornbach in Prozessen.

REEG
Baden-Württemberg ★
Bewertung: Die Mannheimer Kanzlei ist auf gesellschafts- u. handelsrechtl. Konfliktfälle u. den dt.-span. Rechtsverkehr ausgerichtet. Während die arbeitsrechtl. Beratung meist in Ba.-Wü verankert ist,

BADEN-WÜRTTEMBERG SÜDWESTEN REGION

hat die von Namenspartner Reeg geprägte Schieds- u. Transaktionspraxis in der Regel grenzüberschreitenden Bezug. Die moderate Zahl der Partner u. die ausgeprägte grenzüberschreitende Ausrichtung bescheren der Kanzlei solides Geschäft, führen jedoch dazu, dass sie abseits von Konfliktlösungen im Markt kaum wahrgenommen wird.
Stärken: Mandate mit Spanien-Bezug. Streitbeilegungen; Vertretung von Führungskräften beim Ausscheiden.
Oft empfohlen: Dr. Axel Reeg („für seine Mandanten ein Gewinn mit seiner Erfahrung als Schiedsrechtler", „authent., kollegialer Mensch", Wettbewerber; Gesellschaftsrecht/Konfliktlösung), Hannes Ballhaus („ruhiger u. konstruktiver Verhandlungspartner", Wettbewerber; Arbeitsrecht).
Team: 2 Partner, 1 Counsel, 4 Associates, 2 of Counsel
Schwerpunkte: Gesellschaftsrecht u. M&A, Arbeitsrecht, handelsrechtl. Prozesse, inkl. Schiedsverfahren (als Schiedsrichter u. Parteivertreter). Beratung oft mit Bezug zum Ausland; Branchenschwerpunkt: technologiebasierte Unternehmen, insbes. Automotive.
Mandate: Doduco Holding bei Verkauf einer dt. Tochter an Saxonia; Patentes Talgo zu Umsetzung des Rahmenvertrages mit Dt. Bahn Fernverkehr; südeurop. Schienenfahrzeughersteller zu Lieferungen in Dtl.; internat. Pflanzenschutzmittelhersteller bei Zukauf in Dtl. u. Frankr.; Investorengesellschaften zu Durchsetzung von Ansprüchen aus Inhaberschuldverschreibungen (mit Lateinamerika-Bezug); chin. Hersteller von Hochtechnologieprodukten zu Aufbau der europ. Präsenz; div. Schiedsrichtermandate (u.a. Kopenhagen, ICC).

RITTERSHAUS
Baden-Württemberg ★★★★
Bewertung: Die Full-Service-Kanzlei verfügt an ihrem Mannheimer Stammsitz über eine breit angelegte gesellschaftsrechtl. Praxis. Diese wird von börsennot. Unternehmen wie CureVac u. der Südzucker-Gruppe, von traditionsreichen Mittelständlern, Kultur- und Bildungsträgern u. Start-ups gleichermaßen in Anspruch genommen. In Krisensituationen profilierte sich zuletzt ihr integriertes Compliance-Team, dessen Steuer-, Arbeits-, Straf- und Datenschutzrechtler gehören: Es übernahm bei der Stadt Hockenheim interne Untersuchungen sowie arbeits- u. haftungsrechtl. Prozessvertretungen. Weitere zentrale Beratungsfelder bleiben IP- u. Öffentl. Recht sowie die angesehene Nachfolgepraxis. Auch baurechtl. Prestigevorhaben wie das ‚Forum Deutsche Sprache' des Leibniz-Instituts werden dem Team anvertraut. Dazu passt, dass die Büros in ▷Frankfurt u. München zuletzt im Immobilien- u. Vergaberecht mit einem 15-köpfigen Team signifikant erweitert wurden. Diese zusätzl. Kapazitäten u. Kompetenzen stehen nun auch standortübergr. im Stammhaus zur Verfügung.
Stärken: Organberatung u. Transaktionen im gehobenen Mittelstand; Nachfolge- u. Private-Client-Beratung; Gewerbl. Rechtsschutz. Erfahrung in der Lifescience-Branche u. Medizintechnologie. Bundesw. tätige umwelt- und planungsrechtl. Praxis. Gut etablierter China-Desk.
Oft empfohlen: Verena Eisenlohr („kluge, durchsetzungsstarke Kollegin", Wettbewerber), Dr. Christina Eschenfelder („fachl. u. persönl. sehr engagiert, auch bei Umsetzung der Projekte", Mandant), Dr. Patrick Certa („kooperativ, lösungsorientiert", Wettbewerber),Dr. Patrick Treitz, Dr. Matthias Uhl („lösungsorientiert, pragmat.", Wettbewerber; alle Gesellschaftsrecht/M&A), Dr. Andreas Notz, Dr. Annette Sättele (beide Arbeitsrecht)
Team: 21 Eq.-Partner, 4 Sal.-Partner, 3 Counsel, 17 Associates
Schwerpunkte: ▷Energie, ▷Gesellschaftsrecht inkl. Finanzierung, ▷M&A, Private-Equity- u. VC-Deals; Steuerrecht; Arbeitsrecht;▷Nachfolge/Vermögen/Stiftungen u. Streitigkeiten. Marken- u. Wettbewerbsrecht, Patentprozesse. Öffentl. Recht. Daneben Bau-, Immobilien- u. Vergaberecht. Weitere Büros in Frankfurt u. München.
Mandate: Dievini Hopp BioTech Holding bzgl. chin. Investment in Heidelberg Pharma; Aufsichtsrat der Dt. Bahn zu Vorstandsverträgen/Vergütungssystemen u. zur sog. Berateraffäre; Südzucker u. CropEnergies zu neuem Vorstandsvergütungssystem; Progroup im Aktien- u. Konzernrecht; Arthur Weidenhammer im Familienstreit; Familienkonzern zu Nachfolgeregelung in 4 Stiftungen; IHK Pfalz zu Einführung eines Compliance-Managementsystems; Stadt Hockenheim zu Compliance-Verstößen bei Führungskräften; Leibniz-Institut zum Bau des Forum Deutsche Sprache; Stadt Heidelberg vergaberechtl. zu Schul- u. Kindergartenneubauten; Bonava Dtl. u. Epple zu Wohnungsbauprojekten; Gemeinschafts-Müllheizkraftwerk Ludwigshafen zu Ausschreibung (mineral. Aufbereitungsreste); Nahrungsergänzungshersteller zu Aufbau eines Kernmarkenportfolios (rund 40 Länder); Philipp Bugert im Marken- u. Designrecht; lfd.: CureVac, Georg Maschinentechnik, Beteiligungsfonds Wirtschaftsförderung Mannheim.

SCHLATTER
Baden-Württemberg ★★
Bewertung: Die MDP-Kanzlei ist im Rhein-Neckar-Gebiet zu Hause u. unterstützt dort u.a. mehr als 20 Städte u. Gemeinden im Arbeits-, Bau- u. Öffentl. Recht. Während das Team aus dem Mannheimer Büro bis in die Südpfalz tätig ist, reicht insbes. die baurechtl. Beratung der Heidelberger Partner weit in den badischen Raum. Daher lag die Erweiterung der Partnerriege durch eine Ernennung in diesem Rechtsgebiet nahe. Eine 2. Partnerernennung gab es im IP-/IT-Bereich. Damit betonte die Kanzlei ein weiteres Feld ihrer breit gefächerten Mittelstandsberatung, die v.a. in der Erb- u. Nachfolgeberatung dank steuerl. Kompetenzen derzeit rege Nachfrage erfährt.
Stärken: Projektentwicklungen. Arbeitsrecht mit Schnittstellen zum Sportrecht. Bank- u. kapitalmarktrechtl. Beratung von Finanzvermittlern. Zoll- u. steuerrechtl. Konfliktfälle.
Oft empfohlen: Dr. Jörg Klingmann („gut vernetzt in der Region", Wettbewerber; Vertrags- u. Immobilienrecht), Dr. Björn Lange (Arbeitsrecht), Dr. Hanns-Uwe Richter (Arbeitsrecht/Mediation)
Team: 12 Eq.-Partner, 2 Counsel, 3 Associates, 2 of Counsel
Schwerpunkte: Gesellschafts-, Arbeits-, Steuer-, Bank- u. Kapitalmarkt- sowie Bau- u. Immobilienrecht, häufig prozessual geprägt. Auch Öffentl. Recht, Gewerbl. Rechtsschutz, Sportrecht, Produkthaftungsrecht, Wirtschafts- u. Steuerstrafrecht, Sanierungsberatung, Compliance. Branchenschwerpunkte: Sport, Energie, Maschinenbau, Bau, Medizin, Versicherer u. Finanzdienstleister.
Mandate: Universitätsklinikum zu Ausgliederung der Aus- u. Weiterbildung; SDax-Unternehmen projektbezogen in div. Rechtsgebieten; Modeartikelhersteller lfd. im Arbeits-, Produkthaftungs-, Handelsrecht; Fitnessanbieter zu Betriebsstättenschließungen; regelm. BG für Nahrung u. Gastgewerbe u. div. Kommunen; Gesellschafter zur Einziehung eines GmbH-Geschäftsanteils; regionaler Projektentwickler u. Bauträger in div. Vorhaben; internat. Kunststoff- und Rohrleitungssystemhersteller als externe Rechtsabteilung; internat. Technologieunternehmen zu Betriebsstilllegung u. Verkauf von Grundstücken; Consulting-Firma in Prozessen; Wohlfahrtsverband zu Ausscheiden seiner Vorstände; Sportdirektor zur Vertragsaufhebung.

SZA SCHILLING ZUTT & ANSCHÜTZ
Baden-Württemberg ★★★★★
Detaillierte Informationen zu dieser Kanzlei finden Sie in den jeweiligen Fachkapiteln sowie im ▷Nationalen Überblick Top 50.
Bewertung: Am Mannheimer Stammsitz hochkarätige gesellschaftsrechtl. Beratung u. Prozessarbeit, v.a. für Organe. Daneben bekannte Teams für M&A, Private-Client- u. Nachfolgeberatung sowie Restrukturierung.
Team: 12 Eq.-Partner, 1 Sal.-Partner, 7 Counsel, 31 Associates, 4 of Counsel
Schwerpunkte: ▷Arbeit; Compliance; ▷Gesellsch. recht; ▷Kartellrecht; ▷Konfliktlösung u. Schiedsverfahren; ▷M&A; ▷Nachfolge/Vermögen/Stiftungen; ▷Insolvenz/Restrukturierung; Steuerrecht.
Mandate: Siehe Fachkapitel.

TIEFENBACHER
Baden-Württemberg ★★
Bewertung: Die Heidelberger Mittelstandskanzlei, die dank ihrer Vernetzung im internat. ALFA Netzwerk immer wieder grenzüberschr. Deals begleitet, hat eine besondere Kompetenz im Lebensmittelfachhandel. Anerkannt ist auch das langj. Engagement im Immobilien- u. Leasinggeschäft, das etwa auch ein Pilotprojekt zum Softwareleasing umfasst. Für die krisenbehafteten Zeiten hatte die Sozietät schon Anfang 2021 mit dem Zugang eines Insolvenzverwalterteams vorgesorgt, das etwa die Sachwaltung der Heidelberger abcdruck übernahm. Da Tiefenbacher unternehmerisch orientierten Nachwuchs schon früh in die Partnerschaft holte, ist ihr Altersschnitt jünger als der vieler regionaler Wettbewerber, u. sie ist weniger von Nachfolgesorgen geplagt. Aus dieser jüngeren Riege profiliert sich v.a. Krämer bei gesellschaftsrechtl. Streitigkeiten.
Stärken: Große Erfahrung im Bioeinzelhandel, Transaktionsberatung.
Oft empfohlen: Christin Krämer („eine zupackende Anwältin", Wettbewerber; Gesellschaftsrecht), Dr. Johannes Bickel („gut vernetzt", Wettbewerber; Bau- u. Immobilienrecht), Tobias Bieber (Vertragsrecht/Finanzierungen)
Team: 6 Eq.-Partner, 2 Sal.-Partner, 4 Counsel, 18 Associates, 4 of Counsel
Schwerpunkte: Gesellschaftsrecht/M&A, Bau- u. Immobilienrecht; Bank- u. Finanzrecht, hier insbes. Leasing; Arbeitsrecht, v.a. Arbeitgeber; Gewerbl. Rechtsschutz; Nachfolgeberatung; Prozessvertretung, u.a. im Handelsvertreterrecht u. bei Gesellschafterstreits, auch in Schiedsverfahren. Insolvenzverwaltung.
Mandate: Abro Immo Weidenhammer im gerichtl. ausgetragenen Gesellschafterstreit (aus dem

Anwaltszahlen: Angaben der Kanzleien zur Bürogröße vor Ort. Sie spiegeln nicht zwingend die Gesamtgröße einer Kanzlei wider.

REGION **SÜDWESTEN** BADEN-WÜRTTEMBERG / RHEINLAND-PFALZ/SAARLAND

Markt bekannt); Planungsgesellschaft in Streit um Papiermaschinenneubau; Investor zu Beteiligung an Schweizer Cannabisproduzent; Gesellschafter bei Verkauf eines Elektronikdistributors nach GB; austral. Gesundheitsunternehmen bei Zukauf in Europa; Gartenmarktbetreiber zu Finanzierung von IT-Lizenzen; Lagerlogistiker zu Kunden- und Nachunternehmerverträgen; Kunststoffverarbeiter zu Personalabbau; Schweizer Unternehmen zu Vertrieb von Atemschutzmasken; lfd. Dennree, ABB (beides aus dem Markt bekannt), Forschungs- und Beratungsinstitut; Sachwaltung von abcdruck u. Insolvenzverwaltung von VendingJet.

VOELKER & PARTNER
Baden-Württemberg ★★★
Bewertung: Die multidiszipl. Kanzlei mit Reutlinger Hauptsitz zählt zahlr. Finanzinstitute, aber auch Unternehmen u. Gebietskörperschaften zu ihren Mandanten. Nachdem sie ihr ohnehin breites Beratungsspektrum zuletzt erfolgreich um die M&A-Beratung in der Gesundheitsbranche ergänzt hatte, weitet sie nun ihre Aktivitäten im Stuttgarter Raum aus. Dafür schloss sie eine Kooperation mit der PKF-Wulf-Gruppe, um mit ihrer gesellschafts-, arbeits- u. handelsrechtl. Kompetenz die Umstrukturierungen u. Transaktionen der dortigen Steuerexperten u. Wirtschaftsprüfer zu flankieren. Zu den Plänen passt die Ernennung eines Sal.-Partners in der Landeshauptstadt.
Stärken: Gesellschaftsrechtl. Streitigkeiten, Schiedsverfahren u. Organberatung. Bankrechtl. Prozesse. M&A-Beratung im Gesundheitssektor. Beratung von kirchl. Trägern sowie Behörden.

Oft empfohlen: Dr. Bernd Linnebacher („sehr kompetent, hohe Verhandlungssicherheit sowohl gerichtl. als auch außergerichtl.", Mandant; Bank- u. Kapitalmarktrecht), Dr. Karsten Amann („hohe Qualität", Wettbewerber; Gesellschaftsrecht), Dr. Christian Lindemann (Vertragsrecht)
Team: 11 Eq.-Partner, 4 Sal.-Partner, 1 Counsel, 27 Associates, 3 of Counsel
Schwerpunkte: Gesellschaftsrecht u. M&A, verzahnt mit steuerl. Beratung. Forensisches Bank- u. Finanzrecht inkl. Aufsichtsrecht u. Compliance. Medizin- u. Krankenhausrecht. Datenschutzrecht. Arbeitsrecht, v.a. für Kreisstädte u. internat. Konzerne. Gewerbl. Rechtsschutz. Auch Stiftungs- u. Gemeinnützigkeitsrecht, Öffentl. Recht, Vergabe-, Bau- u. Immobilienrecht, Wirtschafts- u. Steuerstrafrecht, Insolvenz u. Sanierung. Büro in Stuttgart mit IT-rechtl. Kompetenz.
Mandate: Gesellschafter der Advivo u. der L&W-Gruppe zu Verkauf der Unternehmensanteile an Linimed; Gesellschafterin des Pflegedienstes 'Münchner Kindl' bei Anteilsverkauf an die Dt. Fachpflege Holding; Curasan zu Verkauf eines Geschäftsbereichs an Bioventus; Berghof Analytik und Umweltengineering zu Verkauf eine Tochterfirma; Aufsichtsratsvorsitzender ggü. Insolvenzverwalter wg. angebl. Pflichtverletzungen; ehem. Gesellschafter in Post-M&A-Streit; Gesellschafter-GF in Auseinandersetzung mit Bruder; div. Sparkassen und Volksbanken zu Prämiensparverträgen sowie zu AGB-Änderungsmechanismus; div. Banken und Unternehmen zu Konsortialkrediten; Stuttgarter Unternehmen zu Cybersecuritythemen; Automobilzulieferer zu Haftung wg. fehlerhaftem Bauteil; Sülzle Stahlpartner lfd. gesellschaftsrechtlich.

ZINNBÖCKER
Baden-Württemberg ★
Bewertung: Die Mannheimer Boutique deckt traditionell viel exportbezogene Mittelstandsberatung u. grenzüberschreitendes M&A-Geschäft ab, v.a. mit Bezug nach Spanien u. Rumänien, doch auch darüber hinaus. Es spricht für die Erfahrung u. das Vertrauen der Mandanten, dass dem Team auch aktualitätsgetriebene Themen wie die Umsetzung des EU-Mobilitätspaketes, Abnahmeverpflichtungen in russ.-dt. Verträgen u. die Verlagerung von Produktionskapazitäten anvertraut wurden.
Team: 3 Partner, 2 Counsel
Schwerpunkte: Gesellschaftsrecht, ▷M&A, auch inkl. Fusionskontrolle; kollektives Arbeitsrecht u. GF-Verträge; Handels- u. Vertriebsrecht, Finanzierungen sowie Gewerbl. Rechtsschutz. Mandanten: internat. tätige Konzerne, z.B. bei Investitionen in Dtl., mittelständ. Unternehmen bei Auslandsaktivitäten; Schiedsverfahren; Länderschwerpunkte: Rumänien, Spanien, Mexiko.
Mandate: Internat. Healthcare-Konzern bei Zukauf in Dtl. u. anschl. Verschmelzungstransaktion; Gesellschaft aus der Eisenbahn-/Logistikbranche zu Investoreneinstieg; Beratungsgesellschaft bei Umwandlung von einer GmbH & Co. KG in eine Genossenschaft; Tier-1-Systemlieferant zu Kooperations- u. Liefervertrag im neuen Geschäftsfeld; Logistiker zu Verschärfung der Kabotage- und Rückkehrvorschriften für ausl. Lkw-Fahrer; Holding eines Automobilzulieferers bei Verkauf des Kerngeschäfts in mehreren Ländern an Wettbewerber; Verpackungshersteller zu Verkauf einer Beteiligung an US-Gesellschaft; regionaler Mittelständler bei Umstrukturierung der Geschäftsleitung/Vorstandsverträge für SE.

Rheinland-Pfalz/Saarland

BETTE WESTENBERGER BRINK
Rheinland-Pfalz/Saarland ★★★★
Bewertung: Die angesehene Mainzer Kanzlei, deren Kernkompetenzen im Gesellschaftsrecht/M&A, Finanzrecht u. Arbeitsrecht liegen, treibt ihren Umgestaltungsprozess weiter voran. V.a. die Compliance-Beratung, bislang eher aus der finanzrechtl. Spezialisierung heraus betrieben, wird verbreitert. Mit einer weibl. Doppelspitze widmet sich die neu geschaffene Praxisgruppe Compliance nicht mehr nur den finanzregulator. Vorgaben, sondern auch den Herausforderungen an Handel u. Industrie, die durch die Themen Whistleblowing u. Lieferketten entstehen. Etliche mittelständ. Mandanten nutzen bereits eine Whistleblower-Software, die BWB maßgebl. entwickelt hat. Ziel ist es, mithilfe der Compliance-Kompetenz die Mandantschaft auch bei der Erfüllung von ESG-Kriterien zu beraten. Hilfreich hierbei ist die grenzüberschr. Kompetenz der Kanzlei in der internat. Handelsfinanzierung, wo BWB mehrfach IT-gestützte Produkte mitberaten hat.
Stärken: Beratung von Factoring-Instituten, Bank- u. Finanzrecht, Gesellschaftsrecht/M&A u. Arbeitsrecht.
Oft empfohlen: Christian von der Lühe (Gesellschaftsrecht), Christian Faber (Compliance/Bankrecht), Almut Diederichsen (Gewerbl. Rechtsschutz)
Team: 6 Eq.-Partner, 1 Counsel, 8 Associates, 3 of Counsel
Schwerpunkte: Bankrecht, insbes. Factoring, Corporate Finance u. Fintechs; Gesellschaftsrecht/M&A, Compliance, Litigation u. Arbeitsrecht. Daneben Wirtschaftsverwaltungs- u. Immobilienrecht, IP sowie aktiver Frankreich-Desk. Mandantschaft: Mittelstand sowie überreg. u. internat. Unternehmen, auch aus dem Non-Profit-Sektor. Weitere Büros in ▷Erfurt u. Berlin.
Mandate: Fasanara Capital zu €330-Mio-ABS-Finanzierung von Grover; Xlife Sciences zu Listing an der Swiss Stock Exchange, zu Kapitalmarkt-Compliance u. zu Beteiligungen an Kooperationen mit Universitätskliniken; Klinikgruppe lfd. vergaberechtl.; Großbank zu Produktentwicklung Handelsfinanzierung; AWO zu internen Untersuchungen u. Aufbau Compliance-Strukturen.

DR. CASPERS MOCK & PARTNER
Rheinland-Pfalz/Saarland ★★★★
Bewertung: Als veritable Full-Service-Großkanzlei stößt CMP in Rheinland-Pfalz allmähl. an Wachstumsgrenzen. Umso wichtiger sind deshalb die Büros in Bonn, Köln u. D'dorf, die den NRW-Markt ins Visier nehmen u. einen Schwerpunkt im Immobilienwirtschaftsrecht haben. Mit einer internen Ernennung im Versicherungs- u. Haftungsrecht wurde die Koblenzer Partnerschaft aber verjüngt u. die Kanzlei zeigt so, dass sie ihrem etablierten Netzwerk aus der Versicherungsbranche im prozessualen Bereich weiter viel Aufmerksamkeit schenkt. Auch andere Schwerpunkte bleiben erfolgreich – allen voran das Arbeitsrecht, aber auch die Felder Strafrecht u. der öffentl.-rechtl. Sektor, wo zahlr. Kommunen auf CMP setzen. Besonders vielseitig ist auch die Arbeit im Bau- u. Architektenrecht, wo die Partner in einer Vielzahl von Branchen aktiv sind.
Oft empfohlen: Horst-Walter Bodenbach („hervorragend", Mandant; Arbeitsrecht), Prof. Dr. Wolfgang Weller (Baurecht), Dr. Gerhard Wolter (Transportrecht), Ralf Georg (Familienrecht/Nachfolge), Lars Nerbel (Immobilienrecht), Eckhard Finke (Insolvenzrecht)
Team: 10 Eq.-Partner, rd. 45 Associates
Schwerpunkte: Arbeits-, Bank-, Bau-, Gesellschafts-, Versicherungsrecht, Öffentl. Recht; Wirtschaftsstraf- u. Steuerrecht; Prozessführung. Mandantenschwerpunkte: Versicherer, Banken, IT-Unternehmen u. Verlage; Kommunen. In Saarbrücken vielfach Speditionen u. dt.-frz. Rechtsfragen. Weitere Büros in NRW, Frankfurt u. Berlin.
Mandate: Aqseptence Group zu Neustrukturierung durch Ausgliederung bzw. Asset-Deal von 2 operativen Einheiten; Mittelständler immobilienrechtl. zu Kauf eines Industriegrundstücks; 1&1 zu Gerichts-

stand im Wettbewerbsrecht; lfd. 1&1, speziell Ionos u. 1&1 Mail & Media, United Internet im Wettbewerbs- u. Urheberrecht u. zu AGB; Linus Wittich Mediengruppe medienrechtl.; MTS-Gruppe wettbewerbs- u. patentrechtl.; Holy AG/Outletcity Metzingen, Ehrhardt-&-Partner-Gruppe, Scania, Konzeptum, Decadis sowie Haus 4.0/FutureHaus jeweils zu IP u. datenschutzrechtl.; lfd. renommierte Soziallotterie u. gr. Autohändler arbeitsrechtl.; landwirtschaftl. Erzeugergenossenschaft lfd. arbeitsrechtl., insbes. zur Wahl von Arbeitnehmervertretern in Aufsichtsrat; großer Medizingerätehersteller u. großes Klinikum lfd. arbeitsrechtlich; Abbruchunternehmen u. Unternehmen der Rohstoffsicherung lfd. öffentl.-rechtl.; Kommunen zu Bauleitplanverfahren u. wiederkehrenden Straßenausbaubeiträgen; Schiedsrichtertätigkeit in ICC-Verfahren über Offshore-Windkraftplattform; Kläger in DIS-Verfahren zu Zahlungsverpflichtungen aus Betreibervertrag eines Factory-Outlet-Centers.

DORNBACH
Rheinland-Pfalz/Saarland ★

Bewertung: Während Dornbach im Bonner Büro die rein steuerrechtl. Beratung zuletzt mehrfach mit Quereinsteigern ausbaute, stagniert der Anwaltszweig der MDP im Südwesten personell. Deshalb hat die Kanzlei mehr in die interne Vernetzung der Büros investiert u. den Austausch im Dreieck Koblenz-Mainz-Saarbrücken intensiviert. Davon profitiert nicht zuletzt die Beratung im Gesundheitswesen, wo Gesellschafts-, Arbeits- u. Öffentl. Recht besonders gut ineinandergreifen. Zudem punktet Dornbach natürl. in allen Branchen mit der enormen steuerrechtl. Erfahrung, die nicht selten die Klammer für Großprojekte bildet.
Stärken: M&A, Steuer- u. Gesellschaftsrecht.
Oft empfohlen: Ralf Wickert (Gesellschafts-/Steuerrecht), Dr. Alexander Birkhahn (Arbeitsrecht), Dr. Jochen Hell (Gesellschaftsrecht), Jean-Olivier Boghossian (Insolvenzrecht)
Team: 4 Eq.-Partner, 3 Sal.-Partner, 5 Associates
Schwerpunkte: Arbeits-, Gesellschafts-, Steuer-, Stiftungs- u. Vergaberecht; v.a. am Saarbrücker Standort Verwaltungs- u. Beihilferecht, in Mainz Baurecht. Mandantschaft: mittelständ. Unternehmen sowie öffentl. Auftraggeber v.a. aus der Rhein-Main-Schiene. Internat. Netzwerk Shinewing mit Schwerpunkt in Asien.
Mandate: Kommunale Gesellschafter des Krankenhauses St. Goar Oberwesel zu Umwandlung u. Verkauf der Loreley-Kliniken; Passionsfestspiele Oberammergau zu Ausschreibungen (beides öffentl. bekannt).

HEIMES & MÜLLER
Rheinland-Pfalz/Saarland ★★★★

Bewertung: Aus den starken Beratungsfeldern der Saarbrücker Kanzlei stachen zuletzt das Medizin- u. das Arbeitsrecht heraus, während die frühere Domäne der Unternehmensinsolvenzen auch bei H&M in der Flaute steckte. Die traditionell sehr eigenständigen Praxen, die in unterschiedl. Durchdringung weiterhin von einer erfahrenen Altpartnerriege geprägt sind, setzen inzw. häufiger auf eine rechtsgebietsübergr. Beratung – durchaus mit strateg. Hintergrund: Die Zusammenarbeit gelingt etwa zwischen Handels- u. Arbeitsrecht, wie Mandate im überreg. Einzelhandel zeigen, oder bei der steuerrechtl. Beratung der Gesundheitsbranche.

Rheinland-Pfalz/Saarland

★★★★★
Kunz	Koblenz, Mainz
Martini Mogg Vogt	Koblenz, Mainz

★★★★
Bette Westenberger Brink	Mainz
Dr. Caspers Mock & Partner	Koblenz, Saarbrücken, Mainz
Heimes & Müller	Saarbrücken

★★★
Neussel KPA	Mainz, Bad Kreuznach

★★
König	Trier
Rapräger Hoffmann und Partner	Saarbrücken

★
Dornbach	Koblenz, Mainz, Saarbrücken, Frankfurt-Hahn
KHH Kropp Haag Hübinger	Saarbrücken
Staab & Kollegen	Saarbrücken

Die Auswahl von Kanzleien und Personen in Rankings und tabellarischen Übersichten ist das Ergebnis umfangreicher Recherchen der JUVE-Redaktion. Sie ist in zweierlei Hinsicht subjektiv: Die Aussagen der befragten Quellen sind subjektiv u. spiegeln deren Erfahrungen u. Einschätzungen. Die JUVE-Redaktion wiederum analysiert die Rechercheergebnisse unter Einbeziehung ihrer eigenen Marktkenntnis. der JUVE Verlag beabsichtigt keine allgemeingültige oder objektiv nachprüfbare Bewertung. Es ist möglich, dass eine andere Recherchemethode zu anderen Ergebnissen führt. Innerhalb einzelner Gruppen in Rankings und tabellarischen Übersichten sind Kanzleien und Personen alphabetisch sortiert.

Stärken: Arbeitsrecht; Beratung im Gesundheitswesen; Insolvenzrecht.
Oft empfohlen: Dr. Hans Ittenbach (Arbeitsrecht), Dr. Patrik Eckstein (Bankrecht), Udo Gröner (Insolvenzrecht)
Team: 10 Eq.-Partner, 5 Sal.-Partner, 3 Associates
Schwerpunkte: Arbeits- u. Gesellschaftsrecht; Insolvenzrecht mit eigener Verwaltungsabteilung sowie Beratung in der Gesundheitsbranche, v.a. Zulassungs- u. Krankenhausrecht. Daneben Wirtschaftsstraf-, Versicherungs-, Steuer-, Bank-, Erb- u. Vergaberecht, IP/IT, Bau- u. Planungsrecht, häufig für öffentl. Auftraggeber.
Mandate: Familiengesellschafter bei Unternehmensverkauf u. Manager einer Gastronomiekette jew. zu Management-Buy-out; Unternehmer zu Kauf einer Großsportveranstaltung; beklagte Anlegerin zu Forderungen des Insolvenzverwalters P&R Gebrauchtcontainer; Augenarzt-MVZ in Rheinland-Pfalz zu Umstrukturierung; Krankenhauspersonal in Strafprozess; IT-Dienstleister zu Einrichtung eines Enterprise-E-Mail-Systems; kommunaler Energieversorger sowie IT-Großhändler lfd. arbeitsrechtlich; Lebensversicherung bundesw. zu Prozessen wg. Berufsunfähigkeit.

KHH KROPP HAAG HÜBINGER
Rheinland-Pfalz/Saarland ★

Bewertung: Die Saarbrücker Sozietät hat in ihrer unternehmensrechtl. Beratung lang etablierte Kerngebiete im (D&O-)Versicherungsrecht sowie im Bau- u. Vergaberecht. Daneben hat sie mit einer Kombination aus straf- u. steuerrechtl. Know-how eine schlüssige Ergänzung ihres Beratungsportfolios aufgebaut. Das steuerrechtl. Know-how eines ehem. Finanzrichters ist zudem in Mandaten aus der Gesundheits- oder Baubranche gefragt.
Oft empfohlen: Dr. Matthias Zieres (Baurecht, Gewerbl. Rechtsschutz/IT), Dr. Sascha Schleich (Baurecht), Dr. Thomas Münkel (Versicherungsrecht)
Team: 7 Partner, 2 Counsel, 5 Associates
Schwerpunkte: Versicherungsrecht, speziell Haftungsthemen für Versicherer sowie D&O-Fälle auf Versicherungsnehmerseite (Mediziner); Prozessführung im Medizin- u. Strafrecht. Begleitung gr. Bauprojekte; Vergaberecht; Gesellschaftsrecht. Mandantschaft: Mittelstand, auch in grenzüberschr. Mandaten; Versicherer, Banken, internat. IT-Unternehmen u. öffentl. Hand; Ärzte, Gemeinschaftspraxen u. MVZ.
Mandate: Architekturbüro zu Deckungsschutz aus Haftpflichtversicherung; internat. Konzern zu grenzüberschr. Gesellschafterstreit; Beklagter im Organhaftungsstreit bei Villeroy & Boch (aus dem Markt bekannt)

KÖNIG
Rheinland-Pfalz/Saarland ★★

Bewertung: Die Mandantenbasis der renommierten Trierer Kanzlei ist unverändert der regionale Mittelstand mit einem Schwerpunkt in der Immobilienwirtschaft. Doch in der Beratung von (Personal-)Führungskräften gelingt es den Arbeitsrechtlern weiterhin gut, auch über die Trierer Region hinaus Fuß zu fassen. Das gilt ebenso für die geschätzte sportrechtl. Kompetenz, die weit über den Südwesten hinausreicht u. auch prozessuale Tätigkeit einschließt. Ebenso überregional ist die Kanzlei für Luxemburger Mandanten, auch Family Offices u. andere Investoren, bei Transaktionen oder Joint Ventures in Dtl. tätig.
Stärken: Arbeits- u. Gesellschaftsrecht.
Oft empfohlen: Gerrit Strotmann (Gesellschaftsrecht), Gregor Lambertz (Arbeitsrecht), Alexander Bergweiler (Arbeits-/Sportrecht)

REGION SÜDWESTEN RHEINLAND-PFALZ/SAARLAND

Führende Berater in Rheinland-Pfalz/Saarland

Horst-Walter Bodenbach (Arbeitsrecht)
Dr. Caspers Mock & Partner, Koblenz

Dr. Frank Deller (Baurecht)
KDU Krist Deller & Partner, Koblenz

Thomas Knierim (Wirtschafts- u. Steuerstrafrecht)
Knierim & Kollegen, Mainz

Dr. Matthias Krist (Vergabe)
KDU Krist Deller & Partner, Koblenz

Prof. Dr. Holger Kröninger (Öffentliches Recht)
Rapräger Hoffmann und Partner, Saarbrücken

Jens Lieser (Insolvenzverwaltung)
Lieser, Koblenz

Christian von der Lühe (Gesellschaftsrecht)
Bette Westenberger Brink, Mainz

Heinrich Rohde (Gesellschaftsrecht)
Kunz, Koblenz

Tim Schwarzburg (Arbeits-/Gesellschaftsrecht)
Kunz, Koblenz

Günter Staab
Staab & Kollegen, Saarbrücken

Gerrit Strotmann (Gesellschaftsrecht)
König, Trier

Die Auswahl von Kanzleien und Personen in Rankings und tabellarischen Übersichten ist das Ergebnis umfangreicher Recherchen der JUVE-Redaktion. Sie ist in 2erlei Hinsicht subjektiv: Die Aussagen der befragten Quellen sind subjektiv u. spiegeln deren Erfahrungen u. Einschätzungen. Die JUVE-Redaktion wiederum analysiert die Rechercheergebnisse unter Einbeziehung ihrer eigenen Marktkenntnis. Der JUVE Verlag beabsichtigt keine allgemeingültige oder objektiv nachprüfbare Bewertung. Es ist möglich, dass eine andere Recherchemethode zu anderen Ergebnissen führt. Innerhalb einzelner Gruppen in Rankings und tabellarischen Übersichten sind Kanzleien und Personen alphabetisch sortiert.

Team: 7 Eq.-Partner, 3 Associates, 3 of Counsel
Schwerpunkte: Arbeits- u. Gesellschaftsrecht; auch Bank-, Erb- u. Steuerrecht (Kooperation mit StB/WP-Gesellschaft Wicora) sowie Baurecht; Sportrecht. Mandantschaft: v.a. regionaler Mittelstand, öffentl. Körperschaften u. Banken. Insolvenzverwaltung u. Sanierungsberatung in separater Sozietät Prof. Dr. Dr. Schmidt.
Mandate: Immobiliengesellschaft Triwo bzw. Töchter zu Verkauf-, Kauf- u. gewerbl. Mietverträgen; Universität Trier, Studierendenwerk Trier, Klinikum Mutterhaus d. Borromäerinnen u. MVZ Trier sowie Mercedes-Benz-Autohaus Lyhs & Gondert lfd. arbeitsrechtlich.

KUNZ
Rheinland-Pfalz/Saarland ★★★★

Bewertung: Mit einer neu eingerichteten Praxisgruppe für umwelt- u. energierechtl. Themen zielt Kunz immer mehr auf den öffentl.-rechtl. Beratungsbereich, der früher nicht zu ihrem Kerngeschäft gehörte. So kann die Kanzlei über das personell verstärkte Mainzer Büro die guten Kontakte zu den rheinl.-pfälz. Ministerien nutzen u. gleichzeitig neue Mandanten unter Kommunen bzw. kommunalen Betrieben gewinnen. Schon nach kurzer Zeit hat sich der in Mainz hinzugekommene Vergaberechtler Ziegler mit den anderen Standorten vernetzt u. ist in zahlr. standortübergreifende Mandate eingebunden. Zudem hat Kunz einen breiten Zugang zum Transport- u. Logistikmarkt u. berät neben vielen Dauermandanten auch bei überregionalen Großprojekten. Auch hier ist die büroübergreifende Arbeit deutl. ausgeprägter als zuvor u. verbindet v.a. Koblenz, Köln u. Düsseldorf.
Stärken: Arbeitsrecht; Beratung für Transport- u. Logistikbranche sowie im Gesundheitswesen; Genossenschaftsbanken.
Oft empfohlen: Dominic Steinborn (Transportrecht), Heinrich Rohde (Gesellschaftsrecht), Tim Schwarzburg (Arbeitsrecht), Georg Kaiser (Gesellschaftsrecht/Prozessführung), Dr. Andreas Ziegler („extrem professionell u. zuverlässig, unschlagbar in Fragen des öffentl. Preisrechts", Mandant; Vergaberecht).
Team: 10 Eq.-Partner, 4 Sal.-Partner, 18 Associates, 8 of Counsel
Schwerpunkte: Arbeits- u. Gesellschaftsrecht; Versicherungsrecht; zudem Steuer-, Wirtschaftsstraf- u. Baurecht sowie öffentl. Recht, speziell Vergaberecht. Vielfach in den Branchen Transport/Logistik, Handel u. Gesundheitswesen tätig, sowohl für Mittelstand als auch öffentl.-rechtl. Gesellschaften.
Mandate: Canyon Bicycles lfd. gesellschafts-, logistik- u. steuerrechtl.; Dt. Bahn u. Töchter lfd. vergaberechtl.; Ero Weinbau zu Umstrukturierung u. Übernahme frz. Ferrand-Gruppe; HAI Kurtscheid prozessual wg. Post-Merger-Insolvenz; Maschinenbauer zu Beendigung eines Joint Ventures; KTO zu Anteilsverkauf an tschech. Unternehmen; Landesministerium zu Vergabe eines IT-Beratervertrags; Mega Holding zu Rechtsformwechsel u. Verschmelzung mit dt. GmbH; Pura Vita zu Verkauf von 3 psychiatr. Einrichtungen; Schneider-Gruppe zu Carveout u. Verkauf von internat. Beteiligung ICAS; Unger Medizintechnik lfd. gesellschafts-, vertrags- u. vertriebsrechtl.; Stiftung zu Schließung einer renommierten Privatschule; CCG DE lfd. zu Logistik u. arbeitsrechtl.

MARTINI MOGG VOGT
Rheinland-Pfalz/Saarland ★★★★★

Bewertung: Neben der festen Verankerung als Full-Service-Beraterin u. ausgelagerte Rechtsabteilung für Mittelständler hat die Kanzlei in den vergangenen Jahren gezielt ihre Präsenz im öffentl. Wirtschaftsrecht erweitert. Hier berät MMV, etwa im Gesundheitswesen, bundesw. Mandanten, aber auch eine Vielzahl größerer rheinl.-pfälz. Projekte mit Bezug zur öffentl. Hand, auch für die Landesregierung. Traditionell hängt die Entwicklung des Geschäfts bei MMV stark an den einzelnen Partnern, doch ist erkennbar, wie die verschiedenen Spezialisierungen allmähl. besser ineinandergreifen u. so die Beratung der erwähnten Großprojekte möglich machen. Mehrfach gelang es den Baurechtlern, Kontakte aus IT-/Vergabeprojekten für die Beratung zu Neubauvorhaben nutzbar zu machen. Ein Quereinsteiger mit Großkanzleihintergrund konnte sich in Koblenz nicht etablieren, dafür gelang MMV allerdings ein Ausbau im kleinen Mainzer Büro. Dort bietet die Kanzlei jetzt v.a. insolvenz- u. arbeitsrechtl. Kompetenz.
Stärken: Gesellschaftsrecht u. Transaktionen, Öffentl. Recht.
Oft empfohlen: Georg Moesta („Experte für schwierige Vertragsverhandlungen", Mandant; Gesellschafts- u. Verwaltungsrecht), Dr. Thomas Brübach (Baurecht), Dr. Andreas Dazert („exzellenter Fachmann im Genehmigungsrecht, sehr durchsetzungsstark", Mandant; Öffentl. Recht), Jochen Eberhard (Gesellschafts-/Beihilferecht), Dr. Arne Löser (Insolvenzrecht), Dr. Ottmar Martini (Gesellschaftsrecht)
Team: 7 Eq.-Partner, 4 Sal.-Partner, 16 Associates
Partnerwechsel: Stephan Spies (von Merk Schlarb & Partner; Insolvenzrecht); Dr. Alexander Vorndran (zu Ashurst; Bankrecht).
Schwerpunkte: Beratung für Familienunternehmen, Stiftungen u. die öffentl. Hand im Gesellschaftsrecht u. in M&A, zu Nachfolge-, Compliance- u. Steuerfragen. Öffentl. Recht, speziell Verwaltungs- u. Vergaberecht, mit Fokus im Gesundheitswesen. Außerdem Arbeitsrecht, Bau- u. Immobilien-, IT- u. Insolvenzrecht. Eigenständige Servicegesellschaft für Datenschutz u. Vergaberecht.
Mandate: Kreis Mayen-Koblenz u. Stadt Koblenz zu Verkauf Gemeinschaftsklinikum Mittelrhein; AKH Celle, Klinikum Lippe u.a. zu Digitalisierungsstrategie nach dem Krankenhauszukunftsgesetz; Enen Endless Energy zu Kooperation mit Schweizer Asset-Manager Recap; Klinikum zu Großbauvorhaben; Land Rheinland-Pfalz zu wasserrechtl. Planfeststellungsverfahren für Hochwasserschutz; Stadt Freiberg am Neckar zu Schulneubau.

NEUSSEL KPA
Rheinland-Pfalz/Saarland ★★★

Bewertung: Nur selten passen Fusionspartner so gut u. komplementär zueinander wie Neussel Martin u. KPA (Kanzlei Petereit Armbrüster), die sich Anfang 2022 zusammengeschlossen haben: die einen mit bekannten Stärken v.a. im Gesellschafts-, Arbeits- u. Öffentl. Recht, die anderen mit jahrzehntelanger Erfahrung im Insolvenz- u. Bankrecht. Die Partnerschaft hat so ihr Beratungsangebot für den jeweiligen mittelständ. Mandantenstamm sinnvoll erweitert, zudem kann das Team jetzt noch umfassender als zentraler dt. Ansprechpartner für Kooperationskanzleien aus GB u. den USA auftreten. Im öffentl.-rechtl. Bereich ergibt die breite wirtschaftsrechtl. Aufstellung gute Anknüpfungspunkte, um komplexe Mandate zu beraten, etwa für das Bistum Mainz. Auch die insolvenzrechtl. Kompetenz macht Neussel KPA zu einem noch besseren Allroundberater für den Mittelstand, nachdem der Neussel-Teil für die Krisenberatung bereits ein multidisziplinäres Netzwerk gegründet hatte.
Oft empfohlen: Dr. Walther Neussel (Gesellschaftsrecht), Dr. Thomas Schmitt („starker Anwalt, bringt immer wieder neue Ideen ein", Mandant; Regulierung), Dr. Stefan Roßkopf („Insolvenzrechtler mit breitem Wissen", Wettbewerber; Insolvenzrecht)
Team: 6 Partner, 18 Associates
Schwerpunkte: Gesellschaftsrecht inkl. Nachfolgeregelungen für Familienunternehmen u. Transaktionen, Bank- u. Insolvenzrecht; Öffentl. Recht u.a. mit Spezialgebiet Eisenbahnrecht. Zudem Arbeitsrecht u. Gewerbl. Rechtsschutz. Mandantschaft: v.a. Mittelstand, Banken sowie dt. Töchter ausl. Konzerne; kommunale Unternehmen. Zweigstelle in Breslau (Polen).

Mandate: Bistum Mainz als Rechtsträger zu Umwandlung von Privatschulen; Kunststoffproduzent zu Nachfolgeregelung/Generationswechsel; Medizinprodukte-Start-up zu Vorbereitung von Finanzierungsrunden; EDV-Dienstleister zu Gründung einer US-Vertriebsgesellschaft; DB Netz in zahlr. zivil- u. verwaltungsrechtl. Verfahren, u.a. zu Nutzungsentgelten u. Kostenerstattung; Flughafen Frankfurt-Hahn sowie GMK Markenberatung umf. arbeitsrechtl.; Baustoffunternehmen zu Forderungsvergleich mit brit. Lieferanten.

RAPRÄGER HOFFMANN UND PARTNER
Rheinland-Pfalz/Saarland ★★

Bewertung: Der geduldige Ausbaukurs der vergangenen Jahre hat sich für RHP ausgezahlt. Neue Partnerinnen mit Immobilienfokus sowie die letztjährigen Zugänge im Versicherungsrecht haben wichtige Säulen im Alltagsgeschäft der Kanzlei verstärkt u. das Mandatsportfolio verbreitert. Für das Saarland ist Kröninger unverändert ein starker Prozessrechtler im Kontext von staatl. Corona-Maßnahmen, die die Gerichte auch 2022 häufig im Sinne der Landesbehörden entschieden haben. Zudem hat sich die Kanzlei einen treuen kommunalen Mandantenstamm aufgebaut, der beim Aus- bzw. Umbau erneuerbarer Energien auf das Kanzlei-Know-how setzt.

Stärken: Öffentl. Recht, insbes. Verwaltungsrecht, Arbeits- u. Versicherungsrecht.

Oft empfohlen: Prof. Dr. Holger Kröninger („präzise u. sattelfest, man kann ihm nichts vormachen", Wettbewerber; Öffentl. Recht), Martin Wendt (Versicherungsrecht)

Team: 9 Eq.-Partner, 8 Sal.-Partner, 3 Associates, 2 of Counsel

Schwerpunkte: Verwaltungsrecht u. andere öffentl.-rechtl. Fragen; Versicherungs- u. Haftungsrecht; Familienrecht für Unternehmer. Daneben Arbeits-, Immobilien- u. Baurecht, Gesellschafts- u. Vergaberecht sowie Gewerbl. Rechtsschutz. Mandanten: v.a. Mittelständler u. öffentl. Hand, zudem saarl. Niederlassungen von Großbanken u. Versicherern.

Nur in Rechtsgebieten besprochene Kanzleien aus Rheinland-Pfalz u. dem Saarland

Fromm (Koblenz)	▷*Nachfolge/Vermögen/Stiftungen*
KDU Krist Deller & Partner (Koblenz)	▷*Vergabe*
Knierim & Kollegen (Mainz)	▷*Wirtschafts- u. Steuerstrafrecht*
Lieser (Koblenz, Mainz)	▷*Insolvenz/Restrukturierung*
Stather Dr. Helmke Döther Hausmann Evisen Boger Schumacher (Speyer)	▷*Arbeit*

Die Auswahl von Kanzleien und Personen in Rankings und tabellarischen Übersichten ist das Ergebnis umfangreicher Recherchen der JUVE-Redaktion. Sie ist in 2erlei Hinsicht subjektiv: Die Aussagen der befragten Quellen sind subjektiv u. spiegeln deren Erfahrungen u. Einschätzungen. Die JUVE-Redaktion wiederum analysiert die Rechercheergebnisse unter Einbeziehung ihrer eigenen Marktkenntnis. Der JUVE Verlag beabsichtigt keine allgemeingültige oder objektiv nachprüfbare Bewertung. Es ist möglich, dass eine andere Recherchemethode zu anderen Ergebnissen führt. Innerhalb einzelner Gruppen in Rankings und tabellarischen Übersichten sind Kanzleien und Personen alphabetisch sortiert.

Mandate: Saarland zu allen Corona-Verfahren vor VG, OVG u. Verfassungsgerichtshof sowie Abwehr von Entschädigungsansprüchen; Harley-Davidson lfd. handels- u. gesellschaftsrechtl.; Familiengesellschafter zu Übertragung eines Zerspannungsunternehmens; Stahlunternehmen zu versicherungsrechtl. Abwicklung eines großen Brandschadens; gr. Lebensmitteldiscounter sowie Gummi-/Kunststoffproduzent lfd. arbeitsrechtl.; versch. Betriebsräte, u.a. in der Elektroindustrie, zu Flexibilisierung von Arbeitsbedingungen; Stadt Dillingen vergaberechtl. zu gepl. Bauprojekten; Schenk-Gruppe zu Bauvorhaben ‚Quartier Alte Brauerei Zweibrücken'; Gemeinde Überherrn zu Ansiedlung S-Volt-Fabrik; Spektral-Fertigbaugruppe, 24plus Systemverkehre, Röber Kunststoffe immobilien- bzw. transportrechtlich.

STAAB & KOLLEGEN
Rheinland-Pfalz/Saarland ★

Bewertung: Durch ihre langj. Präsenz in der Insolvenzverwaltung hat die Kanzlei auch überregionale Bekanntheit erlangt. Dieser Zweig wurde im Sommer mit einem Quereinsteiger verstärkt. Da sich die relative Schwäche der Saar-Wirtschaft überraschend selten in nennenswerten Insolvenzverfahren niedergeschlagen hat, bleibt das Alltagsgeschäft aber geprägt von einem Full-Service-Beratungsansatz sowie Dauermandaten aus der regionalen Banken- u. Versicherungslandschaft.

Oft empfohlen: Günter Staab (Insolvenzrecht)

Team: 8 Partner, 6 Associates

Partnerwechsel: Andreas Liebaug (von Schultze & Braun; Insolvenzrecht)

Schwerpunkte: Beratung im Mittelstand, auch vermögende Privatpersonen, sowie von Versicherungen, Sparkassen u. Volksbanken. Insolvenzrecht. Bank- u. Versicherungsrecht, vielfach prozessual geprägt. Abwicklung von Kreditgeschäften; Inkassoabteilung. Daneben Arbeits-, Gesellschafts-, Arzthaftungs-, Bau- u. Strafrecht.

Mandate: Müller Landschaftsbau zu Insolvenzantrag; Sparda-Bank Südwest, Bank 1 Saar, Sparkasse Saarbrücken, KSK Birkenfeld, KSK Südwestpfalz, Sparkasse Neunkirchen sowie LeVoBank lfd. bank- u. insolvenzrechtl. u. im Forderungsmanagement.

JUVE Handbuch 2022|2023

ANZEIGEN: KANZLEIEN SÜDWESTEN

Adjuga	405
BRP Renaud und Partner	406
Frahm Kuckuk Hahn	407
Haver & Mailänder	408
Insquare	409
König	410
Kuhn Carl Norden Baum	411
Lehmann Neunhoeffer Sigel Schäfer	412
Martini Mogg Vogt	413
Melchers	414
Neussel KPA	415
Nonnenmacher	416
Reith Leisle Gabor	417
Schlatter	418
Vogel & Partner	419
Witte Weller & Partner	420
ZinnBöcker	421

Alle hier alphabetisch erscheinenden Anzeigen sind kostenpflichtig und von den Kanzleien selbst gestaltet. Für den Inhalt sind die jeweiligen Kanzleien verantwortlich.

ANZEIGE

adjuga

VERSTEHEN BERATEN BEGLEITEN

IHR UNTERNEHMEN

Sie müssen auf die Leistungen einer Rechtsabteilung nicht verzichten: adjuga bietet Ihnen ein Beratungskonzept, das in jeder Hinsicht auf die Bedürfnisse Ihres Unternehmens zugeschnitten ist. Profitieren Sie von adjuga als Ihrem Businesspartner.

ANWÄLTE

Die Anwälte der adjuga Rechtsanwaltsgesellschaft verfügen über langjährige Berufserfahrung in allen rechtlichen Fragestellungen von Unternehmen – national und international.

KANZLEI

adjuga wird als Rechtsberater mit dem Ziel tätig, die beste aller möglichen Lösungen für Ihr Unternehmen zu finden. Der Mandant steht im Mittelpunkt der Beratung, die auf langfristige und nachhaltige Lösungen angelegt ist – in rechtlicher, wirtschaftlicher und menschlicher Hinsicht.

adjuga Rechtsanwaltsgesellschaft mbH • Vangerowstraße 16/1
69115 Heidelberg • T +49 6221 43 402 0 • F +49 6221 43 402 22
info@adjuga.com • www.adjuga.com

www.kontext-kom.de

ANZEIGE

UNSER ANTRIEB
ECHTE LEIDENSCHAFT!

Die Stärken von **HAVER & MAILÄNDER** liegen in der internationalen, nationalen und regionalen Vernetzung und dem Verständnis für jeweilige Zusammenhänge. Wir beraten, unterstützen und vertreten unsere Mandanten bei Vertragsgestaltungen, in Verhandlungen oder vor Gericht. Hinter dem Namen **HAVER & MAILÄNDER** steckt aber noch viel mehr als Tradition und Expertise – nämlich echte Leidenschaft, die besten Ergebnisse für unsere Mandanten zu erzielen.

Vor mehr als 50 Jahren gegründet, berät **HAVER & MAILÄNDER** mit derzeit 30 Anwälten am Stammsitz Stuttgart oder im Büro Brüssel im Schwerpunkt mittelständische Unternehmen, Finanzinstitute, die öffentliche Hand oder Privatpersonen auf allen Gebieten des nationalen und internationalen Wirtschafts- und Unternehmensrechts. Wir stellen uns auf die individuellen Bedürfnisse unserer Mandanten ein, fördern den persönlichen Kontakt und arbeiten vertrauensvoll zusammen.
Teamgeist und Leidenschaft, damit sind wir erfolgreich – on court und at court!

HAVER & MAILÄNDER RECHTSANWÄLTE PARTNERSCHAFT mbB
Lenzhalde 83 – 85 · 70192 Stuttgart · Tel.: +49 (0) 711 22744 0 · Fax: +49 (0) 711 29919 35 · info@haver-mailaender.de
www.haver-mailaender.de

ANZEIGE

Squaring the circle.

Exzellente Lösungskompetenz, ein perfektes Gespür für die Probleme und das Geschäft unserer Mandanten und persönlicher Einsatz bestimmen unsere Arbeit – im Tagesgeschäft und vor Gericht. Digital und am Zahn der Zeit.

Insquare Rechtsanwälte ist eine im nationalen und internationalen Wirtschaftsrecht tätige Anwaltssozietät mit Standorten in Stuttgart und Mannheim.

www.insquare.law

Arbeitsrecht
Commercial
Corporate und M&A
IP
Litigation
Public

Kuhn Carl Norden Baum

RECHTSANWÄLTE

Experten

Gesellschaftsrecht
Mergers & Acquisitions
Schwierige wirtschaftsrechtliche Fragen
Bank- und Finanzrecht
Prozessführung und Schiedsverfahren
Private Clients

Dr. Marcus Baum MJur
Michael Rudnau
Dr. Jürgen Rieg
Dr. Christoph Hartmann
Anton Buck, StB
Dr. Christopher Vogl
Jonas Uricher
Rieke Dolde
Ann-Kathrin Schreiner
Dr. Armin Brendle, Of Counsel

Gähkopf 3, D-70192 Stuttgart
T +49 | 0 | 711 | 25 01 93
F +49 | 0 | 711 | 256 73 89
mail@kcnb.de
www.kcnb.de

ANZEIGE

**Die nächste Etappe können Sie mit Taktik erreichen.
Das Ziel nur mit der richtigen Strategie.**

Die **Kanzlei** berät seit 1982 Führungskräfte und Anteilseigner von Unternehmen in wirtschaftsrechtlichen Angelegenheiten. Seit 2003 verfügt die Kanzlei auch über ein leistungsfähiges Notariat.

Wir beraten zu solchen Themen, die für unsere Mandanten von langfristiger Bedeutung sind. Im Mittelpunkt unserer Praxis steht das **Gesellschaftsrecht**. Typische Mandate unserer Kanzlei sind die rechtliche Strukturierung von Unternehmen und Unternehmensgruppen, die Begleitung von Transaktionen im Bereich M&A, die Vertretung in komplexen Auseinandersetzungen sowie die Beratung bei der Nachfolgeplanung.

LENESIS

LEHMANN · NEUNHOEFFER · SIGEL · SCHÄFER

Anwalts- und Notarkanzlei

Bopserwaldstrasse 62, 70184 Stuttgart, Telefon (0711) 2 26 89 12, Telefax (0711) 2 26 89 15, www.lenesis.com

ANZEIGE

Wir knacken auch die harten Nüsse!

Wir sind die Full-Service Kanzlei für den Mittelstand und die öffentliche Hand.

KOBLENZ · BONN · MAINZ · STUTTGART · **www.mmv-recht.de**

NEUSSEL**KPA**

Kompetenz im Wirtschaftsrecht
International. National. Regional.

International Desk | Mergers & Acquisitions | Handels- und Gesellschaftsrecht | Bank- und Kapitalmarktrecht | Sanierung & Insolvenz | Arbeitsrecht | Gewerblicher Rechtsschutz | Öffentliches Recht | Baurecht | Immobilienrecht | Miet- und WEG-Recht | Erbrecht & Unternehmensnachfolge | Compliance | Kartellrecht | Vergaberecht | Stiftungsrecht | Schiedsverfahren & alternative Konfliktlösung | Datenschutzrecht | Versicherungsrecht

Neussel KPA Partnerschaft von Rechtsanwälten mbB

Mainz ● Kaiserstraße

Dr. Walther Neussel, LL.M.
Kai Hußmann
Dr. Stefan Roßkopf, M.B.A.
Jörn Hildner, lic. en droit
Dr. Mark Tomas Birkner
Dr. Christian Doll
Wolfgang Hempler
Catharina Hempler-Kriegel, LL.M.
Madlen Kirschner, LL.M.
Dr. Sascha Lotz, Mag. iur.
Dr. Thomas Schmitt
Klaus Vorpeil
Axel J. Döhr
Karolina Di Federico Mangifesta, LL.M.
Michaela Weber

Kaiserstraße 24a
55116 Mainz
Telefon +49 6131 6260-80
Telefax +49 6131 6260-813
kanzlei@neusselkpa.de

Bad Kreuznach ● AtiQ

Michael Eschenauer
Dr. Jens Hoffmann
Isabel Dittloff
Lutz Günther
Manuel Haevescher
Jürgen Peters
Dr. C. Clemens Traumann
Madelaine Trennheuser, LL.M.
Melanie Vest
Dr. Dieter Leibrock

Dr.-Karl-Aschoff-Straße 9
55543 Bad Kreuznach
Telefon +49 671 84140-0
Telefax +49 671 84140-19
kanzlei@neusselkpa.de

www.neusselkpa.de

ANZEIGE

Wir bieten Lösungen.

- Vermögens- und Unternehmensnachfolge | Erbrecht
- Gesellschaftsrecht
- Umwandlungsrecht
- Kauf und Verkauf von Unternehmen
- Bilanz- und Steuerrecht | Internationales Steuerrecht
- Handels- und Wirtschaftsrecht
- Arbeitsrecht
- Immobilienrecht
- Internationale Rechtsbeziehungen
- Prozessführung und Schiedsgerichtsverfahren

Reith Leisle Gabor Rechtsanwälte | Notar

Stuttgart | Tuttlingen   www.rlg-law.de

ANZEIGE

.law

Auf den Punkt bei Rechtsfragen!

schlatter.law

Schlatter Rechtsanwälte Partnerschaftsgesellschaft mbB
Heidelberg | Kurfürsten-Anlage 59 | 69115 Heidelberg | Telefon: +49 6221 9812-0
Mannheim | Seckenheimer Landstraße 4 | 68163 Mannheim | Telefon: +49 621 4608474-0

ANZEIGE

Kanzlei für
—IP
und Medien
Technologie,

— Wir suchen
künftige Partner.

Büro Karlsruhe
Vogel & Partner Rechtsanwälte mbB
Erbprinzenstraße 27
D-76133 Karlsruhe
Tel. +49 721 78 20 27 0
Fax +49 721 78 20 27 27
info@vogel-partner.eu

Büro Stuttgart
Vogel & Partner Rechtsanwälte mbB
Königsbau-Passagen
Königstraße 26
D-70173 Stuttgart
Tel. +49 711 24 83 95 200
Fax +49 711 24 83 95 205
info@vogel-partner.eu

Ideen haben keine Schutzengel.
Sie haben uns.®

 Nichts ist zerbrechlicher und flüchtiger als eine Idee – und kaum etwas kostbarer. Deshalb gebühren Ideen viel Aufmerksamkeit und Zuwendung. Wir zeigen Ihnen, wie Sie den Schutz bekommen, den Sie verdienen.

WITTEWELLER
Führend im Schutz Ihrer Ideen.

WITTE, WELLER & PARTNER PATENTANWÄLTE MBB
KÖNIGSTRASSE 5 | 70173 STUTTGART
TELEFON 0711-66 669-0 | FAX 0711-66 669-99
WWW.WWP.DE | POST@WWP.DE

ZINNBÖCKER RECHTSANWÄLTE
EINE DER FÜHRENDEN CORPORATE-BOUTIQUEN IN DER REGION

Der Schwerpunkt unserer Kanzlei liegt in der Beratung und Vertretung bei wirtschaftsrechtlichen, grenzüberschreitenden Rechtsfragen und Transaktionen.

Im Ausland erworbene Praxis und Abschlüsse, ausländische Zulassungen sowie langjährige Erfahrung bilden die Grundlage unserer internationalen Ausrichtung.

Länderschwerpunkte
- Spanien
- Mexiko / Lateinamerika
- Rumänien
- Frankreich

Tätigkeitsschwerpunkte
- Unternehmenskäufe / Restrukturierungen
- Gesellschaftsrecht
- Finanzierungen
- Handelsrecht / Vertriebsrecht
- Arbeitsrecht
- Schiedsverfahrensrecht
- Internationales Wirtschaftsrecht

ZinnBöcker Rechtsanwälte
Partnerschaftsgesellschaft mbB
Friedrichsplatz 10, D-68165 Mannheim
Telefon +49 (0)621 178 2382
www.zinnboecker.com
office@zinnboecker.com

Region: Süden
(München, Bayern)

423 München
434 Bayern

Eine neue kritische Masse entsteht

Es ist schon fast eine Binsenweisheit, dass München hinter Frankfurt den Spitzenplatz unter den Anwaltsstandorten einnimmt und Düsseldorf überholt hat. Und die Tatsache, dass es in München im vergangenen Jahr mehr Partnerernennungen in den JUVE Top 50 gab als in Frankfurt, zeigt, dass die Zukunft des Anwaltsstandorts München langfristig gesichert ist. Galt lange Hamburg als Gründungsmekka für junge Kanzleien, ist mittlerweile auch die Zahl neu gegründeter Kanzleien an der Isar durchaus beachtlich. Allein im vergangenen Jahr gingen neue Boutiquen im Strafrecht (**Fröba Dominok**), in der Restrukturierung (**DMR Moser Degenhart Ressmann**) und vor allem natürlich im Gesellschaftsrecht an den Start. **GreenGate** beispielsweise ist eine Abspaltung der Venture-Capital-Kanzlei **Weitnauer**, **Momentum Gold Wied Heilmeier** ist eine Gruppe erfahrener Anwälte, die zuvor teils in Boutiquen, teils in MDP-Kanzleien tätig waren, und hinter **Massing Werner** stehen ehemalige Inhouse-Anwälte von Aurelius.

Auch mehrere wirtschaftliche Gründe sprechen für München als gutes Anwaltspflaster. Seit jeher gibt es in der Stadt Private-Equity- und Venture-Capital-Investoren, aber auch beträchtliche Kapitalmengen, die in Family Offices (oft bei den Unternehmern der großen süddeutschen Mittelständlern angesiedelt) liegen. Diese haben sich längst als interessantes Revier für sogenannte Großkanzlei-Spin-offs erwiesen, zu denen etwa **GLNS**, **Gütt Olk Feldhaus** oder **Martius** zählen, weil sie gute Kontakte zu den lokalen Investorenkreisen haben. Auch für Kanzleien mit immobilienrechtlichen Praxen sind insbesondere Family Offices strategisch wichtige Mandanten, weil sie unabhängig von Krisen und Markttrends agieren und ihr Geld in Immobilienprojekte investieren wollen. Kaum verwunderlich also, dass einige Kanzleien ihre Teams signifikant verstärkt haben – allen voran **Rittershaus**, die unter anderem in München ein großes Team von **Arnecke Sibeth Dabelstein** an Bord nahm, sowie **Norton Rose Fulbright** mit Anwälten von **Simmons & Simmons**.

New York, Boston, Frankfurt, München

Andere bedeutende Entwicklungen auf dem Anwaltsmarkt kamen von US-Kanzleien. **Goodwin Procter** stellte bereits 2021 in München ansässige Anwälte ein, die von einem temporären Büro in der Stadt aus arbeiteten, ließ sich mit der offiziellen Bestätigung ihres zweiten deutschen Büros aber noch bis April 2022 Zeit. Es ist auch ein offenes Geheimnis, dass eine andere transaktionsorientierte US-Kanzlei, ebenfalls mit Frankfurter Büro, im Begriff war, in München zu eröffnen, diesmal **Willkie Farr & Gallagher**. Zum Startteam gehörten ein Restrukturierungspartner von **Kirkland & Ellis** und eine etablierte Arbeitsrechtspartnerin von **Latham & Watkins**.

Seit Jahrzehnten in München ist bereits **Shearman & Sterling**, allerdings mit stark schwankender Präsenz. Nach dem Gewinn von **Linklaters**-Partnern im vergangenen Jahr hat die Kanzlei schnell gehandelt und durch weitere kluge Personalia ihre Münchner Corporate-Praxis aus dem Winterschlaf geholt.

Die folgenden Kapitel behandeln Kanzleien, die in ihrer Region eine besondere Bedeutung und Reputation genießen. Typischerweise decken diese Kanzleien viele Teilbereiche des Wirtschaftsrechts ab. Eine tabellarische Übersicht erfasst ergänzend regional ansässige und auf nur wenige Fachgebiete ausgerichtete Kanzleien. Die Übersicht weist zugleich die Fachkapitel aus, in denen Informationen zu diesen Kanzleien zu finden sind.

JUVE KANZLEI DES JAHRES IM SÜDEN

SIMMONS & SIMMONS

Das Münchner Büro der GB-Kanzlei ist klarer Profiteur der neuen Standortpolitik der Gesamtkanzlei in Deutschland. Stärker als zuvor hat Simmons & Simmons die inhaltlichen Schwerpunkte ihrer Büros definiert und daran ihre Personalpolitik ausgerichtet. Ergebnis ist für das Münchner Team eine höhere Marktpräsenz in bestimmten Segmenten.

Die Corporate-Praxis wuchs schon vor zwei Jahren durch **Dr. Fabian von Samson-Himmelstjerna**, was vor allem dazu geführt hat, dass Simmons im Private-Equity-Markt deutlich visibler geworden ist. Sowohl eine Reihe von Deals für Portfoliounternehmen von bekannten Private Equity-Häusern als auch Venture Capital-Deals für Kinnevik belegen die gute Entwicklung.

Darüber hinaus hat das Büro den Ausbau der patentrechtlichen Themen konsequent weiter vorangetrieben und München zum Hauptstandort der Praxis gemacht. Praxisgruppenleiter **Dr. Peter Meyer** bisher am Düsseldorfer Standort tätig, wechselte in das Münchner Büro. Quasi parallel gelang Simmons ein großer u. seltener Coup mit dem signifikanten Ausbau der Patentpraxis mit einem sechsköpfigen Team aus der renommierten Boutique **Isenbruck Bösl Hörschler**.

Zum Erfolg trug auch die Finanzierungspraxis um **Michaela Sopp** bei, die ihr Profil insbesondere in Münchner Bankenkreisen deutlich schärfte, was vor allem am gefragten Restrukturierungsschwerpunkt liegt.

München

ACURIS
München ★

Bewertung: Als Corporate- u. Transaktionsboutique bedient Acuris einen treuen Mandantenstamm v.a. aus Familienunternehmen, börsennot. Mittelständlern, deren Gesellschaftern sowie einigen kleineren Finanzinvestoren. Die intensive Befassung mit Mid-Cap-Deals u. Governance-Fragen zeigt, dass die Kanzlei inhaltl. bestens positioniert ist für den aktuellen Beratungsbedarf. Kehrseite der Medaille ist der fehlende Associate-Unterbau, der ihren Aktionsradius begrenzt.
Oft empfohlen: Dr. Hubert Krieger (Gesellschaftsrecht/M&A), Dr. Dirk Stahlberg (Gesellschaftsrecht, M&A, Nachfolge/Vermögen/Stiftungen)
Team: 5 Eq.-Partner, 1 Sal.-Partner, 1 Associate
Schwerpunkte: Gesellschaftsrecht/M&A, Finanzierung u. Kapitalmarktrecht (v.a. Fonds), Arbeitsrecht (u.a. Restrukturierungen), Prozesse (u.a. D&O-Haftung), Steuerrecht sowie zu Unternehmens- u. Vermögensnachfolge. Beratung auch im österr. Recht. Datenschutz.
Mandate: Ringmetall zu Kauf von Rhein-Plast; Blue Cap, Dr. Hönle, eCount, Ringmetall lfd. gesellschaftsrechtl.; Druckerei arbeitsrechtl. im Zshg. mit Betriebsschließung u. Teilverkauf; Aufsichtsrat einer Verwertungsgesellschaft zu Vorstandsvergütung u. betriebl. Altersvorsorge.

ADVANT BEITEN
München ★★★

Detaillierte Informationen zu dieser Kanzlei finden Sie in den jeweiligen Fachkapiteln sowie im ▷*Nationalen Überblick Top 50*.
Bewertung: Full-Service-Kanzlei mit herausragender ▷*Arbeitsrechtspraxis* in München; besonders viel Erfahrung bei Transaktionen mit China-Bezug.
Team: 19 Eq.-Partner, 36 Sal.-Partner, 27 Associates, 1 of Counsel
Partnerwechsel: Dr. Christoph Seidl, Dr. Stefan Fink (beide zu Eversheds Sutherland; Immobilienrecht); Dr. Sebastian Kroll (von Ruge Krömer; Arbeitsrecht)
Schwerpunkte: Datenschutz; Energie; ▷*Gesellsch. recht*; ▷*Immo/Bau*; Insolvenz/Restrukturierung; IT; ▷*Kartellrecht*; ▷*Konfliktlösung*; ▷*M&A*; ▷*Marken u. Wettbewerb*; ▷*Medien*; Patent; ▷*Presse*; ▷*Private Equity u. Venture Capital*; Sport; ▷*Vergabe*; Vertrieb.
Mandate: Siehe Fachkapitel.

ALLEN & OVERY
München ★★★★

Detaillierte Informationen zu dieser Kanzlei finden Sie in den jeweiligen Fachkapiteln sowie im ▷*Nationalen Überblick Top 50*.
Bewertung: Breit aufgestelltes, aber personell überschaubares Münchner Büro, mit starken Partnern im Finanzsektor (▷*Kredite*) sowie im Steuerrecht.
Team: 7 Partner, 7 Counsel, 22 Associates
Partnerwechsel: Dr. Joachim Feldges (in eigene Kanzlei)
Schwerpunkte: ▷*Gesellsch.recht*; ▷*Insolvenz/Restrukturierung*; ▷*Konfliktlösung*; ▷*Kredite u. Akqu. fin.*; ▷*M&A*; ▷*Patent*; ▷*Private Equity*; Steuern.
Mandate: Siehe Fachkapitel.

München

CMS Hasche Sigle
Hengeler Mueller
Hogan Lovells
Milbank
Noerr

★★★★

Freshfields Bruckhaus Deringer
Latham & Watkins
Linklaters
Poellath

★★★★

Allen & Overy
Baker McKenzie
Clifford Chance
Gibson Dunn & Crutcher
Gleiss Lutz
Kirkland & Ellis

★★★

Eversheds Sutherland
Jones Day
McDermott Will & Emery
Taylor Wessing

Advant Beiten
Baker Tilly
Dissmann Orth
DLA Piper
GLNS
GSK Stockmann
Gütt Olk Feldhaus
Heuking Kühn Lüer Wojtek
Lutz Abel
Pinsent Masons
Sernetz Schäfer
SKW Schwarz

Fortsetzung nächste Seite

ARNECKE SIBETH DABELSTEIN
München ★

Bewertung: Eine Stärke des Münchner Büros von ASD liegt in der immobilien- u. baurechtl. Beratung. Allerdings musste die Kanzlei im verg. Herbst den Wechsel eines größeren Teams um den erfolgr. Immobilientransaktionsspezialisten Grünwald zu Rittershaus hinnehmen, der das Team nicht nur nominell schwächt. Dennoch ist die Kanzlei weiterhin regelm. für etl. gr. Immobilienunternehmen im Einsatz u. berät auch eine Reihe von Großkonzernen lfd. in immobilien- u. baurechtl. Fragen. In der Beratung der Transport- u. Verkehrsbranche sowie dem Versicherungsrecht war ASD ohnehin gut aufgestellt, u. konnte so den coronagetriebenen Beratungsboom gut auffangen. U.a. coronabedingt hat auch die standortübergr. Arbeit der Büros zugenommen, was sich u.a. an der zunehmend standortübergr. Zusammenstellung der Transaktionsteams zeigt.
Oft empfohlen: Thomas Richter (Immobilien- u. Baurecht)
Team: 15 Eq.-Partner, 3 Sal.-Partner, 5 Counsel, 15 Associates, 1 of Counsel
Partnerwechsel: Stephan Kleber (Immobilien- u. Baurecht; von BMMF), Daniel Bens (von Buse; Vergaberecht), Dr. Michael Grünwald, Dr. Florian Hänle, Ulrich Loetz, Dr. Marina Schäuble, Thomas Hartl (alle Immobilienrecht), Dr. Wolfgang Patzelt, Dr. Daniel Pflüger (beide Baurecht; alle zu Rittershaus)
Schwerpunkte: ▷*Immobilien- u. Baurecht*, in Verbindung mit Gesellschaftsrecht/M&A/Finance, auch zu steuerrechtl. Themen. Versicherungsrecht. ▷*Vergabe*.

REGION SÜDEN MÜNCHEN

München Fortsetzung

★★

- Heussen
- Honert
- Kantenwein Zimmermann Spatscheck & Partner
- Norton Rose Fulbright
- Orrick Herrington & Sutcliffe
- Osborne Clarke
- Peters Schönberger & Partner
- Reed Smith
- Sidley Austin

★★

- Ashurst
- Bird & Bird
- Dechert
- Dentons
- Görg
- Luther
- Martius
- Shearman & Sterling
- Simmons & Simmons
- SNP Schlawien
- Watson Farley & Williams
- Weil Gotshal & Manges
- Zirngibl

★

- Acuris
- Arnecke Sibeth Dabelstein
- von Boetticher
- GvW Graf von Westphalen
- Rödl & Partner
- Seufert

Die Auswahl von Kanzleien und Personen in Rankings und tabellarischen Übersichten ist das Ergebnis umfangreicher Recherchen der JUVE-Redaktion. Sie ist in 2erlei Hinsicht subjektiv: Die Aussagen der befragten Quellen sind subjektiv u. spiegeln deren Erfahrungen u. Einschätzungen. Die JUVE-Redaktion wiederum analysiert die Rechercheergebnisse unter Einbeziehung ihrer eigenen Marktkenntnis. Der JUVE Verlag beabsichtigt keine allgemeingültige oder objektiv nachprüfbare Bewertung. Es ist möglich, dass eine andere Recherchemethode zu anderen Ergebnissen führt. Innerhalb einzelner Gruppen in Rankings und tabellarischen Übersichten sind Kanzleien und Personen alphabetisch sortiert.

Mandate: UCC Holding (CH) zu Kauf von Jäger inkl. Rückbeteiligung der Verkäufer; Waterland zu Kauf eines Blumengroßhändlers; Devialet, Frontify, Kinova lfd. gesellschaftsrechtl.; Barmherzige Brüder zu mehreren Klinikbauvorhaben; Glaubensgemeinschaft zu Bau von Bildungscampus u. kirchlichem Zentrum; Abwasserverband vergaberechtl. zu Ausschreibung im Zshg. mit Sanierung einer Kläranlage; Vertriebsgesellschaft u.a. zu Vertrieb- u. Kennzeichnungsfragen.

ASHURST
München ★★

Detaillierte Informationen zu dieser Kanzlei finden Sie in den jeweiligen Fachkapiteln sowie im ▷Nationalen Überblick Top 50.
Bewertung: Das Münchner Büro bildet den Schwerpunkt der ▷M&A-Praxis für Industriemandanten in Deutschland, wird aber auch bei Technologiedeals immer präsenter. Daneben auch Finanzierungspraxis (▷Kredite), v.a. für Private-Equity-Kreditnehmer.
Team: 6 Partner, 4 Counsel, 6 Associates

Partnerwechsel: Dr. Martin Eimer (von Pinsent Masons; Prozessführung)
Schwerpunkte: ▷Gesellsch.recht; ▷Insolvenz/Restrukturierung; ▷Kartellrecht; ▷Konfliktlösung; ▷Kredite u. Akqu.fin.; ▷M&A; ▷Private Equ. u. Vent. Capital.
Mandate: Siehe Fachkapitel.

BAKER MCKENZIE
München ★★★★

Detaillierte Informationen zu dieser Kanzlei finden Sie in den jeweiligen Fachkapiteln sowie im ▷Nationalen Überblick Top 50.
Bewertung: Kanzlei mit gut funktionierendem ww. Netzwerk, dementsprechend v.a. Mandate mit internat. Bezug, u.a. für zahlreiche Konzerne der Region. Breit aufgestellt. Renommierte ▷Arbeitsrechts- u. ▷Vertriebsrechtspraxis in München.
Team: 8 Eq.-Partner, 7 Sal.-Partner, 4 Counsel, 27 Associates, 2 of Counsel
Partnerwechsel: Dr. Constanze Ulmer-Eilfort (zu Peters Schönberger & Partner; Pharmarecht), Jochen Herr (zu Finnegan Henderson Farabow Garrett & Dunner; Patentrecht)
Schwerpunkte: ▷Arbeit; ▷Compliance; ▷Gesellsch. recht; ▷Gesundheit; ▷Immo/Bau; ▷IT u. Datenschutz; Insolvenz/Restrukturierung; ▷Konfliktlösung; ▷Kredite u. Akqu.fin.; ▷M&A; Patent; ▷Private Equ. u. Vent. Capital; ▷Vertrieb; Steuern.
Mandate: Siehe Fachkapitel.

BAKER TILLY
München ★★★

Bewertung: Die gesellschafts- u. steuerrechtl. Beratung bildet weiterhin den Schwerpunkt am Münchner Standort der MDP-Kanzlei. Abseits der klass. gesellschaftsrechtl. Beratung, auf die u.a. die ADAC Luftrettung setzt, begleitet BT Unternehmen sowohl zu Compliance- als zu Corporate-Governance-Fragen. Darüber hinaus sind die Anwälte bei Transaktionen visibel. Hier beraten sie Unternehmen, aber auch PE-Investoren. Mit dem Zugang von Fridgen, der samt Team zu BT wechselte, baute die Kanzlei nun eine Praxis für die Insolvenz- u. Restrukturierungsberatung am Münchner Standort auf – ein Beratungsfeld, das die Kanzlei zwar grundsätzl. bundesw. bedient, am Münchner Standort aber noch eine offene Flanke hatte.
Stärken: Integrierte gesellschafts- u. steuerrechtl. Beratung.
Oft empfohlen: Dr. Thomas Gemmeke, Stephan Zuber (beide Gesellschaftsrecht/M&A), Wolfgang Richter, Oliver Hubertus (beide Steuerrecht)
Team: 11 Partner, 19 Associates, 2 of Counsel
Partnerwechsel: Dr. Alexander Fridgen (von Spliedt; Insolvenz u. Restrukturierung); Dr. Raphael Suh (von Dentons; Gesellschaftsrecht/M&A)
Schwerpunkte: ▷Gesellsch.recht, u.a. Restrukturierungen, ▷M&A u. Finanzierungen umf. rechtl., steuerl. u. betriebswirtschaftlich, auch Arbeitsrecht, ▷Nachfolge/Vermögen/Stiftungen, Steuer-, ▷Wirtschafts- u. Steuerstrafrecht u. Konfliktlösung. Mandanten: z.T. bedeutende mittelständ. u. börsennot. Unternehmen. Zudem Privatvermögende, institutionelle Investoren, Stiftungen/NPO u. Kliniken.
Mandate: ADAC Luftrettung gesellschaftsrechtl. sowie zu Compliance-Themen in Verbindung mit Fremdpersonaleinsatz; EHC Red Bull, Institut für Auslandsbeziehungen, Minaris Regenerative Medicine, Stackrox jew. arbeitsrechtl.; Nanostone Water zur Einführung von Kurzarbeit u. zu Widerspruchsverfahren; Giesecke+Devrient außenwirtschaftsrechtl.; TMS Trendmarketing Service zu Nachfolgethemen; Hitec Global Holding zu Verkauf des Deutschland-Geschäfts an Morris Group; Cteam Group, IBG Industriebeteiligungsgesellschaft zu Etablierung von Hinweisgebersystem u. als Ombudsperson.

BIRD & BIRD
München ★★

Detaillierte Informationen zu dieser Kanzlei finden Sie in den jeweiligen Fachkapiteln sowie im ▷Nationalen Überblick Top 50.
Bewertung: Ausgeprägter Technologiefokus im Münchner Büro, marktführend im ▷Patentrecht (sowohl Anmeldung als auch Litigation). Teams in ▷Gesellschaftsrecht u. ▷M&A beraten v.a. US-Westküstenunternehmen aus der Technologiebranche.
Team: 19 Partner, 15 Counsel, 40 Associates, 1 of Counsel
Schwerpunkte: ▷Arbeit; ▷Energie; ▷Gesellsch.recht; ▷IT u. Datenschutz; ▷M&A; ▷Marken u. Wettbewerb; Medien; ▷Patent; ▷Vergabe; ▷Verkehr; ▷Vertrieb.
Mandate: Siehe Fachkapitel.

MÜNCHEN SÜDEN REGION

VON BOETTICHER
München

Bewertung: Wie viele vergleichb. strukturierte Boutiquen hatte v. Boetticher mit dem M&A-Boom der verg. Jahre alle Hände voll zu tun. Von Wettbewerbern unterscheidet sie sich hingegen durch den großen Anteil ausl. Mandanten, die sie sowohl bei Outbound- als auch Inbound-Transaktionen begleitet. Zugute kam ihr außerdem der etablierte Healthcare- u. Pharmaschwerpunkt, denn diese Branchen sind nicht erst seit der Pandemie stark nachgefragt. Die Dealkonjunktur deckt aber zugleich, ähnlich wie bei Wettbewerberin Acuris, die Schwächen auf: Mit dem Aufbau einer Associate-Mannschaft tun sich die Partner noch immer schwer, was ihnen in der Mandatsarbeit kapazitätsmäßig Grenzen setzt.

Stärken: Pharmarecht; Gesellschaftsrecht; IT.

Oft empfohlen: Dr. Stephan Rettenbeck, Jens Horstkotte, Bernhard Maierhofer (alle Gesellschaftsrecht/M&A), Dr. Claudia Böhm (v.a. Pharmarecht), Dr. Angelika Hoche, Sven Schlotzhauer (beide IT-Recht)

Team: 9 Partner, 1 Associate

Partnerwechsel: Dr. Oliver Stöckel (zu SKW Schwarz; Pharmarecht)

Schwerpunkte: Breite Praxis in ▷Gesellschaftsrecht u. ▷M&A, mit gewissem Technologie-/▷IT-Fokus sowie trad. starke Immobilien(fonds)kompetenz u. integrierter bank- u. kapitalmarktrechtl. Beratung. Eigenständige Pharmapraxis (▷Gesundheit). Starke Überschneidungen zum Marken-/Wettbewerbsrecht.

Mandate: Dt. Pharmunternehmen bei Finanzierungsrunde; Family Office zu Kauf eines Körperpflegeunternehmens; forschendes Pharmunternehmen zu Aktien- u. Kapitalmarktrecht, Finanzierung sowie BaFin-Verfahren zur Gestattung eines WIB; dt. Immobilienunternehmen, Global Healthcare Exchange, internat. Personaldienstleister lfd. gesellschaftsrechtl.; diverse dt. Publikumsgesellschaften in gesellschaftsrechtl. Streitigkeiten; Stellantis (vormals: PSA Automobiles) IT-rechtlich bei Vertragsverhandlungen mit Harman Connected Services im Zshg. mit Connected-Car-Plattform mit Huawei; Onlinedatingportale IT- u. datenschutzrechtlich.

CLIFFORD CHANCE
München

Detaillierte Informationen zu dieser Kanzlei finden Sie in den jeweiligen Fachkapiteln sowie im ▷Nationalen Überblick Top 50.

Bewertung: Stark in ▷M&A u. ▷Private Equity inkl. Fondsstrukturierung, auch bekannte Finanzierungspraxis. Lange Tradition bei deutsch-chinesischen Transaktionen.

Team: 8 Partner, 7 Counsel, 15 Associates

Schwerpunkte: ▷Energie; ▷Gesellsch.recht; ▷Immo/Bau; ▷Investmentfonds; ▷Konfliktlösung; ▷Kredite u. Akqu.fin.; ▷M&A; ▷Private Equ. u. Vent. Capital; ▷Unternehmensbez. Versichererberatung; ▷Vertrieb.

Mandate: Siehe Fachkapitel.

CMS HASCHE SIGLE
München ★★★★★

Detaillierte Informationen zu dieser Kanzlei finden Sie in den jeweiligen Fachkapiteln sowie im ▷Nationalen Überblick Top 50.

Bewertung: Sehr breit aufgestelltes Münchner Büro. Marktführende ▷Private-Equity- u. Venture-Capital-Praxis, u.a. im Bereich Biotech; sehr angese-

---

Münchner Kanzleien mit Besprechung nur in Rechtsgebieten

Altenburg	▷Arbeit
Ampersand	▷Patent
Anchor	▷Insolvenz/Restrukturierung
Annerton	▷Bankrecht u. -aufsicht
Arqis	▷Gesellsch.recht ▷M&A ▷Private Equ. u. Vent. Capital
AssmannPeiffer	▷Energie
AWB Rechtsanwälte	▷Außenwirtschaft
Bardehle Pagenberg	▷Marken u. Wettbewerb ▷Patent
Dr. Basty und Dr. Frank	▷Notare
BBL Brockdorff	▷Insolvenz/Restrukturierung
Dr. Beck & Partner	▷Insolvenz/Restrukturierung
Becker Büttner Held	▷Energie
BLD Bach Langheid Dallmayr	▷Konfliktlösung ▷Unternehmensbez. Versichererberatung ▷Versicherungsvertragsrecht
Boehmert & Boehmert	▷Marken u. Wettbewerb ▷Patent
Bosch Jehle	▷Patent
Braun-Dullaeus Pannen Emmerling	▷Patent
Brehm & v. Moers	▷Medien
Buntscheck	▷Kartellrecht
CBH Rechtsanwälte	▷Patent
Clyde & Co.	▷Unternehmensbez. Versichererberatung ▷Versicherungsvertragsrecht
CSW	▷IT u. Datenschutz
Deloitte Legal	▷Arbeit ▷M&A
df-mp Dörries Frank-Molnia & Pohlman	▷Patent
dkm Rechtsanwälte	▷Arbeitnehmer
Eckstein & Kollegen	▷Wirtschafts- u. Steuerstrafrecht
Ego Humrich Wyen	▷Gesellsch.recht ▷Konfliktlösung ▷Private Equ. u. Vent. Capital
Ehlers Ehlers & Partner	▷Gesundheit
Eisenführer Speiser	▷Patent
Elsässer	▷Insolvenz/Restrukturierung
EY Law	▷Gesellschaftsrecht
Fieldfisher	▷Gesundheit ▷Energie
Flick Gocke Schaumburg	▷Investmentfonds ▷Nachfolge/Vermögen/Stiftungen
Gerloff Liebler	▷Insolvenz/Restrukturierung
Kanzlei Gerstberger	▷Lebensmittel
Glock Liphart Probst & Partner	▷Öffentl. Recht
GND Geiger Nitz Daunderer	▷Gesundheit
Grub Brugger	▷Insolvenz/Restrukturierung ▷Wirtschafts- u. Steuerstrafrecht
Grünecker	▷Marken u. Wettbewerb ▷Patent
Gulde & Partner	▷Patent
Haellmigk	▷Außenwirtschaft
HFK Heiermann Franke Knipp und Partner	▷Immo/Bau

Fortsetzung nächste Seite

REGION SÜDEN MÜNCHEN

Münchner Kanzleien mit Besprechung nur in Rechtsgebieten Fortsetzung

Hoffmann Eitle	▷*Marken u. Wettbewerb* ▷*Patent*
Hoyng ROKH Monegier	▷*Patent*
Jaffé	▷*Insolvenz/Restrukturierung*
Jahn Hettler	▷*Immo/Bau*
K&L Gates	▷*M&A*
Kaltwasser	▷*Gesundheit*
Kapellmann und Partner	▷*Immo/Bau* ▷*Verkehr*
Keller Menz	▷*Arbeit*
Jens Kirchner Prof. Thomas Reich	▷*Notare*
Klaka	▷*Marken u. Wettbewerb* ▷*Patent*
Kliemt	▷*Arbeit*
König Szynka Tilmann von Renesse	▷*Patent*
KPMG Law	▷*Gesellsch.recht* ▷*M&A* ▷*Vergabe*
Kraus Donhauser	▷*Vergabe*
Kraus Sienz & Partner	▷*Immo/Bau*
Lausen	▷*Medien*
Lederer & Keller	▷*Patent*
Leisner Steckel Engler	▷*Wirtschafts- u. Steuerstrafrecht*
Leitner & Kollegen	▷*Wirtschafts- u. Steuerstrafrecht*
Lorenz Seidler Gossel	▷*Marken u. Wettbewerb* ▷*Patent*
Lubberger Lehment	▷*Marken u. Wettbewerb*
Maat	▷*Arbeit*
Maikowski & Ninnemann	▷*Patent*
Maiwald	▷*Patent*
von Máriássy Dr. von Stetten	▷*Wirtschafts- u. Steuerstrafrecht*
Prof. Dr. Dieter Mayer	▷*Notare*
Meissner Bolte	▷*Marken u. Wettbewerb* ▷*Patent*
Meisterernst	▷*Gesundheit* ▷*Lebensmittel*
Meyer Rechtsanwälte	▷*Lebensmittel*
MFG Meyer-Wildhagen Meggle-Freund Gerhard	▷*Patent*
Michalski Hüttermann & Partner	▷*Patent*
Mitscherlich	▷*Patent*
Prof. Dr. Müller & Partner	▷*Wirtschafts- u. Steuerstrafrecht*
Müller-Heydenreich Bierbach & Kollegen	▷*Insolvenz/Restrukturierung*
Peterreins Schley	▷*Patent*
Pfordte Bosbach	▷*Wirtschafts- u. Steuerstrafrecht*
Pluta	▷*Insolvenz/Restrukturierung*
Pöhlmann Früchtl Oppermann	▷*Vertrieb*
Pohlmann & Company	▷*Compliance*
Preu Bohlig & Partner	▷*Marken u. Wettbewerb* ▷*Patent* ▷*Gesundheit*
PricewaterhouseCoopers Legal	▷*Gesellsch.recht* ▷*M&A* ▷*Nachfolge/Vermögen/Stiftungen*
Prinz & Partner	▷*Patent*

Fortsetzung nächste Seite

---

nes Konfliktlösungsteam (▷*Konfliktlösung*) mit internat. renommierten Schiedsrechtlern u. Iran-Experten.
Team: 26 Eq.-Partner, 2 Sal.-Partner, 17 Counsel, 42 Associates, 1 of Counsel
Schwerpunkte: ▷*Arbeit*; ▷*Außenwirtschaft*; ▷*Compliance*; ▷*Gesellsch.recht*; ▷*Immo/Bau*; ▷*IT u. Datenschutz*; ▷*Konfliktlösung*; ▷*M&A*; ▷*Private Equ. u. Vent. Capital*; Steuer; ▷*Telekommunikation*; ▷*Vergabe*; ▷*Vertrieb*.
Mandate: Siehe Fachkapitel.

DECHERT
München
Bewertung: Das Münchner Büro der Kanzlei unter Pappalardo ist eine etablierte, wenn auch noch relativ kleine Praxis mit 2 erfolgr. Schwerpunkten. Prägend für die Praxis in München ist ein Transaktionsteam mit einem starken Fokus auf Technologieunternehmen, das durch den Zugang von Stühler verstärkt wurde, der eine Reihe ehem. Private-Equity-Mandanten mitbrachte. Pappalardo war bei Stammmandanten wie OneFootball u. insbes. Lezada stark in die grenzüberschr. Arbeit involviert. Dass nun auch die jüngeren Partner in das internat. Netzwerk eingebunden sind, erzeugt einen zuverlässigen Dealflow. Der 2. wichtige Pfeiler bleibt die Investmentfondspraxis, die trotz Abgängen in Ffm. sowohl starkes originäres Geschäft in Dtl. hat als auch Teil des großen internat. Teams ist.
Stärken: ▷*Investmentfonds*; ▷*Private Equ. u. Vent. Capital*.
Oft empfohlen: Federico Pappalardo (M&A/Private Equity u. Venture Capital), Dominik Stühler (Private Equity), Angelo Lercara, Hans Stamm (beide Investmentfonds)
Team: 4 Eq.-Partner, 2 Sal.-Partner, 4 Counsel, 9 Associates
Schwerpunkte: Trad. transaktionsfokussierte Praxis: ▷*M&A*, ▷*Private Equ. u. Vent. Capital*. Langj. Investmentfondspraxis. Kartellrecht, Finanzierung, auch Kapitalmarktrecht. Gute Verbindungen nach Italien.
Mandate: &ever bei Verkauf an Kalera AS; Vestiaire bei Kauf von Tradesy; OneFootball bei €300-Millionen-Serie-D-Finanzierungsrunde; Safran Corporate Ventures bei Beteiligung an SkyFive; Vestiaire bei Finanz.-Runde mit Kering u. Tiger Global Management; Cipio, Wellington u.a. bei Verkauf von EyeEm Group; VIA optronics bei Börsengang an NYSE; lfd. gesellschaftsrechtl.: Lazada-Gruppe u. OneFootball; Aukera Real Estate bei Strukturierung eines Real-Estate-Debt-Fonds; Swiss Capital Alternative Investments bei Auflage einer globalen Fondsplattform; Altarius Asset Management bei Auflage mehrerer VC-Fonds.

DENTONS
München
Detaillierte Informationen zu dieser Kanzlei finden Sie in den jeweiligen Fachkapiteln sowie im ▷*Nationalen Überblick Top 50*.
Bewertung: Das Münchner Büro der internat. Full-Service-Kanzlei zeichnet sich u.a. durch seine erfahrenen Partner für ▷*M&A-Transaktionen* u. Bank- u. Finanzrecht aus. Enge Zusammenarbeit mit anderen Büros der Kanzlei.
Team: 6 Eq.-Partner, 4 Sal.-Partner, 9 Counsel, 23 Associates, 1 of Counsel
Schwerpunkte: ▷*Anleihen*; ▷*Arbeit*; ▷*Beihilfe*; ▷*Energie*; ▷*Gesellsch.recht*; ▷*Gesundheit*; ▷*Immo/Bau*; In-

solvenz/Restrukturierung; ▷Kartellrecht; ▷Konfliktlösung; ▷M&A; ▷Private Equ. u. Vent. Capital; Steuern; ▷Vergabe; ▷Verkehr.
Mandate: Siehe Fachkapitel.

DISSMANN ORTH
München ★★★

Bewertung: Dass Wettbewerber die Münchner Traditionsadresse gelegentl. als „das Gegenteil einer dyn. Kanzlei" beschreiben, ist als Kompliment zu verstehen: Teils seit Jahrzehnten setzt eine mittelständ. geprägte, oft hoch vermögende Stammklientel auf die kombinierte Beratung der DO-Partner im Gesellschafts- u. Steuerrecht, häufig auch zu Nachfolgefragen. Dennoch: Getrieben durch die gewandelten Bedürfnisse von Mandanten, die bspw. deutl. mehr Spezialkompetenz bei Venture-Capital-Investments nachfragen, ändert sich auch das Profil der DO-Anwälte von Generalisten zur Besetzung von Spezialthemen. Das verschafft DO noch mehr Möglichkeiten, ihren Markenkern, der in der enormen fachl. Reputation ihrer Berater steckt, weiter zu stärken.
Stärken: Kombinierte, mittelstandsfokussierte Beratung; ▷Gesellsch.recht u. Aktienrecht; Steuern; ▷Nachfolge/Vermögen/Stiftungen.
Oft empfohlen: Dr. Jochen Ettinger, Thomas Wieland, Dr. Arne Friese, Dr. Tobias Beuchert, Dr. Martin Lohse, Dr. Hermann Orth, Dr. Armin Hergeth (alle Gesellschaftsrecht/Steuerrecht)
Team: 8 Eq.-Partner, 1 Sal.-Partner, 3 Associates, 2 of Counsel
Schwerpunkte: Steuerl. u. gesellschaftsrechtl. Beratung unternehmerischer u. familiärer Großvermögen, inkl. Aktienrecht (auch HV-Beratung), ▷M&A, gesellschaftsrechtl. Streitigkeiten, ▷Nachfolgeberatung. Über langj. Kontakte auch auslandsbezogene Beratung.
Mandate: Gesellschafter von Mobiheat im Zshg. mit dem Kauf der Mehrheitsanteile durch Mainova AG; Arculus Gesellschafter bei Verkauf an Jungheinrich; Schweizer Kapital Global Impact Fund zu div. Start-up-Investments; Tacto Technology zu Seed-Finanzierungsrunde; internationale mittelständische Unternehmensgruppe im Zshg. mit Trennung der Gesellschafterstämme und Herauskauf eines Gesellschafterstamms; mehrere Unternehmer und Unternehmerfamilien lfd. zu Nachfolgerecht.

DLA PIPER
München ★★★

Detaillierte Informationen zu dieser Kanzlei finden Sie in den jeweiligen Fachkapiteln sowie im ▷Nationalen Überblick Top 50.
Bewertung: Angesehene Münchner ▷IT-Praxis, insbes. Outsourcing u. Datenschutz; außerdem stark bei Organhaftungsklagen u. im ▷Vertriebsrecht. Außerdem Transaktionsberatung (▷Immobilien u. ▷M&A).
Team: 11 Partner, 10 Counsel, 39 Associates, 1 of Counsel
Schwerpunkte: ▷Arbeit; ▷Gesellsch.recht; ▷Immo/Bau; ▷Investmentfonds; ▷IT u. Datenschutz; ▷Konfliktlösung; ▷M&A; ▷Medien; ▷Nachfolge/Vermögen/Stiftungen; ▷Private Equ. u. Vent. Capital; ▷Vertrieb.
Mandate: Siehe Fachkapitel.

EVERSHEDS SUTHERLAND
München ★★★

Detaillierte Informationen zu dieser Kanzlei finden Sie in den jeweiligen Fachkapiteln sowie im ▷Nationalen Überblick Top 50.

Münchner Kanzleien mit Besprechung nur in Rechtsgebieten Fortsetzung

Pusch Wahlig	▷Arbeit
Quinn Emanuel Urquhart & Sullivan	▷Konfliktlösung ▷Patent
Ratajczak & Partner	▷Gesundheit
Redeker Sellner Dahs	▷Öffentl. Recht
Reinhart	▷Lebensmittel
Rittershaus	▷Energie ▷Gesellschaftsrecht ▷Immo/Bau
Romatka	▷Presse
Roxin	▷Wirtschafts- u. Steuerstrafrecht
Samson & Partner	▷Patent
Dr. Bernhard Schaub	▷Notare
Seebacher Fleischmann Müller	▷Arbeitnehmer
SGP Schneider Geiwitz & Partner	▷Insolvenz/Restrukturierung
Skadden Arps Slate Meagher & Flom	▷Compliance ▷Gesellsch.recht ▷Konfliktlösung ▷M&A
SSB Söder Schwarz Berlinger	▷Presse ▷Medien
Staudacher	▷Arbeit
Stetter	▷Wirtschafts- u. Steuerstrafrecht
Straßer Ventroni Deubzner Feyock & Jäger	▷Medien
SvS Sidhu von Saucken	▷Wirtschafts- u. Steuerstrafrecht
SZA Schilling Zutt & Anschütz	▷Gesellschaftsrecht
Taliens	▷Marken u. Wettbewerb ▷Patent
TCI Rechtsanwälte	▷Vertrieb
ter Meer Steinmeister & Partner	▷Patent
Uexküll & Stolberg	▷Patent
Ufer Knauer	▷Wirtschafts- u. Steuerstrafrecht
Vangard	▷Arbeit
Andrea Versteyl	▷Öffentl. Recht
Viering Jentschura & Partner	▷Patent
Vossius & Partner	▷Marken u. Wettbewerb ▷Patent
Wach und Meckes und Partner	▷Konfliktlösung
WBH Wachenhausen	▷Patent
Wagensonner	▷Immo/Bau
Wallinger Ricker Schlotter Tostmann	▷Patent
Dr. Robert Walz Dr. Hans-Joachim Vollrath	▷Notare
Wannemacher & Partner	▷Wirtschafts- u. Steuerstrafrecht
Weickmann & Weickmann	▷Patent
Wellensiek	▷Insolvenz/Restrukturierung
Dr. Wicke & Herrler	▷Notare
Wolff Schultze Kieferle	▷Arbeit
Wuesthoff & Wuesthoff	▷Patent
Zimmermann & Partner	▷Patent

Die Auswahl von Kanzleien und Personen in Rankings und tabellarischen Übersichten ist das Ergebnis umfangreicher Recherchen der JUVE-Redaktion. Sie ist in 2erlei Hinsicht subjektiv: Die Aussagen der befragten Quellen sind subjektiv u. spiegeln deren Erfahrungen u. Einschätzungen. Die JUVE-Redaktion wiederum analysiert die Rechercheergebnisse unter Einbeziehung ihrer eigenen Marktkenntnis. Der JUVE Verlag beabsichtigt keine allgemeingültige oder objektiv nachprüfbare Bewertung. Es ist möglich, dass eine andere Recherchemethode zu anderen Ergebnissen führt. Innerhalb einzelner Gruppen in Rankings und tabellarischen Übersichten sind Kanzleien und Personen alphabetisch sortiert.

Bewertung: Mit Abstand größtes deutsches Büro der Kanzlei, mit Stärken im ▷*Gesellschaftsrecht* u. ▷*M&A*; immer stärker internat. vernetzte Beratung von Großkonzernen. Traditionell gute Verbindungen auch zu mittelständ. Mandanten, v.a. im süddt. Raum.
Team: 8 Eq.-Partner, 20 Sal.-Partner, 25 Counsel, 51 Associates
Partnerwechsel: Dr. Christoph Seidl, Dr. Stefan Fink (beide von Advant Beiten; Immobilienrecht) Dr. Michael Prüßner, Sven Schweneke (zu Norton Rose Fulbright; beide M&A)
Schwerpunkte: ▷*Arbeit*; Datenschutz (▷*IT u. Datenschutz*); ▷*Gesellsch.recht*; ▷*Immo/Bau*; Kartellrecht; ▷*Konfliktlösung*; ▷*M&A*; ▷*Vertrieb*.
Mandate: Siehe Fachkapitel.

FRESHFIELDS BRUCKHAUS DERINGER
München
Detaillierte Informationen zu dieser Kanzlei finden Sie in den jeweiligen Fachkapiteln sowie im ▷*Nationalen Überblick Top 50*.
Bewertung: Besonders starke Münchner Praxen in ▷*Private Equity* u. ▷*M&A* mit herausragenden Partnern; ebenfalls stark im Steuerrecht u. in der ▷*Konfliktlösung* inkl. Schiedsverfahren. Aufstrebender, junger Partner im ▷*Arbeitsrecht*.
Team: 8 Partner, 3 Counsel, 53 Associates
Schwerpunkte: ▷*Arbeit*; ▷*Gesellsch.recht*; ▷*Konfliktlösung*; ▷*M&A*; ▷*Patent*; ▷*Private Equ. u. Vent. Capital*; Steuern; ▷*Unternehmensbez. Versichererberatung*.
Mandate: Siehe Fachkapitel.

GIBSON DUNN & CRUTCHER
München
Detaillierte Informationen zu dieser Kanzlei finden Sie in den jeweiligen Fachkapiteln sowie im ▷*Nationalen Überblick Top 50*.
Bewertung: Fest etabliert im Münchner Markt für anspruchsvolles ▷*Gesellsch.recht* u. ▷*M&A*-Transaktionen sowie in der ▷*Compliance*-Beratung. Auch anerkannt für Prozessführung (▷*Konfliktlösung*).
Team: 9 Partner, 4 Counsel, 22 Associates
Schwerpunkte: ▷*Compliance*; ▷*Gesellsch.recht*; ▷*Kartellrecht*; ▷*Konfliktlösung*; ▷*M&A*; ▷*Private Equ. u. Vent. Capital*. Auch Arbeits-, Immobilien-, Steuerrecht.
Mandate: Siehe Fachkapitel.

GLEISS LUTZ
München
Detaillierte Informationen zu dieser Kanzlei finden Sie in den jeweiligen Fachkapiteln sowie im ▷*Nationalen Überblick Top 50*.
Bewertung: In München hauptsächl. aktiv bei ▷*M&A*- u. ▷*Private-Equity*-Transaktionen sowie im ▷*Gesellschafts*- u. ▷*Kartellrecht*. Gut vernetzt bei Münchner Dax-u. MDax-Konzernen.
Team: 10 Eq.-Partner, 4 Counsel, 30 Associates
Schwerpunkte: ▷*Arbeit*; ▷*Energie*; ▷*Gesellsch.recht*; ▷*Insolvenz/Restrukturierung*; ▷*Kartellrecht*; ▷*Konfliktlösung*; ▷*Lebensmittel*; ▷*M&A*; ▷*Marken u. Wettbewerb*; ▷*Patent*; ▷*Private Equ. u. Vent. Capital*; ▷*Unternehmensbez. Versichererberatung*; ▷*Vertrieb*.
Mandate: Siehe Fachkapitel.

GLNS
München
Bewertung: Die gesellschaftsrechtl. Beratung sowie die Begleitung von Transaktionen, einschl. steuerrechtl. Aspekte, sind weiterhin das Aushängeschild der Kanzlei. Mandatierungen durch namh. Unternehmen wie Audi, Delivery Hero u. Zalando zeugen von der Anerkennung der Kanzlei auf diesen Feldern. Dass die Kanzlei neben Private-Equity- u. Venture-Capital-Transaktionen auch dazu in der Lage ist, eine öffentl. Übernahme zu stemmen, stellte GLNS bei der Begleitung von Zooplus unter Beweis. Sichtbarer ist die Kanzlei inzwischen in der Zshg. mit der Begleitung von Finanzierungen. So beriet sie die ecovium Holding zur Finanzierung der Mantis-Gruppe. Die Konfliktlösungspraxis ist u.a. als Vertreter eines internat. Herstellers von Elektrofahrzeugen im Massenverfahren gegen Kundenklagen im Markt präsent.
Stärken: Venture-Capital- u. Private-Equity-Beratung; Transaktionen. Zunehmend auch Finanzierungen.
Oft empfohlen: Dr. Ludger Schult („sehr erfahren; hervorragender M&A-Berater u. sehr kollegial", „exzellenter Jurist, durchsetzungsstark", Wettbewerber), Dr. Daniel Gubitz („extrem fokussiert u. kompetent mit Blick für juristische wie betriebswirtschaftl. Aspekte", Mandant; „umsichtig", Wettbewerber), Dr. Tobias Nikoleyczik („hervorragender Gesellschaftsrechtler", „hoch kompetent u. erfahren", Wettbewerber), Dr. Reinhard Ege („absoluter Experte; pragmatisch", Wettbewerber), Georg Lindner („sehr kompetent bei Transaktionen", „exzellenter Steuerrechtler", Wettbewerber; alle Corporate/M&A/Private Equity/Venture Capital), Dr. Philip Peitsmeyer („tolle Qualität; pragmatisch; zuverlässig", Wettbewerber; v.a. Konfliktlösung), Andreas Scheidle („sehr versiert u. ideenreich; sehr angenehm in der Zusammenarbeit", „sehr kooperativ; kompetent", Wettbewerber)
Team: 8 Eq.-Partner, 3 Sal.-Partner, 4 Counsel, 6 Associates, 1 of Counsel
Partnerwechsel: Dr. Sebastian Schneider (von DLA Piper; M&A/Litigation)
Schwerpunkte: ▷*Gesellschaftsrecht* u. ▷*M&A*, auch prozessrechtl. (insbes. gesellschaftsrechtl. u. Post-M&A-Streitigkeiten). Starker steuerrechtl. Fokus, sowohl in Transaktionen als auch Konzernrecht/M&A; Branchenschwerpunkt: ▷*Private Equ. u. Vent. Capital*. Aktien- u. Kapitalmarktrecht. Finanzierung.
Mandate: Zooplus zu öffentl. Übernahme durch Hellman & Friedman u. EQT (€3,6 Mrd) sowie zur Ablösung bilateraler Kreditlinie durch Konsortialfinanzierung; Gründer u. Gesellschafter der Intermate Group zu Einstieg von ECM; FSN Capital u. ecovium bei Kauf der Mantis-Gruppe einschl. Akquisitionsfinanzierung; Emeram Capital Partners zu Verkauf der Matrix42-Gruppe an Corten Capital; Thrive-Capital-Serie-C-Finanzierungsrunde bei Lieferdienst Gorillas; Marley Spoon zu $65-Mio-Kredit; internat. Hersteller von Elektrofahrzeugen in Massenverfahren wg. Kundenklagen; lfd.: Allianz Partners, Adidas, Audi, Grammer, Hello Fresh, Morphosys, Westwing, Zooplus.

GÖRG
München
Detaillierte Informationen zu dieser Kanzlei finden Sie in den jeweiligen Fachkapiteln sowie im ▷*Nationalen Überblick Top 50*.
Bewertung: Breit aufgestelltes Büro in München mit kanzleitypischem Fokus auf ▷*Insolvenzrecht* sowie ▷*Gesellschaftsrecht* u. ▷*M&A*. Außerdem gute Kontakte in die Venture-Capital-Szene.
Team: 10 Eq.-Partner, 1 Sal.-Partner, 3 Counsel, 16 Associates
Schwerpunkte: ▷*Arbeit*; ▷*Immo/Bau*; ▷*Insolvenz/Restrukturierung*; ▷*IT*; ▷*M&A*; ▷*Öffentl. Recht*; ▷*Private Equ. u. Vent. Capital*.
Mandate: Siehe Fachkapitel.

GSK STOCKMANN
München
Detaillierte Informationen zu dieser Kanzlei finden Sie in den jeweiligen Fachkapiteln sowie im ▷*Nationalen Überblick Top 50*.
Bewertung: Münchner Büro mit Renommee für die umf. Beratung der ▷*Immobilien- u. Baubranche* sowie anerkanntem Team im ▷*Bank- u. Bankaufsichtsrecht*; gute Vernetzung der dt. Standorte mit dem kanzleieigenen Büro in Luxemburg.
Team: 19 Eq.-Partner, 8 Sal.-Partner, 4 Counsel, 31 Associates, 1 of Counsel
Partnerwechsel: Ralf Brenner (von Société Générale Securities Services; Investmentrecht)
Schwerpunkte: ▷*Bankrecht u. -aufsicht*; ▷*Beihilfe*; ▷*Compliance*; ▷*Gesellsch.recht*; ▷*Immo/Bau*; ▷*Insolvenz/Restrukturierung*; ▷*Investmentfonds*; ▷*Konfliktlösung*; ▷*M&A*; ▷*Öffentl. Recht*; ▷*Private Equ. u. Vent. Capital*; Steuer.
Mandate: Siehe Fachkapitel.

GÜTT OLK FELDHAUS
München
Bewertung: Die Münchner Transaktions- u. Corporate-Boutique verfügt über einen breiten Stamm an Mandanten: angefangen bei Start-up-Unternehmen bis hin zu bekannten Namen aus der Industrie wie ZF Friedrichshafen, MAN Energy Solutions oder Neumandanten Villeroy & Boch. Gerade Letztere zeigen eindrucksvoll, wie es der Kanzlei gelungen ist, sich über die Jahre am Münchner Markt zu etablieren. Bei MAN kommen die GOF-Anwälte bspw. sowohl bei der lfd. gesellschaftsrechtl. Beratung zum Zuge als auch bei der Begleitung von Transaktionen. Zudem ist es der Kanzlei gelungen, die Beratung von einzelnen Mandanten weiter auszubauen. Beispielhaft ist hier Harald Quandt, die GOF neben Transaktionen nun auch zu den entspr. Finanzierungen berät. An dieser Schnittstelle zwischen Corporate- u. Finance-Beratung ist die Kanzlei im Markt gut positioniert, v.a. da sie im Vgl. zu anderen Wettbewerbern wie GLNS personell breiter aufgestellt ist.
Stärken: M&A, Finanzierung.
Oft empfohlen: Dr. Tilmann Gütt („sehr analytisch u. mandantenorientiert", Wettbewerber; Finanzierung), Dr. Sebastian Olk („exzellente Verhandlungsführung", Mandant; „fair u. verlässlich", Wettbewerber), Dr. Heiner Feldhaus („der perfekte M&A-Anwalt: penibel, schnell u. praxisorientiert", Mandant; „Dealmaker; schnell u. kompetent", Wettbewerber; beide Gesellschaftsrecht/M&A)
Team: 6 Partner, 9 Associates, 1 of Counsel
Schwerpunkte: ▷*Gesellschaftsrecht* (auch gesellschaftsrechtl. Streitigkeiten), ▷*M&A*, ▷*Private Equ. u. Vent. Capital*. Finanzierung.
Mandate: MAN Energy Solutions SE zu Carve-out u. Verkauf eines Geschäftsbereichs; Isar-Klinik II gesellschaftsrechtl. sowie zu Finanzierungen u. Streitigkeiten; Harald Quandt Portfoliounternehmen Procilon-Group zu Mehrheitsbeteiligung an Softwareunternehmen Intarsys inkl. Finanzierung; bayer. Familienunternehmen zur Corporate Governance; div. PE-Fonds in Post-M&A-Streitigkeiten; lfd. gesellschaftsrechtl.: Andechser Molkerei Scheitz, MAN Energy Solutions SE, ZF Friedrichshafen, Villeroy & Boch, Mast-Jägermeister, Garmin.

GVW GRAF VON WESTPHALEN
München ★

Detaillierte Informationen zu dieser Kanzlei finden Sie in den jeweiligen Fachkapiteln sowie im ▷*Nationalen Überblick Top 50*.
Bewertung: Sehr erfahren bei der planungsrechtlichen Beratung von Infrastrukturprojekten, v.a. Flughäfen. Anerkannte ▷*Restrukturierungs*- u. ▷*Vergabepraxis*. Gut aufgestellt im Energiesektor.
Team: 13 Eq.-Partner, 6 Sal.-Partner, 2 Counsel, 15 Associates
Schwerpunkte: Arbeit; ▷*Gesellsch.recht*; ▷*Insolvenz/Restrukturierung*; ▷*IT*; ▷*M&A*; ▷*Öffentl. Recht*; ▷*Vergabe*; ▷*Verkehr*
Mandate: Siehe Fachkapitel.

HENGELER MUELLER
München ★★★★★

Detaillierte Informationen zu dieser Kanzlei finden Sie in den jeweiligen Fachkapiteln sowie im ▷*Nationalen Überblick Top 50*.
Bewertung: Kleinster Standort der Kanzlei in Dtl.; trotzdem ist München ein Zentrum der marktführenden dt. Transaktionspraxis dank hervorragender Vernetzung bei mittelgr. bis großen ▷*Private-Equity*-Häusern u. starker Präsenz auch im strateg. ▷*M&A*.
Team: 11 Partner, 2 Counsel, 28 Associates
Schwerpunkte: ▷*Compliance*; ▷*Energie*; ▷*Gesellsch. recht*; Insolvenz/Restrukturierung; ▷*Konfliktlösung*; ▷*M&A*; ▷*Nachfolge/Vermögen/Stiftungen*; ▷*Priv. Equ. u. Vent. Capital*.
Mandate: Siehe Fachkapitel.

HEUKING KÜHN LÜER WOJTEK
München ★★★

Detaillierte Informationen zu dieser Kanzlei finden Sie in den jeweiligen Fachkapiteln sowie im ▷*Nationalen Überblick Top 50*.
Bewertung: Entsprechend dem Ansatz der Gesamtkanzlei auch in München eine Gruppe starker Partner mit vorwiegend individuellem Geschäft. Gut aufgestellt v.a. im Gesellschaftsrecht (inkl. guter Kontakte zu örtl. Unternehmerfamilien), bei Restrukturierungen u. im Gesundheitswesen. Starke u. überreg. tätige Praxis auch im Immobilien- u. Baurecht.
Team: 25 Eq.-Partner, 15 Sal.-Partner, 23 Associates
Schwerpunkte: ▷*Gesellsch.recht*; ▷*Immo/Bau* (u.a. Projektentwicklung, Prozesse u. Schiedsverfahren); ▷*Insolvenz/Restrukturierung*; ▷*Kartellrecht*; ▷*Konfliktlösung*; ▷*M&A*; Marken u. Wettbewerb; ▷*Nachfolge/Vermögen/Stiftungen*; ▷*Private Equ. u. Vent. Capital*; Steuern; Umwelt und Planung; Unternehmensbez. Versichererberatung; ▷*Vergabe*; ▷*Vertrieb*.
Mandate: Siehe Fachkapitel.

HEUSSEN
München ★★

Bewertung: Die Gesellschaftsrechts- u. M&A-Praxis am Münchner Heussen-Standort steht nach der Wachstumsoffensive deutl. breiter da als zuvor: Kurz nach 2 Quereinsteigern im Vorjahr, die die Schnittstellen zu Kapitalmarkt- u. Compliance-Themen abdecken, holte sie den jungen Corporate-Partner Richter, der aus seiner bisherigen Einheit umfangr. Erfahrung mit Nachfolgethemen u. der Beratung vermög. Privatpersonen mitbringt. Damit macht sich Heussen bereit, in der seit jeher zentralen, aber bisher v.a. auf den süddt. Mittelstand ausgerichteten Corporate-Praxis einen ähnl. Schritt zu gehen wie in anderen Bereichen, die schon länger einen überregionalen Ruf haben: das lfd. für prominente Mandanten agierende ▷*Vergaberechtsteam* u. die bekannte IT- u. Medienrechtspraxis. Von den Vorjahreszugängen profitierten auch Mandanten aus dem Immobilien- u. Baurecht, die das Team nun zu sämtl. Aspekten der Branchenberatung betreuen kann.
Oft empfohlen: Dr. Dirk von dem Knesebeck (Gesellschaftsrecht/M&A), Uwe-Carsten Völlink, Jan Dittmann (Immobilien- u. Baurecht), Dr. Hermann Waldhauser (IT), Dr. Ralf Busch (Arbeitsrecht)
Team: 17 Eq.-Partner, 23 Sal.-Partner, 14 Associates, 5 of Counsel
Partnerwechsel: Clemens Richter (von Wirsing Hass Zoller; Gesellschaftsrecht/M&A); Maximilian Burger (ins Unternehmen)
Schwerpunkte: Breites Spektrum in ▷*Gesellsch. recht* (Restrukturierungen), M&A u. Kapitalmarktrecht (u.a. Finanzierungen, Medien- u. Immobilienfonds), Arbeitsrecht, ▷*Immo/Bau*, Marken u. Wettbewerb, ▷*Medien*, ▷*Nachfolge/Vermögen/Stiftungen*; ▷*IT*, ▷*Vergabe*, ▷*Immobilien- und Baurecht*. Außerdem Handels- u. Wettbewerbsrecht, Öffentl. Recht (Umweltrecht), Insolvenzberatung. Eigene Steuerpraxis. Compliance.
Mandate: Airbus Defence and Space vergaberechtl.; Medizingerätehersteller lfd. gesellschaftsrechtl. u. zu Zulieferer- u. Einkaufsverträgen sowie Compliance; Immobilienunternehmen lfd. gesellschaftsrechtl. u. zu Gründung von Projektgesellschaften; Fahrradhersteller lfd. gesellschafts- u. arbeitsrechtl. sowie zu Kauf von Konstruktionsunternehmen; lfd. baurechtl: Ehret & Klein, Industria Wohnen, Karl Bau; AKDB Anstalt für Kommunale Datenverarbeitung lfd. im Zshg. mit Kooperation mit Stadt München sowie Tochtergesellschaft im Zshg. mit coronabedingter Direktvergabe der Luca-App.

HOGAN LOVELLS
München ★★★★★

Detaillierte Informationen zu dieser Kanzlei finden Sie in den jeweiligen Fachkapiteln sowie im ▷*Nationalen Überblick Top 50*.
Bewertung: Das Münchner Büro ist Teil der marktführenden Lifescience-Praxis. Außerdem stark in ▷*Konfliktlösung* u. Produkthaftungsthemen; sehr erfahrene Automotive-Berater (u.a. ▷*Vertrieb*). Traditionell stark ist die Venture-Capital-Praxis. Die Corporate-Praxis tritt zunehmend für die dt. Großindustrie auf.
Team: 36 Partner, 21 Counsel, 107 Associates
Schwerpunkte: ▷*Arbeit*; ▷*Außenwirtschaft*; ▷*Compliance*; ▷*Gesellsch.recht*; ▷*Gesundheit*; ▷*Immo/Bau*; ▷*Insolvenz/Restrukturierung*; ▷*IT u. Datenschutz*; ▷*Kartellrecht*; ▷*Konfliktlösung*; ▷*M&A*; ▷*Patent*; ▷*Öffentl. Recht* (Umwelt u. Planung); ▷*Private Equ. u. Vent. Capital*; Steuer; ▷*Telekommunikation*; ▷*Unternehmensbez. Versichererberatung*; ▷*Verkehr* ▷*Vertrieb*.
Mandate: Siehe Fachkapitel.

HONERT
München ★★

Bewertung: Für einen seit etl. Jahren fest mit der Kanzlei verbundenen Mandantenkreis ist Honert trad. v.a. mit gesellschafts- u. steuerrechtl. Themen befasst, häufig auch in Nachfolgesituationen. Der Transaktionsboom der Vorjahre brachte dabei zunehmend immobilienrechtl. u. Venture-Capital-Themen aufs Tableau. Letzteren widmen sich verstärkt einige jüngere Partner, womit sich ein weiteres Mal auszahlt, dass es Honert gelingt, Nachwuchsanwälte nach vorn zu bringen. Ein Bsp. war zuletzt die Partnerernennung eines jungen Corporate-Spezialisten, der im Vorjahr von Hengeler gewechselt war. Damit ist sie vielen lokalen Wettbewerbern in Sachen Nachwuchsförderung einen Schritt voraus.
Stärken: M&A.
Oft empfohlen: Dr. Jochen Neumayer, Dr. Jürgen Honert (beide Steuerrecht/Gesellschaftsrecht), Sven Fritsche, Prof. Dr. Thomas Grädler (alle Gesellschaftsrecht/M&A)
Team: 6 Eq.-Partner, 1 Sal.-Partner, 10 Associates
Partnerwechsel: Dr. Harald Lindemann (in eigene Kanzlei, M&A)
Schwerpunkte: Gestaltungsberatung im transaktionellen Umfeld, auch mit internat. Bezügen. Schwerpunkte in Steuerrecht, ▷*M&A* sowie ▷*Gesellsch.recht* (Um- u. Restrukturierungen, Gesellschafterstreitigkeiten), lfd. Hauptversammlungsbetreuung. Daneben (steuerl.) Nachfolgegestaltungen u. Prozesse.
Mandate: Bogner bei chin. Joint Venture mit Bosideng; Gründer Limas bei Verkauf an Stokke; Deubis bei Kauf der Servicesparte von Enexio; Salvia bei Investment in One Logic; Stefan Wicklein Kunststoffveredelung bei Verkauf an Louvrette; Techreach u. Naughty Nuts jew. bei Seed-Finanzierungsrunde.

JONES DAY
München ★★★

Detaillierte Informationen zu dieser Kanzlei finden Sie in den jeweiligen Fachkapiteln sowie im ▷*Nationalen Überblick Top 50*.
Bewertung: Regelmäßig in großvolumige internat. ▷*M&A*- u. ▷*Private-Equity*-Transaktionen eingebunden, immer wieder auch für Münchner Mid-Cap-Häuser aktiv. Starkes, langj. etabliertes ▷*Patentteam*.
Team: 12 Partner, 1 Counsel, 17 Associates, 3 of Counsel
Schwerpunkte: Datenschutz (▷*IT u. Datenschutz*); ▷*Energie*; ▷*Gesellschaftsrecht*; Immo/Bau; ▷*M&A*; Marken- u. Wettbewerbsrecht; ▷*Patent*; ▷*Private Equ. u. Vent. Capital*.
Mandate: Siehe Fachkapitel.

KANTENWEIN ZIMMERMANN SPATSCHECK & PARTNER
München ★★

Bewertung: Mit ihrem kombinierten Steuer- u. Konfliktlösungsschwerpunkt spielt die MDP-Kanzlei eine Sonderrolle im Kreis der gut vernetzten, inhaltl. breit aufgestellten mittelgr. Münchner Kanzleien. Wie erfolgr. sie damit ist, zeigt zum einen das personelle Wachstum: seit Mitte der 2010er-Jahre hat sich die Berufsträgerzahl annähernd verdoppelt, allein im Steuerstrafrecht stehen heute 8 Anwälte bereit. Zum anderen sind die Partner in eine Vielzahl hochkomplexer, teils sehr öffentlichkeitswirksamer Prozesse eingebunden, etwa in Sachen Cum-Ex. Mit Kuhli-Spatscheck hat die Kanzlei zudem eine angesehene Schiedsrichterin in ihren Reihen. Hinzu kommen immer wieder umfangr. Prozesskomplexe im Banken- und Versicherungssektor. Wettbewerber, die allein die streitige Seite des Kantenwein-Geschäfts im Blick haben, übersehen mitunter, wie aktiv die Kanzlei auch in der lfd. Beratung ist, sowohl für Unternehmen als auch aufseiten vermögender Familien u. Privatpersonen, oft mit Fokus auf stiftungsrechtl. Fragen.

Oft empfohlen: Dr. Thomas Kantenwein (Nachfolgeberatung, Gemeinnützigkeitsrecht), Dr. Rainer Spatscheck, Dr. Alexander Kröck, Dr. Annett Kuhli-Spatschek (Schiedsverfahren, Gemeinnützigkeitsrecht, Steuerrecht), Dr. Gerhard Widmayer (Steuerrecht), Marcus van Bevern (Bank- u. Kapitalmarktrecht), Dr. Stefan Hackel

Team: 6 Eq.-Partner, 4 Sal.-Partner, 7 Associates, 1 of Counsel, zzgl. StB u. WP

Schwerpunkte: Steuern u. ▷Nachfolge/Vermögen/Stiftungen für vermögende Privatpersonen, mittelständ. u. Großunternehmen, diese wie auch (internat.) Banken u. Fonds zudem in Schiedsverfahren u. Prozessen (▷Konfliktlösung). Bank- u. Bankaufsichtsrecht, Finanzierung. Restrukturierung u. Sanierung. ▷Wirtschafts- u. Steuerstrafrecht. Gesellschaftsrecht.

Mandate: Gesellschafter einer Familiengesellschaft als Käufer in Post-M&A-Streit; Unternehmer im Rahmen der Nachfolgeplanung; Vorstand einer AG, u.a. bei Anfechtungsklage gegen HV-Beschluss; Unternehmerfamilie nachfolgerechtl. zu Gründung von Familienholding u. vorhergehender Strukturvereinfachung, Unternehmen zu €100-Mio-Akquisitionsfinanzierung; ausl. Investmentbank bei Prozessführung mit Insolvenzbezug.

KIRKLAND & ELLIS
München ★★★★

Bewertung: Auch wenn es am einzigen deutschen Standort der US-Kanzlei innerh. der verg. 2 Jahre zu einer gewissen Fluktuation auf Partnerebene kam, so bleiben die Beratung zu ▷Private Equity u. ▷Restrukturierung weiterhin die Grundpfeiler der Praxisgruppe. Im PE setzt K&E weiterhin den Maßstab für gr. Deals, v.a. bei öffentl. Übernahmen sowie Delistings. Leyendeckers Team war an fast allen nennenswerten Deals des verg. Jahres beteiligt sowie bei einer Vielzahl sehr gr. Transaktionen, die Anfang 2022 auf Eis gelegt wurden. Daneben wird Oldag immer prominenter im Markt, z.B. mit der Festigung der Beziehung zu BC Partners. Wichtig für den langfristigen Erfolg der dt. Transaktionspraxis war zudem die Etablierung einer stabilen Associate-Riege.

Stärken: Private Equity, Insolvenz/Restrukturierung, Aktien- u. Kapitalmarktrecht.

Oft empfohlen: Dr. Achim Herfs (Gesellschaftsrecht), Dr. Benjamin Leyendecker („erfahren u. vertrauensvoll", Wettbewerber), Attila Oldag („gut vernetzt; sehr angenehm u. konstruktiv", Wettbewerber), Dr. Philip Goj („sehr kompetent u. lösungsorientiert", Wettbewerber; alle Private Equity), Dr. Leo Plank, Sacha Lürken, Dr. Josef Parzinger („fachl. exzellent", Wettbewerber; alle Restrukturierung)

Team: 17 Partner, 29 Associates

Partnerwechsel: Dr. Hendrik Braun (von Freshfields; Private Equity)

Schwerpunkte: ▷Private Equ. u. Vent. Capital, ▷Gesellsch.recht u. ▷M&A sowie ▷Insolvenz/Restrukturierung. Kapitalmarktrechtsmandanten: gr. internat. (meist US-)Private-Equity-Häuser.

Mandate: Brookfield bei öffentl. Übernahmeangebot für alstria office REIT; Carlyle bei öffentl. Übernahmeangebot für Schaltbau Holding; Bain bei Kauf von Berlin Brands Group; BC Partners bei Verkauf von CeramTec an weiteren BC-Partners-Fonds u. bei Übertragung von Springer Nature Group in neuen Fonds; Wirecard-Gläubiger bei Insolvenzverfahren; gr. gesicherter Gläubiger von SolarWorld bei Insolvenzverfahren u. Verkauf; Bain bei potenziellem Kauf von Condor; lfd. gesellschaftsrechtl.: Stada, Singulus Technologies, Tele Columbus.

LATHAM & WATKINS
München ★★★★

Detaillierte Informationen zu dieser Kanzlei finden Sie in den jeweiligen Fachkapiteln sowie im ▷Nationalen Überblick Top 50.

Bewertung: In München marktführende Praxis für ▷Private Equity, starke Teams für ▷M&A, ▷Kapitalmarktrecht u. ▷Kreditfinanzierung. Zudem wachsende Kontakte zu Dax-Konzernen.

Team: 12 Partner, 4 Counsel, 24 Associates

Partnerwechsel: Dr. Carsten Loll (von Linklaters; Immobilienrecht)

Schwerpunkte: ▷Anleihen; ▷Arbeit; ▷Compliance; ▷Gesellsch.recht; ▷Insolvenz u. Restrukturierung; ▷Konfliktlösung; ▷Kredite u. Akqu.fin.; ▷M&A; ▷Private Equ. u. Vent. Capital.

Mandate: Siehe Fachkapitel.

LINKLATERS
München ★★★★

Detaillierte Informationen zu dieser Kanzlei finden Sie in den jeweiligen Fachkapiteln sowie im ▷Nationalen Überblick Top 50.

Bewertung: Breite Münchner Mannschaft, trad. stark in ▷Gesellschaftsrecht, ▷M&A (v.a. Versicherungsbranche), Steuern u. ▷Konfliktlösung.

Team: 7 Partner, 22 Associates

Partnerwechsel: Dr. Carsten Loll (zu Latham & Watkins; Immobilienrecht)

Schwerpunkte: ▷Gesellsch.recht; ▷Immo/Bau; ▷Investmentfonds; ▷Konfliktlösung; ▷Kredite u. Akqu.fin.; ▷M&A; ▷Private Equ. u. Vent. Capital; ▷Unternehmensbez. Versichererberatung.

Mandate: Siehe Fachkapitel.

LUTHER
München ★★

Detaillierte Informationen zu dieser Kanzlei finden Sie in den jeweiligen Fachkapiteln sowie im ▷Nationalen Überblick Top 50.

Bewertung: Das relativ kleine Münchner Büro ist ein wichtiger Teil der bundesw. ▷M&A-Praxis u. Hauptschwerpunkt des Compliance-Teams. Zudem stark im Steuerrecht.

Team: 7 Eq.-Partner, 3 Sal.-Partner, 1 Counsel, 12 Associates, 1 of Counsel

Partnerwechsel: Tobias Osseforth (von Lutz Abel; Vergaberecht)

Schwerpunkte: ▷Arbeit; Außenhandel; ▷Gesellsch.recht; Immo/Bau; Insolvenz u. Restrukturierung; ▷Kartellrecht; ▷M&A; Steuern; ▷Vergabe.

Mandate: Siehe Fachkapitel.

LUTZ ABEL
München ★★★

Bewertung: Unter Münchner Wettbewerbern gilt LA als Paradebsp. für erfolgr. Wachstum; Marktteilnehmer bescheinigen ihr „kluges Agieren" u. eine „starke Außenwirkung". Die Mandatsarbeit dominieren eine enorm präsente u. anerkannte Venture-Capital-Praxis sowie ein großes u. aktives Immobilien- u. Baurechtsteam. Letzteres arbeitet eng verzahnt mit der angesehenen Vergaberechtspraxis, die durch den Weggang des bekannten Osseforth samt Team zwar einen Dämpfer erlitt, insges. aber gut aufgestellt bleibt. Die Corporate-Praxis ist neben ihrer trad. Prozessführungsschwerpunkt zunehmend auch in der lfd. Beratung u. bei Transaktionen aktiv. Mit dem Zugang eines 5köpfigen Teams um Dr. Michael Zoller ist es zudem gelungen, die Konfliktlösungspraxis namhaft zu verstärken. Insbes. im Hinblick auf die Abwehr von Massenklagen u. bei der Verteidigung von Wirtschaftsprüfern gewinnt LA mit diesem Zugang an Know-how.

Oft empfohlen: Dr. Reinhard Lutz (Gesellschaftsrecht/Konfliktlösung), Dr. Wolfgang Abel (Bau- u. Immobilienrecht), Dr. Mathias Mantler (Vergaberecht), Dr. Bernhard Noreisch, Dr. Marco Eickmann (beide Venture Capital), Dr. Christian Kokew („Vergaberechtler der nächsten Generation; hohe Kompetenz; durchsetzungsstark", Wettbewerber)

Team: 13 Eq.-Partner, 18 Sal.-Partner, 22 Associates, 1 of Counsel

Partnerwechsel: Dr. Michael Zoller, Frank Wegmann (beide von Wirsing Hass Zoller; beide Konfliktlösung), Tobias Osseforth (zu Luther; Vergaberecht)

Schwerpunkte: ▷Arbeit, ▷Immobilien- u. Baurecht, ▷Vergabe. Gesellschafterauseinandersetzungen (▷Gesellschaftsrecht), ▷Konfliktlösung, ▷Vent. Capital; Litigation. ▷Vertrieb, Handel u. Logistik

Mandate: LWP Andreas Lötscher (ehem. EY) bei Abwehr von Schadensersatzansprüchen wg. Wirecard; früherer CEO von Kodak Alaris bei Abwehr von Schadensersatzansprüchen; Telo Beteiligungsgesellschaft bei Schadensersatzprozess gg. ehem. Geschäftsführer u. Fondsmanager; Arge 2. S-Bahn-Stammstrecke München baubegl.; Arge Tunnel Rastatt bei Schlichtungsverfahren; SAR Anlagenbau wg. Bau der neuen Zentrale von ProSiebenSat.1; BayBG bei versch. Investments, Bayern Kapital sowie HV Capital u. MIG bei Finanzierungsrunden; RTP Global bei Beteiligungen in Dtl.; Singular Capital bei Kauf einer Beteiligung an TrueSkin.

MARTIUS
München ★★

Bewertung: Die noch junge Corporate-Boutique hat sich dank hochkarätiger Mandate in den Kernbereichen des Gesellschaftsrechts schnell im Markt etabliert – nicht zuletzt auch dank Grobecker, der bereits über einen Namen im Markt verfügt. Darüber hinaus überraschte die Kanzlei die Münchner Wettbewerber sowohl mit Wachstum auf Associate-Ebene (oft eine Achillesferse für Neugründungen) als auch mit dem Aufbau einer erfolgr. u. strateg. gut aufgestellten Praxis im M&A ebenso wie mit der Beratung von Family Offices durch jüngere Partner. Mandanten profitieren von der konsequenten Verknüpfung der 3 Beratungsschwerpunkte. Zudem begleitete die Kanzlei ihre Mandanten regelm. bei grenzüberschr. Projekten.

Stärken: Organhaftung, Corporate Litigation.

Oft empfohlen: Dr. Wolfgang Grobecker (Gesellschaftsrecht)

Team: 4 Partner, 4 Associates

Schwerpunkte: Gesellschaftsrecht (v.a. Organhaftung, Konzern- u. Aktienrecht, Prozessführung, Beratung von Familienunternehmen), M&A.

Mandate: Markel Insurance bei Organhaftungsfällen; Polygon Capital bei div. Investments in gr. dt. AGen sowie bei streitigen Verfahren; Tilke bei internat. Joint Venture; Spinone bei Strukturierung eines Evergreen Fund-of-Funds; Dermapharm bei Kauf der C3-Gruppe, bei Beteiligung an Wellster Healthtec Group sowie an Corat Therapeutics; paytec bei Verkauf ihres Kundenvertragsportfolios; ECB bei Portfolioaufbau.

MCDERMOTT WILL & EMERY
München ★★★

Detaillierte Informationen zu dieser Kanzlei finden Sie in den jeweiligen Fachkapiteln sowie im ▷Nationalen Überblick Top 50.
Bewertung: In München sehr gute Verbindungen in die ▷Medien- u. ▷Gesundheitsbranche, marktführende Praxis für Steuerrechtsprozesse. Internat. geprägte ▷M&A-Praxis.
Team: 19 Partner, 3 Counsel, 15 Associates, 1 of Counsel
Schwerpunkte: ▷Arbeit; ▷Gesellsch.recht; ▷Gesundheit; Immo/Bau; ▷Insolvenz/Restrukturierung; ▷IT; ▷Konfliktlösung; ▷M&A; ▷Medien; ▷Patent; ▷Private Equ. u. Vent. Capital; Steuern; Telekommunikation.
Mandate: Siehe Fachkapitel.

MILBANK
München ★★★★★

Detaillierte Informationen zu dieser Kanzlei finden Sie in den jeweiligen Fachkapiteln sowie im ▷Nationalen Überblick Top 50.
Bewertung: Marktführende Münchner Transaktionspraxis mit bundesweit angesehenen Partnern, sowohl bei ▷Private Equ. u. Vent. Capital als auch ▷M&A. Gute Kontakte zu Münchner Konzernen. Auch stark im Steuerrecht u. bei Finanzierungen.
Team: 13 Partner, 1 Counsel, 27 Associates
Schwerpunkte: ▷Gesellsch.recht (Aktienrecht); ▷Kredite u. Akqu.fin.; ▷Kartellrecht; ▷M&A; ▷Private Equ. u. Vent. Capital; Steuern.
Mandate: Siehe Fachkapitel.

NOERR
München ★★★★★

Detaillierte Informationen zu dieser Kanzlei finden Sie in den jeweiligen Fachkapiteln sowie im ▷Nationalen Überblick Top 50.
Bewertung: Einer der Münchner Marktführer mit breitem Beratungsansatz; sehr gute Verbindungen in die Chefetagen der südt. Wirtschaft, teils generationsübergr. Begleitung von Unternehmen u. Unternehmerfamilien. Starke Transaktionspraxis (▷M&A, ▷Immobilien).
Team: 33 Eq.-Partner, 22 Sal.-Partner, 3 Counsel, 60 Associates
Partnerwechsel: Dr. Martin Schorn (zu Pohlmann & Company; Compliance)
Schwerpunkte: ▷Arbeit; ▷Außenwirtschaft; ▷Bankrecht u. -aufsicht; ▷Beihilfe; ▷Compliance; ▷Gesellsch. recht; ▷Gesundheit; ▷Immo/Bau; ▷Insolvenz/Restrukturierung; ▷IT u. Datenschutz; ▷Kartellrecht; ▷Konfliktlösung; ▷Kredite u. Akqu.fin.; ▷Lebensmittel; ▷M&A; ▷Marken u. Wettbewerb; ▷Medien; ▷Nachfolge/Vermögen/Stiftungen; ▷Öffentl. Recht; ▷Patent; ▷Private Equ. u. Vent. Capital; Steuern; Telekommunikation; ▷Unternehmensbez. Versichererberatung; ▷Verkehr; ▷Vertrieb; ▷Wirtschafts- u. Steuerstrafrecht.
Mandate: Siehe Fachkapitel.

NORTON ROSE FULBRIGHT
München ★★

Detaillierte Informationen zu dieser Kanzlei finden Sie in den jeweiligen Fachkapiteln sowie im ▷Nationalen Überblick Top 50.
Bewertung: München ist wichtigster dt. Corporate-Standort (▷Gesellschaftsrecht) der Kanzlei, besonders dank starker Branchenteams, etwa für Technologie.
Team: 16 Partner, 9 Counsel, 23 Associates
Partnerwechsel: Dr. Oliver Beyer (von Simmons & Simmons; Immobilienrecht), Dr. Michael Prüßner, Sven Schweneke (beide von Eversheds Sutherland; beide M&A)
Schwerpunkte: Arbeit; ▷Energie; ▷Gesellsch.recht; ▷Immo/Bau; ▷Konfliktlösung; ▷Kredite u. Akqu.fin., Asset-Finanzierungen, u.a. in ÖPP; ▷M&A; ▷Verkehr; außerdem Medien (Presse u. Verlage).
Mandate: Siehe Fachkapitel.

ORRICK HERRINGTON & SUTCLIFFE
München ★★

Bewertung: Die Transaktions- sowie die Konfliktlösungspraxis bilden die beiden Säulen des Münchner Büros der US-Kanzlei. Bei Transaktionsmandaten stehen vor allem Private-Equity- u. Venture-Capital-Deals im Mid-Cap-Sektor im Vordergrund. Zu diesen meist stark technologiebez. Deals zählte u.a. der Kauf des Softwareherstellers Ramsauer & Stürmer, als Add-on-Transaktion für die Portfoliogesellschaft 2er PE-Häuser, sowie die Begleitung des Microsoft-Investmentarms M12 im Zshg. mit einer Finanzierungsrunde bei dem österreichischen KI-Start-up Blackshark.ai. Die Arbeit der Konfliktlösungspraxis am Münchner Standort ist primär durch die Beratung zu Post-M&A- u. gesellschaftsrechtl. Streitigkeiten geprägt. Hier ist ein junger Partner immer visibler geworden.
Oft empfohlen: Dr. Christoph Brenner, Dr. Thomas Schmid („sehr pragmatischer Stil; angenehm", Mandant), Dr. Jörg Ritter („präzise; extrem durchsetzungsstark"; „gute Qualität, pragmatisch", Wettbewerber; alle M&A/Private Equity)
Team: 4 Eq.-Partner, 3 Sal.-Partner, 1 Counsel, 5 Associates
Partnerwechsel: Damian Simonot (von Skadden Arps Slate Meagher & Flom; Private Equity)
Schwerpunkte: ▷M&A, ▷Gesellsch.recht, ▷Private Equ. u. Vent. Capital, Finanzierung u. ▷Konfliktlösung.
Mandate: Gesellschafter von FondsFinanz zu Verkauf von 60% der Geschäftsanteile an HG Capital; Ionity-Gesellschafter zu €700-Mio-Investition von BlackRock; M12 zu Verkauf von KI-Start-up Twenty Billion Neurons an Qualcomm u. zu Serie-A-Finanzierungsrunde bei Blackshark.ai sowie Serie-C-Finanzierungsrunde bei Wandelbots; TA Associates / Vista Equity Partners Portfoliogesellschaft Aptean bei Kauf von Ramsauer & Stürmer; NIO zu angebl. Ansprüchen im Zusammenhang mit dem Ausbau der Unternehmenszentrale in Deutschland; Hallhuber bei Geltendmachung von Ansprüchen aus operativen Geschäften.

OSBORNE CLARKE
München ★★

Detaillierte Informationen zu dieser Kanzlei finden Sie in den jeweiligen Fachkapiteln sowie im ▷Nationalen Überblick Top 50.
Bewertung: Tiefe Branchenspezialisierung v.a. in ▷IT u. Lifescience; Datenschutz. Zudem internat. ▷M&A-Praxis für mittelgr. Transaktionen in München.
Team: 9 Partner, 5 Counsel, 17 Associates
Schwerpunkte: ▷Arbeit; ▷Gesellsch.recht; ▷IT u. Datenschutz; ▷Kartellrecht; ▷M&A; ▷Marken u. Wettbewerb; ▷Medien; Private Equ. u. Vent. Capital; ▷Vertrieb.
Mandate: Siehe Fachkapitel.

PETERS SCHÖNBERGER & PARTNER
München ★★

Bewertung: Auf den ersten Blick hat PSP einen sehr München-typischen Zuschnitt: Im Mittelpunkt steht für die MDP-Kanzlei die kombinierte gesellschafts- u. steuerrechtl. Beratung im Kern mittelständ. Klientel, die sowohl aus den Unternehmen selbst als auch den dahinterstehenden, oft sehr vermögenden Familien besteht. 2 Punkte unterscheiden die Kanzlei von Wettbewerbern wie Honert oder Dissmann Orth: PSP, deutl. breiter aufgestellt, baut mit 2 ehem. Reed Smith-Partnern eine spezialisierte Konfliktlösungspraxis auf u. besetzt die Schnittstelle von IP u. Lifescience nun der ehem. Managing-Partnerin von BakerMcKenzie, Ulmer-Eilfort. Darüber hinaus setzt PSP wie kaum eine andere Kanzlei ihrer Größenordnung auf selbst entwickelte Legal- u. Tax-Tech-Tools, gerade an der Schnittstelle zur Private-Client-Beratung.
Oft empfohlen: Christopher Schönberger (Nachfolge, M&A), Stefan Groß (Steuern), Roland Graf (Steuern), Dr. Hannspeter Riedel (Nachfolge)
Team: 5 Eq.-Partner, 20 Sal.-Partner, 3 of Counsel
Partnerwechsel: Christian Stempfle, Christina Nitsche (beide von Reed Smith; beide Konfliktlösung), Dr. Constanze Ulmer-Eilfort (von Baker McKenzie; Gewerbl. Rechtsschutz)
Schwerpunkte: Umf. steuerl. u. rechtl. Transaktionsberatung; Restrukturierung u. Sanierung (inkl. betriebswirtschaftl. Spezialthemen u. WP-Expertise); ▷Gesellsch.recht; ▷Nachfolge/Vermögen/Stiftungen.
Mandate: Constantin Film, Loden-Frey Verkaufshaus, Nokia Solutions and Networks, HTT High Tech Trade, M-net Telekommunikations, WMC Healthcare lfd. gesellschaftsrechtl.; Versicherungsnehmer bei nationalen u. internat. Großschadensfällen; AEM Unternehmerkapital, Alveus-Beteiligungen, Marondo Capital, Maxburg, Querino, Studiocanal lfd. bei Transaktionen; Horizont Jutta Speidel-Stiftung bei Bau des ‚Dritten Hauses'.

PINSENT MASONS
München ★★★

Detaillierte Informationen zu dieser Kanzlei finden Sie in den jeweiligen Fachkapiteln sowie im ▷Nationalen Überblick Top 50.
Bewertung: Bemerkenswert umf. Beratung der Technologiebranche; gute Anbindung des Münchner Büros an das internat. Kanzleinetzwerk, dadurch regelm. grenzüberschr. Beratung, u.a. in ▷M&A u. bei Venture-Capital-Transaktionen.
Team: 8 Eq.-Partner, 13 Sal.-Partner, 8 Counsel, 41 Associates
Partnerwechsel: Dr. Martin Eimer (zu Ashurst; Prozessführung)
Schwerpunkte: Arbeitsrecht; Börseneinführungen und Kapitalerhöhungen; ▷Compliance; ▷Energie; ▷Gesellsch.recht; ▷Immo/Bau; ▷IT u. Datenschutz; ▷Kartellrecht; ▷Konfliktlösung; ▷M&A; Private Equ. u. Vent. Capital; ▷Telekommunikation.
Mandate: Siehe Fachkapitel.

REGION SÜDEN MÜNCHEN

POELLATH
München ★★★★

Detaillierte Informationen zu dieser Kanzlei finden Sie in den jeweiligen Fachkapiteln sowie im ▷*Nationalen Überblick Top 50*.
Bewertung: München stellt das mit Abstand größte Büro der Kanzlei mit sehr guten Verbindungen zur ▷*Private-Equity*-Branche, v.a. bei Mid-Cap-Transaktionen, u. starker steuerrechtl. Praxis (inkl. Nachfolgeberatung).
Team: 18 Partner, 7 Counsel, 30 Associates, 3 of Counsel
Schwerpunkte: ▷*Gesellsch.recht*; ▷*Immo/Bau*; ▷*M&A*; ▷*Nachfolge/Vermögen/Stiftungen*; ▷*Private Equ. u. Vent. Capital*; Steuern.
Mandate: Siehe Fachkapitel.

REED SMITH
München ★★

Bewertung: Das Münchner Büro der US-Kanzlei hat es mittlerw. geschafft, seine internat. Arbeit profitabler zu gestalten u. die büroübergr. Zusammenarbeit in Dtl. zu intensivieren. Davon profitieren insbes. Mandanten aus den Bereichen Corporate, Litigation u. IT. Die Neuausrichtung hatte bereits in den Vorjahren zu einer Reihe von Abgängen geführt. 2022 war die Immobilienpraxis an der Reihe, wenngleich das Team weiterhin ausreichend groß ist. Der Versuch, in München eine Corporate-Praxis nach Frankfurter Vorbild aufzubauen, erlitt mit dem Weggang von Hirschmann, der erst seit 2 Jahren bei RS war, einen Rückschlag. Zwar ist Binders Ruf (insbes. im Venture Capital) nach wie vor stark, dennoch wird die Kanzlei im Corporate-Bereich einen breiteren Neuaufbau versuchen müssen. Vorbild könnte die Prozesspraxis sein, die in den verg. Jahren kontinuierl. gewachsen ist. Hier erwies sich die Fokussierung auf die Finanzindustrie u. gesellschaftsrechtl. Streitigkeiten als richtige Strategie.
Oft empfohlen: Dr. Justus Binder (v.a. Venture Capital), Dr. Alexander Klett (Medien), Dr. Andreas Splittgerber (IT/Datenschutz), Constantin Conrads („hervorragender Verhandler", Wettbewerber; M&A)
Team: 12 Partner, 2 Counsel, 19 Associates
Partnerwechsel: Florian Hirschmann (zu Goodwin Procter; M&A); Christian Stempfle (zu Peters Schönberger & Partner; Konfliktlösung)
Schwerpunkte: ▷*Private Equ. u. Vent. Capital*; Marken- u. Wettbewerbsrecht; ▷*Medien*; ▷*IT u. Datenschutz* u. Konfliktlösung; daneben Kartellrecht; ▷*M&A*; ▷*Gesellschaftsrecht* sowie ▷*Compliance* Immobilienrecht, Bank- u. Finanzrecht u. Arbeitsrecht.
Mandate: M&A: Curtiss-Wright bei Verkauf von CWFC-Phönix-Gruppe; L3Harris bei Verkauf der Harris Orthogon; ITM Isotopes Technologies Munich bei €90-Mio-Wandeldarlehen von Petrichor Healthcare Capital. IT-Recht: FC Bayern München, Scoperty, Unilever Deutschland. Kartellrecht: SoundCloud im Verfahren des BKartA gegen Apple; Iconic Finance bei Markteintritt; Industrieverband Garten; Medien: ITM Isotope Technologies bei Gebietslizenzvereinbarung mit Ansto; Inflight VR medienrechtl. zu neuen Geschäftsfeldern in den Bereichen Metaverse u. Virtual Reality.

RÖDL & PARTNER
München ★

Detaillierte Informationen zu dieser Kanzlei finden Sie in den jeweiligen Fachkapiteln sowie im ▷*Nationalen Überblick Top 50*.
Bewertung: MDP-Kanzlei mit außergewöhnl. großem Netz an kanzleieigenen Auslandsbüros; in München Fokus auf Steuern sowie ▷*Gesellschaftsrecht*/▷*M&A-Transaktionen*.
Team: 13 Eq.-Partner, 8 Sal.-Partner, 9 Associates
Schwerpunkte: ▷*Energie*; ▷*Gesellsch.recht*; ▷*M&A*; Nachfolge/Vermögen/Stiftungen; Steuer; ▷*Vertrieb*.
Mandate: Siehe Fachkapitel.

SERNETZ SCHÄFER
München ★★★

Bewertung: Wie bisher jede Kanzlei, die in größerem Umfang mit der Abwehr von Dieselklagen für den VW-Konzern befasst war, hat sich auch das Münchner Sernetz Schäfer-Büro deutl. gewandelt. Die höchsten Auslastungsspitzen – zeitweise war das Team einschl. Projektjuristen fast doppelt so groß – waren zwar eine vorübergehende Erscheinung, doch hat das Modell auch strukturell Spuren hinterlassen u. die partnerzentrierte Aufstellung zumindest stellenweise aufgebrochen. Bekannt ist Sernetz Schäfer neben der Litigation-Arbeit nach wie vor insbes. als Beraterin vermög. Privatpersonen u. Familien sowie von (Ex-)Vorständen u. Aufsichtsräten. Hinzu kommt stärker als bisher auch die Nachfolge- u. stiftungsrechtl. Beratung, für die die Kanzlei regelm. ihre guten internat. Verbindungen einsetzt.
Stärken: Prozesse im Aktien- u. Bankrecht.
Oft empfohlen: Dr. Wolf-Dieter von Gronau (Gesellschaftsrecht, Nachfolge), Dr. Helge Großerichter, Dr. Manfred Wolf, Dr. Ferdinand Kruis („sehr guter Anwalt; hat hervorragende Leistung gebracht", Mandant; „juristisches Ausnahmetalent", Wettbewerber), Dr. Andreas Höder (alle Prozessführung), Dr. Fabian Dietz-Vellmer (Gesellschaftsrecht/M&A), Dr. Susanne Zwirlein-Forschner (Gesellschaftsrecht/Nachfolge)
Team: 10 Eq.-Partner, 1 Sal.-Partner, 6 Associates
Partnerwechsel: Christian Sturm (zu Bartmann Sturm, Konfliktlösung).
Schwerpunkte: Prozesse im ▷*Gesellsch.recht*, ▷*Konfliktlösung* u. ▷*Bankrecht u. -aufsicht* für namh. Großbanken u. -unternehmen. Zudem umf. Beratung mittelständ. Unternehmen, auch im Bereich Nachfolge/Vermögen/Stiftungen. Daneben M&A.
Mandate: VW bei Prozessen in Zshg. mit Dieselskandal; Testamentsvollstrecker der Sartorius-Erbengemeinschaft bei Auseinandersetzung u. Anteilsverkauf.

SEUFERT
München ★

Bewertung: Bekannt ist die Münchner Kanzlei als Beraterin zahlr. Unternehmen im Gesundheits-, insbes. Krankenhaussektor. Häufig kommt Seufert auch für in dieser Branche engagierte Finanzinvestoren zum Einsatz, teils für komplette Transaktionen, teils für branchenspezif. Know-how zusätzl. zur eigentl. Dealkanzlei. Enge Verbindungen bestehen dabei zur öffentl.-rechtl. Praxis, die gerade bei Bauprojekten im Münchner Raum auch umfangr. Eigengeschäft generiert, sowie zum Arbeits- u. Gesellschaftsrecht. Das inhaltl. Spektrum der Kanzlei ist durchaus beachtl. u. umfasst auch größere Finanzierungen für den Gesundheitssektor.
Stärken: Beratung der Gesundheitswirtschaft.
Oft empfohlen: Dr. Bernhard Lambrecht (Gesellschaftsrecht/M&A)
Team: 15 Partner, 21 Associates
Schwerpunkte: Gesellschaftsrecht (inkl. Sanierungs- u. Nachfolgeberatung), ▷*Gesundheit*.
Mandate: Keine Nennungen.

SHEARMAN & STERLING
München ★★

Bewertung: Im Zuge des Wiederaufbaus der dt. Praxis liegt der Fokus der US-Kanzlei aktuell auf München. Vielversprechend ist zum Beispiel, dass nach dem Zugang von Harder u. Jetter, die im Vorjahr von Linklaters kamen, einige erfahrene Anwälte aus dem Frankfurter Büro nach München wechselten. Dass auch der sehr erfahrene Dr. Patrick Wolff (ehem. Chefsyndikus von Uniper) nach München gewechselt ist, stärkt die Verbindungen der dortigen Shearman-Büros zur Energiewirtschaft. Harder konnte Mandanten mitbringen, zu denen Intek/KME sowie ein gr. Infrastrukturinvestor gehören. Zudem birgt die PE-Erfahrung der Partner die Chance, sich stärker in die weltweite Praxis der Kanzlei zu integrieren. Der Abgang von Carli kam zwar nicht überraschend, da er weitgehend unabhängig vom Rest der Kanzlei agierte, bedeutet aber den Verlust einer hochangesehene Mid-Cap-Finanzierungspraxis. Der Gewinn von Ziegler könnte aber zu einer engeren Zusammenarbeit mit der starken Londoner Praxis führen.
Stärken: M&A, Private Equity, Mid-Cap-Akquisitionsfinanzierungen.
Oft empfohlen: Dr. Florian Harder (Gesellschaftsrecht/M&A), Dr. Jann Jetter (Steuern)
Team: 3 Partner, 4 Counsel, 22 Associates, 1 of Counsel
Partnerwechsel: Florian Ziegler (von White & Case; Finanzierung); Winfried Carli (zu Goodwin Procter; Finanzierung)
Schwerpunkte: Teams für ▷*M&A*/▷*Private Equity* mit viel Erfahrung bei mittleren bis gr. Dealvolumina u. transaktionsfokussiertes Steuerrecht. ▷*Gesellschaftsrecht*. Auch Finanzierung.
Mandate: DBAG bei Mehrheitsbeteiligung an intech; J. F. Lehman bei Kauf des Narda-MITEQ-Geschäftsbereichs von L3Harris Technologies; Cookiebot bei der Fusion mit Usercentrics; Intek/KME bei Beteiligung durch Paragon Partners, bei Verkauf von KME Mansfeld, bei Kauf von Teilen der Flachwalzsparte von Aurubis. Akquisitionsfinanzierung: Paragon bei Erwerb von KMW Specials; Flex Capital bei Erwerb von Amparex u. Ipro.

SIDLEY AUSTIN
München ★★

Bewertung: Die US-Kanzlei ist mit ihrem einzigen dt. Standort v.a. präsent, wenn es um Restrukturierungen u. Private-Equity-Transaktionen geht. Hier sind es PE-Häuser wie Ardian, ICG u. Rivean Capital, die auf die Kompetenz der Sidley-Anwälte vertrauen. Letztgenannte Stammmandantin begleitete sie zuletzt sowohl bei Zu- als auch Verkäufen u. berät auch bei finanzrechtl. Fragen von Portfoliounternehmen. Darüber hinaus tritt Sidley auch bei klass. M&A-Deals in Erscheinung. So kamen auch die dt. Anwälte für US-Mandantin Idex zum Einsatz, die 2 Unternehmen in den USA einschl. deren ausl. Tochtergesellschaften übernahm. Im Restrukturierungsbereich sind die Anwälte der US-Kanzlei weiterhin in die Galapagos-Insolvenz eingebunden.
Oft empfohlen: Volker Kullmann („guter PE-Anwalt; immer lösungsorientiert", Wettbewerber), Dr. Christian Zuleger, Dr. Björn Holland („schnell u. pragmatisch", „extrem erfahren mit hervorragendem Marktüberblick", Wettbewerber), Dr. Marcus Klie („fachlich gut; durchsetzungsstark in Verhandlungen", Wettbewerber; alle Private Equity/M&A), Kolja von Bismarck („einer der führenden Restruk-

turierer des Landes", Wettbewerber), Andreas Steiger („hohe fachliche u. strateg. Kompetenz", Wettbewerber; beide Restrukturierung).
Team: 10 Partner, 21 Associates

Schwerpunkte: Deutl. Fokus auf ▷*Private-Equity-* u. ▷*M&A-Transaktionen*, meist mittelgr. Volumina. Langj. *Restrukturierungskompetenz*, auch Steuerrecht u. Finanzierung.

Mandate: Ardian bei Mehrheitsbeteiligung (gemeins. mit Quadriga) an GBA; Idex zu Kauf von Nexsight u. zu Kauf der Airtech Group; Rivean Capital (vormals Gilde) zu Verkauf u. Finanzierungsaspekten von Pro Gamers Group, zu Kauf von Systemlieferant u. Handelspartner für Autoreifen und Felgen sowie Portfoliounternehmen bei Finanzierungen; Losberger De Boer zu finanzieller u. operativer Restrukturierung; Glas Trust zu Vollstreckung von Sicherheitsrechten im Zusammenhang mit der Galapagos-Insolvenz; Linde & Wiemann zu finanzieller Restrukturierung.

SIMMONS & SIMMONS
München ★★

Kanzlei des Jahres Süden

Bewertung: Der Schwerpunkt der Tätigkeit am Münchner Standort der internat. Kanzlei liegt, neben der gesellschaftsrechtl. sowie der Transaktionsbegleitung, auf der Beratung zu Immobilienfinanzierungen u. zu IP-Themen. Im Transaktionsbereich ist die Kanzlei sowohl bei M&A- als auch bei PE-Transaktionen unterwegs, die häufig einen Technologiebezug aufweisen. Insbes. von Samson-Himmelstjerna, der im verg. Jahr zu Simmons kam, ist bei PE-Transaktionen sichtbar. Mit dem Zugang eines 6-köpfigen Patentanwaltsteam um Lahrtz u. Nottrott baute die Kanzlei die IP-Beratung am Münchner Standort weiter aus. Dass auch der Leiter der Praxisgruppe Patentrecht, Meyer, seinen Arbeitsschwerpunkt von D'dorf nach München verlegte, unterstreicht die Ambitionen der Kanzlei. Federn lassen musste sie im Immobilienrecht durch den Abgang von Beyer, der auch 3 Associates mit zu Norton Rose nahm. Vom Wechsel unberührt bleibt jedoch die Präsenz der Kanzlei bei Immobilienfinanzierungen, für die Partnerin Michaela Sopp verantwortlich ist.

Stärken: IP- u. IT-Outsourcing, Lifescience, zunehmend auch Private Equity.

Oft empfohlen: Dr. Fabian von Samson-Himmelstjerna („sehr kompetente und strukturierte Projektbegleitung", Wettbewerber; Private Equity/M&A), Dr. Peter Meyer, Dr. Thomas Gniadek (beide Patentrecht)
Team: 6 Partner, 4 Counsel, 7 Associates, 1 of Counsel

Partnerwechsel: Dr. Fritz Lahrtz, Dr. Stephanie Nottrott, Dr. Andrea Teschemacher, Dr. Tanja Pintsch (alle von Isenbruck Bösl Hörschler; alle Patentrecht), Dr. Oliver Beyer (zu Norton Rose Fulbright; Immobilienrecht)

Schwerpunkte: Gesellschaftsrecht u. grenzüberschr. ▷*M&A*, häufig im PE- u. Immobilienbereich inkl. Immobilienfinanzierung; ▷*Private Equity u. Venture Capital*; ▷*Patentrecht* inkl. Prozesse, Marken- u. Wettbewerbsrecht, IT-Recht/Datenschutz.

Mandate: Kinnevik, Coatue u. Eurazeo als Lead-Investoren der Serie-B-Finanzierungsrunde bei Vay Technology; Apex Group bei Kauf von Mola-Administration; Bayer bei Durchsetzung eines seiner Patente gegen den Markteintritt von Generika für das Krebsmedikament Nexavar; Reemtsma patentrechtl.; Xiaomi gg. Philips in angestrengtem Patentstreit.

SKW SCHWARZ
München ★★★

Detaillierte Informationen zu dieser Kanzlei finden Sie in den jeweiligen Fachkapiteln sowie im ▷*Nationalen Überblick Top 50*.

Bewertung: Herausragende Expertin für die ▷*IT-* u. ▷*Medienbranche*; in München ▷*Gesellschaftsrecht* u. ▷*Transaktionen*, v.a. für die Technologiebranche; stark in der ▷*Nachfolgeberatung*.
Team: 24 Eq.-Partner, 3 Sal.-Partner, 13 Counsel, 18 Associates, 2 of Counsel

Partnerwechsel: Thomas Hausbeck (von Buse; Gesellschaftsrecht), Dr. Oliver Stöckel (von von Boetticher; Pharmarecht)

Schwerpunkte: ▷*Arbeit*; ▷*Gesellsch.recht*; ▷*IT u. Datenschutz*; ▷*M&A*; ▷*Marken u. Wettbewerbsrecht*; ▷*Medien*; ▷*Nachfolge/Vermögen/Stiftungen*.
Mandate: Siehe Fachkapitel.

SNP SCHLAWIEN
München ★★

Bewertung: Trotz massiver Expansion in München u. an anderen Standorten hat die Kanzlei den personellen Ausbau nicht für eine Neuausrichtung genutzt, sondern zur Stärkung ihrer Kernkompetenzen u. einer vertieften Spezialisierung in einer Reihe von Bereichen, darunter Gesellschaftsrecht/M&A u. Nachfolge. Dadurch allerdings kommt SNP häufiger als früher auch für Finanzinvestoren als Beraterin bei Transaktionen infrage. Ein bes. Fokus liegt dabei weiter auf dem Immobiliensektor. Der Wechsel 2er altgedienter Corporate- u. Vergaberechtspartner in den Of-Counsel-Status riss keine inhalt. Lücke, sondern zeigte, dass die Kanzlei auf allen Altersstufen stark besetzt ist.

Oft empfohlen: Sascha Sormann (Immobilienwirtschaftsrecht), Dr. Stefan Dietlmeier (Gesellschafts- u. Verwaltungsrecht), Dr. Christian Ostermaier (Arbeitsrecht)
Team: 23 Eq.-Partner, 1 Counsel, 12 Associates, 4 of Counsel

Schwerpunkte: Transaktionsberatung (M&A, Immobilien u. Private Equity/Venture Capital), Gesellschafts- u. Steuerrecht. Gesellschaftsrechtl. Streitigkeiten u. Nachfolgeberatung. Arbeitsrecht. Mitglied im internat. Kanzleinetzwerk Legal Network International.

Mandate: Quest bei Immobilientransaktionen; BImA bei Anmietung d. Neubauprojekts, Pandion Soul; Beteiligungsgesellschaft bei Akquisition u. Integration von dt. Hörakustikbetrieben; Gesellschafter eines Messebauunternehmens bei Verkauf; Sportverbände bei Ausschluss eines Verbandsmitglieds; Brauerei bei Abfindungsrechtsstreit.

TAYLOR WESSING
München ★★★

Detaillierte Informationen zu dieser Kanzlei finden Sie in den jeweiligen Fachkapiteln sowie im ▷*Nationalen Überblick Top 50*.

Bewertung: Besonders breit aufgestellte Mannschaft, die v.a. als Beraterin ▷*vermögender Privatpersonen u. Familien* sowie im ▷*Technologie-* u. ▷*Gesundheitssektor* weit über München hinaus bekannt ist. Bedeutendster TW-Standort für China-Geschäft in Kontinentaleuropa.
Team: 35 Eq.-Partner, 27 Sal.-Partner, 42 Associates, 4 of Counsel

Schwerpunkte: ▷*Arbeit*; ▷*Börseneinführ. u. Kapitalerhöhung*; ▷*Energie*; ▷*Gesellsch.recht*; ▷*Gesundheit*; ▷*Immo/Bau*; ▷*Insolvenz/Restrukturierung*; ▷*IT u. Datenschutz*; ▷*Konfliktlösung*; ▷*M&A*; ▷*Marken u. Wettbewerb*; ▷*Medien*; ▷*Nachfolge/Vermögen/Stiftungen*; ▷*Patent*; ▷*Private Equ. u. Vent. Capital*; ▷*Unternehmensbez. Versichererberatung*; ▷*Versicherungsvertragsrecht*; ▷*Vertrieb*.
Mandate: Siehe Fachkapitel.

WATSON FARLEY & WILLIAMS
München ★★

Detaillierte Informationen zu dieser Kanzlei finden Sie in den jeweiligen Fachkapiteln sowie im ▷*Nationalen Überblick Top 50*.

Bewertung: Immer wieder in größere Deals der übrigen WFW-Standorte involviert. In München v.a. anerkannte Mid-Cap-▷*Private-Equity*-Praxis, im örtlichen Markt gut vernetztes ▷*Arbeitsrechtsteam*.
Team: 5 Partner, 12 Associates

Schwerpunkte: ▷*Arbeit*; ▷*Energie*; ▷*Gesellsch.recht*; Investmentaufsichtsrecht; ▷*M&A*; ▷*Private Equ. u. Vent. Capital*.
Mandate: Siehe Fachkapitel.

WEIL GOTSHAL & MANGES
München ★★

Bewertung: Das Münchner Büro der US-Kanzlei ist um die hoch angesehene Praxis von Schmidt aufgebaut, der 3 Teams mit Arbeit auslastet. Die überwieg. Mehrheit der Transaktionen ist Private-Equity-bezogen, wie zuletzt eine hoch innovative Veräußerung für ein großes PE-Haus in einem stark regulierten Sektor. Bis zu seinem endgültigen Ausscheiden aus der Kanzlei sind es noch maximal 4 Jahre, sodass WGM nicht mehr viel Zeit bleibt, sich um eine Nachfolge zu bemühen, die die Zukunft des Münchner Büros ebenso wie der dt. Praxis insges. bestimmen wird. Zwar rückt Jagersberger allmählich in den Vordergrund u. ein weiterer junger Partner wurde befördert, doch in Wahrheit steht u. fällt das Büro (inkl. Supportbereiche) mit Schmidt.

Oft empfohlen: Prof. Dr. Gerhard Schmidt, Dr. Barbara Jagersberger (beide M&A), Tobias Geerling (Steuern)
Team: 4 Partner, 3 Counsel, 19 Associates

Schwerpunkte: ▷*Gesellsch.recht*; ▷*Insolvenz/Restrukturierung*; ▷*M&A*; ▷*Private Equ. u. Vent. Capital*; Steuern.

Mandate: PT Holdings, Inc./Parts Town/Berkshire Partners bei Kauf der REPA-Gruppe; Rolf Schwind bei Verkauf durch Ardian der Mehrheit an Schwind eye-tech-solutions; ChargePoint Holdings bei Kauf von has-to-be; DIC Asset bei Aufbau von 10,5%iger Beteiligung an VIB-Vermögen; Tree Energy Solutions bei Errichtung einer strategischen Partnerschaft mit Open Grid Europe.

ZIRNGIBL
München ★★

Bewertung: Bekanntester Schwerpunkt der Kanzlei ist das Immobilien- u. Baurecht, wo ihr Aktionsradius über den Münchner Stammsitz hinausreicht. Lokale Wettbewerber attestieren der Immobilienpraxis „starke Präsenz", Mandanten wie eine gr. dt. Bank sowie führende Klinikverbünde unterstreichen diesen Befund. Davon abgesehen agiert Zirngibl als klass. Rundumberaterin für den Mittelstand, die mit weitgehend stabiler Mannschaft

einen treuen Mandantenstamm berät; der Abgang einer Sal.-Partnerin im Arbeitsrecht blieb angesichts der beachtl. Teamgröße ohne sichtbare Folgen. Weiter als viele Wettbewerberkanzleien ist sie bei der Integration von Legal-Tech-Tools in die tägl. Mandatsarbeit – eine Stärke, die die Kanzlei beständig weiter ausbaut u. die zunehmend auch bei Mandanten Anklang findet.
Stärken: ▷*Immo/Bau*. Gute Prozesspraxis, insbes. Organhaftung.
Oft empfohlen: Dr. Thomas Zwissler („zuverlässig u. kompetent, präzise wirtschaftliche Analyse", Wettbewerber), Dr. Dieter Lehner (Bank- u. Kapitalmarktrecht), Dr. Axel Anker („angenehm im Umgang; fachlich gut", Wettbewerber), Dr. Lars Adler („sehr pragmatisch", Wettbewerber; beide Immobilien- u. Baurecht), Dr. Johann Kurreck (Arbeitsrecht), Dr. Martin Gebhardt Dr. Caroline Otto („sehr gute Beratung mit hoher Kompetenz", Wettbewerber; beide Marken- u. Wettbewerbsrecht).
Team: 20 Eq.-Partner, 8 Sal.-Partner, 2 Counsel, 29 Associates, 1 of Counsel
Partnerwechsel: Carolin Schnigula (zu Gebert Drescher; Arbeitsrecht)
Schwerpunkte: Gesellschaftsrecht, M&A (Small-/Mid-Cap, oft mit internat. Bezug), Bank- u. Kapitalmarktrecht. ▷*Immo/Bau*, ▷*Arbeit*, Marken- u. Wettbewerbsrecht.
Mandate: Großbank bei Auseinandersetzung zw. Fonds u. Baubeteiligten; Straßen-, Tiefbauunternehmen, führender Wohlfahrtsverein, gr. dt. Klinikverbund lfd. baurechtl.; gr. dt. Aufzugbauer arbeitsrechtl. bei Outsourcing; dt. Tochtergesellschaft des weltweit größten Brillenherstellers, gr. Klinikkonzerne, Technologielieferant für Automobilhersteller, ww. tätiges Technologieunternehmen lfd. arbeitsrechtl.; Dienstleistungsgesellschaft eines gr. Klinikkonzerns bei finanzieller Restrukturierung; Maschinenbauunternehmen bei Distressed-M&A-Projekten.

Bayern

BEISSE & RATH
Bayern ★★★★
Bewertung: Mehr als die meisten nordbayer. Kanzleien ist B&R für ihre guten, teils jahrzehntelangen Kontakte zu vermögenden Familien bzw. Privatpersonen u. zu Großunternehmen bekannt, darunter auch in der Region beheimatete Konzerne. Aus dieser hervorrag. Vernetzung ergaben sich zuletzt etl. größere Transaktions- u. Nachfolgeprojekte. Gerade für Letztere ist das Ausscheiden des anerkannten Steuerrechtlers Lodde ein herber Schlag. Zugleich führen aber bei M&A-Deals geknüpfte Kontakte immer öfter dazu, dass gerade die jüngeren Partner auch von überregionalen, teils internat. Mandanten angefordert werden. Ein Resultat dieser Entwicklungen war 2022 die Beratung von Dauermandantin Semikron bei einem dt.-dän. Joint Venture. Die Struktur der Kanzlei lässt erkennen, dass die Kanzlei langfristig orientiert ist: Neben Altmeister Rath ist inzw. eine breite Riege im Markt sehr anerkannter Partner getreten, die sukzessive in viele wichtige Mandantenverbindungen eingetreten ist. Der langsame, aber spürbare Ausbau der Associate-Mannschaft zeigt, dass die Kanzlei ihre Strategie der behutsamen Verbreiterung konsequent fortsetzt.
Stärken: Gesellschaftsrecht/M&A.
Oft empfohlen: Peter Rath, Dr. Felix Hechtel (beide Gesellschaftsrecht), Marc-Sebastian Pohl („schnell u. gut", Wettbewerber; M&A), Gisela Friedrich (Arbeitsrecht)
Team: 6 Eq.-Partner, 2 Sal.-Partner, 1 Counsel, 2 Associates
Partnerwechsel: Dr. Stephan Lodde (zu Meinhardt Gieseler & Partner; Steuerrecht)
Schwerpunkte: Kernkompetenz im Gesellschaftsrecht (u.a. Sanierungsberatung, Compliance) u. Transaktionen (M&A, Immobilien). Enger Konnex mit Erb-, Stiftungs- u. Vertragsrecht. Arbeits- u. IT-Recht.
Mandate: Semikron Internat. lfd., zuletzt bei Zusammenschluss einer Tochter mit einer Danfoss-Tochter; Alleingesellschafter bei Verkauf seines Bauelementeunternehmens an strateg. Investor; Displayhersteller bei Konzernumstrukturierung; Immobilienverwalter bei Kauf 2er Wettbewerber; Hersteller von Haushaltsartikeln bei Kauf eines Labors; Getränkehersteller-Gruppe lfd. vertrags- u. gesellschaftsrechtl.; Gesellschafter im Zshg. mit Ausscheiden; Anbieter von Chipsatzlösugnen lfd. gesellschafts- u. arbeitsrechtl.; LED-Hersteller in Streit um Vertriebsvertrag; Kfz-Zulieferer gesellschaftsrechtl.; Ex-Arcandor-Aufsichtsrat in Schadensersatzprozess.

BENDEL & PARTNER
Bayern ★★
Bewertung: Beim Wiederaufbau ihrer Mannschaft kam die fränk. Kanzlei v.a. im Arbeitsrecht weiter voran: Nachdem vor 2 Jahren durch die Abwanderung eines größeren Teams zur ehem. Hauptmandantin Wisag gerade diese Praxis stark dezimiert worden war, gewann B&P nun Hess von Reitmaier als Partner. Ein weiteres starkes Standbein ist trad. die Insolvenzverwaltung, die zudem dafür sorgt, dass B&P – anders als die meisten nordbayer. Kanzleien – regelm. auch mit krisennaher Beratung beschäftigt ist. Daneben erweitert sich am Stammsitz Würzburg, aber auch in Schweinfurt der Mandantenkreis in der lfd. Rundumberatung kontinuierlich. Starke Akzente liegen dabei auf bau- u. franchiserechtl. Fragen.
Team: 2 Eq.-Partner, 15 Associates, 1 of Counsel
Partnerwechsel: Dr. Alexander Hess (von Reitmaier)
Schwerpunkte: Betreuung v.a. mittelständ. Mandanten, u.a. bei Unternehmensgründungen u. -transaktionen, Umstrukturierungen u. Nachfolgeregelungen; Insolvenz/Restrukturierung. Breites

Bayern

★★★★★	
Rödl & Partner	Nürnberg, Bayreuth, Fürth, Hof, Regensburg
★★★★	
Beisse & Rath	Nürnberg
Bissel + Partner	Erlangen
Sonntag & Partner	Augsburg, Nürnberg
★★★	
KPMG Law	Nürnberg
Meinhardt Gieseler & Partner	Nürnberg
Theopark	Nürnberg
Thorwart	Nürnberg, Bayreuth, Neumarkt
★★	
Bendel & Partner	Würzburg, Schweinfurt
Fries	Nürnberg, Würzburg, Bamberg, Schweinfurt
Lieb	Erlangen, Nürnberg
Meyerhuber	Ansbach, Gunzenhausen, Weißenburg, Dinkelsbühl, Feuchtwangen, Fürth
Scheidle & Partner	Augsburg
Seitz Weckbach Fackler & Partner	Augsburg, Donauwörth

Die Auswahl von Kanzleien und Personen in Rankings und tabellarischen Übersichten ist das Ergebnis umfangreicher Recherchen der JUVE-Redaktion. Sie ist in 2erlei Hinsicht subjektiv: Die Aussagen der befragten Quellen sind subjektiv u. spiegeln deren Erfahrungen u. Einschätzungen. Die JUVE-Redaktion wiederum analysiert die Rechercheergebnisse unter Einbeziehung ihrer eigenen Marktkenntnis. Der JUVE Verlag beabsichtigt keine allgemeingültige oder objektiv nachprüfbare Bewertung. Es ist möglich, dass eine andere Recherchemethode zu anderen Ergebnissen führt. Innerhalb einzelner Gruppen in Rankings und tabellarischen Übersichten sind Kanzleien und Personen alphabetisch sortiert.

Spektrum: Gesellschafts-, Bau-, Arbeits-, Handels- u. Vertragsrecht, auch Prozesse. Auf diesen Gebieten auch Kooperation mit Kanzlei Dr. Lohmann (Stuttgart).
Mandate: Fortführung des Geschäfts von Hensel-Visit; umf. großer regionaler Baustoffhändler, Caterer, Fränk. Weinbauverband u. FM-Dienstleister; Bauunternehmen lfd. im priv. u. öffentl. Baurecht.

BISSEL + PARTNER
Bayern ★★★★
Bewertung: Für den anhaltenden Immobilienboom ist kaum eine Kanzlei in Nordbayern besser aufgestellt als die Erlanger Lokalmatadorin B+P: Seit Langem bilden Transaktionen in dieser Branche den wichtigsten Schwerpunkt der Kanzlei, eng verknüpft mit der lfd. Beratung bedeut. Projektentwickler u. Investoren, z.T. weit über Nordbayern hinaus. Zwar war das Immobilien- u. Baurecht in den vergangenen Jahren stets der wichtigste Wachstumstreiber, doch ist die Kanzlei mit ihrem breiten Beratungsangebot zugleich als Rundumberaterin bei zahlr. Mittelstandsunternehmen gefragt. Als einzige Wirtschaftskanzlei in der Region bietet B+P zudem langj. wirtschaftsstrafrechtl. Kompetenz, die entscheidend zum guten Ruf für Compliance-Beratung beiträgt.
Oft empfohlen: Dr. Frank Ebbing („harter Verhandler u. zugleich lösungsorientiert", Wettbewerber), Dr. Carsten Bissel (beide Gesellschaftsrecht/M&A), Dr. Michael Grüner (Immobilienrecht), Martin Reymann-Brauer (Wirtschaftsstrafrecht, Compliance)
Team: 7 Partner, 15 Associates, plus StB
Schwerpunkte: Gesellschafts-, Bau- u. Immobilienrecht, Steuer-, Wirtschafts- u. Steuerstrafrecht. Compliance.
Mandate: Öffentl. bekannt: Siemens bei Compliance-Fragen.

FRIES
Bayern ★★
Bewertung: Mit ihrer renommierten Arbeitsrechtspraxis v.a. am Nürnberger Stammsitz prägt die Kanzlei den nordbayer. Markt. Dass diese Praxis vglw. viele bekannte Anwälte in ihren Reihen hat u. von Wettbewerbern regelm. hervorgehoben wird, steht in einem immer größeren Kontrast zu anderen Fachbereichen, bei denen Partner z.T. noch immer im Schatten der Gründergeneration stehen. Im Gesellschaftsrecht etwa spielen langj. Wettbewerber wie Meinhardt Gieseler oder Thorwart, aber auch junge Einheiten wie Theopark heute in einer anderen Liga. Ähnliches gilt nach dem Weggang des angesehenen Riemer für das Vertriebsrecht. Insges. ist Fries aber nach wie vor breit aufgestellt, einschl. IP/IT- u. Datenschutzkompetenz, u. im lokalen Mittelstand gut vernetzt. Den Ausstieg der Öffentl.-Rechtler Kammerbauer u. Kühnlein kompensiert die Kanzlei durch Kooperation mit einer örtl. Sozietät.
Stärken: Arbeitsrecht.
Oft empfohlen: Michael Au (Arbeitsrecht)
Team: 12 Eq.-Partner, 1 Sal.-Partner, 6 Counsel, 10 Associates, 3 of Counsel
Partnerwechsel: Dr. Jens-Berghe Riemer (zu SKP Rechtsanwälte; Vertriebs- u. Transportrecht), Manfred Kammerbauer, Martin Kühnlein (beide Öffentl. Recht; beide zu Kammerbauer Kühnlein Kraus Orth)
Schwerpunkte: Arbeits-, Steuer- u. Gesellschaftsrecht, Vertrieb. Zudem IP/IT u. Datenschutz, Versicherungs-, Erbrecht. Kooperation im Öffentl. Recht mit Dr. Sojka & Kasch.

Mandate: Norma u. mehrere dt. Großkonzerne lfd. im Arbeitsrecht (aus dem Markt bekannt).

KPMG LAW
Bayern ★★★
Bewertung: Unter den Nürnberger Kanzleien spielt das örtl. KPMG Law-Büro eine Sonderrolle: Zwar sind die Anwälte auch im nordbayer. Markt präsent, gerade in der Transaktionsberatung, wie u.a. in der Beratung des 1. FC Nürnberg u. die Begleitung des Olympia/Kicker-Verlags bei einem Joint Venture in Österreich zeigten, vor allem aber laufen in Nürnberg die Fäden für einen bedeut. Teil des dt. M&A-Geschäfts der Gesamtkanzlei zusammen. Transaktionen für den Dt.-Bahn-Konzern, Rohde & Schwarz, Würth u.a. werden regelm. von hier aus gesteuert. Dadurch hat das Team um den dt. M&A-Leiter Kaut auch mehr Erfahrung mit internat. Deals, Private-Equity- u. Venture-Capital-Transaktionen gesammelt als andere Nürnberger Kanzleien u. flankiert diese mit effizienzsteigernden IT-Tools. Das öffentl.-rechtl. Team übernimmt ebenfalls regelm. die Federführung bei standortübergr. Projekten.
Stärken: Transaktionen. Enge Anbindung an WP u. StB.
Oft empfohlen: Dr. Daniel Kaut, Dr. Christian Hensel (beide Gesellschaftsrecht/M&A)
Team: 3 Eq.-Partner, 7 Sal.-Partner, 9 Associates
Schwerpunkte: ▷Gesellschaftsrecht. Beratung inkl. Nachfolge. ▷M&A. Venture Capital. ▷Vergaberecht. Arbeits- u. Steuerrecht.
Mandate: 1. FC Nürnberg bei Umstrukturierung; Kfz-Zulieferer bei Umstrukturierung; Rohde & Schwarz bei Kauf von Zurich Instruments; Olympia-Verlag/Kicker Ventures bei Joint Venture mit E-Quadrat; Ev. Klinikum Bethel zu Fördermitteln u. Beschaffung; Hanns-Seidel-Stiftung vergaberechtl.; Großstadt zu Beschaffung von IT für Schulen; Feinwirkerei Karl Jahn, R+S Group, Roboyo, Johnson Outdoors bei Umstrukturierung; Geka bei Umstrukturierung in Frankreich.

LIEB
Bayern ★★
Bewertung: Mit ihrem Fokus auf Branchen wie Pharma/Healthcare u. Touristik u. auf IP/IT u. Digitalisierungsthemen verfolgt die Erlanger Kanzlei einen anderen strateg. Ansatz als die übrigen Sozietäten der Region. Dass sie damit genau im Trend der Corona-Zeit lag, zeigten einige Mandate im Umfeld von Test- u. Softwareherstellern. Zugleich ergeben sich aus den Kontakten zu Mandanten aus der digitalen Wirtschaft u. der Gründerszene immer öfter auch eher kleine Venture-Capital-Deals. Parallel zu diesen Schwerpunkten ist Lieb weiter als Stammberaterin regionaler Mittelstandsunternehmen aktiv.
Oft empfohlen: Dr. Christopher Lieb (Gewerbl. Rechtsschutz/Gesellschaftsrecht), Jörg Steinheimer (Arbeitsrecht)
Team: 1 Eq.-Partner, 5 Sal.-Partner, 6 Associates, 2 of Counsel
Schwerpunkte: Gesellschaftsrecht/M&A, Gewerbl. Rechtsschutz. Daneben: Vertriebs-, IT-, Arbeits-, Bau-, Immobilien- u. Steuerrecht. Öffentl. Recht.
Mandate: Genossenschaftsbank bei div. teils großen Immobilientransaktionen; europaw. tätige Marketingagentur, IT-Unternehmen bei Share-Deal; Medizinverband bei Umstrukturierung; Tourismusunternehmen bei Zukäufen u. Neuaus-

---

Führende Berater in Bayern

Dr. Michael Au (Arbeitsrecht)
Fries, Nürnberg

Dr. Carsten Bissel (Gesellschafts- und Immobilienrecht)
Bissel + Partner, Erlangen

Joachim Exner (Insolvenz/Restrukturierung)
Dr. Beck & Partner, Nürnberg

Dr. Konrad Kern (Konfliktlösung)
Sonntag & Partner, Augsburg

Dr. Stephan Lodde (Gesellschaftsrecht)
Meinhardt Gieseler & Partner, Nürnberg

Johannes Meinhardt (Bank- und Kapitalmarktrecht)
Meinhardt Gieseler & Partner, Nürnberg

Reinhold Preißler (Gesundheit)
Preißler Ohlmann & Partner, Fürth

Peter Rath (Gesellschaftsrecht)
Beisse & Rath, Nürnberg

Prof. Dr. Christian Rödl (Gesellsch.recht/Steuerrecht/Nachfolge/Vermögen/Stiftungen)
Rödl & Partner, Nürnberg

Nicola Scholz-Recht (Gewerblicher Rechtsschutz)
Meinhardt Gieseler & Partner, Nürnberg

Michael Wiehl (Gesellsch.recht/M&A)
Rödl & Partner, Nürnberg

Die Auswahl von Kanzleien und Personen in Rankings und tabellarischen Übersichten ist das Ergebnis umfangreicher Recherchen der JUVE-Redaktion. Sie ist in 2erlei Hinsicht subjektiv: Die Aussagen der befragten Quellen sind subjektiv u. spiegeln deren Erfahrungen u. Einschätzungen. Die JUVE-Redaktion wiederum analysiert die Rechercheergebnisse unter Einbeziehung ihrer eigenen Markterfahrung. Der JUVE Verlag beabsichtigt keine allgemeingültige oder objektiv nachprüfbare Bewertung. Es ist möglich, dass eine andere Recherchemethode zu anderen Ergebnissen führt. Innerhalb einzelner Gruppen in Rankings und tabellarischen Übersichten sind Kanzleien und Personen alphabetisch sortiert.

---

richtung des (Online-)Vertriebs; Ausgründung der Nürnberger Uni bei Entwicklung Onlineportal u. App; Medical Valley lfd. zu Verträgen, IP u. Gesellschaftsrecht; Schweizer Technologiekonzern im Urheber-, IT- u. Medienrecht.

MEINHARDT GIESELER & PARTNER
Bayern ★★★
Bewertung: Mit beeindruckender Konsequenz hat sich MGP als einzige Kanzlei der Region zu einer dtl. weit bekannten Anlaufstelle für bankrechtl. Prozesse entwickelt. Die Praxis um Meinhardt weitet ihren Mandantenkreis aus Banken u. Bausparkassen jedes Jahr aus. Hinzu kommt, dass die bei streitigen Mandaten geknüpften Kontakte immer öfter auch lfd. Beratungsmandate im Bankensektor mit sich bringen. In ihren übrigen Schwerpunktbereichen setzt sich MGP ebenfalls immer besser durch: Das langj. etablierte IP-Team um Scholz-Recht war genau richtig für den Onlineboom der Corona-Phase positioniert, während die Gesellschaftsrechtspraxis häufiger als zuvor Transaktionen begleitete, dar-

REGION SÜDEN BAYERN

Bayerische Kanzleien mit Besprechung nur in Rechtsgebieten

AfA Rechtsanwälte (Nürnberg)	▷Arbeitnehmer
Anchor (Augsburg)	▷Insolvenz/Restrukturierung
Dr. Beck & Partner (Nürnberg)	▷Insolvenz/Restrukturierung
Domeier (Starnberg)	▷Lebensmittel
Prof. Englert + Partner (Aichach)	▷Immo/Bau
Gaßner Groth Siederer & Coll. (Augsburg)	▷Öffentl. Recht
Manske & Partner (Nürnberg)	▷Arbeitnehmer
Meissner Bolte (Nürnberg)	▷Marken u. Wettbewerb
Müller-Heydenreich Bierbach & Kollegen (Nürnberg)	▷Insolvenz/Restrukturierung
Pluta (Ulm)	▷Insolvenz/Restrukturierung
Preißler Ohlmann & Partner (Fürth)	▷Gesundheit
PricewaterhouseCoopers Legal (Nürnberg)	▷Private Equ. u. Vent. Capital
Roxin (Augsburg)	▷Wirtschafts- u. Steuerstrafrecht
SGP Schneider Geiwitz & Partner (Neu-Ulm, Augsburg)	▷Insolvenz/Restrukturierung
Schultze & Braun (Nürnberg)	▷Insolvenz/Restrukturierung
Sprenger (Sinzig, Regensburg)	▷Versicherungsvertragsrecht
Zimmermann & Partner (Bamberg)	▷Patent

Die Auswahl von Kanzleien und Personen in Rankings und tabellarischen Übersichten ist das Ergebnis umfangreicher Recherchen der JUVE-Redaktion. Sie ist in 2erlei Hinsicht subjektiv: Die Aussagen der befragten Quellen sind subjektiv u. spiegeln deren Erfahrungen u. Einschätzungen. Die JUVE-Redaktion wiederum analysiert die Rechercheergebnisse unter Einbeziehung ihrer eigenen Marktkenntnis. Der JUVE Verlag beabsichtigt keine allgemeingültige oder objektiv nachprüfbare Bewertung. Es ist möglich, dass eine andere Recherchemethode zu anderen Ergebnissen führt. Innerhalb einzelner Gruppen in Rankings und tabellarischen Übersichten sind Kanzleien und Personen alphabetisch sortiert.

unter erstmals Venture-Capital-Deals. U.a. für die Nachfolgeberatung verstärkte sich die Kanzlei mit einem anerkannten Quereinsteiger u. rundete so ihr Profil weiter ab.
Stärken: Bankrechtl. Prozesse, Gewerbl. Rechtsschutz.
Oft empfohlen: Nicola Scholz-Recht („sehr namhafte Spezialistin", Wettbewerber; Gewerbl. Rechtsschutz), Johannes Meinhardt, Dr. Cornelius Held (beide Bank- u. Kapitalmarktrecht), Dr. Norbert Gieseler („erfahren, praxisorientiert, sehr angenehmer Umgang", Wettbewerber; Gesellschafts-/Steuerrecht), Christian Prauser (Arbeitsrecht).
Team: 6 Eq.-Partner, 1 Sal.-Partner, 4 Associates, 1 of Counsel
Partnerwechsel: Dr. Stephan Lodde (von Beisse & Rath; Gesellschafts-/Steuerrecht)
Schwerpunkte: Bankrecht (insbes. Prozesse, ausschl. bankenseitig), IP/IT, Gesellschafts- u. Steuer(straf)recht, Arbeitsrecht, auch Restrukturierung/Insolvenz u. Datenschutz.
Mandate: Technologie-Start-up u.a. bei Verhandlung mit Investoren; Medizin-Start-up u.a. bei grenzüberschr. Anteilsübertragungen; Sparkasse Nürnberg in Streit um gekündigte Prämiensparverträge; div. Unternehmen zu Ausstieg von Gesellschaftern; Gründer einer KAG in Haftungsstreit mit Insolvenzverwalter; Messtechnikunternehmen zu Nachfolgelösung; Handelsfirma bei Aufbau einer Vermietungsplattform für Officebedarf; Handelskette bei Umstrukturierung; lfd. Kommunikationsdienstleister; div. Bausparkassen u. Privatbanken in Prozessen; Tourismusverband kartellrechtl.

MEYERHUBER
Bayern ★★

Bewertung: Als einzige Wirtschaftskanzlei, die zwischen den nordbayer. Großstädten Augsburg u. München mehrere Büros unterhält, hat Meyerhuber ihre Marktnische in der Fläche gefunden. Zahlr. Mittelstandsunternehmen aus der Region lassen sich lfd. von der Kanzlei beraten, sei es im Arbeits-, Handels- oder Gesellschaftsrecht. Damit gehen regelm. M&A-Deals einher, gelegentl. auch mit größeren Volumina. Bekannt ist die Kanzlei daneben für vertiefte Kompetenz im Medizinrecht, im (Steuer-)Strafrecht u. an der Schnittstelle zu Restrukturierungen u. Insolvenzen.
Oft empfohlen: Dr. Malte Schwertmann (Gesellschaftsrecht)
Team: 7 Partner, 13 Associates, 2 of Counsel
Schwerpunkte: Gesellschaftsrecht, Sanierung, Insolvenzrecht, vielfach an der Schnittstelle zum Arbeitsrecht (auch Betriebsräte). Auch Vergaberecht, v.a. aufseiten von Kommunen, Medizinrecht, Steuerrecht u. -strafrecht.
Mandate: Alfmeier lfd. im Gesellschafts- u. Handelsrecht zuletzt bei Carve-out des Non-Automotive-Geschäfts; BRK Kreisverband Südfranken arbeitsrechtl.; Fränk. Landeszeitung arbeitsrechtl. u. bei Kauf einer Lokalzeitung; LSI Dtl. arbeits- u. handelsrechtl.; rd. 50 bayer. Kliniken zu Abrechnungen.

RÖDL & PARTNER
Bayern ★★★★★

Detaillierte Informationen zu dieser Kanzlei finden Sie in den jeweiligen Fachkapiteln sowie im ▷Nationalen Überblick Top 50.

Bewertung: Personalstärkste Kanzlei in Nürnberg mit sehr breitem multidiszipl. Beratungsangebot. Herausragend in der Kombination von Steuer- u. ▷Gesellsch.recht, darunter ▷M&A u. ▷Nachfolgeberatung. Außergewöhnl. große Zahl an Auslandsbüros.
Team: Nürnberg: 33 Eq.-Partner, 43 Sal.-Partner, 53 Associates; Fürth: 3 Sal.-Partner, 4 Associates; Regensburg: 1 Eq.-Partner, 1 Sal.-Partner, 1 Associate; Hof: 1 Eq.-Partner, 2 Sal.-Partner, 3 Associates; Bayreuth: 2 Sal.-Partner; Ansbach: 1 Sal.-Partner
Schwerpunkte: ▷Energie; ▷Gesellschaftsrecht; ▷Immo/Bau; ▷M&A; ▷Nachfolge/Vermögen/Stiftungen; Steuern; ▷Telekommunikation; ▷Verkehr; ▷Vertrieb.
Mandate: Siehe Fachkapitel.

SCHEIDLE & PARTNER
Bayern ★★

Bewertung: Mehr denn je stand bei der ältesten Augsburger Wirtschaftskanzlei zuletzt der Immobiliensektor im Vordergrund. Dies hat zwar nach Abgängen der Vorjahre auch mit der vglw. schmalen Aufstellung der trad. bedeutenderen gesellschafts- u. steuerrechtl. Praxis zu tun, bedeutet aber auch, dass S&P ihren Schwerpunkt erfolgreich verlagerte. Weniger überraschend ist die ungebrochen starke Stellung der Arbeitsrechtspraxis, die als Aushängeschild für die Rundumberatung der trad. mittelständ. Klientel in Südbayern u. Schwaben fungiert. Eine ihrer klass. Domänen, die Nachfolgeberatung, verstärkte die Kanzlei zuletzt mit einer erfahrenen Erbrechtlerin.
Oft empfohlen: Jens Goldschmidt (Arbeitsrecht)
Team: 4 Eq.-Partner, 2 Sal.-Partner, 13 Associates, 7 of Counsel, plus StB
Schwerpunkte: Arbeitsrecht, Immobilien-, Bau- u. Architektenrecht; Unternehmensnachfolgen u. Erbrecht, Gesellschafts- u. Steuerrecht. Auch Bank- u. Kapitalmarktrecht, Versicherungsrecht, Restrukturierung/Insolvenzen.
Mandate: Regelm. Greif-Gruppe, Lech-Stahlwerke, MAN Energy Solutions; Mobiheat im Arbeits- u. Handelsvertreterrecht.

SEITZ WECKBACH FACKLER & PARTNER
Bayern ★★

Bewertung: Das vergangene Jahr stand bei der Augsburger Kanzlei im Zeichen des Generationswechsels. Gründungspartner Dr. Theodor Seitz gab die Geschäftsführerrolle an den Arbeitsrechtler Peter Härtl u. den IP-Spezialisten Michael Tusch ab. Die lfd. Verjüngung der Partnerschaft setzte SWFP mit der Ernennung einer weiteren Arbeitsrechtspartnerin fort. In den Vorjahren hatte die Kanzlei bereits regelm. erfahrene Associates aus Großkanzleien hinzugeholt. Unverändert bleibt dabei die inhaltl. Ausrichtung der Kanzlei, die als Rundumberaterin für den südwestbayer. Mittelstand aktiv ist, aber auch eine Reihe überregionaler Konzerne zu ihren Stammmandanten zählt, darunter AL-KO u. Hosokawa. Zusätzl. holte sie einen langj. Inhouse-Juristen mit Schwerpunkt im Medizinrecht als of Counsel dazu, eine Strategie, die in der Vergangenheit bereits im Baurecht Früchte getragen hatte.
Oft empfohlen: Nikolaus Fackler (Steuerstrafrecht), Dr. Sven Friedl (Bank- u. Kapitalmarktrecht)
Team: 13 Partner, 13 Associates, 4 of Counsel, plus StB
Schwerpunkte: Gesellschafts- u. Steuerrecht, M&A, Umstrukturierungen, Nachfolge, Arbeitsrecht (häufig prozessual). Stark im Wirtschafts- u. Steuerstrafrecht, Bankrecht (v.a. Anlegerprozes-

se), Immobilien- u. Baurecht. Compliance, auch Versicherungsrecht.
Mandate: AL-KO Kober, Hosokawa Alpine u. Cancom lfd., u.a. bei Transaktionen; Bank bei Anteilskauf u. Joint Venture für Immobilienprojektentwicklung; kleineres Family Office bei Immobiliendeals; 2 regionale Energieversorger u. div. Banken lfd. in Prozessen; Klinikgesellschaft arbeitsrechtl.; div. Gastronomie- u. Hotelbetriebe zu Betriebsschließungen.

SONNTAG & PARTNER
Bayern ★★★★
Bewertung: Wie viele andere Kanzleien stand auch S&P nach dem Auslaufen der VW-Dieselprozesswelle vor der Herausforderung, die zeitweise ganz auf dieses Mandat ausgerichtete renommierte Prozesspraxis wieder in den Alltagsmodus zurückzuführen. Anders als die meisten Wettbewerber fand die Augsburger Kanzlei umgehend eine Anschlussverwendung für die Spezialkompetenz: Dank guter Beziehungen des Ulmer Büros übernahm S&P die Koordination der Verbraucherprozesse im dt. Sprachraum für einen anderen Hersteller. Die Erfahrung mit IT-gestützter Bearbeitung skalierbarer Teilaufgaben fließt auch in andere Mandate ein. Den Kern des Angebots bildet aber weiterhin die kombinierte Rechts- u. Steuerrechtsberatung, die nicht nur von Konzernen u. Mittelständlern lfd. genutzt wird, sondern auch von einer Reihe teils hochvermögender Kunden des S&P-Family-Offices. Über das Kanzleinetzwerk Moore Stevens finden zudem immer wieder internat. Mandanten zu S&P. Seit mehreren Jahren ist die Kanzlei auch in Nürnberg präsent, ein Standort, der noch Potenzial böte, bisher aber v.a. dank des angesehenen Baurechtsteams bekannt ist. Dafür expandiert die Kanzlei in Ulm stark u. tut sich mit der lokalen Steuerkanzlei SP&P mit etwa einem Dutzend Berufsträger zusammen.
Stärken: ▷Nachfolge/Vermögen/Stiftungen. Enge Anbindung an WP u. StB.
Oft empfohlen: Dr. Konrad Kern (Prozessführung), Ulrich Derlien (Steuerrecht), Michael Wagner, Dr. Klaus Leuthe (beide Gesellschaftsrecht)
Team: Augsburg: 12 Eq.-Partner, 3 Sal.-Partner, 20 Counsel, 20 Associates; Nürnberg: 1 Eq.-Partner, 1 Sal.-Partner, 3 Counsel, 7 Associates, 1 of Counsel, plus WP/StB
Schwerpunkte: Steuer- u. Gesellschaftsrecht, M&A, Bau- u. Immobilienrecht, Arbeitsrecht, Konfliktlösung, Erbrecht u. Unternehmensnachfolge, auch Compliance-Beratung. Family Office für Privatvermögen.
Mandate: Alpha-Gruppe bei div. Projektentwicklungen; Kapitalanlagegesellschaft bei Aufbau Compliance-System, auch Steuerrecht; Iveco zu Produkthaftung; TK-Start-up bei Beteiligung von BP als strateg. Investor; Schmidt's Handelsgesellschaft bei Investitionen; Wintersteiger bei Beteiligung an Maschinenbauer; Errichtung von Familienstiftungen zur Nachfolge in größere mittelständ. Unternehmensgruppe; Family Office zu neuer Corporate Governance; Domicil, kirchl. Stiftung mietrechtl.; PSS bei Kauf Selfstorage-Portfolio; Stadt bei Standortentwicklung; Private-Equity-Investoren u.a. bei Kauf med. Einrichtungen; div. Anleger im Zshg. mit Wirecard in Prozessen; div. Hochschulen, großes lokales Unternehmen arbeitsrechtl. auch Entsendung; Schreiber Foods zu Datenschutz.

THEOPARK
Bayern ★★★
Bewertung: Als einzige Corporate- u. Transaktionsboutique am Ort hat sich Theopark ihre eigene Rolle im Nürnberger Markt geschaffen. Entsprechend häufig ist sie bei Deals mit kleinen bis mittleren Volumina gefragt, sowohl aufseiten strateg. Bieter wie zuletzt etwa Max Bögl als auch gelegentl. für Finanzinvestoren. Auch die finanz- u. vertriebsrechtl. Beratung bringt regelm. Kontakte zu namh. Mandanten mit sich. Die potenziell wichtigste Entwicklung betrifft indes die Nachfolgeberatung: Teils über Kontakte der Partner, teils über örtl. Finanzinstitute u. inzw. auch zur Vermittlung von Wettbewerberkanzleien wird Theopark regelm. von Unternehmern u. Eignerfamilien für Nachfolge- u. Stiftungslösungen mandatiert. Daraus wiederum ergeben sich oft weitere Transaktionsprojekte. Eine Besonderheit im lokalen Markt ist die Beratung von Start-up-Gründern, die mitunter auch in fortgeschrittenen Venture-Capital-Finanzierungsstadien auf Theopark setzen.
Oft empfohlen: Rainer Schaaf (M&A, Insolvenz u. Restrukturierung), Gernot Giesecke (Gesellschaftsrecht/M&A)
Team: 6 Eq.-Partner, 1 Associate, plus StB
Schwerpunkte: Gesellschaftsrecht inkl. Nachfolge u. Erbrecht, M&A mit Spezialisierung an der Schnittstelle zum Insolvenzrecht. Steuer-, Vertriebs-, Bank- u. Finanzrecht. Konfliktlösung.
Mandate: Max Bögl bei Kauf von BFT Bohr- u. Frästechnik; Gesellschafter YT bei Mehrheitsbeteiligung an Ardian; Fuelplus bei Kauf durch Ventiga Capital; Expondo regelm., u.a. bei Vorbereitung für Einstieg eines Private-Equity-Investors; Erfinderehepaar bei Gesellschaftsgründung; Eurocov bei Kauf insolventer KTN; Harvard Bioscience u.a. bei Umstrukturierung; Gesellschafterstamm eines Spielwarenherstellers in Auseinandersetzung; Abl Social Federation u.a. zu Vertrieb; regelm. v.a. gesellschaftsrechtl. Ariana (auch M&A), beplus, Rigol, Korodur.

THORWART
Bayern ★★★
Bewertung: Schon seit einigen Jahren verbreitert die Kanzlei ihr Angebot strateg., auch über die Rechtsberatung hinaus. Dass die noch junge hauseigene Unternehmensberatung in Nordbayern u. Thüringen inzw. an Traktion gewinnt, strahlt auf die Arbeit der Anwälte aus. Schnittpunkte ergeben sich auch bei der Sanierungsberatung, bei der die mit Insolvenzszenarien erfahrenen Anwälte eine tragende Rolle spielen, u. im Immobilien- u. Baurecht, dessen Rolle Thorwart mit einer internen Partnerernennung unterstrich. Nach einem Quereinsteiger im Vorjahr verstärkt nun ein weiterer IT-Rechtler die Kanzlei. Er bringt von seinem bisherigen Arbeitgeber Datev auch Erfahrung mit Legal-Tech-Lösungen mit. Insges. setzt Thorwart damit ihren Weg fort, nach dem Vorbild der – allerdings weit größeren – Nürnberger Wettbewerberin Rödl die Rundumberatung des Mittelstands auf eine deutl. breitere Basis zu stellen, als dies einer reinen Anwaltskanzlei möglich wäre.
Oft empfohlen: Alexander Frey („sehr kompetent, sehr angenehm", Wettbewerber; Gesellschaftsrecht/M&A), Prof. Dr. Rolf Seeling (Gesellschafts- u. Arbeitsrecht)
Team: 6 Eq.-Partner, 5 Counsel, 3 Associates, 3 of Counsel, zzgl. WP/StB
Schwerpunkte: Gesellschaftsrecht, inkl. Nachfolgeberatung, Arbeitsrecht u. Restrukturierung. Dazu breites Spektrum, z.B. IP/IT, M&A, Vertriebs-, Immobilien- u. Baurecht. Internat. Arbeit über das Netzwerk IAG.
Mandate: Div. Bauträger bei Wohnprojekten; lfd. arbeitsrechtl., u.a. Bank, Pharmakonzern, Stiftung, Handelsunternehmen.

JUVE Handbuch 2022|2023

ANZEIGEN: KANZLEIEN SÜDEN

Bissel + Partner	439
Buntscheck	440
Glock Liphart Probst & Partner	441
Lieb	442
Meinhardt Gieseler & Partner	443

Alle hier alphabetisch erscheinenden Anzeigen sind kostenpflichtig und von den Kanzleien selbst gestaltet. Für den Inhalt sind die jeweiligen Kanzleien verantwortlich.

ANZEIGE

IHRE SPEZIALISTEN FÜR KARTELLRECHT

BUNTSCHECK ist eine unabhängige deutsche Kanzlei, spezialisiert auf deutsches und europäisches Kartellrecht und verwandte Fragen. Wir verbinden für Sie die persönliche Betreuung einer hochspezialisierten Partnerschaft mit der Erfahrung internationaler Großkanzleien.

UNSERE KERNKOMPETENZEN

— Verteidigung in Kartellverfahren
— Durchsetzung bzw. Abwehr von kartellrechtlichen Schadensersatzansprüchen
— Vertretung in Fusionskontrollverfahren
— Beratung bei der Gestaltung von Vertriebssystemen und unternehmerischen Kooperationen
— Beratung im Bereich Kartellrechts-Compliance

WAS SIE ERWARTEN KÖNNEN

— Wir beraten Sie auf höchstem fachlichen Niveau.
— Wir unterstützen Sie dabei, kreative, praxistaugliche Lösungen zu finden.
— Unsere verantwortlichen Partner beraten Sie persönlich.
— Wir haben die Expertise und Ressourcen, um Sie auch in komplexen und zeitkritischen Angelegenheiten optimal zu betreuen.

BUNTSCHECK
RECHTSANWALTSGESELLSCHAFT MBH

Herzog-Wilhelm-Str. 1, 80331 München
TEL.: +49 89 89 08 308 - 0
INFO@BUNTSCHECK.COM

WWW.BUNTSCHECK.COM

ANZEIGE

Wir, Glock Liphart Probst & Partner zählen zu den anerkannten, mittelständischen Rechtsanwaltskanzleien im Immobilienrecht und den Kernbereichen des Wirtschaftsrechts.

Mit unseren Teams:

- ÖFFENTLICHES RECHT
- PRIVATES BAURECHT
- MIET- + WEG-RECHT
- IMMOBILIEN-TRANSAKTIONEN

decken wir alle Facetten des immobilienrechtlichen Spektrums ab.

Projektentwicklung, Vergabe, Bauausführung, Vermietung, An- und Verkauf – zu all diesen Bereichen besitzt Glock Liphart Probst & Partner profunde juristische Expertise, die auf langjähriger und stets aktueller Befassung beruht.

Gegründet 1961, seit 1963 am Münchner Marienplatz, bürgt Glock Liphart Probst & Partner mbB für Qualität, Einsatzbereitschaft und Kontinuität.

www.glock-liphart-probst.de

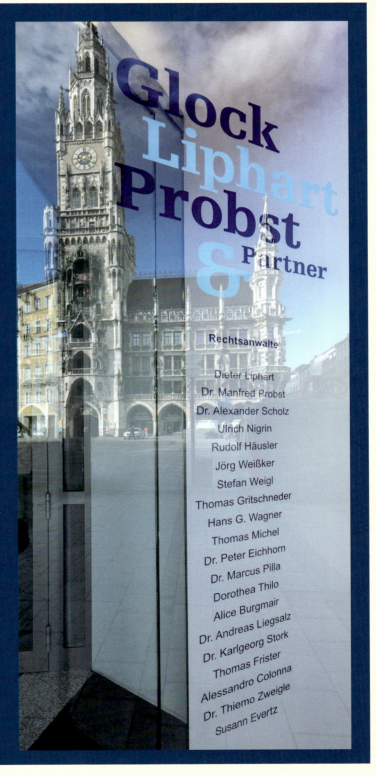

Rechtsanwälte

Dieter Liphart
Dr. Manfred Probst
Dr. Alexander Scholz
Ulrich Nigrin
Rudolf Häusler
Jörg Weißker
Stefan Weigl
Thomas Gritschneder
Hans G. Wagner
Thomas Michel
Dr. Peter Eichhorn
Dr. Marcus Pilla
Dorothea Thilo
Alice Burgmair
Dr. Andreas Liegsalz
Dr. Karlgeorg Stork
Thomas Frister
Alessandro Colonna
Dr. Thiemo Zweigle
Susann Evertz

ANZEIGE

Als **Hybridkanzlei für Wirtschaftsrecht** verbinden wir beides. Mit einer breitgefächerten wirtschaftsrechtlichen Expertise haben wir uns als Partner mittelständischer Unternehmen vielfältiger Branchen in Nordbayern etabliert. Und mit einem hoch spezialisierten Expertenteam im Bank- und Kapitalmarktrecht sind wir für namhafte Player der Finanzbranche bundesweit erfolgreich. Sie haben die Wahl.

Meinhardt, Gieseler & Partner mbB
Hybridkanzlei für Wirtschaftsrecht

Rathenauplatz 4 – 8　|　90489 Nürnberg　|　T 09 11 580 560 - 0　|　kanzlei@mgup.de　|　www.mgup.de

Brüssel

US-Kanzleien erobern Marktanteile
In der ersten Jahreshälfte 2022 verlor **Linklaters** gleich drei Kartellrechtspartner an die Brüsseler Büros der US-Konkurrentinnen **Cooley**, **Cleary Gottlieb Steen & Hamilton** und **Covington & Burling**. Zwei Partner wechselten aus dem Brüsseler Büro. Ein Dritter, der langjährige, weltweite Leiter der Kartellpraxis, wechselte von London nach Brüssel. Die Wechsel belegen, wie US-Kanzleien in Brüssel über Quereinsteiger Marktanteile erobern. „Der Markt hier ist in Bewegung", berichten langjährige Anwälte vor Ort, „mit neuen Kanzleien, die junge Talente von namhaften Konkurrenten holen und Unternehmen, die sich offen dafür zeigen, diese auch auszuprobieren."

Wachsendes Deal-Breaker-Potenzial
Die Gründe für die Dynamik liegen nicht nur darin, dass London nach dem Brexit seine Brückenfunktion für US-Mandanten in den EU-Binnenmarkt verloren hat. Vielmehr akzeptieren auch die großen, marktmächtigen US-Digitalunternehmen die EU-Kommission als ernstzunehmende Regulierern. Dies dürften auch die horrend hohen Bußgelder gefördert haben, die sie mit den Mitteln des Kartellrechts einfordern kann.

Daneben stärkt das Großthema Protektionismus die Bedeutung transaktionsrelevanter Prüfungen. „Die fusionskontrollrechtliche Begleitung ist anders als noch vor ein paar Jahren keine zusätzliche Dienstleistung mehr, sondern zentrales Element der Transaktionsberatung. Investitions- und Beihilfenkontrolle müssen heute zum Repertoire zählen", sagt ein Partner einer internationalen Kanzlei. Weiteres Dealbreaker-Potenzial haben die Taxonomie-Verordnung und das Sanktionsrecht. Im Schatten des Ukraine-Kriegs hat die EU-Kommission ihren sanktionsrechtlichen Instrumentenkasten stark weiterentwickelt. All das verschafft den Kanzleien viel Arbeit und lässt auch in Brüssel die Stundensätze steigen. Das erklärt, warum es vermehrt auch Transaktionskanzleien wie **Kirkland & Ellis**, **Willkie Farr & Gallagher** oder **Weil Gotshal & Manges** nach Brüssel zieht.

Knappes Brüsseler Personal
Wer den Einstieg in den Brüsseler Markt sucht, muss allerdings viel Geld in die Hand nehmen. Denn gutes Personal ist rar. Das Problem haben auch die etablierten Einheiten vor Ort. Und außerdem noch ein anderes, das mit dem näher rückenden altersbedingten Ausscheiden marktführender Partner brisanter wird. Denn einige haben eine Lücke im Altersaufbau, die noch auf die Jahre der Finanzkrise ab 2008 zurückgeht, als Kanzleien äußerst vorsichtig mit internen Beförderungen waren. Als prominente Beispiele gelten etwa **Freshfields Bruckhaus Deringer**, vor allem aber auch **Cleary**. Diese Kanzleien reagieren mit Partnerernennungen und Quereinsteigern. Noch ist für **Cleary** die Spitzenposition mit ihrer Riege aus angesehen Partnern und der nahtlosen internationalen Integration nicht gefährdet. Doch der Wettbewerb ist eröffnet.

Zu den Kanzleien, die in den letzten Jahren an ihrer Aufstellung gearbeitet haben, zählen Einheiten mit starker US-Praxis wie **Covington**, **Cooley**, **Jones Day** oder **Hogan Lovells**, doch auch Kanzleien mit britischen Wurzeln. Allen voran **Freshfields**, die nun schon im zweiten Jahr in Folge eine Nachwuchspartnerin aus den eigenen Reihen ernannt hat. Auch **Allen & Overy** verstärkte nach einigen Jahren, in denen die EU-Präsenz nicht besonders viel Aufmerksamkeit seitens der Kanzleiführung genoss, nun kräftig die Partnerebene. **Linklaters** hingegen steht vor der Aufgabe, die EU-Praxis in Brüssel wieder auszubauen und das Verhältnis zwischen der kontinentaleuropäischen und der Londoner Kartellrechtspraxis zu definieren. Ihrer Brüsseler Präsenz scheint auch **Clifford Chance** mehr Aufmerksamkeit beizumessen, wo die Kartellrechtler aus den deutschen Büros inzwischen aktiver sind.

Fitter Nachwuchs
Weniger Personalprobleme haben die deutschen Einheiten in Brüssel, aus denen **CMS Hasche Sigle** heraussticht. Von **Gleiss Lutz**, **Noerr** und **Hengeler Mueller**, die über lose Netzwerke agieren, unterscheidet sie ihre Organisation als internationaler Kanzleiverbund, der sie auch zu direkten Wettbewerbern der britischen Kanzleien macht. Strategisch gut aufgestellte Büros von deutschen Kanzleien wie **Gleiss**, **Redeker Sellner Dahs** und **Kapellmann und Partner** bieten ihren Mandanten in Brüssel oft vor allem die Ergänzung ihrer heimischen Werkbank. Gerade ihnen gelingt es, neue Generationen von europarechtlich versierten Talenten aus den eigenen Reihen zu fördern. Das belegt insbesondere eine zunehmende Menge an positivem Mandantenfeedback.

Das Kapitel behandelt Kanzleien, die in Brüssel eine besondere Bedeutung und Reputation in der Rechtsberatung genießen. Berücksichtigt werden nur Kanzleien, in denen deutschsprachige Anwälte tätig sind und die enge Beziehungen zum deutschen Rechtsmarkt unterhalten. Die Beratung ist meist europarechtlich geprägt. Sie betrifft grenzüberschreitende Sachverhalte aus dem Kartell- oder Beihilferecht, dem Außenhandel und dem Datenschutz oder bezieht sich auf regulierte Branchen. Weitere Informationen über in Brüssel tätige Kanzleien finden sich entsprechend in den Kapiteln ▷Außenwirtschaftsrecht, ▷Beihilfe und ▷Kartellrecht. Lobbytätigkeit wird im JUVE Handbuch nur dann besprochen, wenn eine Kanzlei diese neben einem marktbekannten Schwerpunkt in der Rechtsberatung anbietet.

Brüssel

ALLEN & OVERY
Brüssel ★★★★

Bewertung: Eine interne Partnerernennung u. der Zugang eines Inhouse-Anwalts von Saudi Aramco als Partner sind klare Signale dafür, dass A&O sich dem intensivierten Wettbewerbsumfeld stellt. Das personelle Wachstum passt gleichzeitig gut in die internat. Strategie. Es ermöglicht, die Verbindung zu weiteren Neuzugängen in der US-Praxis zu stärken. In die gleiche Richtung weist der Zugang der langj. Brüssel-erfahrenen Kristina Nordlander (von Sidley Austin) als Partnerin im Londoner Büro. An der Aufbauarbeit zeigt sich die langfristige Perspektive von Schindler als einem der ww. Co-Leiter der Kartellrechtspraxis, der zugleich die Beziehungen zu Mandanten wie Google u. Advent mitprägt. Im Zshg. mit der Beratung von Investoren zeigt sich allerdings, dass A&O im Vergleich zu anderen Akteuren erst relativ spät auf eine breitere Praxis zu FDI- u. Beihilfethemen gesetzt hat. Hier muss sie weiter wachsen u. eine stärkere Präsenz aufbauen.
Stärken: Sehr angesehene Benelux-Praxis u. integrierte internat. Zusammenarbeit.
Oft empfohlen: Jürgen Schindler, Dirk Arts (beide Kartellrecht)
Team: 4 (1 dt.) Partner, 3 Counsel, 8 (3 dt.) Associates im EU-Rechtsteam, insges. ca. 67 Anwälte
Partnerwechsel: Hugh Hollmann (von Saudi Aramco; Kartellrecht)
Schwerpunkte: Europarecht mit Fokus auf ▷Kartellrecht. Zugleich namh. große belg. Präsenz.
Mandate: Google Ireland u.a. bei Beschwerde gg. Android-Bußgeld (EuG); Scania bei Anfechtung von Bußgeld im EU-Lkw-Kartellverf. (EuG); BMW zu Mehrheitsbeteiligung an chin. Joint Venture; Kingspan zu gepl. Kauf von Trimo (Phase II); Advent fusionskontrollrechtl. u.a. bei gemeins. Zukauf in NL mit Lanxess; regelm. Fusionskontrollen für GE u. Saudi Aramco; Canon zu Vorwurf von Verstoß gg. kartellrechtl. Vollzugsverbot beim Kauf von Toshiba Medical Systems (EuG).

ARNOLD & PORTER KAYE SCHOLER
Brüssel ★★

Bewertung: Fest eingebunden in die ww. angesehene Kartellrechtspraxis, ist das Brüsseler Büro der US-Kanzlei bei komplexen Fusionsvorhaben besonders gefragt. Das kartellrechtl. erfahrene Team ist regelm. an prominenten Fällen beteiligt, zuletzt für den Laborausrüster Thermo Fisher beim gepl. Kauf des globalen Forschungsinstituts PPD. Zugleich konnte Gutermuth Kontakte zu einigen dt. Konzernen aufbauen, die die internat. Erfahrung schätzen. Hier ist A&P etwa in einigen komplexen Mandaten der Vertrags-Compliance gefragt.
Oft empfohlen: Axel Gutermuth (Kartellrecht)
Team: 3 (1 dt.) Partner, 1 Counsel, 19 (1 dt.) Associates, 2 of Counsel
Schwerpunkte: Gute Verbindungen im Pharma- und Chemiesektor, Lifesciences u. Digitalkonzerne. Fusionskontrollen u. Kartellverfahren mit internat. Bezug (auch Kronzeuge), regelm. inkl. Investitionskontrollanmeldung u. Beihilferecht.
Mandate: Fusionskontrolle: Bertelsmann u.a. zu Kauf von Simon & Schuster; Thermofischer bei Kauf von PPD (beide inkl. Investitionskontrolle); Pfizer u.a. bei Kauf von Arena Pharmaceuticals; Drittpartei zur gepl. Fusion Ilumina/Grail; dt. Chemieunternehmen zu langfr. Verträgen mit Abnehmern u. Lieferanten; regelm. BP, Boston Scientific, Samsung SDI u.a. zu Joint Venture.

BAKER MCKENZIE
Brüssel ★

Bewertung: Die Kanzlei ist in Brüssel mit einem internat. Team vertreten u. fokussiert sich auf kartell- u. beihilferechtl. Beratung. Nach dem Weggang des einzigen dt. Partners vor Ort forciert der D'dorfer Leiter der europ. Kartellrechtspraxis nun das Zusammenspiel der Standorte, das die Kanzlei allerdings etwas später als manche Wettbewerber angegangen ist. Eine erfahrene dt. Associate hat zuletzt an Präsenz in internat. Fusionskontrollen gewonnen, so etwa bei der Beratung von Sika, einem kartellrechtl. Mandat, das ww. von D'dorf aus koordiniert wurde. Daneben verfügt die Kanzlei mit Niejahr über eine erfahrene Europa- u. Beihilferechtsspezialistin. Sie berät einige internat. Konzerne zu gepl. Infrastrukturinvestitionen u. IPCEI-Förderprogrammen. Auch hier ist die Anbindung an die dt. Praxis aber ausbaufähig.
Oft empfohlen: Fiona Carlin (Kartellrecht), Dr. Nina Niejahr (Beihilfe)
Team: EU-Team: 4 Eq.-Partner, 3 Sal.-Partner, 2 (1 dt.) Counsel, 7 (1 dt.) Associates, 1 of Counsel, plus große belg. Full-Service-Praxis
Partnerwechsel: Dr. Werner Berg (zu Latham & Watkins; Kartellrecht)
Schwerpunkte: ▷Kartell- u. ▷Beihilferecht. Oft Prozessvertretung um europarechtl. Fragen. ▷Außenwirtschaft, ▷Energie, Investitionskontrolle.
Mandate: Fusionskontrollen: Sika zu Kauf von MBCC Group; Equinix lfd. kartell- u. investitionskontrollrechtl. zu ww. Aufbau von Rechenzentren; Europ. Dachverband forsch. Arzneimittelhersteller (Efpia)

Brüssel

★★★★★
Cleary Gottlieb Steen & Hamilton
Freshfields Bruckhaus Deringer
Latham & Watkins

★★★★
Allen & Overy
CMS Hasche Sigle
Gleiss Lutz
Jones Day
White & Case

★★★
Cooley
Covington & Burling
Hengeler Mueller
Linklaters

★★
Arnold & Porter Kaye Scholer
Bird & Bird
Noerr
Redeker Sellner Dahs
Sullivan & Cromwell
SZA Schilling Zutt & Anschütz

★
Baker McKenzie
Hogan Lovells
Kapellmann und Partner
Luther
Norton Rose Fulbright
Reed Smith
Sheppard Mullin Richter & Hampton
Willkie Farr & Gallagher

Die Auswahl von Kanzleien und Personen in Rankings und tabellarischen Übersichten ist das Ergebnis umfangreicher Recherchen der JUVE-Redaktion. Sie ist in 2erlei Hinsicht subjektiv: Die Aussagen der befragten Quellen sind subjektiv u. spiegeln deren Erfahrungen u. Einschätzungen. Die JUVE-Redaktion wiederum analysiert die Rechercheergebnisse unter Einbeziehung ihrer eigenen Marktkenntnis. Der JUVE Verlag beabsichtigt keine allgemeingültige oder objektiv nachprüfbare Bewertung. Es ist möglich, dass eine andere Recherchemethode zu anderen Ergebnissen führt. Innerhalb einzelner Gruppen in Rankings und tabellarischen Übersichten sind Kanzleien und Personen alphabetisch sortiert.

REGION BRÜSSEL

im Streit mit Lundbeck wg. Patentvereinbarungen (EuGH); ungar. Gasfernleitungsnetzbetreiber (FGSZ) gg. Verpflichtung zum Bau einer Fernleitung durch europ. Energieagentur; Rio Tinto, BBA Aviation u. Willis Towers beihilferechtl. gg. Rückforderungsbeschluss wg. Steuervorteilen in GB/CFC-Rules (EuG); Regency Entertainment u. Hellenic Casino of Parnitha zu beihilferechtl. Beschwerde gg. Förderung von Wettbewerbern (EuG).

BIRD & BIRD
Brüssel ★★

Bewertung: Das internat. erfahrene Brüsseler Büro ist mit seinem kartellrechtl. Fokus u.a. im Automobilsektor gefragt. Die Kartellrechtspartnerin Federle u. ihr Team beraten regelm. internat. aktive Zulieferer wie Adient, Aptiv oder BorgWarner bei Transaktionen u. Kooperationen. Es ist ein Signal für eine engere büroübergr. Vernetzung, dass ein junger Partner aus D'dorf ebenfalls eine immer größere Rolle bei Mandaten in der Branche übernimmt. Zuletzt bewies die umfangr. Arbeit in einer Kartelluntersuchung im Dienstleistungssektor, die weit mehr als 20 Länder betrifft, welch gutes fachl. Renommee die Praxis genießt.

Stärken: Internat. Team mit großer Automotive-Branchenerfahrung.
Oft empfohlen: Anne Federle, Hein Hobbelen (beide Kartellrecht)
Team: EU-Team: 4 (1 dt.) Partner, 1 Counsel, 7 Associates, insges. rund 40 Anwälte
Schwerpunkte: ▷Kartell-, Beihilferecht u. Antidumping; ▷Vertrieb. Außerdem internat. Partnerteam mit regulator. Erfahrung in den Bereichen Automotive, Zahlungssysteme, Telekommunikation, Mode. Dazu auch belg. Full-Service-Praxis u. seit 2018 ein Public-Policy-Team.
Mandate: Adient zu Verkauf des ww. Autotextilgeschäfts an Sage Automotive Interiors; Rubycon gg. Mio-Euro-Bußgeld im Fall ‚Kondensatoren' (EuG); Mastercard, u.a. zu Zugang Dritter zur Technologie, Abwicklungs- u. Systemgebühren; regelm. BorgWarner, John Bean Technologies, Panasonic, PPG.

CLEARY GOTTLIEB STEEN & HAMILTON
Brüssel ★★★★★

Bewertung: Ihre Führungsposition im Brüsseler Markt wird wegen regelm. europa- u. kartellrechtl. Mandate für multinat. Konzerne im Markt auch von Wettbewerbern kaum infrage gestellt – zumal Cleary hinsichtlich der nahtlosen internat. Vernetzung nach wie vor als Benchmark gilt u. dies gerade bei komplexen europarechtl. Mandaten u. schwierigen Fusionskontrollen eine zentrale Bedeutung gewinnt. Veolia beriet sie parallel in den USA, der EU u. China zur kartellrechtl. Genehmigung für den Kauf von Suez. Für Ryanair erreichte die Kanzlei in mehreren Fällen, dass Corona-Stützungszahlungen für Airlines wie Condor annulliert u. von der EU-Kommission neu geprüft werden müssen. Die Prozessvertretung für Google u. Valeo vor dt. Gerichten zeigt, dass auch die Vernetzung der Brüsseler u. Kölner Kartellrechtler funktioniert. Dass die Kanzlei eine junge Quereinsteigerin von Linklaters gewann, ist bemerkenswert. Zusammen mit der internen Ernennung einer belg. Corporate-Partnerin zeigt dies, dass Cleary das Thema Generationswechsel erkannt hat u. konsequenter als zuvor angeht. Der Weggang einiger Associates u. Counsel zu anderen Kanzleien zeigt allerdings, dass dieser Prozess einen längeren Atem benötigt.

Brüsseler Kanzleien mit deutschen Anwälten und Besprechung nur in Rechtsgebieten

Advant Beiten	▷Beihilfe ▷Kartellrecht
Dr. Andreas Bartosch	▷Beihilfe
Becker Büttner Held	▷Energie
CBH Rechtsanwälte	▷Beihilfe
Clifford Chance	▷Kartellrecht
Dentons	▷Kartellrecht
DLA Piper	▷Kartellrecht
WilmerHale	▷Beihilfe ▷Kartellrecht

Die Auswahl von Kanzleien und Personen in Rankings und tabellarischen Übersichten ist das Ergebnis umfangreicher Recherchen der JUVE-Redaktion. Sie ist in 2erlei Hinsicht subjektiv: Die Aussagen der befragten Quellen sind subjektiv u. spiegeln deren Erfahrungen u. Einschätzungen. Die JUVE-Redaktion wiederum analysiert die Rechercheergebnisse unter Einbeziehung ihrer eigenen Marktkenntnis. Der JUVE Verlag beabsichtigt keine allgemeingültige oder objektiv nachprüfbare Bewertung. Es ist möglich, dass eine andere Recherchemethode zu anderen Ergebnissen führt. Innerhalb einzelner Gruppen in Rankings und tabellarischen Übersichten sind Kanzleien und Personen alphabetisch sortiert.

Stärken: Sehr etablierte europ. u. transatlant. Kompetenz. Traditionell starke Beziehungen zum frz. Markt.
Oft empfohlen: Thomas Graf („sehr etabliert", Wettbewerber), Dr. Patrick Bock („hat einen weiten Blick auf die Themen", Mandant), Enrique González-Díaz („sehr gefragt für schwierige Fusionskontrollen", Wettbewerber), Antoine Winckler („äußerst erfahren u. angesehen", Wettbewerber), Robbert Snelders (alle Kartellrecht), Dr. Till Müller-Ibold (Beihilfe u. Außenwirtschaft)
Team: EU-Praxis mit 8 Partnern, 3 (1 dt.) Counsel, 5 Associates; plus belg. Praxis
Partnerwechsel: Isabel Rooms (von Linklaters)
Schwerpunkte: ▷Kartell- u. Beihilferecht. Dazu Investitionskontrolle. Auch internat. Finanzierungs- u. Steuerkompetenz. In Schiedsverfahren enge Anbindung an die marktführende Praxis in Paris (▷Konfliktlösung).
Mandate: Fusionskontrollen: Veolia Environnement zu Beteiligung an Suez, Nvidia zu gepl. Kauf von ARM, LVMH u.a. zu Mehrheitsbeteiligung an Off-White, Volvo zu Lade-Infrastruktur-JV mit Traton u. Daimler, regelm. GlaxoSmithKline. NSK bei Abwehr von Kartellschadensersatz (Wälzlager); Valeo, u.a. zu Abwehr von Kartellschadensersatz (auch in Dtl.); Google in EU-Kartellverf. wg. Anzeige von Suchergebnissen (EuGH), Android-System (EuG) u. Streit mit Idealo um Kartellschadensersatz (LG Berlin); Ryanair bei Klagen gg. Beihilfen für div. Airlines (EuGH); Celanese in EU-Kartellverfahren ‚Ethylen'; regelm. Sumitomo, Thales, Whirlpool, Goodyear, Alstom, Exxon Mobil.

CMS HASCHE SIGLE
Brüssel ★★★★

Bewertung: Am Brüsseler Standort berät die Kanzlei dt. u. internat. Mandanten kartell-, außenhandels- u. beihilferechtl. auf hohem Niveau. Anders als andere dt. Kanzleien mit lokalem Büro – die bestenfalls mit internat. Partnerkanzleien zusammenarbeiten – kann CMS ihren Mandanten neben der Vernetzung ihrer Partner mit den dt. Standorten auch die im ww. Kanzleiverbund anbieten. Bemerkenswert ist in dieser Hinsicht die Entwicklung der ▷außenwirtschaftsrechtl. Praxis von Neuhaus, bei dem die verbundweite Koordination insbes. auch von sanktionsrechtl. Themen zusammenläuft. Selbiges gilt aber auch für die Arbeit von Bauer im Kartellrecht. Für seine Erfahrung u.a. im Vertriebskartellrecht wird er von ww. führenden Unternehmen der Konsumgüterindustrie für europaw. Mandate beauftragt. Mit ihrer gr. örtl. Praxis u. insges. 3 dt. Partnern, die auch Spezialisierungen im neuen Feld der Digitalregulierung mitbringen, stellt CMS in Brüssel ein Team, das sich auch im Bereich der Fusions- u. FDI-Kontrolle behaupten kann.

Stärken: Anerkannte dt. Partner; enge Verbindungen zu Büros in Dtl. u. Osteuropa.
Oft empfohlen: Dr. Michael Bauer („geschickter Verhandler", „hohe Sachkenntnis u. Einsatzbereitschaft plus strateg. Weitblick", Mandanten; Kartell- u. Beihilferecht), Kai Neuhaus (Kartellrecht u. Außenhandel)
Team: 2 Eq.-Partner, 1 Sal.-Partner, 6 Associates, 1 of Counsel
Schwerpunkte: ▷Kartellrecht u. kartellrechtl. ▷Compliance sowie Vertriebskartellrecht; ▷Beihilferecht, EU-Recht, Kontakte zu europ. Behörden; regelm. u. von wachsender Bedeutung: ▷Außenwirtschaftsrecht.
Mandate: Atos Medical zu Kauf von Tracoe; Johnson & Johnson zu Drogeriewarenkartell; Huawei zu Vertriebssystem u. Carrier-Business; internat. Konsumgüterhersteller zu Verhandlungen mit Unternehmen des Lebensmitteleinzelhandels; Telefónica u.a. zu Fusions- u. Investitionskontrolle bei Verkauf von Telefonmasten.

COOLEY
Brüssel ★★★

Bewertung: Die US-Kanzlei, deren kontinentaleurop. Geschäft seit 3 Jahren in Brüssel zusammenläuft, festigt vor Ort weiter den Anspruch, ihren Mandanten kartellrechtl. Beratung auf Spitzenniveau zu bieten. Mit dem Gewinn des Linklaters-Partners Koponen landete sie einen Coup, den im Wettbewerberkreis kaum einer kommen sah. Doch schon zuvor befand sich die Praxis auf einem guten Weg, die etablierten Brüsseler Praxen weiter herauszufordern. Gründungspartner u. Kartellrechtler Israel bietet Mandanten der Kanzlei, die über keinen dt. Standort verfügt, einen direkten Zugang dorthin. Condor etwa setzt auf seine kartellrechtl. Erfahrung, die v.a. aber auch von jungen US-Technologie- u. Healthcare-Unternehmen genutzt wird. Ihre kartellrechtl. Spezialisierung ergänzt Cooley in Brüssel um das Datenschutzrecht. Ausbaufähig bleibt das Außenhandelsrecht, wo ihr örtl. Kanzleien klar voraus sind.

Oft empfohlen: Alexander Israel („exzellent", Mandant; Kartellrecht)

Team: 3 Eq.-Partner, 6 Associates
Partnerwechsel: Jonas Koponen (von Linklaters; Kartellrecht)
Schwerpunkte: Kartellrecht, Fusionskontrollen sowie Missbrauchsverf.; Sektorerfahrung im Flugverkehr; Datenschutz. Sehr gute Kontakte zu EU-Behörden.
Mandate: Condor Flugdienst kartell- u. beihilferechtl., u.a. gg. Kündigung des Zubringerabkommens durch Lufthansa; SpaceX/Starlink zu DSGVO in der EU u. GB; Grindr ggü. div. Behörden in Europa; Google u.a. vor Datenschutzbehörde u. zur legislativen Entwicklung der Cybersicherheitsanforderungen; Zoom datenschutzrechtl.; lfd.: Clarios, Johnson Controls. Fusionskontrollen: Intersect ENT zu Verkauf an Medtronic; Arena Pharmaceuticals bei Kauf durch Pfizer; Baylis Medical bei Verkauf des Kardiologiegeschäfts an Boston Scientific.

COVINGTON & BURLING
Brüssel ★★★

Bewertung: C&B gehört im Brüsseler Markt neben Cooley, von der sie sich durch ihre unmittelb. Präsenz im dt. Markt unterscheidet, zu den aufstrebenden US-Einheiten. Schon lange hier vertreten, hat die Kanzlei das Büro nun stärker als Zentrum ihrer Europastrategie definiert. Fusions- u. FDI-Kontrollen insbes. im Umfeld internat. Transaktionen bilden einen Schwerpunkt, wie etwa beim Kauf von WarnerMedia durch die Mandantin Discovery. Neben Mandanten aus dem US-Netzwerk sind hervorragende Kontakte nach Japan u. Südkorea (Samsung) belegt. Der Zugang des ehem. globalen Leiters der Kartellrechtspraxis von Linklaters kompensiert für C&B den Weggang einer Partnerin nicht nur, sondern unterstreicht die Ausrichtung. Seit der Eröffnung des Frankfurter Standorts, der u.a. für seine Beratung im Gesundheitssektor bekannt ist, gelingt es der Kanzlei auch aus Brüssel heraus immer besser, bei dt. Mandanten Fuß zu fassen. Mandate wie das der Dt. Telekom, die Kartellrechtler Camesasca vertritt, belegen diese Entwicklung.
Stärken: Viel Erfahrung in techn. u. regulator. geprägten Sektoren wie Finanzen, Halbleiter u. Pharma ▷*Gesundheitswesen*.
Oft empfohlen: Dr. Dr. Adem Koyuncu, Peter Bogaert (beide Pharmarecht), Johan Ysewyn, Dr. Peter Camesasca (beide Kartellrecht)
Team: 9 (3 dt.) Partner, 1 Counsel, 11 (1 dt.) Associates, 3 of Counsel
Partnerwechsel: Christian Ahlborn (von Linklaters; Kartellrecht), Miranda Cole (zu Norton Rose Fulbright; Kartellrecht)
Schwerpunkte: Regulator. Themen, Beihilfe- u. Kartellrecht (v.a. mit Technologiebezug, aber auch Vertriebskartellrecht) sowie IP u. Datenschutz. Internat. Prozessführung. Public Affairs mit Branchenschwerpunkten bei Software, Hightech, IT u. Lifescience.
Mandate: Discovery Fusions- u. FDI-Kontrolle bei Kauf von TimeWarner; Dt. Börse zu Kauf von ISS, ww. parallele Fusions- u. Investitionskontrolle; Dt. Telekom kartellrechtl. zu Klage von Phones 4U in GB; Renesas zu Kauf von Dialog Semiconductor, ww. parallele Fusions- u. Investitionskontrolle; Samsung in Schadensersatzklagen wg. Lieferung von Smart-Card-Chips.

FRESHFIELDS BRUCKHAUS DERINGER
Brüssel ★★★★★

Bewertung: Das Brüsseler Büro bestätigt seinen Ruf als eine der ersten Adressen für heikle Fusionskontrollen u. Kartellverfahren. Das Team zeichnet sich durch lfd. Kontakte zu internat. Konzernen wie InBev oder Siemens aus u. begleitet in jedem Jahr komplexe Fusionskontrollen von prominenten Transaktionen, zuletzt etwa für Cargotec. Diese viel beachtete Transaktion, für die das Team nach vertiefter Prüfung durch die EU eine Freigabe erreichte, die dann aber an der brit. Kartellprüfung scheiterte, ist gleichz. ein Bsp. dafür, wie FBD die aktuellen investitionskontrollrechtl. Bezüge umf. mitbegleitet. Auch das intensivere Zusammenspiel mit der US-Praxis zeigt sich immer deutlicher in den Mandaten u.a. des jüngeren Partners Schubert, der Ericsson bei einem Zukauf in USA beriet. Indem eine im Vorjahr ernannte Nachwuchspartnerin in div. Mandaten mit dem renommierten Montag zusammenarbeitet, arbeitet FBD an der nächsten Generation. Dazu zählt auch die Ernennung von Merit Olthoff, die aus dem Berliner Büro nach Brüssel zurückkehrt, ebenso wie die Rekrutierung von Associates aus anderen Kanzleien.
Stärken: Exzellente Vernetzung mit den EU-Behörden, internat. sehr erfahrene Partner.
Oft empfohlen: Dr. Frank Montag, Dr. Thomas Wessely, Dr. Andreas von Bonin („sehr erfahrener Beihilferechtler", Wettbewerber), Rafique Bachour, Sascha Schubert, Thomas Janssens („sehr angenehme Zusammenarbeit", Wettbewerber), Onno Brouwer (alle Kartellrecht).
Team: 14 (5 dt.) Partner, 1 Counsel, 40 Associates
Schwerpunkte: ▷*Kartellrecht*; ▷*Beihilfe*; Investitionskontrolle. Außerdem Abteilung für Lobbying; dazu belg. M&A, Steuer- u. Immobilienrecht.
Mandate: Siemens fusionskontrollrechtl. bei Kauf von Supplyframe; Cargotec fusions- u. investitionskontrollrechtl. zu Fusion mit Konecranes; CK Hutchison, u.a. zu Verkauf von europ. Funkturmportfolio an Cellnex u. bei erfolgr. Anfechtung des Kaufverbots für O2-UK; 2 Halbleiterhersteller als Intervenienten zur Fusion von Nvidia u. ARM; Maersk zu Verkauf des Kühlcontainergeschäfts an China Marine Containers (BKartA u. DOJ); Facebook gg. Anforderung von Dokumenten durch die EU-Kommission in Kartelluntersuchung (EuG) u. zu Kartellverf. in der EU, den USA u. Japan; BM Digitales u. Verkehr zu Förderstruktur für Power-to-Liquid-Kraftstoffe; Apple in beihilferechtl. Steuerstreit (EuGH); Dt. Bank beihilferechtl. zu Lufthansa-Finanzierung u. Corona-Hilfen.

GLEISS LUTZ
Brüssel ★★★★

Bewertung: Das Brüsseler Team genießt insbes. durch Soltész' herausragende Erfahrung bei der Beratung zu komplexen beihilferechtl. Fragen hohe Anerkennung. Er berät immer wieder namh. Konzerne zur europarechtskonformen Strukturierung u. Finanzierung von geförderten Forschungs- u. Entwicklungsprojekten in zukunftsträchtigen Technologiebereichen, die regelm. von Wettbewerbern angegriffen werden. Mandanten schätzen zudem die Erfahrung der Kanzlei in Auseinandersetzungen mit der EU-Kommission sowie in Prozessen vor den EU-Gerichten, in denen auch der jüngere Partner von Köckritz an Profil gewinnt. Für die Dt. Telekom erreichte das Team ein kartellrechtl. wegweisendes Urteil ggü. der EU-Kommission; die hat ein EU-Gericht zur Zurückzahlung von Verzugszinsen verpflichtet, wenn ein Bußgeld später gerichtl. ermäßigt wird. Weitere Bsp. sind die Vertretung von Canon oder Daimler.
Stärken: Eine der anerkanntesten beihilferechtl. Praxen.
Oft empfohlen: Dr. Ulrich Soltész („kennt das Beihilferecht wie kaum ein Zweiter", Wettbewerber), Dr. Christian von Köckritz (beide Beihilfe u. Kartellrecht)
Team: 2 Eq.-Partner, 2 Sal.-Partner, 1 Counsel, 2 Associates
Schwerpunkte: ▷*Beihilfe*- u. ▷*Kartellrecht*; zudem EU-Recht u. Umwelt und Planungsrecht (▷*Öffentl. Recht*).
Mandate: Dt. Telekom bei Schadensersatzklage gg. EU-Kommission wg. Verzugszinsen auf überzahlte Geldbuße (EuG) u gg. Freigabe der Fusion Vodafone/Unitymedia (EuG); Daimler bei div. Vorabentscheidungsersuchen im Zshg. mit Dieselthematik (EuGH) u. SEP-Streit mit Nokia (marktbekannt); Canon zu kartellrechtl. Vorwurf von Verstoß gg. Vollzugsverbot (EuG); Bayern bei Klage gg. Rückforderung von Beihilfen für Milchgüteprüfungen (EuGH); Wieland-Werke kartellrechtl. Untersagung eines Zukaufs von Aurubis (EuG); Saft Group bei Batteriezellen-Joint-Venture mit PSA u. Opel.

HENGELER MUELLER
Brüssel ★★★

Bewertung: Die dt. Spitzenkanzlei ist seit Langem in Brüssel mit einem Standort vertreten. Neben der engen Anbindung an die dt. Praxis u. die dt. Mandantenbasis der Kanzlei sind die Partner vor Ort auch mit eigenen Mandaten sichtbar – so etwa der Brüsseler Partner Röhrig, der auch von D'dorf aus tätig ist. Er koordinierte zuletzt internat. Fusionskontrollmandate für Greiner u. Danfoss. Im Best-Friends-Netzwerk ist HM am Standort Brüssel aber auch als Local Counsel gefragt, wie das Mandat von Meta belegt. Ebenfalls vor dt. Behörden spielt das Mandat von Google, das ein neu ernannter Brüsseler Partner bearbeitet. Die Partnerernennung des Kartellrechtlers ist mit Blick auf das anstehende Karriereende von Niemeyer, den Wettbewerber als zentrale u. einzige Beraterpersönlichkeit vor Ort wahrnehmen, als Revitalisierung des Büros zu verstehen. Die Ernennung ist ein Anfang. Insges. aber bleiben Zweifel, dass sie ausreicht, die Kanzlei in Brüssel wirklich nachhaltig zu positionieren. Dass ein Berliner Beihilferechtler seine Anwesenheit vor Ort intensiviert, hilft da nur bedingt weiter.
Stärken: Enge Anbindung an die dt. Büros, aber auch eigenständige, internat. Mandate.
Oft empfohlen: Dr. Hans-Jörg Niemeyer („hervorragend im Vertriebskartellrecht", Mandant; Kartell- u. Beihilferecht), Dr. Markus Röhrig
Team: 3 Partner, 5 Associates, plus ca. 20 Anwälte aus internat. Koop.-Kanzleien
Schwerpunkte: ▷*Kartellrecht*, Fusionskontrollen u. Kartellbußgeldverf., auch kartellrechtl. Compliance-Mandate; ▷*Beihilfe*.
Mandate: Lufthansa beihilfe- u. kartellrechtl., u.a. zu Konzernstützung u. zur Kündigung eines Vertrags mit Condor; Google im News-Showcase-Fall zu Untersuchung durch BKartA; Nederlandse Spoorwegen beihilferechtl. wg. Insolvenz von Abellio; KKR beihilferechtl. zu Verkauf von Hensoldt-Anteilen; Dehoga Dt. Hotel u. Gaststättenverband zu Wirtschaftshilfen; Nippon Chemicon in Klage gg. Kommissionsentscheidung. Fusionskontrollen: Danfoss A/S beim Kauf von Eaton, Meta beim Kauf von Kustomer, Greiner beim Kauf von Recticel (Phase II), Hapag Lloyd bei Kauf von Nile Dutch, Siemens bei Verkauf von Körber.

HOGAN LOVELLS
Brüssel ★

Bewertung: Das Brüsseler Büro zeichnet sich durch eine immer besser etablierte Kartellrechtspraxis

REGION BRÜSSEL

aus u. spiegelt darüber hinaus den starken Bezug zu regulierten Branchen, der die Kanzlei insges. prägt. Weil ein breiterer Blick auf europ. Regulierung an Bedeutung gewinnt, kann das Brüsseler Team auf dieser Ausrichtung aufbauen. Eine neu ernannte Partnerin baut u.a. zusammen mit dem dt. Partner Schöning den Fokus auf Technologiemandate aus. Dessen Beratung zu investitionskontrollrechtl. Aspekten von Transaktionen u. zu Vertriebsthemen illustriert eine gute Anbindung an das Münchner Büro, so etwa bei der Arbeit für Adva. Der prominente Fall für Kustomer unterstreicht zudem, dass auch HL – wie Cooley u. Covington – vermehrt Techkonzerne aus dem US-Netzwerk in Europa begleitet.
Oft empfohlen: Dr. Falk Schöning (Kartell- u. Außenwirtschaftsrecht)
Team: 8 (1 dt.) Partner, 3 Counsel, 17 (2 dt.) Associates
Partnerwechsel: Michel Struys (von Van Bael & Bellis; Beihilfe- u. Kartellrecht)
Schwerpunkte: Fusions- u. Investitionskontrolle (▷*Kartellrecht*, ▷*Außenwirtschaft*), kartellrechtl. Prozesse u. ▷*Vertriebssysteme*. Belg. Finance-Team. Branchen: Technologie und Gesundheit.
Mandate: Kustomer kartellrechtl. zu Kauf durch Facebook/Meta; Adva investitionskontrollrechtl. zu gepl. Zusammenschluss mit Adtran; Sicoya investitionskontrollrechtl. bei Kauf durch chin. Investor Dawning Semi u. Implementierung von Compliance-System; Bridgestone zu EU-Kartellrecht u. Compliance; Digital Charging Solutions (Joint Venture von BMW u. Daimler) zu Verträgen mit Stakeholdern u. kartellrechtl. Compliance; regelm. Lockheed Martin, u.a. in dt. Vergabeverfahren um Transporthubschrauber; Unternehmen zu EU-Kartell-Bußgeld u. Zuordnung in Unternehmensgruppe; regelm. IBM.

JONES DAY
Brüssel ★★★★

Bewertung: Im dt. Markt v.a. für einen starken Transaktionsfokus bekannt, zeichnet sich das Brüsseler Büro durch eine strateg. breite Aufstellung aus. Das Team, zu dem auch dt. Spezialisten im Kartellrecht, Datenschutz u. Chemikalienrecht gehören, überzeugt durch seine Erfahrung mit internat. Fällen u. insbes. den Besonderheiten der EU-Behörden. Ein Bsp. ist die Begleitung einer komplexen Fusionskontrolle für Eaton oder die regelm. Beratung von SAP. Für einen namh. Dax-Konzern koordinierte ein Team zudem ein ww. Compliance-Projekt. Auch Wettbewerber bescheinigen dem Standort eine „starke Präsenz" u. „international gut verdrahtet" zu sein. Wettbewerber merken allerdings richtigerweise an, die Kanzlei „könnte aus den Verbindungen zum dt. Markt mehr machen".
Stärken: Vernetzung mit namh. frz. u. US-Praxen. Internat. versierte dt. Partner.
Oft empfohlen: Philipp Werner („hoch kompetent, pragmatisch, sehr gut vernetzt", Mandant; „weiß wovon er spricht", Wettbewerber; Beihilfe- u. Kartellrecht), Dr. Jörg Hladjk (Datenschutz), Bernard Amory (Kartellrecht), Ursula Schließner („sehr kompetent, schnelle Reaktionszeit", Mandant; EU-Umweltrecht)
Team: 19 (3 dt.) Partner, 3 Counsel, 26 Associates, inkl. 12-köpf. belg. Praxis
Schwerpunkte: ▷*Kartellrecht*; ▷*Beihilfe*; ▷*IT u. Datenschutz* u. Cybersecurity; europ. Umwelt- u. Chemikalienrecht/Produkt- u. Substanzregulierung; auch Sanktionsrecht.
Mandate: SAP lfd. ww. im Kartellrecht, Lizenzierung, Cloud-Geschäft u. Datenschutz; IFP Énergies nouvelles zu Genehmigung von Forschungsrahmenvereinbarung durch die EU-Kommission; ENI beihilferechtl. zu Investitionsprojekten für ital. Konjunkturprogramm; EU-Mitgliedsstaat beihilferechtl. zu Ausbau des Breitbandnetzes u. bei Wettbewerberbeschwerden; Eaton Corp. bei Verkauf des Hydraulikgeschäfts (Phase II); Ravago lfd. kartellrechtl.; regelm. datenschutzrechtl.: Micron u. Ferro; lfd. div. REACH-Konsortien, u.a. CCST u. CTAC (Chromverbindungen); ICANN umf. im Datenschutz; PTT Global Chemical zu datenschutzrechtl. Due Diligence für Kauf von Allnex.

KAPELLMANN UND PARTNER
Brüssel ★

Bewertung: Der Brüsseler Standort mit seiner etablierten EU-Prozesspraxis versteht es, ähnl. gut wie Redeker, Nachwuchsanwälte aufzubauen. Mandanten schätzen den Sal.-Partner Wagner, der sich zusätzl. zum Beihilfe- u. Kartellrecht eine Regulierungspraxis u.a. im Bereich Flughafenentgelte u. Bauprodukte aufbaut. Sie loben aber auch eine junge Associate mit dt. Zulassung als „vielversprechend". Standortgründer van der Hout genießt v.a. im Beihilferecht bei öffentl.-rechtl. Mandanten aus Dtl. einen hervorragenden Ruf, die auch von der sehr guten Anbindung des Brüsseler Standorts an die in Dtl. v.a. im ▷*Baurecht* etablierte Kanzlei profitieren. Aber auch im osteurop. Raum konnte das Team wiederholt Mandanten gewinnen, die in Transformationsprojekten beihilferechtl. Begleitung benötigen. Die kartellrechtl. Praxis, die bei EU-Fusionskontrollen u. bei kartellrechtl. Verfahren für langj. Mandanten wie Gea u. Klarna tätig ist, arbeitet ebenfalls eng mit dem Brüsseler Team zusammen. Das neue Mandat eines Unternehmens der Stahlindustrie zur Dekarbonisierung erfordert dies etwa auch an der Schnittstelle zum Zuwendungsrecht.
Stärken: Gute Kontakte zu europ. Behörden, gute Anbindung an die dt. Praxis.
Oft empfohlen: Prof. Dr. Robin van der Hout („brillanter Anwalt", „umsichtiger, erfahrener u. strateg. denkender Berater", Mandanten; Beihilfe- u. Kartellrecht), Dr. Christian Wagner (Beihilferecht u. Regulierung)
Team: 1 Eq.-Partner, 1 Sal.-Partner, 3 Associates
Schwerpunkte: Europarecht, auch Außenhandel; ▷*Beihilferecht*; ▷*Kartellrecht*; ▷*Verkehr*; gewachsene Kontakte zu EU-Institutionen; Public Affairs.
Mandate: CWS Powder Coatings, Brillux u. Daw gg. EU-Kommission wg. Titandioxid-Kennzeichnung; Unternehmen der Stahlindustrie beihilfe- u. zuwendungsrechtl. bei Transformation u. Dekarbonisierung der Stahlherstellung; Opel zu Produktsicherheit; Energieversorger beihilferechtl. wg. Fernwärmenetz; Dax-Konzern zu Forschungsförderung; Flughafen München beihilfe-, kartellrechtl. u. regulator. zu Entgelten; mittelständ. Unternehmen beihilferechtl. zu Schieneninfrastrukturprojekt, u.a. Abstimmung mit Bund u. Ländern sowie Wettbewerberbeschwerden; 3 dt. Messegesellschaften u. 4 dt. Verkehrsflughäfen beihilferechtl.; EU-Kommission in Prozessen.

LATHAM & WATKINS
Brüssel ★★★★★

Bewertung: Das Brüsseler Team aus Beihilfe- u. Kartellrechtsspezialisten bestätigt seinen Platz an der Marktspitze. Einigen US-Wettbewerbern gilt es als Vorbild in der Beratung von Mandanten aus der US-Praxis bei ihrem europ. Geschäft. Wettbewerber bemerken, wie gut es L&W zuletzt gelang, v.a. mit Nachwuchsanwälten aus anderen Kanzleien zu wachsen. Die gute standortübergr. Vernetzung zeigte sich erneut bei der Beratung von Microsoft, wo das Team internat. fusionskontrollrechtl. Anmeldungen koordinierte. Das Gleiche gilt hinsichtl. der Vertretung des US-Lifescience-Unternehmens Grail in einer wegweisenden Auseinandersetzung um internat. Fusionspläne. Der Fall steht zudem exemplar. dafür, wie L&W zunehmend auch die Vertretung vor den EU-Gerichten übertragen bekommt. Besonders Völcker u. Kjølbye sind im Markt sehr anerkannt u. begleiten beide etwa führende Digitalkonzerne ggü. der verschärften Aufmerksamkeit der Kommission auf diesem Sektor.
Stärken: Etablierte Zusammenarbeit im internat. zusammengesetzten Team u. transatlantische Zusammenarbeit.
Oft empfohlen: Prof. Dr. Sven Völcker, Lars Kjølbye (beide Kartellrecht)
Team: 8 (1 dt.) Partner, 3 (1 dt.) Counsel, 27 (2 dt.) Associates
Schwerpunkte: ▷*Kartellrecht*, häufig auch für Private-Equity-Investoren; Investitionskontrolle; auch umf. internat. kartellrechtl. Litigation. Beihilferecht.
Mandate: Grail zu gepl. Fusion mit Illumina; Metro Goldwyn Mayer zu Kauf durch Amazon; Valve gg. EU-Kartellbußgeld zu ‚Geo-Blocking von Videospielen' (EuG); Microsoft zu Kauf von Nuance Communications; Lufthansa zu Anfechtungsklage von LOT gg. Fusion mit Air Berlin (EuG); Wabco Europe in beihilferechtl. Streit um belg. Steuerbefreiung (EuG); EG-Group zu Kauf von OMV-Tankstellennetzwerk in Südtl.; Awaze (Platinum Equity) zu Verkauf von Landal GreenParks; Valeo bei EU-Beschwerde gg. Nokia wg. Lizenzierungspraxis für standardessenzielle Patente (Kommunikationstechnologie in Fahrzeugen, EuGH; mit Hogan Lovells); regelm. Apple, Meta (beides marktbekannt).

LINKLATERS
Brüssel ★★★

Bewertung: Die Brüsseler Linklaters-Praxis ist kartellrechtl. ausgerichtet, wobei wie in den meisten Büros die investitionskontrollrechtl. Beratung bei Transaktionen neben die Fusionskontrollen tritt. Ein Bsp. bildet die Beratung von Aperam beim Kauf eines internat. Geschäftsbereichs zur Aufbereitung von Rohstoffen für die Stahlindustrie. Bei solchen internat. Fusionen genießt der dt. Partner Meyring einen guten Ruf. Allerdings wurde die Entwicklung im Frühjahr 2022 durch den Verlust von gleich 2 Partnern an US-Kanzleien zurückgeworfen. Hier wird Linklaters personell wieder aufbauen u. die Rolle des Standorts festigen müssen – zumal auch der Londoner Leiter der Kartellrechtspraxis zu Covington wechselte. Auf der Plusseite stehen eine eingespielte internat. Vernetzung u. die schnell erfolgte Beförderung von Nachwuchstalenten zum Counsel.
Stärken: Internationale Fusionskontrollen.
Oft empfohlen: Dr. Bernd Meyring (Kartellrecht)
Team: EU-Kartellrecht: 4 (1 dt.) Partner, 2 (1 dt.) Counsel, 11 (3 dt.) Associates, belg. Praxis mit rund 100 Anwälten
Partnerwechsel: Jonas Koponen (zu Cooley; Kartellrecht); Isabel Rooms (zu Cleary Gottlieb Steen & Hamilton; Kartellrecht)
Schwerpunkte: ▷*Kartellrecht*. Fusions- u. Investitionskontrolle. Namhafte belg. Praxis.
Mandate: Fusionskontrollen: Aperam bei Kauf des Recyclinggeschäfts von Haniel; Greiner bei gepl.

Beteiligung an Recticel (Phase II); Stada bei Kauf von Erkältungsmittelportfolio von Sanofi; Continental bei Auflösung von Joint Venture mit Osram (Fahrzeugbeleuchtung); einheitl. Abwicklungsmechanismus für Kreditinstitute in zahlr. Prozessen um Abwicklung der Banco Popular Español (EuG u. EuGH); Linde Hydrogen FuelTech bei Joint Venture mit Hyosung (Wasserstofftankstellen); Kelkoo in EU-Verf. gg. Googles Shopping-Anzeigen; regelm. Vitesco Technologies, Novartis, Zalando.

LUTHER
Brüssel

Bewertung: Das eingespielte Brüsseler Team der Kanzlei zeichnet sich durch eine enge Einbindung in die Mandatsarbeit der dt. Standorte aus u. bildet damit einen wichtigen Pfeiler in der Luther-Strategie. Im Kartell- u. Beihilferecht erfahren u. im Markt respektiert, berät Janssen immer wieder komplexe Mandate aus den Branchen ▷Energie u. ▷Gesundheit. Beides sind Schwerpunkte, die das Renommee der Kanzlei insges. prägen.
Oft empfohlen: Dr. Helmut Janssen („sehr angenehme Zusammenarbeit", „profunder Kenner der Materie", Wettbewerber; Kartell- u. Beihilferecht)
Team: 1 Partner, 1 Counsel, 1 Associate
Schwerpunkte: ▷Beihilfe; ▷Kartellrecht; ▷Vertrieb. Branchen: Kliniken, Energie, Medien.
Mandate: BP Europa zu IPCEI Interessenbekundung u. Joint Venture im Bereich Wasserstoff; Lausitz Energie beihilferechtl.; Wepa Hygieneprodukte in beihilferechtl. Streit um Stromnetznutzungsentgelt (EuG); Uni-Kliniken Heidelberg u. Ulm bei Fusionen u. Kooperationen; Stadt Köln beihilfe- u. kartellrechtl. hinsichtl. städt. Kliniken; Entsorger zu möglicherweise Compliance-widrigem Verhalten bzgl. Containerdienstleistungen; Gauselmann fusionskontrollrechtl. zu Kauf von Westspiel; Carborundum Universal außenwirtschaftsrechtl. bei Kauf von 2 dt. Schleifmittelunternehmen.

NOERR
Brüssel ★★

Bewertung: Das Brüsseler Büro konzentriert sich auf europ. Regulierungsthemen im Mobilitätssektor, Kartell- u. Beihilferecht sowie Investitionskontrollen. Mit dieser breiten Aufstellung ist das Konzept mit dem von CMS oder Jones Day vergleichbar. Bemerkenswert gut gelingt es Noerr, die konsequent internat. ausgerichtete Kompetenz mit den dt. Büros zu verzahnen. So vertreten Anwälte des Büros Automobilhersteller beim Aufbau von grenzüberschr. Vertriebsstrukturen, aber auch in Musterstreitigkeiten vor dt. Gerichten um den Zugang zu Daten, die die gesamte Branche betreffen. Auch bei der Beratung von Cerner, einer IT-Spezialistin für den Gesundheitssektor, stellt Noerr ihre Erfahrung im kartellrechtl. Problemen in Digitalisierungskontext unter Beweis. Gut angelaufen ist die personelle Erweiterung im Außenwirtschaftsrecht, wo ein jüngerer Partner sich auf regulator. u. exportkontrollrechtl. Fragen konzentriert. Die anerkannte Noerr-Außenwirtschaftspraxis hat hierdurch an Schlagkraft gewonnen.
Stärken: Sehr erfahren im Vertriebskartellrecht im Automobilsektor.
Oft empfohlen: Dr. Dominik Wendel („sehr pragmatisch u. kollegial", Wettbewerber), Dr. Jens Schmidt (Kartellrecht)
Team: 2 Eq.-Partner, 2 Sal.-Partner, 4 Associates
Schwerpunkte: ▷Vertrieb, ▷Kartellrecht, ▷Beihilferecht, ▷Außenwirtschaft u. Investitionskontrolle.

Glaubhaft gute Anbindung an die dt. Standorte; Branchenfokus insbes. im Automobilmarkt, digitale Vertriebsmodelle, Daten (▷Informationstechnologie).
Mandate: Lear Corp. kartellrechtl. bei Kauf von Interior-Comfort-Systems-Geschäftsbereich; Speira kartell- u. investitionskontrollrechtl. bei Kauf von Real Alloy; Kfz-Hersteller lfd. kartell- u. Compliancerechtl. zu Koop. u. Joint Ventures; Sia bei investitionskontrollrechtl. Anmeldung von Fusion mit Nexi (Zahlungsdienste); brit. Investor zu Beteiligung an ostdt. Raffinerie PCK; Axcel Management zu Kauf von Emagine Group durch ProData Consult; internat. Automobilkonzern in Streit um Zugang zu Wartungs- u. Reparaturinformationen; Automobilgruppe vertriebskartellrechtl. bei Aufbau von Agenturnetzwerk für E-Fahrzeuge, inkl. Rahmenverträge; Mazda lfd. zu CO2-Emissionspool mit Toyota; lfd. vertriebskartellrechtl. für Seat Dtl. u. VW; Interfer Austria als Drittpartei in Antidumpingverfahren um chin. Grafitelektrodensysteme; Allane (vorm. Sixt) bei europarechtl. Frage um Kilometerleasingverträge (EuG).

NORTON ROSE FULBRIGHT
Brüssel ★

Bewertung: NRF steht in Brüssel v.a. für kartellrechtl. Beratung von ww. tätigen Industriekonzernen. Anker sowohl für das ww. Netzwerk, aber auch für die dt. Standorte bleibt der erfahrene Partner Werner, der mit seinem Team für einen breiteren regulator. Beratungsansatz steht. Seine langj. Mandantin Imperial vertritt er u.a. im Lkw-Kartell, aber auch die kartellrechtl. Compliance-Beratung u.a. für ww. Versicherungskonzerne gehört zu seinen Schwerpunkten. Mit seiner Erfahrung u. seinen Kontakten nicht zuletzt in regulierten Infrastrukturbranchen (inkl. Beihilferecht) berät er zudem regelm. internat. Flug- u. Schifffahrtsgesellschaften u. seit Jahren gemeins. mit dem Münchner NRF-Standort das Verkehrsministerium in Berlin zu ÖPP-Straßenprojekten. Der Zugang der Kartellrechtlerin Cole von Covington, die im Technologie- u. Lifescience-Bereich gut vernetzt ist, ist für NRF in Brüssel die lang erwartete Verstärkung.
Stärken: Internat. Verkehrs-, ÖPP- u. Energieprojekte; gute Anbindung an dt. Standorte.
Oft empfohlen: Jürgen Werner (Beihilferecht u. Regulierung)
Team: 3 (1 dt.) Partner, 6 (2 dt.) Associates
Partnerwechsel: Miranda Cole (von Covington & Burling; Kartellrecht)
Schwerpunkte: Kartellrecht; ▷Beihilfe u. Vergaberecht. Branchenerfahrung besteht auf den Gebieten ▷Verkehr, hier insbes. Transport, Luftverkehr u. Infrastruktur, außerdem Bankensektor u. ▷Energie. Auch Außenhandel (Sanktionsrecht).
Mandate: Imperial International Holding im Lkw-Kartell; Tiger Infrastructure zu Investition in Ladestationenbetreiber Qwello; Ölhandelsunternehmen wg. EU-Regeln für die Herstellung von Biokraftstoffen; BM für Verkehr u. digit. Infrastruktur u.a. zur Restrukturierung von A1 Mobil; Anbieter erneuerbarer Energien zu Joint Venture mit griech. Staatsunternehmen; Fluggesellschaft zu Zollangelegenheiten im Zshg. mit dem Leasing von Flugzeugen; Automobilclub u. Consultingpartner kartellrechtl. zur Organisation, Durchführung u. Vermarktung von Rennserien.

REDEKER SELLNER DAHS
Brüssel ★★

Bewertung: Die Brüsseler Praxis bietet ihren dt. Mandanten kartell- u. beihilferechtl. Beratung u.

Vertetung in behördl. Verwaltungsverf. u. Prozessen vor EU-Gerichten. Die Mandatierung von Condor im Beihilfenstreit mit Ryanair belegt einmal mehr, dass auch gr. Unternehmen dem Team um Standortgründer Rosenfeld, der auch von Bonn aus arbeitet, bedeutende Aufgaben zutrauen. Ähnlich wie bei Kapellmann gelingt es auch RSD, regelm. Nachwuchsanwälte aufzubauen, die den guten Ruf bestätigen u. weiterentwickeln – so etwa im Beihilferecht, wo Holtmann am Wasserstoffprojekt H2Global zeigt, das RSD praxisübergr. vernetzte Mandate auch von Brüssel aus bearbeiten kann.
Stärken: Gute Kontakte zu dt. u. europ. Behörden, gute Anbindung an die dt. Praxis.
Oft empfohlen: Dr. Andreas Rosenfeld (Kartell- u. Beihilferecht), Dr. Sebastian Steinbarth (Kartellrecht), Dr. Clemens Holtmann („sehr gute Betreuung", Mandant; Beihilfe); Dr. Simone Lünenbürger
Team: 2 Eq.-Partner, 2 Counsel, 4 Associates
Schwerpunkte: ▷Kartellrecht; ▷Verwaltungs- u. Verfassungsrecht, inkl. Zuwendungs- sowie EU- u. ▷Beihilferecht; ▷Verkehr.
Mandate: Attestor Capital als Mehrheitseigentümer von Condor beihilferechtl.; Condor Flugdienste wg. Klagen Ryanairs gg. die Beihilfenentscheidung der EU-Kommission; Dt. Wasserstoffverband, Dt. Gesellschaft für Internat. Zusammenarbeit (GIZ) beihilfe- u. kartellrechtl. zu H2Global-Projekt; belg. Vereinigung kartellrechtl. u. Vertretung; Republik Österreich umf. zu Atomenergie u. Taxonomie-Verordnung; Dt. Sportwettenverband zu beihilferechtl. Beschwerde gg. Kommission; mehrere Ministerien eines Bundeslandes zur Gründung einer Stiftung mit Landesvermögen; Arkil-Gruppe umf., u.a. zu Compliance-Fragen; Chemieparkbetreiber u.a. kartellrechtlich.

REED SMITH
Brüssel ★

Bewertung: Im 3. Jahr nach ihrer Eröffnung in Brüssel ist die Kanzlei mit ihrem kartellrechtl. geprägten Beratungsangebot auf einem guten Weg, wie Empfehlungen insbes. für Filippitsch belegen. Der Kartellrechtler bietet seinen Mandanten auch langj. Erfahrung im regulierten Energiesektor. An dieser Schnittstelle begleitet er weiterhin seine griech. Dauermandantin PPC in einem viel beachteten Missbrauchsverf. vor der EU-Kommission. Auch bei 2 Joint-Venture-Gründungen u.a. für die Messer-Gruppe arbeitete das Brüsseler Büro als Teil eines größeren, standortübergr. Teams. Neben der Einbindung in die dt. Praxis fungiert der Standort, wie bei anderen US-Einheiten auch, als kartellrechtl. Außenposten für internat. Transaktionsmandate, in denen er etwa die Koordinierung von länderübergr. Fusionskontrollen übernimmt.
Oft empfohlen: Christian Filippitsch („erstklassige u. schnelle Beratung", „sehr gutes Verständnis des Markts", „Erläuterungen auch für das operative Team gut verständlich", Mandanten; Kartellrecht/Regulierung)
Team: 4 (1 dt.) Equity-Partner, 1 dt. Counsel, 8 Associates
Schwerpunkte: Kartellrecht, u.a. Steuerung von ww. Fusionskontrollen sowie Beschwerdeverf. u. Compliance-Beratung; Erfahrung im Energiesektor; EU-Recht u. Datenschutz.
Mandate: Public Power Corp. u.a. in EU-Missbrauchsverf. sowie die Tochter PPC Renewables kartell- u. beihilferechtl. zu Joint Venture mit RWE; Messer-Gruppe zur Gründung eines Wasserstoff-Joint-Ventures; 2 chin. Staatsunternehmen fusi-

REGION BRÜSSEL

ons- u. investitionskontrollrechtl. bei geplanten Investitionen in europ. Energieinfrastrukturprojekte; Sumitomo Chemical kartellrechtl. zu Kauf des Pflanzenschutzgeschäfts von Nufarm; Dalian Wanda ww. fusionskontrollrechtl. bei Verkauf der Ironman-Gruppe an Advance; lfd. u.a. kartellrechtl.: Encevo, Stena, Monaghan Mushrooms, Samvardhana Motherson Group, Stena.

SHEPPARD MULLIN RICHTER & HAMPTON
Brüssel ★

Bewertung: Die US-Westküstenkanzlei agiert in Brüssel als kartellrechtl. Außenposten ihrer US- u. brit. Beratungspraxis. Über namh. Berater wie Derenne ist es ihr dabei gelungen, einen eigenen Fußabdruck im kontinentaleurop. Markt zu erlangen, nicht zuletzt auch in Frankreich. Aber auch für Mandanten aus dem dt.sprachigen Raum ist die Kanzlei eine anerkannte Anlaufstelle. Der dt. Partner Klotz pflegt gute Beziehungen zur EU-Kommission u. seine Praxis ist geprägt von regulator. Fachwissen etwa auch im TK-, Verkehrs- u. Energiesektor. Mandanten wie die ÖBB u. Leag/EPH berät er auf dieser Grundlage in kartell- u. beihilferechtl. Verfahren. Ein anderer dt. Partner, der Kontakte nach London pflegt, arbeitet insbes. an der Schnittstelle Kartellrecht/IP mit wachsendem Bezug zum dt. Markt. In enger Anbindung an die US-Praxis baut er gleichz. seine datenschutzrechtl. Praxis auf, mit der Mandanten wie Perrigo Germany u. Facility Network Technology ihre Reichweite auf den dt. Markt ausdehnen.
Stärken: (Beihilferechtl.) Prozessführung.
Oft empfohlen: Robert Klotz (Kartellrecht/Regulierung), Jacques Derenne (Kartell-/Beihilferecht), Oliver Heinisch (Kartellrecht, IP, Datenschutz)
Team: 5 (2 dt.) Eq.-Partner, 1 Counsel, 3 (1 dt.) Associates
Schwerpunkte: Beihilferecht u. Regulierung der Branchen Energie, TK u. Verkehr; daneben Kenntnis des Öffentlichen Sektors; auch Außenhandel u. zunehmend Kartellrecht an der Schnittstelle zum IP-Recht.
Mandate: Leag u. EPH beihilferechtl. wg. Ausstieg aus dem Braunkohletagebau in Dtl.; Casio ww. im Kartellrecht, u.a. vor der brit. Competition and Market Authority; ÖBB umf. ggü. EU-Kommission in Missbrauchsverf. um Schienenpersonentransport; Swisscom gutachterl. zu Vorgehen in lfd. kartellrechtl. Missbrauchsverf.; Rakuten kartellrechtl. u.a. zum Verkauf von OverDrive an KKR; jap. Reifenhersteller zum EU-Vertriebs- u. Kartellrecht; Schweizer Technologieunternehmen zu Kartellrechtseinwänden in Patentstreitigkeiten vor dt. Gerichten; Eurelec (Einkaufsgemeinschaft von E. Leclerc u. Rewe) in div. frz. und EU-Verf.; lfd.: Aerohive Networks, Facility Network Technology, Perrigo Germany, Netgear, Oracle, Sharp, Samsung, Renault, John Deere, C.F. Martin, Melia Hotels.

SULLIVAN & CROMWELL
Brüssel ★★

Bewertung: Die kartellrechtl. ausgerichtete Praxis des Brüsseler Büros ist klein, kann dies aber durch eine enge internat. Integration in die Teams in London u. den USA ausgleichen. Die Beteiligung an einigen prominenten Fusionskontrollen für Dt. Wohnen, Delivery Hero oder Centerbridge/Advent unterstreicht zudem eine weiterhin nahtlose Zusammenarbeit mit den Frankfurter Anwälten in div. Transaktionen. Im Markt genießt das Team für die hohe Qualität seiner Arbeit einen guten Ruf, doch nach dem Weggang eines Counsel stagniert der personelle Ausbau des Standorts.
Stärken: In Dtl. u. den USA sehr starke ▷M&A-Praxis.
Oft empfohlen: Dr. Michael Rosenthal (Kartellrecht)
Team: 1 (dt.) Partner, 5 (1 dt.) Associates, 1 (dt.) of Counsel
Schwerpunkte: Fusionskontrollen, Kartellbußgeldverfahren. Oft für Investoren tätig, regelm. auch für internat. Medienunternehmen.
Mandate: Fusionskontrollen: Dt. Wohnen bei Fusion mit Vonovia; LEG Immobilien zu Kauf von Wohnungsportfolio; regelm. Delivery Hero, u.a. zu Beteiligung an Gorillas; Schaeffler/IHO Holding u.a. hinsichtl. der Abspaltung von Vitesco durch Continental; regelm.: Chevron, u.a. zu gepl. Kauf des Ölgeschäfts von Neste, Silverlake, Dolby; Lakestar SPAC I zu Kauf von HomeToGo; Advent/Centerbridge zu Übernahme von Aareal Bank; Exor (Agnelli-Familie) bei gepl. Verkauf von PartnerRe; Alcogroup in EU-Kartelluntersuchung ‚Ethanol'.

SZA SCHILLING ZUTT & ANSCHÜTZ
Brüssel ★★

Bewertung: Das auf Kartellrecht fokussierte Büro hat die internat. Erfahrung der Partner zuletzt verstärkt genutzt. Weil die Corporate-Praxis an den dt. Standorten nach einem externen Zugang vermehrt bei internat. Deals gefragt ist, hat sich das aus früherer Tätigkeit bei US-Kanzleien erfahrene Team kanzleiintern zur Anlaufstelle für fusionskontrollrechtl. Beratung entwickelt. Mandanten wie Avantor, Mutares oder ProSiebenSat.1 fragen mehr als zuvor bspw. Birmanns Kompetenz bzgl. dieser Themen ab. Dazu passt auch ihre vermehrte investitionskontrollrechtl. Beratung, etwa für Silex Microsystems. Cappellari war im lange währenden Streit um das Gasgeschäft in Osteuropa für seine bulgar. Mandantin Overgas zuletzt stark beschäftigt. Für noch mehr Schlagkraft braucht es weiteren Ausbau auf Associate-Ebene.
Oft empfohlen: Silvio Cappellari, Dr. Stephanie Birmanns („sehr angenehm in der Zusammenarbeit", Wettbewerber; beide Kartellrecht)
Team: 1 Partner, 1 Counsel, 2 Associates
Schwerpunkte: ▷Kartellrecht, enge Verzahnung mit den dt. Büros.
Mandate: Overgas in EU-Missbrauchsverf. gg. bulgar. Staatsholding u. Gazprom sowie gg. Settlement zw. Gazprom u. der EU-Kommission; Daimler-Aufsichtsrat zu Compliance; Silex Microsystems investitionskontrollrechtl. bei Kauf der Halbleiter-Waferfertigung von Elmos Semiconductor; Fusionskontrollen für Avantor, Pro7Sat.1, Bihr NV, Equistone Partners, Fiskeby Board, Mandarin Capital Partners, Mutares, Renolit, Vossloh.

WHITE & CASE
Brüssel ★★★★

Bewertung: Die US-Kanzlei bietet ihren ww. Netzwerkmandanten in Brüssel ein großes Team für Fusions- u. FDI-Kontrollen. Das Team um den Standortleiter u. Kartellrechtspartner Schulz interagiert hervorragend mit ihren zahlr. ww. Standorten. Dazu gehört auch Dtl., wie etwa das Bsp. Fluxys zum Einstieg in das dt. LNG-Projekt Stade, aber auch zahlr. weitere Mandate wie Synthos belegen, in denen der D'dorfer Standort die Mandatsbeziehungen mitprägt. Neben Fusions- u. FDI-Kontrollen gehören seit Langem auch unternehmenskritische Prozessmandate für Industrieunternehmen wie Merck, Banken wie Crédit Agricole, Techgiganten wie Google u. Lebensmittelhändler wie Casino in Kartellangelegenheiten ggü. der EU-Kommission zum Repertoire. Für standortübergr. europarechtl. Litigation etwa im Beihilferecht u. an der Schnittstelle zur Sektorspezialisierungen wie Energie stand Struckmann, der zu Deloitte wechselte. Im Beihilferecht bleiben Mandanten nun noch Arhold, der von Berlin aus berät, aber auch regelm. in Brüssel vor Ort ist.
Stärken: Anerkannte Prozesserfahrung auf europ. Ebene; ww. Standortnetzwerk, insbes. starke Verbindung nach Ost- u. Nordeuropa sowie nach Japan u. zu den USA.
Oft empfohlen: Axel Schulz, Jacquelyn MacLennan, Mark Powell (alle Kartellrecht), Christoph Arhold (Beihilferecht)
Team: 5 (1 dt.) Partner, 4 Sal.-Partner, 1 Counsel, 20 Associates, plus belg. Praxis
Partnerwechsel: Kai Struckmann (zu Deloitte; Beihilferecht)
Schwerpunkte: ▷Beihilferecht mit gr. europ. Prozesserfahrung; ▷Kartellrecht, ww. Fusionskontrollen u. Kartellverf.; Außenhandel, Sanktionsrecht; Lobbying.
Mandate: Fluxys zum Einstieg beim LNG-Projekt Hanseatic Energy Hub; Synthos zum Kauf Trinseo; Google im Streit mit EU-Kommission um 2 mrd. schwere Geldbußen in den Bereichen Shopping u. Betriebssysteme; Amazon zu ‚Buy Box'-investigation der EU-Kommission; Merck ggü. EU-Kommission wg. des Vorwurfs falsch lautender Informationen zu Kauf von Sigma Aldrich; Crédit Agricole ww. ggü. Behörden wg. Libor-Manipulationen; Intermarca Casino Achats wg. kartellrechtl. Ermittlungen der EU-Kommission. Fusionskontrollen: Sibur zum Kauf von Taif; DIC Corporaten, Saudi Aramco.

WILLKIE FARR & GALLAGHER
Brüssel ★

Bewertung: Das erste Jahr nach dem Zugang des erfahrenen Kartellrechtlers Murach am Brüsseler Standort war von der dyn. Geschäftsentwicklung in Willkies Stammdisziplin geprägt: der Begleitung von internat. Private-Equity-Deals. V.a. Frankfurt u. Paris brachten hier viel fusionskontrollrechtl. Arbeit. Gleichzeitig soll er stärker als bislang einen robusten Ausbau der Kartellrechtspraxis u. die Vernetzung der europ. Standorte vorantreiben. In London hat die Kanzlei bereits einen entscheidenden Schritt gemacht: Willkie holte dort ein führendes Kartellschadensersatzteam von Quinn Emmanuel. Doch für die Begleitung der aktiven Transaktionspraxis wird auch Wachstum in Dtl. nötig sein.
Oft empfohlen: Dr. Jens-Olrik Murach (Kartellrecht)
Team: 1 (dt.) Partner, 1 Counsel, 3 (1 dt.) Associates, plus belg. Anwälte
Schwerpunkte: Europ. u. nationale Fusions- u. Investitionskontrollen, oft mit ▷Private-Equity-Bezügen; Kartellverfahren.
Mandate: Lfd. Krombacher; Cérélia Group bei Kauf des Knack & Back-Geschäfts von General Mills; Stark Dtl. zu Kauf von ‚Dach und Wand'; Air France zu Corona-Hilfen u. mögl. Partnerschaften; Apax Digital zum Verkauf von Signavio; KHS (Salzgitter) u. Ferrum zu gepl. Joint Venture; Fusionskontrollen für Ardian, Capvest, CDC, CVC, CMA CGM, PAI Partners; The Sterling Group/Time Manufacturing investitionsrechtl. bei Kauf von Ruthmann Group.

JUVE Handbuch 2022 | 2023

RECHTSGEBIETE

- 462 **Arbeitsrecht**
- 483 **Außenwirtschaftsrecht**
- 492 **Bank- und Finanzrecht**
  - Anleihen und Strukturierte Finanzierung ... 494
  - Bank- und Bankaufsichtsrecht ... 502
  - Börseneinführung und Kapitalerhöhung ... 508
  - Investmentfonds ... 512
  - Kredite und Akquisitionsfinanzierung ... 518
- 528 **Compliance-Untersuchungen**
- 540 **Gesellschaftsrecht**
- 573 **Immobilien- und Baurecht**
- 599 **Insolvenz und Restrukturierung**
- 616 **Kartellrecht**
- 637 **Konfliktlösung – Dispute Resolution**
- 662 **M&A**
- 690 **Marken- und Wettbewerbsrecht**
- 709 **Nachfolge/Vermögen/Stiftungen**
- 725 **Notariat**
- 731 **Öffentlicher Sektor**
  - Beihilferecht ... 731
  - Öffentliches Wirtschaftsrecht ... 739
  - Vergaberecht ... 755
- 777 **Patentrecht**
- 787 **Private Equity und Venture Capital**
- 803 **Regulierung**
  - Energiewirtschaftsrecht ... 804
  - ESG – Umwelt, Soziales, Unternehmensführung ... 819
  - Gesundheitswesen ... 826
  - Lebensmittelrecht ... 840
  - Telekommunikation ... 846
  - Verkehrssektor ... 851
- 862 **Steuern – Konzern-, Transaktions-, Finanzsteuerrecht**
- 866 **Technologie und Medien**
  - Informationstechnologie und Datenschutz ... 868
  - Medien ... 885
  - Presse- und Äußerungsrecht ... 897
- 902 **Versicherungsrecht**
  - Versicherungsvertragsrecht: Prozessvertretung und Beratung ... 903
  - Unternehmensbezogene Beratung von Versicherern ... 910
- 916 **Vertrieb, Handel und Logistik**
- 930 **Wirtschafts- und Steuerstrafrecht**

Das JUVE Handbuch finden Sie auch online: **juve.de/juve-rankings/deutschland**

ARBEITSRECHT CO-PUBLISHING/ANZEIGE

Ein Jahr Koalitionsvertrag – was wurde erledigt und was kommt im Arbeitsrecht auf die Unternehmen noch zu?

Von Dr. Michael R. Fausel und Dr. Christian Bitsch, BLUEDEX Labour Law, Frankfurt am Main

Dr. Michael R. Fausel

Dr. Michael R. Fausel ist Rechtsanwalt und Diplom-Verwaltungswirt (FH). Er ist spezialisiert auf das (internationale) Arbeits- und Sozialversicherungsrecht sowie Lehrbeauftragter der Hochschule Fresenius, Schiedsgutachter für Arbeits- und Entsendungsrecht der RAK Frankfurt und Autor diverser Veröffentlichungen.

Dr. Christian Bitsch

Dr. Christian Bitsch ist Fachanwalt für Arbeitsrecht und schwerpunktmäßig mit Restrukturierungen sowie generell dem kollektiven Arbeitsrecht befasst. Er ist u.a. Mitautor des Formularhandbuchs „Fachanwalt Arbeitsrecht" und Lehrbeauftragter an der Hochschule Fresenius sowie Schiedsgutachter der RAK.

BLUEDEX Labour Law ist eine auf das Arbeitsrecht für Arbeitgeber spezialisierte Rechtsanwaltskanzlei mit Sitz in Frankfurt am Main. Ihre Anwälte und Steuerberater vertreten Großkonzerne, den Mittelstand und die öffentliche Hand in allen Bereichen des deutschen und internationalen Arbeitsrechts. Aufgrund ihres 360-Grad-Ansatzes übernimmt BLUEDEX auch die steuer-, gesellschafts- und sozialversicherungsrechtliche Beratung ihrer Mandanten.

Kontakt
BLUEDEX PartG mbB
Tower 185 | Friedrich-Ebert-Anlage 35-37
60327 Frankfurt am Main
T: +49 (0) 69 – 78 90 48 50
F: +49 (0) 69 – 78 98 85 89
www.BLUEDEX.de
Ansprechpartner:
Dr. Michael R. Fausel
Mail: Michael.Fausel@BLUEDEX.de
Dr. Christian Bitsch
Mail: Christian.Bitsch@BLUEDEX.de

Weitere Informationen zur Kanzlei in der Anzeige auf Seite 33

Regierungswechsel sind häufig mit einer Aufbruchstimmung verbunden. So auch nach der letzten Bundestagswahl, als erstmals auf Bundesebene eine rot-gelb-grüne Ampelkoalition gebildet wurde. Unter dem Leitbild einer sozial-ökologischen Marktwirtschaft sollte eine nachhaltige, innovative und dynamische Legislaturperiode gewagt werden. Mit Spannung erwarteten insbesondere Arbeitgeber und Arbeitnehmer die im Koalitionsvertrag festgelegten Pläne der neuen Bundesregierung. In dem am 07.12.21 offiziell unterzeichneten und insgesamt 177 Seiten umfassenden Papier formulierten die Koalitionsparteien schließlich auf insgesamt knapp sieben Seiten auch ihre Vorstellungen und Ziele für den Bereich Arbeit. Hierbei wurden insbesondere die Themen Arbeitszeit, Homeoffice, Whistleblower, Mindestlohn, Befristung und Weiterbildung fokussiert. Nach nunmehr fast einem Jahr Regieren ist die Zeit für eine Bestandsaufnahme gekommen. Dieser Beitrag soll über die bereits umgesetzten und noch zu erwartenden arbeitsrechtlichen Neuerungen der Bundesregierung aufklären, wobei der Fokus insbesondere auf den für Unternehmen relevanten Sachthemen liegt.

Flexibilisierung und Erfassung von Arbeitszeit

Im Hinblick auf das Arbeitszeitrecht wollen die Ampelparteien zunächst eine flexiblere Arbeitszeitgestaltung ermöglichen. Zwar wird der Grundsatz des 8-Stunden-Tages beibehalten, allerdings sollen über Öffnungsklauseln in Tarifverträgen und anderen Kollektivvereinbarungen aufweichende Experimentierräume für Arbeitgeber und Arbeitnehmer geschaffen werden. Diese schwammige Formulierung ist bislang aber noch nicht wirklich konkretisiert worden.

Überdies soll angesichts der Rechtsprechung des Europäischen Gerichtshofs vom 14.05.19 zur Arbeitszeiterfassung ein Anpassungsbedarf der bestehenden Regelungen überprüft werden. So hatte der EuGH in einer aufsehenerregenden Entscheidung geurteilt, dass Arbeitgeber verpflichtet sind, ein objektives, verlässliches und zugängliches System zur Messung der von jedem Arbeitnehmer geleisteten täglichen Arbeitszeit einzurichten. Die praktische Umsetzung dieser Vorgaben würde einen immensen Aufwand für Arbeitgeber mit sich bringen. Unternehmen sollten sich demnach schon jetzt mit dem Thema Arbeitszeiterfassung und einem System zur Kontrolle der Arbeitszeit beschäftigen. Ohne eine konkrete gesetzliche Regelung, die sich an den Grundsätzen des EuGH-Urteils orientiert, besteht jedoch noch kein unmittelbarer Handlungsdruck. Ob und wie sich die Ampel hier zukünftig positionieren wird, ist derzeit nicht absehbar.

Rechtlicher Rahmen für mobile Arbeit

Spätestens seit der COVID-19-Pandemie ist die mobile Arbeit flächendeckende Realität in deutschen Unternehmen geworden. Und auch das Bedürfnis nach Klarheit schaffenden gesetzlichen Regelungen in den Bereichen Arbeitsrecht, Sozialversicherungsrecht und Aufenthaltsrecht ist geradezu virulent. Im Koalitionsvertrag versprachen die Ampelparteien eine trennscharfe Abgrenzung von Homeoffice und Telearbeit. Zudem sollen Beschäftigte in geeigneten Tätigkeiten zwar keinen Anspruch auf Homeoffice, aber einen Erörterungsanspruch über mobiles Arbeiten erhalten. Heißt: Arbeitnehmer sollen die Möglichkeit haben, dem Arbeitgeber ihre Wünsche hinsichtlich mobiler Arbeit mitzuteilen. Im Idealfall treffen die Parteien eine entsprechende Vereinbarung. Nur wenn der Arbeitgeber die Wünsche des Arbeitnehmers willkürlich oder aus sachfremden Motiven ablehnt, gilt die mobile Arbeit entsprechend den Wünschen des Arbeitnehmers als festgelegt. Ferner soll die EU-weite mobile Arbeit ermöglicht werden.

Hinsichtlich der gesetzlichen Umsetzung dieser Pläne ist hier in den vergangenen Monaten kein nennenswerter Fortschritt zu verzeichnen. Zwar hat das BMAS bereits während der letzten Legislaturperiode, konkret am 26.11.20, einen überarbeiteten Referentenentwurf zu einem Mobile-Arbeit-Gesetz – MAG veröffentlicht. Dieser wurde im Koalitionsvertrag aber nicht mehr aufgegriffen. Für Irritationen sorgten in jüngerer Vergangenheit lediglich Äußerungen des Bundesarbeitsministers, welcher nun doch von einem künftigen Rechtsanspruch auf Homeoffice sprach. Ein neuer Gesetzesentwurf wurde bislang jedoch noch nicht vorgelegt. Damit gilt bis auf weiteres: Die Vertragsparteien können individuell vereinbaren, ob und wie mobiles Arbeiten möglich ist. Hierbei sollten jedoch stets die allgemeinen Arbeitnehmerschutzvorschriften sowie insbesondere die sozialversicherungs-, steuer- und melderechtlichen Aspekte beachtet werden.

Umsetzung der Whistleblower-Richtline

Auch die für 2022 geplante Umsetzung der EU-Whistleblower-Richtlinie in nationales Recht dürfte für Unternehmen, die sich seit langem fragen, welche Anforderungen in Zukunft an ihr Hinweisgebersystem zu stellen sind, von gesteigertem Interesse sein. Schließlich wurde gegen die Bundesrepublik wegen der fehlenden Umsetzung bereits am 27.01.21 ein Vertragsverletzungsverfahren der EU-Kommission eingeleitet. Der Koalitionsvertrag kündigte an, dass Hinweisgeber nicht nur bei Meldungen von Verstößen gegen EU-Recht, sondern auch bei einer Meldung von erheblichen Verstößen gegen Vorschriften oder sonstigem erheblichen Fehlverhalten, dessen Aufdeckung im besonderen öffentlichen Interesse liegt, geschützt werden. Damit favorisiert die Ampelkoalition eine weitergehende Umsetzung der Richtlinie, welche auch die Meldung von Verstößen gegen rein nationales Recht schützt.

Das angestrebte Hinweisgeberschutzgesetz – HinSchG sieht u.a. vor, dass Unternehmen mit mindestens 50 Beschäftigten eine interne Meldestelle einrichten müssen. Auch Vorstände und Geschäftsführer können nach dem Entwurf Hinweisgeber und damit Profiteure des Hinweisgeberschutzes sein. Werden die gesetzlichen Anforderungen an eine Meldung eingehalten, werden die jeweiligen Hinweisgeber umfangreich vor Sanktionen wie Kündigungen oder sonstigen Nachteilen geschützt. Abzuwarten bleiben nun noch etwaige, bereits angekündigte Änderungen. Unternehmen sollten sich dennoch schon jetzt mit der oftmals komplexen und langwierigen Einrichtung eines internen Hinweisgebersystems befassen.

Anhebung des Mindestlohns & Änderungen bei der Befristung

Hinsichtlich der Anhebung des gesetzlichen Mindestlohns gab es in diesem Jahr keine großen Überraschungen. Erwartungsgemäß hat die Bundesregierung ihr Versprechen gehalten und mit Kabinettsbeschluss vom 23.02.22 die einmalige Anhebung des Mindestlohnes von 10,45 Euro brutto auf 12,00 Euro brutto pro Stunde zum 01.10.22 initiiert. Damit eine Wochenarbeitszeit von zehn Stunden weiterhin möglich ist, stieg die Entgeltgrenze für Minijobs zum 01.10.22 von 450 Euro auf 520 Euro monatlich an. Ähnliches wurde für die Midijobs im Übergangsbereich durchgesetzt, bei welchen Beschäftigte nunmehr bis zu 1.600 Euro monatlich verdienen dürfen, ohne für ihren Lohn die Hälfte der Sozialversicherungsbeiträge zahlen zu müssen. Eine zukünftige Anpassung des Mindestlohns ist auf Vorschlag der Mindestlohnkommission mit Wirkung zum 01.01.24 zu erwarten.

Im Befristungsrecht gab es insbesondere für Unternehmen gute Nachrichten. So wurde die vor allem in der vorherigen Legislaturperiode angestrebte Einschränkung sachgrundloser Befristungen von Arbeitsverhältnissen im privaten Sektor nicht weiterverfolgt und im Koalitionsvertrag der Ampel gar nicht erwähnt. Es bleibt demnach dabei, dass sachgrundlose Befristungen für eine Höchstdauer von insgesamt zwei Jahren mit dreimaliger Verlängerungsoption innerhalb dieser Zeitspanne zulässig sind. Lediglich im öffentlichen Dienst soll die sachgrundlose Befristung Schritt für Schritt reduziert und die nur dort bestehende Haushaltsbefristung gänzlich abgeschafft werden. Anders sieht es hingegen bei Befristungen mit Sachgrund aus. Diese sollen zur Vermeidung von Kettenbefristungen beim selben Arbeitgeber auf sechs Jahre begrenzt werden, wobei Ausnahmen nur unter engen Voraussetzungen zugelassen sein sollen.

Förderung der Weiterbildung

Schließlich können insbesondere Arbeitnehmer in Zukunft eine größere staatliche Unterstützung bei der Aus- und Weiterbildung erwarten. Im Koalitionsvertrag wird die finanzielle Unterstützung von Bildungs(teil)zeit nach österreichischem Vorbild versprochen, wobei Voraussetzung eine Vereinbarung zwischen Arbeitgeber und Arbeitnehmer ist. Ferner soll ein ans Kurzarbeitergeld angelehntes Qualifizierungsgeld durch Betriebsvereinbarung eingeführt werden können, welches Unternehmen im Strukturwandel ermöglichen soll, ihre Beschäftigten durch Qualifizierung im Betrieb zu halten und Fachkräfte zu sichern. Ein Referentenentwurf hierzu ist derzeit bereits in Arbeit.

Fazit

Es tut sich etwas im Arbeitsrecht. Die Ampelkoalition treibt trotz Covid-19-Pandemie und Ukraine-Krieg auch ihre arbeitsrechtlichen Planungen stetig voran. Unternehmen dürfen und müssen deswegen insbesondere Ende dieses Jahres und im kommenden Jahr mit einer Vielzahl abgeschlossener Gesetzgebungsverfahren rechnen. ∎

KERNAUSSAGEN

- Der Koalitionsvertrag nimmt die für Unternehmen relevanten Themen Arbeitszeitflexibilisierung & Arbeitszeiterfassung, Mobile Arbeit, EU-Whistleblower-Richtlinie, Mindestlohn, Befristung und Förderung von Weiterbildung in den Fokus.
- Hinsichtlich der Umsetzung der Planungen besteht vor allem im Bereich der Arbeitszeit sowie der Mobilen Arbeit noch Nachholbedarf.
- Bei der Umsetzung der EU-Whistleblower-Richtlinie, der Erhöhung des Mindestlohns und der Förderung der Weiterbildung sind Beschlüsse bereits gefasst oder Gesetzesentwürfe in Arbeit.
- Unternehmen sollten sich auf die Verabschiedung neuer Gesetze im Hinblick auf die genannten Themenkomplexe einstellen und bereits jetzt geeignete Maßnahmen ergreifen, um sich den veränderten Anforderungen möglichst reibungslos anpassen zu können.

ARBEITSRECHT CO-PUBLISHING/ANZEIGE

Digitale Transformation – was neue Arbeitsformen für das Arbeitsrecht bedeuten

Von Dr. Sebastian Frahm, Frahm Kuckuk Arbeitsrecht, Stuttgart/Berlin

Dr. Sebastian Frahm

Wir beraten fachlich auf höchstem Niveau. Uns ist es wichtig, sich persönlich für die Lösung der Belange unserer Mandanten einzusetzen. Bundesweit vertreten wir große und kleine Unternehmen, Körperschaften und Verbände, Vorstände, Geschäftsführer, Aufsichtsräte und Führungskräfte. Schwerpunkte sind die Bereiche Restrukturierung, Compliance, betriebliche Mitbestimmung und das Bühnenrecht.

Dr. Meike Kuckuk

Neben dem Schwerpunkt Kollektiv-Arbeitsrecht hat **Frau Dr. Meike Kuckuk** den Bereich Health Care und branchenübergreifend den Bereich Compliance ausgebaut. Stark sind wir außerdem in den Themen Restrukturierung, Flexibilisierung von Arbeitsbedingungen und Digitalisierung. Wir freuen uns auf die Zusammenarbeit!

Jan Peters

Durchsetzungsstärker für Unternehmen und Executives von Berlin und Stuttgart aus! Mit **Jan Peters** haben wir unseren Berliner Standort ausgebaut und beraten arbeitsrechtlich vermehrt auch in der Schnittstelle zum Bereich M&A.

Kontakt

Frahm Kuckuk Arbeitsrecht
Königstraße 21
70173 Stuttgart
T +49-711-25 35 84-0
Reinhardtstraße 12
10117 Berlin
T +49-30-30 87 85 88-31
www.fk.legal / info@fk.legal
Dr. Sebastian Frahm
frahm@fk.legal

Weitere Informationen zur Kanzlei in der Anzeige auf Seite 407

Bereits seit mehreren Jahren wird die Arbeitswelt durch neu auftretende Arbeitsformen, wie mobiles Arbeiten, Co-Working & Co. auf den Kopf gestellt. Das Arbeitsrecht ist dagegen nur eingeschränkt auf die gewandelten Bedürfnisse von Arbeitnehmern in der modernen Arbeitswelt vorbereitet. Das bisherige Arbeitsrecht verfolgt das veraltete Verständnis einer 40-Stunden Woche. Zeitliche oder örtliche Flexibilisierung sind nur eingeschränkt vorgesehen.

Flexible Gestaltung des Arbeitsplatzes – Chancen und Risiken

Die flexible Gestaltung des Arbeitsplatzes birgt vielfältige Chancen sowohl für Arbeitnehmer als auch für Arbeitgeber. So kann der Arbeitgeber unter Umständen Kosten sparen durch die Verringerung von Arbeitsräumen. Der Arbeitnehmer kann flexibel nach seinen Bedürfnissen seinen Arbeitsplatz wählen und somit seine sog. Work-Life-Balance verwirklichen.

Andererseits bestehen auch viele Risiken, die mit den neuen Arbeitsformen einhergehen. Die überwiegend digitale Arbeit kann insbesondere im Bereich des Datenschutzrechts zu Problemen führen. Dies gilt besonders dann, wenn der Arbeitnehmer von zu Hause arbeitet und womöglich sogar nach der BYOD-Methode (bring-your-own-device) private Geräte für die Arbeit nutzt. In diesem Fall gilt es, private Dateien und arbeitsbezogene Dateien strikt voneinander zu trennen. Ferner neigen Arbeitnehmer womöglich dazu, Arbeitszeit und Freizeit miteinander zu vermischen. Gesetzlich zwingende Pausen sowie Höchstarbeitszeiten könnten nicht eingehalten werden, wodurch eine Überforderungssituation für die Arbeitnehmer entstehen kann. Auch kann es mangels Kontrollmöglichkeit des Arbeitgebers vermehrt zu Arbeitsunfällen kommen.

Rechtliche Hürden und Problemstellungen

Die rechtlichen Hürden und Problemstellungen bei diesen neuen Arbeitsformen sind vielfältig. Der Arbeitgeber muss dafür Sorge tragen, dass der Datenschutz auch an den selbst gewählten Arbeitsorten der Arbeitnehmer eingehalten wird. Besonders im Falle des Co-Working kann es zu Datenschutzverstößen kommen, wodurch der Arbeitgeber als verantwortliche Stelle in die Haftung genommen wird. Möglich sind Bußgelder nach Art. 83 DSG-VO in Höhe von bis zu 20 Mio. Euro oder 8% des Jahresumsatzes sowie Schadensersatzansprüche nach Art. 82 DSG-VO. Es können zudem leicht Betriebs- und Geschäftsgeheimnisse unabsichtlich offenbart werden, welche nach dem GeschGehG geschützt werden.

Arbeits- und Gesundheitsschutz

Ferner ist grundsätzlich der Arbeits- und Gesundheitsschutz einzuhalten. Praktische Probleme können sich hier insbesondere durch einen nicht ergonomischen Arbeitsplatz, einen Arbeitsplatz, der keine Trennung von Privat- und Arbeitsbereich vorsieht, sowie durch soziale Isolation ergeben.

Um diese Risiken zu minimieren, sind nach §5 ArbSchG Schutzmaßnahmen, eine Gefährdungsbeurteilung sowie entsprechende Unterweisungen der Arbeitnehmer nach §12 ArbSchG vorzunehmen. Zusätzlich sind – nach aktueller Rechtslage in jedem Fall – die Vorgaben der ArbStättV zu beachten.

Ansatz zur Lösung

Damit die Bedürfnisse der modernen Arbeitswelt mit den rechtlichen Anforderungen übereinstimmen, ist ein pragmatisches Verständnis des Arbeitsrechtes zu befürworten. Zu starre Regeln sind nicht mehr praxistauglich und erschweren vielmehr die mobile Arbeit mit ihren vielfältigen Vorteilen. Um rechtlichen Problemen im Gesundheits- und Datenschutz vorzubeugen, sind die Arbeitnehmer umfassend über die Gefahren und Risiken des mobilen Arbeitens zu unterrichten. Gefährdungsbeurteilungen sind nur für die Fälle vorzunehmen, an denen der Arbeitsplatz weitgehend konstant bleibt. Um Rechtsklarheit zu schaffen, ist die Anzahl der Tage des mobilen Arbeitens sowie weitere Modalitäten schriftlich zu vereinbaren. Hierfür ist zu empfehlen Betriebsvereinbarungen abzuschließen, in denen die konkrete Ausgestaltung von mobiler Arbeit oder Home-Office geregelt wird.

Arbeitszeit – Untauglichkeit des ArbZG

Das ArbZG normiert zwingend einzuhaltende Anforderungen, wie eine maximale Höchstarbeitszeit von 10 Stunden nach §3 ArbZG, gemäß §4 ArbZG zwingende Ruhezeiten von 11 Stunden sowie das Verbot der Arbeit an Sonn- und Feiertagen nach §9f. ArbZG. Solche starren Regelungen sind in der modernen Arbeitswelt nicht geeignet, die neuen Arbeitsformen zu unterstützen. Die Vorgaben des ArbZG sind insgesamt untauglich, um das Arbeitsrecht der gewandelten Wirklichkeit in Unternehmen anzupassen. Es ist erforderlich, diese Vorgaben flexibel an die neuen Arbeitsformen anzupassen. Der durch das ArbZG intendierte Schutz der Arbeitnehmer kann in gleichem Maße auch durch flexible rechtliche Regelungen erreicht werden. So wäre es beispielsweise möglich, nur eine wöchentliche Höchstarbeitszeit festzulegen, um Arbeitnehmern mehr zeitliche Flexibilität zu gewähren. Auf diese Weise könnte der Gesundheitsschutz des ArbZG beachtet werden und zudem den geänderten Bedürfnissen von Arbeitnehmern Rechnung getragen werden. Auch könnte das Verbot der Arbeit an Sonntagen beseitigt werden, sofern gleichzeitig ein Ruhezeitraum von 24 Stunden gewährleistet wird. So könnten Arbeitnehmer flexibel nach ihren Bedürfnissen arbeiten, ohne dass der Gesundheitsschutz vernachlässigt wird. Folglich muss der Gesetzgeber tätig werden und die rechtlichen Anforderungen des ArbZG den Bedürfnissen der modernen Arbeitswelt anpassen.

Pragmatische Arbeitszeiterfassung

Es ist zwingend erforderlich für die neue Arbeitswelt, auch ein neues Konzept einer Vertrauensarbeitszeit einzuführen. Die aktuelle europäische und nationale Rechtsprechung machen es für Arbeitgeber praktisch unmöglich, sich den Bestimmungen entsprechend zu verhalten. Elementar ist es, die Arbeitnehmer umfassend über die Notwendigkeit von Ruhepausen und die Gefahr einer Überarbeitung aufzuklären. Diese Unterweisungspflicht des Arbeitgebers gilt es schriftlich zu dokumentieren. Ferner wird erforderlich sein, nicht jede Tätigkeit als Unterbrechung der nächtlichen Ruhezeit zu werten. Die moderne Arbeitswelt macht es erforderlich, auch unabhängig von Bürozeiten auf E-Mails zu antworten und insofern eine Arbeitsleistung zu erbringen. Dafür ist gesetzlich zu normieren, dass solche kurzzeitigen Arbeitsleistungen die Ruhezeiten nicht unterbrechen, sofern eine gewisse zeitliche Schwelle nicht überschritten wird. Eine solche Schwelle wäre ab einer halben Stunde anzusetzen.

Für die Arbeitszeiterfassung sind geeignete technische Systeme zu verwenden, die effektiv und unproblematisch die Arbeitszeit digital erfassen können. So kann der Arbeitnehmer beispielsweise von überall per App seine Arbeitszeit aufzeichnen lassen. Während des Home-Office kann die Arbeitszeit unterbrochen werden, um sich um private Angelegenheiten zu kümmern. Kurzfristige Unterbrechungen der Arbeitszeit sind ebenso wie bei der Arbeit im Büro unbeachtlich. Denn auch bisher war es im Büro üblich, sich nebenbei einen Kaffee zu holen und sich mit Kollegen auszutauschen.

Missbrauchsfälle sind gerade bei der digitalen Aufzeichnung denkbar. Auch könnten Arbeitnehmer unabsichtlich vergessen, sich von der Arbeitszeiterfassung abzumelden. Möglich wäre eine technische Abschaltung der Arbeitszeiterfassung bei Inaktivität des Arbeitnehmers über einen langen Zeitraum hinaus. Allerdings bereitet dieser Vorschlag naturgemäß rechtliche Bedenken hinsichtlich einer Überwachung des Arbeitnehmers. Von besonderer Bedeutung ist daher die richtige Instruktion der Arbeitnehmer, sodass diese verantwortungsvoll auf die Aufzeichnung ihrer Arbeitszeit achten können.

Rolle des Betriebsrates

Der Betriebsrat hat vielfältige Beteiligungs- und Mitbestimmungsrechte hinsichtlich der Einführung von neuen Arbeitsformen, wie z.B. des Home-Office. So ist der Betriebsrat nach §80 Abs. 2 S. 1 BetrVG über die Planung solcher Maßnahmen rechtzeitig und umfassend zu informieren. Ferner muss der Betriebsrat über die Personalplanung nach §92 BetrVG unterrichtet werden. Unter Umständen kann sich sogar eine Betriebsänderung nach §111ff. BetrVG mit der Pflicht zur Erstellung einer Interessenvereinbarung sowie eines Sozialplanes ergeben. Mit Inkrafttreten des Betriebsrätemodernisierungsgesetzes wurde zudem in §87 Abs. 1 Nr. 14 BetrVG ein Mitbestimmungsrecht bei der Ausgestaltung von mobiler Arbeit geregelt. Dieses gilt als Auffangtatbestand und umfasst nur die Mitbestimmung über das Wie der Maßnahme. Die Entscheidung über das Ob obliegt allein dem Arbeitgeber. Der Betriebsrat hat auch kein Initiativrecht auf die Einführung von mobiler Arbeit. Demgemäß kommt dem Betriebsrat keine wesentlich erweiterte Befugnis zu. Es gilt – wie bisher – mit dem Betriebsrat vertrauensvoll zusammen zu arbeiten. Auch sollte der Betriebsrat hinsichtlich seiner eigenen Arbeit datenschutzrechtlich sensibilisiert werden, um entsprechende Verstöße zu vermeiden.

Fazit

Es lässt sich festhalten, dass die Regelungen des ArbZG den geänderten Bedürfnissen der modernen Arbeitswelt angepasst werden müssen. Es bedarf flexibler Regelungen, welche die Arbeitenden nicht unzumutbar beschränken. Auch werden die Arbeitnehmer mehr Verantwortung tragen müssen hinsichtlich der Bereiche des Datenschutzrechts, des Gesundheitsschutzes sowie auch der Arbeitszeiterfassung. Dafür muss der Arbeitgeber die Arbeitnehmer umfassend unterweisen und über die Gefahren aufklären. ∎

KERNAUSSAGEN

- Zentrale Gesetze wie das ArbSchG und ArbZG sind für die digitale Transformation im Arbeitsrecht völlig ungeeignet und bedürfen einer schnellen Aktualisierung.
- Die Arbeitszeiterfassung – insbesondere auch hinsichtlich der Vertrauensarbeitszeit – muss vereinfacht oder sogar abgeschafft werden.
- Die Unternehmen sollten den Betriebsrat frühzeitig schulen, um schnell praxistaugliche Betriebsvereinbarungen zu aktivieren.
- Im Endeffekt wird auch eine Aktualisierung des §87 Abs. 1 Nr. 6 BetrVG notwendig. Die Neuregelung des §87 Abs. 1 Nr. 14 BetrVG reicht nicht.

Das „S" in ESG: Soziale Compliance als Herausforderung für HR und Arbeitsrecht

Von Dr. Till Heimann, Fachanwalt für Arbeitsrecht, KLIEMT.Arbeitsrecht, Frankfurt a.M.

Dr. Till Heimann

Dr. Till Heimann berät Arbeitgeber mit Fokus auf Unternehmenstransaktionen sowie Integrations- und Transformationsprozesse, insbesondere im Zuge der Digitalisierung. Besondere Expertise besitzt er hinsichtlich der Beratung zu Nachhaltigkeitsaspekten, so etwa im Zusammenhang mit HR-Compliance sowie regulierter Vergütung in Finanzinstituten. Er ist Co-Head der Fokusgruppe ESG bei KLIEMT. Arbeitsrecht.

Mit rund 75 ausschließlich im Arbeitsrecht tätigen Rechtsanwält:innen an fünf Standorten ist **KLIEMT.Arbeitsrecht** die größte auf Arbeitsrecht spezialisierte Kanzlei Deutschlands. Mehr als die Hälfte der DAX-Konzerne, eine Vielzahl mittelständischer Unternehmen sowie weltweit tätige Unternehmen gehören zu unserem Mandantenstamm. Besondere Schwerpunkte unserer Tätigkeit bilden dabei die Bereiche Restrukturierung, betriebliche Altersversorgung, betriebliche Mitbestimmung, Datenschutz, Compliance und ESG.

Kontakt
KLIEMT.Arbeitsrecht
Dr. Till Heimann
Thurn-und-Taxis-Platz 6
60313 Frankfurt am Main
T +49 (0) 69 710410-245
till.heimann@kliemt.de
www.kliemt.de

Weitere Informationen zur Kanzlei in der Anzeige auf Seite 192

ESG. CSR. Sustainability. In der Vergangenheit fristeten diese Begriffe ein Dasein irgendwo zwischen bloßem Buzzword, Greenwashing als Teil von Marketinginitiativen oder – maximal – einer Herausforderung für besonders regulierte Industrien wie etwa den Finanzsektor. Das alles ändert sich ab 2022 schlagartig: ESG, und insbesondere soziale Compliance, wird zeitnah eine viel größere Zahl an Unternehmen unmittelbar betreffen. Grund genug für eine kurze Bestandsaufnahme, die Anlass für die Entwicklung kluger Strategien im HR- und Arbeitsrechtsbereich bieten sollte.

Die Nachhaltigkeitsberichterstattungsrichtlinie (Corporate Sustainability Reporting Directive – CSRD) bringt mit Wirkung ab dem Geschäftsjahr 2023 weitreichende Berichtspflichten für alle großen in der EU tätigen Unternehmen mit sich – auch für Tochtergesellschaften multinationaler Unternehmen (sofern eine vergleichbare Berichterstattung nicht bereits auf Ebene der Muttergesellschaft eingeführt wurde). Ab diesem Zeitpunkt müssen Unternehmen u. a. zu sozialen Nachhaltigkeitsaspekten berichten. Die entsprechenden Berichte fließen wiederum in ESG-Scorings ein, nach denen Investoren ihre Entscheidungen bereits jetzt ausrichten und zukünftig noch viel stärker ausrichten werden. Eine solide ESG-Compliance wird damit mittelbar zur Zugangsvoraussetzung an die Kapitalmärkte; Unternehmen, die in der alten Welt verhaftet bleiben, werden jedenfalls von institutionellen Investoren und Private Equity größtenteils abgeschnitten sein. So wird aus einem bloßen Reportingthema eine möglicherweise existentielle Frage.

Wer ist betroffen?

Die Neuregelung betrifft zunächst alle großen Unternehmen mit Kapitalmarktorientierung mit mehr als 500 Beschäftigten, d. h. alle börsennotierten Unternehmen sowie Banken und Versicherungsunternehmen.

Aber auch nicht börsennotierte große Unternehmen sind unabhängig von ihrer Kapitalmarktorientierung erfasst, die mindestens zwei von drei der folgenden Kriterien erfüllen: Sie haben mehr als 250 Beschäftigte und/oder einen jährlichen Umsatz von mehr als 40 Mio. Euro und/oder eine Bilanzsumme von mehr als 20 Mio. Euro.

Selbst kleine und mittlere kapitalmarktorientierte Unternehmen müssen ab 2026 ebenfalls zur Nachhaltigkeit berichten, d. h. alle Unternehmen, die mindestens zwei von drei der folgenden Kriterien erfüllen: mehr als 10 Beschäftigte und/oder mehr als 350.000 Euro Bilanzsumme und/oder mehr als 700.000 Euro Nettoumsatzerlös. Ausgenommen sind damit lediglich Kleinstunternehmen.

In Konzernen können die Tochterunternehmen grundsätzlich auf den Konzernbericht verweisen und müssen nicht selbst Bericht erstatten; dies gilt jedoch nur, sofern die Berichterstattungstiefe auf Ebene der Konzernmutter vergleichbar ist. Je internationaler die Konzernstruktur, desto unterschiedlicher können aber die Berichtspflichten ausfallen.

Relevante Themen der Sozialen Compliance

Grundsätzlich muss zu sämtlichen Sachverhalten berichtet werden, die entweder für den Geschäftserfolg oder aus ökologischen bzw. sozialen Gesichtspunkten wesentlich sind (sog. doppelte Materialität).

Welche Sachverhalte im Einzelnen berichtspflichtig sind bzw. in welchem Detailgrad, bestimmt die sog. EU-Taxonomie. Bereits ausgearbeitet bzw. in der Fertigstellung sind die umweltbezogenen Themenbereiche – Klimaschutz, Anpassung an den Klimawandel, Wassernutzung, Kreislaufwirtschaft, Umweltverschmutzung sowie Schutz von Ökosystemen – und die zugehörigen Reportingstandards.

Zum Entwurf von Standards hinsichtlich einer speziellen Sozialtaxonomie mit Technischen Screening-Kriterien für Sozialbelange hat die European Financial Reporting Advisory Group (EFRAG) Ende April 2022 eine öffentliche Konsultation gestartet, so dass auch hier absehbar die Berichtsanforderungen konkretisiert werden.

Woraus folgen Handlungsbedarfe im HR-Bereich?

Neben dem Zugang zum Kapitalmarkt, wie oben beschrieben, haben Unternehmen noch ein weiteres Interesse, nicht als ESG-Sünder aufzufallen: Die CSRD beinhaltet ein gestaffeltes Sanktionssystem, in welchem bei Verstößen gegen die Berichtspflichten zunächst mittels öffentlicher Erklärung die verantwortlichen Personen und die Art des Verstoßes genannt werden; als nächster Schritt kann eine Anordnung an die verantwortliche Person ergehen, das Verhalten einzustellen. In letzter Konsequenz drohen behördliche Bußgelder von (noch) unklarer Höhe. Ob hier ein ähnlich drakonisches Sanktionsregime wie bei der DSGVO droht, bleibt abzuwarten.

Eine Vielzahl der ESG-relevanten Themen haben unmittelbare HR-Relevanz. So muss etwa berichtet werden zu

- Sozialer Verantwortung und Umgang mit den Beschäftigten, hier werden insbesondere Unternehmen der Gig Economy gesteigerte Begründungspflichten begegnen;
- Diversity und Chancengleichheit für alle, Equal Pay für gleiche Arbeit, Beschäftigung und Einbeziehung von Menschen mit Behinderungen, hier wird noch weitergehend als bisher die Entgelttransparenz in den Vordergrund rücken;
- Arbeitsbedingungen, einschließlich sicherer und anpassungsfähiger Arbeitsplätze, der Lohngestaltung, sozialem Dialog und Einbindung der Arbeitnehmervertretungen (Betriebsräte, Gewerkschaften) in der Entscheidungsfindung des Unternehmens, hier werden insbesondere internationale Unternehmensgruppen mehr in Richtung internationaler Mitbestimmungsstandards denken müssen; sowie
- die Achtung von Menschenrechten und Grundfreiheiten sowie internationalen Standards, insb. auch im Rahmen von Lieferketten.

Was ist zu tun?

Bereits jetzt sollten Unternehmen, die berichtspflichtig sein werden, eine umfassende Due Diligence Prüfung ihrer eigenen Arbeitsbedingungen anstoßen. Die meisten Arbeitgeber haben noch ein recht gutes Bild dessen, was an Policies und Benefits existiert. Die wenigsten haben diese Bedingungen aber schon einmal mit Blick auf potentielle Nachhaltigkeitseffekte untersucht: Wird überhaupt das richtige Verhalten incentiviert? Oder werden sogar Verhaltensweisen befördert, die im Widerspruch zu ESG-Kriterien stehen? Deckt das Unternehmen überhaupt alle ESG-relevanten Bereiche mit Regelungen ab?

Da die entsprechende Untersuchung einiges an zeitlichen und personellen Kapazitäten binden wird, sollten Unternehmen bereits jetzt überlegen, wie sie solche Kapazitäten frei machen oder durch temporäre Ressourcen abdecken können.

Sofern Lücken oder Anpassungsbedarfe identifiziert werden, stellt sich die Folgefrage: Was kann und sollte auf welcher Ebene geregelt werden? Insbesondere bei der Anpassung von Regelungen stellt sich eine Vielzahl von arbeitsrechtlichen Fragen (etwa nach der Wirksamkeit von Widerrufs- und Freiwilligkeitsvorbehalten, der Ablösung (oder gar Überkreuzablösung) von Regelungen, der Notwendigkeit von Nachverhandlungen aufgrund Wegfalls der Geschäftsgrundlage u. Ä.

Hier ist viel zu gewinnen, wenn der jeweils effektivste und breitflächig wirksamste Umsetzungsmechanismus gefunden werden kann. Dabei ist insbesondere die zwingende betriebliche Mitbestimmung nicht aus dem Auge zu verlieren.

Mitbestimmung beachten

Wo Sachverhalte erstmalig geregelt werden sollen (man denke nur an die Einführung von Verhaltensrichtlinien, auch Code of Conduct oder Code of Ethics genannt), die insbesondere nach §87 BetrVG mitbestimmt sind, müssen Vorlaufzeiten für die Verhandlung einer Betriebsvereinbarung eingeplant werden. Wo tarifliche und betriebsverfassungsrechtliche Themen sich überschneiden, gilt es, Tarifsperre und Tarifvorrang im Auge zu behalten. Schließlich kann sich einiges an Komplexität aus der Frage ergeben, welches Gremium überhaupt zuständig ist.

Ergeben sich viele solcher Themen, kann es zu einer klassischen Flaschenhals-Problematik kommen. Dann müssen Unternehmen und Arbeitnehmervertreter sich möglichst mittels eines „ESG Cooperation Agreement" einen gemeinsamen Fahrplan geben, um die Themen geordnet und in einem sinnvollen Zeitkorridor anzugehen. Dies ist ganz im Sinne einer nachhaltigen Unternehmensführung, bei der Arbeitgeber- und Arbeitnehmerseite aus übergeordnetem Interesse am gleichen Strang ziehen. ∎

KERNAUSSAGEN

- ESG ist keine Modeerscheinung, sondern eine Entwicklung hin zu nachhaltiger(er) Unternehmensführung. Unternehmen sind gut beraten, Soziale Compliance als Baustein eines Gesamtkonzeptes zu nutzen.
- Aufgrund der ab 2023 zunehmenden Berichtspflichten und negativen Konsequenzen bei ESG-Noncompliance ist unmittelbarer Handlungsbedarf gegeben.
- Arbeitgeber sollten im Wege einer Due Diligence identifizieren, wo sie (noch) nicht ESG-konform sind, und die entsprechenden Lücken schließen. Hierfür bedarf es nicht unerheblicher zeitlicher Vorläufe und personeller Ressourcen.
- Bei der Umsetzung ESG-konformer HR-Richtlinien und Vergütungsschemata müssen klassische arbeitsrechtliche Fallstricke beachtet werden – nicht zuletzt Fragen der Mitbestimmung.

ARBEITSRECHT CO-PUBLISHING/ANZEIGE

Beschlussfassung per Video, 3G am Arbeitsplatz, das Ende der Präsenzkultur – wie Corona das Arbeitsleben verändert hat

Von Dr. Tobias Pusch, LL.M. (Harvard) und Stefanie Götz-Dertinger, Pusch Wahlig Workplace Law, Berlin/Frankfurt

Dr. Tobias Pusch

Dr. Tobias Pusch ist Gründer von Pusch Wahlig Workplace Law. Er berät nationale und internationale Unternehmen und Konzerne in sämtlichen Fragen des Arbeitsrechts und Start-Ups von der frühen Gründungsphase über unterschiedliche Finanzierungsrunden bis zum Exit und darüber hinaus. Außerdem ist er Mitglied des Management Boards von L&E Global.

Stefanie Götz-Dertinger

Stefanie Götz-Dertinger ist Rechtsanwältin bei Pusch Wahlig Workplace Law. Sie berät in sämtlichen Bereichen des individuellen und kollektiven Arbeitsrechts. Die Schwerpunkte ihrer Beratungspraxis liegen insbesondere bei Kündigungsrechtsstreitigkeiten, Unternehmensrestrukturierungen sowie betriebsverfassungsrechtlichen Fragestellungen.

Pusch Wahlig Workplace Law ist mit über 60 Anwält:innen in Deutschland eine der größten auf Arbeitsrecht spezialisierten Kanzleien in Berlin, Düsseldorf, Frankfurt am Main, München, Hamburg und Köln. Das Team berät Unternehmen, Unternehmer:innen und Führungskräfte in allen Fragen des Arbeitsrechts. Als Gründungsmitglied der internationalen Allianz L&E Global steuert und bearbeitet PWWL gemeinsam mit über 1.700 Arbeitsrechtsexpert:innen in 30 Ländern auch internationale Projekte.

Kontakt
Pusch Wahlig Workplace Law
Beisheim Center | Berliner Freiheit 2
10785 Berlin
pusch@pwwl.de
goetz@pwwl.de

Die Corona-Pandemie hat Gesellschaft und Arbeitswelt seit nunmehr über zwei Jahren fest im Griff. Während wir im Mai 2022 diesen Artikel verfassen, nehmen wir im privaten Umfeld, aber gerade auch bei unseren Mandanten ein kollektives Gefühl der Erleichterung wahr: Die „epidemische Lage von nationaler Tragweite" wurde vom Gesetzgeber nicht über das Jahr 2021 hinaus verlängert, die infektionsschutzrechtlichen Maßnahmen sind mit der Änderung des §28b IfSG zum 20.03.22 entfallen. In dieser Konsequenz sind Masken-, Test- und Nachweispflichten – auch am Arbeitsplatz – überwiegend aufgehoben worden, Gastronomie- und Kulturbesuche wieder einfacher möglich. Die Prognosen für den anstehenden Sommer sind (wieder einmal) zuversichtlich. Während Deutschland also langsam in den regulären Alltag und gleichzeitig auch vermehrt in die Büros zurückkehrt, stellt sich die Frage: Wie haben sich Arbeitsleben und -strukturen durch Corona verändert? Was bleibt nach über zwei Jahren Pandemie?

Längst überfällige Modernisierung der Betriebsratsarbeit

Während die Teilnahme an einer Betriebsratssitzung oder die Beschlussfassung des Betriebsrats mittels einer Telefon- und Videokonferenz in Prä-Coronazeiten unter Verweis auf das Gebot der Nichtöffentlichkeit ganz überwiegend als unzulässig erachtet wurde, ist das Betriebsverfassungsgesetz (BetrVG) inzwischen dauerhaft modernisiert und nicht nur an den digitalen Fortschritt, sondern auch an die Herausforderungen einer schwindenden Personalpräsenz in den Betrieben sowie eines notwendigen Gesundheitsschutzmanagements durch die Arbeitgeber angepasst worden. Nunmehr ist eine Teilnahme an Betriebsratssitzungen oder die Durchführung der Sitzung mittels Video- und Telefonkonferenz möglich, wenn die in §30 Abs. 2 und 3 BetrVG genannten Voraussetzungen kumulativ vorliegen (Festlegung in Geschäftsordnung, kein Widerspruch von mind. ¼ der Mitglieder, Sicherstellung der Vertraulichkeit). Virtuell zugeschaltete Betriebsratsmitglieder gelten im Rahmen der Beschlussfassung als anwesend, §33 BetrVG. Gleiches gilt für Mitglieder des Gesamt- oder Konzernbetriebsrats (§§51 Abs. 3, 59 Abs. 1 BetrVG). Eine virtuelle Teilnahme ist durch die Betriebsratsmitglieder gegenüber dem Vorsitzenden in Textform zu bestätigen, die Bestätigung ist der Sitzungsniederschrift beizufügen. Ausweislich der Gesetzesbegründung (BT-Drs. 19/28899) steht das Ob und der Umfang der Nutzung von Video- und Telefonkonferenzen in der alleinigen Entscheidungsbefugnis des Betriebsrats. Der Arbeitgeber kann in der Regel weder eine virtuelle Durchführung von Betriebsratssitzungen noch eine Durchführung in physischer Präsenz der Betriebsratsmitglieder verlangen. Ob dies im Einzelfall durch die Arbeitsgerichte anders zu bewerten sein wird (Stichwort: Pflicht zur virtuellen Betriebsratssitzung aus Gründen des Gesundheitsschutzes?), bleibt abzuwarten. Nach aktueller Rechtsprechung der Landesarbeitsgerichte kann der Arbeitgeber den Betriebsrat jedenfalls bislang nicht (z.B. aus Kostengründen) auf die Durchführung von Telefon- statt Videokonferenzen verweisen.

Infektionsschutz am Arbeitsplatz

In den Jahren der Pandemie haben Arbeitgeber gelernt, auf der einen Seite hart gefasste gesetzliche Vorgaben, wie z.B. Testpflichten am Arbeitsplatz, Erfassung der Impf- und Testnachweise, Umsetzung der Maskenpflicht, Ermöglichung von Home Office etc., in den Betrieben umzusetzen. Auf der anderen Seite mussten Arbeitgeber gerade in der Phase im Frühjahr 2022 in besonderem Maße die Verantwortung für den Gesundheitsschutz ihrer Arbeitnehmer:innen am Arbeitsplatz übernehmen. Dies ist natürlich auch ohne pandemische Lage arbeitgeberseitige Pflicht nach dem ArbSchG. Dennoch stellten u.a. die SARS-CoV-2-Arbeitsschutzverordnung und die SARS-CoV-2-Arbeitsschutzregeln besonders hohe Anforderungen an die Arbeitgeber. Die täglichen Begegnungen im Betrieb sowie die Arbeitsplatznutzung und -gestaltung mussten analysiert und angepasst, Hygienekonzepte erstellt und die Arbeitnehmer:innen entsprechend geschult werden.

Aus dem Zusammenhang mit den coronabedingten Gesundheitsschutzmaßnahmen ergaben sich zum Teil Konflikte in der Belegschaft sowie diverse rechtliche und personalwirtschaftliche Probleme und Herausforderungen, denen sich Unternehmen stellen mussten. So sahen sich viele Arbeitgeber mit der Frage konfrontiert, wie sie mit Mitarbeiter:innen umgehen, die das Tragen eines Mund-Nasen-Schutzes am Arbeitsplatz verweigerten oder die ihren Urlaub in Risikogebieten verbracht hatten und in die Betriebe zurückkehren wollten. Es stellte sich teilweise auch die Frage der arbeitsrechtlichen Zulässigkeit der Kündigung von Impfpflichtverweigerern in den Bereichen in Gesundheit und Pflege, wo eine einrichtungsbezogene Impfpflicht galt und gilt.

Nach Infektionswelle ist vor Infektionswelle

Die letzten zwei Jahre der Pandemie sollten uns gelehrt haben, nicht untätig auf ein endgültiges Ende von Infektionswellen zu vertrauen. Auch in der Vergangenheit kam es gerade in den jährlichen Grippesaisons deutschlandweit zu hohen Krankenständen innerhalb der Belegschaften. Dies wird sich künftig wiederholen, sei es aufgrund von Influenza-, SARS-CoV2-Viren oder einem anderen (neuartigen) Erreger, der sich schnell ausbreiten kann.

Es hat vor diesem Hintergrund inzwischen nach unserer Wahrnehmung ein Learning in den Unternehmen stattgefunden, wie einer Infektionswelle arbeitgeberseitig begegnet werden kann. Aus unserer Beratung sind uns Unternehmen bekannt, die erwägen, künftig bei lokal auftretenden Grippewellen temporär eine Maskenpflicht einzuführen, der Belegschaft Masken und Desinfektionsmittel zur Verfügung zu stellen und ggfs. in (noch) höherem Umfang mobiles Arbeiten zu ermöglichen. Arbeitgeber werden künftig voraussichtlich deutlich früher präventiv tätig werden, um Infektionen am Arbeitsplatz vorzubeugen.

Telefonkonferenz ist tot

Die Arbeit mit Mandanten und Kunden zeigt inzwischen zudem eine hohe Akzeptanz von virtuellen Meetings und die schnell fortschreitende Implementierung von Videotelefonie. Die klassische Telefonkonferenz ist überwiegend abgelöst worden. Wir nehmen in unserer Beratung gleichzeitig wahr, dass auch die physische Präsenz der Belegschaft zwar von Mandanten und Kunden nach wie vor als wichtig erachtet wird, sich aber aufgrund der Erfahrungen der letzten zwei Jahre die Erkenntnis durchsetzt, dass sie nicht durchgehend erforderlich ist, um die Betriebsabläufe, aber auch den (zwischenmenschlichen) Kontakt und die regelmäßige Abstimmung zwischen Mitarbeiter:innen und Vorgesetzten und innerhalb der Belegschaft aufrecht zu erhalten.

Abschied von der Präsenzkultur

Wir kennen daher kaum Unternehmen, die nach Corona zur vollständigen Präsenzkultur zurückkehren werden. Vielmehr rückt das mobile working in all seinen Formen verstärkt in den Fokus. Manche, aber nur wenige Unternehmen werden oder haben sogar auf das Konzept virtual only umgestellt. Arbeitnehmer:innen begrüßen in der Regel das entsprechend höhere Maß an Flexibilität in ihrem Arbeitsalltag. Für Arbeitgeber kann ein verstärktes mobile working eine Modernisierung der bestehenden Strukturen, ggfs. einhergehend mit möglichem Einsparpotenzial etwa hinsichtlich der nicht mehr benötigten Büroflächen, bedeuten. Gleichzeitig steigert es unserer Erfahrung nach die Attraktivität des Unternehmens für qualifizierte Bewerber:innen.

Gerade auch für die anwaltliche Tätigkeit ist es wichtig zu wissen, was vom Mandanten in der Praxis akzeptiert wird. Wir stellen fest, dass virtuelle Treffen vom Mandanten – auch aus Kosten- und Praktikabilitätsgründen – begrüßt, gelegentliche persönliche Treffen aber dennoch gesucht und gewünscht werden. Noch ist die Technik oder das Maß der Anwendung vielleicht nicht weit genug vorangeschritten, um einen live gewonnenen Gesamteindruck vollständig ersetzen zu können. Auch besonders vertrauliche und bedeutende Angelegenheiten werden im ersten Schritt häufig noch im Rahmen eines persönlichen Treffens besprochen.

Das Pendel schwingt zurück – aber nicht durch

Eine seriöse Prognose für den Herbst ist nur schwer anzustellen. Ob sich deutsche Unternehmen und ihre Arbeitnehmer:innen einer weiteren Welle der Pandemie mit entsprechenden Einschränkungen des öffentlichen Lebens ausgesetzt sehen werden, lässt sich nicht ausschließen.

Die Unternehmen sind jedenfalls auf eine neue Infektionswelle bestens vorbereitet und haben gelernt, welche Pflichten sie treffen, welche rechtlichen und personalpolitischen Handlungsmöglichkeiten bestehen und wie sie rechtssicher agieren können. ∎

KERNAUSSAGEN

- Die Betriebsratsarbeit ist nachhaltig modernisiert worden. Die Teilnahme an Betriebsratssitzungen mittels Video- und Telefonkonferenz sowie virtuelle Beschlussfassungen sind auch nach dem Ende der Pandemie möglich.
- Arbeitgeber haben gelernt, die strengen gesetzlichen Vorgaben an den Gesundheitsschutz umzusetzen und können auch künftig schnell auf neues Infektionsgeschehen reagieren.
- Klassische Telefonkonferenzen werden verstärkt von virtuellen Meetings/Videotelefonie abgelöst. Eine ständige physische Anwesenheit der Belegschaft ist häufig nicht erforderlich.
- Arbeitgeber zeigen große Initiative bei der Einführung/Ausweitung von mobile working, was sowohl Vorteile für die Belegschaft als auch für die Unternehmen bedeuten kann.
- In der anwaltlichen Beratung lösen virtuelle Treffen immer häufiger persönliche Meetings ab.

Betriebsratswahlen – welche Neuerungen bringt das Betriebsrätemodernisierungsgesetz?

Von Dr. Götz Zerbe, Streitbörger PartGmbB, Bielefeld

Dr. Götz Zerbe

Dr. Götz Zerbe ist Partner in der Sozietät Streitbörger. Er unterstützt Unternehmen in allen arbeitsrechtlichen Fragestellungen des Individual- und Kollektivarbeitsrechts. Er berät Mandanten bei Restrukturierungen, vertritt sie in Verfahren vor der Einigungsstelle und verhandelt mit Betriebsräten. Im Individualarbeitsrecht ist Dr. Zerbe umfassend forensisch tätig. Er berät zudem Personalabteilungen in Zusammenhang mit Personalmaßnahmen, gestaltet Arbeitsverträge und begleitet Geschäftsführer, Vorstände und leitende Angestellte insbesondere im Zusammenhang mit der Beendigung von Anstellungsverhältnissen. Dr. Zerbe ist Autor des Verlages Dr. Otto Schmidt und hält Vorträge zu arbeitsrechtlichen Themenstellungen.

Wir Streitbörger.
Mit mehr als 70 Rechtsanwälten, Steuerberatern und Notaren sind wir Streitbörger eine der größten Sozietäten in NRW und Brandenburg. Wir verstehen uns als Unternehmer und als Mittelständler – und das prägt unsere Haltung: Wir übernehmen persönliche Verantwortung.

Kontakt
Streitbörger PartGmbB – Rechtsanwälte Steuerberater
Adenauerplatz 4
33602 Bielefeld
T +49 (0) 521 / 91414-0
info@streitboerger.de
www.streitboerger.de

Dr. Götz Zerbe
Fachanwalt für Arbeitsrecht
g.zerbe@streitboerger.de

Weitere Informationen zur Kanzlei in der Anzeige auf Seite 253

Am 18.06.21 ist das Betriebsrätemodernisierungsgesetz in Kraft getreten, das auch weitreichende Änderungen zur Durchführung der Betriebsratswahlen beinhaltet. Am 15.10.21 trat hierauf aufbauend die Änderung der Wahlordnung zum Betriebsverfassungsgesetz in Kraft. Ausweislich der Gesetzesbegründung verfolgt das Betriebsrätemodernisierungsgesetz das Ziel, die Gründung und Wahl von Betriebsräten zu fördern und zu erleichtern und zugleich die Fälle der Behinderungen von Betriebsratswahlen zu reduzieren. Die turnusmäßigen Betriebsratswahlen haben in der Zeit zwischen dem 01.03. und 31.05.22 stattgefunden. Demgemäß sind noch keine höherinstanzlichen Entscheidungen zu den Neuregelungen zu verzeichnen. Da aber auch außerhalb dieses Zeitraumes regelmäßig Betriebsratswahlen stattfinden, gilt die Devise: Nach der Wahl ist vor der Wahl. Im nachfolgenden Beitrag sollen die wesentlichen Änderungen im Hinblick auf die Durchführung von Betriebsratswahlen vorgestellt werden.

Betriebsratswahlen in der betrieblichen Praxis

Der (ordnungsgemäßen) Durchführung der Betriebsratswahl kommt in der betrieblichen Praxis eine erhebliche Bedeutung zu, denn durch diese Wahl werden die Mitglieder der arbeitnehmerseitigen Interessenvertretung bestimmt, die die nächsten vier Jahre nach der Wahl für den Arbeitgeber als Ansprechpartner fungieren. Ob und wie die innerbetriebliche Zusammenarbeit zwischen Arbeitgeber und Betriebsrat funktioniert, wird in erheblichem Ausmaß durch die agierenden Personen bestimmt. Arbeitgeber sind daher gut beraten, wenn sie die Betriebsratswahl aufmerksam und fachkundig begleiten. Dabei sollten sie nicht davor zurückscheuen, erkennbar werdende Fehler der Betriebsratswahl anzusprechen, um auf diese Weise einer kostspieligen und zeitaufwändigen Anfechtung der Betriebsratswahl vorzubeugen. Insbesondere sollte der Arbeitgeber mögliche Nichtigkeitsgründe einer Betriebsratswahl in den Blick nehmen, denn die Nichtigkeit einer Betriebsratswahl kann auch nach Ablauf der zweiwöchigen Frist für die Wahlanfechtung geltend gemacht werden. Zwar ist nach der Rechtsprechung des Bundesarbeitsgerichts die Nichtigkeit auf extreme Ausnahmefälle beschränkt, sie führt jedoch für den Arbeitgeber zu dem unangenehmen Ergebnis, dass auch sämtliche getroffene Betriebsvereinbarungen nichtig sind. Derartige Folgen gilt es in der betrieblichen Praxis zu vermeiden, weshalb die Kenntnis der wesentlichen Änderungen, die sich aus dem Betriebsrätemodernisierungsgesetz und der Änderung der Wahlordnung ergeben, weiterhin von Bedeutung ist.

Wesentliche Änderung des Betriebsverfassungsgesetzes

Das Lebensalter für die Wahlberechtigung (aktives Wahlrecht) ist auf die Vollendung des 16. Lebensjahres herabgesenkt worden. Hinsichtlich der Wählbarkeit (passives Wahlrecht) verbleibt es bei der Anknüpfung an das vollendete 18. Lebensjahr. Neben dieser sich aus §§ 7, 8 BetrVG ergebenden Änderung der Wahlberechtigung sind auch die Wahlvorschriften mit weitreichenden Auswirkungen abgeändert worden.

Nach § 14 Abs. 4 BetrVG entfällt für Wahlbewerber in Betrieben mit bis zu 20 wahlberechtigten Arbeitnehmern die Notwendigkeit, sogenannte Stützunterschriften (Unterzeichnung von Wahlvorschlägen) einzuholen. Für größere Betriebe ist die Zahl der Stützunterschriften herabgesetzt worden: In Betrieben mit in der Regel 21 bis 100 wahlberechtigten Arbeitnehmern genügen zwei Stützunterschriften pro Wahlvorschlag, sind mehr als 100 wahlberechtigte Arbeitnehmer vorhanden, so müssen mindestens 1/20 der wahlberechtigten Arbeitnehmer den entsprechenden Wahlvorschlag unterzeichnen. Unabhängig von der Betriebsgröße reichen in jedem Fall 50 Stützunterschriften.

Nach § 14 a BetrVG ist das vereinfachte Wahlverfahren nunmehr für Betriebe mit bis zu 100 wahlberechtigten Arbeitnehmern (zuvor bis zu 50 wahlberechtigten Arbeitnehmern) anzuwenden. Nach § 14 Abs. 5 BetrVG können in Betrieben mit in der Regel 101 bis 200 wahlberechtigten Arbeitnehmer

Wahlvorstand und Arbeitgeber nunmehr (formlos) die Anwendung des vereinfachten Wahlverfahrens vereinbaren.

Die Änderungen der §§ 7, 14 und 14 a BetrVG zielen also klar erkennbar auf die Erleichterung der Durchführung der Betriebsratswahlen ab. Zugleich soll auch die Wahlbeteiligung durch die Herabsetzung des Wahlalters angehoben werden.

Hinsichtlich der Möglichkeit der Anfechtung der Betriebsratswahl sieht der neu geschaffene § 19 Abs. 3 BetrVG eine Einschränkung vor. Danach kann von den Wahlberechtigten die Anfechtung der Betriebsratswahl auf eine unrichtige Wählerliste nur gestützt werden, wenn zuvor Einspruch gegen die Richtigkeit der Wählerliste eingelegt worden ist. Die Anfechtung für den Arbeitgeber wird aus diesem Grund ausgeschlossen, soweit die Unrichtigkeit der Wählerliste auf seinen Angaben beruht.

Schlussendlich sind durch Änderungen der § 60, 63 und 64 BetrVG Erleichterungen bezüglich der Wahl der Jugend- und Auszubildendenvertretung (JAV) in Kraft getreten. Diese Änderungen beziehen sich vor allem auf die Schwellenwerte und darauf, dass auch Auszubildende, die das 25. Lebensjahr vollendet haben, nunmehr bei der Feststellung des Schwellenwertes für die Gründung einer JAV mitzurechnen sind.

Flankierende Ergänzung des Kündigungsschutzgesetzes

Um das bereits dargestellte gesetzgeberische Ziel abzusichern, die Durchführung von Betriebsratswahlen zu erleichtern, ist der Kündigungsschutz für Arbeitnehmer, die zu einer Betriebs- oder Wahlversammlung einladen oder die die Bestellung eines Wahlvorstandes beantragen, ausgeweitet worden. So regelt nunmehr § 15 Abs. 3 a KSchG, dass die ersten sechs in der Einladung zur Wahl- oder Betriebsversammlung oder die ersten drei in der Antragstellung aufgeführten Arbeitnehmer vom Zeitpunkt der Einleitung oder Antragstellung an bis zur Bekanntgabe des Wahlergebnisses einen besonderen Kündigungsschutz genießen. Das bedeutet, dass ihnen nur gekündigt werden kann, wenn der Arbeitgeber zur Kündigung aus wichtigem Grund ohne Einhaltung einer Kündigungsfrist berechtigt wäre. Betriebsbedingte Kündigungen dieser Arbeitnehmer sind damit praktisch ausgeschlossen, Kündigungen, die auf verhaltens- oder personenbedingten Gründen der Arbeitnehmer beruhen, sind nur zulässig, wenn tatsächlich ein wichtiger Grund im Sinne des § 626 BGB, also typischerweise ein schwerwiegendes Fehlverhalten des Arbeitnehmers, vorliegt. Ergänzt wird dieser Kündigungsschutz durch die zusätzliche Regelung nach § 15 Abs.3 b. KSchG, wonach Arbeitnehmer, die Vorbereitungshandlungen zur Errichtung eines Betriebsrates unternehmen, nur aus wichtigem Grund gekündigt werden dürfen. Immerhin genießen diese Arbeitnehmer keinen Schutz vor einer betriebsbedingten Kündigung. Unter eine Vorbereitungshandlung ist nach der Gesetzesbegründung jedes zur Errichtung eines Betriebsrates für Dritte erkennbare Verhalten zu verstehen, das zur Vorbereitung der Betriebsratswahl geeignet ist. Dazu reichen aber typischerweise schon Gespräche mit anderen Arbeitnehmern über das Für und Wider eine Betriebsratsgründung oder die Kontaktaufnahme zu einer Gewerkschaft, um Informationen zur Betriebsratswahl zu erhalten, aus.

Änderungen der Wahlordnung zum Betriebsverfassungsgesetz

Nicht minder bedeutsam für die Durchführung der Betriebsratswahlen ist die in Ergänzung zum Betriebsrätemodernisierungsgesetz vorgenommene Änderung der Wahlordnung zum Betriebsverfassungsgesetz. Nach der Vorstellung des Gesetzgebers sollen durch die Änderung der Wahlordnung das Wahlverfahren modernisiert, Rechtsunsicherheiten beseitigt und insbesondere die Neuerungen, die sich aus dem Betriebsrätemodernisierungsgesetz ergeben, umgesetzt werden. Aus Platzgründen können hier nur die wichtigsten Änderungen kurz vorgestellt werden:

§ 1 der Wahlordnung wurde dahingehend abgeändert, dass nunmehr auch virtuelle Sitzungen des Wahlvorstandes (also Video- oder Telefonkonferenzen) zulässig sind.

Nach § 2 Wahlordnung sind nunmehr alle nicht passiv Wahlberechtigten in der Wählerliste ausdrücklich auszuweisen.

Aus § 3 Wahlordnung ergeben sich weitreichende Änderungen hinsichtlich des Wahlausschreibens.

Die Berichtigung der Wählerliste ist nunmehr gemäß § 4 Wahlordnung bis zum Abschluss der Stimmabgabe zulässig, was die Chance erhöhen soll, dass alle Wahlberechtigten ihr Wahlrecht am Wahltag ausüben können.

Nach § 11 Wahlordnung entfällt das Erfordernis der Nutzung von Wahlumschlägen.
Nach § 24 Wahlordnung wurde der Personenkreis, der die Unterlagen für die Briefwahl vom Wahlvorstand ohne Verlangen erhält, erweitert.

§ 26 Wahlordnung enthält schlussendlich Neuerungen für die Stimmauszählung.

Fazit

Das Betriebsrätemodernisierungsgesetz, das über die Änderungen der Wahlvorschriften hinaus erhebliche Änderungen des Betriebsverfassungsgesetzes insgesamt mit sich gebracht hat, wird zumindest auf Arbeitgeberseite nicht als „der große Wurf" angesehen. In der Tat schafft es an vielen Stellen neue Rechtsunsicherheiten und Streitpotentiale. Die Regelungen zur Änderung der Betriebsratswahl und der Wahlordnung zeigen deutlich, dass der Gesetzgeber die Wahl von Betriebsräten massiv fördern will. Eine deutliche Zunahme von Betriebsratswahlen konnte der Verfasser in seinem Mandantenkreis aber nicht feststellen. ∎

KERNAUSSAGEN

- Die Anforderungen an die Durchführung von Betriebsratswahlen sind insbesondere in Betrieben mit bis zu 200 Arbeitnehmern deutlich herabgesetzt worden, insbesondere durch die Streichung bzw. Verringerung der notwendigen Anzahl von Stützunterschriften.
- Der besondere Kündigungsschutz ist auch auf Arbeitnehmer, die lediglich Vorbereitungshandlungen im Zusammenhang mit der Durchführung von Betriebsratswahlen vornehmen, ausgeweitet worden. Hier wird die Rechtsprechung noch klare Grundsätze zur Einordnung des Begriffs der Vorbereitungshandlung aufstellen müssen.
- Die Änderungen in der Wahlordnung sind vielfältig und weitreichend. In der Praxis tut jede Personalleitung gut daran, sich mit diesen Änderungen genauestens vertraut zu machen.

Arbeitsrecht

Arbeitswelt am Scheideweg

Das Arbeitsrecht brummt. Nach Kurzarbeit, Impfstrategie und Homeoffice stehen nun Themen im Zusammenhang mit digitaler Transformation mehr denn je im Fokus der Beratung: neue Bürokonzepte, institutionalisiertes mobiles Arbeiten und umfangreiche IT-Projekte, häufig eingebettet in eine strategische Transformation des Gesamtunternehmens. Kanzleien wie **Osborne Clarke**, **Vangard** oder **CMS Hasche Sigle** sind für diese Mandate sehr gut aufgestellt, weil sie sich frühzeitig -sowohl in Mandaten als auch intern - mit Themen rund um New Work, Digitalisierung und auch Nachhaltigkeit befasst haben.

Doch nicht alles ist durch Digitalisierung und positiven Wandel getrieben. Vielmehr könnte durch Ukraine-Krieg, Inflation und Zinserhöhungen nun doch eintreten, was staatliche Corona-Hilfen in den vergangenen fast drei Jahren weitgehend verhindert haben: die wirtschaftliche Schieflage vieler Unternehmen. Full-Service-Kanzleien wie **Noerr**, **Görg** oder **Mayer Brown** aber auch Boutiquen wie beispielsweise **Trebeck & von Broich**, die dort einen Teil ihres Kerngeschäfts verorten, spekulieren jedenfalls auf eine mögliche Restrukturierungswelle im Herbst/Winter 2022/2023. In einigen Sektoren ist sie ohnehin schon aufgeschlagen. Die aus dem Krieg in der Ukraine resultierenden Lieferengpässe führten bereits dazu, dass beispielsweise die Autoindustrie weiter massiv Stellen abbaut, wie es zuletzt die Luftfahrt getan hat. Hier waren Arbeitsrechtspraxen jeglicher Struktur und Größe bereits vermehrt im Einsatz, darunter **Eversheds Sutherland**, **Keller Menz** oder **Greenfort**.

Getrieben vom veränderten Zinsumfeld machen sich viele Unternehmen vertieft Gedanken, wie sie die Altersversorgung ihrer Angestellten künftig strukturieren und verwalten wollen. Neben der Neustrukturierung zeichnet sich ein weiterer Trend ab, bei dem Unternehmen ihre Verbindlichkeiten an externe kommerzielle Drittanbieter verkaufen. Kanzleien wie **Freshfields Bruckhaus Deringer** und **Linklaters** haben bereits mehrere Mandate in diesem Zusammenhang betreut. Letztere zählt durch die strategisch kluge Verstärkung durch Dr. René Döring im vergangenen Jahr nun zu den Kanzleien, die in diesem komplexen und lukrativen Thema sehr gut positioniert sind.

Nachfolgegeneration gesucht

Spektakuläre Personalwechsel gab es auch in diesem Jahr. Zuwachs bekam einmal mehr **Pusch Wahlig** durch den bekannten Prof. Dr. Georg Annuß samt zwei weiterer Partner. Dass Annuß als of Counsel einsteigt, legt die Vermutung nahe, dass er mittelfristig der nächsten Generation das Ruder überlassen will. Generationswechsel ist auch das zentrale interne Thema bei **Allen & Overy**. Seit einigen Jahren hat A&O die potenzielle Führungsriege hinter den Senior-Partnern und insbesondere ihren Mittelbau eher unfreiwillig verkleinert. Zwar ernannte die Kanzlei nach langer Zeit wieder einen Partner, doch verließen erneut zwei erfahrene Counsel das Team, dieses Mal in Richtung **CMS Hasche Sigle** und **Noerr**, sodass die Nachfolge des aus Altersgründen zu **DLA Piper** gewechselten Dr. Hans-Peter Löw nicht gesichert ist. Zudem steht mit dem absehbaren Rückzug von Thomas Ubber die nächste unbeantwortete Nachfolgefrage an. Betrauert hat der Markt den Tod des renommierten Arbeitsrechtlers und Namenspartners der Kanzlei **Frings Partners** Dr. Arno Frings, der im Sommer 2022 starb. Seine Partner führen die Kanzlei fort.

Die Bewertungen behandeln Kanzleien, die Unternehmen in ihrer Eigenschaft als Arbeitgeber beraten und in Prozessen vertreten. Auf die Arbeitnehmer- und Gewerkschaftsberatung spezialisierte Kanzleien sind in einer separaten Übersicht erfasst.

JUVE KANZLEI DES JAHRES FÜR ARBEITSRECHT

TREBECK & VON BROICH

Die Kölner Boutique kennt seit ihrer Gründung vor gut vier Jahren nur eine Richtung: vorwärts. „Die Kanzlei hat sich als ernst zu nehmender Spieler etabliert", findet auch der Leiter einer Rechtsabteilung. Sowohl die Namenspartner **Dr. Joachim Trebeck** und **Stefan von Broich** als auch die 2020 und 2021 hinzugekommenen Quereinsteiger **Dr. Jeremy Bister** und **Martin Eisenbeis** genießen bei Wettbewerbern wie Mandanten hohes Ansehen. Zum Jahresbeginn 2022 hat TvB eine weitere Partnerin hinzugeholt, deren Know-how bei bAV-Themen sehr gut zum Restrukturierungsschwerpunkt der Kanzlei passt.

Traditionell tief in der Old Economy verwurzelt mit Kontakten zu Lufthansa oder Krüger, hat sich der Zugang von **Eisenbeis**, der in der Start-up-Szene gut vernetzt ist, als klug erwiesen. Der niederländische Onlinesupermarkt Picnic ist nur eines von mehreren jungen Unternehmen, das sich nun von TvB bei seinen Wachstumsplänen in Deutschland sowie bei laufenden Themen beraten lässt. Mandate wie dieses illustrieren zugleich den starken internationalen Einschlag der Arbeit. In Europa bereits sehr gut vernetzt, etwa mit Kanzleien in Portugal, Frankreich u. den Niederlanden, hat TvB schon das nächste strategische Ziel im Blick: die stärkere Vernetzung mit US-Kanzleien.

ARBEITSRECHT

ACT AC TISCHENDORF
Arbeitsrecht ★★

Bewertung: Die Kanzlei versteht sich als Rundumberaterin ihrer Mandanten. Entspr. eng arbeiten die Arbeitsrechtler mit Kollegen aus anderen Fachbereichen zusammen, insbes. den ▷Restrukturierern u. Transaktionsanwälten. Neben Standortschließungen u. Personalabbaumaßnahmen haben v.a. insolvenznahe arbeitsrechtl. Fragen sowie Themen an der Schnittstelle zum Strafrecht das Team beschäftigt. Trotz klarem Akzent auf dem Projektgeschäft berät ACT auch eine ganze Reihe von Dauermandanten wie den ADAC umf. u. langj. zu sämtl. arbeitsrechtl. Fragen.

Stärken: Praxisübergr. Beratung, insbes. mit den M&A- u. Compliance-Anwälten.

Oft empfohlen: Dr. Sven Tischendorf („extrem flexibel, hervorragend in Restrukturierungsprojekten, überzeugendes Auftreten ggü. Betriebsräten u. Gewerkschaften, verlässl., kompetent u. umsetzungsstark", „sehr lösungsorientierte u. kommerziell durchdachte Herangehensweise an arbeitsrechtl. Sanierungsthemen", Mandanten), Dr. Stephan Schwilden („sehr gute Zusammenarbeit, sehr hohe Kompetenz u. Erfahrung", „sehr reaktionsschnell u. strategisch", Mandanten), Dr. Friederike Jawad

Team: 6 Eq.-Partner, 2 Sal.-Partner, 1 Associate

Schwerpunkte: Umf. Beratung überw. mittelständ. Mandantschaft, vermehrt für Konzerne. Restrukturierungen u. bAV. Transaktionsbegleitung, häufig für Private-Equity-Investoren.

Mandate: Progroup europaweit zu arbeitsrechtl. Themen; Goodmills zu Restrukturierung der dt. Mühlenstandorte u. Vereinheitlichung der Tarifwerke; Gestamp bei Neustrukturierung des Produktionsstandortes inkl. Stellenabbau; ID Logistics bei Standortschließung; Phoenix zu Post-Merger-Integration; lfd.: ADAC, DKMS.

ADVANT BEITEN
Arbeitsrecht ★★★★

Bewertung: Kaum eine andere Kanzlei leistet sich so viele erfahrene Arbeitsrechtler. Auf deren Spezial-Know-how setzten Unternehmen zuletzt wieder insbes. bei Restrukturierungen (zum Teil mit umf. Personalabbau) u. in komplexen tarifrechtl. Verhandlungen, etwa Gate Gourmet. Post-Merger-Integrationen wie diese, v.a. aber transaktionsbegl. Arbeit könnten in Zukunft häufiger in der Praxis landen, nachdem die Kanzlei ihre Corporate-Praxis durch den Zugang eines 10-köpfigen FGvW-Teams in Freiburg maßgebl. stärkte. In der Beratung internat. Mandanten verzeichnet die Praxis bereits jetzt erhöhten Zulauf. Dieser resultiert v.a. aus der noch relativ jungen Mitgliedschaft im Arbeitsrechtsnetzwerk ELA. Auch der Advant-Verbund, den Beiten 2021 mit einer frz. u. einer ital. Kanzlei gründete, trägt erste Früchte, wie etwa die Beratung von Safeguard Global zur Arbeitnehmerüberlassung zeigt. Mit Lochner ernannte die Praxis nach 4 Jahren erstmals wieder einen Eq.-Partner. Um der großen Riege an Sal.-Partnern eine Perspektive zu bieten, ist das jedoch zu selten, denn 2021 verließen wieder mehrere Sal.-Partner die Kanzlei.

Stärken: Restrukturierungen, Tarifvertragsrecht.

Oft empfohlen: Dr. Christopher Melms, Dr. Thomas Barthel („hoch kompetente Beratung u. Vertretung in allen arbeitsrechtl. Angelegenheiten, immer transparent u. verbindlich", Mandant), Markus Künzel („anerkannter Experte, kann auch komplexe Restrukturierungen pragmat. lösen", Wettbewerber), Dr. Daniel Hund („ausgezeichneter Praktiker, hoher Sachverstand", Wettbewerber), Dr. Thomas Drosdeck, Dr. Wolfgang Lipinski („sehr visibel u. umtriebig, berät namh. Mandanten", Wettbewerber), Christian Frhr. von Buddenbrock, Dr. Thomas Puffe

Team: 12 Eq.-Partner, 27 Sal.-Partner, 19 Associates

Partnerwechsel: Dr. Michael Matthiessen (von Hardtke Svensson & Partner), Dr. Sebastian Kroll (von Ruge Krömer), Dr. Sarah Reinhardt-Kasperek (zu ResMed), Angela Schilling (zu Schiedermair)

Schwerpunkte: Betriebsverfassungsrecht, Prozesse, bAV u. viel Dauerberatung, insbes. mittelständ. Mandanten. Branchenschwerpunkte: ▷Medien, Kliniken. Dt. Mitglied im internat. Arbeitsrechtsnetzwerk ELA.

Mandate: Gate Gourmet u.a. tarifrechtl. im Zshg. mit Betriebszusammenlegung; Adler bei insolvenzbed. Schließung von 40 Märkten; Allianz u.a. bei Vergütungsthemen (auch in Prozessen); Citigroup zu Transfer von Pensionsverpflichtungen auf Pensionsfonds; EEW bei Zukunftssicherungs-TV; Flughafen München bei Personalabbau; Nippon Steel zu Transformation; Safeguard Global zu ANÜ; Sennheiser bei Verkauf an Sonova; Ikea zu Vergütung.

ALLEN & OVERY
Arbeitsrecht ★★★★

Bewertung: Obwohl internationaler aufgestellt als viele Wettbewerber, steht die Praxis v.a. für das

Arbeitsrecht: Beratung von Unternehmen

★★★★★
CMS Hasche Sigle	Köln, Düsseldorf, Stuttgart, München, Hamburg, Frankfurt u.a.
Gleiss Lutz	Stuttgart, Frankfurt, Düsseldorf, München, Berlin
Kliemt	Düsseldorf, München, Berlin, Frankfurt, Hamburg

★★★★★
Freshfields Bruckhaus Deringer	Düsseldorf, Hamburg, Frankfurt
Noerr	Düsseldorf, München, Berlin, Frankfurt
Seitz	Köln

★★★★
Advant Beiten	München, Frankfurt, Düsseldorf, Berlin, Hamburg

★★★★
Allen & Overy	Frankfurt, Hamburg
Eversheds Sutherland	München, Hamburg, Berlin
Görg	Köln, München, Frankfurt, Berlin
Küttner	Köln
Luther	Köln, Essen, Berlin, Düsseldorf, Stuttgart
Pusch Wahlig	Berlin, Frankfurt, Düsseldorf, München, Hamburg, Köln
Schweibert Leßmann & Partner	Frankfurt, Berlin
Vangard	Hamburg, Düsseldorf, Berlin, München, Frankfurt

★★★
Baker McKenzie	Frankfurt, München, Düsseldorf
DLA Piper	Hamburg, Frankfurt, München
Greenfort	Frankfurt
Justem	Frankfurt
Linklaters	Frankfurt, Düsseldorf
Schramm Meyer Kuhnke	Hamburg
Taylor Wessing	Düsseldorf, München, Hamburg, Frankfurt

★★★
Altenburg	München, Hamburg, Berlin
Arqis	Düsseldorf
Heuking Kühn Lüer Wojtek	Köln, Düsseldorf, Hamburg, Frankfurt, Berlin
Hogan Lovells	München, Frankfurt, Düsseldorf, Hamburg
Watson Farley & Williams	Hamburg, München

Fortsetzung nächste Seite

Anwaltszahlen: Angaben der Kanzleien, wie viele Anwälte zu mind. ca. 50% in diesem Gebiet tätig sind. Sie spiegeln nicht zwingend die Gesamtgröße einer Kanzlei wider.

Arbeitsrecht: Beratung von Unternehmen Fortsetzung

★★

Maat	München, Frankfurt
Oppenhoff & Partner	Köln, Frankfurt
Orth Kluth	Düsseldorf
Osborne Clarke	Köln, Hamburg, Berlin, München
Ruge Krömer	Hamburg
White & Case	Hamburg

★★

act AC Tischendorf	Frankfurt
Bird & Bird	Düsseldorf, Frankfurt, München
Bluedex	Frankfurt
Hengeler Mueller	Frankfurt
Laborius Schrader Siebert Thoms Klagges	Hannover
Latham & Watkins	München
Mayer Brown	Frankfurt
McDermott Will & Emery	Düsseldorf, München, Frankfurt
Staudacher	München
TSC Schipp & Partner	Gütersloh

★

Dentons	Berlin, Frankfurt, Düsseldorf
Esche Schümann Commichau	Hamburg
Flick Gocke Schaumburg	Bonn
Frings Partners	Düsseldorf
Greenberg Traurig	Berlin
GvW Graf von Westphalen	Hamburg, Frankfurt, Berlin, Stuttgart
Hoffmann Liebs	Düsseldorf
Jacobsen + Confurius	Hamburg
Keller Menz	München
Loschelder	Köln
Mainwerk	Frankfurt, Heidelberg
Michels pmks	Köln, Düsseldorf
Raue	Berlin
SKW Schwarz	München, Berlin, Frankfurt, Hamburg
Trebeck & von Broich	Köln
Wolff Schultze Kieferle	München
Zirngibl	München

★

Brüggehagen	Hannover
CBH Rechtsanwälte	Köln, Berlin
Deloitte Legal	Düsseldorf, Hamburg, München u.a.
Frahm Kuckuk Hahn	Stuttgart, Berlin
Göhmann	Hannover, Berlin
Friedrich Graf von Westphalen & Partner	Freiburg, Köln, Frankfurt
GSK Stockmann	Frankfurt, Heidelberg
Kasper Knacke	Stuttgart
Kümmerlein	Essen
Lutz Abel	Hamburg, München
Simmons & Simmons	Düsseldorf, Frankfurt
SZA Schilling Zutt & Anschütz	Frankfurt, Mannheim

Die Auswahl von Kanzleien und Personen in Rankings und tabellarischen Übersichten ist das Ergebnis umfangreicher Recherchen der JUVE-Redaktion. Sie ist in 2erlei Hinsicht subjektiv: Die Aussagen der befragten Quellen sind subjektiv u. spiegeln deren Erfahrungen u. Einschätzungen. Die JUVE-Redaktion wiederum analysiert die Rechercheergebnisse unter Einbeziehung ihrer eigenen Marktkenntnis. Der JUVE Verlag beabsichtigt keine allgemeingültige oder objektiv nachprüfbare Bewertung. Es ist möglich, dass eine andere Recherchemethode zu anderen Ergebnissen führt. Innerhalb einzelner Gruppen in Rankings und tabellarischen Übersichten sind Kanzleien und Personen alphabetisch sortiert.

sehr dt. Arbeitskampf- u. Tarifrecht, bei dem sie durch Senior-Partner Ubber zu den Marktführern zählt. Abseits ihrer Galionsfigur hat die Praxis durch den altersbed. Weggang von Löw jedoch an Glanz verloren. Zwar ernannte sie 2022 einen anerkannten bAV-Experten zum Partner, doch die Präsenz vergangener Zeiten erreicht das jetzige Partnertrio nicht mehr. Nicht nur war die Kanzlei im Vgl. mit Wettbewerbern recht zaghaft in der Positionierung des eig. Nachwuchses, auch steht mit der bald anstehenden Nachfolge für Ubber die nächste Herausforderung ins Haus. Dass zuletzt 2 Hoffnungsträger die Praxis verließen, verdeutlicht den Handlungsbedarf. Auch, ob das Team die von Löw aufgebaute Bankenberatung ebenso erfolgr. weiterführen wird, muss sich erst noch zeigen. Chancen für die gut vernetzte dt. Praxis bietet indes die stärkere Präsenz der Kanzlei in den USA, die bereits bedeutende Techunternehmen als Mandanten in die globale Arbeitsrechtspraxis brachte. Dass die Arbeitsrechtspraxis in der Lage ist, komplexe internat. Mandate von Dtl. aus zu leiten, stellte sie zuletzt mehrfach unter Beweis, etwa mit der Neustrukturierung des ww. Geschäfts von Aquila.

Stärken: Arbeitskampfrecht; Branchenspezialisierungen, u.a. bei Banken, Pharma u. Luftfahrtindustrie.

Oft empfohlen: Thomas Ubber („Top-Experte im Arbeitskampf- u. Tarifrecht", Wettbewerber), Markulf Behrendt („sehr professionell, hohe Kundenorientierung, liefert schnelle Ergebnisse", Mandant), Peter Wehner

Team: 3 Partner, 2 Counsel, 18 Associates

Partnerwechsel: Dr. Hans-Peter Löw (zu DLA Piper)

Schwerpunkte: Umf. Beratung z.T. sehr namh. internat. Unternehmen vielfach in (grenzüberschr.) Projekten (u.a. Restrukturierungen, Reorganisation, Vergütungssysteme). Transaktionsbegleitung (▷M&A).

Mandate: AGV Move in Verf. zur Durchsetzung Tarifeinheit; Airbus zu Mehrarbeit u. Rufbereitschaft; Dt. Bahn bei Tarifauseinandersetzung u. Streikabwehr; dt. Fluggesellschaft bei Personalabbau u. Umsetzung von Veränderungskonzept, einschl. Prozessführung; internat. Schienenfahrzeughersteller bei Reorganisation; börsennot. Biotechunternehmen zu Fremdpersonaleinsatz; Aquila im Zshg. mit Neustrukturierung des ww. Geschäfts; Société Générale bei Verkauf von Lyxor an Amundi; lfd.: Allianz, Amazon, Lufthansa (öffentl. bekannt).

ALTENBURG
Arbeitsrecht ★★★

Bewertung: Die anerkannte Boutique berät Arbeitgeber in allen arbeitsrechtl. Fragen. Regelm. qualifiziert sich das mittlerw. gut 20-köpfige Team in Transaktionen oder arbeitsrechtl. Projekten für die anschl. Dauerberatung. Zuletzt standen dabei insbes. Modelle der variablen Vergütung, tarifrechtl. Fragen u. der Beschäftigtendatenschutz im Fokus. Letzterer gehört zu den Schwerpunkten der jüngst zur Sal.-Partnerin ernannten Stark. Mit ihr, einem im Vorjahr gekommenen Quereinsteiger u. dem Zugang mehrerer Associates hat sich HH mittlerw. zum personalstärksten Kanzleistandort entwickelt, von dem aus die Kanzlei auch viele Restrukturierungen berät, etwa die von Airbus-Zulieferer Alten. An der Schnittstelle zur arbeitsrechtl. Compliance, an der Gründer Altenburg ein gefragter Ansprechpartner ist, befeuerte die neue Whistleblower-Richtlinie das Geschäft.

Stärken: Sanierungs-/insolvenzbegl. Arbeitsrecht; arbeitsrechtl. Compliance.

Oft empfohlen: Stephan Altenburg („erfahrener Arbeitgeberanwalt", „hervorragender Verhandler", Wettbewerber), Dr. Tobias Schommer („fulminanter Verhandler", Wettbewerber), Dr. Axel Schmädicke

("sehr wendig u. belastbar", Wettbewerber; „kompetent, auf den Punkt, breites u. tiefes fachl. Wissen", Mandant), Dr. Manteo Eisenlohr, Dr. Charlotte Beck, Andreas Ege, Dr. Marc Spielberger („große Erfahrung in komplexen Restrukturierungen; hoher Pragmatismus", Wettbewerber)
Team: 9 Eq.-Partner, 3 Sal.-Partner, 1 Counsel, 10 Associates
Partnerwechsel: Dr. Marc Spielberger (von Deloitte Legal)
Schwerpunkte: Umf. auf Arbeitgeberseite auch transaktionsbegl. für Kanzleien ohne arbeitsrechtl. Kompetenz u. Insolvenzverwalter tätig. Zudem: arbeitsrechtl. Compliance, öffentl. Dienstrecht, Unternehmensmitbestimmung, Tarifrecht, Datenschutz u. bAV. Gründungsmitglied der internat. Allianz Ellint.
Mandate: Swarco Traffic u.a. zu Beschäftigtendatenschutz; ProSiebenSat.1-Gruppe zu div. Transaktionen u. Reorganisationen; PohlCon zu Verschmelzung mehrerer Gesellschaften u. eine OpCo u. Mitbestimmung; Onyx Generation Mgmt. bei Sozialplanverhandlungen in Zshg. mit Kohleausstieg; lfd.: Salamander, PPRO, NXP Semiconductors, Berlin Chemie, Aareon, Allgeier, Lactalis.

ARQIS
Arbeitsrecht ★★★
Bewertung: Das Team verknüpft seine arbeitsrechtl. Beratung seit einiger Zeit konsequent mit angrenzenden Themen wie IT, Compliance u. Datenschutz u. verfolgt damit einen ähnl. integrierten Ansatz wie die meisten Großkanzleien. Gut positioniert ist Arqis damit für umfangr. Projekte wie Re- u. Umstrukturierungen bspw. für Ameropa. Hier hat sich der Zugang einer erfahrenen Anwältin im verg. Herbst bereits ausgezahlt, die neben fachl. Knowhow gr. Erfahrung in der Steuerung solcher Mandate mitbrachte u. dafür auch von Mandanten sehr gelobt wird. Eine weitere Personalie zeigt, dass Arqis auch bereit ist, neue Wege zu gehen: Eine erfahrene Anwältin von Freshfields ist seit Jahresbeginn für die Steuerung sämtl. M&A-Transaktionen mit arbeitsrechtl. Bezug verantwortl. u. treibt in diesem Kontext u.a. die Entwicklung von Legal-Tech-Tools voran. Stärker als zuvor führen Panzer-Heemeier u. Neufeld ihre jew. Spezialkompetenzen in der BR-Vergütung u. im Beschäftigtendatenschutz nun zusammen, was Mandanten wie VW u. ihre Töchter zum Anlass nahmen, die Kanzlei noch umfangreicher zu mandatieren.
Stärken: BR-Vergütung, Arbeitnehmerdatenschutz, auch bAV.
Oft empfohlen: Dr. Andrea Panzer-Heemeier („erfasst komplexe Sachverhalte sehr schnell, sehr kompetent; geschickt in Verhandlungen in Einigungsstellen", Mandant), Tobias Neufeld („langj., wichtiger u. vertrauter Berater; hervorragende Fach- u. Beratungskompetenz über jurist. Fragen hinaus", Mandant)
Team: 2 Eq.-Partner, 2 Sal.-Partner, 4 Counsel, 8 Associates, 1 of Counsel
Schwerpunkte: Dauerberatung vorw. mittelständ. Unternehmen, zunehmend Konzerne in Tariffragen/ Mitbestimmung (ebenso auf BR-Seite) u. Umstrukturierungen, bAV-Themen. Zuletzt viel arbeitsrechtl. Compliance, v.a. Datenschutz u. AÜG. Beratung jap. Mandanten u. Transaktionsbegleitung.
Mandate: Delivery Hero bei Einstellung des Deutschland-Geschäfts (inkl. Massenentlassungen); Ameropa-Reisen bei Restrukturierung; Gesamt-BR eines Konzerns zu Vergütungsthemen u. AN-Datenschutz; Versicherung zu Pensionsthemen; IT-Unternehmen bei Trennung von Vorstandsmitglied; Konzern zu Compliance u. BR-Themen; TK-Konzern zu AN-Datenschutz; lfd. Allianz Global Investors u. Allianz Real Estate, Hochland Dtl. u. Hochland SE, VW u. Töchter.

BAKER MCKENZIE
Arbeitsrecht ★★★
Bewertung: Die Arbeitsrechtspraxis der internat. Kanzlei ist – nicht nur aufgr. ihres ww. Netzwerks – prädestiniert für umfangr. Projektgeschäft. Dazu zählen v.a. Reorganisationen u. Restrukturierungen mit grenzüberschr. Bezug, die BM aktuell für namh. Mandanten wie Capgemini begleitet. Angesehen ist die Kanzlei zudem für ihre Beratung zur betriebl. Altersversorgung, die nicht nur im Transaktionskontext enorm an Bedeutung gewonnen hat. Für Aufsehen sorgte zudem das Verf. für SAP vor dem EuGH, das eine junge Partnerin federführend betreut u. durch das die Kanzlei sich für weitere SE-Umwandlungsmandate empfiehlt.
Stärken: Komplexe (internat.) Restrukturierungen, bAV, internat. Arbeitsrecht.
Oft empfohlen: Dr. Christian Reichel („sehr profunde u. zuverlässige Beratung", Mandant), Dr. Bernhard Trappehl („pragmat., manchmal zu komplex", Mandant), Dr. Steffen Scheuer, Dr. Alexander Wolff
Team: 5 Eq.-Partner, 2 Sal.-Partner, 3 Counsel, 14 Associates
Schwerpunkte: Projektbezogene arbeitsrechtl. Betreuung von Unternehmen, grenzüberschr. Re- u. Umstrukturierungen sowie Post-Merger-Integration, bAV (speziell auch im internat. Kontext), ▷Compliance, Transaktionsbegleitung, SE-Gründungen, zunehmend Arbeitnehmerdatenschutz.
Mandate: SAP in EuGH-Verfahren zu europ. Mitbestimmung; Knorr Bremse zu europ. BR; Capgemini zu Outsourcing interner IT-Dienstleistungen; Sika bei Übernahme MBCC-Gruppe; Thales im Zshg. mit Carve-out (Interessenausgleich, Gesamtbetriebsvereinbarung); Metro bei strateg. IT-Partnerschaft mit Wipro; US-Konzern zu CTA-Projekt; ABB bei Restrukturierung von CTAs; Siemens zu grenzüberschr. Personaleinsatz; lfd.: Netflix, Mytheresa.

BIRD & BIRD
Arbeitsrecht ★★
Bewertung: Die Arbeitsrechtspraxis setzt so konsequent wie nur wenige Wettbewerber auf eine intensive Zusammenarbeit mit den ausl. Büros der Kanzlei. Entspr. internat. ist auch die Mandatsarbeit. Gerade im Kontext digitaler Transformation berät B&B eine Reihe, teils neu gewonnener, internat. Unternehmen umf. zu neuen Arbeitsmodellen an sämtl. europ. Standorten. Besonders häufig stellen sich dabei knifflige Fragen zum Thema AN-Datenschutz. Vom internat. Netzwerk profitierte zuletzt auch ein Mandant, der seinen Produktionsstandort nach Asien verlegen wollte. Aber auch bei Unternehmen mit Sitz in Dtl., wie etwa Dauermandantin Metro, ist die Kanzlei regelm. in komplexe Projekte eingebunden.
Oft empfohlen: Thomas Hey („sehr angenehme, vermittelnde Art; äußerst fundierte u. durchdachte Vorschläge", Mandant), Dr. Ralph Panzer („sehr serviceorientiert u. pragmatisch", Mandant; „guter Verhandler", Wettbewerber)
Team: 5 Partner, 3 Counsel, 19 Associates, 1 of Counsel

Arbeitsrecht: Beratung von Führungskräften

CMS Hasche Sigle (München)
Dr. Eckhard Schmid

dkm Rechtsanwälte (München)
Dr. Knut Müller

ebl factum (Frankfurt)
Hendrik Bourguignon

Eversheds Sutherland (München)
Dr. Stefan Kursawe

Filippi (Frankfurt)
Dr. Stefan Filippi

Greenfort (Frankfurt)
Prof. Dr. Mark Lembke

Groll & Partner (Frankfurt)
Peter Groll

Kliemt (Düsseldorf)
Prof. Dr. Michael Kliemt

Naegele (Stuttgart)
Prof. Dr. Stefan Nägele

Ruge Krömer (Hamburg)
Jan Ruge

Seitz (Köln)
Dr. Stefan Seitz

Staudacher (München)
Peter Staudacher

SZA Schilling Zutt & Anschütz (Mannheim)
Dr. Georg Jaeger

Vangard (Düsseldorf)
Dr. Stefan Röhrborn

Die Auswahl von Kanzleien und Personen in Rankings und tabellarischen Übersichten ist das Ergebnis umfangreicher Recherchen der JUVE-Redaktion. Sie ist in 2erlei Hinsicht subjektiv: Die Aussagen der befragten Quellen sind subjektiv u. spiegeln deren Erfahrungen u. Einschätzungen. Die JUVE-Redaktion wiederum analysiert die Rechercheergebnisse unter Einbeziehung ihrer eigenen Marktkenntnis. Der JUVE Verlag beabsichtigt keine allgemeingültige oder objektiv nachprüfbare Bewertung. Es ist möglich, dass eine andere Recherchemethode zu anderen Ergebnissen führt. Innerhalb einzelner Gruppen in Rankings und tabellarischen Übersichten sind Kanzleien und Personen alphabetisch sortiert.

Schwerpunkte: (Häufig grenzüberschr.) Restrukturierungen, Tarifvertragsrecht, AÜG, bAV. Enge Verknüpfung mit IT/Datenschutz.
Mandate: US-Unternehmen zu europaw. Einführung von mobilem Arbeiten; Messe München zu Restrukturierung, inkl. Personalabbau; internat. Unternehmen bei Produktionsverlegung; Metro, u.a. bei IT-Outsourcing; Pfizer, u.a. im Zshg. mit Joint-Venture-Gründung; lfd.: Rackspace, Tech Mahindra, Page Group.

BLUEDEX
Arbeitsrecht ★★

NOMINIERT
JUVE Awards 2022
Kanzlei des Jahres für Arbeitsrecht

Bewertung: Die Arbeitsrechtsboutique wird zusehends zu einer festen Größe auch abseits ihres Entsendungsschwerpunktes. Dabei ist sie insbes. in der Automobil- u. Zuliefererindust-

ARBEITSRECHT

Arbeitnehmerdatenschutz

Arqis (Düsseldorf)
Tobias Neufeld

Latham & Watkins (Frankfurt)
Tim Wybitul

Mayer Brown (Frankfurt)
Dr. Guido Zeppenfeld

Watson Farley & Williams (München)
Dr. Philipp Byers

Die Auswahl von Kanzleien und Personen in Rankings und tabellarischen Übersichten ist das Ergebnis umfangreicher Recherchen der JUVE-Redaktion. Sie ist in 2erlei Hinsicht subjektiv: Die Aussagen der befragten Quellen sind subjektiv u. spiegeln deren Erfahrungen u. Einschätzungen. Die JUVE-Redaktion wiederum analysiert die Rechercheergebnisse unter Einbeziehung ihrer eigenen Marktkenntnis. Der JUVE Verlag beabsichtigt keine allgemeingültige oder objektiv nachprüfbare Bewertung. Es ist möglich, dass eine andere Recherchemethode zu anderen Ergebnissen führt. Innerhalb einzelner Gruppen in Rankings und tabellarischen Übersichten sind Kanzleien und Personen alphabetisch sortiert.

rie inzw. eine gefragte Beraterin, wie zuletzt die erstmalige Mandatierung von Webasto zu BR-Themen zeigte. Für Stammmandantin Audi wehrte sie in einem viel beachteten Prozess die Klage eines Konzernmitarbeiters gg. gendergerechte Sprache ab. Mittlerw. werden zunehmend auch Konzerne anderer Branchen auf das Team um die 3 ehem. Beiten-Partner aufmerksam, zuletzt u.a. die British Telekom. Für weiteren Mandatszulauf sorgte ein 2021 von KPMG Law gekommener u. auf Aufenthaltsrecht spezialisierter Anwalt, der sich erste Anerkennung im Markt erarbeitete. Mit dem Wechsel einer prozess- u. restrukturierungserfahrenen Sal.-Partnerin zu einer Frankf. Wettbewerberin muss sie jedoch auch einen personellen Rückschlag verkraften.
Stärken: Internationaler Personaleinsatz.
Team: 3 Eq.-Partner, 2 Sal.-Partner, 7 Associates, 1 of Counsel
Partnerwechsel: Dr. Elena Heimann (zu Schweibert Leßmann)
Schwerpunkte: Breit aufgestellt, viele Konzernmandanten. Restrukturierungen u. AÜG-Themen; regelm. Prozessvertretung; auch Datenschutz. Zudem Schnittstellenberatung zum Gesellschafts-, Steuer- u. Wettbewerbsrecht.
Mandate: British Telekom u.a. bei Outsourcing; Webasto u.a. zu BR-Strukturen; VW zu Entsendung; BMTS Techn. bei Restrukturierung u. Standortschließung; Adecco u.a. bei TV u. Integration Akka Technologies; lfd.: Audi, BMW, Delivery Hero, Tupperware, EnBW, Intersport.

BRÜGGEHAGEN
Arbeitsrecht ★

Bewertung: Die Arbeitsrechtsboutique zählt in Hannover u. Umgebung zu den etablierten Einheiten. Ihrem beachtl. Stamm an Dauermandanten fügt sie regelm. neue hinzu, so auch 2022. Im Gegensatz zu vielen anderen Boutiquen verfolgen die Anwälte nach wie vor einen eher generalist. Beratungsansatz u. sind auch weniger auf best. Branchen fokussiert. Dominiert wird die Arbeit daher von lfd. Themen u. weniger von Projektgeschäft. Intern hat die Kanzlei den lange vorbereiteten Generationswechsel nun vollzogen, indem Namenspartner Brüggehagen aus der Partnerschaft ausschied.
Stärken: Gute Vernetzung in der Region u. mit anderen Kanzleien.
Oft empfohlen: Dr. Ferdinand Brüggehagen, Dr. Patrick Pfalzgraf, Dr. Christopher Hilgenstock
Team: 3 Partner, 3 Counsel
Schwerpunkte: Umstrukturierungen, Führungskräfteberatung, Prozesse, viel arbeitsrechtl. Dauerberatung für langj. Mandanten.
Mandate: Naturkosmetikhersteller zu Gründung eines BR; Schlichtungsstelle der Norddt. Ärztekammer bei Betriebsstilllegung; SEG bei Teilbetriebsstilllegung in Hildesheim; Energieunternehmen bei Verschmelzung; lfd.: Sparkasse Celle-Gifhorn-Wolfsburg, Rheinmetall Waffe Munition, auch in Prozessen.

CBH RECHTSANWÄLTE
Arbeitsrecht ★

Bewertung: Die überw. von Köln aus tätige Praxis ist auf die Beratung u. Vertretung öffentl. Arbeitgeber spezialisiert. Zuletzt folgte auch sie dem Modernisierungskurs des neuen CBH-Managements u. setzte vermehrt auf praxis- u. standortübergr. Zusammenarbeit. Neben ersten Anknüpfungspunkten mit dem noch jungen Brüsseler Büro zeigt sich dies v.a. an der Präsenz des 2021 zum Eq.-Partner ernannten Dr. Thomas Ritter u. dessen Beratung öffentl. u. kirchl. Arbeitgeber in u. um Berlin. Sein Healthcare-Fokus ergänzt sich gut mit dem von Ueckert, der zuletzt mit der BBT-Gruppe einen großen Krankenhausträger für die arbeits- u. datenschutzrechtl. Beratung gewinnen konnte.
Stärken: Personalvertretungsrecht.
Oft empfohlen: Ernst Eisenbeis, André Ueckert
Team: 5 Eq.-Partner, 5 Associates
Schwerpunkte: Umf. Beratung mittelständ. Unternehmen, zudem öffentl.-rechtl. u. kirchl. Arbeitgeber. Auch Führungskräfte. Branchenerfahrung bei Handelsuntern., Automotive, Versicherern, Verlagen, im Gesundheitssektor u. im Sicherungsgewerbe.
Mandate: BBT u.a. zu AN-Datenschutz; Chefs Culinar u.a. zu Führungskräftethemen; Autobahn GmbH individual- u. kollektivarbeitsrechtl., auch Prozesse; Rettungsdienst Landkreis Oder-Spree u.a. zu Dienstplanprogramm für mobile AN u. Einigungsstelle- Gefährdungsbeurteilung; lfd.: DuMont Mediengruppe, Trei Real Estate, KEC Kölner Eishockey Gesellschaft, Ministerium für Verkehr NRW.

CMS HASCHE SIGLE
Arbeitsrecht ★★★★★

Bewertung: Kaum eine Wettbewerberin kann im Arbeitsrecht mit der fachl. Breite von CMS mithalten. Ihre personelle Größe ermöglicht es, jedes Schwerpunkt- u. Trendthema, wie aktuell Vergütungsmodelle oder ESG, nicht nur mit einem Partner, sondern gleich einem ganzen Team zu besetzen. So gelingt es, wesentl. Marktentwicklungen frühzeitig zu erkennen u. strateg. anzugehen. Das zeigte sich zuletzt u.a. bei Mandaten an der Schnittstelle zu Compliance sowie bei SE-Umwandlungen, die aktuell Konjunktur haben, bei CMS aber schon seit jeher regelm. landen. Hinzu kommen klass. arbeitsrechtl. geprägte Projekte wie Re- u. Umstrukturierungen. Hier brachte das Team um Gaul das Mammutprojekt der Integration von Innogy für Mandantin E.on Anfang 2022 zum Abschluss. Auch die Partnerernennungen der verg. Jahre decken sich mit der strateg. Ausrichtung der Praxis und spiegeln relevante Themen u. Bereiche wie HR-Compliance wider. Das Mandantenfeedback zeigt, dass CMS personalpolit. alles richtig gemacht hat. Sie loben explizit mehrere Anwälte aus der jungen Partnerriege für deren „qualitativ hochwertige Beratung" u. das „außerordentl. Engagement" u. sehen sie deshalb auch als „wichtige Berater in strateg. Belangen".
Stärken: Breite Aufstellung, standortübergr. umf. Beratung. Hoher Spezialisierungsgrad auf Partnerebene. Ausgeprägter Branchenfokus in Technologie, Energie, Lifescience/Pharma, Automotive, Immobilien u. Finanzen.
Oft empfohlen: Prof. Dr. Björn Gaul, Dr. Eckhard Schmid („sehr erfahren bei der Führungskräfteberatung", Wettbewerber), Martina Hidalgo („100% termintreu, ohne Ausnahme immer sorgfältig, faszinierendes u. umf. Ad-hoc-Fachwissen", „nur bei schwierigen oder komplexen Fällen im Einsatz, dabei ist ihr absoluter Einsatz bei der Terminvorbereitung von Gerichtsterminen u. ihr Kampfgeist bemerkenswert", Mandanten), Jürgen Siemers, Dr. Gerlind Wisskirchen („gute Arbeitsrechtlerin mit viel Erfahrung in großen Projekten wie z.B. Standortschließungen/Restrukturierungen", Mandant), Yvonne Wolfgramm, Dr. Björn Otto, Thomas Glaesmann, Dr. Oliver Simon („sehr gute u. praxisnahe Beratung, immer verbindl. u. zeitnah", Mandant), Amelie Schäfer, Dr. Nina Hartmann, Dr. Alexander Bissels („ausgezeichnet, sehr schnell, super freundlich – alles, was ich mir von einem Anwaltspartner wünsche", Mandant)
Team: 32 Eq.-Partner, 15 Counsel, 71 Associates
Schwerpunkte: Umf. Beratung auf Unternehmensseite (z.B. ▷Insolvenz/Restrukturierung, strateg. Reorganisationen, Verschmelzungen, Tarifrecht), auch für kommunale Unternehmen. Dazu Erfahrung im Bereich Vorstände u. Führungskräfte (Unternehmens-, seltener Managerseite), zudem Transaktionsbegleitung u. Insolvenzarbeitsrecht, auch bAV, Vergütungsregelungen, ▷Compliance u. (Arbeitnehmer-) ▷Datenschutz.
Mandate: E.on bei Integration von Innogy (abgeschlossen); Hersteller techn. Gase zu Entwicklung, Aufbau u. Implementierung einer Matrixorganisation; National Express Rail im Zshg. mit Übernahme von Abellio; Lavazza zu mobiler Arbeit (inkl. Betriebsvereinbarung); Automobilzulieferer bei Personalabbau; Douglas, u.a. zu europaw. Restrukturierung; Drees & Sommer zu Vergütungsstrukturen u. mobiler Arbeit; Energiekonzern zu mobiler Arbeit im Ausland; Fraport betriebsverfassungsrechtl.; Greensill im Zshg. mit Insolvenz; Haniel zu Führungskräften u. Besetzung von Aufsichtsrat u. Vorstand; Mahle bei Restrukturierung (beides marktbekannt); Telefónica bei Zusammenlegung von Geschäftsbereichen; lfd.: Alliance Healthcare, Arla Foods, Bang & Olufsen, BioNTech, Fielmann, Porsche.

DELOITTE LEGAL
Arbeitsrecht ★

Bewertung: Im Fokus der arbeitsrechtl. Beratungen der Big-Four-Kanzlei stehen aktuell diverse Transformationsthemen, die von Nachhaltigkeit bis Digitalisierung reichen. Für diese Vielfalt ist Deloitte in 2-facher Hinsicht gut aufgestellt: Die nachhaltige Expansion der verg. Jahre hat ein Team geformt, das alle relevanten Beratungsfelder mit ausgewiesenen Experten besetzt hat. Hinzu kommt, dass die meisten Arbeitsrechtler sowohl mit anderen Praxisgruppen wie Corporate u. IT gut vernetzt sind, aber eben auch mit den Beratungszweigen Steuern u. Wirtschaftsprüfung. Das verschafft ihnen lukrative Projekte im Zshg. mit Vergütungsthemen oder bAV. In HH hat Deloitte mit Hinrichs zudem einen Partner, der insbes. für seine regulator. Kompetenz im Zshg. mit Institutsvergütungsfragen sehr geschätzt wird. Weniger Bezüge zu and. Rechtsbereichen hatte das Restukturierungsgeschäft um den anerkannten Spielberger, dessen Wechsel zu Altenburg der Praxis einen Renommeeverlust beschert.

Oft empfohlen: Dr. Lars Hinrichs („auf einer Skala von 1 bis 10 eine 11", „der mit Abstand beste Kenner der IVV", Mandanten; „beherrscht komplexe Strukturen in der bAV, interdisziplinäre Erfahrung, schneller Denker", Wettbewerber)

Team: 1 Eq.-Partner, 8 Sal.-Partner, 5 Counsel, 12 Associates, 1 of Counsel

Partnerwechsel: Carmen Meola (von PwC Legal); Dr. Marc Spielberger (zu Altenburg)

Schwerpunkte: Arbeitsrechtl. Dauerberatung, Know-how-Schutz, Transaktionsbegleitung, auch Restrukturierungen.

Mandate: Arvato Financial Solutions bei Implementierung von Matrixstruktur; Medizintechnikhersteller bei Restrukturierung; mehrere (Privat-) Banken zu IVV; Global Foundries zu BV; Versicherung zu bAV; Lixil vertragl. zu Trennungsszenarien; lfd.: Brill Dtl., Räuchle.

DENTONS
Arbeitsrecht ★

Bewertung: Das gut in die Gesamtkanzlei integrierte Arbeitsrechtsteam ist insbes. für die enge Zusammenarbeit mit der renommierten ▷*Restrukturierungspraxis* bekannt. Es darauf zu reduzieren, greift jedoch zu kurz. So standen zuletzt neben der transaktionsbegl. Arbeit v.a. kernarbeitsrechtl. Mandate im Vordergrund, allen voran die bAV-Beratung, etwa für die BG-Klinikverbund, die ein D'dorfer Partner vorantreibt. Auch an den Schnittstellen zu Arbeitnehmerdatenschutz u. Fremdpersonal-Compliance entwickelt die Praxis mittlerw. Profil. Nach den Abgängen aus dem Vorjahr zeigt sich das Team personell stabil. Eine eigene arbeitsrechtl. Präsenz im Münchener Büro fehlt jedoch nach wie vor.

Stärken: Internationale Vernetzung.

Oft empfohlen: Dr. Markus Diepold („hervorragend, kompetent, lösungsorientiert, schnell", Mandant)

Team: 3 Partner, 3 Counsel, 6 Associates

Schwerpunkte: Restrukturierungen, Beratung von Healthcare-Unternehmen, Transport- u. Logistikbranche, bAV; internat. Verzahnung.

Mandate: BG Kliniken zu bAV, auch in Musterverfahren zur Abwehr der Anpassung einer Betriebsrentenanwartschaft; Skoda Dtl. u.a. zu Mitbestimmung u. Datenschutz bei Einführung von IT-Systemen; E.I.M.G. zu Massenentlassung u. Betriebsübergang im Zuge der Sanierung; Horiba bei Kauf von Bexema; 8080 Labs zu Verkauf an Databricks; lfd. Yamaha Music BVV, Solarisbank.

DLA PIPER
Arbeitsrecht ★★★

Bewertung: Die internat. ausgerichtete Praxis ist gut in die Gesamtkanzlei eingebunden u. arbeitet insbes. bei großvol. Transaktionen u. Restrukturierungsprojekten eng mit den anderen Praxisgruppen zusammen. Die Verkleinerung der Partnerschaft 2021 konnte ihrem wirtschaftl. Erfolg nichts anhaben, sondern zeigt stattdessen auf, wo es hingehen soll: DLA setzt auf weitere Spezialisierung u. die Förderung des eig. Nachwuchses. So soll A&O-Altmeister Löw als Special Counsel im Tandem mit einem Counsel aus dem bestehenden DLA-Team die arbeitsrechtl. Beratung des Finanzsektors in Ffm. aufbauen. Auch die pensionsrechtl. Lücke nach dem Weggang Arteagas füllt die Praxis nicht mit Quereinsteigern. Stattdessen ernannte sie einen erfahrenen Anwalt aus dem Team zum Counsel u. formiert um ihn herum ein bAV-Team. Wie man sich als Nachwuchstalent erfolgr. auf dem Markt etabliert, zeigt eindrucksvoll die 2019 zur Partnerin ernannte Norda. Neben dem weiterhin umfangr. Umbau bei Heidelberger Druckmaschinen verantwortete die von Mandanten hoch gelobte Anwältin jüngst eine globale Massenentlassung bei Neumandantin Freeline Therapeutics.

Stärken: Internat. Vernetzung (europaw., USA), Compliance-Untersuchungen.

Oft empfohlen: Dr. Kai Bodenstedt („sehr guter Jurist u. angenehmer Verhandler", Wettbewerber; „fachl. hervorragend, hohe Identifikation mit Mandanten", Mandant), Dr. Jens Kirchner, Pascal Kremp („einer der besten Arbeitsrechtler", Mandant; „sehr fundiertes Fachwissen", Wettbewerber), Dr. Hans-Peter Löw („verhandlungsstark, umsichtig in Verhandlungen mit dem Betriebsrat", Wettbewerber), Dr. Henriette Norda („versiert, strateg. u. überzeugend: eine der Besten ihres Fachs", „passt sich gut an die Bedürfnisse von Mandanten an", „sehr gute Verhandlerin", Mandanten).

Team: 4 Partner, 5 Counsel, 12 Associates, 3 of Counsel, 1 Special Counsel

Schwerpunkte: Umf. Praxis im kollekt. u. indiv. Arbeitsrecht, Projekte (Umstrukturierungen), in Zusammenarbeit mit den M&A-Experten auch transaktionsbegleitend.

Mandate: Qualcomm bei BVs zur KI u. zu Mitbestimmung bei Matrixstrukturen; Heidelberger Druckmaschinen u.a. bei Betriebsübergang u. Bonuszahlungen im Zshg. mit Ausgliederung E-Mobility; H&M zu IT-BV; Freeline Therapeutics zu globaler Massenentlassung; Project Real Estate u.a. zu Compliance; lfd.: Knorr Bremse, SoftwareOne, BorgWart, Levi Strauss.

ESCHE SCHÜMANN COMMICHAU
Arbeitsrecht ★

Bewertung: Die Arbeitsrechtler der HHer MDP-Kanzlei sind derzeit in allen zentralen Themen gefragte Berater. Neben der klass. Dauer- u. Restrukturierungsberatung stehen Compliance- sowie IT-Themen im Vordergrund. Ihre Stärke an der Schnittstelle zum Datenschutz kann ESC u.a. beim Thema Mitarbeitermobilität ausspielen, bei dem Mandanten zudem der interdiszipl. Ansatz zugute kommt, weil die Arbeitsrechtler die hauseig. StB u. WP punktuell hinzuziehen. Mit dem altersbed. Ausscheiden von Senior-Partner Haas u. der Ernennung einer jungen Partnerin, die u.a. einen Fokus auf insolvenzrechtl. Themen legt, ist der Generationswechsel im Team nun endgültig vollzogen.

Stärken: Multidisziplinärer Ansatz, Datenschutz, Compliance, internat. Arbeitsrecht.

Oft empfohlen: Dr. Patrizia Chwalisz („hoch professionell u. bundesw. präsent", „herausragende Arbeitsrechtlerin, sowohl national als auch internat.

Arbeitsrecht: Beratung von Betriebsräten, Gewerkschaften und Arbeitnehmern

AfA Rechtsanwälte (Nürnberg)
Britta Göppert, Melanie Maußner, Marc-Oliver Schulze

Apitzsch Schmidt Klebe (Frankfurt)
Wolfgang Apitzsch, Prof. Dr. Marlene Schmidt

Arbeitsrechtskanzlei Hamburg (Hamburg)
Heike Brodersen, Dr. Arendt Gast, Carola Greiner-Mai

Bertelsmann und Gäbert (Augsburg)
Dr. Klaus Bertelsmann

CNH Anwälte (Essen)
Javier Davila Cano, Gunnar Herget

Cremon (Hamburg)
Gerhard Cesarano, Christoph Welscher

Decruppe & Kollegen (Köln)
Heinz Biermann, Thomas Wüllenweber

dka Rechtsanwälte (Berlin)
Marion Burghardt, Dieter Hummel, Nils Kummert, Damiano Valgolio

dkm Rechtsanwälte (München)
Felix Kratz, Thomas Krebs, Dr. Knut Müller (auch Arbeitgeberberatung)

EHZ Rechtsanwälte (Reutlingen)
Dirk Herfert, Dr. Jonas Zäh

Fischer (Frankfurt)
Schekib Fischer

Franzmann Geilen Brückmann (Frankfurt)
Jan Brückmann, Armin Franzmann

Gaidies Heggemann und Partner (Hamburg)
Ignatz Heggemann, Carsten Lienau

Gnann Thauer & Kollegen (Freiburg)
Kurt Höllwarth

HNK (Frankfurt)
Thomas Nitzsche

Huber Mücke Helm (München)
Dr. Rüdiger Helm, Michael Huber, Matthias Mücke

Krebühl Biere (Frankfurt)
Benjamin Biere, Peter Krebühl

LNS Rechtsanwälte (Bochum)
Ralf Leifeld, Ralf Scholten

Manske & Partner (Nürnberg)
Dr. Sandra Carlson, Beate Schoknecht

Müller-Knapp Hjort Wulff (Hamburg)
Andreas Bufalica, Jens Hjort, Klaus Müller-Knapp

RPO Ruttkamp Oberthür (Köln)
Dr. Nathalie Oberthür, Silke Ruttkamp (auch Arbeitgebervertretung)

Fortsetzung nächste Seite

ARBEITSRECHT

Arbeitsrecht: Beratung von Betriebsräten, Gewerkschaften und Arbeitnehmern Fortsetzung

Schindele Gerstner & Collegen (Dresden, Landshut)
Jens Didschun, Jutta Gerstner, Friedrich Schindele

Schütte Lange & Kollegen (Wiesbaden)
Jakob Lange, Reinhard Schütte

Schwegler (Berlin, Düsseldorf, Frankfurt, Köln, Oldenburg)
Dr. Michael Bachner, Hajo Köhler, Michael Merzhäuser, Dr. Michael Schwegler

Seebacher Fleischmann Müller (München)
Michael Fleischmann, Tanja Himmelsdorfer, Andreas Müller, Krikor Seebacher

Silberberger Lorenz (Düsseldorf)
Dr. Frank Lorenz, Dr. Uwe Silberberger

Stather Dr. Helmke Döther Hausmann Evisen Boger Schuhmacher (Heidelberg)
Dr. Mathias Helmke

Steiner Mittländer Fischer (Frankfurt)
Erika Fischer, Silvia Mittländer, Regina Steiner

SWP Rechtsanwälte (Düsseldorf)
Joachim Piezynski, Stephen Sunderdiek, Jörg Werth

Thür Werner Sontag (Köln)
Frank Behler, Franz Thür (auch Arbeitgebervertretung)

TowaRa (Köln)
Roja Erdmann, Jörg Towara

Uhlenbruch (Köln)
Antje Dudenbostel, Dirk Schabram, Irma-Maria Vormbaum-Heinemann

Vieker & Chatziparaskewas (Minden)
Stefan Chatziparaskewas

Ulrich Weber & Partner (Frankfurt, Köln)
Daniel Hartmann, Dr. Martin Pröpper (Letzterer stärkere Präsenz bei Arbeitgebervertretung)

Weder Fischer Doyuran (Frankfurt)
Jürgen Weder

Wohlfarth Dr. Gutmann Pitterle Zeller Behl (Stuttgart)
Hans-Dieter Wohlfarth

Wurll + Kollegen (Düsseldorf)
Guido Wurll

Die Auswahl von Kanzleien und Personen in Rankings und tabellarischen Übersichten ist das Ergebnis umfangreicher Recherchen der JUVE-Redaktion. Sie ist in 2erlei Hinsicht subjektiv: Die Aussagen der befragten Quellen sind subjektiv u. spiegeln deren Erfahrungen u. Einschätzungen. Die JUVE-Redaktion wiederum analysiert die Rechercheergebnisse unter Einbeziehung ihrer eigenen Marktkenntnis. Der JUVE Verlag beabsichtigt keine allgemeingültige oder objektiv nachprüfbare Bewertung. Es ist möglich, dass eine andere Recherchemethode zu anderen Ergebnissen führt. Innerhalb einzelner Gruppen in Rankings und tabellarischen Übersichten sind Kanzleien und Personen alphabetisch sortiert.

---

sehr erfahren", Wettbewerber), Dr. Erwin Salamon, („einer der besten Arbeitsrechtler", Wettbewerber), Dr. Christian Hoppe („angenehmer Verhandler, fördert Kompromissbereitschaft beider Seiten", Wettbewerber)
Team: 4 Eq.-Partner, 1 Sal.-Partner, 2 Counsel, 7 Associates, 1 of Counsel
Schwerpunkte: Dauerberatung häufig mittelständ. Unternehmen, Restrukturierung/Personalabbau, Compliance-Beratung, Spezialisierung im AN-Datenschutz, gemeinsam mit den StB umf. Beratung zu Mitarbeitermobilität.
Mandate: Valora bei Restrukturierung mit Betriebsschließung u. Massenentlassung nach Kauf der Backfactory; MKCP im Zshg. mit Kauf aus Insolvenz; The Social Chain zu Organverträgen u. arbeitsrechtl. Due Diligence, u.a. bei Kauf von DS-Gruppe; Logistikuntern. bundesw. zu Arbeitszeitregelungen bei gleichzeitiger Vermeidung von Personalabbau; dt. Tochter von CH-Konzern zu Verhandlungen mit IG BCE u. Tarifkommission zur Vermeidung Tarifbindung.

EVERSHEDS SUTHERLAND
Arbeitsrecht ★★★★
Bewertung: Immer stärker spielt die überw. von München aus agierende Arbeitsrechtspraxis ihre internat. Vernetzung aus. Dies zeigt sich in der Restrukturierungsberatung, die sich zu einem Schwerpunkt entwickelt hat. Doch auch die enge Zusammenarbeit mit der ▶M&A-Praxis ist von grenzüberschr. Transaktionen geprägt, wie zuletzt etwa der Verkauf 2er Standorte für Automobilzulieferer Benteler. Neben den klass. kollektivarbeitsrechtl. Themen, die in solchen Mandaten zu bearbeiten sind, setzen Unternehmen zunehmend auch auf die bAV-Kompetenz des HHer Teams um Kowanz. Um dieses gefragte Beratungsfeld weiter erfolgr. beackern zu können, braucht es hier jedoch personellen Aus- oder Aufbau.
Stärken: (Grenzüberschr.) Restrukturierungen; internat. Vernetzung; Führungskräfteberatung, strateg. Beratung von Personalstrukturen.
Oft empfohlen: Dr. Stefan Kursawe, Dr. Susanne Giesecke („gut vernetzt, sehr wendig", Wettbewerber), Frank Achilles, Marco Ferme („verhandlungsstark", Mandant; „vorausschauender, sehr erfahrener Stratege", Wettbewerber), Bernd Pirpamer („sehr kompetent, sehr lösungsorientiert", Wettbewerber), Dr. Rolf Kowanz („schnell u. zuverlässig, bin sehr zufrieden", Mandant)
Team: 4 Eq.-Partner, 7 Sal.-Partner, 11 Counsel, 25 Associates
Schwerpunkte: Umf. Beratung u. Vertretung im Individual- u. Kollektivarbeitsrecht (auch transaktionsbegl. u. Due Diligence). Zunehmend bAV.
Mandate: Benteler bei Verkauf der Werke in Tonder (DK) u. Louviers (F); Automobilzulieferer zu Restrukturierung; internat. Industriekonzern zu Harmonisierung von Tarif- u. Betriebsvereinbarungen; börsennot. Unternehmen zu bAV; öffentl.-rechtl. Sender zu Haustarifverträgen; Cyrus One bei öffentl. Übernahme durch KKR; lfd.: Knorr Bremse.

FLICK GOCKE SCHAUMBURG
Arbeitsrecht ★
Bewertung: Insbes. beim Thema Legal Tech zeigt sich die Arbeitsrechtspraxis von FGS innovativer als vergleichbare Einheiten. Der Einsatz von Software zur Effizienzsteigerung interner Abläufe ist nicht nur in der Zusammenarbeit mit den Transaktions-

rechtlern eine Selbstverständlichkeit. Projektmanager kommen etwa bei Klageverf., wie zuletzt für Laudamotion, regelm. zum Einsatz. Mit ihrem selbst entwickelten Tool zur Sozialauswahl hat sie einen echten Mehrwert für Mandanten geschaffen. Neben einem signifikanten Anstieg der Transaktionsarbeit, den eine neu ernannte Partnerin mitzuverantworten hat, war das Team erneut in umfangr. Projekte eingebunden. Ein Bsp. ist die Umstrukturierung eines Geschäftsbereichs bei einem Haushaltswarenhersteller.
Team: 4 Eq.-Partner, 4 Sal.-Partner, 5 Associates
Partnerwechsel: Dr. Thomas Lakenberg (zu sgpartner), Dr. Dirk Reidenbach (zu Lupp + Partner)
Schwerpunkte: Kollektiv- u. Individualarbeitsrecht, viel Beratung zum Entgelttransparenzgesetz bei Konzernen. Restrukturierungen u. Begleitung von Transaktionen.
Mandate: Haushaltswarenhersteller bei Umstrukturierung von Geschäftsbereich; Privatbank zu Compliance-Verstößen; Verkehrsuntern. zu mögl. Zukauf; Bank zu Trennungsmodell für Vorstandsmitglieder; Fränkische Rohrwerke Gebr. Kirchner zu Mitbestimmung; Versicherung bei Personalabbau; lfd.: Haribo, Laudamotion, Wirtgen, Ryanair, Bosch.

FRAHM KUCKUK HAHN
Arbeitsrecht ★
Bewertung: Die Stuttgarter Boutique zählt insbes. mittelständ. Unternehmen zu ihren Stammmandanten. Zunehmend wird Frahm auch von größeren Unternehmen angefragt, zuletzt etwa von Phoenix im Zshg. mit einer Restrukturierung. Ein 2. Standbein hat die Kanzlei in der Beratung öffentl. Arbeitgeber, für die Kuckuk bundesw. anerkannt ist. Insbes. im Bühnenarbeitsrecht berät u. vertritt sie Theater u. ihre Träger in Grundsatzfragen. Zudem setzten Mandanten in Fragen der HR-Compliance – von der Arbeitszeiterfassung bis zur Vorstandshaftung – häufiger auf das Team. Um der gestiegenen Nachfrage, auch an transaktionsbegl. Arbeit, gerecht zu werden, verstärkte sich die Kanzlei zuletzt mit einem erfahrenen Associate für das zuvor nicht dauerhaft besetzte Berliner Büro.
Stärken: Vertretung öffentl. Arbeitgeber; Bühnenarbeitsrecht.
Oft empfohlen: Dr. Sebastian Frahm („Experte im Betriebsverfassungsrecht", „sehr engagiert, kompetent u. durchsetzungsstark", Wettbewerber), Dr. Meike Kuckuk
Team: 3 Partner, 1 Counsel, 2 Associates
Schwerpunkte: Restrukturierungen, regional auch Dauerberatung; Arbeitszeitrecht, zunehmend HR-Compliance; Führungskräfteberatung.
Mandate: Phoenix Pharmahandel strateg. zu Personalabbau; Stadt Freiburg in mehreren Grundsatzverf. zu Tarifkonkurrenz u. tarifvertragl. Befristung; Klinikum Ingolstadt u.a. bei Verhandlung Haus-TV u. BV zu Lebensarbeitszeitkonto; Grob-Werke bei Restrukturierung; Dr. Willmar Schwabe bei Verkauf eines Standorts; lfd. Universität Stuttgart.

FRESHFIELDS BRUCKHAUS DERINGER
Arbeitsrecht ★★★★★
Bewertung: Die anerkannte Arbeitsrechtspraxis macht weiterhin erfolgr. das, was sie am besten kann: internat. Konzerne bei Transaktionen u. allen darauffolgenden arbeitsrechtl. Fragen zu beraten. Dies waren zuletzt die tarifl. Eingliederung u. be-

ARBEITSRECHT

triebl. Zugehörigkeit bei komplexen Post-Merger-Integrationen u. der Umgang mit Pensionsverpflichtungen. Hier zeigte das Team mit dem Verkauf eines Betriebsrentenportfolios an einen Drittanbieter, dass es auch nach dem Weggang Dörings zur Top-Garde der bAV-Berater gehört u. Standards setzt. Mit diesem Mandat untermauert die Praxis zugleich ihre Fähigkeit, ihren Nachwuchs wie etwa den jüngst zum Partner ernannten Granetzny zu entwickeln. Durch eine weitere Ernennung ist nun auch die Leerstelle im Frankf. Büro wieder mit einem Partner besetzt. Fest im Sattel ist die Praxis weiterhin bei der Beratung zu Vorstandsvergütung u. den zuletzt wieder angezogenen SE-Umwandlungen. Auch den verstärkten Beratungsbedarf (internat.) Unternehmen zu Compliance-Themen meistert das Team erfolgr. – bei internen Ermittlungen im Schulterschluss mit den Strafrechtlern der Kanzlei. Bei der oft präventiven Beratung zur Einführung von Hinweisgebersystemen profitieren Mandanten vom gesellschaftsrechtl. u. regulator. Know-how der Kanzlei.

Stärken: Grenzüberschreitende Verschmelzung u. CTA-Strukturierungen u. ▷*Compliance*-Untersuchungen, Vorstandsvergütungen/ARUG II, MeToo.

Oft empfohlen: Dr. Thomas Müller-Bonanni, Dr. Klaus-Stefan Hohenstatt („herausragender Jurist u. strateg. ausgesprochen versiert", Wettbewerber), Dr. Elmar Schnitker, Dr. Boris Dzida („sehr guter Jurist, umsichtig u. äußerst präzise", Wettbewerber), Dr. Ulrich Sittard („immer für seine Mandanten da; fachl. exzellent, aber auch pragmat.", Mandant; „fachl. ausgezeichnet, v.a. im Tarifrecht", Wettbewerber), Dr. Thomas Granetzny („bei Pensions unschlagbar; sehr angenehm u. kollegial", Wettbewerber)

Team: 7 Partner, 2 Counsel, 29 Associates

Schwerpunkte: Umf. Praxis mit spezifisch arbeitsrechtl. Beratung bedeutender dt. u. internat. Unternehmen in vielfach grenzüberschreitenden Projekten, SE-Umwandlungen, Transaktionsbegleitung u. Post-Merger-Integration (▷*M&A*), bAV sowie Begleitung interner Ermittlungen.

Mandate: Gategroup bei Transfer von Pensionsverpflichtungen auf Funding Solutions Dtl.; Dax-Konzern bei Überprüfung gruppenw. CTA-Struktur; Auto1 bei SE-Umwandlung; Merck bei Umstrukturierung Standort Gernsheim; Novartis bei Strategic Review zu Sandoz; Continental u.a. zu Vorstands- u. Führungskräfteangelegenheiten bei Ausgliederung u. IPO von Vitesco; EQT u. Suse arbeitsrechtl. bei Vorbereitung IPO; RTL bei Integration von Gruner+Jahr; Thyssenkrupp bei Verkauf des Mining-Geschäfts an FLS; Handelskette bei Integration erworbener Märkte u. begleitendem Arbeitskampf; lfd.: VW zu Dieselskandal, Vodafone.

FRINGS PARTNERS

Arbeitsrecht ★

Bewertung: Die D'dorfer Boutique ereilte mit dem Tod ihres renommierten Namenspartners im Sommer 2022 ein Schicksalsschlag. Die von ihm verantwortete Betreuung von Vorständen u. Geschäftsführern wurde bereits im Vorfeld sukzessive auf einen erfahrenen Anwalt übergeleitet. Die beiden verbliebenen Partner entwickelten derweil das Kerngeschäft der Kanzlei, die kollektivrechtl. Beratung von Unternehmen, weiter. Zuletzt waren beide bei Restrukturierungen, aber auch TV-Verhandlungen oder zum Fremdpersonaleinsatz gefragt. Seine individualrechtl. Prozessstärke stellte Bogati hingegen für das Land NRW in einem Verfahren zur Neubesetzung der Leitung des Landesgestüts unter Beweis.

Stärken: Vertretung von Geschäftsführern u. Vorständen.

Oft empfohlen: Michael Bogati („liefert eine unglaubl. effektive Mischung aus Beratung, pragmat. Tipps u. sehr speziellem Fachwissen", „hervorragende Beratung u. Vertretung in hoch komplexen Vorgängen", Mandanten), Dr. Ulrich Wahlers

Team: 2 Partner, 6 Associates, 1 of Counsel

Schwerpunkte: Sehr erfahren bei Umstrukturierungen u. im Personalabbau, in Interessenausgleich- u. Sozialplanverhandlungen sowie Prozessen. Führungskräfteberatung.

Mandate: Land NRW (Ministerium f. Umwelt, Landwirtschaft, Natur- u. Verbraucherschutz) in eV-Verfahren zu Stellenbesetzung im Nachgang kündigungsrechtl. Auseinandersetzungen; Logistikunternehmen, u.a. zu Fremdpersonaleinsatz; Zahlungsdienstleister, u.a. bei Restrukturierung; lfd.: FrieslandCampina, Mitsubishi Electric.

GLEISS LUTZ

Arbeitsrecht ★★★★★

Bewertung: Insbes. in der vorstandsnahen Beratung gehört die Praxis zu den marktführenden in Deutschland. Dass Konzerne den angesehenen Arnold regelm. hinzuziehen, wenn sie die Vergütungssysteme für ihre Vorstände anpassen, gehört dabei fast schon zum Tagesgeschäft. Ein Highlight markierte indes die Beratung des VW-Aufsichtsrates zu einem mögl. Börsengang von Sportwagentochter Porsche. Auch hier profitierten die Mandanten von der eingespielten Zusammenarbeit mit den ▷*Gesellschaftsrechtlern*. Eng war zuletzt auch die Schnittstelle zu den ▷*M&A-Anwälten* der Kanzlei, deren Geschäft erhebl. anzog. Großtransaktionen wie etwa der Kauf des Europageschäfts von McKesson durch Mandantin Phoenix oder die Übernahme des Mining-Geschäfts von Thyssenkrupp durch FLSmidth ziehen dabei meist arbeitsrechtl. Beratungsbedarf bei der Integration nach sich. In der ebenfalls angezogenen tarifrechtl. Beratung setzten Unternehmen die TV-Verhandlungen mit Gewerkschaften auf die v.a. bei Qualifikationsvereinbarungen u. Transformations-TV erfahrenen Anwälte. Darauf, dass sich zum Jahreswechsel gleich 2 Altmeister in den Ruhestand verabschiedeten, hatte sich das Team bereits lange zuvor vorbereitet: So leitete Baeck seine Frankf. Bankmandanten auf Winzer über. Lingemanns Nachfolge in Berlin hatte die Kanzlei bereits 2019 durch die Partnerernennung Steinhausers eingeleitet.

Stärken: Enge Zusammenarbeit mit anderen Praxisgruppen, u.a. ▷*Gesellschaftsrecht*. Beratung zu Vorstandsangelegenheiten u. -vergütung. Umfangr. Re- u. Umstrukturierungen. Einer der Marktführer bei bAV.

Oft empfohlen: Dr. Martin Diller („unprätentiös, angenehm u. pragmat.; schnell u. immer konzentriert auf den Punkt, ohne Sachen groß aufzubauschen", Mandant), Dr. Thomas Winzer („hervorragender Anwalt mit viel Erfahrung", Mandant), Dr. Doris-Maria Schuster („sehr kompetente u. effiziente Beratung, insbes. bei gerichtl. u außergerichtl. Streitigkeiten", Mandant; „hervorragende Juristin, exzellente Verhandlerin", Wettbewerber), Prof. Dr. Christian Arnold („hervorragend", Wettbewerber), Dr. Katrin Haußmann („sehr präsent, u.a. bei Betriebsratsvergütung", Wettbewerber), Dr.

Arbeitsrecht: Gestaltung betrieblicher Altersversorgung

Advant Beiten (Düsseldorf)
Christian Frhr. von Buddenbrock

Arqis (Düsseldorf)
Tobias Neufeld

Baker McKenzie (Frankfurt)
Dr. Christian Reichel

Freshfields Bruckhaus Deringer
(Frankfurt, Düsseldorf)
Dr. Elmar Schnitker

Gleiss Lutz (Stuttgart)
Prof. Dr. Martin Diller

Linklaters (Frankfurt)
Dr. René Döring

Luther (Frankfurt)
Dr. Marco Arteaga

Maat (München)
Christian Betz-Rehm

Die Auswahl von Kanzleien und Personen in Rankings und tabellarischen Übersichten ist das Ergebnis umfangreicher Recherchen der JUVE-Redaktion. Sie ist in 2erlei Hinsicht subjektiv: Die Aussagen der befragten Quellen sind subjektiv u. spiegeln deren Erfahrungen u. Einschätzungen. Die JUVE-Redaktion wiederum analysiert die Rechercheergebnisse unter Einbeziehung ihrer eigenen Marktkenntnis. Der JUVE Verlag beabsichtigt keine allgemeingültige oder objektiv nachprüfbare Bewertung. Es ist möglich, dass eine andere Recherchemethode zu anderen Ergebnissen führt. Innerhalb einzelner Gruppen in Rankings und tabellarischen Übersichten sind Kanzleien und Personen alphabetisch sortiert.

Steffen Krieger, Dr. Jens Günther, Prof. Dr. Gerhard Röder, Dr. Rut Steinhauser

Team: 8 Eq.-Partner, 8 Sal.-Partner, 5 Counsel, 24 Associates, 1 of Counsel

Partnerwechsel: Dr. Stefan Lingemann, Prof. Dr. Ulrich Baeck (beide in Ruhestand)

Schwerpunkte: Umf. tätige arbeitsrechtl. Praxis für eine große Zahl dt. u. internat. Unternehmen, vielfach in komplexen Projekten, Spezialfragen oder Grundsatzentscheidungen. Zentral auch ▷*Compliance*. IT-Sicherheit u. AN-Datenschutz (▷*IT u. Datenschutz*), auch in Prozessen. Transaktionsbegl. Beratung.

Mandate: Aufsichtsrat VfB Stuttgart bei Compliance-Untersuchung im Zshg. mit Datenschutzvorfall; Aufsichtsrat Volkswagen zu mögl. IPO von Porsche; ASML bei Verkauf von BG Medical u. Swiss Optic an Jenoptik; FLSmidth bei Kauf des Mining-Geschäfts von Thyssenkrupp; Phoenix Pharma bei Kauf des kontinentaleurop. Geschäfts von McKesson; Audi in Musterprozess zu Einführung eines neuen Vergütungssystems für Teilzeitmitarbeiter; Bilfinger zu Vorstandsvergütung; dm in Verfahren über betriebsverfassungsrechtl. Grundsatzfragen; Leoni bei Carve-out; MAN Truck & Bus bei Neuaufstellung des Vorstands u. neuem Vorstandsvergütungssystem; lfd.: BASF, Infineon, Robert Bosch, Traton, Tui.

GÖHMANN

Arbeitsrecht ★

Bewertung: Die Arbeitsrechtspraxis der Mittelstandskanzlei ist v.a. im norddt. Raum präsent, hat aber auch eine ganze Reihe bundesw. Mandate. Die Teams an den einzelnen Standorten arbeiten relativ

ARBEITSRECHT

Führende Berater im Arbeitsrecht (über 50 Jahre)

Prof. Dr. Georg Annuß
Pusch Wahlig, München

Nicole Engesser Means
Clifford Chance, Frankfurt

Prof. Dr. Björn Gaul
CMS Hasche Sigle, Köln

Dr. Burkard Göpfert
Kliemt, München

Martina Hidalgo
CMS Hasche Sigle, München

Dr. Klaus-Stefan Hohenstatt
Freshfields Bruckhaus Deringer, Hamburg

Prof. Dr. Michael Kliemt
Kliemt, Düsseldorf

Prof. Dr. Mark Lembke
Greenfort, Frankfurt

Dr. Hans-Peter Löw
DLA Piper, Frankfurt

Dr. Christopher Melms
Advant Beiten, München

Prof. Dr. Anja Mengel
Schweibert Leßmann & Partner, Berlin

Dr. Kara Preedy
Greenberg Traurig, Berlin

Dr. Tobias Pusch
Pusch Wahlig, Berlin

Dr. Barbara Reinhard
Kliemt, Frankfurt

Prof. Dr. Marlene Schmidt
Apitzsch Schmidt Klebe, Frankfurt

Dr. Ulrike Schweibert
Schweibert Leßmann & Partner, Frankfurt

Dr. Stefan Seitz
Seitz, Köln

Dr. Uwe Silberberger
Silberberger Lorenz, Düsseldorf

Prof. Dr. Robert von Steinau-Steinrück
Luther, Berlin

Thomas Ubber
Allen & Overy, Frankfurt

Dr. Gerlind Wisskirchen
CMS Hasche Sigle, Köln

Die Auswahl von Kanzleien und Personen in Rankings und tabellarischen Übersichten ist das Ergebnis umfangreicher Recherchen der JUVE-Redaktion. Sie ist in 2erlei Hinsicht subjektiv: Die Aussagen der befragten Quellen sind subjektiv u. spiegeln deren Erfahrungen u. Einschätzungen. Die JUVE-Redaktion wiederum analysiert die Rechercheergebnisse unter Einbeziehung ihrer eigenen Marktkenntnis. Der JUVE Verlag beabsichtigt keine allgemeingültige oder objektiv nachprüfbare Bewertung. Es ist möglich, dass eine andere Recherchemethode zu anderen Ergebnissen führt. Innerhalb einzelner Gruppen in Rankings und tabellarischen Übersichten sind Kanzleien und Personen alphabetisch sortiert.

---

autark u. setzen unterschiedl. Schwerpunkte. Zuletzt beschäftigten v.a. Umstrukturierungen, Compliance-Untersuchungen u. betriebsverfassungsrechtl. Themen die Praxis. Ein prominentes Mandat ist die umf. Vertretung von Tuifly, u.a. in zahlr. Prozessen im Zshg. mit dem Stellenabbau beim Kabinenpersonal, die eine junge Partnerin verantwortet.
Oft empfohlen: Dr. Gunnar Straube („absolut bewährter Prozessvertreter, immer eine Bank", Mandant)
Team: 8 Partner, 2 Counsel, 7 Associates
Schwerpunkte: Dauerberatung häufig mittelständ. Unternehmen, in Berlin v.a. öffentl. Dienst u. bei Ministerien. Restrukturierung/Personalabbau.
Mandate: Tuifly lfd. in Prozessen u. bei Restrukturierung; Avient-Gruppe zu Post-M&A-Themen, u.a. Personalabbau; Lebensmittelhersteller bei Trennung von Führungskräften; Krankenkasse, u.a. zu mobiler Arbeit; öffentl.-rechtl. Körperschaft im Personalvertretungsrecht; lfd. DRK-Region Hannover.

GÖRG
Arbeitsrecht ★★★★

Bewertung: Der Schwerpunkt der anerkannten Praxis entspricht dem der Gesamtkanzlei: Große Restrukturierungen u. Insolvenzen bestimmen auch das Geschäft der Arbeitsrechtler. Dementspr. erfahren ist das Team in der Verhandlung von Interessenausgleichen u. Sozialplänen sowie Sanierungstarifverträgen, wie zuletzt für den insolventen Automobilzulieferer Räuchle. Auch für die sich häufig anschl. Kündigungsschutzverfahren vertrauen Mandanten wie etwa LG Electronics auf die prozesserfahrenen Anwälte. Dass dem ehem. Praxisleiter Richter durch den Eintritt ins Kanzleimanagement weniger Zeit für die Mandatsarbeit bleibt, kann insbes. das große Kölner Team bislang gut auffangen. Das liegt zum einen an jüngeren, aber bereits sehr restrukturierungserfahrenen Partnern wie Wilke, zum anderen an der Bereitschaft, Mandatsverantwortung an erfahrene Associates abzugeben. Dass ein gerade zum Counsel ernannter Anwalt, der sich bereits erste Anerkennung am Markt erarbeitet hatte, die Kanzlei verließ, liegt dementspr. nicht an dem mangelnden Förderwillen für den eig. Nachwuchs.
Stärken: Zusammenspiel mit anerkannter ▷Restrukturierungs-/Sanierungspraxis. Öffentl. Dienstrecht.
Oft empfohlen: Dr. Ralf Hottgenroth, Dr. Thomas Bezani, Dr. Marcus Richter („sehr guter Tarifrechtler", Wettbewerber), Burkhard Fabritius, Dr. Ulrich Fülbier, Dr. Frank Wilke („sehr guter Verhandler bei Sozialplänen u. Interessenausgleich", Mandant; „kompetent u. praxisnah, insbes. in der Restrukturierungsberatung", Wettbewerber)
Team: 10 Eq.-Partner, 6 Sal.Partner, 2 Counsel, 10 Associates
Schwerpunkte: Fachl. breite Beratung von Unternehmen, speziell kollektivrechtl. Umstrukturierungen u. Sanierungen, inkl. Kündigungsschutzprozesse. Auch Beratung von Insolvenz- u. Organvertretern. Transaktionsbegleitung u. Post-M&A-Beratung.
Mandate: Räuchle zu Interessenausgleich, Sozialplan u. Sanierungstarifvertrag; LG Electronics bei Schließung der Mobilfunksparte; Rubix bei Restrukturierung; Lapp Systems bei Standortschließung, inkl. Transfergesellschaft; Huk-Coburg arbeitsrechtl. bei div. Beteiligungen; Ingenieurdienstleister bei Umstrukturierung u. gruppeninternen Betriebsübergängen; Pharmauntern. u.a. bei Datenschutz-BV u. ANÜ; lfd.: Vivantes, Dt. Post, Honda Europe, Commerzbank, Helaba.

FRIEDRICH GRAF VON WESTPHALEN & PARTNER
Arbeitsrecht ★

Bewertung: Die Praxis hat ihren Schwerpunkt bei Reorganisationen u. Personalabbau, verbreitert ihr Beratungsangebot jedoch kontinuierlich. Die Anfang 2022 zur Sal.-Partnerin ernannte Rölz treibt die Führungskräfteberatung voran, zudem brachte das 2021 durch eine Quereinsteigerin gestärkte Frankf. ▷M&A-Team zunehmend (internat.) transaktionsbegl. Geschäft. Das Verweisgeschäft aus Freiburg dürfte indes durch den Wechsel des dortigen M&A-Teams zu Beiten künftig deutl. zurückgehen. Zuletzt sorgte v.a. die Schließung des Traditionskaufhauses Kaiser für arbeitsrechtl. Beratungsbedarf. Die arbeitsrechtl. Leerstelle am jungen Kanzleistandort Berlin füllte die Praxis mit einer Quereinsteigerin.
Team: 4 Eq.-Partner, 3 Sal.-Partner, 5 Associates, 1 of Counsel
Partnerwechsel: Andrea Wilke (von Willis Tower Watson)
Schwerpunkte: Umf. Beratung meist mittelständ. Unternehmen, insbes. zu Restrukturierungen u. Sanierungen; Branchen: Gesundheitswesen, Luft- u. Raumfahrt, Verteidigung. Auch Führungskräfteberatung.
Mandate: Hutchinson lfd. bei Restrukturierungen; Kaiser Modehäuser bei Schließung; KTN Kunststofftechnik bei Standortschließung; Paracelsus u.a. tarifrechtl. u. zu bAV; Rüstungsunternehmen zu Reorganisation u. in Prozessen; Textildienstleister bei GBR-Verhandlungen zur Gründung eines virtuellen Shared Services Center.

GREENBERG TRAURIG
Arbeitsrecht ★

NOMINIERT
JUVE Awards 2022
Kanzlei des Jahres für Arbeitsrecht

Bewertung: Die Arbeitsrechtspraxis der US-Kanzlei hat nach gut 3 Jahren bewiesen, dass das Modell einer Boutique innerh. der Großkanzlei funktioniert. Ein inzw. doppelt so großes Team, ein kontinuierl. wachsender Mandantenstamm u. eine Mischung aus originärem u. transaktionsbez. Geschäft verdeutlichen das. Ein weiterer Beleg für die gute Entwicklung ist, dass es dem Team regelm. gelingt, aus dem Projektgeschäft arbeitsrechtl. Dauerbeziehungen zu entwickeln, zuletzt etwa beim Wohnungsriesen LEG. Inhaltl. war die Arbeit zuletzt v.a. durch Re- u. Umstrukturierungen sowie betriebsverfassungsrechtl. Themen geprägt. Dass das Arbeitsrecht auch in der Gesamtkanzlei an Bedeutung gewinnt, zeigt zum einen die Ernennung von Konradin Pleul zum Eq.-Partner u. zum anderen die Berufung von Preedy zur Co-Leiterin der europ. Arbeitsrechtspraxis. Sie wird künftig die arbeitsrechtl. Strategie mitprägen.
Stärken: Restrukturierung, Betriebsverfassungsrecht, Prozesse.
Oft empfohlen: Dr. Kara Preedy („sehr kompetent, zuverlässig u. praxisorientiert", Mandant)
Team: 2 Eq.-Partner, 1 Sal.-Partner, 4 Associates
Schwerpunkte: Umf. arbeitsrechtl. Beratung, u.a. zu Restrukturierungen, kollekt. u. indiv. Arbeitsrecht, Prozessführung, Compliance, Arbeiten 4.0.

ARBEITSRECHT

Mandate: Autobahn GmbH im Betriebsverfassungsrecht; Heimstaden im Zshg. mit Kauf von Akelius-Gruppe u. Übergang von 200 Mitarbeitern; lfd.: Douglas, Volvo, Serrala Group, LEG, Diebold Nixdorf, Erste Abwicklungsanstalt, Metro, Studiocanal.

GREENFORT
Arbeitsrecht ★★★
Bewertung: Restrukturierungen u. tarifvertragl. Gestaltungsmandate beschäftigen die Arbeitsrechtspraxis der Kanzlei zuletzt besonders. Für Molex zum Bsp. begleitete das Team eine betriebl. Reorganisation, die auch die Schließung einer Produktionsstätte umfasste. Daneben waren die Arbeitsrechtler regelm. in Transaktionsmandaten gefragt, weil die M&A-Praxis nennenswert mehr Deals begleitete. Neue Mandanten kamen v.a. in der Beratung von Vorständen u. Geschäftsführern hinzu, für die insbes. Lembke anerkannt ist, wenngleich der Tätigkeitsschwerpunkt der Praxis – nach eig. Aussage – insges. weiter klar auf kollektivrechtl. Mandanten liegt. Anders als einige Wettbewerber hat Greenfort beim Recruiting keine Probleme u. konnte sowohl durch Elternzeitrückkehrer als auch neue Anwälte auf unterschiedl. Senioritätsstufen ihre personelle Schlagkraft steigern.
Stärken: Mandate mit US-Bezug, Zeitarbeit, Prozessführung, Fremdpersonaleinsatz/AÜG, Führungskräfteberatung.
Oft empfohlen: Prof. Dr. Mark Lembke („top vernetzt, extrem versierter Praktiker mit super fundiertem wissenschaftl. Hintergrund", Mandant; „sehr akkurat u. versiert", Wettbewerber), Dr. Jens-Wilhelm Oberwinter („kompetent u. erfahren, sehr viel Führungskräfteberatung", Wettbewerber)
Team: 2 Eq.-Partner, 2 Counsel, 6 Associates
Schwerpunkte: Umf. auf Arbeitgeberseite, u.a. transaktionsbegl. (▷M&A), individual- u. kollektivrechtl. (v.a. im Rahmen von Restrukturierungen u. Personalabbau), tarifrechtl., bAV/Pensionsverpflichtungen. Fremdpersonaleinsatz/AÜG u. Führungskräfteberatung. Zunehmend Compliance.
Mandate: 3D Systems, u.a. zu Mitarbeiterbeteiligungsprogramm; Awo Kreisverband bei Compliance-Fall; Zulieferer bei Trennung von Mitarbeitern; Galileo zu coronabed. Personalabbau; Glashersteller, u.a. zu Verhandlungen zu HaustarifV, Streikmaßnahmen; Softwareentwickler zu Fremdpersonaleinsatz; internat. Automobilhersteller zu Verhandlungen mit BR über neues Vergütungssystem, Arbeitszeitmodell u. Mitarbeiterbeurteilung; Agrarhändler, u.a. vertragl. zu Übernahme von AN; Molex CVS Dabendorf, u.a. bei Betriebsschließung; lfd.: ING-DiBa, Korn Ferry, Parzeller.

GSK STOCKMANN
Arbeitsrecht ★
Bewertung: Die Arbeitsrechtspraxis der Mittelstandskanzlei setzt ihren Expansionskurs fort. Auf Insam u. sein Team folgte Anfang 2022 ein weiterer Sal.-Partner, der schon bei KPMG zu dessen Team gehörte u. den Branchenfokus auf den Finanzsektor weiter unterstreicht. Eine junge, intern ernannte Partnerin, die sowohl in der Führungskräfteberatung als auch an der Schnittstelle zu Compliance u. Datenschutz agiert, verkörpert die inhaltl. angestrebte Verbreiterung der Beratung.
Stärken: Beratung der Finanzbranche.
Oft empfohlen: Dr. Alexander Insam („DER Experte für komplexe Mediationen", Wettbewerber), Dr. Philipp Kuhn
Team: 3 Eq.-Partner, 3 Sal.-Partner, 3 Associates, 1 of Counsel
Partnerwechsel: Dr. Theofanis Tacou (von KPMG Law)
Schwerpunkte: Vergütungsrecht insbes. für die Finanzbranche. AN-Datenschutz, zunehmend: Beratung im kollektiven Arbeitsrecht, Mediation.
Mandate: Bäckerbub bei Restrukturierung von 500 Filialen; Solenix zu Restrukturierung in 3 Ländern; IT-Dienstleister zu grenzüberschr. AN-Überlassung; Acer Computer zu mobiler Arbeit; Universal-Investment zu vergütungsrechtl. Themen auch im Zshg. mit ESG-Kriterien; Vereinigung Cockpit in Mediation im Zshg. mit Flottenreduktion der Tuifly.

GVW GRAF VON WESTPHALEN
Arbeitsrecht ★
Bewertung: Die Arbeitsrechtspraxis ist entspr. den Bedürfnissen ihrer vorwiegend mittelständ. Mandantschaft breit aufgestellt. Zusätzl. profitieren GvW-Mandanten von der eingespielten praxisübergr. Zusammenarbeit, die prägend für die Gesamtkanzlei ist. Diese Verknüpfung zahlt sich nicht nur, aber v.a. im Kontext digitaler Transformation u. Mitarbeitermobilität aus, wo die Schnittstellen zu IT u. Datenschutz zentral sind. Dennoch besteht weiter die Herausforderung, nun auch die mittlerw. recht gr. u. über mehrere Standorte verteilte Arbeitsrechtspraxis selbst zu einem homogenen Team zu formen. Erste gute Ansätze gibt es zwischen Stuttgart u. Frankfurt, die sich nicht nur kapazitiv helfen, sondern auch gemeinsame Mandate bearbeiten.
Oft empfohlen: Dr. Malte Evers („erreicht optimale Lösungen in schwierigen Fällen", Wettbewerber)
Team: 6 Eq.-Partner, 2 Sal.-Partner, 1 Counsel, 7 Associates
Schwerpunkte: Umf. arbeitsrechtl. tätig, u.a. Restrukturierungen u. Tarifrecht. In Ffm. Fokus auf Banken. Spezialisierung in Datenschutz (▷IT u. Datenschutz) u. bAV. Transaktionsbegleitung.
Mandate: LBBW Asset Management Investment im Betriebsverfassungsrecht; Deka Bank im Personalvertretungs- u. Betriebsverfassungsrecht; Econtech, u.a. zu Personalabbau; Rotho Kunststoff u.a. zu Homeoffice u. GF-Haftung; Kasseler Verkehrs- u. Versorgungsgesellschaft bei TV; lfd.: Stiftung Kunstsammlung NRW, Degussa Bank, Brady, Volkswagen Financial Services.

HENGELER MUELLER
Arbeitsrecht ★★
Bewertung: Wie nur wenige im Markt steht das Team für die arbeitsrechtl. Begleitung von High-End-Transaktionen an der Seite der ▷M&A- u. ▷Private-Equity-Praxen der Kanzlei. Es darauf zu reduzieren, griffe jedoch zu kurz. So setzen zahlr. Mandanten, insbes. Banken u. Versicherungen, auf das Know-how Hoefs bei Vergütungsthemen. Auch die pensionsrechtl. Beratung, die nicht nur in Transaktionen gefragt ist, wie zuletzt von Siemens beim mrd-schweren Verkauf des Logistikgeschäfts, gehört zu den Beratungsschwerpunkten. Obwohl die Anwälte in der bAV wie auch in Prozessen komplexe arbeitsrechtl. Themen beackern, gelingt es vielen Wettbewerbern besser, ein markantes Profil nach außen zu entwickeln.
Stärken: Begleitung von Transaktionen (▷M&A), Beratung von Banken, insbes. zu Vergütungsthemen.

Führende Berater im Arbeitsrecht (bis 50 Jahre)

Prof. Dr. Christian Arnold
Gleiss Lutz, Stuttgart

Dr. Frauke Biester Junker
Vangard, Düsseldorf

Dr. Alexander Bissels
CMS Hasche Sigle, Köln

Dr. Philipp Byers
Watson Farley & Williams, München

Dr. Patrizia Chwalisz
Esche Schümann Commichau, Hamburg

Dr. René Döring
Linklaters, Frankfurt

Dr. Sebastian Frahm
Frahm Kuckuk Hahn, Stuttgart

Dr. Timon Grau
Linklaters, Düsseldorf

Dr. Jens Günther
Gleiss Lutz, München

Dr. Rüdiger Hopfe
Schweibert Leßmann & Partner, Frankfurt

Dr. Daniel Hund
Advant Beiten, München

Dr. Jochen Keilich
Pusch Wahlig, Berlin

Dr. Steffen Krieger
Gleiss Lutz, Düsseldorf

Dr. Wolfgang Lipinski
Advant Beiten, München

Tobias Neufeld
Arqis, Düsseldorf

Thomas Niklas
Küttner, Köln

Dr. Andrea Panzer-Heemeier
Arqis, Düsseldorf

Dr. Marcus Richter
Görg, Köln

Dr. Nils Schramm
Schramm Meyer Kuhnke, Hamburg

Dr. Michael Schwegler
Schwegler, Düsseldorf

Dr. Tim Wißmann
Küttner, Köln

Die Auswahl von Kanzleien und Personen in Rankings und tabellarischen Übersichten ist das Ergebnis umfangreicher Recherchen der JUVE-Redaktion. Sie ist in 2erlei Hinsicht subjektiv: Die Aussagen der befragten Quellen sind subjektiv u. spiegeln deren Erfahrungen u. Einschätzungen. Die JUVE-Redaktion wiederum analysiert die Rechercheergebnisse unter Einbeziehung der eigenen Marktkenntnis. Der JUVE Verlag beabsichtigt keine allgemeingültige oder objektiv nachprüfbare Bewertung. Es ist möglich, dass eine andere Recherchemethode zu anderen Ergebnissen führt. Innerhalb einzelner Gruppen in Rankings und tabellarischen Übersichten sind Kanzleien und Personen alphabetisch sortiert.

ARBEITSRECHT

Aufsteiger im Arbeitsrecht

Jan-Ove Becker
Vangard, Hamburg

Katja Giese
Kliemt, München

Dr. Thomas Granetzny
Freshfields Bruckhaus Deringer, Düsseldorf

Dr. Till Heimann
Kliemt, Frankfurt

Dr. Eva Rütz
Luther, Köln

Amelie Schäfer
CMS Hasche Sigle, Düsseldorf

Christoph Seidler
Kliemt, Hamburg

Dr. Ulrich Sittard
Freshfields Bruckhaus Deringer, Düsseldorf

Damiano Valgolio
dka Rechtsanwälte, Berlin

Dr. Alexander Willemsen
Oppenhoff & Partner, Köln

Die Auswahl von Kanzleien und Personen in Rankings und tabellarischen Übersichten ist das Ergebnis umfangreicher Recherchen der JUVE-Redaktion. Sie ist in 2erlei Hinsicht subjektiv: Die Aussagen der befragten Quellen sind subjektiv u. spiegeln deren Erfahrungen u. Einschätzungen. Die JUVE-Redaktion wiederum analysiert die Rechercheergebnisse unter Einbeziehung ihrer eigenen Marktkenntnis. Der JUVE Verlag beabsichtigt keine allgemeingültige oder objektiv nachprüfbare Bewertung. Es ist möglich, dass eine andere Recherchemethode zu anderen Ergebnissen führt. Innerhalb einzelner Gruppen in Rankings und tabellarischen Übersichten sind Kanzleien und Personen alphabetisch sortiert.

Oft empfohlen: Dr. Christian Hoefs („schnelle fundierte Rückmeldung, sehr lösungsorientiert", Mandant), Hendrik Bockenheimer
Team: 2 Partner, 2 Counsel, 7 Associates
Schwerpunkte: Ausschl. Beratung u. Vertretung von Unternehmen, v.a. unterstützend in den Kernbereichen der Kanzlei (▷Gesellsch.recht/▷M&A/▷Bankrecht u. -aufsicht).
Mandate: Magna u.a. zu Betriebsübergängen bei Verkauf 3er Werke an Mutares; Blackfin bei Joint Venture mit DWS; Siemens zu bAV bei Verkauf des Post- und Paketgeschäfts an Körber; lfd. Axel Springer, Kompan, Generali Dtl., Metro, Morgan Stanley, Intel, JPMorgan.

HEUKING KÜHN LÜER WOJTEK
Arbeitsrecht ★★★

Bewertung: Durch die Vielzahl hoch spezialisierter Partner bietet die Praxis ihren Mandanten sowohl in der lfd. Beratung als auch in Spezialfällen eine anerkannte Anlaufstelle. Dabei macht das HHer Büro nicht nur durch die Beratung des DFB u. von Hertha BSC auf sich aufmerksam. Weniger öffentlichkeitswirksam, jedoch von hoher kollektivrechtl. Relevanz begleitet ein großes Team um Walle weiter die personellen Umbauten in der norddt. Hafenlogistik. Einen der größten Infrastrukturbetreiber abseits der Seewege gewann indes der Kölner Partner Reufels: Sein Team vertritt die Autobahn-Gesellschaft des Bundes nun in einer größeren Zahl arbeitsrechtl. Prozesse. Auch gelingt es der Praxis immer besser, internat. Mandanten von sich zu überzeugen, wie u.a. die Dauerberatung mehrerer Softwareunternehmen zeigt.
Stärken: Beratung an der Schnittstelle zu ▷Gesellsch.recht/▷Insolvenz/Restrukturierung u. ▷Vertrieb.
Oft empfohlen: Prof. Dr. Martin Reufels, Christoph Hexel („erfahren u. durchsetzungsstark", Wettbewerber), Bernd Weller („eloquent, durchsetzungsstark, fair", Wettbewerber), Astrid Wellhöner, Dr. Thorsten Leisbrock („fachl. hervorragend, sehr guter Blick fürs Wesentliche", Wettbewerber), Dr. Johan-Michel Menke („sehr gut vernetzt in der Sportszene", Wettbewerber), Dr. Andreas Walle („fachl. hervorragender u. erfahrener Berater, der unsere Interessen effektiv umsetzt", Mandant), Dr. Utz Andelewski
Team: 21 Eq.-Partner, 9 Sal.-Partner, 23 Associates
Schwerpunkte: Breit angelegte Dauerberatung, Prozesse u. Projektgeschäft, auch transaktionsbegleitend. Vertretung von Organen, Führungskräften u. ltd. Angestellten. Spezialisierungen u.a. auf Sportarbeitsrecht, Seearbeitsrecht, AÜG (in HH), Beratung öffentl. Arbeitgeber (in Berlin) u. bAV.
Mandate: BLG Auto Terminal/Eurogate Container Terminal u. NTB North Sea Terminal Bremerhaven zu Anwendbarkeit des AÜG; Metrans Rail zu Expansion; Ogury u.a. zu Entsendungen; Katek u.a. zu IT-BVs u. Datenschutz; Hertha BSC u.a. zu Trennung von Zsolt Petry; Budnikowsky tarif-, betriebsverfassungs- u. mitbestimmungsrechtl. zu Expansion; Autobahn GmbH in arbeitsrechtl. Verf.; Swiss Post Solutions u.a. zu mobiler Arbeit; lfd. DFB, HSV, Hertha BSC, Hamburger Hafen u. Logistik, Lübecker Hafen-Gesellschaft, Seal Software, Allianz.

HOFFMANN LIEBS
Arbeitsrecht ★

Bewertung: Die Praxis der D'dorfer Kanzlei deckt alle Facetten des Arbeitsrechts ab. Mandanten profitieren u.a. von der tiefen Branchenkenntnis, basierend auf der konsequenten Fokussierung auf Sektoren wie Finanzen, Industrie oder Telekommunikation, die für eine Mittelstandskanzlei nicht selbstverständlich ist. Darüber hinaus hat das Team mittlerw. 2 sehr erfahrene of Counsel mit Unternehmensvergangenheit in seinen Reihen, deren ausgeprägtes Know-how zu Vergütungsfragen u. im Betriebsverfassungsrecht regelm. nicht nur bei der Akquise neuer Mandate hilfreich ist.
Oft empfohlen: Wolfgang Bucksch, Heiko Langer
Team: 6 Partner, 1 Counsel, 2 Associates, 3 of Counsel
Schwerpunkte: Überw. mittelständ. Mandanten. Restrukturierungen, Prozesse. Führungskräfteberatung. Zunehmend im Bankensektor aktiv, v.a. zu Vergütungsthemen.
Mandate: Klinikgruppe im Zshg. mit Expansion; Vestas Blades zu Betriebsschließung; 1st Solution regelm. zu Fremdpersonaleinsatz, Kündigungen, arbeitsrechtl. Compliance; amerikan. Techkonzern zu Know-how-Schutz; Logistikunternehmen bei umfangr. Reorganisation; lfd.: Hitachi High Technologies Europe, MBN Bau, Riverstate, Simrise u. Tochtergesellschaft, Sparda Bank West.

HOGAN LOVELLS
Arbeitsrecht ★★★

Bewertung: Von vielen Wettbewerbern hebt sich die Arbeitsrechtspraxis durch ihre konsequente globale Ausrichtung ab. Exemplar. dafür steht etwa das Outsourcing-Projekt für booking.com, an dem unter dt. Federführung Arbeitsrechtler aus Italien, Spanien, GB u. Mexiko mitgewirkt haben. Auch im Kontext globaler digitaler Transformationsprojekte kann die Praxis ihre standort- u. praxisübergr. Arbeit für Mandanten ausspielen. Daneben bestimmt aber auch viel dt. Geschäft den Alltag des Teams, bspw. in der bAV-Beratung. Konsequent ist HL auch beim Einsatz digitaler Tools in der Mandatsarbeit, etwa durch Instrumente im Legal Project Management oder Tools zur Vertragsautomatisierung, die individuell auf Mandantenbedürfnisse angepasst werden können.
Stärken: Branchenspezialisierungen, u.a. bei Versicherern, Banken, Pharma; bAV.
Oft empfohlen: Bernd Klemm (beste Betreuung, schnelle u. erfolgr. Umsetzung", Mandant), Dr. Ingrid Ohmann-Sauer, Dr. Hendrik Kornbichler, Dr. Eckard Schwarz, Dr. Tim Joppich, zunehmend: Dr. Kerstin Neighbour („schnell, präzise u. qualitativ hochwertig; Fragen wurden umfassend u. für jurist. Laien ausdauernd u. nachvollziehbar erläutert", Mandant)
Team: 8 Partner, 4 Counsel, 18 Associates
Schwerpunkte: Klass. Beratungsgeschäft z.T. sehr namh., internat. tätiger Unternehmen, auch in (grenzüberschr.) Projekten (u.a. ▷Insolvenzen/Restrukturierungen, Reorganisationen). Auch Begleitung der ▷Gesellsch.rechtspraxis/▷M&A. Stark bei bAV.
Mandate: Kantar zu Transformationsprojekt im Zshg. mit Arbeitsbedingungen; Booking.com zu grenzüberschr. AN-Überlassung; FlixMobility zu Mitarbeiterbeteiligung im Zuge der SE-Umwandlung; Currenta arbeitsrechtl. im Zshg. mit Explosion (BR-Beteiligung bei interner Untersuchung); Saurer Spinning Solutions bei Trennung von GF u. bei Verkauf von Geschäftsbereichen; Daimler bei globalem IT-Carve-out an Infosys; lfd.: Statkraft, Uber, BNP Paribas.

JACOBSEN + CONFURIUS
Arbeitsrecht ★

Bewertung: Die HHer Praxis berät ihre Mandanten, zu denen neben kleinen u. mittleren Betrieben auch internat. Konzerne gehören, in allen arbeitsrechtl. Fragen. Das Know-how der restrukturierungserfahrenen Partner war zuletzt weniger beim Personalabbau gefragt als bei Transformationsprozessen, die auf Qualifikation u. Weiterbeschäftigung zielten. Als Dauerbrenner erweist sich zudem die Verhandlung von Betriebsvereinbarungen zu IT, mobilem Arbeiten u. Arbeitszeit. Durch den Schwerpunkt Fehrs in der Speditionsbranche ergab sich u.a. durch die Unterbrechung von Lieferketten neuer Beratungsbedarf, auch abseits betriebsverfassungs- u. tarifrechtl. Fragen.
Oft empfohlen: Manfred Confurius, Till Fehr („schätze seine konsequente Prozessführung ebenso wie die strateg. Beratung", Mandant)
Team: 6 Partner
Schwerpunkte: Restrukturierungen, häufig auch mit grenzüberschr. Bezug
Mandate: Lfd. Philips, Exxon Mobil, Edeka Minden-Hannover, Ikea, Vattenfall Sales (alle öffentl. bekannt).

JUSTEM
Arbeitsrecht ★★★

Bewertung: Die Arbeitsrechtsboutique zählt insbes. aufgr. ihrer ausgezeichneten Vernetzung in die Bankenszene zu den angesehenen Einheiten im

ARBEITSRECHT

Frankf. Markt. Bekannt v.a. für ihre Kompetenz in komplexen Vergütungsmandaten (u.a. IVV) berät Justem die Branche aktuell auch zu Themen wie mobiles Arbeiten u. Datenschutz. In, aber auch jenseits der Finanzbranche war die Einheit erneut mit Compliance-Mandaten beschäftigt, sowohl im Zshg. mit Fremdpersonaleinsatz als auch bei internen Untersuchungen, zuletzt insbes. für Verlagshäuser u. Unternehmen aus der Automotive-Branche. Dynam. hat sich zudem die Beratung im Sportarbeitsrecht (Fußball) entwickelt, die ein junger Partner vorantreibt.

Stärken: Beratung von (ausl.) Banken.

Oft empfohlen: Caroline Bitsch („nicht nur eine herausragende Arbeitsrechtlerin, sondern auch ein Vorbild in der Kanzleiführung; internat. wie keine andere vernetzt", Wettbewerber), Dr. Thilo Mahnhold („sehr prozesserfahren, lösungsorientiert", Wettbewerber), Dr. Henning Reitz („pragmat. u. zielorientiert", Wettbewerber)

Team: 4 Eq.-Partner, 1 Counsel, 5 Associates, 2 of Counsel

Schwerpunkte: Umf. arbeitsrechtl. Beratung ausschl. auf Unternehmensseite, u.a. zu Restrukturierungen, kollekt. u. indiv. Arbeitsrecht, Datenschutz u. Prozessführung. Compliance. Vergütung.

Mandate: Universal Investment zu Einführung einer datenschutz- u. arbeitsrechtl. Infrastruktur (inkl. zahlr. BV); vdp Verband der Pfandbriefbanken zu mobiler Arbeit; Vertiv-Gruppe zu Restrukturierung; Technogroup zu Trennungsszenarien; Abn Amro Bank zu div. BV (mobile Arbeit, Datenschutz); Dürr zu Fremdpersonaleinsatz; Emerson, u.a. zu Betriebsschließungen; lfd.: Evonik, FrankfurtRheinMain.

KASPER KNACKE
Arbeitsrecht ★

Bewertung: Die Kanzlei ist v.a. im Großraum Stuttgart für ihr arbeitsrechtl. Know-how angesehen. Neben der Projektarbeit im Zuge von Re- u. Umstrukturierungen prägt die Dauerberatung der zahlr. Stammmandanten ihr Geschäft. Schon zuvor wesentl. Bestandteil der arbeitsrechtl. Beratung hat die Führungskräfteberatung, für die im Wesentlichen Hahn steht, noch einmal deutl. angezogen. Zuletzt ließ sich u.a. Dr. Jan Mrosik bei seinem Ausscheiden aus dem Vorstand von Knorr-Bremse von ihm vertreten.

Oft empfohlen: Dr. Frank Hahn („fachl. gut", Wettbewerber), Dr. Wolfram Sitzenfrei

Team: 4 Partner, 1 Associate

Schwerpunkte: Führungskräfteberatung, Prozesse; strateg. Strukturberatung.

Mandate: SSB-Chefin Dr. Sabine Groner-Weber bei Vertragsauflösung; Ex-Vorstandsvorsitzender von Knorr Bremse Dr. Jan Mrosik bei Ausscheiden; zahlr. Mitarbeiter von Eberspächer in Kündigungsschutzverfahren nach Massenentlassungen; LBS, Fraunhofer Gesellschaft regelm. in Prozessen; lfd. DC Aviation; Führungskräfteberatung für Bosch, Daimler, Müller Drogeriemarkt, Leoni.

KELLER MENZ
Arbeitsrecht ★

Bewertung: Nicht nur Unternehmen setzen auf die umf. arbeitsrechtl. Erfahrung der kleinen Münchner Einheit. Anders als die meisten Wettbewerber ist sie auch bei (Gesamt-)Betriebsräten gefragt, denen sie in allen betriebsverfassungsrechtl. Fragen u. bei Restrukturierungen zur Seite steht. Auch arbeitgeberseitig standen zuletzt komplexer werdende Restrukturierungen im Vordergrund. Ein Großprojekt, mit dem gleich mehrere Partner ihr Verhandlungsgeschick mit Gewerkschaften u. BR unter Beweis stellen konnten, war die Schließung des Werkes Rosenheim für Stammmandantin Danone. In anderen Bereichen war die Praxis ebenso gefragt, insbes. an der Schnittstelle zum Sozialversicherungsrecht, wo sie auf das Know-how der kanzleieigenen Steuerrechtler zurückgreifen kann.

Oft empfohlen: Thomas Keller, Dr. Christian Ley („sehr gute u. fundierte Betreuung", Mandant; „kompetente und stringente Mandatsführung", Wettbewerber)

Team: 3 Eq.-Partner, 7 Sal.-Partner

Schwerpunkte: Ganzheitl. Beratung überw. mittelständ. Arbeitgeber, auch Mediation; auch für BRe aktiv; Umstrukturierungen, bAV, sozialversicherungsrechtl. Betriebsprüfung, variable Vergütung; zunehmend Compliance u. AN-Datenschutz. Angesehen in der Führungskräfteberatung.

Mandate: Danone u.a. zu Schließung Werk Rosenheim; TechBuddy zu Vergütungsgestaltung u. ANÜ; Automobilzulieferer bei konzernweiter Umstrukturierung; GBR Telekommunikationsunternehmen zu Restrukturierung; Arzneimittelhersteller u.a. zu AN-Datenschutz u. bAV; Immobilienunternehmen bei interner Untersuchung; Patentanwaltskanzlei zu freier Mitarbeit; lfd. BayernLB, Wort & Bild Verlag, Agrolab, Pharm-Olam International.

KLIEMT
Arbeitsrecht ★★★★★

Bewertung: Die inzw. zu einer Großkanzlei gewachsene Boutique gehört in nahezu allen arbeitsrechtl. Feldern zu den Top-Beraterinnen. Insbes. bei großvol. Restrukturierungen stellt sie ihre führende Marktposition regelm. unter Beweis, zuletzt u.a. beim Umbau der Servicesparte von Fujitsu. Doch nicht nur auf Mandatsebene schreitet die Kanzlei erfolgr. voran: Ihren strateg. Umbau schloss sie Anfang 2022 mit der Integration des Berliner Standortes ab. Die damit intendierte engere standortübergr. Zusammenarbeit zeigte sich erneut v.a. an der Zusammenarbeit des etablierten Münchner Büros mit dem jüngsten Standort HH. Dabei benötigt Letzterer wahrlich keine Starthilfe mehr. Positive Rückmeldungen von Mandanten sowie zahlr. Erstmandatierungen zeigen deutlich, dass das Team um den jungen Partner Lüthge im HHer Markt angekommen ist. So vertraute bspw. H&M erstmals auf das dortige Team. Als Wachstumsmotor, nicht nur in HH, erwies sich erneut auch die transaktionsbegl. Arbeit, für die die Anwälte regelm. von Kanzleien ohne eigene arbeitsrechtl. Abteilung angefragt werden. Diese Schnittstelle stärkte die Kanzlei zuletzt auch personell. Durch das gewachsene Netzwerk mit Strafrechtskanzleien zog zudem die Beratung zu Compliance-Themen an. Auf diesem Feld erarbeitet sich eine Münchner Partnerin zunehmend Anerkennung.

Stärken: Restrukturierungen u. Führungskräfteberatung.

Oft empfohlen: Prof. Dr. Michael Kliemt („realitätsnah u. lösungsorientiert", „sehr kompetent u. kollegial", Wettbewerber), Dr. Burkard Göpfert („sehr kompetenter Berater, der insbes. sachgerechte u. pragmat. Lösungen findet", Mandant), Dr. Barbara Reinhard („absolute Ausnahmekönnerin im Arbeitsrecht, dazu immer sehr lösungs- u. praxisorientiert", Mandant; „extrem professionell", Wettbewerber), Dr. Markus Bohnau, Dr. Oliver Vollstädt, Dr. Alexander Ulrich, Stefan Fischer („sehr erfahren in betriebsverfassungs- u. tarifrechtl. Themen", Wettbewerber; „exzellente Schriftsätze", Mandant), Martin Wörle, Dr. Markus Janko („sehr IT- u. Legal-Tech-affin, guter Prozessrechtler", Wettbewerber), Dr. Till Heimann („sehr kompetent u. internat. erfahren", Wettbewerber), Christoph Seidler („kompetent u. verlässl.", Mandant), Henrik Lüthge

Team: 17 Eq.-Partner, 14 Counsel, 48 Associates

Schwerpunkte: Umf. Beratung u. Vertretung von Unternehmen, Führungskräften, Behörden sowie gemeinnützigen Unternehmen u. Trägern. Stark bei Outsourcing, TVen, Entsendung u. IT-Implementierung sowie Organhaftung u. großvol. Restrukturierungen. Transaktionsbegleitende arbeitsrechtl. Beratung. Mitglied im internat. Netzwerk Ius Laboris.

Mandate: Muhr & Bender bei gepl. Kauf 2er Airbus-Standorte u. Betriebsänderungen an div. Standorten; Takeaway.com u.a. zu Umstrukturierung u. Betriebsratsstruktur; Rheinmetall u.a. zu Ablösung der konzernw. Matrixstruktur im IT-Bereich; Axel Springer u.a. zu Umstrukturierung; Santander u.a. bei Zusammenlegung von Filialen u. Neugestaltung eines Versorgungswerkes; Fujitsu Technology Solutions bei Carve-out des Servicegeschäfts (mit WFW); H&M im Zshg. mit Verlagerung Logistik von HH nach Osteuropa (öffentl. bekannt); Fresenius Kabi zu umf. Personalabbau; Star Capital bei Kauf von Vincorion; div. Vorstandsmitglieder von VW u. Traton zu Ausscheiden.

KÜMMERLEIN
Arbeitsrecht ★

Bewertung: Der Arbeitsrechtspraxis der ▷Essener Traditionskanzlei gelingt es immer häufiger, durch ihr Know-how, bspw. im Betriebsverfassungsrecht, hochkarätige u. komplexe Mandate an Land zu ziehen. Zuletzt waren es v.a. umfangr. (arbeitsrechtl.) Umstrukturierungen, teils verbunden mit Betriebsstilllegungen u. Stellenabbau, die das Team beschäftigten. Durch die immer engere Vernetzung mit anderen Praxisgruppen wie IT oder Gesellschaftsrecht profitieren Mandanten von einem breiten Beratungsansatz. Auch die Schnittstelle zum Öffentl. Recht kann die Kanzlei bspw. bei der Beratung von Mandanten aus dem Gesundheitssektor einsetzen, insbes. wenn es um regulator. Besonderheiten geht.

Stärken: Beratung des öffentl. Dienstes u. im Gesundheitssektor, Prozesse.

Oft empfohlen: Christian Althaus, Dr. Martin Mönks

Team: 4 Partner, 1 Counsel, 3 Associates

Schwerpunkte: Breit aufgestellte Praxis, häufig für Mittelständler u. Konzerne aus der Region tätig. Betriebsverfassungsrecht v.a. im Öffentl. Sektor. Kirchl. Arbeitsrecht, zudem Datenschutz.

Mandate: Aalberts Surface Technologie bei Betriebsstilllegungen; IFM-Gruppe zu arbeitsrechtl. Umstrukturierung; Chefs Culinar zu Tarifrecht; ArcelorMittal bei arbeitsrechtl. Umstrukturierung; Ev. Klinikum Niederrhein, u.a. zu Mitbestimmung; Franz-Sales-Gruppe in kirchl. Einigungsstellenverf.; lfd.: Flughafen D'dorf, Ineos, Huawei, Vonovia, Uniklinik Essen.

KÜTTNER
Arbeitsrecht ★★★★

Bewertung: Die Kölner Arbeitsrechtsboutique ist besonders für ihre Restrukturierungsberatung anerkannt. Stammmandanten, insbes. aus der

ARBEITSRECHT

Logistikbranche, vertrauten dem Team beim Outsourcing, bei Zukäufen u. nachgelagerten Umstrukturierungen, aber auch gestaltenden Projekten wie der Einführung neuer Arbeitszeit- oder Vergütungsmodelle. Darüber hinaus tragen die vor einigen Jahren eingeführten Expertenteams nun Früchte: Insbes. die Beratung öffentl. Arbeitgeber erhielt weiteren Zulauf. So erweiterte das Team die Beratung des Landes NRW bereits deutl., u. auch die Bezirksregierung Köln setzt nun auf die prozesserfahrenen Anwälte. Gleiches gilt für die Compliance-Beratung, die durch die Vertretung von Ex-Audi-Motorenchef Hatz gg. VW zusätzl. Aufmerksamkeit erhielt. Durch den Ruhestand 2er of Counsel u. den Wechsel des renommierten Röller in die Of-Counsel-Rolle verkleinerte sich das Team zuletzt etwas. Die Kanzlei hatte den Generationswechsel jedoch bereits vor Jahren eingeleitet u. verfügt weiterhin über eine beachtl. Zahl im Markt sehr anerkannter Partner.

Stärken: Restrukturierungsprojekte u. Compliance.
Oft empfohlen: Jürgen Röller („äußerst erfahren, insbes. in der bAV-Beratung", Wettbewerber), Dr. Tim Wißmann („einer der präsentesten dt. Arbeitsrechtler", „sehr erfahrener Restrukturierungsexperte mit Blick für das Wesentliche u. exzellenter Projektsteuerung", Wettbewerber), Dr. Benjamin Ittmann („jurist. Universalwaffe im Arbeitsrecht", Mandant; „unerschrockener Prozessanwalt", Wettbewerber), Thomas Niklas („sehr guter u. kompetenter Berater", Mandant; „hoch kompetent, engagiert, kollegial", Wettbewerber), Thomas Faas, Dr. Herbert Hertzfeld, Robert Lungerich, Thomas Köllmann
Team: 8 Eq.-Partner, 8 Associates, 1 of Counsel
Schwerpunkte: Kollektiv- u. Individualrecht auf Arbeitgeber- u. seltener BR-Seite. Branchen: Medien u. Telekommunikation, Versicherer, Automotive u. Pharma. Strateg. Projekte: Restrukturierungen, Outsourcing. Auch bAV, Compliance (u.a. MeToo). Beratung von Führungskräften, ebenso Organe. Öffentl. Dienstrecht.
Mandate: Alfred Talke u.a. bei Betriebsteilübergang, Neuregelung der Arbeitszeit u. Auseinandersetzungen mit BR; ehem. Audi-Motorenchef Wolfgang Hatz im Zshg. mit Schadenersatzforderungen von VW (öffentl. bekannt); Datafixx bei Personalabbau; DEVK u.a. zu Vorstandsvergütung; Land NRW u.a. zu Eingruppierung von Mitarbeitern der Gerichte u. zu Lehrkräften; MDR bei Verfahren gg. ehem. freie Mitarbeiter; Baker Hughes zu BR-Vergütung; Bruker in Einigungsstelle zu Betriebsschließungstagen; lfd.: Atlas Copco, ARD ZDF Deutschlandradio Beitragsservice.

LABORIUS SCHRADER SIEBERT THOMS KLAGGES
Arbeitsrecht ★★

Bewertung: Die Boutique aus Hannover zählt im Arbeitsrecht zu den anerkannten Einheiten. Trad. stark ist sie in der Beratung der Automotive-Branche, was seinen Ursprung in der langj. Mandatsbeziehung zum VW-Konzern hat, den sie auch weiterhin zu div. arbeitsrechtl. Aspekten berät. Doch auch neue Mandanten kommen regelm. hinzu, etwa die öffentl. Hand u. Unternehmen aus der Wohnungswirtschaft. Darüber hinaus sind die Anwälte in mehrere Projekte involviert, in denen es unter versch. Vorzeichen um (teils umfangr.) Transformationsprozesse in Unternehmen geht.
Stärken: Prozesse, Betriebsverfassungsrecht, Flexibilisierung von Arbeitsbedingungen.
Oft empfohlen: Prof. Dr. Peter Schrader („zielgerichteter Pragmatiker", Mandant; „engagiert u. kompetent", Wettbewerber), Jens Siebert
Team: 5 Partner, 5 Associates
Schwerpunkte: Überwiegend Dauerberatung, Prozessführung, Umstrukturierungen, Betriebsverfassungsrecht. Auch Begleitung von Transaktionen, Reorganisationen u. gr. Projekten. Zudem Vertretung von Führungskräften.
Mandate: Asmo Solutions zu internat. AN-Überlassung; Autohaus Wolfsburg Hotz u. Heitmann bei Umstrukturierung; Personaldienstleister bei Compliance-Untersuchung; Vereinigung Cockpit im Zshg. mit Umstrukturierung von Tuifly; lfd.: VW, Meravis Wohnungsbau u. Immobilien, Bahlsen, Brose Sitech, Fuchs-Gruppe, Heinz von Heiden.

LATHAM & WATKINS
Arbeitsrecht ★★

Bewertung: Das kl. Arbeitsrechtsteam profitiert von den starken ▷M&A- u. Private-Equity-Praxen der Gesamtkanzlei. Es nur auf die transaktionsbez. Arbeit zu reduzieren, greift jedoch zu kurz, denn häufig ziehen die Mandate Post-Merger-Restrukturierungen nach sich. Zudem berät das Team Unternehmen in originär arbeitsrechtl. Projekten wie Betriebsstilllegungen oder der Einführung von Matrixstrukturen. Ihre Marktpräsenz erhält die Praxis jedoch durch den im Datenschutz angesiedelten Wybitul, zuletzt etwa durch die Abwehr von Auskunftsansprüchen für Daimler vor dem BAG. Nachdem Kleffmann die Praxis nach nur 2 Jahren verließ, verbleibt mit Leder nur ein waschechter Arbeitsrechtspartner. Zwar holte die Kanzlei einen Counsel mit Erfahrung bei Restrukturierungen u. Vergütungsthemen, um dauerhaft größere arbeitsrechtl. Projekte zu stemmen, bräuchte es jedoch personellen Ausbau.
Stärken: Beratung von ▷Private-Equity-Häusern. Grenzüberschr. Restrukturierungsprojekte, Arbeitnehmerdatenschutz.
Oft empfohlen: Dr. Tobias Leder („fachl. äußerst versiert, sehr professionell", Mandant), Tim Wybitul („hochkarätiger Datenschutzexperte, pragmat. u. bissig, wenn nötig", Mandant)
Team: 2 Partner, 1 Counsel, 3 Associates
Partnerwechsel: Anne Kleffmann (zu Willkie Farr & Gallagher)
Schwerpunkte: Projekt- (v.a. Umstrukturierungen, Privatisierungen/Outsourcing) u. Dauerberatung, insbes. in der Pharmabranche. Enge Verknüpfung mit ▷Restrukturierung u. Datenschutz (▷IT u. Datenschutz).
Mandate: Körber Supply Chain bei Carve-out u. Betriebsspaltung; Panasonic bei Implementierung grenzüberschr. Matrixorganisation; Salutas Pharma bei Restrukturierung; Star Alliance bei Personalabbau, Team Viewer bei SE-Umwandlung u. MA-Beteiligung; Daimler in Verfahren zu Auskunftsanspruch (DSGVO); lfd.: Novartis, Hexal, Sandoz.

LINKLATERS
Arbeitsrecht ★★★

Bewertung: Durch den Zugang des bAV-Experten Döring im Vorjahr hat die Arbeitsrechtpraxis ihre letzte Kompetenzlücke geschlossen. Das belegen gleich mehrere Mandate, die teils aus seinem Netzwerk stammen, teils neu zu Linklaters kamen. Auch im Zshg. mit komplexen Transaktions- u. Restrukturierungsmandaten kann die Praxis nun umf. zu CTA-Strukturen beraten u. somit die ges. Klaviatur arbeitsrechtl. Themen bespielen. Auch Mandanten heben die „breit gestreute u. umf. Kompetenz" des Teams hervor. Die integrierte Zusammenarbeit mit anderen Praxisgruppen der Kanzlei zeigt sich auch in der Compliance-Beratung, die v.a. Grau besetzt, der die Leitung der Praxis von Devey übernahm. Letzterer steht nach wie vor für das internat. Geschäft, das seinen Ursprung oft in der arbeitsrechtl. Flankierung von Transaktionen hat, aber auch regelm. dazu führt, dass das Team internat. aufgestellte Mandanten wie Körber oder McKesson im Nachgang lfd. u. zu strukturellen Themen berät.
Stärken: Transaktions- u. projektbezogene Praxis im internat. Umfeld (v.a. USA, GB), Compliance.
Oft empfohlen: Dr. Timon Grau („ausgezeichnet", „klar u. sachl.", Wettbewerber), Matthew Devey, Dr. René Döring („sehr erfahren, höchst kompetent u. gleichz. pragmat.", „langj. Erfahrung in Entwicklung u. Umsetzung von Transaktionen mit Rentnergesellschaften, „zuverlässig u. serviceorientiert", „einer der anerkanntesten Spezialisten zur bAV in Dtl.", Wettbewerber)
Team: 3 Partner, 2 Counsel, 11 Associates
Schwerpunkte: Grenzüberschr. Projektsteuerung, Vergütungsfragen im Bankensektor, Datenschutz u. ▷Compliance (v.a. interne Untersuchungen) sowie Kollektivarbeitsrecht.
Mandate: Westpac Banking Corp. arbeits- u. betriebsrentenrechtl.; ADQ Group, u.a. zu Vergütungsstrukturen; Clark, u.a. zu Mitarbeiterbeteiligungsprogramm bei Übernahme der Finanzen Group; Uniper zu Pensionsthemen im Zshg. mit Verkauf von Kraftwerksbeteiligung; Daimler im Zshg. mit Börsengang der Truck-Sparte; Genting/MV Werften zu umfangr. Restrukturierung von 4 Werften; Körber bei Kauf des Post- u. Paketgeschäfts von Siemens Logistics; McKesson bei Teilverkauf an Phoenix-Gruppe; Mondi arbeits- u. betriebsrentenrechtl. bei Verkauf von Geschäftssparte.

LOSCHELDER
Arbeitsrecht ★

Bewertung: Die ▷Kölner Kanzlei sitzt bei ihren überwiegend mittelständ. Mandanten fest im Sattel u. berät sie im Zuge arbeitsrechtl. Mandate oft auch zu strateg. Aspekten. Neben der klass. arbeitsrechtl. Dauerberatung setzen Unternehmen auch bei akuten Themen wie zuletzt Corona u. größeren Projekten auf die Praxis. Zudem haben die Anwälte immer deutlicher ihre Spezialisierungen – bspw. im Datenschutzrecht – herausgearbeitet, häufig im Schulterschluss mit Anwälten anderer Teams, die bei passenden Projekten hinzugezogen werden.
Oft empfohlen: Dr. Detlef Grimm („hervorragend", Mandant), Dr. Sebastian Pelzer („fachl. versiert, lösungsorientiert", Wettbewerber)
Team: 3 Partner, 1 Counsel, 4 Associates
Schwerpunkte: Umf. arbeitsrechtl. tätig, häufig langj. Mandatsbeziehungen zu regionalen Mittelständlern. Spezialisierung im Datenschutz.
Mandate: Atlas Copco u.a. zu bAV; Metro bei Kauf Günther-Gruppe, u.a. zu Verträgen u. bAV; Chemieunternehmen bei Harmonisierung der Arbeitsbedingungen; AOK Systems lfd. inkl. IT-Betriebsvereinbarung; Flughafen Köln/Bonn bei div. Verfahren im Zshg. mit flexiblem Personaleinsatz; Basalt lfd., u.a. zu Fremdpersonaleinsatz; lfd.: 1. FC Köln, Hochschule Fresenius.

ARBEITSRECHT

LUTHER
Arbeitsrecht ★★★★

NOMINIERT
JUVE Awards 2022
Kanzlei des Jahres für Arbeitsrecht

Bewertung: Der zuletzt stark gewachsenen Arbeitsrechtspraxis ist es gelungen, die Quereinsteiger des vergangenen Jahres überaus erfolgr. zu integrieren. Insbes. die bAV-Beratung erhielt durch Arteaga u. Veit erhebl. Auftrieb. Dies zeigte sich an bereits bestehenden Großprojekten wie der Abspaltung von Daimler Truck, v.a. aber an den Mandaten, die sie nun im Zusammenspiel mit Gesellschafts- u. Steuerrechtlern sowie den Fondsstrukturierern akquirieren u. bearbeiten. An die Erfolge des Vorjahres anknüpfen konnte indes das Essener Team mit der Beratung der grenzüberschr. Verschmelzung der R+V-Versicherung. Die tarifrechtl. Beratung gehört an fast allen Standorten zu den Beratungsschwerpunkten der Praxis, insbes. jedoch in Berlin. So untermauerte von Steinau-Steinrück seine anerkannte Spezialisierung zuletzt mit der Beratung der Dt. Bahn im Tarifkonflikt mit der GDL.

Stärken: Tarif- u. Streikrecht; betriebl. Altersversorgung; Branchenerfahrung im ▷Gesundheits-/Krankenhausbereich, insbes. bei Privatisierungen.

Oft empfohlen: Dr. Marco Arteaga („besonders erfahren im Betriebsrentenrecht", Wettbewerber), Prof. Dr. Robert von Steinau-Steinrück, Axel Braun, Dr. Paul Schreiner („hervorragend im Vermitteln jurist. Herausforderungen an Laien, sehr guter Kompromissfinder", Mandant), Dr. Eva Rütz, Dr. Annekatrin Veit („besondere Beratungskompetenz in der bAV durch rechtsgebietsübergr. Wissen im Steuer- u. Arbeitsrecht", Mandant), Dietmar Heise („konstruktiver Verhandler", Wettbewerber)

Team: 16 Partner, 7 Counsel, 32 Associates, 2 of Counsel

Schwerpunkte: Breit aufgestellte Praxis auf Unternehmensseite mit projektbezogener Beratung (Transaktionen u. Restrukturierungen) u. Prozessführung. Für internat. Unternehmen in Funktion einer erweiterten Rechtsabteilung, zunehmend bei Einführung agiler Strukturen. Außerdem Führungskräfte.

Mandate: R+V Lebensversicherung bei konzerninterner Verschmelzung; Dt. Bahn/AGV Move im Zshg. mit Tarifeinheit, einschl. Gerichtsverfahren; Daimler im Zshg. mit Abspaltung von Daimler Truck (öffentl. bekannt); öffentl.-rechtl. Rundfunksender bei Neuaufstellung der Altersversorgung; Einzelhandelsunternehmen im Zshg. mit SE-Gründung; Aurelius bei Übernahme von Hüppe; Amazon in Prozessen; lfd. Fujifilm, H&M, Metro, Zur Rose Pharma.

LUTZ ABEL
Arbeitsrecht ★

Bewertung: Die Praxis der Mittelstandskanzlei berät Arbeitgeber zu allen arbeitsrechtl. Themen. Insbes. im Energiesektor setzen auch große Unternehmen u. Versorger wie Enercon oder EWE auf die Restrukturierungserfahrung des Teams. In HH stand jedoch zuletzt der Umbau einer anderen Branche im Vordergrund: Nachdem es sich bei der Restrukturierung der Neptun Werft bewährt hatte, setzte auch die Meyer Werft beim umf. Personalabbau auf das Team um Abraham. Ein 2. Standbein ist mittlerw. die Beratung zum Fremdpersonaleinsatz, der sich insbes. ein 2020 zum Münchner Büro gestoßener Sal.-Partner widmet.

Stärken: Begleitung von Re- u. Umstrukturierungsprojekten.

Oft empfohlen: Dr. Henning Abraham („umtriebig u. motiviert", Wettbewerber)

Team: 1 Eq.-Partner, 2 Sal.-Partner, 9 Associates

Schwerpunkte: Dauerberatung überw. mittelständ. Unternehmen; Re- u. Umstrukturierungen, sozialversicherungsrechtl. Compliance (Fremdpersonaleinsatz), Arbeit 4.0.; Branchenschwerpunkte: (Wind-)Energie u. Schifffahrt (HH).

Mandate: Meyer Werft u. Neptun Werft jew. bei umf. Stellenabbau; Ewe u.a. bei TV-Verhandlung u. Interessenausgleich bei Überführung von Tochtergesellschaften in Joint Venture; Bundesbehörde bei arbeits- u. sozialversicherungsrechtl. Compliance-Projekt, einschl. Prozessvertretung; lfd.: CMA CGM, Enercon, Lieken, Lloyd's Register, Jenoptik, Nordex.

MAAT
Arbeitsrecht ★★

Bewertung: Die Arbeitsrechtsboutique hat in der bAV-Beratung sowie bei der lfd. Beratung u. Vertretung ihrer Stammmandanten erneut ein erfolgr. Jahr hinter sich. Gleiches gilt für ihren 3. Schwerpunkt, die Begleitung von Transaktionen an der Seite internat. Einheiten: So setzt neben Kirkland u. Sidley inzw. eine weitere US-M&A-Kanzlei auf Thum u. Bader. Ähnl. positiv entwickelte sich die Beratung von Krankenhäusern, öffentlichkeitswirksam war insbes. die Anfechtung der Personalratswahl aufseiten der Uniklinik Frankfurt. Marquardt wiederum gelang es, in der Medienlandschaft Fuß zu fassen, wo sie Verlage u. Agenturen u.a. zum mobilen Arbeiten beriet. Auch in der Neugestaltung von betriebl. Versorgungsleistungen, in der Betz-Rehm zu den anerkanntesten Beratern gehört, steigt die Nachfrage stetig. Einziger Wermutstropfen ist der erneute Weggang eines erfahrenen Anwalts im Herbst 2021. Zwar hat die Kanzlei ihre Associate-Riege inzw. wieder aufgestockt, doch um weitere Fluktuationen zu vermeiden, muss sie beginnen, dem erfahrenen Nachwuchs auch Partnerchancen einzuräumen.

Stärken: bAV, auch in Verfahren; arbeitsrechtl. Unterstützung von Großkanzleien bei Transaktionen.

Oft empfohlen: Thomas Bader („fachl. überragend", Mandant; „ruhig u. gelassen, fachl. fundiert", Wettbewerber), Christian Betz-Rehm, Dr. Dominik Jochums („Top-Jurist", Wettbewerber), Dr. Rainer Thum („sehr guter Transaktionsarbeitsrechtler", Wettbewerber), André Schiepel („hervorr. Kenntnisse, insbes. auch im TVöD, bei ihm ist man immer in den besten Händen", Mandant), Dr. Cornelia Marquardt („erfahren, engagiert, pragmat.", Wettbewerber)

Team: 11 Partner, 8 Associates

Schwerpunkte: Beratung in der Gesundheits- u. Versicherungsbranche; Umstrukturierungen, Restrukturierungen; Prozessvertretung

Mandate: Dt. Großbank bei Betriebsrentenanpassung; BMW u.a. zu länderübergr. Beendigungsfall u. Vergütungsfragen; Verlag bei Personalabbau; Chemieunternehmen u.a. zu tarifl. Vergütung u. internen Ermittlungen; Mercer zu bAV; lfd.: Adidas, Städt. Klinikum München, Universitätsklinikum Frankfurt.

MAINWERK
Arbeitsrecht ★

Bewertung: Die Boutique mit Standorten in Ffm. u. Heidelberg ist in der arbeitsrechtl. Beratung breit aufgestellt. Mandanten loben die „langj. u. vertrauensvolle Zusammenarbeit", was auch neue Unternehmen dazu bewegt, die erfahrenen Partner zu beauftragen. Erneut prägten eine Reihe von Personalabbaumaßnahmen u. IT-Outsourcings die Arbeit. Beim Thema moderne Arbeitsformen ist Mainwerk ebenfalls gefragt u. kann u.a. aufgr. der Beratung mehrerer ausl. Konzerntöchter viel Erfahrung vorweisen, weil internat. Konzerne schon vor der Pandemie zu den Vorreitern moderner Arbeitsmodelle zählten.

Oft empfohlen: Ulla Rupp („fachl. hervorragend, schnelle, praxisorientierte Umsetzung, menschl. sehr angenehm", Mandant), Oliver Driver-Polke, Kai Golücke („kurze Reaktionszeiten, hervorragende Fachkenntnis, transparente u. faire Abrechnung", Mandant), Dr. Henning Wiehe

Team: 5 Eq.-Partner, 1 Counsel, 2 Associates, 1 of Counsel

Schwerpunkte: Umf. arbeitsrechtl. Beratung u. Vertretung mittelständ. Unternehmen sowie Konzerne.

Mandate: Corestate lfd. arbeitsrechtl.; Seyfarth zu arbeitsrechtl. Großprojekten; Teknos zu Betriebsverlagerung inkl. Interessenausgleich u. Sozialplan; Oracle zu div. Umstrukturierungen; KV Hessen bei Strukturreformen; Capri Sun, u.a. zu Vergütungssystemen u. Tarifverträgen; lfd. Coca-Cola, Foam Partner, Prominent, Goodmann, Air Alliance.

MAYER BROWN
Arbeitsrecht ★★

Bewertung: Die Arbeitsrechtspraxis der US-Kanzlei ist v.a. bei Restrukturierungen u. im Beschäftigtendatenschutz sehr erfahren u. angesehen. Regelm. kooperieren die dt. Arbeitsrechtler insbes. im Projektgeschäft mit Kollegen aus anderen Praxisgruppen u. Auslandsbüros. Ihre teils langj. Beziehungen zu einer ganzen Reihe von Mandanten, u.a. aus der Automotive-Branche, erlauben es den beiden Partnern, die Mandatsverantwortung auch auf Counsel zu übertragen. u. so ein ausgewogenes Senioritätslevel in der Praxis zu schaffen.

Stärken: Ww. aufgestellt, u.a. stark in Asien. Datenschutz.

Oft empfohlen: Dr. Guido Zeppenfeld, Vanessa Klesy

Team: 2 Partner, 2 Counsel, 4 Associates

Schwerpunkte: Automobil-, Chemie- u. Luftfahrtindustrie, Finanzsektor (v.a. zu Vergütung). Etl. dt. Töchter internat. Konzerne. Restrukturierung u. Outsourcing, auch Transaktionsbegleitung (▷M&A). Datenschutz.

Mandate: Albemarle, v.a. zu Einführung von IT-Systemen inkl. Datenschutz; Cathay Pacific bei Umstrukturierung; Borbet im Tarif- u. Betriebsverfassungsrecht; Lear arbeitsrechtl. bei Zukauf; Macquarie Capital insbes. zur Integration von GLL Real Estate; Mitsubishi bei Restrukturierung u. strateg. Neuausrichtung.

MCDERMOTT WILL & EMERY
Arbeitsrecht ★★

Bewertung: Mandanten der Arbeitsrechtspraxis von MWE profitieren davon, dass das Team in den verg. Jahren die Vernetzung mit anderen Fachbereichen der Kanzlei konsequent forciert hat. Entspr. häufig arbeiten die Arbeitsrechtler mit den Experten aus Steuerrecht oder Datenschutz zusammen. Zentral ist das u.a. bei der Neustrukturierung von Vergütungssystemen, zu denen die Praxis zuletzt

ARBEITSRECHT

vermehrt beriet. Aber auch einige durch Corona sehr aktuelle Themen, allen voran neue Arbeitsformen und -modelle sowie Re- u. Umstrukturierungen, beschäftigen sie, insbes. mit Blick auf betriebl. Mitbestimmung. Das integrierte Konzept überzeugt neben Bestandsmandanten auch neue Unternehmen, wie zuletzt etwa Teleperformance.
Stärken: Beratung ausl. Unternehmen bzw. dt. Töchter. Restrukturierungen.
Oft empfohlen: Volker Teigelkötter („fachl. sehr gut; große Erfahrung in Begleitung komplexer Umstrukturierungen", Wettbewerber), Dr. Philipp Schäuble („sachl., kompetent u. umsichtig; in der Beratung ruhig, besonnen u. zielorientiert", Mandant)
Team: 1 Eq.-Partner, 5 Sal.-Partner, 6 Associates, 1 of Counsel
Schwerpunkte: Beratung in Projekten, v.a. auch krisennahe ▷*Restrukturierungen* u. Personalanpassung auf Unternehmensseite, Transaktionsbegleitung. Lfd. Beratung im Tarifrecht, zu Auslandsentsendung u. Compliance (viel AÜG). Auch Führungskräfte, zunehmend Organberatung u. Vergütungsthemen im Konzernumfeld.
Mandate: Ionos-Gruppe zu Führungskräftevergütung; Teleperformance Germany zu Homeoffice; Deckel Maho Pfronten zu Verhandlungen mit BR u. der IG Metall bzgl. Ausgliederung der Logistik; Yazaki Europe, u.a. zu Standortschließungen; Baukonzern bei Outsourcing von Buchhaltungsdienstleistungen; 1&1 u.a. zu Neugestaltung von Provisionssystem für Vertriebsmitarbeiter; lfd. Audi u. Konzerntöchter, Trivago, Bauerfeind, Mitsubishi Power.

MICHELS PMKS
Arbeitsrecht ★

Bewertung: Die Arbeitsrechtsboutique verfolgt einen sehr partnerzentrierten Beratungsansatz u. unterscheidet sich damit in ihrer Aufstellung grundlegend von Kanzleien wie Vangard oder Pusch Wahlig. Trotz überschaubarer Größe ist sie bemerkenswert spezialisiert: Von Arbeitszeitmodellen über insolvenznahes Arbeitsrecht bis zu Restrukturierungen decken die Teams aus Köln u. D'dorf alles ab. Zuletzt waren die Partner insbes. mit Sozialplanverhandlungen u. Outsourcing-Projekten befasst. Neben ihrem ausgeprägten Branchenschwerpunkt im Gesundheitswesen intensiviert die Kanzlei nun auch ihr Engagement im Logistiksektor u. holte sich dafür hochkarätige Unterstützung durch einen bekannten ehem. Personalleiter von DB-Schenker.
Oft empfohlen: Dr. Marcus Michels, Dr. Gunther Mävers („tolle rechtl. Unterstützung, äußerst schnelles Feedback", Mandant), Dr. Tilman Isenhardt („exzellente fachl. Beratung, immer mit verständlicher Erklärung, zeitnah u. auf den Punkt lösungsorientiert", Mandant), Dr. Jannis Kamann, Ulrich Kortmann, Peter Hützen, Dr. Sebastian Maiß („sehr pragmat. Herangehensweise, immer up to date, sehr angenehme Zusammenarbeit", Mandant)
Team: 10 Eq.-Partner, 1 of Counsel
Schwerpunkte: Beratung mittelständ. Unternehmen; internat. Arbeitnehmerentsendung. Viel Erfahrung im Krankenhaussektor.
Mandate: Kumi Health umf. arbeitsrechtl., u.a. zu Vergütungsthemen; Duisburger Hafen bei Einführung neues Arbeitszeitmodell u. IT-Projekten; Educcare Bildungskindertagesstätten, u.a. zu TVöD; lfd.: Der Grüne Punkt, Freudenberg-Gruppe, Kone, St. Antonius Hospital Eschweiler, Uniklinik Köln, Dillenburger-Gruppe, DTM Deutsche Tele Medien, Protection One, Reuter-Gruppe, Stadt Mönchengladbach, Johnson & Johnson.

NOERR
Arbeitsrecht ★★★★★

Bewertung: Die zur erweiterten Marktspitze gehörende Praxis verdankt ihr Renommee insbes. der großen Erfahrung bei Restrukturierungen sowie der Begleitung komplexer Transaktionen u. darauf folgender Post-Merger-Integrationen. So setzte die Schwarz-Gruppe, die das Team um Butz bereits mit der Integration der Real-Märkte beauftragt hatte, auch für die Expansion ihrer Recyclingtochter PreZero auf Noerr. Ein Erfolgsgeheimnis des Teams liegt in der engen Zusammenarbeit mit nahezu allen anderen Praxen. Neben der Nähe zu den ▷*Corporate*-, ▷*M&A*- u. ▷*Restrukturierungs*-Abteilungen profitierten Mandanten zuletzt v.a. vom Compliance-Team, dem auch einige Arbeitsrechtler angehören. So beauftragte u.a. ein großer Verkehrsclub ein interdiszipl. Team mit einem umf. Projekt zum Fremdpersonaleinsatz. Auch in anderen Bereichen nahmen die Projekte in den verg. Jahren an Volumen u. Komplexität zu. Um nicht an Kapazitätsgrenzen zu stoßen, verstärkte sich das Team auf Partner- u. Associate-Ebene. Zudem zeigt die Ernennung eines auf bAV spezialisierten Eq.-Partners, dass die eigenen Talente nicht zu kurz kommen.
Oft empfohlen: Dr. Hans-Christoph Schimmelpfennig („in jeder Hinsicht ausgezeichnet", Wettbewerber), Dr. Andreas Butz („sehr professionell u. konstruktiv", Wettbewerber), Daniel Happ („Experte zu Fremdpersonaleinsatz u. HR-Compliance", Wettbewerber), Dr. Patrick Mückl, („er kennt keine Probleme, nur wissenschaftl. fundierte u. pragmat. umsetzbare Lösungen", „exzellenter Restrukturierungsanwalt", Wettbewerber), Dr. Wolfgang Schelling, Tillmann Hecht
Team: 8 Eq.-Partner, 10 Sal.-Partner, 3 Counsel, 17 Associates
Partnerwechsel: Boris Blunck (von Allen & Overy)
Schwerpunkte: Breit aufgestellte Praxis für die Beratung von Unternehmen, v.a. in Projekten (u.a. Restrukturierung, Outsourcing, Mitbestimmung), bei der Personalgestaltung (u.a. flexible Vergütungs-/Arbeitszeitmodelle) oder rechtl. Rahmenbedingungen (Tarifrecht). Zudem stark in Fremdpersonal-▷*Compliance*.
Mandate: PreZero bei Kauf 2er Wettbewerber u. Post-Merger-HR-Projekten; Bank bei Auslagerung von Pensionsverpflichtungen; Bauer Media im Zshg. mit freien Mitarbeitern; Condor Flugdienst bei Stationsschließung, Kündigungen u. anschl. KüSchu-Verfahren; Flughafen D'dorf zu Restrukturierung; Kaufland zu Post-Merger-Integration von Real-Märkten; Westwing bei SE-Umwandlung; Ceconomy bei gepl. Konzernrestrukturierung; dt. Nutzfahrzeughersteller zu Datenverarbeitung im Zshg. mit Pensionsfondszusagen; großer Verkehrsclub zu Fremdpersonaleinsatz.

OPPENHOFF & PARTNER
Arbeitsrecht ★★

Bewertung: Digitale Transformation steht derzeit im Zentrum der arbeitsrechtl. Beratung bei O&P. Entspr. umfangr. sind die Mandate, die das Team im Zshg. mit neuen, flexiblen Arbeitsformen oder IT-Projekten betreut. Profitieren können Mandanten dabei v.a. von der guten Vernetzung der Arbeitsrechtler mit dem Datenschutzteam. Da die Kanzlei regelm. für dt. Töchter internat. Konzerne tätig ist, spielt der AN-Datenschutz meist eine zentrale Rolle. Dem Anspruch einer Full-Service-Kanzlei entspr. sind die Arbeitsrechtler regelm. Teil von Transaktionsmandaten, dabei allerdings nicht auf reine Supportfunktionen beschränkt. Vielmehr gelingt es ihnen regelm., sich durch derartige Projektarbeit für die Dauerberatung zu empfehlen. Eine junge Partnerin macht an der Schnittstelle zu Compliance auf sich aufmerksam, indem sie Unternehmen zu Anstellungs- u. Trennungsprozessen sowie im Zshg. mit AN-Kriminalität berät.
Stärken: Unternehmensmitbestimmung bei ausl. Firmenmüttern, Transaktionsbegleitung, bAV.
Oft empfohlen: Dr. Gilbert Wurth, Dr. Alexander Willemsen, Kathrin Vossen, Jörn Kuhn („lösungsorientiert, sehr qualifiziert u. einsatzbereit", Wettbewerber), Anja Dombrowsky („unkompliziert u. lösungsorientiert", Wettbewerber)
Team: 3 Eq.-Partner, 3 Sal.-Partner, 7 Associates
Schwerpunkte: Umf. Beratung von dt. Töchtern internat. Unternehmen, Restrukturierungen, Tarifrecht. Zunehmend Datenschutz (▷*IT u. Datenschutz*) mit den IT-Experten.
Mandate: Handelsunternehmen bei umf. Reorganisation inkl. Stellenabbau; Lebensmittelkonzern bei Restrukturierung des Außendienstes; frz. Softwareunternehmen bei Markteintritt in Dtl., insbes. zu Arbeitszeit u. Vergütung; Versicherung bei konzerninterner Umstrukturierung, insbes. zu Mitbestimmung. Fragen; Kosmetikunternehmen, u.a. zu BR-Gründung; Versicherung zu HR-Compliance; lfd. Adient-Gruppe, Diebold Nixdorf, Food Chain ID Testing, Johnson Controls.

ORTH KLUTH
Arbeitsrecht ★★

NOMINIERT
JUVE Awards 2022
Kanzlei des Jahres für Arbeitsrecht

Bewertung: Im Vgl. zu anderen Mittelstandskanzleien hat OK mittlerw. eine recht spezialisierte u. gut in die Gesamtkanzlei integrierte Arbeitsrechtspraxis aufgebaut. Dadurch empfiehlt sich das Team regelm. bei neuen Mandanten u. für komplexere Projekte, wie etwa beim Lieferdienst Gorillas. Im Fokus der Beratung stehen aktuell u.a. Flexibilisierungsthemen insbes. mit Blick auf die neue Arbeitswelt, aber auch Re- bzw. Umstrukturierungen. Weiter als viele Kanzleien ist OK beim Thema Legal Tech/Digitalisierung, weil sie eine der wenigen Mittelstandskanzleien ist, die bereits ein eigens entwickeltes Tool zum Fremdpersonaleinsatz auf den Markt gebracht hat. Von der Verstärkung in Berlin verspricht sich die Kanzlei eine Erweiterung ihrer in D'dorf stark von der Industrie geprägten Mandantenbasis. Der neue Sal.-Partner bringt erste Kontakte in die lokale Start-up-Szene mit.
Oft empfohlen: Dr. Guido Matthey („fachl. gut", Wettbewerber)
Team: 2 Eq.-Partner, 4 Sal.-Partner, 4 Associates
Partnerwechsel: Lukas Stähler (von Hyazinth)
Schwerpunkte: Überwiegend mittelständ. Mandanten, auch Konzernberatung. Restrukturierungen, Datenschutz u. AÜG. Branchen: Industriekonzerne u. Unternehmen aus Metall-/Elektrobranche sowie im Schienenverkehr. Auch Prozesse.
Mandate: Bofrost-Gruppe lfd., u.a. zu betriebsverfassungsrechtl. Themen; Gea u.a. zu Fremdperso-

ARBEITSRECHT

naleinsatz; Gorillas Technologies zu Post-Merger-Integration nach Kauf von Pandalogistics u. zu Teilbetriebsschließung; GRT Global Rail Academy and Media bei Restrukturierung inkl. Betriebsschließung; ValeoSiemens e-Automotive zu Interessenausgleich u. Sozialplan wg. Einstellung Produktion Elektromobilität an 2 Standorten; Melitta bei Restrukturierung; Siemens Industry Software, u.a. zu umf. Reorganisation.

OSBORNE CLARKE
Arbeitsrecht ★★

Bewertung: Digitale Transformation wird in der Arbeitsrechtspraxis von OC nicht erst seit Corona großgeschrieben. Entspr. erfahren war das Team bereits, als (grenzüberschr.) Reorganisationsprojekte Konjunktur bekamen. Aktuell berät es mehrere Unternehmen zu Projekten rund um die neue, digitale Arbeitswelt, bei denen von mitbestimmungspflichtigen IT-Outsourcings bis Entsendethemen die ganze Klaviatur des Arbeitsrechts bespielt wird. Daneben stehen auch klass. Restrukturierungen im Fokus, inkl. Betriebsstilllegungen u. Stellenabbau. Zu den Vorreitern zählt die Praxis in Sachen Legal Tech. Als eine der wenigen im Markt hat OC bereits Tools entwickelt (zum Bsp. im Zshg. mit Scheinselbstständigkeit), die sie nicht nur unterstützend im Mandat einsetzt, sondern Mandanten als fertiges Produkt anbietet.
Stärken: Enge Einbindung in Gesamtkanzlei, Beratung zu digitaler Transformation u. Fremdpersonaleinsatz.
Oft empfohlen: Dr. David Plitt („sehr pragmat. u. kreativ", Wettbewerber), Dr. Anke Freckmann, Annabel Lehnen, Dr. Thomas Leister
Team: 6 Partner, 4 Counsel, 15 Associates
Schwerpunkte: Häufig mittelständ. Klientel, aber auch internat. Gesellschaften mit Präsenz in Deutschland. Sehr erfahren bei Umstrukturierungen u. in der Beratung zu AÜ, stark an der Schnittstelle zu ▷IT u. Datenschutz. Branchenschwerpunkt: Personaldienstleister.
Mandate: Bruker-Gruppe Dtl. u.a. zu Vergütung u. Standortschließung; HCL u.a. zu Fremdpersonaleinsatz; VfB Stuttgart bei Trennung von GF für Tochtergesellschaften (LG Stuttgart); Cruise zu div. BV, u.a. zu neuem Vergütungssystem; Immocation zu Compliance-Strategie bzgl. freier Mitarbeiter; Wipro Business Service im Zshg. mit Bildung Konzern-BR; Diageo regelm. in 9 europ. Ländern; lfd. Allegis Group, GitLab, Sodexo, Veritas, Claas.

PUSCH WAHLIG
Arbeitsrecht ★★★★

Bewertung: Mit rund 60 Arbeitsrechtlern u. zunehmender Spezialisierung gehört die anerkannte Boutique mittlerw. zu den personalstärksten hierzulande. Im Sommer 2022 holte sie in München ein 5-köpfiges Team um Annuß, das neben zusätzl. Kapazitäten Kontakte zu einigen Dax-Unternehmen mitbringt, die das Mandantenportfolio von PW gut ergänzen. Bei der Integration des Teams wie auch der standortübergr. Zusammenarbeit sollen neu eingeführte Praxisgruppen unterstützen. Dass es neben den klass. arbeitsrechtl. Schwerpunkten wie Restrukturierung oder bAV auch ein M&A-Team gibt, zeigt, wie stark sich die transaktionsbegl. Beratung entwickelt hat, für die inzw. ein 2020 von Küttner gekommener Anwalt steht, der mittlerweile Partner ist. Als Nächstes erschiene eine Praxis für SE-Gründungen folgerichtig, so nachgefragt war dieser Bereich. In solchen, oft grenzüberschr. Projekten profitieren Mandanten, wie zuletzt Unite, vom internat. L&E-Netzwerk der Kanzlei. Gleiches gilt für die weiterhin anziehende Beratung von Lieferdiensten zur Scheinselbstständigkeit. Hier, wie auch in Restrukturierungen u. Masseverfahren setzt die Kanzlei regelm. auf die Tools der angeschlossenen Legal-Tech-Gesellschaft.
Stärken: Unternehmensmitbestimmung, internat. kollektives Arbeitsrecht; Restrukturierungen, auch unter Einsatz selbst entwickelter techn. Lösungen.
Oft empfohlen: Dr. Tobias Pusch („exzellent in jegl. Hinsicht; lösungsorientiert u. pragmat.", Mandant), Thomas Wahlig, Dr. Jochen Keilich („erstklassige Betreuung, schnelle u. kostengünstige Erledigung von Klageverfahren sowie pragmat. Begleitung von Betriebsübergängen", Mandant; „Experte bei Restrukturierungen", Wettbewerber), Dr. Falko Daub, Dr. Holger Thomas („große Erfahrung bei Interessenausgleich u. Sozialplan", Wettbewerber), Verena Braeckeler-Kogel, Katrin Scheicht („fachl. sehr gut", Wettbewerber), Dr. Alexander Lorenz, Britta Alscher, Dr. Tobias Brors („fachl. top u. lösungsorientiert", Wettbewerber), Prof. Dr. Georg Annuß („erstklassig, unglaubl. kompetent, sehr einfühlend u. dennoch hart in der Sache – sehr zu empfehlen", Mandant), Dr. Luca Rawe („Newcomer im Bereich der betriebl. Altersversorgung", Wettbewerber)
Team: 20 Eq.-Partner, 11 Counsel, 28 Associates, 3 of Counsel
Partnerwechsel: Jan Rudolph, Ingo Sappa (beide von Staudacher).
Schwerpunkte: Arbeitsrechtl. Projekte, u.a. Restrukturierungen, Vereinheitlichung (internat.) Arbeitsverträge u. der Unternehmensmitbestimmung, Transaktionsbegleitung für andere Kanzleien. Erfahren bei Zeitarbeit/AÜG u. Compliance. Schwerpunkt bei Führungskräften (Vorstände/Geschäftsführer, u.a. Haftungsfragen). Gründungsmitglied der internat. Allianz L&E Global.
Mandate: Mercateo u. Unite bei SE-Gründungen (doppelstöckige SE); Flink u.a. zu SE-Gründung, Mitarbeiterbeteiligung u. Vermeidung von Scheinselbstständigkeitsrisiken; Flaschenpost zu Post-Merger-Integration nach Verkauf an Oetker; RWE Renewables bei Joint Venture mit Northland Power; GetYourGuide bei internat. Mitarbeiterbeteiligungsprogramm; Brauereigruppe tarifrechtl.; lfd. Flaschenpost, McDonald's Dtl., Sixt.

RAUE
Arbeitsrecht ★

Bewertung: Die Arbeitsrechtspraxis der Berliner Kanzlei ist regelm. in Großprojekte involviert, darunter div. Restrukturierungen u. Compliance-Projekte. Ihr spezielles Know-how im Kliniksektor verschafft der Kanzlei regelm. prominente – aktuell Charité Berlin – sowie neue Mandate aus dem Gesundheitssektor, wie zuletzt die Nordkliniken Oberpfalz. Daneben sorgten Themen wie Beschäftigtendatenschutz, aber auch die Auswirkungen der steigenden Rohstoffpreise insbes. für Mandanten aus der Lebensmittelindustrie für ein kontinuierl. Grundrauschen in der Dauerberatung.
Stärken: Unternehmensmitbestimmung, Prozessführung, öffentl. Dienstrecht.
Oft empfohlen: Dr. Gernod Meinel („pragmat. Lösungen für komplexe Probleme", Wettbewerber), Prof. Dr. Sascha Herms („fachl. versiert, sehr erfahren", Wettbewerber), Judith Heyn („kompetent u. kollegial", Wettbewerber)
Team: 2 Eq.- Partner, 1 Sal.-Partner, 2 Counsel, 3 Associates
Schwerpunkte: Indiv. u. kollektives Arbeitsrecht, darunter Prozesse, vielfach (Haus-)Tarifverträge, daneben Projekte u. Transaktionsbegleitung, auch im internat. Kontext. Zudem: kirchl. Arbeitsrecht, bAV, Arbeitnehmerdatenschutz u. Compliance.
Mandate: Kliniken Nordoberpfalz bei Compliance-Prüfprogramm; Berliner Ensemble lfd., u.a. in Tarifverhandlungen; Omnicare Beteiligungen bei Buy-and-build-Strategie; Norma bei Restrukturierung; Hochland Dtl., u.a. zu Compliance-Managementsystem u. BVen; Dt. Herzzentrum Berlin bei Fusion mit Charité (aktuell Tarifrecht); lfd. Mundipharma, Intelsat, IHK Berlin, Stiftung Berliner Philharmoniker, Rauch Möbelwerke.

RUGE KRÖMER
Arbeitsrecht ★★

Bewertung: Von HH aus berät u. vertritt die Boutique Mandanten in der gesamten Republik, darunter zahlr. öffentl. Arbeitgeber. Bekannt v.a. für ihren individualrechtl. Schwerpunkt, kommen mehr u. mehr kollektivrechtl. Mandate hinzu. Dies waren zuletzt v.a. Restrukturierungen u. Betriebsschließungen, etwa in der Verlags- u. Gesundheitsbranche. Der Branchenfokus von RK liegt jedoch weiterhin bei öffentl. Arbeitgebern. Dies wird auch dadurch deutl., dass sich einer der Partner zum Experten in der Beratung von Sparkassen entwickelt hat, deren Fusionswelle häufig auch tarifrechtl. Fragen u. die Harmonisierung von Vergütungssystemen nach sich zog. Zwar stockte die Kanzlei zuletzt auf Associate-Ebene deutl. auf, durch den Wechsel eines Partners nach München verlor sie jedoch erneut einen erfahrenen Berater.
Stärken: Öffentl. Dienstrecht, Prozesse, Führungskräfteberatung.
Oft empfohlen: Jan Ruge, Martin Krömer
Team: 10 Partner, 12 Associates, 1 of Counsel
Partnerwechsel: Dr. Sebastian Kroll (zu Advant Beiten)
Schwerpunkte: Umf. Beratung u. Vertretung von Unternehmen u. öffentl. Dienstgebern; Schwerpunkt bei Krankenhäusern, Versicherungen, Studentenwerken u. Sparkassen.
Mandate: Verlag bei Restrukturierung inkl. Interessenausgleich u. Sozialplanverhandlung; div. Bundesämter u. Behörden in tarif- u. personalvertretungsrechtl. Streitigkeiten; div. Sparkassen zu Umstrukturierung, bAV oder Trennung von Vorständen; lfd. Euler Hermes, Nordex Energy, Verkehrsverbund Rhein-Ruhr, Postbank.

SCHRAMM MEYER KUHNKE
Arbeitsrecht ★★★

Bewertung: Ihre Exzellenz in der Restrukturierungsberatung stellte die renommierte HHer Boutique erneut für Continental unter Beweis. Zudem gelang es, das Mandat auf einige Tochtergesellschaften auszuweiten, sodass schließl. alle Partner an unterschiedl. Strängen u. Standorten für die Stammmandantin arbeiteten. Auch abseits davon verzeichnete die Kanzlei deutl. Zuwachs: Während die erfahrenen Partner zunehmend von hochrangigen Führungskräften für Vertragsauflösungen u. Neuverhandlungen mandatiert werden, baut ein 2021 ernannter Sal.-Partner die arbeitsrechtl. Beratung von Berliner Start-ups auf. Zudem gelang es

ARBEITSRECHT

Meyer, die Arbeit für Dow Chemical erhebl. auszuweiten. Hinzu kam neben der insolvenzarbeitsrechtl. Beratung ein florierendes Transaktionsgeschäft u. die Begleitung bei Trennungsszenarien – kurz alles, was während der Pandemie bei den Unternehmen liegen geblieben war.

Stärken: Transaktionsbegleitung, Restrukturierung.

Oft empfohlen: Dr. Nils Schramm („in höchstem Maße rechtssichere, zuverlässige u. kundenorientierte Beratung", Mandant), Dr. Holger Meyer („sehr gut u. progressiv, v.a. bei Restrukturierungen", Wettbewerber), Dr. Michael Kuhnke („konstruktiver u. guter Verhandlungspartner", Wettbewerber)

Team: 3 Eq.-Partner, 1 Sal.-Partner, 6 Associates

Schwerpunkte: Neben der Dauerberatung kollektivrechtl. Projektgeschäft wie (insolvenznahe) Restrukturierungen, Transaktionen, Personalabbau.

Mandate: Continental zu Restrukturierung u. Personalabbau (öffentl. bekannt); börsennot. Unternehmen zu Einführung Vorstandsvergütungssystem; lfd. Allianz Technology, Bilfinger, Apleona, BNP Paribas Rem, Buss-Gruppe, Colgate-Palmolive, Continental, Dt.-Seereederei-Gruppe, Dow Chemical, ECE-Gruppe, IBM, Ontex, Tesa, VTG.

SCHWEIBERT LESSMANN & PARTNER
Arbeitsrecht ★★★★

Bewertung: Die im Markt insbes. für die arbeitsrechtl. Beratung von Banken u. die Begleitung hochvol. Transaktionen anerkannte Boutique wird immer häufiger auch Anlaufstelle für große Restrukturierungsprojekte. So standen etwa bei ihren großen Flughafenmandanten Wisag u. Airport Service Gesellschaften coronabedingt Betriebsschließungen an. Der Personalabbau zieht Kündigungsschutzverfahren nach sich, bei denen sich Mandanten ebenfalls oft auf die prozesserfahrenen Partner, allen voran Schweibert, verlassen. Parallel zu diesem Großprojekt steht die Kanzlei mehreren Konzerngesellschaften eines Dax-Unternehmens bei einem ww. Transformationsprogramm zur Seite u. koordiniert die arbeitsrechtl. Berater in den beteiligten Ländern. Ähnlich wie Kliemt oder Pusch Wahlig ist die Boutique an der Seite von internat. M&A-Kanzleien regelm. an Transaktionen beteiligt, zuletzt etwa dem SPAC-Börsengang von Signa Sports. Als Wermutstropfen erwies sich die Rückkehr von Engesser Means zu Clifford, die u.a. zur Lufthansa enge Kontakte pflegt u. sich zuletzt auf die Beratung von Führungskräften fokussiert hatte.

Stärken: Beratung von Banken, internat. Erfahrung, sehr transaktionserfahren.

Oft empfohlen: Dr. Ulrike Schweibert („Allround-Talent mit extremem Gespür für die Bedürfnisse der Mandanten", Wettbewerber), Dr. Jochen Leßmann, Dr. Rüdiger Hopfe, Prof. Dr. Anja Mengel

Team: 6 Eq.-Partner, 2 Counsel, 8 Associates

Schwerpunkte: Dauerberatung sowie Begleitung großer (Restrukturierungs-)Projekte; viel Erfahrung mit Banken u. Instituten, bspw. zu Vergütungsfragen. Transaktionsbegleitung. Prozesse.

Mandate: Airport Service bei Personalabbau u. anschl. KüSchu-Verfahren; Wisag u.a. zu Restrukturierung von Passagierdienstleistung am BER; Dax-Unternehmen bei ww. Transformation; Yucaipa bei SPAC-Börsengang von Signa Sports; Bank u.a. zu Neuordnung des Vertriebs; lfd. Fresenius-Gruppe, KfW-Bankengruppe, Takeaway, Unilever, Vattenfall, Volkswagen Bank.

SEITZ
Arbeitsrecht ★★★★★

Bewertung: Seit Jahren unterstreicht die Arbeitsrechtspraxis der Kölner Kanzlei regelm. ihren Anspruch als eine der Marktführerinnen. Das gelingt ihr insbes. durch den regelm. Gewinn neuer Mandanten, die sie bei komplexen Großprojekten hinzuziehen. Jüngste Bsp. sind die Beratung von Alstom bei der Post-Merger-Integration von Bombardier u. das Mandat von 6 NRW-Unikliniken zur Gründung einer Tarifgemeinschaft. Zwar knüpft Namenspartner Seitz im Vorfeld solcher Großprojekte die Kontakte u. ist insbes. für strateg. Aspekte eingebunden, das Lob für die eigentl. Mandatsarbeit u. Projektsteuerung verteilen die Verantwortlichen in den Unternehmen aber zunehmend an junge Anwälte, die in einigen Projekten auch die Federführung haben. Die Übertragung von Verantwortung in zentralen Mandaten ist ein wichtiges Signal für die weitere personelle Entwicklung, denn trotz regelm. Ausbaus der mittleren Ebene ist der Kreis der Eq.-Partner seit Jahren geschlossen. In den kommenden Jahren sollte die Praxis dem bisherigen Lippenbekenntnis, die Partnerränge zu öffnen, Taten folgen lassen, um keine Unruhe im derzeit so homogenen Mittelbau aufkommen zu lassen.

Stärken: Tarifrecht, Großprojekte/Restrukturierungen.

Oft empfohlen: Dr. Stefan Seitz („kompetent u. lösungsorientiert", Wettbewerber), Prof. Dr. Thomas Kania („fachl. unangefochten, spitze, dabei sehr angenehmer Verhandlungspartner", Wettbewerber), Dr. Marc Werner, Dr. Stephan Pötters („konstruktiv, kreativ, kompromissfähig", „sehr hohe Kompetenz in der Restrukturierungsberatung u. in der Beratung von Führungskräften", Wettbewerber), Dr. Corinna Bihn („eine absolute Lieblingsanwältin; praktisch orientierte Empfehlungen auf Zuruf – die perfekte Arbeitsrechtlerin für Start-ups", Mandant), Annika Hausmann, Axel von Netzer, zunehmend: Dr. Patrick Esser („arbeitsrechtl. Allrounder, extrem pragmat. u. schnell; weiß immer, was der Mandant benötigt", „zupackend, fachl. super, berät punktgenau, versiert; obwohl er jung ist, wie ein Superprofi", Mandanten), Dr. Johannes Traut („sehr empfehlenswert, jurist. auf höchstem Niveau, zugleich lösungsorientiert u. pragmat., hervorragende Ergebnisse", Mandant)

Team: 4 Eq.-Partner, 7 Sal.-Partner, 12 Counsel, 18 Associates, 4 of Counsel

Schwerpunkte: Projektbetreuung, auch in Verbindung mit der steuer- u. gesellschaftsrechtl. Praxis der Kanzlei, Führungskräfteberatung. Mittelständ. Unternehmen u. internat. Konzerne, Persönlichkeiten aus dem Sport.

Mandate: Alstom bei Post-Merger-Integration von Bombardier; 6 NRW-Unikliniken bei Gründung einer Tarifgemeinschaft; Lufthansa bei Restrukturierung; Deutz AG zu Transformationsprojekt; Jabil, u.a. zu mobilem Arbeiten u. bAV-Konzept; Theo Müller bei Restrukturierung von Tochtergesellschaft Homann Feinkost mit Fokus auf Betriebsverfassungs- u. Tarifrecht; Douglas bei Restrukturierung; Galeria Karstadt Kaufhof bei Abwicklung Schutzschirmverfahren; Germanwings bei Betriebsstilllegung; Julia Jäkel-Wickert bei Vorstandsangelegenheiten Gruner+Jahr; lfd. E.on (Panelmitglied), Real, Rewe, Stöer, Koelnmesse.

SIMMONS & SIMMONS
Arbeitsrecht ★

Bewertung: 2 Jahre nach Aufbau des Frankfurter Büros ist die zuvor nur aus D´dorf tätige Praxis zusammengewachsen. Die zeigt sich an mehreren Projekten, die die Anwälte beider Standorte gemeinsam betreuen. Die konsequente Fokussierung auf die Branchen Finanzwelt, Technologie sowie Gesundheit u. Lifescience, die auch Mandanten positiv hervorheben, verschafft der Praxis am Markt ein klares Profil. Themen wie die Arbeitswelt der Zukunft verbunden mit Strukturprojekten stehen derzeit im Zentrum. Daneben berieten die Arbeitsrechtler passend zur globalen Ausrichtung der Gesamtkanzlei zuletzt mehrere ausl. Unternehmen beim Eintritt in den dt. Markt. Aldenhoff zählt zudem zu den bekanntesten Akteuren an der Schnittstelle zu Compliance, u.a. durch seine Beratung der Monitore der US-Behörden im Dieselskandal u. durch die erste eig. Monitorbeauftragung.

Stärken: Internationale Einbindung.

Oft empfohlen: Dr. Hans-Hermann Aldenhoff, Alexander Greth („profundes Wissen, praxis- u. lösungsorientiert", „sehr gute Beratung bei arbeits- u. mitbestimmungsrechtl. Fragen; wertvolle Hilfe bei der Verhandlung von Betriebsvereinbarungen u. darüber hinaus", Mandanten), Dr. Sascha Morgenroth („wir können jederzeit mit jedem Thema anfragen u. uns wird immer geholfen, verlässlicher Partner", „profundes Wissen, praxis- u. lösungsorientiert", Mandanten)

Team: 2 Eq.-Partner, 1 Counsel, 5 Associates

Schwerpunkte: Lfd. Beratung internat. Unternehmen, häufig auch zu Restrukturierungen, bAV u. Tariffragen. Rege Compliance-Beratung. Branchenschwerpunkte bei Finanzdienstleistern, Technologie- u. Lifescience-Unternehmen.

Mandate: John Hanson als erweiterter Umwelt-VW-Monitor zu dt. u. europ. Arbeitsrecht, inkl. Datenschutz; Teleflex-Gruppe zu Werksschließungen; Assetmanager zu arbeitsrechtl. u. regulator. Themen; internat. Bank zu Pensionsrecht; IT-Unternehmen zu Outsourcing-Projekten; lfd.: Immucor Medizinische Diagnostik, Vanguard Group Europe, DTN-Gruppe, Starstone, Ferrostaal.

SKW SCHWARZ
Arbeitsrecht ★

Bewertung: Die Praxis hat ihren Fokus bei IT- u. Medienunternehmen, die sie in allen arbeitsrechtl. Fragen u. in enger Zusammenarbeit mit den Medienrechtlern berät. So erhielt zuletzt insbes. die filmarbeitsrechtl. Tätigkeit des Berliner Partners Römermann Zulauf, der 2 US-Produktionsfirmen zu Scheinselbstständigkeit u. tarifvertragl. Fragen beriet. Doch auch Unternehmen aus anderen Bereichen, etwa der Logistik- oder Baubranche, setzen regelm. auf die SKW-Anwälte, etwa bei Restrukturierungen u. Vergütungsfragen. Die personelle Unruhe der vergangenen 2 Jahre hat das Team weitgehend hinter sich gelassen u. ihre bei Wettbewerbern wie Mandanten anerkannte Gesellschafterriege durch 2 Ernennungen erneut erweitert.

Stärken: Beratung IT- u. Medienunternehmen, Filmarbeitsrecht.

Oft empfohlen: Dr. Martin Römermann („sehr erfahren u. mit Weitblick, verhandlungsstark", Wettbewerber), Dr. Martin Greßlin („herausragende Beratung", Mandant), Bettina-Axenia Bugus („hervorragende Betreuung, extrem fundiert", Man-

ARBEITSRECHT

dant), Dr. Martin Landauer („hoch engagiert u. kompetent bei Umstrukturierungen", Mandant)
Team: 7 Eq.-Partner, 5 Associates, 1 of Counsel
Schwerpunkte: Umf. arbeitsrechtl. Beratung u. Prozessvertretung, häufig an der Schnittstelle zu IT; Arbeit 4.0; Fremdpersonaleinsatz.
Mandate: US-Filmproduktionsfirma u.a. zu dt. Filmarbeitsrecht, Tarifverträgen u. Anstellung von Freelancern; Babbel zu mobiler Arbeit u. Vergütungsstruktur; Verwertungsgesellschaft zu umf. Reorganisation im Zshg. mit Digitalisierungsstrategie; Deka Immobilien zu Entsendung; DVAG bei Restrukturierung; US-Softwarehersteller zu variabler Vergütung.

STAUDACHER
Arbeitsrecht ★★

Bewertung: Die Münchner Boutique um den renommierten Arbeitsrechtler Staudacher hat eine Zäsur hinter sich: Nach 4 Jahren verließ das Team um Annuß die Kanzlei wieder. Mit ihm gingen die großen Restrukturierungsmandate, die es weitgehend autark bearbeitet hatte. An Anerkennung haben die „selbstbewussten Prozessanwälte", wie ein Wettbewerber das verbleibende Team beschreibt, wenig eingebüßt, insbes. was die Führungskräfteberatung des Namenspartners betrifft. In der arbeitgeberseitigen Beratung standen erneut Fragen rund um die Scheinselbstständigkeit u. Betriebsratsvergütungen im Vordergrund. Doch personell wird es zunehmend enger: Da aufgr. interner Unstimmigkeiten bereits zuvor 2 erfahrene Anwälte andere Wege gingen, steht die Kanzlei nun vor einem Neuaufbau.
Stärken: Führungskräfteberatung.
Oft empfohlen: Peter Staudacher („hervorragend in der Führungskräfteberatung, sehr geschickter Verhandler", Wettbewerber)
Team: 1 Eq.-Partner, 2 Sal.-Partner, 1 Associate
Partnerwechsel: Prof. Dr. Georg Annuß, Jan Rudolph, Ingo Sappa (alle zu Pusch Wahlig)
Schwerpunkte: Arbeitsrechtl. Rundumberatung insbes. von Unternehmen aus der Finanz- u. Versicherungsbranche; sozialversicherungsrechtl. Compliance u. Betriebsratsvergütung.
Mandate: Lfd. u.a. FMS Wertmanagement, AGCS, VHV, UniCredit Bank (öffentl. bekannt).

SZA SCHILLING ZUTT & ANSCHÜTZ
Arbeitsrecht ★

Bewertung: Bekannt ist die Praxis v.a. für die Führungskräfteberatung des renommierten Mannheimer Partners Jaeger. Mit dessen Rückzug in die Of-Counsel-Rolle verbleibt mit Steinbrück nur eine Partnerin. Auch muss sich zeigen, ob ein relevanter Teil der Vorstandsberatung auf sie übergehen wird. Neben dem Ausbügeln sozialversicherungsrechtl. Verstöße war sie bei Vergütungsthemen u. bei Restrukturierungen gefragt. Durch die erstarkte M&A-Praxis der Kanzlei war arbeitsrechtl. Unterstützung auch häufig bei u. nach Transaktionen erforderl., etwa bei einer tarifl. Neuaufstellung nach dem Kauf mehrerer Betriebe. Ein Counsel wiederum baute die Restrukturierungsberatung für die Freudenberg-Gruppe aus. Nun muss es gelingen, schnell Verantwortung an die neue Associate-Riege abzugeben, damit die Praxis ihren breiten Beratungsansatz weiterverfolgen kann.
Oft empfohlen: Katharina Steinbrück („pragmat.; zeigt viel Fingerspitzengefühl im Umgang mit Betriebsräten", „hervorragende Anwältin mit überragenden Kenntnissen", Mandanten), Dr. Georg Jaeger
Team: 1 Partnerin, 1 Counsel, 2 Associates, 1 of Counsel
Schwerpunkte: Projektberatung von Unternehmen, daneben umf. Vorstände, Geschäftsführer u. Unternehmen zu Dienstverhältnissen von Führungskräften u. Beteiligungsmodellen; Compliance; Transaktionsbegleitung mit ▷Corporate-Praxis.
Mandate: Freudenberg Performance Materials Apparel zu Restrukturierung u. gepl. Teilstilllegungen; Peter Kaiser bei Restrukturierung aus der Insolvenz u. nachfolgendem Massenverfahren wg. Streit über das Vorliegen eines Betriebsübergangs; Avantor bei Kauf von Ritter; lfd.: Bilfinger, Hofmann-Gruppe, GKM Großkraftwerk Mannheim, Porsche.

TAYLOR WESSING
Arbeitsrecht ★★★

Bewertung: Dem ebenso großen wie spezialisierten Arbeitsrechtsteam gelingt es immer besser, internat. Mandanten von sich zu überzeugen. Zum einen kommt Geschäft durch das globale Kanzleinetzwerk in die Praxis, zum anderen trägt die strateg. Ausrichtung auf US-Techunternehmen Früchte. So konnte der 2021 zum Eq.-Partner ernannte Maron zahlr. neue Mandanten überzeugen. Ein Leuchtturmmandat ist das des Lieferservices Doordash, den ein großes Team zunächst beim Markteintritt in Dtl. beriet u. nun lfd. in zahlr., nicht nur arbeitsrechtl. Angelegenheiten vertritt. Durch die Integration in die internat. Arbeitsrechtsgruppe kamen zudem viele Mandate mit China-Bezug in die dt. Praxis. In ihrer Paradedisziplin, der Beratung von Personaldienstleistern u. Unternehmen zum Fremdpersonaleinsatz, profitiert die Praxis vom Fachkräftemangel: Gleich mehrere Mandanten aus dem IT- sowie Gesundheitsbereich beauftragten die Praxis mit HR-Compliance-Projekten.
Stärken: HR-/Fremdpersonal-Compliance, internat. Vernetzung.
Oft empfohlen: Marc Gimmy („super Fachwissen, schnell u. verbindlich, sehr praxisorientiert", Mandant; „stark im kollekt. Arbeitsrecht, guter Stratege", Wettbewerber), Dr. Oliver Bertram, Dr. Kilian Friemel („sehr professionell, kompetente und stets zügige Unterstützung", Mandant; „sehr umtriebig; erfahren u. pragmat.", Wettbewerber), Dr. Christian Maron („exzellente Betreuung, schnell u. fachl. detailliert", Mandant)
Team: 11 Eq.-Partner, 10 Sal.-Partner, 28 Associates
Partnerwechsel: Janine Krupa-Soltane (von DLA Piper), Dr. Kerstin Albers-Mohlitz (in eigene Kanzlei),
Schwerpunkte: Branchenfokus auf ▷IT u. Personaldienstleistung, enge Schnittstelle zu ▷Gesundheitsrecht u. Datenschutz. Restrukturierung u. AÜG, internat. Arbeitsrecht (USA, Asien, zunehmend CEE), Dauerberatung mittelständ. Unternehmen.
Mandate: Doordash zu Markteintritt in Dtl., Mitbestimmung u. ANÜ; Hays zu ANÜ u. in Compliance-Fragen; Versicherungskonzern bei konzernw. Implementierung Hinweisgebersystem; IU Internat. Hochschule bei internat. Restrukturierung; Telefónica bei Joint Venture mit Allianz Capital zu Glasfaserausbau; Ubisoft Blue Byte u.a. zu Entgeltflexibilisierung; lfd.: Adobe, American Airlines, Databricks, Dt. Pfandbriefbank, DRK Blutspendedienst, Evonik.

TREBECK & VON BROICH
Arbeitsrecht ★

JUVE AWARDS 2022
Kanzlei des Jahres für Arbeitsrecht

Bewertung: Die Kölner Boutique treibt auch im 4. Jahr seit ihrer Gründung ihre strateg. Erweiterung voran. Trad. haben die beiden Gründungspartner gute Kontakte in die Old Economy, die sie insbes. dank des Zugangs eines in der Start-up-Szene sehr gut vernetzten Partners im Herbst 2021 nun um junge Unternehmen erweitern u. so ihr Mandantenportfolio wachsen lassen. So vertritt das Team bspw. nun den niederl. Onlinesupermarkt Picnic umf. bei dessen Wachstumsplänen in Deutschland. Mandate wie dieses illustrieren zugleich den hohen internat. Einschlag der Arbeit. In Europa bereits sehr gut vernetzt, etwa mit Kanzleien in Portugal, Frankreich u. den Niederlanden, ist der nächste Schritt die Stärkung der US-Achse durch die Kooperation mit örtl. Kanzleien. Zum Jahresbeginn hat TvB eine weitere Partnerin hinzugeholt, deren Know-how zu bAV-Themen sehr gut zum Restrukturierungsschwerpunkt der Kanzlei passt.
Stärken: Restrukturierung, Prozessführung.
Oft empfohlen: Dr. Joachim Trebeck („serviceorientiert, fachkundig, praxis- u. lösungsorientiert", „scharfsinnig, eleganter Stil, auf den Punkt", Mandanten; „erfahrener Restrukturierer", Wettbewerber), Stefan von Broich („extrem engagiert, sehr stark", Mandant; „sehr angenehmer u. verlässlicher Verhandlungspartner", „hart in der Sache, aber immer fair u. zielorientiert", Wettbewerber)
Team: 5 Partner, 2 Associates, 2 of Counsel
Partnerwechsel: Dr. Ingrid Kohlmann (von Gothaer)
Schwerpunkte: Restrukturierung, Betriebsverfassungsrecht, Vorstandsberatung, Prozesse.
Mandate: Care24 arbeits- u. sozialversicherungsrechtl. zu Aufbau einer Onlineplattform zur Vermittlung von selbstst. Betreuungskräften; Picnic zu grenzüberschr. Verschmelzung, AR-Wahlen u. Gestaltung von Betriebsstrukturen; Anter Group zu Kurzarbeit; AX-Gruppe zu Betriebsübergängen; filmpool entertainment zu Corona-Themen; Gebr. Heinemann lfd., insbes. Verhandlungen mit BR; lfd. Ruhrbahn, Dorint, Brussels Airlines, Lufthansa/Germanwings, Krüger Group, Sprecherausschuss von Galeria Karstadt Kaufhof.

TSC SCHIPP & PARTNER
Arbeitsrecht ★★

Bewertung: Die Gütersloher Boutique ist v.a. für die Dauerberatung gefragt. Mittelständ. Unternehmen, aber auch Konzerne vertrauen in allen arbeitsrechtl. Fragen auf die Erfahrung u. Prozessstärke der Partner. Zuletzt kamen mehrere große Mittelständler mit Restrukturierungsprojekten auf die Kanzlei zu, die sich auf diesem Feld mit der Abwicklung von Stammmandantin RAG auch überregional einen Namen gemacht hat. Auch in der bAV-Beratung, die zu ihren Schwerpunkten zählt, gelang es der Kanzlei, zahlr. neue Mandanten zu überzeugen. Bei den bestehenden sorgte coronabedingt der Gesundheitsschutz für hohen Beratungsbedarf, sowohl bei der Verhandlung mit BR als auch individualarbeitsrechtlich.
Stärken: Betriebsverfassungs- u. -rentenrechtl. Beratung sowie Prozessführung.
Oft empfohlen: Dr. Johannes Schipp, Dr. Susanne Clemenz, Karl Geißler, Dr. Kathrin Schulze Zumkley
Team: 6 Partner, 2 Associates

ARBEITSRECHT

Schwerpunkte: Dauerhafte wie auch projektbezogene Beratung u. Vertretung v.a. mittelständ. u. einiger namh. Großunternehmen (bAV, Restrukturierungen, Privatisierungen); Kliniken. Führungskräfteberatung.
Mandate: Öffentl. bekannt: lfd. Pensionssicherungsverein, RAG.

VANGARD
Arbeitsrecht ★★★★
Bewertung: Mit ihrem guten Gespür für Trendthemen zählt die Arbeitsrechtsboutique zu den dynamischsten Einheiten am Markt. Viele Themen, die Unternehmen derzeit umtreiben, wie New Work, Digitalisierung oder Nachhaltigkeit hat Vangard intern schon umgesetzt. So kann sie ihre Mandanten nicht nur jurist. zu diesen Projekten beraten, sondern auch bei strateg. Überlegungen mit eigenen Erfahrungswerten unterstützen. Fachl. beherrscht die Kanzlei die gesamte Klaviatur des Arbeitsrechts von bAV bis Zeitarbeit, wobei die Schwerpunkte je nach Standort unterschiedl. stark ausgeprägt sind. Zuletzt beschäftigten die Teams v.a. Restrukturierungen u. Themen im Zshg. mit der Gestaltung der neuen Arbeitswelt. Dem Full-Service-Wunsch ihrer Mandanten wird sie durch die enge Zusammenarbeit mit anderen Boutiquen bzw. auf internat. Ebene durch den Verbund mit Littler gerecht, den sie bspw. bei der Beratung von Olympus hinzuzog.
Stärken: Führungskräfteberatung, Branchenerfahrung bei IT-Unternehmen u. Fußballvereinen.
Oft empfohlen: Dr. Frauke Biester-Junker („sehr gut", Wettbewerber), Dr. Thomas Griebe, Dr. Rajko Herrmann („stets sehr schnelle Reaktion, äußerst pragmat. u. praxisnah mit klaren Empfehlungen", Mandant), Dr. Matthias Kast, Sebastian Juli („kompetent", Wettbewerber), Dr. Stefan Röhrborn („selbst unsere Mitarbeitendenvertretung wollte sich schon von ihm als Arbeitgeberanwalt beraten lassen; Fachkompetenz pur; ein Anwalt, der mit Klarheit statt mit ‚es kommt darauf an' überzeugt"; Mandant, „hohe fachl. Kompetenz, sehr pragmat., lösungsorientiert u. fair", Wettbewerber), Jan-Ove Becker, Dr. Alexander Bartz („angenehmer Verhandlungspartner", Wettbewerber)
Team: 13 Eq.-Partner, 12 Sal.-Partner, 38 Associates
Schwerpunkte: Dauerberatung, z.T. als ausgelagerte Personalabteilung, daneben kollektivrechtl. Projektgeschäft wie Restrukturierungen, Outsourcing u. Personalabbau sowie AÜG. Zudem Führungskräfte u. bAV. Auch Begleitung von Transaktionen u. SE-Umwandlungen. Branchenschwerpunkte bei IT-Unternehmen, Textilhandel, Pharma, Sport u. Entertainment u. Finanzdienstleistern. Zunehmend arbeitsrechtl. Mediation.
Mandate: Rolls-Royce Powersystems bei Einführung von mobilem Arbeiten; Dell bei Standortschließungen; Flink bei Expansion; Olympus bei europaw. Abspaltung von Scientific Solutions Division; Generali zu bAV; Indeed zu Kurzarbeit, Homeoffice u. AN-Überlassung; Medizintechnikhersteller umf. zu New-Work-Themen inkl. Betriebsvereinbarungen; Lieferplattform bei Markteintritt in Dtl.; Easyjet zu Standortverkleinerung u. Personalabbau; Fleming's Hotel bei Betriebsstilllegung; Naturstrom zu Betriebsstruktur.

WATSON FARLEY & WILLIAMS
Arbeitsrecht ★★★
Bewertung: Die klare Fokussierung der Praxis auf Restrukturierungen, Datenschutz u. Compliance erweist sich als Erfolgsmodell. Zum einen kommen Mandanten mit immer größeren Umstrukturierungen auf das Team zu, zuletzt etwa Fujitsu bei der Schaffung einer völlig neuen Betriebsratsstruktur im Zuge der Reorganisation von 3 Tochtergesellschaften. Zum anderen wird das Team für die hoch spezialisierte Beratung zu Compliance u. Arbeitnehmerdatenschutz, für die insbes. Byers steht, auch von Unternehmen angefragt, die für ihre allg. arbeitsrechtl. Beratung andere Kanzleien mandatieren. Zudem führt die Zusammenarbeit in oft heiklen Situationen regelm. zu Folgemandaten, in denen das Team häufig auch andere Praxisgruppen, etwa Steuer- oder Gesellschaftsrecht, ins Boot holt. Auch personell hat das Team auf die größer werdenden Projekte reagiert u. die Associate-Ebene erweitert.
Stärken: Restrukturierungen, Beschäftigtendatenschutz.
Oft empfohlen: Dr. Nikolaus Krienke („spitze; findet auch für hoffnungslose Fälle – etwa bei Betriebsratsgesprächen – eine Lösung", Mandant), Dr. Philipp Byers („sehr erfahren u. versiert; findet pragmat. Lösungen bei komplizierten DSGVO- u. Compliance-Problemen", Wettbewerber), Dr. Andreas Wiegreffe („gute Beratung u. sorgfältige Mandatsbearbeitung", Mandant)
Team: 3 Eq.-Partner, 11 Associates
Schwerpunkte: Restrukturierungen u. Reorganisationen, daneben Arbeitnehmerdatenschutz u. zunehmende Compliance.
Mandate: Fujitsu bei umfangr. Reorganisation, neuer BR-Struktur, BVs zu Entgeltsystematik u. in Compliance-Fragen; Enervie bei Übernahme mehrerer Stadtwerke; München Klinik bei Sanierung; Provinzial zu Fusion aus Provinzial Rheinland u. Provinzial NordWest; großes dt. Kommunalunternehmen zu AN-Datenschutz; Tui Cruises bei Harmonisierung der Arbeitsbedingungen nach Zusammenlegung mit Hapag-Lloyd Kreuzfahrten; lfd. Vonovia, Apple Retail, BioNTech, Orsted Services.

WHITE & CASE
Arbeitsrecht ★★
Bewertung: Die insbes. im Insolvenzarbeitsrecht anerkannte Praxis hat sich nach dem Weggang ihres langj. Praxisleiters neu aufgestellt u. auf Associate-Ebene verstärkt. So wechselte ein Sal.-Partner nach Ffm., um dort die arbeitsrechtl. Begleitung von ▷Private-Equity-Deals weiter voranzutreiben. Tatsächl. stieg die Nachfrage auf Investorenseite zuletzt weiter an, insbes. im Zshg. mit Mitarbeiterbeteiligungs- u. Incentivierungsprogrammen. Ihre Stärke an der Schnittstelle von Arbeitsrecht u. Restrukturierung stellte die Praxis nicht nur in der Begleitung von Großinsolvenzen, wie zuletzt Staples, unter Beweis, sie überzeugte auch Tuifly als neue Mandantin, für die Röger u. sein Team nun einen Großteil der Berufungsverfahren gg. zuvor gekündigte Piloten führen.
Stärken: Transaktionsbez. Arbeitsrecht, enge Anbindung an die ▷Sanierungspraxis.
Oft empfohlen: Hendrik Röger („die Koryphäe im Insolvenzarbeitsrecht", „hohes Verhandlungsgeschick mit Betriebsräten u. Gewerkschaften bei Restrukturierungen", Wettbewerber)
Team: 1 Eq.-Partner, 1 Sal.-Partner, 5 Associates
Schwerpunkte: Arbeitsrechtl. Gestaltung internat. Transaktionen (aufseiten von Private-Equity-Investoren) u. anschl. Post-Merger-Integration; Restrukturierungen (insbes. insolvenznah) u. Personalabbau.
Mandate: OfficeCentre (Staples) bei Insolvenzverfahren; Caterpillar bei Einstellung der Motorenproduktion an 4 Standorten; Tuifly in zahlr. Kündigungsschutzverfahren gg. Piloten (2. Instanz); Faurecia bei Übernahme von Hella.

WOLFF SCHULTZE KIEFERLE
Arbeitsrecht ★
Bewertung: Die kleine Boutique ist auf dem Münchner Markt inzw. zu einer festen Größe im Arbeitsrecht geworden, die insbes. für die Prozessstärke ihrer Partner anerkannt ist. Nachdem sich ihre Mandantenbasis bereits im verg. Jahr um zahlr., z.T. große Unternehmen verbreitet hatte, docken inzw. auch zunehmend internat. Klienten bei WSK an. Grund ist die für eine Kanzlei ihrer Aufstellung seltene Kooperation mit einer US-Arbeitsrechtkanzlei, durch die zuletzt u.a. die internat. Rechtsabteilung eines Nasdaq-Unternehmens auf Wolff zukam.
Stärken: Prozessführung
Oft empfohlen: Dr. Andreas Wolff („exzellent in der Vorstandsberatung" Wettbewerber), Oliver Kieferle („schnell, pragmat. u. lösungsorientiert", Mandant)
Team: 3 Partner, 2 Associates, 1 of Counsel
Schwerpunkte: Lfd., auch kollektivrechtl. Beratung für mittelständ. Unternehmen, Kliniken u. Medienunternehmen. Öffentl. Sektor; Führungskräfte. Beratung internat. Mandanten durch enge Koop. mit US-Arbeitsrechtskanzlei.
Mandate: Nasdaq-Unternehmen arbeitsrechtl. zu dt. Tochtergesellschaften; öffentl. Träger zu Kurzarbeits-BV; div. Kliniken lfd. u. in arbeitsrechtl. Streitigkeiten; IT-Unternehmen zu Umstrukturierung; lfd. Bayer. Rundfunk, Aenova.

ZIRNGIBL
Arbeitsrecht ★
Bewertung: Die Paradedisziplin der überw. von München aus tätigen Praxis ist die arbeitsrechtl. Beratung der Gesundheitsbranche. Der Fokus liegt auf großen Klinikrestrukturierungen, doch ebenso gefragt ist das Team auch in branchenspezif. Fragen zu Arbeitszeit, Arbeitnehmerüberlassung oder bAV. Auch abseits der Kernbranche setzen Unternehmen bei Sozialplanverhandlungen u. in Kündigungsprozessen regelm. auf die erfahrenen Anwälte. Dazu gehört Küpperfahrenberg in der fleischverarbeitenden Industrie mittlerw. zu den gefragten Beratern u. wurde im Zshg. mit dem Verbot von Werkverträgen u. Leiharbeit vielfach mandatiert. Durch den Weggang einer Sal.-Partnerin, die sich bereits Anerkennung am Markt erarbeitet hatte, erlitt die Praxis zwar einen Dämpfer, verfügt jedoch weiterhin über ein schlagkräftiges, anerkanntes Team.
Stärken: Restrukturierungen im Klinikbereich.
Oft empfohlen: Dr. Lorenz Mitterer, Dr. Jens Kaspers („ausgezeichnet", Mandant), Michel Attenberger
Team: 4 Eq.-Partner, 3 Sal.-Partner, 6 Associates
Partnerwechsel: Carolin Schnigula (zu Gebert Drescher)
Schwerpunkte: Rundumberatung von Krankenhausträgern, auch Prozessvertretung; weitere Branchen: Hotel u. Event; Lebensmittelindustrie.
Mandate: Klinikdienstleister bei Restrukturierung u. KüSchu-Prozessen; Maschinenbauunternehmen bei Verkauf eines Unternehmensteils; Aufzugbauer bei Outsourcing eines Unternehmensbereichs; div. Unternehmen der fleischverarbeitenden Industrie zu Werkverträgen u. ANÜ.

CO-PUBLISHING/ANZEIGE AUSSENWIRTSCHAFTSRECHT

Nachhaltigkeit großgeschrieben — Die Rolle von Menschenrechten und Umweltschutz in internationalen Lieferketten

Von Dr. Christine Heeg-Weimann, Dr. Thomas Uhlig und Daniel Schönfelder, KPMG Law

Dr. Christine Heeg-Weimann, LL.M. (Sydney), Partner KPMG Law, leitet den Bereich Commercial Law & General Business Law und berät Unternehmen verschiedenster Branchen im rechtlichen Supply Chain Management, insbesondere zur menschenrechtlichen Due Diligence und zum Risikomanagement nach LkSG und CSDDD sowie in der Gestaltung komplexer und internationaler Verträge und in der Konfliktlösung.

Dr. Thomas Uhlig, Senior Manager, verantwortet bei KPMG Law den Bereich Produkt-Compliance und berät Unternehmen zudem zur Compliance in der Supply Chain. Er berät weltweit tätige Unternehmen zu produktrechtlichen Fragestellungen und bei der Entwicklung, Implementierung und Fortentwicklung von Produkt Compliance Management Systemen. Ein besonderer Schwerpunkt seiner Tätigkeit ist die rechtliche Beratung zur Ausgestaltung des menschenrechtlichen und umweltbezogenen Risikomanagementsystems nach dem LkSG und der CSDDD.

Daniel Schönfelder, LL.M. (Bogotá), Senior Associate, ist bei KPMG Law als Rechtsanwalt im Bereich Compliance tätig und berät Unternehmen verschiedenster Branchen zur menschenrechtlichen Due Diligence nach LkSG und CSDDD.

Kontakt
KPMG Law Rechtsanwaltsgesellschaft mbH
Dr. Christine Heeg-Weimann, LL.M. (Sydney)
Tersteegenstraße 19-23
40474 Düsseldorf
cheegweimann@kpmg-law.com
www.kpmg-law.de

Weitere Informationen zur Kanzlei in der Anzeige auf Seite 195

Durch das LkSG müssen Unternehmen zukünftig im Unternehmen und bei Zulieferern dafür sorgen, dass menschenrechtliche Mindeststandards eingehalten werden und Umweltverstößen vorgebeugt wird. Die Umsetzung erfordert eine interdisziplinäre Analyse und Erweiterung der Prozesse im eigenen Geschäftsbereich und im Einkauf. Unternehmen sollten die Entwicklung in der EU und auf UN-Ebene im Blick behalten. Supply Chain Due Diligence wird zum Wettbewerbsvorteil.

Das Lieferkettensorgfaltspflichtengesetz (LkSG) tritt im Jahr 2023 in Kraft. Es ist Teil eines sich verstärkenden Trends zur Regulierung der Arbeits- und Umweltbedingungen in globalen Lieferketten. Unternehmen sollen für Menschenrechte und natürliche Lebensgrundlagen Verantwortung übernehmen: Der UN-Menschenrechtsrat verabschiedete 2011 einstimmig die UN-Leitprinzipien für Wirtschaft und Menschenrechte (UNGP), die Unternehmen auffordern, negative Auswirkungen auf Menschenrechte in ihren Lieferketten durch menschenrechtliche Sorgfaltspflichten zu minimieren. Dies wurde von der OECD Due Diligence Guidance for Responsible Business Conduct aufgegriffen. Auf der Basis dieses soft law werden seitdem durch Gerichte und Gesetzgeber verbindliche rechtliche Vorgaben im Hinblick auf menschenrechtliche Sorgfaltspflichten formuliert. So leiteten das kolumbianische Verfassungsgericht, die Rechtsbank Den Haag und der High Court Südafrika aus einer Auslegung des nationalen Rechts im Lichte der UNGP konkrete menschenrechtsbezogene und klimabezogene Pflichten von Unternehmen ab. Verschiedene Gesetzgeber verankerten menschenrechtliche Pflichten außerdem gesetzlich. Die erste Generation dieser Gesetze etablierte Berichtspflichten und auf bestimmte Rechtsgüter (Kinderarbeit, Zwangsarbeit) und Branchen (Holzhandel, Konfliktmineralien) bezogene Sorgfaltspflichten. Seit Inkrafttreten des französischen loi de vigilance (2017) verpflichtet eine zweite Generation von Gesetzen Unternehmen branchenunabhängig zur Einführung ganzheitlicher Risikomanagementansätze. Dazu gehören auch das norwegische Transparenzgesetz und das deutsche LkSG (2021).

Sorgfaltspflichten nach LkSG
Nach dem LkSG müssen große Unternehmen zukünftig, 2023 ab 3.000 bzw. 2024 ab 1.000 inländischen Mitarbeitern, Risiken für Menschenrechte und Umweltaspekte in ihren Lieferketten managen. Dazu müssen sie Risiken analysieren und priorisieren und Präventionsmaßnahmen ergreifen. Sollten sich Risiken verwirklichen, müssen sie Abhilfe leisten. Betroffene können auf ein Beschwerdeverfahren zurückgreifen. Unternehmen müssen die präventiven und anlassbezogenen Maßnahmen dokumentieren, evaluieren und dazu Bericht erstatten. In einer Grundsatzerklärung ist die Menschenrechtsstrategie zusammenzufassen. Verantwortlichkeiten sind festzulegen. All dies ist Bestandteil des unternehmensspezifischen Sorgfaltspflichtenkonzepts für das LkSG-Risikomanagement.

Das LkSG und die zukünftige EU-Richtlinie zur Corporate Sustainability Due Diligence (CSDDD) führen zu einer Abkehr von der bisherigen Risikomanagementlogik. Es sind nicht mehr die Auswirkungen externer und interner Faktoren auf den Erfolg des Unternehmens zu kontrollieren, sondern die Auswirkungen der Geschäftstätigkeit des Unternehmens und seiner Lieferanten auf einen weitreichenden Katalog menschenrechtlicher und umweltbezogener Rechtsgüter: Die ILO Vorgaben zum Mindestalter bei Beschäftigung und das Verbot der schlimmsten Formen der Kinderarbeit sind ebenso umfasst wie alle Formen von Zwangsarbeit und Sklaverei. Die Einhaltung lokalen Arbeitsschutzrechts ist zu gewährleisten, die Koalitionsfreiheit zu respektieren, das allgemeine Diskriminierungsverbot einzuhalten und weltweit ist ein angemessener, existenzsichernder Lohn, der über dem Mindestlohn liegen kann, zu zahlen. Umweltaspekte ohne Berührungspunkte zu Menschenrechten sind nur von eingeschränkter Relevanz: zu beachten sind Regelungen zu Quecksilber nach dem Minamata-Übereinkommen, zu persistenten organischen Schadstoffen nach dem Stockholmer Übereinkommen und zum Im- und Export (gefährlicher) Abfälle nach dem Basler Übereinkommen.

AUSSENWIRTSCHAFTSRECHT CO-PUBLISHING/ANZEIGE

Die Risikomanagementpflichten beziehen sich auf den eigenen Geschäftsbereich und unmittelbare Zulieferer, erfassen allerdings anlassbezogen, in Fällen substantiierter Kenntnis von Verletzungen, die gesamte upstream Lieferkette (n-tier) und damit auch mittelbare Zulieferer. Die Einhaltung der Pflichten wird behördlich kontrolliert, es drohen Bußgelder von bis zu 2% des Jahreskonzernumsatzes. Die zivilrechtliche Haftungslage ist unklar. Während einerseits eine neue zivilrechtliche Haftung nach LkSG explizit ausgeschlossen wird, soll eine in diesem Kontext bereits bestehende Haftung unberührt bleiben. Zudem führt das LkSG eine neue Möglichkeit der Prozessstandschaft durch NGOs ein.

Umsetzung des LkSG erfordert interdisziplinäre Expertise

Die Umsetzung des LkSG erfordert die Einbindung zahlreicher Unternehmensabteilungen. Um die Vorgaben gegenüber Zulieferern durchzusetzen, ist die Einkaufsabteilung zentral. Das LkSG verlangt Beschaffungsstrategien, die menschenrechtliche Risiken und Umweltbeeinträchtigungen vermeiden und die vertragliche Verankerung der Zuliefererpflichten in Supplier Codes of Conduct und Lieferverträgen. Die Einhaltung der Vorgaben im eigenen Unternehmen macht eine Einbindung der Zuständigen für HR, Arbeitssicherheit und Umwelt sowie Nachhaltigkeit notwendig. Ein interner Code of Conduct zur Verankerung der Pflichten im Unternehmen ist zu erstellen. Um die Risikomanagementsysteme zu etablieren und zu überwachen, ist eine enge Verzahnung mit bestehenden Compliance- und Risikomanagementsystemen anzustreben. Die neuen Vorgaben sind in Richtlinien und Prozessen zu erfassen, die die Zuständigkeiten, Rollen und Verfahren im Unternehmen festlegen. IT-Lösungen für Beschaffung und Risikomanagement helfen bei der Umsetzung. Verantwortlichkeiten sind festzulegen und über die Schaffung von neuen Stellen wie der eines Menschenrechtsbeauftragten oder eines LkSG-Koordinators oder entsprechender Gremien ist zu entscheiden und die Einbindung des Managements sicherzustellen. Die Konzipierung und Implementierung dieser Vorgaben gelingt am besten in interdisziplinären Teams, die Expertise zu den rechtlichen Vorgaben mit Expertise zu Unternehmensprozessen, vor allem im Bereich des Einkaufs, aber auch seitens Compliance, Risk Management, Prozessberatung, IT und Audit vereinen und so auch Schnittstellen zur Umsetzung zukünftiger Regularien zu ESG und Nachhaltigkeits-KPIs in der nicht-finanziellen Berichterstattung (CSRD) vorsehen können.

Trend zur Verrechtlichung menschenrechtlicher und umweltbezogener Vorgaben

Auf EU-Ebene hat die EU-Kommission im Frühjahr 2022 einen umfassenden Vorschlag für eine EU-Richtlinie zu menschenrechtlichen und umweltbezogenen Sorgfaltspflichten vorgelegt. Dieser Vorschlag für die CSDDD geht über das LkSG hinaus, u.a. werden auch Unternehmen ohne örtliche Geschäftspräsenz in der EU abhängig von ihrem Umsatz erfasst und es sind generell die unmittelbaren und mittelbaren Zulieferer in der gesamten Wertschöpfungskette, upstream und downstream, zu kontrollieren. Der Schutzgüterkatalog wird erheblich erweitert, u.a. durch eine Ausweitung der menschenrechtlichen Generalklausel. Es sind zusätzlich die Vorgaben der UN-Kinderrechtskonvention, der UN-Erklärung über die Rechte indigener Völker und der UN-Behindertenrechtskonvention zu beachten. Umweltbelange werden deutlich weitreichender geschützt. Unternehmen müssen klimaschädliche Emissionen reduzieren und Auswirkungen auf Ozonschicht und Biodiversität minimieren. Flankiert werden diese Pflichten durch eine zivilrechtliche Haftung und vergütungsrelevante Vorgaben für Vorstände.

Auch global wird über einen rechtlichen Rahmen zur Verpflichtung von Unternehmen auf menschenrechtliche Sorgfaltspflichten verhandelt. Dieser Prozess wird seit 2014 auf UN-Ebene vorangetrieben, bisher ohne große Fortschritte. Seit dem letzten Jahr nimmt die Dynamik jedoch zu: Sowohl seitens Chinas als auch seitens der G7 wurde Unterstützung für ein internationales, verbindliches Rahmenwerk geäußert.

Zunehmende Dynamik auf internationaler Ebene zwingt zur vorausschauenden Konzipierung

Das ist eine zusätzliche Herausforderung, aber gleichzeitig eine gute Nachricht: Denn durch Regelungen auf EU und UN-Ebene werden Wettbewerbsnachteile vermieden und durch die LkSG Umsetzungserfahrung haben Unternehmen einen Erfahrungsvorsprung vor internationalen Wettbewerbern. Zudem werden bei diesen Unternehmen zukünftig bereits Standards und etablierte Prozesse bestehen, die Erweiterungen unproblematisch zulassen, da das Sorgfaltspflichtensystem und Risikomanagementkonzept des LkSG ein vielfältiges, aber auf das Unternehmen maßgeschneidertes Vorgehen ermöglicht. Die Marke „Made in Germany" hat die Chance, in Zukunft nicht nur für Produktqualität, sondern auch für Qualität in der Einhaltung menschenrechtlicher und umweltrechtlicher Mindeststandards zu stehen. Zudem fördern interdisziplinäre Projekte zur Supply Chain Due Diligence die bereichsübergreifende Zusammenarbeit im Unternehmen und geben Mitarbeitern Verantwortung für wichtige Zukunftsthemen und mithin einen auch für HR in Recruiting und Retention relevanten Purpose. Nachhaltigkeit gewinnt auf allen Ebenen an Bedeutung – ESG. ∎

KERNAUSSAGEN

- Das LkSG verpflichtet Unternehmen ab 2023 zur Übernahme von Verantwortung für Menschenrechte und Umwelt durch ein maßgeschneidertes Sorgfaltspflichtenkonzept.
- Das Sorgfaltspflichtenkonzept führt zu einem Paradigmenwechsel im Risikomanagement, weg von der Betrachtung von Faktoren, die auf das Unternehmen einwirken, hin zum Management von Auswirkungen von Geschäftstätigkeit und Lieferkette auf Menschenrechte und Umwelt.
- LkSG Compliance erfordert interdisziplinäre Zusammenarbeit von Einkauf, HR, Arbeitsschutz/Arbeitssicherheit, Risikomanagement, Recht und Compliance im Unternehmen.
- Der Entwurf zur EU-Richtlinie und Entwicklungen auf UN-Ebene sind proaktiv zu berücksichtigen, da diese Verschärfungen erwarten lassen.
- Human Rights Due Diligence Projekte und ESG können zum Wettbewerbsvorteil werden.

Außenwirtschaftsrecht

Die Stunde der Außenwirtschaftsrechtler

Schon durch die Verschärfungen der Investitionskontrolle im Laufe der vergangenen Jahre hat das Außenwirtschaftsrecht erheblich an Bedeutung gewonnen. Spätestens seit Ausbruch des Ukraine-Krieges dürfte nun niemand mehr die Wichtigkeit des Themas infrage stellen. Die Telefone der auf Sanktionsberatung spezialisierten Anwälte standen im Frühjahr 2022 nicht mehr still. Ob Mittelstandsberater wie **Harnischmacher Löer Wensing** und **AWB Rechtsanwälte** oder Großkanzleien wie **DLA Piper** – die Beratung zu den verschärften Russland-Sanktionen beschäftigte alle.

Doch der Boom in diesem speziellen Beratungsfeld dürfte nicht von allzu langer Dauer sein, denn eine Wirtschaft, die sich auf lange Sicht aus Russland zurückzieht, wird keinen Rechtsrat zu Sanktionen für ein Land benötigen, zu dem sie so gut wie keine Geschäftsbeziehungen mehr unterhält. Das zeigte bereits das Beispiel Iran, aus dem sich die meisten Unternehmen nach der Rückkehr des US-Embargos wieder zurückzogen. In der Folge ging der Beratungsbedarf zu Iran-Sanktionen massiv zurück – und Kanzleien trennten sich von ihren kurz zuvor eröffneten Büros in Teheran. Die Geschichte wiederholt sich nun und der Schritt zahlreicher Kanzleien wie **CMS Hasche Sigle** und **Hogan Lovells**, sich von ihren russischen Standorten zu trennen, ist auch mit Blick auf wirtschaftliche Erwägungen sinnvoll. **Noerr** hatte schon vor dem Angriff Russlands auf sein Nachbarland die Zeichen der Zeit erkannt und bereits im Januar 2022 den Rückzug aus dem Moskauer Büro bekannt gegeben.

Gleichzeitig gibt der Krieg dem Verteidigungs- und Sicherheitssektor Auftrieb. Hier könnte die Stunde der Kanzleien schlagen, die schon länger zum grenzüberschreitenden Handel mit rüstungsnahen Gütern beraten, wie **Blomstein**, **Dentons** und **Oppenhoff & Partner**. Sie wissen insbesondere die Verknüpfung von Außenwirtschafts- und Vergaberecht zu nutzen, um sich bei Mandanten zu positionieren.

Unverändert stehen die AWV-Anmeldungen bei internationalen M&A-Deals im Fokus: Kaum mehr eine Transaktion mit Investoren aus Drittländern kommt ohne die Genehmigung des Bundesministeriums für Wirtschaft und Klimaschutz aus. An vorderster Front agieren hier internationale Transaktionskanzleien wie **Freshfields Bruckhaus Deringer**, **Linklaters** oder **Clifford Chance**, aber auch kleine Einheiten wie **Held Jaguttis** und **Blomstein** sind sehr visibel. Zwar bauen mehr und mehr Kanzleien, die über keine Außenwirtschaftsrechtspraxis verfügen, eigene Kompetenzen für die Investitionskontrolle auf, tiefe außenwirtschaftsrechtliche Kenntnisse sind bei komplexen M&A-Deals allerdings von Vorteil – nicht zuletzt, weil die Transaktionen immer häufiger eine Due Diligence in Bezug auf Exportkontrolle, Sanktionen und Zollrecht erfordern.

Immer mehr Unternehmen binden die außenwirtschaftsrechtlichen Fragen in ihre Compliance-Programme ein, was vor allem Teams mit traditionell starker Verknüpfung zur Compliance-Abteilung wie **Gleiss Lutz** und **Baker McKenzie** gut abbilden können. Letztere hat sich insbesondere in Fragen von ESG in der Lieferkette schon sehr früh positioniert. Während **Gleiss Lutz** und **CMS** diese Themen v.a. aus dem Vertriebsrecht bespielen, folgt **GvW Graf von Westphalen** dem Beispiel der Vorreiterin und siedelt das Thema klar im Außenwirtschaftsrecht an der Schnittstelle zu Compliance an.

Die Bewertungen behandeln Kanzleien, die hinsichtlich der internationalen Regulierung des Im- und Exports von Waren, Dienstleistungen und Rechten tätig sind. Eine wichtige Rolle spielen dabei, neben nationalen Bestimmungen wie dem Zollrecht, das europäische Recht und das Wirtschaftsvölkerrecht der Welthandelsorganisation WTO. Eine zentrale Rolle spielt auch der Investitionsschutz. Fragen der Exportkontrolle sind zudem oft Gegenstand von ▷Compliance-Untersuchungen. In internationalen streitigen Auseinandersetzungen erfahrene Anwälte finden sich auch im Kapitel ▷Konfliktlösung.

JUVE KANZLEI DES JAHRES FÜR AUSSENWIRTSCHAFTSRECHT

DENTONS

Dentons hat den Turbogang eingelegt: Kaum einer anderen Kanzlei ist es so schnell gelungen, eine Außenwirtschaftspraxis am Markt zu etablieren. Während die 2021 zur Partnerin ernannte **Dr. Maria Brakalova** zuvor schon als Counsel erste Pflöcke in der Beratung zur Exportkontrolle und Sanktionsberatung einschlug, nahm der Ausbau des Beratungsangebots noch mal deutlich an Fahrt auf, als 2017 die anerkannte **Dr. Julia Pfeil** in das Frankfurter Dentons-Büro wechselte. Seitdem zeigte die Erfolgskurve steil nach oben.

Dentons verbreitete die Mandantenbasis kontinuierlich, und mit seiner außenwirtschaftsrechtlichen Kompetenz überzeugt das Team in Mandatsausschreibungen mittlerweile auch Konzerne wie die SMS Group oder den japanischen Chemie- und Elektronikkonzern Schowa Denko. Geschickt nutzt die Praxis zudem die Verknüpfung ihrer Kompetenzen im Außenwirtschafts- und Vergaberecht, um sich in Mandaten im Zusammenhang mit Fragen der nationalen Sicherheit zu positionieren – so etwa für die Lürssen Werft.

Der Marktentwicklung folgend baute Dentons auch die Investitionskontrolle dynamisch aus und berät dazu mittlerweile regelmäßig in komplexen Transaktionen, insbesondere mit Asien-Bezug, wobei sie ihre starke Präsenz in China gut zu nutzen weiß. Analog zur geschäftlichen Entwicklung wuchs auch das Team.

AUSSENWIRTSCHAFTSRECHT

AWB RECHTSANWÄLTE
Außenwirtschaftsrecht ★★★

Bewertung: Die MDP-Kanzlei ist in Fragen zu Zoll u. Einfuhr-USt. eine feste Größe im Markt, intensiviert aber auch kontinuierl. ihre Beratung im Exportkontrollrecht. Diese Spezialisierung kam den oft mittelständ. Mandanten aus Sektoren wie Technologie, Luft- u. Raumfahrt sowie Automotive zuletzt insbes. im Zshg. mit den Russland-Sanktionen zugute. Zudem treten zunehmend Softwarehersteller u. Forschungsinstitute zu Fragen zum Technologietransfer an das Team um Voss heran. Regelm. vertritt AWB ihre Mandanten auch in Auseinandersetzungen im Zshg. mit Verstößen gg. das Außenwirtschaftsgesetz. Dem erhöhten Beratungsbedarf begegnete das Team zuletzt mit dem Ausbau der Associate-Ebene. Gleichzeitig erweiterte die Kanzlei über eine Kooperation mit einer US- u. einer chin. Kanzlei auch das Beratungsangebot um das jeweils landesspezif. Exportkontrollrecht. Daneben positioniert sich das Team in angrenzenden Rechtsbereichen wie z.B. dem dt. LkSG u. der gepl. EU-Verordnung zu ESG in internat. Lieferketten. Mit einer vor 2 Jahren gebildeten Consulting-Tochter geht AWB zudem die Digitalisierung u. das Prozessmanagement im Zoll- u. Außenwirtschaftsrecht an.

Stärken: Langj. Erfahrung im Zollrecht, inkl. Auseinandersetzung mit der Zollverwaltung. Starker Fokus auf Prozessberatung u. -führung, interne Ermittlung.

Oft empfohlen: Nikolaus Voss („ganz hervorragend", Mandant), Simon Vischer

Team: 4 Eq.-Partner, 4 Sal.-Partner, 9 Associates, 1 of Counsel

Schwerpunkte: Umf. zu allen Fragen des Zollrechts, Antidumping, Genehmigungspflichten. Exportkontrolle mit starkem Compliance-Bezug.

Mandate: Exportkontrolle/Sanktionen: BMA Braunschweigische Maschinenbauanstalt exportkontrollrechtl. bei Großanlagen in Drittländer; Josef Blässinger zu Compliance-Programm; Simulationssoftwarehersteller zu Compliance-Programm. Lfd.: 3M, Abeking & Rasmussen, GEMÜ Gebr. Müller Apparatebau, Schunk Kohlenstofftechnik, WWU Münster. **Prozesse/Ermittlungsverfahren:** Dometic Germany zu Erstattungszinsen im Zshg. mit Zoll; Laborgerätehersteller im Zshg. mit Dual-Use-Gütern; Unternehmen d. Luftfahrtindustrie in Bußgeldverfahren. **Zollrecht:** BMW präferenzrechtl. im Zshg. mit dem EU-UK-Freihandelsabkommen; Oui-Gruppe zu Zollbefreiung für Hilfsgüter. Lfd.: Rimowa, Schunk, BayWa, Fressnapf, Grundfoss, KSB, Stappert Dtl., Melitta.

BAKER MCKENZIE
Außenwirtschaftsrecht ★★★★★

Bewertung: Markenzeichen der Außenwirtschaftspraxis ist die enge Verknüpfung mit der renommierten ▷Compliance-Praxis, die immer wieder in der Beratung zu umf. Compliance-Programmen unter Berücksichtigung US- u. EU-exportkontroll- u. sanktionsrechtl. Fragen einschlägig ist. Nicht mehr wegzudenken sind dabei auch ESG-Themen, die BM als eine der ersten Kanzleien am dt. Markt überzeugend besetzte. Dieses Engagement schlug sich zuletzt in einem Strom zahlr. neuer Mandate im Zshg. mit dem LkSG nieder. Div. Unternehmen aus den Branchen Automobil, Pharma, Technologie u. Konsumgüter vertrauen in der Beratung zu Menschenrechten u. Umweltschutz in internat. Lieferketten auf die gr. Erfahrung der D'dorfer Partnerin Thoms. Sie koordiniert die Mandate kanzleiweit u. sektorübergr. u. agiert dabei immer eng an der Schnittstelle zu ▷Compliance sowie dem ▷Vertriebs- u. Öffentl. Recht. Das tiefe Know-how der Praxis war zuletzt bei vielen Mandanten auch im Zshg. mit den Russland-Sanktionen entscheidend. Erneut war das Team bei div. M&A-Transaktionen für die Investitionskontrolle aktiv, z.B. für den jap. Netzausstatter Rakuten zu einer Kooperation mit dem TK-Anbieter Drillisch-Netz (1&1) zum Aufbau eines 5G-Mobilfunknetzes in Deutschland. Neben der Investitionskontrolle übernimmt das Team bei M&A-Deals oft auch die exportkontrollrechtl. Due Diligence des Targets. Im Zollrecht berät die renommierte Steuerpartnerin Looks, die regelm. Unternehmen zur Strukturierung ihrer Zollprozesse oder zu Haftungsregeln bei Zoll u. Einfuhr-USt berät. Zudem ist sie oft in komplexen Zollprüfungen in Verbindung mit FG-Verfahren involviert, bei denen häufig mehrere Jurisdiktionen betroffen sind.

Stärken: Außenwirtschaftsrecht mit Schwerpunkt auf ▷Compliance, insbes. auch zu Menschenrechten u. Nachhaltigkeit. Zollrecht. Verknüpfung zur renommierten ▷Vertriebsrechtspraxis.

Oft empfohlen: Anahita Thoms („sehr erfahren, pragm. u. gut erreichbar mit gr. internat. Überblick", Mandant), Nicole Looks („hat viel Erfahrung", Wettbewerber)

Team: 4 Eq.-Partner, 2 Sal.-Partner, 2 Associates

Schwerpunkte: EU- u. US-Exportkontroll- u. Sanktionsrecht sowie Investitionskontrolle u. Geldwäschefragen. Über die Steuerpraxis zudem USt- u. Zollrecht, dabei auch finanzgerichtl. Vertretung, Bußgeldverf. u. Zollbetriebsprüfungen.

Mandate: Exportkontrolle/Sanktionen: internat. Bankenkonsortium zu Sanktionen für die Finanzierung von Exporten nach Russland; Dax-Konzern, u.a. zu mögl. Geschäften im Iran, in Syrien u. China; Pharmaunternehmen zu Strafverf. wg. AWG-Verstoß u. Überarbeitung des Compliance-Programms; NGO zu Compliance im Zshg. mit Menschenrechten u. Projektpartner-Screening; schwed. Pharmahersteller, u.a. zu Menschenrechts-Compliance im Zshg. mit Kooperation mit chin. Unternehmen. **Investitionskontrolle:** Allecra Therapeutics zu Lizenzvereinbarung mit Advanz Pharma; Rakuten zu Aufbau von 5G-Mobilfunknetz für 1&1 in Dtl.; Sika bei Kauf der MBCC Group von Lone Star; Modag zu strateg. Allianz mit Teva; Boyd zu Kauf von Siltec. **Zollrecht:** div. Onlineplattformen zu Einführung neuer Zoll- und USt-Regelungen sowie bei zollwertrechtl. Vereinfachungen und verbindlichen Auskünften; ww. agierendes Medizin- und Pharmaunternehmen bei Zoll-BP und Einspruchsverfahren zu Zollwert und Verrechnungspreisen sowie Implementierung IT-basierter Korrekturverfahren; div. Biotechnologieunternehmen bei Restrukturierung ihrer Lieferketten.

HELMUT BLEIER
Außenwirtschaftsrecht ★

Bewertung: Der Einzelanwalt gehört zu den erfahrenen Spezialisten in allen Fragen des Zollrechts u.

Außenwirtschaftsrecht

★★★★★
Kanzlei	Standort
Baker McKenzie	Amsterdam, Berlin, Düsseldorf, Frankfurt
Blomstein	Berlin
GvW Graf von Westphalen	Hamburg
Noerr	Berlin, Brüssel, München

★★★★
Kanzlei	Standort
CMS Hasche Sigle	Brüssel, Hamburg
Hogan Lovells	Brüssel, Berlin, München
Oppenhoff & Partner	Köln

★★★
Kanzlei	Standort
AWB Rechtsanwälte	Münster, München, Hamburg
Dentons	Frankfurt, Berlin
DLA Piper	Köln
Gleiss Lutz	Düsseldorf
Haellmigk	München
Hohmann	Gelnhausen

★★
Kanzlei	Standort
Harnischmacher Löer Wensing	Münster
Luther	Brüssel, Hamburg, Essen

★
Kanzlei	Standort
Helmut Bleier	Kronberg

Die Auswahl von Kanzleien und Personen in Rankings und tabellarischen Übersichten ist das Ergebnis umfangreicher Recherchen der JUVE-Redaktion. Sie ist in 2erlei Hinsicht subjektiv: Die Aussagen der befragten Quellen sind subjektiv u. spiegeln deren Erfahrungen u. Einschätzungen. Die JUVE-Redaktion wiederum analysiert die Rechercheergebnisse unter Einbeziehung ihrer eigenen Marktkenntnis. Der JUVE Verlag beabsichtigt keine allgemeingültige oder objektiv nachprüfbare Bewertung. Es ist möglich, dass eine andere Recherchemethode zu anderen Ergebnissen führt. Innerhalb einzelner Gruppen in Rankings und tabellarischen Übersichten sind Kanzleien und Personen alphabetisch sortiert.

AUSSENWIRTSCHAFTSRECHT

der Verbrauchsteuern im grenzüberschr. Warenverkehr. So beriet er zuletzt etwa einen osteurop. Mineralölkonzern umf. im Zshg. mit Dieselimporten. Dabei spielten neben Fragen zur Einfuhr-USt auch exportkontrollrechtl. Themen eine Rolle. Regelm. setzen mittelständ. Unternehmen u. internat. Konzerne, v.a. Lieferanten der Industrie u. Lebensmittelbranche sowie Unternehmen aus dem Maschinen- u. Anlagenbau, bei Zoll- u. Außenprüfungen auf Bleier. In streitigen Fragen vertritt er sie auch in Verf. vor den Finanz- u. Zollbehörden bis hin zum EuGH.
Stärken: Langj. Erfahrung im Zollrecht, inkl. Auseinandersetzung mit der Zollverwaltung.
Oft empfohlen: Helmut Bleier
Team: 1 Partner
Schwerpunkte: Umf. zu allen Fragen des Zollrechts, Antidumping, Genehmigungspflichten.
Mandate: Zollrecht: Rohstofflieferant zu zolltarifl. Einreihung von Mineralien; chin. Lieferant von Fahrradteilen zu Antidumping; Hersteller von Industriebohrmeißeln bei zollrechtl. Außenprüfung u. zu Antidumping; jap. Lebensmittelimporteur u.a. zu zolltarifl. Einreihung u.a. von Reiswein. **Prozesse/Ermittlungsverfahren:** Tierleinenhersteller in EuGH-Verf. um Verzinsung nacherhobener Zölle; Aromenhersteller in EuGH-Verf. zu zolltarifl. Einreihung von Vanillearomen aus Madagaskar; Biolebensmittelhändler in 12 Revisionsverfahren vor BFH zu zolltarifl. Fragen. **Exportkontrolle:** osteurop. Mineralölkonzern zu Dieselimporten.

BLOMSTEIN
Außenwirtschaftsrecht ★★★★★
Bewertung: Die Berliner Boutique beeindruckt mit ihrer breiten Aufstellung im Außenwirtschaftsrecht. Regelm. beraten Stein u. Friton v.a. Mandanten aus Industrie, Technologie u. Energiewirtschaft zu Fragen rund um Zoll- u. Verbrauchsteuer ebenso wie zur exportkontroll- u. sanktionsrechtl. Compliance, die zuletzt im Licht der Russland-Sanktionen weiter an Bedeutung zunahmen. Gleichzeitig sind sie immer häufiger an der Seite von M&A-Boutiquen, aber auch internat. Großkanzleien in grenzüberschr. Transaktionen für die Investitionskontrolle gesetzt. Ihre diesbzgl. Kompetenz bewies Blomstein eindrucksvoll bei der Vertretung des BMWK im Eilverfahren gg. GlobalWafers, mit dem der taiwan. Halbleiterhersteller den Kauf der dt. Wettbewerberin Siltronic durchsetzen wollte. Daneben vertritt Blomstein ihre Mandanten bei Verstößen gg. das AWG in Straf- oder Bußgeldverf. u. bei Selbstanzeigen vor den Behörden. Erstmals in ihrer jungen Geschichte ernannte die Kanzlei einen Counsel u. zeigte damit, dass ihr auch die Nachwuchsförderung gelingt.
Stärken: Exportkontroll-, Zoll- u. Verbrauchsteuerrecht, marktordnungsrechtl. Fragen, Investitionskontrolle, oft gemeinsam mit ▷Fusionskontrolle.
Oft empfohlen: Dr. Roland Stein, Dr. Pascal Friton, Dr. Hans-Joachim Prieß
Team: 2 Eq.-Partner, 1 Counsel, plus Associates, 3 of Counsel
Schwerpunkte: Umf. zu Außenwirtschaftsrecht, insbes. Handels-Compliance, Exportkontrolle u. Sanktionen sowie Zoll- u. Verbrauchsteuerrecht. Zunehmend Investitionskontrolle. Verf. vor Hauptzollämtern u. Finanzgerichten. Daneben Völker- u. EU-Recht, EU-Marktordnung, WTO-Recht sowie Kunst- u. Kulturgüterschutzrecht.
Mandate: Exportkontrolle/Sanktionen: Delivery Hero zu Sanktionen; Qell Acquisition exportkontrollrechtl. im Zshg. mit Einstieg bei Lilium; lfd. ADM, Knorr-Bremse, Infineon. **Prozesse/Ermittlungsverfahren:** ED&F Man in Zollverf. in Polen u. Spanien; Olenex Edible Oils in 2 zollrechtl. Streitigkeiten mit HZA Hamburg; Infineon gg. HZA Regensburg um Zollaussetzung (FG München); Hersteller elektronischer Bauelemente in 3 zollrechtl. Klageverf.; Technologieunternehmen in Einspruchsverf. vor div. HZAs, Verhandlungen mit dem BAFA u. BMWK. **Investitionskontrolle:** BMWK gg. GlobalWafers im Eilverf. bzgl. Siltronics-Kauf; Zoom bei Kauf von Kites GmbH; Cosco bei Einstieg in Container-Terminal Tollerort von HHLA; KI-Start-up Helsing bei Finanzierung durch Prima Materia; Adtran bei Fusion mit Adva Optical Networking. **Zollrecht:** BMW bei zollrechtl. Fragen. Lfd.: ED&F Man Holdings, Vattenfall, Hollywood Garment Sales, Südzucker.

CMS HASCHE SIGLE
Außenwirtschaftsrecht ★★★★
Bewertung: Die außenwirtschaftsrechtl. Beratung der Kanzlei ist geprägt vom Exportkontroll- u. Embargorecht u. deren Implementierung in entspr. Compliance-Programmen. Dabei nutzt das Team, das aus ▷HH u. ▷Brüssel agiert, intensiv die fachübergr. Kooperation, etwa mit einem jungen Stuttgarter Strafrechtspartner bei Bußgeld- u. Strafverf. im Zshg. mit AWG-Verstößen oder mit einem renommierten Bankrechtspartner in Sachen Finanzsanktionen u. Geldwäsche. Ähnl. wie in andere Kanzleien mit starker Dealpraxis nahm auch die Beratung zur transaktionsbegl. Investitionskontrolle weiter zu, wo der ▷Kartellrechtspartner Neuhaus oft gleichzeitig zur Fusionskontrolle berät. Dabei profitieren Mandanten von der immer selbstverständlicheren internat. Vernetzung im CMS-Verbund, durch die die Genehmigungen für grenzüberschr. Deals länderübergr. koordiniert werden können. So kooperierte das dt. Team etwa für den Infrastrukturfonds Equitix beim Anteilskauf an 6 ÖPP, darunter eine Bundesautobahn u. ein Bahnprojekt mit den CMS-Büros in UK, NL, Luxemburg u. Österreich. Allerdings zog sich CMS wie viele Kanzleien nach Ausbruch des Ukraine-Krieges aus Moskau zurück. In den Vorjahren hatte nicht zuletzt die Beratung zum Russland-Geschäft für einen steten Mandatsfluss in der Außenwirtschaftspraxis gesorgt.
Stärken: Fragen zu Russland-Sanktionen, auch in enger Kooperation mit internat. CMS-Büros.
Oft empfohlen: Kai Neuhaus
Team: 2 Partner, plus Associates
Schwerpunkte: Sanktions-, Embargo- u. Zollrecht, auch ▷Compliance mit Bezug zu US- u. EU-Recht.
Mandate: Exportkontrolle/Sanktionen: Eli Lilly zu Grenzbeschlagnahme; div. Industrie-, Energieunternehmen u. Finanz- u. Versicherungsinstitute zu Russland-Sanktionen; Verpackungsunternehmen zu Compliance-Prozessen; Kfz-Zulieferer zu US-Exporten. Lfd. exportkontrollrechtl.: Crown Gabelstapler. **Investitionskontrolle:** Hengtong bei Kauf der J-Fiber von Leoni; United Robotics Group bei JV mit jap. Softbank Robotics Group; Equitix bei Anteilskauf von 6 europ. ÖPP-Projekten; priv. Eigner bei Verkauf seiner Anteile an Memphis Electronic an Walden Internat.; Bruker bei Kauf von Pepsep; BKS bei Verkauf von Vitamaze an Vision Healthcare; Atos Medical bei Kauf von Tracoe.

Zollrecht

Advant Beiten (Düsseldorf, Brüssel)

AWB Rechtsanwälte (Münster, München, Hamburg)
Prof. Dr. Peter Witte, Prof. Dr. Hans-Michael Wolffgang

Baker McKenzie (Amsterdam)

Becker Büttner Held (Berlin, München)

Helmut Bleier (Kronberg)
Helmut Bleier

Blomstein (Berlin)
Dr. Hans-Joachim Prieß, Dr. Leonard Rummel, Dr. Roland Stein

Deloitte (Frankfurt, Mannheim)
Bettina Mertgen, Tino Wunderlich

DLA Piper (Frankfurt)
Dr. Björn Enders

Ebner Stolz Mönning Bachem (Hamburg)
Eva Rehberg

GvW Graf von Westphalen (Hamburg)
Dr. Lothar Harings, Marian Niestedt

Harnischmacher Löer Wensing (Münster)
Dr. Talke Ovie

Heuking Kühn Lüer Wojtek (Düsseldorf)
Wolfram Meven

KMLZ (München)
Dr. Christian Salder

KPMG (Hamburg, Stuttgart)
Gabriel Kurt

Mazars (Düsseldorf)
Birgit Jürgensmann

Noerr (Berlin)
Dr. Bärbel Sachs

Oppenhoff & Partner (Köln)
Stephan Müller

Peterka (Hamburg)
Thomas Peterka

PKF Fasselt (Hamburg, Duisburg)

PricewaterhouseCoopers (Düsseldorf, Frankfurt, Hamburg)
Dr. Michael Tervooren

Rödl & Partner (Stuttgart)

WTS Itax (Düsseldorf, Hamburg, Köln)
Dr. Karen Möhlenkamp

Die Auswahl von Kanzleien und Personen in Rankings und tabellarischen Übersichten ist das Ergebnis umfangreicher Recherchen der JUVE-Redaktion. Sie ist in 2erlei Hinsicht subjektiv: Die Aussagen der befragten Quellen sind subjektiv u. spiegeln deren Erfahrungen u. Einschätzungen. Die JUVE-Redaktion wiederum analysiert die Rechercheergebnisse unter Einbeziehung ihrer eigenen Marktkenntnis. Der JUVE Verlag beabsichtigt keine allgemeingültige oder objektiv nachprüfbare Bewertung. Es ist möglich, dass eine andere Recherchemethode zu anderen Ergebnissen führt. Innerhalb einzelner Gruppen in Rankings und tabellarischen Übersichten sind Kanzleien und Personen alphabetisch sortiert.

Anwaltszahlen: Angaben der Kanzleien, wie viele Anwälte zu mind. ca. 50% in diesem Gebiet tätig sind. Sie spiegeln nicht zwingend die Gesamtgröße einer Kanzlei wider.

AUSSENWIRTSCHAFTSRECHT

Investitionskontrolle

Advant Beiten (Berlin)

Baker McKenzie (Düsseldorf, Brüssel)

Blomstein (Berlin)

Clifford Chance (Düsseldorf)
Dr. Dimitri Slobodenjuk

CMS Hasche Sigle (Brüssel)

Covington & Burling (Frankfurt)
Horst Henschen

Dentons (Frankfurt, Berlin)

DLA Piper (Köln)
Dr. Thilo Streit

Freshfields Bruckhaus Deringer (Düsseldorf, Berlin)
Dr. Juliane Hilf, Dr. Frank Röhling

Gleiss Lutz (Düsseldorf)
Dr. Jacob Andreae

GvW Graf von Westphalen (Hamburg)

Held Jaguttis (Köln)

Hengeler Mueller (Berlin, Düsseldorf)
Dr. Jan Bonhage, Dr. Vera Jungkind

Hogan Lovells (Brüssel)

Jones Day (Frankfurt)
Dr. Jürgen Beninca

Linklaters (Düsseldorf, Berlin)

Luther (Köln)

Noerr (Berlin, München)

Oppenhoff & Partner (Köln)

Taylor Wessing (Düsseldorf)
Dr. Michael Brüggemann

Die Auswahl von Kanzleien und Personen in Rankings und tabellarischen Übersichten ist das Ergebnis umfangreicher Recherchen der JUVE-Redaktion. Sie ist in 2erlei Hinsicht subjektiv: Die Aussagen der befragten Quellen sind subjektiv u. spiegeln deren Erfahrungen u. Einschätzungen. Die JUVE-Redaktion wiederum analysiert die Rechercheergebnisse unter Einbeziehung ihrer eigenen Marktkenntnis. Der JUVE Verlag beabsichtigt keine allgemeingültige oder objektiv nachprüfbare Bewertung. Es ist möglich, dass eine andere Recherchemethode zu anderen Ergebnissen führt. Innerhalb einzelner Gruppen in Rankings und tabellarischen Übersichten sind Kanzleien und Personen alphabetisch sortiert.

DENTONS
Außenwirtschaftsrecht ★★★

Kanzlei des Jahres für Außenwirtschaftsrecht

Bewertung: Innerhalb nur weniger Jahre hat sich die junge Praxis zu einer festen Größe im Außenwirtschaftsrecht gemausert. Die ▷*Frankfurter* Partnerin Pfeil berät insbes. zu EU- u. US-Exportkontrolle, wobei zuletzt die verschärften Russland-Sanktionen für viel Arbeit sorgten. Immer wieder verbindet das aus dem Öffentl. Recht kommende Team außenwirtschaftsrechtl. Themen mit seinem regulator. Know-how. Das kam z.B. der Lürssen Werft zugute, die das Team nach dem Exportstopp für Rüstungsgüter nach Saudi-Arabien in Bezug auf bereits gebaute Patrouillenboote einerseits zu vergaberechtl. Fragen zur Abgabe an die BRD u. andererseits zu Genehmigungen für den Export nach Ägypten beriet. Derweil legt Brakalova einen Schwerpunkt auf die Investitionskontrolle u. unterstützte hierzu die ▷*M&A-Praxis* in z.T. hochvol. Transaktionen, insbes. mit China-Bezug. Dass die Praxis auch außerh. des Kanzleinetzwerks für ihre investitionskontrollrechtl. Kompetenz wahrgenommen wird, zeigt ihre Arbeit für die Dt. Telekom in einem komplexen Deal inkl. Aktientausch mit US-T-Mobile-Aktien u. dem Verkauf ihrer Geschäfte in den NL, wo Dentons an der Seite von Freshfields u. der US-Kanzlei Cravath Swain & Moore beriet. Dass Mandanten vermehrt auch nach dem Closing für die exportkontrollrechtl. Beratung auf Dentons setzen, zeigt, dass die Aufbauarbeit der vergangenen Jahre Früchte trägt.

Stärken: EU- u. US-Exportrecht, Investitionskontrolle.

Oft empfohlen: Dr. Julia Pfeil, („sehr klare Ansagen", Mandant) Dr. Maria Brakalova

Team: 5 Partner, 1 Counsel, 3 Associates

Schwerpunkte: Exportkontroll- u. Sanktionsrecht sowie Investitionsschutz.

Mandate: Exportkontrolle/Sanktionen: Lürssen Werft in Zshg. mit Exportstopp für Patrouillenboote nach Saudi-Arabien; SMS Group zu EU- u. US-Sanktionsrecht; Medizintechnikhersteller zu außenwirtschaftsrechtl. Compliance-System. Lfd.: Duisburger Hafen, Showa Denko, Solvay. **Investitionskontrolle:** 5NPlus bei Kauf von Azur Space Solar Power (Phase II); BMI im Zshg. mit Beschaffung von IT im Zshg. mit bundesw. IT-Projekt; Ionity zu Investitionen in Aufbau eines Ladenetzes für E-Autos in Europa; Cas Scientific Instruments bei Anteilskauf an Specs Surface Nano Analysis; Ancosys-Gesellschafter zu Verkauf ihrer Anteile an Nova.

DLA PIPER
Außenwirtschaftsrecht ★★★

Bewertung: Die außenwirtschaftrechtl. Beratung der Full-Service-Kanzlei entwickelt sich seit Jahren dynamisch u. profitiert dabei bes. von der vorangetriebenen länder- u. fachgruppenübergr. Vernetzung. Wie bei vielen Einheiten mit bedeutendem Transaktionsgeschäft wuchs auch bei DLA zuletzt v.a. die Beratung zur Investitionskontrolle bei grenzüberschr. M&A-Deals, insbes. für rüstungsnahe Unternehmen. Dabei ermöglicht die internat. Vernetzung dem Team, die Anmeldungen u. Genehmigungen parallel in mehreren Ländern zu koordinieren. Wie gut das funktioniert, zeigt der Fall MKS Instruments. Ein dt.-brit. DLA-Team begleitete den US-Anbieter für Prozesskontrollsysteme beim Kauf des dt. Spezialchemieunternehmens Atotech. Kontinuierl. verbreitert die Praxis die Beratung zum grenzüberschr. Warenverkehr. Dabei verknüpft sie deutl. stärker als zuvor das exportkontrollrechtl. Know-how der Öffentlichrechtler mit der zollrechtl. Kompetenz eines Steuerrechtspartners u. verbindet diese zu einer umf. Beratung zu außenwirtschaftsrechtl. Compliance-Systemen. Dadurch gelang es dem Team, neue Mandanten wie z.B. Olympus in Mandatsausschreibungen zu überzeugen. Wie viele internat. Kanzleien zog sich auch DLA nach Ausbruch des Ukraine-Kriegs aus Russland zurück. Das betrifft nicht zuletzt die Außenwirtschaftspraxis, die zuvor eng mit dem Moskauer Büro kooperierte.

Stärken: Embargoberatung, enge Kontakte zu Behörden u. polit. Gremien. Beratung zu grenzüberschr. Zahlungsverkehr u. Exportfinanzierungen.

Oft empfohlen: Dr. Ludger Giesberts („gute Urteilskraft bei außenwirtschaftsrechtl. Meldepflichten", Mandant), Dr. Thilo Streit („sehr hohe Fachexpertise, schnelle Reaktionszeit u. mandantengerechte Unterstützung", Mandant)

Team: 2 Partner, 1 Counsel, plus Associates, 1 of Counsel

Schwerpunkte: Exportkontrolle u. Sanktionen, häufig bzgl. Dual-Use-VO. Regelm. strafrechtl. Begleitung bei Verstößen gg. das AWG an der Schnittstelle zu ▷*Strafrecht* u. ▷*Compliance*. Investitionskontrolle bei ▷*M&A-Transaktionen*.

Mandate: Exportkontrolle/Sanktionen: Olympus zu Zoll- u. Exportkontroll-Compliance; Immobilienmanagementunternehmen zu Meldepflichten u. Vorbereitung einer Selbstanzeige; Gerätehersteller zu Export-Compliance-System in 8 Ländern. Lfd.: Atos, Georgsmarienhütte, Zeppelin. **Investitionskontrolle:** Trajan bei Kauf von Axel Semrau Baker Hughes bei Beteiligung an Electrochaea; Montana Aerospace bei Kauf von Asco Industries; Baker Hughes bei Kauf von Electrochaea; MKS beim Kauf von Atotech von Carlyle.

GLEISS LUTZ
Außenwirtschaftsrecht ★★★

Bewertung: Die Kanzlei hat das Außenwirtschaftsrecht zuletzt deutl. ausgebaut u. besetzt mittlerw. überzeugend eine gr. Bandbreite an Themen. An der Seite ihrer marktführenden ▷*M&A-Praxis* ist das Team fester Bestandteil des Beraterstabs in grenzüberschr. Transaktionen u. beriet erneut bei div. Deals, wie z.B. Microsoft beim Kauf von Activision Blizzard zu den AWV-Anmeldungen beim BMWK. Parallel baute GL aber die Beratung zu Exportkontrolle u. Embargos aus u. verstetigte versch. Mandatsbeziehungen wie etwa zu Andreas Stihl. Der Werkzeughersteller, der die Praxis im Vorjahr zu Exportbeschränkungen infolge von Corona mandatiert hatte, setzt nun auch im Zoll- u. Exportkontrollrecht auf das Team. Besonders deutl. stieg die Marktwahrnehmung des Teams für ihre Beratung zu umf. exportkontrollrechtl. Compliance-Programmen, wo sie einem Wettbewerber zufolge „sehr präsent" ist. Dabei nutzt GL intensiv die gute Vernetzung mit anderen Fachgruppen, etwa mit der renommierten ▷*Compliance-Praxis* oder den Finanzrechtlern (▷*Bank- u. Bankaufsichtsrecht*), etwa zu außenwirtschaftsrechtl. Fragen in Konsortialkreditverträgen.

Stärken: Investitionskontrolle bei ▷*M&A-Transaktionen*, außenhandelsrechtl. ▷*Compliance*. Enge Verknüpfung zur ▷*Bank- u. Finanzrechtspraxis*.

Team: 3 Eq.-Partner, 1 Sal.-Partnerin, 1 Counsel, plus Associates, 1 of Counsel

Schwerpunkte: Transaktionsbegl. Investitionskontrolle, Exportkontrolle u. Sanktionsberatung an der Schnittstelle zur außenhandelsrechtl. Compliance, regelm. auch Begleitung bei Ermittlungsverfahren.

Mandate: Exportkontrolle/Sanktionen: Alfred Ritter, Andreas Stihl, Linde u. Bomag zu Russland-Sanktionen; Bunker Holding, Magna, Merz, Puma, Voestalpine zu außenwirtschaftsrechtl. Audit; Zeppelin zu außenwirtschaftsrechtl. Fragen im Zshg. mit Konsortialkreditvertrag; Ineos u. Gelita Medical, zu US-Exportkontrollrecht; Refratechnik zu Embargos; Kronos zu Anpassung des Compliance-Systems an verschärfte Russland-Sanktionen der EU. Lfd.: Aerea, Agco, Andreas Stihl, Apex Tool, Ergo, Hotjar, Linde, Puma, Gelita Medical, Merz, NTT

AUSSENWIRTSCHAFTSRECHT

Data Business Solutions. **Investitionskontrolle:** Microsoft bei Kauf von Activision Blizzard; Blackstone bei Kauf von International Data Group; Gesellschafter der Viastore bei Verkauf der Anteile an Toyota Industries; Cisco Systems bei Kauf von Replex; Dt. Post DHL bei Kauf von Hillebrandt. **Zollrecht:** Klenk Holz zu zollrechtl. Verfahren; lfd.: Apex Tool Group, Linde.

GVW GRAF VON WESTPHALEN
Außenwirtschaftsrecht ★★★★★

Bewertung: Mit ihrem umf. Know-how in sämtl. Themen des Außenwirtschaftsrecht gehört GvW seit Jahren zu den Marktführern. Eine Mandantin lobt das Team um Harings für seine „ausgezeichneten Fachkenntnisse" u. hebt hervor, dass die Anwälte Mandate immer in ihrer Gesamtheit betrachten. Mit diesem ganzheitl. Ansatz überzeugt die Praxis neben der trad. starken Mandantenbasis im dt. Mittelstand seit einigen Jahren zunehmend auch internat. Konzerne, die sie oft über Ausschreibungen für sich gewinnt. Mittlerw. zählen Branchengrößen wie der US-Chemiekonzern Celanese u. der Anlagenbauer GEA zu den Stammmandanten. Verstärkt gelingt es der Praxis, ihre geballte außenwirtschaftsrechtl. Kompetenz in umf. Compliance-Mandaten umzusetzen. Dabei greift sie neue Themen wie z.B. das LkSG auf, zu dem sie bereits div. Industriekonzerne berät. Dafür nutzt GvW die intensive Vernetzung unterschiedl. Fachgruppen, indem sie die Beratung zu Menschenrechten, Sozial- u. Umweltstandards in internat. Lieferketten in einem fachübergr. Team aus Experten aus Außenwirtschafts-, Straf- u. Kartellrecht sowie Compliance bündelt. Zudem berät das Team das Start-up Osapiens bei der Entwicklung eines IT-Tools, das Unternehmen hilft, die Anforderungen des LkSG umzusetzen. Fortschritte verzeichnet die Kanzlei auch bei der Beratung von Logistikunternehmen, die GvW insbes. im Zshg. mit zollrechtl. Themen, etwa zur Frage des indirekten Stellvertreters, u. zuletzt auch zu Haftungsfragen, z.B. in Bezug auf Lieferkettenunterbrechungen, mandatierten. Dabei unterstützt ein im Vorjahr gekommener Transportrechtsexperte. Im Zuge der verschärften Russland-Sanktionen profitierte das Team zudem vom Know-how einer Russland-Expertin, die von PwC Legal in die GvW-Corporate-Praxis wechselte.
Stärken: Voll integrierte Praxis, die in sämtl. Bereichen des Zoll- u. Außenwirtschaftsrechts berät.
Oft empfohlen: Dr. Lothar Harings („kennt sich sehr gut aus, professionell u. sehr gut vernetzt", „kompetent, mit Weitblick u. gr. Verständnis für techn.-wirtschaftl. Zshg.", Mandantin), Dr. Gerd Schwendinger, Marian Niestedt Dr. Hartmut Henninger Dr. Katja Göcke („sehr gutes Team", Mandant),
Team: 4 Eq.-Partner, 1 Sal.-Partner, 5 Associates, 1 of Counsel
Schwerpunkte: Sämtl. Themen des Außenwirtschaftsrechts. Export- u. Investitionskontrolle, Sanktionen u. Freihandelsabkommen. Viel Dauerberatung zu zoll- u. umsatzsteuerrechtl. Themen, zoll- u. exportrechtl. ▷Compliance. Häufig an der Schnittstelle zu ▷IT-Recht. Oft Unternehmen des gehobenen, internat. aktiven Mittelstands.
Mandate: Exportkontrolle/Sanktionen: Cargodian zu außenwirtschaftrechtl. Fragen im Zshg. mit auf Blockchain-Technologie basierter Handelsfinanzierung; Osapiens zu IT-Tool zur Umsetzung des LkSG; Waren-Verein der Hamburger Börse zu Lieferverzögerungen; Celanese, u.a. zu Russland-Sanktionen; FläktGroup u. Leser zu Exportkontrolle; VDAT zu Handel mit Tuning-Produkten nach EU-Binnenmarktverordnung. Lfd.: Badger Meter Europa, Berenberg Bank, DMK, Europ.-Iran. Handelsbank, GEA, Gesellschaft für Anlagen- und Reaktorsicherheit, DNV, Afghan Credit Guarantee Foundation. **Prozesse:** CPG Engineering in Musterprozess Showa-Denko-Tochter um Reichweite der US-Sanktionen u. der EU-Blocking-VO (OLG Frankfurt); Galaxy Energy ggü. Finanzgericht Ba.-Wü. um Erstattung von Antidumpingzöllen auf Fotovoltaiktechnik aus China. **Investitionskontrolle:** Gesellschafter der AirRobot bei Verkauf ihrer Anteile an Nordic Unmanned. **Zollrecht:** Daher zu Einfuhr-USt. u. Verfahren ggü. Zollbehörden; lfd. McGregor, Power Data, Windeln.de, Jabil, Customs Support NCTS.

HAELLMIGK
Außenwirtschaftsrecht ★★★

Bewertung: Mit seiner Kompetenz im EU- u. US-Exportkontroll- u. Sanktionsrecht ist es dem Münchner Einzelanwalt erneut gelungen, seinen Mandantenstamm zu verbreitern. Neben Industrieunternehmen, darunter Branchengrößen wie Voestalpine oder Telespazio Vega, vertrauen zunehmend IT-Entwickler u. Mandanten aus rüstungsnahen Sektoren, etwa der Sicherheitstechnologie, bei Fragen zum Technologietransfer auf sein Know-how. So mandatierte ihn jüngst das Beschaffungsamt der Bundeswehr zu Fragen der US-Exportkontrolle im Zshg. mit einer Ausschreibung für die Wartung von Kampfhubschraubern. Daneben vertritt er Unternehmen u. Geschäftsführer regelm. in Bußgeldverfahren u. bei Selbstanzeigen im Zshg. mit Verstößen gg. das Außenwirtschaftsgesetz. Daraus ergeben sich oft Folgemandate zu Aufbau u. Einführung außenwirtschaftsrechtl. Compliance-Programme.
Oft empfohlen: Prof. Dr. Philip Haellmigk („Top-Berater, äußerst kompetent", Mandantin)
Team: 1 Partner
Schwerpunkte: EU- u. US-Exportkontrollrecht, Außenhandelsfinanzierung, Klassifizierung von Gütern u. Genehmigungsverf. sowie Vertretung vor Behörden. Begleitung interner Export-Control-Audits u. Compliance-Programme.
Mandate: Exportkontrolle/Sanktionen: BAAINBw zu US-Exportkontrolle; Inova Semiconductors zu Produktklassifizierung u. Compliance-Programm; Telespazio Vega zu Technologietransfer im Zshg. mit Weltraumprojekt; Voestalpine High Performance Metals, u.a. zu Produktklassifizierung, Genehmigungsverf., Sanktionslisten-Screening; Wainwright Instruments, u.a. zu Konsequenzen der US-Listung von Huawei für Lieferungen nach Asien; Anbieter von Sicherheitstechnologie zu Compliance-Programm; Industriegüterhersteller zu Russland-Sanktionen; Kfz-Zulieferer zu Export rüstungsnaher Güter. Lfd.: KSB, Hima Paul Hildebrandt, Cortex Biophysik, Martin Bauer.

HARNISCHMACHER LÖER WENSING
Außenwirtschaftsrecht ★★

Bewertung: Die Außenwirtschaftspraxis ist trad. tief im Zollrecht verwurzelt. Bes. dyn. entwickelte sich seit einigen Jahren jedoch auch die Beratung zu exportkontrollrechtl. Themen, die mittlerw. einen ähnl. gr. Raum einnimmt. Neben sanktionsrechtl. Fragen, die zuletzt v.a. im Zshg. mit Exporten nach Belarus u. Russland eine gr. Rolle spielten, berät HLW ihre Mandanten zunehmend zu umf. außenwirtschaftsrechtl. Compliance-Programmen. Auf diese Kompetenz vertrauen neben den oft mittelständ. Mandanten aus der regionalen Industrie u. dem Handel auch namh. Unternehmen wie Jungbunzlauer, Mahle oder Mitsui Chemicals. Daneben baute die Kanzlei die Beratung zum Technologietransfer aus u. gewann damit im Forschungssektor u. bei Herstellern rüstungsnaher Güter neue Mandanten hinzu. Gleichzeitig entwickelte die Praxis auch die Beratung zu Zollrecht u. Einfuhr-USt weiter, wo sie zuletzt v.a. Mandanten aus der Stahlbranche u. dem Logistiksektor gewann. Geschickt verbindet sie dabei ihre Kompetenz im Zollrecht mit ihrer Spezialisierung im Transportrecht, etwa bei der Beratung von Spediteuren zur zollrechtl. Haftung des direkten Vertreters.
Team: 1 Partner, 1 Associate
Schwerpunkte: Exportkontroll-, Zoll- u. Einfuhrumsatzsteuerrecht, häufig an der Schnittstelle zu Transport- u. Speditionsrecht. Auch Vertretung in Straf- u. Bußgeldverfahren.
Mandate: Exportkontrolle/Sanktionen: Luftkryo zu Technologietransfer; Mitsui Chemicals zu exportkontrollrechtl. Compliance; Mahle zu außenwirtschaftsrechtl. Compliance-System; Kfz-Zulieferkonzern, u.a. zu Ausfuhrgenehmigung. Lfd.: Deichmann, Centrimax Winkelhorst, Fiege Logistik, Helmholtz-Zentrum, Rhenus, RWTH Aachen, Technotrans, Würth Elektronik, SAL Heavy Lift, Jungbunzlauer. **Zollrecht:** Alpha Engineered Composites, u.a. zu zolltarifl. Einreihung u. Abwehr von Antidumpingzöllen; Atralosecur zu Zoll-, Einfuhrumsatzssteuer- u. Transportrecht; Apetito, u.a. zu Zollauditierung; Venus Edelstahl zu Durchsetzung von Erstattungsansprüchen in Bezug auf Antidumpingzölle. Lfd.: Betek, Caldic, Fontaine, Grohe, Gebr. Weiss, Otto Fuchs, Prevent, VDM Metals Group, Teekanne, Teepack.

Führende Berater für Außenwirtschaftsrecht

Dr. Lothar Harings
GvW Graf von Westphalen, Hamburg

Dr. Harald Hohmann
Hohmann, Büdingen

Stephan Müller
Oppenhoff & Partner, Köln

Marian Niestedt
GvW Graf von Westphalen, Hamburg

Dr. Bärbel Sachs
Noerr, Berlin

Dr. Roland Stein
Blomstein, Berlin

Anahita Thoms
Baker McKenzie, Düsseldorf

Die Auswahl von Kanzleien und Personen in Rankings und tabellarischen Übersichten ist das Ergebnis umfangreicher Recherchen der JUVE-Redaktion. Sie ist in 2erlei Hinsicht subjektiv: Die Aussagen der befragten Quellen sind subjektiv u. spiegeln deren Erfahrungen u. Einschätzungen. Die JUVE-Redaktion wiederum analysiert die Rechercheergebnisse unter Einbeziehung ihrer eigenen Marktkenntnis. Der JUVE Verlag beabsichtigt keine allgemeingültige oder objektiv nachprüfbare Bewertung. Es ist möglich, dass eine andere Recherchemethode zu anderen Ergebnissen bzw. zu Zollrecht u. Einfuhr-USt u. Personen alphabetisch sortiert.

AUSSENWIRTSCHAFTSRECHT

HOGAN LOVELLS
Außenwirtschaftsrecht ★★★★

Bewertung: Wie bei vielen internat. Transaktionskanzleien dominierte zuletzt die Investitionskontrolle auch die außenwirtschaftsrechtl. Arbeit von HL. Neben den AWV-Anmeldungen beim BMWK koordiniert ▷*Kartellrechtler* Schöning bei grenzüberschr. ▷*M&A*-Transaktionen oft auch die Investitionskontrolle in versch. Ländern; so geschehen bei Adva, die ein internat. Team aus ▷*Brüssel*, London, Washington u. Sydney beim Kauf von Adran zu den notwendigen Genehmigungen beriet. Mandanten setzen dabei zudem regelm. auch für die Fusionskontrolle auf Schöning. Daneben berät er zu Exportkontrolle, wo zuletzt Fragen zum Russland-Embargo eine gr. Rolle spielten. Oft steht die exportkontrollrechtl. Beratung auch im Zshg. mit ▷*Compliance*-Programmen, wobei HL ähnl. wie viele Wettbewerber den Input aus versch. Fachbereichen nutzt, etwa dem ▷*Bankrecht* für Fragen zu Finanzsanktionen oder des ▷*Vertriebsrechtsteams* zu regulator. u. vertriebsrechtl. Aspekten. Das stark vernetzte Arbeiten spielt HL bes. bei der fachübergr. Beratung internat. Großprojekte aus, etwa beim Markteintritt des vietnam. Kfz-Herstellers VinFast, wo die dt. Anwälte die außenwirtschaftsrechtl. Fragen innerh. eines grenzüberschr. Teams aus Gesellschafts-, Kartell- u. Steuerrecht berieten.

Stärken: Enge Kontakte u.a. zu den Branchen Automobil, Technologie, Maschinen- u. Anlagenbau. Beratung an den Schnittstellen zu ▷*Kartell-* u. ▷*Vertriebsrecht*, ▷*M&A* u. ▷*Compliance*.

Oft empfohlen: Dr. Falk Schöning

Team: 1 Eq.-Partner, plus Associates

Schwerpunkte: Sehr internat. Projekte, auch mit ▷*M&A*-Bezug. Export- u. Investitionskontrolle, ▷*Compliance*. Branchen: Automotive.

Mandate: Exportkontrolle/Sanktionen: Helsing u.a. zu EU- u. US-Exportkontrollrecht; Lockheed Martin exportkontrollrechtl. im Zshg. mit Beschaffungsprojekt der Bundeswehr; Motel One, u.a. zu außenwirtschaftsrechtl. Compliance; div. Unternehmen aus den Sektoren Öl u. Gas, Finance, Lifesciences, Technologie zu Russland-Sanktionen; div. US-Rüstungsunternehmen zu Dual-Use-VO. Lfd.: Hyundai, Texas Instruments, Wacker, VinFast. **Investitionskontrolle:** Sicoya zu Verkauf an Dawning Semi u. zu Compliance-Systems, Adva bei Fusion mit Adtran; Intellia zu Kooperation mit Blackstone Life Sciences u. Cellex Cell; Salesforce bei Kauf von Servitrace, inkl. Exportkontrollrechtl. Due Diligence. **Zollrecht:** Active Tools zu zollrechtl. Fragen im Zshg. mit Warenfreigabe bei Lieferverzögerungen.

HOHMANN
Außenwirtschaftsrecht ★★★

Bewertung: Die kl. Kanzlei legt einen Schwerpunkt auf das EU- u. US-Embargo- sowie Sanktionsrecht, insbes. in Bezug auf Iran u. Russland. So war Namenspartner Hohmann für zahlr. langj. u. neue Mandanten insbes. aus dem Anlagen- u. Maschinenbau, der Elektronikbranche u. chem. Industrie erster Ansprechpartner für Fragen zu den verschärften Sanktionen gg. Russland u. Belarus. Neben namh. dt. Mittelständlern setzen auch internat. Konzerne regelm. auf die Kanzlei, wobei oft Fragen zum Technologietransfer rüstungsnaher Güter u. Sicherheitstechnik im Mittelpunkt stehen. Daneben berät das Team auch im Zollrecht u. vertritt Mandanten bei außenhandelsrechtl. Verstößen ggü. Zoll- u. Finanzbehörden. Hohmanns weitere Spezialisierung auf das Stoffrecht kommt u.a. Mandanten aus dem Chemie- u. Lebensmittelsektor, etwa beim grenzüberschr. Handel mit Agrarchemikalien u. Medizinprodukten, zugute.

Stärken: EU- u. US-Embargorecht. Viel Erfahrung auch mit operativen Fragen des Außenhandels.

Oft empfohlen: Dr. Harald Hohmann

Team: 1 Partner, 2 Associates, 1 of Counsel

Schwerpunkte: Umf. Beratung zu außenwirtschaftsrechtl. Themen, v.a. Sanktions- u. Embargofragen, Exportgenehmigungen, Außenwirtschaftsrechtsverstöße u. Selbstanzeigen; zuletzt vermehrt Zollrecht. Branchen: mittelständ. dt. Unternehmen aus Maschinen- u. Anlagenbau, Elektronik u. Chemie, u.a. an der Schnittstelle zu Stoffrecht.

Mandate: Exportkontrolle/Sanktionen: Düngemittelhersteller zu Iran-Export; Anlagenbauer u. Elektronikhersteller zu Russland-Sanktionen; Star Strategic Assets an der Seite von King Wood Malle-

AUSSENWIRTSCHAFTSRECHT

sons zur außenwirtschaftsrechtl. Due Diligence bei Kauf von Jenoptik-Tochter Vincorion (aus dem Markt bekannt). Lfd. im Exportkontroll- u. Zollrecht: Clariant, Cobus Industries, Carl Dürr, Fresenius Medical Care, Hydro Systems, Jungbunzlauer, Kamag Transporttechnik, Merck, Mann & Hummel, Schenck RoTec u. Carl Schenck, Schuler Pressen, Würth Elektronik. **Prozesse:** Maschinenbauer in Klage vor VG Ffm. um Aufhebung des Ablehnungsbescheids für Technologietransfer nach China.

LUTHER
Außenwirtschaftsrecht ★★

Bewertung: Die Kanzlei setzt je nach Standort unterschiedl. Akzente im Außenwirtschaftsrecht. Im Exportkontrollrecht berät der Essener Partner Melchior v.a. mittelständl. Industrie- u. Handelsunternehmen, während der anerkannte HHer Investitionsschutzexperte Happ regelm. in internat. Handelsstreitigkeiten u. Schiedsverf. (▷Handel u. Haftung) an der Seite gr. Konzerne agiert. Aktuell vertritt er z.B. RWE in einem ICSID-Schiedsverfahren gg. die Niederlande um den vom niederl. Parlament beschlossenen Kohleausstieg. Daneben berät der Brüsseler ▷Kartellrechtspartner Janssen auch zu EU-Marktregulierung u. WTO-Recht. Sehr aktiv war zuletzt erneut ein Kölner ▷M&A-Partner bei der Investitionskontrolle in Transaktionen, z.B. für die indische Mandantin Carborundum Universal beim Kauf des dt. Schleifmittelunternehmens Awuko u. Rhodius. Immer öfter unterstützt das Team dabei auch ausl. Kanzleien wie z.B. die US-Einheit Proskauer Rose bei ihren M&A-Deals u. dt. Meldepflichten beim BMWK. Zwar sind die einzelnen Partner in ihren Spezialgebieten durchaus anerkannt, doch durch die sehr heterogene Aufstellung schöpft die Kanzlei mögl. Synergieeffekte in dem Fachbereich noch nicht aus. Deutlich seltener etwa als Gleiss Lutz schafft es Luther, ihre exportkontrollrechtl. Kompetenz auch in umf. Compliance-Programmen oder im Zshg. mit der Due Diligence bei M&A-Transaktionen einzubringen. Erste Früchte trägt allerdings das im Vorjahr gegründete internat. Netzwerk Unyer. Mit der Partnerkanzlei Fidal berät Luther einen dt. Spezialisten für Oberflächenbearbeitung zur außenwirtschaftsrechtl. Compliance.

Stärken: Exportkontroll- u. sanktionsrechtl. Beratung (Essen), EU-Marktregulierung, WTO-Recht, Antidumping (Brüssel), internat. Schiedsverfahren (Hamburg).

Oft empfohlen: Dr. Helmut Janssen (EU- u. Kartellrecht), Dr. Richard Happ (internat. Schiedsgerichtsverfahren), Ole-Jochen Melchior (Handels- u. Vertriebsrecht)

Team: 3 Partner, plus Associates

Schwerpunkte: Exportkontroll- u. Embargorecht. Daneben Entwicklung u. Überprüfung von Compliance-Systemen, Begleitung im Genehmigungsoder Widerspruchsverfahren.

Mandate: Exportkontrolle/Sanktionen: Matthews Internat., u.a. zu Exportverträgen zw. Dtl., China u. den USA; Hotelzimmervermittler u. Oberflächenbearbeitungsspezialist zu Compliance-Programm; Radarsystemhersteller zu Exportkontrolle; Handelsunternehmen zu Iran-Embargo. **Investitionskontrolle:** Anhui ActBlue bei Anteilskauf von Vitesco Technologies Faulquemont; Carborundum bei Kauf von Awuko u. Rhodius; Eneco bei Kauf von Nordgröön; Proskauer Rose LLP zu Investitionskontrolle für ihre Mandantin Charterhouse Capital Partners bei Investition in Phastar. **Prozesse/Ermittlungsverfahren:** RWE in ICSID-Schiedsverf. gg. NL wg. Kohleausstieg; E.on in ICSID-Schiedsverf. gg. Spanien.

NOERR
Außenwirtschaftsrecht ★★★★★

Bewertung: Die Praxis um die renommierte Partnerin Sachs zeichnet sich durch ihre breite Beratung zu allen Fragen des Außenwirtschaftsrechts aus, die sie regelm. auch in umf. Compliance-Programme übersetzt. Stammmandanten wie Bosch u. Zeppelin setzen seit Jahren bei der Prüfung u. Umsetzung der außenwirtschaftsrechtl. Compliance-Systeme auf Noerr, die zuletzt weitere Unternehmen wie Renk überzeugen konnte. Neben der präventiven Beratung begleitet die Kanzlei Mandanten auch bei Bußgeld- od. Strafverf. im Fall von Verstößen gg. Exportkontrolle oder Zollrecht, wobei ein anerkannter Strafrechtler die Außenwirtschaftsrechtler unterstützt. Kontinuierl. treibt die Kanzlei die Entwicklung des Fachbereichs weiter voran. Ein im Vorjahr von Sidley Austin gekommener ▷Brüsseler Partner, der einen Hintergrund in EU-u. WTO-Recht hat, bereichert die Kanzlei mit seiner Beratungskompetenz zu handelspolit. Schutzinstrumenten. Das trägt Früchte, wie div. Mandate zu Antidumping u. Antisubventionsmaßnahmen zeigen, etwa für Interfer Austria. Gleichzeitig ist das Team immer häufiger an der Seite der ▷M&A-Praxis für die AWV-Anmeldungen beim BMWK in grenzüberschr. Transaktionen zu sehen, wobei es neben Zielgesellschaften aus dem dt. Mittelstand u. der Start-up-Szene zunehmend auch ausl. Investoren berät. Immer häufiger koordiniert Noerr die Investitionskontrollanmeldungen auch europaweit, z.B. im Fall Icon. Dass Noerr für diese Kompetenz internat. an Strahlkraft gewinnt, zeigt der Anstieg an Kooperationen mit ausl. Kanzleien. So zog die frz. Einheit Darrois Villey Maillot Brochier das Team für die Investitionskontrolle hinzu, als sie Bouygues beim Kauf von Equans beriet.

Stärken: Regulator. u. strafrechtl. Beratung an der Schnittstelle zu ▷Compliance u. ▷Wirtschafts- u. Steuerstrafrecht, interne Ermittlung u. Entwicklung von Compliance-Programmen.

Oft empfohlen: Dr. Bärbel Sachs („sehr gute u. umf. Beratung bei Projekten u. Einzelfragen, lösungsorientiert u. mit tiefer Sachkenntnis", Mandantin; „fokussiert u. effektiv", Wettbewerber)

Team: 4 Eq.-Partner, 1 Sal.-Partner, 1 Counsel, 6 Associates

Schwerpunkte: Beratung dt. u. internat. Unternehmen zu sämtl. Fragen des Zoll-, Exportkontroll- u. Embargorechts. Starker Fokus auf ▷Compliance, Prozessberatung, interne Ermittlung.

Mandate: Exportkontrolle/Sanktionen: Robert Bosch zu Compliance-Programm; Hauck Aufhäuser Lampe u. DWP Bank zu Sanktionen; Renk zu export- u. sanktionsrechtl. Audit; Bazan Group Oil Refineries zu Embargos; Deltasport zu Meldepflichten bei Bundesbank; Forschungsinstitut zu Technologietransfer; Flugges. zu Belarus-Sanktionen. Lfd.: Bauer Kompressoren, Bosch Rexroth, Zeppelin. **Prozesse/Ermittlungsverfahren:** Cellex bei Investition von Blackstone Life Science; dt. Technologiekonzern in Klage um Widerruf einer Exportgenehmigung nach KrWaffKontrG. **Investitionskontrolle:** Darrois Villey Maillot Brochier zu dt. AWV-Genehmigung für Bouygues im Zshg. mit Kauf von Equans von Engie; Icon bei Kauf von PRA Health Science; Lear Corp. bei Kauf von Nexans Autoelectric; Axion Cyprus bei Kauf von Softline; Cellex bei Investition von Blackstone Life Science; Axcel bei Verkauf der Emagine Group an ProData Consult; Aluminium Rheinfelden zu Verkauf an Rusal. **Zollrecht:** Interfer Austria zu Antidumpingverf. im Zshg. mit Importen von Grafitelektrodensysteme aus China, dt. Fahrradhersteller zu Brexit u. Antidumpingzöllen; Industrieunternehmen zu US-Stahlzöllen. Lfd. Andreas Stihl; Baltic Distillery.

OPPENHOFF & PARTNER
Außenwirtschaftsrecht ★★★★

Bewertung: Mit ihrem Fokus auf Exportkontrolle u. Sanktionsberatung, insbes. im Zshg. mit Iran u. Russland, ist die Praxis v.a. bei Mandanten im Rüstungssektor, dem Maschinen- u. Anlagenbau sowie der IT u. Forschung seit Jahren eine gefragte Ansprechpartnerin. Oft stehen dabei die Ausfuhr rüstungsnaher Dual-Use-Güter sowie der Technologietransfer im Mittelpunkt. Immer öfter vertritt der renommierte ▷Kölner Partner Müller Mandanten auch bei Verstößen gg. das AWG u. daraus folgenden Ermittlungsverfahren, woraus sich regelm. Nachfolgemandate zur Prüfung oder zum Erstellen eines ges. Compliance-Programms ergeben. Durch die zunehmende Digitalisierung in sämtl. Technologien ist die Vernetzung mit der ▷IT-Praxis lange etabliert. Insbes. im Zshg. mit Rüstungsunternehmen erhält Müller zunehmend Unterstützung aus dem Vergaberecht. Wg. des starken Mandantenstamms im Rüstungssektor stand bei Oppenhoff auch schon früh die Investitionskontrolle bei Transaktionen in Fokus, die seit den div. Verschärfungen des AWG zuletzt weiter zunahmen u. sich auf fast sämtl. Branchen ausdehnte. Das nutzt nicht nur die eigene ▷M&A-Praxis, auch US-Kanzleien vertrauen bei ihren M&A-Deals auf das Team um Müller. Mit Blick auf die stetig wachsende Zahl an Mandaten ist nur folgerichtig, dass sich die Praxis erneut auf Associate-Ebene verstärkte.

Stärken: Exportkontrolle mit starkem ▷Compliance-Bezug, zunehmend zu Technologie- u. Wissenstransfer.

Oft empfohlen: Stephan Müller

Team: 2 Eq.-Partner, 1 Sal.-Partner, 3 Associates

Schwerpunkte: Umf. Beratung von vielfach dt. Töchtern internat. Unternehmen sowie Forschungsinstituten in exportkontrollrechtl. Fragen, Embargolisten-Screening, Zollrecht.

Mandate: Exportkontrolle/Sanktionen: Thales zu Menschenrechts-Compliance; GLS zu Sanktionslisten-Screening; Erdgasnetzbetreiber zu Sanktionen gg. Nord Stream; chin. Technologiekonzern zu Exportkontrolle; Beteiligungsgesellschaft zu Sanktionen; US-Kanzlei zu Ausfuhrgenehmigungen im Zshg. mit Unternehmensverkauf; Kfz-Zulieferer zu Compliance-Programm. Lfd.: Hoffmann – La Roche, Leica Geosystems, Saint-Gobain, Max-Planck-Gesellschaft, Microsoft, Satisloh, Steiner Optik, Weidmüller. **Investitionskontrolle:** Rafael Advanced Defence Systems bei gepl. Kauf von EMT (marktbekannt); chin. Investor bei Bieterrunde in Biotech-Start-up im der Krebsforschung. **Prozesse/Ermittlungsverfahren:** Systemhaus wg. mögl. Verstöße gg. das AWG; Hersteller von Messgeräten bei Klage wg. Klassifizierung von Filtern.

ESG-Kriterien in Finanzierungen: Welche Modelle setzen sich durch?

Von Dr. Yorick Ruland und Mario Lindner, GÖRG, Köln

Dr. Yorick Ruland

Mario Lindner

Dr. Yorick Ruland ist Rechtsanwalt und Partner, Dipl.-Kfm. **Mario Lindner**, LL.M. ist Rechtsanwalt bei GÖRG. Sie beraten national und international tätige Unternehmen in den Bereichen Bank- und Kapitalmarktrecht sowie banknahes Insolvenzrecht. Ihre Tätigkeitsschwerpunkte liegen in den Bereichen Finanzierung und Restrukturierung.

GÖRG ist eine der führenden unabhängigen Wirtschaftskanzleien Deutschlands. An den fünf GÖRG Standorten Berlin, Frankfurt am Main, Hamburg, Köln und München arbeiten über 300 Anwälte und Steuerberater mit langjähriger nationaler und internationaler Beratungserfahrung. Zu unseren Mandanten zählen viele namhafte in- und ausländische Gesellschaften, mittelständische Unternehmen sowie Finanzinvestoren und börsennotierte Konzerne aus allen Bereichen der Wirtschaft und der öffentlichen Hand.

Kontakt
GÖRG Partnerschaft
von Rechtsanwälten mbB
Dr. Yorick Ruland
Kennedyplatz 2
50679 Köln
Tel. +49 221 33660 444
yruland@goerg.de
www.goerg.de

Weitere Informationen zur Kanzlei in der Anzeige auf Seite 166

ESG (Environmental, Social and Governance) ist bereits seit einiger Zeit in aller Munde. Die Abkürzung beschreibt die drei Facetten von Nachhaltigkeit: Umwelt, Soziales und Unternehmensführung. Zu einer umfassenden Nachhaltigkeitsstrategie zählt auch die Finanzierung. Viele der deutschen CFOs und Treasurer sind überzeugt, dass sich die Nachhaltigkeitsfinanzierung zum Mainstream entwickeln wird. Hierfür spricht auch regulatorischer Druck aus der EU bzw. gesetzte positive Incentives. Der Beitrag geht der Frage nach, welches der Nachhaltigkeitsfinanzierungsmodelle sich künftig durchsetzen wird.

Historische Entwicklung

Ursprünglich basierte nachhaltiges Handeln auf dem Prinzip der freiwilligen Selbstverpflichtung von Unternehmen. Spätestens seit dem Pariser Klimaschutzabkommen von 2015 kristallisierte sich in der EU die Ansicht heraus, dass die im Abkommen gesetzten verbindlichen Klimaziele nicht allein durch regulatorische Vorgaben im Realsektor erreicht werden können, sondern zur Zielerreichung auch ein nachhaltiges Finanzwesen etabliert werden muss. Der daraufhin von der EU-Kommission entwickelte und 2018 veröffentlichte Aktionsplan „Finanzierung nachhaltigen Wachstums" legte neben strengeren Offenlegungspflichten für Nachhaltigkeitsinformationen mehrere finanzbezogene Maßnahmen fest, um zukünftig Kapitalflüsse auf nachhaltige Investitionen umzulenken. Mit dieser politischen Weichenstellung durch die Kommission bekam die sog. Nachhaltigkeitsfinanzierung (Sustainable Finance) einen gewaltigen Entwicklungsschub. Nachhaltigkeitsbezogene Rechtsakte der EU fokussieren seitdem den Finanzsektor. Zu nennen sind dabei insbesondere die Offenlegungs-Verordnung (Sustainable Finance Disclosure Regulation), die (Umwelt-)Taxonomie-Verordnung (Environmental Taxonomy Regulation) aber auch die Richtlinie über Märkte für Finanzinstrumente II (MiFID II). All diese europäischen Rechtsakte eint das Ziel, private Kapitalströme in nachhaltige Finanzprodukte zu lenken.

Was ist Nachhaltigkeitsfinanzierung (Sustainable Finance)?

Nachhaltigkeitsfinanzierungen sind Finanzierungen, die ESG Aspekte berücksichtigen. Dabei handelt es sich um anerkannte Finanzierungsinstrumente (Anleihen, Schuldscheindarlehen, Konsortialkredite etc.), die vertraglich um besondere nachhaltigkeitsbezogene Merkmale ergänzt werden. Die Ursprungsform von nachhaltigen Finanzierungen waren sogenannte grüne Finanzierungen (Green Finance). Dieser Begriff bezeichnet Finanzierungen, bei denen das zur Verfügung gestellte Kapital für klima- und umweltschützende grüne Projekte eingesetzt wird. Die ersten grünen Finanzierungen reichen bis ins Jahr 2007 zurück, in dem die Europäische Investitionsbank (EIB) erstmals grüne Anleihen (Green Bonds) emittierte. Später wurden auch sogenannte Social Bonds/Loans begeben, bei denen die Finanzmittel für bestimmte soziale Zwecke eingesetzt werden.

Leitlinien der ICMA und LMA für use of proceeds-basierte Green and Social Finance

Anfangs existierten keine festgelegten Standards dafür, wann eine Finanzierung sich als grün bezeichnen durfte, sodass Emittenten/Kapitalgeber ihre Finanzierungen relativ freigiebig grün nannten. Die gestiegene Nachfrage führte zu einem gewissen Wildwuchs an grün gelabelten Finanzierungen, die diese Bezeichnung eigentlich nicht verdienten (sog. Greenwashing). Dies führte zur Entwicklung von freiwilligen Produktstandards bzw. Prozessleitlinien für die Finanzmärkte durch private Organisationen (soft law). So entwickelte die International Capital Markets Association (ICMA) 2014 für grüne Anleihen die Green Bond Principles (GBP), 2017 folgten die Social Bond Principles (SBP) für Anleihen zur Finanzierung sozialer Projekte. Für Darlehen wurden später parallele Rahmenwerke veröffentlicht, z.B. 2018 die Green Loan Principles (GLP) und 2021 die Social Loan Principles (SLP) der Loan Market Association (LMA). Alle diese inzwischen weiterentwickelten und heute immer noch genutzten Leitlinien enthalten vor allem Vorgaben zum Verwendungszweck der Finanzmittel (use of proceeds), zum Prozess der Projektbewertung und -auswahl, zur Finanzmittelverwaltung und zur Berichterstattung. Immer häufiger sieht man im Markt auch die in den GBP und GLP empfohlene externe Verifizierung der Finanzmittelverwendung durch eine Nachhaltigkeitsagentur (sog. Second Party Opinion). Dieses ursprüngliche Modell der Nachhaltigkeitsfinanzierung lässt sich kurz mit dem englischen Begriff use of proceeds-basiert beschreiben.

Sustainability-linked Finanzierungen als zweites Modell der Nachhaltigkeitsfinanzierung

Davon abzugrenzen sind die zumeist als Sustainability-linked oder ESG-linked bezeichneten Finanzierungen, die in den letzten Jahren insbesondere in Europa ein massives Wachstum erfahren haben. Dabei handelt es sich wiederum um anerkannte Finanzierungsinstrumente, bei denen nun aber bestimmte ESG-bezogene Zielvorgaben für den Emittenten/Darlehensnehmer vereinbart werden. Bei Nichterreichen der Zielvorgaben erhöht sich entweder der zu zahlende Zins oder das Unternehmen muss klimaschützende Ausgleichsmaßnahmen finanzieren. Werden die Zielvorgaben erreicht, reduziert sich der vom Unternehmen zu zahlende Zins um einige Basispunkte (margin ratchet/grid) oder er bleibt unverändert (bloße step-up structure). Zentraler Unterschied zu den oben genannten nachhaltigen Finanzierungen ist, dass die Emissionserlöse bzw. Darlehensvaluta nicht für nachhaltige Projekte verwendet werden müssen. Das macht Sustainability-linked Finanzierungen wesentlich attraktiver für Unternehmen als die oben beschriebenen zweckgebundenen grünen/sozialen Finanzierungen.

Leitlinien der ICMA und LMA für ESG KPI-basierte Sustainability-linked Finanzierungen

Auch für dieses Modell der Nachhaltigkeitsfinanzierung wurden freiwillige Leitlinien entwickelt, z.B. die Sustainability-Linked Loan Principles (SLLP) der LMA (2019) und die Sustainability-Linked Bond Principles (SLBP) der ICMA (2020). Diese Leitlinien enthalten folgende Kernkomponenten: die Festlegung von Nachhaltigkeitszielen (Sustainability Performance Targets/SPT), deren Einhaltung an auszuwählenden Kennzahlen (Key Performance Indicators/KPI) gemessen wird, die Koppelung bzw. der Link zwischen KPI und den Darlehens-/Anleihemerkmalen, die Berichterstattung durch das Unternehmen und Verifizierung derselben durch einen unabhängigen Dritten.

Die von den Vertragsparteien einer Sustainability-linked Finanzierung zu vereinbarenden Nachhaltigkeitsziele und KPI hängen vom Sektor ab, in dem das Unternehmen tätig ist. Häufig gewählt werden natürlich emissionsbezogene KPI wie der Treibhausgasausstoß oder Energieverbrauch. In der verarbeitenden Industrie kommen als umweltbezogene KPIs z.B. Abfallrecyclingquoten aber auch der Anteil eingesetzter recycelter Rohmaterialien in Betracht. Im Finanzierungsmarkt lassen sich aber auch soziale KPIs wie z.B. höhere Diversität bei festgelegten Arbeitnehmerpositionen beobachten. Schließlich werden auch standardisierte ESG-Ratings von Nachhaltigkeitsagenturen als KPI vereinbart.

Zukünftige Entwicklung der beiden Modelle

Sustainability-linked Finanzierungen liegen im Trend, da die kapitalaufnehmenden Unternehmen in der Mittelverwendung viel flexibler sind als bei klassischen grünen Finanzierungen und nachhaltiges Handeln trotzdem incentiviert wird. Dies vergrößert den Anwendungsbereich der Sustainability-linked Finanzierungen enorm. Andererseits bestehen Bedenken dahingehend, ob die vertraglichen Zielvorgaben von den Unternehmen ambitioniert genug ausgewählt werden. Deswegen bevorzugen insbesondere anspruchsvolle Nachhaltigkeitsinvestoren die traditionellen grünen Finanzierungen gegenüber den Sustainability-linked Finanzierungen. Daher spricht einiges dafür, dass zukünftig beide Modelle der Sustainable Finance nebeneinander fortbestehen werden. Angebot und Nachfrage nach KPI-basierten sustainability-linked Anleihen und Darlehen werden zwar weiter wachsen, da ein Finanzierungsbedarf der Realwirtschaft für nicht nachhaltige Wirtschaftstätigkeiten besteht, der gedeckt werden muss und bei diesem Modell Nachhaltigkeit dennoch gefördert wird. Allerdings sollte die Auswahl der Zielvorgaben (SPT) und der KPI für die wichtigsten Sektoren standardisiert werden, um ´Vorwürfe eines KPI Greenwashing bei Sustainability-linked Finanzierungen zu zerstreuen. Die klassischen verwendungszweckbasierten grünen und sozialen Anleihen und Darlehen (Green and Social Bonds/Loans) werden wegen ihrer direkten nachhaltigen Wirkung ebenfalls weiter investorenseitig nachgefragt werden.

Ausblick

Die Entwicklung der Nachhaltigkeitsfinanzierung ist noch lange nicht abgeschlossen. Auf der Agenda stehen z.B. die Einführung des bereits als Entwurf veröffentlichten taxonomiebasierten Green Bond Standards der EU aber auch die weitere Bekämpfung von Greenwashing durch strengere Transparenzregeln und weitere Regularien.

Diskutiert wird weiterhin die regulatorische Begünstigung nachhaltiger Finanzierungen durch herabgesetzte Eigenkapitalunterlegungsanforderungen für solche Finanzierungen (sog. Green Supporting Factor). Die Einführung dieses umstrittenen Green Supporting Factor führte zu einem direkten Anreiz zur Vergabe von nachhaltigen Finanzierungen. Für Banken wäre sie ein echter Katalysator des Sustainable Finance. ∎

KERNAUSSAGEN

- Nach Ansicht der EU müssen zur Erreichung der Pariser Klimaschutzziele private Finanzströme regulatorisch in nachhaltige Finanzprodukte gelenkt werden.
- Es gibt zwei Modelle der Nachhaltigkeitsfinanzierung: Zum einen die verwendungszweckbasierten grünen und sozialen Finanzierungen, zum anderen die kennzahlbasierten Sustainability-linked Finanzierungen.
- Für beide Modelle bestehen freiwillige Leitlinien der ICMA etc., um sog. Greenwashing zu verhindern.
- Beide Modelle der Nachhaltigkeitsfinanzierung werden auch in Zukunft nebeneinander fortbestehen.
- Die Entwicklung der weiter wachsenden Nachhaltigkeitsfinanzierung ist nicht abgeschlossen. Auf der Agenda stehen die Einführung verbindlicher Standards und (noch) strengerer Transparenzregeln zur weiteren Bekämpfung des Greenwashing.

Bank- und Finanzrecht

494 Anleihen und Strukturierte Finanzierung
501 Bank- und Bankaufsichtsrecht
508 Börseneinführungen und Kapitalerhöhungen
512 Investmentfonds
517 Kredite und Akquisitionsfinanzierung

Von Krise zu Krise

Der Staat greift ein. Dabei beeinflussen derzeit große prozesspolitische Eingriffe zu Corona und dem Ukraine-Krieg das Bank- und Finanzrecht. Aber auch die Ordnungspolitik drückt etwa mit ESG der Branche einen neuen Stempel auf. Die Praxen bemerken eine Zunahme politischer Märkte, in denen die Rolle der exekutiven Ministerien und der behördlichen Aufsichten noch stärker gewachsen ist als die der Legislative. Entsprechend ist der negative Finanzierungssaldo des Staates seit 2020 sogar deutlich höher als in den Jahren nach der Finanzkrise (▶ *Rekorddefizit*). Die 276 Milliarden Euro Defizit allein aus den vergangenen beiden Jahren bedeuten zugleich einen konjunkturellen Fallschirm und einen großen Einfluss des Fiskus.

Im Blickpunkt des Marktes stehen nach den spektakulären Notfinanzierungen während der Corona-Pandemie erneut Geschehnisse fern des Rechtsmarkts. Der Ukraine-Krieg macht eine Finanzierung des Umbaus der Energieversorgung nötig. Hier müssen die Kredit- und Kapitalmarktrechtler eng mit den Gesellschaftsrechtlern und den Restrukturierern zusammenarbeiten. Kanzleien, die hierfür große Teams vorhalten, sind dabei im Vorteil. Bei Gazprom Germania beriet **CMS Hasche Sigle** das Wirtschaftsministerium und **Freshfields Bruckhaus Deringer** die KfW. Zur Rettung von Uniper waren unter anderem mit **Allen & Overy**, **Linklaters**, **Hengeler Mueller** und wiederum **Freshfields** die Großen des Marktes gefragt.

Die lange erwartete ESG-Taxonomie ist da

Im Bank- und Bankaufsichtsrecht, eine Domäne der Ordnungspolitik, gibt es wenig Überraschungen von außen. Entsprechend stabil entwickelt sich der Kanzleimarkt. Das soll beileibe nicht heißen, dass wenig zu tun ist: Selbst alte Themen wie der Brexit und die Einführung eines neuen risikolosen Zinssatzes beschäftigen weiterhin viele Berater. In Unmengen von Verträgen etwa wird die Secured Overnight Financing Rate (SOFR) nachträglich statt Libor oder Euribor eingebaut. Deutlich an Fahrt gewinnt die Umsetzung der im Januar 2022 in Kraft getretenen ESG-Taxonomie der EU. Sie wirkt nicht nur auf Finanzprodukte und indirekt über die Kunden auf die Banken, sondern auch direkt. Viele von ihnen lassen sich bereits im Vorfeld auf potenzielle ESG-Risiken in der eigenen Bilanz beraten, bevor sie mit ihren Kunden ins Geschäft kommen. Gefragt sind hier nicht nur die großen Full-Servcie-Kanzleien wie **CMS Hasche Sigle**, sondern auch Spezialisten wie **Lindenpartners** mit Verbands- und Institutsmandaten.

Durch die technische Entwicklung bei den Zahlungsdienstleistungen und digitalen Assets unterfallen immer mehr Unternehmen der Aufsicht. Auch die Banken und Finanzdienstleister selbst brauchen Beratung für neue bzw. erweiterte Lizenzen für Fintechtätigkeiten. Seit 2021 ist mit dem eWpG ein Gesetz vorhanden, zu dem die Marktteilnehmer ihren Beratern, darunter **Annerton**, zahlreiche Fragen stellen, über die Einhaltung dieses dichten Regulierungsnetzes wacht die BaFin nun auch noch als Aufsicht mit Biss. Die Praxen nehmen dies eher als ein langsam und gründlich mahlendes Pferdegebiss mit Interesse für Formalien als den plötzlichen Nackenbiss eines Tigers in kritischen Einzelfällen wahr. Einhergehend lässt sich eine weitere Zunahme des Ausfechtens von Streitigkeiten mit den stärker eingreifenden Behörden beobachten. Allein ein halbes Dutzend Kanzleien, vorn dabei **White & Case**, ist beispielsweise mit Klagen vor dem EuG gegen den SRB wegen der Bankenabgabe befasst.

Teamumbauten statt Börsengängen

Der Markt für Börseneinführungen und Kapitalerhöhungen stand über weite Strecken still. Hauptgründe für die wenigen Börsengänge sind Unsicherheit und schwache Aktienkurse seit dem Beginn des Ukraine-Kriegs. Kanzleien nutzten die relative Ruhe strategisch: **Milbank** wagt den Vorstoß in dieses Rechtsge-

---

JUVE KANZLEI DES JAHRES FÜR BANK- UND FINANZRECHT

FRESHFIELDS BRUCKHAUS DERINGER

Einmal mehr bewies die Praxis ihre herausragende Position gleich auf mehreren Ebenen. Sie stand im Auge des Sturms, der die Energiebranche durchschüttelte. Bei mehreren milliardenschweren Finanzierungen spielten **Dr. Frank Laudenklos** und sein Team eine bedeutsame Rolle: Sie standen an der Seite der Förderbank KfW bei den Geldspritzen für Uniper und den Trading Hub Europe, aber auch an der von Kreditnehmern, darunter der Leag, und von politischen Entscheidungsträgern. Neben diesen krisenbedingten Mandaten beriet das große und erfahrene Team unvermindert zu einer hohen Zahl von Unternehmensfinanzierungen.

Eine wichtige Rolle kam der Praxis auch beim Aufbau des Deutschen Reisesicherungsfonds zu, bei dem sie den finanzierenden Banken zur Seite stand. Bei diesem branchenrelevanten Mandat waren die hoch angesehenen Aufsichtsrechtler maßgeblich beteiligt. Diese punkteten zudem bei großen Mandaten für US-Institute wie der EU-weiten Neustrukturierung für JPMorgan und dem 1,6 Milliarden Euro schweren Kauf eines Investmentmanagers durch Goldman Sachs. Dieses Mandat zeigt auch, wie die zunehmende Präsenz in den USA das europäische Geschäft auch im Aufsichtsrecht voranbringt.

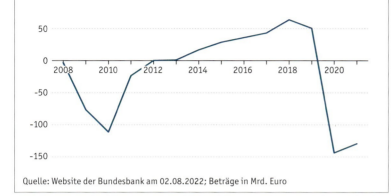

Rekorddefizit

Selbst in der Finanzkrise hat der deutsche Staat nicht mit solch einem Defizit gehaushaltet wie aktuell. Der hohe Finanzierungssaldo gemäß Maastricht-Abgrenzung von zuletzt 131 Milliarden Euro führt zu Beratungsbedarf.

Quelle: Website der Bundesbank am 02.08.2022; Beträge in Mrd. Euro

biet, das sie zuvor über die Zusammenarbeit mit **Sullivan & Cromwell** abgedeckt hatte, und holt ein Team von **Clifford Chance** um den aufstrebenden Philipp Klöckner, und auch **Willkie Farr & Gallagher** baut das Rechtsgebiet mit Wechslern von **McDermott Will & Emery** auf. An der Schnittstelle von DCM und ECM wächst **Mayer Brown** mit einer als US-Anwältin qualifizierten Kapitalmarktrechtlerin von **Pinsent Masons**. Die drei expansiven US-Kanzleien rüsten sich für einen wieder anziehenden Markt und sehen das Eigenkapitalmarktrecht offensichtlich als attraktives Beratungsfeld, das Mandanten bei ihnen nicht länger vermissen sollten. Damit schaffen sie Synergien mit den benachbarten Rechtsgebieten Private Equity und Fremdkapitalmarktrecht. Der SPAC-Boom kühlte sich unter den schlechten Marktbedingungen für Eigenkapital so schnell ab, wie er 2019 begonnen hatte. Der von **White & Case** und **Sullivan & Cromwell** beratene De-SPAC von Athena mit dem Kauf von Next.e.GO im Juli 2022 ist aber immerhin ein Indiz dafür, dass ausländische Investoren wieder mehr Interesse an Distressed-M&A zeigen.

Bei den Anleihen und Strukturierten Finanzierungen läuft der Markt konjunkturunabhängiger. Die Zinserhöhungen machen sich hauptsächlich als Nachfrage nach Prolongationen bemerkbar. Immer mehr zum Standard entwickelt sich dabei die Umstellung auf Anleihen mit einem ESG-Bezug etwa in Form grüner Anleihen. Entsprechend dem stetigen Dealflow am DCM-Markt gibt es hier kaum Verschiebungen im Kanzleimarkt.

Fonds legen als alternative Kreditgeber zu

Bei den Investmentfonds und im Asset-Management ist weiter zu spüren, dass viel Geld im Markt ist und angesichts niedriger Realzinsen in vielen Marktbereichen hoher Anlagedruck herrscht. Gleichzeitig führen das pure Wachstum vieler Venture-Capital-Fonds und die damit einhergehende BaFin-Regulatorik sowie ESG-Produkte mit detaillierten Dokumentationspflichten zu mehr Verwaltungsaufwand – und auch mehr Fragen an die Rechtsberater. Folge: Die Segmentierung nimmt zu, sodass sich eigene Praxen für Fondsstrukturierung und allgemeine Investmentberatung herauskristallisieren. Bei der Beratung der Investmentfonds und Asset-Managern bringen zudem Kanzleien wie **Flick Gocke Schaumburg** und **GSK Stockmann** ihr steuerrechtliches Know-how an der Schnittstelle zum Aufsichtsrecht ein. In diesem dynamischen Umfeld finden neu aufgestellte Teams wie bei **Goodwin Procter** oder eine Neugründung wie **Orbit** mit ihrer Spezialisierung auf Venture-Capital- und Private-Equity-Fonds auf Anhieb ihr Marktsegment. Diese Fonds wie auch die Debt-Fonds erreichen mittlerweile teils ein Milliardenvolumen.

Solche Volumina machen die Fonds auch bei Krediten und Akquisitionsfinanzierung zu wichtigen Playern. Das ist besonders bei den Unternehmen zu spüren, die bei den Banken keinen Kredit mehr bekommen. Auch das Mid-Cap-Segment ist attraktiv. Winfried Carli dürfte bei seinem Wechsel von **Shearman & Sterling** zu **Goodwin Procter** Alternativen gehabt haben. Diese Entscheidung ist Teil einer Neuausrichtung beider Kanzleien in Deutschland. Von **Shearman** wechselte bereits vor zwei Jahren Dr. Matthias Weissinger in **Ashurst**s Münchner Team. Parallel zu den Krisenfinanzierungen berieten die Anwälte nämlich in einem erneut erstaunlich starken Markt an Wachstumsfinanzierungen. Die Transaktionen von Sponsoren und alternativen Kreditgebern legten noch einmal an Volumen zu.

Die Banken sind hierzulande nicht gerade eine Boombranche – abgesehen von der immer präsenteren Staatsbank KfW. Doch Auslandsinstitute wie die französischen Großbanken BNP Paribas und Société Générale oder der US-Riese JPMorgan mit seiner neuen Frankfurter Gesellschaft sowie alternative Kreditgeber und Finanzdienstleister nutzen sich bietende Marktlücken, sodass die Rechtspraxen weiter prosperieren und in zahlreichen Kanzleien zu den tragenden Säulen zählen. Die Institute benötigen den Rat der Kanzleien schon deshalb, um die Herausforderungen des raschen Wandels in Aufsicht und Technologie umzusetzen.

Die Bewertungen behandeln Kanzleien, die sich mit unterschiedlichen Facetten des operativen Geschäfts des Bankensektors (▷Anleihen und Strukturierte Finanzierung, ▷Börseneinführungen und Kapitalerhöhungen, ▷Fonds (Aufsicht, Strukturierung, Investments), ▷Kredite und Akquisitionsfinanzierung) befassen oder die Branche selbst beraten (▷Bank- und Bankaufsichtsrecht). Aufgrund der Regulierung durch nationale und EU-Institutionen arbeiten die Teams bei Letzterem oft eng mit den ▷öffentlich-rechtlichen Fachbereichen zusammen. Teilweise bestehen Überschneidungen mit ▷Beihilfe, ▷Insolvenz und Restrukturierung sowie ▷Konfliktlösung. Die Beratung zu Immobilienfonds und zu spezifischen Projektfinanzierungen ist zum Teil auch im ▷Immobilien- und Baurecht und ▷Energiewirtschaftsrecht erfasst.

Anleihen und Strukturierte Finanzierung

ALLEN & OVERY

Anleihen	★★★★
Strukturierte Finanzierung	★★★★

NOMINIERT
JUVE Awards 2022
Kanzlei des Jahres für Bank- und Finanzrecht

Bewertung: Die Praxen für Strukturierte Finanzierung u. Anleihen bieten Kompetenz zur kompletten Palette des Fremdkapitalmarktrechts. Dabei arbeitet insbes. der auf US-Recht u. High-Yield-Bonds spezialisierte Plepelits eng mit der Londoner Praxis zusammen. Zudem haben sich die aus der Strukturierten Finanzierung stammenden Partner Scharnke u. Henkelmann auch als Ansprechpartner zu (komplexen) Anleihen glaubhaft im Markt positioniert. Neben der Beratung zu Standardanleihen u. Emissionsprogrammen, wie für die Banken bei der erstmaligen Einrichtung eines €3-Mrd-DIP für TAG Immobilien, ist A&O auch als Vorreiterin bei innovativen Themen bekannt. So setzte die Invesco-Gruppe bei der ersten Emission von ETNs bezogen auf eine Kryptowährung auf die Kanzlei. Auch die Plattformbetreiberin CrossLend vertraute bei einer von ihr aufgesetzten Strukturierten Finanzierung für den Fahrradleasinganbieter Bikeleasing auf A&O. Darüber hinaus stehen komplexe Finanzierungstransaktionen im Fokus der Praxis. So ist sie eine der wenigen im Markt, die bei synthet. Verbriefungen u. NPL-Transaktionen viel Erfahrung mitbringt. Zuletzt zog sie etwa eine internat. tätige Bank zur Aufsetzung einer Verbriefungsplattform für dt. NPLs hinzu. Personell kehrte Ruhe ein. Ihrem Ziel, mittelfristig deutl. zu wachsen, um auch mit marktdominierenden Wettbewerbern wie Linklaters mithalten zu können, kam sie mit der Erweiterung der Associate-Riege einen Schritt näher.
Oft empfohlen: Dr. Stefan Henkelmann („sehr zuverlässig", Wettbewerber), Marc Plepelits, Martin Scharnke
Team: 3 Partner, 3 Counsel, 8 Associates
Schwerpunkte: Anleihen: Equity-linked u. High Yield. Strukturierte Finanzierung: verbriefungsfähige Covered-Bond-Programme. Häufig Produkte mit derivativen Elementen. Betreuung div. Zertifikateprogramme. Klass. Verbriefungen.
Mandate: Anleihen: Invesco UK Services Ltd. zu Auflage von Bitcoin-ETN; Banken bei erstmaliger Einrichtung von €3-Mrd-DIP für TAG Immobilien; Raiffeisenbank bei vorrangigen, nicht bevorzugten MREL-fähigen grünen Schuldverschreibungen über €350 Mio; Banken bei Finanzierung des Kaufs von Business Integration Partners durch von CVC beratene Fonds, bestehend aus u.a. €275 Mio Hochzinsanleihen u. bei anschließender €70-Mio-Aufstockung; Oesterr. Kontrollbank bei $1,75-Mrd-Anleihe; dt. Immobilienunternehmen bei Schuldscheindarlehen u. Namensschuldverschreibungen über €200 Mio (Kapitalmarktdebüt). **Strukturierte Finanzierung:** Lloyds Bank bei Verbriefung von Immobilienkrediten über mehr als €500 Mio; Bank bei CMBS-Transaktion; CrossLend bei Strukturierter Finanzierung für Bikeleasing; internat. Investmentbank bei Margin-Loan-Transaktion über mehrere €100 Mio; Bank zur Aufsetzung von Verbriefungsplattform für dt. NPL; Immobiliengesellschaft bei Refinanzierung von innovativen Immobilienteilkaufmodellen.

Anleihen

★★★★★

Hengeler Mueller	Frankfurt
Linklaters	Frankfurt

★★★★★

Clifford Chance	Frankfurt
Freshfields Bruckhaus Deringer	Frankfurt, Düsseldorf
Latham & Watkins	Frankfurt, München
White & Case	Frankfurt

★★★★

Allen & Overy	Frankfurt
Hogan Lovells	Frankfurt

★★★

Mayer Brown	Frankfurt
Noerr	Frankfurt
Norton Rose Fulbright	Frankfurt
Sullivan & Cromwell	Frankfurt

★★

Ashurst	Frankfurt
Dentons	Frankfurt
Gleiss Lutz	Frankfurt
Simmons & Simmons	Frankfurt

★

Heuking Kühn Lüer Wojtek	Köln
Luther	Frankfurt
Skadden Arps Slate Meagher & Flom	Frankfurt

Die Auswahl von Kanzleien und Personen in Rankings und tabellarischen Übersichten ist das Ergebnis umfangreicher Recherchen der JUVE-Redaktion. Sie ist in 2erlei Hinsicht subjektiv: Die Aussagen der befragten Quellen sind subjektiv u. spiegeln deren Erfahrungen u. Einschätzungen. Die JUVE-Redaktion wiederum analysiert die Rechercheergebnisse unter Einbeziehung ihrer eigenen Marktkenntnis. Der JUVE Verlag beabsichtigt keine allgemeingültige oder objektiv nachprüfbare Bewertung. Es ist möglich, dass eine andere Recherchemethode zu anderen Ergebnissen führt. Innerhalb einzelner Gruppen in Rankings und tabellarischen Übersichten sind Kanzleien und Personen alphabetisch sortiert.

ASHURST

Anleihen	★★
Strukturierte Finanzierung	★★★

Bewertung: Die Praxis ist bei Anleihen u. Strukturierten Finanzierungen sehr spezialisiert aufgestellt. Bei Letzteren stehen vor allem Verbriefungen im Vordergrund. So beriet ein Team um Kaiser das Fintech-Start-up FinnAuto bei einer €500-Mio-Asset-backed-Transaktion u. entwickelte für das Unternehmen eine Struktur, die mehrere SPVs in Dtl. u. Luxemburg für Ringfencing u. Steuereffizienz einschloss. Die Mandantin zog die Kanzlei zur Refinanzierung der bestehenden Flotte auf Empfehlung einer Bank erstmals zurate. Wie FinnAuto ist auch die Hyundai Capital Bank Europe (HCBE) ein Ausweis dessen, dass Unternehmen, die mit einer Verbriefung Neuland betreten, dem Team vertrauen. Die Anleihenpraxis ist insbes. für ihre Kompetenz bei Derivaten u. Zertifikaten sowie strukturierten Produkten für Stammmandanten wie Patrimonium u. Barclays bekannt. Daneben setzt sich Krug mit seiner Beratung zu kapitalmarktnahen Infrastrukturfinanzierungen von Wettbewerbern ab. Im Rahmen dessen zog ihn zuletzt u.a. ein Bankenkonsortium bei der Finanzierung von Schienenneufahrzeugen über Anleihen hinzu.
Oft empfohlen: Dr. Tobias Krug, Dr. Martin Kaiser
Team: 2 Partner, 1 Counsel, 3 Associates
Schwerpunkte: Beratung zu Verbriefungen, insbes. True Sales div. Asset-Klassen u. zu verbrieften Derivaten. Begleitung bei strukturierten Namensschuldverschreibungen.
Mandate: Anleihen: Barclays zu div. Basisprospekten u. Informationsmemoranden; Banken bei Finanzierung von Schienenneufahrzeugen für Personennahverkehr in Regensburg-Donautal durch RDO; DZ Bank bei Umstellung ihrer Basisprospekte auf das neue EU-Prospektregime; Leonteq bei europ. Emissions- u. Angebotsprogramm für Schuldverschreibungen, Zertifikate u. Optionsscheine sowie für Schuldverschreibungen in Verbindung mit Kryptowährungen; Patrimonium u.a. bei besicherten Inhaberschuldverschreibungen für Adler Modemärkte u. von Auto-Adler. **Struktu-

rierte Finanzierung:** FinnAuto bei €500-Mio-Asset-backed-Transaktion; Banken bei Verbriefung von Verbraucherkreditforderungen von SC Germany über insges. €1,5 Mrd; BDK bei Verbriefung von €1 Mrd Autokreditforderungen von Red & Black; Dt. Sparkassen Leasing bei Verbriefung von Equipment-Leasingforderungen; HCBE bei erster Verbriefung von Autodarlehensverträgen aus Dtl. (€390 Mio).

BAKER MCKENZIE
Strukturierte Finanzierung ★★

Bewertung: Die Praxis für Strukturierte Finanzierungen ist seit jeher für ihre Kompetenz bei Verbriefungen, insbes. grenzüberschr. Auto-ABS- u. ABCP-Transaktionen, im Markt anerkannt. Die einzige Partnerin Wittinghofer veredelt diese Stärke durch ihr regulator. Wissen noch. Das Renommee lässt sich auch daran ablesen, dass das Fintech Ratepay aufgrund einer Empfehlung erstmals auf die Praxis vertraute. Daneben setzen regelm. Großbanken bzw. deren dt. Niederlassungen bei der Verbriefung von Handelsforderungen auf das Team, so bspw. Santander bei dem Tap-up einer zuvor ebenfalls durch BM beratenen €500-Mio-ABS-Transaktion von Autokreditforderungen. Die dünn gehaltene Personaldecke steht einer höheren Präsenz der Praxis im Markt entgegen.
Oft empfohlen: Sandra Wittinghofer („macht das sehr ordentl., total angenehm auf der Gegenseite", Wettbewerber)
Team: 1 Sal.-Partner, 1 Associate
Schwerpunkte: Schwerpunkt ist True-Sale-Transaktionen div. Asset-Klassen. Fokus u.a. auf Autodarlehen. Betreut werden sowohl Banken als auch (mittelständ.) Emittenten.
Mandate: Strukturierte Finanzierung: Banken bei Verbriefung von Leasingforderungen der Volkswagen Leasing (VCL 34); Santander-Consumer-Gruppe bei Tap-up von €500-Mio-ABS von Autokreditforderungen der PSA Bank Dtl.; lfd.: NIBC, Finalbion, Johnson Controls, Porsche Financial Services, Adient, Ratepay.

CLIFFORD CHANCE
Anleihen ★★★★★
Strukturierte Finanzierung ★★★★★

Bewertung: Die praxisübergreifende Beratung in Kombination mit der engen Einbindung in das internat. Kanzleinetzwerk ist ein Markenzeichen der Teams für Anleihen u. Strukturierte Finanzierung. Auch mit der marktführenden Praxis für Fondsrecht arbeitet das Team eng zusammen, etwa bei der Umstrukturierung von Beteiligungen an Alternativen Investmentfonds durch gelistete Wertpapierlösungen für institutionelle Anleger bei Prime Capital. Dadurch gewinnt es Mandate solcher neuen Emittentengruppen wie institutionellen Asset-Managern. Evenkamp, der an dieser Schnittstelle zwischen strukturierten Schuldtiteln u. Fondsprodukten eine wichtige Rolle spielt, ist auch mit dem Luxemburger Büro gut vernetzt. Dass es gelingt, bei großen Emittenten auch bei neuen Themen zu punkten, zeigen etwa ESG-Anleihen: Wie bei EnBW legte das Team diese neuen Kriterien in zahlreichen Programmen von Konzernen an und zählt damit zu den marktführenden bei Innovationen. Mit ihrem herausragenden Fachwissen gestalten die Partner auch neue Regulierungen mit, etwa bei einer einheitl. europ. Position bei der Verbriefungsregulierung, in der True-Sale-Initiative u. dem Blockchain Bundesverband. Mit diesem Wissen ist das Team für Strukturierte Finanzierungen regelm. bei neuen Trends gefragt, aktuell etwa bei der Tendenz institutioneller Anleger, in Handelsfinanzierungsprodukte, insbes. in Forderungen aus Lieferungen und Leistungen, zu investieren. In diesem Zshg. setzte bspw. eine österr. Regionalbank auf CC.
Stärken: Breite Praxis mit einer gr. Mischung an Finanzierungsformen, enge Verbindung zw. starken Securitisation- u. Derivatepraxen, herausragendes ▷*Immobilien*-Know-how.
Oft empfohlen: Sebastian Maerker („bringt Transaktionen u. Verhandlungen voran", Wettbewerber), Dr. Gregor Evenkamp, Dr. Oliver Kronat („sehr starke u. weitgehende Kompetenz", Mandant; „zählt zu den führenden Beratern", Wettbewerber)
Team: 3 Partner, 2 Counsel, 4 Associates
Schwerpunkte: Anleihen: breite Praxis mit lfd. Programmarbeit (Updates) u. neuen EMTN- u. ECP-Programmen. Zudem Beratung bei Standalone-Bonds, Equity-linked-Transaktionen. Zertifikate: Indexzertifikate, auch Anleihenrückkäufe. Derivate: OTC- u. börsengehandelte Produkte, alternative Investments. Strukturierte Finanzierung: Beratung im gesamten Spektrum der Securitisation.
Mandate: Anleihen: BofA Securities bei €1 Mrd fest- bis variabel verzinsl. grünen Nachranganleihen; Dt. Bank zur Aktualisierung des €7-Mrd-EnBW- Emissionsprogramms mit ESG-gebundenen Anleihenstrukturen u. EnBW bei nachrangiger €1-Mrd-Hybridanleihe in 2 Tranchen; Dt. Bank u. Deka Bank bei €177-Mio-Inhaberschuldverschreibung des zusätzl. Kernkapitals; Gewobag bei Anleihenprogramm u. €500-Mio-Social-Bond daraus; RHI Magnesita bei €250-Mio-ESG-Schuldscheindarlehen; Banken bei mehreren Staatsanleihen der Republik Österr.; Empira bei €260-Mio-US-Wohnimmobilienanleihe; Prime Capital zu fondsgebundenen Retail-Zertifikaten für Vermögensverwaltungskunden einer dt. Privatbank u. der Umstrukturierung einer Fondsbeteiligung von dt. Versicherungsunternehmen in gelistete Wertpapierlösung. **Strukturierte Finanzierung:** Bank bei €9-Mrd-RMBS-Verbriefung; RBI bei Verbriefung von Kfz-Leasingverträgen; Barclays Bank Ireland bei Verbriefung von Verbraucherkrediten; österr. Regionalbank bei synthet. €500-Mio-Verbriefung mit EIF u. EIB für Unternehmensdarlehen an KMU u. Mid-Cap-Unternehmen; Aquila bei Strukturierung u. Emission einer Anleihe nach luxemb. Recht mit Bindung an EEG-Portfolio; RTX21 bei Investitionsplattform für Immobilien; Bain Capital Credit bei strukturierter Finanzierung für Linus Digital Finance.

DENTONS
Anleihen ★★
Strukturierte Finanzierung ★★★

Bewertung: Die Anleihenpraxis ist inhaltl. breit aufgefächert. Neben der inzw. etablierten Programmarbeit wird sie auch bei hochvol. Transaktionen hinzugezogen. So vertraute zuletzt die Finanzagentur des Bundes bei der Erhöhung ihrer Bundesanleihe von €9 Mrd auf €13 Mrd sowie bei der

Strukturierte Finanzierung

★★★★★	
Clifford Chance	Frankfurt
Linklaters	Frankfurt

★★★★	
Allen & Overy	Frankfurt
Hengeler Mueller	Frankfurt
Hogan Lovells	Frankfurt
White & Case	Frankfurt

★★★	
Ashurst	Frankfurt
Dentons	Frankfurt, München
Freshfields Bruckhaus Deringer	Frankfurt
Jones Day	Frankfurt
Mayer Brown	Frankfurt

★★	
Baker McKenzie	Frankfurt
Luther	Frankfurt
OMF Otto Mittag & Partner	Frankfurt

★	
Gleiss Lutz	Frankfurt
Latham & Watkins	Frankfurt

Die Auswahl von Kanzleien und Personen in Rankings und tabellarischen Übersichten ist das Ergebnis umfangreicher Recherchen der JUVE-Redaktion. Sie ist in 2erlei Hinsicht subjektiv: Die Aussagen der befragten Quellen sind subjektiv u. spiegeln deren Erfahrungen u. Einschätzungen. Die JUVE-Redaktion wiederum analysiert die Rechercheergebnisse unter Einbeziehung ihrer eigenen Marktkenntnis. Der JUVE Verlag beabsichtigt keine allgemeingültige oder objektiv nachprüfbare Bewertung. Es ist möglich, dass eine andere Recherchemethode zu anderen Ergebnissen führt. Innerhalb einzelner Gruppen in Rankings und tabellarischen Übersichten sind Kanzleien und Personen alphabetisch sortiert.

BANK- UND FINANZRECHT ANLEIHEN UND STRUKTURIERTE FINANZIERUNG

Führende Berater bei Anleihensemissionen

Christoph Enderstein
Norton Rose Fulbright, Frankfurt

Dr. Christoph Gleske
Freshfields Bruckhaus Deringer, Frankfurt

Sebastian Maerker
Clifford Chance, Frankfurt

Dr. Rüdiger Malaun
Latham & Watkins, München

Peter Waltz
Linklaters, Frankfurt

Karsten Wöckener
White & Case, Frankfurt

Die Auswahl von Kanzleien und Personen in Rankings und tabellarischen Übersichten ist das Ergebnis umfangreicher Recherchen der JUVE-Redaktion. Sie ist in 2erlei Hinsicht subjektiv: Die Aussagen der befragten Quellen sind subjektiv u. spiegeln deren Erfahrungen u. Einschätzungen. Die JUVE-Redaktion wiederum analysiert die Rechercheergebnisse unter Einbeziehung ihrer eigenen Marktkenntnis. Der JUVE Verlag beabsichtigt keine allgemeingültige oder objektiv nachprüfbare Bewertung. Es ist möglich, dass eine andere Recherchemethode zu anderen Ergebnissen führt. Innerhalb einzelner Gruppen in Rankings und tabellarischen Übersichten sind Kanzleien und Personen alphabetisch sortiert.

Aufstockung einer grünen Bundesanleihe von €6 auf €10 Mrd auf die Kanzlei. Daneben steht der angesehene Dreher auch für die Beratung zu Schuldscheinen. So setzte die EBRD bei Investitionen in ESG-gebundene Schuldscheinfinanzierungen von Dräxlmaier u. Faurecia auf ihn. Die Praxis für Strukturierte Finanzierungen um Klüwer, der das Bank- u. Finanzrecht bei Dentons leitet, ist sowohl bei klass. Verbriefungen jegl. Art als auch bei restrukturierungsnahen Mandaten sowie im Kontext von Immobilienfinanzierungen gefragt. Nur ein Bsp. für Letzteres ist die Mandatierung durch die Dt. Bank u.a. als Arrangeur bei der Finanzierung des Kaufs der Highlight Tower. Für die klass. Verbriefungsberatung steht etwa die Arbeit für HCOB bei versch. Leasing- u. Handelsforderungsverbriefungen für die Finanzierungsplattform Smart Fact. Regelmäßig arbeitet die Praxis mit dem Luxemburger Büro der Kanzlei zusammen.

Oft empfohlen: Dr. Arne Klüwer („gut im Geschäft", Wettbewerber), Oliver Dreher, Dr. Matthias Eggert
Team: 5 Partner, 3 Counsel, 5 Associates (ges. Kapitalmarktteam)
Schwerpunkte: Beratung im gesamten Spektrum der Securitisation; NPL-Transaktionen; Schuldscheine; CPP.
Mandate: Anleihen: Finanzagentur des Bundes bei Erhöhung von Bundesanleihe u. grüner Bundesanleihe um jew. €4 Mrd auf €13 bzw. €10 Mrd; EBRD jew. bei Investition in ESG-linked-Schuldscheinfinanzierung von Dräxlmaier u. Faurecia; Banken bei Debüt-ESG-linked-Schuldscheinplatzierung für Agrial; Atai Life Sciences u.a. bei Wandelanleihen zur Vorbereitung des Nasdaq-IPO; Schuldscheingläubiger der MHM Holding bei finanzieller Restrukturierung des Automobilzulieferers. **Strukturierte Finanzierung:** EUMF bei Risikofinanzierungen für div. Biotechunternehmen; Dt. Bank u.a. als Arrangeur bei Finanzierung des Kaufs der Highlight Tower; HCOB bei div. Leasing- u. Handelsforderungsverbriefungen für die Finanzierungsplattform Smart Fact; UniCredit Bank bei Erweiterung der Verbriefung von Handelsforderungen der Helm AG; Wilmington Trust lfd. zu Verbriefungs-, Darlehens- u. Leasingforderungstransaktionen sowie besicherten Schuldscheindarlehen.

FRESHFIELDS BRUCKHAUS DERINGER

Anleihen	★★★★★
Strukturierte Finanzierung	★★★

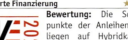

Kanzlei des Jahres für Bank- und Finanzrecht

Bewertung: Die Schwerpunkte der Anleihenpraxis liegen auf Hybridkapital, strukturierten u. Equity-linked-Anleihen u. einer umfassenden Treasury-Beratung großer Mandanten wie Fresenius. Hochvol. Emissionen u. komplexe Mandate sind dabei an der Tagesordnung u. der Grund, weshalb Mandanten sich an FBD wenden, seien es die Schuldverschreibungen von Traton, die bankenseitige Begleitung der Hochzinsanleihen von Grünenthal oder der Wandler von Delivery Hero. Zwar ist der Erfolg der Praxis ungebrochen, doch fehlen im Anleihenteam Anwälte der nächsten Generation, die allmähl. in Erscheinung treten. Anders ist dies in der Praxis für Strukturierte Finanzierungen: Mit der Arbeit für Auto1 ist sie mit einem Team um einen jüngeren Partner seit Jahren wieder präsent geworden. Allerdings ist sie grundsätzl. weniger auf das klass. Verbriefungsgeschäft konzentriert, sondern berät vorwiegend zu komplexen Finanzierungen mit derivativen Elementen oder Strukturierungen mit Bezügen zum Bankaufsichtsrecht. Aufgrund des unklaren Fokus u. der auch personell unscharfen Abgrenzung von anderen Rechtsgebieten bleibt die Praxis in der Wahrnehmung der meisten Wettbewerber blass.
Stärken: Hybrid-/Kernkapitalprodukte. Liability Management. Internat. Aufstellung u. enge Vernetzung der einzelnen Kapitalmarktbereiche.
Oft empfohlen: Dr. Christoph Gleske, Rick van Aerssen („simply the best", „sehr hohe Beratungskompetenz, pragmat. Lösungen, angenehme Zusammenarbeit", Mandanten)
Team: 5 Partner, 3 Counsel, 13 Associates, 1 of Counsel
Schwerpunkte: Hybrid- u. Wandelanleihen. Bei Standalone-Bonds überwiegend für Emittenten. Strukturierte Finanzierung: Bankenrestrukturierungen, Verbriefungen, Derivate u. Transaktionen mit verbriefungsähnl. Strukturen, Repackagings, Swaps.
Mandate: Anleihen: Banken bei Hochzinsanleihen von Grünenthal über insges. €950 Mio, inkl. Tap; Banken bei 2 Wandelanleihen von Delivery Hero über insges. €1,25 Mrd; 180 Medical bei $500-Mio-Hochzinsanleihe; ZF Finance bei €500-Mio-Green-Bond unter €7,5Mrd-DIP von ZF Friedrichshafen u. Update des DIP; Fresenius bei jährl. Update ihres €12,5-Mrd-DIP; rumän. Tochterges. der RBI bei Erstellung von €850-Mio-MTN-Programm u. 2 Ziehungen darunter; Banken bei €375-Mio-Tier-2-Anleihe von Uniqua u. Rückkaufsangebot ausstehender Tier-2-Anleihen; Banken bei €500-Mio-Hybridanleihe der Dt. Börse; Traton bei Schuldverschreibungen von insges. €1,6 Mrd u. jährl. Update von €12-Mrd-DIP. **Strukturierte Finanzierung:** Auto1 bei Verbriefung von Asset-backed-Anleihen u. bei €150-Mio-ABS-Verbriefung für Autohero-Gesellschaften; CMA-CGM bei der Reorganisation des Frachtforderungsverbriefungsprogramms; europ. Bank bei Strukturierung eines 9 Jurisdiktionen umfass. STS-Verbriefung von Leasingforderungen.

GLEISS LUTZ

Anleihen	★★
Strukturierte Finanzierung	★

Bewertung: Die Anleihenpraxis ist für ihre Erfahrung bei Transaktionen im Restrukturierungskontext bekannt. Dabei arbeitet sie eng mit den ▷Restrukturierungs-, Corporate- und ▷Finanzierungsexperten der Kanzlei zusammen. Zuletzt vertrauten etwa die Schuldscheingläubiger von Eterna bei der finanziellen Neuaufstellung der Holding im Rahmen eines StaRUG-Verfahrens auf GL. Die dt.-rechtl. Beratung bei Hochzinsanleihen ist ein weiteres Markenzeichen der Kanzlei, wozu sie regelm. mit namhaften US-Kanzleien wie Cahill, Cravath oder Simpson Thacher kooperiert. Zuletzt setzte etwa Titan Holdings/Kouti dazu auf sie. Dass die für ihre guten Beziehungen zu Corporates im dt. Mittelstand bekannte Einheit auch hervorragende Bankenkontakte hat, zeigt die Mandatierung durch ein Konsortium unter Führung von Barclays, der National Westminster Bank u. der Dt. Bank bei der €685-Mio-Anleihe von Apcoa. Die Praxis für Strukturierte Finanzierungen ist u.a. zu Leasingfinanzierungen, bei der Restrukturierung von CMBS-Verbriefungsportfolios sowie bei der Derivatedokumentation zur Umstellung auf den neuen Referenzzins aktiv. Mit ihrem 2022 in London eröffneten Büro schafft die Kanzlei die Voraussetzung, sich auch internat. bei Mandanten stärker zu positionieren.
Oft empfohlen: Dr. Kai Birke
Team: 2 Eq.-Partner, 1 Sal.-Partner, 3 Counsel, 6 Associates
Schwerpunkte: Unternehmensanleihen, auch High-Yield-Anleihen (dt. Recht). Restrukturierung von Bonds. Traditionell bei True-Sale-Verbriefungen über Conduits tätig. Arbeit an Verbriefungen von Handelsforderungen sowie CMBS-Krediten u. deren Restrukturierung. Mandanten häufiger börsennot. Unternehmen als Banken.
Mandate: Anleihen: Schuldscheingläubiger von Eterna bei finanzieller Neuaufstellung der Holding im Rahmen von StaRUG-Verf.; Banken bei €685-Mio-Anleihe von Apcoa; Titan Holdings/Kouti bei €375-Mio-High-Yield-Bonds; Bausch & Lomb bei Refinanzierung von Kreditverträgen u. Anleihen, inkl. deren Aufstockung; SLM Solutions bei Gläubigerversammlung wg. Anleihenverlängerung; Morabanc bei Schuldscheindarlehen für Swarco. **Strukturierte Finanzierung:** Aareal Bank bei Umstellung der Derivatedokumentation vom Referenzzinssatz EONIA auf ESTR; Alpha Trains Luxemb. bei Leasingvertrag über eine Flotte von Zügen für das Netz Ostbrandenburg 2 u. bei Finanzierung von Zügen für das Netz; Helaba bei Schwerpunkt-Due-Diligence im Bereich Derivategeschäft im Zshg. mit dem gepl. Kauf der Berlin Hyp; Asset-Manager bei Restrukturierung von CMBS-Darlehensportfolio; Investmentmanager bei Restrukturierung von CMBS-Verbriefungsportfolio.

HENGELER MUELLER

Anleihen	★★★★★
Strukturierte Finanzierung	★★★★

Bewertung: Die Praxis für Strukturierte Finanzierungen ist für ihre Stärke bei komplexen Transaktionen bekannt. Dabei sticht sie mit ihrer ausgepräg-

ANLEIHEN UND STRUKTURIERTE FINANZIERUNG BANK- UND FINANZRECHT

ten Verbriefungskompetenz gepaart mit regulator. Know-how so manch einen Wettbewerber aus. Zuletzt zogen sie bspw. mehrere Investoren zur Anpassung bestehender synthet. Verbriefungen an die STS-Kriterien u. an alternative Sicherheitenstrukturen innerhalb des STS-Rechtsrahmens hinzu. Im Zentrum der Beratung stehen überdies u.a. Structured Covered Bonds wie für das €35-Mrd-Programm der Dt. Bank. Wie in diesem Fall konzentriert sich insbes. die Programmarbeit schwerpunktmäßig auf die Bankenberatung. Neben klass. Beratungsfeldern wie diesen vertrauen Mandanten auch bei Trendthemen auf HM, so etwa ein Krypto-Asset-Manager bei der Emission von Schuldverschreibungen, die an einen Kryptowährungsindex gebunden sind. Das Anleihenteam tat sich erneut mit einigen großvol. Transaktionen hervor, so beriet es etwa die jew. Banken bei Sustainability-linked Bonds von Lanxess u. Henkel. Ein an der Schnittstelle zum ECM tätiger Partner steht u.a. für die Beratung zu AT1- u. RT1-Anleihen, wozu bspw. die DekaBank bzw. die Allianz auf HM setzten. Die Leitung der DCM-Praxis ging von Haag, der sich altersbedingt aus der Partnerschaft zurückzog, an den v.a. als Aufsichtsrechtler bekannten Bliesener über. Inhaltl. bedeutet dies aber keine Verschiebung. Weitere jüngere Anwälte in Position zu bringen, würde sich im Lichte des mittelfristig anstehenden Generationswechsels in beiden Praxen anbieten.

Stärken: Dominante Anleihenpraxis bei Programmen sowie gr. Verbriefungserfahrung. Exzellente Bankenkontakte, vielseitige Anwälte.

Oft empfohlen: Dr. Stefan Krauss, Dr. Martin Geiger („sehr reaktionsschnell", Mandant), Dr. Dirk Bliesener („fachl. exzellent, angenehm im Umgang; flexibel genug, auch pragmat. Lösungen gut u. schnell zu erarbeiten bzw. umzusetzen", Mandant).

Team: 5 Eq.-Partner, 2 Counsel, 3 Associates

Schwerpunkte: Anleihen: Standalone- u. Programmemissionen, Jumbo-Bonds, Hybrid-Anleihen. Intensive Beratung bei Equity-linked- u. Eigenkapitalanleihen. **Strukturierte Finanzierung:** im Zshg. mit Bankenrestrukturierungen. Traditionell alle Formen der Securitisation.

Mandate: Anleihen: Banken bei €600-Mio-Sustainability-linked-Bonds von Lanxess; Banken bei $250-Mio- u. €500-Mio-Sustainability-linked-Bonds von Henkel; Allianz bei Dual-Tranche-Emission von RT1-Anleihen nach Rule 144A/Reg S über $1,25 Mrd u. €1,25 Mrd; Bawag u. Österr. Postsparkasse bei Update von €10-Mrd-EMTN-Programm, einschl. Emission von grünem Pfandbrief über €500 Mio u. 3 weiteren €500-Mio-Pfandbriefen; DekaBank bei €177-Mio-AT1-Kapitalinstrumenten; Dt. Bank bei €1,25-Mrd-AT1-Anleihen; Banken bei €500-Mio-Green-Bond von RWE; Banken bei €1-Mrd-Green-Bond der KfW; Banken bei 48 Anleihen der KfW einschl. mehrerer Multimilliarden-Anleihen unter dem €-Note-Programm (Gegenwert von €35 Mrd in 9 Währungen). **Strukturierte Finanzierung:** BofA bei Refinanzierung von ‚The Squaire'; Dt. Bank bei Aktualisierung des €35-Mrd-Structured-Covered-Bond-Programms; dt. Finanzdienstleister zu Verbriefungsstrukturen bzgl. der Verbriefung kanad. Leasingforderungen; skand. Maschinenbauer bei Gründung einer dt. Leasing-/Factoring-Tochter u. Erstellung der Kundendokumentation; Krypto-Asset-Manager bei Emission von auf Kryptowährungsindex indizierten Schuldverschreibungen; dt. Versandhändler bei Factoring/Verbriefungsrefinanzierung bzgl. Gründung eines Zahlungsdienstleisters; europ. Versicherer zu alternativen Sicherheitenstrukturen innerhalb des STS-Rechtsrahmens.

HEUKING KÜHN LÜER WOJTEK
Anleihen ★

Bewertung: Die Anleihenpraxis ist bei kleinen bis mittelgr. Emissionen die visibelste Einheit im dt. Markt. Bei klass. Anleihen, Wandelschuldverschreibungen sowie Genussscheinen setzen Emittenten regelm. auf das große Team, das auch zu ECM-Transaktionen berät. Zuletzt trat jedoch die Beratung von Anleihegläubigern insolventer oder in Restrukturierung befindlicher Unternehmen in den Vordergrund. Heraus ragte dabei die Vertretung der Anleihegläubiger der insolventen Solarworld, wobei erstmals in dieser Form in Dtl. Aktien an Gläubiger einer notierten Anleihe in Insolvenz ausgeschüttet wurden. Dass die Kanzlei auch bei innovativen Themen eine gefragte Kraft ist, zeigen Mandatierungen durch Artechnologies bei einer Wandelanleihe als elektron. Wertpapier oder durch Bitmex zum Kryptoderivatehandel aus der Schweiz heraus. Bei Letzterem arbeiten die dt. Anwälte mit dem kleinen Team aus dem Züricher Büro zusammen.

Oft empfohlen: Dr. Anne de Boer

Team: 3 Eq.-Partner, 4 Sal.-Partner, 4 Associates (ges. Kapitalmarktteam)

Schwerpunkte: Beratung bei Anleihen mittelständ. Unternehmen. Zudem Wandelschuldverschreibungen. Vorw. Begleitung von Emittenten. Kombinierte eigen- u. fremdkapitalmarktrechtl. Praxis.

Mandate: Anleihen: Anleihegläubiger der insolventen Solarworld bei Ausschüttung von Aktien an Gläubiger der Anleihe in der Insolvenz; mit One Square Advisors gemeinsamer Vertreter der Anleihegläubiger der insolventen Eyemaxx Real Estate; artec technologies bei Wandelanleihe als elektron. Wertpapier nach dem eWpG; Bankhaus Gebr. Martin lfd. bei wertpapiertechn. Fragen, insbes. zu Anleiheemissionen; Bitmex zu Kryptoderivatehandel aus der Schweiz heraus; Eterna zu Anleihegläubigerversammlung u. Anleiherestrukturierung; CR Opportunities bei Wandelanleihe.

HOGAN LOVELLS
Anleihen ★★★★
Strukturierte Finanzierung ★★★★

NOMINIERT
JUVE Awards 2022
Kanzlei des Jahres für Bank- und Finanzrecht

Bewertung: Für die Beratung zu Strukturierten Finanzierungen steht eines der personell größten Teams am Markt mit hoher internat. Vernetzung bereit. Seine starke Marktposition fußt auf der langj. Erfahrung mit Autoverbriefungen, einer der Fokusbranchen der Kanzlei. Längst deckt die Praxis aber ein breites Spektrum an Verbriefungen ab, etwa Kreditkartenforderungen wie bei Advanzia, sowie neue Besicherungsformen bei Fintechs u. Start-ups. Die Anleihenexperten beraten sowohl zur Platzierung einzelner Anleihen wie der ersten grünen Anleihe der NordLB als auch bei Aktualisierungen. Insbes. Banken nutzen das Know-how des Teams in beiden Teilbereichen für ihre Anpassungen an regulator. Änderungen in ihren großen Emissionsprogrammen, die BayernLB etwa sowohl bei Anleihen als auch bei Zertifikaten. Letztere ist als sehr aktive Emittentin von Schuldtiteln mit ihrem großen Programm neu hinzugekommen. Die starke Stellung bei den Landesbanken konnte die Praxis erfolgreich um Mandate der in Dtl. stark gewachsenen Zweige der US-Investmentbanken erweitern. So berieten die Anwälte Goldman Sachs bei der innovativ mit internat. E-Scooter-Flotten besicherten Mikromobilitätsfinanzierung.

Stärken: Viel Erfahrung bei Autoverbriefungen u. Emissionsprogrammen sowie Derivatetransaktionen.

Oft empfohlen: Dr. Sven Brandt („schnelle, pragmat. Antworten", Mandant), Dr. Dietmar Helms („voller Einsatz u. up to date", Wettbewerber), Dr. Jochen Seitz, Dr. Julian Fischer („fundierte Beratung", Mandant)

Team: 6 Partner, 4 Counsel, 7 Associates

Schwerpunkte: Beratung von Banken u. v.a. Originatoren bei Verbriefungen (u.a. Handels-, Leasing- u. Kreditkartenforderungen, aber auch neue Asset-Klassen), insbes. Autoverbriefungen. Begleitung öffentl.-rechtl. u. halbstaatl. Banken bei Programmen. Emissionsprogramme für Anleihen u. strukturierte Wertpapiere, verbriefte Derivate, OTC-Derivate.

Mandate: Anleihen: Banken bei erster grüner Anleihe der NordLB; NordLB bei Aktualisierung des €25-Mrd-DIP; BayernLB bei Aktualisierung des €60-Mrd-DIP; Commerzbank bei Aktualisierung des €50-Mrd-DIP von PBB; UniCredit bei Aktualisierung der Emissionsprogramme der VWFS u. der Volkswagen Bank; RBI bei Emissionsprogramm der Raiffeisenbank Rumänien; Banken bei insges. $9,9-Mrd-Anleihen der Landwirtschaftl. Rentenbank; Olbos bei immobilienbesicherter Anleihe. **Strukturierte Finanzierung:** Advanzia Bank bei erster Verbriefung eines dt. €475-Mio-Kreditkartenportfolios; DDV zu Gesetzgebungsverfahren u. aufsichtsrechtl.; Goldman Sachs bei €60-Mio-Asset-backed-Finanzierung von Tier Mobility; Grover bei $1-Mrd-Asset-backed-Finanzierung; Marex Financial bei

---

Führende Berater in der Strukturierten Finanzierung

Dr. Martin Geiger
Hengeler Mueller, Frankfurt

Dr. Dennis Heuer
White & Case, Frankfurt

Dr. Arne Klüwer
Dentons, Frankfurt

Dr. Stefan Krauss
Hengeler Mueller, Frankfurt

Dr. Oliver Kronat
Clifford Chance, Frankfurt

Dr. Patrick Scholl
Mayer Brown, Frankfurt

Dr. Christian Storck
Linklaters, Frankfurt

Die Auswahl von Kanzleien und Personen in Rankings und tabellarischen Übersichten ist das Ergebnis umfangreicher Recherchen der JUVE-Redaktion. Sie ist in 2erlei Hinsicht subjektiv: Die Aussagen der befragten Quellen sind subjektiv u. spiegeln deren Erfahrungen u. Einschätzungen. Die JUVE-Redaktion wiederum analysiert die Rechercheergebnisse unter Einbeziehung ihrer eigenen Marktkenntnis. Der JUVE Verlag beabsichtigt keine allgemeingültige oder objektiv nachprüfbare Bewertung. Es ist möglich, dass eine andere Recherchemethode zu anderen Ergebnissen führt. Innerhalb einzelner Gruppen in Rankings und tabellarischen Übersichten sind Kanzleien und Personen alphabetisch sortiert.

BANK- UND FINANZRECHT — ANLEIHEN UND STRUKTURIERTE FINANZIERUNG

Emissionsplattform für das öffentl. Angebot von Anleihen, Zertifikaten u. Hebelprodukten; PSA Dtl. bei ihrer ersten Verbriefung von Autoleasingforderungen; Taulia bei Finanzierungsplattform; BayernLB bei Update ihrer Basisprospekte für Zertifikate u. Schuldverschreibungen; Daimler bei GBP529-Mio-Verbriefung brit. Automobilforderungen durch Silver Arrow.

JONES DAY
Strukturierte Finanzierung ★★★

Bewertung: Mit 2 Schwerpunkten behauptet die Praxis für Strukturierte Finanzierungen ihre Marktstellung: Verbriefungen wie das große Autokreditprogramm für VW u. die Beratung zu neuen Technologien, insbes. DLT u. Tokenisierung. Ein beachtl. Bsp. hierfür ist die Beratung der DZ Bank bei ihrem ersten Blockchain-basierten Derivat. Bei solchen Innovationen weitet JD ihre Mandate bes. durch die vermehrte Arbeit für Bestandsmandanten aus. Ähnl. treue Beziehungen pflegt sie bei den Verbriefungen wie der mittlerw. 3. Mandatierung durch den Autofinanzier FCA. Vertrauen zeigen die Banken auch dadurch, dass sie das Team zu neuen Marktthemen hinzuziehen, bspw. der Ausweitung von Verbriefungen auf Elektromobilität oder die Gestaltung grüner Verbriefungen. Neue Impulse durch das gute europ. Netzwerk der Kanzlei wie bei der Arbeit für Natixis waren zuletzt seltener zu erkennen.

Oft empfohlen: Ulf Kreppel („stets ruhig u. gelassen, präzise", Mandant), Dr. Nicolas Wittek
Team: 2 Partner, 2 Counsel, 4 Associates
Schwerpunkte: Beratung bei Verbriefungen von u.a. Autokrediten u. Handelsforderungen. Begleitung von Debt-Fonds. Zudem strukturierte Produkte, u.a. Derivate.
Mandate: Strukturierte Finanzierung: Beratung der FCA Bank Dtl. bei €525-Mio-Verbriefung von Kfz-Darlehen; Natixis und Goldman Sachs bei grüner Verbriefung frz. Wohnungsbaudarlehen; Volkswagen Bank bei €15-Mrd-Verbriefungsprogramm für Autokredite; DZ Bank bei Blockchain-Verfahren für Derivatetransaktionen.

LATHAM & WATKINS
Anleihen ★★★★★
Strukturierte Finanzierung ★

Bewertung: Die Praxis steht bei ihrer Spezialität High-Yield-Bonds weiterhin an der Marktspitze. Hochzinsanleihen wie für Grünenthal u. Tui Cruises gehören zu den Highlights des Marktes. Diese Kompetenz u. die integrierte Beratung zu Kapitalmarkt- u. Bank-/Akquisitionsfinanzierung sind bei solchen schwierigen Unternehmensfinanzierungen gefragt. In dem zuletzt schwachen High-Yield-Transaktionsmarkt baute die Praxis ihre Beratung im Crossover-Segment im Übergang von Fremd- zu Eigenkapital wie etwa bei der komplexen Refinanzierung bei Löwen Play aus. Zu dem Schwerpunkt auf Emittentenseite kommen regelm. Bankenmandate wie bei der Finanzierung für Consolidated Energy dazu, bei der das stabile Team auch seine US-rechtl. Stärke ausspielen konnte. Die Praxis für Strukturierte Finanzierungen ist personell schmal aufgestellt. Sie ist weniger auf eigene Mandate als auf die Ergänzung der Full-Service-Finanzierungsberatung ausgerichtet. Nichtsdestotrotz weist sie ein inhaltl. breites Spektrum vor, von klass. Verbriefungen über Poolings wie zuletzt für die Sparkassen bis zu Derivaten.

Stärken: Hervorragend bei High-Yield-Bonds u. Bank-Bond-Finanzierungen.
Oft empfohlen: Dr. Rüdiger Malaun („professionell u. gut organisiert", Mandant)
Team: 2 Partner, 3 Counsel, 6 Associates
Schwerpunkte: Beratung insbes. bei High-Yield-Bonds, daneben auch weitere Standalone-Bonds. Zudem Schuldverschreibungen u. Pfandbriefe. Intensive Einbindung in die starke internat. Praxis.
Mandate: Anleihen: Grünenthal bei €300-Mio-Aufstockung einer Anleihe; DIC Asset bei grüner €400-Mio-Anleihe; Banken bei $515- u. €250-Mio-US-Anleihen von Consolidated Energy Finance; Tui Cruises bei €224-Mio-Aufstockung von US-Anleihe; Löwen Play/Safari Holding bei Refinanzierung bzw. Restrukturierung von Anleihen; Ceconomy bei €500-Mio-Anleihe. **Strukturierte Finanzierung:** Helaba u. BayernLB lfd. bei Aufstockung von Kreditpool für Sparkassen.

Anzeige

PRAG | BRNO | BRATISLAVA | PILSEN | OLOMOUC | OSTRAVA

www.havelpartners.cz

Führende tschechische und slowakische Experten für Bank- und Finanzrecht

Tschechien & Slowakei

- 290 Juristen und Steuerberater; die größte tschechisch-slowakische Anwaltskanzlei
- German Desk mit mehr als 25 Juristen
- Standorte in Prag, Brno, Bratislava, Pilsen, Olomouc und Ostrava
- Führende tschechische Anwaltskanzlei
- Internationaler Qualitätsstandard, umfassendes Fachwissen und langjährige Transaktionserfahrungen
- Der renommierten Ratingagentur Chambers & Partners (2020–2022) und Who's Who Legal (2018–2021) zufolge die beste Anwaltskanzlei in der Tschechischen Republik
- Beratung auf Deutsch, Englisch und 10 weitere Sprachen

Umfassende Beratungsdienstleistungen im Bank- und Finanzrecht:

- Kredite und Schuldfinanzierung
- Vermögensverwaltung, Fonds und Privatanlagen
- Versicherung
- Kapitalmarkt
- Regulierung von Finanzdienstleistungen und Verbraucherschutz
- Restrukturierung
- Akquisitionsfinanzierung
- Betriebsfinanzierung
- Projektfinanzierung
- Infrastruktur- und Immobilienfinanzierung

Jaroslav Havel | MANAGING PARTNER | jaroslav.havel@havelpartners.cz
Marek Lošan | PARTNER | marek.losan@havelpartners.cz

Bei den Chambers Europe Awards wiederholt die beste Anwaltskanzlei in Tschechien

Anwaltszahlen: Angaben der Kanzleien, wie viele Anwälte zu mind. ca. 50% in diesem Gebiet tätig sind. Sie spiegeln nicht zwingend die Gesamtgröße einer Kanzlei wider.

ANLEIHEN UND STRUKTURIERTE FINANZIERUNG BANK- UND FINANZRECHT

LINKLATERS
Anleihen ★★★★★
Strukturierte Finanzierung ★★★★★

Bewertung: Sie ist die einzige Kanzlei, die sowohl bei Anleihen als auch bei Strukturierten Finanzierungen zur absoluten Marktspitze gehört. Dementsprechend prominente Anwälte hat sie in ihren Reihen: Storck steht neben komplexen Finanzierungen auch für die Beratung zu strateg. Themen. Ihn zog etwa die LBBW bei einer Vereinbarung mit der Helaba zur Bündelung von Kompetenzen zurate. Zudem ist er ein angesehener Experte für Blockchain-basierte Technologien. Die Praxis für Strukturierte Finanzierungen zeigt auch, wie der Generationswechsel gelingen kann: So haben sich neben dem erfahrenen Dittrich inzw. mehrere jüngere Partner einen Namen im Markt erarbeitet, allen voran Lauer. Ein Beleg dafür ist ihre Beratung der Credit Suisse bei der Asset-basierten Finanzierung für FinnAuto. Gemeinsam mit Dittrich führte ein Counsel, die ebenfalls bereits von Wettbewerbern wahrgenommen wird, das Mandat von Auxmoney. Auch die langj. Arbeit für BdB u. ISDA sind Ausweis der marktführenden Stellung der Kanzlei. Die Anleihenpraxis wird zunehmend von Emittenten mandatiert, darunter Daimler, die sie seit dem IPO von Daimler Truck nun auch kapitalmarktrechtl. berät, u. Vonovia bei deren hochvol. Anleihen. Die Beziehung zur Dt. Bank intensivierte sich mit den Transaktionen für Howoge u. Dt. Wohnen. Impulse für den Erfolg kommen von dem insbes. für seine Kompetenz bei Equity-linked-Anleihen bekannten Waltz, aber auch immer wieder aus der ECM-Praxis.

Oft empfohlen: Peter Waltz („der Partner für Wandelanleihen in Dtl. – über alle Kanzleien hinweg", Mandant), Dr. Kurt Dittrich, Barbara Lauer, Dr. Christian Storck, Dr. Alexander Schlee („großartiger Jurist, sehr businessorientiert", Mandant; „kompetent, kollegial u. angenehm", Wettbewerber)

Team: 7 Partner, 3 Counsel, 22 Associates (ges. Kapitalmarktteam)

Schwerpunkte: Breite Anleihenpraxis mit aktiver Programmarbeit (MTN, strukturierte Anlageprodukte) sowie Eigenkapital-, Equity-linked-Transaktionen, Anleihenrückkäufe u. gr. Standalone-Bonds. Gestaltung von SPV-Verpackungsplattformen. Gleichermaßen synthet. Transaktionen wie True Sales. Derivate: Structured-Notes-Programme, CLNs; OTC-Transaktionen.

Mandate: Anleihen: Daimler/Daimler Truck bei €1,8-Mrd-, CA$8-Mrd- u. US$2-Mrd-Anleihen; Jeffries bei €250-Mio-Wandelanleihen von Encavis; Dt. Bank bei €4-Mrd-DIP u. €1,7-Mrd-Anleihen von Howoge; Linde bei Anleihen über insges. rund €4 Mrd; Vonovia bei Anleihen von insges. rund €7,5 Mrd; Münchner Rück bei nachrang. grüner Anleihe über €1 Mrd; Citigroup bei €1,25-Mrd- u. €1,25-Mrd-RT1-Anleihen von Allianz; HSBC bei €750-Mio-Anleihe von Mahle; Dt. Bank bei €1-Mrd-Anleihe von Dt. Wohnen; Morgan Stanley bei nachhalt. u. grüner €500-Mio-Anleihe von Verbund. **Strukturierte Finanzierung:** Credit Suisse als Senior-Investor bei Asset-basierter Finanzierung in Höhe von bis zu €500 Mio für FinnAuto; Auxmoney bei erster öffentl. Verbriefung von über die Auxmoney-Kreditplattform originierter Verbraucherkreditforderungen; DekaBank bei erster Emission von Kryptowertpapieren über die DLT-basierte Deka-Wertpapierplattform SWIAT u. bei digitaler grüner Namensschuldverschreibung; BdB u. ISDA bei Dokumentation zu Benchmark- u. IBOR-Nachfolgeregelungen sowie zu Netting- u. Collateral-Gutachten zum ISDA Master Agreement u. DRV; LBBW bei Kompetenzbündelung mit Helaba.

LUTHER
Anleihen ★
Strukturierte Finanzierung ★★

Bewertung: Die Praxis konnte sich bei Strukturierten Finanzierungen im vergangenen Jahr weiter gut positionieren, v.a. dank ihrer intensiveren Arbeit für die Dt. Bank. Über einen Pitch kam Luther 2020 in dieses Mandat. Hier deckt das Team ein beachtl. Spektrum ab, das von der Gestaltung klass. Zertifikate bis zur MREL-Beratung reicht. Die Erfahrung daraus nutzt es auch für andere Institute bei Aktualisierungen von Prospekten u. neuen Themen wie Krypto-Assets. Im Anleihensegment festigte Wegerich seine Beziehungen zu mittelständ. Emittenten wie Henri Broen weiter, auch über den von Luther mitgegründeten Interessenverband kapitalmarktorientierter KMU. Bei der für Sportvereine beachtl. großen Anleihe von Werder Bremen in schwieriger Situation bewährte er sich als Transaction Counsel. Die mittelständ. Vernetzung der Kanzlei in anderen Rechtsgebieten noch stärker in kapitalmarktrechtl. Mandate einzubeziehen, bietet weiteres Potenzial.

Oft empfohlen: Ingo Wegerich
Team: 1 Partner, 4 Associates
Schwerpunkte: Beratung zu Anleihen mit Fokus auf mittelständ. Unternehmen; Begleitung bei Emissionen verbriefter Derivate u. strukturierter Produkte (Prospekte, Dokumentation).

Mandate: Anleihen: SV Werder Bremen u. AOC Die Stadtentwickler jew. bei €30-Mio-Anleihe; Aves One bei gepl. €40-Mio-Anleihe; österr. Mittelständler EL-CO bei Anleihe; Henri Broen Holding bei Privatplatzierung einer Anleihe; Real Equity bei Privatplatzierung einer €10-Mio-Anleihe; Sunfarming bei €15-Mio-Anleihe. **Strukturierte Finanzierung:** Dt. Bank zu strukturierten Emissionsprogrammen u. Produkten, Zertifikaten, Optionsscheinen u. Schuldverschreibungen u. bei Aktualisierung von MREL-Klauseln; dt. Bank bei Auflage eines Spezialfonds für Krypto-Assets.

MAYER BROWN
Anleihen ★★★
Strukturierte Finanzierung ★★★

Bewertung: Die Anleihenpraxis ist v.a. für die Beratung zu Retailemissionen im Markt anerkannt. Daneben gehören das Zertifikate- u. das Programmgeschäft zu den Markenzeichen der Praxis. Dass Unternehmen auch bei Debüttransaktionen auf das Team zählen, zeigt das Mandat von GATX bei ihrem ersten Schuldschein in Europa, das die dt. Praxis über das internat. MB-Netzwerk erreichte. Vom Frankfurter Büro selbst hält zahlr. Kontakte, insbes. in die Bankenlandschaft, u. berät etwa lfd. die UniCredit Bank bei der Aktualisierung von EU-Basisprospekten für Anleihen, Zertifikate u. Optionsscheine. Die Praxis für Strukturierte Finanzierungen festigte derweil u.a. die Beziehung zu JPMorgan, die bei der Dokumentation von Masteragreements für OTC-Derivate, Repo-Transaktionen u. Wertpapierleihgeschäfte auf sie vertraut. Abseits des dt. Marktes kommt das Team für die Bank Julius Bär zum Einsatz. Diese setzt u.a. bei der Dokumentation für das öffentl. Angebot für den Vertrieb von strukt. Produkten u. Anleihen in der EU u. der Schweiz auf MB. Dies belegt die länder- und praxisgruppenübergreifende Kompetenz u. Vernetzung der Kanzlei. Personell verstärkte sich das Team, ein Counsel u. 2 Associates kamen hinzu. Zudem wurden ein Partner und 2 Counsel ernannt, was für einen strateg. Fokus der Gesamtkanzlei auf das Kapitalmarktrecht spricht.

Oft empfohlen: Dr. Ralf Hesdahl, Dr. Patrick Scholl
Team: 5 Partner, 5 Counsel, 6 Associates
Schwerpunkte: Beratung v.a. bei Kreditportfoliodeals u. ▷Insolvenzen/Restrukturierungen. Erfahren bei True Sales. Zudem klass. Anleihen, Schuldscheindarlehen u. Namensschuldverschreibungen sowie Beratung zu strukturierten Schuldverschreibungen, (OTC-)Derivaten u. strukturierten Retailprodukten.

Mandate: Anleihen: Barclays Bank bei ECP-Programm für Hamburg Commercial Bank; DekaBank bei Aktualisierung ihres Basisprospekts für Schuldverschreibungen, strukturierte Schuldverschreibungen u. Credit-linked Notes; Dt. Bank bei Dokumentation von neuer Callable-Fixed-to-Floating-Rate- Anleihe von HCOB; GATX bei erstem Schuldschein in Europa; UniCredit Bank bei Aktualisierung von EU-Basisprospekten für Anleihen, Zertifikate u. Optionsscheine. **Strukturierte Finanzierung:** JPMorgan bei Dokumentation von Masteragreements für OTC-Derivate, Repo-Transaktionen u. Wertpapierleihgeschäfte; Bank Julius Bär bei Dokumentation für das öffentl. Angebot für Vertrieb von strukt. Produkten u. Anleihen in der EU u. der Schweiz u. lfd. bei ges. Emissionsplattform inkl. einfacher Anleihen; DDV zu Produkt- u. Transparenzstandards für die Emission nachhaltiger strukturierter Produkte.

NOERR
Anleihen ★★★

Bewertung: Eng verbunden mit den ▷Gesellschaftsrechtlern tritt die Anleihenpraxis überwiegend als Emittentenberaterin auf u. hat sich hier bei namh. Konzernen für teils große Emissionen etabliert. Dazu gehören Dax- u. MDax-Unternehmen wie Fresenius Medical Care u. TAG Immobilien, die das Team bei ihren Programmen u. Einzelanleihen berät. Dazu kommt die Arbeit für kleinere Banken u. Unternehmen, die insbes. innovative Produkte wie kryptobasierte o. klass. immobilienbesicherte Anleihen emittieren. Die Anwälte der Praxis sind sowohl in Eigen- als auch in Fremdkapitalthemen erfahren. Für Transaktionen wie bspw. die Wandelanleihe von Social Chain sind sie daher prädestiniert. Die bei den Finanzierern häufigere Zusammenarbeit über das Netzwerk Lex Mundi oder mit Wall-Street-Kanzleien zeigte weiteres Potenzial der Kapitalmarktrechtler für größere grenzüberschr. Transaktionen.

Oft empfohlen: Dr. Holger Alfes
Team: 2 Eq.-Partner, 1 Sal.-Partner, 1 Counsel, 3 Associates
Schwerpunkte: Emittentenberatung; Standalones, Aufsetzen von EMTN-Programmen; Wandelanleihen u. Restrukturierung von Anleihen.

Mandate: Anleihen: Fresenius Medical Care bei Erneuerung u. Aufstockung ihres €1,5-Mrd-Commercial-Paper-Programms; TAG Immobilien bei €3-Mrd-EMTN-Programm; dt. Lebensversicherer bei regulierten €80-Mio Tier-1- u. -2-Anleihen u. Nachrangdarlehen; Bank bei durch Aktien besicherter €50-Mio-Anleihe einer Immobilienholding; Social Chain bei €25-Mio-Wandelanleihe; Quirin Privatbank bei €25-Mio-Green-Bond von hep global; dt. Handelsunternehmen bei 2 €100-Mio-Orderschuldverschreibungen.

BANK- UND FINANZRECHT ANLEIHEN UND STRUKTURIERTE FINANZIERUNG

NORTON ROSE FULBRIGHT
Anleihen ★★★

Bewertung: Das Programmgeschäft ist Markenzeichen der Anleihenpraxis um den renommierten Enderstein, der nach seinem Wechsel 2020 von Allen & Overy inzw. immer mehr Mandanten von NRF überzeugen kann. Über einen Pitch gewann die Kanzlei etwa das Mandat der Dt. Bank für ihr €80-Mrd-DIP. Aber auch für die Beratung der öffentl. Hand bei Standalone-Bonds ist NRF inzw. bekannt. Hervorzuheben ist auch die Arbeit für Mercedes, deren EMTN von 2010 es zu überarbeiten galt, was als Benchmark auch außerhalb Dtl.s genutzt wurde u. woran sich ein CPP anschloss. Zudem setzten div. Mandanten bei der Umstellung auf risikofreie Referenzinssätze u. eine dt. Bank bei gleich 7 Formosa-Bonds, wovon 2 Green Bonds waren, auf die Praxis. Für eine pointierte Beratung zum kapitalmarktrechtl. Aufsichtsrecht, etwa im Zshg. mit MiFID II, sorgt ein Counsel aus dem Bankaufsichtsrecht.
Oft empfohlen: Christoph Enderstein
Team: 2 Partner, 2 Counsel, 4 Associates
Schwerpunkte: Anleihen: Beratung bei EMTN-/Debt-Issuance-Programmen sowie Pfandbrief- u. Schuldschein-/CP-Programmen. Auch Standalone-Bonds, insbes. Mittelstandsanleihen.
Mandate: Anleihen: Daimler lfd. bei Update von €70-Mrd-EMTN-Programm u. Begebung von Anleihen darunter; dt. Bank bei 7 Formosa-Bonds über insges. $1,4-Mrd, davon 2 Green Bonds; Mercedes-Benz lfd. bei €15-Mrd-CPP u. bei Wechsel von Mercedes-Benz Group als Emittentin bei 7 Anleihen über insges. €7,75 Mrd auf Mercedes-Benz Internat. Finance; Dt. Bank, u.a. bei Update von €80-Mrd-DIP u. Begebung von Anleihen unter DIP, zu Disclosure u. bei CZK1,02-Mrd-Standalone-Anleihe; Banken bei $600-Mio-Anleihe von Land NRW; Banken bei €1-Mrd-Social-Bond von dt. Förderbank.

OMF OTTO MITTAG & PARTNER
Strukturierte Finanzierung ★★

Bewertung: Die Praxis für strukturierte Produkte ist anerkannt für ihre langj. Erfahrung u. ihr tiefes Produktwissen. Sie berät insbes. Emittenten aus der Finanzbranche zu verbrieften Derivaten für institutionelle Anleger. Die Mandate reichen von Grundsatzfragen u. Prospekten bis hin zum Streit mit den meist institutionellen Anlegern. Streitige Mandate in diesem Zshg. machen oft die Hälfte der Mandatierungen aus u. führen daher zu besonders hoher Prozesserfahrung des Teams. Eine Mehrzahl der in den meisten Fällen langj. Mandanten expandiert erfolgreich in neue Märkte, etwa die Börse Stuttgart od. Société Générale. Dabei beweist das Team, dass diese Mandanten auch bei neuen Entwicklungen wie etwa zu Kryptowährungen auf OMFs Fachkenntnis setzen.
Stärken: Tiefgehendes Produktwissen, auch wirtschaftswissenschaftlich.
Oft empfohlen: Dr. Jochen Mittag, Thomas Lesser („gutes u. schnelles Feedback, fair", Mandant)
Team: 4 Partner, 2 Associates
Schwerpunkte: Begleitung bei Wertpapierprospekten für Emissionen von EMTN, Anleihen, Derivaten (v.a. Zertifikate, Optionsscheine), auch streitig. Zudem Beratung bei Pfandbriefprospekten.
Mandate: Strukturierte Finanzierung: Börse Stuttgart, Vontobel, Prinas Montan, Degussa Bank u. ein Schweizer Finanzinstitut jew. zu Prospekten für strukturierte Produkte; Haspa lfd. bei Prospekten für Hypothekenpfandbriefe, Schuldverschreibungen u. strukturierte Produkte sowie Ausgabe u. Platzierung von Schuldscheindarlehen u. Namensschuldverschreibungen; eine dt. Bank lfd. bei ETCs; Citigroup lfd. zu Zertifikaten u. Optionsscheinen; Société Générale lfd., u.a. bei Anleihen, Zertifikaten, EMTN, strukturierten Produkten, CLN u. OTC-Finanztermingeschäften; Verband zu Emissions-/Vertriebsfragen, u.a. zu PRIIPs-VO.

SIMMONS & SIMMONS
Anleihen ★★

NOMINIERT
JUVE Awards 2022
Kanzlei des Jahres für Bank- und Finanzrecht

Bewertung: Jahr für Jahr erweitert die Praxis für Anleihen ihren Wirkungskreis. Neben der Beratung bei DIP, strukturierten Produkten u. CPP überzeugt das Team immer wieder namh. Mandanten bei Einzeltransaktionen von sich. So vertraute etwa die Dt. Bank bei einem Green Bond auf S&S, u. für dwp setzte die Kanzlei eine Plattform für die Blockchain-basierte Abwicklung von Schuldscheinen auf. Dass sie seit vielen Jahren sämtl. dt. strukturierte Produkte für JPMorgan betreut, belegt die guten Beziehungen zu dem Finanzinstitut u. die hohe Qualität der Beratung. Inhaltl. verbreitern konnte sich das Team zuletzt mit einem Mandat der ING, die bei der Verbriefung von dt. Kreditkartenforderungen der Advanzia Bank auf sie vertraute. Ein personeller Ausbau in Richtung Verbriefungen würde sich mit Blick auf eine strateg. gewollte inhaltl. Weiterentwicklung anbieten.
Oft empfohlen: Dr. Felix Biedermann
Team: 2 Partner, 1 Counsel, 1 Associate
Schwerpunkte: Beratung zu Standalone-Anleihen u. Programmen sowie Schuldscheinen; Zertifikate, Derivate u. Debt-Issuance-Programme.
Mandate: Anleihen: Dt. Bank bei €500-Mio-Green-Bond von Talanx; dwp bank u. weitere Banken zu Projekt Finledger (dtl.weit erste Blockchain-basierte Plattform für die Abwicklung emittierter Schuldscheine); Liga Bank bei Update des EMTN-Programms; Münchener Hypothekenbank bei Update von Emissionsprogramm für Schuldverschreibungen u. Pfandbriefe der Bank; Barclays u. andere Banken bei €5-Mrd-ECP-Programm von Standard Chartered Bank; JPMorgan bei Anleihen, Optionsscheinen u. Zertifikaten im Rahmen ihres Emissionsprogramms für strukturierte Produkte u. Update von Programmen. **Strukturierte Finanzierung:** ING Bank zu Verbriefung eines dt. Kreditkartenportfolios von Advanzia Bank.

SKADDEN ARPS SLATE MEAGHER & FLOM
Anleihen ★

Bewertung: Das personell kleine Anleihenteam ist meist bei großvol. Transaktionen mit Auslandsbezug gefragt, insbes. bei Equity-linked-Anleihen. Der v.a. im Eigenkapitalmarktrecht bekannte Hutter führt das integrierte Kapitalmarktteam mit starker internat. Vernetzung. Oft liegen die Mandate in der Übergangszone zum Eigenkapital oder rund um Börsengänge. Die Investition von Silver Lake etwa war eine der ersten einer US-Technologie-Investmentgesellschaft in ein dt. börsennot. Unternehmen. Die weiter nachlassende Marktpräsenz wirft jedoch die Frage auf, ob die Praxis die Beratung zu Anleihen weiter als einen ihrer Schwerpunkte definiert.
Stärken: Grenzüberschreitende Transaktionen.
Oft empfohlen: Dr. Stephan Hutter
Team: 1 Partner, 2 Counsel, 3 Associates (ges. Kapitalmarktteam)
Schwerpunkte: Beratung zu Equity-linked-Bonds (Wandel- u. Umtauschanleihen), traditionell auch High-Yield- u. klass. Standalone-Bonds.
Mandate: Anleihen: Silver Lake bei €344-Mio-Kauf von nachrangigen, unbesicherten Wandelschuldverschreibungen von Software AG.

SULLIVAN & CROMWELL
Anleihen ★★★

Bewertung: Die Anleihenpraxis der US-Kanzlei dient mit ihrem Nischenangebot häufig der Abrundung großer Eigenkapitaltransaktionen u. wird regelm. bei den großvol. Transaktionen der US-Kanzlei eingebunden. Das Team arbeitet dabei zugleich eng mit dem ▷Eigenkapitalmarktrecht- u. ▷M&A-Team zusammen. Ein Paradebsp. ist der Spin-off der Daimler-Truck-Sparte, für den die Praxis zu den ersten US-Anleihen von Daimler Truck beriet. Aufgrund der US-Stärke der Kanzlei zählt bankenseitig die KfW zu ihren Dauermandanten, die das Team regelm. zu unterschiedl. Fremdwährungsanleihen berät. Auch andere staatl. Banken wie die Landwirtschaftl. Rentenbank nutzen diese Kompetenz, ebenso wie Unternehmen, bei denen die Immobilienbranche mit bspw. Dt. Wohnen einen Schwerpunkt bildet.
Stärken: Equity-linked-Produkte (Wandel-, Umtauschanleihen). In Ffm. eine der führenden Adressen im US-dt. Rechtsverkehr.
Oft empfohlen: Krystian Czerniecki
Team: 3 Partner, 1 Counsel, 4 Associates
Schwerpunkte: Beratung bei Anleihen jegl. Art, v.a. erfahren bei SEC-registrierten Emissionen nach Rule-144A/Regulation-S.-Programmgeschäft, aber auch Standalone-Bonds.
Mandate: Anleihen: Banken bei $6-Mrd- u. CAD2-Mrd-Anleihen von Daimler Truck vor Spin-off; KfW lfd. bei SEC-registrierten Anleihen; Council of Europe Development Bank bei $1-Mrd- u. CAD300-Mio-Anleihen; Asian Infrastructure Investment Bank bei $2,5-Mrd-Anleihe; Landwirtschaftl. Rentenbank bei $1,75-Mrd-Anleihe; Dt. Wohnen bei 2 grünen Anleihen, insges. €1 Mrd.

WHITE & CASE
Anleihen ★★★★★
Strukturierte Finanzierung ★★★★

NOMINIERT
JUVE Awards 2022
Kanzlei des Jahres für Bank- und Finanzrecht

Bewertung: Die Praxis für Strukturierte Finanzierungen ist im Vergleich zu Wettbewerbern bei NPL-Transaktionen bes. präsent. So vertraute etwa Intrum betreffend Portfolios der Pireaus Bank auf sie. Darüber hinaus setzen Mandanten bei klass. wie synthet. Verbriefungen regelm. auf das Team um Heuer. Auch beim Trendthema Asset-based Lending spielt W&C in der ersten Reihe mit, wie die Transaktionen von Tier u. Finn zeigen. So setzte Waterfall Asset Management bei einer innovativen €500-Mio-Fremdkapitalfinanzierung für Finn, gesichert durch deren Fuhrpark, auf W&C. Die Anleihenpraxis gehört im Markt u.a. aufgrund ihrer breiten Programmarbeit zu den präsentesten. Neben mrd.-schweren Emissionen, wie für die Banken bei den Vonovia-Anleihen, ist die Kanzlei regelm. auch bei innovativen Transaktionen gefragt. Bestes Bsp. ist die Beratung von Bitpanda bei der Erweiterung des Produktportfolios um Bitcoin ETC. Flankiert wird dies durch die Beratung zu High-Yield-Bonds, wo

ANLEIHEN UND STRUKTURIERTE FINANZIERUNG / BANK- UND BANKAUFSICHTSRECHT   BANK- UND FINANZRECHT

W&C gemeinsam mit Latham & Watkins den dt. Markt dominieren. Als Ausweis der großen Bedeutung der Kapitalmarktpraxis im Konzert der Gesamtkanzlei u. als zentrales Element des Corporate-Finance-Ansatzes wurde zuletzt eine weitere Partnerin in der Anleihenpraxis ernannt.
Stärken: High-Yield- u. Non-Investment-Grade-Bonds; NPL-Verbriefungen.
Oft empfohlen: Jochen Artzinger-Bolten, Dr. Dennis Heuer („bei komplexen Verbriefungstransaktionen u. Strukturierten Finanzierungen, oft mit Cross-Border-Bezug; zielorientiert, serviceorientiert u. schnell", Mandant; „super konstruktive Zusammenarbeit u. auch jurist. sehr gut, sehr viel Spaß gemacht", „sehr gute Fachkenntnis", Wettbewerber), Karsten Wöckener („ein Kümmerer durch u. durch, nimmt proaktiv Themen mit u. bietet ein komplettes Rundum-sorglos-Paket", „schnell u. kompetent, praktischer Beratungsansatz; sehr angenehme Zusammenarbeit", Mandanten), Gernot Wagner („herausragende Fachkenntnis u. Fähigkeit, auch über den eigenen fachl. Tellerrand hinaus auf die Interessen des Mandanten einzugehen", Mandant; „Lichtgestalt bei High-Yield-Anleihen", Wettbewerber)
Team: 6 Eq.-Partner, 1 Sal.-Partner, 1 Counsel, 7 Associates
Schwerpunkte: Beratung sowohl bei MTN-/CP-/DI-Programmen (Aufsetzen, Updates, Drawdowns) u. Standalone-Bonds als auch bei strukturierten Schuldscheinen (insbes. Equity-, Index-, Credit-linked) sowie High-Yield-Bonds. Strukturierte Finanzierung: True-Sale-Securitisations (insbes. MBS), zudem synthet. Verbriefungen (Finanzgarantien, CDS, CLNs) u. Asset-based Funding sowie Verbriefung von Leasingforderungen u. NPL-Transaktionen.
Mandate: Anleihen: Bitpanda bei Erweiterung des Produktportfolios um Bitcoin ETC; Banken bei Aufstockung von Bundesanleihe um €4 Mrd; Consolidated Energy bei 2 Serien von High-Yield-Bonds über insges. $525 Mio u. €250 Mio; Banken bei €5,5-Mrd-Bundesanleihe; Lufthansa bei €1-Mrd- u. €1,5-Mrd-Anleihe in jew. 2 Tranchen; ETC Issuance bei Update von Programm zu durch Kryptowährungen abgesicherten Anleihen; Evonik bei grüner Hybridanleihe über €500 Mio u. Rückkaufangebot für bestehende €500-Mio-Anleihe; Fidelity bei Fidelity Physical Bitcoin ETP; Banken bei €5-Mrd- u. €4-Mrd-Vonovia-Anleihen, u.a. zur Refinanzierung der Übernahme von Dt. Wohnen. **Strukturierte Finanzierung:** Waterfall Asset Management bei €500-Mio-Fremdkapitalfinanzierung für Finn, gesichert durch deren Fuhrpark; Creditplus Bank bei €1-Mrd-ABS-Verbriefung von Autokrediten; Dt. Bank als Treuhänderin zu SPAC-IPOs; EIB u. EIF bei synthet. Verbriefung von dt. KMU- u. Mid-Cap-Kreditportfolios der Dt. Bank (€1 Mrd) sowie von griech. KMU-, Small-Mid-Cap- u. Mid-Cap-Darlehensportfolios der Eurobank (€700 Mio); Hoist bei strateg. Partnerschaft mit Magnetar für Investitionen in NPL; Intrum bei NPL-Verbriefungstransaktionen von Piraeus Bank (€14,8-Mrd-Bruttobuchwert); Banken bei Verbriefung von dt. Autokreditportfolios (€937 Mio); Tier Mobility bei $60-Mio-Asset-backed-Finanzierung mit Goldman Sachs.

Bank- und Bankaufsichtsrecht

ALLEN & OVERY
Bank- und Bankaufsichtsrecht ★★★★

NOMINIERT
JUVE Awards 2022
Kanzlei des Jahres für Bank- und Finanzrecht

NOMINIERT
JUVE Awards 2022
Kanzlei des Jahres für Regulierung

Bewertung: Die finanzregulator. Praxis hat den Weg zurück in den Kreis der hochklassigen Beraterteams für die Bankbranche gefunden. Sektorrelevante dt. u. internat. Kreditinstitute setzen bei strateg., grenzüberschr. Strukturveränderungen u. Kooperationen, etwa im IT-Bereich, auf das Team um Behrens. Dessen Stil lobt ein Mandant als „proaktiv". Das zeigt sich auch darin, dass die Praxis von ihrem IT-gestützten Werkzeug zur Übersicht über regulator. Entwicklungen inzw. Mandanten überzeugte. In der lfd. Beratung in Compliance u. Aufsichtsrecht setzen u.a. die global wichtigen Institute Standard Chartered u. Nomura auf die Praxis. Zudem ist sie in mehreren Ausbau- u. Gründungsvorhaben von Finanzinstituten mandatiert u. hat damit Zugang zu neuen Marktteilnehmern. Dieser Entwicklung trägt eine Counsel-Ernennung im Herbst 2021 Rechnung.
Oft empfohlen: Dr. Alexander Behrens („großer Erfahrungsschatz", „sehr schnell, fachl. überragend", Mandanten), Frank Herring („schafft es, komplexe jurist. Sachverhalte dem nicht jurist. geschulten Bankvorstand nahezubringen", Mandant)
Team: 3 Partner, 4 Counsel, 5 Associates, 2 of Counsel
Schwerpunkte: Gründung von Zweigniederlassungen, M&A u. Derivateregulierung, auch fondsrechtl. Beratung. Digitale Geschäftsmodelle u. Zahlungsdienste.
Mandate: Jap. Finanzinstitut lfd., u.a. zu Umstrukturierungen in Europa; globales Finanzinstitut bei Reorganisation seines dt. Geschäfts; dt. Bank zu Cloud-Auslagerung in 22 Ländern; Finanzinstitut bei Bankgründung mit JV-Partner in Dtl.; Kryptounternehmen zu Gründung einer dt. Tochtergesellschaft; Broker-Dealer zu Ausweitung des Geschäfts Post-Brexit; dt. Bank zu JV mit Private-Equity-Partner; Kfz-Hersteller in aufsichtsrechtl. Prüfung seiner Treasury-Services; Zahlungsdienstleister zu europ. Expansion; Finanzkonglomerat bei strateg. Überprüfung der Unternehmensstruktur; Third Point aufsichtsrechtl. bei Beteiligung an N26; lfd.: Standard Chartered Bank, Banco Santander (Dtl.) zu Compliance, Nomura Financial Products Europe aufsichtsrechtlich.

ANNERTON
Bank- und Bankaufsichtsrecht ★★★

Bewertung: Nach 2 Jahren starken personellen Ausbaus segelt die Regulatorik-Boutique stetig vor dem Wind der Digitalisierung in der Finanzbranche. Dafür sorgt ihr anerkanntes Know-how in den Bereichen Fintech u. Zahlungsdienste, auf das u.a. PPRO u. Payone setzen. Erweitert hat sie ihre Beratung hinsichtl. der techn. Grundlagen künftiger Geschäftsmodelle, etwa zu div. Token-Varianten u. Verwahrmodellen. Zu den Mandanten zählen hier Coinpanion u. FTX Trading ebenso wie trad. Banken, etwa die Volksbank Mittweida. Diese entschied sich bei einem DLT-Projekt für die Annerton-Berater, denen auch dt. Großunternehmen aus dem Finanz- u. Handelssektor in solchen Angelegenheiten vertrauen. In Frankfurt bildet zudem die Arbeit für Auslandsbanken wie der Bank of Communications u. der Vientin Bank ein wichtiges Standbein. Ein Mandant schätzt die „ausgezeichneten Kenntnisse, den unkomplizierten Support u. das ausgedehnte Netzwerk" der Kanzlei. Mit dem Aufkeimen elektron. Wertpapiere gewinnt zudem die Beratung zu investmentrechtl. Themen an Bedeutung, für die sich die Kanzlei im Sommer 2021 mit einem Sal.-Partner verstärkt hatte. In der Beratung zu klassischen IT-Auslagerungen im Finanzsektor tut sich mit dem Weggang eines Sal.-Partners in München dagegen eine Lücke auf.
Stärken: Payment- u. Fintechberatung mit starker internat. Vernetzung.
Oft empfohlen: Peter Frey („professionell, angenehm, zielführend", Mandant), Frank Müller, Dr. Anna Izzo-Wagner
Team: 7 Eq.-Partner, 5 Sal.-Partner, 11 Associates, 1 of Counsel
Partnerwechsel: Udo Steger (in eigene Kanzlei), Sebastian Glaab (von VTB Bank Europe)
Schwerpunkte: Zahlungsdienste u. Fintechs aufsichts- u. zivilrechtl., auch zu Geldwäsche u. Auslagerungen; Handels-, Industrie- u. Dienstleistungsunternehmen zahlungsdiensterechtl.; Bank- u. Investmentaufsichtsrecht inkl. Digitalisierungs- u. Kryptothemen; Family Offices zu regulator. Fragen. Steuerberatung. Internat. ‚Fintech Lawyers Network' u. Standort in Luxemburg.
Mandate: Accel Growth Fund V aufsichtsrechtl. bei Investment in Trade Republic u. bei Kauf von Coya durch Luko; Volksbank Mittweida aufsichts- u. zivilrechtl. zu DLT-Projekten; 1Inch Exchange umf., u.a. zu Aufsichts-, Gesellschaftsrecht; Algotrader u. Backed, u.a. regulator. zu dt. Markteintritt; Enertrag EnergieInvest regulator. zu Vermögensanlagen; Finleap Connect zu internat. u. strateg. Ausrichtung; Billie, u.a. zu Kooperation mit Klarna; US-Kreditgeber zu digitalem Geschäftsmodell für Unternehmenskredite; Adorsys, u.a. zu DLT-Lösungen; Classic Token, u.a. zu Aufsichtsrecht; Coinpanion, FTX Trading, belg. Bank u.a. bei dt. Markteintritt; Verlagstochter zu Zahlungsdiensteerlaubnis; lfd.: DZ Bank zu DLT-Fragen, DVB Bank, HIH Warburg, Smava, PPRO, Solaris Bank, Payone, Toyota Kreditbank, Värdex Suisse, Bank of Communications (Frankfurt), Feri Trust (Dtl.), Ferrari Financial Services, Heliba Digital, FinTechSystems, Vientin Bank, B4C Markets, Amazing Blocks, Creditshelf, Leasinganbieter zu Compliance, Founders Fund ggü. BaFin in Finanzierungsrunden.

BANK- UND FINANZRECHT BANK- UND BANKAUFSICHTSRECHT

CLIFFORD CHANCE
Bank- und Bankaufsichtsrecht ★★★★

Bewertung: Die renommierte Bankaufsichtsrechtspraxis zeichnet sich wie nur wenige Frankfurter Wettbewerber durch hochgradig mit anderen dt. u. internat. Teams integrierte Beratung aus. Ein Mandant lobt, dass das Team „in diversen Jurisdiktionen gut koordiniert" arbeitet. Paradebeispiel dafür ist das Mandat des BdB in den 3 Insolvenzverfahren der Greensill-Gruppe in Dtl., GB u. Australien, denn zusätzl. zu den regulator. Grundlagen berät die Kanzlei hier auch mit ▷*Insolvenz*- u. ▷*Konfliktlösungsspezialisten*, um die Interessen des größten Einzelgläubigers zu wahren. Die enge Zusammenarbeit mit dem M&A-Team unterstreicht die Beratung der Stammmandantin BNP Paribas Personal Finance bei der Neustrukturierung des Finanzierungsgeschäfts des frz. Autobauers Stellantis. Dass die Kanzlei anders als Freshfields oder Linklaters im Aufsichtsrecht mit nur einem Partner agiert, schmälert jedoch die Außenwahrnehmung. Auch der steigende Bedarf an regulator. Beratung, insbes. zu innovativen Geschäftsmodellen u. zu Strukturanpassungen bei EU-Banken, ließe sich mit einer breiteren Aufstellung auf Partnerebene besser auffangen.

Oft empfohlen: Dr. Marc Benzler („erstklassige Qualität unter hohem Zeitdruck", Mandant)
Team: 1 Partner, 2 Counsel, 3 Associates
Schwerpunkte: Bankgründungen, produktbezogene Beratung, Eigenkapitalfragen u. ▷*M&A-Transaktionen*. Außerdem Beratung von Spezialkreditinstituten, ▷*Versicherern* u. öffentl.-rechtl. Anstalten. Div. Investmentbanken zu Outsourcing u. Offshoring. Auch regelm. Banking Litigation (▷*Konfliktlösung*), ▷*Wirtschafts- u. Steuerstrafrecht*.
Mandate: BdB u. EdB als Gläubiger in globalem Insolvenzverfahren der Greensill-Gruppe; BNP Paribas Personal Finance bei Umstrukturierung des europ. Finanzierungsgeschäfts von Stellantis; Commerzbank bei Kooperationsvereinbarung für Aktienhandel- u. -research mit Oddo BHF; NatWest Group bei Gründung von dt. Finanzinstitut; BdB zu Aufnahme der HCOB in den Einlagensicherungsfonds; Altor Fund Manager zu JV mit dt. Finanzdienstleister; asiat. Staatsfonds bei Beteiligung an FTX; BdB, ISDA, Nasdaq u.a. zu Netting-, Clearing- u. Sicherheitsregelungen.

CMS HASCHE SIGLE
Bank- und Bankaufsichtsrecht ★★★★

Bewertung: Die Praxis für Bank- u. Bankaufsichtsrecht zeichnet ihr Know-how bei Erlaubnis-, Vergütungs- u. Compliance-Fragen aus. So ist das Team für eine ganze Reihe von dt. u. internat. Unternehmen mit Lizenzfragen zu Einlagen-, Leasing- u. Zahlungsdienstegeschäften betraut. Zu Erlaubnisfragen bei digitalen und kryptobasierten Diensten berät die Kanzlei Fintechunternehmen ebenso wie klass. Finanzinstitute, darunter Ecrop u. die BayernLB. Aus diesen Beratungsfeldern heraus entwickeln sich immer wieder behördl. u. gerichtl. Verfahren, u.a. ggü. der Bundesbank u. der BaFin. Ein Schlaglicht auf solche streitigen Angelegenheiten wirft die Beratung des dt. Insolvenzverwalters der Greensill Bank, des CMS-Partners Dr. Michael Frege. Mit der Beratung zu ESG-bezogenen Fragen erweitert die Praxis zudem ihre Palette um ein zukunftsträchtiges Feld; ein Bsp. dafür ist das Mandat von Quantrefy zu einer Datenplattform für Nachhaltigkeitsindikatoren.

Bank- und Bankaufsichtsrecht

★★★★★
Freshfields Bruckhaus Deringer	Frankfurt
Hengeler Mueller	Frankfurt, Düsseldorf
Linklaters	Frankfurt

★★★★
Allen & Overy	Frankfurt
Clifford Chance	Frankfurt
CMS Hasche Sigle	Frankfurt, Hamburg, Berlin, Köln
Hogan Lovells	Frankfurt, Düsseldorf
Latham & Watkins	Frankfurt, Hamburg
White & Case	Frankfurt, Hamburg, Berlin

★★★
Annerton	München, Berlin, Frankfurt
GSK Stockmann	München, Frankfurt, Hamburg, Heidelberg
Noerr	Berlin, Hamburg, Frankfurt, München, Düsseldorf

★★★
Mayer Brown	Frankfurt

★★
Gleiss Lutz	Frankfurt, Brüssel
LSP Lindemann Schwennicke & Partner	Berlin
Sernetz Schäfer	Düsseldorf, München

★
Deloitte Legal	Frankfurt, Berlin, Stuttgart
EY Law	Eschborn
Görg	Köln, Frankfurt, Berlin
Lindenpartners	Berlin
Waldeck	Frankfurt

Die Auswahl von Kanzleien und Personen in Rankings und tabellarischen Übersichten ist das Ergebnis umfangreicher Recherchen der JUVE-Redaktion. Sie ist in 2erlei Hinsicht subjektiv: Die Aussagen der befragten Quellen sind subjektiv u. spiegeln deren Erfahrungen u. Einschätzungen. Die JUVE-Redaktion wiederum analysiert die Rechercheergebnisse unter Einbeziehung ihrer eigenen Marktkenntnis. Der JUVE Verlag beabsichtigt keine allgemeingültige oder objektiv nachprüfbare Bewertung. Es ist möglich, dass eine andere Recherchemethode zu anderen Ergebnissen führt. Innerhalb einzelner Gruppen in Rankings und tabellarischen Übersichten sind Kanzleien und Personen alphabetisch sortiert.

Stärken: Breit ausgerichtete Praxis mit Fokus auf Umstrukturierungen u. ▷*Compliance*. Auch Mandanten aus Industrie u. Behörden.
Oft empfohlen: Dr. Joachim Kaetzler („sehr pragmatisch", Mandant), Andrea München („sehr gut im Bankaufsichtsrecht, sehr durchsetzungsfähig", Mandant)
Team: 4 Partner, 4 Counsel, 14 Associates, 1 of Counsel
Schwerpunkte: Dt. Banken, Finanzdienstleister u. Unternehmen zu Erlaubnis- u. Vergütungsfragen, ausl. Finanzhäuser bei Gründungen u. Lizenzen, Rechtsformänderungen, grenzüberschr. Dienstleistung u. Vergütung (auch ▷*Investmentfonds*). Regelm. auch internat. (Investment-)Banken. Zahlr. Prozesse für dt. u. ausl. Finanzinstitute sowie Behörden.
Mandate: Greensill Bank/Insolvenzverwalter aufsichtsrechtl. in Verfahren vor AG Bremen; BayernLB zu IT-Verträgen für die Banksteuerung; Zahlungsdienstleister, u.a. bei Kauf der Sutor Bank; Ecrop zu aufsichtsrechtl. Compliance bei Kryptowerten u. -wertpapieren; Quantrefy zu Plattform für ESG-Indikatoren; Mowi zu €1,8-Mrd-Kreditvereinbarung mit ESG-Komponente; Hypo Niederösterreich Wien aufsichtsrechtl. zu Ergebnisabführungsvertrag bei internat. Hotelprojekt; lfd.: LBBW bei Arrangierung von Schuldscheindarlehen u. Namensschuldverschreibungen mit Nachhaltigkeitselementen.

DELOITTE LEGAL
Bank- und Bankaufsichtsrecht ★

Bewertung: Die Praxis für Bankaufsichtsrecht zeichnet sich durch eine intensive Zusammenarbeit im internat. Netzwerk von Deloitte Legal aus. Neben div. Großprojekten belegen dies immer wieder neue internat. Mandanten wie die Rothschild-Gruppe. Ein großer Teil der Mandanten stößt regelm. aber durch Kontakte mit Deloitte in der Wirtschaftsprüfung u. Steuerberatung hinzu. Durch die gelungene Umsetzung seines wissenschaftl. Know-hows bei neuen Themen wie Vertriebsplattformen u. Tokenisierung ist das Team aber auch mit eigenständigen Mandaten am Markt präsent, weil es immer wieder von großen Fintechs u. Zahlungsdienstleistern wie Geno Broker beauftragt wird. Mit Wittig gewann die Praxis 2021 einen renommierten Inhouse-Juristen, der seine guten Kontakte zu Großbanken u. Konzernen bereits in div. Mandaten einbringt. Die ohnehin gute Vernetzung durch die Beratung zu Instituts-

vergütungssystemen wird dadurch spürbar intensiviert. Dass Maser, viel in Verwaltungsräten wie bei der Adler Group beschäftigt, ging, bremst das Team demgegenüber nicht.
Oft empfohlen: Dr. Mathias Hanten („sehr versiert, angenehm in der Zusammenarbeit", Wettbewerb)
Team: 2 Eq.-Partner, 5 Sal.-Partner, 3 Counsel, 8 Associates, 3 of Counsel
Partnerwechsel: Arne Wittig (ehem. Thyssenkrupp), Dr. Peter Maser (in Privatwirtschaft)
Schwerpunkte: Institutsgründungen u. -umstrukturierungen, Outsourcing, Banken-M&A, auch Fintech, Zahlungsdienstefragen u. Prozesse. Integrierte WP-/StB-Expertise.
Mandate: Großbank bei Einführung virtueller Konten u. bei elektron. Kontomanagementsystem; dt. Bank bei Überarbeitung der Vergütungssysteme; dt. Bank geldwäscherechtl., insbes. zu Treuhandkonten; Finanzdienstleister bei Kauf einer dt. Bank; dt. KAG zu aufsichtsrechtl. Strukturierung erlaubnispflichtiger Geschäfte; europ. Fintech zu dt. Markteintritt mit seiner Immobilienplattform; aufsichtsrechtl. Lufthansa, Geno Broker, KAR Auction Services, Leaseplan Deutschland, DKV Euroservice, Hoerner Bank, Intercard, Reisebank, Rothschild & Co., Sodexo Pass, Sparkasse Rhein-Nahe.

EY LAW
Bank- und Bankaufsichtsrecht ★

Bewertung: Den Schwerpunkt der bankaufsichtsrechtl. Mandate bildet die Beratung div. Institute, die die personell große Praxis oft wie eine externe Rechtsabt. konsultieren. Ein Türöffner war die Beratung zur Institutsvergütungsverordnung, die weiterhin zu den Kernkompetenzen zählt. Mandate kommen insbes. von Auslands-, Auto- sowie technologieaffinen Banken. Bei Letzteren, wie etwa der C24 Bank u. der Süd-West-Kreditbank, kommen regelm. Lizenzerweiterungen hinzu. U.a. wg. der guten internat. Vernetzung der Praxis mandatierten zuletzt auch Großbanken das Team für ausichtsrechtl. relevante Projekte. Ein Highlight dieser grenzüberschr. Mandate, das die umfassende Kompetenz des Teams verdeutlicht, ist die Erarbeitung neuer Finanzmarktgesetze für ein Ministerium eines europ. Staates.
Team: 2 Eq.-Partner, 3 Sal.-Partner, 1 Counsel, 19 Associates, 1 of Counsel
Schwerpunkte: Institutsumstrukturierungen, Auslagerungen, Banken-M&A, auch Fintech u. Zahlungsdienstefragen. Integrierte WP-/StB-Kompetenz.
Mandate: ICBC, Süd-West-Kreditbank Finanzierung, Volkswagen Fin. Serv. (marktbekannt), Porsche Fin. Serv., Bankhaus August Lenz, C24 Bank, Ten31 Custody, Agora Invest lfd. aufsichtsrechtl.; NordLB lfd., u.a. bei Umstellung von Swapverträgen u. IBOR-Umstellung; Net-m Privatbank bei Abwicklung; europ. Justizministerium zu neuen Finanzmarktgesetzen; US-Finanzdienstleister zahlungsdiensteaufsichtrechtl. bei dt. Umstrukturierung; Börsenbetreiber zur Institutsvergütungsverordnung.

FRESHFIELDS BRUCKHAUS DERINGER
Bank- und Bankaufsichtsrecht ★★★★★

Bewertung: Die Bankaufsichtsrechtspraxis besticht mit einem Erfahrungsschatz in der Beratung u. Vertretung von Finanzinstituten, an den kaum ein anderes Team heranreicht. Zur Mandantschaft gehören ww. bedeutende Institute, darunter Goldman Sachs. Die US-Investmentbank berieten Benzing u. Schuster aufsichtsrechtl. zum €1,6-Mrd-Kauf des Asset-Managers des niederl. Versicherers NN Group. Das Mandat kam über Kontakte eines US-Partners zustande und zeigt, dass die Expansion der Kanzlei in Nordamerika für das hiesige Geschäft erste Früchte trägt. In Dtl. zählt die Praxis zu jenen, die bei branchenrelevanten Angelegenheiten regelm. zum Zuge kommen. Dafür stehen etwa die Mandate von UniCredit Bank, DZ Bank u. Dt. Bank zur Finanzierung des Dt. Reisesicherungsfonds oder von Ernst & Young in den Auseinandersetzungen um die Tätigkeit bei der implodierten Wirecard. Für die weitere Entwicklung der Praxis ist es wichtig, dass sie in Digitalisierungsfragen Profil gewinnt. Das gelang etwa mit Mandaten von Upvest zum Erlaubnisverfahren als Wertpapierinstitut oder von JPMorgan bei einer Minderheitsbeteiligung an Viva Wallet.
Stärken: Exzellentes aufsichtsrechtl. Know-how; flexible u. homogene Zusammenarbeit mit anderen Fachbereichen.
Oft empfohlen: Dr. Gunnar Schuster („auch bei delikaten Fragen sehr routiniert", Mandant), Dr. Alexander Glos
Team: 3 Partner, 3 Counsel, 9 Associates
Schwerpunkte: Umfangr. u. breite Aufsichtsrechtspraxis: ▷M&A für Banken, Verschmelzungen, Portfoliotransaktionen, Beratung zu Eigenkapitalprodukten, Outsourcing, Bankgründungen, Fintechs. Enge Verzahnung mit ▷Compliance-Untersuchungen, ▷Konfliktlösung u. regierungs- u. institutionsnaher Beratung inkl. ▷Beihilferecht. Steuerrecht.
Mandate: Ernst & Young in Auseinandersetzungen um Tätigkeit als Wirtschaftsprüferin bei Wirecard-Gesellschaften, u.a. ggü. StA, APAS u. im parlamentar. Untersuchungsausschuss; UniCredit Bank, Dt. Bank u. DZ Bank bei €750-Mio-Finanzierung für Dt. Reisesicherungsfonds; HCOB bei Wechsel in priv. Einlagensicherungsfonds; Aareal Bank zu Übernahmeangebot von Centerbridge u. Advent, ggü. Aktionären Petrus Advisers u. Teleios sowie in Vorstandsangelegenheiten; Goldman Sachs bei Kauf von NN Investment Partners; JPMorgan zu gruppeninterner Verschmelzung mehrerer Banken in der Eurozone u. bei 49%-Beteiligung an Viva Wallet; State Street bei Kauf des Investor-Services- u. Verwahrgeschäfts von Brown Brothers Harriman u. bei Verschmelzung von State Street Global Advisors auf irische Tochter; Visa, u.a. bei Kauf einer europ. Open-Banking-Plattform; Trade Republic, u.a. aufsichtsrechtl. zu Finanzierungsrunde, zu Geschäftsausbau u. zu internat. Expansion; Raisin DS u. Sutor zu EuG-Klagen gg. SRB wg. Bankenabgabe; N26 u. Scalable bei Serie-E-Finanzierungsrunde; Upvest in Erlaubnisverfahren als Wertpapierinstitut; Concardis bei Eröffnung von Kundenkonten in GB, Dänemark, Luxemburg, Polen.

GLEISS LUTZ
Bank- und Bankaufsichtsrecht ★★

Bewertung: Eine Stärke des Teams sind praxisübergreifende bankaufsichtsrechtl. Mandate. So lässt sich die Helaba bei ihrem strateg. Umbau in div. Rechtsgebieten von der Kanzlei unterstützen. Neben solchen Großmandaten berät GL im Finanzsektor viel zu lfd. aufsichtsrechtl. Anforderungen, was von klass. Vergütungssystemen bis zu den neuerdings am Markt häufigeren Beratungen von Instituten bei Ermittlungs- u. Sanktionsverfahren durch Aufsichtsbehörden wie die BaFin reicht. Dabei kommt dem Team um von Rom zugute, dass es bei Akquisitionen im Finanzsektor ihr Spektrum über trad. Mandanten hinaus immer wieder um Fintechs wie Online-Brokerage- u. Zahlungsdienstleister oder ausl. Start-ups erweitert, wie die Unterstützung von Circle Internet Financial beim Markteintritt zeigt. Die Beratung eines Investors beim Einstieg in die Neobank N26 bspw. war aufsichtsrechtl. komplex. Mit solchen Erfahrungen überzeugt die Praxis auch neue Mandanten wie Provinzial Asset Management u. Willis Towers Watson, die bisher von anderen Kanzleien beraten wurden.
Stärken: Enge Anbindung an die starken ▷M&A-, ▷Gesellschaftsrechts- u. ▷Insolvenz-/Restrukturierungspraxen.
Oft empfohlen: Dr. Maximilian von Rom („hervorragend vernetzt bei europ. Aufsichtsbehörden", „heller Kopf", Wettbewerber)
Team: 1 Eq.-Partner, 1 Counsel, 1 Associate, 1 of Counsel
Schwerpunkte: Transaktionen im Bankensektor, institutsbez. Aufsichtsrecht inkl. Vergütungsfragen, ▷Compliance- u. Geldwäschethemen, umfangr. Restrukturierungserfahrung. In Ffm. gemeinsame Regulierungsgruppe mit Chiomenti (Italien), Cuatrecasas (Spanien/Portugal) u. Gide (Frankr.).
Mandate: Coatue Management aufsichtsrechtl. zu Investment bei N26; Global Payments zu Kauf des Zahlungsdienstleistungsgeschäfts von Worldline; Helaba bei Bündelung von Kompetenzen im Sparkassengeschäft u. bei potenziellem Kauf der Berlin

---

Führende Berater im Bank- und Bankaufsichtsrecht

Dr. Marc Benzler
Clifford Chance, Frankfurt

Dr. Dirk Bliesener
Hengeler Mueller, Frankfurt

Dr. Alexander Glos
Freshfields Bruckhaus Deringer, Frankfurt

Dr. Markus Krüger
Latham & Watkins, Frankfurt

Dr. Maximilian von Rom
Gleiss Lutz, Frankfurt

Prof. Dr. Frank Schäfer
Sernetz Schäfer, Düsseldorf

Dr. Gunnar Schuster
Freshfields Bruckhaus Deringer, Frankfurt

Dr. Jochen Seitz
Hogan Lovells, Frankfurt

Andreas Steck
Linklaters, Frankfurt

Die Auswahl von Kanzleien und Personen in Rankings und tabellarischen Übersichten ist das Ergebnis umfangreicher Recherchen der JUVE-Redaktion. Sie ist in 2erlei Hinsicht subjektiv: Die Aussagen der befragten Quellen sind subjektiv u. spiegeln deren Erfahrungen u. Einschätzungen. Die JUVE-Redaktion wiederum analysiert die Rechercheergebnisse unter Einbeziehung ihrer eigenen Marktkenntnis. Der JUVE Verlag beabsichtigt keine allgemeingültige oder objektiv nachprüfbare Bewertung. Es ist möglich, dass eine andere Recherchemethode zu anderen Ergebnissen führt. Innerhalb einzelner Gruppen in Rankings und tabellarischen Übersichten sind Kanzleien und Personen alphabetisch sortiert.

BANK- UND FINANZRECHT BANK- UND BANKAUFSICHTSRECHT

Hyp; Scope Ratings regulator.; Provinzial Asset Management aufsichtsrechtl. zu Neuaufsetzung; Willis Towers Watson finanzaufsichtsrechtl.; Circle Internet Financial finanzaufsichtsrechtl. bei gepl. Markteintritt in Dtl.; LVR aufsichtsrechtl. bei gepl. Investition in einen Immobilienfonds; Union IT-Services bei gepl. geldwäscherechtl. Datenaustausch innerhalb der Union-Investment-Gruppe im Hinblick auf Geldwäsche-, Aufsichts- u. Datenschutzrecht.

GÖRG
Bank- und Bankaufsichtsrecht ★

Bewertung: Ein Schwerpunkt der Praxis liegt in der bankaufsichtsrechtl. Beratung der Sparkassen u. Genossenschaftsbanken inkl. ihrer Töchter u. Dachorganisationen. Dazu zählen viele streitige Verfahren für Institute wie die Stammmandantin Sparkasse KölnBonn. Auch die trad. starke ▷Restukturierungsberatung der Kanzlei bietet immer wieder einen Anknüpfungspunkt für die Vertretung der Kreditinstitute. Da das Team häufig eingebunden ist wie eine externe Rechtsabt., besetzt es auch die durch techn. Entwicklungen hinzugekommenen Beratungsfelder wie IT u. Datenschutz. Aus der Erfahrung bei Erlaubnisverfahren, v.a. zu Zahlungsdiensten, heraus entstehen zudem immer wieder Mandate bei neuen Techniken, so etwa zu Zahlungsdienstleistungen für die der Rewe-Gruppe u. dem Kreditkartenprodukt eines großen Start-ups. Um die für das Bankaufsichtsrecht zentralen Partner Ruland u. Terlau herum hat die Praxis 2020/21 einige Partner ziehen lassen. Die inhaltl. Abdeckung hat, u.a. durch einen personell großen Unterbau, nicht spürbar gelitten, doch entschieden sich Mandanten wie Advanzia u. Julius Bär, weiter auf die bankaufsichtsrechtl. Erfahrung von Kersting zu setzen.

Stärken: Beratung von Sparkassen, Prozesse um Ausfälle von Finanzinstrumenten.

Oft empfohlen: Dr. Yorick Ruland, Dr. Matthias Terlau

Team: 5 Eq.-Partner, 1 Sal.-Partner, 2 Counsel, 11 Associates

Partnerwechsel: Dr. Mark Kersting (zu Hermes & Giebeler), Marc Zimmermann (zu DekaBank), Daniel Weiß (zu Dt. Rockwool)

Schwerpunkte: Klass. Aufsichtsrecht, daneben stark in der insolvenznahen Beratung (▷Insolvenzen). Auch ▷M&A-Transaktionen, hoher prozessualer Anteil (▷Konfliktlösung), zunehmend Fintechthemen.

Mandate: Banken gg. Bayer wg. fehlerhafter Kapitalmarktinformation, u.a. im Zshg. mit der Übernahme von Monsanto; OC Payment bei Neustrukturierung des Zahlungsbereichs der Rewe-Gruppe; Spk. KölnBonn in Musterverfahren gg. Verbraucherzentrale Bundesverb. wg. Bankgebühren u. zu Verwahrentgelt im Preis- u. Leistungsverzeichnis; GENO Broker zu Klassifizierung als Wertpapierinstitut; Banken gg. Daimler wg. fehlerhafter Kapitalmarktinformation im Zshg. mit Dieselskandal; PSD Bank aufsichtsrechtl. zu Whitelabel-Fonds; Samsung Electronics lfd. aufsichtsrechtl., u.a. zu Zahlungssystemen; Start-up bei Kreditkarten- u. Finanzanalyseprodukt.

GSK STOCKMANN
Bank- und Bankaufsichtsrecht ★★★

Bewertung: Die Praxis für Bankaufsichtsrecht setzt ihren beachtl. personellen und inhaltl. Ausbau fort. Schon in den vergangenen 2 Jahren hatte sie sich mit renommierten Spezialisten verstärkt. Zuletzt erweiterte Neuzugang Tacou die Beratung im branchenrelevanten Arbeits- u. Vergütungsrecht erhebl. Das schlägt sich in div. Mandaten nieder, etwa von der LBBW. Das Spektrum der Beratung reicht in der Praxis so inzw. vom klass. Wertpapier- u. Bankaufsichtsrecht über streitige Auseinandersetzungen bis zu digitalen Geschäftsmodellen u. Diensten. Zu den Mandanten zählen Institute ebenso wie IT-Dienstleister aus der Finanzbranche. Erhebl. Anteil an dem Erfolg hatten zuletzt auch Neumandate, etwa von der Gothaer, deren Schwerpunkt in der entstehenden ESG-Regulierung liegt. Dem Erfolg des Teams trug die Kanzlei mit der Ernennung des Compliance-Experten Feiler zum Eq.-Partner u. 2er Sal.-Partner Rechnung.

Stärken: Breites aufsichtsrechtl. Know-how inkl. Zahlungsdiensteaufsichtsgesetz; eig. Standort in Luxemburg.

Anzeige

Ihr German Desk in Luxemburg für maßgeschneiderte, innovative Lösungen.

MOLITOR

MOLITOR Avocats à la Cour ist eine international ausgerichtete Wirtschaftskanzlei, die bereits seit mehr als 25 Jahren Mandanten aus Luxemburg und dem Ausland berät.

Unsere Unabhängigkeit ermöglicht uns eine konsequente Vertretung der Interessen unserer Mandanten, die von der ausgeprägten internationalen Erfahrung unserer Anwälte profitieren.

Ein multidisziplinäres Anwaltsteam hat sich über Jahre hinweg auf die Begleitung und Beratung deutschsprachiger Mandanten spezialisiert. Die Anwälte unseres German Desk verbinden dabei Sprachkompetenz mit ausgezeichneten Kenntnissen der luxemburgischen und deutschen Rechtsordnung. Sie verfügen mehrheitlich über deutsche Studienabschlüsse und sind in Luxemburg und zudem teilweise in Deutschland, Frankreich und den USA als Anwälte zugelassen.

Die führenden Handbücher und Directories für den europäischen und internationalen Rechtsmarkt empfehlen regelmäßig Anwälte und Praxisgruppen von MOLITOR Avocats à la Cour.

Unsere Anwälte weisen in folgenden Praxisbereichen umfassende Erfahrungen auf:

- Banking & Finance
- Gesellschaftsrecht / M&A
- Immobilienrecht / Privates und Öffentliches Baurecht
- Arbeitsrecht
- IP-, IT- und Medienrecht
- Restrukturierung & Insolvenz
- Versicherungsrecht
- Prozessführung
- Alternative Streitbeilegung
- Mediation
- Tax & Estate Planning

Michel Molitor
Managing Partner
Avocat à la Cour

Business & Commercial
Insurance
Litigation & Dispute Resolution
michel.molitor@molitorlegal.lu

Jacques Wolter
Partner
Avocat à la Cour

Alternative Dispute Resolution
Real Estate, Construction & Urban Planning
jacques.wolter@molitorlegal.lu

Claude Feyereisen
Counsel
Avocat à la Cour

Corporate & M&A

claude.feyereisen@molitorlegal.lu

Lena Hartmann
Senior Associate
Avocat à la Cour
Rechtsanwältin - Berlin Bar

Business & Commercial
Tax & Estate Planning

lena.hartmann@molitorlegal.lu

Victoria Hinn
Senior Associate
Avocat (Liste IV) - Luxembourg Bar
Avocat à la Cour - Paris Bar
Attorney-at-Law - New York Bar

Litigation & Dispute Resolution

victoria.hinn@molitorlegal.lu

MOLITOR Avocats à la Cour SARL 8, rue Sainte-Zithe Postfach 690 L-2016 Luxemburg T (+352) 297 298 1 F (+352) 297 299 E contact@molitorlegal.lu www.molitorlegal.lu

BANK- UND BANKAUFSICHTSRECHT BANK- UND FINANZRECHT

Oft empfohlen: Dr. Markus Escher, Daniela Eschenlohr, Dr. Oliver Glück, Dr. Harald Feiler
Team: 11 Eq.-Partner, 7 Sal.-Partner, 1 Counsel, 12 Associates
Partnerwechsel: Dr. Theofanis Tacou (von KPMG Law)
Schwerpunkte: Breite aufsichtsrechtl. Beratung, u.a. Bankgründungen u. ▷Compliance, transaktionsbegleitend (▷M&A), aufsichtsrechtl. Fragen zu KVGen, Wertpapierabwicklungsbanken u. Fonds (▷Immo/Bau u. ▷Investmentfonds) sowie zu Digitalisierung (Zahlungssysteme, Kryptowährungen u.a.), Vergütungsrecht. Streitige Verfahren.
Mandate: S-Payment zu Zahlungskonzepten über Mobilgeräte; Portagon zu Software für Finanzierungen über digit. Plattformen u. zur Anlegerverwaltung; Dt. Lufthansa bei PSD2-Umsetzung in 12 Ländern; Becken-Gruppe bei Mehrheitsbeteiligung an Industria Wohnen; Hauck Aufhäuser Lampe, u.a. aufsichtsrechtl. zu Verbriefungen; Solarisbank u. div. Kooperationen; IT-Dienstleister, u.a. in BaFin-Erlaubnisverfahren als Kryptoregisterführer; Fleming Finanz-IT zu Plattform für (Zahn-)Ärzte; EB Sustainable Investment zu Compliance u. Risikomanagement; Captiq beim Aufbau von Kreditplattform; Kryptofonds zu Nachhaltigkeitsstrategie; Frankfurt School of Finance & Management zu Finanzierungsplattform für Investitionen in erneuerbare Energiegewinnung in Schwellenländern; Gothaer, u.a. zu ESG-Anforderungen bei Investmentfonds; Lux Kapitalmarkt bei Aufsetzen einer Prozessfinanzierungsplattform; öffentl.-rechtl. Kreditinstitut bei Privatisierung; 3Red Partners lfd. in börsenrechtl. Verfahren um Optionshandel; ABLV Bank, u.a. ggü. EZB u. SRB; Wirecard-Liquidatoren in GB u. Irland gutachterl. zu Ring-Fencing-Anordnung der BaFin; Bank eines Autoherstellers, u.a. vergütungsrechtl.; LBBW u. 2 weitere Banken vergütungsrechtl.; lfd.: Rabobank (Dtl.), Zinsbaustein.

HENGELER MUELLER
Bank- und Bankaufsichtsrecht ★★★★★
Bewertung: Die große Praxis für Bankaufsichtsrecht zählt zur anerkannten Marktspitze. Eine ihrer wesentl. Stärken dabei ist die gute Integration mit angrenzenden Teams wie IT-Recht/Datenschutz, Restrukturierung u. Öffentl. Recht für praxisübergr. Lösungen. Das spielt sie regelm. bei der Konsolidierung des europ. Bankensektors aus. Dazu zählen bedeutende Transaktionen wie der Verkauf des Bankhauses Lampe mit den Kontrollverfahren vor BaFin und EZB u. der Verkauf der Berlin Hyp. Dies gelingt auch grenzüberschr. für internat. Mandanten wie die Singular Bank beim Kauf des span. Private-Banking-Geschäfts der UBS. Auch bei Regulierungsfragen mischt die Praxis oben im Markt mit u. berät regelm. Institute zu behördl. Auflagen. Das Team scheut dabei nicht vor Rechtsstreitigkeiten mit der Aufsicht zurück, streitet etwa für die Bawag gg. die EZB. Zum von Wettbewerbern anerkannten „hohen Know-how" der Partner zählen neben dieser Souveränität bei klass. Themen auch die Technik. Entwicklungen im Bereich Fintech: Das Team beriet aufsichtsrechtl. zu div. Konstellationen wie etwa BlackFin beim Kauf einer digitalen Investmentplattform u. BitGo bei ihren Kryptodienstleistungen.
Stärken: Produktspezif. Aufsichtsrecht. Koordination großer Restrukturierungen u. Transaktionen.
Oft empfohlen: Dr. Dirk Bliesener („große Erfahrung", Mandant), Prof. Dr. Johannes Adolff („sehr reaktionsstark", Mandant)
Team: 5 Partner, 3 Counsel, plus etwa 14 Associates
Schwerpunkte: Hoch spezialisierte Produktberatung, v.a. bei Risikoabschirmungen. Transaktionsbezogen sowie genuin aufsichtsrechtl. tätig. Regelm. Restrukturierungen (▷Insolvenz/Restrukturierung). Prozessführung für Banken (▷Konfliktlösung), Schnittstellen zum Öffentl. Wirtschaftsrecht u. zum ▷Beihilferecht, zu ▷Compliance u. internen Untersuchungen. Kooperation mit ausl. Best-Friend-Kanzleien.
Mandate: Oetker bei Verkauf von Bankhaus Lampe an Hauck & Aufhäuser; BlackFin bei Joint Venture mit DWS zur Übernahme der größten digitalen dt.-luxemb. Investmentplattform; Landesbank Berlin bei Verkauf der Berlin Hyp an LBBW; Singular Bank aufsichtsrechtl. bei Akquisition des span. Private-Banking-Geschäfts von UBS; Bawag zu Antrag auf Nichtigerklärung einer EZB-Entscheidung zur Auferlegung von Abschöpfungszinsen; BitGo regulator. zu Kryptoverwahrung; Raisin regulator. zu Fusion mit Deposit Solutions; Portigon aufsichtsrechtl. gg. EAA im Zshg. mit Steuerforderungen; Grenke aufsichtsrechtl. bei Untersuchung von Vorwürfen eines Leerverkäufers.

HOGAN LOVELLS
Bank- und Bankaufsichtsrecht ★★★★

NOMINIERT
JUVE Awards 2022
Kanzlei des Jahres für Bank- und Finanzrecht

Bewertung: Im Aufsichtsrecht ist die Praxis bei einer breit gefächerten Palette an Themen anerkannt. Sie reicht von produktspezif. Vorgaben für Finanzinstitute über Erlaubnisverfahren bis hin zu Streitigkeiten u. Transaktionen. Das Know-how in Produktfragen belegen Mandate einer frz. Großbank u. einer US-Investmentbank zum Vertrieb von strukturierten Produkten in div. EU-Ländern. Letztere beriet die Praxis auch zu digitalen Bankdiensten, die in der Arbeit der Anwälte inzw. einen bedeutenden Schwerpunkt bilden, insbes. mit Erlaubnisverfahren u. dem internat. Ausbau des Geschäfts, etwa bei Scalable Capital. Zu den wichtigen Mandanten zählen auch Industrieunternehmen, darunter Daimler, die ein Team u.a. zu den regulator. Folgen der Abspaltung der Lkw-Sparte auf das Finanzierungsgeschäft beriet. Auf Associate-Ebene wuchs die Praxisgruppe deutlich u. gewann so mehr Schlagkraft.
Oft empfohlen: Dr. Richard Reimer („solide, fundierte Beratung", Mandant), Dr. Jochen Seitz, Dr. Tim Brandi
Team: 5 Partner, 3 Counsel, 9 Associates
Schwerpunkte: Breite regulator. Tätigkeit inkl. Wertpapieraufsichtsrecht u. enge Anbindung an Corporate/M&A. Auch Outsourcing u. Compliance. Zudem Zahlungsdienstethemen u. Fintech. Auch Prozessführung.
Mandate: Frz. Großbank zu Plattform zum Vertrieb struktur. Produkte in div. EU-Ländern; US-Investmentbank, u.a. zum Vertrieb struktur. Produkte, zu gruppeninterner Übertragung von Wertpapieren u. zu digitalen Bankdiensten; Corestate Bank bei Erlaubnis als Wertpapierhandelsbank; Daimler bei Aufspaltung des internat. Finanzdienstleistungsgeschäfts; Scalable Capital bei Expansion nach Frankreich, Italien, Spanien u. Österr.; Vattenfall Europe Power Management zu Kapitalanforderungen als Rohstoffhandelsunternehmen nach IFR/IFD; 2 Autohersteller aufsichtsrechtl. zu Zahlungsplattformen; Marex Financial, u.a. zu Geschäft mit dt. u. ital. Gegenparteien nach Brexit; Cflox lfd., u.a. zu ZAG-Erlaubnis; Dipaygo bei Erlaubnisantrag als E-Geld-Institut; Euro Kartensysteme bei Erlaubniserweiterung; EAA in Vergabeverfahren zur Auslagerung von 4 Abteilungen. Lfd.: Concardis, Dt. Pfandbriefbank u. BayernLB je aufsichtsrechtl., Deka Bank, Payone, Viafintech, VR Payment, EVO Payments, NRW.Bank in Verfahren gg. SRB, BecN, BVZI, DDV.

LATHAM & WATKINS
Bank- und Bankaufsichtsrecht ★★★★
Bewertung: Aus der Stärke in der transaktionsbezogenen aufsichtsrechtl. Beratung heraus hat die Praxis ihr Profil im Kernbereich der regulator. Beratung deutl. geschärft. Das belegen hochkarätige Mandate von BdB u. ESB zur Entschädigung von Greensill-Einlegern u. des Aufsichtsrats der Aareal Bank zum Einstieg von Finanzinvestoren. Auch hochkarätige Wettbewerber nehmen die Praxis inzwischen als ebenbürtig wahr. Einen Beitrag dazu leistet auch die lfd. Tätigkeit für internat. Häuser, darunter die US-Investmentbank Evercore, die u.a. in der Compliance oder zur ESG-Regulatorik auf die Berater setzen. Die deallastige Arbeit kommt darüber nicht zu kurz. So war die Praxis mit dem dt. Genehmigungsverfahren für den mrd.-schweren Zusammenschluss von Apollo mit Athene betraut u. beriet zu div. Beteiligungen im Finanzsektor. In den zukunftsträchtigen Beratungsfeldern digitaler u. kryptobasierter Geschäfte ist die Praxis ebenfalls am Ball, etwa mit der lfd. Beratung von eToro.
Stärken: Enge Anbindung an marktführende Praxis für ▷Private Equ. u. Vent. Capital, große Prozesserfahrung (▷Konfliktlösung). Ausgezeichnete internat. regulator. Präsenz, gute Position bei Branchenverbänden.
Oft empfohlen: Dr. Markus Krüger („Überblick mit Know-how im Detail", Mandant), Axel Schiemann („hoch kompetente, praktische Unterstützung", Mandant), Frank Bierwirth
Team: 5 Partner, 2 Counsel, 2 Associates
Partnerwechsel: Volker Schäfer (in Ruhestand)
Schwerpunkte: Regelm. in Transaktionen mit Bezug zu Finanzinstituten, Bankinsolvenzen u. -restrukturierungen. Originäres Aufsichtsrecht insbes. zu neuen Technologien im Finanzmarkt. Zudem Kapitalmarktfragen u. ausgeprägte Prozesspraxis.
Mandate: BdB/ESF zur Entschädigung von Greensill-Einlegern u. in voraussichtl. Auseinandersetzung um Entschädigung mit HRE; Yapily bei Kauf von finAPI; Aufsichtsrat der Aareal Bank zu geplanter Investition durch Atlantic BidCo; Apollo Global lfd., u.a. aufsichtsrechtl. zu indirekter Beteiligung an Oldenburg. Landesbank sowie bei BaFin-Genehmigung für $43-Mrd-Zusammenschluss von Apollo u. Athene; Toscafund Asset Management in Inhaberkontrollverfahren zur Investition in Elinvar; Dwins bei Serie-A-Finanzierungsrunde. Lfd.: Evercore aufsichtsrechtl. u. zu Compliance, CDPQ/General Atlantic zu Beteiligung an FNZ/Ebase, Hg Capital aufsichtsrechtl., 20 dt. Kreditinstitute zu Eigenkapitalanforderungen bei Auslandssicherheiten, eToro.

LINDENPARTNERS
Bank- und Bankaufsichtsrecht ★
Bewertung: Auf die umfassende Beratung der Finanzindustrie ausgerichtet, legt die Berliner Kanzlei in ihrer aufsichtsrechtl. Tätigkeit einen Schwerpunkt auf den Sparkassen- u. Genossenschaftssektor. Ein Mandant hebt dabei die Beratung

BANK- UND FINANZRECHT BANK- UND BANKAUFSICHTSRECHT

„rund um kapitalmarktrechtl. Themen mit aufsichtsrechtl. Bezügen" hervor. Belege dafür sind Mandate des BVR, DDV oder eines Brokers, den das Team u.a. zur Wertpapier-Compliance beriet. Wettbewerber heben auch hervor, dass das Team „bei der Digitalisierung dabei" ist, etwa für Raisin DS u. Check24. Allerdings verlor die Praxis in dem Teilbereich der Kryptodienste 2 Partner an Osborne Clarke u. richtet diesen nun mit einem Team um den erfahrenen Zingel stärker auf die Beratung zu Kooperationen zwischen Kryptodiensten u. traditionellen Finanzinstituten aus. Bereits im Herbst 2021 schloss sich der Finanzierungsrechtler Kohl als Sal.-Partner der Kanzlei an. Damit baute diese ihr Know-how bei Kreditvergaben aus und erweitert die Bandbreite ihrer ESG-Beratung.
Stärken: Bestens vernetzt im Sparkassen- und Genossenschaftssektor.
Oft empfohlen: Dr. Lars Röh („hochklassige Beratung in kürzester Zeit", Mandant), Dr. Frank Zingel („sehr praxisorientierte, belastbare Beratung", Mandant)
Team: 4 Eq.-Partner, 3 Sal.-Partner, 5 Associates
Personalwechsel: Eric Romba, Dr. Robert Oppenheim (beide zu Osborne Clarke); Michael Kohl (von Weil Gotshal & Manges)
Schwerpunkte: Beratung im Sparkassen-, Genossenschafts- u. Landesbankensektor u. in Verbänden. Beratung in KWG-, WpHG-, depot- u. bankaufsichtsrechtl. Fragen u. zunehmend Fintechthemen. Hoher Anteil an kapitalmarktbez. Mandaten, insbes. Emissionshäuser u. Fondsinitiatoren. Große Prozesserfahrung, u.a. ggü. BaFin u. in Abwehr von Anlegerklagen.
Mandate: Check24 zu Identifizierungslösung über elektron. Signatur; Fondsdepotbank zu ESG-Regulierung bzgl. gebundener Vermittler u. Vermögensverwaltung; Raisin DS, u.a. zu Compliance-Organisation u. Datenschutz; Star Finanz, u.a. zu digit. Bankprodukten; Weberbank zu ESG-Regulierung in Vermögensverwaltung; BVR lfd. in div. Projekten, u.a. zu ESG-Regulierung u. Digitalisierung; DDV zu EU-Aktionsplan ,Sustainable Finance'; Broker zu Wertpapier-Compliance u. Geldwäscherecht; Hamburger Sparkasse lfd. in Abwehr von Swapklagen; Actaqua in Verfahren gg. BaFin wg. vermeintl. fehlerhafter Veröffentlichung; lfd.: DSGV, Fidor Bank, Scope Ratings.

LINKLATERS
Bank- und Bankaufsichtsrecht ★★★★★
Bewertung: Das im Bankaufsichtsrecht zu den marktführenden zählende Team ist personell stark aufgestellt, u. seine Kompetenz umspannt homogen die gesamte aufsichtsrechtl. Bandbreite. Daher gehören große M&A-Transaktionen u. strateg. Beratung im Finanzsektor wie beim Kauf der börsennotierten Aareal zu seinen regelm. Aufgaben. Auch Großbanken wie UBS u. ING schätzen die Praxis bei komplexen grenzüberschr. Transaktionen dank ihrer reibungslosen internat. Vernetzung. Regulator. berät das Team Banken u. Finanzinstitute bei Lizenzierungsverfahren u. Markteinführungen u. nutzt dabei bewährte Beziehungen zu den wichtigsten Regulierungsbehörden BaFin, Bundesbank u. EZB bei der Einführung neuer Finanzdienstleistungsangebote, in Dtl. bspw. für die Citigroup. Bei der Commerzbank zeigte sie ein detailliertes Verständnis des Kryptogeschäfts aus der Beratung jüngerer Marktteilnehmer wie Fintechs. Letztere berät sie bei der Entwicklung von Produkten, Plattformen u. Zahlungsinfrastrukturen u. begleitete für Deposit Solutions zugleich den ersten Zusammenschluss 2er großer dt. Start-ups.
Stärken: Exzellentes Know-how im Aufsichtsrecht u. enge Anbindung an die marktführenden ▷M&A- u. ▷Insolvenz-/Restrukturierungspraxen; interne Untersuchungen.
Oft empfohlen: Andreas Steck („einer der führenden Berater", Wettbewerber), Dr. Frederik Winter, Andreas Dehio („pragmat., freundl. u. schnell", Wettbewerber; „sehr umfassend u. belastbar", Mandant)
Team: 3 Partner, 1 Counsel, 12 Associates
Schwerpunkte: Ausgewogenes Verhältnis von instituts- (Gründung, Auslagerung, ▷Compliance) u. produktbezogener Arbeit (Eigenmittelunterlegung, Hedgefonds, Credit-Default-Produkte) an der Schnittstelle zu ▷Investmentfonds u. zur strukturierten Produktepraxis (▷Anleihen). Zudem ▷Beihilfe u. regierungsnahe Beratung. Auch ▷Unternehmensbez. Versichererberatung.
Mandate: Citigroup u. Westpac lfd. aufsichtsrechtl.; Commerzbank bei Antrag auf Kryptoverwahrlizenz; Bieter regulator. zu Übernahmeangebot für Aareal Bank; Montagu aufsichtsrechtl. bei Übernahme von Waystone; UBS aufsichtsrechtl. bei Verkauf ihres span. Vermögensverwaltungsgeschäfts; ING aufsichtsrechtl. bei Übertragung des österr. Retail-Banking-Geschäfts an bank99; Deposit Solutions regulator. bei Zusammenschluss mit Raisin; Nexi aufsichtsrechtl. bei Verschmelzung mit SIA; dt. Privatbank aufsichtsrechtl. zu Derivatetransaktionen.

LSP LINDEMANN SCHWENNICKE & PARTNER
Bank- und Bankaufsichtsrecht ★★
Bewertung: Die Berliner Kanzlei ist als aufsichtsrechtl. Spezialistin im Banksektor anerkannt. Der Kern der Beratung liegt in Erlaubnisverfahren, insbes. bei Zahlungsdiensten, Wertpapieren u. Derivaten sowie in der Inhaberkontrolle. Damit eng verwoben ist die Beratung zu Kooperationen zwischen div. Dienstleistern u. Finanzinstituten. Hervorzuheben ist die Arbeit für mehrere Mandanten aus dem Sparkassensektor, darunter die S-Payment zu Kooperationen mit Netzbetreibern, Händlern u. Industrieunternehmen. Den DSGV beraten die Aufsichtsrechtler auch zur Digitalisierung des Geschäfts mit Auslandskunden. Insgesamt hat sich die Arbeit zu zukunftsträchtigen digitalen u. kryptobasierten Lösungen in der Finanzbranche zu einem erhebl. Geschäftsfeld entwickelt. Daraus entstehen auch immer wieder namhafte Mandate in Transaktionen, etwa für die FNZ-Gruppe als Zielgesellschaft bei einem mrd-schweren Investoreneinstieg.
Stärken: Fintechunternehmen u. Venture-Capital-Investoren, Banking Litigation u. Finanzierungen.
Oft empfohlen: Dr. Thomas Lindemann, Dr. Till Brocker
Team: 5 Eq.-Partner, 1 Sal.-Partner, 2 Counsel, 5 Associates
Schwerpunkte: Beratung von dt. u. ausl. Banken, Finanzdienstleistern u. Versicherern zu Gründung, Erlaubnisverfahren, Compliance u. Corporate Governance, vereinzelt auch im Kapitalmarktrecht. Prozesse aufseiten von Banken u. Initiatoren. Umsetzung techn. Entwicklungen im Aufsichtsrecht.
Mandate: DSGV aufsichtsrechtl., u.a. zu Negativzins u. zu Digitalisierung des Sparkassengeschäfts mit Auslandskunden; S-Broker zu Vermögensverwaltungsgeschäft; S-Payment, u.a. zur Einführung von neuem Giropay-System; Pluscard aufsichtsrechtl. zu Dienstleistungsverträgen mit 200 Sparkassen; FNZ-Gruppe aufsichtsrechtl. zu $1,4-Mrd-Beteiligung durch CPP Investments u. Motive Partners sowie zu Konsolidierungsfragen nach CRR; Bitpanda bei Einführung einer Kryptoverleihfunktion für Proof-of-Stake-Anwendungen u. zur dt. Inhaberkontrolle; Anteilseigner in Inhaberkontrolle wg. Beteiligung an Aareal Bank; Fundingport zu Kooperation mit poln. IT-Dienstleistern u. IKB Bank; GLS Bank zu Auslagerungsvertrag für Banking-App; Hypoport zu Auslagerungskonzept u. regulator. Erlaubnissen; Zemp zu grenzüberschr. Acquiring-Modell; Betreiber einer Gesundheits-App zu Bezahlfunktionen; REM Capital zu Vermögensanlagerecht; AB Inbev zu div. Brauereidarlehen u. zu digit. Darlehensplattform.

MAYER BROWN
Bank- und Bankaufsichtsrecht ★★★
Bewertung: Schwerpunkte der Praxis sind im Aufsichtsrecht die Beratung zur Finanzmarktinfrastruktur, dem Wertpapiervertrieb u. dem Clearing. Ihre Stärke bei Regulierungsänderungen u. der Umsetzung neuer regulator. Anforderungen u. den sich dabei entwickelnden Marktstandards spiegelt sich regelm. in der Beratung wichtiger Verbände wie dem DDV wider. Im dt. Markt hat das Team durch seine Spezialisierung etwa eine Vorreiterrolle für EMIR eingenommen u. den Marktstandard für indirektes Clearing gesetzt. Das Team arbeitet sehr eng mit den Kapitalmarktrechtlern, v.a. bei strukturierten Produkten, zusammen u. zählt viele Großbanken zu seinen Mandanten. So weitete es etwa seine neue, durch praxisübergreifende Zusammenarbeit aufgebaute Beratungsbeziehung zu JPMorgan aus.
Stärken: Erfahrung bei Marktinfrastruktur/Derivate-Clearing; Wertpapieraufsichtsrecht.
Oft empfohlen: Dr. Patrick Scholl („großes u. tiefes Wissen, zuverlässig, aber auch sehr pragmat.", Mandant; „unaufgeregt, kompetent, sehr kollegial", Wettbewerber)
Team: 4 Partner, 3 Counsel, 6 Associates, 1 of Counsel
Schwerpunkte: Wertpapieraufsichtsrecht, Digitalisierung, Outsourcing. Auch Institutsgründung, Abwicklung, Compliance (▷Gesellsch.recht).
Mandate: DDV zu Standards für nachhaltige strukturierte Produkte; JPMorgan bei Musterverträgen für OTC-Derivate, Repo-Transaktionen u. Wertpapierleihgeschäfte; Hauck & Aufhäuser u.a. zu Inhaberkontrollverfahren, Integration u. Restrukturierung bei Kauf des Bankhaus Lampe; europ. Bank im Zshg. mit einem Eurex-Sanktionsverfahren; dt. Bank zu US-Reporting bei OTC-Geschäft; dt. Bank zu Libor-Umstellung; europ. Großbank zu neuem Geschäftsbereich für Beratung auf Basis eines automatisierten Services; Förderbank zu Brexit im Zshg. mit Förderungsprogrammen nach engl. Recht.

NOERR
Bank- und Bankaufsichtsrecht ★★★
Bewertung: Gemäß des Full-Service-Ansatzes der Kanzlei ist die Praxis für Bank- u. Bankaufsichtsrecht personell u. themat. breit aufgestellt. Gut eingespielt ist etwa die Zusammenarbeit mit den Spezialisten für ▷Corporate, ▷IT-/Datenschutzrecht u. ▷Konfliktlösung. Dies führt zu vielfält. Kontakten, aus denen neue Mandate zu aufsichtsrechtl. Angelegenheiten entstehen, wie der Sonderprüfung bei einer Bausparkasse. Anerkannt bei Kreditinstituten, zeigen regelm. Mandate wie das eines dt.

Autoherstellers, dass die Beratung sich inzw. in nennenswertem Ausmaß um Industrie- u. Handelsunternehmen erweitert hat. Ebenso gefragt ist der breite Ansatz der Praxis im wichtiger werdenden Fintechsegment, wie an Mandaten wie dem von Dragoneer Investment zu sehen ist. Wichtig für die dt. Kanzlei ist, dass diese Transaktionsberatung auch grenzüberschr. im Lex-Mundi-Netzwerk u. in Zusammenarbeit mit anerkannten Kanzleien funktioniert. Das bewies sie bei der aufsichtsrechtl. Beratung des Private-Equity-Deals von Summit neben Kirkland & Ellis.

Stärken: Standort- u. rechtsgebietsübergr. Zusammenarbeit, Beratung zu ZAG, Bankprozesse.

Oft empfohlen: Dr. Torsten Fett („sehr kompetent", Mandant), Dr. Jens Kunz, Hans Kirchner

Team: 6 Eq.-Partner, 3 Sal.-Partner, 3 Counsel, 5 Associates

Schwerpunkte: Breit aufgestellte Praxis, auch in bankrechtl. Auseinandersetzungen (▷*Konfliktlösung*); Fintechthemen, u.a. mit dem Berliner Büro (▷*IT-/Datenschutzrecht*); Restrukturierung von Krediten u. Finanzierungen (▷*Kredite u. Akqu.fin.*).

Mandate: Baader Bank lfd. u.a. zu MiFID II; Dragoneer Investment zu Finanzierungsrunde für N26 u.a. aufsichtsrechtl.; Flatexdegiro aufsichtsrechtl.; Summit Partners zum Kauf unabhängiger Vermögensverwalter u.a. aufsichtsrechtl.; dt. Autohersteller zu E-Geld-basierter Bezahlplattform; Bausparkasse bei Sonderprüfung durch dt. Aufsichtsbehörden; Onlinezahlungsdienstleister zu Identverfahren, Geldwäschekodex u. Partnerschaft mit Kreditinstitut; Dt. Bank bei Rückkauf des Berliner Stromnetzes durch öffentl. Hand von Vattenfall u.a. bankaufsichtsrechtl.; dt. Sparkasse zu Krypto-Assets.

SERNETZ SCHÄFER
Bank- und Bankaufsichtsrecht ★★

Bewertung: Die Praxis verbindet wie nur wenige Wettbewerber hochkarätiges aufsichtsrechtl. Know-how mit großer Erfahrung in der Prozessführung. Darunter fallen Massenverfahren nach dem KapMuG-Modell u. zur Abwehr von Schadensersatzansprüchen, etwa in der Folge des BGH-Urteils zu AGB-Änderungen. Die Praxis ist aber auch eine Spitzenadresse für Einzelverfahren. Das belegt ihre Mandatierung in div. Verfahren zwischen Cum-Ex-Beteiligten u. in Schadensersatzverfahren gg. ehem. HRE-Vorstände. In der Beratung nehmen aufsichts-, zahlungsdienste- u. kapitalmarktrechtl. Angelegenheiten breiten Raum ein. Zu den Mandanten zählen hier auch etliche Unternehmen außerhalb der Finanzbranche mit aufsichtsrechtl. Berührungspunkten, darunter ProSiebenSat.1. Zudem sind die Anwälte regelm. bei Fragen zu Kapitalanlagen tätig.

Stärken: Komplexe Prozessführung u. hervorragende Branchenkontakte.

Oft empfohlen: Prof. Dr. Frank Schäfer, Dr. Helge Großerichter, Dr. Ferdinand Kruis („hervorragende Leistung, tolle Zusammenarbeit", „sehr gut", Mandanten)

Team: 10 Eq.-Partner, 2 Associates

Partnerwechsel: Thomas Klanten (von Dt. Wertpapierservice Bank); Dr. Philipp Hardung (zu Hausfeld)

Schwerpunkte: Prozesse mit bankrechtl. Hintergrund u. Gutachtertätigkeit (▷*Konfliktlösung*), zunehmend weitere Finanzdienstleister u. Industriekonzerne in aufsichtsrechtl. u. zahlungsdiensterechtl. Beratung. Starker Bezug zu gesellschaftsrechtl. Streitigkeiten.

Mandate: Hypo Real Estate in KapMuG-Verfahren wg. vermeintl. falscher Ad-hoc-Meldungen vor der Finanzkrise, aktuell vor OLG; Dt. Pfandbriefbank in Schadensersatzklagen gg. ehem. HRE-Vorstände; Bankenverband, Bausparkassen u. div. Banken zu BGH-Urteil zu AGB-Klauselfiktion; DSGV zu AGB-Änderungsmechanismus; Wirecard Bank umf. aufsichtsrechtl. in Wirecard-Skandal; Genossenschaftsbanken u. Sparkassen bei Abwehr von Ansprüchen aus gekündigten Prämiensparverträgen; Finanzinstitut bei Abwehr von €50-Mio-Ansprüchen anderer Cum-Ex-Beteiligter; internat. Großbank in EuG-Verfahren um SRB-Beitrag; Bank bei Abwehr von Ansprüchen eines Bundeslandes auf Negativzinsen; internat. Asset-Manager zu Investments dt. Versicherer; Abrechnungsstelle im Gesundheitssektor lfd., u.a. zu ZAG-Lizenz; UniCredit Bank bei Schadensersatzabwehr wg. vermeintl. EC-Gebührenkartell; Privatbank zur geldwäscherechtl. Compliance-Organisation; lfd.: frz. Großbank, ProSiebenSat.1 aufsichtsrechtl., WealthCap.

WALDECK
Bank- und Bankaufsichtsrecht ★

Bewertung: Im Bank- u. Bankaufsichtsrecht sticht die Praxis in der Digitalisierung der Finanzbranche u. der Prozessführung heraus. In der IT-bezogenen Beratung stehen dafür zum einen Mandate zu Verträgen zwischen Dienstleistern u. Instituten, darunter der kundenstarken ING-DiBa, der Umweltbank u. eines Serviceanbieters. Zum anderen ist die Praxis angesehen für ihre Beratung zu Kryptowerten. Eine zentrale Mandantin ist in diesem Bereich das Bankhaus Scheich, das die Anwälte u.a. bei der Platzierung eines Bitcoin-ETN durch Bitpanda mandatierte. Das 2. wichtige Arbeitsfeld sind zivil- u. verwaltungsgerichtl. Verfahren, bei denen bedeutende Häuser wie Commerzbank, Universal-Investment u. Deka Immobilien dt. Versicherer setzen. Darunter fallen Schadensersatzverfahren in den Cum-Ex- u. Cum-Cum-Komplexen, aber auch die Vertretung einer KVG wg. eines vermeintl. Prospektfehlers.

Stärken: Vertretung ggü. Aufsichtsbehörden u. Staatsanwaltschaft sowie zivilrechtl. ggü. Finanzmarktteilnehmern; IT-Recht für die Finanzbranche.

Oft empfohlen: Jan Liepe, Dr. Hendrik Pielka („extrem pragmat., schnell, sehr zu empfehlen", Mandant)

Team: 5 Partner, 1 Counsel, 4 Associates

Schwerpunkte: Beratung von Finanzinstituten u. Handelsplattformen zum Bank- u. Wertpapieraufsichtsrecht inkl. Vertretung in Streitfällen zivilrechtl. u. ggü. Behörden, auch IT-rechtl. in der Finanzbranche.

Mandate: Bankhaus Scheich bei Wandelschuldverschreibungen von Artec Technologies als Kryptowertpapiere u. als Listing-Agent u. Handelsspezialistin, u.a. zu Börsenzulassung eines Bitcoin-ETN von Bitpanda; ING-DiBa lfd., u.a. bei Umsetzung der EBA-Richtlinien zu Outsourcing sowie zu IT-Verträgen u. Datenschutz; Tradias, u.a. zu tokenisierten Schuldverschreibungen u. Genussrechten; KVG in Bußgeldverfahren wg. vermeintl. Prospektfehler; Anteilseigner in Schadensersatzverfahren gg. Bank wg. verspäteter Aktieneinbuchung nach Kapitalerhöhung. Lfd.: Commerzbank, Universal-Investment, Deka Immobilien, IFM Immobilien je in streitigen Verfahren, Finanzinformationsdienstleister bei IT-Projektverträgen mit Großbanken, Umweltbank zu Outsourcing u. IT-Verträgen sowie Lang & Schwarz, BfV, Development Company for Israel (Europe) aufsichtsrechtl., DLT Financial, SE Tradecom Finanzinvest, Hellwig Wertpapierhandelsbank, Işbank, Ucambio Exchange & Money Transfer, MWB Fairtrade, Athelios Vermögensatelier, Euwax, National Westminster Bank.

WHITE & CASE
Bank- und Bankaufsichtsrecht ★★★★

NOMINIERT
JUVE Awards 2022
Kanzlei des Jahres für Bank- und Finanzrecht

Bewertung: Neben traditionellem Bank- und Finanzaufsichtsrecht berät das Team in der erweiterten Marktspitze auch zu ▷*Compliance*, Sanktionen, Enforcement u. Ermittlungen sowie Fintech, Datenschutz u. Cybersicherheit mit aufsichtsrechtl. Bezug. Am EZB-Standort Frankfurt spielt die dt. Praxis wg. der gestiegenen internat. Zusammenarbeit in der Kanzlei eine wichtigere Rolle in grenzüberschr. Mandaten. Ein Bsp. ist die Beratung der frz. Luko bei der aufsichtsrechtl. relevanten Übernahme des dt. Versicherers Coya. Insges. war sie im Bank-▷*M&A* zuletzt oft bei Fintechs tätig, wie die Arbeit für N26 u. das Transaktionsmandat bei Wefox belegen. Aber auch bei den internat. Großbanken ist die Praxis gefragt, der Berliner Partner Berger etwa als internat. führender Partner bei W&C zu Post-Brexit-Fragen u. in Pilotverfahren vor den EU-Gerichten. Insbes. das Rechtsmittelverfahren vor dem EuGH für die LBBW demonstriert diese Stärke bei finanzaufsichtsrechtl. Streitigkeiten vor den europ. Gerichten. Bei den Sicherungssystemen für die Finanzwirtschaft zählt die Praxis zu den Marktführern u. berät gleichermaßen Geschäfts-, Genossenschaftsbanken u. Sparkassen, darunter den DSGV bei der grundlegenden Reform seiner Einlagensicherung.

Stärken: Enge Anbindung an marktführende Praxis für ▷*Kapitalmarktrecht* u. ▷*Compliance*. Hervorragende europ. regulator. Präsenz.

Oft empfohlen: Dr. Henning Berger („sehr kompetent", Mandant u. Wettbewerber)

Team: 3 Eq.-Partner, 2 Counsel, 4 Associates

Schwerpunkte: Breite Praxis, insbes. auf Produktseite, auch Koordination ausl. Sicherheiten. Corporate-Arbeit für Banken u. Finanzdienstleister mit aufsichtsrechtl. Beratung. Zudem Outsourcing-Projekte, Beratung bei Wertpapierabwicklungssystemen. Prozesse um Akkreditive, Prospekthaftung, Anlegerklagen.

Mandate: DSGV aufsichtsrechtl. zu Feststellungen von EZB u. BaFin bzgl. des Sicherungssystems der Sparkassen-Finanzgruppe; div. Banken bei Klagen vor EuGH u. EuG gg. SRB; Luko bei Übernahme des dt. Versicherers Coya; N26 regulator. bei Finanzierung; Wefox zu u. regulator. zu Umstrukturierung der Liechtensteiner Versicherungsgruppe u. zu Inhaberkontrollverfahren; europ. Finanzdienstleister zu Verkauf u. Übertragung des Master-KVG-Geschäfts u. Übertragung des Restgeschäfts auf eine Bank; europ. Open-Banking-Plattformanbieter bei Übernahme von dt. Fintech; Bitpanda lfd., insbes. zu Ausgabe von Exchange Traded Notes.

BANK- UND FINANZRECHT BÖRSENEINFÜHRUNGEN UND KAPITALERHÖHUNGEN

Börseneinführungen und Kapitalerhöhungen

ALLEN & OVERY
Börseneinführung und Kapitalerhöhung ★★★

NOMINIERT
JUVE Awards 2022
Kanzlei des Jahres für Bank- und Finanzrecht

Bewertung: Das dt. ECM-Team ist insbes. als Berater von emissionsbegleitenden Banken bei Börsengängen, Kapitalerhöhungen u. Wandelanleihen seit Langem im Markt anerkannt. Immer besser gelingt es der Praxis auch, die Corporate-Kontakte der Kanzlei zu nutzen u. emittentenseitig zum Zuge zu kommen. So konnte sich das Team inzw. für Stammmandantin Tui auch für die kapitalmarktrechtl. Beratung positionieren: Mit einer mrd-schweren Kapitalerhöhung u. Wandelschuldverschreibungen über €600 Mio schlug es dabei zugleich die Brücke in die DCM-Praxis. Synergien hob A&O auch an der Schnittstelle von ECM und der Private-Equity-Praxis, wie die Arbeit für PE-Mandantin Riverside beim IPO von Bike24 zeigt. Zudem ist die grenzüberschreitende Kompetenz ein Charakteristikum des ECM-Teams, das es zuletzt mit dem Mandat von Berenberg beim Dual Listing der austral. Vulcan Energy Resources in Frankfurt unter Beweis stellte.
Stärken: Hervorragende internat. Kontakte zu Banken.
Oft empfohlen: Marc Plepelits, Dr. Knut Sauer („schätze ich persönl. sehr", Mandant; „professioneller Umgang; sehr angenehm", Wettbewerber über beide)
Team: 2 Partner, 6 Associates
Schwerpunkte: IPOs, Bezugsrechtsemissionen, Zweitplatzierungen, Kapitalerhöhungen, Blocktrades, Notierungen, daneben Equity-linked-Produkte (▷Anleihen).
Mandate: Tui bei €1,1-Mrd-Kapitalerhöhung u. €600-Mio-Wandelschuldverschreibungen; Berenberg bei Dual Listing von Vulcan Energy Resources in Frankfurt; Tado bei gepl. IPO per De-SPAC; Autodoc bei gepl. IPO (Dual Track); Riverside bei IPO von Bike24; MaxAutomation bei €50-Mio-Kapitalerhöhung; Banken bei Kapitalerhöhung von Adecco; Banken bei gepl. IPO von dt. Dienstleistungsunternehmen; dt. Finanzdienstleister bei gepl. IPO.

ASHURST
Börseneinführung und Kapitalerhöhung ★★

Bewertung: Die Kanzlei ist vor allem bei kleinen u. mittelgroßen ECM-Transaktion erfahren. Dabei fallen ihre guten Kontakte zu Banken wie Berenberg oder Jefferies mit eben diesem Fokus ins Auge. Zuletzt zogen sie die Banken etwa beim IPO von Mister Spex hinzu. Dabei beriet ein gr. Team erstmals auch Barclays in deren Rolle als Mitglied des Bankenkonsortiums. Bereits seit Langem pflegt die Praxis gute Beziehungen zu der schwed. Beteiligungsgesellschaft Kinnevik, was sie u.a. für die Beratung bei Exits mit Venture-Capital-Nexus prädestiniert. Das grenzüberschreitende Know-how des Teams kam zuletzt etwa beim Mandat der austral. Vulcan Energy Resources bzgl. deren Dual Listing in Frankfurt zum Tragen. Im Sinne einer nachhaltigen Personalpolitik wurde nach dem altersbedingten Rückzug eines Partners an der Schnittstelle zum Gesellschaftsrecht ein Counsel in der ECM-Praxis ernannt.
Oft empfohlen: Matthias von Oppen („sehr serviceorientiert; guter Jurist", Mandant)
Team: 4 Partner, 2 Counsel, 3 Associates

Börseneinführungen und Kapitalerhöhungen

★★★★★
Freshfields Bruckhaus Deringer	Frankfurt, Düsseldorf
Hengeler Mueller	Frankfurt, Düsseldorf
Latham & Watkins	Frankfurt
Linklaters	Frankfurt
Sullivan & Cromwell	Frankfurt

★★★★
Clifford Chance	Frankfurt
Hogan Lovells	Frankfurt
Skadden Arps Slate Meagher & Flom	Frankfurt

★★★
Allen & Overy	Frankfurt
Gleiss Lutz	Frankfurt
Noerr	Frankfurt, Düsseldorf
White & Case	Frankfurt

★★
Ashurst	Frankfurt
CMS Hasche Sigle	Frankfurt
DLA Piper	Frankfurt
Norton Rose Fulbright	Frankfurt
Taylor Wessing	Frankfurt, München, Berlin

★
Heuking Kühn Lüer Wojtek	Köln

Die Auswahl von Kanzleien und Personen in Rankings und tabellarischen Übersichten ist das Ergebnis umfangreicher Recherchen der JUVE-Redaktion. Sie ist in 2erlei Hinsicht subjektiv: Die Aussagen der befragten Quellen sind subjektiv u. spiegeln deren Erfahrungen u. Einschätzungen. Die JUVE-Redaktion wiederum analysiert die Rechercheergebnisse unter Einbeziehung ihrer eigenen Marktkenntnis. Der JUVE Verlag beabsichtigt keine allgemeingültige oder objektiv nachprüfbare Bewertung. Es ist möglich, dass eine andere Recherchemethode zu anderen Ergebnissen führt. Innerhalb einzelner Gruppen in Rankings und tabellarischen Übersichten sind Kanzleien und Personen alphabetisch sortiert.

Schwerpunkte: Unternehmen u. Banken bei IPOs u. z.T. komplexen Kapitalerhöhungen.
Mandate: Banken unter Führung von Barclays, Berenberg u. Jefferies bei IPO von Mister Spex; Vulcan Energy Rsources bei Dual Listing in Frankfurt; Vorstand von Kinnevik bei Sachdividendenausschüttung bzgl. verbleibender Zalando-Beteiligung im Gegenwert von ca. SEK45,8 Mrd an seine Aktionäre; Banken bei gepl. IPO von Omnichannel-Unternehmen in Dtl.; dt. Immobiliengesellschaft bei gepl. IPO; Jefferies bei mehreren Blocktrades.

CLIFFORD CHANCE
Börseneinführung und Kapitalerhöhung ★★★★

Bewertung: Die ECM-Praxis ist für ihre sowohl dt.- als auch US-rechtl. Kompetenz im Markt bekannt. Jüngste Belege für die Erfolge sind die Beratung von Home To Go bei der De-SPAC-Transaktion in Kombination mit dem Zusammenschluss mit Lakestar SPAC I sowie die Beratung der Banken beim Cherry-IPO. Bei großvol. grenzüberschreitenden Mandaten ist CC ebenfalls renommiert, so setzte Saudi Tadawul bei ihrem IPO in Riad auf sie. Dass die Private-Equity-Praxis der Kanzlei nun wesentl. besser aufgestellt ist als noch vor einigen Jahren, hat auch an der ECM-Schnittstelle zu positiven Effekten geführt, etwa bei der Beratung zu PE-Exits. Doch gerade als CC so begann, die Früchte ihrer über die vergangenen Jahre erfolgten Aufbauarbeit zu ernten, erlitt sie einen herben personellen Verlust. Die Weggänge von Klöckner u. einem erfahrenen Counsel könnten sie zurückwerfen, denn insbes. Klöckner, der 2019 von Sullivan & Cromwell gekommen war, trug im Schulterschluss mit dem erfahrenen Hacket wesentlich zu der positiven Entwicklung bei. Mit den jüngsten Weggängen steht die Kanzlei nun wieder vor der Herausforderung, neben dem US-Anwalt Hacket einen dt. ECM-Experten aufzubauen.
Oft empfohlen: Dr. George Hacket („herausragende Persönlichkeit im ECM", „ausgezeichnete Wahl im Kapitalmarktrecht", Mandanten; „macht einen sehr guten Job", Wettbewerber)
Team: 2 Partner, 2 Counsel, 7 Associates
Partnerwechsel: Philipp Klöckner (zu Milbank)
Schwerpunkte: IPOs, Kapitalerhöhungen, Privatplatzierungen. In Frankfurt auch US-rechtl. Kompetenz.
Mandate: Home To Go bei IPO über Lakestar-SPAC; Banken bei Nordex-Bezugsrechtskapitalerhöhung; Banken bei Cherry-IPO; Banken bei IPO von EHC; Saudi Tadawul bei IPO in Riad; Banken bei Privatplatzierung von Bike24; Banken bei IPO von Novem.

CMS HASCHE SIGLE
Börseneinführung und Kapitalerhöhung ★★

Bewertung: Die Praxis für Eigenkapitalmarktrecht ist durch die gute Vernetzung der Kanzlei mit dt. Unternehmen häufig als Emittentenberaterin aktiv. Hilfreich sind dabei ihre im Corporate breit aufgestellten Spezialisten mit Branchenkenntnis, die den Mandanten etwa bei Kapitalmaßnahmen von Erzeugern erneuerbarer Energien zugutekommen. Durch ihren festen Mandantenstamm den Emittenten hat sich CMS mittlerweile auch bei transaktionsbegleitenden Banken wie der DZ Bank etabliert, die die Branchenerfahrung des Teams bspw. als Transaction Counsel kennenlernen. Ein weiteres Markenzeichen der Praxis ist ihre Erfahrung mit Aktiendividenden wie etwa bei der Wahldividende von Encavis. Hier zählt sie neben Hogan Lovells zu den anerkannten Teams. Um bei großen Transaktionen zentrale Rollen zu übernehmen, müsste das Team seine personelle Stärke jedoch erhöhen.

Oft empfohlen: Dr. Andreas Zanner („sehr erfahren; exzellente Kontakte zu Banken; extrem guter Verhandler", Mandant), Philipp Melzer („gut umsetzbare Lösungen; bleibt auch in Situationen großen Drucks ruhig", Mandant)

Team: 2 Partner, 1 Counsel, 2 Associates

Schwerpunkte: Traditionell tätig für Banken, Emittenten u. Gesellschafter.

Mandate: Encavis bei Wahldividende; ADS-TEC Energy bei Nasdaq-Börsengang durch Zusammenschluss mit Eur. Sust. Growth Acquisition; dt. Industrieholding bei SPAC-Transaktion in Bezug auf Onlineplattform für Ferienwohnungen; DZ Bank bei Wahldividende von Baader Bank; Metzler bei Kapitalerhöhung von Wallstreet Online.

DLA PIPER
Börseneinführung und Kapitalerhöhung ★★

Bewertung: Das Team um Partner Maaß verfügt über umfangr. Erfahrung mit Börsengängen u. Kapitalerhöhungen. Dadurch entstanden zahlr. gute Kontakte zu Unternehmen wie auch Banken. Diese gute Vernetzung funktioniert auch intern im internat. DLA-Netzwerk: Gemeinsam mit dem Warschauer Büro beriet das dt. Team Vita 34 bspw. beim ersten grenzüberschreitenden öffentl. Umtauschangebot im poln. Markt. Das Kanzleinetzwerk für neue Mandatsbeziehungen zu nutzen, bietet weiteres Entwicklungspotenzial. In Dtl. arbeitet das Team v.a. mit der Corporate- u. der Bankaufsichtsrechtspraxis eng zusammen. Die kapitalmarktrechtl. Beratung zahlr. Unternehmen von MDax-Konzernen wie Jungheinrich bis zu börsennot. Mittelständlern bildet dementsprechend ein wichtiges Betätigungsfeld, das bis an die eigenkapitalmarktrechtl. Aspekte von HVen u. Offenlegungspflichten heranreicht. Ein Schwerpunkt der Mandate liegt aber bei mittelgr. Kapitalerhöhungen. Mit der prospektierten Bezugsrechtskapitalerhöhung von Compleo Charging Solutions intensivierte die Praxis etwa die enge Beziehung zu Berenberg weiter.

Oft empfohlen: Dr. Roland Maaß („versiert; sehr kompetent u. erfahren", Mandant; „sehr gute Zusammenarbeit", Wettbewerber)

Team: 1 Partner, 4 Associates

Schwerpunkte: Gute internat. Vernetzung u. Branchenkenntnis.

Mandate: Montana Aerospace bei CHF293-Mio-Kapitalerhöhung; Berenberg u. Stifel Europe bei €55-Mio-Bezugsrechtskapitalerhöhung von Compleo Charging Solutions; Vita 34 bei öffentl. Umtauschangebot für die Aktien der poln. Polski Bank Komórek; DBAG, LPKF Laser & Electronics, Gelsenwasser, DIC Asset, Varta, Heidelberger Druck, Drägerwerk u. Jungheinrich jew. lfd. kapitalmarktrechtl.; div. Unternehmen lfd. zu kapitalmarktrechtl. Offenlegungspflichten nach EU-Marktmissbrauchsverordnung.

FRESHFIELDS BRUCKHAUS DERINGER
Börseneinführung und Kapitalerhöhung ★★★★★

JUVE AWARDS 2022 — Kanzlei des Jahres für Bank- und Finanzrecht

Bewertung: Die zum Kreise der Marktführer gehörende Praxis bespielt die ges. Klaviatur des ECM-Rechtes auf höchstem Niveau. Zuletzt machte sie vor allem mit großvol. Kapitalerhöhungen von sich reden. So setzte Nordex u.a. dazu u. zur Erweiterung u. Anpassung bestehender Finanzierungsinstrumente auf ein Team um den erfahrenen Gleske. Bei der größten ECM-Transaktion in Europa seit 2017 kam FBD ebenfalls zum Zuge u. half Vonovia mit einer €8 Mrd schweren Kapitalerhöhung bei der Finanzierung der Übernahme von Dt. Wohnen. Doch auch bei IPOs war die Kanzlei gefragt, u. zwar sowohl am dt. Markt als auch in den USA: etwa von Evotec bei deren Nasdaq-IPO oder von Continental bei der Börsenzulassung von Vitesco in Frankfurt. Dass FBD Continental bereits seit 2018 umfassend in dieser Sache zur Seite stand, die im Vorfeld des eigentl. Börsengangs u.a. den Carveout u. die Abspaltung von Vitesco Technologies umfasste, zeigt, dass sie bei komplexen Transaktionen entlang der Corporate- u. ECM-Beratung zu den Besten des Marktes gehört. Einziger Wermutstropfen ist, dass es bisher keinem der jüngeren Anwälte gelungen ist, sich einen Namen im Markt zu erarbeiten.

Stärken: Breite Kapitalmarkterfahrung. Eingespielte Teams.

Oft empfohlen: Rick van Aerssen („simply the best", „sehr hohe Beratungskompetenz; pragmatische Lösungen; angenehme Zusammenarbeit", Mandanten), Dr. Christoph Gleske

Team: 3 Partner, 2 Counsel, 11 Associates

Schwerpunkte: Oft Beratung von Emittenten zu Börsengängen, Kapitalerhöhungen, daneben Hybridprodukte (▷Anleihen).

Mandate: Evotec bei Nasdaq-IPO; Continental bei Börsenzulassung von Vitesco; Nordex u.a. bei Kapitalerhöhung; Vonovia bei €8-Mrd-Bezugsrechtskapitalerhöhung; Dt. Telekom bei €5-Mrd-Sachkapitalerhöhung; Banken bei €2,1-Mrd-Bezugsrechtskapitalerhöhung von Dt. Lufthansa; Banken bei 2 Wandelanleihen von Delivery Hero über insges. €1,25 Mrd.

GLEISS LUTZ
Börseneinführung und Kapitalerhöhung ★★★

Bewertung: Die Kanzlei konzentriert sich bei der ECM-Beratung v.a. auf mittelständ. Unternehmen. Dabei gelingt es ihr aufgrund ihres Renommees u. der guten Vernetzung in die Unternehmenslandschaft, ihren Mandantenstamm stetig zu erweitern. So setzt die 2020 neu hinzu gewonnene Mandantin Northern Data inzw. regelm. auf die gesellschafts- u. kapitalmarktrechtl. Kompetenz der Kanzlei. Die inhaltl. breite Aufstellung u. gute Vernetzung des Teams mit anderen Praxen lässt sich auch am Mandat der ebenfalls 2020 erstmals beratenen Schaltbau ablesen. Diese vertraute zuletzt bei einer Pflichtwandelanleihe sowie einem anschl. Übernahme- u. Delisting-Erwerbsangebot auf GL. Darüber hinaus gehören Großkonzerne wie LEG Immobilien, die das Team zuletzt bei einer Aktiendividende hinzuzog, zu den Mandanten. Die Eröffnung des Londoner Büros im Jahr 2022 könnte die ECM-Beratung bei grenzüberschreitenden Mandaten stärker in den Fokus von (potenziellen) Mandanten rücken.

Stärken: Starke Corporate-Tradition.

Oft empfohlen: Dr. Stephan Aubel („ausgezeichnet; fachl. u. menschl. eine echte Hilfe", Mandant)

Team: 2 Eq.-Partner, 2 Counsel, 3 Associates

Schwerpunkte: Schwerpunkt auf Emittentenberatung bei IPOs u. Kapitalerhöhungen.

Mandate: Northern Data u.a. bei 2 Sachkapitalerhöhungen über insges. €500 Mio zum Kauf von Serversystemen u. eines Bitcoin-Miners; Schaltbau bei €60-Mio-Pflichtwandelanleihe, Übernahme- u. Delisting-Erwerbsangebot; LEG bei Aktiendividende; Broncus bei IPO an der Hong Kong Stock Exchange; Burda Digital bei Delisting-Erwerbsangebot an Aktionäre der börsennot. Holidaycheck Group; SLM u.a. bei €40-Mio-Wandelschuldverschreibung; Hornbach Holding zu Delisting von Hornbach Baumarkt.

HENGELER MUELLER
Börseneinführung und Kapitalerhöhung ★★★★★

Bewertung: Das ECM-Team überzeugt mit einer breiten Partnerriege an der Schnittstelle zum Gesellschaftsrecht. Flankiert wird dies durch eine enge Verzahnung der Praxis mit den ▷Bankaufsichts- u. ▷Finanzierungsrechtlern der Kanzlei. Je nach Mandat spielen auch weitere Praxisgruppen mit, so etwa die Experten für Öffentl. Recht beim

---

Führende Berater bei Börseneinführungen und Kapitalerhöhungen

Rick van Aerssen
Freshfields Bruckhaus Deringer, Frankfurt

Dr. Carsten Berrar
Sullivan & Cromwell, Frankfurt

Dr. Reinhold Ernst
Hengeler Mueller, Düsseldorf

Dr. Christoph Gleske
Freshfields Bruckhaus Deringer, Frankfurt

Dr. Stephan Hutter
Skadden Arps Slate Meagher & Flom, Frankfurt

Prof. Dr. Michael Schlitt
Hogan Lovells, Frankfurt

Dr. Oliver Seiler
Latham & Watkins, Frankfurt

Die Auswahl von Kanzleien und Personen in Rankings und tabellarischen Übersichten ist das Ergebnis umfangreicher Recherchen der JUVE-Redaktion. Sie ist in 2erlei Hinsicht subjektiv: Die Aussagen der befragten Quellen sind subjektiv u. spiegeln deren Erfahrungen u. Einschätzungen. Die JUVE-Redaktion wiederum analysiert die Rechercheergebnisse unter Einbeziehung ihrer eigenen Marktkenntnis. Der JUVE Verlag beabsichtigt keine allgemeingültige oder objektiv nachprüfbare Bewertung. Es ist möglich, dass eine andere Recherchemethode zu anderen Ergebnissen führt. Innerhalb einzelner Gruppen in Rankings und tabellarischen Übersichten sind Kanzleien und Personen alphabetisch sortiert.

BANK- UND FINANZRECHT — BÖRSENEINFÜHRUNGEN UND KAPITALERHÖHUNGEN

Aufsteiger bei Börseneinführungen und Kapitalerhöhungen

Alexander Rang
Hengeler Mueller, Frankfurt

David Rath
Latham & Watkins, Frankfurt

Dr. Alexander Schlee
Linklaters, Frankfurt

Die Auswahl von Kanzleien und Personen in Rankings und tabellarischen Übersichten ist das Ergebnis umfangreicher Recherchen der JUVE-Redaktion. Sie ist in 2erlei Hinsicht subjektiv: Die Aussagen der befragten Quellen sind subjektiv u. spiegeln deren Erfahrungen u. Einschätzungen. Die JUVE-Redaktion wiederum analysiert die Rechercheergebnisse unter Einbeziehung ihrer eigenen Marktkenntnis. Der JUVE Verlag beabsichtigt keine allgemeingültige oder objektiv nachprüfbare Bewertung. Es ist möglich, dass eine andere Recherchemethode zu anderen Ergebnissen führt. Innerhalb einzelner Gruppen in Rankings und tabellarischen Übersichten sind Kanzleien und Personen alphabetisch sortiert.

IPO von Cherry. Diese Mandatierung steht auch für die vermehrte Beratung bei Börsengängen mit Private-Equity-/Venture-Capital-Bezug, denn die vorherigen US-Mehrheitsgesellschafter des Börsenaspiranten waren PE-Fonds. Auch bei mrd.-schweren Kapitalerhöhungen ist die Praxis regelm. gefragt, zuletzt u.a. erneut von der Dt. Lufthansa zur Schaffung genehmigten Kapitals nach dem Wirtschaftsstabilisierungsbeschleunigungsgesetz. Beim inzw. bereits wieder abgeflachten SPAC-Hype war die Kanzlei ebenfalls dabei – wenngleich nicht so stark wie die direkten Wettbewerber Sullivan & Cromwell u. Linklaters, doch vertraute bspw. Tencent als Hauptaktionär beim De-SPACing von Lilium durch Zusammenschluss mit dem US-SPAC Qell auf HM.

Oft empfohlen: Dr. Reinhold Ernst („immer bei IPO", Mandant), Dr. Wolfgang Groß, Alexander Rang („sehr versiert", Mandant), Dr. Dirk Busch
Team: 4 Partner, 2 Counsel, 7 Associates
Schwerpunkte: Emittenten bei IPOs, Kapitalerhöhungen u. Equity-bezogene Produkte.
Mandate: Cherry bei IPO; Tencent als Hauptaktionär beim De-SPACing von Lilium durch Zusammenschluss mit US-SPAC Qell; dt. Internetunternehmen, dt. Mobilitätsdienstleister u. dt. Retailkonzern jew. bei gepl. IPO; Banken bei gepl. IPO von dt. Healthtechunternehmen; Banken bei US-IPO von Mynaric; dt. Techunternehmen zu gepl. De-SPAC in den USA; Heartland beim IPO von About You; Epigonomics bei Pflichtwandelanleihen; Dt. Lufthansa bei €2,16-Mrd.-Kapitalerhöhung; KKR bei Verkauf von 9,5% der Hensoldt-Aktien im Rahmen eines Block Trade.

HEUKING KÜHN LÜER WOJTEK
Börseneinführung und Kapitalerhöhung ★

Bewertung: Die Praxis ist für ihren gr. Erfahrungsschatz bei Listings u. Reverse-IPOs bekannt. Daraus ergibt sich oft eine weitere kapitalmarktrechtl. Beratung der Mandanten, meist kleine u. mittelgr. bzw. noch junge Unternehmen sowie vereinzelt Finanzinstitute. Sie berät HKLW mit einem Team aus Kapitalmarktrechtlern, die sowohl im ECM- wie auch DCM-Recht zu Hause sind u. tendenziell mit einem niedrigeren Leverage arbeiten als andere Großkanzleipartner. Neben dem klassischen ECM-Geschäft ist das Team auch bei Trendthemen wie dem elektron. Wertpapier präsent. Ein Bsp. dafür ist die Arbeit für Artechnologies. Die Stammmandantin Bankhaus Gebr. Martin, die sie lfd. zu Kapitalmarkttransaktionen betreut, zog sie zudem zu digitalen Aktienemissionen des Karlsruher SC hinzu.

Oft empfohlen: Dr. Thorsten Kuthe („sehr erfahren; sehr pragmat.; schnell u. gut vernetzt", Mandant), Dr. Anne de Boer
Team: 3 Eq.-Partner, 4 Sal.-Partner, 4 Associates (ges. Kapitalmarktteam)
Schwerpunkte: IPOs, Kapitalerhöhungen, Segmentwechsel u. Delistings. Häufig an Transaktionen v.a. jüngerer Unternehmen beteiligt.
Mandate: Artechnologies bei Emission einer Wandelanleihe als elektron. Wertpapier nach dem eWpG; Bankhaus Gebr. Martin lfd. bei Zahlstellenfunktion (Kapitalerhöhungen u. weiteren Kapitalmarkttransaktionen, auch digitale Aktienemissionen wie KSC); Dr. Dirk Markus/Blue Horizon bei Gründung u. Listing einer luxemb. S.A. u. Einbeziehung der Aktien in den Freiverkehr der Börse Düsseldorf im Wege eines sog. Shelf Listing; sdm bei Börsengang.

HOGAN LOVELLS
Börseneinführung und Kapitalerhöhung ★ ★ ★ ★

NOMINIERT
JUVE Awards 2022
Kanzlei des Jahres für
Bank- und Finanzrecht

Bewertung: Das Team für Eigenkapitalmarktrecht ist insbes. durch die Kompetenz des Partners Schlitt im Markt anerkannt. Bank- u. emittentenseitig berät es zu einer breiten Palette an Kapitalmaßnahmen. Dazu zählen Mandate wie die Beratung der Finanzagentur zur mrd.-schweren Kapitalerhöhung der Lufthansa, bei der das Team an einem zentralen Punkt der Corona-Hilfen mitwirkte. Immer wieder steht das Team Banken bei Kapitalerhöhungen zur Seite, etwa Berenberg bei der Platzierung neuer Aktien der Medios bei institutionellen Investoren im Wege eines beschleunigten Bookbuildings. Die Erhöhung bei Va-Q-tec ist ein Bsp. dafür, dass sich die Praxis mittlerweile auch bei Unternehmen etabliert hat. Auch bei IPOs berät sie regelmäßig, etwa Pareto beim Börsengang von Pyrum sowie Katjesgreenfood bei dem von Veganz. Marktführerin ist sie bei Aktiendividenden. Hier gewann sie bspw. die Baader Bank als Mandantin hinzu u. beriet sie bei ihrer ersten Aktiendividendentransaktion auf Emittentenseite. Potenzial bietet die weitere Integration zu einer stärker praxisübergreifenden Finanzierungsberatung, die Mandanten häufiger auch für Instrumente jenseits des Kapitalmarkts nutzen könnten.

Oft empfohlen: Prof. Dr. Michael Schlitt („einer der führenden Köpfe", „extrem serviceorientiert u. schnell", „schnell u. sehr erfahren", Mandanten)
Team: 1 Eq.-Partner, 1 Counsel, 2 Associates, 1 of Counsel
Schwerpunkte: Beratung bei Kapitalerhöhungen, IPOs, Sekundärplatzierungen.
Mandate: Finanzagentur bei Teilverkauf von Aktien an Dt. Lufthansa; Katjesgreenfood bei Börsengang von Veganz; Baader Bank bei erster Aktiendividende; Delticom bei kombinierter Kapitalerhöhung mit u. ohne Bezugsrecht; Berenberg bei Kapitalerhöhung u. Upsize-Option bei Medios; Pareto Securities im Zshg. mit Privatplatzierung u. Listing von Pyrum Innovations; Va-Q-tec bei Kapitalerhöhung; Bankhaus Metzler bei Aktienrückkaufprogramm von Patrizia; Dt. Bank bei Verkauf von Aktien durch einen Aktionär von Auto1; Hornbach Baumarkt bei Delisting-Angebot von Hornbach Holding; Commerzbank bei Aktiendividende von Vonovia; Fresenius bei erster Aktiendividende.

LATHAM & WATKINS
Börseneinführung und Kapitalerhöhung ★ ★ ★ ★

Bewertung: Die an der Marktspitze etablierte Praxis für Eigenkapitalmarktrecht ist an den meisten wichtigen ECM-Transaktionen im dt. Markt beteiligt. Die Stärke ist zum einen durch die Kontakte u. Kompetenz des hoch renommierten Seiler begründet, zum anderen auf einen erfolgreich umgesetzten Corporate-Finance-Ansatz zurückzuführen. Letzteres verdeutlicht Cheplapharm als langj. Mandantin, die bereits vor dem gepl. IPO zu mehreren High-Yield-Anleihen u. Akquisitionen beraten wurde. Auch bei Nagarro, die als Issuer's Counsel beraten wurde, war L&W bereits beim Spin-off aktiv. Die große Abspaltung von Vitesco ist ein Bsp. für die Beteiligung von L&W an den wichtigsten u. komplexesten dt. Kapitalmarkttransaktionen. Das gelingt auch bei Trendthemen wie SPACs: Die Transaktion mit Home To Go war das erste aktuelle europ. De-SPAC mit einem dt. Target. Bei zahlreichen (gepl.) Börsengängen u. Kapitalerhöhungen ist die Kanzlei auf Bankenseite mandatiert. Als großes Plus schätzen regelm. dt. Emittenten die umfassende Beratung bei Börsengängen in den USA, wie bei Evotec, als ein Alleinstellungsmerkmal, das nur wenige Praxen derart ausgeprägt bieten.

Oft empfohlen: Dr. Oliver Seiler, David Rath („kompetent bei M&A-Bezügen", Mandant; „gehört zur nächsten Generation Marktführer", Wettbewerber)
Team: 2 Partner, 2 Counsel, 5 Associates
Schwerpunkte: Auf Emittenten- u. Bankenseite bei IPOs u. Kapitalerhöhungen. Enge Vernetzung mit US-Kapitalmarktpraxis.
Mandate: Banken bei €1,2-Mrd-Übernahme von Home To Go durch SPAC Lakestar Spac I; Banken bei der Abspaltung u. Börsennotierung von Vitesco; Novem bei gepl. IPO; Bankenkonsortium bei gepl. IPO von Babbel (abgebrochen); Cheplapharm Arzneimittel bei gepl. IPO; Banken bei US-Börsengang von Evotec; Banken bei NL-Börsengang von Majorel Group Luxembourg; Nagarro bei gepl. Kapitalerhöhung; Adesso bei €50-Mio-Kapitalerhöhung; Banken bei €1,1-Mrd-Bezugsrechtsemission von Tui; Placement Agents bei Zeichnung neuer Aktien durch neue Investoren im Zshg. mit Zusammenschluss von Signa Sports United mit Yucaipa Acquisition Corporation.

LINKLATERS
Börseneinführung und Kapitalerhöhung ★ ★ ★ ★ ★

Bewertung: Die ECM-Praxis ist eine der ersten Adressen, wenn es um die Beratung großer Konzerne bei Börsengängen, Dual-Track-Prozessen u. großvol. Kapitalerhöhungen geht. Dabei hat sie neben dt.-rechtl. Top-Anwälten auch ein substanzielles US-rechtl. Anwaltsteam vorzuweisen. Dass sie regelm. an den Spitzendeals des Marktes beteiligt ist, zeigen der gepl. IPO der Porsche AG u. Thyssenkrupp Nucera, der Börsengang von Daimler Truck u. die Bankenberatung bei der €8 Mrd schweren Vonovia-Kapitalerhöhung. Bankenseitig war Linklaters auch bei SPAC-Transaktionen neben Konkurrentin Sullivan & Cromwell eine der gefragtesten Kräfte, bspw. im Rahmen der SPAC-IPOs von GFJ, OboTech oder 468. Zudem gewann die Praxis zahlr. neue Mandanten, so etwa Chronext, Capiton u. KD Pharma sowie

BÖRSENEINFÜHRUNGEN UND KAPITALERHÖHUNGEN BANK- UND FINANZRECHT

Trans-o-flex. Bei Emissionen im europ. Ausland oder den USA ist sie ebenfalls eine der präsentesten Kanzleien.
Stärken: Konzerne bei Abspaltungen.
Oft empfohlen: Marco Carbonare, Dr. Alexander Schlee („großartiger Jurist; sehr businessorientiert", Mandant; „kompetent, kollegial u. angenehm", „prominentere Rolle inzwischen; hat sich gut entwickelt", „gehört zur nächsten Generation Marktführer", Wettbewerber)
Team: 3 Partner, 3 Counsel, 15 bis 20 Associates
Schwerpunkte: Beratung sowohl von Banken als auch Emittenten. Enge Verbindung zur ▷Anleihenpraxis.
Mandate: Volkswagen u. Porsche bei gepl. IPO der Porsche AG; Morgan Stanley bei €8-Mrd-Bezugsrechtskapitalerhöhung von Vonovia; Thyssenkrupp u. Thyssenkrupp Nucera bei gepl. IPO von Nucera, inkl. Reorganisation; Trans-o-flex bei gepl. IPO; Capiton u. KD Pharma bei Dual Track von KD Pharma; Daimler u. Daimler Truck bei IPO von Daimler Truck; JPMorgan bei SPAC-IPO von GFJ u. von OboTech; Berenberg Bank bei SPAC-IPO von 468 SPAC I u. von 468 SPAC II; Goldman Sachs bei Truecaller-Nasdaq-IPO; Chronext bei gepl. IPO an der SIX Swiss Exchange; JPMorgan bei gepl. IPO von Var Energí an der Osloer Börse.

NOERR
Börseneinführung und Kapitalerhöhung ★★★
Bewertung: Ausgehend von ihrer Stärke bei Mid-Cap-Transaktionen hat die Praxis für Eigenkapitalmarktrecht die Bandbreite der Beratung in den letzten 2 Jahren deutlich erweitert. Dazu zählten 2021 Transaktionen in neuen Branchen (Lebensmittel bei Veganz) u. neuen Börsenplätzen (IPO Rebelle in Stockholm). Neben ihrem langen Trackrecord bei Kapitalmarkttransaktionen auf der Seite von Emittenten ist sie inzw. auch bei dt. Banken erfahren u. dort insbes. als Begleiterin mittelgroßer Emissionen angesehen. So berät sie häufig Unternehmen u. beteiligte Banken gemeinsam, wie etwa bei Veganz auch die Banken Warburg u. Quirin. Dass die Anwälte sowohl bei Eigen- als auch Fremdkapitalthemen versiert sind u. die beiden Teams eng zusammenarbeiten, qualifiziert sie als hervorragende Berater von Wandelanleihen. Die andauernden Umbauarbeiten bei Ceconomy zeigen dies u. sind darüber hinaus ein Mandat mit den für die Praxis typ. Corporate-Bezügen: Immer wieder arbeitet das Team praxisübergreifend, bes. mit den ▷Gesellschaftsrechtlern, zusammen.
Oft empfohlen: Dr. Holger Alfes, Dr. Laurenz Wieneke („fundierte Beratung", Mandant)
Team: 2 Eq.-Partner, 2 Sal.-Partner, 3 Associates
Schwerpunkte: Begleitung von IPOs, Kapitalerhöhungen. Schwerpunkt in der Emittentenberatung. Mandate entstehen regelm. aus der Corporate-Arbeit.
Mandate: Mutares bei €100-Mio-Bezugsrechtskapitalerhöhung u. Wechsel des Börsensegments; Veganz Group u. Banken bei €48-Mio-Börsengang; Ceconomy bei €525-Mio-Sachkapitalerhöhung u. €151-Mio-Wandelschuldverschreibungen; Global Founder Capital bei Zusammenschluss von HomeToGo mit Lakestar SPAC I; Bestandsinvestoren bei verschobenem Börsengang von Babbel Group; Bestandsinvestoren bei Börsengang von Mr. Spex; Performance One bei Formwechsel u. gepl. Börsengang; StyleRemains/Rebelle bei Börsengang.

NORTON ROSE FULBRIGHT
Börseneinführung und Kapitalerhöhung ★★
Bewertung: Die Kanzlei ist internat. im Eigenkapitalmarktrecht breit aufgestellt, sodass die hiesige Praxis alle gängigen dt. u. internat. Strukturen bei Kapitalmarkttransaktionen aus einer Hand anbietet. Der Schwerpunkt der Mandate liegt dabei auf inl. Transaktionen mittleren Volumens. Typisch ist etwa die Beratung von Athos, die u.a. 48% der Anteile an BioNTech hält, in allen kapitalmarktrechtl. Fragen bei der Zusammenführung ihrer Entwicklungsaktivitäten mit Formycon mit einer gemischten Sacheinlage gegen die Ausgabe neuer Aktien sowie hinausgeschobenen Zahlungen. Die beiden erfahrenen Partner Regelin u. Gillessen berieten zuletzt insbes. die Emittenten auch kapitalmarktrechtl. an der Schnittstelle zum Aktienrecht u. öffentl. M&A. Mittelstandsbanken wie Jeffries sind seit Jahren regelm. in den Mandaten präsent, die Partner haben aber auch gute Kontakte zu den Großbanken.
Oft empfohlen: Dr. Benedikt Gillessen, Dr. Frank Regelin
Team: 2 Partner, 2 Counsel, 2 Associates
Schwerpunkte: IPOs, Kapitalerhöhungen u. Aktienplatzierungen. Schwerpunkt im Mid-Cap-Bereich. Mandanten: v.a. Banken.
Mandate: Athos bei gemischter Sacheinlage; Bauer bei Bezugsrecht; ERWE Immobilien im Zshg. mit Kapitalerhöhung gg. Bareinlagen; Futurum Bank im Zshg. mit Bezugsrecht der Lloyd Fonds; Jefferies bei Bareinlagen von SLM Solutions; Voltabox bei Bareinlagen.

SKADDEN ARPS SLATE MEAGHER & FLOM
Börseneinführung und Kapitalerhöhung ★★★★
Bewertung: Die Praxis für Eigenkapitalmarktrecht gehört bei Transaktionen mit Auslandsbezug zu den gefragten Adressen. Neben dem häufigen US-Bezug über den starken Stammsitz in New York fällt auch bei der Schweiz u. Österreich auf. Zu nennen ist hier etwa die Onlineplattform für Luxusuhren Chronext mit ihrem verschobenen Börsengang u. die ebenfalls Schweizer Bachem mit ihrer Franken-Kapitalerhöhung. Das Modethema SPAC spielte marktbedingt zwar nicht die Rolle wie im ersten Halbjahr 2021, zeigt aber eine weitere Stärke der Praxis, nämlich die gute Vernetzung mit dem ▷M&A-Team. Der Zusammenschluss von Boxine mit dem SPAC führte zum Frankfurter Börsengang des neuen Unternehmens Tonies. Ob diese Verzahnung des personell kleinen Teams dauerhaft Dynamik in die Emittentenberatung bringt, muss sich bei einer Marktbelebung erweisen.
Oft empfohlen: Dr. Stephan Hutter („gut vernetzt zu Private Equity u. nach Österreich", Wettbewerber)
Team: 1 Partner, 2 Counsel, 3 Associates
Schwerpunkte: IPOs, Kapitalerhöhungen, z.T. komplexe Transaktionen, auch zu US-rechtl. Fragen. Ebenso auch auf Österreich u. die Schweiz ausgerichtet.
Mandate: Armira Beteiligungen u. Boxine bei Zusammenschluss von Boxine mit 468 SPAC I; Babbel u. Chronext jew. bei gepl. IPO (verschoben); Banken bei CHF584-Mio-Kapitalerhöhung von Bachem; Berenberg u. Stifel bei Kapitalerhöhung von Pacifico Renewables.

SULLIVAN & CROMWELL
Börseneinführung und Kapitalerhöhung ★★★★★
Bewertung: Die Kanzlei gehört seit vielen Jahren zu den Marktführern im Eigenkapitalmarktrecht. Motor der Praxis ist der hervorragend vernetzte und angesehene Partner Berrar. Auf Anhieb war sie deshalb ebenfalls in der Marktspitze bei dt. SPACs dabei u. beriet trotz des Marktabschwungs wichtige Transaktionen dieses Segments. Ihre hervorragende internat. Vernetzung spielt die Praxis nicht nur bei US-IPOs wie Mynaric aus, sondern auch in europ. grenzüberschr. Fremdwährungstransaktionen wie für Medmix. Die langj. Beziehung zum Mutterkonzern Bertelsmann zeigt bei Mynaric zudem, dass das Team über konkrete Transaktionen hinaus in der strateg. Kapitalberatung gefragt ist. In der Hochphase des Marktes beim IPO von Mr. Spex hat die belastbare Praxis 2 weitere E-Commerce-Börsengänge binnen weniger Wochen beraten.
Stärken: Herausragende Reputation für Transaktionsmanagement u. Disclosure-Erfahrung. Bei integrierten 144A-Mandaten sehr stark.
Oft empfohlen: Dr. Carsten Berrar („Marktspitze", Mandant; „absolut zu empfehlen: Marktspitze; superprofessionell u. angenehm im Umgang", Wettbewerber), Dr. Clemens Rechberger
Team: 3 Partner, 2 Counsel, 15 bis 20 Associates, 1 of Counsel
Schwerpunkte: Breite Palette an Equity-Produkten, v.a. Erfahrung bei SEC-registrierten Deals, 144A-Listings.
Mandate: 468 SPAC II bei €210-Mio-IPO; European Healthcare Acquisition & Growth Co. (EHC) SPAC bei €200-Mio-IPO; GFJ ESG Acquisition I SPAC bei €150-Mio-IPO; Majorel bei €279-Mio-IPO; medmix bei CHF315-Mio-IPO; Mr. Spex bei €375-Mio-IPO; Mynaric bei $76-Mio-IPO; Sono Group bei Finanzierungsrunde, Rechtsformwechsel u. $150-Mio-US-Börsengang; Pacifico Renewables Yield regelm. bei Kapitalmaßnahmen.

TAYLOR WESSING
Börseneinführung und Kapitalerhöhung ★★
Bewertung: Die Praxis für Eigenkapitalmarktrecht ist fokussiert auf kleinere u. mittelgr. IPOs u. Kapitalerhöhungen. Viele treue Mandanten lassen auf eine hohe Zufriedenheit mit der Beratung schließen. Beispiele sind Grand City u. Aroundtown, die das Team u.a. zu Scrip-Dividenden beriet. Darüber kam die Praxis auch in Kontakt mit gr. internat. Investmentbanken, was den eingeschlagenen Weg hin zu grenzüberschreitenden Transaktionen unterstützt. Über das Berliner Büro verfügt die Praxis über Kompetenz in der Techbranche u. berät börsennot. Unternehmen als Emittenten bei ihren Kapitalmarkttransaktionen u. zu aktienrechtl. Fragen. Daneben sind die Anwälte in Frankfurt u. Berlin auch bei M&A-Deals unter Beteiligung börsennot. Unternehmen verbunden mit Kapitalmarktmaßnahmen erfahren. Um deutlichere Spuren im Markt zu hinterlassen, würde sich eine stärkere Fokussierung einzelner Partner auf das ECM-Geschäft anbieten.
Oft empfohlen: Marc-Oliver Kurth
Team: 5 Eq.-Partner, 3 Sal.-Partner, 7 Associates (ges. Kapitalmarktteam)
Schwerpunkte: Begleitung von v.a. kleineren bis mittelgr. IPOs u. Kapitalerhöhungen.
Mandate: Fahrschule 123 bei Privatplatzierung von Aktien u. Bezugsrechtsemission; Aap Implantate bei Kapitalerhöhung; Aroundtown u.a. bei Scrip-Dividende sowie bei Verlängerung u. Aufstockung von Aktienrückkaufprogramm; Grand City Properties bei Scrip-Dividende; Brockhaus Technologies u.a. bei Kapitalerhöhung; C. Bechstein Pianoforte bei Bezugsrechtskapitalerhöhung; Saint-Gobain

BANK- UND FINANZRECHT BÖRSENEINFÜHRUNGEN UND KAPITALERHÖHUNGEN / INVESTMENTFONDS

bei Squeeze-out bei der ehem. börsennotierten Saint-Gobain Isover G+H; Giesecke & Devrient bei Umplatzierung von Secunet-Aktien.

WHITE & CASE
| Börseneinführung und Kapitalerhöhung | ★★★ |

NOMINIERT
JUVE Awards 2022
Kanzlei des Jahres für Bank- und Finanzrecht

Bewertung: Im Gegensatz zu Marktführern wie Linklaters, Hengeler Mueller oder Sullivan & Cromwell ist die ECM-Praxis von W&C nicht auf Carve-outs oder Dual-Track-Prozesse fokussiert, sondern kapriziert sich auf Unternehmen mit Finanzierungsbedarf. Ein viel beachtetes Mandat war die Beratung der Dt. Lufthansa bei ihrer mrd-schweren Bezugsrechtskapitalerhöhung. Die Beziehung zu dem namh. u. krisengebeutelten Konzern stammt aus der Corporate-Praxis u. konnte erfolgreich auf das Kapitalmarktteam ausgeweitet werden. Dieses deckt von der Pre-IPO-Finanzierungsrunde (für Start-ups) über Wandel- u. High-Yield-Anleihen bis hin zu weiteren Kapitalmarktmaßnahmen nach einem Börsengang alles ab. Personell verstärkte sich die Praxis erneut: So wechselte ein Counsel von Clifford Chance zu W&C, nachdem 2021 bereits ein Partner von einer anderen Kanzlei gekommen war. Zudem betont die Ernennung einer Partnerin aus dem Team die Bedeutung der Praxis innerhalb der Kanzlei. Der renommierte Dr. Lutz Krämer trat über die letzten Jahre zunehmend in den Hintergrund u. wechselte nun altersbedingt in den Of-Counsel-Status.

Stärken: Integriertes Kapitalmarktteam aus ECM- u. DCM-Experten.
Oft empfohlen: Rebecca Emory („einer der Stars am Markt", Wettbewerber), Thilo Diehl („herausragende Fachkenntnis u. Fähigkeit, auch über den eigenen fachl. Tellerrand hinaus auf die Interessen des Mandanten einzugehen", Mandant)
Team: 3 Partner, 1 Counsel, 1 Associate, 1 of Counsel
Schwerpunkte: IPOs, Kapitalerhöhungen u. Aktienplatzierungen. Mandanten: sowohl Emittenten als auch Banken.
Mandate: Dt. Lufthansa bei €2,2-Mrd-Bezugsrechtskapitalerhöhung; Dt. Bank als Treuhänder bei versch. SPAC-IPOs; Wefox bei Pre-IPO-Serie-C-Finanzierungsrunde in Höhe von $650 Mio.

Investmentfonds

CLIFFORD CHANCE
| Fondsstrukturierung | ★★★★★ |
| Fondsaufsicht u. -investments | ★★★★★ |

Bewertung: In puncto Erfahrung u. Breite der Aufstellung reicht an die Investmentrechtspraxis von CC kaum eine Wettbewerberin heran. So ist das Münchner Team um Pauls gefragt, wenn es um die wichtigsten u. größten Venture-Capital-Fondsstrukturierungen u. Fundraisings im dt. Markt geht. Neben der Betreuung etwa von Rocket Internet u. Lakestar sticht in diesem Bereich die 2021 begonnene Beratung der KfW Capital hervor, die mit dem bis zu €30 Mrd schweren Zukunftsfonds Dtl. dem Wagniskapital hierzulande einen neuen Schub geben soll. Gleichzeitig ist die Frankfurter Praxis bei praktisch allen neuartigen dt. u. internat. Fondsstrukturen u. Asset-Klassen für institutionelle Anleger Frontrunner. Schon längst beschränkt sich die Tätigkeit des Teams um Brinkhaus u. Simonis nicht mehr auf Dtl. oder Europa; insbes. bei der Gestaltung komplexer Infrastruktur- u. Immobilienfonds setzten sie neben den klass. Luxemb. Strukturen zuletzt speziell in der asiat.-pazif. Region (Singapur, Korea, Japan, Australien) in Kooperation mit lokalen Beratern auf Strukturierungen für internat. Investoren. CC unterstreicht damit, dass für die dt. Investment- u. Steuerberater der internat. Beratungsansatz in Fleisch u. Blut übergegangen ist, ohne dass die zentrale lfd. Betreuung dt. Finanzinstitutionen bei Strukturierung u. Anlageberatung – wo die Kanzlei seit Langem Beziehungen zu einer Vielzahl der wichtigsten Häuser unterhält – ins Hintertreffen gerät.

Stärken: Umf. Beratung zu Fondsstrukturierung, Dokumentation u. Auflage in allen Anlageklassen inkl. Schnittstellen zu ▷*Börsen- u. Kapitalmarktrecht* sowie ▷*M&A-Transaktionen*. Exzellente internat. Anknüpfung nach Luxemb., GB u. in die USA. Hervorragendes Branchenverständnis.
Oft empfohlen: Marco Simonis („hervorragende Kenntnis des Marktes u. der BaFin-Praxis, bei Zweifelsfragen sehr überzeugende Lösungen", Mandant; „super Produktberater", Wettbewerber), Sonya Pauls, Dr. Jan Grabbe („sehr gute Arbeitsergebnisse, aber haben ihren Preis", Mandant), Dr. Josef Brinkhaus
Team: 6 Eq.-Partner, 7 Counsel, rd. 15 Associates

Fondsstrukturierung

★★★★★	
Clifford Chance	Frankfurt, München
Linklaters	Frankfurt
★★★★	
Poellath	Berlin, Frankfurt
Ypog	Berlin, Hamburg, Köln
★★★	
CMS Hasche Sigle	Frankfurt
Debevoise & Plimpton	Frankfurt
Dechert	München
King & Spalding	Frankfurt
Luther	Frankfurt, Köln
★★	
Flick Gocke Schaumburg	München
GSK Stockmann	Frankfurt, München
★★	
Goodwin Procter	Frankfurt
McDermott Will & Emery	Frankfurt
Orbit	Berlin
★	
Heuking Kühn Lüer Wojtek	Frankfurt, Hamburg
Simmons & Simmons	Frankfurt

Die Auswahl von Kanzleien und Personen in Rankings und tabellarischen Übersichten ist das Ergebnis umfangreicher Recherchen der JUVE-Redaktion. Sie ist in 2erlei Hinsicht subjektiv: Die Aussagen der befragten Quellen sind subjektiv u. spiegeln deren Erfahrungen u. Einschätzungen. Die JUVE-Redaktion wiederum analysiert die Rechercheergebnisse unter Einbeziehung ihrer eigenen Marktkenntnis. Der JUVE Verlag beabsichtigt keine allgemeingültige oder objektiv nachprüfbare Bewertung. Es ist möglich, dass eine andere Recherchemethode zu anderen Ergebnissen führt. Innerhalb einzelner Gruppen in Rankings und tabellarischen Übersichten sind Kanzleien und Personen alphabetisch sortiert.

Schwerpunkte: Fondsstrukturierung (u.a. VC-, PE-, Immobilien-, Infrastruktur-, Erneuerbare-Energien-, Debt-Fonds), Investment-/Regulierungsberatung, Aufsichtsrecht, Investmentsteuern sowie ▷*PE- u. VC-* u. ▷*Immob.-Transaktionen* u. M&A im Fondssektor.

Mandate: Fondsstrukturierung: KfW Capital bei Aufsetzen des Beteiligungsfonds für Zukunftstechnologien (Vol: €30 Mrd); RTX21 bei Aufsetzen einer auf Token basierten Immob.-Investmentplattform; Aquila bei Aufbau einer auf der Emission von Inhaberschuldverschreibungen beruhenden Anlagestruktur (Vol: €4 Mrd) u. bei div. Erneuerbaren-Energie-Projekten; Dt. Finance Group bei Aufsetzen div. internat. Immobilienfonds; LBBW Immobilien bei Auflegung dt. Immobilienfonds; Salm-Salm zu internat. investierenden Timberfonds mit Anlagen u.a. in den USA u. Neuseeland; Maguar Capital Partners, Endeavour Vision, Invision, Genui, Montana Capital lfd. bei Fundraisings u. Strukturierungen; Lakestar, Rocket Internet lfd. u. umfassend. **Fondsaufsicht u. -investments:** Munich RE/MEAG, Allianz, Provinzial, Versicherungskammer Bayern, Generali lfd. steuerl. bei Kapitalanlagen; Nuveen, Brookfield, Blackstone, CVC u. andere Asset-Manager lfd. hinsichtl. Besteuerung dt. Anleger. **M&A im Fondssektor:** Amundi bei €825-Mio-Erwerb von Lyxor; Altamar Capital Partners bei Zusammenschluss mit CAM Alternatives.

CMS HASCHE SIGLE

Fondsstrukturierung	★★★
Fondsaufsicht u. -investments	★★★★

Bewertung: Das stetig wachsende Team zählt mittlerw. zu denen, die einen reichhaltigen Erfahrungsschatz bei der Fondsstrukturierung für eine Vielzahl von Asset-Klassen aufweisen können. Nicht zuletzt desw. gelingt es der Kanzlei mehr u. mehr, auch sog. First Timer zu begleiten: So beriet CMS einerseits ihre Stammmandantin Aquila bei der Auflage eines großen Fonds für europ. Logistikimmobilien, andererseits CapMan bei ihrem ersten Immobilienfonds, den sie über ein dt. Sondervermögen aufgelegt hat. Besonderen Schub erhielt die Praxis zuletzt bei Fremdkapitalfonds, wie etwa die Engagements für EDS bei einem innovativen Fonds für Kommunalkredite oder von Kingstone zeigen. Zudem mandatierte AGI CMS wiederholt, u. zwar nicht nur für Investments in Debt-Fonds, sondern auch für Fondsstrukturierungen, was einen nicht u. symbol. Erfolg für die Praxis darstellt. CMS ist insofern eine Annäherung an marktführende Kanzleien wie Clifford oder Linklaters gelungen. Größer ist ihr Abstand indes noch im Bereich Venture Capitel und Private Equity. Allerdings setzte das Team mit der Beratung der Commerzbank bei ihrem €300 Mio starken Fintech- und Insurtech-VC-Fonds auch in dieser Asset-Klasse zuletzt ein Ausrufezeichen.
Oft empfohlen: Dr. Daniel Voigt („schnelle pragmat. Lösungen", Mandant; Investmentrecht), Dr. Tillman Kempf (Steuerrecht)
Team: 3 Partner, 3 Counsel, 8 Associates
Schwerpunkte: Fondsstrukturierung (v.a. Immobilien-, Erneuerbare-Energien-, Debt-Fonds), Investment-/Regulierungsberatung, Aufsichtsrecht (inkl. OGAW-Beratung), Investmentsteuern sowie ▷*PE- u. VC-* u. ▷*Immob.-Transaktionen*.
Mandate: Fondsstrukturierung: Allianz Global Investors bei Strukturierung einer luxemb. Umbrella-Plattform u. bei €180-Mio-Investition in Kreditfonds Capital Four; EDS European Debt Solutions bei Auflage eines Private-Debt-Fonds für Kommunaldarlehen (Vol. bis €2 Mrd); Aquila Capital bei Auflage eines luxemb. Fonds mit Fokus auf südeurop. Logistikimmob. u. Closing über €350 Mio (Vol. bis €1 Mrd); CapMan bei erster Auflage eines dt. Sondervermögens mit Anlageschwerpunkt auf Immob. mit sozialer Nutzung in Skandinavien (Vol. mehr als €500 Mio); Encavis bei Auflage des 4. Erneuerbare-Energien-Fonds (Vol. €500 Mio). **Fondsaufsicht u. -investments:** Kingstone als Anlageberater bei Auflage eines luxemb. Real-Estate-Mezzanine-Kreditfonds; Commerzbank als Ankerinvestor u. bei

Fondsaufsicht u. -investments

★★★★★

Clifford Chance	Frankfurt, München
Linklaters	Frankfurt, München

★★★★

GSK Stockmann	Frankfurt, München, Hamburg, Berlin
Poellath	Frankfurt, Berlin
Simmons & Simmons	Frankfurt

★★★★

CMS Hasche Sigle	Frankfurt
Freshfields Bruckhaus Deringer	Frankfurt, Düsseldorf
Hengeler Mueller	Frankfurt
King & Spalding	Frankfurt
Luther	Frankfurt, Hamburg

★★★

Debevoise & Plimpton	Frankfurt
Dechert	München
Ypog	Berlin, Hamburg, Köln

★★

Goodwin Procter	Frankfurt
McDermott Will & Emery	Frankfurt
Norton Rose Fulbright	Frankfurt
Orbit	Berlin

★

DLA Piper	Frankfurt, München
Flick Gocke Schaumburg	München
Heuking Kühn Lüer Wojtek	Frankfurt, Hamburg

Die Auswahl von Kanzleien und Personen in Rankings und tabellarischen Übersichten ist das Ergebnis umfangreicher Recherchen der JUVE-Redaktion. Sie ist in 2erlei Hinsicht subjektiv: Die Aussagen der befragten Quellen sind subjektiv u. spiegeln deren Erfahrungen u. Einschätzungen. Die JUVE-Redaktion wiederum analysiert die Rechercheergebnisse unter Einbeziehung ihrer eigenen Marktkenntnis. Der JUVE Verlag beabsichtigt keine allgemeingültige oder objektiv nachprüfbare Bewertung. Es ist möglich, dass eine andere Recherchemethode zu anderen Ergebnissen führt. Innerhalb einzelner Gruppen in Rankings und tabellarischen Übersichten sind Kanzleien und Personen alphabetisch sortiert.

Strukturierung des €300-Mio-VC-Fonds CommerzVentures III; Kenfo u. WillisTowersWatson sowie div. dt. Family Offices lfd. bei Investments.

DEBEVOISE & PLIMPTON

Fondsstrukturierung	★★★
Fondsaufsicht u. -investments	★★★

Bewertung: Die Investmentfondspraxis in Dtl. hat sich zum Drehkreuz des EU-Fonds-Geschäfts der US-Kanzlei entwickelt. Die erfahrene u. hoch respektierte Volhard steuert die Teams in Ffm., Luxemb. u. Paris und verfügt über enge Verbindungen zur Londoner Praxis. Entspr. internat. ist das Mandantenportfolio, wobei Ffm. v.a. für die Strukturierungsberatung größerer Infrastrukturfonds (aktuell v.a. Nachhaltigkeits-/ESG-Fonds) sowie div. mittelgroßer in- u. ausl. Venture-Capital- u. Private-Equity-Fonds sowie für das europ. Fondsaufsichtsrecht steht. Dabei ist der Fokus eng: Es sind v.a. High-End-Fondsstrukturierungen u. die Beratung bei Co-Investments u. Continuation Fonds, die das Geschäft prägen. Fakt ist allerdings auch: In puncto Breite u. Schlagkräftigkeit kann es ein Team in der Größe von D&P mit den Marktführern nicht aufnehmen.
Oft empfohlen: Patricia Volhard („über sie läuft alles", Wettbewerber)
Team: 1 Eq.-Partner, 1 Counsel, 5 Associates
Schwerpunkte: Fondsstrukturierung (v.a. PE-, VC-, Debt-, Immob.-, Impact-, Infrastrukturfonds), Investment-/Regulierungsberatung, Aufsichtsrecht.
Mandate: Fondsstrukturierung: sehr großer dt., global agierender Asset-Manager lfd. bei Strukturierung div. Infrastruktur-(Dach-)Fonds u. Co-Investments (Vol. jew. zw. €250 Mio u. €1 Mrd); Alpine Space Ventures bei Auflage von Fonds I (Vol. €100 Mio); American Internat. Group bei Auflage eines Managed Accounts für einen dt. Versicherer; HF Debt bei Strukturierung von Fonds II (Vol. €120 Mio). **Fondsaufsicht:** FritzWalter Capital bei Gründung dt. Tochtergesellschaft; lfd.: DBAG, Hannover Finanz, Adams Street, Tishman Speyer, Apera, Schroders Capital.

DECHERT

Fondsstrukturierung	★★★
Fondsaufsicht u. -investments	★★★

Bewertung: Die US-Kanzlei zählt in Dtl. traditionell zu den wichtigsten Einheiten für die umf. Beratung einiger sehr gr. u. global agierender Asset-Manager u. Fondsgesellschaften. Trotz des infolge div. Partnerweggänge in den verg. 3 Jahren spürbaren Einbruchs in Ffm. gelang es Dechert, den eingeführten

BANK- UND FINANZRECHT INVESTMENTFONDS

internat. Münchner Mandantenstamm zu halten u. gleichz. bei aktuellen Themen wie Kryptofondsstrukturen u. ESG-Regularien präsent zu bleiben. Dennoch wird die Kanzlei nicht umhinkommen, ihre personellen Kapazitäten wieder aufzustocken. Dies gilt mit Blick auf eine mögl. nächste Partnergeneration, aber auch mit Blick auf die seit Jahren stark steigenden Fondsvolumina u. komplexeren Anlagebedingungen.
Stärken: Eng verzahnte Beratung u. dt.-sprachige Anwälte in London u. Luxemburg
Team: 2 Eq.-Partner, 1 Sal.-Partner, 2 Associates
Schwerpunkte: Fondsstrukturierung (u.a. Venture-Capital-, Private-Equity-, Immobilien-, Kryptofonds), Aufsichtsrecht, Investment-/Regulierungsberatung, Investmentsteuern, daneben ▷PE- u. VC-Transaktionen.
Mandate: Fondsstrukturierung: Swiss Capital Alternative Investments/Stepstone bei Auflage div. Fondsplattformen in Luxemb., Irland u. Cayman Islands; Altarius Asset Management lfd. bei Auflage von VC-Fonds (u.a. ein Tech- u. ein Blockchain-Dachfonds); Aukera Real Estate bei Strukturierung u. erstem Closing sowie Prime Capital u.a. bei Strukturierung Luxemb. Real Estate Debt Fonds; Union Investment bei Auflage von UniAlternativ: Privatmarkt ELTIF A.

DLA PIPER

| Fondsaufsicht u. -investments | ★ |

Bewertung: Die dt. Fondspraxis hat sich v.a. über Fondsinvestments ihren Platz im Markt gesichert. Auch die internat. Aufstellung spielt dem Team lfd. LP-Investoren-Arbeit zu, sodass diese zuletzt vermehrt auch bei direkten Private-Equity-Co-Investitionen sowie Debt- u. Secondary-Transaktionen beraten wurden. Die anerkannte Aufsichtspraxis wurde dagegen durch den Tod des Bank- u. Investmentaufsichtsrechtlers Dennis Kunschke zurückgeworfen, sodass DLA insoweit wieder Aufbauarbeit zu leisten hat.
Team: 3 Eq.-Partner, 2 Counsel, 5 Associates, 1 of Counsel
Schwerpunkte: Investment-/Regulierungsberatung (v.a. bei Immobilien-, Debt-, PE- u. Infrastrukturinvestments), Aufsichtsrecht, Investmentsteuern, daneben ▷PE- u. VC- u. ▷Immob.-Transaktionen.
Mandate: Fondsaufsicht u. -investments: div. Fonds von Golding Capital lfd. bei Primary-, Secondary- u. Co-Investments; bei C3 EOS VC-Fonds bei der Beteiligung an einer €7-Mio-Seed-Runde in Tangany (Kryptoverwahrstelle).

FLICK GOCKE SCHAUMBURG

| Fondsstrukturierung | ★★ |
| Fondsaufsicht u. -investments | ★ |

Bewertung: Das kleine, in München ansässige Fondsteam der Steuergroßkanzlei gehört seit Langem zu den aktivsten u. erfahrensten Beratern für die Strukturierung von Fonds im Venture-Capital- u. Midcap-Private-Equity-Segment. Insbes. mit der Beratung von Stammmandantin HV Capital (ehem. Holtzbrinck Ventures) bei Auflage ihres über €400 Mio schweren Continuation-Fonds untermauerte die Praxis 2022 ihre Rolle im Beratungsmarkt, aber auch allein wg. des hohen Mandatsaufkommens für kleinere u. mittelgr. Fondsstrukturierungen. Allerdings gelingt es dem eingespielten Partnerduo bislang nicht, die Praxis auf andere Asset-Klassen und/oder Kanzleistandorte zu erweitern. Hierfür wäre eine Vergrößerung des Teams erforderlich.

Stärken: Fondsberatung verknüpft mit hochkarätigem steuerl. Know-how.
Oft empfohlen: Christian Schatz (Steuerrecht)
Team: 2 Eq.-Partner, 2 Sal.-Partner, 4 Associates
Schwerpunkte: Fondsstrukturierung (v.a. VC-, Small- u. Mid-Cap-PE-Fonds), Investment-/Regulierungsberatung, Investmentsteuern sowie Fondstransaktionen.
Mandate: Fondsstrukturierung: HV Capital bei Auflage eines €430-Mio-Continuation-Fonds u. Übertragung eines €402-Mio-Portfolios (u.a. mit Flixmobility-, Global-Savings Group- u. Sumup-Anteilen) auf den Fonds sowie bei Auflage des €535-Mio-Fonds VIII für Wachstumsunternehmen; Point Nine bei Auflage des €150-Mio-VC-Fonds VI. **Fondsaufsicht u. -investments:** Coller Capital als Lead Investor in einen Single Asset Continuation Fund von Boards & More/Emeran Capital; Access Capital, CAM, Yielco, ECM v.a. bei steuerl. Einzelfragen, Strukturierung, Auflage und lfd. Betreuung div. Fonds und Investments; Lebensversicherung 1871 bei der Auflage von Anlagevehikeln in Luxemburg u. Fondsinvestments.

FRESHFIELDS BRUCKHAUS DERINGER

| Fondsaufsicht u. -investments | ★★★★ |

Kanzlei des Jahres für Bank- und Finanzrecht

Bewertung: Die Großsozietät zeichnet sich durch ihre Stärken im Investment- u. Bankaufsichtsrecht für OGAW u. Publikums-AIF, Portfoliotransaktionen u. der Beratung zu internat. Spezialthemen mit gesellschaftsrechtl. Hintergrund aus. So agiert FBD als Beraterin im Rahmen der Marktkonsolidierung: Bspw. beriet ein niederl.-US-dt. Kanzleiteam Goldman Sachs bei der Übernahme der Asset-Management-Sparte des Versicherers NN. Auch andere Banken u. Asset-Manager begleitete die Kanzlei bei Zusammenschlüssen. Zum Zweiten beteiligt sich die Kanzlei an der grds. regulator. Weiterentwicklung der Branche, derzeit v.a. beim Thema Nachhaltigkeit. Zentral ist insoweit das Engagement eines ww. Kanzleiteams für verschiedene UN-Institutionen. Mit der Ernennung des v.a. auf Flugzeuginvestments u. Entwicklungshilfefonds fokussierten Dr. Johannes Vogel zum Partner untermauerte FBD ihre vergleichsweise ungewöhnliche Aufstellung.
Oft empfohlen: Dr. Konrad Schott
Team: 7 Partner, 2 Counsel, 6 Associates
Schwerpunkte: Aufsichtsrecht (jew. v.a. für OGAW, Publikums-AIF u. Verwahrstellen), Investment-/Regulierungsberatung, daneben Fondsstrukturierung, Investmentsteuern sowie ▷Private-Equity- u. ▷Immob.-Transaktionen u. M&A im Fondssektor.
Mandate: Fondsstrukturierung: Viridium bei Errichtung einer Single-Managed-Account-Plattform für Kapitalanlagen mit insges. 5 AIF in 4 Ländern (inkl. Verhandlungen mit jew. aufsetzenden Fondsgesellschaften u. BaFin-Abstimmung); BIT Capital bei Strukturierung eines Fonds u. zu Zusammenarbeit mit Dienstleistern. **Fondsaufsicht u. -investments:** Entwicklungsbank als singulärer Investor eines AIF u. anschl. Übertragung der Assets eines auf Mauritius aufgelegten Fonds auf den dt. Fonds; BlackRock lfd. im Fondsaufsichtsrecht (für OGAW- u. AIF); div. ausl. OGAW-Fonds bei BaFin-konformem Vertrieb; PRI, UNEPFI u. ‚The Generation Foundation' bei ww. Nachhaltigkeitsreport zum Impact-Investing. **M&A im Fondssektor:** Goldman Sachs bei Erwerb von NN Investment Partners.

GOODWIN PROCTER

| Fondsstrukturierung | ★★ |
| Fondsaufsicht u. -investments | ★★ |

Bewertung: Es war nur eine Frage der Zeit, bis das US-Fonds-Powerhouse auch hierzulande eine Praxis eröffnen würde. Mit dem 2021 von Dechert geholten erfahrenen Partner-Duo sowie einem später von Allen & Overy gewonnenen Immob.-Spezialisten konnte die Kanzlei sofort eine Duftmarke v.a. bei der Strukturierung von Immob.-Fonds setzen, die in aller Regel in Zusammenarbeit mit dem Luxemb. Büro der Kanzlei aufgesetzt werden. Doch auch bei den aktuell gefragten Impact- u. Debt-Fonds mischt GP bereits mit, nicht zuletzt wg. der guten Beziehungen zur KfW Entwicklungsbank. Noch dominiert aber die Strukturierung von Parallelfonds als Komplettierung der durch die US- u. GB-Praxis aufgelegten Fonds, doch verfügt das Frankf. Büro auch schon über einen beachtl. eigenen Mandantenstamm sowohl in der Fondsstrukturierung als auch im Aufsichtsrecht u. der Investmentberatung.
Stärken: Ww., v.a. US-Fondserfahrung.
Team: 4 Partner, 4 Associates
Partnerwechsel: Dr. Markus Käpplinger (von Allen & Overy)
Schwerpunkte: Fondsstrukturierung (v.a. Immob.-, Infrastruktur-, Debt-Fonds), Investment-/Regulierungsberatung, Aufsichtsrecht, Investmentsteuern sowie ▷Immob.- u. ▷PE-Transaktionen.
Mandate: Fondsstrukturierung: KfW Entwicklungsbank als Seed Investor bei Strukturierung div. Fonds, u.a. Emerging Market Climate Action Funds, Partech Africa Fund II; Aavishkaar Capital bei Auflage eines Impact-Fonds zum dt. Lieferkettengesetz; Cross Harbor bei Auflage eines Immob.-Debt-Fonds; KanAm bei Auflage eines Private-Debt-Fonds; Capital Bay bei Auflage div. Luxemb. Fonds (u.a. Storage Fund, Proptech Fund, Micro Living Fund).

GSK STOCKMANN

| Fondsstrukturierung | ★★ |
| Fondsaufsicht u. -investments | ★★★★ |

Bewertung: Die v.a. wg. ihrer großen Erfahrung bei Immob.-Fonds anerkannte Praxis ist seit einiger Zeit dabei, ihre Tätigkeit zu erweitern. So wird die Beratung mehr u. mehr zur Querschnittsmaterie in der gesamten Kanzlei. Dies wird etwa deutl. an der breit verankerten ESG-Beratung, in der eine Vielzahl von Asset-Managern u. Finanzinstituten produkt- u. institutsbezogen betreut wird. Absolute Stärke bleibt indes das enge Zusammenspiel von (Fonds-)Aufsichts- u. Steuerrecht, was GSK immer wieder komplexe u. neuartige Mandate beschert. So gehörte die Kanzlei bspw. zu den ersten, die einen Spezial-AIF als geschlossenes Sondervermögen nach dem Fondsstandortgesetz strukturiert hat. Insofern schmerzt der Weggang des erst 2021 gekommenen Steuerpartners Stoll, der den strateg. Wachstumskurs wieder ins Stocken geraten ließ. Dafür macht die Ausweitung in Richtung Investorenberatung u. anderer Asset-Klassen wie Wertpapier- oder PE-/VC-Fonds Mut, auch wenn GSK in Strukturierungsfragen noch Längen hinter den Marktführern liegt.
Stärken: Kombination aus Investmentaufsichts- u. Steuerrecht.
Oft empfohlen: Sascha Zentis (Immob.-Fonds), Dr. Oliver Glück (Aufsichtsrecht), Dr. Petra Eckl (Steuerrecht)

INVESTMENTFONDS BANK- UND FINANZRECHT

Team: 13 Eq.-Partner, 6 Sal.-Partner, 2 Counsel, 15 Associates
Partnerwechsel: Heiko Stoll (zu Bryan Cave Leighton Paisner)
Schwerpunkte: Fondsstrukturierung (v.a. Immobilien-, vereinzelt VC-, PE-, Debt-Fonds), Aufsichtsrecht, Investmentsteuern, zudem Investment-/Regulierungsberatung, daneben Fondstransaktionen (▷PE/VC-, ▷Immobilienwirtschaft) sowie M&A im Fondssektor.
Mandate: Fondsstrukturierung: Quantum bei Auflage eines geschl. Spezial-AIF nach Kauf ‚Königsteiner Höfe'; Coparion bei Strukturierung eines PE-Fonds. **Fondsaufsicht:** nicht regulator. Immob.-Asset-Manager bei Gründung u. Registrierung einer KVG u. Auflage von Mezzanine-Debt-Fonds als geschl. Spezial-AIF; dt. Versicherung bei grenzüberschr. Umstrukturierung 2er Investmentfonds (insbes. investment- u. grunderwerbsteuerl.); Catella zu ESG; Donner & Reuschel bei Weiterentwicklung der Vermögensverwaltungs- u. Fondsprodukte im ESG-Kontext; Aachener Grundvermögen bei ESG-Regulierung; EB-Sustainable Investment bei Risikomanagement für neuen Bereich Real Assets u. als ausgelagerter Portfoliomanager eines neuen Renewables-Fonds; Baloise Asset Management bei KVG-Wechsel. **M&A im Fondssektor:** Becken-Gruppe bei Beteiligung am Asset-Manager Industria Wohnen.

HENGELER MUELLER
Fondsaufsicht u. -investments	★★★★

Bewertung: Die dt. Top-Kanzlei setzt auch in der Beratung im Fondssektor auf ihre Jahrzehnte alte Stärke u. Branchennähe im ▷Bank- u. ▷Versicherungsaufsichtsrecht. So berät auch die heutige Partnergeneration lfd. eine Vielzahl von OGAW bei Vertriebs- u. regulat. Fragen, v.a. aber immer wieder auch Sponsoren bei der Ausgestaltung von Fondsprodukten, die versicherungsaufsichtsrechtl. Anforderungen entsprechen. Gefragt ist ihre aufsichtsrechtl. Kompetenz v.a. dann, wenn es um neuartige Fragen u. Produktinnovationen geht. Mit der Beratung einer Verwahrstelle in Bezug auf die Belastung mit Pönalen nach der CSDR ist die Kanzlei etwa bei einer aktuell hochstrittigen Fragestellung vertreten. Mit der Beratung einer dt. KVG zur Emission von Schuldverschreibungen für ein Sondervermögen gehörte sie ebenfalls zu den Frühstartern.
Oft empfohlen: Dr. Christian Schmies („sehr guter Bankaufsichtsrechtler", Wettbewerber)
Team: 3 Partner, 1 Counsel, rd. 10 Associates
Schwerpunkte: Aufsichtsrecht (inkl. Fonds-Compliance, Vertrieb, Marktzugang v.a. bzgl. dt. u. ausl. OGAW, Publikums-AIF u. Verwahrstellen), Investment-/Regulierungsberatung, Fund Litigation, daneben Fondsstrukturierung sowie ▷M&A im Fondssektor.
Mandate: Fondsaufsicht: BitGo bei Gründung u. zu Lizenz als dt. Kryptoverwahrer u. europ. Expansion; gr. dt. Verwahrstelle zum Umgang mit Strafzahlungen im Rahmen der 3. Phase der EU-ZentralverwahrerVO (CSDR); dt. KVG bei Emission von Schuldverschreibungen für Rechnung eines Sondervermögens. **Fondsstrukturierung:** dt. KVG bei Aufsetzen eines nachhaltigen Publikums-AIF in Dtl.; globaler Private-Equity-Verwalter bei Aufsetzen einer Debt-Fonds-Struktur in Europa; ww. Asset-Manager bei Auflage von Fonds für dt. Anleger nach der AnlV.

HEUKING KÜHN LÜER WOJTEK
Fondsstrukturierung	★
Fondsaufsicht u. -investments	★

Bewertung: Die kleine Fondspraxis der dt. Großkanzlei weist für ihre Klientel dt. Fondsgesellschaften, Immob.-Asset-Manager u. Family Offices eine recht rege Strukturierungspraxis auf. Innovativ ist v.a. die Fondsauflage durch die hierzulande selten genutzten Investment-Aktiengesellschaften als Alternative zu klassischen dt. Fondsstrukturen, worauf sich der Frankfurter Partner jüngst fokussiert hat u. so aus dem Schatten seiner beiden Hamburger Kollegen getreten ist.
Team: 3 Eq.-Partner, 3 Sal.-Partner, 2 Associates
Schwerpunkte: Fondsstrukturierung (v.a. Venture-Capital-, Immob.-Fonds), Aufsichtsrecht, Investment-/Regulierungsberatung, Investmentsteuern. Mandanten: dt. Asset-Manager u. Fondsgesellschaften, Family Offices.
Mandate: Fondsstrukturierung: AQVC bei Strukturierung eines €500-Mio-VC-Dachfonds als geschlossene Investment-AG; Q21 bei Strukturierung einer €50-Mio-Krypto-Umbrella-Investment-AG; Münster Stegmaier Rombach Family Office u.a. bei Auflage eines registrierten Fonds; Deck bei Strukturierung eines VC-Fonds (Ankerinvestor Volksbank Köln Bonn); Paribus bei Auflage div. Immob.-Fonds. **Fondsaufsicht u. -investments:** Aquila (inkl. Anlegerverfahren), Blockwall, Kontora, Values; Primepulse lfd.

KING & SPALDING
Fondsstrukturierung	★★★
Fondsaufsicht u. -investments	★★★★

Bewertung: Das auf Immobilienfonds ausgerichtete Team ist Ursprung u. Motor der US-Kanzlei in Deutschland. Insofern trifft sie der Rückzug von Gründungspartner, Aushängeschild u. Hauptakquisiteur Leißner heftig. Allerdings waren es v.a. die anderen Partner, die die ungewöhnl. fachl. Breite der kleinen Praxis tägl. lebten. Diese sind nun über ihr Fachwissen hinaus allerdings auch gefragt, wenn es um die Fortentwicklung der Praxis geht. Mit der klar formulierten geplanten Erweiterung auf Private Equity als neuer Asset-Klasse ist ein Anfang in der Kanzlei gemacht, die bislang praktisch ausschl. für ihre umf. Immobilienfondskompetenz stand.
Stärken: Kombination von Fonds- u. Immobilienwirtschaftsrecht sowie Finanzierung.
Team: 3 Partner, 2 Counsel, 2 Associates
Partnerwechsel: Mario Leißner (privater Rückzug)
Schwerpunkte: Fondsstrukturierung (v.a. Immobilien), Aufsichtsrecht, Investmentsteuern sowie ▷Immob.-Transaktionen u. Transaktionsfinanzierung.
Mandate: Fondsstrukturierungen: AEW Invest, u.a. bei Auflage eines €1,3-Mrd-Spezialfonds für Immobilien u. div. Portfoliotransaktionen; Hannover Leasing lfd. bei Fondsstrukturierungen, im Aufsichtsrecht sowie bei Finanzierung u. Transaktionen; KVG eines ww. Asset-Managers bei Auflage eines offenen Immob.-Publikumsfonds mit 5 untersch. Anteilklassen (inkl. ESG-Anteil) in Dtl.; **Fondsaufsicht u. -investments:** CommerzReal, 2IP Institutional Investment Partners, BEOS, BMO Real Estate, DWS Alternatives, KanAm Grund, Patrizia, La Française, Savills, Tishman Speyer, Hansainvest, Ärzteversorgung Westfalen-Lippe, Bundesverband Sachwerte u. Investmentvermögen.

LINKLATERS
Fondsstrukturierung	★★★★★
Fondsaufsicht u. -investments	★★★★★

Bewertung: Die hoch spezialisierte Fondspraxis der brit. Top-Kanzlei steht wie kaum eine zweite in Dtl. für Beratung innovativer großvol. Fondsstrukturen, nur Clifford kann ihr hier das Wasser reichen. Deutl. wird dies nicht nur bei einer Vielzahl sehr großer Impact-Fonds, die Linklaters für z.T. global tätige Asset-Manager strukturiert hat, sondern v.a. an der zentralen Rolle, die das Team bei der Wiederentdeckung von ELTIF-Publikumsfonds-Strukturen für dt. Anleger spielt. Nachdem sie 2021 mit dem €590-Mio-‚Klimavest'-Fonds der CommerzReal den bis dato größten seiner Art strukturiert hatte, folgten Auflagen für weitere Anbieter. Wie selbstverständlich wirkt es da schon, dass die Kanzlei auch bei der Strukturierung offener Immob.-Fonds für institut. Anleger mit tonangebend ist, die v.a. auf Objekte im renditestarken asiat.-pazif. Raum setzen. Noch stärker als bei den ELTIFs u. Immobilienfonds hebt sich die Linklaters-Praxis bei der in Dtl. neuartigen Anleihenfinanzierung von Fonds vom Rest des Marktes ab, wie sie etwa Axa Funds emittierte. Kein Wunder, dass Wettbewerber die Praxis als „ihr Vorbild" bezeichnen.
Stärken: Innovative Fonds- u. Finanzierungsstrukturen.
Oft empfohlen: Alexander Vogt, Markus Wollenhaupt
Team: 2 Partner, 2 Counsel, 8 Associates
Schwerpunkte: Fondsstrukturierung (u.a. PE-, Immobilien-, Infrastruktur-, Nachhaltigkeitsfonds, ELTIFs), Investment-/Regulierungsberatung, Aufsichtsrecht, Investmentsteuern (zusammen mit Steuerpraxis), daneben ▷PE- u. ▷Immob.-Transaktionen.
Mandate: Fondsstrukturierung: Garbe Institutional Capital bei Auflage des Science and Technology Real Estate Funds u. des European Sustainable Residential Fund; Tui bei Auflage ihres €500-Mio-Hotelfonds; lfd. Allianz Global Investors, DWS, Hines, Genesta Nordic Capital, KfW Entwicklungsförderungsfonds, Moonfare, Ardian, KKR, Morgan Stanley/Prime Europe Real Estate Fund, BNP Paribas Real Estate, Tikehau, USAA Real Estate. **Fondsaufsicht u. -investments:** Axa Logistics Europe Fund bei €500- sowie €300-Mio-Anleihe-Emissionen; CBRE u.a. bei Feeder Vehikeln, Fundraisings, Transaktionen.

LUTHER
Fondsstrukturierung	★★★
Fondsaufsicht u. -investments	★★★★

Bewertung: Die rasant wachsende Investmentfondspraxis der dt. Großkanzlei deckt nach div. Zugängen in den verg. 3 Jahren mittlerw. die komplette investment-, aufsichts- u. steuerrechtl. Palette ab u. ist auch in puncto Vielfalt der Mandanten eine der breitesten im Markt. Die erfahrenen Frankf. Partner stehen zwar traditionell für die (Investoren-)Beratung großer Versorgungswerke u. Versicherer, doch überzeugt das weitgehend urspr. aus internat. Kanzleien stammende Team nun vermehrt auch US- u. europ. Asset-Manager bei der Fondsstrukturierung. Zudem scheut sich Luther auch nicht vor komplexen Fondsstreitigkeiten gg. die Finanzindustrie, wie das Vorgehen gg. die Credit Suisse unterstreicht, die Spezialfonds im Greensill-Umfeld aufgelegt hatte. Die Fondsberater agieren hier als Teil des ▷Konfliktlösungsteams u. finden sich

BANK- UND FINANZRECHT INVESTMENTFONDS

so in einer für Fondspraxen ungewöhnlichen Rolle.
Stärken: Langj. Erfahrung in der Beratung von Versorgungswerken, integriertes Team in Luxemburg.
Oft empfohlen: Achim Pütz
Team: 6 Eq.-Partner, 2 Counsel, 8 Associates
Schwerpunkte: Investment-/Regulierungsberatung, Fondsstrukturierung (u.a. Debt-, Immobilien-, Infrastruktur-, Erneuerbare-Energien-Fonds), Aufsichtsrecht, Investmentsteuern, daneben ▷*Immob.-Fonds-Transaktionen*.
Mandate: Fondsstrukturierung: CEE bei Auflage eines luxemb. Renewable-Energy-Infrastrukturfonds; Union Investment bei Auflage eines luxemb. Immobilienkreditfonds; Hauck & Aufhäuser Alternative Investment bei Strukturierung einer luxemb. Verbriefungsstruktur für Investitionen; US-Asset-Manager bei Auflage eines European Loan Fund für Versicherungsinvestoren sowie umf. im Fonds- u. Versicherungsaufsichtsrecht bzgl. Geschäftsaktivitäten in Dtl.; 2b Ahead Ventures lfd. bei Fondsstrukturierungen. **Fondsaufsicht u. -investments:** luxemb. AI-Anlageplattform von 5 dt. Versorgungswerken mit 17 Teilvermögen (Vol. €3,5 Mrd) lfd. u. umf.; AMP Capital lfd. bei Immob.- u. Infrastrukturinvestments; Intermediate Capital lfd.; div. institut. Investoren bei Klagen gg. Credit Suisse, die Fonds aufgelegt hatte, aus Forderungen der mittlerw. insolventen Greensill Bank bestanden.

MCDERMOTT WILL & EMERY
Fondsstrukturierung ★★
Fondsaufsicht u. -investments ★★

Bewertung: Die US-Kanzlei baut in Dtl. seit wenigen Jahren eine investmentrechtl. Praxis auf, mit einem immobiliengestählten Fondspartner mit langj. Inhouse-Erfahrung an der Spitze. Auch wenn (Downstream-) Portfoliotransaktionen aufgrund der starken ▷*Immobilienpraxis* das Geschäft noch immer dominieren, macht McD auch bei der umfassenderen Beratung v.a. von Immob.-Fonds Boden gut. Dies zeigt die lfd. aufsichts- u. investmentsteuerrechtl. Beratung einer Vielzahl von KVGen u. einer Reihe von Asset-Managern bei der Strukturierung von Fonds. Gleichzeitig nimmt die Beratung von Investoren, die nicht aus dem Immob.-Segment stammen, kontinuierl. zu. Allerdings ist die Beratung von PE-Gesellschaften noch ein zartes Pflänzchen: Der Kanzlei ist es bislang nicht gelungen, Mandate aus der starken US-Praxis nach Dtl. zu übertragen, obwohl sie in den USA z.B. für HIG zu den zentralen Beratern zählt.
Oft empfohlen: Frank Müller („hohe Einsatzbereitschaft, serviceorientiert u. sehr pragmat. an der Schnittstelle von Immobilientransaktionen u. Aufsichtsrecht", Mandant)
Team: 4 Partner, 2 Associates
Schwerpunkte: Investment-/Regulierungsberatung, Fondsstrukturierung (v.a. Immob.-Fonds), Aufsichtsrecht, Investmentsteuern, daneben ▷*Immob.-Fonds-Transaktionen*.
Mandate: Fondsstrukturierung: HT Group lfd. bei Fondsauflagen sowie Transaktionen im Ausland u. Ausplatzierungen von Immobilien; Accumulata, GWH Wertinvest lfd. bei der Auflage von Spezial-AIF; Momeni bei Auflage luxemb. Immob.-Fonds; Beos bei Strukturierung eines Immob.-Fonds; Empira, Fundamenta Group lfd. bei ESG-Fonds; FOM Invest bei von Investment KGs. **Fondsaufsicht u. -investments:** Hansainvest, Habona Invest lfd. bei ESG-Themen; BayernInvest, Corestate lfd. im Fondsaufsichtsrecht; Swiss Life, HanseMerkur, Universal Investment, Institutional Investment Partners, Montano Real Estate bei Investments.

NORTON ROSE FULBRIGHT
Fondsaufsicht u. -investments ★★

Bewertung: In den vergangenen Jahren hat sich die Praxis der internat. Großkanzlei zu einer guten Adresse für die v.a. lfd. aufsichtsrechtl. Beratung internat. Banken, Versicherer u. Asset-Manager in Bezug auf Investmentfondsaktivitäten gemausert. Wie bei den meisten Wettbewerbern dominiert seit einiger Zeit das Thema ESG, v.a. bei Offenlegungspflichten, aber auch der Investmentberatung. Insbes. in diesem Bereich hat die Kanzlei mit dem Weggang Krauses einen Schlag erlitten, der sich nur schwer durch die sich stetig vertiefende Zusammenarbeit mit dem seit 5 Jahren existierenden u. expandierenden Luxemb. Büro der Kanzlei wettmachen lassen wird. Die lfd. aufsichtsrechtl. Beratung vieler internationaler Banken u. Asset-Manager gewährt der dt. Praxis zwar stetige Kontakte in Einzelfragen, aber NRF hat es bislang nicht vermocht, daraus eine wesentl. Rolle in der Riege der wichtigen Fondsstrukturierungskanzleien einzunehmen.
Team: 3 Partner, 2 Counsel, 3 Associates, 1 of Counsel
Partnerwechsel: Dr. Martin Krause (zu KPMG Law)
Schwerpunkte: Investment-/Regulierungsberatung, Aufsichtsrecht (inkl. dt. u. ausl. OGAW, Publikums-AIF, Verwahrstellen), Fondsstrukturierung, daneben Investmentsteuern.
Mandate: Fondsstrukturierung: Nuveen bei Aufsetzen eines Spezialfonds mit ESG-Schwerpunkt. **Fondsaufsicht u. -investments:** Fondsdepot Bank bei der erstmal. Anbindung der Fintech-PE-Plattform Moonfare als Tied Agent an ihrem Haftungsdach; jap. Asset-Manager bei Gründung seiner dt. Niederlassung; Dachfondsmanager eines globalen US-Kreditinstituts lfd. (u.a. Fund Due Diligences, Auflage, Lizenzierung); Principles for Responsible Investment zu ESG-Fragestellungen; lfd. Amundi, Nuveen, Hansainvest, Fels Group, Fondsdepot Bank, Société Générale, ABN Amro, Royal Bank of Canada, DWP Bank, HSBC, Crédit Agricole, BNP Paribas, NatWest Bank, Dt. Bank, Commerzbank, Citigroup, Bankhaus Metzler, Huk Coburg, Signal Iduna.

ORBIT
Fondsstrukturierung ★★
Fondsaufsicht u. -investments ★★

NOMINIERT
JUVE Awards 2022
Gründerzeit-Award

Bewertung: Die als Abspaltung von Poellath 2021 gestartete Berliner Boutique bewies gleich im ersten Jahr, dass in dem Marktsegment der Venture-Capital- u. Private-Equity-Fonds-Beratung angesichts des seit Jahren enormen Anlagedrucks genug Platz für neue Akteurinnen ist. Zudem hatten die Partner von Orbit bei ihrer vorherigen Kanzlei ein Netzwerk zu VC-Managern u. -Investoren aufgebaut, auf das sie vom Start weg aufsetzen konnten. Daran ändert auch das nur kurzzeitige Engagement des gut vernetzten u. mittlerw. bei Ypog tätigen Of Counsels Dr. Andreas Rodin nichts. Und so liest sich der Mandantenkreis bereits jetzt wie ein Querschnitt durch die hochwertige dt. VC-Szene – auch wenn Orbit noch in einem Jahr bei den Losgrößen noch nicht mit den etablierten Playern mithalten kann u. Mandanten für neuartige Strukturierungen eher noch auf die Wettbewerber setzen.

Stärken: Umfassende Fondsberatung, inkl. Managerberatung.
Oft empfohlen: Philip Mostertz („hohe Fachkompetenz u. sehr lösungsorientiert", Mandant), Dr. Joachim Mogck („starker LP-Berater", Wettbewerber)
Team: 5 Eq.-Partner, 5 Associates
Schwerpunkte: Fondsstrukturierung (v.a. Small- u. Mid-Cap-VC-Fonds), Investment-/Regulierungsberatung, Aufsichtsrecht.
Mandate: Fondsstrukturierung: Earlybird bei Auflagen div. Fonds (sowie lfd. in Compliance u. Aufsichtsrecht, inkl. Übergang in Vollregulierung); lfd.: UVC, 415 Capital, Cadence Growth, Odewald KMU. **Fondsaufsicht u. -investments:** EIF, KfW Capital, Uniqa, Erste Group, Finvia, Burda Principal Investments.

POELLATH
Fondsstrukturierung ★★★★
Fondsaufsicht u. -investments ★★★★

Bewertung: In Sachen Fondsstrukturierungen u. -investitionen im Venture-Capital- u. Mid-Cap-Private-Equity-Segment führt kein Weg an der Kanzlei mit ihrem umf. Beratungsansatz vorbei. Sie besticht nicht nur durch die Fähigkeit, ein hohes Mandatsaufkommen bewerkstelligen zu können, sondern auch bei Spezialfragen zur Stelle zu sein. So nahm die Strukturierung komplexer Continuation Fonds, bspw. für Emeran, ebenso wie die Beratung bei der Auflage von ESG/Impact-Fonds, die immer größere Volumina umfassen, wie etwa der für AIG strukturierte €500-Mio-Klimafonds oder der €1-Mrd-Deeptech-Fonds zeigen. Hinzu kam ein vermehrtes Markt-Screening, um weitere Dach- u. Co-Investmentprogramme zu schaffen. Nicht zuletzt aufgrund dieser Hochkonjunktur u. nach dem Weggang einiger erfahrener Anwälte zu Orbit 2021 musste Poellath ihr Personal nochmals aufstocken u. stellt nun nach Köpfen das größte Team im Markt. Auch die Ernennung 2er Sal.- u. eines Eq.-Partners ist Ausdruck dieses Wachstumskurses. V.a. die Beförderung von Dr. Stephan Schade zeigt zugleich, dass selbst die hoch spezialisierte Poellath-Praxis immer noch spezialisierter wird: Schade hat sich die umf. KVG-Compliance auf die Fahnen geschrieben u. rundet damit das Profil der Kanzlei als eine der Marktführerinnen für die VC- u. PE-Branche ab.
Stärken: Facettenreiche Spezialisierung im VC- u. PE-Fonds-Segment, inkl. Fondssteuern u. Managerberatung.
Oft empfohlen: Amos Veith, Uwe Bärenz, Dr. Peter Bujotzek („schnelle, zeitnahe u. hoch kompetente Beratung", „schnell, fokussiert, pragmat., sehr mandantenorientiert", Mandanten)
Team: 9 Eq.-Partner, 2 Sal.-Partner, 6 Counsel, 25 Associates
Partnerwechsel: Dr. Andreas Rodin (zu Orbit/selbstständig, danach zu Ypog)
Schwerpunkte: Fondsstrukturierung (u.a. VC-/PE-, Immobilien-, Infrastrukturfonds), Investment-/Regulierungsberatung, Aufsichtsrecht, Investmentsteuern.
Mandate: Fondsstrukturierung: Allianz Global Investors bei Auflage des €500 Mio Emerging Market Climate Action Fund; Hightech Gründerfonds/Deeptech Future Fonds/BMWi bei Strukturierung des €1 Mrd Deeptech Future Fonds; Bright Capital bei Auflage des €150-Mio Credit Fund III; Emeram bei Auflage eines €100 Mio Single-Asset Continuation Fund für Boards & More (urspr. Emeran Fund I);

INVESTMENTFONDS / KREDITE UND AKQUISITIONSFINANZIERUNG BANK- UND FINANZRECHT

Brightpoint bei Strukturierung des luxemb. Dachfonds Tech Venture Growth mit Zielvol. von €200 bis €500 Mio; Capiton bei Auflage des €500-Mio-Fonds VI; Cusp Capital bei Strukturierung ihres ersten Fonds (Zielvol. €350 Mio). **Fondsaufsicht u. -investments:** lfd. Ampega Asset Management/Talanx, Signal Iduna, Europ. Investmentfonds (EIF).

SIMMONS & SIMMONS

Fondsstrukturierung ★
Fondsaufsicht u. -investments ★★★★

NOMINIERT
JUVE Awards 2022
Kanzlei des Jahres für Bank- und Finanzrecht

Bewertung: Die traditionell aufsichts- u. investmentrechtl. geprägte Praxis der brit. Kanzlei profitierte zuletzt überdurchschnittl. von ihrer guten Vernetzung mit europ. Asset-Managern. So betraute eine Reihe gr. Vermögensverwalter das Team mit der Begutachtung von Implementierungskonzepten von ESG- u. Nachhaltigkeitselementen. Auch bei dem weiteren Trendthema Kryptoanlagen ist die Kanzlei mit einem neu aufgesetzten IT-Tool zu den unterschiedl. Anlageregimen etwa in EU-Ländern vorne mit dabei. Die erstaunlichste Entwicklung findet sich indes in Sachen Fondsstrukturierung: So explodierte die Beratung hier zuletzt v.a. für dt. u. Dtl.-fokussierte internat. Asset-Manager im EEG-, Infrastruktur- u. Private-Debt-Fonds-Segment förmlich, obwohl die Kanzlei hier lange insoweit keinen ausgewiesenen Schwerpunkt hatte. Der Ruf in der Branche sowie die enge Kooperation mit ihrer luxemb. u. bspw. der niederl. Praxis ebneten hier den Weg.

Stärken: Aufsichts- u. steuerrechtl. Know-how, Präsenz in 12 westeurop. Märkten, Tech-gestützte Zielfondsprüfung für Investoren.

Oft empfohlen: Jochen Kindermann, Dr. Harald Glander, Dr. Benedikt Weiser („sehr aktiv bei Fondsinvestments", Wettbewerber), Dr. Bernulph Frhr. von Crailsheim (Steuerrecht).

Team: 4 Partner, 4 Counsel, 6 Associates

Schwerpunkte: Investment-/Regulierungsberatung, Aufsichtsrecht (u.a. Gründung von Finanzinstituten u. Zweigniederlassungen, Marktzugang, Vertrieb, Reporting für Asset-Manager), Fondsstrukturierung (u.a. Debt-, Infrastruktur-, EEG-Fonds), Investmentsteuern.

Mandate: Fondsaufsicht u. -investments: Houlihan Lokey bei Errichtung eines Finanzdienstleistungsinstituts in Dtl. u. Zweigniederl. in Europa; Baillie Gifford u.a. zu europ. Distributionsnetzwerk u. Portfolio-Management-Dienstleistungen; AEW bei Aufnahme dt. Investoren; Harris, Threadneedle, Odey Capital, Jane Street, DE Shaw, Two Sigma, M&G u.a. zu Mitteilungspflichten; First Sentier (Irland) zu Fondsvertrieb in Dtl.; Macquarie Bank lfd. investmentsteuerl. zu 6 dt. geschl. Infrastrukturfonds; Cambridge Associates, div. dt. u. Schweizer Versorgungswerke, Pensionsfonds u. Versicherungen lfd. bei Fondsinvestments.

YPOG

Fondsstrukturierung ★★★★
Fondsaufsicht u. -investments ★★★

Bewertung: Die Fondspraxis bildet den Kern der Kanzlei u. schwimmt – wie die gesamte Sozietät – weiter auf einer im Markt einmaligen Erfolgswelle. Bei Strukturierungen von Venture-Capital-Fonds findet sich Ypog mittlerw. neben Poellath an der Marktspitze, bei der umf. Beratung von Kryptofonds reicht der Kanzlei hierzulande niemand das Wasser. So strukturierte Ypog für Greenfield One den bis dato größten europ. Kryptofonds mit einem Vol. von €130 Mio u. verbreitete ihr Know-how in diesem Feld durch den Zugang der spezialisierten Aufsichtsrechtlerin Dr. Carola Rathke weiter. Auch bei auf aktuelle Themen wie ESG u. Nachhaltigkeit ausgerichteten Fondsauflagen weist die Kanzlei bereits eine sehr ordentl. Bilanz im VC-Segment auf, wie das Engagement für Revent u. World Fund zeigt. Der überraschende Einstieg des Fonds-Altmeisters Rodin als Sal.-Partner rundet das Bild ab, wobei dessen Fokus weniger im Tagesgeschäft liegen wird. Auch die Nachfrage nach dt. Investmentstrukturen für internat. Private-Equity-Fonds wie Oakley Capital oder General Atlantic nimmt stetig zu. Ihre Kompetenz für Investitionsstrukturierungen bewies Ypog zuletzt aber im Rahmen der Verschiebungen bei Sartorius auch für dt. Akteure. Zuletzt bildet auch das auf Fonds u. deren Manager spezialisierte steuerl. Deklarationsgeschäft – wie bei Poellath – ein wesentl. Standbein der Praxis, was auch die Partnerernennung eines Hamburger Steuerberaters unterstreicht. Trotz des starken Personalwachstums stößt Ypog an Kapazitätsgrenzen, was etwa dazu führt, dass die klass. Investorenberatung, die bei vielen Wettbewerbern das Basisgeschäft darstellt, trotz allem noch immer am Anfang steht.

Stärken: Bestens vernetzt in der Venture-Capital-Szene, insbes. in Berlin.

Team: 7 Eq.-Partner, 4 Sal.-Partner, 23 Associates

Partnerwechsel: Dr. Andreas Rodin (von Orbit)

Schwerpunkte: Fondsstrukturierung (v.a. VC-, PE-, Krypto-, Impactfonds), Aufsichtsrecht, Investmentsteuern, Investment-/Regulierungsberatung, daneben ▷*VC- u. PE-Transaktionen*.

Mandate: Fondsstrukturierung: Greenfield One bei €130-Mio-Kryptofonds; WF World Fund bei $350-Mio-Climate-Tech-VC-Fonds; 10x Founders bei Strukturierung des ersten Fonds (€160 Mio); Revent bei einem auf ESG u. Impact-Investing spezialisierten €50-Mio-Fonds; lfd. für Apollo Health Ventures, Orlando Capital. **Fondsaufsicht u. -investments:** Armira u. LifeScience Holding bei Strukturierung der Investitionsvehikel für Übernahme eines 40%-Anteils an der Horst Walter Sartorius Erbengemeinschaft; weiterh.: DTCP/Digital Infrastructure Vehicle (DIV) umf. (u.a. bei lfd. Fundraisings, Co-Investments); lfd. u. umf.: Cherry Ventures, Golding Capital, Armira, 468 Capital, Food Labs, Greenfield One, Headline/Escalar, Project A Ventures, Speedinvest, Visionaries Club.

Kredite und Akquisitionsfinanzierung

ALLEN & OVERY

Kredite und Akquisitionsfinanzierung ★★★★

NOMINIERT
JUVE Awards 2022
Kanzlei des Jahres für Bank- und Finanzrecht

Bewertung: Die angesehene Praxis für Finanzierungsrecht glänzt mit einem hochkarätigen Mandantenstamm dt. Konzerne, die ihr bei großvolumigen u. strateg. wichtigen Angelegenheiten vertrauen. Das zeigte sich u.a. bei der Finanzierung der Daimler-Abspaltung. Diese Beratung von Unternehmen ergänzen punktuell Mandate bei Banken u. Debt-Fonds, bei der Finanzierung des Kaufs von Brush durch One Equity Partners auch beide Arten Kreditgeber gleichzeitig. Nach solchen Transaktionen gelingt es A&O immer wieder, die Mandatsverhältnisse zu einer dauerhaften Finanzierungsberatung auszubauen. Ein Bsp. dafür ist FlixMobility, für die sich nach einem Konsortialkredit eine regelm. Beratung zu Asset-Finanzierungen entwickelt hat. Bei den themat. breiten Mandaten bieten auch die renommierte Restrukturierungs- u. die Private-Equity-Praxis wichtige Anknüpfungspunkte für die Finanzierungsrechtler: Bei der Übernahme der Infinigate-Gruppe gehörten neben Neubaum Mitglieder div. anderer Praxen zum Team für den Investor Bridgepoint. Neben diesen klass. Kernaufgaben erarbeitet sich das Team neue Themen wie ESG u. innovative Finanzierungsstrukturen. Ein Bsp. hierfür ist die besicherte gemischte Schwarmfinanzierung für Redavia.

Stärken: Investment-Grade-Finanzierungen (Kreditnehmer u. Banken), starkes Restrukturierungsteam.

Oft empfohlen: Dr. Walter Uebelhoer, Thomas Neubaum („sehr vertrauensvolle Zusammenarbeit, kennt sich bestens im Markt aus", Mandant; „arbeiten gerne mit ihm zusammen", Wettbewerber).

Team: 5 Partner, 2 Counsel, 22 Associates, 1 of Counsel

Schwerpunkte: Trad. regelm. großvol. syndiz. Darlehen bei Kreditnehmern u. -gebern. Weiterhin stark in ▷*Insolvenz/Restrukturierung*, zudem Asset- u. Projektfinanzierungen.

Mandate: Daimler im Zshg. mit Abspaltung der Truck-Sparte bei syndiz. €18-Mrd-Kreditvertrag; Knorr-Bremse bei erster syndiz. revolvierender Kreditlinie; Schur Flexibles bei €475-Mio-Kapitalmarktdarlehen; Schumacher Packaging bei Debüttransaktion auf Schuldscheinmarkt; Redavia bei innovativer besicherter Finanzierung mit Schwarmfinanzierern, Venture Capital u. institutionellen Geldgebern; Charterhouse Capital bei Unitranche-Finanzierung zum Kauf von Telio von der DBAG; Schaeffler bei grünem €350-Mio-Schuldscheindarlehen; FlixMobility bei Debüt-Konsortialkredit; Bybrook Capital, weitere Debt-Fonds u. HSBC bei Finanzierung des Kaufs von Brush durch One Equity Partners; Dt. Bank bei Refinanzierung eines MDax-Technologieunternehmens; Banken bei Übernahmefinanzierung von Renk durch von Triton beratene Fonds; Bridgepoint bei Übernahmefinanzierung von Infinigate von H.I.G. Capital; Sartorius u.a. bei 2 Akquisitionsfinanzierungen in Mrd-Höhe; BNP Paribas bei

BANK- UND FINANZRECHT KREDITE UND AKQUISITIONSFINANZIERUNG

Leasingfinanzierung von 3 Airbus-Flugzeugen für jap. Investoren.

ASHURST
Kredite und Akquisitionsfinanzierung ★★★

Bewertung: Mit der beachtl. Zahl von rd. 80 Transaktionen im Jahr 2021 zählen die Finanzierungsrechtler zu den Marktführern bei mittelgroßen Akquisitionsfinanzierungen u. Unternehmenskrediten. Das Sartorius-Mandat reichte sogar in eine komplexe Finanzierungsstruktur mit Mrd-Volumen hinein. Daneben berät das Team auch bei finanziellen Restrukturierungen, Immobilien-, Projekt- u. Infrastrukturfinanzierungen, Factoring-Programmen u. Schuldscheinen. Die Mandanten sind dabei häufig Private-Equity-Investoren u. ihre Kreditgeber sowie Debt-Fonds, dazwischen klass. Banken u. Unternehmen. Dabei vertiefte die Praxis sowohl gefestigte Mandatsbeziehungen wie zu Paragon u. Hayfin, entwickelte aber auch neue eigenständige u. praxisübergreifende Mandate wie bei Armada Credit. Bei hGears beriet sie nach dem Börsengang mit den ▷Gesellschaftsrechtlern eine neue Kreditfinanzierung.

Stärken: Leveraged Finance für mittelgr. Buy-outs, sehr starke Marktposition bei alternat. Kreditgebern.

Oft empfohlen: Anne Grewlich („kompetent, pragmat., lösungsorientiert, super Netzwerk", Wettbewerber), Derk Opitz („hohe Beratungsqualität, kollegial", Wettbewerber), Dr. Matthias Weissinger („sehr angenehm, kollegial u. zielorientiert", Wettbewerber)

Team: 3 Partner, 4 Counsel, 8 Associates

Schwerpunkte: Trad. starke Betonung auf Leveraged Finance, daneben Unternehmens-, ▷Immobilien-, Projekt- u. Asset-Finanzierung, auch Restrukturierung u. Kreditportfoliotransaktionen.

Mandate: Hayfin bei Finanzierung einer Mehrheitsbeteiligung an KME Special durch Paragon u. bei Kauf von Real Eyes durch Zentrum Gesundheit; Tikehau bei Finanzierung des Kaufs von FLS von DBAG; Hannover Finanz bei Finanzierung des Kaufs von Hübers; Permira Credit bei Finanzierung der Investition von FSN Capital VI in Megabad; Capiton bei Finanzierung einer Mehrheitsbeteiligung an Axxence; Sartorius-Herbst Verwaltungsges. bei Finanzierung des Kaufs von Anteilen einer Erbengemeinschaft; Vivonio bei umf. Refinanzierung u. Kredit; Banken bei Finanzierung der Investition in Atos durch Intermediate Capital; Berenberg bei Finanzierung des Kaufs von Sovendus durch Paragon; Capital Four bei Finanzierung der Partnerschaft von Waterland mit Horn & Co.

BAKER MCKENZIE
Kredite und Akquisitionsfinanzierung ★

Bewertung: Die Praxis ist bei Unternehmensfinanzierungen meist auf Bankenseite zu sehen. Einen Schwerpunkt bilden dabei weiterhin Konsortialkredite u. insbes. ihre Spezialität der ECA-gedeckten Handels- u. Exportfinanzierungen. Eine der Stärken ist dabei das globale Netzwerk der Kanzlei. Bei ihren häufig grenzüberschr. Transaktionen fallen aber auch div. Immobilienfinanzierungen u. Transaktionen in der Energiebranche auf. Für die NordLB betreute sie bspw. schon die 4. Fotovoltaikrefinanzierung in Japan mit Teams aus Ffm. u. Tokio. Ein Teil solcher grenzüberschr. Zusammenarbeit kommt regelm. aus dem internat. Kanzleinetzwerk, etwa die Finanzierung für Ib Vogt. Auch mit anderen Praxisgruppen klappt die Zusammenarbeit, etwa mit den Immobilienrechtlern, mit denen zusammen das

Kredite und Akquisitionsfinanzierung

★★★★★

Freshfields Bruckhaus Deringer	Frankfurt, München
Hengeler Mueller	Frankfurt
Latham & Watkins	Frankfurt, Hamburg, München

★★★★

Allen & Overy	Frankfurt, München
Clifford Chance	Frankfurt, München
Gleiss Lutz	Frankfurt
Linklaters	Frankfurt, München
Milbank	München
White & Case	Frankfurt, Hamburg

★★★

Ashurst	Frankfurt, München
CMS Hasche Sigle	Berlin, Frankfurt, Hamburg, Stuttgart, Köln
Noerr	Frankfurt, München
Taylor Wessing	Frankfurt, Hamburg

★★

Hogan Lovells	Frankfurt
Mayer Brown	Frankfurt

★

Baker McKenzie	Frankfurt, München
Görg	Frankfurt, Köln
Heuking Kühn Lüer Wojtek	Frankfurt, Düsseldorf
Norton Rose Fulbright	Frankfurt, Hamburg, München
Skadden Arps Slate Meagher & Flom	Frankfurt
Willkie Farr & Gallagher	Frankfurt

Die Auswahl von Kanzleien und Personen in Rankings und tabellarischen Übersichten ist das Ergebnis umfangreicher Recherchen der JUVE-Redaktion. Sie ist in 2erlei Hinsicht subjektiv: Die Aussagen der befragten Quellen sind subjektiv u. spiegeln deren Erfahrungen u. Einschätzungen. Die JUVE-Redaktion wiederum analysiert die Rechercheergebnisse unter Einbeziehung ihrer eigenen Marktkenntnis. Der JUVE Verlag beabsichtigt keine allgemeingültige oder objektiv nachprüfbare Bewertung. Es ist möglich, dass eine andere Recherchemethode zu anderen Ergebnissen führt. Innerhalb einzelner Gruppen in Rankings und tabellarischen Übersichten sind Kanzleien und Personen alphabetisch sortiert.

Team für einen Debt-Fonds eine der bisher wenigen hochvol. Transaktionen mit Einzelhandelsimmobilien des ersten Halbjahrs 2022 beriet.

Oft empfohlen: Dr. Oliver Socher

Team: 2 Eq.-Partner, 3 Sal.-Partner, 1 Counsel, 3 Associates

Schwerpunkte: Überwiegend für dt. Banken tätig; neben mittelgr. Transaktionen auch Handels-, Export- u. ▷Immobilien- u. Projektfinanzierung.

Mandate: Berlin Hyp bei Immobilienfinanzierung für Swiss Life bei Kauf von Essener Bogen (HH); Banken bei €550-Mio-Refinanzierung des Immobilienportfolios der DIC Asset; Credit Suisse bei Finanzierung für Kauf von Kliniken durch Invision; NordLB u. EKF bei Refinanzierung für Obton bei Kauf einer jap. Fotovoltaikanlage; Investoren bei €120-Mio-Finanzierung für ib Vogt; DZ Bank bei Finanzierung eines dt. Chemieunternehmens; LBBW bei Finanzierung eines Pharmaunternehmens; Debt-Fonds bei Finanzierung des Kaufs eines €150-Mio-Portfolios von Einzelhandelsimmobilien.

CLIFFORD CHANCE
Kredite und Akquisitionsfinanzierung ★★★★

Bewertung: Das anerkannte Team für Akquisitions- u. Unternehmensfinanzierung spielt eine wichtige Rolle im voll integrierten Ansatz der Kanzlei. Erstaunl. ist daher, dass CC ihrem Schrumpfkurs im Bank- u. Finanzrecht, der 2015 begann u. sich 2021 mit dem Weggang der langj. Münchner Partnerin Mayer-Trautmann fortsetzte, noch nicht entschieden entgegentrat. Allerdings beriet sie nach ihren Sonderaufgaben bei den Corona-Stützungsmaßnahmen trotz der Schwächung weiterhin ein breites Spektrum an Finanzierungen. Dazu gehörten große u. komplexe Übernahmen, bei denen CC besonders stark auf der Kreditgeberseite ist, wie die erneute Mrd-Finanzierung der Citibank für Lanxess' Kauf von IFF in den USA zeigt. Viele Mandate bewältigte die Praxis grenzüberschr., insbes. wie bei Amedes u. Zooplus mit dem Londoner Büro. Neuere Marktentwicklungen bieten dem wissensstarken Team großes Potenzial, etwa die ESG-Beratung, die bereits in Mandate wie dem Kredit für Jenoptik hineinspielt.

Stärken: Exzellente Finance-Praxis für mittelgr. u. gr. Deals jegl. Spielart mit internat. Eingebundenem, sehr erfahrenem u. renommiertem Team.

Oft empfohlen: Dr. Bettina Steinhauer („angenehm u. professionell", Mandant)

Team: 2 Partner, 2 Counsel, 7 Associates

Schwerpunkte: Large- u. Mid-Cap-Akqu.-Fin. sowie klass. syndiz. Kredite für Banken, alternative Kreditgeber u. Kreditnehmer, zusätzl. hochkarätiges Team für ▷Immobilien- u. Projektfinanzierung in D'dorf.

KREDITE UND AKQUISITIONSFINANZIERUNG BANK- UND FINANZRECHT

Mandate: Blackrock bei Kreditfazilität von SellerX; Citibank bei US$1,3-Mrd-Brückenkredit für Lanxess; Commerzbank bei ESG-gebundenem €400-Mio-Konsortialkredit für Jenoptik; Banken bei finanzieller Restrukturierung der EMAG-Gruppe; Maxburg bei Refinanzierung inkl. Finanzierung des Kaufs von SMH Equipements, AB Equipements u. Agirent; Investorenkonsortium bei Kauf von Amedes; Allianz Global Investors zu Liquiditätsfazilität; Banken bei Konsortialfinanzierung von Alterric; Dt. Bank im Zshg. mit Finanzierung des Kaufs von Zooplus durch EQT u. bei Zwischenfinanzierung für Kauf eines Immobilienportfolios von Adler Real Estate durch LEG; Mahle im Zshg. mit Kreditfinanzierungen bei gepl. Kauf von Hella; Kreditgeber bei Konsortialfinanzierung von Traton mit Libor-Ersatzmechanismen.

CMS HASCHE SIGLE
Kredite und Akquisitionsfinanzierung ★★★

Bewertung: In der personell stark aufgestellten Praxisgruppe haben 2021 2 jüngere Partner die Leitung übernommen, die in ihren Schwerpunkten Projektfinanzierung u. krisennahe Refinanzierung Impulse geben könnten. Das Team punktet insges. mit seiner Marktdurchdringung u. breiten lokalen Aufstellung. Dadurch kam zur Beratung des WSF bei einer Reihe großvolumiger Stabilisierungsmaßnahmen von Unternehmen mit coronabedingten Liquiditätsengpässen, wie insbes. der MV-Werften-Gruppe, nahtlos das nächste Großthema auf sie zu: Auch bei der Stabilisierung der Energiebranche spielt das effiziente Team praxisübergreifend mit den ▷Gesellschaftsrechtlern bei der Bundesnetzagentur etwa bei Gazprom Germania eine wichtige Rolle. Mehrere Praxen bringen hier Erfahrungen ein, die auch bei Finanzierungen wie etwa für Getec Energie Mehrwert für die Mandanten bedeuten. Daneben verfügt das Team über eine starke Position bei Großbanken wie der Commerzbank u. der DZ Bank. Auch bei besicherten Krediten gewann es neue Mandanten.

Stärken: Traditionell stark in Hamburg (v.a. erneuerbare ▷Energien); Kreditnehmerberatung bei Immobilien- u. Projektfinanzierungen, zunehmend Banken u. alternative Kreditgeber.

Oft empfohlen: Dr. Marc Riede, Dr. Jens Morath, Dr. Markus Pfaff, Dr. Peter Ruby („zielorientiert u. angenehm", Wettbewerber).

Team: 11 Eq.-Partner, 6 Counsel, 15 Associates

Schwerpunkte: Breite Fremdfinanzierungspraxis mit Fokus auf Akquisitionen u. ▷Immobilien (Projekte/Anlagenbau).

Mandate: Mowi bei an Nachhaltigkeit gekoppelter, revolvierender €1,8-Mrd-Kreditfazilität; Commerzbank bei div. Unternehmens- u. Akquisitionsfinanzierungen; Hydro Aluminium Rolled Products bei Finanzierung von Project Ocean; Apcoa Parking bei revolvierendem €80-Mio-Kredit; DZ Bank bei Restrukturierung einer Gesellschafsfinanzierung; Porsche AG lfd. finanzierungsrechtl.; Finanzierer bei Schuldverschreibungen für ÖPP-Projekt B247 in Thüringen; Greensill-Insolvenzverwalter bei Restrukturierung u. Abwicklung von Forderungskaufprogrammen; VGP European Logistics bei Konsortialfinanzierung für Joint Venture mit Allianz für Kauf von Logistikzentren; Scannell Properties bei Kauf u. Finanzierung von Immobilien u. der Entwicklung von 6 Vertriebszentren für Amazon; Aberdeen Fund bei Finanzierung des Kaufs eines Immobilienportfolios; Getec Energie bei €170-Mio-Konsortialkredit; BNetzA bei KfW-Darlehen an Gazprom Germania.

FRESHFIELDS BRUCKHAUS DERINGER
Kredite und Akquisitionsfinanzierung ★★★★★

Kanzlei des Jahres für Bank- und Finanzrecht

Bewertung: Die Praxis steht wie nur wenige andere für strateg. u. jurist. herausfordernde Finanzierungen. Sie besticht dabei mit einem personalstarken u. erfahrenen Team rund um renommierte Partner. Häufig berät die Praxis auf höchster Ebene in Unternehmen u. Politik. Nach den Corona-Rettungskrediten war das Team um Laudenklos gleich bei der nächsten Notlage in der Energiebranche seitens der KfW bei Lösungen für Gazprom Germania u. Uniper gefragt. Praxisgruppen- u. länderübergreifend bewiesen bei dem Maßnahmenbündel 'Securing Energy for Europe' Teams aus ▷Restrukturierung, ▷Kartell- u. ▷Gesellschaftsrecht den Blick für das große Ganze. Daneben gehört FBD bei der Beratung von Kreditnehmern vom Kaliber der Dt. Telekom – trad. Schwerpunkt der Praxis – weiterhin zur Spitzengruppe, etwa bei klass. großvol. Akquisitionsfinanzierungen wie für Vonovia, aber auch bei Start-up- u. Wagnisfinanzierungen. Hierbei erhält das Team regelm. Impulse von den angesehenen Corporate-Beratern. Bei der zunehmenden Kombination von Hochzinsprodukten und Konsortialkreditverträgen wie bei Grünenthal spielt sie ebenfalls aufseiten der Kreditnehmer mit.

Stärken: Seit Jahren marktführende Praxis auf Kreditnehmer- wie auf Kreditgeberseite. Enge Verbindungen zu ▷M&A, Restrukturierung, ▷Bankaufsichts- u. ▷Kapitalmarktrecht sowie ▷Immobilien- und Baurecht (Projektentwicklung).

Oft empfohlen: Dr. Frank Laudenklos („stark", Wettbewerber), Dr. Mario Hüther, Dr. Michael Josenhans („exzellent u. konstruktiv", Mandant; „hart arbeitend u. äußerst kompetent", Wettbewerber)

Team: 5 Partner, 1 Counsel, 12 Associates

Schwerpunkte: Beratung von strateg. Investoren, Private-Equity-Sponsoren, Unternehmen und Banken zu großvol. Finanzierungen sowie zu ▷Insolvenz/Restrukturierung, ▷Beihilferecht.

Mandate: KfW bei Mrd-Darlehen für Gazprom Germania u. bei revolvierender €2-Mrd-Kreditlinie für Uniper; Banken bei €920-Mio-Finanzierung für Median mit Kapitalmarktdarlehen in € u. GBP sowie Kreditfazilität; Dt. Telekom bei €2,15-Mrd-Kreditfinanzierung für GlasfaserPlus; Fresenius bei syndiz. €2-Mrd-Kreditlinie; Grünenthal bei Bank-Bond-Transaktion mit u.a. Konsortialkreditverträgen; Banken bei €475-Mio-Finanzierung aus endfälligen Darlehen u. revolvierender Kreditlinie für Schur Flexibles; Nordex bei komb. Finanzierung mit u.a. €171-Mio-Fremdfinanzierung; Banken bei €750-Mio-Konsortialfinanzierung für Dt. Reisesicherungsfonds; Vonovia bei €20,15-Mrd-Übernahmefinanzierung für Dt. Wohnen; Cazoo bei Finanzierung des Kaufs von Cluno; Corten Capital Fonds bei Finanzierung des Kaufs von Matrix42; Berenberg bei Akquisitionsfinanzierung der Offerista Group durch Media Central; CVC u. Douglas bei Refinanzierung mit u.a. vorrangig besicherten €600-Mio-Kreditfazilität u. €170-Mio-Kreditfazilität; Hugo Boss bei erstem revolvierenden Konsortialkredit mit Nachhaltigkeitsbezug über €600 Mio; LBBW bei €300-Mio-Konsortialkredit für Edeka Südwest.

Führende Berater bei Krediten und Akquisitionsfinanzierung

Winfried Carli
Goodwin Procter, Frankfurt

Anne Grewlich
Ashurst, Frankfurt

Alexandra Hagelüken
Latham & Watkins, Frankfurt

Dr. Mario Hüther
Freshfields Bruckhaus Deringer, Frankfurt

Dr. Thomas Ingenhoven
Milbank, Frankfurt

Dr. Johannes Kremer
Skadden Arps Slate Meagher & Flom, Frankfurt

Dr. Frank Laudenklos
Freshfields Bruckhaus Deringer, Frankfurt

Barbara Mayer-Trautmann
Clifford Chance, München

Dr. Eva Reudelhuber
Gleiss Lutz, Frankfurt

Dr. Bettina Steinhauer
Clifford Chance, Frankfurt

Dr. Johannes Tieves
Hengeler Mueller, Frankfurt

Marc Trinkaus
Linklaters, Frankfurt

Dr. Nikolaus Vieten
Hengeler Mueller, Frankfurt

Die Auswahl von Kanzleien und Personen in Rankings und tabellarischen Übersichten ist das Ergebnis umfangreicher Recherchen der JUVE-Redaktion. Sie ist in 2erlei Hinsicht subjektiv: Die Aussagen der befragten Quellen sind subjektiv u. spiegeln deren Erfahrungen u. Einschätzungen. Die JUVE-Redaktion wiederum analysiert die Rechercheergebnisse unter Einbeziehung ihrer eigenen Marktkenntnis. Der JUVE Verlag beabsichtigt keine allgemeingültige oder objektiv nachprüfbare Bewertung. Es ist möglich, dass eine andere Recherchemethode zu anderen Ergebnissen führt. Innerhalb einzelner Gruppen in Rankings und tabellarischen Übersichten sind Kanzleien und Personen alphabetisch sortiert.

GLEISS LUTZ
Kredite und Akquisitionsfinanzierung ★★★★

Bewertung: Die Praxis zeichnet sich durch ein breites Spektrum an transaktionsstarken Mandanten aus, darunter Private-Equity-Investoren wie die DBAG, Großbanken wie Morgan Stanley u. Konzerne wie Hornbach. In der intensiven Mandatsbeziehung zur DBAG etwa gab es einen stabilen Dealflow mit weiteren grenzüberschr. Finanzierungen, u.a. mit einer großvolumigen Unitranche. In der Corona-Krise konnte GL ihre Stärken bei krisennaher Finanzierungsberatung voll ausspielen. Hier waren die angesehenen Berater benachbarter Praxen wie die ▷Restrukturierer u. die ▷Beihilferechtler ein Pluspunkt. Dieser Schwung erwies sich zwar nicht flächendeckend als Selbstläufer für neue Großmandate, findet aber punktuell Fortsetzungen bei wichtigen Full-Service-Mandaten wie der Steag. Einzelne großvolumige Transaktionen wie die Beratung beim Übernahmeangebot für die Aareal Bank

BANK- UND FINANZRECHT KREDITE UND AKQUISITIONSFINANZIERUNG

zeigen zudem, dass die Praxis bei komplexen grenzüberschr. Finanzierungen punkten kann. Der Finanzierungspartner im neuen Londoner Büro der Kanzlei dürfte künftig dabei helfen.
Oft empfohlen: Dr. Eva Reudelhuber („sehr angenehm, kollegial u. zielorientiert", Wettbewerber), Dr. Helge Kortz („sehr besonnen u. erfahren", Mandant; „ruhig u. sehr zielorientiert", Wettbewerber), Frank Schlobach, Dr. Burkhard Jäkel
Team: 4 Eq.-Partner, 4 Counsel, 6 Associates
Schwerpunkte: Breites Spektrum von LBO-Finanzierungen (meist aufseiten von Private-Equity-Sponsoren) über Großkredite für Unternehmen bis hin zu komplexen ▷*Restrukturierungen*. Stark bei ▷*Immobilienfinanzierungen*, auch Projekt- u. Asset-Finanzierungen.
Mandate: Alpha Trains Lux. bei Finanzierung von Zügen für das Netz Ostbrandenburg 2; Ara bei Refinanzierung; Banken bei Projektfinanzierung des Univ. Klinikums Schlesw.-Holst.; DBAG bei div. LBO-Finanzierungen, u.a. von Dantherm, u. anderen Finanzierungen; Banken bei Super-Senior-Betriebsmittellinie für Apcoa; Hornbach bei Finanzierung von €400-Mio-Delisting; Lindsay Goldberg u.a. bei €557-Mio-Kapitalmarktdarlehen für Add-on-Akquisition von Miko Pac; Morgan Stanley bei Akquisitionsfinanzierung für Finanzinvestoren bei Aareal; Mitteldt. Flughafen AG bei Konsortialfinanzierung; Pradera bei Immobilienkredit zur Refinanzierung eines Portfolios; Steag bei Refinanzierung; Triton/dogado zu Kapitalmarktdarlehen; VNG bei revolvierender Kreditlinie der KfW; Banken bei Umfinanzierung der Raiffeisen-Waren-Gruppe.

GÖRG
Kredite und Akquisitionsfinanzierung ★
Bewertung: Aus der starken Restrukturierungspraxis u. der etablierten Beratung zum ▷*Bankaufsichtsrecht* haben sich zunehmend u. mittlerweile stetig eigenständige Mandate zu Krediten u. Finanzierungen entwickelt. Eine Stärke des hauptsächl. aus Köln u. Frankfurt aktiven Teams bleiben aber praxisgruppenübergreifende Beratungen wie bei den Finanzierungsverträgen eines Stadtwerkekonsortiums. Auf Kreditgeberseite punktet Görg mit guten Beziehungen in den Sparkassensektor u. einer hohen Partnerpräsenz in den Mandaten. Neben den meist kleineren u. mittleren Unternehmensfinanzierungen stehen daher inzw. auch 3-stellige-Mio-€-Finanzierungen wie für Huf Hülsbeck u. namhafte Private-Equity-Investoren wie Ufenau.
Team: 2 Eq.-Partner, 1 Sal.-Partner, 4 Counsel, 6 Associates
Schwerpunkte: Breites Spektrum von Unternehmens- u. Akquisitionsfinanzierungen bis hin zu komplexen ▷*Restrukturierungen*.
Mandate: Banken bei €90-Mio-Darlehen mit Nachhaltigkeitsklauseln an Zeeman; Oakley Capital bei Akquisitionsfinanzierung durch Berenberg; Huf Hülsbeck & Fürst bei €400-Mio-Refinanzierung mit revolvierenden Kreditfazilitäten, Factoring-Programmen u. Schuldscheindarlehen; Darlehensgeberin bei Durchsetzung ihrer Ansprüche unter €145-Mio-Darlehensvertrag an ein SPV der Fam. Jagdfeld; Ufenau bei einer Refinanzierung; Real I.S. finanzierungsrechtl.; Banken bei Finanzierung von Copus zum Kauf von Primus Personaldienstleistungen; Stadtwerkekonsortium bei finanzieller Restrukturierung ihrer Beteiligungsges. KSBG.

HENGELER MUELLER
Kredite und Akquisitionsfinanzierung ★ ★ ★ ★ ★
Bewertung: Die sehr angesehenen Finanzierungsrechtler verfügen über hervorragende Kontakte in die Führungsetagen der dt. Großkonzerne. Für rasche u. zuverlässige Lösungen außerhalb des Standards zählt das erfahrene u. personalstarke Team hier deshalb neben Freshfields zu den Favoriten der Mandanten. Das bezeugen regelm. Mrd-Kredite in Sondersituationen wie bei Fortum u. Ceconomy, in denen das Team zu den starken ▷*Corporate*-Beratern stößt. Finanzierungen wie bei Ceconomy zeigen mit ihrem Nachhaltigkeitsbezug, dass es sein tiefes Wissen um aktuelle Marktentwicklungen wie ESG erweitert. Bei der Beratung in der Energiebranche, etwa bei Fortum u. dem Zulieferer EEW, sind in dem heiklen polit. Umfeld seine Umsicht u. das integrierte Know-how der angesehenen ▷*Restrukturierer* bei den Mandanten gefragt. Neben diesem Engagement auf Kreditnehmerseite steht die Beratung zu riesigen Akquisitionsfinanzierungen der Banken wie für Vonovia u. zu LBOs wie die Unitranche für HAL. Mit der Ernennung eines Eq.-Partners sorgte die Kanzlei zudem für eine ausgeglichene Altersstruktur auf Partnerebene.
Stärken: Hervorrag. Verbindungen zu dt. Konzernen u. Banken. Ausgezeichnete Reputation der Partner, deren Know-how auch ins Aufsichts- u. Kapitalmarktrecht reicht.
Oft empfohlen: Dr. Johannes Tieves („sehr erfahren u. pragmat., kennt sich bestens aus", Mandant), Dr. Nikolaus Vieten, Dr. Daniel Weiß, Dr. Daniela Böning („hervorragende Verhandlerin mit sehr gutem vernetztem u. analyt. Denken", Mandant)
Team: 5 Partner, 2 Counsel, plus Associates
Schwerpunkte: Großkredite u. Bank-Bond-Finanzierungen für Kreditnehmer u. -geber. Außerdem Akquisitionsfinanzierung, Restrukturierung u. Refinanzierungen, überwiegend für Kreditnehmer. Auch ▷*Immobilienfinanzierung*.
Mandate: Fortum bei konzerninterner €8-Mrd-Fazilität u. revolvierender €2-Mrd-Kreditfazilität der KfW an Uniper; Ceconomy bei €1-Mrd-Konsortialkredit mit ESG-Bindung; Ørsted bei Finanzierung des Verkaufs einer 50%-Beteiligung am Windpark Borkum Riffgrund 3 an Glennmont; Banken bei Finanzierung des €28,9-Mrd-Übernahmeangebots für Dt. Wohnen durch Vonovia; EEW u.a. bei syndiziertem Kredit von insges. €498 Mio unter Bürgschaft des Bundes u. von Bundesländern; HAL Investments bei Unitranche für Kauf von Mehrheitsanteil an Pro Gamers; Aurubis bei Refinanzierung von syndiziertem €350-Mio-Kredit mit ESG-Komponente; Ista bei €400-Mio-Schuldscheindarlehen; Waterland, Priory u. Median bei €920-Mio-Kapitalmarktdarlehen der Median Kliniken u. der Brückenfinanzierung für den Kauf der Priory Group; Dommermuth zu Finanzierung bei Aufstockung des Anteils an United Internet mit Darlehen ohne Rückgriffsrecht; Grenke bei €300-Mio-Konsortialkredit; Phoenix Pharmahandel bei Konsortialkredit zum Kauf des europ. Geschäfts von McKesson; Waterland bei Akquisitionsfinanzierung einer 50/50-Partnerschaft mit Horn & Company.

HEUKING KÜHN LÜER WOJTEK
Kredite und Akquisitionsfinanzierung ★
Bewertung: Keimzelle der Beratung der Praxis zu Unternehmens- u. Transaktionsfinanzierungen sind die guten Kontakte der Kanzlei zu mittelständ. Betrieben. Dies hat sie mit Bank- und Finanzdienstleistungsmandanten wie der Commerzbank u. der DZ Bank erfolgreich erweitert. Auch in der Beratung von Projektfinanzierungen geht es voran, sowohl aufseiten der Sponsoren einer Autobahn-ÖPP als auch von Projektgesellschaften wie Duisburg Gateway Terminal. Diese Entwicklung bietet der seit 2022 neu zusammengesetzten Praxisgruppenleitung weiteres Potenzial, mit noch mehr Zusammenarbeit innerhalb des Teams u. insbes. den anderen Praxen der großen Kanzlei weitere Synergien zu heben.
Oft empfohlen: Michael Neises, Thomas Schrell
Team: 6 Eq.-Partner, 6 Associates
Schwerpunkte: Breites Spektrum von Akquisitions-, LBO- u. Unternehmensfinanzierungen, daneben Immobilien- u. Projektfinanzierungen.
Mandate: Auctus Capital bei Finanzierung des Kaufs eines Mineralöllogistikers; Großbank zu div. Finanzierungen; Carlyle finanzierungsrechtl.; Commerzbank bei Finanzierung des Kaufs einer Beteiligung an First Climate durch Hannover Finanz; Rheinmetall bei syndizierter €500-Mio-Kreditlinie; Sponsor zu ÖPP-Projektfinanzierung; Australis Maritime bei besicherter US$8-Mio-Schiffsfinanzierung; DZ Bank bei €47-Mio-Konsortialkredit für Prokon.

HOGAN LOVELLS
Kredite und Akquisitionsfinanzierung ★ ★
NOMINIERT JUVE Awards 2022 Kanzlei des Jahres für Bank- und Finanzrecht
Bewertung: Die Praxisgruppe berät ausgewogen für Kreditnehmer u. -geber. Die vorbildl. internat. Zusammenarbeit ist dabei eine ihrer Stärken, wie etwa bei der Unternehmensfinanzierung für AMG u. den Private-Equity-Investoren Adagia u. Chequers gemeinsam mit dem Team in Paris. Bei solchen Akquisitionsfinanzierungen gewann sie dementsprechend neue Mandanten. Bei Darlehensnehmern wie Galeria Kaufhof bezieht die Praxis die ▷*Kapitalmarktrechtler* in Beratungen zu gemischten Finanzierungen mit Kapitaleinlagen u. Nachrangdarlehen ein, so auch bei der Finanzierungsrunde für Everphone mit einem grünen Kredit u. Eigenkapital. Einen bedeutenden Anteil ihrer Mandate berät sie mit einem der größten dt. Teams für Projektfinanzierungen, das seine Erfahrung in Infrastruktur- u. Energieprojekten u.a. bei den Mandanten Wpd u. Berenberg einsetzte. Eine intensivere interne Zusammenarbeit böte bei dieser Kapazität Potenzial, noch mehr Mandate auszuweiten.
Stärken: Internat. gute Verbindungen, insbes. nach London u. Paris.
Oft empfohlen: Dr. Katlen Blöcker („sehr kompetent", Wettbewerber), Dr. Carla Luh („sehr umsichtig u. persönl. angenehm", Wettbewerber)
Team: 4 Partner, 11 Associates
Schwerpunkte: Leveraged-Transaktionen u. (Re-)Finanzierungen, Immobilien- u. Asset-Finanzierungen sowohl für Kreditnehmer wie für Banken u. alternative Kreditgeber.
Mandate: Adagia Partners bei Kauf von Mehrheitsbeteiligung an Schwind Eye-Tech-Solutions von Ardian; AMG Advanced Metallurgical Group bei besichertem US$350-Mio-Darlehen u. besicherter revolvierender US$200-Mio-Kreditlinie; Chequers Capital bei Finanzierung des Kaufs von Corning Services; Finanzagentur des Bundes bei Stabilisierungsmaßnahmen für Galeria Karstadt Kaufhof;

KREDITE UND AKQUISITIONSFINANZIERUNG BANK- UND FINANZRECHT

Everphone bei US$200-Mio-Finanzierungsrunde; Goetel bei €345-Mio-Darlehensfinanzierung; Hapag-Lloyd bei grünen US$417- u. US$852-Mio-Schiffsfinanzierungen; BNP Paribas bei Refinanzierung einer syndizierten Kreditvereinbarung für Hello Fresh; Berenberg bei Finanzierung div. Projekte zu erneuerbaren Energien in Europa u. Chile; Wpd Europe bei €220-Mio-Finanzierung von Windkraftprojekt.

LATHAM & WATKINS
Kredite und Akquisitionsfinanzierung ★★★★★
Bewertung: Mit ihrem großen u. zur Spitzengruppe zählenden Team decken die Kreditfinanzierer die gesamte Themenbreite ab. Zu den prägenden Angelegenheiten gehören große Unternehmensfinanzierungen: Nach den staatl. geförderten u. KfW-Finanzierungen der Corona-Krise wie bspw. bei Tui berät die Praxis beim Energieversorger Steag nun zu einer Großfinanzierung in der nächsten Krisenbranche. Ebenfalls auf Bankenseite baute sie beim Mrd-Kredit für die Fresenius-Dax-Konzerne erstmals eine Nachhaltigkeitskomponente in deren Kreditlinie ein. Eine besondere Stärke sind aber komplexe Finanzierungen für weniger etablierte Kreditnehmer. Mandanten wie Cheplapharm mit ihrer aktuellen gemischten Finanzierung schätzen die integrierte Beratung mit den Praxen für ▷Kapitalmarktrecht, ▷Gesellschaftsrecht u. das marktführende ▷Private Equity. Im Verbund mit Letzterem zählt das Team auch beim wachsenden Segment der Kredite von Nichtbanken u. zusammengesetzten Tranchefinanzierungen zur Spitze. Die internat. Unitranche-Finanzierungen etwa bei den Transaktionen mit Dantherm u. Sanner führen alternative Investoren u. Großbanken zusammen.
Stärken: Integrierte Kapitalmarkt- u. High-Yield-Erfahrung (▷Anleihen u. Strukt. Fin.); Akqu.-Fin., v.a. für Private Equity, u. im Mid-Cap-Bereich für Banken; Sponsorenarbeit auch bei gr. Transaktionen; Restrukturierungen.
Oft empfohlen: Alexandra Hagelüken („hervorragende, angenehme Kollegin", Wettbewerber), Christian Jahn („angenehm u. pragmat.", Wettbewerber), Sibylle Münch („bestens für Konsortialverträge", Mandant), Thomas Weitkamp („exzellente, hochwertige u. konstruktive Beratung", Mandant)
Team: 4 Partner, 4 Counsel, 11 Associates
Schwerpunkte: Akquisitionsfinanzierung für Banken u. Kreditnehmer; Corporate-Kredite. Standortübergr. integrierte Praxis. Leveraged-Finanzierungen.
Mandate: Alcentra bei Finanzierung des Kaufs von Telio; Baywa bei ESG-gebundener €1,7-Mrd-Konsortialfinanzierung; Christ-Gruppe bei Amend-and-Extend-Refinanzierung; Novem bei Finanzierung im Zshg. mit IPO; Cheplapharm bei Refinanzierung von €1,48-Mrd-Kapitalmarktdarlehen u. revolvierender €500-Mio-Kreditlinie; Banken bei syndizierter revolvierender €2-Mrd-Kreditlinie für Fresenius u. Fresenius Medical Care; Hayfin bei Unitranche-Finanzierung des Kaufs von Dantherm durch die DBAG; Dt. Bank bei €65-Mio-Kauf von Axxence durch Capiton; Pemberton bei Finanzierung des Kaufs von Init durch Emeram u. Gilde Buy Out Partners; Goldman Sachs bei Finanzierung des Kaufs von Sanner durch GHO Capital; Hg bei Finanzierung des Kaufs von Serrala; UniCredit Bank bei syndizierter €370-Mio-Refinanzierung der Sport Group; Acura Group bei Refinanzierung; NordLB bei besichertem €1-Mrd-Kredit für KSBG als Holding von Steag.

LINKLATERS
Kredite und Akquisitionsfinanzierung ★★★★
Bewertung: Charakteristisch für die renommierte Finanzierungspraxis ist ihre enge Verzahnung mit den marktführenden ▷Gesellschaftsrechtlern. Der ausgeschiedene u. inzw. verstorbene Weiand etwa verkörperte diese Full-Service-Denkweise. Große Finanzierungstransaktionen wie für Vitesco infolge der Konzernabspaltung sind daher eine typ. Stärke der Praxis, die strateg. u. wie bei Uniper krisennahe Refinanzierungen abdeckt. Gleiches gilt auf der Bankenseite, auf der sie bei der Commerzbank ihre Kompetenz für große Übernahmefinanzierungen bei Schaltbau demonstriert. Bei der Beratung ihrer großen Mandanten wie der Dt. Bank sammelt sie zugleich regelm. Erfahrungen mit aktuellen Entwicklungen wie etwa ESG-Komponenten u. der Zinswechselmechanik von Libor zu SOFR. Auch im wachsenden Segment internat. alternativer Kreditgeber ist ihre tiefe Kenntnis der dt. Wirtschaft gefragt. In Zusammenarbeit mit dem für die hiesigen Mandate wichtigen Londoner Büro beriet sie etwa auf der Seite der Finanzsponsoren Carlyle bei der Finanzierung der Übernahme von Flender. Anfang 2022 berief die Kanzlei intern einen neuen Partner, der u.a. im Leveraged Finance versiert ist u. mit dem sie ihre Teamstärke auf Partnerebene hält.
Stärken: Sehr gute Kontakte zu vielen führenden Banken u. großen Unternehmen.
Oft empfohlen: Marc Trinkaus („superguter Anwalt", Wettbewerber)
Team: 3 Partner, 2 Counsel, rund 10 Associates
Schwerpunkte: Beratung von Kreditgebern u. -nehmern, auch Debt-Fonds, Unternehmen u. PE-Häusern; hochvolumige Schuldscheindarlehen. Daneben ▷Insolvenz/Restrukturierung. Arbeit am Übergang zu Projekt- u. ▷Immobilienfinanzierung.
Mandate: Vitesco Technologies bei Konzernfinanzierung nach der Abspaltung aus Continental; Dt. Bank Luxemb. bei Rahmenkreditvertrag von Neumann-Kaffee mit US$1-Mrd-Kreditfazilität mit ESG-Kriterien u. Zinswechselmechanik von Libor zu SOFR; Pacifico Renewables bei nachrangiger Fremdfinanzierung; Banco Santander bei €2,5-Mrd-Überbrückungsfazilität für CPI Property zur Finanzierung des Übernahmeangebots für Immofinanz; Clark Germany bei Finanzierung im Zshg. mit Zusammenschluss mit finanzen.de; Uniper bei €2-Mrd-Kreditfazilität von KfW; KfW Ipex-Bank bei Finanzierung des Duisburg Gateway Terminals; AMS lfd., u.a. zu revolvierender €800-Mio-Kreditfazilität; Carlyle bei €1-Mrd-Finanzierung für die Carveout-Akquisition des Geschäftsbereichs Flender von Siemens; Heleba bei Libor-Umstellung von Altkreditverträgen; Gea bei €650-Mio-Konsortialkredit; Bayer zu revolvierender €4,5-Mrd-Konsortialkreditlinie mit Klimaschutzkomponente.

MAYER BROWN
Kredite und Akquisitionsfinanzierung ★★
Bewertung: Bei der Finanzierungspraxis lassen sich 2 Schwerpunkte ausmachen: langfristige Beratungen heimischer Stammmandanten u. ein sehr internat. Netzwerk, das sich besonders bei Deals bewährt. So setzte die gefragte Praxis ihr Wachstum bei Transaktionsfinanzierungen mit neuen Mandanten wie dem Private-Equity-Fonds Ardian, einem Debt-Fonds von Rothschild u. der frz. Bank Crédit Mutuel fort. Hinzu kommen die sehr aktiven Bestandsmandanten, darunter Großbanken wie JPMorgan u. die Beteiligungsges. Avedon. Viele der Transaktionen sind komplexe grenzüberschr. Finanzierungen. Stellvertretend für eine Reihe schwieriger Unternehmensfinanzierungen steht die internat. Kreditfazilität für Standard Profil. Die Praxis wächst, u. MB unterstützt diese Expansion personell mit der Berufung des Teamleiters in die Eq.-Partnerschaft, nachdem bereits 2021 ein erfahrener Counsel von Milbank u. 2020 eine Sal.-Partnerin von Freshfields gekommen waren.
Stärken: Internat. Großbanken u. Private-Equity-Investoren bei (Akqu.-)Finanzierungen.
Team: 1 Eq.-Partner, 2 Sal.-Partner, 2 Counsel, 4 Associates
Schwerpunkte: Akqu.-Fin. u. Kredite für dt. u. internat. Banken, Unternehmen, Private-Equity- u. Debt-Fonds, insbes. mit grenzüberschr. Elementen. Auch Immobilien- u. Asset-Finanzierungen, NPL-Transaktionen, Verbriefungen.
Mandate: Ardian Real Estate bei Änderung von €141-Mio-Finanzierungen; Five Arrows Principal bei €258-Mio-Unitranche für Kauf von Anteilen an Gesundheitskonzern; Standard Profil Automotive im Zshg. mit revolvierender Kreditfazilität; Investor bei Finanzierung des Kaufs dt. Glasfasernetze; ICBC bei €95-Mio-Multiwährungskreditfazilität für Lidl Great Britain; Lidl bei syndizierter Finanzierung; ING bei Änderung von revolvierendem €760-Mio-Kredit für MET Holding; Avedon Capital, JPMorgan Chase finanzierungsrechtl.; Crédit Mutuel bei Kredithandel; Mitsubishi bei strukturierter Finanzierung für Edelmetallverarbeiter.

MILBANK
Kredite und Akquisitionsfinanzierung ★★★★
Bewertung: Die Praxis mit ihrem Schwerpunkt bei der Beratung aller Arten komplexer Akquisitionsfinanzierungen nutzt die Chancen gut, die ihre personelle Erweiterung 2021 in München mit Mayer-Trautmann u. ihrem Team bietet. Sie gewinnt dadurch erhebl. an Schlagkraft u. erweitert ihre Beratungspalette, insbes. auf Bankenseite. Ein Bsp. dafür ist die Mrd-Finanzierung für Nordex auf Kreditgeberseite. Gleichzeitig konnte Ingenhoven die Beziehung zu den Stammmandanten ausbauen. In der Medienbranche brachte er etwa bei Funke die neue Finanzierung als Teil einer komplizierten M&A-Transaktion unter den Gesellschaftern der Gruppe mit dem bestehenden Finanzierungsfazilitäten in Einklang. Auch zu Springer sind über die grenzüberschr. Transaktionen hinausgehende Mandate zu Finanzierungsfragen entstanden. Die Stärke der Praxis bei Deals mit intensiven Verhandlungen schätzen auf Kreditgeberseite auch Debt-Fonds wie Pemberton, die das Team bei deren Refinanzierung in mehreren Rechtsordnungen beriet. Obwohl Milbank häufig zu stark gehebelten Refinanzierungen in einem schwierigen Bonitätsbereich berät, kamen bisher viele ihrer Mandanten gut durch die Krise. Ihren guten Ruf in krisennahen Finanzierungen könnte die Praxis daher bei einer weiteren Verschärfung der Wirtschaftslage noch stärker ins Spiel bringen.
Stärken: Starkes Corporate-Team, das Kreditnehmer wie -geber berät.
Oft empfohlen: Dr. Thomas Ingenhoven („sehr erfahren u. hilfreich", Mandant; „konstruktiv u. schlau", Wettbewerber), Barbara Mayer-Trautmann („sehr stark, gute Zusammenarbeit", Wettbewerber)
Team: 3 Partner, 9 Associates
Schwerpunkte: Akquisitions- u. Konzernrefinanzierungen.

BANK- UND FINANZRECHT KREDITE UND AKQUISITIONSFINANZIERUNG

Mandate: Axel Springer bei Finanzierung des Kaufs von Politico u. von Protocol; Funke Mediengruppe bei Konsortialkredit; UniCredit Bank u. Commerzbank bei €1,4-Mrd-Mehrwährungskredit für Nordex; ELF bei strukturierter Finanzierung für Private Pier Industries; IK Partners bei Finanzierung des Kaufs von Stein HGS u. von Conet; Klingel Medical Metal bei Finanzierung des Kaufs von Ruetschi Technology; Maguar Capital bei Finanzierung des Kaufs einer Beteiligung an Navax Consulting u. einer Mehrheitsbeteiligung an Ingentis Softwareentwicklung; Pemberton bei Refinanzierung von Plixxent; Selection BidCo bei €530-Mio-Kredit für Kauf von u.a. Iptor, GUS-Gruppe, PDV-Gruppe, SHD-Gruppe; WGW Wasser und Gas Westfalen bei Brückenfinanzierung für Kauf einer Beteiligung an Infrareal.

NOERR
Kredite und Akquisitionsfinanzierung ★★★
Bewertung: Die Praxisgruppe deckt eine sehr breite Palette von Finanzierungen ab. Das gilt für die Volumina ebenso wie für den Zweck der Kredite. Ein Schwerpunkt liegt auf der Kreditgeberseite. Mandate für Kreditnehmer wie Schaltbau u. Fresenius mit ESG-Komponente zeigen aber, dass das Team auch bei großen Unternehmensfinanzierungen punkten kann. Einen Teil ihres Schwungs aus der Beratung zahlreicher Finanzierungen im Zuge von Corona-Maßnahmen konnte es in neue Mandate wie FTI mitnehmen. Ansonsten war ihr Know-how insbes. bei praxisübergreifenden Beratungen gefragt. Bei der hochvolumigen Finanzierung für Howoge etwa zählten dazu auch kapitalmarktrechtl. Fragen. Die enge Verzahnung der verschiedenen Praxen trägt darüber hinaus bei restrukturierungsnahen Finanzierungen Früchte u. ist bei ähnlichen Szenarien, darunter der Lösung für den Energiekonzern Steag, weiter gefragt.
Stärken: Beratung von Kreditgebern, v.a. Banken, ▷Insolvenz/Restrukturierung.
Oft empfohlen: Andreas Naujoks („immer greifbar u. fachl. exzellent", Mandant; „freundlich u. sehr effizient", Wettbewerber), Dr. Torsten Wehrhahn, Dr. Nikolai Warneke, Sebastian Bock
Team: 5 Eq.-Partner, 3 Sal.-Partner, 1 Counsel, 6 Associates
Schwerpunkte: Beratung von Banken (internat. u. dt. Institute), alternativen Finanzierern u. Kreditnehmern; Restrukturierungen u. ▷Immobilienfinanzierungen.
Mandate: Aurelius Alpha Invest bei Konzernfinanzierung; Banken bei €125-Mio-Finanzierung von Meyer Burger; Banken bei Finanzierung der Flughäfen Dresden u. Halle/Leipzig; Finanzagentur des Bundes bei €118-Mio-Nachrangdarlehen durch den WSF an FTI Touristik; Dt. Bank bei €400-Mio-Finanzierung von Hornbach; Dussmann Stiftung bei €140-Mio-Konsortialfinanzierung mit ESG-Komponente; Fresenius Medical Care bei revolvierenden €2-Mrd-Kreditlinien mit ESG-Komponente; Kreditgeber bei €85-Mio-Finanzierung des Kaufs von 2 Kartonwerken von Mayr-Melnhof durch Oaktree; Banken bei Finanzierung des Kaufs einer Mehrheitsbeteiligung an Detax durch ECM Equity Capital Management, Pinova Capital u. Gilde Healthcare Partners; Schaltbau bei revolvierenden €150-Mio-Kreditlinien mit ESG-Komponente; Avalkreditgeber bei €1-Mrd-Finanzierung von Steag; TAG Immobilien bei €750-Mio-Brückenfinanzierung zum Kauf von Robyg; DZ Hyp bei Finanzierung von Wohnbauportfolio Gropiusstadt in Berlin; Howoge bei €2,46-Mrd-Kauffinanzierung von Immobilien von Vonovia u. Dt. Wohnen.

NORTON ROSE FULBRIGHT
Kredite und Akquisitionsfinanzierung ★
Bewertung: Die Praxis berät als Generalistin zu unterschiedl. Finanzierungsformen, wobei ihr Mandantenschwerpunkt auf der Bankenseite liegt. Das personell u. inhaltl. ohnehin schon breite Team hat sich durch einen Partner u. eine Counsel noch einmal vergrößert. Die Praxis hat daher großes Potenzial, die etablierten Kontakte der erfahrenen Partner mit einer schärferen Profilierung auszubauen, denn für Wettbewerber sind einige von ihnen in den Spitzenmandaten noch „wenig visibel". Wichtige Felder innerhalb dieser Themenbreite des Teams sind Finanzierungen von Immobilien u. Infrastruktur. Bei Carval etwa berät die Praxis als Teil eines internat. Teams eine innovative Finanzierungsstruktur zum Bau großer Fotovoltaikprojekte. Für UniCredit geht es bei Breeze Three um den grenzüberschr. Verkauf von Windparks. Neben der Beratung privater Kreditgeber u. Sponsoren rundet die jahrel. Erfahrung mit ÖPP-Projekten im Straßenbau diesen Schwerpunkt ab. In der Immobilienbranche zählen ebenfalls internat. Mandate wie die Beratung des Debt-Fonds BF Capital u. der engl. Sirius zu den Stärken der Praxis.
Stärken: Viel Erfahrung mit Großbanken; breites Know-how bei Projektfinanzierungen am Hamburger Standort; Schiffs-, Flugzeug- u. Exportfinanzierung.
Oft empfohlen: Dirk Trautmann, Dr. Oliver Sutter („kompromissbereit, offen für Argumente", Wettbewerber)
Team: 8 Partner, 3 Counsel, 13 Associates
Partnerwechsel: Dr. Stefan Schramm (von Eversheds Sutherland)
Schwerpunkte: Grenzüberschreitende Transaktionsfinanzierungen für Großbanken u. andere Kreditgeber. Umfangr. Erfahrung in der Projektfinanzierung, starke Asset- u. Exportfinanzierungspraxis, auch Immobilienfinanzierung.
Mandate: BF Capital lfd. zu Akquisitionsfinanzierungen von insges. €150 Mio; Carval bei Finanzierung von Portfolios von Fotovoltaikprojekten; EIB bei Serie-B-Finanzierungsrunde von Magazino; LBBW finanzierungsrechtl.; NTT TC Leasing bei Finanzierungen für 5 Flugzeuge; Sirius Real Estate bei €100-Mio-Überbrückungsfinanzierung; UniCredit Bank bei Restrukturierung der Finanzierung von Breeze Three; Fitesa bei von HSBC arrangierter €39-Mio-Exportkreditvereinbarung; Banken lfd. bei ÖPP-Projekt A7 Niedersachsen; KfW Ipex lfd. bei Finanzierung des ÖPP-Projekts A49; div. Banken mit standardisierten CRR-Rechtsgutachten für ECA-Deckungen; dt. Förderbank im Zshg. mit coronabedingter Aussetzung der Schuldentilgung; Banken bei Projektfinanzierung div. Solarparks.

SKADDEN ARPS SLATE MEAGHER & FLOM
Kredite und Akquisitionsfinanzierung ★
Bewertung: Die kleine Praxis ist regelm. in die mrd-schweren Transaktionen eingebunden, bei denen die US-Kanzlei berät, u. arbeitet dabei eng mit dem ▷M&A-Team zusammen. Diese internat. Zusammenarbeit v.a. mit dem New Yorker Büro ist ein wichtiger Trumpf bei Mandanten, wie etwa bei der Akquisitionsfinanzierung für UCB, die einer öffentl. Übernahme an der Nasdaq diente. Hinzu kommen langj. hiesige Stammmandanten mit ihren Krediten u. Akquisitionsfinanzierungen. Das Team ist näml. auf sehr schwierige Finanzierungen spezialisiert u. arbeitet dabei oft jahrelang u. phasenweise intensiv mit diesen Mandanten zusammen. Dabei berät es häufig Schuldner, aber auch Private-Equity-Investoren wie Armira u. die Schweizer Energy Infrastructure Partners, deren Konsortialkredit an ein ESG-Rating von MSCI angelehnt ist. Die arbeitsintensive Beratung von Armira u. Boxine beim Unternehmenszusammenschluss von Boxine mit der 468 SPAC I umfasste u.a. eine sog. €105-Mio-PIPE, eine private Investition in ein börsennot. Unternehmen.
Oft empfohlen: Dr. Johannes Kremer
Team: 1 Partner, 1 Counsel, 4 Associates
Schwerpunkte: Überwiegend Beratung von Kreditnehmern, v.a. bei großen Übernahmen, auch in Private-Equity- u. Venture-Capital-Transaktionen.
Mandate: Adevinta lfd., u.a. bei revolvierender €450-Mio-Kreditfazilität in div. Währungen; Armira u. Boxine finanzierungsrechtl. bei Zusammenschluss von Boxine mit 468 SPAC I; Energy Infrastructure Partners im Zshg. mit €1,7-Mrd-Kredit von Baywa mit ESG-Rating; Færch-Gruppe u. A.P. Møller Holding bei Finanzierung des Kaufs von Paccor von Lindsay Goldberg; Filmbetriebe Berlin Brandenburg bei Finanzierung des Verkaufs einer Beteiligung an Studio Babelsberg an TPG Real Estate Partners; Bieter im Zshg. mit Verkauf von Aves One; UCB bei US$800-Mio-Finanzierung des Kaufs von Zogenix; Alstria Office bei €96-Mio-Kreditvertrag.

TAYLOR WESSING
Kredite und Akquisitionsfinanzierung ★★★
Bewertung: In dem großen u. stabilen Team konzentrieren sich die Partner auf unterschiedl. Schwerpunkte, arbeiten aber dennoch eng zusammen. Die Praxis kann diese Stärke immer wieder in allen Segmenten der Kredite u. Akquisitionsfinanzierungen ausspielen. So war 2021 geprägt von Prolongationen u. Finanzierungsablösungen, danach beriet sie viel Akquisitionsfinanzierung u. schließl. auch mit ihrem spezif. Wissen arbeiten manchmal gleich 2 Partner an unterschiedl. Projekten einer Bank oder wie beim Private-Equity-Fonds HIG an einer Akquisitions- u. einer Refinanzierung. Durch dieses Engagement gewinnt das Team mittlerweile Leuchtturmmandate im Mrd-Bereich wie Howoge. Hier gelang Niedner in kurzer Zeit zusammen mit den ▷Kapitalmarktrechtlern eine kombinierte Unternehmensfinanzierung mit Anleihen u. Kredit. Gut funktioniert auch die praxisübergreifende Beratung mit den ▷Immobilienrechtlern, wie etwa für York Capital bei einer gestaffelten Großtransaktion. Potenzial besteht darin, das vielseitige Team internat. intensiver einzubinden.
Stärken: Langj. Erfahrung mit dt. Banken u. Private-Equity-Häusern.
Oft empfohlen: Sabine Schomaker („sehr erfahren u. termintreu", Mandant), Clemens Niedner („hoch professionell u. lösungsorientiert", Mandant), Ulf Gosejacob („angenehm, konstruktiver Verhandlungspartner", Wettbewerber)
Team: 7 Eq.-Partner, 3 Sal.-Partner, 8 Associates
Schwerpunkte: Akqu.- u. Unternehmensfinanzierungen für Banken, Investoren u. Firmen, tlw. zusammen mit ▷M&A u. ▷Gesundheit. Auch ▷Insolvenzen u. Restrukturierungen, ▷Immobilien- u. Projektfinanzierungen.

KREDITE UND AKQUISITIONSFINANZIERUNG BANK- UND FINANZRECHT

Mandate: Borromin Capital bei Finanzierung des Kaufs von Anteilen an Little John Bikes; Encavis bei revolvierender €125-Mio-Kreditlinie mit Nachhaltigkeitskomponente; Euro Vital Pharma bei Refinanzierung mit Unitranche-Darlehen, vorrangigen Darlehen u. revolvierender Kreditlinie; HIG Europe bei Finanzierung der Mehrheitsbeteiligung an Infratech Bau u. bei Refinanzierung für Plixxent; Howoge bei €1,5-Mrd-Brückenfinanzierung; LBBW bei €100-Mio-Finanzierung für Signa Sports; Tishman Speyer bei Finanzierung des Kaufs der Galeries-Lafayette-Immobilie (Berlin) durch Starwood; York Capital bei Finanzierung des Kaufs des Einkaufszentrums Boulevard Berlin durch Bentall Green Oak.

WHITE & CASE
Kredite und Akquisitionsfinanzierung ★ ★ ★ ★

Bewertung: Das große Team für Kredite u. Akquisitionsfinanzierungen verknüpft hervorragend die Einzelfähigkeiten mehrerer starker Partner, die nach dt., engl. u. US-Recht qualifiziert sind. Insbes. auf Bankenseite u. bei grenzüberschr. Transaktionsfinanzierungen spielt es diese Stärke aus. Bei Verbindungen von Hochzins- u. Bankenfinanzierung für Unternehmen gehört W&C zu den führenden Beratern am Markt. Beispiele für ihre gemischten Unternehmensfinanzierungen mit Mrd-Volumen sind etwa die Refinanzierung von Boels u. die langj. Beratung von Cheplapharm, aktuell mit einer kombinierten Akquisitions- u. Refinanzierung. Großen Anteil an der gewachsenen Marktpräsenz der Praxis hat mittlerw. auch der Standort Hamburg mit seiner Projektfinanzierung. Bei Energie u. Infrastruktur zählt W&C zu den ersten Adressen für strukturierte Finanzierungen. Hier berät das Team Projekte mit innovativen u. gemischten Finanzierungen inkl. Förderdarlehen für zahlr. internat. Windparks u. Solaranlagen. Bei den Übernahmefinanzierungen steht das Team sowohl auf Kreditgeber- (bspw. bei Baduhenna) wie auch Unternehmensseite (bspw. bei Faurecia) – aber so gut wie immer in Zusammenarbeit mit internat. Teams der Kanzlei. Mandanten des in der Krisenfinanzierung ebenfalls sehr erfahrenen Teams profitieren wie etwa Delticom von der Zusammenarbeit mit den marktführenden Insolvenzrechtlern.

Stärken: Integrierte ▷Anleihen- u. High-Yield-Kompetenz in dt., engl. u. New Yorker Recht, zudem enge Vernetzung mit London u. den USA; hervorrag. Insolvenzpraxis (▷Insolvenz/Restrukturierung).

Oft empfohlen: Florian Degenhardt („sehr kompetent", Mandant), Dr. Thomas Flatten, Vanessa Schürmann, Andreas Lischka („gute Verhandlungen, angenehmer Umgang", Mandant; „ausgeprägtes wirtschaftl. Verständnis, kreativ", Wettbewerber)

Team: 6 Partner, 6 Counsel, 7 Associates

Partnerwechsel: Florian Ziegler (zu Shearman & Sterling)

Schwerpunkte: Akqu.-Fin. u. Unternehmenskredite, v.a. auf Bankenseite, Restrukturierungen, ▷Immobilien- u. zunehmend Projektfinanzierung (insbes. ▷Energie). Finanzierungsteams in Frankfurt u. Hamburg.

Mandate: Banken bei Refinanzierung mit Konsortialkredit für Delticom; Banken bei GBP170-Mio-Betriebsmittelfinanzierung von Baduhenna Holdco für Kauf der BBI Group; Banken bei €1,45-Mrd-Refinanzierung von Boels mit Kapitalmarktdarlehen u. revolvierender Kreditlinie; Banken bei revolvierender €545-Mio-Kreditfazilität u. €1,48-Mrd-Kapitalmarktdarlehen für Cheplapharm; Banken bei €100-Mio-Aufstockung von Kapitalmarktdarlehen von Befesa; Battery Ventures bei Finanzierung des Kaufs von ifp Institut für Produktqualität mit befristetem Darlehen, revolvierender Kreditlinie u. Akquisitionslinie; Bank bei von Euler Hermes gedeckter Finanzierung eines finnischen Windparks; Dt. Bank bei besicherter Finanzierung des schwed. Windparks Önusberget (€500 Mio) u. 3 Windparks in Finnland; Banken bei €300-Mio-Konsortialfinanzierung mit ESG-Bindung; Faurecia bei Finanzierung des Übernahmeangebots für Hella u. Kauf von 60% der Aktien; KfW Ipex bei Finanzierung des finn. Windparks Nuolivaara von Wpd Europe; Kommunalkredit Austria bei besicherter €175-Mio-Refinanzierung der span. Solaranlage Talasol; Meag bei Finanzierung div. Infrastrukturprojekte.

WILLKIE FARR & GALLAGHER
Kredite und Akquisitionsfinanzierung ★

Bewertung: Das kleine Team hat sich auf die Beratung von Private-Equity-Sponsoren wie GHO Capital Partners spezialisiert. Die Praxis hat sich dabei besonderes Ansehen bei stark gehebelten Transaktionen erarbeitet. Wichtig ist für die Mandanten dabei häufig die gute Zusammenarbeit mit der ▷M&A-Praxis der Kanzlei, mit der sie übergreifend Transaktionen berät, etwa bei 3i. Besonders stark ist sie bei grenzüberschr. Deals in mehreren Rechtsordnungen wie bei Questel u. im Gesundheitswesen. Nach einer personellen Stabilisierung nutzen auch Mandanten des ▷Private-Equity--Teams die nahtlose Beratung der Finanzierungspraxis. Zusätzl. Impulse könnte sie durch die neue Praxis für Eigenkapitalmarktrecht erhalten.

Team: 2 Partner, 4 Associates

Schwerpunkte: Beratung von Sponsoren bei LBOs, auch Projektfinanzierung.

Mandate: 3i Group bei der Finanzierung ihrer Beteiligung an Mait; Barings als Kreditgeber bei Kauf der Analytichem-Gruppe u. weiteren Add-ons durch Battery Ventures sowie bei Finanzierung von Sanoptis; Dt. Bank bei Finanzierung der Beteiligung an Simon-Hegele-Gruppe durch EMZ Partners; GHO Capital Partners bei Akquisitionsfinanzierung von Sanner; Questel u. ihre Sponsoren Eurazeo, IK Investment Partners u. Raise Investissement bei Finanzierung des Kaufs von NovumIP von Paragon Partners; LGT Private Debt als Kreditgeber bei Finanzierung von Skaylink.

Das Transparenzregister und die Auswirkungen für Unternehmen – Erkenntnisse und offene Fragen nach fünf Jahren Praxis

Von Dr. Jürgen Rieg, Kuhn Carl Norden Baum, Stuttgart

Dr. Jürgen Rieg ist Partner der Sozietät. Seine Tätigkeitsschwerpunkte sind Gesellschaftsrecht und M&A.

Dr. Jürgen Rieg

Die Stuttgarter Sozietät **Kuhn Carl Norden Baum Rechtsanwälte PartmbB** berät seit über 50 Jahren vor allem mittelständische Unternehmen und Unternehmer, börsennotierte Gesellschaften, Banken und Finanzdienstleister. Sie begleitet ihre Mandanten von der Gründung des Unternehmens über Umstrukturierungen und M&A-Transaktionen bis hin zu Börsengängen. Der hervorragende Ruf der Sozietät basiert auf ihrer breiten Expertise in komplexen Fragestellungen des Gesellschafts-, Handels-, Immobilien-, Bank- und allgemeinen Wirtschaftsrechts, in Compliance-Fragen und im Wirtschaftsstrafrecht sowie in Gerichts- und Schiedsverfahren.

Kontakt

Dr. Jürgen Rieg
Rechtsanwalt, Partner
KUHN CARL NORDEN BAUM
Rechtsanwälte PartmbB
Gähkopf 3
70192 Stuttgart
www.kcnb.de
T +49 711 250 19 59
F +49 711 256 73 89
juergen.rieg@kcnb.de

Weitere Informationen zur Kanzlei in der Anzeige auf Seite 411

Am 26.06.17 hat der Gesetzgeber auf der Grundlage europarechtlicher Vorgaben das Transparenzregister in den §§18 ff. GwG eingeführt. Ziel des Transparenzregisters ist zur Verhinderung von Geldwäsche und Terrorismusfinanzierung die Herstellung von Transparenz über die hinter sämtlichen Kapital- und eingetragenen Personengesellschaften, Stiftungen, Trusts und vergleichbaren Gestaltungen stehenden natürlichen Personen, die sog. wirtschaftlich Berechtigten (WB). Dabei hatte der Gesetzgeber zunächst versucht, die europäischen Vorgaben in einer die Unternehmen möglichst wenig belastenden Weise umzusetzen. Hierzu wurde in das Gesetz eine sog. Mitteilungsfiktion aufgenommen, wonach die Mitteilungspflicht als erfüllt galt, wenn sich die erforderlichen Angaben aus den vorhandenen Registern (insbesondere dem Handelsregister) ergaben.

Fristen für Mitteilungen ans Transparenzregister

Frist für die betroffenen Unternehmen zur erstmaligen Mitteilung ans Transparenzregister war der 01.10.17. Auf Grund der Mitteilungsfiktion mussten viele Unternehmen zu Beginn aber noch keine Mitteilungen machen. Deshalb waren Recherchen nach dem WB sehr mühsam und der Erkenntniswert von Eintragungen im Transparenzregister für sich genommen wenig aussagekräftig. Das war einer der Gründe, weshalb der Gesetzgeber die Mitteilungsfiktion mit Wirkung zum 01.08.21 abgeschafft und die betroffenen Unternehmen verpflichtet hat, die WB ausdrücklich dem Transparenzregister mitzuteilen, einschließlich jeder eventuellen späteren Änderung in der Person der WB. Damit sollte das Transparenzregister zum eigenständigen Vollregister für die WB umgestaltet werden, für dessen Befüllung die erfassten Unternehmen in die Pflicht genommen werden. Hierzu gewährte der Gesetzgeber den Unternehmen Übergangsfristen abhängig von der jeweiligen Rechtsform. Teilweise sind diese aber mittlerweile abgelaufen (die Übergangsfristen für AG, KGaA und SE endeten am 31.03.22 und für GmbH, Genossenschaft und Partnerschaft am 30.06.22), während die Übergangsfrist für die übrigen mitteilungspflichtigen Vereinigungen (insbesondere Personenhandelsgesellschaften) am 31.12.22 endet, so dass auch diese Vereinigungen sich zeitnah mit der Mitteilungspflicht befassen müssen, um mit Ablauf der letzten Übergangsfrist compliant zu sein.

Die Abschaffung der Mitteilungsfiktion hat dazu geführt, dass mittlerweile eine sehr große Anzahl an Mitteilungen gemacht worden sind und dabei vielfältigste Detailfragen so weit wie möglich geklärt wurden. Zur Klärung beigetragen haben auch die FAQ des Bundesverwaltungsamts (BVA), die wiederholt aktualisiert wurden, zuletzt am 25.05.22.

Ungeachtet der Klärung teilweise sehr technischer Einzelfragen kann man in der Praxis aber immer wieder feststellen, dass das Grundverständnis des GwG zur Bestimmung des WB Schwierigkeiten bereitet und sich daraus Probleme ergeben.

Die grundlegend verschiedenen Kontrollbegriffe in §3 Abs. 2 Satz 1 und 2-4 GwG

Nach der Grundnorm des §3 Abs. 1 GwG ist WB die natürliche Person, in deren Eigentum oder unter deren Kontrolle eine Vereinigung steht oder auf deren Veranlassung letztlich eine Transaktion durchgeführt oder eine Geschäftsbeziehung begründet wird. Bei unbefangener Lektüre würde man erwarten, dass natürliche Personen gesucht werden, die bestimmen können, was in einer Gesellschaft geschieht, was im Regelfall eine Mehrheitsbeteiligung voraussetzt. Das GwG hat aber ein völlig anderes Verständnis von Kontrolle in diesem Sinne, wie sich aus §3 Abs. 2 Satz 1 GwG ergibt. Denn danach ist im Sinne einer unwiderlegbaren Vermutung eine natürliche Person bereits dann WB einer Gesellschaft, wenn sie nur mehr als 25% (Nr. 1) der Kapitalanteile hält oder (Nr. 2) der Stimmrechte kontrolliert oder auf vergleichbare Weise Kontrolle ausübt (Nr. 3). Wie man mit einer solchen Beteiligung eine Vereinigung unter Kontrolle haben soll bzw. die Durchführung einer Transaktion veranlassen können soll, ist nur schwer nachvollziehbar.

CO-PUBLISHING/ANZEIGE **COMPLIANCE-UNTERSUCHUNGEN**

Wenn man eine Begründung für die Festlegung des Schwellenwerts auf mehr als 25% sucht, findet man etwa die Erläuterung, dass dies einer Stimmrechtsmacht entspreche, die bei Kapitalgesellschaften regelmäßig eine Sperrminorität darstelle und solche Gesellschafter zumindest die Bekämpfung der Geldwäsche im Unternehmen verhindern könnten. Wie man sich dies praktisch vorstellen muss, wird nicht weiter erläutert, ist für die Anwendung des GwG letztlich aber auch egal, weil man diesen Schwellenwert einfach hinnehmen und anwenden muss. Übertragen auf die Ausübung von Kontrolle auf vergleichbare Weise i.S.d. §3 Abs. 2 Nr. 3 GwG hat dieses Verständnis zur Konsequenz, dass auch Vetorechte, Sperrminoritäten, Zustimmungsrechte, Blockademöglichkeiten, etc. in einer Gesellschaft genügen können, um eine natürliche Person zum WB zu qualifizieren. Das ist zwar nicht unumstritten, aber ständige Praxis des BVA.

Nach §3 Abs. 2 Satz 1 GwG ist es nicht erforderlich, dass eine natürliche Person eine mitteilungspflichtige Beteiligung unmittelbar hält, sondern es genügt, wenn die Beteiligung mittelbar gehalten bzw. kontrolliert wird. Unter mittelbarer Kontrolle der Beteiligung ist allerdings etwas völlig anders zu verstehen als unter Kontrolle auf Ebene der mitteilungspflichtigen Vereinigung. Denn §3 Abs. 2 Satz 3 und 4 GwG verlangen für mittelbare Kontrolle einen beherrschenden Einfluss i.S.d. §290 Abs. 2 bis 4 HGB. Über wie viele Beteiligungsebenen hinweg diese mittelbare Kontrolle vermittelt wird, spielt keine Rolle. Entscheidend ist nur, dass die natürliche Person am Ende der Beteiligungskette beherrschenden Einfluss darauf hat, was mit der mitteilungspflichtigen Beteiligung an der Vereinigung geschieht, wofür regelmäßig eine durchgängige Kette von Mehrheitsbeteiligungen erforderlich, aber auch ausreichend ist. Dieser natürlichen Person ist die gesamte Beteiligung an der mitteilungspflichtigen Vereinigung zuzurechnen und nicht nur die über die Beteiligungskette durchgerechnete Quote, was bei der Eintragung des Umfangs des wirtschaftlichen Interesses i.S.d. §19 Abs. 1 Nr. 4, Abs. 3 GwG im Transparenzregister entsprechend anzugeben ist.

Die sog. negative Beherrschung der Muttergesellschaft

Einer gewissen Verwirrung bei der Frage, auf welcher Ebene welcher Kontrollbegriff gilt, scheint auch das BVA unterlegen zu sein. Dieses vertritt seit einigen Auflagen der FAQ auf Ebene der Muttergesellschaft den Begriff der sog. negativen Beherrschung bzw. Verhinderungsbeherrschung, wonach es für die Kontrolle der Muttergesellschaft durch eine natürliche Person genügen soll, dass eine natürliche Person ein Vetorecht gegen sämtliche Gesellschafterbeschlüsse hat. Konsequent zu Ende gedacht würde dies bei 50:50-Konstellationen bedeuten, dass beide Gesellschafter der Muttergesellschaft WB der mitteilungspflichtigen Beteiligung an der Tochtergesellschaft und entsprechend zum Transparenzregister zu melden sind, obwohl keiner der beiden allein bestimmen kann, wie sich die Muttergesellschaft gegenüber der Tochtergesellschaft zu verhalten hat. Diese Auffassung des BVA widerspricht zwar Wortlaut, Systematik, Entstehungsgeschichte und Sinn und Zweck des GwG und wird von der Literatur daher einhellig abgelehnt. Für die Praxis ist davon aber aus Vorsichtsgründen auszugehen, bis die Frage letztverbindlich geklärt ist.

Unklarheiten bei börsennotierten Gesellschaften

Eine weitere auf Grund der letzten Gesetzesreform zum 01.08.21 unklare Frage betrifft börsennotierte Gesellschaften. Für diese enthielt das GwG ursprünglich eine spezielle Mitteilungsfiktion, wonach die Mitteilungspflicht stets als erfüllt galt, weil bei diesen auf Grund der WpHG-Stimmrechtsmitteilungen bereits ausreichend Transparenz über die wirtschaftlich Berechtigten besteht. Diese spezielle Mitteilungsfiktion im GwG wurde im Zuge der Novelle ebenfalls aufgehoben, weshalb die Praxis aus Vorsichtsgründen davon ausgeht, dass börsennotierte Gesellschaften seither auch mitteilungspflichtig sind. Allerdings enthielt das Gesetz schon immer und auch heute noch eine Ausnahme für börsennotierte Gesellschaften dahingehend, dass für diese die unwiderlegbare Vermutung des §3 Abs. 2 Satz 1 GwG nicht gilt, wonach das Halten oder die Kontrolle über eine Beteiligung von mehr als 25% des Kapitals oder der Stimmrechte eine natürliche Person zum WB qualifiziert. Teilweise wird dies als Ausnahme von der Pflicht insgesamt, den WB zu bestimmen verstanden, u.a. von der BaFin in ihrem Zuständigkeitsbereich. Für die Frage des Bestehens einer Mitteilungspflicht gegenüber dem Transparenzregister ist allerdings das BVA zuständig, das der Auffassung ist, dass börsennotierte Gesellschaften mitteilungspflichtig sind. Leider hat das BVA bisher aber keinerlei Hinweise gegeben, wie die WB von börsennotierten Gesellschaften zu bestimmen sind. Die wohl herrschende Meinung stellt auch bei börsennotierten Gesellschaften auf das Halten oder die Kontrolle einer Beteiligung von mehr als 25% des Kapitals oder der Stimmrechte ab, weil andere, teilweise noch weitergehende Ansätze weder rechtssicher praktikabel noch mit dem Gesetzeswortlaut vereinbar sind. Die Praxis folgt diesem Ansatz. ∎

KERNAUSSAGEN

- Zentral für die betroffenen Unternehmen ist eine rechtssichere Ermittlung ihrer WB. In den Blick zu nehmen sind hierzu regelmäßig alle Gesellschafter mit einer Beteiligung über 25%. Es sind immer die ultimativen Inhaber einer solchen Beteiligung zu ermitteln.

- Die Unternehmen trifft insoweit eine aktive Nachforschungspflicht, auch hinsichtlich der Aktualität der Meldelage, weshalb die Mitteilungen zumindest einmal jährlich überprüft werden sollten. Das ist von den Unternehmen auch zu dokumentieren.

- Die Erfüllung der Pflichten muss deshalb durch organisatorische Vorkehrungen sichergestellt werden. Dies geschieht in der Praxis regelmäßig durch die Einbeziehung in die Compliance Organisation.

Hinweisgeberschutzgesetz — Die Auswirkungen der gesetzlichen Regelung auf „Internal Investigation" Prozesse in Unternehmen

Von Dr. Martin Knaup und Jan-Patrick Vogel, Taylor Wessing, Hamburg/Frankfurt

Dr. Martin Knaup

Dr. Martin Knaup ist Partner und ausgebildeter Compliance Officer und spezialisiert auf die laufende Beratung von nationalen und internationalen Unternehmen im Bereich Corporate Compliance, insbesondere auf die Implementierung und den Ausbau von Compliance-Management-Systemen sowie die Durchführung interner Untersuchungen.

Jan-Patrick Vogel

Jan-Patrick Vogel, LL.M., ist Salary Partner. Als Arbeitsrechtler ist er spezialisiert auf die Einrichtung von präventiven Compliance-Systemen insbesondere im HR-Bereich sowie auf die Durchführung von internen Untersuchungen.

Dr. Martin Knaup und Jan-Patrick Vogel leiten die Compliance-Gruppe von **Taylor Wessing**. Die Gruppe ist interdisziplinär aufgebaut und umfasst rund 40 Kolleginnen und Kollegen aus unterschiedlichen Rechtsbereichen. Ihr Ziel ist es, in einem systemischen Beratungsansatz ein Verständnis von Compliance Management als integrativen Bestandteil betrieblicher Strukturen und Prozesse zu vermitteln – ganzheitlich, nachhaltig und effektiv.

Kontakt
taylorwessing.com
m.knaup@taylorwessing.com
j.vogel@taylorwessing.com

Weitere Informationen zur Kanzlei in der Anzeige auf Seite 256

Die EU-Whistleblower-Richtlinie soll mit dem Hinweisgeberschutzgesetz nun endlich in nationales Recht überführt werden. Dazu hat das Justizministerium im April 2022 einen neuen Entwurf vorgestellt, über den bereits im Sommer abgestimmt werden soll. Mit dem zwischenzeitlich veröffentlichten Referentenentwurf zum Hinweisgeberschutzgesetz (HinSchG-E) sind vielfältige Veränderungen und neue Herausforderungen für Unternehmen jeglicher Größe verbunden. Das gilt für die Konzeption und Implementierung eines Hinweisgebersystems selbst, vor allem aber für die durch eingehende Hinweise ausgelösten Ermittlungsmaßnahmen betroffener Unternehmen.

Kulturwandel für kleine und mittlere Unternehmen (KMUs)

Insbesondere mittelständisch geprägte Unternehmen hegen bislang häufig Vorbehalte gegen die Einführung von Hinweisgebersystemen. Sie empfinden das abstrakte System für offene oder sogar anonyme Meldungen von Fehlverhalten als kulturellen Fremdkörper. Manch einer betrachtet es sogar als Einfallstor für Denunziantentum. Allen Einwänden zum Trotz werden aber auch die KMUs in Zukunft um eine interne Meldestelle nicht herumkommen. Andernfalls droht ihnen das im HinSchG-E vorgesehene Bußgeld in Höhe von bis zu 20.000 Euro für die Nichteinrichtung eines Hinweisgebersystems.

Die Pflicht zur Einrichtung einer internen Meldestelle trifft grundsätzlich jedes Unternehmen mit mindestens 50 Beschäftigen. Unternehmen aus bestimmten Branchen, etwa aus dem Finanz- und Versicherungssektor, müssen unabhängig von diesem Schwellenwert immer eine interne Meldestelle einrichten. Das Ziel dieser Einrichtung ist die Bereitstellung eines vertraulichen Meldekanals für Unternehmensangehörige, um Informationen über potenzielle Rechtsverstöße entgegenzunehmen und aufzuklären sowie Folgemaßnahmen zu ergreifen, falls erforderlich. Lediglich in einer Übergangsphase betrifft diese Verpflichtung zunächst nur Unternehmen mit mindestens 250 Beschäftigten, bevor ab dem 17.12.23 der bereits genannte Grenzwert von 50 Mitarbeiterinnen und Mitarbeitern gilt.

Auswirkungen auf etablierte Hinweisgebersysteme

Die gesetzlichen Regelungen des Hinweisgeberschutzes werden auch für Unternehmen mit bereits etablierten Compliance-Strukturen nachhaltige Folgen mit sich bringen. Diese Unternehmen verfügen in der Regel bereits über Hinweisgebersysteme, die mit überschaubarem Aufwand auf Lücken zur gesetzlichen Neuregelung geprüft und, falls erforderlich, angepasst werden können. Ob solche Anpassungen als Stückwerk genügen, ist allerdings aus zwei Gründen fraglich:

Die Anzahl von Compliance-Untersuchungen wird signifikant ansteigen

Wegen der Aufmerksamkeit, die das Thema Whistleblowing, aber auch die Einrichtung von Compliance-Maßnahmen und -Strukturen in der Lieferkette, derzeit erfährt, ist von einem deutlichen Plus an internen und externen Hinweisen von Whistleblowern auszugehen. Sind sie von rechtlicher Relevanz, muss das Unternehmen diese zur Vermeidung von Sanktionen aufklären, soweit es eben möglich ist. Nicht nur große Konzerne, sondern auch mittelständische Unternehmen werden sich daher zunehmend mit der Notwendigkeit der Aufklärung von Whistleblower-Hinweisen konfrontiert sehen. Letztere halten hierfür in der Regel weder Expertise noch Kapazitäten vor.

Die thematische Untersuchungs-Bandbreite erweitert sich

Nicht zuletzt ausgelöst durch die Diskussionen rund um das Thema ESG (Environment, Social, Governance) müssen sich interne Meldestellen mehr und mehr mit Verstößen aus Bereichen befassen, die früher keine oder nur eine geringere Relevanz für Compliance-Abteilungen hatten. Traditionell standen eher Verstöße aus den Bereichen Kartellrecht und Korruption im Fokus, die es inhaltlich aufzuklären galt. Die jüngsten, häufig öffentlichkeitswirksamen Compliance-Fälle zeigen aber, dass vermehrt Themen wie sexuelle Belästigung (Stichwort: #metoo), Datenschutz, Umweltschutz, Arbeitssicherheit und potenzielle Menschenrechtsverletzungen im Fokus interner Untersuchungen durch Compliance-Abteilungen stehen – eine Entwicklung, die das Hinweisgeberschutzgesetz noch verstärken wird.

Um dieser veränderten Themenstruktur gerecht zu werden, bedarf es in den Compliance-Abteilungen künftig einer breit aufgefächerten Fachexpertise sowie einer noch stärkeren Abstimmung und Verzahnung zwischen den betroffenen Fachabteilungen, wie zum Beispiel HR, Einkauf, Recht und Revision.

Compliance in der Compliance

Die Compliance-Untersuchungen im Unternehmen werden künftig auch in sich selbst noch ein höheres Compliance-Risiko tragen. In der Vergangenheit wurden Compliance-Untersuchungen mit Blick auf die Aufklärungsnotwendigkeit, zumal in kurzen Zeitfenstern, ohne vorherige datenschutzrechtliche Risikoeinschätzung durchgeführt. Es galt, das Fehlverhalten möglichst rasch und effektiv aufzuklären. Bedenken an etwaige Datenschutzverstöße im Zuge der Durchführung der Internal Investigation wurden häufig kurzerhand beiseite gewischt. Deutsche und europäische Datenschutzbehörden haben das Thema Internal Investigation zuletzt aber immer stärker für sich entdeckt. Sie untersuchen derzeit vermehrt die Einhaltung von datenschutzrechtlichen Anforderungen bei internen Untersuchungen. Insofern dürfen die interne Untersuchung und die Übermittlung der Ergebnisse, zum Beispiel an ausländische Strafverfolgungsbehörden, nicht auf Kosten der Arbeitnehmerschaft und zulasten des Datenschutzes gehen.

Das Hinweisgeberschutzgesetz sieht für die Verletzung der Vertraulichkeit ein Bußgeld vor, das bei zukünftigen Compliance-Untersuchungen wie ein Damoklesschwert über den Compliance-Abteilungen schweben wird. Sie müssen nämlich einerseits einen Sachverhalt im Unternehmen ermitteln, dürfen dabei aber nicht die Identität des Hinweisgebers offenbaren. Auch dürfen sie keine Informationen im Rahmen der Investigation preisgeben, die Rückschlüsse auf die Identität des Hinweisgebers zulassen. Im Rahmen von Interviews mit Mitarbeiterinnen und Mitarbeitern ist Letzteres aber häufig ein Ritt auf der Rasierklinge. Die Compliance-Abteilungen stehen daher künftig noch stärker vor der Herausforderung, den Ausgleich zwischen dem Aufklärungsinteresse des Unternehmens einerseits und den Schutz- und Vertraulichkeitsinteressen der beteiligten Arbeitnehmer andererseits herzustellen.

Störfaktor Arbeitsrecht

Überdies hat die arbeitsgerichtliche Rechtsprechung den Compliance-Abteilungen in letzter Zeit einige Denksportaufgaben gestellt. So können Investigations von den Vertretungen der Arbeitnehmerschaft unter Umständen gestoppt werden, sofern diese bei der Initiierung und Durchführung der Untersuchung nicht hinreichend beteiligt wurden. Zudem können Betroffene im Unternehmen durch den datenschutzrechtlich abgesicherten Auskunftsanspruch Zugriff auf vertrauliche Zwischenergebnisse der Untersuchung erlangen und den Fortgang der Ermittlung so gegebenenfalls empfindlich stören. Dies gilt es, gemeinsam mit den HR-Abteilungen im Unternehmen, durch eine Einbindung der Mitbestimmungsorgane bereits vor dem Eintritt einer Untersuchung zu regeln zum Beispiel mit einer Betriebsvereinbarung.

Um sich infolge einer Untersuchung arbeitsrechtliche Sanktionsinstrumente vorzubehalten, muss das jeweilige arbeitsrechtliche Fristenmanagement noch sorgfältiger als früher beachtet werden.

Das Landesarbeitsgericht Baden-Württemberg hat jüngst festgehalten, dass die zweiwöchige Frist zur Aussprache einer außerordentlichen Kündigung auch dann jeweils individuell zu betrachten ist, wenn gegen mehrere Personen im Unternehmen Compliance-Untersuchungen laufen. Es ist folglich nicht ohne weiteres möglich, für alle, auch zusammenhängenden Fälle, die gesamten Ermittlungen erst einmal abzuwarten, um dann eine außerordentliche Kündigung auszusprechen. Bereits in der Vergangenheit hat sich das Dilemma offenbart, in dem Unternehmen stecken, wenn zum Beispiel eine US-amerikanische Behörde für die Milderung von Sanktionen die Kündigung einer beschäftigten Person verlangt, diese aber vor den deutschen Arbeitsgerichten wegen Formfehlern keinen Bestand hat.

Die skizzierten Entwicklungen zeigen deutlich, dass der Erfolg einer in sich stimmigen, effizienten und erfolgreichen Compliance-Untersuchung insbesondere von einem klaren Investigationsprozess abhängt, der nicht nur eines präzisen Ablaufs, sondern auch klarer Rollenverteilungen sowie einer stetigen, auf die eigene Vereinbarkeit mit den Compliance-Anforderungen gerichteten Überprüfung bedarf.

Die damit verbundenen Chancen für Unternehmen

Die durch das Hinweisgeberschutzgesetz ausgelösten Impulse sollten als Chance und nicht als lästiges Übel angesehen werden. Durch die Einrichtung einer an die jeweiligen Bedürfnisse und Gegebenheiten angepassten internen Meldestelle kann jedes Unternehmen die drei Säulen eines Compliance-Management-Systems – Prävention, Erkennen, Reaktion – erfolgreich und möglichst risikoarm durchlaufen und damit für eine lückenlose Aufklärung sorgen.

In gleichem Maße hilft eine effektive interne Meldestelle ganz erheblich dabei, zum Vorteil des eigenen Unternehmens frühzeitig Kenntnis über mögliche Rechtsverstöße zu erlangen und diesen frühestmöglich und damit Schaden minimierend abhelfen zu können. So gelangen Unternehmen regelmäßig vor die Welle möglicher Sanktionsmechanismen. ■

KERNAUSSAGEN

- Unternehmen müssen sich auf einen signifikanten Anstieg von internen und externen Hinweisen einstellen.
- Der inhaltliche Fokus von Internal Investigations wird sich noch weiter auffächern.
- Compliance-Abteilungen müssen den Balanceakt zwischen dem Aufklärungsinteresse des Unternehmens einerseits sowie den Schutz- und Vertraulichkeitsinteressen der beteiligten Arbeitnehmerschaft andererseits meistern, wollen sie nicht selbst einen Compliance-Verstoß begehen.
- Compliance-Abteilungen werden sich noch stärker mit den jeweiligen Fachabteilungen, insbesondere mit HR, Legal, Einkauf und Revision, verzahnen müssen, um der Komplexität von unternehmensinternen Untersuchungen gerecht zu werden.

Compliance-Untersuchungen

In der Mitte angekommen

Mit dem Lieferkettensorgfaltspflichtengesetz, das Mitte 2021 in Kraft trat, ist das Thema Compliance-Management endgültig in der Mitte der Wirtschaft angekommen, einschließlich der breiter definierten ESG-Compliance. Eine zunehmende Zahl sogenannter MeToo-Fälle zeigt zudem, dass der kulturelle Wandel tiefgehend ist. Wie ein Turbo beschleunigten ihn die Nachhaltigkeitsdirektive der EU und die Sanktionen gegen Russland – die Regulierung treibt das Gewissen an. Kanzleien wie **Baker McKenzie** mit ihrer starken Außenwirtschaftspraxis waren zur richtigen Zeit am richtigen Ort. Doch mittelfristig wird sich der Wettbewerb intensivieren: Gerade das Lieferkettengesetz sorgt dafür, dass sich mehr Kanzleien mit Compliance befassen werden, schlicht, weil die Mandanten entsprechenden Rat abfragen. Strukturen müssen teils ganz neu entwickelt werden, weil das Lieferkettengesetz und ESG insgesamt in alle Bereiche der Unternehmen einsickern.

Auch der bislang oft noch zurückhaltende Mittelstand ist durch die neuen Gesetze gezwungen, sich mit Prävention zu befassen. Weit überwiegend greifen die Unternehmen dabei ebenso wie bei kleineren internen Untersuchungen auf ihnen vertraute Kanzleien wie **Heuking Kühn Lüer Wojtek** zurück. So tummeln sich immer mehr mittelständisch ausgerichtete Einheiten im Markt. Diese Entwicklung wird durch das neue Geldwäscherecht vorangetrieben. Auch hier sind oft die Stammberater gefragt, nicht zuletzt weil eine klare Fokussierung, wie sie **FS-PP Berlin** aufweist, im Markt rar ist.

Ermittlungen nehmen Fahrt auf

Nach einer coronabedingt relativ ruhigen Phase nehmen Durchsuchungen seit vergangenem Herbst wieder zu. Nicht nur, aber auch weil immer mehr Staatsanwälte dabei die Möglichkeiten nutzen, die sich bieten, wenn die Unternehmen selbst beschuldigt werden, sind interne Untersuchungen heute fast schon ein Automatismus. Bemerkbar macht sich das auch daran, dass **Allen & Overy** und **Freshfields Bruckhaus Deringer** Strafrechtspartner ernannten und US-Kanzleien ihre Anstrengungen, Strafrechtler zu sich zu holen, intensivierten. Erfolgreich war am Ende nur **McDermott Will & Emery**, die den erfahrenen und anerkannten Rolf Hünermann von Reed Smith zu sich lotste. Das Interesse wird bleiben, denn das Hinweisgebergesetz wird – trotz aller Schwächen – für noch mehr interne Untersuchungen sorgen, hinter denen dann aber nicht der Druck eines Ermittlungsverfahrens steht. Schon im Herbst 2021 fand laut einer JUVE-Umfrage rund die Hälfte aller Untersuchungen aufgrund von Eigeninitiative statt.

So sinnvoll Investigations für Unternehmen und so attraktiv sie für Kanzleien oft sind, so riskant sind sie auch: Die heftige Kritik, die **Noerr** für ihre womöglich zu interessengelenkte Untersuchung bei Mandantin Continental einsteckte, dürfte den Ambitionen der Praxis einen Dämpfer verpasst haben. Conti jedenfalls verpasste sie einen dicken Imageschaden und es rollten Köpfe. **Jones Day** hatte ein ähnliches Erlebnis bei der VW-Untersuchung, und erst jetzt und dank eines später gekommenen Quereinsteigers beginnt der Markt ganz allmählich, die Kanzlei wieder wahrzunehmen. Die Fälle zeigen aber vor allem eines: Der Gesetzgeber ist nach wie vor gefordert, internen Untersuchungen und auch der Anerkennung effizienter Compliance-Strukturen einen klaren Rechtsrahmen zu verleihen.

Die Bewertungen behandeln Kanzleien, die sich mit Aufbau und Überprüfung von Compliance-Strukturen, internen Untersuchungen bei Verdachtsfällen und akuten Krisensituationen fachübergreifend befassen. In einer separaten Übersicht werden Kanzleien erfasst, die primär in einem spezifischen Fachgebiet beraten. Hier skizzierte Vorwürfe gegen Unternehmen und Manager sind in der Regel nicht rechtskräftig festgestellt. Weitere Kanzleien, die sich mit einzelnen Aspekten von Compliance befassen, finden sich in den Kapiteln ▷Wirtschafts- und Steuerstrafrecht, ▷Kartellrecht, ▷Außenwirtschaft, ▷Informationstechnologie und Datenschutz, ▷Vergabe- (v.a. drohende Vergabesperren), ▷Gesellschafts- (u.a. Managerhaftung, Due Diligence), ▷Arbeits-, ▷Bank- und Finanz- und ▷Versicherungsrecht (v.a. Aufsichtsrecht).

JUVE KANZLEI DES JAHRES FÜR COMPLIANCE-UNTERSUCHUNGEN

HOGAN LOVELLS

An Hogan Lovells Compliance-Praxis führt derzeit kein Weg vorbei. Schon früh identifizierte sie Compliance als relevantes Thema und ist heute überall dort zur Stelle, wo es brennt: In der Automobilindustrie zählt sie zu den marktbeherrschenden Playern mit der Vertretung von BMW und Porsche, und auch ein anderer Automobilhersteller, der bisher auf Wettbewerber setzte, entschied sich beim derzeit überaus relevanten Thema ESG für das Team um den anerkannten **Dr. Sebastian Lach**. Doch das Branchen-Know-how ist nicht ihre einzige Stärke, längst hat sie sich thematisch in die Breite entwickelt: Aktuell ist das ablesbar an ihrem Currenta-Mandat, bei dem sie die Explosion auf dem Werksgelände mit einer umfangreichen internen Untersuchung aufklärt. Dass sie für umfangreiche und länderübergreifende interne Untersuchungen prädestiniert ist, verdankt sie nicht nur der schieren Teamgröße, sondern dem frühen Engagement bei Legal Tech. So gelang es, neben **Lach** auch **Olaf Schneider**, der im Vorjahr zum Team stieß, sich im Markt immer besser zu positionieren. Und auch die nächste Generation wächst heran: Eine erneute Partner- und gleich drei Counsel-Ernennungen bezeugen die überaus gute Stellung innerhalb der Kanzlei – zumal Hogan Lovells auch im Vorjahr bereits zwei Associates mit Compliance-Schwerpunkt zu Counseln ernannte.

COMPLIANCE-UNTERSUCHUNGEN

AGS ACKER SCHMALZ
Compliance-Untersuchungen ★★

Bewertung: Mit ihrer Kompetenzmischung aus Compliance-Beratung, Litigation auf Geschädigten- wie Betroffenenseite u. Arbeitsrecht trifft die Kanzlei die Bedürfnisse immer neuer Mandanten. Exzellent vernetzt mit externen Dienstleistern u. anderen Kanzleien, hat sie sich aus dem Nischendasein als Berater für geschädigte Unternehmen deutl. hinausentwickelt. Auch wenn sich die Arbeit für Private-Equity-Unternehmen bei ihren Engagements nicht signifikant erweiterte, bleibt die Erfahrung doch eine Besonderheit im Beratermarkt u. bringt immer wieder anspruchsvolle Mandate in die Praxis, wie die Litigation-betonte Arbeit für CCI. AGS berät eine Vielzahl von Branchen, die von Immobilienunternehmen bis zu Finanzinstituten reicht. Trotz dieses breiten Engagements hängt das Renommee der Praxis jedoch weiterhin v.a. an Kappel, was regelm. dazu führt, dass ihre Kapazitäten unterschätzt werden.

Oft empfohlen: Dr. Jan Kappel („kompetent, effizient", „strateg. gut, gründlich", „zuverlässig, fundiert", Wettbewerber)

Team: 3 Eq.-Partner, 2 Sal.-Partner, 1 Counsel, 6 Associates, 1 of Counsel

Schwerpunkte: Beratung von geschädigten Unternehmen; sowohl präventiv/strukturell als auch akut tätig, langj. Litigation-Erfahrung u. Arbeitsrecht, Organberatung u. -haftung u. Corporate Defense, auch Individualverteidigung.

Mandate: Maschinenhersteller präv. zu Compliance-Fragen; A.B.S. Global Factoring als Geschäd. (u.a. Dtl. u. Mazedonien); Zahlungsdienstleister bei Aufarbeitung eines Verdachtsfalls in der Türkei; Insolvenzverwalter von En Storage bei Aufarbeitung u. Anspruchsverfolgung; CCI bei Streit mit Liquidator von Immobilienfonds mit potenziellem Compliance-Hintergrund; Geres-Gruppe in Prozessen aus Compliance-Vorfällen; Leuchtenhersteller wg. Verletzung von Geschäftsgeheimnissen; Private-Equity-Investoren u.a. wg. mögl. Täuschung bei Investment; Immobilienuntern. bei Aufarbeitung von Diskriminierungsvorwürfen; Technikunternehmen lfd., u.a. zu China u. Türkei; Interhomes bei Weiterentwicklung Compliance-System; EY-Manager im Wirecard-Komplex; Ex-VW-Manager wg. Dieselskandal, auch Organhaftung.

ALLEN & OVERY
Compliance-Untersuchungen ★★

NOMINIERT JUVE Awards 2022 Kanzlei des Jahres für Compliance

Bewertung: Die Compliance-Praxis fasst auch abseits der Finanzwirtschaft immer besser Fuß. Das zeigt sich u.a. bei einigen internen Untersuchungen, die A&O mit ihrem eigenen Techteam u. dem Backoffice in Belfast effizient abwickeln kann. Mit der Verbreiterung der Mandantenbasis – teils dank des Kanzleinetzwerks, teils originär – wächst auch das inhaltl. Spektrum. So war A&O mit internat. Vermögensarresten nach Cyberattacken ebenso befasst wie mit Problemen des Fremdpersonaleinsatzes. Bei steuerl. Themen hat die Kanzlei, die bislang v.a. mit Cum-Ex in Verbindung gebracht wird, nun mit einer KPMG-Quereinsteigerin aufgerüstet. Das brachte Mandate mit u. wurde auch rasch in das Team eingebunden. Dies überrascht nicht, hat sich die fachübergr. u. internat. Zusammenarbeit doch inzw. fest etabliert. Letzteres zeigte u.a. eine Untersuchung bei einem Medizintechnikkonzern, in die u.a. das chin. Investigations-Team involviert war. Lohn des Erfolgs der Praxis war die Ernennung des Strafrechtlers Müller zum Partner u. die Ernennung eines Counsels aus dem Kernteam. A&O verkleinert so allmähl. den Abstand zur Marktspitze, doch fehlt es auch aufgr. des vglw. späten Starts einer dezidierten Praxis noch an einer breiten personellen Profilierung. Hinzu kommt, dass das virulente Thema ESG eher bei den Kanzleien nachgefragt ist, die über ausgeprägtere öffentl.-rechtl u. Regulierungskompetenz verfügen.

Oft empfohlen: Dr. Tim Müller („kollegial u. kompetent – ihm ist noch einiges zuzutrauen", Wettbewerber)

Team: 12 Partner, 2 Counsel, 30 Associates
Partnerwechsel: Ellen Birkemeyer (von KPMG Law)
Schwerpunkte: Internat. Praxisgruppe, u.a. GB u. USA. Breites Engagement, u.a. ▷kartell-, ▷arbeits- u. ▷gesellschaftsrechtl., zu Vergütungsregeln, u.a. Governance-Fragen, Haftung u. in Audits bestehender Systeme, starke Steuerpraxis. Auch präventive Beratung.

Mandate: Medizintechnikuntern. bei Untersuchung von Bilanzmanipulation bei asiat. Töchtern; börsennot. Biotechunternehmen zu Fremdpersonaleinsatz; großer Dienstleister bei Aufarbeitung von Ransomware-Attacke; E-Commerce-Unterneh-

Compliance-Untersuchungen

★★★★★
Freshfields Bruckhaus Deringer	Frankfurt, Düsseldorf u.a.
Gleiss Lutz	Frankfurt, Stuttgart u.a.

★★★★
Hogan Lovells	Frankfurt, München, Düsseldorf u.a.
Pohlmann & Company	Frankfurt, München

★★★★
Baker McKenzie	München u.a.
Clifford Chance	Frankfurt, Düsseldorf
Hengeler Mueller	Frankfurt, Düsseldorf, München
Linklaters	Frankfurt
White & Case	Berlin, Frankfurt

★★★
CMS Hasche Sigle	München, Stuttgart, Hamburg u.a.
DLA Piper	Frankfurt, Hamburg
Gibson Dunn & Crutcher	München, Frankfurt

★★
AGS Acker Schmalz	Frankfurt
Allen & Overy	Frankfurt, Düsseldorf u.a.
GSK Stockmann	München, Frankfurt, Berlin
Herbert Smith Freehills	Frankfurt
Heuking Kühn Lüer Wojtek	Düsseldorf, Stuttgart
Latham & Watkins	Düsseldorf, Frankfurt, München
Noerr	München, Frankfurt, Berlin u.a.
Oppenhoff & Partner	Köln

★
Comfield Legal	Berlin
FS-PP Berlin	Berlin
Kapellmann und Partner	Mönchengladbach, Düsseldorf
Morrison & Foerster	Berlin
Norton Rose Fulbright	Frankfurt, Hamburg
Orth Kluth	Düsseldorf
Park	Dortmund
Pinsent Masons	München, Düsseldorf
Redeker Sellner Dahs	Berlin, Bonn
Skadden Arps Slate Meagher & Flom	Frankfurt, München
WilmerHale	Berlin, Frankfurt

Die Auswahl von Kanzleien und Personen in Rankings und tabellarischen Übersichten ist das Ergebnis umfangreicher Recherchen der JUVE-Redaktion. Sie ist in 2erlei Hinsicht subjektiv: Die Aussagen der befragten Quellen sind subjektiv u. spiegeln deren Erfahrungen u. Einschätzungen. Die JUVE-Redaktion wiederum analysiert die Rechercheergebnisse unter Einbeziehung ihrer eigenen Marktkenntnis. Der JUVE Verlag beabsichtigt keine allgemeingültige oder objektiv nachprüfbare Bewertung. Es ist möglich, dass eine andere Recherchemethode zu anderen Ergebnissen führt. Innerhalb einzelner Gruppen in Rankings und tabellarischen Übersichten sind Kanzleien und Personen alphabetisch sortiert.

COMPLIANCE-UNTERSUCHUNGEN

Führende Berater bei Compliance-Untersuchungen

Dr. Eike Bicker
Gleiss Lutz, Frankfurt

Rolf Hünermann
McDermott Will & Emery, Frankfurt

Dr. Heiner Hugger
Clifford Chance, Frankfurt

Dr. Jan Kappel
AGS Acker Schmalz, Frankfurt

Dr. Sebastian Lach
Hogan Lovells, München

Prof. Dr. Norbert Nolte
Freshfields Bruckhaus Deringer, Düsseldorf

Dr. Andreas Pohlmann
Pohlmann & Company, Frankfurt

Dr. Christian Schoop
DLA Piper, Frankfurt

Die Auswahl von Kanzleien und Personen in Rankings und tabellarischen Übersichten ist das Ergebnis umfangreicher Recherchen der JUVE-Redaktion. Sie ist in 2erlei Hinsicht subjektiv: Die Aussagen der befragten Quellen sind subjektiv u. spiegeln deren Erfahrungen u. Einschätzungen. Die JUVE-Redaktion wiederum analysiert die Rechercheergebnisse unter Einbeziehung ihrer eigenen Marktkenntnis. Der JUVE Verlag beabsichtigt keine allgemeingültige oder objektiv nachprüfbare Bewertung. Es ist möglich, dass eine andere Recherchemethode zu anderen Ergebnissen führt. Innerhalb einzelner Gruppen in Rankings und tabellarischen Übersichten sind Kanzleien und Personen alphabetisch sortiert.

men bei Implementierung von Compliance-System im Vorfeld eines IPO; internat. Kfz-Hersteller bei Tax-Compliance-System; Schifffahrtsuntern. nach Cyberattacke, u.a. bei Arrest in Polen; Investmenthaus bei Untersuchung in Zshg. mit Ermittlungen gg. Manager; WP-Gesellschaft bei Untersuchung im Zshg. mit einer Abschlussprüfung, inkl. Prozessführung; div. dt. u. ausl. Finanzinstitute wg. Cum-Ex; Kryptowährungsbörse u. Immobilieninvestmentmanager zu Russland-Sanktionen; Compliance Due Diligences u.a. für Bridgeport; Modehändler zu Risiken der Warenausbuchung.

BAKER MCKENZIE
Compliance-Untersuchungen ★★★★

Bewertung: Die Compliance-Praxis ist mit ihrer langj. Erfahrung bei internen Untersuchungen den Marktführern weiterhin auf den Fersen. Mit ihrer engen Verknüpfung zum ▷Außenwirtschaftsrecht um die anerkannte Partnerin Thoms ist sie für die Beratung, die der Krieg gg. die Ukraine mit sich bringt, bestens aufgestellt. Gerade bei der Implementierung von Compliance-Programmen unter Berücksichtigung von US- u. EU-exportkontroll- u. -sanktionsrechtl. Fragen arbeiten beide Praxen eng zusammen. Fragen zum LkSG u. ESG brachten eine Reihe von neuen Mandaten aus angestammten Branchen (Kfz, Pharma, Technologie u. Konsumgüter), die sie oft grenzüberschr. gemeinsam mit ausl. Büros berät. Zugenommen hat nicht nur die Präsenz bei Dax-Unternehmen, sondern auch im Vgl. zu Wettbewerbern das Engagement bzgl. Transaktionen, in denen Baker die Compliance Due Diligence übernimmt. Diesbzgl. arbeitet die Praxis nicht nur eng mit ihren eigenen M&Alern zusammen, sondern wird bspw. von einem Dax-Unternehmen speziell für diesen Teil der Transaktion mandatiert.

Stärken: Starke US-FCPA-Einheit.
Oft empfohlen: Dr. Andreas Lohner, Dr. Nicolai Behr („fachl. fundiert, effektiv", Wettbewerber), Anahita Thoms
Team: 7 Eq.-Partner, 5 Sal.-Partner, 13 Associates
Schwerpunkte: Internat. Prägung, Aufbau von Strukturen, oft ww.; Organisationsfragen u. Entwicklung eigener Modelle; ausgewogene akute u. präventive Arbeit; umfangr. tätig bei Untersuchungen, sowohl Dax-Unternehmen als auch Mittelstand; Beratung an der Schnittstelle zu ▷Außenwirtschaft, ▷Arbeitsrecht u. Datenschutz (▷IT u. Datenschutz).
Mandate: Dax-Unternehmen zu Know-your-Costumer-Prozessen bei Transaktionen u. Konzeptionierung der ww. M&A-Compliance-Due-Diligence-Prozesse; Professional-Services-Unternehmen zu internat. Compliance Due Diligence mit Fokus auf Antikorruption u. Exportkontrolle; Dax-Unternehmen bei Compliance Due Diligence im Rahmen einer Transaktion; Dax-Untern. für interne Untersuchung; Dax-Unternehmen zu globaler Compliance bei Exportkontrolle u. Sanktionen; internat. Anlagenbauer bei Risikoanalyse in 11 Jurisdiktionen u. bei der Neuaufsetzung der Konzern-Compliance; US-Pharmauntern. bei interner Untersuchung wg. Exportkontrolle; Untern. für Systemgastronomie wg. steuerstrafrechtl. Themen; produzierendes Untern. wg. Amtsträgerbestechung in Südostasien.

CLIFFORD CHANCE
Compliance-Untersuchungen ★★★★

Bewertung: Die Compliance-Praxis um Dieners u. Hugger gilt als Verfolgerin der Marktspitze. Im Frühjahr 2022 sorgte der Krieg gg. die Ukraine für einen nie dagewesenen Beratungsbedarf zu Fragen wie Sanktionen oder auch Lieferketten. Das betraf Industriemandanten genauso wie die Finanzbranche. Darüber zeigte CC aber auch bei Themen Flagge, die bereits im Vorjahr an Relevanz zunahmen: Bei ESG kann die Praxis ihre enge europ. Vernetzung, v.a. ins Pariser Büro, ausspielen, bei Produkt-Compliance ist es v.a. das langj. regulator. Know-how, das sie von Wettbewerbern abhebt. Mandanten aus der Tabak-, Lebensmittel-, Konsumgüter- oder Automobilindustrie ziehen sie diesbzgl. zurate. Hier ist sie sowohl in Verf. als auch präventiv tätig. Für interne Untersuchungen etwa wg. Cum-Ex war das Team um Strafrechtler Hugger vermehrt für Finanzinstitute im Einsatz, eine Branche, in der CC trad. gut verdrahtet ist. Die künftigen Verf. dürften für eine deutl. Auslastung der Praxis sorgen, die sie aber auch deswegen wird bewältigen können, weil sie ähnl. wie Freshfields jüngere Anwälte in die erste Reihe treten lässt.

Stärken: Ausgeprägter Branchenfokus auf Finanzinstitute u. Pharmaindustrie.
Oft empfohlen: Dr. Peter Dieners („klass. Allrounder, schnelle Antwortfrequenz", Mandant), Dr. Heiner Hugger („hohe fachl. Kompetenz", „strateg. stark", „ganz vorne mit dabei", „sehr gut, einer der Erfahrensten am Markt", „weiß, wovon er spricht", Wettbewerber), Dr. David Pasewaldt („ruhig, gut, professionell", „hohe fachl. Kompetenz", „kompetent u. sehr angenehm", Wettbewerber), zunehmend: Dr. Julia Baedorff („kollegial u. souverän", „sehr angenehm, professionell, macht einen starken Eindruck", Wettbewerber)
Team: 12 Partner, 4 Counsel, 3 Associates, 2 of Counsel
Schwerpunkte: Internat. Praxis, in Dtl. koordiniert über ▷wirtschaftsstraf- u. ▷gesundheits-/pharmarechtl. Partner sowie Litigation (▷Konfliktlösung); auch Steuerrecht, in London Forensic-Audit-Gruppe; inhaltl. breite Abdeckung, sowohl präventive als auch repressive Mandate.
Mandate: Arzneimitteluntern. lfd. zu Compliance in 15 Ländern; Freiwillige Selbstkontrolle für die Arzneimittelindustrie zu Kodizes für Ärzte u. Patientenorganisationen u. Wettbewerbsverf.; div. Banken regulator. zu ESG u. Finanzmärkten; E-Mobility-Untern. in Bußgeldverf.; Kfz-Hersteller zu Governance-Anforderungen nach Konfliktmineralienverordnung; Tabakuntern. zu Fragen der Produkt-Compliance; Technologieuntern. zu 5G-Ausbau u. Cybersicherheit; div. Industrieuntern. zu Cannabis u. damit verbundenen Straf- u. Bußgeldrisiken; div. Untern. zu Geldwäsche-Compliance; internat. Vermögensverwalter, US-Bank, europ. Bank bei interner Untersuchung wg. Cum-Ex; Onlineversandhändler zu interner Untersuchung.

CMS HASCHE SIGLE
Compliance-Untersuchungen ★★★

Bewertung: Die Praxis von CMS gehört zu den Praxen, die das Compliance-Feld in seiner ganzen Breite beackern. Dazu zählen wieder umfangr. interne Untersuchungen genauso wie die regelm. präventive Beratung. Die themat. Breite abzudecken, gelingt dank der inzw. regelm. Kooperation mit anderen Praxisgruppen: Ein gutes Bsp. ist die Beratung einer dt. AG, für die CMS zunächst die interne Untersuchung durchführte, mittlerw. wirtschaftsstrafrechtl. u. bei einer Organhaftungsklage im Einsatz ist. V.a. die arbeitsrechtl. Praxis ist hier mehr als bei den Wettbewerbern in Compliance-Mandate eingebunden u. lässt so noch den Ursprung der Praxis erahnen. Themat. beschäftigte das Team der Marktentwicklung gemäß vermehrt Fragen zu LkSG u. Whistleblower-Hotlines. Hier kann es bes. gut sein techn. Know-how einbringen, da es mit eigenen Legal-Tech-Tools, ähnl. wie Hogan Lovells, aufwartet.

Stärken: Full-Service-Angebot, operativ orientierte Beratung.
Oft empfohlen: Dr. Harald Potinecke, Dr. Joachim Kaetzler („sehr gut u. pragmat.", Mandant)
Team: 21 Partner, 12 Counsel, 44 Associates, 1 of Counsel
Schwerpunkte: Beratung bei internat. internen Untersuchungen, auch im Organisationsaufbau u. bei Risikoanalysen; zudem Aufbau u. Betrieb von (internat.) Hotlines u. Untersuchungen. Unterstützung durch Tools u. Servicecenter. Breite Aufstellung, einschl. Geldwäsche, Datenschutz (▷IT u. Datenschutz), ▷Arbeitsrecht, ▷Außenwirtschaft u. Produkthaftung.
Mandate: Dt. Familienkonzern bei interner Untersuchung im arab. Raum wg. Betrug; Rüstungsuntern. bei interner Untersuchung wg. Weitergabe von Geschäftsgeheimnissen u. Verstößen im Vertrieb; Chemiekonzern bei interner Untersuchung wg. Korruption u. Bestechung; Dax-Unternehmen bei ww. Compliance-Assessment-Projekt; dt. AG wirtschaftsstrafrechtl. im Nachgang zu interner Untersuchung; dt. AG umfängl. zum Aufbau von Compliance-Strukturen; Kfz-Hersteller bei Konzeption u. Durchführung eines Compliance-Risiko-Monitorings, u.a. zu ESG; Augustinum-Gruppe als Geschädigte, inkl. Rückgewinnung u. Arbeitsrecht; frz. Luxushersteller, u.a. zu Geldwäsche; dt. Papierhersteller wg. Bestellbetrug (auch Frankreich u. GB); Kfz-Zulieferer bei Aufbau eines Compliance-Management-Systems.

COMPLIANCE-UNTERSUCHUNGEN

COMFIELD LEGAL
Compliance-Untersuchungen ★

NOMINIERT JUVE Awards 2022 – Kanzlei des Jahres für Compliance

Bewertung: Der interdiszipl. Ansatz der Berliner Compliance-Boutique überzeugt Mandanten v.a., wenn sie ihre Compliance-Systeme auf- oder ausbauen wollen. In allen präventiven Fragen hat sich die junge Einheit inzw. gut etabliert, berät aber auch regelm. bei internen Untersuchungen. Die Anwälte setzen dabei auf Projektjuristen u. -manager u. entwickeln zudem eigene Schulungstools. Im Fokus steht dabei das Beratungsprodukt, das strateg. u. operative Themen ebenso umfasst wie rechtliche. Dabei suchen inzw. neben Mittelständlern u. Start-ups auch größere Unternehmen den Rat der Partner. Dies ist auch Ausfluss einer klaren strateg. Konzentration auf Compliance als eigenes Beratungsfeld, mit der die Berliner Einheit in gewisser Weise den Spuren von Wettbewerberin Pohlmann folgt.

Stärken: Interdisziplinäre Beratung.
Oft empfohlen: Dr. Tobias Teicke ("fachl. sehr versiert, arbeiten vertrauensvoll zusammen", Mandant), Dr. Martin Schmidt ("seltene Kombi aus Kartellrecht u. Datenschutz", "extrem klar, strukturiert u. im Umgang angenehm; hier passt alles", Wettbewerber)
Team: 3 Eq.-Partner, 2 Associates, 2 of Counsel
Schwerpunkte: Beratung zu Aufbau u. Optimierung von Compliance-Systemen, sehr prozessorientiert; auch interne Untersuchungen.
Mandate: US-Pharmauntern. bei Weiterentwicklung des Compliance-Programms u. der Prozesse sowie deren Digitalisierung; Alba Internat. Recycling zu Compliance u. Fördermitteln; regelm. Compliance-Zertifizierungsstelle bei Audits; Fujitsu bei Geschäftspartnerprüfung; Adecco bei Weiterentwicklung Compliance-System; Melitta u.a. zu LkSG; Ingenieurdienstleister während US-Monitoring; Trolli bei Optimierung von Compliance-Strukturen, inkl. Lieferketten; Apleona bei Untersuchung, zu Geldwäsche u. Sanktionen; Zeppelin zu Korruption u. Geldwäsche; öffentl. Mobilitätsuntern. bei Aufbau Compliance-System; HomeToGo in Vorbereitung auf SPAC-Börsengang; Krankenhauskonzern Johannesstift Diakonie u.a. zu Hinweisgebersystem; regelm. Friedhelm Loh, BME, Jones Lang Lasalle.

DLA PIPER
Compliance-Untersuchungen ★★★

Bewertung: Mit ihrer inhaltl. breiten Aufstellung deckt DLA nahezu alle relevanten Compliance-Felder ab. Trad. stehen dafür zwar v.a. die ▷Wirtschaftsstrafrechtler, doch rücken im Zuge von Lieferketten-Compliance, Sanktionen, ESG u. Cyberdelikten auch Regulierer u. Datenschützer, die zum erweiterten Team gehören, stärker in den Fokus. Dies gilt auch bei präventiven Mandaten, wenn einzelne Sektoren der Compliance-Organisation optimiert werden müssen. Mandanten kommen weiterhin v.a. aus der Realwirtschaft, während sich die Finanzwirtschaft meist andere Ansprechpartner sucht. Gerade in der Industrie überzeugt DLA immer wieder bei grenzüberschr. Mandaten, zumal sich die Praxis zuletzt u.a. in Österreich u. Fernost prominent verstärkte. Die Arbeit für ein Unternehmen für Logistiksysteme u. die Beratung hinsichtl. eines Kraftwerksbaus sind nur 2 Bsp. von mehreren.

Stärken: Internat. Compliance-Gruppe inkl. USA u. Asien, in der in Dtl. die Strafrechtler oft die Schnittstelle bilden; anerkannte Praxis für Datenschutz (▷IT u. Datenschutz).
Oft empfohlen: Dr. Christian Schoop, Emanuel Ballo ("Berater, der sein Handwerk versteht", Mandant; "kompetent u. pragmat.", Wettbewerber), Prof. Dr. Jürgen Taschke (alle Strafrecht)
Team: 20 Eq.-Partner, 8 Counsel, 16 Associates, 1 of Counsel
Schwerpunkte: Akut, aber auch präventiv/strukturell tätig, enge Zusammenarbeit mit Regulierungspraxis, ▷Litigation u. ▷Arbeitsrecht, auch ▷Kartell-, ▷Außenwirtschafts- u. Steuerrecht; starke ▷Versicherungspraxis.
Mandate: Börsennot. US-Kfz-Zulieferer zu Produkt- u. Kartell-Compliance sowie zu internat. Datenschutzprojekt; börsennot. Energietechnikhersteller u.a. geldwäscherechtl. bei Kraftwerksbau in Hochrisikoland; Logistiksystemeunternehmen bei Aufarbeitung u. strateg. hinsichtl. internat. Bestechung (u.a. Asien, Österreich) u. Betrug; Gerätehersteller bei internat. Untersuchung aufgr. von Ermittlungen bei Kunden; FM Insurance zu EHS; Untern. der Flugzeugwartung bei Untersuchung komplexer Betrugsvorwürfe; Schweizer Immobilieninvestor zu außenwirtschaftsrechtl. Meldepflichten u. Aufbau entspr. Compliance-Systems; Axalta, Axon, Olympus Europe internat. präventiv.

FRESHFIELDS BRUCKHAUS DERINGER
Compliance-Untersuchungen ★★★★★

Bewertung: Die Compliance-Praxis steht neben Gleiss Lutz unangefochten an der Marktspitze u. berät mit ihrer breiten Aufstellung am Puls der Zeit. Dabei bindet sie geschickt jeweils die Praxisgruppen ein – auch über Ländergrenzen hinweg –, die für das jew. Mandat maßgebl. sind. Das gilt etwa für Mandate zu Cybercrime, bei denen die IT-Praxis federführend an Bord ist, oder auch zu ESG, wo die gesellschaftsrechtl. Praxis gemeinsam mit einigen ausl. Büros u.a. ein Handelsunternehmen berät. Ebenso an Relevanz gewonnen haben die Marktentwicklung gemäß Mandate zur Geldwäsche u. Whistleblowing genauso wie zu MeToo. Was FBD von Gleiss Lutz unterscheidet, ist die Tatsache, dass noch vor wenigen Jahren die meisten Mandate eher eine gesellschaftsrechtl. Aufhänger hatten, heute jedoch zunehmend Mandate mit urspr. strafrechtl. Hintergrund sich in Compliance-Mandate auswachsen. In jedem Fall ist FBD für große interne Untersuchungen – genau wie etwa Hogan Lovells – bestens gerüstet, was u.a. der Tatsache geschuldet ist, dass sie mit ihrem Legal-Hub bzw. Legal-Tech-Zentrum über die nötige techn. Ausrüstung verfügt. Die Ernennung eines Strafrechtlers, der sich bereits im Markt gut positionieren konnte, ist vor diesem Hintergrund keine Überraschung u. setzt das Signal, dass strafrechtl. Know-how – anders als früher – auch in einer Großkanzlei unverzichtbar geworden ist.

Stärken: Gut vernetzte Praxis, enge Zusammenarbeit mit ww. Büros.
Oft empfohlen: Prof. Dr. Norbert Nolte ("sehr professionell", Mandant"; "hat ein schlagkräftiges Team aufgebaut, jederzeit kollegial", Wettbewerber; Technologie), Dr. Simone Kämpfer ("liefert gute Qualität, sehr zuverlässig", "hat die Spitze der klass. Männerdomäne erobert", "erfahren, strategisch, kollegial", "hohe fachl. Kompetenz", "immer

---

Compliance: für Teilbereiche empfohlene Kanzleien

Avocado (Köln)
Umweltrecht

Fieldfisher (Düsseldorf)
Kartellrecht

Flick Gocke Schaumburg (Bonn)
Steuerrecht, Wirtschafts- und Steuerstrafrecht

Glade Michel Wirtz (Düsseldorf)
Kartellrecht

GND Geiger Nitz Daunderer (München)
Gesundheitswesen

GvW Graf von Westphalen (Hamburg, München)
Außenhandel, Exportkontrolle, Zoll-Compliance

Dr. Kai Hart-Hönig (Frankfurt)
Wirtschafts- und Steuerstrafrecht

Knierim & Kollegen (Mainz)
Wirtschafts- und Steuerstrafrecht

KNPZ Rechtsanwälte (Hamburg)
Datenschutz (IT u. Datenschutz)

Lindenpartners (Berlin)
Bank- u. Bankaufsichtsrecht

Rödl & Partner (Nürnberg)
Steuerrecht

Roxin (Hamburg, München)
Wirtschafts- und Steuerstrafrecht

Sernetz Schäfer (München, Düsseldorf)
Bank- u. Bankaufsichtsrecht

SZA Schilling Zutt & Anschütz (Mannheim, Frankfurt)
Gesellschaftsrecht

Taylor Wessing (Hamburg, Düsseldorf)
IT, Exportkontrolle

Tsambikakis & Partner (Köln)
Wirtschafts- und Steuerstrafrecht

VBB Rechtsanwälte (Düsseldorf)
Wirtschafts- und Steuerstrafrecht

Wessing & Partner (Düsseldorf)
Wirtschafts- und Steuerstrafrecht

Die Auswahl von Kanzleien und Personen in Rankings und tabellarischen Übersichten ist das Ergebnis umfangreicher Recherchen der JUVE-Redaktion. Sie ist in 2erlei Hinsicht subjektiv: Die Aussagen der befragten Quellen sind subjektiv u. spiegeln deren Erfahrungen u. Einschätzungen. Die JUVE-Redaktion wiederum analysiert die Rechercheergebnisse unter Einbeziehung ihrer eigenen Marktkenntnis. Der JUVE Verlag beabsichtigt keine allgemeingültige oder objektiv nachprüfbare Bewertung. Es ist möglich, dass eine andere Recherchemethode zu anderen Ergebnissen führt. Innerhalb einzelner Gruppen in Rankings und tabellarischen Übersichten sind Kanzleien und Personen alphabetisch sortiert.

COMPLIANCE-UNTERSUCHUNGEN

auf den Punkt", „beeindruckend", Wettbewerber; Strafrecht)
Team: 23 Partner, 3 Counsel, 80 Associates
Schwerpunkte: Interne Untersuchungen, meist internat., sowie präventive Beratung; internat. Praxis mit einheitl. Leitung u. struktureller Vernetzung (u.a. ▷Kartell-, ▷Arbeitsrecht u. Vergabe sowie ▷M&A, ▷Konfliktlösung sowie ▷Wirtschaftsstrafrecht u. Außenhandel); Mandanten oft aus Bestand, zunehmend Dax-Unternehmen.
Mandate: Versicherer zu interner Untersuchung wg. Verletzung von Geschäftsgeheimnissen; Kfz-Untern. zu Sachverhaltsaufklärung eines Hinweisgeberfalles; Investor u. Manager eines Infrastrukturuntern. zu Risiken hinsichtl. Korruption u. Bestechung; private Geschäftsbank zu Geldwäsche, u.a. KYC; Industriekonzern zu interner Untersuchung wg. Auslandsbestechung u. Steuerhinterziehung; EY umf. zu Compliance u. Strafrecht bzgl. Wirecard; Audi u. VW zu Dieselskandal; Wissenschafts- u. Technologieuntern. zu AML Risikoanalyse in 62 Jurisdiktionen; Digitalisierungsdienstleister zu interner Untersuchung wg. Untreue; Nutzfahrzeughersteller zu Risikoanalyse bzgl. US-Compliance nach Kauf eines US-Unternehmens; Industrieuntern. zu künftigem Umgang mit ‚Anti-Harassment'.

FS-PP BERLIN
Compliance-Untersuchungen ★

Bewertung: Bei der präventiv-strukturellen Compliance-Beratung zu Datenschutz u. insbes. Geldwäsche kann der Berliner Kanzlei kaum eine andere das Wasser reichen. Während Ersteres zwar nicht mehr unbed. im strateg. Fokus steht, ist Letzteres umso intensiver nachgefragt. Hier berät die Kanzlei Unternehmen aller Branchen u. Ausrichtungen. Unter Verzicht auf eigene IT-Tools engagiert sich das Team aber auch beim Aufbau von Compliance-Systemen u. internen Untersuchungen. Bemerkenswert ist – auch dank intensiver Ombudstätigkeit – ihr Zugang zu öffentl. u. halböffentl. Unternehmen, einer Klientel, die gerade beim Aufbau von Strukturen oft Nachholbedarf hat u. selten gewillt ist, große Teams zu beauftragen. Die Vielzahl an Dauermandaten u. GWG-Aufträgen sowie das ebenfalls intensive Engagement im klass. Wirtschaftsstrafrecht setzen der Kanzlei bei ihrer Weiterentwicklung jedoch gewisse Grenzen. Dass ein bislang in Teilzeit tätiger u. auf Compliance spezialisierter Associate seine Zeit inzw. ganz der Mandatsarbeit widmet, verschafft zwar etwas Luft, wird aber mittelfr. kaum ausreichen.
Oft empfohlen: Dr. Niklas Auffermann („sehr erfahren, gute Vernetzung zur StA.; sehr gute Vorschläge zum Design interner Ermittlungen u. gutes Gespür für Angemessenheit", Mandant), Dr. Rainer Frank („pragmat., zielorientiert u. persönl. angenehm", Wettbewerber über beide)
Team: 4 Eq.-Partner, 8 Associates
Schwerpunkte: Vorwiegend präv. Beratung, oft Geldwäsche, einschl. Ombudstätigkeit; auch interne Untersuchungen; ▷wirtschaftsstrafrechtl. Erfahrung.
Mandate: VR Ventures, Gewobag zu GWG; Autobahn GmbH lfd. zu Datenschutz-Compliance; Schultheiss Wohnbau bei Compliance-Audit u. Aufbau Compliance-System; öffentl. Versorgungsuntern. bei interner Untersuchung wg. mögl. Verstöße des Vorstands; öffentl. Stiftung bei interner Untersuchung u.a. in Jordanien; regelm., meist präventiv Toll Collect, TLG, Messe Berlin, Siltronic.

GIBSON DUNN & CRUTCHER
Compliance-Untersuchungen ★ ★ ★

NOMINIERT JUVE Awards 2022 Kanzlei des Jahres für Compliance

Bewertung: Krisenberatung für in- u. ausl. Unternehmen hat sich die im Markt etablierte Compliance-Praxis um Schwarz auf die Fahnen geschrieben. Wie sie es versteht, ihre engen Verbindungen zu ihren US-Büros dabei für ihre Mandanten zu nutzen, demonstrierte GDC eindrucksvoll als Vertreterin des Allianz-Aufsichtsrats bei der Einigung mit dem US-Justizministerium u. der SEC. Hier arbeitete die Praxis federführend von Dtl. aus einen in den USA liegenden Sachverhalt auf. Dass sie regelm. für interne Untersuchungen an Bord genommen wird, beweist außerdem die Mandatierung durch Clariant, die wg. Bilanzmanipulation unter Beschuss geriet. Für eine Sonderkonjunktur sorgte, wie bei Wettbewerbern auch, die Beratungstätigkeit an der Schnittstelle zur Exportkontrolle u. Sanktionen. Eng verwoben ist die Compliance- trad. mit der Konfliktlösungspraxis. Letztere baute im vergangenen Jahr v.a. ihre Associate-Riege deutl. aus, sodass GDC immer besser in der Lage ist, Mandate von der Untersuchung bis hin zur prozessualen Lösung zu übernehmen.
Stärken: Ausgeprägtes US-Netzwerk, langj. Erfahrung im Osteuropa-Geschäft
Oft empfohlen: Dr. Benno Schwarz („exzellent", „Top-Berater", Wettbewerber)
Team: 8 Partner, 15 Associates, 1 of Counsel
Schwerpunkte: Grenzüberschr. Arbeit in den Bereichen Prävention, Untersuchung u. FCPA, zudem Due Diligence im Rahmen von ▷M&A u. Beratung zu FATCA. Nahezu ausschl. Konzernberatung.
Mandate: Clariant bei interner Untersuchung wg. Bilanzunregelmäßigkeiten im Zshg. mit Rückstellungen u. Abgrenzungen; Aufsichtsrat Allianz bei Einigung mit US-Behörden; Daimler bei interner Untersuchung (aus dem Markt bekannt).

GLEISS LUTZ
Compliance-Untersuchungen ★ ★ ★ ★ ★

Bewertung: Die Kanzlei ist eine der komplettesten Beraterinnen für präventive wie akute Compliance-Fälle. Auch wenn sie zuletzt nicht erneut mit Renommiermandaten wie Wirecard aufwartete, war sie doch bei einer Vielzahl teils internat. interner Untersuchungen gefragt u. eroberte sich einen Platz auf der Investigations-Liste eines großen dt. Konzerns. Internat. Netzwerk, Personal u. Infrastruktur sind längst auf einem Stand, der es erlaubt, diesen Arbeitsanfall zu bewältigen. Dazu trägt auch die Tatsache bei, dass inzw. z.B. Mitglieder des Kartellteams explizit für ihre investigativen Fähigkeiten gelobt werden. Das Spektrum ist dabei breit, reicht von MeToo-Vorfällen bis zu Kapitalmarktdelikten. Regelm. gehen Untersuchungsmandate inzw. in den verteidigenden oder streitigen Bereich über. Doch während die ▷Litigation-Kompetenz im Markt hoch angesehen ist, fehlt es in der Unternehmensverteidigung noch an einer vergleichbaren Prominenz, auch wenn Praxischef Bicker nach Ansicht von Wettbewerbern ein gutes Händchen beim Umgang mit den Ermittlern hat.
Stärken: Breites fachl. Know-how auf hohem Niveau.
Oft empfohlen: Dr. Eike Bicker („pragmat., man fühlt sich gut aufgehoben", Mandant; „professionell, gut vernetzt, kollegial", „hervorragend im Umgang mit Ermittlungsbehörden", Wettbewer-
ber), Dr. Dirk Scherp („versierter Compliance-Kenner", „Praktiker mit Blick fürs Wesentliche", Wettbewerber), Dr. Christoph Skoupil
Team: 21 Partner, 5 Counsel, 17 Associates, 1 of Counsel
Schwerpunkte: Untersuchungen u. ▷gesellschaftsrechtl. Governance, auch präventive Beratung. Traditionell starke ▷kartellrechtl. Bezüge, ▷Arbeitsrecht u. Kompetenz bei ▷Außenwirtschaft, ▷IT und Datenschutz u. im Strafrecht.
Mandate: Insolvenzverwalter von Wirecard bei interner Untersuchung u. Prozessführung; Regiomed-Kliniken bei interner Untersuchung (Folgemandat); Bunker bei AWG-Audit u. zu Geldwäsche; Carl Zeiss Meditec, Thyssenkrupp zu Governance; u.a. Alfred Ritter, Andreas Stihl, Bombag, Kronos, Linde Magna, Voestalpine zu Russland-Sanktionen; Baywa, Wilh. Werhahn zu LkSG; Dt. Beteiligungs AG bei Transaktionen lfd.; weiterhin Aufsichtsrat von VW-Konzern wg. Diesel; Merz Pharma, Puma präventiv.

GSK STOCKMANN
Compliance-Untersuchungen ★ ★

Bewertung: Die Compliance-Beratung entwickelt sich immer mehr zu einem integralen Bestandteil der Gesamtkanzlei. Daran nicht unschuldig sind gesetzgeber. Aktivitäten, etwa das LkSG oder aktuelle EU-Direktiven. Dies zeigt sich u.a. in der Einbindung bei Due Diligences sowie Vergabe- u. anderen öffentl.-rechtl. Mandaten oder der Kooperation mit den Arbeitsrechtlern. Immer enger sind auch die Verbindungen zw. Immobilienrechtlern u. Compliance-Praxis. Mayer verfügt zudem über stabile Kontakte in die Pharmabranche, u. im Finanzsektor ist GSK dank der aufsichtsrechtl. Praxis ohnehin gut positioniert. Während sich das Team um Mayer eher auf strukturell-organisator. Beratung der Realwirtschaft u. damit auch auf die Flankierung der Corporate- u. Immobilienanwälte ausrichtet, wird aus dem Finance-Team heraus u.a. zum Geldwäscherecht beraten. Für Geldwäsche- u. KYC-Projekte hat das Team ebenso IT-Tools im Einsatz wie für Risikoanalysen. Obwohl die Kanzlei so alle relevanten Elemente einer effektiven Compliance-Beratung vorhält u. inzw. auch gut internat. vernetzt ist, fehlt es bisher an Marktpräsenz. Geschuldet dürfte das v.a. der Tatsache sein, dass das Engagement vorwiegend präventiv ist. Hinzu kommt, dass gerade die Verbindung zw. dem Compliance-Kernteam u. den Finanzexperten noch nicht die wünschenswerte Stabilität hat.
Stärken: Interdisziplinärer Ansatz.
Oft empfohlen: Eric Mayer („fachl. u. strateg. stark", Wettbewerber)
Team: 4 Eq.-Partner, 1 Sal.-Partner, 4 Counsel, 6 Associates, zzgl. Luxemburg
Schwerpunkte: Präventiv-organisator. Beratung, auch durch Übernahme der Gesamtfunktion u. Legal-Tech-Tools; auch interne Untersuchungen; trad. stark im ▷Aufsichtsrecht, viel Erfahrung im Immobiliensektor.
Mandate: Börsennot. Finanzdienstleister, internat. Einrichtungshaus u. Lebensmittelverband zu Lieferketten-Compliance; Medraxa u.a. bei Aufbau Compliance-System; börsennot. Raumfahrtkonzern im Zshg. mit Ausschreibung; bei umf. Aufbau Compliance-System; 2 Immobilienfondsgesellschaften zu Geschäftspartnerkodex; Compliance Due Diligence für österr. Ingenieurdienstleister u. internat. Lebensmittelkonzern; Af-

COMPLIANCE-UNTERSUCHUNGEN

fimed, Apogenix, Vetter Pharma, Lupin Atlantis, Vonovia, Süss Microtex regelm., u.a. bei Geschäftspartnerprüfung; Aroundtown bei Board-Schulung.

HENGELER MUELLER
Compliance-Untersuchungen ★★★★

Bewertung: Zwar fielen die Mandate des Compliance-Teams zuletzt etwas weniger spektakulär aus als im Vorjahr, doch zeigt die Konstanz, mit der neue Projekte in der Praxis landen, dass HM inzw. zu den etablierten Akteuren des Beratungsfelds gehört. Hierfür spricht neben einer selbstverständlicheren u. frühzeitigen praxisübergr. Zusammenarbeit auch die Ernennung gleich 2er Counsel, einer davon mit Ausrichtung auf Finanzaufsicht. Die strateg. Beratung der Allianz bei ihrem Betrugsverfahren in den USA zeigte zudem, wie nahtlos Compliance-, Kapitalmarkt- u. Gesellschaftsrechtskompetenz ineinandergreifen. Insges. hat sich die Arbeit ohnehin stärker in den Finanzsektor, u. dort auch auf neuere Marktteilnehmer wie Unzer, verlagert, wobei dahinter aber keine Strategie steckt, sondern die Branche auch dank der aktiveren BaFin schlicht größeren Bedarf anmeldete. Strateg. Bedeutung gewonnen haben hingegen – wie nahezu bei allen Kanzleien – Themen um Sanktionen u. ESG. Vor allem bei Letzterem ist HM dank ihrer Regulierungskompetenzen gut gerüstet. Der Fokus der Praxis liegt insges. auf Untersuchungen, oft flankiert inzw. von der Unternehmensverteidigung. Folgerichtig baute HM ihre techn. Kapazitäten weiter aus, u. wickelt Reviews auf einer hauseigenen Plattform ab. Peu à peu schließt die Kanzlei zwar so die Lücke zu Wettbewerbern wie Gleiss Lutz, doch hat sie deren Vorsprung noch nicht aufgeholt.

Stärken: Sehr angesehene ▷gesellschaftsrechtl. Praxis.

Oft empfohlen: Prof. Dr. Wolfgang Spoerr, Dr. Constantin Lauterwein („exzellenter Umgang mit Ermittlungsbehörden", Wettbewerber)

Team: 11 Partner, 2 Counsel, 41 Associates

Schwerpunkte: Untersuchungen, auch Beratung bei CMS-Aufbau u. -Prüfung, stark bei Governance-Beratung, Due Diligence im Rahmen von ▷M&A, Organhaftung, ▷Kartellrecht, Beratung im Umfeld Regulierter Industrien, auch ▷Straf- u. ▷Arbeitsrecht.

Mandate: Unzer bei Untersuchung im Zshg. mit BaFin-Sonderprüfung; großer Dienstleister bei Untersuchung wg. Korruption; Allianz u.a. bei mrd-schwerem Vergleich mit US-Behörden; Finanzuntern. bei Untersuchung wg. Untreue; Dienstleister wg. Fehlverhalten eines Geschäftspartners; Industrieuntern. bei Untersuchung im Zshg. mit Produktsicherheit in 20 Staaten; Großbank bei Untersuchung wg. Cum-Ex; Dax-Konzern zu IT-techn. Compliance; europ. Bank grenzüberschr. in steuerl. Ermittlungsverf.; Asset-Manager zu Fremdpersonal; weiterhin Grenke, Dt. Börse, TÜV Süd, Robert Bosch wg. aktueller Vorwürfe.

HERBERT SMITH FREEHILLS
Compliance-Untersuchungen ★★

Bewertung: Die Compliance-Praxis um Seiler ist bekannt für ihr langj. Know-how im Asset-Tracing, das ihr nach wie vor ein gewisses Alleinstellungsmerkmal verleiht. Darüber hinaus hat sie sich themat. längst in die Breite entwickelt. Marktbeherrschende Themen kamen hier allerdings zuletzt mit Verzögerung an: Im Vorjahr war es die Dieselthematik, die sich in einem Mandat eines Kfz-Herstellers niederschlug, zuletzt war es das Mandat einer Bank zu Cum-Ex. Die Praxis punktet zwar durch ihr umfangr. Forensikteam u. gute US-Verbindungen, durch die sie für grenzüberschr. Mandate prädestiniert ist, allerdings ist das dt. Büro zuletzt durch den Weggang eines angesehenen Counsels geschrumpft. Das wiegt umso schwerer, weil das kleine Team nur dann langfristig im Wettbewerb wird bestehen können, wenn – ähnl. wie bei Clifford – Nachwuchsanwälte an Marktpräsenz gewinnen können.

Stärken: Langj. Erfahrung v.a. im Asset-Tracing, eigenes Forensikteam.

Oft empfohlen: Dr. Dirk Seiler („kompetent u. zielgenau auch in komplexen Fällen, hohe Erfolgsquote", Mandant; „strateg. versiert", „hoch kompetent, strukturiert u. mit stets praktikablem Ansatz", „durchsetzungsstark u. souverän", Wettbewerber)

Team: 1 Partner, 1 Counsel, 4 Associates, zzgl. Forensiker

Schwerpunkte: Untern. als potenziell Geschädigte, etwa bei Verrat von Betriebsgeheimnissen, inkl. Asset-Tracing u. ggf. Prozessführung. Auch Präventivberatung u. Untersuchungen. Wiederbeschaffung auch für namh. Insolvenzverwalter.

Mandate: Internat. Investmentbank zu Cum-Ex; Kfz-Hersteller bei interner Untersuchung wg. Dieselabgasskandal; Tabakuntern. präventiv; Kfz-Hersteller wg. Korruption u. Untreue; Technologieuntern. wg. Verrat von Betriebs- u. Geschäftsgeheimnissen; lfd. Microsoft Dtl. zu Compliance; Fintechuntern. wg. Bereicherung eines ehem. Vorstands- u. Aufsichtsratsmitglieds; dt. Bank bei interner Untersuchung wg. Subventionsbetrugs; Handelsuntern. wg. Betrug; Energieuntern. wg. Marktmanipulation.

HEUKING KÜHN LÜER WOJTEK
Compliance-Untersuchungen ★★

Bewertung: Den Kern der Compliance-Beratung bei HKLW bildet weiterhin die ▷wirtschaftsstrafrechtl. Praxis, ist dies die praxis- u. standortübergr. Zusammenarbeit inzw. Normalität. Das zeigt sich auch in der Bildung kleinerer Teams für Unterthemen wie Sanktionen – aktuell wieder bei nahezu allen Kanzleien nachgefragt – oder CSR. Auch liegt die Verantwortung für interne Untersuchungen nicht mehr allein bei den Strafrechtlern. So ist der China-Desk der Kanzlei intensiv in die Arbeit bei der dt. Tochter eines chin. Unternehmens eingebunden. Inhaltl. deckt HKLW ein breites Spektrum v.a. für Mittelständler ab. Das schließt auch Ombudstätigkeiten u. die Abarbeitung von Hinweisen ein. Letzteres stützt die Kanzlei inzw. mit einem selbst entwickelten IT-Tool, das bereits bei Mandanten im Einsatz ist. Die Ernennung der Strafrechtlerin Stauder, die sich u.a. in der präventiven u. Geldwäscheberatung etabliert, zur Partnerin belegt die Akzeptanz des Engagements in der Gesamtkanzlei. Auf diesem Fundament lässt sich aufbauen, wenn es gelingt, auch Partner anderer Fachrichtungen stärker für Compliance-Fragen zu sensibilisieren.

Oft empfohlen: Dr. André-Marcel Szesny („hoch kompetent u. kollegial", Wettbewerber), Dr. Susanne Stauder („präzise, hellwach u. sehr intelligent; stets fokussiert u. im Sinne des Mandanten", Mandant)

Team: 12 Eq.-Partner, 6 Sal.-Partner, 4 Associates, 1 of Counsel

Partnerwechsel: Dr. Dieter Bohnert (in Ruhestand)

Schwerpunkte: Präventive u. strukturelle Beratung, auch Untersuchungen, oft im Mittelstand; Fokus oft strafrechtlich.

Mandate: Chin. Unternehmen wg. mögl. Untreue, Steuer- u. Bilanzdelikt bei dt. Tochter (mit chin. Partnerkanzlei); Technologiekonzern in Selbstreinigungsprozesses bei Korruptionsverf. der Weltbank; Schweizer Beteiligungsgesellschaft bei interner Untersuchung wg. Untreue, Bilanzfälschung, Geheimnisverrats u. Insiderhandel durch GF; Maschinenbauer bei Untersuchung wg. mögl. Geheimnisverrats durch GF; Pflegeheim bei Untersuchung mögl. fahrlässiger Tötung; Versandhandel bei Einführung Compliance-System; Handelskonzern geldwäscherechtl.; Beteiligungsgesellschaft bei Regelwerk für Beteiligungsunternehmen; Logistiker bei Einführung Compliance-System, inkl. ESG; Whistleblower-Hotline, u.a. für Allianz Dtl., Debeka.

HOGAN LOVELLS
Compliance-Untersuchungen ★★★★

Bewertung: Kaum ein Wettbewerber wartet mit einem so großen Compliance-Team auf wie die Praxis um den angesehenen Lach. Mit ihrer Teamgröße u. dem eigenen Legal-Tech-Team in Berlin – ähnl. wie Freshfields – ist sie für umfangr. Untersuchungen prädestiniert. In der Kfz-Industrie wird sie nicht zuletzt durch die Vertretung von BMW u. Porsche als eine der marktbeherrschenden Player wahrgenommen u. bestätigte diese Stellung zuletzt: Ein Kfz-Hersteller, der in der Vergangenheit eher auf Wettbewerber setzte, holte HL bei dem zurzeit relevanten Thema ESG an seine Seite. Darüber hinaus deckt HL aber auch andere Bereiche breit ab, z.B. Umwelt-Compliance, wie der Einsatz bei Currenta (zus. mit Redeker) belegt. Auch in der Finanzindustrie, die trad. hier weniger Raum einnimmt als etwa bei White & Case oder Clifford, gewann die Kanzlei weiter an Boden. Das umfasst auch die Beratung zu Cum-Ex. Die überaus gute Stellung der Praxis innerh. der Kanzlei beweisen eine Partner- u. gleich 3 Counsel-Ernennungen, was im Vgl. zu Wettbewerbern außerordentl. viel ist, zumal sie auch im Vorjahr 2 Counsel ernannt hatte.

Stärken: Breite Branchenabdeckung, u.a. Kfz u. Pharma.

Oft empfohlen: Dr. Sebastian Lach („fachl. top, sehr angenehm in der Zusammenarbeit", „stringent auf den Punkt", „gründl. u. kompetent", Wettbewerber)

Team: 5 Partner, 7 Counsel, 46 Associates

Partnerwechsel: Dr. Philip Matthey (von Traton)

Schwerpunkte: Interne Untersuchungen; auch präventiv/strukturell tätig; industriegeprägte US-Praxis; Beratung zu Abwehr von Organhaftungsansprüchen. Anerkannte Kompetenz in Produkthaftung (▷Konfliktlösung) u. ▷Vertriebsrecht. Zudem ▷Arbeitsrecht.

Mandate: Kfz-Hersteller zu ww. ESG-Compliance; Currenta umf. im Zshg. mit dem Explosions- u. Brandereignis; Porsche bei internen Untersuchungen, einschl. ww. Koordination der Behördenkommunikation u. Verteidigung gg. zivilrechtl. Schadensersatzklagen; Kfz-Hersteller zur Implementierung eines Hinweisgebersystems in div. Ländern; Maschinenbauuntern. bei interner Untersuchung wg. Korruption in Afrika; Medela zu Implementierung eines ww. CMS; Pro7Sat.1 Media zu Hinweisgebersystem; World Wide Fund for Nature zu Implementierung von Compliance-Policies u. Prozessen.

Anwaltszahlen: Angaben der Kanzleien, wie viele Anwälte zu mind. ca. 50% in diesem Gebiet tätig sind. Sie spiegeln nicht zwingend die Gesamtgröße einer Kanzlei wider.

COMPLIANCE-UNTERSUCHUNGEN

KAPELLMANN UND PARTNER
Compliance-Untersuchungen ★

Bewertung: Die Compliance-Beratung wird inhaltl. von kartell- u. vertriebsrechtl. Fragen geprägt, geht aber immer wieder darüber hinaus. V.a. dank des guten Zugangs zu einer Reihe von Verbänden positioniert sich das Team auch bei aktuellen Themen wie dem Transparenz- oder Lobbyregister oder Vergabesperren u. Sanktionen. Überwiegend ist die Arbeit präventiv. Tatsächl. hätte KuP das Potenzial, sich gerade im Mittelstand inhaltl. vielfältiger zu engagieren, doch ist dies bislang nur punktuell gelungen. Ein Grund könnte darin liegen, dass im Strafrecht – in Kanzleien wie Heuking oft die Klammer für die Compliance-Arbeit – zuletzt personelle Unruhe herrschte. Zwar hat sich der strafrechtl. Quereinsteiger des Vorjahres rasch eingefunden, doch hallt der Weggang 2er langj. Partner noch nach. Es zeichnet sich jedoch ab, dass mit der neu gewonnenen strafrechtl. Kompetenz neue Themen Fuß fassen, darunter die umweltrechtl. Compliance.
Team: 6 Eq.-Partner, 6 Sal.-Partner, 3 Associates
Partnerwechsel: Dr. Vivien Veit (zu Kraft)
Schwerpunkte: Mandate überwiegend kartell- u. vertriebsrechtl. orientiert. Breites Angebot von Schulung u. Organisation, auch Individualverteidigung.
Mandate: Fleischkonzern zu arbeitsrechtl. Compliance; Mischkonzern bei internem Audit u. zu Geldwäscheprävention; div. Baukonzerne zu arbeitsrechtl. Compliance; europaw. Chemiehändler zu Vertriebs-Compliance; Kraftwerkskonzern u.a. arbeitsstrafrechtl.; div. Spitzenverbände zu Kartell-Compliance; Forschungseinrichtung zu Korruptionsprävention; Elektronikzulieferer zu Umwelt-Compliance; Logistiker zu strafrechtl. Compliance; Bio-Einzelhandelskette zu Vertrieb u. Kooperationen; großer Discounter zu Vertriebsvertrag (Lieferketten-Compliance); Flughäfen D'dorf u. München lfd., auch bei Compliance-Organisation; regelm. Fresenius, Fresenius Kabi, Thyssenkrupp u. div. Töchter kartellrechtl., Sparda-Bank, großer Anlagenbauer.

LATHAM & WATKINS
Compliance-Untersuchungen ★★

Bewertung: Die Compliance-Praxis ist im Markt etabliert, auch wenn ihr Kritiker mitunter unterstellen, sie würden am Tropf der starken Transaktionspraxis hängen. Das stimmt insofern, dass sie regelm. zur Due Diligence bei Transaktionen hinzugezogen wird. Das wiederum macht sie offenbar so überzeugend, dass die L&W-Praxis selbst dann für die Compliance Due Diligence von Mandanten gefragt wird, wenn ein Wettbewerber die Transaktion übernommen hat. Zugleich finden immer wieder Mandate für interne Untersuchungen den Weg in die Praxis, die sich in ihrem Kern aus White Collar, ▷Datenschutz u. ▷Gesellschaftsrecht speist, zuletzt etwa geschehen bei Strabag u. Credit Suisse. Neben klass. Industriemandanten nahm zuletzt die Beratung von Financial Services weiter zu, sodass L&W hier mittlerw. auf eine breite Mandatsbasis blicken kann.
Stärken: Gute Verbindungen zum US-Netzwerk.
Oft empfohlen: Dr. Thomas Grützner, Tim Wybitul („verlässlich", „sehr visibel", „herausragend, angenehm", „Spezialist für komplexe Fragen", „sehr vertiefte Kenntnisse", „gut vernetzt", Wettbewerber; Datenschutz)
Team: 12 Partner, 5 Counsel, 15 Associates
Schwerpunkte: Interne Untersuchungen, regelm. internat. sowie präventive Beratung; zunehmend miteinander verzahnte Praxis, auch ▷Arbeitsrecht; Mandanten oft aus dem Netzwerk, Dax-Unternehmen.
Mandate: Strabag zu interner Untersuchung im Zshg. mit Vergabeverf. für öffentl. Ausschreibungen; Prüfungsausschuss eines Kfz-Herstellers zu Hinweisgebersystem; Credit Suisse wg. Geldwäsche- u. Korruptionsvorwürfen; Dax-Untern. zu EU-Whistleblowing-Richtlinie; Dt. Wohnen wg. DSGVO-Bußgeldbescheid; Hg zu Compliance bei Kauf einer Mehrheitsbeteiligung an Serrala; Swiss Life Asset Managers, Vauban Infrastructure Partners zu Compliance bei öffentl. Übernahmeangebot; ADAC lfd., u.a. zu Corporate Governance.

LINKLATERS
Compliance-Untersuchungen ★★★★

Bewertung: Die Compliance-Praxis agiert auf konstant hohem Niveau. Ihr Erfolg beruht auf einem

Anzeige

langj. gepflegten Netzwerk auf Organebene, das im Markt seinesgleichen sucht. Gerade die Governance-Beratung ist es, mit der sie bei namh. Konzernen – häufig aus der Finanzbranche – immer wieder punktet. Dabei gelingt es, v.a. aus ihrer angesehenen gesellschaftsrechtl. Praxis heraus sowie mit den Anwälten aus dem Kartell- u. Steuerrecht, regelm. zu den Themen zu beraten, die den Markt bes. umtreiben. Zuletzt waren das Fragen zu Russland-Sanktionen u. ESG. Etwas später als bei Wettbewerberin Freshfields wird die Praxis zudem zunehmend für MeToo-Untersuchungen hinzugezogen. Dass sie obendrein noch zu mehreren Cum-Ex-Fällen berät, die sie noch eine ganze Weile auslasten wird, ist ein später Lohn: Sie zählte zu den Einheiten, die sich zu den Hochzeiten der Cum-Ex-Geschäfte ausdrückl. davon distanzierte.

Stärken: Viel Erfahrung bei internat. Untersuchungen.

Oft empfohlen: Dr. Hans-Ulrich Wilsing („exzellente Kenntnisse im Aktienrecht u. M&A", „sehr gute Zusammenarbeit", „sehr erfahren bei internen Untersuchungen", Wettbewerber; Corporate), zunehmend: Dr. Kerstin Wilhelm („Überblick u. Detailkenntnisse in allen Mandaten", Wettbewerber)

Team: 13 Partner, 1 Counsel, 7 Associates

Schwerpunkte: Strukturierte Praxis mit Schwerpunkt auf ▷*Konfliktlösung*, zudem ▷*Kartellrecht*, Steuer-, ▷*Arbeits-* u. ▷*Gesellsch.recht*. Beratung v.a. zu Untersuchungen bei Konzernen. Mandanten u.a. Banken, Versicherer u. Technologieunternehmen.

Mandate: Mercedes-Benz Leasing zu kartellrechtl. Compliance im Zuge der Abspaltung u. Ausgliederung der Daimler Truck AG; Daimler-Aufsichtsrat zu Governance-Themen bei Aufbau einer Holdingstruktur; Dt. Oppenheim Family Office bei der Durchsetzung von Ansprüchen aus Organhaftung wg. div. Immobiliengeschäfte; Porsche zu kartellrechtl. Compliance; Frankfurter Sparkasse zu Organberatung; Thyssenkrupp zu kartellrechtl. Compliance bzgl. des Börsengangs der Uhde Chlorine Engineers; lfd. Revlon, SGL Carbon, Ströer, Tesa.

MORRISON & FOERSTER
Compliance-Untersuchungen ★

Bewertung: Marktbekannt ist die Compliance-Praxis um Steinmeyer v.a. durch die umfangr. u. langj. Beratung des Mercedes-Benz-Aufsichtsrats, der Helaba u. HH Commercial Bank. Ihr Know-how in Governance-Fragen konnte sie zudem bei der Beratung von 2 Bekleidungsunternehmen unter Beweis stellen, die u.a. zum LkSG hinzuzogen. Beide Mandate kamen aus dem internat. Netzwerk u. sind nur ein Bsp. dafür, wie gut das dt. Büro dort eingebunden ist. Länderübergr. stand sie ebenso einem IT-Unternehmen zur Compliance bei der Ausgestaltung des Vertriebssystems zur Seite. Die Praxis beginnt damit, Techmandanten, die internat. längst auf M&F setzen, auch in Dtl. stärker ins Visier zu nehmen, was sicherlich nicht zu früh kommt. Personell baut die Praxis weiterhin konsequent aus: Gleich 2 Counsel-Ernennungen sind für eine US-Kanzlei dieser Größenordnung in Dtl. ein eindeutiges Zeichen.

Stärken: Gute Verbindungen in die US-Büros.

Oft empfohlen: Dr. Roland Steinmeyer („hat das Große u. Ganze im Blick", „sehr gute Zusammenarbeit", Wettbewerber)

Team: 2 Eq.-Partner, 3 Counsel, 2 Associates

Schwerpunkte: Prävention, Untersuchungen sowie Vorstandshaftung.

Mandate: Daimler-Aufsichtsrat wg. Dieselskandal; Vorstand eines Finanzdienstleisters bei interner Untersuchung u. Untersuchung der Finanzmarktaufsicht; Bekleidungshersteller bei behördl. Verf. wg. Einsatz von Zwangsarbeit bei Zulieferern in ww. Lieferkette; IT-Untern. zu Compliance bei Ausgestaltung des Vertriebssystems; umf. Hamburg Commercial Bank u. Helaba; Mobilitätsdienstleister bei Aufbau eines CMS; Logistikuntern. bei interner Untersuchung wg. Arbeitszeiterfassung.

NOERR
Compliance-Untersuchungen ★★

Bewertung: Die Compliance-Praxis war, abseits bereits länger laufender, teils umfangr. Untersuchungsmandate, zuletzt v.a. präventiv u. strateg. gefragt. Das große Team, das Teil der Litigation-Praxis ist, punktet dabei u.a. mit trad. Stärken im Außenwirtschaftsrecht oder bei der Produkt-Compliance. Die Arbeit für einen Dax-Konzern wg. mögl. Diskriminierungsfälle zeigt jedoch, dass Noerr auch an aktuellen Entwicklungen Teil hat. Techn. hat das Team zwar moderat aufgerüstet, u. zwar für klass. Compliance-Aufgaben ebenso wie beim Fremdpersonal, bleibt aber hinter Praxen wie Hengeler oder Gleiss ein gutes Stück zurück. Wenig sichtbare Wirkung zeigen noch die zahlr. Quereinsteiger des Vorjahres. Gleiches gilt für die Vorwürfe fehlender Unabhängigkeit u. fachl. Mängel, die Noerr aus dem Markt im Zshg. mit einer internen Untersuchung bei Continental entgegenschlugen. Ob und wenn ja in welchem Maß die Kritik künftige Mandatierungsentscheidungen beeinflusst, ist derzeit schwer kalkulierbar. Klar ist hingegen, dass einige attraktive strafrechtl. Mandate mit dem ausgeschiedenen Schorn abwanderten.

Stärken: Einheitl. Koordination, konsequenter fachübergreifender Ansatz.

Oft empfohlen: Dr. Christian Pelz („gut u. lösungsorientiert", Mandant; „erfahren, klug", Wettbewerber; Strafrecht), Dr. Sophia Habbe, Dr. Torsten Fett

Team: 16 Eq.-Partner, 13 Sal.-Partner, 5 Counsel, 11 Associates

Partnerwechsel: Dr. Martin Schorn (zu Pohlmann & Company)

Schwerpunkte: Große Gruppe mit breitem Beratungsansatz, der von Prävention über Strukturberatung bis zur Begleitung in Ermittlungsverfahren reicht. Starke Praxen für ▷*Außenwirtschaft*, ▷*Konfliktlösung* (u.a. Produkthaftung), ▷*Kartellrecht*, ▷*Wirtschafts-* u. *Steuerstrafrecht*, Datenschutz (▷*IT u. Datenschutz*) u. ▷*Arbeitsrecht*.

Mandate: Dax-Konzern bei Untersuchung wg. mögl. Diskriminierung; Logistiker bei Optimierung der Governance-Struktur; SDax-Unternehmen bei Risikoanalyse u. Aufbau Compliance-System; jap. Chemiekonzern zu Fremdpersonaleinsatz; Technologieuntern. in Straf- u. OWi-Verfahren wg. Brexitbed. exportkontrollrechtl. Verstöße; Finanzinstitut bei Aufarbeitung div. Vorfälle, u.a. Geldwäsche; Konsumgüterhersteller zu Lieferkettengesetz, inkl. Neuordnung Compliance-System; Boxine zu Produkt-Compliance in Europa; Gemü bei ww. Meldeverf. für sicherheitsrelevante Industriekomponente.

NORTON ROSE FULBRIGHT
Compliance-Untersuchungen ★

Bewertung: Die Compliance-Praxis um Strafrechtler Cappel hat in den verg. Jahren deutlich an Statur gewonnen. Der Schritt nach vorne gelang v.a. durch eine bessere Vernetzung, sowohl intern als auch mit den internat. Büros. Nun greift das Know-how der einzelnen Praxisgruppen besser ineinander, sodass NRF Compliance-Beratung breiter als früher anbieten kann. Gemeinsam mit dem internat. Netzwerk stellte das Team etwa eine interne Untersuchung bei einem Kfz-Zulieferer in Nordamerika auf die Beine. Zudem nahmen mandatsseitig Fragen wg. der Russland-Sanktionen eklatant zu, wobei sich diesbzgl. eine Reihe von Banken an das Team wandten. Das marktbeherrschende Thema ESG ist bei NRF noch eher in der Banking-Praxis denn im Compliance beheimatet. Ausbaupotenzial böte sich u.a. bei den Industriemandanten, die hierzu bisher eher auf die Wettbewerber zurückgreifen.

Oft empfohlen: Dr. Alexander Cappel („sehr angenehme Zusammenarbeit, sehr versiert", „guter Stratege, hervorragend vernetzt, sehr kollegial", „sehr erfahren", „kreativ u. souverän, reaktionsschnell", Wettbewerber)

Team: 1 Eq.-Partner, 3 Sal.-Partner, 1 Counsel, 6 Associates

Schwerpunkte: Fokus oft strafrechtl.; interne Untersuchungen, auch präventiv, viel Finanzierer u. Versicherer, auch Industriemandanten, regelm. gemeinsam mit den ▷*gesellschafts-*, steuer- u. kartellrechtl. Praxen.

Mandate: Kfz-Zulieferer wg. Compliance-Verstößen in Nordamerika; Finanzinstitut zu Hilfsprojekten vor dem Hintergrund der EU-Sanktionen; Spedition zu interner Untersuchung u. bei der Implementierung von Compliance-Maßnahmen; Handelsuntern. zu EU-Sanktionen; Forschungsuntern. wg. unerlaubtem Technologietransfer; Energiemanagementunternehmen zu interner Untersuchung, u.a. wg. Bestechung.

OPPENHOFF & PARTNER
Compliance-Untersuchungen ★★

Bewertung: Die Compliance-Praxis ist im Markt etabliert, obwohl sie sich – zumindest bisher – von Wettbewerbern durch eine erhöhte Fokussierung auf die Spezialgebiete Exportkontrolle u. Datenschutz abhebt. In beiden Bereichen genießt sie hohes Ansehen. Dass Mandatsanfragen zu Exportkontrollen bei Frontmann Müller aufgr. des Ukraine-Krieges massiv zunahmen, war absehbar. Doch auch das Know-how von Hartung ist, wann immer es um Datenrecht geht, im Compliance hoch gefragt. Der Marktentwicklung gemäß nahm die ESG-Beratung massiv zu, u.a. beriet die Praxis den Verband der Automobilindustrie, der sich künftig als potenzieller Multiplikator erweisen könnte. Einen wichtigen Schritt tat O&P mit Jahresbeginn 2022 in der eigenen Aufstellung: Sowohl die Kartellrechtler als auch die Gesellschafts- u. Arbeitsrechtler sind nun enger in die Compliance-Praxis eingebunden, sodass die Weichen gestellt sind, mehr aus dem Full-Service-Ansatz der Kanzlei zu machen. Gelingt die Verzahnung, dürfte das ihre Schlagkraft signifikant vergrößern. Überhastet kam dieser Schritt jedenfalls nicht.

Stärken: Exportkontrolle u. Datenschutz (▷*IT u. Datenschutz*).

Oft empfohlen: Stephan Müller („hohe Kompetenz, sehr praxisbezogener Ansatz", Wettbewerber), Dr. Jürgen Hartung („sehr hohes Fachwissen u. lösungsorientiert, sehr kollegial", „absolut spitze", Wettbewerber)

Team: 3 Eq.-Partner, 3 Sal.-Partner, 4 Associates

COMPLIANCE-UNTERSUCHUNGEN

Partnerwechsel: Dr. Andrés Martin-Ehlers (in eigene Kanzlei)
Schwerpunkte: Strukturierte Praxis, Fokus auf Datenschutz/IT, Exportkontrolle u. Kartellrecht. V.a. Beratung zur strategischen Analyse u. bei der Begleitung von Compliance-Programmen; breitere Aufstellung bei Untersuchungen; auch ▷Arbeitsrecht; neben Konzernen v.a. im Mittelstand aktiv.
Mandate: Entwicklungsdienstleister wg. Beihilfe der GF einer Tochter zu Korruption u. Steuerhinterziehung eines Geschäftspartners; Klinik bei interner Untersuchung wg. Betrug u. Steuerhinterziehung; Bundesverband dt. Kinderausstattungs-Hersteller zu kartellrechtl. Compliance; Fraunhofer-Gesellschaft lfd., u.a. zu Geldwäsche; Versicherer zu HR-Compliance, u.a. zu Vergütungsfragen im Vertrieb; Einzelhändler zu interner Untersuchung wg. Kassen- u. Arbeitszeitbetrugs; Verband der Automobilindustrie zu ESG; Versicherer zu LkSG u. lfd. zur Weiterentwicklung des Compliance-Managements.

ORTH KLUTH
Compliance-Untersuchungen ★
Bewertung: Die Compliance-Beratung entwickelt sich zusehends zu einem breit angelegten Komplettpaket. Zwar bleibt die strafrechtl. Praxis die treibende strateg. Kraft, doch sind praxisübergr. Mandate, etwa mit Arbeits- u. Gesellschaftsrechtlern oder den Datenschutzexperten, inzw. der Normalfall. Dies gilt auch für das Kartellrecht, auch wenn ein nur kurz in der Kanzlei tätiger Inhouse-erfahrener Sal.-Partner die Kanzlei inzw. wieder verließ. Fachl. fand OK jedoch rasch Ersatz. Prägend für die Arbeit sind v.a. eine Reihe von Dauermandaten, die dafür sorgen, dass OK regelm. frühzeitig in aktuelle operative Problemfelder involviert ist. Projekte umfassen Aufbau u. Audit von Compliance-Systemen ebenso wie Untersuchungen u. die Unternehmensvertretung in klass. Ermittlungsverfahren. Über ein Tochterunternehmen hält OK auch eine entspr. IT-Infrastruktur bereit, etwa für Hinweisgebersysteme oder Geldwäscheprävention – für eine Kanzlei ihrer Aufstellung keine Selbstverständlichkeit.
Oft empfohlen: Dr. Markus Berndt
Team: 2 Eq.-Partner, 5 Sal.-Partner, 4 Associates, 1 of Counsel
Partnerwechsel: Dr. Moritz Dästner (von Freshfields Bruckhaus Deringer); Dr. Lars Maritzen (zu Kleiner)
Schwerpunkte: Ausgangspunkt einer breiter angelegten Beratung oft Wirtschaftsstrafrecht. Prävention ebenso wie Strukturberatung, interne Untersuchungen u. Vertretung in Ermittlungsverfahren. Flankierend Kartell-, ▷Gesellschafts- u. ▷Arbeitsrecht, auch Beratung zum Datenschutz.
Mandate: Versicherer (Dax) zu Exportkontrolle; Wasserstoffunternehmen bei Untersuchung wg. Betriebsspionage; asiat. Kfz-Zulieferer bei Aufbau Compliance-System u. GAP-Analyse Exportkontrolle; Klinikbetreiber bei Untersuchung wg. Urkundenfälschungen; Stahlerzeuger bei Compliance-Audit; Komponentenhersteller wg. Cyberattacke; Bank in Einziehungsverfahren; regelm. Thyssenkrupp u. TK Elevator strafrechtl., Akasol, RWE, Melitta, Gea, Stadtsparkasse D'dorf, Sportverband.

PARK
Compliance-Untersuchungen ★
Bewertung: Die Dortmunder Strafrechtskanzlei setzt weiterhin erfolgr. auf Compliance-Beratung für den Mittelstand. Ein wesentl. Element der Arbeit ist die Weiterentwicklung techn. Lösungen mithilfe ihres IT-Spezialisten. Neben Geldwäscheprüfung, Hinweisgebersystem u. Risikoanalyse stehen inzw. App-Projekte u. Auswertungstools auf der Tagesordnung. Nicht zuletzt diese Herangehensweise, die künftig noch durch professionelles Projektmanagement perfektioniert werden soll, erlaubt es der Kanzlei, Untersuchungen in kleineren Teams zu bewältigen. Regelm. gelingt es zudem, aus solchen Untersuchungen oder aus der Unterstützung bei Hinweisgebersystemen dauerhafte Beziehungen entstehen zu lassen. Nicht zuletzt dadurch befassen sich immer mehr Anwälte neben der klass. Strafverteidigung mit strukturell angelegten Compliance-Fragen.
Stärken: ▷Wirtschaftsstrafrechtl. Perspektive.
Oft empfohlen: Dr. Tobias Eggers
Team: 3 Eq.-Partner, 4 Associates, 1 of Counsel
Schwerpunkte: V.a. auf den Mittelstand zugeschnittene Beratung zu Compliance-Strukturen; auch interne Untersuchungen.
Mandate: Personalberater bei interner Untersuchung u. Unternehmensverteidigung; Getreideverarbeiter präv. zu Außenwirtschaft u. bei Aufbau Hinweisgebersystem; Chemieuntern. bei Risikoanalyse u. interner Untersuchung wg. Korruption u. Steuerhinterziehung; Versicherer präventiv u. bei kleineren Untersuchungen; Fachverband bei Untersuchung wg. insbes. Korruption, Geheimnisdelikten u. Steuerhinterziehung; Kfz-Zulieferer regelm.; regelm. Fensterhersteller, u.a. Risikoanalyse u. Hinweisgebersystem.

PINSENT MASONS
Compliance-Untersuchungen ★
Bewertung: Die Compliance-Praxis um Pörtge hat sich zunehmend im Markt etabliert u. vertritt mittelständ. Mandanten ebenso wie börsennot. Konzerne sowie öffentl. Energieversorger. Die präventive Beratung behält dabei die Oberhand, themat. zuletzt geprägt durch die typ. Themen, die derzeit den Markt beschäftigen, wie ESG bzw. das LkSG. Dazu beriet die Praxis u.a. TE Connectivity u. ein Pharmaunternehmen. Gerade bei diesen Themen arbeitet sie eng mit ihrem forens. Team in GB zusammen, womit sie sich von manchen Wettbewerbern abhebt. Dass sie auch interne Untersuchungen beherrscht, bewies sie mit dem Mandat eines Kfz-Komponentenherstellers, dem das Team bei der Aufklärung von Hinweisgebermeldungen über illegale Vertriebspraktiken in asiat. Märkten zur Seite stand. Hier zeigt sich zudem, dass die internat. Zusammenarbeit der Praxisgruppen zunehmend funktioniert: Die dt. Praxis kooperierte dafür mit den Büros in GB u. Hongkong.
Oft empfohlen: Dr. Jochen Pörtge („hohe fachl. Kompetenz", „umsichtiger u. pragmat. Berater, der mit Behörden erfolgr. auch über unkonventionelle Lösungen verhandelt", „erfahren u. kompetent", „verlässlich u. kooperativ, mit sehr hohem fachl. Know-how", Wettbewerber)
Team: 10 Eq.-Partner, 1 Counsel, 7 Associates, 1 of Counsel
Schwerpunkte: Präventive Beratung inkl. IT-gestützter Risikoanalyse, auch interne Untersuchungen, beides mittelständ. geprägt. Complianceorientierte Beratung im Arbeitsrecht, Datenschutz (▷IT u. Datenschutz) u. im ▷Energiesektor.
Mandate: Kanzlei zu Implementierung u. Prozessverbesserungen von Geldwäschekontrollen; Industrieuntern. zu Compliance-Risikoanalyse u. Compliance-Management-Maßnahmen in über 20 Ländern; Kfz-Komponentenhersteller bei der Aufklärung von Hinweisgebermeldungen über illegale Vertriebspraktiken in asiat. Märkten; Produzent für Baumaterialien u. Verpackungen zu ESG Due Diligence; Roboyo zu Compliance Due Diligence u. Post-Acquisition-Implementierung einer Richtlinie gg. Korruption u. Bestechung; TE Connectivity Germany zu ESG-Anforderungen.

POHLMANN & COMPANY
Compliance-Untersuchungen ★★★★
Bewertung: Die Marktposition der Kanzlei ist nahezu unangreifbar, da sich in dieser Breite u. Konsequenz kein Wettbewerber mit den internat. strateg. Compliance-Bedürfnissen internat. tätiger Unternehmen befasst. Mit ihrer langj. umweltrechtl. Erfahrung u. techn. Angeboten für Risikoanalyse u. -prävention flankiert sie ihre organisator. Kompetenz. Zudem fügte sie zuletzt mit dem Zugang von Schorn die klass. Unternehmensverteidigung hinzu – ganz zu schweigen von einigen attraktiven Mandaten, die der Neuzugang mitbrachte u. die teils bereits Compliance-Fragen beinhalteten. Andere neue Mandanten suchten u.a. Rat bei Compliance-Audits oder zum Risikomanagement u. den daraus resultierenden gesellschaftsrechtl. Fragen – klass. Domänen der Kanzlei. Zudem ging Pohlmann eine auf langj. persönl. Kontakt basierende lose Kooperation mit den Prozessrechtlern von Wettbewerberin Skadden ein, um für zu erwartende Klagen aus u.a. dem LkSG oder ESG besser gerüstet zu sein. Dass diese Zusammenarbeit derzeit noch eher theoret. Natur ist, ist eher von Vorteil, denn das Ericsson-Monitorship u. auch Mandate aus dem internat. Netzwerk beschäftigen das Team stark. Vor diesem Hintergrund ist es zwar verkraftbar, aber ärgerl., dass eine Reihe von Associates ihre berufl. Zukunft in Unternehmen suchten. Zwar stockte die Kanzlei rasch wieder auf, doch ohne Reibungsverluste dürften derartige Wechsel kaum über die Bühne gehen.
Stärken: Internat. praktische Erfahrung.
Oft empfohlen: Dr. Andreas Pohlmann, Thomas Lüthi, Nicole Willms, Dr. Horst Schlemminger
Team: 7 Eq.-Partner, 1 Sal.-Partner, 5 Counsel, 6 Associate, zzgl. Betriebswirte
Partnerwechsel: Dr. Martin Schorn (von Noerr)
Schwerpunkte: Breit angelegte multidisziplinäre Compliance-Unterstützung in rechtl., strateg. u. organisator. Hinsicht, oft international.
Mandate: Monitorship bei Ericsson; US-Cloud-Betreiber zu ESG-Compliance in Dtl.; ausl. Ölkonzern u.a. zu Herkunftsnachweisen; Hausgerätehersteller zu Optimierung Hinweisgebersystem; Distributor bei Audit über Effektivität des Compliance-Systems; dt.-chin. Kfz-Hersteller zu techn. Compliance; Gartencenterkette zu LkSG, insbes. Umwelt; Wacker Chemie in Streit um Beihilfe für CO2-Strompreiskompensation (u.a. Vorabentscheid EuGH); Dax-Konzern zu Risiko- u. Compliance-Management; Bildungsinstitut bei Aufbau Compliance-System; Gea u.a. bei flächendeckendem Rollout einer IT-gestützten Risikoanalyse; Elektronikhändler zu Audit-Prozess für Kennzeichnungspflichten; Gasuntern. in Streit um Emissionszuteilung; lfd. Celanese (u.a. UK Modern Slavery Act), Tanklagerbetreiber, Dr. Willmar Schwabe (u.a. LkSG), Rentschler, Zalando, Krones.

COMPLIANCE-UNTERSUCHUNGEN

REDEKER SELLNER DAHS
Compliance-Untersuchungen ★

NOMINIERT
JUVE Awards 2022
Kanzlei des Jahres für Compliance

Bewertung: Mit der Arbeit für Currenta nach der tödl. Explosion auf dem Werksgelände hat sich RSD in eine neue Liga der Compliance-Arbeit vorgearbeitet. Auch wenn sie dieses Mandat neben Hogan Lovells betreut, hat es die Kanzlei in Sachen fachübergr. Zusammenarbeit u. Projektmanagement vorangebracht. Auch jüngere Anwälte konnten sich beweisen. V.a. aber ist die Kanzlei hier in einem Mandat tätig, das viele Berührungspunkte zu an Bedeutung gewinnenden Themen wie Arbeits- u. Umweltschutz aufweist – beides Bereiche, in denen RSD auf ihre trad. Stärken, die u.a. im ▷öffentl. u. ▷Strafrecht liegen, aufbauen kann. Im Übrigen bleiben Mandate oft monothemat., etwa im ▷Kartellrecht oder beim Datenschutz. Schwach ausgeprägt ist weiterhin das Engagement bei Governance-Themen. Die Kanzlei, die mit ihrem Zugang zu öffentl. u. halböffentl. Unternehmen nahezu eine Alleinstellungsposition hat, zeigt auch mit Blick auf diese Klientel wenig Ambitionen, dieses Manko zu beheben.

Stärken: Beratung im öffentl. Raum.
Oft empfohlen: Dr. Michael Winkelmüller („exzellente Beratung mit klarem Fokus auf praktische Lösungen", Mandant), Dr. Daniel Neuhöfer („hoch kompetent, pragmat. Lösungsansätze", Wettbewerber)
Team: 7 Eq.-Partner, 1 Sal.-Partner, 3 Counsel, 10 Associates, zzgl. Brüssel
Schwerpunkte: Lfd. Beratung, u.a. für Pharmaunternehmen u. Unternehmen der Daseinsvorsorge, auch Forschungseinrichtungen.
Mandate: Currenta bei Untersuchung nach Explosion, inkl. Aufarbeitung nachfolgender Abwassereinleitung; IT-Gesellschaft im Zshg. mit Ermittlungen u. lfd.; Industrieparkbetreiber bei strateg. Gap-Analyse u. Untersuchung des Compliance-Systems (v.a. Umwelt); Vantage Towers bei Aufbau Datenschutz-Compliance; Pharmavertrieb wg. BtM-Verstoß; Stiftung bei Aufbau Compliance-System; Conradi + Kaiser zu Produkt-Compliance; Kfz-Zulieferer zu Implementierung LkSG; Regupol zu kartellrechtl. Compliance; regelm. Momentive Performance Materials, u.a. EHS-Compliance, Arcil, Epta, BWI u. Debeka.

SKADDEN ARPS SLATE MEAGHER & FLOM
Compliance-Untersuchungen ★

Bewertung: Mit der Beratung des Continental-Aufsichtsrats, die ein großes Team beschäftigt hält, zeigt Skadden einmal mehr, wo ihre strateg. Stärken liegen: großvol., grenzüberschr. Untersuchungen nah an den Governance-Verantwortlichen. Bei derartigen Aufgaben bringt die Kanzlei ihre internat. Kompetenz ebenso ein wie ihre ▷gesellschaftsrechtliche. Neben einer Reihe weiterer Untersuchungen beschäftigten das Team auch etliche Anfragen zu v.a. Russland-Sanktionen, die zu einem großen Teil über das internat. Kanzleinetzwerk auf den dt. Schreibtischen landeten. Anders als nahezu alle anderen Kanzleien hält sich Skadden jedoch aus der präventiv-strukturellen Beratung weitgehend heraus. Das ist mit Blick auf die Gesamtkanzlei strateg. u. ökonom. nachvollziehbar, sorgt aber dafür, dass das Team regelm. mit Verzögerung an aktuellen Entwicklungen – derzeit z.B. ESG – partizipiert. Hier steuern die Prozessspezialisten jedoch gegen u. positionieren sich über eine lose Kooperation mit Wettbewerberin Pohlmann für Klagen aus u.a. dem LkSG oder ESG.

Stärken: Starke US-Praxis.
Oft empfohlen: Dr. Bernd Mayer
Team: 2 Eq.-Partner, 4 Counsel, 7 Associates
Schwerpunkte: Zumeist Gremienberatung, auch Compliance Due Diligence u. internat. Untersuchungen; ergänzend Litigation (▷Konfliktlösung), u.a. Vorstandshaftung.
Mandate: Aufsichtsrat von Continental bei Untersuchung wg. Diesel u. Governance-Fragen; Daimler im Zshg. mit Untersuchung zu Abgasen; ausl. Logistikdienstleister wg. internat. Korruption (Europa, Afrika, Süd- u. Mittelamerika), gemeinsam mit US- u. GB-Büros; dt. Technologieuntern. bei Untersuchung wg. Korruption u. Governance; US-Technologiekonzern zu Lobbyregister; europ. Bank u. europ. Mobilfunkanbieter, internat. Transport- u. internat. Verpackungsuntern. zu Russland-Sanktionen; Konsumgüteruntern. zu Compliance-Regeln in wesentl. Absatzmärkten; Metallunternehmen zu Neuordnung der Governance-Struktur; große Holding u. Mischkonzern zu Sanktionen der EU.

WHITE & CASE
Compliance-Untersuchungen ★★★★

Bewertung: Zu den Verfolgern der Marktspitze zählt die Compliance-Praxis von W&C mit dem Team um Xylander. Dabei bietet sie die Compliance-Beratung u. die strafrechtl. Vertretung aus einer Hand, womit die Kanzlei ein ähnl. Konzept verfolgt wie Clifford Chance. Herzstück ihrer Beratung bleibt die Finanzbranche, in der sie einen überaus guten Ruf genießt. Fragen zur Geldwäsche u. zu Russland-Sanktionen sind aus der Marktentwicklung gemäß mehr geworden. Neben der Finanzindustrie haben auch Mandate aus der Kfz-Branche u. Onlineplattformen erneut angezogen. Als Gewinn kann W&C den Zugang von Zapf verbuchen, der ebenfalls viel im Finanzmarkt beraten hat u. zudem das Frankfurter Büro, das zuletzt personell deutl. zu schmal aufgestellt war, signifikant verstärkt.

Stärken: Enge internat. Kooperation, v.a. starke US-Präsenz, umfangr. Erfahrung im Bankensektor.
Oft empfohlen: Karl-Jörg Xylander, Dr. Detlev Gabel (Datenschutz), Dr. Thomas Helck („großes unternehmer. Verständnis", Wettbewerber)
Team: 5 Eq.-Partner, 1 Sal.-Partner, 5 Associates
Partnerwechsel: Dr. Daniel Zapf (von DLA Piper)
Schwerpunkte: Etablierte ▷straf- u. ▷IT-rechtl. Praxen; zudem Steuern; auch Mandate im ▷Gesellschafts- u. ▷Arbeitsrecht. Präventiv/strukturell u. akut tätig, inkl. interner, oft grenzüberschr. Untersuchungen.
Mandate: Bank zu Geldwäsche; Technologieuntern. wg. Bestechung von Amtsträgern; Facebook regelm.; ehem. Hauptanteilseigner der Maple Bank zu Rückzahlungen Cum-Ex-Gewinne; LBBW in div. Aspekten (alle marktbekannt).

WILMERHALE
Compliance-Untersuchungen ★

Bewertung: Nur wenige Wettbewerber sind mit ihren US-Büros so eng verwoben wie die Compliance-Praxis von WH. Das bringt ihr den Vorteil, wesentl. involviert zu sein in Mandate, die ursprünglich aus dem US-Netzwerk kommen, wie BMW AG/BMW North America zu einer internen Untersuchung. Gleichz. handelt sie sich damit die Unterstellung von Wettbewerbern ein, über relativ schmales eigenes Geschäft zu verfügen. Allerdings weiß die Praxis ihre Erfahrung aus den Monitorships für Fresenius u. Bilfinger bei neuen Mandaten in die Waagschale zu werfen, sodass sie sich zunehmend ins Gespräch bringt. Auch konnte sie namh. Unternehmen zur präventive Beratung gewinnen, indem sie sich in Ausschreibungen durchsetzte. Dass sie überdies sowohl zu aktuellen Themen wie ESG u. MeToo ins Boot geholt wird, zeigt, dass sie es auch in Dtl. versteht, ihr Geschäft auszubauen.

Stärken: Enge Zusammenarbeit mit den US-Büros.
Oft empfohlen: Dr. Martin Braun (Datenschutz)
Team: 5 Eq.-Partner, 1 Sal.-Partner, 1 Counsel, 6 Associates
Schwerpunkte: Kernteam besteht hauptsächl. aus Corporate, aber auch ▷Kartell-, Datenschutz (▷IT u. Datenschutz) u. Arbeitsrecht; sowohl Prävention als auch Untersuchungen sowie Vorstandshaftung.
Mandate: BMW AG/BMW North America zu interner Untersuchung im Zshg. mit SEC-Untersuchung; Monitorship für Fresenius Medical Care; Bilfinger zu Compliance u. Sanktionen.

Die Zukunft der Hauptversammlung: Präsent, hybrid oder virtuell?

Von Klaus Nieding, Nieding + Barth, Frankfurt

Klaus Nieding

Die Rechtsanwaltsaktiengesellschaft **Nieding + Barth** ist eine der führenden Kanzleien im Kapitalanlagerecht in Deutschland. Bereits seit 1994 setzen sich die Anwälte von Nieding + Barth für die Rechte privater Kapitalanleger und institutioneller Investoren ein – auf nationaler und internationaler Ebene. Bis heute hat sie Investoren mit einer Gesamtschadenssumme von über 20 Milliarden Euro gerichtlich und außergerichtlich vertreten. Seit 1994 vertritt die Kanzlei Deutschlands größte Aktionärsvereinigung, die DSW (Deutsche Schutzvereinigung für Wertpapierbesitz e.V.). In bis zu 150 Hauptversammlungen pro Jahr nehmen die Anwälte von Nieding + Barth im Rahmen dieser Aufgabe die Rechte von privaten und institutionellen Aktionären wahr und haben damit erhebliche Erfahrung im Bereich shareholder activism. Einer der größten Erfolge der Kanzlei in diesem Rechtsbereich war die rechtskräftige Durchsetzung der Sonderprüfung bei der Volkswagen AG zur Aufklärung des sogenannten „Dieselskandals" im Jahr 2017 sowie die rechtskräftige Bestätigung dessen im Jahr 2019 für einen institutionellen Investor. Zusätzlich hat die Kanzlei eine umfassende Expertise in Kartellschadensfällen. Weitere Themenschwerpunkte der Kanzlei liegen in den Rechtsbereichen des gewerblichen Immobilienrechts, des Versicherungsrechts sowie M&A-Transaktionen. Vor allem bei Unternehmenskauf- und -verkaufsprojekten sind die M&A-Rechtsspezialisten der Kanzlei ausgewiesen und umfassend tätig.

Kontakt
Klaus Nieding
Fachanwalt für Bank- und Kapitalmarktrecht
Nieding + Barth
Rechtsanwaltsaktiengesellschaft
An der Dammheide 10
60486 Frankfurt
T +49-69-238538-0
F +49-69-238538-10
k_nieding@niedingbarth.de

Seit über zwei Jahren müssen sich Aktionäre und damit die Eigentümer mit deutlich reduzierten, wenn nicht sogar atomisierten Rechten auf virtuellen Hauptversammlungen zufriedengeben. Sicherlich war es zunächst nachvollziehbar, dass unmittelbar nach Ausbruch der Pandemie eine regulatorische Lösung in Berlin gesucht werden musste, die Hauptversammlungen unkompliziert und auch rechtssicher umsetzen lässt.

Allerdings war auch schnell klar, dass die Industrie und damit die börsennotierten Gesellschaften gerne aus der Ausnahme aufgrund der Coronapandemie für die Zukunft die Regel werden lassen wollen. Dabei ging und geht es nicht nur um den Ablauf der Hauptversammlung selbst und die Einschränkung des Frage-, Rede- und insbesondere des Auskunftsrechts, sondern auch um das Beschlussmängelrecht und damit das Anfechtungsrecht, das man am liebsten abgeschafft wissen möchte.

Gleiche Rechte unabhängig vom Format

Investoren und deren Vertreter kämpften in den letzten zwei Jahren höchst intensiv dafür, dass die Hauptversammlung im virtuellen Format nicht eine Veranstaltung zweiter Klasse wird. Entscheidend dabei war, dass nicht das Format der Hauptversammlung die Aktionärsrechte beeinflusst. Egal, ob eine Hauptversammlung in Präsenz, hybrid oder aber virtuell umgesetzt wird, die Rechte der Aktionäre müssen immer gleich ausgestaltet sein. Ein Wettbewerb der Formate wäre fatal für die Aktionärsdemokratie und Kontrollfunktion der Eigentümer.

Restriktiver Referentenentwurf

Von Beginn an und damit seit dem Frühjahr 2020 hatte sich die Investorenseite deutlich gegen die Begehrlichkeiten der Industrie gestellt. Umso überraschender war es, dass in einem ersten Schritt ein Referentenentwurf aus dem Bundesjustizministerium vorgelegt wurde, der die Rechte der Aktionäre erheblich einschränkte und insbesondere eine Interaktion im Rahmen der Hauptversammlung nahezu unmöglich machte.

Ausgewogener Regierungsentwurf

Im Gegensatz dazu erkannte Bundesjustizminister Marco Buschmann die Notwendigkeit, die Aktionärsrechte auch in einem virtuellen Format der Hauptversammlung uneingeschränkt zu gewähren. Das war zugleich die ausdrückliche Maßgabe des Koalitionsvertrages. Dort hatten SPD, Grüne und FDP ausdrücklich vermerkt, dass eine virtuelle Option der Hauptversammlung geschaffen werden soll, dabei aber die Aktionärsrechte uneingeschränkt gewährt werden müssen.

Diesem Anspruch kam der Regierungsentwurf des Bundesjustizministers 1:1 nach. Insbesondere wurde betont, wie wichtig es ist, dass die Aktionäre in ihrem Frage- und damit Auskunftsrecht nicht allein auf das sog. Vorfeld beschränkt werden und ansonsten keine Möglichkeit mehr haben, in der Hauptversammlung selbst Fragen zu stellen. Dies war so ausdrücklich der Wunsch der Industrie, die das gesamte Frage-Antwort-Konstrukt in das Vorfeld und damit Tage und Woche vor die Hauptversammlung verschieben wollte. In der Hauptversammlung selbst sollte der Aktionär dann nur noch sehr eingeschränkt die Möglichkeit haben, Fragen bzw. Nachfragen stellen zu können.

Anpassungen des Rechtsausschusses

Nach dem Regierungsentwurf kam es auf parlamentarischer Ebene und damit im Rechtsausschuss noch zu wenigen kleineren, aber durchaus beachtlichen Anpassungen. Dazu zählt zum Beispiel, inwiefern Aktionäre das Recht haben, auch noch in der Hauptversammlung Fragen zu neuen Themen stellen zu können, die im Vorfeld der Hauptversammlung nicht angesprochen bzw. hinterfragt wurden. Hier wurde versucht, eine vermittelnde Position zu finden.

Frage vs. Nachfrage

Letztendlich herausgekommen ist eine Regelung, die zunächst definiert, dass in der Hauptversammlung selbst in erster Linie allein Nachfragen gestellt werden können. Aber auch gänzlich neue Themen können durchaus in der Hauptversammlung in Wortbeiträgen angesprochen und mit Fragen verbunden werden.

Dabei gilt: Beziehen sich diese Fragen in der Hauptversammlung auf Sachverhalte, die nicht bereits im zeitlichen Rahmen der vorab stattgefundenen Fragerunde bekannt waren, sind auch diese Fragen zwingend zuzulassen. Beziehen sich die Fragen jedoch auf Tatsachen oder Umstände, die bereits zum Zeitpunkt, in dem die Vorab-Frage-Option noch eröffnet war, bekannt waren oder hätten bekannt sein können, fällt dem Versammlungsleiter ein Ermessen zu, ob diese neuen Fragen im Rahmen eines ordnungsgemäßen Ablaufes der Versammlung zugelassen werden können oder nicht. Daraus ergibt sich ein nicht unerhebliches Rechtsrisiko für die Unternehmen.

Über-Kreuz-Fragen zugelassen

Ein anderer Punkt, der ebenso den gesamten Ablauf der Hauptversammlung beeinflusst, ist im Sinne der Aktionäre geregelt worden. So ist es nach der nunmehr gefundenen Regelung möglich, dass Aktionäre auch Nachfragen zu Aspekten stellen können, die von anderen Aktionären im Vorfeld angesprochen und hinterfragt worden sind. Dies war so im Referentenentwurf nicht vorgesehen und macht Über-Kreuz-Fragen für alle Aktionäre möglich, selbst wenn man den Themenkomplex bisher nicht adressiert hatte.

Vorfeld allein als Option

Die – sicher oft schwierige – Unterscheidung, ob eine Frage in der Hauptversammlung neue Aspekte betrifft oder eine Nachfrage ist, stellt sich für die Emittenten jedoch nur dann, wenn das Vorfeld und damit die Vorab-Einreichung von Fragen von der Verwaltung überhaupt als Option gezogen wird.

So ist die Verlagerung in das Vorfeld allein eine Möglichkeit, aber keine Pflicht. Vorstand und Aufsichtsrat können also auch auf das Vorfeld gänzlich verzichten und alle Aktionen und Interaktionen ausschließlich in der virtuellen Hauptversammlung stattfinden lassen. Das wäre dann eine Umsetzung, wie wir sie von der Präsenzhauptversammlung kennen und wie alle Beteiligten sie gewohnt sind. Entscheidet sich die Verwaltung hingegen für die Nutzung des Vorfeldes, sind die Fragen ebenso im Vorfeld der Hauptversammlung zu beantworten.

Fristenregime bei Nutzung des Vorfeldes

Wird die Vorabeinreichung von Fragen verlangt, ist dies bis drei Tage vor der Hauptversammlung möglich. Die entsprechenden Antworten sind dann auf der Internetseite der Gesellschaft bis einen Tag vor der Hauptversammlung bekannt und somit zugänglich zu machen. Um den Aktionären eine qualifizierte Fragestellung zu ermöglichen, muss der Bericht des Vorstands auf der Internetseite der Gesellschaft bis sieben Tage vor dem Hauptversammlungstermin veröffentlicht werden.

Wie geht es weiter?

Nachdem nunmehr eine Regelung für die virtuelle Option einer Hauptversammlung gefunden wurde, ist die große Frage, wie es jetzt weitergeht. Das eigentliche Ziel der Industrie, das Anfechtungs- und damit das Beschlussmängelrecht auszuhebeln oder deutlich anzupassen, wurde nicht erreicht. Auch wurde eine Generalüberholung des gesamten Hauptversammlungssystems nicht angegangen. Auch dies wurde teilweise gefordert.

Generalüberholung der Hauptversammlung

Sicherlich kann man Hauptversammlungen hierzulande attraktiver gestalten. Dies jedoch auf dem Rücken der Aktionärsrechte umzusetzen, ist kein ernsthaft gangbarer Weg. Auch passt dies nicht in das aktuelle Umfeld und Gesamtbild. Denn in den letzten Jahren wurden die Aktionäre immer stärker vom Gesetzgeber in die Pflicht genommen. Ein Beispiel dafür ist das Vergütungsvotum der Aktionäre, das dazu führt, dass die Entscheidung über ein Vergütungssystem vom Aufsichtsrat hin zu den Eigentümern verschoben wurde.

Wenn aber immer mehr Verantwortung bei den Aktionären verortet wird, kann man ihnen auf der anderen Seite nicht die Möglichkeit der Frage und des Diskurses nehmen. Dann kippt das System, was erst recht für den Fall gilt, dass mögliche Sanktionsmechanismen bei Fehlverhalten außer Kraft gesetzt werden.

Umsetzung der virtuellen Option in der Praxis

Wie wird nun die Praxis mit dem neuen Gesetz und der neuen Option der virtuellen Hauptversammlung umgehen? Aufgrund der doch erheblichen Rechtsunsicherheiten werden Hauptversammlungen mit komplexen Tagesordnungspunkten wieder in einem Präsenzformat stattfinden. Aber auch bei Hauptversammlungen mit einer klassischen Tagesordnung wird das Präsenzformat reüssieren. So wünschen sich viele Vorstände und Aufsichtsräte das Wiedersehen mit den Aktionären zurück. Die Unternehmen, die auch zukünftig an dem virtuellen Format festhalten wollen, werden sich gut überlegen, ob sie überhaupt die Option des Vorfeldes und damit die Vorabstellung und -beantwortung der Fragen vorsehen. So erhalten wir ein interaktives, dann aber virtuelles Format, wobei aber auch in diesem Rahmen dann ein wesentlicher Aspekt fehlt: Das unmittelbare Erleben und der direkte Dialog zwischen den Eigentümern und der Verwaltung ist bei einem virtuellen Format niemals so denkbar, wie in einer Präsenz-Hauptversammlung. Die Aktionäre wiederum werden keine Hauptversammlung zulassen, in der nur das Mindestmaß an Aktionärsrechten eingeräumt wird. Es wäre misslich, Vorstände und Aufsichtsräte daran erinnern zu müssen, dass eine Aktionärsversammlung vor allem den Ansprüchen der Aktionäre gerecht werden muss. ∎

KERNAUSSAGEN

- Die infolge der Coronapandemie eingeführten rechtlichen Rahmenbedingungen für die virtuelle Hauptversammlung schneiden Aktionäre von ihren elementaren Eigentümerrechten ab.
- Bei der jetzt anstehenden gesetzlichen Neuregelung der Hauptversammlung müssen die Rechte der Aktionäre immer gleich gestaltet sein, egal welches Hauptversammlungsformat (Präsenz, hybrid oder virtuell) im Einzelfall gewählt wird.
- Keine Beschränkung des Fragerechts der Aktionäre auf das Vorfeld der Hauptversammlung, sondern Ermöglichung von bestimmten Fragen und Nachfragen noch in der Veranstaltung. Streitfälle werden anschließend auf dem Rechtsweg geklärt.
- Über-Kreuz-Fragen für alle Aktionäre auch während der Hauptversammlung möglich.
- Gesetzentwurf sieht ausdrücklich keine Abschaffung des Anfechtungs- und Beschlussmängelrechts vor.
- Keine Generalüberholung des Hauptversammlungssystems auf dem Rücken der Aktionärsrechte.
- Prognose: Hauptversammlungen mit komplexen Tagesordnungspunkten finden auch zukünftig im gewohnten Präsenzformat statt.
- Der unmittelbare Austausch und das direkte Gespräch zwischen Eigentümern und Management sind durch kein virtuelles Format zu ersetzen.

Gesellschaftsrecht

Absagen, Neuanfänge und (k)ein großer Wurf

Hatte das Jahr 2021 noch einen Aufschwung der öffentlichen Übernahmen versprochen – selbst die riesige Übernahme der Deutsche Wohnen durch Vonovia gelang im zweiten Anlauf mithilfe von **Freshfields Bruckhaus Deringer** –, so hagelte es 2022 dann Absagen auf breiter Front. Das Übernahme- und Fusionsfieber und auch die Begeisterung für Joint Ventures kühlten merklich ab.

Die durch den Ukraine-Krieg schwer verunsicherte Wirtschaft bescherte ihren ständigen gesellschaftsrechtlichen Beratern etwa von **Hengeler Mueller**, **Gleiss Lutz** und **SZA Schilling Zutt & Anschütz** Krisensitzungen in einer hohen Frequenz. Nicht selten waren auf Wunsch direkt Partner aus den Bereichen Restrukturierung, Finanzierung, Beihilfe- oder Schiedsrecht mit von der Partie.

Auch aufseiten des Bundes war und ist der Beratungsbedarf enorm hoch. Hier verhandeln Ministerien, KfW und Finanzagentur beispielsweise mithilfe von **CMS Hasche Sigle**, **Freshfields Bruckhaus Deringer** und **Hogan Lovells** neue Rettungspakete. Für maßgeschneiderte Pakete an Sicherheiten für Kreditfinanzierungen und Kapitalmaßnahmen wie bei Lufthansa und Uniper sowie die damit verbundenen Corporate-Governance-Auflagen ist die Kreativität der gesellschaftsrechtlichen Berater gefordert.

Das wichtigste Gesprächsformat der Firmenlenker und Aktionäre bleibt natürlich die Hauptversammlung. Sie wird dank eines neuen Gesetzes nun dauerhaft virtuell möglich sein. Doch die Abwägung von Aktionärs- und Unternehmensrechten führte aus Sicht von Inhouse-Juristen und ihren Beratern nicht zu dem erhofften großen Wurf. Im Gegenteil: Die Neuregelung schafft zusätzlichen Organisations- und Arbeitsaufwand, der gerade in Krisenzeiten kaum zu leisten ist. Dass das Gesetz obendrein zu einer Wiederkehr der alten Präsenz-HV führen könnte, ohne dass diese reformiert wurde, erscheint auch vielen Investoren wenig erstrebenswert.

Filetieren als Kunst

In diesem Jahr galt es bei vielen Mandanten und Anteilseignern zudem, schnelle Abspaltungen von russischen und ukrainischen Gesellschaften aufzugleisen. Um für Konzerne sowie international ausgerichtete Mittelständler Sanktions- und Haftungsrisiken zu minimieren und Enteignungen vorzubeugen, waren oft internationale Kanzleien wie **Allen & Overy**, **Clifford Chance** oder **Linklaters** gefragt – oder aber die Mittelstandsberater, die wie **Rödl & Partner** oder **Advant Beiten** noch Büros in Moskau hatten.

Dass sich das Abspaltungsgeschäft im In- und Ausland lohnt, hat sich inzwischen im Markt herumgesprochen, denn es ist ein intensives, aber recht planbares Geschäft. Continental etwa verselbstständigte zuletzt Vitesco, eine Carve-out-Historie haben auch die noch jungen Unternehmen Siemens Energy, Daimler Truck oder der Alba-Spin-off Interzero. Während die Realteilung bei Alba u.a. von **EY Law** vorbereitet wurde, war das Tandem **Hengeler Mueller** und **PricewaterhouseCoopers Legal** bei der Separierung von Adidas u. Reebok sowie bei der Herauslösung von Bayers Schädlingsbekämpfungsgeschäft im Einsatz. Bei kleineren Unternehmen sind oft restrukturierungserfahrene Mittelstandsberater wie **Görg**, **Dentons**, **DLA Piper** oder **McDermott Will & Emery** gefragt, doch noch weitere Kanzleien drängen in dieses Segment: Dass **Norton Rose Fulbright**, die in Düsseldorf eröffnet, das Familienunternehmen Mann+Hummel bei einem Carve-out unterstützte, war 2022 ebenso eine Premiere wie die Abtrennung von Bayers Testosterongeschäft mithilfe von **Allen & Overy**.

Die Bewertungen behandeln Kanzleien, die Unternehmen und deren Organe u.a. zu Umstrukturierungen, Verschmelzungen, Ausgliederungen, Joint Ventures und Übernahmen nach dem WpÜG beraten. Die Beratung zu sonstigen Akquisitionen ist im Kapitel ▷*M&A* erfasst. Sondersituationen, die gesellschaftsrechtliche Beratung erfordern, werden in den Kapiteln ▷*Insolvenz/Restrukturierung* und ▷*Compliance-Untersuchungen* betrachtet, weitere Facetten gesellschaftsrechtlicher Beratung in den Kapiteln ▷*Konfliktlösung* und ▷*Notariat*.

JUVE KANZLEI DES JAHRES FÜR GESELLSCHAFTSRECHT

WHITE & CASE

Die gesellschaftsrechtliche Praxis von White & Case beeindruckte bei der fast sieben Milliarden Euro schweren Übernahme der börsennotierten Hella durch Faurecia. Sie koordinierte mit einem großen Team auch die anschließende Konzernintegration und bewies damit nicht nur, wie weit sie die europaweite Integration vorangetrieben hat. Das Team um **Prof. Dr. Roger Kiem** lieferte zugleich ein beeindruckendes Exempel für eine enge Verschränkung von Gesellschafts- und Kapitalmarktrecht, die sonst so nur bei marktführenden Einheiten zu finden ist. Auch die transatlantische De-SPAC-Transaktion für den US-Börsenmantel Athena – bei der **Dr. Tobias Heinrich** eine zentrale Rolle spielte – war ein Beleg dafür. Wettbewerber bescheinigen White & Case respektvoll, dass hier „eine bemerkenswert ambitionierte junge Riege" von Anwälten am Werk ist. Dazu zählt etwa **Sebastian Pitz**, der die Schnittstelle zum Aufsichtsrecht so regelmäßig bespielt wie **Dr. Julia Sitter** zur Corporate Governance. Dass die Mannschaft um **Dr. Alexander Kiefner** erstmals die Hauptversammlungen von Symrise und Easy Software begleitete, festigte ihre Position als Konzernberaterin ebenso wie die Tatsache, dass ihr regelmäßig Strukturmaßnahmen und Spruchverfahren anvertraut werden.

GESELLSCHAFTSRECHT

ACT AC TISCHENDORF
Gesellschaftsrecht ★

Bewertung: Gesellschaftsrechtspraxis aus ▷*Frankfurt*. Nähere Informationen finden Sie in diesem Regionalkapitel.
Team: 5 Eq.-Partner, 3 Associates
Schwerpunkte: Regelm. für Konzerne aus vielen Branchen, Schnittstellen u.a. zum ▷*Arbeits-* u. ▷*Insolvenzrecht*.
Mandate: Siehe Regionalkapitel.

ADERHOLD
Gesellschaftsrecht ★★

Bewertung: Das ausgeprägte Know-how der Kanzlei bei Finanzierungs- u. Restrukturierungsthemen spielte erneut für die gesellschaftsrechtl. Beratung eine wichtige Rolle. Hierbei arbeiteten insbes. die Teams in D'dorf u. Dortmund sowie das im Vorjahr hinzugekommene Büro in Köln eng zusammen. Losgelöst davon sorgte ein Leipziger Partner durch die Beratung eines Ex-Wirecard-Mitarbeiters für Aufmerksamkeit. Flankiert wird die anwaltl. Beratung durch das renommierte Notariat.
Stärken: Angesehenes Notariat; sehr gute Industriekontakte.
Oft empfohlen: Prof. Dr. Lutz Aderhold, Jürgen Schemann
Team: 8 Eq.-Partner, 2 Counsel, 8 Associates
Schwerpunkte: Schwerpunkte bei Strukturierungs- u. Finanzierungsfragen; bei Unternehmen in der Krise auch ▷*Insolvenz- u. Restrukturierungsberatung*. Mandanten aus Bauindustrie, Großhandel, Maschinenbau, Finanzbranche, Software u. Medien, zudem Investoren.
Mandate: Borussia Dortmund gesellschafts- u. kapitalmarktrechtl.; Verlag u.a. bei Restrukturierung u. Erstellung eines Finanzierungskonzepts; VGH-Gruppe, Lubolzer Agrarunternehmen u. ein Tiefbauunternehmen zu Mitarbeiterbeteiligung; Carsharinganbieter zu Umwandlung von GmbH in Genossenschaft; Lebensmittelhändler bei Sanierungskonzept; Ex-Accounting-Chef bei Wirecard zivil- u. insolvenzrechtl.; GBK Beteiligungen, Hahn-Gruppe, Nordwest Handel aktienrechtl. (inkl. HV).

ADVANT BEITEN
Gesellschaftsrecht ★★

Bewertung: Die gesellschaftsrechtl. Praxis ist oft an der Schnittstelle von Steuer-, Stiftungs- u. Kapitalmarktrecht tätig. Ihre breite Erfahrung resultiert aus der Beratung von gr. Mittelstandsunternehmen, auch bei der ▷*Nachfolgeregelung*, u. einem kontinuierl. Cross-Border-Geschäft. Das Büro in Moskau erhielt durch den Ukraine-Krieg neue Relevanz für Beitens Kernklientel, den exportstarken Mittelstand. Nach der Gründung der europ. Kanzleiallianz Advant bringt sich das Team um die Praxisleiter Vogel u. von Wistinghausen für die lfd. Beratung von ital. u. frz. Mandanten ins Spiel. Damit kompensiert sie das coronabedingt rückläufige Geschäft ihres gut etablierten China-Desks. Doch auch hierzulande erhielt die Praxis neue Impulse: Ein 12-köpf. Team von Friedrich Graf von Westfalen, das von den langj. Praxisleitern der dortigen Corporate-Praxis Mayer u. Manz angeführt wird, bringt Erfahrung mit internat. Reorganisations- u. Verschmelzungstransaktionen, etwa bei der Essilor-Gruppe, ein u. kann nun auf eine deutl. breitere Plattform aufsetzen.
Stärken: Breite Branchenerfahrung im Mittelstand. Personelle Verzahnung mit der größeren

Gesellschaftsrecht

★★★★★
Freshfields Bruckhaus Deringer	Düsseldorf, Frankfurt, München, Hamburg, Berlin
Hengeler Mueller	Düsseldorf, Frankfurt, München, Berlin
Linklaters	Düsseldorf, Frankfurt, München, Berlin, Hamburg

★★★★
Allen & Overy	Düsseldorf, Frankfurt, Hamburg, München
Clifford Chance	Frankfurt, Düsseldorf, München
Gleiss Lutz	Stuttgart, Frankfurt, Düsseldorf, München, Hamburg, Berlin
SZA Schilling Zutt & Anschütz	Mannheim, Frankfurt, München

★★★★
Broich	Frankfurt
CMS Hasche Sigle	München, Berlin, Hamburg, Köln, Stuttgart, Leipzig, Frankfurt, Düsseldorf
Glade Michel Wirtz	Düsseldorf
Hogan Lovells	München, Düsseldorf, Frankfurt, Hamburg
Latham & Watkins	Frankfurt, Hamburg, München, Düsseldorf
Milbank	Frankfurt, München
Noerr	München, Düsseldorf, Berlin, Frankfurt, Hamburg, Dresden
Sullivan & Cromwell	Frankfurt
White & Case	Frankfurt, Düsseldorf, Hamburg, Berlin

★★★
Ashurst	Frankfurt, München
Baker McKenzie	Frankfurt, München, Berlin, Düsseldorf
Dissmann Orth	München
DLA Piper	Frankfurt, Köln, Hamburg, München
Eversheds Sutherland	München, Düsseldorf
Flick Gocke Schaumburg	Bonn, Berlin, Düsseldorf
Gibson Dunn & Crutcher	München, Frankfurt
GLNS	München
GSK Stockmann	Berlin, München, Frankfurt, Heidelberg, Hamburg
Heuking Kühn Lüer Wojtek	Düsseldorf, Köln, Frankfurt, Hamburg, Stuttgart, München, Berlin
Jones Day	Düsseldorf, Frankfurt, München
Luther	Köln, Düsseldorf, Essen, Hamburg, Leipzig, Stuttgart, München, Frankfurt, Hannover, Berlin
McDermott Will & Emery	Düsseldorf, München, Frankfurt, Köln
Oppenhoff & Partner	Köln, Frankfurt, Hamburg
PricewaterhouseCoopers Legal	Düsseldorf, Frankfurt, München, Stuttgart, Hannover
Taylor Wessing	Düsseldorf, Frankfurt, Hamburg, München, Berlin

Fortsetzung nächste Seite

▷*M&A-Praxis*. Geschäftsführerhaftung u. Konfliktlösung. Angesehene China-Praxis. Erfahrenes Team in Moskau.
Oft empfohlen: Dr. Christian von Wistinghausen, Prof. Dr. Hans-Josef Vogel, Dr. Detlef Koch, Benjamin Knorr, Dr. Barbara Mayer („professionell, erfahren u. angenehm in der Zusammenarbeit", Wettbewerber), Gerhard Manz („sehr erfahren u. angenehm", Wettbewerber).
Team: 18 Eq.-Partner, 28 Sal.-Partner, 16 Associates, 1 of Counsel
Partnerwechsel: Dr. Barbara Mayer, Dr. Jan Barth, Dr. Birgit Münchbach (alle von Friedrich Graf von Westfalen); Christian Kalusa (zu Adcuram), Dr. Sebastian Rohrer (zu GvW Graf von Westfalen)

Schwerpunkte: Beratung inkl. ▷*Nachfolge/Vermögen/Stiftungen* v.a. im industriellen Mittelstand sowie für internat. Konzerne u. die öffentl. Hand. Mandate durch europ. Netzwerk u. Länder-Desks. Regelm. außergerichtl. Streitbeilegung u. Prozessführung mit gesellschaftsrechtl. Bezügen (▷*Konfliktlösung*). Auch Aufsetzen von Compliance-Systemen.
Mandate: Mobilize Power Solutions (Renault-Gruppe) zu Joint Venture mit GP Joule Connect; Knill Energy zu Integration von Pfisterer-Geschäftsbereichen; 11 Privatradioveranstalter zu Gründung von landesw. UKW-Privatradio; Softwareunternehmen zu Implementierung einer Managementbeteiligung; Genossenschaftsbank zu Schadensersatzan-

GESELLSCHAFTSRECHT

sprüchen wg. Organhaftung; Else Kröner-Fresenius-Stiftung zu Gremien- u. Compliance-Themen; Fam. Schambach-Stiftung u. Helga Ravenstein-Stiftung in Organberatung; med. Zentrum zu Einziehung von Gesellschaftsanteilen; Verband Internet Reisevertrieb (VIR) zu Gründung des Dt. Reisesicherungsfonds (DRSF); lfd. Bundesverband Dt. Start-ups.

ALLEN & OVERY
Gesellschaftsrecht ★★★★

Bewertung: Die gesellschaftsrechtl. Gremienberatung bei börsennot. Unternehmen u. ihre HVen gehören zum ständigen Repertoire der angesehenen Praxis. Ebenso ist sie bei strateg. u. kapitalmarktrechtl. relevanten Projekten gefragt, wie sich an der SE-Umwandlung u. dem komplexen Aktienrückkaufprogramm von Scout24 ablesen lässt, aber auch an den Stabilisierungsverhandlungen für die krisengeschüttelte Uniper. Ihre Kompetenz für das maritime Geschäft zeigt sich an der Verbindung zu Reedereien wie Hapag-Lloyd u. Hammonia, aber auch an Infrastrukturvorhaben wie etwa bei der Hamburger Hafen und Logistik (HHLA). Um ihre ausgesprochen stabilen Mandatsbeziehungen langfr. überzuleiten, stellt A&O die Beraterteams systematischer als früher aus 2 Generationen zusammen: So hatte der HHer Partner Schäfer häufig den Counsel Dr. Jonas Wittgens an der Seite, der zum Mai in die Partnerriege aufstieg. Dieses Tandemmodell, das sich auch schon bei Hengeler Mueller bewährt hat, setzt A&O auch an anderen Standorten um, wo starke Counsel in den Startlöchern stehen.

Stärken: Aktien- u. Konzernrecht; eine der führenden übernahmerechtl. Praxen; gute Kontakte zu namh. Konzernen durch die Banken- u. Versicherungspraxen (▷*Bankrecht u. -aufsicht*, ▷*Börseneinführ. u. Kapitalerhöhung*, ▷*Unternehmensbezogene Beratung von Versicherern*). Hohes Ansehen in der Schifffahrtsbranche.

Oft empfohlen: Dr. Hans Diekmann („sehr angenehm, hat einen super Job gemacht", Wettbewerber), Dr. Christian Eichner („kompetenter Berater mit pragmat. Servicementalität", Mandant; „exzellenter Umgang", Wettbewerber), Dr. Helge Schäfer, Dr. Hartmut Krause, Dr. Alexander Veith („fachl. sehr versiert, zielorientiert u. sehr konstruktiv", Wettbewerber), Dr. Jan Schröder (v.a. Beratung von Versicherern)

Team: 17 Partner, 13 Counsel, 36 Associates
Partnerwechsel: Dr. Hendrik Röhricht (von Weil Gotshal & Manges)
Schwerpunkte: Aktienrecht für börsennot. Unternehmen, bei Mitarbeiterbeteiligungen, Kapitalerhöhungen, Umstrukturierungen, Rückkauf eigener Aktien, Vorstandspflichten, Vorstandsvergütung, HVen. Dabei Verbindung zu ▷*Insolvenz/Restrukturierung*. Auch ▷*Konfliktlösung* u. Compliance.
Mandate: BMW zur Anteilsaufstockung bei chin. Joint Venture BMW Brilliance Automotive; Tado bei Zusammenschluss mit GFJ ESG Akquisition I; Dutch Star Companies Two B.V bei Zusammenschluss mit Cabka Group (beides De-SPAC-Transaktionen); Alstria Office REIT zu Übernahmeangebot von Alexandrite Lake Lux Holdings/Brookfield; Knorr-Bremse als Bieter für Hella; Scout24 zu SE-Formwechsel u. Kapitalausschüttung; Uniper zu Beteiligung des Bundes; VW Financial Services zu Umstrukturierungen; HHLA zu Cosco-Investment am Containerterminal Tollerort; Hapag-Lloyd zu Beteiligung an Ja-deWeserPort u. ägypt. Containerterminal; HV-Beratung: Tui, Scout24, Bilfinger, Uniper, Dürr Dental, Emlos Semiconductor, Alstria Office, Isra Vision, KWS Saat, Gerry Weber Internat., Corestate Capital, MLP SE, Superior Industries; lfd. SAP, Hapag-Lloyd, Autodoc, Uniper, Axel Springer, German Naval Yards-Gruppe, Corpus Sireo, Primark.

ANDERSEN
Gesellschaftsrecht ★

Bewertung: Gesellschaftsrechtspraxis an mehreren dt. Standorten, aber Schwerpunkt im ▷*Kölner Büro*. Nähere Informationen finden Sie in diesem Regionalkapitel.
Team: 5 Eq.-Partner, 1 Sal.-Partner, 7 Associates, 2 of Counsel
Schwerpunkte: Integrierte u. breit aufgestellte gesellschafts- u. steuerrechtl. Beratung. Starkes Standbein im internat. tätigen Mittelstand. Transaktionspraxis u. Konfliktlösung in Köln, Restrukturierung in Frankfurt, Immobilien u. Venture Capital in Berlin. Großes, internat. Netzwerk.
Mandate: Siehe Regionalkapitel.

ARNECKE SIBETH DABELSTEIN
Gesellschaftsrecht ★★

Bewertung: Der Fokus der gesellschaftsrechtl. Arbeit liegt trad. auf der Beratung mittelständ. Unternehmen, insbes. aus den Sektoren Energie u. Transportwesen sowie auf der Immobilienbranche. Daneben setzten sich auch mehrere Unternehmen aus den Bereichen Gesundheit u. Lifescience auf das gesellschaftsrechtl. Know-how der Kanzlei. Besonders gefragt war die Praxis abermals bei einer Reihe von Umstrukturierungen u. Reorganisationen. Beachtl. ist zudem, dass die Internationalität der Arbeit erneut zugenommen hat; mehrere Mandate gewann sie aus dem internat. Netzwerk heraus. Hier beriet das Team zur Gründung dt. Tochtergesellschaften ebenso wie zu deren Reorganisation.
Stärken: Beratung der Transportbranche.
Oft empfohlen: Dr. Wolfgang Scholl („betreut Mandanten effizient u. professionell", Wettbewerber), Bernd Thalmann, Dr. Dagobert Nitzsche („lösungsorient, klug u. kollegial", Wettbewerber)
Team: 18 Eq.-Partner, 4 Sal.-Partner, 2 Counsel, 7 Associates, 2 of Counsel
Partnerwechsel: Gitta Gehring (zu Hauck Schuchardt)
Schwerpunkte: Breite gesellschaftsrechtl. Tätigkeit für Unternehmen mit Schwerpunkt im internat. Rechtsverkehr (USA, GB, Frankreich u. Skandinavien). Große Erfahrung v.a. in der Transportbranche u. im Immobiliensektor.
Mandate: Immobilienges. zu Umstrukturierung; Be Shaping The Future zu Umstrukturierung u. Konsolidierung der dt. Gesellschaften; Zahnimplantate-Hersteller zu Restrukturierung u. Integration von 2 Töchtern sowie Änderungen bei Gesellschaftsorganen. Lfd.: 100% RE IPP sowie zu Entflechtung, Brunswick, Devialet, Gerchgroup, Frontify.

ARQIS
Gesellschaftsrecht ★★

Bewertung: Stärker als in den Vorjahren war die gesellschaftsrechtl. Praxis bei Umstrukturierungen u. Umwandlungen gefragt. Darüber hinaus berät Arqis zu einer Reihe von HVen, u.a. bei Agile Robots, Akaroin u. Skyroads – ein Feld, auf dem die Kanzlei in den letzten Jahren eher weniger sichtbar war. Hier ist v.a. von Einem sehr aktiv, der im vergangenen Jahr in den Status eines of Counsels

Gesellschaftsrecht Fortsetzung
★★

Advant Beiten	München, Düsseldorf, Hamburg, Berlin, Frankfurt, Freiburg
Aulinger	Bochum, Essen
Baker Tilly	München, Hamburg, Frankfurt
Deloitte Legal	Düsseldorf, Hannover, Hamburg, Berlin, Stuttgart, München, Frankfurt, Köln
Dentons	Berlin, Frankfurt, München, Düsseldorf
Ego Humrich Wyen	München
Esche Schümann Commichau	Hamburg
Görg	Köln, Frankfurt, Hamburg, Berlin
Friedrich Graf von Westphalen & Partner	Freiburg, Köln, Frankfurt, Berlin
Grüter	Duisburg
GvW Graf von Westphalen	Hamburg, Frankfurt, Düsseldorf, München
Honert	München, Hamburg
Kirkland & Ellis	München
KPMG Law	Nürnberg, Düsseldorf, Stuttgart, Frankfurt, München, Berlin, Dresden, Essen, Hamburg
Kümmerlein	Essen
LMPS von Laer Meyer Paul Stuttmann	Düsseldorf
Martius	München
Menold Bezler	Stuttgart
Möhrle Happ Luther	Hamburg
Norton Rose Fulbright	Frankfurt, Hamburg, München, Düsseldorf
Oppenländer	Stuttgart
Poellath	Berlin, Frankfurt, München
Sernetz Schäfer	München, Düsseldorf
Skadden Arps Slate Meagher & Flom	Frankfurt, München

Fortsetzung nächste Seite

GESELLSCHAFTSRECHT

wechselte. Daneben stellt die lfd. gesellschaftsrechtl. Beratung von jap. Unternehmen mit dt. Geschäft einen beachtl. Teil der gesellschaftsrechtl. Arbeit dar, nicht zuletzt weil Arqis in diesem Sektor so etabliert ist wie kaum eine andere Kanzlei in Deutschland.
Stärken: Dt.-jap. Geschäft, Aktienrecht.
Oft empfohlen: Dr. Shigeo Yamaguchi („herausragend im dt.-jap. Markt", Wettbewerber), Prof. Dr. Christoph von Einem, Johannes Landry, Andreas Dietl, Dr. Christof Schneider („lösungs- u. geschäftsabschlussorientiert", Wettbewerber)
Team: 3 Eq.-Partner, 6 Sal.-Partner, 3 Counsel, 14 Associates, 2 of Counsel
Schwerpunkte: Lfd. Beratung oft ausl. Unternehmen (v.a. Japan in D'dorf, China in München); Aktien- u. Konzernrecht (u.a. Squeeze-outs u. Prozesse); Umstrukturierungen. Auch ▷M&A u. ▷Private Equity, insolvenznahe Beratung.
Mandate: Lfd. Agile Robots, u.a. zu Umwandlung in SE u. HV; Domidep zu SE-Umwandlung, Reorganisation u. Corporate Governance; Immobilienentwicklungsges. lfd. aktienrechtl.; Akarion zu HV; lfd. u. teils zu HV: Skyroads, Hydrogen Rise, SkyFive, Smart Mobile Labs, Contemplas.

ASHURST
Gesellschaftsrecht ★★★
Bewertung: Die gesellschaftsrechtl. Praxis hat einen Branchenschwerpunkt bei der Beratung von Technologieunternehmen, v.a. aus dem Automobilsektor. So setzen Mandanten wie Grammer oder Benteler regelm. auf Ashurst. Einen weiteren Schwerpunkt bildet die Beratung von Unternehmen aus dem Infrastruktur- u. Erneuerbare-Energien-Sektor, wo die Kanzlei auch bei Transaktionsmandaten über anerkanntes Know-how verfügt. Praxisgruppenübergreifend berät Ashurst zudem häufiger an der Schnittstelle von Gesellschaftsrecht u. Konfliktlösung bzw. Restrukturierung. Aktuell befindet sich die Praxis in einem Umbruch. So wechselte mit Reinhard Eyring ein äußerst erfahrener Partner in den Status des of Counsels. Doch zugleich beginnen jüngere Partner, sich ihren Platz zu erobern, so z.B. bei der Beratung von Mandanten wie 1&1.
Stärken: Aktienrecht, öffentl. Übernahmen; starke Fernost-Büros.
Oft empfohlen: Dr. Thomas Sacher, Matthias von Oppen („sehr große Erfahrung", Mandant), Dr. Gerrit Clasen
Team: 7 Partner, 4 Counsel, 9 Associates, 1 of Counsel
Schwerpunkte: AGen, aber auch mittelständ. Mandantenstamm (v.a. in Südtl.). Zusätzl. Kompetenzen an der Schnittstelle zu ▷Konfliktlösung u. Restrukturierung.
Mandate: Bullfinch zu Joint Venture mit Impax (erneuerbare Energien); Industrieunternehmen zu HV zwecks Kapitalerhöhung; John Laing lfd. zu German-Fibre-Plattform u. deren Umstrukturierung. Lfd.: DNick Holding, Benteler, Grammer.

AULINGER
Gesellschaftsrecht ★★
Bewertung: Die Kanzlei, die zu den Platzhirschen im Ruhrgebiet zählt, bietet ihren meist mittelständ. Mandanten eine gesellschaftsrechtl. Rundumberatung. Diese wird von der eingespielten Zusammenarbeit mit dem renommierten Notariat komplementiert, das die Kanzlei regelm. mit neu bestellten Notaren verstärkt. Anknüpfungspunkte ergaben sich z.B. bei der notariellen Begleitung von HVen für Fakt. Auch die Einbeziehung anderer Fachbereiche gelingt regelm., zuletzt etwa im Umwelt- u. Planungsrecht für BP Europa. Ein im Vorjahr hinzugekommener Partner, der u.a. gute Kontakte in die Start-up-Szene mitbringt, war zuletzt hauptsächl. in Transaktionen eingebunden.
Stärken: Tief im Ruhrgebiet verwurzelt. Starkes gesellschaftsrechtl. Notariat.
Oft empfohlen: Dr. Markus Haggeney („sehr erfahren u. erfolgr.", Mandant; „professionell u. zielorientiert", Wettbewerber), Dr. Andreas Eickhoff, Dr. Martin Alberts
Team: Corporate insges.: 8 Eq.-Partner, 6 Sal.-Partner, 8 Associates, 2 of Counsel
Schwerpunkte: Breite Mandantenbasis aus Ruhrgebietsindustrie u. gehobenem Mittelstand. Schwerpunkt bei Dauerberatung, auch Nachfolgelösungen, aber auch relevante Prozesserfahrung. Branchen: Maschinenbau/Anlagentechnik, Stahl- u. Lebensmittelindustrie, Automobilzulieferer, Mineralöl, Energieversorgung, TK.
Mandate: Agriculture Park umf., u.a. bei Gründung von Projektgesellschaften; Fakt notariell u. umf. gesellschaftsrechtl., z.B. bei Sachkapitalerhöhungen; BP Europa umf., auch notariell zu Umstrukturierungen u. Gründungen von Gesellschaften; Canei-Gruppe umf., z.B. bei Kapitalmaßnahmen; IGA Metropole Ruhr bei Vorbereitung Internat. Gartenschau 2027; lfd.: Essener Versorgungs- u. Verkehrsgesellschaft, VfL Bochum, Rösle, Stadtwerke Essen, Verint-Gruppe.

AVOCADO
Gesellschaftsrecht ★
Bewertung: Gesellschaftsrechtspraxis v.a. in ▷Frankfurt. Nähere Informationen finden Sie in diesem Regionalkapitel.
Team: Corporate insges.: 9 Eq.-Partner, 3 Sal.-Partner, 2 Counsel, 4 Associates
Partnerwechsel: Dr. Dennis Geißler, Dr. Johannes Weisser (beide in eigene Kanzlei/Ferox)
Schwerpunkte: Lfd. Beratung mittelständ. Mandanten sowie einer Reihe dt. Tochtergesellschaften

---

Gesellschaftsrecht Fortsetzung ★★

Kanzlei	Standorte
Aderhold	Dortmund, Düsseldorf
Arnecke Sibeth Dabelstein	Frankfurt, Berlin, Hamburg, München
Arqis	Düsseldorf, München
Berner Fleck Wettich	Düsseldorf
Bird & Bird	Düsseldorf, Frankfurt, München
BRL Boege Rohde Luebbehuesen	Hamburg, Berlin
DWF	Düsseldorf, Köln, Berlin
Ebner Stolz Mönning Bachem	Köln, Hamburg, Stuttgart, Frankfurt
EY Law	Berlin, Mannheim, Stuttgart, Düsseldorf, Eschborn, München
Fieldfisher	Düsseldorf, Hamburg, München, Frankfurt
Göhmann	Hannover, Braunschweig, Frankfurt
Greenberg Traurig	Berlin
Greenfort	Frankfurt
Gütt Olk Feldhaus	München
Haver & Mailänder	Stuttgart
Herbert Smith Freehills	Düsseldorf, Frankfurt
Hoffmann Liebs	Düsseldorf
Ihrig & Anderson	Mannheim
K&L Gates	Berlin, Frankfurt, München
Kapellmann und Partner	Düsseldorf
King & Wood Mallesons	Frankfurt
Mayer Brown	Frankfurt, Düsseldorf
Orrick Herrington & Sutcliffe	Düsseldorf, München
Orth Kluth	Düsseldorf
Osborne Clarke	Köln, München, Hamburg, Berlin
Pinsent Masons	München, Düsseldorf, Frankfurt
Raue	Berlin
Redeker Sellner Dahs	Bonn, Berlin, München, Leipzig
Rittershaus	Mannheim, Frankfurt, München
Rödl & Partner	Nürnberg, Eschborn, Köln, Stuttgart, München, Hamburg, Berlin
Spieker & Jaeger	Dortmund
Squire Patton Boggs	Berlin, Frankfurt
Watson Farley & Williams	Frankfurt, Hamburg, München
Weil Gotshal & Manges	Frankfurt, München
Willkie Farr & Gallagher	Frankfurt

Fortsetzung nächste Seite

GESELLSCHAFTSRECHT

ausl. Unternehmen. Auch in gesellschaftsrechtl. Prozessführung tätig. Im Kölner Büro starker Schwerpunkt im ▷Öffentl. Recht.
Mandate: Siehe Regionalkapitel.

BAKER MCKENZIE
Gesellschaftsrecht ★★★

Bewertung: Die gesellschaftsrechtl. Arbeit hat in der Praxis oft die 2. Geige hinter der M&A-Tätigkeit gespielt. Dieser Zustand ändert sich allmählich. So ist Vocke zur Galionsfigur der aktien- u. konzernrechtl. Praxis geworden. Die Beratung zu wichtigen Strukturmaßnahmen festigt die Beziehungen zu etablierten Mandanten u. trägt auch dazu bei, die Zusammenarbeit mit der gut etablierten Compliance-Praxis zu intensivieren (z.B. mit Lohner, der an der Schnittstelle arbeitet). Einen weiteren Schub erhielt das Team durch den Zugang von Stüber, einer etablierten Aktienrechtlerin von Allen & Overy, die gleich bewies, dass sie über eine treue Mandantschaft verfügt. Düsseldorf wieder als wichtiger Standort für gesellschaftsrechtl. Beratung zu etablieren, wird aber entscheidend sein, um diese Entwicklung zu festigen.
Stärken: Globale Reorganisationen sowie Beratung an der Schnittstelle von Gesellschaftsrecht u. Compliance.
Oft empfohlen: Dr. Christian Vocke, Christian Atzler, Dr. Andreas Lohner, Dr. Peter Wand, Julia Braun (v.a. Schnittstelle zu Venture Capital), Dr. Katharina Stüber, Joachim Ponseck ("kompetent u. souverän", Wettbewerber; Restrukturierung)
Team: 7 Eq.-Partner, 10 Sal.-Partner, 4 Counsel, 23 Associates, 1 of Counsel
Partnerwechsel: Dr. Katharina Stüber (von Allen & Overy), Dr. Jakub Lorys (von Hengeler Mueller)
Schwerpunkte: Beratung bei gr., auch internat. Umstrukturierungen sowie Refinanzierungen. Vor- u. Nachbereitungen von HVen (inkl. Spruchverfahren). Haftungsrechtl. Prozesse u. Post-M&A-Streitigkeiten (▷Konfliktlösung). Starke ▷Compliance-Praxis.
Mandate: Dassault Systèmes zu div. Maßnahmen nach Umwandlungsgesetz; Rakuten bei langfr. Partnerschaft mit 1&1 für Mobilfunknetz; Insolvenzverwalter der Maple Bank bei div. Schadensersatzklagen wg. Cum-Ex. Lfd.: McDonald's Dtl., Pfeiffer Vacuum Technology, Ebay, Magna, Sulzer, internat. Ride-Sharing-Unternehmen, ww. tätiger Biopharmakonzern, gr. dt. Handelsunternehmen.

BAKER TILLY
Gesellschaftsrecht ★★

Bewertung: Einen Schwerpunkt der gesellschaftsrechtl. Arbeit der MDP-Kanzlei bildet das klass. Corporate Housekeeping. Hier berät BT inzw. einen breiten Stamm an Mandanten. Für die Läpple Group etwa fungiert die Kanzlei als externe Rechtsabteilung. Dass das gesellschaftsrechtl. Know-how der Anwälte deutl. tiefer ist, zeigen indes Umstrukturierungsmandate von Main-Post oder die Neuordnung des gesellschaftsrechtl. Portfolios der Reinhold Keller Group, inkl. der Beratung der Gesellschafterfamilie zu Nachfolgefragen.
Oft empfohlen: Dr. Thomas Gemmeke, Stephan Zuber, Wolfgang Richter
Team: 23 Partner, 9 Counsel, 36 Associates, 1 of Counsel
Partnerwechsel: Dr. Raphael Suh (von Dentons)
Schwerpunkte: Breite gesellschafts-, aktien- u. kapitalmarktrechtl. Beratung. Im Rahmen der MDP-Praxis eng mit der Steuerpraxis verbunden. Vorwiegend mittelständ. Mandantschaft.
Mandate: AEW Europe im Zshg. mit Abwicklung div. dt. Immobilienges.; Commerz Real bei Koop. mit Ampyr Solar Europe; Gebr. Honnef zu Nachfolgeregelung; Main-Post bei Umstrukturierung von Zustellgesellschaften; Reinhold Keller Group zu Neugestaltung des gesellschaftsrechtl. Portfolios u. Nachfolgeregelung; WRV zu Sitzverlegung. Lfd.: Addsecure, Läpple Group.

Gesellschaftsrecht Fortsetzung

Avocado	Frankfurt, Köln
Binz & Partner	Stuttgart
Brandi	Bielefeld, Detmold, Gütersloh, Paderborn
Buse	Berlin, Düsseldorf, Essen, Hamburg, München, Stuttgart
CBH Rechtsanwälte	Köln
Cleary Gottlieb Steen & Hamilton	Frankfurt, Köln
Covington & Burling	Frankfurt
FPS Fritze Wicke Seelig	Düsseldorf, Frankfurt, Berlin
Godefroid & Pielorz	Düsseldorf
Hennerkes Kirchdörfer & Lorz	Stuttgart
Heussen	Berlin, Frankfurt, Stuttgart, München
Huth Dietrich Hahn	Hamburg
Leo Schmidt-Hollburg Witte & Frank	Hamburg
Lindenpartners	Berlin
LLR Legerlotz Laschet und Partner	Köln
Lutz Abel	München, Berlin, Hamburg, Stuttgart
Melchers	Heidelberg, Frankfurt, Berlin
Morgan Lewis & Bockius	Frankfurt
Morrison & Foerster	Berlin
Mutter & Kruchen	Düsseldorf
Raschke von Knobelsdorff Heiser	Hamburg
Renzenbrink & Partner	Hamburg
Rowedder Zimmermann Hass	Mannheim
Schmidt von der Osten & Huber	Essen
Shearman & Sterling	München, Frankfurt
SKW Schwarz	Hamburg, Frankfurt, München
Voigt Wunsch Holler	Hamburg
WilmerHale	Berlin, Frankfurt

act AC Tischendorf	Frankfurt
Andersen	Köln, Frankfurt, Berlin
Blaum Dettmers Rabstein	Bremen, Hamburg
von Boetticher	Berlin, München
Brödermann Jahn	Hamburg
Eifler Grandpierre Weber	Frankfurt
Lawentus	Hamburg
Loschelder	Köln
Meilicke Hoffmann & Partner	Bonn
Peters Schönberger & Partner	München
Reed Smith	Frankfurt, München
Rotthege	Düsseldorf
Dr. Schackow & Partner	Bremen, Hamburg
Schalast & Partner	Frankfurt
Waldeck	Frankfurt
Zenk	Hamburg, Berlin

Die Auswahl von Kanzleien und Personen in Rankings und tabellarischen Übersichten ist das Ergebnis umfangreicher Recherchen der JUVE-Redaktion. Sie ist in 2erlei Hinsicht subjektiv: Die Aussagen der befragten Quellen sind subjektiv u. spiegeln deren Erfahrungen u. Einschätzungen. Die JUVE-Redaktion wiederum analysiert die Rechercheergebnisse unter Einbeziehung ihrer eigenen Marktkenntnis. Der JUVE Verlag beabsichtigt keine allgemeingültige oder objektiv nachprüfbare Bewertung. Es ist möglich, dass eine andere Recherchemethode zu anderen Ergebnissen führt. Innerhalb einzelner Gruppen in Rankings und tabellarischen Übersichten sind Kanzleien und Personen alphabetisch sortiert.

BERNER FLECK WETTICH
Gesellschaftsrecht ★★

Bewertung: Die Corporate-Boutique hält engen persönl. Kontakt zu ihren mittelständ. Mandanten u. begleitet diese gesellschaftsrechtl. teils aus der Start-up-Phase hinaus als ausgelagerte Rechtsabteilung. Das Team ist zudem bei Umstrukturierungen u. für längerfr. Nachfolgelösungen gefragt. Das hohe Renommee basiert darüber hinaus darauf, wie das Team auch aktienrechtl. Themen abbildet u. in

GESELLSCHAFTSRECHT

streitigen Fällen zu vertreten weiß. Die Einbindung bei der prozessualen Aufarbeitung von Cum-Ex-Geschäften unterstreicht zusätzl. die Anerkennung, die das kleine Team erlangt hat.
Stärken: Organhaftung.
Oft empfohlen: Dr. Thilo Fleck, Dr. Olaf Berner („erstklassiger Berater", Mandant), Dr. Carsten Wettich („überzeugt durch Fachwissen u. hohen Servicelevel; Qualität u. Schnelligkeit kommen hier zusammen", Mandant), Christian Nienkemper
Team: 4 Partner, 2 Associates
Schwerpunkte: Aktienrecht, Corporate Governance, Gesellschafterstreitigkeiten, Nachfolgethemen.
Mandate: Streaminganbieter zu Kapitalerhöhung u. Beteiligungsmodell; Kreditinstitut zu Schadensersatzansprüchen gg. ehem. GF u. Rechtsberater nach Cum-Ex-Geschäften; Start-up zu grenzüberschr. Verschmelzung u. Mitbestimmungsstruktur; Tönnies Holding zu div. Gerichtsverfahren gg. ehem. GF; lfd.: 21Dx (Corona-Teststationen), Unternehmensfamilie Müller Medien, Minderheitsgesellschafter einer Werbeagentur, Multi Family Office, v.a. Corporate Governance.

BINZ & PARTNER
Gesellschaftsrecht ★
Bewertung: Respektierte Gesellschaftsrechtspraxis aus ▷*Stuttgart*. Nähere Informationen finden Sie in diesem Regionalkapitel.
Team: 5 Eq.-Partner, 1 Counsel
Schwerpunkte: Beratung von Familienunternehmen, v.a. zu Umstrukturierungen u. ▷*Nachfolgethemen*.
Mandate: Siehe Regionalkapitel.

BIRD & BIRD
Gesellschaftsrecht ★★
Bewertung: Die gesellschaftsrechtl. Praxis ist bekannt für ihre Beratung in den Sektoren Gesundheit, Technologie, Energie u. Verkehr. Hier unterstützt B&B etwa regelm. internat. Mandanten beim Markteintritt. Ob diese Gründungs- u. Aufbauberatung zu dt. Niederlassungen nun auf Inbound-Transaktionen oder aus der Beratung in anderen Fachbereichen, etwa der zunächst vergaberechtl. Beratung zur Cannabisherstellung, stammt — immer häufiger kann B&B Mandatsbeziehungen in die lfd. Governance- u. Housekeeping-Beratung überleiten. Zur Mandantschaft zählen u.a. das Blockchain-Infrastrukturunternehmen Blockdaemon, Northern Green Canada u. das balt. Unternehmen Bolt. Dank guter Vorarbeit des Zugangs von 2 weibl. Counsel von Orrick in 2021 u. der Aufnahme von Marianne Nawroth in die Partnerriege Anfang 2022 ist B&B der parität. Besetzung im Corporate-Team schon näher als manche Wettbewerber.
Oft empfohlen: Dr. Stefan Gottgetreu („sehr gute Übersicht", Wettbewerber), Dr. Kai Kerger („exzellente, kollegiale Zusammenarbeit", Wettbewerber)
Team: 11 Partner, 6 Counsel, 11 Associates
Schwerpunkte: Breite gesellschaftsrechtl. Praxis, v.a. fokussiert auf die Branchen Gesundheit, ▷*Energie*, ▷*Verkehr* sowie ▷*Telekommunikation*. Ausgeprägte Verbindungen nach Japan u. China.
Mandate: Blockdaemon zu Aufbau der europ. Präsenz; Shopware zu Investoreneinstieg (Carlyle/Paypal); Cummins zu Gremienarbeit bei dt. Töchtern; US-Konzern zu Post-M&A-Arbeit u. Verschmelzungen; Luftfahrtdienstleister zu GF-Wechsel; Verpackungshersteller zu Satzungsänderung u. Kapitalerhöhung. Lfd.: Aareon AG, Aphria, Bolt Technology, BS Wiesmann, Cooper Standard, Cummins-Gruppe, Infront (VWD Group), KAZ Europe, Midea Europe, Nimbus Health, Northern Green, Tillomed Pharma, Verizon.

BLAUM DETTMERS RABSTEIN
Gesellschaftsrecht ★
Bewertung: Gesellschaftsrechtspraxen in ▷*Bremen* u. ▷*Hamburg*. Nähere Informationen finden Sie in diesen Regionalkapiteln.
Team: 10 Eq.-Partner, 7 Associates
Partnerwechsel: Mark-Bernhard von Busse (zu Loyfort), Dr. Axel Henriksen (in eigene Kanzlei)
Schwerpunkte: Mittelständ. Fokus. Beratung in der Logistikbranche, Erfahrung mit grenzüber. Mandaten. In Bremen sehr starkes Notariat.
Mandate: Siehe Regionalkapitel.

VON BOETTICHER
Gesellschaftsrecht ★
Bewertung: Gesellschaftsrechtspraxis in ▷*München* (nähere Informationen finden Sie in dem Regionalkapitel) und am Berliner Standort.
Team: 6 Partner, 2 Associates, 1 of Counsel
Schwerpunkte: Rundumberatung (auch Prozessführung u. Transaktionen) von mittelgr. Unternehmen, stark vertreten in Technologiebranchen. Auch erhebl. Anteil an Mandanten aus dem Ausland, v.a. USA.
Mandate: Siehe Regionalkapitel.

BRANDI
Gesellschaftsrecht ★
Bewertung: Gesellschaftsrechtspraxis in Ostwestfalen (▷*NRW*) u. Hannover (▷*Niedersachsen*). Nähere Informationen finden Sie in diesen Regionalkapiteln.
Team: Corporate insges.: 14 Partner, 10 Associates, 2 of Counsel
Schwerpunkte: Beratung mittelständ., teils namh. Stammmandanten, häufig auch internat. Unternehmens- u. Vermögensnachfolge, Schnittstelle zu Steuer- u. Immobilienrecht. Angesehenes Notariat. Auch Transaktionen.
Mandate: Siehe Regionalkapitel.

BRL BOEGE ROHDE LUEBBEHUESEN
Gesellschaftsrecht ★★
Bewertung: Die auf den Mittelstand ausgerichtete gesellschaftsrechtl. Praxis von BRL ist besonders wg. ihres multidiszipl. Ansatzes viel gefragt. Stammmandanten wie J.P. Bachem vertrauen ebenso auf sie wie erstmals ein Berliner Projektentwickler. Viele norddt. Unternehmer greifen zudem auf die Erfahrung in der Nachfolgegestaltung zurück, darunter div. Unternehmen aus der Gastronomie- u. Lebensmittelbranche. Ein prominenter Einsatz an der Schnittstelle zur renommierten Insolvenz- u. Sanierungspraxis war die Beratung im Zshg. mit der komplexen Abellio-Insolvenz. Ein besonderes Charakteristikum der Praxis ist zudem der French-Desk. So vertraute die frz. Fair-Trade-Schuhmarke Veja erstmals auf die Kanzlei. Das kurze steuerl. Intermezzo der Kanzlei in Bielefeld, das auch die räuml. Expansion der gesellschaftsrechtl. Praxis hätte erlauben können, ist inzw. beendet.
Stärken: Insolvenzrecht, multidisziplinäre Rundumberatung für den Mittelstand.
Oft empfohlen: Thilo Rohde, Dr. Oliver Tomat, Dominik Demisch („erste Liga im Insolvenzrecht",

---

Führende Berater im Gesellschaftsrecht (über 50 Jahre)

Prof. Dr. Johannes Adolff
Hengeler Mueller, Frankfurt

Prof. Dr. Michael Arnold
Gleiss Lutz, Stuttgart

Dr. Andreas Austmann
Hengeler Mueller, Düsseldorf

Dr. Carsten Berrar
Sullivan & Cromwell, Frankfurt

Dr. Tim Brandi
Hogan Lovells, Frankfurt

Josef Broich
Broich, Frankfurt

Dr. Tobias Bürgers
Noerr, München

Steffen Carl
Gleiss Lutz, München

Dr. Hans Diekmann
Allen & Overy, Düsseldorf

Dr. Daniela Favoccia
Hengeler Mueller, Frankfurt

Dr. Karsten Heider
CMS Hasche Sigle, Stuttgart

Dr. Matthias Hentzen
Hengeler Mueller, Düsseldorf

Dr. Nikolaos Paschos
Latham & Watkins, Düsseldorf

Dr. Gerald Reger
Noerr, München

Prof. Dr. Jochem Reichert
SZA Schilling Zutt & Anschütz, Mannheim

Dr. Norbert Rieger
Milbank, München

Dr. Carsten Schapmann
Hengeler Mueller, Düsseldorf

Prof. Dr. Christoph Seibt
Freshfields Bruckhaus Deringer, Hamburg

Dr. Marco Sustmann
Glade Michel Wirtz, Düsseldorf

Prof. Dr. Jochen Vetter
Hengeler Mueller, München

Dr. Stephan Waldhausen
Freshfields Bruckhaus Deringer, Düsseldorf

Dr. Hans-Ulrich Wilsing
Linklaters, Düsseldorf

Dr. Ralph Wollburg
Linklaters, Düsseldorf

Die Auswahl von Kanzleien und Personen in Rankings und tabellarischen Übersichten ist das Ergebnis umfangreicher Recherchen der JUVE-Redaktion. Sie ist in 2erlei Hinsicht subjektiv: Die Aussagen der befragten Quellen sind subjektiv u. spiegeln deren Erfahrungen u. Einschätzungen. Die JUVE-Redaktion wiederum analysiert die Rechercheergebnisse unter Einbeziehung ihrer eigenen Marktkenntnis. Der JUVE Verlag beabsichtigt keine allgemeingültige oder objektiv nachprüfbare Bewertung. Es ist möglich, dass eine andere Recherchemethode zu anderen Ergebnissen führt. Innerhalb einzelner Gruppen in Rankings und tabellarischen Übersichten sind Kanzleien und Personen alphabetisch sortiert.

GESELLSCHAFTSRECHT

Führende Berater im Gesellschaftsrecht (bis 50 Jahre)

Dr. Lucina Berger
Hengeler Mueller, Frankfurt

Dr. Adrian Bingel
Gleiss Lutz, Stuttgart

Dr. Michael Brellochs
Noerr, München

Dr. Christian Eichner
Allen & Overy, Düsseldorf

Dr. Hilke Herchen
CMS Hasche Sigle, Hamburg

Staffan Illert
Linklaters, Düsseldorf

Dr. Tim Johannsen-Roth
Linklaters, Düsseldorf

Dr. Sabrina Kulenkamp
Freshfields Bruckhaus Deringer, Frankfurt

Dr. Benjamin Leyendecker
Kirkland & Ellis, München

Dr. Simon Link
Hengeler Mueller, München

Dr. Marc Löbbe
SZA Schilling Zutt & Anschütz, Frankfurt

Dr. Andreas Merkner
Glade Michel Wirtz, Düsseldorf

Dr. Simon Schwarz
Freshfields Bruckhaus Deringer, Frankfurt

Dr. Markus Stephanblome
Clifford Chance, Frankfurt

Die Auswahl von Kanzleien und Personen in Rankings und tabellarischen Übersichten ist das Ergebnis umfangreicher Recherchen der JUVE-Redaktion. Sie ist in 2erlei Hinsicht subjektiv: Die Aussagen der befragten Quellen sind subjektiv u. spiegeln deren Erfahrungen u. Einschätzungen. Die JUVE-Redaktion wiederum analysiert die Rechercheergebnisse unter Einbeziehung ihrer eigenen Marktkenntnis. Der JUVE Verlag beabsichtigt keine allgemeingültige oder objektiv nachprüfbare Bewertung. Es ist möglich, dass eine andere Recherchemethode zu anderen Ergebnissen führt. Innerhalb einzelner Gruppen in Rankings und tabellarischen Übersichten sind Kanzleien und Personen alphabetisch sortiert.

BRÖDERMANN JAHN
Gesellschaftsrecht ★

Bewertung: Gesellschaftsrechtspraxis aus ▷Hamburg. Nähere Informationen finden Sie in diesem Regionalkapitel.
Team: 5 Partner, 4 Associates
Schwerpunkte: Beratung zu Beteiligungen u. Joint Ventures, sehr oft mit Bezug zu Lateinamerika, Frankr., Afrika, den USA u. China. Auch Schiedsverfahren.
Mandate: Siehe Regionalkapitel.

BROICH
Gesellschaftsrecht ★★★★

Bewertung: Die Boutique in Frankfurt genießt einen hervorragenden Ruf bei gesellschaftsrechtl. Streitigkeiten u. der Beratung von Minderheitsaktionären bei komplexen Sachverhalten. Das jahrel. Engagement im Fall Porsche/VW hält sie in den Schlagzeilen, doch der Tätigkeitsbereich ist über die Jahre gewachsen. Die Kanzlei ist nun häufiger bei großen öffentl. Übernahmen nicht nur bei Hedgefonds wie der langj. Mandantin Elliot, sondern auch bei Unternehmen gefragt. Abgerundet wird die Praxis durch die Beratung von einzelnen Vorständen u. Aufsichtsräten. Nachdem der Ruf lange durch die beiden Seniorpartner geprägt war, hat sich inzw. auch Sturm Respekt erarbeitet.
Stärken: Ausgezeichneter Ruf bei komplexen gesellschaftsrechtl. Sachverhalten.
Oft empfohlen: Josef Broich („sehr intelligenter Stratege", Wettbewerber), Ferdinand von Rom („guter Verhandler, kollegial u. ergebnisorientiert", Wettbewerber), Wolfgang Sturm
Team: 4 Partner, 1 Counsel, 4 Associates
Schwerpunkte: Beratung von Minderheitsaktionären bei Übernahmen, Restrukturierungen u. gesellschaftsrechtl. Streitigkeiten. Mandanten sind sowohl Konzerne, einzelne Vorstände u. Aufsichtsräte als auch Investoren (oft Hedgefonds).
Mandate: Elliot bei Aktienrückkauf von Rocket Internet; Teleios bei öffentl. Übernahme der Aareal Bank; Greenwich bei Klage gegen Porsche SE wg. Dieselaffäre; Ex-Aufsichtsratsmitglied von Arcandor in Schadensersatzprozess.

BUSE
Gesellschaftsrecht ★

Bewertung: An versch. Standorten tätige Gesellschaftsrechtspraxis, die partnerzentrierte Beratung anbietet, v.a. in ▷Düsseldorf, ▷Berlin u. ▷Hamburg. Nähere Informationen finden Sie in diesem Regionalkapitel.
Team: 23 Partner, 7 Counsel, 14 Associates
Partnerwechsel: Andrea Metz, Dr. Alexander Wolf (beide zu Barckhaus), Dr. Thomas Hausbeck (zu SKW Schwarz)
Schwerpunkte: Klassische Mittelstandsberatung mit etablierten Spezialisierungen für ▷Erneuerbare Energien (HH), Aktienrecht u. Compliance (Berlin) oder Gesellschafterauseinandersetzungen (München u. Stuttgart). Mandanten u.a. aus den Branchen Technologie, Automobil sowie Energie, Krankenhäuser, Immobilienwirtschaft, Messeanbieter u. Chemie.
Mandate: Siehe Regionalkapitel.

CBH RECHTSANWÄLTE
Gesellschaftsrecht ★

Bewertung: Die gesellschaftsrechtl. Praxis verfügt über eine gr. Basis an langjährigen Mittelstandsmandanten, die in einer Vielzahl von Fragen inkl. Finanzierung beraten werden. Hinzu kommt ein gr. u. wachsender Mandantenstamm an Kommunalunternehmen u. kommunalen Beteiligungsunternehmen, der die Ausrichtung der Kanzlei insges. widerspiegelt. Hier hat das Team in enger Beziehung zur Immobilien- u. Infrastrukturpraxis in jüngerer Zeit deutl. mehr Präsenz gewonnen. Korten ist bekannt für seine Beziehungen zu führenden Unternehmern wie auch zur Stammmandantin Obi. Mit Appelrath & Cüpper hat die Praxis bewiesen, dass sie auch grenzüberschr. Mandate gewinnen kann.
Oft empfohlen: Johannes Ristelhuber, Dieter Korten
Team: 5 Partner, 1 Counsel, 3 Associates, 1 of Counsel
Schwerpunkte: Lfd. zu Gründungen, Umstrukturierungen, Kooperationen u. insolvenzrechtl. Beratung, teils im Zshg. mit Unternehmensnachfolge. Regelm. Gestaltung von Mitglieder- u. Gesellschafterversammlungen. Schiedspraxis bei Gesellschafterstreitigkeiten u. bei GF- u. Organhaftung. Auch Beiratstätigkeit.
Mandate: Dt. Rückversicherung bei div. Mezzanine-Beteiligungen; EOS Partners bei Aufbau der Beteiligungsstrukturen; Hansalinie-A1 im Zshg. mit Restrukturierung der A1 mobil; CAE-Gruppe bei grenzüberschr. Verschmelzung von FSC Germany u. CAE Training; Dt. Städtetag bei Rechtsformwechsel u. umf. Satzungsänderung; lfd.: Obi-Gruppe, Dibber-Gruppe, Appelrath & Cüpper, Greven Group, Landschaftsverband Rheinland, Verkehrsverbund Rhein-Sieg, Westdt. Lotterie, Hahn Kunststoffe, Kronos Packaging.

CLEARY GOTTLIEB STEEN & HAMILTON
Gesellschaftsrecht ★

Bewertung: Gesellschaftsrechtspraxis aus ▷Frankfurt u. ▷Köln. Nähere Informationen finden Sie in diesen Regionalkapiteln.
Team: 1 Partner, 2 Counsel, 1 Associate, 1 of Counsel
Partnerwechsel: Dr. Nico Abel (von Herbert Smith Freehills)
Schwerpunkte: Internat. sehr aktiv, u.a. für Dax-Unternehmen in den USA; enge Beziehungen zu Finanzberatern u. Investmentbanken.
Mandate: Siehe Regionalkapitel.

CLIFFORD CHANCE
Gesellschaftsrecht ★★★★

Bewertung: Besonders präsent ist die Kanzlei in der gesellschaftsrechtl. Beratung von Unternehmen v.a. aus den Sektoren Pharma, Automotive u. Finanzdienstleistungen, in denen CC auch anderweitig über ausgewiesenes Know-how verfügt. Bei der Gründung eines Joint Ventures durch VW u. TraceTronic u. bei der Beratung von BNP Paribas im Zshg. mit der Neuorganisation des europäw. Finanzierungsangebots von Stellantis stellte CC diese Sektorkompetenz eindrucksvoll unter Beweis. Bei solchen komplexen Strukturierungen u. weiteren originär gesellschaftsrechtl. Mandaten zeigt die Praxis, dass sie nicht bloß als Nebenerscheinung der Transaktionspraxis existiert. So berieten sowohl Stephanblome als auch insbes. Vogel Unternehmen zu HVen, darunter Ceconomy, GxP German Properties u. Software AG. Eng agiert die Praxisgruppe im Tandem mit den Kapitalmarktrechtlern, sodass CC eine ebenfalls gefragte Schnittstelle beraten kann, die bspw. bei Squeeze-outs oder SPACs gefragt ist. Allerdings ist gerade deshalb der Weggang Klöckners ein Verlust, der u.a. für diese Zusammenarbeit stand.

Wettbewerber), Dr. Rüdiger Brock, Dr. Constantin Sapunov
Team: 5 Eq.-Partner, 8 Sal.-Partner, 10 Associates, 1 of Counsel
Schwerpunkte: Lfd. Beratung u. Umstrukturierungen, oft in Zusammenarbeit mit der Steuerpraxis. Regelm. auch in ▷insolvenznahen Konstellationen u. zu Nachfolgethemen. Aktiver French-Desk.
Mandate: Veja Fair Trade u. Produktionsfirma umf. gesellschafts-, steuer-, arbeits- u. mietrechtl. u. zu Compliance bei erster Tochtergesellschaft in Dtl.; Maschinenhersteller gesellschafts- u. steuerrechtl. bei Auseinandersetzung mit Investoren; GS-Agri-Gruppe bei Umstrukturierung u. zu Corporate Governance; Haspa Beteiligungsgesellschaft für den Mittelstand umf. gesellschaftsrechtl.; lfd.: Ostmilch, Handwerksgruppe Philip Mecklenburg, J.P. Bachem.

GESELLSCHAFTSRECHT

Stärken: Langj. anerkannte Branchenspezialisierung, v.a. in den Sektoren ▷Gesundheit, ▷Energie, ▷Bank- u. Finanzdienstleistung sowie Automotive.
Oft empfohlen: Dr. Christian Vogel, Dr. Markus Stephanblome, Dr. Anselm Raddatz, Dr. Thomas Krecek („verhandelt hart, aber fair u. nie zur bloßen Eigenprofilierung", Wettbewerber), Dr. Christoph Holstein („sehr solide, klass. Allrounder", Mandant), Dr. Frank Scholderer
Team: 16 Partner, 1 Counsel, plus Associates
Partnerwechsel: Philipp Klöckners (zu Milbank)
Schwerpunkte: V.a. bei internat. Konzernen verankert, mit Schwerpunkt im ▷Gesundheits-, ▷Energie- u. ▷Finanzsektor, ▷M&A u. ▷Private-Equity-Beratung. Beratung zu Joint-Venture-Gründungen u. Umstrukturierungen.
Mandate: BNP Paribas Personal Finance zu Reorganisation des europ. Finanzierungsgeschäfts von Stellantis, inkl. damit verbundenen Joint Ventures; Hochtief/ACS im Zshg. mit öffentl. Übernahme der Restaktien an Cimic in Australien; Commerzbank zu Kooperationsvereinbarung mit Oddo BHF betr. Aktienhandel, -sales u. -research; HomeToGo zu De-SPAC mit Lake Star; Kuka zu Squeeze-out-Verlangen der chin. Midea-Gruppe; Leonardo im Zshg. mit Kauf der KKR-Anteile an Hensoldt; Software AG zu Pipe-Investition durch Silver Lake u. zu HV; VW zu Fahrzeugsoftware-JV mit TraceTronic; GxP German Properties zu HV u. Delisting; Zeppelin Stiftung zu div. Themen betr. ZF Friedrichshafen, Zeppelin u. LZ Luftschiffbau Zeppelin. HV: Ceconomy, Hamborner Reit, Kuka.

CMS HASCHE SIGLE
Gesellschaftsrecht ★★★★
Bewertung: Eins der Kennzeichen der gesellschaftsrechtl. Praxis ist ihre langj. Erfahrung mit Reorganisationsprojekten. In enger Abstimmung mit den ▷arbeits- u. steuerrechtl. Teams berieten die Gesellschaftsrechtler etwa Syntegon Technology u. Wärtsilä bei länderübergr. Carve-outs. In enger Zusammenarbeit mit den ▷insolvenz- bzw. ▷beihilferechtl. Spezialisten wiederum betrieb die Praxis mehrfach die Bundesregierung zu Stabilisierungsmaßnahmen im Kontext der Energiesicherheit. Durch diese Breite ihres Spektrums ist CMS für strateg. relevante Joint-Venture-Gründungen gut positioniert: Anknüpfend an ihre langj. Kompetenz im Automobil- u. Energiesektor erhielt sie zuletzt in bemerkenswerter Dichte zukunftsweisende Projekte von VW, Porsche u. Philips sowie ihr erstes großes Corporate-Mandat von Daimler Truck. Hatten Mandanten schon zuvor das Preis-Leistungs-Verhältnis gelobt, so wird inzw. auch die Effizienz der Berliner Supporteinheit hervorgehoben, die durch ihre Due-Diligence-Prozesse auch komplexe Firmenzusammenschlüsse wie die von SFS Group mit Hoffmann SE oder von WOW Tech mit Lovehoney unterstützte. Dass letzteres Projekt von Dr. Jessica Mohaupt-Schneider gesteuert wurde, die Anfang 2022 mit 2 weiteren in die Equity-Partner-Riege aufstieg, untermauert das Potenzial der Praxis, die aus Sicht von Wettbewerbern auf einem guten Weg ist, die Marktführer anzugreifen.
Stärken: Starke Praxis bei Joint Ventures, grenzüberschr. Umstrukturierungen und Formwechseln; renommierte CMS-Büros in Mittel- u. Osteuropa. Branchenbezogene Beratung.
Oft empfohlen: Dr. Hilke Herchen („äußerst versiert u. hilfreich", Mandant; „sehr kompetent", Wettbewerber), Dr. Maximilian Grub, Dr. Karsten Heider, Dr. Jürgen Frodermann, Richard Mitterhuber („kollegial, lösungsorientiert, erfahren", Wettbewerber), Dr. Henrik Drinkuth („sein Pragmatismus u. sein Verhandlungsgeschick sind herausragend", Mandant), Dr. Christian von Lenthe, Dr. Christoph von Eiff („extrem pragmat. bei hoher fachl. Qualität, zudem hervorragend vernetzt", Wettbewerber)
Team: 46 Partner, plus Associates
Partnerwechsel: Dr. Daniel Kamke (zu Fieldfisher)
Schwerpunkte: Breit gefächerte Spezialisierungen, die sowohl AGen als auch mittelständ. bzw. Familienunternehmen umfassen. Stark vertreten in den Branchen Biotechnologie, Automotive/Mobilität, ▷Energie, ▷Telekommunikation, ▷Presse. Beratung eng verzahnt mit der ▷M&A-Praxis, starkes Notariat. Für die HV-Begleitung nutzt CMS IT-Tools zur Koordinierung von Workstreams u. bietet Systeme fürs Corporate Housekeeping.
Mandate: Wow Tech Group u. ihre Gesellschafter zu Business Combination Agreement mit Lovehoney; Daimler zu JV mit Traton u. Volvo für Hochleistungsladenetz; Porsche AG zu JV mit Custom Cells u. mit Ponooc; Volkswagen zu JV mit Enel X u. zu JV zw. Porsche/Rimac; Phillips 66 (Jet) bzgl. H2-Tankstellennetz mit H2 Energy Europe; Wärtsilä zu div. Carve-outs; Bund/Wirtschaftsministerium/Finanzagentur zu div. Stabilisierungsmaßnahmen (Uniper, Adler Modemärkte, MV-Werften u.a.); Niedersachsen als VW-Anteilseigener zu mögl. Porsche-IPO; SFS Group zu Aktientausch mit Hoffmann SE; Holtzbrinck Publishing zu Fondsstruktur für Springer Nature (BC Partners); Lufthansa zu HV. Lfd.: ABB, Bastei Lübbe, Indus Holding.

COVINGTON & BURLING
Gesellschaftsrecht ★
Bewertung: Gesellschaftsrechtspraxis aus ▷Frankfurt. Nähere Informationen finden Sie in diesem Regionalkapitel.
Team: 3 Eq.-Partner, 3 Associates, 2 of Counsel
Schwerpunkte: Beteiligungen u. Transaktionen (v.a. Outsourcing). Branche: Pharma. Gute Einbindung ins internat. Netzwerk.
Mandate: Siehe Regionalkapitel.

DELOITTE LEGAL
Gesellschaftsrecht ★★
Bewertung: Die gesellschaftsrechtl. Praxis steht für gr. Reorganisationsvorhaben, auch über zahlr. Länder hinweg. Mit ihrem multidiszipl. Ansatz u. unter Einbeziehung der Notare unterstützte sie etwa Henkel bei konzerninternen Umstrukturierungen u. Daikin Chemical zur Umstrukturierung der europ. Chemiesparte. Dabei kann sie das Projektgeschäft immer häufiger in die gesellschaftsrechtl. Dauerberatung überführen u. sich umgekehrt aus der lfd. Supportfunktion für strateg. Projekte positionieren, wie etwa bei der europaw. Umstrukturierung von Barilla. Dabei kommen auch selbst entwickelte Legal-Tech-Tools – etwa zu Legal Entity Management u. Transparenzregister – zum Einsatz. Mit dem Zugang des erfahrenen HHer Partners Tschentscher hatte Deloitte Legal im Sommer 2021 die Schnittstelle zur Restrukturierungsberatung personell verstärkt, was ihr bei der Mandatsakquise, bspw. bei der Esprit Holding, im derzeitigen wirtschaftl. Umfeld in die Hände spielt.
Stärken: Internat. Umstrukturierungen u. Corporate Housekeeping.
Oft empfohlen: Georg Lehmann, Dr. Gregor Bender, Dr. Harald Stang, Dr. Michael von Rüden, Felix Felleisen, Michael Schneider
Team: Corporate insges.: 16 Eq.-Partner, 11 Sal.-Partner, 12 Counsel, 38 Associates, 5 of Counsel
Partnerwechsel: Frank Tschentscher (von Luther), Eike Fietz (von Pinsent Masons)
Schwerpunkte: Umstrukturierungen u. Verschmelzungen, oft grenzüberschr. oder im Zshg. mit ▷M&A-Transaktionen. Zu den betreuten Branchen zählen Schwerindustrie, Chemie, Mode, Elektronik, Immobilien, Finanzsektor u. der Lebensmittelsektor.
Mandate: Henkel zu konzerninterner Umstrukturierung; CA Immo Dtl. zu formwechselnder Sitzverlegung (NL/Dtl.); Esprit Holding zu Restrukturierung der europ. Gesellschaften; Daikin Chemical zu Umstrukturierung der europ. Chemiesparte; Aedifica zu Formwechsel von 2 Kapitalgesellschaften; SAP zu aktienbasiertem Mitarbeiterbeteiligungsprogramm; Tripadvisor zu Post-Merger-Integration; Nippon Steel zu div. Kapitalerhöhungen; Stadt Neuss zu Satzungsänderungen; Softwareunternehmen zu Abberufung eines GF/Gesellschafters; lfd.: Barilla, CIBT-Gruppe, Datev, Dt. Automobil Treuhand, DMK Dt. Milchkontor, Getinge, Gläserne Molkerei (Emmi-Gruppe), Karlsruher Sport-Club Mühlburg-Phönix, MK Battery, Salzgitter Maschinenbau, Siltronic, Teekanne, Weber Maschinenbau, Wüstenrot Holding.

DENTONS
Gesellschaftsrecht ★★
Bewertung: Die immense Bandbreite der internat. Corporate-Praxis, mit Tausenden von Anwälten ww., bedeutet einen ständigen Fluss an lfd. Gesellschaftsrechtsmandaten auch für das dt. Team. Einen Schwerpunkt hat das Team zudem in Fragen der Organhaftung an der Schnittstelle zur Compliance entwickelt. Das Netzwerk wird so auch der wachsenden Bedeutung von ESG-Themen gerecht, indem sich die Zusammenarbeit in der internat. Praxis weiter verbessert. Auffällig ist, dass die dt. Anwälte schon jetzt zunehmend in größere grenzüberschr. Projekte eingebunden sind, z.B. bei Umstrukturierungen u. Umwandlungen. Die Zusammenarbeit der Corporate-Praxis mit anderen Fachbereichen hierzulande hat sich verbessert und führte zu mehr Verweismandaten: Die Großprojekte für Dt. Leasing kamen urspr. aus der Sanktionspraxis, während ein Formwechsel für einen gr. dt. Konzern aus der Kartellrechtspraxis kam.
Stärken: Beratung an der Schnittstelle von Gesellschaftsrecht, ▷Insolvenz/Restrukturierung; Aktienrecht, inkl. HV.
Oft empfohlen: Dr. Robert Weber („sehr erfahren; besonders kompetent im Konzernrecht", Wettbewerber), Dr. Matthias Santelmann („extrem schnell u. genau, höchste Qualität, internat. Profil", Wettbewerber; v.a. Notariat), Andreas Ziegenhagen („sehr angenehm, professionell", Mandant; auch Restrukturierung), Dr. Alexander von Bergwelt („verbindl., durchsetzungsstark, ausgeprägte Wirtschaftsorientierung", Mandant), Dr. Christoph Binge, Dr. Stephan Busch, Thomas Strassner („kreativ u. lösungsorientiert, sehr serviceorientiert", Mandant; v.a. Schnittstelle zu ▷Venture Capital)
Team: Corporate insges.: 33 Partner, 12 Counsel, 42 Associates, 4 of Counsel
Schwerpunkte: Konzernrecht, Umwandlungen, Hauptversammlungen, sanierungsbezogene Mandate sowie Umstrukturierungen zusammen mit der

GESELLSCHAFTSRECHT

Steuerpraxis, daneben Organberatung. Viel Verweisgeschäft aus dem internat. Netzwerk. In Berlin auch China-Desk u. 3-köpf. Notariat.
Mandate: Axel Schweitzer bei Neuordnung der Alba Group; Atai Life Sciences bei Vorbereitung auf IPO; Investitionsbank Berlin bei neuer Unternehmensstruktur; Pyrum Innovations bei Maßnahmen im Zshg. mit Börsengang; Dt. Leasing bei internat. Konzernumstrukturierung; Stabilus bei SE-Umwandlung; Microvast bei Kooperationsvereinbarung mit CNH Industrial. Div. Projekte für: Daimler, Flughafen München, Fresenius Medical Care. HVen: Atai Life Sciences, Bayer. Gewerbebau, Dt. Grundstücksauktionen, Mediclin, Pearl Gold. Lfd.: KWS Saat, Live Holding, SHS Stahl-Holding-Saar.

DISSMANN ORTH
Gesellschaftsrecht ★★★

Bewertung: Seit Jahrzehnten steht die gesellschaftsrechtl. Praxis in München u. darüber hinaus für die Beratung einer mittelständ. geprägten, oft hoch vermögenden Stammklientel. Die Arbeit ist eng mit dem Steuerrecht verknüpft u. umfasst häufig auch Nachfolgefragen. Dabei bleibt DO allerdings nicht stehen, vielmehr wandelt sie sich mit dem Markt. So besteht inzw. innerhalb der Partnerriege deutl. mehr Kompetenz für Venture-Capital-Investments. Einen solchen Weg haben nicht alle ähnl. aufgestellten Boutiquen eingeschlagen. DO bietet daher eine echte Alternative zu jüngeren Einheiten, die diesen Markt als Erste für sich entdeckten. Der Markenkern bleibt aber die enorme fachl. Reputation der Berater, die sie durch konsequente Auswahl von Top-Nachwuchstalenten weiterhin kultiviert.
Stärken: Beratung an der Schnittstelle zum Steuerrecht sowie zu ▷Nachfolge/Vermögen/Stiftungen.
Oft empfohlen: Dr. Armin Hergeth („sehr erfahren; auch in der Lage, gute Kompromisse zu finden", Mandant), Dr. Martin Lohse, Dr. Hermann Orth, Dr. Jochen Ettinger („sehr kompetent u. pragmatisch", Wettbewerber), Thomas Wieland
Team: 8 Eq.-Partner, 1 Sal.-Partner, 2 Associates, 2 of Counsel
Schwerpunkte: Breite gesellschafts- u. aktienrechtl. Praxis (u.a. Umstrukturierungen, HV-Vorbereitungen, Kapitalmaßnahmen), auch zu internat. Aspekten u. mit Transaktionsbezug.
Mandate: Fam. Hugendubel lfd. im Gesellschafts- u. Steuerrecht (öffentl. bekannt); mittelständ. Biotechunternehmen bei Gesellschafterstreitigkeit; dt. Tochter von ausl. Holding eines engl. Unternehmers bei Kapitalmaßnahmen im Bereich erneuerbarer Energien; lfd. div. bekannte Münchner Family Offices, IT-Unternehmen aus Oberbayern bei neuer steueroptimierter Holdingstruktur; internat. mittelständ. Unternehmensgruppe im Zshg. mit Trennung der Gesellschafterstämme u. Herauskaufen eines Gesellschafterstamms; div. Unternehmer u. Unternehmerfamilien lfd. zu Nachfolgerecht.

DLA PIPER
Gesellschaftsrecht ★★★

Bewertung: Die gesellschaftsrechtl. Praxis hat inzw. seit mehreren Jahren enge Verbindungen zu div. dt. Konzernen, darunter Heidelberger Druckmaschinen. Für das Unternehmen kommt insbes. Parameswaran bei der lfd. Beratung des Vorstands sowie bei strateg. Partnerschaften u. im Rahmen von grenzüberschr. Reorganisationen zum Zuge. Gerade bei Umstrukturierungen verfügt die Kanzlei über anerkannte Kompetenz. Mit der Beratung der VW-Tochter Traton zur Gründung eines Ladeinfrastruktur-Joint-Ventures beriet DLA ein großvol., prestigeträchtiges Projekt. Der Kreis der Mandanten, die bei der HV auf DLA setzen, verbreitert sich stetig, zuletzt kam Jungheinrich hinzu. Personell musste die Praxis in diesem Jahr einige Abgänge hinnehmen. So verließ Robles y Zepf, der über gute Verbindungen zu BASF verfügt, die Kanzlei ebenso wie Eltzschig, der an der Schnittstelle zum Versicherungsrecht berät.
Stärken: Hoch spezialisiertes Aktienrecht (Squeeze-out-Szenarien). Versierte Beratung an der Schnittstelle zu Organhaftung, ▷Compliance u. ▷Konfliktlösung.
Oft empfohlen: Kerstin Schnabel, Dr. Andreas Meyer-Landrut, Dr. Nils Krause („fachl. hervorragend u. sehr gut vernetzt", Wettbewerber), Dr. Benjamin Parameswaran („agiert sehr pragmat., lösungsorientiert u. zugleich konsensorientiert in den Verhandlungen", Mandant), Andreas Füchsel, Dr. Roland Maaß, Dr. Cornelius Frie
Team: 12 Partner, 8 Counsel, 24 Associates, 2 of Counsel
Partnerwechsel: Jan Eltzschig (zu Herbert Smith Freehills), Carlos Robles y Zepf (zu Mayer Brown), Dr. Jörg Paura (zu Swiss Steel Group)
Schwerpunkte: Aktien- u. Konzernrecht, HVen. Auch Organberatung, Prozesse, gewachsene Kontakte zur ▷Versicherungswirtschaft. Internat. Reorganisationsprojekte. Beratung zu Umstrukturierungen, Rechtsformwechseln u. Verschmelzungen.
Mandate: Heidelberger Druckmaschinen zu strateg. Partnerschaft mit Munich Re, zu Verlegung eines Standorts innerhalb von GB, zu grenzüberschr. Reorganisation sowie Vorstand aktien- u. gesellschaftsrechtl. u. zu HV; Traton zu Joint Venture mit Volvo u. Daimler zum Aufbau von Ladeinfrastruktur für E-Busse u. Lkw. HVen: Jungheinrich, Atoss, DBAG, DIC Asset, Drägerwerk, Gelsenwasser, Varta, HanseYachts, LPKF Laser & Electronics, TTL Beteiligungs- u. Grundbesitz-AG.

DWF
Gesellschaftsrecht ★★

Bewertung: Der Schwerpunkt der relativ kl. gesellschaftsrechtl. Praxis der brit. Sozietät liegt nach Abgängen in früheren Jahren nun fast ausschl. in Düsseldorf. Knüppel hat einen starken Ruf für seine Arbeit in komplexen Gesellschafterstreitigkeiten, auch wenn er mit Gelita derzeit eine Auseinandersetzung um seine Rolle als Besonderer Vertreter gerichtl. aussicht. Überschneidungen gibt es mit der D&O-/Versicherungspraxis in Dtl., u. auch internat. hat die Kanzlei einen gr. Mandantenstamm aus dem Versicherungsbereich. DWF verfügt nach wie vor bei Weitem nicht über die kritische Masse an Corporate-Anwälten, die nötig wäre, um im Markt einen Durchbruch zu erreichen. Weiteres Wachstum gestaltet sich hierzulande jedoch schwierig.
Stärken: Gesellschafterstreitigkeiten.
Oft empfohlen: Dr. Norbert Knüppel
Team: 2 Eq.-Partner, 1 Sal.-Partner, 2 Counsel, 4 Associates
Schwerpunkte: Hoher Anteil an streitigen Mandaten, oft für Familienunternehmen. Grenzüberschr. Gesellschaftsrecht.
Mandate: US-Händler von Medizinprodukten zu dt. Joint Venture; Gesellschafter eines High-End-Möbelherstellers bei komplexem Gesellschafterstreit; internat. Patentanwaltsgesellschaft bei Strukturierung der dt. Beteiligungsgesellschaft; brit. Finanzinvestor bei Prozess gg. Mitgesellschafter.

EBNER STOLZ MÖNNING BACHEM
Gesellschaftsrecht ★★

Bewertung: Die Gesellschaftsrechtspraxis wird vor mittelständ. Firmeneigentümern mandatiert, die ihr Unternehmen neu aufstellen oder sich Konflikten im Gesellschafterkreis gegenübersehen. Waren bislang vor allem die Teams in ▷Köln, ▷Stuttgart u. Hamburg für diese Tätigkeit anerkannt, so zog zuletzt auch der Karlsruher Partner Rupp mehr Aufmerksamkeit auf sich, als er seiner langj. Mandantin Grenke nach der Shortseller-Attacke beistand. Nach der Ernennung einer weiteren Partnerin in Karlsruhe bekommt nun auch die Gestaltungsberatung im süddt. Raum mehr Gewicht.
Stärken: Beratung an der Schnittstelle zum Steuerrecht u. zur Nachfolgeberatung.
Oft empfohlen: Dr. Oliver Schmidt („sehr guter Gesellschaftsrechtler", Wettbewerber), Dr. Roderich Fischer („prompt u. kollegial", Wettbewerber), Dr. Dirk Janßen, Dr. Tim Odendahl („sehr kompetent u. lösungsorientiert", Wettbewerber), Andreas Rupp
Team: 7 Eq.-Partner, 8 Sal.-Partner, 12 Counsel, 22 Associates
Schwerpunkte: Umstrukturierungen u. Transaktionen sowie ▷Nachfolge bei Familienunternehmen u. HV-Betreuung. Zudem ▷Restrukturierungen, Finanzierungen u. Gesellschafterauseinandersetzungen. In Köln auch Kapitalmarktrecht. Eingespielte Vernetzung mit StB u. WP.
Mandate: Grenke zur Neustrukturierung der Franchise-Unternehmen (aus dem Markt bekannt); Tönnies-Gruppe, DuMont, Chef Culinar u. CWS-Lackfabrik zu Umstrukturierung; Carl Prinz zu Umstrukturierung des China-Geschäfts; Sanoptis zu Verschmelzung von Gruppengesellschaften; Etribes zu Zusammenschluss mit Orbit Ventures; Solutions 30 Holding zu Reorganisation der dt. Gruppe; Christian Winkler GmbH zu Gesellschafternachfolge; Katrin Möhl (TTS Tooltechnic) zu Errichtung einer gemeinnützigen Stiftung; Rickmers Reederei zu Kommanditistenhaftung; Schürfeld-Gruppe im Beteiligungsmanagement; Wieland Capital zu Wandeldarlehen für Start-up.

EGO HUMRICH WYEN
Gesellschaftsrecht ★★

Bewertung: Den Schwerpunkt der gesellschaftsrechtl. Arbeit bildet die Beratung von Organmitgliedern u. Gesellschaftern sowie von Minderheitsaktionären im Zshg. mit der Wahrnehmung ihrer Rechte. Oftmals weisen diese Mandate eine streitige Komponente auf. Hier ist die weiterhin lfd. Vertretung des Wirecard-Vorstands in einem Gerichtsverfahren ein ebenso eindrucksvolles Bsp. für das Know-how der Kanzlei wie die Vertretung von Aktionären beim Squeeze-out bei Sanacorp. Das Manko der Kanzlei bleibt weiterhin der personelle Unterbau.
Oft empfohlen: Dr. Henrik Humrich („Top-Qualität ohne Schnörkel", Wettbewerber), Dr. Jan-Henning Wyen („schnell, ruhig u. klug", Wettbewerber)
Team: 4 Eq.-Partner, 2 Associates
Schwerpunkte: Fokussierung auf Organberatung sowie gesellschaftsrechtl. Prozesse. Viel Arbeit für ▷Private-Equity-Mandanten.
Mandate: Petrus Advisers im Zshg. mit aktivist. Engagement bei Aareal Bank; Namenspartner einer RA-Kanzlei i.L. in div. Verfahren gg. anderen Na-

menspartner; Softwareunternehmen zu grenzüberschr. Verschmelzung zwischen Slowenien/Dtl. u. gruppeninternem Asset-Deal mit Liquidation einer Tochter; Ex-Vorstand von Wirecard als Prozesspfleger gg. Klage des Insolvenzverwalters auf Nichtigkeit der Jahresabschlüsse 2017 u. 2018; Reisekonzern zu Aufnahme von Mitteln aus Wirtschaftsstabilisierungsfonds.

EIFLER GRANDPIERRE WEBER
Gesellschaftsrecht ★
Bewertung: Gesellschaftsrechtspraxis aus ▷Frankfurt. Nähere Informationen finden Sie in diesem Regionalkapitel.
Team: 5 Eq.-Partner, 1 Sal.-Partner, 1 Counsel, 1 Associate
Schwerpunkte: Tätig v.a. für Mittelständler, Family Offices und Private-Equity-Fonds. Auch Notariat.
Mandate: Siehe Regionalkapitel.

ESCHE SCHÜMANN COMMICHAU
Gesellschaftsrecht ★★
Bewertung: Die gesellschaftsrechtl. Praxis der HHer Traditionskanzlei ist eine viel gefragte Beraterin bei mittelständ. Unternehmern u. Unternehmen. Dabei nutzen viele oft langj. Mandanten bei den meisten Belangen den multidiszipl. Ansatz der Kanzlei. So arbeiten die Gesellschaftsrechtler etwa bei Nachfolge- oder Umstrukturierungsthemen eng mit den Steuerrechtlern zusammen. Aber auch originäre Steuermandanten greifen auf die Gesellschaftsrechtler zurück, zuletzt etwa ein Energieversorger. Die umtriebige Prozesspraxis von ESC wird zu Post-M&A-Streitigkeiten, D&O-Fällen oder Gesellschafterstreitigkeiten hinzugezogen. Zuletzt stritt ESC mit litigation-, finanzierungs- u. insolvenzrechtl. Know-how für das Land Meck.-Vorp. gg. Genting wg. deren Insolvenz u. bewies hier auch internat. Streitgeschick. Bei der Dt. Finanzagentur – Wirtschaftsstabilisierungsfonds sicherte sich ESC neben Großkanzleien ihren Platz u. beriet stille Beteiligungen im Rahmen von Stabilisierungsmaßnahmen in der Corona-Pandemie – auch in Finanzierungsfragen. Parallel dazu treibt sie erfolgreich den Generationswechsel voran und ernannte eine junge Gesellschaftsrechtlerin zur assoziierten Partnerin.
Stärken: Eingespielte MDP-Kapazität, daher starke Bezüge zum Steuerrecht. Sehr angesehen im Stiftungsrecht (▷Nachfolge/Vermögen/Stiftungen).
Oft empfohlen: Dr. Klaus Kamlah, Dr. Stephan Bauer, Jakob Kleefass (v.a. Prozesse), Dr. Sebastian Garbe ("exzellenter u. vorausblickender Transaktionsanwalt", Wettbewerber), Eva Homborg
Team: 4 Eq.-Partner, 4 Sal.-Partner, 6 Associates
Partnerwechsel: Sabine Schellscheidt (in Ruhestand)
Schwerpunkte: Beratung von norddt. Familien- u. Mittelstandsunternehmen, besonders stark in Nachfolgethemen. Kapitalerhöhungen, HVen, Refinanzierung u. gesellschaftsrechtl. Prozessführung. Gute internat. Kontakte. Auch ▷M&A.
Mandate: Land Meck.-Vorp. in Streit mit Genting; Bauunternehmen gesellschafts-, stiftungs- u. steuerrechtl. bei Neuausrichtung; Dacapo aktienrechtl. nach Squeeze-out bei Kofler Energies; dän. Konzern in Post-M&A-Streitigkeiten in DIS-Schiedsverfahren; Energieunternehmen bei Abwehr von Post-M&A-Ansprüchen; süddt. Familienunternehmen umf. gesellschaftsrechtl.; Energieversorger lfd., u.a. zu Beteiligungen an Start-ups, Governance-Fragen u. div. Streitigkeiten; Energy & Water Development u.a. bei Aufsetzung dt. Holdingstruktur; lfd.: AHS Aviation Handling Services, CTS Eventim, Diana Kliniken.

EVERSHEDS SUTHERLAND
Gesellschaftsrecht ★★★
Bewertung: Die gesellschaftsrechtl. Praxis der internat. Sozietät verhandelt im Energiesektor regelm. strateg. Allianzen zur langfr. Energieversorgung. Diese Kompetenz nutzte etwa RWE Renewables bei einer Joint-Venture-Gründung mit der kanad. Northland Power. Weitere Schwerpunkte – auch bei ww. Reorganisationsmandaten – liegen in den Sektoren Konsumgüter, Gesundheit u. Tech. Durch die werdende Verknüpfung mit der ▷Konfliktlösungspraxis sind die Anwälte auch regelm. mit der Beilegung gesellschaftsrechtl. Streitigkeiten u. der Beratung von Organen in Insolvenzverfahren u. Produkthaftungsfällen befasst. Der Ausstieg von gleich 3 Sal.-Partnern ist allerdings ein schmerzhafter Rückschlag u. erschwert den avisierten Generationswechsel in der Praxis. Umgekehrt könnte die Büroeröffnung mit dem gut vernetzten Schniepp in Ffm. Anfang 2023 neuen Schwung für grenzüberschr. Großprojekte bringen.
Stärken: Konzernrechtl. große internat. Praxis, die oft für innovative Preisgestaltung hervorgehoben wird.
Oft empfohlen: Dr. Matthias Heisse ("versiert u. fachlich kompetent bei Gesellschafterstreitigkeiten", Wettbewerber), Dr. Alexander Honrath, Christof Lamberts ("fairer u. klar strukturierter Verhandler", Wettbewerber), Dr. Christian Mense, Dr. Oliver Maaß,
Team: 4 Eq.-Partner, 7 Sal.-Partner, 8 Counsel, 16 Associates
Partnerwechsel: Dr. Steffen Schniepp (von PwC Legal); Dr. Maximilian Findeisen, Dr. Michael Prüßner, Sven Schweneke (alle zu Norton Rose Fulbright)
Schwerpunkte: Gesellschafts- u. Kapitalmarktrecht (inkl. Steuern, Finanzierungen, auch Verfahren), auch ▷M&A. Mandantenstamm: Mittelständler aus Süddtl., daneben in beträchtl. Umfang auch dt. und v.a. internat. Konzerne, v.a. aus GB und den USA. Technologien unterstütztes Corporate Housekeeping. Branchen u.a. ▷Energiesektor.
Mandate: RWE Renewables bei Joint-Venture-Gründung mit Northland Power für Offshorewindparks; Sherwin-Williams Co. zu Carve-out des Sika-Industriebeschichtungsgeschäfts; Enel Green u. Hanwha Q Cells zu Investments in Fotovoltaikprojektentwicklungen; Det Norske Veritas zu Eingliederung von Medcert; Aufsichtsratsvors. von Technologiekonzern zu Aufarbeitung der Vorgänge um die Insolvenz; Organe eines Private-Equity-Investors bei Abwehr von Haftungs-, Anfechtungs- u. Schadensersatzansprüchen; dt. Pensionsfonds in Post-M&A-Streit um Solarpark-Betreibergesellschaften; Patentkanzlei in Trennungsprozess von einem Partner; lfd.: Norges Bank Investment Managements, Hanwha Q Cells.

EY LAW
Gesellschaftsrecht ★★
Bewertung: Die gesellschaftsrechtl. Praxis kommt regelm. bei Umstrukturierungen mittelständ. Mandanten zum Zuge, steht aber auch der öffentl. Hand zur Seite. Dass das Team um den neuen Praxisleiter Grothaus auch grenzüber. angelegte Projekte steuern kann, beweist es dabei regelmäßig. Die Lücke, die der bisherige Praxisleiter Ehrhard in der Rhein-Neckar-Region hinterließ, versucht EY Law mit dem jüngeren Gesellschaftsrechtler u. Compliance-Experten Sebastian Wurzberger zu schließen, der nach einer längeren Station in New York nach Mannheim zurückkehrte. Dass aber EY Law auch im Gesellschaftsrecht künftig einen größeren Fußabdruck hinterlassen will, zeigt sich auch daran, dass gleich 5 von 6 Partnerernennungen bundesweit zuletzt der Corporate-Beratung insges. zuzuordnen sind.
Oft empfohlen: Dr. Achim Grothaus, Dr. Torsten Göcke
Team: 12 Eq.-Partner, 23 Sal.-Partner, 5 Counsel, 18 Associates
Partnerwechsel: Thorsten Ehrhard (zu PwC Legal), Dr. Maximilian Koch (in eigene Kanzlei), Heike Jagfeld-Emmerich (in Ruhestand)
Schwerpunkte: Strukturmaßnahmen, häufig grenzüberschr. u. in enger Zusammenarbeit mit anderen Praxen, u. unternehmer. Mitbestimmung. Begleitung von Gesellschafter- u. Hauptversammlungen. Organhaftung.
Mandate: Alba Group bei Trennung des Entsorgungs- u. Recyclinggeschäfts; Dax-Konzern bei Post-Merger-Integration; Beeline zu Carve-out in der DACH-Region; ital. Familiengesellschaft bei grenzüberschr. Verschmelzung; städt. Versorgungsunternehmen zu Gründung von Breitbandnetzgesellschaft; MMI Leisure & Capital zu Joint-Venture-Gründung (Gastronomie); Lebensmittellieferdienst zu Holdingstruktur; BBM (Medizintechnik) bei Trennung von 4 Töchtern; Logistikkonzern zu Organhaftung; Biotec zu Auswirkungen einer Patronatserklärung/Mitbestimmungsstatus; Modeanbieter zu Strukturierung von Managementbeteiligung; Biesterfeld Gruppe zu Rückkauf von Aktien von Hannover Finanz; Opti Health zu Joint-Venture-Gründung (Henry Schein).

FIELDFISHER
Gesellschaftsrecht ★★
Bewertung: Fieldfisher hat die Reichweite ihrer gesellschaftsrechtl. Beratung ausgeweitet. Die erfahrenen Düsseldorfer Partner Rückert u. Halfpap, die regelm. mit Gremienberatungen u. Organhaftungsfragen befasst sind, erhielten eine sinnvolle Ergänzung durch ein junges 4-köpf. Team um Kamke, das Erfahrung mit finanzieller u. gesellschaftsrechtl. Restrukturierung einbringt. Die Kanzlei hat zudem das Gesellschaftsrecht mit u.a. Restrukturierung, M&A, Private Equity u. transaktionsbez. Steuerberatung seit dem Frühjahr in einer Gesamtpraxisgruppe zusammengeführt u. sich damit für eine Verlängerung des Projektgeschäfts in die Post-M&A- u. Gremienberatung positioniert.
Stärken: Beratung von Aufsichtsräten, zu Übernahmerecht u. ▷Compliance; Abspaltungen.
Oft empfohlen: Dr. Susanne Rückert, Dr. Patrick Halfpap
Team: 13 Eq.-Partner, 4 Counsel, 16 Associates, 1 of Counsel
Partnerwechsel: Dr. Daniel Kamke (von CMS Hasche Sigle)
Schwerpunkte: Lfd. Beratung, auch im Aktienrecht, Compliance, Übernahmerecht (Düsseldorf), erneuerbare Energien (München), Finanzindustrie inkl. Fintech (Frankfurt), Skandinavien, French-Desk u. Public Corporate Law (HH). Abwehr von Ansprüchen aus Pflichtverletzungen, Schiedsrichter-

GESELLSCHAFTSRECHT

tätigkeiten sowie Pre- u. Post-Arbeiten für die ▷*M&A-Praxis*.
Mandate: Börsennot. US-Gesellschaft zu Organhaftung u. Compliance; SDax-Unternehmen zu Effizienzprüfung/Selbstbeurteilung des Aufsichtsrats; BMWi, Fraunhofer Institut ISST u. De-Cix Management zu Gaia-X; Credion im Gesellschafts- u. Investmentrecht; dt. AG zu Kapitalerhöhung u. Präsenz-HV; US-Spielwarenhersteller zu Ausbau der europ. Präsenz; Mataono zu Einführung von KI-basierter Software/Haftung; Kfz-Zulieferer in Abwehr von Ansprüchen eines Insolvenzverwalters; Soini Asset Management Salzburg bei Projektumstrukturierung; lfd.: Aktienges. Allgemeine Anlageverwaltung, Nürnberg Institut für Marktentscheidungen (vorm. GfK Verein), Zapf Creation (alle inkl. HV), Linde+Wiemann, Thunderful Group.

FLICK GOCKE SCHAUMBURG
Gesellschaftsrecht ★★★

Bewertung: Die respektierte gesellschaftsrechtl. Praxis pflegt enge Kontakte zu gr. Familienunternehmen u. börsennot. Unternehmen. Dass sie auch das notwendige Instrumentarium aus dem Aktien- u. Kapitalmarktrecht für die Organberatung einsetzen kann, bewies sie zuletzt u.a. als Beraterin der Policen-Direkt-Gruppe – vom Kauf der Aktienmehrheit an Cash.life bis zum Squeeze-out – sowie bei HV-pflichtigen Verschmelzungen u. Spaltungen bei Gelsenwasser. Haftet ihr im Markt noch die Steuerzentrierung an, so ist das kein Makel bei grenzüberschr. Reorganisationen wie dem Carve-out von 26 MAN-Tochterfirmen u. ihrer Bündelung in einer luxemb. Holding. Geschickt besetzt FGS zudem Nischen etwa bei der IPO-Vorbereitung (Babbel) u. der Konzeptionierung von Pensionsfonds (Vonovias CTA) u. baut kontinuierl. die Mandantschaft aus. Dass sich mit Oltmanns ein bekannter Partner nun überw. dem notariellen Geschäft zuwendet, könnte den sich abzeichnenden Generationswechsel im Team beschleunigen. Anfang des Jahres rückten gleich 2 Gesellschaftsrechtler in die Equity-Partner-Riege auf.
Stärken: Rechtliche Dauerberatungen inkl. Corporate-Governance- u. ▷*Compliance-Beratung*; Umstrukturierungsarbeiten mit integriertem steuer- u. konzern- bzw. umwandlungsrechtl. Ansatz. Branchenkompetenzen bei Energie, Banken, Versicherern u. Medien.
Oft empfohlen: Dr. Michael Erkens („mit ihm arbeiten wir gerne zusammen", Wettbewerber), Prof. Dr. Dieter Leuering (v.a. Organberatung u. Schiedsrecht), Dr. Irka Zöllter-Petzoldt („sehr angenehme Zusammenarbeit; taktisch versiert", Wettbewerber), Dr. Matthias Merkelbach („nicht zu unterschätzen", Wettbewerber), Dr. Christian Bochmann („innovativ u. vorausschauend, menschl. überzeugend", Mandant), Dr. Fred Wendt („besonnener Anwalt mit großem Erfahrungsschatz", Mandant), Dr. Anja Herb (v.a. für HV u. Organvergütungen), Dr. Alexander Goertz („schätze ihn fachl., super Zusammenarbeit", Wettbewerber).
Team: 23 Eq.-Partner, 11 Sal.-Partner, 28 Associates, 2 of Counsel
Partnerwechsel: Dr. Thomas Lakenberg (zu sgpartner), Christian Zimmermann (zu Greenfield One), Dr. Dirk Reidenbach (zu Lupp + Partner).
Schwerpunkte: Breite Praxis für Re- u. Umstrukturierungen, Umwandlungen, Verschmelzungen, konzernrechtl. Corporate Governance, Organberatung, HVen, Joint-Venture-Gründungen sowie ▷*Priv. Equity* u. ▷*M&A*, auch mit kapitalmarktrechtl. Bezügen; gesellschaftsrechtl. Streitigkeiten. Mandantschaft: Großkonzerne u. Familien-/Mittelstandsunternehmen sowie Shareholder. Langj. Erfahrung mit ▷*Stiftungen* u.a. gemeinnütz. Organisationen.
Mandate: Gesco zu SE-Umwandlung; Joachim Herz Stiftung zu Shareholders' Agreement bei VTG; Peter Laier zum Ausscheiden aus Knorr Bremse-Vorstand; Scout24 zu Aktienrecht/Corporate Governance; Policen-Direkt-Gruppe zu Squeeze-out der Cash.life AG; Viessmann Werke, TLG Immobilien u. Creditinfo zu Umstrukturierung; Vonovia zu Neugründung eines CTA; Babbel Holding zu IPO u. Mitarbeiterbeteiligungsprogramm; Döhler Group zu Gründung einer SE-Tochter; BayernLB u. BerlinHyp zu Vergütungsanforderungen; Teag zu Statusverfahren; Vattenfall Europe im Spruchverfahren; WDR zu Untreuehandlungen beim IRT. Lfd.: M.M.Warburg, Allane SE (früher Sixt Leasing), DKB, Gelsenwasser, Dt. Telekom Trust, Talanx, Binder Beteiligung, Cell Capital, Comtravo, Darvis Inc., Hypoport, Mediqon Group, Oldenburg. Landesbank, Schindler Aufzüge, Francotyp Postalia.

FPS FRITZE WICKE SEELIG
Gesellschaftsrecht ★

Bewertung: Gesellschaftsrechtspraxis aus ▷*Frankfurt*, mit zusätzl. Kapazität in Düsseldorf u. Berlin. Nähere Informationen finden Sie in diesen Regionalkapiteln.
Team: 11 Eq.-Partner, 3 Sal.-Partner, 4 Associates
Schwerpunkte: Traditionell breit gestreute Mittelstandsmandantschaft; auch starkes Standbein in der ▷*Immobilienwirtschaft*, zunehmend Start-ups u. VC-Beratung, v.a. in Frankfurt.
Mandate: Siehe Regionalkapitel.

FRESHFIELDS BRUCKHAUS DERINGER
Gesellschaftsrecht ★★★★★

Bewertung: Den Kern der herausragenden gesellschaftsrechtl. Praxis bildet die Beratung auf den höchsten Ebenen von Konzernen zu Corporate Governance u. Umstrukturierungen. Weitreichende Auswirkungen, die oft eng mit Organhaftungsfragen verflochten sind, u. wichtige Aspekte von ESG-Themen in die Beratung zu integrieren, gelingt dabei in beeindruckender Weise. Dies basiert auf der langj. Fähigkeit der Partner, insbes. von Seibt, Trends zu antizipieren u. in konzernrechtl. Konsequenzen umzusetzen. Hinzu kommen die hochkarätige u. breite Full-Service-Aufstellung der Kanzlei, die in die Beratung einfließt, u. der hohe internat. Integrationsgrad. Wettbewerber hatten zeitweise gemutmaßt, dass FBD ihre Bindung an die Dax-Unternehmen lockert. Doch hat das vergangene Jahr gezeigt, dass dies nicht der Fall ist. Nicht zuletzt hat die jüngere Partnergeneration, v.a. Kulenkamp u. Schwarz, die Verankerung in der Konzernlandschaft weiter vertieft. Es gibt eine stabile Riege an Gesellschaftsrechtlern, um die starke Position der Kanzlei bei öffentl. Übernahmen zu erhalten. Dass FBD nicht unter dem schrittweisen Ausscheiden einiger Seniorpartner über die letzten Jahre gelitten hat, zeigt sich u.a. an Waldhausen, der nicht nur ein wichtiger Ansprechpartner für die Porsche-Familie geworden ist, sondern mit der Dt. Telekom auch eine wichtige neue Mandantin gewann. Sein Engagement steht exemplarisch für die Stärke der FBD-Praxis: die Beratung dt. und internat. Unternehmen zu einer Vielzahl komplexer Fragen, die grenzüberschreitende Transaktionsarbeit sowie einen nahtlosen Übergang zu Compliance-, Kapitalmarkt- und Regulierungsfragen einschließt. Es ist die Breite dieser Arbeit, die es FBD ermöglicht, sich sogar von Hengeler u. Linklaters abzusetzen, was durchaus eine Zäsur in der Entwicklung des dt. Markts für Gesellschaftsrecht bedeutet.
Stärken: Herausragende Kompetenz bei öffentl. Übernahmen, Governance u. Restrukturierungen. Europaw. sehr eng vernetzt; dt. Partner intensiv internat. tätig. Starke ▷*Compliance*-Praxis im Gesellschaftsrecht.
Oft empfohlen: Prof. Dr. Christoph Seibt („immer ausgezeichnet", Mandant; „jurist. u. unternehmer. brillant", Wettbewerber), Dr. Thomas Bücker, Dr. Stephan Waldhausen („der neue Schwergewichtler der Praxis", Wettbewerber), Dr. Andreas Fabritius („immer noch für HVen sehr wichtig, sehr erfahren", Mandant), Dr. Patrick Cichy („sehr stark in der Bankenbranche", Wettbewerber), Dr. Arend von Riegen, Dr. Kai Hasselbach, Rick van Aerssen („sehr hands-on, zügig, spricht mit Investmentbankern auf Augenhöhe", Mandant), Dr. Wessel Heukamp, Dr. Simon Schwarz, Dr. Sabrina Kulenkamp („sehr stark, die Beste der neuen Generation", Wettbewerber).
Team: 24 Partner, 4 Counsel, rund 135 Associates
Partnerwechsel: Dr. Peter Versteegen (in eigene Kanzlei), Dr. Matthias-Gabriel Kremer (in Ruhestand)
Schwerpunkte: Gesamte Breite des Gesellschaftsrechts, inkl. Konzern- u. Aktienrecht (▷*Börseneinführ. u. Kapitalerhöhung*), etwas weniger Mittelstandsberatung. Ausgeprägte Arbeit in gesellschaftsrechtl. Streitigkeiten (▷*Konfliktlösung*) u. bei Finanzierungslösungen für Konzerne. ▷*Insolvenz/Restrukturierung* ist wesentl. Bestandteil der Praxis.
Mandate: Continental bei Abspaltung der Powertrain-Sparte u. Börsenzulassung von Vitesco sowie Carve-out der Automotive-Mobility-Aktivitäten; Dt. Telekom bei Investment Agreement mit SoftBank u. gepl. Erhöhung der Anteile an T-Mobile/US durch Sachkapitalerhöhung; JPMorgan bei Zusammenführung des kontinentaleurop. Geschäfts in SE; Hella bei Fusion mit Faurecia; Vonovia bei öffentl. Übernahmeangeboten für Dt. Wohnen u. Bezugsrechtskapitalerhöhung; Aareal Bank bei öffentl. Übernahmeangebot durch Centerbridge u. Advent sowie Umgang mit Minderheitsaktionären; Deutz bei Forderungen eines aktivist. Aktionärs; Evotec bei Nasdaq-Börsengang; Osram Licht bei Beherrschungs- u. Gewinnabführungsvertrag sowie Anfechtungsklagen; Aufsichtsrat von Rocket Internet bei Self-Tender-Delisting-Angebot.

GIBSON DUNN & CRUTCHER
Gesellschaftsrecht ★★★

Bewertung: Die gesellschaftsrechtl. Praxis verfügt seit jeher über erfahrene Konzern- u. Aktienrechtsspezialisten, v.a. im Münchner Team um Fromholzer. Ergänzt wird diese Kompetenz von Reinhardt in Frankfurt um die Erfahrung mit öffentl. Übernahmen. In den vergangenen 2 Jahren hat die Kanzlei die Vorstands- u. Aufsichtsratskontakte der erfolgreichen Compliance- u. Litigation-Teams genutzt, um sich für weitere komplexe gesellschaftsrechtl. Mandate zu positionieren. Die zunehmende Integration dieser Teams ist ein wichtiges Sprungbrett, um Mandate der dt. Praxis in das ww. Netzwerk zu exportieren.

GESELLSCHAFTSRECHT

Oft empfohlen: Dr. Wilhelm Reinhardt, Dr. Ferdinand Fromholzer, Dr. Lutz Englisch, Dr. Benno Schwarz (v.a. Compliance), Dr. Markus Nauheim
Team: 5 Partner, 8 Associates
Schwerpunkte: Beratung internat. u. dt. Mandanten insbes. zu Umstrukturierungen, Joint Ventures, gesellschaftsrechtl. Streitigkeiten, HVen, Organberatung u. ▷Compliance.
Mandate: Douglas bei Spruchverfahren wg. Squeeze-out; HolidayCheck Group bei Delisting; Lazard bei öffentl. Übernahme durch Carlyle für Schaltbau. Lfd.: 4SC, Baur Versand, Lotto24 bei Delisting, Wacker Chemie.

GLADE MICHEL WIRTZ
Gesellschaftsrecht ★★★★
Bewertung: Wie kaum eine andere Kanzlei ihres Zuschnitts ist GMW für die gesellschafts- u. aktienrechtl. Hochrreckberatung anerkannt. Bereits seit mehreren Jahren setzt mit Daimler/Mercedes-Benz ein namh. Dax-Konzern auf das Team. GMW ist es nun gelungen, den Kreis ihrer Mandanten eindrucksvoll zu erweitern. So setzt sich die Kanzlei nicht nur im Rennen um die Position der gesellschaftsrechtl. Beraterin bei der neu geschaffenen Daimler Truck gg. namh. Konkurrenz durch, sondern ist auch bei Continental u. Knorr-Bremse gefragt. Insbes. Sustmann u. Merkner verfügen über gute Kontakte zu Dax- u. MDax-Unternehmen. Personell ist es gelungen, sich für die Zukunft aufzustellen: Mit Dr. Alexander Retsch u. Dr. Friedrich Schulenburg ernannte die Kanzlei in diesem Jahr gleich 2 Partner. Beide sind bereits am Markt mit Mandaten präsent u. gewinnen zunehmend an Profil.
Stärken: Konzernrecht, Aktien- u. Kapitalmarktrecht.
Oft empfohlen: Dr. Marco Sustmann („ausgezeichnetes Fachwissen u. guter Teamplayer", Wettbewerber), Dr. Andreas Merkner, Dr. Achim Glade („erfahren, pragmat. u. verhandlungsstark", Wettbewerber), Dr. Jochen Markgraf („sehr guter Jurist u. angenehm im Umgang", Wettbewerber)
Team: 6 Eq.-Partner, 1 Sal.-Partner, 2 Counsel, 10 Associates
Schwerpunkte: Lfd. gesellschaftsrechtl. Beratung von mittelständ. dt. u. ausl. Unternehmen sowie Konzernen. Zudem Restrukturierungen, gesellschaftsrechtl. Streitigkeiten sowie Aktien- u. Kapitalmarktrecht.
Mandate: Continental gesellschafts- und kapitalmarktrechtl. im Zshg. mit einem Ermittlungsverfahren; Daimler Truck gesellschafts- u. kapitalmarktrechtl. u. HV; Dax-Vorstandsmitgl. zu Verhandlung von Aufhebungsvertrag; Knorr-Bremse lfd. zu Insiderrecht u. Ad-hoc-Publizitätspflicht sowie kapitalmarktrechtl.; Daimler zu Abspaltung der Nutzfahrzeugsparte. Lfd.: Rhön-Klinikum, Gea Group, Mediclin.

GLEISS LUTZ
Gesellschaftsrecht ★★★★
Bewertung: Die renommierte gesellschaftsrechtl. Praxis ist gleichermaßen gern gesehen bei Gremien börsennot. Unternehmen wie VW, Henkel, Infineon u. SAP sowie bei eigentümergeführten Unternehmen. Ihre umfangr. Arbeit für den VW-Aufsichtsrat umfasste zuletzt die Vertragsaufhebung für CEO Herbert Diess u. Abstimmungen zum Porsche-IPO. Parallel fiel das Team um Praxisleiter Carl deutlicher in der HV-Beratung u. bei öffentl. Übernahmen auf. Es beriet u.a. den Hornbach-Konzern bei der Übernahme der Baumarkt-Tochter, Finanzberater Perella Weinberg zum Übernahmeangebot von Siemens Energy an Siemens-Gamesa-Aktionäre u. Schaltbau zum Übernahmeangebot von Carlyle. Als HV-Berater sind nun auch jüngere Partner wie Rothenburg u. Bingel gesetzt, etwa bei CompuGroup, Kion u. Norma. Um ihr Geschäft weiter zu verbreitern u. grenzüberschr. Konsolidierungsmaßnahmen flankieren zu können, positionierte GL an ihrem neu eröffneten Londoner Standort einen Restrukturierungsexperten. Ebenso vorausschauend ist, dass sie für ihr bekanntes Berliner ▷Notariat den Generationswechsel mit dem Zugang eines jüngeren Gesellschaftsrechtlers u. Notars von Flick Gocke vorbereitet.
Stärken: Organberatung mit starkem Trackrecord in der Aufsichtsratsberatung; Corporate-Governance-Themen u. Compliance. Sehr erfahren bei streitigen HVen.

Anzeige

PRAG | BRNO | BRATISLAVA | PILSEN | OLOMOUC | OSTRAVA

www.havelpartners.cz

Führende tschechische und slowakische Experten für Steuerrecht

Tschechien & Slowakei

| 290 Juristen und Steuerberater; die größte tschechisch-slowakische Anwaltskanzlei
| German Desk mit mehr als 25 Juristen
| Standorte in Prag, Brno, Bratislava, Pilsen, Olomouc und Ostrava
| Führende tschechische Anwaltskanzlei
| Internationaler Qualitätsstandard, umfassendes Fachwissen und langjährige Transaktionserfahrungen
| Der renommierten Ratingagentur Chambers & Partners (2020–2022) und Who's Who Legal (2018–2021) zufolge die beste Anwaltskanzlei in der Tschechischen Republik
| Beratung auf Deutsch, Englisch und 10 weitere Sprachen

Umfassende Beratungsdienstleistungen im Steuerrecht:

| Steuerliche Strukturierung von Transaktionen
| Steuerliche Stellung bei unternehmerischer Tätigkeit
| Versteuerung von Kapitalgewinnen und Dividenden
| Strukturierung von Investitionen
| Tax Compliance
| Einkommensteuer
| Umfassende Steuerberatung für Unternehmen und Privatmandanten
| Umfassende Tax Due Diligence-Prüfung

Jaroslav Havel | MANAGING PARTNER | jaroslav.havel@havelpartners.cz
David Krch | TAX PARTNER | david.krch@havelpartners.cz

Bei den Chambers Europe Awards wiederholt die beste Anwaltskanzlei in Tschechien

Anwaltszahlen: Angaben der Kanzleien, wie viele Anwälte zu mind. ca. 50% in diesem Gebiet tätig sind. Sie spiegeln nicht zwingend die Gesamtgröße einer Kanzlei wider.

GESELLSCHAFTSRECHT

Oft empfohlen: Prof. Dr. Michael Arnold, Steffen Carl, Dr. Gabriele Roßkopf („sie braucht keine Empfehlungen, eine sehr präsente, exzellente Anwältin", Wettbewerber), Dr. Christian Cascante („freundlich u. flott", Mandant; v.a. öffentl. Übernahmen/Large-Cap-Deals), Dr. Andreas Spahlinger (v.a. Restrukturierung), Dr. Dirk Wasmann (u.a. Spruchverfahren), Dr. Vera Rothenburg („ist sehr gut, von ihr wird man noch viel hören", Wettbewerber), Martin Hitzer (u.a. ESG/Corporate Purpose), Dr. Adrian Bingel, Dr. Tobias Harzenetter („sehr kompetent, angenehme Zusammenarbeit", Wettbewerber), Dr. Stephan Aubel („ausgezeichnet, fachl. u. menschl., eine echte Hilfe", Mandant; „Top-Jurist", Wettbewerber), Dr. Thorsten Gayk
Team: 14 Eq.-Partner, 7 Sal.-Partner, 8 Counsel, 21 Associates, 5 of Counsel
Schwerpunkte: Konzern- u. Aktienrecht, v.a. HVen u. Spruchstellenverfahren. Aktienbasierte Vergütungssysteme u. Belegschaftsprogramme; praxisübergr. ESG- u. Corporate-Purpose-Beratung; Einsatz digitaler Tools zu Corporate Governance; stark auch bei ▷M&A, ▷Insolvenz/Restrukturierung, Organhaftung bzw. ▷Konfliktlösung u. ▷Compliance. Renommiertes ▷Notariat.
Mandate: VW-Aufsichtsrat zum gepl. Porsche-Börsengang; RFR Invest zu öffentl. Übernahmeangebot an die Aktionäre von Agrob Immobilien; Burda Digital zu Delisting-Kaufangebot für HolidayCheck-Aktien; Hornbach Holding zu Delisting-Kaufangebot für Hornbach-Aktien; Highlight Communications zu Squeeze-out bei Sport1 Medien; Morgan Stanley (Finanzberater der Bieter) zu Übernahmeangebot an Aareal-Bank-Aktionäre; Perella Weinberg als Finanzberater von Vorständen zu übernahmerechtl. Themen, u.a. bei Aareal Bank, Leoni u. von Hella; Aeon als Gesellschafterin von Signa Sports United zu DeSPAC; HeidelbergCement zu Aktienrückkauf (bis €1 Mrd); SLM Solutions zu Kapitalerhöhung u. Wandelanleihe. HV-Mandate: AlzChem Group, CompuGroup Medical, Ernst Russ, Highlight Communications, Gelita, Kommunale Energie Beteiligungsgesellschaft, GFT Technologies, HeidelbergCement, Infineon Technologies, LEG Immobilien, Münchener Rück, Norma, Northern Data, Siltronic, Südwestdt. Salzwerke, VW-Aufsichtsrat.

GLNS
Gesellschaftsrecht ★★★
Bewertung: Die gesellschaftsrechtl. Arbeit deckt ein breites Spektrum ab, bis hin zur Beratung zu aktien- u. kapitalmarktrechtl. Fragen. In diesem Zshg. setzen sowohl bekannte Unternehmen wie Adidas, Audi oder HelloFresh auf GLNS als auch Organe wie der Zalando-Aufsichtsrat. Darüber hinaus treten die Anwälte auch bei gesellschaftsrechtl. Streitigkeiten in Erscheinung, ein Feld, das die Kanzlei mit dem Zugang eines Salary-Partners, der von Advant wechselte, weiter ausbaute. Darüber hinaus weist GLNS auch im Mittel- u. Unterbau der Praxis ein beachtl. Wachstum auf. So wechselten insgesamt 3 Counsel, 2 davon von Milbank, einer von Osram, zu GLNS. Zusätzl. gewann die Kanzlei noch 2 Berufseinsteiger.
Oft empfohlen: Dr. Tobias Nikoleyczik („hoch kompetent u. erfahren", Mandant), Dr. Bernd Graßl
Team: 7 Eq.-Partner, 2 Sal.-Partner, 4 Counsel, 6 Associates, 1 of Counsel
Partnerwechsel: Dr. Sebastian Schneider (von DLA Piper)
Schwerpunkte: Beratung von Mittelstands- u. Wachstumsunternehmen. Immer wieder auch Großunternehmen. Hoher Anteil an Aktien- u. Kapitalmarktrecht, inkl. Übernahmerecht, sowie an der Schnittstelle zu Private Equity und Venture Capital.
Mandate: zooplus zu Delisting u. SE-Umwandlung nach öffentl. Übernahme durch H&F u. EQT; Zalando-Aufsichtsrat zu Vorstandsvergütungssystem u. -neubestellung; Mynaric zu Mitarbeiterbeteiligungsprogramm; Betreiber von Onlinelieferplattformen zu Post-M&A-Streit; Vergleichsportal zu Vorbereitungen für Formwechsel u. Börsengang. Lfd.: Adidas, Audi, Grammer, HelloFresh, MorphoSys, Westwing.

GODEFROID & PIELORZ
Gesellschaftsrecht ★
Bewertung: Gesellschaftsrechtspraxis aus ▷Düsseldorf. Nähere Informationen finden Sie in diesem Regionalkapitel.
Team: 4 Partner, 2 Associates
Schwerpunkte: Langj. Kontakte zu Banken u. Versicherern, Vertretung in gesellschaftsrechtl. Prozessen u. Beratung insbes. von Aktionären u. Vorständen zu Organhaftungsfragen.
Mandate: Siehe Regionalkapitel.

GÖHMANN
Gesellschaftsrecht ★★
Bewertung: Besonders die Büros in Hannover u. Braunschweig punkten bei den niedersächs. Top-Unternehmen u. im bundesw. aktiven Mittelstand, insbes. durch ihr trad. starkes Notariat. Bei den HVen einiger namh. Konzerne sind die Anwälte mit ihrer Erfahrung auch in der gesellschaftsrechtl. Beratung seit Langem gesetzt. Doch zusätzl. setzt die Kanzlei auch behutsam auf Wachstum u. einen Generationswechsel. Deshalb ist ein positives Zeichen, dass sich der Zugang einer jungen Gesellschafts- u. Steuerrechtspartnerin vor 2 Jahren immer stärker bemerkbar macht, die die Verbindung zu Familienunternehmen verstärkt. Auch das im Vorjahr hinzugekommene Berliner Team bedeutet mit seinen Schwerpunkten u.a. im Immobiliensektor eine wichtige Erweiterung. Hier gilt es nun, nach dem Vorbild der funktionierenden Zusammenarbeit zw. Hannover, Braunschweig u. Frankfurt die standortübergr. Praxisentwicklung in den Blick zu nehmen.
Stärken: Anerkanntes Notariat.
Oft empfohlen: Axel Müller-Eising, Sebastian Scherrer, Dr. Johannes Waitz („umf. kompetent u. erfahren", Wettbewerber), Dr. Ulrich Haupt („ein bewährter Ansprechpartner für uns", Mandant), Dr. Florian Hartl, Dr. Henning Rauls („kompetent, auf den Punkt", Mandant; alle Anwaltsnotare)
Team: 14 Eq.-Partner, 4 Counsel, 12 Associates
Schwerpunkte: Regelm. Re- u. Umstrukturierungen. Angesehenes ▷Notariat u. lfd. Beratung. Mandanten sind einige AGen (v.a. in ▷Niedersachsen u. ▷Ffm.) sowie zahlr. norddt. mittelständ. Unternehmen, oft mit Nachfolgethemen.
Mandate: Gesellschafter bei Liquidation u. Auseinandersetzung von Immobilienunternehmen; Industrieunternehmen in DIS-Schiedsverfahren in gesellschaftsrechtl. Streit; Hauptgesellschafter eines norddt. Kfz-Zulieferers in Gesellschafterstreit; Fam.-Unternehmen bei Umstrukturierung; div. Arztpraxen zu Verkauf von MVZ-Beteiligungen; Unternehmer zu Gründung von Hotel-Joint-Venture; Unternehmensgruppe bei Gründung div. Joint Ventures (Energie/Immobilien); notarielle HV-Begleitung u.a. für Nordzucker, Continental, Tui; VW Bank in Musterfeststellungsklage zur Dieselaffäre; VW in Anlegerverfahren zur Dieselaffäre.

GÖRG
Gesellschaftsrecht ★★
Bewertung: Die gesellschaftsrechtl. Praxis ist bei öffentl.-rechtl. Gebietskörperschaften ebenso verankert wie bei Family Offices u. kleineren börsennot. Unternehmen. Dass das Team nicht nur Um- und Restrukturierungsprojekte begleitet, sondern auch komplexe Business Combination Agreements verhandeln kann, bewies zuletzt Praxisleiter Paudtke als Berater von First Sensor u. Heidelberg Pharma. Die partnerzentrierte Beratung, die zu den Markenzeichen der Praxis gehört, wird von mittelständ. Mandanten sehr geschätzt: „Wenn es um Haftungsfragen bzw. deren Vermeidung für das Management geht, ist das Team immer meine erste Wahl", so ein Mandant. Damit die Teamstruktur langfr. erhalten bleibt, wurden zuletzt gleich 3 Sal.-Partner u. 1 Counsel ernannt.
Stärken: Beratung der öffentl. Hand; angesehene ▷Insolvenz-/Restrukturierungspraxis.
Oft empfohlen: Dr. Bernt Paudtke („sehr angenehme Zusammenarbeit", Wettbewerber), Dr. Matthias Menke, Dr. Roland Hoffmann-Theinert, Dr. Alexander Kessler („immer Herr der Lage, jurist. exzellent u. persönl. angenehm," Wettbewerber), Dr. Christian Wolf („kompetent, präzise u. kollegial", Wettbewerber)
Team: 24 Eq.-Partner, 8 Sal.-Partner, 7 Counsel, 33 Associates
Schwerpunkte: Lfd. Beratung mittelständ. Unternehmen, auch zu Umstrukturierungen, Nachfolgeregelungen u. Prozessen (▷Konfliktlösung), Gründungen, Vorbereitung von HVen u. Kapitalmaßnahmen für Industrie, Handel, Family Offices u. Investoren. Anerkannte ▷Notare in Frankfurt u. Berlin.
Mandate: Heidelberg Pharma zu Einstieg von Huadong Medicine; First Sensor zu Beherrschungs- u. Gewinnabführungsvertrag mit TE Connectivity Sensor; FAZ zu Neustrukturierung des Zustellgeschäfts; Großstadt zu Neuorganisation der Abfallwirtschaft u. Stadtreinigung; Main-Kinzig-Kreis zu Auskreisung der Stadt Hanau u. div. Beteiligungen; Bad Nauheim zu Klinik-Beteiligungsstruktur; Huk-Coburg zu Joint Venture mit Neodigital für Kfz-Versicherungen; Zeitfracht zu Kapitalschnitt/Kapitalerhöhung bei Adler Modemärkte; Pacifico Renewables zur Sachkapitalerhöhung u. Einstieg der Wirth-Gruppe; Huf Hülsbeck & Fürst zu Corporate Governance; Arcandor-Insolvenzverwalter in Organhaftungsverfahren. Lfd.: First Sensor, Gesellschafter der Weser-Kurier Mediengruppe; IFM Immobilien, Morphosys.

FRIEDRICH GRAF VON WESTPHALEN & PARTNER
Gesellschaftsrecht ★★
Bewertung: Die gesellschaftsrechtl. Praxis steht dem gehobenen Mittelstand ebenso zur Seite wie schnell wachsenden Start-ups u. einigen Niederlassungen von internat. Konzernen. Doch nach einem kontinuierl. Ausbau in den letzten Jahren, auch im Notariat, verlor sie nun mit den beiden Praxisleitern Manz u. Mayer die erfahrensten Gesellschaftsrechtler u. wichtige Zugpferde ihrer internat. Vernetzung. Dass diese mit 2 jüngeren FGvW-Partnern u. 6 Associates für die Konkurrentin Advant Beiten in Freiburg ein Büro eröffnen, wird den Wettbewerbsdruck im südtl. Raum erhöhen. Doch FGvW hat einen stabilen Mittelbau mit fest etablierten Partnern an allen Standorten. Sie decken ein sehr breites Erfahrungsspektrum ab – einschl. Finanzierungsrunden, Nachfolgeberatungen sowie ▷gesell-

GESELLSCHAFTSRECHT

schaftsrechtl. Streitigkeiten – u. können auf eine ambitionierte Nachwuchsriege zurückgreifen.
Stärken: Gutes internat. Netzwerk; Erfahrung mit Holdingstrukturen, grenzüberschr. Verschmelzungen u. Post-Merger-Streitigkeiten. Besondere Kompetenz im ▷Gesundheitssektor.
Oft empfohlen: Carsten Laschet (v.a. Organhaftung), Dr. Hendrik Thies („sehr nett, empfehlen wir im Konfliktfall", Wettbewerber; auch Kapitalmarktrecht), Arnt Göppert (u.a. Medienunternehmen), Dr. Annette Bödeker (v.a. internat. Mandanten), Dr. Alexander Hartmann
Team: 10 Eq.-Partner, 1 Sal.-Partner, 10 Associates
Partnerwechsel: Gerhard Manz, Dr. Barbara Mayer, Dr. Jan Barth, Dr. Birgit Münchbach (alle zu Advant Beiten)
Schwerpunkte: Optimierung von Holdingstrukturen. Gesellschafter- u. Gremienberatung, inkl. Corporate Governance. Breite Start-up-Beratung. Nachfolgegestaltungen. Enge Anbindung an ▷M&A. Starke Praxis für Organhaftung/D&O (▷Versicherungsrecht) u. gesellschaftsrechtl. Streitigkeiten. Komplexe Spruchverfahren.
Mandate: CuriosityStream zu Joint Venture mit Spiegel TV u. Autentic; Metropolitankapitel der Hohen Domkirche Köln zu Gründung einer Projektgesellschaft (Histor. Mitte Köln); gr. Ingenieurbüro zu Arge-Verträgen/Gesellschafterstreit; Architekturbüro zu Umstrukturierung/Einbringung von Geschäftsbetrieb; span. Unternehmen zu Restrukturierung des dt. Teilkonzerns; dt. Start-up zu internat. Beteiligungsstruktur; Eps Holding zu Restrukturierung/Carve-out; FlatexDegiro zu grenzüberschr. Verschmelzung (NL); Getinge im Spruchverfahren; Endress Hauser im Spruchverfahren zu Analytik Jena; lfd.: Fastlane Marketing, FlatexDegiro, JP Beteiligungsgesellschaft, XPO Logistics, Bindfadenhaus en gros Gustav Scharnau, Zeotis.

GREENBERG TRAURIG
Gesellschaftsrecht ★★

Bewertung: Die gesellschaftsrechtl. Praxis der US-Kanzlei berät zahlr. grenzüberschr. Joint Ventures: So begleitete sie u.a. den Zusammenschluss des dt. Logistikdienstleisters Röhling mit dem US-Unternehmen Penske. Mit einer immer größer werdenden Partnerriege – GT ernannte erneut 2 Partner – begleitet die Kanzlei auch etl. ausl. Mandanten lfd. in gesellschaftsrechtl. Fragen, oft im Nachgang zu M&A-Transaktionen. Zudem vertrauen langjährig auch einige regionale Unternehmen wie Halloren u. Gewobag auf das Berliner Team. Dass darunter auch etl. Immobilienentwickler sind, hängt mit der seit Jahren zentralen Stellung der immobilienrechtl. Praxis zusammen, die immer wieder auch Arbeit für die Gesellschaftsrechtler bringt.
Oft empfohlen: Dr. Peter Schorling („besonders schnell, pragmat., sehr gutes Branchenwissen", Mandant), Dr. Nicolai Lagoni („inhaltl. top", Wettbewerber), Dr. Josef Hofschroer, Dr. Sara Berendsen
Team: 10 Eq.-Partner, 3 Sal.-Partner, 26 Associates
Schwerpunkte: Umf. Erfahrung in der ▷Immobilien- u. ▷Medienbranche; grenzüberschr. Kooperationen.
Mandate: Röhlig Dtl. bei Joint Venture mit Penske; Expertlead bei JV mit Cariad; HanseMerkur zu JV mit Becken bei Bürogebäude in München; Commodus Real Estate bei Restrukturierung des Bestandsfonds u. Mehrheitsbeteiligung an geschl. Publikumsfonds durch JV mit Investoren; Tempur Sealy zu grenzüberschr. Umwandlungsmaßnahmen in Dtl. u. Italien; lfd. Halloren, Dream Unlimited, Tayo Nippon Sanso Corp., Nvidia, Garbe Industrial Real Estate, CCC, Gewobag, Grass Valley Holdco, Vertbaudet, ZTE.

GREENFORT
Gesellschaftsrecht ★★

Bewertung: Die gesellschaftsrechtl. Praxis der ▷Frankfurter Kanzlei hat sich zuletzt stärker auf die Transaktionsarbeit (▷M&A) verlagert, berät aber weiterhin einen treuen Mandantenstamm von mittelständ. Unternehmen sowie einen wachsenden Anteil von internat. Konzernen u. deren Töchtern. In diesem Marktsegment besetzt die Kanzlei mit einem Team von Paralegals u. der Übernahme von Corporate-Housekeeping-Arbeiten erfolgreich eine Nische – was für eine Kanzlei dieser Größe ungewöhnl. ist. Mit Angersbach hat die Kanzlei zudem einen renommierten Notar in Frankfurt.
Oft empfohlen: Andreas von Oppen („pragmat., kreativ, guter Verhandler", Wettbewerber), Gunther Weiss, Dr. Daniel Röder („sehr gründl. u. innovativ", Wettbewerber), Dr. Carsten Angersbach (auch Notariat), Tobias Glienke („sehr guter Stratege, besonnen u. präzise", Wettbewerber)
Team: 5 Eq.-Partner, 2 Sal.-Partner, 4 Counsel, 5 Associates
Schwerpunkte: Gründungen u. Umstrukturierungen, Finanzierung an der Schnittstelle zum Kapitalmarktrecht; HV-Begleitung, Squeeze-outs, Kapitalmaßnahmen, Beratung von Vorständen u. Gesellschaftern, auch ▷M&A. Anerkanntes Notariat.
Mandate: Agilent bei ww. gruppeninterner Umstrukturierung; Partex bei Mehrheitsbeteiligung an Innoplexus bei Barkapitalerhöhung mit Ausschluss des Bezugsrechts; Praesidad bei dt. Umstrukturierungen; Tottenham Hotspur als neuer Gesellschafter von OneFootball; Urban Sports Club bei europaw. Umstrukturierungen; Varta bei konzerninternen Umstrukturierungen, Ausgliederungen u. Joint Ventures. Lfd.: Libertatem Stiftung Lichtenstein, Oase-Gruppe, Panasonic-Gruppe, Shopify, Bormioli Pharma.

GRÜTER
Gesellschaftsrecht ★★

Bewertung: Die angesehene Kanzlei ist mit ihrer gesellschaftsrechtl. Praxis im Ruhrgebiet gut vernetzt u. für ihre Mandanten regelm. auch grenzüberschr. tätig. Oft überzeugt sie neue Mandanten durch die Kombination der gesellschaftsrechtl. Beratung mit dem renommierten Notariat. Zuletzt kam ein Fitnessanbieter als neuer Mandant hinzu. Seine Schlagkraft verbesserte das Team zuletzt durch den Zugang einer erfahrenen Corporate-Anwältin der im Vorjahr aufgelösten D'dorfer Kanzlei Franz.
Team: Corporate insges.: 5 Eq.-Partner, 2 Sal.-Partner, 3 Associates
Schwerpunkte: Langj. Tradition in der Transaktionsberatung internat. Unternehmen u. des dt. Mittelstands, v.a. in ▷Nordrhein-Westfalen (Duisburg). Immer wieder für Großkonzerne u. ihre Töchter aktiv.
Mandate: Hygienedienstleister umf. notariell, arbeits- u. gesellschaftsrechtl. bei Umstrukturierung; Maschinenhersteller u.a. bei Joint Venture im Bereich Digitalisierung; Start-up zu Mitarbeiterbeteiligungen; Brabus lfd.; Fitnessanbieter im Notariat u. gesellschaftsrechtl.; Technologiehersteller lfd., u.a. bei JV.

GSK STOCKMANN
Gesellschaftsrecht ★★★

Bewertung: Die gesellschaftsrechtl. Praxis profitiert vom lang etablierten Schwerpunkt in der Immobilienbranche, aber zuletzt insbes. auch vom Erfolg der Venture-Capital-Praxis in Berlin, die bei späteren Finanzierungsrunden u. Strukturierungen sowie im Kapitalmarktrecht berät. Das robuste Luxemburger Büro spielt bei letzterem Bereich eine besonders wichtige Rolle. Ein weiterer signifikanter Teil der Praxis ist die Beratung der Finanzdienstleistungsindustrie, die durch einen erneuten Zugang eines auf Vergütungsthemen spezialisierten ▷Arbeitsrechtlers verstärkt wurde. Daneben unterhält das HHer Büro enge Verbindungen zum Öffentl. Sektor, während Heidelberg u. München tief im regionalen Mittelstand verwurzelt sind.
Stärken: Starke Präsenz im ▷Immobiliensektor, gute Kontakte zu ▷Banken, ▷Investmentfonds u. an der Schnittstelle zu erneuerbaren Energien.
Oft empfohlen: Dr. Rainer Stockmann, Dr. Katy Ritzmann (v.a. Schnittstelle zu Venture Capital), Dr. Andreas Bauer, Markus Söhnchen, Dr. Uwe Jäger
Team: Corporate insges.: 16 Eq.-Partner, 1 Sal.-Partner, 2 Counsel, 21 Associates, 1 of Counsel
Schwerpunkte: Branchenschwerpunkte u.a. Automotive, Immobilien, Finanzdienstleister, erneuerbare Energien. Enge Zusammenarbeit mit ▷M&A-, Steuerrechts- u. Finanzierungspraxis in Luxemburg. Auch ▷Private Equ. Vent. Capital. Anerkannte ▷Notare in Ffm. u. Berlin.
Mandate: Kreditinstitut bei Privatisierung mit Umwandlung von Anstalt des öffentl. Rechts in AG; Aptiv Global Operations bei Umstrukturierung; Colliers Internat. bei Mitbestimmung; Catella Real Estate bei Überarbeitung der Geschäftsordnung des Vorstands; Coparion bei Umwandlung der Beteiligung an Clark; Praeclarus Asset Management bei Strukturierung einer Anleihe; lfd. Duisburger Hafen.

GÜTT OLK FELDHAUS
Gesellschaftsrecht ★★

Bewertung: Die gesellschaftsrechtl. Arbeit der Boutique erstreckt sich über die lfd. Begleitung von Unternehmen, einschl. Unternehmensnachfolgen u. Umstrukturierungen, bis hin zur aktienrechtl. u. Organberatung. So setzen Unternehmen wie ZF Friedrichshafen, MAN Energy Solutions, Villeroy & Boch oder auch Mast-Jägermeister auf das Team. Darüber hinaus berät die Kanzlei ihre Mandanten auch zu gesellschaftsrechtl. Streitigkeiten.
Oft empfohlen: Dr. Sebastian Olk („schnell u. pragmat.", Wettbewerber), Dr. Heiner Feldhaus („sehr guter Jurist", Wettbewerber), Adrian von Prittwitz
Team: 4 Eq.-Partner, 9 Associates
Schwerpunkte: Gesellschafts- u. aktienrechtl. Beratung sowie gesellschaftsrechtl. Prozesse. Zudem Beratung von Private Clients einschl. Nachfolgethemen.
Mandate: MAN Energy Solutions u.a. zu Carve-out eines Geschäftsbereichs; Hamelin-Gruppe bei Umstrukturierung; bayer. Familienunternehmen zu Corporate Governance/Generationswechsel; Münchner Unternehmerfamilie zu Immobiliengesellschaften; div. Private-Equity-Fonds in Post-M&A-Streitigkeiten; Aufsichtsrat eines Medienunternehmens aktienrechtl.; Tamara Comolli zu Mitarbeiterbeteiligungsprogramm u. Kapitalmaßnahmen. Lfd.: Andechser Molkerei Scheitz, Digital Film Technology, Garmin, Isar-Klinik II, Mast-Jägermeister, Villeroy & Boch,

GESELLSCHAFTSRECHT

ZF Friedrichshafen, Tamara Comolli, gr. Fahrradhändler.

GVW GRAF VON WESTPHALEN
Gesellschaftsrecht ★★

Bewertung: Die Entwicklung der Gesellschaftsrechtspraxis ging in den letzten Jahren in Richtung Spezialisierung mit Branchenschwerpunkten wie Luftverkehr in D'dorf, dt.-frz. Praxis in München u. Gastgewerbe in Berlin als auch einer Fokussierung auf Umwandlungen in Stuttgart. Der Mandantenstamm setzt sich primär aus Mittelstandsunternehmen zusammen, u. Mandate gehen zumeist aus den langj. Beziehungen der einzelnen Partner hervor. Die Praxis ist insgesamt zunehmend transaktionsgetrieben, u. der Zugang eines angesehenen Notariats in Frankfurt im vergangenen Jahr hat zu einer stärkeren Profilierung der Praxis geführt.

Stärken: Mittelstandsberatung mit internat. Bezug.

Oft empfohlen: Christian Mayer-Gießen, Dr. Frank Süß („ausgezeichneter Denker", Wettbewerber)

Team: 19 Eq.-Partner, 6 Sal.-Partner, 12 Associates

Schwerpunkte: Beratung des gehobenen, internat. aktiven Mittelstands. Viel Dauerberatung, inkl. HVen u. gesellschaftsrechtl. Streitigkeiten. Zunehmend gut beschäftigte VC-Praxis (▷*Priv. Equ./Vent. Capital*) u. ▷*M&A*. Eigenes Büro in Schanghai. Enge Verzahnung mit Steuerpraxis.

Mandate: Max Bögl Stiftung zu Kooperationsprojekt für Magnetbahn in China; Osapiens bei Joint Venture; Penske Racing bei Gründung dt. Tochter; Lapaero u. Topmeiers jew. bei Gründung. Lfd.: Collins Aerospace, Duravant, Enteractive, Vaidya, Joachim Herz Stiftung, C. Illies, Hymer, Stada, Plant Systems & Services, Raytheon Technologies, Redgate Software.

HAVER & MAILÄNDER
Gesellschaftsrecht ★★

Bewertung: Die gesellschaftsrechtl. Beratung bildet eine der Kerndisziplinen der Kanzlei. Dazu gehören die Beratung u. gerichtl. Vertretung von Vorständen u. Aufsichtsräten genauso wie das Aktienrecht, Umstrukturierungen von Familienunternehmen oder die Einrichtung von Compliance- bzw. Governance-Strukturen. Nicht selten ist die Erfahrung im prozess- u. schiedsrechtl. Bereich ein wichtiger Pluspunkt, um z.B. Ansprüche gg. ehem. Organe abzuwehren. Hier ist die Kanzlei auch bundesweit mandatiert. Intern hat die nachgerückte Partnergeneration stabile Associate-Teams aufgestellt, die teils schon einen Ruf im Markt aufbauen. Deren wachsende Erfahrung ermöglicht die Übernahme umfangr. Mandate, wie das des Landes Ba.-Wü. für die Führungskräfteberatung bei ihren Beteiligungen.

Stärken: Umstrukturierungen; erfahrene Konfliktlösungspraxis, v.a. für Organhaftungsstreitigkeiten u. Anfechtungsklagen.

Oft empfohlen: Dr. Peter Mailänder („sehr zielorientiert u. kompetent, geschickter Verhandler", Mandant), Dr. Gert Brandner, Dr. Hans-Georg Kauffeld („äußerst positiver Eindruck, liefert erfreulich eindeutige Stellungnahmen", Mandant; Gesellschaftsrecht/Organhaftung), Dr. Timo Alte

Team: 5 Eq.-Partner, 3 Sal.-Partner, 1 Counsel, 3 Associates

Schwerpunkte: Beratung von mittelständ. Familien- u. Kapitalgesellschaften, auch lfd. Betreuung zu Corporate Governance u. Transaktionen. Führungskräfteberatung sowie Organvertretung in Prozessen (▷*Konfliktlösung*).

Mandate: Württemberg. Tennis-Bund zu Compliance nach Untreueskandal; Finanzministerium Ba.-Wü. zu gesellschaftsrechtl. Aspekten der Beteiligungsverwaltung, speziell Führungskräfteberatung; 3 Gesellschafter der Oetker-Gruppe zu Konzernaufspaltung; OEW zu Strukturierung u. Aufbau einer Organisation für Glasfasernetz; Kfz-Zulieferer zu internat. Gesellschafterstreit; Umlaut zu Umstrukturierung u. doppeltem Rechtsformwechsel. Lfd.: Henkell Sektkellerei, Martin Braun Backmittel, Chem. Fabrik Budenheim, Oetker Hotel Collection, Dinkelacker-Schwabenbräu, Hugo Benzing, VfB Stuttgart, Leonhardt Andrä u. Partner, Piëch-Gruppe zu Projektgeschäft.

HENGELER MUELLER
Gesellschaftsrecht ★★★★★

Bewertung: Die Praxis gehört im Gesellschaftsrecht beständig zur Marktspitze u. prägt auch regelm. die Entwicklung neuer Gesetzesvorhaben mit. Aufsichtsräte von Beiersdorf, Dt. Wohnen, Carl Zeiss u. SAP zählen ebenso auf ihren Rat wie Börsenneulinge wie Knaus Tabbert u. Vitesco bei den HV-Débüts. Im Markt wird HM nach wie vor oft mit der Beratung dt. Großkonzerne wie Siemens u. Familienunternehmen wie Oetker u. Tengelmann assoziiert, doch hat sich die Mandantschaft deutl. diversifiziert. Dies ließ sich zuletzt an der Arbeit für ausl. Mutterkonzerne ablesen, wie Midea beim Squeezeout von Kuka u. der Beratung der finn. Fortum, die ihre dt. Tochter Uniper mithilfe des Bundes stabilisierte. Komplexe Mandate kommen auch regelm. von Private-Equity-Häusern wie KKR u. Waterland. Dies hat der nachwachsenden Generation an Gesellschaftsrechtlern mehr Anknüpfungspunkte zur Spezialisierung ermöglicht u. ist sicherl. einer der Gründe dafür, dass die Praxis auch hinsichtl. der Altersstruktur nachhaltig aufgestellt ist. Zudem gewährleistet diese Aufstellung weiterhin eine sehr breite Ausbildung, die Wettbewerber u. Mandanten als Kaderschmiede schätzen.

Stärken: Seit Jahrzehnten marktführende Position mit konkurrenzloser Breite. Enge Zusammenarbeit mit den Compliance-, Kapitalmarkt- u. ▷*Finanzierungspraxen*, auch starkes Restrukturierungsteam.

Oft empfohlen: Dr. Andreas Austmann, Prof. Dr. Jochen Vetter („herausragender Experte", Wettbewerber), Dr. Matthias Hentzen („super erfahren, routiniert, robustes Auftreten", Mandant), Dr. Rainer Krause, Dr. Daniela Favoccia („sehr analyt. u. lösungsorientiert", „eine der angesehensten Gesellschaftsrechtlerinnen", Wettbewerber), Dr. Reinhold Ernst, Dr. Daniel Wilm, Dr. Carsten Schapmann („sehr respektiert", Wettbewerber), Prof. Dr. Johannes Adolff, Dr. Dirk Bliesener, Dr. Georg Seyfarth, Dr. Oliver Rieckers, Dr. Georg Frowein, Dr. Kai-Steffen Scholz („sehr angenehme Zusammenarbeit, kennt sich umf. aus", Wettbewerber), Dr. Viola Sailer-Coceani („in ihrer Generation gehört sie zu den führenden Gesellschaftsrechtlerinnen", Wettbewerber), Dr. Lucina Berger („sehr gut für Capital Markets u. Corporate Advisory", Wettbewerber), Dr. Simon Link („sehr schnell, präzise u. praxisorientiert", Mandant, „sehr angenehm, anerkannter Spezialist bei gesellschafts-, aktien- u. kapitalmarktrechtl. Themen", Wettbewerber), Dr. Christian Wentrup (v.a. Familienunternehmen), Dr. Katharina Hesse („exzellente Juristin, sehr großes Detailwissen", Wettbewerber)

Team: 22 Partner, 6 Counsel, plus Associates

Schwerpunkte: Hochkarätige aktien- u. konzernrechtl. Arbeit mit entspr. Governance- u. Vorstandsvergütungsberatung (inkl. ESG u. ▷*Compliance*), gesellschaftsrechtl. Streitigkeiten. Stark auch in ▷*Insolvenzen/Restrukturierungen* u. ▷*Kapitalmarktfragen*. Viel HV-Beratung, inkl. Anfechtungsklagen u. Spruchverfahren. Personelle Überschneidungen zum ▷*M&A-Team* u. zur ▷*Nachfolgepraxis*; zudem Notariat.

Mandate: Fortum zu Stabilisierung von Uniper (aus dem Markt bekannt); Mehrheitsgesellschafter zu Realteilung der Dr. August Oetker KG; Dt.-Wohnen-Aufsichtsrat zu Vonovia-Angebot; Software-AG-Aufsichtsrat zu Pipe-Investment von Silver Lake; Cheplapharm-Aufsichtsrat zu mögl. IPO; Günther Holding zu Bar-/Sachkapitalerhöhung von Max Automation; Borst Stiftung zu Nachfolge bei Funke Mediengruppe; Leoni zu Teilerwerbsangebot von Pierer Industrie; Investorenkonsortium zu Übernahme von Euroshop; Danfoss zu Joint Venture mit Semikron; Ralph Dommermuth Beteiligung zu Anteilsaufstockung bei United Internet (auf ca. 50,10%); United Internet zu Delisting-Kaufangebot für Tele-Columbus-Aktien; Midea zu Squeezeout bei Kuka; Gesellschafter von Munich Hotel Partners zu Reverse-IPO; Allianz zu Verfahren vor US-Behörden; Linde zu Feststellungsklage (Fusion mit Praxair); Comdirect Bank zu Anfechtungsklage (Squeeze-out-Beschluss); lfd.: Grenke; Leoni, Otto Fuchs, Merck KGaA, Metro, Midea, Aufsichtsräte von Carl Zeiss, SAP und Beiersdorf.

HENNERKES KIRCHDÖRFER & LORZ
Gesellschaftsrecht ★

Bewertung: Auf Unternehmensnachfolge ausgerichtete Kanzlei mit starker Gesellschaftsrechtspraxis. Nähere Informationen finden Sie im Regionalkapitel ▷*Stuttgart*.

Team: 12 Partner (inkl. 3 Steuerberater), 8 Associates

Schwerpunkte: Gesellschaftsrechtl. basierte ▷*Nachfolgeberatung* für inhabergeführte Unternehmen, inkl. Umstrukturierungen, Transaktionen u. Stiftungen.

Mandate: Siehe Regionalkapitel.

HERBERT SMITH FREEHILLS
Gesellschaftsrecht ★★

Bewertung: Das gesellschaftsrechtl. Team der internat. Kanzlei begleitete erneut eine Reihe von Mandanten im Zshg. mit Joint-Venture-Gründungen, bei Umstrukturierungen oder der Reorganisation von Lieferbeziehungen. Darüber hinaus sorgt die gesellschaftrechtl. Arbeit im Zshg. mit M&A- u. Private-Equity-Transaktionen für eine hohe Auslastung. HSF gelang es zudem, ihre Praxis mit 2 Partnerzugängen zu verstärken, die Erfahrung an der Schnittstelle zw. Versicherungs- u. Gesellschaftsrecht mitbringen. Einen Verlust stellt der Abgang von Abel dar, auch wenn sein Weggang die klass. Beratung im Gesellschaftsrecht weniger trifft als die Arbeit der Kanzlei im Transaktionssegment.

Oft empfohlen: Dr. Sönke Becker, Dr. Christoph Nawroth

Team: 5 Partner, 5 Counsel, 8 Associates

Partnerwechsel: Jan Eltzschig, Heike-Andrea Schmitz (beide von DLA Piper); Dr. Nico Abel (zu Cleary Gottlieb Steen & Hamilton)

Schwerpunkte: Industriemandanten in Düsseldorf; Frankfurt konzentriert sich auf ▷*M&A*.

Mandate: BP zu Ladeinfrastruktur-Joint-Venture mit Daimler u. BMW; Société Générale u. Natixis im Zshg. mit öffentl. Übernahme von Hella durch Faurecia; Gothaer zu strukturellen Änderungen im Asset- u. Gesellschafterkreis im Zshg. mit Investment. Zu div. Themen: Apex, Northrop Grumman.

HEUKING KÜHN LÜER WOJTEK
Gesellschaftsrecht ★★★

Bewertung: Im Gesellschaftsrecht überzeugt die Kanzlei durch zahlr. Partner, die mit viel Mittelstandserfahrung, klaren Schwerpunkten u. guter Vernetzung in ihren Märkten beraten. Das Kölner Büro ist dabei weiterhin Zentrum der erfahrenen Aktien- u. Kapitalmarktpraxis, deren Kennzeichen eine konsequent mittelständ., SDax- u. MDax-bezogene Ausrichtung ist. Dass HKLW in der Lage ist, dabei auch größere Teams einzusetzen, zeigt u.a. die Beratung des Güterwaggonhalters Aves One bei Kapitalmaßnahmen u. einem Übernahmeangebot. Dazu passt aber auch, wie sich in Zusammenarbeit mit den Berliner u. insbes. Züricher Teams eine bemerkenswerte Technologiefokussierung entwickelt hat, etwa bei dem Pilotprojekt einer elektron. Wandelanleihe. Doch die Praxis umfasst ebenso Teams, die sich in Restrukturierungsmandaten, mit Branchenfokussierungen oder bei der Beratung von Familienunternehmen beweisen. Das Herausarbeiten von Spezialisierungen ist Ergebnis eines Praxismanagements, das in den letzten Jahren konsequent verfolgt worden ist. Neue Entwicklungen wie die Beratung zu Mitarbeiterbeteiligungsprogrammen zeigten sich deshalb an mehreren Standorten, was den erfolgr. Kurs unterstreicht. Bei Enapter u. Auto1 ging es z.B. auch um grenzüberschr. Gestaltung. Besonders vielversprechend ist, wie sich eine Riege an jüngeren Partnern entwickelt, die von Mandanten regelm. für eine praxisorientierte Herangehensweise gelobt wird. Dabei bringen etliche von ihnen Erfahrung aus vorheriger Arbeit in internat. Kanzleien mit, die sie nun für mittelständ. Unternehmen einsetzen.

Stärken: Anerkannte Prozess- u. Schiedspraxis (▷Konfliktlösung), sehr starke Beziehungen zu Familienunternehmen (▷Nachfolge/Vermögen/Stiftungen).

Oft empfohlen: Dr. Andreas Urban, Dr. Mirko Sickinger, Dr. Thorsten Kuthe („sehr zufrieden", Mandant), Prof. Dr. Georg Streit (v.a. Restrukturierung), Dr. Pär Johansson („viel Erfahrung", Wettbewerber), Dr. Mathias Schröder, Dr. Anne de Boer, Michael Neises („hervorragend", Mandant), Dr. Rainer Herschlein, Dr. Bodo Dehne

Team: 61 Eq.-Partner, 44 Sal.-Partner, 48 Associates, 1 of Counsel

Schwerpunkte: Branchen: Technologie, Logistik, Fonds, Energie, Medien, Gesundheit, Immobilien. Stark in ▷Insolvenz/Restrukturierung, ▷Private Equity u. Venture Capital, aktienrechtl. Umstrukturierungen, Spruchstellenverfahren, Kapitalmaßnahmen.

Mandate: Enapter u.a. zu öffentl. Übernahme, Reverse IPO, HV u. Governance; Medondo, Nasco Energie & Rohstoff, Advanced Blockchain, Lifespot Capital jew. bei Kapitalerhöhungen; Messe Frankfurt u.a. zu Joint Venture Fairnamic; Aufsichtsrat von GAG-Immobilien hinsichtl. aktienrechtl. Sonderprüfung inkl. Abstimmung mit Vorstand; Artec Technologies zu Begebung von elektron. Wandelanleihe; Familienunternehmen zu Neugestaltung der Corporate Governance u. Gesellschafterversammlungen; Duisburger Hafen zu Container-Joint-Venture mit HTS Group; lfd.: Batteriekonzern, China Navigation, Grounds Real Estate Development; Mitarbeiterbeteiligungsprogramme u.a. für Auto1, Enapter, IGP Advantag, frz. Konzern, Medondo Holding, Panta-Flix, Seatti, HHer Fonds-Gesellschaft, mit ARUG-II-Bezug u.a. Edding, Solarparken, Aves One, VMR, Enapter, Serviceware; rund 25 HVen, u.a. 11 88 0 Solutions, 4basebio, Solarparken, Ökoworld; VW-Vorstand Diess bei Ausstieg.

HEUSSEN
Gesellschaftsrecht ★

Bewertung: An versch. Standorten tätige Gesellschaftsrechtspraxis, v.a. in ▷München u. ▷Stuttgart. Nähere Informationen finden Sie in diesen Regionalkapiteln.

Team: 22 Partner, 4 Associates, 2 of Counsel

Partnerwechsel: Clemens Richter (von Wirsing Hass Zoller), Wolfgang Meding (von Buse), Nicole Alexander-Huhle (von Cartella)

Schwerpunkte: Breite Praxis inkl. Prozessvertretung u. Beratung zu Nachfolgelösungen. Starke Verankerung im Mittelstand. Unternehmen sowie in den Branchen ▷IT, Energie u. Immobilien.

Mandate: Siehe Regionalkapitel.

HOFFMANN LIEBS
Gesellschaftsrecht ★★

Bewertung: Börsennot. Unternehmen mit ganz unterschiedl. Größe u. Ausrichtung setzen für lfd. aktien- u. kapitalmarktrechtl. Beratung auf die Kanzlei. Das schloss zuletzt auch zahlr. virtuelle HVen ein. Doch immer wieder empfiehlt sich HL dadurch auch für projektbezogene Mandate. Dies gilt in starkem Maß für grenzüberschr. Aktivitäten dieser Mandanten, etwa bei der Errichtung ausl. Produktionsstandorte. Doch auch Start-ups suchen in ihrer Gründungsphase die Erfahrung der Düsseldorfer, nicht zuletzt bei streitigen Auseinandersetzungen mit Gesellschaftern oder Organen.

Stärken: Kapitalmarktrecht; dt.-chin. Praxis.

Oft empfohlen: Norbert Bröcker („sehr gute u. kompetente Betreuung", Mandant), Claus Eßers

Team: 7 Partner, 1 Counsel, 1 Associate, 3 of Counsel

Schwerpunkte: Breites Mandantenspektrum, v.a. in den Branchen Chemie, Metallverarbeitung, IT, Banken u. Automobilzulieferer. Stark internat. tätig, v.a. mit China-Bezug. Vielfach HVen, Aktien- u. Kapitalmarktrecht sowie Konfliktlösung.

Mandate: Friwo zu Kapitalerhöhung; JHW Gesundheitszentrum (alternat. Investmentfonds) umf. zur Errichtung; UTC-Vastwin Project Logistics zu Logistikprojekt in Osteuropa; Intco Medical gesellschafts- u. vertriebsrechtl.; Versorgungswerke zur Neustrukturierung von Anlagerichtlinien: Rat für Nachhaltige Entwicklung zu Überarbeitung des Dt. Nachhaltigkeitskodexes; Technotrans zu Umstrukturierung u. HV.

HOGAN LOVELLS
Gesellschaftsrecht ★★★★

Bewertung: Die Arbeit an großen Abspaltungs- u. Umstrukturierungsprojekten ist zu einem Markenzeichen der gesellschaftsrechtl. Praxis geworden. Mit dem Renommee u. der Erfahrung aus dem Daimler-Projekt hat das dt. Team nun ein ähnl. Mandat für einen großen US-Technologiekonzern gewonnen. Es beweist noch einmal, dass HL sich zur Speerspitze beim kombinierten Einsatz von Legal Tech, Projektmanagement u. jurist. Hochreck bei einem gr. grenzüberschr. Mandat entwickelt hat. Bemerkenswert sind auch weiterhin die ausgeprägte Branchenfokussierung, insbes. ▷Energie u. ▷Versicherungen, u. die engen Beziehungen zur öffentl. Hand für komplexe Unternehmensfragen inkl. Privatisierung. Weniger auffällig, aber ebenfalls prägend sind einige langj. Kontakte zu gr. Family Offices. So kam zuletzt die Arbeit von Hirschmann bei der Sartorius-Nachfolgeregelung ebenso ans Licht wie die guten Kontakte der Kanzlei zu wichtigen dän. Unternehmerfamilien. Auch an anderer Stelle gab es Fortschritte: Die verbesserte Bilanz bei öffentl. Frankfurter Team zu verdanken. So konnten Investmentbanking-Kontakte für das Corporate-Team genutzt werden.

Stärken: Gute Branchenkompetenzen, v.a. in den Bereichen ▷Versicherung, ▷Gesundheit, ▷Energie, ▷Finanzinstitute u. ▷Immobilien sowie Chemie u. Automotive.

Oft empfohlen: Dr. Nikolas Zirngibl („lösungsorientiert u. fachl. exzellent", „guter Teamplayer mit umfangr. internat. M&A-Erfahrung", Wettbewerber), Dr. Lutz Angerer („fachl. herausragend u. internat. vernetzt", Wettbewerber), Dr. Christoph Louven („beeindruckend tiefes Wissen des Gesellschaftsrechts", Mandant), Dr. Volker Geyrhalter, Matthias Hirschmann, Dr. Tim Brandi, Peter Huber, Dr. Andreas Meyer, Jens Uhlendorf, Daniel Dehghanian, Prof. Dr. Michael Schlitt („extrem serviceorientiert, schnell u. erfahren", Mandant)

Team: Corporate insges.: 22 Partner, 10 Counsel, 38 Associates

Partnerwechsel: Dr. Christoph Naumann, Dr. Torsten Rosenboom (beide von Watson Farley)

Schwerpunkte: Starke grenzüberschr. Praxis. Umstrukturierungen, Joint-Venture-Verhandlungen sowie Organhaftungsfragen, v.a. im Automotive-, Konsumgüter-, Lifescience-, Energie- u. Technologiesektor. Beratung an der Schnittstelle zu ▷Compliance u. ▷Konfliktlösung.

Mandate: Akasol bei öffentl. Übernahmeangebot von BorgWarner u. Squeeze-out; Daimler/Daimler Truck bei Aufspaltung der internat. Finanzdienstleistungssparte; Daimler bei ww. Ausgliederung der IT-Sparte an Infosys; Mercedes-Benz bei Koop. mit ProLogium für Feststoffbatteriezellen; FlixMobility bei SE-Umwandlung; Voxeljet bei 3 Kapitalerhöhungen; Finanzagentur u.a. bei Beteiligung an Lufthansa-Kapitalerhöhung u. Stabilisierungsmaßnahmen für Galeria, Georgsmarienhütte u. Ludwig Görtz; NRW.Bank bei Privatisierung der Westspiel-Gruppe; Pareto Securities bei Privatplatzierung u. Listing von Pyrum-Innovation-Aktien; Adva Optical Networking bei Fusion mit Adtran; IBM bei ww. Abspaltung von Kyndryl; Klöpfer-&-Königer-Management bei Betriebsübergang. Lfd.: Generali, Gothaer-Gruppe, Talanx-Gruppe.

HONERT
Gesellschaftsrecht ★★

Bewertung: Gerade das Münchner Büro ist seit Jahren bei komplexen gesellschafts- u. steuerrechtl. Themen fest verankert, häufig auch in Nachfolgesituationen. Der Weggang eines Partners wurde teilweise durch die Partnerernennung eines jungen Corporate-Anwalts ausgeglichen, der im Vorjahr von Hengeler Mueller gewechselt

GESELLSCHAFTSRECHT

war. Der HHer Teil der Praxis ist etwas mehr transaktionsorientiert, verfügt jedoch im Gesellschaftsrecht über gute Verbindungen nach Skandinavien.
Stärken: Kombination von Gesellschafts- u. Steuerrecht.
Oft empfohlen: Dr. Jochen Neumayer, Dr. Jürgen Honert, Sven Fritsche, Dr. Peter Slabschi, Prof. Dr. Thomas Grädler
Team: 11 Eq.-Partner, 2 Sal.-Partner, 11 Associates
Partnerwechsel: Dr. Harald Lindemann (in eigene Kanzlei)
Schwerpunkte: Eignergeführte Unternehmen, daneben Family Offices, in München auch börsennot. Gesellschaften; Nachfolgegestaltungen u. Prozesse.
Mandate: Athos (Strüngmann-Familie) zu div. Beteiligungen; Unternehmen der Bekleidungsbranche bei umf. Konzernumstrukturierung; Gesellschafter eines mittelständ. Werbemittelunternehmens bei gesellschaftsrechtl. Streitigkeit; IT-Unternehmen bei Kapitalerhöhung; Partner einer Patentanwaltskanzlei bei Ausscheidensvereinbarung; Softwareunternehmen bei HV.

HUTH DIETRICH HAHN
Gesellschaftsrecht ★
Bewertung: Gesellschaftsrechtspraxis aus ▷*Hamburg*. Nähere Informationen finden Sie in diesem Regionalkapitel.
Team: 6 Partner, 3 Associates
Schwerpunkte: Lfd. Beratung von mittelständ., teils familiengeführten Unternehmen. Regelm. auch zu Nachfolgefragen, Immobilien sowie Transaktionen. Zudem Vertretung in streitigen Fällen.
Mandate: Siehe Regionalkapitel.

IHRIG & ANDERSON
Gesellschaftsrecht ★★
Bewertung: Von den beiden Partnern der Gesellschaftsrechtsboutique ist v.a. Ihrig für Gremien- u. Krisenberatung gefragt. Punktuell vertritt er auch Interessen von einzelnen Führungskräften – laut Marktinformationen etwa ein ehem. Wirecard-Aufsichtsratsmitglied bzgl. mögl. Schadensersatzforderungen. Daneben bewältigt das kleine Team auch Transaktionen u. Umstrukturierungen im Mittelstand.
Stärken: Betreuung von Vorständen u. Aufsichtsräten im Aktien- u. Konzernrecht sowie zum Umwandlungs- u. öffentl. Übernahmerecht.
Oft empfohlen: Dr. Hans-Christoph Ihrig
Team: 2 Eq.-Partner
Schwerpunkte: Corporate Governance, Compliance u. Organhaftung; auch prozessrechtl. Vertretung. HV-Vorbereitung u. -Durchführung. Gesellschaftsrechtl. Beratung für Mandanten aus dem gehobenen Mittelstand. Vertretung in gesellschaftsrechtl. Auseinandersetzungen u. internat. Schiedsverfahren.
Mandate: Ehem. Aufsichtsratsmitglied von Wirecard zu Organhaftung (aus dem Markt bekannt); Beiersdorf-Aufsichtsrat punktuell im Aktienrecht; Gesellschafter einer Freiberufler PartGmbB zu Anteilsverkauf/Ausscheiden; SE-Vorstandmitgl. bei vorzeitigem Ausscheiden; Arbeitnehmerbank eines Dax-Aufsichtsrats bei grundlegender Strukturmaßnahme; Aufsichtsräte von Pfeiffer Vacuum im Aktien-, Konzern- u. Kapitalmarktrecht; Großkraftwerk Mannheim im Konzern- u. Vertragsrecht; lfd. Gremien von Bünting Beteiligung u. Recura-Kliniken.

JONES DAY
Gesellschaftsrecht ★★★
Bewertung: Ein Großteil der gesellschaftsrechtl. Arbeit entstammt weiterhin der transaktionsbegleitenden Beratung. Doch JD beriet daneben eine Reihe von Mandanten im Zuge von Carve-outs u. Umstrukturierungen ohne einen konkreten Transaktionsbezug. Auch im vergangenen Jahr war die Kanzlei außerdem bei einer Reihe von Joint-Venture-Gründungen im Einsatz, bspw. aufseiten von SAP. Nicht minder gefragt ist JD bei streitigen Mandanten mit Bezug zum Gesellschaftsrecht ebenso wie bei der Organberatung u. in Verfahren um Organhaftung. Dank seines aktien- u. kapitalmarktrechl. Know-hows beriet das Team auch einen Investor im Zshg. mit dem Börsengang von Mister Spex.
Oft empfohlen: Ansgar Rempp
Team: 12 Partner, 2 Counsel, 11 Associates, 6 of Counsel
Schwerpunkte: Beratung von Töchtern internat. Unternehmen in Dtl., oft im Umfeld von Transaktionen u. öffentl. Übernahmen (▷*M&A*). Zusätzl. auch dt. Mittelstandsunternehmen, u.a. zu Strukturen u. Organhaftung. Aktive Praxen in spez. Segmenten ▷*Energie* u. VC (▷*Private Equ. u. Vent. Capital*).
Mandate: SAP u.a. zu Gründung von Joint Venture mit Dediq; Brillenglashersteller im Zshg. mit IPO von Mister Spex; Hess. Finanzministerium im Zshg. mit Rolle als Gesellschafterin bei Helaba; Macquarie im Zshg. mit der Gründung eines Investmentvehikels; CDPQ bei Beteiligung an Hy2gen; Celonis u.a. zu Einstieg von Service Now. Lfd. Pandox.

K&L GATES
Gesellschaftsrecht ★★
Bewertung: Die gesellschaftsrechtl. Praxis beschäftigen div. lfd. Mandate, die oftmals der ▷*M&A-Transaktionsberatung* nachgelagert sind. Zudem ist K&L Gates regelm. im Zshg. mit Joint Ventures im Einsatz – nicht nur, wenn es um Gründungen geht, sondern, wie das Bsp. Osram Continental zeigt, auch bei Rückabwicklungen. Im Münchner Büro sind die Verbindungen zu Italien eng: Dass die Mandantin Saleri u. neuerdings auch ein ital. Stahlproduzent auf K&L Gates setzen, ist der engen Verzahnung der Büros München u. Mailand zu verdanken u. erweitert den europ. ausgerichteten Radius der Praxis. Personelle Veränderungen ergaben sich im Frankfurter Büro: Dort verließ ein Partner mit Fokus auf dt.-frz. Transaktionen die Kanzlei. Insgesamt stehen die Zeichen indes auf Wachstum: So ernannte die Kanzlei eine Sal.-Partnerin.
Oft empfohlen: Boris Kläsener, Dr. Thomas Lappe, Dr. Martina Ortner
Team: 7 Eq.-Partner, 6 Sal.-Partner, 1 Counsel, 6 Associates
Partnerwechsel: Klaus Banke (zu Simmons & Simmons)
Schwerpunkte: Internat. aufgestellte Praxis mit Fokus auf gehobenen Mittelstand, auch für dt. Konzerne tätig.
Mandate: Osram Continental bei Rückabwicklung von Joint Venture; Atos bei gepl. JV für Vertrieb orthopäd. Hilfsmittel; Aktionäre einer MDax-SE bei Umstrukturierung u. Entflechtung des Anteilsbesitzes; lfd. Atos, Koenig & Bauer (auch HV), VTG, Francotyp Postalia (auch HV), Saleri, ital. Stahlproduzent.

KAPELLMANN UND PARTNER
Gesellschaftsrecht ★★
Bewertung: Die Kanzlei ist dabei, ihre regionale Präsenz im Gesellschaftsrecht zu erweitern, v.a. indem ein Düsseldorfer Partner seine Beratung nun auch am HHer Standort anbietet. Da in Berlin u. Frankfurt Associates in den Corporate-Bereich integriert wurden u. in D'dorf ein weiterer Equity-Partner für das Gesellschaftsrecht ernannt wurde, gewinnt der Bereich zusätzl. an Gewicht. Umso mehr könnte das Team umfangreicher als bisher die große Gruppe der immobilienrechtl. Stammmandanten bei Umstrukturierungen, Prozessen oder Transaktionen beraten. Mit der Größe des Teams gewinnen die Anwälte zudem Raum für Spezialisierung, etwa im Bereich Aktienrecht, Compliance u. Litigation.
Oft empfohlen: Dr. Thomas Bunz („pragmat., angenehm, inhaltl. gut", Wettbewerber)
Team: 4 Eq.-Partner, 4 Sal.-Partner, 3 Associates
Schwerpunkte: Umstrukturierungen, Umwandlungen, Joint Ventures (v.a. im Ausland) sowie Gesellschafterstreit, Organhaftung u. Transaktionen ▷*M&A*.
Mandate: Lfd. Flughafen D'dorf, u.a. zu gerichtl. Statusverfahren; Textileinzelhändler zu Unternehmensnachfolge; Hochwald Foods lfd. u. zu Garantieansprüchen aus einer M&A-Transaktion; Mineralölhändler zu Cash-Pools u. Joint Ventures; Bauträger zu Umstrukturierung u. Verkäufen; Ottonova Holding zu virtuellem Aktienoptionsprogramm; Prangenberg & Zaum zu Umstrukturierung; Investor zu Gesellschafterstreit um grenzüberschr. Immobilienfonds u. Anleihe; Viacare lfd. u. zu Post-M&A-Streit.

KING & WOOD MALLESONS
Gesellschaftsrecht ★★
Bewertung: Gesellschaftsrechtspraxis aus ▷*Frankfurt*. Nähere Informationen finden Sie in diesem Regionalkapitel.
Team: 8 Partner, 4 Counsel, 5 Associates
Schwerpunkte: Beratung dt. Familienunternehmen sowie für ostasiatische (v.a. chinesische) Investoren in Dtl.
Mandate: Siehe Regionalkapitel.

KIRKLAND & ELLIS
Gesellschaftsrecht ★★
Bewertung: Auch im Gesellschaftsrecht liegt zwar bei der US-Kanzlei ein großer Akzent auf der Transaktionspraxis, doch sie bedient weiterhin auch den erhebl. Bedarf von Portfoliounternehmen von Private-Equity-Häusern. Diese Mandanten berät die Partnerriege zudem in der Paradedisziplin der dt. Praxis: öffentl. Übernahmeangebote, unter denen sich in den letzten Jahren die signifikantesten Transaktionen am Markt befanden.
Oft empfohlen: Dr. Achim Herfs, Dr. Anna Schwander, Dr. Benjamin Leyendecker (öffentl. Übernahmen)
Team: 4 Eq.-Partner, 4 Sal.-Partner, 16 Associates
Schwerpunkte: Börsennot. Unternehmen, inkl. Organhaftung, Kapitalmarktrecht. Oft transaktionsbez. Gesellschaftsrecht wie Übernahmerecht (▷*M&A*). Zudem starke ▷*Insolvenz- u. Restrukturierungspraxis*.
Mandate: Brookfield bei öffentl. Übernahmeangebot für Alstria Office REIT; Carlyle bei öffentl. Übernahmeangebot für Schaltbau Holding; lfd. Stada, Singulus Technologies, Tele Columbus.

GESELLSCHAFTSRECHT

KPMG LAW
Gesellschaftsrecht ★★
Bewertung: Die gesellschaftsrechtl. Arbeit der Big-Four-Kanzlei umfasst ein breites Spektrum, von der Organberatung, teils mit Schnittstellen zu Compliance, über die Begleitung von HVen bis hin zur Beratung zu Reorganisationen. So setzten neben dem 1. FC Nürnberg auch mehrere Automobilzulieferer bei teils internat. Umstrukturierungen auf die Praxis. Auch bei einigen Dax-Unternehmen kommt die Praxis inzw. zum Zuge, etwa bei aktienrechtl. Fragen zu Vergütungsthemen. Dass KPMG die Rechtsabteilung von VW in Dtl. sowohl zur Neustrukturierung als auch zur Implementierung einer eigenen Legal-Tech-Plattform beriet, ist nicht zuletzt darauf zurückzuführen, dass die Kanzlei bei Legal-Tech-Lösungen eine der Vorreiterinnen auf dem Markt ist.
Stärken: Grenzüberschr. Umstrukturierungen.
Oft empfohlen: Dr. Nikolaus Manthey, Dr. Matthias Aldejohann, Dr. Stefan Suchan, Dr. Dr. Boris Schilmar, Dr. Daniel Kaut
Team: Corporate insges.: 12 Eq.-Partner, 22 Sal.-Partner, 27 Associates
Schwerpunkte: Zusammenarbeit mit KPMG-WP bei großen, oft steuergetriebenen grenzüberschr. Umstrukturierungen, daneben auch Eigengeschäft, v.a. für dt. Mittelstand.
Mandate: 1. FC Nürnberg zu Umstrukturierung; Dax-Unternehmen im Zshg. mit Reorganisation; Dax-Unternehmen zu Vergütungsbericht; Automobilzulieferer zu ww. Konzernumstrukturierung; dt. Automobilzulieferer zu Änderung der lokalen Geschäftsführung in div. Ländern; Pfeiffer Vacuum konzernrechtl.; Volkswagen zu Umstrukturierung der Rechtsabteilung. Lfd.: K+S, Treuhandverwaltung Igemet.

KÜMMERLEIN
Gesellschaftsrecht ★★
Bewertung: Die gesellschaftsrechtl. Arbeit der Kanzlei ist nach wie vor stark durch ihr hoch angesehenes Notariat geprägt, das mittlerw. 12 Amtsträger zählt. Entspr. häufig ist die Praxis mit komplexen Umstrukturierungen, Nachfolgethemen u. grenzüberschr. Formwechseln befasst. Doch auch in der klass. anwaltl. Beratung hat Kümmerlein, stark beeinflusst durch die nachwachsende Generation u. die konsequentere Fokussierung auf Branchen, die Qualität ihrer Mandate auf ein neues Level gehoben. Das führt dazu, dass es immer besser gelingt, ihren Aktionsradius über das Ruhrgebiet hinaus auszudehnen.
Stärken: Umstrukturierungen. Angesehenes ▷Notariat.
Oft empfohlen: Dr. Ulrich Irriger, Dr. Joachim Gores, Dr. Christian Löhr („kompetent, kundenorientiert, praxisnah, sehr erfahren", Mandant; „guter Überblick mit Fokus auf die wirtschaftl. wichtigen Themen", Wettbewerber)
Team: Corporate insges.: 18 Eq.-Partner, 1 Counsel, 11 Associates
Schwerpunkte: Breite Palette im Gesellschaftsrecht; Umstrukturierungen, Formwechsel, Nachfolgeregelungen, Konzern- u. Aktienrecht, Joint-Venture-Gestaltungen. Jahrzehntelange Beratung einiger Ruhrkonzerne, inkl. HV-Begleitung. Daneben Betreuung von dt. u. internat. tätigen Banken, Mobilfunkunternehmen, Verlagen u. Energieunternehmen. Auch gesellschaftsrechtl. Prozesse.
Mandate: RAG in Post-M&A-Streit (OLG Hamm); Opta Data lfd., u.a. bei Konzernumstrukturierung inkl. Holdingstruktur; MMC-Gruppe bei gesellschaftsrechtl. Refinanzierung; März Internetwork Services bei Umstrukturierung; Greyfield Group bei Reorganisation der Unternehmensgruppe; Dr. Marcus Kruse bei Beteiligung am Essener Colosseum Theater u. Gründung der Betreibergesellschaft Bryck; lfd.: Evonik, RWE, Contilia, Opta Data, LSG Sky Chefs.

LATHAM & WATKINS
Gesellschaftsrecht ★★★★
Bewertung: Die Arbeit der Gesellschaftsrechtler bei L&W geht weit über die gesellschaftsrechtl. Begleitung von Transaktionen hinaus. So ist die Praxis u.a. bei einer Reihe von Vorständen u. Aufsichtsräten teils namh. Mandanten gefragt. Die Beratung des ADAC-Vorstands, auch im Hinblick auf Compliance- u. Governance-Themen, ist hier nur ein Beispiel. Wie gut L&W in der dt. Konzernlandschaft vernetzt ist, zeigen regelm. Mandatierungen bspw. durch TeamViewer, Brenntag u. RWE, die auch bei ihren HVen auf L&W setzen. Für den Energiekonzern RWE, zu dem insbes. Larisch enge Kontakte pflegt, trat die Kanzlei zuletzt mehrfach bei Mandaten in Erscheinung, die öffentl. Beachtung fanden. So berät L&W den Konzern sowohl gesellschaftsrechtl. zum Braunkohleausstieg als auch im Zshg. mit LNG-Terminals. Ein weiterer Bereich, für den L&W viel Ansehen genießt, ist das Kapitalmarktrecht, wo die Anwälte eng mit den Teams aus London u. den USA zusammenarbeiten, aber auch den Aareal-Aufsichtsrat im Zshg. mit dem Übernahmeangebot u.a. von Centerbridge u. Advent sowie zur Abwehr aktivist. Aktionäre beraten. In der Leitung der Praxisgruppe zeichnet sich derweil ein Generationswechsel ab. So rückte Gotsche, der im vergangenen Jahr zu L&W wechselte, neben Paschos in die Spitze u. soll zum kommenden Jahr die alleinige Leitung der Praxisgruppe übernehmen.
Stärken: Internat. Aufstellung, ausgeprägte Branchenfokussierung einzelner Partner (z.B. Gesundheitswesen, Finanzdienstleister). Hervorrag. ▷Private-Equity-, ▷Insolvenz- u. Restrukturierungspraxis.
Oft empfohlen: Dr. Henning Schneider, Dr. Nikolaos Paschos („macht Spaß, mit ihm zu arbeiten", Wettbewerber), Dr. Stefan Widder („ausgesprochen kompetent, sehr kollegiales u. zielorientiertes Verhalten", Wettbewerber), Dr. Rainer Traugott, Dr. Tobias Larisch („kann schnell u. kreativ hervorragende Problemlösungen finden", Wettbewerber), Dr. Ingo Strauss, Dr. Heiko Gotsche, Frank Grell
Team: 12 Partner, 4 Counsel, 29 Associates
Schwerpunkte: Umstrukturierungen, Formwechsel, Carve-outs, Kooperationen u.a. Projekte sowie lfd. Beratung (auch HVen) für Großkonzerne. Lfd. Beratung für Portfoliounternehmen von Private-Equity-Gesellschaften in beträchtl. Umfang.
Mandate: Aufsichtsrat Aareal Bank im Zshg. mit öffentl. Übernahmeangebot; ZF Friedrichshafen zu Carve-out der Schaltgetriebesparte; Nielsen Capital als Ankeraktionär von zooplus im Zshg. mit öffentl. Übernahmeangebot; RWE im Zshg. mit Braunkohleausstieg u. mit LNG-Terminal Brunsbüttel; Dt. Bank zur Nachfolge des Aufsichtsratsvorsitzenden; TeamViewer lfd. gesellschaftsrechtl. sowie zu Aktienrückkauf, zu Formwechsel, zu Abschluss von Trikotsponsoring bei Manchester United u. zu Partnerschaft mit Mercedes-AMG Petronas Formula One Team und dem Mercedes-EQ Formula E Team. Lfd.: ADAC, BayWa, Bio Rad, Brenntag, Evercore, Stadt HH, H&R, Instone Real Estate, Körber, Munich Re, Nagarro.

LAWENTUS
Gesellschaftsrecht ★
Bewertung: Die HHer Corporate-Boutique berät v.a. eine mittelständ. Klientel. Einige vertrauen seit Jahren auf sie. Häufig ist auch ihre Transaktions- u. insolvenzrechtl. Erfahrung gefragt. Immer besser fasst sie auch in der noch überschaubaren HHer Start-up-Szene Fuß. Die etablierten Partner gewannen zudem ein lokal prestigeträchtiges Mandat: Der Xing-Gründer mandatierte die Kanzlei, um ihn in div. Rechtsgebieten bei der Realisierung des Digital Art Museums in der Hafen City zu beraten.
Team: 2 Partner, 3 Associates
Schwerpunkte: Beratung oft mit Restrukturierungsbezug. Auch Transaktionen, Prozesse u. Vertragsgestaltung.
Mandate: Lars Hinrichs umf. zur Realisierung des Digital Art Museums; S&N Group zu gruppeninterner Umstrukturierung mit ausl. Tochtergesellschaft; gesellschaftsrechtl. Beratung des Hansa-Heemann-Vorstands; Biotechunternehmen in Finanzierungsrunde; Hersteller von Windenergietechnik in Auseinandersetzung mit JV-Partner; Mitglied einer Unternehmerfamilie zu mögl. erbrechtl. Gestaltungen; Lfd.: BAT, Topas.

LEO SCHMIDT-HOLLBURG WITTE & FRANK
Gesellschaftsrecht ★
Bewertung: Gesellschaftsrechtspraxis aus ▷Hamburg. Nähere Informationen finden Sie in diesem Regionalkapitel.
Team: 3 Partner, 1 Counsel, 1 Associate
Schwerpunkte: Lfd. Beratung einer Reihe meist norddt. Unternehmen und Privatpersonen. Auch M&A, Private Equity u. Venture Capital sowie gesellschaftsrechtl. Prozesse.
Mandate: Siehe Regionalkapitel.

LINDENPARTNERS
Gesellschaftsrecht ★
Bewertung: Gesellschaftsrechtspraxis aus ▷Berlin. Nähere Informationen finden Sie in diesem Regionalkapitel.
Team: 5 Partner, 3 Associates
Schwerpunkte: Lfd. Beratung von mittelständ. u. internat. Unternehmen, auch Erfahrung mit Start-ups. Regelm. Restrukturierungen u. Kapitalmarktrecht; starker prozessrechtl. Einschlag sowie steuerrechtl. Kompetenz.
Mandate: Siehe Regionalkapitel.

LINKLATERS
Gesellschaftsrecht ★★★★★
Bewertung: Die Positionierung der gesellschaftsrechtl. Praxis unter den Dax-Unternehmen ist nach wie vor hervorragend u. die Rolle von Wollburg sucht im Markt ihresgleichen. Wettbewerber zeigen sich von der Omnipräsenz beeindruckt. Über die Jahre ist es ihm so gelungen, die Sozietät im Zentrum einiger der bedeutendsten Industrieentwicklungen zu verankern. Auch Wilsings Arbeit für Daimler, einen Konzern, zu dem es keine histor. enge Beziehung gab, u. die enge Integration mit dem ▷Kapitalmarktrechtsteam festigen die Position an der Marktspitze. Lange schien jedoch unsicher, dass die folgende Generation in die Arbeit einsteigen kann. Hier ist inzw. die Rolle von Illert bei der Dt.

GESELLSCHAFTSRECHT

Börse u. E.on bemerkenswert, aber auch in München gibt es mit Horcher einen jungen Übernahmerechtler, der auf sich aufmerksam macht. Auch der Kapitalmarktrechtler Carbonare hat sich als Gewinn erwiesen, wie die Beratung zum mögl. Verkauf von Lufthansa Technik zeigt. Der Wechsel von Klaaßen-Kaiser in eine europ. Führungsrolle der Corporate-Praxis zeigt die Bemühung, die Vernetzung der kontinentaleurop. Standorte zu intensivieren, die untereinander eine kompatiblere Mandantschaft haben als mit London.
Stärken: Hochkarätiges Konzern- u. Aktienrecht; Vernetzung bei führenden Vorständen u. Aufsichtsräten; fachübergr. Verknüpfung insbes. zu Finanzierungen u. Steuern.
Oft empfohlen: Dr. Hans-Ulrich Wilsing („sehr souveränes, ruhiges Auftreten", Mandant; „sehr gut vernetzt, sein Wort hat in Vorständen u. Aufsichtsräten Gewicht" Wettbewerber), Dr. Ralph Wollburg („er ist einfach überall; es gibt keine vergleichbare Figur im Anwaltsmarkt", Wettbewerber), Dr. Tim Johannsen-Roth („ausgezeichneter Aktien- u. Kapitalmarktrechtler", Wettbewerber), Staffan Illert („extrem belastbar u. einsatzfreudig; eine tragende Säule der Praxis", Wettbewerber), Dr. Wolfgang Krauel („sehr erfahren; Dienstleistungsorientierung in Perfektion", Wettbewerber), Ulrich Wolff, Stephan Oppenhoff, Dr. Thomas Nießen, Kristina Klaaßen-Kaiser, Dr. Marco Carbonare („kompetent u. souverän; behält auch in schwierigen Situationen die Nerven", Wettbewerber), Dirk Horcher („besondere Erfahrung im Public-M&A", Wettbewerber)
Team: 25 Partner, 13 Counsel, 76 Associates, 2 of Counsel
Partnerwechsel: Wolfgang Sturm (zu Gleiss Lutz)
Schwerpunkte: Aktien- u. Konzernrecht in D'dorf u. Frankfurt (Formwechsel, HVen), regulierte Branchen in Berlin. Oft im Zshg. mit Transaktionen (▷Insolvenz/Restrukturierung u. ▷M&A) sowie Finanzsektor (▷Anleihen/▷Bankrecht u. -aufsicht). Beratung von Vorständen bei Organklagen (▷Konfliktlösung) u. Joint Ventures.
Mandate: VW-Vorstand bei Vorbereitung des IPO von Porsche AG, neuer Führungsgesellschaft für Batteriezellengeschäft u. bei Dieselaffäre; Porsche AG u.a. zu HV 2021; Porsche Holding u.a. zu HV u. strateg. Fragen inkl. Joint Venture im Bereich intelligenter Verkehrssteuerung; Daimler bei Spin-off einer Mehrheit an Daimler Truck u. Börsennotierung; Lufthansa bei gepl. Verkauf von Lufthansa Technik (aus dem Markt bekannt); Thyssenkrupp bei allen gesellschaftsrechtl. Grundsatzfragen u. Abspaltung/IPO von Nucera; E.on bei Asset-Tausch zwischen E.on u. RWE sowie Fusion von Innogy auf E.on Verwaltungs SE; Uniper konzernrechtl. bei Koop. mit Fortum im Bereich Wasserkraft; Bayer bei aktivist. Aktionären, HV, Beschlussmängelklageverfahren 2021; Global Wafers bei öffentl. Übernahmeangebot an Aktionäre von Siltronic. Lfd.: Dt. Börse, Dt. Bank, Fresenius Medical Care u. Fresenius SE & Co. KGaA.

LLR LEGERLOTZ LASCHET UND PARTNER
Gesellschaftsrecht ★
Bewertung: Gesellschaftsrechtspraxis aus ▷Köln. Nähere Informationen finden Sie in diesem Regionalkapitel.
Team: 3 Eq.-Partner, 1 Sal.-Partner, 1 Counsel
Schwerpunkte: Beratung an der Schnittstelle zum Aktien- u. Kapitalmarktrecht, inkl. HVen.
Mandate: Siehe Regionalkapitel.

LMPS VON LAER MEYER PAUL STUTTMANN
Gesellschaftsrecht ★★

Gründerzeit-Award

Bewertung: Der Linklaters-Spin-off hat sich innerh. von 2 Jahren im Gesellschaftsrecht einen guten Ruf erarbeitet. Die Basis bilden komplexe Mandate für AGen u. SEs. Für den Bereich Umstrukturierungen kam mit einer Ex-Linklaters-Kollegin weitere Verstärkung. Im Vergleich zu einigen anderen Boutiquen konnte LMPS außerdem bei VC-finanzierten Wachstumsunternehmen Fuß fassen, u.a. weil sie häufig von anderen Kanzleien für komplexere gesellschaftsrechtl. Arbeit hinzugezogen wurde. Dies hat die Ausweitung des Rufs über D'dorf hinaus beschleunigt.
Oft empfohlen: Dr. Carsten Paul („versierter Aktien- u. Kapitalmarktrechtler", Wettbewerber), Dr. Daniel Meyer („brillanter Jurist mit treffsicherem Blick für wirtschaftl. Zusammenhänge; kann sich mit jedem Schwergewicht in der Branche messen", Wettbewerber), Dr. Hubertus Stuttmann („freundlich im Ton, hart in der Sache", Wettbewerber)
Team: 4 Eq.-Partner, 1 Sal.-Partner
Partnerwechsel: Dr. Eva Georg (von Linklaters)
Schwerpunkte: Konzern-, aktien- u. kapitalmarktrechtl. Beratung von Großunternehmen, Organberatung u. gesellschaftsrechtl. Prozesse. Auch Post-M&A-Arbeit. Auch ▷M&A.
Mandate: Ehem. WestLB-Vorstandsmitgl. bei Organhaftung. Lfd. Gesco inkl. HV, Hugo-Boss-Vorstand u. -Aufsichtsrat inkl. HV, Indus Holding inkl. Kapitalmarktrecht, Pantera inkl. HV, 1Komma5, CoachHub, Knipex Werk C, Gustav Putsch.

LOSCHELDER
Gesellschaftsrecht ★
Bewertung: Gesellschaftsrechtspraxis aus ▷Köln. Nähere Informationen finden Sie in diesem Regionalkapitel.
Team: 8 Partner, 6 Associates
Schwerpunkte: Umstrukturierungen u. Beteiligungen, v.a. im Mittelstand u. für Konzerntöchter, teils mit Bezug zu Nachfolgegestaltung. Auch gesellschafts- u. aktienrechtl. Streitigkeiten, einschl. Organhaftung.
Mandate: Siehe Regionalkapitel.

LUTHER
Gesellschaftsrecht ★★★
Bewertung: Es gibt kaum Themen, die die personalstarke gesellschaftsrechtl. Praxis nicht in der Lage wäre abzudecken. Viel Erfahrung hat sie etwa mit Reorganisationsmandaten, die sie teils über längere Zeit begleitet. Grenzüberschr. Verschmelzungen, Rechtsformwechsel, arbeitsrechtl. Strukturen u. zugehörige Transaktionen prägen die vernetzte Arbeit des Teams. Während Unternehmen wie Atlas Copco u. Ottobock schon länger auf Luther vertrauen, setzten nun die Beratung der R+V bei der Verschmelzung der luxemb. Tochter u. eines europ. Einzelhandelskonzerns nach getätigten Zukäufen neue Akzente. Mandate wie diese zeigen auch, dass Luther sich schrittweise über ihre hoch anerkannten Schwerpunkte in den Sektoren Gesundheit u. Energie Marktanteile in anderen Branchen erobert. Auffällig ist auch, wie sich einige Partner intensiver im Umfeld von Venture-Capital-Investitionen engagieren. Im Zshg. mit Umstrukturierungen lobten Mandanten neben der notariellen Kompetenz eine gute u. effiziente Zusammenarbeit mit anderen Notaren. Viel Erfahrung hat die Kanzlei zudem mit der Gestaltung von internat. Joint Ventures, auch hier vertrauten wieder neue Mandanten dem Team Projekte an.
Stärken: Viel Erfahrung in den Branchen Energie u. Gesundheit. Tiefe Wurzeln im Mittelstand.
Oft empfohlen: Dr. Stefan Galla („gut erreichbar, schnell u. verlässl.", Mandant), Dr. Michael Bormann, Thomas Weidlich, Dr. Jörgen Tielmann („sehr fundiertes Wissen, responsiv, souverän", Mandant), Dr. Andreas Kloyer, Dr. Eberhard Vetter
Team: 48 Partner, 12 Counsel, 55 Associates
Schwerpunkte: Umf. Branchenkenntnis im ▷Energiesektor in D'dorf, ▷Gesundheitssektor in Hannover u. Essen. Breit aufgestellt in Köln, Frankfurt u. Hamburg. Eigene Büros in Singapur u. Luxemburg; intensivierte Zusammenarbeit mit ital. u. frz. Partnerkanzleien. Auch HV-Betreuung, Kapitalmarktrecht u. Finanzierung, inkl. VC. Großes ▷Notariatsteam.
Mandate: Atlas Copco, u.a. zu Integration von Zukäufen, Mitbestimmungsstatut, Governance-Struktur; Raffineriebetreiber zu Wasserstoffelektrolyse-Joint-Venture; R+V Lebensversicherung bei Verschmelzung der luxemb. auf dt. Lebensversicherer; Brückner Holding bei konzerninterner Fusion in Indien; Chiron bei Umstrukturierung u. strateg. Neuausrichtung; E.on zu VC-Beteiligungen; Connect Com bei Gesellschafterauseinandersetzung; Uniklinik Heidelberg zu gepl. Fusion mit Universitätsmedizin Mannheim; Crealogix zu Governance-Struktur; Lechwerke zu HV; Kfz-Zulieferer zu Familienstiftungs-KG-Modell; G. Geiger zu Joint Venture in China; Ottobock bei internat. Umstrukturierung; internat. Einzelhändler zu Mitbestimmung, SE & Co. KG u. Reorganisation; Stadt Köln bei Zusammenführung von Kliniken; regelm. Haus Cramer Holding, Bonfiglioli-Gruppe.

LUTZ ABEL
Gesellschaftsrecht ★
Bewertung: Gesellschaftsrechtspraxis aus ▷München. Nähere Informationen finden Sie in diesem Regionalkapitel.
Team: 3 Eq.-Partner, 6 Sal.-Partner, 3 Associates
Schwerpunkte: Lfd. Beratung v.a. von mittelständ. Unternehmen, aber auch Wachstumsunternehmen (▷Venture Capital). Langj. starker Ruf bei Gesellschafterstreitigkeiten.
Mandate: Siehe Regionalkapitel

MARTIUS
Gesellschaftsrecht ★★
Bewertung: Die Boutique hat sich dank hochkarät. Mandate in Kernbereichen des Gesellschaftsrechts schnell etabliert. Grobecker genießt schon länger einen starken Ruf, v.a. bei Organhaftung u. Corporate Governance. Doch hat sich die Praxis über die letzten 2 Jahre v.a. durch die Arbeit der jüngeren Partner verbreitet. So beraten die Anwälte an der Schnittstelle zw. komplexem Gesellschaftsrecht für Wachstumsunternehmen, der Betreuung von Family Offices sowie Fondsstrukturierungen. Gerade im Münchner Markt greifen diese Bereiche immer mehr ineinander.
Stärken: Organhaftung, Corporate Litigation.
Oft empfohlen: Dr. Wolfgang Grobecker
Team: 4 Partner, 4 Associates
Schwerpunkte: Gesellschaftsrecht (v.a. Organhaftung, Konzern- u. Aktienrecht, Prozessführung, Beratung von Familienunternehmen), M&A.

GESELLSCHAFTSRECHT

Mandate: Polygon Capital bei öffentl. Übernahmen, u.a. bei Hella durch Faurecia, Biotest durch Grifols, Adva Optcal Networking durch Adtran; Tilke bei internat. Joint Venture u. Governance; Amundi Dtl. bei Übernahme u. Integration von Lyxor; Markel Insurance bei div. D&O-Organhaftungsfällen; Spinone bei Strukturierung eines Evergreen Fund of Funds. Lfd.: Dermapharm SE, Boos Immobilien, Data Modul, Solarisbank.

MAYER BROWN
Gesellschaftsrecht ★★

Bewertung: Die gesellschaftsrechtl. Praxis der US-Kanzlei berät zu zahlr. Themen, einschl. Corporate Governance u. bis an die Schnittstelle zum Insolvenzrecht. Hinzu kommt anerkanntes kapitalmarktrechtl. Know-how. Oft suchen Banken den gesellschaftsrechtl. Rat. Die Partnerebene erweiterte sich zuletzt deutlich: So ernannte die Kanzlei Dr. Jan Streer zum Partner. Zudem stieß eine Partnerin hinzu, die an der Schnittstelle zwischen Eigenkapitalmaßnahmen u. Gesellschaftsrecht berät, wodurch die Praxis die kapitalmarktrechtl. Beratung weiter verbreitete. Schließl. wechselte ein Partner in die Kanzlei, der aufgrund seiner Inhouse-Vergangenheit bei BASF über Kontakte u. Branchenerfahrung verfügt.
Stärken: Ww. aufgestellt, u.a. stark in Asien u. bei Finanzdienstleistern. Mittelstandsberatung in D'dorf, v.a. für ▷Insolvenz/Restrukturierung.
Oft empfohlen: Dr. Ulrike Binder, Dr. Marco Wilhelm, Dr. Julian Lemor (auch für Notariat), Dr. Joachim Modlich
Team: 8 Eq.-Partner, 5 Counsel, 8 Associates
Partnerwechsel: Carlos Robles y Zepf (von DLA Piper), Dr. Susanne Lenz (von Pinsent Masons)
Schwerpunkte: Zahlr. Branchenschwerpunkte, u.a. Chemie-, Pharma- u. Automobilindustrie, Immobilien, Hotels, Medien/Entertainment. Internat. Praxis, geprägt von industriellem Mandantenstamm. Auch ▷M&A.
Mandate: Hauck & Aufhäuser u.a. zu Integration u. Restrukturierung von Bankhaus Lampe, inkl. Verfahren bei Aufsichtsbehörden; Reifenhersteller zu Restrukturierung der Gruppe, inkl. insolvenzrechtl. Bezüge; Raffinerie Heide als Mehrheitsgesellschafterin im Zshg. mit Joint Venture ‚H2 Westküste'; AaviGen zu div. gesellschaftsrechtl. Themen u.a. im Zshg. mit Investitionen. Lfd.: Borromin-Funds-Portfoliounternehmen, WiseTech Global, HCOB.

MCDERMOTT WILL & EMERY
Gesellschaftsrecht ★★★

Bewertung: Im Mittelpunkt der gesellschaftsrechtl. Beratung stehen Reorganisationen, Umwandlungen u. Joint Ventures ebenso wie aktien- u. kapitalmarktrechtl. Fragen. U.a. setzte mit VW Financial Services ein namh. Mandant bei der Gründung eines Joint Ventures auf die Kanzlei. Zudem verfügt MWE über eine anerkannte Restrukturierungspraxis, mit der es auch personelle Überschneidungen gibt. Besonders viel Erfahrung hat das Team zudem im Immobiliensektor, wo Stammmandantin Signa erneut bei versch. Projekten auf die Kanzlei setzte. Insgesamt ernannte MWE 4 Partner, 3 am D'dorfer Standort u. einen in München. Sie verfügen teils über Know-how an der Schnittstelle zu Healthcare, Insolvenz u. Restrukturierung und Finanzaufsichtsrecht. Zudem gewann sie für Ffm. 2 Quereinsteiger.
Stärken: Internat. Restrukturierungen; ausgeprägte Branchenfokussierung auf Immobilien, Healthcare u. Medien.
Oft empfohlen: Dr. Norbert Schulte („besonders gut an der Schnittstelle von Immobilien- u. Gesellschaftsrecht", Wettbewerber), Christian von Sydow, Dr. Uwe Goetker („souverän mit breitem Fachwissen", Wettbewerber), Dr. Stephan Rau („großes Verständnis für unternehmer. Belange", Wettbewerber), Dr. Matthias Kampshoff (v.a. Restrukturierung), Dr. Philipp Grenzebach
Team: 20 Partner, 3 Counsel, 15 Associates, 1 of Counsel
Partnerwechsel: Rolf Hünermann, Dr. Philip Schmidt (beide von Reed Smith)
Schwerpunkte: Lfd. Beratung sowohl von US-Unternehmen in Dtl. als auch Mandanten aus der DACH-Region, v.a. große Mittelständler. Gesellschaftsrecht an der Schnittstelle zu ▷Insolvenz/Restrukturierung (D'dorf). Kapitalmarktrecht in Ffm. Branchen: v.a. ▷Gesundheit, Lebensmittel, ▷Immobilien, ▷Medien/Telekommunikation u. Einzelhandel.
Mandate: Signa zu Joint Venture mit Central Group zum Kauf von Selfridges; Signa Prime Selection zu grenzüberschr. Formwechseln u. Strukturmaßnahmen; Volkswagen Financial Services zu JV mit JPMorgan; Agilent u. Celanese zu internat. Reorganisation; Intersnack zu Umstrukturierung; Apontis Pharma zu Börsengang u. HV; Atruvia zu Formwechsel; Merck zu Gründung von Technologiepark; Sport1 Medien zu HV u. Squeeze-out; SportScheck gesellschaftsrechtlich.

MEILICKE HOFFMANN & PARTNER
Gesellschaftsrecht ★

Bewertung: Gesellschaftsrechtspraxis aus ▷NRW (Bonn). Nähere Informationen finden Sie in diesem Regionalkapitel.
Team: 8 Eq.-Partner, 2 Associates, 2 of Counsel
Schwerpunkte: Beratung von Mittelstandsunternehmen, vermög. Privatpersonen u. Minderheitsaktionären v.a. im Aktienrecht. Auch Schnittstelle zum Steuer- und Kapitalmarktrecht, inkl. Prozesse.
Mandate: Siehe Regionalkapitel.

MELCHERS
Gesellschaftsrecht ★

Bewertung: Gesellschaftsrechtspraxis in ▷Heidelberg (nähere Informationen finden Sie in dem Regionalkapitel) sowie an den Standorten Frankfurt u. Berlin.
Team: 7 Eq.-Partner, 1 Sal-Partner, 7 Associates, 2 of Counsel
Schwerpunkte: Im Stammhaus Heidelberg lfd. Beratung von regionalen Unternehmen zu Nachfolgeplanung, Compliance u. Transaktionen. Frankfurt v.a. internat. Streitigkeiten u. grenzüberschr. M&A. Berlin mit starkem Notariat.
Mandate: Siehe Regionalkapitel.

MENOLD BEZLER
Gesellschaftsrecht ★★

Bewertung: Die gesellschaftsrechtl. Praxis steht regelm. öffentl. Betrieben, dem familiengeführten Mittelstand u. börsennot. Unternehmen wie AdCapital, Cenit u. Manz zur Seite. Letztere werden v.a. von Quass zu HV-Vorbereitungen, Vergütungssystemen u. Publizitätspflichten beraten. Aufgrund dieser Kompetenz unterstützte das Team auch Manz' Kapitalerhöhung u. den Einstieg von Daimler Truck. Während Namenspartner Bezler weiterhin als Beiratsmitglied u. Notar geschätzt wird, punkteten mehrere Partner der nachfolgenden Generation mit multidiszipl. Gründungsberatung u. brachten sich in Joint-Venture-Verhandlungen zur Energie- u. Mobilitätswende ein.
Stärken: Beratung des gehobenen Mittelstands. Beratung von Gebietskörperschaften zur Neuorganisation kommunaler Töchter.
Oft empfohlen: Dr. Michael Oltmanns („fachlich brillant, klarer Blick für zentrale Fragen", Wettbewerber), Hansjörg Frenz, Vladimir Cutura („gutes Verhandlungsgeschick, ruhender Pol in schwierigen Situationen", Mandant; „engagierter Verhandler, dabei sehr fair u. umgängl.", Wettbewerber), Dr. Beatrice Fabry, Dr. Roland Haberstroh, Dr. Axel Klumpp („ergebnisorientiert u. schnell, sehr gute Kommunikation", Mandant), Jost Rudersdorf („sehr guter Jurist u. Mittelstandsberater", Wettbewerber), Dr. Guido Quass (v.a. Aktien- u. Kapitalmarktrecht), Rudolf Bezler („sehr verlässl. u. konsensschaffend", Mandant)
Team: 9 Eq.-Partner, 4 Sal.-Partner, 8 Associates
Partnerwechsel: Felix Rebel (zu Grub Brugger)
Schwerpunkte: Lfd. Beratung größerer Mittelständler, häufig an der Schnittstelle zu Kapitalmarktrecht oder in finanziellen Sondersituationen u. bei Organhaftung, HVen, Kapitalerhöhungen, Gesellschafterstreitigkeiten. Umstrukturierung von städt. Betrieben (Kommunalanstalten, Zweckverbände, ÖPP-Strukturen), Nachfolgeberatungen u. gut vernetztes Notariat.
Mandate: Apleona zu Neustrukturierung des Joint Ventures CSG mit der Dt. Post; Anton Häring zu JV-Gründung mit Hewi G. Winkler (E-Mobilität/Wasserstofftechnik); TransnetBW zu JV-Gründung mit MHP (Intelligent Energy System Services); Manz zu Kapitalerhöhung u. Beteiligung von Daimler Truck; Instone zu Gründung der Projektgesellschaft Twelve; BAT Agrar zu Zusammenschluss mit Rudolf Peters Landhandel; Grifols zu Kauf eines Aktienpakets; Konstanz zu Eingliederung der Musikschule in Eigenbetrieb; AdCapital, Cenit, Manz AG u. Dt. Immobilien-Renten aktien- u. kapitalmarktrechtl.; lfd. Apleona, Apleona Invest, ARE Beteiligungen, BWK, Erdgas Südwest, Heilbronner Versorgungs GmbH, Josef Bläsinger, Kambly SA, Stadt Stuttgart u. Stadion NeckarPark, Laut AG, Ritter Energie- u. Umwelttechnik, Seitenbau, Winker Massivumformung.

MILBANK
Gesellschaftsrecht ★★★★

Bewertung: Die gesellschaftsrechtl. Praxis der US-Kanzlei berät seit Längerem einige bekannte Unternehmen wie ProSiebenSat.1 u. Sixt u. ist hier weiterhin stark gefragt. Darüber hinaus ist Rieger zu einer wichtigen Figur für die komplexen gesellschaftsrechtl. Belange von schnell wachsenden, ehemals Private-Equity- oder VC-gestützten Unternehmen wie Auto1 geworden, die eine Bereitschaft zeigen, die Stundensätze einer Kanzlei wie Milbank zu zahlen. Auch Friese-Dormann ist zunehmend in diesem Segment tätig. Rothenfußer zählt nach wie vor zur Gruppe der angesehensten Übernahmerechtler, u. die Arbeit für EQT bei der im Markt bekannten abgebrochenen Übernahme von SuSe zeigt Milbanks Fähigkeit, ihre PE-Kernklientel bei solchen Deals zu beraten. Der Zugang von Klöckner im Sommer 2022 bedeutete nicht nur eine Verstärkung der Kapitalmarktpraxis, sondern auch für die lfd. Beratung von AGen, inkl. HV.
Stärken: Hohe Reputation für Konzernrecht, öffentl. ▷M&A-Deals u. gesellschaftsrechtl. Prozesse. Starke ▷Private-Equ.- u. Vent.-Capital-Praxis.

GESELLSCHAFTSRECHT

Oft empfohlen: Dr. Norbert Rieger, Dr. Ulrike Friese-Dormann, Dr. Christoph Rothenfußer
Team: 5 Partner, 3 Associates
Partnerwechsel: Philipp Klöckner (von Clifford Chance)
Schwerpunkte: Umstrukturierungen, HV-Betreuung, öffentl. Übernahmen, gesellschaftsrechtl. Streitigkeiten, Spruch- u. Anfechtungsverfahren; lfd. Beratung von Vorständen u. Aufsichtsräten, u.a. zu Corporate-Governance- u. Haftungsfragen (auch Prozessführung).
Mandate: Auto1 u.a. bei div. Aktienemissionen; Isys Medizintechnik bei reverse-triangular-merger von Fusion Robotics u. Integrity Implants im Vorfeld eines geplanten De-SPAC; EQT bei öffentl. Übernahme von zooplus u. Delisting; Allianz/Krypton bei SE-Formwechsel u. Kapitalerhöhung; Allianz X bei der Integration der Finanzengruppe in Clark; Mylan bei Geltendmachung von Innenausgleichsansprüchen ggü. Merck nach Kartellbuße; Vorstandsmitgl. von Wirecard wg. Organhaftungsansprüchen; CPPIB bei gepl. öffentl. Übernahmeangebot für Aareal Bank; Hauptaktionär von Mediantis bei Spruchverfahren wg. Barabfindung beim Squeeze-out; Carlyle/Innio Jenbacher bei Compliance Audit; lfd. ProSiebenSat.1 inkl. Statusverfahren betr. Zusammensetzung des Aufsichtsrats. Lfd. Allane, Dermapharm, Howden, PharmaSGP, Sartorius, Sixt, Süss-MicroTec-Aufsichtsrat.

MÖHRLE HAPP LUTHER
Gesellschaftsrecht ★★
Bewertung: Tief verankert im HHer Markt, gilt die gesellschaftsrechtl. Praxis von MHL wie nur in wenigen nordut. Einheiten als sehr gut integriert in den praxisübergreifenden Beratungsansatz. Langj. vertraut eine Vielzahl norddt. u. überreg. mittelständ. Stammmandanten auf die umfangr. u. lfd. gesellschaftsrechtl. Beratung u. die eng damit verbundenen aktien- u. kapitalmarktrechtl. Kenntnisse. Darüber hinaus reicht die Arbeit von gesellschaftsrechtl. Strukturierungen bis hin zu klass. Transaktionen. Das zieht immer wieder auch neue Mandanten an. Auf konstant gutem Niveau läuft die Zusammenarbeit mit der Restrukturierungs- u. Immobilienpraxis u. die Beratung im Gesundheitssektor. Durch die hohe Nachfrage in allen Praxisgruppen u. eine nachhaltige Personalstrategie gab es zuletzt 7 Partnerernennungen, von denen 4 aus dem Gesellschaftsrecht hervorgingen.
Stärken: Langj. Know-how in der Beratung norddt. Unternehmerfamilien; Aktienrecht.
Oft empfohlen: Rüdiger Ludwig, Dr. Sven Oswald, Dr. Tobias Möhrle ("hohe Spezialkompetenz; angenehme Zusammenarbeit in zahlr. Schnittstellenmandaten", Wettbewerber), Dr. Helge Hirschberger ("führender Ansprechpartner für maritime Insolvenzberatung", "zielstrebig, lösungsorientiert", Wettbewerber), Dr. Frauke Möhrle
Team: 10 Partner, 9 Associates, 1 of Counsel
Schwerpunkte: Beratung im Aktien- u. Konzernrecht; daneben Betreuung von Stifterfamilien, HVen, regelm. gesellschaftsrechtl. Prozesse, zudem Kapitalmarkt- u. Finanzierungsfragen sowie Insolvenzrecht. Für Emissionshäuser u. Reedereien Abwehr von Prospekthaftungsklagen. Enge Zusammenarbeit mit den Steuer- u. ▷Insolvenzpraxen. Branchenschwerpunkte auf Pharma, Medizinprodukte, Versicherer u. maritime Wirtschaft.
Mandate: Brick Holding lfd.; Camerit lfd. aktien-, kapitalmarkt- u. aufsichtsrechtl.; Condo Group bei Aufbau eines Immobilienunternehmens; Groth bei Neustrukturierung der Gruppe; regelm. AstraZeneca, Hammonia Schiffsholding.

MORGAN LEWIS & BOCKIUS
Gesellschaftsrecht ★
Bewertung: Gesellschaftsrechtspraxis aus ▷Frankfurt. Nähere Informationen finden Sie in diesem Regionalkapitel.
Team: 4 Eq.-Partner, 1 Sal.-Partner, 1 Counsel, 4 Associates
Schwerpunkte: Beratung von Industriemandanten u. internat. Konzernen.
Mandate: Siehe Regionalkapitel.

MORRISON & FOERSTER
Gesellschaftsrecht ★
Bewertung: Gesellschaftsrechtspraxis aus ▷Berlin. Nähere Informationen finden Sie in diesem Regionalkapitel.
Team: 3 Partner, 2 Counsel, 7 Associates
Schwerpunkte: Beteiligungen u. Transaktionen (▷M&A) mit starkem Branchenfokus auf ▷Medien u. Telekommunikation.
Mandate: Siehe Regionalkapitel.

MUTTER & KRUCHEN
Gesellschaftsrecht ★
Bewertung: Aushängeschild der D'dorfer Boutique ist weiterhin die Beratung zu aktien- u. konzernrechtl. Projekten, von Verschmelzungen u. Umwandlungen über Nachfolgefragen bis hin zu Squeeze-out-Spruchverfahren. M&K beriet zudem eine Reihe von Unternehmen u. Organen u.a. im Zshg. mit Lieferkettengesetz oder ESG-Themen. Mit der Krupp-Stiftung vertraut ein äußerst namh. Mandant auf das Team. Auch wenn die klass. gesellschaftsrechtl. Beratung weiterhin den Großteil der Arbeit von M&K ausmacht, so kam die Kanzlei zuletzt auch bei M&A-Transaktionen zum Zuge.
Stärken: Aktien- und Konzernrecht, HV-Betreuung.
Oft empfohlen: Dr. Stefan Mutter ("absolut erfahrener Experte", Wettbewerber), Dr. Carsten Kruchen ("fachl. extrem genau, sehr gut vernetzt", Wettbewerber)
Team: 2 Partner, 1 Associate
Schwerpunkte: Langj. Erfahrung bei Beratung von AGen; zunehmend auch Beratung mittelständ. Unternehmen u. von Versicherern. Auch M&A u.a. für Minderheitsgesellschafter.
Mandate: Aareon u.a. zu konzerninternen Verschmelzungen; lfd.: Alfried Krupp von Bohlen und Halbach-Stiftung ständiges, aktien- u. kapitalmarktrechtl. bzgl. der Beteiligung an Thyssenkrupp. Lfd.: Bertrandt, BWK, Provinzial Holding, Stuttgarter Lebensversicherung, Wasgau.

NOERR
Gesellschaftsrecht ★★★★
Bewertung: Welchen Stellenwert die gesellschaftsrechtl. Beratung bei Noerr einnimmt, zeigt der Umstand, dass die Gesellschaftsrechtler nun als eigenständige Praxisgruppe agieren. Die Verantwortung dort teilen sich mit Brellochs u. Neuhaus 2 Partner aus der jüngeren Generation. Letzterer ist erst im vergangenen Jahr von Latham gewechselt. Diese Wahl spricht für eine gelungene Integration des Ex-Latham-Teams, das auch zu einer Verbreiterung der Mandatslandschaft um weitere Dax- u. MDax-Konzerne wie bspw. Lanxess beitrug. Zudem bergen die guten Kontakte von Selzner u. Wilke in die dt. Konzernlandschaft das Potenzial, diesen Kreis noch zu erweitern. Die große Erfahrung in gesellschaftsrechtl. Streitigkeiten, insbes. Organhaftungsfragen, zeichnet die Praxis ebenso aus wie die Beratung an der Schnittstelle zu Insolvenz u. Restrukturierung. Ein Bsp. ist etwa die grenzüberschr. Beratung zur Restrukturierung des dt. Teilkonzerns von GTT Communications. Zusätzl. sorgte die Beratung von Organen zu ESG-Themen u. zum Rückzug aus dem russ. Markt für eine hohe Auslastung der Praxis. Bei Letzterem stand Noerr an der Seite dt. Unternehmen u. internat. Konzerne u. beriet diese gesellschafts-, kapitalmarkt- u. sanktionsrechtlich.
Stärken: ▷Insolvenz/Restrukturierung, ▷Konfliktlösung. Eigene Büros in Osteuropa. Viel Erfahrung bei internat. Joint Ventures. Starke Praxis für ▷Nachfolge/Vermögen/Stiftungen.
Oft empfohlen: Dr. Tobias Bürgers, Dr. Gerald Reger, Dr. Harald Selzner, Rainer Wilke, Dr. Michael Brellochs, Dr. Laurenz Wieneke, Dr. Torsten Fett, Dr. Alexander Ritvay, Prof. Dr. Christian Pleister ("harter u. versierter Verhandler", Mandant), Dr. Tibor Fedke ("präzise u. gleichzeitig lösungsorientiert", Wettbewerber), Dr. Thomas Hoffmann ("erfahren, umsichtig u. kollegial", Wettbewerber), Dr. Holger Alfes ("guter Verhandler, deshalb kein leichter Gegner, aber immer konstruktiv", Wettbewerber), Dr. Thorsten Reinhard, Dr. Volker Land ("erfahren u. sehr kompetent", Wettbewerber), Dr. Martin Neuhaus, Dr. Hans Radau ("hohe gesellschafts- u. steuerrechtl. Kompetenz", Wettbewerber), Robert Korndörfer
Team: Corporate insges.: 36 Eq.-Partner, 18 Sal.-Partner, 1 Counsel, 37 Associates
Partnerwechsel: Dr. Jörg-Peter Kraack (von Freshfields Bruckhaus Deringer), Dr. Falk Osterloh (zu Interseroh), Dr. Andrea Zwarg (zu KPMG)
Schwerpunkte: Ausrichtung auf einzelne Branchen (Regulierte Industrien, Automotive, ▷Gesundheit, ▷Medien, Finanzdienstleister). Sehr aktiv in Organhaftungsstreitigkeiten. Starke Praxis für insolvenznahe Restrukturierungen. Angesehenes ▷Notariat.
Mandate: Dt. Telekom zu Joint-Venture-Vereinbarung für Glasfaseranschlüsse; Lanxess gesellschaftsrechtl. im Zshg. mit B2B-Plattform CheMondis; Finanzagentur im Zshg. mit Nachrangdarlehen durch Wirtschaftsstabilisierungsfonds an FTI Touristik; Ceconomy zu Konzernumstrukturierung, HV, Sachkapitalerhöhung, Wandelschuldverschreibung sowie lfd. Vorstand u. Aufsichtsrat; DuMont Mediengruppe zu Konzernneuausrichtung u. Umstrukturierung; Schwarz-Gruppe zu Transparenzregister u. Reorganisation einer Sparte; BayWa zu Umstrukturierung eines Unternehmensbereichs sowie aktien-, gesellschafts- u. kapitalmarktrechtl., inkl. HV; Mercedes-Benz u. Dt. Telekom im Zshg. mit haftungsrechtl. Aspekten bei TollCollect; Finck-Gruppe u.a. als Mehrheitsaktionär im Zshg. mit Squeeze-out bei Nymphenburg Immobilien u. Amira.

NORTON ROSE FULBRIGHT
Gesellschaftsrecht ★★
Bewertung: Der sektorspezifische Beratungsansatz von NRF spiegelt sich auch in der gesellschaftsrechtl. Praxis wider. So begleitet das breit aufgestellte Team Unternehmen aus Branchen wie Finanzdienstleistungen, Energie u. Lifescience. Oft geht es im Anschluss an Transaktionen mit der lfd. Beratung, auch zu HVen, weiter. Dass NRF eine tiefe

GESELLSCHAFTSRECHT

Kenntnis digitaler Branchen besitzt, hat sie bereits in der Vergangenheit mit div. Einsätzen in Fintechunternehmen bzw. auf diese spezialisierte Investoren wie AnaCap bewiesen. Nun überzeugte sie mit Autoscout24 einen prominenten Namen aus dem digitalen Sektor sowohl für Transaktionen als auch die lfd. Beratung. Eine deutl. Stärkung der Corporate-Praxis ergibt sich durch mehrere Zugänge: In Düsseldorf gehen der ehem. Eversheds-Partner Findeisen u. eine im Versicherungssektor verankerte erfahrene ehem. Counsel von Allen & Overy für NRF an den Start. Prüßner u. Schweneke verstärken das Münchner Team.

Stärken: Branchenfokussierung auf Finanzdienstleistung u. ▷Energie (auch in ▷M&A), Rohstoff- u. Pharmaindustrie; internat. Konfliktlösung.
Oft empfohlen: Dr. Katrin Stieß, Frank Henkel, Frank Regelin
Team: 18 Partner, 10 Counsel, 20 Associates
Partnerwechsel: Dr. Michael Prüßner, Dr. Maximilian Findeisen, Sven Schweneke (alle von Eversheds Sutherland)
Schwerpunkte: Internat. tätig, v.a. in GB, Osteuropa, Kanada u. den USA.
Mandate: Autoscout24 bei Einrichtung einer Online-Autoverkaufsplattform; DNV GL zu Umstrukturierungen u. SE-Umwandlung; lfd.: Paragon (auch HV), Erwe Immobilien, Fattal/Leonardo, Mantro, Adler Real Estate, AnaCap, BayWa Energy Ventures, Mobotix (auch HV), Voltabox.

OPPENHOFF & PARTNER
Gesellschaftsrecht ★★★

Bewertung: Der hervorragende Ruf u. die Mandantenkontakte von Maier-Reimer sind in der gesellschaftsrechtl. Praxis weiterhin wichtig, aber immer weniger dominant, weil sich die Konturen der Praxis erweitern. Während Gesell eine enge Beziehung zur Fam. Reimann unterhält u. einen starken Fokus auf grenzüberschr. Fragen legt, zeigt sich an anderen Stellen eine zunehmende Integration mit dem erfolgr. M&A-Team. Dadurch kann die Kanzlei komplexere Transaktionen (einschl. öffentl. Übernahmen) stemmen u. an Integrationsaufgaben nach Transaktionen mitwirken. ▷Versicherung, Einzelhandel, Automotive u. Gesundheitswesen bleiben die stärksten Branchen. Zudem ist die Corporate-Praxis eng mit der Nachfolgepraxis verwoben, sowohl in Frankfurt als auch in Köln.
Stärken: Starke Praxis bei Familienunternehmen. Langj. Erfahrung im Aktien- u. Konzernrecht. Begleitung von ausl. Investoren.
Oft empfohlen: Dr. Dr. Georg Maier-Reimer, Dr. Harald Gesell, Dr. Günter Seulen („ziel- u. lösungsorientiert, sehr präzise", Wettbewerber), Dr. Axel Wenzel, Dr. Gregor Seikel (beide v.a. Nachfolge)
Team: Corporate insges.: 18 Eq.-Partner, 2 Sal.-Partner, 18 Associates, 2 of Counsel
Schwerpunkte: Gesellschaftsrechtl. Restrukturierungen u. Umwandlungen, insbes. grenzüberschr. Aktienrecht, gesellschaftsrechtl. Prozesse u. Schiedsverfahren. Enge Verzahnung mit ▷M&A, Steuerrecht u. ▷Nachfolge. Zudem ▷Compliance u. Corporate Governance. Mandanten: überwiegend internat. Unternehmen, Family Offices, dt. Großindustrie u. mittelständ. Unternehmen, vereinzelt institutionelle Anteilseigner.
Mandate: JAB/Fam. Reimann zu Holdingstruktur u. langfr. Co-Investment vom Management; AustriaEnergy Group bei Power-to-X-Joint-Venture mit Ökowind; Auctus in Aktienrecht u. Integration von Stranet u. Smaser; VHV-Gruppe bei Umstrukturierung; Expleo Germany bei Spruchverfahren nach Squeeze-out; Finatem bei IPO von hGears; Verband der Automobilindustrie bei Gründung von Responsible Supply Chain Initiative; lfd.: MRH Trowe Holding, Ferrovie dello Stato Italiane, FVV – Ford Versicherungs-Vermittlung, Redi Group, Rimowa, SDC Technologies, Shonid, Simpson Technologies, Avenga-Gruppe.

OPPENLÄNDER
Gesellschaftsrecht ★★

Bewertung: Die Stuttgarter haben ihr gesellschaftsrechtl. Engagement inzw. von Familienunternehmen u. Konzernen auch auf den Öffentl. Sektor erweitert. So sind die Anwälte überregional für Strukturmaßnahmen im Umfeld der öffentl. Hand etwa für Verkehrsunternehmen aktiv. Gut eingespielt ist zudem die Arbeit an der Schnittstelle zum Kartellrecht, wodurch Oppenländer für Mandanten aus den Sektoren Verkehr u. Energieversorgung genau die richtige Kombination vorhält. Doch auch das kanzleiintern weiter ausgebaute Know-how in der Prozessführung u. (Organ-)Haftung passt zu den Anforderungen aus den regulierten Branchen.
Oft empfohlen: Dr. Thomas Trölitzsch („sehr erfahren, empfehlenswertes Team", Mandant), Dr. Rolf Leinekugel („unglaubl. hohe Reaktionsgeschwindigkeit", „sehr effizienter u. hoch kompetenter Anwalt", „professionelle u. vorausschauende Beratung bei Start-up-Gründung", Mandanten), Dr. Felix Born
Team: 6 Eq.-Partner, 2 Sal.-Partner, 6 Associates
Partnerwechsel: Kalina Haack (zu Allianz)
Schwerpunkte: Beratung, gesellschaftsrechtl. Prozessführung sowie ▷M&A für Eigentümerfamilien u. börsennot. Unternehmen. Interne Ermittlungen u. Compliance. Umf. Branchenkenntnis insbes. in den Sektoren ▷Gesundheit, ▷Energie, ▷Verkehr sowie Medien/Presse.
Mandate: UDI gutachterl. zu Gesellschafterdarlehen bei insolventem. Festzinsfonds; Verkehrsministerium Ba.-Wü. zu Projekten; Speditionsgruppe zu internat. GesR u. Konsortialkredit; Medienkonzern zu Anpassung der Gesellschafterfinanzierung; ehem. Vorstandschef von Villeroy & Boch bei erfolgr. Abwehr von Schadensersatz aus Kartellbußgeld (Berufung); lfd.: Ehinger Energie, OMS Online Marketing Service, Schotterwerk, Score Media Group, Waldmann-Gruppe.

ORRICK HERRINGTON & SUTCLIFFE
Gesellschaftsrecht ★★

Bewertung: Kapitalmarktrechtl. Themen einschl. Compliance, Corporate Governance u. Organberatung sind ebenso Teil der gesellschaftsrechtl. Beratung wie die Begleitung von Transaktionen. Besonders häufig setzen dabei Technologieunternehmen auf die Kanzlei, was nicht zuletzt auf das Engagement an der Schnittstelle zu Venture Capital zurückzuführen ist. Beispiele sind hier das Luftfahrt-Unicorn Lilium, das auf das gesellschaftsrechtl. Know-how der Kanzlei ebenso setzt wie Ionity, das Joint Venture von BMW, Ford, Hyundai, Daimler u. VW, das im Zshg. mit dem Einstieg von Blackrock auf Orrick vertraute. Darüber hinaus berät Orrick auch bei gesellschaftrechtl. Streitigkeiten. Hier ist v.a. der Münchner Partner Ritter engagiert.
Stärken: Starke Beziehungen zu asiat. Mandantenstamm; ▷Konfliktlösung.
Oft empfohlen: Dr. Oliver Duys („sehr erfahren u. verhandlungsstark", Wettbewerber), Dr. Jörg Ritter („präzise u. extrem durchsetzungsstark", Wettbewerber), Dr. Wilhelm Nolting-Hauff („präzise Verhandlungen ohne Selbstdarstellung", Wettbewerber), Dr. Sven Greulich
Team: 8 Eq.-Partner, 6 Sal.-Partner, 5 Counsel, 14 Associates
Partnerwechsel: Benedikt Migdal (von Hengeler Mueller)
Schwerpunkte: Viel grenzüberschr. Beratung v.a. mit den USA. Zudem lfd. Beratung von Portfoliounternehmen von ▷Private-Equity-Häusern; transaktionsbez. Gesellschaftsrecht u. gesellschaftsrechtl. Prozesse.
Mandate: Auxmoney im Zshg. mit der Mehrheitsübernahme durch Centerbridge; Converganta zu Einstieg bei Ceconomy im Zuge der Neuordnung der Beteiligungsverhältnisse an der Media-Saturn-Holding; Goldman Sachs zu Fusion der Portfoliogesellschaft Raisin mit Deposit Solutions; Ionity zu Einstieg von Blackrock; lfd.: Lilium, Creditshelf.

ORTH KLUTH
Gesellschaftsrecht ★★

Bewertung: Die Kanzlei steht sowohl Mittelständlern als auch Konzernen wie TK Elevator gesellschaftsrechtl. zur Seite. Erneut zogen zahlr. Unternehmen sie bei Umstrukturierungen hinzu, so etwa die FCF Holding. Auch grenzüberschr. tätig u. bündelt ihr Geschäft u.a. an ihre China- u. Frankreich-Desks. Neu ist etwa die Zusammenarbeit mit der chin. Chiho Environmental Group, die bei Fragen zu Gesellschafterinteressen hinsichtlich dt. Tochterfirmen auf das Team setzt. Kontinuierlich baut es zudem seine Tätigkeit bei Organhaftungsthemen aus, wo die Kanzlei mit versch. Versicherern zusammenarbeitet.
Stärken: Breit angelegte Beratung (Mittelstand wie Konzerne) bei moderater Kostenstruktur.
Oft empfohlen: Dr. Robert Orth, Boris Körner, Dr. Marc Henze („vernünftig u. zielorientiert", Wettbewerber), Dr. Kai-Michael König, Dr. Christian Meyer („gutes Judiz u. umsichtige Beratung", Wettbewerber)
Team: 5 Eq.-Partner, 4 Sal.-Partner, 2 Associates
Schwerpunkte: Breite gesellschaftsrechtl. Beratung im Mittelstand, regelm. auch dt. u. internat. Konzerne, vereinzelt Finanzinvestoren.
Mandate: Bodenhersteller in Gesellschafterstreit; Chiho Environmental Group zu Gesellschafterinteressen in dt. Töchtern; Demag Cranes & Components u.a. zu Corporate Governance; FCF Holding zu Umstrukturierung; Aufsichtsratsmitgl. einer insolventen AG gg. durch den Insolvenzverwalter erhobene Ansprüche; TK Elevator umf.; Precise Vision bei Neustrukturierung von Praxisgesellschaften; chin. Telekommunikationskonzern zu mögl. Umstrukturierung.

OSBORNE CLARKE
Gesellschaftsrecht ★★

Bewertung: Die gesellschaftsrechtl. Praxis verfügt über langj. Erfahrung mit der Beratung von VC-finanzierten Unternehmen, inkl. SE-Umwandlungen, u. genießt insges. einen guten Ruf für ihre Arbeit für Technologiemandanten. Im Allgemeinen ist die Tätigkeit transaktionsorientiert, auch wenn die lfd. Beratung ein zentraler Bestandteil der Praxis bleibt. Die zunehmende Komplexität der Themen rund um Wachstumsunternehmen hat der Praxis

GESELLSCHAFTSRECHT

weiteren Auftrieb gegeben. Doch ist festzustellen, dass andere Kanzleien dank einer tieferen Spezialisierung im Aktien- u. Kapitalmarktrecht in der Lage sind, in das Gebiet von OC einzudringen. Hier gegenzusteuern, ist daher eine Priorität für die Praxis.

Stärken: Marktführende Venture-Capital-Praxis mit ausgeprägtem Fokus auf Industriesektoren (▷*Private Equ. u. Vent. Capital*).

Oft empfohlen: Dr. Martin Sundermann, Matthias Elser, Nicolas Gabrysch (v.a. Venture Capital), Philip Meichssner

Team: Corporate insges.: 16 Partner, 7 Counsel, 24 Associates

Schwerpunkte: Fokus auf technologienahe Branchen. Über HH: Logistik u. erneuerbare Energien; Umstrukturierungen u. kapitalmarktrechtl. Maßnahmen; dazu lfd. Beratung eines mittelständ. Mandantenstamms, inkl. ▷*M&A*. In Köln auch Beratung zu Nachfolge, inkl. Steuerrecht, Post-M&A-Litigation u. D&O-Praxis.

Mandate: Boxlab Services bei Ausgründung aus BASF-Inkubator Chemovator; Constellation Group bei dt. Aktivitäten; IDG Communications Media bei Verschmelzung der 4 dt. Töchter; lfd.: Haema, Plasmavita Heathcare, Allgeier, Venator Pigments.

PETERS SCHÖNBERGER & PARTNER
Gesellschaftsrecht ★

Bewertung: Gesellschaftsrechtspraxis aus ▷*München*. Nähere Informationen finden Sie in diesem Regionalkapitel.

Team: 2 Eq.-Partner, 4 Sal.-Partner, 4 Associates

Schwerpunkte: MDP-Ansatz mit umf. rechtl. u. steuerl. Beratung, inkl. Restrukturierung u. Transaktionen, Nachfolge u. Stiftungsrecht. Häufig für Beteiligungsgesellschaften, Unternehmerfamilien u. vermög. Privatpersonen tätig.

Mandate: Siehe Regionalkapitel.

PINSENT MASONS
Gesellschaftsrecht ★★

Bewertung: Die Arbeit der Gesellschaftsrechtler kreist zu einem Großteil um Unternehmen aus den Sektoren Energie, Technologie, Lifescience u. Immobilien. Dies sind Sektoren, in denen PM als Ganzes über ausgewiesene Erfahrung verfügt. Zuletzt beriet das Team eine Reihe von Unternehmen im Zshg. mit deren Markteintritt in Dtl. u. Europa einschl. der damit verbundenen Gründung entspr. Gesellschaften, bspw. Projektentwickler Aker Offshore Wind – ein Mandat, das aus dem internat. Netzwerk der Kanzlei stammt. Darüber hinaus ist PM an der Schnittstelle zwischen Gesellschaftsrecht u. Compliance sowie bei Streitigkeiten u. JV-Gründungen gefragt.

Team: Corporate insges.: 10 Eq.-Partner, 3 Counsel, 13 Associates

Partnerwechsel: Eike Fietz (zu Deloitte Legal)

Schwerpunkte: Reorganisationen über mehrere Länder; Joint Ventures.

Mandate: Aker Offshore Wind Europe zu Markteintritt u. GmbH-Gründung; Energieversorger u.a. zu Joint-Venture-Beteiligungen; Kempinski u.a. zu Managementverträgen; Tochter eines jap. Industrieunternehmens, Hersteller von Elektrizitätsspeichern für die Autoindustrie, jap. Investmentbank, Hersteller von Kunststoffrohren, Honda Trading Europe jew. zu gesellschaftsrechtl. Projekten. Lfd.: Alps Alpine Europe, Hersteller von Anlagen für Gusstechnik.

POELLATH
Gesellschaftsrecht ★★

Bewertung: Die gesellschaftsrechtl. Praxis beriet zuletzt bei einer Reihe von Reorganisationen u. Umstrukturierungen. Ihre aktien- u. kapitalmarktrechtl. Kompetenz belegen zudem gleich mehrere Investoren, die im Rahmen von gepl. IPOs ihrer Portfoliounternehmen auf Poellath setzten, darunter SevenVentures bei dem erfolgr. Börsengang von About You. Ebenfalls gefragt ist Poellath bei gesellschaftsrechtl. Mandaten mit Streitbezug. Manko der Praxis bleibt jedoch die relativ schmale Besetzung.

Stärken: Starke ▷*Nachfolge/Vermögen/Stiftungs-* u. Steuerpraxen mit entspr. Zugang zu Eignerfamilien. Auch Aktienrecht, öffentl. Übernahmen.

Oft empfohlen: Dr. Eva Nase, Dr. Matthias Bruse („sehr gute Fachkenntnisse, angenehme Zusammenarbeit", Wettbewerber), Dr. Michael Inhester („erfahren mit pragmat. Herangehensweise", Wettbewerber)

Team: 3 Partner, 2 Associates

Schwerpunkte: Traditionell Familienunternehmen; inzw. auch Aktien- u. Konzernrecht, öffentl. Übernahmen u. gesellschaftsrechtl. Prozesse. Zunehmend internat. Minderheitsaktionäre.

Mandate: Dediq zu Joint Venture mit SAP; Synlab-Vorstand im Zshg. mit Börsengang; SevenVentures zu Börsengang von About You; EQT zu Börsengang von Portfoliounternehmen Suse; Gründer von Babbel zu gepl. Börsengang; BayWa zu Vorstandsdienstverträgen; Fiege Logistik zu konzerninterner Umstrukturierung; Bank in Verfahren gg. ehem. Vorstandsmitgl. betr. Vergütungsansprüche; ehem. GF von Loewe in Organhaftungsverfahren. Lfd.: Fiege Logistik, KME.

PRICEWATERHOUSECOOPERS LEGAL
Gesellschaftsrecht ★★★

Bewertung: Die gesellschaftsrechtl. Praxis hat sich eine starke Position bei lang laufenden u. grenzüberschr. Transformationsprojekten erarbeitet: Sie begleitet bspw. Adidas beim Carve-out von Reebok u. Siemens Healthineers zur Integration von Varian Medical Systems in mehr als 40 Ländern. Mandanten loben dabei regelm. den „guten Informationsfluss" u. die Koordinationsarbeit des multidisziplinären Teams. Dass Dürr zum Europa-Verantwortlichen ernannt wurde u. Mirza Khanian zum ww. Co-Leiter für International Business Reorganisations, demonstriert die Rolle des Teams auch innerh. der Kanzlei. Gut besetzt ist auch die Nachwuchsebene, so steuerte eine Senior-Managerin bereits 3 Post-M&A-Integrationen für Hewlett-Packard. Dass PwC Legal neben diesen Großprojekten u. der klass. Mittelstandsberatung auch bei strateg. relevanten Joint Ventures berät, belegt sie etwa mit Neugründungen zw. Altenpflegeanbieter Agaplesion u. Immobilienentwickler Terragon für Seniorenresidenzen.

Stärken: Internat. Post-Merger-Integration für Konzerne sowie Abspaltungen.

Oft empfohlen: Dr. Simon Dürr, Dr. Frederic Mirza Khanian, Gerhard Wacker („verlässlicher, fairer Verhandlungspartner, rund um die Uhr erreichbar", Wettbewerber)

Team: 9 Eq.-Partner, 31 Sal.-Partner, 50 Associates

Partnerwechsel: Thorsten Ehrhard (von EY Law); Dr. Steffen Schniepp (zu Eversheds Sutherland)

Schwerpunkte: Umstrukturierungen u. Vereinfachung von Strukturen, in enger Zusammenarbeit mit Steuerberatung u. Wirtschaftsprüfung. Lfd. Beratung mittelgr. Unternehmen, inkl. ▷*Nachfolge*, sowie auch bei Streit.

Mandate: Adidas zu Carve-out des ww. Reebok-Geschäfts; Sennheiser zu Carve-out des Consumer-Electronics-Bereichs; Siemens Healthineers zu Integration von Varian; Hewlett Packard Enterprise zu Integration von Ampool u. Determined AI; 2 US-Konzerne zu Vereinfachung der Struktur in Dtl.; Leoni zu Separierung einzelner Geschäftsfelder; Tier Mobility zu Kapitalerhöhung; Agaplesion zu JV mit Terragon; ABG Real Estate zu Partnerschaft mit Arabesque Holding (GB); DFL Dt. Fußball Liga zu JV mit Madsack; Jysk zu Bündelung der dt. Gesellschaften in eine SE; Mahle zu Beteiligungsverwaltung; Insolvenzverwalter zu Forderungen gg. ehem. Vorstands- und Aufsichtsratsmitglieder; lfd. Pace, Payone, TinyInspektor, Uplink Network.

RASCHKE VON KNOBELSDORFF HEISER
Gesellschaftsrecht ★

Bewertung: Gesellschaftsrechtspraxis aus ▷*Hamburg*. Nähere Informationen finden Sie in diesem Regionalkapitel.

Team: 5 Partner, 2 Counsel, 5 Associates, 1 of Counsel

Schwerpunkte: Lfd. Beratung sowie kleinere u. mittlere Transaktionen, inkl. Kapitalmarktrecht, Restrukturierungen u. Streitigkeiten.

Mandate: Siehe Regionalkapitel.

RAUE
Gesellschaftsrecht ★★

Bewertung: Das gesellschaftsrechtl. Team ist für seine tiefe Kenntnis regulierter Sektoren wie Energie u. Gesundheit bekannt, berät aber auch Unternehmen aus der Digitalbranche. Das wiederum hängt eng mit der Verzahnung mit der renommierten Venture-Capital-Praxis der Kanzlei zusammen. Nicht nur daraus ergeben sich lfd. Mandate für die Gesellschaftsrechtler: Auch die Verwurzelung bei Filmproduktions- u. Medienunternehmen brachte Arbeit, bspw. für Tobis Film bei einem grenzüberschr. Joint Venture. Das Mandat zeigt, dass die Anwälte auch in internat. Sachverhalten gefragt sind.

Oft empfohlen: Prof. Dr. Andreas Nelle, Dr. Jörg Jaecks, Dr. Justus Schmidt-Ott

Team: 6 Eq.-Partner, 2 Counsel, 7 Associates

Schwerpunkte: Zunehmend internat. Mandate (oft in Koop. mit anderen Kanzleien) mit Schwerpunkten in Branchen, v.a. ▷*Energie*, ▷*Gesundheit*, ▷*Medien/IT/Telekom*. Zudem Start-up- u. Investorenberatung (▷*Private Equity u. Venture Capital*).

Mandate: Dr. Ryll Lab bei Aufbau eines Unternehmensbereichs; ital. Metallindustrieunternehmen bei Automotive-Joint-Venture; Tobis Filmproduktion bei JV mit Legendary Pictures; lfd.: Edition Peters, Büro Ole Scheeren, Enyway, Finanzratingagentur, Televic, Gasag, GKV Spitzenverband stiftungsrechtl.

REDEKER SELLNER DAHS
Gesellschaftsrecht ★★

Bewertung: Die gesellschaftsrechtl. Praxis ist v.a. für ihre Arbeit im Umfeld der öffentl. Hand bekannt. Dies ist nach wie vor ein wichtiger Schwerpunkt, der ihr Mandate auch vom Bund einbringt. Doch immer größeren Raum nimmt inzw. die Beratung von gemeinnützigen Gesellschaften ein, wo RSD insbes. im Krankenhausbereich eine gefragte Beraterin ist, etwa bei den Maltesern. 2 Partner sind auf Umstrukturierung fokussiert, ein 3. auf aktienrechtl. Fra-

GESELLSCHAFTSRECHT

gen. Daneben gibt es eine gewisse Spezialisierung in der Immobilienbranche.
Stärken: Öffentl. Unternehmen.
Oft empfohlen: Dr. Jürgen Lüders, Dr. Jakob Wulff
Team: 4 Eq.-Partner, 2 Counsel, 4 Associates
Schwerpunkte: Beratung öffentl. Unternehmen (inkl. Verfassungs-, Gemeinnützigkeits- u. Steuerrecht), z.B. aus Gesundheitswesen, Energie-, Kredit- u. Versorgungsbranche. Auch Aktien-, Vereins-, Stiftungsrecht u. ▷M&A.
Mandate: H2Global Advisory bei Struktur für nicht rechtsfähige Stiftung; Start-up aus der Versicherungsbranche bei HV u. div. Kapitalmaßnahmen; mehrere Ministerien eines Bundeslands bei Gründung einer Stiftung unter Einbringung von Landesvermögen; Medienanstalt bei Gründung eines Instituts; kath. Verein bei gepl. Übertragung von Vermögensgegenständen auf neu gegründeten Verein.

REED SMITH
Gesellschaftsrecht ★
Bewertung: Eng mit der Transaktionsarbeit verzahnte gesellschaftsrechtl. Praxen in ▷Frankfurt und ▷München. Nähere Informationen finden Sie in diesen Regionalkapiteln.
Team: 4 Partner, 1 Counsel, 5 Associates
Partnerwechsel: Rolf Hünermann (zu McDermott Will & Emery)
Schwerpunkte: Post-M&A-Integrations- und Strukturmaßnahmen, auch Prozessführung; internat. Umstrukturierungen. Enge Verknüpfung mit Compliance-Praxis.
Mandate: Siehe Regionalkapitel.

RENZENBRINK & PARTNER
Gesellschaftsrecht ★
Bewertung: Gesellschaftsrechtspraxis aus ▷Hamburg. Nähere Informationen finden Sie in diesem Regionalkapitel.
Team: 4 Eq.-Partner, 1 Sal.-Partner, 4 Associates
Schwerpunkte: Lfd. Beratung, oft im Nachgang von Transaktionen (▷M&A). Auch bei norddt. Familienunternehmen gut vernetzt.
Mandate: Siehe Regionalkapitel.

RITTERSHAUS
Gesellschaftsrecht ★★
Bewertung: Die gesellschaftsrechtl. Praxis, die bislang v.a. für die breite Beratung des Mittelstands u. regionaler Gebietskörperschaften bekannt war, erhält inzw. auch regelm. aktienrechtl. Mandate von börsennot. Industriekonzernen. Darunter sind CropEnergies u. Südzucker. Hier zahlt sich ihre langj. aktienrechtl. Beratung der Curevac AG aus, aber auch die Aufsichtsratsbegleitung bei der Dt. Bahn zur Aufarbeitung der sog. Berateraffäre. Größeren Raum nimmt inzw. auch die ESG- u. Corporate-Governance-Beratung ein, etwa zu nachhaltig orientierten Vergütungssystemen. Dass die meisten Anwälte auch gesellschaftsrechtl. Prozesse bestreiten, kommt nicht zuletzt der Nachfolgeberatung zugute, die regelm. bei komplexen Familienstreitigkeiten gefragt ist, wie etwa im Fall Weidenhammer.
Stärken: Kompetenzen in den Branchen Gesundheit, Medien u. Bildung. Integrierte Restrukturierungspraxis. Gerichtl. u. außergerichtl. Vertretung in Gesellschafterstreitigkeiten. Renommiertes Mediationsteam.
Oft empfohlen: Verena Eisenlohr („kluge, durchsetzungsfähige Anwältin", Wettbewerber), Rainer Dietmann („sehr versierter Verhandler", Wettbewerber), Christina Eschenfelder („vertrauensvolle u. sehr engagierte Beratung; professionell, schnell, hohes qualitatives Niveau", Mandant), Prof. Dr. Ulrich Tödtmann, Dr. Claudia Pleßke, Dr. Matthias Uhl, Dr. Marc Hauser
Team: 16 Eq.-Partner, 1 Sal.-Partner, 12 Associates
Schwerpunkte: Beratung des gehobenen Mittelstands bei Reorganisationsvorhaben. Kompetenz in ▷Nachfolgefragen u. Familienstiftungsrecht. Compliance u. Organhaftung. China-Desk in Mannheim (▷Baden-Württemberg) sowie Italien-Desk (München). Zahlr. Mandanten aus Israel im ▷Frankfurter Büro.
Mandate: Dievini Hopp BioTech Holding zu chin. Investment bei HeidelbergPharma; SHR Konzern im Umstrukturierungsprozess; Calvatis-Gruppe zu Gründung div. Joint Ventures; Vision-Group zu JV mit KKR für Immobilientransaktionen; Aufsichtsrat/Dt. Bahn, CropEnergies u. Südzucker zu neuem Vorstandsvergütungssystem; Medizintechniker zu Mitarbeiterbeteiligungsprogramm mit direkten u. sog. virtuellen Beteiligungen; Thor Industriemontagen zu Neufassung von Gesellschaftsverträgen; SRH Higher Education zu Studierendenfördergesellschaft mit Brain Capital; lfd. CureVac, Georg Maschinentechnik, FF Sysgastrol, HWO Pharma Services, Israel Chemicals, MFL Group, Progroup; Sino-German-Gruppe, Team Rosberg, Start-up-Inkubator eines Dax-Unternehmens; Viskase, Wartgitsch & Comp, Beteiligungsfonds Wirtschaftsförderung Mannheim.

RÖDL & PARTNER
Gesellschaftsrecht ★★
Bewertung: Die konsequent auf den Mittelstand ausgerichtete MDP deckt das gesamte Spektrum gesellschaftsrechtl. Arbeit von Corporate Housekeeping bis zu Kapitalmärkten ab, Letzteres hauptsächl. in München. Die Sozietät hat eine lange Tradition in der Begleitung dt. Unternehmen im Ausland u. ein ausgedehntes Büronetz in ganz Europa sowie weiter Teile von Asien. Die Sozietät ist auch eine der wenigen Kanzleien, die weiterhin in Russland präsent sind u. Mandanten bei der Abwicklung ihres Unternehmens unterstützen. Doch bleibt die Kanzlei auch in mittelständ. geprägten Regionen wie Ostwestfalen präsent, wo sie auch ein Notariat vorhält.
Stärken: Multidiszipl. Beratung, v.a. Kombination von Steuer- u. Gesellschaftsrecht. Große Anzahl von Auslandsbüros.
Oft empfohlen: Prof. Dr. Christian Rödl (auch Steuern), Dr. Dirk Halm (v.a. Familienunternehmen), Horst Grätz
Team: 7 Eq.-Partner, 6 Sal.-Partner, 17 Counsel, 19 Associates
Schwerpunkte: Unternehmensumstrukturierungen. Enge Verzahnung mit internat. Steuerrecht u. Finanzierungen. Vorstandsberatung. Compliance-Beratung.
Mandate: Hörmann-Gruppe u.a. bei öffentl. Übernahme; Kathrein-Gruppe bei Reorganisation der Auslandsstandorte; Balluff-Gruppe bei Reorganisation des Auslandsgeschäfts; Cybex bei konzerninterner Reorganisation des US-Geschäfts; Dt. Sparkassenverlag bei Ausgliederungen/Umwandlungen; Active Capital bei Gründung von Gesellschaften; It'sQ bei Finanzierungsrunde u. Anleihebegebung. Lfd.: Bio-Gate, BKW Engineering, Sporttotal inkl. HV, Wika Alex. Wiegand, Auctus Capital Partners, Kleinbongartz & Kaiser, Liebherr-Elektronik, Verkehrsverbund Großraum Nürnberg.

ROTTHEGE
Gesellschaftsrecht ★
Bewertung: Gesellschaftsrechtspraxis aus ▷Düsseldorf. Nähere Informationen finden Sie in diesem Regionalkapitel.
Team: 3 Partner, 1 Counsel, 9 Associates, 1 of Counsel
Schwerpunkte: Beteiligungen u. Transaktionen, häufig mit Immobilienbezug; Restrukturierungen. Integrierte steuerrechtl. Beratung über das Essener Büro.
Mandate: Siehe Regionalkapitel.

ROWEDDER ZIMMERMANN HASS
Gesellschaftsrecht ★
Bewertung: Gesellschaftsrechtl. Gutachten, aktienrechtl. Zweitmeinungen u. gerichtl. Auseinandersetzungen sind das Kerngeschäft der Einheit. Auch streitbehaftete Nachfolgeregelungen gehören zu ihrem Repertoire.
Oft empfohlen: Prof. Dr. Andreas Pentz
Team: 3 Partner, 4 Associates
Schwerpunkte: Konzern- u. Aktienrecht, oft als Gutachter. Langj. Erfahrung in Organberatung.
Mandate: Keine Nennungen.

DR. SCHACKOW & PARTNER
Gesellschaftsrecht ★
Bewertung: Gesellschaftsrechtspraxis aus ▷Bremen. Nähere Informationen finden Sie in diesem Regionalkapitel.
Team: 6 Eq.-Partner, 4 Associates
Schwerpunkte: Umstrukturierungen, oft notariell, auch Streitigkeiten. Oft Mittelstand u. maritime Branchen.
Mandate: Siehe Regionalkapitel.

SCHALAST & PARTNER
Gesellschaftsrecht ★
Bewertung: Gesellschaftsrechtspraxis aus ▷Frankfurt, Stuttgart und Düsseldorf. Nähere Informationen finden Sie in diesem Regionalkapitel.
Team: 6 Eq.-Partner, 4 Sal.-Partner, 1 Counsel, 6 Associates
Schwerpunkte: Lfd. Beratung von mittelständ. Unternehmen, teils inkl. Kapitalmaßnahmen. Auch Notariat.
Mandate: Siehe Regionalkapitel.

SCHMIDT VON DER OSTEN & HUBER
Gesellschaftsrecht ★
Bewertung: Gesellschaftsrechtspraxis aus ▷NRW (Essen). Nähere Informationen finden Sie in diesem Regionalkapitel.
Team: Corporate insges.: 7 Eq.-Partner, 2 Sal.-Partner, 3 Associates
Schwerpunkte: Hauskanzlei für einige namh. Unternehmen, v.a. inhabergeführte. Auch regelm. ausl. Unternehmen. Strukturelle, steuergetriebene Gestaltungsberatung, Transaktionen u. ▷Nachfolgelösungen. Auch Notariat.
Mandate: Siehe Regionalkapitel.

SERNETZ SCHÄFER
Gesellschaftsrecht ★★
Bewertung: Eine seit Jahren hoch angesehene Praxis mit besonderem Ruf für gesellschaftsrechtl. Streitigkeiten. Ihre besondere Affinität zu Unter-

GESELLSCHAFTSRECHT

nehmer- u. Eignerfamilien zeigt sich einmal mehr bei der Sartorius-Erbengemeinschaft. Eine Reihe der Partner wird regelm. empfohlen, auch die jüngere Generation, die immer stärker in Erscheinung tritt. Bei der Aufarbeitung des Wirecard-Skandals spielt die Kanzlei weiterhin eine wichtige Rolle. Wettbewerber u. Mandanten heben die hohe Qualität der Beratungsarbeit hervor.
Stärken: Prozesse im Finanzsektor, Organhaftungsfragen.
Oft empfohlen: Prof. Dr. Frank Schäfer („fachl. ausgezeichnet; sehr responsiv; sehr verlässlich", Wettbewerber), Dr. Andreas Höder, Dr. Fabian Dietz-Vellmer („kluger Taktiker", Wettbewerber), Dr. Wolfgang Selter („sehr präziser Anwalt mit starker wissenschaftl. Fundierung", Wettbewerber)
Team: 11 Eq.-Partner, 3 Associates
Partnerwechsel: Dr. Philipp Hardung (zu Hausfeld)
Schwerpunkte: Betreuung namh. (Finanz-)Konzerne, v.a. bei ▷gesellschaftsrechtl. sowie bank- u. kapitalmarktrechtl. Streitigkeiten, Organhaftung, zudem Vertretung von Großgesellschaftern bei Unternehmensverkäufen.
Mandate: Wirecard Bank u.a. zu Abwicklung; Dt. Pfandbriefbank bei Organhaftungsklagen; WealthCap-Gruppe bei Anfechtungsklagen u. Streitigkeiten mit Minderheitsgesellschaftern; Norbert Knüppel als besonderer Vertreter bei Verteidigung gg. Schadensersatzansprüche durch Gelita; Sparta bei Spruchverfahren nach umwandlungsrechtl. Squeeze-out bei Strabag; Vorstand von Kreditinstitut bei Abwehr einer Haftungsklage nach Post-M&A-Streit; Testamentsvollstrecker der Sartorius-Erbengemeinschaft bei Auseinandersetzung u. Anteilsverkauf.

SHEARMAN & STERLING
Gesellschaftsrecht ★
Bewertung: Gesellschaftsrechtspraxis aus ▷München u. Frankfurt. Nähere Informationen finden Sie in diesen Regionalkapiteln.
Team: 2 Eq.-Partner, 5 Counsel, 6 Associates, 3 of Counsel
Schwerpunkte: Beratung von namh., teils internat. Unternehmen, oft im Zshg. mit öffentl. Übernahmen u. Transaktionen. Auch Organberatung.
Mandate: Siehe Regionalkapitel.

SKADDEN ARPS SLATE MEAGHER & FLOM
Gesellschaftsrecht ★★
Bewertung: Der Großteil der gesellschaftsrechtl. Arbeit der US-Kanzlei steht weiterhin im Zusammenhang mit Transaktionen. Doch berät das erfahrene Team auch etwa zu Strukturmaßnahmen u. teils auch Streitigkeiten. Zudem beriet Skadden Mandanten wie Sanity Group u. Mercedes-Benz im Zshg. mit Joint Ventures. Mit Horbach weist Skadden zudem einen Partner auf, der auch als Notar anerkannt ist. Eine weitere Stärke der Kanzlei ist die Beratung an der Schnittstelle von Gesellschaftsrecht u. Compliance, für die v.a. Mayer steht.
Stärken: Übernahmerecht, starke Compliance-Praxis. Herausragend für industrielle Mandanten in den USA.
Oft empfohlen: Dr. Bernd Mayer, Dr. Matthias Horbach
Team: 3 Partner, 1 Counsel, 13 Associates
Schwerpunkte: V.a. transaktionsbezogene Beratung (auch Post-M&A-Streitigkeiten), regelm. für Investmentbanken. Viel ▷Compliance-Arbeit, zudem Notariat.
Mandate: HeidelbergCement zu Partnerschaft mit Thoma Bravo im Zshg. mit Beteiligung an Command Alkon; Medigene zu Koop. mit BioNTech; Mercedes-Benz zu Einstieg in Batteriezellen-Joint Venture; Sanity Group zu JV-Gründung.

SKW SCHWARZ
Gesellschaftsrecht ★
Bewertung: Die Gesellschaftsrechtler der Kanzlei beraten auf einem immer breiter werdenden Feld. Dieses reicht von Streitigkeiten, Umstrukturierungen u. Organberatung bis hin zu aktienrechtl. Fragen. Darunter waren aber auch Projekte wie die Gestaltung eines Mitarbeiterbeteiligungsprogramms. Die Mandanten der Kanzlei stammen nicht selten aus der Medien-, Tech- oder IT-Branche, darunter u.a. Studio Babelsberg. Mit dem Zugang eines Partners, der an der Schnittstelle zum Insolvenzrecht berät, ist es gelungen, die Beratung in diesem wichtigen Segment zu stärken.
Team: Corporate insges.: 12 Eq.-Partner, 2 Sal.-Partner, 3 Counsel, 5 Associates, 2 of Counsel
Partnerwechsel: Dr. Thomas Hausbeck (von Buse); Dr. Jürgen Sparr (in Ruhestand)
Schwerpunkte: Organberatung; Gesellschafterstreitigkeiten; Umstrukturierungen u. Joint-Venture-Gründungen; auch Post-M&A-Streitbeilegungen.
Mandate: ANWR Garant Internat. in Spruchverfahren im Zshg. mit Squeeze-out; IT-AG zu virtueller HV; Gesellschafter einer GmbH zur Einbringung von Anteilen in AG durch Sachkapitalerhöhung u. Gewährung von Aktien; GmbH zu Gestaltung von Mitarbeiterbeteiligungsprogramm; GmbH zu Erweiterung des Gesellschafterkreises über Treuhandstrukturen; Hersteller u. Vertreiber von Tageslichtsystemen zu Umstrukturierung; Studio Babelsberg bei HV.

SPIEKER & JAEGER
Gesellschaftsrecht ★★
Bewertung: Die Gesellschaftsrechtspraxis der Dortmunder Kanzlei genießt bei ihren Mandanten einen ausgezeichneten Ruf, wozu auch ihr etabliertes Notariat beiträgt. Zuletzt war die Praxis vermehrt mit internen Umstrukturierungen, oft im Nachgang einer Transaktion, befasst. Der Zugang eines Steuerrechtlers, der auch als StB u. WP qualifiziert ist, hat sich bereits als strateg. klug erwiesen, da er die gesellschaftsrechtl. Beratung, etwa zu Nachfolgethemen, regelm. flankiert.
Stärken: Traditionsreiche Praxis inkl. Prozessführung u. gesellschaftsrechtl. Notariat.
Oft empfohlen: Dr. Carsten Jaeger (Notariat), Dr. Thorsten Mätzig, Dr. Steffen Lorscheider
Team: 5 Partner, 1 Associate
Schwerpunkte: Beratung des gehobenen Mittelstands, zunehmend überregL, auch internat. Geschäft (z.T. über Interlegal-Netzwerk). Zudem traditionell etliche Großunternehmen der Region.
Mandate: Dt. Mineralbrunnen Staatlich Bad Meinberger gesellschaftsrechtl. zu Beteiligungsstrukturen; lfd. Herrenhausen, Adesso, Volmary; notariell: Materna Information & Communication, Dortmunder Stadtwerke, Automobilzulieferer; Verkauf der Elmos-Waferfertigung an MEMS-Foundry Silex (Beurkundung).

SQUIRE PATTON BOGGS
Gesellschaftsrecht ★★
Bewertung: Die gesellschaftrechtl. Praxis ist langjährige Stammberaterin der Dt. Wohnen. Daneben greifen aber auch internat. Technologieunternehmen wie Animoca Brands auf das aktien-, konzern- u. kapitalmarktrechtl. Know-how der Kanzlei zurück. U.a. begleitete ein Team das Hongkonger Games-Unternehmen bei einem Joint Venture zum Trendthema Non-Fungible Tokens. Eine Erweiterung des inhaltl. Spektrums könnten 2 auf die Pharmabranche spezialisierte Gesellschaftsrechtler bringen, die Anfang 2021 zur Kanzlei stießen. Bislang fiel die Verstärkung eher im M&A ins Gewicht, jedoch gelingt es SPB oft, Transaktionsmandate in eine gesellschaftsrechtl. Dauerberatung zu transformieren.
Oft empfohlen: Dr. Kai Mertens
Team: 5 Eq.-Partner, 3 Sal.-Partner, 8 Associates, 1 of Counsel
Schwerpunkte: Umstrukturierungen, Joint Ventures sowie ▷M&A, oft mit internat. Bezug. Daneben Organberatung, gesellschaftsrechtl. Streitigkeiten u. internat. Schiedsverfahren (▷Konfliktlösung).
Mandate: Green Light zu aktienrechtl. Auseinandersetzung mit Dromos Technologies; Animoca Brands zu Joint Venture mit One Football; Dt. Kreditmanagement bei Umstrukturierung; lfd.: Dt. Wohnen, Compass Group, NOV, GMV Innovating Solutions, Team Vitaly, Olin.

SULLIVAN & CROMWELL
Gesellschaftsrecht ★★★★
Bewertung: Die Gesellschaftsrechtler der US-Kanzlei sind hoch angesehen für ihre Kompetenz bei öffentl. Übernahmen, die sie sowohl auf Bieterseite steuern – wie bei der Aareal Bank – als auch aufseiten des Zielunternehmens und der Finanzberater unterstützen. Auf hohem Niveau bespielt das Team die Schnittstelle zw. Kapitalmarkt- u. Aktienrecht, so etwa beim IPO der Bertelsmann-Tochter Majorel oder deren Zusammenschluss mit dem Callcenter-Wettbewerber Sitel. Mit HV-Begleitungen u. umfangr. Spruchverfahren signalisiert S&C zudem, dass sie nicht nur für das Projektgeschäft steht, sondern auch für die Dauerberatung. Insbes. Berrar – dem Wettbewerber „eine beeindruckende Marktpräsenz" bescheinigen – hat so über die Jahre ein Netzwerk an Beziehungen aufgebaut, von dem die gesamte Kanzlei profitiert.
Stärken: Herausragender Ruf für großvol. öffentl. Übernahmen u. deren Abwehr.
Oft empfohlen: Dr. Carsten Berrar („ein Ausnahmetalent", Wettbewerber), Dr. York Schnorbus („er ist wirklich exzellent", Wettbewerber)
Team: 6 Partner, 2 Counsel, 24 Associates, 1 of Counsel
Schwerpunkte: Beratung börsennot. Konzerne bei öffentl. Übernahmen u. div. Kapitalmaßnahmen (▷Börseneinführ. u. Kapitalerhöhungen). Gesellschaftsrechtl. Litigation. Gute Kontakte zu Investmentbanken.
Mandate: Porsche Automobil Holding SE zu Eckpunktevereinbarung mit Volkswagen bzgl. Porsche-IPO u. Beteiligung; Dt. Wohnen zu Übernahmeangebot der Vonovia; CTP zu Übernahme- u. Delisting-Angebot an Dt. Industrie REIT; Morgan Stanley Infrastructure zu Delisting-Angebot bzgl. Tele Columbus; Centerbridge in der öffentl. Übernahme zur Aareal Bank; Softbank zu Aktientausch mit Dt. Telekom bzgl. T-Mobile USA; Aroundtown zu Delisting-Erwerbsangebot bzgl. TLG; Majorel-Gesellschafter zum Zusammenschluss mit Sitel; Familie Schaeffler zur Abspaltung von Vitesco von Continental; Lakestar SPAC I zu Fusion mit HomeToGo;

GFJ ESG Acquisition I zu Fusion mit Tado; Linde im Spruchverfahren (235 Antragsteller); Diebold Nixdorf u. TLG Immobilen im Spruchverfahren; HV-Beratung u.a. bei Home24, Bike24, HelloFresh, Dt. Wohnen, TLG Immobilien, Jumia Technologies, Schaeffler.

SZA SCHILLING ZUTT & ANSCHÜTZ
Gesellschaftsrecht ★★★★
Bewertung: Das Kerngeschäft der hoch angesehenen gesellschaftsrechtl. Praxis ist die Gremienberatung bei familiengeführten u. börsennot. Unternehmen. Wettbewerber loben das Team als „sehr professionell" u. „sehr konzentriert", wenn es um Großprojekte wie die Abspaltung von Vitesco aus dem Continental-Umfeld geht. Dass SZA das Mandat vom Carve-out inmitten der Nachwehen der Dieselaffäre bis hin zur Emittentenberatung im IPO u. zur HV-Vorbereitung fortführte, zeigt, wie breit die Praxis heute aufgestellt ist. Die breite Kompetenz wissen nicht nur Dax-Konzerne wie Bayer u. Dt. Bank zu schätzen, sondern auch US-Konzerne wie Diebold Nixdorf, die ihr inzw. fortlaufend hierzulande vertrauen. Zudem bringt sie sich damit auch für großvolumigere Corporate-/Compliance-Mandate ins Spiel. Dass dabei auch die Konfliktlösungspraxis eine Rolle spielen könnte, zeigte sich bereits in der Zusammenarbeit bei VIB Vermögen. Dort parierten die Anwälte die feindl. Offerte u. handelten anschl. die Eckdaten zum Unternehmenszusammenschluss mit DIC Asset aus.
Stärken: Lange Tradition im Konzern- u. Aktienrecht. Sehr gute Verbindungen zu Vorständen u. Aufsichtsräten. Besonders stark bei Prozessen u. Organhaftungsfragen.
Oft empfohlen: Prof. Dr. Jochem Reichert, Dr. Marc Löbbe („sehr erfahren, eine sichere Bank", Wettbewerber), Dr. Thomas Liebscher, Dr. Stephan Brandes („langj. bewährte Zusammenarbeit", Wettbewerber), Dr. Christoph Nolden, Dr. Nicolas Ott („hervorrag. Rechtskenntnisse, pragmat. Herangehensweise, gutes Gespür", Mandant), Markus Pfüller, Dr. Martin Gross-Langenhoff („versteht es, Teams effizient zu führen u. eine hohe Beratungsqualität bei kurzen Bearbeitungszeiten sicherzustellen", Mandant; beide auch Kapitalmarktrecht)
Team: 17 Eq.-Partner, 6 Counsel, 30 Associates, 4 of Counsel
Schwerpunkte: Hochkarätige aktien- u. konzernrechtl. Praxis. Intensive Beratung in Organhaftung, ▷Konfliktlösung, zu ▷Dienstverträgen u. ▷Compliance. Inkl. Kapitalmarktrecht. Enge Verzahnung mit ▷Insolvenz/Restrukturierung u. ▷M&A. Anerkannte Beratung zu ▷Nachfolge/Vermögen/Stiftungen.
Mandate: Vitesco Technologies bei Abspaltung von Continental u. anschl. Börsengang; Renolit zu Realteilung der JM-Gruppe; VIB Vermögen zu Abwehr des Teilangebots von DIC Asset; Fuchs Petrolub zu Umstellung von Inhaber- auf Namensaktien; Groupe La Française zu Konsolidierung ihres Dtl.-Geschäfts; 3Keys-Gruppe zu Errichtung von grenzüberschr. Holdingstruktur; Südzucker-Gruppe zu Restrukturierung des Freiberger-Teilkonzerns; Dax-Vorstand zu Vertragsaufhebung u. Einstieg bei Wettbewerber; Aufsichtsräte von Dt. Bank, Franz Haniel & Cie., Mercedes, UniCredit Bank, Uniper zu div. Themen; Diebold Nixdorf in 2 Spruchverfahren; Qimonda-Insolvenzverwalter (Jaffé) gg. Infineon; lfd. CropEnergies u. Südzucker (beide inkl. HV), Büschl-Gruppe, Porsche AG, Freudenberg u. Tochterunternehmen, Fuchs Petrolub, Fuchs Schmierstoffe, Heidelberg Engineering, Hoffmann-Gruppe, KW Financial Services, Tumpler.

TAYLOR WESSING
Gesellschaftsrecht ★★★
Bewertung: Die Gesellschaftsrechtler sind regelm. Berater von börsennot. Unternehmen wie Allane, Aroundtown u. Villeroy & Boch. Mit dem Zugang von Nikolaus Plagemann, der als ehem. Leiter des Corporate Office von Ceconomy langj. Inhouse-Erfahrung einbrachte, hat TW nun neben Frankfurt u. Berlin auch in D'dorf eine aktien- u. kapitalmarktrechtl. Praxis. Hatte sich schon die Branchenfokussierung – etwa im Mobilitäts- u. Gesundheitssektor – ausgezahlt, so hat sich auch die Integration der Kapitalmarktrechtsgruppe als richtige Stellschraube erwiesen. Nicht von ungefähr setzte die Privatbank Hauck Aufhäuser Lampe zuletzt bei einem grenzüberschr. Umtauschangebot auf TW. Daneben ist das große Team regelm. in umfangr. Strukturmaßnahmen bei dt. Familienunternehmen u. ausl. Konzernen gefragt, wie zuletzt bei Alimera Sciences u. Compagnie de Saint-Gobain.
Stärken: Erfahrene kapitalmarkt- u. übernahmerechtl. Praxis. Technologiegetriebene Transformationen. Anerkannte dt.-chin. Praxis. Breites, sektorfokussiertes ▷M&A. Rechtsgebietsübergreifende ▷Compliance-Beratung.
Oft empfohlen: Dr. Lars-Gerrit Lüßmann, Marc-Oliver Kurth („pragmat., lösungsorientiert", Mandant), Dr. Klaus Grossmann, Stephan Heinemann, Michael-Florian Ranft, Martin Kraus, Dr. Christian Traichel, Dr. Jakob Riemenschneider
Team: Corporate insges.: 30 Eq.-Partner, 17 Sal.-Partner, 38 Associates, 1 of Counsel
Partnerwechsel: Nikolaus Plagemann (von Ceconomy); David Becker (zu Trade Republic), Olga Kopka (zu Thyssenkrupp), Kevin Mitchell (zu Kando)
Schwerpunkte: Breite Praxis, v.a. für mittelständ. u. Familienunternehmen sowie börsennot. Unternehmen zu Corporate-Governance-Fragen und deren gesellschaftsrechtl. Implementierung. Auch ▷Gesellschafterstreitigkeiten u. umfangr. ▷Restrukturierungen. Zahlr. Mandanten aus den Branchen Markenartikel, ▷Medien, ▷Gesundheit, Mode, Schifffahrt, Chemie, ▷IT u. Hightech. Auch ▷Private-Equ. u. Vent. Capital. Renommiertes ▷Notariat in Berlin.
Mandate: Hauck Aufhäuser Lampe Privatbank zu grenzüberschr. Umtauschangebot von Vita34/PBKM; Stokr zu öffentl. Angebot eines Security Tokens; On Service zu Zusammenschluss mit FBP; Fam. Schubries zu Nachfolgeregelung bei Funke Mediengruppe; Gesellschafterstämme zur Aufspaltung von Dr. Oetker; DeepL zu SE-Umwandlung; Exit Games zu Beteiligung von Skillz; Rewe zu Investment in Flink; 123Fahrschule zu Privatplatzierung von Aktien; Aap Implantate zu Kapitalerhöhung; NFQ Technologies zu JV mit Valantic; Usercentrics bei Fusion mit Cookiebot; Vigor Hydrogen zu Gründung eines Wasserstoff-Start-ups; lfd. (teils inkl. HV): Alane, Aladin, Aroundtown, Brockhaus Technologies, Ernst Russ, Faber Castell, Francotyp Postalia Holding, Hypoport, Incity Immobilien, KPS, Saint-Gobain Isover, TMC Content Group, Üstra, Villeroy & Boch.

VOIGT WUNSCH HOLLER
Gesellschaftsrecht ★
Bewertung: Gesellschaftsrechtspraxis aus ▷Hamburg. Nähere Informationen finden Sie in diesem Regionalkapitel.

Team: 3 Eq.-Partner, 1 Sal.-Partner, 6 Associates
Schwerpunkte: Lfd. Beratung inkl. Aktien- u. Kapitalmarktrecht, Schiedsverfahren u. Nachfolgeberatung.
Mandate: Siehe Regionalkapitel.

WALDECK
Gesellschaftsrecht ★
Bewertung: Zwar musste die kleine Frankfurter Kanzlei in letzter Zeit einige Abgänge hinnehmen, jedoch betrafen diese nicht den Kern der gesellschaftsrechtl. Praxis. Die Arbeit reicht von der Beratung von Start-ups aus der Rhein-Main-Region über die laufende Beratung von internat. Konzernen in Dtl. bis hin zu internat. Fusionen.
Oft empfohlen: Laurenz Meckmann
Team: 6 Eq.-Partner, 3 Associates
Schwerpunkte: Beteiligungen, Gestaltung von Outsourcing- u. Joint-Venture-Verträgen.
Mandate: Franklin Templeton bei grenzüberschr. Fusion auf luxemb. Schwestergesellschaft; Großaktionär von Centrotec bei Erwerbsangebot nach WpÜG für Delisting; Bareways lfd., inkl. Finanzierungsrunden; lfd.: Lexmark, FBW Unternehmensgruppe, IVU Traffic Technologies, Acáo, Decibel Insight, Dinghan-Gruppe, Orège, Solarius-Gruppe.

WATSON FARLEY & WILLIAMS
Gesellschaftsrecht ★★
Bewertung: Die gesellschaftsrechtl. Arbeit erstreckt sich von der Beratung im Vorfeld bzw. Nachgang von Transaktionen über Streitigkeiten mit Bezug zu Umstrukturierungen bis zu Joint-Venture-Gründungen. Mit Blick auf die trad. Sektorenschwerpunkte bei Energie- u. Infrastruktur hat sich eine vernetzte Zusammenarbeit der Gesellschaftsrechtler mit der Finanzierungs- u. Regulierungspraxis etabliert. So setzen Mandanten u.a. im Zuge von Glasfaserausbauprojekten u. div. Repowering-Vorhaben auf WFW. Darüber hinaus hat WFW anerkanntes Know-how bei der Beratung von Unternehmen aus der Schifffahrtsbranche, beriet etwa einen dt. Hersteller von Schiffsinnenausbauten zur Gründung eines Joint Ventures mit einem thail. Unternehmen. Allerdings verlor die Kanzlei mit Rosenboom nicht nur einen von 2 Praxisgruppenleitern, sondern auch einen Partner, zu dessen Mandantenstamm bekannte Unternehmen wie Tank & Rast zählen.
Stärken: Multidiszipl. Betreuung. Viel Erfahrung in den Branchen ▷Energie, Schifffahrt/Verkehr u. zunehmend Infrastruktur.
Oft empfohlen: Dr. Malte Jordan („weiterhin eine der gefragten Größen", Wettbewerber)
Team: Corporate insges.: 13 Partner, 22 Associates, 1 of Counsel
Partnerwechsel: Dr. Torsten Rosenboom, Dr. Christoph Naumann (beide zu Hogan Lovells)
Schwerpunkte: Internat. Joint Ventures, Beratung im Zshg. mit ▷M&A- u. ▷Private-Equ.-Transaktionen, lfd. Beratung von Portfoliounternehmen. Ww. starke Praxis für erneuerbare Energien sowie Schifffahrt, gute Kontakte zu Family Offices, auch Nachfolgeberatung.
Mandate: Dt. Hersteller für Rohpolymere zu Gründung eines Joint Ventures in Indonesien; dt. Hersteller von Schiffsinnenausbauten zu Gründung eines JV in Thailand; dt. Hersteller von techn. Kunststoffen zu Gründung von JV in China; kanad. Familie zu Erbstreitigkeiten in Dtl.; Laber-Naab Infrastruktur zu Erweiterung des Gesellschafterkrei-

GESELLSCHAFTSRECHT

ses; dt. Automobilzulieferer zu Geltendmachung von lizenzvertragl. Ansprüchen gg. brit. Automotive-Unternehmen.

WEIL GOTSHAL & MANGES
Gesellschaftsrecht ★★
Bewertung: Die gesellschaftsrechtl. Arbeit der US-Kanzlei ist stark von den Transaktions- u. Restrukturierungsteams geprägt. Die Erfahrung von Senior-Partner Schmidt bedeutet jedoch, dass jedes Jahr hochkomplexe Corporate-Mandate bearbeitet werden. In diesem Jahr bildet die schrittweise öffentl. Übernahme der VIB dafür ein Beispiel. Schmidt soll in ungefähr 3 Jahren ausscheiden, eine nahtlose Übergabe an einen Nachfolger scheint derzeit nicht gesichert.
Oft empfohlen: Dr. Uwe Hartmann (Restrukturierung), Prof. Dr. Gerhard Schmidt
Team: 6 Partner, 5 Counsel, 13 Associates
Schwerpunkte: Restrukturierungen (▷*Insolvenz/Restrukturierung*); Prozessführung; Begleitung von Transaktionen (▷*M&A* u. ▷*Private Equity*).
Mandate: DIC bei Aufbau von 10,5% an VIB Vermögen sowie öffentl. Übernahmeangebot; TES bei strateg. Partnerschaft mit Open Grid Europe.

WHITE & CASE
Gesellschaftsrecht ★★★★

Kanzlei des Jahres für Gesellschaftsrecht

Bewertung: Die angesehene Gesellschaftsrechtspraxis von W&C ist für Gremienberatungen ebenso gefragt wie für komplexe Großtransaktionen. Letzteres bewies das Team beim hochvolumigen Investment von Faurecia in Hella, das den Ankauf eines Aktienpakets u. die Konzernintegration umfasste, u. im Zuge der Kapitalerhöhung der Lufthansa. Zugleich unterstreichen die Mandate die enge Verschränkung der Corporate- u. Kapitalmarktpraxis bei W&C, deren Zusammenspiel dem führender Sozietäten wie Freshfields ähnlich ist. Neue HV-Mandate verbuchte das Team um Kiefner zuletzt von Symrise u. Easy Software sowie von der in Bedrängnis geratenen Adler Real Estate, die sie inzw. umfassend berät. Dass sie für ihre Mandanten auch die Spruchverfahren betreut, festigt die Mandatsbeziehungen.
Stärken: Gute Verbindung mit der ▷*Kapitalmarktpraxis*; Cash-Management-Systeme; starke ▷*Insolvenz-/Restrukturierungspraxis*; HV-Betreuung mittelgr. börsennot. Unternehmen. Versiertes ▷*Notariat*.
Oft empfohlen: Dr. Lutz Krämer, Dr. Jörg Kraffel, Prof. Dr. Roger Kiem, Dr. Alexander Kiefner, Dr. Tobias Heinrich („sehr pragmat., Hands-on- u. Can-do-Mentalität", Mandant), Sebastian Pitz („top Anwalt, immer auf der Höhe, findet kreative Lösungen für komplexe Sachverhalte", Mandant)
Team: 9 Eq.-Partner, 3 Sal.-Partner, 6 Associates
Schwerpunkte: Strateg. Arbeit für internat. Großkonzerne – u.a. aus der Schweiz, Frankreich u. den Vereinigten Arabischen Emiraten. Corporate Housekeeping mit HVen für breiten dt. Mandantenstamm. Branchenkompetenz bei ▷*Banken*, in der ▷*Immobilien-* u. ▷*Energiewirtschaft*, im ▷*Verkehrssektor* sowie im Automobil- u. Einzelhandel. Angesehene Praxen für ▷*Konfliktlösung*, ▷*M&A* u. ▷*Private Equity*.
Mandate: Faurecia zu Cash/Share-Deal mit u. Integration von Hella; Lufthansa zu Bezugsrechtskapitalerhöhung u. Anleiheemission; Goldman Sachs als Financial Adviser des Bieterkonsortiums um Aareal Bank; Adler Group zu Vorwürfen des Leerverkäufers Fraser Perring, zur Konsolidierung u. in Spruchverfahren bzgl. Westgrund; Jost Werke zu SE-Umwandlung; EWE zu JV mit Aloys Wöbben Stiftung (Enercon); E.on zu Glasfaser-JV mit Igneo; DIC Asset zu Umstrukturierung der Eigentümergesellschaft des O2 Tower; Enpal zu Investorenbeteiligung; Holding der Stadt Düsseldorf zu Verhandlung eines Konsortialvertrags. HVen: Adler Real Estate, Aixtron, Consus Real Estate, Commerzbank (Notarisierung), DMG Mori, Easy Software, Jenoptik, Jost Werke Symrise, Westgrund, InVision.

WILLKIE FARR & GALLAGHER
Gesellschaftsrecht ★★
Bewertung: Gesellschaftsrechtspraxis aus ▷*Frankfurt*. Nähere Informationen finden Sie in diesem Regionalkapitel.
Team: 8 Partner, 1 Counsel, 11 Associates
Schwerpunkte: Vorwiegend transaktionsbezogene Arbeit (▷*Priv. Equ.* u. ▷*M&A*), aber auch gesellschaftsrechtl. Projektarbeit. Auch bei grenzüberschr. Umstrukturierungen tätig.
Mandate: Siehe Regionalkapitel.

WILMERHALE
Gesellschaftsrecht ★
Bewertung: Gesellschaftsrechtspraxis aus ▷*Frankfurt* u. Berlin. Nähere Informationen finden Sie in diesen Regionalkapiteln.
Team: 3 Eq.-Partner, 3 Sal.-Partner, 4 Associates
Schwerpunkte: Bes. enge Verbindung mit ▷*Compliance-Praxis*. Im Übrigen eng in die internat. Praxis integriert.
Mandate: Siehe Regionalkapitel.

ZENK
Gesellschaftsrecht ★
Bewertung: Gesellschaftsrechtspraxis aus ▷*Hamburg*. Nähere Informationen finden Sie in diesem Regionalkapitel.
Team: 6 Eq.-Partner, 1 Sal.-Partner, 2 Associates
Partnerwechsel: Dr. Zoran Domić (von SKN von Geyso)
Schwerpunkte: Umstrukturierungen u. Joint Ventures; oft auch bei Projektentwicklungen mit öffentl.-rechtl. Bezug. Rege Praxis auch im Berliner Büro mit guten Kontakten zu Bundesministerien.
Mandate: Siehe Regionalkapitel.

CO-PUBLISHING/ANZEIGE IMMOBILIEN- UND BAURECHT

Auswirkungen von Impact Investing auf die Immobilienbranche

Von Dr. Christoph Strelczyk und Dr. Oliver Glück, GSK Stockmann, Hamburg/München

Dr. Christoph Strelczyk

Dr. Christoph Strelczyk ist als Rechtsanwalt und Partner bei GSK Stockmann im Immobilienwirtschaftsrecht tätig. Er berät schwerpunktmäßig Immobilienunternehmen und Investoren u.a. zum Thema Sustainable Finance/ ESG.

Dr. Oliver Glück

Dr. Oliver Glück ist Rechtsanwalt und Partner bei GSK Stockmann und auf die Beratung von Kapitalverwaltungsgesellschaften, Banken und Finanzdienstleistern sowie institutionellen Investoren im Bank- und Finanzaufsichtsrecht, insbesondere im Kontext Sustainable Finance spezialisiert.

GSK Stockmann ist eine führende unabhängige europäische Wirtschaftskanzlei mit Schwerpunkten in den Sektoren Immobilien und Finanzdienstleistungen, Fonds, Öffentlicher Sektor, Kapitalmarkt, Mobility, Energiewirtschaft und Healthcare. Über 250 Rechtsanwälte und Steuerberater beraten an sechs Standorten in Deutschland und Luxemburg deutsche und internationale Mandanten.

Kontakt
GSK Stockmann
Neuer Wall 69
20354 Hamburg
T +49 40 369703 - 0
christoph.strelczyk@gsk.de
www.gsk.de

Weitere Informationen zur Kanzlei in der Anzeige auf Seite 169

Im Zuge des Megatrends Nachhaltigkeit hat sich Impact Investing zu einem Milliardenmarkt mit großen Wachstumsraten entwickelt. Auch im Bereich der Immobilienwirtschaft drängen Investoren und Stakeholder gleichermaßen darauf, dass neben der finanziellen Rendite auch die erzielte ökologische und soziale Wirkung zählt. Auslöser hierfür ist nicht nur ein verändertes umweltpolitisches Bewusstsein angesichts der Folgen des Klimawandels, sondern auch der EU Action Plan on Sustainable Finance. Die EU setzt hiermit schrittweise eine sehr umfangreiche Regulatorik um, die auf die Neuausrichtung von Kapitalflüssen hin zu nachhaltigen Investitionen zielt, um ein nachhaltiges und integratives Wachstum zu schaffen. Wie kann die Immobilienbranche den Trend zu Impact Investing nutzen und welche Herausforderungen bringt dies mit sich?

Prinzip und Grundlagen des Impact Investing

Impact Investing bedeutet wirkungsorientiertes Investieren und wird gemeinhin als Investition mit der gezielten Absicht verstanden, neben einer finanziellen Rendite auch eine positive soziale und/oder ökologische Wirkung zu erzielen. Im Gegensatz zu anderen ESG-orientierten Anlageformen ist die soziale bzw. ökologische Wirkung Teil der Investmentstrategie. Diese wird fortlaufend gemessen und als Richtschnur für Investitionsentscheidungen herangezogen. War der Begriff früher nicht näher definiert, gibt es seit März 2021 mit der Offenlegungs-Verordnung der EU (Sustainable Finance Disclosure Regulation, kurz SFDR) eine gesetzliche Regelung. Die SFDR ist ein wichtiger Baustein des EU Action Plans on Sustainable Finance und hat ein umfangreiches, abgestuftes System eingeführt, nach dem für Finanzprodukte nachhaltigkeitsbezogene Informationen offenzulegen sind. Der Umfang und die Tiefe der Offenlegungspflichten variieren dabei abhängig davon, in welche Fondskategorie der SFDR das jeweilige Finanzprodukt fällt. Die ambitionierteste Kategorie stellen Finanzprodukte nach Art. 9 SFDR dar. Diese verfolgen das Ziel nachhaltiger Investitionen (z.B. Impact Fonds) und unterliegen daher entsprechenden Einschränkungen beim Erwerb ihrer Assets; zugleich gelten hier besonders umfassende Offenlegungspflichten.

Grundsätzlich erwartet ein Investor für ein höheres Risiko auch höhere (finanzielle) Renditen. Dies lässt sich im Impact Investing nicht in jedem Bereich realisieren. Für preisgedämpften Wohnraum beispielsweise werden aber Investitionen getätigt, die nach herkömmlichen Maßstäben zu den Risk Investments zählen (Gegenden mit niedrigerem Einkommen und erhöhten Mietausfallrisiken). Der erwartbare finanzielle Return allein spiegelt aber dieses erhöhte Risiko nicht ohne Weiteres wider. Die besondere Einstufung als Impact Fonds kann daher auch dazu dienen, den Besonderheiten beim Risk vs. Return-Schema zu begegnen.

Bedeutung und Chancen für die Immobilienbranche

Die Immobilienwirtschaft prägt, wie die Menschen wohnen und in welchem räumlichen Umfeld sie arbeiten. Kaum ein anderer Sektor hat damit einen solchen Einfluss auf die Lebensverhältnisse der Menschen. Zugleich entfallen allein auf die Gebäude knapp 35% des gesamten deutschen Energieverbrauchs. Der Immobilienwirtschaft kommt somit eine Schlüsselrolle für die Lösung sozialer und ökologischer Herausforderungen unserer Zeit zu.

Handlungstreiber sind dabei nicht nur die Gesetzgeber auf nationaler sowie EU-Ebene, sondern auch die Investoren selbst: Der Markt für nachhaltige Immobilienfonds konnte in den vergangenen zwei Jahren bereits einen Marktzuwachs von 22,5 Mrd. Euro auf ein Volumen von 110,3 Mrd. Euro verzeichnen. Spezifische Zahlen zu Impact Investments in Immobilien wurden in Deutschland bisher noch nicht erhoben. In Anbetracht des stetig wachsenden Marktes nachhaltiger Geldanlagen besteht hier aber zweifelsohne ein enormes Wachstumspotential. Dies gilt umso mehr, als Immobilien eine der beliebtesten Geldanlagen sind und es aufgrund der zunehmenden Inflation wohl auch bleiben werden: Im Ausblick auf 2022 gaben 60% der Befragten an, in Immobilien investieren zu wollen.

Messbarkeit des Impacts – EU-Taxonomie als neuer Meilenstein

Um eine Vergleichbarkeit der Investments sicherzustellen und Greenwashing entgegenzuwirken, ist eine transparente und einheitliche Messbarkeit der Nachhaltigkeit und positiven Wirkung unerlässlich. Einheitliche Systeme zur Bemessung des Impacts waren bis vor kurzem noch nicht vorhanden. Wichtige Orientierung boten schon seit Längerem die 17 Sustainable Development Goals der Vereinten Nationen (SDG). Dazu zählen z.B. die Bekämpfung von Armut und Klimawandel und die Förderung von bezahlbarem Wohnraum und gesunden Arbeitsbedingungen.

Mittlerweile hat jedoch auch hier der Europäische Gesetzgeber im Zuge seines Action Plan ein neues Kapitel der Regulatorik aufgeschlagen und mit der Taxonomie-Verordnung ein einheitliches System eingeführt, nach dem klassifiziert wird, unter welchen Voraussetzungen bestimmte wirtschaftliche Tätigkeiten nachhaltig sind.

Hierdurch werden nun erstmals auch von gesetzlicher Seite technische Standards definiert. Diese werden die Anforderungen an Impact Investments maßgeblich prägen. Die Standards der Taxonomie sind aber keineswegs abschließend. So werden in Art. 2 Nr. 17 der Offenlegungs-Verordnung der EU weitere Umweltziele genannt, auf die nachhaltige Investitionen ausgerichtet sein können. Besonders relevant erscheint hierbei das Ziel der Reduktion von Treibhausgasemissionen, dessen Erreichung von der Praxis am sog. Carbon Risk Real Estate Monitor (kurz CRREM) gemessen wird. Die Taxonomie erstreckt sich bisher nur auf den ökologischen Bereich und legt folgende sechs Umweltziele fest: 1. Klimaschutz, 2. Anpassung an den Klimawandel, 3. Nachhaltige Nutzung und Schutz von Wasser- und Meeresressourcen, 4. Übergang zu einer Kreislaufwirtschaft, 5. Vermeidung und Verminderung der Umweltverschmutzung und 6. Schutz und Wiederherstellung der Biodiversität und der Ökosysteme. Eine wirtschaftliche Tätigkeit ist nachhaltig im Sinne der Taxonomie, wenn sie

- wesentlich zu mindestens einem ihrer sechs Umweltziele beiträgt,
- keine erhebliche Beeinträchtigung eines der anderen Umweltziele bewirkt,
- unter Einhaltung der Mindeststandards bzgl. sozialen und Governance-Aspekten durchgeführt wird
- im Einklang mit den seitens der EU-Kommission festgelegten technischen Bewertungskriterien steht.

Von entscheidender Bedeutung in der Praxis sind die Anforderungen der technischen Bewertungskriterien. Diese sind für die ersten beiden Umweltziele (Klimaschutz sowie Anpassung an den Klimawandel) seit dem 01.01.22 in Kraft und decken derzeit 13 Branchen ab, die die EU-Kommission als umweltpolitisch besonders relevant einstuft, darunter nicht zuletzt die Immobilienwirtschaft.

Die wichtigsten Herausforderungen und Chancen für die Immobilienwirtschaft

So verlangt die Taxonomie z.B. im Hinblick auf das Umweltziel Klimaschutz, dass bei Neubauten der Primärenergiebedarf mindestens 10 % niedriger ist, als es die nationalen Anforderungen an Niedrigstenergiegebäude vorschreiben. In Deutschland dürfte sich danach aktuell ein Impact Investment in den meisten Fällen gut umsetzen lassen, da das Gebäudeenergiegesetz im Wesentlichen noch den Anforderungen der EnEV 2016 entspricht. Sobald jedoch die von der Ampel-Koalition angekündigten nationalen Verschärfungen in Kraft treten, werden automatisch auch die Anforderungen strenger, die erfüllt sein müssen, damit ein neues Gebäude ein taxonomiekonformes Impact Investment sein kann. Hierbei wirkt sich zusätzlich aus, dass die nationalen Vorgaben an den Primärenergiebedarf für einen taxonomiekonformen Neubau stets um 10% übererfüllt werden müssen. Beim Ankauf von Bestandsgebäuden, die vor 2021 errichtet wurden, gelten nach der Taxonomie bereits jetzt strenge Vorgaben: Solche Objekte kommen nur als Impact Investment in Frage, wenn sie Energieeffizienzklasse A erfüllen oder beim Primärenergiebedarf nachweislich zu den besten 15% des nationalen bzw. regionalen Gebäudebestands gehören. Die große Mehrheit an Bestandsgebäuden in Deutschland und Europa weist energetisch einen weit schlechteren Zustand auf, als es die Bewertungskriterien der Taxonomie zulassen. Eine der größten Herausforderungen für die Immobilienwirtschaft und ihre Investoren besteht deshalb darin, den energetischen Zustand der Bestandsgebäude zu analysieren und zu ermitteln, bei welchen Gebäuden sich eine energetische Ertüchtigung lohnt, um diese zu einem tauglichen Impact Investment zu machen.

Bei einem anhaltenden Trend zu Impact Investments ist nämlich bereits jetzt klar, dass es im Bereich der Immobilieninvestments eine erhebliche Zahl von stranded assets geben wird, die nur noch schwer verkäuflich sein werden.

Umgekehrt werden für Gebäude, die die Anforderungen der Taxonomie erfüllen und damit als Impact Investment in Betracht kommen, erhebliche Kaufpreisaufschläge durchsetzbar sein. Sehr hilfreich auf dem Weg dorthin können sich dabei sog. Manage to Green-Konzepte erweisen. Es zeichnet sich in Europa ab, dass die Aufsichtsbehörden auch den Ankauf von Bestandsgebäuden durch Impact Fonds akzeptieren, die zwar zunächst noch davon entfernt sind, die Kriterien der Taxonomie zu erfüllen, sofern ein belastbares Konzept vorgelegt wird, wie diese Gebäude innerhalb weniger Jahre auf ein taxonomiekonformes Niveau gehoben werden.

Ein weiteres spannendes Feld bietet sich mit sozialen Impact Investments im Immobiliensektor. Hierzu bestehen derzeit noch keine einheitlichen konkreten Bewertungskriterien, so dass bei der Fondskonzeption grundsätzlich größere Flexibilität besteht. Dass die EU-Kommission auch solche Kriterien für eine soziale Taxonomie definieren möchte, hat sie bereits angekündigt. Wann es soweit ist und auf welchen Inhalt sich die zahlreichen Interessengruppen auf EU-Ebene einigen werden, ist derzeit aber noch offen. ∎

KERNAUSSAGEN

- Im Zuge des Megatrends Nachhaltigkeit hat sich Impact Investing zu einem Milliardenmarkt mit großen Wachstumsraten entwickelt.
- Impact Investing bedeutet wirkungsorientiertes Investieren mit einer gezielten sozialen und/oder ökologischen Wirkung, die messbar ist und neben die finanzielle Rendite tritt.
- Knapp 35% des deutschen Energieverbrauchs entfällt auf Gebäude. Der Immobilienwirtschaft kommt damit eine Schlüsselrolle für die Lösung ökologischer Herausforderungen zu.
- Um Investments vergleichbar zu machen und Greenwashing entgegenzuwirken, ist eine transparente und einheitliche Messbarkeit der Nachhaltigkeit entscheidend. Orientierung geben die Sustainable Development Goals der UNO und die Kriterien der EU-Taxonomie-Verordnung.
- More to come: Ein weiteres spannendes Feld bietet sich mit sozialen Impact Investments im Immobiliensektor. Man darf gespannt sein, welche Vorgaben hier in Zukunft entwickelt werden.

Unit Deal: Echte Alternative zum Share Deal oder bloß eine Notlösung?

Von Maximilian Lang und Christian Weinheimer, HEUSSEN Rechtsanwaltsgesellschaft mbH, München

Maximilian Lang, RA, ist Associate bei der HEUSSEN Rechtsanwaltsgesellschaft mbH in München. Sein Tätigkeitsbereich umfasst schwerpunktmäßig die steuerrechtliche Beratung von Immobilientransaktionen.

Maximilian Lang

Christian Weinheimer, RA, ist Partner bei der HEUSSEN Rechtsanwaltsgesellschaft mbH in München. Sein Tätigkeitsbereich umfasst schwerpunktmäßig die rechtliche Beratung von Immobilientransaktionen.

Christian Weinheimer

Die **HEUSSEN Rechtsanwaltsgesellschaft mbH** ist eine der großen unabhängigen deutschen Wirtschaftskanzleien mit Büros in Berlin, Frankfurt, München und Stuttgart. In Amsterdam (HEUSSEN B.V.) sowie in Rom und Mailand (HEUSSEN Italia) gibt es eigenständige HEUSSEN-Partnerkanzleien. Internationale Bezüge unserer Beratungsleistungen decken wir mit über 10.000 Anwälten in mehr als 150 Wirtschaftszentren über unser globales Netzwerk MULTILAW ab.

Kontakt
HEUSSEN Rechtsanwaltsgesellschaft mbH
Brienner Str. 9/Amiraplatz
80333 München
T 089/290970
Ansprechpartner:
Maximilian Lang und
Christian Weinheimer

Weitere Informationen zur Kanzlei in der Anzeige auf Seite 175

Nach langen Überlegungen und Umsetzungsversuchen ist das Gesetz zur Änderung des Grunderwerbsteuergesetzes zum 01.07.21 in Kraft getreten, durch das die Vermeidung des Anfalls von Grunderwerbsteuer, insbesondere durch die Neueinfügung des §1 Abs. 2b GrEStG, im Rahmen von Share Deals nun erschwert. Die bisher eingesetzten RETT-Blocker Strukturen, bei denen 5,1% der Geschäftsanteile an einer grundbesitzenden Kapitalgesellschaft zurückbehalten oder durch einen Co-Investor erworben wurden, sind danach zwar nicht hinfällig, aber wirtschaftlich deutlich unattraktiver. Durch die Einfügung einer der für Personengesellschaften bereits geltenden schädlichen Anteilserwerbsgrenze von jetzt 90% innerhalb von zehn Jahren (bzgl. Personengesellschaften zuvor 95% innerhalb von fünf Jahren) für Anteilserwerbe bei Kapitalgesellschaften und die Erhöhung der Haltefristen von fünf auf zehn bzw. bis zu fünfzehn Jahren wird der mittelbare Grundstückserwerb mittels Share Deal vor wirtschaftliche und praktische Herausforderungen gestellt.

Bisher nicht im Blickfeld dieser grunderwerbsteuerlichen Gesetzesneuerungen ist der sog. Unit Deal bei Immobilien-Investmentvermögen. Bei diesem wechseln die an einem Immobilien-Sondervermögen beteiligten Anteilseigner, ohne den Anfall von Grunderwerbsteuer auszulösen.

Im nachfolgenden Beitrag soll zunächst die grundlegende zivilrechtliche Behandlung von Sondervermögen beleuchtet werden. In einem nächsten Schritt soll dargelegt werden, ob und inwieweit dieser Anteilserwerb unter die Regelungen des Grunderwerbsteuergesetztes fällt.

Zivilrechtliche Einordnung von Immobilien-Sondervermögen

Zivilrechtlich sind Sondervermögen als nicht rechtsfähige Vermögensmassen einzuordnen, ihnen kommt also keine eigene Rechtspersönlichkeit zu und sie können deshalb grundsätzlich nicht Träger von Rechten und Pflichten sein. Um dieser Rechtshülle Inhalt zu geben, sieht das KAGB zwei Formen der Verwaltung durch Kapitalverwaltungsgesellschaften (KVG) vor, die Treuhandlösung und die Miteigentumslösung, wobei letztere hier nicht weiter vertieft werden soll.

Von besonderer Bedeutung ist die Verbriefung der Rechte am Sondervermögen in frei übertragbaren Anteilsscheinen. Immobilien-Sondervermögen sind dabei nach §1 Abs. 19 Nr. 23 KAGB solche Sondervermögen, die nach ihren Anlagebedingungen das bei ihnen eingelegte Geld in Immobilien anlegen.

Nach der sog. Treuhandlösung hält die das Sondervermögen verwaltende KVG das Eigentum an den Immobilien bzw. an der Beteiligung an Immobiliengesellschaften und nicht die Anteilseigner des Sondervermögens (auch nicht anteilig). Die KVG hält also das Eigentum treuhänderisch für Rechnung des Sondervermögens, sodass deren Eigentümerstellung durch einen Wechsel der Anteilseigner des Sondervermögens nicht berührt wird.

Eine weitere Möglichkeit der Übertragung von Immobilienvermögen besteht bei durch dieselbe KVG verwalteten Sondervermögen mittels eines sog. Umbuchungsbeschlusses (Umbuchungsmodell). Hierbei wird das Vermögen des Sondervermögens intern im Rahmen der Buchführung bei der KVG auf ein neues Sondervermögen umgebucht. Das neue Sondervermögen wird durch den Anleger mit Kapital ausgestattet und dieses als Kaufpreis auf das alte Sondervermögen umgebucht und damit den verkaufenden Anlegern zugänglich gemacht. Auch hierbei bleibt zivilrechtlicher Eigentümer stets die KVG, aber vor Durchführung des Umbuchungsbeschlusses für Rechnung des ursprünglichen und nach Umbuchung für Rechnung des neuen Sondervermögens.

Grunderwerbsteuerliche Einordnung

Im Gegensatz beispielsweise zur Einkommensteuer, folgt das Grunderwerbsteuerrecht den zivilrechtlichen Vorgaben und denen des KAGB. In Bezug auf das Treuhandmodell bedeutet das, dass allein die KVG als Eigentümer des Grundbesitzes bzw. der Anteile an grundbesitzenden Gesellschaften und damit als Erwerbssubjekt anzusehen ist. Dem entspricht auch die Rechtsprechung des BFH (BFH, Urteil v. 29.09.04 - II R 14/02, BStBl. II 2005, S. 148), der im Rahmen der Grunderwerbsteuer eine Zurechnung des Eigentums zum Sondervermögen nach wirtschaftlichen Gesichtspunkten gem. §39 Abs. 2 Nr. 1 AO für nicht möglich hält. Vielmehr stelle die Grunderwerbsteuer in Bezug auf die die Grunderwerbsteuer auslösenden Momente auf die nach §1 GrEStG umschriebenen, bzw. fingierten, und typisierten Rechtsvorgänge ab.

Die Veräußerung, die Ausgabe und Rücknahme von Anteilen an einem im Wege des Treuhandmodells verwalteten Immobilien-Sondervermögens unterliegen demnach nicht der Grunderwerbsteuer, da bei einer Änderung der Anteilsverhältnisse am Sondervermögen kein Tatbestand des §1 GrEStG erfüllt wird, der eine Grunderwerbsteuerbarkeit begründen könnte. Insbesondere findet kein (auch kein fingierter) Wechsel der Eigentumsverhältnisse statt.

Auch nach Ansicht des Wissenschaftlichen Dienstes des Deutschen Bundestags fällt bei Unit Deals im Rahmen der Treuhandlösung regelmäßig keine Grunderwerbsteuer an (Ausarbeitung des Wissenschaftlichen Dienstes des deutschen Bundestags v. 04.10.19, WD 4 - 3000 - 117/19, S. 4 und 5). Hieran würden auch die Änderungen und Ergänzungen durch das Grunderwerbsteueränderungsgesetz (in seiner damaligen Entwurfsform) nichts ändern. Dies wird im Wesentlichen damit begründet, dass den Anteilseignern des Sondervermögens, im Gegensatz zur jeweiligen KVG, keine eigene Verwertungsbefugnis zukomme (Ausarbeitung des Wissenschaftlichen Dienstes des deutschen Bundestags v. 04.10.19, a.a.O. S. 8). Im Vergleich zur Entwurfsform im Zeitpunkt dieser Ausarbeitung haben sich inhaltlich auch keine für den Unit Deal gewichtigen Änderungen im Hinblick auf die finale Fassung des Grunderwerbsteueränderungsgesetzes ergeben.

Probleme des Unit Deals in der Praxis

Die Möglichkeiten der Auflage von Immobiliensondervermögen ist umfangreich. Diese können beispielsweise als geschlossene oder offene, als Spezial- oder Publikumsfonds aufgelegt werden. Gerade für institutionelle Anleger bieten Immobilien-Spezialfonds – im Gegensatz zu Publikumsfonds – einen direkten Zugriff auf das Portfolio über den – wenn sie alleiniger Anteilseigner sind, durch sie gebildeten – Anlegerausschuss und erlauben damit z.B. Versicherungen, Pensionskassen und Versorgungswerken die Übereinstimmung mit gesetzlichen Vorgaben, z.B. nach dem Versicherungsaufsichtsgesetz (VAG).

Besonders problematisch in der Praxis, mit Blick auf eine Nutzung einer Sondervermögensstruktur aus grunderwerbsteuerlichen Zwecken, erscheint der (offene und geschlossene) Publikumsfonds; dies allerdings aus tatsächlichen, aufsichtsrechtlichen Gründen und nicht aus steuerlichen. So werden durch das KAGB umfangreiche, aufsichtsrechtliche Pflichten, Zustimmungserfordernisse und Fristen festgelegt, die schnelle Handlungsmöglichkeiten kaum zulassen; dies gilt insbesondere für die Variante des Umbuchungsmodells. Hinsichtlich geschlossener Sondervermögen tritt dabei noch hinzu, dass ein Ausstieg vor Ablauf der Laufzeit gar nicht erst vorgesehen ist, ein Verkauf der Anteile also lediglich über Zweitmärkte möglich ist.

Auch die gesetzlichen Vorgaben hinsichtlich des Umbuchungsmodells bei offenen Publikums-Immobilien-Sondervermögen können Probleme bereiten. So ist die interne Umbuchung des Vermögens in diesem Fall, entsprechend §239 Abs. 2 Nr. 3 KAGB, von der Zustimmung der BaFin abhängig, was in der Praxis nicht selten zu enormen zeitlichen Verzögerungen und/oder, aufgrund des Ausbleibens der Zustimmung, zur Rückkehr zum Anteilskauf führt. Im Gegensatz hierzu ist bei Spezialsondervermögen – also bei auf professionelle und semiprofessionelle Anleger konzipierten Sondervermögen – eine Zustimmung der BaFin zur Umbuchung nicht erforderlich.

Zukünftige Aussichten

Nachdem bereits der Wissenschaftliche Dienst des Bundestags die Änderungen des Grunderwerbsteueränderungsgesetztes nicht für ausreichend hält, etwaige Steuervermeidungen durch Unit Deals in der Zukunft auszuschließen, ist fraglich, ob diese Problematik durch die Politik aufgegriffen wird. Konkrete Entwürfe gibt es hierfür noch nicht. So wurden auch die Vorschläge des Wissenschaftlichen Dienstes einer Besteuerung nach dem Länder-Reformmodell II – hiernach ist ein grunderwerbsteuerlicher Durchgriff auf die Gesellschafterebene mittels fiktiver Bruchteilsbetrachtung vorgesehen – oder vergleichbar dem niederländischen Wertdurchgriffsmodell – hiernach wird auf das wirtschaftliche Eigentum abgestellt und die Steuerpflichtigkeit auf qualifizierte Immobiliengesellschaften beschränkt – nicht in das Grunderwerbsteueränderungsgesetz aufgenommen. Dies ist unserer Ansicht nach auch systemkonform und folgerichtig. Eine grunderwerbsteuerliche Besteuerung von Unit Deals würde, im Sinne des Grundsatzes der Gleichmäßigkeit der Besteuerung, eine umfassende Reform der deutschen Grunderwerbsteuer erfordern, da nicht mehr auf die zivilrechtliche Verwertungsbefugnis, sondern auf die wirtschaftliche Zurechnung abgestellt würde. Zudem würde die primäre, im Fokus der Anleger stehende Kapitalbündelungsfunktion von Investmentsondervermögen verkannt, die gerade das grundlegende Motiv der Auflage von Immobiliensondervermögen darstellt. ■

KERNAUSSAGEN

- Sondervermögen sind zivilrechtlich nicht rechtsfähige Vermögensmassen.
- Bei einer Übertragung der Anteile am Sondervermögen findet zivilrechtlich kein Eigentümerwechsel statt.
- Da sich das Grunderwerbsteuergesetz am Zivilrecht orientiert, unterliegen Unit Deals regelmäßig nicht der Grunderwerbsteuer.
- An der grunderwerbsteuerlichen Einordnung von Unit Deals ändert auch das zum 01. Juli in Kraft getretene Grundsteueränderungsgesetz nichts.
- Unit Deals werden wohl auch künftig eher bei Institutionellen Anlegern auftreten. Die Ersparnis der Grunderwerbsteuer mag dabei ein wirtschaftlicher, aber kein ausschlaggebender Grund für die Wahl des Unit Deals sein.
- Das tatsächliche Bedürfnis der Politik, die Vermeidung von Grunderwerbsteuer durch Unit Deals zu verhindern, ist bisher nicht erkennbar.

ESG-Kriterien und ihre Bedeutung für die Projektentwicklung

Von Thomas Michaelis, Hoffmann Liebs, Düsseldorf

Thomas Michaelis ist Rechtsanwalt und Partner bei der Sozietät Hoffmann Liebs in Düsseldorf. Sein Beratungsschwerpunkt ist das Immobilienwirtschaftsrecht. Er berät seine Mandanten insbesondere im Zusammenhang mit Immobilientransaktionen und Projektentwicklungen, Sale & Lease Back-Gestaltungen, Erbbaurechtsverträgen sowie Geschäfts- und Gewerberaummietverträgen.

Hoffmann Liebs ist mit rd. 60 Rechtsanwältinnen und Rechtsanwälten am Standort Düsseldorf tätig. Die Kanzlei berät seit 1979 mittelständische Unternehmen und internationale Konzerne ebenso wie die öffentliche Hand bei komplexen und anspruchsvollen wirtschaftsrechtlichen Mandaten.

Kontakt
Hoffmann Liebs
Kaiserswerther Straße 119
40474 Düsseldorf

Thomas Michaelis
thomas.michaelis@hoffmannliebs.de

www.hoffmannliebs.de

Weitere Informationen zur Kanzlei in der Anzeige auf Seite 46

Die Bedeutung von ESG kann nicht hoch genug eingeschätzt werden. Der Klimawandel ist die alles bestimmende Herausforderung dieser Zeit. Auch wenn die Themen Umwelt, Soziales und Unternehmensführung theoretisch inhaltlich abgrenzbare Kriterien darstellen, spielt das „E" die überragende Rolle und strahlt auf die weiteren Kriterien ab. Immobilienwirtschaftspolitisch zielt ESG vor allem auf eine signifikante Steigerung der Anzahl emissionsarmer bzw. -freier Gebäude auf Grundlage des sog. European Green Deal bis zum Jahre 2050.

ESG – was steckt dahinter

ESG steht für Environmental (Umwelt), Social (Soziales) und Governance (Unternehmensführung). Umweltschutz, soziale Verantwortung und gute/nachhaltige Unternehmensführung sind Aspekte, deren notwendige Förderung spätestens seit der Pariser Klimakonferenz im Jahr 2015 verstärkt im Mittelpunkt des politischen und gesellschaftlichen Interesses steht. Politische und regulatorische Initiativen tragen dazu bei, aber auch die gesellschaftliche Debatte erzeugt Druck auf die Immobilienwirtschaft. Im Rahmen des „Green Deal" hat sich die EU im Jahr 2019 das Ziel gesetzt, bis 2050 Klimaneutralität zu erreichen und damit ihren Verpflichtungen im Rahmen des Übereinkommens von Paris nachzukommen. Den dafür erforderlichen gesellschaftlichen und wirtschaftlichen Wandel in Europa in sozial verträglicher Weise einzuleiten und einzufordern, ist das Ziel von ESG.

Gesetzliche Grundlagen

„Nachhaltigkeit und der Übergang zu einer sicheren, klimaneutralen, klimaresilienten, ressourceneffizienteren und stärker kreislauforientierten Wirtschaft sind von zentraler Bedeutung für die Sicherung der langfristigen Wettbewerbsfähigkeit der Wirtschaft in der Union." So der erste Satz des Erwägungsgrundes Nr. 4 der Taxonomie-Verordnung (Verordnung (EU) 2020/852 vom 18.06.20 über die Einrichtung eines Rahmens zur Erleichterung nachhaltiger Investitionen), welche als Eckpfeiler des „Green Deal" der EU regelt, unter welchen Voraussetzungen Immobilien als nachhaltig gelten.

Die Offenlegungsverordnung (Verordnung (EU) 2019/2088 des Europäischen Parlaments und des Rates vom 27.11.19 über nachhaltigkeitsbezogene Offenlegungspflichten im Finanzdienstleistungssektor) legt für Finanzmarktteilnehmer umfassende Informations- und Offenlegungspflichten für die Nachhaltigkeitsrisiken von Investments fest. Die Offenlegungsverordnung gilt seit 2021 auch für die Bau- und Immobilienbranche.

Die Bewertung der Investitionsrisiken folgt dabei der EU-Taxonomie, die Kriterien zur Bestimmung enthält, ob eine Wirtschaftstätigkeit als ökologisch nachhaltig einzustufen ist, um damit den Grad der ökologischen Nachhaltigkeit einer Investition ermitteln zu können (Art. 1 Abs. 1 Taxonomie-Verordnung). Die EU hat bislang sechs ökologische Ziele festgelegt:

- Eindämmung des Klimawandels
- Anpassung an den Klimawandel
- Nachhaltige Nutzung und Schutz der Wasser- und Meeresressourcen
- Wandel zu einer Kreislaufwirtschaft
- Bekämpfung der Umweltverschmutzung
- Schutz und Wiederherstellung der biologischen Vielfalt und der Ökosysteme

Gemäß Art. 3 der Taxonomie-Verordnung ist eine Investition – und damit auch eine Immobilie – nachhaltig, wenn die zugrunde liegende Wirtschaftstätigkeit einen wesentlichen Beitrag zur Verwirklichung mindestens eines der vorstehenden Umweltziele leistet, nicht zu einer erheblichen Beeinträchtigung eines anderer dieser Umweltziele führt, unter Einhaltung des sog. Mindestschutzes ausgeübt wird (hierbei handelt es sich insbesondere um die Einhaltung von Menschenrechten) sowie den technischen Bewertungskriterien entspricht, die die Taxonomie-Verordnung ebenfalls regelt. ESG muss ab August 2022 auch in den Vertrieb von Fondsanteilen integriert werden. Dann tritt nämlich die nächste Novelle der Finanzmarktrichtlinie MiFID II (Richtlinie 2004/39/EG des Europäischen Parlaments und des Rates vom 21.04.04 über Märkte für Finanzinstrumente) in Kraft. Die neuen Regelungen stimmen die MiFID auf die bisherige ESG-Regulatorik ab und beinhalten im Wesentlichen, dass der Anleger zu seinen ESG-Präferenzen befragt wird und in der Folge nur noch Produkte angeboten bekommt, die zu seinen Nachhaltigkeitspräferenzen passen. Negative Auswirkungen von Fonds auf Nachhaltigkeitsziele – im Fall von Immobilienfonds etwa nicht energieeffiziente Gebäude – sind daher künftig zu dokumentieren.

ESG als Investitionskriterium mit Reflex für die Projektentwicklung

Green Buildings und Gebäudezertifizierungen waren lange Zeit eher ein Nett-zu-haben als ein Muss für Immobilieninvestoren. Mittlerweile ist die Abkürzung ESG aus der Wirtschaftswelt nicht mehr wegzudenken und die Bedeutung von ESG regulatorisch verankert.

Die Nachfrage nach Nachhaltigkeitsfonds und Green Bonds und damit auch die Zahl dieser Anlageprodukte steigt stetig. Neben den Anforderungen und dem Rahmen, die die EU-Regularien stellen bzw. setzen, sind die Anforderungen der Investoren und Anleger an die Nachhaltigkeit von Finanzprodukten und Assetklassen teils strenger. Der Druck kommt dabei sprichwörtlich von der Straße (Fridays for Future). Aber auch der Ukraine-Krieg und die dadurch ins Bewusstsein gerückte kritische Abhängigkeit von fossilen Energieträgern dritter Staaten nimmt auf den Transformationsprozess der Immobilienwirtschaft hin zu einer nachhaltigen Branche erheblichen Einfluss.

Da ESG-Kriterien mittlerweile eine entscheidende Rolle als Investitionskriterium zu kommt, wirken sich die ESG getriebenen Anforderungen an die Anlageprodukte/Assets selbstverständlich direkt auf die gesamte Wertschöpfungskette der Immobilie aus, auch wenn Investoren von den Regularien zuvörderst betroffen sind.

Vor alle Projektentwickler müssen ihre Projekte daher frühzeitig auf die Käufer und deren Investitionshintergrund ausrichten.

Einfluss auf die Vertragsgestaltung

Gegebenenfalls haben die Projektentwickler ihre Vertragspartner und Lieferanten auf die Einhaltung von ESG-Kriterien zu verpflichten. Planende, bauüberwachende und bauausführende Unternehmen sowie Lieferanten müssen im Hinblick auf die ESG-Strategie ausgewählt werden, ESG-Ziele vertraglich definiert und festgehalten werden. Damit die Immobilie bzw. die Investition hierin als nachhaltig im Sinne der Taxonomie-Verordnung gilt, sind insbesondere auch die technischen Bewertungskriterien im Zusammenhang mit den sechs definierten Umweltzielen zu beachten. Mit Delegierter Verordnung (EU) 2021/2139 der Kommission vom 04.06.21 zur Ergänzung der Taxonomie-Verordnung hat die EU zu zwei Umweltzielen technische Bewertungskriterien festgelegt, anhand derer bestimmt wird, unter welchen Bedingungen davon auszugehen ist, dass eine Wirtschaftstätigkeit einen wesentlichen Beitrag zum Klimaschutz oder zur Anpassung an den Klimawandel leistet, und anhand derer bestimmt wird, ob diese Wirtschaftstätigkeit erhebliche Beeinträchtigungen eines der übrigen Umweltziele vermeidet.

Entsprechendes gilt beim Abschluss von Mietverträgen mit den Immobiliennutzern. Die Aufnahme sog. Green Lease Klauseln insbesondere zur Erreichung oder Aufrechterhaltung eines Green Building Standards begegnet den Geschäfts- bzw. Gewerberaummietern bereits seit einiger Zeit, noch bevor ESG in aller Munde war. Darin verpflichten sich die Mieter zum Beispiel, nur grünen Strom zu beziehen, bei der Ausführung von Erhaltungsmaßnahmen im Mietobjekt nur ökologisch unbedenkliche Materialen zu verwenden und überhaupt in ökologischen Fragestellungen gesprächsbereit zu sein. Es ist zu erwarten, dass ESG künftig darüber hinaus stärkeren Einfluss auf die Mietvertragsgestaltung haben wird.

ESG wird immer wichtiger

Das ESG-Gesetzespaket wird in den nächsten Jahren an Umfang zunehmen und die Anforderungen an nachhaltige Investitionen im Sinne der Taxonomie, an Transaktionsprozesse und ihre Dokumentation werden weiter ausdifferenziert werden und steigen.

Projektentwickler sind gut beraten, sich bereits „seit gestern" auf ESG einzustellen und insbesondere eine gute Dokumentation vorzuhalten. ESG als Investitionskriterium wird sich immer mehr durchsetzen und entsprechende Nachhaltigkeitsmängel von Investitionen resp. Immobilien können nicht nur zu Preisabschlägen führen, sondern zum Transaktionshindernis schlechthin werden. Die ESG-Strategie muss daher frühzeitig festgelegt und auf den potenziellen Exit-Partner hin abgestimmt werden. Auch mit den planenden und ausführenden Unternehmen müssen entsprechende vertragliche Vereinbarungen getroffen werden. ∎

KERNAUSSAGEN

- ESG ist für Projektentwickler nicht nur eine Frage des Könnens oder Wollens.
- Für Investoren und Kapitalgeber tritt ESG als Investitions- bzw. Beteiligungskriterium immer stärker in den Vordergrund.
- Den Rechtsrahmen für ESG schafft die EU, den Antrieb, das Investment ESG-konform zu entwickeln, bildet die Nachfrage.
- ESG-Konformität bleibt insofern kein isoliertes Investitionskriterium, sondern wird zum wertbildenden Faktor, soweit nicht ohnehin gesetzlich verpflichtende Standards gelten.
- Jeder Projektentwickler muss auch seine eigene ESG-Strategie entwickeln.
- Die ESG-Strategie hat Einfluss auf die Vertragsgestaltung sämtlicher Vertragsbeziehungen.

Immobilien- und Baurecht

Sicherer Hafen

Schon die Corona-Pandemie hat zu erheblichen Lieferschwierigkeiten und Materialengpässen in der Baubranche geführt. Seit Beginn des Krieges in der Ukraine Anfang 2022 haben sich die Probleme noch einmal massiv verschärft. Stabile Preise und Liefertermine sind nur noch Wunschdenken. In Kombination mit steigenden Zinsen führt das zu großer Unsicherheit bei vielen Bau- und Immobilienprojekten.

Von einem Ende des Transaktions- und Baubooms war in der ersten Jahreshälfte 2022 allerdings noch nichts zu spüren. Großvolumige Wohnportfoliotransaktionen wie die von **Greenberg Traurig**-Mandantin Heimstaden oder der Verkauf von fast 15.000 Wohneinheiten durch Vonovia und Deutsche Wohnen zeigten ebenso wie zahlreiche Bürodeals von Skyper bis zum Zalando-Headquarter, dass der deutsche Markt für viele Anleger weiterhin ein sicherer Hafen ist. Auch jenseits der Milliardendeals war die Transaktionspipeline gut gefüllt. Gesundheits- und Pflegeimmobilien sind gefragt wie nie. Kanzleien wie **Taylor Wessing**, die sich frühzeitig und konsequent auf bestimmte Sektoren fokussiert haben, waren entsprechend häufig in solchen Deals zu sehen. Kanzleien wie **Noerr** oder **McDermott Will & Emery** feilten hingegen an ihrer Aufstellung und bemühten sich verstärkt um Private-Equity-Mandanten. Bereit zu sein, wenn diese Investorengruppe ihr Engagement im Immobilienmarkt wieder nennenswert intensiviert, ist die Devise.

Auch Nachhaltigkeit unter dem Schlagwort ESG ist weiterhin ein viel diskutiertes Thema in der Bau- und Immobilienbranche. Während sich die Baurechtler insbesondere mit nachhaltigen Bauweisen wie Cradle-to-Cradle auseinandersetzen, ist der Beratungsbedarf für Transaktionsanwälte eher überschaubar. Die Musik spielt vielmehr in der strategischen Beratung. Zugleich geht es darum, Mandanten durch den Regulierungsdschungel aus nationalen und internationalen Vorschriften zu helfen. Einmal mehr gehört hier **Freshfields Bruckhaus Deringer** zu den Vorreitern, die ein plattformbasiertes Tool entwickelt hat, um die Vielzahl der Vorschriften international vergleichbar zu machen. Ebenso engagiert beim Thema Legal Tech/Digitalisierung sind Kanzleien wie **CMS Hasche Sigle**, **Clifford Chance** oder **GSK Stockmann**.

Nicht ohne mein Team

Trotz gut gefüllter Schreibtische drehte sich auch das Personalkarussell wieder. Den wohl spektakulärsten Abgang musste **Arnecke Sibeth Dabelstein** verkraften, als sich Ende 2021 ein 15-köpfiges Team um die renommierte Baurechtlerin Prof. Dr. Antje Boldt zu **Rittershaus** verabschiedete, was für **ASD** den Verlust wichtigen Know-hows z.B. beim Thema Mehrparteienverträge bedeutete. Gleich mehrere Partner verabschiedeten sich auch bei **DLA Piper**, wobei dort der Finanzierungsbereich stärker betroffen war als das Kerngeschäft. Ziel des 4-köpfigen Partnerteams war **Bryan Cave Leighton Paisner**, die nach einem Generationswechsel auf Managementebene zur personellen Expansion geblasen hat. Der Zugang des **DLA**-Teams war womöglich nur der Anfang. Einen Verlust musste auch **Linklaters** verkraften, die nach dem Weggang von Dr. Carsten Loll zu **Latham & Watkins** erneut mit nur einem Equity-Partner dasteht.

Die Bewertungen behandeln Kanzleien, die rund um das Investitionsprojekt Immobilie beraten. Tabellarische Übersichten verdeutlichen dabei die Ausrichtung der Kanzleien: Immobilienwirtschaftsrecht berücksichtigt v.a. Transaktionen, Finanzierungen und die Strukturierung von Immobilienfonds (siehe auch ▷*Investmentfonds*). Baurecht erfasst die baubegleitende Beratung und daraus resultierende Streitigkeiten sowie das Verhältnis der am Bau Beteiligten. Projektentwicklung/Anlagenbau bildet die Schnittstelle und zeigt Kanzleien, die mit komplexen Großprojekten Erfahrung haben. Besonders erfahrene Kanzleien in einem Teilgebiet des Baurechts sind in einer weiteren Übersicht erfasst. Empfohlene immobilienrechtl. orientierte Notare finden sich im Kapitel ▷*Notariat*.

JUVE KANZLEI DES JAHRES FÜR IMMOBILIEN- UND BAURECHT

NOERR

Neue Mandanten, eine beachtliche Zahl von Transaktionen und eine deutlich stärkere Präsenz in den Spitzendeals der Branche: Noerr hat eindrucksvoll gezeigt, wie ein erfolgreicher Generationswechsel funktionieren kann. Nach dem Weggang des langjährigen Praxisgruppenleiters vor drei Jahren bezweifelten vor allem Wettbewerber den nachhaltigen Erfolg der Praxis. Heute loben sie das Team um Praxisgruppenleiterin **Annette Pospich** in den höchsten Tönen als „super aufgestellt" und „präsent". **Pospich** hat die Praxis innerhalb kurzer Zeit personell umgekrempelt und eine schlagkräftige Truppe aus bewährten Teamkollegen und strategisch sinnvollen Neuzugängen geformt, die bei Mandanten begeisterte Reaktionen hervorruft. Belege für den Erfolg der Strategie gibt es genug. So etwa die Beteiligung am Kauf eines milliardenschweren Berliner Wohnportfolios von Vonovia und Deutsche Wohnen, bei dem Noerr an der Seite von Käuferin Howoge stand. Dazu kamen zahlreiche Mid-Cap-Deals für teils neue Mandanten wie Beos oder Conren, bei denen neben etablierten Partnern wie **Pospich** oder **Christoph Brenzinger** auch junge Anwälte wie **Dr. Clemens Schönemann**, **Manuel Lomb** oder **Dr. Tim Behrens** tragende Rollen spielen. Letzterem ist es auch gelungen, sich stärker bei Private-Equity-Mandanten wie Brookfield zu positionieren.

IMMOBILIEN- UND BAURECHT

AHLERS & VOGEL
Baurecht ★

Bewertung: Die Baurechtspraxis ist trad. stark in ▷Bremen. Zunehmend intensiviert sie die Zusammenarbeit mit dem personell kleineren Büro in HH, insbes. was die Beratung zu Infrastrukturprojekten angeht, aber auch an der Schnittstelle zum Vergabe- u. Immobilienrecht. Daneben begleitet das Team auch kleinere Transaktionen.
Team: 4 Eq.-Partner, 1 Sal.-Partner, 2 Associates
Schwerpunkte: Baubegleitung, häufig bei regionalen Infrastrukturvorhaben. Schnittstelle zum Vergaberecht.
Mandate: Baurecht: Stromversorger bei umfangr. Klagen gg. ausführende Untern. im Zshg. mit der Verlegung von Glasfaserkabeln; Stahlbauunternehmen vergabe- u. baurechtl. bei Sanierung der Neuen Nationalgalerie/Berlin.

ALLEN & OVERY
Immobilienwirtschaftsrecht ★★★

Bewertung: Deutl. präsenter als in den Vorjahren war das Kernimmobilienteam der brit. Kanzlei zuletzt bei großvol. Immobilientransaktionen. Das zeigen Deals für die BVK/Universal Investment beim Kauf der Zalando-Zentrale oder die Begleitung eines korean. Investors beim Verkauf der ‚Lateral Towers' (marktbekannt). Neben der Festigung noch recht frischer Mandatsbeziehungen aus dem Vorjahr gelang es auch, neue Mandanten von sich zu überzeugen, wie Ivanhoé, die beim Eintritt in den dt. Logistikmarkt auf A&O setzte. Neben klass. Immobiliendeals sucht die Kernmannschaft auch regelm. den Schulterschluss mit Kollegen, die v.a. bei Infrastrukturprojekten aktiv sind, u. berät etwa im Zshg. mit Vorhaben zu erneuerbaren Energien. Unbestritten zur Marktspitze gehört weiterhin das Finanzierungsteam, das seine Kompetenz zuletzt bei der Beratung von Kreditgebern in mehreren großvol. u. marktrelevanten Deals unter Beweis stellte.
Stärken: Immobilienfinanzierung.
Oft empfohlen: Dr. Olaf Meisen („pragmatisch u. kommerziell", Wettbewerber), Dr. Christian Hilmes
Team: 7 Partner, 2 Counsel, 27 Associates, 1 of Counsel (inkl. ▷Finanzierung, ▷Gesellschaftsrecht/ ▷M&A, ▷Öffentl. Recht)
Schwerpunkte: Beratung von Banken u. Investoren bei Transaktionen/(Re-)Finanzierung, NPL u. Verbriefungen.
Mandate: Immobilienrecht: BVK/Universal Investment bei Kauf von Zalando-Zentrale (€365 Mio); Ivanhoé Cambridge bei Kauf von Logistikimmobilie; Garbe bei Kauf von 2 Flughafenlogistikimmobilien; Frankfurter Lebensversicherung bei Kauf von 2 Wohnportfolios; Crédit Agricole Corporate and Investment Bank bei MietV für ‚ONE' in Frankfurt; Simone Investment-Fond bei Verkauf der ‚Lateral Towers' (marktbekannt); div. Kreditgeber als Darlehensgeber im Zshg. mit Akquisition u. Ausbau der Velero-Plattform durch KKR; Konsortium bei Senior-/Mezzanine-Development-Finanzierung für ‚Treptowers' in Berlin; Helaba als Darlehensgeber im Zshg. mit Entwicklungsfinanzierung für 2 Büroimmobilien.

ARNECKE SIBETH DABELSTEIN
Projektentwicklung und Anlagenbau ★★★
Baurecht ★★

Bewertung: Aufgr. ihres umf. immobilien- u. baurechtl. Beratungsansatzes inkl. Vergaberecht genießt die Kanzlei einen sehr guten Ruf bei

Immobilienwirtschaftsrecht

★★★★★

Clifford Chance	Frankfurt, Düsseldorf, München
Greenberg Traurig	Berlin
Hogan Lovells	Frankfurt, Hamburg, Düsseldorf, München

★★★★★

CMS Hasche Sigle	Berlin, Stuttgart, u.a.
Freshfields Bruckhaus Deringer	Hamburg, Frankfurt
Noerr	München, Düsseldorf, Frankfurt u.a.

★★★★

DLA Piper	Frankfurt, München, Köln
GSK Stockmann	München, Frankfurt, Berlin u.a.
Hengeler Mueller	Frankfurt
McDermott Will & Emery	Düsseldorf, Frankfurt

★★★

Ashurst	Frankfurt
Gleiss Lutz	Frankfurt, Berlin, Hamburg
Poellath	Berlin

★★★

Allen & Overy	Frankfurt, Hamburg
Bryan Cave Leighton Paisner	Frankfurt, Berlin
Görg	Berlin, Köln, München u.a.
Mayer Brown	Frankfurt
Norton Rose Fulbright	Hamburg, München u.a.
Reius	Hamburg
Taylor Wessing	Hamburg, Berlin u.a.
White & Case	Frankfurt

★★

Dentons	Frankfurt, Berlin, Düsseldorf
FPS Fritze Wicke Seelig	Frankfurt
Herbert Smith Freehills	Frankfurt
Heuking Kühn Lüer Wojtek	Düsseldorf, München u.a.
Jebens Mensching	Hamburg
Jung & Schleicher	Berlin
Kucera	Frankfurt
Linklaters	Frankfurt
Loschelder	Köln

★

Baker McKenzie	Berlin, Frankfurt u.a.
BMH Bräutigam & Partner	Berlin
Goodwin Procter	Frankfurt
HauckSchuchardt	Frankfurt
Huth Dietrich Hahn	Hamburg
K&L Gates	Berlin, München, Frankfurt
King & Spalding	Frankfurt
Luther	Berlin, Leipzig, Köln
Neuwerk	Hamburg
Pinsent Masons	München, Frankfurt
Trûon	Hamburg
Wagensonner	München
Zenk	Hamburg, Berlin

Die Auswahl von Kanzleien und Personen in Rankings und tabellarischen Übersichten ist das Ergebnis umfangreicher Recherchen der JUVE-Redaktion. Sie ist in 2erlei Hinsicht subjektiv: Die Aussagen der befragten Quellen sind subjektiv u. spiegeln deren Erfahrungen u. Einschätzungen. Die JUVE-Redaktion wiederum analysiert die Rechercheergebnisse unter Einbeziehung ihrer eigenen Marktkenntnis. Der JUVE Verlag beabsichtigt keine allgemeingültige oder objektiv nachprüfbare Bewertung. Es ist möglich, dass eine andere Recherchemethode zu anderen Ergebnissen führt. Innerhalb einzelner Gruppen in Rankings und tabellarischen Übersichten sind Kanzleien und Personen alphabetisch sortiert.

IMMOBILIEN- UND BAURECHT

Projektentwicklungen, wo Signa u. ZAR zu ihren Stammmandanten gehören. Bei Transaktionen ist die Praxis bundesw. bei kleineren u. mittleren Deals aktiv. Einen herben Schlag erlitt ASD allerdings durch den Weggang eines 15-köpfigen Teams zu Rittershaus: Mit Boldt u. Holatka verließen 2 renommierte Baurechtler das Frankfurter, 5 weitere Partner samt Teams das Münchener Büro. Auch wenn ASD zügig mit dem Wiederaufbau begann u. mit 4 Zugängen auf Partnerebene die Praxis zumindest nominell stärkte, fehlen im Stammmarkt Südtl. doch die personelle Schlagkraft u. wichtiges Spezial-Know-how im Baurecht etwa bei Themen wie BIM oder IPA-Verträgen.
Stärken: Projektentwicklungen.
Oft empfohlen: Thomas Richter
Team: 25 Eq.-Partner, 8 Sal.-Partner, 3 Counsel, 21 Associates, 2 of Counsel
Partnerwechsel: Daniel Bens (von Buse), Philippe Woesch (von Schalast & Partner), Sven Ludwig (aus eigener Kanzlei), Stephan Kleber (von BMMF Rechtsanwälte), Prof. Dr. Antje Boldt, Steffen Holatka, Dr. Michael Grünwald, Dr. Florian Hänle, Dr. Wolfgang Patzelt, Dr. Daniel Pflüger, Manuela Luft, Anna Gries, Julia Zerwell, Thomas Hartl, Ulrich Loetz, Dr. Marina Schäuble (alle zu Rittershaus)
Schwerpunkte: Transaktionen, Baubegleitung u. ▷Vergabe.
Mandate: Baurecht: Barmherzige Brüder gemeinnütz. Krankenhaus gGmbH lfd. bei Bauvorhaben in München, Straubing, Schwandorf u. Regensburg; Kirchengemeinde zu Bau von Bildungscampus u. kirchl. Zentrum in Bayern; Bauträger bei mehreren Projekten in München. **Projektentwicklungen:** Signa, u.a. bei Projekt ‚Alte Akademie München'; Family Office bei Heide Park; ZAR regelm. bei Projektentwicklungen; lfd. Family Office. **Immobilienrecht:** Kingstone, u.a. bei Kauf von Wohnprojekt in Pforzheim; Sternbach-Kliniken bei Kauf des Kreiskrankenhauses Schleiz; TAS bei Auflegung von erstem Spezial-AIF u. bei Transaktionen; Gerch im Zshg. mit Refinanzierung ‚Laurenz Carée'.

ASHURST
Immobilienwirtschaftsrecht ★★★

Bewertung: Großvol. Transaktionen u. Finanzierungen sind das Kerngeschäft der Immobilienpraxis von Ashurst. In den verg. Jahren hat das dt. Team die internat. Kooperation mit anderen Büros u. Praxisgruppen forciert, insbes. das noch relativ junge Luxemburger Büro spielt in diesem Kontext eine wichtige Rolle. Internat. agierende Stammmandanten wie Panattoni u. Barings profitieren von dieser Aufstellung, aber auch neue Akteure wie P3 Logistic Parcs konnte Ashurst von sich überzeugen. Die Verbindung zu LIP Invest weitete die Kanzlei auf mehrere Büros aus u. begleitete zuletzt mehrere Transaktionen. Eine wichtige Rolle in der immobilienrechtl. Beratung spielt auch das Finanzierungsteam, von dessen Know-how Mandanten auch bei altern. Finanzierungen profitieren. Exemplar. dafür steht der Gewinn von Domicil Real Estate, die Ashurst bei der Finanzierung eines Wohnportfolios über €302 Mio per Schuldscheindarlehen beriet. Mit der Neueinstellung bzw. Ernennung von 2 erfahrenen Counseln hat sich die Kanzlei auch personell für den steigenden Beratungsbedarf in diesem Segment gerüstet.
Oft empfohlen: Dr. Liane Muschter („sehr angenehme u. konstruktive Verhandlerin", Wettbewerber), Nicolas Deuerling („konstruktiv", Wettbewerber), Filip Kurkowski, Derk Opitz
Team: 4 Partner, 3 Counsel, 12 Associates, inkl. Finanzierung
Schwerpunkte: Transaktionen auf Investorenseite; zudem umfangr. Erfahrung bei (Re-) u. alternativen Finanzierungen. Gut funktionierendes kanzleiw. Netzwerk.
Mandate: Immobilienrecht: Panattoni bei Verkauf von Logistikzentrum; Patron Capital u. Sonar Real Estate bei Kauf des ‚Prisma'-Bürogebäudes/Ffm.; LIP bei Kauf von Cross-Dock-Terminals; Credit Suisse bei Verkauf von Handelsimmobilien; Values bei Kauf von Logistikzentrum; Barings lfd. bei Transaktionen, u.a. bei Kauf von Mischimmobilie; HIH regelm. bei Transaktionen, u.a. bei Kauf von Büroprojekt; Aberdeen bei Kauf von 2 Baufeldern (Forward-Deal); EQT mietrechtl.; Domicil bei Portfoliofinanzierung.; x+bricks bei Finanzierung Supermarktportfolio (,Syncerus')

Projektentwicklung und Anlagenbau

★★★★★
CMS Hasche Sigle	Frankfurt, Berlin, Stuttgart
GSK Stockmann	Frankfurt, München u.a.
Kapellmann und Partner	Mönchengladbach, Düsseldorf, Hamburg u.a.

★★★★
DLA Piper	München
Heussen	München, Stuttgart
Leinemann & Partner	Berlin, Frankfurt, Köln
Luther	Berlin, Essen, Köln, Leipzig
Redeker Sellner Dahs	Bonn
Rotthege	Düsseldorf
SMNG	Frankfurt
Taylor Wessing	Hamburg, Berlin, München

★★★
Arnecke Sibeth Dabelstein	München, Frankfurt u.a.
Clifford Chance	Frankfurt, Düsseldorf
Freshfields Bruckhaus Deringer	Hamburg
Greenberg Traurig	Berlin
GvW Graf von Westphalen	Hamburg, Düsseldorf, Frankfurt
Hogan Lovells	Frankfurt, Düsseldorf, Hamburg
McDermott Will & Emery	Düsseldorf

★★
CBH Rechtsanwälte	Köln
Chatham Partners	Hamburg
Görg	Berlin, Frankfurt, Köln u.a.
Loschelder	Köln
Noerr	Dresden, Düsseldorf, München
Norton Rose Fulbright	Hamburg, München

★
Bryan Cave Leighton Paisner	Frankfurt
Eversheds Sutherland	München, Düsseldorf u.a.
LLR Legerlotz Laschet und Partner	Köln

Die Auswahl von Kanzleien und Personen in Rankings und tabellarischen Übersichten ist das Ergebnis umfangreicher Recherchen der JUVE-Redaktion. Sie ist in 2erlei Hinsicht subjektiv: Die Aussagen der befragten Quellen sind subjektiv u. spiegeln deren Erfahrungen u. Einschätzungen. Die JUVE-Redaktion wiederum analysiert die Rechercheergebnisse unter Einbeziehung ihrer eigenen Marktkenntnis. Der JUVE Verlag beabsichtigt keine allgemeingültige oder objektiv nachprüfbare Bewertung. Es ist möglich, dass eine andere Recherchemethode zu anderen Ergebnissen führt. Innerhalb einzelner Gruppen in Rankings und tabellarischen Übersichten sind Kanzleien und Personen alphabetisch sortiert.

BAKER MCKENZIE
Immobilienwirtschaftsrecht ★

Bewertung: Die Immobilienpraxis berät v.a. internat. Mandanten zu Transaktionen u. Finanzierungen, bei denen sie die gute Anbindung an das globale Kanzleinetzwerk einbringen kann. Bei Transaktionen u. Projektentwicklungen profitieren Mandanten zudem von der engen Zusammenarbeit zw. Immobilien-, Bau- u. Umweltrechtlern. Etabliert in der Begleitung branchenfremder Unternehmen, die sie zu teils sehr großvol. Deals oder MietV berät, ist es BM zuletzt immer besser gelungen, auch bei klass. Branchenakteuren Fuß zu fassen. Ergänzt wird die breite Aufstellung des Teams durch Finanzierungsexperte Mittmann, der Banken, Versicherer u. Private-Equity-Investoren berät.
Oft empfohlen: Dr. Florian Thamm („sehr erfahren, pragmat. u. angenehm", Wettbewerber), Dr. Patrick Mittmann („erfahren u. lösungsorientiert", Wettbewerber)

IMMOBILIEN- UND BAURECHT

Team: 2 Eq.-Partner, 3 Sal.-Partner, 1 Counsel, 5 Associates
Schwerpunkte: (Portfolio-)Transaktionen, regelm. mit grenzüberschr. Bezug; auch Unterstützung bei M&A-Deals. Gute Anbindung an das ww. Kanzleinetzwerk. Finanzierung. Trad. stark in der Beratung von (ausl.) Family Offices.
Mandate: Immobilienrecht: Flint Group bei Verkauf von Entwicklungsgrundstück in Ffm.; Erwe Immobilien bei Kauf von Einzelhandelsobjekt; Oda/Kolonial bei Markteintritt in Dtl.; Alzayani Investments bei Verkauf von Nahversorgungszentrum; Worldline bei gr. MietV; Metro u.a. bei MietV für Rechenzentrum; Mytheresa bei MietV für Logistikzentrum.

BMH BRÄUTIGAM & PARTNER
Immobilienwirtschaftsrecht ★
Bewertung: Die Immobilienpraxis der Berliner Kanzlei berät seit Jahren einen hochkarätigen Mandantenstamm, zu dem u.a. Blackstone gehört. Transaktionen, etwa für Dauermandantin Signa, bildet BMH einerseits anwaltl. ab, andererseits durch ihr sehr angesehenes Notariat. Bei Projektentwicklungen dominiert die Beratung zu Joint-Venture-Strukturen u. Finanzierungsthemen, wobei Mandanten die interdiszipl. Teamaufstellung, die Gesellschaftsrechtler u. Finanzierer einschließt, zugutekommt.
Team: 3 Eq.-Partner, 3 Associates, inkl. Notariat
Schwerpunkte: (Portfolio-)Transaktionen, Gewerbl. Mietrecht, Projektentwicklungen (v.a. JV-Strukturen u. Finanzierung), anerkanntes Notariat.
Mandate: Immobilienrecht: Signa bei Kauf u. Finanzierung von ‚Ellington Hotel'; Lenz Werk Holding bei Kauf von Berliner Projektentwicklung; Blackstone lfd. im Gewerbl. Mietrecht; lfd. Moravia-Gruppe, Inspiration Group.

BÖRGERS
Baurecht ★
Bewertung: Die Boutique berät umf. im Baurecht inkl. Vergaberecht u. treibt parallel den Ausbau ihres Notariats voran. Damit ist ihre inhaltl. Ausrichtung vergleichbar mit der ihrer Berliner Wettbewerber wie Jakoby oder Stassen. Allerdings hat Börgers im Gegensatz zu diesen Einheiten mit Standorten in HH u. Stuttgart u. ist bundesw. präsenter.
Team: 6 Partner, 9 Associates
Schwerpunkte: Umf. Beratung im Baurecht, auch Infrastrukturprojekte (u.a. Breitbandausbau). Schnittstelle zum Vergaberecht. Notariat in Berlin.
Mandate: Baurecht: Keine Nennung.

BREYER
Baurecht ★★★
Bewertung: Die Boutique zählt zu den dynamischen Einheiten im Baurecht. Regelm. gelingt es ihr, neue Mandanten von sich zu überzeugen, was u.a. am Engagement ihres Namenspartners beim Thema Mehrparteienverträge liegt. Zuletzt gewann sie mit der ‚Siemensstadt' in Berlin ein weiteres hochkarätiges Mandat, das ebenfalls nach einem kooperativen Vertragsmodell realisiert werden soll. Auch im Infrastrukturbereich fasst Breyer zunehmend Fuß: Mit der B247 betreut die Kanzlei das bundesw. erste PPP-Projekt einer Bundesstraße an der Seite von Neumandantin Vinci. Die Allianz mit 2 angesehenen Baurechtskanzleien in den USA u. Frankreich verschafft auch dem internat. Geschäft weiter Auftrieb. Mit dem Wechsel eines weiteren erfahrenen Anwalts zu Lutz Abel stellt sich einmal mehr die Frage nach einem stabilen Mittelbau.
Oft empfohlen: Dr. Wolfgang Breyer („sehr erfahren bei Mehrparteienverträgen", Wettbewerber), Dr. Michael Burdinski („verhandlungsstark u. rechtssicher, Mandant)
Team: 3 Eq.-Partner, 4 Sal.-Partner, 19 Associates, zzgl. Büros in Wien u. Bukarest
Schwerpunkte: Umf. baubegl. Beratung. Architektenrecht. Zunehmend internat. Mandate u. alternative Vertragsmodelle. Vergaberecht.
Mandate: Baurecht: Vinci bei PPP-Projekt B247; Siemens bei erstem Bauabschnitt ‚Siemensstadt'; ECE bei Hotelneubau in Partnering-Modell; Spring Park Valley bei Entwicklung Innovationsquartier in Partnering-Modell; BBR baubegl. zu ‚Luisenblock West'; Bietergemeinschaft in Vergabeverf. für

Baurecht

★★★★★
Kapellmann und Partner	Mönchengladbach, Düsseldorf, Berlin, München u.a.

★★★★★
CMS Hasche Sigle	Berlin, Hamburg, u.a.
Leinemann & Partner	Berlin, Düsseldorf, Hamburg, Frankfurt, München u.a.
Redeker Sellner Dahs	Bonn, Berlin, Leipzig

★★★★
GSK Stockmann	München, Berlin, Hamburg u.a.
GvW Graf von Westphalen	Hamburg, Düsseldorf, Berlin u.a.
Heuking Kühn Lüer Wojtek	München, Düsseldorf, Chemnitz u.a.
Luther	Köln, Berlin, Essen u.a.
Lutz Abel	Hamburg, München, Stuttgart
SMNG	Frankfurt, Köln

★★★
Breyer	Stuttgart, Frankfurt
FPS Fritze Wicke Seelig	Frankfurt, Hamburg
HFK Heiermann Franke Knipp und Partner	Frankfurt, Berlin, München u.a.

★★
Arnecke Sibeth Dabelstein	München, Frankfurt, u.a.
CBH Rechtsanwälte	Köln
Franz + Partner	Köln
KNH Rechtsanwälte	Berlin, Frankfurt u.a.
Kraus Sienz & Partner	München
Loschelder	Köln
Orth Kluth	Düsseldorf
Zirngibl	München, Berlin

★
Ahlers & Vogel	Bremen, Hamburg, Rostock
Börgers	Berlin, Hamburg, Stuttgart
Ganten Hünecke Bieniek & Partner	Bremen
Hecker Werner Himmelreich	Köln, Leipzig u.a.
Heinemann & Partner	Essen
Jahn Hettler	Frankfurt, München
Jakoby	Berlin
Kasper Knacke	Stuttgart
Rembert	Hamburg
Rittershaus	Frankfurt, München, Mannheim
Stassen	Berlin
TSP Theißen Stollhoff & Partner	Berlin

Die Auswahl von Kanzleien und Personen in Rankings und tabellarischen Übersichten ist das Ergebnis umfangreicher Recherchen der JUVE-Redaktion. Sie ist in 2erlei Hinsicht subjektiv: Die Aussagen der befragten Quellen sind subjektiv u. spiegeln deren Erfahrungen u. Einschätzungen. Die JUVE-Redaktion wiederum analysiert die Rechercheergebnisse unter Einbeziehung ihrer eigenen Marktkenntnis. Der JUVE Verlag beabsichtigt keine allgemeingültige oder objektiv nachprüfbare Bewertung. Es ist möglich, dass eine andere Recherchemethode zu anderen Ergebnissen führt. Innerhalb einzelner Gruppen in Rankings und tabellarischen Übersichten sind Kanzleien und Personen alphabetisch sortiert.

IMMOBILIEN- UND BAURECHT

Mehrparteienvertrag; Vector Informatik bei Standorterweiterungen.

BRYAN CAVE LEIGHTON PAISNER

Immobilienwirtschaftsrecht	★★★
Projektentwicklung und Anlagenbau	★

Bewertung: Die dt. Immobilienpraxis der internat. Einheit hat ihr Engagement im europ. Kanzleinetzwerk weiter forciert u. nach der trad. engen Zusammenarbeit mit London auch den Schulterschluss mit Paris vollzogen. Neben der Arbeit für Stammmandanten wie Allianz RE u. BentallGreenOak, für die BCLP eine Reihe von Deals stemmte, gewann das Team auch neue Akteure hinzu, darunter ein Versorgungswerk. Mit der Übergabe des Staffelstabs von Fabian auf Siebenhaar als neue Praxisgruppenleiterin u. Carsten Bremer als neuer dt. Managing-Partner hat BCLP den Generationswechsel auf Führungsebene vollzogen. Das neue Managementduo hat sogleich die Weichen für weiteres Wachstum gestellt u. gewann ein angesehenes 4-köpfiges Team aus Immobilienrechtlern u. Finanzierern von DLA.
Stärken: Immobilientransaktionen.
Oft empfohlen: Roland Fabian, Hanns-William Mülsch, Dr. Norbert Impelmann, Tina Siebenhaar, Dr. Torsten Pokropp („hervorragender Jurist; immer für den Mandanten im Einsatz u. dabei stets freundlich", Mandant), Frank Schwem, Christian Lonquich („sehr angenehm, vernünftig u. erfahren", Wettbewerber)
Team: 9 Partner, 5 Counsel, 16 Associates, 3 of Counsel, inkl. Finanzierung u. Steuern
Partnerwechsel: Dr. Torsten Pokropp, Frank Schwem, Christian Lonquich, Mike Danielewsky (alle von DLA Piper), Heiko Stoll (von GSK Stockmann); Stephan Krampe (zu Rimon Falkenfort)
Schwerpunkte: (Portfolio-)Transaktionen, Restrukturierung u. (Re-)Finanzierung, angesehenes Notariat in Ffm. u. Berlin.
Mandate: Immobilienrecht: Allianz RE, u.a. bei Verkauf von Portfolio; Ara Europe bei Grundstücksverkauf; InfraRed Capital Partners bei Verkauf von erstem Bauabschnitt von ‚Eastsite Office'; BentallGreenOak bei Kauf von 2 Logistikimmobilien; Collineo Asset Management bei Mezzanine-Finanzierung für Quartiersentwicklung; Cresco mietrechtlich.

CBH RECHTSANWÄLTE

Projektentwicklung und Anlagenbau	★★
Baurecht	★★

Bewertung: Die Kanzlei ist auf die Beratung städt. Entwicklungsprojekte spezialisiert u. zählt insbes. in Köln u. dem übrigen Rheinland zu den Platzhirschen auf diesem Gebiet. Beispiele sind Langzeitprojekte wie der Neubau des städt. Museums sowie zahlr. Projektentwicklungen u.a. im Wohnsegment. Darüber hinaus ist CBH bei kommunalen Infrastrukturprojekten wie dem 3. Bauabschnitt der Nord-Süd-Bahn aktiv. Dabei kommt Mandanten auch außerhalb von NRW die verbesserte praxisgruppenübergr. Zusammenarbeit etwa mit Experten für den Verkehrssektor oder dem Planungsrecht zugute. Neumandantin Birkenstock profitiert davon bspw. bei der Realisierung einer neuen Produktionsstätte in Meck.-Vorp. Zu den Mandanten im Immobilienrecht zählen zudem mehr u. mehr baubranchenfremde Unternehmen, die CBH bei kleineren Transaktionen u. mietrechtl. berät.
Stärken: Projektentwicklungen.
Team: 7 Eq.-Partner, 9 Associates (Kernteam)
Schwerpunkte: Integrierte Beratung im öffentl./priv. Baurecht mit Schwerpunkten im (Spezial-) Tief- u. Klinik- sowie Anlagenbau. Beratung bei Entwicklung von Wohngebieten u. Innenstadtflächen. Umfangr. Erfahrung mit Prozessen.
Mandate: Baurecht: Histor. Mitte Köln zu Neubau des Kölnischen Stadtmuseums u. des Kurienhauses; Universitätsstiftung zu BIM-Projekt; Kommune zu Infrastrukturprojekt; Universitätsmedizin der Johannes-Gutenberg-Universität Mainz zu Bauvorhaben; Johann Bunte zu Bau von Test- u. Präsentationsstrecke für Kfz; Zarinfar im Zshg. mit Kölner Oper; Rheinland Versicherung bau- u. immobilienrechtlich. **Projektentwicklungen:** Birkenstock bei Planung von Produktionsstätte; WVM Immobilien bei Projektentwicklungen; Amand bei Siedlungsentwicklung in Köln. **Immobilienrecht:** Obi, Personalvermittler, Fachverlag, Krankenkasse lfd. mietrechtlich.

CHATHAM PARTNERS

Projektentwicklung und Anlagenbau	★★

Bewertung: Die Boutique aus HH konzentriert sich auf die Beratung von Projektentwicklungen inkl. Transaktionen. Dabei liegt ein gewisser regionaler Schwerpunkt in HH, wie ihr Engagement in div. großvol. Projekten wie ‚Elbtower' u. ‚Überseequartier' zeigt. Regelm. ist die Kanzlei aber auch überreg. tätig. Ihren hochkarätigen Mandantenstamm insbes. im Projektentwicklungsgeschäft baut Chatham regelm. aus, zuletzt kam bspw. Sprinkenhof hinzu. Ins Mandat kommt sie regelm. über Empfehlungen von anderen Marktteilnehmern, die sich v.a. auf die Stärke des Teams im Öffentl., Vergabe- u. Vertragsrecht beziehen.
Oft empfohlen: Dr. Michael Schäfer („ganz hervorragend", Wettbewerber)
Team: 1 Eq.-Partner, 1 Sal.-Partner, 1 Counsel, 5 Associates
Schwerpunkte: Projektentwicklungen inkl. Transaktionen (auch Infrastruktur). Verknüpfung mit Öffentl. Recht.
Mandate: Projektentwicklungen: Signa zu div. Projekten, u.a. zu ‚Elbtower'; Frankonia bei Entwicklung Wohnquartier; Garbe zu mehreren Logistikprojektentwicklungen; Peakside zu Entwicklung von Bürostandorten (inkl. An- u. Verkauf); Unibail-Rodamco-Westfield bei ‚Überseequartier'; Lifescience-Unternehmen bei Standorterweiterungen; Family Office zu Entwicklung Logistikgrundstück.

CLIFFORD CHANCE

Immobilienwirtschaftsrecht	★★★★★
Projektentwicklung und Anlagenbau	★★★

Bewertung: Die Immobilienpraxis der brit. Kanzlei unterstreicht ihre marktführende Position Jahr für Jahr durch Beteiligung an den Spitzendeals des Marktes, bspw. die Beratung von RFR bei Kauf von 3 Fonds für €1,1 Mrd. Darüber hinaus erweitert sie regelm. ihre Mandantenbasis um namh. Akteure u. nimmt bei wichtigen Branchenthemen eine Vorreiterrolle ein. So war CC eine der Ersten, die sich bei sog. Plattformdeals positioniert hat, die mittlerw. im Markt häufiger zu sehen sind. Mögl. ist das, weil sich die Kanzlei anders als viele internat. Wettbewerber nicht ausschl. auf High-End-Mandate fokussiert, sondern in allen Segmenten aktiv ist, was ihr ein gutes Gespür für die wesentl. Trends verleiht. Die tiefe Marktdurchdringung spiegelt sich zudem in dem kontinuierl. guten Feedback von Mandanten. Gleiches gilt für die Finanzierer, die als Einzige mit dem ansonsten als führend angesehenen Finanzierungsteam von A&O mithalten können.
Stärken: (Portfolio-)Transaktionen. Langj. integrierte Beratung der Branche.
Oft empfohlen: Dr. Christian Keilich („hoch pragmat., kompetent, lösungsorientiert, kollegial", Wettbewerber), Reinhard Scheer-Hennings, Thomas Reischauer („immer erreichbar, sehr gutes Immobilien-Know-how", „sehr kompetent", „lösungsorientiert", Mandanten), Dr. Gerold Jaeger, Dr. Fabian Böhm, Tobias Schulten („pragmat., sehr erfahren, kollegial", „einer der besten Immobilienfinanzierer", Wettbewerber), Dr. Philipp Stoecker („sehr guter Jurist", Wettbewerber), zunehmend: Dennis Blechinger, Dr. Kristina Jaeger („schnell, präzise, lösungsorientiert", Mandant)
Team: 9 Partner, 2 Counsel, 25 Associates (inkl. Transaction Lawyer)
Schwerpunkte: (Portfolio-)Transaktionen, Beratung von Banken u. Investoren. Projektentwicklungen inkl. Finanzierung, auch ▷*Öffentl. Recht*. Außerdem steuer- u. investmentrechtl. Strukturierungen. Sehr angesehenes ▷*Notariat*.
Mandate: Immobilienrecht: RFR bei Kauf der Mehrheit an 3 Immobilienfonds (€1,1 Mrd); Quest bei Kauf von Bürogebäude; Ardian bei Kauf von Bürokomplex in HH; Freo Group bei Verkauf von Büroimmobilie; Alpha Real Estate bei Kauf von mehreren 100 Wohnungen; BlackRock bei Verkauf ‚Impuls' in Berlin; Generali RE bei Teilverkauf ‚Gloria Galerie'; Midas International Asset Management u. L'Etoile Properties bei Kauf von dt. Last-Mile-Logistikportfolio; Oprea bei div. Kliniktransaktionen; Dt. Bank bei MietV-Verlängerung u. Refinanzierung von Hauptsitz; Dietz-Gruppe regelm. bei Logistiktransaktionen; HIH bei Kauf von Bürogebäude; lfd.: PGIM, Tristan. **Projektentwicklungen:** GE Healthcare bei Bau Radiologieerweiterungsbau; German LNG Terminal bei Planung, Bau u. Betrieb eines Flüssiggasterminals; Tesla bei Vertragsgestaltung u. Bau von ‚Gigafactory Brandenburg'; LBBW Immobilien Development bei 2 Wohnarealen.

CMS HASCHE SIGLE

Immobilienwirtschaftsrecht	★★★★★
Projektentwicklung und Anlagenbau	★★★★★
Baurecht	★★★★★

Bewertung: CMS deckt mit ihrem großen Team die komplette Palette der bau- und immobilienrechtl. Beratung ab. Die starken Einzelpraxen im Immobilien- (insbes. Transaktionen) u. Baurecht (insbes. Anlagenbau) arbeiten regelm. zusammen bzw. kooperieren mit Praxen, die Schnittstellenthemen wie Öffentl. Recht, IT oder Energie abdecken. Auf dieses Know-how vertrauen zahlr. Stammmandanten, aber auch regelm. neue Akteure wie zuletzt Beos, Barings u. Domicil. Oft war das Immobilienteam zuletzt auch an Joint-Venture-Strukturen beteiligt, wozu auch das großvol. Mandat für Stammmandantin Allianz zählt, die eine Mrd-Kooperation mit Heimstaden einging. Insbes. im Anlagenbau (Windparks, Pharma- u. Chemieanlagen) kann die Kanzlei ihre internat. Vernetzung für ihre Mandanten ausspielen u. untermauert damit ihren exzellenten Ruf. Diese Stärke u. die enge praxisübergr. Zusammenarbeit setzt sie bspw. auch bei der Beratung zu Wasserstoffprojekten mit einem praxisübergr. Kompetenzteam ein u. ist etwa durch die Beratung von Hanseatic Energy zum

IMMOBILIEN- UND BAURECHT

Immobilien- und Baurecht: Kanzleien mit ausgeprägter Spezialkompetenz

Advant Beiten (Berlin, Frankfurt, München)
Gewerbl. Mietrecht

Prof Englert + Partner (Aichach)
Tiefbau

GTW Rechtsanwälte (Düsseldorf, Krefeld)
Gewerbl. Mietrecht

Prof. Dr. Rolf Kniffka (Hamm)
Streitschlichtung, Schiedsverfahren

Koeble Fuhrmann Locher Zahn Hüttinger (Reutlingen)
Architektenrecht

Prof. Stefan Leupertz (Essen)
Streitschlichtung, Schiedsverfahren

May und Partner (Frankfurt)
Streitschlichtung, Mediation, Schiedsverfahren

Meincke Bienmüller (Berlin)
Gewerbl. Mietrecht

MGR Rechtsanwälte (Frankfurt)
Internat. Baurecht (v.a. Spezial- u. Anlagenbau)

Rath (Frankfurt)
Architektenrecht

Rödl & Partner (Nürnberg)
Facility-Management

Die Auswahl von Kanzleien und Personen in Rankings und tabellarischen Übersichten ist das Ergebnis umfangreicher Recherchen der JUVE-Redaktion. Sie ist in 2erlei Hinsicht subjektiv: Die Aussagen der befragten Quellen sind subjektiv u. spiegeln deren Erfahrungen u. Einschätzungen. Die JUVE-Redaktion wiederum analysiert die Rechercheergebnisse unter Einbeziehung ihrer eigenen Marktkenntnis. Der JUVE Verlag beabsichtigt keine allgemeingültige und objektiv nachprüfbare Bewertung. Es ist möglich, dass eine andere Recherchemethode zu anderen Ergebnissen führt. Innerhalb einzelner Gruppen in Rankings und tabellarischen Übersichten sind Kanzleien und Personen alphabetisch sortiert.

LNG-Terminal in Stade Wettbewerbern mehr als eine Nasenlänge voraus. Das renommierte ▷Konfliktlösungsteam der Kanzlei ist zudem regelm. mit Baustreitigkeiten befasst.
Stärken: Transaktionen. Internat. Anlagenbau, Projektentwicklungen, Streitschlichtung.
Oft empfohlen: Dr. Volker Zerr („sehr gute u. kompetente Beratung", Mandant), Heinrich Schirmer, Dr. Andreas Otto („sehr hilfreich u. tiefes Verständnis für die Materie", Mandant), Dr. Matthias Kuß („kollegial u. lösungsorientiert", Wettbewerber), Dr. Sebastian Orthmann, Philipp Schönnenbeck („hervorragende Betreuung von Transaktionen", Mandant), Andreas Roquette, Martin Krause („hervorragende Marktkenntnis im Anlagenbau, Identifizierung von Risiken u. Aufzeigen von Gestaltungsmöglichkeiten", Mandant; beide Baurecht)
Team: 23 Partner, 17 Counsel, 48 Associates, 2 of Counsel, im ges. Fachbereich Real Estate & Public
Schwerpunkte: ▷M&A, ▷Kredite u. Akqu.fin., Projektentwicklung u. internat. Anlagenbau. Umf. Baubegleitung, auch Prozesse u. Schiedsverfahren. Notariat. Große Erfahrung beim Einsatz von Legal-Tech-Tools u. Projektjuristen.
Mandate: Immobilienrecht: Allianz RE bei JV mit Heimstaden inkl. Beteiligung an Wohnportfolio u. bei Verkauf ‚Skyper'; Wircon bei Photovoltaik-JV mit x+bricks sowie zu Verträgen für Bau u. Betriebsführung von Photovoltaikanlagen; Investcorp bei Verkauf von Bürocampus; Credit Suisse mietrechtl.; GRR-Group bei Kauf von FMZ; Domicil bei Kauf Wohnportfolio; Imfarr bei Verkauf ‚Eutritzscher Freiladebahnhof'; Segro bei Kauf von Entwicklungsareal am BER; Schroder RE bei Kauf von Hotelkomplex; Quarterback bei Transaktionen; lfd. bei Transaktionen: Art-Invest, DIC, LBB Immo. **Projektentwicklungen/Anlagenbau:** Valor bei Ankauf u. Entwicklung von Logistikfläche in Berlin; S Immo bei div. Projektentwicklungen; Hanseatic Energy zu LNG-Terminal Stade; Infraleuna bei Modernisierung u. Erweiterung Gas- u. Dampfkraftwerk; Iberdrola umf. zu Offshorewindpark; Yondr bei div. Verträgen auf Grundlage des IPD-Modells für den Bau eines Datenzentrums; Uniper bei GU-Vertrag für Gas- und Dampfturbinenheizkraftwerk/HH. **Baurecht:** BLB vergabe- u. baurechtl. zu GU-Vergabe für Neubau der Landespolizeischule Brandenburg; Arge baubegl. bei Neubau 5. Schleusenkammer Brunsbüttel; Stadt Wächtersbach bau-, architekten- u. vergaberechtl. bzgl. Sanierung des Altstadt- u. Schlossquartiers.

DENTONS

Immobilienwirtschaftsrecht ★★

Bewertung: Die Immobilienpraxis der globalen Kanzlei hat durch strateg. kluge Neuzugänge in den verg. Jahre ihre Aufstellung verbreitert u. ein interdiszipl. Branchenteam etabliert. Mandanten profitieren heute von einem in allen Asset-Klassen u. Themen versierten Team, das zugleich durch seine Größe auch Raum für Binnenspezialisierungen einzelner Partner lässt. Eine davon sind Rechenzentren – eine Asset-Klasse, die bisher noch als Nische gilt, im Kontext von Digitalisierung u. verändertem Einkaufsverhalten aber an Bedeutung gewinnt. Hier beriet ein Dentons-Team unter Federführung von Kirkland KKR bei der $15-Mrd schweren Übernahme eines Rechenzentrumsbetreibers. Die enge Vernetzung mit mit dt. und europ. Büros bescheren dem dt. Team regelm. neue Beziehungen, wie zuletzt zu Castleforge. Bei Mandanten wie Vonovia oder Apollo sitzt Dentons mittlerw. fest im Sattel, wenngleich bzgl. des Umfangs der Mandate noch Entwicklungspotenzial besteht.
Oft empfohlen: Dirk-Reiner Voss, Sebastian Schmid
Team: 10 Partner, 8 Counsel, 11 Associates, 1 of Counsel (inkl. Schnittstellenbereiche)
Schwerpunkte: Transaktionen inkl. (Re-)Finanzierung u. Steuern. Projektentwicklungen. Investmentrecht.
Mandate: Immobilienrecht: Vonovia, u.a. bei Verkauf von mehr als 4.000 Wohnungen; Palmira bei div. Transaktionen, u.a. bei Kauf von Gewerbepark; Union Investment bei Kauf von Projektentwicklung in NL u. zu Miet- u. Hotelthemen; KKR u. Global Infrastructure Partners bei Kauf von globalem Rechenzentrumsbetreiber (Federführung Kirkland & Ellis); GIC bei Transaktion; P3 Logistic Parks bei Kauf von Light-Industrial-Immobilie in Köln; HanseMerkur bei Finanzierung von ‚Laurenz Carré'; Advenis bei mehreren Ankäufen für Portfolio; Castleforge bei Markteintritt in Dtl.; Swiss Life bei Kauf von paneurop. Portfolio. **Projektentwicklungen:** Projektentwickler lfd. bei Kauf, Entwicklung u. Vermietung von Logistikimmobilien.

DLA PIPER

Immobilienwirtschaftsrecht ★★★★
Projektentwicklung und Anlagenbau ★★★★

Bewertung: Kaum eine Immobilienpraxis bekommt von Marktteilnehmern kontinuierl. so positives Feedback wie die von DLA. Mandanten sprechen regelm. von „hohen Qualitätsstandards" u. „hochgradiger Kundenorientierung". Wettbewerber loben das „Verhandlungsgeschick" u. die „Kollegialität" von Partnern u. auch jüngeren Anwälten. So viel Lob spricht sich herum u. bescherte dem Team neue Mandatsbeziehungen etwa zu DIC oder LIP. Erneut konnte sich DLA bei großvol. Transaktionen wie dem Verkauf der ‚Victoria Stadtlofts' platzieren. Der hohe Spezialisierungsgrad der Partner erlaubt es der Praxis, in allen wesentl. Asset-Klassen u. Marktthemen präsent zu sein. Der Weggang eines 4-köpfigen Partnerteams zu BCLP trifft die immobilienrechtl. Praxis deutl. weniger hart als die in den Vorjahren sehr dynamische Immobilienfinanzierungspraxis. Den Verlust beider Partner muss das Team – im Wesentlichen 2 erfahrene Counsel – nun nutzen, um sich zu diversifizieren, indem es neben der klass. Bankenberatung auch die im Markt aktiver werdenden alternativen Kreditgeber in den Fokus nimmt.
Stärken: Projektentwicklungen; hoher Spezialisierungsgrad innerh. der Praxisgruppe.
Oft empfohlen: Fabian Mühlen („sehr stark in kniffligen Verhandlung", Mandant), Dr. Martin Haller („enorm hohe Dienstleistungsbereitschaft; unschlagbar", „jurist. spitze", Mandanten), Lars Reubekeul („sehr gut", Mandant), Dr. Florian Biesalski („sehr kompetent u. lösungsorientiert", Wettbewerber; „ausgesprochen gute u. zielgerichtete Zusammenarbeit möglich", Wettbewerber über alle)
Team: 4 Partner, 2 Counsel, 18 Associates (Kernteam plus Immobilienfinanzierung)
Partnerwechsel: Dr. Torsten Pokropp, Frank Schwem, Christian Lonquich, Mike Danielewsky (alle zu BCLP)
Schwerpunkte: Transaktionen u. Projektentwicklungen. Finanzierung v.a. auf Darlehensgeberseite. Daneben auch Mietrecht u. Asset-Management.
Mandate: Immobilienrecht: Schroder RE bei Verkauf ‚Victoria Stadtlofts'; Clarion bei Kauf von 2 Distributionszentren (Bieterverfahren); UBS bei Verkauf von 11 Logistikimmobilien; LIP bei Kauf von Logistikkomplex; Carlyle bei Kauf von 8 Logistikimmobilien; Catella regelm. bei Transaktionen, u.a. bei Kauf von Bürogebäude; Project bei Verkauf von Hotelprojekt; Savills bei Kauf von Büroprojekt; Geisel Privathotels bei Verkauf von ‚Hotel Königshof' (Forward-Deal); Kingstone bei Kauf von Wohnquartier (Forward-Funding-Deal); Project Immobilien Gewerbe regelm. bei Transaktionen; lfd.: Axa, Tilad bei Transaktionen. **Projektentwicklungen:** Heidelberger Druckmaschinen bei Entwicklung von Hightechstandort; JV um US-Private-Equity-Fonds bei Entwicklung von Logistikimmobilie; lfd.: GLP, Gazeley, Catella.

EVERSHEDS SUTHERLAND

Projektentwicklung und Anlagenbau ★

Bewertung: Die Kanzlei ist im Bau- u. Immobilienrecht breit aufgestellt, wobei ein gewisser Schwerpunkt auf Projektentwicklungen u. dabei wiederum

IMMOBILIEN- UND BAURECHT

auf Logistikobjekten u. Rechenzentren liegt. Hierbei kann ES nicht nur ihre öffentl.-rechtl. Kompetenz einbringen. Durch die steigenden Anforderungen an Entwicklungsprojekte mit Blick auf Themen wie Energiewende, Nachhaltigkeit, aber auch Datenschutz profitieren Mandanten auch von der guten Vernetzung des Immobilienteams auch mit diesen angrenzenden Fachbereichen. Personell blieb es unruhig. Nach dem Wechsel eines 9-köpfigen Teams im Vorjahr gab es zuletzt auf Associate-Ebene viel Fluktuation, was eine nachhaltige Personalentwicklung schwierig macht.
Team: 1 Eq.-Partner, 7 Sal.-Partner, 9 Counsel, 12 Associates, 1 of Counsel
Partnerwechsel: Dr. Stefan Fink (von Advant Beiten)
Schwerpunkte: Projektentwicklungen. Asset-Management. Auch Finanzierung.
Mandate: Projektentwicklungen: Investmentmanager bei div. Projektentwicklungen in München; Energieunternehmen bei JV für Entwicklungsprojekt. **Immobilienrecht:** Logistikdienstleister bei Anmietung von 2 Lagerhallen; Meta im gewerbl. Mietrecht; lfd.: Microsoft, Expedia.de, Axa, Invesco, Patrizia; Cyrus One.

FPS FRITZE WICKE SEELIG
Immobilienwirtschaftsrecht ★★
Baurecht ★★★
Bewertung: Die Kanzlei steht für eine ganzheitl. Beratung im Immobilien- u. Baurecht. Dabei liegt ihr Kraftzentrum in Ffm., wo sie in zahlr. Großprojekte eingebunden ist u. zu Transaktionen berät. Gerade die gute Kontakt zu lokalen Behörden macht FPS für Mandanten von außerhalb für Projekte in Ffm. oft zur ersten Wahl. Kontinuierl. hat FPS an ihrer Aufstellung gefeilt u. ihre Kompetenzen stärker gebündelt. Im Baurecht liegt ein Branchenschwerpunkt neben Gewerbe- auch auf Gesundheitsimmobilien. Teil des Beratungspakets ist auch der Einsatz von Tools u. Projektmanagern zur effizienteren Abwicklung der Vorhaben, wodurch sich FPS auch vom mittelstand. Einheiten abhebt.
Oft empfohlen: Stephan Jüngst, Florian Wiesner (beide Baurecht), Dietrich Sammer (Immobilienrecht)
Team: 19 Eq.-Partner, 13 Sal.-Partner, 32 Associates, 4 of Counsel
Schwerpunkte: Projektbegleitende Beratung, v.a. für Auftraggeber, Entwickler u. Investoren. Engagierte Prozesspraxis, enge Verzahnung mit dem öffentl. Baurecht. Im Immobilienrecht: Transaktionen, aber auch Mietrecht u. Asset-Management.
Mandate: Immobilienrecht: CV bei Verkauf von Wohnprojekt; Upwind bei Verkauf von Pflegeheimen; Dodenhof bei EKZ-Kauf in Norddtl.; OFB Projektentwicklung bei Forward-Deal; Premier Inn bei div. Transaktionen, zu MietV u. Bauvertragsrecht; Sonar RE reglm. im Asset-Management u. zu JV-Strukturen. **Projektentwicklungen:** CV bei Kauf u. Entwicklung der ehem. Zentrale HypoVereinsBank/Ffm.; BaseCamp bei Entwicklung von Student-Housing-Komplex; Entwicklung Helvetic Investment Hotelimmobilien bei Entwicklungen u. Sanierungen; Rock Capital bei Entwicklung von Gewerbe- u. Wohnprojekt. **Baurecht:** Benchmark zu div. Bauprojekten (Wohnen, Hotel, Büro); Lechner Group zu ca. 900 Wohneinheiten in Berlin; div. Fußballvereine zu Neu- u. Umbau in Stadien; städt. Unternehmen im Zshg. mit Stadionneubau; Fraport im Architektenrecht u. in Zshg. mit Terminal 3.

FRANZ + PARTNER
Baurecht ★★
Bewertung: Die Kölner Boutique zählt zu den renommierten Akteuren im Baurecht. Das liegt insbes. am hervorragenden Ruf ihrer Partner, allen voran Franz, deren Kompetenz Wettbewerber wie Mandanten regelm. betonen. Die Paradedisziplin des Teams sind komplexe Infrastrukturprojekte, die es für die AN-Seite begleitet u. regelm. neue Mandatsbeziehungen knüpft. Der Fokus liegt auf dem Mittelstand, aber auch Konzerne vertrauen auf die Kanzlei. Ein zum Jahresbeginn ernannter Partner nimmt den Ausbau der vergaberechtl. Beratung in Angriff, die das Kerngeschäft sinnvoll ergänzt.
Oft empfohlen: Dr. Birgit Franz, Dr. Andreas Bahner („sehr erfahren u. jurist. exzellent", Wettbewerber über beide)
Team: 3 Eq.-Partner, 6 Associates
Schwerpunkte: Baubegl. Beratung, häufig Infrastrukturprojekte. Auch Prozesse. Enge Verknüpfung mit dem Vergaberecht. Immobilienrecht: v.a. Vermietung u. Asset-Management.
Mandate: Baurecht: Krankenhaus Porz am Rhein projektbegl. zu Neu- u. Umbau; ADK Modulraum bei Neubau SAP Verwaltungsgebäude; Arge A40 baubegl. zu BAB-Ausbau; Brüninghoff-Gruppe im Bauvertragsrecht u. prozessual; Implenia Construction baubegl. zu Mülheimer Brücke; Depenbrock Bau bei div. Bauvorhaben; Zech zu ‚Stadtgalerie Weiden'; Orthomol bei Neubau Logistik- u. Lagerstätte; Arge A3 baubegl. zu BAB-Ausbau; Wolff & Müller bei div. BAB-Vorhaben.

FRESHFIELDS BRUCKHAUS DERINGER
Immobilienwirtschaftsrecht ★★★★★
Projektentwicklung und Anlagenbau ★★★

NOMINIERT
JUVE Awards 2022
Kanzlei des Jahres für Immobilien- und Baurecht

Bewertung: Die Beratung bei großvol. u. komplexen Transaktionen ist die Paradedisziplin des Immobilienteams. Spitzendeals wie der Kauf eines paneurop. Portfolios für die belg. Xior Student Housing oder die Übernahme der Beteiligung am Kauf des Sony Centers u. die Übernahme der Dt. Wohnen durch Mandantin Vonovia unterstreichen einmal mehr die exzellente Marktposition des Teams. Geprägt ist die Arbeit durch internat. Mandanten, die insbes. wg. der reibungslos funktionierenden Zusammenarbeit der Praxisgruppen Regulierung, Finanzierung und Steuerrecht – auch auf globaler Ebene – auf FBD setzen. Dies führte zuletzt dazu, dass die Kanzlei vermehrt ausl. Mandanten bei ihren Aktivitäten in den USA vertrat. Ihre Position unter den marktführenden Kanzleien unterstrich FBD auch noch an anderer Stelle: Die vom Freshfields Lab unter Leitung eines Immobilienpartners entwickelte Due-Diligence-Plattform gehört inzwischen zum festen Beratungsrepertoire bei Immobilientransaktionen. Doch darauf ruht sich das Team nicht aus, treibt die Entwicklung digitaler Unterstützung vielmehr konsequenter voran als die meisten Wettbewerber. Das beweist ein weiteres kanzleiweites Legal-Tech-Tool, das Regulierungsvorschriften u. Taxonomieregelungen für Mandanten internat. plattformbasiert durchsuch- u. vergleichbar machen soll. Die Tatsache, dass FBD ihre unterschiedl. digitalen Lösungen nicht nur im transaktionalen Kontext verwendet, sondern auch bei Projektentwicklungen u. im Asset-Management, zeigt, dass die Praxis nicht nur auf Top-Deals zu beschränken ist.

Führende Berater im Immobilienwirtschaftsrecht (über 50 Jahre)

Dr. Roland Bomhard
Hogan Lovells, Düsseldorf

Dr. Dirk Brückner
GSK Stockmann, München

Dr. Johannes Conradi
Freshfields Bruckhaus Deringer, Hamburg

Dr. Michael Eggersberger
GSK Stockmann, München

Dr. Philipp Jebens
Jebens Mensching, Hamburg

Peter Junghänel
Goodwin Procter, Frankfurt

Dr. Christian Keilich
Clifford Chance, Frankfurt

Dr. Stefan Lebek
Poellath, Berlin

Thomas Müller
Hengeler Mueller, Frankfurt

Hanns-William Mülsch
Bryan Cave Leighton Paisner, Berlin

Dr. Christian Schede
Greenberg Traurig, Berlin

Reinhard Scheer-Hennings
Clifford Chance, Düsseldorf

Dr. Hinrich Thieme
Hogan Lovells, Frankfurt

Marc Werner
Hogan Lovells, Frankfurt

Dr. Tim Weber
Gleiss Lutz, Frankfurt

Dr. Rainer Werum
GSK Stockmann, Frankfurt

Die Auswahl von Kanzleien und Personen in Rankings und tabellarischen Übersichten ist das Ergebnis umfangreicher Recherchen der JUVE-Redaktion. Sie ist in 2erlei Hinsicht subjektiv: Die Aussagen der befragten Quellen sind subjektiv u. spiegeln deren Erfahrungen u. Einschätzungen. Die JUVE-Redaktion wiederum analysiert die Rechercheergebnisse unter Einbeziehung ihrer eigenen Marktkenntnis. Der JUVE Verlag beabsichtigt keine allgemeingültige oder objektiv nachprüfbare Bewertung. Es ist möglich, dass eine andere Recherchemethode zu anderen Ergebnissen führt. Innerhalb einzelner Gruppen in Rankings und tabellarischen Übersichten sind Kanzleien und Personen alphabetisch sortiert.

Stärken: Transaktionen; breite Finanzierungserfahrung; techn. unterstütztes Projektmanagement.
Oft empfohlen: Dr. Johannes Conradi („hervorragende Beratung; sehr gute Vernetzung", Mandant; „jahrelange Erfahrung u. exzellente Kompetenzen", Wettbewerber), Dr. Niko Schultz-Süchting („sehr starker Verhandler", Wettbewerber), Dr. Timo Elsner („sehr konstruktiv, auch bei schwierigen Deals", Wettbewerber)
Team: 8 Partner, 2 Counsel, 17 Associates, 1 of Counsel, inkl. Finanzierung

IMMOBILIEN- UND BAURECHT

Führende Berater im Immobilienwirtschaftsrecht (bis 50 Jahre)

Marc Bohne
Goodwin Procter, Frankfurt

Dr. Dirk Debald
Hogan Lovells, Hamburg

Wolfram Krüger
Linklaters, Frankfurt

Dr. Carsten Loll
Latham & Watkins, München

Dr. Olaf Meisen
Allen & Overy, Frankfurt

Fabian Mühlen
DLA Piper, Frankfurt

Dr. Liane Muschter
Ashurst, Frankfurt

Dr. Jens Ortmanns
McDermott Will & Emery, Düsseldorf

Annette Pospich
Noerr, München

Dr. Peter Schorling
Greenberg Traurig, Berlin

Dr. Niko Schultz-Süchting
Freshfields Bruckhaus Deringer, Hamburg

Die Auswahl von Kanzleien und Personen in Rankings und tabellarischen Übersichten ist das Ergebnis umfangreicher Recherchen der JUVE-Redaktion. Sie ist in 2erlei Hinsicht subjektiv: Die Aussagen der befragten Quellen sind subjektiv u. spiegeln deren Erfahrungen u. Einschätzungen. Die JUVE-Redaktion wiederum analysiert die Rechercheergebnisse unter Einbeziehung ihrer eigenen Marktkenntnis. Der JUVE Verlag beabsichtigt keine allgemeingültige oder objektiv nachprüfbare Bewertung. Es ist möglich, dass eine andere Recherchemethode zu anderen Ergebnissen führt. Innerhalb einzelner Gruppen in Rankings und tabellarischen Übersichten sind Kanzleien und Personen alphabetisch sortiert.

Schwerpunkte: Transaktionen, Projektentwicklungen, ▷Kredite u. Akqu.fin. (inkl. Fonds).
Mandate: Immobilienrecht: Vonovia bei Übernahme Dt. Wohnen; Marquard & Bahls bei Verkauf von Zentrale; Xior bei Kauf von europ. Studentenwohnportfolio (€939 Mio); TREP bei Verkauf von 4 Büroimmobilien; Axa bei Verkauf von ‚The Rocks'; Trockland bei Verkauf ‚Eiswerk' in Berlin; DWS bei Kauf von 400 Wohneinheiten; Macquarie bei strateg. Partnerschaft mit Edge; Tishman Speyer bei Kauf von ‚Galerie Lafayette'; Madison bei Minderheitsverkauf Sony Center/Berlin; Linus Digital Finance bei Finanzierung für den Ankauf von Wohnimmobilienportfolio; Archer bei Hotelverkauf Sheraton/Esplanade, Berlin; BlackRock bei Logistik-JV. **Projektentwicklung:** HafenCity HH bei ‚Überseequartier' u. ‚Elbtower'; In-Campus bei Technologiepark; Art-Invest bei ‚Hammerbrooklyn.DigitalCampus'; Techunternehmen bei Batterierecyclingprojekt.

GANTEN HÜNECKE BIENIEK & PARTNER
Baurecht ★

Bewertung: Das in Bremen ansässige Team um Vogelsang ist v.a. in Nordwestdtl. eine Größe. Es berät zahlr. Auftraggeber der öffentl. Hand, aber auch Bauunternehmen, Ingenieure u. Architekten zu allen baurechtl. Fragen. Eine gute Ergänzung ist das im Vorjahr hinzugek. Team, das aus Oldenburg agiert, aber auch regelm. mit den Bremer Anwälten zusammenarbeitet. Ein Highlight in der Beratung war zuletzt die Begleitung eines Projekts in Bremerhaven für die öffentl. Hand, das mithilfe eines Mehrparteienvertrages realisiert wird. Im Sommer kam zudem eine erfahrene u. lokal gut vernetzte Notarin hinzu.
Oft empfohlen: Dr. Martin Vogelsang, Georg-Wilhelm Bieniek (Projektfinanzierung)
Team: 9 Eq.-Partner, 1 Sal.-Partner, 4 Associates
Partnerwechsel: Dr. Stephanny Reil (von Büsing Müffelmann & Theye)
Schwerpunkte: Umf. Beratung im Baurecht, v.a. Projektentwicklungen. Teils auch An- u. Verkäufe. Schnittstelle zum Vergabe- und Arbeitsrecht.
Mandate: Baurecht: Öffentl. Hand bei Infrastrukturprojekt nach Mehrparteienvertrag; Bauunternehmen bei Wohnprojekt; Projektentwickler umf. bei städtebaul. Projekt; lfd. Land Bremen, Amt für Straßen u. Verkehr.

GLEISS LUTZ
Immobilienwirtschaftsrecht ★★★

Bewertung: Komplexe Transaktionen, Finanzierungen u. Umstrukturierungen stehen im Fokus der immobilienrechtl. Beratung. Dabei spielt die Kanzlei ihre Stärken als Full-Service-Einheit aus u. bezieht Finanzierungs-, Steuer- u. Kapitalmarktexperten ein, aber auch öffentl.-rechtl. Berater etwa bei Projektentwicklungen. Damit bindet sie Mandanten wie Patrizia, Europa Capital u. die südkorean. Investoren Daishin Securities. Durch die Eröffnung eines offiziellen Londoner Büros u. die regelmäßige Präsenz eines Partners vor Ort kann die Immobilienpraxis Kontakte zu Investoren in GB intensivieren u. berät bspw. ein Joint Venture des schwed.-brit. Investors Europi Property u. des Asset-Managers Silverton beim dt. Markteintritt.
Stärken: Transaktionen u. Finanzierung.
Oft empfohlen: Dr. Tim Weber, Dr. Johannes Niewerth
Team: 7 Eq.-Partner, 6 Counsel, 18 Associates, 1 of Counsel, inkl. Finanzierung, Steuern, Corporate
Schwerpunkte: Transaktionen u. ▷Finanzierung. Projektentwicklung. Etabliertes ▷Notariat in Berlin.
Mandate: Immobilienrecht: Patrizia u.a. bei Verkauf von ‚Touchdown'-Portfolio (€400 Mio); Europi Property beim Kauf des ‚Silizium'-Büroturms in D'dorf, RFR bei öffentl. Übernahmeangebot für Agrob-Medienpark/München; Europa Capital bei Joint Ventures u. Transaktionen. **Projektentwicklung:** Wöhr + Bauer bei Grundstückskauf u. Flächenentwicklung für Landmarkimmobilie (30.000 qm), Segro bei 2 Käufen u. Entwicklung von Logistikstandorten.

GOODWIN PROCTER
Immobilienwirtschaftsrecht ★

Bewertung: Der Fokus des Immobilienteams von GP liegt auf Transaktionen u. Finanzierungen für Investoren. Analog zur Ausrichtung der Gesamtkanzlei stehen v.a. PE-Investoren für die dt. Praxis im Fokus. Dabei spielt auch das kanzleiinterne Netzwerk von und nach GB, in die USA u. Luxemburg eine entscheidende Rolle. Gerade die enge Integration ins globale Netzwerk hat aber zuletzt dazu geführt, dass das Team im dt. Transaktionsmarkt weniger präsent war. Hinzu kommt, dass die Kanzlei zuletzt eher Schnittstellen zu Corporate u. Finanzierung stärkte statt des klass. Immobilienrecht. Für eine sinnvolle Verknüpfung der Kern- mit den Schnittstellenkompetenzen ist es nötig, das fachl. Profil der einzelnen Anwälte nach zuschärfen.
Oft empfohlen: Marc Bohne, Peter Junghänel („sehr kompetent u. umsichtig", Mandant), Dr. Stephan Kock
Team: 3 Partner, 2 Counsel, 12 Associates, inkl. Finanzierung
Schwerpunkte: Transaktionen inkl. Finanzierung. Strukturierung u. Implementierung von Immobilienfonds, Joint Ventures u. börsennot. Immobilien-AGen und REITs. Restrukturierung. Schnittstelle zu ▷Private Equity.
Mandate: Immobilienrecht: Zurich bei Kauf von Logistikbauentwicklung; 777 Capital Partners, u.a. bei Kauf Entwicklung Nahversorgungszentrum u. Kauf Micro-Living-Wohnentwicklung inkl. Finanzierung; LBBW bei Konsortialfinanzierung; JV aus GIC u. Melcombe bei Sale-and-lease-back von 10 Logistikimmobilien; lfd. bei Transaktionen: Slate, Cerberus, KanAm.

GÖRG
Immobilienwirtschaftsrecht ★★★
Projektentwicklung und Anlagenbau ★★

Bewertung: Auffälliger als in den Vorjahren hat die Immobilienpraxis ihre Mandantenbasis erweitert. Mit Baucon u. Mileway kamen 2 umtriebige Marktakteure hinzu u. auch Quereinsteiger brachten neue Beziehungen in die Kanzlei. In den Vorjahren geknüpfte Kontakte etwa zu CA Immo oder Art-Invest konnte die Praxis weiter vertiefen, indem sie mehr u. umfangreichere Deals für sie betreute. Trad. stark im Small- u. Mid-Cap-Markt machte Görg durch den Kauf des ‚Skyper', bei dem die Heider für Stammmandantin Ampega tätig war, auch im großvol. Segment auf sich aufmerksam. Flankiert wird die anwaltl. Beratung von einem sehr angesehenen Notariat in Ffm. u. Berlin. Durch moderates organ. u. externes Wachstum kommt Görg ihrem Ziel, schlagkräftige Immobilienteams an jedem ihrer Standorte vorzuhalten, ein Stück näher. In München u. HH muss sie allerdings noch nachlegen.
Oft empfohlen: Jan Lindner-Figura, Daniel Seibt, Dr. Markus Heider („sehr fokussiert u. lösungsorientiert", Wettbewerber)
Team: 26 Eq.-Partner, 1 Sal.-Partner, 2 Counsel, 30 Associates
Schwerpunkte: Transaktionen u. Projektentwicklungen. Zudem ausgeprägt Gewerbl. Mietrecht (u.a. für Fonds). Auch Finanzierung. ▷Energierecht, ▷Öffentl. Recht. ▷Notariat. Schnittstelle ▷Insolvenz/Restrukturierung.
Mandate: Immobilienrecht: Ampega bei Kauf von ‚Skyper' u. regelm. bei Transaktionen; Real I.S. bei div. Transaktionen, u.a. bei Verkauf von Bürogebäuden u. Kauf von Logistikportfolio; Fundamenta Group bei Forward-Deal; HIE Hamburg Invest regelm. bei Verkauf von Grundstücks- u. Industrieflächen; KGAL bei Kauf von Wohn- u. Gewerbeeinheiten; Baucon Projektentwicklung bei Forward-Deal; Signa mietrechtl.; Covivio im Asset-Management; Zeitfracht-Gruppe bei Verkauf u. Umstrukturierung der Vermietung von 3 Logistikimmobilien; lfd.: WealthCap, Tresono, Art-Invest, CA Immo.

IMMOBILIEN- UND BAURECHT

GREENBERG TRAURIG
Immobilienwirtschaftsrecht	★★★★★
Projektentwicklung und Anlagenbau	★★★

Bewertung: Das Team der US-Kanzlei zeigte erneut eindrucksvoll, dass es zu den Spitzenberatern im Immobilienrecht zählt. Heimstaden, Dream Industrial, Velero: kaum ein Mrd-Deal, an dem GT nicht beteiligt war. Zugleich verdeutlichen diese Transaktionen, wie internat. vernetzt die dt. Praxis mittlerw. ist u. wie gut sie dies bei solchen grenzüberschr. Deals ausspielen kann. Mandanten wie Wettbewerber loben die „überragende Beratung" u. die „tiefe Marktdurchdringung" des Teams, zu dem auch die Finanzierer gehören. Von diesen Stärken profitierten neben der transaktionsfreudigen Stammandantschaft zuletzt auch neue Akteure. Ausgebaut hat die Kanzlei ihr Engagement im Asset-Management u. bei Projektentwicklungen, was sich personell in der Ernennung einer jungen Partnerin spiegelt.
Stärken: Hervorragende Vernetzung in der Immobilienbranche. Beratung bei der Energie- u. Breitbandversorgung von (Wohn-)Immobilien.
Oft empfohlen: Dr. Christian Schede („kompetent, fokussiert u. dazu noch nett", Wettbewerber), Dr. Peter Schorling, Dr. Florian Rösch („sehr pragmat., unaufgeregt, jurist. top u. kollegial", Wettbewerber), Dr. Henning-Wolfgang Sieber („herausragende fachl. Qualität; exzellente Beratung", Wettbewerber), Wencke Bäsler („sorgfältig ausgearbeitete Verträge", Wettbewerber), Dr. Nicolai Lagoni („inhaltl. Top; Blick für die ökonom. Aspekte einer Transaktion; harter, aber fairer Verhandler", Wettbewerber), Claudia Hard, Dr. Anika Mitzkait, Dr. Josef Hofschroer („kompetent u. angenehm", Wettberber), Dr. Martin Hamer („fachl. versiert; ergebnisorientiert", „hervorragende Zusammenarbeit u. sehr guter Austausch", Mandanten), Dr. Henrik Armah („sehr angenehm, sorgfältig u. trotzdem pragmat.", Mandant)
Team: 21 Partner, 30 Associates, inkl. Finanzierung, Steuern, Corporate, Öffentl. Recht
Schwerpunkte: Transaktionen, Projektentwicklungen. Enge Verbindung mit Steuer-, ▷*Gesellschafts*-, Finanzierungs- u. Öffentl. Recht. Fondsstrukturierung u. regulatorische Beratung.
Mandate: Immobilienrecht: Heimstaden bei Kauf von Akelius-Gruppe inkl. Immobilienbestand (Gesamtpreis €9,1 Mrd); KKR u. Velero bei Kauf von rund 14.000 Wohneinheiten von Adler (€1 Mrd); Berlinovo bei Kauf von Wohnungsbeständen; Oxford Properties bei Teilverkauf Sony Center; Aventos bei Kauf von Büroquartier u. JV mit PGIM; Activum in Transaktionen; Hansainvest bei Kauf von Bürohaus in Warschau; Highbrook bei Kauf von 2 Bürohäusern; CommerzReal bei Kauf von Wohnungsanlage ‚Kopernikushof'; HanseMerkur bei JV mit Becken; Wertgrund, u.a. bei Kauf von 2 Wohnanlagen; lfd.: Aermont Capital, Beos, Edge Technologies.

GSK STOCKMANN
Immobilienwirtschaftsrecht	★★★★
Projektentwicklung und Anlagenbau	★★★★★
Baurecht	★★★★

Bewertung: Mit ihrer Personalstärke u. dem breit gefächerten Angebot rund um die Immobilie kann GSK regelm. bei neuen Mandanten wie AEW oder DLE Living punkten. Aber auch Stammkunden profitieren von der Erfahrung der Anwälte, sowohl in den Einzeldisziplinen u. der guten Verknüpfung dieser insbes. bei Projektentwicklungen. Letztere zeigt sich einmal mehr bei der Arbeit für einen kommunalen Berliner Betrieb, für das Team aktuell einen Generalplanungsvertrag mit einem Investmentvolumen von rund €500 Millionen erstellt. Die gute Zusammenarbeit zwischen Bau- u. Transaktionsrechtlern zeigt sich auch bei der Beratung von Hines beim Verkauf der Zalando-Zentrale. Der Deal beweist außerdem, dass sich die Zusammenarbeit mit dem Büro in Luxemburg für Mandanten nachhaltig auszahlt u. die Kanzlei für die verstärkte Nachfrage zu alternativen Finanzierungen gerüstet ist. Personell wappnet sie sich hier durch 2 neu ernannte Sal.-Partnerinnen für die Zukunft. Ein multidiszipl. ESG-Team zeigt, dass die Kanzlei Trend- u. Zukunftsthemen frühzeitig aufgreift u. in die Produktentwicklung einbezieht. Zu der Expertengruppe gehört auch der von CMS gewechselte Partner Prothmann.
Stärken: Breiter Ansatz für immobilienrechtl. Rundumbetreuung. Investmentrecht.
Oft empfohlen: Dr. Dirk Brückner („besonnen u. erfahren", „denkt proaktiv mit", Mandanten; „besonders strukturiert arbeitend", „hart in der Sache, aber zielorientiert", Wettbewerber), Dr. Bernhard Laas („sehr kompetent im Bereich Hotellerie", Wettbewerber), Dr. Michael Eggersberger, Dr. Rainer Werum, Sascha Zentis („sehr fundierte Rechts- u. Branchenkenntnisse", Mandant), Dr. Olaf Schmechel, Max Wilmanns („effizient u. pragmat.; vertrauensvolle Zusammenarbeit", Wettbewerber), Johann Rumetsch („sehr guter Verhandler, kühler Kopf u. stets lösungsorientiert", Wettbewerber), Dr. Michael Jani (alle Immobilienrecht), Prof. Dr. Jan Kehrberg („kompetent; strukturiert", Wettbewerber), Prof. Dr. Oliver Moufang („höchst kompetent u. gute Einschätzung der Rechtsposition", Mandant; beide Baurecht).
Team: 35 Eq.-Partner, 12 Sal.-Partner, 2 Counsel, 74 Associates, 4 of Counsel
Partnerwechsel: Dr. Martin Prothmann (von CMS Hasche Sigle), Frederic Jürgens (von Melchers)
Schwerpunkte: Projektentwicklung, Baubegleitung, Projektentwicklung, Transaktionen. Finanzierung/Fonds. ▷*Notariat*. Ergänzende Kompetenzen im ▷*Öffentl. Recht* sowie im ▷*Vergaberecht*. Regelm. Einsatz u. Weiterentwicklung von Legal-Tech-Tool (Vertragsgenerator).
Mandate: Immobilienrecht: Hines bei Verkauf von Zalando-Zentrale (€360 Mio); Aurelis bei Kauf von Gewerbeobjekt; LBBW bei EKZ-Kauf; GPEP bei Kauf von ‚Power Bowl'-Portfolio (€315 Mio); Degewo bei Kauf von Wohnungsbeständen; ABG bei Kauf von Bürohaus; Corestate bei Produktanpassung unter ESG-Aspekten; DLE Living bei Kauf von Seniorenimmobilien; Lakeward bei Verkauf von mehr als 100 Wohnungen; Primonial bei Klinikkäufen; DFH bei Verkauf von ‚Fürstenhof'; Art-Invest bei Kauf von Bürocampus. **Projektentwicklungen:** Verdion bei Ankauf u. Entwicklung von Logistikimmobilie; Consus RE zu ‚Neues Korallusviertel'; Howoge vergabe-, bau- u. planungsrechtl. zu Wohnprojektentwicklung, Ausschreibung GMP-Vertrag als Partnering-Modell; Groth-Gruppe lfd., u.a. bei 2 Projekten in Berlin. **Baurecht:** Siemens Real Estate lfd. planungsrechtl. u. baubegl. bei ‚Siemensstadt 2.0'; Merck im Anlagenbau; Actris Henninger Turm baubegl. bei Neubau; Bund, u.a. umf. zu Projekt ‚Goethe-Institut Dublin'; Tegel Projektgesellschaft bzgl. Nachnutzung des Flughafenareals.

Aufsteiger im Immobilien- und Baurecht

Dr. Pierre-André Brandt
McDermott Will & Emery, Düsseldorf

Dr. Dennis Hog
Görg, Frankfurt

Lara Luxenhofer
Hogan Lovells, Hamburg

Dr. Hildrun Siepmann
Capstone, Hamburg

Dr. Philipp Stoecker
Clifford Chance, Frankfurt

Die Auswahl von Kanzleien und Personen in Rankings und tabellarischen Übersichten ist das Ergebnis umfangreicher Recherchen der JUVE-Redaktion. Sie ist in 2erlei Hinsicht subjektiv: Die Aussagen der befragten Quellen sind subjektiv u. spiegeln deren Erfahrungen u. Einschätzungen. Die JUVE-Redaktion wiederum analysiert die Rechercheergebnisse unter Einbeziehung ihrer eigenen Marktkenntnis. Der JUVE Verlag beabsichtigt keine allgemeingültige oder objektiv nachprüfbare Bewertung. Es ist möglich, dass eine andere Recherchemethode zu anderen Ergebnissen führt. Innerhalb einzelner Gruppen in Rankings und tabellarischen Übersichten sind Kanzleien und Personen alphabetisch sortiert.

GVW GRAF VON WESTPHALEN
Projektentwicklung und Anlagenbau	★★★
Baurecht	★★★★

Bewertung: Der Baurechtpraxis der mittelständ. Kanzlei ist es erneut gelungen, die Internationalisierung ihres Geschäfts voranzubringen. Das zeigt sich in erster Linie am Gewinn neuer Mandanten aus Skandinavien u. China, die bei Projekten in Dtl., teils im Zshg. mit der Energiewende, auf GvW vertrauen. Ausschlaggebend ist dafür auch die regulator. Kompetenz, über die GvW seit dem Gewinn eines Energierechtsteams im Vorjahr nun in nennenswertem Umfang verfügt. Parallel dazu intensiviert die Praxis ihre Beziehungen zu Bestandsmandanten wie etwa Union Investment oder zahlr. Kommunen, die sie bei komplexen Baumaßnahmen oder in Prozessen begleitet. Der gezielte Einsatz von Software zur Dokumentenanalyse u. die Realisierung einiger Projekte nach dem Modell der Mehrparteienverträge zeigt, dass GvW auch bei den zukunftsweisenden Themen der Branche mitspielt. Projektentwicklungen bilden naturgemäß die Schnittstelle, an der die Kanzlei ihre Kompetenzen aus dem Bau-, Immobilien- u. Öffentl. Recht bündelt. Personell spiegelt die gute Entwicklung in der Baurechtspraxis u.a. die Ernennung einer Eq.-Partnerin u. eines Sal.-Partners.
Stärken: Enge, standortübergr. Zusammenarbeit der Teams im Immobilien-, Bau- u. ▷*Öffentl. Recht*.
Oft empfohlen: Dr. Robert Theissen („sehr guter Baurechtler", „kollegial, erfahren, lösungsorientiert", Wettbewerber), Dr. Lorenz Czajka, David Wende (beide Immobilienrecht)
Team: 19 Eq.-Partner, 6 Sal.-Partner, 15 Associates, 2 of Counsel (im Immobilien- u. Baurecht, vereinzelt Überschneidungen mit Öffentl. Recht)
Schwerpunkte: Projektentwicklungen, inkl. Forward-Deals; im Baurecht: Projektbegleitung sowohl für Auftragnehmer als auch -geber. Ausgeprägte Prozesspraxis, hier insbes. Auftragnehmer. Transaktionen, Asset-Management, große Erfahrung im Hotelsektor.
Mandate: Baurecht: Tennet bauvertragl. zu Erweiterung des Firmensitzes; Schleich & Haberl So-

IMMOBILIEN- UND BAURECHT

Führende Berater im Baurecht

Dr. Christian Bönker
Kapellmann und Partner, Berlin

Dr. Wolfgang Breyer
Breyer, Stuttgart

Dr. Klaus Eschenbruch
Kapellmann und Partner, Düsseldorf

Dr. Birgit Franz
Franz + Partner, Köln

Dr. Heiko Fuchs
Kapellmann und Partner, Mönchengladbach

Dr. Thomas Hildebrandt
Leinemann & Partner, Hamburg

Philipp Hummel
Redeker Sellner Dahs, Bonn

Prof. Dr. Kai-Uwe Hunger
Kapellmann und Partner, Düsseldorf

Ralf Kemper
Kemper, Berlin

Bernd Knipp
HFK Heiermann Franke Knipp und Partner, Frankfurt

Prof. Dr. Werner Langen
Kapellmann und Partner, Mönchengladbach

Prof. Dr. Ralf Leinemann
Leinemann & Partner, Berlin

Achim Meier
Luther, Essen

Prof. Dr. Burkhard Messerschmidt
Redeker Sellner Dahs, Bonn

Prof. Dr. Oliver Moufang
GSK Stockmann, Frankfurt

Prof. Christian Niemöller
SMNG, Frankfurt

Dr. Robert Theissen
GvW Graf von Westphalen, Hamburg

Prof. Thomas Thierau
Redeker Sellner Dahs, Bonn

Dr. Olrik Vogel
Kraus Sienz & Partner, München

Die Auswahl von Kanzleien und Personen in Rankings und tabellarischen Übersichten ist das Ergebnis umfangreicher Recherchen der JUVE-Redaktion. Sie ist in 2erlei Hinsicht subjektiv: Die Aussagen der befragten Quellen sind subjektiv u. spiegeln deren Erfahrungen u. Einschätzungen. Die JUVE-Redaktion wiederum analysiert die Rechercheergebnisse unter Einbeziehung ihrer eigenen Marktkenntnis. Der JUVE Verlag beabsichtigt keine allgemeingültige oder objektiv nachprüfbare Bewertung. Es ist möglich, dass eine andere Recherchemethode zu anderen Ergebnissen führt. Innerhalb einzelner Gruppen in Rankings und tabellarischen Übersichten sind Kanzleien und Personen alphabetisch sortiert.

---

zialimmobilien bei Bauvorhaben; HC34 bei Bau von gemischtgenutzter Immobilie in der Hafen-City; Elevion zu div. Projekten, u.a. Fußballstadion, Werkshalle; lfd.: Universitätsklinikum D'dorf; Caverion, Euromicron, Barceló, Union Investment. **Prozesse:** Kofler Energies in großvol. Schadensersatzverfahren. **Projektentwicklungen/Anlagenbau:** PreussenElektra bei Rückbau von Kernkraftwerken; Cimcorp zu Bau von Warensortieranlage; Aconlog bei Kauf u. Entwicklung von Industrieareal; lfd.: Brack Capital, Victoria Mühlenwerke. **Immobilienrecht:** Verifort Capital bei Kauf von Pflegeimmobilie; DIC bei Kauf von Bürogebäude.

HAUCKSCHUCHARDT
Immobilienwirtschaftsrecht ★

Bewertung: Die Immobilienboutique zeichnet sich durch eine enge Verzahnung von Immobilien-, Gesellschafts- u. Steuerrecht aus. Mit dieser Aufstellung ist sie v.a. für die Beratung von Share-Deals gut positioniert, vorwiegend im Small- u. Mid-Cap-Bereich. Zuletzt fiel die Kanzlei allerdings eher durch personelle Fluktuation als durch die Beteiligung an größeren Deals auf.
Oft empfohlen: Dr. Hans-Christian Hauck („harter, aber guter Verhandler", „transaktionserfahren; auch in schwierigen Situationen Einigung mögl.", Wettbewerber)
Team: 3 Eq.-Partner, 3 Sal.-Partner, 5 Associates, 2 of Counsel, zzgl. Steuern
Schwerpunkte: Transaktionen, starke Verbindung von Immobilien-, Gesellschafts- u. Steuerrecht.
Mandate: Immobilienrecht: Bank bei Verkauf von Geschäftsstellen u. mietvertragl.; Peakside bei Kauf v. Bürogebäude/Ffm.; Investor bei Verkauf von Bürogebäude; Immobilienentwickler bei Kauf von Bürogebäude in München; lfd.: LBBW Immobilien Development.

HECKER WERNER HIMMELREICH
Baurecht ★

Bewertung: Die Baurechtspraxis der Kanzlei mit Stammsitz in ▷Köln ist insbes. durch ihre Kompetenz im Architekten- u. Ingenieurrecht sehr angesehen. In der klass. Baubegleitung ist HWH v.a. in Kölner Großprojekten präsent. Zudem spielen Prozesse eine wichtige Rolle. Flankierend berät sie auch im Miet- u. Vergaberecht.
Team: 9 Eq.-Partner, 3 Associates, 3 of Counsel
Schwerpunkte: Architekten- u. Ingenieurrecht.
Mandate: Baurecht: Gebäudewirtschaft der Stadt Köln zu Nachtragsmanagement; Bauherr zu Neubau Kläranlage; Kommune zu Neubau Stadtarchiv; Stadt Bergheim, u.a. zu Konzept für städtebaul. Verträge. **Prozesse:** Baustofflieferant in 3 Klageverfahren; Architekt in Mängelprozess; Ingenieur in selbstständigem Beweisverfahren.

HEINEMANN & PARTNER
Baurecht ★

Bewertung: Die traditionsreiche Essener Praxis berät umf. im Baurecht. Erneut erweiterte sie ihre Beratung zu Infrastrukturprojekten u. berät insbes. die öffentl. Hand mittlerw. regelm. zu versch. Vorhaben. Umfangr. wird das Team um Bröker etwa von der Autobahn GmbH sowohl in der Baubegleitung als auch in Prozessen mandatiert. Aber auch priv. Unternehmen vertrauten erstmals auf H&P, so etwa ein Projektentwickler bei der Errichtung eines Holzhybridbürogebäudes in D'dorf. Mandanten profitieren auch davon, dass die Baurechtler immer enger mit dem Vergabe- u. dem Öffentl. Recht zusammenarbeiten, um so eine umf. Projektbegleitung zu ermöglichen.
Oft empfohlen: Prof. Jörn Bröker

Team: 4 Eq.-Partner, 1 Counsel, 2 Associates, 1 of Counsel
Schwerpunkte: Gesamte Palette des Baurechts. Trad. stark in der Beratung von Architekten u. Ingenieuren. Infrastrukturprojekte, v.a. Straßenbau. Prozesse.
Mandate: Baurecht: Autobahn GmbH baubegl. u. prozessual; NRW-Stadt vergabe- u. baurechtl. bei Entwicklung von Stadtareal; Projektentwickler baubegl. zu Bürogebäude in Cradle-to-Cradle-Bauweise; div. Ingenieur- u. Architekturbüros, u.a. im Forderungs- u. Nachtragsmanagement; Projektentwickler bei innerstädt. Entwicklung.

HENGELER MUELLER
Immobilienwirtschaftsrecht ★★★★

Bewertung: Bei großvol. u. komplexen Transaktionen, auch für internat. Mandanten, ist die Immobilienpraxis von HM eine der ersten Adressen. Ihre ganze Erfahrung kann sie ausspielen, wenn auch noch Finanzierer u. Restrukturierer ins Mandat eingebunden sind, wie bspw. im Fall Adler. HM unterstützte hier Stammmandantin KKR beim Kauf eines großen Wohnportfolios des angeschlagenen Immobilienunternehmens. Zudem berät die Restrukturierungspraxis der Kanzlei nach Marktinformationen eine der größten Gläubigergruppen von Adler. Ein weiteres Bsp. für den hervorragenden Ruf des Teams auch außerhalb Dtls. ist die Beratung der norweg. Zentralbank beim Kauf von 50% des Sony Centers/Berlin. Als Local Counsel war das Team um den viel gelobten Müller u. einen jüngeren Partner zudem in die €21-Mrd-Mileway-Transaktion für Blackstone eingebunden.
Stärken: Transaktionsmanagement (▷M&A).
Oft empfohlen: Thomas Müller („sehr routiniert", „starker Verhandler", „kollegial u. lösungsorientiert", Wettbewerber), Dr. Daniel Kress
Team: 6 Partner (inkl. Finanzierung), 14 Associates
Schwerpunkte: Transaktionen, Corporate Real Estate (inkl. Fondsstrukturierung u. NPL-Transaktionen), Finanzierungen. Notariat.
Mandate: Immobilienrecht: Norge bei Kauf ‚Sony Center'; JPMorgan bei Kauf von Marquard-Bahls-Zentrale; KKR bei Kauf von 14.000 Wohneinheiten von Adler; Blackstone bei Verkauf von Bürogebäude in Köln; Klépierre bei Verkauf von 95%-Beteiligung an Boulevard Berlin; JPMorgan Asset Management bei div. Transaktionen; Morgan Stanley RE Fund bei Akquisitionsfinanzierung von Wohnungsportfolio; lfd.: Highstreet-Konsortium, JPMorgan Asset Management, Asia Pacific Land.

HERBERT SMITH FREEHILLS
Immobilienwirtschaftsrecht ★★

Bewertung: Die Immobilienpraxis der globalen Kanzlei hat ihre Aufstellung durch den Gewinn einer auch von Mandanten gelobten Fondsexpertin komplettiert, was insbes. Wortberg ermöglicht, an seine King & Spalding-Vergangenheit anzuknüpfen, die stark geprägt war durch das Zusammenspiel von Immobilien- u. Fondsgeschäft. Transaktionen für Stammmandantin Ardian oder EQT verliehen dem Team zuletzt wieder mehr Präsenz im Transaktionsmarkt. Trad. eng ist die Zusammenarbeit mit den Finanzierern, die sich ebenfalls neue Mandate sichern konnten, u.a. durch eine stärkere Konzentration auf die Kreditnehmerseite. Vor allen anderen suchte die Immobilienpraxis von HSF schon vor einigen Jahren den Schulter-

IMMOBILIEN- UND BAURECHT

schluss mit den kanzleieig. Energierechtlern. Heute ist sie deshalb für die wachsende Bedeutung energiepolit. Themen im Immobiliensektor – auch unter dem Stichwort ESG – sehr gut aufgestellt, auch wenn sich der mandatsbez. Beratungsbedarf zu Letzterem bisher noch in Grenzen hält.
Oft empfohlen: Thomas Kessler, Dr. Sven Wortberg
Team: 4 Partner, 1 Counsel, 6 Associates
Partnerwechsel: Heike Schmitz (von DLA Piper)
Schwerpunkte: Portfolio- u. Einzeltransaktionen sowie (Re-)Finanzierung. Projektentwicklungen u. Asset-Management.
Mandate: Immobilienrecht: Artmax bei Markteintritt in Dtl.; Ardian regelm. bei Transaktionen, u.a. bei Kauf u. Finanzierung ‚Westend Carree'; EQT Exeter als German Lead Counsel bei Verkauf von paneurop. Logistikportfolio (€3,1 Mrd); H.I.G. Realty Partners im Asset-Management; Kintyre bei JV mit Angelo Gordon für EKZ-Ankauf. **Finanzierung:** Korian-Gruppe bei (Re-)Finanzierung.

HEUKING KÜHN LÜER WOJTEK
Immobilienwirtschaftsrecht ★★
Baurecht ★★★★

Bewertung: Die Immobilien- u. Baurechtspraxis der Kanzlei gehört zu den Rundumberatern der Branche. Ihre Personalstärke erlaubt es, alle wesentl. Beratungsbedürfnisse der Branche zu bedienen. Profitieren können Mandanten u.a. im Baurecht von der engen Anbindung an die Praxen im Öffentl. u. Vergaberecht. Zahlr. Mandate für Kommunen oder deren Töchter belegen, dass die Beratung hier Hand in Hand erfolgt. Zugleich begleitet die Praxis aber auch private Auftraggeberu. -nehmer bei deren Vorhaben, zuletzt v.a. im Infrastruktursegment, wo HKLW besonders stark ist. Eine ganze Reihe von Deals begleitete auch die Transaktionspraxis u. machte durch Mandate für HIH u. Union Investment auf sich aufmerksam.
Stärken: Projektentwicklung; Beratung bei Infrastrukturvorhaben.
Oft empfohlen: Stephan Freund („sehr pragmat. u. versiert", Wettbewerber), Dr. Armin Frhr. von Grießenbeck, Dr. Sönke Görgens, Dr. Peter Vocke („sehr angenehm u. pragmat.; überzeugt mit großer Akribie u. fachl. Kompetenz", „hoch professionell", „Transaktionsexperte", Wettbewerber)
Team: 19 Eq.-Partner, 9 Sal.-Partner, 13 Associates
Schwerpunkte: Transaktionen, Projektentwicklung, Baurecht, Asset-Management, Mietrecht.
Mandate: Baurecht: Enapter Campus zu Bauverträgen; Energieunternehmen vertragl. zu Planung u. Gestaltung von Gasleitungen; Niedersachsen Ports vergabe- u. baurechtl. zu Sanierung von Großer Seeschleuse; Zweckverband Breitband Altmark bei Ausbau Energieinfrastruktur; Edeka Nordbayern bei Bau eines automat. Hochregallagers; div. Kommunen bei Bauprojekten (Kita, Rathaussanierung). **Projektentwicklungen:** Flughafen München zu Entwicklung u. Neubau Teststrecke; Bauunternehmung Hans Lamers zu Brainergy Park Jülich. **Immobilienrecht:** Union Investment bei div. Transaktionen, u.a. bei Kauf von Hotel u. Büros; Nowinte Real Estate bei Verkauf von Wohnprojekt; HIH Invest bei Kauf div. Nahversorgungszentren.

HEUSSEN
Projektentwicklung und Anlagenbau ★★★★

Bewertung: Das immobilien- u. baurechtl. Rundumangebot beschert der Mittelstandskanzlei seit Jahren stabile Mandatsbeziehungen, die sie kontinuierl. auf angrenzende Beratungsfelder ausweitet. Zuletzt verstärkte sich die Kanzlei nicht nur im Kernsegment mit erfahrenen Quereinsteigern, sondern auch an der Schnittstelle zu Compliance u. Investmentfonds. Die Beratung im Baurecht erstreckt sich auf z.T. großvol. Vorhaben, darunter zahlr. Projekte von Kliniken. Hier hat sich das Team ähnl. wie Wettbewerberin Zirngibl einen Branchenschwerpunkt erarbeitet.
Stärken: Projektentwicklungen, in diesem Zshg. auch Transaktionen.
Oft empfohlen: Dr. Jan Dittmann, Christian Weinheimer („kompetent, dealorientiert, nett", Wettbewerber), Benedikt Murken
Team: 6 Eq.-Partner, 16 Sal.-Partner, 11 Associates, 2 of Counsel, inkl. Baurecht u. Fondspraxis
Partnerwechsel: Angelika Schwabe (von Buse), Torsten Prokoph (von Hartmann Gallus & Partner)
Schwerpunkte: Hohe Zahl an betreuten Projektentwicklungen. Transaktionen, auch Portfolios inkl. Finanzierung u. Steuerrecht. Asset-Management u. Gewerbl. Mietrecht. Baurecht. ▷Vergaberecht.
Mandate: Projektentwicklungen: Ehret + Klein lfd. bei Ankäufen inkl. Projektentwicklung; lfd.: Industria Wohnen, Centerscape, Bluerock Group, Matrix. **Immobilienrecht:** Wöhr + Bauer bei Kauf von Büroimmobilie; HIH bei Kauf von Wohnquartier; ABG bei Kauf von Mischimmobilie; Investor regelm. bei Transaktionen, inkl. Finanzierung. **Baurecht:** Geiger Schlüsselfertigbau lfd.; Verlag baubegl. zu Verlagsgebäude inkl. Abriss Altbestand; div. Kliniken bei Projekten.

HFK HEIERMANN FRANKE KNIPP UND PARTNER
Baurecht ★★★

Bewertung: Nukleus der Praxis ist ein breites baurechtl. Beratungsangebot, das regelm. auch große Infrastrukturprojekte einschließt. Zu ihrem stabilen Mandantenstamm gehört in diesem Zshg. oft auch die öffentl. Hand, bspw. eine große kommunale Behörde bei einem großvol. Büroneubau. Hierbei spielt die Kanzlei auch die verzahnte Beratung mit dem Vergaberechtlern aus. Aktiv ist das Team ebenso in gerichtl. u. außergerichtl. Streitigkeiten: Mit den Mandanten DIE u. Züblin hat HFK ein neues Vertragsmodell zur Vermeidung von Konflikten im Baubereich entworfen. Zukunftsthemen wie BIM, ESG u. Smart Living denkt das Team ebenfalls mit u. berät seine Mandanten hier auch strategisch. Zudem ist die Kanzlei bei kleinen u. mittleren Immobilientransaktionen präsent u. berät im Asset-Management.
Stärken: Verknüpfung von Bau- u. Vergaberecht.
Oft empfohlen: Bernd Knipp, Dr. Christian Nunn, Ernst Wilhelm
Team: 8 Eq.-Partner, 13 Sal.-Partner, 8 Associates, 2 of Counsel, inkl. Immobilienwirtschaftsrecht
Schwerpunkte: Baubegl. Rechtsberatung, Infrastrukturprojekte, auch Prozesse. BIM u. alternative Vertragsmodelle. Daneben ▷Öffentl. Recht (Umwelt u. Planung) u. ▷Vergaberecht. Im Immobilienrecht: Transaktionen, Miete, Projektentwicklung.
Mandate: Baurecht: Jangled Nerves zu div. Ausstellungskonzepten, u.a. für das Historische Museum Hamburg (Planung in BIM); Seestern 18 Grundbesitz bei Neuentwicklung von Eurocenter I u. II; Energieversorger baurechtl.; Bauprodukteherstelter bei Projekt; IN-DIVUAL bei internat. Einkaufsplattform für Baustoffe; Charité bei div. Bauvorhaben; DIE AG bei div. Projekten; Hochtief baubegleitend; lfd.: VTG, Züblin. **Prozesse:** Flughafen BER in einem Klageverfahren; Projektsteuerer bei Haftungsprozess; Dienstleister bei Durchsetzung von Vergütungsansprüchen.

HOGAN LOVELLS
Immobilienwirtschaftsrecht ★★★★★
Projektentwicklung und Anlagenbau ★★★

Bewertung: Das Immobilienteam zeichnet sich durch eine hohe Präsenz bei wichtigen Branchenmandaten, insbes. Transaktionen, für zentrale Akteure wie Union Investment, BNP oder Patrizia aus. Mandanten loben die gesamte Truppe der Kanzlei regelm. als „exzellent" u. „eingespielt". HL verfügt über eines der wenigen Immobilienteams im Markt, das über eine sehr gr. u. gleichzeitig präsente Partnerriege verfügt. Geschuldet ist das der breiten Aufstellung, die anders als bspw. bei Hengeler neben der Transaktionsberatung auch Projektentwicklungen oder Asset-Management einschließt. In den verg. Jahren ist das Team kontinuierl. von innen gewachsen u. hat es einer Reihe jüngerer Anwälte ermöglicht, sich durch Spezialisierung einen Ruf zu erarbeiten. Der Wechsel einer jungen Partnerin, die sich im Zshg. mit dem Hotelsektor bereits profiliert hatte, auf die Unternehmensseite ist daher bedauerl., sollte sie doch in die Fußstapfen des renommierten Werner treten. Diese Aufgabe wird nun einer erfahrenen Counsel zuteil.
Stärken: Langj. Erfahrung auf der ganzen Breite des Immobilienrechts; Hotelspezialisierung; angesehenes Notariat.
Oft empfohlen: Dr. Roland Bomhard („Experte für ganz schwierige Fälle", Mandant; „außerordentl. kompetent u. gleichzeitig sehr angenehm u. zuvorkommend im Umgang; eine seltene Kombination", „fair u. kollegial", Wettbewerber), Dr. Hinrich Thieme, Marc Werner („hohe Sozialkompetenz, auch unter Stress stets verbindlich", Wettbewerber), Dr. Dirk Debald („sehr guter Dealanwalt", „kollegial", „sehr präsent", Wettbewerber), Sabine Reimann, Dr. Martin Haase („fachlich sehr gut, lösungsorientiert, kollegial, zuverlässig", Wettbewerber)
Team: 10 Partner, 5 Counsel, 22 Associates, 1 of Counsel, zzgl. Finance
Partnerwechsel: Sabrina Handke (Inhouse)
Schwerpunkte: Transaktionen u. Projektentwicklungen/Anlagenbau. Kredite u. Akquisitionsfinanzierung.
Mandate: Immobilienrecht: Macquarie bei Verkauf von Handelsimmobilien; Capital Bay bei Verkauf von Pflegeimmobilien; Prologis bei Kauf von 11 Logistikimmobilien; Dereco bei Verkauf von Bürogebäude in Köln; Amundi bei Verkauf Bürogebäude; Beos bei Kauf von Logistikimmobilie; Hannover Leasing bei Kauf von Büropark in Stuttgart; BNP Paribas bei Kauf von Pflegeimmobilien; Ferox bei Verkauf von Quartiersentwicklung in HH; LaSalle bei div. Transaktionen; Patrizia bei Kauf div. (Büro-)Immobilien; Union Investment bei div. Transaktionen; ADAC, Centerparcs lfd. mietvertragl.; Art-Invest bei Kooperation mit G-Hotel Group. **Projektentwicklungen:** Cellebrix bei Entwicklung u. Vermarktung von Streetboxen in Hanau u. Karlsruhe; Smurfit Kappa bei Neubauprojekten; lfd.: Prologis, Hillwood, Groß & Partner bei Verträgen.

HUTH DIETRICH HAHN
Immobilienwirtschaftsrecht ★

Bewertung: Die Immobilienpraxis aus ▷Hamburg ist im regionalen Markt hervorragend vernetzt u. berät

IMMOBILIEN- UND BAURECHT

sowohl die öffentl. Hand als auch Projektentwickler regelm. bei der Realisierung ihrer Vorhaben. Dabei kommt Mandanten das umf. Beratungsangebot aus Bau-, Immobilien- u. Öffentl. Recht zugute, das gerade mit Blick auf die zunehmende Komplexität der Projekte immer zentraler wird. Auch bei Transaktionen versteht es das Team, sich mit anderen Fachbereichen zu vernetzen. Neben der eingespielten Zusammenarbeit mit den Corporate-Anwälten ist auch die Finanzierungspraxis regelm. involviert.

Oft empfohlen: Dr. Jörg Strasburger („sehr kompetent", Mandant), Dr. Friedrich-Carl Frhr. von Gersdorff („unglaubl. guter Verhandler; sehr kluger Stratege; absolut makellos im Umgang; einer der wenigen Anwälte, die auch ökonomisch im Sinne des Mandanten denken; er bringt tote Transaktionen wieder zum Laufen", Mandant)

Team: 4 Partner, 4 Associates

Schwerpunkte: Projektentwicklungen, auch für die öffentl. Hand. Schnittstelle zum Öffentl. Recht. Kleinere Transaktionen inkl. Finanzierung.

Mandate: Immobilienrecht: Engel & Völckers Capital lfd. zu Mezzanine-Kapitalvergabe für div. Neubau- u. Bestandsobjekte; Karg-Stiftung lfd.; Magna Asset Management lfd. bei Transaktionen u. im Asset-Management.

JAHN HETTLER
Baurecht ★

Bewertung: Die Boutique setzt im Baurecht auf die umf. Beratung ihrer Mandanten, zu denen Projektentwickler, Bauträger u. Investoren gehören. Regelm. gelingt es JH, neue Beziehungen zu knüpfen u. diese schnell zu intensivieren, wie zuletzt zu Legat Living, deren Projektgesellschaften sie zu div. Vorhaben berät. Zudem engagiert sich die Einheit frühzeitig bei Zukunftsthemen wie ESG, u. Hettlers Zusatzqualifikation als Ingenieur prädestiniert sie für die Beratung techn. komplexer Vorhaben, bei denen bspw. der Lärmschutz im Vordergrund steht. Intern hat die Kanzlei erstmals einen jungen Anwalt zum Sal.-Partner ernannt.

Oft empfohlen: Dr. Maximilian Jahn („souveräner Umgang mit nicht einfachen Generalübernehmern", Mandant), Dr. Steffen Hettler

Team: 2 Eq.-Partner, 1 Sal.-Partner, 9 Associates, 3 of Counsel

Schwerpunkte: Beratung von Bauträgern, Baubegleitung, insbes. von Infrastrukturvorhaben. Prozesse.

Mandate: Baurecht: HaP bauvertragsrechtl.; Baugenossenschaft Ried, u.a. zu GU-Verträgen; Beumer Maschinenfabrik zu Nachträgen; div. Projektgesellschaften von Legat Living baubegl. zu ‚Haus Sternwarte' u. anderen Vorhaben sowie prozessual; Bauträger zu Planinsolvenz; Jewel MyZeil im Zshg. mit Baumängeln; Bien-Ries lfd. bei Projektentwicklungen. **Prozesse:** Zech in Prozess um Winx-Maintor-Projekt; BAM in div. Prozessen; Baukonzern wg. Schlussrechnung für Straßenbaumaßnahme; Max Aicher Bau regelm. in Prozessen.

JAKOBY
Baurecht ★

Bewertung: Die Boutique aus Berlin deckt im Baurecht alle wesentl. Themen ab. Zuletzt agierte die Kanzlei auch oft an der Schnittstelle zum öffentl. u. priv. Baurecht, u.a. im Zshg. mit Fragen zum Milieuschutz. Im Immobilienwirtschaftsrecht beschäftigt sie sich zudem mit mietrechtl. Fragen u. begleitet kleinere Transaktionen, v.a. aufgrund des angesehenen Notariats. Über das Netzwerk Legalink ist Jakoby außerdem in Mandate mit internat. Bezügen involviert.

Oft empfohlen: Dr. Markus Jakoby

Team: 2 Eq.-Partner, 3 Associates

Schwerpunkte: Umf. baurechtl. Beratung, auch Architektenrecht. Transaktionen, v.a. notariell.

Mandate: ChezWeitz zu Architektenverträgen; ausl. Family Office lfd. baurechtl., u.a. zu Sanierungsvorhaben in Milieuschutzgebieten; Möckernkiez Genossenschaft lfd. baurechtl.; Architektenbüro bau- u. architektenrechtl.; Wohnungsgesellschaft bei Ankäufen; Kaffeerösterei im Mietrecht.

JEBENS MENSCHING
Immobilienwirtschaftsrecht ★★

Bewertung: Die Hamburger Boutique setzt auf die enge Verknüpfung von klass. Immobilienrecht mit finanzierungs-, aufsichts- u. steuerrechtl. Kompetenzen. Wettbewerber loben die „beeindruckende Marktpräsenz" des Teams. Geprägt war die Arbeit zuletzt erneut durch einen hohen Dealflow für Stammmandanten wie Domicil oder Momeni in fast allen Asset-Klassen. Personell kam JM nach 2 verhältnismäßig turbulenten Jahren wieder in etwas ruhigere Fahrwasser, wenngleich ein Partner, der an der Schnittstelle zum Steuerrecht agierte, die Kanzlei verließ.

Stärken: Enge Verknüpfung von immobilien- u. steuerrechtl. Kompetenz.

Oft empfohlen: Dr. Philipp Jebens, Bendix Christians („Transaktionsexperte", Wettbewerber), Hans-Thomas Nehlep („sehr angenehme Zusammenarbeit, sehr kollegial, sehr pragmat.", Wettbewerber)

Team: 5 Partner, 6 Counsel, 8 Associates

Partnerwechsel: Heiko Petzold (zu Osborne Clarke)

Schwerpunkte: Transaktionen, (Re-)Finanzierungen, Projektentwicklungen. Zudem steuerrechtl. Kompetenz u. Investmentrecht.

Mandate: Immobilienrecht: Proximus bei Grundstückskauf; Quest regelm. bei Transaktionen, u.a. bei Verkauf von Bürohaus; Momeni bei Kauf von ‚Fürstenhof'; Domicil bei Kauf von Wohnprojekt.

JUNG & SCHLEICHER
Immobilienwirtschaftsrecht ★★

Bewertung: Die Boutique aus Berlin fügt ihrem beachtl. Mandantenstamm, zu dem u.a. Aroundtown u. Covivio gehören, regelm. neue Akteure hinzu. Jüngstes Bsp. ist der Wohnungskonzern LEG, den J&S zum Kauf von mehr als 15.000 Wohneinheiten von Adler beriet – Folgemandate inklusive. Auch Stammmandanten begleitete das Team bei einer ganzen Reihe von Deals im 3-stell. Millionenbereich. Im Hotelsektor, einer Asset-Spezialisierung der Kanzlei, lag der Fokus zuletzt auf dem in Krisenzeiten sehr gefragten Asset-Management. Die pos. Geschäftsentwicklung spiegelt auch die Ernennung von 3 Sal.-Partnern, einer neu eingeführten Karrierestufe innerh. der Boutique.

Oft empfohlen: Dr. Mathias Jung („super im Geschäft", „lösungsorientiert u. kollegial", Wettbewerber)

Team: 4 Eq.-Partner, 3 Sal.-Partner, 1 Counsel, 7 Associates

Schwerpunkte: Transaktionen. Spezielle Kenntnisse der Hotelbranche. Asset-Management.

Mandate: Immobilienrecht: LEG bei Kauf von mehr als 15.000 Wohneinheiten (€1,2 Mrd); Aroundtown regelm. bei Transaktionen, u.a. bei Verkauf von Büroportfolio u. mietrechtl.; MHP Hotel im Zshg. mit Betreiberwechsel von Jumeirah-Hotel in Frankfurt; Deutsche Zinshaus bei Verkauf mehrerer Wohnungen; Empira, Covivio, Grand City Properties lfd. bei Transaktionen; UBM Development im Asset-Management; TLG lfd., Hyatt u. Marriott lfd. zu Hotelthemen.

KAPELLMANN UND PARTNER
Projektentwicklung und Anlagenbau ★★★★★
Baurecht ★★★★★

Bewertung: Die Kanzlei bestätigt ein weiteres Mal ihre Marktführerschaft im Baurecht. Die Zutaten zum Erfolg sind ein außerordentl. großes Team, das einen hervorragenden Ruf genießt, sowie die Branchenspezialisierung der einzelnen Partner u. die Verankerung in lokalen Märkten. Mandanten loben den „lösungsorientierten Beratungsansatz", Wettbewerber bescheinigen der Kanzlei, „bei allen wesentl. Themen mit dabei" zu sein. Dazu gehören bspw. großvol. Pilotprojekte zum Trendthema IPA, wie die Beratung der öffentl. Hand beim Neubau des Paul-Ehrlich-Instituts zeigt. Auch die Beratung zu Smart Building u. ESG (insbes. nachhaltiges Bauen) geht die Praxis frühzeitig an u. ist aufgr. ihrer personellen Stärke in der Lage, spezielle Kompetenzteams aufzusetzen. Trad. stark ist die Kanzlei zudem bei umfangr. Infrastrukturprojekten wie Tunnel-, Autobahn- u. Brückenbau. Sie berät zum Bsp. Eiffage Infra-Süd beim Neubau von 8 Autobahnbrücken. Organisches u. nachhaltiges Wachstum für die Betreuung langfristiger Projekte gelingt KuP durch die regelm. Ernennung neuer Partner, zuletzt 3 Eq.- u. 3 Sal.-Partner, die ebenfalls gutes Feedback von Wettbewerbern u. Mandanten bekommen.

Stärken: Projektorientierte Spezialisierung.

Oft empfohlen: Prof. Dr. Werner Langen („starker Verhandler", Wettbewerber), Prof. Dr. Klaus Eschenbruch, Prof. Dr. Kai-Uwe Hunger, Dr. Christian Bönker, Prof. Dr. Heiko Fuchs („exzellenter Jurist, kollegial, pragmat.", Wettbewerber), Prof. Dr. Martin Havers, Dr. Martin Jung („aufstrebender Anwaltsnachwuchs mit Top-Potenzial", Mandant; „erfahrener u. zielorientierter Verhandlungspartner", Wettbewerber), Dr. Guido Schulz, Dr. Jochen Markus, Dr. Thomas Jelitte, („denkt sich in technische Fragestellungen schnell ein; sehr gute Schriftsätze", Mandant), Prof. Dr. Ralf Steding („Spitzenkompetenz; kommt immer sofort zum besten Ergebnis", „schnell, qualitativ hochwertig u. pragmat.", Mandanten), Dr. Claus von Rintelen („sehr fundierte Kenntnisse im Baurecht", Mandant; „exzellenter Bau-, Versicherungs- und Schiedsrechtler", Wettbewerber), Dr. Robert Elixmann („praxis- u. lösungsorientierte Beratung", Mandant), Prof. Dr. Christian Lührmann („versteht es, komplexe rechtliche Vorgänge auf den Punkt zu bringen", Mandant)

Team: 45 Eq.-Partner, 20 Sal.-Partner, 44 Associates, 3 of Counsel

Schwerpunkte: Vertrags-, Architekten-, Ingenieur-, ▷Vergabe- u. Öffentl. Wirtschaftsrecht. Ausgeprägte Spezialisierung für div. Arten von Großprojekten, z.B. Flughäfen u. Tunnel. Auch Schlichtung u. Mediation, Mietrecht, Grundstücksfragen. Baubezogenes Straf- u. Beihilferecht. BIM-Beratung.

Mandate: Baurecht: Bund bei Neubau Paul-Ehrlich-Institut; Bauamt bei Neubau Uniklinik Würzburg; Auftraggeber bei Ausschreibung zu Offshorewindparks; Charité bei Neubau Dt. Herzzentrum; Eiffage Infra-Süd bei Neubau von 8 Auto-

IMMOBILIEN- UND BAURECHT

bahnbrücken auf der A9; Stadt München zu U5 Pasing u. U9 Entlastungsspange; Arge projektbegl. im Zshg. mit der Beauftragung durch die Dt. Bahn bzgl. Stuttgart 21; Energieallianz Bayern bei Bau Windpark Wadern-Wenzelstein; Baresel Tunnelbau bei Sanierung Engelbergtunnel; Flughafen München bei S-Bahn-Tunnel Erdinger Ringschluss; WBRE Waterbound Real Estate bei Google-Zentrale. **Projektentwicklung/Anlagenbau:** Aldi Süd bei Mixed-Use-Projektentwicklungen im Filial- u. Logistikbau; Ortenau Klinikum bei ‚Agenda 2030'; Kölbl Kruse bei ‚Colosseum' in Essen u. ‚RWE Campus'; Land bei Neuschaffung eines Rechenzentrums; Covivio bei Hochhausprojekts ‚D3' am Berliner Alexanderplatz; Automobilkonzern zu Neubau von 2 Bürocampus; Unibail-Rodamco bei Überseequartier-Westfield HH; Commodus bei div. Projekten in Berlin.

K&L GATES
Immobilienwirtschaftsrecht ★

NOMINIERT JUVE Awards 2022 Kanzlei des Jahres für Immobilien- und Baurecht

Bewertung: Das Immobilienteam der US-Kanzlei hat den Zugang eines schlagkräftigen Teams aus dem Vorjahr u. dessen mitgebrachte Kompetenzen genutzt, um die Beziehungen zu seinen Mandanten auszuweiten. Während die bewährten Teams in Frankfurt u. Berlin insbes. zu Transaktionen berieten, haben die Neuzugänge in München ausgeprägte Asset-Management-Erfahrung. Durch die Bündelung der Kompetenzfelder gelingt es nun, Mandanten vielschichtiger zu beraten. Auch neue Mandatsbeziehungen wurden bereits geknüpft, was Wettbewerbern nicht verborgen blieb, die dem Team eine „erhöhte Marktpräsenz" bescheinigen. Dazu trugen auch großvol. Deals bei, wie zuletzt die Beratung von Stammmandantin Patrizia beim Verkauf des ‚Power'-Portfolios.
Team: 3 Eq.-Partner, 6 Sal.-Partner, 4 Counsel, 9 Associates
Schwerpunkte: (Portfolio-)Transaktionen, regelm. mit grenzüberschr. Bezug. Gute Anbindung an das ww. Kanzleinetzwerk. (Re-)Finanzierungen. Projektentwicklungen inkl. Öffentl. Recht.
Mandate: Immobilienrecht: Patrizia bei Verkauf ‚Power-Portfolio' (€315 Mio); TSC-Gruppe bei Kauf von mehr als 200 Wohneinheiten; Threestone-Fonds bei Kauf von 3 Pflegeheimen; Swiss Life zu Kauf von 4 Pflegeheimen; Orsay bei Verkauf des dt. HQ; Peloton lfd. mietrechtl.; Modekette lfd. mietrechtl., auch zu Corona-Themen. **Projektentwicklungen:** Ascania Capital bei Entwicklung von 2 Büroimmobilien in Berlin; Adam Europe bei Kauf u. Entwicklung von Wohnimmobilien.

KASPER KNACKE
Baurecht ★

Bewertung: Die Baurechtspraxis aus Stuttgart ist im Mittelstand verwurzelt, zählt aber auch eine Reihe von Konzernen zu ihren Mandanten. Diese berät sie sowohl in der klass. Baubegleitung als auch in Prozessen. Letzteres zählt zu den großen Stärken von KK, für die die Kanzlei auch regelm. von lokalen Wettbewerbern hinzugezogen wird, wenn deren Mandate ein streitiges Stadium erreichen.
Team: 8 Partner, 2 Associates
Schwerpunkte: Starke Prozesspraxis.
Mandate: Prozesse: DB Netz zu Stuttgart 21 (öffentl. bekannt). **Immobilienrecht:** Wohninvest lfd. bei Transaktionen.

KING & SPALDING
Immobilienwirtschaftsrecht ★

Bewertung: Die Immobilienkapitalmarktpraxis der US-Kanzlei steht vor einer Zäsur, seit sich im Sommer 2022 Praxisgruppenleiter u. Managing-Partner Leißner aus dem operativen Anwaltsgeschäft zurückgezogen hat. Zwar beeinträchtigt sein Weggang das Know-how der Praxis für investmentrechtl. Themen kaum, weil es ihm in den verg. Jahren gelungen ist, ein starkes Team zu formen, doch verliert die Praxis ihr mit Abstand prominentestes Mitglied. Den Weggang eines erfahrenen Counsels, der v.a. im klass. Immobilienrecht tätig war, hat K&S zum Anlass genommen, ihre Bemühungen zum Ausbau der Transaktionspraxis zu intensivieren. Bereits jetzt betreut die Kanzlei hier ein beeindruckendes Mandantenportfolio, das von AEW bis Universal Investment reicht. Häufig ist das Team allerdings in Deals involviert, die unter dem Radar der Wettbewerber laufen u. deshalb Zweifel am tatsächl. Engagement der Kanzlei im Immobiliensektor jenseits ihrer Fondsstärke aufkommen lassen.
Stärken: Investmentrecht, etabliertes internat. Netzwerk.
Oft empfohlen: Dr. Sebastian Kaufmann.
Team: 4 Partner, 3 Counsel, 1 Associate, inkl. Finanzierung
Partnerwechsel: Mario Leißner (nicht mehr als Anwalt tätig)
Schwerpunkte: Investmentrecht u. Transaktionen. Beratung von Kapitalanlagegesellschaften, daneben auch Investoren. Finanzierung, v.a. Cross Border USA.
Mandate: Immobilienrecht: AEW, Barings, Beos lfd. finanzierungs- u. aufsichtsrechtl.; Axa aufsichtsrechtl. im Zshg. mit ausl. Immobilientransaktionen; BMO regelm. bei Transaktionen für paneurop. Fonds; Union Investment regelm. bei Transaktionen u. im Aufsichtsrecht.

KNH RECHTSANWÄLTE
Baurecht ★★

Bewertung: Die Boutique mit Büros in Ffm. u. Berlin berät ihre Mandanten zu allen Facetten des Baurechts. Neben Großprojekten wie der Erweiterung des Teilchenbeschleunigers Fair ist sie auch in städtebaul. Entwicklungen engagiert. Zuletzt wurde sie zudem wieder vermehrt für PPP-Projekte in der kritischen Infrastruktur angefragt. Im BIM-Kontext rückt bei der Beratung der öffentl. Hand modellbasierte Ausschreibung von Bauprojekten stärker in den Fokus, bei der die Baurechtler einen im Vorjahr hinzugekommenen Vergaberechtspartner einbinden können. Zudem gelang es KNH, einen weiteren erfahrenen Anwalt als Counsel zu gewinnen, der das Mandantenportfolio mit neuen Kontakten ergänzt u. zudem in der Branche gut vernetzt ist.
Oft empfohlen: Dr. Steffen Hochstadt, Volker Nitschke, Dr. Alexander Wronna
Team: 5 Eq.-Partner, 6 Sal.-Partner, 2 Counsel, 6 Associates
Schwerpunkte: Baubegl. Beratung, insbes. Projektentwicklungen. Architektenrecht. Engagiert bei BIM. Für Auftraggeber, Auftragnehmer u. die öffentliche Hand tätig.
Mandate: Baurecht: Projektentwickler zu Vertragsgestaltung u. Abwicklungsthemen; Kaufhausbetreiber bei mehreren Umbauvorhaben; Projektgesellschaft zu Erweiterung Teilchenbeschleuniger;

Ingenieurbüro zu BIM-Verkehrswegeinfrastrukturprojekt; Klinik bei Neubauprojekt; div. Baukonzerne, Behörde lfd. baurechtl., auch prozessual.

KRAUS SIENZ & PARTNER
Baurecht ★★

Bewertung: Die Münchner Boutique setzt auf eine enge Verzahnung der bau- u. vergaberechtl. Beratung. Mit dieser Aufstellung hat sie sich fest in Süddtl. etabliert, genießt aber auch außerhalb der Region einen guten Ruf. Das liegt auch daran, dass ihre Berater Spezialthemen wie Bauinsolvenzen besetzen.
Oft empfohlen: Christian Sienz, Dr. Olrik Vogel, Dr. Claus Schmitz („sehr erfahren u. kompetent", Wettbewerber)
Team: 4 Partner, 1 Associate, zzgl. Vergaberecht
Schwerpunkte: Baubegleitung, bes. Spezialisierung im Sicherheitenrecht. Zudem Architektenrecht, Schiedsverfahren, Vergaberecht.
Mandate: Keine Nennungen.

KUCERA
Immobilienwirtschaftsrecht ★★

Bewertung: Die Immobilienboutique setzt in der Transaktionsberatung regelm. auch ihr Steuer- u. Finanzierungs-Know-how ein. Von diesem Kompetenzmix überzeugt sie ihre Mandanten, die u.a. das Dienstleistungsbewusstsein o. das Engagement des Teams loben. Verstärkt hat Kucera ihre Aktivitäten zuletzt bei Fondsrestrukturierungen u. NPLs, die mit Blick auf die zunehmenden regulator. Anforderungen, Corona-Folgen u. Nachhaltigkeitsstandards wieder an Bedeutung gewinnen könnten.
Stärken: Umf. Know-how u. langj. Beratung der Hotelbranche.
Oft empfohlen: Dr. Stefan Kucera, Oliver Platt („hervorragende, zielgerichtete u. pragmat. Arbeit", Mandant)
Team: 9 Eq.-Partner, 1 Sal.-Partner, 3 Counsel, 16 Associates
Schwerpunkte: Transaktionen, enge Zusammenarbeit mit Steuerrechtlern u. Finanzierern. Spezialkompetenz im Hotelsektor. Daneben Baurecht, Öffentl. Recht u. Prozesse. Notariat.
Mandate: Immobilienrecht: Family Office bei Immobilienverkauf in Ffm, Hahn-Gruppe bei Kauf von Handelsimmobilien; AM-Group bei Kauf von 6 KFC-Filialen; Coreo bei Kauf von Wohnungsportfolio; Hansainvest bei Kauf von Projektentwicklung; LEG bei Transaktionen; HR-Group bei Hotelübernahmen; Sächs. Ärzteversorgung bei Kauf ‚Europäischer Hof' in Baden-Baden; Salux bei Aufsetzung Sondervermögen; Tristan im Asset-Management; lfd.: Alte Leipziger; Steigenberger, Dorint, Intercity-Hotel, Welcome Hotels. **Projektentwicklungen:** Isaria, OFB bei Projektentwicklungen; Scandic bei sämtl. dt. Hotelprojekten.

LEINEMANN & PARTNER
Projektentwicklung und Anlagenbau ★★★★
Baurecht ★★★★★

Bewertung: Die Baurechtsboutique ist bei gr. Infrastrukturvorhaben (Straße, Schiene, Wasser) sehr erfahren u. vertritt div. Argen in umfangr. u. großvol. Projekten. Insbes. bei ÖPP-Projekten kann nur Lutz Abel ähnl. prominente Mandate vorweisen. Darüber hinaus hat sich L&P zuletzt vermehrt bei Maßnahmen im Zshg. mit der Energiewende positioniert. Mandanten schätzen die enge Verbindung von Bau- u. Vergaberecht u. setzen bei ihren Projek-

Ihre beste Lösung

für die **kanzlei- und unternehmensseitige** Vermittlung von **juristischen Funktionen** rund um die **Bau- & Immobilienbranche**

Kommen Sie gern auf uns zu für Ihre Vermittlung oder die Besetzung Ihrer Vakanz!

☎ +49 (0)30 5 7700 5110
✉ kontakt@cobaltrecruitment.com

IMMOBILIEN- UND BAURECHT

ten umf. auf die Kanzlei. So berät sie etwa einen Stromnetzanbieter bundesw. bei div. Projekten, u.a. bei der Erstellung eines Projektsteuerungsvertrages für eine 300 km lange Stromtrasse. Von ihrem tiefen baurechtl. Know-how überzeugte L&P einmal mehr den VW-Konzern, den sie nach dem Bau einer Batteriezellenfabrik nun auch zur Errichtung eines Werks für E-Autos in Wolfsburg berät, Bauvolumen: €2 Milliarden.

Stärken: Beratung von Argen bei Infrastrukturprojekten; enge Verbindung von Bau-, Immobilien- u. Vergaberecht.

Oft empfohlen: Prof. Dr. Ralf Leinemann, Dr. Thomas Hildebrandt, Oliver Schoofs, Prof. Dr. Marc Hilgers („außerordentl. pos. Ergebnisse u. sehr hilfreich", Mandant), Stephan Kaminsky („sehr erfahren u. pragmatisch; gutes Verständnis für techn. u. geschäftl. Umstände", Mandant), zunehmend: Jarl-Hendrik Kues

Team: 15 Eq.-Partner, 5 Sal.-Partner, zzgl. Associates

Schwerpunkte: Auftragnehmerberatung, wichtige Bau-Argen, Architekten u. gr. Mittelständler im Infrastrukturbereich, auch Auftraggeberseite. Prozesse. ▷Vergaberecht. Spezielle Erfahrung im Verkehrswegebau; ÖPP.

Mandate: Baurecht: VW zu Werksneubau für E-Autos (Wolfsburg) u. Bau Batteriezellenfabrik (Salzgitter); Immanuel Albertinen Diakonie zu Bau von Zentrum für Altersmedizin; WvM Berlin zu Wohnquartiersentwicklung; Porr baubegl. zu Rheinbrücke; Anton Schick bei Rohbau Terminal 3 für Fraport; Adolf Lupp bei div. Hochbauprojekten in Berlin, darunter ‚Wohnen am Spittelmarkt'; div. Argen bei zahlr. Infrastrukturprojekten. **Prozesse:** A. Frauenrath Bauconcept bei gerichtl. Abwicklung von Baukonzessionsverträgen; Porr in Auseinandersetzung mit dem Land NRW wg. Rheinbrücke.

LINKLATERS
Immobilienwirtschaftsrecht ★★

Bewertung: Einmal mehr gelang es der Immobilienpraxis der Krüger auch neue Mandanten vom integrierten Beratungsansatz der Gesamtkanzlei zu überzeugen, der auch die europ. Praxen mit einschließt. So waren bei einer paneurop. Logistiktransaktion neben immobilienrechtl. Themen auch Steuer- sowie Fonds- u. kartellrechtl. Know-how erforderlich. Ein herber Rückschlag für die Praxis ist der Weggang von Loll zu Latham. Zwar agierte sein Team weitgehend unabhängig von Krügers, doch trug er durchaus großvol. Deals für Stammmandanten wie Union Investment oder Meag regelm. zum Renommee der Praxis bei. Umso dringlicher wird es nun, erfahrene Associates, die zum Teil schon viel Anerkennung für ihre Arbeit bekommen, noch stärker bei Mandanten zu platzieren.

Stärken: Enge interdiszipl. Zusammenarbeit des Kernteams mit anderen Praxisgruppen, insbes. ▷Fonds, ▷Kapitalmarktrecht u. ▷Finanzierungen.

Oft empfohlen: Wolfram Krüger („konstruktiv u. kompetent als Anwalt u. Notar", Wettbewerber).

Team: 1 Partner, 19 Associates, 1 of Counsel, inkl. Finanzierung

Partnerwechsel: Dr. Carsten Loll (zu Latham & Watkins).

Schwerpunkte: Finanzierungen u. Refinanzierungen, oft grenzüberschreitend (London, Luxemburg), (Portfolio-)Transaktionen, tlw. mit Private-Equity-Fokus.

Mandate: Immobilienrecht: CBRE regelm., u.a. bei Kauf von div. Wohnungen; Nas Invest bei Kauf von Bürohaus; Garbe bei Kauf von 22 Logistikimmobilien; Credit Suisse bei Kauf von Bürocampus; Swiss Pillar Investment bei Übernahme der Lakeward Living.

LLR LEGERLOTZ LASCHET UND PARTNER
Projektentwicklung und Anlagenbau ★

Bewertung: Die Immobilienpraxis der Kölner Kanzlei gehört insbes. im Projektentwicklungsgeschäft zu den lokalen Platzhirschen. Hier ist LLR in fast alle prominenten Stadtentwicklungsvorhaben eingebunden. Diese Erfahrung hat sich auch über die Stadtgrenzen von Köln herumgesprochen u. verschafft der Kanzlei regelm. neue Mandate. Family Offices berät LLR v.a. zu kleineren Deals.

Team: 2 Partner, 4 Associates

Schwerpunkte: Projektentwicklungen, inkl. An- u. Verkauf sowie Öffentl. Baurecht.

Mandate: Keine Nennung.

LOSCHELDER
Immobilienwirtschaftsrecht ★★
Projektentwicklung und Anlagenbau ★★
Baurecht

Bewertung: Den Bau- u. Immobilienrechtlern der Kölner Kanzlei gelingt es immer besser, durch die Bündelung ihrer Kompetenzen zunehmend komplexere Mandate zu gewinnen. Die gut funktionierende Zusammenarbeit beider Teams bei der Entwicklung einzelner Projekte spielt Loschelder bei Stammmandanten wie Cube nun auch bei umfangreicheren Vorhaben wie etwa der Realisierung ganzer Stadtquartiere aus. Dabei stehen die Anwälte ihren Mandanten nicht nur jurist., sondern – insbes. im Zshg. mit ESG – auch strateg. zur Seite. Auch unabh. voneinander entwickeln sich die jew. Teams im Immobilien- u. Baurecht in ihrem Kernsegment. Im klass. Immobilienwirtschaftsrecht kommen neue Mandanten oft über Transaktionen, lassen sich aber zunehmend auch zu lfd. Themen wie Asset-Management beraten. Die nächste Generation Baurechtler bringt sich derweil bei attraktiven Beratungsmandaten, etwa im Kontext des Netzausbaus, in Stellung u. schafft sich so ein eigenes Profil neben Klein, der insbes. für seine Prozessstärke sehr angesehen ist.

Stärken: Gute Vernetzung zw. Bau- u. Immobilienrecht sowie dem ▷Öffentl. Recht (v.a. Planung).

Oft empfohlen: Dr. Walter Klein („sehr erfahren", Wettbewerber), Dr. Jürgen Lauer, Dr. Mirko Ehrich (alle Baurecht), Dr. Stefan Stock („hervorragende, praxisnahe Beratung auch in der Hochphase; vorbildl. engagiert", Mandant; „kollegial u. kompetent", Wettbewerber), Dr. Nikolai Wolff („routinierter Verhandler", Wettbewerber; beide Immobilienrecht)

Team: 8 Eq.-Partner, 2 Sal.-Partner, 10 Associates (Immobilien- u. Baurecht)

Schwerpunkte: Transaktionen u. Projektentwicklungen, vereinzelt internat. Projekte. Baubegl. Beratung, ausgeprägte Prozesspraxis.

Mandate: Immobilienrecht: Cube bei Kauf von Industrieareal; Silver Tree Invest bei Verkauf von Geschäftshaus; Bistum Essen bei Verkauf von Grundstücksareal (marktbekannt); Beos bei Kauf von Gewerbepark; Art-Invest bei Transaktionen; Signature Capital bei Verkauf ‚Curve Campus'. **Projektentwicklungen:** Deutzer Höfe bei Entwicklung von Studentenapartments; Qvadrat bei Hotelprojektentwicklung; Prologis bei div. Projektentwicklungen, inkl. Ankäufen, Vermietungen u. Baurecht. **Baurecht:** Kleusberg umf. baurechtl.; Zoologischer Garten Köln zu mehreren Neubauvorhaben; Bauwens zu ‚The Edge' in HH; Art-Invest baubegl. zum Vorhaben I/D Cologne; GSG Grund- u. Stadtentwicklung bei Neubau von Kultur- u. Bildungszentrum; lfd.: Flughafen Köln/Bonn. **Prozesse:** Gothaer, Zurich regelm. in Haftpflichtprozessen; lfd.: Koelnmesse, Dahlem Ingenieurbüro, Hochtief, DIL.

LUTHER
Immobilienwirtschaftsrecht ★
Projektentwicklung und Anlagenbau ★★★★
Baurecht ★★★★

NOMINIERT
JUVE Awards 2022
Kanzlei des Jahres für Immobilien- und Baurecht

Bewertung: Stärker als die meisten Wettbewerber verstehen sich die Immobilien- u. Baurechtler von Luther als Branchenberater. Entspr. konsequent besetzen die Teams daher auch Schnittstellen jenseits des erwartbaren Öffentl. u. Vergaberechts. Früh hat Luther etwa Themen wie Beihilfe- oder Energierecht einbezogen, die nicht nur unter dem Schlagwort ESG an Bedeutung gewinnen. Gleichz. gelingt es dem Team, schnelle u. ganzheitl. Lösungen für seine Mandanten für akute Probleme wie die steigenden Materialkosten u. Lieferverzögerungen in Form von Musterverträgen oder Checklisten anzubieten. Ihr Know-how im Medizinsektor, das Mandanten regelm. loben, brachte der Baurechtspraxis zuletzt ein weiteres Prestigeprojekt ein: Für die translationale Forschungseinrichtung der Uniklinik Mainz betreut das Team um Meier bei dem Neubau eines Laborgebäudes inkl. Projektmanagement. Auch in klass. Bauprojekten ist Luther insbes. in Berlin beteiligt. Dazu zählen das ‚Fürst' am Kudamm oder die Stadtquartiersentwicklung Heidestraße. Auch in der immobilienrechtl. Beratung erhält das Team von Mandanten viel Lob. Allerdings trägt der holistische Beratungsansatz hier eher dazu bei, dass die Praxis im Markt weniger auffällt. Eine stetigere Präsenz in hochvol. Deals wie der Milliardentransaktion für Akelius im Herbst 2021 könnte das schnell ändern. Das Ausscheiden von Stoecker im Sommer 2022 dürfte für die Beratung keine größeren Folgen haben, da er zuletzt v.a. als Notar wahrgenommen wurde.

Oft empfohlen: Achim Meier („sehr eloquent u. gut vernetzt", „Top-Berater auch in strateg. Fragen zur Platzierung von Großbauprojekten am Markt", „langj. vertrauensvolle Zusammenarbeit u. uneingeschränkte Empfehlung für das ganze Team", Mandanten), Prof. Christian Zanner (beide Baurecht), Dr. Thomas Gohrke („hervorragende Kenntnis des Gesundheitswesens; zielgerichtete Verhandlungsführung; gute Darstellung komplexer Sachverhalte", Mandant; Immobilienrecht)

Team: 21 Partner, 4 Counsel, 27 Associates

Partnerwechsel: Detlev Stoecker (zu Andersen Legal)

Schwerpunkte: Breite Aufstellung im Baurecht, inkl. ▷Beihilfe, ▷Öffentl. Recht (Umwelt u. Planung), ▷Vergaberecht. Im Immobilienwirtschaftsrecht: Transaktionen, Asset- u. Property-Management. Projektentwicklungen.

Mandate: Baurecht: TRON bei Neubau Laborgebäude (inkl. Projektmanagement); Flughafen BER lfd. (außer)gerichtl.; rbb umf. zu Neubau von digitalem Medienhaus; Investor bau- u. architektenrechtl. zu Quartier Heidestraße; Uniklinik Aachen zu Erweiterungsbau der operativen Intensivpflege; GAG bauvertragl. u. zu HOAI; Technologieunternehmen

IMMOBILIEN- UND BAURECHT

baubegl. bei Büroneubau. **Immobilienrecht:** Akelius bei Verkauf von 30.000 Wohnungen in Dtl. u. Schweden; Fonds von MCAP Global Finance bei Verkauf von Logistikgrundstück; Zurich bei Verkauf von Bürogebäude (marktbekannt); AOK bei Portfolioverkauf; Space-Plus-Gruppe bei Rollout des Self-Storage-and-Flex-Office-Geschäftes in Dtl.; Hanse-Merkur bei Finanzierung; M7, Peach Property regelm. bei Transaktionen. **Projektentwicklungen/Anlagenbau:** EWN Entsorgungswerk für Nuklearanlagen zu Rückbau von Atomkraftwerken; Investor Project Lietzenburger Straße bei Entwicklung ‚Fürst'; Stadtwerke Leipzig bau- u. immissionsschutzrechtl. zu Kraftwerksbau (Umstellung auf Betrieb mit Wasserstoff); Möller Real Estate, Family Office Stammel, Frasers u. Otto Bock lfd. bei Projektentwicklungen.

LUTZ ABEL
Baurecht ★★★★

Bewertung: Die Kanzlei gehört in der Beratung von Tunnel- u. Autobahnprojekten, v.a. ÖPP, neben Leinemann seit Jahren zu den Marktführern. Nach wie vor beschäftigt das Team um Namenspartner Abel u.a. das gr. Schlichtungsverfahren um die Havarie des Tunnels Rastatt. Auch bei klass. Beratungsmandaten aus dem Infrastrukturbereich ist die Kanzlei prominent vertreten, etwa beim Bau der 2. S-Bahn-Stammstrecke in München. Am Stuttgarter Standort konzentrieren sich 2 jüngere Partner u.a. auf innovative Themen wie BIM u. Mehrparteienverträge u. betreuen in diesem Kontext div. Projekte. Darüber hinaus haben sie sich in relativ kurzer Zeit einen prominenten Mandantenstamm aufgebaut, darunter Klinikverbände u. bspw. die Allianz. Der Zugang eines weiteren erfahrenen Anwalts, der auch immobilien- u. öffentl. Themen bespielt, komplettiert das Rundumangebot u. eröffnet dem Team weitere Möglichkeiten zum Engagement im Immobilienrecht, das sich bisher v.a. auf kleinere Transaktionen im Projektentwicklungskontext konzentrierte.
Stärken: ÖPP-Projekte; Autobahn- u. Tunnelbau.
Oft empfohlen: Dr. Wolfgang Abel, Dr. Daniel Junk („pragmat.; sehr versiert in der baubegleitenden Beratung", Mandant), Ulrich Eix („hervorragende Kompetenz in Bezug auf BIM u. innovative Vertragsmodelle", Mandant)
Team: 7 Eq.-Partner, 7 Sal.-Partner, 16 Associates
Partnerwechsel: Dr. Christian Kruska (von Breyer)
Schwerpunkte: Baubegleitung, Projektentwicklung, Prozesse. Auch Immobilienrecht, inkl. Transaktionen. Gewerbl. Mietrecht. Mehrparteienverträge.
Mandate: Baurecht: Bayer. Hausbau zu außergerichtl. Abwehr von Schadensersatzansprüchen; Alb Fils Kliniken bei Neubau „Klinik am Eichert"; Allianz RE außergerichtl. in urheberrechtl. Auseinandersetzung mit Entwurfsarchitekten zu Projekt in D'dorf; Eurofins-Gruppe bei Erweiterung Laborkapazitäten; Legat Living umf. bei Bauvorhaben in Premiumlagen Münchens inkl. Transaktionen; Wöhr + Bauer bau- u. architektenrechtl. bei 2 Bauvorhaben in München; Arge bei 2. Stammstrecke S-Bahn München; Arge Tunnel Cannstatt im Rahmen von Stuttgart 21; Modekonzern bei städtebaul. Entwicklungsmaßnahme; Handler Bau als GÜ bei erstem Holzhybridwohnhausprojekt in Österr. im Rahmen eines Mehrparteienvertrags; lfd.: Ed. Züblin, Baresel, Johann Bunte, Max Bögl, Hochtief, Stadt München, Wisag. **Prozesse:** Arge Tunnel Rastatt in Beweiserhebungs- u. Schlichtungsverf.; Bauunternehmen bei Durchsetzung Restwerklohnanspruch ggü. Landesbetrieb.

MAYER BROWN
Immobilienwirtschaftsrecht ★★★

Bewertung: Die Strategie, sich in der Transaktionsberatung auf institut. Investoren zu konzentrieren, ist für die Immobilienpraxis voll aufgegangen. Mittlerw. setzt eine ganze Reihe wichtiger Marktakteure von DIC bis Values bei ihren Deals regelm. auf das Team um Hartwich. Neben der Präsenz im dt. Immobilienmarkt hat sich die Praxis zudem die stärkere internat. Vernetzung auf die Fahnen geschrieben, die sich bisher aber v.a. in der Finanzierungsberatung zeigt, die von Wettbewerbern im Gesamten zunehmend gelobt wird. Die gute Geschäftsentwicklung spiegelt ein für MB-Verhältnisse deutl. Ausbau der Associate-Ebene.
Oft empfohlen: Dr. Fabian Hartwich („hervorragende fachl. Unterstützung auch in schwierigen Verhandlungssituationen", Mandant), Dr. Jörg Lang
Team: 4 Eq.-Partner, 3 Counsel, 8 Associates
Schwerpunkte: Transaktionsberatung, daneben auch Finanzierung. Starkes Notariat.
Mandate: Immobilienrecht: Values bei Kauf von Bürohaus; CommerzReal bei Kauf von Wohnportfolio; DIC bei Kauf von 4 Büroimmobilien; Prologis bei Ankauf von Logistikstandort; Prologis bei Kauf von Betriebsgelände; Quest bei Kauf von ehem. HQ der Dt. Bahn; Greenman bei Kauf von FKZ; Bank of China als Kreditgeber für paneurop. Logistikportfolio; Ardian RE, Barclays bei Finanzierungen.

MCDERMOTT WILL & EMERY
Immobilienwirtschaftsrecht ★★★★
Projektentwicklung und Anlagenbau

Bewertung: Die Immobilienpraxis der US-Kanzlei ist regelm. in großvol. u. komplexe Transaktionen u. Projektentwicklungen für Stammandanten wie Imfarr u. Hahn eingebunden. Eng ist nach wie vor die Zusammenarbeit mit der langj. Mandantin Signa, die bei mehreren Projekten in Dtl. u. zuletzt erneut bei einem Deal in den USA auf das dt. Team um Ortmanns setzte. Mandanten aus dem US-Markt, insbes. dem Private-Equity-Segment, nimmt die dt. Praxis nun strateg. stärker in den Fokus – erst recht, seitdem Anfang 2022 ein 2. ehem. Hengeler-Anwalt ins Frankfurter Büro wechselte, der bereits für Blackstone oder KKR arbeitete. Nachdem sich die Praxis in den verg. Jahren eine beeindruckende Marktposition erarbeitet hat, ist der Versuch, im Private-Equity-Immobilienrecht Fuß zu fassen, durchaus ambitioniert, zumal sich schon mehrere Wettbewerber daran die Zähne ausgebissen haben.
Stärken: (Portfolio-)Transaktionen, Projektentwicklungen.
Oft empfohlen: Dr. Jens Ortmanns („sehr routiniert in Verhandlungen", Wettbewerber), Thomas Beisken, Dr. Maximilian Clostermeyer („überragend", Mandant über alle 3; „sehr guter Verhandler, lösungsorientiert", Wettbewerber), Dr. Holger Weiß, Dr. Ulrich Flege („sehr gute u. kollegiale Zusammenarbeit", Wettbewerber über alle), Frank Müller („super unkomplizierte Zusammenarbeit; pragmat. Beratung; schnell u. zuverlässig", „hohe Einsatzbereitschaft; serviceorientiert", Mandanten)
Team: 8 Partner, 1 Counsel, 17 Associates (Kernteam)
Partnerwechsel: Dr. Johannes Honzen (von Hengeler Mueller)

Schwerpunkte: Beratung von Immobilienfonds, Investmentbanken u. Immobilieninvestoren. (Portfolio-)Transaktionen inkl. Finanzierung, Rundumberatung bei Projektentwicklungen, auch Asset-Management u. Gewerbl. Mietrecht.
Mandate: Immobilienrecht: W&B-Projektportfolio bei Verkauf von Logistikportfolio ‚Quarto'; Art-Invest bei Verkauf von Bürogebäude; Redos bei Transaktionen; DIC bei Verkauf von Bürogebäude in München; ReInvest bei Ankauf in Berlin; Signa regelm. bei Transaktionen, u.a. bei Verkauf von Berliner Projektentwicklung; Douglas zu Filialschließungen; Hema, McArthur Glen mietrechtlich. **Projektentwicklungen:** Evolutiq Real Estate zu Ankauf, Vermietung u. Entwicklung Büroprojekt ‚Vorum'; Fiege bei Projektentwicklung in Bremen; Signa bei ‚Elbtower' (Gesamtkoordination); Goodman bei Logistikentwicklungen.

NEUWERK
Immobilienwirtschaftsrecht ★

Bewertung: Das Immobilienteam von Neuwerk hat sich zu einem zentralen Akteur im HHer Markt entwickelt. Das belegen in der Hansestadt ansässige Stammandanten wie Universal oder Garbe, die das Team regelm. auch bei bundesw. Projekten berät. Aber auch zahlr. Empfehlungen von Wettbewerbern zeichnen ein klares Bild. Erneut gelang es Neuwerk, weitere Mandanten von sich zu überzeugen, zuletzt u.a. den österr. Projektentwickler Soravia. Neben dem immobilienrechtl. Kerngeschäft hat die Kanzlei mit Dr. Annette Heinz eine erfahrene u. angesehene Fondsspezialistin zur Partnerin gemacht. Nicht zu unterschätzen ist aber auch, dass Neuwerk eine der wenigen Praxen im Markt ist, die auch im Unter- u. Mittelbau keine Nachwuchssorgen plagen.
Oft empfohlen: Dr. Claudia Jehle
Team: 3 Eq.-Partner, 5 Associates
Schwerpunkte: Transaktionen, z.T. inkl. Finanzierung. Projektentwicklung. Asset-Management u. Gewerbl. Mietrecht.
Mandate: Immobilienrecht: Soravia bei Kauf von Entwicklungsgrundstück in München; Garbe bei Kauf von ‚Niedersachsenpark'; Bayer. Beamtenkrankenkasse bei Kauf von Büroimmobilie; Investor bei Ankauf von Projektentwicklung; INP Invest bei Kauf von Pflegeheim; Universal-Investment regelm. bei Transaktionen; Unibail-Rodamco ÜSQ Development zu Vermietung u. Abverkauf; lfd.: Hamburger Pensionsverwaltung, Billebogen Entwicklungsgesellschaft/HafenCity Hamburg.

NOERR
Immobilienwirtschaftsrecht ★★★★★
Projektentwicklung und Anlagenbau ★★

Bewertung: Mit ihrem umf. Beratungsansatz, der neben der klass. immobilienrechtl. Beratung vor allem auch Gesellschafts-, Bank- u. Finanz- sowie Steuerrecht umfasst, zählt die Kanzlei zur Marktspitze. Unterstrichen hat Noerr ihre Position zuletzt durch einen beachtl. Dealflow quer durch alle Asset-Klassen u. eine im Vgl. zu den Vorjahren stärkere Präsenz in den prägenden Branchendeals. Einer davon war der Verkauf eines mrd-schweren Berliner Wohnportfolios von Vonovia/Dt. Wohnen an 3 Berliner Wohnungsgesellschaften, bei dem Noerr an der Seite der Howoge stand. Daneben überzeugte die Praxis auch neue Mandanten, bspw.

JUVE AWARDS 2022 – Kanzlei des Jahres für Immobilien- und Baurecht

IMMOBILIEN- UND BAURECHT

Beos, Astria u. Conren, von sich. Darunter waren aber auch vermehrt Private-Equity-Gesellschaften, zu denen Praxisleiterin Pospich u. Neupartner Behrens gute Kontakte geknüpft haben. Dabei u. auch bei Immobilienfinanzierungen kommt nun verstärkt das Londoner Büro zum Einsatz, wie die erstmalige Beratung von Brookfield zeigt. Dass die Kanzlei ein gutes Händchen bei der Förderung des Nachwuchses hat, wird daran deutlich, dass neben Behrens weitere junge Partner bei Mandanten positive Beachtung finden.
Oft empfohlen: Annette Pospich („briliante Juristin", „hart in der Verhandlung; immer lösungsorientiert", „sehr großes wirtschaftl. Verständnis", Mandanten), Christoph Brenzinger, Dr. Alexander Jänecke, Volker Bock („hervorragende mediatorische Fähigkeiten", Mandant), Andreas Naujoks („immer greifbar u. fachlich tip-top", Mandant; „freundlich u. effizient", Wettbewerber), zunehmend: Dr. Tim Behrens („hohe Einsatzbereitschaft; sehr angenehme Zusammenarbeit", Mandant; „sehr guter junger Anwalt", Wettbewerber)
Team: 17 Eq.-Partner, 9 Sal.-Partner, 4 Counsel, 15 Associates (gesamte Sektorgruppe)
Schwerpunkte: Transaktionen. Langj. Erfahrung mit Projektentwicklungen u. im Anlagenbau. Ergänzung insbes. durch Steuerrecht u. Finanzierung (▷*Kredite u. Akqu.fin.*). Fondsberatung, Gewerbl. Mietrecht
Mandate: Immobilienrecht: Howoge bei Kauf von Wohnungsbeständen (€2,46 Mrd); Brookfield Asset Management bei Übernahmeangebot für Alstria; Union Investment bei div. Transaktionen, u.a. bei Mehrheitsbeteiligung an O2-Tower-Gesellschaft; Peakside bei Kauf von Logistikimmobilien; Real I.S. regelm. bei Transaktionen, u.a. bei Kauf von Multi-Tenant-Bürogebäude; Investa bei Verkauf von Büroquartier; Invesco bei FMZ-Verkauf; ConrenLand u. Hansainvest bei Verkauf von Bürogebäude (inkl. Steuer- u. Investmentrecht); DIC bei Kauf von Gewerbeimmobilie; FBB bei Verkauf von Entwicklungsareal am BER; CommerzReal bei Verkauf von ‚Wings' in D'dorf; Bank bei Ankaufsfinanzierung für Mischimmobilie; Bankenkonsortium bei Aufvalutierung der in 2019 abgeschl. Finanzierung des T2. **Projektentwicklungen/Anlagenbau:** Beos bei Entwicklung von Logistikimmobilie in NRW; Münchner Bauträger bei Wohnbauquartier; Catella, u.a. bei Quartier ‚Grand Central' in D'dorf u. Entwicklung, Seestadt mg' in Mönchengladbach; GLP bei Entwicklung u. Vermietung div. Logistikimmobilien; Halbleiterunternehmen bei Ausschreibung u. Bau eines Kraftwerks.

NORTON ROSE FULBRIGHT
Immobilienwirtschaftsrecht ★★★
Projektentwicklung und Anlagenbau ★★
Bewertung: Das Immobilienteam der internat. Kanzlei deckt das gesamte Beratungsspektrum ab. Insbes. die Schnittstelle zu Finanzierung u. zum Investmentrecht ist dabei sehr ausgeprägt u. überzeugt regelm. auch neue Mandanten wie z.B. den Asset-Management-Arm einer internat. Bank. Diese gute Vernetzung auf internat. Ebene bescherte NRF zuletzt Generali als Neumandantin, die sie beim Verkauf des ‚Arnulfbogens' in München beriet. Die personalstarke Immobilienfinanzierungspraxis erweiterte sich zuletzt auf Partnerebene u. im Mittelbau durch eine Ernennung in HH u. externe Verstärkung in Ffm., die bereits in umfangr. Portfolioumstrukturierungen eingebunden ist. Bemer-

kenswert ist zudem der Wechsel eines 5-köpfigen Transaktionsteams mit Private-Equity-Schwerpunkt um Beyer, das von Ffm. u. München aus agiert u. dem Team nach Abgängen im Vorjahr die nötige Schlagkraft im Kernimmobilienrecht beschert. Stark ausgebaut hat die Kanzlei zuletzt die prozessuale Arbeit für die Immobilienbranche. Eine HHer Partnerin steuert ein inzw. 11-köpfiges Team, das u.a. ECE bei mietrechtl. Streitigkeiten berät u. stark technikgestützt arbeitet. Mit diesem Engagement hebt sich NRF von Mitbewerbern ab.
Oft empfohlen: Dr. Stefan Feuerriegel („exzellenter Verhandler; sehr vertrauensvolle Zusammenarbeit", Wettbewerber), Patrick Narr („zielorientiert u. kollegial", Wettbewerber), Dr. Maren Stölting („sehr konstruktiv; angenehme Verhandlungspartnerin", Wettbewerber), Dr. Andrea Spellerberg („hohe Kompetenz; pragmat. u. sehr zielorientiert", Mandant)
Team: 7 Partner, 10 Counsel, 23 Associates, inkl. Finanzierung
Partnerwechsel: Dr. Oliver Beyer (von Simmons & Simmons), Dr. Stefan Schramm (von Eversheds Sutherland)
Schwerpunkte: Transaktionen, Finanzierung. Projektentwicklungen, Branchenschwerpunkte: Hotels u. Shoppingcenter.
Mandate: Immobilienrecht: BF.capital zu Darlehen u. neuen Fremdfinanzierungsprodukten (u.a. Debt-Fonds); internat. Bank bei Kauf von Fachmarktzentrum; Generali bei Verkauf ‚Arnulfbogen' in München; Real I.S. bei Verkauf des Mosse-Zentrums/Berlin; Fondsmanager bei Umstrukturierung v. internat. Darlehensportfolio (€1,5 Mrd); ECE mietrechtl. sowie u.a. im Asset-Management u. Projektentwicklung; HYPO NOE bei Refinanzierung v. dt. Immobilien; internat. Immobilienuntern. bei Refinanzierung Centro Oberhausen; Hotelgruppe bei Kauf von 2 Hotels; Mezzanine-Debt-Fonds im Zshg. mit Mezzanine-Finanzierung mittels Schuldverschreibung; Mogotel bei Markteintritt in Dtl.; Schweizer Pensionskasse bei Ankauf eines gemischt genutzten Projekts (Forward-Deal). **Projektentwicklungen:** Patrizia bei div. Projekten in der HafenCity in HH; Unibail Rodamco Westfield u.a. bei Entwicklung EKZ in HafenCity HH.

ORTH KLUTH
Baurecht ★★
Bewertung: Die Kanzlei ist v.a. für ihre baurechtl. Beratung bekannt u. unterhält stabile Mandatsbeziehungen zu trad. Bauunternehmen sowie zu Projektentwicklern u. Investoren. Die gute Vernetzung der Praxisgruppen in der Mittelstandskanzlei insges. verschafft den Baurechtlern einen kontinuierl. Zufluss branchenfremder Mandanten, die bei ihren Projekten vollumfängl. auf OK setzen. Beim Ausbau der immobilienbezogenen Beratung wagt die Kanzlei einen 2. Anlauf, dieses Mal in Berlin. Der neu hinzugek. Brosende hat mit der Nanz-Gruppe einen vielverspr. Mandanten in die Kanzlei gebracht, den sie nun bei Bau mehrerer Autohöfe berät.
Oft empfohlen: Dr. Gary Klaft, Dr. René Runte
Team: 2 Eq.-Partner, 6 Sal.-Partner, 4 Associates, inkl. Immobilienwirtschaftsrecht
Partnerwechsel: Dr. David Brosende (von Sammler Usinger)
Schwerpunkte: Umf. baubegl. Beratung, insbes. Industrieanlagenbau u. Projektentwicklungen. Dabei auch enge Zusammenarbeit mit Immobilienrechtlern. Architekten- u. Ingenieurrecht.

Mandate: Baurecht: Ago bei Projekten; Aroundtown bei Hotelbauten; Lieken zu Bauverträgen; Parkettinterfloor baubegleitend; Fassadenbauer projektbegleitend; Versicherung bei Vertragsgestaltung für Bürgschaften; Akasol zu jurist. Projektmanagement. **Prozesse:** GRP Global Rail bei Schadensfall; Triflex in Beweisverfahren, Ingenieurbüro wg. Vergütungsforderungen; Arge Baugrube Kattunbleiche 21 zu Restvergütung; Park Office im Zshg. mit Bauvorhaben in Karlsruhe; Dematic in Prozess; Rhein. Wohnbau gg. Bauunternehmen. **Projektentwicklungen:** Entwicklungsgesellschaft bei Auto-Reise-Centern; Nanz bei Autohöfen; Konzepta bei. Vicus Quartier u. mietrechtl.; Sms Group bei Neubau Hauptverwaltung.

PINSENT MASONS
Immobilienwirtschaftsrecht ★
Bewertung: Transaktionen u. Projektentwicklungen stehen im Fokus der immobilienrechtl. Beratung. Erneut gelang es dem Team, neue Mandatsbeziehungen zu knüpfen u. noch junge zu festigen, wie etwa zur BVK, die PM bei einem großen Bürodeal in Berlin unterstützte. Eng ist dabei auch die Zusammenarbeit mit anderen Fachbereichen, wozu insbes. die gesellschaftsrechtl., die Finanzierungssowie die Fondspraxis gehören. Neben den etablierten Partnern übernehmen auch jüngere Anwälte zunehmend Verantwortung in Projekten u. werden dafür von Mandanten gelobt.
Oft empfohlen: Katharina von Hermanni („pragmat. u. fair", Wettbewerber)
Team: 4 Partner, 1 Counsel, 5 Associates
Schwerpunkte: Transaktionen, Projektentwicklungen (nur für Investoren), Gewerbl. Mietrecht, Asset-Management. Zudem Finanzierung u. aufsichtsrechtl. Beratung.
Mandate: Immobilienrecht: BVK u. Universal Investment bei Kauf von ‚Duke' in Berlin; Conren Land bei Kauf von Büroimmobilie; BVK u. Kingstone jew. bei Kauf von Büroimmobilie; Premier Inn bei Abschluss von Pachtverträgen; Regus, Fortuna Düsseldorf mietrechtl.; RDI REIT bei Shoppingcentertransaktionen.

POELLATH
Immobilienwirtschaftsrecht ★★★
Bewertung: Die Immobilienpraxis berät v.a. bei Transaktionen sowie Finanzierungen u. bei der Fondsgestaltung. Analog zum Beratungsspektrum der Gesamtkanzlei schließt dies auch gesellschafts-. u. steuerrechtl. Fragen ein, für deren Beantwortung das Team von Mandanten hoch angesehen ist. Neben einer Vielzahl von Family Offices vertrauen Investoren wie Quantum u. Hines auf das integrierte Know-how, Letztere bspw. beim Kauf des ‚Friesenquartiers' in Köln. Durch die im Team vorhandene interdiszipl. Kompetenz ist es gut aufgestellt für die vielfältigen Beratungsanforderungen im Immobilienmarkt, die neben Transaktionserfahrung v.a. regulator. Know-how bspw. in der Fondsberatung betreffen.
Stärken: Transaktionen. Enge Verknüpfung von Gesellschafts- u. Steuerrecht.
Oft empfohlen: Dr. Stefan Lebek („sehr erfahren; schaut auch über den Tellerrand", Mandant), Dr. Matthias Durst
Team: 4 Eq.-Partner, 2 Sal.-Partner, 3 Counsel, 9 Associates
Schwerpunkte: Transaktionen, Finanzierung (auf Investorenseite), Projektentwicklung.

IMMOBILIEN- UND BAURECHT

Mandate: Immobilienrecht: Credit Suisse bei Verkauf v. ‚Elementum'/München; Quantum u.a. bei Kauf v. Wohnportfolio ‚Eidelstedter Höfe' u. bei Kauf von ‚LIV'/Berlin; Hines u.a. bei Kauf v. King Friese (‚Friesenquartier'/Köln); ZIB bei An- u. Verkäufen von Wohnportfolios; Values bei Kauf ‚Omega'-Portfolio; LBBW bei Kauf v. Nahversorgungszentrum; Cloud Office bei Verkauf v. Micro-Appartements.

REDEKER SELLNER DAHS
Projektentwicklung und Anlagenbau ★★★★
Baurecht ★★★★★

Bewertung: Der Generationswechsel in der Baurechtspraxis wird immer sichtbarer. Zwar war die Beratung schon immer durch komplexe Großbauprojekte, v.a. im Infrastrukturbereich u. im Kraftwerksbau, geprägt, doch ändert sich die Art der Zusammenarbeit in der Kanzlei. Neben der eingespielten Kooperation mit den renommierten Öffentlichrechtlern intensiviert die Generation um Hummel heute auch die Zusammenarbeit mit Corporate oder dem Energierecht. Mandanten profitieren von dieser besseren kanzleiinternen Vernetzung, da die Reibungsverluste minimiert u. Projekte so ganzheitl. beraten werden. Auch im Immobilienwirtschaftsrecht ist RSD zunehmend aktiv, wobei sie anders als vergleichbare Wettbewerber weniger versucht, im klass. Transaktionsmarkt Fuß zu fassen – was den wenigsten baurechtl. geprägten Kanzleien bisher gelungen ist. Vielmehr nähert sie sich dem Feld über die Projektentwicklung u. berät dabei tlw. auch im transaktionalen Kontext.
Stärken: Großbauvorhaben, insbes. Kraftwerksbau.
Oft empfohlen: Philipp Hummel, Dr. Thomas Stickler, Ulrich Birnkraut, Prof. Dr. Burkhard Messerschmidt, Prof. Thomas Thierau
Team: 16 Eq.-Partner, 1 Sal.-Partner, 5 Counsel, 7 Associates, inkl. Öffentl. Recht.
Schwerpunkte: Anlagenbau, Projektentwicklungen, Infrastrukturprojekte, insbes. für die öffentl. Hand, u.a. Bundesbehörden. Immobilientransaktionen, Mietrecht. ▷ *Vergaberecht.*
Mandate: Baurecht: Autobahn GmbH baubegl. zu BAB 66 Bau Riederwaldtunnel u. Vervollständigung der BAB 661 Ostumgehung Ffm.; Infrastrukturgesellschaft zu Autobahnausbau; Dr. Starck Unternehmensgruppe im Zshg. mit von der Flutkatastrophe betroffenen Bauprojekten; Stadt Regensburg bei neuer Stadtbahnlinie inkl. damit verbundener Projekte; Arge zu Quartierssanierung der Stadt Dortmund; DB Netz bzgl. Havarie Oströhre Tunnel Rastatt. **Prozesse:** Vonovia in div. Verwaltungs- u. Klageverfahren; Hochtief prozessual; Kernkraftwerk in Auseinandersetzung mit AN (Konsortium) über teilw. gekündigten Auftrag über den Rückbau eines Kernkraftwerks.

REIUS
Immobilienwirtschaftsrecht ★★★

Bewertung: Die HHer Boutique ist bundesw. aktiv bei Transaktionen, Projektentwicklungen im Wohn- u. Logistikbereich sowie im Investmentrecht u. Asset-Management. Nach den Erfolgen in den ersten beiden Jahren seit Gründung hat Reius noch einmal einen Gang zugelegt u. unterstützte Stammmandanten wie Garbe, Hamburg Invest, Panattoni u. LIP Invest bei einer Reihe von Deals. Doch auch neue Mandanten kamen hinzu, bspw. Deka, Fundamenta u. Gateway, die das Team u.a. bei einem komplexen Entwicklungsprojekt in Leipzig beriet. Der deutl. Mandatszuwachs ist auch darauf zurückzuführen, dass sämtl. Partner im Markt sehr angesehen sind, allen voran Fuerst u.Griesbach, die mittlerw. einen Ruf wie Donnerhall genießen. Auch Private-Equity-Gesellschaften, eine Kernzielgruppe von Reius, griffen wieder auf die Dienste des Teams zurück. Neu ist bspw. BC Partners, die sich bei ihrem Einstieg in dt. Immobilien beraten ließ. Dabei ist hilfreich, dass die Boutique ihr Kooperationsnetzwerk ausgebaut hat u. ihr Immobilien-Know-how nicht mehr nur bei Deals ihrer ehem. Kanzlei Latham beisteuert, sondern auch vermehrt mit Kirkland, Gibson Dunn u. Milbank zusammenarbeitet. Bei finanzierungs- u. steuerrechtl. Fragen greift Reius wiederum derzeit selbst auf externen Rat zurück, will aber strateg. eigene Kompetenz aufbauen.
Stärken: Transaktionen, Investmentrecht.
Oft empfohlen: Dr. Christian Thiele („sehr gute Fachkompetenz", Mandant; „sehr unaufgeregter, konstruktiver Verhandler", „fachl. top, dabei noch sehr nett", „gute Ergänzung bei grenzüberschr. Transaktionen", Wettbewerber), Dr. Stefanie Fuerst („exzellent", „sehr angenehme u. gute Zusammenarbeit", Mandanten; „fachl. kompetent, pragmat., kompromissfähig", Wettbewerber),Annette Griesbach („hohe Kompetenz u. umf. Beratung", Mandant; „kollegial, pragmat., lösungsorientiert", „starke Verhandlerin", Wettbewerber), Dr. Holger Iversen („dienstleistungsorientiert", „tiefes Verständnis für wirtschaftl. Dimensionen", Mandanten)
Team: 6 Partner, 4 Counsel, 4 Associates
Schwerpunkte: (Portfolio-)Transaktionen, häufig mit PE-Fokus. Beratung von institut. Investoren. Projektentwicklungen, inkl. Öffentl. Recht. Investmentrecht. Asset-Management.
Mandate: Immobilienrecht: BC Partners bei Kauf von Bürohaus/Berlin; Deka Immobilien bei Kauf von ‚Cubes'; Azure Hotels bei Verkauf v. Hotelkomplex/Berlin; JV aus Sonar u. Angelo Gordon bei Kauf von Bürohaus; Captiva bei Kauf von ‚Medical Cube'; Fundamenta bei Kauf von Wohnimmobilien in Aschaffenburg; HLG bei Kauf Blautal-Center/Ulm; Gateway bei Grundstückskauf/Leipzig; Garbe regelm. bei Transaktionen, u.a. bei Grundstückskäufen; Panattoni regelm. bei Transaktionen; lfd.: Catella, Hamburg Invest, Hanse Merkur jew. bei Transaktionen, IntReal im Investmentrecht, LIP Invest regelm. bei Kauf von Logistikanlagen. **Projektentwicklungen:** lfd.: Panattoni, Garbe, Dt. Logistik Holding.

REMBERT
Baurecht ★

Bewertung: Die HHer Kanzlei verzahnt das private Baurecht mit dem öffentl. sowie dem Vergaberecht. Der breite Beratungsansatz spiegelt sich auch in der Mandantenstruktur. Anders als viele Wettbewerber begleitet Rembert sowohl Auftraggeber als auch -nehmer bei der Realisierung ihrer Vorhaben. Obwohl die klass. Baubegleitung u. damit einhergehende prozessuale Mandate im Fokus stehen, ist die Kanzlei auch vereinzelt in Transaktionen gefragt, wo sie sich der baurechtl. Fragen annimmt.
Team: 8 Partner, inkl. öffentl. Baurecht
Schwerpunkte: Breite Beratung im Baurecht mit regelm. Schnittstellen zum Öffentl. u. Vergaberecht.

Mandate: Baurecht: Klinikverbund umf. baurechtl., auch prozessual; Facility-Manager zu außerordentl. Kündigung von Wartungsvertrag; Freimuth Unternehmensgruppe zu Abbruchmaßnahmen; Alstria Office lfd. im Bau- u. Architektenrecht; mehrere Bauträger u. Kliniken bei div. Bauvorhaben. **Prozesse:** Wohnungsbauunternehmen in Baumängelprozess; Versicherung zu Bauhaftpflichtfällen.

RITTERSHAUS
Baurecht ★

Bewertung: Der Baurechtspraxis ist mit dem Zugang eines 15-köpfigen Teams aus Immobilien- u. Baurechtlern von ASD im Herbst 2021 ein echter Coup gelungen, denn damit hat sie nicht nur ihre Kapazitäten enorm erweitert, sondern mit Boldt u. Holatka 2 sehr angesehene Partner in ihre Reihen geholt. Insbes. Boldt zählt zu den Vorreiterinnen beim Trendthema IPA-Verträge, was sich wiederum gut mit der bei Rittershaus bereits vorhandenen Mediationskompetenz ergänzt. Beide haben u.a. Krankenhäuser sowie Projektentwickler u. Bestandshalter mit in die neue Einheit gebracht. Darüber hinaus gleicht die Aufstellung der vieler mittelständ. Kanzleien. Die bau- u. immobilienrechtl. Teams arbeiten insbes. bei Projektentwicklungen bspw. für Swiss Life eng zusammen u. binden bei Bedarf Öffentl.- oder Vergaberechtler ein.
Oft empfohlen: Prof. Dr. Antje Boldt („sehr erfahren u. angesehen", Wettbewerber), Steffen Holatka („kompetent u. kollegial", Wettbewerber)
Team: 10 Eq.-Partner, 2 Sal.-Partner, 4 Counsel, 3 Associates
Partnerwechsel: Prof. Dr. Antje Boldt, Steffen Holatka, Dr. Michael Grünwald, Dr. Florian Hänle, Dr. Wolfgang Patzelt, Dr. Daniel Pflüger, Manuela Luft, Anna Gries, Julia Zerwell, Thomas Hartl, Ulrich Loetz, Dr. Marina Schäuble (alle von Arnecke Sibeth Dabelstein)
Schwerpunkte: Baubegl. Beratung, Vertragsgestaltung, insbes. erfahren bei Mehrparteienverträgen, Prozesse. Schnittstelle zum Öffentl. u. Vergaberecht. Im Immobilienrecht: Transaktionen u. Finanzierung.
Mandate: Baurecht: Öffentl. Hand bei Neubau Regierungsgebäude in integrierter Projektabwicklung; Projektentwickler zu GU-Verträgen; St.-Josefs-Hospital Wiesbaden vertragl. u. baubegl. zu 2 neuen Klinikgebäuden; St.-Vinzenz-Krankenhäuser Hanau u. Fulda baubegl., auch prozessual zu Neubau; Stadt Frankfurt baubegl. bei Schul- u. Kitabauten. **Projektentwicklungen:** Swiss Life Asset Managers bei div. Projekten.

ROTTHEGE
Projektentwicklung und Anlagenbau ★★★★

Bewertung: Die Kanzlei aus D'dorf berät ihre Mandanten umf. im Immobilienrecht, genießt aber insbes. für ihr Know-how bei Projektentwicklungen einen sehr guten Ruf. Die Vielzahl der Vorhaben, die die Kanzlei auch außerh. von NRW betreut, sprechen für sich. Nicht nur, aber insbes. im Entwicklungskontext ist Rotthege auch regelm. in Transaktionen involviert, wie zuletzt beim Verkauf des Laurenz Carré in Köln, einem Stadtentwicklungsprojekt ihrer Dauermandantin Gerchgroup. Zuletzt gelang es zudem, die baurechtl. Kompetenz bei Projektentwicklungsmandaten verstärkt einzubringen, etwa für Landmarken oder Bauwens.
Stärken: Projektentwicklungen.

IMMOBILIEN- UND BAURECHT

Oft empfohlen: Dr. Lars Kölling, („sehr positiver Eindruck auf der Gegenseite", Mandant), Martin Butzmann („tolle, zielgerichtete Zusammenarbeit", Mandant), Dr. Martin Ludgen („sehr qualifizierte Beratung mit ganz klarem Fokus auf die tägliche Umsetzbarkeit", Mandant)
Team: 6 Partner, 2 Counsel, 12 Associates (Immobilien- u. Baurecht)
Schwerpunkte: Ganzheitl. Betreuung von Projektentwicklungsvorhaben, primär in dem Kontext auch Transaktionen. Gewerbl. Mietrecht, Asset-Management. Im Baurecht: klass. Baubegleitung, Vertragsgestaltung, Architekten- u. Ingenieurrecht.
Mandate: Immobilienrecht: Landmarken bei Verkauf von FMZ; Gerchgroup bei Verkauf Laurenz Carré, mietrechtl. u. regelm. bei Transaktionen; Hahn-Gruppe bei Verkauf von FMZ; Alfons & Alfreda u. Tecklenburg bei Kauf von Projektentwicklungsgrundstücken. **Projektentwicklungen:** Art-Invest zu ‚Neuer Kanzlerplatz' in Bonn; Bauwens bei Grundstücksentwicklung in HafenCity HH; Siebers Partner zu ‚Clouth Tor 2'; lfd.: Hahn, Gerch, List Develop Residential.

SMNG

Projektentwicklung und Anlagenbau	★★★★
Baurecht	★★★★

Bewertung: Die Boutique mit Hauptsitz in Frankfurt genießt im Baurecht das Vertrauen zahlr. Stammmandanten, die SMNG regelm. loben. Aber auch neues Geschäft konnte die Kanzlei gewinnen, zuletzt mehrere branchenfremde Unternehmen, die sie bei deren Projektentwicklungen, zum Teil aber auch bei Anlagenbauvorhaben begleitet. Zugleich setzt sie sich auch beim Thema Nachhaltigkeit ein u. berät ihre Mandanten zu den spezif. Anforderungen an deren Bauvorhaben. Den Anfang machte sie bereits vor 2 Jahren, als sie den DFB zum Energie-Contracting beriet, was im Markt bereits mehrere Nachahmer fand. Einen Rückschlag erlitten hingegen ihre Bemühungen, auch im Immobilienrecht stärker Fuß zu fassen: Eine erst 2020 hinzugekommene Partnerin von CMS hat die Kanzlei bereits wieder verlassen. Das zeigt einmal mehr, dass sich Baurechtsboutiquen schwertun, ihr Beratungsportfolio über ihre Kernkompetenz hinaus auszuweiten.
Stärken: Hoher Spezialisierungsgrad.
Oft empfohlen: Prof. Christian Niemöller („hoher Erfahrungsschatz; fundiertes u. breites Fachwissen; absolute Zuverlässigkeit", Mandant), Klaus Höflich, Alexander Dietrich, Klaus-Peter Radermacher, Helwig Haase, Jörg Teller, Dr. Normen Crass
Team: 17 Eq.-Partner, 7 Sal.-Partner, 13 Associates
Partnerwechsel: Johanna Hofmann (zu Ebner Stolz Mönning Bachem)
Schwerpunkte: Baubegleitung für Auftraggeber wie -nehmer; Projektentwicklung. Beratung von Architekten u. Ingenieuren. Mediation, u.a. außergerichtl. Streitbeilegung. Forensik, auch Verbandsklagen. Vergaberecht. Immobilientransaktionen/ Due Diligences.
Mandate: Baurecht: Hersteller von Bauelementen zu Lieferverträgen; Investor zu Hotelneubau; Investorengruppe zu großvol. gemischtem Bauvorhaben; Immobiliengesellschaft baubegl. zu Projekt in Lübeck; Investor bei der Realisierung einer Immobilie in der HafenCity HH. **Projektentwicklungen:** Stadt zu Quartiersentwicklung; Dt. Landesbank bei Planung u. Bau von neuem Bürogebäude.

STASSEN

Baurecht	★

Bewertung: Die Berliner Boutique konzentriert sich auf die Beratung von Auftraggebern, großen Architekturbüros u. das Notariat. Bekannt ist ihr Know-how in der Zshg. mit Großprojekten. Nach Abschluss des ‚Berliner Schlosses' gewann sie mit einem weiteren Bundesbauprojekt entsprechend das nächste Großmandat u. setzt sich in der Ausschreibung gg. namh. Wettbewerber durch.
Oft empfohlen: Prof. Dr. Dieter Stassen, Dr. Uwe Mehlitz, Anke Bogen („sehr kompetente junge Anwältin", Wettbewerber)
Team: 4 Eq.-Partner, 1 Sal.-Partner, 1 Counsel, 1 Associate
Schwerpunkte: Architektenrecht, Haftpflichtstreitigkeiten für Versicherungen. Umf. baubegl. Beratung für die öffentl. Hand u. Auftragnehmer.
Mandate: Baurecht: Beos/IntReal baubegl. zu Restrukturierung einer Industriefläche; Beos, u.a. bei Projektsteuerungs- u. Planerverträgen für Campusneubau ‚Berlin Docks' u. baubegl. bei div. Bauvorhaben; Bundesministerium bei Neubauvorhaben; Projektentwickler zu Abriss u. Neubau von Bürogebäude; Behörde bei Bau eines Fahrradstraßennetzes in Großstadt; Brenne Architekten lfd. baubegleitend. **Prozesse:** Straßenbauunternehmen bei Abwehr von Schadensersatzansprüchen von Anrainern wg. vermeintl. Rissschäden; öffentl. Hand in Vergütungs- u. Schadensersatzprozess; div. Versicherungen bei Abwehr von Haftungsansprüchen aus Betriebs-, Berufs- u. Bauherrenhaftpflichtversicherungen.

TAYLOR WESSING

Immobilienwirtschaftsrecht	★★★
Projektentwicklung und Anlagenbau	★★★★

NOMINIERT
JUVE Awards 2022
Kanzlei des Jahres für Immobilien- und Baurecht

Bewertung: Konsequenter als viele Wettbewerber hat sich die Immobilienpraxis der Kanzlei bestimmten Branchen verschrieben. Das gilt v.a. für regulierte Sektoren wie Energie u. Gesundheit, aber auch für den Technologiesektor. Dies schlägt sich sowohl in der Kerndisziplin des Teams, Transaktionen, nieder als auch bei Projektentwicklungen im Pflege- u. Gesundheitssegment. Kaum eine Kanzlei kann hier aktuell mit dem Dealflow von TW mithalten. Daneben setzt TW auf integrierte Beratung mit den Energie- u. IT-Rechtlern der Kanzlei, wenn es um Quartiersentwicklungen u. Infrastrukturprojekte wie der Ansiedelung von Datencentern, Smart-Living-Immobilien oder die Beratung zu Auf-Dach-Anlagen geht. Dazu gehört auch die strateg. Beratung der Mandanten zum Zukunftsthema ESG, bspw. in der Quartierentwicklung.
Oft empfohlen: Dr. Patrick Brock, Dr. Adrian Birnbach, Dr. Anja Fenge, Dr. Thomas Fehrenbach
Team: 9 Eq.-Partner, 13 Sal.-Partner, 1 Counsel, 17 Associates, 2 of Counsel, inkl. Baurecht
Schwerpunkte: Breit angelegte immobilienrechtl. Beratung mit Fokus auf Transaktionen u. Projektentwicklungen, Hotels; Asset-Management. Auch baurechtl. Begleitung, daneben eigenes Team im Anlagenbau. Zudem ▷Notariat.
Mandate: Immobilienrecht: Commerz Real lfd. bei Transaktionen u. im Asset-Management; Premier Inn bei Kauf von Hotelneubau im Business Park Berlin; DWS bei Sale-and-lease-back-Transaktion (Logistik); Lifento bei Kauf v. Pflege- u. Gesundheitsimmobilien; European Healthcare bei Kauf von Gesundheitsimmobilie; Heinrichs-Gruppe bei Kauf von Pflegeimmobilien. **Projektentwicklungen/Anlagenbau:** BNP bei Planung u. Bau ‚Projekt 99WEST'; Four Parx bei Entwicklung u. Verkauf v. Logistikimmobilien; Garbe, Frankonia bei div. Projektentwicklungen; Kirchner Engineering bei Planung Breitbandausbau; Hanse Merkur bei Projektentwicklung ‚Pulse Böblingen'.

TRÜON

Immobilienwirtschaftsrecht	★

Bewertung: Die HHer Boutique überzeugt im Markt insbes. durch die enge Verknüpfung von Immobilien- u. Öffentl. Recht. Dementspr. konzentriert sie sich auf die Beratung zu Transaktionen u. Projektentwicklungen. Dabei ist Trüon zwar schwerpunktmäßig bei Projekten in u. um HH aktiv, begleitet dort ansässige Mandanten wie die ECE aber auch bundesweit.
Oft empfohlen: Dr. Sonja Tegtmeyer („engagiert, zuverlässig u. kompetent", Mandant), Dagmar Jonski
Team: 4 Partner, 5 Associates, 1 of Counsel, inkl. Öffentl. Recht.
Schwerpunkte: Projektentwicklungen, enge Verknüpfung von Öffentl. u. Immobilienrecht.
Mandate: Immobilienrecht: Garbe lfd. bei Transaktionen, u.a. bei Kauf von Light-Industrial-Objekt; Ixocon bei Verkauf von Gewerbeimmobilie; Investor lfd. mietvertragl.; ECE regelm. bei Transaktionen; lfd.: Stadt Hamburg, DC Developments, Alstria Office Reit.

TSP THEISSEN STOLLHOFF & PARTNER

Baurecht	★

Bewertung: Die Berliner Boutique für Bau- u. Immobilienrecht konzentriert sich auf das Projektgeschäft, bei dem auch das Vergaberecht gefragt ist. Öffentl. Recht allerdings deckt TSP über die Kooperation mit einer anderen Boutique ab. Auch bei and. Spezialthemen, etwa dem Bauarbeitsrecht, greift sie auf das Know-how befreundeter Kanzleien zurück. Im Transaktionsgeschäft begleitet TSP eine ganze Reihe offener u. geschlossener Immobilienfonds.
Team: 3 Eq.-Partner, 2 Counsel, 1 Associate, 2 of Counsel
Schwerpunkte: Ganzheitl. Beratungsansatz, neben Bau- auch Vergabe- u. Immobilienrecht (inkl. Transaktionen). Schnittstelle zum Öffentl. Recht durch Kooperation mit Potsdamer Spezialkanzlei abgedeckt.
Mandate: Baurecht: Institut. Anleger zu Bauschadensverfolgung; Immobilienfonds umf. zu Mängelmanagement; Berliner Wohnungsbaugesellschaft bei Neubauprojekten; Klinikgesellschaften konzeptionell u. baurechtl. zu Neubauten; Mischkonzern zu Vertragsmanagement für Neubau Produktionsanlage, Baubegleitung, Nachtrags- u. Mängelmanagement.

WAGENSONNER

Immobilienwirtschaftsrecht	★

Bewertung: Die Münchner Boutique berät, anders als viele lokale Wettbewerber, die sich nur auf Teilaspekte konzentrieren, zu allen Fragen des Immobilien- u. Baurechts inkl. Öffentl. Recht. Ihr Portfolio reicht von Bestandshaltern bis zu Versicherern, die nicht nur bei den Kernthemen, sondern auch bei Finanzierungen oder Joint-Venture-Strukturen auf Wagensonner setzen. Sehr aktiv u. entspr. präsent ist sie im Großraum München, wo sie in zahlr. Groß-

IMMOBILIEN- UND BAURECHT

projekte involviert ist. Im Transaktionsgeschäft ist das Team um Helm auch bundesw. gefragt, zuletzt mit mehreren Deals in HH.
Oft empfohlen: Dr. Andreas Helm („sehr guter Verhandler", „gute Vernetzung in München und Umgebung", Wettbewerber), Dr. Götz Mezger
Team: 4 Eq.-Partner, 3 Sal.-Partner, 1 Counsel, 3 Associates, zzgl. Bau- u. Öffentl. Recht
Schwerpunkte: Kleine bis mittlere Transaktionen, tlw. inkl. Finanzierung. Bei Projektentwicklungen auch Öffentl. Recht (Umwelt u. Planung).
Mandate: Immobilienrecht: Immobilienunternehmen lfd. mietrechtl.; Rock Capital lfd. bei Transaktionen u. Joint Ventures.

WHITE & CASE
Immobilienwirtschaftsrecht ★★★
Bewertung: Die Immobilienpraxis der internat. Kanzlei machte zuletzt v.a. durch die Beratung des in die Schlagzeilen geratenen Immobilienkonzerns Adler RE auf sich aufmerksam. Die wirtschaftl. Schieflage der Mandantin bescherte dem Immobilienteam gleich 2 großvol. Verkaufsmandate, die aktuell zu den größten im dt. Markt zählen. Aber auch jenseits dessen war die Arbeit zuletzt durch Transaktionen geprägt, etwa für Greeman u. Icade. Nicht nur mit Blick auf die zunehmende Bedeutung von ESG-Themen, die sich im Immobiliensektor im Wesentl. in der Fondsstrukturierung abspielen, hat die Kanzlei mit der Eröffnung eines luxemb. Büros eine offene Flanke geschlossen. Ergänzt wird die transaktionale Beratung zudem durch ein angesehenes Finanzierungsteam, zu dem mit Seele ein aufstrebender junger Partner gehört. Das verschafft der Kanzlei Zeit, den Generationswechsel bis zum Ausscheiden des renommierten Flatten langfristig vorzubereiten.
Oft empfohlen: Dr. Holger Wolf, Dr. Thomas Flatten („sehr kompetent u. erfahren", Wettbewerber), zunehmend: Dr. Sébastien Seele („aufstrebend; engagiert", Wettbewerber)
Team: 5 Eq.-Partner, 3 Sal.-Partner, 1 Counsel, 4 Associates, inkl. Finanzierung
Schwerpunkte: Transaktionen u. ▷*Finanzierung*. Sehr erfahren bei Logistik u. Datacentern.
Mandate: Immobilienrecht: Adler bei Verkauf von fast 16.000 Wohn- u. Gewerbeeinheiten an LEG (€1,3 Mrd) u. bei Verkauf von gut 14.000 Wohn- u. Gewerbeeinheiten an KKR (€1 Mrd); Icade bei div. Transaktionen, u.a. bei Ankauf Pflegeimmobilien; Greenman bei Kauf div. FMZ; Edge Technologies umf. zu Projekt ‚Berlin Südkreuz', u.a. zu Verkauf Projektgesellschaften u. mietrechtl.; Cilon bei Verkauf von 8 Unternehmensimmobilien; Aggregate bei Finanzierung ‚Fürst'; BNP Paribas, Dt. Bank u. Jefferies als Joint Bookrunners bei Emission einer unbesicherten grünen Unternehmensanleihe für Signa Development Selection (€300 Mio).

ZENK
Immobilienwirtschaftsrecht ★
Bewertung: Die Kanzlei mit Stammsitz in HH berät ihre langj. Mandanten entlang des gesamten Immobilienzyklus. Für Stammmandanten wie Corestate ist Zenk regelm. in Transaktionen präsent, zuletzt beim Kauf einer Quartiersentwicklung in Köln. Insbes. bei Projektentwicklungen kann sie durch die gute Verzahnung von bau- u. immobilienrechtl. Know-how sowie öffentl.-rechtl. Kompetenz punkten. Durch einige Personalmaßnahmen im Vorjahr bringt Zenk die nächste Generation in Stellung. Bisher dominiert allerdings weiter Senior-Partner Baden die Marktpräsenz.
Oft empfohlen: Alexander Baden („sehr kompetent u. kundenorientiert", Mandant)
Team: 6 Eq.-Partner, 2 Sal.-Partner, 6 Associates
Schwerpunkte: Transaktionen, Gewerbl. Mietrecht, Projektentwicklungen.
Mandate: Immobilienrecht: Corestate bei Kauf Laurenz Carré; Berliner institut. Investor mietrechtl.; Projektgesellschaft zu Bau- u. Mietverträgen bei Großbauvorhaben; lfd.: Beos, Corestate, HBB, Otto Group. **Projektentwicklungen:** Landmarken regelm.; Investor zu Planungs- u. Bauverträgen für Neubau in HafenCity; Family Office zu Projektentwicklung nahe Berlin.

ZIRNGIBL
Baurecht ★★
Bewertung: Die Praxis mit Stammsitz in München berät bau- u. immobilienrechtl. umf., legt jedoch Schwerpunkte auf Projektentwicklungen u. die baubegl. Beratung bei Kliniken u. Hotels. Hier greift die Arbeit der Bau-, Öffentlich- u. Vergaberechtler der Kanzlei regelm. ineinander. Neben dem An- u. Verkauf von Projektentwicklungen ist Zirngibl immer häufiger auch in davon unabh. Transaktionen zu sehen, zuletzt zunehmend an der Seite von institut. Investoren, v.a. bei Small-Cap-Deals.
Stärken: Beratung von Kliniken.
Oft empfohlen: Dr. Axel Anker, Dr. Lars Adler
Team: 9 Eq.-Partner, 1 Sal.-Partner, 4 Counsel, 9 Associates
Schwerpunkte: Baubegleitung, Projektentwicklung, kleinere Transaktionen. Besondere Kompetenz im Klinik- u. Hotelbereich.
Mandate: Projektentwicklungen: Lambrecht-Gruppe u. UBM lfd.; Lebensmittelhändler bei Entwicklung von Mischimmobilie; internat. Klimatechnikunternehmen lfd. im Anlagenbau; Projektentwickler bei Wohn- u. Geschäftshaus. **Baurecht:** Klinikverbund bei div. Vorhaben; Projektgesellschaft baubegl. u. vertragl.; Landkreis bei Errichtung eines Bauhofs; Straßen-, Tief- u. Rohrleitungsbauer umf.; Bauträger baubegl. bei Bau Hotelanlage Golfresort; Elektrotechnikunternehmen bei div. Großprojekten der öffentl. Hand; Klinikverbund bei zahlr. Bauvorhaben.

CO-PUBLISHING/ANZEIGE INSOLVENZ UND RESTRUKTURIERUNG

Restrukturierung statt Abwicklung – Die Entwicklung der Insolvenz- und Sanierungskultur der letzten Jahre

Von Dr. Florian Harig und Michael Verken, Anchor Rechtsanwälte, Hannover/Augsburg

Dr. Florian Harig

Dr. Florian Harig, Rechtsanwalt und Partner, Anchor Rechtsanwälte, Hannover, ist neben der Restrukturierungsberatung auch überregional als Sanierungsgeschäftsführer in Eigenverwaltungsverfahren tätig.

Michael Verken

Michael Verken, Rechtsanwalt und Partner, Anchor Rechtsanwälte, Augsburg, wird als Insolvenzverwalter und Sachwalter an verschiedenen Gerichten in Süddeutschland bestellt.

Die Kanzlei **Anchor Rechtsanwälte** ist ein Hybrid aus Anwaltskanzlei und Unternehmensberatung. Sie ist auf das Restrukturierungs- und Insolvenzrecht – unterteilt in die Bereiche Beratung sowie Eigen- und Insolvenzverwaltung – spezialisiert. Mit 13 Standorten und rund 150 Mitarbeiterinnen und Mitarbeitern in den Bereichen Insolvenz und Sanierung gehört die Kanzlei deutschlandweit zu den großen Restrukturierungseinheiten. Anchor hat zahlreiche größere Unternehmen in und außerhalb der Insolvenz begleitet und saniert. Die Rechtsanwälte von Anchor werden regelmäßig als Insolvenzverwalter, Sachwalter oder als Sanierungsgeschäftsführer in Insolvenz-, Eigenverwaltungs- und Schutzschirmverfahren vorgeschlagen und bestellt.

Kontakt

Anchor Rechtsanwaltsgesellschaft mbH
Syrlinstraße 38
89073 Ulm
+49 731 9380779-0
ulm@anchor.eu
www.anchor.eu

Weitere Informationen zur Kanzlei in der Anzeige auf Seite 19, 121

Das Insolvenzrecht hat sich mit Einführung der Insolvenzordnung (InsO) als Nachfolgerin der Konkursordnung und des Vergleichsverfahrens stark verändert. Bei der Neuregelung wollte der Gesetzgeber die Möglichkeiten zur Sanierung für Unternehmen erweitern und gleichzeitig die Mitbestimmungsrechte der Gläubiger stärken. So sollte der Insolvenzplan eine flexible Möglichkeit zur Abwicklung des Insolvenzverfahrens bieten. Dem Gesetzgeber schwebte ein Wettbewerb um die beste Verwertungsart vor. Auch das Insolvenzverfahren ist als Gesamtvollstreckungsverfahren auf eine Verwertung des vorhandenen Vermögens zu Gunsten der Gläubiger ausgerichtet. Die Restrukturierung und Sanierung unterliegt dabei jedoch maßgeblich der Gläubigerautonomie. Mit der gleichzeitig in der InsO eingeführten Eigenverwaltung wollte der Gesetzgeber Anreize für eine frühzeitige Antragstellung zu Gunsten der Sanierungsmöglichkeiten von Unternehmen schaffen.

Im Zuge der Finanzmarktkrise sorgte der Gesetzgeber 2008 durch das Finanzmarktstabilisierungsgesetz und die Wiedereinführung des zweistufigen Überschuldungsbegriffes dafür, dass grundsätzlich fortführungsfähige Unternehmen nicht wegen Überschuldung in eine Insolvenzantragspflicht gerieten.

ESUG modernisiert Restrukturierungsrecht

Durch das Gesetz zur weiteren Erleichterung der Sanierung von Unternehmen (ESUG) aus dem Jahr 2012 gelang ein weiterer großer Schritt in Richtung einer modernen Sanierungs- und Restrukturierungskultur. Die Einführung des Schutzschirmverfahrens sowie der Möglichkeit einer Eigenverwaltung im Insolvenzantragsverfahren und die Anpassungen im Insolvenzplanverfahren sorgten dafür, dass Unternehmerinnen und Unternehmer ein Insolvenzverfahren als eigenständiges Restrukturierungsinstrument und Option im Zuge der Restrukturierung in Betracht ziehen konnten. Gleichzeitig wurden die Mitbestimmungsrechte der Gläubiger erweitert, insbesondere was die Auswahl der beteiligten Insolvenzverwalter und Sachwalter anging. Die Eigenverwaltung, in der das schuldnerische Unternehmen lediglich unter die Aufsicht eines Sachwalters gestellt wird und im Übrigen verwaltungs- und verfügungsbefugt bleibt, stieß zu Beginn auf Skepsis. Viele Verfahrensbeteiligte hatten Bedenken, dass der Bock zum Gärtner gemacht würde, wenn das vorhandene Management auch im Insolvenzverfahren Führungsverantwortung übernehme. Anfangs bestätigten sich diese Vorbehalte zum Teil, weil einige Eigenverwaltungsverfahren in den frühen Jahren des ESUG unprofessionell begleitet wurden. So mussten manche in Eigenverwaltung begonnene Verfahren in eine Fremdverwaltung überführt werden. Der Neustart einer Fremdverwaltung nach Aufhebung der Eigenverwaltung bietet regelmäßig nur noch geringere Aussicht auf eine erfolgreiche Sanierung. Verwirrung und Vertrauensverlust auf Seiten der Gläubiger behindern die Fortführung. Das Insolvenzplanverfahren blieb auch nach dem ESUG eher eine Ausnahmeerscheinung, denn am häufigsten setzten die Verwalter auf die übertragende Sanierung im Rahmen eines Asset Deal. Ein weiteres Instrument, der vom Gesetzgeber eingeführte Debt-to-Equity-Swap, mit dem Insolvenzforderungen mit Zustimmung der Beteiligten in Geschäftsanteile umgewandelt werden können, kam und kommt kaum zur Anwendung.

Professionalisierung der Eigenverwaltung

Nach und nach professionalisierte sich die Eigenverwaltung, denn zahlreiche Berater spezialisierten sich auf die Unterstützung der eigenverwaltenden Schuldnerinnen und Schuldner. Auch erfahrene Insolvenzverwalter nahmen die Rolle des „Eigenverwalters" an, bis hin zur Übernahme der Organstellung. Diese fachliche Aufwertung der Eigenverwaltung ließ die Akzeptanz der Verfahrensart bei den institutionellen Gläubigern und den Insolvenzgerichten wachsen. Mittlerweile ist es Standard, dass Insolvenzexperten als Generalbevollmächtigte oder weitere Geschäftsleiter im Organ die Unternehmen bei der Eigenverwaltung unterstützen. So ist eine insolvenzrechtlich ordnungsgemäße Abwicklung des Verfahrens gesichert. Uneingeschränkt gilt das Primat des §1 InsO – die bestmögliche Gläubigerbefriedigung – als oberste Maxime des Verfahrens. Durch die Möglichkeit das Verfahren selbst zu steuern, stellen die Unternehmen wesentlich früher einen Insolvenzantrag.

Das ebenfalls mit dem ESUG eingeführte Schutzschirmverfahren ist in der öffentlichen Wahrnehmung kaum mit der Insolvenz assoziiert. Da es sich in Summe nicht wesentlich von der vorläufigen Eigenverwaltung unterschied, jedoch höhere Anforderung zu erfüllen waren, führte es bis zur Corona-Pandemie ein Schattendasein. Im Zuge des ersten Lockdowns 2020 nutzten unterschiedliche Unternehmen bewusst diese Verfahrensart, um ein positives Zeichen im Sinne der Fortführung zu setzen, da im Wesentlichen externe Faktoren in die Krise geführt hatten.

Sanierung im Fokus der Verwalter

Auch in der Fremdverwaltung ist eine moderne Sanierungskultur durch die Gläubigerautonomie und die Sanierungsinstrumente der InsO angekommen. Insolvenzverwalter legen den Hauptfokus auf den Erhalt des Betriebes, die Fortführung und (übertragende) Sanierung der Unternehmen, um so die vorhandenen Werte bestmöglich zugunsten der Gläubigergesamtheit zu verwerten und Liquidationskosten zu vermeiden. Der Insolvenzplan als Sanierungsmittel wird zum Erhalt des insolventen Rechtsträgers und der damit verbundenen Vertragsverhältnisse und Lizenzen immer häufiger genutzt.

Vorinsolvenzliche Restrukturierung durch StaRUG

Mit dem Sanierungs- und Insolvenzrechtsfortentwicklungsgesetz (SanInsFoG) setzte der deutsche Gesetzgeber die EU-Richtlinie 2019/1023 über den präventiven Restrukturierungsrahmen um. Er schuf dabei mit dem Gesetz über die Stabilisierung und Restrukturierung von Unternehmen (StaRUG) die Möglichkeit einer vorinsolvenzlichen Restrukturierung unter Einbeziehung einzelner Gläubigergruppen. Ursprünglich sah das StaRUG auch die Möglichkeit einer vorzeitigen Vertragsbeendigung bei gleichzeitiger Restrukturierung der Ersatzforderung des Vertragspartners vor. Am Ende fand die Vertragsbeendigung mit Blick auf den Vertrauensschutz der Vertragspartner keinen Einzug in das StaRUG. Die Schwächung des Gesetzes führte dazu, dass lediglich eine Bilanzrestrukturierung möglich ist. Eine operative Restrukturierung kann im Rahmen eines Verfahrens nach dem StaRUG kaum erfolgen. Auch deshalb kam es bisher nur in wenigen Fällen zur Anwendung. Gerade vor dem Hintergrund der Transformationsherausforderungen des Einzelhandels und der Auswirkungen der Corona-Pandemie auf Filialisten wäre die gesetzlich geregelte Möglichkeit einer Vertragsbeendigung zur Restrukturierung wünschenswert gewesen.

Einführung der Sanierungsmoderation

Der Gesetzgeber nutzte das SanInsFoG auch dazu, über die EU-Richtlinie hinauszugehen und eine Sanierungsmoderation ähnlich dem französischen mandat ad hoc mit aufzunehmen. Dieses Instrument bietet sich für kleine Unternehmen an, die keine professionellen Berater hinzuziehen können. Ein weiterer Schritt in die Richtung der vorinsolvenzlichen Restrukturierung.

Strengere Voraussetzungen für Eigenverwaltung und Schutzschirmverfahren

Letztlich nutze der Gesetzgeber das SanInsFoG auch zur Reformierung der Eigenverwaltung und der klareren Konturierung der Insolvenzantragspflichten. So wurden durch die Notwendigkeit einer Eigenverwaltungsplanung die Voraussetzungen für die Anordnung einer vorläufigen Eigenverwaltung und eines Schutzschirmverfahrens erhöht, was die Qualität dieser Verfahren und ihr Ansehen weiter verbessert. Die Voraussetzungen der Eigenverwaltungsplanung waren bei professionellen Beratern auch vorher bereits Standard. Klare Prognosezeiträume von 12 und 24 Monaten grenzen Überschuldung und die drohende Zahlungsunfähigkeit voneinander ab.

Sanierung durch frühe Antragstellung

Sämtliche Regelungen des SanInsFoG zeigen, dass der Gesetzgeber unabhängig von den Vorgaben der EU die vorinsolvenzliche Restrukturierung stärken und die frühere Insolvenzantragstellung zugunsten der Sanierung der Unternehmen weiter fördern will. Das StaRUG mit dem präventiven Restrukturierungsrahmen und der Sanierungsmoderation haben jeweils noch Nachbesserungsbedarf, insbesondere was die Möglichkeiten der operativen Restrukturierung unter gerichtlicher Begleitung angeht.

Nach dem COVID-Aussetzungsgesetz (COVInsAG) aus dem Jahr 2020 darf der Gesetzgeber jedoch nicht der Versuchung erliegen, sämtliche größeren Krisen durch Aussetzung von Insolvenzantragspflichten und Ausschüttung von Hilfsgeldern zu überdecken. Dies führt zu immer höherer Verschuldung der Unternehmen und letztlich auch zur Verschleppung notwendiger Marktbereinigungen. ∎

KERNAUSSAGEN

- Seit Einführung der Insolvenzordnung stärkt der Gesetzgeber konsequent die Sanierungsmöglichkeiten und Gläubigerrechte in der Insolvenz.
- Das ESUG führte mit Schutzschirmverfahren und vorläufiger Eigenverwaltung zu einem Schub für die gerichtliche Sanierung.
- Mittlerweile ist die Eigenverwaltung professionalisiert und bei den Gläubigern anerkannt. Das SanInsFoG hat 2021 mit der Reform der Zugangsvoraussetzungen zu einer weiteren Aufwertung der Eigenverwaltung und des Schutzschirmverfahrens geführt.
- Das StaRUG öffnet Möglichkeiten zu gerichtlich begleiteten vorinsolvenzlichen Restrukturierungsmöglichkeiten.
- Dem StaRUG fehlen Instrumente zur operativen Sanierung, sodass es Bilanzsanierungen vorbehalten bleibt.
- Die Insolvenzantragsgründe wurden 2021 klarer gefasst. Der Gesetzgeber sollte sie jedoch nur in absoluten Ausnahmefällen aufweichen oder aussetzen.

Die richtige Wahl der Mittel: Wann passt die außergerichtliche Restrukturierung, wann ein Verfahren nach InsO oder StaRUG?

Von Martin Mucha und Dr. Julius Beck, GRUB BRUGGER Rechtsanwälte, Stuttgart

Martin Mucha ist Rechtsanwalt und Fachanwalt für Insolvenzrecht. Er wird seit vielen Jahren regelmäßig von zahlreichen Amtsgerichten überregional und branchenübergreifend zum Insolvenzverwalter oder Sachwalter in Unternehmensinsolvenzen bestellt. Darüber hinaus begleitet Martin Mucha regelmäßig die Geschäftsführung mittelständischer und großer, auch international agierender Unternehmen in Eigenverwaltungs-/ Schutzschirmverfahren.

Dr. Julius Beck ist Rechtsanwalt und Fachanwalt für Handels- und Gesellschaftsrecht sowie für Insolvenzrecht. Sein Tätigkeitsschwerpunkt ist die Restrukturierungsberatung und dabei unter anderem auch der Vergleich von unterschiedlichen Sanierungsinstrumenten und -verfahren.

GRUB BRUGGER ist seit mehr als 50 Jahren konsequent auf das Insolvenz- Sanierungs- und Wirtschaftsrecht ausgerichtet. Als Pionier professioneller Restrukturierungsberatung und Insolvenzverwaltung arbeiten wir mit unserem Team aus etwa 120 Mitarbeitern an den Standorten Stuttgart, Frankfurt, München und Freiburg für Unternehmen jeder Größe, Kreditinstitute und Finanzinvestoren.

Kontakt
Martin Mucha
T 0711/96689-51
m.mucha@grub-brugger.de
Dr. Julius Beck
T 0711/96689-818
j.beck@grub-brugger.de

Weitere Informationen zur Kanzlei in der Anzeige auf Seite 35

Wir werden oft danach gefragt, welche Art und Weise der Restrukturierung die beste sei. Die Mandanten haben von Schutzschirm, Eigenverwaltung und StaRUG gehört und verlassen sich darauf, dass wir als ihre Berater den optimalen Sanierungspfad entwickeln, der natürlich auch praktisch umsetzbar sein muss.

Überblick

Die Beantwortung dieser Frage ist schwierig. Es gibt eine Reihe von Vorgehensweisen, die sich in der Praxis bewährt haben und die vom Krisenstadium des zu sanierenden Unternehmens abhängen. Grundsätzlich gibt es zahlreiche verschiedene Vorgehensweisen.

Für die außergerichtliche Restrukturierung haben sich Sanierungsvereinbarungen zwischen dem restrukturierungsbedürftigen Unternehmen und den maßgeblichen Gläubigern und/oder Treuhandkonzepte etabliert, denen in komplexeren Fällen regelmäßig detaillierte Sanierungsgutachten zugrunde liegen. Das richtige Restrukturierungsmittel kann aber auch ein Insolvenzverfahren sein, sei es als Eigenverwaltungsverfahren (auch in Form des Schutzschirmverfahrens) oder die Regelinsolvenz. Und seit dem 01.01.21 gibt es mit dem Stabilisierungs- und Restrukturierungsrahmen sowie der Sanierungsmoderation zwei weitere teilgerichtliche Verfahren, die nach unseren bisherigen Erfahrungen ihre Existenzberechtigung bewiesen haben und als zielführende Sanierungswerkzeuge eingesetzt werden können.

Es bleibt die Frage: Welche Verfahrensart ist die richtige? Zur Beantwortung dieser Frage ist natürlich die konkrete Situation im Einzelfall zu analysieren. Zugangsvoraussetzungen, Möglichkeiten und die Grenze der verschiedenen zur Verfügung stehenden Option leiten den Weg.

Ausgangsbetrachtung: keine (drohende) Zahlungsunfähigkeit

Die Handlungsmöglichkeiten reduzieren sich erheblich, wenn Zahlungsunfähigkeit eintritt. In einem ersten Schritt wird deshalb die Insolvenzreife geprüft. Verfahren nach dem Stabilisierungs- und Restrukturierungsrahmen sowie die Sanierungsmoderation können genauso wie das Eigenverwaltungsverfahren in Form des Schutzschirmverfahrens nur bei drohender Zahlungsunfähigkeit beantragt werden. Das normale Eigenverwaltungsverfahren kann zwar auch bei eingetretener Zahlungsunfähigkeit beantragt werden, in der Praxis erschwert dies aber regelmäßig die Akzeptanz der Stakeholder. Die Entwicklung und Erstellung von außergerichtlichen Sanierungsvereinbarungen wird daher stets begleitet durch eine engmaschige Überwachung der Liquidität und eine konstruktive Unterstützung durch die Beteiligten findet meist nur dann statt, wenn die Durchfinanzierung nicht von vornherein aussichtslos ist.

Analyse: Welche Maßnahmen sind zur Sanierung notwendig?

Die im Einzelfall geeigneten Sanierungsinstrumente resultieren maßgeblich aus den für die konkrete Sanierung notwendigen Restrukturierungsmaßnahmen. In einem zweiten Schritt werden deshalb Ziele definiert und die einzelnen Maßnahmen zur Zielerreichung festgelegt. Klassische Maßnahmen sind z.B. Schließung von Standorten, Beendigung unrentabler Verträge, Anpassung des Kapitaldienstes (z.B. durch Stundungen und/oder Verzichte von Darlehensrückzahlungsansprüchen) und Personalreduzierung.

Das StaRUG beinhaltet wesentlich weniger weitreichende Eingriffsmöglichkeiten in bestehende Vertragsverhältnisse, als es die InsO vorsieht. Beispielsweise existieren für Miet- und Arbeitsverträge nur in der InsO besondere Kündigungsmöglichkeiten für den Insolvenzverwalter/die Eigenverwaltung. Auch das Erfüllungswahlrecht bzw. die Möglichkeit den Nichteintritt für beidseitig nicht vollständig erfüllte Verträge zu erklären, ein in der Praxis oft verwendetes Recht, stehen bei Verfahren nach dem StaRUG nicht zur Verfügung. Liegt ein Schwerpunkt der Restrukturierung z.B. in der Reduzierung von Filialgeschäften oder im Abbau von Arbeitsplätzen, Niederlassungen oder sogar ganzer Standorte oder soll sich von wirtschaftlich unvorteilhaften Verträgen getrennt werden, dann wären die Mechanismen der InsO notwendig und ein Insolvenzverfahren könnte das richtige Mittel zur Zielerreichung sein.

Kommt es hingegen maßgeblich auf die Restrukturierung der Passivseite der Bilanz an, z.B. auf den Verzicht oder die Reduzierung von Forderungen einzelner Gläubiger, dann können Vorteile im StaRUG-Verfahren liegen und ein Insolvenzverfahren wäre möglicherweise übers Ziel hinausgeschossen. Auch gesellschaftsrechtliche Konflikte können, ohne die recht einschneidenden Folgen eines Insolvenzverfahrens, über einen Restrukturierungsplan nach dem StaRUG gelöst werden, sofern die notwendigen Abstimmungsmehrheiten organisiert werden können.

Seine Stärke entfaltet der Stabilisierung- und Restrukturierungsrahmen auch als teilkollektives Verfahren. Das Unternehmen selbst kann einzelne Gläubigergruppen identifizieren und nur diese werden in den Restrukturierungsprozess mit einbezogen. Damit können z.B. die Forderungen von Geldkreditgebern restrukturiert werden, während Warenkreditgeber außen vor bleiben oder andersherum. Dieser Unterschied ist erheblich, weil Gläubiger, die von einem Restrukturierungsplan nicht betroffen sind, auch nicht darüber informiert werden müssen. Nicht einmal darüber, dass überhaupt eine Sanierung stattfindet. Ein Insolvenzverfahren wirkt sich zwingend immer auf alle Gläubiger aus und verfahrensleitende Maßnahmen, wie die Anordnung von Verfügungsbeschränkungen und die Eröffnung des Insolvenzverfahrens sind zu veröffentlichen. Ein Restrukturierungsplan kann Gläubiger gegen ihren Willen in einen Sanierungsprozess zwingen und es ist möglich, ablehnende Gläubigergruppen insgesamt zu überstimmen. Das Gesetz sieht eine Dreiviertelmehrheit der Stimmrechte für jede Gläubigergruppe vor und eine Zustimmung gilt trotz nicht erreichter Mehrheit als erteilt, sofern die betroffene Gruppe am wirtschaftlichen Wert angemessen beteiligt wird, die Gruppenmitglieder durch den Restrukturierungsplan nicht schlechter gestellt werden und die Mehrheit der abstimmenden Gruppen zugestimmt haben. Wurden lediglich zwei Gruppen gebildet, genügt die Zustimmung der anderen Gruppe, wobei die zustimmende Gruppe nicht ausschließlich durch Anteilsinhaber oder nachrangige Restrukturierungsgläubiger gebildet sein darf. Die InsO bietet mit der Möglichkeit eines Insolvenzplanverfahrens ähnliche Möglichkeiten. In einem Insolvenzplan können auch alle gesellschaftsrechtlich zulässigen Regelungen getroffen werde. Die Gruppeneinteilung in Gläubiger mit vergleichbarer Interessenslage ist ebenso möglich wie die Ersetzung der Zustimmung von Gruppen, bei denen die notwendigen Mehrheiten (einfache Summen- und Kopfmehrheit der abstimmenden Gläubiger in jeder Gruppe) nicht erreicht werden. Ein wesentlicher Unterschied bleibt aber: In einem Insolvenzplan werden alle Gläubiger mit einbezogen und die Planregelungen gelten nach rechtskräftiger Planbestätigen für und gegen alle Gläubiger.

Im Vergleich zu einer konventionellen außergerichtlichen Sanierungsvereinbarung besteht bei einem Sanierungsvergleich, der unter Mitwirkung eines Sanierungsmoderators nach dem StaRUG abgeschlossen wird, die Möglichkeit einer gerichtlichen Bestätigung. Damit erlangen das dem Vergleich zugrunde liegende Sanierungskonzept und die Sanierungsmaßnahmen, die in Vollzug eines solchen Vergleichs erfolgen eine besondere Verbindlichkeit mit der für die Beteiligten vorteilhaften Rechtsfolge, dass eine Insolvenzanfechtung weitestgehend ausgeschlossen ist. Deshalb sollte ein Sanierungsvergleich grundsätzlich bei allen außergerichtlichen Sanierungsverhandlungen in Betracht gezogen werden. Damit wird es beispielsweise möglich Maßnahmen aus einem Sanierungsgutachten, das inhaltlich den Anforderungen des BGH entspricht (meist in Form eines IDW S6 Gutachtens), als Sanierungsvergleich bestätigen zu lassen. Dies erhöht die Akzeptanz und verringert zugleich das Haftungsrisiko der beteiligten Gläubiger.

Fazit: rechtzeitige und ergebnisoffene Betrachtung

Um eine Restrukturierung erfolgreich umsetzen zu können, gibt es viele Wege. Welcher Weg der richtige ist, kann nur im Einzelfall entschieden werden und manchmal stehen sogar mehrere Wege zur Verfügung, um das Ziel zu erreichen. Entscheidend ist eine ergebnisoffene Analyse und die Bereitschaft der Beteiligten möglichst frühzeitig Restrukturierungsansätze zu prüfen bzw. prüfen zu lassen. ∎

KERNAUSSAGEN

- Eine sehr sorgfältige Analyse der Ausgangssituation ist bei einer Sanierung zwingend notwendig, um die richtigen Maßnahmen zu definieren. Eine allgemeingültige Handlungsstrategie gibt es nicht.
- Anhand der analysierten Restrukturierungsmaßnahmen ist der Sanierungspfad zu entwickeln und es ist festzulegen, welche Verfahrensart oder welche Kombinationen an Verfahrensarten sinnvoll und notwendig sind.
- Geschwindigkeit zählt: je früher eine Sanierung angestoßen wird, desto mehr Handlungsoptionen stehen zur Verfügung.
- Die Möglichkeiten des StaRUG – Restrukturierungsplan und Sanierungsmoderation – können nützliche Bestandteile eines Restrukturierungsprozesses sein und erweitern den Baukasten der bisher schon bestehenden Sanierungswerkzeuge.

Restrukturierung oder Eigenverwaltung: Worauf Unternehmen ihre Entscheidung stützen sollten

Von Dr. Johannes Hancke, Dr. Alexander Jüchser und Jens Lieser, LIESER Rechtsanwälte, Koblenz

Jens Lieser, Fachanwalt für Insolvenz- und Sanierungsrecht

Jens Lieser

Dr. Johannes Hancke, Dipl.-BW (BA), Fachanwalt für Insolvenz- und Sanierungsrecht und Fachanwalt für Arbeitsrecht

Dr. Johannes Hancke

Dr. Alexander Jüchser, Fachanwalt für Insolvenz- und Sanierungsrecht, Wirtschaftsmediator (EBS)

Dr. Alexander Jüchser

Wir von **LIESER Rechtsanwälte Partnerschaft mbB** betreuen von unseren 16 Standorten zwischen Düsseldorf und Stuttgart Unternehmen und Unternehmensgruppen aller Größenordnungen und Branchen in Sanierungs- und Restrukturierungsverfahren.

Kontakt
LIESER Rechtsanwälte Partnerschaft mbB
Josef-Görres-Platz 5
56068 Koblenz
T + 49 261 30479-0
info@lieser-rechtsanwaelte.de
www.lieser-rechtsanwaelte.de

Seit dem 01.01.21 gilt nun das StaRUG. Damit wurde mit dem Restrukturierungsrahmen und der Sanierungsmoderation der Instrumentenkasten der Sanierung erweitert. Parallel dazu wurden die Anforderungen an die Eigenverwaltung verschärft. Die ersten Erfahrungen mit diesen Änderungen konnten gesammelt werden. Die neu eingeführten Maßnahmen zur Krisenfrüherkennung werden dazu beitragen, dass Restrukturierungen in einem Zeitpunkt begonnen werden, in dem noch Gestaltungsspielräume bestehen. Es stellt sich daher umso mehr die Frage, nach welchen Kriterien Unternehmer und Berater wählen können, welche Verfahrensart sie für geeignet halten.

Wann besteht überhaupt Wahlfreiheit?

Eine Wahl besteht nur, wenn sich das Unternehmen in der drohenden Zahlungsunfähigkeit befindet. Drohende Zahlungsunfähigkeit liegt vor, wenn das Unternehmen im Prognosezeitraum von 24 Monaten voraussichtlich zahlungsunfähig wird (vgl. §18 InsO). Ist bereits ein verpflichtender Insolvenzgrund eingetreten, scheidet die vorinsolvenzliche Restrukturierung aus. Liegt noch keine drohende Zahlungsunfähigkeit vor, ist nur die Sanierungsmoderation möglich, alle weiteren strukturierten Verfahren bleiben dem Unternehmen verschlossen.

Was sind die wichtigsten Instrumente des StaRUG?

Das wichtigste Instrument des StaRUG ist der präventive Restrukturierungsrahmen, in dem außergerichtlich oder gerichtlich mit einem Restrukturierungsplan bestimmte Gläubigerbeziehungen gestaltet und gesellschaftsrechtliche Maßnahmen zur Sanierung des Unternehmens ergriffen werden können. Die einzelnen Instrumente des Rahmens können je nach Bedarf eingesetzt und kombiniert werden.

Welche Ziele sollen erreicht werden?

Ziel ist die Sanierung des Unternehmens bzw. von Teilen des Unternehmens. Sowohl mittels Eigenverwaltung als auch mittels Restrukturierungsrahmens kann der Rechtsträger saniert werden. Die Verfahren sind jedoch auch für andere Wege der Sanierung, wie z.B. einen (Teil-)Verkauf des Geschäftsbetriebs, offen.

Welche Kriterien sind wichtig?

Je nach Zuschnitt des Unternehmens und Ursache der Krise gibt es unterschiedliche Kriterien, die für die Auswahl der Sanierungsinstrumente bedeutsam sind.

Stabilität des operativen Geschäfts

Sowohl Eigenverwaltung als auch die Sanierung mittels Restrukturierungsrahmens benötigen Zeit. Realistisch ist mit einem Zeitraum von mindestens sechs Monaten ab Einleitung des Prozesses zu rechnen. Will man den Restrukturierungsrahmen nutzen, ist sicherzustellen, dass das Unternehmen in diesem Zeitraum durchfinanziert ist. Denn anders als in der Eigenverwaltung steht z.B. die Nutzung von Insolvenzausfallgeld als Potential nicht zur Verfügung.

Andererseits kann gerade der Restrukturierungsrahmen zur Stabilisierung des Geschäfts führen, wenn kritische Lieferantenbeziehungen eminent für den Erfolg der Restrukturierung sind, da das Unternehmen selbst entscheidet, welche Gläubigergruppen vom Verfahren erfasst sind.

Operative Restrukturierung

Neben der finanzwirtschaftlichen Restrukturierung bedarf es in den meisten Fällen auch einer operativen Restrukturierung, um das Unternehmen nachhaltig auf gesunde Füße zu stellen. Hierfür stellt das StaRUG keine Hilfsmittel zur Verfügung. Es bleibt also bei den allgemeinen Grundsätzen, wenn es z.B. notwendig ist, Personal abzubauen oder sich von Verträgen zu trennen. Anders im Rahmen der Eigenverwaltung, wo unter erleichterten Bedingungen in Miet- und Pachtverträge, Arbeitsverträge und in sonstige gegenseitige Verträge eingegriffen werden kann. In beiden Verfahren verhindern Regelungen, dass sich die Geschäftspartner des Unternehmens von bestehenden Verträgen lösen oder dass sie Änderungen erzwingen können.

Öffentlichkeit

Öffentlichkeit kann ein Thema sein. Anders als das Eigenverwaltungsverfahren ist der Restrukturierungsrahmen nicht öffentlich. Das Verfahren kann zukünftig aber in einem Register öffentlich gemacht werden, um die Wirkungen auch im europäischen Ausland zu sichern.

Forderungen der Gläubiger

Forderungen oder Absonderungsrechte der Gläubiger, die in der Eigenverwaltung in einem Insolvenzplan gestaltet werden können, sind auch im Restrukturierungsplan der Gestaltung zugänglich. Möglich sind auch Eingriffe durch den Plan in gruppeninterne Drittsicherheiten.

Kann eine Restrukturierung schon durch Änderungen einzelner Forderungen bzw. Verzichte einzelner Gläubiger bzw. Gläubigergruppen erreicht werden, ist eine solche Regelung nur in einem Restrukturierungsplan möglich. Der in der Eigenverwaltung aufgestellte Insolvenzplan wirkt nach der rechtskräftigen Bestätigung gegenüber allen Gläubigern, während der gerichtlich bestätigte Restrukturierungsplan nur gegenüber denjenigen Gläubigern wirkt, die im Plan als Betroffene ausgewiesen sind. Forderungen aus Arbeitsverhältnissen und Pensionen können im Restrukturierungsplan nicht einbezogen werden.

Bei mehrseitigen oder parallelen Rechtsverhältnissen bietet der Restrukturierungsplan einen Vorteil gegenüber der Eigenverwaltung mit Insolvenzplan. Denn Forderungen, die auf einem mehrseitigen Rechtsverhältnis zwischen dem Schuldner und mehreren Gläubigern beruhen, können im Restrukturierungsplan gestaltet werden (§2 Abs. 2 S. 1 StaRUG). Das gilt auch bei Verträgen, die gleichlautend mit einer Vielzahl von Gläubigern geschlossen wurden (§2 Abs. 2 S. 2 StaRUG). Dies betrifft beispielsweise Finanzierungen des Schuldners mit einer Mehrzahl von Kreditgebern aus einem Bankenkonsortium oder einer Vielzahl an Inhabern von Schuldverschreibungen oder Schuldscheindarlehen. §2 Abs. 2 StaRUG ermöglicht den Schuldnern, dass bestimmte vertragliche Einzelbestimmungen in den Konsortialverträgen oder Schuldtiteln geändert werden können. Solche Gestaltungen sind im Eigenverwaltungsverfahren nicht möglich.

Gesellschaftsrechtliche Verhältnisse

Gesellschaftsrechtliche Umstrukturierungen sind sowohl mit dem Restrukturierungs- als auch mit dem Insolvenzplan in der Eigenverwaltung möglich. Es kann jede Regelung getroffen werden, die gesellschaftsrechtlich zulässig ist (§225a Abs. 3 InsO, §7 Abs. 4 S. 5 StaRUG). Stimmen die Gläubiger zu, so können in beiden Varianten Forderungen in Anteils- oder Mitgliedschaftsrechte am schuldnerischen Unternehmen umgewandelt werden.

Vollstreckungsschutz

Je nach Ausmaß der Krise kann die Sanierung erfordern, dass ein Vollstreckungsschutzschirm über das Unternehmen gezogen wird, der verhindert, dass in werthaltige, aber für den Fortbestand des Unternehmens wichtige Betriebsmittel vollstreckt wird. Die Insolvenzordnung gibt dem Insolvenzgericht schon im vorläufigen Insolvenzverfahren die Möglichkeit, Zwangsmaßnahmen gegen den Schuldner zu untersagen oder einstweilen einzustellen (§21 Abs. 2 Nr. 3 InsO) oder Aus- und Absonderungsgegenstände für das Unternehmen weiter zu nutzen (§21 Abs. 2 Nr. 5 InsO). Während des Insolvenzverfahrens schützt §89 InsO vor Zwangsvollstreckungen einzelner Insolvenzgläubiger. Vollstreckungsmaßnahmen vor dem Insolvenzantrag können unwirksam (§88 InsO) oder anfechtbar (§§129 ff. InsO) sein. Zwangsversteigerungen und Zwangsverwaltungen sind zwar in beiden Verfahrensabschnitten weiter zulässig, können aber eingestellt werden, wenn der Schutz der Insolvenzmasse dies erfordert.

Auch im Restrukturierungsverfahren können Vollstreckungs- oder Verwertungssperren (§49 Abs. 1 StaRUG) angeordnet werden, die den Maßnahmen des §21 Abs. 2 InsO nachempfunden sind. Diese Maßnahmen können für eine Dauer von bis zu drei Monaten angeordnet und nur im Ausnahmefall verlängert werden.

Anfechtung von Rechtshandlungen

Eine Rückabwicklung von Rechtsgeschäften, die für das Unternehmen ungünstig sind, wie es die Insolvenzanfechtung in §§129 ff. InsO vorsieht, kennt das StaRUG nicht. Das Zurückholen von Vermögenswerten, die vor der Restrukturierung aus dem Schuldnervermögen ausgeschieden sind, ist daher nur im Insolvenzverfahren möglich. Immerhin begrenzt §89 StaRUG die Anfechtung von Zahlungen aus dem Restrukturierungsplan, was die Gefahr für Gläubiger verringert, einer Insolvenzanfechtung ausgesetzt zu sein, falls das Restrukturierungsverfahren im Nachgang scheitern sollte.

Fazit

Die Wahl zwischen Eigenverwaltung und Restrukturierungsrahmen hängt von den Zielen ab, die erreicht werden sollen – und damit auch von den Ursachen der Krise. Beide Verfahren haben ihre Stärken und Schwächen. Ausgangspunkt muss daher eine klare Analyse der wirtschaftlichen und rechtlichen Zielsetzung sein. ∎

KERNAUSSAGEN

- Eine Wahlfreiheit zwischen Restrukturierung und Eigenverwaltung gibt es nur im Stadium der drohenden Zahlungsunfähigkeit (§18 InsO).
- Maßgeblich für die Entscheidung zwischen Eigenverwaltung und Restrukturierung sind die jeweiligen Auswirkungen auf das operative Geschäft und die notwendigen Maßnahmen der Sanierung.
- Voraussetzung für die Entscheidung ist daher eine klare Analyse der wirtschaftlichen und rechtlichen Ausgangslage sowie der zu erreichenden Ziele.
- Ziel sowohl der Eigenverwaltung als auch des Restrukturierungsverfahrens ist es, den Rechtsträger zu sanieren; die Verfahren sind aber auch offen für andere Lösungen.
- In der Restrukturierung können die verschiedenen Instrumente des Restrukturierungsrahmens je nach Bedarf wie bei einem Baukasten genutzt und kombiniert werden.

Insolvenz und Restrukturierung

Insolvenzen politisch nicht erwünscht

Will die Bundesregierung denn überhaupt keine Insolvenzverfahren mehr zulassen? Nach Jahren mit ausgesetzten Antragspflichten, Corona-Hilfen, Kurzarbeitergeld und Stützungsmaßnahmen dringen die Insolvenzverwalter, aber auch die unterbeschäftigten Last-Minute-Krisenberater in den Kanzleien kaum noch durch mit ihrem marktwirtschaftlichen Glaubenssatz, dass Insolvenzen eine notwendige Marktbereinigung sind und der Wirtschaft als Ganzes nicht schaden. Auch bei der Werftenrettung (MV Werften) und im Verkehrssektor (Abellio) spielt der Staat eine wichtige Rolle.

Mit dem Ukraine-Krieg kam beratungsseitig allerdings eine neue Dynamik in die Restrukturierungslandschaft: Im Energiesektor setzte sich **CMS Hasche Sigle** als vertraute Beraterin für die Bundesregierung durch, bei Uniper standen neben CMS auch **Allen & Overy**, **Hengeler Mueller** und **SZA Schilling Zutt & Anschütz** in der ersten Reihe. **Freshfields Bruckhaus Deringer** beriet wie bei Gazprom Germania die KfW. In diesem Segment besitzen auch Teams mit starker Kompetenz für krisennahe Finanzierungen wie **Milbank** Potenzial.

Zur Insolvenzvermeidung trägt das 2021 in Kraft getretene Sanierungsgesetz StaRUG weniger bei als erhofft. Die erfolgreichen Fälle gelangen planmäßig nicht an die Öffentlichkeit, vereinzelt waren Verfahren aber auch nicht erfolgreich, und es gab Folgeinsolvenzen. Aus Beratersicht ist es jetzt ein Werkzeug unter vielen. Es kann immerhin ein Katalysator sein, um finanzielle Restrukturierungen voranzubringen, denn die Ausarbeitung einer Mehrheitsentscheidung zeigt den Weg für einen möglichen Konsens. Höhere gesetzliche Hürden für Insolvenzen in Eigenverwaltung, die zeitgleich mit dem StaRUG verabschiedet wurden, haben dieser Verfahrensform überhaupt nicht geschadet, im Gegenteil: In den großen Unternehmensinsolvenzen ist die Eigenverwaltung inzwischen Standard.

Verwalter im Krisenmodus

Die tiefgreifende Marktveränderung in der Insolvenzverwaltung ist inzwischen offensichtlich. Einer der großen Kanzleinamen, Leonhardt Rattunde in Berlin, verschwand von der Bildfläche, ihr maßgeblicher Insolvenzexperte Dr. Torsten Martini schloss sich **Görg** an. Es ist ein weiterer Schritt zur Konsolidierung des Marktes. Die meisten Insolvenzkanzleien wachsen derzeit nicht. **Grub Brugger** in Stuttgart bildet neben **Görg** eine bemerkenswerte Ausnahme: Sie nahm vor etwa einem Jahr ein großes **Menold Bezler**-Team auf – mit Erfolg. Viele der regionalen Champions bleiben aber bei ihren recht kleine Anwaltsteams – weniger als zehn Anwälte steuern die Geschicke etwa bei den renommierten Kanzleien **Lieser**, **Gerloff Liebler** oder **Kebekus et Zimmermann**.

Zahlen aus JUVE-Recherchen deuten einen Grund dafür an, dass die Kanzleien so defensiv auf der Suche nach möglichem Alternativgeschäft sind: Für die fehlenden Bestellungen bieten Beratungsmandate unterhalb der Top-Restrukturierungen keinen lukrativen Ersatz, denn die Honorare für solche Beratungen steigen nicht, das Engagement ist nicht attraktiv genug. Die gute Auslastung der führenden Restrukturierungsteams liegt dann auch eher daran, dass viele Krisenmandate etwa aus den Branchen Automotive und Einzelhandel zu Dauermandaten geworden sind. Die Aufstellung des Teams von **GSK Stockmann** deutet an, dass neben diesem bekannten Strukturwandel in Immobilienwirtschaft ähnlich regelmäßiger Restrukturierungsbedarf entsteht.

Die Bewertungen behandeln Kanzleien, die sich auf die Begleitung von Unternehmenskrisen spezialisiert haben. Unter Restrukturierung fallen v.a. die Neuverhandlung von Krediten, die Refinanzierung u. die Veränderung der Beteiligungs- oder Gläubigerstruktur (siehe auch ▷Kredite u. Akquisitionsfinanzierung, ▷Private Equity), während die Insolvenzrechts- u. Sanierungsberatung vor allem gesellschaftsrechtliche u. operative Probleme sowie Transaktionen umfasst (siehe auch ▷Gesellschaftsrecht sowie ▷M&A). Eine zweite Übersicht zeigt Insolvenzverwalter- u. Sachwalterkanzleien. Restrukturierung im Bankensektor ist vorwiegend im ▷Bank- u. Bankaufsichtsrecht behandelt, arbeitsrechtlich geprägte Umstrukturierungen im ▷Arbeitsrecht.

JUVE KANZLEI DES JAHRES FÜR INSOLVENZ UND RESTRUKTURIERUNG

GRUB BRUGGER

Wer das StaRUG-Gesetz von 2021 und seine Restrukturierungsvarianten als Fehlschlag abtut, sollte vorher Grub Brugger fragen. Speziell das Anwaltsteam, das vor gut einem Jahr von Menold Bezler in Stuttgart wechselte, hat diese neuen Verfahren mehrfach umgesetzt. Der Zugang von **Dr. Frank Schäffler**, **Dr. Jasmin Urlaub**, **Jochen Sedlitz** und Kollegen hat sich so als echter Hauptgewinn entpuppt. Dabei hatte die Kanzlei ihre Hausaufgaben in puncto Generationswechsel schon vorher gemacht, nicht nur in Stuttgart, und gut vernetzte Sanierungsexperten hervorgebracht, wie **Michael Vilgertshofer** in München oder **Dr. Hans Konrad Schenk** in Frankfurt, der bei der internationalen Löwenplay-Restrukturierung mehrere Tochtergesellschaften beriet.

Doch die Partner sind auch dafür renommiert, in den Krisenunternehmen echte Verantwortung zu übernehmen – beim Dentalhändler Pluradent füllte **Martin Mucha** diese Rolle aus, bei den Rohrwerken Maxhütte war es **Sedlitz**, der sich dort kurz nach seinem Wechsel von Menold Bezler nahtlos in das Grub Brugger-Team einfügte. Als jüngste Verstärkung kommt in Frankfurt der sehr renommierte Wellensiek-Partner **Dr. Richard Scholz** hinzu. Sein Zugang untermauert die Ambitionen von Grub Brugger über Stuttgart hinaus.

INSOLVENZ UND RESTRUKTURIERUNG

ACT AC TISCHENDORF
Restrukturierung und Sanierung ★★

Bewertung: StaRUG-Sanierungsverfahren sollen vertraulich ablaufen, doch ACT gelangte mit ihrer Rolle bei der Restrukturierung des Hemdenherstellers Eterna schließlich in die Öffentlichkeit. Virtuos wurden die Möglichkeiten des Gesetzes durchgespielt, um einem Investor Anteile des Krisenunternehmens zu sichern. Der Fall zeigt auch, wie gut ACT bei Private-Equity-Investoren vernetzt ist. Der Erfolg forderte einen weiteren personellen Ausbau, u. dieser brachte mehr Möglichkeiten mit sich, Eigenverwaltungen zu besetzen: Bei Rhein-Plast war ein neu ernannter Partner erstmals voll in der Verantwortung. Dass Kanzleigründer Tischendorf schon mehrfach als Sanierungsinvestor angeschlagene Unternehmen übernommen u. neu aufgestellt hat, trägt wesentl. zum Ruf bei, unternehmer. zu denken.

Oft empfohlen: Dr. Matthias Müller („sehr professionelle Beratung, guter Teameinsatz", Mandant), Dr. Sven Tischendorf („Vollprofi u. Macher, 100% zuverlässig", „findet immer sehr gute Lösungen; nicht nur ein Berater, sondern ein Umsetzer", Mandanten), Dr. Alexander Höpfner

Team: 7 Eq.-Partner, 3 Associates

Schwerpunkte: Sanierungsberatung vornehml. auf Unternehmensseite, häufig operative Rollen (CRO-Funktion, Betreuung von Eigenverwaltungen) u. verbunden mit ▷arbeitsrechtl. Restrukturierung. Distressed M&A; Treuhandschaften. Sachwalterrollen. Eigenständiges internat. Netzwerk.

Mandate: Robus zu Einstieg bei Eterna; Rhein-Plast zu Eigenverwaltung (Generalvollmacht) u. Verkauf; Mertex-Gruppe zu Kauf von Rohrwerk Maxhütte; Real-Manager u. Family Office zu Kauf (Teil-MBO) von 63 Real-Supermärkten; Lafayette zu Kauf von Mdexx; Tempton zu Übernahme von VD Personaldienst aus Insolvenz. **Verwaltung:** Elkas Automotive (Marburg).

ADERHOLD
Restrukturierung und Sanierung ★★

Bewertung: Mit einem neuen Büro in Köln seit 2021 untermauert die mittelständ. Kanzlei ihren Schwerpunkt mit Mandaten aus dem NRW-Mittelstand. In langfristigen Sanierungen wie bei Essmann berät Aderhold wie eine externe Rechtsabteilung auf Abruf. Sie gilt als ausdauernde Beraterin von der Vorfeldberatung bis zum Distressed M&A. Das erfahrene u. stabile Team der Restrukturierungspraxis hat so längst auch Anerkennung in überregionalen Mandaten gewonnen, denn sie ist bei Land wie Bund gleichermaßen gut verdrahtet in Förderbanken u. Ministerien, sodass ihr auch polit. heikle Sanierungsmandate anvertraut werden. Sie steht für Krisenberatung auf Unternehmensseite, meist mit dem Ziel der Insolvenzvermeidung. In der Corona-Krise zeigten sich dabei auch wieder das große Know-how für Landesbürgschaften u. -fördermittel sowie ein guter Kontakt zu Sparkassen u. Genossenschaftsbanken.

Oft empfohlen: Thorsten Prigge, Sven Degenhardt
Team: 7 Eq.-Partner, 3 Sal.-Partner, 2 Counsel, 6 Associates

Schwerpunkte: Sanierung u. insolvenzbezogene Beratung v.a. auf Unternehmensseite; gute Verbindungen zu Kreditinstituten u. Verwaltern. Finanzierungskonzepte u. Sanierungsgutachten unter Beteiligung eigener Unternehmensberatung; lfd. Treuhand, Poolverwaltung u. Liquidationen; enge Zusammenarbeit mit Arbeits-, Bank- u. ▷Gesellsch. rechtlern.

Mandate: FF Agrarbau bei Eigenverwaltung; Muckenhaupt & Nusselt bei Sanierung; mittelständ. Bäckerei bei Eigenverwaltung; Dienstleister bei Restrukturierung wg. Forderungsrechtsstreit gg. Bundesland; Maschinenbauer bei Restrukturierung mit landesverbürgter Finanzierung; mittelständ. Metallverarbeiter bei Restrukturierung; Immobilienmanager bei Restrukturierung einer erworbenen

Restrukturierung und Sanierung

★★★★★
Kanzlei	Standorte
Freshfields Bruckhaus Deringer	Hamburg, Frankfurt u.a.
Gleiss Lutz	Stuttgart, Frankfurt, München
Latham & Watkins	Hamburg, Frankfurt, München

★★★★★
Kanzlei	Standorte
Allen & Overy	Frankfurt, München
Clifford Chance	Frankfurt
Dentons	Berlin, Frankfurt
Görg	Hamburg, Köln, München u.a.
Kirkland & Ellis	München
Noerr	Frankfurt, München, Hamburg, Dresden u.a.

★★★★
Kanzlei	Standorte
BRL Boege Rohde Luebbehuesen	Hamburg, Berlin
Grub Brugger	Stuttgart, Frankfurt, München
Hengeler Mueller	Berlin, Frankfurt u.a.
Linklaters	Frankfurt
Taylor Wessing	Düsseldorf, München, Hamburg u.a.
White & Case	Hamburg, Düsseldorf, Frankfurt u.a.

★★★
Kanzlei	Standorte
Anchor	Mannheim, Ulm, München u.a.
Brinkmann & Partner	Hamburg, Frankfurt u.a.
CMS Hasche Sigle	Stuttgart, Köln, Frankfurt u.a.
Heuking Kühn Lüer Wojtek	München, Berlin, Hamburg u.a.

★★
Kanzlei	Standorte
Ashurst	München, Frankfurt
DLA Piper	Frankfurt, Köln u.a.
Hogan Lovells	München
McDermott Will & Emery	Düsseldorf, München
Schultze & Braun	Achern, Nürnberg u.a.
Sidley Austin	München

★★
Kanzlei	Standorte
act AC Tischendorf	Frankfurt
Aderhold	Düsseldorf, Leipzig
Finkenhof	Frankfurt
Greenberg Traurig	Berlin
SZA Schilling Zutt & Anschütz	Mannheim, Frankfurt
Wellensiek	Frankfurt, Heidelberg, München

★
Kanzlei	Standorte
Ebner Stolz Mönning Bachem	Köln
Elsässer	München
GSK Stockmann	Heidelberg, München
GvW Graf von Westphalen	München, Berlin
Lambrecht	Düsseldorf
Mayer Brown	Frankfurt, Düsseldorf
Möhrle Happ Luther	Hamburg
Weil Gotshal & Manges	Frankfurt, München

Die Auswahl von Kanzleien und Personen in Rankings und tabellarischen Übersichten ist das Ergebnis umfangreicher Recherchen der JUVE-Redaktion. Sie ist in 2erlei Hinsicht subjektiv: Die Aussagen der befragten Quellen sind subjektiv u. spiegeln deren Erfahrungen u. Einschätzungen. Die JUVE-Redaktion wiederum analysiert die Rechercheergebnisse unter Einbeziehung ihrer eigenen Marktkenntnis. Der JUVE Verlag beabsichtigt keine allgemeingültige oder objektiv nachprüfbare Bewertung. Es ist möglich, dass eine andere Recherchemethode zu anderen Ergebnissen führt. Innerhalb einzelner Gruppen in Rankings und tabellarischen Übersichten sind Kanzleien und Personen alphabetisch sortiert.

INSOLVENZ UND RESTRUKTURIERUNG

Unternehmensgruppe; Prozessmandate gg. Insolvenzverwalter einer Unternehmensgruppe; kommunales Krankenhaus bei Restrukturierung; weiterhin Essmann Gebäudetechnik bei Restrukturierung.

ALLEN & OVERY
Restrukturierung und Sanierung ★★★★★

Bewertung: Langlaufende Mandate sowohl auf Unternehmens- als auch auf Gläubigerseite prägten zuletzt das Geschäft der Restrukturierer. Dabei stammten die gr. Fälle häufig aus den Branchen Automotive u. Einzelhandel, doch ist die Kanzlei aktuell auch gefragt wg. ihrer Erfahrung im Energiesektor. Durch die Restrukturierung des Autobahnbetreibers A1 mobil ist ein aufwendiges Infrastrukturprojekt neu aufgestellt worden, im Modehandel reicht das Beratungsspektrum bis hinein in marktstrateg. Fragen. Dass A&O in London u. Benelux über erfahrene Partner u. sehr gute Kontakte im Fondsinvestorenbereich verfügt, kommt in der Marktlage weniger zum Tragen, ist aber ein weiterer Grundpfeiler der Praxis, denn die europ. Restrukturierungsgesetze wie das brit. Scheme oder das niederl. WHOA sind für A&O problemlos einsetzbar u. werden bei den Beratungsoptionen stets mitbedacht.

Stärken: Komplexe Restrukturierungen; Beratung internat. Kreditgeber u. Investoren.

Oft empfohlen: Dr. Sven Prüfer („auf den Punkt u. lösungsorientiert, ein heller Kopf", Mandant), Dr. Franz-Bernhard Herding, Dr. Walter Uebelhoer

Team: 10 Partner, 1 Counsel, 9 Associates, 1 of Counsel

Schwerpunkte: Beratung von Kreditgebern, auch in Konsortien, zu grenzüberschr. Refinanzierungen; Unternehmen u. Investoren (Fonds, strategische Käufer) bzw. deren Management zu Restrukturierung von Darlehen, Käufen, Insolvenzplänen u. Begleitung in Insolvenzverf. ▷*Kredite u. Akqu.fin.*, Prozesse im insolvenznahen Bereich, ▷*Konfliktlösung*.

Mandate: Bankenkonsortium von A1 mobil zu Restrukturierung u. Debt-Equity-Swap; staatl. finn. Gesellschaft zu Finanzierungsbeteiligung an der Genting Hong Kong Group, insbes. zu insolventen MV Werften; Adler Modemärkte zu Aktienverkauf mittels Insolvenzplan; Kreditinstitut zu Refinanzierung eines gr. Schuhherstellers; Kreditgeber zu Refinanzierung eines Autozulieferers; Gerry Weber zu Restrukturierung, zuletzt zu Verkäufen u. Tauschangebot an Schuldverschreibungsgläubiger; Insolvenzverwalter Escada zu Verkauf der Vermögenswerte; europ. Bankenkonsortium zu grenzüberschr. Fintyre-Insolvenz; Familiengesellschafter von Benteler zu Refinanzierung; RAG-Stiftung als potenzieller Treuhänder bei Steag-Restrukturierung.

ANCHOR
Restrukturierung und Sanierung ★★★
Insolvenzverfahren ★★★★

Bewertung: Mehrfach agierte die bundesweit etablierte Insolvenzkanzlei im Team mit der hauseigenen Managementberatung. So brachten die Anwälte in einigen Fällen die insolvenzrechtl. Kompetenz ein, während die Mandanten eine operative Restrukturierung durchliefen, z.T. auch gestützt auf Sanierungsgutachten durch die Anchor Management. So bleibt Anchor ihrem ganzheitl. Ansatz treu, die Sanierungsfälle auch wirtschaftl. zu durchdringen u. die betroffenen Unternehmen aufzuwerten – auch auf dem Feld der Treuhandschaften, auf dem sich Anchor mit einer eher aktiven Auslegung der Treuhandrolle weiter ausdehnt. Zudem sind einzelne Partner vermehrt auch als jurist. Experten in Fällen der Haftungsabwehr nach Klagen von Insolvenzverwaltern tätig.

Oft empfohlen: Tobias Wahl („kluger Verwalter, der niemals den Überblick verliert", Wettbewerber), Alexander Reus („guter Kommunikator, exzellenter Verhandler, hohe Verfahrenskenntnisse", Mandant), Dr. Christoph Herbst, Prof. Dr. Martin Hörmann, Silvio Höfer („verlässl. u. umsichtig", Wettbewerber)

Team: 9 Eq.-Partner, 4 Sal.-Partner, 3 Counsel, 20 Associates

Schwerpunkte: Krisennahe Beratung von Unternehmen u. ihren Organen zu Sanierungsoptionen, Insolvenzantrag u. -plan; Übernahme von Sach- u. Eigenverwaltungsrollen; Insolvenzverwaltung in Süddtl., Nds. u. NRW; Prozessführung (Anfechtung u. Haftung) u. Sanierungsarbeitsrecht; Treuhandschaften. Separate Managementgesellschaft.

Mandate: Heinrich Huhn zu Restrukturierung, Insolvenz u. Verkauf; Flughafen Friedrichshafen zu Eigenverwaltung (Sanierungs-GF); Autozulieferer als doppelnütziger Treuhänder zu finanzieller Restrukturierung; Franchisenehmer im Gastronomiebereich zu operativer Restrukturierung; Vorstand eines Solarunternehmens zu Abwehr von Haftungsansprüchen. **Verwaltung:** Borbet Solingen (Wuppertal), Yuanda Robotics (Hannover), Theysohn-Gruppe (Braunschweig), C.F. Maier Leichtguss (Aalen), Scanplus (Ulm), EIMG (Duisburg).

Insolvenzverfahren

★★★★★
Kanzlei	Standorte
Dr. Beck & Partner	Nürnberg, München u.a.
Flöther & Wissing	Halle, Mannheim u.a.
Jaffé	München, Frankfurt u.a.
White & Case	Hamburg, Düsseldorf, Frankfurt u.a.

★★★★
Kanzlei	Standorte
Anchor	München, Augsburg, Hannover u.a.
Brinkmann & Partner	Hamburg, Frankfurt u.a.
Görg	Köln, Hamburg, Stuttgart u.a.
Kebekus et Zimmermann	Düsseldorf
Pluta	Ulm, München, Hannover, Berlin u.a.

★★★
Kanzlei	Standorte
CMS Hasche Sigle	Frankfurt, Düsseldorf
Eckert	Hannover, Köln u.a.
Grub Brugger	Stuttgart
Müller-Heydenreich Bierbach & Kollegen	München, Nürnberg
Reimer	Hamburg, Frankfurt, Kiel u.a.
Schultze & Braun	Achern, Bremen, Nürnberg u.a.
SGP Schneider Geiwitz & Partner	Neu-Ulm, München, Hamburg u.a.

★★
Kanzlei	Standorte
AndresPartner	Düsseldorf u.a.
BBL Brockdorff	Potsdam, Berlin u.a.
BRL Boege Rohde Luebbehuesen	Hamburg, Berlin
Gerloff Liebler	München
hww Hermann Wienberg Wilhelm	Berlin, Frankfurt, Düsseldorf u.a.
Schmidt-Jortzig Petersen Penzlin	Hamburg

★
Kanzlei	Standorte
Buchalik Brömmekamp	Düsseldorf
FRH Fink Rinckens Heerma	Hamburg, Düsseldorf
Lieser	Koblenz u.a.
Münzel & Böhm	Hamburg, Berlin
Niering Stock Tömp	Köln, Krefeld u.a.
Voigt Salus	Berlin, Leipzig, Hannover
Wellensiek	Heidelberg
Willmer Köster	Verden, Bremen, Hamburg

Die Auswahl von Kanzleien und Personen in Rankings und tabellarischen Übersichten ist das Ergebnis umfangreicher Recherchen der JUVE-Redaktion. Sie ist in 2erlei Hinsicht subjektiv: Die Aussagen der befragten Quellen sind subjektiv u. spiegeln deren Erfahrungen u. Einschätzungen. Die JUVE-Redaktion wiederum analysiert die Rechercheergebnisse unter Einbeziehung ihrer eigenen Marktkenntnis. Der JUVE Verlag beabsichtigt keine allgemeingültige oder objektiv nachprüfbare Bewertung. Es ist möglich, dass eine andere Recherchemethode zu anderen Ergebnissen führt. Innerhalb einzelner Gruppen in Rankings und tabellarischen Übersichten sind Kanzleien und Personen alphabetisch sortiert.

INSOLVENZ UND RESTRUKTURIERUNG

Führende Berater im Bereich Restrukturierung/Sanierung

Dr. Thorsten Bieg
Görg, Hamburg

Kolja von Bismarck
Sidley Austin, München

Stefan Denkhaus
BRL Boege Rohde Luebbehuesen, Hamburg

Arndt Geiwitz
SGP Schneider Geiwitz & Partner, Neu-Ulm

Frank Grell
Latham & Watkins, Hamburg

Prof. Dr. Gerrit Hölzle
Görg, Hamburg

Dr. Thomas Hoffmann
Noerr, Frankfurt

Dr. Jörn Kowalewski
Latham & Watkins, Hamburg

Dr. Leo Plank
Kirkland & Ellis, München

Dr. Stefan Sax
Clifford Chance, Frankfurt

Dr. Andreas Spahlinger
Gleiss Lutz, Stuttgart

Detlef Specovius
Schultze & Braun, Achern

Dr. Lars Westpfahl
Freshfields Bruckhaus Deringer, Hamburg

Andreas Ziegenhagen
Dentons, Frankfurt

Die Auswahl von Kanzleien und Personen in Rankings und tabellarischen Übersichten ist das Ergebnis umfangreicher Recherchen der JUVE-Redaktion. Sie ist in 2erlei Hinsicht subjektiv: Die Aussagen der befragten Quellen sind subjektiv u. spiegeln deren Erfahrungen u. Einschätzungen. Die JUVE-Redaktion wiederum analysiert die Rechercheergebnisse unter Einbeziehung ihrer eigenen Marktkenntnis. Der JUVE Verlag beabsichtigt keine allgemeingültige oder objektiv nachprüfbare Bewertung. Es ist möglich, dass eine andere Recherchemethode zu anderen Ergebnissen führt. Innerhalb einzelner Gruppen in Rankings und tabellarischen Übersichten sind Kanzleien und Personen alphabetisch sortiert.

ANDRESPARTNER
Insolvenzverfahren ★★

Bewertung: Mit einer Vielzahl von Verwaltern behält die Kanzlei ihre Ausrichtung auf gerichtl. Verfahren konsequent bei. Trotz der Marktflaute räumt sie Schutzschirm bzw. Eigenverwaltung sowohl bei gerichtl. Bestellungen als auch unternehmer. Mandatierung breiteren Raum ein. Die homogene Qualität in der Verwaltung, nicht zuletzt durch die interne Bearbeitung angrenzender Rechtsgebiete wie Arbeits-, Bank- u. Steuerrecht, verspricht auch Synergien in der insolvenzrechtl. Beratung, denn in ihren Sanierungsmandaten übernehmen die erfahrenen Partner häufig Organverantwortung in umfassenden leistungswirtschaftl. Restrukturierungen. Bei den Dachziegelwerken Nelskamp etwa brachte Andres zuletzt nach einer finanziellen u. operativen Sanierung den Insolvenzplan unter Dach u. Fach. Kernland bleibt dabei NRW, aber die Kanzlei konnte ihren Aktionsradius mit Verfahren wie FF Agrarbau u. Mandaten wie Ultraschalltechnik Halle über ihr Büro in Dresden ausweiten. Für die Standorte Halle/Saale, Nürnberg u. Stuttgart kam ein nicht unumstrittener langj. Partner von hww Hermann Wienberg Wilhelm als of Counsel hinzu.

Oft empfohlen: Dr. Dirk Andres
Team: 9 Eq.-Partner, 8 Associates, 1 of Counsel
Schwerpunkte: Insolvenzverwaltung mit Schwerpunkt NRW; breite Erfahrung im produzierenden Gewerbe, z.B. Technologieunternehmen u. Autozulieferer; Beratung für Krisenunternehmen mit Schwerpunkt Eigenverwaltung. Interne Kompetenz für Arbeitsrecht sowie Prozessführung.
Mandate: Nelskamp zu Abschluss der Eigenverwaltung durch Insolvenzplan; weiterhin Klaas + Pitsch Fleisch- u. Wurstwaren, Ultraschalltechnik Halle jew. in Eigenverwaltung. **Verwaltung:** FF Agrarbau (Dresden); weiterhin Saurer Spinning Solutions (Aachen); Reformhaus Bacher, weiterhin Dralon (beide Düsseldorf).

ASHURST
Restrukturierung und Sanierung ★★

Bewertung: Die guten Kontakte zu einigen der aktuell erfolgr. Insolvenzverwalter warfen für Ashurst auch im vergangenen Jahr noch einige Mandate ab. Verwalter ziehen sie gerne zur Klärung finanzieller Spezialfragen u. für Transaktionen heran. Zudem waren die Partner wieder in der Automobilbranche tätig, sowohl zu insolvenzrechtl. Themen als auch zu Refinanzierungsfragen. Allerdings war die Kanzlei zuletzt v.a. auf Gläubigerseite in einigen bedeutenden Insolvenzverfahren aktiv, was trotz der engen Kontakte zu den internat. Restrukturierungsteams der Kanzlei die Kompetenz im dt. Insolvenzrecht belegt.

Stärken: Restrukturierung von Autozuliefererkonzernen.
Oft empfohlen: Alexander Ballmann
Team: 3 Partner, 3 Counsel, 1 Associate
Schwerpunkte: Finanzrestrukturierung für Gläubiger u. insolvenzrechtl. Beratung von Unternehmensseite sowie für Insolvenzverwalter; eng integrierte internat. Restrukturierungspraxis; Verkäufe aus der Insolvenz, Distressed ▷M&A.
Mandate: Benteler-Gruppe zu umf. Restrukturierung u. neuer Finanzierungsstruktur; Finanzgläubiger zu Reorganisation u. finanzieller Restrukturierung von Steag; US-Bank Trustees als Sicherheitenagent zu Ansprüchen aus Fintyre-Insolvenz; Gläubiger zu Insolvenz der Dt. Lichtmiete (aus dem Markt bekannt), Commerz Real zu Kooperation mit Ampyr Solar Europe.

BBL BROCKDORFF
Insolvenzverfahren ★★

Bewertung: Die angesehene Insolvenzrechtskanzlei hat mit viel Managementaufwand ihre Restrukturierungsberatung, Verwaltung u. Prozessführung organisatorisch vereint. Nachdem in den Vorjahren in diesem Zuge einige Partner ausgestiegen waren, hat sich das Team zuletzt bis auf den Wechsel der Potsdamer Office-Managing-Partnerin Riedemann stabilisiert. Bundesw. namh. Sachwaltungen u. Fremdverwaltungen gehören weiterhin zu den Schwerpunkten der Kanzlei. Von Buchwaldts komplexe u. viel beachtete Verwaltung der German Property Group (GPG) war erneut sehr arbeitsintensiv u. stärkte den Ruf des personalstarken Teams als Adresse für Großverfahren. Insofern könnten ersten Mandaten wie Enyway u. Neckermann Strom in der im Umbau befindlichen Energiebranche größere folgen. Auch Brockdorffs Bestellung bei Kocks Ardelt in Brandenburg belegt, dass die Kanzlei an vielen wichtigen Standorten präsent ist. Das gilt ebenso für die Frankfurter in der Beratung, wo auch das Frankfurter Büro nach dem Weggang eines Namenspartners 2020 dank eines guten Netzwerks wichtige Mandate wie eine Sanierung in der Druckindustrie erhält. Neu hinzu kam bei Damerius in Berlin die Krisenberatung bei den Unternehmen der Terragon-Gruppe.

Stärken: Verzahnung von finanzieller u. operativer Sanierung mit Verwaltungserfahrung.
Oft empfohlen: Christian Graf Brockdorff, Justus von Buchwaldt („professionell u. lösungsorientiert", Wettbewerber), Dr. Oliver Damerius („sehr kompetent, professionelle Zusammenarbeit", Mandant)
Team: 10 Eq.-Partner, 4 Sal.-Partner, 28 Associates
Partnerwechsel: Nicole Riedemann (zu Eckert)
Schwerpunkte: Sanierungs- u. Restrukturierungsberatung für Unternehmen sowie Kreditgeber; Treuhandschaften; Begleitung von Distressed-M&A-Transaktionen; Aufbereitung von Anfechtungs- u. Haftungsthemen, insolvenznahes Arbeitsrecht. Insolvenzverwaltung mit rd. 20 Verwaltern an etwa 30 Standorten bundesweit.
Mandate: Webdata Solution in Eigenverwaltung; Terragon-Gruppe bei Restrukturierung; Unternehmen der Druckindustrie bei außergerichtl. Sanierung. **Verwaltung:** Concept Logistic, Enywey, Machdasmalanders (alle Hamburg); Neckermann Strom (Norderstedt); weiterhin German Property Group (rd. 170 Verfahren, Hannover u. Bremen); Antenna Audio, Codecheck, Gerhard Kanitz Speditions- u. Möbeltransport (alle Berlin); Leuteritz Anlagenbau (Chemnitz); KMV Sachsen (Leipzig); Kocks Ardelt Kranbau (Frankfurt/Oder).

DR. BECK & PARTNER
Insolvenzverfahren ★★★★★

Bewertung: In Großverfahren wie Eisenmann, für die die Verwalterkanzlei immer wieder erste Wahl ist, setzen die Verwalter gezielt andere Kanzleien ein, um alle Aspekte ihrer Insolvenzfälle abdecken zu können. Doch prägend ist die eigene Tiefe der Verfahrensbearbeitung, die durch eine leicht skalierbare Teamaufstellung der Anwälte mit Betriebswirten, Controllern u. Wirtschaftsjuristen gewährleistet ist. Dadurch ist die Kanzlei weder auf einzelne Branchen festgelegt noch auf den Ertrag seltener Großverfahren angewiesen. Besonders geschätzt ist die Kompetenz der Kanzlei im Automotive-Sektor. Zuletzt hat sich Ampferl zum bayer. Experten für Insolvenzen von Pflege-/Altenheimen entwickelt.

Oft empfohlen: Joachim Exner („löst in Verhandlungen auch auswegslose Situationen", Wettbewerber), Dr. Hubert Ampferl („sehr lösungsorientiert im besten Interesse der Gläubiger", „präzise, kompetent u. pragmat.", Wettbewerber), Dr. Ulf Pechartscheck („hohes Reaktionsvermögen u. wirtschaftl. Durchblick", Wettbewerber)
Team: 8 Eq.-Partner, 4 Sal.-Partner, 16 Associates
Schwerpunkte: Insolvenzverwaltung in Bayern, einige Verfahren in Ba.-Wü. u. Sachsen, häufig erste Wahl für Konzerninsolvenzen mit internat. Bezug. Eigenes Prozess- u. Arbeitsrechtsdezernat, große betriebswirtschaftl. Abteilung.
Verwaltung: Borscheid + Wenig (Augsburg); BAF Group; FRG Frischer Electronic; Igeko (alle Nürnberg); Helfende Franken (Coburg); Lechner-

Gruppe; Hoffnung durch Pflege (Ansbach); Orthopädie-Forum (Fürth); Verein für körper- u. mehrfachbehinderte Menschen; Scherm Logline Transport (Ingolstadt); Health Care Systems (München); Green-Trust Bauträger (Bamberg); Frankenwälder Brauhaus (Hof); DeCon Automotive (Meiningen); Eisenmann-Gruppe (Stuttgart).

BRINKMANN & PARTNER

| Restrukturierung und Sanierung | ★★★ |
| Insolvenzverfahren | ★★★★ |

Bewertung: Die Kanzlei genießt hohes Ansehen für große, wirtschaftl. u. polit. schwierige Verwaltungen wie aktuell etwa bei den MV Werften. Diese Kompetenz setzen ihre flexiblen u. erfahrenen Verwalter auch in zentralen Mandaten der Eigenverwaltungen um, bei denen sie häufig im Organ unternehmer. Verantwortung auf Zeit übernehmen. Ein Bsp. für ihre verfahrensübergreifende Souveränität bietet CTC North, die zunächst wegen Zahlungsunfähigkeit einen Eigenantrag auf Eröffnung eines Insolvenzverfahrens stellte. Partner Morgen führte den Betrieb als vorläufiger Verwalter fort u. schaffte nach nur 2 Monaten ein Distressed M&A, sodass der Insolvenzantrag zurückgenommen werden konnte. Solche Erfahrungen nutzen Unternehmen auch seit Jahren für ihre außergerichtl. Restrukturierungen. Zahlr. Mandate umfassen u.a. Sanierungsprojekte zur Vermeidung von Verfahren u. Insolvenzsimulationen. Zudem entwickelte die Kanzlei auch ihr Treuhandgeschäft mit unterschiedl. Mandatsformen, etwa bei der großen Sanierung von Steag mit einer doppelnützigen Treuhand, weiter. Diese Treuhandschaft zeugt von dem Ruf Plathners, dem es parallel gelang, als Verwalter den Betrieb des Flughafens Frankfurt-Hahn aufrechtzuerhalten.

Oft empfohlen: Dr. Jan Plathner („hervorragender Verwalter mit dem Blick fürs Wesentliche", Wettbewerber), Dr. Christoph Morgen („sehr gute Zusammenarbeit", „kompetent u. exzellenter Netzwerker", Wettbewerber), Berthold Brinkmann, Manuel Sack („empfehlenswert", Wettbewerber).

Team: 5 Eq.-Partner, 23 Sal.-Partner, 80 Associates

Schwerpunkte: Beratung zu Insolvenz, speziell Eigenverwaltung, Sanierung u. Distressed M&A; auch Treuhandschaften. Insolvenzverwaltung an 30 Standorten dtl.weit, Bestellungen v.a. in Norddtl. sowie Hessen, Ba.-Wü., Bayern u. Berlin.

Mandate: Alno, Abc Druck, Gebra Nonfood Handel, Scherm Logline Transporte jew. in Eigenverwaltung; Car-connect, Rubie's Dtl. jew. bei Sanierung; CTC North bei Insolvenzantrag u. Verfahrensaufhebung nach Distressed M&A; Steag mit doppelnütziger Treuhand. **Verwaltung:** Flughafen Hahn (Bad Kreuznach); MV Werften (8 Gesellschaften; Schwerin).

BRL BOEGE ROHDE LUEBBEHUESEN

| Restrukturierung und Sanierung | ★★★★ |
| Insolvenzverfahren | ★★ |

Bewertung: Durch ihre tiefe Integration u. die homogene Qualität hat BRL sich als Marke etabliert u. gelangt häufig durch Empfehlung von Marktteilnehmern u. anderen Verwaltern in Mandate. In der Sanierungsberatung ist die Kanzlei nach div. prominenten Verfahren wie jüngst Abellio bundesweit angesehen. Dieses herausragende Sanierungsmandat war nicht nur eines der größten aktuellen Insolvenzverfahren, sondern polit. heikel u. durch konkurrierende Rechtsvorschriften explosiv. Trotz vieler hochkarätiger Beteiligter wird hier Partner Denkhaus von Wettbewerbern als „entscheidender Moderator" hervorgehoben. In solchen Mandaten kommen den Beratern die Erfahrungen aus den gerichtl. bestellten Verfahren zugute. Branchenschwerpunkte haben sich zuletzt mit div. Kliniken ergeben u. bei der Werftensanierung. Hier kam nach FSG Flensburger Schiffbau mit dem M&A bei den MV Werften ein weiteres großes Mandat. Eher neu ist, dass die Berater von internat. Kreditinstituten angefragt werden, was eine interessante Perspektive zum Ausbau ihres Netzwerks bietet.

Oft empfohlen: Stefan Denkhaus („vertrauensvolle Zusammenarbeit, überragender Koordinator", „einer der Leader im Gesundheitswesen", Wettbewerber), Friedemann Schade („stets effizient u. lösungsorientiert", Wettbewerber).

Team: 5 Eq.-Partner, 4 Sal.-Partner, 2 Counsel, 13 Associates, 1 of Counsel

Schwerpunkte: Sanierungsberatung bundesw., häufig für Organe im Konzernverbund; Anfechtungs-/Haftungsprozesse sowohl für Verwalter als auch abwehrend für Unternehmen; Distressed M&A. Verwalterbestellungen an zahlr. norddtl. Gerichten u. in Berlin sowie Bochum u. Dortmund.

Mandate: Abellio bei M&A für 5 insolvente Gesellschaften im Eigenverwaltungsverfahren mit u.a. bisher 3 Insolvenzplänen u. einem Asset-Deal; Insolvenzverwalter der MV Werften bei M&A für alle 4 Betriebsstätten in Insolvenz; div. Krankenhausträger in coronaned. Krise; Staples Office Center bei Krise, Vorbereitung Insolvenz u. fortlaufend bei Liquiditätsplanung; FSG Flensburger Schiffbau mit Generalvollmacht in Eigenverwaltung; AG Reederei Norden Frisia zu Schiffsneubau in der Insolvenz; dt. Mittelstandsinvestor bei Kauf eines mittelständ. Maschinenbauunternehmens aus Insolvenz; Geschäftsführer einer Luftfahrtgesellschaft bei Abwehr von Haftungsansprüchen des Insolvenzverwalters; internat. Kreditinstitut bei finanzieller Umstrukturierung eines global tätigen Kunden; nordeurop. Staatsbank zu Sicherheitenpaket bei Refinanzierung einer internat. Unternehmensgruppe; weiterhin Sachwalter von Senvion bei Geltendmachung von Ansprüchen aus insolvenzrechtl. Sonderaktiva. **Verwaltung:** Flex Financial Solutions, SMP Solar Montage & Planung, Europäische Medien und Business Akademie (Hamburg); Askania, Gebra Nonfood (Bochum); Logistikgesellschaft Logha, TV Smiles (Berlin); Köver (Tostedt).

BUCHALIK BRÖMMEKAMP

| Insolvenzverfahren | ★ |

Bewertung: Die Stärke der D'dorfer Kanzlei in der Restrukturierungsberatung fußt auf ihrem Netzwerk rund um die operative Sanierung. Das spielt sie insbesondere in Verfahren mit Eigenverwaltung immer wieder gut aus. Sie verwaltet nicht selbst, sondern berät Schuldnerunternehmen u. unterstützt Verwalter anderer Kanzleien. Eines der zuletzt marktbedingt wenigen Highlights war hier die Krisenberatung bei der Dt. Lichtmiete, bei der sie auch kapitalmarktrechtl. Aspekte übernahm, denn die Beratung im restrukturierungsnahen Kapitalmarktrecht, meist allerdings für div. Arten von Gläubigern u. bei Anfechtungsklagen, bildet eine zusätzliche Spezialität der Kanzlei. Auf anwaltlicher Seite sammelte das Team bereits erste Erfahrung in StaRUG-Verfahren.

Team: 12 Eq.-Partner, 10 Counsel

Schwerpunkte: Umf. insolvenznahe Beratung mit gleichermaßen jurist. u. betriebswirtschaftl. Ansatz (ausgegliederte Unternehmensberatung); regelm. in operativer Funktion als CRO; übertragende Sanierungen; auch Poolverwaltung u. Gläubiger bei der Abwehr von Insolvenzanfechtungen. Insolvenznahes Arbeits- u. Kapitalanlegerrecht.

Mandate: Neuero Farm- u. Fördertechnik, Westerwäler Elektro-Osmose, Te Solar Sprint (2 Gesellschaften) jew. in Eigenverwaltung; Segbers Bedachungen in Sanierungsverhandlungen; Anleger bei Sanierung BC Connect; Deutsche Lichtmiete (5 Gesellschaften) insolvenzrechtl.; Mitglied des vorläufigen Gläubigerausschusses von Devolo insolvenzrechtl.; Leonidas Associates III insolvenzrechtl. zu Nachrangdarlehen; natürl. Person mit 2 Einzelunternehmen in StaRUG-Verfahren; selbstständ. Gutachter mit Sanierungsmoderation nach StaRUG; weiterhin Vertretung eines Gläubigers im Gläubigerausschuss der Adcada.

Führende Anwälte für Insolvenzverfahren

Dr. Dirk Andres
AndresPartner, Düsseldorf

Dr. Biner Bähr
White & Case, Düsseldorf

Axel Bierbach
Müller-Heydenreich Bierbach & Kollegen, München

Dr. Rainer Eckert
Eckert, Hannover

Joachim Exner
Dr. Beck & Partner, Nürnberg

Prof. Dr. Lucas Flöther
Flöther & Wissing, Leipzig

Dr. Christian Gerloff
Gerloff Liebler, München

Dr. Michael Jaffé
Jaffé, München

Dr. Frank Kebekus
Kebekus et Zimmermann, Düsseldorf

Stefan Meyer
Pluta, Lübbecke

Dr. Christoph Morgen
Brinkmann & Partner, Hamburg

Martin Mucha
Grub Brugger, Stuttgart

Dr. Jan Plathner
Brinkmann & Partner, Frankfurt

Dr. Sven-Holger Undritz
White & Case, Hamburg

Die Auswahl von Kanzleien und Personen in Rankings und tabellarischen Übersichten ist das Ergebnis umfangreicher Recherchen der JUVE-Redaktion. Sie ist in zweierlei Hinsicht subjektiv: Die Aussagen der befragten Quellen sind subjektiv u. spiegeln deren Erfahrungen u. Einschätzungen. Die JUVE-Redaktion wiederum analysiert die Rechercheergebnisse unter Einbeziehung ihrer eigenen Marktkenntnis. Der JUVE Verlag beabsichtigt keine allgemeingültige oder objektiv nachprüfbare Bewertung. Es ist möglich, dass eine andere Recherchemethode zu anderen Ergebnissen führt. Innerhalb einzelner Gruppen in Rankings und tabellarischen Übersichten sind Kanzleien und Personen alphabetisch sortiert.

INSOLVENZ UND RESTRUKTURIERUNG

CLIFFORD CHANCE
Restrukturierung und Sanierung ★★★★★

Bewertung: Die Kanzlei hat sich, wie andere Großkanzleien auch, für die gesamte Palette der insolvenznahen Beratung etabliert. Zwar war CC in den prominenteren Krisen zuletzt wieder viel auf Gläubigerseite u. hier v.a. für Bankenkonsortien tätig, doch selbst für diese Mandantengruppe geht es nicht mehr nur um einen kurzfristigen finanziellen Ertrag. Wenn es um stabile Restrukturierungsergebnisse geht, dann ist CC mit ihrer breiten praxisübergreifenden Zusammenarbeit gefragt. Die Kanzlei hat auch bei der Errichtung von Treuhandlösungen einen guten Trackrecord u. weiß zudem ihre internat. Kompetenz einzubringen. Häufig geht es in den Restrukturierungen speziell um grenzüberschr. aktive Unternehmen, etwa Maschinenbaukonzerne. Speziell diese internat. Ausrichtung überzeugt immer wieder Insolvenzverwalter u. Gläubiger als Mandanten.
Oft empfohlen: Dr. Stefan Sax („verhandlungsstark, glaubhaft u. kollegial", Wettbewerber), Dr. Martin Jawansky, Dr. Cristina Weidner („sehr gut integriert in unsere Struktur, pragmat. u. hard working", Mandant)
Team: 2 Partner, 2 Counsel, 5 Associates
Schwerpunkte: Beratung zur finanziellen Restrukturierung für Banken, Unternehmen bzw. deren Management u. auch Insolvenzverwalter; Distressed ▷M&A; Anfechtungs- u. Haftungsthemen. Zusammenarbeit mit den Praxen für ▷Anleihen, ▷Bankrecht u. -aufsicht, ▷Kredite u. Akqu.fin., ▷Gesellschafts- u. Steuerrecht sowie ▷Konfliktlösung.
Mandate: Steag zu Umstrukturierungsfinanzierung; besicherte Gläubiger von Takko zu Brückenfinanzierung; SCP Retail/Real-Gruppe zu Verkauf von 63 Real-Supermärkten u. Restabwicklung; Bankenkonsortium von SMAG Salzgitter Maschinenbau zu grenzüberschr. Restrukturierung u. Teilverkäufen; Bankenkonsortium von ESIM sowie EMAG jeweils zu umf. Restrukturierung; Bankenkonsortium von MHM/Hubergroup zu Treuhandstruktur u. Sicherheiten; Gläubiger von Kalle zu Neugestaltung der Restrukturierungsdokumentation; Verbundunternehmen von Finoba zu Abwehr von Ansprüchen des Insolvenzverwalters; Gläubiger von Cordenka zu Schutzschirmverfahren.

CMS HASCHE SIGLE
Restrukturierung und Sanierung ★★★
Insolvenzverfahren ★★★

Bewertung: In der Energiekrise kann CMS ihre Stärken voll ausspielen. Vor dem Hintergrund einer Spitzenposition der Kanzlei in der Beratung des Energiesektors erlangten die Insolvenzexperten Großmandate wie das des Bundeswirtschaftsministeriums u. der BNetzA zu Umbau u. Sicherung der dt. Gas- u. Ölversorgung. Dieses fulminante Beispiel einer Hamburg-Stuttgarter Zusammenarbeit steht für die erfolgr. Überwindung des früheren Standortdenkens u. offenbart das Potenzial der großen, auch internat. aktiven Insolvenzpraxisgruppe. Öffentl. Infrastrukturprojekte liegen dem Team insges., wie auch die polit. schwierige Rettung des Bodensee-Airports oder die WSF-Zahlungen an die MV Werften belegen. Hinzu kommt die Erfahrung der CMS-Insolvenzverwaltung mit polit. relevanten Großkrisen im Bankensektor. Angesichts der großen Aufgaben fällt es für CMS kaum ins Gewicht, dass ein im Anleihensegment spezialisierter D'orfer Partner mit 3 Associates zu Fieldfisher ging.
Stärken: Bankeninsolvenzen u. Restrukturierungen von Finanzinstituten.
Oft empfohlen: Dr. Rolf Leithaus („stets ergebnisorientiert, sehr gute Zusammenarbeit", Wettbewerber), Dr. Charlotte Schildt, Dr. Alexandra Schluck-Amend („exzellent, außerordentl. Kundenfokussierung, großes Verhandlungsgeschick", „tiefes Wissen im Insolvenzrecht", Mandanten), Niklas Lütcke, Dr. Michael Frege, Dr. Maximilian Hacker
Team: 11 Eq.-Partner, 2 Counsel, rd. 30 Associates (inkl. Insolvenzverwaltung)
Partnerwechsel: Dr. Daniel Kamke (zu Fieldfisher)
Schwerpunkte: Beratung von Unternehmen (Management u. Gesellschafter), Insolvenzverwaltern oder auf der Seite von Gläubigern u. Investoren zu Restrukturierung, Anfechtungsrecht u. bei weiteren prozessualen Fragen (▷Konfliktlösung), regelm. krisennahe Transaktionen, ▷M&A, ▷Kredite u. Akqu. fin., ▷Gesellsch.recht. Insolvenzpläne, Liquidationen; Insolvenzverwaltung mit Spezialisierung auf den Bankensektor.
Mandate: Bundesnetzagentur zu Treuhänderschaft bei Gazprom Germania; Bundesfinanzagentur jeweils zu WSF-Zahlungen an MV Werften, German Naval Yards, Trendtours, Adler Modemärkte, Blacklane u. Frimo; Bundesfinanzagentur zu den Insolvenzverfahren A-Kaiser u. Orsay; Bodensee-Airport Friedrichshafen zu Sanierung u. Eigenverwaltung; Insolvenzverwalter der German Property Group zu Sicherung u. Verwertung der Insolvenzmassen; lfd. Energieversorgung Mittelrhein insolvenzrechtl.; EW Energy World zu Eigenverwaltung u. Verkauf; Rieter Holding zu Kauf von Saurer Solutions u. Saurer Spinning. **Insolvenzverwaltung:** Greensill Bank (Bremen); Globix Vertrieb (Krefeld).

DENTONS
Restrukturierung und Sanierung ★★★★★

Bewertung: In der krisengeschüttelten Automobilbranche ist Dentons seit Jahren eine gefragte Beraterin. Doch anders als in vielen internat. Großkanzleien ist das eingespielte u. effiziente Team auch nicht ausschl. auf Big Tickets angewiesen, sondern bewährt sich ebenso gut in vielen mittelgroßen Fällen, bei denen es seit Jahren einen hohen Marktanteil hat. Beispiele sind Eigenverwaltungen wie Clean Garant oder EIMG. Für diese Breite sind nicht nur Quereinsteiger zu Dentons gekommen. Mit Partnerernennungen aus den eig. Reihen ist die Riege der Experten auf über 20 Berufsträger gewachsen, die nicht nur bei Treuhandmandaten oder bei Schuldscheinrestrukturierungen die Fleißarbeit übernehmen. In den letztgenannten Kategorien zählt Dentons weiterhin zur Marktspitze u. orientiert sich mit dieser Kompetenz zunehmend auch in Richtung finanzielle Restrukturierungen, etwa im Immobiliensektor.
Oft empfohlen: Andreas Ziegenhagen („sehr angenehmer u. professioneller Restrukturierer", Mandant; „hervorragender Allrounder, stark in Verhandlungen", Wettbewerber), Dr. Arne Friel, Daniel Fritz („fachl. ausgesprochen gut, kollegial, internat. sehr gut vernetzt", Wettbewerber)
Team: 10 Eq.-Partner, 4 Counsel, 7 Associates, 1 of Counsel
Schwerpunkte: Beratung für Kreditgeber bzw. Gläubiger, Schuldnerunternehmen u. Verwalter zu Insolvenzverfahren; krisenbezogene ▷M&A-Transaktionen, zahlreiche Treuhänderschaften u. Poolverwaltung; Sanierungskonzepte u. Bewertungsfragen auch über die angeschlossene Wirtschaftsprüfergesellschaft. Steuerrecht.
Mandate: Steag-Schuldscheingläubiger zu Finanzierungsvereinbarung; Clean Garant zu Eigenverwaltung (Generalvollmacht) u. Insolvenzplan; EIMG Installationstechnik zu Eigenverwaltung (Generalvollmacht) u. Verkauf; Helios zu Kauf der zeitweise insolventen DRK-Kliniken Nordhessen; Delticom zu Treuhand u. BaFin-Befreiung von Pflichtangebot; 17 Kommunen zu Insolvenz der Greensill Bank; Wealth Option Trust zu Insolvenz von German Property Group; Logistikdienstleister zu Treuhand-Exit u. Rückführung von Verbindlichkeiten; Schuldscheingläubiger von Benteler, EMAG, Grillo-Werke, MHM Holding/Hubergroup u. Nanogate jew. zu Restrukturierung.

DLA PIPER
Restrukturierung und Sanierung ★★

Bewertung: Dass es im internat. Restrukturierungsgeschehen zuletzt ruhig geworden war, betrifft eine über die Landesgrenzen hinaus eng vernetzte Kanzlei wie DLA stärker als andere. Sieht man die Mandate im insolvenznahen Geschäft an, zeigt sich aber eine breite Aufstellung für die im dt. Markt akuten Themen u. Branchen. So war DLA mehrfach im Hotelsektor aktiv, in der Luftfahrt, bei Autozulieferern sowie im Bankensektor u. ist auch immer wieder für namh. Insolvenzverwalter tätig. Nach dem Abgang des im Immobilienbereich spezialisierten Danielewsky u. mehrerer erfahrener Associates wird das Restrukturierungsgeschäft intern jetzt stärker mit dem Finanzierungsbereich verknüpft. Eine Partnerernennung soll aber auch die schuldnerseitige Beratung stärken.
Stärken: Internationale Restrukturierungspraxis.
Oft empfohlen: Dr. Dietmar Schulz
Team: 3 Eq.-Partner, 2 Counsel, 4 Associates
Partnerwechsel: Mike Danielewsky (zu Bryan Cave Leighton Paisner)
Schwerpunkte: V.a. Gläubigerberatung u. Investoren in Insolvenzsituationen, etwa zu Vertragsgestaltung, Finanzierungsstrukturen u. ▷M&A-Transaktionen, dt. u. internat. Kreditinstitute zu Refinanzierungen u. Verkäufen, häufig von Immobilienportfolios (▷Immo/Bau); Prozesstätigkeit.
Mandate: Geisel Privathotels zu Verkauf u. Restrukturierung des Projekts Hotel Königshof; Heidelberger Druckmaschinen lfd. zu Restrukturierung u. Refinanzierung; IHG InterContinental Hotels Group zu Insolvenz Success Hotels; Lufthansa-Gruppe bzw. Töchter lfd. zu internat. Insolvenzverfahren; Pharmakonzern zu steuerrechtl. motivierter Insolvenz einer dt. Tochter; Investor zu Massefinanzierung einer insolventen Modekette; europ. Aufsichtsbehörde zu geplanter Abwicklung einer Bank.

EBNER STOLZ MÖNNING BACHEM
Restrukturierung und Sanierung ★

Bewertung: Allmähl. verbreitern die v.a. in Köln ansässigen Restrukturierungsanwälte ihre bundesw. Präsenz. Auf personeller Ebene geschah dies durch einen Counsel-Zugang von Luther in Frankfurt, mandatsmäßig durch eine stärkere Orientierung auch in Richtung Baden-Württemberg. Kern der Aktivitäten bleiben Eigenverwaltungsverfahren mit der Übernahme von operativer Verantwortung, hinzu kommt die außergerichtl. Sanierungsberatung. Fruchtbar für die interne multidisziplinäre Zusammenarbeit ist vor allem der Kontakt mit der zur Kanzlei gehörenden Unternehmensberatung.

INSOLVENZ UND RESTRUKTURIERUNG

Stärken: Multidisziplinärer Beratungsansatz.
Team: 1 Eq.-Partner, 2 Counsel, 3 Associates
Schwerpunkte: Restrukturierung, v.a. operativ für Schuldnerunternehmen, daneben auch Beratung von Insolvenzverwaltern. Enge Vernetzung mit hauseigener Unternehmensberatung u. dem WP-/StB-Bereich.
Mandate: PWK Automotive zu Eigenverwaltung (Generalvollmacht) u. Verkauf; Meisheng zu Kauf der insolventen Rubie's Dtl.; Nice Solar Energy in Schutzschirmverfahren (Generalvollmacht).

ECKERT
Insolvenzverfahren ★★★
Bewertung: Basierend auf ihrem langj. in der Verwaltung aufgebauten Renommee war die Kanzlei zuletzt häufiger auch als Restrukturierungsberaterin gefragt. Ihr Pluspunkt liegt aber in der Verwaltererfahrung. Ein Paradebsp. für diese klass. Disziplin ist die Sachwaltung der rechtl. schwierigen u. polit. sensiblen Abellio-Insolvenz. Die Tätigkeit der Kanzlei weitet sich stetig über die Zentrale in Hannover hinaus aus, etwa in Berlin zuletzt durch eine Quereinsteigerin von BBL. Sie erweitert zugleich die Kompetenz im wachsenden Distressed Real Estate. Insges. hat der Anteil an Beratungen zugenommen. Die bestehenden Mandate der Gläubiger in den großen Verwaltungen wie Greensill u. AvP gehen einerseits weiter, andererseits schätzen neue Mandanten das Know-how aus den erfolgr. abgeschlossenen Verfahren auch für vorgerichtl. Beratungen u. in neuen Verwaltungen wie bei der Henniges-Gruppe.
Stärken: Insolvenzen im Gesundheitssektor.
Oft empfohlen: Dr. Rainer Eckert („kann man sich unbedingt drauf verlassen", „sehr erfahrener u. fokussierter Verwalter", Wettbewerber), Dr. Mark Boddenberg („stets effizient u. lösungsorientiert", Wettbewerber)
Team: 13 Eq.-Partner, 15 Associates, 4 of Counsel
Partnerwechsel: Nicole Riedemann (von BBL Brockdorff)
Schwerpunkte: Sachwaltung u. Insolvenzverwaltung, Schwerpunkte Niedersachsen u. Rheinland. Zudem spezialisiertes Arbeits-, Gesellschafts- u. Steuerrecht sowie Prozessführung. Restrukturierungsberatung.
Mandate: Henniges Automotive mit Sanierungsgutachten bei 4 Gesellschaften u. vorl. Insolvenzverwaltung bei einer Gesellschaft; weiterhin Arko, Eilles, Hussel bei Sanierung in vorl. Eigenverwaltung; weiterhin Gläubiger jew. bei Insolvenz von AvP u. Greensill Bank. **Verwaltung:** FAM (Magdeburg); Terragon (4 Gesellschaften, weiterhin Abellio (6 Gesellschaften, beide Berlin); Freie Jugendhilfe, cpl Craftsmen (beide Schwarzenbek); Annenhof Gemeinnützige Betriebsges. (Paderborn).

ELSÄSSER
Restrukturierung und Sanierung ★
Bewertung: Die Kanzlei fokussiert sich vornehml. auf Familienunternehmen in der Krise: Die Partner übernehmen in der Regel Geschäftsführerrollen auf Zeit u. bleiben mitunter jahrelang in den Betrieben. Während einige der Sanierungsmandate kurz vor dem Abschluss stehen, öffnet sich mit der Vertretung von Anleihegläubigern wie bei dem vom Ukraine-Krieg betroffenen Ekosem ein weiteres Tätigkeitsgebiet.
Stärken: Betriebswirtschaftl. orientierte Sanierung.
Team: 5 Partner, 1 Counsel

Schwerpunkte: Sanierungsberatung für Unternehmen bzw. deren Gesellschafter; operative Orientierung. Insolvenznahes Arbeitsrecht, Treuhand sowie Vertretung von Anleihegläubigern; Liquidationen.
Mandate: Anleihegläubiger von Ekosem-Agrar als gemeinsamer Vertreter; Küchenausstatter zu Restrukturierung u. operativer Sanierung sowie Treuhandschaft; Atlanta Antriebssysteme Seidenspinner sowie Car-connect jew. zu Eigenverwaltung (Sanierungs-GF); Sun Express Dtl. zu Liquidation.

FINKENHOF
Restrukturierung und Sanierung ★★
Bewertung: Als sanierungsaffine Krisenberater sind die Partner aus dem dt. Markt nicht mehr wegzudenken. Für Mandanten aus Industrie, Einzelhandel, Touristik oder auch aus dem Gesundheitswesen haben die Frankfurter zuletzt gearbeitet, wobei es neben jew. kurzfristig drohenden Insolvenzszenarien auch einige Dauerberatungsfälle auf der Seite von Geschäftsführungen gibt. Den guten Ruf bestätigen Anfragen für Treuhandschaften, die aus dem Markt an die Kanzlei herangetragen wurden. Eher unauffällig hat das Büro auch eine eigene Litigation-Abteilung aufgebaut, die u.a. für Insolvenzverwalter tätig ist. Erneut machten M&A-Transaktionen, auch ohne direkten Krisenbezug, einen beachtl. Teil des Geschäfts aus. So sorgten Verkäufe aus der Fintyre-Insolvenz für Zufriedenheit unter den Gläubigerbanken.
Oft empfohlen: Dr. Lorenzo Matthaei („sehr guter Verhandler mit Blick für das Wesentliche", Wettbewerber), Stephan Strumpf („inhaltl. hervorragend, guter Stratege", Mandant; „hoch motivierter Berater, besondere Kompetenz im Gesundheitswesen", Wettbewerber), Dr. Maximilian von Mangoldt („außergewöhnl. guter Jurist, sehr hohe Einsatzbereitschaft", Mandant; „fachl. kompetent u. durchsetzungsstark", Wettbewerber)
Team: 3 Partner, 2 Counsel, 6 Associates
Schwerpunkte: Sanierungs- u. insolvenznahe Beratung v.a. aufseiten von Unternehmen, deren Management bzw. Gesellschaftern; Insolvenzpläne; prozess-, v.a. anfechtungsrechtl. Beratung; M&A-Transaktionen, auch ohne insolvenzrechtl. Bezug; Treuhand u. Liquidationen. BWL-Unterstützung in separater Managementgesellschaft.
Mandate: Continental zu einer Fortführungsvereinbarung bei PWK Presswerk Krefeld; Fintyre zu Verkäufen aus der Insolvenz; Gesellschafter von Schuhhaus Dielmann zu Eigenverwaltung, Immobilienverkauf u. Bankenvergleich; dt. Gesellschaften der Global Brands Group zu Organpflichten u. insolvenzrechtl.; Heinr. Tapp Anlagenbau zu Eigenverwaltung; Mauser-Werke Oberndorf zu Eigenverwaltung u. Verkauf; Stadt Bad Belzig zu Massekredit für Stadtwerke in Eigenverwaltung; Tyre 1 zu Investorenprozess aus der Insolvenz; Valeo Siemens eAutomotive zu Gesellschafterstruktur u. Anteilsverkauf.

FLÖTHER & WISSING
Insolvenzverfahren ★★★★★
Bewertung: Die Boutique um den angesehenen Namenspartner Flöther ist seit Jahren im gesamten Bundesgebiet für ihre Kompetenz bei Großverfahren anerkannt. Neben ihrem Schwerpunkt bei Verwaltungen mit Fortführungsperspektive entwickelt sie gekonnt Renommee für Generalvollmachten bei Eigenverwaltungen wie Abellio. Beim marktbedingten Ausbleiben neuer großer Fremdverwaltungen spielt das Backoffice seine Routine weiterhin bei der Abarbeitung von Altverfahren wie Air Berlin aus. Zu den Erfahrungen zählen sowohl div. Klagen als Verwalter als auch die eigene Verteidigung in Streitfällen. Die Sanierungsberatung als 2. Standbein bietet zwar eine weitere Zukunftsperspektive für die Kanzlei u. die Karriere der Anwälte der nächsten Generation, bedeutet aber zunächst viel Nachfrage nach dem prominenten Namenspartner persönlich. Mit der Investorenlösung bei der Magdeburger FAM gelang jüngst die finanzielle Restrukturierung eines großen solchen Mandanten.
Stärken: Großinsolvenzen mit hohem Kommunikationsbedarf.
Oft empfohlen: Prof. Dr. Lucas Flöther („gute Zusammenarbeit", „hervorragende Auffassungsgabe", Wettbewerber)
Team: 8 Eq.-Partner, 4 Sal.-Partner, 7 Associates
Schwerpunkte: Insolvenzverwaltung mit Schwerpunkt in Sachsen-Anhalt u. Sachsen, in Sachwalterrollen bundesweit. Interne Kooperation mit etwa gleich großer Beratungs- u. Prozessabteilung. Zahlreiche Verfahren mit Konzernstrukturen, regelm. Insolvenzpläne.
Mandate: Weiterhin Abellio als Generalbevollmächtigter; FAM bei finanzieller Restrukturierung. **Verwaltung:** D-Beschlag (Bielefeld); Stahlbau Brehna (Dessau); Klinik Lohrey (Hanau); weiterhin Air Berlin, Air Berlin Technik, Niki Luftfahrt (alle Berlin), Unister (Leipzig), Klinik Burgenlandkreis (Halle).

FRESHFIELDS BRUCKHAUS DERINGER
Restrukturierung und Sanierung ★★★★★
Bewertung: Ein solch starkes Restrukturierungsteam, eingebettet in inhaltl. breiten u. hochkarätigen Full Service, ist am dt. Markt einzigartig. Die renommierte Praxisgruppe zählt bei der insolvenznahen Sanierungsberatung u. der finanziellen Restrukturierung zur Marktspitze. Zu den vielen langfr. Restrukturierungen durch den Strukturwandel in der Autobranche kam seit Beginn des Ukraine-Krieges die Umgestaltung der Energieversorgung als Branchenschwerpunkt hinzu. Die Beratungen zu Leoni u. WKW sowie zu Gazprom u. Steag bilden nur den sichtbaren Teil einer großen Mandatsbreite in diesen Branchen. Bei Gazprom waren FBD-Teams aus versch. Ländern u. Praxisgruppen wie Kredit-, ▷Kartell- u. Gesellschaftsrecht involviert. Wie tief das Team dank seiner Größe u. Erfahrung auch ohne eigene Verwaltertätigkeit ins Insolvenzverfahrensrecht einsteigt, zeigen div. Anwendungen des StaRUG: Zu einer notleidenden 3-stelligen Mio-€-Finanzierung etwa gab es als Bankenberater eine komplette StaRUG-Dokumentation aus u. erzielte damit eine außergerichtl. Lösung. Durch die zunehmende Etablierung eines jüngeren Partners und eines Counsels neben dem sehr anerkannten Westpfahl gelingt dem Team eine zukunftsfähige Personalstruktur.
Stärken: Rechtsgebietsübergreifendes Know-how, enge internat. Zusammenarbeit.
Oft empfohlen: Dr. Lars Westpfahl („die Nr. 1 in der dt. Restrukturierung", Wettbewerber), Dr. Marvin Knapp („gute Kontakte, innovative Sicherungsmöglichkeiten", Mandant); („gute Zusammenarbeit", „fachl. u. strateg. extrem stark", Wettbewerber)
Team: 2 Eq.-Partner, 1 Counsel, 12 Associates
Partnerwechsel: Jochen Wilkens (zu Chatham Partners)
Schwerpunkte: Beratung von Gläubigern verschiedenster Rangstufen bei Krisenengagements (Fonds, Kreditinstitute u. Investmentbanken, ▷Kredite u. Ak-

INSOLVENZ UND RESTRUKTURIERUNG

qu.fin.), gleichwertig von Darlehensnehmern bzw. Gesellschaftern bzgl. ihrer Beteiligungen in Krisen u. Insolvenzen. Enge Zusammenarbeit mit Kapitalmarktrechtlern sowie ▷M&A, ▷Gesellsch.- u. Steuerrecht.

Mandate: KfW bei Notlage bei Gazprom Germania; WKW-Gruppe bei finanzieller u. operativer Restrukturierung; Treuhänderin eines Automobilzulieferers in Krise bei Verkauf der Gruppe in Auktion; Vermögensverwaltung bei Insolvenz von Greensill; Hersteller in Tabakindustrie bei ESG-bedingter Finanzierungskrise; Unternehmensgruppe mit Kohlenwasserstoffprodukten u. ihre Gesellschafter bei Umstrukturierung u. finanzieller Restrukturierung; weiterhin Autohersteller zu Restrukturierung eines Zulieferers; Dortmunder Stadtwerke als Gesellschafter zur Restrukturierung von Steag; weiterhin Banken bei finanzieller Restrukturierung von Leoni, u.a. mit länderverbürgtem Kredit im Zshg. mit Corona-Pandemie; Minderheitsgesellschafter zur finanziellen Restrukturierung eines Anbieters von Verpackung.

FRH FINK RINCKENS HEERMA
Insolvenzverfahren ★

Bewertung: Für ihre Ausrichtung auf komplizierte Verfahren u. unabhängige Verwaltung ist die Boutique sehr anerkannt bei den Gerichten. Dabei zeigt sie sich auch „teamfähig u. außerordentl. professionell" Wettbewerbern gegenüber, mit denen sie große Eigenverwaltungen wie Next.e.GO Mobile erfolgreich abgeschlossen hat. In Verwaltungen erreicht FRH als ausdauernde u. lösungsorientierte Unternehmerin auf Zeit oft bemerkenswert gute Quoten. Hinzu kommen ausgewählte Restrukturierungsmandate. Das kleine u. stabile Team entwickelt sich mit hoher Partnerzentrierung in seinen Kernregionen Rheinland u. Norddeutschland. Hier hat sich das Team schon seit der Werftenkrise häufig in heiklen u. polit. brisanten Verfahren bewährt.

Oft empfohlen: Dr. Hendrik Heerma („strukturiert, verlässl. u. gut vorbereitet", Wettbewerber), Dr. Paul Fink

Team: 6 Partner, 1 Counsel, 3 Associates

Schwerpunkte: Insolvenzverwaltung mit Schwerpunkten NRW u. Norddtl., Treuhandstellung sowie angrenzendes Arbeits-, Gesellschafts- u. Steuerrecht (Kooperationsbüro in Erfurt). Sanierungsberatung in Einzelfällen.

Mandate: Einzelhändler mit über 30 Filialen bei finanzieller Restrukturierung u. Insolvenzvermeidung. **Verwaltung:** Carl Wilh. Meyer (Oldenburg); Lloyd Werft (Bremerhaven); Twister Transport & Logistik (Bremen); HTH Bau (Hamburg); Glees & Auge; Claus and Mathes; weiterhin Stadtgalerie Velbert (alle Düsseldorf).

GERLOFF LIEBLER
Insolvenzverfahren ★★

Bewertung: Nach zahlreichen Großverfahren v.a. im Einzelhandel, die Partner Gerloff z.T. auch operativ gesteuert hat, ist es kaum verwunderl., dass sein Name die größte Beachtung im Markt findet. Doch immer mehr loben Wettbewerber die Teamleistung der kleinen Münchner Kanzlei. Der Schwerpunkt bleibt bei der Insolv- u. Eigenverwaltung, allerdings hat sich GL mittlerweile auch mehr in Beratungsmandate engagiert, etwa in der Branche Eisenbahnverkehr.

Oft empfohlen: Dr. Christian Gerloff („hohe Fachkompetenz u. perfekte Verfahrenssteuerung", Mandant; „stemmt Verfahren jeder Größenordnung mit Bravour", Wettbewerber)

Team: 2 Partner, 5 Associates

Schwerpunkte: Insolvenzverwaltung u. insolvenznahe Beratung, Übernahme von operativer Verantwortung. Viel Branchenerfahrung in Mode u. Einzelhandel, Automotive sowie Gesundheitswesen.

Mandate: Adler Modemärkte zu Eigenverwaltung (Generalvollmacht) u. Verkauf. **Verwaltung:** Dermedis; FinTechCube (München).

GLEISS LUTZ
Restrukturierung und Sanierung ★★★★★

Bewertung: Mit ihrer Anfang 2022 eröffneten Präsenz in London bündeln die GL-Restrukturierer ihre internat. Kontakte ins englischsprachige Ausland. Der in London u. Frankfurt tätige Halász bringt viel Erfahrung mit aus internat. Kanzleien u. kann, wenn das Interesse auswärtiger Investoren auf dem dt. Restrukturierungsmarkt einmal voll durchschlägt, eine große Hilfe sein. Ebenfalls wichtig für GL ist die Krisenaffinität der Finanzierungspartner in Frankfurt, die finanzielle Restrukturierungen auch in Eigenregie beraten. An Bedeutung gewonnen hat zuletzt auch der Standort Düsseldorf, über den GL die aufwendige Steag-Restrukturierung betreut, die sich aus einer anfangs kleineren Rolle zu einem Schwerpunktmandat entwickelt hat. So hat die Kanzlei nach jahrelanger Fokussierung auf Stuttgart jetzt viele Möglichkeiten, um sich noch umfassender im Sanierungsgeschäft zu verankern.

Stärken: Rechtsgebietsübergreifende Restrukturierungen.

Oft empfohlen: Dr. Andreas Spahlinger, Dr. Matthias Tresselt

Team: 9 Eq.-Partner, 3 Counsel, rd. 10 Associates

Partnerwechsel: Dr. Christian Halász (von Akin Gump)

Schwerpunkte: Krisennahe Beratung für Unternehmen, Organe, Investoren bzw. Gesellschafter u. div. Gläubigergruppen; ▷Kredite u. Akqu.fin.; insolvenzbez. Prozessführung (▷Konfliktlösung); feste ▷arbeitsrechtl. u. ▷M&A-Einbindung; regelm. Tätigkeit für Insolvenzverwalter; ▷Beihilfe.

Mandate: Steag zu Restrukturierung u. Refinanzierung; Adler Modemärkte zu Restrukturierung, Eigenverwaltung u. Verkauf; Takko Fashion bzw. Investor Apax zu Refinanzierungen; operative Gesellschaften von Leoni zu Restrukturierung; A1 mobil zu Restrukturierung; Accor Hotels zu Krisenbewältigung u. Refinanzierung; Piccanol als Bieter für insolvente Teile der Saurer-Gruppe; Insolvenzverwalter Abellio Rail gutachterl. zu mögl. Ansprüchen; Insolvenzverwalter zu Verkauf von Lechner Arbeitsplatten; Borussia Dortmund zu Abwehr von Ansprüchen aus Q-Cells-Insolvenz.

GÖRG
Restrukturierung und Sanierung ★★★★★
Insolvenzverfahren ★★★★

Bewertung: Mehrfach schon ist Görg mit Quereinsteigern in der Insolvenzverwaltung gewachsen. Jetzt verstärkt Martini, zuvor Kopf der Berliner Insolvenzkanzlei Leonhardt Rattunde, das Team. Er ist neben Berlin auch im Rheinland aktiv u. selbst für das große Kölner Team eine willkommene Verstärkung. Dort lag im vergangenen Jahr weiterhin einer der Schwerpunkte auf der Beratung zahlr., internat. produzierender Autozulieferer, die in unterschiedl. Krisenphasen langfristig auf die Beratung durch Görg setzen. Hilfreich ist die energierechtl. Kompetenz der Kanzlei, die nicht erst seit dem Ukraine-Krieg u. der Energiekrise an der Schnittstelle zum Insolvenzrecht gefragt ist. So unterstützte das Münchner Büro den Energieprojekteentwickler Green City vor u. während der Insolvenz. Von Köln aus beriet Görg die kommunalen Gesellschafter der Steag (bzw. KSBG) zu Restrukturierung u. Treuhandgestaltung des Energieversorgers. Aufsehenerregende gerichtl. Bestellungen waren wie bei den meisten Wettbewerbern Mangelware, allerdings konnten etliche 2021 begonnen Eigenverwaltungsfälle rasch durch Insolvenzpläne beendet werden.

Stärken: Breite Sanierungskompetenz; Verbindung zwischen Verwaltung u. Beratung; Krisenberatung für Organe.

Oft empfohlen: Dr. Thorsten Bieg, Dr. Holger Leichtle („hoch kompetent u. lösungsorientiert", Mandant), Dr. Helmut Balthasar, Prof. Dr. Gerrit Hölzle („eine gute Wahl für knifflige Fragen", Wettbewerber), Dr. Jörg Bornheimer, Dr. Martin Stockhausen, Dr. Christian Bärenz, Dr. Christian Wolf, Oliver Nobel, Dr. Torsten Martini („sehr kompetent u. gut ansprechbar, professionell u. fair", Mandant), Dr. Michael Nienerza („höchstes fachl. Niveau u. durchsetzungsstark", Wettbewerber)

Team: 46 Eq.-Partner, 1 Sal.-Partner, 3 Counsel, 39 Associates

Partnerwechsel: Dr. Torsten Martini (von Leonhardt Rattunde)

Schwerpunkte: Umf. insolvenzrechtl. Beratung für Unternehmen, Gesellschafter u. Geschäftsführungen, auch für externe Verwalter; zudem für Gläubiger u. Investoren/Fondsgesellschaften. Vielf. insolvenznahes ▷Arbeitsrecht, Übernahme operativer Funktionen u. aktives Treuhandgeschäft. Insolvenzverwaltung/Sachwaltung mit Schwerpunkt Norddtl., Südwesten, NRW u. Berlin. Regelm. Einbindung von ▷Gesellschaftsrecht, ▷M&A, ▷Prozessführung u. ▷Energiewirtschaftsrecht.

Mandate: Green City zu Restrukturierungsversuch, Insolvenzantrag u. Verkauf; kommunale Gesellschafter der KSBG (Steag) zu Restrukturierung u. Treuhand; Leoni umf. insolvenzrechtl.; Distressed M&A u. Deinvestition; Rickmers Reis zu Eigenverwaltung (Sanierungs-GF); Insolvenzverwalter der Dt. Lichtmiete zu Restrukturierung; Senvion zu Umsetzung Insolvenzplan; Universitätskliniken zur AvP-Insolvenz; VR Equitypartner zu Restrukturierung einer Beteiligung; x+bricks u. SCP Group zu Restrukturierung u. Verkauf von Real-Standorten; Gebäudeausrüster Neuefeind, Bollwin & Heemann u. Pitthan zu Eigenverwaltung (Generalvollmacht). **Verwaltung:** Mdexx (Syke); Kehag Energiehandel (Oldenburg); Räuchle Automotive (Ulm).

GREENBERG TRAURIG
Restrukturierung und Sanierung ★★

Bewertung: Bei einigen Insolvenzen aus der vielfältigen Berliner Start-up-Szene wie dem Fintechunternehmen Acatus demonstrierte GT ihre Geschwindigkeit u. Marktkenntnis. Doch auch Langläufer gehören zum Mandatsportfolio, nicht zuletzt im Automotive- u. Gesundheitssektor. Die starke immobilienrechtl. Praxis wird dem GT-Restrukturierungsteam sicherlich noch näherrücken, falls sich die Zinsentwicklung auf den Immobiliensektor krisenhaft auswirkt, zumal das Team hier bereits über einen Trackrecord verfügt.

Oft empfohlen: Dr. Gordon Geiser („hohes Fach- u. Branchenwissen, gut als Mediator", Wettbewerber)

Team: 4 Eq.-Partner, 1 Local-Partner, 1 Associate

INSOLVENZ UND RESTRUKTURIERUNG

Schwerpunkte: Sanierungsberatung, häufig in operativer Funktion als CRO, sowie Insolvenzverwaltung in Berlin u. München sowie solvente Liquidation. Viel ▷*immobiliennahes Geschäft*. Einbindung in die internat. Full-Service-Kanzlei.
Mandate: Acatus zu Insolvenzantrag u. -plan; Care Companion zu Insolvenz u. Verkauf; Gebrüder Götz Schuhhandel zu Restrukturierung; Heck + Becker zu weiterer Restrukturierung nach Insolvenzverfahren; Stadt Friedrichshafen zu Insolvenz Bodensee-Airport; Mologen zu Abschluss Insolvenzverfahren.

GRUB BRUGGER

Restrukturierung und Sanierung	★ ★ ★ ★
Insolvenzverfahren	★ ★ ★

Kanzlei des Jahres für Insolvenz und Restrukturierung

Bewertung: Als „extrem gute Idee" bezeichnet ein Stuttgarter Wettbewerber die Aufnahme der Restrukturierer von Menold Bezler im vergangenen Jahr. Jetzt kann die Kanzlei mit kaum vergleichbarer fachl. Breite u. Tiefe im Insolvenzmarkt agieren u. hat gleichzeitig ihren Altersaufbau noch zukunftsfester gemacht. Davon profitieren neben dem Stuttgarter Stammbüro auch die anderen Standorte. In Insolvenzfällen wie Pluradent zeigt sich, dass die in der Kanzlei vorhandene Kompetenz etwa im Bank-, Marken- oder gewerbl. Mietrecht die Erarbeitung insolvenzrechtl. Lösungen beschleunigt. GB leistet zudem Dauerberatung im Mittelstand, wenn es um Krisenfälle in Holdingstrukturen geht. Weitgehend im Verborgenen war die Kanzlei an etlichen StaRUG-Sanierungsfällen maßgebl. beteiligt u. hat mit dem Neuzugang Schäffler auch einen auf diesem neuen Gebiet sehr erfahrenen Partner von Menold hinzugewonnen. Kürzlich kam in Frankfurt der renommierte Wellensiek-Partner Scholz als Berater hinzu.
Stärken: Sanierungen im Mittelstand, Eigenverwaltungen, Insolvenzverwaltung mit Fortführungsperspektive.
Oft empfohlen: Dr. Thilo Schultze („pragmat. Berater, der alle mitnehmen kann", Wettbewerber), Dr. Volker Muschalle, Martin Mucha, Dr. Hans Schenk („langjähriger Berater, auch für reguläre M&A-Transaktionen", Mandant), Dr. Frank Schäffler, Michael Vilgertshofer, Dr. Jasmin Urlaub („fachl. versiert, häufig auf Gläubigerseite zu sehen", Wettbewerber), Jochen Sedlitz
Team: 17 Eq.-Partner, 5 Sal.-Partner, 17 Associates
Partnerwechsel: Dr. Richard Scholz (von Wellensiek)
Schwerpunkte: Restrukturierungs- u. Krisenberatung v.a. im Mittelstand, auch bundesw. für Großunternehmen; auf Gläubigerseite etwa für Kreditinstitute u. Immobiliendienstleister. Intensives Treuhandgeschäft. Umf. Begleitung der eigenen Insolvenzverwaltung. Eigenverwaltungs- u. StaRUG-Fälle. gerichtl. Bestellungen als Insolvenzverwalter in weiten Teilen des Südwestens. Spezialisierte Arbeits- u. Prozessrechtler (▷*Wirtschafts- u. Steuerstrafrecht*).
Mandate: Eyemaxx Real Estate zu dt. Sekundärinsolvenzverfahren; AirIT zu Insolvenz des Flughafens Hahn, Mitglied im Gläubigerausschuss; Rohrwerk Maxhütte (inkl. Verkauf/MBO) u. Kratzer Automation jew. zu Eigenverwaltung (Generalvollmacht); großer Onlinehändler zu seinem StaRUG-Verfahren; österr. Bank zu Sanierungsvereinbarung für Automotive-Unternehmen. **Verwaltung:** Piller Entgrattechnik (Ludwigsburg); Peter Maier Leichtbau (Konstanz); Success Hotel Management (Stuttgart).

GSK STOCKMANN

Restrukturierung und Sanierung	★

Bewertung: Was die Stärken von GSK in der gesunden Wirtschaft ausmacht, vertritt die Restrukturierungspraxis in der Krise. Sie punktet mit ihrer interdisziplinären Beratung insbes. dort, wo Immobilien u. Fonds von Restrukturierungen betroffen sind. Entsprechend kommen viele Mandanten aus anderen GSK-Praxen, aber durch Empfehlungen setzen auch neue wie THD auf diese Kompetenz. Ihre breite insolvenzrechtl. Beratung reicht von der Insolvenzantragstellung bis zu Distressed M&A u. streitigen Fällen. Die Mandanten schätzen dabei ihre intensiven Branchen- u. Hintergrundkenntnisse sowie das große Netzwerk in den vertretenen Nischen. Nicht zuletzt über das starke Luxemburger Büro weisen dabei die Mandate häufig grenzüberschreitende Elemente auf.
Team: 2 Partner, 3 Associates, 1 of Counsel
Schwerpunkte: Restrukturierungsberatung an 5 dt. Standorten u. starkes Büro in Luxemburg. Praxisübergreifende Breite im Insolvenzrecht mit gleichzeitigen Schwerpunkten in den Branchen Immobilien u. Fonds.
Mandate: Patrizia Dtl. als Vermieter eines Hotels der insolventen Success Management; Recura Kliniken bei Kauf der Fachklinik Waldeck aus Insolvenz; Cirtec jew. bei Kauf von Assets aus der Insolvenz von CCT Stegelitz u. von Pyrolyx; THD Treuhanddepot als Sicherheitentreuhänderin in Insolvenz der Dt. Lichtmiete; Aberdeen Standard Investments Dtl., Centerscape Dtl., Fair Value REIT jew. bei Mieterinsolvenzen; AFIAA Germany 2 zu Ansprüchen gg. Insolvenzverwalter von Escada; Boskalis Subsea Cables zu Insolvenz des Lieferanten Bröhl; Demire zu Karstadt-Immobilien im Zshg. mit der Insolvenz.

GVW GRAF VON WESTPHALEN

Restrukturierung und Sanierung	★

Bewertung: Erfolgreich hat das Team seine Präsenz in insolvenzrechtl. Mandaten verbreitert, sowohl was die Aufgabenstellungen als auch die Branchen angeht. Erneut beriet es zu einem großen Krisenfall im Hotelsektor, in dem schließl. auch das neue Instrument der Sanierungsmoderation zum Einsatz kam. In der Abellio-Insolvenz setzen versch. Aufgabenträger auf GvW, u. zudem vertritt die Kanzlei den Sparkasse München in einigen Gläubigerausschüssen. Der Litigation-Schwerpunkt bleibt trotz dieser Erweiterungen in der Restrukturierungsberatung unangetastet. Das Münchner Team ist in vielen haftungs- u. anfechtungsrechtl. Prozessen auf D&O-Seite bzw. für beklagte Vorstände oder Geschäftsführer tätig.
Oft empfohlen: Dr. Wolfram Desch („sehr gute Zusammenarbeit", „zielführendes Mandatsmanagement mit stets sehr freundl. Auftreten u. starkem Erfolgsdruck", Mandanten)
Team: 4 Eq.-Partner, 4 Sal.-Partner, 3 Associates
Schwerpunkte: Insolvenzrechtl. Beratung auf Unternehmens- u. Gläubigerseite, Spezialisierung auf Abwehr von Haftungs- u. Anfechtungsansprüchen, zudem Insolvenzverwaltung regional in Berlin u. München.
Mandate: Art Invest Real Estate zu Insolvenz eines Düsseldorfer Hotels; ehem. Vorstände von Loewe zu Haftungsabwehr; Stadtsparkasse München als Gläubigerin in einer Insolvenz; Thüringer Landesamt für Bau u. Verkehr zu Abellio-Insolvenz; Verbraucherzentrale Bundesverband zu Musterfeststellungsklage gg. Insolvenzverwalter der BEV; Choice Hotels Licensing zu Insolvenzen von 11 Star-Inn-Hotels.

HENGELER MUELLER

Restrukturierung und Sanierung	★ ★ ★ ★

Bewertung: Krisenmandate mit Schnittstellen zu Corporate, Finanzierung u. Prozessführung liegen den Restrukturierern besonders, denn einerseits ist das im engeren Sinne insolvenzrechtl. Know-how am Standort Berlin konzentriert u. findet breite Anerkennung unter Wettbewerbern. Andererseits aber kann die Kanzlei – wie auch sonst bei „Beratungsmandaten" – große fachübergreifende Teams mit starken Partnern zur Krisenbewältigung ins Rennen schicken. Im Frühjahr wurde sie von Gläubigern der Immobiliengruppe Adler mit einem solch komplexen Mandat beauftragt. Rein finanzielle Restrukturierungen wie die des Rohrherstellers EEW gehören aber genauso zum Portfolio wie eine unterstützende Rolle bei an sich krisenfreien Transaktionen. Zudem ist HM eine der Kanzleien, die von bedeutenden Insolvenzverwaltern nicht für Alltagsfragen, sondern für grenzüberschreitendes Hochreck angefragt werden.
Stärken: Komplexe Refinanzierungen; Banken- u. Kapitalmarkt-Know-how.
Oft empfohlen: Dr. Martin Tasma („einer der kommenden großen Namen im Insolvenzrecht", Wettbewerber), Dr. Johannes Tieves
Team: 5 Eq.-Partner, 10 Associates
Schwerpunkte: Beratung von Investoren, Banken u. anderen Gläubigern, auch bei Bankenrestrukturierungen (▷*Bankrecht u. -aufsicht*); Unternehmen in Verhandlungen mit Darlehensgebern u. bei Restrukturierungen (▷*Anleihen*), Steuerrecht u. bei Distressed-Transaktionen (▷*M&A*), auch Insolvenzverwalter in Spezialfragen. ▷*Konfliktlösung*.
Mandate: Gläubiger von Adler Immobilien zu Restrukturierung; Fortum zu Stabilisierungspaket für Uniper; Lufthansa weiterhin zu Corona-Folgen, insbes. Kapitalerhöhung u. Konzernfinanzierung; bayer. Wirtschaftsministerium zu EU-Krisenbeihilferecht; chin. Staatsfonds Great Wall zu Alba-Joint-Ventures, insbes. zu Insolvenzanträgen u. Vergleichsverhandlungen; KKR zu Kauf von 14.400 Adler-Immobilieneinheiten; Siemens zu Joint-Venture-Streit bei Valeo Siemens eAutomotive; EEW Holding zu Refinanzierung; Nederlandse Spoorwegen zu Abellio-Insolvenz; Insolvenzverwalter Galapagos zu Ansprüchen aus Sicherheitenverwertung von Anteilen.

HEUKING KÜHN LÜER WOJTEK

Restrukturierung und Sanierung	★ ★ ★

Bewertung: Eine Stärke der Restrukturierungsberatung von HKLW ist die nahtlose praxisgruppenübergreifende Beratung, in der weiteres Potenzial liegt. Die meisten Partner beraten auch in angrenzenden Rechtsgebieten wie ▷*Gesellschaftsrecht* u. ▷*Konfliktlösung*. Außer der Verwaltung deckt das Team als Full-Service-Einheit das komplette insolvenznahe Recht ab. Das größte Mandat der letzten Jahre etwa, die Beratung der Auftraggeber von Abellio, stammt aus dem ▷*Vergaberechtsteam*. Ansonsten liegt der Schwerpunkt der Mandanten im Mittelstand. Immer wieder schätzen Verwalter die Erfahrung, wenn es um die Vertretung in strittigen Verfahren oder wie aktuell um strafrechtl. Fragen beim Verhalten einer Investmentgesellschaft geht. Anleihegläubiger u. Anleger setzen auf HKLWs Full Service, wenn ihre Finanzprodukte notleidend werden wie etwa bei Solarworld. Auch beim zuletzt wieder anziehenden Distressed M&A wird das Team sowohl von verkaufenden Unternehmen als auch

INSOLVENZ UND RESTRUKTURIERUNG

Investoren wie beim Flughafen Frankfurt-Hahn hinzugezogen.
Oft empfohlen: Prof. Dr. Georg Streit („umfangreiche Erfahrung", Wettbewerber), Dr. Johan Schneider („gute Zusammenarbeit in HH", Wettbewerber), Dr. Arnold Büssemaker
Team: 11 Eq.-Partner, 5 Sal.-Partner, 7 Associates
Schwerpunkte: Sanierungsberatung u. verfahrensbez. Kompetenz in bzw. vor einer Insolvenz für Unternehmen, Gesellschafter u. Organe sowie Banken u. weitere Gläubiger, auch in Haftungs- u. Strafrechtsfragen. Investorenberatung in Krisensituationen, etwa zu Portfoliorestrukturierung, ▷M&A-Transaktionen u. Steuerfragen; Prozessrecht, v.a. zu Anfechtung u. Organhaftung; Arbeitsrecht; Treuhand.
Mandate: Weiterhin Ba.-Wü. u. VRR in Abellio-Insolvenz; Swift Conjoy bei Kauf des Flughafens Frankfurt-Hahn aus Insolvenz; One Square Advisors als Gläubiger in Insolvenz Eyemaxx; Rheinmetall bei Kauf von Assets der insolventen EMT Ingenieurges.; Saurer Technologies in Eigenverwaltung; Eigner bei Insolvenz einer gekauften Klinik; Eterna Mode Holding in StaRUG-Verfahren; Anleiheinvestor bei Restrukturierung des Schuldners; gemeins. Vertreter der Anleihegläubiger in Insolvenz Solarworld; Bank bei Verkauf zahlungsgestörter Forderungen; Unternehmen bei Durchsetzung von Sicherungsrechten; Insolvenzverwalter einer Investmentges. zur Prüfung evtl. strafbarer Geschäfte.

HOGAN LOVELLS
Restrukturierung und Sanierung ★★
Bewertung: Das gut angesehene u. personell breit aufgestellte Restrukturierungsteam berät seine breit gefächerte Mandantschaft, zu der regelm. auch Insolvenzverwalter zählen, umfassend im Insolvenzrecht. Dabei arbeitet es daran, die verschi. Büros für die Mandantennähe zu nutzen, u. intensivierte etwa aus HH seine Zusammenarbeit mit den anderen Standorten u. Praxen nicht zuletzt durch die Ernennung einer sehr aktiven Counsel. Die Beratung von Saurer verdeutlicht bspw. die Zusammenarbeit u. die internat. Erfahrung der Kanzlei: Hier stimmte sich das Team kontinuierl. mit dem chin. Anteilseigner ab u. arbeitete eng mit niederl. Kollegen zusammen; die Beratung umfasste auch kartell- u. aufsichtsrechtliche Fragen sowie das Gesellschafts- u. Arbeitsrecht. Diese Aufstellung macht die Praxis sehr stark bei Distressed M&A auf Investoren-, aber auch Schuldnerseite. Hinzu kommt durch die Erfahrung in der Beratung der öffentl. Hand eine Sonderkonjunktur, die im Anschluss an große Mandate zu Corona-Hilfen bei der Bundesfinanzagentur 2021 auch 2 Mandate für Fondsmanager der öffentl. Hand umfasst.
Oft empfohlen: Dr. Heiko Tschauner („super professionell u. pragmat.", Mandant)
Team: 4 Partner, 5 Counsel, 7 Associates
Schwerpunkte: Beratung von Unternehmen sowie Banken u. anderen Gläubigern zu Restrukturierungen u. Insolvenzverfahren; lfd. Beratung von Insolvenzverwaltern zu grenzüberschr. Fragen sowie Haftungs-/Anfechtungsansprüchen. Hoch spezialisierte Prozessführung (▷Konfliktlösung) u. Begleitung von Investoren. ▷M&A.
Mandate: Saurer Netherlands Machinery zur Rücknahme der Insolvenzanträge der Tochtergesellschaften Saurer Spinning Solutions u. Saurer Technologies sowie bei Verkauf der Geschäftsbereiche Accotex, Temco u. Wickler an Rieter; Jinsheng zu Sanierung ihrer Beteiligung an EMAG; Boston Consulting Group zu div. Restrukturierungsmandaten; Donaldson Filtration Dtl. bei Abwehr von angebl. Anfechtungs- u. Haftungsansprüchen der insolventen PBO Luftdrucktechnik; Fondsmanager der öffentl. Hand im Corona-Investitionsprogramm im Zshg. mit einem Co-Investment für eine dt. Beteiligungsgesellschaft; weiterhin Bundesfinanzagentur bei Stabilisierungsmaßnahmen für Galeria Karstadt Kaufhof durch den WSF.

HWW HERMANN WIENBERG WILHELM
Insolvenzverfahren ★★
Bewertung: Die große Insolvenzrechtskanzlei ist flächendeckend im Bundesgebiet mit div. erfahrenen Verwaltern vertreten. Allerdings verabschiedete sich Schorisch, der mit seiner Prozessstrategie als QCells-Insolvenzverwalter im Markt viel Kritik einstecken musste. Große Altverfahren wie Thomas Cook beschäftigen die Kanzlei weiterhin. Aus ihnen resultiert Erfahrung in Branchen wie Luftfahrt, Automotive u. Elektronik. Daneben existiert ein reges Treuhandgeschäft. Besonders auffällig agiert das Frankfurter Büro. Hier bearbeitet etwa Kappel-Gnirs mit der Sachwaltung in der erneuten Insolvenz von Pluradent das prominenteste Verfahren, verwaltet die Reha-Klinik Wüsthofen u. berät Willi Göbel Maschinenbau in der Eigenverwaltung. Bei den dortigen Partnern liegt auch ein Schwerpunkt in der gerichtl. u. außergerichtl. Vertretung in streitigen Restrukturierungen u. der insolvenzbez. Prozessführung. Insbesondere die norddt. Büros haben weiter an Marktpräsenz verloren.
Stärken: Insolvenzverwaltung mit zahlr. Betriebsfortführungen u. Insolvenzplänen.
Oft empfohlen: Rüdiger Wienberg, Dr. Gregor Bräuer („dynamisch; betriebswirtschaftl. u. rechtlich exzellent", Wettbewerber), Julia Kappel-Gnirs („einer der führenden Namen mittlerweile", „kompetent u. mit Erfahrung in Großverfahren", Wettbewerber), Ottmar Hermann
Team: 14 Partner, rd. 20 Associates
Partnerwechsel: Henning Schorisch (zu Andres-Partner)
Schwerpunkte: Insolvenzverwaltung an rund 20 dt. Standorten, gerichtl. Bestellungen bundesweit. Erfahrung mit Großverfahren etwa im Einzelhandel u. produz. Gewerbe; häufig Insolvenzpläne. Sanierungsberatung für Unternehmen bzw. Kreditgeber, Begleitung von Investoren bei Käufen aus der Insolvenz. Sanierungstreuhand. Auch Beratung externer Verwalter.
Mandate: Willi Göbel Maschinenbau in Eigenverwaltung. **Verwaltung:** Minda KTSN Plastic Solutions (Dresden); Pluradent (Offenbach); DVS Dt. Volleyball Sport, Media Direkt Ges. für Marketing u. Produktion von Werbung für Fernsehen u. Printmedien (beide Frankfurt); Reha-Klinik Wüsthofen (Fulda); Symacon Maschinenbau (Magdeburg); Affinia Metals, DKF Deutscher Krankenfahrdienst, Piqma Consulting (beide Köln); GfN Ges. für Netzbautechnik (Bonn).

JAFFÉ
Insolvenzverfahren ★★★★★
Bewertung: Dass die klass. Insolvenzverwaltung immer mehr zu einer Nische wird, hat der Kanzlei bisher nicht geschadet. Ihr gut eingespieltes Team verzichtet weiterhin auf insolvenzrechtl. Beratungsmandate u. bearbeitet stattdessen v.a. große Verfahren im gerichtl. Auftrag. Die Kanzlei hat sich jetzt systemat. in die insolvenzrechtl. Rekonstruktion des Wirecard-Skandals eingearbeitet. Dabei haben die Anwälte nach den Verkäufen zahlr., v.a. ausl. Wirecard-Töchter auch prozessual bereits einige Etappen absolviert. Um die Insolvenzexperten hinter Namensgeber Jaffé stärker als eigenständige Verwalter zu positionieren, fehlten im Markt zuletzt die Verfahren. Andererseits war die mediale Aufmerksamkeit für die Insolvenz der Münchner Schuhbeck-Gruppe groß.
Stärken: Komplexe Insolvenzverfahren; Aufklärung betrüger. Strukturen; Prozessführung.
Oft empfohlen: Dr. Michael Jaffé, Dr. Michael Schuster („starker Verhandler, hervorragender Prozessanwalt", Wettbewerber)
Team: Rd. 30 Anwälte
Schwerpunkte: Bestellungen als Insolvenzverbzw. Sachwalter, insbes. in Bayern, NRW, Hessen, Thüringen u. Baden-Württemberg. Eigenständiger Zweig für Insolvenzrecht, insbes. Anfechtungs- u. Prozessthemen, in der Jaffé PartG mbB.
Verwaltung: Schuhbeck-Gruppe (München); Unia (Siegen); A-Kaiser (Passau); weiterhin Wirecard-Gruppe; P&R-Gruppe sowie Privatvermögen Heinz Roth (alle München).

KEBEKUS ET ZIMMERMANN
Insolvenzverfahren ★★★★
Bewertung: Der bundesw. angesehene Namenspartner Kebekus steht selbst ohne prominente neue Großverfahren weiterhin für Erfolg bei komplexen Verwaltungen. Aktiv u. kommunikationsstark bringt er auch als Sachwalter seine große Erfahrung ein. Nach der Sachwaltung bei Galeria Karstadt Kaufhof schloss er einige Altverfahren wie Nelskamp erfolgreich ab, andere wie die internat. verwickelte Galapagos-Verwaltung bringt er weiter voran. Seine Moderationserfahrung aus komplizierten Verwaltungen wird zudem von Beteiligten für Beratungsmandate bei vorinsolvenzl. Unternehmensrestrukturierungen angefragt. Die schlank aufgestellte Düsseldorfer Insolvenzrechtsboutique konzentriert sich mit ihren Büros, Bestellungen u. Mandaten stark auf NRW. Unklar bleibt weiter, ob das Team zeitnah durch neue Jungpartner zukunftsweisend ausgebaut wird.
Oft empfohlen: Dr. Frank Kebekus („umsichtig", Wettbewerber)
Team: 2 Eq.-Partner, 6 Associates
Schwerpunkte: Bestellungen in NRW, v.a. Düsseldorf (insges. 4 Verwalter). Arbeitsrecht u. internat. Insolvenzrecht. Außergerichtl. Sanierungsberatung, auch in operativer Funktion, für Unternehmen.
Mandate: 2 Autozulieferer aus NRW jew. bei finanzieller Restrukturierung. **Verwaltung:** Pilatus SR Holding (div. Gesellschaften), nicht öffentl. Sanierungsmoderation nach StaRUG (beide Düsseldorf); weiterhin Galapagos (Düsseldorf); weiterhin Dachziegelwerke Nelskamp (Duisburg).

KIRKLAND & ELLIS
Restrukturierung und Sanierung ★★★★★
Bewertung: Wenn Unternehmenskrisen eng mit einer komplexen Finanzierungsstruktur u. divergierenden Gläubigerinteressen zusammenhängen, dann ist K&E oft nicht weit. Speziell bei der Durchsetzung von risikobehafteten Forderungen, häufig nach einem Weiterverkauf, setzen internat. aktive Gläubiger auf das eingespielte Münchner Team, das allerdings Ende 2021 einen Salary-Partner verlor. Gerade das Verständnis für grenzüberschr. Lö-

INSOLVENZ UND RESTRUKTURIERUNG

sungsmöglichkeiten gibt oft den Ausschlag, kommt aber auch angesichts hoher Stundensätze nicht für insolvenznahes Massengeschäft infrage. Mehr noch als früher hat K&E sich eine besondere Kompetenz in der insolvenzrechtl. Prozessführung erarbeitet. Auch auf diesem Feld kann die Kanzlei die internat. Karte ausspielen, etwa beim Gerichtsstandortstreit um Galapagos oder der Gläubigerrangfolge in der Wirecard-Insolvenz.

Stärken: Innovative finanzielle Restrukturierung, internat. integrierte Praxis.

Oft empfohlen: Dr. Leo Plank („liefert jederzeit beste Verhandlungsergebnisse für uns", Mandant), Sacha Lürken („exzellenter Anwalt, immer verfügbar, bietet qualitativ hochwertige Arbeit", Mandant)

Team: 3 Eq.-Partner, 1 Sal.-Partner, 5 Associates
Partnerwechsel: Dr. Wolfram Prusko (zu Willkie Farr & Gallagher)
Schwerpunkte: Beratung von Investoren (▷*Private Equ. u. Vent. Capital*, Hedgefonds, Direct-Lending-Fonds) zu Restrukturierungen u. Distressed ▷*M&A*; Begleitung von Schuldnerunternehmen u. deren Management, v.a. in grenzüberschr. Fällen, sowie von Gläubigern in Insolvenzverfahren (Kreditinstitute u. nachrangige Kreditgeber) u. insolvenzbezogenen Prozessen.
Mandate: Ad-hoc-Gruppe von Wirecard-Anleihegläubigern zu Forderungen im Insolvenzverfahren; Galapagos Holding (Triton) zu Restrukturierung u. Insolvenzverfahren; Anleihegläubiger von Löwen Play (Safari Holding) zu Restrukturierung; Davidson Kempner zu Restrukturierung von A1 mobil (öffentl. bekannt); weiterhin Gläubiger von Solarworld zu Insolvenzverfahren u. Verkäufen.

LAMBRECHT
Restrukturierung und Sanierung ★

Bewertung: Die D'dorfer Insolvenzrechtsboutique ist zwar personell schlank aufgestellt, bietet aber neben ihren starken Insolvenzrechtlern auch insolvenznahe arbeits- u. gesellschaftsrechtl. sowie Distressed-M&A-Beratung. Namenspartner Lambrecht ist nicht erst seit dem Erfolg seiner Beschwerde gg. den Vergütungsantrag des Sachwalters bei Air Berlin durch ein BGH-Urteil bekannt für Geradlinigkeit u. Korrektheit, die Boutique ist für insolvenzrechtl. Fragen auch als Kooperationspartnerin bei Großkanzleien gefragt. Besonders für Eigenverwaltungen mit Schutzschirm übernimmt sie regelm. Bestellungen u. Mandate. Auch von Käufern bei Distressed M&A wird die unabhängige u. kritische Analyse der Kanzlei geschätzt. Die Boutique mit Arbeitsschwerpunkt in NRW hat für Herbst 2022 eine relevante Verstärkung mit einem Team in Berlin ins Auge gefasst.

Oft empfohlen: Martin Lambrecht („schätzen seine ehrliche u. korrekte Art", „gibt immer alles für den Mandanten", Wettbewerber)
Team: 2 Partner, 6 Associates
Schwerpunkte: Sanierungsberatung, bes. in Eigenverwaltung, Sachwalterschaft, Insolvenzpläne; zusätzl. insolvenznahes Arbeits- u. Gesellschaftsrecht; Gläubigervertretung. Regionaler Schwerpunkt in NRW u. Rh.-Pf.
Mandate: Airdeal bei Beschwerde gg. Vergütungsbeschluss des ehem. Sachwalters von Air Berlin; Druckerei Hofmann vorinsolvenzlich. **Verwaltung:** Cartec Tooling, Gebr. Rath Werkzeugbau (beide Siegen); weiterhin Hoesch Schwerter Extruded Profiles (Hagen); weiterhin Union Knopf Menswear (Wuppertal).

LATHAM & WATKINS
Restrukturierung und Sanierung ★★★★★

Bewertung: Mit ihrem Restrukturierungsteam kann L&W aus dem Vollen schöpfen. Die über Jahre vorbereitete gute personelle Aufstellung hat den Raum geschaffen für die parallele Bearbeitung großer Mandate etwa in der Autozuliefererindustrie. In dieser Branche ist L&W sowohl auf Kreditgeberals auch auf Unternehmensseite zu finden. Auch die gut eingespielten Arbeitsprozesse mit den Teams in London oder New York sorgen für vielfältige Lösungsmöglichkeiten bei grenzüberschr. Sanierungen, wie der Fall Löwenplay zeigt. Hier kam erstmals seit dem Brexit ein engl.-rechtl. Scheme of Arrangement für ein dt. Unternehmen zum Einsatz. Außerdem hat die Kanzlei intern immer wieder ihre Kreditfinanzierer, M&A-Anwälte oder zuletzt häufiger ihre starken Kapitalmarktrechtler in Restrukturierungsmandate eingebunden, wodurch das fachübergreifende Know-how immer weiter gewachsen ist. Eine Counsel-Ernennung in Frankfurt zeigt, dass die Kanzlei im insolvenznahen Bereich nicht nur von Hamburg aus agiert.

Oft empfohlen: Frank Grell („Berater mit durchdachten Lösungen", Wettbewerber), Dr. Jörn Kowalewski („herausragender Stratege u. Visionär; Mann der Zahlen, könnte auch Vorstand sein", Mandant), Dr. Ulrich Klockenbrink („erstklassiger Stratege, der wie kein 2. die Transaktion zum Erfolg führt", Mandant)
Team: 3 Partner, 2 Counsel, 10 Associates
Schwerpunkte: Vertretung von Investoren u. Kreditgebern sowie Unternehmen bei Restrukturierung von vielschichtigen Kreditkonstruktionen sowie in Verkaufsprozessen. Breite Gläubigerberatung in insolvenznahen Fragen; Refinanzierung unter Einbindung von Steuerrecht, ▷*Kredite u. Akqu.fin.*, ▷*M&A* u. ▷*Arbeitsrecht*.
Mandate: Kreditgeber der KSBG (Steag) zu operativer u. finanzieller Restrukturierung; EMAG zu finanzieller Restrukturierung; Löwenplay/Safari Holding zu finanzieller Restrukturierung; Kreditgeberkomitee der Benteler-Gruppe zu Restrukturierung u. Refinanzierung; Leoni zu finanzieller u. operativer Restrukturierung; Banken zu Restrukturierung der WKW-Gruppe; Bankenkonsortium zu Verlängerung der Kreditlaufzeiten von Tui; Bankenkonsortium zu Restrukturierung der Borgers-Gruppe; Postbank u.a. als Kreditgeber der IFA zu Restrukturierung u. M&A-Prozess; Christ-Gruppe zu Refinanzierung in Krise; Hüls zu Management-Buy-in u. grenzüberschr. Restrukturierung; Bundesverband dt. Banken zu Insolvenz der Greensill-Bank.

LIESER
Insolvenzverfahren ★

Bewertung: Das auf der Anwaltsseite recht kleine, aber hoch qualifizierte Team dehnt sich regional weiter aus. Ein von DLA Piper gewechselter, auch internat. erfahrener Anwalt soll den Frankfurter Markt ins Visier nehmen, während die Kanzlei an einigen NRW-Standorten ohnehin schon aktiv ist u. bestellt wird. In operativer Rolle als Eigenverwalter beim Reifenhändler Kiefer gelang auch ein erster Schritt ins Saarland. Dass Namensgeber Lieser 2021 im ersten StaRUG-Verfahren in Rheinland-Pfalz vom Koblenzer Gericht als Restrukturierungsbeauftragter bestellt wurde, unterstreicht seinen guten Ruf.

Oft empfohlen: Jens Lieser, Dr. Alexander Jüchser („extrem guter u. zielorientierter Verwalter mit klarer Fokussierung", Wettbewerber)
Team: 4 Eq.-Partner, 4 Associates
Schwerpunkte: Insolvenzverwaltung u. Sachwaltung im Westen u. Südwesten mit hoher Fortführungsorientierung.
Mandate: Reifen Kiefer u. RKKR zu Eigenverwaltung (Generalvollmacht). **Verwaltung:** Betriebsgesellschaften Schloss Engers u. Hambacher Schloss (Neuwied); Bäckerei Hampe (Siegen); Neuefeind, Bollwin & Heemann u. Pitthan (Trier); Lebenshilfe Rhein-Lahn (Koblenz).

LINKLATERS
Restrukturierung und Sanierung ★★★★

Bewertung: Die Praxis deckt die gesamte Bandbreite der Beratung zu Restrukturierung u. Insolvenz ab. Eine Stärke ist dabei die enge Verzahnung mit anderen Praxisgruppen u. Teams in anderen Jurisdiktionen. Ein Paradebsp. hierfür bietet die Beratung von Genting zusammen mit den Büros u.a. in London u. Singapur sowie praxisgruppenübergreifend u.a. mit den ▷*Konfliktlösungsberatern* u. ▷*Gesellschaftsrechtlern* der Kanzlei. Die nahtlose Vernetzung insbes. mit Letzteren führt häufig dazu, dass das Team bei Konzernumstrukturierungen in krisennahen Phasen dazugeholt wird. Auch bei Streitigkeiten, wie etwa in der umf. Beratung des Minda-Insolvenzverwalters, war die internat. Aufstellung der Kanzlei wichtig. Zu neuen Beratungsthemen wie dem StaRUG u. sanktionsbezogenen Folgen des Ukraine-Kriegs entwickelt das Team schnell Lösungen.

Stärken: Grenzüberschr. Finanzrestrukturierungen.

Oft empfohlen: Dr. Sabine Vorwerk („Expertin für Unternehmensrestrukturierung mit großer Erfahrung in Bankenberatung", Wettbewerber)
Team: 2 Partner, 1 Counsel, 5 Associates
Schwerpunkte: Beratung von Banken (insbes. dt. u. internat. Großkreditgeber u. Investmentbanken), Schuldnerunternehmen, Investoren u. Gläubigern zu finanziellen Restrukturierungen. Abwicklung von Finanzinstituten, insbes. in der EU, mit starkem ▷*bank- u. aufsichtsrechtl.* Bezug. Prozess- u. insolvenzrechtl. Mandate.
Mandate: Alvarez & Marsal als Provisional Liquidator bei Liquidation von Genting-Gruppe; weiterhin Genting-Gruppe bei Restrukturierung; weiterhin KfW zu StaRUG. Rettungsfinanzierung für Condor; weiterhin Dr. Rainer Bähr als Insolvenzverwalter der Minda KTSN Plastic Solutions; Heleba bei Rückführung von Konsortialkredit bei Auflösung u. Rückabwicklung von Joint Venture.

MAYER BROWN
Restrukturierung und Sanierung ★

Bewertung: Die Beratung der Insolvenzrechtspraxis ist eng verbunden mit der zum ▷*Kreditrecht* u. zum ▷*M&A*. Ihre Mandanten profitieren dabei zudem von der guten Verzahnung mit dem internat. Netzwerk der Kanzlei, so etwa Aptos als Verkäuferin u. Lear als Käuferin bei ihren erfolgreich abgeschlossenen krisennahen Transaktionen. Auch aufseiten von Finanzinstituten u. Fonds fasst die Praxis bei Distressed M&A Fuß, wie das große Mandat bei Genting verdeutlicht. Über die Transaktionen vergessen werden dürfen nicht die bedeutenden eigenen Stammmandate der Praxis, die sie etwa bei div. Restrukturierungsfragen zu Corona-Krisen u. Stundungsvereinbarungen mit Kunden beriet.
Team: 1 Eq.-Partner, 3 Sal.-Partner, 2 Counsel, 3 Associates

INSOLVENZ UND RESTRUKTURIERUNG

Schwerpunkte: Restrukturierungsberatung mit finanz-, immobilien-, ▷gesellschafts- u. arbeitsrechtl. Aspekten; Distressed ▷M&A. Prozessführung in insolvenznahen Mandaten; Organberatung u. Aufstellung von Treuhandmodellen, speziell CTA.
Mandate: Lear bei Kauf von Geschäftsbereich von Kongsberg Automotives aus Krise; FTI-Consulting bei Distressed M&A für Collective Living Group; weiterhin Banken im mrd-schweren Distressed M&A/Restrukturierung bei Genting Hong Kong; Energieuntern. bei finanzieller Restrukturierung; Ante-Holz bei Kauf aller Vermögenswerte der notleidenden Holzwerk Rötenbach; Aptos beim Verkauf einer notleidenden Sparte an Tesisquare; europ. Textilhandelsuntern. zu Insolvenz eines Kunden.

MCDERMOTT WILL & EMERY
Restrukturierung und Sanierung ★★

Bewertung: Mit einer weiteren Partnerernennung hat MWE die Präsenz ihrer Restrukturierungstruppe erneut vergrößert, im 3. Jahr in Folge. Einer der jungen Partner bewährte sich in der Eigenverwaltung des großen Briefzustellers Postcon NRW. Zu den Mandanten der Restrukturierer zählen auch ansonsten v.a. Unternehmen in unterschiedl. komplexen Krisenlagen sowie Insolvenzverwalter. Letztere setzen MWE gerne in streitigen Auseinandersetzungen ein. Die Unternehmensmandanten stammen häufig aus den Branchen Automotive u. Einzelhandel, wobei der Kaufhauskonzern Galeria hier sicherlich der prominenteste Name ist. Doch auch Investoren aus dem Ausland setzen auf die Anwälte in Düsseldorf u. München, um insolvenzbedingte Kaufoptionen zu prüfen.
Oft empfohlen: Dr. Matthias Kampshoff, Dr. Uwe Goetker („Restrukturierungsfokus mit internat. Fachwissen", Wettbewerber)
Team: 8 Partner, 4 Associates
Schwerpunkte: Beratung von Unternehmen bzw. deren Organen zu außergerichtl. Sanierung, in Insolvenzverfahren sowie Distressed M&A; seltener Banken zu notleidenden Darlehen; Investoren, u.a. Fonds, zu Kauf u. Restrukturierung von Unternehmen, häufig integriert mit ▷Arbeits- u. ▷Immobilienrecht; Haftungs- u. Anfechtungsabwehr.
Mandate: Postcon NRW zu Eigenverwaltung u. Insolvenzplan; Galeria Karstadt Kaufhof lfd. zu finanziellen Stabilisierungsmaßnahmen; Insolvenzverwalter AvP zu Aus- u. Absonderungsrechten sowie prozessual; Borgers Automotive zu finanzieller Restrukturierung; Edelmann-Gruppe zu Restrukturierung.

MÖHRLE HAPP LUTHER
Restrukturierung und Sanierung ★

Bewertung: Die Kanzlei spielt die Stärke ihres multidisziplinären Ansatzes auch in der krisennahen Beratung aus. Die schwerpunktmäßig bei Hirschberger entstandene Beratung von Verwaltern bezieht etwa auch die Kompetenz der internen Wirtschaftsprüfung bspw. für die Prüfung von Schlussrechnungen ein. Ein wichtiges Standbein bildet die insolvenzbezogene Prozessführung für Gläubiger u. Verwalter. Die Klasse ihrer transaktionsbegleitenden Anfechtungsberatung verdeutlicht das Mandat bei Riu, wo MHL insolvenzrechtl. den Kauf des Anteils von Tui beriet. Ein Zeichen für den inhaltl. Ausbau der Beratung zur Krisenabsicherung von Vermögen setzt die Ernennung eines Salary-Partners mit diesem Schwerpunkt. Damit schafft das Team eine weitere Anbindung zu angrenzenden Kompetenzen wie Steuer-, Arbeits- u. ▷Gesellschaftsrecht.
Oft empfohlen: Dr. Helge Hirschberger („führender Ansprechpartner für maritime Insolvenzberatung", Wettbewerber)
Team: 2 Eq.-Partner, 1 Sal.-Partner, 3 Associates
Schwerpunkte: Sanierungs- u. Restrukturierungsberatung, insolvenzbezogene Prozessführung, angrenzendes insolvenznahes Steuer- u. Arbeitsrecht sowie M&A. Branchenschwerpunkt Schifffahrt.
Mandate: Riu-Gruppe anfechtungsrechtl. bei Kauf des Joint-Venture-Anteils von Tui an Riu Hotels; Konzernges. als Gesellschafterin bei Insolvenz mit Debt-to-Equity-Swap; weiterhin jew. Bertram Rickmers, Brick Holding, Dr. Tjark Thies (Reimer) als Insolvenzverwalter, Schifffahrtsges. bei Abwehr von Insolvenzanfechtungsansprüchen eines Insolvenzverwalters.

MÜLLER-HEYDENREICH BIERBACH & KOLLEGEN
Insolvenzverfahren ★★★

Bewertung: Bevor alle Welt von der Energiekrise sprach, hatte sich die Münchner Kanzlei bereits zum Kompetenzzentrum für Energieinsolvenzen entwickelt. Letztes Bsp. der hier entstandenen Branchenexzellenz ist die Green-City-Insolvenz mit rund 150 Gesellschaften u. vielfältigen zeitkritischen Herausforderungen. Die gerichtl. Bestellung für diesen Großkomplex zeigt, welche Leistungsstärke u. Geschwindigkeit die Insolvenzgerichte MHBK zutrauen. Zudem waren die Verwalter sowohl im Münchner als auch im Nürnberger Büro mit einer ordentl. Zahl mittelgroßer u. kleiner Fälle beauftragt u. zeigen so eindrucksvoll, dass die klass. Insolvenzverwaltung noch nicht abgeschrieben werden kann.
Oft empfohlen: Axel Bierbach („flexibel u. lösungsorientiert, bringt das Wesentliche auf den Punkt", Wettbewerber), Oliver Schartl, Dr. Stefan Debus („exzellenter Verwalter, unkompliziert u. fair", Wettbewerber)
Team: 7 Partner, 13 Associates
Schwerpunkte: Insolvenzverwaltung in Bayern u. Thüringen; Schwerpunkte u.a. Fonds, Energie- u. Mediensektor sowie grenzüberschr. Insolvenzen. Starke insolvenzrechtl. ausgerichtete Prozessabteilung (Anfechtungsrecht); außerdem Gesellschafts-, Arbeits- u. Steuerrecht.
Verwaltung: Green City (mit: AG, Green City Energy Kraftwerkspark I, II u. III, Green City Solarimpuls I); Fulminant Energie; Remberg Bauträger; Enders Reisen; Kratzer Automation; Helske People Care (München); Regena Hotel (Schweinfurt); CuraLife; GeRoLog (Nürnberg); Global Precursor Ceramics (Bamberg).

MÜNZEL & BÖHM
Insolvenzverfahren ★

Bewertung: Die Hamburger Insolvenzrechtsboutique hat eine anerkannt hohe Effizienz entwickelt, kleine u. mittelständische Verfahren abzuwickeln. Gleichzeitig verfügt sie über große Branchenerfahrung, zuallererst in Schifffahrt u. Touristik sowie im mittelständ. Handel u. Handwerk. Aus dieser Kompetenz resultierte zuletzt, zusätzlich zur Verwaltung, eine langsam steigende Zahl an Anfragen zur Restrukturierungsberatung. Nach ihren ersten StaRUG-Verfahren spielt diese neue Option jetzt auch in einzelnen Beratungen eine Rolle. Mit ihren zahlr. Standorten in Norddtl. gehört M&B zu den zahlenmäßig meistbestellten Kanzleien. Ihre Effizienz beweist sie auch in ihrem personell ausgebauten Berliner Büro.
Team: 5 Eq.-Partner, 4 Sal.-Partner, 12 Associates
Schwerpunkte: Insolvenzverwaltung, seltener Beratung zu Eigenverwaltung; 12 Standorte in HH, Schl.-Holst. u. Niedersachsen sowie Berlin.
Verwaltung: Carrypicker, Premiumverbund Bau, Kappa Ingredients, Internat. Exchange (alle Hamburg); Rolf Lenk Werkzeug- u. Maschinenbau (Reinbek); Bioenergie Neu-Schönau (Stade); Brot Manufaktur Gaues (Hannover); Mälzerei Günther Schubert (Schweinfurt).

NIERING STOCK TÖMP
Insolvenzverfahren ★

Bewertung: Die in erster Linie in NRW tätige Verwalterkanzlei setzt ihr Ziel, insolvente Betriebe möglichst lange u. eigenständig fortzuführen, auch auf Beraterseite als Generalbevollmächtigte um. Etwa ein Viertel ihrer Tätigkeit besteht in Krisenberatung. Die gute Vernetzung im kirchl. Gesundheitssektor hat zu einer Branchenerfahrung geführt, die mittlerw. eine feste Säule in der Kanzlei geworden ist. Nahm die Boutique früher nur Verwalter als Partner auf, änderte sich dies bei den jüngsten Beförderungen. Neben der Abarbeitung von Altverfahren sorgen auch immer wieder singuläre große Bestellungen des Namenspartners u. Vorsitzenden des Berufsverbandes Niering wie beim Autoteilehändler Hess für Auslastung.
Oft empfohlen: Dr. Christoph Niering
Team: 9 Partner, 4 Associates, 1 of Counsel
Schwerpunkte: Insolvenzverwaltung u. Sachwalterbestellungen in NRW, Schwerpunkt Rheinland u. Ruhrgebiet. Ausgewiesene Prozessabteilung. Zudem Sanierungsberatung, z.B. im Gesundheitswesen.
Verwaltung: Hess Automotive (Köln), Joh. Brendow & Sohn Grafischer Großbetrieb & Verlag (Kleve).

NOERR
Restrukturierung und Sanierung ★★★★★

Bewertung: Die Kanzlei war eine der Ersten, die das insolvenznahe Beratungsgeschäft in seiner ganzen Breite ausgefüllt hat. Die Spannbreite wird noch größer, wenn man Noerrs Beratung der dt. Finanzagentur zu WSF-Finanzierungen hinzuzählt, zuletzt etwa bei Enercon. Sowohl bei krisenbedingten Refinanzierungen wie Steag als auch bei eher operativ geprägten Sanierungen wie der Eurobahn ist Noerr präsent u. spielt ihre Stärke durch fachübergreifende Arbeit aus. Mehrfach übernahm die Noerr-Gesellschaft 'Team Treuhand' interimsweise Anteile, um Sanierungen voranzubringen. Als langjähriger Transaktionsbegleiter für führende Insolvenzverwalter bekommt die Kanzlei natürlich auch von deren Flaute etwas ab; andererseits ist es gerade das spezielle insolvenzrechtl. Know-how, das Noerr als Beraterin attraktiv macht, wenn die Ausgangslage etwas schwieriger ist u. das präzise Handling von Insolvenzanträgen u. ggf. deren Rücknahme essenziell ist.
Stärken: Distressed-Transaktionen; Prozessführung; Erfahrung im operativen Krisenmanagement.
Oft empfohlen: Dr. Thomas Hoffmann („exzellenter Berater", Mandant), Dr. Dorothée Prosteder („versierte Restrukturiererin, harte Verhandlerin", Wettbewerber), Prof. Dr. Christian Pleister
Team: 11 Eq.-Partner, 3 Sal.-Partner, 1 Counsel, 7 Associates
Partnerwechsel: Kathrin Strübing (zu VSB-Gruppe), Dr. Andrea Zwarg (zu KPMG)

INSOLVENZ UND RESTRUKTURIERUNG

Schwerpunkte: Beratung von Krisenunternehmen u. Organen; Kreditgeber bzw. Gläubiger u. Investoren in der Insolvenz oder zu Refinanzierungen. Insolvenznahe Transaktionen (▷M&A). Regelm. Prozessführung (▷Konfliktlösung). Sanierungstreuhand in separater Gesellschaft, auch Bankenpools.
Mandate: Bankenkonsortium zu Steag-Restrukturierung; Eurobahn (ehem. Keolis) zu Restrukturierung u. als Treuhänder; DRK-Kliniken Nordhessen bzw. Helios zu Treuhandschaft u. Refinanzierung; Hess Automotive zu Sanierungsversuchen u. Insolvenzantrag; Aurelius zum Kauf von Pluradent aus Eigenverwaltung; Orlando zu Insolvenz von Saurer Spinning Solutions; Cordenka in Eigenverwaltung zu M&A-Prozess; Condor Flugdienst zu Post-M&A-Streit mit LOT; Insolvenzverwalter von Wirecard zu internat. Verkäufen.

PLUTA
Insolvenzverfahren ★★★★
Bewertung: Immer wieder mit div. Partnern in zahlr. Verfahren vertreten, ist Pluta eine bundesweit angesehene Größe im Insolvenzrecht. Mit einem in der Marktflaute stabilen Marktanteil bei Bestellungen bleibt die klass. Verwaltungssparte die Stütze des Geschäfts. Zuletzt stammte die Mehrzahl der größeren Verfahren wie Stöhr u. Leysieffer aus dem Norden. Die Anwälte übernehmen meist sowohl Verwaltungen als auch Beratungen. Bei Eigenverwaltungen kommt das Team daher ausgewogen in die Sachwalterposition (wie bei Bukuma) oder ins Mandat (wie bei Burnus). Die große Erfahrung mit Schutzschirmverfahren hilft dabei in der Beratung bei festgefahrenen Unternehmenskrisen. Die Kanzlei verfügt über große Transaktionserfahrung u. ein weit gespanntes Kontaktnetz im Distressed M&A, das sie etwa beim Verkauf von Castwerk nutzte. Hilfreich sind hier auch die eigenen Büros im europ. Ausland, u. der Düsseldorfer Neuzugang von Hase soll konkret die Achse nach Mailand verstärken. Erste Erfahrungen in der Krise der Energiebranche aus Mandaten wie Kehag sind zudem für die dort anstehenden Restrukturierungen nützlich.
Stärken: Betriebsfortführungen, transparente Verfahrensabwicklung.
Oft empfohlen: Stefan Meyer („kompetenter, pragmat. Verwalter", Wettbewerber), Michael Pluta („mit Weitblick", Wettbewerber), Dr. Stephan Thiemann, Steffen Beck („große Erfahrung u. wirtschaftl. Verständnis", Mandant), Dr. Christian Kaufmann
Team: 21 Gesellschafter, rd. 80 weitere Berufsträger
Partnerwechsel: Dr. Karl von Hase (von Luther)
Schwerpunkte: Insolvenzverwaltung an über 40 dt. Standorten, gerichtl. Bestellungen bundesweit. Rechtsberatungszweig mit Spezialisierungen im Arbeits-, Bau- u. Sicherheitenrecht. Beratungseinheit für Sanierung u. Restrukturierung, separate Gesellschaft für Managementfunktionen. Auslandsbüros in Spanien u. Italien; zudem internat. Netzwerk.
Mandate: Heinze-Gruppe in Insolvenzverfahren; Burnus Hychem, Kehag Energiehandel (Sanierungs-GF) jew. in Eigenverwaltung; Hettich-Gruppe/Castwerk bei Verkauf in Umbauphase. **Verwaltung:** Druckerei Hofmann (3 Gesellschaften, Nürnberg); Großbäckerei Stöhr-Brot (3 Gesellschaften, Oldenburg); Finow Automotive (Frankfurt/Oder); Bukuma (Koblenz); Gzimi Garten- und Landschaftsbau (München); Steinkamp (Bielefeld); Fosen Yard Emden (Aurich); Neuero Farm- und Fördertechnik, Leysieffer, Franz Wölfer Elektromaschinenfabrik (alle Osnabrück); Schöneis (Meppen); Wiking Helikopter Service (Wilhelmshaven).

REIMER
Insolvenzverfahren ★★★
Bewertung: Mit mehreren starken Partnern tritt die in der Verwaltung verwurzelte Kanzlei als standortübergreifendes Team auf. Besonders angesehen ist ihre langj. Erfahrung in der maritimen Wirtschaft, die trotz sinkender Fallzahlen mit Verfahren wie Nobiskrug ein wichtiger Branchenschwerpunkt bleibt. Die Anwälte sind dezentral gut vor Ort vernetzt, sichtbar etwa an der Bestellung durch zahlr. Gerichte in SH über Kiel hinaus. Dabei werden immer wieder jüngere Verwalter aufgebaut, von denen zuletzt 2 zu Sal.-Partnern ernannt wurden. Neben dem Stammgebiet im Norden hat sich ebenso das Frankfurter Büro in Hessen etabliert. Das gilt auch für die insges. erfolgreiche Verstärkung des außerinsolvenzrechtlichen Sanierungsbereichs und der Sanierung im Rahmen der Eigenverwaltung, wie die Arbeit für die internat. aktive Kasseler Ludwig Pfeiffer Hoch- u. Tiefbau zeigt.
Oft empfohlen: Dr. Tjark Thies („klar u. fair im Umgang; guter Verwalter", Wettbewerber), Reinhold Schmid-Sperber, Peter-Alexander Borchardt
Team: 5 Eq.-Partner, 10 Sal.-Partner, 11 Associates
Schwerpunkte: Insolvenzverwaltung u. Sachwaltung in ganz Norddtl. sowie in Hessen, dazu vereinzelt insolvenznahe Beratung zu Eigenverwaltung, Antragspflichten, Haftungs- u. Prozessthemen sowie Insolvenzplänen.
Mandate: Ludwig Pfeiffer Hoch- u. Tiefbau (Generalvollmacht) sowie ein Autozulieferer jew. in Eigenverwaltung; Einkaufsgenossenschaft bei Abwehr von Anfechtungsansprüchen; Hotelgruppe, Softwareunternehmen jew. bei Sanierung; Investmentges. für Solaranlagen bei Restrukturierung von Gesellschafterdarlehen u. Insolvenzvermeidung. **Verwaltung:** Junges Hotel Hamburg, New Generation Logistik, Nordlichter Human Resources, Tophi (alle Hamburg); Rhein-Plast (Neustadt/Weinstr.); Nobiskrug (Neumünster); Ploß & Co. (Reinbek); Bahnsen Reh (Husum); PIAG Power Internat. (Lüneburg); DCCP Dt. Credit Capital (Frankfurt); EnQu (Kiel); Star Cruises Germany (Schwerin); BBR Rissener Eck (Pinneberg); Köpping Reederei (2 Gesellschaften; Neumünster); de Leev & Bo (Tostedt); IOP International Oilfield Products (Celle).

SCHMIDT-JORTZIG PETERSEN PENZLIN
Insolvenzverfahren ★★
Bewertung: Die insbesondere im Norden aktive Kanzlei verfügt über umf. Erfahrung aus wichtigen Großverfahren. Über Verwaltungen wachsen auch die jüngeren Anwälte wie der zum Equity-Partner beförderte Niklas Marwedel, der in SH mittlerweile an 3 Gerichten bestellt wird, in die Verantwortung. Zudem punktet sie mit Beratung in ihren Spezialgebieten. So etabliert sich etwa die Beratung des, so ein Wettbewerber, „in Konflikten verlässlichen" Teams in insolvenzbez. Streitigkeiten weiter. Zudem setzt sie die enge Verzahnung mit den Gesellschaftsrechtlern u. M&A-Anwälten, die sich sowohl in Verfahren wie bei Mehldau & Steinfath als auch integrierten Beratungen zu Distressed M&A wie bei den MV-Werften auszahlt. Bei der Beratung einer kommunalen Klinik im Restrukturierungskontext war die öffentl.-rechtl. Kompetenz der Kanzlei gefragt. Mit der Beratung von Abellio vertiefte das Team seinen Branchenschwerpunkt Eisenbahnwirtschaft u. bezeugte wieder einmal seine Fähigkeit zur effizienten Zusammenarbeit mit anderen Kanzleien wie Eckert (bereits bei Hussel u. Eilles) u. BRL.
Oft empfohlen: Dr. Dietmar Penzlin („brillanter Verhandler, 1. Liga im maritimen Bereich", Wettbewerber)
Team: 2 Eq.-Partner, 1 Sal.-Partner, 1 Counsel, 1 Associate
Schwerpunkte: Insolvenzverwaltung in Hamburg u. an weiteren norddt. Gerichten; insolvenzrechtl. Beratung, z.B. von Organen u. Gesellschaftern speziell zu Haftungsfragen u. bei Transaktionen.
Mandate: Abellio-Gruppe in Insolvenz; Hansestadt Stralsund bei Insolvenz der MV Werften; Pharmagruppe bzgl. Sanierung einer Tochterges.; ausl. Bank als Großgläubigerin in Insolvenz eines dt. Mittelständlers. **Verwaltung:** Mehldau & Steinfath Feuerungstechnik, Just Energy (beide Hamburg); weiterhin Hussel, J. Eilles (beide Norderstedt).

SCHULTZE & BRAUN
Restrukturierung und Sanierung ★★
Insolvenzverfahren ★★★
Bewertung: Die Anwälte der bundesweit aktiven Kanzlei gelten als professionelle u. effiziente Insolvenzexperten. Ihre Präsenz konzentriert sich allerdings derzeit auf einzelne Standorte mit großen Bestellungen u. Beratungen. Im einst starken Bremer Büro etwa blieben große Verwaltungen zuletzt aus. Regionale Stärke zeigen trotz der Abgänge der letzten Jahre weiterhin die Büros im Südwesten. Hier sitzt zum einen der Kern des bundesweit aktiven Beraterteams um den angesehenen u. erfahrenen Specovius. Er trug mit Krisenberatungen wie beim Faserhersteller Cordenka erneut viel zu den großen Mandaten bei. Zum anderen funktioniert hier die gute Vernetzung in die ansässige Autobranche, in der die Anwälte erneut in div. Insolvenzen u. Restrukturierungen ihre guten Kontakte zu Kunden, Investoren u. Kreditgebern unter Beweis stellten. Diese Sanierungen gehen oft über finanzielle Probleme hinaus bis tief in einen realwirtschaftl. Umbau. Obwohl viele der Berater über Verwaltererfahrung verfügen, trennt S&B diese Aufgaben, die sich in etwa die Waage halten, in unterschiedlichen Teams. Im Hintergrund sind neben den Insolvenzrechtlern häufig auch Wirtschaftsprüfer u. Steuerberater der Kanzlei aktiv.
Stärken: Erfahrung mit Insolvenzen aller Größenordnungen, Poolverwaltung.
Oft empfohlen: Detlef Specovius („konstant gute Leistung, gehört seit Jahren zu den Besten", Wettbewerber), Dr. Rainer Riggert, Holger Blümle („hervorragender Diplomat", Wettbewerber), Dietmar Haffa
Team: 35 Partner, 70 Associates in Gesamtkanzlei
Schwerpunkte: Insolvenzverwaltung bundesw. mit rd. 30 Verwaltern, am stärksten in Ba.-Wü., Niedersachsen u. Bremen. Insolvenzrechtl. Beratung für Banken, Kreditversicherer u. Lieferanten in Insolvenzen (Pools, Sicherheitenmanagement) sowie Unternehmen. Auch leistungs- u. finanzwirtschaftl. Sanierung, dazu Arbeitsrecht u. Prozessführung; Übernahme von Geschäftsführerpositionen, Asset-Tracing u. Fraud Investigation; internat. Zweig in Frankreich u. London. Treuhand.

INSOLVENZ UND RESTRUKTURIERUNG

Mandate: Cordenka in Schutzschirmverfahren (CRO-Funktion); Agrarproduktehandel als Gläubiger bei Abwehr von Anfechtungsansprüchen; Autozulieferer bei Restrukturierung; Automobilzulieferer in Insolvenz; Werftengruppe bei Insolvenz einer Gruppenges.; Lieferantenpool jew. bei Emil Bucher, Kratzer Automation u. Walzen Irle; Hauptlieferant in Insolvenz von Orsay. **Verwaltung:** Exklusiv-Hauben Gutmann (Pforzheim); Docpharm (Karlsruhe); Atlanta Antriebssysteme E. Seidenspinner, Andreas Rupp Spritzguss (beide Heilbronn); Recyclinggruppe Fischer (Baden-Baden); Hans Neukirchner Druckschaltungstechnik (Wetzlar); Eisenwerk Erzgebirge 1566 (Chemnitz); Hermle Schleiftechnik (Rottweil); System Print Medien (Dessau); Bolta-Werke (Nürnberg); Theyson-Gruppe (3 Ges., Salzgitter u. Langenhagen); TEC Produktion u. Dienstleistung (Stendal); Wieland Anlagen- u. Apparatebau (Heidelberg); Henning Bau (Mühlhausen); Henfling Holzindustrie (Bamberg).

SGP SCHNEIDER GEIWITZ & PARTNER
Insolvenzverfahren ★★★

Bewertung: Typischerweise sind die Insolvenzrechtler der MDP-Kanzlei aktiv in Verwaltung u. Beratung. Bei Letzterer ist das Ziel häufig eine einheitl. Krisenbewältigung in mittelständ. Unternehmen, bei der freilich weitere Synergien zu heben bleiben. Die Kanzlei setzt zwar mit geringer Fluktuation auf den internen Aufbau ihrer Anwälte, ihre Präsenz im Markt verdankt sie aber ganz wesentl. Geiwitz. Während an Verwaltungen zuletzt kaum Neues hinzukam, überzeugte der Namenspartner in Beratungs- u. Treuhandmandaten: Dabei zeigt er sich hartnäckig wie bei Bogner in der jahrelangen kompletten Neuausrichtung der Unternehmensstruktur mit einer Sanierungstreuhand, der Refinanzierung bis hin zum Aufbau eines Joint Ventures. Neue Möglichkeiten nutzte der erfahrene Sanierer etwa bei einer raschen M&A-Lösung im Verkauf eines Anbieters von Energiesystemen an ein SPAC.

Oft empfohlen: Arndt Geiwitz („sehr erfahren u. hervorragend vernetzt", Wettbewerber).
Team: 7 Eq.-Partner, 24 Sal.-Partner, rd. 25 Associates, 1 of Counsel
Schwerpunkte: Multidisziplinär aufgestellt, mit starker Praxis für Wirtschaftsprüfung, Steuerberatung, Unternehmensbewertung u. -finanzierung, auch ohne Insolvenzbezug. Kartell-, Arbeits- u. Gesellschaftsrecht sowie vielfältige Sanierungsberatung über Kanzlei; Treuhand. Insolvenzverwaltung v.a. in Bayern u. Ba.-Wü., Sachwaltung überregional.
Mandate: Gesellschafter eines Anbieters von Energiesystemen bei existenzgefährdetem Beteiligungsunternehmen; Automotive-Unternehmen mit Sanierungs- u. Verwertungstreuhand in StaRUG-Verfahren; Automotive-Unternehmen bei finanzieller Restrukturierung; weiterhin Treuhand für Willy Bogner Mode zu Refinanzierung u. Verkauf; Sanierungstreuhand bei IFA (marktbekannt). **Verwaltung:** weiterhin Bodensee-Airport Friedrichshafen (Ravensburg); weiterhin Tadano Demag, Tadanao Faun (Zweibrücken).

SIDLEY AUSTIN
Restrukturierung und Sanierung ★★

Bewertung: Die Kompetenz der Münchner Partner in der Private-Equity-Beratung zahlt sich auch auf dem Feld Restrukturierung aus. Häufig sind die Restrukturierer als Dauerberater gefragt, wenn gewichtige PE-Portfoliogesellschaften refinanziert, umgebaut oder verkauft werden. Ausschlaggebend für eine Mandatierung sind oft die grenzüberschr. Kontakte, allen voran zum Londoner Büro, um internat. Restrukturierungslösungen zu finden. Die dt.-brit. Achse befasst sich auch fortlaufend mit dem Litigation-Mandat rund um die Galapagos-Insolvenz.

Oft empfohlen: Kolja von Bismarck („strateg. Kopf", Wettbewerber).
Team: 3 Eq.-Partner, 3 Associates
Schwerpunkte: Finanzielle Restrukturierung für Kreditgeber bzw. Gläubiger, Begleitung von Investoren, ▷Private Equity, ▷M&A, auch operative Sanierung auf Unternehmensseite.
Mandate: Autozulieferer Linde + Wiemann zu grenzüberschr. Restrukturierung; Glas Trust zu Sicherungsrechten u. Anfechtungsprozessen in der Galapagos-Insolvenz; Eventdienstleister lfd. zu finanzieller u. operativer Sanierung.

SZA SCHILLING ZUTT & ANSCHÜTZ
Restrukturierung und Sanierung ★★

Bewertung: Das sowohl in der Beratung als auch in der Insolvenzverwaltung aktive Mannheimer Team bleibt dem Ziel treu, auch schwierige Krisenkonstellationen zu einer Sanierung zu bringen. So werden in Insolvenzen wie der des Felgenherstellers BBS (gerichtl. Bestellung) oder des Autozulieferers Borbet Solingen (Eigenverwaltung auf Unternehmensseite) nicht nur jurist. Lösungen gesucht, sondern auch operative Sanierungsschritte begleitet. Zudem war SZA in einem der ersten Verfahren nach dem neuen StaRUG-Gesetz involviert sowie im Haftungs- u. Anfechtungsrecht gefragt. Der Uniper-Aufsichtsrat holte sich bei SZA zudem das insolvenzrechtl. Know-how zur Bewältigung der Gaskrise. Marktbedingt geringer war das Aufkommen regulärer Insolvenzverfahren u. Distressed-Transaktionen.

Oft empfohlen: Marc-Philippe Hornung („sehr lösungsorientiert, mit ganzheitl. Blick u. hohem Sachverstand", Mandant; „mit ihm kommt man gut voran", Wettbewerber).
Team: 4 Eq.-Partner, 1 Sal.-Partner, 4 Associates
Schwerpunkte: Insolvenzverwaltung u. Sachwaltung; insolvenzrechtl. Beratung von Schuldnerunternehmen u. Gläubigern, Eigenverwaltungsverfahren; Distressed-M&A-Transaktionen. ▷M&A. ▷Gesellschaftsrecht. Treuhandschaften.
Mandate: GF von Borbet Solingen zu Eigenverwaltung; Uniper-Aufsichtsrat zu insolvenzrechtl.; Eventveranstalter zu lfd. Sanierungsprozess; Stadtwerke zu StaRUG-Verfahren einer Tochter u. Restrukturierung; ZIM-Immobiliengesellschaften zu Insolvenzverfahren von ZIM Flugsitz. **Verwaltung:** ACC Beku (Landau); Stolz & Post (Ludwigshafen); Thielmann Ucon (Offenburg); Rohr-Idreco-Bagger; Regio Schlachthof (beide Mannheim).

TAYLOR WESSING
Restrukturierung und Sanierung ★★★★

Bewertung: Die Verbindung von Teamarbeit u. unterschiedl. Schwerpunktsetzungen der Partner ermöglichen der Praxis einen nahezu universellen Einsatz von insolvenzrechtl. Spezialfragen bis zu internat. Refinanzierungen. Besonders wichtig für ihr bundesw. Renommee ist ihre Stärke bei der Ermittlung u. Nachverfolgung von Ansprüchen vieler namh. Insolvenzverwalter aus deren Großverfahren. Hierzu zählen neue wie beim Flughafen Frankfurt-Hahn, aber auch langwierige Altverfahren. Insgesamt hat das Gewicht ihrer von Verwaltern geschätzten Insolvenz-Litigation noch einmal zugenommen. Mit der gut etablierten Düsseldorfer Prozesspraxis arbeitet sie Hand in Hand u. ergänzt nahtlos den insolvenzrechtl. Teil. Auch in der Krisenberatung punktet die Praxis auf beiden Seiten, bei Unternehmen z.B. zu Antragspflichten u. Umschuldungen, bei Banken bei großen Finanzierungen auch Teils im Gläubigerausschuss. Dabei spielt sie regelm. die Stärken einer internat. Full-Service-Großkanzlei ein u. stellt diese Fähigkeiten auch bei Distressed M&A mit Transaktionen wie bei Ludwig Pfeiffer unter Beweis. Ausbaufähig bleibt weiterhin ihre Rolle bei der Kernsanierung von Krisenunternehmen mit Partnern in zeitweiligen Organfunktionen.

Stärken: Aufarbeitung von Haftungs- u. Anfechtungsthemen in Insolvenzverfahren; Bankenvertretung in Insolvenzverfahren u. Restrukturierungen.
Oft empfohlen: Ingo Gerdes, Dr. Hendrik Boss („erfahrener u. umsichtiger Bankenberater", Wettbewerber), Dr. Michael Malitz, Dr. Martin Heidrich („pragmat. u. lösungsorientiert", Wettbewerber).
Team: 5 Eq.-Partner, 2 Sal.-Partner, 13 Associates, 1 of Counsel
Partnerwechsel: Dr. Alexander Senninger (zu Jungheinrich)
Schwerpunkte: Beratung von dt. u. internat. Gläubigern u. Schuldnerunternehmen in Restrukturierungen u. Insolvenzen; Beratung u. gerichtl. Vertretung von Insolvenzverwaltern, insbes. Aufarbeitung u. Geltendmachung von Haftungs- u. Anfechtungsansprüchen (siehe ▷Konfliktlösung; ▷Arbeitsrecht) sowie Distressed ▷M&A.
Mandate: Insolvenzverwalter der Kulow-Gruppe bei Distressed M&A; Sachwalter der Senvion u. Insolvenzverwalter von Air Berlin jew. bei der Prüfung u. Geltendmachung insolvenzspezifischer Ansprüche; Insolvenzverwalter des Flughafens Frankfurt-Hahn bei Betriebsfortführung u. Distressed M&A; Who's Perfect bei Fortführungsprognose; 1 0 1 Carefarm als Gläubiger bei Insolvenzanfechtung bei Teccom Pharma; Avaya im Gläubigerausschuss bei Pella Sietas; Avicola Tratante bei Stundungs- u. Ratenzahlungsvereinbarung in Insolvenz Nautilus; Banken bei Restrukturierung Gienanth; Abwehr von Anfechtung aus Insolvenz der Jäckle Schweiß- und Schneidtechnik; Ludwig Pfeiffer Hoch- u. Tiefbau in Eigenverwaltung bei Verkauf der Anteile nicht insolventer Töchter.

VOIGT SALUS
Insolvenzverfahren ★

Bewertung: Das Stammgeschäft der urspr. als Verwalterkanzlei gegründeten Sozietät erweiterte das erfahrene Team in den letzten Jahren deutl. um Beratung. Unmittelbar vor dem Ukraine-Krieg geriet die Kanzlei bei den Stadtwerken Bad Belzig bereits in das danach brisante Thema Erdgasversorgung. Die Kompetenz auch in insolvenznahen Krisenmandaten verdeutlicht der Ausbau ihrer Beratung im Distressed M&A, insbes. auf Käuferseite. Mandanten schätzen den Blick der anerkannten Restrukturierer sowohl auf Assets wie auch bei NPL-Transaktionen, zu denen die Beratung weiter gesteigert wurde. Die Integration der auf Insolvenzverfahren spezialisierten Hannoveraner Kanzlei Franke erwies sich allerdings nicht als so nachhaltig erfolg-

reich wie erhofft und wurde 2021 nach nur etwa einem Jahr wieder beendet.
Team: 5 Eq.-Partner, 4 Sal.-Partner, 1 Counsel, 2 Associates
Partnerwechsel: Johannes Franke (zu Franke)
Schwerpunkte: Insolvenzverwaltung, Sachwaltung u. Sanierungsberatung mit angrenzendem Arbeits-, Gesellschafts-, Prozess- u. Steuerrecht, vorwiegend Berlin, Sachsen, NRW u. Rhein-Main.
Mandate: Kaufinteressent jew. in Insolvenz Orsay, Flughafen Frankfurt-Hahn u. Lechner Group; Investmentfonds aus Luxemburg bei Kauf von 2 NPL-Portfolios; Stadtwerke Bad Belzig (Generalvollmacht) zu Eigenverwaltung; Symacon Maschinenbau zu Insolvenzverfahren. **Verwaltung:** IBH Immobilienfonds Geschäftsführungs- u. Verwaltungsges., Kreuzfahrtsafari, Britze Elektronik u. Gerätebau (alle Berlin); TopBetreuung, Indigo Technik (beide Köln); Nelles Innenausbau (Mönchengladbach).

WEIL GOTSHAL & MANGES
Restrukturierung und Sanierung ★

Bewertung: Die Restrukturierer widmeten sich nach einer Reihe coronabedingter, grenzüberschr. Restrukturierungen in der Reise- u. Freizeitbranche zuletzt den ersten großen Fällen bei Immobilienfonds. Das Spannungsfeld aus Anleihefinanzierungen, widerstreitenden Gläubigerinteressen u. einer schwierigen Marktentwicklung scheint wie gemacht für eine kompromisslos den Mandanteninteressen verpflichtete Truppe wie WGM, die auch weiterhin in der insolvenzbezogenen Prozessführung aktiv ist.
Team: 4 Partner, 2 Counsel, 3 Associates
Schwerpunkte: Beratung für internat. ▷*Private Equ. u. Vent. Capital*, Investoren, Hedgefonds u. Banken; auch Schuldnerunternehmen. Prozessführung v.a. zur Abwehr von Anfechtungs- u. Haftungsansprüchen. Enge Verbindung zur internat. Praxisgruppe (USA, Frankreich, GB); ▷*M&A*.
Mandate: Vallourec zu Umschuldung u. Refinanzierung; Odeon Cinemas zu lfd. Refinanzierung; brit. Verwalter von MF Global UK.

WELLENSIEK
Restrukturierung und Sanierung ★★
Insolvenzverfahren ★

Bewertung: Mit einer Ausdehnung ihrer Angebotspalette für Treuhand u. Anteilsübernahmen festigt die Kanzlei ihren Ruf als erste Adresse für diesen krisennahen Beratungsbereich. Nicht nur wurde das Management der Cornelius-Gesellschaft deutl. erweitert, die diese Aktivitäten für Wellensiek verwaltet, sondern auch das Geschäftsfeld Shareholding as a Service (SaaS) neu aufgesetzt. Die klass. Insolvenzverwaltung ist in der Kanzlei trotz der großen Erfahrung über die Jahre fast in ein Nischenthema geworden, während die Mandate auf anderen Feldern die tiefe Verwurzelung der Partner im Markt belegen. Allerdings fehlt nach dem Abgang von Scholz in Frankfurt der wichtigste Name aus der jüngeren Beratergeneration.
Stärken: Hohe Spezialisierung auf Insolvenz, speziell Treuhand; starkes Netzwerk.
Oft empfohlen: Alfred Hagebusch, Matthias Krämer („erfahren u. kompetent, seit Jahren sehr gute Zusammenarbeit", Wettbewerber), Christopher Seagon, Dr. Volker Büteröwe („guter Forensiker, sehr angenehme Zusammenarbeit", Wettbewerber)
Team: 19 Eq.-Partner, 8 Sal.-Partner, 14 Associates, 2 of Counsel
Partnerwechsel: Dr. Thomas Fallak (von PwC Legal), Dr. Richard Scholz (zu Grub Brugger)
Schwerpunkte: Beratung von Gesellschaften, Gesellschaftern, Management, Banken u. Investoren (national u. internat.) zu Krise u. Insolvenz; auch Übernahme operativer Rollen. Gewichtige Treuhänderschaften; externe Poolführung; Prozessführung u. Nachlassvermögensverwaltung. Distressed M&A; finanzwirtschaftl. Restrukturierung. Insolvenzverwaltung u. Sachwaltung überregional in bedeutenden Verfahren.
Mandate: Diwa Personalservice zu Eigenverwaltung (Generalvollmacht) u. Verkauf; GF von Löwen Play zu Verkaufsprozess u. anschl. Restrukturierung; Steag zu insolvenzrechtl. Fragen; Silbitz Group zu Kauf von Eisengießerei Torgelow aus Insolvenz; Treuhand für MHM/Hubergroup sowie WKW-Automotive-Gruppe (aus dem Markt bekannt); Abellio-Arbeitnehmer zu Insolvenzverfahren. **Verwaltung:** Rhein-Neckar-Fernsehen RNF (Mannheim).

WHITE & CASE
Restrukturierung und Sanierung ★★★★
Insolvenzverfahren ★★★★★

Bewertung: W&C nimmt eine Sonderstellung ein, da sie als einzige internat. Großkanzlei sowohl Insolvenzverwaltung als auch Restrukturierungsberatung betreibt, beides auf höchstem Niveau. Die regionalen Schwerpunkte des bundesw. starken Verwalterteams liegen an den großen Standorten HH u. D'dorf. Dass die großen Bestellungen sich nahtlos von den etablierten Leistungsträgern wie Undritz bei Staples bis zur jüngeren Generation wie bei Orsay ziehen, zeigt, wie die Gerichte nicht nur der individuellen Qualität, sondern auch dem Team u. der Marke vertrauen. Staples belegt zudem exemplar. die (hier arbeitsrechtl.) praxisübergreifende Arbeit, Orsay die Kompetenzen in der Modeindustrie nach etwa Esprit u. Bonita. Weiterhin wichtig ist die Autobranche mit der anhaltend großen Beratung von Daimler u. Verfahren wie Linden u. PWK Automotive. Zum Schwerpunkt Mobility zählt auch die Schifffahrt wie bei dem großen Verkauf für HSH Portfoliomanagement. Zu erwarten ist, dass sich die auch hier sehr gut qualifizierte Kanzlei in 2 aktuell heißen Krisenbranchen positionieren wird: Spätestens seit Teldafax u. Innowatio ist die mit dem starken ▷*Energierechtlern* gut vernetzte Praxis ein Kandidat für Restrukturierungen auch über das Kaliber der aktuellen Verwaltung bei Lition hinaus. Der große Anteil von W&C beim Aufbau der Adler Group u. Verfahren wie Eyemaxx lassen auch in der Immobilienbranche künftig eine wichtige Rolle erwarten.
Stärken: Internat. Büros mit insolvenzrechtl. Knowhow; viel Erfahrung mit großen Insolvenzverfahren; gr. Branchenkenntnis bei Energie u. Mobility.
Oft empfohlen: Dr. Sven-Holger Undritz („enorm professionell", Wettbewerber), Dr. Biner Bähr („effizient, pragmat., schnell", Wettbewerber), Dr. Jan-Philipp Hoos („kompetent u. routiniert", Wettbewerber), Sylvia Fiebig („immer kompetente u. pragmat. Lösungsansätze; auch in neuen Rechtsthemen vorne dabei", Mandant; „einer der führenden Namen", Wettbewerber) u. Dr. Andreas Kleinschmidt („sehr versiert u. praxisorientiert, reibungslose Zusammenarbeit", Wettbewerber)
Team: 12 Partner, 15 Counsel, 8 Associates, 1 of Counsel
Schwerpunkte: Beratung von Banken u. anderen Kreditgebern zu Refinanzierungen, von Gesellschaften u. deren Management in der Krise; Gläubigervertretung vor u. in Insolvenzverf.; weiterh. Investoren bei Distressed-Deals (▷*M&A*), ▷*Kredite u. Akqu.fin.*, ▷*Beihilfe*. Insolvenzverwaltung durch einen Teil der Anwälte (rd. 14 Verwalter) in weiten Teilen Dtl.s, Erfahrung in zahlr. Großverfahren mit bes. verfahrenslogistischen Anforderungen, Prozessvertretung von Insolvenzverwaltern u. Gläubigern.
Mandate: HSH Portfoliomanagement bei Verkauf von Schiffskreditportfolio u. finanzieller Restrukturierung von 6 Tankern aus dem Portfolio der Reederei German Tanker Shipping; weiterhin Hertz in Chapter-11-Verfahren u. im Zshg. mit internat. Restrukturierung ihrer Finanzierungen; weiterhin Daimler bei Restrukturierung der IFA-Gruppe; weiterhin Lufthansa bei finanzieller Restrukturierung im Zshg. mit Corona-Pandemie; namh. Schuldnern in StaRUG-Verfahren; Banken bei Liquiditätshilfe des WSF an Enercon (marktbekannt). **Verwaltung:** Eyemaxx Real Estate, Stadtquartier Postquadrat Mannheim (beide Aschaffenburg); Linden, Sächsische Metall- u. Kunststoffveredelung (beide Bielefeld); Lition Energie (Berlin); Burnus (Darmstadt); Heli Net Telekommunikation (Dortmund); Hötten Industrie & Services (Essen); Etheus Real Estate (Frankfurt); Ersoll (Fulda); Office Centre (Hamburg); Ludwig Pfeiffer Hoch- u. Tiefbau (Kassel); PWK Automotive (2 Ges.), Saurer Technologies (beide Krefeld); Orsay (Offenburg).

WILLMER KÖSTER
Insolvenzverfahren ★

Bewertung: Durch effiziente Insolvenzverwaltungen hat sich die Boutique in Norddtl. etabliert u. wird von zahlreichen Gerichten zw. Bremen u. HH regelm. bestellt, unterstützt von einer erfahrenen betriebswirtschaftl. Abteilung. Hierzu trägt auch das 2021 personell verstärkte Hannoveraner Büro bspw. mit der Fremdverwaltung des Logistikers Franke bei. Seit der Corona-Krise wird die Kanzlei zunehmend von Krisenunternehmen gefragt, ihre Verfahrenserfahrung für Beratungen zu nutzen. Im Rheinland übernahm sie etwa eine Sanierungsgeschäftsführung im Maschinenbau. Große Beachtung fand die 2021 eröffnete Kriminalinsolvenz rund um die Holt-Gruppe, bei der Namenspartner Köster als Verwalter auch nach Vermögen im Ausland forscht.
Oft empfohlen: Dr. Malte Köster
Team: 2 Eq.-Partner, 3 Sal.-Partner, 1 Counsel, 5 Associates
Schwerpunkte: Insolvenzverwaltung mit 7 Büros in Bremen, Niedersachsen, Hamburg u. Münster.
Mandate: 2-Komponenten-Maschinenbau (Sanierungs-GF). **Verwaltung:** Schröder+Schierenberg Spedition (Porta Westfalica); Gilbert & Schmalriede, Okugi Liftsystems (beide Bremen); Dt. Lichtmiete (9 Gesellschaften, Oldenburg); Franke Spedition u. Lagerung (Hannover); Insolvenzen rund um die Holt-Gruppe.

KARTELLRECHT CO-PUBLISHING/ANZEIGE

Kartellschadensersatz: Schaffen Urteile aus der jüngsten Vergangenheit mehr Klarheit?

Von Dr. Martin Buntscheck und Franziska Schieber, BUNTSCHECK Rechtsanwaltsgesellschaft, München

Dr. Martin Buntscheck, LL.M. (Aberdeen), ist Partner der Kanzlei BUNTSCHECK. Er vertritt seit mehr als 20 Jahren Mandanten in Kartellschadensersatzverfahren (auf Kläger- wie auch auf Beklagtenseite) und verteidigt sie in Kartellverfahren vor der Europäischen Kommission, dem Bundeskartellamt und den deutschen und europäischen Gerichten.

Dr. Martin Buntscheck

Franziska Schieber ist Associate in der Kanzlei BUNTSCHECK. Sie berät in allen Bereichen des deutschen und europäischen Kartellrechts, insbesondere dem Kartellschadensersatzrecht.

Franziska Schieber

Die Kanzlei BUNTSCHECK ist eine auf deutsches und europäisches Kartellrecht spezialisierte Kanzlei. Sie zählt im Kartellrecht und insbesondere bei der Vertretung von Unternehmen in Kartellschadensersatzverfahren sowie in Kartell- und Missbrauchsverfahren zu den führenden Adressen in Deutschland.

Kontakt
BUNTSCHECK
Rechtsanwaltsgesellschaft mbH
Dr. Martin Buntscheck, LL.M. (Aberdeen)
Herzog-Wilhelm-Str. 1
80331 München
T 089 / 89 08 308-0
martin.buntscheck@buntscheck.com
www.buntscheck.com

Weitere Informationen zur Kanzlei in der Anzeige auf Seite 440

Das deutsche Kartellschadensersatzrecht hat in den letzten Jahren zahlreiche Klarstellungen durch die Rechtsprechung erfahren. Im Folgenden stellen wir die für die Praxis wichtigsten Entscheidungen des Bundesgerichtshofs und des Europäischen Gerichtshofs dar.

Töchter haften für ihre Mütter? Es kommt darauf an…
Mit Urteil vom 06.10.21 (Rs. C-882/19 – Sumal) hat der Europäische Gerichtshof entschieden, dass unter bestimmten Voraussetzungen Tochtergesellschaften für die Folgen von Kartellrechtsverstößen ihrer Muttergesellschaft haften und dementsprechend auf Schadensersatz in Anspruch genommen werden können, auch wenn sie selbst an der Zuwiderhandlung nicht beteiligt waren. Voraussetzung für eine solche Haftung der Tochtergesellschaft sei zweierlei: zum einen das Bestehen einer wirtschaftlichen Einheit zwischen Mutter- und Tochtergesellschaft, zum anderen ein konkreter Zusammenhang zwischen Kartellrechtsverstoß der Muttergesellschaft und der wirtschaftlichen Tätigkeit der Tochtergesellschaft, z.B. weil der Kartellrechtsverstoß der Muttergesellschaft dieselben Produkte betroffen habe wie die von der Tochtergesellschaft vermarkteten Produkte. Mit dieser Entscheidung hat der Europäische Gerichtshof das im deutschen Zivilrecht bislang auch für Kartellschadensersatzansprüche anerkannte Trennungsprinzip relativiert.

Betroffenheit vs. Kartellbefangenheit
Mit Urteil vom 28.01.20 (Az. KZR 24/17 – Schienenkartell II) räumte der Bundesgerichtshof mit einer Begriffsverwirrung auf. Bis dahin hatten deutsche Gerichte die Begriffe der „Betroffenheit" und der „Kartellbefangenheit" nicht hinreichend klar unterschieden bzw. synonym verwendet und damit für erhebliche Unklarheit gesorgt. Nunmehr hat der Bundesgerichtshof klargestellt, dass die gem. §286 ZPO festzustellende Betroffenheit lediglich die Anspruchsberechtigung des Anspruchstellers meint. Diese liege schon dann vor, wenn dem Anspruchsgegner ein wettbewerbsbeschränkendes Verhalten anzulasten sei, das zumindest geeignet sei, einen Schaden des Anspruchstellers mittelbar oder unmittelbar zu begründen. Das komme unter Umständen auch beim Erwerb von Produkten nicht am Kartell beteiligter Hersteller in Betracht (sog. Preisschirm-Effekte; Bundesgerichtshof, Urteil vom 29.05.20, Az.: KZR 8/18 – Schienenkartell IV). Die Betroffenheit des Klägers unterscheide sich grundlegend von der erst im Rahmen der Haftungsausfüllung – und damit gem. §287 ZPO – zu berücksichtigenden Frage nach den tatsächlichen Auswirkungen der Zuwiderhandlung auf den in Rede stehenden Beschaffungsvorgang – also die Kartellbefangenheit des konkreten Beschaffungsvorgangs.

Kein Anscheinsbeweis aber ggf. tatsächliche Vermutung für Schadenseintritt
Bereits mit seinem ersten Schienenkartell-Urteil aus dem Jahr 2018 hatte der Bundesgerichtshof klargestellt, dass Zuwiderhandlungen gegen das Kartellverbot zu vielschichtig und zu komplex seien, um von einem Anscheinsbeweis für einen Schadenseintritt ausgehen zu können. In zahlreichen folgenden Urteilen – erstmals mit Urteil vom 28.01.20 (Az. KZR 24/17 – Schienenkartell II) – stellte der Bundesgerichtshof aber klar, dass bei Kartellrechtsverstößen immerhin eine tatsächliche Vermutung – im Sinne eines Erfahrungssatzes – dafür streiten könne, dass die im Rahmen des Kartells erzielten Preise im Schnitt über denjenigen lagen, die sich ohne die Zuwiderhandlung gebildet hätten. Das Gewicht dieser tatsächlichen Vermutung hänge entscheidend von der konkreten Gestaltung des Kartells und seiner Praxis ab. Mit der Aufstellung dieses Erfahrungssatzes hat der Bundesgerichtshof die Stellung Kartellgeschädigter in der Praxis erheblich gestärkt. Bemerkenswert daran ist allerdings, dass weitgehend unklar bleibt, auf welche Erfahrungswerte der Bundesgerichtshof seine tatsächliche Vermutung wirklich stützen kann, und für welche Arten von Kartellrechtsverstößen ein solcher Erfahrungssatz angenommen werden kann.

Bedeutung empirischer Schadensgutachten

Mit Urteil vom 13.04.21 (Az.: KZR 19/20 – Lkw-Kartell II) hat der Bundesgerichtshof klargestellt, dass empirische Schadensanalysen bzw. Vergleichsmarktanalysen ein relevantes Indiz für und gegen einen zuwiderhandlungsbedingten Schadenseintritt sein können, vorausgesetzt, die Analyse sei auf einer hinreichend verlässlichen Datengrundlage methodisch korrekt und mit signifikanten Ergebnissen durchgeführt worden. Es bleibt abzuwarten, wie diese Klarstellung von den Instanzgerichten umgesetzt wird. Während viele Instanzgerichte – darunter das Oberlandesgericht Stuttgart mit Urteil vom 09.12.21 (Az.: 2 U 389/19) – mittlerweile dazu übergegangen sind, die Belastbarkeit vorgelegter empirischer Schadensgutachten durch Gerichtssachverständige überprüfen zu lassen, gibt es auch Fälle, in denen Instanzgerichte die – offenbar als unpraktikabel empfundene – Klarstellung des Bundesgerichtshofs auszuhebeln versuchen. So wird vereinzelt bereits argumentiert, der Widerspruch zwischen empirischem Schadensgutachten (Ergebnis: Kein Schadenseintritt) und dem vom Bundesgerichtshof formulierten Erfahrungssatz (tatsächliche Vermutung für Schadenseintritt) könne ohne Weiteres – und vor allem ohne Befragung von Gerichtssachverständigen – dahingehend aufgelöst werden, dass sich der Erfahrungssatz durchsetze. Denn es sei ja immerhin möglich, dass die vorgelegte empirische Analyse fehlerhaft sei, beispielsweise aufgrund einer mangelhaften Datengrundlage. Dafür spreche nicht zuletzt das Fehlen einer plausiblen Theory of no harm, also einer Erklärung dafür, warum das Kartell betrieben und aufrechterhalten worden sei, wenn damit keinerlei Kartellrendite verbunden gewesen sei. Es bleibt zu hoffen, dass sich dieses Primat des Bauchgefühls in der Praxis nicht durchsetzen wird. Ansonsten bestünde die Gefahr, dass die vom Bundesgerichtshof – zudem auf zweifelhafter und unter Ökonomen umstrittener Grundlage – etablierte tatsächliche Vermutung letztlich zu einer unwiderlegbaren Schadensvermutung würde. Denn wie soll in der Praxis der Nachweis erbracht werden, dass sich die an einer Zuwiderhandlung beteiligten Unternehmen entweder keine vertieften Gedanken über konkrete finanzielle Vorteile gemacht oder sich diesbezüglich schlicht geirrt haben, wenn nicht durch die Auswertung empirischer, also tatsächlicher Daten?

Pauschalierter Schadensersatz bis max. 15% des Kaufpreises

Die Schätzung des kartellbedingten Schadens der Höhe nach zählt in der Praxis zu den schwierigsten und aufwendigsten Themen bei der Durchsetzung von Kartellschadensersatzansprüchen. Das liegt u.a. daran, dass belastbare empirische Analysen die Erhebung, Aufbereitung und Analyse sehr großer Datenmengen erfordern. Deutlich einfacher ist die Durchsetzung von Kartellschadensersatzansprüchen daher im Falle vertraglich vereinbarter, pauschalierter Schadensersatzklauseln. Mit Urteil vom 10.02.21 (Az.: KZR 63/18 – Schienenkartell VI) hat der Bundesgerichtshof entschieden, dass solche Klauseln auch als vorformulierte Pauschalierungsklauseln gem. §§305 ff BGB zulässig seien, soweit sie eine Schadenspauschale von maximal 15% vom Kaufpreis festschreiben – vorausgesetzt, dem Anspruchsgegner bleibe der Nachweis eines geringeren Schadens offen.

Klarstellungen zur Verjährungshemmung

Zur Hemmung der Verjährung von Kartellschadensansprüchen aufgrund eines laufenden Kartellermittlungsverfahrens hat sich der Bundesgerichtshof in mehreren Entscheidungen geäußert. So hat er mit Urteil vom 23.09.20 (Az.: 35/19 – Lkw-Kartell I) festgestellt, dass die Hemmung gem. §33 Abs. 5 GWB 2005 nicht erst mit der förmlichen Einleitung eines Ermittlungsverfahrens beginnt, sondern mit der Durchführung der ersten behördlichen Maßnahme, die erkennbar darauf abzielt, gegen das betroffene Unternehmen wegen einer Beschränkung des Wettbewerbs zu ermitteln. Das kann beispielsweise eine Durchsuchung des betreffenden Unternehmens sein. Mit Urteil vom 13.04.21 (Az.: KZR 17/20 – Lkw-Kartell II) hat der Bundesgerichtshof klargestellt, dass diese Verjährungshemmung auch im Falle von sog. Settlement-Entscheidungen gem. §204 Abs. 2 BGB nicht etwa sechs Monate nach Erlass des Bußgeldbescheids ende, sondern erst sechs Monate nach Eintritt der formellen Rechtskraft des Bußgeldbescheids.

Fazit und Ausblick

Sowohl Europäischer Gerichtshof als auch Bundesgerichtshof haben zuletzt mit einigen Grundsatzurteilen für mehr Klarheit im Kartellschadensersatzrecht gesorgt und damit Geschädigten die Durchsetzung von Kartellschadensersatzansprüchen signifikant erleichtert. Allerdings harren noch einige bedeutsame Rechtsfragen der höchstrichterlichen Klärung. Das gilt beispielsweise für die Frage der Zulässigkeit sog. Abtretungsmodelle, bei denen spezialisierte Inkasso-Dienstleister sich eine Vielzahl von Kartellschadensersatzansprüchen abtreten lassen und diese dann gebündelt durchzusetzen versuchen, oder auch für die Frage des sachgerechten Umgangs mit von den Parteien vorgelegten empirischen Schadensschätzungen.

KERNAUSSAGEN

- Tochtergesellschaften haften unter bestimmten Voraussetzungen für die Folgen von Kartellverstößen, an denen ihre Muttergesellschaft beteiligt war.
- Bei Kartellrechtsverstößen gilt kein Anscheinsbeweis, möglicherweise aber eine tatsächliche Vermutung für einen Schadenseintritt bei Abnehmern der betroffenen Produkte.
- Empirische Schadensanalysen sind grundsätzlich ein relevantes Indiz für und gegen einen zuwiderhandlungsbedingten Schadenseintritt, vorausgesetzt, sie sind auf einer hinreichend verlässlichen Datengrundlage methodisch korrekt und mit signifikanten Ergebnissen durchgeführt worden.
- Vertraglich vereinbarte Schadenspauschalierungsklauseln in Kartellfällen sind bis zu einer Höhe von maximal 15% des Kaufpreises zulässig.

Kartellrecht

Kartellrecht ist überall

Das Kartellrecht wird immer geschäftskritischer, ganz gleich, ob Unternehmen grenzüberschreitend tätig sind, ihre Geschäfte digitalisieren, auf den Klimawandel reagieren oder ihre Lieferketten im Zuge von Pandemie oder Krieg umstrukturieren, denn mehrere große Trends überlagern und verstärken sich gegenseitig – und vieles läuft dabei auf das Kartellrecht zu.

So bringt die Plattformökonomie zahlreiche neuartige Marktmachtprobleme hervor, sei es beim Zugang zu Daten oder der Möglichkeit, Wettbewerber zu behindern, etwa indem Plattformbetreiber eigene Dienste bevorzugen. In den vergangenen Jahren haben rund um den Globus die Gesetzgeber reagiert und neue Eingriffsmöglichkeiten für Kartellbehörden geschaffen – Deutschland stand mit der 10. GWB-Novelle in der ersten Reihe. Mit dem Digital Markets Act (DMA) verschärfte sich die Kartellrechtsregulierung auch auf europäischer Ebene. Die damit verbundenen Fragen beschäftigen Kartellrechtler intensiv. An der Seite von Silicon-Valley-Konzernen, die besonders im Fokus des Bonner Kartellamts stehen, sind dies vor allem Top-Praxen wie **Gleiss Lutz**, **Hengeler Mueller**, **Cleary Gottlieb Steen & Hamilton** und **Latham & Watkins**. Ihnen stehen zahlreiche Beschwerdeführer gegenüber. Für sie sind Kanzleien wie **Hausfeld**, **Gleiss Lutz** und **Noerr** im Einsatz, aber auch kleinere Einheiten wie **Buntscheck** oder **Heinz & Zagrosek**. Inzwischen sind nicht mehr nur US-Unternehmen Ziel von Wettbewerberbeschwerden und skeptischen Fragen der deutschen und EU-Kartellbehörden.

Neue Wege im Kampf gegen die Erderwärmung und für nachhaltigere Produktion zu finden, erfordert neue Formen der Zusammenarbeit zwischen Unternehmen. Dasselbe gilt oft für die Überwindung von Lieferengpässen infolge von Corona, gestiegenen Energiepreisen und Sanktionen. Behörden müssen neu austarieren, an welcher Stelle die reine Lehre des Kartellrechts zugunsten von Nachhaltigkeitsaspekten zurücktreten kann. So berieten **Hermanns Wagner Brück**, **Schulte** und **Kapellmann und Partner** zuletzt Verbände bei Verhandlungen mit dem Bundeskartellamt zu Nachhaltigkeitsinitiativen.

Rückkehr der Bußgeldverfahren

Auch in der Automobilindustrie werden im Zuge von Energie- und Verkehrswende Kooperationen und gemeinsame Projekte von Wettbewerbern zum Megathema. Die kartellrechtskonforme Ausgestaltung beschäftigt viele Praxen intensiv, dazu zählen **Freshfields Bruckhaus Deringer**, **Clifford Chance**, **CMS Hasche Sigle**, **Hogan Lovells**, **Bird & Bird**, **Dentons** und **Osborne Clarke**.

Seit dem Sommer ist zudem die überarbeitete Gruppenfreistellungsverordnung für vertikale Vereinbarungen der EU in Kraft, die insbesondere Spezialisten für Vertriebskartellrecht beschäftigt, wie **CMS Hasche Sigle**, **Commeo**, **Noerr** oder **Kapellmann und Partner**.

Neben diesen neuartigen Fragen sorgen auch Klassiker des Kartellrechts wieder für mehr Auslastung: In den Bereichen Autorecycling und Kabel haben die EU und das Kartellamt die ersten Bußgeldverfahren seit Beginn der Pandemie eingeleitet. Neben Fusionskontrollen gehören inzwischen bei größeren grenzüberschreitenden Deals in den Sektoren Digitalisierung, Gesundheit und Technologie auch Investitionskontrollen fast standardmäßig dazu. Eine ganze Reihe von Kartellrechtlern hat sich darauf bereits ausgerichtet.

Die Bewertungen behandeln Kanzleien, die zu Fusionskontrollen ebenso beraten wie in behördlichen Kartellverfahren und zivilrechtlichen Schadensersatzprozessen (siehe auch ▷Brüssel). Die Verbindungen zu ▷Vertrieb, ▷Beihilfe, ▷Vergabe und ▷Compliance sind eng. Insbesondere bei Kartellschadensersatz arbeiten Kartellrechtler eng mit Prozessexperten (▷Konfliktlösung) zusammen.

JUVE KANZLEI DES JAHRES FÜR KARTELLRECHT

HAUSFELD

Sie hat die kartellrechtliche Landschaft in den vergangenen Jahren so intensiv geprägt wie wenige andere Kanzleien. Angetreten als Klägervertreterin in klassischen Schadensersatzprozessen hat Hausfeld inzwischen zu einer Erweiterung des Spielfelds beigetragen: Mit Beschwerden gegen marktmächtige Digitalunternehmen wie Apple und Google hat sie umfangreiche Verfahren in Gang gesetzt, in denen Kartellbehörden das Thema Marktmacht im Zeitalter der Digitalökonomie neu vermessen.

Gegen Apple vertritt Hausfeld ein beispielloses Bündnis, das die gesamte deutsche Werbewirtschaft umfasst – zur Disposition stehen die Geschäftsmodelle sowohl von Apple als auch der Onlinewerbeindustrie. Es ist nur konsequent, dass **Prof. Dr. Thomas Höppner**, der maßgeblich für diesen hartnäckigen Kampf gegen Techgiganten steht, zuletzt in die Riege der Vollpartner aufgerückt ist. Pionierarbeit leisten auch Praxisleiter **Dr. Alex Petrasincu** und **Dr. Ann-Christin Richter**: Für Immowelt erstritten sie gegen den Marktführer Immoscout die ersten Urteile, in denen Gerichte die verschärften Gesetze für digitale Märkte anwendeten.

Sammelklagen aus abgetretenen Ansprüchen sind ein weiteres Thema, für das die Kanzlei steht wie keine andere. Zur heiß diskutierten Frage der Zulässigkeit dieses Modells führt das Hausfeld-Team für Financialright die maßgeblichen Fälle – und erreichte zuletzt Erfolge vor mehreren Gerichten bis hin zum Bundesgerichtshof.

KARTELLRECHT

ADVANT BEITEN
Kartellrecht ★

Bewertung: Fusionskontrollen für mittelständ. Unternehmen u. vertriebskartellrechtl. Beratung sind Schwerpunkte der Praxis. Die Gründung des Advant-Netzwerks trägt hier bereits erste Früchte: So kamen komplexe Fusionskontrollen für den ital. Maschinenbauer Comer bei der Übernahme von KPG über die ital. Advant-Kanzlei zu Wellmann u. weiteren dt. Kartellrechtlern. Auch die Arbeit für den Mobilitätsdienstleister Tier steht für eine neue Form von Netzwerkmandaten: Anwälte aus dem Kartell-, Vergabe- u. Datenschutzrecht sind mit Partnerkanzleien in mehreren Ländern tätig. Die Internationalisierung hat Beiten auch über Quereinsteiger aus Kanzleien wie Debevoise u. zuletzt van Bael & Bellis forciert, wobei bisher aber nicht jeder Zugang bereits im Markt von sich reden gemacht hat. Der renommierte Partner Heinichen, der für das Thema Kartellschadensersatz steht, gewann im Anschluss an ein Kartellverfahren ein Prozessmandat für den Baustoffkonzern Maurer.

Oft empfohlen: Philipp Cotta, Uwe Wellmann („wir sind sehr zufrieden", Mandant), Dr. Christian Heinichen („erfahren, zielorientiert, kollegial – Allrounder mit verlässl. Judiz u. gutem Schreibstil", Wettbewerber)

Team: 5 Eq.-Partner, 5 Sal.-Partner, 2 Associates

Partnerwechsel: Gábor Báthory (von van Bael & Bellis); Jan Eggers (zu Esche Schümann Commichau)

Schwerpunkte: Vertriebskartell- u. fusionskontrollrechtl. Beratung mittelständ. Unternehmen. Kartellrechtl. Prozesse, inkl. Kartellschadensersatz. Viele Schnittstellen wie ▷IT/IP, Datenschutz, ▷Vergabe- u. ▷Markenrecht sowie ▷Medien. Interdisziplinäre Arbeit von Anwälten, ITlern u. Ökonomen.

Mandate: Fusionen/Kooperationen: Antenne NRW ggü. BKartA bei Einrichtung von neuem Hörfunksender; Apetito Convenience bei Verkauf an Geti Wilba; Comer Industries bei Kauf von WPG; DLR zu FuE-Kooperationen von 15 EU-mitgliedstaatl. Rechtsträgern. **Prozesse:** Direktbank bei Abwehr von Kartellschadensersatz („EC-Cash'). **Kartellverfahren:** Maurer, u.a. in BKartA-Verf. ‚Dehnfugen-Kartell' u. bei Abwehr von Schadensersatz; Koch Media in EU-Kartellermittlungsverf. zu Geoblocking. Estée Lauder zu umf. selektiven Vertriebssystem u. Compliance; GHD Dtl. zu EU-weitem selektiven Vertriebssystem; Festma u. HLM zu Marktmissbrauch durch Reedereien wg. neuer Vertikalstrukturen bei Hafenlogistik; lfd. Wienerberger, Amphenol, Baywa, Tier Mobility.

ALLEN & OVERY
Kartellrecht ★ ★ ★

NOMINIERT JUVE Awards 2022 Kanzlei des Jahres für Kartellrecht

Bewertung: Die Kartellrechtler sind im Fahrwasser der Transaktionspraxis zunehmend bei internat. Fusionskontrollen gefragt. Das zeigen Deals für Hapag Lloyd, Saudi Aramco oder Advent. Gleichzeitig stellte das HHer Team erneut mit prozessualen Erfolgen seine Erfahrung u. tiefe Spezialisierung unter Beweis. Die erfolgreiche Anfechtung eines Fusionsverbots an der Seite von XXXLutz gg. das Kartellamt ist einer von vielen Fällen, in denen die Kartellrechtler sich für ihre Mandanten auch vor Gericht einsetzen. Für die langj. Mandantin Edeka erreichte das Team die Einstellung einer kartellamtl. Untersuchung. Immer deutlicher zeigt sich, dass Zukunftsthemen mehr Raum in der Strategie einnehmen – darunter die Fokussierung auf den Technologiesektor sowie die engere Vernetzung mit Fachbereichen wie dem Patentrecht u. der im Aufbau befindl. US-Westküstenpraxis. So konnte das Team nicht nur die Beziehung zu Google festigen, sondern einen weiteren US-Softwarekonzern gewinnen. Diese früher nicht so auffällige Arbeit an der Schnittstelle von Kartellrecht u. Regulierung zeigt sich zudem stärker bei der Beratung von Pharmaunternehmen. Einige bekannte Mandanten der Patentrechtspraxis vertrauen der Kanzlei inzw. auch im Kartellrecht.

Stärken: Enge internat. Vernetzung der Büros. Erfahrung mit eigens entwickelten Legal-Tech-Anwendungen.

Oft empfohlen: Dr. Ellen Braun („ich schätze sie fachl. sehr", Wettbewerber), Dr. Börries Ahrens („gute Zusammenarbeit, fachl. sehr versiert", Wettbewerber), Jürgen Schindler

Team: 3 Partner, 1 Counsel, 13 Associates

Schwerpunkte: Fusionskontrollen, Bußgeld- u. Schadensersatzverfahren. Viel Erfahrung in kartellrechtl. Prozessführung (▷Konfliktlösung). Beratung zu Vertriebsstrukturen u. ▷Compliance.

Mandate: Fusionen/Kooperationen: Hapag Lloyd

Kartellrecht

★ ★ ★ ★ ★
Freshfields Bruckhaus Deringer	Düsseldorf, Berlin, Brüssel
Gleiss Lutz	Stuttgart, Frankfurt, München, Düsseldorf, Brüssel
Hengeler Mueller	Düsseldorf, Brüssel, München

★ ★ ★ ★
Cleary Gottlieb Steen & Hamilton	Köln, Brüssel
Latham & Watkins	Düsseldorf, Brüssel, Frankfurt, Hamburg
Linklaters	Düsseldorf, Brüssel

★ ★ ★
Clifford Chance	Düsseldorf, Brüssel
CMS Hasche Sigle	Stuttgart, Hamburg, Brüssel, Frankfurt, Düsseldorf
Glade Michel Wirtz	Düsseldorf
Hogan Lovells	Düsseldorf, München, Hamburg, Brüssel
Noerr	Berlin, München, Hamburg, Frankfurt, Brüssel
Oppenländer	Stuttgart

★ ★ ★
Allen & Overy	Hamburg, Brüssel
Commeo	Frankfurt
Dentons	Berlin, München, Frankfurt, Düsseldorf, Brüssel
Jones Day	Frankfurt, Düsseldorf, Brüssel
Luther	Düsseldorf, Brüssel, München
Redeker Sellner Dahs	Bonn, Brüssel, Berlin
SZA Schilling Zutt & Anschütz	Mannheim, Brüssel
WilmerHale	Berlin, Frankfurt, Brüssel

★ ★
Baker McKenzie	Düsseldorf, Berlin, Brüssel
Bird & Bird	Düsseldorf, Brüssel
Blomstein	Berlin
Buntscheck	München
Hausfeld	Düsseldorf, Berlin
Hermanns Wagner Brück	Düsseldorf
Heuking Kühn Lüer Wojtek	Düsseldorf, Hamburg, München
Kapellmann und Partner	Mönchengladbach, Düsseldorf, Brüssel
Milbank	München
Osborne Clarke	Köln, München
White & Case	Düsseldorf, Brüssel, Hamburg

★ ★
DLA Piper	Frankfurt, Hamburg, Köln, Brüssel
Fieldfisher	Hamburg, Düsseldorf
Gibson Dunn & Crutcher	München, Frankfurt
Taylor Wessing	Hamburg, Düsseldorf

Fortsetzung nächste Seite

KARTELLRECHT

zu Kauf von CTW u. Dt. Afrika-Linien, Einstieg in Jade Weser Port; HHLA zu Einstieg von Cosco; Edeka zu Kauf von 51 Real-Standorten; Norton Lifelock zu Kauf von Avast; Evonik zu Joint Venture mit chin. Avic-Gruppe (Aerope); regelm. Kingspan, Advent, Bridgepoint, Charterhouse, Saudi Aramco, US-Mischkonzern. **Prozesse:** XXXLutz gg. Verbot der Fusion mit Roller u. Tessner-Gruppe (OLG); Scania bei Abwehr von Kartellschadensersatz (Lkw) u. in Streit um Selektivvertrieb; Procter & Gamble zu KWR-Verfahren (BGH); Plastic Omnium zu Prüfung von ww. Abwehr von Preiserhöhungen durch US-Zulieferer. **Kartellverfahren:** Google bei Rechtsmittel gg. EU-Bußgeld ‚Android' u. internat. kartellbehördl. Untersuchungen zu Online-Ads u. Plattformen; Edeka zu BKartA-Untersuchung von Großflächennachfrage (eingestellt). Scania zu europaw. Selektivvertrieb inkl. gg. Klagen nicht zugelassener Händler; regelm. CTS Eventim.

ASHURST
Kartellrecht ★

Bewertung: Unverändert stark ist die Kartellrechtspraxis ist die Begleitung komplexer internat. Fusionskontrollen, zuletzt z.B. aufseiten von Biotest oder FNZ. Dabei pflegt das Team um Holzhäuser eine eingespielte Zusammenarbeit mit den internat. Ashurst-Büros. Gut funktioniert auch der Schulterschluss mit der ebenfalls recht jungen, aufstrebenden Litigation-Praxis (▷*Konfliktlösung*) bei kartellrechtl. Streitigkeiten u. Schadensersatzverfahren. Zunehmend gelingt es, auch in den originären kartellrechtl. Beratung Fuß zu fassen, etwa bei rechtl. anspruchsvollen Missbrauchsthemen.
Oft empfohlen: Dr. Michael Holzhäuser („versierter Kartellrechtler; sehr differenzierte, sorgfältige Beratung", Mandant)
Team: 1 Partner, 1 Counsel, 2 Associates
Schwerpunkte: Fusionskontrollen, Vertriebskartellrecht. Viele asiat. Mandanten.
Mandate: Fusionen/Kooperationen: Biotest bei der Übernahme durch Grifols; FNZ-Gruppe beim Kauf der Fondsdepot Bank; DIC Asset bei der geplanten Übernahme von VIB Vermögen; 1&1 zu Vertrag mit Vantage Towers (Antennenstandorte); Hyundai Glovis/BLG Logistics; McLaren zu Kooperationen. **Prozesse:** Geltendmachung von Kartellschadensersatz für Ryder in GB (Lkw). **Kartellverfahren:** FAMA Fachverband Messe u. Ausstellungen zu Marktmissbrauch. Lfd.: SGL Technologies, Amazonen-Werke, Athos/Strüngmann, Bombardier.

AULINGER
Kartellrecht ★

Bewertung: Die Kartellrechtspraxis aus dem Ruhrgebiet überzeugt insbes. durch ihre ausgewiesene Erfahrung in regulierten Branchen. Diese setzte das Team zuletzt etwa bei Mandaten aus den Bereichen Energie oder Glasfaser ein. Immer häufiger positionieren sich die Kartellrechtler – auch durch verstärkte Zusammenarbeit mit Prozessfinanzierern – bei Schadensersatzklagen. Personell hat die Kanzlei den Generationswechsel eingeläutet: Der bundesw. angesehene u. hervorragend vernetzte Lotze ist in den Of-Counsel-Status gewechselt. Jetzt sind die jüngeren Partner gefordert, die übertragenen Mandatskontakte entsprechend zu nutzen. An die Präsenz Lotzes reichen sie noch nicht heran.
Stärken: Branchenkompetenz im Energiesektor u. in der Wasserwirtschaft.

Kartellrecht Fortsetzung

Advant Beiten	München, Berlin, Frankfurt, Brüssel
Ashurst	München, Frankfurt
Aulinger	Essen
Deloitte Legal	Hamburg
Flick Gocke Schaumburg	Bonn
Görg	Hamburg, Köln
Heinz & Zagrosek	Köln
Mayer Brown	Düsseldorf
McDermott Will & Emery	Düsseldorf
Oppolzer Seifert	Hamburg
Pinsent Masons	Düsseldorf, München
Schulte	Frankfurt
Wagner Legal	Hamburg

Die Auswahl von Kanzleien und Personen in Rankings und tabellarischen Übersichten ist das Ergebnis umfangreicher Recherchen der JUVE-Redaktion. Sie ist in 2erlei Hinsicht subjektiv: Die Aussagen der befragten Quellen sind subjektiv u. spiegeln deren Erfahrungen u. Einschätzungen. Die JUVE-Redaktion wiederum analysiert die Rechercheergebnisse unter Einbeziehung ihrer eigenen Marktkenntnis. Der JUVE Verlag beabsichtigt keine allgemeingültige oder objektiv nachprüfbare Bewertung. Es ist möglich, dass eine andere Recherchemethode zu anderen Ergebnissen führt. Innerhalb einzelner Gruppen in Rankings und tabellarischen Übersichten sind Kanzleien und Personen alphabetisch sortiert.

Oft empfohlen: Prof. Dr. Johannes Heyers, Dr. Jens Hausmanns („sehr engagiert u. kämpfer.", Wettbewerber), Dr. Andreas Lotze („sehr erfahren u. pragmat.", Wettbewerber)
Team: 3 Sal.-Partner, 1 of Counsel
Schwerpunkte: Bußgeld- u. Missbrauchsverfahren, Kartellschadensersatz, Fusionskontrollen. Schnittstellenkompetenz im Energierecht. Auch Vertriebskartellrecht.
Mandate: Fusionen/Kooperationen: Glasfaser NordWest zu Koop. bei Breitbandausbau; Prosegur Cash Services als Beigeladene (Auskunftsersuchen); Black Semiconductor zu Investitionskontrolle. **Prozesse:** ehem. Thyssenkrupp-Bereichsvorstand wg. Organhaftung im Zshg. mit Schienenkartell; Dornbracht zur Abwehr von Schadensersatz (Sanitärkartell, OLG Stuttgart); Glasfaser NordWest zu Abwehr einer kartellrechtl. Unterlassungsklage; BP Europe zu kartellrechtl. Marktmachtmissbrauchsverbot (OLG-Verf.). Dt. Rückversicherung zu Compliance.

BAKER MCKENZIE
Kartellrecht ★★

Bewertung: Die Praxis hat sich nach dem Verlust eines Teams im Vorjahr neu aufgestellt. Dass Kredel einen internat. Deal für Sika aus dem D'dorfer Büro heraus ww. koordinierte, ist ein Bsp. dafür, wie die internat. Vernetzung stärker in den Fokus rückt. Ein weiteres Bsp. ist die Beratung von Knorr-Bremse in der Auseinandersetzung mit der Konkurrentin Haldex, an der Knorr-Bremse eine Beteiligung hielt. Zudem gewann das Team einige neue Mandanten, u.a. im Mobilitätssektor. Der Verlust eines Brüsseler Partners fällt demgegenüber kaum ins Gewicht, auch wenn dort nun weitere Aufbauarbeit ansteht. Während Burholts Erfahrung im Gesundheitssektor weiterhin gefragt ist, gewinnt auch eine im Vorjahr ernannte Partnerin immer mehr Profil mit der Federführung in internat. Compliance-Mandaten mit auch straf- oder datenschutzrechtl. Bezügen. Ähnl. wie bei Allen & Overy ist auch bei BM der Einsatz von Legal-Tech-Tools besonders etabliert.
Stärken: Großes internat. Netzwerk, eigene Wettbewerbsökonomen, strafrechtl. Kompetenz.

Oft empfohlen: Dr. Nicolas Kredel („sehr responsiv", Mandant), Dr. Christian Burholt („kompetent u. lösungsorientiert", Wettbewerber)
Team: 1 Eq.-Partner, 4 Sal.-Partner, 4 Counsel, 7 Associates
Partnerwechsel: Dr. Werner Berg (zu Latham & Watkins)
Schwerpunkte: Fusionskontrollen, Bußgeld- u. Missbrauchsverfahren, inkl. ▷*Compliance* u. Kartellschadensersatz. Marktführende Praxen für ▷*Vertriebs*- u. *Außenwirtschaftsrecht*, inkl. Schnittstelle zum Strafrecht. Branchen-Know-how insbes. im ▷*Gesundheitswesen*.
Mandate: Fusionen/Kooperationen: Sika zu Kauf von MBCC Group u. Adeplast; Boyd Corp. bei Kauf von Siltec; Daimler bei Koop. mit Batterieherstellern Factorial u. Prologium; Hyundai bei Beteiligung an H2 Mobility; Cognizant zu Kauf von ESG Mobility; JPMorgan zu Kooperation mit VW hinsichtl. elektron. Zahlungsdienstleistungen u. Services; CureVac u.a. bei Koop. mit GSK; Krankenhausgruppe zu gepl. Fusion; Ecolab bei Kauf von Purolite; Tencent zu Beteiligung an Delivery Hero; Dt. Glasfaser als Beschwerdeführerin gg. Glasfaser-Joint-Venture Dt. Telekom/EWE; Fusionskontrollen für Paragon, Paccor. **Prozesse:** Carlsberg gg. Bußgeld im Bierkartell (OLG); Eckes-Granini bei Geltendmachung von Schadensersatz gg. Zuckerkartell; Wursthersteller bei Abwehr von Schadensersatz; Knorr-Bremse zu Kartellschadensersatzvergleich in den USA. **Kartellverfahren:** Mercedes-Benz Financial Services Italia u. Daimler u.a. in ital. Kartellverfahren; Knorr-Bremse gg. Missbrauchsbeschwerde von Haldex wg. Minderheitsbeteiligung (EU u. Brasilien). Asics lfd. vertriebskartellrechtl.; Pharmaunternehmen zu ww. Compliance-Audits (Korruption, Geldwäsche u. Kartellrecht).

BIRD & BIRD
Kartellrecht ★★

Bewertung: Die Kartellrechtspraxis zeichnet sich durch erfahrene Partner u. ausgeprägte Spezialisierungen aus. Sowohl der Kfz-Zulieferbereich als auch die Schnittstelle zum Patentrecht sind Marktsegmente mit viel Beratungsbedarf. Zulieferer kamen auch als neue Mandanten auf die Praxis zu, u.a. wg.

KARTELLRECHT

der Erfahrung mit Datenzugangsthemen. Hier gewinnt ein jüngerer Partner immer mehr Profil. Die Technik- u. IT-Bezogenheit vieler Mandate, etwa im Zshg. mit digitalen Plattformen, überzeugt durch die enge Vernetzung mit anderen Vorzeigebereichen der Kanzlei wie dem IT-Recht. Doch derzeit setzt die Größe der Praxis dem weiteren Ausbau der bemerkenswerten Stärken Grenzen, auch wenn dies teils durch eine intensivierte grenzüberschreitende Vernetzung u. Auslastung von Teams aufgefangen wird. Witting konzentriert sich zunehmend auf komplexe Streitigkeiten, regelm. mit grenzüberschr. Bezügen.

Stärken: Marktführende Erfahrung an der Schnittstelle zu ▷Patent- u. ▷Marken- und Wettbewerbsrecht. Erfahrung im Kfz-Zuliefersektor.

Oft empfohlen: Dr. Jörg Witting, Anne Federle („viel Know-how zur Kfz-GVO", Wettbewerber)

Team: 3 Partner, 2 Associates, 1 of Counsel

Schwerpunkte: Ein patentrechtsnahes Kartellrecht, inkl. Missbrauch, Lizenzen u. ▷Vertriebsrecht. Zudem Fusionskontrollen, Investitionskontrolle, Prozesse u. Compliance. Auch ▷Brüsseler Büro.

Mandate: Fusionen/Kooperationen: Adient bei Verkauf des ww. Autotextilgeschäfts an Wettbewerber; China State Shipbuilding/Reinhold Mahla Internat.; Eurofibre NL bei Glasfaser-Joint-Venture mit Vattenfall; Docplanner zu Kauf von Jameda; Iron Mountain zu Kauf von Datenzentrum in Ffm.; Nordic Unmanned zu Kauf von AirRobot; Kfz-Zulieferer zu gemeins. Stahleinkauf; Stadtwerke Alsdorf zu Beteiligung an Alsdorf Netz; regelm. Cerberus Capital Management, Panasonic. **Prozesse:** Mobilitäts-Start-up bei Kartellamtsbeschwerde u. Prozess gg. Uber; Melitta u.a. zu Kartellschadensersatz. Fisher Automotive Systems zu Compliance u. Abwehr von Rabattforderungen durch OEM; Adidas zu Selektivvertrieb; regelm. BorgWarner, Husqvarna, John Bean Technologies, LiveKindly, Mastercard Europe, Nexteer Automotive, Nokia.

BLOMSTEIN
Kartellrecht ★★

NOMINIERT JUVE Awards 2022 – Kanzlei des Jahres für Kartellrecht

Bewertung: Die Praxis gilt als Spezialistin für regulator. geprägte Fälle an den Schnittstellen zum Vergabe- u. Außenwirtschaftsrecht – ein Profil, das angesichts des aktuellen wirtschaftl. Umfelds viele Mandanten überzeugt. „Besserer Service u. besserer Preis als bei den Großen", lobt ein Inhouse-Counsel. Ein Highlight war zuletzt die Arbeit für Vodafone, die gg. eine Glasfaserkooperation von Dt. Telekom u. EWE vorgeht. Ein Team um Klasse u. Huttenlauch war mit einer Drittanfechtung gg. die Freigabe des BKartA vor dem OLG erfolgreich – ein Coup, der bisher wenigen gelungen ist. Als Vorteil erweist sich Blomsteins Setup als Boutique: Häufig ziehen Konzerne u. Investoren Blomstein bei großen Deals neben internat. Großkanzleien für Fusions- u. Investitionskontrollen hinzu – so etwa das US-Unternehmen Adtran, das beim Kauf von Adva Optical Blomstein neben Kirkland für Regulierungsaspekte mandatierte.

Oft empfohlen: Dr. Max Klasse („sehr gute Argumentationsfähigkeit, hartnäckig", Wettbewerber), Dr. Anna Huttenlauch („engagiert u. gut vernetzt", Mandant; „fachl. herausragend u. immer angenehm", Wettbewerber)

Team: 2 Partner, 6 Associates

Schwerpunkte: Fusionskontrollen, v.a. in den Branchen Medien, Konsumgüter, Lebensmittel, Technologie, Telekommunikation u. Pharma. Regelm. Beschwerdeverf. gg. Behördenentscheidungen; Fälle oft regulator. geprägt an der Schnittstelle zum ▷Vergaberecht u. Beihilferecht; auch ▷Außenwirtschaftsrecht; EU-Monitoring-Trustee-Mandate.

Mandate: Kartellverfahren: Monitoring-Treuhänder für: E.on (Zusagen nach Innogy-Kauf), Gazprom (Zusagen aus EU-Verfahren), London Stock Exchange (Verhaltenszusagen), Lufthansa u. TAP (Corona-Beihilfen). **Fusionen/Kooperationen:** Adtran bei Kauf von Adva Optical (Fusions- u. Investitionskontrolle); TÜV Süd bei Verkauf von Signon an DB Netz; Harald Quandt Industriebeteiligungen bei Kauf von PK Office; Qell zu Einstieg bei Lilium; MAN Energy Solutions, u.a. bei Kauf von H-Tec; Rusal/Rheinfelden, IK Partners/Conet, Penguin Random House/Frechverlag. **Prozesse:** Vodafone, u.a. bei Beschwerde gg. BKartA-Freigabe von Glasfaser-Joint-Venture EWE/Dt. Telekom; Edeka bei Geltendmachung von Kartellschadensersatz. Fastned zu E-Auto-Ladeinfrastruktur in Dtl.; regelm. Delivery Hero, Juris, Facebook, Unilever, Axel Springer (auch Compliance), Gemüsering Stuttgart, Verdane.

BUNTSCHECK
Kartellrecht ★★

Bewertung: Weiterhin prägt die Arbeit für Iveco in etwa 100 Verfahren im Lkw-Komplex die Praxis. Die Kanzlei ist im Kartellschadensersatz sowohl auf Kläger- wie auf Beklagtenseite extrem erfahren – zuletzt kamen Mandate für ProSiebenSat.1 u. Geschädigte des Quartoblechkartells hinzu. Die Dominanz des Iveco-Mandats verstellt leicht den Blick auf die Gesamtentwicklung über die vergangenen Jahre: Mit inzw. 3 etablierten Partnern u. mehr als doppelt so vielen Associates ist die Kanzlei auf alle Fälle beachtl. Größe gewachsen u. erschließt sich weitere Geschäftsfelder. So ist sie häufig an der Seite von Finanzinvestoren zu sehen, die Buntscheck neben Boutiquen wie GLNS bei Transaktionen fusions- u. investitionskontrollrechtl. berät. Herausragend aus einer großen Zahl von Deals mit komplizierten Beteiligungsstrukturen ist die Arbeit für Paragon beim Kauf von KME u. für Auctus beim gleichzeitigen Erwerb von 7 konkurrierenden Marketingdienstleistern. Boos' Begleitung von Beschwerdeführern gg. Apple u. Google im Zshg. mit neuen Marktmachtregeln im Kartellrecht erschließt der Kanzlei ein weiteres Wachstumsfeld.

Stärken: Kartellschadensersatzprozesse.

Oft empfohlen: Dr. Martin Buntscheck („exzellente Mittelstandsberatung, hohes fachl. Niveau mit prakt. Verständnis", Wettbewerber), Dr. Andreas Boos („Top-Qualität, Top-Service", Wettbewerber), Dr. Tatjana Mühlbach („fachl. extrem gut u. angenehm im Umgang", Wettbewerber)

Team: 3 Partner, 7 Associates

Schwerpunkte: Starkes Engagement in Bußgeldverf. u. Prozessen; viel Prozesserfahrung, auch bei europ. Gerichten. Lfd. Fusionskontrollen für einige Finanzinvestoren. Medizinkartellrecht.

Mandate: Prozesse: Abwehr von Kartellschadensersatz für Iveco Magirus (Lkw) u. für BeautyLab (Kosmetik); Geltendmachung von Kartellschadensersatz für ZF Friedrichshafen (Wälzlager) u. Bett1 (Matratzen); Einkaufsgemeinschaft B.O.B. gg. Allison wg. Liefersperre u. Aufnahme in selektives Vertriebssystem; Flaconi bei Klage gg. La Prairie zwecks Aufnahme in selekt. Vertriebssystem. **Kartellverfahren:** ProSiebenSat.1 Media, u.a. in EU-

---

Führende Berater im Kartellrecht (über 50 Jahre)

Prof. Dr. Albrecht Bach
Oppenländer, Stuttgart

Dr. Michael Bauer
CMS Hasche Sigle, Brüssel

Dr. Bettina Bergmann
Bergmann, Köln

Dr. Helmut Bergmann
Freshfields Bruckhaus Deringer, Berlin

Marc Besen
Clifford Chance, Düsseldorf

Dr. Wolfgang Bosch
Gleiss Lutz, Frankfurt

Dr. Ellen Braun
Allen & Overy, Hamburg

Dr. Ingo Brinker
Gleiss Lutz, München

Dr. Martin Buntscheck
Buntscheck, München

Dr. Wolfgang Deselaers
Cleary Gottlieb Steen & Hamilton, Köln

Dr. Michael Esser
Latham & Watkins, Düsseldorf

Dr. Andreas Hahn
Oppenländer, Stuttgart

Hans-Joachim Hellmann
SZA Schilling Zutt & Anschütz, Mannheim

Dr. Helmut Janssen
Luther, Brüssel

Dr. Harald Kahlenberg
CMS Hasche Sigle, Stuttgart

Dr. Jörg Karenfort
Dentons, Berlin

Dr. Tobias Klose
Freshfields Bruckhaus Deringer, Düsseldorf

Dr. Martin Klusmann
Freshfields Bruckhaus Deringer, Düsseldorf

Dr. Johanna Kübler
Commeo, Frankfurt

Dr. Petra Linsmeier
Gleiss Lutz, München

Dr. Thorsten Mäger
Hengeler Mueller, Düsseldorf

Dr. Frank Montag
Freshfields Bruckhaus Deringer, Brüssel

Dr. Stephanie Pautke
Commeo, Frankfurt

Dr. Romina Polley
Cleary Gottlieb Steen & Hamilton, Köln

Dr. Tim Reher
CMS Hasche Sigle, Hamburg

Fortsetzung nächste Seite

KARTELLRECHT

Führende Berater im Kartellrecht (über 50 Jahre) Fortsetzung

Dr. Alexander Rinne
Milbank, München

Dr. Andreas Rosenfeld
Redeker Sellner Dahs, Brüssel

Dr. Daniela Seeliger
Linklaters, Düsseldorf

Dr. Christoph Stadler
Hengeler Mueller, Düsseldorf

Dr. Christian Steinle
Gleiss Lutz, Stuttgart

Dr. Martin Sura
Hogan Lovells, Düsseldorf

Prof. Dr. Sven Völcker
Latham & Watkins, Brüssel

Dr. Dominique Wagener
Commeo, Frankfurt

Dr. Kathrin Westermann
Noerr, Berlin

Dr. Markus Wirtz
Glade Michel Wirtz, Düsseldorf

Die Auswahl von Kanzleien und Personen in Rankings und tabellarischen Übersichten ist das Ergebnis umfangreicher Recherchen der JUVE-Redaktion. Sie ist in 2erlei Hinsicht subjektiv: Die Aussagen der befragten Quellen sind subjektiv u. spiegeln deren Erfahrungen u. Einschätzungen. Die JUVE-Redaktion wiederum analysiert die Rechercheergebnisse unter Einbeziehung ihrer eigenen Marktkenntnis. Der JUVE Verlag beabsichtigt keine allgemeingültige oder objektiv nachprüfbare Bewertung. Es ist möglich, dass eine andere Recherchemethode zu anderen Ergebnissen führt. Innerhalb einzelner Gruppen in Rankings und tabellarischen Übersichten sind Kanzleien und Personen alphabetisch sortiert.

Beschwerdeverfahren gg. Google; Medienkonzern bei BKartA-Beschwerden gg. Apple, u.a. wg. Anti-Tracking-Warnung. **Fusionen/Kooperationen:** Zooplus in Bieterkampf zw. Hellman & Friedman u. EQT; Siemens Energy zu Wasserstoffkooperation mit Air Liquide; Afinum bei Kauf von Fishing King; Bertrandt bei Kauf von Philotech; Paragon, u.a. bei Kauf von KME Special; regelm. Alpina, Armira, Auctus; Bett1 bei Beschwerde gg. Fusion Haniel/Bettzeit; Smava/Finanzcheck.de; Eutelsat bei europaw. Einführung eines neuen Angebots für Internet per Satellit; Hipp umf. zu ww. Vertriebssystem; regelm. kartellrechtl. ProSiebenSat.1 Media, DMK Dt. Milchkontor, Stahlgruber Otto Gruber, ADAC.

CLEARY GOTTLIEB STEEN & HAMILTON

Kartellrecht ★★★★

Bewertung: Die Praxis gehört zu den ww. am stärksten integrierten Einheiten, was sich insb. an der immer umfassenderen Beratung von Google zu div. Transaktionen u. Verfahren beobachten lässt. Der Konzern, traditionell ein Mandant der US-Praxis u. seit Jahren auch des Brüsseler Büros, wird inzw. intensiv auch von den dt. Partnern Polley u. Deselaers beraten. Das gilt mit Blick auf BKartA-Marktmachtverfahren ebenso wie für die Abwehr von Kartellschadensersatz. In zahlr. Google-Mandaten arbeiten Anwälte aus Brüssel, London u. Köln gemeinsam. Eine Zäsur bedeutet das altersbedingte Ausscheiden des hoch renommierten Schroeder aus der Partnerschaft, der die Praxis lange geprägt hat. Personell u. auf Mandatsebene aber war dieser Schritt mit der Beförderung von Apel zur Counsel u. der Partnerernennung von Dr. Julian Sanner seit Längerem vorbereitet worden, u. Schroeder führt als of Counsel weiterhin Mandate, etwa für Masco u. Dow Chemical. Spürbaren Schwung verleiht der Praxis weiterhin Deselaers: Dieser hat zwar sein aufsehenerregendes Amtshaftungsverfahren für BayWa gg. das Kartellamt vor dem BGH verloren – gehört allerdings an der Seite von Unternehmen wie Beiersdorf u. Nestlé zu den sichtbarsten Streitern im Zshg. mit Kartellschadensersatz. Zudem vertritt ein von ihm geleitetes Team Lundbeck im Zshg. mit dem ersten großen Pay-for-Delay-Fall – die erhebl. personellen Ressourcen, die dieser Fall u. v.a. die Google-Mandate erfordern, spiegeln sich in der gewachsenen Associate-Riege.

Stärken: Eine der stärksten internat. integrierten Praxen. Eingespielte Teams hoch angesehener Kartellrechtler auch in ▷Brüssel, Frankreich u. den USA.

Oft empfohlen: Prof. Dr. Dirk Schroeder („führender Experte, angenehm in der Zusammenarbeit", Wettbewerber), Dr. Wolfgang Deselaers („guter Überblick, sehr hilfreich", Mandant; „super Zugpferd für die Praxis – der will's echt wissen", Wettbewerber), Prof. Dr. Romina Polley („kompetent u. immer kollegial", Wettbewerber über beide), Rüdiger Harms („stark in kartellrechtl. Prozessen", Wettbewerber), Dr. Patrick Bock („sehr zuverlässig, hat einen weiten Blick", Mandant), Dr. Katharina Apel („analyt. enorm begabt, belastbar, durchsetzungsstark", „Rising Star", Wettbewerber)

Team: 6 Partner, 2 Counsel, 15 Associates

Schwerpunkte: Fusionskontrollen, inkl. Investitionskontrollen, Kartellverfahren u. Prozesse (▷Konfliktlösung). In Brüssel langj. Erfahrung mit Beihilfemandaten.

Mandate: Fusionen/Kooperationen: Google bei Kauf von Mandiant; Attestor bei gepl. Kauf von Europcar; IQVIA bei Kauf von Davaso; Funimation bei Kauf von Crunchyroll; Dassault Systèmes zu Joint-Venture-Gründung in China; BP zu Kauf von Tankstellen in Dtl.; Dow Chemical zu Auflagen nach DuPont-Fusion; Stiga, u.a. zu Vertrieb von Mährobotern. **Prozesse:** BayWa in Kartellverf. „Pflanzenschutz" u. bei Amtshaftungsklage gg. BKartA; Lundbeck im Zshg. mit Pay-for-Delay-Fall; Abwehr von Kartellschadensersatz, u.a. für Beiersdorf (KWR), Johnson Controls (Batterierecycling), Otis (Fahrstühle), Hansgrohe (Sanitär), Goodmills (Mehl), Google (Shopping); Litauische Eisenbahn gg. EU-Kommission im Zshg. mit Marktmachtmissbrauch (EuGH); Nestlé bei Klage gg. Zuckerkartell. **Kartellverfahren:** Google in BKartA-Verf. „Marktübergreifende Bedeutung" u. „Datenverarbeitung"; VfL Wolfsburg, Bayer Leverkusen, TSG Hoffenheim in BKartA-Verf. Im Zshg. mit 50+1-Regel der DFL.

CLIFFORD CHANCE

Kartellrecht ★★★

NOMINIERT
JUVE Awards 2022
Kanzlei des Jahres für Kartellrecht

Bewertung: Das Aushängeschild der regelm. auf hohem Niveau tätigen Kartellpraxis sind komplexe internat. Fusionskontrollverfahren, häufig an der Seite großer Industriemandanten. Zuletzt stand das dt. Team etwa dem US-Werkstoffkonzern Trinseo beim Verkauf seines Synthesekautschukgeschäfts an die poln. Synthos bei. Neben dem zu den respektiertesten Kartellrechtlern im Markt zählenden Besen fällt insbes. bei außenwirtschaftsrechtl. heiklen Zusammenschlüssen der jüngere Partner Slobodenjuk vermehrt positiv auf: Beide hatten etwa beim komplexen Deal Leonardo/Hensoldt gemeinsam die Federführung. Auch bei klass. Kartellverfahren ist CC präsent: So erreichte Dietrich für seine Mandantin Früh im Kölsch-Kartell vor dem OLG einen Freispruch. Neben diesem sehr dt. geprägten Fall berät die Praxis auch in mehreren Untersuchungen der EU-Kommission. Dietrich fokussiert sich zudem weiterhin stark auf die Themen Digitalisierung, Plattformen u. Datenzugang, wobei er immer enger mit den Brüsseler Kartellrechtlern zusammenarbeitet. Beim Thema Schadensersatz – ein Feld, auf dem CC in der Vergangenheit weniger präsent war als Wettbewerber wie Hengeler oder Freshfields – verbuchte das Team für Moravia bei der Abwehr von Ansprüchen aus dem Schienenkartell jüngst einen aufsehenerregenden Etappensieg: Das LG Frankfurt wies alle Ansprüche als verjährt ab u. bescheinigte der Klägerin Dt. Bahn grobe Fahrlässigkeit. Personell entwickelt sich das Team weiter. Der Partnerernennung von Slobodenjuk im Vorjahr folgte die Ernennung einer Counsel.

Stärken: Branchenkompetenz, v.a. im ▷Gesundheitssektor sowie ▷Energie, (Lebensmittel-)Handel, TK, Automotive u. Chemie.

Oft empfohlen: Marc Besen („exzellenter Jurist", „sticht heraus, gibt klare u. umsetzbare Ratschläge", Mandanten), Dr. Michael Dietrich („zuverlässig", „mutig", Wettbewerber), Dr. Dimitri Slobodenjuk („pragmat., lösungsorientiert, humorvoll, freundl.", Mandant; „schnell, präzise, strateg. gut", Wettbewerber), Dr. Joachim Schütze

Team: 3 Partner, 1 Counsel, 8 Associates, 1 of Counsel

Schwerpunkte: Fusions- u. Investitionskontrolle (▷M&A, ▷Außenwirtschaft), Kartellverfahren, zivilgerichtl. Prozesse u. ▷Vertriebskartellrecht, ▷Compliance.

Mandate: Fusionen/Kooperationen: Trinseo beim Verkauf an Synthos; Stark-Gruppe beim Kauf von Melle Gallhöfer Dach; Leonardo beim Anteilserwerb an Hensoldt (inkl. Investitionskontrolle); DP World bei geplanter Übernahme von Imperial Logistics (inkl. Investitionskontrolle); GE Electric außenwirtschaftsrechtl. zu Buy-out der Minderheitsanteilseigner an GE Healthcare Buchler; Hitachi/Thales Group (außenwirtschaftsrechtl.); Merck KGaA bei Kauf von Chord Therapeutics; VW bei Joint Venture mit TraceTronic; regelm. Rewe. **Prozesse:** Hermann Bach gg. BKartA-Bußgeld (Sanitärgroßhandel); Cölner Hofbräu P. Joseph Früh gg. BKartA-Bußgeld (Bier; OLG); Moravia bei Abwehr von Schadensersatzklage gg. Dt. Bahn (LG Frankfurt); Dt. Telekom zu standardessenziellen Patenten. **Kartellverfahren:** Technologieunternehmen zu BKartA-Sektoruntersuchung im Bereich Onlinewerbung; Konsumgüterhersteller zu EU-Untersuchung u. mögl. Beschränkung des Parallelhandels; Pharmaunternehmen zu EU-Untersuchung zu angebl. Behinderungsmissbrauch. Lfd. Oracle, Spotify.

CMS HASCHE SIGLE

Kartellrecht ★★★

Bewertung: Die Praxis gehört zu den personalstärksten im Markt. Ein besonderer Schwerpunkt ist das Vertriebskartellrecht, wofür v.a. Bauer, Schöner u. Neuhaus stehen. Das macht die Praxis zu ei-

KARTELLRECHT

ner der gefragtesten Adressen im Zshg. mit der umf. Neuregelung der Vertikal-GVO, die aktuell zahlr. Unternehmen beschäftigt. Die zunehmende Branchenspezialisierung einzelner Partner erweist sich häufig als Türöffner für Mandate im Zshg. mit wettbewerbl. heiklen Transaktionen oder der kartellrechtskonformen Ausgestaltung von Kooperationen. Dies zeigt sich etwa im Bereich Energie, wo die Praxis zahlr. Unternehmen bei der Transformation in Richtung Renewables begleitet – etwa Jet im Zusammenhang mit dem Aufbau eines Wasserstofftankstellennetzes. Ihre Kompetenz in der Automobilbranche u. bei der Steuerung von Fusionskontrollen in div. Ländern mithilfe von CMS-Partnerkanzleien unterstrich die Praxis an der Seite von VW beim Verkauf von Bugatti – hier war ein Team um den jüngeren Partner Soltau im Einsatz. Im Kartellschadensersatz erreichten Kahlenberg, der neue Praxisleiter Hempel u. Reher einen wichtigen Sieg für Baden-Württemberg im Holzkartell.

Stärken: Vertriebskartellrecht, v.a. in Brüssel auch für internat. Mandanten.

Oft empfohlen: Dr. Michael Bauer („ein Multitool", Wettbewerber), Dr. Tim Reher („großer Name im Kartellschadensersatz, wir sind seit Jahren sehr zufrieden", Mandant), Dr. Harald Kahlenberg („kompetent u. gut", Mandant; „angenehm u. erfahren", Wettbewerber), Dr. Markus Schöner („guter Sparringspartner, fairer Verhandler, großes Know-how im Vertriebskartellrecht", Wettbewerber), Kai Neuhaus („angenehm u. kompetent, große Erfahrung im Außenwirtschaftsrecht", Wettbewerber), Dr. Rolf Hempel („gute, pragmat. Beratung", Mandant), Dr. Christian Haellmigk („sehr präsent im Markt", Wettbewerber), Christoff Soltau („weiß auch komplizierte Mandanten zu handeln", Wettbewerber)

Team: 12 Partner, 4 Counsel, 20 Associates

Schwerpunkte: Fusionskontrollen u. Kartellschadensersatzprozesse, stark in ▷Vertriebskartellrecht. Auch Bußgeldverfahren. Einige standortbezogene Schwerpunkte, u.a. ▷Energie/Stuttgart, ▷Medien u. Schnittstelle zu IP/Hamburg. In ▷Brüssel auch ▷Beihilferecht.

Mandate: Fusionen/Kooperationen: Allianz, u.a. bei Joint Venture mit Heimstaden Bostad u. Verkauf von Galeries-Lafayette-Immobilie an Tishman Speyer; VW zu Joint Venture mit Bugatti Rimac; Birco bei Verkauf an ACO Ahlmann; Jet bei Wasserstofftankstellen-Joint-Venture mit H2 Energy; **Fusionskontrollen:** Home24/Butlers, Plansee/Ceratizit, Atos/Tracoe, SFS/Hoffmann SE; Northland Power Offshore-Wind-Joint-Venture mit RWE; LBBW u. Helaba bei Bündelung von div. Geschäftsfeldern; Münze Österreich zu Joint Venture mit Philoro. Prozesse: Abwehr von Schadensersatz, u.a. für Baden-Württemberg (Holzvermarktung), Dt. Bahn (Ticketvertrieb), Johnson & Johnson (Drogerieartikel), Magna (TV-Werbezeiten); Geltendmachung von Kartellschadensersatz für Goldeck, Storck, Jägermeister (alle Zucker), Remondis, Hoyer (beide Lkw); Rossmann gg. BKartA-Bußgeld (BGH; Kaffee); Eyeo/Adblock gg. RTL u. ProSiebenSat.1 wg. angebl. Marktmachtmissbrauch beim Angebot von Werbeblockersoftware (BGH, OLG); Vodafone gg. Dt. Telekom wg. Kabelmieten (BGH, OLG); Wilhelm.tel u.a. gg. ZDF wg. Einspeiseentgelten (BGH). Div. Konsumgüterhersteller ggü. europ. Handelsallianzen (Agecore, EPIC, Eu-relec, Everest) u. Einzelhändlern (u.a. Edeka); Erdgasnetzbetreiber im Pilotprojekt Get H2; lfd. vertriebskartellrechtl. Chanel, Birkenstock, Porsche, Sennheiser, Coca-Cola Europacific Partners, Mars, Kellogg, Jacobs Douwe Egberts.

COMMEO
Kartellrecht ★★★

Bewertung: Die Kartellrechtsboutique genießt nach wie vor einen überragenden Ruf für vertriebskartellrechtl. Themen, auch wenn diese inzw. nicht mehr den Schwerpunkt der Beratung ausmachen. Das Know-how für Vertriebsthemen zeigte sich zuletzt darin, dass Pautke u. Schultze von der EU-Kommission als Berater zur neuen Vertikal-GVO hinzugezogen wurden – das Regelwerk, bei dem Commeo insbes. Input zum dualen Vertrieb gab, beschäftigt die Praxis nun an der Seite div. Konzerne, die ihre Vertriebssysteme anpassen müssen. Großen Raum nahmen erneut Kartellschadensersatzstreitigkeiten u. Fusionskontrollen ein, bei Magnas Gründung eines E-Antrieb-Joint-Ventures mit LGE. Hier koordinierte ein Team unter Federführung der jungen Partnerin Oest Anmeldungen in 15 Ländern u. bei der EU. Auch in Kartellverfahren internationalisiert sich die Arbeit: Im Zshg. mit Absprachen auf Arbeitsmärkten ist die Praxis erstmals in die grenzüberschr. Aufklärung mögl. Kartellverstöße involviert.

Stärken: Vertriebskartellrecht. Eingespieltes Team, großes Netzwerk von Partnerkanzleien.

Oft empfohlen: Dr. Jörg-Martin Schultze („hoch professionell u. zielorientiert bei großen Fusionskontrollen", Wettbewerber), Dr. Stephanie Pautke („schnell, hands-on, immer angenehm u. herzlich", Wettbewerber), Dr. Dominique Wagener („sehr gut bei Abwehr von Kartellschadensersatz", Mandant; „gut vernetzt", Wettbewerber), Dr. Johanna Kübler („gute Wahl für komplexe Fälle", Wettbewerber), Isabel Oest („umf. Beratungsansatz, gute Marktkenntnisse, fügt sich nahtlos in M&A-Teams ein", Wettbewerber)

Team: 5 Partner, 1 Counsel, 6 Associates

Schwerpunkte: Sehr stark in vertriebskartellrechtl. Fragen. Auch Fusionskontrolle sowie Kartellverfahren u. Schadensersatzfälle. Branchenerfahrung insbes. bei Gesundheit, Medien, Kfz-Zulieferern, Konsumgütern.

Mandate: Prozesse: Abwehr von Kartellschadensersatz für Japan Airlines (Luftfrachtkartell), JTEKT (Wälzlager), Samsung (Bildröhren), Dillinger Hütte (Quartobleche); 2 Unternehmen bei Schadensersatzforderungen gg. Zuckerkartell. **Fusionen/Kooperationen:** Magna, u.a. bei E-Antrieb-Joint-Venture mit LGE; Palero bei Verkauf von Melle Gallhöfer an Stark; Woco zu FuE-Kooperation mit Kärcher; Beratung zu Joint-Venture-Gründungen: ZDF/NDR, Semikron/Danfoss, Fraport/Lufthansa. **Kartellverfahren:** MeierGuss in BKartA-Verf. ‚Schachtabdeckungen'; Westfalen in BKartA-Verf. ‚Flüssiggas' (Beschwerdeverf. am OLG); Unternehmen im BKartA-Verfahren ‚Industriebau'. Regelm. zu Compliance: Carglass, Fraport, Dormakaba, Uvex, VDMA; EU-Kommission zu Vertikal-GVO, insbes. zu Informationsaustausch im dualen Vertrieb.

DELOITTE LEGAL
Kartellrecht ★

Bewertung: Die Praxis ist geprägt von einem stetigen Grundrauschen an Fusionskontrollen, allerdings ragen immer wieder Fälle heraus, in denen Skalas ganze langj. Erfahrung mit kartellrechtl. heiklen Projekten gefragt ist. So begleitete er zuletzt Rossmann beim Eintritt in eine Einkaufskooperation mit großen Lebensmittelhändlern wie Metro u. Globus u. führte für den Bauelementehersteller Aco ein Phase-II-Verfahren vor dem BKartA bzgl. der letztl. untersagten Fusion mit Birco. Für Tessner erreichte die Praxis an der Seite von Hengeler dafür vor dem OLG einen Sieg über das Amt im Zshg. mit Auflagen bei der Fusion mit XXXLutz. Angesichts dieser Entwicklungen liegt ein personeller Ausbau der Praxis nahe, denn das volle Potenzial der parallel vorangetriebenen stärkeren internen Vernetzung wird sie bei dieser Teamgröße kaum entfalten können.

Oft empfohlen: Felix Skala („gut u. kompetent", Mandant)

Team: 1 Partner, 2 Associates

Schwerpunkte: Lfd. Fusionskontrollen (▷M&A), Beratung im Rahmen von multidiszipl. aufgesetzten Compliance-Projekten; regelm. Schnittstellen zu Vergabe- u. Beihilferecht.

Führende Berater im Kartellrecht (bis 50 Jahre)

Dr. Ulrich Denzel
Gleiss Lutz, Stuttgart

Katrin Gaßner
Freshfields Bruckhaus Deringer, Düsseldorf

Dr. René Grafunder
Dentons, Frankfurt

Dr. Rolf Hempel
CMS Hasche Sigle, Stuttgart

Dr. Moritz Holm-Hadulla
Gleiss Lutz, Stuttgart

Christian Horstkotte
Mayer Brown, Düsseldorf

Dr. Anna Huttenlauch
Blomstein, Berlin

Dr. Uta Itzen
Freshfields Bruckhaus Deringer, Düsseldorf

Dr. Max Klasse
Blomstein, Berlin

Dr. Tilman Kuhn
White & Case, Düsseldorf

Dr. Silke Möller
Glade Michel Wirtz, Düsseldorf

Dr. Alex Petrasincu
Hausfeld, Düsseldorf

Dr. Georg Weidenbach
Gibson Dunn & Crutcher, Frankfurt

Dr. Christoph Wünschmann
Hogan Lovells, München

Die Auswahl von Kanzleien und Personen in Rankings und tabellarischen Übersichten ist das Ergebnis umfangreicher Recherchen der JUVE-Redaktion. Sie ist in 2erlei Hinsicht subjektiv: Die Aussagen der befragten Quellen sind subjektiv u. spiegeln deren Erfahrungen u. Einschätzungen. Die JUVE-Redaktion wiederum analysiert die Rechercheergebnisse unter Einbeziehung ihrer eigenen Marktkenntnis. Der JUVE Verlag beabsichtigt keine allgemeingültige oder objektiv nachprüfbare Bewertung. Es ist möglich, dass eine andere Recherchemethode zu anderen Ergebnissen führt. Innerhalb einzelner Gruppen in Rankings und tabellarischen Übersichten sind Kanzleien und Personen alphabetisch sortiert.

KARTELLRECHT

Mandate: Fusionen/Kooperationen: Rossmann zu Einkaufskooperation RTG; ACO Severin Ahlman zu gepl. Übernahme von Birco GmbH (BKartA Phase II); weitere Fusionskontrollen für: Barmherzige Brüder, Getec Energie, Hannover Finanz, Heristo, Winning Group. Datev zu Neustrukturierung des Vertriebssystems; zu Compliance u. Vertriebskartellrecht: Expert, Dt. Automobil Treuhand; DOSB vor BKartA bzgl. Athletenwerbung bei Olympia; **Prozesse:** Tessner, u.a. als Beigeladene in Beschwerdeverf. von XXXLutz gg. BKartA-Freigabebedingungen zur Fusion mit Tessner (OLG).

DENTONS
Kartellrecht ★★★

Bewertung: Die Praxis gehört nach Erweiterungen über die vergangenen Jahre zu den besonders breit aufgestellten, wobei sich ein Fokus auf Technologiethemen abzeichnet. Für diesen steht etwa Quereinsteigerin Tamke, die im Markt bereits als Freshfields-Counsel positiv aufgefallen ist, u.a. als Spezialistin für E-Commerce u. dualen Vertrieb. Mit ihrem Zugang setzt Dentons eine Entwicklung fort, die sich als Erfolgsrezept erwiesen ist: Immer wieder holt sie erfahrene Anwälte von brit. Top-Kanzleien u. macht sie zu Partnern – so war es auch bei Grafunder u. Wiesner, die nun die Praxisleitung von Karenfort übernommen haben. V.a. Wiesners starker Stand bei Autokonzernen bringt die Praxis voran, denn er übersetzt sich in strateg. Mandate zur Branchentransformation: So begleitete sein Team Porsche zu 2 E-Bike-Joint-Ventures u. Ionity zum Einstieg von BlackRock. Erstmals wurde die Praxis dank ihrer verbesserten Drähte in die Autoindustrie auch für die Lufthansa tätig, die sie gemeinsam mit Audi zu einer Kooperation beriet. Grafunder schloss für Silgan in einer viel beachtetes EU-Kartellverfahren zu Metallverpackungen ab u. ist für einen Kabelhersteller in einem der raren neuen BKartA-Bußgeldverfahren tätig.

Stärken: Branchenkompetenz in den Sektoren Automotive, Banken, ▷Energie, Medien u. im ▷Gesundheitswesen.

Oft empfohlen: Dr. Jörg Karenfort („ehrgeiziger Stratege", Wettbewerber), Dr. René Grafunder („angenehm, pragmat., fachl. auf der Höhe u. gute Kontakte zur EU-Kommission", Mandant; „lösungsorientiert u. erfahren", Wettbewerber), Dr. Matthias Nordmann („erfahren u. pragmat.", Wettbewerber), Dr. Josef Hainz („beeindruckendes Fachwissen zu Energiethemen, Blick für Details, extrem kundenorientierter Ansatz", Mandant; „behält in großen Mandaten stets die Übersicht", Wettbewerber), Dr. Florian Wiesner („Erreichbarkeit, Tempo, Risikobewertung – in jeder Hinsicht top", Mandant)

Team: 8 Partner, 3 Associates, 3 of Counsel
Partnerwechsel: Dr. Maren Tamke (von Freshfields Bruckhaus Deringer)
Schwerpunkte: Dt. u. internat. Fusionskontrollen, Bußgeldverfahren, Schadensersatzklagen. Oft mit Schnittstellen zu ▷Beihilfe- u. ▷Vergaberecht sowie Regulierungsthemen. Branchenerfahrung im Medien-/Kabelbereich.

Mandate: Fusionen/Kooperationen: Porsche zu 2 Joint Ventures mit Pon u. Beteiligung an Fazua; Lufthansa u. Audi zu IT-Consulting-Joint-Venture; Ionity-Altgesellschafter (BMW, Daimler, Ford, Porsche, Hyundai) bei Einstieg von BlackRock (inkl. Investitionskontrolle); Munich Re/EDF zu Joint Venture; VW, u.a. zu Joint Venture mit EnelX u. Ausgliederung des Sitzgeschäfts in Joint Venture mit Brose; Yonsung bei Kauf von Arevipharma; 5NPlus bei gepl. Kauf von Azur Space Solar Power; Ancosys-Gesellschafter bei Verkauf an Nova; Victoria's Secret zu Joint-Venture-Gründung. **Prozesse:** BdB, u.a. bei Abwehr von Kartellschadensersatz (EC-Cash); Gazprom, u.a. zu Umsetzung von Verpflichtungszusagen nach EU-Missbrauchsverf.; Merck KGaA bei Abwehr von Schadensersatz (Pay for Delay). **Kartellverfahren:** Kabelhersteller in BKartA-Verfahen; Silgan in EU-Verf. ‚Metallverpackungen' (mit Linklaters); Yamaha in BKartA-Verfahren zu vertikalen Preisbindungen bei Musikinstrumenten. Entsorger in BKartA-Sektoruntersuchung gg. Rethmann-Gruppe/Remondis bzgl. künftiger Übernahmen; internat. Markenhersteller bei Aufbau von Vertriebssystem über Handelsvertreter; lfd.: DPG Dt. Pfandsystem, EFN Eifel-Net, Hensoldt, Wacker Chemie, Otto, Alba.

DLA PIPER
Kartellrecht ★★

Bewertung: Die Praxis mit ihrem Schwerpunkt bei transaktionsbezogener Arbeit, etwa bei Joint Ventures, hat personell ein turbulentes Jahr hinter sich. Herrlingers Zugang ist in mehrfacher Hinsicht ein Gewinn: Er verankert die Praxis am Standort HH, zudem gewinnt DLA endlich einen erfahrenen Spezialisten für Kartellschadensersatz – ein Feld, auf dem die Praxis bisher unter ihren Möglichkeiten geblieben ist. Herrlinger vertritt u.a. Edeka in einer großvol. Klage gg. das Bierkartell u. trägt mit seiner langj. Erfahrung zur Ausgewogenheit der Altersstruktur in der Praxis bei. Neben ihm gibt es in Dtl. mit Semin O in Ffm. nur einen weiteren Partner, der relativ jung ist – denn in Köln wechselte mit Dreyer ein anerkannter Partner zu FPS. In Brüssel gibt es zwar einen weiteren dt.-sprachigen Partner, allerdings arbeiten die Standorte oft nur punktuell zusammen. Dass das Team die interne Vernetzung vorantreiben kann, deutet sich in einer Reihe von Mandaten an. So waren bei der Arbeit für Edeka teils Büros in Italien u. Spanien eingebunden, u. auch ein halbes Dutzend EU-Fusionskontrollen vertieften die internat. Zusammenarbeit.

Oft empfohlen: Dr. Justus Herrlinger („kollegial u. zuverlässig", Wettbewerber), Semin O („aufstrebend u. fleißig", Wettbewerber)

Team: 3 Partner, 2 Counsel, 7 Associates
Partnerwechsel: Dr. Justus Herrlinger (von White & Case); Dr. Jan Dreyer (zu FPS)

Schwerpunkte: Fusionskontrollen, oft internatonal u. im Verbund mit der ▷M&A-Praxis. Auch regelm. Bezüge zu ▷Compliance. Branchenschwerpunkte: Industrie, Energieversorger, Verlage.

Mandate: Fusionen/Kooperationen: BASF bei Verkauf von Anteilen des Offshorewindparks HKZ an Allianz; Cohu bei Verkauf von atg Luther & Maelzer an Mycronic; dt. Chemieunternehmen u. Automobilzulieferer bei Agrar-Joint-Venture; Heidelberger Druckmaschinen, u.a. zu strateg. Partnerschaft mit Munich Re; Rewe, u.a. zu Beteiligung an SK Gaming; US-Halbleiterunternehmen bei Kauf eines Wettbewerbers; Traton/Loom, Montana Aerospace/ASCO Industries, UGI/SHV Energy, Vita 34/PBKM, Harman/Apostera; div. Fusionskontrollen für TA Associates, Team Blue, Wipro; Stahl-Holding-Saar. Lfd.: DMK, BorgWarner, ECE. **Prozesse:** EWE bei Abwehr von Beschwerde gg. Freigabe von Glasfaser-Joint-Venture mit Dt. Telekom (OLG, BGH); Geltendmachung von Kartellschadensersatz für Edeka (Bierkartell) u. Autohersteller (Zündkerzen, Lambdasonden). Touristikunternehmen zu vertriebsrechtl. Fragen, u.a. Paketierungspraxis von Hotels u. Airlines; koreanischer Hersteller von molekularer Diagnostik zu gepl. Vertriebssystem; Otto zu Onlinehandelsplattform; Lebensmittelkonzern bei Compliance-Untersuchung.

FIELDFISHER
Kartellrecht ★★

Bewertung: Die eingespielte Kartellrechtspraxis ist breit aufgestellt u. in Prozessen ebenso erfahren wie bei Digital- u. Vertikalthemen. Auch bei Fusionskontrollen u. in der Compliance-Beratung sind Bahr u. Dethof sehr beschlagen. Obwohl die aktive Rolle bei Schadensersatzklagen im Lkw-Kartell die Praxis stark bindet, gelang es dem harmon. Team auch, namh. neue Mandanten zu gewinnen. Dabei zahlt sich auch die immer engere Zusammenarbeit mit den ▷Datenschutzrechtlern aus, etwa bei internen Compliance-Untersuchungen oder der Beratung zu Onlineplattformen.

Oft empfohlen: Dr. Christian Bahr („sehr kompetent, pragmat.", Mandant; „unkompliziert, lösungsorientiert, umsichtig", Wettbewerber), Dr. Sascha Dethof („sehr präzise u. vertrauenswürdig, exzellent", Wettbewerber)

Team: 3 Partner, 1 Counsel, 4 Associates
Schwerpunkte: Bußgeld- u. Missbrauchsverfahren. Kartellschadensersatzprozesse. Compliance u. Vertriebskartellrecht.

Mandate: Prozesse: Div. Unternehmen aus Logistik u. Handel sowie Kommunen bei Schadensersatzforderungen gg. das Lkw-Kartell; Versicherer zu Schadensersatzforderung gg. Autoglaskartell. **Fusionen/Kooperationen:** Sonova/Sennheiser; Sportartikelhersteller vertriebskartellrechtl.; Handelsgesellschaft zu Einkaufskooperationen. **Kartellverfahren:** Unternehmen in Kartellverf. ‚Techn. Gebäudeausrüstung'. Regelm. Edding; Thyssenkrupp Industrial Solutions; Dt. Obstkonsortium.

FLICK GOCKE SCHAUMBURG
Kartellrecht ★

Bewertung: Die kartellrechtl. Praxis hat neben der Arbeit in Transaktionen einen Schwerpunkt im Medienkartellrecht. Neben Verlagen berät Haus nach wie vor umf. Stammmandantin RTL, auch mit Blick auf strateg. Themen wie gepl. Transaktionen u. Gesetzgebungsverfahren. Dass das kleine Team stark bei kartellrechtl. heiklen Transaktionen ist, zeigt u.a. die Arbeit für Rewe im Zshg. mit dem Kauf von Real-Märkten durch Wettbewerber. Zuletzt erweiterte sich das themat. Spektrum durch Mandate für einen Investor im Zshg. mit verweigerten Corona-Hilfen für Portfoliounternehmen in Richtung Beihilferecht. Um sich nachhaltig weiterzuentwickeln, müsste die Praxis allerdings personell wachsen.

Oft empfohlen: Dr. Florian Haus („fachl. ausgezeichnet", Mandant; „ehrgeizig, sorgfältig, herzlich", Wettbewerber)

Team: 1 Partner, 1 Associate
Schwerpunkte: Fusionskontrollen u. Joint Ventures. Erfahrung auch in Kartellverfahren.

Mandate: Fusionen/Kooperationen: Duvenbeck bei Verkauf an Waterland; RTL, u.a. zu div. gepl. Transaktionen, Gesetzgebungsverfahren (Digital Markets Act, GWB-Novelle) u. Behördenuntersuchungen (Onlinewerbung, AdTech, Plattformmärkte); Rewe, u.a. als Beigel. in Fusionskontrollen Kaufland/Real u. Edeka/Real u. bei Kauf von Real-Filialen; Funke Mediengruppe, u.a. zu Kooperatio-

KARTELLRECHT

nen u. in kartellrechtl. Streit mit ehem. Kooperationspartner. **Prozesse:** EU-Kommission bei Abwehr von Klagen div. Stadtwerke gg. Freigabe von E.on-RWE-Asset-Swap (EuG); Private-Equity-Investor zu Corona-Hilfen für Portfoliounternehmen, Widerspruchsverfahren gg. ablehnenden Bescheid. **Kartellverfahren:** Begros in BKartA-Ermittlungsverf. zu Einkaufskoop. im Möbelhandel. lfd. Döhler, D-Force, Brandenburg-Gruppe, Gelsenwasser.

FRESHFIELDS BRUCKHAUS DERINGER
Kartellrecht ★★★★★

Bewertung: Die Kartellrechtspraxis gehört in nahezu jeder Hinsicht zur Marktspitze: Sie fehlt in kaum einem wichtigen Bußgeldverfahren u. ist besonders häufig an komplexen internat. Transaktionen beteiligt. Ein Bsp. ist die von einem Brüsseler Team um Montag gesteuerte Fusion der Kranhersteller Cargotec u. Konecranes, zu der neben ww. Dutzenden von Anmeldungen ein Phase-II-Verfahren der Kommission gehört. Ein weiteres Bsp. ist die Begleitung der Stammmandantin VW bei der mrd-schweren Übernahme von Europcar. Ein Team um Klusmann u. Gaßner koordiniert Fusionskontrollen in 20 Ländern, beteiligt sind div. Büros von London bis Washington. Der Deal gehört zur großen Transformation der Automobilwirtschaft, zu der Klusmann u. Itzen VW auch in einem wegweisenden EU-Verf. zu FuE-Kooperationen begleitet hat. Stärker als viele Wettbewerber unterhalb der Marktspitze bietet FBD eine integrierte Beratung zu Fusions- u. Investitionskontrollen (FDI), etwa für EQT beim Verkauf von Utimaco oder Saint-Gobain beim Kauf von GCP – v.a. Röhling treibt hier den Know-how-Aufbau auch mithilfe von Legal Tech voran. Ihre Stärke an der Schnittstelle zum Beihilferecht insbes. in Brüssel u. zu Regulierungsthemen beschert der Praxis angesichts zahlr. Krisen u. damit verbundener staatl. Rettungsbemühungen reichl. Arbeit – für die wachsende Bedeutung dieses Bereichs steht auch die Ernennung einer weiteren Partnerin: Merit Olthoff in Brüssel. Auffällig ist, dass die Praxis im Gegensatz zu Wettbewerbern wie Gleiss oder Hengeler zum Zukunftsthema Marktmacht in der Digitalökonomie zwar div. Mandanten strateg. berät, in der ersten Reihe der öffentl. sichtbaren Verfahren aber bisher fehlt.

Stärken: Kombination aus internat. Aufstellung u. hoch angesehener dt. Praxis, parallele Beratung zu Fusions- u. Investitionskontrolle. Marktführendes ▷*Brüsseler* Büro.

Oft empfohlen: Dr. Frank Montag, Dr. Martin Klusmann („Top-Adresse bei Bußgeldverfahren", Wettbewerber), Dr. Helmut Bergmann, Dr. Tobias Klose („schnell u. immer auf den Punkt", Wettbewerber), Dr. Uta Itzen („internat. gut vernetzt", Wettbewerber), Dr. Peter Niggemann („große Erfahrung mit komplexen Fusionskontrollen", Wettbewerber), Dr. Thomas Lübbig, Dr. Frank Röhling („heller Kopf", Wettbewerber), Dr. Thomas Wessely, Katrin Gaßner („spitze für komplexe Verfahren u. Investigations", Wettbewerber), Dr. Ulrich Scholz („äußerst erfahren, immer lösungsorientiert u. pragmat.", Mandant; „top an der Schnittstelle von Kartell- u. Energierecht", Wettbewerber), Dr. Andreas von Bonin („super bei behilferechtl. Bezügen", Wettbewerber)

Team: 14 Partner, 4 Counsel, 38 Associates, 3 of Counsel

Schwerpunkte: Breite Praxis mit Erfahrung bei ▷*Compliance-Untersuchungen* u. Kronzeugenanträ-gen. Schadensersatzstreitigkeiten meist mit Litigation-Praxis (▷*Konfliktlösung*). Dt. u. internat. Fusions- u. Investitionsschutzkontrollen mit führenden ▷*M&A-* u. ▷*Private-Equ.-Praxen*, häufig mit Bezug zum ▷*Außenwirtschaftsrecht*. Stark auch an Schnittstellen zu ▷*Patent-* u. ▷*Beihilferecht*.

Mandate: Fusionen/Kooperationen: Axel Springer, u.a. bei Joint Venture mit Bertelsmann u. Kauf von Politico; Continental, u.a. bei Übernahme von Trelleborgsparte u. Spin-off von Vitesco; EQT, u.a. bei Verkauf von Utimaco; Aareal Bank zu öffentl. Übernahme durch Advent u. Centerbridge; Hellman & Friedman, u.a. zur Fusion Nets/Nexi u. Kauf von Zooplus; KKR zu Beteiligung an Körber-Sparte; Lanxess bei Kauf von IFF-Sparte; Thyssenkrupp, u.a. beim Verkauf von Sparte an FLSmidth; NGN zu Glasfaserkooperation mit Eurofiber; weitere Fusionskontrollen: AstraZeneca/Alexion, Antin Infrastructure/ERR, Cargotec/Konecranes, Culligan/Waterlogic, Beiersdorf/Chantecaille, Ebay/Adevinta, Etex/Ursa, Gategroup/LSG, Hella/Faurecia, Saint-Gobain/GCP, Verisk/Actineo, VW/Europcar, Vonovia/Dt. Wohnen. **Prozesse:** Thyssenkrupp bei Beschwerde gg. Untersagung von Fusion mit Tata (EuG); RWE bei Abwehr von Klagen gg. die Freigabe von RWE/E.on-Asset-Swap (EuG); Continental strateg. zu standardessenziellen Patenten; Abwehr von Kartellschadensersatz, u.a. für Tchibo (Röstkaffee), Mars (Süßwaren), Pfeifer & Langen (Zucker), Volvo/Renault (Lkw), Thyssenkrupp (Schienen), Webasto (Standheizungen). **Kartellverfahren:** Ardagh in EU-Verf. Metallverpackungen; Anheuser Busch in Comesa-Verf. zum afrikan. Biermarkt; VW in EU-Verf. ,Abgastechnik'; Stiga bei vertriebskartellrechtl. BKartA-Beschwerde gg. Stihl. Div. Dax-Konzerne zu Compliance-Aufbau u. -überwachung; Plattformbetreiber zu Nachhaltigkeitskooperationen; div. Techkonzerne bzgl. 19a-Verf. u. DMA.

GIBSON DUNN & CRUTCHER
Kartellrecht ★★

Bewertung: Nach den Verstärkungen des vergangenen Jahres erweitert sich der Radius der Praxis merkl.: Insbes. die Verankerung in der Automotive-Branche, durch Dieselmandate für Mercedes-Benz seit Jahren prägend für die Kanzlei in Dtl., festigt sich zunehmend auch im Kartellrecht. So ist ein Team um Weidenbach erstmals für BMW in Schadensersatzstreitigkeiten mit einem Zuliefererkartell tätig. Auch die Arbeit für Brembo hat sich deutlich ausgeweitet, insbes. im Zshg. mit Fusionskontrollen. In München berät nach wie vor Walther insbes. technologieorientierte Unternehmen bei Transaktionen u. Kooperationen. Ein jüngerer Münchner Partner hat eine ähnl. Ausrichtung, wird von Mandanten aber inzw. auch für sein Know-how bei der Geltendmachung von Kartellschadensersatz gelobt.

Oft empfohlen: Michael Walther („absolut solide", Mandant), Dr. Georg Weidenbach („herausragende Fallaufarbeitung bzgl. Chancen-Risiko-Analyse, auch mit Deep Dive in die Sachverhaltsbewertung", „kreativer Kopf – ist bereit, auch mal die Samthandschuhe auszuziehen u. in die Offensive zu gehen", Mandanten)

Team: 3 Partner, 5 Associates

Schwerpunkte: Fusionskontrollen, oft in technologienahen Branchen. Auch ▷*Compliance*, Kartellverfahren u. ▷*Konfliktlösung*.

Mandate: Fusionen/Kooperationen: GE Healthcare bei Kauf von BK Medical; Heska/VetZ; Tiancheng/Grifols; Bosch bei Verkauf von Automotive-Steering-Geschäft an Fidelium; Motion Picture Association zu Branchenvereinbarungen in der Film- u. Kinoindustrie infolge der Corona-Pandemie; Fusionskontrollen für Brembo, Dachser, Schütz, Secop. **Prozesse:** Geltendmachung von Kartellschadensersatz für VW (RoRo-Shipping) u. BMW; Abwehr von Kartellschadensersatz für ArcelorMittal, u.a. gg. Dt. Bahn (Spannstahl). Lfd.: TDK Electronics.

GLADE MICHEL WIRTZ
Kartellrecht ★★★

NOMINIERT
JUVE Awards 2022
Kanzlei des Jahres für Kartellrecht

Bewertung: Die Praxis gilt als Spezialistin für komplexe Kooperationsvorhaben u. kartellrechtl. geprägte Streitfälle, die häufig ihre ausgewiesene Kompetenz bei Technologiethemen erfordern. Dass diese Aufstellung stimmig ist u. sich mit Blick auf die Digitalisierung der Ökonomie als Vorteil erweist, zeigen namh. neue Mandanten u. Projekte. So ist Wirtz, der u.a. als langj. Samsung-Vertreter reichl. Erfahrung mit standardessenziellen Patenten hat, nun auch für einen internat. Technologie- u. Rüstungskonzern auf diesem Gebiet tätig. Zudem markieren klägerseitige Kartellschadensersatzmandate u.a. von Siemens u. einem dt. Energiekonzern einen deutlichen Ausbau des Litigation-Anteils. Ein Leuchtturmprojekt zu Kooperationen ist nach wie vor Möllers Begleitung von dt. Banken u. Verbänden bei der Entwicklung eines gemeinsamen digit. Bezahlsystems – in diesem Kernprojekt der Branche erreichte das Team zuletzt wichtige Freigaben des BKartA u. wurde mit Anschlussmandaten betraut. Auch die Erfahrung der Praxis beim eng mit Behörden abgestimmten Aufbau von Handels- u. Vertriebsplattformen brachte neue Mandate, u.a. ist Karbaum für einen internat. Onlinehändler im Einsatz.

Oft empfohlen: Dr. Markus Wirtz („fachl. herausragend u. kollegial", Wettbewerber), Dr. Silke Möller („immer gründlich u. zuverlässig", Wettbewerber), Dr. Christian Karbaum („kompetent u. pragmat.", Mandant; „sehr lösungsorientiert, fachl. fundiert", Wettbewerber über alle)

Team: 3 Partner, 7 Associates

Schwerpunkte: Fusionskontrollen u. Kartellschadensersatz sowie weitere komplexe, kartellrechtl. motivierte Prozesse. Auch ▷*Compliance* u. Vertriebskartellrecht; Kartellverfahren.

Mandate: Fusionen/Kooperationen: Clearlake Capital, u.a. bei Kauf von Quest Software u. One Identity; United Internet, u.a. bei gepl. Übernahme von Tele Columbus; Dt. Bank, Commerzbank u.a. sowie div. Bankenverbände als Projektberater zu einheitl. digitalen Bezahlsystem; Klöckner, u.a. zu B2B-Plattform XOM; internat. Händlerverbund zu zentraler Onlineverkaufsplattform; internat. Onlineeinzelhändler bei Aufbau von Handelsplattform; branchenübergr. Initiative zur Steigerung von Rezyklatanteil in Plastikverpackungen; Fusionskontrollen für: Ardian, Intermediate Capital, Mycronic; regelm. Haniel, IDW Institut der Wirtschaftsprüfer, Rügenwalder, Schneider Electric. **Prozesse:** Dt. Telekom gg. EU-Freigabe Vodafone/Liberty Global Assets (mit Gleiss; EuG); frz. Technologiekonzern bei Durchsetzung von Lizenzansprüchen im Zshg. mit standardessenziellen Patenten (LG u. US-Discovery); Samsung u.a. im Zshg. mit standardessenziellen Mobilfunkpatenten; Spielervermittlervereinigung zu gepl. neuen Transfer- u. Vermittlungsregeln

KARTELLRECHT

von Fifa u. DFB; Abwehr von Kartellschadensersatz, u.a. im Zshg. mit Kartellen ‚Drogerieartikel', ‚Gleistechnik', ‚Bier'; Geltendmachung von Schadensersatz, u.a. in Kartellen ‚Techn. Gebäudeausrüstung' (für Siemens Energy), ‚Aluminium-Schmieden', ‚Stahl-Schmieden', ‚Grobblech', ‚Edelstahl', ‚Hochspannungskabel'. **Kartellverfahren:** Bundesligaclub in BKartA-Verf. zur 50+1-Regel.

GLEISS LUTZ
Kartellrecht ★★★★★

Bewertung: Die Praxis zählt zu den führenden u. fehlt in nahezu keinem Kartellverfahren. Während Hauptwettbewerberin Freshfields mit ihrem extrem starken Brüsseler Büro bei großen internat. Fusionskontrollen einen Tick präsenter ist, gelang es GL in den vergangenen Jahren besser, Talente zu entwickeln, die rasch eine eigene Marktgeltung entfaltet haben. So erhalten auch die jüngsten Zugänge der inzw. 12-köpfigen Partnerriege, Hertfelder u. Fritzsche, bereits reichl. Anerkennung von Mandanten u. Wettbewerbern. Besonders augenfällig ist das Engagement des Teams in Verfahren zur Marktmacht in der Digitalökonomie, die ein besonderes Wachstumsfeld sind. Das gilt v.a. aufseiten der Silicon-Valley-Konzerne Meta u. Apple, für die v.a. Brinker, von Köckritz u. die renommierte Counsel Bodenstein im Einsatz sind. Es gilt aber zunehmend auch aufseiten von Beschwerdeführern, wenn es etwa gegen Google geht – hier sind Teams um Linsmeier u. Holm-Hadulla für DuckDuckGo u. Tom-Tom tätig. Eine lange Reihe von Prozessmandaten belegt die starke Position von GL an der Seite von Unternehmen, die sich gg. Entscheidungen dt. u. europ. Kartellbehörden wehren. Häufig betritt die Praxis hier rechtl. Neuland, etwa an der Seite von Meta gg. das BKartA im Zshg. mit der Übernahme von Kustomer – dem ersten Streitfall zur neu definierten Transaktionswertschwelle gg. digitale Plattformen. Dass daneben weiterhin kaum Bußgeldverfahren u. Kartellschadensersatzfälle ohne GL-Beteiligung auskommen, spricht für eine nachhaltige Entwicklung der von Linsmeier geleiteten Praxis.

Stärken: Rundum hochkarätige Kartellrechtspraxis. Viel Erfahrung in Prozessen vor europ. Gerichten.

Oft empfohlen: Dr. Ingo Brinker („guter Manager u. gleichzeitig beeindruckend tief in den Fällen", Wettbewerber), Dr. Wolfgang Bosch („listig u. erfahren", Wettbewerber), Dr. Ulrich Soltész („kompetent, schnell u. sehr praxistauglich", Mandant; v.a. Beihilferecht), Dr. Petra Linsmeier („ausgeprägter Blick für die Interessen ihrer Mandanten", Wettbewerber), Dr. Christian Steinle („klarer Kopf, der sauber u. zugleich sehr pragmatisch arbeitet", Mandant; „hervorragend in internen Ermittlungen", Wettbewerber), Dr. Ulrich Denzel („extrem verlässlich, sehr breite Expertise", Wettbewerber), Dr. Martin Raible („erfahren, umgänglich, gutes Verständnis fürs operative Geschäft", Mandant; „schnell, präzise, klug, durchsetzungsstark", Wettbewerber), Dr. Christian von Köckritz („engagierter Streiter vor EU-Gerichten", Wettbewerber), Dr. Matthias Karl („erfahren, pragmatisch, sehr gut vernetzt", Mandant), Dr. Moritz Holm-Hadulla („solide Beratung", Mandant), Dr. Alexander Fritzsche („erfahren u. fleißig" Wettbewerber), Dr. Ines Bodenstein („fleißig u. gut erreichbar", Wettbewerber), Dr. Johannes Hertfelder („phänomenales Gedächtnis u. tief in den Details", Mandant)

Team: 12 Eq.-Partner, 8 Counsel, 35 Associates

Schwerpunkte: Umf. ausgerichtete Kartellpraxis mit Kompetenz in Fusionskontrollen, Bußgeld- u. Missbrauchsverf., Kartellschadensersatz, ▷Vertriebskartellrecht. ▷Compliance-Untersuchungen. Starke Branchen: Automobil, Konsumgüter, ▷Gesundheit, Medien. ▷Beihilfe, insbes. im ▷Brüsseler Büro.

Mandate: Fusionen/Kooperationen: Infineon zu Gründung von Quantentechnik-Konsortium QUTAC, u.a. mit BASF, BMW, SAP; Mahle als Beigeladene in BKartA-Phase-II-Verfahren Dana/Modine; Brookfield bei Glasfaser-Joint-Venture mit Dt. Telekom; chin. Staatskonzern bei Joint-Venture-Gründung mit Fischer Cell Compressor; Projekt Gaia-X zu Aufbau einer europ. Dateninfrastruktur ggü. EU-Kommission; Fusionskontrollen: Dt. Post DHL/Hillebrand, Brose/Sitech, Adler/Zeitfracht, Cisco/Replex, Coloplast/Atos Medical, Hilti/Fieldwire, In-

Anzeige

KARTELLRECHT

gersoll Rand/Seepex; Phoenix bei Kauf des europ. McKesson-Geschäfts; Advent Technologies bei Kauf des Brennstoffzellengeschäfts von Fischer; regelm. Bosch, Daimler, Dt. Private Equity, B. Braun Melsungen, HeidelbergCement, Remondis, Siemens, Ardian, KKR, Ritter, Roche. **Kartellverfahren:** Meta in BKartA-Verf. ‚Marktübergreifende Bedeutung' u. 'Oculus'; Apple in BKartA-Verf. ‚Marktübergreifende Bedeutung'; Mercedes-Benz in EU-Verf. 'Abgasreinigung' u. Fahrzeugrecycling; DuckDuckGo im Zshg. mit BKartA-Verf. gg. Google; Stihl in frz. Bußgeldverfahren wg. Beschränkungen beim Versand best. Produkte durch Fachhändler. **Prozesse:** Canon bei Anfechtung von €28-Mio-EU-Bußgeld wg. angebl. 'gun jumpings' bei Übernahme von Toshiba-Sparte; Wieland-Werke bei Anfechtung von Untersagung der Fusion Wieland/Aurubis (EuG); Abwehr von Kartellschadensersatz für: Daimler (Lkw), Südzucker, Alfred Ritter (Süßwaren), Dt. Postbank u. Dt. Bank (EC-Cash), Reckitt Benckiser (Drogerieartikel); Immoscout in Streit mit Immowelt um Rabattsystem; Dt. Telekom, u.a. gg. Freigabe der Fusion Vodafone/Unitymedia (EuG), Abwehr von Klage gg. Kabelnutzungsentgelte (BGH, OLG) u. Streit mit EU-Kommission um Verzugszinsen auf vorläufig gezahlte Geldbuße (EuG); E.on in Gesellschafterstreit mit Vattenfall bzgl. Reststrommengen AKW Krümmel; Meta, u.a. bei Beschwerden gg. BKartA-Entscheidung ‚Datenschutz' (OLG, EuGH) u. BKartA-Bescheid zur Anmeldepflicht bzgl. Kustomer-Kauf; Mercedes-Benz Trucks España in Vorlageverfahren zur Haftung von Tochtergesellschaften für Kartellrechtsverstöße ihrer Konzernmutter (EuGH).

GÖRG
Kartellrecht ★

Bewertung: Neben einem starken Grundrauschen von transaktionsbegl. Arbeit u. vertriebskartellrechtl. Fragen beschäftigen die Praxis zunehmend Bußgeldverfahren u. Kartellschadensersatz. So wehrt ein Team um Kleine, der im vergangenen Jahr zu Görg stieß, nach wie vor für Balfour Beatty im Schienenkartell u. für Dörrenberg im Edelstahlkartell Ansprüche ab. Einen Erfolg abseits dieser langj. Großmandate erreichte Görg für den Solarworld-Insolvenzverwalter: Sie wehrte eine Anmeldung von €740 Mio zur Insolvenztabelle ab, da Klauseln im Liefervertrag gg. Kartellrecht verstießen. Die Kooperation von Insolvenz- u. Kartellrechtlern in diesem Fall deutet das Potenzial an, das eine stärkere interne Vernetzung der Kartellrechtspraxis bietet. Bei der angestrebten stärkeren Zusammenarbeit mit den Vertriebsrechtlern, für die eine Associate nach Berlin wechselte, ist die Praxis bisher noch nicht weit vorangekommen.
Stärken: Enge Verbindung zur ▷insolvenzrechtl. Praxis.
Oft empfohlen: Dr. Maxim Kleine („erfahren u. angenehm", Wettbewerber)
Team: 3 Eq.-Partner, 5 Associates
Schwerpunkte: Fusionskontrollen, Kartellschadensersatz; Beratung im ▷Vertriebskartellrecht.
Mandate: Fusionen/Kooperationen: Flight Delight Air Catering bei Kauf von Divestment-Assets der Gategroup; Huk-Coburg, u.a. zu Beteiligung an Neodigital u. Joint Venture bei Kfz-Versicherungen; RWZ Rhein-Main, u.a. bei Joint Venture mit Raiffeisen-Waren Kassel u. Abwehr von Kartellschadensersatz (Pflanzenschutzmittel); Dovista bei Kauf von Finestra (Weru, Unilux) von HIG; GDV bei Joint Venture zu digitaler Identifizierungs- u. Zahlungsdiensteplattform; Zeitfracht, u.a. bei Kauf der insolventen Adler Modemärkte. **Prozesse:** Abwehr von Kartellschadensersatz für Balfour Beatty/Schreck-Mieves (Schienen) u. Dörrenberg (Edelstahl); Solarworld-Insolvenzverwalter bei Abwehr von €740-Mio-Anmeldung zur Insolvenztabelle wg. Kartellverstößen (LG). Lfd. Notino, Ferrostaal, DKE-Data, fht Flüssiggas.

HAUSFELD
Kartellrecht ★★

Bewertung: Die Praxis steht inzw. wie kaum eine andere für das Vorgehen gg. Kartellverstöße an der Seite von Schadensersatzklägern u. Beschwerdeführern. Dabei verschiebt sich der Fokus immer deutlicher in Richtung Zukunftsthemen wie Marktmacht in der Digitalwirtschaft. Hier fällt Hausfeld als Pionierin besonders auf. U.a. hat das Bundeskartellamt zuletzt ein ww. beachtetes Verfahren gg. Apple im Zshg. mit dessen sog. ‚App Tracking Transparency Framework' eingeleitet – maßgebl. auf Basis einer Beschwerde großer Werbeverbände, die Hausfeld vertritt. Dies ist v.a. ein Erfolg Höppners, der für diese Art von Verfahren steht u. auch gg. Amazon u. Google für div. Beschwerdeführer im Einsatz ist. Seine Ernennung zum Eq.-Partner unterstreicht die Praxisentwicklung. Jenseits von Big Tech betreten auch Petrasincu u. Richter mit ihren Fällen immer wieder rechtl. Neuland – zuletzt etwa für Financialright im Lkw-Kartell mit Bick auf RDG-konforme Sammelklagenmodelle u. an der Seite von Immoscout bzgl. des neuen sog. Tipping-Paragrafen.
Oft empfohlen: Dr. Alex Petrasincu („erfahren, pragmat., prozesstakt. versiert", „gut vernetzt u. über wesentl. Entwicklungen wie personelle Veränderungen bei Gerichten informiert", Mandanten), Prof. Dr. Thomas Höppner („perfekt als Angreifer positioniert", Wettbewerber), Dr. Ann-Christin Richter („fundiert sowohl in kartell- als auch prozessrechtl. Fragen; sehr gute Beratung zu strateg. Vorgehen", Mandant; „hat sich gut etabliert", Wettbewerber)
Team: 3 Eq.-Partner, 3 Counsel, 14 Associates
Schwerpunkte: Geltendmachung von Kartellschadensersatz, oft mit Prozessfinanzierern. Vertretung von Verbänden u. Unternehmen gg. marktmächtige Digitalplattformen.
Mandate: Prozesse: Corint Media zu Leistungsschutzrecht für Presseverleger, insbes. in BKartA-Verf. ‚Google News Showcase'; Immowelt gg. Immoscout bzgl. Exklusivitätsklauseln; Geltendmachung von Kartellschadensersatz für BMW (u.a. gg. Valeo, Denso, NGK wg. div. Zuliefererkartelle), Idealo (Google Shopping; mit Oppenländer), Financialright, Coca-Cola, Dachser, PostNord, Rewe, Waberer's (alle Lkw), Jet, Deichmann (beide EC-Cash); Save.tv bei Abwehr von Unterlassungsklage gg. RTL (Zwangslizenzeinwand). **Kartellverfahren:** Div. Werbe- u. Medienverbände in BKartA-Verf. gg. Apple im Zshg. mit Werbe-Tracking nach iOS14-Update; Stepstone, u.a. bei EU-Beschwerde zu ‚Google for Jobs'; Medienunternehmen bzgl. mögl. Marktmachtmissbrauchs durch Amazon; div. Medienverbände u. Preisvergleichsdienste zu Verhaltensauflagen aus EU-Verf. Google Shopping u. Android; Ferienwohnungssuchmaschinen bei BKartA-Beschwerde gg. Google. **Fusionen/Kooperationen:** OIP/ICOMP im Zshg. mit Wettbewerb auf Digitalmärkten.

HEINZ & ZAGROSEK
Kartellrecht ★

Bewertung: Die Boutique legt einen Schwerpunkt auf das zukunftsträchtige Feld der Plattformökonomie. Ein wichtiges Mandat in diesem Zshg. ist die Vertretung von Tinder bei einer BKartA-Beschwerde gg. den Zwang zur Nutzung des Apple-eigenen Systems für In-App-Käufe. Die Arbeit für Nokia im Zshg. mit standardessenziellen Patenten u. einen internat. Wirtschaftsverband bzgl. innovationsgetriebener Themen zeigt, dass die Boutique bei Technologiethemen nicht auf die Rolle an der Seite von Beschwerdeführern abonniert ist.
Oft empfohlen: Silke Heinz, Dr. Roman Zagrosek („auch kurzfristig einsatzbereit u. sehr kompetent u. sympathisch", Wettbewerber über beide)
Team: 2 Partner
Schwerpunkte: Kartellbußgeldverfahren (insbes. Vertretung persönl. Betroffener), Missbrauchsverfahren. Fusionskontrollen.
Mandate: Kartellverfahren: App-Entwickler bei Beschwerde gg. Apple wg. App-Store-Praktiken; Bauunternehmen in BKartA-Verf.; Ingenieurunternehmen in BKartA-Verf. ‚Industriebauten', auch bzgl. Wettbewerbsregister. **Prozesse:** Einzelperson bei Abwehr von Kartellschadensersatz (Heizklimageräte); Nokia zu Auslegung von europ. Kartellrecht bei Klage gg. Daimler im Zshg. mit standardessenziellen Patenten. **Fusionen/Kooperationen:** internat. Wirtschafts- u. Industrieverband zu Compliance; WP-Gesellschaft zu Anmeldepflichten bzgl. gepl. Umstrukturierung eines Unternehmens; Prime Capital im Zshg. mit Finanzierung von Onshorewindparks in Skandinavien; Messtechnikunternehmen zu europ. Vertriebssystem. Lfd.: Engie, Masco.

HENGELER MUELLER
Kartellrecht ★★★★★

Bewertung: Die Praxis zählt zu den führenden Akteuren im Kartellrecht. So oft wie HM ist kaum eine andere Einheit an richtungsweisenden Kartellverfahren u. heiklen Fusionen beteiligt. Immer wieder ist sie in prominenten Prozessen erfolgr., zuletzt obsiegte das Team für Mandantin Tessner im Streit um Auflagen bei der Fusion mit XXXLutz vor dem OLG. Sehr präsent ist die Praxis zudem bei dem kartellrechtl. Trendthema schlechthin: Digitales. So haben die Kartellrechtler nicht nur Meta beim Kauf von Kustomer begleitet, sondern sie vertreten auch Google im BKartA-Verfahren ‚News Showcase', das nach den neuen Digitalvorschriften des GWB geführt wird. Die Marktpräsenz von HM ist zudem auf die unverändert hohe Zahl an Schadensersatzverfahren zurückzuführen, die die Praxis teils über Jahre hinweg beschäftigen. Welche strateg. Bedeutung die Kanzlei der Kartellrechts-Litigation beimisst, zeigt die Partnerernennung von Milde, die diese Schnittstelle verkörpert u. als erste Kartellrechtspartnerin vor Ort die Münchner Praxis ausbauen soll. Eine weitere Partnerernennung für das Brüsseler Büro u. eine Counsel-Ernennung in D'dorf unterstreichen den nachhaltigen Wachstumskurs.
Stärken: Exzellente Branchenkontakte (Energie, Telekommunikation, Banken, Versicherer).
Oft empfohlen: Dr. Thorsten Mäger („sehr gut", Mandant; „fachl. top, analyt., sehr angenehm", „sehr versiert", „besonnen", Wettbewerber), Dr.

KARTELLRECHT

Christoph Stadler („pragmat.", Mandant), Dr. Alf-Henrik Bischke („sehr kompetent, fachl. herausragend", Wettbewerber), Dr. Hans-Jörg Niemeyer („fachl. hervorragend", Mandant), Dr. Markus Röhrig, Dr. Daniel Zimmer, Dr. Sarah Milde („kompetent", Wettbewerber)
Team: 9 Partner, 2 Counsel, 25 Associates
Schwerpunkte: Fusionskontrollen mit Joint-Venture- ebenso wie Transaktionsbezug, Begleitung von Zusammenschlüssen u. Konzernumstrukturierungen. Kartellbußgeldverfahren u. Prozesse (inkl. Abwehr von Schadensersatz, ▷Konfliktlösung). In ▷Brüssel auch ▷beihilferechtl. Erfahrung.
Mandate: Fusionen/Kooperationen: Meta bei Kauf von Kustomer; Andros-Gruppe bei Kauf von Spreewaldgurken Golßen; II-IV bei Übernahme durch Coherent; Greiner bei Übernahme von Recticel; BMW u. Daimler zu Einstieg von BP in Joint Venture zu Ausbau der Ladesäuleninfrastruktur in Europa; Siltronic zu gescheiterter Übernahme durch Global Wafers; Microsoft beim Kauf von XandR. **Prozesse:** Tessner bei Beschwerde gg. BKartA wg. Bedingungen zu Verkauf Roller an XXXLutz (OLG D'dorf); Funke Mediengruppe bei Beschwerde gg. Untersagung des Kaufs der Ostthüringer Zeitung (OLG); Abwehr von Kartellschadensersatz für MAN (Lkw), Marelli (therm. Systeme), Nordzucker, Nippon Chemicon bei Klage gg. EU-Entscheidung ‚Electrolytic Capacitors' (EuG); Portigon bei Klage gg. EU-Entscheidung ‚European Government Bonds' (EuG); Vestas Wind Systems gg. Klage der Dt. Windtechnik auf Zugang zu bestimmter Hard- u. Software. **Kartellverfahren:** Krieger/Höffner in Kartellverf. um Begros-Mitgliedschaft; Google in BKartA-Verf. um Google News Showcase (§19a); Lufthansa zu Beschwerde von Condor wg. Special Prorate Agreement (BKartA); Omio zu Missbrauchsvorw. gg. Dt. Bahn; marktbekannt: Amazon in BKartA-Verfahren ‚marktübergr. Bedeutung'; asiat. Unternehmen in EU-Kartellverf. ‚Ceramic Capacitors'.

HERMANNS WAGNER BRÜCK
Kartellrecht ★★
Bewertung: Die Partner der Kartellrechtsboutique genießen bei Mandanten u. Wettbewerbern hohes Ansehen, u.a. weil sie dank umfangr. Arbeit für Verbände tiefes Branchen-Know-how insbes. in Handel u. Agrar vorweisen können. Diese Beratung mündet immer wieder in Fusionskontrollen u. trägt zum außergewöhnl. Trackrecord bei Kartellverfahren bei, etwa in Bereich Stahl. Dass HWB auch internat. Fusionen begleitet, zeigt die Arbeit für Neunzigs Stammmandantin Fressnapf beim Zusammengehen mit einem größeren Wettbewerber in Italien. Das Vorhaben wurde zunächst bei der EU angemeldet, dann nach Italien verwiesen u. dort nach einer intensiven Phase-II-Prüfung freigegeben. Die Verwurzelung in Branchenverbänden macht die Kanzlei zu einer perfekten Adresse für das Wachstumsfeld Nachhaltigkeitskooperationen, wie etwa Brücks Einsatz für Tierwohl zeigt. Dass die Kanzlei bewusst auf Associates verzichtet, ist für viele Mandanten ein Pluspunkt – versperrt aber auch den Weg zu Mandaten, die einen gewissen Kapazitätsumfang überschreiten.
Oft empfohlen: Johann Brück („sensationeller Überblick", Mandant; „fachl. u. menschl. top", Wettbewerber), Dr. Achim Wagner („kollegial, pragmat., guter Litigator", Wettbewerber), Corinna Neunzig („niemand kennt sich so gut im dt. Handel aus", „unprätentiös u. lösungsorientiert – jedes Mal perfekt auf den Punkt", Mandanten; „extrem souverän, klar struktruiert, durchsetzungsstark", Wettbewerber)
Team: 3 Partner
Schwerpunkte: Fusionsanmeldungen, Vertretung vor dt. u. europ. Kartellbehörden, Prozesse um Bußgeldverfahren u. Schadensersatz.
Mandate: Fusionen/Kooperationen: Fressnapf bei Zusammenschluss von Maxi Zoo Italia u. Arcaplanet sowie Kauf von Equipet; Initiative Tierwohl zu Nachhaltigkeitsinitiativen. Fusionskontrollen, u.a. für Quantum CapitalPartners, Agravis, RWZ Rhein-Main. **Prozesse:** Bäko-Gruppe bei Geltendmachung von Schadensersatz (Lkw-Kartell); Privatbrauerei Gaffel in Kölsch-Kartellverf. (OLG); Prevent TWB in div. Prozessen um Kündigung von Lieferverträgen durch VW. **Kartellverfahren:** Dörrenberg in BKartA-Verf. ‚Edelstahl'; Music Store in BKartA-Vertikalverf. zu Musikinstrumenten. Lfd. Bundesverband des Dt. Lebensmittelhandels, Drägerwerk, SIA OmniScriptum, Tengelmann Twenty-One, Verband der Dt. Dentalindustrie, Vestolit, Vitrulan, Ziemann, ElectronicPartner Handel, Eurovia, Landgard, Capri-Sun.

HEUKING KÜHN LÜER WOJTEK
Kartellrecht ★★
Bewertung: Neben Fusionskontrollen v.a. für mittelständ. Mandanten ist die breit aufgestellte Praxis in Bußgeldverf. sowie in Kartellschadensersatzfällen zu sehen. Dabei gibt es Schwerpunkte in den einzelnen Büros: In München steht Siegert, in dessen Team eine Sal.-Partnerin ernannt wurde, für vertriebskartellrechtl. Mandate. Breiten Raum nahm zuletzt die Begleitung eines türk. Lieferdienstes beim Markteintritt in Dtl. ein. Nach wie vor zählt Audi zu den wichtigsten Mandanten im Vertriebskartellrecht. Velte führt von D'dorf aus die meisten Fusionskontrollen u. bringt seine Erfahrung mit Bußgeldfällen an der Seite eines Kabelherstellers in einem neuen BKartA-Verfahren ein. Wiemer u. Bretthauer aus HH sind beim Thema Kartellschadensersatz am präsentesten, etwa an der Seite von Mineralölkonzernen im Fall EC-Cash. Ein Thema für Bretthauer als neuem Praxisleiter dürfte sein, die Steigerung der sehr geringen Leverage des Teams in Angriff zu nehmen.
Stärken: Vertriebskartellrechtl. Know-how.
Oft empfohlen: Dr. Rainer Velte („erfahren u. kollegial", Wettbewerber), Dr. Frederik Wiemer („kluger Kopf", Wettbewerber), Dr. Reinhard Siegert („guter Sparringspartner für vertriebskartellrechtl. Fragen", Wettbewerber), Dr. Stefan Bretthauer („verlässl. Experte insbes. bei kartellrechtl. Fragen in IT-Verträgen", Wettberwerber)
Team: 4 Eq.-Partner, 2 Sal.-Partner, 4 Associates
Schwerpunkte: ▷Vertriebskartellrecht u. Fusionskontrollen. Auch Bußgeldverfahren u. Schadensersatzprozesse. In HH ▷Energiefokus.
Mandate: Fusionen/Kooperationen: Getir bei Markteintritt in Dtl.; Baden-Württemberg u. NRW im Zshg. mit Insolvenz u. Restrukturierung von Abellio; Easypark beim Kauf von ParkNow von BMW/Daimler; Funke, u.a. bei Beteiligung an Ostthüringer Zeitung; NRW bei Rückkauf des HDZ Bad Oeynhausen von Sana; RheinEnergie zu strateg. Partnerschaft mit E.on/Westenergie (BKartA Phase II); Messe Frankfurt bei Joint Venture mit Messe Friedrichshafen; Familie Grotkamp bei Kauf aller Anteile an Funke; LEO II bei Kauf von Schaeffler-Kettentriebsystemsparte; Fusionskontrollen für Ardian, Orlen, Salzgitter AG, Rheinmetall, Stadtwerke Köln, Werhahn. **Prozesse:** Geltendmachung von Kartellschadensersatz für Shell u. Esso (EC-Cash), Egger-Gruppe (Lkw); Egger-Gruppe bei Abwehr von Kartellschadensersatz (Spanplatten); Chiquita in kartellrechtl. Streitverfahren; Vestamatic in kartellrechtl. FuE-Streit gg. Erfol (OLG). **Kartellverfahren:** Kabelhersteller in BKartA-Verf. ‚Kabel'; Land Hessen als Beschwerdegegner in Missbrauchsverfahren gg. ESWE u. SW Gießen (OLG). Vertriebskartellrechtl.: Hänel, Audi; lfd.: Augustiner Bräu, Currenta, Freudenberg, Paulaner.

HOGAN LOVELLS
Kartellrecht ★★★
Bewertung: Die große u. breit aufgestellte Kartellpraxis agiert regelm. am Puls der Zeit: Zuletzt erreichte das Münchner Team um Wünschmann etwa die kartellrechtl. Freigabe der innovativen Datenplattform Catena X. Das Team beriet die Kooperationspartner aus der Automotive- u. IT-Industrie als ‚Joint Counsel'. Der Brüsseler Partner Schöning wiederum hatte die Federführung in einem komplexen Techdeal u. begleitete die Mandantin Kustomer mit einem globalen Team bei der Fusionskontrolle beim Kauf durch Meta. Aufgrund der langj. Erfahrung von Schöning im Außenwirtschaftsrecht ist HL auch an der Schnittstelle zur Investitionskontrolle hervorragend aufgestellt. Stärker als viele Wettbewerber setzt die Praxis zudem auf das Thema ESG. Hierfür steht insbes. der jüngere Münchner Partner Ritz, der z.B. Hitachi Energy zu Nachhaltigkeitskooperationen berät. Auf personeller Ebene setzt HL ihren Wachstumskurs der letzten Jahre konsequent fort u. verstärkte sich mit einem erfahrenen Counsel von Allen & Overy. Die Kapazitätserweiterung bietet die Chance, die Schnittstelle zur exzellenten Lifescience-Praxis auszubauen u. noch mehr Mandaten im Pharmakartellrecht zu gewinnen. Hier sind Wettbewerber wie Baker oder Clifford noch präsenter.
Stärken: Know-how an den Schnittstellen zum Vergabe-, ▷Patent- u. ▷Außenwirtschaftsrecht, enge Verzahnung mit ▷Konfliktlösungspraxis u. ▷Compliance.
Oft empfohlen: Dr. Martin Sura („zugewandt, integer, effizient", Wettbewerber), Dr. Marc Schweda („umf. Erfahrung", Wettbewerber), Dr. Christoph Wünschmann, Dr. Falk Schöning, Christian Ritz („pragmat. u. responsiv", Mandant)
Team: 5 Partner, 4 Counsel, 16 Associates
Schwerpunkte: Dt. u. europ. Fusionsanmeldungen, oft inkl. Investitionskontrolle (▷Außenwirtschaft); Unternehmenskooperationen (▷Vertriebsrecht). Missbrauchs- u. Bußgeldverfahren, inkl. Schadensersatzklagen u. ▷Compliance. Erfahren an der Schnittstelle zu ▷Vergabe- u. Beihilferecht. Branchen: ▷Gesundheit, ▷Energie, Rüstung, Automotive, Transport, Versicherung.
Mandate: Fusionen/Kooperationen: Kustomer bei der Übernahme durch Meta; Datennetzwerk Catena X zu Kooperationsstart; Adva bei Übernahme durch Adtran; Ardex bei Kauf von Wedi; IB Vogt bei Verkauf an DIF; Digital Charging Solutions (Joint Venture von BMW u. Daimler) zu Geschäftsmodell eines E-Mobility-Service-Providers; Intellia Therapeutics zu Kooperation bei Immunthera-pieprodukten; lfd. Flixbus, VW Financial Services. **Kartellverfahren:** BMW in EU-Verf. ‚Abgastechnik'. **Prozesse:** Korean Air zu Abwehr von Schadensersatzklagen (Luftfracht); aus dem Markt bekannt: Lookheed Martin

KARTELLRECHT

in Streit gg. Bund um Vergabeverf. (Transporthubschrauber, OLG); Eisenbahnverkehrsunternehmen zu Schadensersatz. Hitachi Energy zu Nachhaltigkeitskooperationen sowie Compliance in ww. Joint Ventures. Lfd. Bridgestone.

JONES DAY
Kartellrecht ★★★

Bewertung: Der Kartellrechtspraxis gelingt es, sich bei dt. Konzernen immer besser zu positionieren u. gleichzeitig ihr internat. Netzwerk auszuspielen. Mit komplexen Fusionskontrollen u. den im internat. Transaktionsgeschäft immer bedeutenderen Investitionskontrollen hat das Team regelm. zu tun, zuletzt u.a. für Cardinal Health. Die zunehmend flüssige internat. Zusammenarbeit ist eine Entwicklung, mit der sich JD bspw. für Deals mit US-Bezug auszeichnet, doch wird die wachsende Reputation der Praxis entscheidend davon geprägt, dass Mandanten ihr zuletzt auch verstärkt bei internen Untersuchungen vertrauten. Auch an den Schnittstellen zum Beihilferecht (v.a. durch Werner) u. bei Prozessen (v.a. durch Beninca) ist die Praxis mit respektierten Partnern präsent.

Stärken: Internat. Fusionskontrollen. Gute Beziehungen zur Top-US-Praxis. Angesehene europa- u. beihilferechtl. Praxis in ▷Brüssel.

Oft empfohlen: Dr. Johannes Zöttl („erfahren, souverän, sehr freundl.; durchdachte, individuelle Beratung", Mandant), Dr. Philipp Werner („extrem angenehm", Wettbewerber), Dr. Jürgen Beninca („blickt über den Tellerrand, grundlagenorientiert u. strateg.", Wettbewerber), Dr. Carsten Gromotke

Team: 4 Partner, 5 Associates

Schwerpunkte: Fusionskontrollen. Zudem Missbrauchsverfahren, Prozesse (▷Konfliktlösung) u. ▷Beihilferecht. Außerdem branchenspezif. Compliance, u.a. bei Pharma-/Biotech- u. Luftfahrtunternehmen.

Mandate: Fusionen/Kooperationen: Regelm. SAP, u.a. zu Lizenzierung, Cloud-Geschäft, Businessprojekten sowie Verkauf des Geschäfts mit Banken u. Versicherern (Joint Venture); ProSiebenSat.1 bei Verkauf von Moebel.de an XXXLutz; Cardinal Health bei Verkauf eines Geschäftsbereichs; Hilti zu Kauf von US-Softwareentwickler Fieldwire; Eaton bei Verkauf des Hydraulikgeschäfts (Phase II/EU); Albaugh bei Kauf von Rotam Global AgroSciences; American Industrial Partners/Vertex Aerospace bei Kauf von Raytheon-Sparten (inkl. Investitionskontrolle); Arsenal Capital Partners bei Kauf von ATP-Geschäftsbereich; EagleTree-Investmentsfonds u.a. bei Verkauf von Airtech Group an Idex Corp.; Ferro Corp. bei Verkauf eines ww. Geschäftsbereichs; Milliken bei Kauf von Encapsys. **Prozesse:** Griesson u.a. Bußgeld ‚Süßwarenkartell' (BGH) u. Schadensersatzklagen; Koelnmesse regelm., u.a. im Hinblick auf die Art Cologne. Dax-Konzern bei ww. Investigation.

KAPELLMANN UND PARTNER
Kartellrecht ★★

Bewertung: Die Schwerpunkte der Praxis bei Compliance, Vertikalfällen u. vertriebskartellrechtl. Streitigkeiten haben Konjunktur, denn viele klass. kartellrechtl. Fragen stellen sich im Zuge der Digitalisierung neu. So werden im Onlinevertrieb viele Hersteller auch Händler. Ein Team um Kallmayer ist hier etwa für eines der ww. größten E-Commerce-Unternehmen in div. Kartellverfahren tätig u. vertrat den Instrumentenhändler Thoman in einem BKartA-Vertikalverfahren. Mit der Ernennung von Dr. Julia Wiemer zur Eq.-Partnerin betont die Kanzlei ihr Profil im Vertriebskartellrecht zusätzl. – eine Mandantin bescheinigt ihr ein „umfangreiches Verständnis fürs operative Geschäft". Über ihre starke Position als Beraterin von Verbänden ist die Praxis vielfältig bzgl. Branchenkooperationen im Zshg. mit Corona u. Nachhaltigkeit involviert. So hat etwa Schiffers die GIZ vor dem Kartellamt zu einer Initiative für existenzsichernde Löhne im Bananenanbau vertreten.

Stärken: Beratung zu ▷Compliance, gut vernetztes Büro mit dt. Partner in ▷Brüssel.

Oft empfohlen: Dr. Axel Kallmayer („pragmat. u. lösungsorientiert", Wettbewerber), Dr. Ivo du Mont („extrem schlau u. responsiv", Wettbewerber), Prof. Dr. Robin van der Hout („brillant u. erfahren als strateg. Berater", Mandant), Dr. Gregor Schiffers („routiniert bei internen Untersuchungen", Wettbewerber)

Team: 5 Eq.-Partner, 3 Sal.-Partner, 3 Associates

Schwerpunkte: Lfd. kartellrechtl. Beratung, v.a. im Vertriebskartellrecht; Fusionskontrollen u. Compliance-Aufbau; auch strafrechtl. Kompetenz. Vertretung in Kartellverfahren.

Mandate: Fusionen/Kooperationen: Fond of, u.a. zu Zusammenarbeit mit Handelspartnern u. E-Commerce; GIZ im Zshg. mit Multi-Akteurs-Partnerschaften; Industrieverband zu coronabedingten Herstellerkooperationen; Fusionskontrollen für Hannover Finanz/Oqema, Cobepa/Vedihold, DEVK, Präg-Gruppe, Fresenius, Rheinmetall, Bünting, Keller, Westfäl. Provinzial Versicherung u.a. zu Compliance; regelm. Schiesser, Trovotech, EWE, Flughäfen Düsseldorf u. München, Thyssenkrupp, Rodenstock, Zech Bau. **Prozesse:** Gea, u.a. bei Beschwerde gg. Bußgeld im Fall ‚Hitzestabilisatoren' (EuGH) u. zu Compliance. **Kartellverfahren:** E-Commerce-Unternehmen in div. dt. u. ausl. Kartellverfahren; Thomann in BKartA-Verf. zu Vertikalvertrieb von Musikinstrumenten.

LATHAM & WATKINS
Kartellrecht ★★★★

Bewertung: Die Praxis zählt zu den internat. am stärksten integrierten Einheiten - ein Vorteil, der zuletzt bei mehreren komplexen Fusionskontrollen u. Kartellverfahren zur Geltung kam – so etwa bei der Beratung von Grail beim $8-Mrd-Kauf durch Illumina: Das aus London, Brüssel u. Washington gesteuerte Mandat erstreckt sich auf div. Verwaltungs- u. Gerichtsverfahren, die in den Mitgliedstaaten, auf EU-Ebene u. in den USA allesamt L&W führt – in Dtl. übernahm Esser die Abstimmung mit dem BKartA. Die ww. Verzahnung zeigt sich auch bei der Arbeit für Meta, für die ein Team um Esser u. Höft neben div. BKartA-Verfahren nun im Zshg. mit dem Giphy-Kauf auch mit österr. Behörden stritt. Die urspr. in den USA bestehende Mandatsbeziehung ist inzw. fest in der europ. Praxis verankert. Ein weiteres Bsp. für die ww. Begleitung von Mandanten in komplexen Projekten ist Carlyle: Gesteuert aus Brüssel oder Frankfurt, begleitet die Praxis den Investor bei ww. Anmeldungen, etwa beim Verkauf von Atotech – wobei immer häufiger investitionskontrollrechtl. Know-how erforderl. ist, für das sich die Counsel Dammann de Chapto einen guten Ruf erarbeitet hat. Einen großen Erfolg erzielten Völcker aus Brüssel u. Hauser aus Ffm. für die brit. Mandantin EG, die nach einem Phase-II-Verf. 285 OMV-Tankstellen in Dtl. kaufen darf – nie zuvor hat das Amt in diesem Markt eine Konsolidierung dieser Dimension freigegeben. Die große Erfahrung insbes. des Brüsseler Büros mit EU-Fusionskontrollen belegt auch ein Mandat für Hyundai Heavy Industries: L&W klagt vor dem EuG gegen das Verbot der Übernahme einer Daewoo-Sparte, obwohl das Unternehmen im langwierigen EU-Prüfungsverf. von Freshfields beraten wurde.

Stärken: Starke ▷Private-Equ.- u. Vent.-Capital- sowie Prozesspraxen (▷Konfliktlösung), gute Verzahnung mit US-Praxis, starkes ▷Brüsseler Büro.

Oft empfohlen: Prof. Dr. Sven Völcker („kluger Stratege", Wettbewerber), Dr. Michael Esser, Dr. Max Hauser („hohe Schlagzahl, hohes Niveau bei Fusionskontrollen", Wettbewerber), Dr. Jan Höft („starker Auftritt im Zshg. mit Marktmachtthemen", Wettbewerber), Dr. Jana Dammann de Chapto („stark bei Investitionskontrollen", Wettbewerber)

Team: 4 Partner, 1 Counsel, 13 Associates

Schwerpunkte: Dt. u. EU-Kartellrecht sowie Fusionskontrollen. Regelm. in Kartelluntersuchungen u. zu Marktmachtvorwürfen tätig.

Mandate: Fusionen/Kooperationen: Lanxess bei Aufbau von ww. digitaler B2B-Vertriebsplattform für Chemikalien; Eurofiber zu strateg. Glasfaserkooperation mit NGN; IFM zu Glasfaser-Joint-Venture mit Dt. Telekom; Allianz Capital Partners zu Glasfaser-Joint-Venture mit Telefónica; Fusionskontrollen: Dediq zu Software-Joint-Venture mit SAP; EG bei Kauf von 285 Tankstellen des OMV-Netzwerks in Süddtl.; Meta zu Übernahme von Giphy; Modine zu gepl. Spartenverkauf an Dana (BKartA Phase II); Agility Public Warehousing bei Spartenverkauf an DSV Panalpina; Flender/Moventas, Refresco/Hansa-Heemann, Grail/Illumina, Aon/Willis Towers Watson, EssilorLuxottica/GrandVision (beide EU-Phase II), AMD/Xilinx; außerdem für Carlyle, Platinum Equity, SIG, Swiss Life, Tower Semiconductor, Triton, Microsoft. **Kartellverfahren:** Meta (Facebook), u.a. bei Beschwerde gg. BKartA-Entscheidung wg. Marktmachtmissbrauch sowie in BKartA-Verf. ‚Marktübergreifende Bedeutung' u. ‚Oculus' (neben Gleiss Lutz). **Prozesse:** Liberty Global bei Klage gg. Dt. Telekom wg. Marktmachtmissbrauch bei Kabelkanälen (BGH); Abwehr von Kartellschadensersatz für Renesas (‚Smart Card Chips', ‚DRAM'); Valeo bei EU-Beschwerde gg. Nokia-Lizenzierungspraxis für standardessenzielle Patente (EuGH-Vertretung). Lufthansa in Drittanfechtungsklage von LOT gg. Lufthansa-/Air-Berlin-Fusionskontrollentscheidung (EuG). Lfd.: Siemens, Apple.

LINKLATERS
Kartellrecht ★★★★

Bewertung: Die Praxis zeichnet sich durch ihre Erfahrung in der Transaktionsbegleitung besonders aus. Für Mandanten wie VW sowie jüngst Dialog Semiconductor berät die Kanzlei neben der Fusions- auch zur Investitionskontrolle. Hier ist der jüngere Partner Barth immer mehr Teil der internat. Investitionskontrollpraxis u. berät regelm. mit einem Washingtoner Partner zusammen. Mit der Beratung von VW zu einer gemeinsamen Entwicklungsplattform für autonomes Fahren u. von E.on oder McKesson bei großen Zukäufen offenbaren sich zudem die stabilen Beziehungen des Teams zu führenden Konzernen. Allerdings endeten Querelen in der europ. bzw. Brüsseler Praxis mit dem Verlust von 3 Partnern an US-Kanzleien. Auch wenn dies die Arbeit an solchen Deals nicht unmittelbar berührte, muss die

KARTELLRECHT

Kanzlei sich nun auf einen konsequenten Wiederausbau insbes. in Brüssel fokussieren. Dies kann für Nachwuchstalente eine Chance sein, denn von denen hat die Kanzlei einige zu bieten. Dank der Stärke der Kanzlei im Finanzsektor ist das Team auch bei Mandaten im Zshg. mit Zahlungsverkehr u. europ. Anleihen eingebunden.

Stärken: Sehr dyn. ▷*M&A*- u. ▷*Private-Equ.- u. Vent.-Capital-Praxen*.

Oft empfohlen: Prof. Dr. Daniela Seeliger („omnipräsent u. echt super", Mandant; „eine führende Kennerin des Kartellrechts", Wettbewerber), Dr. Carsten Grave („analyt. sehr gut, v.a. bei Fusionskontrollen", Wettbewerber), Christoph Barth („erfahren bei Investitionskontrolle", Wettbewerber), Dr. Bernd Meyring

Team: 4 Partner, 3 Counsel, 25 Associates, 1 of Counsel

Schwerpunkte: Dt. u. europ. Fusionskontrollen mit multinat. Anmeldungen durch eingespielte Zusammenarbeit im europ. Linklaters-Netzwerk u. oft in enger Zusammenarbeit mit der ▷*M&A-Praxis*. Auch Bußgeldverfahren u. ▷*Compliance* u. ▷*Brüsseler* Büro.

Mandate: Fusionen/Kooperationen: Daimler zu Abspaltung des Nutzfahrzeuggeschäfts, inkl. ww. Investitionskontrolle; Dialog Semiconductor bei Kauf durch Renesas Electronics; Greiner zu gepl. Kauf von Recticel; Fresenius Kabi bei Beteiligung an mAbxience; Montagu bei Verkauf von Davaso-Gruppe an US-Konzern; Stada zu Kauf von europ. Erkältungsmittelportfolio; Linde-Tochter zu Wasserstofftankstellen-Joint-Venture; Thyssenkrupp zu Börsengang der Wasserstoffsparte Nucera; Westenergie zu Koop. mit RheinEnergie; VW zu Koop. mit Bosch für Softwareplattform; Clark zu Anteilstausch mit Finanzen Group (Insurtech); E.on zu Verkauf von osteurop. Geschäftsbereichen; Gesco zu Portfolioumbau; Körber zu Kauf des Post- u. Paketgeschäfts von Siemens Logistics; regelm. Zalando, Hexal, Uniper. **Prozesse:** E.on zu Nichtigkeitsklagen div. Stadtwerke u. regionaler Energieunternehmen gg. Beteiligungstausch mit RWE (EuG); Abwehr von Kartellschadensersatz: Air France-KLM (Luftfracht), Saint-Gobain (Autoglas); Kelkoo in Shopping-Verf. gg. Google. **Kartellverfahren:** Porsche/VW in EU-Verf. ‚Abgastechnik' (mit Freshfields).

LUTHER

Kartellrecht ★★★

Bewertung: Ob komplexe Klinikfusionen, vertriebskartellrechtl. Spezialfragen im Automotive-Sektor, die Digitalisierung des Strommarkts oder Wasserstoff-Joint-Ventures: Die Kartellpraxis von Luther ist gesetzt. Das homogene, insges. breit aufgestellte Team überzeugt regelm. durch seine tiefen Branchenspezialisierungen. Insbes. in ihrer Paradedisziplin, dem Energiekartellrecht, für die v.a. Stappert verantwortl. zeichnet, gibt es kaum Wettbewerber, die Luther das Wasser reichen können. Zu den Stammmandanten zählt u.a. die E.on-Gruppe. Gleichzeitig erweitert die Praxis ihr Spektrum regelm., wie die Begleitung eines Lebensmittelherstellers bei einem strateg. Projekt oder die vertriebskartellrechtl. Beratung eines Mineralölunternehmens zeigen. Die Vertriebsspezialistin Wegner war zudem v.a. durch gestiegenen Beratungsbedarf aufgr. der neuen GVO stark ausgelastet. Insges. ist ein Anstieg der Fusionskontrollmandate zu beobachten, was auch auf die aktivere M&A-Praxis zurückzuführen ist. Ein Beispiel ist die Arbeit für Douglas beim Kauf der niederl. Versandapotheke Disapo. Nicht nur die Vernetzung mit den Corporate-Anwälten funktioniert immer besser, auch die Schnittstelle zur ▷*Vergaberechtspraxis* ist vielversprechend, wie mehr gemeinsame Mandate zeigen.

Stärken: Branchen-Know-how, v.a. Energie, Automotive, Stahl u. Gesundheit; ausgeprägte Schnittstelle zum ▷*Vertriebsrecht*.

Oft empfohlen: Dr. Helmut Janssen („sehr angenehm, breiter Erfahrungsschatz", Wettbewerber), Dr. Holger Stappert („guter Stratege", Mandant), Anne Wegner („top", Mandant), Dr. Sebastian Janka („gute Zusammenarbeit", Wettbewerber)

Team: 7 Partner, 1 Counsel, 8 Associates

Schwerpunkte: Bußgeldverfahren, Fusionskontrollen u. Compliance, auch Schadensersatzverfahren. Branchenerfahren u.a. in Automotive, ▷*Energie*, ▷*Gesundheitswesen* u. ÖPP. In ▷*Brüssel* auch ▷*Beihilfe*.

Anzeige

Kartellrechtsexperten mit mehr als 40 Jahren Kartellbehörden-Erfahrung

Unser Expertenteam verfügt über langjährige Erfahrung innerhalb der Kartellbehörde und mit:

- Kartell- & Marktmachtmissbrauchsverfahren
- Zusammenschlusskontrollen
- Kronzeugenprogramm & Settlement-Verfahren
- Hausdurchsuchungen & Einvernahmen

AGON PARTNERS berät Sie gerne in kartell- und beschaffungsrechtlichen Fragen.

AGON PARTNERS LEGAL AG bietet Ihnen mit *(von links)*: **Prof. Dr. Patrick L. Krauskopf, Prof. Dr. Blaise Carron, Dr. Markus Wyssling, Thomas Nydegger** und weiteren Anwälten und Ökonomen ausgewiesene Experten im Bereich des Kartellrechts.

AGON PARTNERS LEGAL AG
Wiesenstrasse 17/8008 Zürich/www.agon-partners.ch

KARTELLRECHT

Mandate: Fusionen/Kooperationen: Douglas bei Kauf von Disapo.de; HanseWerk bei Beteiligung an Hypion; Innogy eMobility Solutions bei Verkauf an Compleo; E.on bei Kauf von GridX; Charité bei Zusammenschluss mit Dt. Herzzentrum; EK-Unico u. Sana Einkauf & Logistik zu Beschaffungskooperation; Obst- u. Gemüseverarbeitung Spreewaldkonserve Golßen bei Verkauf an Andros (Phase II); Stromerzeuger zu Zusammenschlussvorhaben; Raffineriebetreiber zu Wasserstoffprojekt; lfd. Mutares. **Prozesse:** Abwehr von Kartellschadensersatz: Carcoustics bei ‚akustische Bauteile'; Betroffene in Fällen Sanitärgroßhandel, Pflanzenschutz, Spanplatten. **Kartellverfahren:** Egenberger kartell- u. vergaberechtl. zu Vorwurf von Absprachen bei öffentl. Ausschreibungen (EuG); Individualverteidigung in BKartA-Verf. ‚Süßwaren'. Wasserversorgungsgesellschaft zu Preisgestaltung. Mineralölunternehmen vertriebskartellrechtlich.

MAYER BROWN
Kartellrecht ★

Bewertung: Das eingespielte Kartellrechtsteam integriert sich nach dem Zugang von Horstkotte u. Weichbrodt vor rd. 2 Jahren immer besser in das internat. Netzwerk. Das zeigt etwa die Beratung der MB-Mandantinnen Lear Corp. oder Dow. In beachtl. Umfang ist es aber auch gelungen, persönl. Kontakte des gut vernetzten Teams in der neuen Kanzlei weiter zu pflegen u. auszubauen. So kam etwa ein Medizinproduktehersteller als neuer Mandant hinzu. Die Verbindungen ins Brüsseler Büro sind gleichfalls intensiviert worden, dort ist auch – wie bei vielen US-Kanzleien – ein personeller Ausbau geplant.
Oft empfohlen: Christian Horstkotte („sehr gut für komplexe Fusionskontrollen", Wettbewerber), Dr. Johannes Weichbrodt („wird immer präsenter", Wettbewerber).
Team: 1 Eq.-Partner, 1 Sal.-Partner, 1 Counsel, 3 Associates
Schwerpunkte: Fusionskontrollen u. Kooperationen.
Mandate: Fusionen/Kooperationen: Lange-Hansa-Holding bei Verkauf von Hansa Heemann an Wettbewerber; Dow Chemical zu Bau von dt. LNG-Terminal; lfd. Aurubis, Avedon Capital, Borromin Capital, Giesecke + Devrient; Versicherer u.a. zu Beteiligung an Pensionskasse; Chemieunternehmen zu gepl. Verkauf von Geschäftseinheit in Dtl.; Schwarz-Gruppe bei Kauf des Entsorgungsgeschäfts von Suez in 4 Ländern; Sunfire zu FuE-Kooperationen. **Prozesse:** Chemieunternehmen zu mögl. Schadensersatzklage gg. Ethylenkartell; Ideal Automotive bei Abwehr von Kartellschadensersatz ('akust. Bauteile'); Lear Corp. bei Abwehr von Schadensersatzansprüchen seitens Prevent; Medizinproduktehersteller bei Streit um Belieferungsanspruch u. Schadensersatz; NEC Corp. bei Verkauf des Batteriegeschäfts. **Kartellverfahren:** Roland in BKart-Vertikalverf. zu Musikinstrumenten. Modeunternehmen zu Vertriebsstrategie u. -verträgen; regelm. Hochtief, Metro, Thyssenkrupp.

MCDERMOTT WILL & EMERY
Kartellrecht ★

Bewertung: Die relativ kleine Kartellrechtspraxis zeichnet ihre Erfahrung in der Handelsbranche aus, hierfür steht exemplar. die regelm. Arbeit für Signa. Diese Dauermandantin berät das Team u.a. regelm. bei Fusionskontrollen. Zuletzt begleitete die Praxis erstmals auch Mainova, u. zwar bei der Mehrheitsbeteiligung an Mobiheat. Inzw. gelingt es auch, die Beratungspraxis auf andere Branchen wie Automotive, Technologie oder Healthcare auszudehnen. Die Praxis um den immer präsenteren Krohs vernetzt sich auch intern immer besser, vermittelt u. erhält zunehmend Verweismandate in bzw. aus anderen Fachbereichen. Auf den Weggang eines Partners im Vorjahr hat die Praxis mit einer Counsel-Ernennung reagiert.
Oft empfohlen: Christian Krohs („kompetent, fokussiert, freundl.", „hervorragend", Mandanten; „kompetent u. pragmat.", Wettbewerber).
Team: 1 Partner, 1 Counsel, 3 Associates
Schwerpunkte: Fusionskontrollrechtl. Beratung u. kartellrechtl. Prozesse.
Mandate: Fusionen/Kooperationen: Mainova/Mobiheat; Signa Medien/OTZ Verlagsgruppe; Signa Retail/Selfridges; Nagel Logistic bei Neustrukturierung der Zusammenarbeit mit anderen Lebensmittellogistikunternehmen. Regelm. Intersnack. **Kartellverfahren:** Einrichtungspartnerring VME im Zshg. mit Kartellamtsverfahren zu Begros. **Prozesse:** RTL Television gg. Eyeo (Adblocking). Krüger regelm. zu Compliance. Lfd. umf. Pfeifer & Langen, Signa Medien; Pharmaunternehmen im Vertriebskartellrecht.

MILBANK
Kartellrecht ★★

Bewertung: Die Kartellrechtler sind an der Seite der starken Transaktionspraxis regelm. mit umfangr. Fusionskontrollen befasst. Zuletzt nahm v.a. die Arbeit für den Investor EQT zu, auch dank der guten Kontakte eines Private-Equity-Partners, der im Vorjahr als Quereinsteiger von Clifford kam. Auch für Otto war Rinne erneut umfangr. mit komplexen Transaktionsvorhaben befasst. Neben Fusionskontrollen führt das Team nach wie vor anspruchsvolle kartellrechtl. Standalone-Mandate – Rinne genießt einen exzellenten Ruf als strateg. Berater. So hat sich die Beziehung zu BMW vertieft: Der Konzern setzt bei einer Reihe von Zukunftsthemen auf die Praxis, etwa Allianzen zu automatisiertem Fahren u. Compliance-Audits nach dem EU-Verfahren ‚Abgastechnik', zu dem Rinne auch den Aufsichtsrat beriet. Ein ambitionierter Ausbau der Praxis könnte sinnvoll sein, um etwa stärker am wachsenden Markt strateg. bedeutsamer kartellrechtl. Regulierungsmandate teilzuhaben – allerdings sieht die stark transaktionsfokussierte Strategie der Gesamtkanzlei dies aktuell nicht vor.
Oft empfohlen: Dr. Alexander Rinne („sehr hohes Servicelevel, praxisnahe Beratung", „strahlt durch hohe Kompetenz Ruhe u. Vertrauen aus", Mandanten; „immer verfügbar, fachl. top", Wettbewerber).
Team: 1 Eq.-Partner, 6 Associates
Schwerpunkte: Fusionskontrollen, v.a. für Finanzinvestoren, u. Prozesse; auch Kartellbußgeldverfahren. Vertriebskartellrecht u. lfd. Compliance-Beratung.
Mandate: Fusionen/Kooperationen: HIG Capital, u.a. bei Kauf von Aspire Pharma u. Infratech; Iwis bei Kauf von Soehnergroup; weitere Fusionskontrollen für Otto Group, PAI Partners, ProSiebenSat.1, Rohrdorfer, Sartorius, Ardian, Advent, EQT, Carlyle, General Atlantic, Goldman Sachs, Pamplona; Telefónica zu Kooperationen bzgl. Tower-Sharing, Campus-Netzwerken u.a.; BMW, u.a. ggü. EU-Kommission u. BKartA bzgl. OEM-Allianzen; Goldman Sachs, u.a. zu ww. Lizenzvereinbarungen mit Anbietern von Markt- u. Handelsdaten; Roche Diagnostics, u.a. im Zshg. mit Corona-Tests. **Prozesse:** Brugg Kabel bei Nichtigkeitsklage gg. EU-Bußgeld (EuG); Abwehr von Kartellschadensersatz für Eurofoam (Schaumstoffe); Geltendmachung von Kartellschadensersatz FrieslandCampina, Müller-Milch, Pepsi (alle Zucker); Generics in Streit über interne Beitragsklage bzgl. EU-Kartellstrafe; Bonduelle im Zshg. mit Schadensersatzklagen wg. Kartellverfahren Pilze u. Gemüsekonserven; Husqvarna, u.a. bei Abwehr von Klagen gg. selektives Vertriebssystem. **Kartellverfahren:** BMW-Aufsichtsrat im Zshg. mit EU-Verfahren ‚Abgastechnik'; Mageba in 2 BKartA-Verfahren (Dehnfugen, Brückenlager).

NOERR
Kartellrecht ★★★

Bewertung: Die große Kartellpraxis ist breit aufgestellt u. überzeugt mit Erfahrung in Vertriebsfragen, Bußgeldverfahren, Schadensersatzprozessen sowie Fusionskontrollen. Hand in Hand mit der Begleitung von Zusammenschlussvorhaben geht die investitionskontrollrechtl. Beratung, für die Noerr dank ihrer ausgeprägten außenwirtschaftsrechtl. Kompetenz hervorragend aufgestellt ist. So beraten standortübergr. Teams immer häufiger bei komplexen Fusionen, z.B. Sia/Nexi oder Icon/PRA. Auch beim Digitalkartellrecht – einem der aktuell heißesten Eisen – mischt das Team regelm. mit, so etwa für Corint Media im Beschwerdeverf. gg. Google. u. Meta. Hier ist die ausgeprägte Erfahrung der Kartellrechtler in der Medienbranche sowie bei Plattform- u. Vertriebsthemen gefragt. Stark ausgelastet war die Praxis auch durch den hohen Beratungsbedarf im Zuge der neuen Vertikal-GVO.
Stärken: Medien- u. Vertriebskartellrecht. Enge Vernetzung mit Kartellrechtlern der osteurop. Büros.
Oft empfohlen: Dr. Kathrin Westermann („angenehm, souverän, große Übersicht, enorm erfahren bei Kartellschadensersatz", Wettbewerber), Dr. Alexander Birnstiel („fachl. ausgezeichnet, reaktionsschnell, kreativ u. unternehmerisch", Mandant; „kompetent", Wettbewerber), Prof. Dr. Karsten Metzlaff („versiert u. erfahren", Wettbewerber), Dr. Fabian Badtke („hervorragend", Wettbewerber), Dr. Jens Schmidt, Dr. Till Steinvorth („zielstrebiger Verhandler", Wettbewerber).
Team: 6 Eq.-Partner, 4 Sal.-Partner, 1 Counsel, 12 Associates
Schwerpunkte: Fusionskontrollen, inkl. Investitionskontrollen (▷Außenwirtschaft), Schadensersatzklagen u. Compliance sowie ▷vertriebsrechtl. Beratung u. Kartellverfahren. Branchen: Automobil- u. Bauindustrie, ▷Medien, Bekleidung, Energie, Versicherung sowie Gesundheit. Daneben ▷Beihilferecht, u.a. in Zusammenarbeit mit der ▷Insolvenzpraxis.
Mandate: Fusionen/Kooperationen: Aequita bei Kauf der IFA-Gruppe; Howoge bei Ankäufen von Vonovia u. Dt. Wohnen; KPS bei Kauf von Walzengeschäftsbereich von Norsk Hydro; SIA bei Zusammenschluss mit Nexi; ICON bei Kauf von PRA Health Sciences; Kaufland, u.a. bei Kauf von Real-Märkten u. Onlineplattform Real.de; Insolvenzverwalter bei Verkauf von Wirecard-Töchtern; Compagnia Siderurgica Italiana bei Kauf von Valsabbia Praha; Dt. Börse bei strateg. Partnerschaft mit Commerzbank u. Fintech 360X. **Prozesse:** Opel gg. Händlerverbände im Zshg. mit angebl. Marktmachtmissbrauch

KARTELLRECHT

bei Bonusprogrammen (OLG); Geltendmachung von Kartellschadensersatz für Bosch (Wälzlager), Mercedes-Benz (Zuliefererkartelle), Kaufland (Zucker); Abwehr von Kartellschadensersatz für DAF (Lkw), BVR (EC-Cash), Bahlsen (Süßwaren). **Kartellverfahren:** Corint Media bei Beschwerde gg. Google u. Meta sowie Begleitung der BKartA-Untersuchungen ‚Marktübergreifende Bedeutung' u. ‚Google News Showcase'; DFL zu Bundesligaverwertungsrechten u. im Zshg. mit 50+1-Regel; Claas in rumän. Bußgeldverf.; Lech-Stahlwerke in Einspruchverf. gg. Bußgeldbescheid. Mercedes-Benz u. Obi zu Compliance; Handyhersteller zu standardessenzieller Patentverletzung.

OPPENLÄNDER
Kartellrecht ★ ★ ★

Bewertung: Die hoch angesehene Kartellpraxis ist das Aushängeschild der Stuttgarter Kanzlei. Auffällig ist v.a. ihre Prozesstätigkeit: Es dürfte ein Ding der Unmöglichkeit sein, ein kartellrechtl. Schadensersatzverfahren in Dtl. zu finden, das ohne Oppenländer verhandelt wird. Seit mehr als 10 Jahren erstreiten die Kartellrechtler inzw. Grundsatzurteile im Schienenkartell. Neuerdings ist die Praxis in einem weiteren riesigen Verfahrenskomplex aktiv u. erhebt für rund 270 Sparkassen vor 21 Landgerichten Klage gg. Visa wg. des Verbots, an Geldautomaten Kundenentgelte für Bargeldabhebungen durch Fremdkunden zu erheben. Jenseits der Stärke bei Schadensersatzprozessen überzeugt das Team insbes. mit tiefen Branchenspezialisierungen. So ist etwa die langj. Erfahrung von Hahn im Energiekartellrecht aufgr. des aktuell erhöhten Beratungsbedarfs besonders wertvoll. Ähnliches gilt für Ulshöfer, der die Schnittstellen zur Gesundheits- u. Vergabepraxis besetzt. Klumpp steht weiterhin v.a.f. Medienkartellrecht. Seniorpartner Bach hält als Kopf der Praxis alle Fäden zusammen. Neben der traditionellen Stärke in regulierten Branchen hat das Team seine Beziehungen zur Automotive-Branche erfolgr. gefestigt. Zudem hat Oppenländer Mandatsausschreibungen in ganz neuen Branchen gewonnen, darunter Stahl, Agrar u. Mobilfunk.

Stärken: Viel Erfahrung in kartellrechtl. Schadensersatzklagen.

Oft empfohlen: Prof. Dr. Albrecht Bach („sehr kompetent, exzellent", „brillant", Wettbewerber), Dr. Andreas Hahn, Dr. Ulrich Klumpp („sehr gut", Mandant; „schnell, effektiv, kompetent", Wettbewerber), Dr. Matthias Ulshöfer („top vorbereitet, stark", Wettbewerber), Dr. Florian Schmidt-Volkmar

Team: 8 Eq.-Partner, 5 Associates

Schwerpunkte: Fusionskontrollen u. Kartellverfahren. Erfahrung in kartellrechtl. Gerichtsverfahren, stark bei Schadensersatzprozessen. Branchen: u.a. ▷Energie, Banken, Automotive, Medien (v.a. Verlage), ▷Gesundheit.

Mandate: Prozesse: Axel Springer/Idealo bei €500-Mio.-Klage wg. ‚Google Shopping' (mit Hausfeld); Abwehr von Kartellschadensersatz für Georgsmarienhütte (Edelstahl), DSGV (EC-Cash), GlaxoSmithKline u. L'Oréal (Drogerieartikel); Geltendmachung von Schadensersatz für 271 dt. Sparkassen (Kundenentgelte für Bargeldabhebungen), Stadt Dortmund u. div. Nahverkehrsunternehmen (Schienen); SWG gg. Preismissbrauchsverfügung der Landeskartellbehörde Hessen (Nichtzulassungsbeschwerde); Ex-CEO zu Organhaftung im Zshg. mit Kartellbuße. **Fusionen/Kooperationen:** EnBW bei Beteiligungserwerb an Smatrics; EP Power Minerals bei Kauf des Strahlenmittelgeschäfts von Sibelco; Rieker bei Kauf von Radeberger Fleisch u. Wurstwaren Korch; Daimler, BMW, Bosch u.a. bei Standardisierung- u. FuE-Projekt Arena2036; lfd. Adiuva Capital. VDA Verband der Automobilindustrie zu Lösungsinitiative für die Halbleiterkrise; EnBW Mobility+ im Zshg. mit BKartA-Sektoruntersuchung zu Ladesäulen u. E-Mobilität. Regelm. BMW, BayWa, Freenet, Metro, Mercedes-Benz Group, Huk-Coburg, Wepa Apothekenbedarf, Fraunhofer, Südwestdt. Medienholding.

OPPOLZER SEIFERT
Kartellrecht ★

Bewertung: Die kleine HHer Praxis berät in einer breiten Palette von Mandaten. Einige Mandanten wie Haspa Beteiligungen arbeiten schon länger mit dem Team zusammen, zu anderen Unternehmen wie der GS-Agri-Gruppe vertieften sich die Beziehungen zuletzt deutlich. Neben Fusionskontrollen beraten die beiden Partner häufig zu kartellrechtl. Compliance. Ähnl. wie Hermanns Wagner Brück ist die Boutique partnerzentriert aufgestellt. Mandanten schätzen genau diesen Zuschnitt u. loben, dass „die kl. Einheit sehr flexibel agieren kann".

Oft empfohlen: Sebastian Oppolzer („fachl. exzellent, erfahren u. schnell", Wettbewerber), Dr. Konstantin Seifert („schlauer Fuchs", „extrem intelligenter Berater", Wettbewerber)

Team: 2 Partner

Schwerpunkte: Fusionskontrollen, Joint Ventures u. Compliance. Vernetzt mit div. Boutiquen, auch im Ausland.

Mandate: Fusionen/Kooperationen: Haspa Beteiligungsgesellschaft für den Mittelstand regelm. bei Zukäufen; Changjiu Logistics zu dt. Marktauftritt; Röhlig Logistics zu Joint Venture mit Q.beyond; lfd. GS-Agri-Gruppe. **Prozesse:** Reinert Logistic bei Kartellschadensersatzforderung (Lkw). **Kartellverfahren:** Spezialbau- u. Planungsunternehmen in div. Verfahren (Submissionsabsprachen, Marktaufteilungen). Kässbohrer lfd. zu Compliance; regelm. Peter Döhle Schifffahrt, Signify; Nobilia-Werke, AWG Innovative Wasser- und Abwassertechnik lfd., u.a. zu Compliance.

OSBORNE CLARKE
Kartellrecht ★ ★

Bewertung: Die Praxis baut mit großen Schritten ihren Schwerpunkt bei Wettbewerberkooperationen im Zshg. mit der digitalen Transformation aus. So beriet sie das US-Unternehmen Doordash nicht nur bzgl. des Einstiegs bei Flink, sondern v.a. bzgl. der kartellrechtskonformen Gestaltung der Lieferdienstekooperation. Weitere Mandanten, die Hack inzw. bzgl. Onlineplattformvertrieb berät, sind die Handelskooperation ANWR, der Portalbetreiber Cargo One, Funke u. Get Your Guide. Die erhebl. gewachsene Schlagkraft bei grenzüberschr. Deals zeigte sich bei der €2-Mrd-Übernahme von Biotest durch die span. Mandantin Grifols, für die das Team Fusionskontrollen in mehreren Ländern begleitete. Funke erstritt einen Teilerfolg für die Dt. Bahn, als das LG München in einem großvol. Schadensersatzstreit gg. das Lkw-Kartell in die Beweisaufnahme eintrat. Er berät inzw. zunehmend Prozessfinanzierer wie FourWorld strateg. zum Kartellschadensersatz.

Stärken: Kartellschadensersatz, Vertriebskartellrecht, Technologiethemen.

Oft empfohlen: Dr. Thomas Funke („angenehm u. kompetent", Mandant; „sehr erfahren, freundlich, umtriebig", Wettbewerber), Dr. Sebastian Hack („kompetent, nett, zielorientiert", Wettbewerber)

Team: 2 Partner, 1 Counsel, 5 Associates

Schwerpunkte: Kartellschadensklagen; Prozessführung, u.a. in Grundsatzverfahren vor europ. Gerichten. Auch Bußgeld- u. Fusionskontrollverfahren; Branchen: Kfz-Zulieferer, Lebensmittelhandel, Technologie. Ausgeprägte Schnittstellen zum ▷Vertriebs- u. ▷IT-Recht.

Mandate: Prozesse: Geltendmachung von Kartellschadensersatz für Dt. Bahn (Lkw) u. Reuter (Luxusmöbel); Dt. Windtechnik gg. Vestas im Zshg. mit Datenzugang u. -nutzung bei Windrädern; EU-Kommission in 16 Verf. gg. Energieunternehmen wg. Freigabe von E.on/RWE-Asset-Swap; Verband FCI bei Abwehr von Klage div. nationaler Züchtervereinigungen; ATU u. Carglass zum Zugang zu Fahrzeugdaten (EuGH); FourWorld Capital u. zu div. Schadensersatzfällen. **Fusionen/Kooperationen:** Grifols bei Kauf von Biotest; Doordash zu Einstieg bei u. Kooperation mit Flink; Funke Mediengruppe, u.a. zu Mehrheitsbeteiligung an Musterhaus.net u. Plattformgeschäftsmodellen. Lfd.: ANWR Group, BayWa, Cargo One, CDC Cartel Damage Claims, Eintracht Frankfurt, Get Your Guide, Lekkerland, Mastercard, TÜV Rheinland. Autoteilegroßhandelsverband, u.a. zu Kfz-Gruppenfreistellungsverordnung; internat. Modekonzern zu Vertriebsstrategie in Europa, insbes. Plattformvertrieb über Amazon.

PINSENT MASONS
Kartellrecht ★

Bewertung: Die Integration des im Vorjahr erweiterten kartellrechtl. Teams schreitet voran. So vertreten Meyer-Lindemann u. Reich gemeinsam Telefónica bei der Abwehr einer Klage von 1&1 zur Einlassverpflichtung ins Mobilfunknetz. Auch werden die dt. Kartellrechtler zunehmend in Mandate der brit. Büros eingebunden, etwa für Mandanten aus der Automobil- u. Medienbranche. Den Löwenanteil der dt. Praxis macht nach wie vor die Arbeit für die Tönnies-Gruppe u. den Private-Equity-Investor Equistone aus, die das Team regelm. bei Fusionskontrollen begleitet. Ein wichtiger Fall war die Kooperation der Dosenhersteller Ferrum Packaging u. KHS: Diese war wg. Bedenken der EU-Kommission fast gescheitert, bevor Meyer-Lindemann sie auch dank seiner Erfahrung mit Umstrukturierungen ermöglichte. Die Häufung derart komplexer Mandate ist ein Erfolg, allerdings ließ sich dieser bisher nicht auf die personelle Ebene übertragen: Beim gepl. Ausbau der Praxis ist Pinsent nicht vorangekommen.

Oft empfohlen: Prof. Dr. Jürgen Meyer-Lindemann („extrem erfahren", Wettbewerber), Dr. Michael Reich

Team: 2 Partner, 4 Associates

Schwerpunkte: Branchenfokus in den Sektoren Automotive, Lebensmittel u. Energie. V.a. Fusionskontrollen, Kooperationen, Vertriebskartellrecht; auch Kartellschadensersatz.

Mandate: Fusionen/Kooperationen: Div. Fusionskontrollen für Equistone, u.a. für Portfoliounternehmen Amadys u. Omnicare; Ferrum Packaging/KHS, Mobiheat/Mainova, EGV/Bauer Frischdienst. **Prozesse:** Telefónica bei Abwehr von 1&1-Klage bzgl. Einlassverpflichtung (LG); TKRZ gg. Glasfaser Nordwest, u.a. bzgl. Konditionen auf dem Vorleistungsmarkt (LG). Lfd. Knorr-Bremse, Tönnies, Zur-Mühlen-Gruppe, Katjes Fassin, Transgourmet, Toto Europe.

REDEKER SELLNER DAHS
Kartellrecht ★★★

Bewertung: Die Praxis steht v.a. für kartellrechtl. geprägte Prozesse, nicht nur zum Thema Schadensersatz. So hatte sich RSD in einem Pitch als Vertreterin des Bundes in einer der seltenen Amtshaftungsklagen gg. das Kartellamt durchgesetzt – in dem viel beachteten Fall aus dem Pflanzenschutzmittelkartell erreichte Rosenfeld für das Amt gg. Cleary-Mandantin BayWa einen Sieg auf ganzer Linie. Die Nähe zu staatl. Institutionen, prägend für die Gesamtkanzlei, zeigt sich auch im Kartellrecht in zahlr. weiteren Mandaten, etwa der Vertretung div. Länder in den Schadensersatzkomplexen Holzvermarktung u. Lkw. Deutlich wird sichtbar, wie die seit Jahren strateg. vorangetriebene interne Vernetzung mit Praxen wie Beihilfe-, Vergabe- u. ▷Wirtschaftsstrafrecht Umfang u. Komplexität von Mandaten steigert. Bestes Bsp. ist die Arbeit für Currenta bei der Aufarbeitung einer Brandkatastrophe. Über Verbindungen der Kartellrechtspraxis wurde RSD mit einer umfangr. internen Untersuchung beauftragt, die ein großes interdisziplinäres Team beschäftigt.
Stärken: Prozesserfahrung u. eingespieltes ▷Brüsseler Team.
Oft empfohlen: Dr. Andreas Rosenfeld („guter Teamplayer", Mandant; „angenehm u. kompetent", Wettbewerber), Dr. Sebastian Steinbarth („exzellent u. angenehm in der Zusammenarbeit", Wettbewerber)
Team: 4 Eq.-Partner, 1 Counsel, 10 Associates
Schwerpunkte: Kartellrechtl. Prozesse u. Bußgeldverfahren. Schnittstellen u.a. zu Regulierungsthemen in ▷Medien, Glücksspiel u. ▷Verkehr. Aktive ▷Compliance-, ▷beihilfe- u. ▷vergaberechtl. Praxen. Branchen: Entsorgung, Bau, Energie, LEH, Automotive.
Mandate: Prozesse: Bundeskartellamt in Staatshaftungsklage durch BayWa; Geltendmachung von Kartellschadensersatz für Bund, div. Länder, Lebensmittelhändler, Sofidel, Alois Omlor, Haas-Nutzfahrzeuge (alle Lkw), Metallbearbeitungskonzern, Energiekonzern (Edelstahl), Dt. Bahn u.a. (Luftfracht), Kraftwerksbetreiber (technische Gebäudeausrüstung), Metro (Spülmittel), Onlinehändler (vertikale Beschränkungen). Abwehr von Kartellschadensersatz: Rheinland-Pfalz, Hessen u. Thüringen (Holzvermarktung), CFP (Süßwaren), Roboexpert bei Streit um Offenlegung von Beweismitteln zur Vorbereitung von Schadensersatzklage. **Fusionen/Kooperationen:** Beratung Projekt H2Global zur Vermarktung von Wasserstoff; Fusionskontrollen bei Arkil, Regupol BSW. **Kartellverfahren:** Straßenbauunternehmen in Verf. wg. angebl. Submissionsabsprachen (Landeskartellbehörde BaWü, OLG); Attestor in BKartA-Verf. wg. missbräuchl. Verhalten von Lufthansa ggü. Condor. Currenta bei umf. interner Untersuchung nach Brandkatastrophe; lfd. zu Compliance: European Power Tools Association.

SCHULTE
Kartellrecht ★

Bewertung: Die Praxis ist tief verwurzelt in der Baustoffbranche, was ihr angesichts div. lfd. BKartA-Verfahren in diesem Bereich reichl. Arbeit beschert.
Im Zshg. mit Transaktionen war insbes. Peter zudem intensiv für die langj. Mandantin Xella im Einsatz. Er steht mit Dallmann auch für den 2. wichtigsten Branchenfokus der Praxis: den Bankensektor. Hier verfügt die Kanzlei dank ihrer Tätigkeit für Verbände über reichl. Know-how im Zshg. mit Transaktionen. Künstner erschließt der Praxis die Lebensmittelbranche als 3. Schwerpunkt, u. er ist für Industriekonzerne im Einsatz, hat sich aber insbes. durch seinen Einsatz für Verbände im Zshg. mit Nachhaltigkeitskooperationen einen guten Ruf erarbeitet.
Stärken: Gute Kenntnis der Baustoffbranche.
Oft empfohlen: Dr. Christoph Peter („fachl. kompetent, menschl. angenehm", Mandant), Dr. Michael Dallmann, Dr. Kim Künstner („schlau u. sympathisch", Wettbewerber)
Team: 3 Eq.-Partner, 3 Associates
Schwerpunkte: Fusionsanmeldungen, dt. Bußgeldverfahren u. Kartellschadensersatz. Vertriebsfragen u. Gemeinschaftsunternehmen. Branchen: Banken, Bauwirtschaft, Lebensmittel.
Mandate: Fusionen/Kooperationen: Globus, u.a. bei Kauf von Real-Standorten u. zu Kartellschadensersatz; Saarstahl bei Kauf von Liberty; Vereinigte Asphalt Mischwerke bei Joint Venture; Fusionskontrollen, u.a. für Meiser, Xella, Kemna Bau. **Prozesse:** Geltendmachung von Kartellschadensersatz Praktiker (Tapeten) u. Bauunternehmen (Lkw); Verpackungshersteller bei Abwehr von Kartellschadensersatz. Delongbi, u.a. zu Selektivvertrieb. Kartellverfahren: Beteiligte in BKartA-Verf. ‚Straßenreparatur'. Lfd.: Standardisierungsverein BIAN (Großbanken u. Techunternehmen, u.a. SAP, Microsoft, IBM, ING), Bauhaus, Dt. Derivate Verband, Fraugster, PKV.

SZA SCHILLING ZUTT & ANSCHÜTZ
Kartellrecht ★★★

Bewertung: Die Erfahrung des Brüsseler Kartellrechtsteams ergänzt sich bei internat. Fusionskontrollen immer besser mit der im Vorjahr erweiterten M&A-Praxis, u. insbes. Birmanns ist hier oft eingebunden. Dass SZA inzw. zu den regelm. Beratern von ProSiebenSat.1 zählt, unterstreicht dies eindrucksvoll. Außerdem zählt das im Mannheimer Büro angesiedelte Team um Hellmann mit der Beteiligung an etlichen Prozesskomplexen um die Abwehr von Kartellschadensersatz zu den Aushängeschildern der Kanzlei. Nicht nur bei der Arbeit für Vossloh zeigt sich, wie gut SZA hier inzw. auch praxisübergreifend Associate-Teams einsetzt. Hansa, für die SZA einen bemerkenswerten Prozesserfolg erzielte, vertraut dem Team auch bei der Koordination von Fällen in Österreich.
Stärken: Prozesserfahrung.
Oft empfohlen: Hans-Joachim Hellmann („viel takt. Erfahrung", Wettbewerber), Silvio Cappellari, Dr. Stephanie Birmanns („sehr besonnen u. erfahren", Wettbewerber), Dr. Christina Malz („präzise, kluge Herangehensweise", Wettbewerber)
Team: 2 Partner, 2 Counsel, 3 Associates
Schwerpunkte: Kartellbußgeldverf. u. Follow-on-Klagen. Zudem Fusionskontrollmandate, oft international, v.a. im ▷Brüsseler Büro.
Mandate: Fusionen/Kooperationen: Avantor bei Kauf des Laborausrüsters Ritter; Fiskeby Board zu Kauf von Baden Board; Mutares bei Verkauf der Beteiligung an STS Group; umf. ProSiebenSat.1; regelm. Bihr NV, Equistone Partners, Mandarin Capital Partners, Renolit. **Prozesse:** Erzquell gg. Bußgeld in BKartA-Kartellverf. ‚Bier' (OLG); Nike in
div. Prozessen; Abwehr von Kartellschadensersatz für Hansa Armaturen (Badausstattung), Vossloh (Schienen; BGH), Haribo (Süßwaren), Reinert u. The Family Butcher (Wurst), Tapetenfabrik Gebr. Rasch (Tapeten); Overgas u.a. in Schiedsverf. u. Prozessen mit Gazprom. Daimler-Aufsichtsrat zu Compliance; zu div. kartellrechtl. Themen Gretsch Unitas, Berding Beton.

TAYLOR WESSING
Kartellrecht ★★

Bewertung: Ein Pluspunkt der Kartellpraxis ist ihre ausgewiesene Erfahrung bei IT-verwandten Themen. Das Team berät sowohl Mandanten aus der herstellenden Industrie als auch den Handel regelm. im Kontext der Digitalisierung. Ein Bsp. ist die Beratung von Bilfinger zur Zulässigkeit einer Onlineplattform. Gleichzeitig ist die Praxis oft bei grenzüberschreitenden Fusionskontrollmandaten aktiv u. treibt auch die internat. Vernetzung voran: Der erfahrene Hartmann-Rüppel koordiniert die Zusammenarbeit mit 10 anderen Jurisdiktionen u. wird in diesem Zuge einen Teil seiner Tätigkeit nach Brüssel verlagern.
Oft empfohlen: Dr. Marco Hartmann-Rüppel, Manuel Nagel („hohe Fachkompetenz, pragmat. u. schnell", Wettbewerber)
Team: 2 Eq.-Partner, 1 Sal.-Partner, 4 Associates
Schwerpunkte: Internat. Vernetzung, Digitalisierung (▷IT) u. Fusions- u. Investitionskontrollen.
Mandate: Fusionen/Kooperationen: Deutz AG lfd., insbes. bei FuE-Kooperationen; Fujitsu Technology Solutions bei Verkauf von Unicon Software; internat. Chemiekonzern bei Fusionskontrolle in China; lfd. Sennder; Invision bei Kauf einer Klinik u. von Praxen; Flink zu Kooperationsvereinbarung; Fegime zu Einkaufskooperation; Fam. Schubries bei Verkauf der Anteile an Funke Medien. Bilfinger zu Compliance, Onlineplattform sowie FuE-Kooperationen; Motortech zu Lieferbeziehung; Dt. Großhandelsverband Haustechnik zu Onlinemarktplatz; Röhm u. Thyssenkrupp zu Compliance.

WAGNER LEGAL
Kartellrecht ★

Bewertung: Die Kartellrechtsboutique zeichnet sich durch Prozesserfahrung u. langj. Mandatsbeziehungen aus. Bekannt sind Wagners Beziehungen zur Mineralölwirtschaft, die aktuell besonders im Fokus des Kartellamts steht. Er berät schon länger mehrere Unternehmen der Branche zu Schadensersatzansprüchen u. vertriebskartellrechtl. Fragen. Bisher war die kleine Praxis in Kartellverfahren weniger präsent – die neue Arbeit im Hilfsmittel-Verbände-Kartellverf. ist ein erster Schritt, sich insges. breiter aufzustellen. Vor diesem Hintergrund u. aufgrund der Zunahme an aktiven Schadensersatzfällen wäre ein personeller Ausbau angezeigt.
Oft empfohlen: Eckart Wagner („ausgewiesener Experte, sehr prozesserfahren", „erfahren, kompetent u. sehr umtriebig, v.a. bei Schadensersatz", Wettbewerber)
Team: 1 Partner, 1 Counsel
Schwerpunkte: Kartellrechtl. Prozesse, insbes. zu Schadensersatz. Dazu Fusionskontrollen.
Mandate: Prozesse: Durchsetzung von Kartellschadensersatz für Hansa Heemann (Zucker), 9 Mineralölunternehmen (EC-Cash), Hoyer (Lkw), L.K. Mineralöltanklager bei Klage gg. Shell im Zshg. mit Betrieb einer Autobahntankstelle (LG Hamburg), ca. 1.000 Landwirte bei Geltendmachung von Kar-

KARTELLRECHT

tellschadenersatz gg. Pflanzenschutzmittelkartell. **Kartellverfahren:** Beteiligte in Kartellamtsverfahren zu Hilfsmittel-Verbänden. **Fusionen/Kooperationen:** EG Group vertriebskartellrechtl. u. zu Tankstellenverträgen, Helm vertriebskartellrechtl. (Petrochemie u. Pharma).

WHITE & CASE
Kartellrecht ★ ★

Bewertung: In der Kartellrechtspraxis zeigte sich zuletzt deutlicher das Potenzial der internat. Vernetzung, etwa bei der fusions- u. investitionskontrollrechtl. Begleitung von Global Wafers. Während dies im Brüsseler Büro bisher schon galt, entwickelt sich über das D'dorfer Team nun ein Konnex zum dt. Markt. Das zeigt sich dadurch, dass Schnittstellen mit anderen Fachbereichen intensiver genutzt werden, z.B. mit regulierungsnahen Bereichen wie ▷*Energie*, wo W&C Deals für Fluxys, E.on u. JPMorgan begleitete. In einer anderen Branche gewannen die Corporate- u. Kartellteams gemeinsam ein Mandat bei der Vorbereitung eines Carve-out-Projekts. 2 Anwälte, die mit Kuhn vor 4 Jahren von Cleary Gottlieb gewechselt waren, beförderte W&C nun zu Sal.-Partnern. Dies u. der Weggang des HHer Partners Herrlinger haben den Fokus der Kartellrechtspraxis hierzulande nach D'dorf verschoben.

Oft empfohlen: Axel Schulz, Dr. Tilman Kuhn („kompetent, geradlinig", Wettbewerber)

Team: 2 Eq.-Partner, 2 Sal.-Partner, 1 Counsel, 4 Associates

Partnerwechsel: Dr. Justus Herrlinger (zu DLA Piper), Kai Struckmann (zu Deloitte)

Schwerpunkte: Neben ▷*M&A*-begleitender Fusionskontrolle regelm. auch Kartellbußgeldverfahren u. rege ▷*Beihilfepraxis*. Auch Investitionskontrolle.

Mandate: Fusionen/Kooperationen: Global Wafers zu Kauf von Siltronic; Fluxys zu Bau von dt. LNG-Terminal (inkl. Investitionsprüfung); Nestlé bei Kauf von Ankerkraut; E.on zu Breitband-Joint-Venture; LBBW bei Kauf von Landesbank Berlin/Berlin Hyp; Avast bei Verkauf an NortonLifelock; Daimler bei Kauf von Yasa; EWE zu Windenergie-Joint Venture mit Enercon; Faurecia zu gepl. Kauf von Hella; jap. Kfz-Zulieferer zu Joint-Venture mit dt. Wettbewerber; Jenoptik bei Kauf von Berliner-Glas-Geschäftsbereichen; Toyota Motor u.a. zu Brennstoffstellen-Koop.; JPMorgan Infrastructure Investments bei Kauf von Getec; Tink bei Verkauf an Visa u. Kauf von FinTecSystems: regelm. ExxonMobil, Nordic Capital, Adler Group, Markant, asiat. Investmentfonds. **Prozesse:** Autoliv ww. bei Abwehr von Schadensersatzklagen (Kfz-Sicherheitsausrüstung). **Kartellverfahren:** Nexans in BKartA-Verfahren (Kabelhersteller).

WILMERHALE
Kartellrecht ★ ★ ★

Bewertung: Die prozessrechtl. geprägte Praxis gehört zu den wenigen im Markt, die wie auch Oppenländer sowohl auf Kläger- als auch auf Beklagtenseite umfangr. im Kartellschadensersatz tätig sind. Aktuell beschäftigt die Praxis ein Großkomplex besonders intensiv, in dem nach langj. Vorbereitung vor Gerichten verhandelt wird: der Fall EC-Cash, in dem Ohlhoff einen Bankenverband gg. div. großvol. Klagen vertritt. Dass komplexe Streitfälle mit regulator. Einschlag ein Markenzeichen der Praxis sind, zeigten zuletzt 2 weitere Entwicklungen: Für die Dt. Telekom kämpft WH gg. Vodafone in einem kartellrechtl. Grundsatzverfahren um die Freigabe eines Glasfaser-Joint-Ventures mit EWE, für Meta führt sie wichtige Verfahren vor europ. Gerichten. So haben in einem wegweisenden Verfahren des dt. Kartellamts gg. Facebook, in dem Latham die Federführung hat, Kamann u. ein Partner aus dem IT-Recht die Prozessvertretung für den EuGH-Vorabentscheidungsstrang übernommen – ein Beleg für die Stärke der Praxis an den Schnittstellen zu datenschutz- u. europarechtl. Fragen. Ein Dauerthema bleibt, dass die Praxis von Wettbewerbern zwar auffällig oft für ihre Qualität gelobt wird, aber ebenso auffällig ins Auge sticht, dass die personelle Entwicklung mit Blick auf den Generationswechsel seit Längerem nahezu stagniert.

Stärken: Enge Verknüpfung von Kartell- u. ▷*Prozesspraxis* mit erfahrenen Partnern, stark an der Schnittstelle zum ▷*Datenschutz*.

Oft empfohlen: Prof. Dr. Hans-Georg Kamann („sehr umfassende, belastbare Beratung, denkt unternehmerisch", Mandant), Ulrich Quack („brillant", Wettbewerber), Dr. Stefan Ohlhoff („tief in den Fällen", Wettbewerber), Dr. Peter Gey

Team: 3 Eq.-Partner, 2 Sal.-Partner, 2 Counsel, 9 Associates

Schwerpunkte: Kartellrechtl. geprägte Prozesse, Missbrauchs- u. Bußgeldverfahren. Auch Fusionskontrollen. Enge Verbindung zu regulator. geprägten Branchen wie ▷*Energie* (v.a. in Berlin), Telekommunikation u. ▷*Beihilferecht*.

Mandate: Prozesse: Abwehr von Kartellschadensersatz, u.a. für VÖB im Zshg. mit EC-Cash-Klagen, u.a. IFG-Prozess um Zugang zu BKartA-Akten; Geltendmachung von Kartellschadensersatz u.a. für Krombacher, Katjes Fassin (Zucker), Dt. Bahn (Schienen). **Kartellverfahren:** Facebook in BKartA-Verf. wg. Marktmachtmissbrauch u. Beschwerdeverf. (EuGH; mit Latham, Gleiss u. Rohnke Winter); Ex-Carlsberg-CEO in Einspruchsverfahren wg. Bierkartellbußgeldern. **Fusionen/Kooperationen:** Dt. Telekom, u.a. zu Glasfaser-Joint-Ventures mit IFM Global Infrastructure Fund (EU-Kommission) u. EWE (BKartA; inkl. Abwehr von Beschwerden von Vodafone; BGH); Danaher bei Kauf von Aldevron. Fusionskontrollen: Eldridge Industries/LSB, Harmonix/Epic Games; Holobuilder/Faro; Spectris/Concurrent Real Time, Tecan/Paramit; lfd. Casnova, DPG, Jebbit, Syngenta; Schaeffler, Tui, Wepa, Baker Hughes.

CO-PUBLISHING/ANZEIGE **KONFLIKTLÖSUNG – DISPUTE RESOLUTION**

Klimaschutz: Müssen sich Unternehmen auf eine Klagewelle einstellen?

Von Marcus van Bevern und Lisa Maria Oettig, LL.M., Kantenwein Zimmermann Spatscheck & Partner, München

Lisa Maria Oettig

Lisa Maria Oettig, LL.M. ist Rechtsanwältin im Bereich Commercial Dispute Resolution. Sie berät und vertritt Unternehmen in komplexen Streitigkeiten vor staatlichen Gerichten und Schiedsgerichten. Zu ihren Branchenschwerpunkten gehören der Energie- und Finanzsektor.

Marcus van Bevern

Marcus van Bevern ist Fachanwalt für Bank- und Kapitalmarktrecht. Er berät in Finanztransaktionen und ist im Bereich der wirtschaftsrechtlichen Prozessführung sowie in Schiedsverfahren tätig. Zu seinen Mandanten zählen Banken sowie im Immobilienbereich tätige Unternehmen und Investmentfonds.

Kantenwein Zimmermann Spatscheck & Partner ist eine multidisziplinäre Kanzlei aus Rechtsanwälten, Steuerberatern und Wirtschaftsprüfern. Einen wesentlichen Schwerpunkt hat Kantenwein im Bereich Commercial Dispute Resolution. Das Team unterstützt Unternehmen dabei, Konfliktsituationen richtig und angemessen zu beurteilen und passgenaue Strategien zur Konfliktlösung zu entwickeln und umzusetzen. Dabei profitiert das Team von einer jahrelangen fokussierten Spezialisierung in wirtschaftsrechtlichen Streitverfahren vor ordentlichen Gerichten und Schiedsgerichten.

Kontakt
Kantenwein Zimmermann
Spatscheck & Partner
Theatinerstraße 8
80333 München
Marcus.vanBevern@kantenwein.de
Lisa.Oettig@kantenwein.de
www.kantenwein.de

Weitere Informationen zur Kanzlei in der Anzeige auf Seite 187

Klimaklagen als andauerndes und globales Phänomen

Klimaklagen sind kein neues Phänomen. Erste Klagen mit Bezug zum Klimawandel gab es bereits vor rund 20 Jahren, vor allem in den USA. In den letzten Jahren ist jedoch ein starker Anstieg von Klimaklagen zu beobachten, mit dem auch eine globale Ausbreitung der Verfahren einhergeht. Heute richten sich rund 80% der weltweiten Klimaklagen gegen Staaten. An zweiter Stelle folgen in rund 12% der Fälle Unternehmen als Beklagte. Die verbleibenden 8% verteilen sich auf Klagen gegen Kommunen und regionale Regierungen (5%) und Einzelpersonen (3%).

Mit Blick auf die Kläger lässt sich der Bereich der Klimaklagen gegen Unternehmen weiter kategorisieren in Verfahren von Klägern, die außerhalb des beklagten Unternehmens stehen (wie beispielsweise im Fall des peruanischen Bauern Saúl Lliuya gegen RWE) oder dem Innenbereich des beklagten Unternehmens zuzuordnen sind.

Fokus: Klimaklagen aus dem Innenbereich von Unternehmen

Im Folgenden soll der Fokus auf Verfahren gegen Unternehmen mit Klägern liegen, die dem Innenbereich von Unternehmen zuzuordnen sind. Hier sind aktuell insbesondere Klagen im Zusammenhang mit der Verletzung klimarelevanter Offenlegungspflichten i.R.d. Unternehmensberichterstattung und der mangelnden Beachtung von Sorgfaltspflichten durch die Leitungsorgane vorzufinden.

Beispielsfall: Verletzung klimarelevanter Offenlegungs- bzw. Berichterstattungspflichten

Im Fall McVeigh v. REST legte der australische Kläger Mark McVeigh im Jahr 2018 Klage gegen seinen Pensionsfonds REST ein. McVeigh argumentierte u.a., REST habe es versäumt, Verfahren für die Offenlegung von Geschäftsrisiken im Zusammenhang mit dem Klimawandel in Übereinstimmung mit der Task Force on Climate-related Financial Disclosures (TCFD) zu schaffen. Die Parteien einigten sich 2020 in einem außergerichtlichen Vergleich. Hierin erkannte REST an, dass die Effekte des Klimawandels ein direktes und gegenwärtiges Risiko für den Pensionsfonds darstellen und versprach, diese Risiken zu identifizieren, zu qualifizieren und zu minimieren. Die australische Finanzindustrie nahm den Vergleich als bahnbrechend wahr. Der wirtschaftlich-strategische Effekt der beschriebenen Selbstverpflichtung von REST dürfte sein, dass der Fonds weniger in treibhausgasintensive Unternehmen und mehr in grüne Alternativen investiert, was wiederum einen positiven Effekt auf die Finanzierungskosten, die Wirtschaftlichkeit und damit die Preise von grünen Alternativen haben sollte.

Beispielsfall: Sorgfaltspflichtverletzungen von Leitungsorganen

Im Fall ClientEarth v. Enea hat ein polnisches Gericht im Jahr 2018 den Beschluss der Gesellschafter des Energiekonzerns Enea S.A., ein Kohlekraftwerk zu bauen, auf Betreiben der gemeinnützigen Umweltorganisation ClientEarth, zugleich Aktionärin von Enea, für unwirksam erklärt. Das Gericht folgte der Argumentation von ClientEarth, wonach der Bau des Kraftwerks den wirtschaftlichen Interessen des Unternehmens schade, weil sich u.a. aus den sinkenden Kosten für erneuerbare Energien und den steigenden Preisen im europäischen Emissionshandel Risiken ergäben. Letztlich verletzten die Vorstandsmitglieder mit der Durchführung des Baus ihre Sorgfaltspflichten gegenüber der Gesellschaft und handelten nicht im besten Interesse des Unternehmens. Im Jahr 2020 wurde der endgültige Stopp des Projekts bekanntgegeben. Der wirtschaftlich-strategische Effekt der Entscheidung ist deutlich: die Einschätzung des Gerichts, dass eine kohlenstoffintensive Investition eine finanziell nachteilige Entscheidung darstellt und daher eine Sorgfaltspflichtverletzung darstellt, dürfte zu einem Risiko für Unternehmen weltweit führen, welches Investitionsentscheidungen beeinflussen und Anreize für andere Marktteilnehmer schaffen dürfte, sich für nachhaltigere Alternativen zu entscheiden.

Zwischenfazit

Beide Fälle veranschaulichen, dass Gerichte sich auch ohne klima-spezifisches Hard Law nicht scheuen, Klimafragen unter die geltenden gesellschaftsrechtlichen Maßstäbe zu subsumieren. Die Fälle machen deutlich, wie sog. Shareholder Lawsuits von Einzelpersonen bzw. NGOs weltweit dazu genutzt werden, klimarelevantes Verhalten von Unternehmen zu beeinflussen und bestenfalls auch den Übergang zu emissionsarmen Technologien zu lenken, dessen Finanzierung bereits zur größten Umverteilung von Kapital in der Geschichte der Menschheit erklärt wurde.

Situation in Deutschland

In Deutschland gibt es – soweit ersichtlich – noch keine mit den beiden vorgenannten Beispielen vergleichbaren Fälle. Dennoch stellt sich auch hier die Frage, wie die Verantwortung der Geschäftsleitung unter Geltung deutschen Rechts in Bezug auf den Klimawandel (neu) bestimmt wird.

Generell werden klimarelevante Verantwortlichkeiten der Geschäftsleitung gegenüber der Gesellschaft nicht mehr nur wie zunächst durch internationales Soft Law, sondern auch durch europäisches und nationales Hard Law definiert.

Klimarelevante Berichterstattung

Die klimarelevante Unternehmensberichterstattung in Deutschland ist maßgeblich vom EU-Recht geprägt. Das obligatorische Reporting soll nicht mehr nur der Information des Kapitalmarkts über die Werthaltigkeit eines Unternehmens dienen, sondern Unternehmen zu mehr Nachhaltigkeit über die Interessen der Shareholder hinaus motivieren. Hierzu schreibt das CSR-Richtlinienumsetzungsgesetz (CSR-RUG) die Erstellung einer nichtfinanziellen Erklärung bzw. eines gesonderten nichtfinanziellen Berichts für bestimmte Unternehmen (grundsätzlich große kapitalmarktorientierte Unternehmen sowie Banken und Versicherungen mit mehr als 500 Mitarbeitern) vor, §289b HGB. In der Erklärung ist das Geschäftsmodell des Unternehmens zu beschreiben und insbesondere darüber zu berichten, in welcher Form und welchem Ausmaß das Unternehmen von den Risiken des Klimawandels und den damit verbundenen regulatorischen Anforderungen betroffen ist und wie das Unternehmen diese Risiken handhabt, §289c HGB. Die EU-Taxonomie knüpft an die Pflicht zur nichtfinanziellen Berichterstattung an und soll eine objektive Einstufung von Wirtschaftsaktivitäten als ökologisch nachhaltig ermöglichen. Jedoch dürften Klagen von Gesellschaftern gegen die Geschäftsleitung wegen Pflichtverletzungen im Bereich der nichtfinanziellen Erklärung häufig daran scheitern, dass kein konkret bezifferbarer, kausaler Schaden der Gesellschaft dargelegt werden kann.

Klimabezogene Sorgfaltspflichten der Geschäftsleitung

Ein spezifischer rechtlicher Rahmen im Bereich der klimabezogenen Sorgfaltspflichten der Leitungsorgane ist in Deutschland bislang kaum bzw. gar nicht ausgebildet. Der im Februar 2022 von der EU-Kommission vorgelegte Entwurf für eine Corporate Sustainability Due Diligence Richtlinie soll Unternehmen umweltbezogene Sorgfaltspflichten auferlegen. Der Entwurf enthält bemerkenswerte gesellschaftsrechtliche Regelungen: Unter anderem sollen Geschäftsleiter bei ihrer Pflicht, im Unternehmensinteresse zu handeln, die kurz-, mittel- und langfristigen Folgen ihrer Entscheidungen für Nachhaltigkeitsaspekte berücksichtigen und gegebenenfalls auch die Folgen für Menschenrechte, Klimawandel und Umwelt einbeziehen. Damit ist die Pflicht zur Berücksichtigung des Stakeholder-Ansatzes ausdrücklich formuliert. Des Weiteren überträgt der Entwurf die im Einzelnen geregelten Sorgfaltspflichten der adressierten Unternehmen zum Umweltschutz in Sorgfaltspflichten des Geschäftsleiters gegenüber dem Unternehmen (vgl. §93 Abs. 1 AktG). Nach dem Entwurf scheint auch die Pflicht der Mitgliedsstaaten zur Schaffung einer Haftungsbewehrung im Fall der Verletzung der umweltbezogenen Sorgfaltspflichten (vgl. §93 Abs. 2 AktG) naheliegend.

Fazit

Insbesondere das sich ändernde Verständnis der Öffentlichkeit und der Gerichte in Bezug auf eine klimarelevante Verantwortung von Unternehmen öffnet die Tür für weitere Klimaklagen – trotz eines noch unausgereiften spezifischen rechtlichen Rahmens auf nationaler bzw. EU-Ebene. Im Übrigen dürfte der Entwurf für eine Corporate Sustainability Due Diligence Richtlinie Klimaklagen gegen Unternehmen Aufwind verleihen. Ob es jedoch tatsächlich zu einer Klagewelle kommt, bleibt abzuwarten. Der finanzielle Aufwand für die im Detail komplexen Klagen dürfte für die finanziell im Vergleich zu den beklagten Unternehmen wohl schwächer aufgestellten Kläger (Einzelpersonen oder NGOs) eine Hürde darstellen. Gleichwohl sind die strategische Einflussnahme und die Auswirkungen einzelner Verfahren auf bestimmte Unternehmen, deren Kunden und andere Marktteilnehmer sowie politische Entscheidungsträger nicht zu unterschätzen. Dies betrifft natürlich nicht nur den Bereich der Aktionärsklagen, sondern auch andere Angriffe aus dem Innenbereich von Unternehmen, wie die durch Hinweise der ehemaligen Nachhaltigkeitschefin der Deutsche-Bank-Fondstocher DWS ausgelöste Durchsuchung bei der DWS wegen des Verdachts des Kapitalanlagebetrags aufgrund von Greenwashing in Produktprospekten zeigt. ∎

KERNAUSSAGEN

- Klimaklagen gegen Unternehmen veranschaulichen weltweit, dass Gerichte sich auch ohne klima-spezifisches Hard Law nicht scheuen, Klimafragen unter die geltenden gesellschaftsrechtlichen Maßstäbe zu subsumieren.

- In Deutschland gibt es – soweit ersichtlich – noch keine Aktionärsklagen in Zusammenhang mit dem Klimawandel. Dennoch stellt sich auch hier die Frage, wie die Verantwortung der Geschäftsleitung unter Geltung deutschen Rechts in Bezug auf den Klimawandel (neu) bestimmt wird.

- Die spezifisch geregelte, klimarelevante Unternehmensberichterstattung in Deutschland ist maßgeblich vom EU-Recht geprägt. Ein spezifischer rechtlicher Rahmen im Bereich der klimabezogenen Sorgfaltspflichten der Leitungsorgane von Unternehmen ist aktuell kaum ausgebildet, aber mit Verabschiedung und Umsetzung der Corporate Sustainability Due Diligence Richtlinie zu erwarten.

- Das sich ändernde Verständnis der Öffentlichkeit und der Gerichte in Bezug auf eine klimarelevante Verantwortung von Unternehmen öffnet trotz des teilweise noch unspezifischen rechtlichen Rahmens die Tür für Klimaklagen, deren breitflächige Auswirkungen Unternehmen nicht unterschätzen sollten.

CO-PUBLISHING/ANZEIGE KONFLIKTLÖSUNG – DISPUTE RESOLUTION

Die EU-Verbandsklage im Vergleich mit US-amerikanischen class actions – Worauf sich deutsche Unternehmen einstellen sollten

Von Dr. Sabine Konrad, Dr. Maximilian Pika, Pierre Trippel, Scott T. Schutte, Morgan, Lewis & Bockius LLP, Frankfurt/Chicago

Dr. Sabine Konrad

Dr. Sabine Konrad ist Partnerin in Frankfurt und berät mit ihrem Team rund um die Associates **Dr. Maximilian Pika** und **Pierre Trippel** Mandanten in internationalen Handels- und Investitionsschiedsverfahren und komplexen Gerichtsverfahren.

Dr. Maximilian Pika

Scott T. Schutte ist Partner in Chicago und zählt zu einem der führenden U.S.-Anwälte im Bereich consumer class actions.

Pierre Trippel

Morgan Lewis & Bockius ist eine weltweit operierende Kanzlei mit rund 2.200 Anwälten an 31 Standorten in Europa, Nordamerika, Asien und dem Nahen Osten. Morgan Lewis wurde 1873 in Philadelphia gegründet und berät auf allen Gebieten des Wirtschaftsrechts, einschließlich Transaktionen, Gesellschaftsrecht, Kartellrecht, Arbeitsrecht, Finanzrecht und Konfliktlösung. Zu den Mandanten zählen mehr als 80% der amerikanischen Fortune 100 Unternehmen.

Scott T. Schutte

Kontakt
Dr. Sabine Konrad
Morgan, Lewis & Bockius LLP
OpernTurm, Bockenheimer Landstr. 4
60306 Frankfurt am Main
T +49 6971400777
sabine.konrad@morganlewis.com
www.morganlewis.com

Class actions (Kollektivverfahren gegen Unternehmen) gehören zu den für Unternehmen oft gefürchteten Besonderheiten des US-amerikanischen Rechts. Sie können für das beklagte Unternehmen u.a. aufgrund hoher Streitwerte, punitive damages (Strafschadensersatz), langer und teurer discovery (Dokumentenherausgabe) sowie medialer Aufmerksamkeit eine große Belastung bedeuten. Dem deutschen Zivilprozess waren Kollektivverfahren auf Schadensersatz hingegen lange Zeit fremd. Durch die zum Jahresende umzusetzende EU-Richtlinie 2020/1828 über Verbandsklagen (VK-RL) ändert sich dies. Die EU-Verbandsklage wird über die 2002 eingeführte Unterlassungsklage und die 2018 eingeführte Musterfeststellungsklage weit hinausgehen. Für die Unternehmenspraxis steht bereits jetzt fest, dass es wichtige Neuerungen geben wird und zum Teil auch noch nach Umsetzung durch den deutschen Gesetzgeber Rechtsunsicherheiten verbleiben werden.

Verbände können auf Schadensersatz zu Gunsten von Verbrauchern klagen

Die VK-RL ermöglicht Klagen von Verbänden gegen Unternehmen wegen angeblicher Verletzung einer der 66 in Anhang I VK-RL genannten EU-Rechtsquellen. Die Klagen können auf Abhilfe (inkl. Schadensersatz), Unterlassung oder Feststellung gerichtet sein.

Die Definition des klagefähigen Verbandes ist weit. In Frage kommen alle juristischen Personen, die keinen Erwerbszweck verfolgen und seit mindestens einem Jahr zum Schutz von Verbraucherinteressen tätig sind (Art. 4(3) VK-RL).

Besonders schwerwiegend ist das neue Klageziel der Abhilfe. Hierunter fallen nicht nur Nacherfüllung, Minderung oder Rückabwicklung (Art. 9 Abs. 1 VK-RL), sondern vor allem auch Schadensersatz. Diese kollektive Direktklage auf Schadenersatz kann für Unternehmen zu erheblichen finanziellen Prozessrisiken führen.

Der Katalog der in Anhang I VK-RL genannten 66 Rechtsquellen aus dem EU-Sekundärrecht geht weit über die im deutschen Zivilprozess bereits bekannte Unterlassungsklage von Verbraucherschutzverbänden hinaus. Auch besteht das Risiko, dass Verbände argumentieren, sie könnten sich „erst recht" auf das EU-Primärrecht berufen.

Die Bindung von Verbrauchern ist offen: opt-out, frühes opt-in oder spätes opt-in?

Der womöglich größte Vorteil von class actions für Unternehmen in den USA ist die Verfahrensbündelung. Sie bietet Verfahrenseffizienz und Rechtssicherheit. Grundsätzlich wirkt eine class action-Entscheidung gegenüber allen, die sich nicht explizit gegen einen Einschluss verwahrt haben (opt out). Dies bedeutet: Gewinnt ein Unternehmen eine class action vollständig oder teilweise, ist es vor weiteren Klagen geschützt.

Das Gegenmodell – opt in – resultiert demgegenüber zwar in geringeren Streitwerten, kann aber für das Unternehmen belastender sein. Es schützt nicht vor weiteren Klagen und erschwert oft eine Lösung durch Vergleich. Wie die EU-Verbandsklage funktionieren wird, ist offen. Sie begrenzt die subjektive Rechtskraft zwar auf Verfahrensparteien (Art. 15 VK-RL). Ob Verbraucher aber per opt out- oder opt in- Verfahrenspartei werden, überlässt die VK-RL den nationalen Gesetzgebern (Art. 9 Abs. 2 VK-RL).

Ein Gesetzesentwurf liegt noch nicht vor, nur zwei Gutachten. Beide sprechen sich für opt in aus. Das erste Gutachten (Prof. Dr. Beate Gsell und Prof. Dr. Caroline Meller-Hannich, im Auftrag Bundesverband Verbraucherzentralen) schlägt ein sog. spätes opt in vor. Falls der Verband gewinnt, sollen Verbraucher sogar noch nach dem Urteil aufspringen können. Um sich bis dahin alle Möglichkeiten offen zu halten, würde vor dem Urteil kein Anreiz für Verbraucher bestehen, sich zu entscheiden. Beim späten opt in drohen Unternehmen also unkalkulierbare Schadenssummen im Falle des Unterliegens. Im Falle des Obsiegens wären Unternehmen nicht vor Klagen anderer Verbände geschützt.

Das zweite Gutachten (Prof. Dr. Alexander Bruns, im Auftrag vom BDI und anderen Industrieverbänden) schlägt ein opt in bis

KONFLIKTLÖSUNG – DISPUTE RESOLUTION CO-PUBLISHING/ANZEIGE

spätestens zum ersten Tag der mündlichen Verhandlung vor, wie auch bei der Musterfeststellungsklage (§608 Abs. 1 ZPO). Dieses Modell verhindert, dass sich die Schadenssumme noch nach dem Urteil erhöhen. Es schützt jedoch nicht vor Klagen anderer Verbände.

Ob die Klägergerichtsstände der Brüssel I-VO gelten, ist offen

Ob Verbände die Klägergerichtsstände der Brüssel I-VO nutzen können, ist offen. In den USA wurde die Entwicklung der class action davon begleitet, dass Klägergerichtsstände und forum shopping zum Schutz beklagter Unternehmen eingeschränkt wurden (u.a. Class Action Fairness Act).

Die VK-RL schweigt zum Thema internationale Zuständigkeit. Verbände werden argumentieren, dass der klagende Verband eine Wahlmöglichkeit zwischen allen nach der Brüssel I-VO möglichen Gerichtsständen hat. Insbesondere der Gerichtsstand am Wohnsitz des Verbrauchers (Art. 18 Brüssel I-VO) oder die in der Praxis häufig als Klägergerichtsstände wirkenden Gerichtsstände für vertragliche und deliktische Klagen (Art. 7 Abs. 1, 2 Brüssel I-VO) können forum shopping erleichtern.

Prof. Dr. Bruns ist in seinem Gutachten der Auffassung, die besonderen Gerichtsstände der Brüssel I-VO seien ohnehin nicht auf Verbandsklagen anwendbar. Jedenfalls aufgrund der Entscheidung des EuGHs in Rs. C-343/19 vom 09.07.20 (VW), in welcher der EuGH einem Zessionar zubilligte sich i.R.d. Deliktsgerichtsstands auf den Sitz des Zedenten zu berufen, ist zu erwarten, dass die Frage erst durch den EuGH entschieden werden wird. Die Folgen sind für Unternehmen Rechtsunsicherheit und erhebliche Prozesskosten.

Die VK-RL bietet keinen Schutz vor parallelen Verbandsklagen

Ein erhebliches Problem für Unternehmen wird es sein, parallele Verbandsklagen zu verhindern, also solche die zwar den gleichen Klagegrund haben, aber von verschiedenen Verbänden und in verschiedenen Staaten geführt werden. Die VK-RL enthält keine Rechtshängigkeitsregeln. Die einzig relevante Regelung ist die beiläufige Erwähnung „andere[r] Verbandsklagen dieser Art aus demselben Klagegrund" in Art. 9(4) VK-RL, welcher regelt, dass ein Verbraucher sich nur einer Klage anschließen kann.

Für Unternehmen besteht somit Rechtsunsicherheit und die Notwendigkeit sich auf parallele Verfahren einzustellen. Voraussichtlich wird auch dieser Problemkomplex vom EuGH zu klären sein.

Keine discovery US-amerikanischen Stils

Die VK-RL schafft keine discovery US-amerikanischen Stils, könnte aber Anlass für eine über die bisherige ZPO hinausgehende Herausgabepflicht sein.

Art. 18 VK-RL enthält eine Vorschrift zur „Offenlegung von Beweismitteln" (Überschrift). Deshalb ist der Begriff discovery in letzter Zeit häufig bezüglich der VK-RL zu lesen. Eine weite discovery US-amerikanischen Ausmaßes droht deutschen Unternehmen durch die VK-RL nicht, gleichwohl mögliche Neuerungen auf die Unternehmen sich einstellen sollten.

Der erste Unterschied zwischen discovery und Art. 18 VK-RL ist, dass letzterer nur die Dokumentenherausgabe im Prozess regelt (die Vorschrift erfordert, dass die bereits vorgelegten Beweismittel zur Stützung einer Verbandsklage ausreichen). In den USA sind Dokumentenherausgaben hingegen bereits vor Klageerhebung üblich (pre-trial discovery). Damit bleiben europäischen Unternehmen vorerst Szenarien erspart, in denen hohe discovery-Verfahrenskosten mangels Möglichkeit zum Kostenregress bereits in frühen Verfahrensstadien massiven Vergleichsdruck auslösen.

Die inhaltliche Reichweite der Dokumentenherausgabe ist offen. Während die US-amerikanische discovery regelmäßig den Zugriff auf regelrechte Datenräume ermöglicht, spricht Art. 18 VK-RL lediglich von „zusätzliche[n] Beweismittel[n]" und des Vorbehalts „nationaler Vorschriften über […] Verhältnismäßigkeit". In Deutschland besteht gegenwärtig eine begrenzte Herausgabepflicht nach §142 Abs. 1 S. 1 ZPO (Herausgabe genau bezeichneter Urkunden) bzw. nach materiellen Vorschriften. Ob der Gesetzgeber diese Regeln für Verbandsklagen beibehalten wird und ob eine Beibehaltung vor dem EuGH Bestand haben würde, ist offen. Wenn Deutschland bei seinen strengen Vorschriften bleibt, würde dies Klagen in anderen EU-Mitgliedstaaten attraktiver machen, welche Art. 18 VK-RL weitergehend umsetzen.

Ein weiterer Problemkreis ist die Vertraulichkeit von Dokumenten. Die VK-RL enthält keine Regelungen zu Herausgabeverweigerungsrechten. Verbände könnten gezielt dort klagen, wo z.B. in-house- oder Compliance-Dokumente nicht geschützt sind. Unternehmen könnten dann Nachteile durch die eigene interne Aufarbeitung, z.B. im Rahmen einer internal investigation drohen. Auch enthält Art. 18 VK-RL keine Regelung, dass herausgegebene Dokumente nicht an Dritte wie andere Kläger oder die Presse weitergegeben werden dürfen.

Prozessfinanzierungen

Die EU-Verbandsklage könnte aufgrund der möglicherweise hohen Schadensersatzsummen Prozessfinanzierer und sog. Klägerkanzleien, die auf Erfolgshonorarbasis tätig sind, anziehen. Dies könnte die Zahl, die Komplexität und den Vergleichsdruck durch Verbandsklagen für Unternehmen erhöhen.

Die VK-RL überlässt die Regulierung insoweit dem nationalen Recht und verlangt lediglich, dass die Kollektivinteressen der Verbraucher „nicht aus dem Fokus" geraten dürfen (Art. 10 Abs. 1 VK-RL). Einer Kommerzialisierung steht das jedoch nicht zwingend entgegen. Eine europarechtliche Regelung, die Unternehmen vor möglichem Vergleichsdruck bei prozessfinanzierten Verbandsklagen mit hohen Schadensersatzsummen schützt, besteht hingegen nicht. ∎

KERNAUSSAGEN

- Die EU-Verbandsklage ermöglicht Klagen auf Schadensersatz wegen Verletzung von 66 EU-Rechtsquellen. Hierdurch können Unternehmen Massenverfahren mit hohen Streitwerten drohen.

- Es bleibt dem nationalen Gesetzgeber überlassen, ob die Bindung von Verbrauchern an die Entscheidung durch ein opt out- oder ein (frühes oder spätes) opt in-Modell erfolgt. Die Ausgestaltung wird fundamentale Bedeutung für Unternehmen haben.

- Da die Verbandsklagen-Richtlinie die internationale Zuständigkeit nicht regelt, wird höchstwahrscheinlich erst der EuGH Rechtssicherheit schaffen, ob die – häufig klägerfreundlichen – Gerichtsständen der Brüssel I-VO auch bei der neuen Verbandsklage gelten. Ein europaweites forum shopping scheint zumindest nicht ausgeschlossen.

- Durch die Verbandsklage droht keine discovery US-amerikanischen Ausmaßes. Ob die Dokumentenherausgabe zumindest über die bisherigen Regeln der ZPO hinausgehen wird, hängt vom nationalen Gesetzgeber und womöglich vom EuGH ab.

Konfliktlösung – Dispute Resolution

(V.a. handels- und gesellschaftsrechtliche Zivilprozesse, Schiedsverfahren, Mediation, Produkthaftung)

Drei Krisen machen einen neuen Boom

Der Litigation-Boom, den die Finanzkrise vor 15 Jahren ausgelöst hat, wirkt bis heute fort. Erst kürzlich gab es einen Vergleich im KapMuG-Verfahren zur HRE, das Teams bei **Tilp** auf Kläger- sowie **Gleiss Lutz** und **Sernetz Schäfer** auf Beklagtenseite gut ein Jahrzehnt beschäftigt hat. Prozesspraxen geht aber auch ohne Finanzkrise die Arbeit nicht aus, dafür sorgen mehrere neue Krisen: Corona, Krieg und Klimawandel schaffen neue Konflikte – und damit eine nie erreichte Nachfrage nach Anwältinnen und Anwälten, die zu ihrer Lösung beitragen können.

Überall auf der Welt verzögern sich Projekte, Lieferketten reißen, Finanzierungen platzen – und Russlands Krieg gegen die Ukraine beschleunigt die Transformation der europäischen Energieversorgung. Das lässt sich an einer Zunahme großvolumiger Prozesse und Schiedsverfahren erkennen – was vor allem Praxen mit großem Know-how in der Energiebranche stark beschäftigt, darunter **Linklaters**, **Freshfields Bruckhaus Deringer**, **Jones Day**, **Noerr**, **Luther** oder **Bird & Bird**. In der ersten Reihe bei der Abwehr neuartiger Klimaklagen gegen Auto- und Energiekonzerne stehen zudem **Clifford Chance**, **Morgan Lewis & Bockius**, **Sernetz** und **Gibson Dunn & Crutcher**.

Technik trifft Masse – ein neuer Markt entsteht

Auch ohne den doppelten Schock von Krieg und Corona beschäftigen ausufernde Streitigkeiten eine große Zahl von Disputes-Praxen. Zentrale Rollen im Wirecard-Komplex spielen etwa **Gleiss**, **Freshfields**, **SZA Schilling Zutt & Anschütz**, **Allen & Overy**, **Noerr** u. sicherlich bald **Lutz Abel**, nachdem sich das Litigation-Team von **Wirsing Hass Zoller** der Kanzlei angeschlossen hat. Dr. Michael Zoller vertritt EY u.a. bei der Abwehr von Anlegerklagen. Geschädigte formieren sich mit **Tilp**, **Nieding + Barth**, **Pinsent Masons**, aber auch etwa **Luther**, **Ashurst** und **Görg**. Schmitz & Partner, die den früheren Wirecard-CEO zivilrechtlich vertritt, ist durch die geplante und dann doch abgeblasene Fusion mit Massari Olbrich ihrerseits zum Marktereignis geworden.

Das einschneidendste Marktereignis dürfte die Gründung einer Einheit speziell für Massenklagen sein, für die **Freshfields** neue Büros in mehreren Universitätsstädten eröffnet hat. Auch andere Kanzleien haben sich organisatorisch auf ein Zeitalter Legal-Tech-gestützter Massenverfahren eingestellt, darunter **CMS**, **Noerr**, **Hogan Lovells** und **Fieldfisher**. Einen Schritt weiter sind bereits **Frommer** und **Deloitte Legal**: Gemeinsam haben beide **Classreaction** gegründet – die erste Kanzlei speziell zur Abwehr von Massenklagen. Neben Dieselfällen sind auch Wirecard, Onlinecasinos und Datenschutzverstöße Felder für Massenklagespezialisten. Um Schiedsverfahren kümmern sich derweil neben den Großkanzleien eine wachsende Zahl von Boutiquen wie **Busse Disputes**, **Rothorn** und **Gantenberg**, die jeweils schon kurz nach ihrer Gründung einen beachtlichen Eindruck im Markt hinterlassen haben. Es bräuchte also gar nicht die neue Verbandsklage mit erweiterten Klägerrechten, um festzuhalten: Die Welt mag eine Krise durchleben – für Disputes-Praxen aber gilt das Gegenteil.

Die Bewertungen behandeln Kanzleien, die bei der Beilegung von Konflikten in unterschiedlichen Streitformen beraten, sowohl vor staatlichen als auch vor Schiedsgerichten. Dazu zählen etwa sog. Commercial Litigation, Post-M&A-, Produkthaftungs- sowie gesellschaftsrechtliche Streitigkeiten. Spezialisten für Schiedsverfahren und die BGH-Vertretung sind in separaten tabellarischen Übersichten dargestellt. Auch in anderen Fachkapiteln finden sich Ausführungen zur Prozesskompetenz, darunter ▷Vertrieb, Handel und Logistik, ▷Arbeits-, ▷Gesellschaftsrecht, ▷Marken- und Wettbewerbs-, ▷Versicherungs-, ▷Vergabe-, ▷Kartell-, ▷Immobilien- u. Bau- u. ▷Wirtschafts- und Steuerstrafrecht sowie ▷Insolvenz und Restrukturierung. Mit der Vertretung vor den europäischen Gerichten befassen sich u.a. die Kapitel ▷Brüssel u. ▷Außenwirtschaftsrecht.

JUVE KANZLEI DES JAHRES FÜR KONFLIKTLÖSUNG

CMS HASCHE SIGLE

Ob Corona, Kriegsfolgen oder Energiewende: Bei der Bewältigung großer Krisen steht CMS in der ersten Reihe. Die von **Dr. Thomas Lennarz** und **Dr. Nicolas Wiegand** geleitete Praxis verdankt dies strategischer Aufbauarbeit. So wächst nach der Eröffnung in Hongkong seit Jahren die Arbeit für asiatische Mandanten – aktuell etwa für einen taiwanesischen Pharmakonzern in einem der größten Schiedsverfahren der Kanzleigeschichte. Auf den Trend zu techgestützten Massenverfahren hat CMS mit dem Aufbau eines Spezialistenteams reagiert. Dieses unterstützt Mercedes-Benz und Stellantis bei der Abwehr Tausender Klagen im Dieselkomplex. Die Ernennung des jungen Partners **Dr. Peter Wende** zum globalen Litigation-Chef wirft ein Schlaglicht auf das internationale Gewicht der deutschen Praxis – und deren erfolgreiche Nachwuchsentwicklung. Wenige Wettbewerber bringen so regelmäßig renommierte Partnerinnen und Partner aus den eigenen Reihen hervor. Das gilt auch für die Schiedspraxis. Deren Münchner Team um **Prof. Dr. Klaus-Michael Sachs** hat zuletzt erneut eine Partnerin ernannt, die Wettbewerbern als „aufstrebend" auffällt – und deren Spezialgebiet Investitionsschutz unterstreicht, warum CMS zu den gefragtesten Beraterinnen bei Streitigkeiten infolge des Ukraine-Krieges gehört.

KONFLIKTLÖSUNG – DISPUTE RESOLUTION

ADVANT BEITEN
Konfliktlösung: Prozesse ★★
Konfliktlösung: Schiedsverfahren ★

Bewertung: Die Praxis muss sich neu orientieren nach langen Phasen, in denen Großmandate wie Toll Collect u. VW-Dieselklagen alles überstrahlten u. die sonstige Entwicklung hemmten. Doch die vorhandenen Stärken bieten reichl. Potenzial, das Profil des Münchner Teams zu schärfen – dies gilt etwa für die Vertretung von Organmitgliedern u. Beratern in Haftungsfällen. Auch bei handels- u. vertriebsrechtl. Streitigkeiten, die angesichts von Verwerfungen wie Krieg u. Pandemie zunehmen, ist die Praxis präsent – in diesem Bereich ernannte sie mit Moritz Kopp einen Partner. Aufbauen ließe sich auch auf der zunehmenden Anerkennung, die insbes. Hafner als Schiedsexperte im Markt erfährt.
Oft empfohlen: Dr. Ralf Hafner („erfahren u. durchsetzungsstark", Wettbewerber)
Team: 4 Eq.-Partner, 8 Sal.-Partner, 6 Associates
Schwerpunkte: Handelsrechtl., Post-▷M&A- u. gesellschaftsrechtl. Streitigkeiten, bankrechtl. Prozesse sowie insolvenznahe Litigation, insbes. D&O-Fälle. Schwerpunkte in den Branchen Energie- u. Automotive, auch im Bausektor.
Mandate: 70 Unternehmen v. Bund in €300-Mio-Streit um Corona-Schutzausrüstung; Ex-Wirecard-Geschäftsführer versicherungsrechtl. u. wg. Organstellung; Germania-Insolvenzverwalter, u.a. in Organhaftungsstreit mit Gesellschafter; H. i. Sales and Service, u.a. bei Abwehr von €10-Mio-Anspruch auf Vertragsstrafe; taiwan. Pharmakonzern im Zshg. mit Aufhebung von €150-Mio-Schiedsspruch (BGH); Windparkbetreiber in €70-Mio-Verf. gg. Übertragungsnetzbetreiber zur Geltendmachung von Schadensersatz (LG).

ALLEN & OVERY
Konfliktlösung: Prozesse ★★★★
Konfliktlösung: Schiedsverfahren ★★★

Bewertung: Die Kanzlei gehört zu den sichtbarsten Akteurinnen im Zshg. mit der Aufarbeitung von Cum-Ex- u. Cum-Cum-Deals auf Bankenseite. Dies verdankt sie v.a. dem Zusammenspiel von Steuer- u. Disputes-Praxis. Dass sich die Arbeit inzw. von internen Untersuchungen zunehmend vor die Zivilgerichte verlagert, deuten Bussians Erfolge für die Dt. Bank im Streit mit Warburg an, die nur die öffentl. sichtbare Spitze eines großen Berges von Streitigkeiten darstellen. Mit der Partnerernennung des von Wettbewerbern reichl. gelobten Compliance-Spezialisten Dr. Tim Müller rücken die strafrechtl. Komponenten von Streitigkeiten stärker ins Zentrum der Praxis. Dies zahlt sich etwa im Wirecard-Komplex aus, in dem ein Team um Zimmerling an der Seite von EY u.a. mit dem Insolvenzverwalter ringt, und es verschafft A&O Präsenz in den stark zunehmenden Streitigkeiten im Zshg. mit Russland-Sanktionen. Ungewöhnl. internat. Präsenz bescherte zuletzt auch die Schiedspraxis der Kanzlei: In einem von Masser u. Windthorst aus Dtl. gesteuerten Fall führten US-Partner vor dem Supreme Court ein ww. beachtetes Grundsatzverfahren zur Zulässigkeit von US-Discoverys in ausl. Schiedsverfahren.
Stärken: Bank- u. finanzrechtl. Streitigkeiten. Fachbereichsübergr. Sektor ▷Versicherung.
Oft empfohlen: Dr. Marc Zimmerling („hart in der Sache, aber fair u. angenehm", Wettbewerber; v.a. Berufshaftung), Dr. Wolf Bussian („geschickt, umgängl., gute Schriftsätze", Wettbewerber), Jan-Erik Windthorst („guter Stratege", Mandant; „hard working, erfahren, sympathisch", Wettbewerber), Anna Masser („souveräne Verhandlungsführung – weiß immer, was sie tut", Wettbewerber; Schiedsverfahren), Dr. Alice Broichmann („herausragend in ihrer Souveränität", Wettbewerber; Schiedsverfahren)
Team: 4 Partner, 4 Counsel, 15 Associates
Schwerpunkte: Bankrechtl. Auseinandersetzungen, Klagen wg. ▷Anleihen u. Strukt. Finanzierung u. Prozesse mit steuerrechtl. Hintergrund; Berater- u. Organhaftung, häufig mit Insolvenz- oder ▷Versicherungsbezug. Zudem Abwehr von ▷Kartellschadensersatz, ▷Patent-, Vergabe- u. ▷Compliance-Beratung. Bei Schiedsverf. v.a. Post-M&A- u. Streitigkeiten im ▷Energiesektor.
Mandate: Dt. Bank gg. M.M. Warburg in 2 Cum-Ex-Verf. bei Abwehr von Schadensersatz bzgl. Depotbankhaftung; EY bei Abwehr von Schadensersatz im Zshg. mit Wirecard-Insolvenz; Luxshare zu Post-M&A-Schiedsverf. gg. ZF (US Supreme Court); Uniper gg. NL im Zshg. mit Zuständigkeit eines ICSID-Schiedsgerichts (OLG); österr. Investmentgruppe nach Unternehmenskauf im Zshg. mit mögl. Bilanzbetrug; Medizintechnikkonzern bei interner Untersuchung von mögl. Compliance-Verstößen in China; KPMG, u.a. bei Abwehr von €500 Mio Schadensersatz im Zshg. mit Sanierungsgutachten; internat. Finanzdienstleister zu div. EV im Zshg. mit drohenden Kontenschließungen wg. Geldwäscheverdachts.

Konfliktlösung: Prozesse

★★★★★

Freshfields Bruckhaus Deringer	Frankfurt, Hamburg, Düsseldorf, München
Gleiss Lutz	Frankfurt, Stuttgart, München, Hamburg, Düsseldorf
Hengeler Mueller	Frankfurt, Berlin, München
Linklaters	Frankfurt, München

★★★★

Allen & Overy	Frankfurt, Hamburg, München
Clifford Chance	Düsseldorf, Frankfurt, München
CMS Hasche Sigle	München, Stuttgart, Köln, Hamburg, Düsseldorf
Hogan Lovells	Düsseldorf, München, Hamburg, Frankfurt
Latham & Watkins	Frankfurt, Hamburg, München
Noerr	Berlin, Dresden, Düsseldorf, Frankfurt, München
White & Case	Berlin, Frankfurt, Hamburg, Düsseldorf

★★★★

Baker McKenzie	Düsseldorf, Frankfurt, München
DLA Piper	Köln, Frankfurt, München
Quinn Emanuel Urquhart & Sullivan	Hamburg, München, Mannheim, Stuttgart
Sernetz Schäfer	München, Düsseldorf
SZA Schilling Zutt & Anschütz	Mannheim, Frankfurt

★★★

Gibson Dunn & Crutcher	München, Frankfurt
Hausfeld	Berlin, Düsseldorf
Heuking Kühn Lüer Wojtek	Düsseldorf, Hamburg, München, Frankfurt
Luther	Hamburg, Köln, Essen, Düsseldorf
Lutz Abel	München, Stuttgart, Hamburg
Orrick Herrington & Sutcliffe	Düsseldorf, München
Wach und Meckes und Partner	München
WilmerHale	Berlin, Frankfurt

Fortsetzung nächste Seite

ASHURST
Konfliktlösung: Prozesse ★★

Bewertung: Die Praxis ist weiter auf Wachstumskurs. Mit dem Zugang eines Partners u. einer erfahrenen Associate von Pinsent Masons in München hat sie sich personell verstärkt u. auch inhaltl. verbreitet: Neupartner u. Ex-Freshfields-Counsel Eimer hat reichl. Erfahrung mit Massen- u. Schiedsverfahren – 2 Bereiche, in denen das Team bisher kaum präsent war. Die Zugänge verfügen insbes. über Know-how bei internat. Schiedsverfahren im Anlagenbau. Auch die Frankfurter Partner erweitern behutsam ihren Radius. Zwar liegt ein Branchenschwerpunkt kanzleityp. im Bank- und Finanzwesen, doch zeigt etwa die im Markt bekannte Vertretung der Fifa in einem strateg. wichtigen Verfahren, dass die Praxis bereits deutl. über diese Spezialisierung hinausgewachsen ist.
Stärken: Gesellschaftsrechtl. Streitigkeiten.
Oft empfohlen: Dr. Nicolas Nohlen („überzeugender Parteivertreter, gelungener Praxisaufbau – einfach gut", Wettbewerber), Dr. Judith Sawang („wortgewandt, pointiert, freundl., verbindl., souverän – wirklich brillant", Mandant; „ausgezeichnete Parteivertreterin; sehr engagiert u. sehr gut im Kreuzverhör", Wettbewerber)
Team: 4 Partner, 2 Counsel, 5 Associates

KONFLIKTLÖSUNG – DISPUTE RESOLUTION

Partnerwechsel: Dr. Martin Eimer (von Pinsent Masons)
Schwerpunkte: Bei Prozessen v.a. gesellschaftsrechtl. Streitigkeiten, Commercial Disputes, Post-M&A, häufig mit Insolvenzbezug. Auch Schiedsverfahren. Branchen: Automotive, Finanzen, Immobilien, Gesundheit.
Mandate: Fifa in div. Streitigkeiten; Commerzbank im Wirecard-Komplex (beides aus dem Markt bekannt); 1&1 Drillisch bei Verhandlungen zu National Roaming mit Teléfonica Dtl.; Ryder bei Schadensersatzklage gg. Lkw-Kartell (GB); span. Anlagenbauer gg. dt. Generalunternehmer in €10-Mio-Streit (u.a. OLG); Schweizer Anlagenbauer in Beweisverf. Wg. angebl. Mängeln einer Tunnelbauanlage; brit. Generalunternehmer gg. chin. Investor im Zshg. mit Büroprojekt in Ffm. (EV-Verfahren).

BAKER MCKENZIE

Konfliktlösung: Prozesse	★★★★
Konfliktlösung: Schiedsverfahren	★★★★★
Konfliktlösung: Produkthaftung	★★

Bewertung: Internat. Schiedsverfahren stehen nach wie vor im Zentrum der Praxis, häufig mit Bezug zu Anlagenbau- u. Infrastrukturprojekten – sowie im Fall Pickrahns bei Streitigkeiten zwischen Pharmaunternehmen. Ein Mandat, das die Stärken der Disputes-Praxis exemplarisch zeigt, ist seine Arbeit an der Seite des taiwan. Konzerns Pharmaessentia in einem komplexen u. großvol. Konflikt mit einem österr. Medizintechnikunternehmen: Gestritten wird in mehreren Schiedsverf. sowie staatl. Aufhebungs- u. Vollstreckungsverf. in Dtl., Österr. u. den USA, wo jeweils lokale Baker-Büros beteiligt sind. In Dtl. erreichte Baker mit Rohnke Winter einen Erfolg für Pharmaessentia, als ein Mrd-Schiedsspruch vom BGH teilw. aufgehoben wurde. Risse gehört neben seiner Spezialität Anlagenbau-Schiedsverfahren zu den prominentesten dt. Spezialisten für alternative Streitbeilegung – u. ist ebenso wie Haller stark gefragt bei den zunehmenden Streitigkeiten im Zshg. mit dem Umbau der europ. Energieversorgung. Dass sich die Praxis zudem mit der Arbeit für Daimler in Massenverf. ein neues Zukunftsthema erschließt, belegt eindrucksvoll das starke Teamwachstum auf Associate-Ebene.
Stärken: Renommierte Schiedspraxis, gr. Erfahrung in Anlagenbau u. Infrastrukturprojekten.
Oft empfohlen: Dr. Jörg Risse („Pionier bei ganzheitl. Ansätzen zur Konfliktlösung – exzellent", Wettbewerber), Dr. Heiko Haller („blitzgescheit u. sehr präsent", Wettbewerber), Dr. Günter Pickrahn („herausragend", Wettbewerber; Schiedsverfahren), Dr. Ragnar Harbst
Team: 3 Eq.-Partner, 5 Sal.-Partner, 2 Counsel, 18 Associates, 1 of Counsel
Partnerwechsel: Dr. Stephan Spehl (in Ruhestand)
Schwerpunkte: Umf. in gesellschafts- u. vertriebsrechtl. Auseinandersetzungen tätig. Auch ▷Gewerbl. Rechtsschutz, ▷Arbeitsrecht, ▷Compliance u. Produkthaftung. Internat. Schiedsverf., v.a. zu Anlagenbau, Lieferverträgen, Infrastruktur u. Post-M&A, auch als Schiedsrichter. Zudem Mediationen u. Adjudikationsverfahren.
Mandate: Pharmaessentia bei Abwehr von €1,8-Mrd-Schiedsklage von AOP u. bei Aufhebungs- u. Vollstreckungsverf. in div. Ländern; Daimler bei Abwehr von Kundenklagen im Dieselkomplex; Maple-Bank-Insolvenzverwalter bei Klagen gg. ehem. Geschäftsführer.

Konfliktlösung: Prozesse Fortsetzung

★★

Advant Beiten	Düsseldorf, München
Ashurst	Frankfurt, München
Cleary Gottlieb Steen & Hamilton	Köln, Frankfurt
Dentons	Düsseldorf, Frankfurt, München, Berlin
Ego Humrich Wyen	München
Görg	Berlin, Köln, Frankfurt
Haver & Mailänder	Stuttgart
Kantenwein Zimmermann Spatscheck & Partner	München
Meilicke Hoffmann & Partner	Bonn
Oppenhoff & Partner	Köln, Frankfurt
Pinsent Masons	München
Taylor Wessing	Hamburg, Düsseldorf, Frankfurt, München, Berlin
Tilp	Kirchentellinsfurt

★

Bird & Bird	Düsseldorf, Frankfurt
Borris Hennecke Kneisel	Köln
Clouth & Partner	Frankfurt
Esche Schümann Commichau	Hamburg
Eversheds Sutherland	München, Düsseldorf, Hamburg
Greenfort	Frankfurt
GSK Stockmann	Hamburg, Berlin, München, Heidelberg
Jones Day	Düsseldorf, Frankfurt
Lindenpartners	Berlin
McDermott Will & Emery	Düsseldorf, München, Frankfurt
Metis	Frankfurt
Neuwerk	Hamburg
Nieding + Barth	Frankfurt
Norton Rose Fulbright	München, Frankfurt, Hamburg
Orth Kluth	Düsseldorf
Schmitz & Partner	Frankfurt
Skadden Arps Slate Meagher & Flom	Frankfurt
Squire Patton Boggs	Frankfurt, Berlin, Böblingen

Die Auswahl von Kanzleien und Personen in Rankings und tabellarischen Übersichten ist das Ergebnis umfangreicher Recherchen der JUVE-Redaktion. Sie ist in 2erlei Hinsicht subjektiv: Die Aussagen der befragten Quellen sind subjektiv u. spiegeln deren Erfahrungen u. Einschätzungen. Die JUVE-Redaktion wiederum analysiert die Rechercheergebnisse unter Einbeziehung ihrer eigenen Marktkenntnis. Der JUVE Verlag beabsichtigt keine allgemeingültige oder objektiv nachprüfbare Bewertung. Es ist möglich, dass eine andere Recherchemethode zu anderen Ergebnissen führt. Innerhalb einzelner Gruppen in Rankings und tabellarischen Übersichten sind Kanzleien und Personen alphabetisch sortiert.

BAUMANN RESOLVING DISPUTES

Konfliktlösung: Schiedsverfahren	★★★

Bewertung: Es gibt kaum eine Boutique, über die Wettbewerber so begeistert sprechen. Die inzw. auf ein halbes Dutzend Anwälte gewachsene Kanzlei profitiert v.a. vom exzellenten Ruf der Namenspartnerin als Schiedsrichterin u. Parteivertreterin. Dieser bescherte der jungen Kanzlei zuletzt zahlr. neue Mandate. Spezialität sind Post-M&A-Streitigkeiten, oft mit Energie-, IT- oder Pharmabezug. Vorprozessual u. gerichtlich berät das Team häufig zu D&O-Themen. Parallel hat sich die Kanzlei um dringend benötigte personelle Verstärkung gekümmert: Nach der Ernennung von 2 Sal.-Partnerinnen im vergangenen Jahr verstärkte sie sich mit einer Eq.-Partnerin mit Freshfields-Vergangenheit. Asschenfeldt ist erfahren in Schiedsverf. u. bei staatl. Gerichten u. arbeitete zuletzt bei einer dt. Reedereigruppe in Singapur. Von dort bringt sie u.a. Erfahrung bei Sanktionsberatung mit, im Angesicht weltweiter Krisen ein mögl. Wachstumsfeld für die Boutique. Zudem kooperiert Baumann mit einer ehem. Partnerin von Linklaters in Ffm., während ein renommierter of Counsel von Luther v.a. als Schiedsrichter arbeitet.
Stärken: Schiedsrichtertätigkeit.
Oft empfohlen: Prof. Dr. Antje Baumann („sehr erfahrene Schiedsrechtlerin; hervorragend vernetzt im Markt", „sehr präzise ausformulierte Schriftsätze", „sie brilliert in jeder Einheit", „Schiedsrichterin u. Litigatorin für die schwierigen Fälle", „absolute Marktspitze u. insges. gutes Team", Wettbewerber)
Team: 2 Eq.-Partner, 2 Sal.-Partner, 2 Associates, 1 of Counsel
Partnerwechsel: Kathrin Asschenfeldt (von Schulte Group)
Schwerpunkte: Schiedsrichtertätigkeit sowie Partei- u. Prozessvertretung, Fokus auf D&O, Post-M&A u. Beraterhaftung.
Mandate: Autoticket gg. Bund wg. Pkw-Maut in €560-Mio-Schiedsverfahren (Vorsitzende Schiedsrichterin); Geschäftsführer gg. eine Inanspruchnahme durch Investmentgesellschaft wg. angebl.

KONFLIKTLÖSUNG – DISPUTE RESOLUTION

Konfliktlösung: Schiedsverfahren

★★★★★
Baker McKenzie	Düsseldorf, Frankfurt, München
CMS Hasche Sigle	München, Stuttgart, Köln, Hamburg
Freshfields Bruckhaus Deringer	Frankfurt, Düsseldorf, München

★★★★★
Gleiss Lutz	Frankfurt, Stuttgart, Hamburg, Düsseldorf
Hogan Lovells	Düsseldorf, München, Hamburg

★★★★
Busse Disputes	Frankfurt
Clifford Chance	Frankfurt, München, Düsseldorf
Hanefeld	Hamburg
Hengeler Mueller	Frankfurt, Berlin
Latham & Watkins	Hamburg, Frankfurt, München
Linklaters	Frankfurt
Luther	Hamburg, Köln
Noerr	Düsseldorf, Frankfurt, München

★★★
Borris Hennecke Kneisel	Köln
Orrick Herrington & Sutcliffe	Düsseldorf
White & Case	Frankfurt, Berlin

★★★
Allen & Overy	Frankfurt
Baumann Resolving Disputes	Hamburg
Haver & Mailänder	Stuttgart
Heuking Kühn Lüer Wojtek	Düsseldorf, München, Hamburg
Jones Day	Düsseldorf, Frankfurt
Kantenwein Zimmermann Spatscheck & Partner	München
Rothorn	Frankfurt

★★
DLA Piper	Köln, München, Frankfurt
Herbert Smith Freehills	Frankfurt, Düsseldorf
King & Spalding	Frankfurt
Manner Spangenberg	Hamburg
Morgan Lewis & Bockius	Frankfurt
Wach und Meckes und Partner	München

★
Advant Beiten	München, Berlin
Cleary Gottlieb Steen & Hamilton	Frankfurt, Köln
Dentons	Frankfurt, Berlin, München
Gantenberg	Düsseldorf
GSK Stockmann	Hamburg
McDermott Will & Emery	Frankfurt, Düsseldorf, München
Sernetz Schäfer	München, Düsseldorf
Skadden Arps Slate Meagher & Flom	Frankfurt, München
SZA Schilling Zutt & Anschütz	Mannheim, Frankfurt
Taylor Wessing	Düsseldorf, Hamburg, München, Berlin

Die Auswahl von Kanzleien und Personen in Rankings und tabellarischen Übersichten ist das Ergebnis umfangreicher Recherchen der JUVE-Redaktion. Sie ist in 2erlei Hinsicht subjektiv: Die Aussagen der befragten Quellen sind subjektiv u. spiegeln deren Erfahrungen u. Einschätzungen. Die JUVE-Redaktion wiederum analysiert die Rechercheergebnisse unter Einbeziehung ihrer eigenen Marktkenntnis. Der JUVE Verlag beabsichtigt keine allgemeingültige oder objektiv nachprüfbare Bewertung. Es ist möglich, dass eine andere Recherchemethode zu anderen Ergebnissen führt. Innerhalb einzelner Gruppen in Rankings und tabellarischen Übersichten sind Kanzleien und Personen alphabetisch sortiert.

Pflichtverletzungen bei Cum-Ex-Deals; dt. Biotech-unternehmen, u.a. in div. Anfechtungsklagen gg. Gesellschafterbeschlüsse; Mobilitätsdienstleister in €8,5-Mio-Post-M&A-Streit (OLG); Unternehmerfamilie in €50-Mio-Post-M&A-Streit; Kanzlei bei Abwehr von Ansprüchen eines ehem. Kooperationspartners.

BIRD & BIRD
Konfliktlösung: Prozesse ★

Bewertung: Ihre klass. Branchenschwerpunkte Automotive u. Energie sorgen dafür, dass die Praxis angesichts ww. Krisen im Zshg. mit Krieg u. Corona besonders gefragt ist. Dies gilt etwa bzgl. Lieferkettenstreitigkeiten wg. Chipmangels. B&B, die hier traditionell eher auf Zuliefererseite positioniert ist, konnte zuletzt wichtige Tier-1-Zulieferer als Neumandanten gewinnen – auch weil deren Stammkanzleien im Dieselkomplex für OEMs tätig geworden sind u. sich in der Folge schwertun, diese streitig anzugehen. Egler hat sich hier inzw. ein beachtl. Renommee als Automotive-Spezialist aufgebaut u. ist neuer Co-Leiter der Praxis. Der Ansatz als Automotive-Branchenberater ist so tief verankert, dass das lange vorbereitete altersbedingte Ausscheiden seines Vordenkers Kessel die Kanzlei nicht vor Probleme stellt. Ähnl. wie sich Kessels Beratung der Automotive-Branche in Richtung Disputes erweitert hat, geschieht dies aktuell auch im Rüstungsbereich, wo die Vergaberechtler der Kanzlei seit Langem für div. Unternehmen im Einsatz sind. Zuletzt hat die Praxis ihre Schwerpunkte auf Counsel-Ebene verstärkt, u.a. mit einem Zugang von Freshfields.

Oft empfohlen: Dr. Philipp Egler („Automotive-Experte mit brillantem Auftritt vor Gericht", Wettbewerber)

Team: 6 Partner, 7 Counsel, 11 Associates, 2 of Counsel

Partnerwechsel: Dr. Christian Kessel (in Ruhestand)

Schwerpunkte: Handelsrechtl. Auseinandersetzungen, Lieferstreitigkeiten, Produkthaftung, v.a. in der Energie- u. Automotive-Branche.

Mandate: 2 Tier-1-Zulieferer umf. gg. Autokonzerne bei Abwehr von Ansprüchen im Zshg. mit Halbleiterkrise; malays. Halbleiterhersteller bzgl. Cyber-Crime-Vorfall; Agrarunternehmen in Post-M&A-Verf. wg. Bilanzgarantie; US-Motorenhersteller in DIS-Mediation bzgl. Lieferstreitigkeit mit dt. Konzern; Social-News-Aggregator bei Abwehr von Schadensersatz nach Datenschutzvorfall; Tennet, u.a. bei Anlagenbaustreitigkeiten im Zshg. mit Offshorewindparks.

BLD BACH LANGHEID DALLMAYR
Konfliktlösung: Produkthaftung ★★★★

Bewertung: BLD ist als Prozessvertreterin von Versicherern klar eine der ersten Adressen im Markt. Sobald in einem großen Schadensfall darüber gestritten wird, wer die Rechnung zahlt, ist BLD mit dabei. Neben der umf. Präsenz an der Seite von Versicherern in Produkthaftungsfällen u. nahezu allen D&O-Großkomplexen (Cum-Ex, Diesel und Wirecard), wird das Team inzw. im Zshg. mit Produkthaftung regelm. direkt für Unternehmen tätig. Da sich aus klass. Versicherungsverfahren wie Beitragsanpassungen u. Betriebsschließungen häufig Massenklagen entwickeln, kann die Kanzlei auf diesem Gebiet mehr Erfahrung vorweisen als mancher Wettbewerber – u. dies auch internat. bei Sammel-

KONFLIKTLÖSUNG – DISPUTE RESOLUTION

klagen in der Produkthaftung ausspielen. Dabei hilft BLD auch ihr internat. Netzwerk, das zuletzt noch engmaschiger geworden ist: Die Kooperation mit DAC Beachcroft wurde formalisiert u. deutl. ausgebaut. Dass der altersbedingte Wechsel von Dr. Rainer Büsken in den Of-Counsel-Status die Praxis kaum erschüttert, spricht für ihr strateg. Geschick beim Aufbau einer neuen Partnergeneration, denn Büsken hat BLD als Partner über Jahre stark geprägt.
Stärken: Marktführende Praxis im ▷Versicherungsrecht, Massenverfahren, internat. Netzwerk.
Oft empfohlen: Dr. Martin Alexander („profunde Beratung, sehr kundenorientiert", Mandant; Produkthaftung), Bastian Finkel („hervorragende rechtl. Kenntnis", Mandant; v.a. D&O), Björn Seitz („hoch kompetent u. herausragend gut", Mandant)
Team: 21 Partner, 9 Counsel, 46 Associates
Schwerpunkte: Prozessführung für Versicherer u. Unternehmen in haftpflichtrechtl. Streitigkeiten, auch D&O-Fälle. In Produkthaftung Begutachtung, Abwicklung von Schadensfällen u. ww. Rückrufen.
Mandate: Industrieunternehmen bei Durchsetzung von Ansprüchen gg. Hersteller von mögl. defekten Rauchwarnmeldern; div. Händler im Zshg. mit Lieferung von Ethylenoxid-belasteten Lebensmitteln; Versicherer von Flugzeughersteller zu Schadensfällen (bis zu 3-stellige Mio-€-Beträge); Industrieversicherer bei Abwehr von Massenansprüchen gg. div. Arzneimittelhersteller u. bei internat. Produktrückruf; AIG, Allianz u. Tokyo Marine bei Vergleich zw. VW u. Ex-Managern wg. Dieselskandal; div. Industrieversicherer zu D&O-Fällen im Zshg. mit Wirecard; div. Versicherer zu Ansprüchen aus Lebensmittelkontamination; div. Versicherer bei Abwehr von Deckungsklagen im Zshg. mit Betriebsschließungsversicherungen.

Konfliktlösung: Produkthaftung

★★★★★
Hogan Lovells	München
Noerr	München

★★★★
BLD Bach Langheid Dallmayr	Köln, München, Frankfurt, Berlin
CMS Hasche Sigle	München, Stuttgart, Frankfurt, Köln
Freshfields Bruckhaus Deringer	Düsseldorf, München
Gleiss Lutz	Berlin, Stuttgart

★★★
Friedrich Graf von Westphalen & Partner	Köln
Linklaters	Frankfurt
Taylor Wessing	Frankfurt, Berlin

★★
Baker McKenzie	Düsseldorf, Frankfurt
Hengeler Mueller	Frankfurt
Luther	Köln, Hannover
McDermott Will & Emery	München, Düsseldorf, Frankfurt

Die Auswahl von Kanzleien und Personen in Rankings und tabellarischen Übersichten ist das Ergebnis umfangreicher Recherchen der JUVE-Redaktion. Sie ist in 2erlei Hinsicht subjektiv: Die Aussagen der befragten Quellen sind subjektiv u. spiegeln deren Erfahrungen u. Einschätzungen. Die JUVE-Redaktion wiederum analysiert die Rechercheergebnisse unter Einbeziehung ihrer eigenen Marktkenntnis. Der JUVE Verlag beabsichtigt keine allgemeingültige oder objektiv nachprüfbare Bewertung. Es ist möglich, dass eine andere Recherchemethode zu anderen Ergebnissen führt. Innerhalb einzelner Gruppen in Rankings und tabellarischen Übersichten sind Kanzleien und Personen alphabetisch sortiert.

BORRIS HENNECKE KNEISEL

Konfliktlösung: Prozesse ★
Konfliktlösung: Schiedsverfahren ★★★

Bewertung: Die Kölner Konfliktlösungsboutique steht v.a. für Schiedsverfahren, berät aber auch vorprozessual u. vor staatl. Gerichten. Die Bandbreite reicht dabei von kleineren Streitwerten bis zu internat. Verfahren im Mrd.-Bereich. Alle 3 Partner werden von Wettbewerbern für ihre „hohe fachl. Qualität" u. „ausgezeichnete Verfahrensführung" v.a. als Schiedsrichtermandate gelobt. Durch ein vergrößertes Team konnte BHK neben zahlreichen langlaufenden Streitkomplexen auch einige großvol. neue Mandate als Parteivertreter hinzugewinnen, bspw. ein hochkarät. Pharmaverfahren u. eine umfangr. Auseinandersetzung bei einem Großbauprojekt. Auch ein Associate ist bereits als Schiedsrichter in Erscheinung getreten.
Stärken: Hoher Spezialisierungsgrad, eingespieltes Team.
Oft empfohlen: Dr. Christian Borris („einer der ganz Großen in der Schiedsszene", „mit allen Wassern gewaschen, stets souverän u. sympathisch", Wettbewerber), Rudolf Hennecke („bereit, ausgetretene Pfade zu verlassen; unaufgeregte Führung der mündl. Verhandlung", Wettbewerber), Dr. Sebastian Kneisel („ein echter Schiedsrechtler mit viel Erfahrung schon in jungen Jahren", Wettbewerber)
Team: 3 Eq.-Partner, 3 Associates
Schwerpunkte: Schiedsverf.; große Erfahrung als Schiedsrichter. In Prozessen regelm. gesellschaftsrechtl. Streitigkeiten u. D&O-Fälle.
Mandate: Entsorgungsunternehmen in Schiedsverfahren in Zshg. mit Joint Venture; 6 ehem. Aufsichtsratsmitglieder einer Privatbank in €120-Mio-Organhaftungsprozess; Technologieunternehmen gg. Insolvenzverwalter bzgl. €20 Mio Insolvenzforderungen; Finanzunternehmen in Organhaftungsklage; Entsorgungsunternehmen gg. Insolvenzverwalter im Zshg. mit Einziehung von Joint-Venture-Anteilen.

BUSSE DISPUTES

Konfliktlösung: Schiedsverfahren ★★★★

Bewertung: Die Boutique ist immer wieder in äußerst großvol. Schiedsverf. zu sehen – auch an der Seite von Mandanten, die das Team nach seiner Allen-&-Overy-Zeit gewonnen hat. Dass die Kanzlei längst ein eigenständiges Profil entwickelt hat, zeigen auch die jüngsten Beförderungen: Mit Dr. Sven Lange verfügt Busse nun über 3 Salary-Partner. Diese Ausweitung ist auch wichtig, um dem Eindruck einiger Marktteilnehmer entgegenzuwirken, dass es sich bei der Kanzlei um eine One-Man-Show des Namenspartners handelt. Dass die Wahrnehmung sich nach wie vor auf Busse selbst konzentriert, hat auch damit zu tun, dass er zu den rührigsten dt. Schiedsrichtern gehört – u.a. zuletzt erstmals in einem Investitionsschutzverfahren. Neben diesem Bereich bilden nach wie vor Post-M&A- und energierechtl. Streitigkeiten das Rückgrat der Praxis sowie zunehmend Verf. mit Bezug zur Pharmabranche.
Stärken: Post-M&A-Verf., eingespieltes Team.
Oft empfohlen: Dr. Daniel Busse („sehr erfahren, effiziente Verfahrensführung", Wettbewerber), Silke Justen („versiert u. pragmat. in Post-M&A-Streitigkeiten", Wettbewerber)
Team: 1 Eq.-Partner, 3 Sal.-Partner, 2 Counsel, 8 Associates
Schwerpunkte: Schiedsverf., v.a. Post-M&A, häufig in energierechtl. oder Anlagenbaustreitigkeiten; v.a. als Parteivertreter. Zudem Vollstreckungsverf. vor staatl. Gerichten. Auch Investitionsschutz.
Mandate: Dt. Energiekonzern in 2 Schiedsverf. zur Anpassung langfr. Energiebezugsverträge (Uncitral); Privinvest in €7-Mrd-Post-M&A-Verf. (ICC) u. ICSID-Verf. gg. Griechenland im Zshg. mit der Werft Hellenic Shipyards sowie in ICC-Schiedsverf. gg. Mosambik.

CLEARY GOTTLIEB STEEN & HAMILTON

Konfliktlösung: Prozesse ★★
Konfliktlösung: Schiedsverfahren ★

Bewertung: Die Praxis steht v.a. nach dem Wechsel von Kreindler in den Of-Counsel-Status mehr denn je für kartellrechtsbezog. Litigation. Dabei geht es nicht nur um klass. Follow-on-Prozesse, sondern auch um Streitigkeiten im Zshg. mit Marktmachtmissbrauch u. Geschäftsmodellen der Digitalwirtschaft, wie v.a. die Arbeit für Google in div. Verfahren belegt. Die Verbindung zu Google, die urspr. in den USA u. dem starken ▷Brüsseler Büro bestand, ist inzw. dank Deselaers u. weiteren prozessaffinen Kartellrechtlern der dt. Praxis auch in Dtl. gefestigt. Abseits des Kartellrechts beschäftigen v.a. 2 Großkomplexe die Disputes-Praxis, an deren Spitze nun Counsel Harms steht: die Abwehr von Massenklagen gg. Opel im Dieselkomplex, die inzw. ein großes Team auslastet – u. ein sehr großes Schiedsverf. für Agfa-Gaevart. Cleary muss nun entscheiden, ob sie abseits des Kartellrechts in Dtl. dauerhaft eine Disputes-Praxis ohne Partner führen will, u. was kommt, wenn die aktuellen Großmandate auslaufen. Die Bedeutung von Schiedsverf. dürfte nach Kreindlers Ausscheiden aus der Partnerriege jedenfalls abnehmen.
Stärken: Komplexe internat. Verf., Kartellschadensersatzprozesse.
Oft empfohlen: Rüdiger Harms („techn. brillant u. sehr erfahren", Wettbewerber), Dr. Wolfgang Dese-

KONFLIKTLÖSUNG – DISPUTE RESOLUTION

Konfliktlösung: Parteivertreter in Schiedsverfahren

Dr. Henning Bälz
Hengeler Mueller, Berlin

Dr. Daniel Busse
Busse Disputes, Frankfurt

Dr. Armin Dürrschmidt
CMS Hasche Sigle, München

Prof. Dr. Siegfried Elsing
Orrick Herrington & Sutcliffe, Düsseldorf

Daniel Froesch
Heuking Kühn Lüer Wojtek, Frankfurt

Ulrike Gantenberg
Gantenberg, Düsseldorf

Dr. Heiko Haller
Baker McKenzie, Düsseldorf

Dr. Richard Happ
Luther, Hamburg

Dr. Boris Kasolowsky
Freshfields Bruckhaus Deringer, Frankfurt

Dr. Moritz Keller
Clifford Chance, Frankfurt

Dr. Sabine Konrad
Morgan Lewis & Bockius, Frankfurt

Dr. Torsten Lörcher
CMS Hasche Sigle, Köln

Dr. Anke Meier
Noerr, Frankfurt

Michael Molitoris
SZA Schilling Zutt & Anschütz, München

Dr. Patricia Nacimiento
Herbert Smith Freehills, Frankfurt

Heiner Nedden
Hanefeld, Hamburg

Dr. Tilman Niedermaier
CMS Hasche Sigle, München

Dr. Günter Pickrahn
Baker McKenzie, Frankfurt

Karl Pörnbacher
Hogan Lovells, München

Dr. David Quinke
Gleiss Lutz, Düsseldorf

Prof. Dr. Jochem Reichert
SZA Schilling Zutt & Anschütz, Mannheim

Prof. Dr. Jörg Risse
Baker McKenzie, Frankfurt

Dr. Stefan Rützel
Gleiss Lutz, Frankfurt

Jan Schäfer
King & Spalding, Frankfurt

Dr. Nils Schmidt-Ahrendts
Hanefeld, Hamburg

Fortsetzung nächste Seite

---

laers („echtes Zugpferd, der will es echt wissen", Wettbewerber).
Team: 1 Partner, 1 Counsel, 12 Associates, 2 of Counsel
Schwerpunkte: ▷Kartellrechtl. geprägte Prozesse; Branchen: Automotive, Agrar, Technologie. Auch Schiedsverf., insbes. Post-M&A.
Mandate: General Motors bei Abwehr von Kundenklagen gg. Opel im Zshg. mit Dieselemissionen (im Markt bekannt); Agfa-Gevaert in €600-Mio-Verf. gg. Insolvenzverwalter Agfa Photo (ICC); Abwehr von Kartellschadensersatz, u.a. für Beiersdorf (Drogerieartikel), Google (Google Shopping), Masco (Sanitär), Otis (Aufzüge), Valeo (Klimaanlagen), Johnson Controls (Batterierecycling); Nestlé bei Geltendmachung von Kartellschadensersatz (Zucker); Griechenland u. Argentinien in Prozessen wg. Staatsanleihen.

CLIFFORD CHANCE

| Konfliktlösung: Prozesse | ★★★★ |
| Konfliktlösung: Schiedsverfahren | ★★★★ |

Bewertung: Die breit aufgestellte Praxis legt einen Schwerpunkt auf regulator. Themen, v.a. an den Schnittstellen zum Kartell- u. zum Bankaufsichtsrecht, sodass sich der insges. wachsende Beratungsbedarf auf diesem Feld in der Teamentwicklung spiegelt: Die Kanzlei ernannte Dr. Jan Conrady zum Partner, der auf Infrastrukturprojekte u. datenschutzbezog. Streitigkeiten spezialisiert ist. Damit wird auch die Disputes-Praxis am Standort Düsseldorf breiter verankert. Diese war dort zuvor nur durch Praxisleiter Kremer u. sein Team vertreten, die v.a. für das ebenfalls regulator. geprägte Thema Kartellschadensersatz stehen. Stark entwickelt sich daneben das Frankfurter Büro, in dem Quereinsteiger der vergangenen Jahre der Praxis deutl. mehr Präsenz verschaffen, indem sie die Federführung in großen Prozesskomplexen der internat. Praxis übernehmen – Gärtner etwa für den Einlagensicherungsfonds im Zshg. mit der Greensill-Insolvenz und Keller mit Blick auf einen Investitionsschutzstreit gg. Grönland u. Dänemark um eine der ww. größten Minen für Seltene Erden. Beide Mandate belegen die immer engere Verzahnung mit anderen Praxisgruppen, die auch bei Kellers Vertretung von BMW gg. eine aufsehenerregende Klimaklage gefragt ist.
Stärken: Grenzüberschr. Komplexe, v.a. in ▷Bankrecht u. -aufsicht u. ▷Energierecht. Integrierte ▷Compliance-Praxis.
Oft empfohlen: Dr. Michael Kremer („super Arbeiter u. unglaubl. guter Jurist", Wettbewerber), Sebastian Rakob („erfahren u. souverän", Wettbewerber), Uwe Hornung („strateg. mit allen Wassern gewaschen", Wettbewerber), Tim Schreiber („immer exzellent vorbereitet", Wettbewerber), Dr. Moritz Keller („fachl. gut, ruhig, mandantenorientiert", Mandant; „internat. Top-Niveau", Wettbewerber), Christine Gärtner („erstklass. Qualität unter hohem Zeitdruck, gute Koordination in div. Jurisdiktionen", Mandant; „umf. Know-how im Bankrecht", Wettbewerber).
Team: 7 Partner, 4 Counsel, 26 Associates, 1 of Counsel
Schwerpunkte: Post-M&A-, Anlagenbau- u. Investitionsschutzstreitigkeiten, Organhaftung, ▷Kartellschadensersatz, gesellschaftsrechtl. Streitigkeiten; Schwerpunkte bei Banken u. in den Branchen ▷Immobilien- u. Baurecht, ▷Energie. Internal Investigations häufig mit Praxen für Steuer- u. ▷Wirtschaftsstrafrecht.

Mandate: BMW gg. Dt. Umwelthilfe bei Abwehr von Klage auf CO2-Reduktion (LG); Greenland Minerals in Ad-hoc-Schiedsverf. gg. Grönland/Dänemark im Zshg. mit Bergbaurechten; Eckes-Granini in div. Ländern bei Abwehr von Vollstreckung von russ. Ad-hoc-Schiedsspruch; dt. Infrastrukturfonds bei Abwehr von €1-Mrd-Preisanpassungsklage bzgl. Gaskavernenmietvertrag (DIS); Slowenien gg. Energieunternehmen im Zshg. mit Fracking; asiat. Energiekonzern zu Vollstreckung 3er Schiedssprüche (LCIA, LMMA, UNCITRAL) in Zshg. mit Beendigung von langj. Vertrag; Autozulieferer in €130-Mio-Post-M&A-Verf. (DIS); SEG Automotive in €150-Mio-Verf. gg. Bosch, u.a. wg. Kartellschadensersatz; Windparkbetreiber in €50-Mio-Verf. im Zshg mit Offshorewindpark (DIS); Kavernenspeicheranbieter in €128-Mio-Verf. gg. Internat. Kanzlei wg. angebl. Falschberatung (DIS); Abwehr von Kartellschadensersatz, u.a. für Moravia Steel (Schienen), Cargolux (Luftfracht), Kone (Aufzüge), L'Oréal (Konsumgüter); Einlagensicherungsfonds zur Entschädigung von Greensill-Einlegern; US-Investmentbank gg. dt. Versicherungskonzern im Zshg. mit Cum-Cum.

CLOUTH & PARTNER

| Konfliktlösung: Prozesse | ★ |

Bewertung: Die Kanzlei besteht im Kern aus ehem. Inhouse-Spitzenjuristen der Dt. Bank. Dass die Verbindung zu dem Institut Bank nach wie vor eng ist, zeigen mehrere große Mandate. Die Kanzlei koordiniert für das Institut zentral die Aufarbeitung von dessen Cum-Ex-Vergangenheit. So erfolgreich C&P über Jahre in ihrer Marktnische agiert hat: Mit dem Weggang Salgers u. dem Wechsel der Namenspartner Dr. Peter Clouth u. Dr. Gundel Clouth in den Of-Counsel-Status hat sich die Partnerriege innerhalb eines Jahres halbiert, sodass sich die Marktposition ohne personelle u. auch inhaltl. Weiterentwicklung kaum wird halten lassen.
Stärken: Tiefe Kenntnisse der Finanzbranche.
Oft empfohlen: Dr. Peter Clouth („top Auskenner im Bereich Swaps/Derivate", Wettbewerber), Peter Lindt
Team: 3 Partner, 2 of Counsel
Partnerwechsel: Dr. Carsten Salger (zu Kanzlei in der Allee)
Schwerpunkte: Bank- u. kapitalmarktrechtl. Streitigkeiten, v.a. bzgl. Kapitalanlagen, Derivate, Kreditverträge u. -sicherheiten. Stets aufseiten von Banken u. Finanzdienstleistern.
Mandate: Dt. Bank, u.a. umf. bei Aufarbeitung der Cum-Ex-Vergangenheit u. bei Abwehr von €11-Mrd-Klage im Zshg. mit einer Insolvenz.

CMS HASCHE SIGLE

Konfliktlösung: Prozesse	★★★★
Konfliktlösung: Schiedsverfahren	★★★★★
Konfliktlösung: Produkthaftung	★★★★

Bewertung: Die vielseitige Praxis erschließt sich neben ihren klass. Paradedisziplinen Schiedsverfahren, Produkthaftung sowie handels- u. gesellschaftsrechtl. Streitigkeiten dem wachsenden Markt der Massenverfahren. Bei Mercedes-Benz erst relativ spät in die Reihe der Dieselabwehrkanzleien aufgerückt, hat CMS inzw. ein rd. 30-köpfiges Team zur Legal-Tech-gestützten Abwicklung von Klagen aufgebaut. Der Plan, diese

Infrastruktur für weitere Komplexe zu nutzen, geht auf: Im Markt ist bekannt, dass CMS inzw. auch für den Autokonzern Stellantis eine wichtige Rolle bei der Abwehr von Dieselklagen spielt. Geleitet wird das Team u.a. von Wende. Dass dieser junge Partner kürzl. auch zum Leiter der ww. Litigation-Praxis ernannt wurde, spricht für das internat. Gewicht u. die überzeugende Nachwuchsarbeit der dt. Praxis. Ein weiteres Bsp. dafür ist das Münchner Büro: Dort ist es gelungen, um die internat. Koryphäe Sachs ein angesehenes Team jüngerer Partner aufzubauen – zuletzt wurde hier mit Susanne Schwalb eine Partnerin ernannt, die Wettbewerber bereits als „aufstrebend u. durchsetzungsstark" beschreiben. Strateg. Weitblick beweist die Praxis auch mit dem vor Wiegand aufgebauten Hongkonger Büro, über das CMS für ein taiwan. Pharmaunternehmen eines der bisher größten Parteivertretermandate gewonnen hat.

Oft empfohlen: Prof. Dr. Klaus Sachs („außergewöhnl. erfahren u. kompetent", Wettbewerber), Dr. Torsten Lörcher („sehr souverän", Wettbewerber), Claus Thiery („auch als Mediator sehr gut", Wettbewerber), Dr. Matthias Schlingmann („exzellent u. immer Fair Play", Wettbewerber), Dr. Nicolas Wiegand („hat sich beeindruckend entwickelt", Wettbewerber), Dr. Tobias Bomsdorf („tiefe Kenntnisse im Produkthaftungsrecht, viel prakt. Erfahrung in der Autoindustrie", Wettbewerber), Dr. Armin Dürrschmidt („glasklarer Verstand, gute Umsetzung", Wettbewerber), Dr. Benjamin Lissner, Dr. Tilman Niedermaier („kompetent, fair u. kollegial", Wettbewerber), Dr. Peter Wende („guter Überblick, klare Kommunikation", Mandant; „Name der kommenden Generation", Wettbewerber)

Team: 18 Partner, 9 Counsel, 66 Associates

Schwerpunkte: Handels- u. vertriebsrechtl. Auseinandersetzungen, gesellschaftsrechtl. Streitigkeiten, Post-M&A u. Organhaftungsprozesse, Investitionsschutz. Außerdem tätig u.a. im ▷Marken- u. Wettbewerbsrecht, ▷Arbeitsrecht, ▷Patentrecht, ▷Kartellrechtl. Zivilverf., ▷Versicherungsprozesse, ▷Compliance sowie im ▷Immobilien- u. Baurecht, ▷Anlagenbau u. Bankrecht. Im Schiedsbereich viele internat. Verf., oft als Schiedsrichter. Zudem alternative Streitbeilegung/Mediation.

Mandate: Pharmaessentia in €9-Mrd-Schiedsverf. bzgl. Lizenzvertrag ug. österr. Unternehmen (ICC); internat. Anlagenbauer in €500-Mio-Lieferstreit bzgl. Windanlagen (LG); Autoticket in €560-Mio-Verf. gg. Bund wg. Pkw-Maut (DIS); Mercedes-Benz u. Stellantis bei Abwehr von Kundenklagen im Dieselkomplex; asiat. Techkonzern bei Abwehr von Schadensersatz im Zshg. mit Mängeln in Transistoren, u.a. ggü. Dax-Konzernen; Bund bei Abwehr von Ansprüchen ggü. Mundschutzlieferanten; US-Zahlungsdienstleister bei Abwehr von Schadensersatz ggü. Kunden; Dax-Konzern ggü. Winzern bei Abwehr von Produzentenhaftung bzgl. Nebenwirkungen eines Pflanzenschutzmittels; dt. WP-Gesellschaft in Post-M&A-Streit in Dtl. u. den NL; Zshg. m. Kraftwerksverkäufen in Dtl. u. im NL; dt. Unternehmerfamilie in Gesellschafterstreit mit div. Verf. (u.a. BGH); Baden-Württemberg bei Abwehr von Kartellschadensersatz (Holzvermarktung); dt. Familienunternehmen bei Vollstreckung von Schiedsspruch gg. Ind.; Kundin nach Lieferstreit (ICC); Dax-Konzern zu investitionsschutzrechtl. Ansprüchen gg. Russl.; Vorsitzender Schiedsrichter u.a. in Investitionsschutzverf. gg. Kolumbien, Südkorea, Pakistan (ICSID).

DENTONS
Konfliktlösung: Prozesse ★★
Konfliktlösung: Schiedsverfahren ★

Bewertung: Das Team macht für seine Mandanten zunehmend die Vorteile der global weitverzweigten Kanzlei nutzbar. Insbes. bei chin.-dt. Streitigkeiten hat Heppner inzw. ein breites Portfolio aufgebaut, u.a. vertritt er den dt. Arm einer globalen WP-Gesellschaft vor chin. Gerichten. Auch US-Bezüge spielten zuletzt eine größere Rolle, so etwa an der Seite eines jap. Chemiekonzerns im Zshg. mit US-Iran-Sanktionen. Der komplexe Grundsatzstreit beschäftigt u.a. den BGH u. unterstreicht das Know-how der Praxis in einem Feld, das angesichts der aktuellen Weltlage an Bedeutung gewinnt. Der Schwerpunkt bei Anlagenbaustreitigkeiten, für den bisher Nebel steht, bekommt durch die Ernennung des ehem. Clifford-Anwalts Dr. Matthias Hadding zum Partner mehr Gewicht. Das Wachstumsfeld Massenverfahren hat sich die Praxis über die Legal-Tech-gestützte Arbeit für Mercedes-Benz im Dieselkomplex erschlossen – ein Münchner Partner erweitert dieses Feld an der Seite eines internat. Zahlungsdienstleisters, für den inzw. ein größeres Team im Einsatz ist.

Oft empfohlen: Dr. Thomas Nebel, Heiko Heppner („verliert auch in komplexen Fällen nicht den Überblick", Wettbewerber)

Team: 4 Partner, 3 Counsel, 15 Associates

Schwerpunkte: Prozesse u. Schiedsverf., v.a. Post-M&A, Anlagenbau, Energie, Vertrieb, häufig mit internat. Bezügen. Bank- u. kapitalmarktrechtl. sowie handels- u. gesellschaftsrechtl. Prozesse.

Mandate: Mercedes-Benz bei Abwehr von Kundenklagen im Zshg. mit Dieselmotoren; Bund in div. Streitigkeiten wg. Corona-Schutzausrüstung; Dax-Konzern, u.a. in €50-Mio-Vertriebsstreit (LCIA); chin. Flugzeughersteller gg. ital. Wettbewerber bzgl. Kooperationsvertrag (ICC); Anlagenbauer bei Abwehr von Kartellschadensersatz gg. dt. Stromproduzenten; dt. Arm von internat. WP-Gesellschaft vor chin. Gerichten bei Abwehr von Haftung im Zshg. mit Konzernabschluss; int. Asset-Manager bei Durchsetzung von €77-Mio-Kaufpreisansprüchen im Zshg. mit Solarkraftwerken (CIETAC); div. dt. u. ital. Gerichte); Stahlunternehmen in D&O-Prozess gg. Ex-Vorstand wg. Kartellverstoß; dt. Tochter von jap. Konzern in 3 Verf. im Zshg. mit US-Sanktionen gg. Iran (LG, OLG); chin.-europ. Autozulieferer bei Anfechtung von Schiedsspruch (OLG); Logistikkonzern im Zshg. mit Mängeln bei Sortieranlagen; dt. Niederlassung von ausl. Bank in €10-Mio-Streit bzgl. dt. Wertpapier-, Sachen- und Bereicherungsrechts.

DLA PIPER
Konfliktlösung: Prozesse ★★★★
Konfliktlösung: Schiedsverfahren ★★

Bewertung: Die DLA-Partner führen Prozesse u. Schiedsverfahren mit unterschiedl. Schwerpunkten u. decken so eine breite Themenpalette ab. In Köln, dem mit 3 Partnern größten Praxisstandort, dominieren Streitigkeiten mit regulator. Zügen, häufig im Zshg. mit der öffentl. Hand, sowie Versicherungs- u. Insolvenzthemen. Zuletzt erlebte die Beratung u. Vertretung bzgl. gescheiterter IT-Großprojekte einen Schub – dafür stehen u.a. Dr. Gädtke. Dass auch Praxisgruppen wie ▷IT u. Steuern eingebunden sind, zeigt, dass DLA Fortschritte bei der internen Vernetzung macht. Gädtke gelingt es, auch nach dem Ausklingen des großen VW-Diesel-

---

Konfliktlösung: Parteivertreter in Schiedsverfahren Fortsetzung

Dr. Sebastian Seelmann-Eggebert
Latham & Watkins, Hamburg

Dr. Carsten van de Sande
Hengeler Mueller, Frankfurt

Dr. Stephan Wilske
Gleiss Lutz, Stuttgart

Dr. Mathias Wittinghofer
Herbert Smith Freehills, Frankfurt

Die Auswahl von Kanzleien und Personen in Rankings und tabellarischen Übersichten ist das Ergebnis umfangreicher Recherchen der JUVE-Redaktion. Sie ist in 2erlei Hinsicht subjektiv: Die Aussagen der befragten Quellen sind subjektiv u. spiegeln deren Erfahrungen u. Einschätzungen. Die JUVE-Redaktion wiederum analysiert die Rechercheergebnisse unter Einbeziehung ihrer eigenen Marktkenntnis. Der JUVE Verlag beabsichtigt keine allgemeingültige oder objektiv nachprüfbare Bewertung. Es ist möglich, dass eine andere Recherchemethode zu anderen Ergebnissen führt. Innerhalb einzelner Gruppen in Rankings und tabellarischen Übersichten sind Kanzleien und Personen alphabetisch sortiert.

---

mandats u. trotz des Wechsels eines Counsels aus seinem Team zu GLNS die Arbeit in Massenverfahren auszuweiten. Neben Klagen im Kfz-Sektor ist die Praxis etwa auch im Zshg. mit Onlineglücksspielklagen tätig. Die Schiedspraxis hat DLA mit Jacob verstärkt. Neben Sharma, der häufig für indische Mandanten in IT- u. energierechtl. Schiedsverfahren im Einsatz ist, verfügt die Praxis damit über einen ausgewiesenen Experten für Investitionsschutzverfahren. Da es für dieses Feld in der dt. Praxis bisher keinen Anknüpfungspunkt gibt, ist die Integration des Quereinsteigers in die internat. Praxis eine vorrangige Aufgabe.

Oft empfohlen: Dr. Thomas Gädtke („Allrounder mit sehr guten dogmat. Kenntnissen im Versicherungsrecht", Wettbewerber), Dr. Daniel Sharma („einfühlsamer u. geschickt agierender Mediator", Wettbewerber), Dr. Christian Schneider („kompetent, unaufgeregt, Top-Qualität", Wettbewerber), Dr. Frank Roth („kompetent u. praxisorientiert", Mandant), Dr. Wolfgang Jäger

Team: 7 Partner, 6 Counsel, 22 Associates

Partnerwechsel: Dr. Marc Jacob (von Shearman & Sterling)

Schwerpunkte: Prozesse bei gesellschafts-, handels- u. vertragsrechtl. Streitigkeiten, z.T. mit insolvenzrechtl. Bezug. Schnittstellen zu Umwelt- u. Planungsrecht, ▷Versicherungsprozessen, ▷Compliance u. Produkthaftung. Schiedsverf. regelm. mit Branchenbezug (▷Energie, internat. Handel, Logistik).

Mandate: Telekommunikationskonzern gg. US-Finanzdienstleister wg. nicht ordnungsgem. abgeführter Umsatzsteuer; internat. Airline bei Abwehr von Ansprüchen des Air-Berlin-Insolvenzverwalters (LG); internat. IT-Konzern in Schiedsverf. wg. außerordentl. Kündigungen bzgl. IT-Transformationsprojekt; internat. Versicherer, u.a. bei Abwehr von Organhaftung bei dt. kommun. Versorger; MDax-Automotive-Unternehmen bzgl. €45-Mio-D&O-Haftung im Zshg. mit Fake-CEO-Fall in Dtl. u. Rumänien; internat. Gruppe bei Abwehr von Schadensersatz in Dtl. u. Österreich im Zshg. mit Onlinecasinos; Zurich, u.a. als Versicherer von WP u. Beratern bei Abwehr von Klagen von EN-Storage-Insolvenzverwalter; Konsumgüterhersteller

KONFLIKTLÖSUNG – DISPUTE RESOLUTION

Konfliktlösung: Schiedsrichter

Prof. Dr. Antje Baumann
Baumann Resolving Disputes, Hamburg

Prof. Dr. Klaus Berger
Universität zu Köln, Köln

Dr. Christian Borris
Borris Hennecke Kneisel, Köln

Dr. Gert Brandner
Haver & Mailänder, Stuttgart

Dr. Daniel Busse
Busse Disputes, Frankfurt

Prof. Dr. Siegfried Elsing
Orrick Herrington & Sutcliffe, Düsseldorf

Dr. Ulrike Gantenberg
Gantenberg, Düsseldorf

Dr. Klaus Gerstenmaier
Haver & Mailänder, Stuttgart

Dr. Inka Hanefeld
Hanefeld, Hamburg

Dr. Alexander Kröck
Kantenwein Zimmermann Spatscheck & Partner, München

Prof. Dr. Stefan Kröll
Bucerius Law School, Hamburg

Dr. Annett Kuhli-Spatscheck
Kantenwein Zimmermann Spatscheck & Partner, München

Dr. Torsten Lörcher
CMS Hasche Sigle, Köln

Dr. Simon Manner
Manner Spangenberg, Hamburg

Dr. Anke Meier
Noerr, Frankfurt

Dr. Markus Meier
Hengeler Mueller, Frankfurt

Heiner Nedden
Hanefeld, Hamburg

Karl Pörnbacher
Hogan Lovells, München

Prof. Dr. Jörg Risse
Baker McKenzie, Frankfurt

Dr. Dorothee Ruckteschler
Dr. Dorothee Ruckteschler, Stuttgart

Dr. Stefan Rützel
Gleiss Lutz, Frankfurt

Prof. Dr. Klaus-Michael Sachs
CMS Hasche Sigle, München

Jan Schäfer
King & Spalding, Frankfurt

Dr. Fabian von Schlabrendorff
Pfitzner, Frankfurt

Fortsetzung nächste Seite

bei gerichtl. Geltendmachung von Ansprüchen auf Zahlung der EEG-Umlage durch Übertragungsnetzbetreiber; europ. Hubschrauberhersteller bei Abwehr von Schadensersatz im Zshg. mit Rüstungsprojekt (ICC); IT-Dienstleister eines Versicherungskonzerns gg. US-IT-Firma im Zshg. mit gescheitertem Rechenzentrum-Outsourcing.

EGO HUMRICH WYEN
Konfliktlösung: Prozesse ★★

Bewertung: Die Kanzlei ist zur festen Größe bei gesellschaftsrechtl. geprägten Streitigkeiten geworden u. hat zudem ihren Beratungsfokus erweitert: Während sich Wyen auf gesellschaftsrechtl. u. Post-M&A-Streitigkeiten konzentriert, sind Humrich u. Stretz zunehmend in Commercial Litigation eingebunden, wie z.B. für einen Papierproduzenten bei Lieferstreitigkeiten. Zudem hat sich EHW bei der Beratung von Kanzleien, die in eigener Sache streiten, einen Namen gemacht. Über frühere Kontakte hat sich das Team ein gut funktionierendes internat. Netzwerk geschaffen. Auch als Schiedsrichter sind die Partner zunehmend gefragt.

Stärken: Gesellschaftsrechtl. u. Post-M&A-Streitigkeiten, Anwaltshaftung.

Oft empfohlen: Dr. Jan-Henning Wyen („Top-Qualität ohne Schnörkel", Wettbewerber), Dr. Henrik Humrich („exzellente Schriftsätze", Wettbewerber), Dr. Christian Stretz („stets verfügbar, präzise", Mandant über beide; „fachlich hervorragend, nüchtern in der Analyse", Wettbewerber)

Team: 4 Partner, 1 Associate

Schwerpunkte: ▷*Gesellschaftsrechtl.* Streitigkeiten, Organhaftung, Berufshaftung von Anwälten; Spruchverf., Schiedsverfahren.

Mandate: Wirecard-Vorstand als Prozesspfleger bei Klage auf Nichtigkeit von Jahresabschlüssen durch Insolvenzverwalter (LG); Private-Equity-Gesellschaften bei Post-M&A-Streit; europ. Papierproduzent bei Lieferstreit; div. Pharmunternehmen bei Vertrags- u. Schadensersatzklagen; Gelita, u.a. bei Schadensersatzklage gg. Organmitglieder (mit Prof. Dr. Matthias Schüppen als Besonderem Vertreter; OLG); vermögende Privatperson gg. Wirtschaftsprüfer; Verteidigung von US-Kanzlei als Streitverkündete wg. angebl. Falschberatung.

ESCHE SCHÜMANN COMMICHAU
Konfliktlösung: Prozesse ★

Bewertung: Die Praxis ist traditionell auf lfd. Prozessgeschäft für Dauermandanten aus dem Norden ausgerichtet, erweitert ihr Spektrum aber in div. Richtungen – z.B. interne Untersuchungen u. anschl. Streitigkeiten wie im Fall der Neumühler Schule sowie Massenverfahren, wo ESC als eine der VW-Kanzleien zur Abwehr von Dieselklagen Erfahrungen sammeln konnte. Beide Mandate könnten den Grundstein für weitere ähnl. gelagerte Fälle bieten, doch dominiert insges. das lfd. Geschäft für Stammmandanten. Ausgebaut hat ein Team um Engelhoven allerdings erneut die Arbeit für Kläger in Kartellschadensersatzfällen.

Oft empfohlen: Dr. Andreas von Criegern, Dr. Philipp Engelhoven

Team: 3 Eq.-Partner, 2 Sal.-Partner, 6 Associates

Schwerpunkte: Handels-, vertriebs- u. vertragsrechtl. Streitigkeiten, oft umf. für mittelständ. Stammmandanten. Zunehmend Kartellschadensersatz.

Mandate: Abwehr von Kundenklagen wg. Dieselaffäre; Geschädigte bei Geltendmachung von Kartellschadensersatz, u.a. bzgl. Wälzlager, Zucker, Pflanzenschutzmittel; Hempel, u.a. in Post-M&A- u. Anlagenbaustreitigkeiten; Neumühler Schule zu Ansprüchen aus Organhaftung u. Zwangsvollstreckung; lfd., u.a. zu vertriebsrechtl. Streitigkeiten: Amplifon, Benteler, Krauth+Timmermann.

EVERSHEDS SUTHERLAND
Konfliktlösung: Prozesse ★

Bewertung: Die Prozesspraxis ist stark in der Beratung zu Streitigkeiten im Handels- u. Vertriebsrecht, wobei zuletzt die Beratung zu Lieferkettenthemen, auch vorprozessual, das Geschäft prägten. Dafür steht insbes. Praxisleiter Hellert, während Volz sich v.a. der Produkthaftung, auch präventiv, widmet. Viele Mandanten kommen aus dem Konsumgüter- u. Automotive-Bereich. Diese profitieren von der verbesserten Zusammenarbeit des internat. Kanzleinetzwerks, die vor allem bei internat. Schiedsverfahren zum Tragen kommt. Dadurch konnten bestehende Mandatsverhältnisse vertieft werden, etwa die Verbindung zu einem afrik. Staat, u. neue Kontakte geknüpft werden, darunter die Vertretung eines ital. Anlagenbauers in Dtl. u. eines internat. Lebensmittelherstellers. Mit frischem Know-how im Kartellrecht durch einen im Vorjahr gewonnenen Partner überzeugte die Kanzlei auch bei Streitigkeiten mit Kartellrechtsbezug u. berät neben Cor einen weiteren Mandanten aus der Möbelbranche. Der Marktgeltung der Gesamtpraxis sind aber Grenzen gesetzt, solange es bei fast 3 Dutzend Anwälten nur einen Eq.-Partner gibt.

Oft empfohlen: Dr. Joos Hellert („schnell, unprätentiös, ausgezeichnete Schriftsätze", Mandant), Fabian Volz („sehr kompetent in der komplexen Materie, aber auch in der Strategie zur Durchsetzung der Ansprüche", Mandant)

Team: 1 Eq.-Partner, 9 Sal.-Partner, 13 Counsel, 12 Associates

Partnerwechsel: Dr. Frederik Foitzik (in eigene Kanzlei)

Schwerpunkte: Vertriebs- u. produkthaftungsrechtl. Streitigkeiten, auch Schiedsverfahren, auch präventiv. Branchen: Automotive, Handel, Gastronomie, Konsumgüter.

Mandate: Cor bei Abwehr von Schadensersatz gg. Reuter wg. angebl. vertriebskartellrechtl. Verstöße (BGH); Möbelhersteller in Prozessen gg. Einkaufsverband; Logistiker bei Durchsetzung von Zahlungsansprüchen im Automotive-Bereich; Burger King, u.a. in vertriebsrechtl. Streitigkeiten; Energieversorger gg. Verbraucherzentrale wg. Standardklauseln; Windparkbetreiber in Produkthaftungsfall; Hotelkette zu Streit um Vertriebskooperation; afrik. Staat zu Investitionsschiedsspruch u. Verteidigung gg. Vollstreckbarerklärung; internat. Industriekonzern in Post-M&A-Streit (Rentenausgleich); Malindo in Vertragsstreit; internat. Motorenhersteller zu Erstattungsansprüchen (Rückruf).

FRESHFIELDS BRUCKHAUS DERINGER
Konfliktlösung: Prozesse ★★★★★
Konfliktlösung: Schiedsverfahren ★★★★★
Konfliktlösung: Produkthaftung ★★★★

Bewertung: Es kam einem Paukenschlag gleich, als FBD die Gründung einer eigenen Einheit zur Abwehr von Massenklagen bekannt gab. Darin bündelt sie ihr im Dieselkomplex erworbenes Know-how bei der Abwicklung von Massenverfahren – u. kann derarti-

KONFLIKTLÖSUNG – DISPUTE RESOLUTION

ge Großmandate mittels Legal Tech u. Anwälten unterhalb des Associate-Status nun jenseits der klass. Honorarstruktur anbieten. So konsequent hat bislang keine Kanzlei ihres Zuschnitts auf den Trend zu Massenklagen reagiert. In der Nach-Diesel-Ära sind u.a. DSGVO-Verstöße prädestiniert für Massenansprüche aller Art – FBD gehört hier auf Beklagtenseite zur Marktspitze, wie etwa die Arbeit für Facebook u. Scalable zeigt. Früher als Wettbewerber hat sich die Praxis zudem für ESG-Klagen positioniert: Sie vertritt RWE in einem ww. beachteten Pionierfall gg. einen peruan. Landwirt u. berät inzw. div. Konzerne strateg. zu Klimaklagen – all das zeigt, wie wendig die Kanzlei trotz ihrer Größe strateg. agieren kann. Auch jenseits von Trendthemen behauptet die Praxis ihre Marktführerschaft, etwa als strateg. Beraterin für EY im Wirecard-Komplex, in nahezu allen Kartellschadensersatzfällen oder bei großvol. Schiedsverf. u. Bankenstreitigkeiten. Inzw. hat die Kanzlei zudem den Generationswechsel abgeschlossen. Die Folgegeneration schließt nahtlos an den Erfolg früherer Jahre an.

Stärken: Breit aufgestellte, internat. bestens vernetzte Praxis. Ww. Praxisgruppe für ▷Compliance-Untersuchungen.

Oft empfohlen: Dr. Boris Kasolowsky („freundlich im Ton, aber hart in der Sache", Mandant, „angenehm, schnell, genau, zuverlässig", Wettbewerber), Dr. Michael Rohls („sehr umsichtiger Prozessanwalt", Wettbewerber), Dr. Martina de Lind van Wijngaarden, Dr. Roman Mallmann („hartnäckig, fachl. fundiert", Wettbewerber), Dr. Moritz Becker („fachlich hervorragend", Mandant; „wer ihn einmal gebucht hat, will ihn immer wieder haben", Wettbewerber), Dr. Hans-Patrick Schroeder („exzellenter Parteianwalt, klare Kante", Wettbewerber), Dr. Martin Mekat, Dr. Daniel Schnabl („punktgenau, schlagfertig", Wettbewerber).

Team: 22 Partner, 14 Counsel, ca. 200 Associates, 1 of Counsel

Schwerpunkte: Vertretung in komplexen internat. geprägten Streitigkeiten; Schiedsverf. zu Post-▷M&A, Joint Ventures, Vertriebsrecht, Anlagenbau, auch Investitionsschutz. ▷Gesellschaftsrechtliche Streitigkeiten. Im ▷Bankrecht u. zu Finanzprodukten (▷Anleihen), insbes. Prospekthaftung u. Haftung. Abwehr von ▷kartellrechtl. Schadensersatzklagen sowie Versicherungsrecht/D&O, ▷Vertriebsverträge u. im Zshg. mit Insolvenzen. Auch ▷Wirtschaftsstrafrecht.

Mandate: VW-Konzern umf. in Dieselaffäre, u.a. gg. Zivilklagen u. bei Umsetzung von Vergleichen; DB Netz bei Abwehr von Ansprüchen im Zshg. mit Gleishavarie bei Rastatt; Facebook in Zivilverfahren gg. dt. Nutzer; US-Technologiekonzern zu mögl. Massenklagen u. Behördenverf. im Zshg. mit DSGVO-Verstößen; Scottish Widows bei Abwehr von Massenklagen; internat. Großbank bei Abwehr von Schadensersatz gg. kommunales Großunternehmen im Zshg. mit Swapgeschäften; Zurich als Kundengeldsicherer von Thomas Cook bei Abwehr von Forderungen des Bundes; Lowell, Terex u. UniCredit in Spruchverfahren nach Squeeze-out; Strabag in ICSID-Verf. gg. Dtl. bzgl. Investitionen in dt. Offshorewindanlagen; Portigon in ICSID-Verf. gg. Spanien wg. Solarförderung; Marriott bei Abwehr von Datenschutzkundenklagen im Zshg. mit Cyberangriff; RWE bei Abwehr von Klage wg. mögl. Haftung für Klimawandel; Abwehr von Kartellschadensersatz, u.a. für Volvo/Renault (Lkw), Pfeifer & Langen (Zucker).

GANTENBERG
Konfliktlösung: Schiedsverfahren ★

Bewertung: Die junge Boutique ist im Markt v.a. für die Schiedsrichtertätigkeit ihrer Namenspartnerin bekannt. Die frühere Heuking-Partnerin Gantenberg gehört in den Kreis derer, denen auch größere internat. Verfahren als Vorsitzende anvertraut werden, wie mehrere Fälle v.a. aus dem Energiesektor belegen. Oft loben Wettbewerber ihren Pragmatismus. Auch Parteivertretung sowie Streitigkeiten vor staatl. Gerichten, u.a. vertriebsrechtl., gehören zum Profil der Kanzlei. Um diesen Bereich auszubauen, müsste allerdings die Associate-Riege wachsen.

Oft empfohlen: Ulrike Gantenberg („robust u. durchsetzungsstark", Wettbewerber)

Team: 1 Partnerin, 2 Associates

Schwerpunkte: Schiedsverfahren, v.a. Anlagenbau- u. Post-M&A-Streitigkeiten. Schiedsrichterin u. Parteivertretung; auch Prozesse vor staatl. Gerichten.

Mandate: Kraftwerkhersteller gg. Unternehmer im Zshg. mit Ansprüchen aus EPC-Vertrag (DIS) u. zu Ansprüchen gg. Kohlekraftwerkbetreiber (DIS); Private-Equity-Unternehmen zu Beraterhaftung bzgl. Due Diligence aus M&A-Deal; Eigentümer gg. Hauptauftragnehmer zu Schadensersatz im Zshg. mit Nordseewindpark (DIS; Vorsitzende Schiedsrichterin); Anlagenbauer gg. Kunden bzgl. Silikonmodulen; parteibenannte Schiedsrichterin in Verf. gg. europ. Staat bzgl. Energy Charter Treaty (SCC).

GIBSON DUNN & CRUTCHER
Konfliktlösung: Prozesse ★★★

Bewertung: Internat. u. vor allem in ihrem US-Heimatmarkt ist die Kanzlei eine Top-Adresse für Litigation, während die dt. Praxis lange auf die lukrative, aber inhaltl. begrenzte Nische von internen Untersuchungen u. aktienrechtl. Verfahren abonniert war. Seit einiger Zeit ändert sich dies, wie v.a. die Arbeit für nahezu sämtl. dt. Autohersteller zeigt: Seit Jahren begleiten die Compliance-Spezialisten Mercedes-Benz bei der Aufarbeitung der Dieselaffäre, aber seitdem Rieder an Bord ist, erstreckt sich die Arbeit für den Konzern auf mehrere der aktuell zukunftsträchtigsten Marktthemen: GDC spielt eine tragende Rolle bei der Abwehr von Kundenklagen im Dieselkomplex u. ist aus einer Reihe strateg. Hauptkanzleien ausgewählt worden, um den Hersteller gg. eine Musterklage der Verbraucherzentralen zu verteidigen. Zudem vertraut der Konzern bei der Abwehr einer Klimaklage der Dt. Umwelthilfe, die auf den Kern des Geschäfts zielt, auf Rieder. Auch weitere Hersteller setzen auf die Praxis, etwa im Zshg. mit Kartellschadensersatz – das wachsende Geschäft spiegelt sich in der deutl. Vergrößerung der Associate-Riege. Zeidler fokussiert sich nach intensiven Jahren mit dem Dieselkomplex zuletzt wieder stärker auf die Finanzindustrie, wo das Know-how zu ESG-Themen, das GDC derzeit aufbaut, zunehmend gefragt ist.

Stärken: Interne Untersuchungen.

Oft empfohlen: Dr. Markus Rieder („Top-Jurist – wenn der sich reinbeißt, wird's gut", Wettbewerber), Dr. Finn Zeidler („Compliance-Spezialist, der für Mandanten rechtsgebietsübergreifend hervorragende Ergebnisse erzielt", Wettbewerber)

Team: 4 Partner, 17 Associates

Schwerpunkte: Gesellschaftsrechtl., insbes. aktienrechtl. Streitigkeiten; daneben Prozesse u. Schiedsverfahren, zunehmend Massenverfahren.

Konfliktlösung: Schiedsrichter
Fortsetzung

Dr. Nils Schmidt-Ahrendts
Hanefeld, Hamburg

Dr. Jan Spangenberg
Manner Spangenberg, Hamburg

Prof. Dr. Roderich Thümmel
Thümmel Schütze & Partner, Stuttgart

Dr. Rolf Trittmann
Rothorn, Frankfurt

Dr. Karl Wach
Wach + Meckes, München

Dr. Stephan Wilske
Gleiss Lutz, Stuttgart

Die Auswahl von Kanzleien und Personen in Rankings und tabellarischen Übersichten ist das Ergebnis umfangreicher Recherchen der JUVE-Redaktion. Sie ist in 2erlei Hinsicht subjektiv: Die Aussagen der befragten Quellen sind subjektiv u. spiegeln deren Erfahrungen u. Einschätzungen. Die JUVE-Redaktion wiederum analysiert die Rechercheergebnisse unter Einbeziehung ihrer eigenen Marktkenntnis. Der JUVE Verlag beabsichtigt keine allgemeingültige oder objektiv nachprüfbare Bewertung. Es ist möglich, dass eine andere Recherchemethode zu anderen Ergebnissen führt. Innerhalb einzelner Gruppen in Rankings und tabellarischen Übersichten sind Kanzleien und Personen alphabetisch sortiert.

Branchen: Banken- und Finanzsektor, Automotive, Technologie, Energie, verarbeitende Industrie.

Mandate: Mercedes-Benz, u.a. bei Abwehr von Kundenklagen im Dieselkomplex (inkl. Musterfeststellungsklage) u. gg. DUH im Zshg. mit Klage auf CO2-Reduktion; Arcelor Mittal bei Abwehr von Kartellschadensersatz, u.a. gg. Dt. Bahn (Spannstahl); Douglas in Spruchverf. wg. Squeeze-out; UniCredit bei Abwehr von Aktionärsklagen in div. Ländern nach Umstrukturierung; VW bei Geltendmachung von Schadensersatz gg. Car-Shipping-Kartell.

GLEISS LUTZ
Konfliktlösung: Prozesse	★★★★★
Konfliktlösung: Schiedsverfahren	★★★★★
Konfliktlösung: Produkthaftung	★★★★

NOMINIERT JUVE Awards 2022 Kanzlei des Jahres für Dispute Resolution

Bewertung: Es gibt kaum einen Großkomplex in Dtl., in dem die Konfliktlösungspraxis von GL nicht an vorderster Front kämpft. Das gilt etwa für die umf. Vertretung von Dtl. im Zshg. mit Regressforderungen von Corona-Impfstoffherstellern. Dafür steht der junge Partner Wagner, der von Stuttgart aus eine Produkthaftungspraxis aufgebaut hat, die viele Wettbewerber beeindruckt. Das Impfstoffmandat hat sich als Türöffner für weitere Praxen erwiesen. Generell profitieren Mandanten häufig von der engen Vernetzung zwischen Konfliktlösungs- u. anderen Praxisgruppen, das zeigt z.B. die Vertretung des Wirecard-Insolvenzverwalters gemeinsam mit den Compliance-Experten u. die enge Zusammenarbeit mit den Gesellschaftsrechtlern bei VW u. Audi. Traditionell eng ist fruchtbar ist auch das Tandem Konfliktlösung u. Kartellrecht, mit dem GL bspw. für Daimler u. Südzucker Schadensersatz abwehrt. Dass sich diese Mandate längst nicht mehr auf klass. Themen u. Mandanten beschränken, zeigt die Arbeit für Digitalunternehmen wie Immoscout bzgl. der neuen Tipping-Regel

KONFLIKTLÖSUNG – DISPUTE RESOLUTION

BGH-Kanzleien

Dr. Brunhilde Ackermann (Karlsruhe)
Dr. Brunhilde Ackermann („wenige können komplexe Sachverhalte derart gut kondensiert aufbereiten")

Baukelmann Tretter (Karlsruhe)
Dr. Peter Baukelmann („schnelle Auffassungsgabe – bereit, sich auch in umweltrechtliche Spezialmaterien einzuarbeiten"), Norbert Tretter („kollegial, gründlich, fachlich herausragend")

Engel & Rinkler (Karlsruhe)
Axel Rinkler („kreativ, mutig, kompetent in Patentsachen")

Dr. Reiner Hall (Karlsruhe)
Dr. Reiner Hall („akribisch, klug, angesehen bei den Richtern")

Koch (Karlsruhe)
Dr. Matthias Koch („sehr serviceorientiert – erfrischend knappe und präzise Schriftsätze")

Mennemeyer & Rädler (Karlsruhe)
Dr. Siegfried Mennemeyer („fit im Versicherungs- und Arzthaftungsrecht"), Dr. Peter Rädler („kampfbereit und technologieaffin")

Dr. Thomas von Plehwe (Karlsruhe)
Dr. Thomas von Plehwe („klare Gedanken, klare Sprache, überlegene Schriftsätze")

Rohnke Winter (Karlsruhe)
Prof. Dr. Christian Rohnke („absoluter Revisionsexperte, durchsetzungsstark und kollegial"), Dr. Thomas Winter („eloquent, klug und völlig unprätentiös, Schriftsatzentwürfe mit Instanzanwälten und Mandanten abzustimmen")

Dr. Jörg Semmler (Karlsruhe)
Dr. Jörg Semmler („fachlich herausragend, sehr genau und mit hohem Mehrwert")

Dr. Matthias Siegmann (Karlsruhe)
Dr. Matthias Siegmann („schnell, kreativ, hohe fachliche Qualität")

Toussaint & Schmitt (Karlsruhe)
Prof. Dr. Ralph Schmitt („up to date und zuverlässig"), Dr. Guido Toussaint („exzellenter Spezialist für öffentlich-rechtliche Fragen")

Vorwerk (Karlsruhe)
Prof. Dr. Volkert Vorwerk („kreative Lösungsansätze, insbesondere im Kartellschadensersatzrecht")

Die Auswahl von Kanzleien und Personen in Rankings und tabellarischen Übersichten ist das Ergebnis umfangreicher Recherchen der JUVE-Redaktion. Sie ist in 2erlei Hinsicht subjektiv: Die Aussagen der befragten Quellen sind subjektiv u. spiegeln deren Erfahrungen u. Einschätzungen. Die JUVE-Redaktion wiederum analysiert die Rechercheergebnisse unter Einbeziehung ihrer eigenen Marktkenntnis. Der JUVE Verlag beabsichtigt keine allgemeingültige oder objektiv nachprüfbare Bewertung. Es ist möglich, dass eine andere Recherchemethode zu anderen Ergebnissen führt. Innerhalb einzelner Gruppen in Rankings und tabellarischen Übersichten sind Kanzleien und Personen alphabetisch sortiert.

---

im Kartellrecht. Perspektivisch bietet der intensive Zugang der Kartellrechtler zu Mandanten wie Facebook u. Apple auch Potenzial für die Disputes-Praxis – zudem zeigt die Arbeit für diese Mandanten, dass die Kanzlei deutl. internationaler agiert als viele Wettbewerber annehmen.
Stärken: Kapitalmarkt-, insolvenz- u. gesellschaftsrechtl. Streitigkeiten. Interne Untersuchungen (▷Compliance). Abwehr kartellrechtl. Schadensersatzklagen. Schiedsverfahren.
Oft empfohlen: Dr. Stefan Rützel („kann als Parteivertreter kämpfen wie ein Löwe u. als Schiedsrichter salomonisch urteilen – brillanter Mann für schwierige Fälle", Wettbewerber), Dr. Stephan Wilske („sehr erfahren u. gut vernetzt mit hervorragendem Praxiswissen", Mandant, „exakt u. exzellent mit kreativen Lösungen – macht die Sache des Mandanten zu seiner eigenen", Wettbewerber), Dr. Luidger Röckrath („beeindruckendes Geschäftsverständnis, auch in komplexen Sachverhalten, Top-Jurist", Mandant, „hervorragender Jurist – Litigator durch u. durch", Wettbewerber), Dr. Andrea Leufgen („denkt um ein, zwei Ecken – immer on top of things", Wettbewerber) Dr. David Quinke („Shootingstar in Corporate Litigation u. Arbitration", Wettbewerber), Dr. Eric Wagner („kompetent u. serviceorientiert", Mandant, „weitsichtig, erfahren u. schnell", Wettbewerber), Dr. Lukas Schultze-Moderow („sehr scharfsinniger u. strateg. hervorragender Anwalt, der auch komplexe Mandate souverän handeln kann", Wettbewerber)
Team: 8 Eq.-Partner, 9 Sal.-Partner, 5 Counsel, 17 Associates, 1 of Counsel
Schwerpunkte: Gesellschaftsrechtl., handels- u. kapitalmarktrechtl. sowie Vertriebsstreitigkeiten, ▷insolvenzbez. Streitigkeiten. Zusammen mit ▷Kartellrechtlern Abwehr von Schadensersatz. Produkthaftung, Freiberufler- u. Organhaftung. Regelm. internat. Schiedsverf., v.a. Post-M&A, ▷Energie u. Investitionsschutz. Bei internen Untersuchungen Zusammenarbeit mit internat. Partnerkanzleien.
Mandate: Bund bei Abwehr von Ansprüchen im Zshg. mit Covid-Impfstoffen; div. Krankenkassen im Zshg. mit Forderungen aus AvP-Insolvenz; Wirecard-Insolvenzverwalter bei interner Aufarbeitung u. Durchsetzung von Ansprüchen; Abwehr von Kartellschadensersatz, u.a. für Daimler (Lkw), HeidelbergCement, SKF (Wälzlager), Philips (Bildröhren), Postbank (EC-Cash), Südzucker (Zuckerkartell); Daimler bei Abwehr von Kundenklagen im Zshg. mit Dieselaffäre; Dt. Telekom in div. Prozessen, u.a. gg. Vodafone/Unitymedia wg. Kabelkanalmieten (BGH); HRE bei Abwehr von Schadensersatz der Aktionäre; Aufsichtsräte von VW u. Audi zur Dieselaffäre; Unionmatex-Insolvenzverwalter in ICSID-Verf. gg. Turkmenistan; Phoenix Pharmahandel bei Abwehr vertriebsrechtl. Schadensersatzansprüche eines Apothekengroßkunden.

GÖRG
Konfliktlösung: Prozesse ★★
Bewertung: Die Konfliktlösungspraxis ist insges. stark geprägt durch Dauermandate, die sich v.a. aus dem Bank- u. Finanzwesen speisen u. meist einen kapitalmarktrechtl. Hintergrund haben. Bspw. ist sie für div. Kapitalanlagegesellschaften u. Asset-Manager im Zshg. mit der Wirecard-Insolvenz u. Schadensersatzansprüchen gg. EY aktiv. Für eine Gruppe institutioneller Anleger geht Görg gg. Bayer wegen Kursverlusten nach der Monsanto-Übernahme vor. Weitere Schwerpunkte bilden lfd. Mandate mit marken-, wettbewerbs- u. vertriebsrechtl. Hintergrund. Dass die Kanzlei auch Teil marktbewegender Komplexe ist, zeigt bspw. ihre Beteiligung an einer Musterfeststellungsklage, die sie für die Sparkasse KölnBonn abwehrt, u. die Vertretung von Air Berlin in einem wegweisenden BGH-Fall zu Inkassosammelklagen. Hier bieten sich insbes. mit dem Mandantenkreis aus dem Bankwesen weitere Entwicklungschancen.
Team: 8 Eq.-Partner, 3 Counsel, 11 Associates
Schwerpunkte: Handels- u. vertriebsrechtl. Streitigkeiten, Bank- u. kapitalmarktrechtl. Prozesse., wettbewerbsrechtl. Streitigkeiten.
Mandate: Sparkasse KölnBonn bei Abwehr von Musterfeststellungsklage, Insolvenzverwalter von Arcandor gg. ehem. Aufsichtsräte; Investorengruppe bei kapitalmarktrechtl. Klagen gg. Daimler im Zshg. mit Dieselaffäre; institutionelle Anleger gg. Bayer wg. Kursverlusten nach der Monsanto-Übernahme; div. Asset-Manager, Kapitalverwaltungsges. u. Versicherer im Wirecard-Insolvenzverf. u. zu Schadensersatzansprüchen ggü. EY; Helaba gg. eine dt. Stadt bzgl. Negativzinsen in Darlehensverträgen; Jean Pierre Rosselet Cosmetics, u.a. bei Abwehr von HV-Anfechtungsklage.

FRIEDRICH GRAF VON WESTPHALEN & PARTNER
Konfliktlösung: Produkthaftung ★★★
Bewertung: Das Kölner Büro gehört zu den renommiertesten Adressen für Manager- und Produkthaftung. Personell hat es zuletzt einen gewaltigen Sprung gemacht: Lenz' u. Laschets langj. Mitarbeiter Mike Weitzel u. Claudia Maaßen sind in die Riege der Eq.-Partner aufgerückt, zudem ergänzt die auf Lebensmittelrecht spezialisierte Schöllmann als Sal.-Partnerin die Produkthaftungspraxis. Das klar aufseiten von Versicherern positionierte Team steht für die Abwicklung von Großschadensfällen, D&O-Fällen u. Produktsicherheit inkl. Rückrufen – aktuell etwa für einen dt. Hersteller im Zshg. mit FFP2-Masken. Große Schadenskomplexe, in denen das Team Versicherer begleitet, sind etwa die Explosion bei Currenta, die Wirecard-Insolvenz sowie ein großer Fake-President-Fall bei einem Autozulieferer. Der Wechsel eines großen Freiburger Corporate-Teams zu Beiten u. die damit verbundene Neuaufstellung der Kanzlei könnte genutzt werden, um die bisher sehr lose Zusammenarbeit insbes. zwischen den Büros Köln u. Freiburg auf neue Füße zu stellen.
Stärken: Erfahrung mit Großschäden; Beratung bei D&O-Deckung u. -Haftung.
Oft empfohlen: Prof. Dr. Tobias Lenz („guter Verhandler u. Stratege", Wettbewerber), Carsten Laschet („gut vernetzter Praktiker", Mandant; v.a. Produkthaftung)
Team: 4 Eq-Partner, 1 Sal-Partner, 7 Associates
Partnerwechsel: Hildegard Schöllmann (von KWG Rechtsanwälte)
Schwerpunkte: Rückrufe u. Regulierung von Großschäden, auch international. Regelm. Beratung von ▷Versicherern. Daneben ▷vertriebsrechtl. u. projektbezogene Streitigkeiten.
Mandate: AIG regelm. zu Produkthaftpflicht u. deckungsrechtl., u.a. bei Regress nach Verunreinigung von Lebensmitteln in der Produktion von US-Versicherungsnehmer; internat. Industrieversicherer bzgl. Gaskavernen in Schiedsverfahren; Dax-Konzern zu Glasfaserkabelschäden; dt. Hersteller im Zshg. mit öffentl. Rückruf von FFP2-Masken; dt. Sicherheitsunternehmen im Zshg. mit

KONFLIKTLÖSUNG – DISPUTE RESOLUTION

Diamantendiebstahl (Grünes Gewölbe); ehem. Finanzvorstand eines Solarherstellers bei Abwehr von €900-Mio-Schadensersatz; Generalunternehmer zu €400-Mio-Verzugsschaden im Zshg. mit Kraftwerksbau in Hamm/Westfalen; EU-Importeur bei €15-Mio-Rückruf von Plasmaschneidegeräten; Gebäudeversicherer im Zshg. mit Explosion bei Chemieunternehmen; Hersteller von Staubsaugern u. Küchengeräten lfd. ww. zu Produkthaftung- u. -sicherheit; Versicherer zu €30-Mio-CFO-Fraud; Versicherer im €30-Mio-Streit mit VW bzgl. Rückruf (BGH); AGCS regelm. in D&O-Schadensfällen, brit. Versicherer deckungsrechtl. zu D&O-Großschäden, u.a. Wirecard; Versicherer bzgl. €60-Mio-Schaden bei Motorenhersteller im Zshg. mit Compliance-Verstößen u. bzgl. Bayer/Monsanto-Investorenklagen.

GREENFORT
Konfliktlösung: Prozesse ★

Bewertung: Die Praxis ist spezialisiert auf gesellschaftsrechtl. Streitigkeiten u. gehört zu den anerkannten Akteuren auf dem Gebiet der alternat. Streitbeilegung. Alle Disputes-Partner führen auch Schiedsverfahren. Darüber hinaus kommt die Kanzlei regelm. für D&O-Versicherer zum Einsatz, oft auch als Monitoring Counsel, u. gewinnt über sie regelm. neue Mandanten. Auch über die enge Vernetzung mit anderen Boutiquen u. insbes. Strafrechtlern ergeben sich oft streitige Mandate. Ein Bsp. ist die Arbeit für 2 Manager des Fonds Avana bei Abwehr einer Cum-Ex-Klage der Depotbank Caceis.
Stärken: Alternat. Streitbeilegung.
Oft empfohlen: Dr. Daniel Röder („Top-Prozessrechtler u. Mediator, sehr gründl. u. innovativ", Wettbewerber), Tobias Glienke („sehr guter Stratege, besonnen u. präzise", Wettbewerber)
Team: 4 Eq.-Partner, 1 Sal.-Partner, 3 Counsel, 6 Associates
Schwerpunkte: D&O-Haftungsfälle; Gesellschafterauseinandersetzungen; Post-M&A- u. Handelsstreitigkeiten.
Mandate: Celanese lfd. zu Konfliktmanagement; ehem. HRE-Aufsichtsratsmitglied in KapMuG-Prozess; Interfer Steel and Commodities in Aufhebungsverf. bzgl. ICC-Schiedsspruch in Streit mit Painel 2000 (OLG); Familiy Office gg. DZ Bank bzgl. Schadensersatz wg. Beraterhaftung im Zshg. mit Swapvertrag; US-Elektronikunternehmen in €20-Mio-Post-M&A-Streit; 2 Fondsmanager bei Abwehr von Klage der Depotbank Caceis in €300-Mio-Cum-Ex-Verfahren.

GSK STOCKMANN
Konfliktlösung: Prozesse ★
Konfliktlösung: Schiedsverfahren ★

Bewertung: Die Praxis ist zwar traditionell stark bei immobilien- u. baurechtl. Streitigkeiten positioniert, hat sich aber inzw. deutlich breiter aufgestellt. Dabei arbeitet das Konfliktlösungskernteam häufig mit anderen Praxisgruppen zusammen, bspw. mit Partnern aus dem Bank- u. Finanzrecht in Prozessen gg. Anordnungen der EZB. Über einen Arbeitsrechtspartner, der für ADR steht, erschließt sich die Praxis die Luftfahrtbranche. So vertritt GSK etwa Ryanair in mehreren praxisübergreifenden Prozessen. Bei Entschädigungsstreitigkeiten im Zshg. mit dem Braunkohleausstieg tritt das Team gemeinsam mit den Öffentlichrechtlern an u. vertritt dabei bspw. einen mittelständ. Betrieb. Stark ist GSK auch in großen Schiedsverfahren im Energieanlagenbau und kann dort ihr Know-how in der Konfliktlösung mit dem der Bau- u. Energierechtler verbinden.
Oft empfohlen: Dr. Justus Jansen („guter Analyst u. Stratege", „ausgezeichnet in Schiedsverfahren", Mandanten; „große Erfahrung bei internat. Schiedsverfahren", Wettbewerber)
Team: 13 Eq.-Partner, 4 Sal.-Partner, 1 Counsel, 20 Associates
Schwerpunkte: Baurechtl. Streitigkeiten, Schiedsverf.; Joint-Venture-Auseinandersetzungen; gesellschaftsrechtl. Streitigkeiten. Branchen insbes.: ▷Immobilien, Energiewirtschaft, Mobilität, Banken.
Mandate: THD Treuhanddepot im Zshg. mit Insolvenzverf. Dt. Lichtmiete; Energieversorger in Schiedsverfahren im Zshg. mit Bau von Offshorewindpark; mittelständ. Betrieb bei Entschädigungsklage im Zshg. mit dem Braunkohleausstieg (€50 Mio); HHer Fondsgesellschaft bei Prospekthaftungsklagen; PNB Bank in div. Verf. gg. EZB u. Abwicklungsanstalt SRB (EuG, ICSID); staatl. Pensionsfonds als Nebenkläger in KapMuG-Verfahren gg. VW im Zshg. mit Dieselskandal (OLG); Vereinigung Cockpit in div. Mediationen; Ryanair, u.a. gg. Flughafen Köln im Zshg. mit in Sachen Flughafengebühren.

HANEFELD
Konfliktlösung: Schiedsverfahren ★★★★

Bewertung: Die HHer Kanzlei gehört zu den führenden dt. Schiedsboutiquen. Aushängeschild ist die Namenspartnerin Hanefeld, die als Schiedsrichterin einen hervorragenden Ruf genießt u. der auf internat. Bühne nur wenige das Wasser reichen können. In dt. Verfahren sind als Schiedsrichter Nedden u. Schmidt-Ahrendts gleichermaßen anerkannt. Die ausgeprägte Marktpräsenz der Kanzlei fußt aber auch auf Parteivertretermandaten. Aus der jüngeren Generation fällt hier insbes. Rosenfeld auf, der einen Teil seiner Zeit im Pariser Büro der Kanzlei verbringt. Dass dieses Büro bisher im Markt nicht so auffällig agiert hat wie erhofft, ist auch eine Folge des unglückl. Eröffnungszeitpunkts zu Beginn der Pandemie. Der Schwerpunkt einer dortigen Counsel bei Schiedsverfahren mit Osteuropabezug könnte sich angesichts div. Russland-bezogener Streitigkeiten infolge des Ukraine-Krieges als Vorteil erweisen.
Stärken: Große Erfahrung in internat. Schiedsverfahren.
Oft empfohlen: Dr. Inka Hanefeld („eine der Besten der Branche", Wettbewerber; Schiedsrichterin), Jörn Hombeck („hervorragender Verhandler u. Prozessrechtler – immer vorbereitet u. in den Details", Wettbewerber), Heiner Nedden („herausragende Praxiserfahrung in ICC/DIS-Verfahren – führt Verfahren straff, schnell, präzise u. trifft mutige Entscheidungen", Wettbewerber; v.a. Schiedsrichter), Dr. Nils Schmidt-Ahrendts („effektive Prozessführung, hervorragende Qualität der Schriftsätze u. Verhandlungsführung", Mandant; „sehr gute Court-Room-Presence", Wettbewerber), Dr. Friedrich Rosenfeld („brillanter Jurist; herausragende Fähigkeiten im Kreuzverhör", Wettbewerber)
Team: 4 Eq.-Partner, 1 Sal.-Partner, 1 Counsel, 6 Associates
Schwerpunkte: Schiedsrichtertätigkeit u. Parteivertretung in Schiedsverf.; Präventivberatung, ADR, Mediation u. Prozesse. Branchen: Maschinen-, Anlagenbau u. Infrastruktur, Finanzen, Energie, Medien. Auch Investitionsschutz. Gutes internat. Netzwerk zu Kanzleien u. Schiedsinstitutionen, zunehmend Verfahren vor staatl. Gerichten.
Mandate: Vorsitz 2er ICSID-Tribunale im Energiesektor; div. Schiedsverf. (DIS, DAB) im Offshorewindbereich; Vertretung eines Investors in ICSID-Verfahren.

HAUSFELD
Konfliktlösung: Prozesse ★★★

Bewertung: Die Kanzlei steht mit mehreren ihrer Streitigkeiten im Rampenlicht, weil sich damit grundsätzl. Rechtsfragen verbinden. So lotet die Praxis an der Seite von Immowelt aus, wie sich die neue gesetzl. Tipping-Regel im GWB als prozesstakt. Waffe nutzen lässt, u. sie führt einige der Pionierfälle zur RDG-Konformität von Abtretungsmodellen. Neben diesen kartellrechtl. geprägten Streitigkeiten erweitert sie ihr Spektrum v.a. am Standort Berlin zunehmend um kapitalmarktrechtl. Streitigkeiten. An der Seite großer Investoren geht Hausfeld etwa gg. Bayer im Zshg. mit der Monsanto-Übernahme vor. Ein Scharmützel mit VW, wie das Bayer-Mandat geführt von von Bernuth, deutet an, in welche Richtung sich der Fokus der Praxis entwickeln könnte: Im Zshg. mit Transparenzpflichten zu klimawandelbezogenem Lobbying setzte sich zwar zunächst der Konzern durch, allerdings bietet das weite Feld der Greenwashing-Streitigkeiten mit ESG-Hintergrund langfr. Potenzial für Klägerkanzleien wie Hausfeld. Das inhaltl. Wachstum der dt. Praxis korrespondierte zuletzt mit personellen Zugängen auf Counsel-Ebene.
Stärken: Geltendmachung von Kartellschadensersatz, Massenverfahren.
Oft empfohlen: Dr. Alex Petrasincu („gewitzt u. extrem selbstbewusst", Wettbewerber)
Team: 2 Eq.-Partner, 1 Sal.-Partner, 5 Counsel, 14 Associates
Schwerpunkte: ▷Kartellschadensersatz auf Klägerseite, auch kartellrechtl. geprägte Klagen wg. Marktmachtmissbrauch; zunehmend Vertretung institutioneller Investoren in kapitalmarktrechtl. Klagen.
Mandate: Div. Fonds gg. VW in Streit um Satzungsänderung bzgl. Berichtspflichten zu Klimalobbying; Geltendmachung von Kartellschadensersatz, u.a. für BMW (Zündkerzen, u.a. gg. Bosch), Financialright, Coca-Cola, Rewe (alle Lkw); Idealo, u.a. bei Klage gg. Google wg. Marktmachtmissbrauch (mit Oppenländer); Immowelt in Verf. gg. Immoscout bzgl. Rabattsystem (Tipping-Regel; LG); eClaim zu Schadensersatzansprüchen von über 15.000 Speditionen u. anderen Unternehmen gg. Bund bzgl. Lkw-Maut-Berechnung; Financialright, u.a. bei Massenklage von VW-Kunden u. Investorenklagen gg. VW u. Porsche im Zshg. mit der Dieselaffäre; Fonds zu Schadensersatzansprüchen gg. Bayer wg. mangelnder kapitalmarktrechtl. Information bzgl. Monsanto; ausl. Investor bzgl. Ansprüchen im Zshg. mit Delisting von Rocket Internet.

HAVER & MAILÄNDER
Konfliktlösung: Prozesse ★★
Konfliktlösung: Schiedsverfahren ★★★

Bewertung: Die Praxis ist insbes. renommiert für Schiedsverfahren. V.a. Brandner u. Kläger sind aus dem Schatten des internat. renommierten Gerstenmaier herausgetreten. Dass beide sowohl in Schiedsverf. als auch vor staatl. Gerichten erfolgreich prozessieren, zeigt die Arbeit für die langj.

KONFLIKTLÖSUNG – DISPUTE RESOLUTION

Mandantin Bosch, die sie bei der Abwehr von Anlegerklagen im Zshg. mit der VW-Dieselaffäre (BGH) vertreten u. in einem Schiedsverf. im Zshg. mit der Auflösung 2er Joint Ventures mit Knorr-Bremse. Dass die Kanzlei mit ihrer Aufstellung nicht nur regionale Größen von sich überzeugen kann, zeigt bspw. die Arbeit für ein großes dt. Chemieunternehmen und für die BNetzA in einem großvol. Amtshaftungsfall. Die intensive Zusammenarbeit der Partner innerhalb der Praxis u. in Schnittstellenbereichen wie Compliance u. Arbeitsrecht schlug sich zuletzt auch in der Aufarbeitung eines Finanzskandals beim Württemb. Tennis-Bund unter Federführung von Kauffeld nieder, der bundesw. sehr gefragt ist in der Abwehr von Organhaftungsansprüchen.

Stärken: Schiedsverfahren.
Oft empfohlen: Dr. Klaus Gerstenmaier („effiziente Verfahrensführung; ausgezeichnetes wirtschaftl. Verständnis", Wettbewerber; Schiedsrichter), Dr. Gert Brandner („sehr objektiv, extrem gut vorbereitet", Wettbewerber), Dr. Hans-Georg Kauffeld („hervorragende Fachkenntnisse, kollegiale Zusammenarbeit", Wettbewerber; Organhaftung), Dr. Roland Kläger („Schiedsrechtler der kommenden Generation, überzeugt durch Sachlichkeit", Wettbewerber)
Team: 2 Eq.-Partner, 3 Sal.-Partner, 1 Counsel, 2 Associates, 2 of Counsel
Schwerpunkte: Regelm. Schiedsverf., v.a. Post-M&A. Zudem Streitigkeiten bzgl. Organhaftung, Anlagenbau, Vertriebs- u. Lizenzverträgen, häufig in der Automotive-Branche. Kartellrechtl. Schadensersatzklagen.
Mandate: Bosch, u.a. bei Streit um Wettbewerbsverbot gg. Knorr-Bremse (UNCITRAL) u. im Zshg. mit Anlegerklagen bzgl. Dieselaffäre; BNetzA bei Abwehr von €2-Mrd-Amthaftungsfall im Telekommunikationsrecht; Automobilzulieferer in Liefer- u. Schadensersatzklagen; dt. Chemieunternehmen, u.a. gg. Ölkonzern bei Abwehr von €10-Mio-Schiedsklage (ICC); WTB in Compliance-Fall u. anschl. forens. Aufarbeitung; Ferienpark u. Hotels bei Klagen wg. Schließungsschäden.

HENGELER MUELLER

Konfliktlösung: Prozesse	★★★★★
Konfliktlösung: Schiedsverfahren	★★★★
Konfliktlösung: Produkthaftung	★★

Bewertung: Die Kanzlei ist über ihre Corporate-Praxis wie kaum eine andere verdrahtet in den Führungsetagen der dt. Wirtschaft – u. damit in der Poleposition für gesellschaftsrechtl. geprägte Konflikte u. nahezu alle marktprägenden Streitkomplexe. Dazu zählen die zivilrechtl. Aufarbeitung von Cum-Ex-Deals, die v.a. Meier, Bälz u. Wirth an der Seite der Banken Sarasin, Caceis u. Portigon beschäftigt – u. auch die umf. Arbeit für VW, Porsche u. Bosch bei der Abwehr großvol. Anlegerklagen im Dieselkomplex. Während Hengeler im Vergleich zu Wettbewerbern wie Baker McKenzie oder Freshfields unterm Strich etwas weniger internat. Schiedsverfahren führt, zeigen Komplexe mit Streitigkeiten vor staatl. Gerichten in div. Ländern: Hengeler ist auch ohne ein globales Netz eigener Büros in der Lage, großvol. u. vielschichtige internat. Prozesse aus Dtl. heraus zu koordinieren. Dies gilt etwa für den TÜV Süd nach einem Staudammbruch in Brasilien, Bosch im Zuge der VW-Dieselaffäre u. den Insolvenzverwalter im Zshg. mit der Restrukturierung der Galapagos-Gruppe, zu der parallele Verf. in den USA, GB, Luxemb., Dtl. u. vor dem EuGH gehören. Die Bedeutung dieser komplexen Mandate kommt auch darin zum Ausdruck, dass aus den Reihen der beteiligten Anwälte zuletzt 2 Partner u. 2 Counsel ernannt wurden.

Stärken: Komplexe gesellschafts- u. kapitalmarktrechtl. geprägte Großverf., Abwehr von Kartellschadensersatz.
Oft empfohlen: Dr. Markus Meier („Oberklasse – souverän, unprätentiös, glasklare Schriftsätze", Wettbewerber), Dr. Henning Bälz („hoch professionell u. hoch intelligent", Wettbewerber), Johanna Wirth („effizient u. gut", Wettbewerber), Dr. Carsten van de Sande („einmaliges Gespür für Verfahren u. Mandanten", Wettbewerber), Dr. Philipp Hanfland („Idealtypus eines Anwalts: extrem präzise, immer erreichbar, internat. bewandert", Wettbewerber), Prof. Dr. Jochen Vetter, Dr. Viola Sailer-Coceani („marktführendes Team für komplexe Mandate", Wettbewerber über beide; Corporate Litigation), Dr. Thomas Paul („Großkaliber an der Schnittstelle zum Kartellrecht", Wettbewerber), Dr. Matthias Blaum („der Richtige, wenn es ernst wird", Mandant), Dr. Daniel Zimmer („bei Kartellschadensersatz sehr versiert", Wettbewerber)
Team: 16 Partner, 6 Counsel, 35 Associates
Schwerpunkte: Über Konzernrecht u. ▷Compliance Schwerpunkt bei gesellschaftsrechtl. Streitigkeiten. Neben finanz- u. kapitalmarktnahen Verf. Post-▷M&A-Streitigkeiten. ▷Kartellrecht. Schadensersatzklagen. Streitigkeiten im Medien-, TK- u. Healthcare-Bereich. Regelm. Schiedsverf. in Großtechnik u. Anlagenbau (Schiedsrichter u. Parteivertreter). Zudem Vorfeldberatung u. ADR sowie regelm. Corporate Governance.
Mandate: VW bei Abwehr von Anlegerklagen wg. Dieselaffäre; Bosch ww. bei strateg. Koordination von Dieselklagen; TÜV Süd bei Abwehr von Anlegerklagen wg. angebl. falscher Prüfbescheinigungen u. Ansprüchen im Zshg. mit Dammbruch in Brasilien; Galapagos-Insolvenzverwalter ww. in div. Prozessen, u.a. zu Insolvenzanfechtung u. Schadensersatz; Dt. Bank bei Abwehr von €700-Mio-Aktionärsklagen (Postbank-Übernahme (BGH)); Porsche, u.a. in 6,4-Mrd-KapMuG-Verf. wg. gepl. VW-Übernahme u. bei Abwehr von Anlegerklagen im Zshg. mit VW-Dieselaffäre; Sarasin, u.a. bei Aufarbeitung des Vertriebs von Cum-Ex-Produkten; Caceis Bank u. Portigon jew. in Verf. bzgl. Cum-Ex; Google, u.a. umf. im Zshg. mit Leistungsschutzrecht für Presseverleger; Dt. Bahn gg. Uniper bzgl. Preisanpassung im Zshg. mit Stromliefervertrag; US-Elektronikkonzern in Mehrparteien-Post-M&A-Streit (DIS u. div. staatl. Verf.); Comdirect bei Abwehr von Anfechtungsklage gg. HV-Beschluss zu Squeeze-out; Rocket Internet in Verf. nach Delisting; Abwehr von Kartellschadensersatz, u.a. für MAN (Lkw), Nordzucker, British Airways (Luftfracht).

HERBERT SMITH FREEHILLS

Konfliktlösung: Schiedsverfahren	★★

Bewertung: Die Praxis weitete zwar zuletzt die Arbeit für eine Mandantin aus der Automotive-Branche in Verf. vor dt. u. europ. Gerichten aus, wird aber insges. stärker für ihr Know-how in Schiedsverfahren wahrgenommen. Dies gilt für Nacimiento, deren Kernmandat ein langj. investitionsrechtl. Streitkomplex für eine kasach. Bank u. den Staat Kasachstan ist, u. es gilt auch für Wittinghofer, der immer mehr Wettbewerbern positiv als Parteivertreter u. Schiedsrichter auffällt. Beide führen Mandate, in denen sich die Kompetenz Seilers in strafrechtl. Sachverhalten auszahlt – u.a. im Kasachstan-Mandat, in dem es um einen betrüger. erlangten Investmentschiedsspruch geht. Erfolgen auf Mandatsebene standen zuletzt allerdings Abgänge 2er erfahrener Anwälte unterhalb der Partnerebene gegenüber, was insbes. für das Frankfurter Büro eine Schwächung bedeutet.

Stärken: Schiedsverf. im Anlagenbau, Know-how im Strafrecht.
Oft empfohlen: Dr. Dirk Seiler („kompetent u. zielgenau auch in komplexen Fällen – hohe Erfolgsquote", Mandant; „taktisch exzellent an der Schnittstelle von Strafrecht u. Gesellschaftsrecht", Wettbewerber; Compliance), Dr. Mathias Wittinghofer („hohe Serviceorientierung", Mandant, „sehr guter Vortragsstil", Wettbewerber), Dr. Patricia Nacimiento („sehr umsichtig u. mit viel Fingerspitzengefühl, um das Beste für ihre Mandanten zu erreichen", Mandant)
Team: 4 Partner, 2 Counsel, 9 Associates, 1 of Counsel
Schwerpunkte: Schiedsverf., häufig im Anlagenbau u. Post-M&A, auch Investitionsschutz; Prozesse, dabei Branchenschwerpunkte Banken, Energie, Gesundheit u. Automotive. Häufig IP- u. Insolvenzbezüge. Über ▷Compliance Kompetenz bei Vollstreckung von Schiedssprüchen.
Mandate: Mongolei bei Abwehr von Investitionsschutzklage von Wallbridge Mining im Zshg. mit Goldabbau; Lkw-Hersteller, u.a. in Beweisverfahren im Zshg. mit mögl. Produktmängeln an Bussen; Kasachstan im Zshg. mit Aufhebung von Investitionsschiedsspruch u. Verteidigung gg. Vollstreckung; Microsoft Dtl. zu Compliance; ww. tätiger Stahlhändler, u.a. in Schiedsverf. zu Schadensersatz gg. afrik. Unternehmen (Swiss Rules).

HEUKING KÜHN LÜER WOJTEK

Konfliktlösung: Prozesse	★★★
Konfliktlösung: Schiedsverfahren	★★★

Bewertung: Die Praxis gehört zu den inhaltl. u. personell besonders breit aufgestellten Einheiten im Markt. Neben der Kernarbeit für die vorwiegend mittelständ. Mandantschaft in handelsrechtl. u. Post-M&A-Streitigkeiten bildet das Team zunehmend Spezialisierungen heraus – was sich auch in seiner Struktur niederschlägt. Insges. werden Litigation u. Arbitration stärker getrennt, u. durch interne Wechsel ist die von einem 4-köpfigen Team geleitete Praxis nominell stark besetzt. Dass Froesch sich inzw. immer klarer als Schiedsrichter profiliert, tut der Praxis gut, denn diese hatte im Jahr zuvor ihre Galionsfigur auf diesem Gebiet verloren. Bei Verf. vor staatl. Gerichten gelang es HKLW zuletzt, Mandate in sehr großvol. Verfahren zu gewinnen. Das gilt etwa für Wambachs Arbeit an der Seite eines Finanzinstituts, das im Wirecard-Komplex gg. EY vorgeht. Hier halfen auch Kontakte u. Know-how eines jüngeren Stuttgarter Partners – ein Bsp., das zeigt, dass die interne Vernetzung, die durch das inzw. allerdings deutl. reduzierte Dieselmandat einen Schub bekommen hat, durchaus funktioniert. Daran weiterzuarbeiten ist eine der vorrangigen Aufgaben, vor denen die umstrukturierte Praxis steht.

Stärken: Abwehr von Prospekthaftung u. Streitigkeiten mit ▷energierechtl. Hintergrund.
Oft empfohlen: Dr. Walter Eberl („fachl. sehr versiert", Mandant; „mit allen Wassern gewaschen –

KONFLIKTLÖSUNG – DISPUTE RESOLUTION

den erschreckt so leicht nichts", Wettbewerber; Schiedsrichter), Dr. Elke Umbeck („gut strukturierte Schriftsätze", Wettbewerber), Dr. Thomas Wambach, Daniel Froesch („sehr eloquent – weiß genau, wie er ein Schiedsgericht anpacken muss", Wettbewerber; Schiedsverfahren)

Team: 43 Eq.-Partner, 19 Sal.-Partner, 25 Associates

Schwerpunkte: Breite inhaltl. Aufstellung in Prozessen. Handelsvertreterfragen, ▷*Versicherungsprozesse* u. Transportrecht. Auch ▷*gesellschaftsrechtl.* Prozesse u. D&O. Daneben ▷*Immobilien- u. Baurecht,* Architektenrecht, ▷*Vertriebsrecht.* Parteivertretung u. Schiedsrichter in Schiedsverf., v.a. ▷*Post-M&A,* Anlagenbau u. ▷*Energiesektor.* Auch ADR.

Mandate: Wertpapierhaus einer dt. Bankengruppe bei €150-Mio-Klage gg. EY wg. Wirecard-Insolvenz (LG); Rüstungskonzern in div. Verf. gg. Softwareunternehmen im Zshg. mit Kommunikationssystem für Fregatten; VW u. Audi bei Abwehr von Verbraucherklagen wg. Dieselaffäre; Hellespont in KapMuG-Verf. zu Schiffsfonds; IT-Dienstleister bzgl. €15-Mio-Organhaftung gg. Ex-Geschäftsführer (LG); Syntellix zu Schadensersatz u.a. gg. Carsten Maschmeyer; Bauunternehmen in €17-Mio-Schiedsverfahren gg. Stahlkonzern (DIS); Esso u. Shell bei Geltendmachung von Kartellschadensersatz (Girocard).

HOGAN LOVELLS

Konfliktlösung: Prozesse	★★★★
Konfliktlösung: Schiedsverfahren	★★★★★
Konfliktlösung: Produkthaftung	★★★★★

Bewertung: Die Praxis steht wie wenige im Zentrum der Umwälzungen in der Automobilbranche. Allein die Arbeit für VW in einer umf. Auseinandersetzung mit dem Zulieferer Prevent u. für Porsche im Zshg. mit dem Dieselkomplex lasten große Teams aus. Neben etablierten Partnern wie Hass, Brock, Lach u. Gärtner stehen hier auch jüngere in der ersten Reihe. Dass die Praxis regelm. Neupartner ernennt u. einige Anwälte auch unterhalb der Partnerebene bereits Anerkennung bei Wettbewerbern finden, spricht für die Dynamik der Entwicklung. Neben VW gehören auch BMW u. Mercedes-Benz zu den Mandanten der Kanzlei – das zeigt die Marktdurchdringung, die HL mit ihrer strateg. Fokussierung auf Industriesektoren inzw. erreicht hat. Daran hat insbes. die marktführende Produkthaftungspraxis einen großen Anteil, die auch in der Lifescience-Branche in zahlr. prominente Fälle involviert ist. V.a. 2 Fälle belegen, dass die Praxis auch bei großen internen Untersuchungen u. in Schiedsverfahren eine wichtige Rolle spielt: Ein Team um Witte u. einen Compliance-Partner begleitet Currenta bei der Aufarbeitung einer Explosion u. Pörnbacher vertritt ein Energieunternehmen, das vor dem Schiedsgericht der Weltbank (ICSID) die Bundesrepublik verklagt hat.

Stärken: Internat. Produkthaftungspraxis.

Oft empfohlen: Dr. Detlef Haß („Erfahrung in Massenverfahren", Wettbewerber), Karl Pörnbacher („engagiert u. umtriebig – breites Spektrum", Wettbewerber; Schiedsverf.), Dr. Tanja Eisenblätter („versteht schnell die Sachlage u. überragt jeden Gegner", Mandant; „unique u. wirkungsvoll", Wettbewerber), Ina Brock (Produkthaftung), Dr. Jürgen Witte (D&O-Deckung u. -Haftung), Dr. Sebastian Lach („fachl. top, sehr angenehm in der Zusammenarbeit", Wettbewerber; Compliance u. Produkthaf

tung), Dr. Kim Mehrbrey („zielstrebig, themenübergreifend versiert, budgettreu", Mandant), Dr. Inken Knief („kollegial, gewissenhaft, viel internat. Erfahrung", Wettbewerber; Schiedsverf.), Dr. Olaf Gärtner („gibt alles für den Fall – super Auftreten bei Gericht", Mandant; gesellschaftsrechtl. Streitigkeiten)

Team: 12 Partner, 13 Counsel, 61 Associates, 1 of Counsel

Schwerpunkte: Breites Spektrum in der Produkthaftung; Auseinandersetzungen in ▷*Gesellschaftsrecht* u. ▷*Anlagenbau u. Immobiliensektor,* auch ▷*kartell-* u. ▷*insolvenzrechtl.* Streitigkeiten. ▷*Compliance*-Beratung. In Schiedsverf. als Parteivertreter oder Schiedsrichter tätig. Branchen v.a.: Automotive, Lifescience, Pharma, Versicherungen.

Mandate: Mainstream Renewable Power in Investitionsschutzverf. gg. Dtl. im Zshg. mit Offshorewindprojekten (ICSID); Currenta bei Untersuchung von Explosion bei Chempark Leverkusen; Porsche gg. Kundenklagen im Dieselskandal; VW, u.a. in Streitigkeiten mit Prevent-Gruppe; TÜV Rheinland bei Abwehr von Ansprüchen bzgl. PIP-Silikonimplantaten; div. Finanzunternehmen im Zshg. mit Cum-Ex; Korean Air bei Abwehr von Schadensersatz (Luftfrachtkartell); ehem. Vorstandsmitglieder in einem Schiedsverf. über Vergütungsansprüche lfd.: Hyundai.

JONES DAY

| Konfliktlösung: Prozesse | ★ |
| Konfliktlösung: Schiedsverfahren | ★★★ |

Bewertung: Die Praxis ist eng wie nur wenige in das internat. Netzwerk der Kanzlei eingebettet – dies gilt umso mehr, seit zu dem für internat. energierechtl. Streitigkeiten renommierten Willheim 2 Partnerzugänge weiter in Richtung internat Schiedsverfahren verschoben haben. US-Anwältin Kläsener rundet mit ihrem Technologiefokus die Gesamtpraxis inhaltl. ab, zuletzt stieg eine weitere US-Anwältin u. Schiedsspezialistin von Dentons als Counsel ein – die Größe der Praxis hat sich somit innerhalb eines Jahres verdoppelt. Für den derzeitigen Boom bei energierechtl. Streitigkeiten vor dem Hintergrund der europ. Energiewende u. immer drastischer werdender Russland-Sanktionen ist die Praxis angesichts der Schwerpunkte ihrer Partner gut aufgestellt. Dass Willheim für seine langj. Leibu.-Magen-Mandantin Gazprom aus kanzleipolit. Gründen nur noch eingeschränkt tätig ist, schafft Raum für weitere Mandate aus diesem insges. wachsenden Feld.

Oft empfohlen: Dr. Johannes Willheim, Dr. Dieter Strubenhoff („fachl. u. strateg. hervorragend", Wettbewerber), Amy Kläsener („souverän u. international, gute Cross-Examination-Skills", Wettbewerber)

Team: 4 Eq.-Partner, 2 Counsel, 2 Associates

Schwerpunkte: Dt. u. internat. Schiedsverf., Post-M&A- sowie handels- u. vertragsrechtl. Streitigkeiten, insbes. wg. ▷*Energie-,* Technologie-. Planungs-, Bau- u. Infrastrukturprojekten.

Mandate: PJSC Gazprom u. Gazprom in Aufhebungsverf. vor schwed. Gericht gg. Schiedsspruch aus $1-Mrd-Preisrevisionsschiedsverfahren; Kryptostiftung in ICDR-Verf. bzgl. Forderungen aus Softwareentwicklungsvertrag; US-Büromaschinenhersteller in €25-Mio-Post-M&A-Streit; Datendienstleister zu Schadensersatz im Zshg. mit öffentl.-rechtl. IT-Projekt.

KANTENWEIN ZIMMERMANN SPATSCHECK & PARTNER

| Konfliktlösung: Prozesse | ★★ |
| Konfliktlösung: Schiedsverfahren | ★★★ |

Bewertung: Die Münchner Prozesspraxis ist insbes. auf dem Gebiet steuerrechtl. geprägter Streitigkeiten eine gefragte Adresse. Mehrere Partner sind zugleich Steuerberater oder Wirtschaftsprüfer, zudem verfügt die Kanzlei mit Dr. Rainer Spatscheck über einen der renommiertesten Steuerstrafrechtler. So ist die Kanzlei stark involviert in die zivilrechtl. Aufarbeitung des Cum-Ex-Skandals. Die Anwälte verfügen über ein tiefes Verständnis für komplexe steuer- u. bilanzrechtl. Probleme u. sind, im Gegensatz zu vielen Wettbewerbern, nicht wg. allzu vieler Konflikte gesperrt. Ihr energierechtl. Know-how konnte die Kanzlei angesichts aktueller Entwicklungen zuletzt wieder stärker bei Preisanpassungsstreitigkeiten einbringen. Zunehmend etabliert sich neben Kröck auch Kuhli-Spatscheck als Schiedsrichterin für großvol. Fälle, v.a. in Post-M&A-Verf. mit bilanzrechtl. Fragen.

Oft empfohlen: Dr. Alexander Kröck („sehr guter Analytiker, tief im Sachverhalt, fachl. herausragend", Wettbewerber), Dr. Annett Kuhli-Spatscheck („zügige u. klare Verfahrensführung als Schiedsrichterin", Wettbewerber), Marcus van Bevern („pragmat. u. routiniert", Wettbewerber)

Team: 4 Eq.-Partner, 2 Sal.-Partner, 2 Associates, 1 of Counsel

Schwerpunkte: Durch MDP-Hintergrund viele finanz-, bilanz- u. steuerrechtl. Auseinandersetzungen. Daneben gesellschaftsrechtl. Streitigkeiten (Post-M&A, Organhaftung), Prozesse aus Handelsu. Vertriebsverträgen u. Berufshaftung von Freiberuflern. Schiedsverf. insbes. nach DIS u. ICC.

Mandate: Internat. Bank u. Finanzdienstleister bzgl. zivilrechtl. €140-Mio-Regress im Zshg. mit Cum-Ex; Versicherer in zivil- u. steuerrechtl. €100-Mio-Streitkomplex in div. Ländern; Gesellschafter von Metallbauunternehmen bei Geltendmachung von Auskunfts- und Haftungsansprüchen gg. ehem. Rechts- u. Steuerberater; Industrieholding in €10-Mio-Vergütungsstreit ggü. Ex-Vorstand; Immobilienunternehmen, u.a. gg. internat. Filialhandelskonzern wg. Mietzahlungen im Corona-Lockdown (LG); Investor in €500-Mio-Streitkomplex aus 11 parallelen DIS-Verf.; europ. Industriekonzern bei Abwehr von Provisionsansprüchen von griech. Tochter, u.a. wg. Korruptionsverdacht (ICC); Bekleidungsunternehmen in €50-Mio-Streit mit Gesellschaftern; Aktionärsgruppe in aktienrechtl. €55-Mio-Streit gg. Mehrheitsaktionärin, u.a. durch Sonderprüfung.

KING & SPALDING

| Konfliktlösung: Schiedsverfahren | ★★ |

Bewertung: Bei Investitionsschutzverfahren gehört die US-Kanzlei zu den Marktführern. 20 Kläger vertritt sie in ICSID-Verfahren, v.a. gg. Spanien u. Italien. Dabei arbeitet Schäfer mit den Büros in Houston, Paris u. Washington zusammen. Ähnl. internat. ist auch die Arbeit für Porsche, u.a. ggü. US-Umweltbehörden. Darüber hinaus ist Schäfer als Schiedsrichter national u. internat. sehr aktiv. Trotz des Weggangs eines erfahrenen Counsels zu Amazon ist die kleine Praxis zuletzt immer wieder in staatl. Gerichtsverfahren u. in der Compliance-Beratung gefragt gewesen, z.B. für Halliburton in einem Prozess u. für Tochtergesellschaften internat. Mandanten in Compliance-Fragen oder bei der

KONFLIKTLÖSUNG – DISPUTE RESOLUTION

Durchsetzung von Ansprüchen gg. einen Insolvenzverwalter. Auch der Ukraine-Krieg u. damit verbundene Sanktionen u. Rohstoffknappheit führten zuletzt zu erhöhtem strateg. Beratungsbedarf. Um das Geschäft insges. auszuweiten, müsste das Team allerdings wachsen.
Stärken: Investitionsschutz, enge internat. Einbindung.
Oft empfohlen: Jan Schäfer („internat. erfahrener Schiedsrichter, sehr gute Verhandlungsführung", Wettbewerber)
Team: 1 Partner, 3 Associates
Schwerpunkte: Parteivertreter u. Schiedsrichter in Post-M&A- u. handelsrechtl. Streitigkeiten; Investitionsschutz (meist mit US-Büros u. Paris); Branchen: Energie, Anlagenbau, Automotive. Zunehmend Compliance u. Sanktionsberatung.
Mandate: Co-Counsel von Halliburton in DIS-Schiedsverfahren u. US-Discovery sowie Vertretung in Gerichtsverf.; div. ICSID-Verf. gg. Spanien u. Italien im Zshg. mit Solarförderung; Porsche zum US-Umweltrecht, u.a. im Zshg. mit VW-Dieselaffäre; Durchsetzung von Ansprüchen gg. Insolvenzverwalter von dt. Metallunternehmen.

LATHAM & WATKINS
Konfliktlösung: Prozesse ★★★★
Konfliktlösung: Schiedsverfahren ★★★★

NOMINIERT
JUVE Awards 2022
Kanzlei des Jahres für Dispute Resolution

Bewertung: Die Praxis ist spezialisiert auf komplexe internat. Mandate, für die sie aufgrund ihrer starken Stellung sowohl in den USA als auch in Dtl. gut gerüstet ist. Dass diese Aufstellung Mandanten überzeugt, zeigt etwa die Arbeit für ZF Friedrichshafen in einem wegweisenden Verfahren vor dem US Supreme Court zum Einsatz von US-Discovery-Verf. vor ausl. Schiedsgerichten. In diesem Verfahren spielt neben Baus auch Dr. Alena McCorkle eine wichtige Rolle. Sie steht, wie auch Dr. Anne Löhner aus dem Münchner Büro, für eine personelle Weiterentwicklung der Praxis: Die Ernennung der beiden Neupartnerinnen belegt, dass sie auch im Vergleich zur extrem profitablen US-Praxis ausreichend lukratives Prozessgeschäft in Dtl. gewinnt. Die Verzahnung sowohl von internat. Büros als auch Praxisgruppen kommt in mehreren aktuellen Prozesskomplexen zum Tragen. Das gilt etwa für die Post-M&A-Auseinandersetzung zw. einem US-Investor u. einem österr. Unternehmen, in die inzw. auch ein Restrukturierungsteam u. Compliance-Spezialisten um Grützner eingebunden sind. Es gilt auch für die Arbeit an der Seite der Crédit Suisse, für die die dt. Litigation-Praxis erstmals im Großeinsatz ist, u. es gilt für länger laufende Prozesskomplexe um Datenschutzverstöße bei Mastercard u. Dieselklagen bei Mercedes-Benz. Der Wechsel des langj. Frankfurter Partners Schäfer in den Ruhestand stellt die Praxis nicht vor Probleme, auch weil sie sich seit Längerem darauf vorbereitet hat.
Oft empfohlen: Dr. Sebastian Seelmann-Eggebert („führender dt. Kopf in internat. Schiedsgerichtsbarkeit", Wettbewerber), Prof. Dr. Thomas Grützner („angenehm u. professionell", Wettbewerber; Compliance), Dr. Christoph Baus („starke Präsenz vor Gericht", Wettbewerber)
Team: 7 Partner, 3 Counsel, 24 Associates
Partnerwechsel: Volker Schäfer (in Ruhestand)
Schwerpunkte: Prozesse häufig mit finanzrechtl. Hintergrund, auch Vertretung ggü. US-Behörden; ▷datenschutzgetriebene Zivil- u. Behördenverf.; Branchenschwerpunkte: Finanzen, Energie, Automotive, Technologie. Regelm. Post-▷M&A-Verf., ▷gesellschaftsrechtl. u. ▷insolvenzrechtl. Streitigkeiten. In HH auch Investitionsschutzverf. (mit London).
Mandate: Crédit Suisse, u.a. im Zshg. mit Geldwäsche- u. Korruptionsvorwürfen („Suisse Secrets') u. Greensill-Insolvenz; US-Investor im Zshg. mit mögl. Fehlverhalten von Geschäftsführern vor Verkauf von Beteiligung an Verpackungshersteller in Österr.; Mastercard, u.a. bei Abwehr von Kundenklagen im Zshg. mit Datenschutzvorfall; Vodafone gg. Dt. Telekom wg. Kabelschachtmieten (BGH); Autokonzern, u.a. in datenschutzrechtl. Gerichtsverfahren; ZF Friedrichshafen, u.a. in Post-M&A-Streit gg. Luxshare (US Supreme Court); Mercedes-Benz, u.a. bei Abwehr von Kundenklagen wg. Dieselaffäre; Gesellschafter von österr. Medienkonzern in Gesellschafterstreit um Zulässigkeit eines SCAI-Verf. (BGH); Investitionsschutzverf., u.a. für Strabag gg. Libyen (ICSID), IIL gg. Türkei (ICSID), Kroatien (ICSID) u. Ukraine (u.a. SCC); Air Berlin zu Schadensersatzklage gg. Etihad; Einlagensicherungsfonds bei Abwehr von Ansprüchen im Zshg. mit Greensill-Insolvenz; dt. Entwicklungshilfeverein in div. Nachlassstreitigkeiten gg. inzw. Ex-Testamentsvollstreckerin (OLG); DWH-Insolvenzverwalter in div. Verf. zu Anfechtungs- u. Geschäftsführerhaftungsansprüchen (LG, OLG); Landkreis Goslar gg. Asklepios im Zshg. mit Privatisierung von Klinikstandorten (OLG); Scholz Holding bei Abwehr von Prospekthaftung; Dt. Wohnen im Zshg. mit DSGVO-Bußgeld (EuGH).

LINDENPARTNERS
Konfliktlösung: Prozesse ★

Bewertung: Die Berliner Kanzlei versteht sich als umf. Beraterin zu bankrechtl. Themen, auch bei streitigen Fragen. Kollektivklagen sind ein weiteres Feld, auf dem die Kanzlei Know-how vorweisen kann, denn sie hat in der Abwehr von Massenklagen für Banken wie bei der NordLB bereits reichl. Erfahrung mit Legal-Tech-gestützter Verfahrensorganisation. Da die Kanzlei im Dieselkomplex in kapitalmarktrechtl. Verf. gg. VW vorgeht, kann sie diese Stärke im Vergleich zu vielen Wettbewerbern auf Beklagtenseite nur eingeschränkt ausspielen. Für die jurist. Kreativität der Praxis spricht ein viel beachteter Fall, in dem es Asmus gelungen ist, über das Umweltinformationsgesetz beim Bundesministerium Akteneinsicht im VW-Dieselskandal zu erzwingen. Jenseits der klass. bankennahen Prozesse zeigen Neumandatierungen in Post-M&A-, D&O- u. Gesellschafterstreitigkeiten, dass die Praxis häufiger auch für Corporate Litigation gefragt ist.
Oft empfohlen: Dr. Thomas Asmus („viel Erfahrung mit Prospekthaftung u. Massenklagen", Wettbewerber), Dr. Tobias de Raet („handels- u. gesellschaftsrechtl. Streitigkeiten auf Top-Niveau", Wettbewerber), Dr. Lars Röh, Dr. Guido Waßmuth
Team: 8 Eq.-Partner, 2 Sal.-Partner, 6 Associates
Schwerpunkte: Kapitalmarktrechtl. Anleger- u. Prospekthaftungsklagen, meist auf Abwehrseite. Organhaftung sowie gesellschafts- u. vertragsrechtl. Streitigkeiten. Mandanten: priv. u. öffentl. Kreditinstitute, Fondsinitiatoren u. Emittenten.
Mandate: 29 Krankenhausträger, u.a. bei Normenfeststellungsklage gg. Neuregelung bei Frühchenversorgung; ehem. Komplementär Sal. Oppenheim bei Abwehr von Organhaftung; Land Baden-Württemberg, LBBW u. div. Finanzinstitute zu €70-Mio-Schadensersatzforderung als Beigeladene in Kap-MuG-Verf. gg. VW; Kapitalverwaltungsgesellschaft bei Geltendmachung von Ansprüchen aus Cum-Cum- u. Cum-Ex-Geschäften; Nord LB, u.a. in Grundsatzverf. zur Wirksamkeit von Kündigungsausschluss bei Kommunaldarlehen (OLG, BGH); lfd.: Berliner Flughafen-Gesellschaft, Berlinovo, Hamburger Sparkasse, Rajon.

LINKLATERS
Konfliktlösung: Prozesse ★★★★★
Konfliktlösung: Schiedsverfahren ★★★★
Konfliktlösung: Produkthaftung ★★★

Bewertung: Die Schwerpunkte der Praxis in den Sektoren Finanzen, Energie u. Lifesciences sind angesichts aktueller Entwicklungen besonders gefragt. So ergeben sich durch die beschleunigte Neuordnung des europ. Energiemarktes zahlr. Streitigkeiten, bei denen insbes. das Know-how von Chatzinerantzis zum Einsatz kommt. Zu seinen Mandanten gehören etwa Uniper, Enel u. der kürzl. verkaufte Offshorewindparkbetreiber WPD. Auch die Spezialisierungen einiger jüngerer, inzw. gut etablierter Partner kommen im Zuge der Energiewende zum Tragen: Wilhelm etwa berät häufig im Zshg. mit Wirtschaftskriminalität u. ist nun vermehrt bei sanktionsbezog. Themen im Einsatz. Das gilt auch für Schmitt, der als Berater vieler Finanzdienstleister bereits über reichl. Erfahrung mit Iran-Sanktionen verfügt. Dass mit Schwedt eine Partnerin Linklaters verlässt, hinterlässt keine inhaltl. Lücken, denn ihre Schwerpunkte – Schiedsverfahren, häufig IP-bezogen, sowie Kartellschadensersatz u. Organhaftung – decken auch andere Partner sowie 2 neu ernannte Counsel ab. Die klass. Stärke der Praxis im Bankensektor sorgt dafür, dass sie auch bei der Cum-Ex-Aufarbeitung zu den wichtigen Akteuren zählt.
Stärken: Intensive, fachbereichsübergreifende Zusammenarbeit, insbes. mit den ▷Insolvenz-/Restrukturierungs-, ▷Gesellschafts-, ▷Kartell- u. Bank- u. Kapitalmarktrechtspraxen.
Oft empfohlen: Alexandros Chatzinerantzis („einzigartiges Fachwissen im Energiesektor", Wettbewerber), Dr. Rupert Bellinghausen („klar strukturiert u. umsetzungsstark", Wettbewerber), Dr. Kerstin Wilhelm („tief in den Sachverhalten", Wettbewerber), Dr. Christian Schmitt („klug, engagiert, kompetent", Wettbewerber)
Team: 7 Partner, 3 Counsel, 25 Associates
Partnerwechsel: Kirstin Schwedt (in eigene Kanzlei)
Schwerpunkte: Regelm. ▷gesellsch.rechtl. Auseinandersetzungen u. Post-▷M&A sowie im Anlagenbau u. um Vertriebsverträge. Insolvenzbedingte Streitigkeiten (auch Immobilien- u. Baurecht). Im Bankrecht insbes. Prospekthaftungs- u. Anlegerklagen. ▷Energierecht. u. regulator. Verfahren. Zudem ▷Kartellrecht u. Produkthaftung.
Mandate: WPD, u.a. zu Anspruchsdurchsetzung in Dtl. u. Malaysia, div. Adjudikations- u. Schiedsverfahren gg. malays. Spezialschiffbetreiber u. Bank im Zshg. mit coronabedingt verzögertem Windparkprojekt in Taiwan; Cairn Energy bei Abwehr von Aufhebung eines $1,2-Mrd-Schiedsspruchs gg. Indien; Visa bei Abwehr von Kartellschadensersatz gg. div. Banken im Zshg. mit Kundenentgelten; Clearstream bei Abwehr von €500-Mio-Klage des Air-Berlin-Insolvenzverwalters im Zshg. mit gesellschaftsrechtl. Brexit-Auswirkungen; Enel als Geschädigte in Holt-Betrugskomplex, u.a. zu Schadensersatz u. Arretie-

KONFLIKTLÖSUNG – DISPUTE RESOLUTION

rung von Vermögen in div. Ländern; Steinhoff bei Abwehr von Aktionärsklagen wg. angebl. Bilanzunregelmäßigkeiten; Uniper, u.a. gg. RWE wg. Verträgen über Energieerzeugungskapazitäten aus ‚Datteln 4'; Genting gg. Mecklenburg-Vorpommern bzgl. Zahlungszusagen für dt. Werften wg. Corona-Krise; Barclays bei Abwehr von Anlegerklagen (KapMuG); BayernLB, u.a. in div. Ländern zu Schadensersatz im Zshg. mit Korruption bei Verkauf von Formel-1-Beteiligung; Dt. Oppenheim, u.a. bei Durchsetzung von Organhaftung u. Ansprüchen aus notleidenden Darlehen; Abwehr von Kartellschadensersatz, u.a. für Air France-KLM (Luftfracht) u. Saint-Gobain (Autoglas); McKesson, u.a. bei Abwehr von €350-Mio-Schadensersatzklagen von Hedgefonds (BGH).

LUTHER
Konfliktlösung: Prozesse ★★★
Konfliktlösung: Schiedsverfahren ★★★★
Konfliktlösung: Produkthaftung ★★

Bewertung: Aushängeschilder der Praxis sind die Arbeit für VW im Dieselkomplex, die nach wie vor ein großes Team beschäftigt, u. die auch internat. vielbeachtete Rolle Happs an der Seite von Energieunternehmen in Investitionsschutzverfahren. Während das Leuchtturmmandat Vattenfall nach einem Jahrzehnt endete, richten sich die Augen auf das Engagement für RWE, die Luther gg. die Niederlande wg. des dort beschlossenen Kohleausstiegs in einem ICSID-Verf. sowie in einem Zuständigkeitsstreit von grds. Bedeutung vor dt. Gerichten vertritt. Das Know-how der Praxis bzgl. finanzrechtl. Streitigkeiten führte zuletzt zu div. Mandatierungen durch Kommunen u. Investoren im Zshg. mit der Greensill-Insolvenz. Neben Bausch gewinnt hier die jüngere Partnerin Dux-Wenzel an Profil im Markt. Auch ein Grundsatzstreit um die Verjährung von Prospekthaftung bei geschl. Fonds, den ein Hamburger Partner bis vor den BGH begleitet hat, unterstreicht die Kompetenz von Luther in finanzrechtl. Auseinandersetzungen.

Stärken: Schiedsverf., Know-how in der Energiebranche, Massenverfahren.

Oft empfohlen: Dr. Richard Happ („brillanter Prozessualist", Wettbewerber), Dr. Stephan Bausch („beeindruckende Leistung im VW-Mandat", Wettbewerber), Dr. Borbála Dux-Wenzel („exzellente Juristin u. Sprachgenie mit besonderem Know-how im europ. Recht", Wettbewerber)

Team: 11 Partner, 5 Counsel, 102 Associates (bis zu 30 Associates davon ausschl. im VW-Mandat)

Schwerpunkte: Handels- u. gesellschaftsrechtl. Streitigkeiten, Post-M&A-Fälle, auch Investitionsschutz. Schwerpunkte bei Prozessen für Finanzdienstleister, starke Schnittstellen zu ▷Vertriebs-, ▷Immobilien- u. Baurecht. Organhaftung u. Produkthaftung.

Mandate: RWE gg. Niederlande bei €1,4-Mrd-Klage im Zshg. mit Kohleausstieg (ICSID, OLG); ehem. Wirecard-Vorstand F. als Nebenintervenient bei Klage von Effecten-Spiegel gg. Wirecard, Markus Braun u. EY; institutionelle Investoren zu Schadensersatz aus Anlageberatungshaftung gg. Crédit Suisse Dtl. im Zshg. mit Supply Chain Finance Fund; Köln u. Gießen in €25-Mio-Schadensersatzstreit im Zshg. mit Greensill-Insolvenz; VW bei Abwehr von Klagen im Zshg. mit Dieselaffäre; ICSID-Verf. für E.on gg. Spanien wg. Solarförderung u. Vattenfall gg. Dtl. wg. Atomausstieg; CEO eines US-börsennot. Haushaltsgeräteherstellers im Zshg. mit Alno-Insolvenz; Hamburg Trust in KapMuG-Verf. wg. Prospektfehlern (OLG, BGH); Hauck & Aufhäuser, u.a. bei Abwehr von €11-Mrd-Klage im Zshg. mit Insolvenz einer Sabet-Gesellschaft; Kölner Schiffswerft Deutz gg. div. Herausgabeklagen im Zshg. mit Immobilieninvestitionen.

LUTZ ABEL
Konfliktlösung: Prozesse ★★★

NOMINIERT
JUVE Awards 2022
Kanzlei des Jahres für Dispute Resolution

Bewertung: Der ausgezeichnete Ruf ihres Namenspartners Lutz bei gesellschaftsrechtl. Streitigkeiten u. Organhaftung prägt schon lange die Marktwahrnehmung der Kanzlei. Inzw. erarbeiten sich auf diesem Gebiet jedoch auch jüngere Anwälte zunehmend Anerkennung im Markt, v.a. der im Vorjahr zum Sal.-Partner ernannte Fluck. Zudem steigert die Kanzlei ihre Akzeptanz in weiteren Bereichen – wie Konflikten, die aus Handel u. Vertrieb entstehen. Dafür steht das Stuttgarter Team um Mann, das in den letzten Jahren seinen Mandantenkreis stetig ausgebaut hat u. von namh. regionalen u. überregionalen Unternehmen inzw. regelm. beauftragt wird. Stammmandanten wie Nanogate, Optima Packaging, Putzmeister u. Selecta Klemm sorgen für eine stetige Auslastung des Teams. Mit dem Zugang eines 5-köpfigen Teams um Zoller verbucht Lutz Abel nun eine entscheidende Stärkung bei der Abwehr von Massenklagen, insbes. KapMuG, u. bei der Verteidigung von Wirtschaftsprüfern. Das bekannteste Mandat des Teams ist die Abwehr von Investorenklagen für EY im Zshg. mit der Wirecard-Insolvenz.

Stärken: Gesellschafts-, handels- u. vertriebsrechtl. Streitigkeiten.

Oft empfohlen: Dr. Reinhard Lutz („mit ihm kriegt man die schwierigsten Sachen vom Tisch", Wettbewerber), Dr. Marius Mann („kollegial, verlässl., ausgezeichnet – insbes. gut bei vertriebsrechtl. Themen u. Produkthaftung", Wettbewerber), Dr. Michael Zoller („souveräner u. strateg. versierter Prozessrechtler – Spezialist für Berufshaftung", Wettbewerber), Dr. Bernd Fluck („tiefgehendes wirtschaftl. Verständnis, lösungsorientiert", Wettbewerber);

Team: 3 Eq.-Partner, 4 Sal.-Partner, 5 Associates

Partnerwechsel: Dr. Michael Zoller, Frank Wegmann (von Wirsing Hass Zoller); Dr. Kilian Eßwein (zu Freund Rüll Partner)

Schwerpunkte: Handels- u. vertragsrechtl. Streitigkeiten sowie Gesellschafter-, Post-M&A-Streitigkeiten u. Organ- u. Berufshaftung.; Vertretung von Anwälten, Wirtschaftsprüfern u. Steuerberatern

Mandate: Ex-Teilinhaber einer Klinik in Post-M&A-Streit; Caesar Business Angels in Venture-Capital-Streit; Investmentfirma zu Gesellschafterstreit in Biotechunternehmen; dt. Tochter eines kanad. Autozulieferers im Zshg. mit mögl. großvol. Produktrückruf; Caceis bei Abwehr von Anlegerreklamationen; EY, u.a. bei Abwehr von Anlegerklagen im Zshg. mit Wirecard-Insolvenz u. Vergleich mit Maple-Bank-Insolvenzverwalter; Marketing/IT-Unternehmen in Post-M&A-Streit; mittelständ. Baukonzern in Gesellschafterstreit; VfR Aalen gerichtl.; Ex-CEO von Kodak Alaris bei Abwehr von Schadensersatz im Zshg. mit Joint-Venture-Beendigung; Telo in €400-Mio-Schadensersatzprozess gg. Ex-Geschäftsführer u. Manager eines Investmentfonds; div. Wirtschaftsprüfer u. Steuerberater bei Abwehr von Schadensersatz, u.a. ehem. EY-Partner bei Abwehr von Schadensersatz gg. Wirecard-Anleger; lfd.: Getränkehersteller, HCOB, Healthfood 24, Pier7 Foods, Adöksan-Gruppe.

MANNER SPANGENBERG
Konfliktlösung: Schiedsverfahren ★★

Bewertung: Die Kanzlei ist v.a. für die Schiedsrichtertätigkeit ihrer Namenspartner u. ihre Parteivertretungen anerkannt. Inzw. macht aber auch die Arbeit an staatl. Gerichten einen großen Teil der Arbeit aus. Dabei hebt sich die Einheit von Wettbewerbern ab, weil sie sich nicht einseitig auf Kläger- oder Beklagtenseite positioniert. Das medienwirksamste Mandat ist derzeit die Vertretung von Opfern eines Dammbruchs in Brasilien mit über 1.200 Geschädigten gg. den TÜV Süd. Daraus entstand ein weiteres Massenverfahren mit Brasilienbezug: MS vertritt rd. 400 brasil. Frauen im Zshg. mit mögl. Schäden durch die Verhütungsspirale Essure gg. Bayer. Ein weiterer Zugang auf Associate-Ebene verleiht der Kanzlei zudem mehr personelle Schlagkraft für Großverfahren, die sich jedoch nicht nur auf Klägerseite abspielen: Inzw. wächst der Mandantenkreis, der regelm. auf die Kanzlei setzt. Einen Windenergieanlagenhersteller vertritt MS bspw. in komplexen Verfahren gg. Lieferanten u. Kunden. Bei einem Pharmaunternehmen hat es die Kanzlei aufs Panel geschafft.

Stärken: Gutes (internat.) Netzwerk.

Oft empfohlen: Dr. Jan Spangenberg („exzellent, immer fair u. durchsetzungsstark", Wettbewerber), Dr. Simon Manner („herausragender u. empathischer Jurist – einer der führenden Köpfe im Norden", Wettbewerber)

Team: 2 Partner, 4 Associates, 1 of Counsel

Schwerpunkte: Schiedsverf. als Parteivertreter u. Schiedsrichter; Massenverf., oft mit ausl. Bezügen.

Mandate: Energieunternehmen in div. Streitigkeiten im Zshg. mit der Errichtung von Windparks in Schweden u. Dtl.; Opfer des Brumadinho-Dammbruchs gg. TÜV Süd; brasil. Frauen gg. Bayer wg. Essure-Verhütungsspirale; Anleger zu Schadensersatz gg. Privatbank wg. fehlerhafter Beratung; 100 ausl. Anleger gerichtl. wg. vertragl. Ansprüche aus Immobilienanlagemodell der German Property Group. Parteibenannter Schiedsrichter: DIS-Verf. zu Post-M&A-Streit (€40 Mio), DIS-Verfahren mit mehreren Parteien im Zshg. mit Medizinprodukt; Windenergieanlagenhersteller in div. Streitigkeiten mit Lieferanten und Kunden.

MCDERMOTT WILL & EMERY
Konfliktlösung: Prozesse ★
Konfliktlösung: Schiedsverfahren ★★
Konfliktlösung: Produkthaftung ★★

Bewertung: Die Praxis steht für Produkt- u. Organhaftung sowie Investor-Staat-Schiedsverfahren – u. hat ihre Ambitionen zuletzt durch eine deutl. Erweiterung der Partnerriege untermauert. Aus den eigenen Reihen ernannt wurden Matthias Distler, Dr. Richard Gräbener u. Stefanie Soltwedel. Das bedeutet eine Verdopplung der Partnerebene, der nun aber auch eine Vergrößerung des Associate-Teams folgen muss, um die Schlagkraft langfr. tatsächl. zu erhöhen. Inhaltl. stärkt MWE mit den Neupartnern v.a. die Bereiche D&O- u. Versicherungsprozesse. Hier hat sich durch die Arbeit für Zulieferer ein Schwerpunkt in der Automotive-Branche entwickelt. Weiterhin auffällig im Markt agiert Fuchs, der trotz seines vglw. jungen Alters

KONFLIKTLÖSUNG – DISPUTE RESOLUTION

bereits häufig als Schiedsrichter benannt u. gelobt wird.
Stärken: Schiedsverfahren, D&O-Prozesse.
Oft empfohlen: Arne Fuchs („sehr weit für sein Alter", Wettbewerber), Dr. Thomas Hauss („hart, aber fair", Wettbewerber)
Team: 7 Partner, 7 Associates
Schwerpunkte: Schiedsverfahren, auch Investitionsschutz. Parteivertretung u. Schiedsrichter. D&O-Prozesse, v.a. als Defense Counsel. Vertriebsstreitigkeiten, häufig mit ▷insolvenzrechtl. Bezug. Produkthaftung.
Mandate: HeidelbergCement bei Investitionsschiedsverf. gg. Ägypten (ICSID); Autozulieferer bei Abwehr von Schadensersatz in €25-Mio-Post-M&A-Streit; Einzelhandelskonzern bei Klagen wg. Schließungsverordnungen im Zshg. mit Corona; Ex-Vorstand bei Abwehr von Organhaftung wg. angeblicher €700-Mio-Zahlungen nach Insolvenzreife; ehem. Aufsichtsratschef in €57-Mio-D&O-Streit wg. Aktienverkauf; Elektronik- u. Chemiekonzern bei Abwehr von Schadensersatz wg. ww. Rückruf im Zshg. mit fehlerhaften Komponenten; glob. Medienunternehmen in Aufhebungsverfahren; Nordmazedonien in $1,5-Mrd-Investitionsschiedsverf. wg. Bergbauinvestitionen (PCA).

MEILICKE HOFFMANN & PARTNER
Konfliktlösung: Prozesse ★★
Bewertung: Kernkompetenz der Kanzlei aus Bonn sind komplexe aktien- u. gesellschaftsrechtl. Auseinandersetzungen in Bezug auf Delistings, Squeeze-outs u. krit. Hauptversammlungen. Oft ist sie dabei in langwierigen Streitigkeiten mit großer Öffentlichkeit aktiv, wie z.B. bei Gelita, AvP (marktbekannt) u. Syntellix. Bekannt sind die Partner zudem als Besondere Vertreter, wie z.B. bei Easy Software. Insbes. Lochner wird in Spruchverfahren auch regelm. zum gemeinsamen Vertreter bestellt (Veritas, Diebold Nixdorf, Triplan). Auf diesem Gebiet hat sich die Kanzlei ein Alleinstellungsmerkmal erarbeitet. Dass das Team außerdem in Organhaftungsfällen eine Bank ist, zeigen zahlreiche Mandate, wie z.B. die Verteidigung eines ehem. Pharmafinanzvorstands.
Stärken: Gr. Erfahrung mit kritischen HVen, insbes. zu Sonderprüfungen u. als bes. u. gemeins. Vertreter; Gesellschafterstreitigkeiten.
Oft empfohlen: Dr. Thomas Heidel, Dr. Daniel Lochner („hervorragender Gesellschaftsrechtler", Mandant)
Team: 8 Partner, 1 Associate, 2 of Counsel
Schwerpunkte: Aktienrechtl. Prozesse u. Spruchverf. v.a. für Minderheitsgesellschafter, Familienunternehmen u. vermögende Privatpersonen; kapitalmarktrechtl. Massenverf.; auch insolvenzrechtl. Auseinandersetzungen u. Organhaftungsfälle sowie gesellschaftsrechtl. Schiedsfälle.
Mandate: AvP-Alleingesellschafter, u.a. gg. Ansprüche des Insolvenzverwalters (marktbekannt); Carsten Maschmeyer u. MM Familien KG gg. Prof. Dr. Utz Claassen/Syntellix; Dubai Direkt Fonds II bei Inanspruchnahme des Treuhänders wg. ausstehender Einlagen, Abwehr von Anlegerschutzklagen; Gamigo gg. Anfechtungsklagen; Beteiligungsgesellschaft in div. aktien- u. gesellschaftsrechtl. Streitigkeiten, u.a. im Zshg. mit Kapitalerhöhung u. Bestellung eines besonderen Vertreters; Konzernalleingesellschafter ggü. Insolvenzverwalter, u.a. wg. des Vorwurfs Insolvenzverschleppung; Peter Koepff in Gelita-Gesellschafterstreit; ehem. Pharmafinanzvorstand bei Abwehr von Organhaftung.

METIS
Konfliktlösung: Prozesse ★
Bewertung: Die Praxis ist spezialisiert auf Haftungsfragen, v.a. mit Blick auf Unternehmensorgane, Anwälte u. Berater. Über die Jahre hat sich hier ein Schwerpunkt bei insolvenzbez. Streitigkeiten gebildet. Mandate kommen u.a. durch gute Kontakte zu Versicherern u. größeren Wettbewerbern zustande. Zuletzt gelang es, die Präsenz der Kanzlei in Schiedsverf. zu erhöhen, nicht nur in der Parteivertretung: Wettner hat in einem kleineren Post-M&A-Streit erstmals den Vorsitz in einem DIS-Verfahren übernommen.
Stärken: Abwehr von Anwaltshaftung.
Oft empfohlen: Dr. Florian Wettner („akribisch, pragmat., durchsetzungsstark", Wettbewerber)
Team: 2 Eq.-Partner, 2 Counsel, 3 Associates
Schwerpunkte: Handelsrechtl., Post-▷M&A-, gesellschafts- u. kapitalmarktrechtl. Streitigkeiten; Berater- u. Organhaftung.
Mandate: Dt. Energieversorger in €100-Mio-Post-M&A-Streitigkeit (LG, DIS); Insolvenzverwalter gg. WP in €4,4-Mio-Streit wg. fehlerhafter Prüfung der Jahresabschlüsse; Ex-Geschäftsführer bei Abwehr von €8,6-Mio-Organhaftungsklagen wg. Organhaftung (OLG); ehem. Gesellschafter von Bauunternehmen in 2 €10-Mio-Post-M&A-Prozessen (LG, OLG); Cabb lfd. in Prozessen u. Schiedsverfahren.

MORGAN LEWIS & BOCKIUS
Konfliktlösung: Schiedsverfahren ★★
Bewertung: Die Praxis um Konrad zählt zu den internationalsten Teams u. hat einen klaren Schwerpunkt bei Investor-Staat-Konflikten. Während das Vattenfall-ICSID-Schiedsverf. gg. Dtl., das Konrads Team nahezu ein Jahrzehnt beschäftigt hat, endgültig abgeschlossen ist, erschließt sich die Praxis mit einem weiteren medial stark begleiteten Fall neue Gebiete: Der Gaskonzern Wintershall Dea setzt bei der Abwehr einer neuartigen Klimaklage der Dt. Umwelthilfe auf MLB. Das große Verf. vor einem staatl. Gericht wirft ein Schlaglicht darauf, dass die stark auf internat. Schiedsverf. ausgerichtete Praxis von personeller Verstärkung mit Know-how im dt. Prozessrecht profitieren könnte, um den Rückenwind des Wintershall-Mandats zu nutzen.
Stärken: Investitionsschiedsverfahren.
Oft empfohlen: Dr. Sabine Konrad
Team: 1 Partnerin, 5 Associates
Schwerpunkte: Internat. Schiedsverfahren, insbes. Investitionsschutzstreitigkeiten – sowohl auf Kläger- als auch auf Staatenseite. Auch Schiedsrichterin.
Mandate: Wintershall Dea bei Abwehr von Klimaklage der DUH auf CO2-Reduktion (LG); Dtl. in ICSID-Verf. gg. Vattenfall; div. Landesbanken sowie div. weitere dt. Investoren bei Klagen gg. Spanien wg. Kürzung von Solarförderung (ICSID); Hamburg Commercial Bank bei Klage gg. Italien bzgl. Erneuerbare-Energien-Investition (ICSID); IuteCredit in Schiedsverfahren gegen Kosovo wg. Entzug einer Geschäftslizenz durch die Zentralbank (SCC); Tschechien bei Abwehr von €40-Mio-Klage gg. JCDecaux (ICSID).

NEUWERK
Konfliktlösung: Prozesse ★
Bewertung: Die Kanzlei hat sich einen Namen für Streitigkeiten mit finanzrechtl. Bezügen gemacht, z.B. mit der Vertretung ehem. Aufsichtsratsmitglieder der Varengold Bank gg. eine frz. Bank in einem großvol. Cum-Ex-Prozess u. bei der Vertretung einer Finanzplattform in Massenverfahren. Da Neuwerk anders als Einheiten vergleichbarer Größe mit Deiß einen Partner hat, der sich mit seinem wachsenden Team ganz auf Prozessmandate konzentriert, konnte sie ihren Fokus deutl. erweitern. Dies spiegelt sich im Mandantenkreis wider, zu dem bspw. Puma u. Ströer gehören. Bestehende Kontakte aus den Freshfields-Zeiten der Gründer wie z.B. zu Patrizia u. Continental sowie einem dt. Pharmaunternehmen konnte das Team vertiefen, wie mehrere Neumandate für großvol. Streitigkeiten zeigen. Ein Wettbewerber lobt die Anwälte als „hervorragendes, sehr kompetentes u. innovatives Team".
Stärken: Kapitalmarktrechtl. Prozesse; bei Prozessen v.a. Commercial Disputes, Post-M&A. Branchen: Automotive, Finanzen, Immobilien, Gesundheit.
Oft empfohlen: Dr. Johannes Deiß („umf. Erfahrung bei Organhaftung", Wettbewerber)
Team: 1 Partner, 5 Associates
Schwerpunkte: Streitigkeiten im Handels-, Vertriebs-, Finanzrecht. Gesellschaftsrechtl. Streitigkeiten, auch Organhaftung. Schiedsverf. als Parteivertreter.
Mandate: Continental, u.a. in Streitigkeiten im Zshg. mit der Einstellung des E-Bike- u. Pedelec-Geschäfts (DIS u.a.); 2 ehem. Varengold-Aufsichtsräte bei Abwehr von €92-Mio-Klage der Caceis-Bank wg. Cum-Ex-Deals; Dodenhof Posthausen bei Schadensersatzprozess gg. KPS wg. Urheberrechtsverstößen im IT-Bereich; Egon Zehnder u.a. bei Durchsetzung von Vergütungsansprüchen gg. MK-Kliniken; GenSys u.a. bei Schadensersatzklage gg. Enomyc (LG); IntReal bei Schadensersatzansprüchen aus fehlgeschlagenen Investmentprojekt; Patrizia bei Abwehr von €15-Mio-Freistellungsanspruch aus SPA über Silberturm Frankfurt (LG); Vitesco bei Abwehr von €10-Mio-Klage 2er chin. Zulieferer auf Ersatz von Investitionen (LG); Puma bei Durchsetzung von Forderungen u. Abwehr von Gegenansprüchen aus langj. Geschäftsbeziehung; Ströer bei Abwehr von €7-Mio-Klage aus Vermarktungsvertrag (LG); Pharmaunternehmen in englischsprachigem DIS-Verfahren wg $23-Mio-Forderung aus SPA.

NIEDING + BARTH
Konfliktlösung: Prozesse ★
Bewertung: Die Kanzlei gehört neben Tilp zu den bekanntesten Adressen für Anlegerprozesse. In ihrem Kerngebiet aktien- u. kapitalmarktrechtl. geprägter Streitigkeiten fehlt sie in kaum einem großen Komplex: Für Anleger von VW, Porsche u. Daimler ist sie in div. Verfahren im Zshg. mit der Dieselaffäre tätig, dasselbe gilt bzgl. der Insolvenzen von Wirecard u. Greensill. Dass das Spektrum sehr weit ist im Kampf für Anlegerinteressen, zeigt u.a., dass es Nieding gelungen ist, einen Sonderprüfer bei VW durchzusetzen u. – ein Novum – dessen Auswechslung aus Altersgründen zu erreichen. Die Rolle des Sonderprüfers bei der Klärung von Verantwortlichkeiten könnte nach Ende der staatsanwaltl. Ermittlungen noch zunehmen. Strukturell hat die Kanzlei, die keine klass. Partnerschaft ist, ihr Geschäft auf mehr Schultern verteilt – mit Blick auf den Generationswechsel eine sinnvolle Entscheidung.
Stärken: Kapitalanlegerprozesse.

Oft empfohlen: Klaus Nieding, Andreas Lang („hoch geschätzt für KapMuG-Verfahren", Wettbewerber über beide), Peter Barth
Team: 4 Eq.-Partner, 6 Associates, 2 of Counsel
Schwerpunkte: Vertretung institutioneller u. privater Anleger im Bank-, Börsen- u. Kapitalmarktrecht sowie im kapitalmarktnahen Gesellschaftsrecht. Auch Insolvenzverf. u. Anlagebetrug. Mittelständ. Unternehmen u. Kommunen zu Swaps.
Mandate: Musterkläger u. div. Anleger in KapMuG-Verf. gg. Porsche wg. Dieselaffäre; rund 700 institutionelle Investoren gg. Porsche u. Volkswagen wg. Dieselaffäre, auch für Aktionäre im KapMuG-Verf. gg. VW; DSW, u.a. in Verf. zu Sonderprüfer bei VW; institut. Investoren ggü. Anlageberatern u. Wirtschaftsprüfern bei Geltendmachung €100-Mio-Ansprüchen i.Zshg. mit Greensill-Insolvenz; Anleger gg. Dtl. zu Schadensersatz im Zshg. mit Aixtron (Widerruf von Unbedenklichkeitsbescheinigung); Prokon-Anleihegläubiger zu Schadensersatz gg. WP bzgl. €1,4-Mrd-Genussrechtsvolumen; KTG-Anleger bzgl. Schadensersatz/Organhaftung; Anleihegläubiger zu Schadensersatz gg. Windreich-WP; Wirecard-Aktionäre bei Geltendmachung von €8 Mrd Schadensersatz gg. EY; Daimler-Aktionäre in KapMuG bzgl. Dieselaffäre; Aktionäre in €2-Mrd-US-Verfahren gg. Bayer zu Schadensersatz im Zshg. mit Monsanto-Übernahme (dt. Counsel); div. Handelsverbände u. Unternehmen bei Entschädigungsklagen wg. Corona-Maßnahmen.

NOERR

Konfliktlösung: Prozesse	★★★★
Konfliktlösung: Schiedsverfahren	★★★★
Konfliktlösung: Produkthaftung	★★★★★

Bewertung: Entschlossen treibt das Disputes-Team, eines der nominell größten im Markt, die Spezialisierung seiner Partner u. den Generationswechsel voran. Allein 3 Sal.-Partner u. einen Counsel ernannte sie zuletzt, hinzu kommt Bryants Übernahme in die Eq.-Partner-Riege. Die Schiedsspezialistin wird von vielen Wettbewerbern als aufstrebend u. versiert gelobt, u. ihre Ernennung bringt auch die Schiedspraxis im Ganzen voran, denn hier konzentrierte sich die Marktwahrnehmung bisher stark auf Meier, die im Zshg. mit ICSID-Verf. auch auf internat. Bühne sehr präsent ist. Zwar ist auch Sieg ein erfahrener Schiedsrechtler, allerdings steht er vor allem für Organhaftung u. Streitfälle mit versicherungsrechtl. Bezügen – aktuell etwa in großen Verf. an der Seite eines ehem. Solarworld-Vorstands u. des TÜV Süd. Daneben gewinnt die Beratung im Nachgang von Cyberangriffen an Bedeutung – Sieg arbeitet in diesem Zshg. etwa für ein Energieunternehmen mit Dutzenden von Kanzleien ww. zusammen. Im Wachstumsfeld Massenverfahren, wo Noerr zuletzt u.a. Prozesse für Audi u. die Dt. Bank führt, hat der jüngere Partner Schläfke von Kirchner die Leitung der Fokusgruppe übernommen – auch dies ein Ausdruck des strateg. weitsichtig geplanten Generationswechsels.
Stärken: Haftungsfragen aus Produkthaftung u. ▷*Versicherungsrecht* (insbes. Organhaftung), bank- u. kapitalmarktrechtl. Prozesse, Kartellschadensersatz.
Oft empfohlen: Prof. Dr. Thomas Klindt (Produkthaftung), Dr. Oliver Sieg („responsive, ausgezeichnet vernetzt, exzellente versicherungsrechtl. Know-how", Wettbewerber), Dr. Anke Meier („eine der wenigen Deutschen, die internat. im Schiedsrecht ernst genommen werden", Wettbewerber), Christian Kirchner, Helmut Katschthaler („erfahren, umgänglich, internat.", Mandant), Dr. Arun Kapoor („kompetent, gut vernetzt, lösungsorientiert u. praxisnah", Mandant; Produkthaftung), Dr. Jennifer Bryant („bissig, sichtbar, up-and-coming", Wettbewerber; Schiedsverfahren), Dr. Henner Schläfke („macht eine gute Figur", Wettbewerber)
Team: 16 Eq.-Partner, 24 Sal.-Partner, 5 Counsel, 59 Associates, 2 of Counsel
Schwerpunkte: Produkthaftung in München, einschl. internat. Koordination u. Durchsetzung von Regressen. ▷*Bankrecht*l. Prozesse v.a. in Berlin; Organ-, Manager- u. Berufshaftung v.a. in D'dorf. Zudem ▷*insolvenzrechtl.*, ▷*versicherungsrechtl.* u. ▷*Kartellschadensersatz*-Streitigkeiten, ▷*Compliance*- u. ▷*wirtschaftsstrafrechtl.* Beratung; internat. Prozesse, ADR/Mediation sowie nationale u. internat. Schiedsverf., oft Post-▷*M&A*, auch Investitionsschutz.
Mandate: Wirecard-Insolvenzverwalter in Streitigkeiten u.a. in Dtl., GB u. Frankr.; Autohersteller gg. Zulieferer in €400-Mio-Streit im Zshg. mit Kosten ww. Rückruf; TÜV Süd bzgl. Versicherungsschutz nach Dammbruch in Brasilien; Energiehandelsunternehmen nach Cyberangriff, v.a. zu ww. Meldepflichten; Ex-Vorstand aus Solarindustrie bei Abwehr von €731-Mio-Organhaftung im Zshg. mit Insolvenz (LG); Bundesrepublik bei Abwehr von Investitionsschutzklagen von Strabag u. Mainstream Renewable (beide ICSID); Niederlande gg. RWE u. Uniper im Zshg. mit 2 ICSID-Verf. (OLG); Audi bzgl. Kundenklagen im Zshg. mit Dieselaffäre; Abwehr von Kartellschadensersatz für DAF (Lkw), BVR (EC-Cash); Berliner Sparkasse bei Abwehr von Musterfeststellungsklage im Zshg. mit Kontogebühren; Dt. Bank lfd., u.a. bei Abwehr von KapMuG-Klagen; Kaufland zu Schadensersatz bei Dosengemüse-, Wurst- u. Zuckerkartell; Ex-Solarworld-Vorstand gg. Insolvenzverwalter bei Abwehr von €700-Mio-Schadensersatzklage; Ex-Aufsichtsratschef gg. Wohnungsbaukonzern bei Abwehr von €6-Mio-Organhaftung (LG); EnBW-Technikvorstand, u.a. zu Schadensersatzvergleich bzgl. Organhaftung; Omnicom in div. gesellschaftsrechtl. Streitigkeiten, u.a. mit Besonderem Vertreter (OLG).

NORTON ROSE FULBRIGHT

Konfliktlösung: Prozesse	★

Bewertung: Die Konfliktlösungspraxis ist v.a. für handels- u. gesellschaftsrechtl. Streitigkeiten bekannt, die eine Spezialität von Praxisleiter Nowak sind. Im Versicherungssektor ist die Praxis bzgl. Schadensfällen i.Zshg. mit D&O-Versicherungen, Cum-Ex u. Insolvenzen im Einsatz. Versicherungsrechtl. geprägte Prozesse sind auch nach dem Abgang eines renommierten Partners im Vorjahr angesichts der internat. Ausrichtung der Kanzlei ein wichtiges Standbein – dies kam zuletzt in einer Counsel-Ernennung zum Ausdruck. In Ffm. u. HH gibt es Schwerpunkte bei bank- bzw. immobilienrechtl. Streitigkeiten.
Oft empfohlen: Jamie Nowak („großes Geschick bei Gesellschafterstreitigkeiten", Mandant)
Team: 7 Eq.-Partner, 3 Counsel, 10 Associates
Schwerpunkte: Prozesse im ▷*Gesellsch.recht* u. Handelsrecht, ▷*Investment*- u. Bankrecht, Post-M&A u. Anlagenbau; auch Schiedsverf.; für Versicherer in Haftungsprozessen, häufig mit Londoner Büro. IP-Streitigkeiten v.a. in München. In HH immobilienrechtl. Streitigkeiten.
Mandate: Dt. Finanzdienstleister bei Abwehr von Schadensersatz gg. US-sanktionierte Staatsholding im Zshg. mit Übertragung von Depots in Wertpapierverwahrkette; Lichttechnikunternehmen gg. Ex-Geschäftsführer bei Abwehr von €16-Mio-Gehalts- u. -Bonusansprüchen; Private-Equity-Haus zu Strukturierung von Prozessfinanzierungsfonds in Dtl. u. Kooperation mit Legal-Tech-Anbietern; WP-Gesellschaft zur. Vollstreckbarkeit div. türk. Urteile in Dtl. im Zshg. mit HCOB-Aufnahme in Bankenentschädigungsfonds; Credit Suisse in Schadensersatzprozess im Zshg. mit Projekt Q206 Shopping Mall; E-Sports-Unternehmen bei Abwehr von Handelsvertreteransprüchen im Zshg. mit Deal in Saudi-Arabien; ECE lfd. in gewerbemietrechtl. Streitigkeiten; internat. Prozessfinanzierer lfd. zu Rechtsverhältnis zwischen Kapitalgeber u. Anbieter von Finanzierungen; Unternehmen der Aluminiumbranche in Post-M&A-Verf. (DIS).

OPPENHOFF & PARTNER

Konfliktlösung: Prozesse	★★

Bewertung: Die Praxis stand v.a. für Commercial-Streitigkeiten, hat sich mit dem Gewinn Weigels samt Team im Vorjahr aber in mehrfacher Hinsicht verstärkt: Die Zugänge verankern die Prozesspraxis im Frankfurter Büro u. erweitern das Spektrum auf großvol. u. komplexe Prozesse im Zshg. mit Organ- u. Beraterhaftung. Dies schlägt sich nieder in einem weiteren Großmandat: Über 100 institutionelle Anleger, die mit Oppenhoff bereits gg. VW wg. unterlassener Ad-hoc-Mitteilung beim Dieselskandal klagen, gehen mit Weigels Hilfe nun auch gg. Daimler vor. In Köln führt Pickenpack mit einem Kartellrechtspartner größere Prozesse für Kläger im Lkw- u. Zuckerkartell u. hat zudem die Schiedspraxis weiter ausgebaut. Aus der starken Commercial-Disputes-Erfahrung des Kölner Teams haben sich darüber hinaus div. coronabedingte Mandate ergeben, tlw. auch mit Schiedsbezug. Beispielhaft steht dafür die Vertretung einer poln. Fluggesellschaft bei der Klageabwehr im Zshg. mit einer Wet-Leasing-Kündigung. Nach dem Wechsel eines Partners in den Of-Counsel-Status gibt es derzeit in den Feldern Pharma/Produkthaftung eine Lücke.
Stärken: Beraterhaftung, kapitalmarkt-, handels- u. vertriebsrechtl. Streitigkeiten.
Oft empfohlen: Dr. Michael Weigel („Elefantengedächtnis hinsichtl. einschlägiger Rechtsprechung", Wettbewerber), Dr. Vanessa Pickenpack
Team: 1 Eq.-Partner, 1 Sal.-Partner, 5 Associates, 3 of Counsel
Schwerpunkte: Gesellschafts- u. finanzrechtl. Streitigkeiten; Haftung von Organen u. Beratern; Handels- u. vertriebsrechtl. sowie Post-M&A-Streitigkeiten; Kartellschadensersatz; Schiedsverfahren.
Mandate: Xandr bei Abwehr von DSGVO-Klagen; Automobilzulieferer gg. Big-Four-Wirtschaftsprüfer wg. mögl. fehlerhafter Testate; Investoren bei Klagen gg. VW u. Daimler wg. unterlassener Ad-hoc-Mitteilung im Zshg. mit Abgasaffäre; Bird & Bird ggü. Insolvenzverwalter von Wölbern Invest; Pema bei €88-Mio- u. TIP Trailer Services bei €7-Mio-Schadensersatzklage gg. Lkw-Kartell (LG); Rhodius bei €7-Mio-Schadensersatzklage gg. Zuckerkartell (LG); poln. Fluggesellschaft bei Abwehr von €5-Mio-Klage wg. Wet-Leasing-Kündigung im Zshg. mit Corona.

KONFLIKTLÖSUNG – DISPUTE RESOLUTION

ORRICK HERRINGTON & SUTCLIFFE
Konfliktlösung: Prozesse ★★★
Konfliktlösung: Schiedsverfahren ★★★

Bewertung: Die Praxis ist insbes. für großvol. Schiedsverfahren renommiert. Obwohl dies v.a. im internat. Kontext gilt, sind es die dt. Verf. zur Pkw-Maut, für die das Team als Vertreter der Bundesrepublik am deutlichsten im Rampenlicht steht. An diesen Verfahren zeigt sich auch, wie es nach u. nach gelingt, jüngere Partner im Markt zu etablieren – was angesichts einer so dominanten Galionsfigur wie Elsing eine besondere Herausforderung ist. Dieser genießt hohes Ansehen auch als einer der erfahrensten dt. Schiedsrichter u. teilt sich die Federführung als Parteivertreter in den Mautverfahren mit Faulhaber u. Kessler. Beide stehen auch stärker für Verf. vor staatlichen Gerichten – Kessler etwa im Zshg. mit Kartellschadensersatz u. Organhaftung, Faulhaber in einem großvol. Verfahren für Hemlock im Zshg. mit der Solarworld-Pleite.

Stärken: Internat. Schiedsverf., gute internat. Integration.

Oft empfohlen: Prof. Dr. Siegfried Elsing („man bekommt ihn auf nahezu jeder Shortlist als Vorsitzenden vorgeschlagen – zu Recht", Wettbewerber), Dr. Karsten Faulhaber („erfahren u. souverän in Post-M&A-Streiten", Wettbewerber), Dr. Nicholas Kessler („sehr akribisch, sehr in den Details", Wettbewerber)

Team: 4 Eq.-Partner, 1 Sal.-Partner, 1 Counsel, 6 Associates

Schwerpunkte: Schiedsverf. u. Prozesse, v.a. Post-M&A, Energie u. Anlagenbau; auch gesellschaftsrechtl. Streitigkeiten u. Investitionsschutz.

Mandate: Bundesrepublik in Schiedsverf. gg. Autoticket bzgl. Pkw-Maut; KAO gg. Bilfinger in Schiedsverf. zum Bau eines KKW in Finnland; Hallhuber gg. Ralf-Weber-Gesellschaft bzgl. Ansprüchen aus operativen Geschäften; Hemlock bg. Solarworld-Insolvenzverwalter (LG); Nordmazedonien, u.a. bei Vollstreckung von Uncitral-Kostenschiedsspruch aus Investitionsschutzverf. gg. Ehepaar Binani; Familie Merckle gg. Porsche wg. kapitalmarktrechtl. Streitigkeiten; MET, u.a. in Schiedsverf. gg. rumän. Kunden; NIO bei Abwehr von Ansprüchen im Zshg. mit Ausbau der dt. Unternehmenszentrale; Wickeder Westfalenstahl in Post-M&A-Streit wg. Verletzung von Garantien in Geschäftsanteilskaufvertrag (LG); Mobile Telesystems gg. Turkmenistan (ICSID; Vorsitzender Schiedsrichter).

ORTH KLUTH
Konfliktlösung: Prozesse ★

Bewertung: Ihren Branchenschwerpunkt Mobilität u. ▷Verkehr weitet die Kanzlei zunehmend auf Litigation aus. U.a. hat sie Fuß gefasst bei Zulieferer-Panels u. ist insbes. mit Regressen, Produkt- u. Organhaftung befasst. Streitige Mandate führt die Kanzlei v.a. aus den jeweiligen Praxisgruppen heraus, was der Profilierung als ausgewiesene Disputes-Praxis Grenzen setzt. Mit einem Quereinsteiger von Taylor Wessing verankerte die Kanzlei zuletzt Prozess-Know-how erstmals auf Partnerebene am Standort Berlin. Ein Rückschlag in der Entwicklung mit Blick auf Kartellschadensersatzstreitigkeiten ist allerdings der Wechsel eines prozessaffinen Kartellrechtlers zu Kleiner.

Team: 4 Eq.-Partner, 4 Sal.-Partner, 1 Counsel, 9 Associates, 1 of Counsel

Partnerwechsel: Volker Herrmann (von Taylor Wessing)

Schwerpunkte: Commercial Litigation, oft mit Bezug zu Vertriebsrecht, öffentl. Aufträgen, Regressansprüchen. Branchen: Automotive, Anlagenbau. Bei D&O-Fällen v.a. Vertretung von Organmitgliedern.

Mandate: Handelsunternehmen bei europaw. Rückruf von Elektrogeräten; Still, u.a. in Verf. zur Beendigung eines Händlervertrags (DIS); Chemieunternehmen gg. Maschinenhersteller wg. Mängelansprüchen (ICC); TecDax-Unternehmen gg. asiat. Zulieferer bei €100-Mio-Regress für Kosten einer internat. Produktumrüstung; Outokumpu Nirosta, u.a. bei Abwehr von Zahlungs- und Aufwendungsersatzansprüchen; Dematic, u.a. bei Schiedsklage wg. Anlagenbaustreitigkeit (DIS).

PINSENT MASONS
Konfliktlösung: Prozesse ★★

Bewertung: Neben klass. Streitigkeiten der Industriemandantschaft um Handels-, Vertriebs- u. Projektverträge nehmen Massenklagen immer mehr Raum ein: Auf Klägerseite ist Pinsent für rd. 4.000 Investoren im Wirecard-Komplex tätig, was auch durch die enge Zusammenarbeit mit Prozessfinanzierern ermöglicht wird. Für den Versicherungskonzern Lloyd dagegen wehrt ein Team um 2 ehem. Freshfields-Anwälte Massenklagen im Zshg. mit dem Fall ‚Clerical Medical' ab. Beide leiten zudem die Arbeit für VW im Dieselkomplex, die inzw. auch Prozesse bzgl. neuerer Motoren umfasst. In diesen Mandaten zahlt sich aus, dass PM bei der Bündelung von Know-how zu Legal-Tech- u. flexiblem Projektkräftemanagement weiter ist als viele Wettbewerber. Ein Rückschlag ist der Abgang von Eimer, der für Anlagenbaustreitigkeiten der profilierteste Experte der Kanzlei in Dtl. war.

Oft empfohlen: Sibylle Schumacher („fachl. versiert, angenehm", Wettbewerber)

Team: 3 Partner, 1 Counsel, 15 Associates

Partnerwechsel: Dr. Martin Eimer (zu Ashurst)

Schwerpunkte: Internat. Schiedsverf. u. Prozesse, v.a. Gesellschafter- u. Geschäftsführerstreitigkeiten, zunehmend Abwehr von Massenklagen, daneben auch Mediation u. Schiedsrichtertätigkeit.

Mandate: VW bei Abwehr von Kundenklagen im Dieselskandal; 4.000 Wirecard-Investoren zu Schadensersatz, u.a. ggü. EY; Lloyds Banking Group, u.a. bei Abwehr von Massenklagen in Dtl. (mit Latham u. Freshfields); AGC Glass Europe als Streitverkündete in €2-Mio-Baustreitigkeit (LG); dt. Autozulieferer, u.a. in €2,5-Mio-Lieferstreit mit niederl. Partner (ICC); Entserv Dtl. in €52-Mio-Post-M&A-Streit mit Manpower; dt. Brillenhersteller in €7-Mio-Streitkomplex gg. ehem. US-Vertriebspartner (DIS; OLG).

QUINN EMANUEL URQUHART & SULLIVAN
Konfliktlösung: Prozesse ★★★★

Nach Redaktionsschluss wurde bekannt, dass Partnerin Dr. Nadine Herrmann im September 2022 verstarb.

Bewertung: Es gibt inzw. kaum mehr einen Großkomplex in Dtl., an dem Quinn nicht beteiligt ist. Wirecard, Cum-Ex, Dieselaffäre – überall mischt das dt. Team der US-Kanzlei mit. Längst ist sie nicht mehr nur eine gefragte Adresse für Kartellschadensersatz und IP-Prozesse, die v.a. Grosch verantwortet, auch in kapitalmarktrechtl. Verfahren, für die v.a. Herrmann steht, hat sich Quinn einen ausgezeichneten Ruf erarbeitet, der sich bis in die Associate- u. Counsel-Riege niederschlägt. Auffällig ist, dass die Kanzlei nicht wie mancher Wettbewerber eindeutig auf Kläger- oder Beklagtenseite positioniert ist. Im Dieselfall vertritt sie bspw. Investoren bei ihren kapitalmarktrechtl. motivierten Klagen gg. Porsche u. VW, während sie für Mercedes Massenklagen im Dieselskandal abwehrt. Weitsichtig hat die Kanzlei mit Lehnhardt einen Partner ernannt, der sich um kapitalmarktrechtl. u. insolvenznahe Litigation kümmert u. bereits jetzt Wettbewerbern positiv auffällt. Div. neu ernannte Counsel u. ein neues Büro in Berlin unterstreichen auch personell die Ambitionen der Einheit in Deutschland.

Oft empfohlen: Joachim Lehnhardt („Beiträge qualitativ extrem fruchtbar, hat die richtigen Ideen", Wettbewerber), Prof. Dr. Rüdiger Lahme („außergewöhnl. engagiert, pragmat. u. sachkundig", Mandant über ges. Team), Dr. Marcus Grosch (v.a. Patentprozesse)

Team: 6 Eq.-Partner, 13 Counsel, 28 Associates

Schwerpunkte: Kartellschadensersatz u. kapitalmarktrechtl. Verf. auf Kläger-, zunehmend auch auf Beklagtenseite; Patentprozesse.

Mandate: Booking bei Abwehr von Kartellschadensersatzklagen wg. Verwendung von Best-Preis-Klauseln; Investoren gg. NordLB im Zshg. mit Kündigung von ‚Fürstenberg Anleihen'; Immobilienunternehmen in komplexem Gesellschafterstreit; Investoren bei €2,2-Mrd-Schadensersatzklage gg. VW u. Porsche im Zshg. mit Dieselaffäre; Geltendmachung von Kartellschadensersatz, u.a. für Sägewerke (Rundholz), CDC (Zucker); IPCom bei Abwehr von Kartellschadensersatzklagen gg. Dt. Telekom; Warburg, u.a. bei €100-Mio-Schadensersatzklage gg. Dt. Bank (OLG) u. €200-Mio-Klage gg. Hanno Berger, ICAP u.a. (LG) im Zshg. mit Cum-Ex; Daimler, u.a. bei Abwehr von Kundenklagen im Dieselkomplex; Union Investment u.a. zu Schadensersatz im Zshg. mit Wirecard ggü. EY (€1 Mrd) u. Insolvenzverwalter (€1,8 Mrd).

ROTHORN
Konfliktlösung: Schiedsverfahren ★★★

Bewertung: Die junge Boutique verfügt mit ihrem dt.-schweizer. Setup über ein Alleinstellungsmerkmal im dt. Markt. Während das Züricher Büro ausschl. in Schiedsverf. u. schiedsbezogenen Prozessen tätig ist, verfügt der dt. Teil der Praxis über einen breiteren Ansatz: Trittmann etwa ist für VW nicht nur seit Jahren regelm. als Parteivertreter in Schiedsverf. tätig, sondern gehört als Prozessspezialist mit PSWP u. Sernetz Schäfer auch zu dem Team, das den Konzern bei der Abwehr neuartiger Greenpeace-Klimaklagen unterstützt. Insges. überwiegt aber auch in Dtl. die Arbeit in Schiedsverfahren, schon weil Trittmann einer der renommiertesten dt. Schiedsrichter ist u. u.a. als einer von 12 Vice Presidents die Ausrichtung der wichtigsten Schiedsorganisation ICC mitverantwortet. Dass er als eine Art Galionsfigur alles überstrahlt, ist eine Konstellation, die auch bei anderen Boutiquen mit starken Gründern zu beobachten ist, etwa Busse u. Baumann. Allerdings bewirkt die von Anfang an größere Riege gleichberechtigter Partner bei Rothorn, dass weitere Anwälte in den Augen von Wettbewerbern schneller aus dem Schatten der prominenten Seniorpartner heraustreten.

Stärken: Hervorragendes Netzwerk; gr. Erfahrung bei komplexen Verf., auch als Schiedsrichter.

Oft empfohlen: Prof. Dr. Rolf Trittmann („souverän, erfahren, sympathisch", Mandant; „extrem souveräner Schiedsrichter, geradezu nach Lehrbuch", Wettbewerber)

KONFLIKTLÖSUNG – DISPUTE RESOLUTION

Team: 6 Eq.-Partner, 3 Associates
Schwerpunkte: Schiedsverf., insbes. Commercial u. Post-M&A, häufig Automotive-Branche; Parteivertretung u. Schiedsrichter.
Mandate: Volkswagen, u.a. bei Abwehr von Greenpeace-Klimaklagen auf CO2-Reduzierung (mit PSWP u. Sernetz Schäfer); europ. Finanzinstitut in Spruchverf. nach Squeeze-out; Agfa-Photo-Insolvenzverwalter in €350-Mio-Verf. zu Ansprüchen im Zshg. mit Kapitalerhöhung (ICC); Joint-Venture-Gesellschaft bei EGMR-Beschwerde nach Verweigerung staatl. Gerichte zur Vollstreckung von ICC-Schiedsspruch; dt. Automobilkonzern in ICC-Verf. gg. ehem. Vertriebspartner.

SCHMITZ & PARTNER
Konfliktlösung: Prozesse ★

Bewertung: Die Litigation-Boutique durchlebt turbulente Zeiten auf mehreren Ebenen. Ihre Spezialitäten Organhaftung u. kapitalmarktbez. Streitigkeiten rückten zuletzt in 2 Fällen ins Blickfeld einer breiten Öffentlichkeit: an der Seite des Ex-Wirecard-Chefs Braun, für den das Team u.a. Teilerfolge gg. dessen D&O-Versicherung errang, u. beim Telekom-KapMuG, das nach fast 2 Jahrzehnten mit einem Vergleich abgeschlossen wurde. Auch personell machte die in der Vergangenheit stark auf den Gründungspartner fokussierte Einheit zuletzt von sich reden: Eine fest gepl. Fusion mit dem ehem. leitenden Philip-Morris-Inhouse-Counsel von Massari Olbrich platzte. Die Partnerabgänge des renommierten Kleemann u. der Banking-Litigation Spezialistin Burkhardt bedeuten, dass auch Schmitz selbst, kein langj. Partner mehr an Bord ist. Zwar hat die Kanzlei mit der Ernennung von Mirjam Escher zur Partnerin gegengesteuert u. will mit den Abgängern sowie Massari Olbrich weiterhin eng kooperieren – der nötige Sprung beim Generationswechsel dürfte dies aber noch nicht gewesen sein.
Stärken: Gesellschafts- u. kapitalmarktrechtl. Verfahren.
Oft empfohlen: Dr. Bernd-Wilhelm Schmitz („stark im Konzernrecht", Wettbewerber)
Team: 5 Eq.-Partner, 1 Associate, 1 of Counsel
Partnerwechsel: Stephan Kleemann (zu Rimôn), Stefanie Burkhardt (zu DER Touristik)
Schwerpunkte: Gesellschaftsrechtl. Streitigkeiten, Post-M&A, bank- u. kapitalmarktrechtl. Verf., Abwehr von Organhaftung.
Mandate: Ex-Wirecard-CEO bei Abwehr von zivil- u. kapitalmarktrechtl. Haftung u. bei Geltendmachung von Ansprüchen gg. D&O-Versicherer; Dt. Telekom in KapMuG-Musterverfahren; Private-Equity-Gesellschaft in Post-M&A-Streit; Werbevermarkter in Gesellschafterstreit.

SERNETZ SCHÄFER
Konfliktlösung: Prozesse ★★★★
Konfliktlösung: Schiedsverfahren ★

NOMINIERT
JUVE Awards 2022
Kanzlei des Jahres für Dispute Resolution

Bewertung: Neben Schwerpunkten bei bank- u. gesellschaftsrechtl. Streitigkeiten erschließt sich die Kanzlei insbes. durch ihre Arbeit für den VW-Konzern neue Felder: So spielt sie in Süddtl. eine zentrale Rolle bei der Abwehr von Klagen im Zshg. mit dem Motor EA288 u. sammelt Erfahrungen im Legal-Tech-gestützten Handling einer 4-stelligen Fallzahl, die sich auch für andere Verfahren nutzen lassen. Diese sind u.a. bei den Mandanten aus der Finanzindustrie in Sicht, die sich nach div. BGH-Urteilen Klagewellen im Zshg. mit Prämiensparen, Negativzinsen u. Bankgebühren ausgesetzt sehen. Zuletzt zeigte sich das Renommee der Praxis in mehreren schlagzeilenträchtigen Fällen: Höder spielt als Prozesspfleger des Aufsichtsrats eine wichtige Rolle bei der Aufarbeitung des Wirecard-Komplexes, dasselbe gilt für Organhaftung bzgl. der HRE, die Kruis und Großerichter auch im langj. KapMuG-Verf. vertreten. An der Seite von VW betritt die Kanzlei zudem jurist. Neuland: Sie gehört zur Verteidigerriege gg. neuartige Klimaklagen von Greenpeace, die auf Emissionsreduktion u. damit das gesamte Geschäftsmodell abzielen.
Stärken: Gesellschafts- u. bankrechtl. Streitigkeiten, internat. Privatrecht.
Oft empfohlen: Dr. Andreas Höder („findig u. kundig", Wettbewerber), Dr. Ferdinand Kruis („Top-Leistung, tolle Zusammenarbeit", Mandant; „jurist. Ausnahmetalent", Wettbewerber), Prof. Dr. Frank Schäfer („schnell, zuverlässig, angenehm", Wettbewerber), Dr. Helge Großerichter („konsequente Prozessführung im Sinne des Mandanten", Wettbewerber), Dr. Fabian Dietz-Vellmer („Prozessführung mit Weitblick", Wettbewerber), Dr. Manfred Wolf, Dr. Susanne Zwirlein-Forschner („sehr smart, herausrag. Know-how im internat. Gesellschaftsrecht", Wettbewerber)
Team: 13 Eq.-Partner, 1 Sal.-Partner, 5 Associates
Partnerwechsel: Dr. Philipp Hardung (zu Hausfeld), Uwe Düchs (in eigene Kanzlei)
Schwerpunkte: Schwerpunkt bei bankrechtl. Prozessen für Großbanken u. -unternehmen; gesellschaftsrechtl. Streitigk. u. D&O-Prozesse für Unternehmen u. (Ex-)Organe; auch Schiedsverf. u. insolvenzrechtl. Streitigkeiten.
Mandate: VW bei Abwehr von Greenpeace-Klimaklagen (mit PSWP u. Rothorn), u. Kundenklagen im Dieselskandal; VW-Bank bei Abwehr von Darlehenswiderrufen im Zshg. mit Dieselkomplex; Prozesspfleger für den Wirecard-Aufsichtsrat; Hypo Real Estate in KapMuG-Verf. nach Verstaatlichung u. bzgl. Organhaftung gg. Ex-Vorstände; Medizinfirma bei Vollstreckung von €500-Mio-Kontenpfändungsbeschluss gg. EU-Staat; Investmentbank in Honorarstreit im Zshg. mit Kollision von dt. Vertrags- u. österr. Aktienrecht; Landesbank in ICC-Verf. gg. ehem. Schuldner aus Projektkrediten; Family Office eines asiat. Investors in SCAI-Schiedsverf. bzgl. Joint-Venture-Projekt in der Mongolei; Sparta in Spruchverf. gg. Strabag; brit. Investor bzgl. Restrukturierung von Adler Real Estate, u.a. gerichtl. im Zshg. mit Kapitalerhöhung.

SKADDEN ARPS SLATE MEAGHER & FLOM
Konfliktlösung: Prozesse ★
Konfliktlösung: Schiedsverfahren ★

Bewertung: Markenzeichen der Praxis sind internat. Streitigkeiten, häufig aus den USA gesteuert u. mit Dtl.-Bezug, sowie Organhaftungsfälle, die sich oft aus internen Untersuchungen der Compliance-Praxis ergeben. Ein aktuelles Bsp. ist die Arbeit für Continental im Zshg. mit der Dieselaffäre. Neben diesen Schwerpunkten tritt die Kanzlei inzw. verstärkt in Kartellschadensersatzstreitigkeiten in Erscheinung. Der Wechsel eines erfahrenen Counsel zu Addleshaw, der neben Sessler u.a. für diesen Bereich stand, wirft allerdings ein Schlaglicht auf ein Dauerthema: Will das Team einen höheren Marktanteil gewinnen, müsste es wachsen, aber die internat. Struktur der Kanzlei setzt dem Wachstum der dt. Disputes-Praxis Grenzen.
Oft empfohlen: Dr. Anke Sessler („strateg. klug, ausgefeilte Schriftsätze", Wettbewerber)
Team: 1 Partner, 1 Counsel, 2 Associates
Schwerpunkte: Nationale u. internat. Handelsschieds- u. Investitionsschutzverf. sowie Post-M&A-Streitigkeiten. Auch Organhaftung u. Prozessführung, oft aus Compliance-Vorgängen, u.a. für Banken.
Mandate: Continental-Aufsichtsrat bei interner Untersuchung im Dieselkomplex, u.a. zur Verfolgung mögl. Ansprüche; Eco-Bat/Berzelius u. Alba als Streithelfer bei Abwehr von Kartellschadensersatz wg. Batteriekartell; ind. Zulieferer der Automobil- und Windkraftindustrie in €9-Mio-Joint-Venture-Schiedsverf. u. Aufhebungsverf.; dt. Autokonzern bei Abwehr von US-Wertpapiersammelklage.

SQUIRE PATTON BOGGS
Konfliktlösung: Prozesse ★

Bewertung: Die Praxis setzt Akzente bei IP-rechtl. Streitigkeiten, Produkthaftung u. Kartellschadensersatz. Aus dem Böblinger Büro heraus koordiniert SPB für Daimler die Abwehr von Produkthaftung in den USA. Zuletzt hat sich die Arbeit der Kanzlei wieder dynamischer entwickelt: Zu den langlaufenden Verfahren kamen einige großvol. Fälle hinzu, wie bspw. die Vertretung von Autoliv u.a. in einem $60-Mio-SCC-Verfahren u. der lettischen Republik in einem UNCITRAL-Verfahren. Letzteres geht auf die Kontakte einer Berliner Sal.-Partnerin zurück, die sich im Investitionsschutz engagiert.
Team: 5 Eq.-Partner, 5 Sal.-Partner, 16 Associates
Schwerpunkte: Vertriebsrechtl. Prozesse u. Schiedsverf., häufig mit Bezug zum ▷Marken- u. Wettbewerbsrecht, auch Investitionsschutzverfahren. Branchenschwerpunkte: Lebensmittel, Automotive. Kartellschadensersatz für Kläger u. Beklagte. Produkthaftung.
Mandate: Lettische Republik in UNCITRAL-Verf.; Strojmetal in ICC-Schiedsverfahren; Autoliv in SCC-Schiedsverf. (US$60 Mio) u. Beweissicherungsverf.; CoverCar in Zulieferstreit; Libyen in 3 Investitionsschutzverf. (ICC); internat. Bank zu Sanktionsthemen; Daimler zu Produkthaftung (im Markt bekannt); Abwehr von Kartellschadensersatz für Latam (Luftfracht); Elekta in €365-Mio-Schiedsverf. gg. dt. Medizinprodukteehersteller (LCIA); lfd. Uzbekistan Airways.

SZA SCHILLING ZUTT & ANSCHÜTZ
Konfliktlösung: Prozesse ★★★★
Konfliktlösung: Schiedsverfahren ★

Bewertung: Die Kanzlei ist als gesellschaftsrechtl. High-End-Beraterin hervorrag. vernetzt in dt. Chefetagen u. gewinnt darüber immer wieder auch Prozessmandate, z.B. im Bereich Organhaftung. Zuletzt hat sich die Praxis geograf. u. themat. erweitert. Der Zugang eines Teams um den ehem. Noerr-Partner Molitoris, das inzw. auf rd. 10 Anwälte angewachsen ist, zeigt, dass die Kanzlei endgültig in München Fuß gefasst hat. Inhaltl. hat SZA mit den Zugängen Know-how in den Bereichen Produkthaftung u. Massenverfahren gewonnen, die zuvor keine große Rolle spielten. Das Münchner Team vertritt v.a. Unternehmen der Automotive-Branche, in Massenverfahren etwa Audi u. den Wohnmobilhersteller Knaus Tabbert im Dieselkom-

KONFLIKTLÖSUNG – DISPUTE RESOLUTION

plex. Auch in ihren klass. Kerndisziplinen war SZA zuletzt in prom. Verfahren zu sehen, Liebscher etwa an der Seite des Wirecard-Insolvenzverwalters u. für Bayer bei der Abwehr von Anlegerklagen im Zshg. mit der Monsanto-Übernahme. Die Praxis hat inzw. eine Größe u. Spezialisierung erreicht, die ihre Wahrnehmung im Markt verändert. So gelten die Anwälte immer mehr als originäre Disputes-Experten statt Top-Gesellschaftsrechtler, die auch Prozesse führen.

Oft empfohlen: Dr. Thomas Liebscher, Prof. Dr. Jochem Reichert („exzellenter Forensiker", Wettbewerber), Dr. Marc Löbbe („Vorstandsflüsterer", Wettbewerber), Michael Molitoris („vielseitig u. erfahren", Wettbewerber)

Team: 11 Eq.-Partner, 3 Counsel, 23 Associates

Schwerpunkte: Gesellschaftsrechtl. Streitigkeiten inkl. Aktienrecht, Compliance, stark bei Organhaftung. Zudem kapitalmarktrechtl. u. insolvenzrechtl. Streitigkeiten. Post-M&A-Auseinandersetzungen, insbes. Schiedsverfahren. ▷Kartellrechtl. Prozesse um Schadensersatz auf Beklagtenseite; Produkthaftung.

Mandate: Wirecard-Insolvenzverwalter, u.a. gg. institutionelle Anleger u. gg. EY; Bayer bei Abwehr von kapitalmarktrechtl. Klagen im Zshg. mit Monsanto-Übernahme; Insolvenzverwalter von Euromicron bei Schadensersatz gg. ehem. Vorstandsmitglied wg. Bilanzierungsfehlern u. Cum-Cum-Geschäften; Ex-Vorstands- u. Ex-Aufsichtsratsmitglied in HRE-KapMuG-Verf.; Deloitte NL bei Abwehr von Haftung im Steinhoff-Bilanzskandal (mit NautaDutilh); Ex-RWE-Chef in €700-Mio-Post-M&A-Streit mit Rustenburg; Qimonda-Insolvenzverwalter gg. Infineon (LG); Bayer von Schadensersatz für Vossloh (Schienenkartell); Inter Krankenversicherung u. TTP in Spruchverf.; Sisvel bei Abwehr von Klage des Instituts für Rundfunktechnik im Zshg. mit Patentverwertung (LG).

TAYLOR WESSING

Konfliktlösung: Prozesse	★★
Konfliktlösung: Schiedsverfahren	★
Konfliktlösung: Produkthaftung	★★★

Bewertung: Aushängeschild der Praxis ist die Abwehr von Produkthaftungsansprüchen, insbes. im Pharmabereich. Wichtige Player wie Grünenthal u. Bayer gehören zu Stammmandanten von TW. Dem ausgezeichneten Ruf der Teams um Moelle u. Praxisleiter Behrendt auf diesem Gebiet ist es sicherlich auch zu verdanken, dass AstraZeneca bei der Verteidigung gg. mögl. Schadensersatzansprüche im Zshg. mit dem Corona-Impfstoff auf TW setzt (marktbekannt). Mithilfe von Legal-Tech-Lösungen stemmt die Praxis auch Massenverfahren wie z.B. die Abwehr von Klagen div. Krankenkassen für einen internat. Medizinprodukteherstellers. Dass sich die Produkthaftungsfälle nicht auf Pharma beschränken, zeigen Mandate für einen Windenergieanlagenhersteller u. div. Technikkonzerne. Die Ernennung von 2 Eq.-Partnern an der Schnittstelle zu Compliance u. Organhaftung bzw. Schiedsverfahren unterstreicht zudem die Ambitionen der Kanzlei auf diesen Beratungsfeldern. Insbes. von Enzberg gilt für das Schiedswesen als gelungenes Beispiel für den Generationswechsel.

Stärken: Pharmaprodukthaftung.

Oft empfohlen: Dr. Henning Moelle („führend im Bereich Lifescience", Wettbewerber; Produkthaftung), Dr. Philipp Behrendt, Donata von Enzberg („fachlich top u. extrem gut organisiert", „durch

Wahl zum DIS-Vorstand sehr zu Recht ausgezeichnet", Wettbewerber)

Team: 9 Eq.-Partner, 10 Sal.-Partner, 13 Associates, 2 of Counsel

Partnerwechsel: Volker Herrmann (zu Orth Kluth)

Schwerpunkte: Produkthaftung, hier Schnittstelle zum ▷Gesundheitswesen; Auseinandersetzungen um Unternehmenskäufe, handelsrechtl. Streitigkeiten u. Organhaftung; gesellschaftsrechtl. Streitigkeiten. Prozesse auch im ▷Versicherungs-, ▷Arbeits-, ▷Patent-, ▷Marken- u. Wettbewerbs-, Schifffahrts- u. ▷Vertriebsrecht.

Mandate: AstraZeneca zur Produkthaftung im Zshg. mit Corona-Impfstoff (marktbekannt); Medizintechnikkonzern bei Abwehr von Massenklagen div. Krankenkassen; Bayer lfd. in Arzneimittelhaftung, u.a. wg. Kontrazeptiva; Grünenthal bei Abwehr von Produkthaftung im Zshg. mit Contergan (ww. Koordination); Melitta bei Abwehr von Kartellschadensersatzklage des Schlecker-Insolvenzverwalters; Prowise bei Schadensersatzforderung gg. Medion wg. mögl. fehlerhafter Hardwarelieferung; Renate Schubries zu gesellschaftsrechtl. Auseinandersetzung in Funke Mediengruppe; VW bei Abwehr von Verbraucherklagen wg. Dieselaffäre; Windenergieanlagenhersteller zu Produkthaftung.

TILP

| Konfliktlösung: Prozesse | ★★ |

Bewertung: Die auf Investorenklagen spezialisierte Kanzlei hat sich nach dem Unfalltod ihres Gründers Andreas Tilp gesellschaftsrechtl. neu sortiert u. besteht nun im Kern aus gleichberechtigten Partnern. Mehrere langfr. u. teils mrd-schwere KapMuG-Verfahrenskomplexe, die die Kanzlei viele Jahre beschäftigten, haben zuletzt ihr Ende gefunden: HRE, Dt. Telekom u. Steinhoff. Andere Großkomplexe wie die Arbeit für VW- u. Daimler-Anleger im Zshg. mit der Dieselaffäre halten das nun von Peter Gundermann u. Marvin Kewe geleitete Team weiterhin auf Trab. Eine Kernaufgabe der neuen Managing-Partner wird sein, der Kanzlei auch nach dem Tod des akquisestarken u. charismat. Gründers neue Mandatskomplexe zu erschließen. Ermutigende Signale in dieser Hinsicht sind der Wirecard-Komplex, der mit mehr als 80.000 Anspruchstellern allein bei Tilp alle bisherigen KapMuG-Verfahren in den Schatten stellen könnte, u. das gepl. KapMuG-Verf. gg. Bayer bzgl. der Monsanto-Übernahme: Hier kam ein Großteil des Streitwerts von inzw. €2,2 Mrd erst in jüngster Zeit in die Kanzlei.

Stärken: KapMuG-Verf., starkes internat. Netzwerk.

Team: 6 Partner, 3 Associates

Schwerpunkte: Vertretung institutioneller Investoren u. vermögender Privatanleger in kapitalmarktrechtl. Streitigkeiten, insbes. KapMuG, u.a. Wertpapierrecht, grauer Kapitalmarkt, Prospekthaftung.

Mandate: Div. Investoren gg. EY/BaFin/Insolvenzverwalter im Zshg. mit Wirecard; div. Investoren bei €1,3-Mrd-KapMuG gg. Daimler im Zshg. mit Dieselaffäre; 288 institutionelle Investoren in €2,2-Mrd-Anlegerklagen gg. Bayer bzgl. Monsanto-Übernahme; div. Anleger inkl. Musterkläger bei Vergleich in KapMuG-Verf. gg. Dt. Telekom; Deka als Musterklägerin in KapMuG-Verf. gg. VW u. Porsche wg. Dieselskandal; Hafez Sabet bei €11-Mrd-Schadensersatzklage gg. Dt. Bank u. Hauck & Aufhäuser wg. angebl. Ansprüche im Zshg. mit einer Insolvenz (LG); Musterkläger in KapMuG-Verf. gg. Steinhoff (OLG).

WACH UND MECKES UND PARTNER

| Konfliktlösung: Prozesse | ★★★ |
| Konfliktlösung: Schiedsverfahren | ★★ |

Bewertung: Die Münchner Konfliktlösungsboutique ist bei Prozessen u. Schiedsverfahren eine feste Größe, wobei die vergleichsweise ausgeprägte Internationalität ins Auge sticht. Viele Mandanten, v.a. Investoren, kommen aus dem angelsächs. Raum – wichtige Mandate waren zuletzt etwa die Vertretung eines US-Investors in einer Post-M&A-Streitigkeit mit dt. Autokonzernen u. eines engl. Anlagenbauers im Zshg. mit einem Kraftwerksprojekt. Zudem lastet weiterhin die Arbeit für Etihad in einer €2-Mrd-Streitigkeit mit dem Air-Berlin-Insolvenzverwalter ein größeres Team aus – WMP ist hier als Co-Counsel von Allen & Overy u. Shearman & Sterling tätig. Auch Neupartner Dr. Arno Riethmüller steht für die internat. Ausrichtung der Kanzlei. Er vertritt etwa an der Seite von Wach einen Komponentenhersteller in einem Post-M&A-Verf. gg. ein jap. Unternehmen. Die Ernennung des ehem. Cleary-Anwalts Riethmüller bedeutet eine Stärkung der Schiedspraxis u. zeigt, dass es der Kanzlei gelingt, dem Nachwuchs Perspektiven zu bieten. Zugleich macht die Beförderung aber auch die Verstärkung auf Associate-Ebene dringender.

Oft empfohlen: Dr. Karl Wach („kreativ u. scharfsinnig, lässt nicht locker", Wettbewerber), Frank Meckes, Tom Petsch („erfahren u. angenehm", Wettbewerber über beide)

Team: 4 Eq.-Partner, 1 Sal.-Partner, 7 Associates

Schwerpunkte: Post-M&A-, gesellschafts- u. kapitalmarktrechtl. Streitigkeiten. Präventivberatung wie auch Prozess- u. Schiedsverf., hier auch Schiedsrichtermandate.

Mandate: Ausl. Fluggesellschaft bei Abwehr von Investorenklagen u. gepl. KapMuG-Massenklage; ehem. Organ der HRE in KapMuG-Verf. wg. angebl. Verletzung von Ad-hoc-Pflichten; Ex-Porsche-Vorstand Wiedeking bei Abwehr zivilrechtl. Ansprüche internat. Investoren bzgl. Kapitalmarktinformationen wg. gepl. VW-Übernahme; engl. Portfoliomanager im Zshg. mit Massenklageportfolioinvestment im Automobilsektor; Gerätekomponentenhersteller in €57-Mio-Post-M&A-Streitigkeit mit jap. Industriekonzern (DIS); institut. US-Investor in Post-M&A-Streit mit 3 dt. Automobilkonzernen wg. Gewinnbeteiligungen; Etihad gg. €2-Mrd-Schadensersatzklage des Air-Berlin-Insolvenzverwalters; US-Asset-Manager bei Strukturierung von Kartellschadensersatzmassenklage in Dtl.; US-Fonds in €150-Mio-Kapitalmarktverfahren gg. dt. Autokonzern.

WHITE & CASE

| Konfliktlösung: Prozesse | ★★★★ |
| Konfliktlösung: Schiedsverfahren | ★★★ |

Bewertung: Die Praxis mit den langj. Paradedisziplinen insolvenz-, versicherungs- u. finanzrechtl. Streitigkeiten hat ihren Fokus in den vergangenen Jahren erhebl. erweitert. Das spiegelt sich auch in der stark gewachsenen Partnerriege: Zuletzt stieß dazu die Schiedsspezialistin Dr. Alexandra Diehl, die wie Burianski v.a. bei Investitionsschutzverf. eng in die internat. Praxis eingebunden ist. Weitere jüngere Partner etablieren sich immer besser bei immobilienrechtl. Streitigkeiten u. großvol. Schiedsverf., etwa an der Seite eines ww. Transportkonzerns in einem mrd-schweren Komplex aus Post-M&A- u. projektbez. Streitigkeiten. Auch die Prozesse für den Air-Berlin-Insolvenzverwalter in rd.

KONFLIKTLÖSUNG – DISPUTE RESOLUTION

30 Ländern steuert ein jüngerer Partner – dieses Mandat u. die Arbeit eines Teams um Wirth für die Allianz Re bei der ww. Abwicklung von wirtschaftl. Corona-Großschäden zeigen, wie Stärken der dt. Praxis im Verbund mit internat. Teams zur Geltung kommen. Die enge Verzahnung mit der Regulierungspraxis, von der Mercedes-Benz bereits im umf. Dieselprozessmandat profitiert hat, zahlt sich auch mit Blick auf ESG-bezogene Streitigkeiten aus. Nachdem Facebook den Umfang der Zusammenarbeit mit W&C in Dtl. auf insolvenz- u. datenschutzrechtl. Prozesse reduziert hat, zeigen u.a. neue Mandate für Konzerne wie Twitter u. insbes. Langens zunehmende Präsenz in IT-Streitigkeiten, dass die Praxis bei Konflikten der Digitalökonomie weiterhin über ein hohes Renommee verfügt.

Stärken: ▷Bank- u. finanzrechtl. sowie ▷insolvenzrechtl. Streitigkeiten; internat. Vollstreckungsthemen.

Oft empfohlen: Christian Wirth („inhaltl. top u. sehr umgänglich", Mandant), Dr. Markus Burianski („will man immer gerne in seinem Team haben", Wettbewerber; Schiedsverf./Produkthaftung), Markus Langen („gute Wahl für Bankenprozesse", Wettbewerber), Sara Vanetta („versiert, angenehm, kompetent – ein Rising Star", Wettbewerber)

Team: 9 Eq.-Partner, 7 Counsel, 25 Associates

Schwerpunkte: Schiedsverf. u. Prozesse für Banken, Versicherer, Automotive-, Elektronik-, ▷Immobilien- u. ▷Energieunternehmen. Ausgeprägte Schnittstellen zu ▷Compliance, ▷Versicherungs-, ▷Insolvenz- u. ▷Strafrecht. Schiedsverf. v.a. in Ffm., auch Investitionsschutz u. gesellschaftsrechtl. Streitigkeiten.

Mandate: Air-Berlin-Insolvenzverwalter umf. in div. Ländern bei insolvenzrechtl. Streitigkeiten inkl. Vollstreckungs- u. Anfechtungsverf., u.a. gg. World Fuel Services, Flughafen Wien, Bombardier; Platin-Insolvenzverwalter gg. Alba, u.a. zur Wahrung von Gläubigerrechten, bei Notarbeschwerde u. Schiedsgutachten zu M&A-Fragen; Allianz Re umf. bei Durchsetzung von Versicherungsansprüchen gg. Retrozessionäre im Zshg. mit Corona-Folgen; internat. Transportkonzern in Mrd-Post-M&A- u. Projektstreitigkeiten (ICC, VIAC); Mercedes-Benz, u.a. bei Abwehr von Kundenklagen wg. Dieselaffäre; ukrain. Bank in Verf. bzgl. Vollstreckbarkeit eines ukrain. €3-Mrd-Titels (LG); Twitter, u.a. in Zivilprozessen u. im Zshg. mit NetzDG; Bulgarien bei Abwehr von €52-Mio-Investorenklage im Zshg. mit Luxuswohnanlage bei Sofia (ICSID); Symrise, u.a. bei Abwehr von Zahlungsklage im Zshg. mit IT-Projekt; TransnetBW u. Amprion bei Nichtigkeitsklage gg. Kostenteilungsmethode bzgl. Redispatching u. Countertrading (EuG); Baltic Cable, u.a. in EuGH-Verf. zur Interkonnektorenregulierung; German-Pellets-Insolvenzverwalter bzgl. Anfechtungs-, Schadensersatz- u. Haftungsansprüchen in Dtl. u. USA; Infinus-Insolvenzverwalterin, u.a. in €360-Mio-Streit um Inter-Company-Forderungen gg. Fubus-Insolvenzverwalter; ind. Investoren in Verf. gg. Jemen (Uncitral u. ICC).

WILMERHALE
Konfliktlösung: Prozesse ★★★

Bewertung: Markenzeichen der kleinen, aber oft für ihre Qualität gelobten Praxis sind komplexe Streitfälle an der Schnittstelle von zivilrechtl. u. regulator. Fragen. Dies kommt etwa in kartellrechtl. geprägten Zivilprozessen an der Seite der Dt. Telekom u. des Bundesverbands öffentl. Banken zum Ausdruck. Auch die Arbeit für WhatsApp u. weitere US-Techkonzerne vor dt. Gerichten, für die v.a. Wettner steht, u. Kamanns Einsatz vor europ. Gerichten haben eine deutl. regulator. Komponente. Für den EuGH-Vorabentscheidungsstrang in einem wegweisenden Verfahren des dt. Kartellamts gg. Facebook hat WH den Lead von Latham übernommen – ein Beleg für die Stärke der Praxis auf datenschutz- u. europarechtl. Terrain. Ein Dauerthema bleibt, dass die Praxis im Vergleich zu Wettbewerbern personell wenig Expansionsfreude zeigt. Das ist angesichts des Wachstumspotenzials, das die zunehmende Regulierung bietet, eine Baustelle, die es sich lohnt zu beseitigen.

Stärken: ▷Kartellrechtl. Schadensersatzklagen, Prozesse vor europ. Gerichten.

Oft empfohlen: Dr. Vanessa Wettner („akribisch u. erfahren", Wettbewerber), Dr. Stefan Ohlhoff („vertritt uns extrem engagiert", Mandant), Prof. Dr. Hans-Georg Kamann („kompetent u. kollegial – höchster Respekt", Wettbewerber)

Team: 5 Eq.-Partner, 2 Sal.-Partner, 3 Counsel, 7 Associates

Schwerpunkte: Prozesse oft mit regulator. Hintergrund u. in Verbindung mit Fachpraxen. Neben Corporate v.a. bei ▷Compliance, Kartellrecht, Marken u. Wettbewerb, Datenschutz (▷IT u. Datenschutz). Schiedsverf. v.a. über die renommierte Praxis in London. Branchen: Technologie, Logistik, Finanzen, Handel, Energie.

Mandate: Meta, u.a. in Verfahren zu App-Center, Fanpages, Like-Button (EuGH, OLG) u. gg. div. datenschutzrechtl. Klagen; Becton Dickinson, u.a. bei Abwehr von Klage eines Ex-Vertriebspartners auf Ausgleich u. Schadensersatz; Dt. Telekom im Zshg. mit Beschwerde von Vodafone gg. kartellrechtl. Genehmigung von Glasfaser-Joint-Venture mit EWE (BGH); Abwehr von Kartellschadensersatz, u.a. für Lufthansa (Luftfracht), VÖB (EC-Cash); Dt. Bahn, u.a. umf. in Prozessen zu Stuttgart 21 u. zu Schadensersatz ggü. Schienenkartell; Katjes Fassin, Krombacher, u.a. zu Schadensersatz wg. Zuckerkartell; Hugo Boss regelm. in markenrechtl. Streitigkeiten.

Wahl der staatlichen Gerichtsbarkeit oder eines Schiedsgerichtes im M&A-Vertrag

Von Marcus Heinrich Rohner und Theresa Krämer, BREIDENBACH RECHTSANWÄLTE, Wuppertal

RA/StB **Marcus Heinrich Rohner** ist als Partner und RAin **Theresa Krämer**, LL.M. als Associate bei BREIDENBACH RECHTSANWÄLTE tätig.

Als Rechtsanwälte beraten sie Unternehmen mit dem Schwerpunkt in den Bereichen M&A- und Immobilien-Transaktionen, gesellschaftsrechtliche und steuerliche Gestaltung, Restrukturierung sowie Unternehmensnachfolge. Hierbei haben zahlreiche Transaktionen internationalen Bezug. Marcus Heinrich Rohner ist Co-Autor des Beck'schen Anwaltshandbuchs Personengesellschaftsrecht, 3. Auflage 2019, sowie des Münchener Vertragshandbuches, Band 2 Wirtschaftsrecht I, 8. Auflage 2020.

BREIDENBACH RECHTSANWÄLTE ist auf wirtschaftliche Fragestellungen spezialisiert. Zu den Mandanten zählen Unternehmer und Unternehmen aus allen Branchen sowie vom neu gegründeten Start-up bis zum internationalen Konzern. Schwerpunkt sind inhabergeführte Unternehmen aus dem gehobenen Mittelstand, Family Offices und Beteiligungsgesellschaften.

Kontakt
BREIDENBACH RECHTSANWÄLTE GmbH
Marcus Heinrich Rohner
M.Rohner@breidenbach-ra.de
Theresa Krämer, LL.M.
T.Kraemer@breidenbach-ra.de
Friedrich-Engels-Allee 32
42103 Wuppertal
T +49 202 49374-0
www.breidenbach-ra.de

In nicht wenigen Fällen kommt es bei M&A-Transaktionen im Nachgang zu rechtlichen Auseinandersetzungen und zwar bislang meistens vor einem Schiedsgericht. Hierbei geht es oft um Millionenbeträge und Anwälte spezialisieren sich entsprechend auf die Tätigkeit in Schiedsgerichtsverfahren. Darauf hat nun das Justizministerium NRW reagiert: Seit dem 01.01.22 ist eine Spezialkammer am LG Düsseldorf ausschließlich zuständig für bestimmte M&A-Streitigkeiten mit einem Streitwert von über einer halben Million Euro. Zugleich wurde beim OLG Düsseldorf ein entsprechender Spezialsenat für das Berufungsverfahren gebildet. Schon während der Vertragsgestaltung müssen die Parteien und deren Berater die Weichen dafür stellen, wer in einem möglichen Streitfall entscheiden soll. In Deutschland bestehen insoweit grundsätzlich zwei Alternativen: Entweder entscheidet ein Gericht der staatlichen Gerichtsbarkeit oder bei entsprechender Vereinbarung der Parteien ein Schiedsgericht. Beide Alternativen bieten jeweils verschiedene Vor- und Nachteile, die vor dem Hintergrund der gesetzlichen Neuregelung neu zu bewerten sind.

Schiedsgericht

Ein Vorteil des Schiedsgerichtsverfahrens besteht darin, dass die Dauer eines Schiedsgerichtsverfahrens in der Regel diejenige eines staatlichen Rechtsstreites unterschreitet. Schließlich befasst sich das Schiedsgericht ausschließlich mit dem ihm vorgelegten Rechtsstreit. Zudem entscheiden Schiedsgerichte in der Regel letztverbindlich, sodass den Parteien ein langer Instanzenweg erspart bleibt. Dies kann gerade bei Streitigkeiten im M&A-Umfeld Sinn machen.

Zudem bietet das Schiedsgerichtsverfahren den Beteiligten die Möglichkeit, die Streitigkeit an sich und auch ihren Gegenstand geheim zu halten. Während in der staatlichen Gerichtsbarkeit der Öffentlichkeitsgrundsatz gesetzlich vorgeschrieben ist und nur unter engen Voraussetzungen eingeschränkt werden kann, können die Parteien den Prozess vor dem Schiedsgericht ganz selbstverständlich unter Ausschluss der Öffentlichkeit führen. Dies ist von großer Bedeutung, wenn im Rechtsstreit sensible Informationen wie Kundenlisten, Einkaufs-/Verkaufspreise, (Preis-)Kalkulationen oder andere sensible Geschäftsgeheimnisse relevant werden können.

Ein weiterer wesentlicher Pluspunkt für das Schiedsgerichtsverfahren ist, dass die Parteien in der Schiedsgerichtsbarkeit die Schiedsrichter selbst bestimmen. Dies führt dazu, dass die Entscheider in der Regel eine hohe Sachkunde gerade mit Blick auf den konkreten Streitgegenstand haben. Zudem kann durch Wahl entsprechend qualifizierter Schiedsrichter bei internationalen Streitigkeiten sichergestellt werden, dass die unterschiedlichen formellen und materiellen Rechtsvorstellungen aus den Jurisdiktionen der Verfahrensbeteiligten von der Richterbank angemessen im Verfahren und in der Entscheidung berücksichtigt werden. Dies kann die Akzeptanz eines Schiedsspruchs im Vergleich zu einem Gerichtsurteil erheblich befördern. Dass die so gewählten Schiedsrichter in der Lage sein werden, das Verfahren erforderlichenfalls auch auf Englisch oder in sonstigen Fremdsprachen zu führen, ist dabei schon fast selbstverständlich.

Ein Nachteil des Schiedsgerichtsverfahrens wiederum ist, je nach Betrachtungsweise, dass es in der Regel lediglich über eine Instanz geführt wird. Der Schiedsspruch der Schiedsrichter ist damit unanfechtbar. Insbesondere wenn die unterlegene Partei meint, dass ihre Beweisführung und ihr Vortrag nicht richtig gewürdigt worden seien, kann dies leicht zur inneren Ablehnung des Schiedsspruchs führen.

Als weiterer Nachteil des Schiedsgerichtsverfahrens sind die im Vergleich zu einem Prozess vor einem ordentlichen Gericht in der Regel erhöhten Kosten zu berücksichtigen. Falls die Abrechnung der Tätigkeit der Schiedsrichter nicht auf Stundensatzbasis erfolgt, werden die Schiedsrichter ihre Tätigkeit idR wie die anwaltlichen Vertreter der Parteien nach dem RVG zur Abrechnung bringen (bei zumindest fünffachem Anfallen der RVG-Gebühren).

Staatliche Gerichtsbarkeit

Die bei den ordentlichen Gerichten tätigen Richter weisen idR eine gute Ausbildung sowie hohe Praxiserfahrung sowohl hinsichtlich der Anwendung des materiellen Rechts wie auch des Prozessrechts auf. Die deutsche Gerichtsbarkeit bietet in der Gesamtbetrachtung damit im internationalen Vergleich eine hohe und zuverlässige Qualität der Rechtsprechung bei verhältnismäßig überschaubaren Kosten. Dies mag in manchen Konstellationen als völlig ausreichend angesehen werden, wenn nicht besondere Gründe (s.o.) die Wahl der Schiedsgerichtsbarkeit nahelegen. Da kraft Gesetzes die Gerichtssprache Deutsch ist und zumindest nicht alle Richter der ordentlichen Gerichtsbarkeit fließend Englisch sprechen, kommt dieser Vorteil bislang allerdings hauptsächlich bei innerdeutschen Prozessen voll zum Tragen.

Als ein weiterer Vorteil der staatlichen Gerichtsbarkeit ist auch die vereinfachte Vollstreckung anzuführen. Während ein Urteil eines ordentlichen Gerichts direkt aus sich selbst heraus vollstreckbar ist, muss der Schiedsspruch erst noch vor einem Oberlandesgericht für vollstreckbar erklärt werden. Zudem bleiben prozessuale Instrumente wie die Streitverkündigung der staatlichen Gerichtsbarkeit vorbehalten. Auch die Ladung und Vernehmung von Zeugen und Sachverständigen ist im Schiedsverfahren deutlich schwieriger umzusetzen als vor dem ordentlichen Gericht.

Neue Spezialkammer in Düsseldorf

Nun wurde am LG Düsseldorf eine Spezialkammer im Rahmen der staatlichen Gerichtsbarkeit eingerichtet. Die Verfahren zu M&A-Streitigkeiten werden nun NRW-weit vor dieser Spezialkammer und dem entsprechenden Spezialsenat beim OLG Düsseldorf abgewickelt.

Die Kammer in Düsseldorf wird mit Richtern besetzt, die jeweils über eine mehrjährige Erfahrung in wirtschaftsrechtlichen Streitigkeiten verfügen. Man wird also annehmen dürfen, dass die handelnden Richter der Spezialkammer über erhebliche Sachkompetenz verfügen und diese in zukünftige Verfahren einbringen werden.

Die Düsseldorfer Kammer soll in Englisch und per Video verhandeln können und auch das sog. Case Management anwenden. Dies bedeutet, dass sich die Richter mit den Parteien vorbesprechen und so das Verfahren besser strukturieren können, gerade wenn die Sachverhalte komplex sind.

Im Hinblick auf die zeitliche Komponente wird angekündigt, dass Verhandlungen und Beweisaufnahmen auch am Stück über mehrere Tage stattfinden können, sodass die Verfahrensdauer möglichst verkürzt wird. Hierdurch entfällt ggfls. das Erfordernis einer wiederholten Einarbeitung der Richter, der Parteien und ihrer Verfahrensbevollmächtigten bei zeitlich weit auseinander liegenden Fortsetzungsterminen.

Auch die Möglichkeit der Einlegung der Berufung und somit der Kontrolle der Entscheidung durch einen übergeordneten Spezial-Spruchkörper bleibt gewahrt. Es ist nicht zu unterschätzen, dass erfahrungsgemäß wenige Umstände einen Richter so zum sorgfältigen Arbeiten motivieren wie das Risiko, dass das eigene Urteil von einer höheren Instanz wegen eines Rechtsfehlers aufgehoben oder abgeändert wird.

Fazit: Was bedeutet die neue Spezialkammer in der Praxis?

Kann die neue Kammer die zu Beginn des Artikels genannten Vorteile der Schiedsgerichtsbarkeit gegenüber der staatlichen Gerichtsbarkeit kompensieren? Nach unserer Einschätzung: Ja. Die Schiedsgerichte bekommen eine ernsthafte Konkurrenz und durch die Implementierung der Spezialkammer werden vsl. viele der zuvor dargestellten Vorteile der Schiedsgerichtsbarkeit jedenfalls zu erheblichen Teilen kompensiert.

Eine Hürde für die sachgerechte Vertragsgestaltung stellt allerdings die eingezogene Streitwertgrenze in Höhe von 500.000 Euro dar. Zumeist kann bei Vertragsschluss auch bei größeren Unternehmensaktionen in der Regel noch nicht zuverlässig vorhergesehen werden, in welcher Höhe sich ein potentieller Streitwert bewegen wird. So kann es auch bei großen Transaktionen passieren, dass die Streitwertgrenze unterschritten wird. Wenn die Parteien sich dann aufgrund der neuen Spezialzuständigkeit in Düsseldorf im Vertrag für die staatliche Gerichtsbarkeit entschieden haben, kann der Fall schließlich doch vor einer x-beliebigen Zivilkammer eines Landgerichtes landen. Umfassende Sicherheit hinsichtlich einer gewünschten Spezialisierung des Spruchkörpers hat man also nach wie vor nur bei Wahl des Schiedsgerichts im M&A-Vertrag.

Wenn sich die M&A-Streitigkeiten auf der Grundlage der Tätigkeit der neuen Spezialkammer mehr in die staatliche Gerichtsbarkeit verlagern würden, wäre dies schließlich als von großem Vorteil für die Rechtsprechung und die weitere Rechtsentwicklung zu bewerten. Schiedssprüche werden deutlich seltener veröffentlicht als Urteile der staatlichen Gerichte, so dass veröffentlichte Entscheidungen zu M&A-Streitigkeiten bislang eher Mangelware sind. Dieser Umstand beeinträchtigt schon lange die Rechtsentwicklung im M&A-Sektor und die entsprechenden fachlichen Diskussionen, die häufig genug im eher theoretischen Bereich und nicht auf der Grundlage ergangener und gut begründeter Entscheidungen geführt werden müssen. So oder so bleibt aber abzuwarten, ob die im Vorfeld gemachten Ankündigungen in der Praxis auch umgesetzt und die in die neue Spezialkammer gesetzten Erwartungen damit auch erfüllt werden. ∎

KERNAUSSAGEN

Vorteile Schiedsgericht
- Verfahrensdauer kürzer als in der staatlichen Gerichtsbarkeit
- Geheimhaltung ohne weiteres zu gewährleisten
- Die Parteien bestimmen die Schiedsrichter selbst
- Sachkunde, Internationalität und Englischkenntnisse damit idR gegeben

Nachteile Schiedsgericht
- idR keine Berufungsmöglichkeit
- Höhere Kosten des Schiedsgerichtsverfahrens
- Vollstreckung und Ladung von Zeugen/Sachverständigen schwieriger als in der ordentlichen Gerichtsbarkeit

Ausblick: Neue Spezialkammer Düsseldorf
- Hohe Sachkompetenz durch Spezialzuständigkeit
- Vorbesprechungen möglich, kürzere Verfahrensdauer zu erwarten
- Überprüfung des Urteils durch Berufungsinstanz mit Spezialsenat
- Hürde für die Vertragsgestaltung: Streitwertgrenze 500.000 Euro

ESG Due Diligence: Nachhaltigkeitskriterien als Schlüsselfaktor in Transaktionsprozessen

Von Dr. Alexa Ningelgen und Dr. Nikolaus von Jacobs, McDermott Will & Emery, Düsseldorf / München

Dr. Alexa Ningelgen ist Partnerin bei McDermott Will & Emery in Düsseldorf. Sie berät Mandanten zu allen Fragen des öffentlichen Rechts, einschließlich Verwaltungs-, Regulierungs- und Verfassungsrecht, und begleitet insbesondere auch Transaktionen unter öffentlich-rechtlichen Aspekten.

Dr. Nikolaus von Jacobs ist Partner bei McDermott Will & Emery in München und Leiter der deutschen Private-Equity-Praxis. Er berät Private-Equity-Fonds und deutsche Industrie-Akteure zu Private Equity, Risikokapital sowie öffentlichen und privaten M&A-Transaktionen.

McDermott Will & Emery ist mit über 1.200 Rechtsanwälten an mehr als 20 Standorten eine der führenden Anwaltssozietäten weltweit. In Deutschland berät McDermott von Düsseldorf, Köln, Frankfurt und München aus in allen wesentlichen Bereichen des Wirtschaftsrechts. Zu den Mandanten zählen internationale Konzerne ebenso wie der deutsche Mittelstand.

Kontakt
McDermott Will & Emery
Rechtsanwälte Steuerberater LLP
Nymphenburger Str. 3
80335 München
T +49 89 12712 0
mwe.com

Weitere Informationen zur Kanzlei in der Anzeige auf Seite 214

Nachhaltigkeitskriterien spielen im Rahmen von Unternehmenstransaktionen bereits seit einigen Jahren eine wachsende Rolle. Für immer mehr Investoren ist das Thema Environmental Social Governance (ESG) bei der Beurteilung geeigneter Zielunternehmen ein entscheidender Faktor. Für Unternehmen, die vor einem vollständigen oder Teilverkauf stehen, heißt das: Sie werden im Rahmen einer Due Diligence nicht mehr ausschließlich auf wirtschaftliche Chancen und Risiken hin untersucht. Vielmehr müssen sie sich auch im Hinblick auf ihr Engagement für Umwelt, Soziales und verantwortungsvolle Unternehmensführung beweisen.

Unternehmerische Verantwortung unter Nachhaltigkeitsaspekten ist für Unternehmen kein schmückendes Beiwerk mehr, sondern ein Schlüsselfaktor im Verkaufsprozess. Je stärker sich große börsengelistete Konzerne, Finanzinvestoren und Banken an ESG-Standards orientieren und dazu zum Teil strikte Vorgaben machen, desto mehr sind auch mittelständische Unternehmen gefordert, ESG in ihren Geschäftsprozessen zu berücksichtigen.

Werden ESG-Risiken bei der Prüfung eines Targets nicht oder nicht rechtzeitig vor Eintritt in einen Transaktionsprozess erkannt, kann dies erhebliche Auswirkungen auf die Unternehmensbewertung oder den Erfolg einer Transaktion haben.

Daher verwundert es nicht, dass sich die ESG Due Diligence mittlerweile stark an die klassische Legal bzw. Technical Due Diligence angepasst hat. Auch hier wird mit detaillierten Checklisten gearbeitet, die gleichsam tailor-made auf die spezifischen Rahmenbedingungen der Unternehmen zugeschnitten werden.

E – der Aspekt Umwelt in der Due Diligence

Spätestens seit die Europäische Kommission ihren Green Deal vorgestellt und damit ambitionierte Ziele zur Dekarbonisierung proklamiert hat, spielt dieser Aspekt auch in M&A- und Private-Equity-Transaktionen eine Rolle. Den Carbon-Footprint der Zielgesellschaft zu erheben, gehört inzwischen zum Standard der Due Diligence. Mit der seit 2022 wirksamen Taxonomie-Verordnung legt die EU-Kommission als Baustein des Green Deals Standards für ökologisches Wirtschaften fest. Im Kern geht es darum, unternehmerische Tätigkeiten dahingehend zu bewerten, ob sie einen grünen Beitrag leisten oder nicht. Anhand dieser Bewertung sollen Investoren einschätzen können, ob Unternehmen nachhaltig arbeiten.

Unterteilt ist die Taxonomie bisher in sechs Umweltziele: Klimaschutz, Anpassung an den Klimawandel, nachhaltige Nutzung von Wasser- und Meeresressourcen, Übergang zu einer Kreislaufwirtschaft, Vermeidung und Verminderung der Umweltverschmutzung sowie Schutz und Wiederherstellung der Biodiversität und der Ökosysteme. In eine ähnliche Richtung wies bereits das an die von ihr beaufsichtigten Unternehmen gerichtete „Merkblatt" der Bundesanstalt für Finanzdienstleistungsaufsicht (BaFin) „zum Umgang mit Nachhaltigkeitsrisiken" vom 20. Dezember 2019, wiewohl dies (noch) als „Kompendium unverbindlicher Verfahrensweisen" bezeichnet wurde.

Inwieweit produzierende Betriebe mit umweltschädlichen Stoffen und Emissionen belastet sind, ob und inwieweit sie Umweltmanagementsysteme etabliert haben, um moderne Umweltschutzstandards zu erfüllen, wie sparsam sie in ihren Prozessen ebenso wie beim Unterhalten von Büros und Werkstätten mit Ressourcen wie Wasser oder Strom umgehen und wie weit sie sich bereits mit dem Thema Resilienz mit Blick auf den Klimawandel beschäftigt haben – all dies gehört heute zum Prüfungsschema der ESG Due Diligence. Auf der Schnittstelle zur Legal sowie Technical Due Diligence spielen zudem Fragen nach Umwelt-Compliance-Regularien, nachhaltigen Lieferketten, Störfällen und sonstigen Umweltschäden sowie öffentlich-rechtlichen Genehmigungserfordernissen eine entscheidende Rolle und sind somit bewertungsrelevant.

S – soziale Verantwortung und Menschenrechte

Social Responsibility ist im Unternehmensalltag kein neues Konzept. Arbeitssicherheit, Gesundheitsschutz sowie Produktverantwortung müssen von Unternehmen bereits seit Langem aufgrund zwingender rechtlicher Vorgaben beachtet werden.

Mit den Lieferkettengesetzen in vielen Ländern, seit jüngerem auch in Deutschland und künftig wohl auch auf EU-Ebene, sind Unternehmen darüber hinaus in der Pflicht, sicherzustellen, dass auch ihre Lieferanten soziale Standards im Umgang mit ihren Beschäftigten einhalten. Die Verletzung von Menschenrechten und soziale Ausbeutung, gravierende Nachlässigkeiten in puncto Produktsicherheit oder das Nichteinhalten von Umwelt- und Sicherheitsvorschriften am Arbeitsplatz müssen sich Hersteller und Händler daher vermehrt zurechnen lassen, wenn sie nicht nachweisen können, das ihrerseits Mögliche zur Kontrolle beigetragen zu haben.

Ein breiteres Verständnis von Verantwortung über die rein rechtliche Verantwortlichkeit oder Haftung hinaus gewinnt zunehmend an Bedeutung. Verantwortung zu zeigen für Mitarbeiter, unabhängig davon, ob diese im eigenen Unternehmen oder in einem Unternehmen der Lieferkette beschäftigt sind, das Mitdenken der sozialrelevanten Konsequenzen der Produktanwendung sowie die Übernahme gesamtgesellschaftlicher Verantwortung (Corporate Social Responsibility) rücken im gesellschaftlichen Diskurs immer stärker in den Fokus. Sie können daher Werttreiber bei Unternehmenstransaktionen sein oder – im Falle von identifizierten ESG-Risiken – auch zu Abschlägen beim Unternehmenswert führen.

G – verantwortungsbewusste Unternehmensführung

Die Einführung des Corporate Governance Kodex hat Unternehmen nicht nur Leitlinien für die verantwortungsbewusste Unternehmensführung an die Hand gegeben, sondern auch zu einer erhöhten Sensibilität für das Thema insgesamt geführt. Zugleich hat der Gesetzgeber die Organe der Gesellschaften über die Jahre immer stärker auch persönlich in die Verantwortung genommen.

Ohne ausgefeilte Compliance- und Risikomanagementsysteme ist Unternehmensführung heute kaum noch denkbar. Damit einher gehen erhöhte Anforderungen an die unternehmensbezogene Berichterstattung, die interne Organisation und Besetzung von Gremien, die Vorstandsvergütung und das Agieren im Wettbewerb. Nicht nur mit teils hohem technischem und personellem Aufwand verbunden, sondern ebenfalls für das Management höchst haftungsträchtig sind die Bereiche Datenschutz und IT-Sicherheit. Im Rahmen des Governance-Kriteriums spielen bei ESG ebenso Chancengleichheit bei der Besetzung von offenen Positionen, Diversity auf allen Ebenen des Unternehmens sowie effiziente Prozesse zur Verhinderung von Korruption, Bestechung, Betrug und anderen illegalen Praktiken eine Rolle. Unternehmen, die nicht oder nur unzureichend nachweisen können, in all diesen Feldern gerüstet zu sein, müssen ebenfalls damit rechnen, mit Abschlägen beim Unternehmenswert abgestraft zu werden.

Mit dem Closing der M&A-Transaktion ist die Beschäftigung der Parteien mit dem Thema ESG natürlich nicht an ihr Ende angelangt. Es gilt dann beispielsweise das Augenmerk auf die wirksame Integration der ESG-Compliance-Strukturen der beteiligten Unternehmen zu lenken.

Fazit – jedes Detail zählt

Die ESG Due Diligence entwickelt sich mehr und mehr zu einem Schlüsselfaktor, um den Parteien bei Transaktionen nicht mehr herumkommen. Zugleich ist ESG ein relativ junges Beratungsfeld, in dem sich vieles im Fluss befindet. So steht weder fest, was genau unter einer ESG Due Diligence zu verstehen ist, noch welche ESG-Kriterien standardmäßig anzulegen sind. Derzeit existieren mindestens drei wesentliche Standards für den Vergleich von Nachhaltigkeitsdaten: GRI (Global Reporting Initiative), TCFD (Task Force on Climate-Related Financial Disclosures) sowie SASB (Sustainability Accounting Standards Board).

Viele Unternehmen sind unsicher, welchen Standard sie anwenden sollen. Der Ruf nach einem einzigen, regulatorisch verpflichtenden ESG-Standard in Richtung Politik und Gesetzgeber wird daher immer lauter. Dies wird auch dadurch befeuert, dass für Private Equity Fonds Manager seit dem Laufe des Jahres 2021 die Informations- und Offenlegungspflichten hinsichtlich der den Investitionen der Private Equity Fonds zugrundeliegenden Nachhaltigkeitsrisiken sowie Art und Umfang ihrer Berücksichtigung zu beachten sind, die die Europäische Union in der Sustainable Finance Disclosure Regulation (SFDR) verordnungsrechtlich vorgegeben haben.

Umso mehr kommt es heute auf eine frühzeitige und offene Abstimmung zwischen Käufer und Verkäufer in der Frühphase des Transaktionsprozesses an: Haben beide Seiten ein weitestgehend gleiches Verständnis von ESG? Welche Kriterien sollen angelegt werden? Und gibt es vielleicht bereits Ausschlusskriterien im Sinne von ESG-Anforderungen, die der Verkäufer im avisierten Zeithorizont nicht wird erfüllen können? Diese Fragen gilt es zu klären, damit einer erfolgreichen Transaktion auch das Thema ESG nicht im Wege steht.

Was passiert, wenn bei der Due Diligence ESG-Risiken identifiziert werden? In den meisten Fällen reagieren die Parteien mit Abschlägen beim Unternehmenswert. Darüber hinaus können selbstverständlich auch für ESG-Risiken in den entsprechenden Vertragswerken Garantien sowie Freistellungen vereinbart werden, möglicherweise erweitert um die Option der Versicherung entsprechender Risiken durch W&I-Versicherungen. Entsprechende Versicherungen treten jedoch nur dann ein, wenn zuvor eine adäquate Due Diligence durchgeführt wurde – hier schließt sich der Kreis. ∎

KERNAUSSAGEN

- Für immer mehr Investoren ist das Thema ESG bei der Beurteilung geeigneter Zielunternehmen ein entscheidender Faktor.
- Im Transaktionsprozess gewinnen Aspekte wie Engagement für Umwelt, Soziales und verantwortungsvolle Unternehmensführung verstärkt an Bedeutung.
- Wird das Thema ESG auf die lange Bank geschoben, drohen valide Nachteile bei der Suche nach finanzstarken Partnern im Rahmen von Finanzierungen, strategischen Unternehmenstransaktionen oder Nachfolgelösungen.

M&A

Am Wendepunkt

Zum ersten Mal seit 15 Jahren werden M&A-Anwälte mit einer dramatischen Frage konfrontiert: Was ist, wenn die Transaktionsarbeit nicht mehr die Haupttreiberin für Umsatz und Profitabilität der gesamten Kanzlei ist? Das liegt nicht daran, dass Dealanwälte zu wenig Transaktionen zu bearbeiten hätten. Im Gegenteil: Die meisten sind noch dabei, sich von der massiven Auslastung durch den lebhaften Markt zwischen Herbst 2020 und Sommer 2022 zu erholen.

Das Problem im M&A-Sektor hat vielmehr zwei Facetten. Gerade weil es so viel Arbeit für die Anwälte gab, hat sich ein gewisser Grad an Kommodifizierung unausweichlich eingestellt. Mid-Cap-Arbeit ist deshalb für führende Kanzleien oft nicht mehr so attraktiv. Deutsche wie internationale Kanzleien versuchen, ihre Energien auf die komplexen, grenzüberschreitenden Deals, oft mit einem hohen Maß an Regulierungsfragen, zu konzentrieren. Es gibt deshalb mehr Kanzleien, die um ihren Anteil an diesem hoch lukrativen Marktsegment kämpfen. Auffällig ist, dass auch Spitzenkanzleien wie **Linklaters** zuletzt nicht in der Lage waren, einen Trackrecord fortzusetzen, der bisher eine Selbstverständlichkeit war.

Hinzu kommt bei einer Reihe von Kanzleien eine Sogwirkung der Compliance- u. Investigations-Praxen, die die Aufmerksamkeit des Kanzleimanagements auf sich zieht u. Ressourcen bindet, u.a. weil sich diese Großprojekte selbst als profitabler erweisen als die bisher zuverlässigen M&A-Teams. Nimmt man noch die Vermutung hinzu, dass sich die M&A-Konjunktur Ende 2022 deutlich abkühlen könnte, dann sind die Aussichten für Corporate-Praxen nicht so rosig. Andererseits gibt es auch Optimisten im Markt, die auf die weiterhin große Investorenliquidität hinweisen und eine hohe Anzahl potenzieller Ausgliederungen aus Industrieunternehmen, die den Markt in Schwung halten könnten.

Stabile Partnerreihen

Dennoch ist es angesichts des Marktszenarios vielleicht nicht verwunderlich, dass sich das Karussell der Partnerwechsel zuletzt langsamer gedreht hat. Ein sehr bemerkenswerter Schritt war allerdings die überfällige Entscheidung der US-Kanzlei **Cleary Gottlieb**, ihre Corporate-Praxis wieder aufzubauen. Neuzugang Dr. Nico Abel wechselte von **Herbert Smith Freehills**, wo er sogar Managing-Partner war. Ansonsten ist zu beobachten, dass Kanzleien über die letzte Zeit hin darauf konzentriert waren, ihre Partnerreihen eher mit Spezialisten im Bereich Private Equity zu ergänzen, statt mit konventionellen M&A Anwälten.

Im Mittelfeld des Marktes gab es vergleichsweise mehr Bewegung. Hier war die Eröffnung von **Advant Beiten** in Freiburg mit einem Team von **Friedrich Graf von Westphalen & Partner** ein viel beachtetes Ereignis. Viele Großkanzleien haben im Laufe der Jahre Büros in eher vernachlässigten Teilen des Marktes ins Auge gefasst, aber nie gehandelt: Freiburg, Ostwestfalen, Franken, Hannover – allesamt Gegenden mit einem starken Mittelstand, in denen es auch Anwälte mit beträchtlichen grenzüberschreitenden Erfahrungen gibt. Inwieweit die Eröffnung von Advant Beiten Schule macht, wird davon abhängen, ob es der Kanzlei gelingt, an dem neuen Standort eine nächste Generation von M&A-Anwälten heranzuziehen.

Kanzleiwechsel sind aber auch deshalb seltener geworden, weil das Modell der Abspaltung immer wieder erfolgreiche Beispiele hervorbringt. Boutiquen wie **LMPS** in Düsseldorf und **Martius** in München übernehmen inzwischen M&A-Arbeit, die zuvor bei größeren Kanzleien fest verankert war.

Die Bewertungen behandeln Kanzleien, die zum Kauf oder Verkauf von Vermögenswerten (Asset-Deals) oder Anteilen (Share-Deals) eines Unternehmens beraten und das Transaktionsmanagement übernehmen. Verschmelzungen und Fusionen sind im Kapitel ▷Gesellschaftsrecht erfasst. Berater von Private-Equity-Häusern zu Käufen und Verkäufen finden sich im Kapitel ▷Private Equity und Venture Capital. Eine Auswahl oft empfohlener Notare ist im Kapitel ▷Notariat aufgeführt, Spezialisten für Investitionskontrolle im Kapitel ▷Außenwirtschaftsrecht.

JUVE KANZLEI DES JAHRES FÜR M&A

GLEISS LUTZ

Die M&A-Praxis von Gleiss Lutz hat sich mit beeindruckender Verve und Zielstrebigkeit zu einer erstrangigen Beraterin bei wichtigen Transaktionen großer deutscher Konzerne entwickelt. Das Team um Praxisleiter **Dr. Ralf Morshäuser** hat viel Zeit in den Beziehungsaufbau zu diesen Mandanten investiert, die nun seine Ausdauer und Kompetenz sehr schätzen. Gerade in der Rhein-Ruhr-Region ist Gleiss jetzt hervorragend positioniert: Sei es bei der Deutsche Post DHL mit der Frankfurter Partnerin **Dr. Cornelia Topf**, mit **Dr. Jan Balssen** bei Lanxess oder mit **Dr. Alexander Schwarz** und **Dr. Thomas Menke** bei Thyssenkrupp. Diese Premierenmandate knüpften nahtlos an den Trackrecord an, den sich die Transaktionspraxis schon bei großen Familiengesellschaften aufgebaut hat. **Morshäuser** selbst legte noch eine Schippe drauf: Der Verkauf der milliardenschweren Funkturmsparte der Deutschen Telekom gilt als einer der größten Infrastrukturdeals in Europa. Damit ist Gleiss eine ernsthafte Konkurrentin nicht nur für Hengeler Mueller, sondern auch für die führenden internationalen Kanzleien geworden. Dass Gleiss auch öffentliche Übernahmen zu nehmen weiß, zeigte sie wiederum bei Hornbach und Schaltbau – und rundete damit ihre beeindruckende Teamleistung ab.

ADERHOLD
M&A ★

Bewertung: M&A-Praxis in Dortmund u. Düsseldorf (▷NRW) sowie Leipzig (▷Sachsen). Nähere Informationen finden Sie in diesen Regionalkapiteln.
Team: 7 Eq.-Partner, 1 Sal.-Partner, 2 Associates
Schwerpunkte: Enge Zusammenarbeit mit den Restrukturierern bei Distressed-M&A-Deals (▷Insolvenz/Restrukturierung), v.a. Düsseldorf u. Dortmund, zunehmend auch Köln. Mittelgr. M&A in Leipzig.
Mandate: Siehe Regionalkapitel.

ADVANT BEITEN
M&A ★★★

Bewertung: Den Kern der M&A-Praxis bilden Mid-Cap- u. Distressed-M&A-Transaktionen für Mittelständler u. Industriemandanten, häufig mit grenzüberschr. Bezug. Im Zuge der Neuaufstellung im Advant-Verbund mit Sozietäten (zunächst) aus Italien u. Frankreich legte die Kanzlei den Grundstein für ein enges kontinentaleurop. Beraternetzwerk u. konnte so etwa mit Advant Nctm zusammen das börsennot. ital. Unternehmen Comer Industries zum Zusammenschluss mit der dt. Walterscheid Powertrain Group beraten. Zugleich bot Advant eine attraktive Plattform für ein transaktionsstarkes 12-köpf. Team von Friedrich Graf von Westphalen, das sich zum August anschloss. Damit verbreitern sich die Mandantenbasis u. die internat. Erfahrung nochmals deutlich. An die schon zuvor gute Verbindung nach Asien knüpft wiederum der intern ernannte Eq.-Partner Moritz Kopp an, der Erfahrung in Schanghai u. Singapur gesammelt hat.
Stärken: Grenzüberschr. Deals, v.a. mit Bezug nach China u. Russland sowie nach Frankreich u. Italien. Enge Verbindung zur Praxis für ▷Nachfolge/Vermögen/Stiftungen.
Oft empfohlen: Dr. Guido Krüger, Uwe Wellmann, Dr. Barbara Mayer ("ausgezeichnete Beraterin, erfahren u. tough", Wettbewerber), Gerhard Manz ("sehr erfahren u. angenehm", Wettbewerber)
Team: 18 Eq.-Partner, 28 Sal.-Partner, 16 Associates, 1 of Counsel
Partnerwechsel: Dr. Barbara Mayer, Dr. Jan Barth, Dr. Birgit Münchbach (alle von Friedrich Graf von Westphalen); Christian Kalusa (zu Adcuram/Inhouse)
Schwerpunkte: Dt. u. grenzüberschr. Transaktionen für Mittelständler, Industriekonzerne, Finanzdienstleister u. vermögende Privatpersonen. Einschl. Post-M&A-Streitigkeiten u. ▷Schiedsverfahren; zudem ▷Private Equity u. Venture Capital. Enge Zusammenarbeit mit ▷Arbeits- u. ▷Gesellsch.recht, Banking u. ▷Medien, ▷Informationstechnologie u. kanzleieigenen WP. Zahlr. Länder-Desks, u.a. USA. Eigene Büros in Peking u. Moskau.
Mandate: Aesculap bei Mehrheitsbeteiligung an Schölly Fiberoptic; Medline International zu Kauf von Asid Bonz; Genius Brands zu Kauf von Your Family Entertainment; Comer Industries zu Kauf von Walterscheid Powertrain; Knill Energy zu Kauf des Geschäftsbereichs Bahninfrastruktur von Pfisterer; Eigentümer der EWK Umwelttechnik bei Verkauf; Gesellschafter zu Verkauf der Optikett-Gruppe; Apetito zu Verkauf von Apetito Convenience; Ferronordic bei div. Zukäufen von Händler- u. Werkstattstandorten; Myposter bei Kauf von Kollwitz Internet (Junique); Bollinger + Grohmann zu Kauf des Ingenieurbüros Greiner; EnBW Ventures zu Verkauf von Replex-Anteilen.

M&A

★★★★★

Freshfields Bruckhaus Deringer	Düsseldorf, Frankfurt, München, Hamburg, Berlin
Hengeler Mueller	Düsseldorf, Frankfurt, München, Berlin

★★★★★

Clifford Chance	Düsseldorf, Frankfurt, München
Gleiss Lutz	Stuttgart, Frankfurt, Düsseldorf, München, Berlin, Hamburg
Latham & Watkins	Frankfurt, Hamburg, Düsseldorf, München
Linklaters	Düsseldorf, Frankfurt, München, Berlin, Hamburg

★★★★

Allen & Overy	Hamburg, Frankfurt, Düsseldorf, München
CMS Hasche Sigle	München, Hamburg, Stuttgart, Düsseldorf, Frankfurt, Köln, Berlin, Leipzig
DLA Piper	Hamburg, Köln, Frankfurt, München
Hogan Lovells	München, Düsseldorf, Frankfurt, Hamburg
Noerr	München, Berlin, Düsseldorf, Frankfurt, Hamburg, Dresden
White & Case	Frankfurt, Düsseldorf, Berlin, Hamburg

★★★★

Baker McKenzie	Frankfurt, Düsseldorf, München, Berlin
Bird & Bird	Düsseldorf, Frankfurt, München
Heuking Kühn Lüer Wojtek	Düsseldorf, Köln, Hamburg, München, Stuttgart, Frankfurt, Berlin, Chemnitz
Jones Day	Frankfurt, München, Düsseldorf
McDermott Will & Emery	München, Düsseldorf, Frankfurt, Köln
Milbank	München, Frankfurt
Sullivan & Cromwell	Frankfurt
Taylor Wessing	Düsseldorf, München, Hamburg, Frankfurt, Berlin

Fortsetzung nächste Seite

ALLEN & OVERY
M&A ★★★★

Bewertung: Das M&A-Team kommt für komplexe Transaktionen von dt. u. internat. Konzernen zum Einsatz, arbeitet aber auch für internat. Private-Equity-Investoren wie etwa DigitalBridge beim mrdschweren Ankauf der Funkturmsparte der Dt. Telekom. Letzteres war ein transatlant. Deal. Dass A&O dafür gut aufgestellt ist, bewies sie zwar schon in den verg. Jahren, als sie umgekehrt Expansionsschritte von SAP in die USA begleitete, doch diese Position wird durch die schnell wachsende US-Präsenz ergiebiger. Weitere Highlights waren BMWs Anteilsaufstockung am chin. Gemeinschaftsunternehmen BMW Brilliance Automotive sowie der Spartenverkauf Männergesundheit für den Dax-Konzern Bayer, der bei Carve-out-Deals bislang auf Wettbewerber wie Linklaters, Hengeler oder Sullivan zurückgriff. A&Os zunehmende Fokussierung auf bestimmte Sektoren – wie etwa Gesundheit, Energie, Automotive u. Versicherer – spiegelt sich in ihrer Mandatsarbeit: Nach einem erfolgr. Pitch sah man sie etwa an der Seite von Pharmazell bei einem Zukauf in Frankreich. Für die wachsende Anzahl an Deals greift das Team um Praxisleiter Ascherfeld u.a. auf interdiszipl. Support-Teams u. auf ein Servicecenter in Belfast zurück. Im Frühjahr 2022 ernannte die Praxis gleich 2 Partner, mit dem PE-affinen Dr. Roman Kasten in Ffm. u. Dr. Jonas Wittgens, der zahlr. Mandatsbeziehungen des erfahrenen Partners Schäfer übernimmt, etwa bei Hapag-Lloyd, aber auch neben Diekmann in die Beratung von Alstria Office zum öffentl. Übernahmeangebot eingebunden war.
Stärken: Starke europ. Corporate-Praxis, v.a. in GB u. Benelux. Versiert in öffentl. Übernahmen u. renommiert für Transaktionen im ▷Versicherungssektor.
Oft empfohlen: Dr. Helge Schäfer, Dr. Hartmut Krause, Dr. Hans Schoneweg, Dr. Astrid Krüger (v.a. Private Equity), Dr. Christian Eichner, Dr. Nicolaus Ascherfeld ("in jeder Hinsicht höchste Qualität, klarer Blick für alle rechtl. u. kommerziellen Belange", Mandant), Dr. Jan Schröder ("sehr zufrieden", Mandant), Dr. Matthias Horn ("besonnen u. sehr genau, dabei sehr pragmat.", Wettbewerber), Dr. Alexander Veith ("sehr gut, kollegial u. engagiert", Wettbewerber)
Team: 17 Partner, 13 Counsel, 36 Associates
Schwerpunkte: Internat. Transaktionen, auch große dt. Deals. Regelm. tätig im ▷Banken-, ▷Energie-, ▷Immobilien-, Telekom- u. Gesundheitssektor. Enge Verzahnung mit ▷Private Equ. u. Vent. Capital u. ▷Gesellsch.recht.
Mandate: Alstria Office REIT zu öffentl. Übernahmeangebot von Brookfield; BMW Group zu Anteilsaufstockung an BMW Brilliance Automotive (China); Knorr-Bremse als Bieter für Hella; DWS Group zu Verkauf von digital. Investmentplattform; Zurich zu Verkauf u. Athora zu Kauf von Policenportfolios; Franz Haniel & Cie. zu Verkauf von ELG Eisenlegierungen; Iqvia zu Kauf von Davaso; Tui bei Verkauf der Minderheitsbeteiligung an Riu Hotels; House of HR bei Kauf von Solcom; Vision Healthcare zu Kauf von Vitamaze; Hapag-Lloyd bei div. Deals u.a. zu Beteiligung an JadeWeserPort u. neuem, ägypt. Containerterminal; Halex Holding zu Verkauf der Werkzeugbausparte; Vision Healthcare zu Kauf von Vitamaze; VTG Tanktainer zu Verkauf der Übersee-

M&A

aktivitäten an die Suttons Group; Deutsche Börse als Bieterin für Mutual Fund Exchange; Avenga zu Kauf der ukrain. Perfectial Group; Gründer der L.A.B. Cosmetics zu Unternehmensverkauf.

ARQIS
M&A ★★

Bewertung: Neben der Beratung von M&A-Transaktionen stellt die Begleitung von W&I-Versicherern einen weiteren Schwerpunkt der Praxis dar. Auf diesem Beratungsfeld weist die Kanzlei v.a. durch Boche eine beachtl. Bilanz vor. Auch bei Transaktionen hat Arqis einen hohen Trackrecord bei der Arbeit für Strategen ebenso wie Portfoliogesellschaften von Private-Equity-Häusern. Neben dem stark Private-Equity-getriebenen Healthcare-Fokus, ist sie auch in weiteren Segmenten präsenter geworden, wie mehrere Mandanten aus der Technologiebranche u. Industrie zeigen. Hier sind neben Schulze u. Yamaguchi 2 weitere Anwälte mit eigenen Mandaten visibel, die zu Beginn des Jahres zu Equity-Partnern ernannt wurden.
Stärken: Transaktionen mit Japan-Bezug, Begleitung von W&I-Versicherern.
Oft empfohlen: Dr. Shigeo Yamaguchi („kompetent u. lösungsorientiert", Wettbewerber), Dr. Jörn-Christian Schulze („sehr strukturiert u. klar mit viel Erfahrung", Wettbewerber), Prof. Dr. Christoph von Einem („extrem brillant, langj. Erfahrung", Wettbewerber), Dr. Mirjam Boche („sehr gute Verhandlungsführung", Wettbewerber), Andreas Dietl
Team: 5 Eq.-Partner, 6 Sal.-Partner, 3 Counsel, 12 Associates, 2 of Counsel
Schwerpunkte: Große Bandbreite an mittelgr. Transaktionen, v.a. im Healthcare-Sektor, oft mit grenzüberschr. Aspekten. Zudem ▷Private Equ. u. Vent. Capital. Starke Japan-Spezialisierung, auch dank Joint Venture mit Büro in Tokio.
Mandate: Delta Dore Groupe zu Kauf von Rademacher-Gruppe; Dr. Simon Consulting zu Verkauf von Beteiligung an FuG Elektronik u. Guth High Voltage; Eqos zu Kauf von TCT-Gruppe; Itochu Corp. zu Verkauf von I.C. Autohandel Beteiligungen; New York Pizza zu Kauf von Stückwerk, Flying Pizza u. Pizza Planet; Alloheim regelm. bei Transaktionen; Dual Specialty M&A, HCC Diversificación Y Soluciones, Liberty Global Transaction Solutions, RiskPoint, Themis Capital, jew. zu W&I-Versicherungen.

ASHURST
M&A ★★★

Bewertung: Besonders präsent ist die M&A-Praxis bei Transaktionen in Branchen wie Automotive, Infrastruktur u. Energie. So setzte 1&1 im Zshg. mit einem Vertrag zur Bereitstellung von Antennenstandorten abermals auf den jungen Partner Henrich. Dieses Mandat an der Schnittstelle zwischen M&A u. Gesellschaftsrecht ist nur ein Beleg für das Know-how der Kanzlei in diesen Sektoren. Ein weiteres Highlight stellte die Beratung von Karin Sartorius-Herbst im Zshg. mit der Finanzierung u. dem Kauf von Anteilen an der Erbengemeinschaft, die wiederum selbst die knappe Mehrheit der Stammaktien der Sartorius AG hält, dar. Hier arbeitete die M&A-Praxis im engen Schulterschluss mit den Finanzierern u. bewies zugleich ihre aktien- u. kapitalmarktrechtl. Kompetenz. An der Spitze der Praxisgruppe gab Sacher die Leitung an den bisherigen Leiter der Private-Equity-Praxis von Schorlemer ab, der nun für das gesamte Corporate-Geschäft der Kanzlei in Dtl. verantwortlich ist.

M&A Fortsetzung
★★★

Ashurst	Frankfurt, München
Dentons	Berlin, Frankfurt, München, Düsseldorf
Eversheds Sutherland	München, Düsseldorf, Berlin, Hamburg
Flick Gocke Schaumburg	Bonn, Berlin, Frankfurt, Hamburg
Gibson Dunn & Crutcher	München, Frankfurt
Görg	Köln, Frankfurt, Hamburg, München, Berlin
Luther	Köln, Hannover, München, Hamburg, Düsseldorf, Berlin, Frankfurt, Leipzig, Stuttgart
Norton Rose Fulbright	München, Frankfurt, Hamburg, Düsseldorf
Oppenhoff & Partner	Köln, Frankfurt
Poellath	München, Frankfurt, Berlin
Skadden Arps Slate Meagher & Flom	Frankfurt, München
SZA Schilling Zutt & Anschütz	Mannheim, Frankfurt
Willkie Farr & Gallagher	Frankfurt

★★★

Advant Beiten	München, Düsseldorf, Hamburg, Berlin, Frankfurt
Baker Tilly	München, Frankfurt
Cleary Gottlieb Steen & Hamilton	Frankfurt, Köln
Fieldfisher	Düsseldorf, München
Glade Michel Wirtz	Düsseldorf
Friedrich Graf von Westphalen & Partner	Freiburg, Köln, Frankfurt
Greenberg Traurig	Berlin
GSK Stockmann	München, Berlin, Frankfurt, Hamburg, Heidelberg
GvW Graf von Westphalen	Frankfurt, Hamburg, Düsseldorf
Herbert Smith Freehills	Düsseldorf, Frankfurt
Mayer Brown	Frankfurt, Düsseldorf
Orrick Herrington & Sutcliffe	Düsseldorf, München
Osborne Clarke	Köln, München, Hamburg
Pinsent Masons	München, Düsseldorf, Frankfurt
Renzenbrink & Partner	Hamburg
Watson Farley & Williams	Hamburg, München, Frankfurt
Weil Gotshal & Manges	Frankfurt, München

Fortsetzung nächste Seite

Stärken: Starke asiat. Praxis, tiefe Branchenfokussierung (Automotive, Energie).
Oft empfohlen: Dr. Thomas Sacher, Dr. Benedikt Frhr. von Schorlemer
Team: 7 Partner, 4 Counsel, 8 Associates, 1 of Counsel
Schwerpunkte: Mittel- bis großvol. Transaktionen v.a. im Infrastruktursektor. Starker Transaktionsfluss aus Asien; auch ▷Private Equity.
Mandate: 1&1 im Zshg. mit Vertrag zur Bereitstellung von Antennenstandorten; Karin Sartorius-Herbst zu Kauf von Anteilen an der Erbengemeinschaft nach H. W. Sartorius; FNZ-Gruppe zu Kauf der Fondsdepot Bank; Robert Bosch zu Kauf von Protec Fire and Security Group; Bosch Thermotechnik im Zshg. mit Disinvest bei Joint Ventures über De-Spac-Merger.

AULINGER
M&A ★

Bewertung: M&A-Praxis aus ▷NRW (Bochum, Essen). Nähere Informationen finden Sie in diesem Regionalkapitel.
Team: Corporate insges.: 8 Eq.-Partner, 6 Sal.-Partner, 8 Associates, 2 of Counsel
Schwerpunkte: Viele langj. Kontakte im Ruhrgebiet. Anerkanntes Notariat u. ▷Gesellschaftsrecht.
Mandate: Siehe Regionalkapitel.

AVOCADO
M&A ★

Bewertung: M&A-Praxis mit Schwerpunkt im ▷Frankfurter Büro. Nähere Informationen finden Sie in diesem Regionalkapitel.
Team: 8 Eq.-Partner, 2 Sal.-Partner, 2 Counsel, 4 Associates
Partnerwechsel: Dr. Dennis Geißler, Dr. Johannes Weisser (beide in eigene Kanzlei/Ferox)
Schwerpunkte: Regelm. Begleitung von Mid-Cap-Transaktionen mit gewissem Technologiefokus (▷IT-Recht). Relativ hoher Anteil grenzüberschr. Arbeit, v.a. mit Frankreich-Bezug.
Mandate: Siehe Regionalkapitel.

BAKER MCKENZIE
M&A ★★★★

Bewertung: Die M&A-Praxis der internat. Kanzlei hat sich vom Weggang von 2 der stärksten jungen M&A-Partner im Vorjahr gut erholt. Ein konstantes Grundrauschen von mittelgr. Deals mit dem internat. Netzwerk sorgt für eine gute Auslastung u. verdeutlicht die verbesserte Zusammenarbeit mit London. Eine Reihe von Deals für Accenture, ▷Private-Equity-Geschäft u. bedeutende Industriedeals prägten die Arbeit der Praxis. Eine wichtige Entwicklung der verg. Jahre war jedoch auch der Aufstieg von Vocke. Er verfügt über eine breite

Corporate-Praxis, ist aber zunehmend in der Transaktionsarbeit tätig, u.a. für ein großes Handelsunternehmen. Auch wenn BM immer wieder Nachwuchspartner verliert, kann sie zugleich ambitionierte junge M&A-Anwälte anziehen, da das internat. Netzwerk hervorragende Möglichkeiten für aufstrebende Anwälte bietet. Die Kontakte eines jungen Partners, der von Hengeler kam, zu Siemens sind ein Bsp. dafür, dass BM in der Lage ist, Chancen zu nutzen. Mittelfristig wird es indes darauf ankommen, auch das D'dorfer Büro wieder zu stärken.
Stärken: Internat. Netzwerk für grenzüberschr. Deals. Hohe Dealanzahl im Industriebereich. Häufig dt.-chin. Transaktionen.
Oft empfohlen: Christian Atzler („charismatisch, starker Leiter der Praxis", Wettbewerber), Dr. Thomas Gilles, Dr. Florian Kästle („beeindruckende fachl. Tiefe, konstruktiv, fairer Verhandlungspartner", Wettbewerber), Dr. Christian Vocke, Berthold Hummel, Dr. Thorsten Seidel („gute Arbeit bei Carve-out-Projekt", Wettbewerber), Dr. Lutz Zimmer
Team: 7 Eq.-Partner, 10 Sal.-Partner, 4 Counsel, 23 Associates, 1 of Counsel
Partnerwechsel: Dr. Jakub Lorys (von Hengeler Mueller); Dr. Nikolaus Reinhuber (in Ruhestand)
Schwerpunkte: Grenzüberschr. Transaktionspraxis. Für M&A Due-Diligence-Support-Team in Belfast. Breite Erfahrung in Deals mit Asien-Bezug. Anerkannte Kompetenz im ▷Energiesektor u. ▷Gesundheitswesen sowie in der ▷außenwirtschaftsrechtl. Compliance. Auch ▷Private Equity.
Mandate: Cognizant bei Kauf von ESG Mobility; Accenture bei mehreren Akquisitionen; Atos bei Kauf von Cryptovision; Siemens bei Verkauf des Commercial-Vehicles-Geschäfts; Hyundai Dtl. bei Beteiligung an H2 Mobility; AAC Technologies bei Beteiligung an Ibeo Automotive; BizLink bei Kauf von Leoni Industrial Solutions; EP Power bei Kauf von Steag Power Minerals; Gesellschafter von KP Family bei Verkauf von Babyartikel.de; Infrareal bei Verkauf an Swiss Life; Magna bei gepl. Kauf von Veoneer; Sika bei Kauf der MBCC Group.

BAKER TILLY
M&A ★★★
Bewertung: Die MDP-Kanzlei baut ihr M&A-Geschäft stetig weiter aus, sodass dieses zunehmend aus dem Windschatten der kombinierten gesellschafts- u. steuerrechtl. Beratung heraustritt, einer anerkannten Stärke der Kanzlei. Besonders häufig kam BT zuletzt bei Transaktionen im Energie- u. Gesundheitssektor zum Zuge sowie bei Deals mit Technologiebezug. Die Beratung von Breeze Three Energy beim Verkauf ihres Windparkportfolios ebenso wie Smart Healthcare Solutions beim Verkauf einer Mehrheitsbeteiligung verdeutlichen das. Neben Transaktionen für Strategen kommt BT auch bei Private-Equity-Transaktionen zum Einsatz.
Oft empfohlen: Dr. Thomas Gemmeke, Stephan Zuber
Team: 28 Partner, 10 Counsel, 23 Associates
Partnerwechsel: Dr. Raphael Suh (von Dentons)
Schwerpunkte: MDP-Ansatz, insbes. mit steuerrechtl. Kompetenz, Beratung v.a. mittelgr. u. Familienunternehmen, inkl. ▷Nachfolge/Vermögen/Stiftungen u. klass. ▷Gesellsch.recht. Auch Immobilien- u. Distressed-M&A-Deals.
Mandate: Breeze Three Energy zu Verkauf von Windparkportfolio; Celebrate Company bei Verkauf von Minderheitsbeteiligung an EMZ Partners; Chairish zu Kauf von Pamono; Hefter Maschinenbau nach Verkauf aus Insolvenz; Hitec Global zu Verkauf des dt. Geschäfts an Morris Group; Korian zu Kauf von Pflegedienst u. gepl. Verkauf von Altenpflegeheimen; Smart Healthcare zu Verkauf von an Wettbewerber gehaltenen Mehrheit

BIRD & BIRD
M&A ★★★★
Bewertung: Die M&A-Praxis ist ausgespr. versiert im grenzüberschr. Geschäft. Das Team begleitet häufig Inbound-Transaktionen strateg. Investoren, zuletzt u.a. für Ahlstrom-Munksjö (Finnland), Elixinol Global (Australien) u. den poln. Docplanner-Konzern. Nachdem Verannemann zu Jahresbeginn zum dt. Managing-Partner gewählt wurde, ging die Leitung der Corporate-Praxis auf den Frankfurter Partner Leube über. Das aktuelle Interesse vieler Investoren deckt sich mit B&Bs langj. aufgebauter Kompetenz für Transaktionen mit technolog. Fokus oder regulator. Komponenten – zuletzt sichtbar im Bereich Software, E-Sports, Digital Commerce, Cannabis u. Drohnen. Diese Schwerpunkte werden auch von jüngeren Partnern wie etwa der 2022 ernannten Marianne Nawroth fortgeführt. Ähnlich wie DLA Piper, Hogan Lovells oder Jones Day erhält B&B zudem regelm. Deals im Automobilsektor: Sie beriet etwa die frz. ALD Automotive zum Kauf der Fleetpool-Gruppe sowie den europ. Konzern Stellantis beim Kauf des Carsharingdienstes Share Now.
Stärken: Integrierte europ. Praxis. Beständiges Japan- u. China-Geschäft. Schwerpunkt bei Technologieunternehmen. Büro in San Francisco mit dt. Partner.
Oft empfohlen: Dr. Peter Veranneman („ein alter Hase im Asien-Geschäft", Wettbewerber), Dr. Peter Leube, Alfred Herda („schnell u. zuverlässig, blickt

---

M&A Fortsetzung
★★

Arqis	Düsseldorf, München
Deloitte Legal	Düsseldorf, Hannover, München, Frankfurt, Stuttgart, Hamburg
Ebner Stolz Mönning Bachem	Köln, Stuttgart, Hamburg
GLNS	München
Greenfort	Frankfurt
K&L Gates	Berlin, Frankfurt, München
KPMG Law	Nürnberg, Düsseldorf, Stuttgart, Dresden, Hannover, Hamburg, Frankfurt
PricewaterhouseCoopers Legal	Stuttgart, Düsseldorf, Frankfurt, München
Shearman & Sterling	Frankfurt
Simmons & Simmons	Düsseldorf, München, Frankfurt
Squire Patton Boggs	Berlin, Frankfurt

★★

Debevoise & Plimpton	Frankfurt
Dechert	München, Frankfurt
Dissmann Orth	München
EY Law	Berlin, Hamburg, Stuttgart, Düsseldorf
FPS Fritze Wicke Seelig	Düsseldorf, Frankfurt
Goodwin Procter	Frankfurt
Grüter	Duisburg
Gütt Olk Feldhaus	München
King & Wood Mallesons	Frankfurt
Kirkland & Ellis	München
Kümmerlein	Essen
LMPS von Laer Meyer Paul Stuttmann	Düsseldorf
Lupp + Partner	Frankfurt, München, Hamburg, Berlin
Menold Bezler	Stuttgart
Morrison & Foerster	Berlin
Oppenländer	Stuttgart
Orth Kluth	Düsseldorf
Raue	Berlin
Redeker Sellner Dahs	Bonn, München, Berlin
Reed Smith	München, Frankfurt
Rittershaus	Mannheim, Frankfurt
Rödl & Partner	Nürnberg, Eschborn, Köln, Stuttgart, München, Hamburg, Berlin
Schalast & Partner	Frankfurt, Stuttgart, Berlin, Hamburg
Schmidt von der Osten & Huber	Essen
Sidley Austin	München
SKW Schwarz	München, Frankfurt, Berlin, Hamburg

Fortsetzung nächste Seite

über den Tellerrand hinaus", Wettbewerber), Stefan Münch
Team: 11 Partner, 6 Counsel, 10 Associates
Schwerpunkte: Branchenansatz mit kanzleiweiter Fokussierung auf ▷IT-Sektor, ▷Energie, Lifescience, ▷Telekommunikation, Automotive u. Entertainment. Rege Mid-Cap-▷Private-Eq.-u.-Venture-Capital-Praxis u. Post-M&A-Strukturarbeit (▷Gesellschaftsrecht).
Mandate: ALD Automotive (Frankreich) zu Kauf von Fleetpool; Stellantis (NL) zu Kauf von Share Now; Docplanner (Polen) zu Kauf von Jameda; Gründer der Nimbus Health zu Verkauf an Dr. Reddy's Laboratoires (Indien); Elixinol Global zu Kauf von CannaCare Health; Keolis zu Verkauf des dt. SPNV-Geschäfts; Nordic Unmanned (Norwegen) zu Kauf von AirRobot; Ahlstrom-Munksjö zu Kauf eines Kämmerer-Geschäftsbereichs; Yokogawa Electric zu Kauf von Biotechnology; Blackdaemon zu Kauf von Anyblock; Albrecht Gebrüder zu Verkauf an Quest Investment Partners; FLS Gruppe zu Kauf von Impactit; Funke Digital zu Kauf von Gofeminin.de; Itron zu Verkauf des globalen Gasregulierungsgeschäfts; Investec Bank zu Minderheitsbeteiligung an Capitalmind; Jobandtalent zu Kauf von Franz & Wach Personalservice; Sony Music Entertainment zu Beteiligung an Tiger Media International.

BLAUM DETTMERS RABSTEIN
M&A
Bewertung: M&A-Praxen in ▷Bremen u. ▷Hamburg. Nähere Informationen finden Sie in diesen Regionalkapiteln.
Team: 5 Eq.-Partner, 5 Associates
Schwerpunkte: Beratung in der Logistikbranche. Erfahrung bei Transaktionen mit Auslandsbezug. In Bremen sehr starkes Notariat.
Mandate: Siehe Regionalkapitel.

BMH BRÄUTIGAM & PARTNER
M&A
Bewertung: M&A-Praxis aus ▷Berlin. Nähere Informationen finden Sie in diesem Regionalkapitel.
Team: 7 Eq.-Partner, 2 Sal.-Partner, 10 Associates
Schwerpunkte: Transaktionen für Konzerne, Start-ups u. ▷Private-Equity-Gesellschaften. Notariat (v.a. VC).
Mandate: Siehe Regionalkapitel.

VON BOETTICHER
M&A
Bewertung: M&A-Praxis aus ▷München u. Berlin. Nähere Informationen finden Sie in diesem Regionalkapitel.
Team: 6 Partner, 2 Associates, 1 of Counsel
Schwerpunkte: Rundumberatung von mittelgr. Unternehmen, stark vertreten in Technologiebranchen. Auch erhebl. Anteil an Mandanten aus dem Ausland, v.a. USA.
Mandate: Siehe Regionalkapitel.

BRANDI
M&A
Bewertung: M&A-Praxis aus ▷NRW (Ostwestfalen). Nähere Informationen finden Sie in diesem Regionalkapitel.
Team: 14 Partner, 10 Associates, 2 of Counsel
Schwerpunkte: Tätig für mittelständ., teils namhafte Stammmandanten, häufig auch international. Schnittstelle zu Steuer- u. Immobilienrecht. Angesehenes Notariat.
Mandate: Siehe Regionalkapitel.

M&A Fortsetzung

Aulinger	Bochum, Essen
Avocado	Frankfurt, Köln
Brock Müller Ziegenbein	Flensburg, Kiel, Lübeck
Buse	Düsseldorf, Berlin, Hamburg
CBH Rechtsanwälte	Köln
Covington & Burling	Frankfurt
DWF	Düsseldorf
Esche Schümann Commichau	Hamburg
Fried Frank Harris Shriver & Jacobson	Frankfurt
Hoffmann Liebs	Düsseldorf
Honert	München, Hamburg
Kapellmann und Partner	Düsseldorf
Leo Schmidt-Hollburg Witte & Frank	Hamburg
Loschelder	Köln
Paul Hastings	Frankfurt
PPR & Partner Pape Rauh	Düsseldorf
Seitz	Köln
Voigt Wunsch Holler	Hamburg
Wendelstein	Frankfurt

Aderhold	Dortmund, Düsseldorf, Leipzig
Blaum Dettmers Rabstein	Bremen, Hamburg
BMH Bräutigam & Partner	Berlin
von Boetticher	München, Berlin
Brandi	Bielefeld, Detmold, Gütersloh, Paderborn
BRL Boege Rohde Luebbehuesen	Hamburg, Berlin
Classen Fuhrmanns & Partner	Köln
Corvel	Hamburg
Eifler Grandpierre Weber	Frankfurt
Göhmann	Hannover, Frankfurt, Braunschweig
Kallan	Frankfurt, Berlin
KSB Intax	Hannover
Lindenpartners	Berlin
Metis	Frankfurt
Morgan Lewis & Bockius	Frankfurt
Raschke von Knobelsdorff Heiser	Hamburg
SSP-Law	Düsseldorf
WilmerHale	Berlin, Frankfurt

Die Auswahl von Kanzleien und Personen in Rankings und tabellarischen Übersichten ist das Ergebnis umfangreicher Recherchen der JUVE-Redaktion. Sie ist in 2erlei Hinsicht subjektiv: Die Aussagen der befragten Quellen sind subjektiv u. spiegeln deren Erfahrungen u. Einschätzungen. Die JUVE-Redaktion wiederum analysiert die Rechercheergebnisse unter Einbeziehung ihrer eigenen Marktkenntnis. Der JUVE Verlag beabsichtigt keine allgemeingültige oder objektiv nachprüfbare Bewertung. Es ist möglich, dass eine andere Recherchemethode zu anderen Ergebnissen führt. Innerhalb einzelner Gruppen in Rankings und tabellarischen Übersichten sind Kanzleien und Personen alphabetisch sortiert.

BRL BOEGE ROHDE LUEBBEHUESEN
M&A
Bewertung: M&A-Praxis aus ▷Hamburg (nähere Informationen finden Sie in diesem Regionalkapitel) und Berlin.
Team: 5 Eq.-Partner, 7 Sal.-Partner, 8 Associates, 1 of Counsel
Schwerpunkte: Rechtl. u. transaktionssteuerl. Begleitung von Mid-Cap-Deals. Oft Bezüge zu Distressed M&A (▷Insolvenz/Restrukturierung). Enge Verzahnung mit dem ▷Gesellsch.recht.
Mandate: Siehe Regionalkapitel.

BROCK MÜLLER ZIEGENBEIN
M&A
Bewertung: Im Konsolidierungsprozess der Tierkliniken spielt die M&A-Praxis von BMZ bundesw. eine wichtige Rolle. Seit Jahren stellt sie die Berater für Käufe u. Verkäufe in diesem Sektor, u. die Kette der Transaktionen wird immer werthaltiger, teils mit 3-stell. Mio-Volumen. Zudem sind die Corporate-Anwälte im Mediensektor aktiv, oft zusammen mit den kanzleieig. Medienrechtlern. Als weiterer Schwerpunkt, der auch regional bedingt ist, könnte sich der maritime Bereich erweisen, der in Verbindung mit dem Aufschwung im Rüstungssektor wieder aktiver ist. Hier waren die Kieler M&A-Experten bereits in ersten Transaktionen unterwegs.
Stärken: Transaktionen im Mediensektor.
Oft empfohlen: Dr. Hauke Thilow
Team: 4 Partner, 1 Counsel, 4 Associates
Schwerpunkte: V.a. tätig für mittelständ. Unternehmen. Viel Erfahrung mit Verlagen u. Radiosendern sowie im Gesundheitssektor; großes Notariat.

Mandate: Regiocast Berlin zu Media-for-Equity-Transaktionen; Gesellschafter der Tierklinik Hofheim zu Verkauf an IVC Evidensia; Stiftung zu Kauf von Kinder- u. Jugendhilfeeinrichtungen; Gesellschafter von Scope Engineering zu Einstieg eines Investors; Rudolf Dankwart zu Verkauf von Mehrheitsbeteiligung; Somnoo zu Kauf von AR Hotel.

BUSE
M&A ★

Bewertung: An versch. Standorten tätige M&A-Praxis, v.a. in ▷Düsseldorf, ▷Berlin u. ▷Hamburg. Nähere Informationen finden Sie in diesen Regionalkapiteln.
Team: Corporate insges.: 23 Partner, 7 Counsel, 14 Associates
Partnerwechsel: Andrea Metz (zu Barckhaus), Wolfgang Meding (zu Heussen)
Schwerpunkte: Klass. Mittelstandsberatung u. große Bandbreite an Transaktionen v.a. für eigentümergeführte Unternehmen; spezielle Kompetenzen z.B. für ▷erneuerbare Energien (HH), ausl. Investoren (D'dorf), Private Clients (Berlin) sowie Medizinprodukte u. Messeveranstalter (Stuttgart).
Mandate: Siehe Regionalkapitel.

CBH RECHTSANWÄLTE
M&A ★

Bewertung: Die Praxis hat seit jeher einen Mix aus Transaktionen für regionale Mittelstandsunternehmen sowie Inbound-Arbeit (nicht zuletzt aus den USA), die aus einem Netzwerk von befreundeten Kanzleien kommt. Heuser hat sich in die Rolle der Nachfolgerin des erfahrenen Partners Korten eingearbeitet u. die Tätigkeit um Deals für Finanzinvestoren (z.B. Eos) erweitert – besonders bedeutsam ist hier, dass sie den Mandanten bei einem früheren Deal auf der Gegenseite auf sich aufmerksam machte. Ein Highlight war die Arbeit für den hochkomplexen Verkauf von A1 mobil inkl. grenzüberschr. Strukturierung. Hemmschuh der Praxis ist nach wie vor ihre Größe u. die Schwierigkeit, genügend Associates zu rekrutieren, um das Wachstum zu forcieren.
Stärken: Betreuung von Mid-Cap-Deals mit Auslandsbezug.
Oft empfohlen: Dieter Korten, Andrea Heuser
Team: 3 Partner, 1 Counsel, 2 Associates, 1 of Counsel
Schwerpunkte: Dt. u. internat. Transaktionen sowohl für Mittelstand als auch für größere Konzerne (meist 2-stell. Mio-€-Bereich). Erfahrung im Gesundheitssektor. Eingespielte Zusammenarbeit im Netzwerk Iurope. Auch Kartell- u. ▷Gesellsch.recht. Notariat im Berliner Büro.
Mandate: Hansalinie-A1 u. Johann Bunte bei Verkauf von A1 mobil an luxemb. Holding; Durel Beteiligungen bei Kauf von Anteilen an Durel GmbH; Karl Georg Beteiligung bei gepl. Kauf von Kranservice-Unternehmen; Oertel & Prümm bei Aufnahme von Private-Equity-Investor; Wolfgang Schmidt Familienstiftung bei Verkauf von HSO Herbert Schmidt an MacDermid Enthone; EOS Partners bei versch. Akquisitionen.

CLASSEN FUHRMANNS & PARTNER
M&A ★

Bewertung: M&A-Praxis aus ▷Köln. Nähere Informationen finden Sie in diesem Regionalkapitel.
Team: 3 Eq.-Partner, 3 Counsel, 1 Associate

Schwerpunkte: Erfahrung mit Private Equity u. Finanzierungsfragen für Mittelständer. Verbindungen zur Start-up-Szene.
Mandate: Siehe Regionalkapitel.

CLEARY GOTTLIEB STEEN & HAMILTON
M&A ★★★

Bewertung: Trotz seiner geringen Größe verfügt das M&A-Team über eine bemerkenswerte Schlagkraft – zumal es einige Jahre auf Partnerebene nur mit Ulmer besetzt war. Es gibt allerdings auch einige sehr erfahrene of Counsel, wie Apfelbacher, die auch im Markt gr. Ansehen genießen. Ulmer pflegt langjährige Kontakte zu einigen Dax-Unternehmen, die das Cleary-Netzwerk für grenzüberschr. Deals nutzen, z.B. wurde die Beziehung zu Henkel zuletzt weiter vertieft. Der Zugang von Abel, einem erfahrenen Transaktionsanwalt mit guten Kontakten in die Finanzbranche, im Sommer zeigt allerdings auch, dass Cleary die Ambition hat, wieder eine viel stärkere Rolle im M&A-Markt zu spielen.
Stärken: Grenzüberschr. M&A, eingespielte internat. Zusammenarbeit.
Oft empfohlen: Dr. Michael Ulmer, Dr. Nico Abel
Team: 1 Partner, 2 Counsel, 1 Associate, 1 of Counsel
Partnerwechsel: Dr. Nico Abel (von Herbert Smith Freehills)
Schwerpunkte: V.a. bei großvol., grenzüberschr. Transaktionen aktiv. Transaktionserfahrene ▷Kartell- u. Arbeitsrechtler. Auch ▷Gesellsch.recht.
Mandate: LVMH bei Kauf der restl. 20% an Rimova; Westlake bei Kauf des ww. Epoxidgeschäfts von Hexion; International Flavors & Fragrances bei Verkauf des Nahrungsmittelzubereitungsgeschäfts; NVHL bei Verkauf der Sparten Pharma Solutions u. Process Solutions von Novasep; DWS Infrastructure in Zshg. mit Kauf eines Radioonkologienetzwerks.

CLIFFORD CHANCE
M&A ★★★★★

Bewertung: Nicht viele Kanzleien verfügen über so ausgereifte Branchenschwerpunkte wie CC, die damit – u. dem zugehörigen regulator. Know-how – erneut auch bei M&A-Transaktionen punkten konnte. Im Bank- u. Finanzdienstleistungssektor etwa sticht Krecek erneut mit einer Reihe von beachtl. Transaktionen hervor, darunter die Beratung von BNP Paribas Personal Finance im Zshg. mit der Neuorganisation der europ. Finanzierungslandschaft von Stellantis. Das CC auch über das notwendige Know-how an der Schnittstelle zwischen M&A u. Aktien- u. Kapitalmarktrecht verfügt, konnte die Kanzlei gleich in mehreren, teils grenzüberschr. Deals unter Beweis stellen; darunter Mahle im Zshg. mit dem gepl. Kauf von Hella, Leonardo bei der Beteiligung an Hensoldt sowie die austral. Tochter von Hochtief beim öffentl. Übernahmeangebot für die noch in Streubesitz befindl. Aktien von Cimic. Nach der Verstärkung durch 2 Partner von Kirkland & Ellis im Vorjahr, hat auch das Münchner Transaktionsteam wieder an Schlagkraft gewonnen.
Stärken: Starke Branchenfokussierung (z.B. ▷Gesundheit), Banken (▷Bankaufsichtsrecht), Automotive, ▷Energie.
Oft empfohlen: Dr. Anselm Raddatz, Dr. Thomas Krecek („es hat viel Spaß gemacht, mit ihm zu arbeiten", Mandant; „kompetent u. verlässlich, guter Verhandler", Wettbewerber), Dr. Christoph Holstein („sehr solide, Allrounder", Mandant), Dr. Nicole Englisch, Dr. Jörg Rhiel
Team: 20 Partner, plus Associates

Führende Berater in M&A (über 50 Jahre)

Dr. Christian Cascante
Gleiss Lutz, Frankfurt

Dr. Andreas Fabritius
Freshfields Bruckhaus Deringer, Frankfurt

Dr. Christof Jäckle
Hengeler Mueller, Frankfurt

Dr. Ralph Kogge
Freshfields Bruckhaus Deringer, München

Dr. Hartmut Krause
Allen & Overy, Frankfurt

Thomas Meurer
Hengeler Mueller, Düsseldorf

Prof. Dr. Christian Pleister
Noerr, Berlin

Dr. Anselm Raddatz
Clifford Chance, Düsseldorf

Ansgar Rempp
Jones Day, Düsseldorf

Dr. Norbert Rieger
Milbank, München

Dr. Alexander Ritvay
Noerr, Berlin

Dr. Maximilian Schiessl
Hengeler Mueller, Düsseldorf

Prof. Dr. Gerhard Schmidt
Weil Gotshal & Manges, Frankfurt

Dr. Henning Schneider
Latham & Watkins, Hamburg

Prof. Dr. Christoph Seibt
Freshfields Bruckhaus Deringer, Hamburg

Dr. Harald Selzner
Noerr, Düsseldorf

Dr. Rainer Traugott
Latham & Watkins, München

Dr. Stephan Waldhausen
Freshfields Bruckhaus Deringer, Düsseldorf

Dr. Ralph Wollburg
Linklaters, Düsseldorf

Prof. Dr. Hans-Jörg Ziegenhain
Hengeler Mueller, München

Die Auswahl von Kanzleien und Personen in Rankings und tabellarischen Übersichten ist das Ergebnis umfangreicher Recherchen der JUVE-Redaktion. Sie ist in 2erlei Hinsicht subjektiv: Die Aussagen der befragten Quellen sind subjektiv u. spiegeln deren Erfahrungen u. Einschätzungen. Die JUVE-Redaktion wiederum analysiert die Rechercheergebnisse unter Einbeziehung ihrer eigenen Marktkenntnis. Der JUVE Verlag beabsichtigt keine allgemeingültige oder objektiv nachprüfbare Bewertung. Es ist möglich, dass eine andere Recherchemethode zu anderen Ergebnissen führt. Innerhalb einzelner Gruppen in Rankings und tabellarischen Übersichten sind Kanzleien und Personen alphabetisch sortiert.

Schwerpunkte: Breites Spektrum, besonders stark in bestimmten Sektoren, v.a. Pharma, Energie, Finanzdienstleister sowie ▷Private Equity u. ▷Gesellschaftsrecht. Hoher Anteil an internat. Arbeit (▷Außenwirtschaftsrecht).

M&A

Führende Berater in M&A (bis 50 Jahre)

Dr. Jan Bauer
Skadden Arps Slate Meagher & Flom, Frankfurt

Dr. Carsten Berrar
Sullivan & Cromwell, Frankfurt

Dr. Wessel Heukamp
Freshfields Bruckhaus Deringer, München

Dr. Christoph Holstein
Clifford Chance, Düsseldorf

Staffan Illert
Linklaters, Düsseldorf

Dr. Thomas Krecek
Clifford Chance, Frankfurt

Dr. Tobias Larisch
Latham & Watkins, Düsseldorf

Georg Linde
Willkie Farr & Gallagher, Frankfurt

Dr. Ralf Morshäuser
Gleiss Lutz, München

Dr. Martin Neuhaus
Noerr, Düsseldorf

Dr. Steffen Oppenländer
Milbank, München

Dr. Benjamin Parameswaran
DLA Piper, Hamburg

Dr. Jörg Rhiel
Clifford Chance, Frankfurt

Dr. Christian Schwandtner
Hengeler Mueller, Düsseldorf

Dr. Ingo Strauss
Latham & Watkins, Düsseldorf

Dr. Cornelia Topf
Gleiss Lutz, Frankfurt

Dr. Jochen Tyrolt
Gleiss Lutz, Stuttgart

Dr. Stefan Widder
Latham & Watkins, Hamburg

Dr. Nikolas Zirngibl
Hogan Lovells, München

Die Auswahl von Kanzleien und Personen in Rankings und tabellarischen Übersichten ist das Ergebnis umfangreicher Recherchen der JUVE-Redaktion. Sie ist in 2erlei Hinsicht subjektiv: Die Aussagen der befragten Quellen sind subjektiv u. spiegeln deren Erfahrungen u. Einschätzungen. Die JUVE-Redaktion wiederum analysiert die Rechercheergebnisse unter Einbeziehung ihrer eigenen Marktkenntnis. Der JUVE Verlag beabsichtigt keine allgemeingültige oder objektiv nachprüfbare Bewertung. Es ist möglich, dass eine andere Recherchemethode zu anderen Ergebnissen führt. Innerhalb einzelner Gruppen in Rankings und tabellarischen Übersichten sind Kanzleien und Personen alphabetisch sortiert.

Mandate: ACS/Hochtief zu öffentl. Übernahme von Cimic; Amundi zu Kauf von Lyxor; Atlantia zu Vereinbarung mit Siemens-Gruppe zum Kauf von Yunex Traffic; BNP Paribas Personal Finance im Zshg. mit Neuorganisation der europ. Finanzierungslandschaft von Stellantis; Hitachi im Zshg. mit Kauf von Thales-Geschäftsbereich; HomeToGo zu gepl. DeSpac-Zusammenschluss mit Lakestar Spac; Leonardo zu Kauf von Hensoldt-Beteiligung von KKR; Macquarie zu Kauf von Thyssengas; Mahle in Bieterverfahren für Hella; Software AG zu Abschluss von Pipe-Investment mit Silver Lake; EnBW zu Verkauf der Minderheitsbeteiligung an Offshorewindpark He Dreiht; Airbus Helicopter zu Kauf von ZF Luftfahrttechnik.

CMS HASCHE SIGLE
M&A ★★★★

NOMINIERT
JUVE Awards 2022
Kanzlei des Jahres für M&A

Bewertung: Die respektierte M&A-Praxis bedient mit stetig wachsender Schlagzahl die Schachzüge börsennot. Unternehmen: Sie beriet etwa die Commerzbank zum Verkauf der ungar. Tochter u. VW/Porsche zur Beteiligung an Bugatti Rimac. Erstmandatierungen verbuchte sie zudem u.a. von Home24 zum Kauf von Butlers sowie von der Schweizer Börsenteilnehmerin SFS Group beim Kauf der dt. Hoffmann SE, die rund eine Mrd Euro an Umsatz hat. Dass sich weitere hochvol. Deals auf der Mandatsliste finden, dürfte nicht nur am starken M&A-Jahr liegen, sondern auch an der nachhaltig aufgebauten, großen Partnerriege u. einem effizienten Dealmanagement. Damit wird CMS eine ernsthafte Herausforderin für die marktführenden Einheiten. Hinzu kommt ihre internat. Aufstellung, die sie von anderen dt. Wettbewerbern abhebt: „Die Kanzlei hat Standorte in allen für uns wichtigen europ. Ländern u. ein sehr gutes internat. Netzwerk", begründet ein Mandant ihre regelm. Mandatierung. Der Kölner Partner Bruhns ist im Frühjahr zum ww. Co-Leiter der Corporate-Praxis gewählt worden. Ihre 3 dt. Neupartner spiegeln exemplar. das breite Beratungsspektrum: Während eine Anwältin die Schnittstelle zw. M&A u. Private Equity besetzt, hat eine andere einen Schwerpunkt in der Beratung von Großkonzernen u. Familiengesellschaften, der Dritte im Bunde betreut restrukturierungsnahe Transaktionen.

Stärken: Sehr große Praxis, mit hoher Schlagzahl an mittelgr. Deals sowie mit gr. personellen Ressourcen für hochvolumige Deals. Gute Vernetzung innerh. des europ. CMS-Verbunds. Etablierte Branchenspezialisierungen.

Oft empfohlen: Klaus Jäger („wir empfehlen ihn gern bei Konflikten", Wettbewerber), Dr. Hendrik Hirsch („kompetent, effizient u. integer", Wettbewerber), Dr. Maximilian Grub („gut bei europ. Transaktionen", Mandant), Dr. Jacob Siebert, Dr. Malte Bruhns („hervorragender Verhandler in M&A- u. Finanzierungstransaktionen", Wettbewerber), Dr. Oliver Wolfgramm, Dr. Jörg Lips („sehr umgänglich", Wettbewerber), Dr. Holger Kraft (v.a. Energiesektor), Dr. Tobias Schneider („abschlussorientierter Verhandler", Wettbewerber), Dr. Christian von Lenthe, Dr. Oliver Thurn

Team: 60 Partner, plus Associates

Schwerpunkte: U.a. ▷Energie, ▷Gesundheit, ▷Medien, Finanzdienstleister, Automotive. Insgesamt breites Spektrum an Transaktionen, auch ▷insolvenznah u. im Umfeld von ▷Nachfolgen. Personelle Überschneidungen zum ▷Gesellsch.recht. Erfahrung mit Investitionskontrolle (▷Außenwirtschaftsrecht).

Mandate: SFS Group zu Kauf von Hoffmann SE; Signavio-Gründer bei Verkauf an SAP; Commerzbank zu Verkauf der ungar. Tochter; Porsche zu Beteiligung an Fazua; Aareal Bank zu Kauf von Collect Artificial Intelligence; Deka Bank im Bieterverfahren um Berlin Hyp (marktbekannt); Dr. Reddy's zu Kauf von Nimbus Health; Deutsche Afrika-Linien zu Verkauf des Containerliniengeschäfts an Hapag-Lloyd; Gesellschafter von Nextbike bei Verkauf an Tier Mobility; Gründer zu Verkauf der DermaZentrum-Gruppe; Gründungsgesellschafter von Christ & Wirth zu Anteilsverkauf; Egym zu Kauf von Gymlib; Hengtong zu Kauf von J-Fiber; United Robotics Group zu Kauf von SoftBank Robotics; Otto Group zu Kauf von Medgate Holding; Recaro zu Investment in Growag; Luko zu Kauf von Start-up Coya; Rewe zu Beteiligung an SK Gaming.

CORVEL
M&A ★

Bewertung: M&A-Praxis aus ▷Hamburg. Nähere Informationen finden Sie in diesem Regionalkapitel.

Team: 3 Partner, 1 Associate

Schwerpunkte: Betreuung von Mid-Cap-Transaktionen, häufig auch bei Projektentwicklungen im Bereich erneuerbarer Energien. Zudem Immobilientransaktionen u. Start-ups.

Mandate: Siehe Regionalkapitel.

COVINGTON & BURLING
M&A ★

Bewertung: In ▷Frankfurt ansässige M&A-Praxis. Nähere Informationen finden Sie in diesem Regionalkapitel.

Team: 3 Partner, 3 Associates, 3 of Counsel

Schwerpunkte: V.a. mittelgroße Transaktionen aus den Branchen Technologie (▷IT) u. ▷Gesundheit. Oft mit internat. Bezug.

Mandate: Siehe Regionalkapitel.

DEBEVOISE & PLIMPTON
M&A ★★

Bewertung: Die in ▷Frankfurt ansässige M&A-Praxis der US-Kanzlei bleibt recht klein u. ist auf von Holst fokussiert. Er genießt einen starken Ruf im Markt u. das internat. Netzwerk bringt regelm. gr. grenzüberschr. Transaktionen. Die Arbeit für CD&R beim Kauf der PwC-Sparte Mobility Services war dabei besonders bemerkenswert.

Oft empfohlen: Philipp von Holst („besonnen, umsichtig u. vor allem ruhig agierend, wenn es darauf ankommt", Wettbewerber)

Team: 1 Counsel, 5 Associates, 1 of Counsel

Schwerpunkte: M&A- u. Private-Equity-Deals oft gemeinsam mit internat. Büros. Angesehene US-Praxis.

Mandate: CD&R bei Kauf des dt. Global-Mobility-Services-Geschäfts von PwC; Doubleverify/Providence bei Kauf von Meetrics; Helios bei Verkauf der Beteiligung am GB Foods Africa; Solenis bei Kauf von SCL; Apuron bei Kauf von Belectric Solar & Battery an Innogy; GoDaddy bei Kauf eines Portfolios von 28 Domainendungen von MMX.

DECHERT
M&A ★★

Bewertung: Die in München ansässige M&A-Praxis der US-Kanzlei hat einen starken Dealflow, dieses Jahr v.a. in Private Equity. Das ruht z.T. auf der eigenständigen Praxis von Lead-Partner Pappalardo, die stark im Technologiesektor verankert ist. Eine wichtige Entwicklung ist, dass sich immer mehr eine Partnerebene unter Pappalardo etabliert, die das globale Netzwerk für Inbound-Deals in Dtl. bedient.

M&A

Oft empfohlen: Federico Pappalardo
Team: 3 Eq.-Partner, 2 Sal.-Partner, 5 Associates, 1 of Counsel
Schwerpunkte: Grenzüberschr. Transaktionen, auch in ▷Private Equ. u. Vent. Capital. Gute Kontakte nach Italien.
Mandate: &Ever bei Verkauf an Kalera AS; Vestiaire bei Kauf von Tradesy.

DELOITTE LEGAL
M&A ★★

Bewertung: Die M&A-Praxis steht primär für grenzüberschr. Transaktionen im Mittelstand, kann aber punktuell auch ins Large-Cap-Segment vorstoßen. Zu ihren Mandanten zählen dabei gleicherm. Familiengesellschafter, die einen Unternehmensverkauf anstreben, sowie internat. Unternehmen wie Nippon Steel u. die brit. CentralNic Group, die sie bei Inbound-Transaktionen unterstützte. Mandanten loben Deloitte regelm. für ihr „sehr gutes Preis-Leistungs-Verhältnis" u. die „ehrliche u. nachvollziehbare Abrechnung". Das führt zu Transaktionsserien wie für das tschech. Industrieunternehmen Winning Group (u.a. zum Kauf der insolventen Automobilzulieferer Räuchle, Linden u. SMK), die von jüngeren Partnern wie Hänisch u. Sander zusammen mit dem internat. Deloitte-Netzwerk begleitet werden.
Stärken: Grenzüberschr. M&A. Über die WP-/StB-Arme von Deloitte ausgezeichnete Steuer- u. Due-Diligence-Betreuung.
Oft empfohlen: Dr. Harald Stang („ausgeprägtes betriebswirtschaftl. Verständnis, einer der wenigen Anwälte, die auch rechnen können, daher Top-M&A-Anwalt", „sehr gute Zusammenarbeit, macht viel Spaß", Mandanten), Dr. Michael von Rüden („sehr gute Verhandlungsführung; sehr gute Mandantenkommunikation", „extrem engagiert, zuverlässig", Mandanten), Dr. Markus Schackmann („fachlich hervorragend, guter Verhandler", Wettbewerber), Dr. Julia Petersen („sehr kluge u. umsichtige Verhandlerin, super gut organisiert"), Andreas Karpenstein, Felix Felleisen, Dirk Hänisch, Dr. Charlotte Sander, Georg Lehmann, Andreas Jentgens
Team: 14 Eq.-Partner, 10 Sal.-Partner, 13 Counsel, 23 Associates, 4 of Counsel
Partnerwechsel: Eike Fietz (von Pinsent Masons)
Schwerpunkte: Beratung gr. dt. Mittelständler u. internat. Gruppen, die in Dtl. tätig werden, sowie PE-Häuser; Großes StB-/WP-Netzwerk von Deloitte. Niederlande- u. Israel-Desks in D'dorf, Japan-Desk in Frankfurt. Büros in 80 Ländern. Auch erfahren in ▷gesellschaftsrechtl. Strukturierungen.
Mandate: Refresco zu Kauf von Hansa-Heemann; Gesco zu Kauf der United MedTec-Gruppe; FCA Bank zu Kauf der FCA Versicherungsservice; Gesellschafter bei Verkauf von The Match Factory; Gesellschafter zu Verkauf von Felderer an Lindab-Group (Schweden); Nippon Steel Engineering zu Verkauf der Steinmüller Babcock Engineering; Teamware zu Verkauf von TeamFon; Implenia Schweiz zu Verkauf von Implenia Instandsetzung; Helu Kabel u. CWS Fire bei div. Zukäufen; Ceyoniq Technology zu Kauf von Tract; Rheinische u. DuMont Mediatainment zu Verkauf von Ticketfirmen; Winning Group zu Kauf von insolventen Firmen; Deals für: Datev, Getec Energie, Hamberger Industriewerke, MVV Energie, Patient21, Salzgitter Maschinenbau.

DENTONS
M&A ★★★

Bewertung: Die Arbeit der M&A-Praxis ist in erster Linie von der internat. Breite u. einer hohen Frequenz an grenzüberschr. mittelgr. Deals geprägt. Doch das dt. Team hat in den vg. Jahren einige bemerkenswerte Fortschritte gemacht. So wirkte sich jetzt der Zugang eines Energieteams von Baker McKenzie vor 2 Jahren sichtbar aus, indem es der Transaktionspraxis in diesem Segment durch die Beteiligung an einer Reihe von Deals (wie z.B. für Q-Energy) einen bedeutenden Schub gab. In anderen Branchen wie Automobil u. Lifesciences gab es bereits eine starke Verankerung. Angesichts der Ereignisse der letzten 2 Jahre ist es nicht überraschend, dass die Arbeit aus China zurückgegangen ist. Stattdessen ist festzustellen, dass dt. Partner bei Transaktionen außerhalb von Dtl. aktiver werden, so etwa Schubert in Nordamerika. Auch die ▷Venture-Capital Praxis bringt eine zunehmende Zahl großvolumiger Exits hervor u. ist zudem in allen dt. Büros vertreten. Auch im Bereich Distressed M&A hat Dentons mit ihrem starken Berliner Restrukturierungsteam eine lange Tradition.
Stärken: Konkurrenzlos breites internat. Netzwerk. Transaktionen in der Energiebranche.
Oft empfohlen: Dr. Alexander von Bergwelt („beste Betreuung", Mandant), Dr. Christof Kautzsch, Dr. Christoph Binge, Dr. Arne Friel, Andreas Ziegenhagen („umfangreiche Erfahrung in Distressed M&A", Wettbewerber), Dr. Clemens Maschke („stark internat. tätig, v.a. China", Wettbewerber), Dr. Tim Heitling („Experte für Transaktionen im Energiebereich", Wettbewerber), Thomas Schubert
Team: Corporate gesamt: 33 Partner, 12 Counsel, 42 Associates, 4 of Counsel
Schwerpunkte: Schwerpunkt bei grenzüberschr. Transaktionen. Trad. Schwerpunkt in ▷Gesundheits- sowie ▷Energiesektor. Enge Verknüpfung mit ▷Restrukturierungen, Steuer- u. ▷Immobilienrecht.
Mandate: Securitas bei Kauf von Protection One; CBRE Group bei Kauf von 60% an Turner & Townsend; Ancosys bei Verkauf an Nova; 8080 Labs bei Verkauf an Databricks; Flensburger Schiffbau-Gesellschaft bei Kauf von Nobiskrug-Werft; Horiba bei Kauf von BeXema; Q-Energy bei Kauf von 16 Windparks in Dtl.; Replex bei Verkauf an Cisco Systems; Vorstand von Wallstreet:online Capital bei Verkauf seiner Beteiligung; WDM-Gruppe bei Kauf von Deutenberg Drahttechnik; Qlevr bei Kauf von Nonomella.

DISSMANN ORTH
M&A ★★

Bewertung: Bekannt v.a. für die lfd. Beratung an der Schnittstelle von Gesellschafts- u. Steuerrecht, betreuen die ▷Münchner weiterhin regelm. eine Reihe von Transaktionen. Dies betrifft sowohl die Stammklientel aus vermög. Privatpersonen u. Familien, teils inkl. ihrer Beteiligungsgesellschaften, als auch mittelständ. Unternehmen.
Oft empfohlen: Dr. Jochen Ettinger, Thomas Wieland, Dr. Arne Friese
Team: 8 Eq.-Partner, 1 Sal.-Partner, 2 Associates, 2 of Counsel
Schwerpunkte: Aus langj. Mandantenverbindungen vielfach steuerrechtl. getriebene Transaktionen für Familienunternehmen, vermög. Privatpersonen (▷Nachfolge/Vermögen/Stiftungen) u. kleine Private-Equity-Häuser.
Mandate: Geschäftsführender Gesellschafter von Mobiheat bei Verkauf von Anteilen an Mainova; Gesellschafter von Arculus bei Verkauf an Jungheinrich; MCB Beteiligungsgesellschaft bei div. M&A-Projekten.

DLA PIPER
M&A ★★★★

NOMINIERT
JUVE Awards 2022
Kanzlei des Jahres für M&A

Bewertung: Erneut gelang es der M&A-Praxis den Kreis ihrer Mandanten, die bei Transaktionen auf DLA setzen, um mehrere namhafte Unternehmen zu verbreitern. So setzen erstmals Bilfinger, Jungheinrich, Siemens u. Traton bei M&A-Deals auf das Know-how der Kanzlei. Einen Teil dieser Mandate konnte DLA über einen Pitch für sich gewinnen, ein anderer ergab sich aus der gesellschaftsrechtl. Beratung heraus. Beide Wege belegen, DLA ist bei dt. Konzernen inzw. eine anerkannte Beraterin u. bestens positioniert. Dass die Kanzlei v.a. bei grenzüberschr. Transaktionen zum Zuge kommt, ist nicht zuletzt auf das internat. Netzwerk zurückzuführen. Ein Bsp. ist der Verkauf von Anteilen an einem niederl. Windpark, bei dem Parameswaran an Seite von Stammmandantin BASF stand. Erst im Vorjahr hatte BASF mit DLA knapp die Hälfte der Anteile am Windpark erworben. Zudem verfügt die Kanzlei mit Arndt in New York über einen dt. Anwalt, der vor Ort als Anlaufstelle für Mandanten aus Dtl. fungiert. Immer stärker treten neben dem sehr präsenten Parameswaran auch andere Partner wie Schumann (für Siemens, Traton u. Knorr-Bremse) u. Krause (u.a. für Jungheinrich) in Erscheinung. Dass 2 Partner, einer mit Beratungsschwerpunkt an der Schnittstelle von M&A- u. Versicherungsrecht sowie ein Partner, der sich auf die Chemiebranche spezialisiert hat, die Praxis verlassen haben, fällt aufgrund der breiten personellen Aufstellung eher weniger ins Gewicht.
Stärken: Sehr gute internat. Vernetzung u. enger Austausch mit US-Praxis. Branchenkompetenz in Luftfahrt u. Technologie.
Oft empfohlen: Dr. Benjamin Parameswaran („effektiv u. völlig ohne Allüren", Mandant; „versierter Transaktionsexperte", Wettbewerber), Dr. Nils Krause („schnell u. angenehm", Wettbewerber), Dr. Mathias Schulze Steinen, Andreas Füchsel, Dr. Thomas Schmuck
Team: 12 Partner, 8 Counsel, 23 Associates, 2 of Counsel
Partnerwechsel: Dr. Jörg Paura (zu Swiss Steel Group), Jan Eltzschig (zu Herbert Smith Freehills), Carlos Robles y Zepf (zu Mayer Brown)
Schwerpunkte: Grenzüberschr. Transaktionen, eingebettet in ein Full-Service-Konzept mit u.a. ▷Gesellsch.recht, ▷Immobilien-, ▷Arbeits- u. ▷Kartellrecht, einschl. ▷Post-M&A-Streitigkeiten. Zunehmend auch ▷Priv.-Equ.- u. VC-Deals. Etablierter China-Desk.
Mandate: Bilfinger zu Verkauf von Rohrleitungsbausparte; Jungheinrich zu Kauf von Arculus; Siemens/Siemens Digital zu Verkauf von OneSpin-Solutions-Gruppe; Traton/TB Digital zu Kauf von Loom Technologies; BASF zu Verkauf von Anteilen an niederl. Windpark; Knorr-Bremse zu Kauf von Evac Group; Cohu zu Verkauf von ATG Luther & Maelzer; Heidelberger Druckmaschinen zu Verkauf von Docufy; Harman International zu Kauf von Apostera; HCL Technologies zu gem. Kauf von GBS Gesellschaft für Banksysteme mit ApoBank; Mercedes-Benz zu Beteiligung an Factorial Energy; Montana Aerospace zu Kauf von Asco Industries.

M&A

DWF
M&A ★

Bewertung: Die M&A-Praxis der brit. Sozietät ist durch die Reputation der alteingesessenen D'dorfer Anwälte geprägt, obwohl die Praxis selbst über alle dt. Büros verteilt ist. Die Partner haben beträchtl. Erfahrung bei grenzüberschr. Transaktionen, u. das riesige brit. Netzwerk bietet eine gesunde Basis für Inbound-Arbeit. Um gleichz. noch mehr eigene Präsenz im dt. Markt aufzubauen, wird die Praxis allerdings deutl. wachsen müssen.
Stärken: Grenzüberschr. M&A.
Oft empfohlen: Dr. Christof Bremer
Team: 2 Eq.-Partner, 1 Sal.-Partner, 2 Counsel, 4 Associates
Schwerpunkte: Schwerpunkt in grenzüberschr. Transaktionen im Mittelstandssektor.
Mandate: Börsennot. Lithiumproduktehersteller bei Anteilskauf an insolventer SolarWorld; dt. Softwarehersteller bei Kauf des poln. Distributors; Hersteller von med. Prüfmustern bei Verkauf des Teilbetriebs an US-Wettbewerber; Lasertechnikhersteller bei gestuftem Anteilsverkauf; Sicherheitsdienstleister bei Kauf eines Wettbewerbers; Healthcare- u. IT-Unternehmen bei Kauf eines dt. IT-Unternehmens.

EBNER STOLZ MÖNNING BACHEM
M&A ★★

Bewertung: Die multidiszipl. Kanzlei begleitet M&A-Deals v.a. für familiengeführte Unternehmen sowie internat. Strategen u. Beteiligungshäuser. Durch den gezielten Ausbau mit Quereinsteigern hat sie in den verg. Jahren nicht nur ihr Mandantenportfolio erweitert – etwa zur Schürfeld-Gruppe –, verbreitert hat sich vielmehr auch ihre Tätigkeit, die nun von kapitalmarktrelevanten u. grenzüberschr. M&A (mit dem Nexia Netzwerk) bis hin zu komplexen Ausgliederungen u. Nachfolgeregelungen reicht. Die M&A-Praxis, die Branchenschwerpunkte etwa im Gesundheits- u. Energiesektor herausbildet, erhielt einen weiteren Anknüpfungspunkt durch den Zugang einer erfahrenen Immobilienrechtlerin in Frankfurt.
Oft empfohlen: Dr. Dirk Janßen, Dr. Oliver Schmidt, Dr. Christoph Winkler, Dr. Roderich Fischer („sehr lösungsorientiert, ganzheitl. Blick, hoher Sachverstand", Mandant; „gr. Erfahrung mit der Steuerung komplexer M&A-Transaktionen", Wettbewerber), Dr. Tim Odendahl („sehr erfahren bei Deals, hohe Fachkompetenz", Wettbewerber)
Team: 8 Eq.-Partner, 8 Sal.-Partner, 15 Counsel, 23 Associates
Schwerpunkte: Small- u. Mid-Cap-Transaktionen, teils im Rahmen von Buy-and-Build-Strategien, die in enger Zusammenarbeit mit den Steuerberatern, Wirtschaftsprüfern u. Finanzierungsspezialisten begleitet werden. Regelmäßig auch im Zshg. mit ▷*Nachfolgesachverhalten* u. ▷*Insolvenz/Restrukturierung*.
Mandate: Porsche Holding zu Kauf von Autoholding Dresden; Schürfeld-Gruppe zu Mehrheitsbeteiligung an Geiger Notes; Carl Zeiss zu Verkauf von Nanoscribe; Sanoptis bei div. MVZ-Transaktionen; Ev. Heimstiftung bei Kauf der Ev. Pflegedienste Mannheim; Gossler Gobert & Wolters Holding zu Kauf der See-Finance-Gruppe; EnBW Energie bei div. Deals; Targens (LBBW-Tochter) zu Verkauf des Geschäftsbereichs MySaveID; Schufa Holding zu Verkauf von FinAPI; Albert Knebel Holding zu Beteiligung an Howema Italia u. Kauf von Instreita (Litauen); All for One Steeb Group zu Kauf von Advance Solution (Schweiz); M3 Medical Holding (GB) zu Beteiligung an PA Medien; Cinemobil zu Kauf der FTA Film- u. Theaterausstattung.

EIFLER GRANDPIERRE WEBER
M&A ★

Bewertung: M&A-Praxis aus ▷*Frankfurt*. Nähere Informationen finden Sie in diesem Regionalkapitel.
Team: 5 Eq.-Partner, 1 Sal.-Partner, 1 Associate, 1 of Counsel
Schwerpunkte: Lfd. Transaktionsbegleitung für Mittelständler, Private-Equity-Investoren u. Family Offices.
Mandate: Siehe Regionalkapitel.

ESCHE SCHÜMANN COMMICHAU
M&A ★

Bewertung: M&A-Praxis aus ▷*Hamburg*. Nähere Informationen finden Sie in diesem Regionalkapitel.
Team: 4 Eq.-Partner, 4 Sal.-Partner, 6 Associates
Partnerwechsel: Sabine Schellscheidt (in Ruhestand)
Schwerpunkte: Betreuung v.a. kleiner u. mittelgr. Transaktionen, oft auch mit internat. Bezug (v.a. Schweiz, NL u. Frankreich). Etablierter MDP-Ansatz mit integrierter steuerrechtl. Beratung. Auch Unternehmensnachfolge u. Prozessführung, u.a. in Post-M&A-Streitigkeiten.
Mandate: Siehe Regionalkapitel.

EVERSHEDS SUTHERLAND
M&A ★★★

Bewertung: Die M&A-Praxis kommt dank ihrer guten Vernetzung häufig bei paneurop. Transaktionen zum Zuge. Sie begleitete zuletzt etwa grenzüberschr. Deals von Benteler u. Knorr-Bremse, erstmalig vertrauten die Aryza Gruppe u. RSBG (RAG Stiftung) der Kanzlei Transaktionen an. Deutl. visibler wurden jüngere Partner wie Holle (der wiederholt vom US-Konzern Sherwin-Williams eingebunden wurde) u. Cross, der europaw. für den Rechenzentrumsbetreiber CyrusOne den Kauf durch KKR u. Global Infrastructure Partners beriet. Mit diesem gut bestellten Feld wollte der langj. Praxisleiter Lamberts den Staffelstab zum Mai an die neuen Co-Leiter Brickwedde u. Prüßner weiterreichen, die jeweils sehr treue Mandanten haben. Doch Prüßner entschloss sich, mit 2 weiteren Sal.-Partnern zu Norton Rose zu wechseln, was Eversheds' Ausbaubemühungen einen kräftigen Dämpfer versetzte. Im Gegenzug konnte die Kanzlei jedoch den versierten Transaktionsanwalt Schniepp aus einer gr. Big Four-Gesellschaft gewinnen, der zum Jahreswechsel in Frankfurt das 5. Büro für Eversheds hierzulande eröffnete.
Stärken: Großes ww. Netzwerk. Erfahrung mit innovativen Service- u. Honorarmodellen.
Oft empfohlen: Christof Lamberts („fairer u. klar strukturierter Verhandler", Wettbewerber), Holger Holle, Anthony Cross, Dr. Werner Brickwedde
Team: 3 Eq.-Partner, 7 Sal.-Partner, 5 Counsel, 9 Associates
Partnerwechsel: Dr. Steffen Schniepp (von PricewaterhouseCoopers Legal); Dr. Maximilian Findeisen, Dr. Michael Prüßner, Sven Schweneke (alle zu Norton Rose Fulbright)
Schwerpunkte: Dt. wie internat. Transaktionen im ▷*Energie*- u. ▷*Immobiliensektor* sowie im TMT-Bereich. Breites Spektrum im ▷*Gesellschafts*- u. Kapitalmarktrecht (inkl. Steuern, Finanzierungen). Stark im transaktionsbegleitenden ▷*Arbeits*-- u. Kartellrecht.
Mandate: CyrusOne bei öffentl. Übernahme durch KKR u. Global Infrastructure Partner; Rolls-Royce Power Systems bei Beteiligung an Hoeller Electrolyzer (Anlagenbauer für Wasserstoffproduktion); Aryza bei Kauf von Collenda; Burger King zu anteiligem Verkauf von Burger King Germany; DNV (Norwegen) zu Kauf von Medcert; Element Solutions zu Kauf von Coventya; FotoWare (Norwegen) bei Kauf von Xenario (GB); Hanwha Q-Cells zu Kauf einer Fotovoltaik-Projektentwicklungspipeline; Enel Green Power zu Mehrheitsbeteiligung an PV-Projektentwickler; Vantage Data Centers bei Kauf eines Rechenzentrums (FRA1 Campus).

EY LAW
M&A ★★

Bewertung: Die M&A-Praxis kommt oft im gehobenen Mittelstand, zuletzt etwa für Alba, Ehrmann u. die Stabilus-Gruppe, zum Einsatz, berät aber regelm. auch internat. Unternehmen wie den tschech. Landmaschinenhersteller Agrostroj. Praxisleiterin Streyl hat in den verg. Jahren an den gr. Standorten eine M&A-Mannschaft zusammengestellt, die transaktionserfahrene Anwälte von Hengeler, Latham u. Allen & Overy integrierte u. die Verbindungen des hausinternen Netzwerks nutzt. Dass auch die anderen Praxen – etwa im ▷*Energierecht* – ausgebaut werden, spielt dem Team in der Mandatsgewinnung genauso in die Hände wie das Kontakte der ww. Transaktionspraxis, die seit Sommer von dem HHer Partner Feigen geleitet wird. Mit der Begleitung von Daimler Truck zum Verkauf von Mercedes MiniBus öffnete sich das Team auch die erste Tür zu einem Dax-Unternehmen.
Stärken: Transaktionen über mehrere Länder hinweg. Auch Post-M&A-Arbeit.
Oft empfohlen: Dr. Annedore Streyl („große Erfahrung, durchsetzungsstark", Wettbewerber), Dr. Torsten Göcke („erfahrener Berater mit sehr guten u. fundierten Kenntnissen", Mandant), Dr. Jan Feigen
Team: 9 Eq.-Partner, 17 Sal.-Partner, 9 Counsel, 64 Associates
Partnerwechsel: Dr. Kerstin Henrich (von Jones Day)
Schwerpunkte: Grenzüberschr. Deals, häufig zusammen mit Steuer- und Financial-Beratung. Internat. Due-Diligence-Arbeit für andere Großkanzleien.
Mandate: Daimler Truck/Evobus zu Verkauf von Mercedes MiniBus; Beeline zu Verkauf des Einzelhandelsgeschäfts (Dtl., Österr., CH); Ehrmann bei Kauf der russ. FrieslandCampina-Tochter; Russia Baltic Pork bei Kauf von Tönnies' Russland-Geschäft; Biesterfeld bei Kauf von GME Chemicals Group (Singapur); Agostroj zu Kauf der Wilhelm Stoll Maschinenfabrik; Poolia zu Verkauf der dt. Tochter; Stabilus-Gruppe zu Minderheitsbeteiligung an Synapticon; Nuvias Deutschland zu Kauf von Alliance Technologies; Fischer Group zu Verkauf des Brennstoffzellengeschäfts; Gesellschafter zu Verkauf von Optima; Medifox zu div. Zukäufen; Salcef Group zu Kauf der Bahnbau-Nord-Gruppe; Deals für Hensoldt, Jungheinrich, Regus Germany, The New Meat Company, Opti Health Consulting, Showa Denko Materials.

FIELDFISHER
M&A ★★★

Bewertung: Die M&A-Beratung ist Teil der breiter aufgestellten Corporate-Praxis, die auch Restrukturierung u. transaktionsbez. Steuerberatung umfasst. Damit hat sich das Team um Hartmann für Krisenzeiten gewappnet. Dazu passt auch der Zugang eines 4-köpf. Teams um den CMS-Partner Kamke, der Erfahrung mit Distressed M&A u. mehrteiligen Refinanzierungen einbringt. Besonders umtriebig zeigte sich Energieexperte Marhewka, der u.a. MaxSolar beim Verkauf an Investoren u. eine Signal-Iduna-Tochter beim Kauf eines gr. Solarparks südl. von Leipzig unterstützte. Mandanten loben erneut die Preispolitik: „Wir arbeiten regelmäßig erfolgreich mit Caps mit Fieldfisher zusammen, die auch eingehalten werden."

Stärken: Grenzüberschr. M&A v.a. in der Technologiebranche u. im Energiesektor; öffentl. Übernahmen; steuerrechtl. Strukturierungen.

Oft empfohlen: Jan Hartmann („gutes Verständnis dafür, was wir brauchen", Mandant; „guter Verhandler, sehr wirtschaftlich denkend", Wettbewerber), Daniel Marhewka („sehr gute juristische Beratung; lösungsorientiert u. pragmatisch", Mandant)

Team: 10 Eq.-Partner, 2 Counsel, 16 Associates

Partnerwechsel: Dr. Daniel Kamke (von CMS Hasche Sigle)

Schwerpunkte: Kleine bis mittelgr. Deals, sehr häufig grenzüberschreitend. Erfahren auch bei öffentl. Übernahmen. Regionale Branchenschwerpunkte in Infrastruktur/▷*Erneuerbare Energien* (München), Fintech/Payment-Anbieter (Frankfurt) u. Immobilien (▷*Hamburg*). Angesehene Praxis für (▷*Gesellschaftsrecht*).

Mandate: Gesellschafter von MaxSolar zu Verkauf ihrer Anteile; Enova IPP zu Beteiligung an 3 Onshorewindparks; KGAL zu Beteiligung an GP Joule Projects; Glory zu Verkauf von Viafintech; Ikav-Gruppe zu Kauf der verbleibenden Geschäftsanteile der Geysir Europe; Flexion Mobile zu Kauf der Influencer-Marketing-Agentur Audiencly; Next Generation Invest zu Beteiligung an Projektgesellschaft OSK Bildung Sürther-Feld.

FLICK GOCKE SCHAUMBURG
M&A ★★★

Bewertung: FGS hat im M&A-Geschäft gr. Erfahrung mit verkaufenden Familiengesellschaftern u. erbschaftsgerechten Strukturierungen. Ebenso regelm. aber sieht man das Team, das Kompetenzen aus Recht, Steuern sowie Bilanzierung in der Bewertung vereint, inzw. auch im Einsatz für ▷*Private-Equity-Investoren* u. Großunternehmen wie etwa Deutsche Bahn/Schenker beim Verkauf der MTS-Gruppe. Für solche Projekte kann FGS besser als früher bundesw. Kapazitäten bündeln, denn der Einsatz der Stundenkontingente der Associates fußt nun auf einer bundesweiten Abstimmungskultur. Ein nächster Schritt könnte sein, ihre guten Beziehungen in die regulierten Branchen – etwa zu Finanzinstituten oder Energiekonzernen – in einen stetigeren Dealflow zu überführen, denn gesellschaftsrechtl. berät FGS bereits Mandanten wie EWE, Gelsenwasser u. die BayernLB.

Stärken: Enge Kombination von Steuer- u. ▷*Gesellschaftsrecht* mit Transaktionserfahrung sowie Bewertungsanalysen.

Oft empfohlen: Dr. Michael Erkens, Prof. Dr. Dieter Leuering, Dr. Fred Wendt („extrem erfahrener M&Aler der 200%ige Qualität liefert", Wettbewerber), Dr. Christian Bochmann („einer der Besten für M&A, Strukturierung u. Familienunternehmen", „sehr gute fachliche u. taktische Beratung", Mandanten)

Team: 27 Eq.-Partner, 9 Sal.-Partner, 28 Associates, 1 of Counsel

Partnerwechsel: Dr. Dirk Reidenbach (zu Lupp + Partner)

Schwerpunkte: Strateg. Transaktionen, häufig mit steuerrechtl. Komponente. Stark im Energie- u. Bankensektor und in der Medienbranche sowie bei mittelständ. u. Familienunternehmen. Häufig ▷*Nachfolgeregelungen*. Internat. Vernetzung über das Steuernetzwerk Taxand.

Mandate: Schenker u. Dt. Bahn bei Verkauf der MTS-Gruppe; Binder bei Kauf der brit. BSW Group; Printus-Gruppe zu Mehrheitsbeteiligung an Office Partner; Th. Duvenbeck zu Verkauf der Anteilsmehrheit an Transportunternehmen; O. Herbig zu Verkauf von Karriere Tutor; Alleingesellschafter der Lit.Cologne zu Einstieg von DEAG Classics; Gesellschafter der Dare-Gruppe zu Einstieg von Dt. Private Equity; Gesellschafter zu Verkauf der M+S Aufzug an TK Elevator; Policen-Direkt-Gruppe bei Kauf der Aktienmehrheit an Cash.life; Iptor Supply Chain zu Kauf von TimberTec.

FPS FRITZE WICKE SEELIG
M&A ★★

Bewertung: Die M&A-Praxis der Sozietät hat 2 Hauptstränge: So bringen die engen Beziehungen zur Immobilienbranche immer wieder Arbeit ein. Doch zu einem ebenfalls großen Teil beraten die Anwälte lfd. Transaktionen für einen breit gestreuten Mittelstandsmandantenstamm. Die Praxis wird inzw. vom Frankfurter Team geprägt, auch wenn eine sehr erfahrene Partnerin in D'dorf wichtige Unterstützung bringt. Gerade in Frankfurt ist es in den verg. Jahren gelungen, vielverspr. Associates aus Top-Kanzleien (z.B. Hengeler u. Freshfields) anzuziehen. Dies beginnt sich nun auszuzahlen, indem diese Anwälte v.a. in VC-Deals aktiv waren.

Stärken: Transaktionen im Immobiliensektor.

Oft empfohlen: Dr. Holger Jakob

Team: 11 Eq.-Partner, 3 Sal.-Partner, 4 Associates

Partnerwechsel: Steffen König (von CMS Hasche Sigle)

Schwerpunkte: Mittelgr. Deals (in ▷*Frankfurt*) mit Anteilen (v.a. in Berlin) an ▷*Immobilientransaktionen*; in D'dorf Fokussierung auf regionale Industrie. Mandanten vielfach aus dem Mittelstand, teils internat. tätig. Auch rege ▷*Venture-Capital-Praxis*.

Mandate: Gründer von Zenhomes bei Kauf durch Scout24; Hexagon Purus bei Kauf von Wystrach; 360Ventures bei Beteiligung an Start-up (Kosmetik u. Pflege); Advancis bei Kauf von Curatech; MVZ bei Verkauf an Triton.

FRESHFIELDS BRUCKHAUS DERINGER
M&A ★★★★★

NOMINIERT
JUVE Awards 2022
Kanzlei des Jahres für M&A

Bewertung: Die zu den führenden M&A-Beratern gehörende Praxis hat sich im Vgl. zu ihren Hauptkonkurrenten klar auf die grenzüberschr. Arbeit fokussiert. Dass darunter regelm. gr. Transaktionen für Mandanten in den USA sind, zeigt den Erfolg ihrer Strategie. Bspe. sind die Arbeit von Waldhausen für Beiersdorf u. Kogge für Lanxess. Der Gewinn eines führenden Corporate-Teams in New York hat das Angebot für europ. Mandanten (insbes. die Dax-Mandanten, von denen Wettbewerber behaupteten, FBD würde sich von ihnen abwenden) in den USA weiter verbessert. Bis sie auch die führenden US-Einheiten bei transatlant. M&A-Deals herausfordert, dauert es aber noch eine Weile. Ihre marktführende Präsenz stützt sich hierzulande auch darauf, dass regelm. die FBD-Teams bei bedeutenden Carve-outs u. späteren Verkäufen für Industrieunternehmen gefragt sind. Ein gutes Bsp. ist Osram, denn es war alles andere als selbstverständlich, dass FBD als ehem. Stammberaterin auch nach dem Verkauf an AMS weiter für einen solchen Deal gesetzt sein würde. Besonders beeindruckend ist, dass die Praxis inmitten eines substanziellen Generationswechsels – mind. 5 ihrer großen Namen sind in den verg. 2 Jahren ausgeschieden – von allen Top-Kanzleien am erfolgreichsten bei der Weitergabe wichtiger Mandantenbeziehungen zu sein scheint. Das zeigt sich sehr deutl. im wichtigen HHer Büro sowie bei öffentl. Übernahmen und in zentralen Branchen wie Technologie u. Pharma. Insbes. eine stärkere Betonung von Technologiedeals ist strateg. klug, weil die Kanzlei, ausgehend von ihrem Full-Service-Ansatz, Beziehungen in technologiegetriebenen Branchen festigen kann, insbes. im Automobilsektor. Die jüngere Generation (allen voran Meyer) hat sich bewusst auf den Wachstumssektor Technologie konzentriert u. einen (unter den Top-Praxen) einzigartigen Dealflow geschaffen.

Stärken: Konkurrenzlose fachl. Breite im obersten Marktsegment. Stark für dt. Konzerne, grenzüberschr. Mandate, ▷*Private Equ. u. Vent. Capital* u. gehobenen Mittelstand, inkl. Technologiesektor. Internat. Kompetenz vieler Partner.

Oft empfohlen: Dr. Andreas Fabritius, Prof. Dr. Christoph Seibt („ausgewiesener Experte, unterstützt von gutem Team", Mandant; „brillant, kreativ u. energisch", Wettbewerber), Dr. Stephan Waldhausen („sehr überzeugend", Mandant), Rick van Aerssen („hervorrag. Fachkenntnis, gute Kommunikation", „einfach der Beste", Mandanten), Dr. Ralph Kogge, Dr. Arend von Riegen („sehr professionell, fachlich exzellent", Wettbewerber), Dr. Franz Aleth („fachl. herausragend im Bereich Distressed M&A, immer sehr angenehme Zusammenarbeit", Mandant), Dr. Wessel Heukamp („auf den Punkt kommuniziert u. organisiert", Mandant), Dr. Lars Meyer, Dr. Barbara Keil („absolute Spezialistin im Industrie- u. Chemiebereich", Wettbewerber), Dr. Stephanie Hundertmark, Dr. Kai Hasselbach, Dr. Natascha Doll, Dr. Gregor von Bonin, Julia Sellmann

Team: 24 Partner, 4 Counsel, rund 135 Associates

Partnerwechsel: Dr. Peter Versteegen (in eigene Kanzlei)

Schwerpunkte: Komplexe Transaktionen mit internat., kapitalmarkt-, steuer- oder ▷*kartellrechtl.* Komponenten. Auch marktführend im ▷*Gesellsch. recht.* Besonderer Schwerpunkt auf börsennot. Unternehmen u. regulierten Branchen, zuletzt vermehrt Energie-, Pharma- u. Finanzbranche. Hoher Anteil an internat. Arbeit, inkl. Investitionskontrolle.

Mandate: Ams-Osram bei Verkauf von Traxon Technologies; Beiersdorf bei Kauf von Chantecaille Beauté; Continental bei Kauf des Drucktechnologiegeschäfts der Trelleborg Group; Lanxess bei Kauf der IFF-Sparte Microbial Control; Thyssenkrupp AG bei Verkauf des Mining-Anlagenbaugeschäfts; A.P. Møller-Mærsk bei Kauf der Senator-International-Gruppe; Aurubis bei Teilverkauf der Flachwalzsparte; Huadong bei Investition in Heidelberg Pharma; Deutz bei Beteiligung an Blue World Technologies; Allgeier bei Kauf der Evora-Gruppe; Flint Group bei Verkauf der Xsys-Sparte.

M&A

FRIED FRANK HARRIS SHRIVER & JACOBSON
M&A ★

Bewertung: In ▷*Frankfurt* ansässige M&A-Praxis. Nähere Informationen finden Sie in diesem Regionalkapitel.
Team: 3 Partner, 3 Counsel, 2 Associates
Schwerpunkte: U.a. Mandanten aus Private Equity, Immobilienbranchen. Auch starke Beziehungen nach Frankreich. Große US-Praxis.
Mandate: Siehe Regionalkapitel.

GIBSON DUNN & CRUTCHER
M&A ★★★

Bewertung: Die M&A-Praxis der US-Kanzlei hatte sowohl beim Import von US-Unternehmensmandaten als auch beim Export von Beziehungen in die USA ein erfolgr. Jahr. Der Unterschied zu anderen US-Kanzleien scheint darin zu liegen, dass das GD-Team es versteht, die Vorstands- u. Aufsichtsratskontakte der erfolgr. Compliance-, u. Litigation-Teams zu nutzen, um sowohl M&A-Deals als auch komplexe ▷*gesellschaftsrechtl.* Mandate zu gewinnen. Dies ist ein noch relativ junges Phänomen, u. die Zahl der abgeschlossenen Deals ist dementspr. noch nicht hoch. Aber die Mandatsliste steht in deutlichem Kontrast zu den Bemühungen einiger anderer führender US-Praxen, die bei transatlant. Arbeit fast ausschl. auf ihre Private-Equity-Mandanten vertrauen.
Stärken: Internat. Transaktionserfahrung.
Oft empfohlen: Dr. Lutz Englisch („zielorientiert, durchsetzungsstark, gr. Dealerfahrung", Wettbewerber), Dr. Dirk Oberbracht („unser Trusted Advisor: sehr gut bei der Verhandlung mit Management der Gegenseite", Mandant), Dr. Wilhelm Reinhardt, Dr. Ferdinand Fromholzer
Team: 5 Partner, 3 Counsel, 10 Associates
Schwerpunkte: Viel internat. M&A, aber auch starke Wurzeln in dt. Unternehmen. Auch ▷*Private Equity.* Gute Beziehungen nach Japan, Indien sowie zu Großunternehmen aus den USA.
Mandate: Bosch bei Verkauf des ww. Automotive-Steering-Geschäfts; Bosch Building Technologies bei Kauf von Hörburger; Candle Media bei Beteiligung an Westbrook; Heska bei Kauf von VetZ; Muehlhan bei Verkauf von Gerüstbau Muehlhan; Stem bei Kauf von Aldo Energy.

GLADE MICHEL WIRTZ
M&A ★★★

Bewertung: Auch wenn GMW v.a. durch die Beratung zu hochkomplexen gesellschaftsrechtl. Themen auffällt, begleitet sie auch eine beachtl. Zahl an Transaktionen. So setzte z.B. ZF Friedrichshafen beim Verkauf einer Sparte auf ein Team um Namenspartner Glade. Ihr anerkanntes Know-how an der Schnittstelle zum Aktien- u. Kapitalmarktrecht schlug sich in versch. Mandaten nieder, darunter die Begleitung von Mercedes-Benz beim Verkauf der Beteiligung an Renault. Mit Markgraf verfügt GMW zudem über einen Partner im Markt, der an der Schnittstelle zu insolvenznahen Restrukturierungen berät. Personell gelang es, die Praxis mit 3 Associates zu verstärken. Zudem ernannte GMW in diesem Jahr 2 neue Partner, die bereits in namh. Mandaten auf sich aufmerksam machten.
Stärken: Öffentl. Übernahmen.
Oft empfohlen: Dr. Achim Glade („einer der ersten Ansprechpartner bei Konflikten", Wettbewerber), Dr. Jan Hermes („versierter M&A-Berater, rechtlich präzise, Vermittler von Lösungen", Wettbewerber), Dr. Friedrich Schulenburg

Team: Corporate insges.: 6 Eq.-Partner, 1 Sal.-Partner, 2 Counsel, 10 Associates
Schwerpunkte: Beratung dt. u. internat. Unternehmen aller Branchen, auch Dax-Konzerne. Enge Verbindung mit den ▷*Gesellsch.rechts-* u. ▷*Kartellrechtspraxen.*
Mandate: Gea zu Aktienrückkauf; Intersport zu Verkauf der Beteiligung an Intersport Österreich; Mercedes-Benz zu Verkauf der Beteiligung an Renault; Mycronic zu Kauf von ATG Luther & Maelzer; ZF Friedrichshafen zu Verkauf von ZF Luftfahrttechnik.

GLEISS LUTZ
M&A ★★★★★

Kanzlei des Jahres für M&A

Bewertung: Die renommierte M&A-Praxis ist bei grenzüberschr. Deals gleichermaßen routiniert wie bei Verkaufsauktionen für Familiengesellschaften. Deutlich visibler wurde sie zuletzt wieder bei öffentl. Übernahmen – etwa mit Aubel an der Seite von Hornbach u. Schaltbau. Noch bemerkenswerter aber war, dass ein Team um Morshäuser der Dt. Telekom beim mrd-schweren Verkauf ihrer Funktursparte zur Seite stand u. dass GL erstmals strateg. Deals für Lanxess, Thyssenkrupp u. Deutsche Post DHL Group stemmte. Mit dem Bonner Dax-Konzern DHL machte sich Partnerin Topf auf sich aufmerksam, die schon einen Trackrecord im ▷*Energie-* u. Automobilsektor hat. Wettbewerber zollten auch Schwarz Respekt, schließlich sei er „auch als Managing-Partner weiterhin voll im Geschäft u. sichtbar bei z.a.hlr. Large-Cap-Deals". Zudem brachte sich GL für paneurop. sowie restrukturierungsnahe Deals in Position – mit der Büroeröffnung in London, wo auch schon die befreundeten Kanzleien ihres Netzwerks – Chiomenti, Cuatrecasas u. Gide – Fuß gefasst haben.
Stärken: Stark im insolvenznahen M&A u. bei Verkaufsmandaten von Familiengesellschaften. Versierte Private-Equity-Praxis.
Oft empfohlen: Dr. Christian Cascante („freundlich u. flott", Mandant), Dr. Ralf Morshäuser („pragmatisch, routiniert", Wettbewerber), Dr. Jochen Tyrolt, Dr. Cornelia Topf („sehr klar in ihrer Ansprache", Wettbewerber), Dr. Patrick Mossler („erfahrener Anwalt, den wir gerne bei Kollisionen empfehlen", Wettbewerber), Dr. Rainer Loges, Dr. Alexander Schwarz („eine Branchengröße, zugleich menschl. sehr angenehm", Wettbewerber), Dr. Michael Burian („angenehme Zusammenarbeit, pragmatisch", Wettbewerber), Dr. Jan Balssen („zielorientiert, kollegial", Wettbewerber), Dr. Thomas Menke
Team: 18 Eq.-Partner, 13 Sal.-Partner, 11 Counsel, 2 of Counsel, plus Associates
Schwerpunkte: Große Bandbreite an privaten u. öffentl. Deals. Auch stark in ▷*Private Equ. u. Vent. Capital* u. Distressed M&A (▷*Insolvenz/Restrukturierung*), ▷*Energie,* ▷*Unternehmensbez. Versichererberatung.*
Mandate: Deutsche Telekom zu Verkauf der Funktursparte GD Towers; Deutsche Post DHL Group zu Kauf der J.F. Hillebrand Group u. bei Verkauf ihrer Anteile an Streetscooter; Thyssenkrupp zu Verkauf von Acciai Speciali Terni; Lanxess zu Ankaufsvorbereitungen aus DSM-Geschäft; Phoenix Pharmahandel zu Kauf des kontinentaleurop. McKesson-Geschäfts; Cisco Systems zu Kauf von Replex; Schaeffler zu Kauf von Melior Motion u. zu Verkauf des ww. Geschäfts mit Kettentriebsystemen; Hela-

ba im Bieterverfahren um Berlin Hyp (aus dem Markt bekannt); Roche zu Kauf von TIB Molbiol; ASML bei Verkauf von 3 Töchtern an Jenoptik; Gesellschafter zu Verkauf von Intland Software an PTC Inc.; Gesellschafter zu Verkauf von Viastore an Toyota Industries; Insolvenzverwalter zu Verkauf von Lechner.

GLNS
M&A ★★

Bewertung: Die M&A-Praxis kommt regelm. bei Small- u. Mid-Cap-Transaktionen zum Einsatz. Dass sie auch großvol. Transaktionen stemmen kann, stellte GLNS mit der Beratung von Zooplus im Rahmen der mrd-schweren öffentl. Übernahme durch H&F u. EQT unter Beweis. Daneben prägte eine Reihe von Transaktionen mit Gesundheits- u. Technologiebezug das Jahr, u.a. für Zoom. Regelm. handelt es sich dabei um Add-on-Transaktionen für Portfoliounternehmen von Private-Equity-Häusern. Ein Bsp. ist hier die Beratung von Ecovium, hinter dem FSN Capital steht, beim grenzüberschr. Kauf der Mantis-Gruppe. In diesem Segment ist GLNS nicht zuletzt wg. der personellen Verschränkung mit der ▷*Private-Equity-* bzw. ▷*Venture-Capital* -Praxisgruppe gut aufgestellt.
Oft empfohlen: Dr. Daniel Gubitz, Georg Lindner („sehr kompetent bei Transaktionen", Wettbewerber), Dr. Ludger Schult („exzellenter u. durchsetzungsstarker Jurist", Wettbewerber)
Team: 8 Eq.-Partner, 2 Sal.-Partner, 1 Counsel, 3 Associates, 1 of Counsel
Schwerpunkte: M&A-Deals, oft für Portfoliounternehmen kleinerer ▷*Private-Equity*-Häuser, Venture-Capital-Investoren. VC-Gesellschafter bei Exit. Auch Post-M&A-Streitigkeiten. Integrierte kapitalmarkt- u. steuerrechtl. Beratung.
Mandate: Zooplus bei öffentl. Übernahme durch H&F u. EQT; Gründer von Intermate zum Einstieg von ECM; FSN/Ecovium zu Kauf der Mantis-Gruppe; Zoom zu Kauf von Kites; Gründer u. GF der Smile-Eyes-Gruppe zu Invest durch Trilantic Europe; Gesellschafter JMarquardt-Gruppe zu Verkauf an Findos; Weka/Paragon zu Verkauf von Frechverlag; Delivery Hero regelm. zu Transaktionen.

GÖHMANN
M&A ★

Bewertung: M&A-Praxis v.a. an den Standorten Hannover, Braunschweig (▷*Niedersachsen*) und ▷*Frankfurt.* Nähere Informationen finden Sie in diesen Regionalkapiteln.
Team: 14 Eq.-Partner, 12 Associates
Schwerpunkte: Tiefe Verbindungen zu inhabergeführten, mittelständ. Unternehmen, v.a. in Niedersachsen. In Frankfurt auch Erfahrung in grenzüberschr. M&A. Bekannte ▷*Notare.* In Berlin Erfahrung mit Arztpraxen u. Immobilien.
Mandate: Siehe Regionalkapitel.

GOODWIN PROCTER
M&A ★★

Bewertung: Die M&A-Praxis hat sich nach dem Weggang von 2 Partnern im Vorjahr gut erholt. Denn mit dem Zugang eines Partners von Allen & Overy im Sommer 2021 gab es die Chance, noch stärker in Corporate-Immobiliendeals tätig zu werden. Er gilt inzw. als wichtige Unterstützung für Klenk in der M&A-Praxis. Signifikant war aber v.a. der Gewinn von weiteren Anwälten, die das Münchner Team um Schinköth verstärken: Hirschmann

bringt sowohl nennenswerte Private-Equity-Erfahrung mit als auch Kontakte nach Fernost.
Stärken: Sehr starke Lifescience-Praxis in USA.
Oft empfohlen: Gregor Klenk („exzellenter Kopf, guter Verhandler", Wettbewerber), Dr. Jan Schinköth, Florian Hirschmann
Team: 4 Partner, 1 Counsel, 5 Associates
Partnerwechsel: Florian Hirschmann (von Reed Smith)
Schwerpunkte: Traditionell stark für Finanzinvestoren (▷*Private Equity*) tätig sowie im ▷*Immobilienwirtschaftsrecht*. Oft grenzüberschreitend.
Mandate: Tiancheng International bei gepl. Verkauf von Biotest; GeneWerk Holding bei Kauf von Protagen Protein Services; Gamma Technologies bei Kauf von Exothermia.

GÖRG
M&A ★★★
Bewertung: Die M&A-Praxis setzt auf eine integrierte Corporate- u. steuerrechtl. Beratung für ausl. Unternehmen, dt. Mittelständler sowie Finanzinvestoren. Dass das Team um Paudtke auch aktien- u. kapitalmarktrechtl. versiert ist, zeigte sich etwa an der Beratung von First Sensor u. Heidelberg Pharma beim Investoreneinstieg, als auch beim komplexen Kauf der insolventen Adler Modemärkte durch die Zeitfracht Logistik (inkl. Delisting). Damit wächst Görg weit über das klass. Distressed-M&A-Geschäft hinaus, wo sie aufgr. ihrer langj. insolvenzrechtl. Erfahrung traditionell stark ist. Zu der Verbreiterung ihres Geschäfts trägt einerseits Fenck bei, der von seiner langj. Mandantin Ufenau Capital auch die Portfoliogesellschaften begleitet. Ebenso wie der vor 2 Jahren von Oppenhoff gewechselte Niemeyer, der das noch junge Alba-Spin-off Interzero zum Verkauf zu 2 Töchtern beriet.
Stärken: Transaktionen im Umfeld von ▷*Insolvenz u. Restrukturierung*.
Oft empfohlen: Dr. Christian Becker („kompetent, präzise u kollegial", Wettbewerber), Dr. Tobias Fenck („sehr gut in Private Equity u. Mid-Cap-M&A", Wettbewerber), Dr. Frank Evers, Dr. Christoph Niemeyer („sehr guter Berater in M&A-Transaktionen", Mandant), Dr. Bernt Paudtke, Dr. Achim Compes („sehr versierter Berater, intensive Gesprächsführung mit allen Projektbeteiligten", Mandant)
Team: 24 Eq.-Partner, 6 Sal.-Partner, 6 Counsel, 34 Associates
Schwerpunkte: Dt. u. grenzüberschr. Transaktionsgeschäft, etwa bei Asset-Verkäufen u. Beteiligungen für Unternehmen u. Insolvenzverwalter; Kauf- u. Verkaufstransaktionen relativ ausgeglichen; ebenso Joint Ventures. Auch ▷*Gesellsch.recht*, ▷*Priv. Equ. u. Vent. Capital*, ▷*Arbeits-* u. steuerrechtl. Begleitung sowie ▷*Notariat* in Frankfurt u. Berlin.
Mandate: Coca-Cola European Partners zu Verkauf von Sodenthaler Mineralbrunnen; Zeitfracht bei Kauf der insolventen Adler Modemärkte; Interzero zu Verkauf von Alba Facility Solutions u. Alba Property Management; Heidelberg Pharma zu Huadongs Beteiligung; Gründer bei Verkauf von Medical Eye-Care MVZ Nord; ABC Holding zu Verkauf von ABC Umformtechnik; Gesellschafter zu Verkauf der Verlagsgruppe Delius Klasing; Cox Automotive zu Kauf von PkwNow; Huk-Coburg zu Beteiligung an SDA Open Industry Solutions; Kanalservice-Gruppe bei 3 Zukäufen; Familienholding Uranos bei Kauf von Licharz-Gruppe; Veolia-Gruppe bei Verkauf div. Betriebsstätten; Vorsprung-Gruppe bei Kauf von Schrader Umweltmanagement.

FRIEDRICH GRAF VON WESTPHALEN & PARTNER
M&A
Bewertung: Die M&A-Praxis zählt gehobene Mittelständler u. internat. Konzerne zu ihrer Kernklientel. Diese begleitet sie bei z.T. komplexen Deals, auch über mehrere Länder hinweg: Dies war sichtbar beim Kauf von Silexia durch den US-Halbleiterhersteller Xilinx, der im Wege einer sog. Dreiecksverschmelzung erfolgte. Dem kontinuierl. Ausbau der verg. Jahre versetzten die bisherigen Praxisleiter Mayer u. Manz allerdings selbst einen gehörigen Dämpfer, indem sie mit einem 10-köpf. Team, zu dem auch die jüngeren Partner Barth u. Münchbach gehören, im Sommer zu Advant Beiten wechselten. Sie werden auch ihre eingespielten internat. Kontakte mitnehmen, wie etwa zur Schweizer Kanzlei Kellerhals Carrad. Auch wenn der Wechsel für Aufsehen sorgte u. noch lange nachhallen dürfte, auch in der Stammklientel von FGvW, so verblieben rund 2/3 der Transaktionsmannschaft bei der Kanzlei. Davon arbeiten allein 7 Corporate-Partner in Freiburg. Damit dürfte bei FGvW über die Mid-Cap- u. Nachfolgeberatung hinaus auch die branchenspezif. M&A-Beratung im Gesundheitswesen fortgesetzt werden können.
Stärken: Grenzüberschr. Mid-Cap-Deals. Gute, internat. Vernetzung im ▷*Gesundheitssektor*. Eingespielter Südamerika-Desk.
Oft empfohlen: Dr. Hendrik Thies, Dr. Stefan Lammel („sehr effizient", „immer gute Zusammenarbeit", Wettbewerber), Dr. Jan Martens, Dr. Alexander Hartmann („exzellenter Jurist, schnell u. lösungsorientiert", Wettbewerber)
Team: 9 Eq.-Partner, 1 Sal.-Partner, 10 Associates
Partnerwechsel: Gerhard Manz, Dr. Barbara Mayer, Dr. Jan Barth, Dr. Birgit Münchbach (alle zu Advant Beiten)
Schwerpunkte: Transaktionen für Familienunternehmen u. dt. Töchter von internat. Konzernen. Grenzüberschr. Arbeit. Gute Kompetenz im ▷*Gesundheitswesen*. Distressed M&A, auch eng verknüpft mit ▷*Arbeitsrecht*, sowie Pre- und Post-M&A-Strukturarbeit durch personelle Überschneidung zum ▷*Gesellschaftsrecht*.
Mandate: Xilinx Inc. zu Kauf von Silexia; Cryptshare-CEO bei Anteilsverkauf u. zu Beteiligung an Pointshare AB; poln. Automobilzulieferer bei gepl. Zukauf in Dtl.; Dorner zu Investment der GUS-Gruppe; Mehrheitsgesellschafter zu Verkauf von IPS-Intelligent-Anteilen; Gesellschafter zu Verkauf der VDS Verkehrstechnik an Quarterhill; Dialysezentrum bei Verkauf an Klinikgruppe; Omega-Immobilien-Gruppe bei Verkauf einer Tochter-AG; Joint Venture aus SiebersPartner, VarioPark u. Lea 5 bei Verkauf einer Hightech-Firmenzentrale.

GREENBERG TRAURIG
M&A ★★★
Bewertung: Die dt. Praxis der US-Kanzlei kommt oft bei grenzüberschr. Transaktionen zum Einsatz. Ein aktuelles Bsp. bildet die Begleitung der austral. Testing-Spezialistin ALS bei deren Kapitalbeteiligung an einem dt. Auftragsforschungsinstitut mit Töchtern in Frankreich. Bei der zu erwartenden Zunahme an Distressed-M&A-Fällen ist GT mit ihrem gr. Restrukturierungsteam ebenfalls gut aufgestellt. Dies kam gemeinsam mit dem Transaktionsteam u.a. beim Verkauf des Automobilzulieferers IFA zum Einsatz, der zuvor einen Sanierungsprozess durchlaufen hatte. Dass die Kanzlei M&A als eines der strateg. wichtigsten Beratungsfelder in Dtl. identifiziert, beweist einmal mehr der Ausbau der Partnerriege mit 2 Ernennungen aus den eigenen Reihen.
Oft empfohlen: Dr. Peter Schorling („besonders schnell, pragmatisch, sehr gutes Branchenwissen", Mandant), Dr. Nicolai Lagoni („inhaltlich top", „sehr fundiert, fair", Wettbewerber), Dr. Christian Schede, Dr. Henrik Armah
Team: 10 Eq.-Partner, 3 Sal.-Partner, 26 Associates
Schwerpunkte: Umf. Erfahrung in den Branchen ▷*Immobilien* u. ▷*Medien*, zunehmend auch Energie. Regelm. internat. Geschäft.
Mandate: IFA bei Verkauf an Family Office Aequita; Inpixion bei Kauf von IntraNav; ALS bei Kapitalbeteiligung an Nuvisan; LivePerson bei Kauf von E-Bot7; Trading-Unternehmen bei Kauf von Kryptowährungsunternehmen.

GREENFORT
M&A ★★
Bewertung: Die M&A-Praxis hat über die verg. Jahre einen beachtl. Dealflow aufgebaut, über den sich auch größere Kanzleien freuen würden. „Die gesamte Kanzlei macht hervorragende Arbeit", loben auch Wettbewerber, die zudem Pragmatismus u. Transaktionsmanagement unterstreichen. Der Fokus liegt auf Mid-Cap-Arbeit, teils für renommierte Mandanten wie RTL. Der Anteil an grenzüberschr. Deals ist dabei größer geworden, was Greenfort mehr u. mehr zu einer Großkanzleialternative werden lässt.
Oft empfohlen: Andreas von Oppen („rhetorisch brillant in Verhandlungen", Mandant), Gunther Weiss, Dr. Daniel Röder („top qualifiziert, sehr gut erreichbar, sehr verständlich", Mandant), Martin Asmuß („präzise u. pragmatisch", Mandant)
Team: 5 Eq.-Partner, 2 Sal.-Partner, 4 Counsel, 5 Associates
Schwerpunkte: Begleitung v.a. mittelständ. Unternehmen sowie ausl. Konzerne bei Deals, regelm. aus der lfd. Beratung heraus. Gute Verbindungen zu ausl. Kanzleien.
Mandate: RTL bei Kauf von Gruner+Jahr; DPE bei Kauf von Engelmann Sensors; Feintool International bei Kauf von Kienle & Spiess; Westbridge-Gesellschafter bei Verkauf von 50% der Anteile; Panasonic Marketing Europe bei Verkauf der Security-Solutions-Sparte; internat. 3D-Druck-Hersteller bei Verkauf des On-Demand-Printing-Geschäfts; niederl. Konzern bei Kauf von Sondermaschinenhersteller.

GRÜTER
M&A ★★
Bewertung: Die Begleitung ihres vielfältigen Mandantenstamms im M&A zählt zum Kern der Duisburger Kanzlei. Sie unterstützt sowohl Mittelständler aus der Region als auch internat. Konzerne bei Transaktionen, so etwa die kanad. Exco Technologies beim Kauf eines Geschäftsbereichs von Halex. Ihre Schlagkraft verbesserte sie zuletzt durch den Zugang einer erfahrenen Corporate-Anwältin der im Vorjahr aufgelösten D'dorfer Kanzlei Franz.
Oft empfohlen: Dr. Ina-Maria Böning, Andreas Felsch
Team: Corporate insges.: 5 Eq.-Partner, 2 Sal.-Partner, 3 Associates
Schwerpunkte: Langj. Tradition in der Transaktionsberatung internat. Unternehmen u. des dt. Mittelstands, v.a. in ▷*Nordrhein-Westfalen* (Duisburg). Immer wieder für Großkonzerne u. ihre Töchter aktiv.

M&A

Mandate: Exco Technologies bei Kauf des Extrusion-Dies-Geschäfts von Halex; Heitkamp-&-Thumann-Gruppe bei Transaktionen; Immobilienentwickler bei Kauf 2er Projektgesellschaften; Maschinenhersteller bei div., auch internat. Transaktionen; Barthel bei div., auch internat. M&A-Deals.

GSK STOCKMANN
M&A ★★★

Bewertung: Die M&A-Praxis der überörtl. Sozietät hat von ihren Beziehungen zu Finanzinvestoren profitiert, was insbes. im ▷Venture-Capital-Bereich einen stetigen Flow von Add-on-Deals sowie Exits für diese Mandanten brachte, v.a. in München. Daneben bleibt die langj. Stärke in der Immobilienwirtschaft ein wichtiger Pfeiler, wobei sich die Berliner Partnerin Bierly besonders bemerkbar macht. Die Kanzlei hat sehr erfolgr. nach Luxemburg expandiert, u. die Ausweitung der grenzüberschr. M&A-Praxis auf andere europ. Länder wäre ein naheliegender nächster Schritt.
Stärken: Mittelständ. Transaktionen, bes. Schwerpunkt in ▷Immobilien, Finanzindustrie u. ▷Private Equity. Erfolgreiche Zusammenarbeit mit dem Luxemburger Büro.
Oft empfohlen: Dr. Andreas Bauer, Dr. Michael Stobbe, Dr. Uwe Jäger, Max Wilmanns, Jennifer Bierly
Team: Corporate insges.: 16 Eq.-Partner, 1 Sal.-Partner, 2 Counsel, 21 Associates, 1 of Counsel

Schwerpunkte: Transaktionen in versch. Branchen, teils auch grenzüberschreitend. Besonders stark bei Immobilien, Private Equity, Automobil, ▷Finanzdienstleister u. Energie.
Mandate: Normec Holding bei Kauf von Hybeta; Degewo bei Kauf von 2.400 Wohneinheiten von Deutsche Wohnen/Vonovia; MLP bei versch. Zukäufen im Bereich Gewerbe- und Industrieversicherungen; Becken-Gruppe bei Kauf einer Mehrheit an Industria Wohnen; Coparion bei Verkauf der Beteiligung an GridX an E.on; Element Materials bei Kauf von KDK Kalibrierdienst; Huble Digital bei Kauf eines dt. Konkurrenten; Normec bei Kauf einer Mehrheit an Domatec; Recura bei Kauf der Fachklinik Waldeck; Gesellschafter bei Verkauf der aTmos-Gruppe; WIIT bei Kauf der Release42 Gruppe; XBird bei Verkauf aus Insolvenz an US-Investor.

GÜTT OLK FELDHAUS
M&A ★★

Bewertung: Die Boutique kommt bei strateg. M&A ebenso wie bei Add-on-Transaktionen für Portfoliogesellschaften von Private-Equity-Häusern zum Einsatz. Neben Stammmandanten wie MAN Energy Solutions u. ZF Friedrichshafen setzen auch Villeroy & Boch, Stiftungen, vermög. Familien bzw. Privatpersonen sowie mittelständ. Unternehmen auf GOF. Nicht jede Kanzlei dieser Größe kann zudem auf das Know-how von Finanzierungsspezialisten zurückgreifen u. dieses in M&A-Deals mit anbieten.

Oft empfohlen: Dr. Sebastian Olk („ausgezeichnete Kenntnisse u. umf. Fachwissen zu Transaktionen", Wettbewerber), Dr. Heiner Feldhaus („sehr transaktionserfahren, führt Teams u. Mandanten hervorragend", Wettbewerber), Adrian von Prittwitz
Team: 4 Partner, 8 Associates
Schwerpunkte: Regelm. Deals und Beteiligungen v.a. aus den Bereichen ▷Private Equity und Venture Capital sowie zunehmend auch für Konzerne.
Mandate: MAN Energy Solutions zu Carve-out u. Verkauf von Geschäftsbereich; Penguin Random House zu Kauf div. Verlage; Gründer u. Alleineigentümer von Truckline zu Verkauf von Mehrheitsbeteiligung; Villeroy & Boch, ZF Friedrichshafen jew. zu Transaktionen.

GVW GRAF VON WESTPHALEN
M&A ★★★

Bewertung: Die M&A-Praxis der mittelständ. Kanzlei begleitet einen Dealflow von kl. bis mittelgr. Transaktionen. Von den weit über 100 Deals war ein hoher Anteil grenzüberschreitend. Mandanten aus GB u. NL stellen einen großen Teil der internat. Arbeit dar, das Team pflegt auch enge Beziehungen zu Kanzleien in diesen Ländern. Während die Anwälte vor einigen Jahren noch stärker als Generalisten tätig waren, haben sie mittlerw. bemerkenswerte Branchenschwerpunkte etabliert. Am auffälligsten ist Rajani in HH im Technologiebereich, u. die Aufnahme eines Energieteams in München brachte im

---

Anzeige

PRAG | BRNO | BRATISLAVA | PILSEN | OLOMOUC | OSTRAVA

www.havelpartners.cz

Führende tschechische und slowakische Experten für Cross Border M&A

Tschechien & Slowakei

| 290 Juristen und Steuerberater; die größte tschechisch-slowakische Anwaltskanzlei
| German Desk mit mehr als 25 Juristen
| Standorte in Prag, Brno, Bratislava, Pilsen, Olomouc und Ostrava
| Führende tschechische Anwaltskanzlei
| Internationaler Qualitätsstandard, umfassendes Fachwissen und langjährige Transaktionserfahrungen
| Den renommierten internationalen Ratingagenturen EMIS DealWatch und Mergermarket zufolge die führende Anwaltskanzlei im M&A-Bereich seit 2010
| Beratung auf Deutsch, Englisch und 10 andere Sprachen

Umfassende juristische Beratung im Bereich M&A, insb.:

| Akquisitionen und Unternehmensverkäufe
| Restrukturierung und Insolvenz
| Gesellschaftsrecht und Corporate Governance
| Private Equity / Venture Capital
| Unternehmenszusammenschlüsse
| Joint Ventures
| Projektfinanzierung
| Notleidende Kredite
| Wettbewerbs- und Kartellrecht
| Steuerliche Strukturierung

Jaroslav Havel | MANAGING PARTNER | jaroslav.havel@havelpartners.cz
Martin Peckl | PARTNER | martin.peckl@havelpartners.cz

Bei den Chambers Europe Awards wiederholt die beste Anwaltskanzlei in Tschechien

Vorjahr ebenfalls mehr Schlagkraft in die Praxis. Der Frankfurter Partner Walek genießt bei mittelständ. M&A-Beratern einen guten Ruf. Die geringe Zahl der Associates in der Praxis ist nach wie vor eines der wenigen Defizite, wenngleich das breite Full-Service-Angebot der Gesamtkanzlei eine erhebl. Stütze für die Transaktionsarbeit bietet.
Stärken: Mittelgroße Transaktionen, oft mit internat. Bezug. Eigenes Büro in Schanghai.
Oft empfohlen: Dr. Ritesh Rajani („bei internat. Transaktionen zu Hause", Wettbewerber), Eric Messenzehl, Dr. Markus Sachslehner („konstruktiv u. ergebnisorientiert", Wettbewerber), Titus Walek („exzellenter Anwalt mit viel Fachwissen u. wirtschaftl. Verständnis", Mandant), Dr. Malte Hiort
Team: 17 Eq.-Partner, 4 Sal.-Partner, 10 Associates
Schwerpunkte: Small- u. Mid-Cap-M&A für mittelständ. Mandanten mit gr. grenzüberschr. Anteil. Starke China-Praxis. Ebenso Joint Ventures (▷Gesellsch.recht). Enge Verzahnung mit Steuerpraxis.
Mandate: AirRobot bei Verkauf an Nordic Unmanned; Hybrid Software Group bei Kauf von ColorLogic; Scienta Scientific bei Kauf von Envinet; Stadtwerke Heidenheim bei Kauf des Solarparks Stopfenheim; OHE bei Verkauf des Schieneninfrastrukturbetriebs; ChyronHego bei Kauf der Wetterdatensparte von DTN; T.A. Cook bei Verkauf an Accenture; ConBrio bei Verkauf der Europin-Gruppe; Core SE bei Verkauf an Epam Systems; Cornerstone bei Verkauf von Eltec Electronik; Hermann Wendelstadt bei gepl. Kauf eines Holzhandelunternehmens.

HENGELER MUELLER
M&A ★★★★★
Bewertung: Die renommierte M&A-Praxis von HM gehört seit Jahren zur Marktspitze. Sie wird etwa von börsennot. Konzernen wie Siemens, Bayer u. Adidas für umfangr. Spartenverkäufe mandatiert. Dabei steht neben den erfahrenen Partnern auch die nächste Generation um Wiegand, Möritz u. Ulbrich inzw. regelm. als ww. Koordinatoren in der ersten Reihe u. steuert auch Teams aus dem Best-Friends-Netzwerk. Die immense Transaktionserfahrung gepaart mit marktführendem Know-how der gesellschafts-, kapitalmarkt- u. steuerrechtl. Praxen setzte HM zuletzt auch mit einem generationenübergr. Tandem aus Ziegenhain u. Illhardt geschickt ein, um für Amira/Life Science Holding über eine Erbengemeinschaft eine indirekte Beteiligung an der Sartorius AG zu sichern. Dank ihrer guten Verbindungen zu zahlr. Eigentümerfamilien bilden auch weitreichende ▷Nachfolgeregelungen in diesem Umfeld einen bedeutenden Teil der Arbeit, so standen bspw. die D'dorfer Partner Paul u. Meurer an der Seite der Eigentümerfamilien Hueck und Röpke (Hella) bei €7-Mrd-Deal mit Faurecia. Die Frankfurter Partnerin Favoccia beriet Ralph Dommermuth zur Anteilsaufstockung bei United Internet. Einige internat. Strategen wie Fortum u. Glencore hingegen mandatierten HM zuletzt in Kombination mit der ▷Restrukturierungspraxis. Auch in dieser Art krisennaher Beratung sind jüngere Partner deutl. visibler geworden: so trat etwa Tasma federführend neben Kress bei der Stabilisierungstransaktion von Uniper auf. Auch wenn sich die Anzahl der ausl. Mandanten bei HM zuletzt erhöht hat, könnte angesichts der neuen geopolit. Sicherheitsarchitektur eine Ausweitung des Best-Friends-Netzwerks – z.B. nach Skandinavien – durchaus sinnvoll sein. Zum einen, um paneurop. Konsolidierungsbewegungen im Energie- oder Rohstoffhandel zu flankieren, zum anderen, um eine Alternative zur US-Orientierung einiger direkter Wettbewerber zu bieten.
Stärken: Hoch renommierte Partner, die eine Vielfalt an Spitzenmandaten, Asset-Klassen u. Transaktionsgrößen betreuen. Hoher Partnereinsatz.
Oft empfohlen: Prof. Dr. Hans-Jörg Ziegenhain („erste Wahl bei Konzern-M&A", „herausragender Trackrecord", Wettbewerber), Dr. Maximilian Schiessl („ein Kenner seines Fachs", Wettbewerber), Dr. Christof Jäckle, Dr. Matthias Hentzen, Dr. Daniela Favoccia, Dr. Emanuel Strehle, Dr. Albrecht Conrad, Dr. Joachim Rosengarten, Thomas Meurer, Dr. Bernd Wirbel, Dr. Daniel Wiegand („pragmatisch", Mandant; „fachlich herausragend", Wettbewerber), Prof. Dr. Johannes Adolff („superintelligent, rasche Auffassungsgabe, akkurate Arbeit", Mandant), Dr. Georg Frowein, Dr. Nicolas Böhm, Dr. Christian Schwandtner, Dr. Alexander Nolte („analytisch hervorragend, sehr kollegial", Wettbewerber), Dr. Georg Seyfarth („schnell, konstruktiv, angenehm", Wettbewerber), Dr. Martin Ulbrich, Dr. Daniel Möritz, Dr. Annika Clauss („Expertin für Asien-Geschäft u. sehr versiert im Private-M&A", Wettbewerber), Dr. Jens Wenzel, Elisabeth Kreuzer („sehr schnell u. präzise", Mandant)
Team: 33 Partner, 2 Counsel, 64 Associates
Schwerpunkte: Hochkarätige M&A-Arbeit, u.a. in den Branchen ▷Energie, ▷Banken u. ▷Medien. Konzentration auf dt. Bluechip-Firmen, starke internat. Verbindungen, teils über befreundete Kanzleien. Auch führend im ▷Gesellsch.recht u. personelle Überschneidung zur ▷Private-Equity-Praxis. Kernmandanten: Dax- u. MDax-Konzerne, internat. Strategen u. Finanzinvestoren, Hidden Champions in Familienhand.
Mandate: Familienaktionäre von Hella zu Verkauf der Mehrheitsbeteiligung an Faurecia; Bayer zu Verkauf des Environmental-Science-Professional-Geschäfts; Ørsted zu Anteilsverkauf an Projektgesellschaft zu Windpark Borkum Riffgrund 1 u. 3; Adidas zu Verkauf von Reebok; LBB zu Verkauf der Berlin Hyp; Amira zu indirekt. Beteiligung an Sartorius; Siemens zu Verkauf des Post- u. Paketgeschäfts der Siemens Logistics an Körber; Siemens Mobility zu Verkauf von Yunex; Singular Bank zu Kauf des span. Private-Banking-Geschäfts von UBS Europe; Hapag-Lloyd zu Kauf von NileDutch; Leoni zu Verkauf der Bereiche Industrial Solutions u. Automotive Cable Solution; Robert Bosch zu Verkauf des Vakuum- u. Hydraulikpumpengeschäfts in Italien u. China an Weifu.

HERBERT SMITH FREEHILLS
M&A ★★★
Bewertung: Mit dem Abgang des bisherigen Praxisgruppenleiters u. Managing-Partners Abel musste die Kanzlei einen herben Verlust hinnehmen, denn mit ihm verlor HSF einen äußerst visiblen Partner, der u.a. namh. Zahlungsdienstleister wie Klarna regelm. bei Deals beriet. Auf der anderen Seite gelang es der Kanzlei, sich mit einem Quereinsteiger zu verstärken, der an der Schnittstelle von M&A u. Versicherungsrecht berät, ein Segment, welches HSF zuvor nicht in dieser fachlichen Tiefe bediente. Trotz des Abgangs von Abel bleibt die Kanzlei v.a. bei grenzüberschr. Transaktionen visibel. Hier ist die Praxis im Industriesektor insbes. mit dem anerkannten M&A-Partner Becker präsent, während Nawroth regelm. bei Infrastrukturdeals in Erscheinung tritt. Ein Highlight bildete zuletzt die Beratung von Engie zum grenzüberschr. u. mrd.-schweren Verkauf ihres Tochterunternehmens Equans, bei dem ein internat. Team von HSF beriet.
Stärken: Starke asiat. Büros; Schwerpunkt bei Beratung von Industrieunternehmen.
Oft empfohlen: Dr. Sönke Becker („M&A-Beratung auf allerhöchstem Niveau", Mandant), Dr. Christoph Nawroth
Team: 4 Partner, 5 Counsel, 8 Associates
Partnerwechsel: Jan Eltzschig (von DLA Piper); Dr. Nico Abel (zu Cleary Gottlieb Steen & Hamilton)
Schwerpunkte: Regelm. Zusammenarbeit mit den Büros in Paris, London u. Asien. Fokus auf Infrastruktur, Industrie, Bank- u. Finanzdienstleistungen.
Mandate: Ardonagh Group zu Kauf von Hemsley Wynne Furlonge; CAF zu Kauf von Assets von Alstom; Engie bei Verkauf von Equans.

HEUKING KÜHN LÜER WOJTEK
M&A ★★★★
Bewertung: In der M&A-Praxis zeigen büro- u. fachübergr. zusammengesetzte Teams, wie es sie in der Kanzlei vor einigen Jahren noch seltener gab, wie gut Heuking es schafft, ihren Marktanteil bei komplexen Deals mit grenzüberschr. Bezügen auszubauen. Wie bei anderen Praxen befeuert das Investorenklima die Transaktionstätigkeit für Private-Equity-Unternehmen, doch die Größe der Praxis u. die tiefe Verwurzelung der Partner in den regionalen bzw. branchenbez. Märkten bringt die Teams in eine große Zahl an Deals, u.a. aus den Branchen Automotive, IT u. Gesundheit. Im Zshg. mit grenzüberschr. Transaktionen ist es einem jüngeren Partner zusammen mit einem Kartellrechtspartner gelungen, sich vermehrt auf die außenwirtschaftl. Aspekte zur Investitionskontrolle zu fokussieren. Auch in diesem Jahr gab es mehrere interne Partnerernennungen von Anwälten, die schon begonnen haben, im Markt ein Renommee aufzubauen. Dass die langj. Mandantin Rheinmetall einem jungen HHer Partner eine Transaktion anvertraute, unterstreicht den nachhaltigen Praxisaufbau.
Stärken: Vielfältige, branchenorientierte Transaktionspraxis; Erfahrung mit öffentl. Übernahmen; Partner gelten als unternehmerisch u. industrienah.
Oft empfohlen: Dr. Pär Johansson („verbindlich u. schnell", Wettbewerber), Boris Dürr („immer verlässlich im Deal", Wettbewerber), Dr. Andreas Urban, Dr. Mathias Schröder, Dr. Peter Ladwig, Dr. Stefan Duhnkrack, Dr. Oliver von Rosenberg, Dr. Rainer Herschlein („top Verhandler, lösungsorientiert", Mandant), Dr. Lothar Ende, Dr. Götz Karrer, Dr. Marc Scheunemann, Dr. Anne de Boer („ausgezeichnet u. schnell", Mandant), Dr. Martin Imhof („professionell u. lösungsorientiert", „gut in Verhandlungen", Wettbewerber), Dr. Oliver Böttcher („Deal extrem zielgerichtet über die Bühne gebracht, gutes Team", „sehr gute Verhandlungsergebnisse", Mandanten), Dr. Helge-Torsten Wöhlert („stets lösungsorientiert", Mandant), Kristina Schneider („schlau u. verbindlich", Wettbewerber), Dr. Florian Brombach („hat schon viel Erfahrung, tritt kollegial auf", Wettbewerber)
Team: 62 Eq.-Partner, 44 Sal.-Partner, 48 Associates, 1 of Counsel
Schwerpunkte: Transaktionsberatung v.a. für mittelständ. Unternehmen u. teils Konzerne, insbes. in den Branchen Transport u. Logistik, maritime Wirt-

M&A

schaft, Industrie (v.a. Anlagen- u. Maschinenbau), Automotive, Energie, Medien, Informationstechnologie, Insilico Technology bei Verkauf an Yokogawa Electric; Compleo Charging Solutions bei Kauf von Innogy eMobility; BHG Group bei Kauf von Gartenmöbel.de; Brentwood Industries bei Kauf eines Enexio-Geschäftsbereichs (mit tschech. Partnerkanzlei); Evora IT Solutions bei Verkauf der Mehrheit an Allgeier; Joh. Friedr. Behrens bei Verkauf des Unternehmens, inkl. ausl. Töchter; Al-Ko-Gruppe bei Verkauf der Gartentechniksparte; Gienanth Chemnitz Guss bei Verkauf; Katek bei gepl. Zukauf in Dänemark; Dt. Regional-Klinik bei Verkauf der Elbe-Jeetzel-Klinik-Gruppe; Copus Group bei Kauf von Primus Personaldienstleistungen.

HOFFMANN LIEBS
M&A ★

Bewertung: M&A-Praxis aus ▷*Düsseldorf*. Nähere Informationen finden Sie in diesem Regionalkapitel.
Team: 6 Partner, 1 Counsel, 2 Associates, 2 of Counsel
Schwerpunkte: Branchen v.a. Chemie, Metallverarbeitung, IT, Banken u. Automobilzulieferer. Regelm. kleine bis mittelgr. Deals mit China-Bezug.
Mandate: Siehe Regionalkapitel

HOGAN LOVELLS
M&A ★★★★

Bewertung: Mit starkem Dealflow u. hoher Auslastung in den Transaktionsteams hat die M&A-Praxis in ihren Branchenschwerpunkten Energie u. Versicherung die Marktführer einmal mehr herausgefordert. Sie hat zudem eine der stärksten integrierten transatlant. Praxen im Markt. Eine wichtige Entwicklung war die Art u. Weise, wie das Frankfurter Büro, das lange hinter örtl. Wettbewerbern zurückgeblieben war, nun sein Gewicht innerh. der Praxis geltend macht. Dank einer verbesserten Integration der Corporate- u. Finanzteams hat das Büro auch die Erfolgsbilanz bei öffentl. Übernahmen gestärkt (ein Highlight war hier die Begleitung von Akasol). Das verbesserte Profil im Markt hat dazu beigetragen, dass es erneut aufstrebende M&A-Partner aus anderen Kanzleien anzog. Doch abseits ihrer Kernbranchen ist HL an den bedeutendsten Transaktionen auf dem dt. Markt eher selten beteiligt, während die Gesellschaftsrechtspraxis den bemerkenswerten Erfolg des Daimler-Aufspaltungsmandats feiern kann. Auch auf dem aktuell lebhaften M&A-Markt für Wachstumsunternehmen sind andere Kanzleien deutl. stärker vertreten, obwohl HL im klass. Venture Capital durchaus eine gute Bilanz aufweist. Dies mag zum Teil auf den historischen Fehler zurückzuführen sein, das Berliner Büro vor vielen Jahren zu schließen.

Stärken: Branchenfokussierungen: ▷*Unternehmensbez. Versichererberatung*, ▷*Banken*, ▷*Gesundheit*, ▷*Energie* u. Chemie. Europaweit eng vernetzte ▷*Gesellschafts-* u. ▷*Immobiliengruppe*.
Oft empfohlen: Dr. Nikolas Zirngibl („sehr pragmatisch u. kollegial", Wettbewerber), Matthias Hirschmann („ausgezeichneter Berater für M&A", Mandant), Dr. Volker Geyrhalter, Dr. Christoph Louven („souverän u. lösungsorientiert", Mandant), Dr. Lutz Angerer, Dr. Andreas Meyer, Dr. Urszula Nartowska („hervorragende Arbeitsethik; bei schwierigen Verhandlungen ein ruhiges Auftreten", Mandant), Peter Huber („sehr kompetent u. pragmatisch", Wettbewerber), Jens Uhlendorf, Birgit Reese („sehr erfahren u. pragmatisch", Wettbewerber), Dr. Matthias Jaletzke, Dr. Alexander Rieger („fachlich 1A, starke Dealmaker-Qualitäten, ein Brückenbauer u. Teamplayer", Mandant), Dr. Jörg Herwig („hohes Tempo gepaart mit hoher Qualität", „messerscharf, kreativ", Mandanten)
Team: Corporate insges.: 22 Partner, 10 Counsel, 38 Associates
Partnerwechsel: Dr. Christoph Naumann, Dr. Torsten Rosenboom (beide von Watson Farley & Williams)
Schwerpunkte: Multijurisdiktionale Transaktionen; bes. Kompetenz in Hamburg: skand. Investitionen, Energie u. Medien; D'dorf: Versicherer u. Chemie; München: TMT u. Pharma; Frankfurt: Finanzinstitute. Auch ▷*Private Equity*.
Mandate: Akasol bei öffentl. Übernahme durch BorgWarner; Dagmar Vogt Vermögensverwaltungs bei Verkauf von IB Vogt; NRW.Bank/Nord LB bei Verkauf der Anteile an Bremer Spielcasino; UBS Asset Management bei Kauf von LüneCom; HR Group bei Kauf von Hotels der Vienna-Haus-Gruppe; Cygna Labs bei Kauf von Diamond IP; NorthC Gruppe bei Kauf von IP Exchange; Gesellschafter von Görges Natur bei Verkauf an Voff Premium Pet Food; Harry Brot bei Verkauf von Backfactory; Perkin-Elmer bei Kauf von Sirion Biotech; Selux bei Verkauf von Eutrac; Alliander bei Verkauf der Lichtsignalanlagensparte.

HONERT
M&A ★

Bewertung: M&A-Praxen in ▷*München* und ▷*Hamburg*. Nähere Informationen finden Sie in diesen Regionalkapiteln.
Team: 10 Partner, 2 Counsel, 13 Associates
Schwerpunkte: Kombinierte gesellschafts- u. steuerrechtl. Beratung großer Mittelständler u. Unternehmerfamilien, oft mit internat. Aspekten. Auch für Private-Equity-Häuser u. Fondsinitiatoren aktiv.
Mandate: Siehe Regionalkapitel.

JONES DAY
M&A ★★★★

Bewertung: Die M&A-Praxis der US-Kanzlei kam erneut bei einer Reihe von komplexen Transaktionen zum Einsatz, bei der sie ihre Stärke ausspielen konnte: die enge Zusammenarbeit mit den Büros in anderen Jurisdiktionen. Beispielhaft ist die Beratung der PTTGC Group zum Kauf von Allnex, bei der ein jüngerer Partner in Erscheinung trat, der sich am Markt zunehmend ein eigenes Profil erarbeitet. Weiterhin äußerst präsent ist Praxisgruppenleiter Rempp, der an mehreren hochkarätigen Transaktionen mitwirkte – etwa bei strateg. bedeutsamen Zukäufen von Hilti u. Plastic Omium.
Stärken: Globale Reichweite mit außergewöhnl. starker US-Praxis. Transaktionserfahrene Fusions- u. Investitionskartellrechtler.
Oft empfohlen: Ansgar Rempp, Dr. Ulrich Brauer, Adriane Sturm, Ivo Posluschny, Sandra-Christine Kamper
Team: 12 Partner, 2 Counsel, 11 Associates, 6 of Counsel
Partnerwechsel: Dr. Kerstin Henrich (zu EY Law)
Schwerpunkte: Grenzüberschr. Transaktionen, häufig mit US- u. Europa- oder Asien-Bezug (▷*Außenwirtschaftsrecht*) u. ▷*Private-Equity/Venture Capital*. Starke China-Kontakte. Auch innerdt. Tätigkeit für dt. Konzerne.
Mandate: PTTGC bei Kauf von Allnex Group; Eastman Chemical zu Verkauf von Kautschukadditivgeschäft; Hilti zu Kauf von Fieldwire; Plastic Omnium zu Kauf von Osram-Sparte; Aream Group zu Kauf von Solarparks in Spanien; Cenntro Electric Group zu Kauf von Tropos Motors Europe; Convergint Technologies zu Kauf von Keyotel; Freudenberg zu Übernahmeangebot für Low & Bonar; Lincoln Electric Holding zu Kauf von Zeman Bauelemente.

K&L GATES
M&A ★★

Bewertung: Das M&A-Team der US-Kanzlei positioniert sich zunehmend als Expertin für grenzüberschr. Transaktionen, die Hand in Hand mit den ausl. Büros der Kanzlei gesteuert werden. So ist K&L Gates dank der guten US-Anbindung regelm. für Microsoft im Einsatz. Auch bei der Arbeit für Exasol, einer Mandantin des aufstrebenden Münchner Büros, ist die gute Anbindung an die US-Büros entscheidend. Neben Techkonzernen, die auch der ▷*Venture-Capital*-Praxis der Kanzlei vertrauen, lag der Fokus zuletzt verstärkt auf Transaktionen im Gesundheitssektor: U.a. steuerte ein Team aus München für Atos den Kauf einer Klinik-Gruppe. Personelle Veränderungen ergaben sich einmal mehr im Frankfurter Büro: Dort verließ ein Partner mit Fokus auf dt.-frz. Transaktionen die Kanzlei. Insges. stehen die Zeichen indes auf Wachstum: So ernannte die Kanzlei eine Sal.-Partnerin, die u.a. für Microsoft im Einsatz war. Zudem ist die Praxis dank des 2020 hinzugekommenen Restrukturierungsteams gut für die erwarteten Distressed-Szenarien aufgestellt.
Stärken: Grenzüberschr. mittelgroße Transaktionen.
Oft empfohlen: Dr. Thomas Lappe, Dr. Martina Ortner („große Erfahrung im Aktien- u. Kapitalmarktrecht u. in grenzüberschreitenden Zusammenhängen", Wettbewerber), Dr. Franz Schaefer („sehr pragmatisch, guter wirtschaftl. Blick", Wettbewerber)
Team: 7 Partner, 4 Sal.-Partner, 1 Counsel, 6 Associates
Partnerwechsel: Klaus Banke (zu Simmons & Simmons)
Schwerpunkte: Stark internat. aufgestellte Praxis mit Fokus auf Mid-Cap-Deals.
Mandate: Atos bei Kauf der Dr.-Rosenthal-Kliniken; Microsoft bei Kauf von Kinvolk; Relief Therapeutics bei Kauf von Advinta; Sinch bei Kauf von MessengerPeople, Pathwire u. Inteliquent; Genobanken-Konsortium bei Kauf von Fincompare.

KALLAN
M&A ★

Bewertung: Die Kanzlei hat mit ihrer M&A-Beratung von schwed. Unternehmen u. Investoren ein Alleinstellungsmerkmal. So gewann das kl. Team mit Hexpol eine neue M&A-Mandantin aus dem geograf. Schwerpunktbereich Skandinavien u. war für die schwed. Lindab für einen Zukauf in Dtl. im Einsatz.
Stärken: Umf. Kenntnis schwed. Mandanten.
Team: 2 Partner, 3 Associates
Schwerpunkte: Schwed. Unternehmen/Investoren bei Transaktionen u. Investments in Deutschland.
Mandate: Global Leisure Group bei Kauf von HPS; Lindab bei Kauf von Felderer; Mimir bei Kauf des Me-

M&A

tallrecyclinggeschäfts von Metso Outotec; Hexpol bei M&A-Transaktion.

KAPELLMANN UND PARTNER
M&A ★

Bewertung: Ganz allmählich verbreitet die Kanzlei ihre regionale Präsenz im M&A-Bereich, indem der D'dorfer Praxisgruppenleiter nun auch vermehrt am HHer Standort arbeitet. Dies ermöglichte dort mehr Transaktionsbegleitung für die große Gruppe der immobilienrechtl. Stammmandanten. Etabliert ist eine solche lfd. Zusammenarbeit schon in NRW, wo Immobilien- u. M&A-Anwälte zuletzt u.a. einen Teilverkauf des ehem. RWE-Geländes in Essen abwickelten. 2021 wurde das D'dorfer Team mit einem Neuzugang von FGS ergänzt, sodass nun auch die steuerrechtl. Seite abgedeckt ist.

Oft empfohlen: Dr. Christoph Carstens („lösungsorientiert u. kreativ, ausgezeichnete M&A-Kenntnisse", Wettbewerber)

Team: 2 Eq.-Partner, 3 Sal.-Partner, 1 Associate

Schwerpunkte: Mittelgr. Transaktionen, teils mit Bezug zur ▷Immobilienpraxis, aber mit insges. breitem Spektrum. Auch ▷Gesellschaftsrecht.

Mandate: Vossloh zum Kauf der niederl. ETS; Viacare Management zu Kauf versch. Pflegeheimbetreiber; Kölbl Kruse-Gruppe zu Verkauf eines Teils der ehem. RWE-Zentrale in Essen; brit. Chemiekonzern zu dt.-rechtl. Aspekten eines Zukaufs; Bauträger zu Verkäufen bei Umstrukturierung; regionaler Investor zu Kauf einer insolventen Baumschule; Gesellschafter eines Industrieunternehmens zu Verkauf an norweg. Aktiengesellschaft.

KING & WOOD MALLESONS
M&A ★★

Bewertung: Die M&A-Praxis erfuhr über das verg. Jahr eine inhaltl. Verschiebung: Es gab viel mehr Arbeit für Finanzinvestoren (▷Private Equity), was die Kapazitäten für die andere große Säule der Kanzlei etwas reduzierte: die Beratung von Familienunternehmen bei Veräußerungen. Es gab allerdings einen konstanten Strom von Mandaten aus Fernost, auch wenn der Anteil dieser Arbeit teilweise aufgrund von Beschränkungen für Investitionen aus China zurückgegangen ist.

Stärken: Mid-Cap-Arbeit für Familienunternehmen. Auch ▷Private Equity.

Oft empfohlen: Dr. Michael Roos

Team: 8 Partner, 4 Counsel, 5 Associates

Schwerpunkte: Kleine bis mittelgr. Deals für europ., oft familiengeführte Mandanten, historisch größere Volumina v.a. für chin. Industriekonzerne. Auch Aktien-/Übernahmerecht u. ▷Private Equity.

Mandate: Beijing Automotive Group wg. Beteiligung an Mercedes-Benz u. Daimler Truck; Compo Investco bei Verkauf der Sparte Compo Consumer an Duke Street; Dawnsense bei Kauf von Sicoya; Gesellschafter von Rednet bei Beteiligung durch Converge Technology Solutions; Young Fashion Group bei Kauf von Framode.

KIRKLAND & ELLIS
M&A ★★

Bewertung: Die M&A-Praxis ist insbes. durch eine regelm. Anzahl von Portfoliotransaktionen geprägt, denn die US-Kanzlei unterhält weiterhin eine fast exklusive Fokussierung auf Private-Equity-Mandanten. War in früheren Jahren eine zu geringe Zahl von Associates ein gewisser Hemmschuh für die Praxis, haben die Anstrengungen, Mitarbeiter zu rekrutieren und zu halten, nun Früchte getragen.

Stärken: Öffentl. Übernahmen, umfangr. US-Praxis.

Oft empfohlen: Dr. Benjamin Leyendecker, Attila Oldag

Team: 3 Eq.-Partner, 4 Sal.-Partner, 15 Associates, 1 of Counsel

Schwerpunkte: V.a. Beratung von ▷Private-Equity-Mandanten (inkl. Portfoliogesellschaften).

Mandate: Carlyle Group bei öffentl. Übernahmeangebot für Schaltbau Holding; SK Capital Partners Kauf des Clariant-Pigmentgeschäfts mit Heubach Group; Adtran bei Zusammenschluss mit Adva.

KPMG LAW
M&A ★★

Bewertung: Die M&A-Praxis der Big-Four-Kanzlei ist regelm. bei Mid-Cap-Transaktionen gefragt. Dass sie inzw. im M&A-Markt Fuß gefasst hat, belegen Mandatierungen durch Unternehmen wie RHI Magnesita oder RWE. Ein Highlight war die Beratung eines namh. Logistikunternehmens bei einem Zukauf. Hier kam auch das internat. Netzwerk der Kanzlei ins Spiel. Regelm. arbeitet das dt. Team mit KPMG-Anwälten aus anderen Ländern zusammen, beispielhaft sind hier mehrere Transaktionen in Österreich. Über die Wirtschaftsprüfer ist es zudem gelungen, einen Kontakt zu Continental herzustellen. Es zeigt, dass es KPMG durchaus gelingt, über die Wirtschaftsprüfer Kontakte zu namh. Unternehmen zu knüpfen u. diesen Beratung aus einer Hand zu bieten.

Oft empfohlen: Dr. Dr. Boris Schilmar, Lars-Alexander Meixner, Dr. Daniel Kaut, Dr. Christian Nordholtz („verfügt über großes Fachwissen", Wettbewerber)

Team: 12 Eq.-Partner, 13 Sal.-Partner, 32 Associates

Schwerpunkte: V.a. mittelgr. M&A-Deals, auch mit internat. Bezug. Anwälte sind auf mehr als ein Dutzend Büros verteilt, mit M&A-Schwerpunkten in Nürnberg, D'dorf, Stuttgart.

Mandate: Namh. Logistikunternehmen zu Spartenkauf; RWE zu Verkauf von dt. u. israel. Geschäft der Belectric-Gruppe an Elevion Group; RHI Magnesita zu Liquidation u. Fusion von Konzerngesellschaften; Montagetechnikunternehmen bei Zukauf; Automobil-Logistik-Mosolf zu Verkauf von Geschäftsbetrieb; Olympia-Verlag zu Kauf von Quarter Media; Rohde & Schwarz zu Kauf von Zurich Instruments.

KSB INTAX
M&A ★

Bewertung: M&A-Praxis mit integriertem steuerrechtl. Ansatz aus ▷Niedersachsen. Nähere Informationen finden Sie in diesem Regionalkapitel.

Team: 14 Partner, plus Associates

Schwerpunkte: Beratung des Mittelstands, mittelgr. Transaktionen, Käufe u. Verkäufe im Pflegesektor. Auch Notariat.

Mandate: Siehe Regionalkapitel.

KÜMMERLEIN
M&A ★★

Bewertung: Erneut war das Jahr der M&A-Praxis von einem hohen Dealflow geprägt, der sich nicht nur aus der regelm. Arbeit für langj. Stammmandanten speist. Vielmehr hat die Transaktionspraxis auch mehrere neue Unternehmen überzeugen können – sowohl aus anderen Praxen der Kanzlei als auch durch einen positiven Auftritt auf der Gegenseite bei vorangegangenen Deals. Die stärkere Branchenfokussierung etwa auf Technologie, Gesundheit u. Energie sorgt dafür, dass das Team auch jenseits des Ruhrgebiets u. insbes. von internat. Unternehmen zunehmend mandatiert wird. Intern spiegelt die erneute Ernennung eines Corporate-Partners die gute Entwicklung der Praxis.

Stärken: Langj. Mandantenstamm v.a. im ▷Ruhrgebiet. Angesehenes Notariat.

Oft empfohlen: Dr. Sebastian Longrée, Dr. Martin Gisewski („absoluter Profi", Wettbewerber)

Team: 13 Eq.-Partner, 12 Associates

Schwerpunkte: Beratung des Mittelstands, Konzerne bei mittelgr. Transaktionen u. zunehmend Transaktionen mit Auslandsbezug. Zunehmende Vernetzung mit anderen Praxisgruppen für umf. Projektberatung.

Mandate: Xeptor Distribution Holding bei Kauf von MKCL-Gruppe; AH Holding bei 80%-Beteiligung von BHG Group; dt.-poln. Maschinenbauer bei Verkauf auch von Auslandsbeteiligungen; Fahrzeugwerke Lueg bei Beteiligung an Was-Gruppe; Chemieunternehmen bei Zukauf; Energiekonzern bei Outsourcingprojekt; lfd. Novum Capital, Opta Data, Remondis Recycling, Thyssen'sche Handelsgesellschaft, Märkische Gesundheitsholding.

LATHAM & WATKINS
M&A ★★★★★

Bewertung: Die M&A-Praxis der US-Kanzlei ist mit ihrer inhaltl. breiten Aufstellung u. einer Reihe besonders visibler Partner regelm. bei komplexen u. teils hochvol. Transaktionen gefragt. Das gilt besonders in den Sektoren Energie, Bank- u. Finanzdienstleister, Tech sowie Pharma/Healthcare. In Deals für dt. u. internat. Konzerne waren zuletzt insbes. die Partner Paschos u. Larisch sehr visibel. Beispielhaft sind hier u.a. Mandatierungen durch DB Schenker oder ZF Friedrichshafen. Nicht zuletzt wg. der etablierten Zusammenarbeit mit den L&W-Kapitalmarktrechtlern setzen Mandanten regelm. bei öffentl. Übernahmen auf die Kanzlei. So auch in diesem Jahr. Hier ist die Beratung des Aareal-Bank-Aufsichtsrats im Zshg. mit dem öffentl. Übernahmeangebot von Centerbridge u. Advent ein Beispiel. Ein weiteres Pfund, mit dem L&W bei Mandanten wuchern kann, ist die enge Zusammenarbeit im internat. Netzwerk. So berät sie regelm. dt. Mandanten bei grenzüberschr. Transaktionen im Schulterschluss mit Kanzleikollegen aus anderen Ländern. Der Trackrecord des D'dorfer Büros ist auch nach dem Abgang des 4-köpf. Partnerteams weiterhin beeindruckend, was nicht zuletzt auch auf Vorjahreszugang Gotsche zurückzuführen ist. Die Leitung der Praxisgruppe teilt er sich mittlerw. mit Paschos.

Stärken: Große Gruppe von Transaktionsanwälten, die häufig auch in Private Equity aktiv sind.

Oft empfohlen: Oliver Felsenstein, Dr. Henning Schneider, Dr. Nikolaos Paschos („macht Spaß, mit ihm zu arbeiten", Wettbewerber), Dr. Rainer Traugott, Dr. Stefan Widder („ausgesprochen kompetent u. dabei sehr kollegiales u. zielorientiertes Verhalten", Wettbewerber), Burc Hesse, Dr. Tobias Larisch („smart u. lösungsorientiert", Wettbewerber), Dr. Ingo Strauss („extrem belastbar, top Qualität", Wettbewerber), Dr. Heiko Gotsche („fachlich exzellent u. sehr angenehm in der Verhandlung", Wettbewerber)

Team: 18 Partner, 7 Counsel, 34 Associates

Schwerpunkte: Branchen: u.a. ▷Gesundheit, Finanzdienstleister, Energie, Medien. Starke ▷Private-Equity-Praxis. Gute Verbindungen zu Großkonzernen.

Mandate: Aareal Bank zu öffentl. Übernahmeangebot durch Advent u. Centerbridge; DB Schenker zu Kauf von US-Trucks; Swiss Life zu Übernahmeangebot für Aves One; ZF Friedrichshafen zu Verkauf von Anteilen an Wabco India u. Brakes India sowie gepl. Verkauf des Schaltgetriebegeschäfts; Bitly zu Kauf von Egoditor; Broadcom zu Kauf einer Ketek-Sparte; Cheplapharm zu Kauf von Produktportfolio von Bristol-Myers Squibb; DXC Technology zu Verkauf der Fondsdepotbank; Just Spices zu Verkauf an Kraft-Heinz; Körber zu Verkauf von Minderheitsbeteiligung an Lieferketten-Software-Geschäft; Gründerfamilie u. VR Equitypartner zu Verkauf von Megabad.

LEO SCHMIDT-HOLLBURG WITTE & FRANK
M&A ★

Bewertung: M&A-Praxis aus ▷Hamburg. Nähere Informationen finden Sie in diesem Regionalkapitel.
Team: 4 Eq.-Partner, 2 Counsel, 2 Associates
Schwerpunkte: Technologiegetriebene Transaktionen. Auch Management bei gr. Buy-out-Transaktionen.
Mandate: Siehe Regionalkapitel.

LINDENPARTNERS
M&A ★

Bewertung: M&A-Praxis aus ▷Berlin. Nähere Informationen finden Sie in diesem Regionalkapitel.
Team: 6 Eq.-Partner, 5 Associates
Schwerpunkte: Beratung von Fondsgesellschaften u. Mandanten aus dem Immobiliensektor.
Mandate: Siehe Regionalkapitel.

LINKLATERS
M&A ★★★★★

Bewertung: Die überragende Stellung ihrer Gesellschaftsrechtler bei Dax-Unternehmen wie VW, Porsche, Daimler u. E.on versetzt die M&A-Praxis von Linklaters grds. ebenfalls in eine starke Ausgangsposition. Bis zu einem gewissen Grad ist es eine Frage des Zufalls, ob wichtige strateg. gesellschaftsrechtl. Gestaltungen in einem M&A-Deal enden. Allerdings ist nicht zu übersehen, dass Linklaters' reiner M&A-Trackrecord im Vgl. zu ihren engsten Wettbewerbern zuletzt schwach war. Das Ausmaß des koordinierten grenzüberschr. Geschäfts ist geringer als bei Freshfields u. Clifford, u. die Kapazitäten, die die gr. gesellschaftsrechtl. Projekte binden, fehlen jüngeren Partnern, um im privaten M&A-Markt so präsent zu sein wie noch vor einigen Jahren. Außer im Versicherungsbereich ist die Branchenspezialisierung wenig ausgeprägt, u. die relativ geringe Größe der Private-Equity-Praxis trägt auch nicht dazu bei, die Aufmerksamkeit des Markts auf die Transaktionspraxis zu lenken. Auf der anderen Seite hat Pofahl seit seinem Wechsel nach HH entscheidend dazu beigetragen, die Kanzlei dort zu etablieren. So ist im Markt etwa bekannt, dass das Büro Lufthansa als Mandantin für einen gepl. Deal gewinnen konnte. Und auch Johannsen-Roths Bemühungen, eigenes, industrienahes Geschäft aufzubauen, werden von Wettbewerbern registriert. Ein vglw. schwaches Jahr ist noch keine Krise, doch sehen auch manche Linklaters-Anwälte hinsichtl. der strateg. Aufstellung offene Fragen u. nicht zuletzt Handlungsbedarf.
Stärken: Sehr starke Vernetzung von M&A u. Gesellschaftsrecht, viel Erfahrung mit öffentl. Übernahmen. Guter Trackrecord in Infrastrukturdeals.
Oft empfohlen: Dr. Ralph Wollburg („beeindruckender Trackrecord in der Industrie", Wettbewerber), Staffan Illert („extrem belastbar", Wettbewerber), Dr. Tim Johannsen-Roth, Dr. Wolfgang Krauel, Ulrich Wolff („extrem kooperativ, 24/7 aktiv", Wettbewerber), Achim Kirchfeld („beeindruckende Erfahrung u. Expertise", Wettbewerber), Dr. Ralph Drebes, Kristina Klaaßen-Kaiser („sehr kompetente Expertin", Wettbewerber), Stephan Oppenhoff, Dr. Timo Engelhardt („ganzheitl. Beratung, strateg. Prägung, zuverlässig", Wettbewerber), Mario Pofahl, Andreas Müller („richtiger Transaktionsexperte", Wettbewerber), Claudia Schneider („starke Verhandlungsführung u. sehr belastbar", Wettbewerber).
Team: 25 Partner, 13 Counsel, 76 Associates, 2 of Counsel
Partnerwechsel: Wolfgang Sturm (zu Gleiss Lutz)
Schwerpunkte: Bes. stark bei dt. Großunternehmen, auch viele Transaktionen für ausl. Investoren in Dtl.; auch ▷Insolvenz/Restrukturierung u. ▷Gesellsch.recht. Gewisser Branchenfokus auf ▷Energie, ▷Unternehmensbez. Versichererberatung, Automobil, Konsumgüter, Maschinenbau, Informationstechnologie u. Banken.
Mandate: Fresenius SE bei Beteiligung von Fresenius Kabi an mAbxience; McKesson bei Verkauf eines gr. Teils des europ. Geschäfts; HSH Portfoliomanagement bei Verkauf von Schiffskreditportfolio an Bank of America; BlackRock zu Beteiligung an Ionity; Körber bei Kauf des Post- u. Paketgeschäfts von Siemens Logistics; Stada bei Kauf eines Marken-Portfolios von Sanofi; UBS Europe bei Verkauf des span. Wealth-Management-Geschäfts; VTG bei Verkauf durch Morgan Stanley an GIP; Mondi bei Verkauf des Personal-Care-Components-Geschäfts; PricewaterhouseCoopers bei Verkauf der Global-Mobility-Sparte; Clark Germany bei Kauf von Finanzen.de; Covestro bei Kauf der Resins-Sparte von Royal DSM; Deutsche Börse bei Kauf von Kneip Communication.

LOSCHELDER
M&A ★

Bewertung: M&A-Praxis aus ▷Köln. Nähere Informationen finden Sie in diesem Regionalkapitel.
Team: 6 Eq.-Partner, 1 Sal.-Partner, 3 Associates
Schwerpunkte: Starke Mittelstandskontakte, zunehmend für Konzerne u. in grenzüberschreitenden Deals tätig. Auch starke Immobilienpraxis.
Mandate: Siehe Regionalkapitel.

LMPS VON LAER MEYER PAUL STUTTMANN
M&A ★★

Bewertung: Dem Linklaters-Spin-off ist es gelungen, eine M&A-Transaktionspraxis aufzubauen, nachdem es sich relativ schnell einen Namen für die Beratung in komplexen ▷gesellschaftsrechtl. Mandanten gemacht hat. Das Team verzeichnete zuletzt einen beachtl. Dealflow im Small- u. Mid-Cap-Segment. Besonders hervorzuheben ist die Arbeit bei Bitburger, die zuvor häufig auf größere Kanzleien setzte. Ein Mandant lobte „die exzellente u. sehr zeitnahe Beratung. Die Kanzlei ist wirtschaftl. attraktiv u. dennoch auf Top-Niveau der bekannten Großkanzleien."
Stärken: Umstrukturierung, Organhaftung
Oft empfohlen: Dr. Carl von Laer („sehr erfahren, angenehm in der Zusammenarbeit", Wettbewerber), Dr. Hubertus Stuttmann („sicherer, versierter Verhandler", Wettbewerber)
Team: 4 Eq.-Partner, 1 Sal.-Partner, 2 Associates
Schwerpunkte: Konzern-, aktien- u. kapitalmarktrechtl. Begleitung von Großunternehmen, Organberatung sowie gesellschaftsrechtl. Prozesse. Stetiger Fluss an kl. bis mittelgr. Transaktionen, inkl. Venture Capital.
Mandate: Bitburger Braugruppe bei Kauf von Crew Republic einschl. Finanzierung; Bitburger Ventures als Investorin bei Beteiligung an HelloFreshGo, Naughty Nuts, MushLabs, The Stryze Group; Gesellschafter von Smunch bei Verkauf an Delivery Hero; Medwing bei 4 Akquisitionen von dt. Personaldienstleistern.

LUPP + PARTNER
M&A ★★

Bewertung: Die Transaktionsboutique hat einen großen Schwerpunkt bei der Beratung von Private-Equity-Deals, doch generiert sie an sich schon erhebl. Mengen an Portfolio-M&A-Arbeit. Zudem ist Schrader größtenteils für eine Reihe an mittelgr. Unternehmen tätig u. hat mit seiner großen Erfahrung für einen beeindruckenden Dealflow gesorgt. Die Beratung beim Verkauf von Engel & Völkers war ein Coup, weil die Kanzlei hier beweisen konnte, dass sie in der Lage ist, anspruchsvolle Bieterverfahren zu organisieren. Inhaltlich ist ein gewisser Technologieschwerpunkt auszumachen, doch ist L&P heute auf einem breiteren Gebiet tätig als noch vor einigen Jahren.
Oft empfohlen: Dr. Nikolaus Schrader („liefert immer sehr hohe Qualität", Wettbewerber), Dr. Matthias Lupp („perfekte Beratung", „exzellenter Gesellschaftsrechtler, sehr angenehmer Teamplayer", Mandanten), Dr. Nis Carstens („hervorragender Gesellschaftsrechtler", Wettbewerber), Christopher Kellett, Dr. Stefan Jörgens („durchsetzungsstark, tiefe Marktkenntnis", Wettbewerber), Dr. Kerstin Kopp, Ksenia Ilina („arbeitet sehr gut im Team", „hohe interkulturelle Kompetenz", Wettbewerber).
Team: 10 Eq.-Partner, 2 Sal.-Partner, 6 Counsel, 19 Associates
Partnerwechsel: Dr. Dirk Reidenbach (von Flick Gocke Schaumburg)
Schwerpunkte: Zum gr. Teil mittelgr. Deals. Stark in ▷Private Equity.
Mandate: Gesellschafter von Engel & Völkers bei Verkauf einer Mehrheit an Permira; NEC OncoImmunity bei Kauf des Neoantigen-Programms von Vaximm-Gruppe; S Nation Media/Christian Seifert bei Gründung der S Nation Media und Beteiligung durch Axel Springer; Tricor Packaging bei Kauf von Thimm Packaging; Deloro Group bei Kauf von Deloro Wear Solutions; Walberg Urban Electrics bei Investition von Demeter; Frank Otto bei Verkauf einer Mehrheit an CannaCare; TÜV Süd bei Transaktionen.

LUTHER
M&A ★★★

Bewertung: Die große M&A-Praxis berät Deals in einem breiten Branchenspektrum. Die langj. Mandantin Douglas etwa begleitete ein gr. Team beim Einstieg ins Apothekengeschäft. Luther beriet auch E.on erneut bei einigen Zukäufen u. Bormann u. Kuhnle konnten sich mit der guten Reputation im Energiesektor auch auf der Beraterliste von EnBW platzieren. Mit steigendem Volumen u. zunehmender Komplexität von Deals hat die Praxisleitung die standortübergr. Zusammenarbeit u. Auslastung stärker als bislang forciert. Ein signifikanter Schritt, um die internat. Arbeit noch stärker zu ent-

M&A

wickeln, ist zudem der Schulterschluss mit Partnerkanzleien im neuen Netzwerk Unyer. Vom Frankfurter Team ausgehend hat es hier auch bereits erste gemeinsame Deals gegeben.
Stärken: Starke Wurzeln in allen Regionen Dtl.; viel grenzüberschr. Erfahrung. Transaktionen im Krankenhaus- u. Energiesektor (▷Gesundheit, ▷Energie).
Oft empfohlen: Dr. Thomas Kuhnle, Dr. Michael Bormann („profunde u. zugleich pragmat. Beratung, Fokus auf wirtschaftl. Belangen des Mandanten", Mandant), Dr. Andreas Kloyer („hat viel Erfahrung im internat. Kontext", Wettbewerber), Dr. Andreas Blunk, Dr. Thomas Halberkamp, Dr. Ulrich Philippi, Philipp Dietz, Dr. Klaus Schaffner
Team: 31 Partner, 7 Counsel, 30 Associates, 1 of Counsel
Schwerpunkte: Branchenerfahrung im ▷Energie- bzw. ▷Gesundheitssektor. Teils auch für Private-Equity-Fonds. Eingespielte Zusammenarbeit mit den Fachbereichen ▷Gesellsch.recht, ▷Vertrieb u. ▷Arbeitsrecht. Auf internat. Ebene gute Zusammenarbeit mit eigenen Auslandsbüros (insbes. Singapur u. Luxemburg) u. mit Kooperationskanzleien.
Mandate: Douglas zu Kauf von Disapo; Al Seer Marine als Bieter für Genting-Werften; E.on, u.a. bei Mehrheitsbeteiligung an GridX u. Kauf von Envelio; Landkreis Oberspreewald-Lausitz bei Verkauf von 51% an Klinikum Niederlausitz; Matthews (US) bei Kauf von Olbrich u. R&S Automotive; Erma First bei Carve-out u. Kauf von Meerwasseraufbereitungsspezialistin; Aurelius Equity Opportunities bei Kauf von Hüppe-Anteilen; Gauselmann bei Kauf von Westspiel; 5N Plus bei Umfang. Due Diligence im Bereich Raumfahrt; Eneco bei Kauf von Nordgröön; Fam. Harder bei Verkauf von Harder-online u. Packon, inkl. grenzüberschr. Vorstrukturierung; Knorr Bremse zu Einstieg bei Autobrains Technologies; Mehiläinen zu Kauf von Dalberg Klinik; Vorwerk zu Verkauf von Hectas.

MAYER BROWN
M&A ★★★
Bewertung: Die M&A-Praxis der US-Kanzlei kommt sowohl bei strateg. Deals als auch bei Add-on-Transaktionen für Portfoliounternehmen von Private-Equity-Häusern zum Einsatz. Ein Bsp. für die enge grenzüberschr. Zusammenarbeit innerh. der Kanzlei ist bspw. die langj. Mandantin Lear Corp., die beim Kauf einer Kongsberg-Automotive-Sparte auf ein MB-Team setzte. Die Steuerung des Deals erfolgte durch Partner aus Ffm. u. London. Ein Bereich, in dem MB ebenfalls punkten kann, ist der Restrukturierungssektor, wo einige Distressed-Deals das Jahr prägten, z.B. Ante Holz beim Kauf aller Vermögenswerte am Holzwerk Rötenbach. Mit dem Wechsel von Robles y Zepf konnte MB zudem einen Partner für die Praxisgruppe gewinnen, der über gute Verbindungen zu seinem ehem. Arbeitgeber BASF verfügt.
Stärken: Ww. Netzwerk mit eigenen Büros in Asien.
Oft empfohlen: Dr. Julian Lemor („arbeitet lösungsorientiert", Wettbewerber), Dr. Marco Wilhelm (v.a. Distressed M&A), Carsten Flaßhoff („kompetent, genau u. fair", Wettbewerber)
Team: 8 Partner, 5 Counsel, 8 Associates
Partnerwechsel: Carlos Robles y Zepf (von DLA Piper)
Schwerpunkte: Mittelgr. Deals für Konzerne u. gr. Mittelständler, internat. v.a. industrielle Mandanten bei Investitionen im dt. Markt. Add-on-Akquisitionen für ▷Private-Equity-gehaltene Firmen. Auch ▷Insolvenz/Restrukturierung.

Mandate: Ante-Holz zu Kauf der Vermögenswerte von Holzwerk Rötenbach; Aptos zu Verkauf von Lieferkettenmanagementsparte; Akquinet zu Kauf von Rechenzentrum; Dow im Zshg. mit Einstieg in LNG-Terminal in Stade; Indus Holding zu Verkauf der Anteile an Wisauplast; Lear Corp. zu Kauf einer Kongsberg-Sparte; Senator International Spedition zu Verkauf einer Sparte; Patrick Theobald zu Verkauf der Anteile an Theobald Software; Norres/Triton zu Kauf der Baggermann-Gruppe; Turck Duotec Holding zu Verkauf von TSL-Escha.

MCDERMOTT WILL & EMERY
M&A ★★★★
Bewertung: Die M&A-Praxis von MWE kommt regelm. bei Transaktionen für Family Offices u. mittelständ. Unternehmen aus Dtl. zum Einsatz, wird aber auch bei internat. Unternehmen sowie Dax- u. MDax-Konzernen immer gefragter, u.a. bei Merck. Neben dem Immobiliensektor stehen insbes. Deals aus den Branchen Healthcare/Lifescience, TMT, Lebensmittel u. Transport im Fokus. Beispielhaft ist hier die grenzüberschr. Beratung von Nagel Logistik zum Verkauf des brit. Geschäfts. Aber auch abseits der genannten Branchen ist MWE visibel, so u.a. bei Deals im Energiesektor, z.B. beim Kauf von RES Méditerranée SAS durch Hanwha Solutions, bei dem sie auf Käuferseite stand. Hier arbeitete das Team eng mit Anwälten aus ausl. MWE- Büros zusammen u. konnte den Mandanten so eine grenzüberschr. Beratung aus einer Hand bieten. Personell verstärkte sich die Praxis durch 2 Counsel-Zugänge u. ernannte 4 Partner aus den eigenen Reihen, die bereits im Markt visibel geworden sind.
Stärken: Starker Immobilienschwerpunkt in D'dorf, Gesundheitsschwerpunkt in München.
Oft empfohlen: Dr. Norbert Schulte („professionell u. versiert", Wettbewerber), Christian von Sydow, Dr. Stephan Rau („großes Verständnis für unternehmerische Belange", Wettbewerber), Dr. Carsten Böhm, Dr. Nikolaus von Jacobs, Dr. Michael Cziesla, Dr. Jan Hückel („sehr pragmatisch", Wettbewerber)
Team: 20 Partner, 4 Counsel, 18 Associates, 1 of Counsel
Partnerwechsel: Rolf Hünermann (von Reed Smith)
Schwerpunkte: Branchenfokussierung v.a. in ▷Gesundheit, Medien u. ▷Immobilien. Auch ▷Private Equ. u. Vent. Capital.
Mandate: Hanwha Solutions zu Kauf von RES Méditerranée; Mainova zu Kauf von Mehrheitsbeteiligung an Mobiheat; Intersnack zu Kauf der ausstehenden Anteile an austral.-neuseel. Kartoffelchipshersteller u. zu Auflösung von Joint Venture; Merck zu Kauf von Exelead; Nagel Logistik zu Verkauf des brit. Geschäfts; Atruvia zu Verkauf von Beteiligung an GBS Gesellschaft für Banksysteme u. zu Beteiligung an Yes.com; Bartec zu Verkauf von Geschäftsbereich an Remondis; Centric Health zu Kauf von Hausarztpraxen; Doktor.de zu Kauf von Praxis-Klinik Bergedorf.

MENOLD BEZLER
M&A ★★
Bewertung: Die M&A-Praxis wird im südtt. Raum v.a. von mittelständ. Unternehmen mandatiert. Das von Cutura geführte Team regelte etwa die Unternehmensnachfolge bei Jacob Elektronik über einen MBO u. beriet die Ärzte, die ihr Radioonkologienetzwerk zukünftig mit Summit Partners führen. Dass auch internat. Strategen auf das Transaktionsteam setzen – wie etwa Saubermacher (Österreich),

Model Holding u. Metall Zug (beide CH) – wird vom hiesigen Markt kaum wahrgenommen. Diese börsennot. Mandanten schätzen das Stuttgarter Team nicht zuletzt für aktien- u. kapitalmarktrechtl. Kompetenz. Da andere multidiszipl. Einheiten im Südwesten ihre Position ausbauen, wie etwa Rödl u. Flick Gocke, sollte Menold den Mittelbau der Transaktionspraxis stärken, um schlagkräftiger zu werden.
Stärken: Zeitkritische Transaktionen. Gute Verzahnung mit den Steuerberatern u. Wirtschaftsprüfern.
Oft empfohlen: Dr. Michael Oltmanns („fachlich brillant, klarer Blick für zentrale Fragen", Wettbewerber), Vladimir Cutura („sehr versiert, kooperativ", Wettbewerber), Dr. Karsten Gschwandtner, Jens Schmelt, Jost Rudersdorf („sehr guter Jurist u. ein versierter Mittelstandsberater", Wettbewerber)
Team: 8 Eq.-Partner, 3 Sal.-Partner, 7 Associates
Partnerwechsel: Felix Rebel (zu Grub Brugger)
Schwerpunkte: Beratung des mittleren bis gehobenen Mittelstands. Auch Führungskräfte u. Gründer (inkl. MBOs). Multidiszipl. Beratung mit StB u. WP. Immobilien- u. Kapitalmarktkompetenz.
Mandate: Cenit zu Kauf von ISR Information Products; Management der Jacob Elektronik zu Management-Buy-out; Model Holding zu Kauf von Stora Enso Sachsen; Gründer von Radioonkologienetzwerk zu Re-Investment; Philipp Neuffer zu Anteilsverkauf von Latour (Neuffer Fenster + Türen) an IFN; Gründer zu Verkauf von The Quality Group an CVC Capital Partners; Oskar Frech zu Kauf von ZPF aus Insolvenz; Greidenweis Maschinenbau zu Verkauf von Chiron Group; Sanitätshaus Weinman zu Kauf von Emil Jud; Haag-Streit-Gruppe bei Verkauf von Ipro; Gardena bei Kauf des Firmensitzes; Klafs zu Mehrheitsbeteiligung an Guncast; Saubermacher zu Beteiligung an GRS Gemeins. Rücknahmesystem Servicegesellschaft.

METIS
M&A ★
Bewertung: M&A-Praxis aus ▷Frankfurt. Nähere Informationen finden Sie in diesem Regionalkapitel.
Team: 5 Partner, 1 Counsel, 4 Associates
Schwerpunkte: Umf. Begleitung von kleineren bis Mid-Cap-Transaktionen.
Mandate: Siehe Regionalkapitel.

MILBANK
M&A ★★★★
Bewertung: Die M&A-Praxis ist mit dem Weggang eines der Gründungspartner von Milbanks dt. Präsenz in eine neue Ära eingetreten. Der Schwerpunkt liegt nach wie vor auf Private Equity. Zu beobachten ist eine langsame Abkehr von der Beratung trad. dt. Industrieunternehmen, an deren Stelle Wachstumsunternehmen, oft mit starkem technologischem Bezug, treten. Ein Aushängeschild der Praxis bleibt Rieger, der seit Jahren als einer der angesehensten M&A-Anwälte auf dem Markt betrachtet wird. Die M&A-Arbeit wird fast ausschl. hierzulande generiert. Daher ist die Marktpräsenz von jüngeren Partnern wie Erhardt u. Heim bes. beeindruckend, gerade weil sie ohne Verweismandate aus dem Netzwerk zustande kam. Gerade Letzterer gilt als einer der aufstrebenden M&A-Stars in München.
Stärken: Viel Erfahrung mit nichtöffentl. M&A u. öffentl. Übernahmen.
Oft empfohlen: Dr. Norbert Rieger („höchste fachl. Kompetenz gepaart mit übergreifendem wirt-

schaftl. Verständnis", Mandant), Dr. Steffen Oppenländer, Dr. Martin Erhardt („sehr breites Fachwissen, sehr professionell", Wettbewerber), Dr. Michael Bernhardt, Dr. Sebastian Heim („äußerst scharfsinnig", Wettbewerber), Markus Muhs, Dr. Christoph Rothenfußer (öffentl. M&A)
Team: 9 Partner, 2 Counsel, 22 Associates
Partnerwechsel: Dr. Peter Nussbaum (zu Verwaltung des fürstlichen Vermögens Liechtenstein)
Schwerpunkte: Internat. u. dt. Mandanten in mittelgr. bis Big-Ticket-Transaktionen. Auch viele ▷Private-Equity-Deals. Eingespielte Kooperation mit den hauseigenen Steuer- u. ▷Kartellrechtspraxen.
Mandate: Kaefer bei Verkauf von 50% an Altor/SMS; United Internet bei Investition in Uberall; Sartorius bei Kauf einer Mehrheit an CellGenix durch Sartorius Stedim Biotech; Kalera bei Kauf von &Ever; Heubach bei Kauf (mit SK Capital Partners) des Pigmentgeschäfts von Clariant; Isys Medizintechnik bei Beteiligung von Hillhouse Capital an Interventional Systems; LGT bei Beteiligung an LIQID Investments.

MORGAN LEWIS & BOCKIUS
M&A ★

Bewertung: In ▷Frankfurt ansässige M&A-Praxis. Nähere Informationen finden Sie in diesem Regionalkapitel.
Team: 4 Partner, 1 Counsel, 4 Associates, 1 of Counsel
Schwerpunkte: Begleitung mittelgroßer, teils großer Transaktionen aus den Branchen Chemie, Gesundheit, Technologie, oft mit US-Schwerpunkt.
Mandate: Siehe Regionalkapitel.

MORRISON & FOERSTER
M&A ★★

Bewertung: Die Berliner M&A-Praxis ist eng mit dem internat. Netzwerk der US-Kanzlei verdrahtet u. bestens für die Begleitung grenzüberschr. Transaktionen aufgestellt. So steuerte ein Team aus Berlin u. Hongkong gemeinsam für einen Zahlungsdienstleister aus Singapur die Übernahme durch das Fintech PPro. Passend zum Fokus der Gesamtkanzlei steht die Arbeit für Techunternehmen im Vordergrund. Daneben berät das Team aber auch dt. Transaktionen, wie das Mandat für die Enercity-Tochter Wallbe zeigt. Die gute Vernetzung der Anwälte in der Film- u. Entertainmentbranche bescherte dem Team etliche Transaktionseinsätze in diesem Sektor, u.a. für den gr. frz. Fernsehsender TF1. Um einen noch größeren Fußabdruck zu hinterlassen, müsste die Kanzlei ihr vglw. kl. Team weiter ausbauen.
Stärken: Fokus auf technologiegetriebenen Transaktionen, häufig grenzüberschr., gutes Netzwerk in die USA u. Asien.
Oft empfohlen: Dr. Christoph Wagner, Dr. Jörg Meißner, Dr. Dirk Besse („auf den Punkt, mitdenkend, Blick für die Belange des Unternehmens", Mandant)
Team: 3 Partner, 2 Counsel, 7 Associates
Schwerpunkte: Internat. aufgestellte Praxis mit Fokus auf Technologieunternehmen. Viel Erfahrung in der ▷Medien-, auch IT-Branche.
Mandate: Alpha Fintech bei Kauf durch PPro; Enercity/Wallbe bei Kauf durch Compleo Charging Solutions; Medios bei Kauf von NewCo Pharma; Perconex bei Kauf von Flex Suisse; TF1 bei Mehrheitsbeteiligung an Flare Film; Vita34 bei öffentl. Übernahme von PBKM.

NOERR
M&A ★★★★

Bewertung: Erneut kann die M&A-Praxis eine beträchtl. Anzahl von Deals vorweisen, bei denen es sich sowohl um strateg. als auch um Add-On-Transaktionen um Private-Equity-Fonds handelt. Bei den größtenteils grenzüberschr. Transaktionen übernehmen Noerr-Teams regelm. die Koordination von teils großvol. Projekten über versch. Länder hinweg, so z.B. bei der Beratung von Befesa bei einem $624 Mio teuren Zukauf in den USA. Die Mandantenbasis der Kanzlei ist breit u. umfasst neben bekannten Unternehmen wie HelloFresh oder A.T.U. mehrere im Dax bzw. MDax gelistete Konzerne, darunter die Deutsche Telekom. Zu dieser Entwicklung trug auch der Zugang der 4 Latham-Partner im verg. Jahr bei, die Beziehungen zu weiteren namh. Konzernen mitbrachten. Eine Stärke der Praxis ist die enge verzahnte Zusammenarbeit mit den Regulierungsexperten, weshalb Noerr bei Deals in regulierten Branchen, wie z.B. Gesundheit, bestens positioniert ist. Zudem verfügt sie über ein renommiertes Insolvenz- u. Restrukturierungsteam, das bei Distressed-Transaktionen im Schulterschluss mit der M&A-Praxis agiert u. die Kanzlei in diesem Segment zu einem Marktführer macht. An der Spitze der Praxisgruppe setzt Noerr in Zukunft auf ein Duo bestehend aus Hirsch u. Daghles.
Stärken: Erfolgr. Branchenfokussierung, etwa im Bereich Technologie, Regulierte Industrien u. ▷Immobilien. Auch starke ▷Insolvenz-/Restrukturierungspraxis u. daher Distressed-M&A-Praxis.
Oft empfohlen: Dr. Alexander Ritvay, Prof. Dr. Christian Pleister („harter u. versierter Verhandler", Wettbewerber), Dr. Harald Selzner, Dr. Alexander Hirsch („hohe Fachkompetenz, durchsetzungsstark", Mandant), Dr. Holger Alfes, Dr. Thomas Hoffmann („hohe fachliche u. strategische Kompetenz", Wettbewerber), Dr. Thorsten Reinhard, Dr. Sascha Leske („brillanter Anwalt, clever, umsichtig u. vielseitig", Wettbewerber), Dr. Gerald Reger, Dr. Martin Neuhaus, Dr. Natalie Daghles („sehr gute u. praxisnahe Lösungen", Mandant), Dr. Volker Land („erfahren u. fachlich sehr kompetent", Wettbewerber), Dr. Thomas Schulz, Dr. Florian Becker, Dr. Michael Brellochs (öffentl. Übernahmen), Dr. Jens Liese
Team: Corporate insges.: 36 Eq.-Partner, 18 Sal.-Partner, 1 Counsel, 37 Associates
Partnerwechsel: Dr. Falk Osterloh (zu Intersoh-Gruppe), Dr. Andrea Zwarg (zu KPMG AG)
Schwerpunkte: Branchen: Automotive, Chemie, ▷Medien, ▷IT, Dienstleistungen u. ▷Energie, ▷Gesundheit. Ausgezeichnete Verbindungen zu Insolvenzverwaltern.
Mandate: Westron Group zu Kauf der Mehrheit an Allgaier; SAF-Holland zu Übernahmeangebot für Haldex; Befesa zu Kauf von American Zinc Recycling; Cerner zu Kauf der Kantar-Health-Sparte; Dt. Telekom zu Verkauf von Beteiligung an Glasfasergemeinschaftsunternehmen inkl. Joint Venture; Omnicom zu Kauf von Agenturgruppe Antoni; Open Grid Europe im Zshg. mit gepl. Kauf von Thyssengas; Schwarz-Gruppe/PreZero zu Kauf von Ferrovial Entsorgungssparte in Spanien u. Portugal; A.T.U. zu Verkauf von dt. Autoglasgeschäft inkl. gepl. Koop. mit Carglass; Helios zu Verkauf der DRK Kliniken Nordhessen aus der Insolvenz; HelloFresh zu Einstieg bei Chefmarket; Wirecard Insolvenzverwalter zu Verkauf der Tochtergesellschaften auf den Philippinen, in Hongkong, Malaysia u. Thailand.

NORTON ROSE FULBRIGHT
M&A ★★★

Bewertung: Das M&A-Team der Kanzlei berät entlang der Industrieschwerpunkte Energie, Lifescience u. Technologie. In ihrem Kerngeschäft zu erneuerbaren Energien vertrauten bspw. Brookfield bei einer Fotovoltaiktransaktion oder Meag beim Kauf von Windparks auf das Münchner Team um Bader. Ein großer Erfolg für das Team um Henkel ist die Mandatierung von Autoscout24 für deren Portfoliotransaktionen, u.a. tätigte NRF für diese einen Zukauf in den Niederlanden. Insges. stehen die Zeichen deutlich auf Expansion: Mit Prüßner, Schweneke u. Findeisen stießen 3 erfahrene M&A-Partner zur Kanzlei. Letzterer eröffnete für NRF - gemeinsam mit einer Counsel von Allen & Overy - ein Büro in D'dorf. Und auch in HH bzw. Ffm. kam Verstärkung: Dort stießen 2 Counsel von Milbank bzw. Latham hinzu, die auf M&A, aber auch Private Equity spezialisiert sind.
Stärken: Ww. Anbindung, zunehmende Branchenspezialisierung, u.a. auf Finanzbranche, Rohstoff- u. Pharmaindustrie, ▷Verkehr/Transport u. ▷Energie.
Oft empfohlen: Frank Henkel, Dr. Katrin Stieß, Dr. Klaus Bader, Karsten Kühnle („hat ein gutes Gespür u. pragmatische Antworten, die mir bei der Entscheidungsfindung helfen", Mandant)
Team: Corporate insges.: 19 Partner, 1 Sal.-Partner, 10 Counsel, 21 Associates
Partnerwechsel: Dr. Michael Prüßner, Sven Schweneke, Dr. Maximilian Findeisen (alle von Eversheds Sutherland), Anne Fischer (von Allen & Overy)
Schwerpunkte: Mittelgr. bis gr. Transaktionen v.a. für strateg. Investoren, oft grenzüberschr. in enger Koop. mit dem ww. Standortnetz der Kanzlei (v.a. GB, Osteuropa, Kanada). In Hamburg gute Verbindungen zum örtl. Mittelstand.
Mandate: IMI bei Kauf von Bahr Modultechnik; Autoscout24 bei Kauf von Imove; Meag bei Verkauf von 16 Windparks an Q-Energy; Brookfield bei Kauf von Sunovis; Canopy Growth Corp. bei Verkaufsmandat; Dradura bei Verkauf an FMC; Modern Times Group bei Verkauf ESL Gaming an Savvy; Patrizia bei Kauf von Whitehelm Capital; Total Renewables bei Minderheitsbeteiligung an Yunlin; Wyelands/Liberty/Alvance Aluminium bei gepl. Kauf des Aluminiumwalzgeschäfts von Hydro Norsk.

OPPENHOFF & PARTNER
M&A ★★★

Bewertung: Die überwiegend mittelständ., aber stark internat. ausgerichtete M&A-Praxis begleitete Transaktionen in einer Vielzahl von Branchen u. mit Bezügen zu unterschiedl. Ländern. Dabei beeindruckte sie, indem sie auch über ihre Praxen im ▷Außenwirtschaftsrecht oder zu Digitalisierungsthemen (▷Datenschutz/IT) eine Reihe neuer Mandanten gewinnen konnte. Die Beziehungen zu div. Auslandskanzleien haben sich durch den verstärkten Dealflow weiter intensiviert. Das Frankfurter Team um Rasner u. Liebau ist nicht zuletzt wg. seiner marktführenden W&I-Praxis wichtig, die strateg. Bietern einen Wettbewerbsvorteil im Transaktionsmanagement verschaffen kann. In Köln ist Baars-Schilling nach wie vor die bekannteste Partnerin, die u.a. für die Beziehung zu Siemens steht. Neben dem sehr aktiven Seniorpartner König hat z.B. auch der junge M&A-Partner Berjasevic in den verg. Jahren eine eigene, sehr erfolgr. Inbound-M&A-Praxis aus Südeuropa aufgebaut.

M&A

Stärken: Grenzüberschr. Transaktionen, insbes. für ausl. Investoren. Kontakte zu vermögenden Industriellenfamilien.
Oft empfohlen: Myriam Baars-Schilling („Vorbild als M&A-Anwältin; starke Verhandlerin", Wettbewerber), Dr. Stephan König, Dr. Peter Etzbach, Alf Baars, Dr. Gabriele Fontane („glänzt mit ihrer Raffinesse", Mandant), Till Liebau („sympathisch u. erfahren", Wettbewerber), Dr. Markus Rasner („sehr effizient u. transaktionserfahren", Wettbewerber), Christof Gaudig, Dr. Nefail Berjasevic („sehr unternehmerischer junger Partner", Wettbewerber)
Team: Corporate insges.: 18 Eq.-Partner, 2 Sal.-Partner, 18 Associates, 2 of Counsel
Schwerpunkte: Lange Tradition in der Begleitung ausl. Investoren bei dt. Aktivitäten. Eingeübtes Netzwerk von unabhängigen ausl. Kanzleien. Zunehmend aktiv für dt. Konzerne. Auch ▷Gesellsch.recht.
Mandate: VHV Allgemeine bei Kauf von 91% von Val Piave sowie VHV Holding bei Kauf von InterEurope; Gebr. Rhodius bei Verkauf der Schleifwerkzeugesparte; Gesellschafter von Sunovis bei Verkauf von Brookfield; MXP Prime Platform bei Kauf der KW-Gruppe; Swarco bei Kauf der Dynniq-Mobility-Sparte; Compagnie de Saint-Gobain, Deutsche Post, Fraunhofer-Gesellschaft, Alten Group bei div. Transaktionen.

OPPENLÄNDER
M&A ★★

Bewertung: Das Stuttgarter M&A-Team hat bei aller Vielfalt der beratenen Transaktionen einen Branchenschwerpunkt bei Verlagen, in der Pharmaindustrie u. im Energiesektor. Darin zeigt sich das in Jahrzehnten aufgebaute Regulierungs-Know-how, für das die Kanzlei bekannt ist. Zudem setzen die M&A-Partner, die zuletzt vermehrt in gesellschaftsrechtl. Mandaten anzutreffen waren, nicht selten auf strateg. Verkäufe, um Gesellschafter- bzw. Familienstreitigkeiten aufzulösen.
Stärken: Transaktionen in regulierten Branchen.
Oft empfohlen: Dr. Rolf Leinekugel („super", Mandant), Dr. Thomas Trölitzsch, Dr. Felix Born
Team: 5 Eq.-Partner, 2 Sal.-Partner, 6 Associates
Schwerpunkte: Transaktionen von großen Mittelständlern, börsennot. Unternehmen und Family Offices, eng abgestimmt mit ▷Gesellschaftsrecht ▷Gesundheit, ▷Energie, ▷Umwelt, ▷Verkehr und Medien. Fusionskontrollerfahrene ▷Kartellrechtspraxis.
Mandate: Emil-Frey-Gruppe zu div. Zukäufen u. Post-M&A-Streit; Senec zu div. Beteiligungen; Staatsanzeiger Ba.-Wü. zu Kauf der Janes Agentur; Dr.-Güldener-Gruppe bei Zukauf; F&W Holding zu Verkauf von Franz & Wach Personalservice; Mineralplus zu Kauf von Minex.

ORRICK HERRINGTON & SUTCLIFFE
M&A ★★★

Bewertung: Besonders präsent ist die M&A-Praxis der US-Kanzlei bei grenzüberschr. Technologietransaktionen im Mid-Cap-Segment, tritt jedoch auch bei großvol. Deals in Erscheinung. Hier kommt Orrick sowohl für dt. Unternehmen zum Einsatz als auch regelm. für Unternehmen aus den USA, die ihren Weg über das internat. Netzwerk in die dt. Praxis finden. Bei derartigen Transaktionen kommt der Kanzlei ihre Erfahrung aus VC- u. Private-Equity-Transaktionen zugute, da die Übergänge bei Techdeals immer fließender werden. Auch in diesem Jahr beriet Orrick zu einer Transaktion im Energiesektor: dem Kauf der vom österr. Energieversorger gehaltenen Anteile am Kohlekraftwerk Walsum 10. Personell verstärkte sich die Praxis mit einem Sal.-Partner von Hengeler sowie 2 neuen Counseln von Dentons bzw. Linklaters.
Stärken: Einzelne angesehene Partner, die im internat. Netzwerk gut positioniert sind. Technologiesektor, v.a. dank US-Büros.
Oft empfohlen: Dr. Oliver Duys, Dr. Thomas Schmid, Dr. Christoph Brenner, Dr. Wilhelm Nolting-Hauff („sehr angenehmer Verhandler", Wettbewerber), Dr. Sven Greulich („pragmatisch u. schnell, auch bei grenzüberschr. Transaktionen", Wettbewerber; v.a. an der Schnittstelle zu Venture Capital)
Team: 8 Eq.-Partner, 6 Sal.-Partner, 5 Counsel, 14 Associates
Partnerwechsel: Benedikt Migdal (von Hengeler Mueller)
Schwerpunkte: V.a. mittelgr. Transaktionen, trad. stark grenzüberschr. aktiv. Rege Beratung auch im ▷Private Equity.
Mandate: FondsFinanz zu Verkauf der Mehrheitsanteile an Hg; Ionity zu Einstieg von BlackRock; Steag zu Kauf der EVN-Anteile an Kraftwerk Walsum 10; Uberall zu Verkauf von MomentFeed; Aptean zu Kauf von Ramsauer & Stürmer, Jet ERP u. Objective International; Cary Group zu Kauf von Mehrheitsbeteiligung an Zentrale Autoglas.

ORTH KLUTH
M&A ★★

Bewertung: Die M&A-Praxis berät einen vielfältigen Mandantenstamm aus Mittelständlern, Investoren u. börsennot. Konzernen. Gut positioniert hat sie sich in den verg. Jahren im Gesundheitswesen u. arbeitet z.B. mit Investoren beim Eintritt in den dt. Markt zusammen. Auch bei Deals im Energiesektor hat OK gr. Know-how aufgebaut, was sich etwa in der Tätigkeit für Juwi bei mehreren Windparktransaktionen zeigt. Dank seiner guten internat. Kontakte begleitet das Team regelm. Inbound-Transaktionen, zuletzt etwa einen chin. Investor beim Kauf eines dt. Holzhandels. Mandanten nutzen den Full-Service-Ansatz der Kanzlei häufig im Nachgang zu Transaktionen auch langfristig.
Stärken: Von Mandanten regelm. gelobte, kostengünstige Alternative zu Großkanzleien.
Oft empfohlen: Dr. Robert Orth, Dr. Kai-Michael König, Boris Körner
Team: 5 Eq.-Partner, 4 Sal.-Partner, 2 Associates
Schwerpunkte: Auch ▷Gesellsch.recht. Mandantenkreis neben Mittelstand u. dt./internat. Konzernen auch Finanzinvestoren.
Mandate: Gesellschafter von Bühning & Joswig bei Verkauf an Descours & Cabaud; Juwi bei div. Windparktransaktionen; MPU bei Verkauf von Geschäftsbetrieb im Rahmen der beabsichtigten Stilllegung des Unternehmens; Talis bei div. Transaktionen; chin. Investor bei Kauf von Holzhandelsgesellschaft.

OSBORNE CLARKE
M&A ★★★

Bewertung: Die M&A-Praxis ist seit einigen Jahren für ihre Transaktionsarbeit im Technologiesektor hoch angesehen. Hier kann OC mit größeren Kanzleien konkurrieren, auch wenn der Schwerpunkt der Praxis auf kl. bis mittelgr. Deals liegt. M&A-Arbeit, die aus der Venture-Capital-Praxis stammt, bleibt ebenfalls eine wichtige Quelle. Doch die Arbeit für Grifols/Biotest zeigt, dass das Team auch für komplexe Mandate außerh. dieser Bereiche beauftragt wird. Dies zeigt den Fortschritt u. die Entwicklung zu einer breiteren M&A-Praxis.
Stärken: In der Technologiebranche fest etabliert. Marktführende Venture-Capital-Praxis (▷Private Equ. u. Vent. Capital).
Oft empfohlen: Philip Meichssner, Dr. Björn Hürten („empathisch, durchsetzungsstark, fokussiert", Wettbewerber), Matthias Elser, Dr. Fabian Christoph, Nicolas Gabrysch („fachl. hervorragend, unkompliziert u. pragmatisch", Wettbewerber), Robin Eyben („lösungsorientiert, kompetent", Wettbewerber)
Team: Corporate insges.: 16 Partner, 7 Counsel, 24 Associates
Schwerpunkte: Branchenschwerpunkte in ▷IT/▷Medien, Automotive, Biotech, Energie, dank der internat. Verbindungen oft mit grenzüberschr. Aspekten. Ausgeprägte Venture-Capital-Bezüge.
Mandate: Grifols bei Kauf von Biotest inkl. öffentl. Übernahmeangebot; Appian bei Kauf von Lana Labs; Funke Mediengruppe bei Kauf von 75,1% an Musterhaus.net; Galileo Global Education bei Kauf von Akad Bildungsgesellschaft; Scout24 bei Kauf von Zenhomes; Onit bei Kauf von BusyLamp; Allgeier bei Kauf von Anteilen an It-novum; HTGF, eCapital u. Demeter bei Verkauf der Envelio-Anteile an E.on; JustETF bei Verkauf an Scalable Capital; Tech Mahindra bei Kauf von Beris Consulting; Addtech Nordic bei Kauf von ABH Stromschienen.

PAUL HASTINGS
M&A ★

Bewertung: M&A-Praxis in ▷Frankfurt. Nähere Informationen finden Sie in diesem Regionalkapitel.
Team: 3 Eq.-Partner, 1 Sal.-Partner, 1 Counsel, 6 Associates
Schwerpunkte: Internat. Transaktionspraxis mit grenzüberschr. M&A u. ▷Private Equity.
Mandate: Siehe Regionalkapitel.

PINSENT MASONS
M&A ★★★

Bewertung: Besonders visibel ist die auf Mid-Cap-Deals abonnierte M&A-Praxis der internat. Kanzlei bei grenzüberschr. Transaktionen in den Sektoren Technologie, Energie, Lifescience u. Immobilien. Hier hat sie ihr Profil über mehrere Jahre hinweg stetig geschärft. Am Markt ist PM sowohl bei klass. strateg. Transaktionen sichtbar als auch bei Deals für Portfoliounternehmen von Private-Equity-Häusern oder den Fonds selbst. Mit der Beratung eines Kfz-Zulieferers zum Verkauf einer Produktionsstätte agierte PM erneut bei einem Deal mit Automotive-Bezug, einem Sektor, in dem die Kanzlei zunehmend an Präsenz gewinnt. Die Beratung der Pacific Media Group zum Einstieg beim 1. FC Kaiserslautern fand auch in der Öffentlichkeit breite Beachtung.
Stärken: Grenzüberschreitende Transaktionen.
Oft empfohlen: Dr. Thomas Peschke
Team: 9 Partner, 2 Counsel, 11 Associates
Partnerwechsel: Eike Fietz (zu Deloitte Legal)
Schwerpunkte: Branchen: ▷IT-, Technologie- (v.a. München) u. ▷Energiesektor (D'dorf). Auch Private-Equity- u. Venture-Capital-Transaktionen.
Mandate: Pacific Media Group zu Einstieg bei 1. FC Kaiserslautern; EGV Lebensmittel für Großverbraucher zu Kauf von Bauer Frischdienst Geschäftsbetrieb; norweg. Fenster- u. Türenhersteller zu Kauf von norweg. Hersteller von Extrusionsprodukten; Biokraft Naturbrennstoffe zu Verkauf von Mehrheitsbeteiligung an Mobiheat; Canon zu Verkauf von Cognitas Gesellschaft für Technikdokumentation.

M&A

POELLATH
M&A ★★★

Bewertung: Die M&A-Praxis ist besonders präsent bei der Beratung von Verkäufen durch das Management. Hier können Mandanten von Poellaths Erfahrung aus der Private-Equity- u. Venture-Capital-Beratung profitieren, da dieses Thema dort eine noch exponiertere Stellung einnimmt. Eine signifikante Zahl der Transaktionen spielte erneut im Gesundheits- sowie Techsektor. Bsph. ist hier der Kauf von Hedwell durch Mandantin SAP Fioneer, einem Joint Venture von Dediq u. SAP. Bei dessen Gründung hatte die Kanzlei bereits Dediq beraten.
Stärken: Gute Kontakte zu Familienunternehmen. Portfoliotransaktionen für Private-Equity-Häuser.
Oft empfohlen: Dr. Matthias Bruse, Dr. Andrea von Drygalski, Jens Hörmann, Dr. Michael Inhester („viel Erfahrung u. pragmatische Herangehensweise", Wettbewerber), Dr. Frank Thiäner („pragmatisch u. sehr dealorientiert", Wettbewerber), Christian Tönies, Philipp von Braunschweig, Dr. Eva Nase (öffentl. Übernahmen)
Team: 14 Eq.-Partner, 3 Sal.-Partner, 8 Counsel, 20 Associates, 2 of Counsel
Schwerpunkte: Transaktionsbegleitung für Käufer u. Verkäufer, insbes. im ▷*Private-Equ.-u.-Vent.-Capital*-Sektor, aber auch große Privatanleger, Anteilsinhaber, institutionelle Anleger (Versicherer, Stiftungen) u. Investmentbanken. Auch ▷*Nachfolge/Vermögen/Stiftungen*.
Mandate: Vicampo Gründer zu Verkauf an Viva Wine; Release-42-Gruppe zu Verkauf an WIIT; Fire Holding zu Kauf von ABBS; Modehaus Konen zu Verkauf an Breuninger; Fact Finder zu Kauf von Loop 54; Porsche Automobil Holding zu Investition in Isar Aerospace; Management von Pumpenfabrik Wangen zu Verkauf an Silverfleet Capital; SAP Fioneer zu Kauf von Hedwell.

PPR & PARTNER PAPE RAUH
M&A ★

Bewertung: M&A-Praxis aus ▷*Düsseldorf*. Nähere Informationen finden Sie in diesem Regionalkapitel.
Team: 4 Partner, 4 Associates
Schwerpunkte: Grenzüberschreitende Transaktionen für Investoren, v.a. mit Bezügen nach Westeuropa, USA u. China. Auch regelm. für Mittelständler tätig.
Mandate: Siehe Regionalkapitel.

PRICEWATERHOUSECOOPERS LEGAL
M&A ★★

Bewertung: Die Big-Four-Gesellschaft hat im M&A-Geschäft ein breites Mandantenportfolio: Bei internat. Zukäufen verließen sich u.a. der Mittelständler Ziegler Group (in Schweden) u. der E-Roller-Anbieter Tier Mobility (USA) auf die Kanzlei. Erstmals vertraute auch ein gr. börsennotierter Konzern wie Delivery Hero bei einem beachtl. Zukauf über 20 Länder auf die globale Aufstellung. Die Rechtseinheit hat zwar noch nicht unbedingt das Renommee ihrer gr. WP-Schwester, aber sie hat die Kompetenzen aufgebaut, um für börsennot. Unternehmen strateg. M&A-Mandate im oberen Mid-Cap-Segment begleiten zu können. Mit grenzüberschr. Firmenstrukturen, aus denen die Zukäufe herausgenommen u. wieder eingebunden werden müssen, hat sie durch die gesellschaftsrechtl. Begleitung von Konzernen wie Adidas, Bayer u. SAP bei div. Carve-out-Transaktionen Erfahrung. Für einen guten Dealflow sorgen neben dem erfahrenen Partner Wacker inzw. auch jüngere Partner aus Köln, D'dorf, Berlin u. Hamburg. Ob sie langfr. die Lücke schließen können, die der langj. Kopf der Praxis Schniepp mit seinem Wechsel zu einer internat. Kanzlei hinlässt, wird sich zeigen.
Stärken: Grenzüberschreitende Deals mit weitreichender Pre- u. Post-M&A-Arbeit sowie Transaktionen im Start-up-Umfeld. Integration von Legal-Tech-Tools.
Oft empfohlen Gerhard Wacker („hervorragender Anwalt", Mandant; „absoluter Fachmann im Bereich VC und M&A", Wettbewerber)
Team: 9 Eq.-Partner, 30 Sal.-Partner, 40 Associates
Partnerwechsel: Dr. Thomas Brunn (zu Rosin Büdenbender), Dr. Steffen Schniepp (zu Eversheds).
Schwerpunkte: Transaktionen für Industriemandanten u. gehobenen Mittelstand; ▷*Nachfolgelösungen*; gute Vernetzung im Gesundheitsu.▷*Energiesektor*. Kompetenzen in ▷*Private-Equity-u.-Venture-Capital-Deals*, sowie in Distressed M&A. Transaktionen im strukturierenden ▷*Gesellschaftsrecht*.
Mandate: Delivery Hero bei Zukauf von Glovo (v.a. Due Diligence); Ardex Group bei Kauf von Wedi; Gesellschafter bei Verkauf der DS-Holding an The Social Chain; Gesellschafter zu Verkauf von Fazua-Anteilen an Porsche; Gesellschafter bei Verkauf von AHD; Gesellschafter bei Praxisverkauf an Investor; Ziegler Group bei Kauf von Greenwood Sverige; Arbonia bei Kauf von GVG Deggendorf von Saint-Gobain; Sportech Solutions/DFL bei Mehrheitsbeteiligung an Vieww; Tier Mobility zu Kauf von Spin; Panasonic i-ProSensing Solutions zu Kauf der Sales-Abteilung von Panasonic Marketing Europe; Fressnapf zu Kauf der BAF-Gruppe aus Insolvenz.

RASCHKE VON KNOBELSDORFF HEISER
M&A ★

Bewertung: M&A-Praxis aus ▷*Hamburg*. Nähere Informationen finden Sie in diesem Regionalkapitel.
Team: 5 Partner, 2 Counsel, 5 Associates, 1 of Counsel
Schwerpunkte: V.a. kleine u. mittlere M&A-Transaktionen, oft mit Bezug zu Kapitalmarktrecht u. Restrukturierungen.
Mandate: Siehe Regionalkapitel.

RAUE
M&A ★★

Bewertung: Das M&A-Team kommt dank der tiefen Verankerung der Gesamtkanzlei in regulierten Branchen wie Gesundheit u. Energie immer wieder bei Transaktionen in diesen Sektoren zum Einsatz: Das zeigt die regelm. Arbeit für Omnicare oder die Mandatierung durch Enovos Renewables. Oft fallen auch Mandate für ehem. Start-ups u. deren Gesellschafter, die sich aus der Venture-Capital-Praxis der Kanzlei ergeben, an. Das zeigt u.a. die Beratung des Unternehmens Berlin Brands Group.
Oft empfohlen: Prof. Dr. Andreas Nelle („intelligent, strukturiert, kooperativ", Wettbewerber), Dr. Jörg Jaecks, Dr. Justus Schmidt-Ott
Team: 6 Eq.-Partner, 2 Counsel, 7 Associates
Schwerpunkte: Branchen: insbes. ▷*Medien*, IT, Telekom, ▷*Energie*, ▷*Gesundheit*, ▷*Verkehr*, Dienstleistungen u. Hotels. Auch ▷*Private Equ. u. Vent. Capital*. Eigenes Netzwerk mit ausl. Sozietäten u. eingespielte Arbeit bei grenzüberschr. Deals.
Mandate: Berliner Verkehrsbetriebe bei Kauf eines Verkehrslogistikstandorts; Visualix bei Verkauf der Augmented Reality Technologie an Inpixon; Omnicare bei Kauf von div. MVZ in Dtl.; Berlin Brands Group bei Buy-and-Build-Strategie; Swiss Life bei Kauf von 2 Ärztehäusern; Enovos Renewables bei Verkauf einer Beteiligung; ital. Wachsunternehmen bei Kauf von Töchtern eines Wettbewerbers.

REDEKER SELLNER DAHS
M&A ★★

Bewertung: Die M&A-Praxis hat sich im Laufe der Jahre diversifiziert, was mit Blick auf den mittelfristigen Rückzug von Lüders eine wichtige Entwicklung ist. Die Stärke u. das Alleinstellungsmerkmal sind nach wie vor Transaktionen im Gesundheitsbereich, u.a. bei Krankenhäusern, wo das Transaktionsvolumen das Niveau marktführender Praxen erreichen kann. Dies hat RSD eine gute Ausgangsposition verschafft, um auch einige Finanzinvestoren für Deals in diesem Sektor zu gewinnen.
Stärken: Eng vernetzte Kompetenz im Öffentl. Wirtschaftsrecht.
Oft empfohlen: Dr. Jürgen Lüders
Team: 4 Eq.-Partner, 2 Counsel, 4 Associates
Schwerpunkte: Beratung öffentl. Unternehmen, gemeinnütziger Organisationen, außerdem aus den ▷*Energie*-, Banken-, Chemie-, Immobilien-, Versorgungs- u. Gesundheitsbranchen. Auch ▷*Gesellsch.recht* u. Prozessführung. Internat. Zusammenarbeit mit der US-brit. Kanzlei Womble Bond Dickinson.
Mandate: Malteser Dtl. bei Verkauf 2er Krankenhäuser; Gesellschafter einer Akademie für Fortbildungen bei Verkauf; Forschungsinstitut bei Kauf eines anderen Instituts; gr. dt. Immobilienprojektentwickler bei Verkauf div. Objekte; schwed. Investorengruppe bei gepl. Kauf einer dt. AG; 6 Mitgesellschafter eines MBO ggü. brit. Mutterkonzern; brit. Unternehmen bei Verkauf eines dt. Betriebs in der Leiterplattenindustrie.

REED SMITH
M&A ★★

Bewertung: Die M&A-Praxis verteilt sich auf Ffm. u. München, u. ist als solche im Kontext des riesigen internat. Netzwerks relativ klein. Das Team begleitet einen konstanten Strom an grenzüberschr. Arbeit, deren Highlight in diesem Jahr in einem riesigen Shipping-NPL-Deal lag. Hier kam die internat. Kompetenz der Kanzlei in dieser Branche zum Tragen. Insbes. bei de Sousa gibt es zudem Anzeichen dafür, dass die dt. M&A-Praxis zunehmend bei Technologie- u. Healthcare-Transaktionen Fuß fasst. Der Verlust von Hirschmann in München u. Hünermann in Ffm. war jedoch ein Rückschlag für den Aufbau.
Oft empfohlen: Dr. Octávio de Sousa
Team: 4 Partner, 1 Counsel, 5 Associates
Partnerwechsel: Florian Hirschmann (zu Goodwin Procter), Rolf Hünermann (zu McDermott Will & Emery)
Schwerpunkte: Strateg. M&A mit mittelgr. Volumen, oft für Mandanten aus dem internat. Netzwerk; Private Equity und Venture Capital, Patentrecht, Bankrecht, Immobilienrecht, Konfliktlösung.
Mandate: Bank of America u. David Kempner bei Kauf eines gr. Schiffskreditportfolios von HSH Portfoliomanagement; Applus-Gruppe bei Kauf der IMA-Gruppe; Curtiss-Wright bei Verkauf von CWFC-Phönix-Gruppe an Liberta Partners; Epam bei Kauf von Core; L3Harris bei Verkauf von Harris Orthogon.

JUVE STEUERMARKT
Aktuell. Exklusiv. Unabhängig.

Aktuelle Nachrichten und
Marktberichterstattung auf
juve-steuermarkt.de

Marktberichterstattung für Steuerexperten

Rankings, Analysen, Kennzahlen

Meldungen aus Beratungsfirmen und Steuerabteilungen

Managementtrends, Ausbildungs- und Karrierethemen

Vier jährliche Sonderausgaben:

JUVE HANDBUCH STEUERN
Im Überblick: Die führenden steuerlichen Berater Deutschlands

JUVE INHOUSE STEUERN
Die Ergebnisse der großen JUVE-Umfrage unter Inhouse-Abteilungen

JUVE KARRIERE STEUERN
Die jährliche JUVE-Umfrage unter Steuerexperten: Was ihnen bei der Karriere wichtig ist

JUVE UMSÄTZE STEUERN
Die Analyse der wichtigsten Finanzkennzahlen der größten deutschen Steuerberatungseinheiten

RENZENBRINK & PARTNER
M&A ★★★

Bewertung: Das ▷Hamburger M&A-Team hat einen sehr guten Ruf für Qualität u. Transaktionsmanagement. Die Private-Equity-Praxis bringt regelm. Portfoliodeals u. Exits, doch hat Renzenbrink auch Kontakte zu namh. Familienunternehmen, was eine konstante Auslastung bringt. Die M&A-Transaktionen erstrecken sich über eine Reihe von Branchen, sodass die Praxis relativ opportunistisch wirkt. Der Erfolg der jüngeren Partner zeigt, dass die Sozietät nicht mehr allzu sehr vom Namenspartner abhängig ist. Ein nächster Schritt wären künftig klare Schwerpunkte u. Spezialisierungen der einzelnen Partner.
Oft empfohlen: Dr. Ulf Renzenbrink („exzellenter Jurist und hervorragender Verhandler mit wirtschaftl. Gespür", Wettbewerber), Dr. Andreas Stoll, Dr. Dennis Schlottmann („sehr gut u. souverän", Wettbewerber).
Team: 4 Eq.-Partner, 1 Sal.-Partner, 4 Associates
Schwerpunkte: Große Bandbreite an Transaktionen, oft mit internat. Bezug. Zudem lfd. Beratung im ▷Gesellschaftsrecht, Prozessführung u. Steuern. Auch in ▷Private-Equity-u.-Venture-Capital-Deals tätig.
Mandate: Fam. von Allwörden bei Verkauf der Mehrheit an von Allwörden-Bäckereigruppe an Edeka; Friedrich & Wagner bei Verkauf von In-tech; Gesellschafter bei Verkauf von Gpi Green Partners an Evergreen Garden; Management von Engel & Völkers bei Verkauf an Permira; Gesellschafter der Fair-Doctors-Gruppe bei Verkauf an Finanzinvestor; Konrad Jerusalem bei Verkauf von Anteilen an Argentus; Equipe Germany bei Verkauf an Summit Partners; Maja Vermögensverwaltung bei Verkauf von Beteiligung an FC Augsburg; McWin bei Kauf von Dean-&-David-Anteilen.

RITTERSHAUS
M&A ★★

Bewertung: Die M&A-Praxis ist bekannt für die Beratung von CureVac u. Heidelberg Pharma, die v.a. vom Mannheimer Haupthaus geleitet wird. Daneben baut die Mittelstandskanzlei aber kontinuierl. das grenzüberschr. M&A-Geschäft aus: Während ein Frankfurter Partner die frz. Kanzlei Malt beim Kauf des Berliner Freelancer-Marktplatzes Comatch beriet, unterstützte eine erfahrene Partnerin den in München angesiedelten Italien-Desk um Magers, als dieser Verhandlungen für ein südeurop. Infrastrukturunternehmen führte. Nachdem sie im Herbst 2021 ein gr. immobilien-, energie- u. vergaberechtl. Team von Arnecke Sibeth Dabelstein gewann, konnte Rittershaus auch bei Transaktionen im Immobilien- u. Energiesektor visibler werden, etwa an der Seite von GRR Real Estate oder der Projektentwicklerin WindEV.
Stärken: Umfangr. Erfahrung in der Lifescience-Branche. Kompetenzen im Marken- u. Patentrecht sowie im Immobiliensektor. Starke ▷Nachfolgepraxis u. anerkanntes ▷Gesellschaftsrechtsteam.
Oft empfohlen: Verena Eisenlohr („kluge, durchsetzungsfähige Anwältin", Wettbewerber), Marc Hauser, Dr. Matthias Uhl („lösungsorientiert u. pragmatisch", Wettbewerber), Dr. Patrick Certa („kooperativ, lösungsorientiert", Wettbewerber), Dr. Markus Bauer, Dr. Kirsten Girnth
Team: 16 Eq.-Partner, 1 Sal.-Partner, 11 Associates
Schwerpunkte: Breite Mischung aus kl. u. mittelgr. Transaktionen, sowohl für Konzerne als auch die mittelständ. Mandanten, gut eingespieltes VC-Geschäft. Auch Distressed M&A u. Nachfolgeregelung. China-Desk (Mannheim) u. Italien-Desk (München) u. standortübergr. Spanisch sprechender Desk. Grenzüberschreitende Deals mit dem Kanzleinetzwerk Legalink.
Mandate: Axxessio bei Mehrheitsbeteiligung an UHP Software; ADB Safegate Germany bei Kauf von Protec Automation; Renaio Infrastrukturfonds zu Kauf von ital. Wasserkraftwerkbetreiber; Multi-family-Office zu Kauf von Wasserkraftwerk; Jochen & Klaus Darmstädter Beteiligung zu Verkauf einer Immobiliengesellschaft; Malt zu Kauf von Comatch; Sax + Klee zu Kauf des Rebelein-Bohrgeschäfts; Lafam Holding zu Verkauf von IntraNav-Anteilen; Sanner Ventures zu Verkauf der Sanner-Gruppe.

RÖDL & PARTNER
M&A ★★

Bewertung: Die MDP-Kanzlei verfügt über eine lang etablierte M&A-Praxis mit einem Schwerpunkt auf kl. bis mittelgr. Transaktionen, Familienunternehmen sowie auf grenzüberschr. Arbeit. So berät sie bei einer beträchtl. Anzahl von Deals, die Italien, Frankreich u. die Schweiz betreffen. In letzter Zeit spielten Deals in der Dienstleistungsbranche eine stärkere Rolle als zuvor. Mit ihren Teams in Nürnberg u. Ostwestfalen hat Rödl weiterhin einen signifikanten Anteil in Märkten, die von Wettbewerbern oft übersehen werden.
Stärken: Eigene Büros in zahlr. Ländern. Eingespielte, mittelständ. geprägte Steuerpraxis.
Oft empfohlen: Prof. Dr. Christian Rödl (Steuern), Michael Wiehl, Dr. Oliver Schmitt, Dr. Dirk Halm
Team: 5 Eq.-Partner, 10 Sal.-Partner, 10 Counsel, 17 Associates
Schwerpunkte: Kleine u. mittelgr. Transaktionen in Dtl. u. internat., dabei enge Verknüpfung von rechtl. u. steuerl. Beratung.
Mandate: Action Composites bei Kauf von Thyssenkrupp Carbon Components; Active Logistics bei Verkauf an Elvaston; Hörmann bei Kauf der Fen-Bay Group; Hörmann Digital bei Ausbau der Beteiligung an Orbis; PharmaLex/Auctus bei Kauf einer Mehrheit an Pharma Solutions; Gabriel Capital Partners bei grenzüberschr. Investments; RoPro Produktion bei Verkauf; Schattdecor bei Kauf von 50% an Fine Decor; TLI Consulting bei Verkauf an Sovos; Universum-Gruppe bei Verkauf einer Gruppe von Gesellschaften.

SCHALAST & PARTNER
M&A ★★

Bewertung: Durch Wachstum an den Standorten jenseits des ▷Frankfurter Stammsitzes konnte die auf den Mittelstand ausgerichtete M&A-Praxis ihr Angebot in den verg. Jahren ausweiten. So haben Stuttgart u. Berlin Erfahrung im Distressed M&A hinzugewonnen. Durch eine verbesserte Zusammenarbeit zw. den Fachgruppen, u.a. mit den Immobilienrechtlern, konnte das Team auch einige Akquisitionen von Rechenzentren in der Region Ffm. begleiten. Dort zudem trad. die Anlaufstelle für Inbound-M&A, das zuletzt vermehrt Deals mit indischen Investoren betraf. Durch das Zusammengehen mit einer WP-Kanzlei sind wichtige steuerl. Transaktionskompetenz sowie ein Beratungsschwerpunkt im Finanzsektor hinzugekommen.
Team: 6 Eq.-Partner, 4 Sal.-Partner, 1 Counsel, 6 Associates
Partnerwechsel: Dr. Marc-André Rousseau (von Rolls-Royce)
Schwerpunkte: V.a. mittelgr. Deals für dt. mittelständ. Mandanten, aber mit langj. Erfahrung in Bereichen wie Kabel u. NPL.
Mandate: Beyond Capital bei Kauf von Dr. Hoffmann Gebäudedienste; Viessmann-Gruppe bei Verkauf des Biomassegeschäfts, des Industriekesselgeschäfts u. der Schmack-Biogas-Gruppe sowie bei Beteiligung an der Pewo Energietechnik; Emag-Gruppe bei MBO; Endodoctor bei Verkauf von Anteilen an chin. Investor; LABcom bei Verkauf von Strategic Fiber Networks; Rate Gain Travel Technologies bei Kauf von MHS.

SCHMIDT VON DER OSTEN & HUBER
M&A ★★

Bewertung: Die M&A-Praxis der Essener Kanzlei (▷NRW) begleitete erneut eine Reihe von Deals für Family Offices, vorwiegend im Immobilienrecht, sowie Transaktionen in der Medizinbranche. Insges. ist es SOH in den verg. Jahren immer besser gelungen, Qualität u. Zahl ihrer Deals deutlich zu steigern. Ein Bsp. ist der Verkauf des Mountainbikeherstellers YT Industries an der Seite von Dauermandant Jacob Fatih, den SOH regelm. bei Transaktionen berät. Zugleich zeigt der Deal exemplarisch, dass das Transaktionsgeschäft zunehmend auch Auslandsbezüge aufweist.
Team: 7 Eq.-Partner, 1 Sal.-Partner, 2 Associates
Schwerpunkte: Im ▷Gesundheitssektor oft bei MVZ-Transaktionen, zudem regelm. für Familienunternehmen u. Stiftungen (▷Nachfolge).
Mandate: Jacob Holding bei Verkauf von YT Industries; Private-Equity-Unternehmen bei Kauf von Fachklinik; Crealize, u.a. bei div. Start-up-Gründungen; Private-Equity-Unternehmen zu Exitstrategie; Aldi Nord u. Süd umf., auch bei Transaktionen.

SEITZ
M&A ★

Bewertung: M&A-Praxis in ▷Köln. Nähere Informationen finden Sie in diesem Regionalkapitel.
Team: 5 Eq.-Partner, 1 Sal.-Partner, 1 Counsel, 7 Associates
Schwerpunkte: Begleitung kleiner u. mittlerer Deals, teils für namh. Mandanten. Regelm. Bezüge zu Restrukturierungen oder Unternehmensnachfolge.
Mandate: Siehe Regionalkapitel.

SHEARMAN & STERLING
M&A ★★

Bewertung: Die M&A-Praxis der US-Kanzlei ist ausgehend vom Münchner Büro um Harder wieder im Aufbau. Teil dieser Strategie ist der Wechsel von Dr. Patrick Wolff (Uniper) als of Counsel, der über entspr. umfangr. Erfahrungen im Energiesektor verfügt. Mit der Neuaufstellung bietet sich die Chance, das Team wieder stärker in das internat. Netzwerk zu integrieren u. die New Yorker Kontakte zu nutzen. Kurz- bis mittelfristig ist deshalb mit weiteren Quereinsteigern zu rechnen, zumal die außerordentl. erfahrene Of-Counsel-Riege erstklassige Kontakte zu mehreren dt. Industriemandanten pflegt. Dass sich das Team zuletzt auf der Beraterliste eines Dax-Konzerns platzieren konnte, ist ein vielversprechendes Zeichen.
Stärken: Grenzüberschr. M&A.
Oft empfohlen: Dr. Thomas König, Dr. Florian Harder
Team: 2 Eq.-Partner, 5 Counsel, 6 Associates, 3 of Counsel

M&A

Schwerpunkte: Hochkarät. Transaktionsarbeit mit stark industriellem Fokus, inzw. v.a. international. Auch ▷Private-Equity-Häuser.
Mandate: Intek/KME bei Beteiligung von Paragon an KME Specials, bei Verkauf des Drahtgeschäfts u. Kauf von Teilen der Aurubis-Flachwalzsparte; Cookiebot bei Fusion mit Usercentrics.

SIDLEY AUSTIN
M&A ★ ★

Bewertung: Fester Bestandteil der M&A-Aktivitäten sind Add-on-Transaktionen für Portfoliogesellschaften von Private-Equity-Häusern. Daneben berät die Kanzlei jedoch auch zu klass., strateg. Deals, so zum Bsp. BBI Solutions zum Kauf eines biochem. Technologiezentrums. Für anstehende Distressed-Transaktionen infolge einer mögl. Insolvenzwelle ist sie bestens positioniert, da die Transaktionsteams mit der anerkannten Insolvenz- u. Restrukturierungspraxis der Kanzlei eng verzahnt zusammenarbeiten.
Oft empfohlen: Dr. Christian Zuleger, Dr. Björn Holland („extrem erfahren mit hervorrag. Marktüberblick", Wettbewerber)
Team: 8 Partner, 17 Associates
Schwerpunkte: Breites Netzwerk an US-Mandanten; kleine, aber hochkarätig besetzte ▷Restrukturierungspraxis. Viel Portfolioarbeit für ▷Private-Equity-Häuser.
Mandate: BBI Solutions zu Kauf von biochem. Technologiezentrum; Centrient Pharmaceuticals zu Kauf von Astral SteriTech; Idex zu Kauf von Nexsight u. Airtech; ProAlpha zu Kauf von CP Corporate Planning.

SIMMONS & SIMMONS
M&A ★ ★

Bewertung: Die M&A-Praxis kommt besonders häufig bei techbez. Transaktionen, regelm. mit Überschneidungen zum Bank- u. Finanzdienstleistungssektor, zum Einsatz. Zunehmend visibler wird Simmons in Energie- u. Infrastruktursektor. So beriet die Kanzlei bspw. Encavis zum Kauf eines Solarparks in Spanien. Mit dem Zugang von Banke am Frankfurter Standort ist es gelungen, einen Partner zu gewinnen, der über erhebl. Erfahrung bei grenzüberschr. Deals verfügt u. die Transaktionsberatung vor Ort weiter stärkt. Dennoch bleibt das Team dort recht schmal besetzt.
Oft empfohlen: Dr. Stephan Ulrich, Dr. Fabian von Samson-Himmelstjerna, Klaus Banke
Team: 7 Eq.-Partner, 5 Counsel, 12 Associates, 1 of Counsel
Partnerwechsel: Klaus Banke (von K&L Gates)
Schwerpunkte: Fokussierung auf die Branchen Technologie, Lifescience u. Infrastruktur. Regelm. auf Investorenseite. Anerkannte, transaktionserfahrene ▷Arbeitsrechtler. Eigene Legal-Tech-Gesellschaft Wavelength.
Mandate: Encavis zu Kauf von span. Solarpark; Mitratech zu Kauf von Alyne-Gruppe u. Quovant; Apex Group/Genstar zu Kauf von Mola-Administration; BCB Group zu Beteiligung an Sutor Bank; Logistikunternehmen zu Kauf von Mehrheitsbeteiligung an dt. Technologieunternehmen; Deposit/Kinnevik zu Fusion von Deposit mit Raisin.

SKADDEN ARPS SLATE MEAGHER & FLOM
M&A ★ ★ ★

Bewertung: Besonders visibel ist die M&A-Praxis bei großvol. u. oftmals grenzüberschr. Transaktionen. So beriet Skadden HeidelbergCement zum Kauf einer Beteiligung am Softwareentwickler Alkon einschl. einer Partnerschaft mit dem bish. Eigentümer Thoma Bravo. Mit Mercedes-Benz setzte sie in diesem Jahr einen weiteren Dax-Konzern auf die Kanzlei. Dies ist beachtlich, denn es zeigt, dass es der US-Kanzlei gelingt, sich vermehrt auch bei dt. Konzernen zu positionieren. Nicht selten ist sie zudem bei Add-on-Transaktionen für Portfoliounternehmen von Finanzinvestoren am Markt zu sehen, was auch an die starke Private-Equity-Fokussierung der Kanzlei zurückgeht.
Stärken: Öffentl. M&A, v.a. grenzüberschr. Corporate-Praxis in den USA; internat. einer der Marktführer.
Oft empfohlen: Dr. Matthias Horbach, Dr. Holger Hofmeister, Dr. Jan Bauer
Team: 3 Partner, 1 Counsel, 13 Associates
Schwerpunkte: Langj. Trackrecord bei öffentl. M&A; viele US-Mandanten; häufig auch Immobilientransaktionen.
Mandate: KraftHeinz zu Mehrheitsbeteiligung an JustSpices; HeidelbergCement zu Beteiligung an Command Alkon u. Joint Venture mit Verkäufer Thoma Bravo; Faerch-Gruppe zu Kauf von Paccor; Dürr zu Kauf von Hekuma; Morphosys zu öffentl. Übernahme von Constellation Pharmaceuticals; Mercedes-Benz zu Beteiligung an Automotive Cells Company; Paypal zu Invest in Shopware.

SKW SCHWARZ
M&A ★ ★

Bewertung: Die über 4 Standorte verteilte M&A-Praxis der Kanzlei berät zu Deals im Small- bis Mid-Cap-Segment. Besonders häufig setzen Unternehmen aus den Branchen Medien u. Technologie, in denen die Kanzlei über anerkanntes Know-how verfügt, auf SKW. Aber auch bei Transaktionen abseits dieser Sektoren ist SKW präsent, bspw. bei Healthcare-Deals wie der Beratung von Dutch Ophthalmic Research Center zum Kauf eines dt. Herstellers von Spezialoperationswerkzeug. Beachtl. ist zudem die Anzahl von grenzüberschr. Mandaten.
Oft empfohlen: Dr. Stephan Morsch („fachlich sehr kompetent", Wettbewerber), Dr. Sebastian Graf von Wallwitz
Team: 6 Eq.-Partner, 1 Sal.-Partner, 2 Counsel, 4 Associates
Partnerwechsel: Dr. Thomas Hausbeck (von Buse); Dr. Jürgen Sparr (in Ruhestand)
Schwerpunkte: Branchen: ▷Medien u. ▷IT, v.a. für mittelständ. Unternehmen. Gut funktionierendes internat. Kanzleinetzwerk.
Mandate: AriensCo bei Kauf von AS-Motor; Azerion zu Kauf von Whow Games; Bilendi-Gruppe zu Kauf von Respondi; Dutch Ophthalmic Research Center zu Kauf von Wefis; Robert Bosch zu Verkauf von Robert Bosch Aftermarket u. Kauf von Evergrande Hofer Powertrain durch Tochter; Filmstudio im Zshg. mit öffentl. Übernahmeangebot durch strateg. Investor.

SQUIRE PATTON BOGGS
M&A ★ ★

Bewertung: Die M&A-Praxis verteilt sich auf die Standorte Ffm. u. Berlin. Dank 2er auf Pharmatransaktionen spezialisierter Quereinsteiger, die sich 2021 dem Frankfurter Büro anschlossen, hat SPB Transaktionen mit Healthcare-Bezug nun stärker im Blick. Mit der Begleitung des Wiener Impfstoffherstellers Origimm u. seiner Gesellschafter als Transaction Counsel beim Verkauf an Sanofi kann sie erste Erfolge vorweisen. Zum Venture-Arm von Pharmakonzern Ferring knüpfte die Kanzlei ebenfalls Kontakte u. steuerte für diesen ein Investment.
Oft empfohlen: Dr. Kai Mertens, Jost Arnsperger („kompetenter u. verbindlicher Verhandler", Wettbewerber)
Team: 6 Eq.-Partner, 2 Sal.-Partner, 6 Associates, 1 of Counsel
Schwerpunkte: V.a. für Unternehmen, strateg. Investoren sowie Private-Equity- und Venture-Capital-Häuser tätig. In Berlin zudem zahlr. Immobilientransaktionen.
Mandate: BMP bei Verkauf ihres Immobilieninvestments an Krieger & Schramm/Hanse Merkur; Deutsche Wohnen bei Verkauf von 10.700 Wohnungen an Howoge, Degewo, Berlinovo sowie bei Verkauf von 2.200 Wohnungen an LEG; Origimm Biotechnologie bei Verkauf an Sanofi (Transaction Counsel); Prophet Brand Strategy bei Kauf von Keylens.

SSP-LAW
M&A ★

Bewertung: M&A-Praxis aus ▷Düsseldorf. Nähere Informationen finden Sie in diesem Regionalkapitel.
Team: 3 Partner, 8 Associates, 1 of Counsel (inkl. Steuerberater)
Schwerpunkte: Breit angelegte Praxis für strateg. Transaktionen von mittelständ. u. Familienunternehmen, inkl. Steuerrecht; Zu- u. Verkäufe von Beteiligungsfonds.
Mandate: Siehe Regionalkapitel.

SULLIVAN & CROMWELL
M&A ★ ★ ★ ★

Bewertung: Die Transaktionspraxis von S&C ist für öffentl. Übernahmen sowie M&A-Transaktionen im Large-Cap-Bereich renommiert. Kaum überrascht haben daher die Begleitung der Deutsche Wohnen bei der Großfusion mit Vonovia sowie die Beratung der Piëch-/Porsche-Familie zur gepl. Rückbeteiligung an der Porsche AG. Doch nicht nur komplexe Mrd-Deals prägen die Arbeit von Berrar u. seinem Team, Sullivan steuerte auch die ersten De-SPAC-Transaktionen im dt. Markt u. bewies damit einmal mehr, wie stark sie an der Schnittstelle zum Kapitalmarktrecht ist. Ein namh. Mandant lobt, die Kanzlei zeichne sich einfach durch hervorragende Qualität aus.
Stärken: Spitzenpraxis in den USA mit schlagkräftigen Metropolbüros in Europa. Öffentl. Übernahmen, sowie Share-for-Share-Deals.
Oft empfohlen: Dr. Carsten Berrar („exzellent, sehr gutes rechtl. Verständnis, ausgezeichneter Verhandler", Mandant), Dr. York Schnorbus („er analysiert sehr genau u. ist sehr offen", Wettbewerber), Dr. Konstantin Technau
Team: 6 Partner, 2 Counsel, 24 Associates, 1 of Counsel
Schwerpunkte: Oft grenzüberschr. Deals. Häufig öffentl. Übernahmen od. ggf. Abwehr feindlicher Übernahmen. Personelle Überschneidungen zur hoch angesehenen Praxis für ▷Börseneinführungen u. ▷Kapitalmaßnahmen.
Mandate: Porsche Automobil Holding zu künftiger Anteilsstruktur der Porsche AG; Dt. Wohnen zu Übernahme durch Vonovia; Softbank zu Verkauf von Anteilen an T-Mobile USA an die Deutsche Telekom; internat. Konsortium zu Kauf der Laborkette Ame-

M&A

des; Morgan Stanley Infrastructure zu Verkauf von VTG; Centerbridge zu öffentl. Übernahmeangebot bzgl. Aareal Bank; CTP zu öffentl. Übernahme der Deutsche Industrie REIT; Rocket Internet zu Anteilsankauf von Elliot.

SZA SCHILLING ZUTT & ANSCHÜTZ
M&A ★★★

Bewertung: Die angesehene M&A-Praxis kommt für internat. Strategen u. börsennot. dt. Konzerne genauso in Betracht wie für gr. Mittelständler in Familienhand. Mit einer Transaktionsserie für den US-Konzern Diebold Nixdorf – die auf die gute Mandatsbeziehung von Gross-Langenhoff zurückgeht – bewies das Team seine Belastbarkeit im Cross-Border-Geschäft. Mit der Beratung von Luxempart im Public M&A untermauerte SZA wiederum, dass sie auch bei öffentl. Übernahmen sattelfest ist. Dass es gelang, den Amorelie-Deal aus der ProSiebenSat1-Gruppe zu akquirieren, beweist, dass sie sich als Alternative zu internat. Kanzleien wie Milbank positionieren kann. Potenzial liegt noch in den Mandatsbeziehungen zu dt. Konzernen, die Löbbe mit seiner jahrelangen Gremienberatung aufgebaut hat. Profitieren von dem personellen Ausbau der vergangenen Jahre haben aber auch das zeitkritische Dealgeschäft rund um ▷Insolvenzen sowie die renommierte Nachfolgepraxis, die etwa die Gesellschafter von Gross & Perthun beim Verkauf an Sherwin-Williams (USA) beriet.

Stärken: Herausragend im ▷Gesellsch.recht, eng verzahnt mit kapitalmarktrechtl. Kompetenzen u. der ▷Nachfolgepraxis. Erfahrung mit transatlant. Deals.

Oft empfohlen: Dr. Michaela Balke, Dr. Martin Kolbinger ("sehr pragmatisch u. lösungsorientiert", "hat einen tollen Job gemacht im Verkaufsprozess mit versch. Bietern", Wettbewerber), Dr. Oliver Schröder (auch Außenwirtschaftsrecht), Dr. Marc Löbbe (v.a. Aktienrecht), Prof. Dr. Jochem Reichert ("sehr erfahren", Wettbewerber), Dr. Christoph Nolden (v.a. Investoren), Dr. Martin Gross-Langenhoff ("kennt den Deal bis ins Detail, was ihm erlaubt, schnell zu entscheiden", Mandant)

Team: 15 Partner, 4 Counsel, 12 Associates, 2 of Counsel

Schwerpunkte: Hochkarät. aktien- u. konzernrechtl. Praxis mit kapitalmarktrechtl. u. steuerrechtl. Kompetenz. Distressed-M&A-Transaktionen (▷Insolvenz/Restrukturierung). Zusammenarbeit mit einem internat. Netzwerk an unabhängigen Sozietäten.

Mandate: Diebold Nixdorf bei div. Zukäufen u. Verkauf des Geschäftsbereichs Pfandrücknahmesysteme (RVS); ProSiebenSat.1/NuCom zu Verkauf von Amorelie; Luxempart u.a. Schaltbau-Aktionäre zu Übernahmeangebot von Carlyle; Luxempart zu Übernahmeangebot von Hellmann & Friedmann/EQT für Zooplus; Aktionäre der Hoffmann SE zu Transaktion mit SFS Group; Proact IT Group AB bei Kauf von Ahd Cloud Service; Silex Microsystems bei Kauf einer Waferfertigung; Gesellschafter bei Verkauf von Gross-Perthun; Bihr bei Kauf von Paaschburg & Wunderlich; Alira Health (USA) bei Kauf der Sourcia-Gruppe; Stadt Reutlingen zu Kauf von Kommanditanteilen an städt. Nahverkehrsunternehmen.

TAYLOR WESSING
M&A ★★★★

Bewertung: TW verfügt über eine der größten Transaktionspraxen am Markt, die Partner aus M&A, Gesellschafts- u. Kapitalmarktrecht vereint. Diese Riege um Praxisleiter Grossmann deckt eine breite Palette an Dealstrukturen ab. Auch Private-Equity-Häuser u. insbes. Familiengesellschafter gehören zu den wiederkehrenden Mandanten von TW, wie etwa bei einem Deal im Umfeld der Funke Mediengruppe sichtbar wurde. Bemerkenswert ist, wie sich TW in den verg. Jahren eine treue Kernklientel erarbeitet hat u. darauf aufbauend ihre Branchenkompetenzen – etwa im Gesundheits- u. Immobiliensektor – vertieft. So konnte sie bspw. das Biosimilar-Unternehmen Formycon u. den Heidelberger Projektentwickler Erhard & Stern überzeugen. Mit ihrer Positionierung für Zukunftsthemen wie Wind- u. Wasserkraft dürfte sie auch eine attraktive Plattform für den M&A-Nachwuchs werden. Dies ist eine wichtige Voraussetzung, damit sich die Größe des Associate-Teams dem Marktstandard führender Transaktionspraxen annähern kann.

Stärken: Starke Transaktionspraxis, inkl. internat. Büros. Branchenerfahrung im ▷Medien- u. ▷Energiesektor. Starke Überschneidung mit der ▷Venture-Capital-Praxis.

Oft empfohlen: Dr. Ernst-Albrecht von Beauvais ("ausgezeichneter Verhandler, starke Kompetenz, wirtschaftl. Know-how", Mandant), Dr. Philip Cavaillès, Dr. Klaus Grossmann, Dr. Peter Hellich ("ausgeprägtes Verständnis für Technologiethemen, sehr responsiv", Mandant), Hassan Sohbi, Carsten Bartholl, Dr. Walter Henle, Dr. Oliver Kirschner, Dr. Tillmann Pfeifer

Team: Corporate insges.: 30 Eq.-Partner, 17 Sal.-Partner, 38 Associates, 1 of Counsel

Partnerwechsel: Nikolaus Plagemann (von Ceconomy); David Becker (zu Trade Republic), Olga Kopka (zu Thyssenkrupp), Kevin Mitchell (zu Kando)

Schwerpunkte: Branchen: Technologie u. Medien, auch Biotech, Lifescience u. Medizintechnik (▷Gesundheitswesen), Finanzdienstleister u. ▷Immobilien, überwiegend bei mittelgr. Deals. Gut etablierte China-Praxis, Inbound-Arbeit aus den USA. Starke ▷Nachfolgepraxis.

Mandate: Giesecke+Devrient zu Kauf von Pod Group; Hillenbrand zu Verkauf des Pumpengeschäfts der Abel-Gruppe; Renate Schubries Beteiligung zu Anteilsverkauf an Funke Mediengruppe; Rewe zu Kauf von Meister feines Fleisch – feine Wurst; Vebego bei Kauf von Vorwerk-Tochter Hectas; CEE Group Kauf von Windenergie- u. Speicherprojekt; Saint-Gobain zu Verkauf von GVG Deggendorf; Erhard & Stern zu Verkauf von Gesundheitszentren; Kratzer Automation zu Verkauf der Softwaresparte Logistics Automation; Mahler Holding zu Verkauf der Mahler-Gruppe; Eigner zu Verkauf der Pflegehelden-Gruppe.

VOIGT WUNSCH HOLLER
M&A ★

Bewertung: M&A-Praxis aus ▷Hamburg. Nähere Informationen finden Sie in diesem Regionalkapitel.

Team: 3 Eq.-Partner, 1 Sal.-Partner, 6 Associates

Schwerpunkte: Lfd. kleine u. mittlere Deals, oft mit aktien- u. kapitalmarktrechtl. Komponente oder im Rahmen von Umstrukturierungen.

Mandate: Siehe Regionalkapitel.

WATSON FARLEY & WILLIAMS
M&A ★★★

Bewertung: Besonders präsent ist die M&A-Praxis bei Transaktionen in der Transport- sowie der Energiebranche, vornehmlich wenn es um erneuerbare Energien geht. So war WFW bei mehreren Käufen u. Verkäufen von On- u. Offshorewindparks visibel, darunter für ein Konsortium aus Renewable Infrastructure Group u. APG sowie Commerz Real. Darüber hinaus begleitete die Praxis auch eine Reihe von Add-on-Transaktionen für Portfoliogesellschaften von Finanzinvestoren abseits der klass. Sektorenschwerpunkte der Kanzlei. Im Vorjahr war es ihr gelungen, ihren starren Sektorfokus zu diversifizieren, u.a. durch Deals in der Pharmabranche u. die Beratung der Dt. Börse. Diese Transaktionen gingen allerdings im Wesentlichen auf Rosenboom zurück, der zusammen mit Naumann die Kanzlei verließ.

Stärken: Multidiszipl. Betreuung. Viel Erfahrung in den Branchen ▷Energie, Schifffahrt/Verkehr u. zunehmend Infrastruktur.

Oft empfohlen: Dr. Dirk Janssen, Dr. Simon Preisenberger ("kooperativ, lösungsorientiert u. pragmatisch", Wettbewerber), Dr. Malte Jordan

Team: 14 Partner, 21 Associates, 1 of Counsel

Partnerwechsel: Dr. Christoph Naumann, Dr. Torsten Rosenboom (beide zu Hogan Lovells)

Schwerpunkte: Ww. starke Praxis für erneuerbare Energien sowie Schifffahrt, zudem Infrastruktur- u. Immobilientransaktionen. Auch Deals für Family Offices, Nachfolgeberatung; viel Erfahrung in ▷Private Equity.

Mandate: Commerz Real zu Kauf von Onshorewindpark; Crosslink/Alpina Capital zu Verkauf von Verbundwerkstoffsparte; Gesellschafter von Objective Holding u.a. Alpina Capital zu Verkauf von Objective Holding; Aventron zu Kauf von Batteriespeicher; The Renewable Infrastructure Group u. APG zu Kauf von Offshorewindpark; VM Offshore zu Anteilsaufstokung bei Veja Mate; Tentamus-Gruppe/Auctus im Zshg. mit Invest durch BC Partners.

WEIL GOTSHAL & MANGES
M&A ★★★

Bewertung: Die M&A-Praxis der US-Kanzlei ist nach wie vor stark auf Seniorpartner Schmidt ausgerichtet, der genug Auslastung für 3 Anwaltsteams schafft. Ein Großteil der Mandate ist Private-Equity-bezogen, doch gibt es jedes Jahr eine Anzahl von reinen M&A-Deals, meist aus dem Kanzleinetzwerk. Einige Zugänge von Industrie-M&A-Partnern in europ. Büros (u.a. London) weisen auf einen gewissen Richtungswechsel bei WGM hin, der auch Dtl. betreffen wird. Im Frankfurter Büro wird der junge Partner Wimber immer stärker wahrgenommen.

Stärken: Portfoliodeals für PE-Häuser.

Oft empfohlen: Prof. Dr. Gerhard Schmidt, Dr. Christian Tappeiner, Dr. Ansgar Wimber, Dr. Barbara Jagersberger

Team: 5 Partner, 5 Counsel, 13 Associates

Schwerpunkte: Komplexe Transaktionen mit Bezügen im ▷Gesellsch.recht, ▷Private Equ. u. Vent. Capital), ▷Insolvenz/Restrukturierung; Prozessführung, Steuerrecht, Finanzierung.

Mandate: ChargePoint Holdings bei Kauf von Has-to-be; DIC bei Aufbau von 10,5% an VIB Vermögen sowie öffentl. Übernahmeangebot für VIB Vermögen; Elevion bei Kauf des europ. Belectric-Fotovoltaik-Geschäfts; PT Holdings/Parts Town bei Kauf der Repa-Gruppe; Rolf Schwind bei Verkauf von Schwind eye-tech-solutions durch Ardian.

WENDELSTEIN
M&A ★

Bewertung: M&A-Praxis aus ▷Frankfurt. Nähere Informationen finden Sie in diesem Regionalkapitel.

Team: 5 Partner, 8 Associates
Schwerpunkte: Mittelgroße Deals, oft für Finanzinvestoren (▷*Private Equity*)
Mandate: Siehe Regionalkapitel.

WHITE & CASE
M&A ★★★★

NOMINIERT
JUVE Awards 2022
Kanzlei des Jahres
für M&A

Bewertung: Die angesehene M&A-Praxis der internat. Kanzlei ist für hochvol. Transaktionen börsennot., staatl. u. privater Unternehmen bestens aufgestellt. Dies demonstrierte sie zuletzt in der Beratung der frz. Faurecia beim mehrteiligen Übernahmeangebot für Hella-Aktien, die auch die Post-M&A-Integration abdeckt. Aufbauend auf ihrer Erfahrung im Automotive-Sektor lieferte die US-Kanzlei mit dem Deal zugleich einen sichtbaren Beleg für ihre hart erarbeitete europ. Integration. Dass sie daneben weiterhin zu den führenden M&A-Praxen im Bankensektor gehört, bestätigte sie an der Seite der LBBW beim Kauf der Berlin Hyp. Ihre systematische Nachwuchsarbeit der verg. Jahre – einschl. des Gewinns mehrerer erfahrener Associates von Freshfields – zahlt sich mittlerw. aus: Die jüngeren Partner nehmen im Transaktionsgeschäft schon prominente Plätze ein, wie etwa Pitz an der Seite von Kiem. Visibler wurden auch Wijnmalen als federführende Partnerin für Nestlé u. Mutares sowie Glasauer, die gleich mehrere Deals für Jenoptik verhandelte. Mit dieser Aufstellung verringerte W&C erneut den Abstand zu den marktführenden Einheiten, die ihr nur mit Blick auf Carve-out-Deals der Dax-Konzerne noch voraus sind.

Stärken: Grenzüberschr. M&A. Öffentl. Übernahmen u. Share-for-Share-Deals. Ausgewiesener Trackrecord bei Autoindustrie, ▷*Finanzdienstleistungen* u. ▷*Energie* sowie grenzüberschreitende Inbound-Arbeit aus China u. Nahost.

Oft empfohlen: Dr. Jörg Kraffel, Prof. Dr. Roger Kiem („sehr souverän", Wettbewerber), Dr. Tobias Heinrich („sehr pragmatische Hands-on- u. Cando-Mentalität", Mandant), Dr. Stefan Koch (v.a. Private-Equity-Bezug), Dr. Murad Daghles (v.a. mit Nahost-Bezug), Ingrid Wijnmalen („sehr angenehme u. gute Anwältin", Wettbewerber), Dr. Stefan Bressler, Sebastian Pitz („analysiert sämtliche Aspekte in kürzester Zeit", „Top-Anwalt", Mandanten), Dr. Matthias Kiesewetter („exzellenter Jurist, kollegialer Umgang", Wettbewerber), Carola Glasauer

Team: 17 Eq.-Partner, 8 Counsel, 25 Associates, 2 of Counsel

Schwerpunkte: Transaktionspraxis an allen Standorten. Branchenkompetenzen bei Immobilien, Finanzen, Energie. Regelm. Distressed M&A mit ▷*Insolvenzrecht & Restrukturierung* sowie Mid-Cap- u. Large Cap-Deals in ▷*Private Equity*.

Mandate: Faurecia bei Übernahmeangebot für Hella-Aktien; LBBW zu Kauf der Berlin Hyp; Goldman Sachs zu Kauf der Aareal Bank; Daimler zu Kauf von Yasa; Adler Group zu Verkauf eines Immobilienportfolios an LEG Immobilien u. Verkauf eines Portfolios an KKR u. Velero; Synthos zu Kauf der Trineo-Synthesekautschuk-Geschäftssparte; Luko bei Kauf von Versicherer Coya; Paysafe zu Kauf von Viafintech; Nestlé zu Mehrheitsbeteiligung an Ankerkraut; Adler Pelzer Group bei Kauf der STS Group; Ecobat Technologies zu Kauf von Promesa; HDT Automotive Solutions zu Kauf von Veritas; Jenoptik bei Verkauf der Division Vincorion u. bei Kauf 2er Geschäftseinheiten von Berliner Glas; Tier Mobility bei Kauf von Nextbike.

WILLKIE FARR & GALLAGHER
M&A ★★★

Bewertung: Eine konstante Reihe von Portfoliodeals prägt die größtenteils von Private-Equity-Mandanten dominierte M&A-Praxis. Die Transaktionen für den zu CVC gehörenden Baustoffhändler Stark verdeutlichen diesen Fokus. Das Wachstum der Venture-Capital-Praxis hat hier jedoch eine neue Dimension hinzugefügt, indem eine Reihe von Exits an Industriekäufer die Praxis beschäftigte. Jenseits dieses Spektrums agiert das Team relativ opportunistisch: ein stetiger Aufbau von Beziehungen zu Industrieunternehmen hat keine Priorität. Die Aufnahme eines Kapitalmarktteams im Frühjahr 2022 stärkt Willkies Position bei öffentl. Übernahmen, wo Lauer bereits über beträchtl. Erfahrung verfügt.

Stärken: Sehr starker Ruf für Transaktionsmanagement.

Oft empfohlen: Georg Linde, Dr. Axel Wahl, Dr. Maximilian Schwab, Dr. Markus Lauer („pragmatische Lösungen, fachl. hoch versiert", Wettbewerber), Dr. Kamyar Abrar („technisch stark, pragmatisch, konstruktiv bei Verhandlungen", Wettbewerber)

Team: 8 Partner, 1 Counsel, 11 Associates

Schwerpunkte: Starke Fokussierung auf ▷*Private Equ. u. Vent. Capital* (Portfoliotransaktionen sowie Exit-Beratung).

Mandate: Stark Dtl. bei Kauf von u.a. von Tröger & Entenmann u. Melle Gallhöfer; Calida Holding bei Kauf von Erlich Textil; Master Builders Solutions/Lone Star bei Verkauf an Sika Schweiz; Commercetools bei Kauf von Frontastic; Gesellschafter von BusyLamp bei Verkauf an Onit; Metso Outotec bei Verkauf des globalen Metallrecyclinggeschäfts; Schaffhausen Institute of Technology bei Kauf der Mehrheit an Jacobs University Bremen; Sebia bei gepl. Kauf von Orgentec; Time Manufacturing bei Kauf der Ruthmann-Gruppe.

WILMERHALE
M&A ★

Bewertung: V.a. in ▷*Frankfurt* ansässige M&A-Praxis. Nähere Informationen finden Sie in diesem Regionalkapitel.

Team: 3 Eq.-Partner, 3 Sal.-Partner, 4 Associates

Schwerpunkte: Mittelgroße Transaktionen, oft eng eingebunden in die angesehene US-Praxis.

Mandate: Siehe Regionalkapitel.

MARKEN- UND WETTBEWERBSRECHT CO-PUBLISHING/ANZEIGE

UWG-Reform: Was die Abschwächung des fliegenden Gerichtsstands für Unternehmen bedeutet

Von Dr. Eckhard Ratjen, BOEHMERT & BOEHMERT, Bremen

Dr. Eckhard Ratjen

Dr. Eckhard Ratjen berät seine Mandanten in allen strategischen Fragen des Marken-, Design-, Urheber- und Wettbewerbsrechts. Ein Schwerpunkt seiner Tätigkeit liegt in der Verfolgung und Abwehr von Schutzrechts- und Wettbewerbsverletzungen. Große nationale und international operierende sowie mittelständische Unternehmen und Start-ups gehören zum Mandantenkreis

Als eine der größten und renommiertesten Kanzleien für Intellectual Property (IP) in Europa bietet **BOEHMERT & BOEHMERT** seinen Mandanten „alles in IP" aus einer Hand. Von der Beratung bei Patenten für technische Erfindungen über den Schutz von Designs und Marken bis zum Urheber-, Kartell- und Wettbewerbsrecht. In allen klassischen natur- und ingenieurwissenschaftlichen Disziplinen, in traditionellen und jungen Branchen, über Ländergrenzen hinweg.

Kontakt
BOEHMERT & BOEHMERT
Dr. Eckhard Ratjen, LL.M. (London)
Hollerallee 32
28209 Bremen
T +49 (421) 340 90
ratjen@boehmert.de
www.boehmert.de

Weitere Informationen zur Kanzlei in der Anzeige auf Seite 129

Internetseiten sind meist deutschlandweit abrufbar und auch Wettbewerbsverstöße im Internet werden naturgemäß bundesweit begangen. Bis zum Inkrafttreten des Gesetzes zur Stärkung des fairen Wettbewerbs am 02.12.20 war es für Unternehmen möglich, internetbezogene Wettbewerbsverstöße von Mitbewerbern vor dem Landgericht ihrer Wahl anhängig zu machen. Man sprach vom fliegenden Gerichtsstand im Wettbewerbsrecht. Durch den neu eingeführten §14 Abs. 2 S. 3 Nr. 1 UWG wird diese Wahlmöglichkeit erheblich eingeschränkt. Der fliegende Gerichtsstand bei Streitigkeiten wegen Zuwiderhandlungen im elektronischen Geschäftsverkehr oder in Telemedien ist grundsätzlich abgeschafft, es sei denn, der Beklagte hat im Inland keinen allgemeinen Gerichtsstand. Künftig ist nur noch das Landgericht zuständig, an dem der Mitbewerber seine Niederlassung bzw. seinen Wohnsitz hat. Wird ein gerichtliches Verfahren beim örtlich nicht (mehr) zuständigen Gericht anhängig gemacht, droht eine Abweisung der Klage als unzulässig. Ein solches Szenario gilt es selbstverständlich zu vermeiden. Auch ist zu befürchten, dass die besondere wettbewerbsrechtliche Expertise einzelner Landgerichte in Deutschland auf Dauer verloren geht.

Die bisherige Entscheidungspraxis
Die Frage der Reichweite des Anwendungsbereichs des §14 Abs. 2 S. 3 Nr. 1 UWG wurde bereits von verschiedenen Instanzgerichten diskutiert. Festzustellen ist dabei eine große Uneinigkeit in der Entscheidungspraxis. Eine vorherrschende Auffassung unter den Gerichten zur Auslegung der Vorschrift ist bislang nicht erkennbar.

Bereits im Januar 2021 hatte das Landgericht Düsseldorf Gelegenheit, sich zur Auslegung des §14 Abs. 2 S. 3 Nr. 1 UWG zu äußern (Beschluss 15.01.21, Az. 38 O 3/21). In einem einstweiligen Verfügungsverfahren betreffend einen irreführenden Werbespot im Fernsehen und auf YouTube nahm das Gericht seine örtliche Zuständigkeit an, obwohl es sich bei einer wortlautgetreuen Auslegung der Vorschrift für unzuständig hätte erklären müssen. Nach Auffassung der Kammer sei der Ausnahmetatbestand seinem Sinn und Zweck nach beschränkt auf solche Zuwiderhandlungen, bei denen der geltend gemachte Rechtsverstoß tatbestandlich an ein Handeln im elektronischen Geschäftsverkehr oder in Telemedien anknüpft. Für wettbewerbswidriges Verhalten im Internet, welches grundsätzlich auch beim Einsatz anderer Kommunikationskanäle verwirklicht werden kann (z.B. Fernsehen, Radio, Printmedien, etc.), solle der fliegende Gerichtsstand unverändert fortgelten.

In dem anschließenden Beschwerdeverfahren äußerte das Oberlandesgericht Düsseldorf eine gegenteilige Rechtsauffassung. Für eine einschränkende Auslegung des §14 Abs. 2 S. 3 Nr. 1 UWG solle kein Raum bestehen und die Vorschrift sei wortlautgetreu anzuwenden (Beschluss 16.02.21, Az. 20 W 11/21). Das Landgericht hätte sich also für unzuständig erklären müssen. Entgegen den Erwartungen änderte das Landgericht seine Rechtsauffassung aber nicht. Nur wenig später stellte es sich in weiteren Entscheidungen ausdrücklich gegen die Sichtweise des Oberlandesgerichts und hielt an seiner eigenen Rechtsauffassung zur einschränkenden Auslegung fest (Beschluss 26.02.21, Az. 38 O 19/21 und Urteil 21.05.21, Az. 38 O 3/21). Das Oberlandesgericht Düsseldorf blieb seiner Linie ebenfalls treu und bestätigte in zwei weiteren Urteilen die faktische Abschaffung des fliegenden Gerichtsstands bei Zuwiderhandlungen im Internet (Urteil 16.12.21, Az. 20 U 83/21 und Urteil 27.01.22, Az. 20 105/21).

Die Entscheidungen der Düsseldorfer Gerichte spiegeln die Entscheidungspraxis weiterer Instanzgerichte in Deutschland wider.

Das Oberlandesgericht Frankfurt am Main (Beschluss 08.10.21, Az. 6 W 83/21) und die 6. Kammer für Handelssachen des Landgerichts Frankfurt am Main (Urteil 11.05.21, Az. 3-06 O 14/21) befürworten etwa eine einschränkende Auslegung des §14 Abs. 2 S. 3 Nr. 1 UWG und schließen sich der Rechtsauffassung des Landgerichts Düsseldorf an. Der fliegende Gerichtsstand solle unverändert fortgelten, soweit die Zuwiderhandlungen tatbestandlich nicht an ein Handeln im elektronischen Rechtsverkehr oder in Telemedien anknüpfen. Anders sieht es hingegen die 6. Zivilkammer des Landgerichts Frankfurt am Main (Beschluss 24.11.21, Az. 2-06 O 305/21). Diese Kammer des Landgerichts schließt sich der Auffassung des Oberlandesgerichts Düsseldorf an.

Ähnlich widersprüchlich verhält es sich beim Kölner Landgericht. Die 33. Zivilkammer legt die Vorschrift wie das Landgericht Düsseldorf einschränkend aus (Beschluss 26.04.21, Az. 33 O 13/21 und Beschluss 22.03.2022, Az. 33 O 166/22), während sich die 4. Kammer für Handelssachen der Auffassung des Oberlandesgerichts Düsseldorf anschließt (Beschluss 03.11.21, Az. 84 O 161/21).

Das Landgericht Stuttgart geht indes davon aus, dass der Ausnahmetatbestand des §14 Abs. 2 S. 3 Nr. 1 UWG von vornherein nur für rein virtuelle Verstöße gelten solle. (Beschluss 27.10.21, Az.11 O 486/21). Eine Einschränkung des fliegenden Gerichtsstands nach §14 Abs. 2 S. 3 Nr. 1 UWG komme nur bei solchen Zuwiderhandlungen in Betracht, die ausschließlich in Telemedien verwirklicht werden. Jedenfalls im Ergebnis wird damit an die Rechtsauffassung des Landgerichts Düsseldorf angeknüpft.

Konsequenzen und Ausblick

Dieser kurze Einblick in die Entscheidungspraxis der Instanzgerichte illustriert eindrucksvoll, dass unbedingt Sorgfalt geboten ist, was die Wahl des angerufenen Gerichts in Wettbewerbssachen anbetrifft. Es lässt sich schlicht schwer vorhersehen, ob und inwieweit ein deutsches Landgericht bei Zuwiderhandlungen im Internet den fliegenden Gerichtsstand noch anerkennen wird. Der Umstand, dass diese Frage selbst innerhalb einiger Landgerichte nicht einheitlich beantwortet wird, macht die Beurteilung für ein Unternehmen selbstverständlich nicht einfacher. Zu berücksichtigen ist weiter, dass sich Zuständigkeiten und Besetzungen der landgerichtlichen Kammern auch ändern mögen, was Einfluss auf die bisherige Spruchpraxis haben kann.

Auf eine absehbare Klärung durch den Bundesgerichtshof wird man im Übrigen nicht bauen können. Sowohl dem Bundesgerichtshof als auch den einzelnen Oberlandesgerichten ist die Prüfung, ob ein Landgericht seine örtliche Zuständigkeit zu Recht angenommen hat, gemäß den §§513 Abs. 2, 545 Abs. 2 ZPO verwehrt. Erst im Fall von Willkür mag dies anders zu beurteilen sein.

Demnach bleibt es vorerst bei dem unbefriedigenden Ergebnis, dass wettbewerbsrechtliche Streitigkeiten wegen Zuwiderhandlungen im Internet auch vor Gerichten verhandelt werden müssen, die möglicherweise wenig bis gar keine Expertise in der wettbewerbsrechtlichen Spezialmaterie aufweisen. Um die besondere Sachkenntnis einzelner Landgerichte zu bewahren, haben die Landesregierungen gemäß §14 Abs. 3 UWG zwar die Möglichkeit, für mehrere Landgerichtsbezirke die Zuständigkeit für Wettbewerbsstreitsachen in die Hände einzelner Landgerichte zu legen. Von dieser Möglichkeit haben bislang jedoch lediglich die Bundesländer Mecklenburg-Vorpommern (Landgericht Rostock), Sachsen (Landgerichte Leipzig und Dresden) und jüngst auch Nordrhein-Westfalen (Landgerichte Düsseldorf, Bochum und Köln) Gebrauch gemacht.

Praxishinweise

Bei einer beabsichtigten gerichtlichen Verfolgung internetbezogener Wettbewerbsverstöße bietet es sich für Unternehmen künftig an, wie folgt zu unterscheiden:

Steht ein rein virtueller Rechtsverstoß bzw. ein Rechtsverstoß im Raume, der tatbestandlich an ein Handeln im elektronischen Geschäftsverkehr oder in Telemedien anknüpft, ist die Sache eindeutig. Der fliegende Gerichtsstand ist für diese Sachverhalte abgeschafft. Ein gerichtliches Verfahren muss – vorbehaltlich einer Konzentrationsermächtigung nach §14 Abs. 3 UWG – am allgemeinen Gerichtsstand des Beklagten geführt werden. Umfasst sind alle Sachverhalte, in denen etwa durch die im Internet zugänglich gemachten Inhalte (z.B. Online-Verkaufsangebote, etc.) der Wettbewerbsverstoß begründet wird.

Hiervon zu trennen sind Fälle von wettbewerbswidrigem Verhalten im Internet, welches grundsätzlich auch beim Einsatz anderer Kommunikationskanäle verwirklicht werden kann (z.B. Fernsehen, Radio, Printmedien, etc.). Sollte das Gericht am allgemeinen Gerichtsstand des Beklagten ungeeignet erscheinen und auch keine Konzentrationsermächtigung nach §14 Abs. 3 UWG bestehen, lohnt es sich, einen Blick auf die Entscheidungspraxis der Instanzgerichte zu werfen. Für das Verfahren sollte ein passendes Landgericht gewählt werden, welches sich bestenfalls wiederholt für die einschränkende Auslegung des §14 Abs. 2 S. 3 Nr. 1 UWG ausgesprochen hat. Sofern das Gericht nach Einleitung des Verfahrens wider Erwarten beabsichtigen sollte, sich für örtlich unzuständig zu erklären, müsste es zunächst seiner Hinweispflicht nach §139 ZPO nachkommen. Auf einen Verweisungsantrag gemäß §281 ZPO wäre der Rechtsstreit dann an das örtlich zuständige Gericht zu verweisen und außer den damit einhergehenden Verzögerungen bestünden keine Nachteile. Dieses Vorgehen empfiehlt sich jedoch nur für das Hauptsacheverfahren. Im einstweiligen Rechtsschutz wäre nicht auszuschließen, dass diese Herangehensweise als dringlichkeitsschädlich eingestuft wird, mit der Folge, dass es dem einstweiligen Verfügungsantrag an dem Verfügungsgrund fehlen könnte. ∎

KERNAUSSAGEN

- Der fliegende Gerichtsstand wird bei internetbezogenen Wettbewerbsverstößen durch die Ausnahmevorschrift des §14 Abs. 2 S. 3 Nr. 1 UWG erheblich eingeschränkt.
- Die Entscheidungspraxis der Instanzgerichte ist unübersichtlich und eine vorherrschende Auffassung unter den Gerichten zur Auslegung der Ausnahmevorschrift ist nicht erkennbar.
- Es droht der Verlust der besonderen Sachkenntnis einzelner bekannter und bewährter Landgerichte in Wettbewerbsstreitsachen.
- Unternehmen sollten die Entscheidungspraxis der Instanzgerichte im Blick behalten. Immer abhängig vom Einzelfall sollte bei internetbezogenen Wettbewerbsverstößen geprüft werden, bei welchem Landgericht die Einleitung eines gerichtlichen Verfahrens am sinnvollsten erscheint.

Marken- und Wettbewerbsrecht

Markenschutz im Metaverse

Lange Zeit zeichnete sich das Marken- u. Wettbewerbsrecht dadurch aus, dass es im Vergleich zu anderen Rechtsgebieten besonders konkret zuging: Auf Richtertischen reihten sich Schokoladenhasen und Gummibärchenpackungen, vor der Tür manchmal sogar ganze Sofalandschaften. Die Asservatenkammern von Kanzleien waren voll von Beispielen besonders dreister Nachahmungen oder Fälschungen. So haptisch geht es heute oft nicht mehr zu, insbesondere wenn es um IP-Schutz im Web 3.0 geht. Für Unternehmen, die sich zunehmend im Metaverse engagieren oder mit sogenannten NFTs (Non-Fungible Token) experimentieren, stellt sich schnell die Frage nach dem IP-Schutz für ihre virtuellen Güter. Hier können sich derzeit insbesondere marktführende Kanzleien wie **Hogan Lovells** und **CMS Hasche Sigle**, aber auch stark auf die Digitalisierungsberatung fokussierte Praxen wie **SKW Schwarz** u. **Osborne Clarke** gut im Markt positionieren. Dank integrierter Beratungsansätze, die neben dem IP auch die IT- und datenschutzrechtl. Schnittstellen abdecken, haben sie gegenüber trad. klassischen IP-Kanzleien einen klaren Vorteil bei diesem Zukunftsthema. Zusätzlich bietet sich hier auch dem technikaffinen IP-Nachwuchs ein ideales Feld, sich stärker gegenüber den trad. arbeitenden IP-Anwälten zu exponieren.

Längst zum Alltag gehört dagegen für alle der Umgang mit digitalen Handelsplattformen und sozialen Netzwerken. Diesen stehen nun durch die Gesetzesänderungen durch den Digital Services Act sowie den Digital Markets Act strengere Regeln ins Haus, unter anderem müssen sie schärfer gegen illegale Inhalte vorgehen. Das beschäftigt nicht nur Kanzleien wie **Freshfields Bruckhaus Deringer** oder **Hogan Lovells**, die umfangreich große Plattformen vertreten, sondern auch die Berater der Rechteinhaber. Am deutlichsten positioniert sich hierbei etwa **Lubberger Lehment**, die zuletzt zum Nachahmungsschutz besonders gefragt war und zudem durch ihren strateg. und gelungenen Teamaufbau auf sich aufmerksam machte.

Doch das Soft-IP zum Anfassen gibt es natürlich immer noch: So gab es im vergangenen Jahr nur wenige Kanzleien, die nicht einen ihrer Mandanten gegenüber dem Schuhhersteller Birkenstock verteidigen mussen. Im Markt bekannt ist, dass die Kölner IP-Boutique **Jonas** für Birkenstock zahlreiche wettbewerbsrechtliche Verfahren gegen andere Sandalenproduzenten führte und dass **SKW Schwarz** später sogar urheberrechtliche Ansprüche geltend machen konnte. Dass auch solche Produkte als Werke der angewandten Kunst den im Vergleich zu anderen Schutzrechten starken Urheberrechtsschutz genießen können, beschäftigt derzeit viele Soft-IP-Rechtler und sorgt für eine steigende Bedeutung urheberrechtlicher Kompetenzen in den Praxen.

Zudem ist auch das Megathema Nachhaltigkeit im Marken- und Wettbewerbsrecht angekommen: Bei Gütesiegeln geht es etwa darum, den Schutz als Gewährleistungsmarke zu erlangen, vor allem aber zu Werbeaussagen mit Nachhaltigkeits-Claims wie ‚Klimaneutral' läuft die Beratung und auch die Prozessvertretung in Kanzleien wie **Bird & Bird**, **CBH Rechtsanwälte** oder **Schultz-Süchting** derzeit auf Hochtouren. Die Wettbewerbszentrale geht hier unter anderem gegen zahlreiche Konsumgüterhersteller vor, die mit Umwelt- oder Klimaaussagen werben. An einem einheitlichen Leitfaden zu Ökowerbeaussagen arbeitet die EU derzeit allerdings noch.

Die Bewertungen behandeln Kanzleien, die im Marken-, Design- u. Wettbewerbsrecht beraten. Trotz starker Überschneidungen setzen die Kanzleien unterschiedliche Schwerpunkte, sodass Marken- und Wettbewerbsrecht in separaten tabellarischen Übersichten dargestellt sind. Im Markenrecht sind nur Kanzleien erfasst, die sich auch intensiv in zivilrechtl. Prozessen engagieren. Urheberrechtl. Kompetenz wird wg. der engen Verknüpfung mit der Branche im Kapitel ▷Medien berücksichtigt.

JUVE KANZLEI DES JAHRES FÜR MARKEN- UND WETTBEWERBSRECHT

LUBBERGER LEHMENT

Kaum eine Soft-IP-Kanzlei hat sich im Markt so klar und erfolgreich aufseiten von Markenartikelherstellern positioniert, die sie in Streitigkeiten gegen große Handelsplattformen oder -konzerne vertritt. Dabei kombiniert sie gekonnt IP- und vertriebsrechtliches Know-how und wirkt häufig für Mandanten wie Coty an grundsätzlichen Verfahren mit. Kontinuierlich gelingt es ihr daneben, ihren Wirkungskreis zu erweitern: So wird sie etwa durch ihre Tätigkeit für Auto 1 in der Start-up-Szene immer bekannter u. gewann hier zuletzt neue Mandanten wie Sunshine Smile.

Dabei macht Lubberger Lehment vor, wie ein erfolgreicher und nachhaltiger Teamaufbau geht: Neben Altmeister **Dr. Andreas Lubberger** u. erfahrenen Partnern wie **Martin Fiebig** übernimmt eine junge Partnergeneration zunehmend die Verantwortung in großen Mandaten, etwa bei Coty, Shiseido oder Würth. Dafür gab es zuletzt viel positives Feedback von Wettbewerbern und v.a. Auftraggebern: „Sehr gutes wirtschaftliches Verständnis, immer pragmatisch u. lösungsorientiert", lobt ein Mandant **Dr. Rani Mallick**, ein anderer hebt besonders das Team um **Eva Maierski** hervor, die erst Anfang des Jahres in den Kreis der Equity-Partner aufgestiegen war: „Beeindruckend gut bei der Fälschungsbekämpfung."

In München steht der im Markt immer bekannter werdende **Dr. Benjamin Koch** für einen erfolgr. Praxisaufbau: Er vertritt namh. Mandanten wie Apple, Sanity oder Moet Hennessy in Prozessen, „kombiniert fantastisches Fachwissen mit großartigem Geschäftssinn; immer reaktionsschnell, denkt über den Tellerrand hinaus, gutes Preis-Leistungs-Verhältnis."

MARKEN- UND WETTBEWERBSRECHT

ADVANT BEITEN
Marken- und Designrecht ★★★
Wettbewerbsrecht ★★

Bewertung: Mit tiefem Branchen-Know-how u. einem konsequent daran ausgerichteten breiten Beratungsansatz gehört die IP-Praxis zu den bekannten Größen im Marken- u. Wettbewerbsrecht. Für Mandanten aus dem Kosmetikbereich wie Estée Lauder u. ghd kombiniert sie gekonnt klass. IP- mit vertriebskartell- sowie werberechtl. Beratung. Auch bei Medienunternehmen verbessert AB durch die fachbereichsübergr. Beratung ihre Position kontinuierl.: IP-Aspekte spielen dabei regelm. eine wichtige Rolle, ein Paradebsp. lieferte die Beratung zur Gründung des ersten UKW-Privatradios in NRW. Hier koordinierte Weimann ein Team aus Rundfunk-, Gesellschafts-, Kartell- u. Markenrechtlern. Daneben steht im klass. Markenrecht v.a. Hackbarth für Prozesskompetenz u. zeigt dies in wichtigen Streitkomplexen für Inbus, Borgward u. Dörken. Durch ihre intensive Tätigkeit für einen gr. Handelskonzern vertieft sie zudem kontinuierl. ihre Erfahrung mit Farbmarken. Ähnlich wie bei Wettbewerberin Luther stehen die Zeichen auf Internationalisierung: Durch die Advant-Allianz rückte sie im Sept. 2021 in Italien u. Frankreich mit den IP-Teams ihrer Partnerkanzleien zusammen, schnell ergab sich so die Arbeit für einen ital. Modehersteller.

Stärken: Branchenbezogene Beratung für Medien-, Spiele- u. Sportmandanten (▷Medien).

Oft empfohlen: Dr. Holger Weimann („hervorragende u. pragmat. Beratung im UWG", Mandant; „sorgfältige Prozessführung bei hohem Einsatz, sehr engagiert, angenehm im Umgang", Wettbewerber), Dr. Christina Hackbarth („fundierte Praktikerin des Markenrechts mit langj. Erfahrung", Mandant; „souverän", Wettbewerber)

Team: 4 Eq.-Partner, 7 Sal.-Partner, 5 Associates, 1 of Counsel

Partnerwechsel: Dr. Alexandra Puff (zu Maucher Jenkins), Gudrun Hausner (zu GvW Graf von Westphalen), Laureen Lee (zu Meta)

Schwerpunkte: Strateg. Beratung u. Prozessvertretung im Marken- u. Wettbewerbsrecht. In München konzentriert umfangr. Portfoliomanagement. In Berlin v.a. an der Schnittstelle zum Urheber- u. Vertriebskartellrecht. In Ffm. viele Mandanten aus der Games-Branche.

Mandate: Borgward in markenrechtl. Beschwerdeverf. gg. Renault; Inbus IP in Verfallsverfahren; Dörken Coatings in Markenverletzungsprozess gg. CWS Lackfabrik; ital. Modehersteller in Streit um Positionsmarke u. anschl. Vergleich; Estée Lauder lfd. zu Werbe- u. Kennzeichnungsfragen; Tencent in internat. Vorgehen gg. Urheber- u. UWG-Verletzungen; ghd Dtl. umf. im IP; Einzelhandelskette u.a. in 2 Farbmarkenverf.; lfd. im Markenrecht: DFB, FC Bayern, Intersport, Nio.

ALLEN & OVERY
Marken- und Designrecht ★
Wettbewerbsrecht ★

Bewertung: Die IP-Praxis um Partner Matthes ist für namh. Mandanten wie Nikon, Pandora oder Paola Lenti umf. im Marken- u. Wettbewerbsrecht tätig. Geschickt verzahnt sie dabei ihre IP-Kompetenzen mit Fachbereichen wie IT u. Datenschutz sowie ihrer M&A-Praxis. Hier begleitete sie zuletzt wieder einige gr. IP-starke Transaktionen, etwa für TF1 den Verkauf von Gofeminin. Durch die intensive Vertretung namh. Konsumgüterhersteller wie Ecover u. SC Johnson hat das Team einiges an Know-how zu Werbung mit Nachhaltigkeits-Claims aufgebaut, einem derzeit gefragten u. aktuellen Thema im Markt.

Oft empfohlen: Dr. Jens Matthes („reaktionsschnell u. hervorragende Kenntnis im Markenrecht", „erfahrener Wettbewerbsrechtler mit pragmat. Ansatz, auch in Prozessen", Mandanten; „gutes Verständnis für komplexe Zusammenhänge", Wettbewerber)

Team: 1 Partner, 4 Associates

Schwerpunkte: Strateg. Beratung u. Prozessvertretung im Marken- u. Wettbewerbsrecht, tlw. mit digitaler Ausrichtung; Transaktions-IP.

Mandate: Nikon in Werbe- u. UWG-Fragen, u.a. zu Testberichterstattung; Paola Lenti im Designrecht; Schweizer Schokoladenhersteller in internat. Markenstreit; Yeti Data in markenrechtl. Prozess um ‚Snowflake'; SC Johnson umf. im IP, u.a. zu Nachhaltigkeits-Claims; Whoop bei EU-Markteintritt; Ecover umf. zu Produktdesigns u. im Markenrecht.

Marken- und Designrecht

★★★★★
CMS Hasche Sigle	Hamburg, Köln, Stuttgart, Düsseldorf, Leipzig
Hogan Lovells	Hamburg, Düsseldorf

★★★★★
Bird & Bird	Düsseldorf, München, Frankfurt, Hamburg
Harmsen Utescher	Hamburg
Harte-Bavendamm	Hamburg
Taylor Wessing	Hamburg, München, Düsseldorf, Frankfurt

★★★★
Bardehle Pagenberg	München
FPS Fritze Wicke Seelig	Frankfurt, Hamburg
Gleiss Lutz	Stuttgart, Berlin, München
Grünecker	München
Klaka	München
Lorenz Seidler Gossel	München
Lubberger Lehment	Berlin, Hamburg, München

★★★★
Baker McKenzie	Frankfurt
Bock Legal	Frankfurt
Boehmert & Boehmert	Berlin, München, Bremen
Jonas	Köln

★★★
Advant Beiten	München, Berlin, Frankfurt
CBH Rechtsanwälte	Köln, Hamburg
DLA Piper	Köln, Frankfurt, Hamburg
Friedrich Graf von Westphalen & Partner	Freiburg, Köln, Frankfurt
Heuking Kühn Lüer Wojtek	Köln, Frankfurt, Hamburg, Düsseldorf, Stuttgart
Hoyng ROKH Monegier	Düsseldorf
Noerr	München, Berlin
Nordemann Czychowski & Partner	Potsdam, Berlin
Rospatt Osten Pross	Düsseldorf
Schultz-Süchting	Hamburg
SKW Schwarz	München, Frankfurt, Berlin
Vossius & Partner	München

★★
Arnold Ruess	Düsseldorf
Eisenführ Speiser	Bremen, Hamburg
Eversheds Sutherland	München
Fieldfisher	Hamburg
Freshfields Bruckhaus Deringer	Düsseldorf
Göhmann	Hannover, Braunschweig, Bremen
KNPZ Rechtsanwälte	Hamburg
Luther	Köln, Hamburg, Düsseldorf, Essen
Oppenländer	Stuttgart
Osborne Clarke	Köln, München, Hamburg

Fortsetzung nächste Seite

Anwaltszahlen: Angaben der Kanzleien, wie viele Anwälte zu mind. ca. 50% in diesem Gebiet tätig sind. Sie spiegeln nicht zwingend die Gesamtgröße einer Kanzlei wider.

MARKEN- UND WETTBEWERBSRECHT

ARNOLD RUESS
Marken- und Designrecht ★★
Wettbewerbsrecht ★

Bewertung: Die D'dorfer IP-Boutique ist im Marken- u. Wettbewerbsrecht aufgr. ihrer ausgewiesenen Kompetenz in Prozessen im Markt bekannt. Das Team um Ruess vertritt bspw. namh. Mandanten wie Sony Interactive exklusiv in zahlr. Verletzungsprozessen. Nicht selten geht es zudem um grundsätzl. Streitigkeiten, zuletzt etwa für die Tabakgeschäftebetreiber Dr. Eckert. Eingespielt ist auch die Arbeit mit der angesehenen ▷patentrechtl. Praxis, deren Mandantin Novoluto setzt neuerdings auch in UWG-Verfahren auf AR.
Stärken: Prozesse.
Oft empfohlen: Prof. Dr. Peter Ruess („eloquent u. fair", „hervorragender Dogmatiker mit herausragendem Praxisbezug", „souveräner Verhandlungsführer", Wettbewerber)
Team: 1 Partner, 1 Counsel, 7 Associates
Schwerpunkte: Umf. Prozessvertretung u. Beratung im Marken- u. Designrecht sowie UWG. Am Rande auch Markenverwaltung u. strateg. Beratung.
Mandate: Boxine umf. im IP, u.a. zu Nachahmungen u. internat. Markeneinführung; Novoluto/Wow Tech in 2 UWG-Prozessen; Sony Interactive Entertainment in Verletzungsverfahren; Odin Automotive zu neuer IP-Strategie; Pascoe lfd. in UWG- u. HWG-Fragen; Dr. Eckert in Grundsatzprozess zu Tabakwerbung; Zentis umf. im IP; lfd.: Eismann, Subaru, Johanniterorden (u.a. in Verfahren zu ‚Malteserkreuz').

BAKER MCKENZIE
Marken- und Designrecht ★★★★
Wettbewerbsrecht ★★★

Bewertung: Mit ihrem umf. Angebot spricht die Kanzlei im Marken- u. Wettbewerbsrecht v.a. internat. tätige, gr. Mandanten an. Herzstück der Praxis um die beiden erfahrenen Partner Fammler u. Niebel ist die internat. Portfolioverwaltung, die mit einem Mix aus technologieunterstützten, ausgelagerten IP-Serviceleistungen (v.a. in Manila) u. fachl. Experten vor Ort schon lange gr. Unternehmen wie SAP u. Leica zu ihren Mandanten zählt. Daraus ergeben sich regelm. auch Prozessmandate um grundsätzl. Themen, wie zuletzt z.B. für Cassina – ein Fall, der außerdem zeigt, dass BM nicht nur im formellen Markenrecht internat. sehr integriert arbeitet, sondern auch in Prozessen, hier mit einem ital. Team. Mit ihrer bekannten Kompetenz bei Markenlizenzen unterstützt die dt. Praxis regelm. prominente Transaktionen (z.B. zuletzt für Sika bei der MBCC-Übernahme) u. wird auch direkt für komplexe IP-Transaktionen beauftragt. Prominentes Bsp. dafür war zuletzt die umfangr. Arbeit für Daimler bei der Konzernaufspaltung.
Stärken: Internat. Markenstrategien, Lizenzverträge.
Oft empfohlen: Dr. Michael Fammler („sehr professionell im Markenrecht, auch Arbeitnehmererfinderrecht, seit Jahren zufrieden", „Champions League im Markenrecht", Mandanten; „sehr sachl. u. kooperativ", Wettbewerber), Dr. Rembert Niebel, Markus Hecht („sehr klug u. umsichtig", Mandant)
Team: 2 Partner, 3 Counsel, 4 Associates
Schwerpunkte: Umf. zu Fragen in IP u. Wettbewerbsrecht inkl. Urheberrecht u. zu Lizenzverträgen. Internat. Portfoliomanagement u. Beratung zu Rebrandings, Merchandising-Strategien u. Franchisesystemen (▷Vertriebsrecht). Neben Betreuung von Grenzbeschlagnahmeverfahren auch prozessual tätig.
Mandate: Cassina in grenzüberschr. Markenverletzungsprozess; Daimler zu Marken- u. Designlizenzen sowie umf. im IP bei Spartenaufteilung; CSL Behring in markenrechtl. Streit u. zu Parallelimporten; Netflix im UWG; Getränkevertriebsunternehmen in 3D-Markenstreit u. zu geograf. Herkunftsangaben; Columbia Sportswear in Markenverletzungsprozessen. Umf. im Markenrecht (inkl. Portfolioverwaltung): SAP, Leica Microsystems, British American Tobacco, Fitbi, Calvin Klein.

BARDEHLE PAGENBERG
Marken- und Designrecht ★★★★
Wettbewerbsrecht ★★

Bewertung: Das angesehene Soft-IP-Team der gemischten Kanzlei gehört v.a. im Marken- u. Design-, aber auch im Wettbewerbsrecht zu den festen Größen im Markt. Rückgrat der Praxis ist die umfangr. Anmeldetätigkeit – trad. für einige sehr gr. Mandanten wie Coca-Cola, Adidas oder XL Energy sowie zuletzt zunehmend auch für etliche kleinere u. mittelständ. Unternehmen. Doch v.a. ihr Ruf als erprobte Prozessvertreter führt dazu, dass die Partner Mandanten wie Gibson oder Husqvarna auch in wichtigen, oft grundsätzl. Verfahrenskomplexen zur Seite stehen. Die Soft-IP-Rechtler decken dabei routiniert angrenzende Beratungsfelder wie Urheberrecht u. Geschäftsgeheimnisschutz mit ab, ihr IP-Rundumberatungsansatz zeigt sich aber am deutlichsten in der regelm. u. engen Zusammenarbeit mit ihrer renommierten ▷patentrechtl. Praxis, zuletzt bspw. für Ethicon Endo Surgery. Das gilt zunehmend auch standortübergr.: Mit einem D'dorfer Patentrechtspartner, der ebenfalls im Design- u. Wettbewerbsrecht tätig ist, arbeitet das Münchner Soft-IP-Kernteam bei Messebeschlagnahmen zusammen.
Stärken: Prozesse, formelles Markenrecht, Designschutz, internat. Ausrichtung.
Oft empfohlen: Claus Eckhartt, Pascal Böhner, Dr. Philipe Kutschke („sehr pragmat., effektiv u. zielführend; Zusammenarbeit, die Spaß macht", Mandant), Dr. Henning Hartwig („exzellent im Marken- u. Wettbewerbsrecht, seine Schriftsätze lesen sich wie ein spannender Krimi, versteht es aber auch, Argumente u. Ausführungen kurz u. klar auf den Punkt zu bringen", Mandant; „einer der besten Prozessspezialisten im Designrecht", Wettbewerber), Prof. Dr. Alexander v. Mühlendahl
Team: 2 Eq.-Partner, 2 Sal.-Partner, 2 Counsel, 5 Associates
Schwerpunkte: Umf. Prozessvertretung u. Beratung im Marken- u. Designrecht sowie im UWG u. Ur-

Marken- und Designrecht Fortsetzung

★

Kanzlei	Standort
Allen & Overy	Düsseldorf
Brandi	Bielefeld
Cohausz & Florack	Düsseldorf
Dentons	Frankfurt, Berlin
Esche Schümann Commichau	Hamburg
Fechner	Hamburg
GvW Graf von Westphalen	Frankfurt, Hamburg
Hildebrandt	Berlin
Hoffmann Eitle	München, Düsseldorf
Kleiner	Stuttgart, Düsseldorf
Klinkert	Frankfurt
LLR Legerlotz Laschet und Partner	Köln
Löffel Abrar	Düsseldorf
Loschelder	Köln
Meissner Bolte	München, Nürnberg
Menold Bezler	Stuttgart
Nesselhauf	Hamburg
Norton Rose Fulbright	Frankfurt
Notos	Frankfurt
Orth Kluth	Düsseldorf
Preu Bohlig & Partner	Berlin, München
Schalast & Partner	Stuttgart
Schiedermair	Frankfurt
Schmitt Teworte-Vey Simon & Schumacher	Köln
Squire Patton Boggs	Frankfurt
Taliens	München
Uexküll & Stolberg	Hamburg
Unit 4 IP	Stuttgart
Zenk	Hamburg

Die Auswahl von Kanzleien und Personen in Rankings und tabellarischen Übersichten ist das Ergebnis umfangreicher Recherchen der JUVE-Redaktion. Sie ist in 2erlei Hinsicht subjektiv: Die Aussagen der befragten Quellen sind subjektiv u. spiegeln deren Erfahrungen u. Einschätzungen. Die JUVE-Redaktion wiederum analysiert die Rechercheergebnisse unter Einbeziehung ihrer eigenen Marktkenntnis. Der JUVE Verlag beabsichtigt keine allgemeingültige oder objektiv nachprüfbare Bewertung. Es ist möglich, dass eine andere Recherchemethode zu anderen Ergebnissen führt. Innerhalb einzelner Gruppen in Rankings und tabellarischen Übersichten sind Kanzleien und Personen alphabetisch sortiert.

MARKEN- UND WETTBEWERBSRECHT

heberrecht, daneben gr. Verwaltungspraxis von Marken u. Designs. Zudem im Werberecht, bei Produkteinführungen u. Grenzbeschlagnahmen tätig. Eigene Büros in Mailand u. Barcelona, im Soft-IP v.a. aber regelm. Austausch mit dem Pariser Büro.

Mandate: Adidas umf. im Designrecht u. in div. Markenverletzungsfällen; Gibson in UWG-Prozess sowie neu zu Markenverwaltung; Diesel in Markenverletzungsprozess gg. Lidl; Ethicon Endo Surgery in Verletzungsverf. gg. div. Wettbewerber; GHI in UWG-Prozess; Air up, Livinguard u. Coca-Cola umf. im IP; Husqvarna/Gardena in Prozess um 3D-Marke; Apple zu EU-Designs; lfd. im Markenrecht: Marriott, Lonza, L'Oréal, Reckitt, XL-Energy, Wago.

BIRD & BIRD

Marken- und Designrecht	★★★★★
Wettbewerbsrecht	★★★★

Bewertung: Die gr. IP-Praxis agiert mit einer umf. Bandbreite u. zählt nach ihrem konsequenten Ausbaukurs der verg. Jahre zu den gefragtesten Beratern im Marken- u. Wettbewerbsrecht. Routiniert u. effizient – auch weil digital unterstützt – werden gr. Markenportfolios wie von Gruner + Jahr oder eines gr. internat. Sportverbandes verwaltet u. auch bei deren Rechtedurchsetzung begleitet. Zunehmend arbeitet die Praxis hier länderübergr. u. übernimmt oft eine zentrale Koordinationsrolle, bspw. bei ihrer Arbeit für Procter & Gamble. Mit dem internat. Angebot sowie der Abdeckung relevanter Schnittstellen wie Werbe- u. Datenschutzrecht überzeugt B&B regelm. neue Mandanten, zuletzt etwa Fressnapf. Auch im Wettbewerbsrecht ist die Praxis sehr anerkannt u. spielt bei den aktuellen Themen mit: seien es Verfahren zum fliegenden Gerichtsstand oder die Beratung zu Nachhaltigkeits- u. Klima-Claims. Darunter fällt etwa schon länger die Arbeit für div. Kfz-Hersteller wie Audi, die die Kanzlei intensiv zur Pkw-EnVKV berät. Aber auch klass. IP-Mandanten wie Katjes setzen auf dieses Know-how.

Stärken: Markenstrateg. Beratung, Prozesse (u.a. wg. Farbmarken).

Oft empfohlen: Dr. Joseph Fesenmair („gr. Fachwissen im IP, verständl. Beratung, kundenorientiert, flexibel", Mandant; „versiert u. erfahren im Marken- u. Lizenzrecht", Wettbewerber), Dr. Uwe Lüken („guter IP-Rechtler", Wettbewerber), Dr. Markus Körner („zielorientiert u. kooperativ bei der Aushandlung eines Vergleichs", „gute Ideen, gesunder Menschenverstand, optimale Lösungen für beide Seiten", Wettbewerber), Dr. Richard Dissmann („sehr gut, fair u. ordentlich", „sehr reaktionsschnell u. wirtschaftl. denkend", Wettbewerber), Dr. Frederik Thiering, Marion Jacob, Dr. Constantin Eikel („aufstrebender, kreativer Prozessspezialist, insbes. für komplexe Verfahren, unkonventionelle Marken u. strateg. Beratung", Wettbewerber)

Team: 8 Partner, 7 Counsel, 24 Associates, 1 of Counsel

Schwerpunkte: Umf. Beratung bei der Entwicklung von Markenstrategien u. Vertretung in Markenverletzungsprozessen sowie formelles Markenrecht. Im UWG neben Prozessen insbes. strateg. Beratung. Zudem Beratung von Schutzverbänden zu geograf. Herkunftsangaben u. Datenschutz (▷IT u. Datenschutz).

Mandate: Katjes im UWG zu Green Advertising; Fressnapf zu marken- u. wettbewerbsrechtl. Beratung; Audi im Marken-, Designrecht u. UWG, u.a. in Prozessen gg. DUH bzgl. Pkw-EnVKV; Canon u.a. zu Markenverletzungen; Dr. Loges + Co. in UWG-Prozessen u. bei Produkteinführung; Lloyd Schuhe u. Electrolux umf. im IP; lfd. im Markenrecht: VW, Gruner + Jahr, HelloFresh, DSGV, Procter & Gamble, Peek & Cloppenburg.

BOCK LEGAL

Marken- und Designrecht	★★★★
Wettbewerbsrecht	★★★★

Bewertung: Schon lange haben die IP-Partner der Kanzlei im Markt einen guten Ruf als Prozessvertreter im Marken- u. Wettbewerbs- sowie insbes. auch im Designrecht. Neben ihrer langj. Erfahrung mit zahlr. Produktpirateriefällen (insbes. für einige ital. Luxusgütermandanten) etabliert sich die Kanzlei immer mehr als Adresse v.a. für komplexe u. oft grundsätzl. Streitfälle. So kamen zuletzt etwa die Friedhelm Loh Group in einer Farbmarkensache (marktbekannt) sowie Cepewa im UWG/Urheberrecht als Mandanten hinzu. Ein weiteres Aushängeschild der Praxis ist die Kompetenz mit UWG-Streitigkeiten in der TK-Branche, die v.a. Döring durch eine intensive Tätigkeit für die Stammmandantin Vodafone hochhält. Ihre ausgezeichneten Beziehungen zu div. Patentanwälten führen ganz regelm.

Wettbewerbsrecht

★★★★★

CMS Hasche Sigle	Hamburg, Stuttgart, Köln, Berlin, Leipzig
Harmsen Utescher	Hamburg
Harte-Bavendamm	Hamburg
Hogan Lovells	Düsseldorf, Hamburg
Klaka	München, Düsseldorf
Lubberger Lehment	Berlin, Hamburg, München
Taylor Wessing	Hamburg, München, Düsseldorf, Frankfurt, Berlin

★★★★

Bird & Bird	Düsseldorf, München, Hamburg
Bock Legal	Frankfurt
Danckelmann und Kerst	Frankfurt
FPS Fritze Wicke Seelig	Frankfurt, Hamburg
Gleiss Lutz	Stuttgart, Berlin, München
JBB Rechtsanwälte	Berlin
Lorenz Seidler Gossel	München
Oppenländer	Stuttgart
Schultz-Süchting	Hamburg

★★★

Baker McKenzie	Frankfurt
CBH Rechtsanwälte	Köln, Hamburg
DLA Piper	Hamburg, Köln, Frankfurt
Freshfields Bruckhaus Deringer	Düsseldorf
Friedrich Graf von Westphalen & Partner	Freiburg, Köln
Heuking Kühn Lüer Wojtek	Köln, Frankfurt, Hamburg
Jonas	Köln
Loschelder	Köln
Noerr	München, Berlin
Osborne Clarke	Köln, München, Hamburg
SKW Schwarz	Frankfurt, München, Berlin
Weber & Sauberschwarz	Düsseldorf

★★

Advant Beiten	München, Berlin
Bardehle Pagenberg	München
Eversheds Sutherland	München
Fieldfisher	Hamburg
Grünecker	München
Hoyng ROKH Monegier	Düsseldorf
KNPZ Rechtsanwälte	Hamburg
Luther	Köln, Hamburg, Düsseldorf, Essen
Menold Bezler	Stuttgart
Nordemann Czychowski & Partner	Potsdam, Berlin
Preu Bohlig & Partner	Berlin, München
Rospatt Osten Pross	Düsseldorf
Schiedermair	Frankfurt

Fortsetzung nächste Seite

MARKEN- UND WETTBEWERBSRECHT

auch zu Arbeit im Soft-IP, etwa für etliche mittelständ. Unternehmen aus dem Technologiesektor. Da insbes. Bock u. Fügen auch sehr erfahren im Patentrecht sind, ist dabei eine gute IP-Rundumberatung gewährleistet.

Stärken: Prozesse, Produktpiraterie. Betreuung von Luxusgüterherstellern, Designrecht.

Oft empfohlen: Dr. Andreas Bock, Dr. Jan Müller-Broich („sehr kundig, vernünftig u. professionell, aber hart in der Sache", Wettbewerber), Dr. Reinhard Döring („herausragender Forensiker mit gutem Blick für das Wesentliche u. Gespür für die Inhouse-Themen", Mandant; „erfahrener Wettbewerbsrechtler, sachl. Stil", „konstruktiv", Wettbewerber), Michael Fügen

Team: 4 Eq.-Partner, 2 Sal.-Partner, 1 Counsel, 2 Associates

Schwerpunkte: Oft umf. Betreuung in Fragen des Marken-, Design- u. Wettbewerbsrechts, häufig auch an der Schnittstelle zum Urheberrecht. Zu 70% prozessual tätig, daneben auch formelles Markenrecht. Außerdem Patentrecht.

Mandate: Vodafone, u.a. in div. UWG-Verfahren um Werbeaussagen; Unitymedia im IP; Cepewa in zahlr. UWG-Prozessen um Spielzeug; Friedhelm Loh bzgl. Farbmarke; Ferrari in Prozessen zu Nachbauten; Guccio Gucci umf. im Marken- u. Designrecht; Mitwill in designrechtl. Prozess gg. Baldessarini; Vario in zahlr. Markenverletzungsprozessen; Chopard, Bottega Veneta, The Swatch Group, K+S lfd. im IP.

BOEHMERT & BOEHMERT

Marken- und Designrecht ★★★★
Wettbewerbsrecht ★

Bewertung: Das gr. Soft-IP-Team der Kanzlei überzeugt v.a. im Markenrecht mit einer ausgewiesenen Kompetenz bei der Beratung zu ww. Schutzrechtsstrategien. Das Management von Markenportfolios bildet seit jeher das Herzstück der Praxis. Daneben wenden sich ihre langj. Mandanten regelm. auch in Prozessen an die Rechtsanwälte, in denen es neben Markenverletzungen zuletzt auch um geograf. Herkunftsangaben u. wettbewerbsrechtl. Fragen ging. Zugleich nimmt die Tätigkeit für Start-ups mit digit. Geschäftsmodellen kontinuierl. zu, Beispiele lieferten etwa Wow Tech u. div. Mandanten aus dem Software- u. Nahrungsmittelbereich. Es sind v.a. jüngere Partner u. Counsel, die hier viel Know-how aufgebaut haben u. enger als früher mit Spezialisten angrenzender Beratungsfelder wie IT- u. ▷Medienrecht kooperieren, auch verstärkt standortübergreifend. Auch die Zusammenarbeit mit der etablierten ▷Patentpraxis intensivierte sich so noch einmal u. bietet Mandanten damit eine bessere IP-Rundumversorgung. Dass BB dabei auch den Generationswechsel im Team im Blick behält, zeigte sich Anfang 2022: In Bremen wurde mit Ratjen ein bereits im Markt bekannter Markenrechtsspezialist zum Partner ernannt.

Stärken: Umfangr. formelle Markenpraxis, internat. Ausrichtung (u.a. USA u. Asien).

Oft empfohlen: Dr. Volker Schmitz-Fohrmann, Dr. Martin Wirtz, Dr. Rudolf Böckenholt, Dr. Carl-Richard Haarmann, Dr. Eckhard Ratjen („kompetente Gelassenheit im Gerichtssaal", Wettbewerber), Peter Gross („hart in der Sache, aber angenehm im Umgang", „lösungsorientiert, kreativ u. konstruktiv, sachl. u. fairer Verhandler", Wettbewerber), Dr. Sebastian Engels („kompetenter Markenrechtler, zuverlässig, kreativ, hilfsbereit, stets freundl. u. lösungsorientiert", Mandant)

Wettbewerbsrecht Fortsetzung ★

Kanzlei	Standort
Allen & Overy	Düsseldorf
Arnold Ruess	Düsseldorf
Boehmert & Boehmert	München, Berlin
Brandi	Bielefeld
Cohausz & Florack	Düsseldorf
Dentons	Frankfurt, Berlin
Esche Schümann Commichau	Hamburg
Fechner	Hamburg
Göhmann	Hannover, Braunschweig, Frankfurt
GvW Graf von Westphalen	Hamburg, Frankfurt, München
Kleiner	Stuttgart, Düsseldorf
Klinkert	Frankfurt
LLR Legerlotz Laschet und Partner	Köln
Löffel Abrar	Düsseldorf
Nesselhauf	Hamburg
Norton Rose Fulbright	Frankfurt
Orth Kluth	Düsseldorf
Schalast & Partner	Stuttgart
Schmitt Teworte-Vey Simon & Schumacher	Köln
Squire Patton Boggs	Frankfurt
Zenk	Hamburg

Die Auswahl von Kanzleien und Personen in Rankings und tabellarischen Übersichten ist das Ergebnis umfangreicher Recherchen der JUVE-Redaktion. Sie ist in 2erlei Hinsicht subjektiv: Die Aussagen der befragten Quellen sind subjektiv u. spiegeln deren Erfahrungen u. Einschätzungen. Die JUVE-Redaktion wiederum analysiert die Rechercheergebnisse unter Einbeziehung ihrer eigenen Marktkenntnis. Der JUVE Verlag beabsichtigt keine allgemeingültige oder objektiv nachprüfbare Bewertung. Es ist möglich, dass eine andere Recherchemethode zu anderen Ergebnissen führt. Innerhalb einzelner Gruppen in Rankings und tabellarischen Übersichten sind Kanzleien und Personen alphabetisch sortiert.

Team: 10 Eq.-Partner, 3 Sal.-Partner, 17 Associates, 3 of Counsel

Schwerpunkte: Umf. Beratung im Marken-, Design- u. Wettbewerbsrecht. In Bremen traditionell starke Anmeldepraxis, v.a. in München ausgeprägte Prozesspraxis, insbes. auch bei Verfolgung von Produktpiraterie. Liaisonbüro in Schanghai, zudem Präsenzen in Alicante u. Paris.

Mandate: Victorinox in Prozess bzgl. geograf. Herkunftsangaben; Anker Innovations umf. im IP; Bundesinnenministerium bzgl. Gewährleistungsmarke; gr. dt. Einzelhändler in UWG-Streit um Produktgestaltung; Spezialschuhhersteller umf. im IP, u.a. zu Produktpiraterie u. in Verletzungsverfahren gg. dt. Sportartikelhersteller; mittelständ. Unternehmen in Firmennamenstreit; staatl. Hofbräuhaus München in Streit um ‚Hofbräuhaus'; Togg zu Modellbezeichnungen; lfd. im Markenrecht: BeautySweeties, Mondu, United Internet, Wow Tech.

BRANDI

Marken- und Designrecht ★
Wettbewerbsrecht ★

Bewertung: Das auf mehrere Standorte verteilte IP-Team der mittelständ. Kanzlei wird für seine Tätigkeit im Marken- u. Wettbewerbsrecht immer bekannter. Neben ausgezeichneten Kontakten zu namh. Stammandanten wie Claas, Miele u. Edeka ist die Kanzlei tief im regionalen Mittelstand verwurzelt. Einige Partner haben einen breiten fachl. Ansatz u. sind bspw. auch im IT-Recht aktiv. Obwohl einige auch stark in IP-Prozessen tätig sind, beschränkt sich die Wahrnehmung im Markt bislang v.a. auf Kruse.

Oft empfohlen: Dr. Kevin Kruse („kompetente, rasche u. kreative Betreuung unseres Markenportfolios", „sehr engagiert u. stark bei der Vertretung vor Gericht", „pragmat., lösungsorientiert, reaktionsschnell u. präzise", Mandanten)

Team: 8 Partner, 4 Associates

Schwerpunkte: Umf. Beratung u. Prozessvertretung im Marken- u. Designrecht inkl. Portfolioverwaltung. Zudem Vertretung zu Geschäftsgeheimnisschutz sowie IP-rechtl. Begleitung von Transaktionen.

Mandate: Claas umf. im IP inkl. Prozesse; div. Edeka-Regionalgesellschaften sowie Verband lfd. im Marken- u. Wettbewerbsrecht; Gauselmann lfd. im IP inkl. Markenanmeldungen; Glaskoch (,Leonardo') umf., v.a. im UWG; ScanVest in div. Prozessen bzgl. Geschäftsgeheimnisschutz; Wettbewerbszentrale lfd. in Prozessen; Bertelsmann Stiftung im Lizenzrecht u. UWG; Enercity in zahlr. UWG-Prozessen; Fressnapf, Ritex u. LR Health and Beauty im UWG; lfd. im IP: Elmar Flötotto, Miele, Coffee Perfect, Leineweber (,Brax').

CBH RECHTSANWÄLTE

Marken- und Designrecht ★★★
Wettbewerbsrecht ★★★

Bewertung: Das IP-Team dieser mittelständ. Kanzlei wartet im Marken- u. Wettbewerbsrecht mit einem hohen Spezialisierungsgrad auf, der sich in mehreren Bereichen niederschlägt. Schon länger profiliert ist etwa die UWG-rechtl. Beratung im Zshg. mit dem Glücksspielrecht, doch v.a. die Kompetenz des Kölner Teams zu Gewährleistungsmarken u. Gütezeichen zieht immer größere Kreise: Bspw. setzt hier neuerdings ClimatePartner bzgl. des Labels ‚Klimaneutral' auf CBH, die damit bei einem der gr. aktuellen Themen des Marktes Flagge zeigt. Dabei, aber auch bei ihrer insges. oft markenstrateg. Beratung im Vorfeld hat CBH die Mandantenbedürfnisse gut im Blick u. arbeitet intern mit Spezialisten anderer Fachgebiete wie Presse- u. Medienrecht sowie zu-

MARKEN- UND WETTBEWERBSRECHT

nehmend IT- u. Urheberrecht routiniert zusammen. Letzteres zeigte sie etwa bei ihrer Arbeit für die Dt. Gesellschaft für Cybersicherheit. Beeindruckend stabile u. gute Kontakte bestehen zu z.T. gr. dt. Konzernen wie Mercedes-Benz u. Daimler Trucks, daneben verfügen die Partner aber auch über ein wachsendes internat. Netzwerk: über den Kontakt zu einer US-Kanzlei beriet sie zuletzt etwa Fanbase Media bei ihrem EU-Markteintritt. Insbes. in Mandaten für die Modebranche tauscht sich das Team auch standortübergr. aus, da besonders die Hamburger Partner als routinierte Prozessvertreter in Grenzbeschlagnahme- u. Produktpirateriefällen für namh. Mandanten wie LVMH bekannt sind.
Stärken: UWG-Beratung mit Bezug zum Glücksspielrecht (Köln) u. Vertretung von Luxusgüterkonzernen zu Produktpiraterie u. Grenzbeschlagnahme (HH).
Oft empfohlen: Dr. Ingo Jung, Nadja Siebertz („hervorragende strateg. u. operative Beratung in allen Bereichen des Markenrechts", Mandant), Prof. Dr. Markus Ruttig („lösungsorientierter Wettbewerbsrechtler", „Koryphäe im Glücksspiel- u. Wettbewerbsrecht", Mandanten), Dr. Detlef von Schultz, Sebastian Eble („sehr vernünftiger IP-Rechtler", Wettbewerber)
Team: 7 Partner, 10 Associates, 1 of Counsel
Schwerpunkte: In Köln Beratung u. Vertretung von vorwiegend dt. Mandanten (u.a. Start-up-Unternehmen) im Marken- u. Wettbewerbsrecht, oft auch strateg. im Vorfeld u. bei Werbekampagnen. Daneben auch formelles Markenrecht v.a. für mittelständ. Mandanten. In HH überwiegend Produktpiraterie- u. Grenzbeschlagnahmefälle für Luxusgütermandanten.
Mandate: ClimatePartner in gr. Verfahrenskomplex bzgl. Bezeichnung ‚Klimaneutral'; Aeneas in grundsätzl. Markenprozess; Dt. Gesellschaft für Cybersicherheit u.a. zu Markenstrategie; Dt. Verband Gas- u. Wassertechnik zu Güte- u. Gewährleistungsmarken; ital. Chemiehersteller zu Geschäftsgeheimnisschutz; dt. Schokoladenhersteller in Farbmarkenprozessen; Lenze im UWG u. Lizenzrecht; Linda u. Obi umf. im IP, Letztere u.a. in Farbmarkenstreit; LVMH, v.a. zu Produktpiraterie u. Grenzbeschlagnahme. Lfd. im Markenrecht: Mercedes-Benz, Daimler Truck, Bastei-Lübbe, Dt. Lotto- u. Totoblock.

COHAUSZ & FLORACK

Marken- und Designrecht	★
Wettbewerbsrecht	★

Bewertung: Die gemischte IP-Kanzlei mit Schwerpunkt im Patentrecht berät ebenfalls viele Mandanten im Markenrecht u. hat sich so auch im Soft-IP etabliert. Bekannt ist C&F v.a. für ihre Tätigkeit im formellen Markenrecht, ihr Fokus liegt auf der Markenverwaltung inkl. Widerspruchsverfahren u. strateg. Beratung. Eng ist auch die Verzahnung mit der starken Patentpraxis. Mandanten wie LG, Bugatti u. Harley-Davidson halten der Kanzlei seit Langem im Soft-IP die Treue. Wie gut sich der Bereich dabei entwickelt, zeigte zuletzt auch eine interne Partnerernennung eines Rechtsanwaltes.
Oft empfohlen: Rebekka Schiffer („kompetent u. erfahren in Markenregistrierung u. -schutz", Mandant)
Team: 4 Partner
Schwerpunkte: Trad. Fokus im ▷*Patentrecht*. Im Soft-IP formelles Markenrecht u. strateg. Beratung, auch Prozesse (UWG, Marken- u. Designrecht).
Mandate: Assa Abloy u. HID Global in Verfahren, Grenzbeschlagnahme u. zu Markenstrategie; Harley-Davidson, u.a. zu Farbmarke; Innogy zu Designanmeldungen; Rubik's Brand zu Grenzbeschlagnahme; lfd. im Markenrecht: Acer, LG Electronics, Bugatti, Dt. Edelstahlwerke, Philips, SIG Technology.

Generation übernimmt nicht nur erfolgr. die Verantwortung in langj. Mandatsverhältnissen u. sorgt so für Kontinuität, sondern sie baut auch engagiert die fachbereichsübergr. u. internat. Zusammenarbeit aus, um eine nahtlose Beratung zu ermöglichen. Von der engen Abstimmung mit IT- u. Arbeitsrechtlern profitieren Mandanten etwa, wenn es um das Thema Geschäftsgeheimnisschutz geht; hier war das Team verstärkt aktiv, etwa für Kühne + Nagel u. Bobst Bielefeld. Ein weiteres Bsp. ist die stetig zunehmende Beratung zu Digitalisierungsthemen, bei denen die IP-Rechtler eng verzahnt mit den regulator., kartell- u. IT-rechtl. Teams arbeiten. So beraten sie bspw. mehrere Bundesligavereine zu IP-rechtl. Themen im Zshg. mit dem Metaverse.
Stärken: Prozesse, Anmeldepraxis. Besondere Kompetenz für die Branchen ▷*Medien* u. Verlage, ▷*Lebensmittel* sowie Pharma (▷*Gesundheit*). Viele im Markt anerkannte Partner.
Oft empfohlen: Prof. Dr. Gordian Hasselblatt („sehr erfahren u. präsent im Markenrecht", „hervorragender Verhandler", Wettbewerber), Dr. Alexander von Bossel, Dr. Jens Wagner, Dr. Torsten Sill („sehr verlässlich u. kompetent im Wettbewerbsrecht", Mandant; „kreativer Verhandler", Wettbewerber), Dr. Heralt Hug, Dr. Carsten Menebröcker („guter Prozessstratege, konstruktiv u. professionell im Umgang", Wettbewerber), Dr. Heike Blank („sehr kompetent u. zuverlässig", Mandant), Dr. Markus Schöner, Prof. Dr. Matthias Eck, Dr. Nikolas Gregor, Stefan Lüft („hervorragender IP-Berater, kompetent u. pragmat.", Mandant)
Team: IP insges.: 23 Partner, 14 Counsel, 32 Associates
Partnerwechsel: Dr. Thomas Manderla (in Ruhestand)
Schwerpunkte: Breit aufgestellte IP-Praxis mit starker Branchenfokussierung, umfangr. Markenverwaltungsabteilung u. markenrechtl. Prozesstätigkeit sowie Beratung, daneben Transaktionsbegleitung. Im Wettbewerbsrecht ebenfalls viele Prozesse sowie Beratung im Vorfeld von Werbekampagnen u. bei Produkteinführungen.
Mandate: Primark u.a. zu Nachhaltigkeitswerbekampagnen u. -Claims; Niko Liquids in UWG-Prozess zu Produktverpackungen; Aesculap in Verletzungsprozess; Zalando bzgl. Preiswerbung u. in UWG-Prozess; August Storck umf. im IP u. in Prozess zu Geschäftsgeheimnisschutz; Bitburger zu Produkteinführungen u. Marketingkampagnen; Porsche umf. im IP, u.a. in Prozess zur Schutzfähigkeit von Automobildesign; Eli Lilly lfd., v.a. zu Produktpiraterie; Check24 u. Kaufland lfd. im UWG; Bayer Vital lfd. im UWG/HWG; Bobst Bielefeld u. Kühne + Nagel zu Geschäftsgeheimnisschutz; lfd. im IP: Unilever, Mars, Leifheit, Brown-Forman, ICS International, Concert Service, Melitta, Upfield.

CMS HASCHE SIGLE

Marken- und Designrecht	★ ★ ★ ★ ★
Wettbewerbsrecht	★ ★ ★ ★ ★

Bewertung: CMS wirft im Marken- u. Wettbewerbsrecht ihr Netz weit aus u. erreicht mit ihrem gr. Team, einem breitem fachl. Spektrum u. einer ausgereiften Branchenspezialisierung eine hohe Marktdurchdringung. Ein Kernstück der IP-Praxis ist etwa die langj. Tätigkeit für zahlr. gr. Pharmakonzerne wie Eli Lilly, AstraZeneca u. Bayer. Diese setzten zuletzt wieder insbes. in UWG-/HWG-Angelegenheiten auf die Erfahrung des Teams, werden z.T. aber auch umfangr. im Markenrecht beraten. Ausgesprochen gute Kontakte unterhält CMS daneben in die Konsumgüterbranche u. zeigte hier neben der lfd. IP-Begleitung zuletzt insbes. mit der UWG-Beratung zu Nachhaltigkeits-Claims Flagge bei einem aktuellen Thema. Neben langj. Mandanten wie Barilla u. Unilever berät sie dazu neuerdings Primark, wobei auch internat. CMS-Büros zum Einsatz kommen. Das gr. IP-Team entwickelt u. verjüngt sich dabei stetig, zuletzt wurden intern 2 IP-Spezialisten zu Partnern ernannt. Die junge

---

Führende Berater im Markenrecht

Andreas Bothe
Hogan Lovells, Hamburg

Dr. Richard Dissmann
Bird & Bird, München

Dr. Michael Fammler
Baker McKenzie, Frankfurt

Dr. Burkhart Goebel
Hogan Lovells, Hamburg

Dr. Michael Goldmann
Harte-Bavendamm, Hamburg

Dr. Ralf Hackbarth
Klaka, München

Prof. Dr. Henning Harte-Bavendamm
Harte-Bavendamm, Hamburg

Prof. Dr. Gordian Hasselblatt
CMS Hasche Sigle, Köln

Prof. Dr. Ulrich Hildebrandt
Hildebrandt, Berlin

Prof. Dr. Reinhard Ingerl
Lorenz Seidler Gossel, München

Dr. Siegfried Jackermeier
Lorenz Seidler Gossel, München

Rainer Kaase
Harmsen Utescher, Hamburg

Prof. Dr. Maximilian Kinkeldey
Grünecker, München

Dr. Andreas Lubberger
Lubberger Lehment, Berlin

Dr. Stefan Völker
Gleiss Lutz, Stuttgart

Dr. Matthias Wolter
Harmsen Utescher, Hamburg

Die Auswahl von Kanzleien und Personen in Rankings und tabellarischen Übersichten ist das Ergebnis umfangreicher Recherchen der JUVE-Redaktion. Sie ist in 2erlei Hinsicht subjektiv: Die Aussagen der befragten Quellen sind subjektiv u. spiegeln deren Erfahrungen u. Einschätzungen. Die JUVE-Redaktion wiederum analysiert die Rechercheergebnisse unter Einbeziehung ihrer eigenen Marktkenntnis. Der JUVE Verlag beabsichtigt keine allgemeingültige oder objektiv nachprüfbare Bewertung. Es ist möglich, dass eine andere Recherchemethode zu anderen Ergebnissen führt. Innerhalb einzelner Gruppen in Rankings und tabellarischen Übersichten sind Kanzleien und Personen alphabetisch sortiert.

MARKEN- UND WETTBEWERBSRECHT

DANCKELMANN UND KERST
Wettbewerbsrecht ★★★★

Bewertung: Die IP-Partner der Frankfurter Kanzlei gehören mit ihrem tiefen verfahrensrechtl. Know-how im Wettbewerbsrecht zu den Top-Adressen im Markt. Damit überzeugen sie schon seit Langem namh. Unternehmen diverser Branchen wie Telekommunikation u. Versicherungen oder auch die Wettbewerbszentrale. Insbes. in ihrer umfangr. Prozesstätigkeit für die Dt. Telekom zeigt DuK immer wieder ihr Können in grundsätzl. Prozessen – nicht nur zu UWG-Fragen im Zshg. mit Werbung, sondern oft auch mit starkem urheber- u. telemedienrechtl. Einschlag. Mit einem Verfahren zum fliegenden Gerichtsstand zeichnet die Kanzlei zudem für einen zentralen Prozess verantwortl., der die gesamte IP-Welt bewegt. Daneben hat zuletzt ihre Arbeit für Emma/Dunlopillo weiter zugenommen, die sie nicht nur intensiv in zahlr. UWG-Prozessen vertritt, sondern auch immer umfassender im Markenrecht berät. Dabei zeigt DuK, dass sie Mandanten auch einen umfassenderen Service bieten kann: Start-ups berät sie neben dem IP oft auch im gesellschaftsrechtl. Notariat oder Arbeitsrecht.

Stärken: Wettbewerbsrecht: Prozessvertretung, tiefes Branchen-Know-how im TK-Bereich.

Oft empfohlen: Dr. Jan-Felix Isele („zäh u. routiniert", Wettbewerber), Nikolaus Rehart („ausgezeichnete UWG-Prozessanwälte", Mandant über beide), Dr. Hans-Jürgen Ruhl

Team: 3 Partner, 5 Associates

Schwerpunkte: Im Wettbewerbsrecht stark in Prozessen, aber auch beratend im Vorfeld von Streitigkeiten tätig. Besondere Branchenkompetenz: Telekommunikation, Arzneimittel, Energieversorger u. Versicherungen. Oft auch an der Schnittstelle zum Heilmittelwerbe-, TK-, Patent-, Kartell- u. Urheberrecht. Zudem Markenrecht v.a. für mittelständ. Mandanten.

Mandate: Emma Matratzen u. Dunlopillo im Wettbewerbs- u. Markenrecht inkl. Verwaltung u. Prozesse gg. Wettbewerber; Dt. Telekom in div. Prozessen, u.a. zu Dringlichkeit von Sperransprüchen, im Grundsatzverf. zur Einschränkung des fliegenden Gerichtsstands u. in UWG-Prozessen zu 5G; Roche Diabetes Care im UWG; Wettbewerbszentrale u.a. in 2 Prozessen gg. Flugbetreiber bzgl. Anspruchsabtretung an Legal-Tech-Portale sowie in Prozess gg. Focus zu Ärzteranking.

DENTONS
Marken- und Designrecht ★
Wettbewerbsrecht ★

Bewertung: Im Marken- u. Wettbewerbsrecht überzeugt die Kanzlei durch ihre ganzheitl. Beratung u. prozessuale Arbeit, die neben der marken- zum Teil auch die strafrechtl. Durchsetzung integriert. Davon profitieren u.a. Mandanten aus der Pharmabranche: Neben Novartis, die das Team u.a. im Streit um Produktfälschungen u. Markenverletzungen umf. vertritt, greift seit einiger Zeit auch Bayer auf Dentons zurück. Dabei ergänzt die Zusammenarbeit mit dem Patentanwaltsteam die Arbeit der Soft-IP-Rechtler, v.a. bei techn. Aspekten wie dem Know-how-Schutz – hier berät Dentons mittlerw. zahlr. Mandanten zu Geschäftsgeheimnissen. „Unsere Adresse für sehr akute u. schwierige Fragen im IP", lobt ein Mandant.

Oft empfohlen: Dr. Constantin Rehaag („sehr wertvoller, vertrauenswürdiger Experte, versteht die geschäftl. Bedürfnisse u. Zwänge, sehr guter, harter u. gleichzeitig diplomat. Verhandler", Mandant; „aufstrebende Größe im Markenrecht, Allrounder in allen IP-Bereichen", Wettbewerber)

Team: 3 Partner, 1 Counsel, 6 Associates, 1 of Counsel

Schwerpunkte: Tlw. grenzüberschr. Prozesse im UWG, Marken- u. Designrecht. Auch klassische Rechtedurchsetzung/Beratung, u.a. zu Know-how-Themen, Lizenzverträgen u. an der Schnittstelle zum Urheber- u. Patentrecht. Oft auch umf. Beratung zu Technologie- u. Digitalisierungsprojekten. Marken- u. Designverwaltung in Paris u. Frankfurt.

Mandate: Amazon in Markenverletzungsprozess gg. Coty bzgl. Vertrieb von Joop-Parfums; US-Modelabel u.a. in div. zivil- u. strafrechtl. Prozessen; König & Bauer zu Geschäftsgeheimnisschutz; Sky in Prozess gg. Card-Sharing-Betreiber; Umicore im UWG u. zu Geschäftsgeheimnisschutz; Novartis zu strafrechtl. Verletzung von Marken u. Patenten; lfd. im Markenrecht: Mobility Trader, Konica Minolta, Ermenegildo Zegna, Emblem.

DLA PIPER
Marken- und Designrecht ★★★
Wettbewerbsrecht ★★★

Bewertung: Die Soft-IP-Praxis ist geprägt von einem ausgewiesenen Branchenfokus, innerh. dessen die Marken- u. Wettbewerbsrechtler oft eng mit and. Fachgebieten zusammenarbeiten u. gekonnt ihr gr. internat. Netzwerk miteinbeziehen. Personell u. inhaltl. gibt es insbes. zur Medien- sowie IT-Praxis viele Überschneidungen, bspw. wenn es um die UWG-Beratung zu Direktmarketing, Onlinegewinnspielen u. Agenturverträgen geht. So konnte sie etwa zuletzt für About You neben dem IP auch regulator., werbe-, verbraucher- u. datenschutzrechtl. Fragen mit abdecken. Dieses Know-how nutzt das Team verstärkt zur Beratung zu ESG-Werbung, etwa für eine Handelsplattform. Ihre Erfahrung im Konsumgüter- u. Technikbereich führte zudem zur neuen Beauftragung durch Unilever u. Sony. Auch bei branchenunabh. Themen wie Geschäftsgeheimnisschutz u. Grenzbeschlagnahme kann DLA Beratung aus einer Hand liefern, weil sie dabei eng mit der angesehenen Strafrechtspraxis zusammenarbeitet. Die dt. Praxis verfügt über eine starke Mandantenbasis, spielt aber auch regelm. eine Rolle, wenn es darum geht, sich in Mandatsausschreibungen für internat. gr. Unternehmen durchzusetzen. Oft greifen zudem Mandanten aus dem gr. Kanzleinetzwerk auf das Team zurück, zuletzt bspw. Tigercat aus den USA sowie div. israel. Start-ups.

Oft empfohlen: Dr. Burkhard Führmeyer („erfahrener Wettbewerbsrechtler mit sehr praktikabler u. unaufgeregter Arbeitsweise", Mandant; „hervorragender Stratege u. Prozessexperte", Wettbewerber),Prof. Dr. Stefan Engels (UWG/Medienrecht), Dr. Kai Tumbrägel, Gabriele Engels

Team: 3 Partner, 5 Counsel, 11 Associates, 1 of Counsel

Schwerpunkte: Prozessvertretung sowie Beratung im Marken-, Design- u. Wettbewerbsrecht (inkl. Markenverwaltung). Schwerpunktbranchen: Unterhaltung u. Mode (v.a. in Köln), ▷Medien u. Einzelhandel (HH), Technik u. Pharma (Ffm.).

Mandate: Tigercat in markenrechtl. Prozess; About You u. ww. Ausdehnung, u.a. zu Werberecht; Walgreens im IP u. UWG, u.a. bzgl. Übernahme Gehe Pharma; ZeniMax lfd. im IP u. Medienrecht; u.a. in markenrechtl. Streit; Nike in Markenverletzungsprozess; Flaconi lfd. im UWG- u. Werberecht; Sony Europe in markenrechtl. Streit; SpinMaster u.a. zu Produktpiraterie; Unilever bzgl. grenzüberschr. Projekt; lfd. im IP für Bacardi, Samsung, CFA Institute, Brita, Duracell, Gucci, HSBC, Happy Socks, Hyatt, Ralph Lauren.

EISENFÜHR SPEISER
Marken- und Designrecht ★★

NOMINIERT
JUVE Awards 2022
Kanzlei des Jahres für IP

Bewertung: Die gemischte IP-Kanzlei weist im Marken- u. Wettbewerbsrecht einen beeindruckenden Trackrecord bei gr. mittelständ., oft norddt. Unternehmen auf. Mandanten wie Basler, Bego u. CWS-boco (Haniel-Gruppe) setzen dabei insbes. auf die enge u. eingespielte Zusammenarbeit der Soft-IP-Rechtler mit der renommierten Patentpraxis. Im Markenrecht liegt die Stärke einerseits in der klass. strateg. Portfolioberatung sowie Amtsverfahren, oft auch zu komplexen Markenformen wie 3D-Marken. Daneben steht die Durchsetzung IP-rechtl. Ansprüche vor Zivilgerichten, bspw. umfangr. für internat. Konzerne wie Philips. Zunehmend stellen sie auch ihr Know-how an der Schnittstelle zwischen Marken- u. Lizenzvertragsrecht unter Beweis, etwa bei der Beratung der beiden internat. Standardisierungsorganisationen Zhaga

---

Führende Berater im Wettbewerbsrecht

Dr. Wiebke Baars
Taylor Wessing, Hamburg

Dr. Andreas Bock
Bock Legal, Frankfurt

Dr. Dirk Bruhn
Schultz-Süchting, Hamburg

Prof. Dr. Henning Harte-Bavendamm
Harte-Bavendamm, Hamburg

Dr. Martin Jaschinski
JBB Rechtsanwälte, Berlin

Dr. Erhard Keller
Hogan Lovells, Düsseldorf

Dr. Lars Kröner
Schultz-Süchting, Hamburg

Dr. Andreas Lubberger
Lubberger Lehment, Berlin

Nikolaus Rehart
Danckelmann und Kerst, Frankfurt

Dr. Thomas Schulte-Beckhausen
Loschelder, Köln

Dr. Matthias Wolter
Harmsen Utescher, Hamburg

Die Auswahl von Kanzleien und Personen in Rankings und tabellarischen Übersichten ist das Ergebnis umfangreicher Recherchen der JUVE-Redaktion. Sie ist in 2erlei Hinsicht subjektiv: Die Aussagen der befragten Quellen sind subjektiv u. spiegeln deren Erfahrungen u. Einschätzungen. Die JUVE-Redaktion wiederum analysiert die Rechercheergebnisse unter Einbeziehung ihrer eigenen Marktkenntnis. Der JUVE Verlag beabsichtigt keine allgemeingültige oder objektiv nachprüfbare Bewertung. Es ist möglich, dass eine andere Recherchemethode zu anderen Ergebnissen führt. Innerhalb einzelner Gruppen in Rankings und tabellarischen Übersichten sind Kanzleien und Personen alphabetisch sortiert.

MARKEN- UND WETTBEWERBSRECHT

u. DiiA. Personell hat ES auch den weiteren Aufbau ihres Rechtsanwaltsteams im Blick: In HH ernannte sie mit Dr. Constantin Brecht einen Sal.-Partner, der von Wettbewerbern zuletzt als „präzise u. schnell" gelobt wurde.

Stärken: Formmarken.

Oft empfohlen: Rainer Böhm („sehr konstruktiv", Wettbewerber), Dr. Julian Eberhardt („sehr guter Wettbewerbsrechtler", Wettbewerber), Dr. Andreas Ebert-Weidenfeller („einfach guter Markenrechtler, kollegial u. respektvoll", Wettbewerber)

Team: 3 Eq.-Partner, 1 Sal.-Partner, 3 Associates, 1 of Counsel

Schwerpunkte: Trad. Fokus im ▷Patentrecht sowie umfangr. Markenverwaltungspraxis, daneben auch Prozesse. Zudem Verfolgung von Produktpiraterie u. Betreuung von Grenzbeschlagnahmen. Daneben auch Urheber- u. Lizenzvertragsrecht.

Mandate: Hoya Surgical Optics in markenrechtl. Streit; Philips in div. UWG- u. Designprozessen gg. Wettbewerber; Zhaga Alliance u. Digital Illumination Interface Alliance (DiiA) vertrags- u. markenrechtl.; lfd. im Markenrecht: Basler, CWS-boco (Haniel), Dr. Becher, Woco Industrietechnik, Stiebel Eltron, Werner & Mertz, Intenso Sales.

ESCHE SCHÜMANN COMMICHAU

Marken- und Designrecht	★
Wettbewerbsrecht	★

Bewertung: Die gut in die mittelständ. Kanzlei eingebundene IP-Praxis überzeugt regelm. Mandanten anderer Fachbereiche auch im Marken- u. Wettbewerbsrecht, zuletzt etwa den Maklerpool blau direkt, für den ESC nun auch Markenanmeldungen durchführt. Daneben prägten zuletzt auch einige grundsätzl. Prozesse die Praxis der IP-Rechtler, 3 davon gingen sogar bis zum BGH. Mit der Stadt HH u. St. Peter-Ording zeigt ESC auch im IP eine Stärke in der Beratung regionaler Mandanten aus Norddtl..

Oft empfohlen: Dr. Ralf Möller

Team: 2 Eq.-Partner, 2 Sal.-Partner, 4 Associates

Schwerpunkte: Umf. tätig im formellen Markenrecht u. in strateg. Beratung; auch Prozesse sowie Presse-, Urheber- u. Patentrecht.

Mandate: Deltapark Verlag in div. UWG- u. Markenprozessen; Sprungraum Tempelhof in markenrechtl. Prozess; Amplifon im UWG/HWG; Audi Business Innovation, u.a. zu IP-Verträgen; Freie u. Hansestadt Hamburg lfd. zu ‚Elbphilharmonie'; Bocci lfd. im Design- u. Markenrecht; lfd. im Markenrecht: G. Pohl-Boskamp (u.a. ‚Gelomyrtol'), Gemeinde St. Peter-Ording.

EVERSHEDS SUTHERLAND

Marken- und Designrecht	★ ★
Wettbewerbsrecht	★ ★

Bewertung: ES etabliert sich im Marken- u. Wettbewerbsrecht zunehmend als Beraterin gr. Unternehmen bei internat. Werbekampagnen u. E-Commerce-Projekten. Bei ihrer Arbeit für gr. Sportartikelhersteller wie Adidas zeigt sie eine enge grenzüberschr. Zusammenarbeit mit anderen ES-Büros u. überzeugt zudem mit dem Einsatz von Projektmanagementinstrumenten. Während früher oft Kontakte ausl. ES-Büros als Türöffner fungierten (insbes. für gr. Pharmaunternehmen), hat das dt. Team mittlerw. eigene starke Beziehungen aufgebaut u. überzeugt neue Mandanten vermehrt in Ausschreibungen, zuletzt etwa Hilton. Dass auch die Zusammenarbeit mit Fachgebieten wie Datenschutz u. Arbeitsrecht eingespielt ist, zeigt das gut strukturierte Team zunehmend beim Thema Geschäftsgeheimnisschutz. Hier beriet es gemeinsam mit der US-Praxis einen gr. Agrargüterhändler beim Aufbau eines internat. Projektes. Zentrum der Praxis ist weiterhin in München, doch mit Farkas baut ein bereits im Markt bekannter Counsel auch in HH engagiert die IP-Praxis aus, der v.a. im Modebereich sehr aktiv ist u. verstärkt für Start-ups tätig wird.

Oft empfohlen: Axel Zimmermann, Dr. Thomas Farkas

Team: 1 Eq.-Partner, 2 Sal.-Partner, 3 Counsel, 6 Associates

Schwerpunkte: Neben markenrechtl. Beratung u. Lizenzverträgen sowie zu IP-Kooperationen auch in Prozessen mit Bezügen zum IT-, Urheber-, Design-, Sport- u. ▷Vertriebsrecht tätig. Im UWG oft Prozessvertretung zu Abwerbung von Mitarbeitern sowie Pharmaunternehmen im HWG.

Mandate: Adidas im UWG u. zu Marketingaktivitäten; Daniel Wellington im UWG; Hilton-Hotels u.a. zu Werbemaßnahmen; Leonine u. Next im IP, u.a. in Prozess bzgl. ‚Arthaus'; Eurosport zu IP-Verträgen von Testimonials; Next u. Ted Baker in Prozessen; gr. Agrargüterhändler zu internat. Geschäftsgeheimnisschutzprojekt; Kering lfd. im IP u. zu Werbemaßnahmen; Sportartikelhersteller, u.a. zu Influencermarketing u. Vermarktungsrechten von Sportlern; Aspen u. Sinclair Pharma in HWG-/UWG-Prozessen; lfd. für Strama, Burger King, Discovery.

FECHNER

Marken- und Designrecht	★
Wettbewerbsrecht	★

Bewertung: Wenn es um die rechtl. umf. Absicherung von Werbemaßnahmen geht, dann ist die HHer IP-Boutique oft über ihre guten Kontakte zu zahlr. gr. Werbe- u. Kommunikationsagenturen gesetzt. Bei der Beratung von Produkteinführungen, der Entwicklung von Slogans u. Werbekampagnen deckt sie neben den klass. marken- u. wettbewerbsrechtl. auch routiniert urheber-, medien- u. lizenzrechtl. Fragen mit ab. Daneben entwickelt sich die Beratung von Digitalisierungsprojekten u. die UWG-Prozessvertretung zu Legal-Tech-Themen allmählich zu einem Aushängeschild, für das insbes. Lorenzen steht u. dabei regelm. in grundsätzl. Prozessen für die hanseat. Rechtsanwaltskammer auftritt. Mit dem Weggang von Klingberg verlor die Boutique allerdings eine Sal.-Partnerin, die zuletzt verstärkt von Mandanten empfohlen wurde.

Stärken: Gute Kontakte zu Werbeagenturen.

Oft empfohlen: Georg Fechner („Branchenkenner par excellence, wenn es um Werbung, Medien, IP geht", Mandant; „niemand ist besser vernetzt in der Werbebranche, innovativ", Wettbewerber), Dr. Birte Lorenzen („herausragendes Fachwissen, kundenorientierte Einstellung", Mandant; „gute Schriftsätze, sehr offensiv vor Gericht", Wettbewerber)

Team: 2 Eq.-Partner, 2 Associates

Partnerwechsel: Britta Klingberg (zu BRL Boege Rohde Luebbehuesen)

Schwerpunkte: Strateg. IP-Beratung u. zu digitalen Strategien, oft an der Schnittstelle zum Datenschutz; auch Prozesse. Erfahren im Sortenschutz. Umf. Beratung von Werbeagenturen.

Mandate: Hanseat. Rechtsanwaltskammer in UWG-Prozess gg. Wolters Kluwer um Vertragsgenerator; HD Plus lfd. im IP, u.a. zu div. Markenverletzungsverf.; Brauerei C. & A. Veltins im UWG u. in Streit mit Tequila Regulatory Council; Jung von Matt umf. im IP; Peter Kölln im Marken- u. Lizenzvertragsrecht; SES Group zu Digitalisierungsprojekten.

FIELDFISHER

Marken- und Designrecht	★ ★
Wettbewerbsrecht	★ ★

Bewertung: Die Soft-IP-Praxis der internat. Kanzlei gehört bei Digitalisierungsthemen zu den erfahrenen Einheiten im Markt. Eine zentrale Rolle bei ihrer umfangr. Tätigkeit für technologiestarke Mandanten wie LinkedIn u. Kayak spielt immer das Wettbewerbsrecht, das das Team gekonnt mit datenschutz-, IT- u. urheberrechtl. Know-how ergänzt. Um die Zusammenarbeit hier noch stärker zu fördern, gründete die Kanzlei zuletzt eine eigene auf Techthemen spezialisierte u. fachübergr. besetzte Gruppe. Gleichz. ist die Kanzlei weiterhin sehr umfangr. im klass. Markenrecht tätig: Dafür stehen v.a. von Bismarck u. Berger, die insbes. zu Markenstrategien beraten u. sehr erfahren in Amtsverfahren sind. Beide verfügen über ausgezeichnete internat. Kontakte, insbes. in die USA, was zuletzt zu Neumandatierungen bspw. durch den Kaffeemaschinenhersteller Breville führte. Mit UK u. China kann die Kanzlei in wichtigen Ländern glaubhaft eigene internat. Markenkompetenz anbieten, worauf etwa Graetz u. mehrere Softwareunternehmen setzen. Mit einer Münchner Partnerin, die die markenrechtl. Beratung insbes. lizenzrechtl. ergänzt, überzeugte das Team zuletzt Medac in einer Mandatsausschreibung.

Stärken: Wettbewerbsrechtl. Absicherung digit. Geschäftsmodelle.

Oft empfohlen: Prof. Dr. Alexandra von Bismarck, Matthias Berger, Dr. Philipp Plog

Team: 6 Partner, 1 Counsel, 3 Associates

Schwerpunkte: Neben formellem u. prozessualen Markenrecht im Wettbewerbsrecht Betreuung von Medienunternehmen, Bewertungsportalen u. sozialen Netzwerken, oft aus den USA. Zusammenarbeit mit der ▷IT- und Datenschutz-Praxis. In München Schwerpunkt in der Beratung der Lifescience-Branche (▷Gesundheitswesen).

Mandate: Europ. Cloud-Projekt umf. im Markenrecht; Giordano in markenrechtl. Verf.; Breville (‚Sage') bei Portfoliomanagement; Svarmony umf. zu neuem Logo u. neuer Marke; Mataono markenrechtl. bei Umbenennung; LinkedIn in UWG-Prozessen; Kayak in IP-Prozessen u. bei Werbekampagnen; Samsung v.a. zu Markenrecherchen; lfd. im Markenrecht: Graetz Strahlungsmesstechnik, Medac, Sazerac, Burgerista, Olympus, Kolibri Games, Zapf Creation.

FPS FRITZE WICKE SEELIG

Marken- und Designrecht	★ ★ ★ ★
Wettbewerbsrecht	★ ★ ★ ★

Bewertung: Mit ihrer langen Tradition im Soft-IP hat FPS nicht nur viel Know-how, sondern auch einen beeindruckenden Mandantenstamm im Marken- u. Wettbewerbsrecht aufgebaut. Auch weil sie dabei ein breites Leistungsspektrum mit vielen Bezügen zu angrenzenden Fachgebieten wie IT- u. Patentrecht anbietet, überzeugt sie regelm. neue Mandanten, zuletzt etwa einen dt. Bekleidungs- sowie einen Medizinproduktehersteller. In Ffm. steht das Team langj. Mandanten wie Hassia verstärkt auch in Fragen zu lebensmittelrechtl. Kennzeichnungspflichten zur Seite. Das dortige Team, das oft auch eng mit dem D'dorfer Standort zusammenarbeitet, ist insbes. für seine Erfahrung in der UWG-

MARKEN- UND WETTBEWERBSRECHT

Beratung einschl. Prozessen bekannt u. beriet zuletzt verstärkt mit glücksspielrechtl. Bezügen. In HH setzen die Partner eigene Schwerpunkte, über ihre ausgezeichneten Beziehungen zu internat. Kanzleien sind sie seit Langem regelm. für frz. Luxusgüterartikler u. US-Mandanten tätig. Dabei meistern sie außeredem den Generationswechsel: Nachdem sich der bekannte Counsel Dr. Carsten Albrecht in den Ruhestand verabschiedete, übernahm das Team um Deutsch die Verantwortung für namh. Mandate wie Tumi/Samsonite u. sorgt so für Kontinuität.

Stärken: Prozesse, Bekämpfung von Produktpiraterie für Luxusgüterhersteller u. IT-Unternehmen (▷IT).

Oft empfohlen: Dr. Christoph Holzbach, Dr. Oliver Wolff-Rojczyk, Christian Hertz-Eichenrode, Dr. Andreas Freitag, Dr. Frank Hagemann („kompetent u. pragmat., unaufgeregte Verhandlungsführung", Wettbewerber), Askan Deutsch, Georges Brox („sehr kollegial, aber hart in der Sache, Spezialist für Produktpiraterie u. Litigation im Bereich Luxusgüter", „kaufmänn. Ansatz bei hoher fachl. Kompetenz, exzellenter Verhandler", Wettbewerber)

Team: 9 Eq.-Partner, 3 Sal.-Partner, 2 Counsel, 3 Associates

Schwerpunkte: Umf. im Marken- u. Wettbewerbsrecht tätig. Markenanmeldepraxis u. Vertretung von Markenartiklern bei der Bekämpfung von Produktpiraterie, insbes. in HH Betreuung von Unternehmen der frz. Luxusgüterindustrie. In Ffm. oft für südkorean. Mandanten sowie berühmte Persönlichkeiten im Markenrecht. Im Wettbewerbsrecht neben Prozessvertretung werberechtl. Beratung, zudem Vertragsrecht.

Mandate: EnBW-Gruppe in UWG-Prozessen; Paramount umf. im IP; Microsoft lizenzrechtl. zu Softwarepiraterie (öffentl. bekannt); Abercrombie & Fitch in Markenprozessen u. zu Grenzbeschlagnahme; Provinzial zu IP-Gutachten; Chanel in Verletzungsfällen; Levi's, Superdry, Visa bei Markenanmeldungen u. Verletzungsverfahren; Tumi/Samsonite, DWS u. Hassia lfd. im IP.

FRESHFIELDS BRUCKHAUS DERINGER

Marken- und Designrecht	★ ★
Wettbewerbsrecht	★ ★ ★

NOMINIERT
JUVE Awards 2022
Kanzlei des Jahres für IP

Bewertung: Die Arbeit für gr. Unternehmen, die über die Grenzen des klass. Marken- u. Wettbewerbsrechts hinaus beraten werden, prägen die Arbeit der Soft-IP-Praxis immer mehr. Dass sie eng mit relevanten anderen Praxisgruppen wie Arbeits- u. Gesellschaftsrecht zusammenarbeiten, zeigt FBD schon seit geraumer Zeit in einigen gr. Mandaten zum Thema Geschäftsgeheimnisschutz. Bei der Dtl.-weiten Vertretung eines US-Technologiekonzerns überzeugt sie nun auch mit eng verzahnten Teams aus IP-, Datenschutz- u. Regulierungsexperten. Eingespielt ist zudem die Achse zur Kartellpraxis, mit der sie zusammen bspw. einen Mandanten zu Exklusivitätsklauseln in Markenlizenzverträgen beriet. Doch auch im klass. Marken- u. Wettbewerbsrecht begleitet das Team einige sehr namh. Mandanten wie Rewe oder Zalando seit Jahren.

Stärken: Strateg. Beratung mit internat. Bezug. Begleitung IP-lastiger Transaktionen.

Oft empfohlen: Dr. Andrea Lensing-Kramer, Matthias Koch („top IP-Rechtler, ruhige Verhandlungsführung u. sehr strateg.", Wettbewerber)

Team: 2 Partner, 1 Counsel, 6 Associates

Schwerpunkte: Umf. marken- u. wettbewerbsrechtl. Beratung sowie Prozessvertretung. Häufig strateg. Beratung auf internat. Ebene sowie transaktionsbegl. u. zu Markenlizenzverträgen sowie zu Geschäftsgeheimnissen. Beratung oft an der Schnittstelle zu ▷Vertriebs- u. ▷IT-Recht.

Mandate: US-Technologiekonzern umf. in Prozessen, u.a. Beratug zu u. Vertretung in UWG-Streitigkeiten; Sodastream in Prozessen um neue Ventiltechnologie; Plasser & Theurer im Prozess um Betriebsgeheimnisse; Rewe/Penny lfd. im IP, u.a. in Prozessen um Pfandpreisangaben; VW in UWG-Prozessen im Zshg. mit Dieselskandal; Transportdienstleistungsplattform in UWG-Prozessen; 3M, UPS, Rewe u. Zalando lfd. im IP.

GLEISS LUTZ

Marken- und Designrecht	★ ★ ★ ★
Wettbewerbsrecht	★ ★ ★ ★

Bewertung: Die Kanzlei agiert im Marken- u. Wettbewerbsrecht auf weiterhin hohem Niveau u. behauptet so ihre Position im Markt. Den Schwerpunkt der Markenpraxis bildet das Stuttgarter Team um den erfahrenen Partner Völker, das auch im verg. Jahr bei komplexen u. grundsätzl. Farbmarkenprozessen für Lindt & Sprüngli (BGH) u. Stihl (EuGH) Flagge zeigte. Daneben haben sich in der Soft-IP-Praxis in Berlin u. München angesehene Binnenspezialisierungen herausgebildet, die GL kontinuierl. vertieft: In Berlin etwa arbeitet das Team oft eng mit der gut beschäftigten M&A-Praxis der Kanzlei u. hat so viel Erfahrung in der IP-Transaktionsbegleitung u. zu lizenzvertragl. Themen aufgebaut. Bei der Beratung zum Geschäftsgeheimnisschutz profitieren Mandanten zudem regelm. von der guten Anbindung an die kanzleieig. Gesellschafts- u. Arbeitsrechtler. Dass einige der Partner u. Counsel zusätzlich einen Fokus auf IT haben, kommt insbes. bei der Beratung zu E-Commerce-Themen u. digit. Geschäftsmodellen zum Einsatz. So beriet ein IP-/IT-Team etwa die Zur-Rose-Gruppe beim Aufbau eines Adipositas-Portals. Für diese Spezialisierung, die zuletzt auch durch eine interne Counsel-Ernennung in Berlin unterstrichen wurde, sind Wettbewerber wie CMS oder SKW bislang aber bekannter.

Stärken: Strateg. Beratung u. Prozessvertretung. Betreuung der Branchen Pharma (▷Gesundheit), Kfz, Telekommunikation, ▷IT u. ▷Lebensmittelrecht. Transaktionsbegleitung.

Oft empfohlen: Dr. Stefan Völker („lösungsorientiert", Wettbewerber), Dr. Andreas Wehlau („ausgezeichnete Beratung im Marken- u. Lebensmittelrecht, perfekter Stratege, sehr zuverlässig, engagiert u. erfahren; findet gute Lösungswege u. verknüpft Wissen, wenn unterschiedl. Rechtsbereiche berücksichtigt werden müssen", Mandant), Dr. Stefan Weidert („souverän, modern, kämpferisch, aber guter Umgang", Wettbewerber), Dr. Matthias Sonntag

Team: 5 Eq.-Partner, 6 Sal.-Partner, 6 Counsel, 11 Associates

Schwerpunkte: Umfangr. formelle Markenrechtsabteilung sowie Prozesse u. strateg. Beratung; auch Verfolgung von Produktpiraterie u. Domaingrabbing. Im Wettbewerbsrecht enge Bezüge zum ▷Kartellrecht, Betreuung in Prozessen sowie strateg. Werbe- u. Produktberatung.

Mandate: Lindt & Sprüngli u. Stihl in Farbmarkenverfahren; Leica Camera im Marken- u. Lizenzvertragsrecht; BlueStack Systems in Prozessen um Einsatz von u. Werbung für Emulationssoftware; Hetronic in internat. Markenrechtsstreit; Orizon in Prozess bzgl. Mitarbeiterabwerbung; Zur Rose bei Aufbau eines neuen Informationsportals; lfd. im IP: Flamagas, Carl Zeiss.

GÖHMANN

Marken- und Designrecht	★ ★
Wettbewerbsrecht	★

Bewertung: Die Kanzlei ist auf breiter Front u. an mehreren Standorten im Marken- u. Wettbewerbsrecht tätig. Wahrgenommen im Markt wird dabei v.a. das auch personell stärkste Hannoveraner Team. V.a. Schunke ist als Vertreter von Puma in marken- u. wettbewerbsrechtl. Prozessen bekannt, doch v.a. viele mittelständ. Unternehmen sowie einige niedersächs. Konzerne vertrauen teils seit Jahren auf die IP-Kompetenz der breit aufgestellten Kanzlei. Dazu passt, dass viele Partner auch zu angrenzenden Bereichen wie Datenschutz u. Patentrecht beraten. Eine überreg. Zusammenarbeit ergibt sich eher punktuell, etwa in einem Verfahren mit vertriebsrechtl. Bezügen mit einem Frankfurter Partner.

Oft empfohlen: Dr. Maximilian Schunke („fairer Gegner", Wettbewerber), Dr. Michael Ott („in der Sache sehr hart, aber persönl. angenehm u. lösungsorientiert im UWG", Wettbewerber), Kai Welkerling

Team: 7 Eq.-Partner, 1 Sal.-Partner, 1 Counsel, 8 Associates

Schwerpunkte: In Hannover v.a. formelles Marken- u. Designrecht sowie Vertretung in Verletzungsfällen, zudem Design- u. Wettbewerbsrecht. In Bremen v.a. Markenrecht sowie Datenschutz. In Ffm. v.a. wettbewerbsrechtl. Beratung u. Prozessvertretung.

Mandate: Puma EU-weit im Markenrecht u. in UWG- sowie Designprozessen; Mainova lfd. im UWG; Sony im Marken- u. Designrecht; dt. Konsumgüterproduzent lfd. zu Verletzungsfällen u. neuen Produktbezeichnungen; lfd. für BCD Travel Services, Minimax Viking, DVAG, Cobra Golf u. Heinz v. Heiden/Mensching (auch zu Sponsorings).

FRIEDRICH GRAF VON WESTPHALEN & PARTNER

Marken- und Designrecht	★ ★ ★
Wettbewerbsrecht	★ ★ ★

Bewertung: Die IP-Partner der mittelständ. Kanzlei bauen auf Basis oft langj. Mandantenbeziehungen wie bspw. zu Wilkinson u. Alnatura ihre Erfahrung im Marken- u. Wettbewerbsrecht kontinuierl. aus u. setzen dabei ihre ganz individuellen Akzente. So ist Douglas bundesw. für seine umf. Beratung von Apotheken anerkannt u. begleitet diese regelm. auch in div. grundsätzl. UWG- u. HWG-Prozessen. Der Freiburger Partner vertritt aber insbes. zu Produktnachahmungen auch Mandanten anderer Branchen. Das Team am Kanzleistammsitz ist zudem für seine ausgeprägte Beratung im formellen Markenrecht bekannt u. betonte diesen Schwerpunkt zuletzt intern durch die Eq.-Partner-Ernennung einer erfahrenen IP-Rechtlerin. Gleichz. gibt es Partner, insbes. in Ffm. u. Köln, die zusätzl. Spezialisierungen in angrenzenden Fachgebieten wie Medien- u. Urheberrecht vorweisen, was bei Letzterem bspw. die designrechtl. Beratung der Möbelbranche sinnvoll ergänzt. Das fachl. Spektrum wurde zuletzt durch den Zugang einer Sal.-Partnerin aus der auf Lebensmittelrecht spezialisierten Boutique KWG erweitert.

Stärken: Formelles Markenrecht, Betreuung der Pharma-, Apotheken- u. Verlagsbranche.

MARKEN- UND WETTBEWERBSRECHT

Oft empfohlen: Norbert Hebeis („kollegialer u. respektvoller Gegner in einem anspruchsvollen Verfahren", Wettbewerber), Dr. Morton Douglas, Eva Kessler („rundum perfekte Beratung im Markenrecht", Mandant)
Team: 6 Eq.-Partner, 2 Sal.-Partner, 6 Associates, 2 of Counsel
Partnerwechsel: Hildegard Schöllmann (von KWG Rechtsanwälte)
Schwerpunkte: Markenrecht inkl. Portfoliomanagement. Im Wettbewerbsrecht häufig Bezüge zum HWG, v.a. bei der Betreuung von gr. Pharmamandanten u. Apotheken. Weitere Branchen: Konsumgüter, Lebensmittel, Energie u. Verlage.
Mandate: Apothekerkammer Nordrhein in zahlr. Prozessen, u.a. in Grundsatzverf. zu Lieferplattformen für Arzneien; Dr. Martens sowie Puckator umf. zu Produktnachahmungen; Brauerei Reichenbrandt in Prozess um Biermarken; Erima in Verfahren um Positionsmarke bis BGH; Dedon zu Produktpiraterie; lfd. im Markenrecht: Alnatura, Wilkinson Sword, Armitage Brothers, BBraun Melsungen/Aesculap, Spectrum Brands, Tetra.

GRÜNECKER

Marken- und Designrecht	★★★★
Wettbewerbsrecht	★★

Bewertung: Das Münchner Rechtsanwaltsteam dieser gr. gemischten IP-Kanzlei hat mit seinem umf. Angebot aus Beratung u. Prozessvertretung (viele Widerspruchsverfahren) v.a. im Markenrecht einen ausgezeichneten Ruf u. ist in diesem Zshg. auch im Wettbewerbsrecht sehr aktiv. Neben der Vertretung namh. Luxusgüterhersteller, die Grünecker oft sehr strateg. zu Produktpiraterie-fällen u. Grenzbeschlagnahme berät, gehört v.a. ihr Know-how in der Technologiebranche zu den ausgewiesenen Spezialitäten des Teams – hier berät sie gr. US-Konzerne wie Microsoft. Über Kontakte zu US-Kanzleien gewann es so zahlr. Start-ups aus den Bereichen Pharma, Biotech sowie Fintech dazu. Gute Beziehungen bestehen auch zu dt. mittelständ. Unternehmen, die zudem auf die renommierte Patentpraxis setzen. Weniger bekannt ist bislang, dass Grünecker zunehmend die Schnittstelle zu IT u. Datenschutz abdeckt, zuletzt etwa für einen US-Büroflächenanbieter. Im Wettbewerbsrecht ist das Team primär im Zshg. mit Nachahmungsschutz bei der Bekämpfung von Produktpiraterie aktiv. Personell wird immer deutlicher, dass sich der sorgsame u. strateg. Teamaufbau der verg. Jahre bewährt: Nach dem Ausscheiden des im Markenrecht tätigen Patentanwalts Aufenanger führt mit Franke eine Rechtsanwältin, die im Markt immer bekannter wird, dessen Mandate u. Team fort.
Stärken: Bekämpfung von Produktpiraterie, strateg. Beratung u. Durchsetzung von Markenrechten.
Oft empfohlen: Prof. Dr. Maximilian Kinkeldey („sehr sympathisch u. kompetent", „außerordentl. angenehm u. fair", Wettbewerber), Dr. Nicolás Schmitz, Dr. Holger Gauss, Anja Franke („stets schnell u. praxisorientiert in der markenrechtl. Beratung u. in Widerspruchsverfahren", Mandant)
Team: 5 Eq.-Partner, 1 Sal.-Partner, 10 Counsel, 16 Associates
Partnerwechsel: Martin Aufenanger (in Ruhestand)
Schwerpunkte: Kanzlei mit umfangr. IP-Tätigkeit, insbes. im ▷Patentrecht, daneben im Marken-, Design- sowie Wettbewerbsrecht. Markenprozesse sowie umf. Anmelde- u. Beratungstätigkeit für dt. u. sehr viele internat. Mandanten (insbes. USA u. Asien) sowie gesamtstrateg. Beratung. Zudem intensive Beratung an der Schnittstelle zum IT.
Mandate: Check24 zu Plattformhaftung u. Social Media; Outdoorhersteller in div. Verfahren um nachgeahmte u. gefälschte Rucksäcke; Harley-Davidson in Verletzungsprozessen u. zu Produktpiraterie; Microsoft lfd., v.a. Beratung u. markenrechtl. Verfahren; Harmann in Prozessen zu Parallelimporten; Lyft lfd. in Widerspruchsverfahren; Happybrush zu internat. Markenstrategie u. im UWG. Umf. zu Marken: Facebook, Google, Orcan Energy.

GVW GRAF VON WESTPHALEN

Marken- und Designrecht	★
Wettbewerbsrecht	★

Bewertung: Schon seit Langem wird GvW im Soft-IP für einige namh. Mandanten wie Carlsberg oder Demeter tätig u. unterstreicht damit ihr starkes Standbein in der Lebensmittel- u. Getränkebranche. Einen guten Ruf für ihre Prozessarbeit haben bislang v.a. Bott u. Triebe. Ähnlich wie bei Luther oder Heuking gibt es einige Partner, die neben ihren Schwerpunkten in angrenzenden Fachgebieten wie Medien-/Presse-, IT- u. Patentrecht auch im Marken- u. Wettbewerbsrecht aktiv u. präsent sind. Insges. hat GvW dabei ihren Wirkungskreis in den verg. Jahren spürbar erweitert: Mit dem Zugang eines anerkannten Münchner Datenschutzexperten kam bspw. 2021 ein Partner hinzu, der auch für sein UWG-Know-how bekannt ist.
Stärken: Gute Kontakte zur ▷Lebensmittel- u. ▷IT-Branche.
Oft empfohlen: Dr. Kristofer Bott, Dr. Christian Triebe („argumentiert sehr gut", Wettbewerber)
Team: 9 Partner, 1 Counsel, 7 Associates
Schwerpunkte: Umf. im Markenrecht tätig, inkl. Portfolioverwaltung. Daneben auch Designrecht. Im Wettbewerbsrecht neben Prozessen (oft an der Schnittstelle zum HWG) Beratung im Vorfeld bspw. zu Gewinnspielen u. Verpackungsgestaltungen.
Mandate: Eden Europe in UWG-Prozess bzgl. Regalsystem; Tommy Hilfiger Europe umf. im Markenrecht; ZVN Hygiene + Kaffee in markenrechtl. Prozess um Handtuchspender gg. SCA; Alnatura in UWG-/HWG-Prozess; namh. Kfz-Hersteller umf. im Markenrecht; Schweizer Containeranbieter in div. UWG-Prozessen gg. dt. Wettbewerber; lfd. im Markenrecht: Carlsbreg, Galileo Lebensmittel, Braun, Ceravis, Demeter, Technogroup IT-Service.

HARMSEN UTESCHER

Marken- und Designrecht	★★★★★
Wettbewerbsrecht	★★★★★

Bewertung: Wenige Boutiquen decken die gesamte Bandbreite im Soft-IP auf einem so konstant hohen Niveau ab wie HU. Ausgangsbasis bzw. Kernstück der markenrechtl. Praxis ist weiterhin die umfangr. Tätigkeit im Management gr. Markenportfolios wie Intersnack u. Stada. Dass Letztere nach der erneuten Ausschreibung des Mandats weiter u. sogar noch weitreichender auf die IP-Boutique setzt, zeigt, dass HU etwa auch ihr zusätzl. Know-how im Arzneimittel-, Kosmetik- sowie Wettbewerbsrecht Mandanten überzeugen kann. Zudem weist HU im formellen Markenrecht mittlerw. ein hohes Maß an Digitalisierung auf. Die Arbeit im Portfoliomanagement nahm deshalb auch im verg. Jahr weiter zu. V.a. die Kombination mit ihrer Kompetenz in oft grundsätzl. Prozessen u. in komplexen Amtsverfahren rundet das Angebot ab. Neue streitige Mandate ergeben sich nicht nur aus der Verwaltungspraxis, sondern auch aus ihren eingespielten u. engen Beziehungen zu internat. Kanzleien. So vertrat HU etwa Kratki in einem Streit um Heizstrahler – einer von mehreren Fällen, in denen sie zuletzt auch ihre urheberrechtl. Kompetenz zeigen konnte.
Stärken: Umfangr. formelle Markenpraxis. Prozessvertretung, Betreuung der Handels-, Medien-, ▷Lebensmittel-, Arzneimittel- u. Kosmetikbranche (▷Gesundheit).
Oft empfohlen: Rainer Kaase („sehr gut u. lösungsorientiert, bläst nichts künstlich auf", Wettbewerber), Dr. Matthias Wolter, Dr. Karin Sandberg („sehr erfahrene u. internat. gut vernetzte Markenrechtlerin", Wettbewerber), Dr. Martin Kefferpütz, Dr. Christoph Schumann („sehr erfahren, fachkundig u. äußerst fair", Wettbewerber), Till Lampel, Henrik Dirksmeier („kompetente IP- u. Wettbewerbsrechtler, fokussiert, freundlich", Mandant über beide), Dr. John-Christian Plate,
Team: 8 Partner, 2 Counsel, 5 Associates
Schwerpunkte: Konzentration auf Gewerbl. Rechtsschutz (inkl. ▷Patent-), Wettbewerbs- (inkl. HWG), Kartell- u. Urheberrecht sowie angrenzende Gebiete wie ▷Vertriebsrecht. Umfangr. formelle Markenpraxis. Neben Prozessen auch sehr branchenbezogen beratend tätig.
Mandate: Stada (inkl. Walmark) umf. im Markenrecht; Formula One zu EU-Marken u. in zahlr. Amtsverfahren; Kratki in urheberrechtl.- u. UWG-Streit; Intersnack umf. im Soft-IP; Jack Wolfskin, Douglas, Göbber u. Loewe lfd. im IP; Lidl im Markenrecht u. UWG (öffentl. bekannt); Heiko Blume GmbH in Prozessen gg. Schilkin bzgl. Likören; lfd. im Markenrecht: Scout24, Kion, Wüstenrot-Gruppe, Metro Real, Panasonic, Sixtus.

HARTE-BAVENDAMM

Marken- und Designrecht	★★★★★
Wettbewerbsrecht	★★★★★

Bewertung: Die HHer IP-Boutique zählt mit ihrem bemerkenswert stabilen Mandantenstamm u. einer durchgängig im Markt bekannten Partnerriege mit ausgewiesener Prozesskompetenz zu den Größen im Marken- u. Wettbewerbsrecht. „Eine eigene Marke, die für Qualität steht", lobt ein Wettbewerber. Darauf setzt etwa seit Jahren Nestlé, die immer umfassender bei Markenanmeldungen sowie der gerichtl. Durchsetzung ihrer IP-Rechte auf ein von Jaeger-Lenz koordiniertes Team vertraut. Der Nahrungsmittelkonzern setzt ebenso wie Procter & Gamble auch im UWG auf diese ausgewiesene Spezialisierung. Neben Prozessen war zuletzt insbes. die Beratung zu umweltbez. Werbeaussagen gefragt. Doch v.a. ihre forensische Erfahrung überzeugt regelm. neue Mandanten, etwa Unternehmen aus den Branchen Kfz-Zulieferer, Kosmetik u. Beleuchtung.
Stärken: Prozessvertretung, Gutachten.
Oft empfohlen: Prof. Dr. Henning Harte-Bavendamm, Dr. Michael Goldmann („der Spezialist für Unternehmenskennzeichen, jeder Schriftsatz ein wissenschaftl. Werk", Wettbewerber), Dr. Karolina Schöler, Dr. Andrea Jaeger-Lenz („absolute Markenrechtsspezialistin; ob streitige Verfahren, Anmeldungen oder Verträge – eine echte Bereicherung", Mandant), Dr. Arne Lambrecht („gut u.

MARKEN- UND WETTBEWERBSRECHT

solide", „richtig gut in der Vertretung von Internetplattformen, kollegial u. professionell", Wettbewerber), Dr. Malte Lieckfeld (Designrecht)
Team: 6 Partner, 1 Counsel, 6 Associates
Schwerpunkte: Beratung u. Prozessvertretung im Marken-, UWG-/HWG-, Design- u. Urheberrecht sowie Vertriebsrecht. Zudem Markenverwaltungspraxis. Daneben auch Betreuung von Medienunternehmen.
Mandate: Nestlé, Haribo u. Bico Zweirad Marketing umf. im IP; Fabelab in Nachahmungsstreit; Auto 1 Fintech in markenrechtl. Verfahren; Levi Strauss umf. in markenrechtl. u. UWG-Verfahren; DRK umf. im Markenrecht; Nobilia in UWG- u. designrechtl. Prozess; Procter & Gamble in UWG-Prozessen; Dt. Bahn im Markenrecht; ZH Crafts in Markenstreit.

HEUKING KÜHN LÜER WOJTEK

Marken- und Designrecht	★★★
Wettbewerbsrecht	★★★

Bewertung: Die IP-Praxis der Kanzlei gehört mit ihrer gr. Angebotsbreite u. vielen im Markt bekannten Partnern zu den etablierten Adressen im Marken-, Design- u. Wettbewerbsrecht. Passend zum Fokus der Gesamtkanzlei bestehen teils langj. u. feste Beziehungen zum gehobenen Mittelstand wie z.B. Alfred Ritter u. Innio Jenbacher. Einige Partner wie Wieland u. Spintig haben zudem ausgezeichnete internat. Beziehungen aufgebaut – teils direkt zu Unternehmen, teils zu Korrespondenzanwälten u. Netzwerken – u. sind so regelm. für namh. Markenartikler wie Brooks oder Columbia tätig. In klass. markenrechtl. Auseinandersetzungen sticht insbes. die Erfahrung der Partner mit Verfahren vor dem EuG hervor, hier waren sie zuletzt in einer Vielzahl von Fällen tätig, u.a. für Voco zu einer 3D-Markenanmeldung für eine Verpackungsgestaltung. Zudem verfestigt sich im Wettbewerbsrecht das Thema Geschäftsgeheimnisschutz – hier ist nicht nur Georg Jacobs in einem umfangr. Prozessmandat tätig, sondern auch eine Stuttgarter Partnerin.
Stärken: Prozessvertretung, Designrecht (v.a. in HH).
Oft empfohlen: Thorsten Wieland („kreativ, lösungsorientiert", „sehr guter Markenrechtler", „behält stets die Ruhe u. den Überblick", Wettbewerber), Dr. Søren Pietzcker („sehr kundiger u. kooperativer Markenrechtsexperte", Mandant), Dominik Eickemeier, Dr. Verena Hoene („sehr gute Markenrechtlerin", Mandant), Kai Runkel, Christian Spintig („besonderes Know-how im Designrecht", Wettbewerber), Prof. Dr. Rainer Jacobs, Dr. Georg Jacobs („immer überdurchschnittl. Beratung im IP u. Wettbewerbsrecht", Mandant), Dr. Andreas Schabenberger, Dr. Ruben Hofmann („guter Prozessanwalt", „hohes Fachwissen, sehr schnelle Reaktionszeit", Wettbewerber)
Team: 11 Eq.-Partner, 7 Sal.-Partner, 11 Associates
Schwerpunkte: Branchenorientierte Prozessvertretung u. Beratung im Wettbewerbs- u. Markenrecht. In HH Transport u. Logistik, in Köln u.a. Betreuung von Verlagen, Handelskonzernen, Telekommunikation u. Kfz, in D'dorf ▷IT u. ▷Medien; in Ffm. Mode sowie Medien u. Pharma; in München u.a. bekannte Sportler im Markenrecht u. bei Werbeverträgen. In D'dorf zusätzl. mittelständ. Unternehmen in Prozessen bzgl. Know-how-Schutz. Formelle Markenpraxis an allen Standorten.
Mandate: Condor in UWG-Streit; Alpargatas in Löschungsverfahren bzgl. ‚Flip-Flop'; Brooks in europ. Markenverfahrensserie; US-Elektronikhersteller zu Markenverletzung; Columbia Sportswear im Designrecht; Voco zu 3D-Marke; Viessmann u. Xiaomi in UWG-Streit; dt. Textilmaschinenhersteller zu Geschäftsgeheimnisschutz; lfd. im IP: Alfred Ritter, Tommy Hilfiger, Betty Barclay, DentalXrai, Innio Jenbacher, Marc Cain, Rieker, Neyroo.

HILDEBRANDT

Marken- und Designrecht	★

Bewertung: Die Berliner Soft-IP-Boutique um den bekannten Markenrechtler Hildebrandt hat sich knapp 2 Jahre nach ihrer Gründung gut im Markt etabliert. Bekannt ist sie für ihren Schwerpunkt im formellen Markenrecht, wo sie umfangr. etwa für Margarete Steiff tätig ist. Anfang 2022 kam mit Wulff eine weitere erfahrene Markenrechtlerin hinzu. Dabei ist das Team im Portfoliomanagement mit 3 Paralegals effizient aufgestellt. Die Vertretung der Erzeugergemeinschaft Schwäbisch Hall in dem BGH-Verfahren um geograf. Herkunftsangaben war ein prominentes prozessuales Highlight.
Oft empfohlen: Prof. Dr. Ulrich Hildebrandt („kreativ u. außergewöhnl.", „herausragender Markenrechtler", „umf. Kenntnisse im Marken- u. Wettbewerbsrecht", Wettbewerber)
Team: 2 Partner, 2 Associates, 1 of Counsel
Partnerwechsel: Anja Wulff (von Lubberger Lehment)
Schwerpunkte: V.a. strateg. Beratung zu Marken- u. Designanmeldungen sowie Amts- u. Verletzungsverfahren. Daneben auch UWG- u. Patentprozesse.
Mandate: Bäuerl. Erzeugergemeinschaft Schwäbisch Hall bzgl. geograf. Herkunftsangaben (BGH); Margarete Steiff zur Markenstrategie u. in Verletzungsverfahren; Core u. SteriPharm lfd. im IP; Ledino in Marken- u. Patentverletzungsprozessen; lfd. im Markenrecht: Pelikan, Berliner Verlag, Volkswagen Financial Services, Dt. Zentrum für Luft- u. Raumfahrt, Outfittery, Schilkin (‚Berliner Luft').

HOFFMANN EITLE

Marken- und Designrecht	★

Bewertung: Die gemischte IP-Kanzlei ist neben ihrer trad. Stärke im ▷Patentrecht auch umf. im Markenrecht tätig. Neben vielen internat. Mandanten betreut sie einen wachsenden Stamm dt. Unternehmen u. Start-ups, meist zum Portfoliomanagement u. in Amtsverfahren. In Prozessen agiert das internat. besetzte Soft-IP-Team eher unauffällig, auch wenn Abmahnungen u. einstw. Verfügungsverfahren zum Spektrum gehören. Neben dem Münchner Stammbüro baut sie unter einer jungen Partnerin auch in D'dorf das Soft-IP kontinuierl. aus.
Stärken: Markenverwaltung.
Oft empfohlen: Wedig Baron von der Osten-Sacken
Team: 2 Eq.-Partner, 1 Sal.-Partner, 4 Associates
Schwerpunkte: Trad. gr. formelle Markenpraxis, häufig mit Folgeprozessen. Umf. Betreuung in Markenangelegenheiten durch Rechtsanwälte, daneben auch Designrecht u. UWG. Sehr anerkannte ▷Patentpraxis. Eigene Markenanwälte in Madrid u. Mailand.
Mandate: GlaxoSmithKline u. LöcknerPentaplast zu Design- u. Markenverwaltung; Lemken bzgl. Farbmarke; Anchor Brewing in EU-Markenverfahren gg. Wettbewerber; lfd. im Markenrecht: Berger Bau, Daiichi Sankyo, CloudKanteen, Konica Minolta.

HOGAN LOVELLS

Marken- und Designrecht	★★★★★
Wettbewerbsrecht	★★★★★

JUVE AWARDS 2022 – Kanzlei des Jahres für IP

Bewertung: Die Soft-IP-Praxis überzeugt im Marken- u. Wettbewerbsrecht mit ihrem ganzheitl. Beratungsansatz auf hohem Niveau u. setzt als eine der marktführenden Kanzleien Maßstäbe im Markt. Weil sie trad. u. hoch qualitative IP-Beratung eng mit regulator. u. IT-rechtl. Beratung verknüpft, hat sie sich in den verg. Jahren zu einer der ersten Anlaufstellen für Plattformen (soziale Medien sowie Handel) u. Anbietern digitaler Dienste entwickelt. Techn. Kompetenz zeigt sie auch in der IP-rechtl. Beratung von künstlicher Intelligenz u. Kryptowährungen, hier arbeitet von Gerlach mittlerw. eng mit dem kapitalmarktrechtl. Team der Kanzlei zusammen u. berät dazu div. Investmentbanken. Im klass. Markenrecht ist HL im Vgl. zu anderen internat. Großkanzleien weiterhin sehr umf. tätig: Ihren Service im Portfoliomanagement, den gr. Mandanten wie Dt. Telekom nutzen, gestaltet sie mit IT-Unterstützung effizient. Gleichz. setzen die Partner ihr langj. Know-how im formellen Markenrecht auch in markenrechtl. Streitigkeiten ein, die oft grenzüberschr. geführt u. von der dt. Praxis koordiniert werden. Das zeigt sie in einigen grundsätzl. u. langj. Prozesskomplexen für Ceramtec, Merck, Anheusser-Busch, Vorwerk oder die Dt. Telekom, in denen v.a. das HHer Team seine Erfahrung mit komplexen Themen wie Gleichnamigkeit, Farb- u. 3D-Marken gekonnt ausspielt. Auch im Wettbewerbsrecht beherrscht HL die gesamte Klaviatur, vom ergänzenden Leistungsschutz bis zum Geschäftsgeheimnisschutz; bei Letzterem zeigt v.a. das D'dorfer Team um Keller Flagge, bspw. in einem Prozess für System7 bis zum BGH. Die wachsende Bedeutung dieses Bereichs unterstrich HL zuletzt auch mit der Ernennung einer Partnerin in HH, die sich neben ihrem Schwerpunkt im Patentrecht auch auf Know-how-Schutz spezialisiert hat.
Stärken: Formelles Markenrecht, anerkanntes Büro in Alicante; Koordination internat. Prozesse; Markenstreitigkeiten namensgleicher Unternehmen sowie 3D- u. Farbmarken. Designrecht. ▷Gesundheitssektor, oft mit Bezügen zum ▷Vertriebsrecht.
Oft empfohlen: Andreas Bothe, Yvonne Draheim („Top-Beratung im Markenrecht", Mandant; „super im Designrecht, angenehm u. fair im Umgang", „immer gut u. lösungsorientiert", Wettbewerber), Dr. Erhard Keller („sehr erfahren, versierter Wettbewerbsrechtler", „sehr erfahren im Markenrecht, angenehmer Umgang, ein Anwalt alter Schule", Wettbewerber), Dr. Burkhart Goebel („gr. Experte für Farbmarken, bei aller Härte der Auseinandersetzung stets fair", Wettbewerber), Susanne Karow, Dr. Morten Petersenn („sehr zu empfehlen im Wettbewerbsrecht", Mandant; „sehr fähiger IP-Rechtler", Wettbewerber), Dr. Leopold von Gerlach, Marlen Mittelstein („hohe Qualität im Markenrecht, hervorragende Zusammenarbeit", Mandant), Dr. Anna Glinke, Dr. Marion Fischer („sehr zu empfehlen im IP", Mandant), Thorsten Klinger („herausragende Sorgfalt u. Expertise im Markenrecht", Mandant)
Team: 9 Partner, 10 Counsel, 25 Associates, 1 of Counsel
Schwerpunkte: Umf. im Markenrecht tätig, mit guter internat. Vernetzung. Zentrum der markenrechtl. Arbeit in Hamburg. In München v.a. Bera-

MARKEN- UND WETTBEWERBSRECHT

tung von Mobilitätsanbietern. Im Wettbewerbsrecht neben Prozessen auch Beratung im Vorfeld von Werbeaktionen, in D'dorf auch oft zu Know-how-Schutz.

Mandate: Dt. Telekom lfd. zu ww. Portfoliomanagement u. Markenprozessen; System7 in Prozess um Geschäftsgeheimnisschutz; Merck & Co. in internat. Markenstreit um Namensrechte; Ceramtec in markenrechtl. Prozessen; Anheuser Busch InBev in Markenstreit um Budweiser; Amazon in Prozess gg. Swatch (öffentl. bekannt); USM in Nachahmungsprozessen; H&M u.a. in Prozess gg. H&D shoes & more; Vorwerk, Ecco, Fiskars u. C&A lfd. im IP; lfd. im Markenrecht: Dell, ProSiebenSat.1, Vay Technology, Urlaubsguru, BayWa, Collibra, Livisto, gr. internat. Onlineplattform.

HOYNG ROKH MONEGIER
| Marken- und Designrecht | ★★★ |
| Wettbewerbsrecht | ★★ |

Bewertung: Die IP-Kanzlei behält im Marken- u. Wettbewerbsrecht ihren dyn. Ausbaukurs bei: Mit ihrer Erfahrung in Prozessen überzeugt das Team immer wieder namh. Mandanten aus der starken Patentpraxis von sich, zuletzt etwa einen US-Technologiekonzern. Dass umgekehrt originäre Soft-IP-Mandanten wie Dr. Wolff zunehmend im Patentrecht beraten werden, zeigt, dass ROKH auch im Marken- u. Wettbewerbsrecht zu einer eigenen Stärke gefunden hat. Neben ihrer langj. Erfahrung mit Prozessen hat die Kanzlei eine beachtl. Markenverwaltungspraxis aufgebaut u. kann mit diesem Paket Mandanten nun eine gute IP-Rundumberatung bieten. Das wird durch eingespielte Zusammenarbeit ihrer eigenen internat. Büros noch unterstützt – im formellen Markenrecht sowie in Prozessmandaten. Auch personell spiegelt sich diese gute Entwicklung: Das 3. Jahr in Folge ernannte ROKH einen Soft-IP-Partner, der mit seinem Schwerpunkt im formellen Markenrecht für die gestiegene Bedeutung dieses Beratungsfeldes steht. Zudem wuchs das Team mit 4 Associates.

Oft empfohlen: Thomas Schmitz, Dr. Sandra Stolzenburg-Wiemer („sehr gute Beratung, sehr zuverlässig, fleißig, präzise, schnell, effizient, angenehm in der Zusammenarbeit", Mandant; „kompetente Designrechtlerin, angenehmer Umgang", Wettbewerber)

Team: 5 Partner, 1 Counsel, 8 Associates

Schwerpunkte: Im Marken- u. Designrecht neben Prozessvertretung v.a. strateg. Beratung, begleitend auch Markenanmeldungen. Im UWG häufig Prozessvertretung. Sehr renommiert im ▷Patentrecht. Internat. enge Anbindung an die Büros in Amsterdam, Brüssel, Paris u. Madrid.

Mandate: Dr. Kurt Wolff umf. im IP inkl. EU-weite Prozesskoordination; Lenovo in internat. Markenverletzungsverf.; Rituals in marken- u. wettbewerbsrechtl. Verf.; Heckler & Koch in UWG-Verfahren; GlaxoSmithKline u.a. zu Farbmarke; Piasten u.a. bei Produkteinführungen u. neuen ww. Marken- u. Designanmeldungen; FC Liverpool in markenrechtl. Streit um Merchandise-Artikel; Bübchen in der Markenverwaltung inkl. strateg. Beratung; Hanwha QCells lfd. im UWG; lfd.: Katjes, Trivago, Enjin Pte., Takeda, Samsung, Allergan.

JBB RECHTSANWÄLTE
| Wettbewerbsrecht | ★★★★ |

Bewertung: Die Wettbewerbsrechtler der Berliner Kanzlei sind im Markt aufgr. ihrer gr. Erfahrung in der Prozessvertretung sehr anerkannt. Routiniert u. mit viel Branchenwissen steht sie einigen namh. Unternehmen aus werbestarken Branchen wie Energie, Bettwaren u. Telekommunikation zur Seite. Dass ihnen viele Mandanten wie Bett1, Sky, Mobilcom oder Lekker schon seit Jahren die Treue halten, unterstreicht, wie erfolgr. JBB dabei agiert. Zuletzt nahm die Tätigkeit für Versicherungen sowie die Vertretung in HWG-Streitigkeiten weiter zu, bei Letzterem hat insbes. eine erfahrene Associate viel Know-how aufgebaut. Zu einer weiteren Spezialität hat sich die Vertretung von Legal- u. Insurtech-Unternehmen entwickelt, denen JBB durch ihre ausgewiesene IT- u. Datenschutzkompetenz eine gute Rundumberatung bieten kann. Weniger bekannt, aber ebenfalls sehr aktiv ist die Kanzlei im Markenrecht.

Stärken: Prozessvertretung von TK-, Energie- u. Direktmarketingunternehmen im UWG. Beratung an der Schnittstelle zu ▷IT- und Datenschutz.

Oft empfohlen: Dr. Martin Jaschinski („sehr gute Beratung im Markenrecht mit Blick für Wirtschaftlichkeit", Mandant; „fairer Kämpfer", Wettbewerber), Oliver Brexl („hart in der Sache, dennoch kollegial", Wettbewerber), Sebastian Biere, Thomas Nuthmann („absoluter IP-Fachmann, praxisorientierte Lösungen", „sehr professionell u. sorgfältig im UWG", Mandanten)

Team: 4 Partner, 5 Associates, 1 of Counsel

Schwerpunkte: Neben Prozessen u. Beratung im Wettbewerbsrecht auch im Marken-, ▷Medien- u. Äußerungs- sowie IT-Recht und Datenschutz. Zudem Spezialisierung bei der Beratung zu Gewinn- u. Glücksspielen sowie Energieunternehmen.

Mandate: Bett1.de in div. Markenrechts- u. UWG-Prozessen u. Beratung; Modeversandhandel zu UWG-Beratung; Dr. Kurt Wolff in UWG-Verf.; Freenet u. Gravis im Marken- u. Wettbewerbsrecht; Legal-Tech-Unternehmen in Prozess gg. eine RAK; öffentl. Hand zu OSS-Plattformaufbau, u.a. in kartell- u. wettbewerbsrechtl. Gutachten; lfd. v.a. im UWG: Coduka, Dt. Fachverlag, Lekker Energie, Klarmobil, Mobilcom-Debitel.

JONAS
| Marken- und Designrecht | ★★★★ |
| Wettbewerbsrecht | ★★★ |

Bewertung: Die Kölner IP-Boutique sorgte im Marken-, Design- u. Wettbewerbsrecht zuletzt mit einem erstarkten Antritt in Prozessen für Aufmerksamkeit. Dafür steht v.a. Weber, der zuletzt aufgr. seiner Vertretung von Birkenstock in zahlr. UWG-Auseinandersetzungen mit Wettbewerbern (öffentl. bekannt) so präsent war wie nur wenige andere IP-Rechtler. Dass die Kanzlei neuerdings auch in den Registern als Portfoliomanagerin der Birkenstock-Marken in Erscheinung tritt, passt zu ihrer trad. Stärke im formellen Markenrecht. Ihren ohnehin beeindruckenden Mandantenstamm baut sie hier regelm. aus – aufgr. der ausgezeichneten internat. Kontakte setzen viele Mandanten insbes. für ihre ausl. Markenaktivitäten auf das gut aufgestellte Team um Viefhues. Daneben hat v.a. Hamacher viel forensische Erfahrung mit der UWG-Vertretung von div. Versicherungen u. der Dt. Post aufgebaut, oft geht es dabei um grundsätzl. Themen. Fest im Blick hat Jonas auch den weiteren Aufbau des Teams, was sich zuletzt in der Ernennung einer Sal.-Partnerin u. dem Ausbau auf Associate-Ebene zeigte.

Stärken: Formelles Markenrecht.

Oft empfohlen: Dr. Nils Weber („guter Designrechtler, versteht sein Handwerk, fair u. angenehm im Umgang", „schenkt einem nichts", „ruhig, sachl. u. einfach gut", Wettbewerber), Dr. Martin Viefhues, Karl Hamacher („ausgezeichneter IP-Jurist mit wirtschaftl. Verständnis", Wettbewerber), Dr. Markus Robak („Top-Qualität im UWG, sehr gute u. angenehme Zusammenarbeit", Mandant)

Team: 4 Eq.-Partner, 2 Sal.-Partner, 5 Associates, 1 of Counsel

Schwerpunkte: Im Markenrecht umfangr. Verwaltungspraxis. Daneben auch oft UWG-, marken- u. designrechtl. Prozesse sowie Vertretung in Produktnachahmungs- u. Grenzbeschlagnahmeverfahren. Insges. viele ausl. Mandanten (v.a. USA u. GB) sowie Pharma-, Sport- u. Versicherungsbranche. Oft Bezüge zum ▷Vertriebs- u. Medienrecht. Zudem IP-Begleitung gr. Transaktionen für andere Kanzleien.

Mandate: Birkenstock in zahlr. Prozessen um Schuhdesigns gg. Wettbewerber u. Portfolioverwaltung (öffentl. bekannt); True Fruits lfd., u.a. in Prozess um Produktnachahmung u. im Äußerungsrecht; Dt. Post lfd. im IP u. in UWG-Prozessen; gr. Einkaufsgenossenschaft im UWG; öffentl. bekannt: Portfolioverwaltung für Axel Springer, DKV, Zürich Versicherung, Sony, Dart Industries.

KLAKA
| Marken- und Designrecht | ★★★★ |
| Wettbewerbsrecht | ★★★★★ |

Bewertung: Die Kanzlei zählt zu den bekanntesten Prozesseinheiten im Marken- u. Wettbewerbsrecht, die sich mit ihrem partnerzentrierten Beratungsansatz ein beeindruckendes Standing beim gehobenen dt. Mittelstand erarbeitet hat. Damit überzeugt sie etwa seit Jahren BMW, die sie in zahlr., oft auch grundsätzl. Verfahren vertritt, zuletzt etwa in einer viel beachteteten EuGH-Entscheidung zur Anwendbarkeit nationalen Rechts bei Folgeansprüchen aus EU-Marken- u. Designverletzungen. In den verg. Jahren hat die Kanzlei zudem in den Auseinandersetzungen um ‚M' gr. Erfahrung um Ein-Buchstaben- sowie Farbmarken u. deren Durchsetzung aufgebaut. Auch für weitere gr. dt. Unternehmen wie Dauermandantin Deichmann, aber auch Beiersdorf wird Klaka immer umfassender tätig. Doch insbes. ihre ausgewiesene Spezialisierung zu geograf. Herkunftsangaben spricht sich – auch internat. – weiter herum: Schon lange vertritt Klaka den Champagnerverband, zuletzt kamen weitere Schutzverbände zu frz. Ursprungsbezeichnungen als Mandanten dazu. Ein Highlight in diesem Bereich spielte sich aber in Dtl. ab: Ihre langj. Mandantin Nomos begleitetet sie marken- u. kartellrechtl. bei der Einführung der Glashütten-verordnung. Personell wächst die Kanzlei gemäß ihrem Ansatz zwar weiterhin eher sachte, hat aber erkannt, dass sie zur besseren Staffelung in den gr. Mandaten u. für eine nachhaltige Aufstellung mit Associates ausbauen muss.

Stärken: Prozessvertretung, gr. Erfahrung mit geograf. Herkunftsangaben.

Oft empfohlen: Dr. Ralf Hackbarth („einfach ein toller Anwalt", Wettbewerber), Dr. Andreas Schulz, Dr. Stefan Eck („sehr kompetent im Lizenzvertragsrecht, schnelle Auffassungsgabe, erkennt Bedürfnisse des Mandanten u. setzt sie zielorientiert um", Mandant), Dr. Wolfgang Götz, Dr. Stefan Abel, Oliver Rauscher („hervorragende Beratung im Markenrecht", Mandant), Dr. Constantin Kurtz, Dr. Michael Nieder, Dr. Wolfgang Straub, zunehmend: Florian Schmidt-Sauerhöfer

Team: 9 Partner, 3 Associates, 2 of Counsel

MARKEN- UND WETTBEWERBSRECHT

Schwerpunkte: Marken- u. designrechtl. Beratung u. Prozessvertretung sowie Anmelde- u. Verwaltungspraxis. Im Wettbewerbsrecht v.a. Prozesse, häufig an der Schnittstelle zu Lebensmittel- u. Urheberrecht sowie HWG. Renommierte Praxis in ▷Patentprozessen.
Mandate: BMW umf. in zahlr. Marken- u. Designprozessen, u.a. bei Vergleich mit Volvo bzgl. ‚M'-Verwendung u. in EuGH-Verfahren gg. Acacia; Nomos Glashütte u.a. markenrechtl. zu Glashüttenverordnung; Elatec zu Markenverwaltung; Nestlé lfd. in Markenverletzungs-, UWG- u. lebensmittelrechtl. Prozessen; Beiersdorf regelm. in markenrechtl. Verfahren; Champagnerverband lfd. zu ‚Champagner'-Verletzungsfällen; Longchamp lfd. zu Nachahmungen; Wettbewerbszentrale in zahlr. UWG-Prozessen; Deichmann u. Snipes lfd. im Marken- u. Designrecht; lfd.: Adelholzener Alpenquellen, Börlind, DFB, KfW.

KLEINER

| Marken- und Designrecht | ★ |
| Wettbewerbsrecht | ★ |

Bewertung: Im Marken- u. Wettbewerbsrecht genießt die mittelständ. Kanzlei v.a. bei der Marken- u. Designverwaltung sowie der Durchsetzung u. strateg. Beratung einen guten Ruf. Dabei verfügt die Praxis wie nur wenige andere Wettbewerber über gr. Erfahrung bei Gewährleistungs- u. Kollektivmarken sowie geografi. Herkunftsangaben. Hier suchen regelm. v.a. Erzeugerverbände aus Ba.-Wü. sowie Unternehmen den Rat der Kanzlei. Zum Angebot gehören aber auch die Vertretung in Prozessen, dafür ist insbes. Heisrath im Markt bekannt. Mit dem Zugang eines erfahrenen Vertriebskartellrechtlers verstärkte sich die Kanzlei auch an der Schnittstelle zum Soft-IP: Sein Know-how kam bspw. in einem Mandat für einen Handelsdienstleister zum Einsatz, bei dem es um das Thema Alleinstellungsberührung ging.
Oft empfohlen: Dr. Wolfgang Heisrath („sehr kompetent im gewerbl. Rechtsschutz", Mandant), Alexander Späth („ausgezeichnete IP-Rechtler, die es einem wirklich schwer machen", Wettbewerber über beide; „fachl. u. menschl. herausragend", Wettbewerber), Dr. Frank Dehn („sehr kompetent, engagiert, dienstleistungsorientiert", Mandant).
Team: 5 Eq.-Partner, 1 Sal.-Partner, 4 Associates
Schwerpunkte: Beratung im formellen Markenrecht sowie umf. strategische Beratung auch im UWG, Designrecht u. zu Kollektivmarken/geograf. Herkunftsangaben. Auch Prozesse.
Mandate: Furnifocus in Widerspruchsverf. zu ‚Live & Lecker'; südwestdt. Fleischerzeugergemeinschaft zu Markenanmeldungen u. geograf. Herkunftsangaben; Weinbauverband zu geschützter Ursprungsbezeichnung; Zertifizierungsunternehmen zu Gewährleistungsmarke; Entwicklungsdienstleister zu Mitarbeiterabwerbung; Lieken u. dm-Folien lfd. im Markenrecht.

KLINKERT

| Marken- und Designrecht | ★ |
| Wettbewerbsrecht | ★ |

Bewertung: Die Frankfurter Kanzlei ist seit vielen Jahren fest im Marken- u. Wettbewerbsrecht verankert u. setzt regelm. mit der Beratung u. Vertretung von div. Pharmaunternehmen Akzente: So vertritt sie für Heraeus Medical im Streit um Geschäftsgeheimnisse u. div. Pharmakonzerne umfangr. zum Thema Parallelimporte. Daneben hat die Kanzlei bei der Beratung im Mode- u. Kosmetiksektor, wo u.a. Cosnova u. Jimmy Choo auf sie vertrauen, gr. Erfahrung. Personell verstärkt Klinkert kontinuierl. ihren Mittelbau: Nachdem bereits 2021 eine erfahrene IP-Inhouse-Anwältin hinzukam, ernannte sie mit Dr. David Jahn einen Counsel, der neben seinem ▷medienrechtl. Schwerpunkt auch für seine Tätigkeit im Soft-IP wahrgenommen wird u. den Mandanten als „professionell u. pragmatisch" loben.
Oft empfohlen: Nora Keßler („extrem kenntnisreich u. taktisch versiert, sehr reaktionsschnell, gutes Preis-Leistungs-Verhältnis", Mandant)
Team: 4 Partner, 3 Counsel, 3 Associates
Schwerpunkte: Im IP strateg. Beratung sowie zu Parallelimporten u. Produktpiraterie. Daneben Prozessvertretung im UWG, oft für die Gesundheitsbranche, u. im Markenrecht.
Mandate: Mepal in designrechtl. Prozessen gg. Edeka u. Aldi; Paul Hartmann lfd. im UWG/HWG, v.a. zu Parallelimporten; Cosnova umf. im IP, auch Prozesse; Faber-Castell lfd. im IP; Jimmy Choo u. Taylor Swift im Markenrecht; Documenta/Museum Fridericianum umf. im IP; Heraeus in Prozessen um Nachahmungen u. Know-how-Schutz.

KNPZ RECHTSANWÄLTE

| Marken- und Designrecht | ★★ |
| Wettbewerbsrecht | ★★ |

Bewertung: Die HHer Kanzlei behauptet ihre Position als strateg. Berater u. Prozessvertreter im Marken- u. Design- sowie im Wettbewerbsrecht souverän. Wenn es etwa um die Neuausrichtung von Markenportfolios geht, setzen nicht nur Stammmandanten wie Bahlsen regelm. auf KNPZ, sondern auch neue Mandanten wie Dürr Dental. Über seine langj. Tätigkeit für Colgate hat zudem insbes. Zintler ausgezeichnete Kontakte zu internat. IP-Anwälten aufgebaut, darüber wird er zunehmend für US-Techunternehmen tätig, zuletzt bspw. Viavan. Schon seit Längerem kristallisiert sich die Arbeit an der Schnittstelle zwischen Wettbewerbsrecht u. Datenschutz als eine der Stärken der Kanzlei heraus. Hier vertritt Plath die FAZ u. Axel Springer weiterhin in 2 Grundsatzverfahren. V.a. aber die zunehmende Spezialisierung beim Geschäftsgeheimnisschutz spricht sich immer mehr herum: Div. arbeits-, straf- u. gesellschaftsrechtl. Boutiquen greifen hierbei verstärkt auf das Prozess- u. UWG-Know-how von Neben zurück.
Stärken: Stark integrierter Beratungsansatz. Designrecht u. IP-Transaktionsbegleitung.
Oft empfohlen: Prof. Christian Klawitter, Dr. Mathias Zintler („sehr erfahren u. versiert im Markenrecht", Wettbewerber), Dr. Gerald Neben (UWG), Dr. Kai-Uwe Plath (IT/IP)
Team: 4 Eq.-Partner, 1 Sal.-Partner, 12 Associates
Schwerpunkte: Fokussiert auf IP, ▷Vertriebsrecht, ▷Medien sowie an der Schnittstelle zu ▷IT- und Datenschutz. Im Marken-, Design- u. Wettbewerbsrecht v.a. Prozessvertretung u. Beratung (oft auch zu Lizenzverträgen). Transaktionsbegleitend in Zusammenarbeit mit anderen Kanzleien sowie Portfoliomanagement.
Mandate: Dürr Dental zu Neuausrichtung Markenportfolio u. UWG; Viavan markenrechtl. u. UWG-Beratung; DecoTrend in designrechtl. Prozessen; Snap im Markenrecht inkl. Amtsverfahren; VW in Markenverletzungsprozessen u.a. zu Formmarke ‚Bulli'; Unternehmensberatung in UWG-Streit zu Geschäftsgeheimnissen; WeCreate in div. UWG-Prozessen gg. ehem. Mitarbeiter; lfd. für Bahlsen, Colgate-Palmolive, Fresenius, Jysk, Nobel Biocare, Valentino.

LLR LEGERLOTZ LASCHET UND PARTNER

| Marken- und Designrecht | ★ |
| Wettbewerbsrecht | ★ |

Bewertung: Die kleine IP-Praxis ist für ihre Spezialisierung im Marken- u. Wettbewerbsrecht im Markt bekannt u. gleichz. ausgezeichnet in die Gesamtpraxis der mittelständ. Kölner Kanzlei integriert. Regelm. überzeugt sie Mandanten aus anderen Fachgebieten wie Arbeits- u. Gesellschaftsrecht, ihr IP-rechtl. Fragen anzuvertrauen, u. gewährleistet damit eine gute Rundumberatung. Zugleich gewinnt das Team immer wieder Mandanten über Mandatsausschreibungen hinzu, so etwa Brambles u. Vamea.
Oft empfohlen: Moritz Vohwinkel („ausgewiesener Markenrechtsexperte", Mandant), Dr. Markus Bagh („sehr engagierter Markenrechtler", Wettbewerber)
Team: 2 Eq.-Partner, 1 Sal.-Partner, 1 Associate
Schwerpunkte: Formelles Markenrecht u. Prozesse zu gleichen Teilen, daneben auch Wettbewerbsrecht (inkl. Know-how-Schutz) sowie Design- u. Urheberrecht. Kernklientel: mittelständ. Unternehmen.
Mandate: Technologie Institut Medizin im UWG zu Werbekampagnen; Brambles umf. im IP; Cersanit, u.a. im Designrecht; dt. Investmentgesellschaft zu Markenverwaltung u. -strategie; Brio, u.a. zu Produktpiraterie; Bega Gantenbrink in Prozessserie gg. Nachahmer; Ravensburger u. Medion umf. im IP, UWG; lfd. im Markenrecht: Vamea, Klasmann-Deilmann, Meissen Keramik.

LÖFFEL ABRAR

| Marken- und Designrecht | ★ |
| Wettbewerbsrecht | ★ |

Bewertung: Die beiden Namenspartner der IP-Boutique sind schon länger für ihren Prozessschwerpunkt sowie Einsatz für relevante Rechtsthemen (u.a. fliegender Gerichtsstand) im Marken- u. Wettbewerbsrecht bekannt. Über ihre ausgezeichneten Beziehungen zu einigen dt. Patentanwalts- sowie internat. Kanzleien werden sie dabei ganz regelm. für komplexe Streitigkeiten hinzugezogen, zuletzt waren sie so z.B. für Vaillant u. Musidor im Einsatz. Auch wenn LA auf das formelle Markenrecht bewusst verzichtet, haben sich aus einigen dieser Prozessmandate dauerhafte Beziehungen zu Unternehmen wie Takko oder Domino's Pizza entwickelt.
Oft empfohlen: Oliver Löffel („sehr engagiert u. erfahren im Prozessrecht, angenehm im Umgang", Wettbewerber), Dr. Sascha Abrar
Team: 3 Partner
Schwerpunkte: V.a. Prozessvertretung im Marken-, Designrecht u. UWG. Daneben strateg. Beratung in allen Bereichen des Soft-IP sowie Datenschutz.
Mandate: Musidor in designrechtl. Streit um Rolling-Stones-Marke; Domino's Pizza u. Takko lfd. im IP; Dt. Steinzeug Cremer & Breuer zu markenrechtl. Unterlassungsansprüchen; Baqend zu Markenstrategie; Vaillant in markenrechtl. Verf. gg. Puma; GK Software in markenrechtl. Streitigkeiten; Ningo Sincere in designrechtl. Streit um Hundekäfige.

LORENZ SEIDLER GOSSEL

| Marken- und Designrecht | ★★★★ |
| Wettbewerbsrecht | ★★★★ |

Bewertung: Die gemischte Kanzlei ist in marken- u. wettbewerbsrechtl. Streitigkeiten sowie in der strateg. Beratung (inkl. Portfoliomanagement) weiterhin eine der gefragtesten IP-Boutiquen. Dafür sorgen eine hohe Schlagzahl an Prozessen für gr. Markenartikler wie Adidas sowie für renommierte Handelshäuser. Das vehemente Einstehen für Mandanteninteressen u. die vielfach gelobte hohe fachl. Qualität sind längst zum Markenzeichen der gesamten Kanzlei geworden. Diese Kombination schätzen viele Konzerne wie die Allianz, aber auch gr. mittelständ. geführte Unternehmen wie Gabor seit Langem. Regelm. überzeugt sie so auch neue Mandanten, zuletzt etwa Caudalie sowie einen gr. Büroartikelhersteller, für den LSG eine internat. Auseinandersetzung zum Geschäftsgeheimnisschutz steuert u. dabei auch eng mit strafrechtl. Experten zusammenarbeitet. Stetig wächst daneben die Zahl der Mandanten, die im formellen Markenrecht auf das umf. Angebot setzen, in dessen Digitalisierung LSG seit einiger Zeit konstant investiert. So kamen hier zuletzt u.a. eine namh. US-Bank u. ein internat. Elektrohandelskonzern hinzu.

Stärken: Prozesse; markenrechtl. Gutachten. Äußerst stabile Mandantenstruktur.

Oft empfohlen: Prof. Dr. Reinhard Ingerl („sehr guter Markenrechtler", Mandant), Dr. Siegfried Jackermeier, Dr. Philipp Neuwald, Dr. Christian Raßmann („kämpferischer, guter IP-Rechtler", Wettbewerber), Dr. Dirk Wiedemann („sehr gut erreichbar, schnell u. effizient", Mandant)

Team: 13 Partner, 9 Associates, inkl. Patentanwälte

Schwerpunkte: Umf. im IP u. zu gleichen Teilen im ▷Patent-, Marken- u. Wettbewerbsrecht tätig. Formelles Markenrecht durch Patent- u. Rechtsanwälte. Beratung u. Vertretung auch in urheberrechtl. Fragen u. bei Produktnachahmungen.

Mandate: Neumarkter Lammsbräu in Prozess gg. Danone bzgl. ‚Biomineralwasser'; Bulthaupt in designrechtl. Prozess; ProSiebenSat.1 inkl. Töchter umf. im Marken- u. Wettbewerbsrecht; Adidas, u.a. zu strateg. Markenplanung u. in Prozessen um ‚3 Streifen'; Allianz in markenrechtl. Verletzungsverfahren; Büroartikelhersteller in grenzüberschr. Prozess zu Betriebsspionage; Kfz-Hersteller in markenrechtl. Streit mit chin. E-Auto-Hersteller; GoStudent in UWG-Prozessen; Caudalie in markenrechtl. Streit; Telefónica in div. UWG- u. Markenverfahren; lfd. im IP: Gabor, Casio, FIFA, Verivox, UEFA, gr. US-Bank.

LOSCHELDER

Marken- und Designrecht	★
Wettbewerbsrecht	★★★

Bewertung: Die IP-Praxis ist im Marken- u. Wettbewerbsrecht trad. für ihre Prozessvertretung anerkannt. Darauf setzen v.a. einige namh. Mandanten mit Sitz in NRW wie Henkel u. Klosterfrau. Daneben waren die Partner zuletzt verstärkt beratend tätig, etwa zu Produktgestaltungen. Zu einer bekannten Spezialität hat sich zudem das Thema Know-how-Schutz entwickelt, hier berieten die IP-Rechtler viele ihrer Mandanten vertragsrechtl. u. arbeiteten Hand in Hand mit den Arbeitsrechtlern der mittelständ. Kanzlei.

Stärken: Prozesse. Beratung zu Geschäftsgeheimnisschutz.

Oft empfohlen: Dr. Thomas Schulte-Beckhausen, Dr. Stefan Maaßen („hohes Niveau im UWG, schlagkräftiger Gegner", „sehr guter Prozessanwalt, Experte im Know-how-Schutz", Wettbewerber), Dr. Volker Schoene

Team: 2 Partner, 3 Associates

Schwerpunkte: V.a. Prozessführung im Wettbewerbs- sowie Marken- u. Designrecht, zudem Verwaltung u. Know-how-Schutzverfahren. Begleitung von Herstellerverbänden im Zshg. mit Gütesiegeln sowie Beratung an der Schnittstelle zum Lebensmittelrecht, v.a. zu geogr. Herkunftsangaben.

Mandate: Pfeifer & Langen umf. im Markenrecht, zu Lizenzverträgen u. Know-how-Schutz; Amidori Food, u.a. in Streit um Marke u. Unternehmenskennzeichen; Henkel in UWG- u. Markenverfahren zu Wasch- u. Reinigungsmitteln, zu Verpackungsdesign u. Know-how-Schutz; Butlers u. Klosterfrau lfd. im Markenrecht; Luxusuhrenhersteller in Marken- u. Plagiatsverfahren, u.a. in Prozess bzgl. Umbau von Uhren.

LUBBERGER LEHMENT

Marken- und Designrecht	★★★★
Wettbewerbsrecht	★★★★★

NOMINIERT
JUVE Awards 2022
Kanzlei des Jahres für IP

Bewertung: Keine andere Kanzlei positioniert sich im Marken- u. Wettbewerbsrecht so deutlich als Vertreterin von Markenartiklern gg. gr. Internethandelsplattformen wie LL. Darauf setzen seit Langem namh. Kosmetikunternehmen wie Coty, Shiseido, Nobilis, Clarins u. L'Oréal. Für sie tritt die IP-Boutique ganz regelm. u. oft in grundsätzl. Prozessen in Erscheinung u. stellte damit immer wieder ihren hohen Spezialisierungsgrad zum Thema Markenschutz u. selektive Vertriebssysteme unter Beweis. „Machen sich sehr verdient um die Rechtsfortbildung u. führen viele Verfahren bis zum BGH", lobt auch ein Wettbewerber. In den verg. Jahren hat sich dabei der Aktionsradius auch über die Kosmetikbranche hinaus kontinuierl. verbreitert. Mit ihrer Positionierung überzeugen sie Mandanten wie Würth, Skoda u. VW. Im Wettbewerbsrecht ist zudem ihre Kompetenz zum Nachahmungsschutz besonders ausgeprägt, neben Dauermandantin Apple wurde LL hier zuletzt bspw. für den Lebensmittelhersteller Fürsten Reform u. ein weiteres Start-up tätig. Auch wenn mit Wulff zuletzt eine Sal.-Partnerin zu Hildebrandt wechselte, zeigten die Ernennungen der bereits im Markt bekannten Maierski zur Eq.-Partnerin u. eines HHer Prozessspezialisten zum Sal.-Partner, wie sehr sie den nachhaltigen Teamaufbau im Blick hat.

Stärken: Betreuung der Kosmetikbranche, Verfahren gg. Internethandelsplattformen.

Oft empfohlen: Dr. Andreas Lubberger („kreativer Denker", „sehr kompetent an der Schnittstelle Marken- u. Vertriebsrecht", Wettbewerber), Dr. Cornelis Lehment, Martin Fiebig, Dr. Bernd Weichhaus, Dr. Kai Schmidt-Hern („einer der besten Markenrechtler, v.a. auch in Prozessen, mit gutem Fachwissen u. takt. Voraussicht", Wettbewerber), Dr. Benjamin Koch („kombiniert fantast. Fachwissen mit großartigem Geschäftssinn; immer reaktionsschnell, denkt über den Tellerrand hinaus, gutes Preis-Leistungs-Verhältnis – perfekt für die Verteidigung unserer Marken- u. Domainrechte", „gestochen scharfe u. leicht verständl. Schriftsätze, überzeugen", „herausragende Qualität in IP-Transaktionen, immer erreichbar", Mandanten), Dr. Rani Mallick („sehr gutes wirtschaftl. Verständnis, immer pragmat. u. lösungsorientiert", „schnell u. praxisnah" Mandanten), Dr. Benjamin Koch („sehr versiert, erfahren u. pragmat. in Verhandlungen", Wettbewerber), Eva Maierski („beeindruckend gut bei der Fälschungsbekämpfung", Mandant; „gute Prozessanwältin im Designrecht", Wettbewerber)

Team: 9 Eq.-Partner, 1 Sal.-Partner, 8 Associates

Partnerwechsel: Anja Wulff (zu Hildebrandt)

Schwerpunkte: Konzentration auf Schutzrechtsinhaber, v.a. marken- u. wettbewerbsrechtl. Betreuung der Kosmetik- u. Luxusgüterbranche inkl. Markenanmeldung, Bekämpfung von Parallelimporten u. Nachahmerprodukten. Daneben auch Strukturierung u. Verteidigung von ▷Vertriebssystemen. Zudem Medienunternehmen mit Berührungspunkten zum Urheber- u. Presserecht sowie Beratung von Start-ups.

Mandate: Coty umf. im IP, u.a. in Prozessen gg. Aldi sowie Alibaba; Nobilis, u.a. zu Nachahmungsschutz; Würth lfd., u.a. in UWG-Prozessen gg. Amazon; Apple lfd. im Marken- u. Designrecht; Shiseido, u.a. in markenrechtl. Streit um Parallelimporte gg. Amazon; Clarins umf., u.a. in div. Prozessen gg. Plattformen bzgl. Parallelimporten; Cotta u. Steinpol lfd. im Designrecht; Dyson in div. UWG-Prozessen; VW zu Marken- u. Designschutz gg. Verletzer; Auto1, Belron („Carglass"), Panda Express, Patient 21, Skoda, Wella, L'Oréal u. LVMH lfd. im IP.

LUTHER

Marken- und Designrecht	★★
Wettbewerbsrecht	★★

Bewertung: Die angesehene IP-Praxis um Mäder u. Seelig behält im Rahmen ihrer oft strateg. marken- u. wettbewerbsrechtl. Beratung immer auch relevante angrenzende Rechtsgebiete wie Werbe- u. Vertriebsrecht mit im Blick. Dieser umf. Ansatz überzeugt etwa Warsteiner u. Reemtsma schon seit Jahren – die Bindungen sind so eng, dass Luther auch nach Fusionen weiter für Mandanten wie Regal Rexnord tätig wird. Trotz des Gewinns neuer Mandanten wie THOIP, Walbusch u. Trotec wächst Luther selbst eher mit der Entwicklung ihrer bestehenden gr. Mandanten. Viel Potenzial schlummert in dem noch jungen internat. Netzwerk Unyer: Insbes. die Zusammenarbeit mit Fidal, die an gleich mehreren frz. Standorten über IP-Kompetenz verfügt, läuft langsam in beide Richtungen an u. könnte mittelfristig auch dem IP-Nachwuchs die Chance bieten, sich stärker zu profilieren.

Stärken: Beratung mit vertriebs- u. IT-rechtl. Bezügen.

Oft empfohlen: Dr. Detlef Mäder („Top-Unterstützung im Markenrecht u. bei Kooperationsverträgen", Mandant), Dr. Geert-Johann Seelig („kompetent u. erfahren im IP, zuverlässig, denkt analytisch, arbeitet strukturiert u. berät pragmat.; kommuniziert gut u. ist kundenorientiert", Mandant), Dr. Maximilian Dorndorf

Team: 5 Eq.-Partner, 2 Sal.-Partner, 13 Associates

Schwerpunkte: Umf. Beratung u. Vertretung im Markenrecht (inkl. Markenverwaltung) u. UWG. Häufig an der Schnittstelle zu ▷IT u. ▷Vertriebsrecht tätig. Markenanmeldungen in China über eigenes Büro in Schanghai.

Mandate: THOIP/Sanrio marken- u. urheberrechtl. zu Lizenzgeschäft (u.a. Mr. Men Little Miss); Achtung! lfd. in IP-Prozessen u. zu Influencermarketing; Matratzen Direct lfd. im UWG u. Werberecht; Daniel Wellington umf. zu Produktfälschungen; Imperial Tobacco/Reemtsma u. Warsteiner im Markenrecht; Harley-Davidson im UWG bzgl. Vertriebsnetz; Dermaroller im Marken- u. Designrecht; Trotec zu Werbeaussagen; Saint-Gobain Glass in div. gr. IP-Verfahren; lfd. im Markenrecht: Hakle, Centa-Antriebe Kirschey, Molkerei Ammerland, Compo, Regal Rexnord, HRS, Kamps, VAG, Walbusch.

MARKEN- UND WETTBEWERBSRECHT

MEISSNER BOLTE
Marken- und Designrecht ★

Bewertung: Die gemischte IP-Boutique gehört zu den Einheiten im Markt, deren Rechtsanwälte ganz regelm. v.a. im formellen Marken- u. Designrecht von ihren oft langj. Mandanten hinzugezogen werden. Beeindruckend gute Beziehungen unterhält sie zu Unternehmen aus dem dt. Mittelstand, die ganz überwiegend auf den langj. Kontakten der Patentanwälte beruhen. Das Soft-IP-Team verstärkte sich zuletzt durch den Anschluss der Münchner Kanzlei Würtenberger mit of Counsel Dr. Gert Würtenberger. Er ergänzt das Spektrum um das Sortenschutzrecht.

Oft empfohlen: Oliver Nilgen („kollegial, angenehm im Umgang", „fairer Verhandler", Wettbewerber), Markus Mainx

Team: 3 Partner, 3 Counsel, 2 Associates, 2 of Counsel

Schwerpunkte: Formelles Markenrecht u. strateg. Beratung sowie Design- u. Sortenschutzrecht. Daneben auch Prozessvertretung, oft in Widerspruchsverfahren. Enge Zusammenarbeit mit der ▷Patentpraxis. Eigenes Büro in Großbritannien.

Mandate: Stego Holding in Designverletzungsprozessen; BTL Medizintechnik in Marken-, UWG- u. HWG-Streitigkeiten; Aco Severin Ahlmann umf. im Marken- u. Designrecht; Warwick umf., u.a. in Verfahren um 3D-Gitarrenform; lfd. im Markenrecht: Sigikid, Acandis, O'Neal, Cesra, Mammut, Occhio, Revell, Thyssenkrupp.

MENOLD BEZLER
Marken- und Designrecht ★
Wettbewerbsrecht ★★

Bewertung: Die Marken- u. Wettbewerbsrechtspraxis der mittelständ. Kanzlei ist mit ihrer UWG-Prozesstätigkeit insbes. für die Handelsbranche gut positioniert u. baut daneben ihre Tätigkeit im Markenrecht kontinuierl. aus. So begleitete sie bspw. einen Markenverletzungsprozess für ein gr. dt. Softwareunternehmen bis zum BGH u. wird regelm. für Gemü Gebr. Müller auch in internat. Markenverf. tätig. Auch die Design- u. Markenverwaltung hat sich als ein festes Standbein der Praxis etabliert. An Mandaten für E. Breuninger zeigt sich exemplar. die fachbereichsübergr. Zusammenarbeit, da die Beratung neben dem Soft-IP auch IT- u. Datenschutzrecht umfasst.

Oft empfohlen: Manfred Hammer, Dr. Matthias Schröder („sehr strukturiert, juristisch exzellent u. kollegial", Wettbewerber)

Team: 2 Eq.-Partner, 2 Sal.-Partner, 2 Associates

Schwerpunkte: Umf. im Marken- u. Wettbewerbsrecht tätig (inkl. Markenverwaltung u. Amtsverfahren), zudem Urheberrecht u. Lizenzverträge. Starke Verwurzelung im dt. Mittelstand.

Mandate: Wettbewerbszentrale in Prozess um ‚Milck'-Werbung für Hanfgetränk; Cotton On in UWG-Streit mit Birkenstock; gr. Discounter in div. Prozessen, u.a. um Nachahmungen von Produkten; Carometric in Markenstreit bzgl. Corona-Schnelltestzentrensoftware; gr. dt. Softwarehersteller in Markenverletzungsprozess; E. Breuninger, Eterno u. Klai lfd. im Markenrecht; Roda Licht u. Lufttechnik umf. in UWG- u. Markenprozessen sowie zum Know-how-Schutz.

NESSELHAUF
Marken- und Designrecht ★
Wettbewerbsrecht ★

Bewertung: In der kleinen IP-Praxis steht die Beratung im Marken- u. Wettbewerbsrecht im Vordergrund. Dafür wird Knies regelm. von Mandanten gelobt. Neben einigen bekannten Verlagen werden auch Markenartikler wie Bree u. Tesa betreut. Zuletzt kam zudem ein ital. Kosmetikhersteller dazu, den das Team umf. zur markenrechtl. Erschöpfung beim Vertrieb von Luxuskosmetik außerh. des selektiven Vertriebssystems beriet.

Oft empfohlen: Dr. Volker Knies („sehr engagiert", „sehr kompetent im IP, immer zügige Bearbeitung", Mandanten)

Team: 1 Partner, 1 Counsel

Schwerpunkte: Im Markenrecht v.a. Beratung zu Lizenz- u. Vertriebsverträgen sowie Portfoliomanagement. Daneben Prozesspraxis auch im UWG u. Designrecht.

Mandate: Bree u. G Esports im Markenrecht; Kosmetikhersteller u.a. zu Markenverletzungen; Tesa lfd. im UWG u. Markenrecht; lfd. im IP: Jette Joop, Evectro, Ganske Verlag, Funke-Mediengruppe, Closed, Lifebrand.

NOERR
Marken- und Designrecht ★★★
Wettbewerbsrecht ★★★

Bewertung: Die Kanzlei verfolgt im Marken- u. Wettbewerbsrecht einen beeindruckend umf. Beratungsansatz. Im klass. Markenrecht greifen ihre Mandanten zunehmend auf das breite Angebot aus strateg. Beratung, Portfoliomanagement u. Verfahren vor Ämtern sowie Zivilgerichten zurück. Unter Wettbewerbern macht sie dabei insbes. als Vertreterin von Lidl (öffentl. bekannt) auf sich aufmerksam. Durch seine Arbeit für Abitron u. Barry's Bootcamp zeigt das Soft-IP-Team seine Sattelfestigkeit in grenzüberschr. markenrechtl. Streitigkeiten u. übernimmt oft auch eine koordinierende Funktion. Viel Know-how hat v.a. Rieken im IP-rechtl. Transaktionsbegleitung aufgebaut, worauf die eig. Transaktionsspezialisten ebenso zurückgreifen wie auch externe Kanzleien sowie Mandanten wie Schaeffler bei einem Portfolioverkauf. Nicht nur dabei wird deutlich, wie eingespielt die Zusammenarbeit mit anderen Spezialgebieten der Kanzlei ist: In UWG-Verfahren kommt zunehmend das regulator. Know-how zum Einsatz. Gefragt war zuletzt auch die urheberrechtl. Kompetenz des Teams: V.a. Loew beriet in gleich mehreren Fällen zum Schutz von Schuhen, Spielzeug u. Mode bzgl. des Werks der angewandten Kunst.

Stärken: Betreuung von Handelsunternehmen. Aktives Büro in Alicante.

Oft empfohlen: Dr. Christoph Rieken („flexible Denkweise, guter Stratege, lösungsorientiert", „sehr umsichtige Betreuung", Mandanten), Jessica Loew

Team: 2 Eq.-Partner, 3 Sal.-Partner, 1 Counsel, 12 Associates (inkl. Alicante)

Schwerpunkte: Umf. Beratung im Marken- u. Designrecht, neben Portfoliomanagement sowie strateg. Beratung v.a. zu Produktpiraterie u. Markenentwicklung auch prozessual tätig. Berührungspunkte zur ▷vertriebsrechtl. Praxis. Betreuung von ▷IT- u. ▷TK-Unternehmen, auch im Urheberrecht. Im Wettbewerbsrecht häufig an der Schnittstelle zu Produkthaftung (▷Konfliktlösung, ▷Lebensmittelrecht).

Mandate: C&A in Design- u. UWG-EV-Verf. gg. Birkenstock; Barry's Bootcamp in div. Prozessen gg. Sportartikelhersteller; Crocs umf. im IP Abitron umf. beratend u. bei Markenstreitigkeiten; HeyCar in UWG-Prozessen u. zu Werberecht; Regeneron in markenrechtl. Prozessen; Schaeffler Automotive Aftermarket bei Verkauf des internat. Markenportfolios; Kanebo in div. Verfahren um Vertriebsverbote von Graumarktware; Lidl lfd. im IP (öffentl. bekannt); lfd. Markenverwaltung für: Abercrombie & Fitch, BMG Rights Management, Condor, Volvo.

NORDEMANN CZYCHOWSKI & PARTNER
Marken- und Designrecht ★★★
Wettbewerbsrecht ★★

Bewertung: Die IP- u. Medienboutique gehört knapp 3 Jahre nach ihrer Ausgründung von Boehmert zu den festen Adressen im Marken- u. Wettbewerbsrecht. Das Team ist nicht nur besonders erfahren in der Vertretung der Verlags- u. ▷Medienbranche (insbes. im Urheberrecht), sondern auch in der Beratung einiger gr. internat. Pharmaunternehmen im klass. Markenrecht, bspw. Novartis/Sandoz/Hexal. Hier genießt insbes. Nordemann-Schiffel einen exzellenten Ruf. Doch neben den z.T. schon seit Jahren etablierten Partnern wird zunehmend auch die nachfolgende Generation im Markt wahrgenommen. Die Mandantenbasis verbreitert sich derweil kontinuierl.: Insbes. über ihre langj. Tätigkeit für Wirtschaftsverbände wie bspw. den Bundesverband der Dt. Industrie u. der dt. Games-Branche ergeben sich oft Kontakte zu dt. Unternehmen. Mit der guten geschäftl. Entwicklung wächst das Team, zuletzt kamen 2 Associates hinzu.

Oft empfohlen: Dr. Anke Nordemann-Schiffel („hervorragende IP-Rechtlerin, intelligent, geschäftsorientiert, superschnell u. sehr gut in Schriftsätzen sowie Plädoyers; zudem eine echte Expertin für Urheberrecht", Mandant; „sehr gründlich, Beratung ohne Firlefanz, ihr würde ich blind vertrauen", „sehr konstruktiv", Wettbewerber), Dr. Thomas Boddien („sehr kompetent u. freundlich, kennen die Pharmaindustrie", Mandant über beide), Prof. Dr. Axel Nordemann („sehr starker u. kluger Marken- u. Wettbewerbsrechtler, ausgezeichnete strateg. Beratung u. beeindruckende Plädoyers, zudem sehr breites Wissen im IP", Mandant), Prof. Dr. Jan Nordemann, Dr. Christian Czychowski (IT/IP), Dr. Julian Waiblinger („gr. Know-how im IP u. Urheberrecht, effizient u. zielorientiert", Mandant)

Team: 7 Partner, 9 Associates, 1 of Counsel

Schwerpunkte: Neben Portfolioverwaltung u. Widerspruchsverfahren oft strateg. Beratung im Markenrecht. An der Schnittstelle zudem oft Prozesse im Wettbewerbsrecht. Alle Partner auch stark im Urheberrecht tätig.

Mandate: Nintendo zu Produktpiraterie; Sonos in IP-Prozessen; gr. Versandhändler zu Nachahmungen; Hearst (u.a. ‚Cosmopolitan' u. ‚Popeye') u.a. zum Schutz gemeinfreier Figuren; GIZ bzgl. ‚Grüner Knopf'-Lizenzierung; dt. Schreibwarenhersteller u.a. im UWG; lfd. im Markenrecht: Salesforce, Major League Baseball, Coty, Airbnb, Nanu-Nana, Novartis/Sandoz/Hexal, KrampeHarex Sonos, Salesforce, Verband der dt. Games-Branche, Re:Sources.

NORTON ROSE FULBRIGHT
Marken- und Designrecht ★
Wettbewerbsrecht ★

Bewertung: Im Marken- u. Wettbewerbsrecht hat das Team gr. Erfahrung bei Grenzbeschlagnahmen sowie dem Vorgehen gg. Produktnachahmungen. Darauf setzen viele der Mandanten, von denen ein Großteil aus dem Luxusgüter- u. Bekleidungssegment stammt, umfassend. Das kl. dt. Team arbeitet dabei

MARKEN- UND WETTBEWERBSRECHT

sowie im formellen Markenrecht eng mit seinen internat. IP-Spezialisten in London u. Paris zusammen, bspw. für die Adler Modemärkte. Bei der Bekämpfung von Produktpiraterie setzt NRF zudem auf erfahrene Paralegals u. bietet damit Mandanten wie Nike oder Dior eine gut gestaffelte Kostenstruktur.

Oft empfohlen: Daniel Marschollek („erfahrener Bekämpfer von Produktpiraterie", Wettbewerber)

Team: 1 Partner, 1 Counsel

Schwerpunkte: Strateg. Portfolioberatung u. -verwaltung sowie Beratung u. Prozessvertretung im Wettbewerbs- u. Markenrecht. Oft EU-Grenzbeschlagnahme für Luxusgüterhersteller.

Mandate: Schmuckunternehmen lfd. im Marken- u. Designrecht, u.a. in Verfahren zu Bildmarkenverletzung; Adler Modemärkte u. BNP Paribas bei ww. Portfolioverwaltung; Emilio Pucci, Kenzo, Loewe, Nike u. Givenchy zu Grenzbeschlagnahme; Christian Dior Couture, Exasol u. Indeed lfd. im IP.

NOTOS

Marken- und Designrecht	★

Bewertung: Die Kanzlei, die sich konsequent auf IP u. IT fokussiert, hat sich im Markt für die strateg. Beratung u. Prozessführung etabliert. Im Marken- u. Designrecht ist sie dabei v.a. für die Beratung an der Schnittstelle zum IT-Recht sowie ihre Erfahrung bei der Portfolioverwaltung inkl. EV-Verfahren bekannt. Hier setzen gr. Konzerne wie die Dt. Telekom oder Sanofi auf das Team. Aus dem formellen Markenrecht ergeben sich zudem regelm. Prozessmandate, zuletzt etwa für Immero. Sehr erfahren ist Notos aber insbes. bei der Bekämpfung von Produktpiraterie u. Grenzbeschlagnahme, schon länger berät sie dabei namh. Mandanten wie Procter & Gamble u. Samsung.

Oft empfohlen: Eckart Haag („ausgezeichneter IP-Rechtler, zielorientiert u. unternehmerisch denkend", „sehr kompetent, nett u. vernünftig, sucht gute Ergebnisse, schätzt Rechtslage gut ein", Wettbewerber), Dr. Julia Voegeli-Wenzl („hervorragende Markenrechtlerin, lösungsorientierte u. bedarfsgerechte Beratung", Mandant)

Team: 4 Partner, 3 Associates, 3 of Counsel

Schwerpunkte: Strateg. Beratung sowie zu Produktpiraterie u. Grenzbeschlagnahme. Daneben Marken- u. Designrecht u. Prozessvertretung im Marken-, Design- u. Wettbewerbsrecht. Beratung an der Schnittstelle zu IT- u. Datenschutzfragen.

Mandate: Zehnder in markenrechtl. Prozess gg. Wettbewerber; Dt. Telekom, u.a. zu Markenrecherchen, Designportfolioverwaltung u. Grenzbeschlagnahme; Duracell lfd. zu Grenzbeschlagnahme; Getir in Markenverletzungsprozess; Fruteg lfd. im Markenrecht; Sanofi im Designrecht; Samsung u. Procter & Gamble, u.a. zu Produktpiraterie.

OPPENLÄNDER

Marken- und Designrecht	★★
Wettbewerbsrecht	★★★★

Bewertung: Prägend für die Soft-IP-Praxis der Stuttgarter Kanzlei bleibt ihre hohe Spezialisierung auf die Beratung u. insbes. Prozessvertretung der Gesundheitsbranche im Marken- u. Wettbewerbsrecht. Dabei deckt sie für ihre oft langj. Mandanten wie Wepa alle relevanten angrenzenden Fachgebiete wie HWG, Lizenzvertrags- u. Lebensmittelrecht mit ab. Zunehmend ist dabei ihre datenschutzrechtl. Kompetenz gefragt, die sie etwa bei ihrer Arbeit für Dr. Güldener beim Großprojekt Videosprechstunde u. E-Rezept einbringt. Das Team erweitert dabei seinen Wirkungskreis kontinuierl., auch durch die gute Einbindung in die mittelständ. Gesamtpraxis, u. beriet Kanzleimandant Heel erstmals im UWG u. zur HealthClaimsVO. Im Markt war zuletzt insbes. Köhler als Vertreter von RB (Reckitt) in zahlr. UWG-Verfahren besonders präsent. Über den bekannten Branchenfokus hinaus konnte Oppenländer namh. Unternehmen aus dem südwestdt. Raum wie den Schmuckhersteller Friedrich Binder gewinnen.

Stärken: Prozesse, Betreuung von Pharma- (▷Gesundheit) u. ▷Energieunternehmen.

Oft empfohlen: Prof. Dr. Markus Köhler, Dr. Christina Koppe-Zagouras („sehr gut u. erfahren, präzise u. engagiert", Wettbewerber), Dr. Timo Kieser („sehr kompetent im Wettbewerbs- u. Markenrecht", Mandant)

Team: 3 Eq.-Partner, 2 Sal.-Partner, 3 Associates

Schwerpunkte: Im Wettbewerbsrecht strateg. Beratung bei Produktentwicklungen u. Werbekampagnen sowie Prozesse. Im Markenrecht überwiegend strateg. Beratung. Keine Markenanmeldung, hier Zusammenarbeit mit Patentanwaltskanzleien.

Mandate: Biolog. Heilmittel Heel u.a. im UWG bei Produkteinführung; GlaxoSmithKline in UWG- u. HWG-Prozessen, u.a. zu Werbeaussagen von Mundspüllösungen; Friedrich Binder lfd. im Markenrecht; EnBW in div. UWG-Prozessen; Dr.-Güldener-Gruppe umf. im IP inkl. lizenz- u. know-how-rechtl. Beratung zur Einführung von Videosprechstunden u. E-Rezept; RB Hygiene Home (Reckitt) in zahlr. UWG-Verfahren; Wepa umf., u.a. in Prozessen gg. Wettbewerbszentrale.

ORTH KLUTH

Marken- und Designrecht	★
Wettbewerbsrecht	★

Bewertung: Die IP-Praxis der D'dorfer Kanzlei hat neben ihrer bekannten Tätigkeit in wettbewerbsrechtl. Prozessen ihren Aktionsradius zuletzt v.a. im Marken- u. Designrecht ausgebaut: OK übernahm von der Patentanwaltskanzlei Farago einige gr. Schutzrechtsportfolios (ca. 1.000 Marken u. Designs) sowie mit Kreuzkamp u. Müller-Mergenthaler 2 erfahrene IP-Rechtler. Einige der neuen Mandanten konnte OK schnell in anderen Fachbereichen überzeugen, bspw. im Gesellschaftsrecht. Daneben vertrauen viele Bestandsmandanten wie Schleich, Dr. Kurt Wolff u. Bofrost auf die umf. IP-Kompetenz, die auch Markenportfoliomanagement u. Lizenzverträge umfasst.

Oft empfohlen: Dr. Philipp Mels („kompetenter u. netter IP-Rechtler", Mandant), Dr. Ulla Kelp („tolle IP-Rechtlerin", Wettbewerber)

Team: 2 Eq.-Partner, 4 Sal.-Partner, 1 Counsel, 3 Associates, 2 of Counsel

Partnerwechsel: Markus Kreuzkamp, Maren Müller-Mergenthaler (beide von Farago)

Schwerpunkte: Breit angelegte strateg. Beratung inkl. Lizenzverträgen u. Portfolioverwaltung. Daneben Prozesse, oft im UWG, aber auch im Markenrecht. Beratung auch an der Schnittstelle zu anderen Fachbereichen.

Mandate: Blanco in UWG-Prozessen; Alberto im Markenrecht; Dr. Z Med. Versorgungszentrum in UWG-Prozess; Gorilla Glue lfd. im UWG u. HWG; internat. Hardwarehersteller lfd., u.a. zu Geschäftsgeheimnisschutz; Schleich u. TÜV Rheinland im Markenrecht; Dr.-Kurt-Wolff-Gruppe u.a. zu Markenlizenzverträgen; Bofrost, Varo u. sino umf. im IP.

OSBORNE CLARKE

Marken- und Designrecht	★★
Wettbewerbsrecht	★★★

Bewertung: Die marken- u. wettbewerbsrechtl. Praxis vertieft kontinuierl. ihre Fokussierung auf Digitalisierungsthemen u. kooperiert dabei routiniert mit anderen relevanten Fachgebieten. Gemeins. mit ihrer anerkannten IT- u. datenschutzrechtl. Praxis überzeugten die IP-Rechtler bspw. einen gr. Techkonzern auch im Wettbewerbsrecht in einer Mandatsausschreibung von sich. Die enge Zusammenarbeit nutzt auch das Münchner Team mit seinem bekannten Branchenfokus im Gesundheitswesen, wenn es um die Zulässigkeit von Onlinegesundheitsleistungen geht. Ein wichtiger Baustein dieses Konzepts ist die Beratung im Vorfeld europ. Gesetzesvorgaben. Hier war OC insbes. für div. Unternehmen u. Verbände aus dem nachgelagerten Kfz-Markt tätig, zu denen sie langj. gute Kontakte unterhält. Flagge zeigten die IP-Rechtler daneben bei weiteren aktuellen Themen wie Know-how-Schutz u. NFTs; hier zählt neuerdings ein namh. Sportartikelhersteller zu den Mandanten. Immer besser spielt sich im klass. Markenrecht zudem die internat. Zusammenarbeit ein. Für BNP u. Bolt Mobility deckt OC die Verfahren in mehreren Ländern ab. Dabei übernimmt zunehmend die jüngere Generation Verantwortung in Mandaten u. entwickelt diese weiter. Gleich 3 interne Counsel-Ernennungen zeigen, dass die Kanzlei den nachhaltigen Teamaufbau im Blick hat u. Mandanten so eine bessere Preisstaffelung anbieten kann.

Stärken: Wettbewerbsrechtl. Beratung u. Prozessvertretung mit IT- u. kartellrechtl. Bezügen im Zshg. mit dem Zugang von Daten.

Oft empfohlen: Marcus Sacré, Dr. Tim Reinhard, Dr. Andrea Schmoll, Dr. Matthias Kloth

Team: 6 Partner, 5 Counsel, 9 Associates

Schwerpunkte: Neben Beratung u. Prozessvertretung im Wettbewerbs- u. Markenrecht oft auch Verhandlung umfangr. Kooperations- u. FuE-Verträge. In Köln v.a. an der Schnittstelle zum Vertriebs- u. IT-Recht für Kfz-Teilebranche tätig. In München auch im Patentrecht u. in HH auch Verlags- u. Urheberrecht.

Mandate: ADPA in UWG-Musterprozess gg. Kfz-Hersteller; BNP Best Natural Products in Markenstreit gg. ind. Regierung/KVIC; Ferrero zu Geschäftsgeheimnisschutz; gr. Techkonzern zu Werbemaßnahmen u.a. in E-Mail-Postfächern von Serviceprovidern; gr. Sportartikelhersteller zu NFTs; Briconti in dm Drogerie in Markenverletzungsprozess; Harley-Davidson, u.a. in Prozessen zu Miniaturnachbauten; Henkel, NFL u. NHL im Markenrecht.

PREU BOHLIG & PARTNER

Marken- und Designrecht	★
Wettbewerbsrecht	★★

Bewertung: Die IP-Kanzlei vertritt einen breiten Mandantenstamm bei streitigen Fällen im Marken- u. Wettbewerbsrecht sowie bei designrechtl. Nachahmungen. Basis dafür bildet oft die rege formelle Marken- u. Designpraxis, durch die langj. Kontakt nicht nur zu internat. Markenartiklern, sondern auch zu zahlr. mittelständ. dt. Unternehmen wie Dr. Lix Holding bestehen. Solche Mandanten stehen zudem für die bekannte Stärke der Kanzlei in der Vertretung von Unternehmen aus der Pharmabranche. Daneben entwickelt sich – auch durch die Quereinsteiger des Vorjahres – die Sportbranche zu

MARKEN- UND WETTBEWERBSRECHT

einem weiteren Schwerpunkt; hier gehören neuerdings der TSV 1860 München sowie eine Fußballplattform zu den Mandanten. Ein HHer Partner, der auch im Patentrecht tätig ist, hat zudem durch Mandanten wie Koenig & Bauer oder Ventec Central ein besonderes Know-how in der Beratung u. Prozessvertreuung zum Geschäftsgeheimnisschutz aufgebaut.

Oft empfohlen: Dr. Jan Heidenreich („kompetent, freundlich u. professionell", „fundierte Schriftsätze", „harter, aber fairer Gegner in Zivilverfahren", Wettbewerber), Dr. Torben Düsing („stets gut erreichbar, schnelle Auffassungsgabe u. trotz einer gr. Menge an Verfahren einen guten Überblick", Mandant)

Team: 7 Partner, 1 Counsel, 9 Associates, 1 of Counsel

Schwerpunkte: Beratung u. Prozessvertretung im Design- u. Markenrecht mit Schnittstelle zum Wettbewerbs-, ▷Patentrecht u. ▷Gesundheitswesen. Zudem Schwerpunkt im Urheberrecht.

Mandate: Dr. Lix Holding u.a. zu Markenverletzungen; Global Distribution lfd. im IP, u.a. bzgl. Produktnachahmungen; HateAid im IP- u. Medienrecht; Hermann Hauser gg. Verletzer der sog. ‚Hauser-Gitarre'; Horst DIY Concepts u. Newbox Medical umf. im IP; HTS Textilvertrieb (‚Khujo'), Xelsion u. TSV 1860 München im Markenrecht; IVD Industrieverband Dichtstoffe im UWG; Koenig & Bauer zu Geschäftsgeheimnisschutz; namh. Konsumgüterkonzern in div. UWG-Prozessen; Thermohauser im Designrecht.

ROSPATT OSTEN PROSS
Marken- und Designrecht ★★★
Wettbewerbsrecht ★★

Bewertung: Die D'dorfer IP-Boutique ist neben ihrer Stärke in ▷Patentprozessen auch für ihre ausgeprägte Tätigkeit im Marken- u. Wettbewerbsrecht bekannt. Der Ansatz, dass die Partner sowohl im Hard- als auch Soft-IP tätig sind, überzeugt insbes. einige gr. Mandanten aus der Industrie wie Schneider Electric u. Ilumina. Neuerdings mandatiert sie ein Software- u. Elektronikgeräteanbieter neben dem Patent- auch im Designrecht. Für prozessuale Highlights sorgte zuletzt erneut Dauermandantin Ferrari, die sie neben dem Streit um die ‚Testarossa'-Marke in einem grundsätzl. Verfahren um nicht eingetragene Gemeinschaftsgeschmacksmuster erfolgr. vor dem EuGH vertrat. Gr. prozessuale Erfahrung hat zudem von Petersdorff-Campen zur markenrechtl. Benutzung von Vornamen als Modellbezeichnung aufgebaut, hier vertritt er zahlr. Modeunternehmen wie Paul Green u. Styleboom. Für den nachhaltigen Teamaufbau wuchs ROP mit mehreren Associates, zudem wurde ein Partner mit Schwerpunkt im Designrecht ernannt.

Stärken: Prozesse.

Oft empfohlen: Stephan von Petersdorff-Campen („sehr kompetent u. praxisorientiert im Marken- u. Wettbewerbsrecht", Mandant), Dr. Rüdiger Pansch („schnelle u. effiziente Rechtsdurchsetzung, starker Prozessanwalt", Wettbewerber)

Team: 7 Partner, 5 Associates (inkl. Patentrecht)

Schwerpunkte: Ausschl. auf IP u. angrenzende Rechtsgebiete spezialisiert. Neben Marken-, Design- u. UWG-Prozessen auch Beratung in Zshg. mit Lizenzvertretungen u. Markenbewertung. Zudem Messebeschlagnahme. Markenverwaltung als ergänzender Service.

Mandate: Ferrari lfd., u.a. in markenrechtl. Prozessen zu ‚Testarossa' u. in designrechtl. EuGH-Verfahren gg. Tuning-Unternehmen; Schneider Electric in div. Verfahren um Graumarktimporte; Illumina u. Stoneridge in Markenstreit; div. Modeunternehmen zu markenrechtl. Benutzung von Vornamen bei Kleidung; Spielzeug-Start-up in UWG-Prozess; Winland Garden in Designverletzungsprozess; Thonet u. Equiteam/Equimero umf. im IP.

SCHALAST & PARTNER
Marken- und Designrecht ★
Wettbewerbsrecht ★

Bewertung: Die mittelständ. Kanzlei hat durch den Anschluss des anerkannten Stuttgarter IP-Boutique Lichtenstein Körner im Oktober 2022 nun auch einen ausgewiesenen Schwerpunkt im Marken- u. Wettbewerbsrecht. Die erfahrenen Partner Sambuc u. Gründig-Schnelle haben gute Kontakte zu zahlr. mittelständ. Unternehmen wie Würth u. der Confiserie Heilemann sowie einigen internat. Mandanten. V.a. die umf. Markenverwaltungspraxis kommt für Schalast neu hinzu u. erweitert das Angebot für ihre Mandanten. Mit Hauch wechselte zudem ein jüngerer Partner, der sich im Wettbewerbsrecht zusätzl. mit Influencermarketing beschäftigt u. damit gut die bestehende Spezialisierung des Stuttgarter Teams ergänzt, das bisher v.a. an der Schnittstelle Medien u. IP agierte.

Oft empfohlen: Prof. Dr. Thomas Sambuc („sehr kenntnisreicher IP-Rechtler, auch in Prozessen bis zum BGH versiert", Mandant), Dr. Kerstin Gründig-Schnelle („tolle Markenrechtlerin", Wettbewerber)

Team: 3 Partner

Partnerwechsel: Prof. Dr. Thomas Sambuc, Dr. Kerstin Gründig-Schnelle, Dr. Alexander Hauch (alle von Lichtenstein Körner)

Schwerpunkte: Neben Beratung u. Prozessführung in allen IP-Bereichen (auch Urheber- u. Patentrecht) Markenanmeldepraxis. Im Wettbewerbsrecht zu gleichen Teilen Beratung u. Prozessvertretung, insbes. auch zu Influencermarketing.

Mandate: Confiserie Heilemann zu Markenverwaltung u. in Farbmarkenstreit gg. Lindt um ‚Gold'; Le-Mans in markenrechtl. Prozess gg. Hummel; Eaton zu Markenverwaltung; Modulor im Urheberrecht u. UWG; Vitaform in div. Design- u. UWG-Prozessen gg. Birkenstock; Yello in markenrechtl. Verfahren bzgl. ‚Solarcloud'; lfd. im Markenrecht Dole, EnBW, Ernst Klett, Gardner Denver Thomas, Peter Hahn, Tristyle Mode, Zinco, Würth.

SCHIEDERMAIR
Marken- und Designrecht ★
Wettbewerbsrecht ★★

Bewertung: Das anerkannte IP-Team der mittelständ. Kanzlei hält ihre Spezialisierung im Marken- u. Wettbewerbsrecht v.a. durch die Beratung vieler langj. Mandanten hoch. V.a. bei der Plagiatsbekämpfung u. der Beratung an der Schnittstelle zum Internet- u.- IT-Recht ist das Team sehr erfahren u. bspw. für Ferrero in div. Einstw.-Verfügungs- u. Löschungsverfahren sowie im Domainrecht tätig. Daneben etabliert sich zunehmend auch die Beratung u. Prozessvertretung zum Geschäftsgeheimnisschutz als weiteres Beratungsfeld. Über gr. forensische Erfahrung verfügen insbes. die beiden im Markt bekannten Partner Vykydal u. Heil, die regelm. namh. Mandanten wie bspw. Gries Deco oder einen Reifenhersteller vertreten.

Stärken: Enge Verzahnung mit Beratung im ▷Vertriebs- u. Datenschutzrecht.

Oft empfohlen: Dr. Swen Vykydal („sehr guter Markenrechtler, schnell u. pragmat.", Mandant; „immer gute Ergebnisse", Wettbewerber), Dr. Ulf Heil („stets schnell, hervorragende Zusammenarbeit", Mandant; „arbeiten sehr solide, führen keine unnötigen Prozesse", Wettbewerber über beide; „sehr pragmat. u. hilfreich, kreative Lösungsvorschläge", Wettbewerber)

Team: 3 Eq.-Partner, 1 Sal.-Partner, 2 Counsel, 1 Associate

Schwerpunkte: Umf. Beratung u. Prozessvertretung im Wettbewerbs- u. Markenrecht, inkl. Portfolio- u. Domainverwaltung. Daneben auch im Domain-, Urheber- u. Designrecht sowie im HWG u. Patentrecht tätig.

Mandate: Ferrero bei Plagiatsverfolgung, Markenverletzungen, im UWG u. Domainrecht; dt. Tochter eines österr. Lkw-Anhängerherstellers zu Geschäftsgeheimnisschutz; Gries Deco (Depot Märkte) bei IP-Streitigkeiten u. beratend; Hertz, Radeberger u. Mattel im UWG; Leica Camera zu Markenlizenzverträgen; Coca-Cola lfd. im UWG; Varta im Markenrecht.

SCHMITT TEWORTE-VEY SIMON & SCHUMACHER
Marken- und Designrecht ★
Wettbewerbsrecht ★

Bewertung: Die Kölner Boutique etabliert sich seit ihrer Gründung vor 3 Jahren mit ihrem konsequenten Fokus auf die Beratung u. Prozessvertretung im Marken- u. Wettbewerbsrecht immer besser im Markt. Die erfahrenen Partner sind exzellent vernetzt u. erweitern ihren Aktionsradius kontinuierl. um neue Mandanten wie Xella, Ascensia u. einen Teleshoppingsender. V.a. aber vertieft u. festigt sie ihre Beziehungen zu gr. Unternehmen wie Vossloh u. Rewe kontinuierl. Für Rewe etwa, die sie schon länger bei der Markenüberwachung u. in Amtsverfahren unterstützt, wird die Kanzlei zunehmend in Prozessen aktiv. Diese gute Entwicklung macht sich auch personell bemerkbar: Mit 2 neuen Associates sowie 2 weiteren Paralegals kann sie Mandanten eine gute Staffelung anbieten.

Oft empfohlen: Dr. Gesa Simon („sehr angenehm im Umgang", „erfahren u. gelassen", Wettbewerber), Dr. Marie-Christine Teworte-Vey („absolut spezialisiert, anspruchsvoll, gewissenhaft, serviceorientiert, nett", Mandant; „sehr gute Marken-, Wettbewerbs- u. Urheberrechtlerin mit Blick für die wirtschaftl. Hintergründe", „schnell, kompetent, klare Empfehlungen", Wettbewerber), Christian Schmitt („zuverlässig, kreativ u. sehr kompetent im Marken- u. Wettbewerbsrecht", Mandant), Dr. Jan Schumacher

Team: 4 Partner, 2 Associates

Schwerpunkte: Formelles Markenrecht u. strateg. Beratung. Daneben Prozesse, auch im UWG u. HWG. Zunehmend IP-Transaktionsbegleitung in Zusammenarbeit mit Corporate-Kanzleien.

Mandate: Rewe, Toom, Penny u. DER Touristik lfd. im formellen u. streitigen Markenrecht; Ascensia Diabetes Care in Prozessen, u.a. in UWG-Streit mit Roche; Teleshopping-Anbieter umf., u.a. zu Lizenzverträgen u. in Markenverletzungsprozess gg. gr. Einzelhändler; Xella, u.a. in UWG-Prozess gg. Wettbewerber; Vossloh, Erfurt & Sohn u. R+V Versicherung lfd. im Markenrecht; Dt. Post DHL in markenrechtl. Prozess; Christ Juwelier zu Marken- u. UWG-Recht; Tedi, Tekpoint u. Woolworth umf. im IP.

MARKEN- UND WETTBEWERBSRECHT

SCHULTZ-SÜCHTING

Marken- und Designrecht	★★★
Wettbewerbsrecht	★★★★

Bewertung: Die hoch anerkannte IP-Boutique gehört aufgr. der ausgewiesenen Prozesskompetenz ihrer Partner zu den festen Größen im Marken- u. Wettbewerbsrecht. Dabei hat sie trotz ihrer übersichtl. Größe eine beeindruckende Breite innerh. des IP aufgebaut: So vertritt sie etwa langj. Mandanten wie Beiersdorf nicht nur umf. im klass. Soft-IP, sondern auch im Patentrecht u. an der Schnittstelle zu gesundheitsrechtl. Themen, etwa bei Produkteinführungen im Consumerhealth-Bereich. Gleichz. bedient sie aktuelle Themen wie Werbung mit Nachhaltigkeits-Claims, Geschäftsgeheimnisschutz oder markenrechtl. Fragen in Bezug auf das Metaverse; hier beriet sie zuletzt gleich mehrere Mandanten, u.a. eine Mediaagentur.
Stärken: Prozesse, Vertretung von Konsumgüter-, ▷Medien-, u. Pharmaunternehmen (▷Gesundheit).
Oft empfohlen: Dr. Lars Kröner („sehr klug u. erfahren", „sehr kompetent u. lösungsorientiert", „fairer Umgang auf Augenhöhe", Wettbewerber), Dr. Dirk Bruhn („einer der besten dt. Urheber- u. Wettbewerbsrechtler", „exzellent", Wettbewerber), Dr. Torsten Spiegelhalder
Team: 3 Eq.-Partner, 1 Counsel, 1 Associate, 1 of Counsel
Schwerpunkte: Umf. im Marken- u. Wettbewerbsrecht, daneben Markenverwaltung. Betreuung gr. Pharmakonzerne u. mittelständ. Medizinproduktehersteller, oft auch im Patentrecht u. HWG sowie zu Datenschutz. Außerdem IP- u. Pressevertriebsberatung von Verlagen.
Mandate: Beiersdorf in div. Wettbewerbs- u. markenrechtl. Prozessen, u.a. bei Produkteinführungen im Consumerhealth-Bereich u. in Prozess gg. Bübchen; Produktaufmachung; Verpackungshersteller bzgl. Werbung mit CO2-Ausgleichsmaßnahmen; Mediaagentur markenrechtl. bzgl. Metaverse; KP Family in designrechtl. Streit; Schüco, u.a. in UWG-Prozess; Spiegel-Verlag im Markenrecht; H&M in marken-, designrechtl. u. UWG-Prozessen; HarperCollins in Streit um Werktitel.

SKW SCHWARZ

Marken- und Designrecht	★★★
Wettbewerbsrecht	★★★

Bewertung: SKW positioniert sich im Marken- u. Wettbewerbsrecht immer besser als Rundumberaterin, die neben der klass. IP-Tätigkeit viele hochaktuelle Themen routiniert bedient. Dazu gehört neben Influencerwerbung (z.B. für FitX) u. Nachhaltigkeits-Claims auch die IP-Beratung zu NFTs u. Kryptowährungen, etwa für E-Sport-Unternehmen. Schon länger eingespielt u. eng ist in solchen Mandaten die Zusammenarbeit mit der angesehenen Medien- u. IT-Praxis, aber auch im Urheberrecht profitieren Mandanten von diesem Know-how: Marktbekannt ist etwa die intensive Vertretung von Birkenstock in Prozessen gg. andere Schuhhersteller. Daneben wächst die Kooperation mit anderen Fachbereichen. Ihre Tätigkeit für Cannabisproduzenten wie Canopy u. Medizinproduktehersteller ergänzt SKW bspw. mit interner regulator. u. gesellschaftsrechtl. Kompetenz. Unterstützt wird dieser Ansatz durch einen strateg. Teamaufbau: In München kam mit Stöckel ein erfahrener IP-Prozessrechtler dazu, der u.a. Mandanten wie Sedana Medical mitbrachte u. die Schnittstelle zum Pharma- u. Medizinprodukterecht abdeckt.

Stärken: Vernetzte Beratung zu digit. Geschäftsmodellen, insbes. auch von ▷Medienunternehmen.
Oft empfohlen: Dr. Magnus Hirsch, Dr. Markus Brock („hervorragend im Markenrecht u. Datenschutz, sehr vertrauensvoll", Mandant; „absoluter IP-Spezialist mit Blick über den Tellerrand", Wettbewerber), Sandra Redeker, Dr. Dorothee Altenburg („beste Beratung im Urheber-, Persönlichkeits- u. Markenrecht", Mandant; „wahnsinnig kluge u. erfahrene Markenrechtlerin", Wettbewerber), Markus von Fuchs, Margret Knitter, Dr. Sascha Pres („vernünftige Einschätzungen", Wettbewerber).
Team: 12 Eq.-Partner, 1 Sal.-Partner, 1 Counsel, 10 Associates, 1 of Counsel
Partnerwechsel: Dr. Oliver Stöckel (von von Boetticher)
Schwerpunkte: Umf. Betreuung im Marken- u. Wettbewerbsrecht inkl. Verwaltungspraxis. Grenzbeschlagnahme u. Produktpiraterie-Bekämpfung, u.a. für Modeunternehmen, daneben Design- u. Werberecht. Zudem oft Bezüge zu Digitalisierungsthemen u. Datenschutz (▷IT u. Datenschutz).
Mandate: FitX/ClassX, u.a. zu Werbekampagnen u. Influencermarketing; Dt. Bahn bzgl. IP- u. E-Commerce-Projekt; Neuland markenrechtl. bzgl. Gütesiegel; Civey in UWG-Prozessserie gg. Forsa; öffentl. bekannt: Birkenstock in zahlr. urheberrechtl. Prozessen gg. Schuhkopien; gr. Handelsunternehmen umfangr. im markenrecht. u. zahlr. UWG-Prozessen; Merck KGaA in Namensstreit u. zu Designrecht; BVB zu IP-Verträgen; Dt. Tierschutzbund, u.a. zu Gewährleistungsmarke; Aristo Pharma in Streit um Geschäftsgeheimnisschutz; Penguin Random House u. G Esports zu Markenverwaltung; Audi in Amtsverfahren; lfd. im Markenrecht: Canopy Growth, Quandoo, Gitti, Velux.

SQUIRE PATTON BOGGS

Marken- und Designrecht	★
Wettbewerbsrecht	★

Bewertung: Die Kanzlei ist v.a. für ihre Kompetenz im formellen Markenrecht bekannt u. dabei auch regelm. mit der Rechtsdurchsetzung vor Ämtern u. Gerichten befasst. Daneben punktet SPB bei vielen Markenartiklern mit ihrer themat. Breite u. der guten internat. Vernetzung. Darauf setzt bspw. das Kosmetikunternehmen Cosnova beim globalen Vorgehen gg. Produktpiraterie, ebenso Bora Creations, die SPB mit einem internat. Team beim Kampf gg. Produktfälschungen bspw. in China u. den VAE unterstützte.
Oft empfohlen: Reinhart Lange („renommierter Markenrechtler", Wettbewerber), Dr. Christofer Eggers, Jens Petry
Team: 4 Eq.-Partner, 1 Sal.-Partner, 4 Associates
Schwerpunkte: Neben Verwaltung gr. Markenportfolios auch Prozessvertretung, im Wettbewerbsrecht oft an der Schnittstelle zum Lebensmittelrecht.
Mandate: Bejing Niu Technology umf. im Markenrecht; Jiangsu Niutron New Energy u. Bora Creations bei ww. Markenportfolioverwaltung, strateg. in Marken- u. Designprozessen; Dt. Bank umf. im Marken- u. Wettbewerbsrecht; Zott u. Cosnova umf. im IP; LSG Sky Chefs bei ww. Portfolioverwaltung.

TALIENS

Marken- und Designrecht	★

Bewertung: Die IP-Boutique etabliert sich v.a. im Markenrecht immer besser. Mit der Spezialisierung der beiden Partner auf ital. Mandanten – beide sind auch als ital. RAe zugelassen – überzeugen sie schon seit Längerem namh. Mandanten wie Pirelli, Geox oder Diesel. Daneben entwickelt sich das Team immer mehr zu einer Anlaufstelle für Start-ups wie Neumandantin Venice Body. Eng ist auch die Zusammenarbeit mit der angesehenen ▷Patentpraxis, die zuletzt für den Soft-IP-Mandanten KTN tätig wurde. Im Markt ist als Prozessvertreter v.a. Müller bekannt, wobei erfahrene Wettbewerber auch bereits die Qualität der Associates loben.
Oft empfohlen: Dr. Tobias Müller („sehr engagiert u. erfahren, reagiert schnell, praxis- u. lösungsorientierte Beratung im Marken- u. Gebrauchsmusterrecht", Mandant; „sehr kollegial, fair u. geduldig", „harter, aber lösungsorientierter Verhandler", Wettbewerber)
Team: 2 Partner, 2 Associates
Schwerpunkte: Im Markenrecht v.a. Prozesse, daneben Portfolioverwaltung u. Grenzbeschlagnahme sowie IP-rechtl. Vertragsgestaltung. Regelm. auch zu Domainstreitigkeiten. Eigenes Büro in Paris, enge Kooperation in Spanien.
Mandate: ZTE in markenrechtl. Prozess; Diesel, u.a. in markenrechtl. Prozess gg. Lidl; Versicherungskammer Bayern u.a. in Widerspruchsverf. gg. DVAG; Bundesligaverein umf. im IP; Venice Body in Prozess bzgl. ‚Venice'; Ligana-Weinerzeugerverband zu geograf. Herkunftsangaben; Salvatore Ferragamo zu Markenrecherchen; lfd. im Markenrecht: Pirelli, Westwing, Invincible Brands, A.T.U. u. Stellantis.

TAYLOR WESSING

Marken- und Designrecht	★★★★★
Wettbewerbsrecht	★★★★★

Bewertung: Mit ihrem breiten Angebot u. einer gr. Riege im Markt bekannter Soft-IP-Spezialisten gehört TW im Marken- u. Wettbewerbsrecht zu den tonangebenden Kanzleien. Herzstück der Praxis ist das klass. Markenrecht, hier verwaltet TW gr. Portfolios u. koordiniert internat. Amtsverf. für Mandanten wie American Airlines u. DHL sowie neuerdings einen gr. Lebensmittelkonzern. Letzterer überzeugte auch die zunehmend starke dt.-chin. Aufstellung: Ein spezialisierter Münchner Partner, der zugleich die im Vorjahr gestartete IP-Agentur in Peking leitet, ist in viele Mandate einbezogen u. führt vor Ort bspw. Löschungsverfahren für DHL. Auch im Wettbewerbsrecht zeigt TW regelm. Flagge: Neben der umfangr. Beratung zu aktuellen Themen wie der neuen Preisangabenverordnung oder internat. Werbekampagnen u. Markteintritten, etwa für den Lieferdienst Doordash, zeigt TW regelm. auch in Prozessen ihre Erfahrung. So vertrat sie zuletzt die Scotch Whisky Association erfolgr. in einem Streit um die irreführende Verwendung einer geograf. Herkunftsangabe. Intern gelingt es TW, immer wieder qualif. Nachwuchs aufzubauen: Im Markt wird neben den erfahrenen Partnern zunehmend auch die junge Generation wahrgenommen, insbes. Tenkhoff in München.
Stärken: Prozesse, Betreuung der Branchen Handel, Lebensmittel, Mode, ▷Medien, ▷IT u. Pharma (▷Gesundheit).
Oft empfohlen: Thomas Raab („hohe Einsatzbereitschaft", Wettbewerber), Dr. Wiebke Baars („sehr klug u. engagiert", Wettbewerber), Olaf Gillert („druckvoll in Verhandlungen, aber angenehm im Umgang", Wettbewerber), Marcus Hartmann, Andreas Bauer („guter Wettbewerbsrechtler, hoch kompetent u. pragmat.", Wettbewerber), Dr. Dirk Wieddekind, Dr. Gregor Schmid, Dr. Christian Tenkhoff („sehr kundig in Prozessen", „Überflieger", Wettbewerber)

MARKEN- UND WETTBEWERBSRECHT

Team: 7 Eq.-Partner, 7 Sal.-Partner, 6 Associates, 1 of Counsel
Schwerpunkte: Im Marken- u. Wettbewerbsrecht umfangr. Prozessvertretung u. strateg. Beratung. V.a. in HH u. München starke Betreuung von Medienunternehmen, auch an der Schnittstelle zum Urheber- sowie ▷IT-Recht und Datenschutz. In D'dorf viele Handelsunternehmen, oft auch zu Markenverwaltung.
Mandate: Gr. Möbelhauskette im UWG zu Preisangabenverordnung; gr. Lebensmittelhersteller umf. im IP u. UWG, u.a. in Prozessen zu 3D-Marke; Dt. Post in markenrechtl. Streit mit Ralph Lauren Polo; DHL bei Verwaltung des ww. Markenportfolios; AstraZeneca in div. Markenangelegenheiten; New Work in Prozess um Gestaltung bezahlter Premium-Accounts; Fujifilm in grenzüberschr. Streit mit Polaroid; DSGV u. New-Yorker-Gruppe im Markenrecht; lfd.: American Airlines, ABB, Flink, Richemont, Solactive, Ohropax.

UEXKÜLL & STOLBERG
Marken- und Designrecht ★
Bewertung: Im Soft-IP ist die gemischte HHer Boutique für ihre Erfahrung bei Markenanmeldung u. -verwaltung inkl. Widerspruchs- u. Löschungsverfahren bekannt. Einige ihrer Mandanten wie Roots oder Axxo halten U&S teils seit Jahrzehnten die Treue. Über ihre ausgewiesene internat. Tätigkeit in der Portfolioverwaltung für Mandanten wie Dekra hat sie ausgezeichnete Beziehungen zu ausl. IP-Kanzleien aufgebaut, über die auch regelm. Mandate zustande kommen, etwa für den taiwanes. Motorradhersteller Kymco. Daneben zählen einige namh. norddt. Unternehmen zu ihrem festen Mandantenkreis.
Oft empfohlen: Dr. Alexander Thünken („sehr gut, zielführend u. unaufgeregt", Wettbewerber)
Team: 7 Partner, davon 2 Rechtsanwälte, 5 Patentanwälte
Schwerpunkte: Umf. Beratung im formellen Markenrecht u. Prozessvertretung im Wettbewerbs- u. Markenrecht. Daneben Lizenzverträge u. Grenzbeschlagnahme. Starke Patentpraxis.
Mandate: Finnern (Rinti) umf. im IP, u.a. in Markenverletzungsverfahren; Behn Getränke (Kleiner Feigling); gr. Lebensmittelhersteller in Portfolioverwaltung inkl. Verletzungsverf.; Donkey Products im Marken- u. Designrecht; lfd. Dr.-Wolff-Gruppe, Mary Kay, Duracell, Tiffany, Roots, Axxo.

UNIT 4 IP
Marken- und Designrecht ★
Bewertung: Die Stuttgarter Kanzlei legt ihren Fokus v.a. auf Markenverwaltung, strateg. Beratung u. Markenverletzungsklagen. Daneben zeigt sie auch im Designrecht mit ihrer Tätigkeit für namh. Unternehmen wie Porsche u. Bugatti Flagge. Langj. gute Kontakte unterhält das Team v.a. zu US-Mandanten wie bspw. Intel. Ihre gute Entwicklung zeigte sich zuletzt auch personell: Erstmals seit Gründung 2016 erweiterte sie ihren Partnerkreis durch die interne Ernennung einer erfahrenen Marken- u. Designrechtlerin, zudem wuchs sie erneut auf Associate-Ebene.
Oft empfohlen: Dr. Ursula Stelzenmüller („ausgezeichnete u. schnelle Betreuung von Zollfällen weltweit", Mandant), Jan Weiser („ausgezeichneter Marken- u. Designrechtler, strateg. Ansatz, pragmat., erfolgreich", Mandant), Dr. Ekkehard Stolz („sehr kämpferisch, jedoch ohne aggressiv oder unsachl. zu werden", Wettbewerber)
Team: 5 Partner, 5 Associates
Schwerpunkte: Markenverwaltung u. strateg. Beratung inkl. Verteidigung, teils auch im Designrecht. Daneben Prozessvertretung sowie Grenzbeschlagnahme u. Rechercheprojekte.
Mandate: Porsche bei Marken- u. Designverwaltung u. -verteidigung sowie Prozessen; Gilead bei internat. Markenanmeldungskampagne für neue Pharmazeutika; Hengstenberg im Prozess gg. Spreewaldverein um geograf. Angabe; Bugatti bei Marken- u. Designverwaltung sowie zu Lizenzen; Klingel u. US-Kosmetikfirma lfd. im IP; Intel bei Markenverwaltung u. in Prozessen.

VOSSIUS & PARTNER
Marken- und Designrecht ★★★
Bewertung: Das anerkannte Soft-IP-Team der Kanzlei kann im Marken- u. Wettbewerbsrecht neben seiner umfangr. Tätigkeit in der Portfolioverwaltung zunehmend durch Prozessarbeit überzeugen. So führt etwa ein Team um Kretschmar für Brunata-Metrona einen äußerst umfangr. u. grundsätzl. Markenrechtsstreit gg. 2 ehem. Schwestergesellschaften um identische Firmennamen. Insbes. im Designrecht ist die Zusammenarbeit mit der angesehenen Patentpraxis eingespielt, über einen dt.-chin. Partner baut sie kontinuierl. ihre Arbeit für chin. Technologiemandanten wie den Smartphonehersteller Xiaomi aus. Zuletzt kamen noch weitere Mandanten dazu, u.a. der Haushaltsgerätehersteller Dreame, den V&P in einem designrechtl. Streit gg. Dyson vertrat. Die Soft-IP-Rechtler verfügen aber auch über ausgezeichnete eigene Kontakte zu internat. Kanzleien sowie zu Unternehmen. Wie gut sie dabei aktuelle Themen abdeckt, zeigte die Kanzlei zuletzt bei der Beratung eines kanad. Blockchain-Spieleentwicklers, den V&P u.a. zum markenrechtl. Schutz von Software u. einer Kryptowährung berät.
Stärken: Designschutz, Portfolioverwaltung.
Oft empfohlen: Dr. Mathias Kleespies („fachl. sehr gut u. angenehm im Umgang", Wettbewerber), Paul Kretschmar, Simone Schäfer („sehr gute Prozessanwälte", Wettbewerber über beide)
Team: 1 Eq.-Partner, 4 Sal.-Partner, 5 Associates, 1 of Counsel
Schwerpunkte: Umf. Portfoliomanagement u. Prozesse, v.a. im Markenrecht (inkl. Design). Auch Lizenzverträge, Gutachtertätigkeit u. Urheberrecht. Mandanten häufig aus dem Technologiebereich, enge Anknüpfung an die ▷Patentpraxis. Eigenes Büro in Basel.
Mandate: Xiaomi in Markenverletzungsstreit gg. Plattformverkäufer; Blockchain-Computerspielentwickler in EU-Widerspruchsverfahren; Brunata-Metrona in Zivil- u. zahlr. Amtsverfahren bzgl. Namensgleichheit; Dreame Trading in Designstreit mit Dyson; Miele in EV-Verf. gg. Baumarktkette; Halfar System in Design- u. UWG-Streit um gefälschte Taschen; Crimex in UWG-Prozess; BSI/Bundesverband der dt. Sportartikelindustrie lfd. im Markenrecht.

WEBER & SAUBERSCHWARZ
Wettbewerbsrecht ★★★
Bewertung: Die Kanzlei ist in der wettbewerbsrechtl. Prozessvertretung werbestarker Unternehmen aus den Branchen Handel, Möbel, Kfz u. Mode eine der erfahrensten am Markt. Darauf vertrauen viele Mandanten wie KiK u. weitere gr. Warenhäuser seit Jahren. Neu dazu kamen zuletzt Hardeck Möbel u. der frz. Modehersteller Valege, den sie bei seinem dt. Markteintritt begleitete. Daneben wird W&S immer öfter auch in designrechtl. Prozessen tätig, bspw. für Mandanten wie den Leuchtenhersteller Fischer & Honsel. Obwohl in der Marktwahrnehmung die wettbewerbsrechtl. Tätigkeit dominiert, ist W&S auch umfangr. im klass. Markenrecht tätig, etwa für den Kinderfahrradhersteller Puky. Hier gewinnt v.a. die jüngere Partnergeneration zunehmend an Profil.
Stärken: UWG-Prozesse, Vertretung der Branchen Handel, Kfz u. Möbel.
Oft empfohlen: Hans Prange, Dr. Lambert Pechan („sehr gutes Judiz u. Augenmaß", „sehr pragmat. u. vernünftig in Prozessen", Wettbewerber), Stefanie Körber („gute Rechtskenntnisse im Markenrecht", Mandant), Dr. Patrick Schlieper („sehr engagierter Markenrechtler", Mandant)
Team: 3 Eq.-Partner, 3 Sal.-Partner, 1 Counsel, 1 Associate
Schwerpunkte: Wettbewerbsrechtl. Tätigkeit, daneben Markenrecht (inkl. Portfoliomanagement) sowie Medien-, Kartell- u. Arbeitsrecht. Beratung von Unternehmen u. Agenturen bei gr. Werbekampagnen, umfangr. Werbemittelprüfung.
Mandate: Valege bei dt. Markteintritt; KiK Textilien u. Non-Food umf. im Marken- u. Designrecht; korean. Automobilhersteller im UWG, u.a. zu Werbeprüfung; Donna Carolina zu Markenverletzungen; Fischer & Honsel in designrechtl. Prozessen; Hardeck Möbel u. Poco lfd. im UWG; Puky lfd. im Markenrecht; s.Oliver zu Nachahmungen; Walter Knoll im UWG u. Designrecht.

ZENK
Marken- und Designrecht ★
Wettbewerbsrecht ★
Bewertung: Die Kanzlei überzeugt schon seit Langem namh. Mandanten wie Iglo u. Theo Müller, die aus ihrer Kernpraxis ▷Lebensmittelrecht kommen, auch im Marken- u. insbes. Wettbewerbsrecht. Hier kamen zuletzt weitere namh. Unternehmen hinzu, v.a. aus den Bereichen Süßwaren, Tee u. Bioprodukte. Neben der Beratung zu Werbeclaims u. Produkteinführungen ist Zenk auch oft in streitigen Fällen tätig, hier ist v.a. Hartwig für ihre Erfahrung in UWG-Prozessen bekannt. Daneben profiliert sich der im Vorjahr dazugekommene Freudenberg zunehmend im klass. Markenrecht. Zu den Mandanten der Praxis zählen mittlerweile aber auch immer mehr Unternehmen bspw. aus dem Non-Food-Handelsbereich, einige mittelständ. Unternehmen u. Werbeagenturen.
Oft empfohlen: Dr. Stefanie Hartwig, Dr. Christian Freudenberg („sehr verständig im Marken- u. Urheberrecht, trotz harter Auseinandersetzung sehr kooperativ", Wettbewerber)
Team: 4 Eq.-Partner, 1 Sal.-Partner, 4 Associates
Schwerpunkte: Prozessvertretung von Lebensmittel-, Konsumgüter- u. Handelsunternehmen im Wettbewerbsrecht sowie Beratung zu Marketingkampagnen u. Gewinnspielen sowie markenrechtl. Betreuung bei Produkteinführungen (inkl. Markenverwaltung).
Mandate: Carl Kühne, u.a. in Verf. zu geograf. Herkunftsangabe; Iglo lfd. im UWG, zuletzt u.a. in Verf. gg. Frosta sowie zu Vegan-Claims; Unilever lfd. im UWG u. in Markenverletzungsverf.; Peter Kölln u. Theo Müller lfd. im UWG; Zertus u. Markert-Gruppe im Markenrecht.

Nachfolge/Vermögen/Stiftungen

Neue Gesetze mit weitreichender Wirkung

Anwaltskanzleien und Gesetzgeber verhalten sich derzeit gegensätzlich: Letzterer legte großen Eifer an den Tag und hatte 2021 eine Vielzahl von Reformen beschlossen, die in den kommenden Jahren greifen werden, etwa das Optionsrecht für Personengesellschaften zur Körperschaftsteuer (seit 1.1.2022) sowie das vollkommen neue Personengesellschaftsrecht (ab 2024), die Stiftungsrechtsreform (ab 1.7.2023) oder die Verschärfung der Wegzugsbesteuerung (seit 1.1.2022).

Dagegen tat sich im Kanzleimarkt praktisch nichts – außer, dass Kanzleien alle Hände voll zu tun haben, die Gesetzesneuerungen in ihre Beratungspraxis einfließen zu lassen. Sie setzen dabei weitgehend auf dieselben Teams wie bislang, müssen sich jedoch gezwungenermaßen weiter spezialisieren. Das fällt den großen und marktführenden Praxen naturgemäß leichter, **Poellath** ist hier Vorreiterin. Im Vorteil sind neben Poellath und **Flick Gocke Schaumburg** vor allem diejenigen, die über gut eingeführte Praxen für Stiftungs- und Gesellschaftsrecht verfügen, also Adressen wie **Hengeler Mueller**, **Noerr** oder **Schmidt von der Osten & Huber**. Sie sind natürliche Ansprechpartner, um bis zum und mit Inkrafttreten der Stiftungsrechtsreform die zahlreichen Änderungen in den Satzungen zu prüfen, die sich bei Unternehmensstiftungen unmittelbar auf die Unternehmens- und Nachfolgestrukturen auswirken.

Trotz oder aufgrund der Stiftungsreform hoch im Kurs bleiben gleichzeitig Nachfolgestrukturierungen über liechtensteinische Stiftungen, für die unter anderem Kanzleien wie **Rittershaus** oder **SKW Schwarz** stehen.

Breitere Kompetenzen als Erfolgsmodell

Über die vielen bereits beschlossenen Gesetzesreformen hinaus zeichnen sich weitere Neuerungen ab, auf die sich Berater einstellen müssen: So bringt zum einen ein Schreiben des Bundesfinanzministeriums etwas mehr Klarheit über die künftige Besteuerung von Kryptowährungen – was für eine in den vergangenen Jahren hinzugekommene Vielzahl neuer Millionäre entscheidend ist, auf die sich einige Beraterinnen besonders spezialisiert haben, wie etwa die derzeit von Umbrüchen gezeichnete Kanzlei **Winheller**. Zum anderen unken einige Anwälte, dass die große Zeit der SE-Gründungen bald zu Ende gehen könnte. Diese auch bei Familienunternehmen sehr beliebte Rechtsform könnte wegen der im Ampelkoalitionsvertrag angedachten Verschärfung der Mitbestimmungsregeln einen entscheidenden Vorteil verlieren und damit Kanzleien wie **Hennerkes Kirchdörfer & Lorz** ein wichtiges Beratungsfeld nehmen.

Insgesamt zeigt sich, dass diejenigen Kanzleien besonders erfolgreich sind, die es geschafft haben, die Nachfolgeberatung als Querschnittsthema über viele Beratungsdisziplinen zu spielen. Das erklärt ein Stück weit die zunehmende Präsenz von Big-Four-Gesellschaften wie **EY Law**, **KPMG Law** oder **PricewaterhouseCoopers Legal**, aber auch die Fortschritte bei **CMS Hasche Sigle** und allen voran **Noerr**.

Die Bewertungen behandeln Kanzleien, die Familienunternehmen und -unternehmer sowie vermögende Privatpersonen (High Net Worth Individuals (HNI) oder Ultra High Net Worth Individuals (UHNI)(bei Vermögen ab €100 Mio)) zu Unternehmensnachfolgeregelung, Verwaltung und Weitergabe der Vermögen, etwa durch Stiftungslösungen, beraten. Zentral ist dabei das Steuerrecht, aber auch ▷Gesellschaftsrecht u. Transaktionen (▷M&A, ▷Private Equity), Erb-, Familien- u. Kunstrecht, Stiftungsrecht u. Testamentsvollstreckung spielen eine Rolle. Überwiegend steuerlich ausgerichtete Kanzleien werden nicht hier, sondern im JUVE Handbuch Steuern besprochen.

JUVE KANZLEI DES JAHRES FÜR NACHFOLGE/VERMÖGEN/STIFTUNGEN

NOERR

Die Kanzlei ist eine der klassischen Beraterinnen für Familienunternehmen und hochvermögende Privatkunden. Eine Vielzahl von Traditionsvermögen betreuen Partner schon seit Generationen. Und dennoch hat Noerr es geschafft, sich neu zu erfinden. In den vergangenen Jahren formte sie so konsequent wie keine Wettbewerberin eine Praxisgruppe, die Unternehmensnachfolgen und Vermögensstrukturierungen ganzheitlich über alle Fachdisziplinen hinweg betrachtet. Das ist schwer zu organisieren u. daher faktisch selten in Kanzleien zu finden. Noerr löst damit das ein, was eigentlich alle Großkanzleien versprechen und was v.a. bei Umstrukturierungen von Familienunternehmen, aber auch etwa bei Investments von HNI deutlich wird. Der ganzheitliche und nachhaltige Ansatz findet sich auch in der Teamzusammenstellung: Allround-Erb- und Gesellschaftsrechtler wie **Dr. Wolfram Theiss** und **Dr. Tobias Bürgers** oder Steuerrechtler wie **Dr. Carsten Heinz** arbeiten zusammen mit hoch spezialisierten jüngeren Beratern wie dem Governance-Spezialisten **Dr. Tobias Hueck**, dem Stiftungs- und Gemeinnützigkeitsexperten **Dr. Frank Schuck** und dem Investmentsteuerrechtler **Dr. Elmar Bindl** sowie weiteren Steuerberatern, die sich auf Familienunternehmen fokussiert haben und in absehbarer Zeit in die Partnerschaft aufgenommen werden dürften. Angesichts dieser Mischung dürfte die Richtung der Nachfolgeberatung nur einen Weg kennen: nach oben.

NACHFOLGE/VERMÖGEN/STIFTUNGEN

Nachfolge/Vermögen/Stiftungen

★★★★★
Flick Gocke Schaumburg	Bonn, Frankfurt, Hamburg, München
Poellath	Berlin, München, Frankfurt

★★★★
Noerr	München, Berlin
SZA Schilling Zutt & Anschütz	Mannheim, Frankfurt

★★★★
CMS Hasche Sigle	Stuttgart, Hamburg, Frankfurt
Hennerkes Kirchdörfer & Lorz	Stuttgart
Taylor Wessing	München, Düsseldorf, Hamburg

★★★
Advant Beiten	Frankfurt, Düsseldorf
Binz & Partner	Stuttgart
Ebner Stolz Mönning Bachem	Stuttgart, Hamburg, Köln, Bremen, Hannover, Frankfurt
Gleiss Lutz	Stuttgart, Hamburg, Frankfurt
Hengeler Mueller	Düsseldorf, München, Frankfurt, Berlin
Oppenhoff & Partner	Köln, Frankfurt
Rödl & Partner	Nürnberg, Stuttgart, Regensburg

★★
Esche Schümann Commichau	Hamburg
Peters Schönberger & Partner	München
Rittershaus	Mannheim, Frankfurt
Seitz	Köln

★
Baker Tilly	München, Stuttgart
EY Law	Stuttgart, Frankfurt, Köln
Heuer Busch & Partner	Frankfurt
Heuking Kühn Lüer Wojtek	Düsseldorf, München
Kantenwein Zimmermann Spatscheck & Partner	München
Kapp Ebeling & Partner	Hannover
KPMG Law	Frankfurt, Stuttgart
Menold Bezler	Stuttgart
PricewaterhouseCoopers Legal	Düsseldorf, München
SKW Schwarz	München, Frankfurt
Sonntag & Partner	Augsburg

★
Dissmann Orth	München
DLA Piper	Hamburg
dtb Decker + Schmidt-Thomé	Berlin
Fromm	Koblenz
Heussen	Berlin, München
Meilicke Hoffmann & Partner	Bonn
Reith Leisle Gabor	Stuttgart
Schmidt von der Osten & Huber	Essen
Voigt Wunsch Holler	Hamburg
Winheller	Frankfurt

Die Auswahl von Kanzleien und Personen in Rankings und tabellarischen Übersichten ist das Ergebnis umfangreicher Recherchen der JUVE-Redaktion. Sie ist in 2erlei Hinsicht subjektiv: Die Aussagen der befragten Quellen sind subjektiv u. spiegeln deren Erfahrungen u. Einschätzungen. Die JUVE-Redaktion wiederum analysiert die Rechercheergebnisse unter Einbeziehung ihrer eigenen Marktkenntnis. Der JUVE Verlag beabsichtigt keine allgemeingültige oder objektiv nachprüfbare Bewertung. Es ist möglich, dass eine andere Recherchemethode zu anderen Ergebnissen führt. Innerhalb einzelner Gruppen in Rankings und tabellarischen Übersichten sind Kanzleien und Personen alphabetisch sortiert.

ADVANT BEITEN
Nachfolge/Vermögen/Stiftungen ★★★

Bewertung: Obwohl die Unternehmens- u. Vermögensnachfolgeberatung den größeren Teil der Praxis ausmacht, sticht in der öffentl. Wahrnehmung der Kanzlei die Stiftungsberatung heraus. Dieses Feld baut sie auch stetig aus: So integrierte AB ihre in den verg. Jahren entwickelten digitalen Legal Managed Services mehr u. mehr in die lfd. Stiftungsberatung mit hohem Reporting-Anteil. In eine ähnl. Richtung geht die in Kooperation mit einer gr. dt. Bank u. einem wichtigen Family Office gestartete gemeinsame Abwicklung von Testamentsvollstreckungen u. Vorsorgevollmachten. Ihr Ruf kommt AB jedoch auch im Projektgeschäft zugute, weil sich HNI bei der Nachfolgegestaltung vermehrt für Stiftungsstrukturen, die Forschungszwecken dienen u. mit öffentl. Geldern gefördert werden, entscheiden. Auch personell verbreitert sich das Team zusehends: Urspr. auf D'dorf u. Ffm. fokussiert, konnte sie das Geschäft mit jüngeren Partnern auch in München u. Hamburg aufbauen.

Stärken: Langj. Beziehungen zu mittelständ. Unternehmern u. Schweizer Banken; Stiftungs- u. Gemeinnützigkeitsrecht.

Oft empfohlen: Dr. Guido Krüger, Dr. Gerrit Ponath

Team: 8 Eq.-Partner, 6 Sal.-Partner, 3 Associates

Schwerpunkte: Stiftungen, gemeinnütz. u. kirchl. Organisationen, Erben u. Familienunternehmen sowie Family Offices bei Unternehmensnachfolge, Vermögensplanung (inkl. Vorsorgevollmachten u. Erbauseinandersetzungen) u. an den Schnittstellen zu Steuergestaltung, Steuerstrafrecht/Compliance u. ▷M&A, ▷Gesellsch.recht. Vermögensbewertungen über angeschlossene WP-Gesellschaft.

Mandate: Lfd. Stiftungsberatung: Dt. Bank Stiftungsverwaltung, NRW Stiftung, Dagmar Westberg Stiftung, Dietmar Hopp Stiftung (bankrechtl.), ETH Zürich Foundation (Dtl.), Helga Ravenstein Stiftung, Glasmeister Heinz Familienstiftung/gemeinnütz. Carl August Heinz Stiftung, Familie Schambach Stiftung; Weißer Ring; Else-Kröner-Fresenius-Stiftung (Vorstand; steuerl., gemeinnütz. Erbverfahren).

BAKER TILLY
Nachfolge/Vermögen/Stiftungen ★

Bewertung: Das auf Nachfolge- u. Vermögensgestaltung fokussierte Team der MDP-Kanzlei hat seinen Generationswechsel fast abgeschlossen. Mit dem vollständ. Ausscheiden des langj. Übervaters u. Allrounders Wolfgang Richter bilden jetzt viele jüngere Partner das Rückgrat des Teams. Dieses weist dadurch eine höhere Spezialisierung auf als früher, bsp.haft dafür steht die 2022 erfolgte Sal.-Partner-Ernennung des auf grenzüberschr. Steuerrecht fokussierten Dr. Marcel Lemmer. Damit einher geht die Zunahme des Inbound-Geschäfts, denn die Nachfrage aus dem internat. BT-Netzwerk bei der Beratung von Trusts oder HNI v.a. aus GB u. den USA mit Dtl.-Bezug steigt Jahr für Jahr. Das auf gemeinnütz. Organisationen ausgerichtete Stuttgarter Team erlebte infolge der Reform des Gemeinnützigkeitsrechts 2021 eine Sonderkonjunktur bei Umstrukturierungen u. Eingliederungen von Servicegesellschaften, etwa aus dem Krankenhaussektor.

Oft empfohlen: Ursula Augsten (Stiftungen), Dr. Jochen Busch (Vermögensnachfolge)

Stärken: Kombination von Steuern u. Recht.

Team: 6 Partner, 2 Counsel, 10 Associates, 1 of Counsel

NACHFOLGE/VERMÖGEN/STIFTUNGEN

Schwerpunkte: Strukturierung großer Vermögen, auch grenzüberschr., Nachfolgeplanung in steuerrechtl. u. ▷*gesellsch.rechtl.* Hinsicht. In Stuttgart Stiftungsrecht/Non-Profit-Organisationen. Zudem ▷*Steuerstrafrecht*.
Mandate: Weiterh. Furtbachkrankenhaus Stuttgart bei Neugestaltung der Organvergütung; Sporthilfe Württemberg bei Stiftungsgründung; lfd. Robert Bosch Stiftung; Wohlfahrtswerk für Baden-Württemberg.

BINZ & PARTNER
Nachfolge/Vermögen/Stiftungen ★★★

Bewertung: Der Erfolg der Spezialkanzlei, die seit Jahrzehnten viele bedeutende Familienunternehmen lfd. in Nachfolgestrukturierungen u. z.T. projektweise betreut, ist ungebrochen. Dies liegt nach wie vor v.a. an der Bekanntheit des Namensgebers, an den sich immer wieder Mandanten wenden, um von seinem Ruf als bissiger Vertreter der Rechtsdurchsetzung zu profitieren. Häufig setzen Minderheitsgesellschafter auf die gesellschaftsrechtl. Beratung von Binz. Das Mandat der Ehefrau eines Gesellschafter von Brunata im Scheidungskrieg zeigt jedoch, wie stark sein Ruf in streitigen familiären Auseinandersetzungen im Millionen-€-Bereich auch in anderen Rechtsgebieten mittlerw. ist. Gleichzeitig agiert er seit Langem auch als enger Verbündeter von Vorstandschefs, etwa von Fielmann oder Tengelmann, ist also regelm. in operative u. Bet-the-Company-Fragen eingebunden. Das zementiert das stark auf den Namensgeber zugeschnittene Bild in der Kanzlei, die jedoch etwa mit Sorg als Mitglied in div. Organen bei Würth über weitere einflussreiche u. für Familienunternehmen zentrale Berater verfügt. Zudem schlüpft ein jüngerer Partner immer mehr in das Geschäft des Namensgebers hinein. Dennoch löst das nicht die Nachfolgefrage in der Kanzlei, die sich seit Jahren mit überschaubarem Erfolg bemüht, jüngere Quereinsteiger zu gewinnen.
Stärken: Auf Familienunternehmen fokussiertes Gesellschaftsrecht, Gesellschafterstreitigkeiten.
Oft empfohlen: Prof. Dr. Mark Binz, Dr. Martin Sorg, Prof. Dr. Götz Freudenberg, Dr. Gerd Mayer
Team: 5 Eq.-Partner, 1 Counsel
Schwerpunkte: Beratung von Familienunternehmen u. Gesellschafterstämmen bei Unternehmensnachfolgen u. im (häufig streitigen) ▷*Gesellschaftsrecht*, vielfach verbunden mit Tätigkeit in Unternehmensorganen (Aufsichts-/Beiräten).
Mandate: Christian Haub (CEO) im Gesellschafterstreit bei Tengelmann, nunmehr Auseinandersetzung mit Georg Haub; Louisa Lehmann in Scheidungsauseinandersetzung mit Alexander Lehmann (Hauptgesellschafter von Brunata Minol); weiterh.: Janine Schlemmer in Herausgabestreit um Bilder des Malers Oskar Schlemmer; Gesellschafterzweig eines bedeut. Familienunternehmens der Lebensmittelindustrie lfd. bei Strukturierung von Beteiligungen; einer von 2 zerstrittenen Gesellschafterstämmen einer Logistikfirma bei Übernahme des Unternehmens zur Beendigung des Konflikts; Aufsichtsrats-/Beiratsmandate: Fielmann, Würth, Faber-Castell, Festo, Sick, Mahle Behr, Mosolf, Eisenmann, Zahoransky.

CMS HASCHE SIGLE
Nachfolge/Vermögen/Stiftungen ★★★★

Bewertung: Die spezialisierte Praxis für Nachfolge- u. Vermögensberatung hat ihre Rolle innerh. des Gefüges von CMS endgültig gefunden. Das war Voraussetzung für den erfolgreichen Ausbau, denn das Team profitierte weniger von der Kanzleimarke als von den Chancen des Großkanzleiumfelds auch für Familienunternehmer u. HNI. So finden sich nur sehr wenige Wettbewerber, die Nachfolgefragen derart eng abgestimmt im Kanzleiverbund in Österreich, der Schweiz u. Frankreich bearbeiten. Auch dem Bedürfnis des Mittelstands u. von Start-up-Unternehmern, nicht nur beim Verkauf, sondern danach auch bei Fragen der persönl. Vermögensstrukturierung auf denselben Ansprechpartner zurückgreifen zu können, trägt der Integrationskurs bei CMS Rechnung. Eine engere fachbereichsübergreifende Zusammenarbeit ermöglichte zuletzt das Vordringen in neue Geschäftsfelder. So agieren CMS-Anwälte vermehrt auch beim Aufbau von Family Offices und/oder übernehmen hier operative Funktionen, wobei u.a. häufig bankaufsichtsrechtl. Kompetenzen eingebracht werden.
Stärken: Erfahrenes Team im Ländereck Dtl./Schweiz/Österreich (inkl. Liechtenstein), fachübergr. Beratung etwa im Investment- u. Prozessrecht.
Oft empfohlen: Christian Blum („exzellenter Netzwerker; denkt u. plant strateg. u. langfristig; Konfliktlöser", Mandant), Dr. Björn Demuth (Steuerrecht)
Team: 13 Partner, 3 Counsel, 7 Associates, 1 of Counsel
Partnerwechsel: Dr. Thomas Meyer (in Ruhestand)
Schwerpunkte: Fachübergr. Beratung z.T. traditionsreicher Unternehmen u./od. nachfolgender Generationen, aktiver Einzelunternehmer (Vorstände börsennot. Firmen, Start-ups/Gründer), sonstiger HNI (Profisportler, Künstler, Sammler, Galeristen), Family Offices zu steuer-, ▷*gesellschafts-* sowie erb- u. familienrechtl. Fragen (inkl. Stiftungen, Family Governance). Zudem Transaktionen u. regulator. Beratung (▷*M&A*, ▷*Private Equ. u. Vent. Capital*, Immobilienrecht u. Finanzierungen sowie ▷*Investmentrecht*), ▷*Konfliktlösung*, Testamentsvollstreckung u. Notariat.
Mandate: Keine Nennungen.

DISSMANN ORTH
Nachfolge/Vermögen/Stiftungen ★

Bewertung: Die Münchner Kanzlei steht seit Jahrzehnten für die Beratung des bayer. Mittelstands u. von Traditionsvermögen im 2- bis 3-stell. Mio-€-Volumen in komplexen Nachfolge- u. Strukturierungsfragen. Auf der Tagesordnung stehen auch Umstrukturierungen der Familiengesellschaften sowie z.T. die Vertretung in Steuerstreitigkeiten. Der Verjüngungskurs in der Partnerschaft trägt nun doppelt Früchte: Zum einen tritt die nächste Beratergeneration deutlicher in Erscheinung, zum anderen erweitert sich auch die Mandantenstruktur: DO zählt eine wachsende Zahl von Start-up-Unternehmern zu ihrer Klientel, für die die Beratungsschwerpunkte zunächst bei (VC-)Beteiligungen oder (Teil-)Verkäufen stehen u. Vermögensstrukturierung noch nachgelagert ist.
Oft empfohlen: Dr. Armin Hergeth, Dr. Martin Lohse („jurist. kreativ, durchsetzungsstark", Wettbewerber), Dr. Jochen Ettinger, Dr. Tobias Beuchert („exzellenter, kreativer, fachl. absolut herausragender Steuer- u. Gesellschaftsrechtler", Wettbewerber)
Team: 7 Eq.-Partner, 1 Sal.-Partner, 1 Associate, 1 of Counsel

---

Führende Berater von Unternehmern und vermögenden Privatpersonen

Prof. Dr. Mark Binz
Binz & Partner, Stuttgart

Dr. Achim Dannecker
Gleiss Lutz, Stuttgart

Dr. Björn Demuth
CMS Hasche Sigle, Stuttgart

Dr. Axel Godron
Taylor Wessing, München

Prof. Dr. Frank Hannes
Flick Gocke Schaumburg, Bonn

Prof. Dr. Brun-Hagen Hennerkes
Hennerkes Kirchdörfer & Lorz, Stuttgart

Prof. Dr. Carl-Heinz Heuer
Heuer Busch & Partner, Frankfurt

Prof. Rainer Kirchdörfer
Hennerkes Kirchdörfer & Lorz, Stuttgart

Prof. Dr. Rainer Lorz
Hennerkes Kirchdörfer & Lorz, Stuttgart

Dr. Christian von Oertzen
Flick Gocke Schaumburg, Frankfurt

Prof. Dr. Reinhard Pöllath
Poellath, München

Dr. Stephan Scherer
SZA Schilling Zutt & Anschütz, Mannheim

Prof. Dr. Andreas Söffing
Flick Gocke Schaumburg, Frankfurt

Dr. Martin Sorg
Binz & Partner, Stuttgart

Dr. Wolfram Theiss
Noerr, München

Dr. Stephan Viskorf
P+P Pöllath + Partners, München

Die Auswahl von Kanzleien und Personen in Rankings und tabellarischen Übersichten ist das Ergebnis umfangreicher Recherchen der JUVE-Redaktion. Sie ist in 2erlei Hinsicht subjektiv: Die Aussagen der befragten Quellen sind subjektiv u. spiegeln deren Erfahrungen u. Einschätzungen. Die JUVE-Redaktion wiederum analysiert diese Rechercheergebnisse unter Einbeziehung ihrer eigenen Marktkenntnis. Der JUVE Verlag beabsichtigt keine allgemeingültige oder objektiv nachprüfbare Bewertung. Es ist möglich, dass eine andere Recherchemethode zu anderen Ergebnissen führt. Innerhalb einzelner Gruppen in Rankings und tabellarischen Übersichten sind Kanzleien und Personen alphabetisch sortiert.

Schwerpunkte: Nachfolgeregelungen, Testamentsvollstreckungen u. Vermögensstrukturierungen (u.a. Wegzüge, (internat.) Steuerrecht) für mittelständ. Unternehmerfamilien, eng verbunden mit steuer- u. ▷*gesellsch.rechtl.* Beratung.
Mandate: Fam. Hugendubel lfd. im Gesellschafts- u. Steuerrecht (öffentl. bekannt); Testamentsvollstreckung über Nachlass eines HNI (Medienunternehmer Vol. €300 Mio); mittelständ. Pharmaunternehmen bei Errichtung einer Holdingstruktur in einer Familienstiftung.

NACHFOLGE/VERMÖGEN/STIFTUNGEN

DLA PIPER
Nachfolge/Vermögen/Stiftungen ★

Bewertung: Dem HHer Büro der internat. Großkanzlei vertrauen in lfd. Angelegenheiten einige sehr wohlhabende Unternehmer u. bekannte Stiftungen vor Ort. Hinzu kommen Gesellschafterfamilien, insbes. norddt. Familienunternehmen bei Poolvereinbarungen oder Truststrukturen. Allerdings verabschiedet sich DLA jenseits dieses Stammes in der Breite mehr u. mehr von der klass. Nachfolgeberatung u. fokussiert sich auf Vermögensstrukturierung (etwa durch Investmentberatung) oder die Projektberatung bundesw. u. internat. tätiger gemeinnützig. Organisation.

Stärken: Internat. Investments.
Oft empfohlen: Dr. Nils Krause
Team: 4 Partner, 2 Counsel, 5 Associates, 2 of Counsel (im Kernteam)
Schwerpunkte: Dt. u. ausl. HNI, UHNI u. Familienunternehmen bei Vermögensstrukturierung (v.a. internat. Investments, ▷M&A, ▷Immobilientransaktionen, Fondsbeteiligungen etc.) sowie ▷gesellschaftsrechtl. Unternehmensstrukturierung; dt. u. internat. Stiftungen u. NPOs jew. mit Bezug zum Gemeinnützigkeits- u. Steuerrecht.
Mandate: Klemens Hallmann lfd. bei Immobilieninvestments; WWF World Wide Fund for Nature zur Steuerbefreiung im Rahmen eines Erbanfalls; lfd.: Christoffel Blindenmission, Annie u. Walter Robinsohn Stiftung, Claussen Simon Stiftung, Friedrich-Naumann-Stiftung bei Revision, German Zero, Internat. Schule Hamburg.

DTB DECKER + SCHMIDT-THOMÉ
Nachfolge/Vermögen/Stiftungen ★

Bewertung: Die hoch spezialisierte Boutique hat sich in der Berliner Kunst- u. Stiftungslandschaft fest etabliert u. sich für Kunststiftungen u. Galerien sowie für Künstler u. deren Nachkommen zu einer gesetzten Ansprechpartnerin entwickelt. Letztere richten sich auch in puncto allg. Nachfolgegestaltung vermehrt an dtb. Dieses Feld will die Kanzlei nun unter dem Dach eines festen Joint Ventures mit der D'dorfer Kanzlei Tigges bundesw. besetzen. Zudem baut sie bei Nachfolgen u. auch im Kunstrecht auf eine Ergänzung durch nicht anwaltl. Lösungen, etwa durch die Einschaltung von Psychologen oder ihre auf Kunstvermögen ausgerichtete Unternehmensberatung.

Stärken: Stiftungs- u. Kunstrecht.
Oft empfohlen: Dr. Pascal Decker
Team: 2 Partner, 1 Counsel, 4 Associates, 1 of Counsel
Schwerpunkte: Vermögensgestaltung u. Nachfolge für Individuen (häufig dt. u. internat. Künstler), Kunstrecht (inkl. Transaktionen) für Künstler, Erben, Ausstellungen/Museen, umf. Stiftungsberatung (Aufsichts- u. Gesellschaftsrecht, auch Steuerrecht, häufig als externe Rechtsabteilung).
Mandate: Stiftung Kunstforum der Berliner Volksbank bei Neuaufsetzung der Rechtsbeziehungen zur Bank; Ex-Inhaber eines internat. Architektur- u. Planungsbüros bei Überführung eines unter UNESCO-Weltkulturerbe stehenden Anwesens auf eine Stiftung u. Aufnahme von Kulturprogramm; Stiftung Preuß. Kulturbesitz lfd., u.a. bei Ausstellungsplanung im Rahmen eines PPP-Vorhabens; Erbin eines internat. Chemieunternehmens bei Nachfolgegestaltung; Erbin eines sehr bekannten dt. Künstlers bei Streit mit Erbengemeinschaft; Sammler bei Versteigerung eines Kunstwerkes bei Christies mit vorherigem Aushandeln eines individuellen Vertrags abweichend von Christies-AGB wg. enormen Preissprungs des Künstlers; Projektberatung: Galerie Thomas Schulte, Camille Henrot, Universität der Künste Berlin; lfd.: Welti-Furrer Fine Art AG, Jonathan Meese, The Feuerle Collection, Ziegert Bank- u. Immobilienconsulting, DRF Stiftung Luftrettung, Phineo, Jürgen Ponto Stiftung, Bundesverband Dt. Stiftungen, Vors. des Aufsichtsrats bei Artnet.

EBNER STOLZ MÖNNING BACHEM
Nachfolge/Vermögen/Stiftungen ★★★

Bewertung: Die auf Nachfolgen u. Stiftungen spezialisierten Teams der großen MDP-Gesellschaft wachsen kontinuierl. über die Bürogrenzen hinweg zusammen. Dasselbe gilt für die Verknüpfung von Steuern u. Recht. Ergebnis: Der lange kaum vorhandene Rechtsarm in Stuttgart spielt mittlerw. eine ebenso große Rolle wie die Steuerberatung in Hamburg, wo lange v.a. das Erb- u. Gesellschaftsrecht dominiert haben. Dennoch wird es dauern, z.B. die Bedeutung, die ESMB dank ihrer starken Steuerberatung in Sachen Gemeinnützigkeit im Südwesten hat, auch dtl.weit zu etablieren. Im Südwesten zählt das Team eine stetig wachsende Zahl von unternehmensnahen u. sonstigen Stiftungen zu seinen Mandanten, bspw. kamen zuletzt die Wüstenrot- u. die Eva Mayr-Stihl Stiftung in der lfd. Betreuung hinzu. In der rein jurist. Beratung ist ESMB dabei, auch Coaching als alternat. Beratungsfeld aufzubauen.

Stärken: Gemeinnützigkeits- u. (Unternehmens-) Steuerrecht.
Oft empfohlen: Dr. Jörg Sauer (Stiftungs- u. Gemeinnützigkeitsrecht)
Team: 29 Partner, 4 Counsel, 15 Associates (inkl. StB)
Schwerpunkte: HNI, UHNI u. Familienunternehmen bei Nachfolgegestaltungen (inkl. steuer- u. ▷gesellschaftsrechtl. Unternehmensumstrukturierungen, Familienverfassungen, Testamentsvollstreckung, gerichtl. Erbauseinandersetzungen, Nachlassabwicklung, Vermögensstrukturierung (inkl. ▷M&A u. Immobilientransaktionen, Familienrecht). Zudem umf. u. bundesw. gemeinnütz. Unternehmen u. Stiftungen.
Mandate: Porsche-Familienstämme lfd. bei Gestaltungen u. FO-Services, daneben Porsche Holding; Björn Steiger Stiftung lfd., zuletzt bei Aufbau einer Hochschule für Rettungswesen in Berlin; lfd. bei Nachfolgegestaltungen: Gesellschafter, u.a. von Bauwens, Dohle, Festool; lfd. bei Gemeinnützigkeits-/Stiftungsrecht: Eva Mayr-Stihl Stiftung, Wüstenrot Stiftung, Hoffnungsträger Stiftung, Vector Stiftung, Caritas, Mahle Stiftung, Joachim Herz Stiftung, Körber Stiftung.

ESCHE SCHÜMANN COMMICHAU
Nachfolge/Vermögen/Stiftungen ★★

Bewertung: Die integrierte Steuer- u. Rechtsberatung bei Nachfolgegestaltungen auf der einen u. von Stiftungen u. gemeinnütz. Einrichtungen auf der anderen Seite gehört seit vielen Jahren zum Beratungskern der Hamburger MDP-Einheit. Insbes. die sich ohnehin lebhaft entwickelnde Stiftungsberatung hat durch die bevorstehende Stiftungsrechtsreform weiteren Schub erhalten. Dass auch bei ESC selbst Generationswechsel funktionieren, zeigt sich daran, dass 2022 die erfahrenste Erbrechtlerin ausgeschieden ist, jüngere Anwältinnen aber erfolgreich an ihre Stelle gerückt sind.

Führende Berater für Stiftungsthemen

Dr. Björn Demuth
CMS Hasche Sigle, Stuttgart

Prof. Dr. Carl-Heinz Heuer
Heuer Busch & Partner, Frankfurt

Tom Kemcke
Esche Schümann Commichau, Hamburg

Dr. Guido Krüger
Advant Beiten, Düsseldorf

Dr. Andreas Richter
Poellath, Berlin

Prof. Dr. Stephan Schauhoff
Flick Gocke Schaumburg, Bonn

Dr. Robert Schütz
Esche Schümann Commichau, Hamburg

Stefan Winheller
Winheller, Frankfurt

Die Auswahl von Kanzleien und Personen in Rankings und tabellarischen Übersichten ist das Ergebnis umfangreicher Recherchen der JUVE-Redaktion. Sie ist in 2erlei Hinsicht subjektiv: Die Aussagen der befragten Quellen sind subjektiv u. spiegeln deren Erfahrungen u. Einschätzungen. Die JUVE-Redaktion wiederum analysiert die Rechercheergebnisse unter Einbeziehung ihrer eigenen Marktkenntnis. Der JUVE Verlag beabsichtigt keine allgemeingültige oder objektiv nachprüfbare Bewertung. Es ist möglich, dass eine andere Recherchemethode zu anderen Ergebnissen führt. Innerhalb einzelner Gruppen in Rankings und tabellarischen Übersichten sind Kanzleien und Personen alphabetisch sortiert.

Oft empfohlen: Tom Kemcke, Jürgen Milatz, Dr. Robert Schütz
Team: 3 Eq.-Partner, 4 Sal.-Partner, 8 Associates, plus steuerl. Mitarbeiter
Schwerpunkte: Rechtl., steuergestaltende u. kaufmänn. Beratung (inkl. Steuerstreit, Deklarationen) zu Nachfolgegestaltungen u. Erb- u. Familienrecht sowie umf. Beratung von Stiftungen, gemeinnütz. u. Spenden sammelnden Organisationen (inkl. Nachlassabwicklung), Testamentsvollstreckung.
Mandate: HNI bei Nachfolgegestaltung unter Einbindung einer Familienstiftung mit komplexen Fragen zur steuerl. Begünstigung von Betriebsvermögen; Stiftung Innovation in der Hochschullehre (Trägerin: Toepfer Stiftung), u.a. bei Gründung u. lfd. im Gemeinnützigkeitsrecht; unternehmensnahe gemeinnütz. Stiftung bei Übernahme eines internat. Nachlasses; lfd. Funk Stiftung.

EY LAW
Nachfolge/Vermögen/Stiftungen ★

Bewertung: Die Nachfolge- u. Vermögensstrukturierung hat sich bei EY von einem Anhängsel zu einer selbstständigen Praxis gemausert. Das liegt nicht zuletzt daran, dass sie sich in den jüngsten Jahren gleichz. spezialisiert u. verbreitert hat, etwa mit der fokussierteren Zuwendung zu Family Offices. Auch die Ernennung einer ausschl. mit Stiftungen u. Gemeinnützigkeit befassten Assoziierten Partnerin untermauert den Kurs. Damit gelingt es EY, ihr Profil in einem Beratungssegment weiter zu schärfen, in dem sich Big-Four-Gesellschaften meist nicht leichttun. EY kombiniert ihre klass. Stärken für die Inhaber(familien) vielfach Mrd € schwerer Unternehmen, etwa die hochtech-

NACHFOLGE/VERMÖGEN/STIFTUNGEN

nisierte Vermögensverbundaufstellung, mit dem kleinteiligeren Strukturierungsgeschäft, in dem es auf die indiv. Beratung durch erfahrene – u. wie bei EY grundsätzlich als Anwälte u. Steuerberater doppelt qualifizierte – Partner ankommt. Allerdings reißt der Wechsel von Dr. Christian Reiter, der mitsamt seinem erfahrenen Team zu BDO ging, eine deutl. Lücke in das Münchner Private-Client-Team von EY.
Stärken: Integrierte Steuer- u. Rechtsberatung.
Team: 4 Eq.-Partner, 3 Sal.-Partner, 3 Counsel, 13 Associates
Partnerwechsel: Dr. Christian Reiter (zu BDO)
Schwerpunkte: Mittelständ. u. sehr gr. Familienunternehmen sowie Stiftungen bei Nachfolge- u. Vermögensgestaltungen (v.a. Erbschaftsteuern, Gesellschaftsrecht), Weg-/Zuzügen, Stiftungs- u. Gemeinnützigkeitsrecht; daneben Vermögenscontrolling, Strukturierung von Family Offices.
Mandate: UHNI bei umfangr. Vermögensumstrukturierung über zahlr. Jurisdiktionen (u.a. über gemeinnütz. Stiftungen); UHNI bei Schenkung von Kapitalanteilen an einer KG an nächste Generation unter Nießbrauchsvorbehalt u. schenkungsteuerl. Optimierung; Unternehmerfamilie aus dem Maschinenbau bei Änderungen des Rahmenerbvertrags der Familie u. der einzelnen Gesellschaftsverträge; ausl. Familienstiftung bei Errichtung einer weiteren Stiftung im EU-/EWR-Raum u. Übertragung eines Teils des Stiftungsvermögens auf diese.

FLICK GOCKE SCHAUMBURG
Nachfolge/Vermögen/Stiftungen ★★★★★
Bewertung: Keine Wettbewerberin verfügt über eine fachl. derart hoch angesehene, breit aufgestellte u. in so vielen gr. Family Offices, Familienunternehmen u. gemeinnütz./steuerbefreiten Einrichtungen präsente Praxis wie die steuerzentrierte Großkanzlei. Schon die schiere Personalgröße der Fachgruppe ist eine Demonstration ihrer Ausnahmestellung, dasselbe gilt für die Vielzahl ihrer anerkannten Persönlichkeiten. Mit 4 Anfang 2022 ernannten Sal.-Partnern setzt FGS weiter auf eine langfristige Entwicklung. Das ermöglicht dem Team heute, Großfamilien fachl. u. altersmäßig in allen (Generations-)Fragen abzuholen. Dennoch ist die Praxis von einer diverseren u. damit nachhaltigen Aufstellung mit Blick auf unterschiedl. Geschlechter meilenweit entfernt u. lässt so trotz ihrer dominanten Stellung im Markt ggf. noch immer einiges liegen. Das mag auch eine Erklärung dafür sein, dass die Kanzlei im liberalen Berliner Markt, der in vielen Fällen der Start-up-Phase entwachsen ist, nicht die Stellung genießt wie im Rest des Landes. Dies ist allerdings wirtschaftl. nur ein kleiner Wermutstropfen bei einer Praxisentwicklung, die seit Langem nur aufwärts geht.
Stärken: Gr. Erfahrung in der Rundumberatung von HNI u. Familienunternehmern mit Schnittstellen zum Steuer- u. ▷Steuerstrafrecht. Betreuung gemeinnütz./steuerbefreiter Organisationen.
Oft empfohlen: Dr. Christian von Oertzen, Prof. Dr. Andreas Söffing, Dr. Stephan Schauhoff (Gemeinnützigkeitsrecht/Stiftungen), Prof. Dr. Frank Hannes, Prof. Dr. Jan Bron („menschl. überzeugend; multidimensional denkend mit ganzheitl. Ansatz", Mandant), Dr. Christian Kirchhain (Gemeinnützigkeitsrecht/Stiftungen), Prof. Dr. Ingo Stangl („Umwandlungen, Organschaften, Sonderthemen top; fachl. exzellent", Mandant), Prof. Dr. Jens Schönfeld („spezialisiert auf komplexe internat. steuerl. Gestaltungen", „extrem guter Anwalt; hoch spezialisiert", Wettbewerber).
Team: 18 Eq.-Partner, 14 Sal.-Partner, 35 Associates, 1 of Counsel
Schwerpunkte: Umf. rechtl. u. steuerl. Gestaltungsberatung (dt. u. internat. Erb- u. Nachfolgeregelungen inkl. Unternehmensumstrukturierungen, Governance-Strukturen), Weg- u. Zuzug, Moderation von Gesellschafterstreitigkeiten, Eheverträge u. Scheidungsvereinbarungen, steuerl. Deklaration, erbschaftsteuerl. Vermögensbewertung sowie Testamentsvollstreckung u. NPO-/Gemeinnützigkeitsrecht.
Mandate: Testamentsvollstrecker von Heinz Herrmann Thiele u.a. bei Errichtung einer Familiensowie div. Unternehmensstiftungen u. Finanz- u. Verwaltungsvermögenstest (öffentl. bekannt); Gesellschafterstämme eines mrd-schweren Familienunternehmens aus NRW bei Gesellschaftervereinbarungen zur Umstrukturierung u. Unternehmensnachfolge, inkl. verbindl. Auskunft; börsennot. Familienunternehmen bei Wegzugsu. internat. Nachfolgeplanung, inkl. grenzüberschr. Sitzverlegung der Konzernholdinggesellschaft; HNI bei indiv. Vermögensnachfolgeplanung einer Patchworkfamilie u. Errichtung Familiengesellschaft; Gesellschafter eines Familienunternehmens (Medizinprodukte, Wert €5 Mrd) umf. bei persönl. Vermögensstrukturierung sowie zu Rechts- u. Steuerfragen als Gesellschafter; Allg. Dt. Hochschulsportverband (adh) bei umf. steuerl. Beratung bzgl. den 2025 Rhine-Ruhr FISU World University Games; Fam. Brandenstein-Zeppelin bei geplanter Restitution der 1947 aufgehobenen Zeppelin-Stiftung. Aufsichts-/Beiratssitze: u.a. bei Nemetschek-Gruppe, United Internet, B. Braun, Dt. Oppenheim Family Office AG.

FROMM
Nachfolge/Vermögen/Stiftungen ★
Bewertung: Die Nachfolgegestaltung spielt in der breit aufgestellten Koblenzer Kanzlei die tragende Rolle. Neben internen Nachfolgelösungen setzt Fromm mit Blick auf regional nachgefragte Unternehmensverkäufe als Alternativgestaltung u. hat dafür ein fachl. übergreifendes Netzwerk mit anderen örtl. (Unternehmens-)Beratungshäusern geschlossen.
Team: 3 Partner, 2 Associates
Schwerpunkte: Umf. Nachfolge- u. Vermögensgestaltung (inkl. Erbschaftsteuer, Ehe- u. Güterstandsrecht, Testamentsvollstreckungen), Immob. übertragungen, Unternehmensverkäufe v.a. für Vermögen im 1- bis 2-stelligen Mio-€-Bereich.
Mandate: Keine Nennungen.

GLEISS LUTZ
Nachfolge/Vermögen/Stiftungen ★★★
Bewertung: Seit Langem steht die Großkanzlei bei Mandanten bzgl. sehr komplexer Nachfolgegestaltungen und/oder internat., insbes. im US-Kontext, hoch im Kurs. Das Team besticht durch eine Kombination von langj. Kontakten zu oftmals mrd-schweren Unternehmern, hochkarät. Gesellschaftsrecht u. internat. Transaktionskompetenz sowie reichl. Erfahrung etwa in Person des Stuttgarter Steuerpartners Dannecker. Bei steuerl. Einzelfragen mit großem Impetus auf Unternehmens- u. Nachfolgestrukturen – die auch immer gesellschaftsrechtl. Beratung auslösen – reichen Gleiss nur sehr wenige Wettbewerber das Wasser.
Stärken: Kombination von Steuer- u. Gesellschaftsrecht.
Oft empfohlen: Dr. Achim Dannecker („vertrauenswürdiger Experte mit sehr breitem Blick auf viele Themen", Mandant), Dr. Alexander Werder (beide Steuerrecht), Dr. Hoimar Ditfurth, Dr. Martin Schockenhoff („kompetent; sehr angenehme u. kollegiale Zusammenarbeit", Wettbewerber; beide Gesellschaftsrecht).
Team: 8 Partner, 1 Counsel, 2 of Counsel (Kernteam)
Schwerpunkte: Gesellschafter von Familienunternehmen, Family Offices u. einzelne Familienmitglieder bei Nachfolgegestaltungen jew. an der Schnittstelle zum Steuer- u. ▷Gesellsch.recht (inkl. Transaktionen, Umstrukturierungen, Rechtsformwechseln, Weg-/Zuzug), ▷Konfliktlösungen sowie Stiftungen.
Mandate: Tengelmann-Erben Katrin Haub, Viktoria Anna-Katharina Haub u. Erivan Karl-Christopher Haub bei Koordination dt. und US-Besteuerung (aus dem Markt bekannt); Würth (Familie u. Stiftungen) lfd. zu Nachfolge- u. Konzernstruktur; Familie Danzer u. Danzer-Unternehmensgruppe lfd., auch Beiratsvorsitz; Kaefer u. ihre Eigentümerfamilie bei Umstrukturierung der Beteiligung u. Gründung einer Familienholding.

HENGELER MUELLER
Nachfolge/Vermögen/Stiftungen ★★★
Bewertung: Wenn komplexe Umstrukturierungen u. Neuausrichtungen in mrd-schweren Familienkonzernen oder großen Mittelstandsunternehmen anstehen, gehört die Kanzlei zur ersten Riege der Beraterinnen. Das war schon immer so u. wird, jedenfalls angesichts der beschlossenen Änderungen etwa des Personengesellschafts- u. Stiftungsrechts, so bleiben, die erneut viel Nachfrage nach der grundsätzlichen Überarbeitung von Gesellschaftsverträgen u. Stiftungssatzungen mit Blick auf Nachfolgestrukturen hervorrufen. Daneben ist Hengeler bei Gesellschafterstreitigkeiten u. der Beratung von Testamentsvollstreckern aktiv wie in je. Hinzugekommen ist die Beratung von Investmentstrukturierungen, die aus erbschafssteuerl. Gründen vermehrt vorgenommen werden.
Stärken: Herausragende Gesellschaftsrechtspraxis, ▷M&A, daneben Steuerrecht.
Oft empfohlen: Dr. Matthias Blaum (Gesellschaftsrecht), Dr. Stefanie Beinert (Steuerrecht), Dr. Kai-Steffen Scholz (Gesellschaftsrecht, Corporate Litigation)
Team: 6 Partner, rd. 15 Associates (Kernteam)
Schwerpunkte: Unternehmensbez. Nachfolge (inkl. Beiratstätigkeit, Unterbeteiligungen, Stiftungen, SEen) im ▷Gesellschafts-, Aktien-, ▷Bank-, ▷Kapitalmarkt- u. Steuerrecht für bedeutende Familien bzw. ihre Unternehmen (inkl. Streitigkeiten). Daneben klass. Nachfolgeberatung (u.a. Testaments-, Ehevertragsgestaltung, lebzeitige Schenkungen, Testamentsvollstreckung).
Mandate: Oetker-Erben Richard u.a. bei Aufteilung u. Neuausrichtung der Dr.-Oetker-Gruppe sowie Auseinandersetzungen im Gesellschafterkreis; Amira/Life Science Holding bei Teilverkauf durch Satorius-Erbengemeinschaft; Tengelmann bei streitigem Ausscheiden eines Familienstamms u. Vertretung in Gesellschafterstreitigkeiten; Catherine von Fürstenberg-Dussmann in Prozess um Erbe von Peter Dussmann (Dussmann Group); Brost-Stiftung bei Abschluss der Neuordnung der Funke-Mediengruppe (WAZ); gr. unternehmensverbundene

NACHFOLGE/VERMÖGEN/STIFTUNGEN

Stiftungen bei neuer Foundation Governance, Gemeinnützigkeit, Revision der Stiftungssatzungen; familiengeführtes Maschinenbauunternehmen bei Aufnahme einer gemeinnütz. Stiftung zur Unternehmensnachfolge sowie Ausscheiden von Gesellschaftern u. Governance, Aufbau einer Asset-Management-Einheit; Miterbe eines internat. Mrd-€-Vermögens bei Verwaltung u. Abwicklung des Nachlasses; gr. familiengeführtes Unternehmen u.a. bei Verlagerung der Unternehmensleitung in die Schweiz.

HENNERKES KIRCHDÖRFER & LORZ
Nachfolge/Vermögen/Stiftungen ★★★★

Bewertung: Die Stuttgarter Kanzlei gilt seit Jahrzehnten v.a. in der Nachfolgeberatung für mittlere u. große Familienunternehmen als Institution. Mit ihrer dauerhaften Tätigkeit in vielen Aufsichts- oder Beiräten sind die Partner nicht nur Rechtsberater, sondern stets auch nah dran an den unternehmer. Entscheidungen. Für rechtl. Themen, die außerhalb des Spektrums Nachfolge u. Unternehmens- bzw. Vermögensstrukturen anfallen, setzt die Kanzlei auf ein Netzwerk befreundeter Kanzleien u. konzentriert sich selbst auf Gestaltung, Strategie u. Transaktionen. Dazu gehört auch die langfristige Betrachtung erbschaftsteuerrechtl. Fragen, insbes. bei grenzüberschr. Familienstrukturen, sowie die Wahl der jew. passenden Rechtsform, wobei ein gewisser Schwerpunkt bei SE-Umwandlungen erkennbar bleibt.

Stärken: Enge Verknüpfung von Nachfolge- u. ▷gesellschaftsrechtl. Beratung. Großes Netzwerk mit familiengeführten Unternehmen.

Oft empfohlen: Prof. Rainer Kirchdörfer, Prof. Dr. Rainer Lorz, Prof. Dr. Andreas Wiedemann, Dr. Thomas Frohnmayer („hoch kompetent, verlässl., durchsetzungsstark", Wettbewerber)

Team: 12 Partner, 8 Associates

Schwerpunkte: ▷Gesellschaftsrechtl. basierte Nachfolgeberatung für inhabergeführte Firmen u. ehem. Unternehmen durch Umstrukturierungen (inkl. Rechtsformwechsel, Stiftungsgründungen) u. Verkäufe sowie – nicht streitiges – Erb- u. Familienrecht (Eheverträge, Testamente, Testamentsvollstreckung), Erbschaftsteuern. Strateg. u. operative Beratung in Aufsichts-, Verwaltungs- u. Beiräten. Enge Kooperation mit Family-Office-Dienstleister.

Mandate: Mack & Schühle zu Beteiligung an Elephant Gin; PERI, Brose, Berner Group, BTI Holding, Rapa u. Ejot jew. zu SE-Umwandlung; organbez. Mandate u.a. bei Hager, Dussmann Stiftung, DVAG, Bauerfeind, Uzin Utz, GFT, Trox, MHK, Jowat, GNH Georg Nordmann Holding, S. Oliver, Theo Müller, Conrad, Kannegiesser, Talke, Handtmann, Heidenhain, Kern-Liebers, Garmo, Schmalz-Gruppe.

HEUER BUSCH & PARTNER
Nachfolge/Vermögen/Stiftungen ★

Bewertung: Die Frankf. Boutique für hochvermögende Privatpersonen steht für dauerhafte Beratung ihrer Klientel, erlebt aber immer wieder Hochphasen. Zuletzt lagen diese im Leib-u.-Magen-Thema der Kanzlei, der Betreuung von Kunstvermögen, denn immer mehr HNI suchen die Beratung nicht nur bei Transaktionen, sondern bei der steueroptimierten Anlage von Kunst etwa in Museen oder eigenständigen Ausstellungen u. setzen hierbei auf die Erfahrung u. Nähe zur Kulturszene der Berater. Kunst erweist sich dabei oft als Einfallstor auch für umfassende Vermögensberatung.

Stärken: Erfahrung in der Asset-Klasse Kunst- u. Kultur.

Oft empfohlen: Prof. Dr. Carl-Heinz Heuer

Team: 4 Partner, 1 Associate

Schwerpunkte: Nachfolgeplanung u. Vermögensgestaltung für HNI u. Family Offices bei steuerl. Strukturierung, Familien-, Ehe- u. Erbverträgen, Testamenten u. Testamentsvollstreckung. Stiftungs- u. Gemeinnützigkeitsrecht. Kunstrecht (v.a. Transaktionen).

Mandate: Geschäftsführung von Rautenkranz Family Office; KfW lfd. bei div. gemeinnütz. Stiftungen; Gremien- u. Organsitze: u.a. Dwight v. Ursula-Mamlok-Stiftung, Städelsches Kunstinstitut, Warburg & Co., Franz Marc Museumsgesellschaft, Dr. E.A. Langner-Stiftung, Kulturstiftung Franz-Dieter u. Michaela Kaldewei, Lupus Alpha Asset Management.

HEUKING KÜHN LÜER WOJTEK
Nachfolge/Vermögen/Stiftungen ★

Bewertung: Das auf Nachfolge- u. Vermögensstrukturierung fokussierte Kernteam agiert an der Schnittstelle von Steuer- u. Gesellschaftsrecht u. hat sich als kleines Spezialistenteam in der Kanzlei etabliert. So befasst es sich in voller Breite mit den steuer- u. erbrechtl. Aspekten, die sich aus der lfd. Betreuung der hochvermögenden HKLW-Klientel stellen. Mit Erfolg: Die Volumina, zu denen das Team berät, wachsen stetig. Das zeigt, dass die Mandanten mit 3-stell. Mio-€-Vermögen, aber z.T. auch mit Mrd-€-Beteiligungen an Unternehmen, die häufig seit Jahren von sehr erfahrenen Gesellschafts- oder Prozessrechtspartnern betreut werden, zunehmend auch in der Tiefe der privaten Vermögensgestaltung auf die Kanzlei vertrauen. Hinzu kommen weitere Familien, Jungunternehmer und gut betuchte Manager, die das Team originär berät.

Oft empfohlen: Dr. Gunter Mühlhaus (Steuerrecht), Dr. Daniel Lehmann (internat. Erbrecht)

Team: 9 Eq.-Partner, 1 Sal.-Partner, 2 Associates (Kernteam)

Schwerpunkte: Gesellschafts- u. steuerrechtl. basierte Nachfolge- u. Vermögensplanung für Unternehmerfamilien u. vermögende Privatpersonen (Testamente, Familienverfassungen, Erbverträge, Stiftungen, auch Eheverträge u. Scheidungen, Pflichtteilsrecht) mit starken ▷M&A- u. ▷wirtschafts- u. steuerstrafrechtl. sowie ▷Immobilienbezügen.

Mandate: UHNI-Familie bei Erbvertrag mit internat. Bezügen, inkl. verbindl. Auskunft (Vermögen €1,5 Mrd); Unternehmerin bei Nachfolgeplanung, inkl. Errichtung von Familienstiftung, Rechtsstreitigkeiten, Umstrukturierung (Vermögen €500 Mio); UHNI bei Nachlassabwicklung, inkl. Bewertung Aktienvermögen u. Erbschaftsteuererklärung (Vol. €135 Mio); HNI bei Abwicklung eines dt.-kanad. Nachlasses (Vol. €65 Mio).

HEUSSEN
Nachfolge/Vermögen/Stiftungen ★

Bewertung: Mit Beharrlichkeit u. einem guten Netzwerk zu HNI u. Familienunternehmern hat sich die Kanzlei einen Platz unter den anerkannten Nachfolgeadressen erarbeitet. Das Münchner Team verfügt schon seit Jahrzehnten über enge Verbindungen zu Traditionsvermögen, diese betreuen die Anwälte jedoch ganz überw. im immob.wirtschaftl. Kontext. Erst mit einem 2015 dazugestoßenen Berliner Partner gelang Heussen nach u. nach, auch mit klass. Nachfolgegestaltungen u. Erbrechtsverf. Profil zu gewinnen. Zudem nutzte die Kanzlei das liberale Umfeld in der Hauptstadt, um an der ersten Welle beim Modethema Verantwortungseigentum teilzuhaben.

Oft empfohlen: Dr. Frank Feitsch

Team: 4 Eq.-Partner, 6 Sal.-Partner, 1 Counsel, 3 Associates, 2 of Counsel

Schwerpunkte: Nachfolgeberatung für familien- u. eigentümergeführte Unternehmen, Stiftungen, Family Offices, HNI, Adelige, teilw. internat. Steuerrecht, jew. mit starkem ▷immobilienwirtschaftsrechtl. Bezug.

Mandate: Berliner IT-Unternehmen bei Überführung in sog. Verantwortungseigentum (u.a. durch Bündelung der Aktien der Gründer in einer Holding, Aufspaltung der Holdinganteile in Geschäftsanteilsklassen u. Einbringung in Familien GmbH & Co. KGs, Errichtung einer gemeinnütz. unselbstständ. Stiftung) Brandenburger Unternehmensgruppe u.a. bei Neukonzeption der Gesellschaftsverträge unter Nachfolgeaspekten; Eigentümergef. Investmentunternehmensgruppe bei Neustrukturierung mit dem Ziel, (Ex-)Ehefrauen u. Kinder zu berücksichtigen; Kind des betagten Inhabers einer Unternehmensgruppe (rd. 50 Tochtergesellschaften, 2.000 Mitarbeiter) erb-, gesellschafts- u. steuerrechtlich. Lfd.: div. Stiftungen, Family Offices, HNI, Adelige im Zshg. mit Immobilienbeständen; gr. gemeinnütz. Stiftung mit erhebl. Grundbesitz.

KANTENWEIN ZIMMERMANN SPATSCHECK & PARTNER
Nachfolge/Vermögen/Stiftungen ★

Bewertung: Die lange v.a. steuerl. geprägte Nachfolgepraxis der Münchner MDP-Kanzlei hat sich in den vergangenen 3 Jahren fachl. deutl. verbreitert. So vertrauen Mandanten Kantenwein zunehmend auch bei klass. erbrechtl. Gestaltungen u. v.a. erbrechtl. Auseinandersetzungen, auch im grenzüberschreitenden Kontext. Hinzu kommt, dass die Kanzlei begonnen hat, sich auch des Themas gemeinnütz. Investitionen anzunehmen. Gleichzeitig nehmen auch Steuerberatung, Steuerrecht sowie ▷Steuerstrafrecht einen immer größeren Raum ein, da Fragen zur Weg- u. Zuzugsbesteuerung u. die damit zusammenhängenden Fragen, wie etwa Fremdwährungsgewinne, auch allg. immer relevanter werden. Das führt das nach wie vor kleine Team an Belastungsgrenzen.

Oft empfohlen: Dr. Thomas Kantenwein, Dr. Annett Kuhli-Spatschek, Dr. Stefan Hackel

Team: 2 Partner, 1 of Counsel, plus Steuerpartner u. Associates

Schwerpunkte: Erbschaftsteuerplanung (inkl. Deklaration), Unternehmensnachfolgen (jew. inkl. Prozessführung), Strukturierung von Family Offices, Besteuerung von Kunstvermögen, Stiftungsrecht, Gemeinnützigkeit.

Mandate: Unternehmerfamilie bei vorweggenommener Erbfolge in konflikträchtigem Umfeld von Kunst, Immob. u. Wirtschaftsunternehmen (Vermögen €700 Mio); HNI bei Nachfolgegestaltung, u.a. Unternehmertestament, Miteigentümergemeinschaften (Vermögen €20 Mio); Unternehmerfamilie bei Nachfolgeplanung, inkl. Gründung Familienholding (Vermögen €40 Mio); Gesellschafterin außergerichtl. u. streitig im Rahmen eines dt.-thail. Erbfalles (Vol. €15 Mio); HNI bei streitigem Erbfall mit liechtenstein. Stiftung (Vol. €100

NACHFOLGE/VERMÖGEN/STIFTUNGEN

Mio); österr. Stiftung bei Erbauseinandersetzung u. Testamentsauslegung eines dt. Erblassers (Vol. €5 Mio); Alleinerben im Streit um Pflichtteilsansprüche der beiden Geschwister (Vol. €3,5 Mio); HNI bei gemeinnütz. Investitionen (€ 3,5 Mio u. €1,7 Mio); lfd.: Animus Stiftung, Eleonore Beck Stiftung; Vorstand der Zoolog. Gesellschaft Ffm. u. der Stiftung Hilfe für die bedrohte Tierwelt.

KAPP EBELING & PARTNER
Nachfolge/Vermögen/Stiftungen ★

Bewertung: Die Hannoveraner Anwalts- u. Notarskanzlei gehört bei erbschaft- u. schenkungsteuerl. komplexen Nachfolgegestaltungen auch bundesw. zu den sehr angesehenen Adressen. Sie berät ihre überw. aus kleineren Mittelstandsunternehmen u. deren Gesellschaftern bestehende Mandantschaft bei steuerl. Gestaltungen, Umstrukturierungen u. Stiftungslösungen sowie HNI bei steuer- u. gesellschaftsrechtl. Spezialfragen. Der u.a. durch das umfangr. Kommentarwerk begründete Ruf führt nicht nur dazu, dass die Beratung als wissenschaftl. fundiert gilt, sondern ist auch ein wichtiger Baustein für die notwendige kanzleiinterne Generationsnachfolge, denn auch die jüngeren Partner werden von Anfang an dort herangeführt.
Stärken: Erbschaftsteuerrecht.
Team: 7 Eq.-Partner, 2 of Counsel
Schwerpunkte: Unternehmensnachfolgen (inkl. Umstrukturierungen u. Prozesse), Erbrecht, Erbschaftsteuerplanung (inkl. Deklarationen), gesellschaftsrechtl. Notariat.
Mandate: Öffentl. bekannt: Dirk Rossmann, Familie Mensching (Heinz von Heiden).

KPMG LAW
Nachfolge/Vermögen/Stiftungen ★

Bewertung: Nachfolge- u. Stiftungsberatung ist im KPMG-Verbund ein fester Bestandteil der Gesamtstrategie, die auf die umf. Beratung des dt. Mittelstands ausgerichtet ist. Erkennbar ist daher, dass die Rechts- u. Steuerberatung insbes. bei unternehmer. Mandanten bemüht sind, von Anfang gemeinsam das volle Potenzial der Beratung auszuschöpfen. So sind jüngst mrd-schwere unternehmer. Vermögen hinzugekommen, die bei allg. Nachfolgegestaltungen sowie v.a. bei Wegzugsfragen auf KPMG vertrauen, denen die Gesellschaft aber auch eine umf. lfd. Beratung von Family-Office-Leistungen bietet. Letzterer Service wird insbes. von einer neuen Steuerpartnerin befördert. Gleichz. erlebt die Nachfrage nach der Überarbeitung von Stiftungssatzungen angesichts der aktuellen Gesetzesänderungen eine Renaissance, KPMG-Mandanten wollen zudem aus Gemeinnützigkeitserwägungen immer mehr Stiftungen gründen. Mit der Ernennung 2er weiterer Sal.-Partner hat die Kanzlei personell schon einmal die Grundlagen für einen Ausbau der Stiftungsberatung gelegt.
Stärken: Erbrecht, steuerl. Zusammenarbeit mit KPMG Wirtschaftsprüfungsgesellschaft
Oft empfohlen: Mark Pawlytta
Team: 3 Eq.-Partner, 5 Sal.-Partner, 5 Associates
Schwerpunkte: Erb- u. Familienrecht (Testamente, Eheverträge, Pflichtteilsrecht, inkl. Streitigkeiten), gesellschafts- u. steuerrechtl. Umstrukturierungen (z.T. mit internat. Bezügen), Stiftungsrecht.
Mandate: Family Office einer Unternehmerfamilie (Vermögen €3 Mrd) lfd. rechtl. u. steuerl.; Unternehmen aus der Automobilbranche (Unternehmenswert €5 Mrd) bei Nachfolge mithilfe in- u. ausl. Stiftungen; Frank Diehl bzgl. Abwicklung des Nachlasses nach Wilfried Hilgert. Lfd. Nachfolgeberatung: Eigentümerfamilie von Brand u. Vacuubrand-Gruppe, Christoph Hornbach, Erich Marx (Erbrecht). Lfd. im Gemeinnützigkeits- u. Stiftungsrecht: CBM Christoffel-Blindenmission Dtl., DSO Dt. Stiftung Organtransplantation, Franziskus-Treff-Stiftung, Gesellschaft Deutscher Chemiker e.V., Stiftung Kloster Eberbach.

MEILICKE HOFFMANN & PARTNER
Nachfolge/Vermögen/Stiftungen ★

Bewertung: In der traditionsreichen Bonner Kanzlei spielen Nachfolgefragen in der lfd. Betreuung ihrer v.a. mittelständ. Mandanten eine wesentl. Rolle. Immer stärker wird zudem der Anteil an speziellen steuerrechtl. Fragestellungen sowie von Erbschaftsteuererklärungen, die nicht nur die Unternehmer selbst, sondern auch eine Vielzahl allg. Steuerberater bei MH beauftragen. Auch das streitige Erbrecht erlebt in der Kanzlei zurzeit eine Renaissance.
Team: 3 Partner, 1 Counsel, 1 of Counsel
Schwerpunkte: Nachfolgegestaltungen mit Fokus auf Steuer-, ▷Gesellschafts- u. Erbrecht, Stiftungen.
Mandate: Potenzielle Erben eines ausl. Investors mit Vermögen in div. europ. Ländern u.a. bei Prüfung des anwendbaren Erbrechts u. Erbvergleichen (Vermögen €500 Mio); mittelständ. Handwerksbetrieb bei Gestaltung des Immobilienvermögens zur Nachfolgeplanung; Unternehmerfamilie aus dem Sauerland im Erbrecht u. bei Umbau des Gesellschaftsvertrages zur Implementierung von Familienholdinggesellschaften; 2 Söhne aus erster Ehe eines unvermittelt verstorbenen süddt. Unternehmers u. Großaktionärs einer börsennot. AG im Streit mit Erbengemeinschaft (Vermögen über €60 Mio).

MENOLD BEZLER
Nachfolge/Vermögen/Stiftungen ★

Bewertung: In der traditionsreichen Stuttgarter Kanzlei zählt die Beratung familiengeführter Unternehmen u. von HNI unter unternehmer. Hintergrund zum histor. Kern. MB zählt daher z.T. seit Jahrzehnten eine Reihe sehr großer Mittelständler aus dem Südwesten zu ihrem Mandantenstamm, viele Anwälte haben bei ihnen auch Gremiensitze inne. Basierend auf der starken gesellschaftsrechtl. Praxis wurden u. werden die Belange der Eigner von Familienunternehmen bei Umstrukturierungen stets auch mit Blick auf Vermögens- u. Nachfolgestrukturen beraten. Seit Fusion mit der Stuttgarter WP- u. StB-Gesellschaft BHP im Jahr 2020 ist die Kanzlei aber nun in der Lage, auch Steuergestaltung u. lfd. Steuerberatung anzubieten, was der neu aufgesetzten eigenständigen Praxisgruppe noch mehr Schlagkraft verleiht.
Stärken: ▷Gesellschaftsrechtl. geprägte Nachfolgeberatung.
Oft empfohlen: Rudolf Bezler („senior, verlässl. und konsensschaffend", „tiefgehende Beiratserfahrung mit signifikantem Mehrwert für das Unternehmen", Mandanten)
Team: 5 Eq.-Partner, 1 Sal.-Partner, 5 Associates
Schwerpunkte: Nachfolge- u. Vermögensplanung mit starkem Bezug zum ▷Gesellschaftsrecht (v.a. Umstrukturierungen, Beirats- oder Aufsichtsratsfunktionen) u. Steuerrecht (u.a. Erbschaftsteuer, Stiftungs-/Gemeinnützigkeitsrecht u. Vertretung bei Gesellschafts- u. Erbstreitigkeiten sowie Testamentsvollstreckung u. spezialisiertes Notariat.
Mandate: Lfd. od. projektweise Nachfolgeberatung bei Ritter-Gruppe, Wund-Gruppe, Bürger-Gruppe, Engelhorn, Aura Beteiligungen, Success Group

NOERR
Nachfolge/Vermögen/Stiftungen ★★★★

Bewertung: Die Beratung von Familienunternehmen u. HNI gehört zur DNA der traditionsreichen Großkanzlei. Noerr hat es mithilfe einer über einige Jahre verfolgten internen Neuaufstellung geschafft, die rechtl. Fragen, die diese Klientel betreffen, so klug über die versch. Disziplinen u. Fachgruppen zu bündeln, dass sie dem Ziel einer holist. Beratung näher ist als jede Wettbewerberin. Das mag die im Kern nachfolgebezogene Beratung auf den ersten Blick zerfasern, tatsächl. gehen bei Noerr aber bspw. gesellschafts- u. steuerl. Umstrukturierungen, Kapitalmarktrecht, Governance- u. Stiftungsfragen oder Investitions- u. Vermögensstrukturierung stets Hand in Hand, was dem Bedürfnis von Mandanten nach nahtloser Betreuung entspricht. Dass in der Kanzlei daneben auch reine Spezialfragen beraten werden, etwa im Erbrecht oder bei Testamentsvollstreckungen, versteht sich aufgrund der Kompetenz u. Erfahrung von selbst.
Oft empfohlen: Dr. Tobias Bürgers, Dr. Bertold Gaede, Dr. Wolfram Theiss, Dr. Frank Schuck
Team: 12 Eq.-Partner, 5 Sal.-Partner, 1 Counsel, 6 Associates, 2 of Counsel
Schwerpunkte: Umf. Betreuung v.a. unternehmer. Familien- u. Einzelgesellschafter in der Nachfolge- u. Vermögensplanung (u.a. Eheverträge, Testamente u. Testamentsvollstreckung) mit starkem Bezug zum ▷Gesellschaftsrecht (u.a. Umstrukturierungen, ▷M&A, Beirats- oder Kuratoriumsfunktionen), Steuerrecht (u.a. Erbschaftsteuer, Stiftungs-/Gemeinnützigkeitsrecht u. Bewertungen über hauseigene WP-Gesellschaft) sowie zu Konflikten (u.a. Gesellschafts- u. Erbstreitigkeiten, bei Testamentsvollstreckungen).
Mandate: Hermes Arzneimittel/Familie Johannes Burges sen. umf. bei Nachfolge, inkl. Errichtung einer Familienstiftung als Holding u. gemeinnütz. Stiftung sowie Sitz im Stiftungsrat; dt. Gesellschafter des brasil. Familienunternehmens Embaré bei Gründung eines Gemeinschaftsunternehmens mit einem brasil. Wettbewerber (inkl. Stiftungs-, Erbschafts- u. Schenkungsrechts); Familienunternehmen (Vermögen €30 Mrd) umf. bei Nachfolge inkl. gemeinnütz. Gestaltungen; HNI bei gepl. Veräußerung von Schweizer Gesellschaftsbeteiligungen an Co-Investoren hinsichtl. Wegzugs aus Dtl.; börsennot. Modekonzern bei Errichtung einer gemeinnütz. GmbH u. Corporate-Citizenship-Strategie; familiengef. Unternehmensgruppe bei Neuordnung der Gruppe, inkl. dt. u. niederl. Stiftungen; Mehrheitsgesellschafterfamilie bei Überarbeitung der KGaA-Satzung (Umsatz ca. €4 Mrd); Sachwalter der Heinz-Kettler-Stiftung u.a. zu Organbesetzung hinsichtl. Gemeinnützigkeit u. drohendem Statusentzug; August von Finck jr. bei Abschluss des Erbschaftsstreits mit seinem Halbbruder; Testamentsvollstrecker über Industriellennachlass (€16 Mrd) bei Verteidigung gg. postmortalen Generalangriff eines enterbten Sohnes; lfd.: Dieter-Schwarz-Gruppe (Lidl, Kaufland inkl. aller Stiftungen), Bauer Media (u.a. bei Corporate Governance

NACHFOLGE/VERMÖGEN/STIFTUNGEN

u. stiftungsrechtl.), Semper Idem Underberg (auch Aufsichtsratsvors.), DuMont-Gruppe, Dehner-Gruppe, Sedlmayer-Gruppe (jew. gesellschaftsrechtl.), Villeroy & Boch (Aufsichtsratsberatung).

OPPENHOFF & PARTNER
Nachfolge/Vermögen/Stiftungen ★ ★ ★
Bewertung: Die wachsende Nachfolgepraxis der Kölner Kanzlei hat sich im Laufe der Jahre zu einer der komplettesten im Markt entwickelt. Es trägt augenscheinl. Früchte, dass die Kanzlei mit ihrem trad. engen Verhältnis zum sehr gehobenen dt. Mittelstand u. dessen Stiftungen das Team jahrelang aufgebaut hat, u. zudem auf die gezielte Ausweitung in Ffm. Insbes. die jüngste Dynamik an der Elbe mit einer Vielzahl neuer Mandanten zeigt das Vertrauen, das der Kanzleimarke mit den richtigen Beratern vor Ort mittlerw. von HNI entgegengebracht wird. Mit dem Zugang eines Steuer-Sal.-Partners in Ffm. trug O&P zudem der größeren Rolle der dortigen Nachfolgeberatung Rechnung. Bislang fand sich das für das Beratungsfeld zentrale Steuerrecht ausschl. in Köln.
Stärken: Schnittstelle zu ▷*Gesellschafts*- u. Steuerrecht; enge Kooperation mit div. nichtjuristischen HNI-Dienstleistern.
Oft empfohlen: Dr. Dr. Georg Maier-Reimer, Dr. Harald Gesell (beide Gesellschaftsrecht), Dr. Axel Bödefeld (Steuerrecht), Dr. Axel Wenzel
Team: 10 Eq.-Partner, 1 Sal.-Partner, 5 Associates
Partnerwechsel: Jan Mohrmann (von Advant Beiten)
Schwerpunkte: Umf. Beratung dt. u. internat. Unternehmerfamilien, Familienstämme u. HNI bei Unternehmens- u. Vermögensnachfolgen (internat. Erbrecht, Eheverträge, Testamente, Testamentsvollstreckung), im Gesellschafts- (u.a. Satzungen, Gesellschafterstreitigkeiten), Steuer-, Gemeinnützigkeits- u. Stiftungsrecht, inkl. gerichtl. Auseinandersetzungen.
Mandate: Alfred Landecker Foundation lfd. u. umf., u.a. bei Förderung des Thinktanks CeMAS; Familie Reimann lfd. im Erb-, Familien-, Gesellschafts- u. Stiftungs- sowie Erbschaftsteuerrecht; Mitglied einer Adelsfamilie bei Übertragung von Anteilen einer gr. HHer als Stiftung & Co. KG strukturierten Familiengesellschaft, z.T. ins Ausland im Rahmen der vorweggenommenen Erbfolge; Kunstsammlerin aus bekannter HHer UHNI-Familie bei Errichtung einer gemeinnütz. Stiftung zum Bau eines Museums; Milliardärsfamilie u.a. bei Dateninventur sowie Prüfung u. ggf. Sperrung von Einträgen in öffentl. Registern; UHNI-Alleineigentümer eines Portfolios von über 700 Immob. bei Errichtung eines Wohnungsunternehmens u. Übertragung an Kinder; bekannte US-Professorin u. Buchautorin bei Abwicklung des dt. Nachlasses ihres verstorbenen Vaters; lfd.: Teile von Familie Neven DuMont, Familie Wegmann, Sebastian Vettel (marktbekannt).

PETERS SCHÖNBERGER & PARTNER
Nachfolge/Vermögen/Stiftungen ★ ★
Bewertung: Die Beratung bei der Vermögens- u. Unternehmensnachfolge spielt in der Münchner MDP-Kanzlei ebenso traditionell eine gr. Rolle wie die Beratung gemeinnütz. Stiftungen. In beiden Feldern verfügt PSP über eine treue, v.a. aus Süddtl. stammende Mandantschaft. Nicht zuletzt wegen der Stiftungsreform, des allg. Anlagedrucks u. der im Markt insges. verstärkten Nachfrage nach Übertragungen im Rahmen der vorweggenommenen Erbfolge hat die Praxis alle Hände voll zu tun, sodass PSP mit der Aufnahme des erfahrenen Quereinsteigers Iring Christopeit vor rund 3 Jahren zum richtigen Zeitpunkt auf einen gezielten Ausbau des Teams gesetzt hat. Ungewöhnl. ist die Erfahrung bei Family-Office-Dienstleistungen u. im Vermögens-Reporting. Dort zählte PSP vor wenigen Jahren zu den Ersten, die auf die mittlerw. im Markt führende Software umgestellt u. damit für Mandanten einen niedrigschwelligeren Zugang geschaffen hat. Mit der Software gelingt es der Kanzlei zudem, die Grundlage für steuerl. Gestaltungen u. Deklarationen zu verbessern.
Oft empfohlen: Christopher Schönberger, Maik Paukstadt, Dr. Hannspeter Riedel, Iring Christopeit
Team: 4 Eq.-Partner, 5 Sal.-Partner, 10 Associates, 1 of Counsel
Schwerpunkte: Umf. rechtl. u. steuerl. Betreuung inhabergeführter Unternehmen u. priv. Großvermögen (insbes. Erben) bei Steuer- u. Nachfolgegestaltung (Testamente, Erbschaftsteuer) sowie streitiges Erbrecht u. Testamentsvollstreckung. Im PSP Family Office u.a. Vermögensstrukturierung, Anlagestrategie, Reporting u. Controlling. Lfd. Beratung von Stiftungen u. gemeinnütz. Einrichtungen.
Mandate: Lfd.: Horizont Jutta Speidel-Stiftung, Bundesverband Deutscher Stiftungen, Sternstunden e.V., Stiftung Kath. Familien- und Altenpflegewerk, Stiftung Neues Konzerthaus München, Stiftung Private Wirtschaftsschulen Sabel.

POELLATH
Nachfolge/Vermögen/Stiftungen ★ ★ ★ ★ ★
Bewertung: An dem Duopol an der Spitze der Nachfolge- u. Stiftungsberatung in Dtl., das die Kanzlei zusammen mit FGS bildet, wird sich auf absehbare Zeit nichts ändern. Poellath verfügt über derart enge Verbindungen zu vielen wichtigen dt. Familienunternehmen, die der Kanzlei regelm. bei ihren zentralen u. gesellschafts- u. steuerrechtl. hoch komplexen Nachfolgegestaltungen vertrauen, dass sich durch Folgemandate der Mandantenkreis eher stetig vergrößern als stagnieren wird. Voraussetzung dafür ist natürlich, dass die Praxis auch ihrerseits die nächsten Beratergenerationen weiter so gut fördert wie in den vergangenen Jahren, woran allerdings bislang kein Zweifel besteht: Die Art, wie sich jüngere Partner wie Philipp oder Gollan mittlerw. einen Namen gemacht haben, oder ein vor wenigen Jahren von PwC geholter Quereinsteiger, der das lange flaue Geschäft in Ffm. ausgebaut hat, sprechen für Nachhaltigkeit im Team. Das ermöglicht es Poellath auch, sich immer weiter zu spezialisieren, um so bei Marktdynamiken wie der stetigen Zunahme streitiger Auseinandersetzungen zw. Erben oder Gesellschaftern ebenso die Führung zu behalten wie bei der Nachfrage nach lfd. Steuer-Compliance in Bezug auf Fondsbeteiligungen der immer investitionsfreudigeren Family Offices.
Stärken: Jahrzehntelange Beziehungen zu den größten dt. Vermögen u. zu wichtigen Familienunternehmen; Kombination von Steuer-, ▷*Investment*- u. ▷*Gesellsch.recht* sowie ▷*Private Equ. u. Vent. Capital*, ▷*M&A*.
Oft empfohlen: Prof. Dr. Reinhard Pöllath, Dr. Andreas Richter, Dr. Stephan Viskorf, Dr. Anna Gollan („schnell u. präzise", Wettbewerber; Stiftungen), zunehmend Dr. Christoph Philipp („versierter Verhandler; stets lösungsorientiert", Wettbewerber; Familienrecht)
Team: 9 Eq.-Partner, 1 Sal.-Partner, 2 Counsel, 19 Associates, 2 of Counsel
Schwerpunkte: Nachfolgeplanung in oft sehr großen Familienunternehmen mit Mrd.-€-Vermögen (inkl. Aufsetzen von Governance-Strukturen, Moderation von Gesellschafterstreitigkeiten, Testamentsvollstreckung) sowie Vermögensgestaltung für UHNI u. HNI, Strukturierung von Family Offices, internat. Steuerrecht (Weg-/Zuzug, grenzüberschr. Vermögensallokation), Ehe- u. Familienrecht, Gemeinnützigkeits- u. Stiftungsrecht (Familienstiftungen u. Non-Profit-Organisationen, Aufsichtsrecht).
Mandate: Michael u. Wolfgang Herz bei komplexer Nachfolgelösung für Tchibo u. Beiersdorf; Raman Schlemmer bei Nachlassverfahren des Malers Oskar Schlemmer (Streitwert €35 Mio); Familienstiftung (Vermögen €2,5 Mrd) bei Satzungsanpassungen u.a. bzgl. Vermögen/Erträge, Organhaftung u. Governance vor Inkrafttreten der Stiftungsrechtsreform; Unternehmerfamilie mit über 200 Gesellschaftern (Vermögen €4 Mrd) lfd. rechtl. u. steuerl., u.a. bei Eheverträgen, Testamenten, Schenkungsverträgen; Familienunternehmer bei Nachfolgestrukturierung (Vermögen €2 Mrd); bayer. UHNI bei umf. Nachfolgegestaltung, u.a. mit steueroptimierter Bündelung der operativen Unternehmens- u. der Immobiliengruppe unter einer Holding u. Übertragung separater Immobilienges. (übertragenes Vermögen €1,8 Mrd); dt.-amerikan. Kryptofondsmanager bei Nachfolgestruktur (Vermögen €100 Mio); 2 Pharmaunternehmensgründer bei Vermögensstrukturierung (Vermögen €200 Mio); Unternehmerfamilie bei Wegzug, u.a. durch Übertragung 2er dt. GmbHs auf liechtenstein. GmbH (Kettenverschmelzung) mit anschl. Verkauf gegen Rentenzahlungen an liechtenstein. Stiftung inkl. Nießbrauchrechten an dt. u. liechtenstein. Holding (Vermögen €400 Mio); lfd.: Inhaber von Eckes, Liz Mohn (Bertelsmann), Bertelsmann-Stiftung, Fam. Rausing (Tetra Pak), Harald Quandt Holding, Phineo (alle aus dem Markt bekannt).

PRICEWATERHOUSECOOPERS LEGAL
Nachfolge/Vermögen/Stiftungen ★
Bewertung: Die anerkannte Nachfolgepraxis der Big-Four-Gesellschaft hat sich über viele Jahre eine sehr gute Position erarbeitet. Dies liegt zum einen am hoch respektierten Partnerduo in D'dorf, das zusammen mit anderen Kanzleien auch aktuell wieder in einige der spektakulärsten Erbfälle eingebunden ist. Zum anderen war die Gesellschaft die erste im Markt, die nach der Erbschaftsteuerreform 2016 konsequent auf die IT-gestützte Verbundvermögensaufstellung gesetzt hat. Das erneuerte PwC-Tool gilt heute als Benchmark für Vermögensdarstellung u. als Gestaltungsbasis. Gleichzeitig befindet sich das D'dorfer Kernteam nach den Weggängen einiger erfahrener (Senior-)Manager sowie des altersbedingten Wechsels des renommierten Partners Siemers in einem anderen Status in der Neuaufstellung.
Stärken: Integrierte Steuer- u. Rechtsberatung.
Oft empfohlen: Lothar Siemers, Susanne Thonemann-Micker
Team: 7 Eq.-Partner, 15 Sal.-Partner, 4 Associates
Schwerpunkte: Nachfolgegestaltungen für mittlere u. große Familienunternehmen (inkl. Umstrukturierungen, Erbrecht), Vermögensstrukturierung (inkl. Testamente, Eheverträge), häufig mit steuerl. Fokus. Testamentsvollstreckung, Stiftungsrecht.

NACHFOLGE/VERMÖGEN/STIFTUNGEN

Mandate: Tengelmann-Erben Katrin Haub, Viktoria Anna-Katharina Haub u. Erivan Karl-Christopher Haub bei Anteilsverkauf an Christian Haub sowie div. erbrechtl. u. steuerl. Fragen im Kontext Dtl./USA (aus dem Markt bekannt); Testamentsvollstrecker eines der größten dt. Nachlässe bei Abwicklung bzgl. des Immobilienvermögens; UHNI-Unternehmerfamilie bei Nachfolge mit div. doppelt ansässigen Familienstiftungen, u.a. durch Trennung der bisher. unternehmer. Betätigung von neuen Geschäftsmodellen (Start-ups, Private Equity), Umstrukturierung des gemeinnütz. Investitionsbereiches; Familienunternehmen (Transport- u. Montagesysteme) bei Unternehmensnachfolge mit vorheriger Umstrukturierung u. Bewertung der Unternehmensgruppe; Entrepreneur u. UHNI bei Nachfolgekonzept (Testamentsgestaltung, Vollmachten, Stiftungen); Testamentsvollstreckung über komplexen Nachlass mit Immob. u. Gesellschaftsbeteiligungen im In- u. Ausland sowie Erben mit Wohnsitzen in 3 versch. Staaten.

REITH LEISLE GABOR
Nachfolge/Vermögen/Stiftungen ★

Bewertung: Die Nachfolgeberatung u. die Beratung im Erbrecht gehören zu den Säulen der Stuttgarter Anwalts- u. Notarkanzlei. Ein etablierter Stamm v.a. mittelständ. Unternehmen vertraut dem Team häufig schon seit Jahrzehnten.
Team: 3 Eq.-Partner, 1 Sal.-Partner, 2 Associates
Schwerpunkte: Nachfolge- u. Vermögensplanung mit Bezügen zum Steuer-, Gesellschafts- u. Erbrecht v.a. für Unternehmer u. HNI aus dem Südwesten Dtl.s mit 2- u. 3-stelligem Mio-€-Vermögen.
Mandate: Lfd.: mrd-schwere Eignerfamilien eines globalen Handelskonzerns bei Nachfolgefragen; Mehrheitsgesellschafter eines europ. Pharmakonzerns sowie gr. Unternehmensgruppe im Bereich Immobilienwirtschaft bei Unternehmens- u. Vermögensnachfolge des Mehrheitsgesellschafters mit internat. steuer- u. gesellschaftsrechtl. Umstrukturierungen u. erbrechtl. Regelungen.

RITTERSHAUS
Nachfolge/Vermögen/Stiftungen ★★

Bewertung: Die Nachfolgepraxis der Kanzlei gilt schon seit Längerem als Innovatorin in der Szene u. wird diesem Ruf weiter gerecht. So hat sie die Mediation bei hoch vermögenden Familien – für deren Beratung Rittershaus die bekannteste Anwaltskanzlei in Dtl. ist – nochmals ausgebaut, etwa um die sog. Cooperative-Praxis. Zudem hat sie mediative Elemente auch in ihr familien- u. erbrechtl. Notariat überführt. Jurist.-fachl. standen daneben das Immob.- u. Steuerrecht im Fokus: Mit dem im Herbst 2021 von Arnecke Sibeth Dabelstein gewonnenen Team ist Rittershaus nun in der für HNI wesentl. Asset-Klasse Immobilien besser als zuvor aufgestellt. Mit weiteren erfahrenen Steuer-Counsel u. -Associates setzt die Kanzlei auf eigene Kompetenzen bei Vermögensbewertungen u. Schenkungsteuererklärungen u. rundet so die Praxis ab. Der Motor bleibt jedoch die Etablierung u. Strukturierung von Unternehmens-/Beteiligungsstiftungen im In- u. Ausland (v.a. Liechtenstein) für Unternehmen mit regelm. 3-stelligem Mio-€-Umsatz, um etwa spätere (Teil-)Verkäufe oder Wegzüge innerh. der Familie steuerl. zu ermöglichen.
Stärken: Verknüpfung von Mediation u. Rechtsberatung.

Oft empfohlen: Dr. Werner Born, Pawel Blusz
Team: 9 Eq.-Partner, 1 Counsel, 6 Associates
Schwerpunkte: Umf. gestaltende, streitige sowie mediationsgestützte Beratung v.a. inhabergeführter Unternehmen bei deren Nachfolge (inkl. Familienverfassungen, Testamente, Stiftungslösungen, Steuerrecht), Erb- u. Familienrecht, Testamentsvollstreckungen. Gesellschafts- u. erbrechtl. ausgerichtetes Notariat.
Mandate: Arthur Weidenhammer lfd., u.a. bei div. gesellschaftsrechtl. Gerichtsprozessen mit Kindern aus erster Ehe u. bei Nachfolgegestaltung; teilw. börsennot. Familienkonzern mit über 70 Gesellschaften bei Nachfolge in 4 Familienstiftungen; Familie Mack (Europa-Park) lfd., u.a. bei Stiftungserrichtung mit Auslandsbezug; Immob.investor bei Neustrukturierung des Immob.vermögens im Rahmen von Trennung/Scheidung; Frankf. Immob.unternehmer bei Testamentserstellung; Sohn eines westdt. Unternehmers bei seit 2015 andauerndem Erbscheinverfahren, inkl. zwischenzeitl. Rechtsbeschwerde beim BGH u. internat. Bezüge; Maschinenbauunternehmer bei Nachfolge nach Teilverkauf des Unternehmens, inkl. testamentar. Übergangslösungen, steuerl. Optimierung, Strukturierung Immobilien.

RÖDL & PARTNER
Nachfolge/Vermögen/Stiftungen ★★★

Bewertung: Das auf Nachfolge- u. Vermögensgestaltung fokussierte Team hat sein eigenständ. Geschäft innerh. der großen MDP weiter verfestigt u. besticht seit Langem durch die Breite des Beratungsportfolios. So gehört die steuer- u. gleichz. zivil- u. gesellschaftsrechtl. Strukturierung ebenso zum Tagesgeschäft wie die lfd. ertragsteuerl. Betreuung u. steuerl. Deklarationsberatung von Multi u. Single Family Offices. Zuletzt sind die Vermögenswerte der Klientel, die die Kanzlei mandatiert, deutl. gestiegen, sodass auch die Strukturierungsinstrumente etwa im Hinblick auf die Assets nochmals differenzierter u. internationaler wurden, wie etwa die umf. Beratung einiger Familienunternehmen im Mrd-€-Vermögensbereich u. die zunehmende Nutzung liechtenstein. Stiftungen zeigen.
Stärken: Verknüpfung von Steuer- u. Rechtsberatung.
Team: 3 Eq.-Partner, 13 Sal.-Partner, 14 Associates
Schwerpunkte: Umf. steuerl. u. rechtl. Beratung von Familienunternehmen, Family Offices u. HNI zu Unternehmensnachfolgen (inkl. Stiftungen, Testamente, ▷*gesellschaftsrechtl. Umstrukturierungen* Gesellschafterstreitigkeiten, Erbschaftsteuer, Wegzugsbesteuerung), Vermögensstrukturierung (Steuererklärungen, Finanzbuchhaltung, Jahresabschlüsse), Ehe-, Güter- u. Pflegschaftsrecht. Feste Kooperation für spezialisiertes Vermögenscontrolling.
Mandate: Aktienges. im Familienbesitz mit Beteiligung an börsennot. AG bei Vermeidung von Wegzugssteuern u. vorweggenommener Erbfolge, inkl. Nießbrauchs- u. Stiftungsgestaltung; Gesellschafter einer im Immob.- u. Einzelhandel tätigen Unternehmensgruppe steuerl. u. rechtl. zu Testament inkl. US-Steuern; familiengeführte dt. Holding von internat. aufgestelltem Umwelttechnikkonzern bei Neufassung Gesellschaftsvertrag, Vermeidung Wegzugsbesteuerung u. vorweggenommener Erbfolge, inkl. Grunderwerbsteuern; familiengeführtes Lebensmittelunternehmen bei Optimierung des Betriebsvermögens u. Gruppenfinanzierung mit dem Ziel erbschaftsteuerl. Begünstigung (Vermögen €1 Mrd); lfd.: Denkel.-Stiftung, Siemens Stiftung, Carl Schlenk, Frankenwohnbau.

SCHMIDT VON DER OSTEN & HUBER
Nachfolge/Vermögen/Stiftungen ★

Bewertung: Für die Essener Kanzlei gehört die Beratung von Nachfolgegestaltungen in Familienunternehmen zum Kernangebot. Diese stehen im Rahmen der umf. gesellschaftsrechtl. Beratung stets mit, z.T. aber auch ausschl. auf der Agenda, immer mehr auch für Family Offices u. bei (Fonds-)Investments. Nicht zuletzt aufgrund ihrer Jahrzehnte alten Beziehungen zu den durch Stiftungen geführten Aldi-Konzernen genießt SOH ein besonderes Vertrauen bei Stiftungen. Diese werden stets unter stiftungs- u. gemeinnützigkeitsrechtl. Fragestellungen sowie bei Vermögensanlagen beraten.
Stärken: Stiftungsberatung.
Team: 5 Partner, 1 Sal.-Partner, 1 Associate
Schwerpunkte: HNI umf. zu Unternehmens- u. Vermögensnachfolgen (▷*gesellschaftsrechtl. Umstrukturierungen*, Erbrecht, Testamente), Stiftungsrecht, Testamentsvollstreckung, spezialisiertes Notariat.
Mandate: Jacob Fatih bei Nachfolgegestaltung, u.a. durch Gründung von Familienges., sowie lfd. unternehmer. Begleitung; mrd-schwere Single Family Offices bei Konzeptionierung u. Implementierung von Spartentochterges.; Gesellschafter von Rhein-Ruhr Collin lfd. bei Unternehmens- u. Nachfolgestrukturierungen; HNI-Unternehmerehepaar aus dem Rhein-Ruhr-Gebiet (Chemie-, Energiebranche) lfd. bei Nachfolgegestaltung inkl. Neuordnung Unternehmensbeteiligungen; lfd.: Heinz Nixdorf Stiftung u. Stiftung Westfalen im Stiftungs- u. Gemeinnützigkeitsrecht, inkl. Konzeption zur Vermögensanlage über vermögensverwaltende Tochtergesellschaften.

SEITZ
Nachfolge/Vermögen/Stiftungen ★★

Bewertung: Die umtriebige, urspr. steuerl. geprägte Nachfolgepraxis gehört zu den Aufsteigerinnen des Jahres. Das ist zuvorderst dem Einsatz Kröbers geschuldet. Der noch immer junge Eq.-Partner hat bereits in frühen Jahren ein Netzwerk zu einer Vielzahl von HNI aufgebaut u. genießt bei einer Reihe von Unternehmern mittlerw. so etwas wie einen Consigliere-Status. Auffälligstes Beispiel dafür ist die Übernahme des Aufsichtsratssitzes bei der Grenke AG. Kröber hatte den Unternehmensgründer u.a. bei den kapitalmarktrechtl. Vorwürfen gg. den Konzern gelotst u. hat sich nun als erster Berater der Familie manifestiert. Der umf. Beratungsansatz u. Mandate wie dieses erklären auch das enorme personelle Wachstum, das die Nachfolge- u. Steuerpraxis seit Jahren verzeichnet. Zwar kann sich Kröber auf ein gut eingespieltes Team stützen, doch kommt den Sal.-Partnern mehr u. mehr eine ggf. zu zentrale Rolle zu, um die vielfältigen Engagements zu bewerkstelligen.
Stärken: Umf. Steuer- u. Steuerrechtsberatung.
Oft empfohlen: Nils Kröber („fachl. exzellent", „serviceorientiert; immer erreichbar", Wettbewerber)
Team: 1 Eq.-Partner, 4 Sal.-Partner, 2 Counsel, 6 Associates, 1 of Counsel (inkl. Steuerberatung)
Schwerpunkte: Steuerl. u. gesellsch.-rechtl. Beratung eigentümerbestimmter Unternehmen, vermög. Unternehmerfamilien u. HNI zu Nachfolgen (Testamente, Gestaltungen mit dt./ausl. Stiftun-

NACHFOLGE/VERMÖGEN/STIFTUNGEN

gen/Trusts), Weg-/Zuzug, Investments/Beteiligungsgesellschaften, Prozessen, ▷Steuerstrafrecht. Vermögenscontrolling u. Unternehmensbewertungen.
Mandate: Fam. Grenke umf. sowie Aufsichtsratsmitglied bei der Grenke AG; Bertsch-Gruppe lfd. bzgl. Beteiligungen im Konzern mit Tochterunternehmen. im In- u. Ausland; Immob.unternehmer (Vermögen: €350 Mio) aus HH bei Übertragung von Unternehmen u. Privatvermögen auf nächste Generation; Alleineigentümer eines Konsumgüterunternehmens mit div. Wohnsitzen umf. im Steuerrecht; russ. UHNI bei rechtl. u. steuerl. Angelegenheiten in Dtl. (mittlerw. sanktioniert); Inhaberfamilie eines Energiehandelsunternehmens aus NRW bei vorweggenommener Erbfolge, Verschonungsregelungen nach ErbStG u. Vermögensbewertung.

SKW SCHWARZ
Nachfolge/Vermögen/Stiftungen ★
Bewertung: Die mittelständ. Kanzlei zählt unter den Nachfolgeberaterinnen zu denen mit der ungewöhnlichsten Aufstellung, denn einerseits gehört standardisierbare Testamentsgestaltung auf Basis ihrer starken Legal-Tech-Unterstützung zum lfd. Geschäft, andererseits besticht sie mit einer Vielzahl gerichtl. u. außergerichtl. Vertretungen in Ehe-, Scheidungs- oder Erbrechtsangelegenheiten von HNI u. Prominenten. Dazu kommt die umf. Nachfolgegestaltung von Hunderte Mio schweren Unternehmens- oder Immob.eignern sowie die Repräsentanz in sehr gr. Familienstiftungen. Zu einem Schwerpunkt hat sich die Gründung großer Stiftungen entwickelt, die – häufig mit Sitz in Liechtenst. – ein Kapital zw. €10 u. €150 Mio aufweisen. Die Stiftungsberatung erweist sich zudem immer mehr als Einfallstor für umfangreichere Vermögensstrukturierungen.
Stärken: Familienrecht (Scheidungen, Vergleichsmoderation, Eheverträge, Güterrecht), Stiftungsrecht.
Team: 6 Eq.-Partner, 2 Counsel, 3 Associates, 1 of Counsel
Schwerpunkte: Beratung u. gerichtl. Vertretung von Stiftungen, HNI, Unternehmern u. (Ex-)Vorständen an der Schnittstelle von Familien-, Erb- u. Steuerrecht sowie Nachfolge- u. Vermögensgestaltung mit Bezug zum Steuer- u. ▷Gesellschaftsrecht (Unternehmensumstrukturierung, Testamente, Vorsorgevollmachten, Kunst u. Immobilien), spezialisiertes Notariat in Frankfurt.
Mandate: Bild hilft e.V./Ein Herz für Kinder lfd. bei Zuwendungen/Erbfällen, im Spendenmanagement u. -marketing; Nachfolgelösung in familiengef. Maschinenbauunternehmen bei Übertragung auf die nächste Generation (Vermögen €50 Mio); engl. Bank bei Durchsetzung einer durch brit. Recht legitimierten Forderung ggü. 2 dt. Banken bei Freigabe u. Auskehrung des Nachlassvermögens; HHer Mittelständler bei Übertragung der Unternehmensmehrheit auf den Sohn eines der beiden Altgesellschafter.

SONNTAG & PARTNER
Nachfolge/Vermögen/Stiftungen ★
Bewertung: Familienunternehmen u. vermögende Privatkunden stehen bei der Augsburger MDP-Kanzlei in vielerlei Hinsicht im Mittelpunkt. Neben der klass. Nachfolgeberatung, die hier wie im Markt insges. zuletzt noch mal stärker nachgefragt war, prägten vor allem die Begleitung bei Investments, inkl. der Suche nach Assets u. der Auswahl von Vermögensverwaltern, sowie das Vermögenscontrolling das Geschäft. Das bestätigt die vor vielen Jahren getroffene Entscheidung der Kanzlei, auf ergänzende Family-Office-Leistungen zu setzen, die mittlerw. im Alltag untrennbar verknüpft sind mit der Steuer- u. Rechtsberatung. Das gelingt auch, weil S&P in ihrem Größensegment – ähnl. wie die Münchner Kanzlei Peters Schönberger – zu den digitalen Vorreiterinnen zählt, was für viele HNIs mittlerw. ein entscheidendes Kriterium ist.
Stärken: Multidisziplinäre Beratung (inkl. steuerl. u. finanzielle Vermögensbewertungen).
Team: 3 Eq.-Partner, 3 Counsel, 1 Associate
Schwerpunkte: Rechtl. u. steuerl. Nachfolge- u. Vermögensplanung für Familienunternehmen u. HNI; Stiftungsberatung (Familienstiftungen, z.T. gemeinnütz. Stiftungen). Family-Office-Dienstleistungen zur Vermögenssteuerung (v.a. Verwaltung, Reporting).
Mandate: Mittelständ. Unternehmensgruppe bei Nachfolgegestaltung unter Einbeziehung 3er neu errichteter Familienstiftungen (Unternehmenswert €500 Mio); Familienstiftung mit unselbstst. gemeinnütz. Stiftung bei Nachfolge für Unternehmen der Sportartikelindustrie (Unternehmenswert €100 Mio); Nachlassabwicklung mit Unternehmensbeteiligungen u. Auslandsvermögen (Vol. €65 Mio); 9 HNI-Familien lfd. u. umf. im kanzleieigenen Family Office (Gesamtvermögen €2,4 Mrd); lfd. Patrizia Kinderhaus Stiftung.

SZA SCHILLING ZUTT & ANSCHÜTZ
Nachfolge/Vermögen/Stiftungen ★★★★
Bewertung: Das erfahrene Team für Nachfolge- u. Vermögensberatung steht im Markt wie kaum ein 2. für höchste Seriosität u. höchstes Beratungsniveau. Zwar expandiert das Geschäft der vglw. kleinen Praxis langsamer als anderswo, doch ist es auch diese stetige Entwicklung, die dem Team zu seinem Ruf verhilft. Die deutl. Zunahme bei Testamentsvollstreckungen sowie die Beratung von Streitigkeiten mit Testamentsvollstreckern zeigt ebenso, dass SZA für die Kernthemen des Beratungsfeldes steht, wie die Ausweitung der familienrechtl. Beratung. Letztere führt im Markt nach wie vor ein Schattendasein in Wirtschaftskanzleien, obwohl die Nachfrage insbes. bei unternehmerischen HNI enorm ist, um mit Blick auf das Unternehmen bspw. abgestimmte Scheidungs- u. Nachfolgeregelungen zu erhalten. Diese Beratung findet sich auf dem Niveau nur bei wenigen Wettbewerbern wie Taylor Wessing oder Flick Gocke.
Stärken: Langj. Erfahrung in der Nachfolgeplanung u. bei Wegzugsfragen, Stiftungen, Betreuung vermögender Großfamilien u. Familienstämme.
Oft empfohlen: Dr. Stephan Scherer, Dr. Martin Feick
Team: 2 Partner, 5 Associates
Schwerpunkte: Umf. Nachfolge- (Erb- u. Erbschaftsteuerrecht, Eheverträge, Scheidungen, jew. auch internat.) u. Vermögensplanung (Vermögensverwaltung, Familienvermögensverwaltungsges., Investment-, Kunst-, Immobilien-, Wegzugsbesteuerung) für Unternehmerfamilien u. HNI sowie Stiftungsberatung (Familien-, Doppelstiftungen), Testamentsvollstreckung, trad. verknüpft mit starker ▷gesellsch.rechtl., ▷M&A- u. Steuerrechtsberatung, neuerdings auch mit ▷Konfliktlösung.
Mandate: Lfd.: zahlr. Gesellschafter von Freudenberg bei Nachfolgeplanung inkl. Eheverträgen u. internat. Sachverhalten sowie Gesellschafter von Voith (Vermögen rd. €1 Mrd); HNI bei Strukturierung eines €50-Mio-Immobilienportfolios in einer vermögensverwaltenden Gesellschaft u. anschl. Übertragung an Kinder.

TAYLOR WESSING
Nachfolge/Vermögen/Stiftungen ★★★★
Bewertung: Die Nachfolge- u. Vermögensgestaltungspraxis der Kanzlei gehört zu den etabliertesten im Markt. Das liegt nicht zuletzt daran, dass die TW Kernthemen wie Steuer- u. Vermögensstrukturplanung, Familienrecht oder Family Corporate Governance eng u. fachübergreifend etwa im Rahmen von Umstrukturierungen von Familienunternehmen, M&A- u. Immob.investitionen oder Konflikten beraten werden. Ergebnis: Die Nachfrage nach komplexen Umstrukturierungsmandaten auf Holdingebene steigt ebenso wie die ganzheitl. Family-Office-Beratung, wo TW einige milliardenschwere Family Offices mittlerw. dauerhaft im Sinne eines Legal & Tax Family Office begleitet. Immer noch ungewöhnl. im Wettbewerb – u. daher strateg. wichtig – ist die familienrechtl. Beratung, die TW manches Entrée auch in umf. Arbeit verschafft.
Stärken: Kombination von Nachfolgeplanung u. internat. Familien- (Scheidungen, Eheverträge, Güterrecht), Erb- u. Erbschaftsteuerrecht.
Oft empfohlen: Dr. Axel Godron, Prof. Dr. Jens Escher („hervorragender Berater im internat. Steuerrecht", Wettbewerber)
Team: 8 Eq.-Partner, 4 Sal.-Partner, 5 Associates, 1 of Counsel
Schwerpunkte: Unternehmensnachfolge (u.a. Erbrecht, Testamente, Erbschaftsteuern), Zu-/Wegzugsberatung u. Vermögensgestaltung mit Bezügen zu ▷Gesellsch.recht (inkl. Family Corporate Governance), ▷M&A, ▷Immobilien, Familienrecht (Eheverträge, Scheidungen etc.) u. ▷Prozessen/gesellschafts- u. erbrechtl. Streitigkeiten, Testamentsvollstreckung, Stiftungsberatung.
Mandate: Testamentsvollstrecker von Heinz Herrmann Thiele bei Nachlassabwicklung im In- u. Ausland (öffentl. bekannt); Mehrheitsgesellschafterin an Familiengesellschaft (Wert rd. €5 Mrd) u.a. bei steuereffizienter Nachfolgestruktur, Neugestaltung der gesellschaftsrechtl. Struktur des Family Office, Wegzugsberatung nach CH; dt. Unternehmer bei geplanter Übertragung einer Beteiligungsholding (Wert rd. €200 Mio) auf neu zu errichtende Familienstiftung (inkl. verbindl. Auskunft); Single Family Office einer bekannten Unternehmerfamilie bei Errichtung eines Investitionspoolvehikels für div. vom Family Office betreute Familienmitglieder sowie steuerl. Beratung der Familie bei Nachfolgeplanung hinsichtl. ihrer Anteile an börsennot. Unternehmen (Wert rd. €2,5 Mrd).

VOIGT WUNSCH HOLLER
Nachfolge/Vermögen/Stiftungen ★
Bewertung: Die Beratung von Familienunternehmen u. -gesellschaftern steht im Mittelpunkt der HHer Corporate-Boutique. Dabei hat sich die Nachfolgeberatung zu einem eigenen Feld entwickelt, dessen Ursprung zwar regelm. im Gesellschaftsrecht od. bei gesellschaftsrechtl. Streitigkeiten – sogar in der Beratung von Testamentsvollstreckern – liegt, jedoch mit unmittelb. Auswirkungen auf die Nachfolgestruktur in Unternehmen. Die Kanzlei steht überw. einzelnen Gesellschaftern oder Stämmen zur Seite.

NACHFOLGE/VERMÖGEN/STIFTUNGEN

Stärken: Konfliktlösung bei gesellschaftsrechtl. Streitigkeiten.
Team: 1 Partner, 3 Associates
Schwerpunkte: Unternehmensnachfolge (v.a. durch Umstrukturierungen u. Corporate Governance, ▷M&A sowie Finanzierung), Beratung zu Testamentsvollstreckungen, Stiftungsrecht, jew. auch bei streitigen Auseinandersetzungen.
Mandate: Familienunternehmen (Umsatz €4 Mrd) bei Errichtung einer Familienholding mit komplexer Corp. Governance u. Nachfolgegestaltung; Gesellschafterin eines gr. dt. Familienunternehmens (Umsatz €500 Mio) bei Konzernumstrukturierung, inkl. Neuordnung Corp. Governance u. Beiratsstruktur sowie Neufassung des Gesellschaftsvertrages; Gesellschafter eines Familienunternehmens mit komplexer Beteiligungsstruktur im In- u. Ausland bei Gesellschafterauseinandersetzung u. Verkauf von Unternehmensbeteiligungen zur Entflechtung u. Nachfolgelösung sowie Umsetzung einer Familienverfassung; Gesellschafter eines internat. Familienunternehmens (Umsatz €2 Mrd) bei Gestaltung der Vermögensnachfolge inkl. Erwachsenenadoption, Testamentsgestaltung u. -vollstreckung (Vermögen €100 Mio) u. Konfliktlösung; Testamentsvollstrecker eines HHer Unternehmernachlasses bei Abwicklung u. Konfliktlösung mit einer Vermächtnisnehmerin über Forderung in 1-stell. Mio-€-Höhe.

WINHELLER
Nachfolge/Vermögen/Stiftungen ★

Bewertung: Die Kanzlei, die sich einen guten Ruf für die steuerl. u. rechtl. Beratung von Non-Profit-Organisationen erworben hat, befand sich im Jahr 2022 im größten Umbruch ihres Bestehens. Sie hat sich erstmals für weitere Partner neben Namensgeber Stefan Winheller geöffnet, was sich unmittelb. auch auf die Beratung von NPOen u. in Nachfolgefragen auswirkt: Im ersten Feld rückte der bish. Teamleiter Johannes Fein in die Partnerschaft auf u. steht damit für Kontinuität in dem gewachsenen Bereich, dem immer größere u. internat. Organisationen ihr Vertrauen schenken. Mit dem Zugang eines erfahrenen Associates von Oppenhoff wurde das Segment weiter gestärkt. Dieser steht zudem für erbschaftsteuerl. Beratung u. ergänzt damit die Nachfolgeberatung, die es zuletzt durchgeschüttelt hat: So schloss sich die in Ba.-Wü. beheimatete Steuerkanzlei von Matussek im Frühjahr mit Winheller zusammen, was das auf Privatklienten ausgerichtete Team um rund 20 Mitarbeitende vergrößerte. Allerdings gilt es nun, nicht nur die Mandanten zu integrieren, sondern auch die Abgänge einer Reihe von erfahrenen Beratern, u.a. des Teamleiters im Bereich Nachfolge, zu verkraften. Eine Basis dafür scheint vorhanden, denn gemeinsam haben die beiden neuen Einheiten, dass sie eine Reihe von Kryptomillionären beraten – einer Klientel mit Potenzial für die Zukunft.

Oft empfohlen: Stefan Winheller
Team: 3 Eq.-Partner, 13 Associates, 2 of Counsel
Partnerwechsel: Sascha Matussek (aus eigener Kanzlei)
Schwerpunkte: Rundumberatung gemeinnütz. Stiftungen u. Non-Profit-Organisationen (Gründung, Gestaltung, Verwaltung, Gemeinnützigkeitsrecht), Nachfolge- u. Vermögensberatung (v.a. Stiftungslösungen), Steuerrecht.
Mandate: Kryptoinvestor umf. bei Vermögensstrukturierung (Vermögen €500 Mio); NFT-Investor u.a. bzgl. Einkommensteuer u. Vermögensstrukturierung (Kryptogewinn €30 Mio); weiterh.: HNI bei Übertragung von €50-Mio-Immo.portfolio auf Familiengesellschaft u. sodann auf eine Familienstiftung; lfd. Deutsche Stiftung für Engagement und Ehrenamt, Dr. Jürgen und Irmgard Ulderup Stiftung, 1. FSV Mainz 05 e.V. (u.a. zu Wahlen u. Mitgliederversammlungen).

Anzeige

CO-PUBLISHING/ANZEIGE NOTARIAT

Das elektronische Urkundenarchiv – Update
Erste Erfahrungen und Ausblick

Von Dr. Heiko Jäkel und Dr. Andreas Schrey, Bögner Hensel & Partner, Frankfurt

Dr. Heiko Jäkel

Dr. Heiko Jäkel ist Partner bei bhp Bögner Hensel & Partner. Als Rechtsanwalt und Notar berät und betreut er Immobiliengesellschaften, Projektentwickler, Bauträger, private Investoren etc. in allen Fragen des Immobilienwirtschaftsrechts. Der Schwerpunkt seiner Tätigkeit als Notar liegt in der immobilienrechtlichen Vertragsgestaltung, der Begleitung komplexer Bauträgerprojekte und Wohnungseigentumsstrukturen.

Dr. Andreas Schrey

Dr. Andreas Schrey ist Partner bei bhp Bögner Hensel & Partner. Im Rahmen des Immobilien- und Gesellschaftsrechts ist er für deutsche und internationale Mandanten tätig. Der Schwerpunkt seiner notariellen Tätigkeit liegt vor allem im Bereich des Umwandlungs- und Gesellschaftsrechts sowie im Immobilienrecht.

bhp Bögner Hensel & Partner ist eine Sozietät von Rechtsanwälten, Notaren und Steuerberatern mit Sitz in Frankfurt am Main. Kernbereiche der Beratung von Bögner Hensel & Partner sind das Immobilienrecht, das Wirtschafts- und Gesellschaftsrecht sowie das Steuerrecht. Ebenso ist das Notariat seit jeher ein wichtiges Leistungsfeld von bhp.

Kontakt
bhp Bögner Hensel & Partner
Dr. Heiko Jäkel
Zeppelinallee 47
60487 Frankfurt am Main
T 069/79405-0
Heiko.jaekel@bhp-anwaelte.de
www.bhp-anwaelte.de

Weitere Informationen zur Kanzlei in der Anzeige auf Seite 385

Das elektronische Urkundenarchiv, das durch die Bundesnotarkammer als Urkundenarchivbehörde betrieben wird, sollte nach dem ursprünglichen Zeitplan mit allen drei nachfolgend beschriebenen Komponenten ab dem 01.01.22 verpflichtend für die Büroorganisation und Urkundsgeschäfte der Notare eingeführt werden. Das elektronische Urkundenarchiv setzt sich zusammen aus der Urkundensammlung, dem Urkundenverzeichnis und dem Verwahrungsverzeichnis.

In dem digitalen Archiv hat der Notar die elektronische Fassung neu errichteter Urkunden in dem ihm zugewiesenen Datenraum zu verwahren. Das elektronische Urkundenverzeichnis tritt dabei an die Stelle der Urkundenrolle und ist somit das Inhaltsverzeichnis der elektronischen Urkundensammlung. Die Massen- und Verwahrungsbücher nebst Namensverzeichnis werden künftig durch das Verwahrungsverzeichnis elektronisch ersetzt.

Der Start der elektronischen Urkundensammlung musste bereits verschoben werden und wird nach derzeitigem Planungsstand ab dem 01.07.22 verpflichtend eingeführt. Aufgrund der Corona-Pandemie und der damit verbundenen Chipkrise war es nicht möglich, die Voraussetzungen für eine sichere Verschlüsselung der zu verwahrenden Urkunden vor diesem Zeitpunkt zu schaffen.

Die Einführung des elektronischen Urkundenverzeichnisses und des Verwahrungsverzeichnisses konnte gleichwohl zum 01.01.22 erfolgen.

Seit nunmehr fast einem halben Jahr sind diese beiden Neuerungen Teil der täglichen notariellen Praxis und sollen nachfolgend einer ersten praxisorientierten Bewertung unterzogen werden. In dem vorangegangenen Beitrag zur hier aufgegriffen Thematik aus dem Jahr 2021 und damit vor dem Start des elektronischen Urkundenarchivs haben wir bereits Vor- und Nachteile ex-ante dargestellt, über deren Realisierung wir nunmehr ein erstes Fazit – unter Berücksichtigung erster Erfahrungswerte aus der täglichen Anwendung – ziehen wollen.

Erste Erkenntnisse

Der im Vorfeld befürchtete administrative Mehraufwand für die Notare und ihre Mitarbeiter ist bislang als moderat einzuschätzen, was jedoch maßgeblich der noch nicht eingeführten elektronischen Urkundensammlung zuzuschreiben sein dürfte. Erst ab Juli 2022 muss – die Umsetzbarkeit der rechtssicheren Verschlüsselung der zu verwahrenden Urkunden vorausgesetzt – jede Urschrift digitalisiert hinterlegt werden, was den weitaus größten Mehraufwand darstellen dürfte.

Zum Start des elektronischen Urkundenverzeichnisses war eine erhebliche Überlastung der Systeme zu beklagen. So war die Software zur Übermittlung in den ersten Tagen des Jahres teilweise derart überlastet, dass die Verwender keinen Zugriff zum System mehr hatten und ein Arbeiten im elektronischen Urkundenverzeichnis unmöglich war.

Vermutlich lag dies daran, dass zahlreiche Verwender gleichzeitig versuchten, die inzwischen aktivierte Software und ihre Funktionen zu erproben und auszutesten. Diese Startschwierigkeiten haben sich mittlerweile allerdings gelegt. Die tägliche Nutzung des elektronischen Urkundenverzeichnisses hat sich inzwischen bewährt.

Als besonders positiv hervorzuheben ist die in der täglichen Nutzung wichtige Anwenderfreundlichkeit des Systems für die Eintragungen im elektronischen Urkundenverzeichnis. Dieses ist nicht nur im Hinblick auf die Übersichtlichkeit deutlich besser aufgestellt als das vorangegangene System, sondern überzeugt auch durch seine Geschwindigkeit. Optimierungsbedarf hat sich allerdings bereits dahingehend herauskristallisiert, dass diverse Schnittstellen zwischen der Software zur Führung der elektronischen Verzeichnisse und der in den Notariaten verwendeten Software zur Verfügung gestellt werden sollten. Damit würde den Notariaten der Mehraufwand erspart werden, dass Daten in beiden Systemen jeweils – und somit doppelt – eingegeben werden müssen. Die Freigabe von entsprechenden Schnittstellen zur automatischen Übermittlung der in der jeweiligen Notarsoftware gespeicherten Daten an die Software zur Übermittlung der Daten an das elektronische Verzeichnis wäre ausgesprochen hilfreich.

Eine weitere Herausforderung stellte auch die kurzfristige Bestellung von (ständigen) Notarvertretern und die entsprechende Hinterlegung des Bestellungsbeschlusses im elektronischen Urkundenverzeichnis dar. Grund hierfür ist, dass die Notarkammern die Vertreterbestellungen zuerst in die Systeme einpflegen müssen.

Bislang ist es noch nicht möglich, dass Vertreter bei kurzfristigen Bestellungen schnell und unkompliziert den Zugang zum Datenraum des Notars und somit die entsprechenden Berechtigungen z.B. zur Signatur erhalten. Aktuell existieren hier lediglich Profile entweder für Mitarbeiter oder für Notare. Da es noch kein Profil für einen (ständigen) Vertreter gibt, besitzt dieser stattdessen zwei Profile – ein Profil eines Mitarbeiters sowie ein Profil eines Notars.

An dieser Stelle wäre zur Vereinfachung das Einführen eines Vertreterprofils wünschenswert, welches optimalerweise automatisch die Zugriffsberechtigungen an das Profil des zu vertretenden Notars anpasst. Das erscheint insbesondere hinsichtlich der Anknüpfung des Profils eines ständigen Vertreters an den Notar durchaus hilfreich und umsetzbar.

Fazit und Ausblick

Die Vorbehalte aus Sicht der notariellen Praxis im Hinblick auf einen reibungslosen Übergang haben sich teilweise bereits in der Umsetzung des elektronischen Urkundenverzeichnisses und der Verwahrung zum 01.01.22 bestätigt.

So ist es am Ende – wenn auch unbeabsichtigt – womöglich günstig gewesen, dass aufgrund der Corona-Pandemie die Einführung der elektronischen Urkundensammlung erst später starten kann. Dadurch können die Kammer und die Notariate ihre Erfahrungen aus der Anlaufphase der Umsetzung des elektronischen Urkundenverzeichnisses und Verwahrungsverzeichnisses für das deutlich umfassendere Vorhaben der elektronischen Urkundensammlung nutzen.

Die ersten Hürden des (abgemilderten) Starts des elektronischen Urkundenarchivs sind also genommen und Arbeitsabläufe entsprechend angepasst. Massive Probleme sind bislang nicht aufgetreten.

So konnten sich die Notariate in ihren Arbeitsabläufen schon auf das elektronische Urkundenverzeichnis und Verwahrungsverzeichnis einstellen, bevor im nächsten Schritt die Umstellung auf die elektronische Urkundensammlung umzusetzen sein wird. Dabei werden die anfänglich zu erwartenden Überlastungsprobleme des Systems bei Einführung der Urkundensammlung, wie sie auch bei der Einführung des elektronischen Urkundenverzeichnisses zutage getreten sind, zu verkraften sein, insbesondere wenn auch hier keine massiven Probleme entstehen. Es bleibt hingegen abzuwarten, welchen Umfang der befürchtete administrative Mehraufwand in den Notariaten annehmen wird. ∎

KERNAUSSAGEN

- Die Umsetzung der elektronischen Urkundensammlung zum 01.01.22 wurde auf den 01.07.2022 verschoben, sodass der wesentliche Teil des befürchteten administrativen Mehraufwands noch nicht angefallen ist. Es bleibt abzuwarten, wie stark die Belastung der Notariate ab Juli dieses Jahres ausfallen wird.
- Die versprochenen Arbeitserleichterungen durch die Einführung des elektronischen Urkundenarchivs sind hauptsächlich an die Einführung der Urkundensammlung geknüpft, sodass sich auch dies zurzeit noch nicht beurteilen lässt.
- Die Umsetzung des elektronischen Urkundenverzeichnisses und Verwahrungsverzeichnisses hat mit einigen kleineren Startschwierigkeiten gut funktioniert. Optimierungsbedarf ist hier in der Kompatibilität der jeweiligen Kanzleisoftware mit derjenigen der Verzeichnisse zu sehen. Zur Arbeitserleichterung würde hier die Schaffung von Schnittstellen sowie der Einführung von geeigneten Mechanismen bei kurzfristigen Vertreterbestellungen beitragen.

Beurkundungen von Venture-Capital-Transaktionen: Worauf es wirklich ankommt

Von Dr. Lilly Fiedler und Dr. Tim Schlösser, YPOG, Berlin

Dr. Lilly Fiedler

Dr. Tim Schlösser

Lilly und **Tim** sind beide als Rechtsanwälte tätig und Gründungspartner von YPOG. Lilly absolvierte ihre Notarprüfung 2019 und bietet bei YPOG das komplette Spektrum der notariellen Dienstleistungen an. Als Notarin ist sie dabei regelmäßig auch mit Venture-Capital-Transaktionen betraut. Tim absolvierte den schriftlichen Teil seiner Notarprüfung 2022 und arbeitet gemeinsam mit Lilly am Ausbau des Notariats bei YPOG. Einen weiteren Schwerpunkt setzt er auf die anwaltliche Beratung von Unternehmen, Private-Equity- und Venture-Capital-Fonds sowie Finanzinvestoren bei M&A-Transaktionen.

YPOG ist eine Spezialkanzlei für Steuer- und Wirtschaftsrecht, mit den Beratungsschwerpunkten Corporate, Funds, Litigation, Tax, Transactions, IP/IT, Banking/Financial Services und Fin-Tech/Blockchain. Zum Mandantenkreis der Kanzlei zählen aufstrebende Technologieunternehmen, Family Offices sowie Konzerne und diverse Fonds. Am Standort Berlin unterhält die Kanzlei zudem ein Notariat.

Kontakt
YPOG
Kurfürstendamm 12
10719 Berlin
Dr. Lilly Fiedler
lilly.fiedler@ypog.law
T +49 30 7675975 44
Dr. Tim Schlösser
tim.schloesser@ypog.law
T +49 30 7675975 82

Weitere Informationen zur Kanzlei in der Anzeige auf Seite 7, 269

Erfolgreich abgeschlossene Venture-Capital-Transaktionen, insbesondere in der Form von Finanzierungsrunden, sind notwendige Meilensteine für Start-ups – Verzögerungen oder gar Fehlschläge können ein Start-up schnell als Ganzes scheitern lassen. Die Beurkundung und notarielle Abwicklung solcher sensiblen und häufig zeitkritischen Transaktionen sollten deshalb verlässlich und möglichst geräuschlos ablaufen.

Notariell beurkundungspflichtig sind die meisten Venture-Capital-Transaktionen, weil sie in aller Regel Anteilsabtretungen und -übernahmen (auch neu geschaffenen Stammkapitals) enthalten. Werden im Zusammenhang mit einer beurkundungsbedürftigen Venture-Capital-Transaktion weitere Rechtsgeschäfte abgeschlossen, müssen auch diese beurkundet werden, wenn mit ihnen der Abschluss der Transaktionsdokumente (meist bestehend aus Investment Agreement und Shareholders' Agreement) „steht und fällt". In der Praxis zeigt sich, dass es bei der notariellen Begleitung einer Transaktion insbesondere auf folgende Punkte ankommt:

Timing und Vorbereitung

Ein erfolgreicher und möglichst reibungsloser Prozess erfordert eine gute Vorbereitung und Prozesssteuerung auf Seiten der beratenden Anwälte und die Mitarbeit der involvierten Parteien sowie eine:n erfahrene:n Notar:in mit einem gut eingespielten Team. Grundvoraussetzung ist eine gründliche, effiziente und professionelle Vorbereitung der notwendigen Unterlagen. Zum einen schon deshalb, damit der eigentliche Beurkundungstermin nicht länger als erforderlich dauert; zum anderen jedoch auch, um das Risiko von Fehlern bei kurzfristigen Ergänzungen der Dokumente in letzter Minute zu minimieren, die im schlimmsten Fall zur Unwirksamkeit der Beurkundung führen können. Hierzu sollte die Dokumentation, zumindest im Entwurf, frühzeitig, idealerweise mindestens eine Woche vor dem Beurkundungstermin mit dem/der Notar:in geteilt werden. Für die Steuerung des Transaktionsprozesses sollte auch berücksichtigt werden, welche Vertragsparteien wann in die Verhandlungen eingebunden werden. Werden wichtige Gesellschafter nicht früh genug eingebunden, kann dies dazu führen, dass kurz vor dem avisierten Beurkundungstermin noch einzelne Punkte verhandelt werden müssen und der Termin nicht mehr einzuhalten ist. Auf der anderen Seite können es die Gründer und Lead-Investoren in Einzelfällen für verhandlungstaktisch angezeigt halten, manchen Gesellschaftern erst weitgehend finalisierte Dokumente zu präsentieren, gerade wenn es – wie im Venture-Capital Bereich nicht ungewöhnlich – eine große Anzahl von ihnen gibt.

Geldwäscheprüfung und deren Vorbereitung

Bei der Vorbereitung der Transaktion sollten frühzeitig die erforderlichen Geldwäscheunterlagen aller beteiligten Parteien eingeholt und an den Notar übermittelt werden. Hierzu ist mit dem/der jeweiligen Notar:in zu klären, was genau benötigt ist und was von dem/der Notar:in eingeholt wird, wie z.B. Transparenzregisterauszüge. Insbesondere letztere sind insofern von Bedeutung, da der deutsche Gesetzgeber die Pflicht für Unternehmen, ihre „wirtschaftlich Berechtigten" an das 2017 eingeführte Transparenzregister zu melden, erheblich ausgeweitet hat und die zunächst noch geltenden Übergangsfristen abgelaufen sind. Dies kann sogar zu Beurkundungsverboten führen. Deshalb sollte in jedem Fall vor der Beurkundung sichergestellt sein, dass der erforderliche, die aktuelle Situation korrekt widerspiegelnde Transparenzregistereintrag vorliegt.

Hier hat sich bewährt, zwischen den die Gesellschaft oder den Lead Investor vertretenen Anwälten und dem/der Notar:in abzustimmen, wer sich darum kümmert, die Parteien an die erforderlichen Unterlagen zu erinnern, damit diese gesichert vor der Beurkundung vorliegen.

Vollmachten, Existenz- und Vertretungsnachweise

Ein wichtiges Thema sind gerade auch bei Finanzierungsrunden und M&A-Transaktionen mit vielen Beteiligten – wie im Venture Capital Bereich üblich – die notwendigen Vollmachten und bei ausländischen Gesellschaften die erforderlichen Existenz- und Vertretungsnachweise. Die rechtzeitige Beschaffung der Vollmachten sowie der Existenz- und Vertretungsnachweise ist bei vielen Venture-Capital-Transaktionen ein bottleneck.

Die Vollmachtsentwürfe sollten möglichst frühzeitig mit dem Notariat abgestimmt werden und es sollte darauf geachtet werden, dass genügend Personen bevollmächtigt sind, so dass man eine gewisse Flexibilität hat, um mit etwaigen § 181 BGB-Themen umzugehen. Es ist auch darauf zu achten, dass die Vollmachten weit genug gefasst sind, damit, sollten zum Beispiel noch während der Verhandlungen Secondaries mit aufgenommen werden, die Vollmacht auch diese miterfasst. Zudem kann es sinnvoll sein, die Vollmacht so zu fassen, dass auch eine etwaige Rückabwicklung der zu schließenden Verträge umfasst ist.

Bezogen auf erforderliche Existenz- und Vertretungsnachweise ist die Frage zu klären, welche Register vom Notariat eingesehen werden können und für welche der/die Notar:in Bescheinigungen nach § 21 Abs. 1 BNotO abgeben kann.

Darüber hinaus sollte auch geklärt werden, ob in jedem Fall beglaubigte Vollmachten verlangt werden oder ob nicht schriftliche Vollmachten ausreichen. Grundsätzlich sind beglaubigte Vollmachten nur erforderlich für Parteien, die Geschäftsanteile übernehmen. Allerdings kommt es vor, dass Notare darüber hinaus beglaubigte Vollmachten wünschen, um sicherzugehen, dass die „richtigen" Parteien die beurkundeten Erklärungen abgeben. Vor diesem Hintergrund sollte man diesen Punkt abklären.

Insbesondere, wenn (online) im Ausland beglaubigte Vollmachten angedacht sind, sollte man mit dem jeweiligen Notariat abstimmen, ob diese akzeptiert werden. Nach einer aktuellen Entscheidung des KG in Berlin aus diesem Jahr und der klaren Positionierung des Gesetzgebers in der Begründung zum DiReG von April 2022 ist für die Akzeptanz von im Ausland vorgenommenen Beglaubigungen entscheidend, ob das Beurkundungs- bzw. Beglaubigungsverfahren den Anforderungen nach deutschem Beurkundungsrecht entspricht.

Anlagenmanagement
Die Länge der zu verlesenden Dokumente bestimmt die Dauer der Beurkundung. Es hat sich bewährt, verschiedene Dokumente im zulässigen Rahmen in eine sogenannte Bezugsurkunde aufzunehmen, auf die dann bei der Beurkundung nur noch verwiesen zu werden braucht. Klar ist, dass Investment Agreement, Shareholders' Agreement und der Kapitalerhöhungsbeschluss beim Beurkundungstermin verlesen werden müssen bzw. sollten, auch wenn teilweise von Sei-ten der Parteien die Auslagerung sogar des Shareholders' Agreement in die Bezugsurkunde angeregt wird.

Bei allen anderen Anlagen kann es aber sinnvoll sein, dass diese Teil einer Bezugsurkunde sind, die zwar erst kurz vor Unterzeichnung der Haupturkunde geschlossen, d.h. von dem bzw. der Notar:in und seinem/r Notarmitarbeiter:in unterzeichnet wird, aber eben schon vorab, vor dem eigentlichen Beurkundungstermin von dem/der Notar:in einem/r Notariatsmitarbeiter:in vorgelesen wurde.

Dies setzt aber voraus, dass die Anlagen auch schon rechtzeitig vor Beurkundung fertig sind, damit dies geschehen kann, es sei denn, die Bezugsurkunde wird parallel von einem/r anderen Notar:in verlesen.

Einbindung Notar:in bei Vorbereitung/Dienstleistungen von Notar:in
Es empfiehlt sich, schon in der Vorbereitung der Beurkundung bestimmte Dienstleistungen von dem/r Notar:in zu erbeten, sofern diese nicht ohnehin von selbst angeboten werden. Dazu gehört es beispielsweise, den/die Notar:in direkt um gestalterische Kommentare, auch ggf. mit Blick auf die Notarkosten, zu bitten, damit diese nicht erst während der Beurkundung aufkommen. Dies fördert regelmäßig besser vorbereitete und damit unproblematische Beurkundungen. Wichtige Zeit kann auch im Nachgang an die Beurkundung durch eine schnelle Abwicklung gewonnen werden. Entscheidend ist dabei zunächst das schnelle Versenden der clean PDF-Kopien der beurkundeten Dokumentation.

Gestaltungstipps, auch mit Blick auf Kosten
Mittlerweile haben sich bei Venture-Capital-Transaktionen rein englische Verträge durchgesetzt. Zwar könnte man zur Kostenersparnis überlegen, zu einem frühen Zeitpunkt, zu dem teilweise noch nur deutsche Parteien beteiligt sind, auf Deutsch zu beurkunden, um die Gebühren einzusparen.

Dies ist allerdings in den allermeisten Fällen zu kurz gedacht. Denn die Beratungskosten mit Blick auf die dann erforderliche komplette Neuausarbeitung bzw. Überarbeitung der Verträge in einer der nächsten Runden, wenn dann auch Investoren an Bord kommen, die kein Deutsch können, liegen mit Sicherheit über der Kostenersparnis. Etwas anderes kann allenfalls bei sog. Inkubationsprojekten gelten, bei denen ohnehin eine komplette Überarbeitung der Dokumentation bei der nächsten Runde angedacht ist.

Zudem wird teilweise vorgeschlagen, alle beurkundungspflichtigen Aspekte aus der Gesellschaftervereinbarung, dem SHA, herauszunehmen, um so Kosten zu sparen. Hierbei wird aber nicht im ausreichenden Maße berücksichtigt, dass bei Aufnahme in den Gesellschaftsvertrag dies alles Punkte sind, die dann im Handelsregister für jeden einsehbar sind. ∎

KERNAUSSAGEN

- Eine gute Vorbereitung und effiziente Prozesssteuerung ist bei Venture-Capital-Transaktionen entscheidend für eine möglichst reibungslose Beurkundung.
- Die Entwürfe der Dokumentation sollten möglichst frühzeitig, idealerweise eine Woche vor Beurkundungstermin, mit dem/der Notar:in geteilt werden.
- Gerade bei Venture-Capital-Transaktionen, bei denen es häufig viele, auch ausländische Beteiligte gibt, sollten frühzeitig die erforderlichen Geldwäscheunterlagen aller beteiligten Parteien eingeholt werden.
- Wichtig ist auch, die erforderlichen Vollmachten sowie Existenz- und Vertretungsnachweise rechtzeitig beizubringen. Hier sollte mit dem/der Notar:in abgeklärt werden, was notwendig ist und was er/sie über die Einsicht auch in ausländische Register selbst bescheinigen kann.

Notariat

Dienstleister bevorzugt

Immer mehr Kanzleien verstehen notarielle Kompetenz als Teil ihrer Full-Service-Beratung und bauen dieses Know-how intern auf oder holen externe Experten hinzu. Zuletzt hat sich beispielsweise **Gleiss Lutz** an ihrem Berliner Standort mit einem jungen Notar von **Flick Gocke Schaumburg** verstärkt, der sich ausschließlich dem notariellen Geschäft in der deutschen Großkanzlei widmen wird. Damit folgt **Gleiss** zugleich einem Trend, der sich in den vergangenen zwei Jahren noch einmal intensiviert hat. Denn stärker als im anwaltlichen Geschäft stehen Großkanzleien in der notariellen Beratung in Konkurrenz zu kleineren, zum Teil auch spezialisierteren Einheiten, die nicht zwingend mehr Amtsträger, dafür aber ein viel größeres Backoffice haben.

Besonders gefragt sind im Markt nämlich oft diejenigen Notariate, deren Amtsträger sich trotz Anwaltszulassung vollständig auf ihre Notarrolle konzentrieren. Als Vorreiter gelten zahlreiche Frankfurter Sozietäten, darunter renommierte Einheiten von **Gerns & Partner** bis **Wicker Schütz** ebenso wie noch junge Sozietäten, zu denen **Funke Mühe** u. **Lennert Schneider & Partner** zählen. Sie überzeugen Unternehmen und Kanzleien nicht allein durch juristische Exzellenz und inhaltliche Bandbreite, sondern vor allem durch Tempo. Ein ausgeprägtes Selbstverständnis als Dienstleister ist für die notarielle Kundschaft ebenso essenziell und verschafft diesen Notariaten oft einen Vorteil gegenüber traditionellen Einheiten, deren Selbstverständnis weniger durch nahezu bedingungslose Servicebereitschaft geprägt ist.

Um diese so vielfach gelobte Servicebereitschaft gewährleisten zu können, brauchen die Amtsträger vor allem eins: gute Mitarbeiter – und die sind in den vergangenen Jahren immer weniger geworden. Insbesondere Notare in Großstädten wie Frankfurt, Düsseldorf und Hamburg, aber auch in Niedersachsen und Bremen klagen über zu wenig verfügbares Fachpersonal. Das Zauberwort scheint Ausbildung zu heißen, denn Notariate wie beispielsweise **Prof. Dr. Axel Adrian Florian Kroier**, die den eigenen Nachwuchs selbst ‚heranziehen', sind oft langfristig gerüstet und müssen sich diesem Wettbewerb nicht stellen.

Frischer Hauptstadtwind

Gestaltet wird der neue, serviceorientierte Ansatz im Notariat oft durch jüngere Notare, denn der Generationswechsel ist weiterhin in vollem Gang. Während schon zuvor in Frankfurt, Düsseldorf und München eine neue Generation von Amtsträgern in das Geschehen eingriff, weht aktuell vor allem im lange kritisch beäugten Berliner Notarmarkt ein frischer Wind. Begonnen mit der Gründung der Sozietät **3n Berlin** im Sommer 2020 folgen immer mehr Amtsträger dem Beispiel und gründen – analog zum Frankfurter Modell – Anwaltsnotariate, die sich ausschließlich auf notarielle Dienstleistungen fokussieren; zuletzt geschehen durch zwei Ex-**Hyazinth**-Partner, die seit Anfang 2022 unter **OMX** firmieren. Während Personalwechsel in der Anwaltsnotarszene mittlerweile Normalität geworden sind, passieren sie in reinen Nur-Notariaten meist nur im Zuge von Generationswechseln. Umso bemerkenswerter ist es, dass sich im Frühjahr 2022 mit Dr. Markus Perz ein bekannter Hamburger Notar nach zehn Jahren entschloss, das Notariat **Notare an den Alsterarkaden** zu verlassen, um sich der Großsozietät um die **Notare am Gänsemarkt** anzuschließen.

Die Bewertungen behandeln Notariate, die von Unternehmen und Wirtschaftsanwälten besonders häufig empfohlen werden. Die reine Anzahl der Beurkundungen spielt für die Bewertung keine Rolle. Die Zitate stammen sowohl von Unternehmen als auch Anwälten. Alle Mandate sind aus dem Markt bekannt. Auch wenn grundsätzlich die gesamte Bandbreite notarieller Leistungen angeboten wird, sind die meisten Notariate doch für bestimmte Schwerpunkte besonders anerkannt, sei es für den ▷Immobiliensektor, für ▷gesellschaftsrechtl. Themen einschließlich Nachfolgeregelungen (▷Nachfolge/Vermögen/Stiftungen) u. für ▷M&A-Transaktionen (inkl. ▷Private Equity und Venture Capital).

3N BERLIN

Bewertung: Die Berliner Einheit um den in der Venture-Capital-Szene sehr gut vernetzten Katins ist eines der Notariate, die sich nach dem Vorbild vieler Frankfurter Sozietäten trotz Doppelqualifikation ganz auf die notarielle Beratung konzentrieren. Mit diesem Ansatz gehört sie im Berliner Markt zu den Vorreitern. Beide Amtsträger haben mehrere Jahre Großkanzleierfahrung aus den Bereichen Corporate u. Private Equity.
Oft empfohlen: Carlos Katins („empfehlenswert bei M&A-Transaktionen", Unternehmen; „sehr kompetent u. sorgfältig", Kanzlei)
Team: 2 Notare, 7 Mitarbeiter
Schwerpunkte: Gesellschaftsrecht, M&A, Venture Capital.
Mandate: Verkauf ‚Foodpanda' von Delivery Hero an Gorillas; Kaufangebot von Siemens Energy für Siemens Gamesa Renewable; Einstieg Foresight u. HydrogenOne bei HH2E im Rahmen von Finanzierungsrunde.

DR. BASTY UND DR. FRANCK

Bewertung: Das Münchner Notariat zählt zu den Traditionsadressen am Ort u. wird auch von Anwälten aus anderen Regionen regelm. empfohlen, nicht nur für gesellschafts- u. immobilienrechtl. Themen, sondern auch für die Beurkundung von M&A-Transaktionen. Marktteilnehmer heben schon seit Jahren das Backoffice, das zu den größten in München zählt, für dessen „exzellenten Service" hervor.
Oft empfohlen: Dr. Gregor Basty („kompetent bei Immobilientransaktionen", „schnell u. serviceorientiert", Kanzleien), Dr. Sebastian Franck („sehr gut", „absolut empfehlenswert", Kanzleien)
Team: 2 Notare, 1 Notarassessor, 29 Mitarbeiter
Schwerpunkte: Gesellschaftsrecht, Immobilien, M&A.
Mandate: Keine Nennungen.

BHP BÖGNER HENSEL & PARTNER

Bewertung: Die Frankf. Traditionskanzlei hat ihr einst sehr breit aufgestelltes Notariat in den verg. Jahren stärker auf M&A u. Immobilientransaktionen ausgerichtet, nicht zuletzt dank mehrerer junger Anwaltsnotare, die Transaktionserfahrung aus Großkanzleien mitbrachten. Anwälte aus Wettbewerberkanzleien loben bhp regelm. für die „hohe Verlässlichkeit" u. „gute Erreichbarkeit", woran auch das große Backoffice seinen Anteil hat.
Oft empfohlen: Dr. Heiko Jäkel, Dr. Andreas Schrey, Maximilian Heck („sehr gut u. serviceorientiert", „aufstrebender junger Notar", Kanzleien)

NOTARIAT

Team: 4 Notare, 1 Notarassessor, 3 Notarvertreter, 21 Mitarbeiter
Schwerpunkte: Immobilien, M&A, Gesellschaftsrecht.
Mandate: Keine Nennungen.

DR. KAI BISCHOFF UND DR. ANDREAS BÜRGER
Bewertung: Das Kölner Nur-Notariat ist in der regionalen Anwaltschaft u. bei Unternehmen gut vernetzt u. berät häufig Mandanten aus dem Großraum Köln/Bonn. Im Fokus stehen Immobilientransaktionen u. gesellschaftsrechtl. Sachverhalte, etwa im Zshg. mit Umstrukturierungen der Gesellschafterstruktur.
Oft empfohlen: Dr. Andreas Bürger („sehr gut im Gesellschaftsrecht", Unternehmen)
Team: 2 Notare, 25 Mitarbeiter
Schwerpunkte: Immobilien, Gesellschaftsrecht.
Mandate: Keine Nennungen.

BRYAN CAVE LEIGHTON PAISNER
Bewertung: Immobilientransaktionen stehen im Fokus des notariellen Geschäfts der internat. Kanzlei. Insbes. die Frankf. Anwaltsnotarin Siebenhaar hat es in den verg. Jahren geschafft, sich ein veritables 2. Standbein zu schaffen. Durch den Zugang der erfahrenen Koziczinski erstreckt sich der Fokus nun auch stärker auf gesellschaftsrechtl. Themen. 4 weitere Anwaltsnotare, die ebenfalls stark im anwaltl. Transaktionsgeschäft tätig sind, sind am Berliner Standort tätig.
Oft empfohlen: Tina Siebenhaar („sehr professionell u. routiniert", Kanzlei), Dr. Christine Koziczinski („sehr erfahren", Kanzlei)
Team: 6 Notare, 7 Mitarbeiter
Schwerpunkte: Immobilien, zunehmend: Gesellschaftsrecht.
Mandate: Kauf von Galerie Lafayette durch Tishman Speyer von Allianz RE.

CLIFFORD CHANCE
Bewertung: Jurist. komplexe Immobilientransaktionen u. schwierige Verhandlungssituationen sind die Paradedisziplinen der CC-Notare. Neben Grandseigneur Minuth genießen Reischauer u. Böhn, die weiterhin auch im anwaltl. Geschäft tief verankert sind, mittlerw. einen sehr guten Ruf für notarielle Angelegenheiten.
Oft empfohlen: Dr. Klaus Minuth („erstklassiger u. unglaubl. kompetenter Notar mit großartigem Backoffice", Kanzlei), Thomas Reischauer, Markus Böhn („super erfahren; sehr große Dealerfahrung", Kanzlei über beide)
Team: 3 Notare, 5 Mitarbeiter
Schwerpunkte: Immobilien.
Mandate: Keine Nennungen.

DENTONS
Bewertung: Unter den großen Anwaltskanzleien mit Berliner Standort hält Dentons eines der renommiertesten Notariate vor. Die Anwaltsnotare kommen nicht nur in Corporate- u. Immobilienangelegenheiten regelm. zum Einsatz, sondern sind auch für ihre Erfahrung in der Venture-Capital-Branche anerkannt. Anwälte aus anderen Großkanzleien schätzen v.a. die hohe Serviceorientierung u. Transaktionserfahrung der Amtsträger.
Oft empfohlen: Dr. Matthias Santelmann („qualitativ über jeden Zweifel erhaben", „einer der besten Notare in Berlin", Kanzleien), Thomas Santüns („große Erfahrung bei komplexen Transaktionen, gute Abwicklung", Kanzlei)

Notariate

3n Berlin	Berlin
Dr. Basty und Dr. Franck	München
bhp Bögner Hensel & Partner	Frankfurt
Dr. Kai Bischoff und Dr. Andreas Bürger	Köln
Bryan Cave Leighton Paisner	Frankfurt, Berlin
Clifford Chance	Frankfurt
Dentons	Berlin
Dr. Wilhelm Droste und Dr. Henryk Haibt	Düsseldorf
Faust Gerber Haines	Frankfurt
Flick Gocke Schaumburg	Frankfurt
Funke Mühe	Frankfurt
Gerns & Partner	Frankfurt
Gleiss Lutz	Berlin, Frankfurt
Göhmann	Hannover
Görg	Berlin, Frankfurt
Göring Schmiegelt & Fischer	Frankfurt
Greenfort	Frankfurt
GSK Stockmann	Berlin, Frankfurt
Hauschild Böttcher	Düsseldorf
Heckschen & van de Loo	Dresden
Hengeler Mueller	Berlin, Frankfurt
Dr. Hermanns & Dr. Schumacher	Köln
Dr. Marcus Kämpfer und Andrea Bergermann	Düsseldorf
Jens Kirchner Prof. Thomas Reich	München
Dr. Till Kleinstück und Dr. Marcus Reski	Hamburg
Kümmerlein	Essen
Lehmann Neunhoeffer Sigel Schäfer	Stuttgart
Lennert Schneider & Partner	Frankfurt
Luther	Essen
Prof. Dr. Dieter Mayer	München
Mayer Brown	Frankfurt
Noerr	Berlin, Frankfurt
Notare am Alstertor	Hamburg
Notare an den Alsterarkaden	Hamburg
Notariat Ballindamm	Hamburg
Notariat Bergstraße	Hamburg
Ohnleiter Hillebrand und Dr. Sünner	Stuttgart
Pfisterer & Döbereiner	München
Dr. Burkhard Pünder & Dr. Gerrit Wenz	Düsseldorf
Dr. Paul Rombach Dr. Claudie Rombach	Düsseldorf
Dr. Bernhard Schaub	München
Dr. Martin T. Schwab Dr. Simon Weiler	München
Sobotta Meidrodt	Frankfurt
Taylor Wessing	Berlin
Dr. Robert Walz Dr. Hans-Joachim Vollrath	München
White & Case	Frankfurt
Wicke Herrler	München
Wicker Schütz	Frankfurt

Die Auswahl von Kanzleien und Personen in Rankings und tabellarischen Übersichten ist das Ergebnis umfangreicher Recherchen der JUVE-Redaktion. Sie ist in 2erlei Hinsicht subjektiv: Die Aussagen der befragten Quellen sind subjektiv u. spiegeln deren Erfahrungen u. Einschätzungen. Die JUVE-Redaktion wiederum analysiert die Rechercheergebnisse unter Einbeziehung ihrer eigenen Marktkenntnis. Der JUVE Verlag beabsichtigt keine allgemeingültige oder objektiv nachprüfbare Bewertung. Es ist möglich, dass eine andere Recherchemethode zu anderen Ergebnissen führt. Innerhalb einzelner Gruppen in Rankings und tabellarischen Übersichten sind Kanzleien und Personen alphabetisch sortiert.

Team: 4 Notare, 18 Mitarbeiter
Schwerpunkte: M&A, Gesellschaftsrecht, auch Immobilien.
Mandate: Verkauf von mehr als 17.000 Wohnungen durch Akelius an Heimstaden-Gruppe.

DR. WILHELM DROSTE UND DR. HENRYK HAIBT
Bewertung: Der gute Ruf des in Düsseldorf ansässigen Notariats fußt auf dem hohen Ansehen bei der Amtsträger, deren fachl. Kompetenz u. Besonnenheit regelm. hervorgehoben werden. Zugleich leistet das Mitarbeiterteam mit seiner vielfach gelobten außergewöhnl. Servicebereitschaft einen wesentl. Beitrag. Dies qualifiziert das Notariat bes. für die Beurkundung u. Abwicklung großer u. komplexer Transaktionen. Mandanten loben aber auch die Kompetenz bspw. bei Kapitalerhöhungen.

Anwaltszahlen: Angaben der Kanzleien, wie viele Anwälte zu mind. ca. 50% in diesem Gebiet tätig sind. Sie spiegeln nicht zwingend die Gesamtgröße einer Kanzlei wider.

NOTARIAT

Oft empfohlen: Dr. Henryk Haibt („erfahren bei Immobilientransaktionen, gutes Dienstleistungsverständnis", Kanzlei), Dr. Wilhelm Droste („sehr gute Zusammenarbeit, flexibel", Unternehmen über beide)
Team: 2 Notare, ca. 20 Mitarbeiter
Schwerpunkte: Immobilien, Gesellschaftsrecht.
Mandate: Verkauf von 14.750 Wohnungen u. 450 Gewerbeeinheiten von Vonovia/Dt. Wohnen an 3 städt. Berliner Wohnungsgesellschaften (mit Görg).

FAUST GERBER HAINES
Bewertung: Kaum ein anderes Frankf. Anwaltsnotariat erntet so beständig höchstes Lob aus den M&A- u. Immobilienpraxen der führenden Anwaltssozietäten, u.a. für das hohe Fachwissen u. große Engagement der einzelnen Notare. Die Amtsträger konzentrieren sich faktisch auf ihre notarielle Tätigkeit, haben aber langj. Erfahrung als M&A-Anwälte in internat. Kanzleien gesammelt u. gelten deswegen als eine der besten Adressen speziell für Unternehmenstransaktionen, auch im internat. u. Private-Equity-Umfeld.
Oft empfohlen: Dr. Olaf Gerber, Dr. Alexander Haines („extrem detailbedacht, trotzdem pragmat., immer erreichbar u. hilfsbereit", Kanzlei)
Team: 3 Notare, ca. ein Dutzend Mitarbeiter
Schwerpunkte: M&A, Gesellschaftsrecht, auch Immobilien.
Mandate: Keine Nennungen.

FLICK GOCKE SCHAUMBURG
Bewertung: Anwaltsnotar Lubberich aus Ffm. genießt für seine notarielle Arbeit bei FGS einen sehr guten Ruf im Markt. Neben Umstrukturierungen liegt der Fokus auf Transaktionen, tlw. auch mit Immobilienbezug. In Berlin fehlt es FGS allerdings an personeller Beständigkeit: Nach dem Weggang eines Notars im Sommer 2020 verließ im Frühjahr 2022 auch sein Nachfolger die Kanzlei, was es schwer macht, dort auch im notariellen Geschäft einen bleibenden Eindruck zu hinterlassen.
Oft empfohlen: Dr. Finn Lubberich („sehr serviceorientiert, sehr schnell, techn. auf dem aktuellen Stand", Unternehmen; „kompetent, erfahrener Praktiker", Kanzlei)
Team: 2 Notare, 5 Mitarbeiter
Partnerwechsel: Dr. Lennart Schramm (zu Gleiss Lutz)
Schwerpunkte: Gesellschaftsrecht, M&A.
Mandate: Keine Nennungen.

FUNKE MÜHE
Bewertung: Das Anwaltsnotariat konzentriert sich faktisch auf die notarielle Arbeit u. hat mit dieser Strategie einen Nerv getroffen. Dabei stehen Transaktionen im Vordergrund, für deren Abwicklung die beiden Notarinnen regelm. positive Resonanz von Anwälten aus Großkanzleien u. Boutiquen ernten. Entspr. häufig wickeln sie größere M&A- u. Immobiliendeals ab, zu denen auch das angesehene Backoffice-Team entscheidend beiträgt.
Oft empfohlen: Dr. Sabine Funke („für M&A-Deals sehr zu empfehlen", Kanzlei), Dr. Christiane Mühe („sehr professionell u. kompetent", Unternehmen über beide; „fachl. herausragend", Kanzlei)
Team: 2 Notare, 10 Mitarbeiter
Schwerpunkte: M&A, Immobilien, Gesellschaftsrecht.
Mandate: FMC bei Übernahme von Thyssenkrupp-Sparte; Übernahme von DEM durch Lanxess u. Advent.

GERNS & PARTNER
Bewertung: Die Kanzlei zählt in Ffm. zu den notariellen Spitzenadressen. Transaktionsanwälte loben nicht nur die Amtsträger, sondern meist auch den hervorragenden Service des Backoffice. Durch die gr. Zahl an Anwaltsnotaren ist G&P in der Lage, mehrere größere Beurkundungen innerh. kurzer Zeit zu ermöglichen. Neben Gerns u. Scherl, die lange die Wahrnehmung des Notariats maßgebl. bestimmten, erhalten nun auch die jüngeren Amtsträger vermehrt Lob aus Kanzleien u. Unternehmen.
Oft empfohlen: Ronald Gerns, Dr. Georg Scherl („der Notar meines Vertrauens", „unkomplizierte u. gleichz. fachl. sehr versierte Beurkundungen", Unternehmen)
Team: 6 Notare, 13 Mitarbeiter
Schwerpunkte: Immobilien, Gesellschaftsrecht.
Mandate: Verkauf ‚Cubes' von Axa an Deka Immobilien; HV: Kion.

GLEISS LUTZ
Bewertung: Das Berliner Büro wird von Mandanten u. Anwälten anderer Sozietäten so häufig empfohlen wie nur wenige andere Notariate aus Großkanzleien. Besonders gut in der lokalen Wirtschaft verankert, sind die Amtsträger im ges. Spektrum von Venture-Capital-Finanzierungen bis zu großvol. Immobilien- u. M&A-Transaktionen u. regelm. auch bei HVen gefragt. Mit dem Zugang von Dr. Lennart Schramm (von FGS), der schon jetzt als „der Vertreter der neuen ‚Nur'-Notar-Generation" gepriesen wird, baut GL ihre Kontakte in die Start-up-Szene weiter aus u. rüstet sich auch intern für die Zukunft.
Oft empfohlen: Christian Steinke („vertrauensvolle Zusammenarbeit", Unternehmen)
Team: 3 Notare, 15 Mitarbeiter
Schwerpunkte: M&A, Gesellschaftsrecht, Immobilien.
Mandate: Übernahme Butlers durch Home24 von Gründer Wilhelm Josten; HVen: Siemens Energy, Zalando, Delivery Hero.

GÖHMANN
Bewertung: Das Notariat genießt nicht nur einen sehr guten Ruf, sondern zählt auch zu den wichtigsten Standbeinen der mittelständ. Full-Service-Kanzlei. Über 20 Amtsträger sind an 4 Kanzleistandorten tätig, das Gros in Hannover. Unternehmen aus der Region unterstützt Göhmann regelm. bei Umstrukturierungen u. Nachfolgeregelungen. Aber auch große Konzerne setzen auf die Kompetenz der Notare, sowohl bei Transaktionen als auch bei der Begleitung ihrer HVen.
Oft empfohlen: Axel Müller-Eising, Dr. Ulrich Haupt, Dr. Dirk Beddies
Team: 21 Notare, plus Mitarbeiter
Schwerpunkte: Gesellschaftsrecht.
Mandate: HVen: Continental, Talanx, Hannover Rück, Symrise.

GÖRG
Bewertung: Der Schwerpunkt der notariellen Tätigkeit der mittelständ. Kanzlei liegt auf dem Gesellschafts- u. Immobilienrecht. Die Anwaltsnotare in Berlin u. Ffm. arbeiten bei Görg in unterschiedl. starker Ausprägung sowohl anwaltl. als auch als Notare. Wettbewerber u. Mandanten schätzen diese Vielseitigkeit. Insbes. Immobilienpartner Lindner-Figura wird regelm. von Wettbewerberkanzleien empfohlen.
Oft empfohlen: Jan Lindner-Figura („routiniert, verfügt über Fingerspitzengefühl in schwierigen Situationen", Kanzlei), Dr. Karla Gubalke („schnell, vielseitig, auch bei Cross-Border-Sachverhalten gut einsetzbar", Kanzlei)
Team: 8 Notare, 20 Mitarbeiter
Schwerpunkte: Immobilien.
Mandate: Verkauf von 14.750 Wohnungen u. 450 Gewerbeeinheiten von Vonovia/Dt. Wohnen an 3 städt. Berliner Wohnungsgesellschaften (mit Droste Haibt).

GÖRING SCHMIEGELT & FISCHER
Bewertung: Das traditionsreiche Frankf. Anwaltsnotariat zählt seit Jahren zu den Platzhirschen, wie führende Gesellschaftsrechtsanwälte bemerken. Gerade für umfangr. Beurkundungen, etwa größere M&A- oder Immobilientransaktionen, ist die vglw. große Mannschaft gut aufgestellt. Nicht nur die Amtsträger, sondern auch ihre Mitarbeiter werden regelm. für ihre ausgeprägte Dienstleistungsmentalität gelobt, mit der sich GSF nach Meinung von Marktteilnehmern selbst von vielen Großkanzleien abhebt.
Oft empfohlen: Dr. Ulf Schuler („begleitet uns seit Jahren in fast allen Transaktionen höchst kompetent; perfekt in der Abwicklung von Kaufverträgen", Unternehmen), Dr. Klaus Fischer, Dr. Martin Schmidt („langj. u. vertrauensvolle Zusammenarbeit", Kanzlei)
Team: 7 Notare, 1 württemberg. Notarassessor, ca. 20 Mitarbeiter
Schwerpunkte: Gesellschaftsrecht, M&A, auch Immobilien.
Mandate: Verkauf Münchner Augenklinikkette Veonet durch Nordic Capital an Ontario Teachers' Pension Plan u. PAI Partner; A1-mobil-Restrukturierung; HV: Dt. Börse.

GREENFORT
Bewertung: Die Schwerpunkte des notariellen Geschäfts folgen der Gesamtausrichtung der Kanzlei, deren Kern Gesellschaftsrecht u. M&A bilden. Daneben landen auch Immobiliendeals u. Mandate aus der Private-Equity-Szene auf dem Tisch der Frankfurter Kanzlei. Angersbach bringt viele Jahre Erfahrung als Anwalt einer internat. Großkanzlei ein.
Oft empfohlen: Dr. Carsten Angersbach („unser präferierter Notar für fast alle Frankfurter Projekte", Unternehmen)
Team: 2 Notare, 5 Mitarbeiter
Schwerpunkte: Gesellschaftsrecht, Transaktionen (v.a. M&A, auch Immobilien u. Private Equity).
Mandate: Verkauf Thyssengas von DIF Capital Partners u. EDF an Macquarie; Übernahme Anteilsmehrheit an Allgaier Werke durch chin. Investor Westron; HVen: Dt. Lufthansa, Fresenius, Fresenius Medical Care.

GSK STOCKMANN
Bewertung: Zum Full-Service-Angebot der Kanzlei gehört an den Standorten Berlin u. Ffm. auch ein Anwaltsnotariat. Der Schwerpunkt der notariellen Tätigkeit liegt im Gesellschafts- u. Immobilienrecht. Ähnlich wie Wettbewerberin Görg arbeiten die Amtsträger bei GSK zum Großteil parallel als Anwälte u. Notare, was insbes. Anwälte aus Wettbewerberkanzleien häufig als „vorteilhaft" beurteilen.
Oft empfohlen: Stefan Aldag, Dr. Volker Rebmann
Team: 7 Notare, 25 Mitarbeiter
Schwerpunkte: Gesellschaftsrecht, Immobilien.
Mandate: Keine Nennungen.

Anwaltszahlen: Angaben der Kanzleien, wie viele Anwälte zu mind. ca. 50 % in diesem Gebiet tätig sind. Sie spiegeln nicht zwingend die Gesamtgröße einer Kanzlei wider.

NOTARIAT

HAUSCHILD BÖTTCHER
Bewertung: Für gr. Transaktionen u. komplexe gesellschaftsrechtl. Projekte genießt das Notariat in D'dorf einen herausrag. Ruf, auch nach dem altersbed. Rückzug Prof. Dr. Norbert Zimmermanns, der sich nun auf gelegentl. Einsätze als Vertreter beschränkt. Neben Hauschild, der einen Großteil der Beziehungen Zimmermanns weiterführt, hat sich Böttcher insbes. unter Corporate-Anwälten innerh. kurzer Zeit einen guten Ruf erarbeitet.
Oft empfohlen: Dr. Armin Hauschild („äußerst flexibel, herausragender Notar mit viel Erfahrung, international einsetzbar, versiert im Aktienrecht", „für M&A-Transaktionen sehr erfahren – sorgt für einen reibungslosen Ablauf", „Erfahrung, Kompetenz u. Geschwindigkeit sind herausragend", Kanzleien), zunehmend: Dr. Leif Böttcher („fachl. versiert, hervorragend im Service", Kanzlei über beide)
Team: 2 Notare, 14 Mitarbeiter
Schwerpunkte: M&A, Gesellschaftsrecht.
Mandate: Joint Venture aus RWE u. Northland zur Entwicklung von 3 Windparks; Mehrheitsbeteiligung durch FSN Capital an Kölner Sanitärgruppe Stiller u. deren Onlineshop Megabad; Verkauf von Amorelie durch ProSiebenSat.1-Tochter an EQOM; Übernahme div. Marken u. Milchverarbeitungswerke von FrieslandCampina durch Theo Müller; Verkauf von BESP durch Bayer an Cinven (Carve-out); Übernahme von Disapo durch Douglas; HVen: Gea, Henkel, LEG Immobilien, Rheinmetall.

HECKSCHEN & VAN DE LOO
Bewertung: Unter den ostdt. Notariaten außerh. Berlins spielt die gr. Dresdner Sozietät eine Sonderrolle: Für anspruchsvolle Corporate-Umstrukturierungen u. Transaktionen wenden sich auch Anwälte aus den führenden Kanzleien in Leipzig oft an die beiden Amtsträger in der sächs. Landeshauptstadt. Die beiden Notare u. ihr umfangr. Backoffice werden weit über die Region hinaus für fachl. Qualität u. Service empfohlen.
Oft empfohlen: Prof. Dr. Heribert Heckschen („überaus kompetent u. effizient, außerordentl. erfahren auch bei Beurkundungen im Zshg. mit Auslandssachverhalten", „echte Koryphäe mit breiter Vernetzung", Kanzleien), Dr. Oswald van de Loo („Kenner des Marktes", Kanzlei)
Team: 2 Notare, ca. 50 Mitarbeiter
Schwerpunkte: Gesellschaftsrecht, M&A, auch Immobilien.
Mandate: Übernahme Auto-Holding Dresden durch VGRD unter Beteiligung der Porsche Holding; Einstieg Amazon bei Sunfire.

HENGELER MUELLER
Bewertung: Die Anwaltsnotare sind nach wie vor auch anwaltl. fest im Transaktionsgeschäft verankert. Dementspr. ausgeprägt ist ihr Know-how bzgl. hochkomplexer Mandate mit gesellschaftsrechtl., M&A- u. Immobilienbezug. Insbes. Anwälte anderer Großkanzleien wissen diese Kombination zu schätzen u. loben das „erstklassige Notariatsteam" regelmäßig.
Oft empfohlen: Dr. Frank Burmeister, John Flüh („sehr guter Notar", Kanzlei)
Team: 6 Notare, plus Mitarbeiter
Schwerpunkte: Transaktionen (M&A u. Immobilien), Gesellschaftsrecht, auch Private Equity.
Mandate: Übernahme von Nimbus Health durch Dr. Reddy Laboratories; Verkauf von Phenox durch SHS Capital u. die NRW Bank an Wallaby Medical.

DR. HERMANNS & DR. SCHUMACHER
Bewertung: Eine ganze Reihe von Transaktionsanwälten aus renommierten Praxen schwört bei Beurkundungen in Köln auf Hermanns. Bes. oft wird das Notariat für Private-Equity-Deals u. gr. HVen wie zuletzt etwa von Bayer empfohlen. Gelobt wird auch das engagierte Backoffice für seine „zügige u. kooperative Abwicklung".
Oft empfohlen: Dr. Marc Hermanns („angenehm in der Zusammenarbeit, sehr responsiv", Kanzleien)
Team: 2 Notare, 19 Mitarbeiter
Schwerpunkte: M&A, Gesellschaftsrecht, auch Immobilien.
Mandate: HVen: Bayer, Covestro, Dt. Post.

DR. MARCUS KÄMPFER UND ANDREA BERGERMANN
Bewertung: In Düsseldorf zählt das Nur-Notariat seit Jahren zu den festen Größen, nicht nur im Gesellschaftsrecht, sondern auch bei M&A- u. Immobilientransaktionen. Insbes. Kämpfer wird regelm. von den führenden dt. Corporate-Anwaltspraxen hinzugezogen.
Oft empfohlen: Dr. Marcus Kämpfer („hervorragend", Unternehmen; „sehr sorgfältig, lösungs- u. dienstleistungsorientiert", Kanzlei)
Team: 2 Notare, 11 Mitarbeiter
Schwerpunkte: Gesellschaftsrecht, auch M&A u. Immobilien.
Mandate: Verkauf von ‚Leben'-Portfolio durch Axa an Athora.

JENS KIRCHNER PROF. THOMAS REICH
Bewertung: Mit seinem gr. u. für guten Service bekannten Backoffice ist das in dieser Konstellation noch recht junge Münchner Notariat bislang v.a. für Transaktionsarbeit bekannt, gerade im Immobiliensektor. Darüber hinaus spielen HVen lokal ansässiger Dax-Konzerne eine wesentl. Rolle, die insbes. Kirchner betreut.
Oft empfohlen: Jens Kirchner
Team: 2 Notare, 1 Notarassessor, 22 Mitarbeiter
Schwerpunkte: Gesellschaftsrecht, Immobilien, auch M&A.
Mandate: HVen: Allianz, Siemens, Munich Re.

DR. TILL KLEINSTÜCK UND DR. MARCUS RESKI
Bewertung: Das Hamburger Nur-Notariat ist im Vgl. zu den 4 Großeinheiten zwar schmaler aufgestellt, aber nicht minder beliebt bei Unternehmen u. Anwälten. Diese loben regelm. die fachl. Exzellenz der Amtsträger u. den hervorragenden Service, den sie v.a. dem sehr gut organisierten Backoffice zuschreiben. Im Fokus der notariellen Arbeit stehen Transaktionen u. Beurkundungen mit gesellschaftsrechtl. Bezug.
Oft empfohlen: Dr. Till Kleinstück, Dr. Marcus Reski („verlässlich", Unternehmen; „1A-Service", Kanzlei)
Team: 2 Notare, plus Mitarbeiter
Schwerpunkte: Gesellschaftsrecht, Immobilien.
Mandate: HV: Evotec.

KÜMMERLEIN
Bewertung: Die Anwaltsnotare der Ruhrgebietskanzlei widmen sich in unterschiedl. Intensität dem notariellen Geschäft. Doch hat das Notariat eine lange Tradition in der Kanzlei u. ist ein wesentl. Eckpfeiler der stabilen Mandatsbeziehungen, die Kümmerlein zu ihrer mittelständ. Stammklientel unterhält. So stehen u.a. Umstrukturierungen u. Anteilsübertragungen, oft mit erbrechtl. Fragen, auf der Agenda. Daneben setzen auch Konzerne aus der Region regelm. auf die Kanzlei.
Oft empfohlen: Dr. Ulrich Irriger, Dr. Christian Löhr („souverän u. freundlich", „sehr erfahren", Kanzleien)
Team: 9 Notare, 12 Mitarbeiter
Schwerpunkte: Gesellschaftsrecht (auch Unternehmensnachfolge).
Mandate: HVen: E.on, RWE, Thyssenkrupp.

LEHMANN NEUNHOEFFER SIGEL SCHÄFER
Bewertung: Obwohl das Notariat nur ein Standbein der auf Corporate-Themen ausgerichteten Anwalts- und Notarsboutique ist, zählt Sigel nach wie vor zu den renommiertesten Namen für komplexe gesellschaftsrechtl. Beurkundungen in Stuttgart, wie Anwaltssozietäten vor Ort betonen. Als Notarvertreter ist zusätzl. ein jüngerer Partner der Kanzlei im Einsatz, der wie Sigel über Erfahrung aus einer internat. Großkanzlei verfügt.
Oft empfohlen: Dr. Peter Sigel („pragmat., geduldig, hervorragender Jurist; weiß alles, kann alles", „unser erster Ansprechpartner für notariellen Angelegenheiten in Stuttgart", Kanzleien)
Team: 1 Notar, 5 Mitarbeiter
Schwerpunkte: Gesellschaftsrecht, M&A.
Mandate: HV: TeamViewer.

LENNERT SCHNEIDER & PARTNER
Bewertung: Das Anwaltsnotariat mit 3 jungen Amtsträgern zählt in Ffm. mittlerw. zu den etablierten Einheiten. Mandanten u. Transaktionsanwälte loben regelm. das „professionell geführte, schnell u. umsichtig agierende Notariat", insbes. im Zshg. mit M&A-Deals. Neben Transaktionen konzentriert sich ein Notar v.a. auf das Bauträgergeschäft, eine inhaltl. sinnvolle Ergänzung, die für ein konstantes Grundrauschen sorgt.
Oft empfohlen: Dr. Moritz Schneider („sehr kompetent, vertrauenswürdig u. gewissenhaft", Unternehmen); „sehr gut, dienstleistungsorientiert", Kanzlei), Dr. Benjamin Vins („hervorragend", Unternehmen), Dr. Silvia Lennert („unparteiisch, sehr präzise u. sorgfältig", Kanzlei über beide; „proaktiver Arbeitsstil, hohes Engagement in schwierigen Transaktionen", Kanzlei)
Team: 3 Notare, 12 Mitarbeiter
Schwerpunkte: Immobilien, Gesellschaftsrecht.
Mandate: Minderheitsbeteiligung von Gilde-Buyout an Init; Verkauf Militärtechniksparte Vincorion durch Jenoptik an Star Capital Partnership Fonds; Thyssenkrupp bei Verkauf Anlagensparte an Action Composites.

LUTHER
Bewertung: Enger als die Rechtsanwälte an den meisten dt. Luther-Standorten sind die Anwaltsnotare der Kanzlei mit Großkonzernen vernetzt. Das Zentrum der notariellen Tätigkeit liegt dabei in Essen, wo Luther regelm. Anlaufstelle für ähnl. viele bedeutende Industrieunternehmen ist wie die dortige Marktführerin Kümmerlein. Daneben bringen Luthers breit gestreute Kontakte zu Mittelständlern u. der öffentl. Hand in ganz Dtl. auch für die Notare lfd. Geschäft mit sich. Der Weggang 2er Amtsträger fällt aufgr. der schieren Größe der Praxisgruppe u. des eher individuell als strateg. geprägten Ansatzes bei der Geschäftsentwicklung kaum ins Gewicht.
Oft empfohlen: Dr. Stefan Galla („flexibel, aber genau", „pragmat.", Kanzleien), Dr. Christian Horn

NOTARIAT

(„überdurchschnittl. engagiert, kompetent", „schnell, gut, Tag u. Nacht erreichbar", Unternehmen; „exzellenter, sehr transaktionserfahrener Gesellschaftsrechtsnotar der jüngeren Generation", Kanzlei), Andreas Tüxen („schnell, pragmat., professionell", Kanzlei)
Team: 14 Notare, 30 Mitarbeiter
Partnerwechsel: Dr. Ulf Gibhardt (zu GvW Graf von Westphalen), Detlev Stoecker (zu Andersen)
Schwerpunkte: Gesellschaftsrecht, Immobilien, auch M&A.
Mandate: HVen: Brenntag, Evonik.

PROF. DR. DIETER MAYER
Bewertung: In München zählt Mayer nicht nur zu den prominentesten Notaren, sondern auch zu den absoluten Kapazitäten im Gesellschaftsrecht. Für viele führende Corporate-Anwälte in der Stadt ist er nach wie vor erste Anlaufstelle bei komplexen Umwandlungen u. Reorganisationen. Weniger ausgeprägt ist die Beurkundung von Transaktionen, für die das Notariat aber ebenfalls empfohlen wird.
Oft empfohlen: Prof. Dr. Dieter Mayer
Team: 1 Notar, 10 Mitarbeiter
Schwerpunkte: Gesellschaftsrecht, auch M&A.
Mandate: HVen: ProSiebenSat.1 Media, Telefónica Dtl., Wacker Chemie.

MAYER BROWN
Bewertung: Die US-Kanzlei unterhält seit Jahren in Ffm. ein starkes Notariat. Während der gute Ruf ursprünglich aus der Immobilienszene stammt, widmen sich 2 Notare mittlerw. verstärkt dem M&A-Geschäft u. dem Gesellschaftsrecht. Wie in ähnl. aufgestellten Einheiten arbeiten auch die MB-Notare weiterhin anwaltl. im Transaktionsgeschäft, was insbes. Anwälte anderer Transaktionskanzleien zu schätzen wissen.
Oft empfohlen: Dr. Julian Lemor („sehr gut", Unternehmen), Dr. Jörg Lang („umsetzungsstark", „sehr erfahren, nehmen wir regelm. bei Immobiliendeals", Kanzleien), Elmar Günther („sehr kompetent", „sehr guter Service", Kanzleien)
Team: 3 Notare, plus Mitarbeiter
Schwerpunkte: Transaktionen (Immobilien, M&A), Gesellschaftsrecht.
Mandate: Übernahme der Private-Banking-Einheit von UBS durch Singular Bank; Verkauf von 11 Logistikimmobilien durch UBS an Prologis; Verkauf Power-Portfolio durch Patrizia an GPEP.

NOERR
Bewertung: Die Notare sind entspr. der Gesamtausrichtung v.a. im Transaktionskontext u. im Gesellschaftsrecht tätig. Das umfasst auch Nachfolgeregelungen, bei denen die Kanzlei eine lange Tradition in der Beratung von Familienunternehmen pflegt. In Ffm. spielen außerdem Finanzierungen auf nationaler u. internat. Ebene eine Rolle.
Oft empfohlen: Dr. Thorsten Reinhard
Team: 6 Notare, plus Mitarbeiter
Schwerpunkte: M&A, Immobilien- u. Gesellschaftsrecht.
Mandate: Übernahme Paccor-Gruppe durch Faerch von Lindsay Goldberg.

NOTARE AM ALSTERTOR
Bewertung: Das Hamburger Nur-Notariat genießt weit über die Stadtgrenzen hinaus einen exzellenten Ruf. Es ist eines von 4 Großnotariaten in der Hansestadt u. kann durch die erhebl. fachl. Kapazitäten die viel gelobte Exzellenz glaubhaft verkörpern. Regelm. heben Marktteilnehmer außerdem die Fremdsprachenkenntnisse der Notare hervor, die nicht auf verhandlungssicheres Englisch begrenzt sind. Auch das personell u. fachl. starke Backoffice trägt wesentl. zum hohen bundesw. Ansehen bei u. wird u.a. für den professionellen Umgang mit englischsprachigen Verträgen gelobt.
Oft empfohlen: Dr. Robert Diekgräf („sehr, sehr erfahren im Gesellschaftsrecht/M&A, sehr präzise, ein perfekter Notar", Unternehmen; „hervorragender fachl. Input, professionelle Abwicklung des Vertragsvollzugs", „einer der Besten", Kanzleien), Johann Jonetzki („sehr erfahren u. versiert", „unser Favorit am Alstertor", Kanzleien), Dr. Arne Helms („stark im Gesellschaftsrecht", Unternehmen), Dr. Michael von Hinden („sehr genau, immer schnell, sehr serviceorientiert", Kanzlei)
Team: 6 Notare, 70 Mitarbeiter
Schwerpunkte: Immobilien, M&A, Gesellschaftsrecht (auch Nachfolgethemen).
Mandate: Verkauf Pandion-Projektentwicklung in München von Bayer. Versorgungskammer an Union Investment; HV: CTS Eventim.

NOTARE AN DEN ALSTERARKADEN
Bewertung: Das Hamburger Nur-Notariat ist in allen notariell relevanten Rechtsgebieten tätig. Wirtschaftsanwälte u. Unternehmen schätzen aber v.a. die Kompetenz u. große Erfahrung der beiden Amtsträger bei Transaktionen, die sie regelm. dort beurkunden lassen. Der Weggang des renommierten Perz schadet den beiden ebenfalls hoch angesehenen Amtsträgern eher weniger. Trotzdem ist sein Wechsel in der Welt der sonst überaus stabilen Nur-Notariate durchaus bemerkenswert.
Oft empfohlen: Dr. Matthias Kleiser („brillantes Detailwissen, starkes Urteilsvermögen, gute Übersicht", Unternehmen), Dr. Maximiliane Meyer-Rehfueß („navigiert komplexe Transaktionen souverän u. lösungsfokussiert, sehr kompetent, extrem schneller Service", Unternehmen; „hohe Kompetenz, große Erfahrung, exzellenter Service", Unternehmen über beide)
Team: 3 Notare, plus Mitarbeiter
Partnerwechsel: Dr. Markus Perz (zu Notare am Gänsemarkt)
Schwerpunkte: Gesellschaftsrecht, Immobilien, M&A.
Mandate: Übernahme Drohnenhersteller EMT durch Rheinmetall.

NOTARIAT BALLINDAMM
Bewertung: Das Hamburger Großnotariat genießt bundesw. einen sehr guten Ruf. Ähnl. wie seine lokalen Wettbewerber sticht es mit einem hohen Maß an Flexibilität u. Dienstleistungsbereitschaft heraus. Das Backoffice wird regelm. hervorgehoben. Insbes. die jüngeren Amtsträger erhalten durch ihr Engagement in der Unternehmerberatung u. bei Transaktionen vermehrt Lob auch von Anwaltsseite u. tragen so den Qualitätsstandard in die nächste Generation.
Oft empfohlen: Dr. Florian Möhrle („sehr flexibel u. schnell, sehr angenehm im Umgang", Unternehmen), Prof. Dr. Peter Rawert („extrem professionell u. sehr nett", Unternehmen; „erste Wahl u. hochkarätiger Sparringspartner", Kanzlei), Dr. Alexander Gebele („fachl. hervorragend u. extrem versiert", Kanzlei über beide; „exzellent, mit ausgezeichnetem Englisch u. genauem Blick", „stark in der Beratung von vermögenden Hamburger Privatpersonen", Kanzleien), Dr. Ralf Katschinski („hohe Kompetenz u. Erfahrung in internationalen Gesellschaftsfragen", Kanzlei), Dr. Gesa Beckhaus („inhaltlich auf den Punkt", Kanzlei)
Team: 5 Notare, ca. 80 Mitarbeiter
Schwerpunkte: Gesellschaftsrecht, Immobilien, M&A.
Mandate: Verkauf des Schieneninfrastrukturbetriebs der Osthannoverschen Eisenbahnen an das Land Niedersachsen; Einstieg von Dow Chemical als Gesellschafter des Stader LNG-Terminals; HVen: Freenet, Aurubis, Jungheinrich.

NOTARIAT BERGSTRASSE
Bewertung: Das Notariat zählt zu den Hamburger Großeinheiten u. ist bei spektakulären Transaktionen regelm. gefragt. Neben der Fachkompetenz der Nur-Notare heben Mandanten v.a. die Qualität des Backoffice u. die enorm hohe Servicebereitschaft hervor, die eine Zusammenarbeit mit den Notariatsfachkräften im Vorfeld oder Nachgang einer Beurkundung erleichtert.
Oft empfohlen: Dr. Jan Wolters, Dr. Johannes Beil („einer der besten Juristen Deutschlands; witzig, kompetent, umsichtig, scheut nicht das offene Wort, sehr zuverlässig u. kompetent in der Abwicklung", Unternehmen; „denken mit, sind akribisch", Kanzlei über beide), Thomas Diehn („erfahrener u. versierter Transaktionsnotar", Kanzlei)
Team: 5 Notare, 100 Mitarbeiter
Schwerpunkte: Gesellschaftsrecht, Immobilien, M&A.
Mandate: Minderheitsbeteiligung von KKR an Supply-Chain-Softwaregeschäft von Körber; Übernahme Jump-House-Gruppe durch Parc Invest; Verkauf von Müpro durch Perusa an IK Partners; Beteiligung von Hapag-Lloyd an JadeWeserPort; Verkauf von wpd Offshore an Global Infrastructure Partners; Mehrheitsbeteiligung von Otto Group an Medgate u. Übernahme von BetterDoc; Verkauf von Schiffskreditportfolio der HSH Portfoliomanagement an US-Konsortium; HVen: Beiersdorf, Encavis, TAG Immobilien.

OHNLEITER HILLEBRAND UND DR. SÜNNER
Bewertung: Im Stuttgarter Markt hat OHS eine exponierte Stellung, gerade wg. ihrer ausgezeichneten Vernetzung bei südwestdt. Großunternehmen. Auch Anwälte aus renommierten Corporate-Praxen heben die Notare regelm. für Service u. fachl. Qualität hervor.
Oft empfohlen: Harald Ohnleiter
Team: 3 Notare, 45 Mitarbeiter
Schwerpunkte: Gesellschaftsrecht, Immobilien, M&A.
Mandate: HVen: Mercedes-Benz Group, Daimler Truck Holding, Bechtle, Porsche.

PFISTERER & DÖBEREINER
Bewertung: In München zählt das Notariat zu den renommiertesten Adressen für M&A- u. Private-Equity-Deals, wie führende Transaktionsanwälte einhellig feststellen. Auch Unternehmen loben das Know-how der Notare bei komplexen Umstrukturierungen sowie die außergewöhnl. Betreuung durch das „flexible u. dienstleistungsorientierte" Backoffice.
Oft empfohlen: Dr. Benedikt Pfisterer („kennt die Abläufe genau; schnell u. serviceorientiert", „findet die richtige Balance zwischen Genauigkeit

NOTARIAT

u. den prakt. Zwängen des Transaktionsalltags", Kanzleien)
Team: 2 Notare, 19 Mitarbeiter
Schwerpunkte: M&A, Gesellschaftsrecht, auch Immobilien.
Mandate: Verkauf von BE-terna an Telefónica Tech; regelm. Real I.S. (marktbekannt).

DR. BURKHARD PÜNDER & DR. GERRIT WENZ
Bewertung: Das Notariat zählt zu den etablierten Einheiten in Düsseldorf u. ist vorwiegend im Immobilien- u. Gesellschaftsrecht tätig. Letzteres ist zum Teil eng verknüpft mit der Beratung zu erbrechtl. Fragen oder Nachfolgethemen. Gerade in diesem Kontext beraten die Amtsträger, die vor ihrer notariellen Tätigkeit Anwälte bei Clifford Chance waren, v.a. Mandanten aus D'dorf u. Umgebung. Aber auch bundesw. tätige Immobilienunternehmen wie die Gerch Group oder die österr. Signa lassen Marktinformationen zufolge ihre Transaktionen dort beurkunden.
Oft empfohlen: Dr. Gerrit Wenz („sehr serviceorientiert, reaktionsschnell, sicheres Englisch", Kanzlei)
Team: 2 Notare, 25 Mitarbeiter
Schwerpunkte: Immobilien, Gesellschaftsrecht.
Mandate: Thyssenkrupp bei Verkauf Edelstahlwerk AST an Arvedi; regelm. Gerch Group, Signa.

DR. PAUL ROMBACH DR. CLAUDIE ROMBACH
Bewertung: Das D'dorfer Nur-Notariat genießt in der dortigen Anwaltsszene insbes. für sein gesellschaftsrechtl. Know-how einen guten Ruf. Gelobt wird zudem regelm. das „sehr gute Backoffice", das eine wesentl. Säule der viel gepriesenen Servicementalität bildet. Neben Englisch sprechen die beiden Amtsträger auch Französisch, Spanisch u. Tschechisch.
Oft empfohlen: Dr. Paul Rombach („sehr guter, dienstleistungsorientierter Gesellschaftsrechtler mit sicheren Englischkenntnissen", Kanzlei)
Team: 2 Notare, ca. 12 Mitarbeiter
Schwerpunkte: Gesellschaftsrecht.
Mandate: Keine Nennungen.

DR. BERNHARD SCHAUB
Bewertung: Die Münchner Notarskanzlei genießt sowohl für ihre immobilienrechtl. Kompetenz als auch für gesellschaftsrechtl. Fragen u. Transaktionen einen hervorrag. Ruf. Das Backoffice zählt zu den größten in der Stadt u. erhält immer wieder Lob für Qualität, Serviceorientierung u. Schnelligkeit gerade bei M&A- u. Private-Equity-Deals. Bei der Gebührengestaltung polarisiert Schaub allerdings wie kaum ein anderes Notariat, selbst im hochpreisigen Münchner Markt.
Oft empfohlen: Dr. Bernhard Schaub („fachl. brillant", „gründlich mit schneller Auffassungsgabe u. Humor", „Fachmann im Gesellschaftsrecht", Kanzleien)
Team: 1 Notar, 15 Mitarbeiter
Schwerpunkte: Gesellschaftsrecht, M&A, Immobilien.
Mandate: HV: Nemetschek.

DR. MARTIN T. SCHWAB DR. SIMON WEILER
Bewertung: Die beiden jungen Notare haben sich eine ausgezeichnete Reputation im Münchner Markt erarbeitet. Besonders anerkannt sind die Amtsträger für Corporate-Themen u. Transaktionen, wobei ihnen ihre Großkanzleierfahrung auch auf internat. Parkett zugutekommt. Anwälte loben regelm. neben den Sprachkenntnissen – beurkundet wird auch auf Englisch u. Italienisch – den hervorragenden Service, der zum Großteil am vielfach gelobten Backoffice hängt.
Oft empfohlen: Dr. Martin Schwab, Dr. Simon Weiler („fachl. exzellent, sehr dienstleistungsorientiert u. techn. versiert mit top Backoffice", Kanzlei; „außergewöhnl. Notariat mit hervorragenden Amtsträgern u. einem Spitzen-Backoffice", Unternehmen über beide; „renommierte Gesellschaftsrechtler, insbes. im M&A/PE u. bei gesellschaftsrechtl. komplexen Themen; problemlose Beurkundungen in ausländischer Sprache", Kanzlei über beide)
Team: 2 Notare, 25 Mitarbeiter
Schwerpunkte: Gesellschaftsrecht, M&A.
Mandate: Verkauf Straßenverkehrstochter Yunex Traffic an ital. Konzern Atlantia; Übernahme Energiedienstleister Getec durch JPMorgans Infrastrukturfonds IIF von EQT u. Getec Energie Holding; Verkauf von Fachmarktportfolio durch Patrizia an Meag; Verkauf von Mann+Hummel-Sparte an Mutares (Carve-out); Übernahme ,Share Now' durch Stellantis; Verkauf von Teilen des Siemens-Logistikgeschäfts an Körber (Carve-out); HV: Siltronic.

SOBOTTA MEIDRODT
Bewertung: Das Frankf. Anwaltsnotariat wird stärker als lokale Wettbewerber wie Lennert Schneider oder Wicker Schütz für klass. gesellschaftsrechtl. Themen empfohlen u. hier immer wieder von führenden Corporate-Anwaltspraxen angefragt. Bei M&A-Deals im Immobiliensektor haben dafür oft andere Notariate die Nase vorn. Die Amtsträger bringen langj. Erfahrung aus Wirtschaftskanzleien mit, konzentrieren sich aber auf das Notariat.
Oft empfohlen: Jan Sobotta
Team: 2 Notare, plus Mitarbeiter
Schwerpunkte: Gesellschaftsrecht, auch Immobilien.
Mandate: Keine Nennungen.

TAYLOR WESSING
Bewertung: Die Kanzlei ergänzt ihr Full-Service-Angebot in Berlin u. Ffm. durch ein Notariat. Bärwaldt u. Hasselbrink aus Berlin genießen insbes. in der Venture-Capital-Szene enorm hohes Ansehen. Anwälte loben nicht nur die Kompetenz u. Erfahrung der beiden Amtsträger, sondern auch regelm. das dazugehörige Backoffice.
Oft empfohlen: Roman Bärwaldt („sehr erfahren, v.a. bei Transaktionen u. HVen", Unternehmen; „der wohl bekannteste Notar im Venture Capital, schnell u. sehr gründlich mit sehr gutem Support Staff", Kanzlei), Prof. Dr. Hagen Hasselbrink („sehr gut bei VC-Transaktionen", Kanzlei)
Team: 5 Notare
Schwerpunkte: Gesellschaftsrecht (v.a. Venture Capital), Immobilien.
Mandate: Serie-D-Finanzierungsrunde von McMakler; Fusion von Traffics u. Travelsoft.

DR. ROBERT WALZ DR. HANS-JOACHIM VOLLRATH
Bewertung: Im Münchner Markt hebt sich dieses Notariat durch konsequente Serviceorientierung von vielen Wettbewerbern ab, wie zahlr. Anwälte aus renommierten M&A-, Private-Equity- u. Venture-Capital-Praxen betonen. Beide Notare bringen Erfahrung als Transaktionsanwälte mit u. gelten auch bei internat. Deals als sehr kompetent.
Oft empfohlen: Dr. Robert Walz („auch längere Beurkundungen werden sachgerecht begleitet u. Änderungen schnell u. präzise umgesetzt", Kanzlei), Dr. Hans-Joachim Vollrath („uneingeschränkt zu empfehlen", Kanzlei über beide)
Team: 2 Notare, plus Mitarbeiter
Schwerpunkte: M&A, auch Gesellschaftsrecht.
Mandate: Serie-E-Finanzierungsrunde von Personio.

WHITE & CASE
Bewertung: Stärker als die übrigen Großkanzleien in Ffm. hat W&C die Rollen ihrer Notare ausdifferenziert: Während Habighorst v.a. im Gesellschaftsrecht zum Einsatz kommt, konzentrieren sich die übrigen Notare auf den Immobilienbereich respektive Kreditthemen. Dass mehrere Anwaltsnotare vorwiegend notariell tätig sind, macht die W&C-Praxis gerade in Ffm. zu einer Art Notarboutique innerh. einer Großkanzlei – eine Aufstellung, die wenige Parallelen in anderen Sozietäten hat.
Oft empfohlen: Dr. Oliver Habighorst („fachl. spitze, pragmat., serviceorientiert", Kanzlei)
Team: 7 Notare, 9 Mitarbeiter
Schwerpunkte: M&A, Gesellschaftsrecht, auch Immobilien.
Mandate: HV: Commerzbank.

WICKE HERRLER
Bewertung: Viele Anwälte zählen das Notariat zu den Top-Adressen in München u. machen dabei kaum einen Unterschied zwischen den beiden Amtsträgern. Bes. enthusiast. Zuspruch erhalten sie von Transaktionsanwälten auch für ihren Service u. die ständige Erreichbarkeit. Daneben haben die Notare inzw. gute Kontakte zu Konzernen mit Münchner Sitz etabliert. Unternehmen loben zudem mehrfach die „unkomplizierte u. zügige Abwicklung durch hervorragende Notarfachangestellte".
Oft empfohlen: Dr. Hartmut Wicke („findet die richtige Balance zwischen Genauigkeit u. den praktischen Zwängen des Transaktionsalltags, sehr serviceorientiert", „exzellent", „Wahnsinnstyp", Kanzleien), Sebastian Herrler („großartig", Kanzlei über beide)
Team: 2 Notare, 30 Mitarbeiter
Schwerpunkte: M&A, Gesellschaftsrecht, auch Immobilien.
Mandate: Paragon u. KME bei Joint Venture für Teilkooperation; Umwandlung Scout24 von AG in SE; Beteiligung von Klar Partners an NWT Group; Verkauf Repa Group durch Riverside an PT Holdings; HVen: Infineon, Knorr-Bremse, Scout24, Cancom.

WICKER SCHÜTZ
Bewertung: Das Frankf. Notariat zählt zu den renommiertesten Adressen für M&A- u. Immobilientransaktionen. Anwälte aus Großkanzleien auch in anderen dt. Metropolen zählen die beiden Amtsträger zur Marktspitze. Kontinuierl. hohes Lob gibt es für das „extrem serviceorientierte u. leistungsstarke Notariat mit großartiger Dienstleistungsmentalität".
Oft empfohlen: Dr. Bernhard Schütz, Dr. Christian Wicker („diplomat. auch in schwierigen Situationen", Kanzlei über beide)
Team: 2 Notare, 12 Mitarbeiter
Schwerpunkte: M&A, Immobilien.
Mandate: Keine Nennungen.

Öffentlicher Sektor

731 Beihilferecht
739 Öffentliches Wirtschaftsrecht
755 Vergaberecht

Staatlicher Einfluss steigt rasant

Es kommt, wie es kommen musste: Schon länger wurde prophezeit, dass die staatliche Einflussnahme auf die Freiheit von Personen und Unternehmen immer weitreichender wird. Die Corona-Pandemie hat in den vergangenen Monaten bereits vielfach gezeigt, wie wichtig eine funktionierende Gerichtsbarkeit für die Kontrolle staatlicher Maßnahmen ist. Durch den Krieg Russlands gegen die Ukraine könnte der Einfluss der Regierung noch einmal eine ganz neue Dimension bekommen, wenn es darum geht, Unternehmen und Bürgern im Winter im wahrsten Sinne des Wortes den (Gas-)Hahn abzudrehen. Auch die durch den Krieg um ein Vielfaches beschleunigte Transformation des europäischen Energiemarktes verleiht Klimawandel, Energiewende und den daran anschließenden Umstrukturierungsprozessen noch mal eine neue Qualität und vor allem ein neues Tempo.

Die für diesen Winter geplanten Inbetriebnahmen der LNG-Terminals in Brunsbüttel und Wilhelmshaven sind nur zwei Beispiele für infrastrukturelle Großprojekte, in denen es enormes Profilierungspotenzial für Öffentlichrechtler gibt – angefangen beim beschleunigten Genehmigungsverfahren (**Clifford Chance** in Brunsbüttel) über die Betreibervergabe (**Heuking Kühn Lüer Wojtek** für NSPorts, **Leinemann & Partner** für Depenbrock; Wilhelmshaven) bis zu gesellschaftsrechtlichen Beteiligungsstrukturen (**Freshfields Bruckhaus Deringer** und **Latham & Watkins** für RWE), bei denen ohne regulatorisches Fachwissen gar nichts geht. Solche Mandate fungieren insbes. für Großkanzleien als eine Art Türöffner, indem sie sich über die umwelt- und fachplanungsrechtliche Beratung für weitere regulatorische Fragen und teils auch für gesellschaftsrechtliche, transaktionelle und Finanzierungsmandate empfehlen.

Unbegrenzte Möglichkeiten

Doch nur weil Großkanzleien den Öffentlichen Sektor wieder für sich entdeckt haben, heißt das noch lange nicht, dass sie den Markt künftig allein beherrschen werden. Auch auf Boutiquen und mittelständische Einheiten wartet jede Menge Arbeit.

Besonders deutlich wird das im Verkehrssektor, wo der Beratermarkt diverser ist als in vielen anderen Sektoren. Allein die Marktführer, zu denen unter anderem **Freshfields**, **DLA Piper** und **Redeker Sellner Dahs** zählen, setzen mit sehr unterschiedlichem Leistungsspektrum die maßgeblichen Akzente.

Die Verkehrswende, die mittlerweile eher eine Mobilitätswende ist, spielt insbesondere auf Kommunal- und Landesebene eine tragende Rolle. Neben **BBG und Partner** sind hier insbesondere **Oppenländer** und **Raue** ebenso wie einige der Big-Four-Rechtsarme bereits mit der Umsetzung städtischer Mobilitätskonzepte befasst. Alle mit diesen Themen befassten Kanzleien haben neben Öffentlichrechtlern auch Vergabe- und Beihilfeexperten in ihren Reihen, ohne die eine konzeptionelle Beratung kaum möglich wäre.

Die Bewertungen behandeln Kanzleien, die mit unterschiedlicher Schwerpunktsetzung zu den regulatorischen Anforderungen des Öffentlichen Sektors beraten. Den zunehmenden Einfluss der EU-Kommission decken insbesondere die Unterkapitel ▷*Beihilfe-* und ▷*Öffentliches Wirtschaftsrecht* ab. Aber auch im ▷*Vergaberecht* gewinnt das Europarecht immer mehr an Gewicht.

Beihilferecht

Finanzielle Hilfen für den Wandel

Noch immer prägen die Belastung von Unternehmen durch die Pandemie sowie Green Deal- und Digitalisierungsimpulse die großen Linien im Beihilferecht. Doch im Sommer 2022 beherrschten mit der drohenden Gasknappheit und Preissteigerungen weitere bedeutende Themen die wirtschaftspolitische Diskussion. Das Beihilfe- und Fördermittelrecht ist immer mit von der Partie, wenn es um staatliche Hilfen für die Refinanzierung notleidender Unternehmen, die Finanzierung von Infrastrukturen oder die Förderung von Forschungs- und Digitalisierungsvorhaben geht.

Beim Rettungspaket für den Gashändler Uniper stand **CMS Hasche Sigle** an der Seite des Bundes, der mit 30 Prozent einstieg, **Hengeler Mueller** beriet an der Seite der finnischen Mehrheitseignerin Fortum. Die KfW setzte bei Rettungskrediten wie diesem sowie beim Aufbau von LNG-Kapazitäten wiederholt auf **Freshfields Bruckhaus Deringer** bzw. **Linklaters**.

Während in solchen Kanzleien die Kombination aus Beihilfe-, Insolvenz- und Finanzierungsspezialisten im Zentrum stehen, arbeiten bei den zahlreichen Digitalisierungsprojekten Beihilfe-, Fördermittel- und IT-Rechtler zusammen. Auf der Bundes- und den Länderebenen sind unzählige Projekte in der Planung oder Umsetzung, die oft auf sinnvolle Ausschreibungen ausgerichtet sind und damit starken vergaberechtlichen Bezug haben. Sehr präsent sind hier Kanzleien wie **Dentons**, **GvW Graf von Westphalen** oder **Taylor Wessing**. Großen Beratungsbedarf gibt es weiterhin durch das Krankenhauszukunftsgesetz, das IT- und Softwareausstattung von Krankenhäusern anschiebt und fördermittelrechtliche Aspekte in sich trägt.

Trotz der vielen inhaltlichen Schnittstellen ist das Beihilferecht keineswegs von Großkanzleien allein dominiert. Es galt vielmehr lange als Spezialmaterie und hat es kleineren Kanzleien oder Teams innerhalb einer Kanzlei ermöglicht, sich zu profilieren. Zu den bekanntesten Beispielen zählt hier die Berliner Kanzlei **Müller-Wrede & Partner**, deren Beihilferechtler zusammen mit dem Inhouse-Team des Flughafens Berlin-Brandenburg Anfang des Jahres die jüngste, milliardenschwere Rekapitalisierung bei der EU-Kommission anmeldeten.

Wegen des stark europarechtlichen Einschlags des Beihilferechts sind die Kompetenzen oft in den ▷*Brüsseler* Büros der Kanzleien angesiedelt. Beihilferechtlich relevante Projekte im Infrastruktursektor sind teils in den Kapiteln ▷*Energiewirtschaftsrecht*, ▷*Verkehr* und ▷*Vergaberecht* erfasst. Viele der Anwälte sind an der Schnittstelle zum ▷*Kartell-* oder ▷*Öffentl. Recht* tätig.

ÖFFENTLICHER SEKTOR BEIHILFERECHT

ADVANT BEITEN
Bewertung: Die Kanzlei hat im Beihilferecht Erfahrung mit Notifizierungen, der Beratung zu Kooperationen u. berät v.a. an der Schnittstelle zum Kartell- u. Vergaberecht. Traditionell auch gute Verbindungen nach Osteuropa.
Oft empfohlen: Dr. Dietmar Reich („sehr zuverlässig", Wettbewerber)
Mandate u. nähere Informationen finden Sie in den Kapiteln ▷Vergabe, ▷Kartellrecht.

BAKER MCKENZIE
Bewertung: Der steigenden Bedeutung des Beihilferechts trägt die Kanzlei über Fachbereiche wie Energie, Gesundheit, Corporate u. insbes. Vergabe-/Regulierungsrecht Rechnung. Weitgehend unabhängig davon berät aus Brüssel heraus eine erfahrene Beihilfe- u. Europarechtlerin regelm. in internat. Fällen u. zu möglichen Infrastrukturinvestitionen sowie IPCEI-Projekten.
Mandate u. nähere Informationen finden Sie in den Kapiteln ▷Brüssel, ▷Vergabe, ▷ESG, ▷Gesundheit.

DR. ANDREAS BARTOSCH
Bewertung: Der Einzelanwalt zählt zu den erfahrensten Beihilferechtsspezialisten. Dementspr. berät er in einem breit gefächerten Spektrum u. häufig dort, wo er seine langj. gewachsene Vernetzung im Brüsseler Markt u. bei den EU-Gerichten einbringen kann.
Oft empfohlen: Dr. Andreas Bartosch
Mandate: Diakonisches Werk/Niedersachsen zu Neuausausrichtung der Fördertätigkeit; Unternehmen zu EU-Beschwerde gg. Nichtvergütung der Monopollizenz durch privatisierte WestSpiel-Gruppe; Energieversorger bzgl. Ausgleich von Flutschäden im Ahrtal; regelm. Landesumweltministerium NRW; Brodosplit zu Rettungs- u. Umstrukturierungsbeihilfen im Zshg. mit Russland-Sanktionen/sanktionsbed. Ausfall russ. Banken; Immobilienunternehmen zu Beschwerde u.a. wg. Überlassung von Grundstücken im Raum Frankfurt/M.; Stadtwerk zu Streit mit Energieversorger vor schweiz. Schiedsgericht.

BLOMSTEIN
Bewertung: Die beihilferechtl. Beratung liegt bei dem Team oft auf Unternehmensseite, so etwa bei Fördermittelthemen oder Umstrukturierungsbeihilfen. Zudem gewann die Kanzlei ein Mandat der EU-Kommission als Monitoring Trustee, um Zusagen im Rahmen der Rekapitalisierungsmaßnahmen für Air France zu überwachen.
Oft empfohlen: Dr. Max Klasse
Mandate und weitere Informationen finden Sie in den Kapiteln ▷Vergaberecht u. ▷Kartellrecht

CBH RECHTSANWÄLTE
Bewertung: Die Kanzlei berät im Beihilferecht über ihre aktive öffentl.-rechtl. Praxis u. hat gute Kontakte zur öffentl. Hand, teils auch auf Bundes- u. Landesebene, u.a. zu Kooperationsmöglichkeiten. Ein Schwerpunkt ist die Beratung mit Bezug zum Verkehrssektor u. zu Mobilitätsthemen.
Oft empfohlen: Prof. Dr. Stefan Hertwig, Dr. Jan Deuster
Mandate u. nähere Informationen finden Sie in den Kapiteln ▷Vergabe, ▷Verkehr, ▷Öffentl. Recht.

CMS HASCHE SIGLE
Bewertung: Das beihilferechtl. spezialisierte, anerkannte Team berät in enger Vernetzung mit anderen Fachbereichen in zahlr. komplexen Projekten, z.B. im Infrastruktursektor oder für Bundesländer u. die Finanzagentur im Zshg. mit Stützungs- u. Stabilisierungsmaßnahmen. Die Beihilferechtler waren zudem in den prägenden Mandaten zur Energiewende aktiv, die die Kanzlei besonders beschäftigten. Dazu bietet CMS Erfahrung mit europarechtl. Spezialfragen u. an der Schnittstelle zum Steuerrecht.
Oft empfohlen: Dr. Michael Bauer („hohe Kompetenz u. Kenntnis der Verfahren, geschickter Verhandler", Mandant)
Mandate u. nähere Informationen finden Sie in den Kapiteln ▷Brüssel, ▷Energie, ▷Verkehr, ▷Vergabe, ▷Kredite, ▷Insolvenz u. Restrukt. ▷Öffentl. Recht, ▷Außenwirtschaft.

DENTONS
Bewertung: Schwerpunkt der beihilferechtl. Beratung sind Themen, die förder- u. vergaberechtl. Charakter haben. Dazu zählen Infrastrukturinvestitionen, zuletzt v.a. im IT- und Digitalisierungszusammenhang sowie die Begleitung von Unternehmen bei Ausschreibungen. Außerdem zeichnet sich die Praxis durch umf. Erfahrung in regulierten Branchen aus, inkl. kartellrechtsrelevanter Bezüge.
Oft empfohlen: Dr. Matthias Nordmann, Andreas Haak
Mandate u. nähere Informationen finden Sie in den Kapiteln ▷Vergabe, ▷Energie, ▷Gesundheit, ▷Kartellrecht, ▷ESG, ▷Insolvenz/Restrukturierung.

FRESHFIELDS BRUCKHAUS DERINGER
Bewertung: Das Team gehört in der beihilferechtl. Beratung zu den Marktführern. Insbes. in Brüssel u. Berlin hat die Kanzlei angesehene u. europarechtl. versierte Anwälte, die häufig an der Schnittstelle zum Kartell- u. Steuerrecht tätig sind. Die Praxis berät darüber hinaus bei Transaktionen u. Refinanzierungen im Umfeld regulierter Branchen u. Infrastrukturen. Viel Erfahrung bei Prozessen vor den EU-Gerichten.
Oft empfohlen: Dr. Andreas von Bonin („sehr konstruktive Zusammenarbeit", Wettbewerber), Dr. Thomas Lübbig
Mandate u. nähere Informationen finden Sie in den Kapiteln ▷Brüssel, ▷Insolvenz/Restrukturierung, ▷Kredite, ▷Öffentl. Recht, ▷Energie, ▷Kartellrecht, ▷Bankaufsicht.

GLEISS LUTZ
Bewertung: Eine führende Beihilfepraxis mit breitem Spektrum, das EU-Beihilferecht ebenso umfasst wie fördermittelrechtl. Themen. Die Zusammenarbeit mit den Vergabe-, Steuerrechts- u. Regulierungsteams ist eingespielt, so war die Kanzlei u.a. auch in div. Stabilisierungsthemen eingebunden. Dazu kommt viel Erfahrung mit Notifizierungen, IPCEI-Projekten u. Vorstrukturierungen sowie EU-Beschwerden u. europarechtl. Prozessen vor den EU-Gerichten.
Oft empfohlen: Dr. Ulrich Soltész („sehr tiefe Kenntnis des Beihilferechts", Wettbewerber), Dr. Burghard Hildebrandt, Dr. Christian von Köckritz

Beihilferecht

Kanzlei	Standorte
Advant Beiten	Brüssel, Hamburg
Baker McKenzie	Berlin, Brüssel
Dr. Andreas Bartosch	Brüssel
Blomstein	Berlin
CBH Rechtsanwälte	Köln, Berlin
CMS Hasche Sigle	Brüssel
Dentons	München, Berlin, Düsseldorf
Freshfields Bruckhaus Deringer	Brüssel, Berlin
Gleiss Lutz	Brüssel, Düsseldorf
GSK Stockmann	Hamburg, München, Berlin
GvW Graf von Westphalen	Hamburg
Hengeler Mueller	Berlin, Brüssel
Heuking Kühn Lüer Wojtek	Düsseldorf, Stuttgart, Köln, Hamburg
Hogan Lovells	Hamburg
Jones Day	Brüssel
Kapellmann und Partner	Brüssel, Mönchengladbach
Linklaters	Berlin
Luther	Brüssel, Hannover, Leipzig, Essen
Müller-Wrede & Partner	Berlin
Noerr	München, Brüssel
Norton Rose Fulbright	Brüssel
Pinsent Masons	Düsseldorf
PricewaterhouseCoopers Legal	Hamburg, Berlin
Redeker Sellner Dahs	Brüssel, Bonn, Berlin
Taylor Wessing	Düsseldorf, Hamburg
White & Case	Berlin, Brüssel
WilmerHale	Frankfurt

Die Auswahl von Kanzleien und Personen in Rankings und tabellarischen Übersichten ist das Ergebnis umfangreicher Recherchen der JUVE-Redaktion. Sie ist in 2erlei Hinsicht subjektiv: Die Aussagen der befragten Quellen sind subjektiv u. spiegeln deren Erfahrungen u. Einschätzungen. Die JUVE-Redaktion wiederum analysiert die Rechercheergebnisse unter Einbeziehung ihrer eigenen Marktkenntnis. Der JUVE Verlag beabsichtigt keine allgemeingültige oder objektiv nachprüfbare Bewertung. Es ist möglich, dass eine andere Recherchemethode zu anderen Ergebnissen führt. Innerhalb einzelner Gruppen in Rankings und tabellarischen Übersichten sind Kanzleien und Personen alphabetisch sortiert.

BEIHILFERECHT ÖFFENTLICHER SEKTOR

("gut für EU-Prozesse", Wettbewerber), Dr. Harald Weiß

Mandate u. nähere Informationen finden Sie in den Kapiteln ▷Brüssel, ▷Vergabe, ▷Compliance, ▷Gesundheit, ▷Kartellrecht, ▷Verkehr, ▷Energie, ▷Öffentl. Recht, ▷Außenwirtschaft, ▷Insolvenz/Restrukturierung, ▷Kredite.

GSK STOCKMANN
Bewertung: Die beihilferechtl. Praxis ist v.a. bei kommunalen Infrastrukturprojekten gefragt. Schwerpunkt ist die Beratung der öffentl. Hand, v.a. im Bereich Seehäfen, Straßen u. Wasserstraßen. Zuletzt beriet die Kanzlei auch im Zshg. mit dem Bau des neuen LNG-Terminals in Stade. Auch Notifizierungen bei der EU-Kommission intensiviert.
Oft empfohlen: Dr. Arne Gniechwitz ("lösungsorientierte, gute Zusammenarbeit", "sehr erfahren", Wettbewerber)
Mandate u. nähere Informationen finden Sie in den Kapiteln ▷Vergabe, ▷Öffentl. Recht, ▷Immo/Bau.

GVW GRAF VON WESTPHALEN
Bewertung: Die Praxis berät in einem breiten Spektrum von beihilfe- u. fördermittelrechtl. Themen. Projekte in den Sektoren Mobilität, Flughäfen, Digitalisierung, Energie u. Stadtentwicklung spielen vermehrt eine Rolle. Dadurch hat sich die Zusammenarbeit an Schnittstellen intensiviert.
Oft empfohlen: Dr. Gerd Schwendinger
Mandate u. nähere Informationen finden Sie in den Kapiteln ▷Verkehr, ▷Energie, ▷Vergabe, ▷Öffentl. Recht, ▷IT und Datenschutz.

HENGELER MUELLER
Bewertung: Die angesehene beihilferechtl. Praxis ist durch ein breites Spektrum an öffentl.-rechtl. u. regulierungsnahen Mandaten gekennzeichnet – bspw. Transaktionen im Immobilien- u. Infrastrukturbereich, insolvenznahe Restrukturierungen u. Mandate mit steuerrechtl. Bezug. Regelm. Beratung zu Fördermöglichkeiten bzw. Prüfungen im Anschluss an Förderungen ebenso wie zu IPCEI-Projekten. Auch Erfahrung bei Prozessen vor den EU-Gerichten u. beihilferechtl. EU-Beschwerden.
Oft empfohlen: Dr. Jan Bonhage ("beeindruckt mit außergewöhnl. Professionalität u. Erfahrung zu relevanten Verfahren u. EU-Rechtsprechung", Mandant), Dr. Hans-Jörg Niemeyer ("sehr erfahren", Wettbewerber)
Mandate u. nähere Informationen finden Sie in den Kapiteln ▷Öffentl. Recht, ▷Insolvenz/Restrukturierung, ▷Brüssel, ▷Kartellrecht, ▷Energie, ▷Verkehr, ▷Telekommunikation, ▷Kredite.

HEUKING KÜHN LÜER WOJTEK
Bewertung: Aus der im Markt sehr anerkannten Vergaberechtspraxis heraus berät die Kanzlei zu beihilferechtl. Risiken v.a. mit Bezug zu komplexen Infrastruktur- u. Verkehrsprojekten u. Vorhaben in anderen geförderten Sektoren, etwa Telekommunikation (Breitbandausbau) u. Energie. Zudem ist sie regelm. bei Transaktionen von geförderten Unternehmen, inkl. Förder- u. Zuwendungsrecht tätig.
Oft empfohlen: Dr. Ute Jasper, Dr. Laurence Westen ("kennt sich sehr gut aus", Wettbewerber)
Mandate u. nähere Informationen finden Sie in den Kapiteln ▷Vergabe, ▷Insolvenz/Restrukturierung, ▷Immobilien/Bau ▷Verkehr.

HOGAN LOVELLS
Bewertung: Die beihilferechtl. Arbeit spielt sich v.a. an der Schnittstelle von Vergabe- u. Kartellrecht ab u. ist dabei sowohl auf die Beratung von Unternehmen als auch öffentl. Institutionen ausgerichtet. Ein Team beriet etwa die Bundesfinanzagentur im Rahmen von Stabilisierungsmaßnahmen für Lufthansa. Oft sind die Beihilferechtler zudem in regulierten Industrien wie Energie u. Verkehr unterwegs, einschl. der aktuellen Fragen um Mobilitäts- u. Energiewende.
Oft empfohlen: Dr. Marc Schweda
Mandate u. nähere Informationen finden Sie in den Kapiteln ▷Vergabe, ▷Energie, ▷Verkehr, ▷Kartellrecht, ▷Kredite, ▷Insolvenz/Restrukturierung.

JONES DAY
Bewertung: Das erfahrene Team in Brüssel berät zu hochkarätigen, oft europarechtl. Regulierungsthemen u. zuletzt vermehrt zu Stützungs- u. Fördermaßnahmen. Dabei besteht Erfahrung mit Notifizierungen, förml. Prüfverfahren u. Beschwerden bei der EU-Kommission sowie steuerrechtl. Schnittstellen.
Oft empfohlen: Dr. Philipp Werner ("angenehm u. extrem gut", Wettbewerber)
Mandate u. nähere Informationen finden Sie in den Kapiteln ▷Brüssel u. ▷Kartellrecht.

KAPELLMANN UND PARTNER
Bewertung: Die Beihilferechtspraxis ist v.a. auf Infrastrukturprojekte mit Bezug zum Baurecht spezialisiert, wo sie zu den Marktführern zählt. Eng angebunden an die Kartellrechtspraxis ist zudem gut in Brüssel u. bei dt. Behörden, auch auf Landesebene, vernetzt. Zugenommen haben zuletzt Mandate aus den Bereichen Energiewende u. Forschung. Erfahrung gibt es auch mit dem Thema Flughäfen u. Sportstätten.
Oft empfohlen: Prof. Dr. Robin van der Hout ("sehr versiert", Mandant)
Mandate u. nähere Informationen finden Sie in den Kapiteln ▷Brüssel, ▷Immobilien/Bau, ▷Vergabe, ▷Kartellrecht, ▷Verkehr.

LINKLATERS
Bewertung: Die Praxis berät im Beihilferecht regelm. zu hochvolumigen Finanzierungen u. Transaktionen, etwa bei Investitionen in Infrastrukturen. Zudem berät die Kanzlei laufend die KfW zu Krediten, Stützungsmaßnahmen u. Förderprogrammen. Dabei deckt sie zahlr. Schnittstellen zum Vergabe-, Gesellschafts- u. Steuerrecht ab.
Oft empfohlen: Dr. Jan Endler
Mandate u. nähere Informationen finden Sie in den Kapiteln ▷Kredite, ▷Insolvenz/Restrukturierung, ▷Bankaufsicht, ▷Öffentl. Recht, ▷Energie.

LUTHER
Bewertung: An mehreren Standorten beraten Luther-Anwälte mit leicht unterschiedl. Fokus im Beihilferecht. Infrastrukturthemen u.a. aus den Bereichen Verkehr u. Energie sowie fördermittelrechtl. Beratung standen dabei zuletzt im Vordergrund. Luther berät Mandanten der öffentl. Hand u. private Unternehmen, hier z.B. einen Konzern im Zuge einer IPCEI-Interessensbekundung u. zu einem gepl. Wasserstoff-Joint-Venture. Es besteht Erfahrung mit Notifizierungen u. in Prozessen.
Oft empfohlen: Dr. Helmut Janssen ("mit breitem beihilferechtl. Wissensschatz", Wettbewerber), Ulf-Dieter Pape

Mandate u. nähere Informationen finden Sie in den Kapiteln ▷Vergabe, ▷Brüssel, ▷Kartellrecht, ▷Energie, ▷Gesundheit, ▷Öffentl. Recht, ▷Außenwirtschaft.

MÜLLER-WREDE & PARTNER
Bewertung: Besonders oft wird das Team von der öffentlichen Hand für beihilfrechtl. Beratung angefragt u. hat viel Erfahrung mit Notifizierungen, europarechtl. Fragen u. Compliance. Die Kanzlei pflegt gute Kontakte auf Bundes- u. Landesebene. Neben der Einbindung in die Refinanzierung des Berliner Flughafens beriet sie div. Projektgesellschaften bei der Anwendung und Umsetzung von Förderrichtlinien, u.a. für Digitalisierungs- u. Green-Deal-Projekte.
Oft empfohlen: Christoph von Donat ("hat umfassendes Fachwissen", Wettbewerber), Gabriele Quardt
Mandate u. nähere Informationen finden Sie im Kapitel ▷Vergabe.

NOERR
Bewertung: Die Kanzlei berät im Rahmen ihrer breit aufgestellten Regulierungspraxis regelm. zu beihilferechtl. Fragen. Die Praxis ist eng mit dem Kartell-, Verkehrs- u. Energierecht verzahnt. Beihilferecht spielt auch im Zshg. von steuer- u. insolvenzrechtl. Mandaten immer wieder eine Rolle.
Oft empfohlen: Dr. Alexander Birnstiel
Mandate u. nähere Informationen finden Sie in den Kapiteln ▷Energie, ▷Kredite, ▷Verkehr, ▷Insolvenz/Restrukturierung, ▷Kartellrecht, ▷Außenwirtschaft.

NORTON ROSE FULBRIGHT
Bewertung: Die beihilferechtl. Beratung erfolgt eng vernetzt mit der umf. aufgestellten u. sehr erfahrenen Praxis im Bereich Verkehr. Dabei hat sich der Fokus zuletzt noch stärker auf Finanzierungsthemen ausgerichtet. Auch Erfahrung mit Prüfungen zur Fördermittelverwendung.
Oft empfohlen: Jürgen Werner
Mandate u. nähere Informationen finden Sie in den Kapiteln ▷Verkehr, ▷Brüssel, ▷Kredite.

PINSENT MASONS
Bewertung: Die Beihilfepraxis hat einen Schwerpunkt im Hochschul- u. Forschungsbereich, einschl. Start-ups u. Ausgründungen aus Forschungseinrichtungen. Bei größeren Projekten sind die Steuer-, Gesellschafts- u. Vergaberechtler eng eingebunden. Das gilt auch bei der Umstrukturierung von städt. Gesellschaften. Nähere Informationen auch unter ▷Telekommunikation u. ▷Energie.
Oft empfohlen: Dr. Anke Empting
Mandate: TU München u. UnternehmerTUM gGmbH umf. bei Gestaltung von Venture Labs; Uni Saarland bei Gründung von Innovation Center (EFRE-Programm); Uni Kiel lfd. zu Wissens- u. Technologietransfers; Hanse Innovation Campus Lübeck bei Unterstützung von Ausgründungen; HMU Health and Medical Uni Potsdam bei Gründung von HMU Research zur Einwerbung von staatl. Mitteln für Forschungsvorhaben; Forschungskooperationen: Uniklinik Duisburg-Essen, BAM/Bundesanstalt für Materialforschung Forschungskoop., Ruhr-Uni Bochum; Business & Law School bei der Gründung einer Universitätsfakultät u. Forschungskoop.; Kommune bei Umstrukturierung städt. Gesellschaften.

PRICEWATERHOUSECOOPERS LEGAL

Bewertung: Die beihilferechtl. Praxis ist für ihre engen Kontakte zur öffentl. Hand bekannt. Diese berät sie umf. bei Infrastrukturprojekten u. der öffentl. Daseinsvorsorge. Zuletzt hat die Beratung zu Forschungs- u. Entwicklungsvorhaben u. -kooperationen einen höheren Stellenwert erlangt. Hier ist PwC auch für Unternehmen tätig. Zudem ist sie stark in der Beratung des Energiesektors.
Oft empfohlen: Jan Otter
Mandate u. nähere Informationen finden Sie in den Kapiteln ▷*Vergabe*, ▷*Verkehr*, ▷*Energie*.

REDEKER SELLNER DAHS

Bewertung: Sehr gut vernetzt in allen Bereichen des Öffentl. Sektors, berät die Kanzlei oft in komplexen, hochkarätigen Mandaten etwa zur Energiewende, zu Investitionshilfen od. Fördermaßnahmen im Zshg. mit der Pandemie und dem Klimaschutz. Doch gefragt ist RSD auch bei Unternehmen hinsichtl. Umstrukturierungsbeihilfen od. Fördermittelverwendung. Ihre Reputation bei prozessualen Auseinandersetzungen, einschl. der Vertretung vor EU-Gerichten, ist ebenfalls hoch.
Oft empfohlen: Dr. Ulrich Karpenstein, Dr. Simone Lünenbürger, Dr. Clemens Holtmann („sehr gute Betreuung", Mandant; „kennt sehr gut die Bedürfnisse der öffentl. Hand", Wettbewerber), Dr. Andreas Rosenfeld
Mandate u. nähere Informationen finden Sie in den Kapiteln ▷*Öffentl. Recht*, ▷*Brüssel*, ▷*Verkehr*, ▷*Energie*, ▷*Immo/Bau*, ▷*Vergabe*, ▷*Kartellrecht*.

TAYLOR WESSING

Bewertung: Die Praxis ist v.a. für die beihilferechtl. Beratung im Verkehrssektor u. bei Infrastrukturprojekten bekannt, darunter auch Breitbandausbau, Flughäfen u. Häfen. Die dynam. Praxis ist auch im Zshg. mit IT-Projekten gefragt u. baute Kontakte auf Bundes- u. Länderebene aus. Regelm. berät sie an der Schnittstelle zum Vergabe- u. Kartellrecht sowie bei Transaktionen.
Oft empfohlen: Dr. Michael Brüggemann
Mandate u. nähere Informationen finden Sie in den Kapiteln ▷*Vergabe*, ▷*Öffentl. Recht*, ▷*Informationstechnologie*, ▷*Gesundheit*, ▷*Kredite*, ▷*Kartellrecht*.

WHITE & CASE

Bewertung: Das beihilferechtl. Know-how ist inhaltlich umf., Arhold ist eng mit den Fachbereichen u. der internat. Praxis vernetzt. Das gilt ganz besonders in den Bereichen Banken, Energie u. Industrieanlagen. Der gute Ruf basiert auch auf Kenntnis der europarechtl. Anknüpfungen u. umfasst Investitions- u. Rettungsbeihilfen sowie Erfahrung vor den EU-Gerichten. Regelm. auch Bezüge nach Osteuropa.
Oft empfohlen: Christoph Arhold
Mandate u. nähere Informationen finden Sie in den Kapiteln ▷*Energie*, ▷*Bankaufsicht*, ▷*Verkehr*, ▷*Insolvenz/Restrukturierung*, ▷*Telekommunikation*, ▷*Öffentl. Recht*, ▷*Brüssel*.

WILMERHALE

Bewertung: Ein beihilferechtl. Schwerpunkt ist die prozessuale Tätigkeit. Die Kanzlei kommt regelm. bei Verfahren mit polit. Bedeutung od. hohem Streitwert ins Spiel. Neben engen Kontakten zur öffentl. Hand, bspw. den Ländern Hessen, Niedersachsen u. Sachsen-Anhalt, hat sie sich auch immer stärker der Beratung von Unternehmen angenommen.
Oft empfohlen: Prof. Dr. Hans-Georg Kamann („der Richtige, wenn es schwierig wird", Wettbewerber)
Mandate u. nähere Informationen finden Sie in den Kapiteln ▷*Kartellrecht*, ▷*Öffentl. Recht*, ▷*Energie*

Das Münchner Baulandmodell SoBoN 2021: Planungsabsprachen für den Wohnungsbau

Von Rudolf Häusler, Glock Liphart Probst & Partner, München

Rudolf Häusler, Fachanwalt für Verwaltungsrecht, Partner bei Glock Liphart Probst & Partner, ist seit über 30 Jahren im Umwelt- und Baurecht (Planung, Genehmigung) tätig. Insbesondere auch Bauleitplanverfahren prägen seine und die Arbeit im Team Öffentliches Recht der Kanzlei mit den Partnern Hans Wagner, Dr. Peter Eichhorn, Thomas Frister, Alessandro Colonna.

Glock Liphart Probst & Partner, gegründet 1961, München, Marienplatz, berät und vertritt mit 20 Anwälten und Anwältinnen in allen Bereichen des Immobilienrechts.

Kontakt
Glock Liphart Probst & Partner
Rechtsanwälte mbB
Marienplatz 26, 80331 München
Telefon: 089/231188-0
r.haeusler@glock-liphart-probst.de
www.glock-liphart-probst.de

Weitere Informationen zur Kanzlei in der Anzeige auf Seite 441

Der Wohnraummangel veranlasste den Stadtrat der Landeshauptstadt München schon zu Beginn des Jahres 1994 mit der SoBoN (sozialgerechte Bodennutzung) zu beschließen, dass und wie die Planbegünstigten eines Bebauungsplanverfahrens an den mit neuen Wohnbaurechten einhergehenden kommunalen Lasten beteiligt werden und wie man einen Geschossflächenanteil an begünstigtem (gefördertem) Wohnraum sicherstellt. Es ging um Handreichungen an die Verwaltung zum einheitlichen Vollzug (Gleichbehandlung) und darum, dass unter Beachtung von Hinweisen aus der Rechtsprechung ein Baulandmodell mit angemessener Lastenverteilung praktiziert wird.

Jeder Bebauungsplan in München ist seitdem von einem Städtebaulichen Vertrag (notariell, sog. Grundvereinbarung) begleitet, in dem die Pflichten der Planbegünstigten und ihr Einverständnis mit dem Planungsergebnis ausformuliert sind.

Seit 1994 gab es mehrere modifizierende Beschlüsse zur SoBoN, letztmalig 2017. Nach der Kommunalwahl 2020 wurden in den Koalitionsvertrag zwischen GRÜNEN und SPD Leitgedanken für eine dringliche Änderung der SoBoN aufgenommen. Im Juli 2021 hat sie der Stadtrat für neue B-Planverfahren beschlossen. Bereits laufende Altverfahren werden nach den früheren Regeln abgeschlossen.

Die ursprünglichen Grundsätze

Ausgehend von Gesetz und Rechtsprechung, insbesondere zu sog. Einheimischen-Modellen, werden in München seit jeher im Rahmen der SoBoN folgende Grundsätze praktiziert:

- Leistungspflichtig sind Eigentümer oder gesicherte Erwerber künftiger Wohnbaurechtsflächen.
- Planbegünstigte tragen die ursächlichen Kosten des Planungsvorhabens und leisten kostenfreie Flächenabtretungen für Grün- und Verkehrsflächen, Immissionsschutzanlagen, Gemeinbedarfseinrichtungen (KiTa) und naturschutzfachlichen Ausgleich.
- Sie tragen die Herstellungskosten für Erschließung und Ausgleichsmaßnahmen.
- Sie tragen einen Anteil der Herstellungskosten für die ursächliche soziale Infrastruktur (Grundschul-, KiTa-Plätze).
- Sie tragen die Verfahrenskosten einschließlich etwaiger Wettbewerbe, Honorare von Gutachtern und Planern etc.
- Sie gehen kostenrelevante Bindungen für einen Anteil geförderten Mietwohnungsbaus oder auch preisbegünstigten Eigentumserwerbs ein. Seit vielen Jahren beträgt der Anteil geförderter/preisgebundener Wohnungen 30%, seit SoBoN 2017 sind es 40%, des neu geschaffenen Wohnbaurechts (Geschossfläche).

Die vertraglichen Regelungen sind sehr detailliert, monatelange Verhandlungen sind unvermeidbar, die Detaillösungen oftmals schwierig zu erarbeiten. Im Ergebnis hat sich über die Jahrzehnte durchaus eine Routine eingestellt. Allen Beteiligten war in der Regel schon beim Grunderwerb bewusst, worauf die Belastungen aus der SoBoN hinauslaufen.

Vorgaben für die SoBoN 2021

Aus dem Koalitionsvertrag „Mit Mut, Visionen und Zuversicht: Ganz München im Blick" vom Mai 2020 war zu lesen, dass deutliche, zusätzlich belastende Veränderungen kommen. Die Stichworte dazu aus dem Koalitionsvertrag:

- 50% der Baurechtsflächen an die Stadt übertragen
- Dauerhafte Bindung der geförderten Wohnungen, nicht nur wie bisher für 25 Jahre
- Dies auch auf privaten Entwicklungsflächen
- Beiträge für weitere Infrastrukturmaßnahmen, wie Alten-/Pflegeeinrichtungen, weiterführende Schulen, kulturelle Einrichtungen, ÖPNV-Erschließungskosten
- Solaranlagenpflicht
- Verstärkung genossenschaftlicher Wohnungsbauprojekte
- Vergabe städtischer Grundstücke nur als Erbbaurechte
- Erhöhung des Anteils des geförderten Wohnungsbaus auf städtischen Flächen von 50% auf 60%

ÖFFENTLICHER SEKTOR / ÖFFENTLICHES WIRTSCHAFTSRECHT CO-PUBLISHING/ANZEIGE

Blick über den Zaun

Der Paradigmenwechsel hin zu städtischem Flächenerwerb lenkte den Blick auf Baulandmodelle anderer Städte wie Ulm, Münster, Frankfurt, Hamburg. In Anbetracht der Preissituation am Grundstücksmarkt in München wurde deutlich, dass diesem Weg in München enge Grenzen gesetzt sind. Den langen zeitlichen Vorlauf, bis in städtischer Hand Wohnbaurechte rechtswirksam werden können, galt es ebenso zu bedenken, wie den wirtschaftlichen Anreiz für Unternehmer zu erhalten, sich auf langjährige B-Plan-Verfahren einzulassen, eine verfahrensbedingte Verteuerung der fertiggestellten Wohnungen zu vermeiden, möglichst viel Wohnungsbaurechte durch das Verfahren zu bringen. Die Idee, den WEG-Eigentumswohnanteil auf 10% zu beschränken, wurde nach einiger Zeit fallengelassen. Auch der erwogene Zwangsverkauf von Plangebietsbereichen an die Stadt zu bestimmtem, reduziertem Preis vor Beginn des Bebauungsplanverfahrens setzte sich nicht durch.

Die langjährige Sozialbindung und das Erbbaurechtsprinzip bei der Vergabe städtischer Flächenanteile wurde aufgegriffen und vertieft, ausgehend von Urteilen des Bundesgerichtshofs vom 08.02.19 (V ZR 176/17), vom 16.03.18 (5 ZR 306/16) und vom 26.06.15 (V ZR 144/14). Letztlich wurde klar, dass die Übernahme eines Modells aus einer anderen Stadt nicht in Frage kam.

Die SoBoN 2021

Die neuen Verfahrensgrundsätze für die SoBoN 2021 lösen sich von der bisherigen Praxis der einheitlichen Vorgabe. Der Planbegünstigte kann jetzt innerhalb einer Bandbreite unter Berücksichtigung seiner eigenen Ziele, seiner Kalkulation wählen, muss sich aber verbindlich gegenüber der Stadt erklären. Auf der Internetseite muenchen.de/infos/sozialgerechte-bodennutzung.html sind die Grundsätze und in weiteren Untermenüs die Verfahrensvorgaben im Detail einzusehen. Zentrales Element für die Auswahl sind sechs so bezeichnete Bausteine, für die der Planbegünstigte gewichten muss, damit er nach einem festen Katalog Punkte erhält. Es müssen durch Gewichtung 100 Punkte erreicht werden, sonst gibt es keinen Bebauungsplan.

Die 4+2 Bausteine

Die sechs Bausteine sind:
- der Prozentsatz am neu geschaffenen Wohnungsbaurecht für den geförderten/preisgebundenen Wohnungsbau mit 5 Punkten für 40% bis 50 Punkten für 65%
- die Vereinbarung eines WEG-Aufteilungsverbots mit 5 Punkten für 50-55% der Gesamt-Wohn-GF bis 50 Punkten für 100% - jeweils einschließlich gefördertem Wohnungsbau
- die schuldrechtliche Verpflichtung zu einer Bindungsdauer für den geförderten Wohnraum von 40 Jahren mit 10 Punkten
- ein pauschalierter sozialer Infrastrukturkostenbeitrag pro zugelassenem Quadratmeter Geschossfläche Wohnen mit fünf Punkten für 100 Euro bis 35 Punkten für 250 Euro
- der prozentuale Verkauf der neu geschaffenen Wohnbaurechts-GF an die Stadt von 5 Punkten für 5% bis 50 Punkten für 50% der Gesamt-Wohn-GF
- der prozentuale Verkauf der neu geschaffenen Wohnbaurechts-GF an Genossenschaften von 5 Punkten für 10% bis 15 Punkten für 30% der Gesamt-Wohn-GF

Hinzu kommen die bisher üblichen Lasten (siehe oben).

Das 100-Punkte-Prinzip mit seinen Wahlmöglichkeiten baut auf der städtischen Vorstellung eines sog. Grundmodells auf, das ohne Verkauf von Wohnbaurechtsflächen an die Stadt auskommt mit

- 40 Punkten für 60% der Gesamtwohnbaurechts-GF als Quote für den geförderten Wohnungsbau und den preisgedämpften Mietwohnungsbau
- 30 Punkten für WEG-Aufteilungsverbot für 80% der Wohnbaurechts-GF (einschließlich gefördertem Wohnungsbau)
- 20 Punkten für 175,00 EUR Infrastrukturkostenbeitrag
- 10 Punkten für 40 Jahre Bindungsfrist

Wer sich für eine individuelle Modelllösung entscheidet, muss bedenken, dass er aus diesen vier Grundbausteinen auf jeden Fall wählen muss, mit den beiden Verkaufs-Zusatzbausteinen an Stadt/Genossenschaft kann er lediglich noch fehlende Punkte auf 100 Punkte auffüllen.

Die Stadt hofft darauf, dass sich Planbegünstigte zum Verkauf von GF-Flächenanteilen an die Stadt München entscheiden. Die Kaufpreise sind niedrig, 375 Euro/m² GF für geförderten Mietwohnungsbau, 675 Euro/m² GF im städtischen Förderprogramm München Modell Miete, 1.200 Euro/m² GF im preisgedämpften Mietwohnungsbau. Auch kommt ein Verkauf nur für eine Mindestfläche von 2.500 m² Baurechts-GF in Frage.

Wie das neue Modell von den potenziellen Planbegünstigten, von Investoren, von Bestandshaltern, von Wiederverkäufern, vom Markt angenommen wird, ist offen. Ebenso ist offen, ob die Wohnungen letztlich teurer oder die Grundstücke für Bauerwartungsland preiswerter werden.

Unverändert bleibt die Praxis, dass am Ende des Planungsprozesses die Angemessenheit der geforderten Leistungen durch Wertermittlung seitens der Stadt festgestellt wird. Dem Anfangswert des Plangebiets wird dessen Endwert gegenübergestellt, die Differenz ist der planungsbedingte Wertzuwachs, von ihm soll mindestens ein Drittel bei den Planbegünstigten verbleiben, nachdem die gesamten zu erbringenden Leistungen wertmäßig abgezogen wurden.

Im Städtebaulichen Vertrag sind entsprechende Sicherungen, Sicherheiten, Fristen, kurz alles, was seit jeher üblich ist, weiterhin zu vereinbaren. Als erstes muss der Planbegünstigte die sog. Grundzustimmung, also sein Einverständnis mit der SoBoN 2021 erklären, in der später folgenden, notariell beurkundeten Grundvereinbarung nach inhaltlicher Verfestigung des Planungsprozesses werden die Details festgelegt. Dann erst kann der Satzungsbeschluss zum Bebauungsplan gefasst werden.

KERNAUSSAGEN

- Das Münchner Wohnbaulandmodell SoBoN hat eine 28-jährige, gefestigte Tradition – es ist 2021 reformiert worden.
- Wer Planbegünstigter für Wohnbaurechte werden will, muss sich nach den Regeln der SoBoN 2021 in notariellem Vertrag binden. Er trägt höhere Lasten als bisher.
- Die Stadt verlangt Bindung zu mindestens vier von sechs Bausteinen – hoher Prozentsatz Sozialer Wohnungsbau, 40 Jahre Bindungsdauer, pauschalierter Infrakostenstrukturbeitrag, Ausschluss von WEG-Aufteilung für Anteil des Wohnbaurechts.
- Der Planbegünstigte kann in einer bestimmten Bandbreite Bindungsquoten selbst bestimmen, muss aber damit in einem vorgegebenen Punktekatalog 100 Punkte erreichen.

Der Industriepark – eine genehmigungsrechtliche und organisatorische Herausforderung

Von Dr. Christian Tünnesen-Harmes, Ratajczak & Partner, Duisburg

Dr. Christian Tünnesen-Harmes ist Fachanwalt für Verwaltungsrecht und seit mehr als 25 Jahren auf die Beratung von Unternehmen zum Abfall-, Immissionsschutz- und Wasserrecht sowie auf die Verteidigung im Umweltstrafrecht spezialisiert. Hinzu kommen verwaltungsrechtliche Themen des Medizinrechts. Zu seinen Mandanten zählen u.a. Unternehmen der Stahlindustrie, der Mineralölbranche, der Logistikbranche, der Abfallwirtschaft, der Bauwirtschaft, Energieversorger sowie kommunale Unternehmen.

Ratajczak & Partner mbB ist an acht Standorten in Deutschland vertreten und schwerpunktmäßig mit der Beratung und Vertretung von Leistungserbringern im Gesundheitswesen befasst. Außerdem berät sie in allen Bereichen des privaten und öffentlichen Wirtschaftsrechts.

Kontakt
Ratajczak und Partner mbB
Rechtsanwalt
Dr. Christian Tünnesen-Harmes
(Partner, Standort Duisburg)
Vinckeweg 29
47119 Duisburg
T +49 203 75 964 811
duisburg@rpmed.de
www.rpmed.de

In Industrieparks[1] stellen sich in der umweltrechtlichen Praxis Fragen, die sich häufig aus gewachsenen Strukturen und der Zuordnung öffentlich-rechtlicher Pflichten zu unterschiedlichen Betreibern sowie aus organisatorischen Schnittstellen ergeben. Dieser Beitrag zeigt einige der mitunter komplexen rechtlichen Probleme in der Beratungspraxis auf. Dabei geht es nicht nur um Industrieansiedlungen, die von vornherein als Industriepark konzipiert worden sind und über eine Betreibergesellschaft verfügen, die zentrale Dienstleistungen anbietet, sondern auch um gewachsene Standorte, auf denen nach und nach Fremdfirmen auf einer vormals von einem Unternehmen genutzten Industriefläche angesiedelt worden sind.

So ergibt sich eine Besonderheit bei Industrieparks dadurch, dass üblicherweise einem Unternehmen zuzuordnende Nebeneinrichtungen zum Teil gemeinsam genutzt werden. Die immissionsschutzrechtliche Betreiberverantwortung muss aber eindeutig geregelt sein, sonst liegt allein darin bereits ein Organisationsverschulden, das weitreichende Konsequenzen, einschließlich solche strafrechtlicher Inanspruchnahme haben kann. Insbesondere in Fällen der Teilung einer zuvor einheitlich betriebenen Anlage, in denen die bisherige Betreiberstellung auf mehrere Personen übergehen soll, besteht die Gefahr, dass die neuen Betreiber zusammen weiterhin als der Anlagenbetreiber angesehen werden, so dass eine Inanspruchnahme auch für Rechtsverstöße besteht, die im Rahmen der eigenen Betriebsorganisation gar nicht beherrscht werden können. Aber auch im Hinblick auf wasserrechtliche und abfallrechtliche Themen ergeben sich Besonderheiten und daran anknüpfende organisatorische Herausforderungen. Hierzu exemplarisch zwei Themenkomplexe:

Einleitung von Fremdfirmen-Abwasser

Häufig wird etwa Produktionsabwasser nicht auf Grundlage einer Indirekteinleitergenehmigung unmittelbar in die öffentliche Kanalisation eingeleitet, sondern in ein privates Kanalisationsnetz, das ursprünglich der Ableitung von Abwasser eines einzigen Betreibers eines großen Standortes der Schwerindustrie gedient hat. Von dort gelangt es dann ohne vorherige Behandlung unter Ausnutzung der Genehmigung des Netzbetreibers in die öffentliche Abwasseranlage. §59 Abs. 2 WHG ermöglicht in diesen Fällen, dass die Modalitäten der Einleitung vertraglich zwischen dem Betreiber des privaten Kanalisationsnetzes und dem Fremdunternehmen geregelt werden, mit der Folge, dass die Einleitung in die private Abwasseranlage durch die zuständige Behörde vom Genehmigungserfordernis des §58 Abs. 1 WHG freigestellt werden kann. Verfügt das Unternehmen, in dessen Kanalnetz eingeleitet wird, jedoch über keine eigene Abwasserbehandlungsanlage, die die Einhaltung der Grenzwerte sicherstellen kann, so läuft es Gefahr, im Falle einer Grenzwertüberschreitung des vermischten Abwasserstroms am Übergabepunkt, für die erfolgten Überschreitungen in Anspruch genommen zu werden, ohne selbst Einfluss auf die Entstehung und Zusammensetzung des Abwassers gehabt zu haben. Hieraus können sich nicht nur erhöhte Gebühren ergeben, sondern je nach Art und Umfang des Verstoßes auch ordnungs- und sogar strafrechtliche Konsequenzen. Vor diesem Hintergrund ist in Fällen, in denen die Freistellung des §59 Abs. 2 WHG in Anspruch genommen werden soll, besondere Sorgfalt auf den Inhalt der vertraglichen Regelungen einschließlich Kontroll- und Nachweispflichten zu legen. Erfahrungsgemäß wird dies nicht nur bei der Übernahme größerer Standorte, sondern auch bei Einzelansiedlungen auf eigenen Flächen in Binnenlage nicht selten versäumt. Probleme ergeben sich hier häufig auch bei Standorten, an denen entsprechende Konstellationen bereits vor Inkrafttreten der gesetzlichen Regelungen zur Einleitung von Abwasser in private Abwasseranlagen entstanden sind. Ist den angesiedelten Fremdfirmen keine eigene Genehmigung zur Einleitung mit entsprechenden Nebenbestimmungen zur Einhaltung der wasserrechtlichen Anforderungen erteilt worden, kommt deren ordnungsrechtliche Inanspruchnahme mangels eigenen Verstoßes gegen eine Genehmigung nicht in Betracht. Die Behörde wendet sich dann an den Inhaber der Genehmigung an der Übergabestelle zur öffentlichen Abwasseranlage. Weigert sich dann der Verursacher der Grenzwertüberschreitungen, eine eigene Genehmigung einzuholen, schließt daran eine Vielzahl rechtlicher und tatsächlicher Probleme an. So stellt sich beispielsweise die Frage, ob die Behörde die Abwasserbeseitigungspflicht bezüglich des Fremdfirmenabwassers demjenigen auferlegen kann, der das private Kanalisationsnetz betreibt, aber keinen Einfluss auf das durchgeleitete Abwasser hat. Umgekehrt stellt sich die Frage, ob der Betreiber des privaten Kanalisationsnetzes die weitere Übernahme des Abwassers ablehnen und ggf. als ultima ratio die Leitungsverbindung kappen kann. Hieraus können sich aufwändige Rechtsstreitigkeiten ergeben (vgl. etwa OVG Münster, Beschl. v. 14.02.08 – 20 A 2952/06; OVG Münster, Beschl. v. 22.03.13 – 20 A 655/10), die durch entsprechende Antragsgestaltungen und vertragliche Regelungen vermieden werden können.

Zuordnung abfallrechtlicher Pflichten

Aus §15 Abs. 1 KrWG folgt, dass Erzeuger (vgl. §3 Abs. 8 KrWG) oder Besitzer (vgl. §3 Abs. 9 KrWG) von Abfällen, die nicht verwertet werden (s. §6 KrWG – Abfallhierarchie), zu deren Beseitigung verpflichtet sind. In Industrieparks besteht die Besonderheit, dass nach den Maßstäben des Kreislaufwirtschaftsgesetzes mehrere Erzeuger bzw. Besitzer als Verpflichtete in Frage kommen, nämlich jedenfalls der Betreiber des Industrieparks und das dort ansässige Unternehmen. Eine Klärung der abfallrechtlichen Verantwortlichkeiten ist aus Unternehmenssicht zum einen geboten, weil die Behörde die Beseitigungspflicht auf der Grundlage des §62 KrWG anordnen und gegebenenfalls im Wege des Verwaltungszwangs, etwa durch die Festsetzung eines Zwangsgeldes oder eine Ersatzvornahme, durchsetzen kann. Zum anderen besteht aber auch das Risiko, sich ordnungswidrig zu verhalten (vgl. §69 Abs. 1 Nr. 2 KrWG) oder schlimmstenfalls sogar strafbar zu machen (vgl. §326 StGB). §22 KrWG eröffnet den zur Verwertung und Beseitigung Verpflichteten die Möglichkeit, Dritte mit der Erfüllung ihrer Pflichten zu beauftragen. Von dieser Beauftragung kann im Verhältnis der mehreren Verpflichteten im Industriepark, gegebenenfalls untereinander, Gebrauch gemacht werden. Die Beauftragung erfolgt grundsätzlich durch einen zivilrechtlichen Vertrag. Bei dessen Ausgestaltung ist vor dem Hintergrund der oben beschriebenen möglichen Sanktionen Achtsamkeit geboten. Zu beachten bleibt insbesondere, dass die abfallrechtliche Verantwortlichkeit des Auftraggebers (in öffentlich-rechtlicher Hinsicht) nicht durch die Beauftragung, sondern vielmehr erst zu dem Zeitpunkt endet, in dem das Entsorgungsverfahren abgeschlossen ist. Dies hat das Bundesverwaltungsgericht – entgegen der Auffassung der Vorinstanz – im Jahr 2007 entschieden (BVerwGE 129, 93 ff.). Mit der Beauftragung könne nämlich nur die Erfüllung der Entsorgungspflicht übertragen werden; zur Entsorgung verpflichtet bliebe jedoch – im Rahmen einer verschuldensunabhängigen Gefährdungshaftung – weiterhin auch der jeweilige Auftraggeber. Erfolgt in Industrieparks mit einer Betreibergesellschaft eine vertraglich ausdifferenzierte Nutzung bereitgestellter Infrastruktureinrichtungen, lässt sich damit jedenfalls de facto auch das Risiko öffentlich-rechtlicher Inanspruchnahme begrenzen. Im Zweifel wird sich die Behörde an den aktuellen Besitzer der Abfälle halten, solange dieser leistungsfähig ist. Bei gemeinsam genutzten Einrichtungen ist aber auch die Frage der unmittelbaren Sachherrschaft nicht immer unproblematisch zu beantworten. So stellt sich etwa bei einer Lagerhaltung die Frage, ob derjenige, der nur Flächen zur Lagerung von Abfällen oder Materialien bereitstellt, deren Abfalleigenschaft in Abgrenzung zu Produkten zweifelhaft ist, auch dann vollumfänglich für die ordnungsgemäße Entsorgung herangezogen werden kann, wenn er lediglich Logistikleistungen anbietet, also Flächen vermietet und die Ein- und Auslagerung von Abfällen auf Anweisung seiner Kunden übernimmt, selber also keinen bestimmenden Einfluss auf den Verbleib der Abfälle hat. Hier stellt sich auch die Frage, ob die Behörde von ihm in Zweifelsfällen oder auch generell eigene Analysen und Bewertungen etwa zur Klärung der Abfalleigenschaft angelieferter Materialien verlangen kann, wenn diese nicht als Abfälle vom Anlieferer deklariert worden sind. Findet eine Abfallbehandlung statt, in deren Folge die Abfalleigenschaft entfallen soll, hat das behandelnde Unternehmen das Vorliegen der Voraussetzungen des §5 KrWG nachzuweisen. Findet jedoch lediglich eine Lagerung und/oder ein Umschlag statt, ist bereits im Zuge der Erteilung der hierfür erforderlichen immissionsschutzrechtlichen Genehmigung mit gesteigerter Sorgfalt darauf zu achten, dass keine Nebenbestimmungen in Bescheide aufgenommen werden, die sich in eigener Verantwortung de facto gar nicht erfüllen lassen. ∎

---

[1] Zur Definition und Klassifizierung von Industrieparks vgl. Müggenborg, Umweltrechtliche Anforderungen an Chemie- und Industrieparks, 2008, S. 269.

KERNAUSSAGEN

- Industrieparks stellen besondere Anforderungen an die organisatorische Bewältigung von Schnittstellen öffentlich-rechtlicher Pflichten.
- Bei Genehmigungsverfahren ist zur Vermeidung ordnungsrechtlicher und strafrechtlicher Folgen bei der Reichweite von Inhalts- und Nebenbestimmungen streng darauf zu achten, dass nur Pflichten übernommen werden, die der Betreiber auch beherrschen kann.
- Werden abwasserrelevante Fremdfirmen ohne eigenen Anschluss an öffentliche Abwasseranlagen in Industrieparks angesiedelt, ist Vorsicht bei der Inanspruchnahme von Freistellungen geboten.
- Die abfallrechtlichen Pflichten des Industrieparknutzers enden nicht mit der Übergabe der Abfälle an den Industrieparkbetreiber. Auch hier ist besondere Sorgfalt auf die Prüfung von Schnittstellen zu legen.

Öffentliches Wirtschaftsrecht

Immer neue Beschäftigungsfelder

Die Entwicklung des Öffentlichen Wirtschaftsrechts zu einer immer komplexeren internationalen Materie ist nicht mehr aufzuhalten und zwingt auch traditionelle Kanzleien zum Umdenken. Selbst Generalisten wie **Baumeister** sehen heute die Notwendigkeit zur Spezialisierung und teilweise auch zur Internationalisierung ihres Geschäfts.

Für internationale Kanzleien wiederum sind Kenntnisse im EU-Recht unverzichtbar. **Freshfields Bruckhaus Deringer**, **Hengeler Mueller** oder **Luther** bieten neben verwaltungs- und verfassungsrechtlicher Erfahrung auch Kenntnisse im europäischen Verwaltungs-, Prozess- sowie im Beihilferecht. Hinzu kommt bei den genannten Kanzleien Know-how in Sektoren wie Entsorgung, Glücksspiel, Medien, Banken und zunehmend auch in den freien Berufen der Anwälte und Wirtschaftsprüfer. Dadurch qualifizieren sich Kanzleien für die Begleitung von Unternehmen im Kontext regulatorischer Veränderungen sowie Compliance-, M&A- u. Litigation-Projekten.

In US-Kanzleien wie **White & Case**, **DLA Piper** und **Hogan Lovells** haben sich mit dem Brexit zudem die kanzleiinternen Machtverhältnisse verschoben. Früher oft von London aus gesteuert, laufen EU-rechtliche Themen nun beispielsweise bei den Öffentlichrechtlern von **White & Case** in Berlin auf. Gleich zwei Partnerernennungen im Öffentlichen Wirtschaftsrecht belegen die wachsende Bedeutung des deutschen Teams im Gesamtkanzleigefüge.

Marode Brücken, die Investitionen ins Streckennetz der Deutschen Bahn und der laufende Ausbau der Stromnetze sind Themen, die für Großkanzleien wie **Clifford Chance**, **Gleiss Lutz** und **Linklaters** genauso attraktiv sind wie für **BBG und Partner**, **GSK Stockmann**, **GvW Graf von Westphalen** oder **Redeker Sellner Dahs**, denn auch Boutiquen und Mittelständler haben die steigende Nachfrage nach Kompetenz im Planungsrecht früh erkannt und ihre Teams ausgebaut. Dass durch den Krieg Russlands gegen die Ukraine die energiepolitische Transformation in Europa noch einmal eine völlig neue Dynamik bekommen würde, hat da noch keiner absehen können. Die beschleunigte Neuordnung des europäischen Energiemarktes hat zentrale Folgen für die Umwelt- und Planungsrechtler. Lieber heute als morgen sollen Anlagen für LNG entstehen, soll in der Nordsee Gas gefördert werden, muss die Flussrichtung bestehender Pipelines sich ändern. Die Erneuerung der bestehenden Infrastruktur für die zukünftige grüne Wasserstoffwelt ist Teil der Überlegungen und beschäftigt Kanzleien wie **CMS Hasche Sigle** oder **Posser Spieth Wolfers & Partners** nicht nur aus dem Planungsrecht heraus, sondern auch mit Blick auf die Genehmigungen von neuen Anlagen wie Elektrolyseure und Ammoniak-Cracker.

Krisen lasten Öffentlichrechtler aus

Dass die Politik ihren Einfluss auf Unternehmen nicht erst in Krisenzeiten intensiviert hat, ist hinlänglich bekannt, und spätestens seit der Corona-Pandemie betrifft das nicht mehr nur Unternehmen aus regulierten, sondern sämtlichen Branchen. Für die im Öffentlichen Wirtschaftsrecht tätigen Anwälte bedeuten solche Krisenkonjunkturen: Ohne sie läuft gar nichts. Mit den Auswirkungen der Pandemie war zuletzt u.a. **Hengeler Mueller** befasst, die für den 1. FC Köln und zwei weitere Klubs vor das OVG Münster zog, um sich mit einem Umweg über den VGH-NRW gegen die Zuschauerbeschränkungen zu wehren. Noch nicht beendet sind die Staatshaftungsklagen wegen Betriebsschließungen im ersten Lockdown 2020, in deren Kontext **Dombert** für das Land Brandenburg vor dem Bundesgerichtshof eine Entscheidung erwirkte, die Auswirkungen auf zahlreiche noch anhängige Prozesse hat.

Die Bewertungen behandeln Kanzleien, die zu Fragen der Staatsorganisation und der Grundrechte sowie in verwaltungsrechtlichen Fällen beraten und vertreten. Häufig ergeben sich Schnittstellen zum EU- u. Völkerrecht. Viele der Anwälte kommen ursprünglich aus dem Umwelt- u. Planungsrecht. Dort beraten sie im öffentlichen Bau- u. Planungsrecht mit seinen genehmigungsrechtlichen Fragen sowie im klassischen u. produktbezogenen Umweltrecht. Schnittstellen ergeben sich zum ▷Vergabe- u. ▷Baurecht sowie zum ▷Energie- und ▷Verkehrssektor.

JUVE KANZLEI DES JAHRES FÜR ÖFFENTLICHES WIRTSCHAFTSRECHT

POSSER SPIETH WOLFERS & PARTNERS

Im Öffentlichen Wirtschaftsrecht ist PSWP momentan das Maß aller Dinge. Ob Energiewende, Mietendeckel oder Sparkassenfusionen: Die fachliche Exzellenz der Namenspartner ist im Markt schon lange unbestritten und gefragt. Doch die nächste Generation ist ihren Mentoren bereits auf den Fersen.

Hoch angesehen ist die Boutique für ihre planungsrechtliche Praxis um **Dr. Herbert Posser**, der mit der jungen Partnerin **Katja Schramm** sein Engagement für Amprion auf die Erdkabelanbindung für Offshorewindparks ausweitete. Neben **Dr. Wolf Spieth**, den seine Mandanten „brillant" finden, entwickelt sich mit **Niclas Hellermann** ein „spitzenmäßiger" Nachwuchspartner, der bei den beratenen Unternehmen bereits einen sehr guten Ruf genießt. Bemerkenswert ist zudem, dass es der Kanzlei gelungen ist, innerhalb kurzer Zeit das eng abgesteckte Feld des Flughafensektors zu erschließen. Den Anfang machte **Dr. Burkhard Wollenschläger**, Musterschüler des renommierten **Dr. Benedikt Wolfers**, mit einem Mandat des Flughafens Berlin-Brandenburg, bei dem es um entgeltregulatorische Fragen und Emissionen geht. Dass nun auch der Flughafen Leipzig im speziellen Flughafenplanungsrecht von einer Wettbewerberin zu PSWP wechselte, zeigt, in welcher Liga die Boutique spielt.

ÖFFENTLICHER SEKTOR ÖFFENTLICHES WIRTSCHAFTSRECHT

ALLEN & OVERY
Verwaltungs- und Verfassungsrecht ★

Bewertung: Die Kanzlei bietet Öffentl. Wirtschaftsrecht v.a. als Ergänzung zum Transaktionsgeschäft. Daneben vertrauen Mandanten ihr auch Themen wie Lobbyregister, Batterie- u. Verpackungsgesetz sowie Glücksspielrecht an. Schwerpunkt ist insbes. das Planungsrecht, auch im Zuge von Projektentwicklungen u.a. im Energiesektor. Klass. umweltrechtl. Genehmigungen gehören ebenfalls zum Repertoire des Teams um Olgemöller, das nach dem Weggang eines langj. Partners im Wiederaufbau ist. Dabei ist auch der Schulterschluss im europ. Kanzleinetzwerk ein erklärtes Ziel der Praxis, die nicht zuletzt im bereits boomenden Sanktionsrecht u. im öffentl. Produktrecht Kapazitäten aus- bzw. aufbaut.

Team: 1 Partner, 2 Associates

Schwerpunkte: Transaktions- u. Umstrukturierungsberatung innerh. des Kanzleinetzwerks, dabei u.a. zu Fragen des Fachplanungs-, Bauplanungs-, Naturschutz-, Wasser-, Abfall-, Störfall- u. Altlastenrechts sowie zum Emissionshandel; Erfahrung mit Städtebau u. Industrieparks. Zudem produktbez. Umweltrecht – umweltrechtl. Produktregulierung.

Mandate: Chemieunternehmen zu Altlasten; internat. Unternehmen in Ordnungswidrigkeitenverf. wg. Verstoß gg. verpackungsrechtl. Vorschriften; AWS zur Fusion von Enercon u. EWE; Macquarie Infrastructure Partners u. Norges Bank im Bieterverf. um Borkum Riffgrund II; Glennmont Partners bei synthet. grüner Verbriefung in Italien; europ. Energiekonzern zu Haftungsfragen nach Abfall-, Bodenschutz- u. Bergrecht; US-Healthcare-Unternehmen abfallrechtl.; dt. Autozulieferer bei Prospekterstellung zu regulator. Fragen sowie dt. u. europ. Produktrecht; europ. Elektronikunternehmen zu produktrechtl. Compliance.

AULINGER
Planungs- und Umweltrecht ★

Bewertung: Die Ruhrgebietskanzlei ist v.a. für die Beratung von Netzbetreibern bei großvol. Infrastrukturprojekten wie SuedLink u. Zeelink bekannt. Auf ihre langj. Erfahrung bei Enteignungen, für die v.a. de Bruyn-Ouboter steht, setzt neuerdings auch TransnetBW im Zshg. mit ihren Hochspannungstrassen. Eine Sal.-Partnerin deckt die klass. planungsrechtl. Themen ab. Sie berät bspw. VW zur Standortsuche für das neue E-Trinity-Werk in Wolfsburg.

Oft empfohlen: Dr. Christian Stenneken („angenehm in der Zusammenarbeit, sehr direkt u. effektiv auch im Behördenkontakt", Mandant), Stephanie de Bruyn-Ouboter, Claudia Schoppen

Team: 1 Eq.-Partner, 2 Sal.-Partner, 2 Associates

Schwerpunkte: Umwelt- u. Planungsrecht im Energiesektor inkl. Emissionshandel, zunehmend Beratung energieintensiver Industrien. Leitungsrealisierung Strom u. Gas (Planung, Enteignung, Folgekosten, Wegerechte, Bewertung).

Mandate: VW planungsrechtl. u. im öffentl. Baurecht zu E-Trinity-Werk; TransnetBW zu Hochspannungstrassen; Trinkwasserproduzent planungsrechtl. zu Trassenfindung für Wasserprojekt; Nowega bei Wasserstoffkooperation; Steag lfd. im Umwelt- u. Planungsrecht, u.a. zu Kraftwerksstandorten; Westnetz in div. Verfahren zum Verteilnetzausbau; TE Connectivity Germany im Bodenschutzrecht.

Verwaltungs- und Verfassungsrecht

★★★★★
Dolde Mayen & Partner	Stuttgart, Bonn
Hengeler Mueller	Berlin, Düsseldorf
Posser Spieth Wolfers & Partners	Düsseldorf, Berlin
Redeker Sellner Dahs	Berlin, Bonn, Brüssel

★★★★
Freshfields Bruckhaus Deringer	Berlin, Düsseldorf
Gleiss Lutz	Berlin, Düsseldorf, Stuttgart
Oppenländer	Stuttgart
White & Case	Berlin

★★★
Deubner & Kirchberg	Karlsruhe
DLA Piper	Köln, Hamburg
Dombert	Potsdam
Noerr	Berlin, Dresden
Raue	Berlin
WilmerHale	Berlin, Frankfurt

★★
Baumeister	Münster
CBH Rechtsanwälte	Köln
Clifford Chance	Düsseldorf
CMS Hasche Sigle	Hamburg, Stuttgart, Köln u.a.
Gaßner Groth Siederer & Coll.	Berlin
GvW Graf von Westphalen	Hamburg
Held Jaguttis	Köln
Hogan Lovells	Düsseldorf

★
Allen & Overy	Frankfurt
GSK Stockmann	München, Berlin
Linklaters	Berlin
Luther	Berlin, Leipzig, Düsseldorf, Hamburg u.a.
McDermott Will & Emery	Düsseldorf
Weissleder Ewer	Kiel

Die Auswahl von Kanzleien und Personen in Rankings und tabellarischen Übersichten ist das Ergebnis umfangreicher Recherchen der JUVE-Redaktion. Sie ist in 2erlei Hinsicht subjektiv: Die Aussagen der befragten Quellen sind subjektiv u. spiegeln deren Erfahrungen u. Einschätzungen. Die JUVE-Redaktion wiederum analysiert die Rechercheergebnisse unter Einbeziehung ihrer eigenen Marktkenntnis. Der JUVE Verlag beabsichtigt keine allgemeingültige oder objektiv nachprüfbare Bewertung. Es ist möglich, dass eine andere Recherchemethode zu anderen Ergebnissen führt. Innerhalb einzelner Gruppen in Rankings und tabellarischen Übersichten sind Kanzleien und Personen alphabetisch sortiert.

AVOCADO
Planungs- und Umweltrecht ★★★

Bewertung: Die Kanzlei bietet über das Öffentl. Wirtschaftsrecht u. das ▷Vergaberecht viel Erfahrung in der Abfallbranche. Kommunen u. Unternehmen wie Remondis u. Schönmackers berät sie auch vertragsrechtl. u. mit viel Know-how im Grenzbereich zum Strafrecht. Die Ausrichtung teilt Avocado im Markt u.a. mit Brandi u. Oexle Kopp-Assenmacher Lück. Insbes. auch im Planungs- u. Emissionsschutzrecht nicht zuletzt für Deponien verfügt die Kanzlei mit Gerhold über einen ausgewiesenen Fachmann, wie Mandate etwa eines Chemiekonzerns u. eines Raffineriebetreibers belegen. Dem Team, das vorwiegend am Kölner Standort tätig ist, gelingt mit einem Zugang in Berlin u. mit einigen Mandaten ein erster Schritt zur besseren Integration der Standorte.

Stärken: Umweltrecht, v.a. Abfallrecht in Kombination mit Regel-Compliance u. Strafrecht.

Oft empfohlen: Markus Figgen, Dr. Thomas Gerhold („sehr erfahren", „sehr fundiert u. souverän", Mandanten), Dr. Ralf Kaminski, Dr. Rebecca Schäffer

Team: 5 Eq.-Partner, 5 Sal.-Partner, 2 Counsel, 1 Associate, 1 of Counsel

Schwerpunkte: Anlagen- u. produktbez. Umweltrecht regelm. auch an der Schnittstelle zum Umweltstrafrecht u. zur umweltrechtl. Compliance; Immissionsschutz-, Bodenschutz-, Wasser-, Stoff- (BiozidVO u. REACH), Abfallrecht (u.a. GewerbeabfallVO, AltholzVO, ElektroG u. VerpackungsG), insbes. auch Altlastensanierungen. Zudem Vergabe-, Preis-, Beihilfe-, Baurecht u. an der Schnittstelle zum Kartellrecht; transaktionsbegleitendes Öffentl. Recht.

Mandate: Stadt Neustadt a.d. Weinstraße, u.a. kommunal- u. abfallrechtl.; Bodenschutzbehörde einer Großstadt zur Sanierung einer Boden- u. Grundwasserverunreinigung; AWB Köln zur Verla-

ÖFFENTLICHES WIRTSCHAFTSRECHT ÖFFENTLICHER SEKTOR

gerung eines Betriebsstandortes; Remondis u. Schönmackers regelm. abfallrechtl. ggü. Behörden u. prozessual; Raffineriebetreiber zu Genehmigung einer Rohrfernleitung; Chemiekonzern zum Bau einer Sonderabfallverbrennungsanlage u. zum Umgang mit einer alten Werksdeponie; Verband der chem. Industrie zum europ. Chemikalienrecht; Alba Recycling bei Abwehr einer emissionschutzrechtl. Klage.

BAUMEISTER
Verwaltungs- und Verfassungsrecht ★★
Planungs- und Umweltrecht ★★★

Bewertung: Die Kanzlei aus Münster ist im Öffentl. Wirtschaftsrecht breit aufgestellt u. dtl.weit sowohl für Unternehmen als auch für die öffentl. Hand tätig. Bekannt ist v.a. ihre planungsrechtl. Stärke, die auch Wettbewerber regelm. hervorheben. Ebenso wie Avocado, Brandi u. Gassner Groth verfügt sie über viel Erfahrung bei der Planung von Deponien. Aber auch andere klass. Industrieanlagen u. Kraftwerke gehören zu ihren Spezialitäten. An der Schnittstelle von Genehmigungs-, Abfall- u. Vergaberecht berät sie ihre Mandanten zudem zu Entsorgungsverträgen. Nach dem Ausscheiden einiger marktprägender Anwaltspersönlichkeiten ernannte die Kanzlei zuletzt 3 Partner, darunter einen Verfassungsrechtler, der die Praxis mit Erfahrung im Polizei- u. Beamtenrecht ergänzt. Insges. scheint der Generationswechsel geglückt u. geht mit der wachsenden Spezialisierung der Partner einher, die die Tradition der Generalisten im Öffentl. Wirtschaftsrecht hinter sich lassen.

Stärken: Enge Verzahnung zw. öffentl. Bau- u. Umweltrecht.

Oft empfohlen: Dr. Georg Hünnekens, Dr. Andreas Kersting, Dr. André Unland, Dr. Joachim Hagmann („sehr kompetent, engagiert, weitblickend", Mandant)

Team: 9 Eq.-Partner, 4 Sal.-Partner, 2 Associates

Schwerpunkte: Öffentl. Bau- u. Planungsrecht (Energieprojekte, EKZ-Ansiedlungen, Bergrecht) u. Umweltrecht (Immissionen, Altlasten, Wasser, Umweltstrafrecht). Klass. Verwaltungsrecht, v.a. Gebühren u. politiknahe Beratung. ▷Vergaberecht u. Privatisierungen. Zudem Produkt- u. Abfallrecht.

Mandate: Land NRW zu FFH-Verträglichkeitsprüfung für Kohlekraftwerk Lünen (öffentl. bekannt); Amprion zur Planfeststellung von Stromtrassen; Krieger-Gruppe umf. zu Standortfragen; NRW-Stadt zu Bauleitplanung im Bereich Chemiepark; div. Entsorger, u.a. Remondis u. Kommunen lfd. im Abfallrecht; div. Kommunen im Zshg. mit Windparkprojekten (marktbekannt); Stadt Datteln/Land NRW umwelt- u. bauplanungsrechtl. zu Kohlekraftwerk Datteln 4; Projektgegner gg. CO-Pipeline.

BBG UND PARTNER
Planungs- und Umweltrecht ★★★

Bewertung: Die im Verkehrssektor marktführende Boutique aus Bremen entwickelt seit einiger Zeit mit Verve auch das Umwelt- u. Planungsrecht. Schütte, der über viel Erfahrung u.a. auch vor dt. Verwaltungsgerichten verfügt, u. dem im Bereich Energieinfrastruktur versierten Kohls gelingt es, regelm. Großmandate zu gewinnen, wie etwa die Planung einer Wasserstoffanlage am Standort eines Kavernenspeichers. Dass der Praxis bei 2 Schieneninfrastrukturprojekten der Schulterschluss mit den hoch spezialisierten Verkehrsregulierern der Kanzlei gelingt, ist genauso bemerkenswert wie die

Planungs- und Umweltrecht

★★★★★
CMS Hasche Sigle	Hamburg, Berlin, Köln, Stuttgart
Dolde Mayen & Partner	Stuttgart, Bonn
Luther	Berlin, Düsseldorf, Hamburg, Leipzig
Noerr	Berlin, Dresden, Frankfurt, München
Posser Spieth Wolfers & Partners	Berlin, Düsseldorf
Redeker Sellner Dahs	Berlin, Bonn, München

★★★★
Clifford Chance	Düsseldorf, Frankfurt
Gleiss Lutz	Düsseldorf, Berlin, Stuttgart
GvW Graf von Westphalen	Hamburg, München

★★★
Freshfields Bruckhaus Deringer	Berlin, Düsseldorf
GSK Stockmann	München, Berlin, Hamburg, Frankfurt
Hengeler Mueller	Berlin, Düsseldorf
Linklaters	Berlin
White & Case	Berlin

★★★
Avocado	Köln
Baumeister	Münster
BBG und Partner	Bremen
Brandi	Paderborn, Minden
CBH Rechtsanwälte	Köln
Franßen & Nusser	Berlin, Düsseldorf
Gaßner Groth Siederer & Coll.	Berlin, Augsburg
HFK Heiermann Franke Knipp und Partner	Hamburg, Frankfurt, Berlin
Hogan Lovells	Düsseldorf
Köchling & Krahnefeld	Hamburg
Kümmerlein	Essen
Lenz und Johlen	Köln
Oexle Kopp-Assenmacher Lück	Köln, Berlin
Taylor Wessing	Düsseldorf, Hamburg, Berlin

★★
Görg	Berlin, Hamburg, Köln, München
Hellriegel	Berlin
Oppenländer	Stuttgart
Pauly	Köln
Raue	Berlin
Wolter Hoppenberg	Hamm, Münster, Osnabrück u.a.
Zenk	Hamburg, Berlin

★
Aulinger	Bochum, Essen
Dombert	Potsdam
Glock Liphart Probst & Partner	München
Götze	Leipzig
Heinemann & Partner	Essen
Hoffmann Liebs	Düsseldorf
Kruhl von Strenge	Hamburg
Loschelder	Köln
Menold Bezler	Stuttgart
Andrea Versteyl	Berlin, München

Die Auswahl von Kanzleien und Personen in Rankings und tabellarischen Übersichten ist das Ergebnis umfangreicher Recherchen der JUVE-Redaktion. Sie ist in 2erlei Hinsicht subjektiv: Die Aussagen der befragten Quellen sind subjektiv u. spiegeln deren Erfahrungen u. Einschätzungen. Die JUVE-Redaktion wiederum analysiert die Rechercheergebnisse unter Einbeziehung ihrer eigenen Marktkenntnis. Der JUVE Verlag beabsichtigt keine allgemeingültige oder objektiv nachprüfbare Bewertung. Es ist möglich, dass eine andere Recherchemethode zu anderen Ergebnissen führt. Innerhalb einzelner Gruppen in Rankings und tabellarischen Übersichten sind Kanzleien und Personen alphabetisch sortiert.

ÖFFENTLICHER SEKTOR – ÖFFENTLICHES WIRTSCHAFTSRECHT

Führende Berater im Öffentlichen Wirtschaftsrecht

Dr. Markus Appel (Planungsrecht)
Linklaters, Berlin

Dr. Markus Deutsch (Planungsrecht)
Dolde Mayen & Partner, Bonn

Prof. Dr. Klaus-Peter Dolde (Planungs- und Verfassungsrecht)
Dolde Mayen & Partner, Stuttgart

Dr. Markus Ehrmann (Umweltrecht)
Köchling & Krahnefeld, Hamburg

Dr. Frank Fellenberg (Planungsrecht, Verfassungsrecht)
Redeker Sellner Dahs, Berlin

Dr. Thomas Gerhold (Planungsrecht)
Avocado, Köln

Dr. Frhr. Fritz von Hammerstein (Planungsrecht)
CMS Hasche Sigle, Hamburg

Dr. Mathias Hellriegel (Planungsrecht)
Hellriegel, Berlin

Dr. Burghard Hildebrandt (Planungsrecht)
Gleiss Lutz, Düsseldorf

Dr. Juliane Hilf (Umweltrecht)
Freshfields Bruckhaus Deringer, Düsseldorf

Prof. Dr. Ulrich Hösch (Planungsrecht)
GvW Graf von Westphalen, München

Dr. Vera Jungkind (Verwaltungsrecht)
Hengeler Mueller, Düsseldorf

Prof. Dr. Hans-Georg Kamann (Europarecht)
WilmerHale, Frankfurt

Dr. Ulrich Karpenstein (Verfassungs- u. Europarecht)
Redeker Sellner Dahs, Berlin

Prof. Dr. Marcel Kaufmann (Verfassungsrecht)
Freshfields Bruckhaus Deringer, Berlin

Dr. Andreas Kersting (Planungsrecht)
Baumeister, Münster

Prof. Dr. Wolfgang Kuhla (Verwaltungsrecht)
Raue, Berlin

Prof. Dr. Christofer Lenz (Verfassungsrecht)
Oppenländer, Stuttgart

Dr. Tobias Masing (Verwaltungsrecht)
Redeker Sellner Dahs, Berlin

Prof. Dr. Thomas Mayen (Verfassungsrecht)
Dolde Mayen & Partner, Bonn

Dr. Anno Oexle (Umweltrecht)
Oexle Kopp-Assenmacher Lück, Köln

Dr. Herbert Posser (Planungsrecht)
Posser Spieth Wolfers & Partners, Düsseldorf

Fortsetzung nächste Seite

---

erneute Mandatierung eines Bundesministeriums zu Klimaschutzmaßnahmen.
Oft empfohlen: Dr. Peter Schütte („sehr schnell, höchst kompetent, sofort in der Praxis umsetzbare Beratung", Mandant), Dr. Malte Kohls
Team: 3 Partner, 7 Associates
Schwerpunkte: Fachplanungsrecht für Aufgabenträger u. Behörden (als Verwaltungshelfer), u.a. Stromnetzausbau u. Kraftwerke, aber auch an der Schnittstelle ▷Verkehrsinfrastruktur (Eisenbahn, Häfen, Straßen), Abfallrecht (Deponien) u. Bergrecht. Darüber hinaus regelm. Aufarbeitung umweltrechtl. Delikte u. Gesetzgebungsberatung, regelm. Bezüge zu Altlastenthemen; prozesserfahren.
Mandate: Stadt D'dorf in Planfeststellungsverf. für Schienenneubauprojekt; EWE zu Wasserstoffanlage am Standort eines Kavernenspeichers u. zu Grundsatzfragen der UVP-Vorprüfung (BVerwG); Bundesministerium in Klageverf. wg. Klimaschutzmaßnahmen im Verkehrs- u. anderen Sektoren; EVU zu Genehmigungen im Immissionsschutz-, Wasser- u. Naturschutzrecht; EVA zu Nachnutzung eines Steinkohlekraftwerks; Flughafenbetreiber zu Ausbau u. Entwässerungskonzept; internat. Verpackungsunternehmens zu BVT-Festlegungen für die Glasindustrie; Stadt Bremen zu Offshore-Hafeninfrastrukturprojekt; 50Hertz zu Ausbau einer 380-kV-Leitung.

BRANDI
Planungs- und Umweltrecht ★★★
Bewertung: Im Öffentl. Wirtschaftsrecht bietet die mittelständ. Full-Service-Kanzlei umf. Beratung im Planungs- u. Umwelt- sowie im Kommunalrecht für div. Kommunen, Kreise u. Körperschaften. Bekannt ist die Praxis allerdings v.a. für ihre Industriemandanten wie etwa Benteler, Dyckerhoff, Südzucker u. Tönnies. Tlw. bereits seit vielen Jahren greifen sie rd. um Genehmigungen für Anlagen inkl. Deponien auf die Praxis zurück, zu deren Repertoire auch Altlastensanierungspläne gehören. Beleg für die Zufriedenheit mit dem Team um Dippel ist nicht zuletzt die lfd. Beratung von PreZero. Im 4. Jahr nach der Übernahme des westfäl. Familienunternehmens Tönsmeier durch die Schwarz-Gruppe, aus der der neue Recyclingriese entstanden war, bleibt das Team an seiner Seite gesetzt. In Kombination mit einer Strafrechtlerin u. mit weiteren Fachbereichen wie Gesellschafts- u. Steuerrecht verfolgt die Kanzlei in der Abfallbranche, in der ähnl. wie Avocado auch kommunale Gesellschaften zur Zielgruppe gehören, einen umf. Beratungsansatz.
Stärken: Hohe Spezialisierung im Planungs- u. Immissionsschutzrecht, Kreislaufwirtschaftsrecht.
Oft empfohlen: Prof. Dr. Martin Dippel, Dr. Nils Gronemeyer
Team: 9 Eq.-Partner, 1 Sal.-Partner, 4 Associates
Schwerpunkte: Bauordnungs- u. Bauplanungsrecht, umweltrechtl. Schwerpunkte im Immissionsschutz-, Störfall-, Wasser-, Brand-, Altlasten- u. Abgrabungsrecht. Daneben produktbez. Umwelt- u. Abfallrecht, Kreislaufwirtschaftsrecht, europ. Chemikalienrecht (REACH-VO), Stoffrecht. Zunehmend Energie- u. Vergaberecht, zudem Beratung in Umweltstrafsachen. V.a. mittelständ. Mandanten, daneben Großkonzerne u. Kommunen.
Mandate: Kronospan u.a. zu Emissionsgrenzwerten u. zu städtebaul. Vertrag wg. Kompensation; Interargem zu Entsorgungsverträgen u. in Genehmigungsverf. für Klärschlammverbrennungsanlage; Pfeifer & Langen umf. auch im Produktrecht; Edeka Minden-Hannover lfd. zu Standortfragen; div. Kommunen, Stadtwerke u. Krankenhäuser, u.a. zum Haushalts-, Wahl- u. Abgabenrecht; Benteler Steel/Tube zu Abwehr heranreichender Wohnbebauung an ein Warmrohrwerk; Handelsgesellschaft zu Altlastenfragen bei Grundstückskauf; interkommunale Gesellschaft zur Nachfolgenutzung eines ehem. Militärflughafens kommunal- u. umweltrechtl.; lfd. Dyckerhoff, PreZero, Südzucker, Tönnies.

CBH RECHTSANWÄLTE
Verwaltungs- und Verfassungsrecht ★★
Planungs- und Umweltrecht ★★★
Bewertung: Die dtl.weit tätige Kanzlei ist tief im Verwaltungs- u. Öffentl. Wirtschaftsrecht verwurzelt, wo sie durch Spezialisierungen in relevanten Sektoren u. Rechtsgebieten auffällt. Im Planungsrecht zählt sie seit Jahren zu den ersten Adressen im Rheinland, wo nicht nur Projektentwickler u. Kommunen bei städtebaul. Vorhaben, sondern auch die Bezirksregierungen von Köln u. D'dorf bei leitungsgebundenen Infrastrukturplanungsverf. auf die Erfahrung der Gruppe um Rappen setzen. Zukunftsweisend ist das Mandat der Birkenstock Group zur fachübergr. Unterstützung bei der Planung u. Realisierung eines neuen Produktionsstandortes in Berlin. Städte u. Kommunen mandatieren die Gruppe aber auch in verfassungsrechtl. Streitigkeiten etwa zum Thema Finanzausstattung. Viel Erfahrung bringt die Kanzlei auch im öffentl. Glücksspielrecht mit, wo sie mit Ruttig einen anerkannten Experten in ihren Reihen hat, der mit Mandanten wie der Dt. Klassenlotterie Berlin u. anderen öffentl.-rechtl. Glücksspielunternehmen an der Schnittstelle zum ▷Medienrecht sehr bekannt ist.
Stärken: Hohe Kompetenz bei städtebaul. Vorhaben u. Infrastrukturprojekten; enge Vernetzung mit dem ▷Baurecht.
Oft empfohlen: Stefan Rappen, Dr. Cornelia Wellens („sehr verlässl., gründl. u. engagiert", „hohes Arbeitstempo", Mandanten), Dr. Tassilo Schiffer („ein absoluter Fachmann, zuverlässig u. verbindl.", Mandant), Dr. Jochen Hentschel („gut vernetzt", Mandant), Prof. Dr. Markus Ruttig („Koryphäe auf dem Gebiet des Glücksspielrechts", Mandant)
Team: 7 Eq.-Partner, 1 Sal.-Partner, 1 Counsel, 7 Associates, 1 of Counsel
Schwerpunkte: Öffentl. Baurecht, Infrastrukturprojekte, Projektentwicklungen (inkl. Planfeststellungsverf.) u. Umweltrecht (Immissionen, Altlasten, Abfall, Wasserrecht, Bodenschutz). Zudem ▷Vergabe-, ▷Beihilfe- sowie Verfassungs- u. Verwaltungsrecht mit Spezialisierungen im Medien-, Presse- u. Glücksspielrecht.
Mandate: Birkenstock Group umf. zur Realisierung eines Produktionsstandortes; Gasunie Dtl. zur Anbindung einer Erdgasleitung an die nordostdt. LNG-Terminals; Chemiepark zur Sicherung des Wasserbezugs; CG Elementum zu Entwicklung eines Kölner Stadtquartieres; Stadt Dormagen bei der Überplanung eines ehem. Industrieareals der RWE Power; Bezirksregierung D'dorf als Projektmanager zum Ausbau einer Stromleitung u. in Klageverf. gg. Planfeststellungsbeschluss U81; Landesregierung NRW in Verfassungsbeschw. zu Sportwettenerlaubnis; Stadt Pirmasens in Verfassungsbeschw. wg. mangelhafter Finanzausstattung der rheinl.-pfälz. Kommune durch das Land; Viva West zu Heilung eines B-Plans für mehr als 100 Wohneinheiten; lfd.: Corpus Sireo, Bonova, Cube Real Estate.

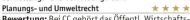

CLIFFORD CHANCE
Verwaltungs- und Verfassungsrecht ★★
Planungs- und Umweltrecht ★★★★

Bewertung: Bei CC gehört das Öffentl. Wirtschaftsrecht zum Repertoire der fachübergr. Vernetzung in regulierten Sektoren wie etwa ▷Energie, ▷Banken u. ▷Gesundheit. Immer wenn es in M&A-, Litigation- oder Compliance-Mandaten verwaltungsrechtl. Themen gibt, kommt das insbes. um 2 D'dorfer Partner formierte Team zum Einsatz, das sich auch durch viel Erfahrung im EU- u. Völkerrecht auszeichnet. Vor dem Hintergrund zunehmender Regulierung wird das Team, aus dem ein langj. Partner in die Of-Counsel-Position wechselte, immer häufiger auch initial aktiv – etwa wenn Mandanten u.a. mit legislativen Entwicklungen konfrontiert sind, die ihre Geschäftsmodelle oder Investitionsabsichten beeinflussen. Das Planungs- u. Umweltrecht zeichnet sich zudem durch seine Bedeutung für Infrastruktur- u. Industrieanlagenprojekte aus. CC begleitet weiterhin Planfeststellungsverf. für leitungsgebundene Infrastrukturprojekte.

Oft empfohlen: Dr. Thomas Voland („sehr gut", Mandant)

Team: 2 Partner, 9 Associates, 2 of Counsel

Schwerpunkte: Wirtschaftsverwaltungs- u. Verfassungsrecht, u.a. in den Bereichen (öffentl.) Banken u. Finanzmarktinfrastrukturen, Glücksspiel, Energie, TK u. Gesundheit; auch Europa- u. Völkerrecht, insbes. beihilferechtl. u. menschenrechtl. Themen; Compliance-Beratung. Viel Erfahrung im Umwelt- u. Planungsrecht, u.a. auch in Planfeststellungsverf. im Strom- u. Gasleitungsbau.

Mandate: Bundesbehörde verfassungs-, europa- u. datenschutzrechtl. zu IT-Meldewesen von Banken; Bundesministerium, u.a. zum Finanzverfassungsrecht u. zu Verwaltungskompetenzen; Energieunternehmen, u.a. verfassungrechtl. zum Kohleausstieg; Amprion planungsrechtl. zu Hochspannungsleitungen; Bayernnets zur Planung einer Erdgasfernleitung; FCA Motor Village zu Altlastensanierung eines Grundstücks im Zentrum von Ffm.; NTT Global zur Genehmigung eines Rechenzentrums; Unternehmen in öffentl.-rechtl. Rechtsform zur Vorbereitung zur Verschmelzung.

CMS HASCHE SIGLE
Verwaltungs- und Verfassungsrecht ★★
Planungs- und Umweltrecht ★★★★★

Bewertung: Die Kanzlei gehört insbes. im Planungsrecht v.a. an der Schnittstelle zum Berg- u. Wasserrecht mit zahlr. aus der Praxis heraus akquirierten u. bearbeiteten Top-Mandaten weiterhin zu den Spitzeneinheiten. Exemplar insbes. für die Reputation der Praxis im Bergrecht stehen Mandate von One-Dyas zur Förderung von Erdgas in der Nordsee u. einiger Trinkwasserversorger u. Wassernutzer wie K+S Minerals. Die Position der Gruppe belegt auch die erneute Ernennung einer Partnerin, die auf komplexe Planfeststellungsmandate spezialisiert ist. Der Schritt stärkt die Fähigkeit der Kanzlei, mehrere dieser Verf. parallel zu bearbeiten, wozu sonst personell in d. Regel nur Redeker u. ggf. Posser Spieth Wolfers in der Lage sind. Die personelle Ergänzung ist nicht zuletzt für das Mandat der Autobahn GmbH des Bundes relevant, das CMS gewinnen konnte. Neben dem planungs- u. umweltrechtl. Kernthemen, die auch an der Schnittstelle zum Anlagenbau zur Geltung kommen, verfügt die Praxis über Erfahrung im klass. Verwaltungs- u. Verfassungsrecht. Wie in allen breit aufgestellten Kanzleien ist das Team hier regelm. gefragt, u.a. in regulierten Branchen zum Gelingen vernetzter M&A-, Compliance- oder Litigation-Projekte beizutragen, was insbes. im Energie- u. Verkehrssektor auf hohem Niveau funktioniert.

Stärken: Infrastrukturvorhaben: v.a. Planfeststellungs- u. Genehmigungsverf., v.a. mit wasserrechtl. Bezügen; an der Schnittstelle zum Energierecht auch Transaktionsbegleitung.

Oft empfohlen: Dr. Fritz von Hammerstein, Dr. Christian Scherer, Dr. Dirk Rodewoldt, Dr. Christiane Kappes, Dr. Ursula Steinkemper

Team: 10 Partner, 20 Associates, tlw. inkl. Vergaberecht

Schwerpunkte: In HH Kompetenz im Umwelt- u. Planungsrecht mit enger Verknüpfung zum ▷Immobilien- u. Baurecht sowie zum ▷Kartell- u. ▷Energierecht; in Stuttgart v.a. Umwelt- sowie Energierecht. Von Berlin aus Beratung im öffentl. Bau- u. Planungsrecht. Kanzleiweite Beratung von Infrastrukturprojekten (insbes. im Energie- u. ▷Verkehrssektor), im Umweltrecht (Altlasten, Produkt- u. Abfallrecht), im ▷Vergabe- u. ▷Beihilferecht. Zudem Transaktionsbegleitung sowie Verfassungs- u. Verwaltungsrecht.

Mandate: Autobahn GmbH in fernstraßenrechtl. Planfeststellungsverf.; One-Dyas bergrechtl. zur Erdgasgewinnung in der dt. u. niederl. Nordsee; Donaukraftwerk Jochenstein zur Planfeststellung eines Pumpspeicherkraftwerks; Drees & Sommer zu Bau eines Elektrolyseurs; Bankenkonsortium zu Auswirkungen des Kohleausstiegs auf ein Kraftwerk; Hanseatic Hamburg als Projektmanager im Planfeststellungsverf. für eine 110-kV-Anbindung; Bayernnets zur Umstellung u. Erweiterung der Gasfernleitungen für den Transport von Wasserstoff; Femern A/S bei div. Klagen (BVerwG); Hamburger Wasserwerke zur Wassergewinnung in der Nordheide; K+S Minerals wasserrechtl. zur Bewirtschaftungsplanung der Kaliwerke Werra.

DEUBNER & KIRCHBERG
Verwaltungs- und Verfassungsrecht ★★★

Bewertung: Die Praxis genießt insbes. bei verfassungsgerichtl. Verfahren sehr hohes Ansehen. Regelm. treten die Anwälte zur Klärung grundsätzl. u. komplexer Fragen vor den höchsten dt. Gerichten auf. Mandanten setzen dabei auf das langj. Know-how des Teams, das etwa auch im Parteienrecht u. zur Parteifinanzierung berät. Darüber hinaus stand es mehreren Kommunen in Ba.-Wü. zur Seite im Zshg. mit der verschärften Abstandsregelung von Spielhallen.

Oft empfohlen: Prof. Dr. Christian Kirchberg

Team: 3 Partner, 2 Associates

Schwerpunkte: Verfassungs- u. Staatsorganisationsrecht, Parteienrecht/Parteienfinanzierung. Kommunalrecht. Schnittstelle zum Umwelt- u. Planungsrecht. Branchen: Patent- u. Finanzwesen.

Mandate: Krankenhaus- u. Pflegepersonal in 2 Verfassungsbeschwerden gg. die einrichtungsbez. Impfpflicht; chin. Mobilfunkanbieter zu Lizenzierung von standardessenziellen Patenten (2 Verfassungsbeschwerdeverf.); jap. Untern. in Verfassungsbeschwerdeverf. gg. festgesetzten Streitwert in einem Patentnichtigkeitsverf.; div. Städte u. Kommunen im Glücksspielrecht; Bürger der Stadt Freiburg im Vgl. mit Regierungspräsidium im Zshg. mit Baugenehmigung für neues SC-Stadion.

Führende Berater im Öffentlichen Wirtschaftsrecht
Fortsetzung

Prof. Dr. Olaf Reidt (Planungsrecht)
Redeker Sellner Dahs, Bonn

Dr. Gernot Schiller (Planungsrecht)
Redeker Sellner Dahs, Berlin

Dr. Ulrich Soltész (Europarecht)
Gleiss Lutz, Brüssel

Dr. Wolf Spieth (Planungsrecht)
Posser Spieth Wolfers & Partners, Berlin

Prof. Dr. Wolfgang Spoerr (Verfassungsrecht)
Hengeler Mueller, Berlin

Dr. Ronald Steiling (Planungsrecht)
GvW Graf von Westphalen, Hamburg

Dr. Ursula Steinkemper (Planungsrecht)
CMS Hasche Sigle, Stuttgart

Prof. Dr. Dirk Uwer (Verfassungsrecht)
Hengeler Mueller, Düsseldorf

Dr. Benedikt Wolfers (Verfassungsrecht)
Posser Spieth Wolfers & Partners, Berlin

Die Auswahl von Kanzleien und Personen in Rankings und tabellarischen Übersichten ist das Ergebnis umfangreicher Recherchen der JUVE-Redaktion. Sie ist in 2erlei Hinsicht subjektiv: Die Aussagen der befragten Quellen sind subjektiv u. spiegeln deren Erfahrungen u. Einschätzungen. Die JUVE-Redaktion wiederum analysiert die Rechercheergebnisse unter Einbeziehung ihrer eigenen Marktkenntnis. Der JUVE Verlag beabsichtigt keine allgemeingültige oder objektiv nachprüfbare Bewertung. Es ist möglich, dass eine andere Recherchemethode zu anderen Ergebnissen führt. Innerhalb einzelner Gruppen in Rankings und tabellarischen Übersichten sind Kanzleien und Personen alphabetisch sortiert.

DLA PIPER
Verwaltungs- und Verfassungsrecht ★★★

Bewertung: Die 3 im Öffentl. Wirtschaftsrecht spezialisierten Partner von DLA bieten ihr Know-how v.a. als Teil eines umf. vernetzten Beratungsangebots an. Ihren Mandanten hilft das Team u.a. dabei, regulator. Risiken u. Chancen zu antizipieren u. z.B. in Gesetzgebungsverf. auf Entwicklungen einzuwirken. Zum Transaktions- (▷M&A) u. ▷Compliance-Geschäft der Kanzlei trägt die Gruppe ihre Erfahrung im produkt- u. anlagenbez. Umweltrecht sowie dem Planungsrecht bei, das auch das Abfallrecht umfasst. Giesberts genießt insbes. bei Staatshaftungsklagen einen sehr guten Ruf, ein weiterer Partner im Beihilferecht. An der Schnittstelle zum Medien- u. Glücksspielrecht ist die Gruppe auch im Zshg. mit zivilrechtl. Litigation präsent. Regelm. vertritt Stulz-Herrnstadt Mandanten aus dem Sektor aber auch vor den dt. Verwaltungsgerichten, wobei u.a. Informationszugangsfragen u. Normenkontrollanträge wie die für Discovery, ProSiebenSat.1, RTL u. WeltN24 zu seinem Repertoire gehören.

Oft empfohlen: Dr. Michael Stulz-Herrnstadt, Dr. Ludger Giesberts

Team: 3 Eq.-Partner, 2 Counsel, 8 Associates, 2 of Counsel

Schwerpunkte: Wirtschaftsverwaltungs- u. Verfassungsrecht v.a. im Medien- u. Glücksspielrecht sowie in anderen regulierten Industrien, regelm. auch auf europ. Ebene in Kombination mit Beihilfe-

ÖFFENTLICHER SEKTOR ÖFFENTLICHES WIRTSCHAFTSRECHT

Aufsteiger im Öffentlichen Wirtschaftsrecht

Kathrin Dingemann (Planungsrecht)
Redeker Sellner Dahs, Berlin

Niclas Hellermann (Umweltrecht)
Posser Spieth Wolfers & Partners, Berlin

Dr. Christiane Kappes (Planungsrecht)
CMS Hasche Sigle, Hamburg

Dr. Matthias Kottmann (Verfassungs- und Europarecht)
Redeker Sellner Dahs, Berlin

Dr. Marc Ruttloff (Verfassungsrecht)
Gleiss Lutz, Berlin

Katja Schramm (Umweltrecht)
Posser Spieth Wolfers & Partners, Düsseldorf

Die Auswahl von Kanzleien und Personen in Rankings und tabellarischen Übersichten ist das Ergebnis umfangreicher Recherchen der JUVE-Redaktion. Sie ist in 2erlei Hinsicht subjektiv: Die Aussagen der befragten Quellen sind subjektiv u. spiegeln deren Erfahrungen u. Einschätzungen. Die JUVE-Redaktion wiederum analysiert die Rechercheergebnisse unter Einbeziehung ihrer eigenen Marktkenntnis. Der JUVE Verlag beabsichtigt keine allgemeingültige oder objektiv nachprüfbare Bewertung. Es ist möglich, dass eine andere Recherchemethode zu anderen Ergebnissen führt. Innerhalb einzelner Gruppen in Rankings und tabellarischen Übersichten sind Kanzleien und Personen alphabetisch sortiert.

---

recht; gr. Kompetenz im Staatshaftungsrecht; Kommunalrecht. Viel Erfahrung im produkt- u. anlagenbezogenen Umwelt- u. Genehmigungsrecht, auch im Planungsrecht.
Mandate: Dicovery, ProSiebenSat.1, RTL u. WeltN24 in 4 Normenkontrollverf. wg. die neue Werbesatzung der Landesmedienanstalten; Seven.One Entertainment Group gg. Medienanstalt Berlin wg. Beitrag des Magazins ‚Galileo'; Geisel Privathotels förder- u. beihilferechtl. wg. Corona-Hilfen; Stadtwerk zur Kommerzialisierung kommunaler Daten; ProSiebenSat.1 in Klageverf. gg. Landesmedienanstalten um Sendelizenz (BVerwG) u. zum Rundfunkstaatsvertrag; US-Spielzeughersteller, u.a. europaw. zu Produktsicherheit; European Chemicals Agency, u.a. zum Vollzug des EU-Rechts in Deutschland.

DOLDE MAYEN & PARTNER
Verwaltungs- und Verfassungsrecht ★★★★★
Planungs- und Umweltrecht ★★★★★

Bewertung: Im Öffentl. Wirtschaftsrecht ist DMP eine Ausnahmeerscheinung u. weiterhin als Spitzeneinheit gesetzt. Die Boutique steht für komplexe Planungsverf. etwa im Strom- u. Gasleitungsbau, wo u.a. Hangst für den fortschreitenden Generationswechsel steht. Die Partner u. eine zuletzt wachsende Zahl Associates beraten Übertragungsnetzbetreiber wie Amprion u. Tennet, Industrieunternehmen, Kraftwerksbetreiber wie die Großkraftwerk Mannheim, Einzelhändler wie Kaufland u. Projektentwickler zu allen Facetten des Planungs- u. Genehmigungsrechts. Auch Länder, Städte u. Kommunen gehören zu den Mandanten der Praxis, die viel Erfahrung bei der Streitbeilegung vor dt. u. europ. Gerichten mitbringt. Regelm. begleitet sie ähnl. wie Redeker u. Oppenländer insbes. Länder, Städte u. Behörden in Organ- u. Kompetenzstreitigkeiten sowie in Normenkontroll-, u. Amtshaftungs- u. beamtenrechtl. Verfahren auch vor den dt. Verfassungsgerichten. Mit Mayen gehört ein Partner zur Einheit, den Unternehmen wie die Dt. Telekom, Dt. Börse u. Privatpersonen mandatieren, wenn sich polit. bedeutsame u. rechtl. komplexe Fragen stellen.
Oft empfohlen: Prof. Dr. Thomas Mayen, Prof. Dr. Klaus-Peter Dolde, Dr. Winfried Porsch („immer bei schwierigen Fragen oder Prozessen, wurden noch nie enttäuscht, fachl. spitze", „sehr fundierte Stellungnahmen, hohes Ansehen bei Genehmigungsbehörden, engagiert", Mandanten), Dr. Markus Deutsch („Stratege", Wettbewerber), Dr. Matthias Hangst („immense Kompetenz, hervorragende Betreuung", Mandant)
Team: 8 Eq.-Partner, 5 Associates
Schwerpunkte: Gr. Erfahrung im Planungs- u. Genehmigungsrecht, insbes. auch in Planfeststellungsverf. im Luftverkehr sowie Strom- u. Gasleitungsbau; Umweltrecht sowie Verfassungsrecht, Wirtschaftsverwaltungsrecht für staatsnahe Industrie, Länder u. Kommunen sowie Behörden, auch Beamtenrecht; regelm. auch Staatshaftungs-, Kommunal- u. Länderverfassungsrecht; außerdem Kompetenz im Börsenverwaltungs- u. Presserecht; viel Erfahrung vor dt. u. europ. Gerichten.
Mandate: Landesregierung Ba.-Wü. in Organstreitverf., ausgelöst durch AfD; BMUmwelt EU-, verfassungs- u. abfallrechtl. zur Umsetzung einer Richtlinie mit dem Ziel der Verringerung von Umweltauswirkungen durch Plastikprodukte; Senatsverwaltung Berlin artenschutzrechtl.; Stadt Stuttgart wg. Vertragsänderung zur schnelleren Nutzbarmachung von Flächen; Einzelhändler, u.a. zu städtebaul. Vertrag u. zu neuen Standorten; Ba.-Wü. gg. Umweltverband rd. um Genehmigung von 2 Windenergieanlagen u. zur Genehmigung von 2 Privatschulen; Kaufland wg. Ablehnung einer Bauvoranfrage; Industrieparkbetreiber genehmigungsrechtl. zu Einleitung von Abwasser; FDP-Fraktion im Dt. Bundestag zu Informationsansprüchen im Zshg. mit Schiedsverf. zur Pkw-Maut; Landesamt für Besoldung u. Versorgung Ba.-Wü. wg. beamtenrechtl. Beihilfeansprüche; Eurex u. Dt. Börse/Frankfurter Wertpapierbörse verwaltungsrechtlich.

DOMBERT
Verwaltungs- und Verfassungsrecht ★★★
Planungs- und Umweltrecht ★

Bewertung: Neben ihrer planer. Kompetenz bei Infrastrukturprojekten ist die Potsdamer Kanzlei im klass. Verwaltungsrecht v.a. auf die Beratung staatl. Aufgabenträger auf kommunaler u. Landesebene spezialisiert. So vertraut u.a. der Dt. Kitaverband auf Dombert bei der Überprüfung der Verfassungsmäßigkeit im Kitagesetz NRW. Für Aufsehen sorgte die Vertretung des Landes Brandenburg im Zshg. mit mögl. Entschädigungszahlungen wg. des ersten Corona-Lockdowns im Frühjahr 2020, weil das Verfahren wegweisenden Charakter für zahlr. noch anhängige Verf. hat.
Team: 7 Eq.-Partner, 14 Associates, 2 of Counsel (gesamte öffentl.-rechtl. Praxis)
Schwerpunkte: Beamten- u. Hochschulrecht. Kommunalrecht, insbes. Kommunalfinanzen. Umweltrecht, v.a. Immissions-, Natur- u. Artenschutz. Planungsrecht, insbes. im Energiesektor.
Mandate: Land Brandenburg zu Entschädigungsansprüchen im Zshg. mit Corona-Lockdown (BGH); Stadt Potsdam zu TVöD-Einführung im städt. Klinikum; Dt. Kitaverband zu Verfassungsmäßigkeit Kitagesetz NRW; Gesundheitsämter u. priv. Anbieter von Corona-Tests im Zshg. mit Testangebot; Kommunen zu Finanzausgleichen des Landes u. zu Bestimmung der Kreisumlage; Landesbetrieb Straßenwesen Brandenburg in Planungsverf. für Ausbau Bundesstraße B96; Kommune in Nds. planungsrechtl. zu Erweiterung Feriendorfanlage; Kommune in Brandenburg zu Genehmigungsverf. für Bau eines Betonwerks.

FRANSSEN & NUSSER
Planungs- und Umweltrecht ★★★

Bewertung: Die Boutique mit Büros in Berlin u. D'dorf setzt nach der Abspaltung des Berliner Teams um Stefan Kopp-Assenmacher konsequenter auf die Verknüpfung ihrer Kernkompetenzen im Umwelt- u. Produktrecht. Insbes. die Kreislaufwirtschaft, in der v.a. Franßen seit Jahren tief verankert ist, bietet dafür viele Anknüpfungspunkte, auch im Kontext der aufkommenden ESG-Beratung, bspw. wenn es um die Recycelbarkeit industrieller Abfälle geht. Gleichwohl ist die Kanzlei auch bei klass. umweltrechtl. Themen wie BImSch-Verf. aktiv. Im produktbez. Umweltrecht beraten Nusser u. eine junge Partnerin weiterhin namh. Mandanten aus Branchen wie Maschinenbau, Automotive u. Onlinehandel u.a. im Zshg. mit stoffrechtl. Themen u. zu Produkt-Compliance. Mandanten loben insbes. diese beiden wiederholt für ihre „hoch spezialisierte u. praxistaugl. Beratung".
Stärken: Kreislaufwirtschaft, Produkt-Compliance.
Oft empfohlen: Gregor Franßen, Dr. Jens Nusser („spitze im Produktrecht mit langj. Erfahrung, findet immer pragmat. u. businessorientierte Lösungen", „praxisbezogen, verständlich, schnell, kompetent", „äußerst zuverlässig, immer freundl., alles bestens", Mandanten).
Team: 4 Eq.-Partner, 1 Counsel, 5 Associates
Schwerpunkte: Breit angelegte Beratung im Umweltrecht (Altlasten, Immissionsschutz, Bodenschutzrecht). Viel Erfahrung mit Kreislaufwirtschaft. Abfall- u. produktbez. Umweltrecht (ElektroG, VerpackungsG, REACH).
Mandate: Saint-Gobain im Bauproduktrecht; Techem zu Produkt-Compliance; Thyssenkrupp Steel Europe zum Bauproduktrecht; Hörmann im Produktrecht; Hermes Germany zu ElektroG; div. Industrieverbände im Bauproduktrecht; Ministerium in Klageverf. gg. Stilllegungs- u. Abbruchgenehmigung für Kernkraftwerk; Immobilienkonzern abfallrechtl.; Industrieunternehmen gutachterl. zu Recyclingfähigkeit von Betonbauteilen.

FRESHFIELDS BRUCKHAUS DERINGER
Verwaltungs- und Verfassungsrecht ★★★★
Planungs- und Umweltrecht ★★★

Bewertung: Das Öffentl. Wirtschaftsrecht wird bei Freshfields als Türöffner u. strateg. geprägte Begleitung für komplexe, vernetzte Mandate verstanden, denen insbes. die Interaktion mit öffentl.-rechtl. Stellen inkl. der Strafverfolgungsbehörden (▷Strafrecht) eigen ist. Das Team hilft seinen Mandanten aus der Industrie etwa bei Transaktionen mit klass. umwelt- u. naturschutz-/planungsrechtl. Bezügen sowie in anderen staatsnahen Bereichen. Zu den Leistungen der Praxis gehört, bereits im Zuge von Gesetzgebungsprozessen regulator. Risiken u. Chancen zu identifizieren u. strateg. zu beglei-

ten. Das belegen Mandate wie das eines global tätigen Anbieters von sozialen Netzwerken u. das der dualen Systeme. Bemerkenswert ist die Reichweite der dt. Partner, die auch im internat. Netzwerk der Kanzlei ihre Kenntnisse einbringen. Das Verfassungsrecht ist für FBD Teil der strateg. Beratungs- u. Prozesspraxis. Mit Kaufmann, der im klass. Verfassungsrecht, aber auch im Wirtschaftsverwaltungsrecht zu den führenden Anwälten zählt, hält die Kanzlei eine Erfahrung vor, die Mandanten angesichts großer Umwälzungen in ihren Branchen vermehrt suchen.
Stärken: Hervorragende Vernetzung mit den dt. u. internat. Teams der Kanzlei.
Oft empfohlen: Prof. Dr. Marcel Kaufmann („hervorragend, bringt immer neue Ideen ein, sehr gute Rhetorik", Mandant), Dr. Juliane Hilf, Dr. Thomas Lübbig
Team: 3 Eq.-Partner
Schwerpunkte: In den staatsnahen Sektoren ▷*Gesundheitswesen*, ▷*Verkehr*, ▷*TK*, Plattformwirtschaft, ▷*Immobilien* u. Glücksspielrecht; Umweltrecht v.a. transaktionsbegleitend auch an der Schnittstelle zum produktbez. Umweltrecht sowie sämtl. anlagenbez. Genehmigungsfragen; Verfassungs- u. Landesverfassungsrecht, Kommunal- u. Haushaltsrecht sowie Hochschulrecht; Litigation vor dt. u. europ. Gerichten; ▷*Beihilfe-*, ▷*Außenwirtschafts-* u. Völkerrecht.
Mandate: Global tätiger Anbieter von sozialen Netzwerken zu div. Gesetzgebungsvorhaben u. in Verf. etwa vor dem VG Köln; die dualen Systeme zur Einführung eines Fondssystems zur Förderung eines höheren Recyclateinsatzes; Charité u. Dt. Herzzentrum Berlin vertragl. zur Realisierung der Fusion; Exact Sciences zu Implementierung einer Produktstrategie; Lanxess Dtl. zu Kauf der Biozidproduktesparte von IFF; global tätiger Immobilienentwickler zu öffentl. Förderung u. Regelungen für nachhaltige Bauvorhaben; internat. Chemieunternehmen in abwasserrechtl. Verwaltungsverf.; Flutter Entertainment vor dem Bundesfinanzhof u. in Verfassungsbeschw. wg. Festsetzung von Sportwettensteuer.

GASSNER GROTH SIEDERER & COLL.

| Verwaltungs- und Verfassungsrecht | ★★ |
| Planungs- und Umweltrecht | ★★★ |

Bewertung: Die Praxis ist im Umwelt- u. Planungsrecht v.a. bekannt für ihre Branchenspezialisierung im Entsorgungssektor. Dabei begleitet sie die öffentl. Hand u. Verbände umf. zu abfallrechtl. Themen, oftmals im Zshg. mit interkommunalen Kooperationen. Ihre Schnittstellenkompetenz zum Energierecht belegt sie regelm. bspw. im Zshg. mit dem Bau von Heizkraftwerken. Erfahren ist das Team zudem bei städt. Entwicklungsprojekten, sowohl im Wohn- als auch Gewerbesektor, wofür u.a. das Mandat für 2 norddt. Kommunen bei der Entwicklung eines gemeins. Gewerbestandorts steht. Aufsehen erregte zudem die gerichtl. Vertretung des Landes Berlin vor dem BVerwG im Zshg. mit dem städt. Vorkaufsrecht.
Stärken: Enge Vernetzung mit Kommunen u. Ministerien; besonders bekannt im Abfall- u. Altlastenrecht.
Oft empfohlen: Prof. Hartmut Gaßner
Team: 10 Eq.-Partner, 13 Associates
Schwerpunkte: Öffentl. Bau- u. Planungsrecht, Umweltrecht. Produkt- u. Abfallrecht (inkl. ▷*Vergabe*), Altlasten/Bodenschutzrecht, Wasserrecht, ▷*Energie-*

recht; Berg-, Atom-, Finanzierungs- u. umweltbez. Gebührenrecht, immer in Kombination mit Kommunalrecht; Beihilferecht; auch Verfassungsrecht.
Mandate: Land Berlin prozessual zu städt. Vorkaufsrecht (BVerwG); div. öffentl.-rechtl. Entsorgungsträger zu VerpackungsG; mehrere Kommunen u. Kreise zu Abfallgebührenmodellen; Stadtwerke Neustadt a.d. Weinstraße bei Neuausweisung des Wasserschutzgebiets; Stadt Grevesmühlen u. Gemeinde Upahl bei Entwicklung von interkommunalem Großgewerbestandort.

GLEISS LUTZ

| Verwaltungs- und Verfassungsrecht | ★★★★ |
| Planungs- und Umweltrecht | ★★★★ |

Bewertung: Im Öffentl. Wirtschaftsrecht deckt das wachsende Team alle relevanten Fragen ab. Sowohl im Planungsrecht, wo es zentrale Infrastrukturprojekte für die Industrie u. die öffentl. Hand begleitet, als auch im klass. Verwaltungs- u. Verfassungsrecht steht das Team für viel Kompetenz auch in Nischen wie dem Beamten- u. dem Anwaltsrecht. Nicht zuletzt mit Soltész, einem führenden Fachmann im EU- u. Beihilferecht, verfügt die Praxis über viel Prozesserfahrung auf EU-Ebene, die der breit aufgestellte Ruttloff u.a. mit seiner Spezialisierung im Verfassungsrecht ergänzt. Seine Mandate, zu denen ebenso das der Stadt Garmisch-Partenkirchen zur Sicherheitslage rd. um den G7-Gipfel gehört, stärkten die Akzeptanz der Praxis u.a. auch bei Wettbewerbern. Das gelingt dem in der Sozietät hervorragend vernetzt agierenden Team mit seiner Arbeit in Sektoren wie Energie, Verkehr u. Gesundheit, wo es als Teil einer fachübergr. Beratung u.a. bei Compliance-Themen hoch anerkannt sind.
Oft empfohlen: Dr. Burghard Hildebrandt, Dr. Marc Ruttloff („hervorragender Jurist, guter Teamplayer", Wettbewerber), Dr. Andreas Neun („sehr zufriedenstellende, kompetente u. immer zeitnahe Beratung", Mandant)
Team: 7 Eq.-Partner, 3 Counsel, 2 of Counsel (Kernteam)
Schwerpunkte: Hoher Spezialisierungsgrad unter den Partnern, punktuell enge Einbindung anderer Praxisgruppen, dadurch breite Themenabdeckung im Verfassungs- u. Verwaltungsrecht. Branchen: Automotive, ▷*Gesundheit*, ▷*Energie*. Planung: Fachplanungsrecht für gr. Infrastrukturprojekte im ▷*Verkehrssektor* (Energieleitungs- u. Schieneninfrastruktur); Bauordnungs- u. Bauplanungsrecht, häufig im Kontext komplexer städtebau. Entwicklungen. Umweltrecht u.a. bei Transaktionen u. Umstrukturierungen; auch produktbez. Stoff- u. Abfallrecht in Vernetzung mit Litigation u. Produkthaftung; Schnittstelle zu ▷*Compliance-Untersuchungen*.
Mandate: Amprion zur Realisierung einer Höchstspannungsleitung; Bezirksregierung D'dorf, u.a. in Klage gg. Beschluss zur Umbeseilung einer Hochspannungsleitung (OVG Münster), zu Erdgas- u. Stromfernleitungen u. Eisenbahninfrastruktur; Kronos Titan zu Neubau einer Pieranlage u. zur geplanten Weservertiefung; Henkel zu Verkauf eines Deponiegeländes; Markt Garmisch-Partenkirchen zu sicherheitsrechtl. Fragen des G7-Gipfels; F. Hoffmann-La Roche zu Verfahrensrecht vor dem europ. Patentamt; Klägerkonsortium aus der Energie- und Logistikbranche zu erfolgr. Verfassungsbeschwerde gg. das Bremische Hafenbetriebsgesetz (BVerfG); Procter & Gamble zu Russland-Sanktionen

u. zum Lobbyregistergesetz; Rechtsanwaltskammer Berlin zu Erstreckung der Eintragungspflicht in das Anwaltsregister auf den Arbeitgeber (AGH Berlin); Stadt Essen zu Bürgerbegehren; Stadt Bamberg in beamtenrechtl. Streitigkeit.

GLOCK LIPHART PROBST & PARTNER

| Planungs- und Umweltrecht | ★ |

Bewertung: Die Kanzlei aus München ist v.a. bekannt für ihre Stärke im Planungsrecht, wo sie insbes. zu Städtebauprojekten berät. Vor allem im Großraum München ist sie in zahlr. Großprojekte im Wohnungsbau eingebunden. Daneben wird die Einheit auch regelm. für städt. Infrastrukturvorhaben mandatiert, wie die Beteiligung am Neubau der Tram-Westtagente zeigt.
Oft empfohlen: Dr. Peter Eichhorn, Rudolf Häusler
Team: 5 Eq.-Partner, 1 Sal.-Partner, 1 Associate
Schwerpunkte: Öffentl. Baurecht, insbes. bei städtebau. Wohnprojekten u. Standortentwicklungen von Unternehmen. Im Umweltrecht v.a. wasserrechtl. Themen.
Mandate: Büschl zu div. Projekten, u.a. Entwicklung von urbanem Gebiet mit Hochhäusern; CA Immo zu Entwicklung Wohngebiet; Herecon zu Projekt Biberach II; Stadtwerke München in Planfeststellungsverf. zu Neubau der Tram-Westtangente; Stadt Rosenheim, u.a. zu städtebaul. Entwicklungsmaßnahme nur innerstädt. Konversionsfläche; Wöhr+Bauer zu Altstadtprojekt Hildegardstraße; MAN Bus & Truck zu BImSch-Verf. für Umbau Lkw-Teststrecke u. in WHG-Verf. für Grundwasserbenutzung.

GÖRG

| Planungs- und Umweltrecht | ★★ |

Bewertung: Die öffentl.-rechtl. Praxis der Mittelstandskanzlei setzt an ihren Standorten unterschiedl. Schwerpunkte in der Beratung. Bei Infrastrukturprojekten wenden Mandanten sich regelm. an das HHer Büro. Traditionell ist die Einheit eine feste Anlaufstelle bei Kraftwerksthemen, die sie aus Berlin angeht. Ein Bsp. ist die Vertretung des Landes Meck.-Vorp. im Zshg. mit der Bürgerbeteiligung an Windparks (BVerfG). In Köln stehen u.a. klass. Projektentwicklungsthemen im Fokus. Ein bergrechtl. versierter Berliner Partner berät das Land Sachsen im Zusammenspiel mit den ▷*Bank-* u. ▷*Insolvenzrechtlern* nun auch zum Kohleausstieg – ein Paradebeispiel dafür, dass die Praxis mittlerw. regelm. ihre kanzleiw. Vernetzung für Mandanten einsetzen kann.
Oft empfohlen: Dr. Kersten Wagner-Cardenal, Dr. Christoph Riese, Prof. Dr. Ferdinand Kuchler, Prof. Dr. Ulrich Ramsauer
Team: 9 Eq.-Partner, 2 Sal.-Partner, 11 Associates, 1 of Counsel
Schwerpunkte: Planfeststellungsrecht, v.a. im Kraftwerksbau (▷*Energie*), zur Anlagengenehmigung (Steinkohle, GuD, Wasserspeicher, Offshorewindkraft), aber auch im klass. Projektentwicklungsgeschäft. Umweltrecht: Natur- u. Artenschutzrecht, Immissionen, auch Beratung an der Schnittstelle zum ▷*Vergaberecht*. Daneben auch Verwaltungsrecht, Kommunalrecht.
Mandate: Land Sachsen zum Kohleausstieg; BRD/BSH in Klageverf. gg. Offshorewindpark ‚Butendiek'; EWE (Ardian) bei umweltrechtl. Prüfung bestehender Kraftwerke u. Altstandorte; Gaskraftwerk Leipheim zur Realisierung eines 600-MW-Gaskraftwerks; Brauerei Früh planungs-

ÖFFENTLICHER SEKTOR ÖFFENTLICHES WIRTSCHAFTSRECHT

rechtl. zu Standorterweiterung; Gemeinde Alfter zu B-Plan; Brandenburg zur finanz. Absicherung der Rekultivierung von Tagebauen; Gasnetz Hamburg bei Neubau eines Heizkraftwerks; lfd.: Trianel.

GÖTZE
Planungs- und Umweltrecht ★

Bewertung: Die Boutique aus Leipzig ist im Öffentl. Wirtschaftsrecht v.a. in Ostdtl. etabliert. Zum Mandantenstamm zählt neben der Privatwirtschaft auch die öffentl. Hand. Im Planungsrecht stehen städtebaul. Verträge u. Bauleitplanungen im Zentrum der Beratung. Aufgr. der Hochkonjunktur von Wohnungsbauprojekten wandten sich zuletzt zahlr. Mandanten mit entspr. Beratungsbedarf an die Einheit. Angesehen ist die Kanzlei darüber hinaus für ihre langj. Erfahrung bei naturschutz- u. wasserrechtl. Fragen.

Team: 2 Partner, 8 Associates
Schwerpunkte: Öffentl. Baurecht, insbes. Bauleitplanung, städtebaul. Verträge. Umweltrecht, Bergrecht. Branchen: Energie, Tourismus. Prozesse.
Mandate: Keine Nennungen.

GSK STOCKMANN
Verwaltungs- und Verfassungsrecht ★
Planungs- und Umweltrecht ★★★

Bewertung: Infrastrukturprojekte u. städtebaul. Entwicklungen bilden die Schwerpunkte der planungsrechtl. geprägten Praxis. Insbes. den Kernbereich hat die Kanzlei in den verg. Jahren konsequent weiterentwickelt – primär mit Bordmitteln, indem sie junge Anwälte mit entspr. Spezialisierung zu Sal.-Partnern machte. Ein Bsp. für die gelungene Strategie im Öffentl. Wirtschaftsrecht sind Mandate im boomenden Logistiksektor, wo hochkarätige Mandanten wie Zalando u. Unibail-Rodamco (Shoppingcenter) zugleich von der Erfahrung des renommierten Immobilienteams profitieren konnten. Auch im Infrastrukturplanungsrecht berät das Team heute größere u. umfangreichere Projekte als noch vor 5 Jahren, aus Bsp. für die Dt. Bahn u. die Schweizer Staatsbahn. Mit seiner Fachplanungskompetenz schaffte es den Sprung auf die Beraterliste eines weiteren Netzbetreibers. Bemerkenswert ist darüber hinaus die Entwicklung im EU-rechtl. Beratungs- u. grundsätzl. Verfahrensmandaten befasstes Teams, das mit einem Mandat für die Dt. Telekom im Zshg. mit Netzneutralität auf sich aufmerksam macht.

Stärken: Umfangr. Erfahrung im Fachplanungsrecht für Vorhabenträger (bei z.T. sehr gr. Projekten). Einbettung der Kompetenz in den angestammten Schwerpunkt im ▷Immobilienrecht.
Oft empfohlen: Dr. Mark Butt, Dr. Andreas Geiger, Dr. Wolfgang Würfel
Team: 7 Eq.-Partner, 4 Sal.-Partner, 20 Associates, 4 of Counsel
Schwerpunkte: Öffentl. Bau- u. Planungsrecht, insbes. Fachplanung, im Städtebau, im Einzelhandels- u. Infrastrukturprojekten (Energienetze, Straßen, Häfen u. Flughäfen). Im Umweltrecht v.a. Naturschutz- (FFH) u. Vergaberecht, gelegentl. auch produktbez. Umweltrecht; zunehmend EU- u. Beihilferecht; Verfassungs- u. Verwaltungsrecht, inkl. Kommunalrecht; Prozesserfahrung.
Mandate: Unibail-Rodamco bau- u. planungsrechtl. zu Anpassung u. Weiterentwicklung innerstädt. Einkaufszentren; Zalando bei Distributionszentrum; Schweizerische Bundesbahnen planungsrechtl. bei 2-gleisigem Ausbau von Bestandsstrecke über dt. Staatsgebiet; Netzbetreiber zu div. 380-kV-Projekten (Panel); 50Hertz Transmission zu SuedOstLink u. Vorhaben 11 bei Fragen der Grundstückssicherung u. genehmigungsrechtl.; Autobahn GmbH, u.a. zur Küstenautobahn A20 (BVerwG) u. planungsrechtl. zu neuer Tank-&-Rast-Anlage; Lidl Dienstleistung, u.a. bei Standortentwicklung; Dt. Telekom in Grundsatzverf. um Anordnung einer DNS-Sperre ggü. einem Internetprovider; Stadt HH im Zshg. mit Gesetzgebungsvorhaben zum Klimaschutz im Gebäudesektor.

GVW GRAF VON WESTPHALEN
Verwaltungs- und Verfassungsrecht ★★
Planungs- und Umweltrecht ★★★★

Bewertung: Die öffentl.-rechtl. Praxis der Mittelstandskanzlei verfolgt einen sehr breiten Ansatz, der von Bauplanungs- bis Verfassungsrecht alle relevanten Themen einschließt. Großvol. Infrastrukturprojekte für Straße, Luft, Schiene u. zunehmend auch Stromleitungen gehören zu den Mandaten, die bes. im Fokus stehen. Nach wie vor nimmt auch die Beratung zu Bauvorhaben viel Raum ein. Hier ist es v.a. Wienhues, die im Zusammenspiel mit einem auf öffentl. Baurecht spezialisierten Anwalt das Mandantenportfolio kontinuierl. erweitert, zuletzt um die in Süddtl. sehr aktive Strenger-Gruppe. Wie integriert auch das öffentl.-rechtl. Team mit anderen Praxisgruppen der Kanzlei agiert, wird insbes. im Verfassungsrecht deutlich. Hier versteht sich das Team als themat. Allrounder. Bei Fragen von grundsätzl. Bedeutung liefern die Anwälte entweder die notwendige öffentl.-rechtl. Kompetenz oder ziehen bei spezif. Fragen Kollegen aus anderen Fachbereichen hinzu (bspw. aus dem Insolvenzrecht), um diese vor den höchsten Gerichten klären zu lassen.

Stärken: Infrastrukturvorhaben, v.a. im Straßenbau u. im Flughafensektor.
Oft empfohlen: Dr. Ronald Steiling („sehr erfahren im Planungsrecht", Wettbewerber), Dr. Sigrid Wienhues, Prof. Dr. Ulrich Hösch
Team: 12 Eq.-Partner, 2 Sal.-Partner, 7 Associates, 1 of Counsel
Schwerpunkte: Öffentl. Bau- u. Planungsrecht. Umweltrecht, v.a. Immissionsschutz, Genehmigungs- u. Naturschutzrecht, Wasserrecht. Verfassungs- u. Verwaltungsrecht. Schnittstellen insbes. bei Infrastrukturprojekten zum ▷Verkehrssektor. Im Verfassungsrecht breit angelegte Beratung, viel Prozesserfahrung. Verwaltungsrecht, inkl. Kommunal- u. Kammerrecht.
Mandate: Strenger-Gruppe bei Planung u. Entwicklung von mehreren Quartieren; Land Schl.-Holst., u.a. prozessual zu Fehmarnbeltquerung u. zum Ausbau der B207; BGE im Zshg. mit der Suche nach einer Endlagerstätte für Atommüll; Ministerium für Infrastruktur, Energie u. Digitalisierung Meck.-Vorp. bei Planfeststellungsverf. zum Neubau einer 380-kV-Leitung zwischen Güstrow u. Parchim-Süd (Projektmanagement); Transnet bei mehreren Netzausbauvorhaben; ABR German Real Estate baurechtl. zu Projektentwicklung; Bonner Stadtkämmerei in Verf. im Zshg. mit Bau des World Conference Center Bonn (OVG Münster); bpa Arbeitgeberverband u. Verband Deutscher Alten- u. Behindertenhilfe in VB wg. Gesundheitsversorgungsweiterentwicklungsgesetz; Thüringer Landesamt für Bau und Verkehr, Nahverkehrsservice Sachsen-Anhalt u.a. im Zshg. mit Abellio-Insolvenz.

HEINEMANN & PARTNER
Planungs- und Umweltrecht ★

Bewertung: Die umwelt- u. planungsrechtl. Praxis der Essener Kanzlei berät v.a. Unternehmen aus der Immobilienbranche bei großvol. Projektentwicklungen. Durch ihre guten Beziehungen zu Projektentwicklern fasst die Praxis auch immer mehr bei städtebaul. Entwicklungen Fuß. Der strateg. Fokus der Praxis auf Infrastrukturprojekte passt zudem gut mit dem der kanzleieig. priv. Baurechtler zusammen. Gemeins. vertieften beide Teams die Mandatsbeziehung zur Autobahn GmbH, die die Öffentlichrechtler mittlerw. bei mehreren Planfeststellungsverf. beraten. Daneben holen sich Mandanten H&P regelm. bei umweltrechtl. Fragen an die Seite, zuletzt etwa ein Konsumgüterhersteller bzgl. einer Circular-Economy-Strategie.

Oft empfohlen: Janosch Neumann („sehr guter Öffentlichrechtler, umsichtige u. zügige Bearbeitung, steckt tief in der Materie", Mandant)
Team: 1 Eq.-Partner, 1 Sal.-Partner, 1 Associate
Schwerpunkte: Bauplanungs- u. Bauordnungsrecht, projektbez. Umwelt- u. Planungsrecht, starke Schnittstelle zum Immobiliensektor. Auch Natur- u. Artenschutz, tlw. Umwelt-Compliance.
Mandate: Autobahn GmbH planungsrechtl. u. prozessual im Zshg. mit mehreren Vorhaben; Open Grid Europe in Zshg. mit LNG-Terminal Wilhelmshaven (Besitzeinweisungsverfahren); Konsumgüterhersteller zu Circular-Economy-Strategie; Projektentwickler in Klageverf. im Zshg. mit Nachverdichtung; Wohnungsgesellschaft bergrechtl. im Zshg. mit etwaigen Bergschadensrisiken; Lebensmittellogistiker zu Standorterweiterungen; Tankstellenbetreiber im Zshg. mit Bau, Betrieb u. Stilllegung von Tankstellen.

HELD JAGUTTIS
Verwaltungs- und Verfassungsrecht ★★

Bewertung: Die Kölner Boutique deckt alle Bereiche des Wirtschaftsverwaltungsrechts ab. So stehen Fragen zum produktbez. Umweltrecht ebenso im Fokus wie das Außenwirtschafts- oder Beihilferecht. Zum Mandantenstamm zählen vorwiegend Unternehmen aus regulierten Branchen, die sie mit wachsender Intensität auch prozessual im Verwaltungs-, Verfassungs- sowie im EU-Recht begleitet. Paradedisziplin ist das Bauprodukterecht, wo sich auch Kapellmann u. Redeker tummeln. Hier macht die Boutique mit neuen Mandaten wie dem von Sika Dtl. u. Bauchemie Müller in 2 Normenkontrollverf. sowie dem Mandat von 14 Unternehmen, darunter Wacker Chemie, einen nächsten Schritt zur Stärkung der Praxis im Feld der komplexen Projektberatung. Neben dem klass. Beratungsgeschäft ist die Kanzlei wie andere Boutiquen auch in Transaktionsprojekten präsent.

Oft empfohlen: Dr. Simeon Held, Dr. Malte Jaguttis
Team: 2 Partner, 2 Associates
Schwerpunkte: Transaktionsbez. u. produktbez. Umweltrecht; auch Prozesse. Regulator. Spezialthemen, aktuell v.a. Außenwirtschaftsrecht.
Mandate: Dt. Bauchemie zu grundsätzl. europarechtl. Fragen, zur dt. u. europ. Produktregulierung; Dt. Rockwool zu europ. Produktrecht; Stadt Düsseldorf zu InformationsfreiheitsG; Philips produktrechtl.; 14 deutsche Hersteller in Beschwerdeverf. vor EU-Kommission gg. Produktvorgaben für Betoninstandsetzungsprodukte.

Aus der Entfernung ist es eine Industrieanlage.

Aus der Nähe ist es eine erfolgreiche Bewilligung.

Niederhuber & Partner Rechtsanwälte begleiten Ihr Projekt von der Planung bis zur erfolgreichen Realisierung. Mit umfassendem Knowhow im Umwelt- und Öffentlichen Wirtschaftsrecht wie auch im Energierecht unterstützen wir Sie bei der Umsetzung von Industrieanlagen, Energieprojekten, Infrastrukturmaßnahmen und Sportstätten.

Wien – Salzburg – Graz | www.nhp.eu

ÖFFENTLICHER SEKTOR ÖFFENTLICHES WIRTSCHAFTSRECHT

HELLRIEGEL
Planungs- und Umweltrecht ★★

Bewertung: Die Bau- u. Planungsrechtboutique zählt in Berlin unangefochten zu den Platzhirschen bei städtebaul. Projekten. So ist das Team um Namenspartner Hellriegel u.a. für den Entwickler Edge tätig, der seine Projekte in nachhaltiger Bauweise realisieren will. Aber auch andere namh. Akteure der Immobilienbranche setzen regelm. auf die Kanzlei. Aufmerksamkeit erregte Hellriegels Auftritt vor dem BVerwG, wo er für seine Mandantin eine Teilaufhebung des städt. Vorkaufsrechts erreichte. Eine im Vorjahr zur Sal.-Partnerin ernannte Anwältin hat die Kanzlei mittlerw. verlassen, was eine kurzfristige Stärkung des Mittelbaus erforderl. macht.
Stärken: Sehr gute Vernetzung innerh. der Immobilienbranche.
Oft empfohlen: Dr. Mathias Hellriegel („einer der Besten in seinem Fach", Wettbewerber)
Team: 1 Eq.-Partner, 5 Associates
Partnerwechsel: Olga Titarenko (zu Sammler Usinger)
Schwerpunkte: Planungsrecht, Projektentwicklungen, v.a. für Investoren u. Projektentwickler. Beratung zu einigen polit. brisanten Projekten.
Mandate: Siemens Energy planungsrechtl. zu Siemensstadt 2.0; Immobiliengesellschaft Pohl & Prym prozessual zu städt. Vorkaufsrecht (BVerwG); Senatsverwaltung für Stadtentwicklung u. Wohnen zu städtebaul. Vertrag für Erweiterungsbau des Bundeskanzleramts; Bauwens, u.a. zu Entwicklung ‚Spreebord-Quartier'; lfd. Copro, u.a. zu Flächenkonversion eines Gewerbestandort; Marco Polo Capital bei Projektentwicklung in Hamburger HafenCity; Stadt Göttingen bei Modell für kooperative Baulandentwicklung; Miles gutachterl. zu gepl. Genehmigungspflicht für Carsharing.

HENGELER MUELLER
Verwaltungs- und Verfassungsrecht ★★★★★
Planungs- und Umweltrecht ★★★

Bewertung: Im Öffentl. Wirtschaftsrecht berät das Team bis tief in die Verästelungen des weit gefächerten Beratungsfelds. Seine gr. Erfahrung im klass. Verwaltungs- u. Verfassungsrecht bestätigt HM einmal mehr durch eine Reihe neuer Mandate wie etwa den Normenkontrollantrag für 3 NRW-Fußballclubs gg. coronabedingte Zuschauerbeschränkungen sowie weitere Verfassungsbeschwerden. In Sektoren wie Gesundheit, Glücksspiel, Medien u. Banken führt die Kanzlei polit. relevante verwaltungs-, verfassungs- u. europarechtl. Verfahren u. berät strateg. zu Gesetzgebungsprozessen u. als Teil fachübergr. Teams zu M&A- u. Compliance-Projekten. Vernetzte Projekte gehören auch im Umwelt- u. Planungsrecht zum Beratungsspektrum. Anders als etwa Clifford, Gleiss u. White & Case ist HM allerdings nicht in gr. Planfeststellungsverf. engagiert. Ihre Erfahrungen in diesem Feld liegen insbes. an der Schnittstelle zu Projektentwicklungen sowie im Bereich komplexer Altlastensanierungen u. Genehmigungslagen auch im Grenzbereich zum Umweltproduktrecht an der Seite von Industrieunternehmen wie Glencore.
Oft empfohlen: Prof. Dr. Dirk Uwer, Prof. Dr. Wolfgang Spoerr („Koryphäe", „sehr gute Durchdringung sehr vieler Rechtsgebiete", Mandanten), Dr. Jan Bonhage („beeindruckend professionell u. erfahren", Mandant)
Team: 5 Eq.-Partner, 5 Counsel, 15 Associates

Schwerpunkte: Verfassungs- u. Wirtschaftsverwaltungsrecht als wichtige Ergänzung zu Spezialisierungen, u.a. in Sektoren wie Glücksspiel, Healthcare, Energie, Banken sowie auch im Öffentl. Sektor inkl. den verkammerten Berufen. Hochschul-, Kommunal-, Haushalts-, Beihilfe-, Völker- u. Beamtenrecht. Umstrukturierungen u. Transaktionen, u.a. im ▷*Immobiliensektor*; hierbei umwelt- u. planungsrechtl. inkl. berg-, wasser- u. abfallrechtl. sowie produktregulator. Themen (REACH, EC-Kennzeichnungen etc.); sowohl im anlagen- als auch im produktbez. Umweltrecht oft Schnittstelle zu internen Untersuchungen, ▷*Compliance* u. Strafrecht.
Mandate: 1. FC Köln, Borussia Dortmund, DSC Arminia Bielefeld zu Normenkontroll- u. Eilantrag wg. Zuschauerbeschränkung; Achmea gg. EuGH-Entscheidung über Beendung bilateraler Investitionsschutzabkommen; Onlinemarktplatz zu Verfassungsbeschw. gg. BGH-Urteil zur Adword-Werbung u. gg. Anhörungsverweigerung in Zivilverf.; US-Anwaltssozietät berufsrechtl. zu Formwechsel; Fonds zur Finanzierung der kerntechn. Entsorgung verfassungs- u. verwaltungsrechtl.; Tennet in zahlr. IFG-Verfahren gg. BSH u. BNetzA; internat. Textilrechtl. zu Stoffmustersammlung; Gauselmann u.a. in Konkurrentenstreit um Vergabe einer Spielbankkonzession, verwaltungsrechtl. Streit mit anschl. Verfassungsbeschwerde; Landwärme, EU-Kommission zur Beihilferegelung für Biomethan; Glencore umweltrechtl., insbes. Bodenschutz-, Abfall- u. Immissionsschutzrecht; EP Power Europe zu öffentl.-rechtl. Vertrag mit Bund wg. Kohleausstieg; Blackstone bau- u. planungsrechtlich.

HFK HEIERMANN FRANKE KNIPP UND PARTNER
Planungs- und Umweltrecht ★★★

Bewertung: Aushängeschild der öffentl.-rechtl. Praxis von HFK sind große schienen- u. straßengebundene Infrastrukturprojekte, bei denen Vorhabenträger bzw. Behörden auf die erfahrenen Planungsrechtler vertrauen. So zählen 2 Töchter der Dt. Bahn zu den wichtigsten Stammmandanten der Praxis, die etwa zur Fehmarnsundquerung u. zur Gleisanbindung des Fehmarnbelttunnels bei 8 Planfeststellungsverf. auf das Know-how setzen. Weiterentwickeln konnten die Anwälte die Beratung zu nachhaltigen Quartiersentwicklungen an der Seite von Kommunen u. Projektentwicklern sowie Investoren. Insbes. im Zshg. mit neuen Energie- u. Mobilitätskonzepten überzeugte das Team neue Mandanten von einer Zusammenarbeit. Ihre gute Vernetzung in der Immobilien- u. Baubranche kommt auch Mandanten zugute, die bei der Realisierung innovativer Konzepte zur Baulandmobilisierung u. Bevorratung für bezahlbaren Wohnraum auf die Kanzlei setzen. Personell belegt eine weitere Eq.-Partner-Ernennung den Erfolg der Praxis.
Team: 3 Eq.-Partner, 6 Sal.-Partner, 1 Counsel, 2 Associates, 2 of Counsel
Schwerpunkte: Infrastrukturprojekte, u.a. Eisenbahn- u. Stromtrassen, aber auch Bahnhofs- u. Quartiersprojekte; Projektberatung praxisgruppenübergreifend, u.a. im Verbund mit ▷*Bau- u. Immobilien-* sowie ▷*Vergaberecht*; rege Prozesstätigkeit.
Mandate: DB Netz zu Planfeststellung des ‚Knoten Bambergs' u. zu 8 Planfeststellungsverf. zur Schienenanbindung Fehmarnbelt- u. zur Fehmarnsundquerung; Flughafen Kassel zu Gewerbegebietsentwicklung; Wohnungsgesellschaft zur Entwicklung ehem. denkmalgeschützten Kasernensiedlungen; lfd. RTW Planungsgesellschaft bei Planfeststellung für Regionaltangente West; kommunales Wohnungsbauunternehmen planungsrechtl. zu Entwicklung eines Wohngebiets bei Berlin.

HOFFMANN LIEBS
Planungs- und Umweltrecht ★

Bewertung: Für ihre langj. Beratung von Industrieunternehmen im Planungs- u. Umweltrecht bekannt, konnte die Praxis zuletzt auch die öffentl. Hand für sich gewinnen. Neue Mandate einer Gemeinde u. eines Kreises belegen die Entwicklung rd. um den Beratungsschwerpunkt Altlastensanierung, wo auch regelm. die Zusammenarbeit mit den öffentl. Baurechtlern u. auch auf Investorenseite gefragt ist. Aber auch darüber hinaus stimmt die Einbettung der kleinen Praxis in die Gesamtkanzlei, wie zahlr. Mandate belegen, in denen sie u.a. mit den Gesellschafts- oder Energierechtlern zusammenarbeitet. Der weitere Ausbau der Praxis, die wg. ihres Industriefokus u. ihrer Beratung zur Betriebsorganisation auch auf Compliance-Themen vorbereitet ist, erfordert allerdings den Ausbau des Teams.
Team: 2 Partner, 1 Associate, 1 of Counsel
Schwerpunkte: Umweltrecht, insbes. boden- u. immissionsschutzrechtl. Themen. Daneben Bauplanungs- u. Bauordnungsrecht. Branchen: Wasser, Abfall, Automotive.
Mandate: Kunststoffhersteller zu öffentl.-rechtl. Sanierungsvertrag wg. Altlast; Gemeinde zum Bodenschutz- u. Altlastenrecht; Kreis zu Grundwasserverunreinigung an ehem. Militärstützpunkt; Industrieunternehmen immissions-, störfall- u. planungsrechtl. wg. Autobahnausbau; Investor zu Entwicklung eines Bahngeländes inkl. B-Plan-Verfahren u. Sanierungsverträgen mit Kommunen; Pharmaunternehmen zur Stilllegung eines Standorts; Chemieunternehmen, u.a. abfallrechtl. zu VerpackungsG u. zu privatrechtl. Abwasservereinbarung.

HOGAN LOVELLS
Verwaltungs- und Verfassungsrecht ★★
Planungs- und Umweltrecht ★★★

Bewertung: Das kleine Team verfügt über breite Kenntnisse im Öffentl. Wirtschaftsrecht, die bei Transaktion sowie insbes. auch in Compliance-Mandaten gefragt sind. Praxisleiter Dünchheim wird von Wettbewerbern als „strateg. Denker" mit viel Erfahrung im klass. Verwaltungs-, aber auch im Beihilfesowie im Verfassungsrecht gelobt. Regelm. begleitet sein Team Mandanten aus dem Kanzleinetzwerk im Rahmen von Verfassungsbeschwerden oder ggü. Behörden, wenn sie in Dtl. ihre Geschäftsideen verwirklichen oder vor dem Hintergrund neuer Regulierung verteidigt sehen wollen. Dies war zuletzt insbes. im Zshg. mit dem Glücksspielrecht der Fall – ein Markt, in dem das Team beste Kontakte auch zur öffentl. Hand pflegt. Zum Repertoire gehört auch das Umwelt- u. Planungsrecht, u.a. wenn es um die Sanierung von Altlasten etwa im Rahmen von Neubauvorhaben geht, aber auch mit Bezug zum Abfallrecht, nicht selten kombiniert mit Finanzierungsthemen. Ein wiederkehrendes Manko sind Personalabgänge, wie der Weggang eines erfahrenen Associates erneut belegt.
Oft empfohlen: Prof. Dr. Thomas Dünchheim („professionell u. konstruktiv", Mandant; „denkt strateg.", Wettbewerber)
Stärken: Kommunalwirtschafts- u. Glücksspielrecht. Produktregulator. Beratung.

Team: 1 Eq.-Partner, 1 Counsel, 3 Associates
Schwerpunkte: Verfassungsrecht, Beamten-, Kommunalwirtschafts- u. Kommunalabgabenrecht; Sektorspezialisierung u.a. im Glücksspielrecht. Öffentl. Umwelt- u. Planungsrecht in den Bereichen ▷Energie-, Immobilien- u. Chemiewirtschaft, inkl. Abfallrecht, Altlasten, Bodenschutz, Immissionsrecht. Zudem produktbez. Umweltrecht, inkl. EC-Kennzeichnung, HolzhandelsVO, europ. Stoff- (RoHS II), Chemikalien- (REACH) u. Gefahrgutrecht, hier zunehmend ▷Compliance u. Public Affairs.

Mandate: Honeywell umf. im Umweltrecht im Rahmen u.a. einer Altlastensanierung in Dtl.; Ferrero im Öffentl. Recht; Chemieunternehmen, u.a. zum Chemikalien- u. Abfallrecht; Verband des E-Zigarettenhandels in Verfassungsbeschw. gg. das Tabakerzeugnisgesetz; Bank of America zur Novellierung der dt. Glücksspielregulierung; Boston Consulting im Kirchen- u. Kirchenbeamtenrecht; Stadtwerke Hürth beamtenrechtl.; Innenministerium Schl.-Holst. verfassungs- u. europarechtl. zu Regulierung von Onlinecasinospielen; Loewen Entertainment, u.a. zu Glücksspielstaatsvertrag; DRK Kreisverband D'dorf, u.a. zu Finanzierungsrichtlinien des SGB u. baurechtl.; div. Kommunen haushalts- u. kommunalrechtl. zu Beleuchtungsmodell; Autobahn Tank & Rast, u.a. im Verfassungsrecht.

KÖCHLING & KRAHNEFELD
Planungs- und Umweltrecht ★★★

Bewertung: Die öffentl.-rechtl. Boutique aus HH gilt v.a. bei Infrastrukturprojekten mit Bezug zum Energiesektor als sehr gute Adresse. Das Team macht seit Langem mit der Beratung von Übertragungsnetzbetreibern auf sich aufmerksam, wobei es seine Branchenkenntnisse im Energiesektor für seine Mandanten anbringen kann. Mittlerw. steht aber auch eine auf planungsrechtl. Themen fokussierte Partnerin zunehmend in der ersten Reihe. Sie berät bspw. Amprion im Zshg. mit Freileitungsvorhaben. Seit mit Lausitz Energie Bergbau einer der gr. Braunkohlekonzerne Europas die Praxis in einem immissionsschutzrechtl. Genehmigungsverf. mandatierte, ist nun auch K&K beratend in das energie- u. umweltpolit. Großprojekt Braunkohleausstieg involviert.

Oft empfohlen: Dr. Lutz Krahnefeld ("sehr kompetent", Wettbewerber), Dr. Markus Ehrmann
Team: 3 Eq.-Partner, 5 Associates
Schwerpunkte: Fachplanungsrecht, u.a. im Energiesektor für Kraftwerke u. Stromleitungsprojekte. Bebauungspläne. Gr. Prozesserfahrung. Im Abfallsektor insbes. Genehmigungen von Deponien u. Müllverbrennungsanlagen, inkl. Wasserrecht, produktbez. Abfallrecht u. Emissionshandelsrecht; auch regulator. Compliance.

Mandate: 50Hertz, Amprion in div. Planfeststellungsverf. im Zshg. mit Netzausbau in Ostdtl. u. NRW; Aluminium Oxid Stade zu Zulässigkeit von Lärmemissionskontingenten in B-Plänen; Lausitz Energie Bergbau in immissionsschutzrechtl. Genehmigungsverf. für therm. Abfallbehandlungsanlagen in der Lausitz; Amprion in Prozess wg. Klage gg. Planfeststellungsbeschluss für 380-kV-Freileitungsvorhaben in NRW; Herrmann Wegener, u.a. in wasserrechtl. Planfeststellungsverf. für Kieswerk; kommunales Beteiligungsunternehmen bei Vorbereitung u. Durchführung von Planfeststellungsverf. für Straßenbauprojekt; Stromnetz HH in Widerspruchsverf. gg. verkehrsbehördl. Anordnung.

KRUHL VON STRENGE
Planungs- und Umweltrecht ★

Bewertung: Die HHer Praxis ist im Markt v.a. für ihre planer. Kompetenz bekannt. Exemplar. dafür stehen großvol. Projekte wie das für die Projektgesellschaft für das A-Modell A49 beim Neubau eines Streckenabschnitts der BAB49. Ähnl. wie Loschelder oder die lokale Wettbewerberin Trüon ist auch KvS in der Immobilien- u. Baubranche gut vernetzt u. verknüpft diese Felder auch in ihrer Beratung. Insbes. Projektentwickler schätzen diese Kombination u. vertrauen der Kanzlei regelm. neue Vorhaben an, etwa im Wohnungsbau.

Oft empfohlen: Dr. Nikolas von Strenge ("fachl. sehr versiert u. gründlich", Wettbewerber), Dr. Klaas Kruhl ("sehr gut", Mandant)
Team: 2 Partner, 1 Associate
Schwerpunkte: Bauordnungs- u. Bauplanungsrecht. Enge Verknüpfung von Öffentl. u. Immobilienrecht. Umweltrecht, daneben Chemikalienrecht (REACH), Stoffrecht.

Mandate: Autobahn 49 Gesellschaft bei Neubau Teilabschnitt; Elantas, Otto Krahn Group, Chemische Fabrik Dr. Weigert zu gepl. Bebauungen in der Nachbarschaft der Unternehmen; internat. Projektentwickler bei Wasserstoffprojekt (Carbon Capture and Utilization); Art-Invest, PEG Projektentwicklung Hamburg, Goodman lfd. planungsrechtl.; lfd. Catalent Pharma Solutions umweltrechtl., v.a. wasser- u. abfallrechtlich.

KÜMMERLEIN
Planungs- und Umweltrecht ★★★

Bewertung: Die öffentl.-rechtl. Praxis der Essener Kanzlei ist als Projektmanagerin für große Infrastruktureinrichtungen aufseiten mehrerer Landesbehörden mittlerw. v.a. in Ostdtl. bekannt. Mandanten heben das Know-how der Anwälte bei Planfeststellungsverfahren für Strom- u. Fernwärmeleitungen explizit hervor. Kaum verwunderlich also, dass sich das Mandantenportfolio stetig erweitert, auch weil es den Anwälten gelingt, ihr Know-how in weitere Branchen wie Chemie zu tragen. Allerdings stoßen solch umfang. Projekte in einem Team von überschaubarer Größe auch schnell an Kapazitätsgrenzen, weshalb der Ausbau der Associate-Riege sinnvoll, aber auch geboten scheint.

Stärken: Hohe Kompetenz bei Industrie- u. Kraftwerksanlagen, bei Energieinfrastrukturprojekten sowie in bergrechtl. Fragen.

Oft empfohlen: Dr. Bettina Keienburg ("hoch kompetent bei komplexen Fragen, kurze Reaktionszeiten", Mandant)
Team: 3 Partner, 5 Associates
Schwerpunkte: Breit aufgestellte öffentl.-rechtl. Praxis, Fokus auf berg-, immissions- u. wasserrechtl. Themen. Bei Kraftwerksprojekten u. Netzausbauvorhaben Schnittstellen zum Energierecht. Als Projektmanager für Behörden tätig.

Mandate: Chemieunternehmen bzgl. Koordinierung u. Beschleunigung mehrerer Genehmigungsverf. mit Öffentlichkeitsbeteiligung für neuen Produktionsstandort; Energieerzeuger im Zshg. mit Projekten für regenerative Energien; Landesamt für Bergbau, Geologie u. Rohstoffe im Planfeststellungsverf. zur Zulassung einer 110-kV-Freileitung (Projektmanagement); Gasspeicherbetreiber bei Strukturierung des Genehmigungsverf. eines Wasserstoffkavernenspeichers, einschl. Anlagen zur Einbindung in ein Wasserstoffnetz; Landesamt für Bergbau, Geologie u. Rohstoffe hinsichtl. Leitungszulassungen (Projektmanagement).

LENZ UND JOHLEN
Planungs- und Umweltrecht ★★★

Bewertung: Die Stärke der Kölner Boutique liegt in ihrer bauplanungsrechtl. Kompetenz, die sie regelm. v.a. bei städtebaul. u. industriegewerbl. Projekten unter Beweis stellt. Ähnl. wie CBH ist auch LJ in div. Mandaten zu gr. Quartiersentwicklungen v.a. in NRW involviert u. zählt eine Vielzahl namh. Branchenakteure zu ihren Mandanten. Daneben erarbeitet sich das Team auch im Hafensektor einen Namen u. berät bspw. die Entwicklungsgesellschaft Hafen Düsseldorf-Reisholz. Darüber hinaus bringt das Team seine planungsrechtl. Kompetenz auch bei Windparkprojekten versch. Bundesländer ein. In den verg. Jahren hat das Geschäft rund um wasserrechtl. Themen stark angezogen. Ein Highlight ist die Mandatierung durch das Wirtschaftsministerium NRW in dem Verfahren DUH gg. Land NRW auf Fortschreibung des Klimaschutzplans.

Stärken: Städtebaurecht, EKZ-Ansiedlungen, Prozesserfahrung.

Oft empfohlen: Dr. Thomas Lüttgau ("zielgerichteter Verhandler", Wettbewerber), Dr. Rainer Voß ("ausgezeichnete Leistung u. Kompetenz", Mandant), Dr. Michael Oerder, Dr. Markus Johlen ("kompetent u. kollegial", Wettbewerber), Dr. Inga Schwertner, Dr. Christian Giesecke
Team: 20 Partner, 18 Associates, inkl. priv. Bau- u. Vergaberecht
Schwerpunkte: Öffentl. Bau- u. Planungsrecht, v.a. für Unternehmen, aber auch Beratung von Kommunen. Daneben Beratung im Umweltrecht (Wasser-, Abfall-, Immissionsschutz-, CO2-Handelsrecht, Gebühren, Störfall- u. Atomrecht, auch produktbez. Chemikalienrecht, Revitalisierungen). Öffentl.-rechtl. Due Diligence bei Transaktionen.

Mandate: 1. FC Köln zu Neubau Leistungszentrum (Normenkontrolle OVG Münster); ABO Wind zu zahlr. Windparkprojekten; Becken zu 2 Projektentwicklungen in D'dorf; BPD Immobilienentwicklung bei Schaffung planungsrechtl. Voraussetzungen für Nachnutzung eines Krankenhausareals; Gerch Group zu urbanem Quartier in Ingolstadt; Kliniken des Landkreises Lörrach planungsrechtl. zu Neubau Zentralklinikum; Corpus Sireo Real Estate planungsrechtl. bei städt. Projektentwicklung Köln-Ehrenfeld; div. Wasserverbände, Betreiber von Wasserkraftanlagen u. Hochwasserrückhaltebecken wasserrechtlich.

LINKLATERS
Verwaltungs- und Verfassungsrecht ★
Planungs- und Umweltrecht ★★★

Bewertung: Ähnl. wie ihre Großkanzleiwettbewerber bietet Linklaters ihren Mandanten wirtschaftsverwaltungs- u. verfassungsrechtl. (inkl. EU- u. völkerrechtl.) Beratung als Teil ihres Angebots. Bekannt ist das Team um Endler für seine Erfahrung bei staatsnahen, ▷beihilferechtl. geprägten Projekten mit Bezug zum Finanzsektor. Von ihren direkten Wettbewerbern unterscheidet die Kanzlei sich durch ihr planungsrechtl. Engagement. Seit Jahren steht das Team um Appel an der Seite von Tennet zu den zentralen Netzausbauvorhaben Sued- u. SuedOstLink. Das Know-how der Praxis hat zuletzt auch Amprion überzeugt, die

ÖFFENTLICHER SEKTOR ÖFFENTLICHES WIRTSCHAFTSRECHT

nun im Planfeststellungsverf. zum HGÜ-Korridor B auf Linklaters vertraut. Daneben ist das kleine Team fester Bestandteil des M&A-Geschäfts der Gesamtkanzlei u. beriet hier zuletzt auch mehrfach zu Deals im Zshg. mit LNG-Terminals u. dem Zukunftsthema Wasserstoff, das im Kontext des beschleunigten Umbaus des europ. Energiemarktes immer zentraler wird.
Stärken: Integrierte internat. Transaktionsberatung; hohe Kompetenz in Fachplanungsverfahren.
Oft empfohlen: Dr. Markus Appel („sehr erfahren u. kompetent", Wettbewerber), Dr. Jan Endler
Team: 2 Eq.-Partner, 1 Counsel, 9 Associates
Schwerpunkte: Umweltrecht: Transaktionsbez. Beratung u. Konzentration auf ▷Energiebranche, aber auch Gesundheit u. Verkehr. Dort auch häufig Anknüpfungspunkte an das Projektfinanzierungsteam (▷Kredite u. Akqu.fin.). Im Verwaltungsrecht auch Beratung zu ▷Beihilfen. Politiknahe Mandate. Häufig Bezug zur Finanzbranche.
Mandate: Amprion in Planungsverf. zu HGÜ-Korridor B; Tennet zu div. Vorhaben im Kontext des Netzausbaus, u.a. bei Bundesfachplanungsverf. Sued- u. SuedOstLink u. in div. Klageverf.; 50Hertz Transmission zum Stromnetzausbau; Reliance Industries genehmigungs- u. umweltrechtl. bei Einstieg als strateg. Lead-Investor bei NexWafe; Körber genehmigungs- u. umweltrechtl. bei Kauf des Post- u. Paketgeschäfts von Siemens Logistics; KfW umf. zu Corona-Hilfen; CPPIB telekommunikations-, beihilfe- u. zuwendungsrechtl.; Black Rock zu dt. u. europ. finanziellen Förderungen im Zshg. mit einer Investition.

LOSCHELDER
Planungs- und Umweltrecht ★

Bewertung: Die Praxis der Kölner Kanzlei hat sich insbes. bei umweltrechtl. Fragen zu einer festen Anlaufstelle entwickelt. Meyer befasst sich v.a. mit Immissionsschutz- u. Abfallrecht sowie bodenschutz- u. wasserrechtl. geprägten Mandaten, überw. für Mandanten aus der Industrie, aber auch der Immobilienbranche. Letzteren steht eine junge Partnerin immobilien- u. bauplanungsrechtl. zur Seite. Sie berät u.a. Projektierer u. kommunale Träger.
Oft empfohlen: Dr. Cedric Meyer („kompetent u. sehr kollegial", Wettbewerber)
Team: 2 Partner, 1 Associate
Schwerpunkte: Umweltrecht, insbes. viel Erfahrung im Wasserrecht, auch Umwelthaftungsfragen. Öffentl. Baurecht v.a. im Kontext von Projektentwicklungen (Schnittstelle zur ▷bau- u. immobilienrechtl. Beratung).
Mandate: Cube Real Estate bei B-Plan für städt. Quartier; Art-Invest bei Projektentwicklungen; Immobilienprojektentwickler zu Konversion einer ehem. Gewerbefläche in ein Wohnquartier; Abwasserentsorgungsdienst wasserrechtl. bei Gestaltung von Abwasserbehandlungsanlagen u. bei Abwicklung Umweltschaden; Versicherung wg. PFC-Schadenfall; Bundesanstalt wasser- u. bodenschutzrechtl. wg. PFC-Verschmutzungen an div. Militärflughäfen; Brauerei wasserrechtlich.

LUTHER
Verwaltungs- und Verfassungsrecht ★
Planungs- und Umweltrecht ★★★★★

Bewertung: Die Kanzlei gehört im Öffentl. Wirtschaftsrecht insbes. wegen ihrer Stärke bei umwelt- u. planungsrechtl. Themen zu den Marktführern. Mittlerw. besetzt sie fast jedes zentrale Thema mit ausgewiesenen Experten, was ihr ermöglicht, Trends frühzeitig zu erkennen – so passiert beim Thema Wasserstoff, wo sie Mandanten wie Holcim nicht nur jurist., sondern auch strateg. berät. Im Planungsrecht sind es insbes. städtebaul. Entwicklungen, bei denen Luther intensiv mitmischt. Jenseits dieser Kerndisziplinen ist die Abgrenzung innerh. des besonderen Verwaltungsrechts nicht so trennscharf wie in Wettbewerberpraxen. So gehören bspw. auch Arbeitsrechtler zum erweiterten Team, die verfassungsrechtl. Themen mit Betriebsrenten bearbeiten. Grds. liegt der Fokus bei Luther hier stärker auf der gestaltenden Beratung etwa zu alternativen Finanzierungsmöglichkeiten von Forschungsideen als auf dem Führen von Prozessen.
Stärken: Industrieanlagen, v.a. Emissionshandelsrecht. Bauplanungsrecht.
Oft empfohlen: Dr. Stefan Kobes, Dr. Stefan Altenschmidt („schnell u. kompetent", Mandant), Prof. Dr. Tobias Leidinger, Dr. Martin Fleckenstein
Team: 14 Partner, plus Associates (Kernteam Öffentl. Recht)
Schwerpunkte: Öffentl. Bau- u. Planungsrecht (z.B. Raumordnung, Denkmalschutz) sowie Umweltrecht (u.a. Immissionsschutzrecht, Bergrecht, Anlagenzulassung). Sehr erfahren im CO2-Handel (an der Schnittstelle zum ▷Energierecht), daneben Umweltinformationsansprüche, Abfall- u. produktbez. Umweltrecht (ElektroG, WEEE, RoHS, REACH), ÖPP sowie ▷Beihilfe- u. ▷Vergaberecht. Auch Verfassungs- u. Verwaltungsrecht in Branchen wie Glücksspiel, teilw. politiknahe Beratung.
Mandate: Thyssenkrupp Steel Europe zum ‚Fit for 55'-Paket der EU-Kommission zum Klimaschutz; internat. Mineralölkonzern u. Unternehmen der Offshore-Windkraftstromerzeugung zu grünem Wasserstoff; Abros Engin. umf. zu B-Plan, städtebaul. Verträgen u. Vertiport für Hochhaus ‚Twist 55'; Avacon naturschutzrechtl. sowie zur Wasserstoffherstellung u. -nutzung zur Dekarbonisierung; Holcim zu Umstellung der Zementherstellung auf Wasserstoff; Kernkraftwerk Leibstadt bzgl. Ausfuhrgenehmigung unbestrahlter Brennelemente; Land Berlin zu B-Plan baul. Neuentwicklung des ehem. Berliner Grenzübergangs; bundeseig. GmbH zu Finanzierungsmöglichkeiten für Forschungsideen inkl. Gestaltung eines neuen Rechtsrahmens; Charité zu Organisationsmodell von eig. Herzmedizin u. Dt. Herzzentrum Berlin.

MENOLD BEZLER
Planungs- und Umweltrecht ★

Bewertung: Die Stuttgarter Kanzlei überzeugt im Öffentl. Recht v.a. mit ihrer Prozessstärke. Insbes. die öffentl. Hand setzt in div. Auseinandersetzungen regelm. auf MB, auch im Zshg. mit der Ansiedlung von Windparks. Aber auch bei Umweltschadenfällen u. im Produkt- sowie Abfallrecht ist das Team sehr erfahren. Beratend sind die Öffentl.-Rechtler auch häufig im Bauplanungsrecht tätig, in dem sie zudem die Brücke zu den kanzleieig. Immobilien- u. Baurechtlern schlagen können.
Oft empfohlen: Verena Rösner („sehr erfahren", Mandant)
Team: 1 Eq.-Partner, 1 Counsel, 2 Associates
Schwerpunkte: Umweltrecht, auch produktbez. Umweltrecht sowie Natur- u. Artenschutz, daneben Beratung zu Altlasten. Bauplanungs-, Anlagengenehmigungs- u. Deponierecht. Immissionsschutz. Prozesse.
Mandate: Gemeinde Schluchsee gg. immissionsschutzrechtl. Genehmigung für Bau von 2 Windparks (VGH Ba.-Wü.); W-I-N-D Energien in Klageverf. im Zshg. mit Windpark Burgberg; Privatperson in Normenkontrollverf. (VGH Ba.-Wü.) gg. einen B-Plan; Hayler Begonien in Normenkontrollverf. gg. Weinstadt wg. eines B-Plans.

MCDERMOTT WILL & EMERY
Verwaltungs- und Verfassungsrecht ★

Bewertung: Die öffentl.-rechtl. Praxis steht im klass. Umwelt- u. Planungsrecht an der Seite von Entwicklern u. Vorhabenträgern, die sie bei komplexen Infrastruktur- u. Immobilienprojekten begleitet. Der Fokus lag zuletzt der Marktlage entspr. auf Logistikprojekten, bei denen die Öffentl.-Rechtler eng mit der angesehenen Immobilienpraxis kooperieren. Wie ausgeprägt die Schnittstelle zum Verkehrssektor ist, zeigt die Tatsache, dass Mandanten frühzeitig auf das D'dorfer Team setzen, wenn sie die Schienen- oder Straßenanbindung ihrer Projekte planen. Hinzu kommt die Beratung von Tank & Rast bei div. Ausbauvorhaben. Daneben stehen klass. verwaltungsrechtl. Themen wie die Beratung von Unternehmen im Zshg. mit coronabed. Schließungen, aber auch Glücksspielrecht.
Team: 1 Partner, 1 Counsel, 3 Associates (Kernteam)
Schwerpunkte: Planfeststellungsverfahren für Infrastrukturvorhaben, Schnittstelle zum ▷Verkehrssektor, zudem Bauleitplanung u. Baugenehmigungsverfahren. Umweltinformationsrecht, immissionsschutzrechtl. Genehmigungsverfahren. Auch Prozesse. Verwaltungsrecht: Gewerbe-, Haushalts-, kommunales Abgabenrecht. Auch Glücksspiel.
Mandate: Karstadt Kaufhof im Zshg. mit formfehlerhafter CoronaschutzVO (Thüringer VerwGH); lfd. Immobilienprojektentwickler zu Verkehrserschließung von Logistikimmobilien, inkl. Wasserstraßen; Löwen Entertainment im Glücksspielrecht; regelm.: Autobahn Tank & Rast öffentl.-rechtlich, Stadt D'dorf, SportScheck, Karstadt Sports, KaDeWe Group.

NOERR
Verwaltungs- und Verfassungsrecht ★★★
Planungs- und Umweltrecht ★★★★★

Bewertung: Noerr bietet das Öffentl. Wirtschaftsrecht inkl. der Schnittstelle zum EU-Recht ähnl. anderen Kanzleien als Teil des Full Service für Industriemandanten an. Neben der begleitenden Beratung zu lfd. Gesetzgebungsverf. gehören regelm. auch Verfassungsbeschw. u. Normenkontrollanträge wie zuletzt für die Franchisenehmerin von McDonald's in Ba.-Wü. zum Leistungsangebot. Im Übrigen erstreckt sich die öffentl.-rechtl. Arbeit auf fachübergr. Projekte in Sektoren wie Energie, Verkehr, Glücksspiel u. Medien. Regelm. steht Noerr an der Seite von Bundesministerien, die sie u.a. zum Ausstiegsvertrag mit den Braunkohlebetreibern u. zu künftigen Regulierungsstrategien berät u. als Teil der Litigation-Praxis in einem ICSID-Verf. vertritt. Zum Angebot der Kanzlei gehört auch das Planungsrecht, v.a. im Kontext von städtebaul. Entwicklungsmaßnahmen, Raum- u. Bebauungsplänen.
Oft empfohlen: Dr. Holger Schmitz („in fachl. und rechtl. Sicht sehr kompetent", „innovativ", Mandanten), Dr. Peter Bachmann, Christof Federwisch
Team: 4 Eq.-Partner, 1 Sal.-Partner, 11 Associates, 1 of Counsel

KOMMUNALABGABENRECHT

Jetzt 4 Wochen kostenlos testen!

Mit der Online-Version unseres Standardkommentars immer up to date!

Rechtssicher handeln beim kommunalen Abgabenrecht

Als Standardwerk zum Kommunalabgabenrecht bietet Ihnen der „Driehaus" seit vielen Jahren praxisgerechte Unterstützung in allen Fragen rund um kommunale Satzungen, Beiträge, Gebühren und Steuern. **Der viel zitierte Kommentar dient Kommunen und Gerichten in ganz Deutschland als Richtschnur und unverzichtbare Arbeitshilfe.**

Sichern Sie sich den Standardkommentar inklusive der regelmäßigen Ergänzungslieferungen jetzt in der Online-Version. Für ein **effizienteres und flexibleres Arbeiten** und eine **rechtssichere Gestaltung** der Abgabensatzungen und der Abgabenerhebung.

Den KAG Online-Kommentar erhalten Sie im Abo zum Preis von **€ 49,95** inkl. gesetzlicher MwSt. pro Monat inkl. 3 Lizenzen.

Bestellen Sie jetzt unter
go.nwb.de/kag

▶ **nwb** GUTE ANTWORT

ÖFFENTLICHER SEKTOR ÖFFENTLICHES WIRTSCHAFTSRECHT

Partnerwechsel: Carsten Bringmann (von Hogan Lovells)
Schwerpunkte: Verfassungs-, Kommunal- u. Haushaltsrecht, u.a. in Verbindung mit staatsnahen Infrastrukturprojekten; Amtshaftung. Infrastruktur- u. energierecht. Regionalplanung, u.a. in Verbindung mit Bergrecht, Denkmalschutz, Flugsicherung u. Naturschutzrecht. Im anlagenbezogenen Umweltrecht v.a. Immissions- u. Bodenschutz, Altlastensanierungen u. CO_2-Handel. M&A-Support u. Privatisierungen, Projektfinanzierung.
Mandate: Bund in ICSID-Schiedsverf. gg. irische Mainstream-Renewables-Gruppe; Franchisenehmerin von McDonald's zu Normenkontrollantrag gg. Verpackungsgesetz in Ba.-Wü. (marktbekannt); Stadt Frankfurt zu städtebaul. Entwicklungsmaßnahme; hess. Ministerium für Wirtschaft in mehr als 30 Normenkontrollanträgen gg. Raumordnungspläne; Gemeinde Bad Wiessee zu B-Plan-Änderung; Iberdrola planungsrechtl. zu Offshorewindpark; Anbieter von Tabakwaren umf. zur EinwegkunststoffRL; Handelsverband Dtl. gutachterl. u. zu Musterklage bzgl. Ansprüchen von Einzelhandelsuntern. auf staatl. Unterstützung; ehem. kommunaler Wahlbeamter zu Schadensersatz- u. Freistellungsansprüchen aus früherer Tätigkeit; Admiral Entertainment u.a. dtl.weit in Verwaltungsgerichtsverf. wg. Betrieb von Spielhallen; Casino Royal zu Glücksspielkonzessionen.

OEXLE KOPP-ASSENMACHER LÜCK
Planungs- und Umweltrecht ★★★
Bewertung: Durch den Zusammenschluss mit dem Team um Neu-Namenspartner Kopp-Assenmacher hat die ehem. Köhler-Klett-Truppe ihre themat. Diversifizierung im Öffentl. Recht weiter vorangetrieben. Urspr. aus dem Produkt- u. Abfallrecht kommend, das auch heute noch zu ihren Schwerpunkten zählt, spielten schon in den Vorjahren Klimaschutz u. Lieferketten eine größere Rolle. Eine neu formierte Praxisgruppe widmet sich nun insbes. den wachsenden Anforderungen an die Industrie, zu der insbes. auch der Neuzugang sehr gute Kontakte unterhält, u. neuen Rechtsfragen im Kontext des Klimawandels. Damit ist sie auch mit Blick auf die wachsende Bedeutung von ESG-Themen, bei denen der Fokus aktuell stark auf umwelt- u. damit öffentl.-rechtl. geprägten Aspekten liegt, gut gerüstet.
Stärken: Umwelt- u. Technikrecht, hohe Kompetenz bei abfallrechtl. Themen.
Oft empfohlen: Dr. Anno Oexle („scharf denkender Jurist mit sehr hohen Kenntnissen u. Erfahrungen im Umweltrecht; die Zusammenarbeit ist sehr gewinnbringend", „hervorragender Abfallrechtler", Wettbewerber), Stefan Kopp-Assenmacher („guter Überblick, sehr angenehm im Umgang", Wettbewerber)
Team: 7 Eq.-Partner, 3 Sal.-Partner, 2 Counsel, 9 Associates
Schwerpunkte: Umweltrecht: insbes. Produkt- u. Abfallrecht, zudem Immissionsschutzrecht, Altlasten, (Ab-)Wasserabgaben, Umweltschadenfälle (inkl. OWiG), umweltrechtl. Fragen bei Transaktionen u. bei Erstattungsansprüchen. Schnittstellen zu Exportrecht. ▷Vergabe. Im öffentl. Bau- u. Planungsrecht deutl. Schwerpunkt auf abfallnahen Projekten (Biogas, Müllverbrennung, Deponien).
Mandate: Niedersächs. Landesbetrieb für Wasserwirtschaft, Küsten- u. Naturschutz in Planfeststellungsverf. zu gepl. LNG-Terminal in Wilhelmshaven; BMVI/Wasserstraßen- u. Schifffahrtsverwaltung des Bundes zu Planfeststellungsverf. Mainzer Zollhafen; Stadt Gelsenkirchen in Zshg. mit Umweltschadenfall (OVG NRW); Enzkreis in 3 verwaltungsgerichtl. Verf. zu Rückbau der beiden Blöcke des Kernkraftwerks Philippsburg sowie kerntechnischer Anlagen; BDSV zu Prüfung von mögl. Einführung von ‚CO_2-Bonus' für Stahlwerke beim Einsatz von Eisen- u. Stahlschrott; BMU bei Abwehr v. Klage im Zshg. mit der Zulassung von Windkraftanlagen.

OPPENLÄNDER
Verwaltungs- und Verfassungsrecht ★★★★
Planungs- und Umweltrecht ★★
Bewertung: Die Stuttgarter Kanzlei ist im Öffentl. Wirtschaftsrecht für die Beratung der öffentl. Hand, Verbände u. Parteien hoch angesehen. Industrieverbände vertrauen dem renommierten Lenz komplexe verwaltungs- u. verfassungsrechtl. Beratungs- u. Prozessmandate an. Neben Bitkom belegt dies v.a. das Mandat des Dt. Sparkassen- u. Giroverbands u. des Bundesverbands der Volks- u. Raiffeisenbanken, die in einem Musterverf. eine Allgemeinverfügung der BaFin angehen. Der von Mandanten gelobte Gerhard bietet vergleichbare Erfahrung u. eine Spezialisierung im Informationsfreiheitsrecht. Neben dem Bundesverband Dt. Tabakwaren-Großhändler ist er v.a. für Einrichtungen des Landes Ba.-Wü. insbes. im Kontext von Corona tätig. Aber auch Industriemandanten mandatieren die Praxis u.a. an der Schnittstelle zum Baurecht sowie im klass. Umwelt- u. Planungsrecht.
Oft empfohlen: Prof. Dr. Christofer Lenz, Dr. Torsten Gerhard („sehr engagiert, herausragend qualifiziert", „auf Sachverhalt u. Beteiligte zugeschnittene Beratungsqualität", Mandanten)
Team: 3 Eq.-Partner, 3 Associates
Schwerpunkte: Bauplanungs- u. Bauordnungsrecht, Immissionsschutz (Sektoren: Chemie, Agrar, Automobil), projektbez. Umweltrecht. Im Verfassungsrecht Beratung von Vereinen, Verbänden u. polit. Fraktionen sowie Mandate mit polit. Bezug. Staatsorganisationsrecht. Sektoren: Banken, Glücksspiel, Verkehr, Medien u. TK; viel Prozesserfahrung auch vor EU-Gerichten, insbes. auch Beihilferecht.
Mandate: Dt. Sparkassen- u. Giroverband u. Bundesverband der Volks- u. Raiffeisenbanken sowie 6 Institute in Musterverf. gg. Allgemeinverfügung der BaFin; Bundesverband der Kontrollstellen zu europarechtl. Vorgaben der Bio- u. Ökozertifizierung von Lebensmitteln; Breuninger lfd., u.a. bauplanungsrechtl.; Kreisstadt in Ba.-Wü. bei Städtebauprojekt; Landtag Ba.-Wü. in 2 Organstreitverf. zur Schuldenbremse; Bitkom gutachterl. zu Offlinenutzung von Streamingangeboten; CDU-Landtagsfraktion Rhld.-Pf. in mehreren Organstreitverf. (VGH Koblenz); Kies u. Sand Masselheim zu Genehmigung eines Kiesabbauvorhabens inkl. naturschutzrechtl. Kompensation.

PAULY
Planungs- und Umweltrecht ★★
Bewertung: Ähnl. wie bei Wettbewerberin Hoffmann Liebs stehen bei der Kölner Boutique Industriemandanten im Fokus der Beratung. Die konsequente Spezialisierung auf abfall- u. immissionsschutzrechtl. Themen verschafft ihr regelm. Aufträge aus dem Entsorgungssektor. Zu ihren Dauermandanten zählt u.a. die Alba Group. Die langj. Erfahrung beschert dem Team auch regelm. neue Mandanten, u.a. aus der Lebensmittelindustrie, die sie bspw. zum Verpackungs- gesetz berät. Namenspartner Pauly bearbeitet auch strafrechtl. geprägte Mandate.
Stärken: Konsequente Spezialisierung v.a. auf den Entsorgungssektor.
Oft empfohlen: Dr. Markus Pauly
Team: 1. Eq.-Partner, 1 Sal.-Partner, 5 Associates
Schwerpunkte: Umweltrecht, insbes. Abfall- u. Immissionsschutzrecht, auch Umweltstrafrecht.
Mandate: Duale Systeme Dtl. in Verf. zu Rahmenvorgaben u. Sicherheitsleistungen nach VerpackungsG; Schwarz-Gruppe bei Umsetzung von Gewerbeabfallverordnung u. Verpackungsgesetz; div. Kaffeehersteller u. Handelsuntern. zu Entsorgung u. Recycling von Kaffeekapseln; Alba Group/Alba Metall Nord, Rewe Group/Penny lfd. umweltrechtl., insbes. zum Kreislaufwirtschaftsrecht; Silver Plastics, u.a. zu Anforderung an Mehrwegsystem; Auctus Capital Partners umweltrechtl. bei Einstieg in Entsorgungsunternehmen.

POSSER SPIETH WOLFERS & PARTNERS
Verwaltungs- und Verfassungsrecht ★★★★★
Planungs- und Umweltrecht ★★★★★

Bewertung: Die auf das Öffentl. Wirtschaftsrecht spezialisierte Kanzlei setzt im Markt immer wieder Maßstäbe u. ist bei strateg. u. polit. bedeutsamen Beratungsprojekten gefragt. Hoch angesehen ist u.a. die planungsrechtl. Praxis um Posser, der mit einer weiteren Partnerin sein Engagement für Amprion auf die Erdkabelanbindung für Offshorewindparks ausweitete. Neben dem von Mandanten für seine „brillante Analytik" gelobten Spieth steigt mit Hellermann ein Nachwuchspartner in der Gunst der Mandanten. Sie loben ihn für seine Beratung insbes. im Störfallrecht für die Großchemie. Wolfers stellt die Qualität seiner Arbeit u. seine exzellenten Kontakte zu Behörden auch in europ. Ausland insbes. im ▷Verkehrssektor unter Beweis, berät aber auch weiterhin sehr aktiv im öffentl. Bankenrecht wg. Sparkassenfusionen.
Stärken: Hohes Marktverständnis.
Oft empfohlen: Dr. Benedikt Wolfers („erfahren, gründl., sicher im Auftritt, gut vernetzt", Wettbewerber), Dr. Wolf Spieth, Dr. Herbert Posser („sehr kollegial u. seriös", „exzellent", Wettbewerber), Niclas Hellermann („weiß seine Qualitäten angenehm u. gewinnbringend einzubringen, auch kurzfristig stets in der Lage, weiterzuhelfen", „Spitzenklasse, sehr strateg.", Mandanten), Dr. Burkard Wollenschläger („erfahren, gründlich, sicher im Auftritt, gut vernetzt", Wettbewerber).
Team: 6 Partner, 1 Counsel, 10 Associates
Schwerpunkte: Umwelt-, Planungs- u. Produktrecht mit allen dazugehörigen Rechtsmaterien. Internat. Betrachtung des Öffentl. Rechts bzw. der Regulierung; viel Prozesserfahrung, spezielle Sektorkompetenzen in ▷Energie u. ▷Verkehr sowie in der produzierenden Industrie. Verfassungs-, verwaltungs- u. EU-rechtl. Beratung, u.a. im Energiesektor; Öffentl. Recht bzw. Verwaltungsrecht aus internat. Perspektive, Völkerrecht; Anstalts-, Sparkassen- sowie Kommunalrecht.
Mandate: Amprion zu Erdkabelanbindung für Offshorewindpark u. zum Planfeststellungsverf. der Stromtrasse Emden-Osterath; Flughafen BER zu Ent-

geltgfragen; Flughafen Leipzig umf. im Öffentl. Recht, inkl. Fachplanungsrecht; Chemiekonzern zur Umstrukturierung von 2 Industrieparks inkl. Verhandlungen mit Bundesländern; RWE öffentl.-rechtl. u. strateg. in div. Projekten der Energiewende; PNE, Strabag u. Mainstream in Verfassungsbeschw. gg. WindSeeG; Finanzministerium in Bund-Länder-Streit wg. Kosten für Streckenkontrolle; Sparkassen Rhein-Nahe u. Koblenz zu Fusion; Dt. Wohnen zum Mietendeckel Berlin u. zum Volksbegehren ‚Dt. Wohnen & Co. enteignen'; Helaba zu Fusion mit Deka; VW, u.a. zu Corona-Drive-in-Testzentren; Berliner Wasserbetriebe zur Einführung von Gebühren im Anschluss an die Rekommunalisierung.

RAUE

Verwaltungs- und Verfassungsrecht	★ ★ ★
Planungs- und Umweltrecht	★ ★

Bewertung: Die Praxis glänzt im Wirtschaftsverwaltungsrecht immer wieder mit ihrer guten Vernetzung in der Hauptstadt sowie durch die interne Zusammenarbeit versch. Praxisgruppen. Besonders renommiert ist Raue für ihre Beratung von Handelskammern, die sie dtl.weit in Streitigkeiten etwa zu Fragen der Zwangsmitgliedschaft berät u. gerichtl. vertritt. Zuletzt gelang es dem Team um Hertel, die Arbeit für Bundesbehörden wie den Bundesnachrichtendienst weiter auszubauen. Immer wieder ist das Team in Mandaten von öffentl. Tragweite mandatiert, wie z.B. für die Vereinigten Domstifter zu Merseburg u. Naumburg im Zshg. mit dem UNESCO-Welterbestatus des Doms. Langj. Infrastrukturprojekte, z.B. die Umgestaltung des Geländes Flughafen Tegel, unterstreichen die bau- u. planungsrechtl. Kompetenz der Anwälte.
Stärken: Anerkannt im Recht der freien u. verkammerten Berufe.
Oft empfohlen: Christian von Hammerstein, Dr. Wolfram Hertel („sehr gute, zeitnahe, businessorientierte Unterstützung", Mandant), Prof. Dr. Wolfgang Kuhla, Dr. Christoph-David Munding
Team: 5 Eq.-Partner, 1 Sal.-Partner, 3 Counsel, 6 Associates (ges. Praxisgruppe)
Schwerpunkte: Öffentl. Bau- u. Planungsrecht (Immobilien, Infrastruktur) u. Umweltrecht (CO2-Handel, Lärm- u. Klimaschutz). Schnittstelle zu Energie- u. Vergaberecht. Verfassung u. Verwaltung: Beratung an den Schnittstellen zu regulierten Branchen wie Energie, ▷Medien u. Verkehr; politiknahe Beratung; Staats- u. Amtshaftung; Kommunalrecht; Grundrechte.
Mandate: Bundeskanzleramt planungs- u. naturschutzrechtl. zu Erweiterungsbau u. zu Auskunft über Hintergrundgespräche der Bundeskanzlerin (OVG Berlin-Brandenburg); Max Aicher in B-Plan-Verf. zu Entwicklung von Büro- in Wohnstandort; Tegel-Projekt planungsrechtl. zu Umgestaltung des Flughafens Berlin-Tegel; Landesamt für Umwelt Brandenburg zu immissionsschutzrechtl. Genehmigungen von Windkraftanlagen; Vereinigte Domstifter zu Merseburg u. Naumburg kunst- u. denkmalrechtl. zum Welterbestatus des Doms; Medienanstalt Berlin-Brandenburg zu Senderverbot von Russia Today; DIHK u. div. Handelskammern in Verwaltungsverfahren.

REDEKER SELLNER DAHS

Verwaltungs- und Verfassungsrecht	★ ★ ★ ★ ★
Planungs- und Umweltrecht	★ ★ ★ ★ ★

Bewertung: Das Öffentl. Wirtschaftsrecht bleibt die Kerndisziplin von RSD. Die schiere Größe der Einheit versetzt sie als eine der wenigen im Markt in die Lage, z.B. bis zu 10 Planfeststellungsverf. parallel zu bearbeiten. Diese Mannstärke braucht das Team, das z.B. von der Dt. Bahn zum Ausbau der Strecke Mannheim-Frankfurt mandatiert wurde. Zunehmend gelingt es der Kanzlei, ihre zahlr. exzellenten Öffentlichrechtler mit anderen Praxisgruppen vernetzt in komplexen Großmandaten zusammenzuschalten. Der dahingehend größte Erfolg ist die Mandatierung von Currenta rund um die Explosion einer Anlage. Vor dem Hintergrund eines Compliance-Mandats berührt die Arbeit vielfältige öffentl.-rechtl., aber auch zivilrechtl. Themen. Solche u. andere Mandate, wie z.B. die Abwehr von Schadensersatzklagen auf der Seite von Tipico genauso wie die von Wirecard-Klägern auf der Seite der BaFin (Staatshaftung), entwickelt RSD erfolgreich aus dem Öffentl. Recht heraus. Auch das Verfassungsrecht u. die politiknahe Beratung von Karpenstein gehören zum Kernbereich. Verfassungsbeschwerden, staatsorganisationsrechtl. Streitigkeiten u. EU-rechtl. Auseinandersetzungen sowie zunehmend auch hochkarätige Mandate für internat. Konzerne wie Cisco prägen die Arbeit der Gesamtpraxis, aus der heraus erneut 2 Partner ernannt wurden.
Oft empfohlen: Dr. Ulrich Karpenstein („schnell u. auffassungsstark", Mandant; „fachl. versiert u. strukturiert, rhetor. stark", Wettbewerber), Dr. Matthias Kottmann, Dr. Frank Fellenberg („umf. Kenntnis im Planfeststellungs- u. Umweltrecht", Wettbewerber), Gernot Lehr, Prof. Dr. Wolfgang Roth, Prof. Dr. Alexander Schink („sehr erfahrener u. kompetenter Umweltrechtler", Wettbewerber), Dr. Christian Bracher, Dr. Tobias Masing („hervorragende Unterstützung", Mandant; „fachl. kompetent, zugleich fair im Umgang", Wettbewerber), Dr. Ronald Reichert, Dr. Marco Rietdorf, Dr. Christian Eckart, Prof. Dr. Olaf Reidt („fachl. äußerst versiert, ausgezeichnete Erreichbarkeit, große Erfahrung", Mandant).
Team: 19 Eq.-Partner, 7 Sal.-Partner, 5 Counsel, 23 Associates, 3 of Counsel
Schwerpunkte: Gesamte Bandbreite des Öffentl. Rechts. Verwaltungs- u. Verfassungsrecht auch aus EU-rechtl. Perspektive; regelm. präventive Beratung zu Gesetzgebungsvorhaben u. polit. Entwicklungen v.a. auf der Seite von Klägern; Med. viel Erfahrung im Beihilfe-, Presserecht u. bei IFG-Klagen. Sektoren: ▷Medien, Energie sowie Glücksspiel. Im öffentl. Bau- u. Planungsrecht v.a. Raumordnung, Regionalplanung, Bauleitplanung, Planung von Infrastruktur im ▷Verkehrs- u. ▷Energiesektor. Umweltrecht. Beratung jeweils auch an den Schnittstellen zur ▷Compliance- u. zur ▷strafrechtl. Beratung.
Mandate: Land NRW in Normenkontrollverf. gg. die LandesdüngemittelVO zur Ausweisung nitratbelasteter Gebiete; Freistaat Thüringen u. in langj. Streit mit K+S sowie dem Bund u. verfassungsrechtl. zur Kostenverantwortung für Altlasten von Treuhandunternehmen; BaFin in allen Staatshaftungsverf. wg. Wirecard; Bitkom verfassungsrechtl. zum Recht auf digit. Bildung; BAFA zu Entschädigungsansprüchen gg. Rüstungsunternehmen im Zshg. mit dem Mord an Jamal Khashoggi; BMErnährung u. Landwirtschaft im Bund-Länder-Streit wg. EU-Entscheidung u. zu Machbarkeitsstudie ‚Tierwohl'; Bundesregierung in div. Verfahren u.a. im Corona-Zshg.; Cisco Systems ggü. Datenschutzaufsicht zum drohenden Verbot von Webex; Currenta umf. zu den Folgen der Explosion einer Sonderabfallverbrennungsanlage u. Abwassereinleitung; DB Netz planungsrechtl. zum Neubauvorhaben Rhein/Main/Neckar; Airbnb in div. Verf. gg. die Herausgabe von Daten (VGH München u. OVG Berlin); RWE planungs- u. raumordnungsrechtl. zu Rheinwassertransportleitung.

TAYLOR WESSING

Planungs- und Umweltrecht	★ ★ ★

Bewertung: Die Arbeit der internat. Kanzlei fußt im Öffentl. Wirtschaftsrecht im Wesentlichen auf 3 Säulen. So berät TW im Einzelhandel fast alle namh. Player im Raumordnungs-, Bauplanungs- u. Bauordnungsrecht. Zuletzt konnte sie die Beziehung zu einem der größten Lebensmittelhändler noch einmal auf klass. verwaltungsrechtl. Themen ausweiten. Im Fachplanungsrecht ist es v.a. Kämper, der insbes. durch seine große Erfahrung im Flughafensektor das Ansehen des Teams prägt. Die 3. Säule bildet das regulator. Gesundheitsrecht, in dem v.a. Transaktionen im Fokus stehen. Hier, aber auch in originär öffentl.-rechtl. Mandaten profitieren Mandanten von der gut eingespielten praxisübergr. Zusammenarbeit der jew. TW-Teams. Intensiviert hat die Kanzlei zuletzt die politik- und verbandsnahe Beratung, die v.a. in Berlin angesiedelt ist, bei der es u.a. um europ. u. nationale Gesetzgebungsvorhaben geht. Dabei steht TW sowohl Unternehmen als auch Ministerien zur Seite.
Oft empfohlen: Prof. Dr. Norbert Kämper („große Erfahrung", Wettbewerber), Dr. Walter Potthast, Dr. Torsten van Jeger, Dr. Roland Schmidt-Bleker
Team: 6 Eq.-Partner, 8 Sal.-Partner, 12 Associates
Schwerpunkte: Projektentwicklung im Einzelhandel in der Kombination mit Politikberatung, ▷Beihilfe- u. ▷Vergaberecht; öffentl. Bau- u. Fachplanungsrecht (Bergrecht, ▷Verkehrsinfrastruktur, Deponien). Regelm. Altlasten, Wasserrecht, Immissionen sowie produktbez. Umwelt- u. Abfallrecht (u.a. REACH, RoHS II, WEE), an der Schnittstelle zum ▷Gesundheitswesen, u.a. auch BiozidVO; ▷Compliance- u. öffentl.-rechtl. Beratung bei ▷M&A, Umstrukturierungen.
Mandate: Grundstücksverwaltung bei Ansiedlung von Baumärkten; Bezirksregierung bei Genehmigung für Flughafen; Dt. Geflügelwirtschaft zu Tierwohl-Kennzeichnungen; Entsorgungsunternehmen bei Geltendmachung von Ansprüchen zu tlw. Erstattung von Lkw-Maut; NRW-Flughafen lfd. umwelt- u. beihilferechtl.; Infarm lfd. umweltrechtl.; Yababa lfd. regulatorisch.

ANDREA VERSTEYL

Planungs- und Umweltrecht	★

Bewertung: Zur Kernkompetenz der angesehenen Boutique zählt v.a. die Beratung zu (immissionsschutzrechtl.) Genehmigungsverf. für Industrieanlagen. Die Berliner ist zudem als Projektmanager für Behörden in großen Leitungsbauverf. aktiv. Ein Bsp. ist die Beratung der Planfeststellungsbehörde zur 380-kV-Ostküstenleitung. Anfang 2022 eröffnete die Kanzlei ein Büro in Potsdam, dessen Fokus allein auf dem Projektmanagement im Auftrag von Behörden liegt. Das Team am Münchner Standort ist v.a. planungsrechtl. erfahren u. konnte zuletzt namh. Marktakteure von sich überzeugen, die bei der Realisierung von Vorhaben in Ffm. u. München auf AVR setzen.
Oft empfohlen: Prof. Dr. Andrea Versteyl
Team: 2 Eq.-Partner, 5 Associates, 4 of Counsel
Schwerpunkte: Umweltrechtl. Beratung v.a. zu immissionsschutzrechtl. Fragen u. Genehmigungsver-

fahren. Hohe Kompetenz im Abfall- u. Kreislaufwirtschaftsrecht, zunehmend REACH/Stoffrecht. Zudem öffentl. Bau- u. Planungsrecht.
Mandate: Ministerium für Energiewende, Landwirtschaft, Umwelt, Natur u. Digitalisierung des Landes Schl.-Holst. als Projektmanagerin für Teilabschnitte der 380-kV-Leitungen Segeberg bis Göhl; Land Ba.-Wü./Regierungspräsidium Karlsruhe als Planfeststellungsbehörde zum Neubau einer 380-kV-Hochspannungsfreileitung; Berliner Wasserbetriebe zu B-Plan für Klärwerksstandort; Geiger Umweltsanierung zu planungs- u. genehmigungsrechtl. Machbarkeit des Projekts ‚Obernburg Mainsite'; Knettenbrech + Gurdulic zu immissionsschutzrechtl. Genehmigungsverf. für versch. Anlagen.

WEISSLEDER EWER
Verwaltungs- und Verfassungsrecht ★

Bewertung: Die Kanzlei aus Kiel ist sowohl bei Kommunen als auch auf Bundes- u. Länderebene eine gefragte Beraterin in polit. heiklen Verfahren. Zuletzt stand sie etwa an der Seite der Vorhabenträgerin Hamburg Port Authority in einem Verf. zum Planfeststellungsbeschluss zur Westerweiterung des Hamburger Hafens, den das OVG Hamburg bestätigte. Umwelt- u. planungsrechtl. Themen bilden zwar den themat. Schwerpunkt, grds. deckt die Boutique aber sämtl. Fragen des Verfassungs- u. Wirtschaftsverwaltungsrechts von Grundrechtsverstößen bis Staatshaftung ab.
Oft empfohlen: Prof. Dr. Wolfgang Ewer („sehr erfahren", Wettbewerber)
Team: 7 Partner, 7 Associates
Schwerpunkte: Sehr gute polit. Vernetzung auf Landes- u. Bundesebene. Prozesse. Häufig Fälle mit Bezug zum Umwelt- u. Planungsrecht, aber auch erfahren in Hochschul- u. Kommunalrecht.
Mandate: Hamburg Port Authority zu Westerweiterung Hamburger Hafen (OVG Hamburg); Gemeinde Stuhr gg. Genehmigung eines großfl. Decathlon-Sportfachmarktes (VG Hannover); Kommunen in 2 Verf. zu Zweitwohnsteuersatzung in Schl.-Holst. (VG); Gemeinde in Amtshaftungsverf. im Zshg. mit versagtem gemeindl. Einvernehmen (BGH); div. Unis zum Hochschulrecht.

WHITE & CASE
Verwaltungs- und Verfassungsrecht ★★★★
Planungs- und Umweltrecht ★★★

Bewertung: Nach dem Brexit hat sich die Bedeutung der dt. öffentl.-rechtl. Praxis in der ww. Kanzleiorganisation deutl. erhöht. Insbes. die Steuerungsfunktion für die EU-Themen liegen neben dem ▷Brüsseler Büro nun v.a. auch beim dt. Team. Beleg des Bedeutungsgewinns sind insbes. die 2 Eq.-Partner- u. eine Counsel-Ernennung in diesem Jahr, die auch als Vorbereitung auf den Generationswechsel im Team um die langj. Partner Wimmer u. Berger zu sehen sind. Zum Leistungsspektrum der Öffentlichrechtler gehören neben Planfeststellungsverf. wie das für 50Hertz v.a. die Beantwortung von Grundsatzfragen im Grenzbereich von polit.-rechtl. Entwicklungen, wie etwa im Zuge der Arbeit für die Allianz. Diese Erfahrungen bietet sie in weiteren regulierten Industrien wie Medien u. im Bereich Onlineplattformen, ist insbes. aber bei öffentl.-rechtl. u. privaten Banken bekannt.
Oft empfohlen: Dr. Henning Berger („sehr gut", Mandant), Prof. Dr. Norbert Wimmer

Team: 4 Eq.-Partner, 7 Counsel, 9 Associates
Schwerpunkte: Integrierte Beratung, häufig Unterstützung durch andere Praxisgruppen. Branchen: Finanzwesen (▷Bankrecht), ▷Medien, Automotive. Umwelt- u. Planungsrecht: Fachplanungsrecht insbes. in den Branchen ▷Energie u. ▷Verkehr; immissionsschutzrechtl. Genehmigung von Anlagen, inkl. Projektfinanzierung. Beratung bei Transaktionen.
Mandate: Abgeordnete einer Fraktion im Dt. Bundestag zu Verfassungsbeschw. wg. öffentl. Abgaberechts; Allianz ww. zu Corona-Risiken; LBBW in Pilotverf. zu europ. Bankenabgabe (EuGH); Onlineversandhändler u. Cloud-Computing-Anbieter zu Lieferkettengesetz; lfd. Bundesreg. u. EdW in Urteilsverfassungsbeschw. wg. Beiträgen im Zshg. mit dem Entschädigungsfall ‚Phoenix'; KfW zu grundsätzl. Fragen des Förderrechts; Dt. Bank regulator. zu strateg. Partnerschaft mit Google Cloud.

WILMERHALE
Verwaltungs- und Verfassungsrecht ★★★

Bewertung: Die etablierte Praxis verfügt über umfangr. Erfahrung im Öffentl. Wirtschaftsrecht. Ihre regelm. aus den USA kommenden Mandanten vertrauen ihr, wenn vor dem Hintergrund regulator. Veränderungen in Europa strateg. Entscheidungen gefällt werden müssen. Zuletzt betraf dies regelm. das Lobbyregistergesetz. Aber auch in Verwaltungsverf. greifen Mandanten wie eine Big-Four-Gesellschaft auf das Team zurück. Insbes. Kamann wird auch im europ. Ausland bei Unternehmen wg. seiner Kenntnis in beihilferechtl. Verfahren mandatiert. Bestes Bsp. ist das Mandat der ital. Inc SpA u. Consorzio Stabile. Wenige Anwälte im dt. Markt können zudem mehr Prozesserfahrung vor europ. Gerichten vorweisen.
Stärken: Starke Prozesspraxis, viel Erfahrung vor europ. Gerichten.
Oft empfohlen: Prof. Dr. Hans-Georg Kamann („sehr umf., belastbare Beratung", „denkt unternehmer.", Mandanten), Ulrich Quack
Team: 6 Eq.-Partner, 2 Sal.-Partner, 7 Associates
Schwerpunkte: Verwaltungs- u. Verfassungsrecht aus EU-rechtl. Perspektive; regelm. präventive Beratung zu Gesetzgebungsvorhaben u. polit. Entwicklungen; Prozesstätigkeit u.a. zu komplexen Kompetenzstreitigkeiten der dt. u. europ. Gerichten, auch Europ. Gerichtshof für Menschenrechte; auch Kommunal- u. Haushaltsrecht sowie viel Erfahrung im Beihilferecht sowie bei IFG-Klagen.
Mandate: Kommunikationsberatungsgesellschaft u. US-Bank strateg. zum Lobbyregistergesetz; Bund Getränkeverpackungen der Zukunft umweltrechtl. auf nationaler u. europ. Ebene; Inc SpA u. Consorzio Stabile Sis beihilferechtl. gg. EU-Kommissionsentscheidung zur Genehmigung der Pläne der ital. Regierung zur Verlängerung von Konzessionen; Meta (Facebook), u.a. gg. das Bundeskartellamt zu Kompetenzfragen an der Schnittstelle zum Datenschutzrecht; Big-Four-Gesellschaft umf. rechtl. u. strateg. zu Wirecard-Komplex, inkl. Untersuchungsausschuss; Syngenta Agro u.a. in EuGH-Verfahren zu Rückverfolgbarkeit im internat. Pflanzenschutzmittelhandel u. strateg. zu Zulassung bestimmter Pflanzenschutzmittel; EU-Institutionen lfd. in div. Verfahren.

WOLTER HOPPENBERG
Planungs- und Umweltrecht ★★

Bewertung: Die Schwerpunkte der umwelt- u. planungsrechtl. Praxis liegen insbes. im Abfall- u. Wasserrecht, zu dem sie Kommunen, Verbände u. mittelständ. Unternehmen regelm. zurate ziehen. Im Zshg. mit der Umsetzung der Nitratrichtlinie vertrauten zuletzt div. Landesbehörden u. Wasserversorger dem Team. An der Schnittstelle zum Energierecht verstärkte sie sich mit einem ehem. BVerwG-Richter als of Counsel, der großes Knowhow im Windenergierecht mitbringt. Ähnl. wie etwa Lenz und Johlen baute WH zuletzt ihre Beratung zum Thema Windenergie aus. Anteil daran trägt die Büroeröffnung in Osnabrück im verg. Jahr, durch die die Kanzlei Kontakte in Nds. festigen konnte.
Oft empfohlen: Michael Hoppenberg, Thomas Tyczewski, Dr. Till Elgeti („sehr strukturiert u. effektiv im Behördenkontakt, kann komplexe Verwaltungsverfahren gut gerichtl. aufbereiten", „kompetent", Mandanten)
Team: 6 Eq.-Partner, 1 Counsel, 11 Associates, 2 of Counsel
Schwerpunkte: Breite öffentl.-rechtl. Praxis im Umwelt- u. Planungsrecht, v.a. Energie-, Abfall- u. Wasserrecht. Auch Projektbegleitung im Ausland. Daneben Kommunal(finanzierungs)recht u. ÖPP.
Mandate: Div. Landkreise in Nds. u. div. Kommunen in NRW zu Windenergie; Landesbehörden u. Wasserversorger im Zshg. mit Nitratrichtlinie; lfd. Emschergenossenschaft/Lippeverband abwasser- u. wasserrechtl.; lfd. Schwenk Zement.

ZENK
Planungs- und Umweltrecht ★★

Bewertung: Die öffentl.-rechtl. Praxis ist im Markt v.a. für die Begleitung von komplexen u. langj. Infrastrukturprojekten in Norddtl. bekannt. Dabei setzen Mandanten auf die langj. Erfahrung in der Energie-, Forschungs- u. insbes. der Hafenbranche, in der die Kanzlei bestens vernetzt ist. Mandanten vertrauen zudem bei polit. sensiblen Themen auf die Öffentlichrechtler, was die verwaltungsrechtl. Begleitung des Landes HH zu den Entschädigungsprozessen im Corona-Kontext ebenso wie die Mandatierung zu Themen rund um grünen Wasserstoff zeigt. Aufgrund des wasser- u. planungsrechtl. Know-hows u. in Zusammenarbeit mit Beihilfe- u. Vergaberechtlern berät das HHer Team ein Konsortium genehmigungsrechtl. zum Bau einer Elektrolyseanlage. In Berlin steht u.a. das öffentl. Baurecht im Fokus, zu dem das Team eine Vielzahl von Immobilienentwicklern berät.
Oft empfohlen: Dr. Ralf Hüting
Team: 4 Eq.-Partner, 1 Sal.-Partner, 2 Associates
Schwerpunkte: In Hamburg v.a. Planungsverfahren für Großprojekte, häufig mit Bezug zum Hafen. Von Berlin aus v.a. Beratung der Abfallwirtschaft, häufig auch Bezüge zum Kommunalrecht. Öffentl. Baurecht.
Mandate: Konsortium aus Entsorgungsindustrie bei Planung einer Klärschlammentsorgungsanlage (Genehmigungsrecht); Eurogate Container Terminal Hamburg zu Westerweiterung HHer Hafen (OVG HH); Berliner Tiefbau- u. Entsorgungsunternehmen zu Betretungs- u. Befahrungsrechten Hafenbehörde zu wasserrechtl. Planfeststellungsbeschluss zur Gewässerhaushalt-Neuordnung; Bundesland zu Baugebietsentwicklung nahe ehem. Flughafen; Helma Wohnungsbau zum Bau von Wohneinheiten u. Havelmarina; Projektentwickler zu Realisierung div. Wohngebiete.

Vergaberecht

Nachhaltigkeit als neues Kriterium für Vergaben

Das Verfolgen von Klima- und Nachhaltigkeitszielen, die Energiewende sowie Digitalisierungsprojekte nehmen im Öffentlichen Sektor politisch und damit auch vergaberechtlich Fahrt auf. Dazu kommt, dass Fördermittelzusagen in diesen Sektoren oder Rettungsbeihilfen aus den vergangenen Jahren eine zusätzliche Facette bekommen, weil in den Auflagen die Einhaltung von Vergaberegeln vorgeschrieben ist. Alle führenden Vergaberechtspraxen erlebten daher eine entsprechend hohe Auslastung.

Einige der prominentesten Fälle des vergangenen Jahres geben zugleich einen Ausblick auf Trends, die die Vergabe öffentlicher Aufträge künftig stärker bestimmen werden. Der Versuch der AOKen, bei ihren Beschaffungen die Verantwortung für nachhaltige und faire Produktion zu verbessern, scheiterte vorerst, nachdem Ausschreibungsklauseln mit einem Bonus für Produktionen innerhalb einer geschlossenen Lieferkette erfolgreich angefochten wurden. Hier wird nun der Gesetzgeber aktiv. In dem Fall standen sich mit **Gleiss Lutz** und **Clifford Chance** zwei Vergaberechtsteams gegenüber, die — zusammen mit **Baker McKenzie** – als die führenden Praxen für Gesundheitsvergaben gelten.

Das zweite Beispiel liefert der Verkehrssektor und die Auseinandersetzung um die Neuverhandlung von hochvolumigen Verkehrsverträgen in mehreren Bundesländern, nachdem der Verkehrsanbieter Abellio in finanzielle Schieflage geraten war. Auch hier berieten auf beiden Seiten einige der erfahrensten Teams, namentlich **Bird & Bird**, **Heuking Kühn Lüer Wojtek**, **BBG und Partner** sowie **GvW Graf von Westphalen**. Die Nachverhandlung von Verträgen angesichts der Teuerungsraten und die Konzeption von Ausschreibungen, die neben dem Preis vermehrt auf die Prüfung von Qualität, Nachhaltigkeit und Sicherheit abzielen, werden im kommenden Jahr nicht nur in den Bereichen Gesundheit und Verkehr, sondern übergreifend noch zentraler diskutiert werden.

Innovation, Effizienz, Beschleunigung

Positiv ist, dass die Diskussion auch aufseiten der Auftraggeber weitergeht. Initiativen auf Bundesebene wie Koinno (Kompetenzzentrum innovative Beschaffung) zum Beispiel fördern das Verständnis dafür, dass effiziente und transparente Ausschreibungen für Auftraggeber kostensparend sind und zugleich attraktivere Angebote von der Bieterseite anziehen. Auch einige Vergaberechtler aus Kanzleien engagieren sich offen für Innovationen, darunter eine Kölner Partnerin von **Avocado** oder die Berliner Boutique **Eichler Kern Klein**. Letztere berät zusammen mit **Mazars** die Bundesagentur für Sprunginnovationen Sprind. Die Vergaberechtler der Legal-Tech-affinen Kanzlei **FPS Fritze Wicke Seelig** stellen FAQs zum Vergaberecht für Kommunen bereit, die sich an der hessischen Initiative ‚Smarte Region' beteiligen.

Im Verteidigungssektor bleibt trotz der jüngsten Sonderregeln für Bundeswehrbeschaffungen nach Ansicht vieler Beteiligter die Aufgabe bestehen, effiziente und zugleich rechtsstaatliche Ausschreibungen zu forcieren. Die Beratung zu Sicherheits- und Verteidigungsvergaben hat bei vielen Kanzleien zuletzt eine größere Rolle eingenommen, so bei **Oppenhoff & Partner**, **Blomstein** oder **Taylor Wessing**.

Durch alle Sektoren und alle Verwaltungsebenen zieht sich indes das Thema Digitalisierung mit IT- und Softwarebeschaffungen. Hier haben sich unzählige neue Projekte ergeben, die z.B. im Krankenhaussektor das Personal- und Patientenmanagement betreffen oder die Einrichtung von Telenotarztversorgung. In solchen Projekten sind oft Kanzleien gefragt, deren Vergaberechtler eng mit den hauseigenen IT- und Datenschutzspezialisten zusammenarbeiten. **Dentons**, **Taylor Wessing**, **Heussen** oder **SKW Schwarz** sind hier bereits erprobt.

Die Bewertungen behandeln Kanzleien, die Auftraggeber und/oder Bieter in Vergabeverfahren beraten. Enge inhaltliche Bezüge ergeben sich zu den Kapiteln ▷Immobilien- und Baurecht, ▷Öffentliches Wirtschaftsrecht und ▷Regulierung.

JUVE KANZLEI DES JAHRES FÜR VERGABERECHT

EICHLER KERN KLEIN

Das Team der Berliner Vergaberechtsboutique verdient sich mit hohem fachlichen Ansehen und strategischem Geschick viel Respekt im Markt. Im Vorjahr hatte die Kanzlei die Position als Mautstelle des Bundes übernommen. In diesem Jahr gewann ein Team aus **Dr. Oliver Kern**, **Dr. Benjamin Klein** und Associate **Hannah Rubin** bei einer Ausschreibung zusammen mit einer zivilrechtlichen Kanzlei die Beratung der Bundesagentur für Sprunginnovationen als neues Mandat. Um Start-ups und die öffentliche Hand einander näher zu bringen, ist die Kanzlei in Berlin bestens positioniert.

Über das Stadium eines Start-ups ist sie selbst aber lange hinaus. Vielmehr zeigte das Team in seinem vergaberechtlichen Kernbereich zuletzt, dass es bei aktuellen Themen in der ersten Reihe steht. **Dr. Jochen Eichler** etwa, der sein Renommee mit der Begleitung von Bietern im Rahmen zahlreicher A-Modelle aufgebaut hat, war nun für zwei Arzneimittelhersteller im viel beachteten Prozess um Lieferkettenklauseln der AOK-Ausschreibungen präsent. Den Technologiekonzern Saab hatte die Kanzlei zudem beim erfolgreichen Wettbewerb um einen Auftrag zur Sanierung von Fregatten begleitet. Mit dem Wachstum auf Associate-Ebene verschaffte sich das Team nun den Bewegungsspielraum, um etwa Schnittstellen zum Beihilferecht intensiver auszubauen.

ÖFFENTLICHER SEKTOR VERGABERECHT

ADVANT BEITEN
Vergaberecht ★★★

Bewertung: Das Vergaberechtsteam ist in viele Projekte aufseiten der öffentl. Hand eingebunden, die mit der Beschaffung zum Aufbau von IT-Infrastrukturen oder Technologie zusammenhängen. Dabei besteht die Arbeit für Ministerien u. Behörden auf Bundes- u. Landesebene oft in einer langj. Beratung, die auch die Vertragsbegleitung u. Vertragsdurchführung umfasst, wie etwa im Bsp. BDBOS. Komplexe techn. Beschaffungsprojekte sind neben einem Forschungsschiff weitere Behördenschiffe u. im Fall der Beratung des DLR auch Satelliten. Bei dem aktuell verstärkten Interesse an Geothermieerschließungen in Süddtl. sind die Vergaberechtler ebenfalls gefragt. Zugenommen hat zuletzt die Arbeit für Kliniken, deren verbesserte digitale Ausstattung gefördert wird. Eine gewisse Fluktuation auf Sal.-Partner- u. Associate-Ebene setzte sich fort, doch bleibt das Team noch immer eins der größten im Markt. Die Herausforderung bleibt, die jüngeren Sal.-Partner beim Aufbau einer größeren Marktbekanntheit gezielt zu unterstützen.

Stärken: Komplexe Großprojekte der öffentl. Hand.
Oft empfohlen: Stephan Rechten („fachl. versiert u. pragmatisch", „hervorrag. vernetzt", Wettbewerber), Michael Brückner, Oliver Schwarz
Team: 4 Eq.-Partner, 12 Sal.-Partner, 2 Associates
Partnerwechsel: Jan Eggers (zu Esche Schümann Commichau)
Schwerpunkte: Fachbereichsübergr. Beratung, oft an der Schnittstelle zum Gesellschafts- u. Öffentl. Recht. Etablierte interdiszipl. Arbeit mit ökonom. u. techn. Beratern. Auch ▷Beihilferecht.
Mandate: Ausschreibungsbegleitung: Bayer. Rundfunk, u.a. wettbewerbl. Dialog zu Neubau von Studiokomplex; Krankenhaus in öffentl. Trägerschaft in NP-Verf. um Catering, Betrieb von 4 Cafeterias, Fahrdiensten, IT-System; BMForschung zu Forschungsschiff Meteor IV; DLR u.a. zu Satelliten; BDBOS zu Vertragsdurchführung für Digitalfunknetz; Ev. Diakonissenanstalt Augsburg zu IT-Beschaffung; IQTIG zu Software für Qualitätssicherung; IT.NRW, u.a. zu Landesdatennetz; Landwirtschaftl. Rentenbank zu Teilnahmewettbewerb um Leistungen für Förderanträge; lfd. Olympiastadion Berlin, u.a. zu Beleuchtung; TransnetBW/Amprion zu Netzausbau; lfd. Anregiomed, Auswärt. Amt, Hamburg Energie. **Bietervertretung:** Medline zu Vertragsanpassungen; Nect zu automatisierter Videoidentifikationssoftware; S+K Services zu Facility Management.

ANTWEILERLIEBSCHWAGERNIEBERDING
Vergaberecht ★★

Bewertung: Seit der Abspaltung von RWP Rechtsanwälte im Vorjahr hat das Team seinen Mandantenstamm merklich auf weitere Sektoren ausgeweitet. Liebschwager berät aufseiten öffentl. Auftraggeber zu komplexen Bauvorhaben u. gewann mittels ihrer Spezialkompetenz für Neuanmietungen weitere Mandate für Liegenschaften der Polizei. Hier ist eine enge Zusammenarbeit mit den Bau- u. Immobilienrechtlern etabliert. Bei einem prominenten Mandat ging es um die Anmietung eines neuen Prozessgebäudes zur Durchführung von Cum-Ex-Strafverfahren, das aufgr. drohender Verjährung unter hohem Zeitdruck steht. Während die Bieterberatung bei ÖPNV- u. SPNV-Vergaben einen konstanten Schwerpunkt bildet, für den insbes. Antweiler bekannt ist, nahm v.a. die Tätigkeit im Gesundheitswesen deutl. an Fahrt auf. Hier standen zuletzt die Beschaffung von Impfstoffen, Telenotarzt- u. Rettungsdienstleistungen im Fokus. Die vergaberechtl. Beratung von Energieversorgungsunternehmen treibt eine Associate voran.

Oft empfohlen: Dr. Clemens Antweiler („schlagfertig u. präzise", Wettbewerber), Dr. Pascale Liebschwager („fachl. exzellent", Wettbewerber)
Team: 2 Partner, 2 Associates
Schwerpunkte: ÖPNV/SPNV (▷Verkehr), Anmietungen von Liegenschaften für Polizeibehörden.
Mandate: Ausschreibungsbegleitung: Landesoberbehörde zu Anmietung von Hochleistungs- u. Hochsicherheitszentrum; IHK zu Neubau von Hauptgebäude als ‚Green Building'; Justizministerium zu Anmietung eines neuen Prozessgebäudes; div. Polizeipräsidien zu Neuanmietungen; Stadt zu

---

Vergaberecht

★★★★★
Baker McKenzie	Berlin
Bird & Bird	Düsseldorf, Hamburg, München
Heuking Kühn Lüer Wojtek	Düsseldorf, Hamburg, München, Köln, Berlin

★★★★
Gleiss Lutz	Berlin, Stuttgart
Görg	Frankfurt, Hamburg, Berlin
Leinemann & Partner	Berlin, Köln, Düsseldorf, Hamburg
Redeker Sellner Dahs	Bonn, Berlin, Leipzig

★★★★
CBH Rechtsanwälte	Köln, Berlin
CMS Hasche Sigle	Frankfurt, Stuttgart, München, Berlin, Köln u.a.
Dentons	Berlin, Frankfurt, Düsseldorf
Heussen	München, Frankfurt
Hogan Lovells	Hamburg
Kapellmann und Partner	Düsseldorf, Mönchengladbach, Berlin u.a.
Müller-Wrede & Partner	Berlin

★★★
Advant Beiten	Berlin, München, Düsseldorf
Blomstein	Berlin
FPS Fritze Wicke Seelig	Frankfurt, Berlin, Düsseldorf
GvW Graf von Westphalen	München, Hamburg, Düsseldorf
Luther	Hannover, Essen, Leipzig, Hamburg, München
PricewaterhouseCoopers Legal	Berlin, Düsseldorf, Hamburg, Frankfurt

★★★
BBG und Partner	Bremen
Boesen	Bonn
HFK Heiermann Franke Knipp und Partner	Frankfurt, Berlin, Stuttgart, Hamburg
Oppenhoff & Partner	Hamburg, Köln
Oppenländer	Stuttgart
SKW Schwarz	Berlin
Taylor Wessing	Düsseldorf

★★
AntweilerLiebschwagerNieberding	Düsseldorf
Clifford Chance	Frankfurt
DLA Piper	Köln
Eichler Kern Klein	Berlin
Esch Bahner Lisch	Köln
Esche Schümann Commichau	Hamburg
Gaßner Groth Siederer & Coll.	Berlin
GSK Stockmann	Berlin, München, Hamburg
K&L Gates	Berlin
KPMG Law	Nürnberg, Berlin, München, Hamburg u.a.
Lutz Abel	Hamburg, Stuttgart, München
Menold Bezler	Stuttgart
Otting Zinger	Hanau

Fortsetzung nächste Seite

VERGABERECHT ÖFFENTLICHER SEKTOR

Projektsteuerungsleistungen für städtebaul. Entwicklung. **Bietervertretung:** gemeinnütz. Stiftung um Telenotarztversorgung; frz. Unternehmen um SPNV-Leistungen; Dienstleister für Anlagen u. Infrastruktur um HPC-Ladeinfrastruktur; BioNTech zu Pandemiebereitschaftsverträgen.

ARNECKE SIBETH DABELSTEIN
Vergaberecht

Bewertung: Das personell große Vergaberechtsteam verfügt über langj. Erfahrung bei der Beratung von kommunalen Auftraggebern, die bei Neubauten u. Modernisierungen, bspw. für Kitas u. Schulen, auf das Team setzen. Es unterstützt hier oft umf. als eine Art ausgelagerte Vergabestelle u. hat seinen örtl. Radius durch Weiterempfehlungen erweitern können. Zudem lässt sich eine Spezialisierung bei Abwasseranlagen an der Mandatsliste ablesen. Einen Rückschlag erlebte die Praxis mit dem Verlust der bauvergaberechtl. versierten Partnerin Boldt u. ihrem Team. In München kam kurz darauf aber mit Bens ein hinsichtl. Sicherheitsdienstleistungen gut positionierter Partner dazu.
Partnerwechsel: Daniel Bens (von Buse); Prof. Dr. Antje Boldt (zu Rittershaus)
Team: 3 Eq.-Partner, 1 Sal.-Partner, 1 Counsel, 6 Associates
Schwerpunkte: Beratung von Kommunen, u.a. zu ▷*Bauprojekten*. Erfahrung mit Abwasseranlagen.
Mandate: Ausschreibungsbegleitung: Abwasserverband zu Geschäftsbesorgungsleistungen für Umbau u. Sanierung von Kläranlage; Münchner Stadtentwässerung zu Neubau von Klärschlammverbrennungsanlage; Krankenhaus Barmherzige Brüder lfd. zu Bauten u. Dienstleistungen; nrw. Forschungspark zu Marketingleistungen; div. süddt. Kommunen zu Generalbesorgungsleistungen für Sanierung von Schulen, Neubau Feuerwehrhaus, Wasserstoffprojekte. **Bietervertretung:** F.X. Rauch in div. NP-Verf. um Bauprojekte.

AVOCADO
Vergaberecht

Bewertung: Die Vergabepraxis ist in der Entsorgungsbranche fest verankert. Dabei ist das Team fallweise für große oder mittelständ. Anbieter sowie auch aufseiten von Kommunen tätig. Die vertragsrechtl. Erfahrung kommt etwa im Zshg. mit ÖPP-Verlängerungen zum Einsatz. Gut aufgestellt ist Avocado zudem an den öffentl.-rechtl. Schnittstellen. Dass die Kanzlei bei komplexen Projekten aus einer Hand beraten kann, verdeutlicht die Arbeit für ihre Stammmandantin Rhein-Sieg-Verkehrsgesellschaft: Diese beriet sie zur Beschaffung neuer Bordrechner u. zugleich umf. zu Compliance u. Eisenbahninfrastruktur sowie im Zshg. mit insolventen Vertragspartnern in einem Streit um Vertragsanpassungen. Einige Partner sind auch stark in der Beratung zu IT- sowie Planungs- u. Bauvergaben gefragt. Zuletzt ging es hier teils um den Aufbau von innovativen Versorgungssystemen.
Stärken: Sehr erfahren im Abfallsektor.
Oft empfohlen: Markus Figgen, Dr. Rebecca Schäfer („fachl. fundiert", „sehr gut für IT-Vergaben", Wettbewerber)
Team: 3 Eq.-Partner, 1 Sal.-Partner, 1 Counsel, 1 Associate
Partnerwechsel: Dr. Klaus Greb (in eigene Kanzlei; Vergabepartners)
Schwerpunkte: Beratung der öffentl. Hand; oft v.a. im Entsorgungssektor (▷*Öffentl. Wirtschaftsrecht*),

Vergaberecht Fortsetzung	
★	
Arnecke Sibeth Dabelstein	Frankfurt, München
Avocado	Köln
Baumeister	Münster
Braun & Zwetkow	Leipzig
Dolde Mayen & Partner	Stuttgart
Haver & Mailänder	Stuttgart
KDU Krist Deller & Partner	Koblenz
Kraus Donhauser	München
Lexton	Berlin
Oexle Kopp-Assenmacher Lück	Köln, Berlin
Soudry & Soudry	Berlin
Upleger & Quast	Bonn
Watson Farley & Williams	München

Die Auswahl von Kanzleien und Personen in Rankings und tabellarischen Übersichten ist das Ergebnis umfangreicher Recherchen der JUVE-Redaktion. Sie ist in 2erlei Hinsicht subjektiv: Die Aussagen der befragten Quellen sind subjektiv u. spiegeln deren Erfahrungen u. Einschätzungen. Die JUVE-Redaktion wiederum analysiert die Rechercheergebnisse unter Einbeziehung ihrer eigenen Marktkenntnis. Der JUVE Verlag beabsichtigt keine allgemeingültige oder objektiv nachprüfbare Bewertung. Es ist möglich, dass eine andere Recherchemethode zu anderen Ergebnissen führt. Innerhalb einzelner Gruppen in Rankings und tabellarischen Übersichten sind Kanzleien und Personen alphabetisch sortiert.

zunehmend ▷*IT-Vergaben*, auch Kliniken; oft Bezüge zu Compliance-rechtl. Themen.
Mandate: Ausschreibungsbegleitung: AVG Köln, u.a. zu Planungsleistungen für Ascheaufbereitungsanlage; Stadtwerk-ÖPP bzgl. Auslaufen von Verträgen; Rhein-Sieg-Verkehrsges. u.a. zu Beschaffung von Bordrechnern u. Compliance; DIBT zu IT-System, inkl. Markterkundung; BRAK zu Relaunch div. Internetauftritte; Landkreis zu Generalplaner für Energiespeichersystem an Abfallwirtschaftszentrum (gefördertes FuE-Projekt); Exzellenz-Uni zu Lizenzierung von Logo an Partner; lfd.: AWB Köln, Entsorgungsverband BDE, Flughafen D'dorf, Hessenwasser, Uniklinik Ulm, Hochschule Offenburg, Ilmtalklinik, IHK Köln, IQWiG. **Bietervertretung:** Entsorgungsunternehmen u.a. bei Verhandlungsverf. zu ÖPP-Gründung, NP-Verf. u. preis-/vergaberechtl. zu Fortführung von ÖPP-Gesellschaft; regelm. Simons Voss Technologies.

BAKER MCKENZIE
Vergaberecht ★★★★★

Bewertung: Die angesehene Vergabepraxis besetzt mit der Bieterberatung im Gesundheitssektor eine feste Stellung im Markt. Erneut zogen eine Vielzahl von Pharma-, Medizinprodukte- u. Biotechunternehmen das Team um den erfahrenen Branchenexperten Gabriel hinzu, sodass Beschaffungen zur Eindämmung der Ausbreitung des Coronavirus die Praxis weiterhin stark beschäftigten. Dabei profitieren Mandanten auch von der Zusammenarbeit versch. Praxisgruppen, etwa bei beihilferechtl. Fragestellungen. Bekannt ist zudem die Arbeit für eine Reihe von Pharmaunternehmen, die sich im Zuge von Rabattvereinbarungen wie auch beim Umgang mit Lieferausfällen an BM wenden. Dazu zählt auch die Vertretung ggü. dem Krankenkassendienstleister GWQ, der sich mit großvol. Schadensersatzforderungen an pharmazeut. Unternehmen richtete. Auf Auftraggeberseite berät das Team insbes. zu Infrastruktur- u. Digitalisierungsprojekten, speziell in Berlin u. Norddtl. zählen einige Branchenverbände zur Stammmandantschaft. Dass zahlr. hochkarätige öffentl. Auftraggeber die Anwälte mit neuen bzw. mit verlängerten Rahmenverträgen beauftragten,

unterstreicht die Schlagkraft der Praxis, die sich damit auch strateg. Marktanteile sichert.
Stärken: Große Erfahrung in ▷*Gesundheitswesen* u. Infrastruktur.
Oft empfohlen: Dr. Marc Gabriel, Dr. Susanne Mertens („argumentiert richtig gut auf den Punkt", „hohe fachl. u. menschl. Kompetenz", Wettbewerber)
Team: 1 Eq.-Partner, 1 Sal.-Partner, 3 Counsel, 3 Associates
Schwerpunkte: Branchen Gesundheit, Sicherheit u. Verteidigung, ▷*IT* u. Telekommunikation. Außerdem Bauvergaben. ▷*Beihilferechtl.* Schnittstellen.
Mandate: Ausschreibungsbegleitung: div. öffentl. und kommunale Konzerne, u.a. Stadtwerke Regensburg zu strateg. Aus- u. Neuausrichtung; Rahmenverträge mit div. öffentl. Auftraggebern. **Bietervertretung:** CureVac/GlaxoSmithKline um Pandemiebereitschaftsverträge; lfd. internat. Pharmaunternehmen, Medizintechnikhersteller u. Handelsunternehmen zu Beschaffung von Corona-Impfstoffen, Arzneimitteln, Schutzausrüstung u. Schnelltests; Hexal, Mylan, Puren Pharma, Aliud u. andere Pharmauntern. zu Klagen; Verbände zu Versorgungssicherheit bei Arzneimittelrabattverträgen; Siemens Mobility um Lieferung von Doppelstockzügen, inkl. NP-Verfahren.

BAUMEISTER
Vergaberecht

Bewertung: Die Kanzlei aus Münster begleitet kommunale Auftraggeber integriert im Vergabe-, Umwelt- u. Planungsrecht. Mit dieser Spezialisierung ist sie eine wichtige Akteurin für Infrastrukturprojekte auf kommunaler Ebene. Dabei verfügt die Kanzlei zugleich über eine starke Praxis im Öffentl. Wirtschaftsrecht u. berät dort etwa das Land u. NRW-Kommunen im Hinblick auf Kraftwerke u. Windparkprojekte. Erfahrung besteht auch mit IT-Projekten, die v.a. bei zahlr. kommunalen u. kirchl. Krankenhäusern aufgr. der Fördertöpfe des Krankenhauszukunftsgesetzes anstehen.
Oft empfohlen: Dr. Stefan Gesterkamp („starker Verhandler mit breitem Fachwissen", Wettbewerber), Dr. Andreas Kersting
Team: 3 Eq.-Partner, 2 Sal.-Partner, 3 Associates

ÖFFENTLICHER SEKTOR VERGABERECHT

Führende Berater im Vergaberecht

Dr. Jan Byok,
Bird & Bird, Düsseldorf

Dr. Alexander Csaki
Bird & Bird, München

Dr. Marc Gabriel
Baker McKenzie, Berlin

Prof. Dr. Stefan Hertwig
CBH Rechtsanwälte, Berlin

Prof. Dr. Heiko Höfler
Oppenhoff & Partner, Hamburg

Dr. Ute Jasper
Heuking Kühn Lüer Wojtek, Düsseldorf

Dr. Wolfram Krohn
Dentons, Berlin

Prof. Dr. Ralf Leinemann
Leinemann & Partner, Berlin

Malte Müller-Wrede
Müller-Wrede & Partner, Berlin

Dr. Andreas Neun
Gleiss Lutz, Berlin

Dr. Nicola Ohrtmann
Aulinger, Essen

Dr. Marc Opitz
Kapellmann und Partner, Frankfurt

Dr. Hendrik Röwekamp
Kapellmann und Partner, Düsseldorf

Dr. Annette Rosenkötter
FPS Fritze Wicke Seelig, Frankfurt

Dr. Kai-Uwe Schneevogl
Görg, Frankfurt

Dr. Roland Stein
Blomstein, Berlin

Die Auswahl von Kanzleien und Personen in Rankings und tabellarischen Übersichten ist das Ergebnis umfangreicher Recherchen der JUVE-Redaktion. Sie ist in 2erlei Hinsicht subjektiv: Die Aussagen der befragten Quellen sind subjektiv u. spiegeln deren Erfahrungen u. Einschätzungen. Die JUVE-Redaktion wiederum analysiert die Rechercheergebnisse unter Einbeziehung ihrer eigenen Marktkenntnis. Der JUVE Verlag beabsichtigt keine allgemeingültige oder objektiv nachprüfbare Bewertung. Es ist möglich, dass eine andere Recherchemethode zu anderen Ergebnissen führt. Innerhalb einzelner Gruppen in Rankings und tabellarischen Übersichten sind Kanzleien und Personen alphabetisch sortiert.

Schwerpunkte: Abfallwirtschaft (▷*Öffentl. Wirtschaftsrecht*).
Mandate: Ausschreibungsbegleitung: IKK Classic zu Rabattvertragsausschreibungen; Krankenhäuser zu IT-Beschaffungen. **Bietervertretung:** lfd. Remondis, v.a. in NP-Verfahren.

BBG UND PARTNER
Vergaberecht ★★★

Bewertung: Dass die Bremer Vergabepraxis eine der Kanzleien war, die im Zuge der Abellio-Schieflage an der Seite von Bundesländern bei der Neuverhandlung von Verkehrsverträgen beriet, bestätigt ihre starke Position im Verkehrsbereich. Noch intensiver beschäftigten das Team indes die umfangr. S-Bahn-Projekte in Berlin u. München. Durch die personelle Größe kann die Vergaberechtspraxis nicht nur solche Projekte stemmen, sondern hat auch interne Spezialisierungen aufgebaut, denn auch Infrastrukturmandate aus Sektoren wie Energie-, Gesundheits- u. Telekommunikationswesen vertrauen Mandanten ihr an. EWE Tel etwa ist eine langj. Mandantin, die BBG-Anwälte auf der Bieterseite begleiten. Die Kanzlei zählt etliche mittelständ. Unternehmen zu ihrem Mandantenkreis, die sie als Bietende bei Ausschreibungen berät. Doch ganz überwiegend ist sie aufseiten von öffentl. Auftraggebern gefragt. Eine Großstadt beauftragte BBG zuletzt etwa mit einem umfangr. Beschaffungsauftrag für Fitnessangebote.
Stärken: Große Erfahrung im ▷*Verkehrssektor*.
Oft empfohlen: Dr. Niels Griem („fachl. exzellent", Wettbewerber), Dr. Malte Linnemeyer („sehr konstruktiv", Wettbewerber)
Team: 3 Partner, 1 Sal.-Partner, 9 Associates
Schwerpunkte: ÖPNV-/SPNV-Vergaben aufseiten der öffentl. Hand. Auch (▷*Öffentl. Wirtschaftsrecht*).
Mandate: Ausschreibungsbegleitung: Niedersachsen als Aufgabenträger bei Verhandlungen mit insolventer Abellio um Verkehrsverträge; Bayer. Eisenbahngesellschaft lfd., u.a. zu S-Bahn München, Fahrzeugfinanzierung, NP-Verf. wg. SPNV-Leistungen Regensburg; Bremen zu Innenstadtentwicklung, Betriebsführung der Hafeneisenbahn u. Vertragsstrafen aus Verkehrsvertrag; Berlin zu S-Bahn-Verkehr, inkl. Neufahrzeugen; VMV bei Abwehr von NP-Antrag der Länderbahn; Verkehrsges. Rosenheim zu On-Demand-Verkehrssystem.
Bietervertretung: Faun Umwelttechnik zu Rüge gg. Zuschlag an Wettbewerber; EWE Tel in NP-Verf. von Vodafone wg. Direktauftrag durch den OOWV.

BIRD & BIRD
Vergaberecht ★★★★★

Bewertung: Die Vergabepraxis behauptet weiter mit komplexen Mandaten aus untersch. Sektoren ihren Platz an der Marktspitze. So beschäftigt die Einbindung in zahlr. IT-Projekte aufseiten mehrerer Bundesländer insbes. Bormann u. Byok weiterhin – ein Gebiet, bei dem auch Partner aus anderen Fachrichtungen der technologieaffinen Kanzlei involviert sind. Besonders prominent war zudem die Arbeit im Verkehrssektor, wo B&B auf Bieterseite div. bekannte Unternehmen vertritt. Die Vergaberechtler waren Teil von Teams, die Abellio u. Keolis berieten, beides Schienenverkehrsanbieter aus dem europ. Ausland. Csaki beriet die ins Straucheln geratene Abellio umf. bei Verhandlungen u. vergaberechtl. Absicherung von Verträgen mit mehreren Bundesländern, Byok war in den Rückzug der frz. Keolis aus dem dt. Markt eingebunden. Einen ww. aktiven Lokomotivhersteller begleitet B&B zusammen mit Anwälten aus Italien, Polen u. Frankreich bei Verkehrsausschreibungen. Das Ansehen der Praxis lässt sich auch daran ablesen, dass der Übergang der Praxisleitung von Byok auf Bormann und Csaki geräuschlos funktionierte. Ein noch wichtigeres Zeichen ist indes positives Feedback für jüngere Talente aus HH u. D'dorf sowie das Münchner Team.
Stärken: Tiefe Branchenkompetenz.
Oft empfohlen: Dr. Jan Byok („seine Schriftsätze sind immer auf den Punkt", Wettbewerber), Dr. Alexander Csaki („ein Schwergewicht auf seinem Gebiet", Mandant), Guido Bormann
Team: 5 Eq.-Partner, 3 Counsel, 15 Associates
Schwerpunkte: Sicherheit u. Verteidigung, Gesundheitswesen, ▷*IT*, ▷*Telekommunikation*, ▷*Energie*, ▷*Verkehr*, Infrastrukturprojekte.
Mandate: Ausschreibungsbegleitung: Umf. Bayern u. weiteres Bundesland bei Zugangsnetz für BOS-Digitalfunk der Behörden mit Sicherheitsaufgaben; Bayern zu 8 Hubschraubern/4-Tonnen-Klasse u. zu Recherche-/Analyseplattform für alle Polizeien der BRD; Bundesland vertragsrechtl. zu landesw. Sprachkommunikationssystem für Polizei u. Feuerwehr; Niedersachsen zu Satellitenkommunikation; Tennet/TransnetBW bei Konvertersystem für Suedlink; Zweckverband zu Telefonie. u. Cloud-Services für Mitglieder; öffentl. Stelle zu techn. Grundlage für Leistungsbeschreibung von 5G/6G-Testzentrum u. Funkzelleninformationssystem; GWQ Service Plus gg. Arzneimittelhersteller wg. Lieferproblemen (marktbekannt). **Bietervertretung:** Alstom Transport Dtl. um Lieferung von Doppelstockzügen in Ba.-Wü. u. U-Bahnen in Berlin; Abellio zu Verhandlungen mit div. Aufgabenträgern im Zshg. mit Insolvenz; europ. Management- u. Technologieberater in NP-Verf. bzgl. Systemlieferung für kooperative Leitstelle für Berliner Polizei u. Feuerwehr (VK Berlin u. KG Berlin); regelm. europ. Hersteller von Schnellladestationen; Werft zu Bundeswehrausschreibung; Sun Pharma in AOK-Streit um Produktionsstandorte als Zuschlagskriterium.

BLOMSTEIN
Vergaberecht ★★★

Bewertung: Die Vergabepraxis ist im Markt für ihre Prozessstärke u. ihren Anspruch, Mandanten bei schwierigen Fällen zu beraten, bekannt. Auch Wettbewerber loben einen „sehr starken Auftritt; die verstehen ihr Handwerk". Zeitweise galt die Vergabepraxis wg. ihrer Schlagkraft bei polit. brisanten u. sensiblen Beschaffungen v.a. als Bieterberaterin im Rüstungs- u. Verteidigungswesen, doch sie ist auch in anderen Sektoren eine gefragte Adresse. Im Gesundheitssektor vertiefte sie etwa die Mandantsbeziehung zu Recare, die das Team – wie auch Neumandantin Kumi Health – bei Digitalisierungsthemen, wie dem KHZG, zurate zieht. Den Bundesverband der Pharmazeut. Industrie beraten die Anwälte u.a. zu Lieferketten u. Marktzugang im Pharmasektor, wobei sie ihr gebündeltes Know-how von Vergabe-, Außenwirtschafts- sowie Völkerrecht ausspielen. Die eingespielte praxisübergr. Beratung äußerte sich zuletzt bei Mandaten für Fastned, die Blomstein auch zu kartellrechtl. Fragen begleitet. Versiert ist die Kanzlei zudem beim Thema Selbstreinigung, das durch das inzw. scharf geschaltete Wettbewerbsregister künftig mehr Beratungsbedarf auslösen dürfte. Betroffene Unternehmen werden so von der Erfahrung der Anwälte, die bereits für einige internat. Akteure zur Selbstreinigung vor der Weltbank tätig waren, profitieren. An der internen Partnerernennung von Dr. Florian Wolf lässt sich zudem ablesen, dass das Team auch in personeller Hinsicht nachhaltig denkt.
Stärken: Erfahrung bei vergaberechtl. Compliance.
Oft empfohlen: Dr. Roland Stein, Dr. Pascal Friton („fachl. brillante Kämpfertypen", Wettbewerber über beide)
Team: 2 Partner, 1 Counsel, 7 Associates, 2 of Counsel
Schwerpunkte: Vertretung von Bietern, häufig streitig. Schnittstelle zum Beihilfe- u. ▷*Kartellrecht*.
Mandate: Ausschreibungsbegleitung: lfd.: BMWirtschaft, Bundesverband der Pharmazeut. In-

VERGABERECHT ÖFFENTLICHER SEKTOR

dustrie, KfW, Entschädigungseinrichtung dt. Banken. **Bietervertretung:** Fastned um Aufbau u. Betrieb von Ladeinfrastruktur für E-Fahrzeuge; lfd. C.G. Haenel um Sturmgewehre für die Bundeswehr (OLG D'dorf); Flensburger Schiffbau-Ges. um 2 Flottentanker (OLG D'dorf); Infrastrukturuntern. zu Rheinbrücke Leverkusen; Kumi Health um Krankenhausbeschaffungen; OMR Ramp 106 um Bau von Impfzentrum; Recare Dtl. um digit. Gesundheitsplattformen; lfd. Smiths Detection, Uplink, Vodafone.

BOESEN
Vergaberecht ★★★
Bewertung: Die Bonner Vergaberechtsboutique begleitet regelm. Auftraggeber in komplexen u. oft polit. Ausschreibungen. So hat das Team viel Erfahrung in den Bereichen Sicherheit u. Kreislaufwirtschaft. Eine Riege von Behörden auf Bundes- u. Landesebene setzt seit Jahren auf die Kanzlei, u. regelm. gewinnt sie neue Mandanten hinzu. Zuletzt wurde bekannt, dass eine namh. Forschungseinrichtung sich aus einer Ausschreibung dafür entschied, regelm. mit ihr zusammenzuarbeiten. Dies zeigt, dass die Kanzlei auch nach dem Weggang von 3 erfahrenen Anwälten im Vorjahr weiter zu überzeugen weiß. Das liegt nicht allein an dem erfahrenen Namenspartner, sondern auch an der tiefen Erfahrung u. Spezialisierung der teils viele Jahre in der Kanzlei angestellten Vergaberechtler. Die Herausforderung wird indes darin bestehen, dass diese künftig unter eigenem Namen mehr Marktvisibilität entwickeln. Der personelle Umbruch bietet dafür durchaus Chancen.
Oft empfohlen: Arnold Boesen („ein Doyen des Vergaberechts", Wettbewerber)
Team: 1 Partner, 4 Associates
Schwerpunkte: Viele Dauermandate, v.a. für Ministerien u. Behörden auf Bundes- u. Länderebene, Kommunen u. Großstädte, v.a. in NRW, Großkonzerne, Spitzenverbände. Ausschreibungen zu Bauvorhaben, Dienstleistungen, IT- und Software.
Mandate: Lfd.: Stadt D'dorf, Bundesbehörden, Forschungseinrichtungen, Städte zu div. Beschaffungen.

BRAUN & ZWETKOW
Vergaberecht ★
Bewertung: Die Leipziger Kanzlei gilt als ausgewiesene Expertin bei Rettungsdienstausschreibungen, zu denen sie sowohl Auftraggeber als auch Bieter hinzuziehen u. in denen sie ihre Erfahrung in Nachprüfungsverf. regelm. ausspielt. Doch das Spektrum der Vergabe- u. Verwaltungsrechtsboutique ist breiter u. umfasst auch Know-how zum Breitbandausbau u. kommunalen Dienstleistungsbeschaffungen. Zuletzt beriet das Team zudem oft im Zshg. mit Vertrags- u. Preisanpassungen.
Oft empfohlen: Dr. Christian Braun
Team: 2 Partner, 2 Associates
Schwerpunkte: Rettungsdienst- u. Konzessionsvergaben, vornehml. Projekte auf kommunaler Ebene.
Mandate: Ausschreibungsbegleitung: Landkreis zu Umgang mit insolventem Unternehmen als Bieter in lfd. Verfahren u. als Vertragspartner; Kreis zu Dienstleistungskonzession für Breitbandausbau u. Breitbandprodukten für Schulen; Hochschule für Musik u. Theater München zu Individualsoftware für Lernplattform. **Bietervertretung:** Falck in div. NP-Verf. um Rettungsdienstleistungen (HH, Schl.-Holst., Brandenb.); priv. Rettungsdienstleister umf. bei NP- u. verwaltungsgerichtl. Prozess um Konzessionen; gemeinnütz. Rettungsdienstleister um Landkreis Stendal (VG Magdeburg); IT-Anbieter lfd. zu Multimediaausrüstung; regelm. MKT Krankentransport Schmitt, RKT Rettungsdienst, Goldbeck, Anbieter von Ölspurbeseitigungen, Winterdienst u. Abschleppleistungen inkl. NP-Verfahren.

CBH RECHTSANWÄLTE
Vergaberecht ★★★★
Bewertung: Das Vergaberechtsteam stellte seine Erfahrung u. Vielseitigkeit zuletzt wieder in prominenten Fällen unter Beweis. Die Vertretung von Heckler & Koch im Prozess um den Lieferauftrag für Sturmgewehre oder die Beratung des Bundes zur Pandemievorsorge mit Impfstoffkapazitäten sind Beispiele für das hohe fachl. Niveau u. das Vertrauen, das das Team sich erarbeitet hat. Das gilt zunehmend auch bundesweit. Zuletzt erhielt es etwa den Zuschlag für die Begleitung eines städt. Entwicklungsprojekts in München. Auch Wettbewerber äußern Respekt für die Marktstellung des Teams, in dem Hertwig eine starke Rolle einnimmt, doch zugleich der jüngere Partner Haupt ein eigenes Profil aufbauen konnte. Ein Bsp. hierfür liefert der Verkehrssektor, wo es der Kanzlei gelingt, Vergabe- u. Regulierungs-Know-how für Aufgabenträger kombiniert einzusetzen u. so regelm. neue Mandanten zu gewinnen.
Stärken: Enge Koop. mit den Praxen für ▷Bau- u. Planungsrecht. Branchenkenntnisse im ▷Verkehrssektor u. im Glücksspielrecht.
Oft empfohlen: Prof. Dr. Stefan Hertwig, Andreas Haupt
Team: 3 Partner, 1 Counsel, 3 Associates, 1 of Counsel
Schwerpunkte: Bau, ÖPNV, Entsorgung, IT-Dienstleistung, Gesundheitssektor, Verteidigung u. Sicherheit, ▷Beihilferecht.
Mandate: Ausschreibungsbegleitung: Taskforce Impfstoffproduktion des BMGesundheit zu Produktionskapazitäten für Pandemiebereitschaft; Art Fair zu Dienst- u. Lieferleistungen für Art Düsseldorf '22; München zu Konzession für Bau u. Betrieb von Großmarkthalle inkl. städt. Entwicklung; Auswärtiges Amt zu IT-Verkabelung; großstädt. Abfallbetrieb zu Müllgroßbehältern u. IT-Systemen; Ribnitz-Damgarten zu Investorenauswahl für Stadthafen; Wupsi, u.a. zu ÖPNV-Ausschreibungen; REVG u.a. zu Rahmenvertrag für Wasserstoffbusse; Regionalverkehr Köln u.a. zu ökolog. Betriebshof u. Wasserstofftankstelle; Verkehrsgesellschaft zu Abwehr von Fördermittelwiderruf betr. ÖPNV-Strecke. **Bietervertretung:** Heckler & Koch um Sturmgewehr für die Spezialkräfte u. NP-Verf. (OLG D'dorf); Bunte/Eiffage ÖPP in NP-Verf. um A3 Nordbayern; Amelis im Zshg. mit Kauf städt. Grundstücke u. Erschließungsmaßnahmen.

CLIFFORD CHANCE
Vergaberecht ★★
Bewertung: Die kleine Vergabepraxis der internat. Großkanzlei bewies das hohe Niveau ihrer Arbeit zuletzt u.a. bei der erfolgr. Anfechtung einer Produktionsstättenklausel in den Rabattvertragsausschreibungen der AOKen. Das Mandat ist zudem eins von vielen, das die enge Vernetzung mit der marktführenden Pharmapraxis der Kanzlei unterstreicht. Hand in Hand mit der Finanzierungspraxis ist Vergaberechtsspezialist Amelung zudem lfd. in großvol. ÖPP-Projekte involviert u. berät etwa seit Jahren den frz. Konzern Vinci zu komplexen Projekten. Strukturell hat CC die Vergaberechtler enger an die öffentl.-rechtl. bzw. regulierungsbezogene Praxis herangerückt, was eine konsequente strateg. Entwicklung ist.
Stärken: Viel Erfahrung im ▷Gesundheitssektor.
Oft empfohlen: Steffen Amelung
Team: 1 Counsel, 1 Associate
Schwerpunkte: Intensive kanzleiinterne Zusammenarbeit mit Gesundheits-, Finanzierungs-, Energie- u. ▷Öffentl. Wirtschaftsrechtpraxen. Auch ▷Priv. Equ/Vent. Capital u. ▷Immobilien- u. Baurecht.
Mandate: Ausschreibungsbegleitung: BMWirtschaft/Taskforce Impfstoffproduktion zu Produktionskapazitäten für Pandemiebereitschaft; Stadt Görlitz in NP-Verf. um ÖPNV-Leistungen im Kreisgebiet; Kreis-Verkehrs-Gesellschaft Offenbach zu Schülerbeförderung. **Bietervertretung:** Puren Pharma in Prozess um Zuschlagskriterium von Produktionsstandorten; Vinci lfd. zu Straßenbauprojekten, u.a. B247 in Thüringen als ÖPP; ÖPNV-Anbieter um Buslinienverkehr mit wasserstoffbetriebener Flotte, inkl. NP-Verf. (VK Hessen); Gilde Buy-out Fund bei Beteiligung an Digitalisierungsberater; GSK wg. Schadensersatz zu Lieferausfällen; Bayer Vital bei Verteidigung von Zuschlag; lfd. Pfizer, Teva, Medizinproduktehersteller.

CMS HASCHE SIGLE
Vergaberecht ★★★★
Bewertung: Die Vergabepraxis zeichnet sich durch eine branchenbez. Struktur u. gute regionale Verankerung der Anwälte aus; gleichz. zählt sie zu den größten im Markt. Durch massive Investitionen staatl. Institutionen etwa in Straßenbau u. öffentl. Infrastruktur konnte CMS viele Mandantenbeziehungen weiter ausbauen, bspw. beriet die Kanzlei zum ersten ÖPP-Projekt im Bereich von Bundesstraßen. Ein weiteres Bsp. für die zahlr. Projekte, die das erfahrene Team insbes. in den Sektoren Infrastruktur u. Bau berät, ist der Neubau der Landespo-

---

Aufsteiger im Vergaberecht

Henning Feldmann
Esch Bahner Lisch, Köln

Dr. Oskar Geitel
Kapellmann und Partner, Berlin

Dr. Jan Müller
Görg, Frankfurt

Dr. Georg Queisner
PricewaterhouseCoopers Legal, Berlin

Fabian Winters
Lexton, Berlin

Christoph Zinger
Otting Zinger, Hanau

Die Auswahl von Kanzleien und Personen in Rankings und tabellarischen Übersichten ist das Ergebnis umfangreicher Recherchen der JUVE-Redaktion. Sie ist in 2erlei Hinsicht subjektiv: Die Aussagen der befragten Quellen sind subjektiv u. spiegeln deren Erfahrungen u. Einschätzungen. Die JUVE-Redaktion wiederum analysiert die Rechercheergebnisse unter Einbeziehung ihrer eigenen Marktkenntnis. Der JUVE Verlag beabsichtigt keine allgemeingültige oder objektiv nachprüfbare Bewertung. Es ist möglich, dass eine andere Recherchemethode zu anderen Ergebnissen führt. Innerhalb einzelner Gruppen in Rankings und tabellarischen Übersichten sind Kanzleien und Personen alphabetisch sortiert.

ÖFFENTLICHER SEKTOR VERGABERECHT

lizeischule Brandenburg für den Landesbetrieb, der sich erstmals an CMS wandte. Der Gesundheitssektor bildet einen weiteren Schwerpunkt der Praxis: Hier waren die Mandatierungen seitens klinikversorgender Großapotheken mit hohen Auftragsvolumina u. die Vertretung in Nachprüfungsverf. zentral, wobei Mandanten v.a. von der Schnittstellenkompetenz zwischen Vergabe-, Gesundheits-, Beihilfe- u. Verwaltungsrecht profitieren. Dass CMS auch zu Trendthemen wie Nachhaltigkeit gesetzt ist, zeigt bereits seit dem Vorjahr ein komplexes Wasserstoffprojekt für die Stadt Ffm., bei dem versch. Praxisgruppen eingebunden sind. Die praxisübergr. Arbeit äußerte sich zuletzt auch in der Beratung eines Unternehmens im Kontext von Selbstreinigung, bei der die Vergaberechtler eng mit den ▷Compliance-Experten zusammenarbeiten. In diesem Beratungssegment hat sich CMS für zukünftige Fälle gut aufgestellt.
Stärken: Betreuung zahlr. langfristig angelegter u. umfangr. Großprojekte.
Oft empfohlen: Dr. Volkmar Wagner, Dr. Christian Scherer („sehr guter Verhandler", Wettbewerber), Dr. Jakob Steiff („sehr präsent", „agiert in Vergleichsverhandlungen sehr geschickt u. kann Lösungen herbeiführen", Wettbewerber)
Team: 6 Partner, 5 Counsel, 9 Associates
Schwerpunkte: IT, ▷Gesundheit, Verteidigung, Entsorgung, ÖPNV/SPNV, Bau. Enge Anbindung an die Teams ▷Immobilien- u. Baurecht sowie ▷Öffentl. Recht (Umwelt u. Planung). Erfahrene ▷Beihilfepraxis.
Mandate: Ausschreibungsbegleitung: Land Brandenburg zu Neubau der Landespolizeischule Brandenburg; Verkehrsministerium Ba.-Wü. zu Pfortendienst; lfd. Bayernets zu Bau der Übertragungsleitung Wertingen-Kötz; lfd. Landkreis Sonneberg zu Rekommunalisierung der Abfallwirtschaft; finanzierende Banken zu B247 Mühlhausen-Bad Langensalza; Stadt Ffm. zu Wasserstoffpilotprojekt. **Bietervertretung:** Gebr. Rückert zu Selbstreinigung; Swarco Traffic Systems zu digitaler Verkehrsleittechnik von Autobahnen; Computacenter im NP-Verf. zu Rahmenvertrag über den Kauf von IT-Equipment für Bedarfsträger aus der Bundesverwaltung (VK Bund); Schwanen-Apotheke zu Krankenhausversorgung (VK Hessen).

DENTONS
Vergaberecht ★★★★
Bewertung: Mit ihrer Erfahrung in den Bereichen IT, Sicherheit u. Gesundheitswesen berät die Vergabepraxis Unternehmen u. öffentl. Auftraggeber zu hoch aktuellen Projekten. Bei Mandaten im Digitalisierungszusammenhang sind regelm. die Datenschutzspezialisten der Kanzlei involviert. Auch die personelle Erweiterung aus dem Vorjahr macht sich bemerkbar, denn die Zugänge von Bird & Bird sowie Advant Beiten bedeuten in D'dorf mehr Schlagkraft in komplexen Projekten. Besonders internat. vernetzt arbeitet der Frankfurter Partner Braun, für den die Beratung von dt. u. europ. Unternehmen zu Vergabesperren immer mehr Raum einnimmt – das schließt auch OLAF-Untersuchungen u. Weltbankverf. ein. Ein Counsel aus seinem Team gewinnt ebenfalls zunehmend an Profil, neben dem Gesundheitssektor auch im gefragten IT-Segment. Das Berliner Team um Krohn haben Wettbewerber zuletzt als „besonders präsent" wahrgenommen, u. es genießt einen ausgeprägten Ruf für die Vertretung in heiklen Nachprüfungsverfahren. Ein Bsp. ist die erfolgr. Vertretung von DB Regio wg. eines Verkehrsvertrags in Norddeutschland.
Stärken: Eingespielte teamübergreifende Zusammenarbeit.
Oft empfohlen: Dr. Wolfram Krohn („hat auch ein super Team, hohes Niveau", Wettbewerber), Dr. Peter Braun, Andreas Haak
Team: 4 Partner, 4 Counsel, 2 Associates, 1 of Counsel
Schwerpunkte: IT, Sicherheitstechnologie, ▷Gesundheit, Entsorgung, Bau u. Post, Verteidigung. Erfahrene ▷Beihilfepraxis.
Mandate: Ausschreibungsbegleitung: Landesbetrieb IT.NRW, u.a. zu Unterstützungsleistungen für SAP-Rollout; Uni Witten/Herdecke zu nachhaltigem Neubau; BMInneres zu Koordinierungsstelle für DVS-Verwaltungs-Cloud u. Vertragsmuster für Cloud-Beschaffungen; Duisburger Hafen, u.a. zu Bau und Containeranlage u. Aufhebung von Konzessionsvergabe für Containerterminal, inkl. NP-Verf. (OLG D'dorf); IHK-GfI, u.a. zu DIHK-Kundenportal u. Rahmenverträgen; LMBV zu NP-Verf. um Gewässerbehandlungsschiff; KfW zu Leitfäden für RMMV-Fernüberwachung. **Bietervertretung:** Alba Group, u.a. zu kommunaler Entsorgung, ÖPP u. Gemeinschaftsunternehmen; internat. Cloud-Dienste-Anbieter um Videokonferenz- u. Messengersysteme für NRW-Schulen, inkl. NP-Verf. zu Datenschutzfragen; Anbietergruppe zu E-Rezept-Pilotprojekt; DB Regio in SPNV-NP-Verf. zu 15-j. Vertrag für Elektro-/Hybridnetz ‚Warnow II'; öffentl.-rechtl. Anbieter zu Betrieb u. Support für Logineo NRW; österr. Anbieter von Labordienstleistungen zu Pandemieleistungen; Jacobs Ltd. zu vergaberechtl. Folgen von gesellschaftsrechtl. Umstrukturierung; US-Softwareunternehmen zu Datenanalyseplattform für LKA; Stadler Polska zu Lieferung von Straßenbahnen an LVB; lfd.: Deutsche Post, DHL Solutions, Roche Diagnostics, Optimal Systems Vertrieb, Sana Klinik Service.

DLA PIPER
Vergaberecht ★★
Bewertung: Die Vergaberechtspraxis genießt im Markt v.a. für die Beratung von ÖPP-Projekten ein hohes Renommee. Gerade im Verkehrssektor ist das Team oft gefragt, wie die Vielzahl von Projekten in den Bereichen Häfen, Werften u. Luftfahrt belegt. DLA ist dabei überw. auf Bieterseite tätig. Wie im Verkehrs- gelingt es auch im IT-Sektor, die Vergabepraxis eng mit den Stärken der Gesamtkanzlei zu vernetzen. Ein Bsp. bildet die Beratung von SAP zur Beteiligung am Projekt Sovereign Cloud, wo gemeinsam mit den Öffentl.-, Kartell-, Datenschutzrechtlern ein fachübergr. Team berät. Zudem kamen teils neue Mandanten auf das Team zu – teils ging es darum, dass Mandanten der IT-Praxis sich vermehrt an IT-Ausschreibungen für Digitalisierungsprojekte beteiligen. Das Team um den erfahrenen Partner Roth ist auch auf diesem Gebiet immer wieder in Streitigkeiten um Angebotswertungen u. Vergabenachprüfungen involviert.
Oft empfohlen: Dr. Frank Roth
Team: 1 Partner, 1 Counsel, 4 Associates
Schwerpunkte: ▷IT, ÖPP, ▷Verkehr, Gesundheit. Eine Besonderheit ist die Begleitung bei Preisprüfungen.
Mandate: Ausschreibungsbegleitung: dt. Binnenhafen zu Ausbau von Umschlaganlage u. Ausschreibungspflichten; Infrastrukturbetreiber lfd. konzessionsvertragl. u. zu ÖPP-Themen. **Bietervertretung:** SAP zu Beteiligung an souveräner Cloud-Plattform für Dtl.; regelm. Atos; gemeinnütz. Anbieter, u.a. um Monitorlieferung u. Berücksichtigung von umsatzsteuerl. Privilegierung bei Angebotswertungen; IT-Anbieter in 2 NP-Verf. um Angebotswertungen; internat. IT-Anbieter zu Beschaffung im Rahmen von SPNV-Digitalisierung; Medizintechnikunternehmen um Hochtechnologiebeschaffung durch Klinik-Einkaufsgemeinschaft.

DOLDE MAYEN & PARTNER
Vergaberecht ★
Bewertung: Auftraggeber vertrauen der Stuttgarter Vergabepraxis trad. bei Bau- u. Planungsvergaben sowie Dienstleistungen. Insbes. im Südwesten ist die Praxis bestens vernetzt, was eine Vielzahl von Kommunen u. Einrichtungen in Ba.-Wü. belegt, die regelm. auf das Know-how der Anwältinnen setzen. Oft ist hier eine umf. u. längerfristige Beratung gefragt. Viel beschäftigt war das Team zuletzt an der Seite der langj. Mandantin Rednet, die es bei Ausschreibungen von IT-Rahmenverträgen oder der Digitalisierung im Schulbereich begleitet.
Stärken: Renommierte Praxis im ▷Öffentl. Recht. Langj. Erfahrung im Abfallsektor.
Oft empfohlen: Dr. Tina Bergmann, Dr. Andrea Vetter („angenehm in der Zusammenarbeit u. fachl. gut", Wettbewerber über beide)
Team: 2 Partnerinnen, 1 Associate
Schwerpunkte: Bau u. Entsorgung, auch Verkehr u. IT.
Mandate: Ausschreibungsbegleitung: Stadt Horb zu Verkauf eines ehem. Kasernenareals zur Neubebauung; Stadt Riedlingen zu Aufbau von ambulantem med. Dienstleistungszentrum; Abfallwirtschaftsverband zu Bioabfallverwertung, inkl. NP-Verfahren; Stadt zu Catering für Schulzentrum, inkl. ökolog. Aspekte; Landkreis zu Planungsleistungen für Erdaushubdeponie; Projekte für Zweckverband Bodensee-Wasserversorgung u. Landesmesse Stuttgart. **Bietervertretung:** lfd. Rednet.

EICHLER KERN KLEIN
Vergaberecht ★★

Kanzlei des Jahres für Vergaberecht

Bewertung: Die Berliner Kanzlei baut ihr Spektrum ausgehend von der vergaberechtl. Spezialisierung strateg. weiter aus und überzeugte zuletzt wieder neue Mandanten. Jüngstes Bsp. ist die – zusammen mit Mazars gewonnene – Bundesagentur für Sprunginnovationen, in der die Kanzlei den öffentl.- u. vergaberechtl. Part übernimmt. Auch ein (weiteres) Bundesland vertraut bei div. Beschaffungsprojekten auf die Erfahrung des Teams zur Strukturierung von Projekten. Es ist bemerkenswert, wie die Kanzlei ähnl. wie einige größere Einheiten einen umf. Ansatz verfolgt, der auch angrenzende Rechtsthemen des öffentl. oder Vertragsrechts z.B. bei Kooperationen immer mehr in den Blick nimmt. Auch auf Bieterseite kamen neue Mandanten dazu, u.a. im IT-Bereich u. bei Managementsystemen. Die Nähe zum Thema Verkehrsinfrastruktur, wo insbes. Eichler weiterhin seine Erfahrung bei A-Modellen auf Bieterseite ausspielt, zeigt sich auch in der Rolle der Kanzlei als Vermittlungsstelle beim Mautsystem. Das Associate-Team hat die Kanzlei folgerichtig weiter ausgebaut.

VERGABERECHT ÖFFENTLICHER SEKTOR

Oft empfohlen: Dr. Jochen Eichler („sehr gut", Mandant), Dr. Benjamin Klein („herausragend gut", „erfahren u. sehr lösungsorientiert", Wettbewerber), Dr. Oliver Kern (v.a. Schnittstelle zum Öffentl. Recht)
Team: 3 Partner, 4 Associates, 1 of Counsel
Schwerpunkte: Bieterberatung in großvol. Verkehrsvergaben; Beschaffungen mit IT-Bezügen. Auch Strukturierung von Verfahren, Preisrecht u. zunehmend Beihilferecht (u.a. KrankenhauszukunftsG).
Mandate: Ausschreibungsbegleitung: Bundesland zu Strukturierung u. Durchführung von Vergaben bzgl. Corona-Wirtschaftshilfen; lfd. Bundesagentur für Sprunginnovationen/Sprind, Land Thüringen, IT-Dienstleister ZIT-BBM, div. Hochschulen; BMVerkehr als Vermittlungsstelle zum Mautsystem. **Bietervertretung:** Heumann Pharma u. Heunet Pharma in Prozess um Zuschlagskriterium von Produktionsstandorten (OLG D'dorf); Saab um Fregattenmodernisierung der Deutschen Marine; lfd.: KATI, Go-Ahead, Staples Dtl., Stora Enso Paper.

ESCH BAHNER LISCH
Vergaberecht ★★
Bewertung: Die Kölner Boutique überzeugt kontinuierl. Stamm- wie auch Neumandanten mit ihrer vergaberechtl. Spezialisierung. „Verlässliche Qualität, ich empfehle sie gern bei Konflikten", bemerkt auch ein Wettbewerber. Im Gesundheitsmarkt ist sie durch den Namenspartner Esch sowie den nun zum Partner ernannten Henning Feldmann gut etabliert u. vertritt lfd. einige sehr bekannte Medizinprodukteherstellen. Bei Rettungsdienstleistungen ist das Team mehr auf Auftraggeberseite positioniert. Wie in vielen Kanzleien waren die Anwälte zuletzt aufgr. von Preissteigerungen oder Corona-Vorschriften mit Vertragsanpassungen gefasst. Auch die Erfahrung bei IT-bez. Vergaben war zuletzt stark nachgefragt, bspw. bei Digitalisierungsprojekten im Klinik-, Bildungs- oder Verteidigungssektor.
Oft empfohlen: Dr. Oliver Esch („super", Wettbewerber), Dr. Hanna Bahner („souverän u. sachlich", Wettbewerber)
Team: 4 Partner, 3 Associates
Schwerpunkte: Gesundheitswesen u. Rettungsdienste. IT-Vergaben.
Mandate: Ausschreibungsbegleitung: Bundesauftraggeber zu Großveranstaltung; Krankenkasse zu Logistik u. Kooperationsmodell; Universität lfd. bei IT-Beschaffung; großstädt. Klinikbetreiber zu Beschaffungen; div. Städte u. Kreise zu bodengebundener Notfallrettung u. Krankentransport; niedersächs. Gemeindeverbund zu Kostenvereinbarung mit GKV zu Refinanzierung nach Vergabe. **Bietervertretung:** div. Medizinproduktehersteller (Implantate, Chirurgie, Laborausrüstung, Defibrillatoren) u. Softwareanbieter zu Vergaben von Kliniken u. Krankenkassen; Möbelhersteller lfd. zu Ausschreibungen auf Bundesebene; bei Ausschreibungen: Dienstleister für Aufbau von E-Bus-Flotten u. Ladesystemen, IT-Ausrüster.

ESCHE SCHÜMANN COMMICHAU
Vergaberecht ★★
Bewertung: Die anerkannte Vergaberechtspraxis ist dabei, sich zu wandeln u. zu erweitern. Zuletzt stärkte der Zugang eines Partners von Advant Beiten die Schnittstelle zum Kartellrecht u. die Kooperation mit der Compliance-Praxis. Damit zeigt die langj. etablierte Vergaberechtspraxis eine geschickte themat. Erweiterung, denn die von einem anderen jüngeren Partner schon erfolgten Schritte in Richtung Energie- u. Compliance-Mandaten, die auch andere Fachbereiche einbeziehen, kommen hinzu. So kann die Kanzlei sich auch in relevanten Marktsegmenten im Zshg. mit Fördermitteln u. bei Stromnetzen u. Mobilität vermehrt einbringen. Dabei ist der von Dieckmann begründete Fokus in der Entsorgungsbranche unverändert aktiv, wie ein neues Mandat des Kreises Minden-Lübbecke für Ausschreibungen im Rahmen einer Deponieerweiterung zeigt. Bei komplexen Projekten wie der Beratung zu etlichen MVA-Modernisierungen gelingt auch die Einbeziehung der anerkannten ESC-Arbeits- u. Steuerrechtler oder der IT-Praxis.
Oft empfohlen: Dr. Martin Dieckmann
Team: 1 Eq.-Partner, 2 Sal.-Partner, 1 Associate
Partnerwechsel: Jan Eggers (von Advant Beiten)
Schwerpunkte: Große Erfahrung u. hohes Renommee in der Entsorgungswirtschaft, u.a. Dienst- u. Lieferleistungen. Zunehmend Schnittstelle zu Fördermittel- u. Compliance-Themen.
Mandate: Ausschreibungsbegleitung: Abfallwirtschaft Minden-Lübbecke zu Projektsteuerung u. Controlling für Deponieerweiterung u. Modernisierung von Heizkraftwerk; Fehmarnbelt/Feuerwehrschiff für Lübeck fördermittel- u. vergaberechtl.; kommunaler Entsorger zu Anlagenbau; ostholst. Kommune zu Stromnetzbetreiber; Zweckverband Mobilität zu Beschaffung von Fahrgastzählsystem. **Bietervertretung:** lfd. Veolia, Electricity EOOD, Labordienstleister ggü. Kliniken; Naturkost Kontor Bremen gg. Zuschlag an Wettbewerber.

FPS FRITZE WICKE SEELIG
Vergaberecht ★★★
Bewertung: Die Vergabepraxis begleitet überw. öffentl. Auftraggeber bei großen Projekten, häufig im Rhein-Main-Gebiet und in Berlin. Trad. gehören dazu immer wieder hochvol. Bauvergaben, die die Praxis in enger Zusammenarbeit mit den angesehenen Baurechtlern bearbeitet. Zugenommen hat die Beratung zu Forschungs- u. Entwicklungsprojekten: So konnte das Team sich beim Dt. Zentrum für Luft- u. Raumfahrt positionieren u. steht diesem im Zshg. mit einer Pilotanlage zur Produktion klimaneutraler, synthet. Kraftstoffe zur Seite. Die Praxis hat sich zudem in den verg. Jahren mit IT- u. Digitalisierungsthemen intensiv befasst u. hier einen soliden Mandantenstamm aufbauen können. Das Renommee zeigt sich auch darin, dass FPS von der Agentur für Innovation in der Cybersicherheit für ein komplexes Projekt ausgewählt wurde.
Stärken: Hervorragend vernetzte ▷Baurechtspraxis, langj. Erfahrung bei ▷IT-Vergaben.
Oft empfohlen: Dr. Annette Rosenkötter („lösungsorientiert u. durchsetzungsstark", Wettbewerber)
Team: 2 Eq.-Partner, 1 Sal.-Partner, 2 Associates
Schwerpunkte: Bau, IT, Verkehr, Energie, Verteidigung/Sicherheitstechnologie.
Mandate: Ausschreibungsbegleitung: DLR zu Pilotanlage; Cyberagentur zu Forschungs- u. Entwicklungsprojekt für Cybersicherheit; Flughafenbetreibergesellschaft zu Projektsteuerungsleistungen einer Gesamtmaßnahme; HA Hessenagentur umf., u.a. zu Eurokite-Projekt; Hess. Staatskanzlei zu Zentrum für KI; LEA Hessen zu Forschungsbohrungen; Tochterges. des Bundes zu IT-, Liefer- u. Dienstleistungsverträgen bei Ausschreibungen (Rahmenvertrag); DWD bei NP-Verf. um Lieferung von Raman-Lidar-System; Staatskanzlei Saarland zu Projektträgeraufgaben; lfd. Finanzinstitution auf Bundesebene. **Bietervertretung:** brit.-belg. Bietergemeinschaft zu Konzession u. Marktausrichtung Leipziger Weihnachtsmarkt; Wietmarscher Ambulanz- u. Sonderfahrzeug zu 52 Rettungsfahrzeugen für Feuerwehr D'dorf u. Bürofahrzeuge; lfd. Accenture.

GASSNER GROTH SIEDERER & COLL.
Vergaberecht ★★
Bewertung: Die Praxis hat viel Erfahrung in der vergaberechtl. Begleitung von komplexen Projekten aus den Sektoren Abfall, Energie u. städtebaul. Entwicklung. Kennzeichnend ist dabei die seit Langem eingespielte Zusammenarbeit der Vergaberechtler mit den anderen öffentl.-rechtl. Fachbereichen der Kanzlei, die oft schon in der Planungsphase ansetzt u. bis zur Gestaltung von städtebaul. oder Fördermittelverträgen reicht. Beihilferechtl. Bezüge haben dabei an Bedeutung gewonnen, u.a. bei klimarelevanten Themen wie Wasserstoffinitiativen oder Fahrzeugbeschaffungen. Dabei ist GGSC bundesw. insbes. für Kommunen u. Landkreise tätig u. arbeitet oft mit Verhandlungsverfahren. Die Teamgröße erlaubt eine Spezialisierung der Vergaberechtspartner auf einzelne Branchen.
Stärken: Breit angelegte Beratung im ▷Öffentl. Recht, Spezialwissen bei Geothermieprojekten.
Oft empfohlen: Dr. Frank Wenzel
Team: 6 Partner, 16 Associates
Schwerpunkte: Auftraggeber im Abfallsektor. ▷Energie, Bau, Erschließungen, Verkehr. Auch hinsichtl. interkommunaler Zusammenarbeit.
Mandate: Ausschreibungsbegleitung: Zweckverband Müllverwertung Schwandorf zu Modernisierung von div. Kessellinien; Zweckverband Abfallwirtschaft Südwestthüringen zu Anlage für CO2-Abscheidung u. Methanolgewinnung; ZAK (Kaiserslautern) zu Wasserstoffantrieben; Landkreise, u.a. Fürth, Cham, München, zu Bioabfallverwertung; Landkreis München zu Vertragsbeendigung u. Vergabe von Interimsbetriebsführung (Vergärungsanlage); LEA Hessen zu Geothermiebohrungen an 17 Standorten; Zweckverband im Fichtelgebirge zu Seilbahnerneuerung; Gemeinde Am Mellensee zu Bau u. Betrieb von Kita/Hort/Mensa; Berlin zu Bau 2er Multifunktionsbäder. **Bietervertretung:** Unternehmen der B+T Group zu MVA-Bau im Elsass; Unternehmen in NP-Verf. zur Schülerbeförderung.

GLEISS LUTZ
Vergaberecht ★★★★
Bewertung: Zu den prominentesten Schwerpunkten der Vergaberechtspraxis gehört die Arbeit im Gesundheitswesen, v.a. für AOKen u. Kliniken. Hier ist die Kanzlei ähnl. stark wie Clifford Chance positioniert, u. es überraschte nicht, dass die Teams sich im Streit um die Produktionsstättenklausel in Rabattvertragsausschreibungen gegenüberstanden. Die gezielt verfolgte Verbesserung der internen Vernetzung u. ein intensivierter Branchenansatz hat dazu geführt, dass sich auch mit den Litigation- oder Patentpraxen öfter als früher Anknüpfungen im Healthcare-Sektor ergeben. Zudem sind die Vergaberechtler inzw. öfter im Zshg. mit Transaktionen, Compliance u. ÖPP-Finanzierungsthemen gefragt. Ein Bsp. bildet die Restrukturierung von A1 Mobil, bei der Neun umf. eingebunden war. Auch die Beratung zur Selbstreinigung bei Mercedes-Benz

ÖFFENTLICHER SEKTOR VERGABERECHT

ist weiterhin ein großes Projekt, in dem das Team zudem seine internat. Kompetenz unter Beweis stellen kann.
Stärken: Spitzenpraxis im Gesundheitssektor u. im Beihilferecht.
Oft empfohlen: Dr. Andreas Neun („sehr versiert", „stringent u. gleichzeitig angenehm", Wettbewerber), Dr. Marco König („konzentriert sich auf das Wesentliche u. setzt es durch", Wettbewerber)
Team: 2 Eq.-Partner, 1 Sal.-Partner, 2 Counsel, 2 Associates
Schwerpunkte: Starke Prozesstätigkeit, v.a. im ▷Gesundheits-, ▷Energie- u. ▷Verkehrssektor. Marktführende ▷Beihilfepraxis.
Mandate: Ausschreibungsbegleitung: AOK Ba.-Wü. zu wirkstoffbez. Rabattverträgen u. Privilegierung von Produktionsstätten (OLG D'dorf); AOK Saarland in Grundsatzverf. um Sozialrecht/Vertragsärzte/BSozG, elektron. Patientenakte u. Telematikinfrastruktur; AOK Nordost u. AOK-Bund in NP-Verf. zu telemed. Versorgungsprogramm (OLG D'dorf); GKV Informatik in NP-Verf. um digitalisierte Leistungserbringerrecherche; A1 Mobil zu Restrukturierung u. Änderungen im Konzessionsvertrag; Uniklinik Schl.-Holst. zu Neuordnung der Projektfinanzierung. **Bietervertretung:** Dr. Sennewald Medizintechnik zu Hyperthermiegeräten/Charité, inkl. NP-Verf. (VK Berlin); Klinikum Lippe zu Koop. mit Uni Bielefeld zur Gründung von Uniklinik Ostwestfalen-Lippe; Mercedes-Benz zu Selbstreinigung; Zalando zu Logistikstandort ,Hub + Neuland'; lfd. Atoss Software, Cyclomedia, Herhof, Voestalpine, Westside City Immobilien.

GÖRG
Vergaberecht ★★★★
Bewertung: Die fachl. breit gefächerte Vergaberechtspraxis ist beständig in ÖPP- u. anderen komplexen Projekten gefragt. Dabei sind die Anwälte mit der Beratung von Kliniken, Forschungseinrichtungen u. Kommunen untersch. Größe überwiegend auf Auftraggeberseite aktiv. Teils geht es auch um das Neuaufsetzen von Strukturen, wobei sich einige Gesellschaftsrechtler auf die Beratung an dieser Schnittstelle spezialisiert haben. Die lfd. Beratung der Stadt Hamburg zeigt zudem, dass die Teams gleichz. Erfahrung mit dem öffentl. Recht insges. haben u. die Schnittstellen bespielen können. Auch die Zusammenarbeit mit der ▷Energiepraxis hat sich zuletzt positiv entwickelt. Zum Jahresende zieht sich der erfahrene u. angesehene Dr. Lutz Horn aus der Partnerschaft zurück. Doch die Übergabe dürfte gesichert sein, denn in Großprojekten, u.a. aus dem Entsorgungsbereich, hatten seit einiger Zeit schon Schneevogl u. der jüngere Partner Hofmann eine umfassendere Rolle übernommen.
Stärken: Umstrukturierungen im Öffentl. Sektor u. ÖPP.
Oft empfohlen: Kersten Wagner-Cardenal, Dr. Kai-Uwe Schneevogl, Dr. Jan Scharf („großes Knowhow, großer Einsatz", Wettbewerber), Dr. Heiko Hofmann („spielt eine gute Rolle in Verhandlungen", Wettbewerber)
Team: 6 Eq.-Partner, 2 Sal.-Partner, 3 Counsel, 13 Associates, 1 of Counsel
Schwerpunkte: Hochbau, VOF- u. VOL-Vergaben, IT, Kraftwerke, Energie, Entsorgung. Vergabemanagement.
Mandate: Ausschreibungsbegleitung: Stadt Hamburg, u.a. zu IT-Infrastruktur für Finanzbehörde, Bau von Gaskraftwerk u. Schulen; Stadt Rüsselsheim bzgl. Verkauf u. Stadtentwicklung ehem. Opel-Flächen; Stadt in NRW zu Überprüfung von Beschaffungswesen; Fraport zu Energiebeschaffung aus Windkraft; öffentl. Hand zu Produktionsreserve für Atemschutzmasken; lfd.: Kenfo-Fonds, Futurium, Helmholtz-Gemeinschaft dt. Forschungszentren, SWB Energie u. Wasserversorgung; bad.-württ. Verkehrsanbieter, u.a. zu Beschaffung von Bussen u. Betriebsfunk; Stadt zu Ausstieg aus öffentl.-rechtl. Verbund. **Bietervertretung:** Unternehmen um Ladeinfrastrukturbau als ÖPP (marktbekannt).

GSK STOCKMANN
Vergaberecht ★★
Bewertung: Die Vergabepraxis genießt im Markt einen hervorragenden Ruf für ihre umf. Erfahrung im Bau- u. Immobiliensektor. Dies belegen zahlr. Beauftragungen von Kommunen bis zur Bundesebene, die dem Team bspw. rund um Projektentwicklungen, Partnering-Verfahren u. Innovationspartnerschaften vertrauen. Außerdem hat es einen Schwerpunkt bei IT-Infrastrukturvergaben herausgebildet. Zuletzt wurde GSK hier von einem Bundesunternehmen mit der Beschaffungsplanung beauftragt. Weitere Beispiele sind nachhaltige u. innovative Beschaffungsprojekte zur Holzwirtschaft oder Betonrecycling. Insbes. in HH gelang es einem aufstrebenden Partner, im Bereich Häfen u. Wasserstraßen an Profil zu gewinnen u. die beihilferechtl. Beratung auszuweiten. Dem strateg. Ziel, die Beratung von Industriemandanten anzukurbeln, rückte GSK näher, was prominente Mandate für ein Dax-Unternehmen u. für ein internat. Hightech-Unternehmen belegen.
Oft empfohlen: Dr. Friedrich Hausmann
Team: 6 Eq.-Partner, 1 Sal.-Partner, 7 Associates, 1 of Counsel
Schwerpunkte: ▷Bau- u. Immobiliensektor; Vergaberecht im Zshg. mit Innovationspartnerschaften. ▷Beihilfe
Mandate: Ausschreibungsbegleitung: lfd. BMVI zu Lkw-Maut, insbes. zu EETS; Duisburg Gateway Terminal zu Bauleistungen u. Kränen für Terminalneubau; Gemeinschaftsklärwerk Bitterfeld-Wolfen zu Klärwerkerweiterung; Tochterges. des Landes Berlin zu Strukturierung von Holzbeschaffung für Wohnungsbau; div. landeseigene Wohnungsbauges. zu Plan- u. Bauleistungen über Partnering-Modelle; landeseigene Wohnungsbauges. zu naturschutzrechtl. Ausgleichsflächen. **Bietervertretung:** internat. Hightech-Unternehmen zu Entwicklung u. Lieferung von Quantencomputern; B&K Emergency Services zu Rettungsdienstleistungen (VK Niedersachsen); GSD Trading zu Corona-Schnelltests; Helikopterserviceunternehmen zu Luftrettungsdienst für Offshoreplattform; OHB System AG in Nichtigkeitsklage u. Eilrechtsschutz (EuG); lfd. Vivantes.

GVW GRAF VON WESTPHALEN
Vergaberecht ★★★
Bewertung: Die Fortschritte der Vergaberechtspraxis bei der internen Vernetzung werden immer sichtbarer. Hinsichtl. der Beratung zu IT-Beschaffungen gilt dies für das Team um die Münchner Partnerin Reichling schon länger. Sie ist in diesem dyn. Segment in etl. Großprojekte eingebunden u. arbeitet eng mit der aktiven IT-Praxis der Kanzlei zusammen. Doch im verg. Jahr war auch Meyer-Hofmann mit der Beratung im Umfeld der Abellio-Insolvenz in einem Mandat sehr präsent, das den Schulterschluss u.a. mit den Teams aus dem Insolvenz-, Beihilfe- u. Öffentl. Recht erforderte. Dass GvW diese Schnittstellen nachhaltig entwickelt, zeigte auch die Partnerernennung von Dr. Michael Kleiber im HHer Büro, der u.a. in diesem Mandat eingebunden war. GvW hat gerade in HH zudem eine versierte beihilfe- u. fördermittelrechtl. Praxis, die u.a. das Land NRW im Rahmen einer Beihilfebeschwerde im Bereich der Verwaltungsdigitalisierung berät u. auch in die Beratung von Acatech eingebunden ist.
Stärken: Gute Zusammenarbeit zw. den Praxisgruppen.
Oft empfohlen: Dr. Ingrid Reichling, Dr. Bettina Meyer-Hofmann („ich empfehle sie gerne weiter", „fachl. sehr gut", Wettbewerber)
Team: 4 Eq.-Partner, 2 Sal.-Partner, 4 Associates
Schwerpunkte: Große Erfahrung in IT u. Gesundheit, auch ▷Immobilien- u. Baurecht, Infrastruktur. Erfahrene ▷beihilferechtl. Praxis.
Mandate: Ausschreibungsbegleitung: Länder Sachsen-Anhalt u. Thüringen als Aufgabenträger bei Verhandlungen mit insolventem Anbieter Abellio; Länder Ba.-Wü. u. Sachsen zu Dienstleistungsauftrag für E-Government-Plattformen; Acatech zu DRM Datenraum Mobilität; Land NRW, u.a. zu Fortbildungsakademie der Finanzverwaltung, Bau der Polizeidirektionen Münster, Dortmund, Oberhausen u. Krefeld; Bayer. Ministerium zu BayernCloud u. Videokonferenzausstattung für Schulen; Ruhruniversität Bochum zu Institut für Informatik; lfd. Max-Planck-Gesellschaft.

HAVER & MAILÄNDER
Vergaberecht ★
Bewertung: Die Vergaberechtspraxis ist klein, zeichnet sich aber durch gute Kontakte auch zu internat. Anbietern aus. Für ein dt.-ind.-chin. Unternehmen war die Kanzlei etwa an dem Streit um die Produktionsstättenklauseln der AOKen beteiligt. Einen Anbieter von Krankenhaussoftware vertrat Hübner bei einer Beschwerde gg. eine Ausschreibung. Der erfahrene u. fachl. sehr respektierte Partner berät aber auch bei Projekten auf Auftraggeberseite. Hier erstreckt sich die Arbeit teils auf die Strukturierung u. Durchführung von Ausschreibungen.
Oft empfohlen: Dr. Alexander Hübner („hervorragend", „auch in Brüssel gut vernetzt", Wettbewerber)
Team: 1 Eq.-Partner
Schwerpunkte: Auftraggeber- u. Bieterberatung in den Bereichen IT, Entsorgung, Arzneimittel u. Medizintechnik. Auch beihilferechtl. Erfahrung. Besondere Kompetenz bei Kunsttransporten.
Mandate: Ausschreibungsbegleitung: Bundesland, u.a. zu Arzneimitteln für Justizvollzugsanstalten, inkl. NP-Verf., Werbe- bzw. Technikagenturleistungen; Zweckverband zu Breitbandausbau in 9 Landkreisen; Stadt zu Kombibad u. Schul-IT. **Bietervertretung:** Remondis lfd., u.a. zu Liefer- u. Verwertungsvertrag mit Heizkraftwerk Mulhouse (F); div. dt. u. ausl. Pharmaunternehmen zu Rabattverträgen, inkl. NP-Verf.; span. Anbieter zu mobilen Luftreinigungsgeräten an Schulen (Berlin u. Rh.-Pf.); ww. aktiver Medizintechnikanbieter zu Ausstattung von OP-Sälen; Unternehmen um Fahrradschließsysteme an Bahnhöfen; Unternehmen gg. Uniklinik wg. Doppelausschreibung von Personalpräsenzsoftware; regelm. europ. Atemschutzausrüster; Bieter zu agilen IT-Leistungen.

VERGABERECHT ÖFFENTLICHER SEKTOR

HEUSSEN
Vergaberecht ★★★★

Bewertung: Das Vergabeteam hat durch seinen Fokus auf Sicherheit u. Technologie zuletzt sein Beratungsgeschäft weiter ausbauen können. Dabei hat die Praxis es geschafft, sich für weitere Digitalisierungsprojekte aufseiten von Auftraggebern zu positionieren – so etwa in München, wo ein Heussen-Team bei der Kooperation zw. dem öffentl.-rechtl. IT-Dienstleister AKDB u. der Stadt für Open-Source-Software beriet. Wie schon die Arbeit für das Goethe-Institut ist es ein Bsp. für das Vertrauen, das die Kanzlei durch die bewährte Zusammenarbeit mit den IT-Vertragsspezialisten der Kanzlei aufgebaut hat. Mit dem Zugang von Schwabe hat sich das Spektrum an der Schnittstelle von Bau- u. IT-Projekten im Frankfurter Büro erweitert. Ein weiteres Kennzeichen der Praxis ist die Erfahrung bei Ausschreibungen u. Nachprüfungsverf. im Verteidigungssektor, hier vertritt Heussen bieterseitig einige namh. Unternehmen. Die Beziehung zu Airbus hat sich sogar intensiviert.

Stärken: Gut vernetzt in Bayern u. Hessen.
Oft empfohlen: Uwe-Carsten Völlink („erfahrener Prozessanwalt", „äußerst kompetent u. lösungsorientiert", Wettbewerber), Dr. Norbert Huber
Partnerwechsel: Angelika Schwabe (von Buse)
Team: 3 Eq.-Partner, 4 Sal.-Partner, 5 Associates
Schwerpunkte: Sicherheits- u. Verteidigungssektor, ▷IT- u. Software; Schnittstelle zur ▷Bau- u. Immobilienpraxis.
Mandate: Ausschreibungsbegleitung: AKDB, u.a. zu Koop. mit Stadt München bei Open-Source-Software, Inhouse-Vergaben, IT-Gesellschaft; DRV Saarland umf. zu Ausschreibung von Planerverträgen u. Bauleistungen; Darfichrein zu NP-Verf. wg. Direktvergaben der Luca-App; Bundesland bei Ausschreibung von städt. Verkehrsinfrastrukturprojekt; Goethe-Institut zu Software für Onlineprüfungen; Helmholtz-Zentrum München zu Labortechnik; div. Kliniken zu IT für Patientenmanagement; Großstadt zu Brückenprojekt (wettbewerbl. Dialog); U-Bahn Martinsried Projektmanagement zur U-Bahn-Verlängerung in München; Uni Hohenheim zu Aufbau von Beschaffungssystem; Uni München zu arbeitsmed. Dienst; Zweckverband für Rettungsdienst u. Feuerwehralarmierung Traunstein zu IT-Vergaben; regelm. DLR.
Bietervertretung: Rohde & Schwarz zu Bundeswehrausschreibungen, NP-Verf. um ‚Fähigkeitserhalt Funkgerätefamilie SEM 80/SEM 90'; regelm. Airbus Group, Albert Ziegler, Kärcher Futuretech, MAN Truck & Bus, MBDA.

HFK HEIERMANN FRANKE KNIPP UND PARTNER
Vergaberecht ★★★

Bewertung: Im Einklang mit der Ausrichtung der Gesamtkanzlei ist das Vergabeteam regelm. in Bauprojekte jegl. Art u. Größe eingebunden u. hat hier viel Erfahrung. Darunter sind zahlr. anspruchsvolle Projekte wie für die Uni Mannheim oder den Neubau einer Fachhochschule in Rostock im wettbewerbl. Dialog. Doch zusätzl. gewinnt die Beratung zu IT-Vergaben weiter an Fahrt. Ein Bsp. ist die Beratung des IT-Systemhauses des Bundes BWI bei großvol. Ausschreibungen. An der Schnittstelle zum Planungsrecht mit Bezügen zu Mobilitäts- u. Digitalisierungsfragen spielen eine Reihe von Stadtentwicklungsprojekten für Smart-City-Kommunen, wo das Team mehrere neue Mandate gewinnen konnte.

Stärken: Begleitung von Bau- u. Infrastrukturprojekten.
Oft empfohlen: Dr. Jörg Stoye („fachl. versiert u. lösungsorientiert", Wettbewerber), Dr. Sebastian Conrad
Team: 2 Eq.-Partner, 3 Sal.-Partner, 6 Associates, 2 of Counsel
Partnerwechsel: Patrick Thomas (zu EY Law)
Schwerpunkte: ▷Bau-, Infrastruktur- (Flughäfen, Häfen, Schienenverkehr) u. IT-Vergabe sowie im Gesundheitssektor. Zunehmend Fördermittel- u. Beihilferecht. Vergabemanagement.
Mandate: Ausschreibungsbegleitung: BWI zu IT-Projekten; Ekom21 in NP-Verf. um Displays (OLG Ffm.); RTW Planungsgesellschaft zu Regionaltangente West, u.a. für Bauwerke u. Schienenverkehrsanlagen; öffentl.-rechtl. Bank umf. zu IT- inkl. Software; Bau- u. Liegenschaftsamt Rostock zu Planung u. Neubau von Fachhochschule (wettbewerbl. Dialog); Städte Aalen u. Heidenheim jew. zu Smart-City-Konzepten; Kommune zu Konzeptvergabe für neues Ortszentrum; Projektgesellschaft zu Schieneninfrastrukturanbindung, inkl. Vertragsgestaltungen; Klinik Karlsruhe zu Umbauten; Uniklinik Mannheim, u.a. zu ‚Neue Mitte'; Bundesland zu FuE-Leistungen für Datenerhebung. **Bietervertretung:** lfd. Behinderten-Werk Main-Kinzig vergabe- u. fördermittelrechtl. um Wäsche- u. Hausdienstleistungen; KWS Verkehrsmittelwerbung in NP-Verf. gg. BVG um Konzessionsvergabe (KG Berlin); Anbieter zu Arzneimittelrabattverträgen für med. Cannabis.

HOGAN LOVELLS
Vergaberecht ★★★★

Bewertung: In der Vergabepraxis spiegeln sich die Stärken der Gesamtkanzlei, was für eine gute interne Vernetzung, auch internat., u. einen klaren strateg. Fokus spricht. Die Kanzlei zeichnet sich durch intensive Verbindungen im Pharma- u. Lifescience-Sektor aus u. vertrat etwa den Impfstoffhersteller Moderna bei Ausschreibungen in Dtl. u. auf EU-Ebene. Bekannt ist im Zshg. mit Mobilität u. Infrastruktur zudem eine langj. Verbindung zu Tank & Rast. Dort berät die Kanzlei nicht nur vergaberechtl., sondern auch zu anderen Regulierungs- u. Planungsthemen. Dazu passt, dass die Partner inhaltl. breit aufgestellt sind. Der erfahrene Partner Sweda bspw. hat zugleich viel Erfahrung im Beihilfe- u. Kartellrecht, beides sind Fachbereiche, die gerade bei Mandaten mit starken Finanzierungsbezügen gefragt sind oder wenn Fördermittel Vergabepflichten auslösen. Im Fall des Verkaufs des Bremer Spielcasinos zeigte sich, wie die Vergaberechtler auch als Teil von Transaktionsteams agieren können. Im Rüstungssektor steht das Vergaberechtsteam für Lockheed Martin auf der Bieterseite.

Oft empfohlen: Dr. Marc Sweda
Team: 3 Partner, 6 Associates
Schwerpunkte: Verkehrssektor, Infrastruktur, ▷Gesundheitswesen u. Energiesektor. Enge Anbindung an die Teams im ▷Kartell- u. ▷Beihilferecht.
Mandate: Ausschreibungsbegleitung: NRW.Bank u. NordLB zu Verkauf der Bremer Spielcasino-Beteiligung; lfd. Autobahn Tank & Rast, u.a. zu Schnellladeinfrastruktur für Elektrofahrzeuge u. Autohöfe, inkl. Vertretung ggü. Autobahngesellschaft; Stadtwerke Menden zu Inhouse-Vergabe; Stadtwerke Velbert zu Wasserkonzessionen, u.a. zu Joint Venture mit Altkonzessionär Gelsenwasser; Investitionsbank Sachsen-Anh. zu Herauslösung aus NordLB, BAV-Verträgen u. IT-Vergaben; lfd. Koelnmesse. **Bietervertretung:** Moderna in dt. u. europ. Ausschreibungen für Impfstoffbeschaffung, u.a. um Pandemiebereitschaftsverträge u. Impfstoffe für Entwicklungsländer; Lockheed Martin zu schweren Transporthubschraubern der Bundeswehr.

HEUKING KÜHN LÜER WOJTEK
Vergaberecht ★★★★★

Bewertung: Ihren Ruf als eine der führenden Vergabepraxen bestätigte die Kanzlei erneut mit der Einbindung in zentrale Infrastrukturprojekte durch öffentl. Aufgabenträger. Die Präsenz des D'dorfer Teams bei der Verhandlung u. Vergabe von hochvol. Verkehrsverträgen ist seit Langem bemerkenswert. Bei der Beratung der Länder NRW u. Ba.-Wü. während u. im Nachgang der Abellio-Schieflage demonstrierte das Team seine Erfahrung in einem Verf., das teils hohe Wellen schlug. Dabei hat die Kanzlei ein so schlagkräftiges Team aufgebaut, dass sie parallel weitere Großprojekte wie etwa die bundesw. Sanierung von Schleusen oder den Ausbau von niedersächs. Häfen begleiten kann. Im letztgenannten Bereich ist der Kölner Partner Christiani sehr präsent u. begleitet Ausschreibungen zu Software, Molen u. Seeschleusen. Auch bei dem mit Blick auf die Energiesicherung beschlossenen Ausbau des LNG-Hafens traute die Mandantin Niedersachsen Ports einem Heuking-Team zu, die Ausschreibungen schnell u. rechtssicher zu begleiten. Auch bei IT- u. Softwarevergaben zeigt sich, wie nachhaltig die Praxis aufgestellt ist; hier stritt etwa Schellenberg für die Stadt HH erfolgr. um den Einsatz von Open-Source-Software. Andere Partner begleiteten zahlr. Kliniken bei aktuell geförderten Digitalisierungsprojekten. Einen unternehmer. Stil, mit dem neue Themen erschlossen werden, fördert die Kanzlei auch bei ihren Nachwuchspartnern. Einige von ihnen gewinnen bereits mehr an Profil, wie mehrere positive Rückmeldungen von Mandanten bestätigen.

Stärken: Große Erfahrung in der Strukturierung von Ausschreibungen u. bei polit. sensiblen Mandaten.
Oft empfohlen: Dr. Ute Jasper („zolle ihr Respekt, sie ist sehr präsent", „prägnant u. ausgezeichnete Kompetenz", Wettbewerber), Ulf Christiani („hat sich sehr gut etabliert", Wettbewerber), Dr. Martin Schellenberg („sehr gute Übersicht, kreative Ideen", Wettbewerber), Dr. Laurence Westen („versteht sein Fach", Wettbewerber)
Team: 15 Eq.-Partner, 4 Sal.-Partner, 20 Associates, 1 of Counsel
Schwerpunkte: Viel Erfahrung bei großvol. SPNV-Vergaben (▷Verkehr), inkl. Finanzierung u. ▷Beihilferecht. Zudem Infrastruktur (▷Immobilien- u. Baurecht), Krankenhausrecht, IT, Abfallwirtschaft, Dienstleistungen, Verteidigung. Hauptsächl. Auftraggeberberatung auf Bundes-, Landes- u. kommunaler Ebene, inkl. ▷Compliance-Untersuchungen.
Mandate: Ausschreibungsbegleitung: Länder Ba.-Wü. u. NRW zu Neuausschreibung von Abellio-Netze, inkl. vorangegangener Verhandlungen um Verkehrsverträge; Niedersachsen Ports zu Bau von LNG-Terminal in Wilhelmshaven, inkl. Konzeption des beschleunigten Vergabeverfahrens; Bundesanstalt für Wasserbau umf., u.a. zu Instandsetzung bei lfd. Schleusenbetrieb; Finanzministerium Ba.-Wü. zu Konzession für Sanierung/Betrieb von Staatsbad Badenweiler; Verkehrsministerium Ba.-Wü. zu Verkehrsnetz Karlsruhe; JadeWeserPort u.a. zu Elektrifizierung an Bahnstrecke Oldenburg/Wil-

ÖFFENTLICHER SEKTOR VERGABERECHT

helmshaven u. Überwachungstechnik für automat. Rangieren; 11 schl.-holst. Kommunen zu Gas-, Strom-, Wasser- u. Fernwärmenetzen; schl.-holst. Kreise zu Rettungsdienstesoftware, inkl. NP-Verf.; ESWE zu Beschaffung u. Wartung von 140 Gelenkomnibussen mit Wasserstoffantrieb, inkl. Fördermittelrecht; Hamburg zu Einsatzleitsystem für Polizei und Feuerwehr, inkl. NP-Verf. (OLG); Helmholtz-Zentrum/Infektionsforschung zu Software; div. Kliniken zu IT-Ausschreibungen; lfd.: Dt. Stiftung für Engagement u. Ehrenamt, div. Kreise u. Kommunen zu Breitbandausbau, Entsorgungsbetrieb Essen. **Bietervertretung:** Baukonzern u.a. um Rundfunkanstalt, Feuerwachen, Hochschulbauten; Götz-Management-Holding, u.a. bei Bundeswehr u. DESY.

K&L GATES
Vergaberecht ★★

Bewertung: Die Vergabepraxis der internat. Kanzlei begleitet ihre Stammmandanten aus den Sektoren Transport, Verkehr u. Logistik regelm. in komplexen Verfahren. Mutschler-Siebert gelingt es dabei, regelm. Anwälte versch. Fachgebiete auf Projekten zusammenzuziehen – so etwa an der Schnittstelle zum Kartellrecht, das auch personell erweitert wurde. Besonders gut gelingt dem Team die Zusammenarbeit mit den Öffentl.-Rechtlern u. der Finanzierungspraxis, denn hier ist die Kanzlei regelm. bei Ausschreibungen im Schienenverkehr u. bei Finanzierungsmodellen gefragt. Zuletzt beriet das Team auch vermehrt zu aktuellen Themen rund um Nachhaltigkeit u. Versorgungssicherheit: Ein Vorzeigeprojekt ist die Begleitung einer städt. Gesellschaft bei der Ausschreibung einer Wasserstofftankstelle. Im Gesundheitssektor greift die Praxis auf ihre langj. Erfahrung bei Rabattverträgen u. Kontrastmittelausschreibungen zurück u. berät eine Reihe von Arzneimittel- u. Medizinprodukteherstellern.

Oft empfohlen: Dr. Annette Mutschler-Siebert („exzellente, lösungsorientierte Juristin", Wettbewerber)
Team: 1 Partner, 1 Counsel, 1 Associate
Schwerpunkte: ÖPP, Schnittstelle zum Kartellrecht.
Mandate: Ausschreibungsbegleitung: städt. Busflottenbetreiber umf. zu Ausschreibung einer Wasserstofftankstelle; städt. Verkehrsgesellschaft vergaberechtl. bei Modernisierung der Signal- u. Zugsicherungstechnik; Stadtwerke Verkehrsgesellschaft Frankfurt zu CBTC-basierter Signal- u. Zugsicherungstechnik; Anbieter von Leistungen der betriebl. Altersvorsorge umf., u.a. zu Zusammenspiel von Vergabereife u. Rechtsaufsicht durch Dritte. **Bietervertretung:** lfd. Rockrail (SPNV-Finanzierung); Aliud Pharma als Beigeladene in NP-Verf. um geschl. EU-Lieferkette; Telio, u.a. um Telefonie u. Medialeistungen in Berliner JVAs; lfd.: Parkhausbetreiber, Bieter zu Stadtbeleuchtung inkl. nachträgl. Vertragsanpassungen.

KAPELLMANN UND PARTNER
Vergaberecht ★★★★

Bewertung: Die Vergabepraxis ist stark in der Baubranche verwurzelt u. berät bei zahlr. komplexen Bau- u. Planungsvorhaben. Ihren Erfolg belegt der kontinuierl. Zufluss an Projekten sowohl für langj. als auch für neue Mandanten. Insbes. das Modell der integrierten Projektentwicklung gewinnt zunehmend an Bedeutung. Ein Bsp. dafür ist die Mandatierung durch den Bund zum Neubau des Paul-Ehrlich-Instituts in Hessen. Bei Projekten dieser Art spielt das Team seine etablierte Vernetzung mit den Baurechtlern u. Erfahrung mit techn. komplexen Ausschreibungen aus. Neben dem bauvergaberechtl. Schwerpunkt berät das personell stark aufgestellte Team rege bei IT- u. Dienstleistungsvergaben. Die Praxis war so für das Land Berlin bei einer Dienstleistungskonzession für das Pilotprojekt 'Resozialisierung durch Digitalisierung' tätig. Wie in den Jahren zuvor erweiterte KuP die Partnerriege abermals u. legt damit auch mehr Verantwortung in die Hände der jüngeren Generation. Dies schlug sich zuletzt auch in zufriedenen Mandantenstimmen nieder, u.a. für das Berliner Team.

Stärken: Herausragende Kompetenz im ▷Baurecht.
Oft empfohlen: Dr. Hendrik Röwekamp („sehr kollegial u. kompetent", Wettbewerber), Dr. Alexander Kus, Dr. Marc Opitz („sehr verlässlich", Wettbewerber)
Team: 10 Eq.-Partner, 5 Sal.-Partner, 1 Counsel, 15 Associates
Schwerpunkte: Bauvergaben, Verkehrsinfrastruktur. Auch erfahrene ▷beihilfrechtl. Praxis.
Mandate: Ausschreibungsbegleitung: Bund/Landesbetrieb Bau u. Immobilien Hessen zu Neubau Paul-Ehrlich-Institut; Berliner Stadtreinigungsbetrieb zu Neubau Hauptquartier Berlin-Südkreuz; berufsgenossenschaftl. Unfallklinik zu Bau von Mitarbeiterwohnheim; BImA zu Neubau von Forschungsgebäude (OLG D'dorf); Charité-Universitätsmedizin zu Planungsleistungen für Neubau von Herzzentrum; Flughafen D'dorf zu Konzessionen über Bodenabfertigungsleistungen; Bayern zu Totalunternehmerausschreibung für Neubau von Proben- u. Werkstättenzentrum; Land Berlin, u.a. zu Corona-Dringlichkeitsvergaben u. Dienstleistungskonzession für Haftraummediensystem/Justizvollzugsanstalten; NRW.Bank zu Neubau. **Bietervertretung:** MVV Energie zu Entsorgungen u. zuwendungsrechtl.; Sonntag Baugesellschaft zu Kanalbauarbeiten (OLG Frankfurt).

KDU KRIST DELLER & PARTNER
Vergaberecht ★

Bewertung: Die Koblenzer Vergaberechtspraxis hebt sich mit ihrer großen Prozesserfahrung von vielen Wettbewerbern ab. Durch ihre regelm. Vertretung der Beschaffungsbehörde der Bundeswehr (BAAINBw) in Nachprüfungsverf. u. sonstigen Prozessen ist sie bundesw. bekannt. Zuletzt vertrat sie die Behörde bspw. im Verfahren um den Zuschlag für die Neubewaffnung mit 120.000 Sturmgewehren, in dem es u.a. auch um patentrechtl. Bezüge ging. Weitere Behörden auf der Bundesebene arbeiten ebenfalls mit der Kanzlei zusammen. Daneben vertritt KDU lfd. in zahlr. Prozessen mittelständ. Unternehmen, v.a. aus den Branchen Medizinprodukte, Straßen- u. Autobahnbau, die sich um öffentl. Aufträge bewerben.

Oft empfohlen: Dr. Matthias Krist („hat uns sehr engagiert vertreten", Mandant; „unglaubl. gut, hat kreative Ideen", „integrer Anwalt", Wettbewerber)
Team: 1 Partner, 1 Associate
Schwerpunkte: Verteidigungssektor auf Auftraggeberseite, Bieter zu Medizintechnik u. Straßenbau. Sehr erfahren in NP-Verfahren.
Mandate: Ausschreibungsbegleitung: BAAINBw lfd. in NP-Verf., u.a. zu schweren Transporthubschraubern u. Sturmgewehren. **Bietervertretung:** Löwenstein Medical lfd. bzgl. Ausschreibungen von Kliniken u. Krankenkassen; div. Bauunternehmen zu Autobahnbau u. -ausstattung; lfd. Postdienstleister.

KPMG LAW
Vergaberecht ★★

Bewertung: Die Vergabepraxis wird von Auftraggebern häufig zu Bau- u. Infrastrukturprojekten hinzugezogen. Dabei arbeiten die Anwälte eng mit den Gesellschafts- u. Steuerrechtlern der WP-Gesellschaft zusammen. Der hohe Beratungsbedarf im Umfeld von Digitalisierung u. Nachhaltigkeit hat der Praxis nun einen Schub versetzt. Besonders gut konnte sich das Team etwa bei Kliniken einbringen, hier spielten dementspr. auch fördermittelrechtl. Fragen hinein. In den verg. Jahren hat KPMG konsequent ihren Wachstumskurs vorangetrieben: Nicht nur im Unterbau verstärkte sich das Team, in Berlin gewann es im Frühjahr den ehem. Leiter der Vergabestelle von Berlinovo u. in HH einen erfahrenen Anwalt, der als Sal.-Partner einstieg.

Stärken: Enge Zusammenarbeit mit anderen Geschäftsbereichen der WP-Gesellschaft.
Team: 5 Eq.-Partner, 9 Sal.-Partner, 17 Associates
Partnerwechsel: Dr. Robert Glawe (von Oppenhoff & Partner)
Schwerpunkte: Bau u. Planung, Verteidigung u. Sicherheit, Energie, Finanzen u. Versicherungen, IT, Verkehr.
Mandate: Ausschreibungsbegleitung: Barmherzige Brüder gemeinnütz. Krankenhaus zu KHZG-förderungskonformen Vergaben; Baugesellschaft UMG zu Planungsleistungen für Klinikbau; Charité zu SAP-Lizenzen; Ev. Klinikum Bethel zu geförderter IT-Anwendung; Landeshauptstadt zu IT für Schulen; DBFZ Deutsches Biomasseforschungszentrum zu Notebooks; Berliner Verkehrsbetriebe zu Bau von Straßenbahnbetriebshof Adlershof; Klinikum Mittelbaden zu Neubau; Kindergärten City zu Verpflegungsleistungen; Mainschleifenbahn-Infrastruktur umf. zu Ausschreibung. **Bietervertretung:** Polyas umf. im Zshg. mit Sanierung von Klinikintensivbereich.

KRAUS DONHAUSER
Vergaberecht ★

Bewertung: Die Vergabeboutique aus München ist in Bayern v.a. für ihr tiefes Know-how bei Bau- u. Konzessionsvergaben auf Auftraggeberseite hoch angesehen. Ein zentraler Bestandteil der Praxis sind Mandate zu Rettungsdienstleistungen; hier berät Kraus intensiv Zweckverbände zu Rettungs- sowie Krankentransportwagen, Notarztleistungen u. Luftrettung. Auch wenn das prominente Mandat für den Olympiapark München bei Vorbereitung u. Durchführung der European Championship Munich 2022 nun erfolgr. abgeschlossen wurde, hat die Kanzlei gezeigt, dass sie hochkomplexe Mandate mit viel Fördermittelbezug stemmen kann. Durch den Zugang eines auf Vertragsrecht spezialisierten Partners bietet sie zudem seit im Vorjahr eine zusätzl. Facette, die aktuell im Rahmen von Preissteigerungsklauseln an Relevanz gewonnen hat.

Oft empfohlen: Christoph Donhauser, Dr. Philipp Kraus („jurist. sehr gut", Wettbewerber)
Team: 3 Partner, 1 Associate, 1 of Counsel
Schwerpunkte: Konzessionsvergaben.
Mandate: Ausschreibungsbegleitung: Olympiapark München zu European Championship Munich 2022; Aufgabenträger zu Telenotarztstandort, inkl. NP-Verf.; div. Aufgabenträger zu zahlr. Rettungs-

dienstkonzessionen; privatis. Stadtwerk zu Stromnetzausbau für Großrechenzentrum, inkl. ÖPP-Gestaltung und zu Ausbau von E-Ladestationen im öffentl. Straßenraum; Stadt zu Konzeptvergabe von Konversionsareal, inkl. Investorenauswahlverfahren.

LEINEMANN & PARTNER
Vergaberecht ★★★★

Bewertung: Die Vergabepraxis ist entspr. ihrer Wurzeln sehr renommiert für Bauvergaben u. wird oft an Infrastruktur- u. komplexen Neubauprojekten beteiligt. So gewann das Team den Auftrag, die Realisierung eines operativen Zentrums inkl. Notfallversorgung für die Uniklinik Göttingen vergaberechtl. zu begleiten. Ein Projekt unter dem Vorzeichen von Nachhaltigkeit u. Energiewende ist etwa die vergaberechtl. Beratung zur Umsetzung einer Wasserstoffanlage in Eisenhüttenstadt. Doch die Kanzlei hat sich zugleich zur gefragten Beraterin entwickelt, wenn es etwa um IT- u. Konzessionsvergaben geht. Neben den zahlr. Projekten im Zshg. mit IT-Beschaffungen im Kliniksektor steht als weiteres Bsp. dafür die Arbeit für die Hamburger Finanzbehörde. Das Lob von Wettbewerbern hebt eine „durchweg hohe Qualität" hervor, sowie „hartnäckige Prozessführung".
Stärken: Große Erfahrung in Nachprüfungsverf.; enge Verbindung von Vergabe- u. ▷Baurecht.
Oft empfohlen: Dr. Eva-Dorothee Leinemann, Prof. Dr. Ralf Leinemann („fachl. top, souverän u. erfahren", Wettbewerber), Jarl-Hendrik Kues
Team: 13 Eq.-Partner, 7 Sal.-Partner, 3 Counsel, 32 Associates
Schwerpunkte: Bauvergaben, Infrastruktur, IT.
Mandate: Ausschreibungsbegleitung: Universitätsmedizin Göttingen zu Neubauten; Fernwärmeheizwerk zu Umbau für Klimaneutralität; Agaplesion umf. zu KHZG-förderungskonformen IT-Vergaben u. Krankenhausneubau in Hagen/NRW; bundesw. aufgestellter Klinikkonzern umf. zu IT-Vergaben als externe Vergabestelle; Behörde zu Beschaffung von IT für Liegenschaftsmanagement; GIZ lfd. als externe Vergabestelle; Alb Fils Kliniken u. Immanuel Albertinen Diakonie jew. zu IT-Vergaben; Vulkan Energiewirtschaft Oderbrücke umf. zu Elektrolyseanlage u. Wasserstofftankstelle; BäderBetriebe Frankfurt zu Planungsleistungen für Neubau; Finanzbehörde Hamburg zu Konzessionen für Firmenfitness; Land Berlin umf. zu Euro 2024; Planetarium Berlin um Projektionstechnik. **Bietervertretung:** Depenbrock um LNG-Terminal Wilhelmshaven; Bietergemeinschaft Marti/Johann Bunte zu RAG-Tunnelbauleistungen, inkl. Rügeverf.; Konsortium zu Klärschlammverbrennung in Antwerpen; Behörde bei Planung von Spezialabfallverbrennung, inkl. Vertrags- u. Vergabeunterlagen; Rolls-Royce Solutions zu Dieselnotstromversorgung für Dt. Wetterdienst, inkl. Rügeverfahren.

LEXTON
Vergaberecht ★

Bewertung: Die Berliner Kanzlei ist bei Auftraggebern im Gesundheitssektor gut vernetzt. Neben der Charité u. Vivantes setzen auch außerh. Berlins Kliniken regelm. auf das Know-how der Vergaberechtler bei EU-weiten Ausschreibungen zu Dienst- u. Lieferleistungen, Bau- u. IT-Projekten. Vermehrt ist das Team auch im Verkehrssektor gefragt u. berät hier einige erfolgr. Bieterunternehmen. Dazu zählen ein Elektrobusanbieter u. die langj. Mandantin Stadler, die im Rahmen der Tram-Train-Vergabe in Süddtl. u. Österreich erneut einen hochvol. Zuschlag erhielt.
Oft empfohlen: Fabian Winters („kennt sich sehr gut aus", Wettbewerber)
Team: 2 Eq.-Partner, 1 Associate
Schwerpunkte: Auftraggeberberatung im Gesundheitssektor. Erfahrung mit Technologiethemen.
Mandate: Ausschreibungsbegleitung: Labor Berlin/Charité Vivantes, Charité-Universitätsmedizin, Dt. Herzzentrum, Klinikum Würzburg Mitte, KRH Klinikum Region Hannover, Mühlenkreiskliniken, UKM Infrastruktur Management, Nahverkehr Elbe Elster. **Bietervertretung:** Stadler um VDV-Tram-Train-Vergabe; Elektrobusanbieter u.a. in Berlin u. Dortmund; Krankenhausdienstleister lfd. um Liefer- u. Dienstleistungsvergaben; Sozialdienstleister um Speisenversorgung, inkl. NP-Verf.; zudem AneCom Aerotest, Vamed Dtl. Holding.

LUTHER
Vergaberecht ★★★

Bewertung: Die Vergabepraxis zeigte sich in verg. Jahren als dynamische Einheit. Während sie 2020 mit dem Zugang des renommierten Vergaberechtlers Mager samt Team die Beratung im Westen erfolgr. ausbaute, verstärkte sie sich Anfang des Jahres im Süden mit einem Team um den hervorragend vernetzten Vergabeexperten Osseforth. Diese Veränderungen brachten der Praxis Impulse, die sich inzw. in der Qualität der Mandate zeigt. So beriet die Kanzlei bspw. teils auf Landesebene zu Corona-Labordienstleistungen u. IT-Beschaffungen. Ein weiteres hochkarätiges Projekt, das unter dem Zeichen der Energiewende steht, stellt die Begleitung einer Universität bei der Planung eines Innovationscampus dar. Durch solche komplexen Projekte hat sich die Vernetzung mit den ▷Energierechtlern der Kanzlei sowie der ▷Bau- u. ▷IT-Praxis intensiviert. Die Vielzahl der Projekte erlaubt es der Praxis, schnell auch jüngere Anwälte einzubeziehen u. mit der nächsten Generation die Marktspitze noch konsequenter anzugreifen.
Oft empfohlen: Dr. Stefan Mager („macht immer einen guten Job", Wettbewerber), Ulf-Dieter Pape („gute, konstruktive Zusammenarbeit", „sehr guter Vergaberechtler", Wettbewerber), Tobias Osseforth („fachl. sehr versiert, angenehme Zusammenarbeit", „kennt sich mit IT-Vergaben aus", Wettbewerber)
Team: 11 Partner, 2 Counsel, 22 Associates, 1 of Counsel
Partnerwechsel: Tobias Osseforth (von Lutz Abel)
Schwerpunkte: Schnittstellen zum ▷Immobilien-/Bau- u. ▷Beihilferecht, ÖPP, ▷Energie, ▷IT.
Mandate: Ausschreibungsbegleitung: Berliner Verkehrsbetriebe zu funkbasierter Zugsicherungstechnik der U-Bahn; Universität zu Campus-Projekt mit innovativem Energieversorgungs- u. Investorenkonzept; Niedersachsen als Aufgabenträger zu Abellio-Insolvenz u. Verkehrsverträgen (mit BBG); Asklepios zu Neubau in HH; Avacon Netz zu Strom- u. Gaskonzessionen für 2 Kommunen; RAG umf., u.a. zu Schachtumbau, Grubenwasserkanal, inkl. NP-Verf.; Bund zu Neubauten des Elisabeth-Selbert-Hauses u. Bundesamt für Sicherheit in der Informationstechnologie; Kooperationsges. Hochschulen u. Industrie zu Technologiezentrum in Bochum; Deichverband Duisburg-Xanten lfd. als externe Vergabestelle; Dortmunder Stadtwerke umf., u.a. zu Beschaffung von Bussen; Digitalagentur Brandenburg zu div. Fragen; div. Kliniken zu IT-Vergaben. **Bietervertretung:** Adler Real Estate zu Schulneubau; Energieversorger in öffentl. Hand zu Müllverbrennung; Egenberger umf. zu kartellrechtl. Vorwürfen im Zshg. mit Angebotskonsortien (Verf. eingestellt); Ingenieurunternehmen zu Gasmotorenkraftwerksanlage mit Kraft-Wärme-Kopplung; Cable4 Beteiligung zu Telekommunikations- u. Breitbandleistungen; Dräger Medical in NP-Verf. um Neubau von Intensivstation.

LUTZ ABEL
Vergaberecht ★★

Bewertung: Zum Mandantenstamm der Vergabepraxis zählt eine Vielzahl kommunaler Auftraggeber, die dem Team bei komplexen Bau- u. Projektentwicklungen vertrauen. So setzten Mandanten auch bei div. aktuellen Mandaten zu klimaschonender Bauweise auf das Team. Ein Bsp. stellt die Beratung einer Stadt bei einem Rathausneubau mit besonderen Nachhaltigkeitsanforderungen dar. Ein weiteres Highlight ist die Beauftragung eines Bundesministeriums hinsichtl. eines dyn. Beschaffungssystems. Gut vernetzt sind die Vergaberechtler zudem im Gesundheitssektor, wo etablierte Verbindungen zu einigen Krankenhäusern u. Klinikverbünden bestehen. Hier wie im Forschungs- u. Bildungssektor sind die Vergaberechtler rund um IT-Vergaben u. Hightech-Produkte gefragt. Dabei arbeiten sie an Schnittstellen regelm. mit den Arbeits- u. IT-Rechtlern der Kanzlei zusammen. Zwar verließ zum Jahreswechsel der angesehene Münchner Partner Osseforth samt Team die Kanzlei, doch gelang es LA trotzdem, die Praxis auszubauen. Die Verstärkung auf Partnerebene in HH im Vorjahr zahlte sich bereits aus, wie namhafte neue Mandanten wie die Bundeskanzler-Helmut-Schmidt-Stiftung belegen. Auch am Berliner Standort wurden neue Mandanten auf die Kanzlei aufmerksam, darunter ein Jobcenter-Verbund sowie die Brandenburger Investitionsbank. Gemäß der dyn. Geschäftsentwicklung waren die Partnerernennungen von Dr. Christian Kokew und Anne-Christine Wieler, die beide u.a. in Digitalisierungsprojekten beraten, ein folgerichtiger Schritt.
Oft empfohlen: Dr. Mathias Mantler, Dr. Marc Röbke
Team: 3 Eq.-Partner, 3 Sal.-Partner, 4 Associates
Partnerwechsel: Tobias Osseforth, Dr. Stephen Lampert (beide zu Luther)
Schwerpunkte: Bau- u. Planungsvergaben, IT-Vergaben.
Mandate: Ausschreibungsbegleitung: Regierungszentrale zu Lieferung u. Implementierung UCC-Telekommunikationsanlage; Bayer. LKA zu Funkplanungsleistungen; Berufsförderungswerk München zu Beschaffung von Strom; Bundeskanzler-Helmut-Schmidt-Stiftung zu Gestalterwettbewerb für Wanderausstellung; Bundesministerium zu dyn. Beschaffungssystem; Investitionsbank des Landes Brandenburg zu Prüfung eines geförderten Projekts; Jobcenter-Verbund umf., u.a. zu Bau u. Betrieb Servicepoint; Forschungszentrum zu wissenschaftl. Großgeräten; Stadt zu Neubau nachhaltigen Rathauses; lfd. Landeshauptstadt München. **Bietervertretung:** Kyndryl Dtl. zu div. Rechenzentrumsprojekten; regionaler Glasfasernetzbetreiber zu Glasfaserausbau; Betreiber von Spielautomaten zu Konzession zum Betrieb von Spielbanken; Mikronika spółka im NP-Verf. gg. 50Hertz (VK Berlin); ParTec AG bei Ausschreibung.

ÖFFENTLICHER SEKTOR VERGABERECHT

MENOLD BEZLER
Vergaberecht ★★

Bewertung: Die Vergabepraxis hat viel Erfahrung mit der Strukturierung u. Begleitung von Projekten im Umfeld des öffentl. Hand. In Ba.-Wü. ist das Team bei vielen Bauprojekten gefragt, darunter immer wieder beim Bau von Kliniken. Mandate, die Auswahl u. Koordination der Beteiligten mittels Partnering im Verhandlungsverfahren beinhalten, sind zudem ein innovativer Bau der Uni Stuttgart oder die Beratung einer Kommune bei der Konzeption eines klimaneutralen Gewerbegebiets. Dabei punktet MB regelm. mit ihrer eingespielten Zusammenarbeit mit Fachbereichen wie IT, Datenschutz, Gesellschaftsrecht, aber auch Wirtschaftsprüfung oder Steuerberatung. Über die erfahrene Partnerin Fabry ist die Kanzlei auch bei SPNV-Vergaben aktiv, so im Umfeld des Verkehrsvertrags für ein gr. Karlsruher Schienenverkehrsprojekt. Mit einer ausgeglichenen Altersstruktur u. spezialisierten Nachwuchsanwälten stemmt MB dabei zunehmend auch bundesweit Projekte.

Stärken: Gute Vernetzung mit anderen Praxisgruppen der Kanzlei.

Oft empfohlen: Dr. Frank Meininger, Dr. Martin Ott („kann brillant argumentieren", „im IT-Vergaberecht super", Wettbewerber), Dr. Beatrice Fabry

Team: 4 Eq.-Partner, 2 Sal.-Partner, 1 Counsel, 7 Associates

Schwerpunkte: Hochbau, Verkehr/Fahrzeugbeschaffung, IT, Entsorgung; inkl. Projektstrukturierung.

Mandate: Ausschreibungsbegleitung: Uni Stuttgart zu Technologiepartnerschaft für innov. Neubau; IHK Pfalz zu Neubau des Verwaltungsgebäudes in Ludwigshafen; Stuttgart zu Neubau NeckarPark; Landkreis Karlsruhe zu SPNV-Vergabe im ‚Karlsruher Modell'; Großstadt in NP-Verf. um Planungs- u. Bauleistungen für techn. Anlagenkomplex des Abfallwirtschaftsbetriebs (OLG); EWE zu Outsourcing-Projekt; Landkreis Ludwigslust-Parchim zu Abfalllogistik u. Gründung von gemischtwirtschaftl. Gesellschaft; Stadt Ostfildern zu Auswahl von Partner für Gewerbegebiet mit Energieversorgungs- u. Mobilitätskonzept; Landkreis Zollernalbkreis u. Tübingen zu Regionalstadtbahn; Ortenau Klinik, u.a. zu Neubauprojekten Offenburg u. Achern; SWR zu Studioneubau in Tübingen.

MÜLLER-WREDE & PARTNER
Vergaberecht ★★★★

Bewertung: Die Berliner Vergaberechtspraxis ist seit Langem regelm. für Ministerien u. Behörden auf Bundes- u. Landesebene tätig. Bekannt ist bspw. ihre Begleitung des Landes Berlin oder auch des Verkehrsministeriums in einzelnen Projekten. Zuletzt gewann die Kanzlei zudem einen Rahmenvertrag mit der Autobahngesellschaft. Das Team zeichnet sich durch die langj. Erfahrung auch mit komplexen Prozessvertretungen aus, etwa für den Bund in zahlr. Verf. um Forderungen aus dem Dieselskandal u. zuletzt im Nachprüfungsverf. um die Vergabe des Deutschland-Netzes für E-Mobilität. Daneben steht ihr herausragende Beihilfepraxis, sodass die Kanzlei an dieser Schnittstelle besonders viel Kompetenz aufbieten kann. Ein Bsp. ist die Beratung des Flughafens BER im Zshg. mit der Rekapitalisierung.

Stärken: Prozesserfahrung. Vernetzung mit der anerkannten Praxis im ▷Beihilfe- u. Europarecht.

Oft empfohlen: Malte Müller-Wrede („fachl. sehr versiert, man kann gut mit ihm zusammenarbeiten", Wettbewerber)

Team: 1 Eq.-Partner, 3 Sal.-Partner, 8 Associates

Schwerpunkte: Landes- u. Bundesbehörden, Großstädte u. Kommunen. Oft mit Rahmenverträgen.

Mandate: Ausschreibungsbegleitung: BMVerkehr zu NP-Verf. um Deutschland-Netz für Ladeinfrastruktur (VK Bund); BMInneres, inkl. NP-Verf.; BMGesundheit lfd., inkl. NP-Verf.; Bundesorganisation zu Sicherheitsbeschaffungen; Bundesbehörde zu Modell für nachhaltige Beschaffung u. Lieferkettenmanagement; westdt. Immobiliengesellschaft bei Grundstücksverkauf; Uni zu Voraussetzungen für Inhouse-Vergabe im Zshg. mit Finanzierung von Beteiligungen, inkl. beihilferechtl. Prüfung; Landesministerium zu Altschuldenbefreiung von Wohnungsbaugesellschaften; div. Zuwendungsempfänger zur Vergabepflichten; Flughafengesellschaft Berlin Brandenburg beihilferechtl. zu Rekapitalisierung; Forschungseinrichtung zu Aufbau vergabe- u. beihilferechtl. Compliance. **Bietervertretung:** regelm. Bechtle, Energieversorger.

OEXLE KOPP-ASSENMACHER LÜCK
Vergaberecht ★

Bewertung: Das Kölner Vergaberechtsteam ist eine bekannte Größe im Entsorgungssektor, bis Ende 2021 allerdings noch unter dem Namen Köhler & Klett. Ungeachtet der Namensänderung ist das Team um Lück aber personell stabil geblieben. Dabei wird es sowohl von priv. Entsorgern als auch von kommunalen Auftraggebern regelm. zurate gezogen. Die vermehrte Beratung zu Ausschreibungen von Wasserstofffahrzeugen passt sich in die strateg. Aufstellung ein, die die Kanzlei auch mit ihrer starken öffentl.-rechtl. Ausrichtung im Umweltrecht u. in der ESG-Beratung verfolgt. Das Team hat im Rahmen der langj. Spezialisierung im Entsorgungssektor zugleich umf. Erfahrung bei streitigen Fällen aufgebaut.

Oft empfohlen: Dr. Dominik Lück

Team: 1 Partner, 3 Associates

Schwerpunkte: Enge Zusammenarbeit an der Schnittstelle zum ▷Öffentl. Recht.

Mandate: Ausschreibungsbegleitung: kommunale Einkaufsgemeinschaft in Rheinhessen; Landesgesellschaft zu Einspeicherung von grünem Wasserstoff in LOHC; Landkreis zu div. Ausschreibungen, u.a. für IT. **Bietervertretung:** lfd.: Alba, u.a. um Abfalllogistikleistungen mit Beteiligung des privaten Partners an gemeins. Unternehmen; PreZero-Gruppe, Wagner Biro, Zahnen Technik; Belland Vision hinsichtl. Erfassung von Leichtverpackungen u. Glas; Geesingknorba um Fahrzeuglieferungen; Baustoffaufbereiter zu Einsatz von Recyclingbaustoffen bei Bauausschreibungen; inhabergeführter Entsorger in NP-Verf. um Altpapiervermarktung (VK Köln u. VK Münster); EEW Energy from Waste, u.a. zu Fragen interkommunaler Kooperation (EU-Kommission).

OPPENHOFF & PARTNER
Vergaberecht ★★★

Bewertung: In der erfahrenen Vergabepraxis dominieren Schwerpunkte, die zurzeit besonders gefragt sind. So vertritt sie einige IT-Anbieter bei Ausschreibungen von Software- u. Digitalisierungslösungen, etwa in den Sektoren Gesundheitsversorgung u. Sicherheit. Mit ihrer hohen Spezialisierung gewann sie hier auch neue Mandanten. Die andere bedeutende Säule der Praxis bildet der Rüstungssektor, in den seit dem Frühjahr sehr viel Bewegung kam. Die Beratung von MBDA ist nur ein Mandant in dieser Branche, zu der auch in anderen Fachbereichen der Kanzlei langj. Kontakte bestehen. Darunter sind nicht nur mehrere dt. Hersteller von Verteidigungs- u. Sicherheitstechnik, sondern auch internat. Unternehmen. O&P berät zudem eine große Zahl an mittelständ. Unternehmen. Das Vergabeteam arbeitet eng vernetzt mit anderen Fachbereichen der Kanzlei, darunter anerkannten ▷IT-Anwälten, ▷Außenwirtschaftsexperten u. Gesellschaftsrechtlern.

Oft empfohlen: Prof. Dr. Heiko Höfler („einer der Besten", Wettbewerber)

Team: 2 Eq.-Partner, 1 Sal.-Partner, 2 Associates, 1 of Counsel

Partnerwechsel: Dr. Robert Glawe (zu KPMG Law)

Schwerpunkte: Verteidigungs- u. Sicherheitssektor.

Mandate: Ausschreibungsbegleitung: Forschungseinrichtung v.a. im Bereich Forschung u. Entwicklung; Hauptkirche St. Jacobi/HH zu Generalsanierung u. über 40 Vergabeverfahren. **Bietervertretung:** MBDA Germany zu Takt. Luftverteidigungssystem; AWB in Streit um Anlagenbau in Luxemburg; ausl. Staat bei Kauf von U-Booten; QSG Verkehrstechnik gg. Stadt Köln um Schadensersatz (OLG Köln); lfd.: Alten, internat. Automobilzulieferer (Batterien), Reiser Simulation, Dt. Industrieverband, Kühne & Nagel.

OPPENLÄNDER
Vergaberecht ★★★

Bewertung: Die Vergabepraxis der Stuttgarter Kanzlei ist im Gesundheitssektor eine gefragte Beraterin u. zeichnet sich v.a. durch ihre langj. Erfahrung zu Rabattverträgen auf Bieterseite aus. Marktbekannt ist das Team auch für seine Schnittstellenberatung zum ▷Kartellrecht. Davon profitierte zuletzt etwa die Mandantin Connect Com, die auf das tiefe Know-how Ulshöfers in einem Antidumpingverf. der EU-Kommission sowie im parallelen Antisubventionsverf. gg. den Import von optischen Glasfaserkabeln aus China vertraute. Mit Mandaten wie diesen stellt Oppenländer die tiefe Spezialisierung ihrer Anwälte ebenso wie ihre Prozessstärke unter Beweis. Im verg. Jahr standen v.a. technisch ausgefeilte Ausschreibungen im Fokus, etwa für ein Röntgendiffraktometer, bei dem die Kanzlei Neumandantin Rigaku Europe erfolgr. vor Vergabekammer u. OLG begleitete. Gut positioniert hat sich die Praxis beim hoch umkämpften Feld des Breitband- u. Glasfaserausbaus, bei dem sich trad. Lieferanten u. mit Mandantin SP Sinan Polat nun auch ein Bauunternehmen vertrauensvoll an die Vergaberechtler wenden. Angesichts der Erweiterung der Beratung auf neue Branchen, worunter auch der Entsorgungssektor fällt, war die personelle Verstärkung im Unterbau ein zielführender Schritt.

Stärken: Ausschreibungen von Rabattverträgen im Gesundheitssektor u. ÖPNV.

Oft empfohlen: Dr. Matthias Ulshöfer

Team: 2 Eq.-Partner, 3 Associates

Schwerpunkte: ▷Gesundheit, ▷Verkehr, Energie. Enge Anbindung ans ▷Kartellrecht.

Mandate: Ausschreibungsbegleitung: Albtal Verkehrs-Ges. u. Verkehrsbetrieb Karlsruhe umf. zu Verknüpfung von ÖPNV u. SPNV inkl. Verkehrsvertrag; Bremer Straßenbahn, u.a. zu Saubere-Fahrzeuge-Beschaffungsgesetz; lfd. Fraunhofer Gesellschaft. **Bietervertretung:** Connect Com Schweiz umf., u.a. zu Breitbandkabelausbau u. Antidumpingverf. u. im parallelen Antisubventionsverf. gg. den Import von optischen Glasfaserkabeln aus China; Rigaku Europe SE zu Röntgendiffraktometer (VK Meck.-Vorp., OLG Rostock); Purple Pulse Lidar Systems zu Wasserdampf-/Temperatur-Raman-Lidar-System; SP Sinan Polat Bau in div. Verf. um Breitbandkabelausbau; Stahlbau Magdeburg zu Stahlbrückenbau (VK Bund); Accord Healthcare bei Rabattvertragsausschreibung der Krankenkassen; lfd.: Dexcel zu Rabattverträgen, Th. Geyer.

OTTING ZINGER
Vergaberecht ★★

Bewertung: Das kleine Vergabeteam aus Hanau begleitet hochkarätige Vergaben auf Bieter- wie auch Ausschreibungsseite. Einen Schwerpunkt bilden seit Langem Verkehrsvergaben. Marktbekannt ist etwa die langj. Mandatsbeziehung zur Dt. Bahn, die es insbes. bei Nachprüfungsverf. sowie bei Digitalisierungsthemen begleitet. Ihre Prozesserfahrung bewies die Praxis zudem bei einer Vielzahl von Nachprüfungsverf. für ein Unternehmen, das mobile Luftreiniger herstellt u. so im Zuge der Corona-Pandemie an zahlr. Ausschreibungen teilnahm. Durch ihre lokale Verankerung ist OZ v.a. im Rhein-Main-Gebiet für kommunale Auftraggeber eine bekannte Größe. Zunehmend zeichnet sich jedoch ab, dass die Boutique auch bundesw. präsenter wird. Daher wird vermutlich personelle Verstärkung im Unterbau notwendig, um der Auslastung gerecht zu werden.
Stärken: Erfahren im Verkehrssektor.
Oft empfohlen: Dr. Olaf Otting („äußerst präziser u. dabei pragmatischer Jurist", „sehr verlässlich u. angenehm", Mandanten), Christoph Zinger
Team: 2 Partner
Schwerpunkte: Auftraggeber zu Städtebau, Bieter im Verkehrssektor.
Mandate: Ausschreibungsbegleitung: Großstadt zu Sanierungsprojekt für denkmalgeschütztes öffentl. Gebäude; Eisenbahnunternehmen u.a. bei Streckenausrüstung mit ETCS in div. Netzabschnitten u. Lauf von IT-Sicherheitskomponenten, inkl. NP-Verf.; Netzbetreiber lfd. zu Strom- u. Gaskonzessionen; hess. Stadt, u.a. Dienstleistungen/Corona-Pandemie, IT, Marketing, Bauprojekte; Landesgesellschaft zu Generalunternehmervertrag für Industrieansiedlung (Batteriezellen); NRW-Stadt zu Sanierung von Bahnhofsumfeld; Bauherrin für Neubau von Uniklinik zu Rechtsberatungsleistungen, Markterkundung, Betriebsorganisationskonzept, IT-Beschaffung; Betreiber von interkommunalem Gewerbegebiet für Energieansiedlung zu Rechtsberatungsleistungen. **Bietervertretung:** Asecos zu Ausstattung von Frankfurter Schulen mit mobilen Luftreinigern; lfd. Baulandentwickler, u.a. in NP-Verf. wg. Vergabe von Rahmenvertrag in hess. Kommune u. Wettbewerber; Busunternehmen in NP-Verf. um ÖPNV-Beförderungsleistungen (OLG Schleswig); Herst. von digit. Stromzählern um Rahmenvertrag.

PRICEWATERHOUSECOOPERS LEGAL
Vergaberecht ★★★

Bewertung: Die Vergabepraxis ist im Markt für ihr langj. Know-how bei komplexen IT- u. Infrastrukturprojekten eine gefragte Größe. Ein Standbein stellt dabei die Beratung von Mandanten im Verkehrssektor dar, die einer der beiden leitenden Partner verantwortet. Hatte sich das Vergabeteam noch vor 2 Jahren stark umstrukturiert, hat es nun seine Ausrichtung gefunden u. baut darauf auf: So gewann PwC einen Counsel von Linklaters, der u.a. besondere Kenntnisse in Zshg. mit der vergaberechtl. Selbstreinigung mitbringt – ein Thema, das zunehmend an Bedeutung gewinnt u. bei PwC gleichz. die Schnittstelle zum zuletzt ebenfalls personell verstärkten Kartellrecht vergrößert. Während für Mandanten der enge Schulterschluss zur Steuerabteilung etwa bei Umstrukturierungen im öffentl. Sektor fruchtet, konnte das Team in einem anderen Projekt durch enge Zusammenarbeit mit den IT-, Arbeits- u. Gesellschaftsrechtlern punkten.
Team: 7 Sal.-Partner, 5 Associates
Schwerpunkte: Überwiegend Auftraggeberberatung in den Branchen Verkehr, Wasserversorgung, Gebäudemanagement, Abfall. Auch Umstrukturierungen unter vergaberechtl. Aspekten. Schnittstelle zum ▷Beihilfe-, ▷Energie- u. ▷Gesellschafts- sowie IT-Recht.
Mandate: Ausschreibungsbegleitung: BMVerkehr zu Neuausschreibung von Lkw-Mautsystem; Bundesamt für Güterverkehr lfd. zu Mautzulassungen; Johanniter umf. zu IT-Beschaffung; Eisenbahngesellschaft Potsdam zu 2 Zweikraftlokomotiven; Bürgerhospital und Clementine Kinderhospital fördermittelrechtl.; DSK/Stadtentwicklung zu Architektenleistung für Sanierungsprojekt; Forschungszentrum zu Beschaffung von Forschungsschiff; Stadt Asperg zu Gaskonzession, inkl. NP-Verf.; Stadt Leverkusen zu Rahmenvertrag für Kraftstoffbezug für techn. Betriebe; lfd. Dt. Bahn. **Bietervertretung:** OSB Alliance um Open-Source-Software für Sovereign Cloud Software Stacks.

REDEKER SELLNER DAHS
Vergaberecht ★★★★

Bewertung: Die Vergabepraxis ist für ihre tiefgehende Branchenkenntnis im Bau-, Verkehrs-, Gesundheits- u. Abfallsektor hoch angesehen bei Mandanten auf kommunaler, Landes- u. Bundesebene. Dies belegen einerseits Stammmandanten, die auch im verg. Jahr erneut die Praxis beauftragten, sowie neue Beziehungen. Auf Auftraggeberseite gewann RSD eine Großstadt, die sich bzgl. umweltfreundl. Beschaffung an das Team wandte. Erneut vertiefte es seine Beziehungen zu Bundesministerien u. -gesellschaften, deren Beratung zum Kerngeschäft der Praxis zählt. Anknüpfend an das verg. Jahr stand bei div. Ministerien und Behörden das Thema Verwaltungsdigitalisierung hoch im Kurs. Die Praxis konnte sich dabei Folgemandate sichern u. begleitet ihre Mandanten zu Gesetzesvorhaben u. Portallösungen sowie zu zentralen Fragen der bis Ende 2022 erforderl. OZG-Umsetzung. In solchen Projekten werden Mandanten aus einer Hand bei RSD beraten, da die Kanzlei eine enge Zusammenarbeit mit den IT-, Vertrags- u. Datenschutzrechtlern praktiziert. Ein weiteres Highlight stellen 2 polit. sensible Digitalisierungsprojekte im Gesundheitssektor dar, die das Team unter hohem Zeitdruck begleitete. Auf Bieterseite setzten v.a. zahlr. Unternehmen auf die Praxis bei Ausschreibungen im Zshg. mit Fördermitteln aus dem DigitalPakt Schule.
Stärken: Viel Erfahrung im Bau-, Verkehrs- u. Gesundheitssektor.
Oft empfohlen: Prof. Dr. Olaf Reidt („sehr gut in polit. sensiblen Fällen", Wettbewerber), Dr. Heike Glahs, Dr. Thomas Stickler
Team: 5 Partner, 1 Counsel, 4 Associates
Schwerpunkte: Insbes. Auftraggeberberatung. Stark in den Branchen ▷Bau u. Wasser/Abfall (▷Öffentl. Recht), daneben Gesundheitswesen u. IT. Beratung auch im ▷Beihilferecht.
Mandate: Ausschreibungsbegleitung: H2Global Advisory zu europ. Markthochlauf von grünem Wasserstoff; lfd. Bundesgesellschaft für Endlagerung zu Bau-, Liefer- u. div. Dienstleistungen; Großkraftwerk zu Wärmepumpenbau; Großstadt zu Leitfaden über vergaberechtl. Aspekte von Nachhaltigkeitskriterien; Bundesbehörde zu Bau Beratungszentrum; Bundesministerium u.a. zu Digitalisierungsthemen; lfd. div. Städte u. Gemeinden zu Bau- u. Planungsvergaben; lfd. BfArM, VDI/VDE Innovation + Technik, u.a. zu Nationale Kontaktstelle Schlüsseltechnologien. **Bietervertretung:** Spielbankenbetreiber zu Konzession für den Betrieb einer Spielbank in NRW; IT-Systemhaus zu interaktiven Tafelsystemen.

SKW SCHWARZ
Vergaberecht ★★★

Bewertung: Die Berliner Vergaberechtspraxis mit ihrem excellenten Ruf für Rettungsdienstvergaben ist auch bei den aktuell vermehrten Ausschreibungen von Telenotarztdiensten gefragt. Das Team nutzt dabei die eigene Erfahrung u. die enge Vernetzung mit der anerkannten SKW-Praxis im IT- u. Datenschutz. Die Praxis ist sowohl aufseiten des Roten Kreuzes als auch für Landkreise u. andere öffentl. Auftraggeber in mehreren Bundesländern regelm. tätig. Ein Bsp. ist die Beratung von div. DRK-Unterorganisationen. Doch wie die Mandatsliste zeigt, ist das Team in einem breiteren vergabe- u. förderrechtl. Spektrum gefragt, so bei Catering, Corona-Maßnahmen oder Konzessionen.
Stärken: Rettungsdienst- u. IT-Vergaben.
Oft empfohlen: René Kieselmann
Team: 2 Eq.-Partner, 2 Counsel, 2 Associates
Schwerpunkte: Branchenwissen im Rettungsdienstwesen, Zivil- u. Katastrophenschutz, integrierte Schnittstellenberatung mit Vertrags- u. ▷IT-Rechtlern.
Mandate: Ausschreibungsbegleitung: Zweckverband Rettungsdienst u. Feuerwehralarmierung Saar, u.a. zu telenotärztl. Infrastruktur; DRK/Landesverband Berlin zu Corona-Impfzentren; DRK/Kreisverband Uelzen zu Entgeltvereinbarung für Rettungsdienst; Infrastrukturbetreiber zu Sicherheitsdienstleistungen; Förderbank zu IT-Beschaffung; Klinikkonzern zu Software; Landkreis Oberspreewald-Lausitz zu Rettungsdienst, inkl. gepl. Kommunalisierung; lfd.: div. weitere DRK-Unterorganisationen, Lübesse Energie. **Bietervertretung:** IQ Medworks zu Telenotarztleistungen u. Gesundheits-IT; Bayer, Rotes Kreuz, u.a. zu Telenotarztsystem; Schifffahrtsterminalbetreiber zu Konzessionsvergabe u. Ausschreibungsdesign; AWO Berlin-Mitte um Flüchtlingshilfe, inkl. NP-Verf.; Mobilfunkanbieter um Digitalfunkleistung; lfd.: Luna Restaurant/Schulcatering, Medical Trials Analysis, SAVD Videodolmetschen, SSE Software, Textilkontor W. Seidensticker.

SOUDRY & SOUDRY
Vergaberecht ★

Bewertung: Die Berliner Boutique ist im Markt durch ihre regelm. Begleitung des Auswärtigen Amtes u. versch. Werften bekannt. Letztere berät sie regelm. bei Ausschreibungen von Bundespolizei u. Bundeswehr. Durch diese Erfahrung vertrauen ihr

ÖFFENTLICHER SEKTOR VERGABERECHT

mittlerw. weitere Bieter mit Produkten aus dem Sicherheitssektor. Auch Wettbewerber nehmen die Kanzlei als „sehr präsent im Defence-Bereich" wahr. Doch mit der regelm. Beratung zu Postdienstleistungen für div. Unternehmen u. öffentl. Auftraggeber ist sie regelm. befasst. Nach wie vor vertrauen ihr zudem regelm. zahlr. Mandanten sowohl aufseiten der Jobcenter für ihre Ausschreibungen als auch Bieter in den Vergaben der Bundesagentur für Arbeit. Die Kanzlei hat sich für einen partnerzentrierten Ansatz entschieden. Das tut dem Erfolg keinen Abbruch, begrenzt aber allzu dynamische Entwicklungsschritte.
Oft empfohlen: Dr. Daniel Soudry („sehr fundierte Kenntnisse", Wettbewerber)
Team: 1 Partner
Schwerpunkte: Postdienstleistungen, Jobcenter und Werften.
Mandate: Ausschreibungsbegleitung: lfd. Auswärtiges Amt; Baden-Württemberg Stiftung, u.a. zu Postdoc-Programmen; Krankenkasse u. Bundesland jew. zu Vergabe von Postdienstleistungen, inkl. NP-Verf.; lfd.: Jobcenter Dortmund, Jobcenter Leipzig. **Bietervertretung:** Werft zu Einsatzschiffen für Bundespolizei, inkl. KrwKG u. Außenwirtschaftsrecht; Hersteller zu PSA-Lieferungen; Anbieter zu Satellitenkommunikationsinfrastruktur für Sicherheitsbehörden; Unternehmen zu Lieferung von Euro-Münzplättchen; Quadhersteller zu militär. Spezialeinsatzfahrzeugen; Fahrzeugvermieter zu Erbringung von SPNV-Ersatzverkehren; lfd.: Hays.

TAYLOR WESSING
Vergaberecht ★★★
Bewertung: Wie die relativ kleine D'dorfer Vergabepraxis eine große Zahl an Projekten stemmt, ist bemerkenswert u. unterstreicht die hohe Fokussierung des Teams. Zugleich agiert sie eng vernetzt mit anderen Fachbereichen der Kanzlei, so etwa im Bereich von IT- u. Softwarevergaben mit der renommierten IT-Praxis. Hier berät TW weiterhin etwa das Bundesinnenministerium bei umfangr. Modernisierungsprojekten u. gewann zusätzl. etliche Kliniken als Mandanten hinzu, die im Zshg. mit Fördermitteln der BReg IT-Ausschreibungen aufsetzen. Die Beratung der Stadt HH beim Breitbandausbau ist ein weiteres Großprojekt. Diese Technologienähe passt dazu, dass das Team auch verstärkt im Rüstungssektor gefragt ist: Hier haben einige ihrer bestehenden Mandanten wie Relyant, Marlink oder das Bundesverteidigungsministerium aktuell gestiegenen Beratungsbedarf. Vor diesem Hintergrund wird die Erweiterung des Teams sinnvoll, was TW auch strateg. im Blick hat.
Stärken: Erfahrung bei IT-Vergaben.
Oft empfohlen: Dr. Michael Brüggemann („versiert u. immer angenehm", Wettbewerber)
Team: 1 Eq.-Partner, 3 Associates
Schwerpunkte: ▷*IT*, ▷*Gesundheit*, Verteidigung u. Sicherheit, Bau, Dienstleistungen u. Infrastruktur (▷*Verkehr*). Schnittstelle zum ▷*Beihilfe*- u. Kartellrecht.
Mandate: Ausschreibungsbegleitung: BVG lfd. zu IT- u. Softwarebeschaffungen; Land Berlin/HiSolutions zu IT-Vergaben; BMInneres u.a. zur IT-Konsolidierung Bund; BMVerteidigung zu Beteiligung an Hensoldt; Stadt Hamburg zu Breitbandausbau im Stadtgebiet; Land Niedersachsen zu Konzession für Bodenabfertigungsdienste am Flughafen Hannover-Langenhagen, inkl. NP-Verf.; Hardtwaldklinik u. Klinik Heidekreis jew. zu Digitalisierungsprojekten; Flughafen Frankfurt-Hahn zu Ausschreibungspflichten u. Beihilferecht; lfd.: Bundesverband Gesundheits-IT. **Bietervertretung:** Relyant zu NATO-Vergabe für Bewirtschaftung der Bagram-Airbase in Afghanistan nach Rückzug; Niederrhein in NP-Verf. um Abfall (VK Rheinland); Enterprise Autovermietung, u.a. zu Beschaffungsvorhaben der Bundeswehr; Kohlpharma zu Arzneimittelrabattvertrag, inkl. NP-Verf. (VK Bund, OLG D'dorf); Land Nds. zu Bodenabfertigung am Flughafen Hannover; lfd.: Formitas, Marlink, Schwarz-Gruppe/Lidl Dienstleistung, BP Europa.

UPLEGER & QUAST
Vergaberecht ★
Bewertung: Das vergaberechtl. erfahrene Team hat nach der Abspaltung von der Kanzlei Boesen sein Geschäft stabil entwickelt u. sich zugleich bei einigen neuen Mandanten in Ausschreibungen durchgesetzt. Das Spektrum der Tätigkeit ist breit gefasst – von der Beratung von Kommunen bei der Beschaffung für Schulen bis zur lfd. Begleitung eines Verkehrsaufgabenträgers. Neben der Beratung zu Ausschreibungen genießt die Kanzlei auch einen guten Ruf für die Vertretung in Nachprüfungsverfahren.
Oft empfohlen: Martin Upleger
Team: 2 Partner, 1 Associate
Schwerpunkte: Entsorgungs- u. Verkehrssektor. Kommunikationsleistungen. Erfahrung mit Vertragsgestaltungen u. kartell- u. förderrechtl. Schnittstellen.
Mandate: Ausschreibungsbegleitung: Uni zu IT-Beschaffung (Rahmenvertrag); Verkehrsaufgabenträger umf., u.a. zu IT für fahrerlosen Fahrbetrieb; gefördertes Unternehmen zu Neubau von Schiffen mit Wasserstoffantrieb; kommunales Unternehmen zu Stromausschreibung für Schulen; Stadt zu Raumluftanlagen für Schulen; Bundesbehörde u.a. zu Kommunikationsleistungen, inkl. NP-Verf.; Stadtwerk zu Verkehrsmanagementsoftware; öffentl. Unternehmen aus dem Gesundheitsbereich zur Anpassung von Lieferverträgen. **Bietervertretung:** Verkehrsanbieter in Vergabeverf. um SPNV-Leistungen; Eisenbahnverkehrsunternehmen im Abellio-Verkaufsprozess.

WATSON FARLEY & WILLIAMS
Vergaberecht ★
Bewertung: Die Kanzlei baut seit ein paar Jahren eine öffentl.-rechtl. Praxis auf u. hat bei der Beratung zu Vergaben inzw. eine beachtl. Präsenz. Ein Akzent liegt auf der Beratung im Zshg. mit Infrastruktur- u. Digitalisierungsprojekten, wobei das Team sowohl ausschreibende Stellen als auch die Bieterseite vertritt. IT-Ausschreibungen von Kliniken u. Breitbandprojekte bilden nur einen Ausschnitt aus dem Tätigkeitsfeld. Bei der Begleitung von Abellio im Zshg. mit der Fortführung von Verträgen nach der Insolvenz zeigte sich zudem die Vernetzung mit Spezialisten für Infrastrukturfinanzierung aus dem HHer Büro.
Oft empfohlen: Dr. Felix Siebler („kompetent u. zuverlässig", Mandant; „fachl. versiert u. lösungsorientiert", Wettbewerber)
Team: 1 Partner, 4 Associates, 1 of Counsel
Schwerpunkte: Begleitung von Vergaben im Infrastruktur- und Digitalisierungszusammenhang. Erfahrene Teams für ▷*Energieprojekte*.
Mandate: Ausschreibungsbegleitung: Aufgabenträger zu Schnellladeinfrastruktur; bayer. Ministerium zu Leasingmodell für Mitarbeiterfahrräder, inkl. Vergabedesign; Behandlungszentrum Aschau zu IT-Vergaben; Stadtwerk zu Breitbandausbau, inkl. Finanzierungsmöglichkeiten u. Nachnutzung von Industriegelände; Fernwärme Hohenmölsen-Webau zu Gasleitung für Wasserstoffprojekt; Pullach im Isartal zu IT für Schulen; Kliniken Südostbayern zu Personalmanagementsoftware; Klinikum Passau umf. zu Beschaffungen. **Bietervertretung:** DeRZ Rechenzentrum der Uni Gießen; Alcatel Lucent, u.a. zu WLAN für Schulen; Eurofiber zu Zugangsnetz für BOSnet in Bayern; Vodafone zu Glasfaserausbau im Rhein-Lahn-Kreis; Jonas Better Place zu Sozialdienstleistungen, inkl. NP-Verf. (VK Berlin); Abellio Transport/NS Groep vergabe- u. beihilferechtl. im Zshg. mit Fortführung von Verkehrsverträgen nach Insolvenz.

Die Äquivalenz in der Patentverletzung: Neue Rechtsprechung

Von Dr. Marco Stief, Heike Röder-Hitschke und Dr. Christian Meyer, Maiwald, München

Dr. Marco Stief, LL.M., Rechtsanwalt, leitet seit 2017 den Rechtsanwaltsbereich der Kanzlei Maiwald. Er verfügt über fast 25 Jahre Erfahrung in nationalen und internationalen Patentverletzungsfällen. Darüber hinaus berät er regelmäßig im Bereich Technologietransfer und Technologiekooperationen. Er ist Dozent an der Universität Marburg sowie der TU München und Dresden.

Dr. Christian Meyer, Rechtsanwalt, betreut Mandanten in nationalen und grenzüberschreitenden Patent- und Gebrauchsmuster-, sowie Marken- und Designverletzungsverfahren sowie entsprechenden Löschungs- und Nichtigkeitsverfahren.

Heike Röder-Hitschke, LL.M., Rechtsanwältin, verfügt über langjährige Erfahrung in der Koordination von Verletzungsprozessen (Patente, Gebrauchsmuster, ergänzende Schutzzertifikate) und wirkt in parallel geführten Rechtsbestandsverfahren mit.

Maiwald ist eine führende Kanzlei im Bereich des gewerblichen Rechtsschutzes und unterstützt Unternehmen, ihre gewerblichen Schutzrechte zu sichern, zu verteidigen und durchzusetzen.

Kontakt
Maiwald
Elisenhof, Elisenstr. 3
80335 München
info@maiwald.eu

Grundsätzlich ist für eine Patentverletzung die identische (wortsinngemäße) Verwirklichung jedes einzelnen der im Anspruch vorgesehenen Merkmale nachzuweisen. Ausnahmsweise kann aber auch ein von der wortsinngemäßen Ausführung abweichendes Mittel eine sogenannte äquivalente Patentverletzung begründen. Grund für die Einbeziehung von Äquivalenten in den Schutzbereich ist die Erkenntnis, dass weder der Anmelder noch die Patentämter als Erteilungsbehörden in der Lage sind, die zahlreichen Möglichkeiten der konkreten technischen Ausgestaltung einer beanspruchten Lehre zum technischen Handeln im Wortlaut des Patentanspruchs abschließend zu erfassen.

Rechtlicher Hintergrund

Die grundsätzliche Möglichkeit der Berücksichtigung von abgewandelten Mitteln bei der Bestimmung des Schutzbereichs von Patenten ergibt sich bereits aus Art. 1 und 2 des Protokolls über die Auslegung des Art. 69 des Europäischen Patentübereinkommens (EPÜ). Denn würde jede unbedeutende (technische) Abwandlung aus dem Schutzbereich des Patents herausführen, wäre der Patentschutz allzu leicht zu umgehen und könnte damit seinem Zweck, einen Anreiz für Erfindungen zu schaffen, nicht mehr gerecht werden. Allerdings muss der durch einen Patentanspruch definierte Schutzbereich schon aus Gründen der Rechtssicherheit hinreichend klar umrissen sein. Es ist daher ein Ausgleich der sich gegenüberstehenden Interessen an einem angemessenen Schutz der erfinderischen Leistung einerseits und dem Gebot der Rechtssicherheit Dritter andererseits zu schaffen. Maßgebliche Grundlage für die Bestimmung des Schutzbereichs bildet somit auch bei der Berücksichtigung von Äquivalenten der zu ermittelnde Sinngehalt der Patentansprüche.

Grundlegende Rechtsprechung

Die bis heute geltenden allgemeinen Grundlagen der Äquivalenzlehre beruhen im Wesentlichen auf den so genannten Schneidmesser-Fragen aus den fünf BGH-Entscheidungen „Kunststoffrohrteil", „Schneidmesser I", „Schneidmesser II", „Custodiol I" und „Custodiol II" aus dem Jahr 2002.

Nach den BGH-Entscheidungen „Okklusionsvorrichtung" und „Diglycidverbindung" aus dem Jahr 2011 und einer entsprechend restriktiven Praxis der Instanzgerichte wurde es zunächst ruhiger um die Äquivalenz. Dies änderte sich durch die BGH-Entscheidungen „Wärmetauscher", „Pemetrexed" und „V-förmige Führungsanordnung" aus dem Jahr 2016, in denen der BGH die o.g. Entscheidungen aus dem Jahr 2011 weiterentwickelte und den Äquivalenzbereich wieder etwas öffnete. Dies hat zu einer Wiederbelebung der Äquivalenzdiskussion auch bei den Instanzgerichten geführt.

Der Vierstufentest

Soll eine äquivalente Ausführungsform unter den von der jüngeren Rechtsprechung entwickelten Grundsätzen dennoch zum Schutzbereich des Anspruchs gehören, sind nunmehr die folgenden vier konsekutiven Voraussetzungen zu prüfen:

- Technische Gleichwirkung
- Auffindbarkeit / Naheliegen
- Gleichwertigkeit im Sinne einer Orientierung am Patentanspruch
- Kein Verzicht

Technische Gleichwirkung

Das von der angegriffenen Verletzungsform verwirklichte, abgewandelte Mittel muss objektiv gleichwirkend zu dem im Patentanspruch genannten Mittel sein, d.h. die gleiche Wirkung zur Lösung des zugrundeliegenden Problems entfalten.

Nach der BGH-Entscheidung „Kranarm" geht es dabei nicht um eine abstrakte, vom Patentanspruch losgelöste technische Gleichwirkung. Entscheidend ist, welche einzelnen Wirkungen die patentgemäßen Merkmale für sich und insgesamt zur Lösung des dem Patentanspruch zugrundeliegenden Problems beitragen. Nur bei einer gesamtheitlichen Betrachtung ist gewährleistet, dass trotz Abwandlung bei einem oder mehreren Merkmalen lediglich solche Ausgestaltungen vom Schutzbereich umfasst werden, bei denen der mit der geschützten Erfindung verfolgte Sinn beibehalten ist.

Darüber hinaus stellt der BGH in „Kranarm" klar, dass eine Gleichwirkung bereits dann zu bejahen ist, wenn die Wirkungen durch das abgewandelte Mittel nur im Wesentlichen, d.h. in eingeschränktem Umfang, aber in einem praktisch noch erheblichen Maß, erzielt wird. Dies hat das OLG Düsseldorf in der Entscheidung „Voraussetzungen der Äquivalenz" im Jahr 2021 bestätigt.

Naheliegen / Auffindbarkeit

Auf der zweiten Stufe ist zu prüfen, ob der Fachmann das abgewandelte Mittel aufgrund seines Fachwissens ohne besondere (erfinderische) Überlegungen, die am Sinngehalt der Ansprüche orientiert sind, zum Prioritätszeitpunkt als gleichwirkend auffinden konnte.

Maßgeblich ist auch hier eine Betrachtung der Gesamtheit der Merkmale des Patentanspruchs und der jeweils von ihnen zur Lösung der Erfindung ausgehenden Wirkungen. Hieran fehlt es, wenn das abgewandelte Mittel einen anderen Weg geht oder auf die mit dem Patent angestrebten entscheidenden Vorteile oder Wirkungen verzichtet.

Ist das Austauschmittel hingegen in der Patentbeschreibung angesprochen, wenn auch gegebenenfalls in einem anderen Zusammenhang, wird man nach der Entscheidung „WC-Sitzgelenk II" des OLG Düsseldorf aus 2020 ein Naheliegen in der Regel bejahen können.

Gleichwertigkeit / Orientierung am Patentanspruch

Drittens müssen die Überlegungen des Fachmannes sich derart am Sinngehalt der im Patentanspruch unter Schutz gestellten technischen Lehre orientieren, dass er die gegenüber dem Anspruchswortlaut abweichende Lösung dennoch als gleichwertig in Betracht zieht.

In der praktischen Anwendung handelt es sich dabei um die in der Regel schwierigste, aber auch zugleich gewichtigste Voraussetzung. Danach ist entscheidend, ob die spezifische Gleichwirkung der Gesamtheit der Merkmale der angegriffenen Verletzungsform im Vergleich zu denjenigen des Patentanspruchs gegeben ist, d.h. die äquivalente Ausführungsform im weiteren Sinne noch eine patentgemäße Lösung darstellt. Zwar ist es nicht erforderlich, dass die Beschreibung des Patents Ausführungen enthält, die den Fachmann zu dieser Abwandlung hinlenken. Es reicht jedoch umgekehrt auch nicht aus, dass der Fachmann allein aufgrund seines Fachwissens eine Lehre als technisch sinnvoll und gleichwirkend zur patentgemäßen Lehre erkennt.

Kein Verzicht

Bei der Frage der Gleichwertigkeit der Lösung ergibt sich nach der Rechtsprechung des BGH eine weitere Einschränkung. Danach ist es regelmäßig ausgeschlossen, eine Ausführungsform als äquivalent zu bewerten, die in der Beschreibung des Patents als mögliche Lösung der Aufgabe zwar angeführt ist, jedoch im Wortlaut des Patentanspruchs keinen Niederschlag gefunden hat. Die Rechtsprechung erkennt darin einen impliziten Verzicht (bzw. eine Auswahlentscheidung) des Anmelders (so z.B. die BGH-Entscheidungen „Okklusionsvorrichtung", „Diglycidverbindung" sowie zuletzt auch das OLG Karlsruhe in der Entscheidung „Flüssigkeitszufuhranordnung").

Ein solcher Verzichtssachverhalt ist wiederum nicht gegeben, wenn das abgewandelte Mittel zwar in der Patentschrift angeführt wird, dies jedoch nicht in erfindungsgemäßem, sondern in einem anderen Zusammenhang geschieht. Es kann von einem Verzicht nur ausgegangen werden, wenn die Patentschrift erkennen lässt, dass dem Anmelder das abgewandelte Mittel im Zusammenhang mit der Erfindung bewusst war (so z.B. das OLG Düsseldorf in „WC-Sitzgelenk").

Aus der Entscheidung „Pemetrexed" folgt wiederum, dass eine Auswahlentscheidung nicht allein damit begründet werden kann, dass die Verwendung des Austauschmittels in der Patentschrift (lediglich) nahegelegt wird; stattdessen ist zu fordern, dass die Patentschrift selbst mehrere mögliche Ausführungsformen konkret offenbart, diese aber nicht alle beansprucht. Der BGH bestätigt dies in der Entscheidung „V-förmige Führungsanordnung" und stellt darüber hinaus klar, dass sich der Patentinhaber mit einer konkreten Formulierung eines Merkmals im Anspruch nicht notwendig auf eine dem Wortsinn des betreffenden Merkmals entsprechende Auslegung festgelegt hat. Dies kann als vorsichtige Abkehr von den vorstehenden Grundsätzen der Entscheidungen „Diglycidverbindung" und „Okklusionsvorrichtung" verstanden werden.

Unter Berücksichtigung jüngerer Rechtsprechung der Instanzgerichte (z.B. OLG Düsseldorf, „Abstreifeinheit") wird man daher wohl nicht mehr pauschal sagen können, dass eine Gleichwertigkeit in jedem Fall fehlt, wenn eine in der Beschreibung enthaltene Ausführungsform keinen Niederschlag im Patentanspruch gefunden hat.

Formsteineinwand

Eine weitere Einschränkung erfährt die Äquivalenzlehre durch den nach der BGH-Entscheidung „Formstein" benannten, zulässigen Einwand des Verletzers, die als äquivalent angegriffene Ausführungsform stelle unter Berücksichtigung des Standes der Technik im Prioritätszeitpunkt des Patents keine patentfähige Erfindung dar.

Hintergrund ist die Überlegung, dass das Klagepatent nicht auf einen Gegenstand erstreckt werden soll, der sich im vorbekannten Stand der Technik bewegt und für den der Patentinhaber deshalb keinen Schutz hätte erhalten können. Der Ausschluss nicht patentfähiger Abwandlungen ist vor dem Hintergrund der Trennung zwischen Verletzungs- und Nichtigkeitsverfahren in Deutschland auch sinnvoll, da im Nichtigkeitsverfahren nur der Gegenstand des erteilten Anspruchs angreifbar ist, nicht jedoch das abgewandelte Mittel. Der Formstein-Einwand kann jedoch nur dann zum Ziel führen, wenn der Stand der Technik überhaupt die äquivalente Abwandlung und nicht ausschließlich solche Merkmale des Patentanspruchs betrifft, die bei der angegriffenen Ausführungsform wortsinngemäß verwirklicht sind. ∎

KERNAUSSAGEN

- Die Äquivalenzdiskussion ist nicht abgeschlossen und dürfte in Zukunft weiter an Bedeutung gewinnen.
- Die Entscheidungen auch der Instanzgerichte werden der Diskussion neuen Schwung verleihen und die Vorgaben des BGH präzisieren.
- Tendenziell dürfte die Äquivalenz in Zukunft eher großzügig(er) gehandhabt werden.

CO-PUBLISHING/ANZEIGE **PATENTRECHT**

UPC: Was Unternehmen jetzt zum voraussichtlichen Start des neuen Patentgerichts in 2022 wissen müssen

Von Clemens Rübel und Maximilian Schmitz, LL.M., Norton Rose Fulbright, München

Clemens Rübel

Clemens Rübel ist ein auf Patentverletzungs- und Rechtsbeständigkeitsverfahren spezialisierter Rechtsanwalt und Partner in unserem Münchener Büro. Er berät Mandanten aus allen technischen Gebieten sowohl in nationalen als auch in grenzüberschreitenden Auseinandersetzungen.

Maximilian Schmitz

Maximilian Schmitz, LL.M. ist Rechtsanwalt und Fachanwalt für gewerblichen Rechtsschutz in unserem Münchener Büro. Sein Schwerpunkt liegt im Bereich des Patentrechts sowie des Geschäftsgeheimnisschutzes.

Norton Rose Fulbright berät als globale Wirtschaftskanzlei mit mehr als 3.500 Rechtsanwältinnen und Rechtsanwälten weltweit in allen Bereichen des Wirtschaftsrechts. Der weltweiten IP-Praxis gehören mehr als 250 Rechts- und Patentanwälte an, die in sämtlichen Bereichen des gewerblichen Rechtsschutzes tätig sind.

Kontakt
Norton Rose Fulbright LLP
Theatinerstraße 11
80333 München
clemens.ruebel@
nortonrosefulbright.com
maximilian.schmitz@
nortonrosefulbright.com

Weitere Informationen zur Kanzlei in der Anzeige auf Seite 218/219

Nach derzeitigen Planungen soll das einheitliche Patentgericht voraussichtlich Ende 2022 bzw. Anfang 2023 den Betrieb aufnehmen. Mit der einhergehenden Einführung des europäischen Patents mit einheitlicher Wirkung (Einheitspatent) bieten sich für Patentinhaber neue weitreichende Möglichkeiten zum Vorgehen gegen vermeintliche Patentverletzer. Auf der anderen Seite werden auch den Beklagten Mittel zur effektiven Verteidigung gegen eine Inanspruchnahme an die Hand gegeben, womit die Verfahren am Einheitspatentgericht für beide Seiten mit gewissen Risiken behaftet sein werden. Aufgrund der unterschiedlichen Möglichkeiten zum Vorgehen gegen Verletzer als auch der Verteidigung gegen eine Inanspruchnahme sind strategische (Vor-)Überlegungen unbedingt erforderlich.

Opt-out/Opt-in

Gegenstand der Verletzungsverfahren vor dem einheitlichen Patentgericht können sowohl Einheitspatente als auch die klassischen Bündelpatente (EP-Patente) sein, wobei die Wirkung für die EP-Patente sich lediglich auf die Vertragsmitgliedsstaaten des einheitlichen Patentgerichts beschränkt.

Hinsichtlich der EP-Patente besteht für eine Übergangszeit von zunächst 7 Jahren (wird ggf. auf 14 Jahre erweitert) eine parallele Zuständigkeit der nationalen Gerichte sowie des einheitlichen Patentgerichts. Inhaber eines EP-Patents haben jedoch die Möglichkeit, über eine sog. Opt-out-Erklärung die Zuständigkeit des einheitlichen Patentgerichts auszuschließen. Dies ist jedoch nur solange erlaubt, bis noch keine Nichtigkeitsklage oder Klage auf Feststellung der Nichtverletzung beim einheitlichen Patentgericht anhängig gemacht wurden. Diesen Umstand könnten sich potentielle Beklagte zu Nutze ziehen, um vor einer Opt-out-Erklärung vorausschauend gefährliche Patente europaweit anzugreifen, um nicht später, nach einem Opt-out, die Nichtigkeit des Patents Land für Land durchsetzen zu müssen.

Sollte der Inhaber eines EP-Patents sich nach einem erfolgten Opt-out dazu entscheiden, doch die Gerichtsbarkeit des einheitlichen Patentgerichts in Anspruch zu nehmen, besteht einmalig die Möglichkeit zu einem Opt-in, um diese Zuständigkeit wiederherzustellen.

Verfahren vor dem einheitlichen Patentgericht

Die Verfahren vor dem einheitlichen Patentgericht sollen einem klaren Ablauf folgen. Ein strenges Fristenregime soll Verzögerungen soweit wie möglich vermeiden. Das erstinstanzliche Verfahren vor den Lokal- oder Regionalkammern bzw. der Zentralkammer beginnt mit einem schriftlichen Verfahren, gefolgt von einem Zwischenverfahren und der abschließenden mündlichen Verhandlung. Innerhalb eines Jahres nach Klageerhebung soll das erstinstanzliche Verfahren beendet sein.

Ähnlich den Einspruchs- und Beschwerdeverfahren beim Europäischen Patentamt ist die Verfahrensakte des einheitlichen Patentgerichts öffentlich zugänglich. Die Parteien des Verfahrens können Anträge auf Geheimhaltung verschiedener Dokumente stellen, müssen diese jedoch begründen. Schließlich liegt die Entscheidung beim Gericht, ob die jeweiligen Dokumente als vertraulich eingestuft und damit nicht im Register veröffentlicht werden. Im Gegensatz zum sehr vertraulichen, deutschen Verletzungsverfahren ist somit zu befürchten, dass wichtige Dokumente an die Öffentlichkeit gelangen könnten.

Anders als im deutschen Verfahren kann sich der Beklagte mit dem Nichtigkeitseinwand gegen das Klageschutzrecht in Form der Nichtigkeitswiderklage verteidigen, die im Erfolgsfall eine vollständige Vernichtung oder Einschränkung des Klageschutzrechts zur Folge hat. Im Vergleich zur selbstständigen Nichtigkeitsklage, die zwingend vor der Zentralkammer verhandelt wird, kann das Verletzungsverfahren bei einer Nichtigkeitswiderklage unterschiedliche Verläufe nehmen. Die Lokal-/Regionalkammer kann einen technischen Richter hinzuziehen und die Nichtigkeit mitentscheiden. Außerdem kann die Nichtigkeitswiderklage abgetrennt und an die Zentralkammer verwiesen werden oder das gesamte Verfahren kann an die Zentralkammer verwiesen werden.

PATENTRECHT CO-PUBLISHING/ANZEIGE

Hinsichtlich der Vollstreckung der Entscheidungen des einheitlichen Patentgerichts sehen die Verfahrensregeln eine Vollstreckung nach den Vorschriften der einzelnen Vertragsmitgliedsstaaten, in denen das Urteil vollstreckt werden soll, vor.

Kosten/Kostenerstattung

Verfahrenskosten sind regelmäßig ein bedeutender Faktor bei der Wahl des Gerichtsstandes. Ein Verfahren beim einheitlichen Patentgericht ist zwar hinsichtlich der Gerichtskosten vorhersehbar, jedoch nicht die Kostenlast bzw. Kostenerstattung der Anwalts- und sonstigen Verfahrenskosten.

Die Gerichtsgebühren für Verfahren beim einheitlichen Patentgericht setzen sich aus einer Fixgebühr sowie einer streitwertabhängigen Gebühr zusammen. Für Verletzungsklagen, einstweilige Verfügungsverfahren, Feststellung der Nichtverletzung sowie Nichtigkeitswiderklagen beträgt die Fixgebühr 11.000 Euro, für eine separate Nichtigkeitsklage 20.000 Euro sowie für Höheverfahren 3.000 Euro. Die zusätzlichen streitwertbezogenen Gebühren bewegen sich zwischen 2.500 Euro für einen Streitwert zwischen 500.000 Euro und 750.000 Euro bis hin zu 325.000 Euro für Streitwerte ab 50.000.000 Euro. Eine Besonderheit besteht bei der Gebühr für die Nichtigkeitswiderklage, da hier eine Beschränkung auf maximal 20.000 Euro vorgesehen ist.

Anfallende und ggf. erstattungsfähige Anwalts- und sonstige Verfahrenskosten bestimmen sich nach den tatsächlich entstandenen Kosten, sind jedoch verfahrensabhängig gedeckelt. Es gibt einen streitwertabhängigen Höchstsatz, der beispielsweise bei einem Streitwert von bis zu 250.000 Euro bei 38.000 Euro, aber ab einem Streitwert von über 50.000.000 Euro bei 2.000.000 Euro liegt. Zum anderen müssen die entstandenen Gebühren angemessen und zumutbar sein. Was darunter zu verstehen ist, muss sich durch die Praxis erst noch zeigen.

Zur Absicherung seiner ggf. erstattungsfähigen Kosten kann der Beklagte ferner die Leistung angemessener Sicherheiten verlangen. Im Gegensatz zum deutschen Einwand der Prozesskostensicherheit ist dieser Einwand nicht auf Kläger mit Sitz außerhalb der EU beschränkt und ist daher von jedem potentiellen Kläger zu beachten. Abhängig vom Streitwert des Verfahrens können auf den Kläger nicht unerhebliche zusätzliche Kosten für die Stellung einer Sicherheit zukommen.

Unterlassungsanspruch

Ein vielfach genannter Vorteil des Einheitspatents ist seine Wirkung für sämtliche Vertragsmitgliedsstaaten und die damit verbundene Möglichkeit, auf „einen Schlag" einen weitreichenden Unterlassungstitel zu bekommen. Neben der damit nicht mehr erforderlichen Durchsetzung des jeweils nationalen Patents vor den einzelnen Gerichten bringt dieser Umstand dem Patentinhaber auch ein erhöhtes Drohpotential gegenüber dem vermeintlichen Verletzer.

Zu beachten ist allerdings, dass der Unterlassungsanspruch unter einem ausdrücklichen Ermessensvorbehalt steht. Das Gericht „kann" dem Verletzer die Fortsetzung der festgestellten Patentverletzung untersagen, muss dies aber nicht. Inwieweit die Richter des einheitlichen Patentgerichts von ihrem Ermessen Gebrauch machen werden, wird sich zeigen. Mit Blick auf Deutschland lässt sich bspw. feststellen, dass der den Unterlassungsanspruch einschränkende Verhältnismäßigkeitsvorbehalt bisher extrem restriktiv gehandhabt wird. Noch dazu sieht das Übereinkommen, im Gegensatz zum deutschen Patentrecht, explizit keine entsprechende Entschädigung vor, sollte der Unterlassungsantrag aufgrund der Ermessensausübung abgelehnt werden. Ob eine solche Konstellation über den zu leistenden Schadensersatz gelöst werden wird, bleibt abzuwarten.

Schadensersatz

Mit der weitreichenden Wirkung des Einheitspatents steht dem Patentinhaber grundsätzlich auch die Türe zu höheren Schadensersatzsummen offen. Aufgrund des größeren Produktumsatzes auf dem Markt der Vertragsmitgliedsstaaten wird eine entsprechende Bemessung im Vergleich zu einzelnen nationalen Staaten regelmäßig höher ausfallen. In diesem Zusammenhang ist auch zu berücksichtigen, dass die EUGVVO vorsieht, dass unter bestimmten Voraussetzungen der Patentinhaber zusätzlich Ersatz eines Schadens, der außerhalb der Europäischen Union entstanden ist, verlangen kann.

Fazit

Das einheitliche Patentgericht in Verbindung mit dem Einheitspatent schafft eine attraktive Möglichkeit zum effektiven Vorgehen gegen Patentverletzungen. Neben der großen territorialen Reichweite des Unterlassungsanspruchs und potentiell größeren Schadensersatzsummen ist sicher auch das angestrebte zügige Verfahren ein Faktor, der für das Einheitspatentsystem spricht. Dem steht jedoch ein, insbesondere im Verhältnis zum deutschen Verfahren, größeres Kostenrisiko und die Gefahr des umfänglichen Schutzrechtsverlustes bei erfolgreicher Nichtigkeitswiderklage gegenüber. Daneben ist die öffentliche Zugänglichkeit der Verfahrensakte nicht zwingend vorteilhaft für die Parteien. Das einheitliche Patentgericht wird zwar die bisher bestehende nationale Gerichtsbarkeit nicht vollständig ersetzen können, bietet aber in vielen Fällen eine echte Alternative. ∎

KERNAUSSAGEN

- Für Europäische Patente kann die Zuständigkeit des einheitlichen Patentgerichts durch ein Opt-out ausgeschlossen werden.
- Das einheitliche Patentgericht ist mit seinem weitreichenden Unterlassungsanspruch, dem zügigen Verfahrensregime und der Aussicht auf größere Schadensersatzsummen für Patentinhaber attraktiv.
- Das nicht unerhebliche Kostenrisiko, die umfängliche Öffentlichkeit des Verfahrens sowie die Gefahr des multinationalen Schutzrechtsverlustes stellen hingegen Risiken bei der Inanspruchnahme des einheitlichen Patentgerichts dar.
- Die bereits vorhandenen Verfahren vor den nationalen Patentgerichten bieten weiterhin eine bewährte Alternative zum neuen System.

CO-PUBLISHING/ANZEIGE **PATENTRECHT**

Plausibilität – ein ungelöstes Problem bei der Patenterteilung

Von Dr. Andreas Oser und Dr. Susanne Sonnenhauser, Prüfer & Partner, München

Dr. Susanne Sonnenhauser

Dr. Susanne Sonnenhauser arbeitet seit 2005 auf dem Gebiet des gewerblichen Rechtschutzes und ist als deutsche Patentanwältin und European Patent Attorney zugelassen. Seit 2008 ist sie bei Prüfer & Partner tätig. Ihre Arbeitsschwerpunkte bilden das Patent- und Markenrecht, hauptsächlich auf den Gebieten Pharma und Life Science. Susanne Sonnenhauser vertritt ihre Mandanten sowohl im Patenterteilungs- als auch im Einspruchsverfahren. Darüber hinaus erstellt sie Gutachten hinsichtlich der Validität und Verletzung von Schutzrechten.

Dr. Andreas Oser

Dr. Andreas Oser (Dipl.-Chem. Universität Freiburg; Promotion Max-Planck-Institut für Biochemie München) ist seit 1991 im gewerblichen Rechtsschutz tätig, wurde 1995 als deutscher und europäischer Patentanwalt zugelassen und ist seit 2002 als geschäftsführender Partner bei Prüfer & Partner tätig. Die Hauptfachgebiete von Andreas Oser sind Chemie, Pharma und Life Science. Seine Tätigkeit umfasst Patentanmeldungen (Ausarbeitung, Prüfung), Einspruchs- und Beschwerdeverfahren, Patentstreitfälle, Verletzungs- und Rechtsbeständigkeitsgutachten, Freedom-to-Operate-Analysen und Due-Diligence-Prüfungen.

Kontakt
Prüfer & Partner mbB
Sohnckestraße 12
81479 München
Tel. +49 89 69 39 21 0
E-Mail office@pruefer.eu
www.pruefer.eu

Weitere Informationen zur Kanzlei in der Anzeige auf Seite 233

Mit großer Spannung wird die Entscheidung der Großen Beschwerdekammer (GBK) des Europäischen Patentamts (EPA) im derzeit anhängigen Verfahren G2/21 erwartet. Diese könnte einen erheblichen Einfluss auf die künftige Anmeldestrategie von Patentanmeldern haben, denn im Kern geht es darum, wann eine Erfindung fertig zum Einreichen ist.

Die Sicherung eines frühen Anmeldetags für eine Erfindung ist ein wichtiger Aspekt einer Patentstrategie, um die eigene Rechtsposition gegenüber Wettbewerbern zu sichern. Aus Zeit- und Kostengründen stellt sich die Frage, wie viel experimenteller Aufwand unter patentrechtlichen Gesichtspunkten vor dem Einreichen einer Patentanmeldung betrieben werden muss, um die behaupteten Effekte zu stützen oder ob entsprechende Beweismittel nachgereicht werden können.

Bis es zu einer Entscheidung G2/21 zur abschließenden Klärung relevanter Vorlagefragen kommt, soll dieser Beitrag praktische Szenarien erörtern, die unabhängig von der Beantwortung der Vorlagefragen weiterhin existieren werden, jedoch mit Hilfe der Entscheidung G2/21 – eventuell neu – bewertet werden müssen.

Eignung von Beweismitteln aus der Produktentwicklung als Stütze einer Erfindung

Im Rahmen einer Produktentwicklung wird als Vergleichsprodukt gerne das Produkt eines Wettbewerbers oder der interne Goldstandard verwendet, unabhängig davon, ob man den Aufbau oder die Zusammensetzung dieser Vergleichsform genau kennt. Derartige Vergleichsdaten sind im Rahmen des vom EPA angewandten Aufgabe-Lösungs-Ansatzes häufig nicht verwendbar, da nach ständiger Rechtsprechung der geltend gemachte Effekt eindeutig auf das unterscheidende Merkmal zurückzuführen sein muss.

Das experimentelle Untersuchen des Einflusses von allen potentiell relevanten Parametern auf den behaupteten Effekt und somit das Ausloten der Grenzen der Erfindung kann zeitlich und finanziell aufwändig sein und erscheint aus Erfindersicht meist nicht zielführend.

Unabhängig davon kann der Nachweis von technischen Effekten oft erst in Kenntnis des objektiv nächstliegenden Stands der Technik z.B. im Prüfungsverfahren punktgenau produziert werden, da erst dann die objektiv passgenaue (weil der beanspruchten Erfindung am Nächsten kommenden) Vergleichsform bekannt wird.

Aus derartigen Gründen werden experimentelle Untersuchungen gerne auf einen späteren Zeitpunkt verlagert. Ob dieses Aufschieben aber überhaupt möglich ist, soll nun durch die GBK geklärt werden.

Zugrundeliegende Fragestellung der G2/21

Gemäß den Vorlagefragen beschäftigt sich die GBK in erster Linie mit der Frage, ob erst nach Einreichung der Patentanmeldung Beweismittel wie z.B. Versuchsdaten dann unberücksichtigt bleiben müssen, wenn sie den ausschließlichen Nachweis für einen geltend gemachten Effekt darstellen. Der GBK werden drei Ansätze vorgelegt, die sich alle um das Kriterium drehen, ob oder inwieweit die ursprünglich in der Anmeldung gemachten Angaben einen geltend gemachten Effekt plausibel machen müssen:

Das für den Anmelder großzügigste Szenario wäre, wenn der ausschließliche Nachweis für einen geltend gemachten Effekt ohne weiteres nach dem Anmeldetag erfolgen kann, also keinerlei Plausibilitäts-Anforderung gestellt würde. Dies würde das Einreichen einer Erfindung in einem frühen, evtl. spekulativen (unreifen) Zustand ermöglichen, um einen frühen Anmeldetag zu sichern.

Sollte die GKB jedoch zu dem Ergebnis kommen, dass Mindestanforderungen an die Plausibilität hinsichtlich der behaupteten Effekte in der Anmeldung selbst zu stellen sind, könnte als Standard eine entsprechende ab-initio-Plausibilität für die technischen Effekte angelegt werden.

In einem dritten Fall könnte als Mindestmaß gefordert werden, dass die behaupteten Effekte zumindest nicht von vornherein unplausibel sind, d.h. keine ab-initio-Unplausibilität gegeben ist.

Reifezustand – wann ist eine Erfindung fertig zum Einreichen?

Unabhängig davon, wie die GBK entscheiden wird, erachten wir es stets als sinnvoll, eine Anmeldung erst einzureichen, wenn Vorteile gegenüber dem Stand der Technik zumindest benannt werden können; der Beleg der technischen Effekte z.B. durch Vergleichsversuche sollte vor dem Einreichen geprüft werden.

Den Reifezustand einer Erfindung könnte man wie folgt klassifizieren:

- Effekte sind (noch) nicht bekannt, lediglich die Merkmale zur Charakterisierung des gewünschten Produkts können angegeben werden. In diesem Fall könnte man, wenn ein früher Anmeldetag vorrangig ist, eine Waschliste an potentiellen Effekten in den Anmeldetext aufnehmen, um sich bei Bedarf dann den gewünschten Effekt herauszugreifen. Obwohl aus dem Nichterreichen von Effekten aus der Anmeldung nicht direkt eine mangelnde Offenbarung erwächst, solange sie nicht im Anspruchswortlaut Niederschlag gefunden haben, könnte eine gänzlich spekulative Erfindungsbeschreibung unter Umständen die Berücksichtigung verspäteter Beweismittel oder gar die Nacharbeitbarkeit in Frage stellen.
- Effekte werden erwartet und die Merkmale der Erfindung, die kausal verantwortlich sind, werden vermutet. Hier können die erwarteten Effekte bereits konkret benannt werden; diese sollten dann zumindest nicht ab-initio unplausibel sein. Aus technischer Sicht sollten keine Zweifel gegen die mögliche Erreichung der genannten Effekte begründet sein. Bei der Beschreibung der Erfindung in der ursprünglichen Anmeldung liegt die Herausforderung darin, dass nicht bekannt ist, welche Merkmale/Parameter für das Erreichen des Effekts ursächlich sind. Unabhängig von der Entscheidung G2/21 sollte möglichst die Kausalität zwischen Effekten und den entsprechenden Merkmalen der Erfindung untersucht und im Anmeldetext erläutert werden. Bereits vorveröffentlichte Literatur kann helfen, diesen kausalen Zusammenhang zu begründen. Patentrechtlich gefordert wird lediglich, dass etwas funktioniert bzw. eine gestellte Aufgabe gelöst wird; eine wissenschaftliche Erklärung dafür, wie eine beanspruchte Problemlösung funktioniert, ist nicht notwendigerweise erforderlich.
- Effekte werden erwartet, man kann aufgrund technischer Überlegungen darauf schließen, welche Merkmale der Erfindung kausal dafür verantwortlich sein sollten. Eine technische Erklärung, die die behaupteten Effekte erwarten lässt, kann in der Patentanmeldung gegeben werden (ab-initio-Plausibilität). Ein echter experimenteller Beleg fehlt jedoch noch. In so einem Fall dürften die Erteilungsaussichten – die erforderliche Neuheit vorausgesetzt – gut sein, allerdings ist damit zu rechnen, dass z.B. in einem möglichen Einspruchsverfahren die Gegenseite diese Plausibilität angreifen könnte, z.B. durch Vorbringen begründeter Zweifel, dass die der Plausibilität zugrundeliegende Theorie nicht stimmt. Ohne der Endentscheidung in der aktuellen Vorlage G2/21 vorgreifen zu wollen, sollte es jedoch in diesen Fallkonstellationen aufgrund der vorliegenden ab-initio-Plausibilität möglich sein, in der Tatsacheninstanz – d.h. nicht erst in Beschwerde oder Berufung – mittels nachgelieferter Experimente und Daten die erwarteten technischen Effekte zu untermauern.
- Effekte sind bekannt und belegt. Hier sollte nichts gegen das Einreichen einer Patentanmeldung sprechen. Wenn ein neuer Stand der Technik z.B. im Prüfungsverfahren herangezogen wird, sollte es möglich sein, bei Bedarf weitere (nachveröffentlichte) experimentelle Daten zur Stützung der bereits in der Anmeldung gezeigten Effekte beizubringen.

Sonderfälle

Sonderfälle liegen dann vor, wenn technische Effekte nur für einen Teil eines beanspruchten Gegenstandes belegt oder zu erwarten sind oder wenn ein technischer Effekt selbst ein beanspruchtes Merkmal – bspw. in einem Verwendungsanspruch – darstellt. Im ersten Fall stellt sich dann die Frage, ob der technische Effekt plausibel für den restlichen Teil des Anspruchs verallgemeinert werden kann, und im zweiten Fall wird das Kriterium der Plausibilität auch im Rahmen der Prüfung relevant sein, ob die Erfindung überhaupt ausreichend offenbart und damit ausführbar ist. Auch hier sollten jedoch ähnliche Erwägungen wie zuvor erläutert eine Rolle spielen. ∎

KERNAUSSAGEN

- Die Entscheidung der GBK in dem Verfahren G2/21 wird hoffentlich Klarheit dahingehend liefern, in welchem Reifezustand eine Erfindung eingereicht werden muss, damit behauptete Effekte anerkannt werden.
- In vielen Fällen wird – unabhängig von dem gemäß G2/21 anzulegenden Maßstab – ein frühes Einreichen gewünscht sein.
- Bereits jetzt zeigt sich: die Frage der Plausibilität stellt keine eigene Patentierungsvoraussetzung dar, ist aber ein wichtiges Kriterium bei der Prüfung auf erfinderische Tätigkeit und ggf. sogar der Ausführbarkeit einer beanspruchten Erfindung.
- Auf alle Fälle ist es sinnvoll, den Reifezustand der Erfindung vor dem Einreichen einer Patentanmeldung zu prüfen, um das bestmögliche Ergebnis zu erzielen und ein starkes Patent zu erhalten.

UPC: Opt-in und Opt-out Strategien für Patentinhaber

Von Dr. Bernd Janssen und Dr. Hanna Pieper, Uexküll & Stolberg, Hamburg

Dr. Bernd Janssen

Der inhaltliche Fokus von Herrn **Dr. Janssen** ist der Bereich der Chemie und seine Tätigkeiten umfassten alle Tätigkeiten im Patenterteilungs-, Einspruchs- und Einspruchsbeschwerdeverfahren und Patentstreitverfahren, einschließlich Nichtigkeits- und Verletzungsverfahren, sowie die Markenregistrierung.

Dr. Hanna Pieper

Der Schwerpunkt der Tätigkeit von Frau **Dr. Pieper** liegt ebenfalls im Bereich der Chemie und umfasst alle Tätigkeiten im Patenterteilungs-, Einspruchs- und Einspruchsbeschwerdeverfahren sowie der Erstellung von Rechtsgutachten bezüglich der Gültigkeit und Verletzung von Patenten.

Die Sozietät **Uexküll & Stolberg** ist eine Kanzlei mit Patent- und Rechtsanwälten in Patentsachen in den Bereichen Chemie, Biologie, Life Science, Physik, Maschinenbau und Elektrotechnik sowie in Markenangelegenheiten. Die Beratung von Mandanten in streitigen Verfahren – oftmals mit internationaler Beteiligung – ist eine der Kerntätigkeiten der Kanzlei.

Kontakt
Uexküll & Stolberg Partnerschaft
von Patent- und Rechtsanwälten mbB
Beselerstraße 4
22607 Hamburg
T +49 (40) 899 654 0
postmaster@uex.de

Weitere Informationen zur Kanzlei
in der Anzeige auf Seite 259

Der Tag, an dem das Übereinkommen über das Einheitliches Patentgericht (EPGÜ) in Kraft tritt und das Einheitliche Patentgericht (EPG) seine Arbeit aufnehmen wird, rückt immer näher. Nach Inkrafttreten wird das EPG für Rechtsstreitigkeiten sowohl über die neu geschaffenen Einheitspatente, als auch über bestehende oder in Zukunft erteilte klassische europäische Patente (Bündelpatente) ausschließlich zuständig sein, sofern sie in EPÜ-Mitgliedstaaten validiert worden sind, die auch das EPGÜ ratifiziert haben. Lediglich nationale Patente sind vom EPGÜ nicht erfasst.
Es gibt jedoch innerhalb eines Übergangszeitraums die Möglichkeit, die ausschließliche Zuständigkeit des EPGs für Bündelpatente auszuschließen (sog. Opt-out). Daher sollten Patentinhaber jetzt unbedingt prüfen, inwieweit sie das neue System nutzen möchten.

Das Opt-out

Die Übergangsregelungen zur Implementierung des neuen einheitlichen Patentsystems umfassen eine dreimonatige Phase vor Inkrafttreten des EPGÜs (sog. sunrise period) sowie eine siebenjährige Übergangsphase mit Inkrafttreten des EPGÜs, die um weitere sieben Jahre verlängert werden kann. Die Übergangsregelungen sehen vor, dass Patentinhaber auf Antrag die Zuständigkeit des europäischen Patentgerichts für ein bestehendes oder während der Übergangszeit erteiltes Bündelpatent für seine gesamte Laufzeit ausschließen können (Opt-out). Sobald das Opt-out eingetragen ist, wird es für das gesamte Bündelpatent in allen Vertragsstaaten wirksam, in denen dieses Patent validiert wurde.

Der Opt-out-Antrag kann jederzeit (und auch bereits während der dreimonatigen sog. sunrise period) gestellt werden, solange kein Verfahren vor dem EPG anhängig ist. Ist ein Opt-out gewünscht, sollte dieses möglichst früh erfolgen, um sicherzustellen, dass der Antrag bei Inkrafttreten des EPGÜs wirksam ist. Ansonsten könnte ein Wettbewerber bereits am Tag des Inkrafttretens eine Nichtigkeitsklage vor dem EPG anhängig machen und die Möglichkeit für ein späteres Opt-out versperren. Daher sollten Patentinhaber bereits jetzt entscheiden, ob und wenn ja welche Patente sie der Gerichtsbarkeit des EPGs entziehen möchten.

Für den Opt-out-Antrag muss keine Amtsgebühr entrichtet werden. Er darf nur von materiell-rechtlichen Patentinhabern bzw. -anmeldern gestellt werden. Bei mehreren Patentinhabern bzw. -anmeldern muss der Antrag von allen gemeinsam gestellt werden. Dies betrifft nicht nur die klassische Mitinhaberschaft, sondern auch den Fall, dass die Inhaberschaft an nationalen Teilen des Patents auseinanderfällt. Die Eigentumsverhältnisse der nationalen Schutzrechte in Ihrem Patenportfolio, für die ein Opt-out-Antrag gestellt werden soll, müssen daher sorgfältig geprüft werden. Sobald das Opt-out im entsprechenden Register eingetragen ist, wird es in allen Vertragsstaaten wirksam, in denen das Bündelpatent validiert wurde.

Das Opt-in

Für klassische Bündelpatente, die von der Gerichtsbarkeit des EPGs ausgeschlossen wurden, kann das Opt-out später wieder zurückgenommen werden (sog. Opt-in). Ähnlich wie beim Opt-out, ist ein Opt-in jedoch nicht möglich, sofern bereits ein Rechtsstreit vor einem nationalen Gericht anhängig gemacht wurde. Außerdem kann nach wirksamen Opt-in kein erneuter Opt-out-Antrag gestellt werden.

Strategien Opt-out/Opt-in

Das einheitliche Patentsystem erlaubt es, Patente mit einer einzigen Klage in allen teilnehmenden Mitgliedstaaten durchzusetzen – sofern kein Opt-out erklärt wurde. Dies erlaubt es, deutlich effizienter gegen andere Wettbewerber vorzugehen. Sind angesichts ihrer konkreten Wettbewerbssituation grenzüberschreitende Schutzrechtsstreitigkeiten zu erwarten, könnte die einheitliche Durchsetzung sinnvoll sein, da parallele und ggf. teure Rechtsstreitigkeiten in mehreren Ländern mit potentiell voneinander abweichenden Entscheidungen vermieden werden. Weiterhin sehen die verfahrensrechtlichen Bestimmungen des EPGÜs einen vergleichsweise straffen Zeitplan vor, der eine schnellere Entscheidung als bei nationalen Streitverfahren herbeiführen soll. Dies gilt sowohl für Verletzungs- als auch für Nichtigkeitsklagen.

Ein Opt-out hingegen erlaubt es, Patentstreitigkeits-Strategien an bisherigen Erfahrungswerten auszurichten. Der Vorteil eines Opt-out ist also darin zu sehen, dass Verfahren vor den nationalen Gerichten und deren Rechtsprechung bekannt sind und Risiken oder Erfolgsaussichten besser abgeschätzt werden können. Ferner schützt ein Opt-out das Patent vor einem zentralen Nichtigkeitsangriff. Im ungünstigsten Fall kann ein Bündelpatent, für welches kein Opt-out-Antrag gestellt wurde, durch einen einzigen Nichtigkeitsangriff mit Wirkung für alle teilnehmenden Mitgliedstaaten eingeschränkt oder gar vernichtet werden. Für einige Patente kann es daher sinnvoll sein, einen möglichen Widerruf so teuer wie möglich zu machen und mögliche Nichtigkeitskläger zu zwingen, wie bislang auch, nationale Verfahren in allen Ländern zu führen, in denen das Patent validiert wurde.

Kosten

Bei der Überlegung, ob ein Bündelpatent der EPG-Gerichtsbarkeit entzogen werden soll, spielen natürlich auch die Kosten eines möglichen Gerichtsverfahrens eine Rolle. Generell gilt für Verfahren vor dem EPG, genauso wie bei Verfahren vor den deutschen Gerichten, das Unterliegenheitsprinzip, d.h. die unterlegene Partei muss der obsiegenden Partei zumutbare und angemessene Kosten erstatten, sofern dem keine Billigkeitsgründe entgegenstehen.

Bei den genauen Kosten des Verfahrens ist wie immer eine Einzelfallabwägung geboten. Grundsätzlich lässt sich jedoch feststellen, dass die Gerichtsgebühren für Verletzungs- und Nichtigkeits-Widerklage vor dem EPG im Vergleich zu Verletzungs- und Nichtigkeitsklagen vor deutschen Gerichten relativ günstig sind. Dies gilt insbesondere für die Möglichkeit, den Rechtsbestand des Streitpatents durch eine Nichtigkeits-Widerklage bzw. eine Nichtigkeitsklage vor dem EPG anzugreifen. Allerdings kann sich im Vergleich zum deutschen Kostenrecht durch die Variabilität der erstattungsfähigen Kosten (Anwaltskosten) ein zunächst u.U. schwer abzuschätzendes Kostenrisiko für Verfahren vor dem EPG ergeben. Erstattet werden beim EPG die tatsächlichen, nachgewiesenen Kosten bis zu einem streitwertunabhängigen Höchstwert. Insgesamt lohnen sich Verfahren vor dem EPG daher wohl eher dann, wenn in einer Vielzahl von EPGÜ-Mitgliedstaaten ein Klagekomplex von Verletzungs- und Nichtigkeits-(Wider-)Klage anfällt und mit einer Mehrzahl an gegnerischen Parteien zu rechnen ist.

Abwägungskriterien

Es sollte bei der Entscheidung, ob ein Opt-out-Antrag gestellt wird, auch die Stärke und die Wichtigkeit des Schutzrechts berücksichtigt werden. Handelt es sich um eine sehr wichtige Erfindung bzgl. der streitige Verfahren wahrscheinlich sind und Kostenrisiken angesichts des kommerziellen Erfolgs eher gering sind, kommt eher ein Opt-out in Frage, um einem zentralen Nichtigkeitsangriff zu entgehen. Bei wichtigen Erfindungen bzgl. derer streitige Verfahren möglich sind, aber Kostenrisiken relevant sind, kommt es auf die Stärke der Schutzrechte an: bei eher schwachen Schutzrechten ist ein klassisches EP-Patent mit Opt-out ratsamer, bei starken Schutzrechten bietet dahingegen die einheitliche Durchsetzung Chancen.

Diversifikation des Patentportfolios

Um sich möglichst viele Optionen offen zu halten, kann es sinnvoll sein, sein Patentportfolio zu diversifizieren.

Mit Inkrafttreten des EPGÜs wird es in Länder wie Deutschland oder Frankreich möglich sein, neben den europäischen Rechten auch nationale Patente zu halten. Dies ist jedoch nur möglich, wenn für die Bündelpatente kein Opt-out erklärt wurde. Bei entsprechendem Budget kann es daher eine interessante Alternative sein, Einheitspatente oder Bündelpatente ohne Opt-out neben nationalen Patenten zu halten, um sich möglichst viele Optionen für die Durchsetzung der Patente offen zu halten.

Alternativ oder ergänzend kann das Patentportfolio dahingehend diversifiziert werden, dass PCT-Anmeldungen sowohl in die europäische als auch diverse nationale Phasen in EPGÜ-Mitgliedstaaten eintreten. Ferner könnten für anhängige europäische Patentanmeldungen Teilanmeldungen eingereicht werden, die auf nahezu identische oder jedenfalls überlappende Gegenstände gerichtet sind, wobei für Stamm- und Teilanmeldung(en) unterschiedliche Validierungsstrategien innerhalb und außerhalb des einheitlichen Patentsystems verfolgt werden.

Fazit

Eine generelle Flucht in den Opt-out ist genauso wenig angezeigt wie die unbedachte Nutzung des einheitlichen Patentsystems. Es sind stets die Besonderheiten der konkreten Markt- und Wettbewerbssituation sowie die Natur der patentgeschützten Gegenstände zu berücksichtigen – und natürlich das Budget. Es kommt also wie immer auf den Einzelfall und es sollten die Vor- und Nachteile für jedes Schutzrecht einzeln gegeneinander abgewogen werden. ∎

KERNAUSSAGEN

- Durch einen Opt-Out-Antrag kann die Zuständigkeit des europäischen Patentgerichts für Bündelpatente ausgeschlossen werden.
- Patentinhaber sollten bereits jetzt damit beginnen, zu überprüfen, für welche Schutzrechte ein Opt-out erklärt werden soll und entsprechende Vorkehrungen treffen.
- Ein Opt-out kann sinnvoll sein, um das Patent vor einem zentralen Nichtigkeitsangriff mit Wirkung für alle Mitgliedstaaten, die das EPGÜ ratifiziert haben, zu schützen.
- Andererseits ermöglich die Nutzung des einheitlichen Patentsystems, Patente mit einer einzigen Klage in allen teilnehmenden Mitgliedstaaten durchzusetzen, wodurch effizienter gegen andere Wettbewerber vorgegangen werden kann.
- Die Vor- und Nachteile eines Opt-outs sollten für jedes Schutzrecht einzeln gegeneinander abgewogen werden.

Patentrecht

UPC-Start verändert europäischen Patentmarkt

Nach langem politischem und juristischem Ringen geht der Unified Patent Court (UPC) nun im ersten Quartal 2023 an den Start. Der UPC wird zunächst für 16 EU-Mitgliedstaaten zentral über das neue Europäische Einheitspatent, besser bekannt als Unitary Patent, sowie die bereits bestehenden europäischen Patente richten, sofern die Patentinhaber Letztere nicht der Jurisdiktion des neuen Gerichts entzogen haben. Acht Staaten warten noch auf den Abschluss der Ratifikation des UPC-Vertrags.

Daher könnte sich der Wirkungsraum des UPC noch deutlich erweitern. Langfristig sollen 24 EU-Mitgliedstaaten am UPC teilnehmen. Großbritannien nimmt allerdings nicht mehr teil, obwohl London eines der wichtigsten Patentgerichte weltweit beheimatet. Das erhöht die Komplexität, aber auch die taktischen Möglichkeiten für die Prozessführung in Europa: Mit einer Klage beim UPC kann man Patentverletzer in weiten Teilen der EU belangen, für wichtige Pharma- oder Mobilfunkpatente werden Patentinhaber auch beim versierten Londoner Patentgericht klagen.

Mehr gemischte Verfahren

Zwar muss sich ab 2023 noch in der Praxis beweisen, ob Unternehmen und ihre Berater das neue Gericht tatsächlich annehmen. Nach Meinung vieler Experten aber wird das mittelfristig der Fall sein und der UPC gravierende Folgen für die europäische Patentlandschaft haben: Bedeutungsverlust nationaler Gerichte; eine zunehmende Rolle für gemischte Verfahren, in denen – anders als in Deutschland üblich – das Verletzungs- und Nichtigkeitsverfahren zusammen verhandelt werden; weniger, aber dafür aufwendigere Prozesse, weil Patentinhaber mit einer einzigen Klage eine europaweite Unterlassung erreichen können. Unklar ist noch immer, ob die Kosten für Patentprozesse in Europa durch den UPC sinken oder steigen werden.

Deutschland weiter die Nummer eins in Europa

Einstweilen ziehen jedoch die deutschen Gerichte die meisten Fälle in Europa an. Mit 841 neuen Fällen verzeichneten sie 2021 laut einer Erhebung von JUVE Patent ein Plus von 9,6 Prozent (▶ *Steigende Fallzahlen*). Vor allem beim Münchner Landgericht stieg zuletzt die Zahl der Verletzungsklagen um Mobilfunkpatente. Wenn es um Standard essenzielle Patente (SEPs) geht,

---

Weiterführende digitale Inhalte

Das JUVE Handbuch Wirtschaftskanzleien bietet Ihnen wie gewohnt einen Einblick in den Markt der Berater für Ihre patentrechtlichen Fragen. Auf den folgenden Seiten bieten wir Ihnen Rankings sowie Erläuterungen zu aktuellen Entwicklungen im Markt der Patentrechtler. Detaillierte Analysen und Bewertungen der Kanzleien und eine Übersicht über die führenden Berater und Aufsteiger finden Sie infolge unseres deutlich erweiterten englischsprachigen Onlineangebots in gewohnter Qualität und umfangreicher als bisher auf Deutsch unter **www.juve-patent.com** (firm rankings).

Dort finden Sie außerdem Analysen und Rankings für die zentralen europäischen Märkte Großbritannien, Frankreich und Niederlande sowie Nachrichten und Hintergrundberichte aus der europäischen Patentszene.

JUVE KANZLEI DES JAHRES FÜR PATENTRECHT

SIMMONS & SIMMONS

Dass der Aufbau einer paneuropäischen Patentprozesspraxis mit Blick auf den Unified Patent Court oberste Priorität für Simmons & Simmons hat, war schon länger bekannt. Nun ließ die Kanzlei in Deutschland den Worten Taten folgen: Anfang 2022 integrierte sie in München sieben Patentanwälte von Isenbruck Bösl Hörschler. Die bringen langjährige Mandatsbeziehungen zu Roche Diagnostics und Sanofie Pasteuer mit und ergänzen damit den starken Lifescience-Schwerpunkt des deutschen Teams perfekt. Das kämpfte zuletzt mit innovativer Prozessstrategie für Bayer, um generische Produkte des Krebsmedikaments Nexavar aus dem Markt zu halten – was eine Zeit lang gelang. Langfristig richtungsweisend ist jedoch, dass der aus Rechts- und Patentanwälten gemischte Ansatz den Erfordernissen von paneuropäischen sowie UPC-Prozessen entgegenkommt.

Um das deutsche Team als eine tragende Säule der europäischen Patentpraxis weiter zu stärken, wechselte Praxisgruppenleiter **Dr. Peter Meyer** zuletzt von Düsseldorf nach München. Damit konzentriert die Kanzlei ihr deutsches Patentteam nun weitgehend an einem der wichtigsten UPC-Standorte und Sitz des Europäischen Patentamtes.

Im Münchner Büro kommt auch die Mobilfunkpraxis um **Dr. Thomas Gniadek** mit neuen Mandaten für chinesische Mobilfunkanbieter wie Xiaomi und Oppo in verschiedenen Klagen von SEP-Inhabern immer besser zum Zuge. Solche Mandate waren vor drei Jahren für das deutsche Team noch in weiter Ferne, heute entwickelt es sie stringent zusammen mit den Patentteams in Amsterdam und London.

PATENTRECHT

Patentprozesse: Patentanwälte

★★★★★

Bardehle Pagenberg	München, Düsseldorf
Cohausz & Florack	Düsseldorf
df-mp Dörries Frank-Molnia & Pohlman	München
Hoffmann Eitle	München, Düsseldorf, Hamburg
König Szynka Tilmann von Renesse	Düsseldorf, München
Maikowski & Ninnemann	Berlin, Frankfurt, Leipzig, München
Samson & Partner	München
Vossius & Partner	München, Düsseldorf u.a.

★★★★

Eisenführ Speiser	Bremen, Hamburg u.a.
Grünecker	München, Berlin, Köln
Maiwald	München, Düsseldorf

★★★

Bird & Bird	München, Hamburg
Boehmert & Boehmert	München u.a.
Bosch Jehle	München
Braun-Dullaeus Pannen Emmerling	München, Düsseldorf
Gulde & Partner	Berlin, München u.a.
Jones Day	Frankfurt, München
Meissner Bolte	München u.a.
Ter Meer Steinmeister & Partner	München, Bielefeld
Wallinger Ricker Schlotter Tostmann	München
Weickmann & Weickmann	München
Wuesthoff & Wuesthoff	München

★★

Andrejewski Honke	Essen
Betten & Resch	München
Dompatent von Kreisler Selting Werner	Köln
Dreiss	Stuttgart
Glawe Delfs Moll	Hamburg, Stuttgart u.a.
Lederer & Keller	München
Lorenz Seidler Gossel	München
Michalski Hüttermann & Partner	Düsseldorf, München u.a.
Mitscherlich	München
Prinz & Partner	München, Berlin
Thum & Partner	München
Uexküll & Stolberg	Hamburg, München
WBH Wachenhausen	München

★

Hamm & Wittkopp	Hamburg
MFG Meyer-Wildhagen Meggle-Freund Gerhard	München
Olbricht Buchhold Keulertz	Frankfurt am Main, Hamburg, Memmingen
Prüfer & Partner	München
Viering Jentschura & Partner	München, Düsseldorf u.a.
Witte Weller & Partner	Stuttgart u.a.
Zimmermann & Partner	München u.a.

Die Auswahl von Kanzleien und Personen in Rankings und tabellarischen Übersichten ist das Ergebnis umfangreicher Recherchen der JUVE-Redaktion. Sie ist in 2erlei Hinsicht subjektiv: Die Aussagen der befragten Quellen sind subjektiv u. spiegeln deren Erfahrungen u. Einschätzungen. Die JUVE-Redaktion wiederum analysiert die Rechercheergebnisse unter Einbeziehung ihrer eigenen Marktkenntnis. Der JUVE Verlag beabsichtigt keine allgemeingültige oder objektiv nachprüfbare Bewertung. Es ist möglich, dass eine andere Recherchemethode zu anderen Ergebnissen führt. Innerhalb einzelner Gruppen in Rankings und tabellarischen Übersichten sind Kanzleien und Personen alphabetisch sortiert.

---

ist das Gericht sogar die Nummer eins in Deutschland. Für weltweite Beachtung sorgten etwa Unterlassungsverfügungen in Klagen von IP Bridge gegen Ford oder Nokia gegen Oppo und OnePlus. Der drohende Verkaufsstopp zwang Ford zum Abschluss eines Lizenzvertrages mit der Klägerin. Auch die Urteile gegen Oppo und ihre Tochter zeigten Wirkung in Form eines vorübergehenden Verkaufsstopps von Mobilfunkgeräten des chinesischen Herstellers.

Die großen Drei

In solchen global ausgetragenen Prozessserien spielen die Gerichte München, Mannheim und Düsseldorf stets eine wichtige Rolle. Die Klage gegen Ford markiert zudem den Beginn der zweiten Runde von Connected-Car-Prozessen. Bereits 2021 hatten Daimler und andere große deutsche Autohersteller entsprechende Lizenzen akzeptiert, nun richten sich die Klagen gegen US-amerikanische, französische und japanische Autohersteller.

Entscheidend für die Mandatierung der Berater ist, dass sie entsprechende Erfahrungen mit SEP- und FRAND-Themen an der Schnittstelle zum Kartellrecht vorweisen, was zuletzt **Arnold Ruess**, **Bird & Bird** und **Wildanger Kehrwald Graf v. Schwerin & Partner** auf Klägerseite bzw. **Bardehle Pagenberg**, **Freshfields Bruckhaus Deringer**, **Hogan Lovells** oder **Quinn Emanuel Urquhart & Sullivan** auf Beklagtenseite unter Beweis stellten.

Erste Klagen um Covid-19-Patente

Großer Beliebtheit erfreuen sich die deutschen Gerichte zudem bei Klagen um klassische Arzneien, Biosimilars oder Medizinprodukte. Als Folge der Corona-Pandemie nahm hier die Zahl der Auseinandersetzungen ebenso zu wie die Härte, mit der die Parteien ihre Streitigkeiten um neue Technologie und Marktanteile ausfechten.

Einen Meilenstein markierte dabei die erste Verletzungsklage um ein mRNA-Patent zwischen Herstellern von Covid-19-Vakzinen. In der Hochphase der Pandemie hielten sich solche Klagen noch zurück, im Juli 2022 verklagte CureVac mit **Bird & Bird** dann den deutschen Branchenprimus BioNTech. Der verteidigt sich nun mit **Hoyng ROKH Monegier**.

Nur vordergründig geht es hier um Corona-Impfstoffe – viele Beobachter vermuten, dass es in dem Streit um die Nutzung von Grundlagenpatenten für künftige Impfstoffe geht. Ende August folgte dann Moderna mit zwei Klagen gegen BioNTech. Moderna klagte mit **Freshfields Bruckhaus Deringer**.

Große Härte in Medizintechnik-Verfahren

Um Marktanteile geht es auch in zahlreichen Auseinandersetzungen um Medizinprodukte. Diese Schlachten werden ebenfalls international ausgetragen. Wichtige Verfahren vor deutschen Gerichten finden derzeit zwischen Meril Life Sciences mit **Hogan Lovells** und Edwards Lifesciences mit **Bird & Bird** um Herzklappen statt. Dexcom und Abbott liefern sich derzeit eine erbitterte Schlacht um zwölf verschiedene Patente für ihre mobilen Messgeräte für Diabetiker. In dieser globalen Auseinandersetzung kamen **Quinn Emanuel Urquhart & Sullivan** für Dexcom und **Taylor Wessing** für Abbott zum Zuge.

UPC verändert die Kanzleilandschaft

Marktbeobachter sind sich einig, dass solch komplexe Klagen um Medizinprodukte, Mobilfunk und Pharma künftig ganz oder zum Teil vor dem UPC ausgefochten werden. Da diese zudem einem engen Fristenregime unterliegen, müssen Kanzleien in der Lage sein, schnell große, kompetente und international versierte Teams zur Verfügung zu stellen. International aufgestellte Praxen wie bei **Allen & Overy**, **Hogan Lovells** oder **Hoyng ROKH Monegier** sind hier etwas im Vorteil. National eigenständige IP-Boutiquen wie **Wildanger Kehrwald Graf v. Schwerin & Partner**, **Arnold Ruess** oder **Rospatt Osten Pross**, aber auch die Patentteams nationaler Großkanzleien wie **Hengeler Mueller** oder **Gleiss Lutz** müssen dabei auf enge Kooperationen mit vergleichbaren Kanzleien in anderen europäischen Ländern (einschließlich Großbritannien) bauen. Einen innovativen Ansatz fanden hier zuletzt die deutsche Kanzlei **Vossius & Partner** und ihre langjährige niederländische Kooperationspartnerin **Brinkhof**. Über die Gesellschaft „Vossius Brinkhof UPC litgators" führen sie künftig gemeinsam UPC-Prozesse.

Patentanwälte sind vor dem UPC vertretungsbefugt

Dass auch Patentanwälte vor dem neuen Gericht vertretungsbefugt sind, bringt weitere Bewegung in den Beratermarkt. Patentanwälte bei **Cohausz & Florack**, **df-mp Dörries Frank-Molnia & Pohlman** oder **Maikowski & Ninnemann** verfügen über so große Prozesserfahrung, dass ihnen zugetraut wird, UPC-Verfahren ohne

---

Anzeige

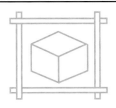

CHANDRAKANT M. JOSHI
Führende indische IPR Anwaltskanzlei

SOLITAIRE-II, 7th FLOOR,
OPP. INFINITY MALL, LINK ROAD,
MALAD (WEST), MUMBAI-400 064 **INDIA**

INDIEN

Phones: +91-22-28886858, 28886856, 28886857

Telefax: +91-22-28886859, 28886865

Email: patents@cmjoshi.com
trademarks@cmjoshi.com
cmjoshi@cmjoshi.com
Website: www.cmjoshi.us

SPRACHEN: Englisch, Französisch, Deutsch und Italienisch

ANDERE BÜROS IN INDIEN:
New Delhi, Kolkata, Ahmedabad, Hyderabad & Chennai

MITGLIED VON:
IPR Professional Associations
U.S.A., U.K., Germany, Japan, France et al.

KONTAKT PERSON:
Mr. Hiral Chandrakant Joshi

Die Kanzlei bietet ihrer globalen Mandantschaft professionelle Recherche, Anmeldung und Registrierung von Patenten, Marken, Design und Urheberrecht für die Länder Indien, Pakistan, Bangladesh, Sri Lanka, Nepal und Maldives.

PATENTRECHT

Patentprozesse: Rechtsanwälte

★★★★★

Bird & Bird	Düsseldorf, Hamburg, München
Hogan Lovells	Düsseldorf, Hamburg, München
Hoyng ROKH Monegier	Düsseldorf, Mannheim, München
Quinn Emanuel Urquhart & Sullivan	Mannheim, München, Stuttgart, Hamburg
Wildanger Kehrwald Graf v. Schwerin & Partner	Düsseldorf

★★★★★

Arnold Ruess	Düsseldorf
Bardehle Pagenberg	München, Düsseldorf
Freshfields Bruckhaus Deringer	Düsseldorf, München
Krieger Mes & Graf v. der Groeben	Düsseldorf
Rospatt Osten Pross	Düsseldorf, Mannheim

★★★★

Kather Augenstein	Düsseldorf
Taylor Wessing	München, Düsseldorf
Vossius & Partner	München, Düsseldorf

★★★★

Eisenführ Speiser	Hamburg, München
Grünecker	München
Hoffmann Eitle	München
Klaka	München
Preu Bohlig & Partner	Düsseldorf, München, Berlin, Hamburg

★★★

Allen & Overy	Düsseldorf, München
Ampersand	München
CMS Hasche Sigle	Stuttgart, Düsseldorf
DLA Piper	München, Köln
Jones Day	München, Frankfurt, Düsseldorf
Meissner Bolte	München, Düsseldorf
Noerr	München
Simmons & Simmons	Düsseldorf, München

★★

Boehmert & Boehmert	München
CBH Rechtsanwälte	Köln, München
EIP	Düsseldorf
Gleiss Lutz	Düsseldorf, Stuttgart, München
Hengeler Mueller	Düsseldorf

★

GvW Graf von Westphalen	Düsseldorf, Frankfurt, München
Harmsen Utescher	Hamburg
Herbert Smith Freehills	Düsseldorf
Heuking Kühn Lüer Wojtek	Düsseldorf
Linklaters	Frankfurt, Düsseldorf
Maiwald	München, Düsseldorf
McDermott Will & Emery	Düsseldorf, München
Petereins Schley	München
Taliens	München

Die Auswahl von Kanzleien und Personen in Rankings und tabellarischen Übersichten ist das Ergebnis umfangreicher Recherchen der JUVE-Redaktion. Sie ist in 2erlei Hinsicht subjektiv: Die Aussagen der befragten Quellen sind subjektiv u. spiegeln deren Erfahrungen u. Einschätzungen. Die JUVE-Redaktion wiederum analysiert die Rechercheergebnisse unter Einbeziehung ihrer eigenen Marktkenntnis. Der JUVE Verlag beabsichtigt keine allgemeingültige oder objektiv nachprüfbare Bewertung. Es ist möglich, dass eine andere Recherchemethode zu anderen Ergebnissen führt. Innerhalb einzelner Gruppen in Rankings und tabellarischen Übersichten sind Kanzleien und Personen alphabetisch sortiert.

Rechtsanwälte zu führen. Die meisten Patentanwälte werden jedoch schon aus Haftungsgründen weiter auf die gemeinsame Prozessführung mit Rechtsanwälten setzen. Die meisten Mandanten beteuern zudem, auch künftig gemischte Prozessteams einsetzen zu wollen.

Somit setzt sich der Trend zu gemischten Prozessteams in den Kanzleien fort. Neben internationalen Kanzleien wie **Bird & Bird** und **Hogan Lovells** haben auch deutsche Einheiten wie **Bardehle Pagenberg**, **Vossius & Partner** oder **Grünecker** seit vielen Jahren gemischte Teams aus Rechts- und Patentanwälten. **Simmons & Simmons** holte Anfang 2022 ein großes Patentanwaltsteam von **Isenbruck Bösl Hörschler** und unterstrich damit ihre Ambitionen, im Konzert der paneuropäischen Patentfälle ein gewichtiges Wort mitzureden. Auch **Heuking Kühn Lüer Wojtek** machte mit dem Zugang eines Patentanwalts erste Schritte hin zu einem gemischten Team.

Patentanwälte im Aufwind

Viele IP-Boutiquen wie **Maikowski & Ninnemann** auf patent- und **Krieger Mes & Graf v. der Groeben** auf rechtsanwaltlicher Seite setzen dagegen beim Thema gemischter Prozesspraxen auf ihre Eigenständigkeit und arbeiten lieber mit externen Patent- bzw. Rechtsanwälten zusammen, als sich die jeweils andere Berufsgruppe und damit Konflikte ins Haus zu holen. Welcher Ansatz sich vor dem UPC durchsetzen wird, zeigt sich ab 2023.

Das deutsche Trennungsprinzip, in dem die Fragen der Verletzung eines Patents und dessen Rechtsbestands getrennt voneinander verhandelt werden, halten die meisten Patentexperten für überholt. Auch deutsche Richter betonen, wenn möglich, beide Aspekte eines Patentstreits gemeinsam entscheiden zu wollen. Dies ist im UPC der Fall. Dessen Verfahrensordnung lässt sowohl kombinierte Verfahren als auch das Trennungsprinzip zu.

Mehr Flexibilität in Europa

Die meisten Experten bevorzugen ein kombiniertes Verfahren. UPC-Verfahren werden somit ab dem kommenden Jahr eine zusätzliche Option, um Patente in Europa durchzusetzen. UPC-Verfahren sollen zwar auf lange Sicht nationale Patentprozesse ersetzen. Bis sich das neue Gericht etabliert hat, werden Unternehmen aber noch intensiv an nationalen Gerichten prozessieren. In pan-europäischen Auseinandersetzungen werden sie UPC-Verfahren dort punktuell einsetzen, wo es strategisch sinnvoll ist. Viele Experten sagen daher einen langsamen, aber stetigen Start des Gerichts voraus, bis es seine Funktionsfähigkeit und Praxistauglichkeit unter Beweis gestellt hat.

Die Rankings erfassen Kanzleien, die zu Patenten und Gebrauchsmustern sowie Know-how-Schutz beraten. Hierbei engagieren sich sowohl Patent- als auch Rechtsanwälte. Kanzleien, die über angrenzende Kompetenzen verfügen, finden sich in den Kapiteln ▷*Kartellrecht*, ▷*Konfliktlösung* und ▷*Marken- und Wettbewerbsrecht*.

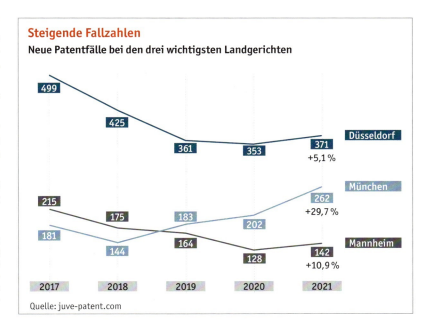

Steigende Fallzahlen
Neue Patentfälle bei den drei wichtigsten Landgerichten

Düsseldorf: 499 (2017), 425 (2018), 361 (2019), 353 (2020), 371 (2021) +5,1 %
München: 215 (2017), 175 (2018), 183 (2019), 202 (2020), 262 (2021) +29,7 %
Mannheim: 181 (2017), 144 (2018), 164 (2019), 128 (2020), 142 (2021) +10,9 %

Quelle: juve-patent.com

Anzeige

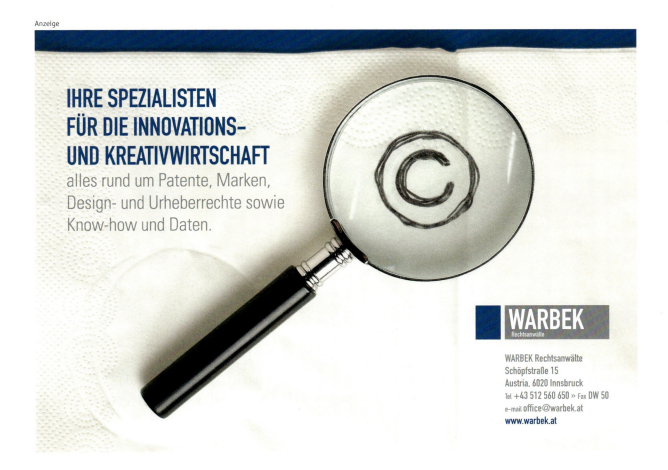

IHRE SPEZIALISTEN FÜR DIE INNOVATIONS- UND KREATIVWIRTSCHAFT
alles rund um Patente, Marken, Design- und Urheberrechte sowie Know-how und Daten.

WARBEK Rechtsanwälte

WARBEK Rechtsanwälte
Schöpfstraße 15
Austria, 6020 Innsbruck
Tel +43 512 560 650 » Fax DW 50
e-mail office@warbek.at
www.warbek.at

Discover more, including the latest rankings for Austria, France, the Netherlands and the United Kingdom.

juve-patent.com

For enquiries regarding profiling your firm and other publicity opportunities, please contact Britta Hlavsa (britta.hlavsa@juve.de).

Auswirkungen der verschärften Investitionskontrolle auf Private Equity Deals

Von Tobias Jäger und Andrea Streifeneder, POELLATH+, München

Tobias Jäger

Andrea Streifeneder

Tobias Jäger ist als Partner und **Andrea Streifeneder** ist als Senior Associate bei POELLATH+ in München im Bereich M&A/Private Equity tätig. Sie sind insbesondere auf die rechtliche Beratung von Private Equity Fonds spezialisiert und begleiten ihre Mandanten bei Transaktionen im nationalen und internationalen Kontext.

POELLATH+ ist mit mehr als 150 Anwälten und Steuerberatern an den Standorten Berlin, Frankfurt und München tätig. Die Sozietät konzentriert sich auf High-End Transaktions- und Vermögensberatung und hat einen ausgezeichneten Ruf bei M&A-, Private Equity- und Immobilientransaktionen. POELLATH+ Partner sind regelmäßig in nationalen und internationalen Rankings als führende Experten in ihren jeweiligen Fachgebieten gelistet.

Kontakt
POELLATH+
P+P Pöllath + Partners
Rechtsanwälte und Steuerberater mbB
Tobias Jäger
tobias.jaeger@pplaw.com
T +49 (89) 24240-275
Andrea Streifeneder
andrea.streifeneder@pplaw.com
T +49 (89) 24240-420
www.pplaw.com

Weitere Informationen zur Kanzlei in der Anzeige auf Seite 230/231, U3

Private Equity Investoren haben sowohl beim Erwerb als auch beim Verkauf von Portfolio-Unternehmen verschiedene Anmeldepflichten im Blick zu behalten. Im Rahmen einer geplanten Transaktion sind nicht nur die kartellrechtlichen Aufgreifschwellen, sondern zunehmend auch die Beschränkungen des Außenwirtschaftsgesetzes (AWG) und der Außenwirtschaftsverordnung (AWV) zu überprüfen. Dieses sog. Investitionskontrollverfahren, durch das den Staaten größere Kontrolle über den Ausverkauf ihrer kritischen Infrastruktur und beheimateter Technologie-Unternehmen verschafft werden soll, ist seit seiner Einführung Gegenstand andauernder europäischer und nationaler Reformbemühungen und wurde zuletzt durch die 17. Novelle zur AWV deutlich verschärft.

Rechtslage nach der 17. AWV-Novelle

Erweiterung der sektorübergreifenden und der sektorspezifischen Prüfung

Die Bundesregierung hat am 27.04.21 zur weiteren Angleichung an die EU-Screening-Verordnung die 17. Novelle der AWV beschlossen, die am 01.05.21 in Kraft getreten ist. Im Rahmen dieser Novelle wurden unter anderem 16 weitere Sektoren in die sektorübergreifende Prüfung aufgenommen und der Anwendungsbereich der sektorspezifischen Prüfung ausgeweitet. Die 16 zusätzlichen Sektoren der sektorübergreifenden Prüfung sind den Zukunfts- und Schlüsseltechnologien (z.B. Künstliche Intelligenz, Cybersecurity) zuzuordnen und führen – im Vergleich zu den bisherigen Sektoren der sektorübergreifenden Prüfung, für die weiterhin die 10%-Schwelle gilt – überwiegend erst bei einem Erwerb von über 20% der Stimmrechte an der betreffenden Zielgesellschaft zu einer Meldepflicht. Für die ebenfalls in der EU-Verordnung genannten Bereiche Biotechnologie, Nanotechnologie, Energiespeicherung und personenbezogene Daten hat der Gesetzgeber hingegen keine eigenständige Meldepflicht im AWV vorgesehen. Die sektorspezifische Prüfung, die wie bisher bereits greift, wenn mindestens 10% der Stimmrechte erworben werden, wurde auf Unternehmen ausgedehnt, die (Rüstungs-)Güter im Sinne des Teils I Abschnitt A der Ausfuhrliste entwickeln, herstellen, modifizieren oder die tatsächliche Gewalt über sie innehaben.

Zuständigkeit des BMWK

Neben dem Erwerb von Stimmrechtsanteile im Rahmen eines Share Deals kann auch der Erwerb eines (Teil-)Betriebs oder der wesentlichen Betriebsmittel im Wege eines Asset Deals ein Prüfungsrecht des Bundesministeriums für Wirtschaft und Klimaschutz (BMWK) auslösen. Während im Bereich der sektorspezifischen Prüfung Akquisitionen durch sämtliche nicht-deutschen Erwerber geprüft werden, sind Erwerber aus der EU oder der Europäischen Freihandelsassoziation aus der sektorenübergreifenden Prüfung ausgenommen. Für die Frage nach der Herkunft des Erwerbers stellt das BMWK nicht nur auf das unmittelbare Akquisitionsvehikel ab, sondern überprüft auch die Herkunft mittelbarer Erwerber. Ob eine mittelbar beteiligte Gesellschaft im Sinne der Investitionskontrolle als Erwerber zu betrachten ist, ist in typischen Private Equity Strukturen nach den Einfluss- und Kontrollmöglichkeiten auf das inländische Unternehmen zu beurteilen, wobei als zentrales Kriterium der Stimmrechtsanteil heranzuziehen ist. Da Investoren in einer Private Equity Struktur regelmäßig nur sehr eingeschränkt Einfluss auf das operative Geschäft der Portfoliounternehmen ausüben können, sind diese – im Gegensatz zur verwaltenden Gesellschaft – häufig nicht als Erwerber im Sinne des AWV anzusehen.

Transaktionen, die in den Anwendungsbereich der sektorübergreifenden oder sektorspezifischen Pflichtprüfung fallen, sind unverzüglich nach Abschluss des schuldrechtlichen Rechtsgeschäfts durch den unmittelbaren Erwerber zu melden und unterliegen bis zur Freigabe durch das BMWK bzw. bis Eintritt der Freigabefiktion einem Vollzugsverbot, welches mit dem Verbot bestimmter Vollzugshandlungen verbunden ist. Bei Verstößen gegen das Vollzugsverbot drohen Geldbußen und bei Vorsatz sogar bis zu fünf Jahre Freiheitsstrafe.

Aufstockung der Beteiligung

Während bisher jeder auf den erstmaligen Stimmrechtserwerb folgende zusätzliche Erwerb ohne weitere Einschränkungen der Investitionskontrolle unterlag, hat der Gesetzgeber nun klargestellt, dass eine Pflichtprüfung auch beim Hinzuerwerb von Stimmrechtsanteilen nur dann eingreift, wenn bestimmte Schwellenwerte überschritten werden. Die Schwellenwerte orientieren sich hierbei an gesellschaftsrechtlichen Beteiligungshöhen, die typischerweise erweiterte Einfluss- und/oder Kontrollrechte nach sich ziehen und liegen im Bereich der sektorspezifischen Prüfung bei 20%, 25%, 40%, 50% oder 75% der Stimmrechte. Die Schwellen gelten auch für die oben genannten Sektoren der sektorübergreifenden Prüfung, im Rahmen derer bereits ein 10% Erst-Erwerb ein Investitionskontrollverfahren auslöst. Für die Fälle der sektorübergreifenden Prüfung, für die beim Ersterwerb die höhere Meldeschwelle von 20% gilt, d.h. insbesondere für die neu eingefügten Sektoren, werden Hinzuerwerbe von 25%, 40%, 50% oder 75% der Stimmrechte geprüft.

Zurechnung von Stimmrechten

Im Zuge der 17. AWV-Novelle hat der Gesetzgeber außerdem die Möglichkeiten der Zurechnung von Stimmrechten ausgeweitet. Im Gegensatz zur bisherigen Rechtslage sieht das Gesetz nun explizit vor, dass auch Stimmrechtsvereinbarungen, die nach dem Erwerb von Stimmrechten abgeschlossen werden, dem Erwerber zuzurechnen sind und dementsprechend die Verpflichtung zur Durchführung eines Investitionskontrollverfahrens auslösen können. Daneben führen auch sonstige Umstände des Erwerbs zu einer Zurechnung, wenn dadurch Stimmrechte einheitlich ausgeübt werden. Für den Fall, dass der Erwerber und ein weiterer (unmittelbar oder mittelbar) an dem inländischen Unternehmen beteiligter Gesellschafter von dem gleichen Drittstaat kontrolliert werden, enthält das Gesetz eine Vermutung, dass die Stimmrechte dieser Gesellschafter einheitlich ausgeübt werden.

Atypischer Kontrollerwerb

Ebenfalls neu ist eine Prüfmöglichkeit für atypische Kontrollerwerbe, d.h. für Erwerbsvorgänge, die zwar unter den relevanten Schwellenwerten liegen, die dem Erwerber aber auf andere Weise zusätzliche Einflussmöglichkeiten auf das inländische Unternehmen eröffnen. Mit der Zusicherung zusätzlicher Sitze oder Mehrheiten in Aufsichtsratsgremien oder in der Geschäftsführung, der Einräumung von Vetorechten bei strategischen Geschäfts- oder Personalentscheidungen oder Erhalt von unternehmensbezogenen Informationen enthält das Gesetz nun einen abschließenden Katalog an atypischen Kontrollerwerben, die vorher unter die allgemeinen Umgehungs- und Missbrauchstatbestände der AWV subsumiert wurden. Obwohl ein atypischer Kontrollerwerb grundsätzlich nicht meldepflichtig ist, sollten die Vertragsparteien einen freiwilligen Antrag schon deshalb stellen, weil das BMWK innerhalb von fünf Jahren nach Abschluss des schuldrechtlichen Vertrags zum Erwerb von Amts wegen ein Prüfverfahren einleiten kann. Für den Fall, dass die Beteiligten sich für einen freiwilligen Antrag entscheiden, kann das BMWK demgegenüber nur innerhalb von zwei Monaten nach Antragstellung das Prüfverfahren eröffnen. Insbesondere bei VC-Investments bleiben Investoren häufig unterhalb der kritischen 20%-Schwelle, erwerben allerdings über Regelungen im Gesellschaftsvertrag oder der Gesellschaftervereinbarung zusätzliche Kontroll- und Mitspracherechte, so dass hier genau zu prüfen ist, ob ein atypischer Kontrollerwerb im Sinne der AWV vorliegt.

Konzerninterne Übertragungsvorgänge

Schließlich ist noch darauf hinzuweisen, dass im Rahmen der 17. AWV-Novelle ein Ausnahmetatbestand für konzerninterne Umstrukturierungen im Bereich der freiwilligen sektorübergreifenden Prüfung eingefügt wurde. Hiernach besteht dann kein Prüfrecht des BMWK, wenn ein schuldrechtliches Geschäft über den Erwerb des inländischen Unternehmens zwischen Unternehmen abgeschlossen wird, deren Anteile jeweils vollständig von derselben Muttergesellschaft gehalten werden und alle Beteiligten ihren Ort der Leitung in demselben Drittstaat haben. Für andere konzerninterne Übertragungsvorgänge, greift jedoch nach wie vor keine gesetzliche Ausnahme, so dass für einen Großteil konzerninterner Umstrukturierungen weiterhin eine Meldepflicht bzw. ein Prüfrecht bestehen bleibt.

Fazit

Nach der erneuten Verschärfung der Investitionskontrolle wird die Zahl der anmeldepflichtigen Transaktionen weiterhin rasant steigen. Sofern das inländische Zielunternehmen Berührungspunkte zu den genannten Sektoren aufweist oder in den Bereichen Rüstung und IT-Sicherheit tätig ist, sollten die Vertragsparteien eine Anmeldung nach der AWV prüfen. Dies gilt auch dann, wenn es sich bei dem unmittelbaren Akquisitionsvehikel um eine deutsche Gesellschaft handelt, die unmittelbar oder mittelbar von einem nicht-deutschen bzw. nicht-EU/EFTA-Unternehmen gehalten wird, welches Einfluss/Kontrolle auf das inländische Unternehmen ausüben kann. Im Übrigen sind auch beim mittelbaren Erwerb von betroffenen inländischen Unternehmen die Vorschriften der AWV stets auf ihre Anwendbarkeit hin zu überprüfen.

KERNAUSSAGEN

- Die 17. AWV-Novelle bringt eine deutliche Verschärfung, insbesondere bei Erwerben im Hochtechnologiebereich, mit sich. Der Gesetzgeber sorgt aber für klarere Konturen beim Hinzuerwerb und der Zurechnung von Stimmrechten sowie beim atypischen Kontrollerwerb und bei konzerninternen Umstrukturierungen.
- Künftig können explizit auch atypische Kontrollerwerbe, also der Erwerb von Stimmrechten unterhalb der Meldeschwellen, bei dem aber auf andere Weise (z.B. durch Vetorechte) Einflussmöglichkeiten erworben werden, durch das BMWK geprüft werden.
- Durch die Gesetzesänderung wird der Prüfungsaufwand vor allem bei komplexeren Beteiligungsstrukturen erheblich zunehmen, da auch bereits verhältnismäßig kleine Beteiligungen einer Prüfung unterliegen können.

CO-PUBLISHING/ANZEIGE PRIVATE EQUITY UND VENTURE CAPITAL

Welche Mitteilungspflichten gelten bei Managementbeteiligungen?

Von Dr. Barbara Koch-Schulte und Dr. Benedikt Hohaus, POELLATH+, München

Dr. Barbara Koch-Schulte

Dr. Benedikt Hohaus

Dr. Barbara Koch-Schulte und **Dr. Benedikt Hohaus** sind als Partner der Kanzlei POELLATH+ in München im Bereich Private Equity/Tax tätig. Die Autoren konzentrieren sich dabei auf die Beratung von Private Equity-Fonds und Managern zu allen rechtlichen und steuerlichen Aspekten von Managementbeteiligungen sowie der Incentivierung von Managern und Mitarbeitern. Beide Autoren werden regelmäßig national wie international als führende Berater empfohlen.

POELLATH+ ist eine international tätige Wirtschafts- und Steuerkanzlei mit den Standorten Berlin, Frankfurt und München. Die Sozietät konzentriert sich auf High-End Transaktions- und Vermögensberatung. Nationale und internationale Rankings listen die Berater von POELLATH+ regelmäßig als führende Experten ihres jeweiligen Fachgebietes.

Kontakt
POELLATH+
P+P Pöllath + Partners
Rechtsanwälte und Steuerberater mbB
Dr. Barbara Koch-Schulte
bks@pplaw.com
T +49 (89) 24240-377
Dr. Benedikt Hohaus
bho@pplaw.com
T +49 (89) 24240-372
www.pplaw.com

Weitere Informationen zur Kanzlei in der Anzeige auf Seite 230/231, U3

Im Rahmen von Private Equity-Transaktionen kommt der Bindung des Managements eine hohe strategische Bedeutung zu. Private Equity-Fonds bieten dem Management daher bei ihrem Einstieg oft den Erwerb einer Kapitalbeteiligung an der Holdinggesellschaft an. Die Anteile des Managements werden dabei häufig nicht direkt, sondern gebündelt über eine GmbH & Co. KG oder über ausländische Personengesellschaften, wie z.B. eine luxemburgische SCSp, gehalten (sog. „MEP KG"). Auch die Holding selbst, an der die Beteiligung begründet wird, ist oftmals eine ausländische Kapitalgesellschaft. Dieser Auslandsbezug von Managementbeteiligungen kann zu diversen Meldepflichten führen.

§138 Abs. 2 AO

Große Relevanz haben bei der Implementierung und Abwicklung von Managementbeteiligungen die Mitteilungspflichten des §138 Abs. 2 AO.

Beteiligungen an ausländischen Körperschaften

§138 Abs. 2 S. 1 Nr. 3 AO normiert eine Mitteilungspflicht gegenüber dem Finanzamt für den Erwerb oder die Veräußerung von Beteiligungen an ausländischen Körperschaften durch inländische Steuerpflichtige, soweit diese mindestens eine Beteiligung von 10% des Kapitals oder Vermögens an der Körperschaft erreicht oder die Summe der Anschaffungskosten aller Beteiligungen mehr als 150.000 Euro beträgt. Relevanz erhält diese Norm für Managementbeteiligungen besonders in Fällen der Strukturierung der Holding als ausländische Kapitalgesellschaft, wie einer niederländischen B.V. oder luxemburgischen S.à r.l. Eine Mitteilungspflicht kann hier sowohl aus dem Beteiligungserwerb durch die MEP KG an der Holding, als auch aus dem eher seltenen Fall eines Direktinvestments des Managers in die Holding folgen.

Ein mitteilungspflichtiger Sachverhalt kann zudem dann vorliegen, wenn über die Holding mittelbar ausländische Kapitalgesellschaften miterworben oder veräußert werden. Denn laut BMF-Schreiben vom 26.04.22 soll die Mitteilungspflicht auch für mittelbar erworbene Beteiligungen gelten, sofern bei diesen die Beteiligungsschwellen des §138 Abs. 2 S. 3 AO erreicht werden. Keine Mitteilungspflicht soll dagegen – mangels eigenen Erwerbsvorgangs – bei nachträglichen Zukäufen ausländischer Kapitalgesellschaften durch die Holding entstehen.

Beteiligungen an ausländischen Personengesellschaften

Nach §138 Abs. 2 S.1 Nr. 2 AO besteht zusätzlich für jeden Fall des Erwerbs, der Aufgabe oder Veränderung einer Beteiligung an einer ausländischen Personengesellschaft eine Mitteilungspflicht gegenüber dem Finanzamt. Relevant wird diese damit nicht nur für den Fall, dass eine deutsche MEP KG sich an einer zwischengeschalteten ausländischen Personengesellschaft beteiligt, sondern auch für den Einstieg jedes einzelnen Managers selbst, sofern dieser seine Beteiligung z.B. über eine luxemburgische SCSp, hält.

Verpflichteter der Mitteilungspflicht ist der inländische Steuerpflichtige, wobei das BMF-Schreiben hierzu klarstellt, dass auch Personengesellschaften selbst steuer- und somit meldepflichtig i.S.d. §138 Abs. 2 AO sind.

Grenzüberschreitende Steuergestaltung (§§138d - 138k AO) – DAC 6

Durch die Einführung der §§138d – 138k AO wurde die Ergänzung der EU-Amtshilferichtlinie bezüglich der Pflicht zur Mitteilung grenzüberschreitender Steuergestaltungen (sog. DAC 6) ins nationale Recht umgesetzt. In der Folge normiert §138d AO eine zusätzliche Mitteilungspflicht für grenzüberschreitende Steuergestaltungen.

Mit seinem Schreiben vom 29.03.21 hat das BMF die Prüfung dieser Mitteilungspflicht nach §138d AO konkretisiert und dabei Voraussetzungen bestimmt, die kumulativ vorzuliegen haben, um eine Meldepflicht zu begründen. Managementbeteiligungen an ausländischen Gesellschaften oder mit ausländischen Managern erfüllen viele dieser Voraussetzungen bei rein technischer Betrachtung. Blickt man aber auf den Regelungszwecks der Norm, erscheint deren Erstreckung auf Managementbeteiligungen jedoch zu weitgehend. Denn der Zweck der Norm ist es, der Finanzverwaltung eine korrekte Veranlagung grenzüberschreitender Steuergestaltungen zu ermöglichen, und insbesondere Gestaltungen zu erfassen, bei denen der Bezug zu zwei Steuerregimen zu Steuervorteilen führt.

Bei Managementbeteiligungen resultiert der Steuervorteil, wenn er denn als solcher zu sehen wäre, allein aus dem rein innerdeutschen Unterschied zwischen den Steuersätzen für Einkünfte aus Kapitalvermögen und Einkünften aus nichtselbstständiger Tätigkeit. Die Beurteilung dieses rein innerdeutschen Qualifizierungskonflikts durch die Finanzämter erfordert aber weder eine zusätzliche Meldepflicht, noch vermag sie diese zu rechtfertigen. Sinnvoll wäre es daher, wenn Managementbeteiligungen ausdrücklich in den Katalog der Ausnahmen nach §138d Abs.3 aufgenommen würden. Bis dahin kommt der Frage nach dem Vorliegen eines der in §138e AO abschließend aufgezählten Kennzeichen weiterhin Bedeutung für die Prüfung der Meldepflicht zu.

Kennzeichen

Ein Kennzeichen stellen sog. qualifizierte Vertraulichkeitsvereinbarungen dar, d.h. solche, die es dem Beteiligten verbieten, den relevanten Sachverhalt der Steuergestaltung gegenüber der Finanzverwaltung offenzulegen. Um Risiken hier zu vermeiden, bietet es sich an, eine Offenlegung im Besteuerungsverfahren durch die Aufnahme entsprechender Öffnungsklauseln klarzustellen.

Die Verwendung einer standardisierten Dokumentation oder Struktur begründet ebenfalls die Meldepflicht. Bei individueller Verhandlung der Verträge sollte sich dieses Kennzeichen aber ausschließen lassen.

Eine Umwandlung von Einkünften in niedriger besteuerte Einkünfte liegt bei Managementbeteiligung dagegen grundsätzlich nicht vor. Anders als es teilweise von Finanzämtern vertreten wird, dient die Strukturierung von Managementbeteiligungen nicht der Umwandlung von Arbeitslohn in Kapitaleinkünfte. Manager leisten im Rahmen ihres Beteiligungsprogramms ein substanzielles eigenes Kapitalinvestment und unterliegen einem totalen Verlustrisiko. Damit stellt die Beteiligung eine grundlegend andere Besteuerungsgrundlage dar, als es der Bezug von risikofreiem Arbeitslohn ist.

Relevanztests

Bei der Annahme eines bedingten Kennzeichens hängt eine Mitteilungspflicht zusätzlich von der Bejahung des Relevanztests ab. Nach diesem müsste ein verständiger Dritter unter Berücksichtigung aller wesentlichen Fakten und Umstände vernünftigerweise erwarten können, dass einer der Hauptvorteile der Gestaltung die Erlangung eines steuerlichen Vorteils i.S.d. §138d Abs. 3 AO ist. Der Hauptvorteil von Managementbeteiligungen liegt jedoch darin, dass mit ihnen ein Gleichlauf der Interessen zwischen dem Private Equity-Fond und dem Management hergestellt werden soll. Dabei ist ihre Gestaltung als Kapitalbeteiligung entscheidend, da nur mit ihr erreicht werden kann, dass das Management nicht mehr nur als weisungsgebundener Angestellter agiert, sondern als echter Mitgesellschafter ein eigenes wirtschaftliches Risiko eingeht.

Außenwirtschaftsgesetz

Auch nach dem Außenwirtschaftsgesetz können Meldepflichten im Zusammenhang mit Managementbeteiligungen auftreten. Gemäß §11 AWG i.V.m. §§67 ff. Außenwirtschaftsverordnung haben Inländer Zahlungen, die sie von Ausländern oder für deren Rechnung von Inländern entgegennehmen oder an Ausländer oder für deren Rechnung an Inländer zahlen, an die Bundesbank zu melden. Die Begriffe „Inländer" und „Ausländer" richten sich dabei allein nach dem Unternehmens- bzw. Wohnsitz. Von der Meldepflicht sind Zahlungen, die den Betrag von 12.500 Euro oder deren Gegenwert in anderer Währung nicht übersteigen, ausgenommen. Der Begriff der Zahlung ist weit zu verstehen und erfasst auch das Einbringen von Sachen und Rechten in Unternehmen. Bei Managementbeteiligungen ist insofern nicht nur bei der Vornahme von Zahlungen mit Auslandsbezug, sondern auch bei der Einbringung von Geschäftsanteilen an der Zielgesellschaft in die Holding (sog. Roll-Over) an die Meldepflicht zu denken.

Fazit

Bei Managementbeteiligungen mit grenzüberschreitendem Bezug sind in zunehmender Anzahl Mitteilungspflichten zu beachten. Im Anwendungsbereich der Mitteilungspflichten bestehen jedoch erhebliche Unsicherheiten gerade im Zusammenhang mit Managementbeteiligungen. ∎

KERNAUSSAGEN

- Der Erwerb oder die Veräußerung einer Beteiligung an einer ausländischen Personengesellschaft unterliegt der Mitteilungspflicht des §138 Abs. 2 Nr. 2 AO.
- Der Erwerb oder die Veräußerung einer Beteiligung an einer ausländischen Körperschaft unterliegt nur bei Überschreiten einer Beteiligungsschwelle der Mitteilungspflicht des §138 Abs.2 Nr. 3 AO.
- Managementbeteiligungen fallen bei einer Auslegung nach dem Zweck wohl schon grundsätzlich nicht unter die Mitteilungspflicht des §138d AO. Bei der Implementierung des Beteiligungsprogramms ist jedoch auf einen substanziellen Individualisierungsgrad sowie auf die Aufnahme ausdrücklicher Offenlegungsklauseln zu achten.
- Sowohl bei grenzüberschreitenden Zahlungen als auch bei Einbringungen von Geschäftsanteilen ist die Meldepflicht des §11 AWG, §67 AWV zu beachten.

Private Equity und Venture Capital

Large-Cap-Investoren bevorzugen internationale Kanzleien

Den Private-Equity-Teams bescherte das Jahr wieder eine Menge Arbeit. Während das kapitalmarktrechtliche Geschäft im Krisenumfeld zurückging, boomen weiterhin Infrastrukturinvestments, und auch das Interesse der PE-Häuser vor allem an Technologieunternehmen, aber auch an Industrie-, Biochemie- und Automotive-Unternehmen ist ungebrochen. Und dennoch sind im Kanzleimarkt deutliche Verschiebungen erkennbar: Speziell der Large-Cap-Markt hat sich zugunsten der US- und GB-Kanzleien gedreht: **Milbank**, **Latham & Watkins**, **Clifford Chance** und **Freshfields Bruckhaus Deringer** hatten als Berater in komplexen oder grenzüberschreitenden Milliardentransaktionen eindeutig den Vorteil auf ihrer Seite – das zeigt die Beteiligung dieser Kanzleien beim Übernahmekampf um ZooPlus oder dem Milliardenkauf der DSM durch Advent. Zwar spielte **Hengeler Mueller** an der Seite von KKR eine prominente Rolle bei der GfK-Übernahme, doch die internationalen Kanzleien konnten dank ihrer Aufstellung ihre Fähigkeiten noch besser unter Beweis stellen. Neben rar gesäten Large-Cap-Deals erlebte der Mid-Cap-Markt einen Boom, an dem nahezu alle Kanzleien partizipierten: U.a. **Clifford Chance** und **Milbank** steigerten die Schlagzahl, aber auch kleinere Einheiten wie **Renzenbrink & Partner** und **Lupp + Partner** waren gefragt. **Hogan Lovells** gewann für dieses Segment zwei Quereinsteiger von **Watson Farley & Williams** – eine der wenigen personellen Veränderungen in diesem Jahr.

Kein Ende der Finanzierungsrunden in Sicht

Weil VC-Investoren weiterhin im Geld schwimmen, ging es auch ihren Beratern blendend. Zwar sind Exits in Form von IPOs oder De-SPACs seit der Unsicherheit an den Kapitalmärkten vom Tisch, doch schon lange sind Finanzierungsrunden kein Nischengeschäft mehr: Neben den VC-Spezialisten, die wie **Ypog** und **Vogel Heerma Waitz** und – viel stärker als früher – **Osborne Clarke** aus der Hauptstadt heraus beraten, sind dort auch deutsche Großkanzleien wie **Hengeler Mueller** oder **CMS Hasche Sigle** aktiv. Die Hauptstadt bringt nicht nur immer mehr Start-ups hervor, die in kurzer Zeit Milliardenbewertungen erhalten können, sondern zieht auch ausländische Investoren an. Bei diesen haben internationale Großkanzleien wie **Orrick Herrington & Sutcliffe** oder **Goodwin Procter** durch ihr Netzwerk eindeutig Vorteile. Da VC-Mandanten mittlerweile auch Großkanzleistundensätze akzeptieren, unternehmen zudem Einheiten wie **Freshfields Bruckhaus Deringer** oder **Clifford Chance** regelmäßig Ausflüge in ein Segment, das früher noch Boutiquen vorbehalten war. Personell gab es keine spektakulären Wechsel, wohl aber eine viel beachtete Abspaltung: Zwei Equity- und ein Salary-Partner von **Weitnauer** aus München und Berlin verließen die auf Frühphasen spezialisierte Kanzlei, die damit einiges an Schlagkraft einbüßt. Sie gründeten mit **Greengate** eine neue Einheit. Kurz vor Redaktionsschluss wurde zudem bekannt, dass Dr. Peter Memminger von **Bub Memminger & Partner** zu **King & Spalding** wechselt, um dort eine Transaktionspraxis für die im Fondsbereich bereits stark vertretene US-Kanzlei aufzubauen.

Die Bewertungen behandeln Kanzleien, die bei Transaktionen von und mit Private-Equity-(PE-)Investoren und anderen Kapitalbeteiligungsgesellschaften beraten. Kanzleien mit Fokus auf große (Large-Cap-) und mittelgroße (Mid-Cap-)Transaktionen sind in jeweils eigenen Übersichten aufgeführt. Die Beratung zur Fondsgestaltung ist im Kapitel ▷Investmentfonds erfasst, die Beratung zur Fremdfinanzierung von PE-Deals im Kapitel ▷Kredite und Akquisitionsfinanzierung. Eine weitere Übersicht erfasst Kanzleien, die bei Venture-Capital-(VC-)Finanzierungen beraten. Dazu zählen Investitionen zu Beginn einer Unternehmensentwicklung (Start-up oder Seed Capital) ebenso wie weitere Finanz.-Runden und das Ende des Investments.

JUVE KANZLEI DES JAHRES FÜR PRIVATE EQUITY UND VENTURE CAPITAL

CLIFFORD CHANCE

Clifford Chance hat sich bei Large-Cap-Deals wieder an die Marktspitze zurückgekämpft. Der Praxis ist es gelungen, ihre hohe Schlagzahl an Infrastrukturdeals zu halten bzw. mit neuen Mandanten auszubauen: Dies zeigt die Tätigkeit für das Bieterkonsortium um Omers Infrastructure beim Kauf von Amedes. Aus dem Markt bekannt ist zudem, dass das Team für KKR am Bieterwettkampf um den Energiedienstleister Getec beteiligt war. Größter Erfolg war sicherlich, dass Cinven – einer der internationalen Schlüsselmandanten der Kanzlei – nach einigen Jahren Pause das Frankfurter Team um **Dr. Anselm Raddatz** und **Dr. Jörg Rhiel** mit dem milliardenschweren Carve-out einer Bayer-Sparte beauftragte. Was Large-Cap-Deals angeht, minimierte CC so den Abstand zu Milbank, Latham & Watkins oder Kirkland & Ellis. Doch CC ist auch abseits der Milliardendeals präsenter als früher. So gelingt es **Frederik Mühl** Jahr um Jahr, die Mid-Cap-Mandantenbasis zu verbreitern. DPE, Capiton, Ardian und neuerdings Rivean (ehem. Gilde) zählen inzwischen zu Cliffords Mandanten. Mit dieser Aufstellung ist sie für Mandate aller Anlageklassen gerüstet – zumal mit Lakestar auch ein Growth-Fonds auf das Team setzt. Dass es der Kanzlei zudem in kurzer Zeit gelungen ist, das ehemals in PE-Hinsicht brach liegende Münchner Büro mit **Dr. Mark Aschenbrenner** und **Dr. Volkmar Bruckner** zu stärken, ist ein Erfolg: Sie bringen vielversprechende Kontakte zu Mid-Cap-Häusern wie Paragon oder Ergon mit.

PRIVATE EQUITY UND VENTURE CAPITAL

ADVANT BEITEN
Venture Capital ★
Bewertung: V.a. von ihren Münchner u. Berliner Büros aus, aber auch an den übrigen Standorten ist die Kanzlei regelm. im VC-Markt u. dort v.a. im Med.- u. Healthtech-Sektor, gelegentl. auch bei kleineren PE-Deals gefragt. Grund ist die starke Verankerung der Anwälte bei Mittelständlern u. Unternehmensgründern sowie Family Offices u. vermögenden Privatpersonen.
Team: 5 Eq.-Partner, 8 Sal.-Partner, 6 Associates, 1 of Counsel
Partnerwechsel: Christian Kalusa (zu Adcuram)
Schwerpunkte: Deals für Family Offices u. Corporate VCs, Gründerberatung.
Mandate: VC: EnBW New Ventures bei Verkauf von Replex an Cisco; Myposter bei Kauf von Unique; Wire Group bei B-Finanz.-Runde; Cureosity bei Finanz.-Runde; Dermanostic bei Extended-Seed-Finanz.-Runde; Smart4Diagnostics bei A-Finanz.-Runde.

ALLEN & OVERY
PE: Large-Cap-Transaktionen ★★★
PE: Mid-Cap-Transaktionen ★★★★
Bewertung: Das PE-Team der Kanzlei ist in den Sektoren Chemie, Finanzdienstleistungen, Gesundheit u. Telekommunikation verankert u. hat Beziehungen zu etlichen Mid-Cap-PE-Häusern wie DBAG, Riverside und v.a. Bridgepoint. Letztere wandten sich mit Add-on-Transaktionen für ihre Portfoliounternehmen an A&O u. haben mit Krüger u. einem neu ernannten Partner erfahrene Ansprechpartner. Trotz des vglw. kleinen Teams ist die Kanzlei auch immer öfter in Large-Cap-Szenarien gefragt: So steuerte Koffka u.a. ein Mrd-Investment von BC Partners, war aber bei den größten Deals des Jahres weniger präsent als Wettbewerber. Neben Buy-outs begleitet die von Wettbewerbern gelobte Huizinga Infrastrukturdeals, u.a. für Charterhouse.
Oft empfohlen: Dr. Nils Koffka, Dr. Michiel Huizinga, Dr. Helge Schäfer, Dr. Astrid Krüger
Team: 5 Partner, 3 Counsel, 12 Associates
Schwerpunkte: Mittelgr. bis gr. Buy-outs. Traditionell stark bei ▷*Krediten u. Akquisitionsfinanzierung*.
Mandate: PE: BC Partners bei Kauf der Tentamus-Gruppe; Partners Group/CVC bei gepl. Kauf von CeramTec; Savvy Gaming Group bei Kauf von ESL Gaming; Bridgepoint/Pharmazell bei Kauf von Novasep; Bridgepoint bei Kauf von Mehrheitsbeteiligung an PTV; Charterhouse bei Kauf von Telio Management; Riverside bei Verkauf von Repa u. Actineo; Charterhouse/LCP bei Kauf des Altersvorsorge- u. Investmentgeschäfts von Aon Dtl.; DBAG bei Kauf von Dantherm.

ARQIS
PE: Mid-Cap-Transaktionen ★★
Venture Capital ★★
Bewertung: Die PE-Praxis der Kanzlei verfügt über einen breiten Stamm von Mandanten im Mid-Cap-Segment. Hier sind VR Equitypartner oder Omnes Capital nur 2 Beispiele. Dabei berät die Kanzlei bei Portfoliotransaktionen wie z.B. für Quadriga besonders häufig im Gesundheitsbereich, aber auch, wie bspw. bei Liberta, bei Deals abseits dieses Sektors. Mit von Einem verfügt Arqis zudem über einen jungen Partner, der sich sowohl durch PE- als auch VC-Transaktionen hervorgetan hat.
Oft empfohlen: Dr. Jörn-Christian Schulze ("große Transaktionserfahrung u. sehr präsent im Gesund-

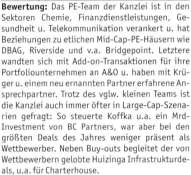

Private Equity: Large-Cap-Transaktionen

★★★★★	
Clifford Chance	Frankfurt, Düsseldorf, München
Freshfields Bruckhaus Deringer	Frankfurt, München, Hamburg, Düsseldorf, Berlin
Kirkland & Ellis	München
Latham & Watkins	Frankfurt, München
Milbank	München

★★★★	
Hengeler Mueller	Frankfurt, Düsseldorf, München
Linklaters	Frankfurt, München
Willkie Farr & Gallagher	Frankfurt

★★★	
Allen & Overy	Frankfurt, Hamburg
Gleiss Lutz	München, Stuttgart, Frankfurt, Hamburg

★★	
Gibson Dunn & Crutcher	Frankfurt
Skadden Arps Slate Meagher & Flom	Frankfurt
Weil Gotshal & Manges	Frankfurt, München
White & Case	Frankfurt

★	
Noerr	München, Berlin
Paul Hastings	Frankfurt

Die Auswahl von Kanzleien und Personen in Rankings und tabellarischen Übersichten ist das Ergebnis umfangreicher Recherchen der JUVE-Redaktion. Sie ist in 2erlei Hinsicht subjektiv: Die Aussagen der befragten Quellen sind subjektiv u. spiegeln deren Erfahrungen u. Einschätzungen. Die JUVE-Redaktion wiederum analysiert die Rechercheergebnisse unter Einbeziehung ihrer eigenen Marktkenntnis. Der JUVE Verlag beabsichtigt keine allgemeingültige oder objektiv nachprüfbare Bewertung. Es ist möglich, dass eine andere Recherchemethode zu anderen Ergebnissen führt. Innerhalb einzelner Gruppen in Rankings und tabellarischen Übersichten sind Kanzleien und Personen alphabetisch sortiert.

heitsmarkt", Wettbewerber), Mauritz von Einem ("top in der Verhandlung u. präzise", Wettbewerber)
Team: 4 Eq.-Partner, 1 Sal.-Partner, 11 Associates, 2 of Counsel
Schwerpunkte: Mid-Cap-Deals in D'dorf, VC-Praxis in München. Branchenfokus v.a. im Gesundheitswesen.
Mandate: PE: Liberta Partners zu Kauf von KKS Kemmler Kopierer Systeme, zu Verkauf von Novelex u. Kauf von Medas Factoring; Quadriga zu Beteiligung an United Therapy; VR Equitypartner zu Beteiligung an Glas Strack; BME/Blackstone zu Kauf von Heinrichs Fliesenmarkt; **VC:** Neodigital Versicherung zu Serie-D-Finanzierungsrunde; Agile Robots zu Serie-C-Finanz.-Runde; Zwei.7 zu Serie-A-Finanz.-Runde bei Lindera.

ASHURST
PE: Mid-Cap-Transaktionen ★★
Bewertung: Gefragt ist die PE-Praxis bei Mid-Cap-Transaktionen, insbes. im Immobilien- u. Infrastruktursektor. Bei Infrastrukturdeals, häufig mit Energiebezug, agiert die Kanzlei in der Regel mit einem Tandem bestehend aus Transaktions- u. Regulierungsanwälten. Mandanten wie DIF Capital Partners sind ein Beleg für den Erfolg dieser Strategie. Im VC ist Ashurst sowohl für Investoren als auch aufseiten der Unternehmen tätig. Unter anderem beriet von Oppen den VC-Fonds Bullfinch zu einem JV im Zusammenhang mit erneuerbaren Energien – ebenfalls im Schulterschluss mit den Regulierungsexperten.
Stärken: ▷*Kredite u. Akqu.fin.*; Mid-Cap-Transaktionen; Fokus auf Infrastruktur.
Oft empfohlen: Dr. Benedikt Frhr. von Schorlemer, Jan Krekeler, Matthias von Oppen ("sehr serviceorientiert u. guter Jurist", Mandant)
Team: 4 Partner, 1 Counsel, 8 Associates
Schwerpunkte: Mittelgr. Buy-outs. Gr. institutionelle Investoren in VC.
Mandate: PE: DIF Capital Partners zu Kauf der Mehrheit an ib Vogt von bisherigem Alleingesellschafter DVV; Bullfinch zu JV mit Impax; Green Investment Group zu Verkauf ihrer Mehrheit an Bioenergie Wismar an Pearl Infrastructure; **VC:** Realport zu Serie-A-Finanz.-Runde.

BAKER MCKENZIE
PE: Mid-Cap-Transaktionen ★★
Bewertung: Zwar erlitt die Mid-Cap-PE-Praxis verg. Jahr mit dem Weggang von 2 Partnern einen schweren Schlag, hielt jedoch den PE- u. v.a. den VC-Dealflow aufrecht. Die Stärke der Praxis rührt in erster Linie vom starken Lifescience-Schwerpunkt in München um Hummel u. Braun her. Ersterer verfügt weiterhin über gute Kontakte zu Advent u. konnte einen gr. Deal für Aurelius an Land ziehen. Die PE-Praxis wurde auch durch das Engagement von Atzler gestärkt. Er bewies, dass die Verbindungen nach London (Bain u. Platinum) stärker sind als in der Vergangenheit.
Oft empfohlen: Berthold Hummel, Christian Atzler, Julia Braun
Team: 2 Eq.-Partner, 1 Sal.-Partner, 1 Counsel, 9 Associates
Schwerpunkte: Grenzüberschr. Mid-Cap-Deals für

PRIVATE EQUITY UND VENTURE CAPITAL

PE-Häuser; Corporate VC u. VC im Healthcare- u. Pharmabereich.
Mandate: PE: Aurelius bei Kauf von Minova; Advent lfd. bei Portfoliounternehmen u.a. Allnex; **VC:** Tencent bei der Serie-C-Finanz.-Runde für Gorillas Technologies, bei Serie-D-Investition in GoStudent, bei Investments in mehrere Onlinespieleentwickler, bei Kauf einer Mehrheit an Yager; Mercedes-Benz Group bei versch. VC-Investitionen in Dtl., EU, Nordamerika.

BIRD & BIRD

PE: Mid-Cap-Transaktionen	★★
Venture Capital	★★★

Bewertung: Die PE-Praxis kommt bei Transaktionen zum Einsatz, bei denen es um Nachhaltigkeit, Digitalisierung u. Technologie geht – Sektoren, auf die sich die Gesamtkanzlei fokussiert. So steuerte das Team aus Ffm. u.a. gemeinsam mit dem Pariser Büro ein Wasserstoffinvestment für den Ardian-Subfonds Hy24. Auch abseits dieser Schwerpunkte ist das PE-Team, das eine Partnerin aus den eigenen Reihen ernannte, bei Mid-Cap-Häusern wie Vitruvian gefragt. Das VC-Team steht v.a. für die marktführende Beratung von VC-Debt-Gebern wie Kreos u. Silicon Valley Bank, fasst aber auch bei Start-ups, v.a. aus München heraus, weiter Fuß u. steuerte aufseiten der Gründer bereits einige Exits.
Stärken: Venture Debt. Infrastrukturinvestments (v.a. Breitband).
Oft empfohlen: Dr. Stefan Gottgetreu, Dr. Peter Leube
Team: 7 Partner, 4 Counsel, 9 Associates
Schwerpunkte: Mid-Cap-Deals im Infrastruktur- u. Technologiesektor. Für VC-Fonds u. Gründer tätig; auch für Venture-Debt-Fonds.
Mandate: PE: Vitruvian Partners bei Investment in Climate Partner u. bei Kauf von Lichtfeld, Planerio, Viantro; Hy24/Mirova bei Investment in Hy2gen; Equistone bei Kauf von Eperi; DBAG-Portfoliounternehmen (FLS, Netzkontor, Vitronet) bei Add-on-Transaktionen; lfd. Antin Infrastructure Partners. **VC:** Exciva, Kinexon bei A-Finanz.-Runde; Columbia Lake Partners, Kreos Capital u. Silicon Valley Bank zu VC-Debt-Investments; Gesellschafter Fincompare bei Verkauf an DZ Bank/Volksbanken; Fortino Capital bei VC-Investment; Gründer Alyne bei Verkauf an Mitratech; IGP bei Investment in McMakler (D-Runde).

BMH BRÄUTIGAM & PARTNER

PE: Mid-Cap-Transaktionen	★★
Venture Capital	★★★

Bewertung: Das VC-Team der ▷Berliner Kanzlei ist regelm. an der Seite von Gründern zu sehen u. zählt aussichtsreiche Start-ups wie Forto zu seinen Mandanten. Regelm. mandatieren auch Frühphaseninvestoren die Kanzlei – so ist BMH nicht nur für Earlybird, sondern neuerdings auch für Balderton aktiv. Die auf das Mid-Cap-Geschäft fokussierte PE-Praxis ist seit Jahren für Investor Capiton im Einsatz. Personell ist das VC-Team zwar gut aufgestellt, verlor jedoch eine 2021 ernannte Sal.-Partnerin an PXR.
Stärken: Mittelgr. PE-Deals, Rundumberatung für VC-Start-ups, auch notariell.
Oft empfohlen: Jan-Peter Heyer, Dr. Patrick Auerbach, Dr. Andrea Reichert-Clauß, Bastian Reinschmidt
Team: 5 Eq.-Partner, 1 Sal.-Partner, 8 Associates
Partnerwechsel: Katharina Erbe (zu PXR Legal)
Schwerpunkte: Langj. Erfahrung in PE u. VC, zunehmend Tätigkeit für Investoren.

Private Equity: Mid-Cap-Transaktionen

★★★★★

Clifford Chance	Frankfurt, Düsseldorf, München
Freshfields Bruckhaus Deringer	Frankfurt, München, Hamburg, Düsseldorf, Berlin
Hengeler Mueller	Frankfurt, Düsseldorf, München, Berlin
Latham & Watkins	Frankfurt, München, Hamburg
Milbank	München, Frankfurt
Willkie Farr & Gallagher	Frankfurt

★★★★

Allen & Overy	Frankfurt, Hamburg, München
CMS Hasche Sigle	Frankfurt, Hamburg, Stuttgart, Köln, München
Gleiss Lutz	München, Stuttgart, Frankfurt, Hamburg, Berlin
Linklaters	Frankfurt, München
Noerr	München, Berlin, Frankfurt, Düsseldorf, Hamburg
Poellath	Berlin, Frankfurt, München
White & Case	Frankfurt

★★★

DLA Piper	Frankfurt, München
Gibson Dunn & Crutcher	Frankfurt, München
Goodwin Procter	Frankfurt
Gütt Olk Feldhaus	München
Heuking Kühn Lüer Wojtek	München, Köln, Hamburg, Stuttgart
Hogan Lovells	Frankfurt, Düsseldorf
Jones Day	Frankfurt, München
Lupp + Partner	München, Hamburg
Mayer Brown	Frankfurt
McDermott Will & Emery	Düsseldorf, München
Oppenhoff & Partner	Köln, Frankfurt
Orrick Herrington & Sutcliffe	Düsseldorf, München
Paul Hastings	Frankfurt
Renzenbrink & Partner	Hamburg
Sidley Austin	München
Skadden Arps Slate Meagher & Flom	Frankfurt
Watson Farley & Williams	München, Hamburg
Weil Gotshal & Manges	Frankfurt, München

Fortsetzung nächste Seite

Mandate: PE: Capiton in div. Transaktionen, u.a. bei Kauf von Asyril u. 4Pico, Einstieg in Wundex; Prefere Resins/Silverfleet bei Verkauf an One Rock Capital. **VC:** Earlybird bei div. Investments, u.a.: Hive, Remberg, Aleph Alpha, Mayd; Balderton Capital bei Investment in Clue; Elopage bei A-Finanz.-Runde; Forto bei D-Finanz.-Runde.

CLIFFORD CHANCE

PE: Large-Cap-Transaktionen	★★★★★
PE: Mid-Cap-Transaktionen	★★★★★

Kanzlei des Jahres für Private Equity und Venture Capital

Bewertung: Durch CCs tiefe Kenntnis regulierter Branchen empfiehlt sich das PE-Team für Large-Cap-Szenarien: Ein großer Erfolg war die Mandatierung durch Cinven, die sich – nach einigen Jahren Pause – für einen milliardenschweren Carve-out einer US-Bayer-Sparte an das Team um die renomm. Partner Raddatz u. Rhiel wandte. Neben den Milliardendeals verbreitet CC Jahr für Jahr die Mandantenbasis im Mid-Cap. Aus Frankfurt heraus entwickelt Mühl neue Kontakte zu Häusern wie Rivean (ehem. Gilde), u. auch in dem durch Neuzugänge im Vorjahr deutl. stärker aufgestellten Münchner Büro zeigen sich erste Erfolge: Die Quereinsteiger von CC brachten Kontakte zu den Mid-Cap-Häusern Paragon u. Ergon mit. CC ist somit für Mandate aller Anlageklassen gerüstet – mit Lakestar setzt zudem ein Growth-Fonds bei seinen Investments auf die Kanzlei.
Stärken: Infrastrukturtransaktionen u. ▷energierechtl. Deals. Marktführende ▷Fondsstrukturierungspraxis.
Oft empfohlen: Dr. Anselm Raddatz, Dr. Thomas Krecek („schnell u. fokussiert", Wettbewerber), Frederik Mühl, Dr. Volkmar Bruckner, Dr. Jörg Rhiel („verlässlich, sehr hoher Einsatz", Wettbewerber), Sonya Pauls (Fondsstrukturierung)
Team: 8 Partner, plus Associates
Schwerpunkte: Fokus v.a. auf größere Buy-outs, hohe Kompetenz für Infrastrukturinvestments u. Bankenkonsolidierungen.
Mandate: PE: Cinven bei Kauf von Bayer Environmental Science Professional; Macquarie bei Kauf von Thyssengas; Omers/Goldman Sachs/Axa bei Kauf von Amedes; KKR bei vers. Übernahme von Getec (aus dem Markt bekannt); Rivean (ehem. Gilde) bei Kauf einer Minderheitsbeteiligung an Init; DWS bei Kauf der Radioonkologienetzwerk-Gruppe; Fru-

PRIVATE EQUITY UND VENTURE CAPITAL

lact/Ardian bei Kauf des Nahrungsmittelzubereitungsgeschäfts von IFF; DPE bei Verkauf von Euro-Druckservice; Egeria bei Kauf von Isoplus; CDPQ bei Minderheitsbeteiligung an ATC Europe; Capiton bei Kauf von Axsence. **VC:** Lakestar Growth bei Investment in Pitch Software; Dt. Bank bei Investment in Everphone; Aptiv bei Investment in TTTech Auto.

CMS HASCHE SIGLE
PE: Mid-Cap-Transaktionen	★★★★
Venture Capital	★★★★★

Bewertung: CMS ist mit ihren gr. Teams eine der wenigen Kanzleien, die sowohl den Mid-Cap-PE- als auch die ganze Bandbreite des VC-Markts abdecken. Die Arbeit für Mandanten wie die PE-geführte Wow Tech oder Finch Capital zeigen, dass das Team in der Lage ist, in komplexen Transaktionen mit internat. Teams in einem integrierten Steuer- u. Finanzteam zu arbeiten. Die Liste der PE-Häuser, die auf CMS vertrauen, ist lang. U.a. ist die Kanzlei regelm. für Nord Holding, Oaktree u. Afinum tätig. Im Fokus standen dort zuletzt v.a. Lifescience- u. Infrastrukturthemen, CMS bespielt aber auch alle Sektoren der digitalen Wirtschaft, ist im Biotechbereich aktiv u. verfügt in Frankfurt über Erfahrung bei Fintechdeals. Im Large-Cap-Bereich ist die Kanzlei v.a. im Infrastruktursektor zu sehen. Dort gilt Kraft für Mandate im Energiesektor als einer der führenden Berater, etwa für Luxcara. Das renommierte VC-Team hat seit Jahren mit Müller einen der prominentesten Berater an seiner Spitze, ist aber breiter als etliche andere Wettbewerber aufgestellt. An 4 Standorten präsent, betreuen die Anwälte die gesamte Bandbreite an VC-Deals.

Stärken: Langj. VC-Tradition kombiniert mit ▷Lifescience- u. ▷Technologiekompetenz in München. Breite Erfahrung bei Mid-Cap-Buy-outs.

Oft empfohlen: Stefan-Ulrich Müller („sehr kompetent u. sorgfältig", Wettbewerber), Dr. Jörg Zätzsch (beide VC), Dr. Holger Kraft („exzellent, vorbildliche Servicebereitschaft", Mandant), Dr. Jörg Lips, Dr. Jacob Siebert, Dr. Tobias Schneider, Dr. Annett Grigoleit, Dr. Hendrik Hirsch („kompetent, effizient u. integer", Wettbewerber)

Team: 18 Partner, plus Associates

Schwerpunkte: Sehr gr. Bandbreite an Transaktionen, von Start-ups bis zu Buy-outs u. Add-on-Transaktionen. Außerdem an vielen Standorten VC-Arbeit.

Mandate: PE: Wow Tech u. Gesellschafter (CDH Investments, Rigeto Unternehmerkapital) bei Zusammenschluss mit Lovehoney; Oaktree Capital bei Kauf der Frischfaserkartonwerke der Mayr-Melnhof-Gruppe; Finch Capital bei Kauf von 4 asiat. Wirecard-Töchtern; Qualitest/Bridgepoint beim Kauf von Telexiom; RSBG bei Kauf von Multiphoton Optics u. Surface Nano Analysis; Nord Holding bei Anteilsverkauf von Ruf an Waterland; Luxcara bei Minderheitsbeteiligung an Offshorewindpark Borssele III&IV; Mutares bei Kauf von Ganter Construction & Interiors; **VC:** Turn/River Capital bei Investment in Redwood Software; Infarm bei D-Finanz.-Runde; Fuse Venture Partners bei Investment in Forto; Baillie Gifford bei Investments in McMakler u. FlixMobility; Cadence Growth bei Investment in Everphone.

DECHERT
PE: Mid-Cap-Transaktionen	★★
Venture Capital	★★★

Bewertung: Der letztj. Zugang von Stühler ist für die PE-Praxis der US-Kanzlei von gr. Bedeutung: Eine beeindruckende Zahl von Mandanten, darunter große wie BC Partners, aber auch mittelgr. Häuser, folgte ihm zu Dechert, und es ist wohl nur eine Frage der Zeit, bis größere Deals unterzeichnet werden. Der andere Teil der Praxis hat einen Technologieschwerpunkt im VC-Sektor mit etwas mehr Arbeit für v.a. internat. Investoren als für Gründer. Diese Mandate werden nun in erster Linie von 2 jüngeren Partnern unter dem sehr erfahrenen Pappalardo betreut, dessen eigene Praxis weniger VC-fokussiert ist als in früheren Jahren u. mehr bei Private-Equity-Deals liegt.

Oft empfohlen: Federico Pappalardo, Dominik Stühler

Team: 3 Eq.-Partner, 2 Sal.-Partner, 5 Associates, 1 of Counsel

Schwerpunkte: Gr. Bandbreite von VC, Managementberatung, LBOs u. Portfoliotransaktionen.

Mandate: PE: BC Partners bei gepl. Kauf von Medifox; Safran Corporate Ventures bei Beteiligung an SkyFive; Vestiaire bei Finanz.-Runde mit Kering und Tiger Global Management; **VC:** Aware Health bei Seed-Finanz.-Runde durch Cherry Ventures; Cipio, Wellington et al. bei Verkauf von EyeEm Group; Resolve Biosciences bei Serie-A-Finanz.-Runde; Safran/Star Capital bei Serie-A-Finanz.-Runde für Sky-Five; Special Situations Venture Partners bei Verkauf von nox NachtExpress.

Private Equity: Mid-Cap-Transaktionen Fortsetzung

★★

Arqis	Düsseldorf, München
Ashurst	Frankfurt, München
Baker McKenzie	Düsseldorf, Frankfurt, München
Bird & Bird	Frankfurt
BMH Bräutigam & Partner	Berlin
Dechert	München
Dentons	Frankfurt, München
Ego Humrich Wyen	München
EY Law	Berlin, Hamburg, Stuttgart, München
Flick Gocke Schaumburg	Hamburg, Berlin
GLNS	München
Görg	Köln, Hamburg, Frankfurt
King & Wood Mallesons	Frankfurt
Kirkland & Ellis	München
Norton Rose Fulbright	Frankfurt, München
Shearman & Sterling	Frankfurt
Simmons & Simmons	München
Taylor Wessing	Düsseldorf, München, Frankfurt, Hamburg

★

Deloitte Legal	Düsseldorf, Hannover, Berlin
Greenberg Traurig	Berlin
GSK Stockmann	Hamburg, München
GvW Graf von Westphalen	Frankfurt, Hamburg
Herbert Smith Freehills	Düsseldorf, Frankfurt
PricewaterhouseCoopers Legal	Düsseldorf, Nürnberg, Stuttgart
Raue	Berlin
Reed Smith	Frankfurt, München
Wendelstein	Frankfurt
Ypog	Hamburg

Die Auswahl von Kanzleien und Personen in Rankings und tabellarischen Übersichten ist das Ergebnis umfangreicher Recherchen der JUVE-Redaktion. Sie ist in 2erlei Hinsicht subjektiv: Die Aussagen der befragten Quellen sind subjektiv u. spiegeln deren Erfahrungen u. Einschätzungen. Die JUVE-Redaktion wiederum analysiert die Rechercheergebnisse unter Einbeziehung ihrer eigenen Marktkenntnis. Der JUVE Verlag beabsichtigt keine allgemeingültige oder objektiv nachprüfbare Bewertung. Es ist möglich, dass eine andere Recherchemethode zu anderen Ergebnissen führt. Innerhalb einzelner Gruppen in Rankings und tabellarischen Übersichten sind Kanzleien und Personen alphabetisch sortiert.

DELOITTE LEGAL
PE: Mid-Cap-Transaktionen	★

Bewertung: Die PE-Praxis ist langj. verbunden mit dt. Mid-Cap-Häusern wie Hannover Finanz u. Main Capital, gewann aber zuletzt auch ausl. Investoren wie die Schweizer Patrimonium u. die brit. Caphaven als Mandanten. Aufgr. der Transaktionserfahrung der routinierten Partner kommt sie zur Buy- u. Sell-Side-Beratung sowie für die div. Portfoliogesellschaften zum Zuge.

Oft empfohlen: Dr. Harald Stang („sehr gute Zusammenarbeit, macht viel Spaß", Mandant)

Team: 3 Eq.-Partner, 1 Sal.-Partner, 2 Counsel, 2 Associates

Schwerpunkte: Mid-Cap-Deals u. Add-on-Transaktionen, häufig inkl. Strukturarbeit u. grenzüberschr. Reorganisationen.

Mandate: PE: EOS CP Private Equity bei Kauf des Elektro-Großinstallationsunternehmens Oertel & Prümm; Hannover Finanz zu Beteiligung an First Climate AG u. an Hübers Verfahrenstechnik Maschinenbau; Main Capital Partners u. Foconis bei Kauf der emagixx; Main Capital zu Kauf von BioMedion u. zu Verkauf der Plattformgesellschaft b+m; Patrimonium zu Kauf der Netzlink-Gruppe; Tessner Beteiligung zu Verkauf von 50% an Roller- und tejo-Möbelmärkten; LEA Partners zu Kauf von Subito.

PRIVATE EQUITY UND VENTURE CAPITAL

DENTONS

PE: Mid-Cap-Transaktionen
Venture Capital ★

Bewertung: Die auf Mid-Cap fokussierte PE-Praxis deckt in unterstützender Rolle dank des internat. Netzwerks oft das dt.-rechtl. Ende in grenzüberschr. Transaktionen ab. Oft suchen Investoren Rat, wenn es um Infrastrukturinvestments geht, wie das Bsp. KKR/Global Infrastructures Partner zeigt. Andere Transaktionen spielten sich in den Feldern Digitales u. Gesundheit ab. Im VC ist die Kanzlei nun an 3 Standorten präsent u. steuerte aus München, Frankfurt u. Berlin div. Finanz.-Runden für Gesundheits-Start-ups, war aber auch bei Exits gefragt. Dabei erwies sich der Zugang einer Partnerin, die 2021 ins Frankfurter Büro kam, dank ihrer Kontakte als bes. gewinnbringend. Das auf VC-Transaktionen spez. Hauptstadtnotariat genießt ein hohes Renommee im Markt.

Oft empfohlen: Dr. Matthias Santelmann („extrem schnell u. genau, höchste Qualität", Wettbewerber; als Notar)

Team: 7 Partner, plus Associates

Schwerpunkte: Mid-Cap-Transaktionen, VC v.a. Finanz.-Runden für Investoren.

Mandate: PE: Q-Energy bei Kauf eines Windparkportfolios in Dtl.; KKR/Global Infrastructure Partners im Zshg. mit dt.-rechtl. Aspekten des Übernahmeangebots für CyrusOne; Quartum Kapital bei Kauf der Polytherm-Gruppe u. bei Verkauf der Vinyllit-Gruppe. **VC:** Gesellschafter 8080 Labs bei Verlauf an Databricks; Zeotap bei D-Finanz.-Runde; New Enterprise Associates bei B-Finanz.-Runde für Inkitt; Solandeo bei Finanz.-Runde; Captiq bei Serie-A-Finanz.-Runde; KoRo bei B-Finanz.-Runde; Fitpool bei Einstieg eines Co-Founders; Nauta Capital bei Seed-III-Finanz.-Runde in Climedo Health.

DLA PIPER

PE: Mid-Cap-Transaktionen ★★★
Venture Capital ★

Bewertung: Dass die dt. Praxis eng in das internat. Netzwerk eingebunden ist, stellte das Team erneut unter Beweis: Zum einen wandten sich ausl. Investoren, bspw. aus China, für Investments in Dtl. an das PE-Team, zum anderen kann DLA ihre Kompetenzen in grenzüberschr. Themen ausspielen, wie das Sell-Side-Mandat für die norweg. Parc Invest zeigt. Auch Immobilien-PE-Häuser greifen regelm. auf die Anwälte zurück. Zudem ist DLA bei kapitalmarktnaher Beratung gefragt: AOC vertraut regelm. auf die Kanzlei. Im VC baute das Team v.a. die Kontakte zu Corporate-VCs aus – u.a. zu BASF, Rewe u. Citi Ventures. DLA hat zwar ein weniger scharfes Profil als andere Kanzleien, weil die Kontakte zu Investoren bei hochvol. Investments überschaubar sind, allerdings stellt sie immer wieder ihre gute Verzahnung von Corporate- und VC-Praxis unter Beweis.

Oft empfohlen: Andreas Füchsel, Dr. Nils Krause („fachl. hervorragend, sehr gut vernetzt", Wettbewerber), Simon Vogel, Dr. Mathias Schulze Steinen („konstruktiv u. zielorientiert, fachl. auf höchstem Niveau", Wettbewerber)

Team: 7 Partner, 3 Counsel, 8 Associates

Schwerpunkte: Großteils Mid-Cap-Arbeit, VC sowie Fondsstrukturierung.

Mandate: PE: AOC zu Co-Investment mit Carlyle bei öffentl. Übernahme von Schaltbau AG; IC Consult/Carlyle bei Kauf von IC Synergy; Parc Invest/Eqip Capital bei Kauf von Jump House; Auster Capital bei

Venture Capital

★★★★★

CMS Hasche Sigle	Berlin, Leipzig, München, Köln
Noerr	Berlin, München
Orrick Herrington & Sutcliffe	Düsseldorf, München
Osborne Clarke	Köln, Berlin
Taylor Wessing	Hamburg, Berlin, Düsseldorf, München
Vogel Heerma Waitz	Berlin
Ypog	Berlin

★★★★

Hengeler Mueller	Berlin
Jones Day	München
Lutz Abel	München, Hamburg
Poellath	München, Berlin
Willkie Farr & Gallagher	Frankfurt

★★★

Bird & Bird	Düsseldorf, Frankfurt
BMH Bräutigam & Partner	Berlin
Dechert	München
FPS Fritze Wicke Seelig	Frankfurt
Freshfields Bruckhaus Deringer	Frankfurt, München, Berlin
GLNS	München
Goodwin Procter	Frankfurt
GSK Stockmann	München, Berlin
Heuking Kühn Lüer Wojtek	Köln, Stuttgart
Hogan Lovells	München
K&L Gates	Berlin, München
Milbank	München
PricewaterhouseCoopers Legal	Nürnberg, Stuttgart
PXR Legal	Berlin
Raue	Berlin

★★

Arqis	München
Gleiss Lutz	Berlin
Gütt Olk Feldhaus	München
Lambsdorff	Berlin
Morrison & Foerster	Berlin
Reed Smith	München
Studio Legal	Berlin
Weitnauer	München

★

Advant Beiten	München, Düsseldorf
Dentons	Frankfurt, München
DLA Piper	München, Hamburg
Flick Gocke Schaumburg	Berlin
Görg	München, Köln
Greenberg Traurig	Berlin
GvW Graf von Westphalen	Frankfurt, Hamburg
Lupp + Partner	München, Hamburg
Oppenhoff & Partner	Köln
Seitz	Köln

Die Auswahl von Kanzleien und Personen in Rankings und tabellarischen Übersichten ist das Ergebnis umfangreicher Recherchen der JUVE-Redaktion. Sie ist in 2erlei Hinsicht subjektiv: Die Aussagen der befragten Quellen sind subjektiv u. spiegeln deren Erfahrungen u. Einschätzungen. Die JUVE-Redaktion wiederum analysiert die Rechercheergebnisse unter Einbeziehung ihrer eigenen Marktkenntnis. Der JUVE Verlag beabsichtigt keine allgemeingültige oder objektiv nachprüfbare Bewertung. Es ist möglich, dass eine andere Recherchemethode zu anderen Ergebnissen führt. Innerhalb einzelner Gruppen in Rankings und tabellarischen Übersichten sind Kanzleien und Personen alphabetisch sortiert.

PRIVATE EQUITY UND VENTURE CAPITAL

Führende Berater für Private-Equity-Transaktionen

Dr. Jan Bauer
Skadden Arps Slate Meagher & Flom, Frankfurt

Dr. Michael Bernhardt
Milbank, Frankfurt

Philipp von Braunschweig
Poellath, München

Dr. Christoph Brenner
Orrick Herrington & Sutcliffe, München

Dr. Christian Cascante
Gleiss Lutz, Frankfurt

Dr. Ralph Drebes
Linklaters, Frankfurt

Dr. Andrea von Drygalski
Poellath, München

Oliver Felsenstein
Latham & Watkins, Frankfurt

Burc Hesse
Latham & Watkins, München

Dr. Wessel Heukamp
Freshfields Bruckhaus Deringer, München

Dr. Stephanie Hundertmark
Freshfields Bruckhaus Deringer, Berlin

Dr. Stefan Koch
White & Case, Frankfurt

Dr. Benjamin Leyendecker
Kirkland & Ellis, München

Markus Muhs
Milbank, München

Dr. Steffen Oppenländer
Milbank, München

Dr. Markus Paul
Freshfields Bruckhaus Deringer, Frankfurt

Dr. Anselm Raddatz
Clifford Chance, Düsseldorf

Dr. Arend von Riegen
Freshfields Bruckhaus Deringer, Frankfurt

Dr. Norbert Rieger
Milbank, München

Dr. Maximilian Schiessl
Hengeler Mueller, Düsseldorf

Prof. Dr. Gerhard Schmidt
Weil Gotshal & Manges, Frankfurt

Dr. Emanuel Strehle
Hengeler Mueller, München

Dr. Frank Thiäner
Poellath, München

Dr. Rainer Traugott
Latham & Watkins, München

Fortsetzung nächste Seite

Investment in Rise up. **VC:** Citi Ventures bei Investment in Forto; EQT Ventures bei div. Investments, u.a. Formo, Linearity; Heliad Equity u.a. bei Investment in NewtonX u. Modifi; Rewe bei Investment in SK Gaming; The Phoenix Insurance Company bei Investment in Everphone; BASF VC bei Investment in Urban Kissan u. Equinom.

EGO HUMRICH WYEN
PE: Mid-Cap-Transaktionen ★★

Bewertung: Im PE-Sektor ist das Team der Münchner Boutique v.a. bei Mid-Cap-Transaktionen gefragt. So ist es EHW gelungen, die Mandatsbeziehung zu Investor Oakley zu vertiefen u. die zu Aurelius wiederzubeleben. Für beide kam das Team gleich bei mehreren Deals zum Einsatz. Das zeigt deutl., wie gut sich die Kanzlei inzw. etabliert hat. Um die Position der Kanzlei weiter auszubauen, bedarf es jedoch eines deutl. breiteren anwaltl. Unterbaus.
Oft empfohlen: Dr. Alexander Ego („exzellente Zusammenarbeit", Mandant), Dr. Jan-Henning Wyen („exzellenter Jurist u. Verhandler", „sehr erfahren", Wettbewerber).
Team: 4 Eq.-Partner, 2 Associates
Schwerpunkte: Kleine bis mittelgr. Transaktionen, Beratung von Minderheitsaktionären. Umfangr. ▷gesellschaftsrechtl. Kompetenz, bes. stark bei Post-M&A-Streitigkeiten u. Organhaftung.
Mandate: PE: Aurelius zu Verkauf von AKAD University an Galileo Global Education u. zu weiteren Exits; Corsair bei Verkauf von RGI an CVC (Vedor Due Diligence und Transaktionsdokumentation); Maxburg bei Verkauf von Tenado an Revalize, zu Kauf von Krongaard u. zu Verkauf der Beteiligung an ZooPlus an H&F u. EQT; Oakley zu mehreren Zukäufen.

EY LAW
PE: Mid-Cap-Transaktionen ★★

Bewertung: EY Law ist an 4 Standorten im Mid-Cap aktiv u. zählt Investoren wie Hg oder IK Investment zu ihren Mandanten. Für Erstere steuerte das Team um den auch von Wettbewerbern gelobten Feigen v.a. Add-on-Transaktionen der Portfoliounternehmen. Zwar ist EY Law auch weiterhin gefragt, wenn es um große DD-Projekte geht, doch die Mandanten, die ihr auch den Verkaufsverhandlungen anvertrauen, werden zahlreicher. Obwohl VC keinen Schwerpunkt der Praxis darstellt, setzen Corporate-Venture-Investoren wie Hyundai oder Jungheinrich auf das Team.
Oft empfohlen: Dr. Jan Feigen („qualitativ super, uneitel, extrem gute Zusammenarbeit", Mandant)
Team: 6 Partner, plus Associates
Schwerpunkte: Small- bis Mid-Cap-PE, auch VC, u.a. für Corporate-Mandanten.
Mandate: PE: Apposite Capital bei Kauf von 1Med; Flex Capital bei Kauf von Amparex u. Ipro; Oy Medix Biochemica/DevCo Partners bei Kauf von My Pols Biotech; Transporeon/Hg Capital bei Add-on-Transaktion im Logistiksoftwarebereich; Alba Baving/IK Investment bei Add-on-Transaktionen. **VC:** Sino Beteiligungen bei Verkauf der Anteile an Trade Republic Bank u. Investment in Quin Technologies; Jungheinrich bei Folgeinvestment in Magazino.

FLICK GOCKE SCHAUMBURG
PE: Mid-Cap-Transaktionen ★★
Venture Capital ★

Bewertung: Die Arbeit von FGS reicht von Fondsauflegung über Start-up-Beratung/VC-Investments bis hin zu Mid-Cap-Deals. Der erfahrene Partner Wendt, der schon zu seinen Zeiten bei Gleiss Lutz etwa Lindsay Goldberg beriet, ist punktuell auch bei Bieterverfahren im oberen 3-stelligen Mio-Bereich gefragt. Dass der US-Investor H.I.G. seit 2019 genauso regelm. auf die multidiszipl. Einheit vertraut wie DPK, sorgt für eine solide Positionierung im Markt.
Oft empfohlen: Dr. Fred Wendt, Dr. Martin Oltmanns
Team: 9 Eq.-Partner, 7 Sal.-Partner, 13 Associates
Schwerpunkte: Start-up-Beratung u. Mid-Cap-Deals samt Add-on-Transaktionen
Mandate: PE: DPK Deutsche Privat Kapital u.a. bei Investment in United Curry Holding, United Chocolate; H.I.G zu Managementbeteiligungsprogrammen; Borromin Capital zu Kauf von Little John Bikes; Trill Impact (Lux.) zu Kauf von Meona u. I-Solutions; Operando Partners zu Beteiligung an Software-Partner-Holding, UBC Composites u. ICP; **VC:** Clade bei div. Finanz.-Runden; Sarsted zu Serie-A-Finanz.-Runde bei Smart4Diagnostics;.

FPS FRITZE WICKE SEELIG
Venture Capital ★★★

Bewertung: FPS unterhält eine der wenigen aus Frankfurt heraus agierenden VC-Praxen: Dort ist sie oft für Mandanten aus den Bereichen Fintech u. Proptech im Einsatz. Weber kann auf einen beeindruckenden Dealflow auf diesen Feldern verweisen. Im Laufe der Jahre war das Team jedoch an immer mehr M&A-Exits beteiligt, u. auch die Größe einiger Unternehmen, darunter Wingcopter, zeugt von der zunehmenden Reife der Praxis. Die intensivere Zusammenarbeit mit erfahrenen Gesellschaftsrechtlern in Düsseldorf ist ein weiteres Zeichen für die zunehmende Komplexität der Arbeit. Noch ist Weber der einzige im Markt bekannte Anwalt, doch zeichnet sich der Aufbau eines Mittelbaus ab.
Stärken: Fintech u. Proptech-VC.
Oft empfohlen: Philipp Weber („professionell u. effizient", Wettbewerber)
Team: 2 Eq.-Partner, 1 Sal.-Partner, 4 Associates
Schwerpunkte: Beratung von Gründern u. Fonds bei VC-Transaktionen mit Schwerpunkt im Fintech u. bankennahen Bereich; zunehmend an Schnittstelle zu PE tätig.
Mandate: VC: GPS Ventures bei Betreuung des Portfolios, u.a. Show Heroes, Pamono, Advocado; Main Incubator bei Beteiligung an Dabbel, Etvas, Infinnity, Caya, Global Climate Changer; Varengold bei Finanzierung von Banxware; Wingcopter bei Investments durch Expa; 360ventures bei Investments in Aviation u. Kosmetik. Finanz.-Runden für Bloomwell Group, Build.One, Zenhomes, 3dlytics, axytos, Enviria Energy, Go Crush.

FRESHFIELDS BRUCKHAUS DERINGER
PE: Large-Cap-Transaktionen ★★★★★
PE: Mid-Cap-Transaktionen ★★★★★
Venture Capital ★★★

Bewertung: Mit einem der größten auf PE fokussierten Teams deckt FBD das gesamte Spektrum von Taking-private-Deals u. PE-seitigen öffentl. Übernahmen ab, u. ist auch im hochvol. Growth-Equity-Geschäft an der Schnittstelle zu VC gefragt. Die Kanzlei punktet dabei mit ihrem internat. Netzwerk, mit dem sich FBD – ähnl. wie Clifford oder Latham – für grenzüberschr. Themen empfiehlt. Ob Apax, Cinven oder CPPIB: Die Liste an Mandanten, die in grenzüberschr. Large-Cap-Deals auf FBD setzen, ist erneut bemerkenswert. Immer wieder ist die

PRIVATE EQUITY UND VENTURE CAPITAL

Kanzlei gefragt, wenn es um komplexe Strukturierungen von Bieterverfahren geht. Das zeigte sich bei Zooplus, wo FBD federführend das Bieterkonsortium H&F/EQT beriet. Was das Team von seinen Wettbewerbern abhebt, sind die personelle Geschlossenheit, die breite Partnerriege, der umfangreiche Mittelbau u. die Kontinuität. So setzen Mandanten über Jahre auf ihre jew. Ansprechpartner.
Stärken: Breit aufgestellte Praxis mit umf. Erfahrung (z.B. ▷Insolvenz/Restrukturierung, Immobilien).
Oft empfohlen: Dr. Markus Paul, Dr. Stephanie Hundertmark, Dr. Arend von Riegen („sehr professionell, fachl. exzellent", Wettbewerber), Dr. Kai Hasselbach („richtig gut für zentrale u. komplexe Transaktionen", Mandant), Dr. Natascha Doll, Dr. Wessel Heukamp
Team: 10 Partner, plus Associates
Schwerpunkte: Einheitl. ww. Praxis für Finanzinvestoren. Enge Zusammenarbeit mit der ▷Immobilienpraxis u. anderen Branchengruppen.
Mandate: PE: ICIG bei Verkauf von Corden Pharma an Astorg; CPPIB bei Kauf von Ceramtec; Apax bei Kauf von T-Mobile Netherlands; Cinven bei Mehrheitsbeteiligung an Think Cell; Hellmann & Friedman bei gepl. Übernahme von Zooplus; Permira bei Beteiligung an Adevinta; KKR bei Minderheitsbeteiligung an Körber; Altor bei 50%-Übernahme an Kaefer; EQT bei Verkauf von Ultimaco Verwaltung; Antin Infrastructure bei Investition in European Rail Rent; Lindsay Goldberg bei Verkauf von Paccor. **VC:** EQT Growth bei Investment in Mambu (E-Finanz.-Runde); CIP bei Investment in Sunfire.

GIBSON DUNN & CRUTCHER
PE: Large-Cap-Transaktionen ★★
PE: Mid-Cap-Transaktionen ★★★

Bewertung: Die PE-Praxis der Kanzlei ist v.a. in Ffm. eine solide Größe. Dort unterhält Oberbracht langj. gute Beziehungen zu div. Large-Cap-Investoren u. Reinhardt ist wg. seiner Erfahrung bei öffentl. Übernahmen sehr anerkannt. Was jedoch besonders auffällt, ist, dass PE für GDC ww. zu einer höheren Priorität geworden ist, z.B. mit der Ankunft einer gr. Gruppe von Anwälten mit starken Verbindungen zu KKR in London. Dies führt bereits zu mehr Arbeit in Dtl., u.a. für Lone Star mit dt.-brit. Teams. Zudem gab es einen konstanten Fluss an Mid-Cap-Geschäft von Oaktree und Triton. Der Zugang eines Milbank- erfahrenen Counsels in München war ein positives Zeichen.
Stärken: Sehr starke US-Praxis.
Oft empfohlen: Dr. Dirk Oberbracht („sehr gut bei der Verhandlung mit Management der Gegenseite", Mandant), Dr. Wilhelm Reinhardt
Team: 3 Partner, 1 Counsel, 8 Associates
Schwerpunkte: Neben Large-Cap- zunehmend Mid-Cap-Transaktionen u. komplexe Add-on-Deals.
Mandate: PE: Oaktree bei Kauf von Dt. EuroShop (mit Otto-Familie); Advent/Centerbridge Partners bei öffentl. Übernahmeangebot für Aareal Bank; Platinum Equity bei Kauf von Solenis; Perusa bei Verkauf von Müpro an IK; First Reserve/Dresser Utility bei Kauf des ww. Gasreglergeschäfts von Itron; Triton bei Verkauf von ‚Meine Radiologie' an EQT.

GLEISS LUTZ
PE: Large-Cap-Transaktionen ★★★
PE: Mid-Cap-Transaktionen ★★★★
Venture Capital ★★

Bewertung: Wie wenige andere dt. Großkanzleien hat sich GL bei internat. Investoren als Beraterin für Transaktionen mit Dtl.-Bezug positioniert. Zwar sind etl. Deals Verweisgeschäft aus den US-Praxen befreundeter Kanzleien. Apax oder Apollo wenden sich aber mittlerw. auch direkt an das dt. Team; Letztere u.a. für ein Bieterverfahren um die Degussabank. Dabei sind Balssen u. Cascante für Deals dieses Zuschnitts gesetzt, während Topf für div. Infrastrukturgroßtransaktionen im Einsatz war. Darüber hinaus gelingt es, auch die gut gefüllte Mid-Cap-Pipeline (HIG, DBAG) abzuarbeiten. Im VC kommt GL zum Einsatz, wenn es um Hervol. Investments geht, u.a. für Tiger Global oder Greenoaks. Letztere beriet sie beim Investment in eines der am höchsten bewerteten dt. Start-ups Personio.
Stärken: Breite Erfahrung mit umfangr. Buy-outs dank guter Verbindungen zu US-Häusern.
Oft empfohlen: Dr. Christian Cascante („freundl. u. flott", Mandant), Dr. Jan Balssen („exzellente Beratungsqualität u. freundl. Umgangsformen", Mandant), Dr. Patrick Kaffiné, Dr. Ralf Morshäuser (v.a. Distressed-Deals), Dr. Cornelia Topf („sehr pragmat. u. genau", „auf den Punkt u. humorvoll noch dazu", Mandanten)
Team: 6 Eq.-Partner, plus Associates
Schwerpunkte: Mittel(große) Buy-out-Transaktionen.
Mandate: PE: HIG bei Mehrheitsbeteiligung an Comcross; Investindustrial bei Kauf von Aakamp; Aeon bei De-Spac von SSU durch Yucaipa Acquisition; Apollo bei Bieterverfahren für Degussabank; DBAG-Portfoliounternehmen bei Add-on-Transaktionen. **VC:** Greenoaks Capital bei Investment in Personio (E-Finanz.-Runde); Tiger Global bei div. Investments, u.a. Alaiko, Taxdoo, Hive, Mambu; Measure 8 Ventures bei Investment in Bloomwell.

GLNS
PE: Mid-Cap-Transaktionen ★★
Venture Capital ★★★

Bewertung: Die Kanzlei ist sowohl bei VC- als auch bei PE-Deals im Mid-Cap-Segment gefragt. Bei PE-Transaktionen zählen Häuser wie Emeram oder Afinum ebenso wie Neumandanten, darunter der Münchner Techinvestor EMH oder der skand. Investor Trill Impact, zur stetig breiter werdenden Mandantenbasis. Wie etabliert GLNS im VC-Markt ist, zeigen die Begleitung von Gründern in mehreren Finanz.-Runden u. die Beratung zu Exit-Transaktionen – so zum Beispiel für den Gründer eines Food-Start-ups.
Oft empfohlen: Dr. Daniel Gubitz („fokussiert u. kompetent mit Blick für jurist. wie betriebswirtschaftl. Aspekte", Mandant), Georg Lindner, Dr. Ludger Schult („sehr erfahren u. sehr kollegial", Wettbewerber)
Team: 4 Eq.-Partner, 3 Sal.-Partner, 1 Counsel, 3 Associates, 1 of Counsel
Schwerpunkte: Starker steuerrechtl. Fokus, sowohl in Transaktionen als auch Konzern-/M&A-Steuerrecht. Auch prozessrechtl. aktiv, insbes. gesellschaftsrechtl. u. Post-M&A-Streitigkeiten.
Mandate: PE: Afinum zu Kauf von Fishing King; Emeram zu Verkauf der Matrix42-Gruppe an Corten; EMH zu Beteiligung an Smarketer; CGS beim Verkauf von Mehrheit an der SF Tooling Group an Storskogen. **VC:** Gründer u. Gesellschafter der Intermate Group zu Einstieg von ECM; Razor Group bei $125-Mio-Serie-B-Finanz.-Runde; Thrive Capital in Serie-C-Finanz.-Runde bei Gorillas.

Führende Berater für Private-Equity-Transaktionen Fortsetzung

Dr. Daniel Wiegand
Hengeler Mueller, München

Prof. Dr. Hans-Jörg Ziegenhain
Hengeler Mueller, München

Die Auswahl von Kanzleien und Personen in Rankings und tabellarischen Übersichten ist das Ergebnis umfangreicher Recherchen der JUVE-Redaktion. Sie ist in 2erlei Hinsicht subjektiv: Die Aussagen der befragten Quellen sind subjektiv u. spiegeln deren Erfahrungen u. Einschätzungen. Die JUVE-Redaktion wiederum analysiert die Rechercheergebnisse unter Einbeziehung ihrer eigenen Marktkenntnis. Der JUVE Verlag beabsichtigt keine allgemeingültige oder objektiv nachprüfbare Bewertung. Es ist möglich, dass eine andere Recherchemethode zu anderen Ergebnissen führt. Innerhalb einzelner Gruppen in Rankings und tabellarischen Übersichten sind Kanzleien und Personen alphabetisch sortiert.

GÖRG
PE: Mid-Cap-Transaktionen ★★
Venture Capital ★

Bewertung: Der Schwerpunkt des PE-Teams liegt im Small-to-Mid-Cap-Segment. Dafür stehen neben dem Frankfurter Partner Fenck v.a. mehrere Partner in Köln u. HH, während die Kanzlei den VC-Markt v.a. von ihrem Münchner Standort aus bedient u. dort u.a. Start-ups aus dem Bereich erneuerbare Energien berät. Bei Distressed-Szenarien kann die Kanzlei wie nur wenige Wettbewerber umfangr. Know-how aus der Restrukturierungspraxis abrufen, was auch in der PE-Beratung gelegentl. gefragt ist.
Oft empfohlen: Dr. Tobias Fenck („angenehme Zusammenarbeit auf hohem jurist. Niveau", Wettbewerber; v.a. PE), Dr. Bernt Paudtke (v.a. VC)
Team: 11 Eq.-Partner, 4 Sal.-Partner, 2 Counsel, 8 Associates
Schwerpunkte: Mid-Cap-PE, München v.a. aktiv in früheren VC-Stadien, umfangr. ▷Restrukturierungserfahrung in Köln.
Mandate: PE: Ufenau bei Verkauf der Mehrheitsbeteiligung an Swiss IT Security; Kanalservice/Ufenau bei Add-on-Transaktionen; AOE bei Einstieg in Shifteo; Vorsprung bei Kauf von Scrader. **VC:** MIG Capital bei Investment in iOmx Therapeutics; NexWafe bei B-Finanz.-Runde; SBR bei Investment in Princess Stardust; Tacterion bei A-Finanz.-Runde.

GOODWIN PROCTER
PE: Mid-Cap-Transaktionen ★★★
Venture Capital ★★★

NOMINIERT JUVE Awards 2022 Kanzlei des Jahres für Private Equity und Venture Capital

Bewertung: Die inzw. offizielle Eröffnung des Münchner Büros war ein wichtiger Schritt für die PE-Praxis der US-Kanzlei. Der Zugang von Schinköth 2021, der über beträchtl. Erfahrung im Mid-Cap-Geschäft verfügt, war ein erstes Zeichen, dass GP Ambitionen hat u. die Aufnahme von Hirschmann dort bestätigte dies. Zusammen mit Käpplinger, der einen Immobilienschwerpunkt hat, verfügt die Kanzlei nun über ein Team, das anderen US-Kanzleien Paroli bieten kann. Neben dem Wachstum in PE beeindruckte vor allem die VC-Praxis u. dort insbes. Klenk. Er hatte bereits an einer Vielzahl von VC-Deals im Lifescience-Sektor gearbeitet, wo GP internat. besonders gefragt ist. Die Aufnahme von Dechert-Partnern im Bereich Fonds-

PRIVATE EQUITY UND VENTURE CAPITAL

Führende Berater für Venture Capital

Dr. Patrick Auerbach-Hohl
BMH Bräutigam & Partner, Berlin

Felix Blobel
Noerr, Berlin

André Eggert
Studio Legal, Berlin

Dr. Marco Eickmann
Lutz Abel, München

Nicolas Gabrysch
Osborne Clarke, Köln

Dr. Sven Greulich
Orrick Herrington & Sutcliffe, Düsseldorf

Dr. Daniel Gubitz
GLNS, München

Stefan-Ulrich Müller
CMS Hasche Sigle, München

Prof. Dr. Andreas Nelle
Raue, Berlin

Dr. Bernhard Noreisch
Lutz Abel, München

Dr. Katy Ritzmann
GSK Stockmann, Berlin

Dr. Norman Röchert
Taylor Wessing, Berlin

Christian Tönies
Poellath, München

Dr. Benjamin Ullrich
Ypog, Berlin

Dr. Frank Vogel
Vogel Heerma Waitz, Berlin

Gerhard Wacker
PricewaterhouseCoopers Legal, Nürnberg

Dr. Clemens Waitz
Vogel Heerma Waitz, Berlin

Dr. Jens Wolf
Taylor Wessing, Hamburg

Dr. Jörg Zätzsch
CMS Hasche Sigle, Berlin

Die Auswahl von Kanzleien und Personen in Rankings und tabellarischen Übersichten ist das Ergebnis umfangreicher Recherchen der JUVE-Redaktion. Sie ist in 2erlei Hinsicht subjektiv: Die Aussagen der befragten Quellen sind subjektiv u. spiegeln deren Erfahrungen u. Einschätzungen. Die JUVE-Redaktion wiederum analysiert die Rechercheergebnisse unter Einbeziehung ihrer eigenen Marktkenntnis. Der JUVE Verlag beabsichtigt keine allgemeingültige oder objektiv nachprüfbare Bewertung. Es ist möglich, dass eine andere Recherchemethode zu anderen Ergebnissen führt. Innerhalb einzelner Gruppen in Rankings und tabellarischen Übersichten sind Kanzleien und Personen alphabetisch sortiert.

Oft empfohlen: Gregor Klenk („erfahrener Transaktionsexperte, der sich in den letzten Jahren als starker VC-Anwalt neu erfunden hat", Wettbewerber), Dr. Jan Schinköth („starker, aber zuverlässiger Verhandlungspartner", Wettbewerber), Florian Hirschmann, Dr. Markus Käpplinger
Team: 4 Partner, 2 Counsel, 10 Associates
Partnerwechsel: Florian Hirschmann (von Reed Smith)
Schwerpunkte: Fokus auf Mid-Cap-Transaktionen im Lifescience-Bereich, auch Growth/Venture Capital sowie ▷Immobilien-PE.
Mandate: PE: Summit Partners bei Verkauf der Beteiligung an Appway; Sun Capital bei Verkauf von IM Chemicals; Ampersand bei Verkauf der Vibalogics Gruppe; CIC Capital bei Growth-Equity-Investment in Advitos; Qell bei SPAC-Zusammenschluss mit Lilium. **VC:** Bond bei Finanz.-Runden für Flink; DN Capital bei Finanz.-Runde für Numa Group; DST Global bei Serie-C-Finanz.-Runde für Gorillas; Left Lane bei Serie-A- u. B-Finanz.-Runde für Yokoy u. Serie C u. D für GoStudent; Mayfair Equity bei Investment in EGYM; Toscafund bei Finanz.-Runde für Elinvar; Five Elms bei Investment in Userlane; FQX bei Seed Investment durch Earlybird; Origin.bio bei Seed-Finanz.-Runde durch EQT Ventures; True Ventures bei Serie-A-Finanz.-Runde für Kewazo.

GREENBERG TRAURIG

PE: Mid-Cap-Transaktionen	★
Venture Capital	★

Bewertung: Anerkannt ist GT im PE v.a. wg. ihrer immobilienrechtl. Kompetenz. Mit der Beratung gr. Immobilienfonds, darunter Benson Elliott, Tristan u. Velero, gehört sie in diesem Sektor zu den Marktführern. Daneben rücken aber auch andere Branchen in den Fokus: So steuerte das Berliner Team mehrere Mandate für Gilde im Medtechbereich. Als VC-Beraterin ist die Kanzlei bislang nicht bekannt, entwickelt dieses Geschäft aber Jahr für Jahr weiter u. gewann bspw. Owl Ventures als Mandantin, die in div. Techunternehmen investierte.
Stärken: Immobiliendeals.
Team: 8 Partner, plus Associates
Schwerpunkte: Nach Branchenschwerpunkten organisiert: ▷Immobilien u. ▷Medien/▷Technologie, zunehmend: Greentech u. Healthcare.
Mandate: PE: Gilde Healthcare bei Kauf von Europin u. Actimed; KKR/Velero bei Kauf eines Wohnimmobilienportfolios mit 14.000 Einheiten; Tuscan Holdings bei De-Spac mit Microvast. **VC:** Owl Ventures bei Investment in StudySmarter u. Morressier; T. Rowe Price/Durable Capital bei Investment in Celonis (D-Finanz.-Runde); Enpal bei Finanz.-Runde.

GSK STOCKMANN

PE: Mid-Cap-Transaktionen	★
Venture Capital	★★★

Bewertung: Trotz des kl. VC-Teams gelingt es GSK, sich in umkämpften Markt hochvol. Markt zu behaupten. Aus Berlin heraus berät v.a. Ritzmann, eine der VC-Aufsteigerinnen der letzten Jahre, rührige Investoren wie Target Global oder Princeville, die bei Finanz.-Runden wie Flink oder dem De-SPAC von HomeToGo beteiligt waren. Daneben steuerte das Team mehrere Finanz.-Runden für Krypto-Start-ups wie Unstoppable Finance. Vorteil der Kanzlei ist das Luxemburger Büro, das mittlerw. bei der Strukturierung von PE-u. VC-Transaktionen Know-how beisteuert. U.a. war dies bei der Beratung des glob. Plattformanbieters Branded hilfreich, der von Europa aus den US-Markt bedient.
Oft empfohlen: Dr. Katy Ritzmann (VC)
Team: 6 Partner, 3 Sal.-Partner, plus Associates
Schwerpunkte: Nach Sektoren orientierte PE- u. VC-Praxis, oft unter Einbeziehung des luxemb. Standorts, auf VC spezialisiertes Notariat in ▷Berlin.
Mandate: VC: Earlybird Uni-x/Coparion bei Investment in Koppla; MVPF bei Investment in Stage Two; Princeville Capital bei De-Spac von Hometogo; Target Global bei Investment in Flink, Wefox (Serie C), Elopage; Branded, Fleat, GetHalal bei Seed-Finanz.-Runden; Cropt bei Finanz.-Runde.

GÜTT OLK FELDHAUS

PE: Mid-Cap-Transaktionen	★★★
Venture Capital	★★

Bewertung: Bei Mandanten aus dem Mid-Cap-Segment ist die Münchner Transaktionsboutique bestens vernetzt. Nicht zuletzt ist die starke Finanzierungspraxis der Kanzlei, die eng mit der PE/VC-Praxis zusammenarbeitet, ein Faktor, mit dem die Kanzlei bei Mandanten punkten kann. Zum Kreis der PE-Häuser, die regelmäßig auf GOF setzen, gehören neben Maxburg u. Paragon auch DPE u. deren Portfoliounternehmen. Darüber hinaus ist die Kanzlei auch auf dem VC-Sektor aktiv, u.a. für M-Venture.
Oft empfohlen: Dr. Sebastian Olk („fair u. verlässl.", Wettbewerber), Dr. Kilian Helmreich („professionell, schnell u. sehr serviceorientiert", Wettbewerber)
Team: 4 Partner, 8 Associates, 1 of Counsel
Schwerpunkte: Kl. bis mittelgr. PE-Deals u. VC-Investments, auch Betreuung von Portfoliogesellschaften.
Mandate: PE: DPE u. weitere Investoren zu Verkauf von BE-Terna; Blockchain Founder zu Investment in Kasuria, Basenode.io u. Adhash; Maxburg zu Beteiligung an Acontis Technologis; Arcus Capital, BE Beteiligungen u. Iris Capital zu Verkauf der Beteiligung an 1-2-3.tv-Gruppe; Auctus, Paragon, Bregal lfd. bei Transaktionen. **VC:** M-Venture u. Capza zu div. Transaktionen.

GVW GRAF VON WESTPHALEN

PE: Mid-Cap-Transaktionen	★
Venture Capital	★

Bewertung: Die Partner der VC-Praxis in HH u. Ffm. verfügen über weitgehend voneinander unabh. Praxen. Wie im ▷M&A ist der Mandantenstamm aber insges. stark technologieorientiert u. verteilt sich recht gleichmäßig auf Investoren u. Gründer. Walek u. Sachslehner haben beide viel Erfahrung im VC/PE-Bereich. Darüber hinaus gibt es eine kleine Mid-Cap-PE-Praxis mit langj. Mandanten wie Cornerstone.
Oft empfohlen: Dr. Markus Sachslehner, Titus Walek
Team: 3 Partner, plus Associates
Schwerpunkte: Venture Capital v.a. in Hamburg und Frankfurt. Mid-Cap-PE in Frankfurt.
Mandate: PE: Con Brio bei Verkauf von Europin an Gilde; Cornerstone Capital bei Verkauf von Eltec. **VC:** Replex bei Exit an Cisco; Vsquared Ventures et al. bei Finanz.-Runden für micropsi industries, OQmented, Noyes, Customcells; Protech1 Fund bei Beteiligungsportfolio; Ramblr, Eric Group, Building Radar, Seniovo, Simplifa, Thing Technologies bei Finanz.-Runden.

---

strukturierung u. die Etablierung des Luxemburger Büros gibt der PE-Praxis in Dtl. eine weitere Dimension.
Stärken: Sehr starke Lifescience-Praxis in den USA; enge Zusammenarbeit mit der Finanzierungspraxis.

PRIVATE EQUITY UND VENTURE CAPITAL

HENGELER MUELLER

PE: Large-Cap-Transaktionen	★★★★
PE: Mid-Cap-Transaktionen	★★★★★
Venture Capital	★★★★

Bewertung: Anders als bei anderen führenden Kanzleien ist die PE-Praxis der Kanzlei auf eine relativ gr. Zahl von Partnern verteilt, darunter viele jüngere. Die mangelnde Fokussierung auf Individuen mit einem spezif. langen Trackrecord führt dazu, dass die Praxis von Außenstehenden oft als nicht so stark wahrgenommen wird. Über das letzte Jahr hat HM jedoch bewiesen, dass sie einige Beziehungen zu den Top-PE-Häusern aufrechterhalten kann. Insgesamt steht die Kanzlei allerdings unter erhebl. Druck von v.a. amerikanischen Wettbewerbern. KKR (mit Schwandtner) u. Blackstone (bei Immobiliendeals mit Müller) sind die gr. PE-Namen, bei denen HM aber ihre führende Position behalten hat, u. auch für EQT ist die Kanzlei nach wie vor tätig. Die regelm. Mandatierung durch andere Top-Häuser wie Bain oder Cinven ist jedoch deutl. weniger geworden. Die Mid-Cap-Praxis hat weiterhin dank Nolte starke Verbindungen zu Waterland, wobei die Arbeit für diesen Schlüsselmandanten jetzt bei weiteren jüngeren Partnern landet. Die VC-Praxis konzentriert sich auf Wenzel, der in Berlin einen starken Ruf für seine Arbeit für internat. Investoren genießt. Die Verbindungen zu den USA sind besonders stark u. führten zu bedeutenden Deals für TenCent und Tiger Global.

Stärken: Sehr angesehene Partner mit jahrelanger Erfahrung. Starke Praxis an sämtl. Standorten. Stark bei ▷*Immobiliendeals*.

Oft empfohlen: Dr. Christof Jäckle („sehr kompetent u. effizient", Mandant), Dr. Maximilian Schiessl, Prof. Dr. Hans-Jörg Ziegenhain, Dr. Emanuel Strehle („hervorragend, angenehmer Kollege", Wettbewerber), Dr. Daniel Wiegand („pragmat.", Mandant), Thomas Müller („kollegial, pragmat., lösungsorientiert", Wettbewerber), Dr. Christian Schwandtner, Dr. Alexander Nolte („analyt. hervorragend, sehr kollegial", Wettbewerber), Dr. Martin Ulbrich, Dr. Daniel Möritz („die beiden sind die Stars der nächsten Generation", Wettbewerber), Dr. Jens Wenzel

Team: 14 Partner, plus Associates

Schwerpunkte: Großvol. Buy-outs u. Mid-Cap-Transaktionen zu etwa gleichen Anteilen. Schwerpunkt bei Immobiliendeals. VC in Berlin.

Mandate: PE: KKR bei Verkauf GfK an Nielsen/Advent u. bei Kauf einer Mehrheit an Contabvon, bei gepl. Kauf von Medifox, u. bei Kauf von 14.400 Immobilieneinheiten von der Adler Group; Armira bei Kauf einer indirekten Beteiligung an Sartorius; Blackfin Capital bei Übernahme von Plattform IKS der DWS Group; Waterland bei Kauf einer Mehrheit an Duvenbeck-Gruppe, bei Kauf der RUF Gruppe u. bei Verkauf von Beteiligung an Serrala; 3i/A-Z Gartenhaus bei Kauf von Outdoor Toys. **VC:** Tencent bei Serie-E-Investment in N26, bei Investment in Scalable Capital, bei Serie C in Billie; Ottonova bei Serie-E-Finanz.-Runde; Prosus bei Investment in Flink; Accel/83 North bei Serie-D-Runde für Celonis.

HERBERT SMITH FREEHILLS

PE: Mid-Cap-Transaktionen	★

Bewertung: Besonders präsent ist die kl. PE-Praxis der Kanzlei bei Transaktionen mit Infrastruktur- u. Energiefokus. So begleitete ein Team mehrere internat. Infrastrukturfonds bei Transaktionen, die letztlich jedoch nicht zum Abschluss kamen. Ein weiterer Beleg für das Know-how der Kanzlei in diesem Sektor war die Beratung des frz. Infrastrukturinvestors InfraVia. Ein Rückschlag für die Praxis ist jedoch der Abgang von Abel, der in der Vergangenheit immer wieder bei PE-Transaktionen aus dem Fintechsektor in Erscheinung trat.

Oft empfohlen: Dr. Christoph Nawroth

Team: 1 Partner, 2 Counsel

Partnerwechsel: Dr. Nico Abel (zu Cleary Gottlieb Steen & Hamilton)

Schwerpunkte: V.a. grenzüberschr. Deals, oft im Infrastrukturbereich.

Mandate: PE: Infrastrukturfonds zu Auktionsverfahren zu geplanter Investition in dt. Netzbetreiber (abgebrochen); Infrastrukturfonds in Auktionsverfahren für Ferngas (abgebrochen); PE-Unternehmen zu Kauf von Dekorgeschäft eines Fasermaterialherstellers.

HEUKING KÜHN LÜER WOJTEK

PE: Mid-Cap-Transaktionen	★★★
Venture Capital	★★★

Bewertung: Die auf 4 Standorte verteilte Praxis legt ihren Fokus auf Small- bis Mid-Cap-Mandate u. zählt PE-Häuser wie Auctus, Odewald, DPE u. Premium Equity zu ihren Mandanten. Über von Rosenberg bestehen zudem Beziehungen zu einigen Large-Cap-Häusern. Daneben ist HKLW auch zunehmend in internat. Kontexten gefragt. So begleitete sie einen skand. Investor bei einer Akquisition, während der in München ansässige French-Desk frz. Mandanten bei einem Bieterwettkampf um ein dt. Target beriet. Lebhaft entwickelt sich die VC-Praxis, die dank der personellen Verstärkung im Vorjahr ihre Fühler im Berliner VC-Kosmos ausstreckt. Dies belegen erste Mandate für Start-ups. Aber auch Köln gewinnt hinzu. Erstmals wandten sich HTGF u. Digital+ an das dortige Team.

Stärken: Mid-Cap-Praxis. Zunehmende Spezialisierung im VC mit integrierten ▷*kapitalmarktrechtl. Kapazitäten*. Beratung von Family Offices.

Oft empfohlen: Boris Dürr, Dr. Pär Johansson („konstruktive Zusammenarbeit", Wettbewerber), Dr. Jörg aus der Fünten (VC), Dr. Peter-Christian Schmidt, Dr. Oliver von Rosenberg

Team: 15 Eq.-Partner, 4 Sal.-Partner, 15 Associates

Schwerpunkte: Breite Praxis, mit Fokussierung auf Mid-Cap-Arbeit. V.a. in Köln auch VC. Akqu.-Fin. in Frankfurt. Internat. Kanzleinetzwerk World Services Group.

Mandate: PE: Armira bei Kauf von Pflegebutler u. Onesta; Auctus Capital bei Mehrheitsbeteiligung an Horst-Pöppel-Gruppe; DPE bei Beteiligung an Dare; Faircap bei Kauf von Bartec; Odewald bei Kauf von ctrl QS; Premium Equity bei Kauf der Heineking Media; Skorsgogen bei Kauf von SF Tooling u. A&K Die frische Küche; **VC:** Comtravo bei Verkauf an TripActions; Digital+ Partners bei Investment in FTAPI Software; Döhler Ventures bei Anteilsverkauf von Just Spices an Kraft Heinz; HTGF bei div. Seed-Investments.

HOGAN LOVELLS

PE: Mid-Cap-Transaktionen	★★★
Venture Capital	★★★

Bewertung: Das mittlerw. 4 Partner starke PE-Team in Frankfurt ist in den Sektoren Infrastruktur, Lifescience, Technologie u. Immobilien verankert u. fokussiert sich auf die Beratung von Mid-Cap-Häusern. Dort gelang es HL, auch dank der 2020 und 2021 neu hinzugewonnenen Partner, Kontakte zu knüpfen – etwa zu den Investoren Naxicap u. Adagia Partners. Was HL im hochvol. VC-Markt leisten kann, drückt sich in der Arbeit für FlixMobility aus, die zudem von der inzw. deutl. stabileren Achse USA-Dtl. profitiert. Im VC, das v.a. aus München heraus beraten wird, hat HL zwar die marktführende Stellung eingebüßt, versucht sich aber im Wiederaufbau. So steuerte das Münchner Team u.a. ein Investment für Armira Growth. Zudem ist ein erfahrener Associate zunehmend in dem für VC essenziellen Standort Berlin präsent – ein Schritt, der überfällig war.

Stärken: Gute transatlant. Vernetzung. Starke Branchenfokussierung, v.a. Lifescience u. Chemie.

Oft empfohlen: Dr. Matthias Jaletzke, Dr. Volker Geyrhalter, Peter Huber, Dr. Nikolas Zirngibl („toller Teamplayer", Wettbewerber)

Team: 10 Partner, 1 Counsel, 18 Associates

Partnerwechsel: Dr. Christoph Naumann (von Watson Farley & Williams)

Schwerpunkte: Buy-outs in Ffm.; eigene Praxis für Immobiliendeals in Ffm., D'dorf, München, Hamburg. VC-Arbeit v.a. in München.

Mandate: PE: Adagia Partners bei Mehrheitsbeteiligung an Schwind; Naxicap Partners bei Add-on-Akquisition von Tritec u. LXCO; HR Group bei Kauf div. Hotels der Vienna-Haus-Gruppe; Ventiga Capital Partners bei Übernahme von Fuel Plus/Airpas; **VC:** Personio bei E-Finanz.-Runde; Alasco bei B-Finanz.-Runde; Armira Growth bei Investment in Yoummday; Goldman Sachs bei Investment in Xempus; Charles, Flexcavo, MedKitDoc bei Seed-Finanz.-Runde; Vytal bei A-Finanz.-Runde; Wirelane bei B-Finanz.-Runde.

JONES DAY

PE: Mid-Cap-Transaktionen	★★★
Venture Capital	★★★★

Bewertung: Dass die Praxis der US-Kanzlei sowohl bei PE- als auch bei VC-Transaktionen im Markt etabliert ist, zeigt ein beachtlicher Trackrecord. Im Mid-Cap-Segment setzen u.a. einige Healthcare- u. Techinvestoren auf JD. Hier zahlt sich auch aus, dass JD über ein Team verfügt, das die regulator. Fragen solcher Transaktionen mit abdeckt. Aber auch bei großvol. Transaktionen kommt JD zum Einsatz: So beriet die Kanzlei Riverside bei dem Verkauf von Arrowhead an Genstar Capital, ebenso Celonis zu einem Investment u. strateg. Partnerschaft mit Service Now, mit der im Februar 2022 die Serie-D-Finanz.-Runde abgeschlossen wurde. Im VC-Sektor ist es JD zudem gelungen, mit dem ProSiebenSat.1-Investmentarm SevenVentures einen aktiven Player als Mandanten zu gewinnen.

Stärken: Corporate-Anwälte mit gr. Bandbreite. Beträchtl. Erfahrung in der Automobilbranche. Äußerst breite US-Praxis.

Oft empfohlen: Ansgar Rempp, Ivo Posluschny

Team: 12 Partner, 2 Counsel, 11 Associates, 6 of Counsel

Schwerpunkte: Mischung aus konventioneller Mid-Cap-Arbeit, aber auch großvol. Mandaten. Stark auch im VC, insbes. in späteren Entwicklungsstadien.

Mandate: PE: Riverside zu Verkauf von Arrowhead an Genstar Capital; Emeram zu Verkauf von Meona an Trill Impact; Archimed zu Kauf von Cube Biotech; **VC:** SevenVentures zu Serie-C-Finanz.-Runde bei Grover; Macquarie zu Gründung von Investmentvehikel zur Beteiligung an Gorillas; Celonis zu Investition u. strateg. Partnerschaft mit Service Now im Zuge von Serie-D-Finanz.-Runde.

PRIVATE EQUITY UND VENTURE CAPITAL

K&L GATES
Venture Capital ★★★

Bewertung: V.a. an ihrem ▷Berliner Standort, aber auch zunehmend aus München heraus ist die Kanzlei bei VC-Transaktionen gefragt. Der Fokus liegt dabei eindeutig auf der Beratung von Investoren in hochvol. Finanz.-Runden. So ist es Winkeler, einem der Aufsteiger in der VC-Beratung, gelungen, nach Arena mit Altimeter den 2. US-Investor als Mandanten zu gewinnen, auch dank der gut funktionierenden Achse zw. den US-Büros u. der dt. Praxis. Daneben etabliert sich das Team auch bei Corporate-VC-Mandanten wie Samsung Ventures, die in Start-ups investieren.

Oft empfohlen: Dr. Thilo Winkeler („top vernetzt, super Marktpräsenz", Wettbewerber)

Team: 3 Partner, 3 Associates

Schwerpunkte: Beratung von VC-Finanz.-Runden, vornehml. für Investoren, Corporate-VC. Ww. Praxis, mit gr. Team in den USA mit Mid-Cap-Fokus.

Mandate: VC Altimeter bei Investment in Personio (Serie E); Arena Holdings bei VC-Investments, u. a. SevDesk, Continental zu VC-Investments; Genobanken-Konsortium bei Kauf von Fincompare; Samsung Ventures zu Wandeldarlehen in Start-up; TriSpan bei Beteiligung an dt. Wachstumsunternehmen.

KING & WOOD MALLESONS
PE: Mid-Cap-Transaktionen ★★

Bewertung: Mit Roos hat KWM einen der erfahrensten PE-Anwälte in Frankfurt in ihren Reihen. Ein gr. Stamm an Mandanten wie ECM, die seit Jahren regelm. zu ihm zurückkehren, sorgt für einen konstanten Dealflow. Die Mandatierung eines Jungpartners durch Star Capital war ein weiterer Erfolg u. zeigte zum einen ein gelungenes Cross-Selling aus der Steuerpraxis. Auch eine Zunahme an grenzüberschr. Kooperation in Europa – v.a. mit den span. Büros – dürfte künftig Potenzial bieten.

Oft empfohlen: Dr. Michael Roos

Team: 4 Partner, 3 Counsel, 3 Associates

Schwerpunkte: Vorw. Small- bis Mid-Cap-Buy-outs. Gelegentlich VC-Beratung.

Mandate: PE: ECM, Pinova u. Gilde bei Kauf der Detax-Gruppe; Silver Investment Partners bei Kauf von Crystal Laser Systems, Juers-Gruppe u. it relations; Star Capital bei Kauf der Vincorion-Gruppe von Jenoptik u. Beteiligung in SkyFive; Marondo Capital bei Verkauf von Datavard; Pinova bei Verkauf von Deurowood; Walden Internat. bei Investment in SAX Power u. bei Kauf von Memphis Electronic; LEA/zvoove bei Kauf von Leviy-Gruppe.

KIRKLAND & ELLIS
PE: Large-Cap-Transaktionen ★★★★★
PE: Mid-Cap-Transaktionen ★★

Bewertung: Mittlerweile an der Spitze des Large-Cap-Marktes etabliert, setzt K&E Maßstäbe bei Taking-private-Transaktionen. Dort ist Leyendeckers Team an fast allen nennenswerten Deals beteiligt. Die Arbeit an den öffentl. Übernahmen für Brookfield – und das, obwohl Immobilien bei K&E bisher keine große Rolle spielten – u. Carlyle unterstreicht diese Entwicklung. Auch die Festigung der Beziehung zu BC Partners fällt ins Auge. Oldag war an 2 der kompliziertesten Deals des Jahres beteiligt, bei denen das PE-Haus 2 wichtige Assets auf neue Fonds übertrug. Der Weggang von 2 Partnern zu Clifford Chance war zwar ein Schlag, ermöglichte es aber auch jüngeren Partnern, sich als klarere Nachfolgegeneration zu profilieren, wobei Goj bereits empfohlen wird. Das Fehlen einer nennenswerten Bilanz im Mid-Cap-Geschäft – ansonsten ein geeigneter Nährboden für junge Partner u. eine wertvolle Absicherung – stellt jedoch ein gewisses Risiko für die dt. Praxis dar.

Stärken: Ww. starke PE-Praxis; sehr erfahren bei öffentl. Übernahmen u. Taking-private. In Dtl. sehr starkes ▷Insolvenz-/Restrukturierungsteam.

Oft empfohlen: Dr. Benjamin Leyendecker („Schwergewicht in PE; fokussiert immer auf die wesentl. Punkte", Wettbewerber), Attila Oldag („gut vernetzt, sehr angenehm auf der Gegenseite", Wettbewerber), Dr. Philip Goj („tolle Entwicklung, beeindruckender Trackrecord, bei vielen Large-Cap-Deals präsent", Wettbewerber)

Team: 3 Eq.-Partner, 6 Sal.-Partner, 13 Associates

Schwerpunkte: Sowohl großvol. Buy-outs als auch gelegentl. Mid-Cap-Deals u. VC-Investitionen. Große ww. Praxis inkl. Fondsstrukturierung.

Mandate: PE: Brookfield bei öffentl. Übernahmeangebot für Alstria office REIT; Carlyle bei öffentl. Übernahmeangebot für Schaltbau Holding; Adtran bei grenzüberschr. Fusion mit Adva; Yucaipa bei Investition/De-Spac von Signa Sports; Bain bei Investition in Berlin Brands Group; BC Partners bei Verkauf von CeramTec an weiteren BC Partners Fonds u. bei Übertragung von Springer Nature Group in neue Fonds; SK Capital bei Konsortium mit Heubach für Kauf des Pigmentgeschäfts von Clariant.

LAMBSDORFF
Venture Capital ★★

Bewertung: Die ▷Berliner Kanzlei gehört zu den Start-up-Beraterinnen der ersten Stunde, ist aber auch bei Investoren wie Earlybird u. Corporate-VC-Mandanten wie Axa u. EWE gefragt. Die breite Aufstellung der Kanzlei sorgt jedoch dafür, dass ihr Name nicht als erster fällt, wenn es um die spezialisierten VC-Boutiquen in Berlin geht. Allerdings bietet die Kanzlei Mehrwert durch ihre IT-Praxis u. deren Erfahrung in der datenschutzrechtl. Beratung, v.a. in der Softwarebranche.

Stärken: Gute Kenntnis der Softwarebranche.

Oft empfohlen: Dr. Pablo Rüdiger de Erice („internat. gut vernetzt, sehr angenehm in der Zusammenarbeit", Wettbewerber), Konstantin Graf Lambsdorff („sehr erfahren u. kompetent", Wettbewerber)

Team: 4 Partner, 7 Associates

Schwerpunkte: Investoren- u. Start-up-Beratung zu Finanz.-Runden aller Art, inkl. Wandeldarlehen u. Fremdfinanzierung.

Mandate: VC: Venture Capital-Arm EWE bei Investments in Soleando u. Comgy; lfd. Axa Ventures, FEV Future Vantures bei div. Investments; Finanz.-Runden: FinLeap, KYP.ai, Levy Health, Livebuy.

LATHAM & WATKINS
PE: Large-Cap-Transaktionen ★★★★★
PE: Mid-Cap-Transaktionen ★★★★★

Bewertung: Sowohl bei komplexen Mid- als auch Large-Cap-Transaktionen führt kein Weg an L&W vorbei. So setzen Mandanten wie Antin Infrastructure, Bregal oder HG Capital regelm. auf die Praxis. Für Neumandantin Advent, die früher häufiger auf Kirkland oder Milbank setzte, kam das Team gleich bei einem komplexen Deal zum Einsatz: dem €3,7 Mrd-schweren Kauf einer Sparte des niederl. Konzerns Royal DSM, den Advent gemeinsam mit Lanxess tätigte. Ein weiteres Pfund, mit dem die PE-Praxis bei Mandanten wuchern kann, ist die enge Zusammenarbeit mit der Finanzierungs- oder Kapitalmarktrechtspraxis. Dass L&W zuletzt bei einer Reihe von Transaktionen mit Tech-, Infrastruktur- oder Healthcare u. Lifescience-Bezug zum Einsatz kam, liegt daran, dass sie entspr. Sektorenerfahrung inkl. regulator. Know-how hat. Gerade regulator. ist L&W breiter aufgestellt als die meisten vergleichbaren US-Kanzleien. Daneben war sie auch bei VC-Mandaten gefordert, obwohl hierin kein strateg. Fokus der Kanzlei liegt.

Stärken: Hervorrag. PE-Praxis in den USA, Frankreich u. auch GB. Breite Kompetenz in angrenzenden Bereichen, z.B. öffentl. Übernahmen, Finanzierung mit GB- u. US-Bezügen, Branchen-Know-how.

Oft empfohlen: Oliver Felsenstein („beeindruckende Marktpräsenz", Wettbewerber) Burc Hesse („herausragend", Mandant), Dr. Rainer Traugott, Dr. Leif Schrader, Dr. Stefan Widder („sehr erfahren im Umgang mit komplexen Transaktionen", Mandant; „hervorragender Verhandler mit wirtschaftl. Gespür", Wettbewerber)

Team: 14 Partner, 2 Counsel, 23 Associates

Schwerpunkte: Grenzüberschreitende Transaktionen bei div. Asset-Klassen insbesondere in Zusammenarbeit mit USA u. zunehmend in London.

Mandate: PE: Advent Internat. zu gem. Kauf von Royal DSM mit Lanxess u. zu JV; Antin Infrastructure zu Verkauf der Mehrheit an Amedes; IFM zu strateg. Partnerschaft mit Dt. Telekom u. JV zum Glasfaserausbau; Bregal zu Kauf von Laird Thermal Systems; Triton bei Kauf von Swiss IT Security u. Verkauf von Talis; Dedig zu Kauf von Geschäftsbereich von SAP u. anschl. JV mit SAP; DBAG zu Kauf einer Mehrheit an freiheit.com Technologies; HG Capital zu Kauf einer Mehrheit an Auvesy, Serrala u. Fonds Finanz Maklerservice; Permira zu Kauf der Mehrheit an Engel & Völkers; Paragon zu Kauf einer Mehrheit an KME Special. **VC:** Softbank in Serie-C-Finanz.-Runde bei Agile Robots; Trade Republic bei Serie-C-Finanz.-Runde ($900 Mio).

LINKLATERS
PE: Large-Cap-Transaktionen ★★★★
PE: Mid-Cap-Transaktionen ★★★★

Bewertung: Im Infrastruktursektor gehört die Kanzlei dank Deals wie DIF/Thyssengas zu den Marktführern. Diese Position untermauerte sie noch durch die Rückkehr eines Counsels aus einer Senior-Inhouse-Position. Drebes bleibt die Galionsfigur der Praxis u. wird jetzt von 3 jüngeren Partnern unterstützt, aber ungewöhnlicherweise ohne Vertretung in München. Die dortigen Weggänge im Vorjahr gaben der PE-Praxis als ganzes jedoch die Möglichkeit, sich neu auszurichten: Die regelm. Arbeit von Müller für GBL u. das Haniel-Family-Office waren dafür ein guter erster Schritt. Auffällig ist auch, dass es mehr grenzüberschr. Zusammenarbeit gibt als noch vor einigen Jahren, z.B. Export der Beziehung zu Montagu u. Triton. Im VC ist die Kanzlei neuerdings aus Berlin heraus aktiv. Dort führte die Erfahrung eines Partners mit Energietransaktionen zu Corporate-VC-Arbeit.

Stärken: Exzellenter Trackrecord bei Infrastruktur- u. ▷Energiedeals.

Oft empfohlen: Dr. Ralph Drebes, Andreas Müller („sehr zufrieden, schnell, direkt, pragmat.", Mandant)

Team: 4 Partner, 2 Counsel, 7 Associates

Schwerpunkte: Buy-outs, bes. viele Infrastrukturinvestments, Fondsstrukturierungen sowie Corporate-Arbeit für Fonds.

PRIVATE EQUITY UND VENTURE CAPITAL

Mandate: PE: Apax bei Verkauf von Unilabs; Montagu bei Kauf von Metzler Ireland u. der Waystone Group; DIF Infrastructure/EDF Invest bei Verkauf von Thyssengas; Franz Haniel & Cie bei Kauf einer Mehrheit an KMK Kinderzimmer; Triton bei Bieterprozess für Soli Infratechnik; CPP Investment bei Bieterverfahren um die Partnerschaft mit Dt. Telekom im Glasfaserbau; Waterland bei Kauf von der Coeo Inkasso; Macquarie; Groupe Bruxelles Lamber bei div. Deals. **VC:** Porsche Investments bei Investition in Rydes; Reliance bei Serie-C-Finanz.-Runde für NexWafe.

LUPP + PARTNER

PE: Mid-Cap-Transaktionen	★ ★ ★
Venture Capital	★

NOMINIERT JUVE Awards 2022 Kanzlei des Jahres für Private Equity und Venture Capital

Bewertung: Die Transaktionsboutique hat mit einer Kombination aus Anwälten, die an der Schwelle zur Partnerschaft bei Großkanzleien standen, u. ehem. Großkanzleipartnern in der Spätphase ihrer Karriere Skeptiker zum Schweigen gebracht. Deren Kontakte u. die Transaktionskompetenz der Ersteren führen zu „einer exzellenten u. aufstrebenden PE-Praxis", wie ein Mandant bemerkt. So hat L+P mit Erstmandatierungen durch 3i u. Triton (marktbekannt) sowie Carlyle anderen Mid-Cap-Firmen Marktanteile abgenommen. Der urspr. Schwerpunkt auf Technologiedeals wird durch Mandanten wie Verdane beibehalten, bildet aber längst nicht mehr das Spektrum der Praxis ab. Der Verkauf von Engel & Völkers an Permira (M&A) hat die Sichtbarkeit der Kanzlei für andere PE-Häuser erheblich erhöht.

Oft empfohlen: Dr. Matthias Lupp, Dr. Nis Carstens („Top-Transaktionsberater", Wettbewerber), Christopher Kellett („sehr erfahren u. angenehm in der Zusammenarbeit", Wettbewerber), Dr. Stefan Jörgens, Dr. Kerstin Kopp, Felix Stützer („überragende Marktkenntnis, angenehmer Verhandler", Wettbewerber)

Team: 10 Eq.-Partner, 2 Sal.-Partner, 6 Counsel, 19 Associates

Schwerpunkte: Mid-Cap-Private-Equity, Venture Capital sowie für Family Offices.

Mandate: PE: Carlyle bei indirektem Kauf von 75% an CSS; Capiton bei Kauf der Axxence-Gruppe u. der Kutterer Mauer-Gruppe; DBAG bei Verkauf von blikk an EQT; Oakley bei Kauf von Vice Sporting Goods; EQT/Evidensia bei Kauf von Tierarztpraxen; Verdane bei Kauf der Premium XL Gruppe, einer Minderheit an Meisterlabs u. einer Mehrheit an KF Design; Verdane/PXL bei Kauf von Lomadox; Verdane/CAP Group bei Kauf der Kneipp-Fahrschul-Gruppe. **VC:** Afilio bei Finanz.-Runde durch CommerzVentures.

LUTZ ABEL

Venture Capital	★ ★ ★ ★

Bewertung: Im VC-Sektor ist die Kanzlei inhaltl. breit aufgestellt u. berät Investoren als auch Unternehmen von der Frühfinanzierung – wo die Kanzlei im Vergleich zu Wettbewerbern sehr präsent ist – bis zum Exit. Beachtl. ist zudem, dass es der Kanzlei erneut gelungen ist, ihre Mandantenbasis aus Investoren wie BayBG, Bayern Kapital u. MIG Fond, mit teilw. internat. Neumandanten zu erweitern, z.B. Samsung Oak. Auch wenn der Großteil des Geschäfts noch durch das Münchner Team gesteuert wird, werden auch die Teams an den anderen Standorten präsenter. Das gilt v.a. für HH, wo sich die Kanzlei auch auf Associate-Ebene verstärkte.

Oft empfohlen: Dr. Bernhard Noreisch („lösungsorientiert, zielstrebig u. angenehm", Wettbewerber), Dr. Marco Eickmann („schnelle Auffassungsgabe u. harter Verhandler", Wettbewerber)

Team: 4 Eq.-Partner, 3 Sal.-Partner, 4 Associates

Schwerpunkte: Transaktions-, Finanzierungs- u. lfd. Beratung für private u. öffentl., auch ausl. VC-Investoren. Schnittstelle zu anerkannter Gesellschaftsrechtspraxis in Nachfolgesituationen u. für Family Offices.

Mandate: PE: Singular Capital bei Kauf einer Beteiligung an TrueSkin; Just Spices Gesellschafter zu Verkauf an Kraft Heinz. **VC:** Circula bei Serie-A-Finanz.-Runde; Torus Capital bei Finanz.-Runde für Thankyou Jane; Gesellschafter der Hemovent zu Verkauf aller Anteile an MicroPorst Surgical; BayBG u. Bayern Kapital zu Umsetzung des bayer. Corona-Hilfsprogramms für Start-ups; RTP Global, HV Capital, MIG Fonds, Holtzbrinck Ventures, BonVenture, Perpetual, BayBG u. Bayern Kapital lfd. bei Finanzierungsrunden u. Transaktionen.

MAYER BROWN

PE: Mid-Cap-Transaktionen	★ ★ ★

Bewertung: Die Praxisgruppe der US-Kanzlei berät vornehmlich zu Mid-Cap-PE-Transaktionen. Hier kommt MB, im Vgl. zu anderen US-Einheiten, besonders häufig bei dt. Investoren zum Zuge, was nicht zuletzt auf das starke Netzwerk der einzelnen Partner zurückzuführen ist. Darüber hinaus ist die dt. PE-Praxis bei grenzüberschr. Transaktionen häufiger gefragt, in denen sie im Schulterschluss mit den ausl. Büros arbeitet. Hier ist eine Add-on-Transaktion für ein Qualium-Investissement-Portfoliounternehmen nur ein Beispiel. Aktiver wird die Kanzlei im VC-Sektor, wo sie zuletzt sowohl Gründer als auch Investoren beriet. Besonders engagiert ist hier Dr. Jan Streer, der zu Beginn des Jahres Partner wurde.

Oft empfohlen: Dr. Julian Lemor

Team: 5 Partner, 2 Counsel, 8 Associates, 3 of Counsel

Schwerpunkte: Mid-Cap-Transaktionen in Dtl., zunehmende Volumina.

Mandate: PE: AviGen im Zshg. mit Investment durch DH-LT Investments; Acolad Group/Qualium Investissement/UI Gestion zu Kauf von Amplexor Sparte; Coparion zu Verkauf von Twenty Billion Neurons; DBAG zu Kauf von Akquinet. **VC:** LG Displays zu Finanz.-Runde bei Cynora; Volpi/Moving Intelligenz zu Kauf von PLT Software; Volpi/Asolvi zu Kauf von Perform IT.

MCDERMOTT WILL & EMERY

PE: Mid-Cap-Transaktionen	★ ★ ★

Bewertung: Besonders engagiert ist die Praxis bei der Beratung zu Tech- u. Healthcare-Transaktionen im Mid-Cap-Segment. Dass die anerkannte Gesundheitsrechtspraxis der Kanzlei ein Pfund ist, mit dem MWE bei Mandanten wuchern kann, zeigte sich u.a. bei der Beratung von Apax beim grenzüberschr. Verkauf von Unilabs. Die bestehende Mandatsbasis, die für eine US-Kanzlei ein beachtl. breites dt. Geschäft aufweist, verbreitete MWE z.B. um Neumandant Greenpeak.

Stärken: ▷Healthcare-, ▷Immobilien- u. Techdeals.

Oft empfohlen: Dr. Jens Ortmanns („erfahrener Anwalt mit exzellentem Ruf", Wettbewerber; v.a. Immobilien), Dr. Stephan Rau („sehr erfahren mit großem Verständnis für unternehmer. Belange", Mandant), Dr. Carsten Böhm, Dr. Nikolaus von Jacobs, Dr. Michael Cziesla

Team: 8 Partner, 3 Counsel, 9 Associates

Schwerpunkte: Buy-outs, sowohl aufseiten der Beteiligungsfirmen als auch der Verkäufer; Managementberatung von Zielunternehmen u. Entwicklung von Beteiligungssystemen; auch VC-Beratung.

Mandate: PE: Ampersand zu Kauf von Beteiligung an BioEcho; Apax zu Verkauf von Unilabs; Main Capital/Mach zu Kauf von Dataplan; Greenpeak/Academia zu Kauf der Mehrheit an Klinik; VR Equitypartner u.a. zu Kauf von Minderheitsbeteiligung an der Solectrix-Gruppe; Gimv, Halder, Investcorp, Silverfleet, EMH, Five Arrows bei Transaktionen. **VC:** DCCP in div. Finanz.-Runden.

MILBANK

PE: Large-Cap-Transaktionen	★ ★ ★ ★ ★
PE: Mid-Cap-Transaktionen	★ ★ ★ ★ ★
Venture Capital	★ ★ ★

Bewertung: Zwar verließ mit Nussbaum ein Senior-Partner die Kanzlei, der die PE-Praxis zusammen mit Rieger fast 20 Jahre lang geprägt hatte, doch war Milbank darauf exzellent vorbereitet. Die schrittweise u. überlegte Übergabe von Mandantenbeziehungen – u.a. an Heim, hat Wettbewerber bereits stark beeindruckt. Die Beziehungen zu Stammmandanten wie EQT wurden durch den Zugang des Infrastrukturexperten Muhs Anfang 2021 weiter gestärkt. Das sorgte für einen konstanten Dealflow u. das Highlight des Jahres: die im Markt bekannte abgebrochene öffentl. Übernahme von SuSe. Auch das Frankfurter Büro verzeichnet einen bemerkenswerten Dealflow dank Bernhardt, der die Mandantenbasis auf Small- bis Mid-Cap-Deals ausweiten konnte. Die Ernennung eines weiteren Partners in Ffm. bringt zudem die nötige Bandbreite, um darauf aufzubauen. Potenzial bietet in München auch die Verlagerung der ▷Gesellschaftsrechtspraxis hin zur Beratung von Wachstumsunternehmen bei Finanzierungen und Exits in späteren Phasen. Milbank war zusammen mit Freshfields eine der ersten Kanzleien, die sich diesen Bereich erschlossen hat, wobei Rieger die zentrale Rolle spielt.

Stärken: Eines der erfahrensten Teams im Markt, v.a. bei Large-Cap-Deals; Taking-private-Transaktionen sowie Infrastrukturdeals. Jetzt auch starke ▷Finanzierungspraxis.

Oft empfohlen: Dr. Norbert Rieger („spielt in einer eigenen Liga", „herausragender Ruf u. immer angenehme Zusammenarbeit", Wettbewerber), Dr. Michael Bernhardt („intelligent, kompetent, präzise", Wettbewerber), Dr. Steffen Oppenländer („ein Consigliere für EQT geworden", Wettbewerber), Dr. Sebastian Heim („zielgerichtet u. lösungsorientiert; hohes Servicelevel u. Kundenorientierung", Mandant), Markus Muhs („sehr erfahrener Infrastrukturexperte", Mandant)

Team: 7 Partner, 2 Counsel, 17 Associates

Partnerwechsel: Dr. Peter Nussbaum (zu Verwaltung des fürstl. Vermögens Liechtenstein)

Schwerpunkte: Konzentration in München auf großvol. Buy-outs, in Ffm. stärker bei Mid-Cap-Mandaten.

Mandate: PE: PAI/Ontario Teachers bei Kauf von Veonet; EQT bei öffentl. Übernahme mit H&F für ZooPlus mit Delisting; EQT Future bei Kauf von Anticimex; EQT Infrastructure bei Verkauf der Getec-Gruppe; General Atlantic bei Minderheitsbeteiligung an TX Markets/Scout24-Schweiz-Joint-Venture sowie bei Serie-C-Investitionen in AnyDesk u. Chrono24; CPPIB bei gepl. öffentl. Übernahmeangebot für Aareal Bank; H.I.G. bei Verkauf von Conet;

PRIVATE EQUITY UND VENTURE CAPITAL

LEA Partners bei Kauf von Taifun Software, Kauf einer Mehrheit an Base-Net Informatik u. an b+m sowie bei Verkauf von Provad. **VC:** Planet First bei Serie-D-Finanz.-Runde von Sunfire.

MORRISON & FOERSTER
Venture Capital ★★

Bewertung: Der Fokus der Gesamtkanzlei auf ▷Medien- u. Digitalunternehmen prägt auch die PE-Praxis, wie Deals für Mid-Cap-Investor Elvaston zeigen. Regelm. sind die Anwälte so investorenseitig bei hochvol. VC-Investments gefragt. Auch die jap. SoftBank vertraut bei ihren Investments in dt. Tech-Start-ups auf sie. Neben dem internat. Netzwerk, das Mandanten wie Alpha Financial aus Singapur zu schätzen wissen, ist MF auch Anlaufstelle für Berliner Start-ups.
Oft empfohlen: Dr. Jörg Meißner
Team: 2 Partner, 2 Counsel, 6 Associates
Schwerpunkte: Mid-Cap-PE sowie großvolumigere VC-Transaktionen, Branchenfokus auf Medien- u. IT-Unternehmen.
Mandate: PE: Alpha Financial bei Übernahme durch PPRO; CIC bei Kauf einer Minderheitsbeteiligung an Expondo; Elvaston Capital bei Kauf von Docufy u. SelectLine Software. **VC:** SoftBank bei Investments, u.a. in Enpal; Whale Rock Capital bei Investment in Celonis; Peppermint Ventures bei Investments in R3, Authentic, SmartLabs Solutions; Rhia Ventures bei Investments in Testmate; PlanA. Earth bei Finanz.-Runde.

NOERR
PE: Large-Cap-Transaktionen ★
PE: Mid-Cap-Transaktionen ★★★★
Venture Capital ★★★★★

Bewertung: Die Praxis kam bei einer beachtl. Zahl großvol. VC-Deals zum Einsatz, darunter die Beratung von Dragoneer bei einer Finanz.-Runde bei N26. Sowohl bei VC- als auch PE-Deals kann Noerr mit Sektorerfahrung u. dem notwendigen regulator. Know-how bei seinen Mandanten punkten, zum Beispiel in Healthcare- oder Fintechtransaktionen. Im PE-Segment ist die Kanzlei im Mid-Cap-Markt bestens verwurzelt u. kommt auch regelm. bei Large-Cap-Transaktionen zum Einsatz. Durch die enge Verzahnung mit der angesehenen Restrukturierungspraxis der Kanzlei ist Noerr zudem bei Deals mit Restrukturierungs- u. Insolvenzbezug auf Käufer- u. Verkäuferseiter gefragt. Dies zeigt sich u.a. in Mandatierungen durch Condor, DBAG u. Aequita.
Stärken: Rundumberatung von Fondsgesellschaften, inkl. Fondsstrukturierung; beachtl. Erfahrung im Distressed-Bereich u. bei Immobilien. In Berlin eine der führenden VC-Praxen.
Oft empfohlen: Dr. Thomas Schulz, Dr. Georg Schneider („fachl. brillant, unprätentiös u. lösungsorientiert", Mandant), Dr. Sascha Leske („auch auf der Gegenseite ein Gewinn für Transaktionen", Wettbewerber), Felix Blobel („super Anwalt, der schnelle u. fundierte Antworten gibt", Mandant), Prof. Dr. Christian Pleister („harter u. versierter Verhandler", Wettbewerber), Holger Ebersberger („konstruktiv, zielorientiert u. angenehm", Wettbewerber)
Team: 14 Eq.-Partner, 9 Sal.-Partner, 17 Associates
Partnerwechsel: Dr. Florian Sippel (von Freshfields Bruckhaus Deringer)
Schwerpunkte: Rundumberatung von VC- u. PE-Gesellschaften, von Strukturierung u. Errichtung bis zu Exits; auch für Banken u. Gründer sowie vermög. Privatpersonen tätig, v.a. in München u. Berlin.
Mandate: PE: KPS bei Kauf des europ. Geschäfts von Real Alloy; Emeram zu Verkauf von Beteiligung an Init; Bregal zu Kauf von Theobald Software; Summit Partners zu Einstieg bei Cinerius; Investoren von Mister Spex im Zshg. mit IPO; Aequita zu Kauf von IFA aus Sanierung; Brookfield Asset Management/Alexandrite Lake zu öffentl. Übernahme von Alstria Office REIT; DBAG zu Neuausrichtung der erworbenen R+S-Gruppe; DPE/AirAlliance u.a. zu Add-on-Transaktionen; VR Equitypartner u. BayernLB Private Equity beim Verkauf von Anteilen an GHM Group an Genui; Allianz Capital Partners, Golding Capital lfd. bei Transaktionen. **VC:** Disruptive Technology bei $271-Mio-Serie-D-Finanz.-Runde bei Forto; Dragoneer bei $900-Mio-Serie-D-Finanz.-Runde für N26; Picus u.a. bei Serie-E-Finanz.-Runde für Personio.

NORTON ROSE FULBRIGHT
PE: Mid-Cap-Transaktionen ★★

Bewertung: Der Sektoransatz der Gesamtkanzlei bleibt auch für die PE/VC-Praxis prägend: So begleitet NRF Mandanten mit dem Fokus auf Zahlungsdienste (AnaCap), Technologie (Cube II Communications) u. Energie (Tiger Infrastructure). Zudem begleitet die Kanzlei einige Gründer u. regelm. EIB u. BayWa Ventures. Das Vorhaben, PE stärker in den Fokus zu rücken, setzt die Kanzlei auch personell um: In München stößt PE-Experte Schweneke zum Team, ebenfalls in München u. in Hamburg verstärkte sich das Team mit 2 auf PE spez. Counsel von Milbank bzw. Latham. Außerdem knüpfte ein neu ernannter Partner, der 2021 ebenfalls als Counsel kam, vielversprechende Kontakte zu Armira u. FSN Capital.
Stärken: Beratung von Finanzinvestoren bei Energie-/Infrastrukturdeals.
Team: 6 Partner, 4 Counsel, 14 Associates
Partnerwechsel: Sven Schweneke (von Eversheds Sutherland)
Schwerpunkte: Mid-Cap-Buy-outs, Infrastrukturinvestments u. Venture Capital.
Mandate: PE: AnaCap bei Investment in Fintus u. WebID; Armira bei Verkauf von SalesFive; Autoscout24 bei Kauf von Imove; Cube Communications bei Kauf von Sigfox; Tiger Infrastructure bei Investition in Qwello. **VC:** Baywa Energy Ventures bei Investment in Roofit Solar; Gründer von Druckerpatronen.de bei Verkauf an Toner Partner; Gründer Chaos Software bei Übernahme durch TA Associates; EIB bei Investment in Magazino; FSN bei Investment in Megabad; Jera bei Investment in Hydrogenious LOHC; Mobiko bei Finanz.-Runde.

OPPENHOFF & PARTNER
PE: Mid-Cap-Transaktionen ★★★
Venture Capital ★

Bewertung: Das Team zählt 3 erfahrene Partner in Ffm. sowie eine VC-Praxis in Köln. Ersteres hat mit dem Aufbau von Beziehungen zu Advent u. neuen ausl. Fonds wie Storskogen sogar einen Gang höher geschaltet. Auch im Gesundheitssektor ist O&P inzw. stark gefragt. Die Arbeit für Finetem bei einem IPO hat zudem gezeigt, dass die Kanzlei div. Exit-Szenarien bearbeiten kann. Die VC-Praxis verfügt über einen relativ heterogenen Mandantenstamm, u.a. Gründer, Start-ups, Fonds (inkl. Corporate-VC) u. Beziehungen zu Instituten wie Fraunhofer (marktbekannt). Mit dem EU-geförderten EIC gewann die Praxis zwar einen attraktiven neuen Mandanten, doch insges. ist sie am VC-Boom nicht so stark beteiligt wie viele Wettbewerber.
Oft empfohlen: Dr. Markus Rasner („sehr effizient u. transaktionserfahren", Wettbewerber), Till Liebau („sympath. u. erfahren", Wettbewerber), Dr. Gabriele Fontane („seit Jahren unsere vertraute Beraterin; ausgezeichnete Verhandlerin u. sehr zielstrebig", Mandant; alle PE), Alf Baars („fachl. versiert", Wettbewerber; VC)
Team: 6 Eq.-Partner, 3 Sal.-Partner, 8 Associates
Schwerpunkte: Mid-Cap-Arbeit (inkl. Finanzierung) v.a. in Frankfurt. VC in Köln, inkl. Fondsstrukturierung.
Mandate: PE: Storskogen-Gruppe bei Kauf von Hans Kämmerer; Auctus bei Investment in Stranet u. Smaser; Audax Private Equity zu dt.-rechtl. Aspekten des Verkaufs einer Beteiligung an Mobileum; Transition Evergreen bei Kauf von C4 Energie; Family Trust bei Kauf von Novia Handel. **VC:** Babybe bei Exit; div. VC-Gründer bei Gründungen von Rocket Internet; EIC Fund bei 8 Investments; nd industrial investments bei Serie-C-Finanz.-Runde für Next.e.Go Mobile. Finatem bei IPO von hGears.

ORRICK HERRINGTON & SUTCLIFFE
PE: Mid-Cap-Transaktionen ★★★
Venture Capital ★★★★★

Bewertung: Die dt. VC-Praxis war schon lange dafür bekannt, Mandate aus dem US-Netzwerk der Kanzlei an sich zu ziehen. Kontinuierl. steigt aber der Anteil an dt. Mandanten, die Beratung vor Ort oder für einen US-Flip suchen. Mit diesem Mix gelingt dem Team ein Dealflow, der die gesamte Bandbreite des VC widerspiegelt: begonnen bei Frühphaseninvestments – auch von Corporate-VCs wie Henkel oder NRW.Bank – bis hin zur Beratung von Investoren wie Coatue bei großvol. Runden, etwa für Gorillas. Dass sich das Team früher als manche Wettbewerber für die Beratung in frühen Entwicklungsstadien von Start-ups geöffnet hat, macht sich in dem immer finanzstärker werdenden VC-Geschäft deutl. bemerkbar. Die PE-Praxis ist für etl. Häuser Anlaufstelle bei Mid-Cap-Szenarien. So steuerte Schmid u.a. div. Add-ons für Genui-Portfoliounternehmen.
Stärken: Mid-Cap-Buy-outs; VC-Beratung v.a. im Technologiebereich.
Oft empfohlen: Dr. Christoph Brenner, Dr. Oliver Duys („sehr erfahren, verhandlungsstark", Wettbewerber), Dr. Thomas Schmid, Dr. Sven Greulich („pragmat., schnell, auch bei grenzüberschr. Transaktionen", Wettbewerber)
Team: 4 Eq.-Partner, 4 Sal.-Partner, 2 Counsel, 15 Associates
Schwerpunkte: PE-Mid-Cap-Transaktionen inkl. Steuerstruktur u. Finanzierung; umfangr. VC-Beratung.
Mandate: PE: Genui/Mindcurv bei div. Käufen, u.a. von Initions, Cloud Consulting, Wysiwyg Software Design; Rigeto Unternehmerkapital bei Kauf von Pflegehelden; TA Associates/Vista bei Kauf von Ramsauer & Stürmer. **VC:** Coatue bei Investment in Gorillas, N26; Haniel bei Investment in Infarm; Energy Impact Partner bei Investment in Instragrid; Goodwater Capital bei Investment in Studysmarter; Headline bei Fusion von Raisin u. Deposit Solutions; Henkel bei Investment in Smartz; NRW.Bank bei Verkauf der Beteiligung an Frontastic.

PRIVATE EQUITY UND VENTURE CAPITAL

OSBORNE CLARKE
Venture Capital ★★★★★

NOMINIERT JUVE Awards 2022 Kanzlei des Jahres für Private Equity und Venture Capital

Bewertung: OC ist seit Jahren eine der marktführenden Kanzleien im dt. VC-Markt u. wächst immer noch schneller als viele Wettbewerber. In diesem Jahr wurden 2 Partner ernannt u. darüber hinaus verstärkte OC die Associate-Riege u.a. mit erfahrenen Anwälten aus Kanzleien wie Noerr und Luther. All dies ist möglich, weil die Kanzlei insbes. in der digitalen Wirtschaft eine dominante Rolle spielt. So berät OC einen höheren Anteil an VC-finanzierten Unternehmen als viele Wettbewerber – einige wie Grover werden zu Schlüsselmandanten für die Kanzlei insgesamt. Weitere Neueinstellungen in den Bereichen Kapitalmärkte und Bankaufsichtsrecht sorgten für noch mehr Unterstützung, etwa bei NFTs. Dank der insges. breiten Partnerriege kann sich Gabrysch, der bekannteste Partner der Praxis, stärker darauf konzentrieren, US-Mandanten nach Dtl. zu holen u. vom marktführenden paneuropäischen Angebot im VC zu überzeugen.
Stärken: Stark integriert mit der angesehenen ▷IT-Praxis. Rundumberatung von Wachstumsunternehmen v.a. in der Technologiebranche.
Oft empfohlen: Nicolas Gabrysch („fachl. hervorragend, unkompliziert u. pragmat.", Wettbewerber), Robin Eyben („lösungsorientiert, kompetent", Wettbewerber), Till-Manuel Saur, Rouven Siegemund („äußerst verlässl. Partner seit Gründung unseres Unternehmens, sehr erfahren, optimale Antwortzeiten u. Verfügbarkeit", Mandant)
Team: 8 Partner, 2 Counsel, 14 Associates, 1 of Counsel
Schwerpunkte: VC-Schwerpunkt in Köln, München u. Berlin.
Mandate: VC: DB Schenker bei Serie-D-Finanz.-Runde für Volocopter; Door Dash als Hauptinvestor bei Flink; Fidelity Strategic Ventures bei Beteiligung an Moonfare; Highland Europe bei Investment in SoSafe; Keen Venture bei Finanz.-Runde für Lendis; Warburg Pincus/Hollyport bei D-Finanz.-Runde für McMakler; Sequoia/Firstminute bei A-Finanz.-Runde für n8n; regelm. Grover, N26, Taxdoo, Blickfeld, Bluu Biosciences, SimplyDelivery.

PAUL HASTINGS
PE: Large-Cap-Transaktionen ★
PE: Mid-Cap-Transaktionen ★★★

Bewertung: Die Transaktionspraxis der US-Kanzlei ist auf PE fokussiert. Der Zugang von 3 Partnern Anfang 2021, die die Beratung von PE-Häusern bei Large-Cap-Deals ausbauen sollten, macht sich allmähl. bemerkbar. Höhepunkt war die von Wolff geleitete Arbeit bei der PE-Beteiligung an Condor – ein besonders prominenter u. komplexer Deal, den die dt. Partnerschaft dank eines hohen Spezialisierungsgrads u. verbesserter Partnerkapazität begleiten konnte. Zudem fiel regelm. Arbeit für Stammmandanten wie Apollo u. eine Reihe von Mid-Cap-PE-Häusern an, die sich zunehmend auf größere Transaktionen konzentrieren. Mit dem Gewinn eines Kapitalmarktteams ist PH jetzt auch in der Lage, bei gr. Taking-privates tätig zu werden.
Stärken: Mid-Cap-Transaktionen, teilw. grenzüberschreitend.
Oft empfohlen: Dr. Christopher Wolff, Lars Jessen
Team: 3 Eq.-Partner, 2 Sal.-Partner, 1 Counsel, 4 Associates
Schwerpunkte: V.a. Mid-Cap-Transaktionen für dt. PE-Häuser. Viel Erfahrung bei Immobiliendeals.
Mandate: PE: Attestor bei Kauf von Condor; Apollo bei Kauf von div. dt. Wohnimmobilienportfolios; Bregal bei Verkauf von Sovendus; CDE bei Kauf zusätzl. Anteile an H&K; Decisive Capital Management bei Fondsstrukturierung; Francisco Partners bei Kauf von Boomi Deutschland; Genui bei Kauf der GHM Group; Providence bei Kauf von Marlink; STG Partners bei Kauf von eProductivity u. FireEye.

POELLATH
PE: Mid-Cap-Transaktionen ★★★★
Venture Capital ★★★★

Bewertung: Auch wenn die Praxis bei PE-Deals mit Mandanten wie Emeram, Equistone o. EMH traditionell eher auf das Mid-Cap-Segment abonniert ist, so war das Team beim Kauf von Amedes durch ein Investorenkonsortium u. beim Ceramtec-Kauf durch CPPIB und BC Partners in 2 milliardenschwere Transaktionen involviert. Bei letzterem Deal beriet Poellath das Management des Unternehmens – ein Beratungsfeld, in dem die Kanzlei über ein Knowhow verfügt wie kaum eine andere. Darüber hinaus hält Poellath eine angesehene Gesellschaftsrechts- u. Kapitalmarktrechtspraxis vor, mit der das PE-Team eng zusammenarbeitet. Im VC-Segment berät die Kanzlei Investoren wie Unternehmen gleichermaßen, was sich in der Beteiligung an einer Reihe von Finanz.-Runden niederschlägt. Dass der Ansatz aber breiter ist, zeigt die Beratung des Investors Dediq im Zshg. mit der Gründung eine JV mit SAP.
Stärken: Sehr gute Verbindungen zu führenden Fonds, v.a. im Mid-Cap-Bereich. Hervorrag. Ruf im Bereich Managementberatung u. Fondsstrukturierung.
Oft empfohlen: Dr. Andrea von Drygalski, Otto Haberstock („kluger Kopf u. sehr routiniert", Wettbewerber), Philipp von Braunschweig, Dr. Michael Inhester, Dr. Benedikt Hohaus, Christian Tönies, Dr. Frank Thiäner („fokussiert auf das Wesentliche", Wettbewerber), Jens Hörmann
Team: 14 Eq.-Partner, 3 Sal.-Partner, 8 Counsel, 20 Associates, 2 of Counsel
Partnerwechsel: Dr. Ralf Bergjan (zu Price Hubble)
Schwerpunkte: Breites Spektrum von Fondsstrukturierungen über Buy-outs u. VC bis zur Beratung von Minderheitsaktionären u. Management.
Mandate: PE: Omers/Goldman Sachs/AXA zu Kauf von Amedes; Equistone bei Kauf von Timetoact; Dediq zu JV mit SAP; Springer Nature Management im Zshg. mit Beteiligung von BC Partners; Ceramtec Management im Zshg. mit Kauf durch BCP u. CPPIB; Management von Polygon zum Kauf von Polygon gemeinsam mit AEA von Triton. **VC:** Solarisbank bei €190-Mio-Finanz.-Runde u. Kauf von Contis; Porsche Holding in Finanz.-Runde bei Isar Aerospace Technologies.

PRICEWATERHOUSECOOPERS LEGAL
PE: Mid-Cap-Transaktionen ★
Venture Capital ★★★

Bewertung: Das VC-Team ist seit Jahren von Nürnberg aus, aber auch zunehmend aus Berlin heraus für VC-Investoren wie Capnamic im Einsatz, zählt aber mit Tier Mobility auch eines der erfolgr. Start-ups der jüngsten Zeit zu seinen Mandanten. Eine trad. gr. Rolle spielt die Beratung von Family Offices, nicht nur in Nürnberg, wo mit Wacker der nach wie vor bekannteste VC-Partner seinen Hauptstandort hat. Die PE-Praxis ist ebenfalls oft für vermög. Familien u. deren Beteiligungsgesellschaften aktiv u. legt ihren Schwerpunkt mit Mandanten wie Genui auf den Mid-Cap-Markt.
Oft empfohlen: Gerhard Wacker
Team: 8 Partner, plus Associates
Schwerpunkte: Komplettes VC-Spektrum von Seed-Finanzierungen bis zu größeren Exits. Breite Kontakte zu Family Offices u. deren Venture-Armen.
Mandate: PE: Genui bei Mehrheitserwerb von Argentus; IMCap bei Verkauf Sematell. **VC:** Zolar bei C-Finanz.-Runde; Fazua/Gesellschafter bei Anteilsverkauf an Porsche; Aleph Alpha bei A-Finanz.-Runde; Tier Mobility in D-Finanz.-Runde; Capnamic Ventures/Iris Capital bei Investment in Workpath; DFL/Sportech Solutions bei Mehrheitsbeteiligung an Vieww; Companyon Analytcs lfd., u.a. in Finanz.-Runden; Egon Senger Holding bei VC-Investments; Gründerfonds Ruhr bei Investment in Masterplan, Spherity; LEA Venturepartner bei Investment in Paretos.

PXR LEGAL
Venture Capital ★★★

Bewertung: Die relativ junge, aber kontinuierl. wachsende Kanzlei hat sich auf die Beratung techaffiner Wachstumsunternehmen u. die in diese investierenden Fonds fokussiert. Viele der Kontakte in die Szene gehen auf den umtriebigen Mitgründer Möllmann, ehem. Gründungspartner von Ypog, zurück, der u.a. seine langj. Mandantin Raisin beim Zusammenschluss mit Deposit Solutions begleitete u. ein Mandat des Hedge Fonds Aragon Global gewann. Daneben knüpft ein junges Team jedoch auch Kontakte zu Start-ups, die es in Finanz.-Runden begleitet u. die es durch die Verzahnung mit der hauseigenen Legal-Tech-Einheit auch mit digitalen Lösungen unterstützt. Den Einstieg in die an VC angrenzende Beratung läutete die Kanzlei mit der Aufnahme eines IT-Rechtlers ein. Zudem verfügt sie über ein steuerrechtl. Team, das nicht ausschl., aber häufig auch die Start-up-Mandanten berät.
Stärken: Stark vernetzt in der Berliner Start-up-Szene.
Oft empfohlen: Dr. Peter Möllmann („sehr dyn. u. schnell", Wettbewerber)
Team: 11 Anwälte
Partnerwechsel: Katharina Erbe (von BMH Bräutigam & Partner)
Schwerpunkte: Beratung von Start-ups u. Frühphaseninvestoren.
Mandate: VC: Raisin bei Zusammenschluss mit Deposit Solutions; Aragon Global bei Investition in Zenjob; Creandum bei Investments in Passionfroot, Yababa u. Lemon.markets; Five Seasons Ventures bei Investment in the nu company; Digital+ bei Investments in Seven Senders u. Casavi; Earlybird bei Investment in Ottonova; Finanz.-Runden für Inkitt, CarOnSale, Cosuno, Hive, LegalOS, McMakler (Runde D), Nuri.

RAUE
PE: Mid-Cap-Transaktionen ★
Venture Capital ★★★

Bewertung: Raue ist aus der Gründer- u. Frühphaseninvestorenberatung in Berlin nicht wegzudenken, hat aber inzw. ein weniger klares VC-Profil als die übrigen Berliner Boutiquen. So vertraut weiterhin regelm. Earlybird auf das Berliner Team, das aber zuletzt auch für einige Corporate-VCs tätig war. Dass sich auch der Fokus auf Start-ups auszahlt, zeigt sich an 2 Beispielen: Für Volocopter

PRIVATE EQUITY UND VENTURE CAPITAL

steuerte Raue mittlerw. die E-Finanz.-Runde u. die Berlin Brands Group (BBG) begleitete das Team beim Einstieg des PE-Investors Bain. Das Bsp. BBG zeigt auch, dass Raue u. v.a. der erfahrenste Partner Nelle oft an der Schnittstelle zwischen VC, PE u. M&A gefragt ist.
Stärken: VC für die Berliner Gründerszene.
Oft empfohlen: Prof. Dr. Andreas Nelle („fachl. herausragend", Wettbewerber), Dr. Jörg Jaecks
Team: 3 Eq.-Partner, 2 Counsel, 4 Associates
Schwerpunkte: Mischung von Mid-Cap-PE-Transaktionen u. breiter VC-Praxis mit Fokussierung auf Berliner Gründerszene.
Mandate: PE: Berlin Brands Group bei Einstieg von Bain. **VC:** Earlybird bei Investment in N26; Gesellschafter Kites bei Übernahme durch Zoom; Signals Invest bei Investment in Element Insurance; Prima Materia bei Investment in Helsing; Gesellschafter Labiotech bei Verkauf an Inova; Finanz.-Runden: Tiko Real Estate; Tomorrow's Education; Volocopter (Runde E); HH2E; BigRep.

REED SMITH
PE: Mid-Cap-Transaktionen ★
Venture Capital ★★

Bewertung: Die PE-Praxis der US-Kanzlei berät bei kleinen bis mittelgr. Transaktionen Finanzinvestoren. Insbes. de Sousa genießt hohes Ansehen u. hat bewiesen, dass er in der Lage ist, Beziehungen zu Akteuren in der Branche zu pflegen – insbes. zum ehem. KKR-Team bei AllSeas. Der Verlust von Hirschmann in München war jedoch ein Rückschlag für die PE-Seite der Praxis. Die VC-Praxis von Binder ist eine der etablierten im Markt mit nach wie vor extrem treuen Mandanten wie Target Partners. Die Kenntnisse des Medtechsektors halfen zudem bei der Beratung von Wachstumsunternehmen wie ITM bei Finanz.-Runden.
Stärken: Langj. VC-Erfahrung sowie Equity- u. Loan-Finanzierungsstrukturen. Hohe Kompetenz in ▷IT u. Datenschutz u. ▷Compliance.
Oft empfohlen: Dr. Justus Binder, Dr. Octávio de Sousa.
Team: 5 Partner, 2 Counsel, 4 Associates
Partnerwechsel: Florian Hirschmann (zu Goodwin Procter)
Schwerpunkte: Viel VC v.a. in München, aber auch Buy-outs in Ffm. Büro; grenzüberschr. PE-Transaktionen, flankiert mit steuer- u. immobilienrechtl. Kompetenz.
Mandate: PE: York Capital bei Kauf des Immobilienportfolio Boulevard Berlin. **VC:** Target Partners bei Finanz.-Runden für GAL German Auto Labs, tado, Treasury Intelligence Solutions, SuitePad, Finanzchef24 u. bei Verkauf von Adjust an AppLovin; ITM Isotope Technologies bei versch. Finanz.-Runden; OncoBeta bei versch. Finanz.-Runden.

RENZENBRINK & PARTNER
PE: Mid-Cap-Transaktionen ★★★

Bewertung: Die Hamburger Boutique ist für die Qualität ihrer Transaktionsarbeit hoch angesehen. Zwar bleibt Renzenbrink selbst das Aushängeschild der Kanzlei, doch tritt inzw. die jüngeren Generation immer stärker auf: Maier hat eine Beziehung zu Gimv aufgebaut, während Schlottmann an Ergon Add-on-Deals u. an der Beziehung zu About You beteiligt ist. Der Versuch, mit einem Finanzteam nach München zu expandieren, wurde bereits nach kurzer Zeit wieder abgebrochen. Damit bleibt auch vorläufig die Wachstumsfrage unbeantwortet, da die Rekrutierung von Associates in Hamburg eine Herausforderung bleibt.
Oft empfohlen: Dr. Ulf Renzenbrink („beeindruckende Transaktionserfahrung u. Persönlichkeit, hervorragendes Fachwissen", Wettbewerber), Dr. Dennis Schlottmann („kollegiale u. fachl. qualifizierte Verhandlungen", Wettbewerber), Dr. Niels Maier („fachl. sehr gut u. fokussiert, stark in Verhandlungen", Wettbewerber)
Team: 4 Eq.-Partner, 1 Sal.-Partner, 4 Associates
Schwerpunkte: V.a. Mid-Cap-Transaktionen, inkl. Steuerrecht u. Finanzierung, auch VC.
Mandate: PE: H.I.G. bei Verkauf von Marflex; IK bei Kauf der Conet-Gruppe, der Stein-HGS-Gruppe u. Müpro; Gimv bei Kauf von Klotter Elektrotechnik; Triton/HiQ bei Kauf von Scandio; IK/Klingel Holding bei Kauf der Ruetsche-Gruppe; IK/Optimum Group bei Kauf von Etiket Schiller; IK/2Connect Kauf von Büschel Connecting Systems; Ergon Capital/svt bei Kauf von FireTec u. DDL.

SEITZ
Venture Capital ★

Bewertung: Das kl. VC-Team der ▷Kölner Kanzlei zählt Corporate-VC-Mandanten wie Axa u. die NRW. Bank zu ihren Stammmandanten, ist aber auch für Investoren wie Crossventures tätig. Regelm. fällt Arbeit für Start-ups aus dem Dunstkreis der aktiven Kölner Gründerszene ab.
Team: 2 Eq.-Partner, 1 Counsel, 2 Associates
Schwerpunkte: VC-Praxis mit Fokus auf lokale Start-ups u. Investoren.
Mandate: VC: Axa bei Investment in Tier; Semdor Pharma bei Exit eines Gesellschafters; Jumingo bei A-Finanz.-Runde; Bertsch Industrie Holding bei VC-Investments; lfd. Due Dash Capital Networks, Crossventures, DVS, Inshift, m.Doc, NRW.Bank, Ubirch.

SHEARMAN & STERLING
PE: Mid-Cap-Transaktionen ★★

Bewertung: Die US-Kanzlei hat den Schwerpunkt der PE- und M&A-Beratung klar nach München verlagert. Nach dem Zugang von Harder u. Jetter, die im vergangenen Jahr von Linklaters kamen, wechselten auch einige erfahrene Associates aus dem Frankfurter Büro dorthin. König ist dennoch weiterhin von Frankfurt aus in PE aktiv, v.a. für DBAG. Obwohl es von München aus noch keine gr. Abschlüsse gab, folgten Harder einige Mandanten, v.a. ein gr. Infrastrukturinvestor. Die neu aufgestellte Praxis bietet zudem die Chance, sich viel stärker in die ww. Praxis der Kanzlei zu integrieren. Dabei helfen das schnelle Wachstum des Steuerrechtsteams, u. die Ankunft eines Finanzrechtlers, dessen Praxis mit dem starken Londoner Büro kompatibel ist.
Oft empfohlen: Dr. Thomas König, Dr. Florian Harder
Team: 2 Partner, 3 Counsel, 7 Associates, 1 of Counsel
Schwerpunkte: Traditionell Mid-Cap-PE-Transaktionen. Starke unabh. Finanzierungspraxis in Dtl. Jetzt bes. aktiv im Infrastrukturbereich.
Mandate: DBAG bei Kauf einer Mehrheit an intech; Andlinger bei Kauf von Mesa Parts von Gründerfamilie; JFLCO bei dt.-rechtl. Aspekten des Kaufs der Narda-Miteq-Sparte von L3Harris Technologies.

SIDLEY AUSTIN
PE: Mid-Cap-Transaktionen ★★★

Bewertung: Insbesondere bei PE-Mid-Cap-Deals setzen Mandanten regelm. auf die US-Kanzlei, darunter Stammmandanten wie ICG u. Rivean – ehemals Gilde – ebenso wie das PE-Haus Ardian, das die Kanzlei im vergangenen Jahr als Mandanten gewinnen konnte. Beachtl. war die Anzahl an Transaktionen mit Healthcare-Bezug, bei denen die Kanzlei zum Einsatz kam. Auch Abseits des PE-Segments tritt Sidley bei klass. strateg. Deals in Erscheinung. Allerdings sorgte der Abgang 2er Partner im Vorjahr auch dafür, dass Mandanten wie z.B. Summit nun nicht mehr auf die Kanzlei setzen.
Oft empfohlen: Volker Kullmann („guter PE-Anwalt, immer lösungsorientiert", Mandant), Dr. Christian Zuleger
Team: 8 Partner, 17 Associates
Schwerpunkte: Fokus auf Mid-Cap-Deals, zunehmend auch Later-Stage-VC. Integrierte Finanzierungspraxis, langj. Restrukturierungskompetenz.
Mandate: PE: Ardian bei Kauf der Mehrheit an GBA; Bain/Centrient zu Kauf von Astral SteriTech; Rivean Capital bei Kauf von Systemlieferant u. Handelspartner für Autoreifen und Felgen.

SIMMONS & SIMMONS
PE: Mid-Cap-Transaktionen ★★

Bewertung: Die vglw. kl. PE/VC-Praxis kann inzw. eine beachtl. Mandantenbasis vorweisen. So setzen PE-Häuser wie Waterland oder Kinnevik regelm. auf das Know-how der Kanzlei. Einen maßgebl. Teil zur Entwicklung der Kanzlei im PE/VC-Segment trug der Zugang von Samson-Himmelstjerna im letzten Jahr bei. Ihm folgten mehrere Mandanten in die Praxis u. es gelang ihm, neue Mandanten aus dem PE- u. VC-Segment zu gewinnen. Die vornehml. im Mid-Cap-Segment angesiedelten Deals weisen häufig einen Tech- oder Fintechbezug auf.
Oft empfohlen: Dr. Fabian von Samson-Himmelstjerna („sehr gute Branchenkenntnisse, verhandlungsstark, lösungsorientiert u. effizient", Mandant; „sehr kompetente u. strukturierte Projektbegleitung", Wettbewerber)
Team: 2 Partner, 2 Counsel, 5 Associates
Schwerpunkte: PE- u. VC-Transaktionen im Technologie- u. Finanzdienstleistungssektor.
Mandate: PE: Genstar Capital/Apex zu Kauf von Mola Administration; BCB zu Beteiligung an Sutor Bank; Kinnevik als Gesellschafter von Deposit Solution zur Fusion von DS mit Raisin; Gimv/Medi-Markt zu Kauf von Mediclean Homecare; Waterland zu Kauf von Shopping 24, LionsHome u. aller Anteile an Sonoma. **VC:** Kinnevik/Coatue/Eurazeo in Serie-B-Finanz.-Runde bei Vay.

SKADDEN ARPS SLATE MEAGHER & FLOM
PE: Large-Cap-Transaktionen ★★
PE: Mid-Cap-Transaktionen ★★★

Bewertung: Die PE-Praxis kam bei einer Reihe von Transaktionen u.a. in zukunftsträchtigen Sektoren wie Software, Technologie, Infrastruktur u. Healthcare zum Einsatz. So beriet das Team bspw. Francisco Partners beim geplanten Kauf eines Softwareunternehmens. Mit OTPP stand das Team zudem einem Investor im Zuge des milliardenschweren Exits bei Ceramtec zur Seite. Beim ersten Private Investment in Public Equity (PIPE) in Dtl. stellte die Kanzlei zudem in Kooperation mit US-Anwälten der Kanzlei erneut ihr Können an der Schnittstelle zum Kapitalmarktrecht unter Beweis. Zu erkennen ist auch eine intensivere Arbeit mit dem Londoner Büro, wodurch es gelungen ist, verschiedene Mandatsbeziehungen zu vertiefen, so z.B. zu Silver Lake.
Oft empfohlen: Dr. Jan Bauer
Team: 3 Partner, 1 Counsel, 13 Associates

PRIVATE EQUITY UND VENTURE CAPITAL

Schwerpunkte: Starke europ. Praxis, oft bei grenzüberschr. Large-Cap-Mandaten. Enge Zusammenarbeit mit der dt. u. US-Kapitalmarktpraxis.
Mandate: PE: Silver Lake zu PIPE-Investment bei Software AG; NRW Bank/SHS Capital zu Verkauf von Phenox an Wallaby Medical; Francisco Partners zu potenziellem Kauf von Softwareunternehmen; Hg zu gemeinsamem Kauf einer bedeutenden Minderheitsbeteiligung mit EQT u. TA Associates an IFS u. WorkWave; I Squared Capital im Zshg. mit einer Minderheitsbeteiligung an einem Glasfasernetzbetreiber; OTPP zu Verkauf von CeramTec-Beteiligung.

STUDIO LEGAL
Venture Capital ★★

Bewertung: Unter neuer Flagge u. mit präziser auf den VC-Markt zugeschnittenem Angebot aus Transaktions- u. IP-Beratung ist die ehem. unter Lacore firmierende Gründerberaterin weiter in Berlin aktiv. So begleitet das Team in Zusammenspiel mit der IP-Praxis div. Start-ups in Finanz.-Runden, ist aber auch bei Verkäufen aufseiten der Gründer oder Gesellschafter zu sehen. U.a. steuerte Studio Legal für die T3n-Gründer den Verkauf an Heise. Die Kontakte zu aktiven Investoren bleiben allerdings rar.
Stärken: Beratung von Gründern u. Unternehmen.
Oft empfohlen: André Eggert, Natalie Vahsen
Team: 4 Eq.-Partner, 2 Sal.-Partner, 1 Counsel, 7 Associates
Schwerpunkte: Beratung von Start-ups. Auch lfd. Beratung beim Wachstum.
Mandate: VC: Orderbird bei Verkauf an Nexi; Gesellschafter von Comatch bei Verkauf an Malt; Gesellschafter von BB Pack Gruppe bei Verkauf an Antalis; Gesellschafter von Yeebase Media bei Verkauf an Heise; lfd. Freigeist; Finanz.-Runden für AirUp, Superlist, Iotis, Pliant, AnyDesk, Formo.

TAYLOR WESSING
PE: Mid-Cap-Transaktionen ★★
Venture Capital ★★★★★

Bewertung: TW gehört zu den wenigen Großkanzleien, die schon seit Langem den gesamten Lebenszyklus von Start-ups beratend begleiten. Das frühe Engagement macht sich bemerkbar, denn die Praxis zählt Start-up-Schwergewichte wie Flink, Sennder oder Bryter zu ihren Mandanten. Allerdings macht sich auch bemerkbar, dass andere Großkanzleiwettbewerber wie Milbank in dieses Beratungssegment drängen, sodass TW nicht automat. bei den gr. Finanz.-Runden gesetzt ist. Die Kanzlei ist aber auch investorenseitig gefragt u. erweiterte mit Google u. Sony Ventures ihr Portfolio an Corporate-VC-Mandanten. Die Kanzlei verfügt zudem in Berlin über ein sehr angesehenes, auf VC-Transaktionen spezialisiertes Notariat. Weitgehend unabhängig vom VC-Geschäft arbeitet die PE-Praxis: Dort sorgten Mandanten wie Borromin für Auslastung. Healthcare- u. Technologiethemen stehen bei den von TW begleiteten Mid-Cap-Deals regelm. im Vordergrund.
Stärken: Bes. stark in VC. Integrierte ▷Technologiepraxis sowohl für PE als auch VC. Teams in Silicon Valley u. London. Stark im ▷Gesundheitswesen.
Oft empfohlen: Dr. Jens Wolf („pragmat. u. lösungsorientiert", Wettbeweber), Dr. Norman Röchert, Hassan Sohbi („engagierter Verhandler u. Netzwerker", Wettbewerber), Dr. Ernst-Albrecht von Beauvais, Maria Weiers („PE-Expertin u. exzellente Verhandlerin", Wettbewerber)
Team: 13 Eq.-Partner, 7 Sal.-Partner, 10 Associates, 1 of Counsel
Partnerwechsel: David Becker (zu Trade Republic Bank)
Schwerpunkte: Breite VC-Praxis; mittelgr. Buyouts.
Mandate: PE: Borromin Capital bei Beteiligung an QTIS u. Little John Bikes; Dead Presidents Invest bei Verkauf von freiheit.com an DBAG; Invision bei Kauf der LipoClinic; Nord Holding/Zentrum für Gesundheit bei Kauf der Klinik Flechsig u. Realeyes-Gruppe; **VC:** Rewe bei Investment in Flink u. Commercetools; Accel/Lightspeed bei Investment (Serie E) in Personio; Frog Capital bei Investment in Caspar Health; Balderton Capital bei Investment in Finoa; Omers Ventures bei Investment in Wefox; SF Beteiligung Bei investment in Sunfire; Finanz.-Runden: Flink, Sennder, Addition Two, Bryter.

VOGEL HEERMA WAITZ
Venture Capital ★★★★★

Bewertung: Die Berliner Boutique ist im VC-Markt eine feste Größe u. hat sich so konsequent wie kaum eine andere diesem Geschäft verschrieben. Sie bleibt erste Ansprechpartnerin für Gründer, auch in hochvolumigen Finanz.-Runden, u. genießt das Vertrauen von Frühphaseninvestoren wie Earlybird. Dass auch in VC-Mandaten viel Potenzial steckt, zeigen die M&A-Mandate, die VHW u.a. für VC-Mandantin HomeToGo steuerte. Aus dem nebenan.de-Mandat ergab sich zuletzt außerdem ein Kontakt zu Burda: Für deren VC-Arm steuerte die Kanzlei erste Investments. Mit einem 4-köpfigen IP-Team bietet VHW ihren Mandanten zudem einen Mehrwert gerade für die kontinuierl. Beratung.
Stärken: Langj. Erfahrung u. starke Fokussierung auf VC. Ausgezeichnete Kontakte in Berlin.
Oft empfohlen: Dr. Frank Vogel („fachl. hervorragend, angenehm in der Zusammenarbeit", Wettbewerber), Dr. Clemens Waitz („hat alles, was ein Spitzenanwalt braucht: Marktwissen, Pragmatismus, Geschäftssinn", Mandant), Olga Balandina-Luke
Team: 7 Partner, 1 Counsel, 11 Associates
Schwerpunkte: VC für Investoren u. Unternehmen/Gründer, Medien- u. Technologiebranche inkl. Gewerbl. Rechtsschutz u. Datenschutz.
Mandate: VC: Burda Principal Investments bei Investment in Felmo u. Arive; HomeToGo bei Kauf von Secra; Highsnobiety bei Verkauf an Zalando; Minderheitsgesellschafter von Berlin Brands Group bei €700-Mio-Finanz.-Runde durch Bain; Earlybird bei Investment in Marvel Fusion; Earlybird/VSquared Ventures bei Investment in Isar Aerospace; OnePeak bei Investment in Emnify; Finanz.-Runden: Gorillas, Alaiko, Billie, Finoa.

WATSON FARLEY & WILLIAMS
PE: Mid-Cap-Transaktionen ★★★

Bewertung: Traditionell gehört die Begleitung von oftmals großvol. Transaktionen in den Sektoren erneuerbare Energien, Infrastruktur u. Schifffahrt zu den Stärken auch der PE-Praxis der Kanzlei. Abseits dieser Sektorenschwerpunkte kam WFW bei einer Reihe von Deals mit Technologie- u. Healthcare-Bezug zum Einsatz, v.a. im Mid-Cap-Segment. Mit Rosenboom verließ allerdings ein Partner mit PE-Erfahrung die Kanzlei. Dass mit Naumann auch ein Partner ging, der in den vergangenen Jahren von Frankfurt aus zu VC beriet, bremst die zuvor durchaus positive Entwicklung der Kanzlei auf diesem Sektor.
Stärken: Mid-Cap-Buy-outs; starke Praxis in alternativen Energien u. Schifffahrt.
Oft empfohlen: Dr. Simon Preisenberger („sehr umfassendes Wissen u. sehr pragmat. Lösungsansätze", Mandant; „pragmat. u. schnell", Wettbewerber), Dr. Dirk Janssen („gutes Verständnis für das Projekt u. die Positionen der unterschiedl. Parteien", Mandant)
Team: 2 Partner, plus Associates
Partnerwechsel: Dr. Christoph Naumann, Dr. Torsten Rosenboom (beide zu Hogan Lovells)
Schwerpunkte: Mid-Cap- u. Asset-based-Transaktionen in München, auch Steuerrecht u. Finanzierung in HH u. Ffm. Starke Fokussierung auf Schifffahrt u. Cleantech in HH.
Mandate: PE: Alpina Capital u. weitere Gesellschafter zu Verkauf von Objective Holding an Aptean; Emeram zu Closing von Single Asset Continuation Fund für Portfoliounternehmen Boards & More; Findos Investor u.a. zu Verkauf von Mait an 3i; Gemeinde Kirchweidach zu JV mit Investor zur Umsetzung eines Geothermieprojekts; HQ Equita zu Kauf von Indevis IT-Security; Auctus Capital/Tentamus im Zshg. mit Investment von BC Partners; Invicto u. VR Equitypartner zu Verkauf von KMT MedTec an Gesco.

WEIL GOTSHAL & MANGES
PE: Large-Cap-Transaktionen ★★
PE: Mid-Cap-Transaktionen ★★★

Bewertung: Die Mehrheit der Transaktionen der dt. Büros der US-Kanzlei ist PE-bezogen. In Frankfurt bearbeiten 2 Partner im Schwerpunkt Mid-Cap-Deals u. sind zudem stark an grenzüberschr. Deals mit dem marktführenden Londoner Büro beteiligt. Das Münchner Büro ist um die bes. angesehene Praxis von Schmidt herum aufgebaut, der alleine 3 Teams mit Arbeit auslastet. Highlight dieses Jahr war eine innovative Veräußerung für ein großes PE-Haus in einem stark regulierten Sektor.
Stärken: Erhebl. Erfahrung bei gr. Buy-outs sowie mit Distressed-Transaktionen (▷Insolvenz/Restrukturierung). Auch breite Praxis inkl. Mid-Cap-Transaktionen.
Oft empfohlen: Prof. Dr. Gerhard Schmidt, Dr. Christian Tappeiner, Dr. Ansgar Wimber, Dr. Barbara Jagersberger
Team: 5 Partner, 3 Counsel, 14 Associates
Schwerpunkte: Transaktionen mit hohem Vol. u. oft grenzüberschr. Ausdehnung; Restrukturierungsbezug.
Mandate: PE: Providence Strategic Growth bei Investition in Sport Alliance sowie bei Kauf einer Mehrheit an Billwerk; Berkshire Partners/PT Holdings bei Kauf der REPA-Gruppe; Bain bei dt.-rechtl. Aspekte des Kaufs der Valeo Foods Group; Advent bei Kauf von der Protel Hotelsoftware; Technology Crossover Ventures bei div. Investments. **VC:** Inven Capital bei Serie-D-Finanz.-Runden für Forto u. Sunfire.

WEITNAUER
Venture Capital ★★

Bewertung: Die Kanzlei steht für die Frühphasen-VC-Beratung. Dabei kommt das Team auch bei komplexen Themen wie der Ausgründung von Unternehmen aus dem akadem. Umfeld zum Zuge. Beispielhaft ist hier die Ausgründung von Speransa Therapeutics aus Prime Vector Technologies, das selbst eine Ausgründung aus dem Universitätsklinikum Tübingen ist. Personell rüttelte jedoch die Abspaltung einiger Anwälte, darunter 2 Equity- u. ein Salary-Partner aus der VC-Praxis, die Praxisgruppe durch. Zwar entstanden dadurch keine Know-how-

PRIVATE EQUITY UND VENTURE CAPITAL

Lücken, doch büßte die Kanzlei einiges an Schlagkraft u. Kapazitäten ein.
Stärken: Technologiebezogenes VC.
Oft empfohlen: Dr. Wolfgang Weitnauer, Prof. Dr. Hans-Eric Rasmussen-Bonne
Team: 2 Eq.-Partner, 2 Sal.-Partner, 2 Associates, 1 of Counsel
Partnerwechsel: Dr. Nikolaus Uhl, Dr. Tobias Schönhaar, René Spitz (alle zu Greengate)
Schwerpunkte: VC-Praxen in München, Berlin u. Mannheim. Gestaltung von Seed-Fonds, Betreuung von Beteiligungen u. Portfoliounternehmen mit Schwerpunkt auf Technologie- u. Biotechbranche.
Mandate: VC: Wachstumsfonds Bayern in Serie-C-Finanz.-Runde bei Banovo; Abalos Therapeutics bei Serie-A-Finanz.-Runde; BayernFonds im Zshg. mit Stabilisierungsmaßnahmen; BBPM bei Serie-B-Finanzierung für Ada Health; Johnson & Johnson Development Corporation zu VC-Beteiligungen; Prime Vector Technologies zu Ausgründung von Speransa Therapeutics einschl. Lizenzverträge.

WENDELSTEIN

PE: Mid-Cap-Transaktionen ★

Bewertung: Die Frankfurter Kanzlei hat sich einen guten Ruf für Infrastruktur-PE-Deals erworben, insbes. für die digitale Wirtschaft. Die enge Beziehung zur DTCP hat es der Kanzlei ermöglicht, ihre Tätigkeit zunehmend zu internationalisieren z.B. in den Niederlanden. Angesichts der Marktstellung in Frankfurt bleiben die Beziehungen zu ausl. PE-Praxen, insbes. zu den USA, unterentwickelt. Es bestehen jedoch gute Beziehung zu Londoner Kanzleien wie Macfarlanes.
Stärken: Infrastrukturtransaktionen.
Oft empfohlen: Nikolaus Hofstetter („extrem geschickter Verhandler mit einem hohen Maß an Kompetenz u. Erfahrung", Wettbewerber), Philipp von Bismarck, Dr. Daniel Müller-Etienne („hochkarätige Beratung", Wettbewerber)
Team: 4 Partner, 8 Associates
Schwerpunkte: Mid-Cap-Transaktionen mit Schwerpunkt im Bereich Infrastruktur insbes. für digitale Wirtschaft.
Mandate: PE: Dt. Telekom Capital Partners bei Kauf einer Mehrheit an Community Fiber mit Warburg Pincus u. bei Zusammenarbeit mit KKR u. T-Mobile NL bei Glasfaserbreitbandanschlüssen in Niederlanden. **VC:** Lonza Management bei Beteiligungsprogramm.

WHITE & CASE

PE: Large-Cap-Transaktionen ★★
PE: Mid-Cap-Transaktionen ★★★★

Bewertung: Die in das globale PE-Netzwerk integrierte Praxis war an einigen der gr. Verkaufsmandate der letzten Zeit beteiligt: So steuerte das Team um den renommierten Koch u.a. für Ardian, Copeba, Nordic u. Battery Ventures div. Exits, u. berät aufseiten der Schufa bei der medienwirksamen versuchten Übernahme durch EQT. Auf der Buy-Side sorgte Dauermandantin Duke Street für einen stetigen Dealflow. Auch die Beratung von Portfoliounternehmen gehört zum Kern der Praxis. Seit der Ernennung von 2 Partnern im vergangenen Jahr ist W&C breiter aufgestellt u. war unter anderem für den Growth-Fonds von Battery in div. Mandaten tätig. Das Vorurteil, dass v.a. Koch für die PE-Praxis steht, ist damit entkräftet, dennoch bleibt er trotz der Erweiterung der sichtbarste Partner.
Stärken: Langj. Beziehungen zu skand. PE-Häusern. Internat. stark aufgestellt in ▷Kredite u. Akqu.fin. u. ▷Anleihen. Integrierte europ. Praxis, bes. starke Beziehungen zu London.
Oft empfohlen: Dr. Stefan Koch
Team: 6 Eq.-Partner, 2 Sal.-Partner, 7 Associates
Schwerpunkte: Buy-out-Mandate. Verzahnung der Praxen PE, ▷Kredite u. Akqu.fin. u. ▷Anleihen. Finanz.-Runden für Start-ups.
Mandate: PE: Ardian bei Verkauf von Schwind Eyetech Solutions u. Kauf von YT Industries; Schufa bei Übernahmeversuch durch EQT; Battery Ventures bei Kauf von IMC Test & Measurement u. IFP Institut, Add-ons für Portfoliounternehmen (u.a. Craftview, Vertigis) u. Verkauf von Forterro; Cobepa bei Verkauf der Mehrheit an Hillebrand; Duke Street bei Kauf von Compo u. Add-ons; Nordic Capital bei Verkauf von Veonet; lfd. IK Investment Partners; **VC:** Softbank/Mubadala Capital bei Investment in Tier Mobility; Wefox bei C-Finanz.-Runde.

WILLKIE FARR & GALLAGHER

PE: Large-Cap-Transaktionen ★★★★
PE: Mid-Cap-Transaktionen ★★★★★
Venture Capital ★★★★

NOMINIERT JUVE Awards 2022
Kanzlei des Jahres für Private Equity und Venture Capital

Bewertung: Die US-Kanzlei war schon länger einer der Marktführer bei Buy-out-Transaktionen, hat aber im vergangenen Jahr ein besonders starkes Wachstum im VC- und Wachstumssegment verzeichnet. Bei Large-Cap-Deals ist es die CVC-Beziehung, die weiterhin hervorsticht, u. die Leistung bei Linde unterstreicht, dort Stammberater geworden zu sein. Dass die Kanzlei zudem als einzige auf dem Markt 2 Bieter für Reebok beraten hat, zeigt die tiefe Verwurzelung in Dtl. u. das Potenzial, das in der transatlantischen Zusammenarbeit liegt. Abrar berät ebenfalls Mandanten wie Apax u. Lone Star, die ihm zu Willkie gefolgt sind. In diesem Jahr etablierte die Arbeit für GHO Willkie zudem im Gesundheitsbereich. Anhaltend stark ist der Mid-Cap-Bereich, wo Wahl u. Schwab weiterhin an der Spitze des Marktes stehen. Derweil verbreitern jüngere Partner den Mandantenstamm in den Growth-Bereich, was automatisch eine Schnittstelle zur aufblühenden VC-Praxis um Steets mit sich bringt. Sie wurde u.a. durch die Insight-Mandatsbeziehung in relativ kurzer Zeit zu einem wichtigen Player in der VC-Szene.
Stärken: Eines der erfahrensten PE-Teams im Markt. Breite Praxis mit bes. starkem Mid-Cap-Bereich. Real-Estate-Sektorkompetenz.
Oft empfohlen: Georg Linde („einer der Besten; blitzschnell und empathisch bei Verhandlungen", Wettbewerber), Dr. Axel Wahl („bringt Transaktionen erfolgreich zu Ende", Mandant; „sehr angenehm u. transparent", Wettbewerber), Dr. Maximilian Schwab („fair, aber durchsetzungsstark", Wettbewerber), Dr. Kamyar Abrar („gutes wirtschaftl. Verständnis, kreativ, sehr dealorientiert", Wettbewerber), Miriam Steets („hat auch schwierige Mandanten im Griff", Wettbewerber)
Team: 8 Partner, 1 Counsel, 11 Associates
Schwerpunkte: V.a. mittelgr., zunehmend großvol. Buy-outs. Auch Beratung von Management bei LBOs.
Mandate: PE: CVC beim Kauf einer Mehrheit an The Quality Group, bei gepl. Kauf von Bayer Environmental Science u. von Reebok; Gainline/GIC/KKR bei gepl. Kauf von Reebok; 3i bei Investition in MAIT; Adiuva bei Verkauf der Advita-Gruppe; Ardian bei Verkauf der Minderheit an Berlin Brands Group; GHO Capital bei Investition in Sanner Group. **VC:** Insight bei C-Finanz.-Runde für Anydesk u. B-Finanz.-Runde für Cognigy; C-Finanz.-Runde für Moonfare, Bregal Milestone bei Investition in Uberall u. Productsup.

YPOG

PE: Mid-Cap-Transaktionen ★
Venture Capital ★★★★★

Bewertung: Ypog versteht es, Fondsstrukturierung u. VC-Beratung miteinander zu verzahnen. Dabei lässt die Kanzlei aber auch die immer lukrativer werdende Beratung von Start-ups nicht aus dem Blick. Wettbewerber loben die „ungeheure Marktpräsenz" der Kanzlei, die im VC allein schon durch ihre breite Partnerriege mit ihren div. Kontakten zu Start-ups u. Investoren eine marktführende Stellung innehat. Ein Erfolg für das 2021 durch einen Partner verstärkte u. sich im Aufbau befindliche Kölner VC-Team war die Erstmandatierung durch Rewe bei einem VC-Investment. Daneben bietet die Kanzlei v.a. in HH ein kleines, aber schlagkräftiges Mid-Cap-PE-Team, auf das u.a. Armira u. BPE vertrauen. Abgerundet wird das Angebot durch das 2021 etablierte Berliner Notariat, das VC-Wettbewerber bereits loben. Im Sommer verstärkte sich die Kanzlei mit dem erfahrenen Rodin, der als einer der Erfinder der Fondsstrukturierung in Dtl. gilt.
Stärken: Integration von steuerrechtl. Fondsstrukturierung u. Transaktionen.
Oft empfohlen: Dr. Helder Schnittker, Dr. Benjamin Ullrich („sicherer u. angenehmer Verhandler", Wettbewerber), Dr. Stephan Bank („branchenerfahren, lösungsorientiert u. präzise", Wettbewerber), Dr. Martin Schaper („sehr gründlich, beeindruckender Trackrecord", Wettbewerber), Dr. Tim Schlösser („kluger Verhandler", Wettbewerber)
Team: 7 Partner, 6 Sal.-Partner, 20 Associates
Partnerwechsel: Dr. Andreas Rodin (von Orbit)
Schwerpunkte: Fondsstrukturierung u. Investorenberatung, VC-Transaktionen. Zunehmend Mid-Cap-PE. Kooperation in den USA mit Goodwin Procter u. Cooley.
Mandate: PE: BPE bei Kauf von Farmermobil u. MSM; KKA bei Kauf von Xantaro Holding u. Töchter; Gesellschafter LionsHome bei Anteilsverkauf an Waterland. **VC:** Rewe bei Investment in Wingcopter; Insight Partners/Atomico bei Investment in Y42; Delivery Hero bei Investment in Gorillas; Molten Ventures bei Investment in SimScale; Project A lfd. bei Investments, u.a. in Knowunity, Dawn Capital bei Investment in Bryter u. Billie.io; Next47 bei Investment in Alaiko; Finanz.-Runden: Helsing, Zenjob, Moss, Wandelbots, Caspar Health.

Regulierung

804 Energiewirtschaftsrecht
819 ESG – Umwelt, Soziales, Unternehmensführung
826 Gesundheitswesen
840 Lebensmittelrecht
846 Telekommunikation
851 Verkehrssektor

Schöne neue, komplizierte Welt

Die zunehmend komplexeren Regelwerke für Wirtschaftsunternehmen und die steigenden regulatorischen Anforderungen spielen Kanzleien mit entsprechendem Know-how von Boutique bis Full-Service-Einheit in die Karten – angefangen mit dem Lieferkettensorgfaltspflichtengesetz, das schon vor seinem Inkrafttreten Anfang 2023 insbesondere Compliance-Anwälte, Außenwirtschaftsrechtler und eben Regulierungsexperten auf Trab hielt. Bereits gut positioniert sind hier Kanzleien wie **Baker McKenzie**, **Noerr** oder **CMS Hasche Sigle**, die neben regulatorischem Know-how auch starke Praxen im Außenwirtschafts- bzw. Vertriebsrecht haben und ihre Fachbereiche so enger miteinander verzahnen können.

Nächster Schritt: der Brückenschlag zwischen Umweltschutz und Zahlenwerk, besser bekannt als Taxonomie-Verordnung. Sie soll Investitionen in nachhaltige Wirtschaftstätigkeiten forcieren und die Unternehmen zugleich zur Offenlegung verpflichten, inwiefern Umsatz und Aufwendungen von solch nachhaltigem Wirtschaften beeinflusst werden. In der Überarbeitung ist derzeit auch die Richtlinie zur Nachhaltigkeitsberichterstattung. Nach dem Vorschlag der EU-Kommission sollen die Kriterien für mehr Transparenz über nachhaltigkeitsbezogene Auswirkungen, Risiken und Chancen vereinheitlicht werden, um die Anforderungen vergleichbar zu machen. Allein in Deutschland wären davon rund 15.000 Unternehmen betroffen, europaweit knapp 50.000. Diese und zahlreiche andere Regelwerke konkretisieren das Beratungsfeld ESG, also Umwelt, Soziales und Unternehmensführung, und Kanzleien, insbesondere diejenigen mit umfassendem Beratungsansatz und entsprechend vielen Praxis- oder Sektorgruppen, reiben sich die Hände. Relativ schnell haben sie sich auch intern formiert und Kompetenzteams oder gar formalisierte ESG-Praxisgruppen ins Leben gerufen.

Strategische Chance

Diese Teams vereinen interdisziplinäre Teams von Anwälten mit Erfahrung in Bereichen wie Kapitalmarktrecht, Corporate Governance, Arbeitsrecht und vor allem Regulierung. Ziel ist es, Unternehmen bei deren Transformationsprozessen möglichst umfassend zu begleiten, aber auch die Entwicklungen neuer Geschäftsmodelle strategisch abzusichern. Das gilt insbesondere vor dem Hintergrund des sich durch Regulierung verkleinernden Entscheidungsermessens der Unternehmensführung. Kanzleien wie **CMS Hasche Sigle**, **DLA Piper**, **Freshfields Bruckhaus Deringer**, **Noerr** und insbesondere **Hogan Lovells** sind dafür, teils auch global, gut aufgestellt und beraten ihre Mandanten bereits zu ESG-relevanten Projekten, mit denen die Unternehmen auch gestalterische und strukturelle Chancen wahrnehmen. Großkanzleien wie **Gleiss Lutz** und **Hengeler Mueller** sehen ihre Chance vor allem in bedeutenden regulatorisch geprägten Compliance- und Litigation-Mandaten. Weil die Unternehmen die Verantwortung für ESG-Themen in der Regel auf Vorstandsebene verorten, sind die Aussichten für diese Strategie ebenfalls nicht schlecht.

Die Bewertungen behandeln Kanzleien, die Industriezweige, die besonders intensiver staatlicher Regulierung unterliegen, oder zu regulierungsgetriebenen Fragestellungen anderer Unternehmen beraten. Der Finanzsektor ist im ▷Bank- und Bankaufsichtsrecht und im ▷Versicherungsrecht besprochen.

JUVE KANZLEI DES JAHRES FÜR REGULIERUNG

CMS HASCHE SIGLE

Eindrucksvoll demonstriert CMS, wie exzellent sie mit ihrem fachlich breiten und zugleich vernetzten Beratungsansatz für die steigenden regulatorischen Herausforderungen im Energiemarkt aufgestellt ist. Der Bundesnetzagentur und dem Bundesministerium für Wirtschaft und Klimaschutz hilft sie nach der treuhänderischen Übernahme der Gazprom Germania dabei, die Assets des weltweit größten Gashändlers in vertrauensvolle Hände zu überführen. Auch den Einstieg beim Energiekonzern Uniper begleitete ein CMS-Team um den erfahrenen **Dr. Christian von Lenthe** für das BMWK.

Mandanten loben die Energierechtler für ihr „großes Know-how" und die „vertrauensvolle Zusammenarbeit", Wettbewerber bekunden ihren Respekt für den Erfolg der Praxis. Der zeigt sich auch bei erneuerbaren Energien, wo das Team über Jahre kontinuierlich Know-how aufgebaut hat, mit dem es seine Mandanten nun bei der Gestaltung der Energiewende unterstützt. Ein Highlight ist die Begleitung der spanischen Iberdrola zur Entwicklung des Offshorewindparks ‚Baltic Eagle'.

Hinzu kommt die umfassende Tätigkeit für Netzbetreiber, die bei Fragen zu Trendthemen wie Wasserstoff und Digitalisierung auch auf die gute Vernetzung mit anderen CMS-Praxisgruppen setzen. Damit hat die Praxis frühzeitig die richtigen Weichen gestellt, um flexibel auf die immer neuen Herausforderungen bei ihren Mandanten zu reagieren.

Energiewirtschaftsrecht

Große Turbulenzen

Der Stromnetzausbau ist noch längst nicht abgeschlossen und schon stehen die nächsten Herausforderungen an – und die haben es in sich: Die deutsche Energieversorgung muss völlig neu erfunden werden. Die Abhängigkeit von russischem Gas und Öl soll durch den Ausbau erneuerbarer Energien unter anderem für die Wasserstoffproduktion und mithilfe von LNG-Terminals so schnell wie möglich beendet werden. Mit der treuhänderischen Übernahme der Gazprom Germania durch die Bundesnetzagentur (BNetzA) Anfang April hat die Bundesregierung im Lichte des Ukraine-Krieges dazu einen spektakulären Start hingelegt. Nun müssen die Assets des weltweit größten Gashändlers, der neben dem Gasspeicher- und Gashandelsgeschäft in Deutschland auch eine Glasfaserinfrastrukturtochter betreibt, gerichtsfest in vertrauensvolle Hände überführt werden. Bei dieser Mammutaufgabe hilft **CMS Hasche Sigle** der BNetzA und dem Bundesministerium für Wirtschaft und Klimaschutz und wird dadurch ihrer führenden Position im Energiesektor einmal mehr gerecht. Eine nicht minder wichtige Rolle kommt **Freshfields Bruckhaus Deringer** zu. Zur Sicherung der mittlerweile in ‚Securing Energy for Europe' umbenannten ehemaligen Gazprom Germania berät sie die Kreditanstalt für Wiederaufbau, über die Milliardensummen in das prekäre System des Gashandels fließen. Sie beweist damit, dass sie weiterhin zu den großen marktumwälzenden Fragen im Energiesektor berät, obwohl sie erneut einige fähige, spezialisierte Anwälte verloren hat.

Energievertrieb und Energiehandel als Kernkompetenzen

Die Freshfields-Abgänge verstärken die Neugründung **Leitfeld**, die damit Beratung zum klassischen Energievertriebsrecht anbietet. Die Boutique kann somit zu Preisanpassungen in Lieferverträgen und zur Vorbereitung auf die Gasmangellage beraten – Themen, mit denen derzeit nahezu alle Kanzleien im Markt befasst sind. Auf der Seite der Industrie haben sich insbesondere **PricewaterhouseCoopers Legal**, **Ritter Gent Collegen**, **Hoffmann Liebs** sowie auch **Noerr** und **Gleiss Lutz** positioniert. **Pinsent Masons**, **EY Law**, **Mazars** und **Osborne Clarke** arbeiten hierbei mit kommunalen Energieversorgern zusammen. Kanzleien wie **Luther**, **Becker Büttner Held**, **GvW Graf von Westphalen** oder **White & Case** bieten zudem viel Erfahrung im Energiehandelsrecht, also dem börslichen und außerbörslichen Handel von Finanzprodukten, die sich auf Energieträger beziehen. In diesem Feld ist insbesondere **DLA Piper** zusätzlich zum klassischen Energievertragsrecht sehr erfahren.

Alle wollen erneuerbare Energien

Das Energievertriebsrecht ist auch für den weiteren Ausbau der erneuerbaren Energien relevant, der mittlerweile vor allem durch Direktvermarktungsverträge finanziert wird. Die Bundesregierung befeuert in den sogenannten Oster- und Sommerpaketen den Ausbau weiter. Neben dem Bau von Energieanlagen, etwa für die laufenden Großprojekte im Stromleitungsbau, treiben Wasserstoff- und Speichervorhaben das Geschäft von Boutiquen wie **von Bredow Valentin Herz** und **AssmannPeiffer** an.

Investoren zahlen erstaunliche Summen für Projektpipelines, wie zuletzt die Verkäufe des Solarparkentwicklers ib vogt oder des ‚Horizon'-Windportfolios zeigten. Mit **Hogan Lovells** und **Gleiss Lutz** waren hier auf Verkäuferseite zwei der Verfolger der Marktspitze gesetzt. Auf der Gegenseite punkteten **Ashurst** und **Watson Farley & Williams** mit ihrer Fokussierung auf Transaktionen und Finanzierungen im Erneuerbaren-Bereich. Auch Kanzleien wie **Dentons**, **Eversheds Sutherland** oder **Fieldfisher** sind durch ihre Kombination von regulatorischem und Transaktions-Know-how gut aufgestellt für die Begleitung der beschleunigten Energiewende.

Die Bewertungen behandeln Kanzleien, die die Energiebranche in mehr als einem relevanten Rechtsgebiet beraten, dazu gehören ▷Gesellschaftsrecht, ▷M&A, ▷Bank- und Finanzrecht, ▷Kartellrecht, ▷Öffentl. Sektor und ▷Immobilien- und Baurecht.

JUVE KANZLEI DES JAHRES FÜR ENERGIEWIRTSCHAFTSRECHT

ASSMANNPEIFFER

Konzerne wie Shell, VW Group Charging, Infineon, Open Grid Europe und mit MTU Aero Engines nun auch ein vierter Dax-Konzern vertrauen auf das Know-how der Münchner Namenspartner **Dr. Lukas Assmann** und **Dr. Max Peiffer**. Mit Konzessionsvergaben und Biogasberatung gestartet, gelang es der Kanzlei zuletzt hervorragend, auf dieser Grundlage bedeutende Zukunftsfelder zu erschließen: Heute wird die Boutique für ihre Kompetenzen in den Bereichen grüne Gase und E-Mobilität von Mandanten als strategischer Partner für komplexe energierechtliche Transformationsprojekte hoch gelobt. Bestes Beispiel hierfür ist die Neumandatierung eines Offshore-Projektentwicklers, den AssmannPeiffer bei der Strukturierung und Umsetzung eines innovativen Projekts zur Erzeugung von grünem Wasserstoff mit Windstrom in der deutschen Ausschließlichen Wirtschaftszone berät. Den wichtigsten Schritt für weiteres Wachstum machten die Namenspartner allerdings mit der ersten Ernennung eines Neupartners, mit dem das Berliner Büro sich zum anerkannten Standort entwickelt: Mandanten loben **Sebastian Schnurre** für die „brillante Mischung aus Fachkompetenz, Geschäftssinn und politischem Gespür". Die Ernennung ist ein eindeutiges Signal, dass die Kanzlei dem wachsenden Team im Mittelbau nun auch reale Karriereperspektiven bietet.

ENERGIEWIRTSCHAFTSRECHT REGULIERUNG

ALLEN & OVERY
Energie: Transaktionen/Finanzierung ★★★

Bewertung: Die Praxis hat einen Schwerpunkt auf Transaktionen u. Projektfinanzierungen im Energiesektor. Dabei deckt sie durch einen im Vorjahr zum Eq.-Partner ernannten Öffentlichrechtler auch regulator. Aspekte ab. Mit dieser Aufstellung begleitet sie regelm. komplexe Deals, wie zuletzt für HGV beim Zusammenschluss der Wärme Hamburg u. Hamburger Energie zu den Hamburger Energiewerken. Auch internat. ist die Praxis gut vernetzt, wobei v.a. die Zusammenarbeit mit den Teams in GB u. den USA eine wichtige Rolle spielt. Bei Mandanten aus dem Energiesektor punktet die Kanzlei zudem durch ihre angesehene Konfliktlösungspraxis, die etwa Uniper in einer Auseinandersetzung über die Zulässigkeit von ICSID-Schiedsverfahren innerh. der EU nach dem Energiecharta-Vertrag vertrat. Als Bedingung des Bundes für das mrd.schwere Rettungspaket, bei dem Uniper ebenfalls auf A&O setzte, musste der Konzern die Klage jedoch zurückziehen.
Team: 7 Partner, 4 Counsel, ca. 20 Associates
Schwerpunkte: V.a. ▷M&A u. Projektfinanzierung im Energiesektor v.a. bei erneuerbaren Energien u. Netzinfrastruktur; regulator. Begleitberatung u.a. auch zum Emissionshandel durch Öffentlichrechtler.
Mandate: Uniper zum Einstieg des Bundes u. gg. Niederlande um Zulässigkeit ICSID-Schiedsverfahren innerhalb der EU nach Energiecharta-Vertrag; VTG Tanktainer bei Verkauf des globalen Tankcontainergeschäfts an Suttons; HGV bei Zusammenschluss der Wärme Hamburg u. Hamburger Energie zu Hamburger Energiewerke; Enercon im Zshg. mit Sanierungskreditvertrag; Bankenkonsortium um Commerzbank bei Vergabe ESG-Konsortialkredit an Encavis.

ASHURST
Energie: Transaktionen/Finanzierung ★★★

Bewertung: Im regulierten Energiesektor kommt die Praxis v.a. im strateg. Projektgeschäft weiter in Schwung. Mandanten, die wie Vulcan Energy Resources regelm. aus dem Kanzleinetzwerk kommen, setzen auf das Team um Uibeleisen, das sie mit regulator. u. vertragsrechtl. Know-how berät. Auf die Fähigkeiten in ihrer Kerndisziplin erneuerbare Energien vertrauten zuletzt auch Chemiekonzerne wie Vinnolit sowie Konsumgüterhersteller wie Adidas, die das Team zum Bezug von grüner Energie berät. Aushängeschild war jedoch neben der Beratung der austral. Lithium-Pioniere von Vulcan insbes. die Mehrheitsübernahme von ib vogt. DIF Capital Partners übernahmen mithilfe von Ashurst den Berliner Solarparkentwickler, an dem eine Reihe weiterer Fonds interessiert waren, die sich von Wettbewerbern wie Clifford, Linklaters, CMS, Hengeler u. White & Case beraten ließen. In dieser Reihe ist das Ashurst-Team kaum mehr wegzudenken.
Oft empfohlen: Dr. Maximilian Uibeleisen, Derk Opitz, Dr. Simon Groneberg („kompetent in allen energierechtl. Fragen", Mandant)
Team: 4 Partner, 4 Counsel, 5 Associates
Schwerpunkte: ▷M&A, insbes. zu erneuerbaren Energien u. Infrastruktur (▷Verkehr), v.a. auch Asset- u. Projektfinanzierungen; Vergabe- kombiniert mit Vertragsrecht u. flankierend im Umwelt- u. Planungsrecht u. zu Regulierungsfragen; zunehmend Beratung zur klimaneutralen Umstellung der Energieversorgung.
Mandate: DIF Capital Partners zu Mehrheitsübernahme des Entwicklers ib vogt; Vinnolit zu PPA für Bezug von erneuerbaren Energien; Vulcan Energy

Energiewirtschaftsrecht: Regulierung

★★★★★
Becker Büttner Held	Berlin, Erfurt, München, Köln, Stuttgart, Brüssel, Hamburg
CMS Hasche Sigle	Hamburg, Stuttgart, Düsseldorf
Hengeler Mueller	Düsseldorf, Berlin
Luther	Düsseldorf, Hamburg, Essen, Berlin, Köln, Hannover

★★★★
Gleiss Lutz	Berlin, Düsseldorf, München, Stuttgart
Höch und Partner	Dortmund, Berlin
Noerr	Frankfurt, Berlin, Dresden, Hamburg
Raue	Berlin
Rosin Büdenbender	Essen
White & Case	Düsseldorf, Berlin

★★★
AssmannPeiffer	München, Berlin
Bird & Bird	Düsseldorf, München, Hamburg
von Bredow Valentin Herz	Berlin
Clifford Chance	Düsseldorf, Frankfurt, München
DLA Piper	Köln, Hamburg, Frankfurt
EY Law	Berlin, Düsseldorf, Stuttgart
Freshfields Bruckhaus Deringer	Berlin, Düsseldorf, Frankfurt, Hamburg
Görg	Köln, Berlin
GvW Graf von Westphalen	Hamburg, Düsseldorf
Hogan Lovells	Düsseldorf, Hamburg
Leitfeld	Köln
Osborne Clarke	Köln, Hamburg
Posser Spieth Wolfers & Partners	Berlin, Düsseldorf
PricewaterhouseCoopers Legal	Düsseldorf, Frankfurt, Stuttgart, Berlin, Hamburg
Ritter Gent Collegen	Hannover

★★
Boos Hummel & Wegerich	Berlin, Köln
Chatham Partners	Hamburg
Dolde Mayen & Partner	Bonn, Stuttgart
Heuking Kühn Lüer Wojtek	Düsseldorf, Hamburg
Mazars	Frankfurt, Berlin
Oppenländer	Stuttgart
Pinsent Masons	Düsseldorf, München
Redeker Sellner Dahs	Bonn, Berlin, Leipzig
Rödl & Partner	Nürnberg, Köln, München
Taylor Wessing	Düsseldorf, Hamburg
WilmerHale	Berlin

★
Baker McKenzie	Berlin, Frankfurt, Düsseldorf
Baker Tilly	Stuttgart, Dortmund
Dentons	Berlin, Frankfurt
Gaßner Groth Siederer & Coll.	Berlin
Hoffmann Liebs	Düsseldorf
Loschelder	Köln
Rittershaus	Mannheim, München
Schulz Noack Bärwinkel	Hamburg
Watson Farley & Williams	Hamburg, Frankfurt, München
WTS Legal	Köln, Düsseldorf

Die Auswahl von Kanzleien und Personen in Rankings und tabellarischen Übersichten ist das Ergebnis umfangreicher Recherchen der JUVE-Redaktion. Sie ist in 2erlei Hinsicht subjektiv: Die Aussagen der befragten Quellen sind subjektiv u. spiegeln deren Erfahrungen u. Einschätzungen. Die JUVE-Redaktion wiederum analysiert die Rechercheergebnisse unter Einbeziehung ihrer eigenen Marktkenntnis. Der JUVE Verlag beabsichtigt keine allgemeingültige oder objektiv nachprüfbare Bewertung. Es ist möglich, dass eine andere Recherchemethode zu anderen Ergebnissen führt. Innerhalb einzelner Gruppen in Rankings und tabellarischen Übersichten sind Kanzleien und Personen alphabetisch sortiert.

Anwaltszahlen: Angaben der Kanzleien, wie viele Anwälte zu mind. ca. 50% in diesem Gebiet tätig sind. Sie spiegeln nicht zwingend die Gesamtgröße einer Kanzlei wider.

REGULIERUNG ENERGIEWIRTSCHAFTSRECHT

Resources zu Kauf eines Geothermiekraftwerks für die Herstellung von grünem Lithium u. dessen Vermarktung; Adidas zu Klimaneutralität der Unternehmensstandorte; Commerz Real zu strateg. Partnerschaft mit Ampyr Solar Europe; Ductor vertrags- u. genehmigungsrechtl. wg. Biogasanlage; Engie regulator. wg. Biomethanförderung; ERG zu Kauf eines dt.-frz. Windparkportfolios.

ASSMANNPEIFFER
Energie: Regulierung ★★★

Bewertung: Die Energieboutique macht seit einigen Jahren bei Start-ups u. etablierten Unternehmen wie Infineon u. Open Grid Europe als Partner für Projekte im Energiesektor von sich reden. Ihre große Erfahrung u.a. im Bereich Biogas hat sie gekonnt um die Themen Wasserstoff, Energiespeicher, Ladeinfrastruktur u. digit. Messtechniken inkl. Energie- u. Stromsteuer ergänzt. Dieses Themenspektrum garantiert ihr einen anhaltenden Zulauf von Mandanten, die an der Verwirklichung ihrer Geschäftsmodelle im regulierten Energiesektor interessiert sind. Sie loben ausdrückl. die Kompetenz der Praxis im Bereich grüne Gase. Lob erhält die Kanzlei auch für den Aufbau ihres Berliners Standortes, der einst als Außenstelle des Münchner Hauptsitzes geplant war. Vor Ort hat die kleine Kanzlei neben einem Quereinsteiger, den Wettbewerber als „ausgezeichneten Energiejuristen" loben, mit Schnurre ihren ersten Partner gemacht. Mit gutachterl. Projekten für das Bundesfinanzministerium u. das Land Berlin, aber auch mit polit. bedeutsamen Grundsatzverf. u.a. für Lichtblick ergänzt er das Portfolio der Kanzlei sehr gut.

Oft empfohlen: Dr. Lukas Assmann („hervorragender Anwalt", Wettbewerber), Dr. Max Peiffer, Sebastian Schnurre („brillante Mischung aus Fachkompetenz, Geschäftssinn u. polit. Gespür", Mandant)

Team: 3 Partner, 1 Counsel, 3 Associates, 1 of Counsel

Schwerpunkte: Erneuerbare Energien; Energievertragsrecht; Industriekunden zu Strom- u. Energiesteuer, teils auch an der Schnittstelle zum Beihilferecht; Zukunftsthemen wie Wasserstoff u. Energiespeicher, aber auch Litigation im Sektor.

Mandate: BMFinanzen gutachterl. zur Weiterentwicklung der Strom- u. Energiebesteuerung für Unternehmen; Land Berlin zur Implementierung der Fernwärmenetzregulierung; Lichtblick zu Grundversorger wg. hoher Tarifspaltungen; Minol zu Umsetzung digit. Submetering-Technologien; Shell zu Geschäftsmodellen im Bereich Ladeinfrastruktur; Dt. Verein des Gas- u. Wasserfachs gutachterl. zur Integration von Wasserstoff ins Gasnetz; Eco Stor umf. zu Planung, Projektierung u. Betrieb von Batteriespeichern; Enpal umf. zu Geschäftsmodell des Solaranlagen-Leasing; Chemiekonzern zur Herstellung von flüssigem Biokraftstoff; Industrie-JV zu Erzeugung u. Vermarktung von grünem Wasserstoff; Infinum Operations zu Import alternativer Kraftstoffe.

BAKER MCKENZIE
Energie: Regulierung ★
Energie: Transaktionen/Finanzierung ★★★

Bewertung: Das Energieteam agiert im Kanzleinetzwerk als Schnittstelle zum Litigation- u. Transaktionsgeschäft. Große Erfahrung hat es insbes. bei energieregulator. aufwendigen Industrieparktransaktionen gesammelt. Mandanten insbes. aus der Pharmabranche, aber auch Ernährungsmittelhersteller, die früher mit Fragen zur Eigenerzeugung u. Umlagen auf das Team zukamen, treiben aktuell Fragen zur Priorisierung von Gasmengen um. Ihre regulator. Sektorkenntnis belegt das Mandat der BNetzA in einem vor europ. Gerichten geführten Verfahren gg. die europäische Agentur für die Zusammenarbeit der Energieregulierungsbehörden (ACER). V.a. aber zur Entwicklung von Wind- u. PV-Projekten, Speichern, LNG-Terminals u. Offshorewindparks wird sie von Unternehmen wie Iberdrola mandatiert. Von der strateg. Anfangsberatung über den Abschluss der Projektverträge bis zur Finanzierung inkl. der Abnahmeverträge (PPA) deckt das Team ähnl. wie Taylor Wessing oder Hogan Lovells die gesamte Wertschöpfungskette ab. Im Projektentwicklungsgeschäft setzt die Sektorgruppe immer häufiger auf die Zusammenarbeit mit den hauseig. ▷Immobilien- u. Baurechtlern.

Oft empfohlen: Prof. Dr. Jörg Risse, Dr. Heiko Haller

Team: 10 Eq.-Partner, 3 Sal.-Partner, 3 Counsel, 5 Associates

Schwerpunkte: Nationale u. internat. ▷M&A-Transaktionen u. Projektfinanzierungen (▷Kredite u. Akqu.fin.) mit Bezug zum anlagen- u. netzbezogenen Energierecht; dazu viel Erfahrung im Energievertragsrecht (Lieferverträge), Regulierungsberatung (inkl. BNetzA-Beschwerdeverf.) v.a. für energieintensive Industrien u. Netzbetreiber, auch Öffentl. Recht u. ▷Schiedsverfahren.

Mandate: EP Power Europe zu Kauf der Steag Minerals; Infrareal zu Verkauf des Life Science Park Behringwerke; Infrastrukturfonds zu Kauf, Finanzierung u. Entwicklung eines Batteriespeicherprojekts

Energiesektor: Transaktionen/Finanzierung

★★★★★

Clifford Chance	Düsseldorf, Frankfurt, München
Hengeler Mueller	Düsseldorf, Berlin, Frankfurt, München
Linklaters	Berlin, Frankfurt
White & Case	Düsseldorf, Berlin, Hamburg

★★★★

CMS Hasche Sigle	Düsseldorf, Hamburg, Stuttgart
Freshfields Bruckhaus Deringer	Berlin, Düsseldorf, Frankfurt, Hamburg
Gleiss Lutz	Berlin, Düsseldorf, München, Stuttgart
Hogan Lovells	Düsseldorf, Hamburg, Frankfurt
Latham & Watkins	Düsseldorf, Hamburg
Watson Farley & Williams	Hamburg, Frankfurt, München

★★★

Allen & Overy	Hamburg, Frankfurt, München
Ashurst	Frankfurt
Baker McKenzie	Berlin, Frankfurt, Düsseldorf
Dentons	Berlin, Frankfurt
DLA Piper	Köln, Frankfurt
Luther	Düsseldorf, Essen, Berlin, Köln
Noerr	Frankfurt, Berlin, Dresden, Hamburg
Taylor Wessing	Hamburg, Berlin, München, Düsseldorf

★★

Bird & Bird	Düsseldorf, München
Eversheds Sutherland	Düsseldorf
Fieldfisher	München
Görg	Köln, Berlin
Heuking Kühn Lüer Wojtek	Düsseldorf, Hamburg, Frankfurt
Norton Rose Fulbright	München, Frankfurt, Hamburg
Osborne Clarke	Köln, Hamburg

★

Becker Büttner Held	Berlin, Erfurt, München, Köln, Stuttgart, Brüssel, Hamburg
Buse	Hamburg
EY Law	Berlin, Düsseldorf, Stuttgart
Jones Day	Düsseldorf, Frankfurt, München

Die Auswahl von Kanzleien und Personen in Rankings und tabellarischen Übersichten ist das Ergebnis umfangreicher Recherchen der JUVE-Redaktion. Sie ist in 2erlei Hinsicht subjektiv: Die Aussagen der befragten Quellen sind subjektiv u. spiegeln deren Erfahrungen u. Einschätzungen. Die JUVE-Redaktion wiederum analysiert die Rechercheergebnisse unter Einbeziehung ihrer eigenen Marktkenntnis. Der JUVE Verlag beabsichtigt keine allgemeingültige oder objektiv nachprüfbare Bewertung. Es ist möglich, dass eine andere Recherchemethode zu anderen Ergebnissen führt. Innerhalb einzelner Gruppen in Rankings und tabellarischen Übersichten sind Kanzleien und Personen alphabetisch sortiert

Anwaltszahlen: Angaben der Kanzleien, wie viele Anwälte zu mind. ca. 50% in diesem Gebiet tätig sind. Sie spiegeln nicht zwingend die Gesamtgröße einer Kanzlei wider.

ENERGIEWIRTSCHAFTSRECHT REGULIERUNG

inkl. ESG-Tools; NordLB zu Finanzierung einer PV-Anlage in Japan; Uniper zu Bau u. Betrieb des LNG-Terminals Wilhelmshaven; BNetzA in Klage gg. Acer wg. Kompetenzüberschreitung bei Kapazitätsberechnung (EuGH); lfd. u.a. Iberdrola.

BAKER TILLY
Energie: Regulierung ★

Bewertung: Die Energierechtspraxis der MDP-Kanzlei hat einen gr. Stamm kommunaler Mandanten aufgebaut, darunter viele Stadtwerke sowie Netzgesellschaften großer Energieversorger wie EnBW. Ihnen bietet sie u.a. energie- u. stromsteuerrechtl. Beratung an. Sie vertrauen der Einheit aber auch bei der Gestaltung von Konzessionsverträgen für Strom, Gas, Wasser u. Wärme. Am HHer Standort zeigte die Praxis eine weitere Facette: Ein Transaktionspartner beriet Breeze Three Energy zum Verkauf eines internat. WP-Portfolios an den Statkraft-Konzern.
Oft empfohlen: Alexandra Sausmekat
Team: 4 Partner, 2 Counsel, 2 Associates
Schwerpunkte: Regulierung, kommunalrechtl. Konzessionsvergabe. Berät v.a. Stadtwerke u. Netzbetreiber. Transaktionen im Energiesektor, auch Vertragsgestaltung u. Umstrukturierungen, tlw. Wegerecht. Daneben Vergabe-, Steuer- u. ▷Gesellschaftsrecht.
Mandate: Breeze Three Energy bei Verkauf von WP-Portfolio an Statkraft; Unicorn Energy energierechtl. zu Stromlieferung an Letztverbraucher; EnBW ODR zur Bildung einer Netzgesellschaft; div. Gemeinden, u.a. zu Konzessionen u. Wegerechten in den Bereichen Gas, Netzkooperationen sowie Rekommunalisierung von Wärmenetzen; div. Stadtwerke zur Energiebeschaffung, Energie- u. Stromsteuern, Kundenanlagen.

BECKER BÜTTNER HELD
Energie: Regulierung ★★★★★
Energie: Transaktionen/Finanzierung ★

Bewertung: Die Full-Service-Kanzlei für den Energiesektor gehört mit ihrem Angebot zu den Marktführern. Mit Spezialisten zu sämtl. Fragen des klass. Energierechts sowie des EEG arbeitet sie zurzeit erfolgr. daran, ihren Mandanten rund um Transformationsthemen wie Klimaneutralität ein vernetztes Beratungsangebot bereitzustellen. Im Zentrum steht dabei nicht zuletzt ihre Kompetenz im Emissionshandel kombiniert mit genehmigungs- u. baurechtl. Know-how zur Entwicklung von Kraftwerksanlagen. Für strateg. Rechtsberatung ist die Gruppe insbes. geeignet, weil sie – wie die bekannten MDP-Einheiten – im eig. Haus auch steuerl. u. wirtschaftl. Sachverstand anbietet. In der öffentl. Wahrnehmung steht BBH weiterhin auf der Seite der Kommunen u. Stadtwerke, die sie ggü. der BNetzA etwa zu Entgeltfragen berät u. vertritt. Aber auch Industriemandanten bescheinigen ihr mittlerw., „alle neuen Entwicklungen im Sektor sehr früh zu kennen".
Stärken: Extrem hoher Spezialisierungsgrad bei regulator. Fragen im Strom-, Gas- u. Fernwärmesektor.
Oft empfohlen: Prof. Dr. Christian Theobald, Dr. Ines Zenke, Dr. Martin Altrock, Jens Panknin („sehr guter, klass. Anwalt mit hohem Fachwissen u. sehr guter Vernetzung", Wettbewerber), Axel Kafka („fachl. versiert, engagiert", Mandant), Dr. Markus Kachel („hohe Kompetenz", Mandant; „Experte für dezentrale Versorgung", Wettbewerber), Stefan Missling, Dr. Olaf Däuper, Astrid Meyer-Hetling („sehr kompetent, erfahren u. kollegial", Wettbewerber), Jens Vollprecht, Dr. Ursula Prall („einzigartige Kompetenz im Bereich Offshorewind", Wettbewerber), Wolfram Blumenthal (M&A)
Team: 23 Eq.-Partner, 40 Sal.-Partner, 36 Counsel, 74 Associates, 5 of Counsel
Schwerpunkte: Energieregulierungs-, -vertrags- u. -kartellrecht sowie Beratung zu Emissions- u. Energiehandel; außerdem öffentl.-rechtl. zum Kraftwerksbau, u.a. erneuerbare u. konventionelle Energien; Kundenanlagen, Eigenversorgung; gute Einbettung in eine funktionierende MDP-Kanzlei; regelm. auch Transaktionen im Energiesektor.
Mandate: Industriekonzern zur Transformation einer dt. Standortgesellschaft; HH2E zur Umsetzung des Projekts ‚Green Utility'; 40 Stadtwerke umf. zu Fragen der Klimaneutralität; Land Berlin zu Kauf von Stromnetz Berlin; Industrieunternehmen zu Verteidigung des Scheibenpachtmodells u. zu Amnestieregelung; Bundesland gutachterl. u. strateg. zum Aufbau eines europ. Wasserstoffhandelsplatzes; Dt. Wasserstoff- u. Brennstoffzellen-Verband zu Rechtsrahmen für grünen Stahl u. zum Wasserstoffhandel; 475 Verteilnetzbetreiber gg. die E-Zins-Festlegung der BNetzA; Flughäfen u. Chemieparkbetreiber zum Regulierungsmanagement; Energieversorger u. Investoren zu Due Diligence u. Vertragsverhandlungen; Industrieunternehmen zur emissionshandelsrechtl. Optimierung.

BIRD & BIRD
Energie: Regulierung ★★★
Energie: Transaktionen/Finanzierung ★★

Bewertung: Die Energiesektorgruppe berät ihre Mandanten umf. u. bietet ihnen sowohl tiefe regulator. Kenntnisse als auch Erfahrung bei der Begleitung teils grenzüberschr. Transaktionen. So beriet sie zuletzt bspw. Itron beim Verkauf ihres globalen Gasregulierungsgeschäfts u. des europ. Gasmessgeschäfts. Durch die Aufnahme eines Bank- u. Finanzrechtlers im Vorjahr hat zudem das Finanzierungsgeschäft Fahrt aufgenommen, was anhand von Mandaten wie der Beratung eines internat. Bankenkonsortiums bei der €120-Mio-Projektfinanzierung eines schwed. Windparkportfolios deutlich wird. Daneben stehen insbes. die angesehenen Kyrberg u. Lang für die Tätigkeit für 3 der 4 Übertragungsnetzbetreiber. In engem Schulterschluss mit den ▷Vergaberechtlern beriet Kyrberg zuletzt TransnetBW u. Tennet bei der Auftragsvergabe für das ‚SuedLink'-Konvertersystem.
Oft empfohlen: Dr. René Voigtländer („gute Zusammenarbeit", Wettbewerber), Dr. Matthias Lang, Lars Kyrberg („sehr erfahren bei Anlagenbauverträgen", „kennt techn. Zusammenhänge", „überzeugt mit Verhandlungsgeschick", Mandanten), Dr. Hermann Rothfuchs
Team: 12 Eq.-Partner, 11 Associates
Partnerwechsel: Dr. Christian Kessel (in eig. Beratungsfirma)
Schwerpunkte: Fachl. integrierte Energiesektorberatung von Anlagen- u. Netzbetreibern (Übertragungs- u. Verteilnetze), kommunalwirtschaftl. Konzessionsvergabe (Strom u. Gas); ▷M&A, eingebettet in internat. Kanzleinetzwerk; Beratung an der Schnittstelle zur Digitalisierung des Energiesektors.
Mandate: TransnetBW, Tennet bei Auftragsvergabe für ‚SuedLink'-Konvertersystem; Itron bei Verkauf des globalen Gasregulierungsgeschäfts u. des europ. Gasmessgeschäfts an Dresser Utility Solutions; internat. Bankenkonsortium bei €120-Mio-Projektfinanzierung eines schwed. Windparkportfolios; Erneuerbaren-Fonds bei €35-Mio-Project-Bond-Finanzierung eines PV-Portfolios; JDR Cable Systems bzgl. Kauf- u. Projektverträgen im Offshorewindbereich; Association of European Border Regions zur B-Solutions-Initiative zu grenzüberschr. Energielieferungen; lfd. Amprion.

BOOS HUMMEL & WEGERICH
Energie: Regulierung ★★

Bewertung: Die Energierechtsboutique ist in erster Linie für ihre Erfahrung mit Konzessionsverf. u. Netzübernahmen bei kommunalen Energieversorgern in den Bereichen Gas, Wasser, Strom u. Fernwärme renommiert. Aber auch andere Beratungsfelder baut sie aus, zuletzt durch den Zugang einer Eq.-Partnerin. Genau wie Graßmann kommt sie von EY Law u. bringt Erfahrung in der Beratung von energieintensiven Unternehmen zu Themen wie dezentraler Erzeugung mit, die sie zum Bsp. in der Zusammenarbeit mit EAM Netz ausspielt. Im Fokus insbes. der angesehenen Schalle steht die Beratung zur Direktvermarktung erneuerbarer Energien, die für Mandanten wie einen Automobilzulieferer auch wg. der zunehmenden Bedeutung von ESG-Kriterien immer wichtiger wird.
Oft empfohlen: Dr. Heidrun Schalle („fundierte Fachrechtskenntnisse kombiniert mit praxistaugl. u. maßgeschneiderten Lösungen sowie hohem En-

---

Führende Berater im Energiewirtschaftsrecht: Regulierung

Thomas Burmeister
White & Case, Düsseldorf

Prof. Dr. Kai Gent
Ritter Gent Collegen, Hannover

Christian von Hammerstein
Raue, Berlin

Dr. Thomas Höch
Höch und Partner, Dortmund

Dr. Cornelia Kermel
Noerr, Berlin

Dr. Thilo Richter
Leitfeld, Köln

Dr. Peter Rosin
Rosin Büdenbender, Essen

Dr. Ulrich Scholz
Freshfields Bruckhaus Deringer, Düsseldorf

Dr. Holger Stappert
Luther, Düsseldorf

Dr. Boris Scholtka
EY Law, Berlin

Die Auswahl von Kanzleien und Personen in Rankings und tabellarischen Übersichten ist das Ergebnis umfangreicher Recherchen der JUVE-Redaktion. Sie ist in 2erlei Hinsicht subjektiv: Die Aussagen der befragten Quellen sind subjektiv u. spiegeln deren Erfahrungen u. Einschätzungen. Die JUVE-Redaktion wiederum analysiert die Rechercheergebnisse unter Einbeziehung ihrer eigenen Marktkenntnis. Der JUVE Verlag beabsichtigt keine allgemeingültige oder objektiv nachprüfbare Bewertung. Es ist möglich, dass eine andere Recherchemethode zu anderen Ergebnissen führt. Innerhalb einzelner Gruppen in Rankings und tabellarischen Übersichten sind Kanzleien und Personen alphabetisch sortiert.

REGULIERUNG ENERGIEWIRTSCHAFTSRECHT

gagement für Mandanten", Mandant; „zielorientiert u. kompetent", „Generalistin mit viel Erfahrung im Energiegroßhandel", Wettbewerber), Dr. Philipp Boos („stets kompetent u. lösungsorientiert", Mandant), Dr. Nils Graßmann („Experte für Konzessionsverfahren u. Netzübernahmen", „kompetent, erfahren, sehr kollegial im Umgang", Wettbewerber)
Team: 10 Partner
Partnerwechsel: Véronique Joly-Müller (von EY Law)
Schwerpunkte: Unternehmen u. Kommunen bei der Bewerbung um Konzessionen u. energiepolit. Beratung, Regulierung u. Energievertragsrecht, Direktvermarktung.
Mandate: ANE zu Direktvermarktung; 4 hess. Regionalversorger zu Stromnetzanschluss von Rechenzentrum; rd. 50 Kommunen in Strom-, Gas-, Wasser- u. Fernwärmekonzessionsverf.; Industriekonzern zu Strom- u. Wärmeversorgung für Smart-City-Projekt; Automobilzulieferer zu PPA-Eigenversorgung aus PV-Freiflächenanlage; div. Stadtwerke zu Klage gg. ÜNB wg. Förderung von Gaskraftwerken; 15 kommunale Energieversorger bei Bewerbung um Konzessionen; lfd.: DB Energie; Electrabel.

VON BREDOW VALENTIN HERZ
Energie: Regulierung ★★★
Bewertung: Die Berliner Boutique ist auf erneuerbare Energien spezialisiert u. arbeitet dabei v.a. mit Projektentwicklern u. Erzeugern eng zusammen. Bei zahlr. namh. Akteuren wie EWS ist sie fest verankert. Daneben kann sie regelm. neue Mandanten von sich überzeugen, etwa die österr. WEB Windenergie. Zuletzt hat die Kanzlei ihr Engagement in PV-Projekten verstärkt u. Hanwha Q-Cells umf. beraten, z.B. zu On-Site- u. Green-PPAs. Daneben war sie bspw. an der Seite von Projektentwicklern u. Investoren in zahlr. Transaktionen eingebunden, wobei sie für den Corporate-Teil regelm. mit anderen Kanzleien kooperiert. Auf ihr tiefes Know-how im Energie- u. Vertragsrecht setzen zunehmend auch internat. Unternehmen, z.B. die frz. Leclanché bei einem Speichergroßprojekt. Dabei loben Wettbewerber v.a. Valentin u. bescheinigen ihm, „in Sachen Speicher ganz weit vorne" zu sein.
Oft empfohlen: Dr. Hartwig Frhr. von Bredow („fachl. hervorragend, engagiert, sehr gut vernetzt", Wettbewerber), Dr. Steffen Herz, Dr. Florian Valentin („pragmat., lösungsorientierter u. überaus fundierter Beratungsansatz", „blitzgescheiter Denker, verlässl. Lösungen auf höchstem jurist. Niveau", „herausragende Kompetenz im EEG", Wettbewerber), Dr. Bettina Hennig, Dr. Jörn Bringewat („sehr konstruktiv", Wettbewerber)
Team: 5 Partner, 1 Counsel, 5 Associates
Schwerpunkte: Beratung zu Zukunftsthemen (Wasserstoff, Speicher, E-Mobilität), Vertragsrecht (PPA) u. Regulierungsberatung (zunehmend EEG-Umlage, Energie- u. Stromsteuer), Energievertragsrecht u. Prozesse. Zunehmend umwelt- u. planungsrechtl. Themen wie Wind-, Solarparkprojekte u. Quartiersentwicklung.
Mandate: Entega projektbegleitend, u.a. zu Flächensicherung u. Stromvermarktung; EWS Elektrizitätswerke Schönau, u.a. zu Verträgen für grüne Endkundenprodukte, zum Messstellenbetrieb u. stromsteuerrechtl.; Leclanché zu Vertrag für ein 22-MW-Speichergroßprojekt; GP Joule zu EEG-, energie- u. stromsteuerrechtl. Fragen sowie im Projektgeschäft; Tesvolt zu Lieferung u. Wartung von Energiespeichern; Hanwha Q Cells, u.a. zu Geschäftsmodellen mit PV-Anlagen, Projektierung u. Kauf von PV-Freiflächenanlagen sowie Green-PPAs; WEB Windenergie regulator. zu Windenergieprojekten.

BUSE
Energie: Transaktionen/Finanzierung ★
Bewertung: Die Energierechtspraxis hat im Markt für erneuerbare Energien einen festen Platz an der Seite von Projektentwicklern u. Banken. Zuletzt beschäftigten sie Mandate wie das eines dän. Investmenthauses zum Kauf mehrerer PV-Projekte in Chile. Neue Wege bestritt das Team bei der Gestaltung eines Vermarktungsvertrags für gespeicherte Energie für die Betreibergesellschaft einer solchen Anlage. Banken, die sich zuvor bei Projektfinanzierungen an Buse wandten, vertrauen ihr inzw. auch bei der Entwicklung eigener Ökostromprojekte. Schmerzhaft ist der Weggang einer langj. Partnerin, die sehr gute Kontakte zu Verbänden unterhielt.
Team: 4 Partner, 4 Associates
Partnerwechsel: Christina Monticelli (unbekannt)
Schwerpunkte: ▷Transaktionen u. Joint Ventures bei Projekten der erneuerbaren Energien, insbes. PV- und Onshorewindkraftprojekte. Ausgestaltung von PPAs u. Repowering von Anlagen.
Mandate: Dän. Investor zu Kauf von PV-Projekten in Chile; Betreibergesellschaft zu Batteriespeicherprojekt; dt. Projektentwickler zu Joint Venture mit brit. Investor u.a. zur Verwertung von PV-Projekten; Reconcept bei Kauf eines Wasserkraftwerks in Kanada; Umweltbank, DKB Finance bei Projektentwicklungen; lfd.: Obton, Difco, Innogy.

CHATHAM PARTNERS
Energie: Regulierung ★★
Bewertung: Im Energiesektor ist die HHer Kanzlei v.a. für die regulator.-strateg. Beratung bei Offshorewindprojekten u. zunehmend an der Schnittstelle zu Fragen der Dekarbonisierung (Emissionshandel u. Wasserstoffproduktion) bekannt. Wichtige Ankermandanten sind Ørsted, Copenhagen Infrastructure Partners u. Dt. Erdwärme. Dem Team um Fischer ist es in den verg. Jahren im Tandem mit dem auf Energieverträge u. Energievermarktung spezialisierten Schneider gelungen, den Fokus auch auf die Beratung energieintensiver Industrien u. Eigenversorgungskonzepte zu erweitern. Ihr Weggang bremst die Entwicklungspotenzial der Praxis, zumal ein weiterer, auf Energie- u. Infrastrukturtransaktionen spezialisierter Corporate-Anwalt zu Wettbewerberin Fieldfisher wechselte.
Oft empfohlen: Felix Fischer
Team: 1 Eq.-Partner, 1 Sal.-Partner, 5 Associates
Partnerwechsel: Dr. Carmen Schneider (zu Oppenhoff & Partner)
Schwerpunkte: Strateg. u. regulator. Beratung von Projekten der erneuerbaren Energien; auch planungsrechtl. Projektentwicklung; Finanzierung i.V.m. Beihilfe- u. Vergaberecht sowie Vertragsrecht u. M&A-Transaktionen.
Mandate: Industrieunternehmen zu Eigenversorgung u. Umlagebefreiung; Investor zu Redispatch u. Direktvermarktung von Offshoreprojekten; Athos Solar beihilfe-, vertrags- u. völkerrechtl. zu Solaranlagen im Iran; Siemens beihilferechtl. zu Energieprojekten; lfd.: Caventes Kapitalverwaltung, Copenhagen Infrastructure Partners, Dt. Erdwärme, Ørsted.

CLIFFORD CHANCE
Energie: Regulierung ★★★
Energie: Transaktionen/Finanzierung ★★★★★
Bewertung: Die im Transaktionsbereich marktführende Energiepraxis der Großkanzlei war erneut an zahlr. gr. Deals u. Projektfinanzierungen der Branche beteiligt, wobei die Beratung von Macquarie Asset Management beim Kauf von Thyssengas zu den Leuchtturmprojekten zählte. Bei Mandanten punktet sie mit einer Mischung aus Corporate- u. Regulierungs-Know-how, die der renommierte Heinlein verkörpert. Von dessen Wechsel in die Of-Counsel-Rolle bleibt das Mandatsgeschäft u.a. im Offshorewindbereich unberührt, anders als die Leitung der Energie- u. Infrastrukturpraxis, die der ebenfalls anerkannte Elspaß übernimmt. Der stärker dem Regulierungsteam zuzuordnende Partner besetzt die Schnittstelle zum Umwelt- und Planungsrecht, die in Mandaten wie der Beratung zum Brunsbütteler Flüssiggas-Terminal zum Tragen kommt. Etablierter als bei Hogan Lovells oder Ashurst ist die Projektfinanzierungspraxis um Mahler. Dafür stehen Mandate wie die Begleitung von EnBW beim gepl. Verkauf des Minderheitsanteils am ‚He Dreiht'-Park inkl. des Abschlusses langfr. Stromlieferverträge.
Oft empfohlen: Dr. Björn Heinlein („erfahrener Praktiker, besticht durch Offenheit u. einen hervorragenden Überblick", Mandant), Dr. Anselm Raddatz, Dr. Mathias Elspaß, Dr. Florian Mahler („souverän, kompetent, überzeugend", Mandant)
Team: 5 Partner, 1 Counsel, 9 Associates, 2 of Counsel
Schwerpunkte: V.a. ▷M&A u. energierechtl./regulator. Beratung, auch Kraftwerksprojekte inkl. Projektfinanzierung, Eigenversorgung u. streitige Auseinandersetzungen. Schnittstellen u.a. ▷Anleihen, ▷Kredite u. Akqu.fin., ▷Kartellrecht, ▷Öffentl. Recht.
Mandate: Macquarie Asset Management bei Kauf Thyssengas; EnBW beim gepl. Verkauf des Minderheitsanteil am Offshorewindpark ‚He Dreiht' inkl. PPAs; Technip Energies bei Finanzierungsrunde für Hy2gen; Vattenfall bei Verkauf von Anteilen am Offshorewindpark ‚Hollandse Kust Zuid'; RWE, Shell u. Equinor zu Gründung JV u. Joint Bid Agreements für das Projekt AquaSector; Iberdrola in Bieterprozess zum Kauf eines gr. Onshorewindportfolios in Dtl.; Elia/50Hertz bei EPC-Vertragsmustern zu Bau von Konverterstationen u. Verlegung von Seekabeln; Amprion in div. Netzausbauprojekten.

CMS HASCHE SIGLE
Energie: Regulierung ★★★★★
Energie: Transaktionen/Finanzierung ★★★★

JUVE AWARDS 2022 — Kanzlei des Jahres für Regulierung

Bewertung: Die Praxis bestätigt u. festigt im Energiesektor ihre Spitzenposition, die sich auch auf das Finanzierungs- u. Transaktionsgeschäft der Kanzlei bezieht. Kern der Praxis ist ihre breite Aufstellung, die ihr regelm. Großmandate wie des BMWK u. der BNetzA zum Umbau der dt. Gas- u. Ölversorgung einbringt. Insbes. die Schnittstelle zu den ▷Insolvenzrechtlern qualifiziert die Praxis für das Mandat, das auch Wettbewerber als gr. Erfolg für CMS werten. Sie loben u.a. die Arbeit des Transaktionsanwalts Kraft, der für seine ausgespr. Sektorfokussierung bei zahlr. Investoren im Bereich der erneuerbaren Energien gesetzt ist. V.a. auch regulator. bietet die Kanzlei im Strom- u. Gassektor viel Know-how. So gehören der Praxis gleich 4 Partner an, die

ENERGIEWIRTSCHAFTSRECHT REGULIERUNG

nicht nur in Regulierungs- u. Konzessionsverf. v.a. Netzbetreiber begleiten, sondern in der Vernetzung u.a. mit den Umwelt- u. Planungsrechtlern (▷Öffentl. Recht) auch deren Zukunft zu Fragen wie Wasserstoff u. Digitalisierung strateg. mitgestalten.

Oft empfohlen: Dr. Holger Kraft („lösungsorientiert, vorbildl. Service", Mandant; „dreht ein großes Rad – bemerkenswert", Wettbewerber), Dr. Friedrich von Burchard, Shaghayegh Smousavi („gute Zusammenarbeit", Wettbewerber), Dr. Christian Haellmigk, Dr. Niklas Ganssauge („erfahrener u. präziser Jurist u.a. für Energieprojekte", Wettbewerber), Dr. Rolf Hempel, Dr. Jochen Lamb, Dr. Fritz von Hammerstein, Dr. Christian von Lenthe
Team: 14 Partner, 5 Counsel, 19 Associates
Schwerpunkte: ▷M&A, Asset- u. Unternehmenstransaktionen (inkl. Bank- u. Finanzrecht (▷Kredite u. Akqu.fin. u. Projektfinanzierungen, insbes. konventionelle und erneuerbare Energien); Energievertrags- u. Energiekartellrecht, Gas- u. Strommarktregulierung Netze u. Anlagen sowie Quartiersentwicklungen; auch ▷Öffentl. Recht (Umwelt u. Planung, inkl. Bergrecht).
Mandate: BMWK u. BNetzA zu 9-Milliarden-Euro-KfW-Kredit für Gazprom Germania u. bei Umgestaltung der Gas- und Ölversorgung; BMWK zu Einstieg bei Uniper; Iberdrola zu Entwicklung des Offshore-WP ‚Baltic Eagle'; Thyssengas, OGE u. Nowega zu regulator. Fragestellungen rd. um Kooperation mit Netzbetreiber bei Pilotprojekt Get H2; Phillips 66 zu Entwicklung eines europ. H2- Tankstellennetzes; Bayernets zu Umstellung u. Erweiterung von Gasfernleitungen für den Transport von Wasserstoff, vergaberechtl. zum Gasleitungsbau u. in Verf. wg. Netznutzungskosten im Bereich Bioerdgas; Hanseatic Energy Hub zum LNG-Terminal Stade; Thyssengas zu Regent- u. Amelie-Festlegung (BGH); Wircon vertragl. rd. um Photovoltaikanlagen, die auf Immobilien von x+bricks errichtet werden sollen; EnBW zu langfr. Stromliefervertrag mit Energiekontor; Innwerk zu wasserrechtl. Bewilligungsverf.; One-Dyas berg- u. umweltrechtl. zu Erdgasgewinnung in der Nordsee.

DENTONS

Energie: Regulierung	★
Energie: Transaktionen/Finanzierung	★★★

Bewertung: Die Kanzlei ist im Energiesektor mittlerw. vglw. breit aufgestellt. Urspr. auf Transaktionsprojekte im Bereich der erneuerbaren Energien gepaart mit viel Kompetenz rd. um Energielieferverträge/PPAs fokussiert, hat sich der Zuschnitt der Praxis durch Zugänge am D'dorfer Standort verändert: Heute ähnelt das Profil dem von Noerr u. CMS mit der Ausnahme, dass Dentons weniger Netzbetreiber kernregulator. berät u. ggü. der BNetzA vertritt. Die Dentons-Praxis agiert mit den Neuzugängen überw. auf der Seite der energieintensiven Industrie, wie das Scheibenpachtmandat der niederl. Arlanxeo im Currenta-Komplex belegt, das Wesche von seiner Vorgängerkanzlei mitgebracht hat. Auch Haas berät v.a. Industriekonzerne zu Energiehandelsfragen, erhält aber insbes. viel Lob für ihre Compliance-Beratung im Energiesektor.

Oft empfohlen: Dr. Gabriele Haas („hohe Kompetenz in Großhandels-, Vertrags- u. Compliance-Fragen", Mandant), Dr. Tim Heitling („Experte für Energie-M&A", Wettbewerber), Dr. Thomas Dörmer, Dr. Josef Hainz („Kartellrechtler mit viel Erfahrung im Energiesektor", Mandant), Dr. Matthias Santelmann, Dr. Michael Krömker, Dr. Florian-Alexander Wesche
Team: 15 Partner, 4 Counsel, 7 Associates, 2 of Counsel
Schwerpunkte: Vornehml. ▷Transaktionsberatung, zunehmend Großhandels-, Vertrags- u. Compliance-Themen inkl. Steuerrecht, auch ▷Vergaberecht sowie Litigation u.a. zu EEG-Themen; viel Erfahrung mit erneuerbaren Energien, aber auch Gas; auch Öffentl. Recht u. ▷Kartellrecht im Sektor, v.a. im Bereich Gaspipeline.
Mandate: Q-Energy bei versuchtem Kauf der Norderland-Gruppe u. Kauf von Windparkportfolio; Arlanxeo in Scheibenpachtstreit zw. Currenta u. Amprion; Commerz Real bei Beteiligung an Windparkportfolio der EnBW für klimaVest-Fonds; Projektentwickler zu Joint Venture u. Entwicklung einer Photovoltaikpipeline.

DLA PIPER

Energie: Regulierung	★★★
Energie: Transaktionen/Finanzierung	★★★

Bewertung: Die Energiepraxis ist renommiert für ihre Erfahrung bei Transaktionen u. Finanzierungen im Erneuerbaren-Bereich, bei denen zunehmend ihr Know-how bei der Verhandlung langfr. Energielieferverträge (PPA) gefragt ist. Bestes Bsp. dafür war die Zusammenarbeit mit BASF beim Verkauf von Anteilen am Offshorewindpark ‚Hollandse Kust Zuid' an die Allianz, die PPAs mit Ørsted u. Engie umfasste. Einzigartig im Markt u. auch internat. anerkannt ist zudem die gr. Kompetenz von Cieslarczyk im Energievertrags- u. -handelsrecht an der Schnittstelle zum Bankaufsichtsrecht. Er verfügt über tiefes Wissen des Scheibenpacht- u. Emissionshandelsthemen u. steht zum Bsp. der EFET u. einem gr. Energiekonzern ww. zu Energiehandelsthemen zur Seite. Das Wissen der Praxis an der Schnittstelle zw. Energiehandel u. Restrukturierung war zuletzt bei der Beratung eines Gläubigers bei dem Mrd.-Stützungskredit der Leag durch die KfW gefragt. Im Zshg. mit Mandaten wie diesem schmerzen die Weggänge eines Restrukturierungs- u. eines Finanzierungspartners besonders.

Oft empfohlen: Michael Cieslarczyk, Dr. Cornelius Frie, Dr. Wolfram Distler („pragmat., kompetent u. lösungsorientiert", „guter Jurist, stets um eine effiziente Lösung bemüht", Wettbewerber; Finanzierung)
Team: 6 Partner, 8 Counsel, 7 Associates
Partnerwechsel: Dr. Torsten Pokropp, Mike Danielewsky (beide zu Bryan Cave Leighton Paisner)
Schwerpunkte: Energievertrags- u. -handelsrecht inkl. Emissionshandel, verstärkt auch Compliance an der Schnittstelle zum Finanzaufsichtsrecht; daneben auch ▷Transaktionen u. Projektfinanzierungen. Besonderes Know-how in der Gasbranche u. bei erneuerbaren Energien. Intensiv auch zu Regulierungsfragen u. in ▷Schiedsverfahren.
Mandate: BASF bei Verkauf von Anteilen am Offshorewindpark ‚Hollandse Kust Zuid' an Allianz u. bei Abschluss von PPAs mit Ørsted u. Engie; Gläubiger im Zshg. mit €5,5-Mrd-KfW-Stützungskredit für Leag (öffentl. bekannt); Energiekonzern energiehandels-, bankaufsichts- u. kartellrechtl.; Bankenkonsortium bei Finanzierung eines Batteriespeicherprojektes; Dax40-Unternehmen bei Ausschreibung für Offshorewindprojekt; Canadian Solar bei beabsichtigtem Kauf PV-Portfolio in Dtl., Spanien u. Portugal; Riffgat Offshore vertragsrechtl.; EWE Go zu E-Mobility, Statkraft zu Energiehandel; EFET European Federation of Energy Traders lfd. regulator. u. handelsrechtlich.

Aufsteiger im Energiewirtschaftsrecht

Dr. Markus Böhme
Taylor Wessing, Düsseldorf

Anna von Bremen
Raue, Berlin

Dr. Claire Dietz-Polte
Baker McKenzie, Berlin

Dr. Martin Geipel
Noerr, Berlin

Michael Küper
PricewaterhouseCoopers Legal, Düsseldorf

Die Auswahl von Kanzleien und Personen in Rankings und tabellarischen Übersichten ist das Ergebnis umfangreicher Recherchen der JUVE-Redaktion. Sie ist in 2erlei Hinsicht subjektiv: Die Aussagen der befragten Quellen sind subjektiv u. spiegeln deren Erfahrungen u. Einschätzungen. Die JUVE-Redaktion wiederum analysiert die Rechercheergebnisse unter Einbeziehung ihrer eigenen Marktkenntnis. Der JUVE Verlag beabsichtigt keine allgemeingültige oder objektiv nachprüfbare Bewertung. Es ist möglich, dass eine andere Recherchemethode zu anderen Ergebnissen führt. Innerhalb einzelner Gruppen in Rankings und tabellarischen Übersichten sind Kanzleien und Personen alphabetisch sortiert.

DOLDE MAYEN & PARTNER

Energie: Regulierung	★★

Bewertung: Im Energiesektor bietet Dolde Mayen neben ihrer marktführenden Kompetenz im Umwelt- u. Planungsrecht v.a. auch entgeltregulator. Erfahrung. Beides, das planungsrechtl. u. das regulator. Know-how, bringt die Kanzlei aktuell in Mandaten zusammen, die sich der zukünftigen Wasserstoffnutzung von Pipelines widmen. Der Schulterschluss zw. den Standorten Stuttgart u. Bonn ist längst überfällig. Sie nimmt aber auch im Bereich der Entgeltregulierung Fahrt auf, wo Stelter am Bonner Standort eine wachsende Zahl von Netzbetreibern organisiert als Prozesskostengemeinschaft ggü. der BNetzA vertritt.

Oft empfohlen: Dr. Christian Stelter, Dr. Winfried Porsch
Team: 6 Eq.-Partner, 4 Associates
Schwerpunkte: Überwiegend Netzausbauprojekte, außerdem besondere Erfahrung im Regulierungsrecht: Strom- u. Gasmarktregulierung; tiefe Verwurzelung im ▷TK-Recht.
Mandate: Gasversorgungsnetzbetreiber zu Wasserstofftransport; mehrere Netzbetreiber (PK) gg. Festlegungen der BNetzA, u.a. EK-Zins, Unbundling u. X-Gen; Gasnetzbetreiber im Umwelt- u. Planungsrecht, u.a. auch zum Transport von Wasserstoff; Gemeinde in Prozess wg. Windenergiegenehmigungen sowie in Normenkontrollverf. gg. Teilenergieplan; Tennet planungsrechtl.; div. Kraftwerksbetreiber zu Kraftwerksprojekten.

EVERSHEDS SUTHERLAND

Energie: Transaktionen/Finanzierung	★★

Bewertung: Die junge D'dorfer Energierechtspraxis um den Corporate-Experten und ehem. Clifford-Anwalt Brickwedde entwickelt ihr Geschäft erfolgr. u. dyn. weiter. Dabei legt sie einen klaren Fokus auf nationale sowie internat. Transaktionen. Ein Erfolg war zuletzt die erstmalige Zusammenarbeit mit RWE Renewables bei der JV-Gründung mit Northland Power zu Entwicklung u. Betrieb 3er Offshorewindparks. Neben der Beratung von Industriemandan-

REGULIERUNG ENERGIEWIRTSCHAFTSRECHT

Führende Berater bei Energietransaktionen und -finanzierungen für erneuerbare Energien

Dr. Nicolas Böhm
Hengeler Mueller, Berlin

Dr. Björn Heinlein
Clifford Chance, Düsseldorf

Matthias Hirschmann
Hogan Lovells, Hamburg

Dr. Malte Jordan
Watson Farley & Williams, Hamburg

Dr. Holger Kraft
CMS Hasche Sigle, Hamburg

Thomas Schulz
Linklaters, Berlin

Die Auswahl von Kanzleien und Personen in Rankings und tabellarischen Übersichten ist das Ergebnis umfangreicher Recherchen der JUVE-Redaktion. Sie ist in 2erlei Hinsicht subjektiv: Die Aussagen der befragten Quellen sind subjektiv u. spiegeln deren Erfahrungen u. Einschätzungen. Die JUVE-Redaktion wiederum analysiert die Rechercheergebnisse unter Einbeziehung ihrer eigenen Marktkenntnis. Der JUVE Verlag beabsichtigt keine allgemeingültige oder objektiv nachprüfbare Bewertung. Es ist möglich, dass eine andere Recherchemethode zu anderen Ergebnissen führt. Innerhalb einzelner Gruppen in Rankings und tabellarischen Übersichten sind Kanzleien und Personen alphabetisch sortiert.

---

ten konnte das Team zudem seine Tätigkeit für Finanzinstitutionen ausbauen. Mandanten wie Altana profitieren davon, dass ES neben gesellschaftsrechtl. Know-how auch zu regulator. Themen tief u. kenntnisreich berät.
Oft empfohlen: Dr. Werner Brickwedde
Team: 3 Sal.-Partner, 3 Counsel, 2 Associates
Partnerwechsel: Dr. Maximilian Findeisen (zu Norton Rose Fulbright)
Schwerpunkte: Erneuerbare-Energien-Transaktionen, u.a. Offshorewind, aber auch Solar; Projektfinanzierung; energierechtl. Beratung der dt. Industrie, u.a. auch zu Corporate PPAs u. EEG-Umlage sowie Emissionshandelsrecht; Prozesserfahrung.
Mandate: RWE Renewables bei JV-Gründung mit Northland Power zu Entwicklung u. Betrieb von 3 Offshorewindparks; Altana, u.a. zu PPAs; Enel Green Power, u.a. beim geplanten Erwerb einer Mehrheitsbeteiligung an einem PV-Projektentwickler; Fontavis bei Transaktion; Hanwha Q Cells, u.a. bei Kauf PV-Projektentwicklungspipeline; Norges Bank Investment Management lfd.; Shell u. Shell New Energies im Coporate/M&A; Tauber Solar bei Verkauf span. Solarparkbetreibergesellschaften.

EY LAW
Energie: Regulierung ★★★
Energie: Transaktionen/Finanzierung ★

Bewertung: Die Big-Four-Gesellschaft ist im Energiesektor vor allem für kommunale Netzbetreiber, Energieerzeuger u. Projektentwickler tätig. Ihnen bietet sie – wie ihre direkten Wettbewerber von PwC Legal u. BBH – neben der jurist. auch die hauseigenen Steuer- u. Wirtschaftsberater als Teil des Beratungsprodukts an. Kommunale Strom- u. Gasnetzbetreiber begleitet Fabritius in Zusammenarbeit insbes. mit der Advisory-Abteilung u.a. in Entgeltprozessen ggü. der BNetzA. Mit ihrem sehr guten Zugang zu Stadtwerken trägt insbes. die Praxis von Scholtka im Zuge von Energieerzeugungsprojekten u.a. auch für Krankenhäuser zur Transformation des Sektors bei. Eine Schwäche liegt nach dem Weggang des Sal.-Partners Hampel u. einer langj. Associate im Feld der energieintensiven Industrie. Hier bleibt die Praxis gemessen an der durch die Dekarbonisierungsdebatte wachsenden Relevanz dieses Feldes hinter den Wettbewerbern von PwC Legal u. BBH zurück. Indes füllt der Zugang einer Partnerin die zentrale Schnittstelle zum Energie-M&A mit Leben.
Oft empfohlen: Dr. Annedore Streyl, Dr. Boris Scholtka, Christoph Fabritius
Team: 5 Eq.-Partner, 11 Counsel, 11 Associates
Partnerwechsel: Dr. Kerstin Henrich (von Jones Day), Dr. Christian Hampel (zu BDO Legal)
Schwerpunkte: Konzessionsvergaben, Energiehandel, Kartellrecht, regulator. Beschwerdeverf. (insbes. auch Prozesskostengemeinschaften), Umwelt- u. Planungsrecht sowie Kraftwerksprojekte. Eher selten: Mid-Cap-M&A-Mandate u. energierechtl. geprägte Umstrukturierungen von Unternehmen; kaum mehr Industriekundengeschäft, energieintensive Unternehmen, bes. Ausgleichsregelung, inkl. Prozessvertretung.
Mandate: BS Energy zu Kraftwerksprojekt u. immissionsschutzrechtl. zu Modernisierung des HKW Mitte; Drewag zu Kraftwerksprojekt für die Versorgung des Produktionsstandortes für Halbleiter in Dresden u. zur Untersuchung des sächs. Fernwärmesektors; Dt. Energieagentur lfd. energierechtl. sowie zu Pilotprojekt zur Digitalisierung der Energiewirtschaft; GVG Rhein-Erft zur Anpassung von Verträgen u. allg. Geschäftsbedingungen; zahlr. Gemeinden, Stadtwerke u. regionale Energieversorger, u.a. ggü. der BNetzA.

FIELDFISHER
Energie: Transaktionen/Finanzierung ★★

Bewertung: Die Energierechtspraxis, die ein Mandant für ihre „sehr gute jurist. Beratung" lobt, berät in erster Linie zu Projektfinanzierungen u. Transaktionen im Erneuerbare-Energien-Sektor. Dabei ist sie regelm. für Fonds tätig, zuletzt etwa für KGAL bei der Übernahme von 50% an dem Projektentwickler GP Joule Projects. Der Zugang eines auf Öffentl. Recht spezialisierten Partners in HH hat bereits zum Erfolg geführt: Auf ihn geht die Mandatierung von Tree Energy Solutions im Zshg. mit dem Bau des Wilhelmshavener LNG-Terminals zurück.
Stärken: Ausgeprägte Erfahrung im Erneuerbare-Energien-Sektor.
Oft empfohlen: Daniel Marhewka („effizient, lösungsorientiert u. pragmat.", Mandant)
Team: 1 Eq.-Partner, 4 Sal.-Partner, 6 Associates
Partnerwechsel: Dennis Hillemann (von KPMG Law)
Schwerpunkte: Finanzierungen u. Transaktionen im Erneuerbare-Energien-Bereich, Anlagenbau/ Immobilienrecht, teilw. Konfliktlösung.
Mandate: Tree Energy Solutions bei Bau Wilhelmshavener LNG-Terminal; KGAL bei Transaktionen, u.a. bei Kauf von 50% an GP Joule Projects; IKAV bei Kauf von Geschäftsanteilen der Geysir Europe (Geothermie) von Daldrup & Söhne; Enova, u.a. bei Kauf von Beteiligungen an den dt. Onshorewindparks Bunde, Neermoor u. Weener.

FRESHFIELDS BRUCKHAUS DERINGER
Energie: Regulierung ★★★
Energie: Transaktionen/Finanzierung ★★★★

Bewertung: Die Kanzlei gilt als wichtige Adresse für die jurist.-strateg. Begleitung von zentralen Projekten im Energiesektor. Dies belegt neben der Tätigkeit für Energieerzeuger wie Leag, die im Zuge volatiler Energiepreise Insolvenzrisiken ausgesetzt waren, insbes. auch die Arbeit für die KfW zur Rettung von Gazprom Germania. Auch bei regulator. geprägten Verfahren bleibt das Team um Scholz trotz der Abgänge erfahrener Anwälte sehr sichtbar. Neuerdings vertritt die Kanzlei einen europ. Energiehändler ggü. der europ. Regulierungsbehörde Acer, mit der bislang nur wenige Kanzleien Streiterfahrung gesammelt haben. Zudem konnte das Team zuletzt wieder bei Transaktionsprojekten punkten, etwa bankenseitig zur Finanzierung einer Offshoretransaktion oder als Berater von PE-Investoren wie Global Infrastructure Partners u. Blackstone. Das Thema Klimaneutralität lässt v.a. das Interesse der energieintensiven Industrie an der Praxis wachsen, die nicht für Netzbetreiber tätig ist. Weniger im klass. Genehmigungsrecht, insbes. aber im Emissionshandelsrecht hat die Kanzlei viel Erfahrung.
Oft empfohlen: Dr. Ulrich Scholz („äußerst erfahren u. immer lösungsorientiert u. pragmat.", Mandant), Mirko Masek, Dr. Ralph Kogge, Dr. Andreas Fabritius
Team: 8 Partner, 2 Counsel, ca. 20 Associates, 1 of Counsel
Schwerpunkte: Energie-M&A u. konzerninterne Reorganisationen (▷*Gesellschaftsrecht*) sowie Projektfinanzierungen im Sektor; weiterhin Regulierungspraxis mit Spezialisierungen im Energiekartellrecht inkl. Energiehandel sowie Verwaltungsverf.; sektorerfahrene Litigation-Praxis vor staatl. sowie Schiedsgerichten (▷*Handel u. Haftung*), zunehmend Dekarbonisierungsthemen.
Mandate: Currenta in über 20 Klageverf. zu Rückzahlungsforderungen von Amprion wg. nicht gezahlter EEG-Umlage; europ. Energiehändler ggü. Acer wg. der Einführung techn. Höchstpreisgrenzen auf Regelenergiearbeitsmärkten; Statkraft in Beschwerdeverf. gg. die BNetzA-Feststellung zum Verstoß gg. die Bilanzkreistreue; Global Infrastructure Partners zu Kauf von WPD; Blackstone in Bieterverf. um Getec Energie Holding; Infrastrukturinvestor bei gepl. Übernahme von Thyssengas; europ. Energieversorger zu gepl. Kauf einer Wind- u. Solar-Projektpipeline eines brit. Entwicklers; EVN zu Ausstieg aus Kohlekraftwerksprojekt Walsun; Bankenkonsortium zu Finanzierung des Offshorewindparks Borkum Riffgrund 3; BMVerkehr zu Förderprogramm für Flugbenzin aus regenerativen Energien.

GASSNER GROTH SIEDERER & COLL.
Energie: Regulierung ★

Bewertung: Die Kanzlei berät im Energiesektor umf. zu Erneuerbaren-Energien-Projekten, von der Machbarkeitseinschätzung über die Genehmigung u. Finanzierung bis zum Verkauf. Zu ihren Mandanten gehören u.a. Entwickler gr. Projekte wie Prokon, aber zunehmend auch Immobiliengesellschaften, die ihre Flächen mit PV-Anlagen u.a. für die Eigenstromversorgung ausstatten u. sich deshalb für Wärmeenergie interessieren. Ein Augsburger Partner verfügt wg. seiner langj. Beratung von Geothermieprojekten über gr. Erfahrung auf diesem Gebiet, in dem die austral. Mandantin Vulcan Energy, die Praxis bergrechtl. berät, zuletzt den Markteintritt zur parallelen Lithiumförderung anging.
Oft empfohlen: Dr. Jochen Fischer („sehr gute Prozessführung", Wettbewerber)
Team: 4 Partner, 9 Associates

ENERGIEWIRTSCHAFTSRECHT REGULIERUNG

Schwerpunkte: Geothermie- u. Windparkprojekte inkl. Offshore, Projektberatung von der Planung bis zum Verkauf; tiefe Verwurzelung im ▷*Öffentl. Wirtschaftsrecht*, u.a. Umwelt- u. Planungsrecht, Bergrecht sowie ▷*Vergaberecht*.
Mandate: Bürger Wind Gaishecke umf. zu Verträgen u. Finanzierung (inkl. DD) eines Bürgerwindparks sowie genehmigungsrechtl. zu Ausbau; Procon-Solar zu Entwicklung u. Verkauf eines Solarparkprojekts; Vulcan Energy Resources bergrechtl. zu Lithiumförderprojekt; Bundesverband Geothermie zum Rechtsrahmen; Dt. Wasserstoff- u. Brennstoffzellen-Verband zu Anpassung des Rechtsrahmens für die Genehmigung von Elektrolyseuren; Bundesverband Solarwirtschaft zu div. Publikationen, u.a. zu Themen Stromlieferung, Mieterstrom, Ladesäulen; Kraftwerksbetreiber in Streit mit Netzbetreiber um Struktur der Stromkostenoptimierung.

GLEISS LUTZ
Energie: Regulierung ★★★★
Energie: Transaktionen/Finanzierung ★★★★
Bewertung: Die Sektorgruppe der Full-Service-Kanzlei ist auf der Seite der energieintensiven Industrie stark vertreten. Ihre Kompetenz u.a. bei erneuerbaren Energien, die ein Transaktionsmandat für die Norderland-Gruppe sowie die Begleitung zum Markteintritt in Dtl. von Total belegt, stößt mandantenseitig genauso auf Interesse wie ausgeprägte Kenntnisse im Gasbereich sowie im Emissionshandel. Eindrucksvoll bestätigt GL mit Mandaten für Steag u. Lanxess die gelebte Vernetzung der Sektorgruppe sowohl mit dem ▷*M&A*-Teams als auch mit der Finanzierungs- u. Restrukturierungspraxis – ähnlich wie bei Freshfields u. Hengeler. Die gute Zusammenarbeit zwischen dem Regulierungsteam mit dem Litigation- u. Kartellrechtspraxen hatten in der Vergangenheit prominente Mandate vor dt. u. europ. Gerichten im Gassektor für die Mandantin Gazprom u. Nord Stream 1 gezeigt. Die Arbeit für diese Mandanten hat die Kanzlei kriegsbedingt zurückgefahren. Für einige dt. Endabnehmer, aber auch Energieerzeuger bleibt die Schnittstelle v.a. bei langfr. Lieferverträgen unter dem Eindruck volatiler Großhandelspreise aber von Bedeutung.
Stärken: Starke ▷*kartell-* u. öffentl.-rechtl. Beratung, v.a. ▷*Beihilferecht* u. Regulierung.
Oft empfohlen: Dr. Andreas Neun, Dr. Martin Raible, Dr. Jacob von Andreae, Dr. Burghard Hildebrandt, Dr. Marc Ruttloff, Dr. Cornelia Topf ("auf den Punkt u. humorvoll noch dazu", Mandant), Dr. Tobias Boecken
Team: 8 Eq.-Partner (Kernteam)
Schwerpunkte: Full-Service-Ansatz mit Fokus auf ▷*M&A-Transaktionen* im Energiesektor für Konzerne u. (internat.) Investoren; daneben starke Regulierungspraxis, u.a. für Gas u. Strom; ▷*Kartell-*, ▷*Beihilfe-*, ▷*Vergabe-* u. ▷*Öffentl. Recht*.
Mandate: Norderland-Gruppe zu Verkauf eines gr. Windparkportfolios im internat. Bieterverf.; TotalEnergies Renewables zu Markteintritt in Dtl. bei Solarprojekten. Eigenversorgung; Lanxess zu Carve-out des Geschäftszweiges High Perfomance Materials; Mercedes-Benz zu Verkauf von Treibhausgasquoten; RWE gg. Uniper wg. Energieerzeugungskapazitäten aus ,Datteln 4'; Teva lfd. energierechtl. zu Eigenversorgung; Brauerei u.a. energiesteuerrechtl. zu EEG-Umlage; Vantage Leuna energierechtl.; Segro zu großvol. Erneuerbare-Energien-Projekt; Mangold vertrags- u. planungsrechtl. zu Solarprojekt; Bilfinger beihilferechtl. zu Wasserstoff-Joint-Venture;

Northern Data zu Kauf schwed. Rechenzentrum; Thüga zu Beteiligung an Stadtwerke Dresden.

GÖRG
Energie: Regulierung ★★★
Energie: Transaktionen/Finanzierung ★★
Bewertung: Die Energiepraxis begleitet sowohl konventionelle als auch Erneuerbare-Energien-Projekte. Für Transaktionen im Erneuerbaren-Sektor steht v.a. der angesehene Herbold, der z.B. Enercon beim Kauf des Onshorewindparks Heringen-Waltersberg begleitete. Dank des 2. Praxisgruppenleiters, Compes, den ein Wettbewerber als „besonders gut vernetzt in der kommunalen Welt" beschreibt, ergeben sich in der aktuellen Krise sehr gute Anknüpfungspunkte zu den ▷*Insolvenz- u. Restrukturierungsteams*. Das zeigt sich eindrucksvoll in der Tätigkeit für Steag bei der Umstrukturierung u. Separierung des Bereichs ‚Kohle' vom ‚grünen' Geschäft sowie in der Beratung im Zshg. mit der Insolvenz von Green City. Daneben gelingt die Zusammenarbeit mit den Berliner Öffentlichrechtlern gut, die zuletzt etwa Fraport bei der Verhandlung eines stromliefervertrags mit EnBW berieten.
Oft empfohlen: Dr. Achim Compes („Experte im Bereich Offshorewind sowohl hinsichtl. Verträgen als auch bei Haftungsthemen zum Netzanschluss", Mandant; "seit Jahren eine feste Größe im Markt", Wettbewerber), Dr. Christoph Riese, Dr. Wibke Schumacher, Thoralf Herbold
Team: 9 Eq.-Partner, 1 Counsel, 12 Associates
Schwerpunkte: Kraftwerksprojekte aller Erzeugungsarten zu Entwicklung, Errichtung u. Betrieb (auch Litigation). Vielfach für Stadtwerke, u.a. zu Beteiligungen, Transaktionen, Finanzierung, vereinzelt zu Netzentgelten, Verträgen u. zum Energiehandel inkl. Steuerrecht. Sehr gute Anbindung an Steuerrechts- u. ▷*Insolvenz- u. Restrukturierungsberatung* sowie ▷*Vergaberecht*.
Mandate: Steag energieregulator. bei Umstrukturierung; BMVerkehr bei Förderung Wasserstoffinnovationszentren; Fraport bei PPA mit EnBW über Bezug von Windenergie; DHL zu Umsetzung Elektromobilitätsstrategie an dt. Standorten; Green City bzw. ihren Insolvenzverwalter vorinsolvenzl. u. zu Insolvenz; Enercon bei Kauf Onshorewindpark Heringen-Waltersberg; Mineralölkonzern in Auktionsverf. der BNetzA um Offshorewindprojekte; Trianel umf., u.a. bei Bau Steinkohlekraftwerk Lünen, zu Transaktionen u. in Schieds- u. Klageverf.; Global Tech I, u.a. gg. TenneT um Entschädigung wg. verzögerter Netzanbindung; Länder Sachsen u. Brandenburg bei finanzieller Absicherung der Rekultivierung der Tagebaue.

GVW GRAF VON WESTPHALEN
Energie: Regulierung ★★★
Bewertung: Der Energierechtspraxis der mittelständ. Kanzlei, die v.a. für Netzbetreiber umf. tätig ist, gelang im Vorjahr durch die Aufnahme eines gr. u. erfahrenen Teams von Advant Beiten ein Coup. Die Neuzugänge erweisen sich mittlerw. als sehr gut integriert u. haben zahlr. Mandatsbeziehungen sowie tiefes regulator. Wissen mitgebracht. So vertritt etwa Elspas TransnetBW in hochvol. Klageverf. zu Scheibenpachtmodellen. Einem Sal.-Partner bescheinigen Wettbewerber zudem umfangr. Kenntnisse der Energiehandelsmärkte, auf die zum Bsp. Syneco Trading setzt. Auch der ebenfalls von Advant Beiten gekommene Rohrer ist eine sinnvolle Ergänzung im Bereich Projektentwicklung, wo GvW in der Vergangenheit überw. konventionelle Projekte im Portfolio hatte. Bei Themen wie dem Anlagenbau profitieren seine Mandanten wiederum vom Know-how der angesehenen ▷*baurechtl. Praxis* von GvW. Auch das ursprüngl. Team konnte bestehende Beziehungen ausweiten, etwa zu Hitachi Europe, die bei der Entwicklung eines Produkts im Bereich Internet of Things auf das Know-how der Kanzlei an der Schnittstelle zum ▷*IT-* u. ▷*Telekommunikationsrecht* setzt.
Oft empfohlen: Dr. Maximilian Elspas („sehr umtriebig", „angenehm u. lösungsorientiert", Wettbewerber), Dr. Sebastian Rohrer ("Experte im Bereich Netzausbau und Offshorewindenergie", Wettbewerber), Dr. Dominik Greinacher, Antje Baumbach
Team: 13 Eq.-Partner, 6 Sal.-Partner, 1 Associate, 2 of Counsel
Schwerpunkte: Regulator. Beratung u. Prozessvertretung für Energieversorger, Netzbetreiber, Energiehändler u. Anlagenbetreiber; außerdem vertrags- u. gesellschaftsrechtl. Beratung im Bereich Stromhandel u. Digitalisierung sowie Stromnetze, Reaktorrückbau u. Erneuerbare-Energien-Projekte; gute Praxis im ▷*Beihilferecht*, auch ▷*TK-Regulierung*.
Mandate: Amprion zu Verträgen für die Errichtung der Netzanbindungssysteme für BorWin4 u. DolWin 4; TransnetBW u. 50Hertz zur Scheibenpachtthematik; bmp greengas zu Verträgen für Einkauf u. Vertrieb von Biomethan; Encevo Dtl. zu Anpassung bestehender Gaslieferverträge; Hitachi Europe zur Entwicklung einer IT-Plattform zur Vermarktung von Kraftwerkskapazitäten u. einer IoT-Anwendung; Getenergy im Energie- u. Vertragsrecht zu Folgen der Insolvenzen von Energiediscountern wie DEG, KEHAG, HBL Nord-Energie.

HENGELER MUELLER
Energie: Regulierung ★★★★★
Energie: Transaktionen/Finanzierung ★★★★★
Bewertung: Das HM-Team gehört im Energiesektor zu den Spitzeneinheiten. Allein die Arbeit für die Kernmandantin Tennet u. Ørsted erstreckt sich über eine themat. Breite, die nur wenige Einheiten bieten können. Neben zahlr. Musterverf. macht die D'dorfer Praxis an der Seite von Tennet wiederholt Erfahrung mit dem Beschwerdeverf. der europ. Energieregulierungsbehörde Acer, die für Mandanten an Bedeutung gewinnt. Ørsted begleitet HM aus dem Berliner Büro neben dem Abschluss von langfr. Lieferverträgen/PPAs auch bei Transaktionen, darunter versuchte Käufe von ib vogt wie auch der Abschluss einen Joint Ventures in Polen, wo der dän. Marktführer die Kanzlei ebenfalls regelm. an seine Seite nimmt.
Oft empfohlen: Dr. Dirk Uwer, Dr. Jörg Meinzenbach, Dr. Daniel Zimmer, Dr. Nicolas Böhm, Dr. Henning Bälz, Dr. Sebastian Schneider, Andreas Breier („hervorragende Unterstützung, sehr kompetente Argumentation", „Unterlagen u. Schriftsätze auf höchstem Niveau", Mandanten)
Team: 5 Partner, 3 Counsel (Kernteam)
Schwerpunkte: ▷*Gesellsch.recht* u. ▷*M&A*, ▷*Kartellrecht* inkl. Energievertragsrecht (Lieferverträge, Schiedsverf.); regulator. Praxis transaktionsbegl., aber auch eigenständig: Kompetenz, u.a. in EEG-, KWK-, Netzzugangsfragen; viel Erfahrung mit regulator. Verfahren, auch mit Bezügen zum ▷*Öffentl. Recht* (Verfassungsrecht); außerdem: leitungsbez. Umwelt- und Planungsrecht inkl. Bergrecht.
Mandate: Tennet in div. Grundsatzverf., u.a. zu Schadensersatz wg. Verzögerung der Netzanbin-

dung, Redispatch sowie gg. Acer-Beschluss wg. grenzüberschr. Countertrading; Ørsted zu Verkauf von Beteiligung am Offshorewindpark ‚Borkum Riffgrund 3', zu versuchtem Kauf von ib vogt u. zu langfr. Stromabnahmeverträgen mit mehreren Industriekunden sowie Joint Venture mit poln. Energieunternehmen ZE-Pak; Gascade gg. BNetzA-Festlegungen zu Gasnetzentgelten; Vestas Wind gg. dt. Windtechnik wg. Zugang zu Wartungssoftware; Northvolt zu Vertragsverhandlung mit VW; DB Energie zur Anpassung langfr. Stromlieferverträge; Glencore zu Strom- u. Gaslieferverträgen; Snam zu Kauf von Thyssengas im Konsortium mit Fluxys u. Enagas.

HEUKING KÜHN LÜER WOJTEK
Energie: Regulierung ★★
Energie: Transaktionen/Finanzierung ★★

Bewertung: Der Schwerpunkt der überw. von D'dorf u. HH aus agierenden Praxis ist die Arbeit für die energieintensive Industrie, wobei sie u.a. Covestro in Scheibenpachtverf. vertritt. Auch im Vertragsrecht ist sie umf. tätig u. beriet zuletzt zahlr. Mandanten zu Vertragsanpassungen im Zshg. mit den u.a. durch den Ukraine-Krieg ausgelösten Marktpreisverwerfungen. Den Bereich stärkte die Kanzlei zuletzt durch die Ernennung des angesehenen Woltering zum Eq.-Partner. Auch die Zusammenarbeit mit anderen Praxisgruppen gelingt zunehmend gut, etwa an der Schnittstelle zu den Bereichen ▷*M&A* u. ▷*Restrukturierung*. Daneben berät das Team zu innovativen Energiewendeprojekten wie E-Mobility oder Batteriespeichern, bspw. einen Investor bei div. Transaktionen.

Oft empfohlen: Dr. Stefan Bretthauer („verlässl. Partner für alle Fragen des Kartellrechts", Wettbewerber), Marc Baltus, Dr. Tobias Woltering („professionelle u. effiziente Beratung, angenehmer Umgang", Mandant; „sehr kollegial, fachl. hervorragend", Wettbewerber)

Team: 14 Eq.-Partner, 3 Sal.-Partner, 1 Associate

Schwerpunkte: Energievertragsrecht u. Energiehandel; regelm. regulator. geprägte ▷*M&A*; außerdem Bergrecht bei Geothermieprojekten sowie Öl- u. Gasexploration; daneben EEG-Kostenoptimierung für Industriekunden; auch ▷*Vergabe*- (Konzessionen), ▷*Beihilfe*- u. ▷*Kartellrecht*.

Mandate: Compleo bei Kauf Innogy E-Mobility Solutions u. 2er E.on-Tochtergesellschaften; EE-Anlagenhersteller zu Kooperation u. beabsichtigtem Erwerb von Anteilen an Anlagentechnikentwickler; ausl. Energieversorger zu beabsichtigtem Erwerb von Gasinfrastruktur; Covestro zur Scheibenpachtthematik (öffentl. bekannt); div. Energiehandelsunternehmen zu Marktpreisverwerfungen; RheinEnergie bei strateg. Partnerschaft mit Westenergie; Investor bei div. Batteriespeichertransaktionen; Automobilzulieferer zu PPA-Mustern; 2 E-Mobility-Unternehmen laufend.

HÖCH UND PARTNER
Energie: Regulierung ★★★★

Bewertung: Erzeuger u. Netzbetreiber ziehen die Dortmunder Energierechtsboutique zu regulator. Aspekten, Vertriebs- u. Vertragsthemen u. zunehmend auch bei Projekten im Zshg. mit der Energiewende hinzu. Von Wettbewerbern wird sie als Prozesskanzlei wahrgenommen. Die gr. Prozesserfahrung des Teams ruft neben Tennet u. Amprion im Scheibenpachtkontext zum Bsp. ein Verteilnetzbetreiber in einem EuGH-Verf. ab. Zudem vertrat die Kanzlei mehrere Mandanten – wie die Stadtwerke Gütersloh – in Prozessen zur Preisspaltung durch Grundversorger. Um auf die gute Geschäftsentwicklung auch personell adäquat reagieren zu können, hat sie sich auf Associate- u. Of-Counsel-Ebene zuletzt mit 2 erfahrenen Inhouse-Anwälten verstärkt.

Oft empfohlen: Dr. Thomas Höch („umf. energierechtl. Wissen sowohl für Netz- als auch Energievertrieb", Mandant), Marc-Stefan Göge, Dr. Frederick Krüll („bester Prozessanwalt", „fachl. super, verliert nie den Blick für das Wesentliche", Wettbewerber)

Team: 4 Eq.-Partner, 1 Sal.-Partner, 5 Associates, 2 of Counsel

Schwerpunkte: Umf. prozessuale Vertretung u. Beratung im Sektor, tendenziell eher für gr. Erzeuger u. Netzgesellschaften; Regulierung, Energievertragsrecht, Konzessionen u. EEG-Themen; Strom, Gas, zunehmend Wärme u. Digitalisierungsthemen; auch Netzausbau.

Mandate: Tennet umf., u.a. bei Höchstspannungsnetzausbau nach Nabeg beim Vorhaben ‚NordWestLink' u. prozessual zur Scheibenpachtthematik; Tennet u. Amprion in Scheibenpachtprozessen; Stadtwerke Gütersloh u. Verbraucherzentrale NRW zur Preisspaltung durch Grundversorger; E.on Energie Dtl. umf., u.a. im Zshg. mit Zahlungsansprüchen bei Ersatzversorgung in Mittelspannung; Verteilnetzbetreiber zu europarechtskonformer Auslegung der Härtefallregelung gem. EEG (EuGH); Energiedienstleister in Projekt zur Verwendung von Wasserstoff im ÖPNV; mehrere Energiedienstleister bei Insolvenzanfechtungen; Energiedienstleister bei Konzept zur Umwandlung von EEG-Strom in Wasserstoff.

HOFFMANN LIEBS
Energie: Regulierung ★

Bewertung: Im Energiesektor ist HL v.a. bei Energieerzeugern u. der Industrie gefragt. Das Mandat von Daimler in einem bedeutenden Prozess um das Eigenstrommodell des Autobauers steht stellv. für die Erfahrung von Gabler, der bei Hoffmann Liebs mit seinem Wechsel 2020 eine funktionierende Plattform gefunden hat. Zusammen mit weiteren Praxisgruppen wie ▷*M&A* gelingt es der Kanzlei, sich auch bei komplexen Umstrukturierungen im internat. Umfeld ins Spiel zu bringen. Kerngeschäft im Energiesektor sind darüber hinaus energievertragsrechtl. Themen, insbes. auch im Bereich Wärme.

Oft empfohlen: Dr. Andreas Gabler („hoher techn. Sachverstand", „angenehmer Umgang", Mandanten)

Team: 2 Eq.-Partner, 2 Counsel, 2 Associates, 1 of Counsel

Schwerpunkte: Energiewirtschaftsrecht in Prozessen, Umstrukturierungen u. Transaktionen; erneuerbare Energien, Windpark- u. PV-Projekte regulator. u. stromsteuerrechtl. zu Kundenanlagen u. andere Formen der Eigenstromversorgung, v.a. Energievertrags- u. Energiehandelsrecht; inkl. eigene Transaktionspraxis.

Mandate: Daimler, u.a. als Streitverkünderin im Zuge der Klage der TransnetBW wg. Nachzahlung der EEG-Umlage; Entsorgungsverband zu Bau von Biomasseverbrennungsanlage; Klépierre Management Dtl. zu Rückforderung von Wärmeverbrauchsentgelten; Betreiber von Rechenzentren zu langfr. Wärmeliefervertrag; Energiehandelsgesellschaft, u.a. zu Efet-Verträgen; Wesernetz Bremen zu Bau von Fernwärmeverbindungsleitung; kommunaler Energieerzeuger zu BHWK-Inbetriebnahme.

HOGAN LOVELLS
Energie: Regulierung ★★★
Energie: Transaktionen/Finanzierung ★★★★

Bewertung: Die breit aufgestellte Praxis kann mit ihrer Spezialisierung auf Transaktionen u. Projekte im Energiesektor weiter Boden auf die Spitzengruppe gutmachen. Mandanten schätzen insbes. das Team um Luh u. Knütel, das bei Erneuerbaren-Energien-Projekten sowohl zu den Verträgen als auch zur Finanzierung internat. berät. Das Kerngeschäft der Praxis sind großvol. M&A-Transaktionen. Hirschmanns Qualitäten als M&A-Anwalt belegen Mandate wie das zum Verkauf von ib vogt. Neben ihm wird zunehmend Rieger visibel. Er hat in Ffm. ein komplementär zum HHer agierendes Team aufgebaut hat, das zuletzt mit einem weiteren Mandat der Bayer. Versorgungskammer im Bieterprozess um Thyssengas sowie in anderen Infrastrukturbereichen wie Glasfaser u. Rechenzentren überzeugen konnte. Bei den leitungsgebundenen Infrastruktur-Assets, die krisen- u. transformationsbed. zunehmend interessant für Investoren werden, profitieren die Mandanten vom Energiehandels- u. Regulierungsrechtler Schröder, der regelm. Prozessmandate u.a. zu Entgeltfragen begleitet.

Oft empfohlen: Matthias Hirschmann („exzellenter Berater", Mandant), Dr. Christian Knütel („absoluter Spezialist für Offshorewindpark-Entwicklung", Mandant), Dr. Carla Luh („sehr gut in Vertragsangelegenheiten", Mandant), Dr. Alexander Rieger („fachl. 1A mit Dealmaker-Qualitäten", Mandant), Dr. Tobias Faber, Dr. Stefan Schröder, Karl Pörnbacher (Schiedsverfahren)

Team: 9 Partner, 3 Counsel, 27 Associates

Schwerpunkte: ▷*M&A-Transaktionen*, Projektentwicklung u. -finanzierung, häufiger im Gasbereich u. Kraftwerksbau; internat. stark im Öl- u. Gasgeschäft, in Dtl. v.a. zu erneuerbaren Energien, insbes. Wind u. Geothermie. Emissions- u. Energiehandel. Regulator. Tätigkeit, auch in grenzüberschr. Verfahren u. Konfliktlösung. Mandantschaft: Energieunternehmen, Anlagenbauer, Finanzinvestoren u. Stadtwerke.

Mandate: Dagmar Vogt Vermögensverwaltung zu Verkauf ihres Anteils am Solarparkentwickler ib vogt an DIF Capital Partners; FNB Gas energie- u. kartellrechtl. zu Aufbau eines dt. Wasserstoffnetzes; Investmentbank zu Wiedereintritt in den Stromhandel in Dtl. u. UK; Open Grid Europe u. Fluxys in 2 Beschwerdeverf. gg. BNetzA wg. Netzentwicklungsplan der Gasfernleitungsnetzbetreiber; Hersteller von alternativen Kraftstoffen zu Fragen des dt. u. europ. Energierechts; Encavis zu Kauf eines finn. u. irisch. Windparks; Versicherungskammer zu Kauf von Thyssengas; Mabanaft zu Kauf des Energiespeicherspezialisten Nacompex; Statkraft zu Kauf eines Windparkportfolios von Breeze Three; Offshorewindparkbetreiber zu Direktvermarktungsvertrag.

JONES DAY
Energie: Transaktionen/Finanzierung ★

Bewertung: Die Praxis ist auf internat. Transaktionen u. komplexe Schiedsverf. im Energiesektor spezialisiert. Dabei zieht die Erfahrung des Kartellrechtlers Willheim im Energievertragsrecht aktuell zahlr. Mandate aus dem internat. Netzwerk nach sich, in denen vor internat. Schiedsgerichten um die Anpassung von Preisen gerungen wird. Nicht weniger gefragt ist die Begleitung u.a. von Investoren wie der Caisse de Dépôt et Placement du Québec

ENERGIEWIRTSCHAFTSRECHT REGULIERUNG

u. der dt. EDF-Tochter Hynamics etwa im Kontext grüner Wasserstoffprojekte, an denen auch die öffentl.-rechtl. ausgebildeten Regulierer der Kanzlei beteiligt sind. Jedoch ist sie in der Energiebranche regulator. längst nicht so prominent aufgestellt wie im TK- u. Verkehrssektor. Henrich war es dennoch gelungen, die Transaktionsberatung u.a. im Bereich der erneuerbaren Energien voranzutreiben. Bsp.haft dafür steht etwa die Tätigkeit für Aream beim Kauf 3er Solarparks in Spanien. Ihr Weggang ist ein gr. Verlust.
Oft empfohlen: Dr. Johannes Willheim
Team: 3 Partner, 3 of Counsel
Partnerwechsel: Dr. Kerstin Henrich (zu EY Law)
Schwerpunkte: Transaktionen im Energiesektor, v.a. erneuerbare Energien (Offshore, Onshore, Solar u. Biomasse), Verkauf von Projekten u. fertiggestellten Kraftwerken, gesellschaftsrechtl. Litigation; Energievertragsrecht, Lieferverträge für Gas, Schiedsverfahren.
Mandate: Hynamics zu JV für grünen Wasserstoff u. E-Methanol u. gesellschafts- u. vertragsrechtl. bei Wasserstoffprojekt ‚Westküste 100'; Parkwind bei Finanzierung des Offshorewindparks Arcadis Ost 1; Caisse de Dépôt et Placement du Québec bei Investition in Hy2gen; Aream beim Kauf 3er Solarparks in Spanien; Athos Solar bei Refinanzierung der bestehenden konzerninternen Verbindlichkeiten der ‚Fotovoltaica Campanario I'.

LATHAM & WATKINS
Energie: Transaktionen/Finanzierung ★★★★
Bewertung: Im Energiesektor ist L&W bei der Begleitung hochvol. Infrastrukturtransaktionen regelm. gesetzt. Die Bandbreite an Fonds wie Omers, IFM u. Swiss Life, die die Kanzlei auch bei Glasfaserinvestments mandatieren, ist beeindruckend. Aber auch gr. Energieerzeuger ziehen das Team um den im Energiesektor äußerst renommierten Larisch bei strateg. wichtigen Projekten ins Vertrauen. So waren die Anwälte etwa umf. für Stammmandantin RWE tätig u. berieten sie zu Verträgen rund um das LNG-Terminal Brunsbüttel sowie bei der Inbetriebnahme 2er schwimmender LNG-Terminals – alles Projekte, die durch den Ukraine-Krieg hohe Priorität genießen. Transaktionen wie der Kauf des Industrieparkbetreibers Infrareal für Swiss Life, bei dem L&A mit externen Spezialisten zusammenarbeitete, zeigen allerdings, dass der Praxis tiefes regulator. Know-how im Energiesektor fehlt. Über ihr funktionierendes Netzwerk kann sie diese Schwäche jedoch ausgleichen.
Oft empfohlen: Dr. Tobias Larisch („kommt schnell u. kreativ zu hervorragenden Problemlösungen", „smart u. lösungsorientiert", Wettbewerber)
Team: 4 Partner, 3 Counsel, 6 Associates
Schwerpunkte: V.a. bei ▷Transaktionen u. in der ▷aktien- u. gesellschaftsrechtl. Beratung von Energiekonzernen, auch Regulierung u. ▷Dispute Resolution. Neben konventionellen Energien auch zu Gasspeicher- u. Pipelineprojekten u. erneuerbaren Energien.
Mandate: KBSG-Bankenkonsortium bei Restrukturierung der Steag; RWE, u.a. bei Wasserstoff-Elektrolyseurprojekt mit BP Europa in Lingen, bei Verträgen zu LNG-Terminal Brunsbüttel u. umf. bei Inbetriebnahme 2er schwimmender LNG-Terminals (alles öffentl. bekannt); Infrastrukturinvestor bei Mehrheitsbeteiligung an gr. Wind- u. Solarportfolio; Gaspool u. NetConnect zu Fusion der Gasmarktgebiete; Storag Etzel berg- u. umweltrechtl. sowie zu Öl- u. Solepipeline.

LEITFELD
Energie: Regulierung ★★★
Bewertung: Die Kölner Boutique bietet ihren Mandanten eine breite Aufstellung im Energiesektor. Nach Gründung im Vorjahr durch 4 Partner sind zum Jahreswechsel 2 weitere Gesellschafter hinzugekommen, die den kernregulator. u. energierechtl. Fokus um Erfahrung im Energievertrags- u. -kartellrecht erweitern. Mit diesen zusätzl. Spezialisierungen kann Leitfeld hervorragend auch auf Fragen zur Gasmangellage reagieren, wie neuere Mandate etwa eines Energieversorgungsunternehmens belegen. Die fachl. Spezialisierungen, zu denen auch das Umwelt- u. Planungs-, das Vergabe- u. das Beihilferecht zählen, setzt die Gruppe auch in der internen Vernetzung ein. Mandanten attestieren dem Team strateg. Problemlösungskompetenz. Die Beratung der RWE zum Kohleausstieg sowie zu einem Wasserstoffprojekt steht bsp.haft für dieses Vertrauen.
Oft empfohlen: Dr. Margret Schellberg, Dr. Christoph Sieberg („langj. hervorragende Zusammenarbeit", Mandant über beide), Dr. Thilo Richter („herausragender Experte", „erster Ansprechpartner in komplizierten Angelegenheiten", Mandanten), Dr. Stefan Tüngler („sehr umsichtig", „sehr angenehme Zusammenarbeit", Mandanten), Dr. Konrad Riemer („sehr versierter Kartellrechtler mit Sektorerfahrung", Wettbewerber)
Team: 6 Eq.-Partner, 4 Associates
Partnerwechsel: Dr. Stefan Tüngler, Dr. Konrad Riemer (beide von Freshfields)
Schwerpunkte: Energiewirtschaftsrecht, Energieregulierung, Energievertragsrecht, Energiekartellrecht sowie Wirtschaftsverwaltungsrecht (Umwelt- u. Planung sowie Genehmigungen); auch Beihilfe-, Vergabe- u. Außenhandelsrecht; Transaktionsbegleitung im Bereich Infrastruktur.
Mandate: RWE beihilferechtl. zum Kohleausstieg, zu Wasserstoffaktivitäten u. gg. ÜNB wg. EEG-Umlage; Energieversorgungsunternehmen zur Vorbereitung auf die Gasmangellage; Uniper in Klageverf. zum Regelenergiemarkt (BGH) u. zu Vergütung von Redispatch-Leistungen; Bundesministerium für Wirtschaft u. Energie zu Entwicklung einer Entschädigungssystematik während einer Gasversorgungskrise; Energieerzeuger bei Abwehr von Ansprüchen wg. der EEG-Umlage; Fernleitungsnetzbetreiber energie- u. kartellrechtl. zu Wasserstoff-Joint-Venture sowie planungsrechtl.; div. Netzbetreiber u.a. zur Genehmigung des Regulierungskontosaldos u. ggü. BNetzA zu Erlösobergrenzen.

LINKLATERS
Energie: Transaktionen/Finanzierung ★★★★★
Bewertung: Mit ihrem Fokus auf hochvol. Energietransaktionen gehört die Praxis zur Marktspitze. Das Team ist zuletzt durch eine Counsel-Ernennung gewachsen, was gemessen an der Schlagzahl der Praxis ein logischer Schritt war. Sowohl Energieerzeuger wie E.on, Westenergie u. Uniper als auch namh. Finanzinvestoren wie DIF, Blackrock u. Glennmont setzen bei bedeut. Transaktionen u. Transformationsprojekten im Umfeld konventioneller u. erneuerbarer Energien auf das Team um Schulz. Ihren Mandanten bietet Linklaters zudem viel Finanzierungssachverstand, wobei das Team im Marktvgl. hinter Wettbewerbern wie White & Case, Clifford, Hogan Lovells, aber auch Freshfields liegt. Kernregulator. Themen berät die Praxis vorw. im Transaktionskontext u. nicht etwa in streitanhängigen Verfahrenskomplexen. Zuletzt mehrten sich dafür Mandate im Bereich Wasserstoff, die sie in Zusammenarbeit mit den öffentl.-rechtl. u. beihilferechtl. Beratern der Kanzlei begleitet.
Stärken: Internat. Transaktionen u. spezialisierte Schiedspraxis im Sektor.
Oft empfohlen: Thomas Schulz, Christopher Bremme, Alexandros Chatzinerantzis, Dr. Jens Hollinderbäumer
Team: 4 Eq.-Partner, 1 Counsel, 3 Associates, 2 of Counsel (Kernteam)
Schwerpunkte: In- u. ausl. EVU, Industriekunden u. Finanzunternehmen (Strom, Gas, Öl, Fernwärme u. erneuerbare Energien). ▷M&A u. Projektfinanzierungen im regulierten Energiesektor. Daneben auch Gesellschaftsrecht, Vertragsrecht, ▷Kartellrecht u. ▷Schiedsverfahren mit Sektorbezug.
Mandate: DIF Infrastructure u. EDF Invest zu Verkauf von Thyssengas an Macquarie; Uniper zu versuchtem Kauf von ib vogt (marktbekannt); Glennmont Partners zu Anteilskauf an Offshorewindpark ‚Borkum Riffgrund 3'; Blackrock Global Renewable zu Beteiligungserwerb an Ionity; Kallista Energy zu Kauf von EE-Portfolio; wpd zu Finanzierung des taiwan. Windparks Yunlin; E.on, u.a. zur Neuordnung des Stromverteilungsgeschäfts in Ungarn u. zu Verkauf eines Offshorewindparkanteils an RWE; Westenergie zu Kooperation mit RheinEnergie; Sumitomo in Vergabeverf. für Verträge der Kabeltrassen für das Corridor-A-Projekt.

LOSCHELDER
Energie: Regulierung ★
Bewertung: Im Energiesektor ist die Kölner Kanzlei bekannt für ihre Arbeit auf der Seite der Regulierungsbehörden der Länder. Die komplexen netzregulator. Prozessmandate bearbeitet Spezialist Schütz, der v.a. auch für seine Arbeit im ▷TK-Sektor bekannt ist. Mandanten loben zudem Schreiber, die mit Mandanten wie 1&1 ihre Beratung der energieintensiven Industrie ausbaut.
Oft empfohlen: Dr. Raimund Schütz, Dr. Kristina Schreiber
Team: 2 Partner, 1 Associate
Schwerpunkte: Regulierungsberatung Strom u. Gas; daneben Energievertragsrecht; viel Erfahrung auch im ▷TK-Recht.
Mandate: Regulierungskammern div. Länder, u.a. Rheinland-Pfalz in zahlr. Beschwerdeverf., z.B. im Zshg. mit der Anreizregulierung; 1&1 lfd. zu div. energierechtl. Fragestellungen.

LUTHER
Energie: Regulierung ★★★★★
Energie: Transaktionen/Finanzierung ★★★
Bewertung: Ihre breite regulator. Aufstellung u. tiefe Branchenkenntnis machen die Praxis zu einer der führenden Adressen im Markt. Energieinfrastrukturbetreiber u. andere namh. Unternehmen vertrauen ihr bei komplexen, strateg. u. wirtschaftl. wichtigen Projekten. Ein Bsp. ist die Beratung der Leag zu den Forderungen anderer Marktteilnehmer im Zshg. mit steigenden Energiepreisen, die auch belegt, dass die Aufnahme eines auf das Energiehandelsrecht spezialisierten Partners vor einiger Zeit eine wichtige Ergänzung war. Die Mandatierung eines Raffineriebetreibers zu einem Wasserstoff-Elektrolyseurprojekt mit RWE zeigt zudem die funktionierende Zusammenarbeit mit den Beihilfe- u. Öffentlichrechtlern. Dabei steuert Stappert eine funktionierende Praxis, aus der u.a. auch Vallone mit einem erfolgr. Prozessmandat für E.on

REGULIERUNG ENERGIEWIRTSCHAFTSRECHT

im Scheibenpachtkomplex sichtbar war. Der Infrastrukturbetreiber setzt regelm. auf das Team, v.a. bei Transaktionen – ein Bereich, in dem die Gruppe wieder etwas Boden zu den Spitzeneinheiten gutmachen konnte.

Stärken: Hohe Prozessführungskompetenz, u.a. in Schiedsverfahren, sowie operatives Branchen-Know-how.

Oft empfohlen: Dr. Holger Stappert („Top-Stratege", „sehr gute, umf. Zusammenarbeit, Ergebnisse sind gründl. recherchiert u. gut verwertbar", Mandanten), Dr. Angelo Vallone („ausgezeichnete Zusammenarbeit", „schnell u. lösungsorientiert", Mandanten), Dr. Stefan Altenschmidt („schnell u. kompetent", Mandant), Dr. Guido Jansen („sehr guter Kartellrechtler u. ausgewiesener Experte im Energierecht", Wettbewerber), Dr. Stefan Kobes, Dr. Richard Happ („extrem guter Jurist u. Prozessrechtler", Wettbewerber), Dr. Michael Bormann

Team: 26 Partner, 9 Counsel, 34 Associates

Schwerpunkte: ▷Transaktionen u. Projektgeschäft, auch Emissions- u. Energiehandel. Daneben Energievertragsrecht u. Regulierungsfragen (v.a. Zugangsregulierung u. Netzentgelte), Stromsteuerrecht, Beihilferecht, zum Unbundling u. ▷Kartellrecht sowie ▷Öffentl. Wirtschaftsrecht. Mandanten: große Energieversorger, Verbundunternehmen, auch Stadtwerke u. Investoren.

Mandate: Leag zu Margin-Nachforderungen anderer Marktteilnehmer im Zshg. mit Energiepreissteigerungen (öffentl. bekannt); E.on, u.a. bei div. Transaktionen, z.B. Übernahme der Mehrheitsanteile an GridX u. Envelio; E.on Business Solutions in div. digit. Projekten, insbes. zur E-Mobilität; BGE, Projektsteuerung für die genehmigungsrechtl. Umsetzung des Rückholplans radioaktiver Abfälle aus der Schachtanlage Asse II; Raffinieriebetreiber bei Wasserstoff-Elektrolyseurprojekt mit RWE in Lingen/Emsland; Kraftwerk Plattling in Klageverf. gg. TransnetBW zur Nachzahlung der EEG-Umlage; dt. Übertragungsnetzbetreiber zu Netzanbindung Offshorewindpark.

MAZARS

Energie: Regulierung ★★

Bewertung: Die Praxis kann sich im Energiesektor weiter auf der Seite relevanter Akteure positionieren. Dazu zählen u.a. gr. Stadtwerke, die Thomale v.a. zu Preisanpassungen etwa von Wärmelieferverträgen berät. Ebenso anerkannt ist das Angebot zur Vergabe von Konzessionen, für das insbes. ein Berliner Partner bekannt ist. Er hat zuletzt BEN Berlin Energie u. Netzholding mit einem gr. Team zum Rückkauf des Berliner Stromnetzes von Vattenfall beraten. Deutl. ausbauen konnte die Gruppe ihr Beratungsangebot für die regulierungsintensive Industrie. Für den Zuwachs ist u.a. der Zugang eines Teams im Energiesteuerrecht verantwortlich. Aber auch die erfolgr. interne Verzahnung der Beratung trägt dazu bei, dass Mazars in diesem Segment des Energiesektors neben Wettbewerbern wie PwC zu den Gewinnern gehört.

Oft empfohlen: Dr. Hans-Christoph Thomale („sehr guter Regulierungsanwalt, bestens vernetzt in der Energiewirtschaft u. sehr kenntnisreich", „verhandlungsstark", Wettbewerber), Dr. Hans-Martin Dittmann, Tarek Abdelghany

Team: 3 Eq.-Partner, 3 Sal.-Partner, 1 Counsel, 7 Associates, 1 of Counsel

Partnerwechsel: Stefan Neubauer (von EY)

Schwerpunkte: Energiekartellrecht u. Konzessionsvergaben; Energielieferverträge, Preisstreitigkeiten, Netzregulierung, Eigenversorgung, Kundenanlagen, regulator. Kostenoptimierung; große Prozesserfahrung.

Mandate: BEN Berlin Energie u. Netzholding u.a. zu Rückkauf des Berliner Stromnetzes u. lfd. energierechtl.; Energiedienstleister gg. Netzbetreiber zu Rückzahlung der Einspeisevergütung; Industrieunternehmen zu Netzentgeltoptimierung; Industrieunternehmen zu EEG-Meldepflichten u. zur steuerl. Abgrenzung von Drittstrommengen; Industrieunternehmen zu Kündigung eines Erdgasliefervertrags wg. Insolvenz; Industrieunternehmen zu div. Verträgen (u.a. PPA); Rechenzentrumbetreiber zur Nutzung der Abwärme; Stadtwerk zu Eigenversorgungsmodell in Krankenhaus; Stadtwerk zur Anpassung der Kundenverträge vor dem Hintergrund veränderter Bezugsverträge.

NOERR

Energie: Regulierung ★★★★
Energie: Transaktionen/Finanzierung ★★★

Bewertung: Im Energiesektor hat Noerr eine breit aufgestellte Praxis, die ihren Mandanten alle wirtschaftl. relevanten Zugänge zum Markt bietet. Industrieunternehmen, Energiehändler u. Energieerzeuger setzen mit Geipel insbes. im klass. Energiewirtschaftsrecht auf einen Berater, der auch im Compliance- u. Transaktionskontext tätig ist, wie Mandate u.a. der Kreditgeber der Steag belegen. Der Wechsel von Kermel in den Of-Counsel-Status schwächt die marktführende Konzessionsvertragspraxis mit Mandanten wie E.on, EAM u. Entega nicht. Der Infrastruktur-M&A-Bereich ist zuletzt mit der Ernennung einer Partnerin gestärkt worden, die u.a. Liwathon zum Einstieg bei der Raffinerie Schwedt federführend berät. Immer wieder setzte zuletzt auch die Bundesregierung u.a. bei öffentl.-rechtl. Transformationsprojekten wie dem Kohleausstieg auf das Team, das auch bei der Entwicklung von Kraftwerks- u. Wasserstoffprojekten sowie im Transaktionsgeschäft von Wind- u. PV-Projekten gefragt ist. Durch einen Of-Counsel-Zugang im Vorjahr konnte die Gruppe viel Erfahrung in klass. Regulierungsverf. hinzugewinnen.

Oft empfohlen: Christof Federwisch, Dr. Tibor Fedke („präzise u. gleichz. lösungsorientiert", Wettbewerber), Dr. Christoph Spiering, Dr. Holger Schmitz, Dr. Martin Geipel („sehr kompetent", Mandant), Dr. Cornelia Kermel

Team: 8 Eq.-Partner, 6 Sal.-Partner, 1 Counsel, 11 Associates, 2 of Counsel

Schwerpunkte: Beratung bei ▷M&A- u. Private-Equity-Transaktionen, vertragsrechtl., bei Projekten u. deren ▷Finanzierung insbes. aus dem Bereich erneuerbarer Energien (inkl. WP- u. StB-Knowhow), auch umf. zu Konzessionsverf. u. an der Schnittstelle zum ▷Öffentl. Recht (Verwaltungsrecht), zu Strom- u. Energiesteuern u. regulator. im Bereich Netze sowie bei (Schieds-)▷Verfahren.

Mandate: Liwathon zum Einstieg bei PCK Schwedt; Avalkreditgeber zu Finanzierung der Steag; Ampyr Solar zu Aufbau von Solarportfolio; Iberdrola planungsrechtl. zu Offshorewindpark; Open Grid Europe in 8 Verf. zu Gasentgeltfestlegungen der BNetzA (BGH); Catella Project Management zu Wärmeversorgung für Neubauquartier; dän. Energiehändler zu Bilanzkreisen in Dtl.; E.on Rhein-Ruhr gg. Castrop-Rauxel wg. Konzessionsvertrag (OLG D'dorf); Halbleiterunternehmen zu Kraftwerksbau; Bund in ICSID-Schiedsverf. gg. Strabag wg. verändertem Offshorerechtsrahmen; Entega in div. Konzessionsverf. u. umf. Umstrukturierung des Bereichs Netze; Industrieunternehmen wg. Scheibenpachtmodell; Trading Hub wg. Ausgleichsenergielieferungen; Energieversorger zu kommunalem Beteiligungsmodell.

NORTON ROSE FULBRIGHT

Energie: Transaktionen/Finanzierung ★★

Bewertung: Im Fokus der Energiepraxis stehen grenzüberschr. Transaktionen im Zshg. mit erneuerbaren Energien. PE-Investoren wie Brookfield, Susi Partners oder Gore Street Capital setzen regelm. auf das Team, aus dem die starke Projektfinanzierungsabteilung zuletzt ebenfalls für etablierte Investoren tätig wurde. Einen wichtigen Schritt hat es mit dem Gewinn des Mandats eines ÜNB rd. um die Verträge für Landanbindungen von Offshorewindparks in der Nordsee gemacht. Ähnl. wie Osborne Clarke berät NRF zudem regelm. zu VC-Investitionen im Energiesektor, z.B. Tiger Infrastructure Partners bei einer Investition in den Ladesäulenbetreiber Qwello. Ihre Schlagkraft im Transaktionsgeschäft verbesserte NRF zuletzt durch einen Counsel von Milbank, der dort bereits Erfahrungen im Energiesektor gesammelt hat.

Oft empfohlen: Dr. Klaus Bader

Team: 9 Partner, 4 Counsel, 7 Associates

Schwerpunkte: ▷M&A-Transaktionen sowie (Projekt-) ▷Finanzierungen v.a. bei erneuerbaren Energien sowie zu Speicher, E-Mobility u. Geothermie.

Mandate: Jera bei strateg. Investition in Hydrogenious LOHC Technologies; Brookfield bei Kauf des PV-Projektentwicklers Sunovis; Carval bei Finanzierung Photovoltaikportfolios (2,5 GW Gesamtvol.) in Dtl., GB u. NL; ÜNB zu Verträgen für Landanbindungen von Offshorewindparks in der Nordsee; Tiger Infrastructure Partners bei €50-Mio-Investition in Qwello; BayWa bei Folgefinanzierungsrunde in Pexapark u. bei Serie-A-Finanzierungsrunde für Roofit.Solar; Susi Partners bei Gründung JV für Onshorewind- u. Solarprojekte mit poln. Projektentwickler.

OPPENLÄNDER

Energie: Regulierung ★★

Bewertung: Die Praxis der ▷Stuttgarter Kanzlei ist im Energiesektor bekannt für ihr oft ▷kartellrechtl. geprägtes Geschäft u. ihre starke Litigation-Praxis. Köhler vertritt seine Mandanten regelm. in teils vielbeachteten Verf., bspw. gemeins. mit einem Öffentlichrechtler für das Land Ba.-Wü. vor dem BVerwG um die Grundversorgerfeststellung. Daneben wird er regelm. als Schiedsrichter in DIS-Verf. empfohlen. Für das Energiekartellrecht steht v.a. Hahn, der zuletzt Stammmandantin Erdgas Südwest zu einem Joint Venture mit Avanca im Bereich Bio-LNG beriet. Dass Oppenländer auch den Generationswechsel im Blick hat, zeigt die Ernennung eines Eq.-Partners mit ähnl. Schwerpunkt wie Hahn.

Oft empfohlen: Prof. Dr. Markus Köhler („er ist eine Instanz u. zieht sämtl. Mediationsregister", Mandant), Dr. Andreas Hahn („hervorragender Kartellrechtler", Mandant), Dr. Malte Weitner

Team: 6 Eq.-Partner, 3 Associates

Schwerpunkte: Energiekartell-, Energievertrags- u. Energieregulierungsrecht in allen relevanten Netzinfrastrukturen; klarer Fokus auf Preisstreitigkeiten, dazu auch DIS-Schiedsverfahren sowie Prozessführung vor ordentl. Gerichten; Transaktionen inkl. Fusionskontrolle; insges. Infrastrukturbera-

ENERGIEWIRTSCHAFTSRECHT REGULIERUNG

tung über Energiesektor hinaus, auch im Wasser- u. im ▷Verkehrssektor.
Mandate: EnBW Mobility+ energiekartellrechtl. bei Kauf von 25% an Smatrics von Verbund; Erdgas Südwest, u.a. energiekartellrechtl. zu Joint Venture mit Avanca (Bio-LNG); Fluxys Dtl. bei Klage gg. BNetzA zu Festlegungen Regent u. Amelie 2020 u. 2021 (BGH bzw. OLG D'dorf); Stadtwerke Gießen in Prozess wg. Preismissbrauchsverfügung der Landeskartellbehörde Hessen; Land Ba.-Wü. gg. EnBW um Grundversorgerfeststellung (BVerwG); Uni Konstanz zu Beendigung Portfoliomanagementvertrag u. in Prozess gg. Stadtwerke um EEG-Umlage-Zahlungen bei Stromlieferung über ausl. Netz.

OSBORNE CLARKE

| Energie: Regulierung | ★★★ |
| Energie: Transaktionen/Finanzierung | ★★ |

Bewertung: Die Energierechtspraxis steht für umf. Kenntnisse des Erneuerbaren-Sektors u. kann insbes. im Zshg. mit PV-Projekten immer mehr Erfahrung bei – auch grenzüberschr. – Transaktionen u. Projektfinanzierungen vorweisen. Bsp.haft dafür steht die Tätigkeit für Dt. Leasing Finance u. Dt. Anlagen-Leasing bei Projektfinanzierungen u.a. in Spanien, wobei OC auch zu langfr. Stromabnahmeverträgen (PPA) umf. berät. Für seine „breite Erfahrung in PPA-Vertragsstrukturen" loben Mandanten insbes. Breuer, der zudem komplexe Energiehandelsfragen abdeckt. Daneben verfügt OC über gr. Know-how an der Schnittstelle zum IT-Recht, das sie z.B. in der Beratung der Deutsche Windtechnik ausspielt. Dank einer neuen, erfahrenen u. gut vernetzten Counsel von Watson Farley bietet die Kanzlei ihren Mandanten nun auch am HHer Standort regulator. Know-how.
Oft empfohlen: Dr. Daniel Breuer („effizient u. lösungsorientiert, immer auf Augenhöhe", „absolut verlässl.", Mandanten)
Team: 13 Partner, 7 Counsel, 15 Associates
Schwerpunkte: Beratung zu ▷M&A u. ▷gesellschaftsrechtl. bei erneuerbaren Energien, kapitalmarktrechtl. u. zu Finanzierungen. Kommerzielle u. regulator. Streitigkeiten, zu Projektentwicklung u. Ausschreibungsverfahren sowie EEG-Direktvermarktung u. Regulierungsfragen sowie zum Energievertragsrecht.
Mandate: Dt. Leasing Finance u. Dt. Anlagen-Leasing zu PPAs u. bei Solarprojektfinanzierungen u.a. in Spanien; Centrica Energy Trading, u.a. zu Direktvermarktung, Redispatch 2.0 u. PPAs; Trianel Windkraft Borkum umf. vertrags- u. energiehandelsrechtl. um kommunalen Offshorewindpark; Investoren bei Finanzierungsrunde für Wasserstoffunternehmen; EK gg. mehrere Stadtwerke in 16 Verf. vor EU-Gericht zum E.on/RWE-Deal; Deutsche Windtechnik umf., z.B. im IT-Recht u. zur Post-EEG-Stromvermarktung; Next Kraftwerke zu Energiehandel-Compliance u. Post-M&A-Integration nach Übernahme durch Shell; RheinEnergie zu PPAs.

PINSENT MASONS

| Energie: Regulierung | ★★ |

Bewertung: Die Praxis der brit. Kanzlei ist im Sektor für energieintensive Industrieunternehmen genauso wie für Stadtwerke u. kommunale Netzgesellschaften tätig. Mandanten loben Praxisleiter Gödeke für sein „tiefes Verständnis für disruptive Technologie u. Geschäftsmodelle, insbes. beim Thema Wasserstoff u. Smart Cities". Den Regulierungsbereich stärkte die Kanzlei – nach dem Weggang eines Teams um 2 Partner im Vorjahr – mit der Ernennung von von Richthofen, der seine Mandanten ggü. der BNetzA, zu EEG-Themen, aber auch im Emissionshandel berät. Dem Team gelingt es, über Mandate aus dem internat. Kanzleinetzwerk die interne Vernetzung mit den hauseig. Beratern für Energiegroßprojekte zu verbessern. Mit Mandaten u.a. für Entega macht auch die Energie-M&A-Praxis entscheidende Schritte nach vorn. Zudem gewinnt die Schnittstelle zum ▷TK-Recht im Kontext von Smart-City-Projekten an Bedeutung, wie das Bsp. Lok-Viertel Osnabrück belegt.
Oft empfohlen: Dr. Sönke Gödeke („absoluter Rechtsexperte in der Energiewirtschaft", Mandant), Dr. Frhr. Valerian von Richthofen („sehr angenehme Zusammenarbeit", Wettbewerber)
Team: 12 Partner, 1 Counsel, 9 Associates
Schwerpunkte: Umf. regulator. ggü. Behörden, lfd. energievertragsrechtl., zu Umstrukturierungen u. bei Projektentwicklungen an der Schnittstelle zum

Anzeige

Anwaltszahlen: Angaben der Kanzleien, wie viele Anwälte zu mind. ca. 50% in diesem Gebiet tätig sind. Sie spiegeln nicht zwingend die Gesamtgröße einer Kanzlei wider.

REGULIERUNG ENERGIEWIRTSCHAFTSRECHT

Öffentl. Recht, v.a. für Stadtwerke u. große Industriekunden, auch zum EEG oder zur Direktvermarktung; vergaberechtl. zu Konzessionen.
Mandate: Aker Offshore Wind Europe bei Markteintritt in Dtl. u. Europa; Entega bei Wasserstoffprojekt als Teil einer konzernw. Strategie zur Sektorenkopplung; Everfuel bei Markteintritt in Dtl.; Lok-Viertel Osnabrück umf. bei Smart-City-Projekt; Hamburger Rieger, u.a. zum europ. Emissionshandel; Papierhersteller, u.a. in Verf. ggü. Steuerbehörden im Zshg. mit Strom- u. Energiesteuererstattungen; WSW mobil handels- u. regulator. zu Wasserstofflösungen.

POSSER SPIETH WOLFERS & PARTNERS
Energie: Regulierung ★★★

NOMINIERT JUVE Awards 2022 Kanzlei des Jahres für Regulierung

Bewertung: Im Energiesektor wird die Spezialkanzlei v.a. für ihre Fähigkeit gelobt, die rechtl. u. die strateg. Umsetzung von Projekten auf hohem Niveau zu kombinieren. Ausgangspunkt dafür ist insbes. ihre marktführende Kompetenz im ▷Öffentl. Wirtschaftsrecht. Bekannt ist das Team insbes. für seine hervorragende Kenntnis des Regelrahmens für Offshorestromerzeugung, mit der zuletzt EnBW gewonnen werden konnte. Aber auch auf die neue Regulierung der Wasserstoffwelt hat das Team um Spieth sich spezialisiert.
Stärken: Sehr große Erfahrung bei der Sanierung von Tagebauen u. bei Entschädigungsvereinbarungen wg. gesetzl. Ausstiegspflichten. Mit polit.-strateg. Gespür u. technischem Verständnis ausgestattete Partnerriege.
Oft empfohlen: Dr. Wolf Spieth („erfahren wie niemand sonst", „ein Leuchtturm", Mandanten), Dr. Herbert Posser, Niclas Hellermann („auch bei kurzfristigen Angelegenheiten stets in der Lage, dem Mandanten weiterzuhelfen", Mandant)
Team: 4 Eq.-Partner, 1 Counsel, 14 Associates
Schwerpunkte: Offshorewindparkprojekte, u.a. hinsichtl. Planung, Regulierung u. rechtl. Projektsteuerung; auch kleinteilige Energiemarktregulierung Strom u. Gas; Netzausbau für Übertragungsnetzbetreiber wg. gr. umwelt- u. planungsrechtl. Kompetenz; regelm. Verfassungsbeschw. gg. Energiegesetzgebung als typ. Disziplin (▷Öffentl. Recht).
Mandate: Amprion zu Zulassung 2er Erdkabel-Offshoreanbindungssysteme; EnBW im Offshorewindbereich; Leag gg. BUND wg. Vorsorgekonzept zur Wiedernutzbarmachung der Tagebaue; PNE, Strabag u. Mainstream zu 2. Verfassungsbeschw. gg. WindSeeG; RWE zum Braunkohleausstieg u. gg. Peru in Streit wg. Folgen des Klimawandels; Ørsted lfd. regulator. zu Offshorewindparkprojekten u. zum Netzanschluss von grünem Wasserstoff; finn. Unternehmen zur Markteinführung von Renewable Diesel; Preussen Elektra, u.a. gg. Stilllegungsgenehmigung für KKW-Rückbau.

PRICEWATERHOUSECOOPERS LEGAL
Energie: Regulierung ★★★
Bewertung: Die Praxis der Big-Four-Gesellschaft ist mit ihrem multidiszipl. Angebot sehr stark auf der Seite der energieintensiven Industrie vertreten. Die Arbeit der Küper in diesem Segment loben zahlr. Wettbewerber. In Zusammenarbeit mit den hauseig. Wirtschafts- u. Steuerberatern bietet PwC namh. Industriemandanten wie Continental u. Infraserv Restrukturierungsberatung aus einer Hand, immer häufiger auch zu Fragen der Klimaneutralität ihrer Produktionsanlagen, zum Bsp. durch Wasserstoff. Die Energieversorgungstransformation, die ihre Mandanten regelm. im Kontext von Forschungs- u. Entwicklungsprojekten angehen, unterstützt PwC umf. an der Schnittstelle zum Vergabe- u. Beihilferecht. Diese Schnittstellenthematiken fragen Mandanten auch bei Infrastrukturprojekten ab – so etwa beim Thema LNG, wo allerdings zudem die hauseig. Umwelt- u. Planungsrechtler zum erweiterten Team gehören. Mit Transformationsmandaten im Immobiliensektor u.a. für Vonovia trägt Mussaeus zur strateg. Erneuerung der Sektorgruppe bei, deren Fäden er auch darüber hinaus in den Händen hält. Die Beratung u. Vertretung der PwC treu gebliebenen Stadtwerke in den aktuellen Regulierungsverf. ggü. der BNetzA hat der gerade zum Counsel beförderte Martel übernommen.
Stärken: Nahtlose Zusammenarbeit mit den Steuerberatern u. Wirtschaftsprüfern.
Oft empfohlen: Peter Mussaeus, Michael Küper („super Anwalt", „fachl. hervorragend u. tiefes wirtschaftl. Verständnis", Wettbewerber), Dominik Martel
Team: 3 Eq.-Partner, 10 Counsel, 15 Associates
Schwerpunkte: Dezentrale Energieversorgung für Stadtwerke, Industrie u. Immobilienwirtschaft; strateg. Regulierungsberatung in Verbindung mit Advisory-Abteilung u. in europ. Vernetzung; weiterhin: umf. klass. Energiewirtschaft u. Verbraucher, u.a. auch in Prozessen (u.a. Regulierungsverf. BNetzA, Contracting) u. zu erneuerbaren Energien (EEG-Umlage, bes. Ausgleichsregelung, Stromsteuer).
Mandate: Continental Reifen Dtl. zu Eigenstromversorgung im Rahmen der Konzernumstrukturierung; Infraserv/Höchst zu KWKG u. EEG wg. Eigenstromprivileg; Vonovia umf. zur Energiezentrale der Zukunft als Versuchslabor für die dezentrale Energieversorgung; Covestro in Verfahren zur Beihilfequalität des Kraft-Wärme-Kopplungsgesetzes (EuG); Venator in Klageverf. zum europ. Emissionshandel (OVG Berlin); Stadtwerk zu Kooperationsmodellen; TransnetBW zu wegerechtl. Fragen im SuedLink-Projekt; BNetzA gg. Xgen; Div. Industrieunternehmen zu Energiehandelsthemen sowie zu Konsultationsverf. der EU-Kommission; Industrieunternehmen wie DuPont de Nemours, Diehl Metall Stiftung, Bell Production Services u. Berkenhoff zu Umstrukturierung u. bes. Ausgleichsregelung/EEG-Privilegierung/Klimaschutz.

RAUE
Energie: Regulierung ★★★★
Bewertung: Die Berliner Praxis um einige sehr renommierte Partner ist für ihre tiefen regulator. Kenntnisse der Energiewirtschaft hoch angesehen. Das Team steht v.a. für seine gr. Prozesserfahrung, die es sowohl ggü. der BNetzA als auch in div., teils grundsätzl. Konzessionsverf. neuerdings auch für EnBW ausspielt. Den Bereich verstärkte sie zuletzt durch die Ernennung des anerkannten Heller zum Eq.-Partner. Durch die Tätigkeit für RightNow bei der Geltendmachung von Schadensersatzforderungen gg. Stromio u. andere Energieanbieter sammelt das Team nun erstmals Erfahrungen in einem Massenklagekomplex. Geführt wird das Mandat von von Bremen, der auch für die Beratung im Bereich Smart Metering steht. Regelm. gelingt es dem Team, bestehende Mandatsbeziehungen auszubauen, etwa zu dem Projektentwickler GP Joule, der die Anwälte u.a. bei der Errichtung einer Crowdfunding-Plattform u. für einen langfr. Stromabnahmevertrag mit Airbus Helicopters hinzuzog. Daneben war die Kanzlei v.a. auf der Seite von Finanzinvestoren in mehrere Transaktionen eingebunden.
Oft empfohlen: Christian v. Hammerstein („führender Kopf der energierechtl. Beratung", Wettbewerber), Dr. Bernd Beckmann („sehr gute Marktkenntnis, praxisorientiert", „umsichtig", Wettbewerber), Dr. Stephan Koch, Dr. Hans Heller („fachl. versiert, gutes strateg. u. takt. Verständnis", „gute Schriftsätze u. angenehmer Umgang", Wettbewerber), Anna von Bremen, Dr. Michael Bergmann
Team: 7 Eq.-Partner, 1 Sal.-Partner, 1 Counsel, 2 Associates
Schwerpunkte: Erfolgr. Regulierungspraxis, neben Verwaltungsverf. auch Energievertrags- u. Energiekartellrecht, insbes. Konzessionen; sehr prozesserfahren u. strateg. versiert; Projekterfahrung für Gasspeicher-, Pipeline- u. Kraftwerksprojekte, erneuerbare Energien, auch an der Schnittstelle zu Corporate/M&A.
Mandate: EnBW in div. Konzessionsverf.; Engie umf., u.a. zu PPA mit BASF u. zu Verträgen für Erneuerbare-Energien-Portfolio; GP Joule u.a. vertrags- u. finanzaufsichtsrechtl. bei Errichtung Crowdfunding-Plattform u. bei PPA mit Airbus Helicopters; Haushelden bei Widerspruch gg. Aufhebung der Markterklärung durch das BSI; RightNow um Schadensersatzforderungen gg. u.a. Stromio im Wege der Sammelklage; Alpiq, u.a. energievertragsrechtl. zu Aktivitäten mit EU-Bezug.

REDEKER SELLNER DAHS
Energie: Regulierung ★★
Bewertung: Die Kernmandantschaft, zu der u.a. Häfen u. Industrieparks, aber auch Netzbetreiber gehören, berät der Berliner Partner Gerstner zu regulator. Fragen. Daneben prägt Prozesserfahrung die Praxis: Mit dem Mandat der BNetzA, die die europ. Regulierungsbehörde Acer wg. einer Entscheidung zur Kostenteilungsmethode im europ. Energiebinnenmarkt verklagt, reiht sich die Praxis in die Riege von Kanzleien wie Baker McKenzie, Hengeler u. Freshfields ein, die ebenfalls zunehmend die europ. Ebene der Energieregulierung in den Blick nehmen. Auf der Projektebene nimmt die Bedeutung der erneuerbaren Energien bei RSD weiter zu. Das Gros der an der Schnittstelle zum Baurecht gelegenen Mandate im Anlagenbau, für die die Kanzlei traditionell steht, spielt aber weiterhin in der konventionellen Energiewirtschaft.
Oft empfohlen: Prof. Dr. Olaf Reidt, Dr. Ulrich Karpenstein, Dr. Stephan Gerstner („kompetenter Berater mit strukturiertem Denken u. guter Prozessberatung", Mandant), Dr. Frank Fellenberg, Dr. Gernot Schiller („rechtl. fundierte Beratung", „gute Prozessvertretung", Mandanten)
Team: 5 Eq.-Partner, 1 Counsel, 4 Associates
Schwerpunkte: Anerkannte Stärke im ▷Öffentl. Recht (Umwelt und Planung sowie Verfassungsrecht) u. ▷Baurecht, Planung u. Bau von Kraftwerksprojekten u. Netzen zunehmend im Kontext erneuerbarer Energien für Projektentwickler; umf. energieregulator. im Rahmen diskriminierungsfreier Bewirtschaftung von Industriestandorten, z.B. Häfen, Immobilien, Industrieparks; erfahren in Prozessen vor ordentl. Gerichten in Dtl. u. der EU u. Schiedsgerichten.
Mandate: Gascade, u.a. zu Gasleitungsprojekt Eugal sowie zivilrechtl. Entgeltfragen; 50Hertz, u.a. regulator. in div. Klageverf., z.B. zu Redispatch u. Notfallmaßnahmen sowie planungsrechtl. zu Vorhaben Hansa Power Bridge; BNetzA gg. Acer u.a. wg. Kos-

tenteilungsmethode im europ. Strombinnenmarkt; Immobilienentwickler zu Eigenversorgungskonzepten; div. Industriestandorte zur Infrastrukturbewirtschaftung; div. kommunale Energieversorger zum Anlagenbegriff u. zu Fördermechanismus der erneuerbaren Energien beratend u. in Klageverf. zur Begrenzung der EEG-Umlage wg. Insolvenz u. Umstrukturierung; Offshorewindpark zur Netzanbindung.

RITTER GENT COLLEGEN
Energie: Regulierung ★★★

Bewertung: Die Kanzlei ist mit ihrem Angebot bestehend aus automatisierten Compliance-Tools u. indiv. Beratung über die Jahre zum festen Partner der dt. Industrie u. energieintensiver Unternehmen wie zum Bsp. dem Flughafen Hannover-Langenhagen avanciert. Auf dieser Seite des Marktes gilt sie wg. ihrer Kontakte zu Branchenverbänden als das Pendant zu BBH, die den Markt über ihr Stadtwerkenetzwerk pflegt. Den dt. Industriemittelstand berät RGC aktuell u.a. zu den Folgen der Energienotlage, etwa ggü. dem Insolvenzverwalter der Kehag. Zum Angebot gehört auch die Vertretung der Mandanten vor Gericht, insbes. begleitet die Kanzlei aber Projekte zur Umstellung der bestehenden fossilen Energieversorgung auf erneuerbare Energien inkl. Lieferverträge (PPA) u. Wasserstoffszenarien. Das Personalproblem, ausgelöst durch das Ausscheiden eines langj. Partners im Vorjahr, löste das Team um Gent zum Jahreswechsel mit der Ernennung von gleich 3 Partnern u. weiteren Einstellungen im Mittelbau.
Oft empfohlen: Prof. Dr. Kai Gent
Team: 5 Partner, 8 Associates
Schwerpunkte: Mischung aus individueller Beratung u. Verkauf von Legal-Tech-Produkten über Service-GmbH; regulierungs- u. vertragsrechtl. Beratung v.a. für mittelständ. u. große Unternehmen aus energieintensiven Branchen sowie Behörden, zunehmend an der Schnittstelle zum Klimaschutzrecht, hier CO2-neutrale Eigenstromversorgung sowie Regulierung u. Gestaltung des Wasserstoffmarktes; Compliance-Beratung im Energiesektor.
Mandate: Röchling Industrial, Naturin Viscofan, u.a. zu neuen Versorgungskonzepten, PV- u. Windanlagen; Gase-Hersteller zu PPA; Merckle, u.a. zu Anpassung Energielieferverträge; 45 Unternehmen ggü. Insolvenzverwalter Kehag sowie energievertragsrechtl. zu Energiealternativen; rd. 100 Unternehmen, darunter u.a. Dt. Brauer-Verbund zu Energiemangellage; Smurfit Kappa u. Johns Manville Europe zu Messkonzepten; Evety zu Wasserstofferzeugung.

RITTERSHAUS
Energie: Regulierung ★

Bewertung: Mit dem Zugang zahlr. Berufsträger, darunter 2 Eq.-Partner, von Arnecke Siebeth Dabelstein gewinnt die Praxis im Energiesektor deutl. an Schlagkraft. Insbes. Energieerzeuger setzen auf das Team, das seinen Mandanten viel Erfahrung bei der Entwicklung von Wind- u. Solarparks bereits in der Frühphase anbietet. Die Praxis ergänzt ein weiterer Partner mit seiner Erfahrung im Energievertragsrecht sowie weitere Berater, die regelm. auch Transaktionen im Sektor begleiten.
Team: 5 Eq.-Partner, 5 Associates
Partnerwechsel: Dr. Wolfgang Patzelt, Ulrich Loetz (beide von Arnecke Sibeth Dabelstein)
Schwerpunkte: Projektentwicklung inkl. Grundstückssicherung, Bauleitplanung, Naturschutzrecht, Grundstücksrecht, Vertragsgestaltung u. verwaltungsgerichtl. Vertretung; Energievertragsrecht; M&A im Energiesektor.
Mandate: Ww. führender Energieerzeuger zu Erneuerbare-Energien-Projekten in Thüringen; internat. Projektentwickler als ausgelagerte Rechtsabteilung; EHG Energie Handel lfd. u.a. zu Preisanpassung im Bereich Strom; LE Windenergie umf. zu Windparkentwicklung; internat. Projektentwickler umf. zu Erneuerbare-Energienprojekten (Windpark u. PV-Anlagen); Investmentfonds zu Kauf eines Wasserkraftwerkunternehmens.

RÖDL & PARTNER
Energie: Regulierung ★★

Bewertung: Im Energiesektor bilden das Regulierungs- u. Konzessionsgeschäft den Schwerpunkt der MDP-Kanzlei. Die Vertretung von Mandanten in Prozesskostengemeinschaften, wie sie in größerem Maßstab auch BBH, EY Law u. PwC Legal anbietet, hat sich zu einem starken Standbein der Praxis entwickelt, die auf diesem Gebiet lfd. neue Mandate akquiriert. Mandanten beauftragen Rödl regelm. auch zur Vergabe von Konzessionen u. der Gestaltung entspr. Verträge. Der Abgang von Co-Praxisgruppenleiter Fischer, den Mandanten für seine „gute Projektübersicht" u. sein „strukturiertes Vorgehen" auf diesem Gebiet loben, ist ein Rückschlag für das Team. Seine Rolle soll ein Kölner Counsel mit ähnl. Tätigkeitsschwerpunkten übernehmen, der jedoch noch an Profil gewinnen muss.
Team: 2 Sal.-Partner, 10 Counsel, 12 Associates
Partnerwechsel: Henning Fischer (unbekannt)
Schwerpunkte: Stadtwerke, Städte u. Gemeinden regelm. zu Rekommunalisierungsvorhaben, überörtl. Netzgemeinschaften u. Konzessionsvergaben; Regulierungsprozesse in Prozesskostengemeinschaften; Energiekartellrecht u. vertriebsnahe Fragen des Energierechts. Öffentl.-rechtl. u. Unternehmen der Privatwirtschaft regulator. bei Kostenoptimierung inkl. Energiesteuern; zudem Energievertragsrecht u. Prozesse/Schiedsverfahren.
Mandate: Energieversorger bei Ausstieg aus Energiekooperation; 8 Fernwärmeversorger zur CO2-Kostenweitergabe nach dem BEHG u. zu Preisanpassungsklauseln im Neukundenvertrag; Stadt bei Konzessionsvergabe in einem Ortsteil; 60 u. 50 Netzbetreiber in PKG (BGH); Hersteller von Spezialbaustoffen zu Bau von PV-Anlagen u. E-Ladesäulen; Hersteller von Tiefkühlkost energieabgabenrechtl. mithilfe von Legal-Tech-Tool.

ROSIN BÜDENBENDER
Energie: Regulierung ★★★★

NOMINIERT
JUVE Awards 2022
Gründerzeit-Award

Bewertung: Die für Mandanten speziell aus dem Energiesektor gegründete Kanzlei verbreitert ihr Angebot. Als Anlaufstelle für regulator. Hochreckberatung u. -vertretung an den Start gegangen, zeigt sie mit dem Zugang eines M&A-Partners ihre Ambitionen, noch umf. im Energiesektor beraten zu wollen. Erste Mandate u.a. für Quair Internat. zum Kauf der Projektpipeline der insolventen Green City u. Getec beim Verkauf an JPMorgan zeigen, dass die Strategie aufgehen kann. Das sehen auch Wettbewerber, die die Entwicklung der Gruppe loben. Vor dem Hintergrund der aktuellen polit. Lage berät das Team gelegentl. auch Industrieunternehmen zur Gasmangellage, verliert in dem Bereich mit Schäfer allerdings auch einen Spezialisten. Ihrer Kernmandantschaft, den gr. u. kl. Netzbetreibern u. Energieerzeugern, bleibt das Team eng verbunden. Daran ändert auch das altersbed. Ausscheiden des Namenspartners Büdenbender nichts.
Oft empfohlen: Dr. Peter Rosin („sehr großer Erfahrungsschatz im Energiewirtschaftsrecht", „Überblick zu grundlegenden Tendenzen u. Entwicklungslinien", „ausgezeichnet vernetzt", Mandanten), Dr. Kristin Spiekermann, Jana Michaelis („schnelle u. verständliche Aufbereitung von Einzelfragen", Mandant), Wiegand Laubenstein
Team: 7 Eq.-Partner, 4 Associates, 3 of Counsel
Partnerwechsel: Dr. Thomas Brunn (von PwC Legal); Prof. Dr. Ulrich Büdenbender (in Ruhestand), Dr. Ralf Schäfer (unbekannt)
Schwerpunkte: Regulierungsberatung vor allem für Netzbetreiber, strateg. u. in Prozessen vor Verwaltungs- u. Zivilgerichten, inkl. Schiedsverf.; viel Erfahrung auch im Energievertriebsrecht; daneben Großprojekte, auch Transaktionsbegleitung.
Mandate: Netze BW gg. BNetzA wg. Xgen (BGH); EU-Kommission gg. dt. Industrieunternehmen wg. Wertung der Netzentgeltbefreiung als Beihilfe (EuGH); div. Unternehmen zu PPAs; Industriekunden u. Stadtwerke zu Gasmangellage; EQT u. Getec Energie Holding zu Verkauf; Quair Internat. zu Kauf der Wind- u. Solarprojekte der insolv. Green City; 2 Stadtwerke zur Verpachtung der Gasnetz- u. -vertriebsanlagen; Amprion u. Tennet umf. außergerichtl. sowie in Klageverf. zur Scheibenpachtthematik; E.on in zahlr. Klageverfahren, u.a. wg. Fernwärme sowie lfd. Beratung zum Energievertriebsrecht; div. Übertragungs- u. Verteilnetzbetreiber gg. BNetzA, u.a. wg. EK-Zins; Strom- u. Gasnetzbetreiber zu Entflechtungsregelungen; Steag zum Kohleausstieg.

SCHULZ NOACK BÄRWINKEL
Energie: Regulierung ★

Bewertung: Im Energiesektor ist die Praxis auf Konzessions- u. Energievertragsrecht spezialisiert. Seit vielen Jahren berät u. vertritt Schulz-Gardyan insbes. E.on-Netztöchter wie E.DIS u. Schl.-Holst.-Netz (marktbekannt) ggü. Kommunen. Direkte Wettbewerber der Praxis sind u.a. Höch & Partner, EY Law u. Noerr. Die konzessionsrechtl. Beratung u. Prozessvertretung ergänzt ein 2. Partner im Bereich des EEG, wo ein Netzbetreiber mit der Praxis einen Anspruch auf EEG-Förderung vor dem BGH abwehrte. Mit einem Vergaberechtler u. einer IT-Rechtlerin auf Partnerebene stellt sich das Team breiter für die Infrastrukturberatung auf. Erste Erfolge kann das Team mit Mandaten von Quartiersentwicklern verzeichnen.
Stärken: Viel Erfahrung im Konzessionsrecht.
Oft empfohlen: Dr. Olaf Schulz-Gardyan („hervorragende Zusammenarbeit", „schnelle u. unkomplizierte Abstimmung", Mandanten), Martin Stangl, Andreas Bremer
Team: 4 Eq.-Partner, 1 Counsel, 2 Associates, 1 of Counsel
Schwerpunkte: Konzessionsrecht für Netzbetreiber; EEG-Themen sowie im Aufbau: Eigenstromkonzepte u. Kundenanlagen für Quartierslösungen.
Mandate: Netzbetreiber zu Messstellenbetrieb, Netzanschluss u. Quartierslösungen; Netzbetreiber zu Konzessionsverf.; Netzbetreiber wg. Nachzahlung von EEG-Förderung in Zeiten negativer Börsenstrompreise; Quartiersentwickler zu Kundenanlage.

REGULIERUNG ENERGIEWIRTSCHAFTSRECHT

TAYLOR WESSING
Energie: Regulierung ★★
Energie: Transaktionen/Finanzierung ★★★
Bewertung: Vom trad. Fokus auf die Transaktionsberatung in erneuerbare Energien lässt die Kanzlei nicht ab. Investoren wie CEE Group, Encavis u. Clenergy setzen auch internat. regelm. auf Bartholl. Mit Mandanten wie Vestas bestätigt auch die HHer Projekteinheit um Pochhammer den Fokus im Offshorewindbereich, wo das Team umf. u.a. zu kommerziellen Verträgen zum Bau u. Betrieb solcher Anlagen berät. Seit einiger Zeit profitieren die Mandanten von einer deutl. breiteren Aufstellung der Praxis, die insbes. durch die Aufnahme von Böhme angestoßen wurde. Dem versierten Regulierungsberater gelingt es, die Praxis auf ein neues Niveau zu hieven. Energierechtl. Mandate für Dax-Konzerne, etwa zum Abschluss von PPAs, sowie Litigation-Mandate im Auftrag großer Stadtwerke belegen die Entwicklung.
Oft empfohlen: Carsten Bartholl, Dr. Janina Pochhammer, Dr. Tillmann Pfeifer, Dr. Markus Böhme („sehr detaillierte Kenntnisse im Energierecht", Mandant; „pragmat. u. geschätzt", „fachl. auf hohem Niveau", Wettbewerber)
Team: 10 Eq.-Partner, 6 Sal.-Partner, 6 Associates, 1 of Counsel
Schwerpunkte: Beratung im Energievertragsrecht sowie zu ▷M&A u. Finanzierung (▷Kredite u. Akqu. fin.) insbes. von EE-Projekten; Regulierungsberatung von Versorgern, Netzbetreibern, Industriemandanten; Vertretung in Prozessen, auch Verfassungsrecht; Beratung zu Kraftwerksprojekten von Planung über Projektfinanzierung bis zum Nachtragsmanagement.
Mandate: CEE Group u.a. bei Kauf eines Wind- u. Speicherprojekts inkl. PPA-Vertrag; Dax-Konzern energierechtl. zu PPA-Verträgen; Chemieunternehmen zur EEG-Umlage; Stadtwerkegesellschaft vertragsrechtl. wg. Energiespeicheranlage; Garbe zu PV-Aufdachungen auf Logistikimmobilien; Landesbetrieb Berlin Energie beihilferechtl. bei Finanzierung des Rückkaufs des Berliner Stromnetzes; Vestas zu Projektverträgen für Offshorewindpark.

WATSON FARLEY & WILLIAMS
Energie: Regulierung ★
Energie: Transaktionen/Finanzierung ★★★★
Bewertung: Bei Transaktionen u. Finanzierungen im Energiesektor ist die Praxis regelm. gesetzt. Leuchtturmprojekte wie die Beratung eines Bankenkonsortiums bei der Finanzierung der Beteiligung durch BASF am Offshorewindpark ‚Hollandse Kust Zuid' sind keine Seltenheit. Dass sie ihre Schlagkraft durch die Aufnahme eines Teams von Pinsent Masons zum Jahresbeginn 2021 vergrößert hat, zeigt z.B. die Beratung von Enercity beim Kauf des ‚Horizon'-Portfolios von Norderland, wobei der Mandatskontakt auf einen der Wechsler zurückgeht. Daneben hat sie – auch mithilfe der Neuzugänge – in den verg. Jahren zunehmend regulator. Know-how aufgebaut u. berät ihre Mandanten zu Themen wie Planungs- u. Genehmigungs- oder Energieabgabenrecht. Ihren trad. Fokus auf erneuerbare Energien weitet sie kontinuierl. auf Mandanten aus der konventionellen Energiewirtschaft aus. Der Abgang eines auch punktuell in Energietransaktionen eingebundenen Transaktionspartners dürfte die Praxis nicht nachhaltig schwächen.
Stärken: Große Erfahrung bei Windparkprojekten.

Oft empfohlen: Dr. Malte Jordan („weiterhin eine der gefragten Größen", Wettbewerber), Thomas Hollenhorst, Dr. Wolfram Böge, Jan Schürmann
Team: 23 Partner, 20 Associates, 3 of Counsel
Partnerwechsel: Dr. Torsten Rosenboom (zu Hogan Lovells)
Schwerpunkte: Beratung von Banken u. Investoren bzgl. Finanzierung von Projekten der erneuerbaren Energien (insbes. Offshoreprojekte), ▷M&A u. Energievertragsrecht; flankierend: Regulierung u. Öffentl. Recht; vereinzelt Prozessführung u. Energiehandel.
Mandate: Bankenkonsortium bei Finanzierung der Beteiligung durch BASF am Offshorewindpark ‚Hollandse Kust Zuid'; Enercity bei Kauf ‚Horizon'-Windportfolio von Norderland; Commerz Real bei Kauf finn. Onshorewindpark ‚Kuuronkallio' von WPD; Bankenkonsortium zur Finanzierung des Windparks ‚Borkum West II'; BayernLB zur Finanzierung eines span. Solarparkportfolios der Blue Elephant Energy; Dt. Erdwärme bei Entwicklung eines Portfolios von 6 Geothermieprojekten; Eavor umf., u.a. zu Bohrvertrag, Kraftwerksbau u. Lieferverträgen; Naturwärme Kirchweidach-Haslach zu Geothermieprojekt ‚Waldweihnacht' u. bei Joint-Venture-Gründung mit privatem Kooperationspartner.

WHITE & CASE
Energie: Regulierung ★★★★
Energie: Transaktionen/Finanzierung ★★★★★
Bewertung: Wenige Kanzleien bieten im Energiesektor an der Schnittstelle Regulierung, M&A u. Finanzierung so viel Erfahrung in sämtl. Marktsegmenten auf Spitzenniveau. Mit dem Mandat von JPMorgan zur Übernahme von Getec schloss das eingespielte Team den Bieterkampf um das größte dt. Infrastruktur-Asset des Jahres erfolgr. ab. Nun berät es EnBW beim Verkauf der Tochter TransnetBW – ein Mandat, das sich ebenfalls zu einer der größten Infrastrukturtransaktionen des Jahres entwickeln kann. Neben dem praxisübergr. Zusammenspiel der Berater, zu denen nun ein neu ernannter Vergaberechtler gehört, schätzen Mandanten an W&C insbes. das tiefe regulator.-kommerzielle Verständnis des Sektors. Der Praxis um Burmeister vertraut eine Vielzahl wichtiger Energieerzeuger u. Netzbetreiber bei komplexen Fragen u. Rechtsstreitigkeiten vor dt. u. europ. Gerichten. Zunehmend wenden sich zudem Industrieunternehmen, die z.B. Gaskraftwerke betreiben oder schlicht viel Energie verbrauchen, vor dem Hintergrund wachsender Versorgungsrisiken an das Team, das auch im Bereich der PPA-gestützten Projektfinanzierungen im Energiesektor zu den Spitzeneinheiten im dt. Markt zählt.
Oft empfohlen: Thomas Burmeister, Dr. Jörg Kraffel, Florian Degenhardt
Team: 9 Eq.-Partner, 1 Sal.-Partner, 4 Counsel, 7 Associates
Schwerpunkte: ▷M&A, Umstrukturierungen u. Projektfinanzierung sowie Regulierungsberatung u. rege Prozesstätigkeit, Kompetenz auch im Emissions- u. Energiehandel sowie bei Kraftwerksprojekten (▷Öffentl. Recht) u. Steuer-, ▷Beihilfe- u. ▷Kartellrecht. Mandanten: in- u. ausl. Investoren u. Unternehmen, Gas- u. Elektrizitätswirtschaft, industrielle Energieverbraucher u. Kraftwerksbetreiber; Insolvenzverwaltung im Energiesektor.
Mandate: 50Hertz in EuGH-Verfahren wg. europarechtl. Einordnung von Waste-to-Energy-Anlagen; EnBW zu Verkauf von Anteilen an ÜNB TransnetBW

(marktbekannt) sowie in div. energierechtl. Beschwerdeverf. ggü. BNetzA; Fluxys zu geplantem Kauf von Thyssengas; JPMorgan Infrastructure zu Kauf von Getec; Ancala Partners zu geplantem Erwerb von Infrareal; Erzeuger erneuerbarer Energien zu PPA mit Abnehmern; Baltic Cable zur Interkonnektorenregulierung u. ggü. Acer; Dt. Bank Luxemburg u.a. zu Finanzierung eines LNG-Projekts in Nigeria; TransnetBW zur Strukturierung der Gleichstromkabelgesellschaften u. lfd. ggü. Acer.

WILMERHALE
Energie: Regulierung ★★
Bewertung: Die Praxis der US-Kanzlei ist in Dtl. u. Europa für ihre Kompetenz bei gr. Infrastrukturprojekten bekannt. Mandate wie die bereits seit vielen Jahren lfd. Vertretung von Opal Gastransport belegen die Prozesserfahrung der Gruppe, die ihren Mandanten ansonsten insbes. dabei hilft, ihre Geschäftsideen im regulierten Umfeld polit.-strateg. mit gelegentl. Umwegen über das Kartellrecht umzusetzen. Der kriegsbed. Umbau der europ. Gasversorgung ist wg. der gr. Kompetenz der Gruppe bei leitungsgeb. Infrastrukturprojekten eine gr. Chance für die Praxis, die im Energy-M&A wg. ihrer fehlenden Größe allerdings kaum mehr Akzente setzen kann.
Oft empfohlen: Dr. Oliver Fleischmann, Ulrich Quack
Team: 2 Eq.-Partner, 1 Sal.-Partner, 4 Associates
Schwerpunkte: Regulierungsberatung u. ▷Kartellrecht, Prozesstätigkeit sowie Transaktionen u. Energievertragsrecht.
Mandate: Onyx Power zu Kohleausstieg; Opal Gastransport umf. regulator. bzgl. Änderung der Auflagen für Opal-Pipeline; Gas Connect Austria vor BNetzA im Regulierungsverf. zur Festsetzung der Referenzpreismethode für die Gasnetzzugangsentgelte; Wintershall Dea lfd. zu div. kartell- u. fusionskontrollrechtl. Fragen.

WTS LEGAL
Energie: Regulierung ★
Bewertung: Ein gewisses Alleinstellungsmerkmal der jungen Energierechtspraxis ist ihre enge Verzahnung mit den Steuerrechtlern von WTS. So berät das Team insbes. Industrieunternehmen regelm. intensiv zur Strom- u. Energiesteuer. Mandanten wie Ruhrkohle u. Südzucker vertrauen den Anwälten zudem bei Fragen im Zshg. mit dem EEG u. Eigenversorgungskonzepten. Daneben hat sich die teils auf internat. Ebene stattfindende Beratung zu Elektromobilitätskonzepten zu einem weiteren Schwerpunkt der Einheit entwickelt, die auf diesem Gebiet u.a. einen gr. dt. Automobilhersteller unterstützt.
Stärken: Starke Schnittstelle zum Steuerrecht, umf. regulator. Kenntnisse u.a. zu EEG.
Team: 2 Eq.-Partner, 1 Counsel, 3 Associates
Schwerpunkte: Insbes. strom- u. energiesteuerl. Beratung für Industrieunternehmen, Energievertrags- u. Energiehandelsrecht, auch Litigation, erneuerbare Energien.
Mandate: Gr. dt. Automobilhersteller umf. energierechtl.- u. stromsteuerl. zu Aufbau der E-Ladeinfrastruktur; Unternehmen der Malzherstellung bei Antragstellung auf Beihilfe gem. BECV; Fischerwerke u.a. strom- u. energiesteuerl.; Gunvor Dtl. zum Biokraftstoffquotenrecht; Ruhrkohle, Veolia zum EEG; Südzucker bzgl. EEG-Compliance-Pflichten; lfd. Umweltbundesamt.

ESG – Umwelt, Soziales, Unternehmensführung

Ein neuer Markt entsteht

Environmental Social Governance, kurz ESG, ist das Riesenthema der Märkte. Klimafreundlicher und sozialer zu werden, dazu sind Unternehmen teils durch zivilgesellschaftlichen Druck, durch steigende Energiepreise, aber auch durch nationale, europäische und völkerrechtliche Regelungen zum Menschenrechts- und Umweltschutz angehalten. Bis in ihre Lieferketten reduzieren Unternehmen CO2-Emissionen, achten Menschenrechte und haben bald auch Boden, Wald und Wasser sowie Biodiversität im Blick. Diese neue Ära der Regulierung zwingt viele Fondsgesellschaften und Unternehmen in Transformationsprozesse, die auf absehbare Zeit sicher die gesamte Wirtschaft umtreiben. Die Politik flankiert all die Prozesse mit Fördermitteln und mit neuen Regulierungstechniken wie unter anderem der Taxonomie-Verordnung, Carbon Contracts of Difference oder CO2-Pooling.

Wo zuerst die Big Four mit vorwiegend wirtschaftlich geprägter Beratung den Markt beherrschten, sind mittlerweile auch viele Kanzleien im Geschäft. Sie haben – anders als beim Entstehen der Compliance-Beratung – auf die sich wandelnden Anforderungen bereits reagiert und eigene ESG-Praxisgruppen gegründet, die Teams mit Erfahrung im Kapitalmarktrecht, in Corporate Governance, Arbeitsrecht und vor allem Regulierung zusammenbringen. Sie sollen Unternehmen bei deren Transformationsprozessen sowie den Entwicklungen neuer Geschäftsmodelle rechtlich und zunehmend strategisch begleiten. Kanzleien wie **Freshfields Bruckhaus Deringer**, **DLA Piper**, **Noerr**, **CMS Hasche Sigle** und insbesondere **Hogan Lovells** sind dafür, teils auch global, gut aufgestellt und beraten ihre Mandanten bereits zu ESG-relevanten Projekten.

Der Ernst des Lebens

Das derzeit wohl meistbeachtete ESG-Compliance-Mandat bearbeitet **Hengeler Mueller**. Sie vertritt JUVE-Informationen zufolge die Deutsche-Bank-Tochter DWS in Deutschland im Zusammenhang mit den in den USA erhobenen Greenwashing-Vorwürfen. Die Hartnäckigkeit, mit der die US-Börsenaufsicht SEC seit einem Jahr an den Vorwürfen festhält, macht deutlich, wie ernst auch Behörden die Transformation zu einer ‚besseren Welt' nehmen.

Nicht weniger ernst nehmen Unternehmen die sogenannten Klimaklagen. Schon heute testen findige NGOs wie die Deutsche Umwelthilfe Wege, Betriebe wegen nicht eingehaltener Klimaziele zu verklagen. Getroffen hat es bisher die Autokonzerne VW, BMW und Daimler sowie DEA/Wintershall. Auch einige Bundesländer wurden bereits verklagt. Vertreten lassen sich die Unternehmen von Litigation-Spezialisten, die sich für den materiell-rechtlichen Input renommierte Öffentlichrechtler an die Seite holen – so etwa bei BMW, die primär auf ein Team von **Clifford Chance** setzt. Daimler vertraut neben **Gibson Dunn & Crutcher** für die Prozessführung laut JUVE-Informationen einmal mehr auf das Regulierungsteam von **White & Case**. Für VW wiederum liegt die Federführung bei den öffentlich-rechtlichen Spezialisten von **Posser Spieth Wolfers & Partners**, die mit einer Litigation-Boutique zusammenarbeiten. Ein nächster Schritt wäre die Ausweitung der Klagen auf die Produktebene.

ESG-Lawyer als Karrierechance?

Schon die Klimaklagen illustrieren die Vielfalt der ESG-Beratung und damit das Potenzial, das für Kanzleien darin schlummert – doch das ist erst der Anfang: Für große und umfangreiche Projekte dürften global tätige, hoch vernetzt arbeitende Kanzleien zunächst gesetzt sein. Interessant wird sein, was sie daraus machen. Manche Rechtsberater glauben gar, dass es in einigen Jahren das Berufsbild des ESG-Lawyers geben wird, der nicht auf ein Rechtsgebiet abonniert ist, sondern eine koordinierende Funktion übernimmt und bei dem alle Fäden eines ESG-Mandats zusammenlaufen. In diese Richtung geht der Ansatz von **Dentons**: Eine erfahrene, ursprünglich aus dem Öffentlichen Recht kommende, Anwältin befasst sich quasi seit Tag eins mit dem Thema ESG in all seinen Facetten. Ihre Aufgabe ist es, kanzleiintern Spezialisten in den jeweiligen Praxisgruppen für ESG-relevante Themen und Mandate zu sensibilisieren. Aber auch in vielen anderen Kanzleien liegt der Ursprung der ESG-Beratung bei Regulierungsspezialisten, die aus dem Umwelt-, Bankaufsichts- oder Arbeitsrecht kommen und einzelne Experten zu mandatsbezogenen Teams vereinen sollen. Schon jetzt sind die strategischen Ansätze der Kanzleien breit gestreut und bedürfen partiell sicher einer Kurskorrektur. Unstreitig dürfte aber sein, dass es für eine umfassende ESG-Beratung Kompetenzen an der Schnittstelle zu Betriebsführung, Compliance, Kapitalmarktrecht und Regulierung zwingend braucht. Einheiten wie **Gleiss Lutz** oder **Hengeler** haben bereits begonnen, ihre Nachwuchsanwälte zu einer Art strategisch agierender ESG-Generalisten zu formen.

Im Umkehrschluss heißt das nicht, dass Boutiquen außen vor bleiben. Vielmehr sind aktuell Kanzleien wie **Franßen & Nusser** oder **Oexle Kopp-Assenmacher Lück** mit einer Fokussierung auf produktbezogenes Umweltrecht und Kreislaufwirtschaft sehr gefragt. Gleiches gilt für Spezialisten wie **Pohlmann & Company**, deren Fundament ihr Compliance-Know-how ist, das sie in beliebig viele Rechtsfelder transferieren kann, so eben auch ins Umweltrecht.

Die Bewertungen behandeln Kanzleien, die sich den Themen Umwelt, Soziales und Unternehmensführung ganzheitlich widmen. Sie beraten unter anderem im Öffentlichen Wirtschaftsrecht, insbesondere umwelt- u. produktrechtlich. Schnittstellen ergeben sich vor allem zum ▷Vertriebsrecht, zur ▷Compliance-Beratung u. zum ▷Bank- u. Finanzrecht. Auch Kanzleien mit starkem Standbein in der Transaktionsberatung u. im Gesellschaftsrecht, die viel Erfahrung in Sektoren wie ▷Energie u. ▷Verkehr mitbringen, die derzeit im Zentrum der ESG-Transformation stehen, sind besprochen.

REGULIERUNG ESG – UMWELT, SOZIALES, UNTERNEHMENSFÜHRUNG

BAKER MCKENZIE
ESG ★ ★ ★ ★ ★

Bewertung: Die ESG-Beratung entwickelt sich v.a. aus dem für die Kanzlei wichtigen Bereich Compliance heraus u. strahlt auch in die Finanzierungspraxis hinein, wo Mandanten zunehmend die ESG-Compliance von Verbriefungen nachfragen. Zugpferde der Entwicklung sind die regulator. erfahrenen u. sektorfokussierten Anwälte der Kanzlei, zu denen insbes. auch Anahita Thoms zählt, die nationale u. internat. Industrieunternehmen zur europ. Nachhaltigkeitsgesetzgebung, u.a. zu Lieferketten, berät. Die für die Beratung in diesem neuen Feld relevante umweltbez. u. abfallrechtl. Produktregulierung ist ebenfalls an ESG-Risiken in der Lieferkette ausgerichtet. Insges. weist die Kanzlei noch Potenzial auf, die vielfältigen Schnittstellenbereiche, insbes. auch in Richtung Corporate u. M&A sowie Litigation, zu entwickeln.
Team: 5 Partner (Kernteam)
Schwerpunkte: Produktbez. Umweltrecht, insbes. im Zshg. mit regulator. Fragen bzgl. der Zulieferkette. Auch Compliance-Beratung. Branchen Automobil, Pharma, Technologie u. Konsumgüter. Enge Vernetzung der Bereiche ▷Compliance, ▷Vertriebs- u. öffentl. Wirtschaftsrecht. Schnittstelle zum ▷Außenwirtschaftsrecht.
Mandate: NGO zu Compliance im Zshg. mit Menschenrechten u. Projektpartner-Screening; schwed. Pharmahersteller, u.a. zu Menschenrechts-Compliance im Zshg. mit Kooperation mit chin. Unternehmen; mehrere internat. Unternehmen lfd. zu regulator. Fragen u. zu Produktsicherheit.

CLIFFORD CHANCE
ESG ★ ★ ★ ★ ★

Bewertung: Zukunftsthemen im Zshg. mit Klimawandel u. Energiewende haben schon in den verg. Jahren in der öffentl.-rechtl. Praxis bei CC mehr Raum eingenommen. Die Begleitung des LNG-Terminals in Brunsbüttel ist nur ein Bsp., das zudem gut in die strateg. Ausrichtung passt, (infrastrukturelle) Großprojekte zu begleiten. Zu diesem Ansatz gehört auch das Transaktions- u. Finanzierungsgeschäft, in dem die Kanzlei ihre hervorragenden u. langj. Kontakte in die Banken- u. Fondsszene ausspielen kann, in der nachhaltige Investitionen immer zentraler werden. Für internat. Unternehmen agiert die Kanzlei im Zshg. mit weiteren ESG-Themen, wie Haftungsrisiken mit Blick auf Klimaklagen u. regulator. Compliance, mit praxisübergr. Teams etwa aus Litigation u. Corporate. Ähnl. wie bei Freshfields erstreckt sich die Beratung u.a. im Compliance-Bereich bereits deutl. über das LkSG hinaus auf die EU-Taxonomie-Verordnung u. Pflichten der Nachhaltigkeitsberichterstattung. Um die ESG-Beratung dem Gesamtkanzleiansatz entspr. integriert u. internat. aufsetzen zu können, hat CC zuletzt ein globales ESG-Board gegründet, in dem neben Öffentlichrechtler Thomas Voland noch 2 weitere dt. Partner vertreten sind.
Team: 2 Partner (sowie 2 weitere dt. Partner im internat. ESG-Board) plus Associates
Schwerpunkte: Strateg. ESG-Projekte u.a. im Kontext von Menschenrechten u. Umwelt; viel Erfahrung mit EU- u. Völkerrecht sowie internat. Soft Law; daher tiefe Kenntnis auch internat. Regulierungssysteme u. ihrer potenziellen Auswirkungen auf den Wert von Unternehmungen; auch M&A-Projekte inkl. Finanzierung. Enge Verbindungen zu den Praxen ▷Immobilien-, ▷Energierecht u. ▷Compliance. Zudem neben dem klass. Umweltrecht auch Produkt-, Abfall- u. Chemikalienrecht.
Mandate: German LNG Terminal zu Flüssiggasterminal; BMW u. weitere internat. Industrieunternehmen in Klimaklagen; globales Internetunternehmen zum europ. Green Deal u. zu ESG-Compliance-Themen; Autohersteller umweltrechtl. zu Fahrzeugregulierung; Maschinenbauer zu LkSG; Softwareunternehmen zu LkSG, EU-Taxonomie-Verordnung u. Sustainable-Reporting-Pflichten; mehrere Banken zu Taxonomie-Verordnung u. weiteren ESG-Themen.

CMS HASCHE SIGLE
ESG ★ ★ ★

Bewertung: Für strateg. ESG-Beratung von Unternehmen u. Investoren ist die Kanzlei mit ihrer tiefen Verwurzelung im öffentl. Wirtschafts- u. Arbeitsrecht bestens aufgestellt. Mandate zum Risikomanagement, u.a. in der Lieferkette u. für das BMWK zur Ausarbeitung u. Verhandlung sog. Carbon Contracts of Difference, mit denen der Industrie die Kosten für die Dekarbonisierung genommen werden sollen, können das vorhandene Know-how allenfalls andeuten. Die Ernennung des Bankaufsichtsrechtlers u. Compliance-Fachmanns Dr. Joachim Kaetzler zum Co-Head der globalen ESG-Praxis zeigt, dass CMS das Thema als internat. Schnittstellenmaterie erkannt hat u. entspr. weiterentwickelt. Einen dt. Kfz-Hersteller berät die Gruppe zusammen mit ihrem chin. Büro u. ihren Arbeitsrechtlern zu ESG-Risiken. Auch Mandate für Fondsgesellschaften bei der strateg. Entwicklung u. Implementierung von ESG-Strategien in Anlageklassen wie erneuerbare Energien u. Immobilien gibt es bereits.
Team: 9 Partner (Kernteam)
Schwerpunkte: Sustainable Finance u.a. für Projektfinanzierungen im Bereich Energieerzeugung (Wasserstoff); im Bereich Immobilienfonds u.a. zu Anforderungen der Offenlegungs- u. Taxonomie-Verordnung sowie ESG-Score; ▷Arbeits- u. ▷Öffentl. Wirtschaftsrecht mit viel Erfahrung im klass. Umwelt- u. Planungsrecht (v.a. auch Wasserrecht) u. bei der sektorspezifischen Regulierung u.a. im ▷Energiesektor; auch erfahrene Beihilfe- u. EU-rechtl. Praxis inkl. Sanktionen u. Außenhandelsrecht (▷Brüssel).
Mandate: Kfz-Hersteller zu Analyse u. Identifizierung potenzieller ESG-Risiken; hep Global zu Green Bond für Kauf von Photovoltaikprojekten; Bundesregierung zu Mustern u. anschl. Verhandlung sog. Carbon Contracts of Difference (marktbekannt); Bayernets zur Umstellung bestehender Gasleitungen auf Wasserstoff; Drees & Sommer Advanced Building Technologies zu Elektrolyseanlage.

ESG

★ ★ ★ ★ ★

Baker McKenzie	Düsseldorf, Berlin
Clifford Chance	Düsseldorf, Frankfurt
Freshfields Bruckhaus Deringer	Berlin, Düsseldorf

★ ★ ★ ★

DLA Piper	Köln
Gleiss Lutz	Düsseldorf, Stuttgart, Berlin
Hengeler Mueller	Berlin, Düsseldorf
Hogan Lovells	Düsseldorf, München, Frankfurt

★ ★ ★

CMS Hasche Sigle	Frankfurt, Stuttgart, Hamburg
Dentons	Berlin, Frankfurt
Lindenpartners	Berlin
Noerr	München, Düsseldorf, Berlin
Pohlmann & Company	Frankfurt, München

★ ★

Linklaters	Berlin
Posser Spieth Wolfers & Partners	Berlin
Redeker Sellner Dahs	Berlin, Bonn
White & Case	Berlin

★

Franßen & Nusser	Berlin, Düsseldorf
Oexle Kopp-Assenmacher Lück	Köln, Berlin

Die Auswahl von Kanzleien und Personen in Rankings und tabellarischen Übersichten ist das Ergebnis umfangreicher Recherchen der JUVE-Redaktion. Sie ist in 2erlei Hinsicht subjektiv: Die Aussagen der befragten Quellen sind subjektiv u. spiegeln deren Erfahrungen u. Einschätzungen. Die JUVE-Redaktion wiederum analysiert die Rechercheergebnisse unter Einbeziehung ihrer eigenen Marktkenntnis. Der JUVE Verlag beabsichtigt keine allgemeingültige oder objektiv nachprüfbare Bewertung. Es ist möglich, dass eine andere Recherchemethode zu anderen Ergebnissen führt. Innerhalb einzelner Gruppen in Rankings und tabellarischen Übersichten sind Kanzleien und Personen alphabetisch sortier

---

Anwaltszahlen: Angaben der Kanzleien, wie viele Anwälte zu mind. ca. 50% in diesem Gebiet tätig sind. Sie spiegeln nicht zwingend die Gesamtgröße einer Kanzlei wider.

ESG – UMWELT, SOZIALES, UNTERNEHMENSFÜHRUNG REGULIERUNG

DENTONS
ESG ★★★

Bewertung: Die global tätige Kanzlei entwickelt die ESG-Beratung nicht wie die meisten Wettbewerber aus versch. Praxisgruppen heraus, vielmehr geht sie mit dem Ansatz in den Markt, jeden einzelnen Bereich für ESG-Themen zu sensibilisieren. Die koordinierende Aufgabe übernimmt die mit dem Thema seit vielen Jahren befasste of Counsel Dr. Birgit Spießhofer, die viel Erfahrung im Öffentl. Wirtschaftsrecht u. an den Schnittstellen im internat. Recht inkl. Menschenrechtsthemen mitbringt. Die Schnittstellenberatung im ESG-Kontext bei Dentons prägt insbes. die Bereiche Litigation u. Compliance. Hinzu kommt die ESG-induzierte Unternehmenstransformationen, zu der auch eine abfall- u. produktregulator. versierte Berliner Öffentlichrechtlerin sowie weitere im klass. Umweltrecht erfahrene Anwälte beitragen. Mit der ESG-Due-Diligence für KKR u. Global Infrastructure Partners beim Kauf des Rechenzentrumbetreibers CyrusOne belegt sie ihre Marktpräsenz in diesem Feld. Aber auch die Finanzierungspraxis macht sie mit entspr. Mandaten erste Erfahrungen im ESG-Segment.

Team: 3 Partner, 2 Counsel, 1 of Counsel (Kernteam)

Schwerpunkte: Multijurisdiktionale ESG-Beratung, Erfahrung mit ESG Due Diligence; Green Finance auch im Grenzbereich zum Immobilienrecht sowie ESG-Compliance in sämtl. Sektoren, insbes. auch Produkt-Compliance; produktbez. Umweltrecht, v.a. Verpackungs- u. Abfallrecht. Umf. Kompetenz in Chemikalien- u. Stoffrecht, u.a. zu REACH, BiozidVO, Recycling; zunehmend Emissionshandel, Produktverantwortung u. Kreislaufwirtschaftsrecht.

Mandate: KKR u. Global Infrastructure Partners zu ESG DD bei Kauf des Rechenzentrumbetreibers CyrusOne, u.a. zu Themen wie Klimaschutz, Biodiversität u. Inklusion; Puma zu EU-Taxonomie-VO u. Reportingpflichten; globaler Mischkonzern in Beschränkungsverf. der ECHA/EU-Kommission zu PFASs-Chemikalien; DZ Bank zu Kreditfazilität mit ESG-Komponente u. -Garantien.

DLA PIPER
ESG ★★★★

Bewertung: Mit ihrer marktführenden Stellung im Bereich des Produkt- u. des Abfallrechts empfiehlt die Kanzlei sich für ESG-strateg. Transformationsberatung für die klass. Infrastruktur-, Konsum- u. Chemiegüterindustrie, zu der sie beste Kontakte pflegt. Unilever etwa setzt auf ein internat. Team um einen anerkannten Öffentlichrechtler bei der Neuausrichtung des Lieferketten-Compliance-Systems. Internat. Banken wiederum vertrauen zu Fragen des Emissionshandels auf einen Partner aus der Energiesektorpraxis. Die weitere Entwicklung hin zur Integration weiterer Praxisgruppen in die Beratung soll insbes. auch der Zugang des ESG-Fachmanns u. langj. BASF-General-Counsels Dr. Wolfgang Haas aus der gesellschaftsrechtl. Praxis heraus vorantreiben.

Team: 5 Eq.-Partner, 1 Counsel (Kernteam)

Schwerpunkte: Produktbez. Umweltrecht zw. KreislaufwirtschaftsG (inkl. ElektroG, SpielzeugVO, KosmetikVO, VerpackungsVO u. VerpackungsG), Stoff- (BiozidVO u. REACH) u. Wasserrecht insbes. für Industrie- u. Infrastrukturunternehmen; dabei v.a. internat. Produkthaftungs- u. -sicherheitsfragen, Produktrückrufe regelm. in Verbindung mit ▷Compliance-Untersuchungen u. ▷Wirtschaftsstrafrecht; daneben an denselben Schnittstellen anlagenbezogenes Umweltrecht im Kontext von Umweltschäden u. Altlastensanierungen, gr. Erfahrung im ▷Verkehrssektor; Emissionshandel aus ▷Energiesektorberatung heraus.

Mandate: Unilever zu Verpflichtungen nach dem LkSG u. Anpassung des Compliance-Systems; Varta zu ESG-gebundener Kreditfazilität; dt. Finanzdienstleister zu ESG-Anforderungen im Rahmen der MiFID-II-Vertriebsregelung; DBG Bio Energy u.a. abfallrechtl.; Lebensmittelhersteller zu Kennzeichnungspflichten u. Verpackungsgesetz inkl. Korrespondenz mit Behörden; Hersteller von Farben u. Lacken transatlant. zur Stärkung der Compliance-Struktur.

FRANSSEN & NUSSER
ESG ★

Bewertung: Die öffentl.-rechtl. Boutique mit Büros in Berlin u. D'dorf ist durch die enge Verknüpfung von Umwelt- u. Produktrecht gut aufgestellt für die Beratung in ESG-relevanten Mandaten, die stark von Nachhaltigkeit u. Klimaschutz geprägt sind. Ihre Mandanten, die u.a. aus der chem. Industrie u. der Entsorgungsbranche kommen, profitieren insbes. im Zshg. mit den anstehenden Transformationsbestrebungen im ESG-Kontext vom gr. Know-how der Kanzlei zur Kreislaufwirtschaft. Die Wiederverwertbarkeit von industriellen Abfallprodukten ist eines der Themen, die das Team derzeit intensiv beschäftigen. Anders als bspw. Großkanzleien, die sich eher über das Risikomanagement ins Spiel bringen, berät F&N Mandanten wie die Dt. Telekom u. einen internat. Maschinenbauer aus dem Produktrecht zum LkSG.

Team: 4 Eq.-Partner, 1 Counsel, 5 Associates

Schwerpunkte: Beratung zu ESG-relevanten Themen aus dem Umweltrecht (▷Öffentl. Recht) heraus. Viel Erfahrung im Kreislaufwirtschaftsrecht, Abfallrecht. Umwelt- u. produktrechtl. Compliance. Im produktrechtl. Umweltrecht v.a. Bauprodukterecht u. ElektroG.

Mandate: Dt. Telekom lfd. umweltrechtl., u.a. zu Produktsicherheit, Abfallrecht sowie zum LkSG; internat. tätiger Maschinenbauer zum LkSG; Teufel zum ElektroG; Forschungsinstitut zur Abfallende von sog. Zementglas; Fachverband Bereich Bauprodukte gutachterl. zu Umgang mit recycelbaren Abfällen von Mineraldämmstoffen; Non-Profit-Organisation zu Fragen der Taxonomie des Immobilienbestandes.

FRESHFIELDS BRUCKHAUS DERINGER
ESG ★★★★★

Bewertung: Für die Kanzlei ist die wachsende ESG-Beratung ein perfektes Feld, um ihr gesamtes Vernetzungspotenzial zu heben. Dem Rest des Marktes ist sie dabei bereits einen Schritt voraus. Bestes Bsp. ist die Beratung eines Herstellers von Zigarettenfiltern: Während Wettbewerber mit ESG-Finanzierungen strukturieren, restrukturiert FBD bereits eine an ESG-Risiken gescheiterte Refinanzierung. Weit entwickelt ist auch die Schnittstelle zur gesellschaftsrechtl. Praxis, aus der Prof. Dr. Christoph Seibt in einem internat. Team einen multinationalen Mischkonzern zu einem breiten Spektrum an ESG-Themen als Teil der Nachhaltigkeitstransformation des Unternehmens berät. Mandate wie das von Suzano belegen, dass die Beratung zu ESG-Compliance bereits deutl. über das LkSG hinausgeht. Viel mehr stehen u.a. auch die Taxonomie-VO u. Deforestation im Fokus, womit etwa in den Bereichen Abfall u. Recycling regulator. versierte Öffentlichrechtler um Dr. Juliane Hilf befasst sind sowie die ▷Energierechtler bspw. mit Mandaten für Thyssenkrupp.

Stärken: Internat. Betrachtung des Öffentl. Rechts u. enge Vernetzung zw. den Praxisgruppen.

Team: 6 Partner, 1 Counsel, 13 Associates (Kernteam)

Schwerpunkte: Eng zw. Regulierung, Corporate, ▷Litigation u. Finanzierung vernetzt fachübergr. u. strateg. Beratung multinationaler Industrieunternehmen u.a. zu ▷Compliance-Risiken u. Transformationsprojekten im Kontext neuer u. novellierter ESG-Regulierung; globale Regulierungspraxis inkl. EU- u. ▷Beihilferecht mit ausgewiesenen Stärken im ▷Öffentl. Recht, insbes. klass. Umweltrecht, inkl. Immissionsschutz-, Wasser-, Produkt- u. Abfallrecht, BatterieG sowie am Puls der Zeit, was neue rechtl. Entwicklungen angeht (Emissionshandel, Carbon Contracts of Difference, Deforestation).

Mandate: Handelsunternehmen zur Nachhaltigkeitstransformation u. zur Integration von ESG-Themen in Compliance-Prozesse u. Lieferketten; Suzano zu Auswirkungen auf Geschäftstätigkeit durch Taxonomie-VO u. Compliance-Instrumenten wie Deforestation-Regulierung u. EU Corporate Sustainability DD Directive; Hersteller von Zigarettenfiltern zu Restrukturierung nach Scheitern einer Refinanzierung an ESG-Risiken; Chemieunternehmen präventiv im Hinblick auf ESG-Klagen mit Schwerpunkten Biodiversität, Klimawandel u. Boden/Wasserkontamination; Thyssenkrupp Steel zur Dekarbonisierungsstrategie, u.a. mittels Carbon Contracts for Difference, u.a. auch aus beihilferechtl. Sicht; RWE zu Klage eines peruan. Andenbewohners (mit PSWP).

GLEISS LUTZ
ESG ★★★★

Bewertung: GL erschließt sich den ESG-Bereich insbes. aus dem Öffentl. Wirtschaftsrecht heraus. Belegt sind Mandate zu regulator. Neuheiten wie Treibhausgasquoten, wozu sie Mercedes-Benz berät, sowie für andere Unternehmen, die die Regulierer gemeinsam mit einem Vertriebsrechtler zu Lieferkettenpflichten beraten. Für die gezieltere Schnittstellenberatung steht in den Bereichen Gesellschaftsrecht, M&A, Finanzierung u. Litigation ein in regulator. Themen versierter Partner an der Seite der Bereichsspezialisten. Diese gezielte Vernetzung, die auch Noerr u. Hengeler, aber auch Freshfields prägt, hat GL bereits bei der Beratung zu den potenziellen Compliance-Verfehlungen des VW-Aufsichtsrats im Dieselskandal trainiert. Auch zum Thema ESG-Compliance ist die Kanzlei etwa im Kontext der arbeitsrechtl. Relevanz des LkSG aktiv. Hier berät sie mit Blick auf die Unternehmensführung u. deren Risiken sowie der durch Regulierung verengten Handlungsmöglichkeiten u. Anpassungsentscheidungen.

Stärken: Hohe regulator. Kompetenz. Enge Vernetzung der öffentl.-rechtl. Partner mit anderen Praxisgruppen.

Team: 9 Eq.-Partner, 4 Sal.-Partner (Kernteam)

Schwerpunkte: ESG-Compliance an der Schnittstelle Produktregulierung u. Vertrieb (LkSG u. Emissionshandel), starke Praxis im Öffentl. Wirtschaftsrecht mit viel regulator. Wissen inkl. Ban-

REGULIERUNG ESG – UMWELT, SOZIALES, UNTERNEHMENSFÜHRUNG

ken u. Kapitalmärkte sowie Business Judgement Rule u. Gesellschaftsrecht; Climate Change Litigation.
Mandate: Mercedes-Benz zu Verkauf von Treibhausgasquoten (Strategie, Vertragsgestaltung); Zulieferer zur Einführung des Chief Sustainability Officer, entsprechender Compliance-Strukturen u. Berichtslinien; TMD Friction Holdings zu Implentierung von Compliance-Systemen zu internat. verpackungsrechtl. Anforderungen; Land Ba.-Wü. prozessual gg. Dt. Umwelthilfe auf Erlass eines Klimaschutzkonzeptes (VG Mannheim) u. zu Anpassung der Klimaschutzgesetzgebung.

HENGELER MUELLER
ESG ★★★★
Bewertung: Mit dem Mandat der Dt.-Bank-Tochter DWS rd. um die gg. sie erhobenen Greenwashing-Vorwürfe in den USA bearbeitet HM eines der größten ESG-Mandate im Markt. Zuständig für die ▷*Compliance-Untersuchungen*, die auch Strafverfolgungsbehörden in Dtl. beschäftigen, ist die Frankfurter Corporate-Partnerin Dr. Lucina Berger, die bereits seit einiger Zeit zu Fragen der Taxonomie-VO tätig ist. Wie ihre Wettbewerber Gleiss u. Noerr bietet auch HM ihren Mandanten nicht nur Beratung zu nachhaltigen Finanzierungen, sondern auch eine im Öffentl. Wirtschaftsrecht breit aufgestellte Praxis mit tiefer Kenntnis der relevanten u. nicht nur aus Dtl. heraus dyn. Veränderungen unterliegenden sektorspezif. regulator. Rahmenbedingungen. Intern gestärkt durch die Ernennung eines Counsels, der konkret strateg. Projekte im ESG-Umfeld berät, ist die Praxis neben Compliance auch aus der Litigation-Perspektive für namh. Industriekonzerne u. Investmentgesellschaften zu ESG-Risiken tätig.
Stärken: Internat. Betrachtung des Öffentl. Rechts; enge Vernetzung mit anderen Praxisgruppen.
Team: 5 Partner, 2 Counsel (Kernteam)
Schwerpunkte: Einschl. Erfahrung mit ESG-Compliance an der Schnittstelle zu Fragen der Unternehmensführung (▷*Compliance* u. Strafrecht); zudem ganzes Spektrum der ESG-Finanzierungen; zunehmend: ESG-Klagen u. regulator. Beratung im ESG-Kontext, u.a. im ▷*Energie*sektor etwa zu Emissionshandel u. Carbon Contracts for Difference; eingespielte Vernetzung von Gesellschaftsrecht/M&A, Litigation u. Compliance, u.a. mit breit aufgestellter Praxis im Öffentl. Wirtschaftsrecht, umwelt-, inkl. berg-, wasser- u. abfallrechtl. sowie produktregulator. Themen (REACH, EC-Kennzeichnungen etc.); auch Völkerrecht, internat. Soft Law u. EU-Recht.
Mandate: DWS zu Greenwashing-Vorwürfen in den USA u. Dtl. (marktbekannt); Industrieunternehmen u. Investoren, u.a. zur Erstellung von ESG-Guidelines; Jupiter Asset Management zu ESG-Kriterien; Industrieunternehmen zu Litigation- Risiken; KEPH zum Vertrag zum Braunkohleausstieg mit dem Bund; internat. Maschinenbauunternehmen zu regulator. Anforderungen der Trinkwasserverordnung; TÜV Süd, u.a. umweltrechtl. zu brasilian. Dammbruchkatastrophe.

HOGAN LOVELLS
ESG ★★★★
Bewertung: Die Kanzlei verfolgt bei der Beratung zu ESG-Themen einen globalen Ansatz. Die jew. – teils länderübergr. – Teams befassen sich unter den Schlagworten Umwelt, Energiewende, nachhaltige Finanzen, Soziales u. Governance mit dem vielfältigen Spektrum der ESG-Regulatorik. Anders als bei ihren Wettbewerbern sind es u.a. die Vertriebsrechtler, die den Bereich auch aus Compliance-Sicht entwickeln. Ein Münchner Partner deckt insoweit auch die regulator. Themen ab, die anderswo von Öffentlichrechtlern bearbeitet werden. Zugleich steht er für zivilrechtl. Aspekte von Produkthaftungs- u. Produktsicherheitsrecht. Ihre zahlr. Mandanten aus der Industrie kann HL von diesem praxisübergr. Kompetenzmix überzeugen, wie mehrere Beispiele zeigen. Eines davon ist ein Kfz-Hersteller, der in der Vergangenheit eher auf Wettbewerber setzte u. sich zuletzt das Compliance-Team für eine ESG-relevante Untersuchung an seine Seite holte. Angesehen ist HL zudem in der Konsumgüterbranche, in der sie mehrere Akteure u.a. im Zshg. mit Verantwortlichkeiten in der Lieferkette berät. An der Schnittstelle zum Bankaufsichts- u. Gesellschaftsrecht agiert ein Frankfurter Partner, dessen Team bereits mehrere Mandate mit ESG-Bezug, u.a. im Zshg. mit der Taxonomie-VO, bearbeitete.
Team: 6 dt. Partner im globalen ESG-Team, plus Associates
Schwerpunkte: Regulator.-strateg. Beratung zu unternehmerischen Vorhaben wie Markteinführung, Vertriebskonzepte, u.a. im Bereich Mobilität (▷*Vertriebssysteme*); Kfz-Regulierung mit Anbindung an produktbezogenes Umweltrecht u. ▷*Compliance-Untersuchungen*. Weitere Branchen: ▷*Energie*, ▷*Immobilien*, Chemie, Konsumgüter.
Mandate: Rolls-Royce Power Systems bei Abschluss eines langfristigen Vertrags zur Beschaffung von Brennstoffzellenmodulen; Kfz-Hersteller zu ww. ESG-Compliance, inkl. LkSG; Bayerische Landesbank zu Anforderungen EU-TaxonomieVO u. EU-OffenlegungsVO; internat. Großbank zu Offenlegungspflichten im Rahmen der EU-Offenlegungs-VO u. Taxonomie-VO.

LINDENPARTNERS
ESG ★★★
Bewertung: Die Berliner Kanzlei hat sich insbes. aus ihrer bankaufsichtsrechtl. Beratung heraus frühzeitig mit ESG-Regulierung befasst. So gehörte sie zu den Ersten, die etwa Verbände u. Banken zu den Umsetzungen der regulator. Vorgaben beraten hat. Mittlerw. dehnen Finanz- u. Öffentlichrechtler im Tandem diese Beratung auch auf andere Sektoren aus, allen voran die Immobilienbranche, wo sie bspw. mehrere Unternehmen bei der Entwicklung von Nachhaltigkeitskonzepten unterstützt. Damit ist die Kanzlei gut aufgestellt für die wachsenden Anforderungen im Kontext von Fondsstrukturierungen u. nachhaltigen Bauweisen.
Team: 2 Partner
Schwerpunkte: Bankaufsichtsrecht; umwelt- u. klimaschutzrechtl. Compliance; Taxonomie, EU-Ecolabel.
Mandate: Dt. Derivate Verband zu EU-Aktionsplan ‚Sustainable Finance'; Fondsdepotbank zu ESG-Regulierung bzgl. gebundener Vermittler u. Vermögensverwaltung; Weberbank zu ESG-Regulierung in Vermögensverwaltung; BVR lfd. in div. Projekten, u.a. zu ESG-Regulierung u. Digitalisierung; Berlinovo zu Umsetzung von ESG-Pflichten im Konzern; Bund-Länder-Geschäftsstelle für Braunkohlesanierung, u.a. zu Reichweite bergrechtl. Sanierungspflichten.

LINKLATERS
ESG ★★
Bewertung: Die Kanzlei besetzt das Thema ESG mit einem praxis- u. länderübergr. Team. Insbes. die beschleunigte Transformation der europ. Energiemarktes hält für Linklaters einige Mandate bereit, die auch ESG-relevante Aspekte haben. Naturgem. deckt das öffentl.-rechtl. Team sämtl. Aspekte um Klimaschutz u. Nachhaltigkeit ab u. bekommt das gesteigerte Bewusstsein für solche Themen auch im Transaktionskontext, v.a. bei ESG Due Diligences, zu spüren. Zugleich ist das Litigation-Team in zahlr. Streitigkeiten, etwa im Zshg. mit Lieferengpässen, abgebrochenen Projekten u. damit verbundenen Finanzierungsproblemen involviert. Stärker ausgeprägt als bei vielen Wettbewerbern ist auch die Governance-Beratung, für die u.a. ein Frankfurter Partner steht u. mit der Linklaters bei namh. Konzernen – häufig aus der Finanzbranche – immer wieder punktet. Ähnlich wie W&C hat auch Linklaters das Vernetzungspotenzial, das die ESG-Beratung insbes. in der Transformationsberatung bietet, noch lange nicht ausgeschöpft. Das mag auch daran liegen, dass die strateg. Ausrichtung der dt. Praxen noch nicht eindeutig definiert ist.
Team: 4 Partner plus Associates (Kernteam)
Schwerpunkte: Enge Vernetzung der Partner u. Praxisgruppen untereinander; im Umweltrecht (▷*Öffentl. Recht*) v.a. Themen im Zshg. mit der Energiewende, ESG Due Diligence. Starkes Standbein in der ▷*Bankenszene*. Auch ▷*streitige Auseinandersetzungen*: Climate Change Litigation. Taxonomie. Sustainable Finance. Governance-Beratung, u.a. zu nachhaltiger Unternehmensführung.
Mandate: Mehrere führende Wertpapierfirmen in Fragen der Berichterstattung in Bezug auf die EU-Taxonomie; führende internat. Banken bei der Integration von ESG-Themen in gesamte Lieferkette.

NOERR
ESG ★★★
Bewertung: ESG-Beratung wird bei Noerr als Querschnittsthema aufgebaut. Partner aus den Bereichen Corporate/Finanzierung, Litigation/Compliance u. Öffentl. Wirtschaftsrecht/Regulierung tragen eng vernetzt miteinander zur Entwicklung einer schlagkräftigen Gruppe bei. Mandate wie das eines US-Techunternehmens, für das Dr. Michael Brellochs u. sein Team als Local Counsel einer US-Kanzlei einen ESG-Survey erstellt hat, belegen auch die bereits ausgeprägte Involvierung der Corporate-Praxis. Die tiefe Verankerung in regulator. Schlüsselbereichen wie Energie u. Verkehr sowie in der Abfall- u. Produktregulierung kann Noerr in Mandaten etwa im Kontext von Emissionshandel u. CO2-Pooling einbringen. ESG-Compliance-Mandate spielen v.a. im Lieferkettenkontext eine Rolle. In Verbindung mit den renommierten Arbeits- u. Vertriebsrechtlern besteht in der vertieften Vernetzung des Angebots hier noch deutl. mehr Potenzial. Ein gewisses Risiko liegt für die Bemühungen derzeit darin, dass die Kritik, der sich Noerr aus dem Markt im Zshg. mit einer internen Untersuchung bei Continental ausgesetzt sah, auch auf die Entwicklung von ESG-Mandaten durchschlägt.
Team: 8 Eq.-Partner, 1 Sal.-Partner (Kernteam)
Schwerpunkte: ESG als Querschittsthema in der Full-Service-Kanzlei, insbes. in den Bereichen ▷*Gesellschaftsrecht*/Finanzierung, ▷*Compliance-Untersuchungen* u. Litigation, jeweils in Zusammenarbeit mit Regulierungsteams (LkSG); viel Erfahrung im

ESG – UMWELT, SOZIALES, UNTERNEHMENSFÜHRUNG REGULIERUNG

▷*Öffentl. Wirtschaftsrecht*, insbes. mit Blick auf nationale u. europ. Regulierungsthemen, u.a. auch im Abfall- u. Produktrecht, Produktverantwortung u. Recycling sowie Immissions- u. Bodenschutz, Altlastensanierungen u. CO_2-Handel; inkl. ▷*Außenwirtschaftsrecht* u. Sanktionsrecht.

Mandate: US-Techunternehmen im Rahmen von ESG-Survey zu gesellschaftsrechtl. Auswirkungen in Dtl.; Dax-Unternehmen zu Organentscheidungen im ESG-Kontext; Quirin Privatbank zu Platzierung eines Green Bond; Vorstand zu Vorwürfen möglicher Gender- u. sexueller Diskriminierung von Mitarbeitenden durch andere Mitarbeitende; SAIC Motor Corporation Limited zur Einhaltung der CO_2-Flottengrenzwerte mit VW; Konsumgüterhändler zu LkSG-Risiken.

OEXLE KOPP-ASSENMACHER LÜCK
ESG ★

Bewertung: Ihre langj. Erfahrung im Produkt- u. Abfallrecht bspw. im Zshg. mit Recycling- u. Produktrücknahmeprojekten verschafft der öffentl.-rechtl. Boutique eine gute Ausgangsposition für die Beratung zu ESG-relevanten Themen. Klimaschutz u. Lieferketten spielten in den verg. Jahren bereits eine größere Rolle in der Beratung. Den Zusammenschluss mit einem Berliner Team von Öffentlichrechtlern hat die Einheit zum Anlass genommen, eine interne Praxisgruppe für Klima, Transformation u. industrielle Modernisierung aufzusetzen, die sich den wachsenden Anforderungen an die Industrie u. neuen Rechtsfragen im Kontext des Klimawandels widmet. Auch wenn OKL ihrer Aufstellung entspr. ESG-Themen rein aus ihrer öffentl.-rechtl. Perspektive betrachtet, hat sie ggü. ähnl. aufgestellten Wettbewerbern einen Vorteil: Ein erfahrener Gesellschaftsrechtler kann umweltrechtl. Themen in zivilrechtl. Verträge transferieren.

Team: 7 Eq.-Partner, 3 Sal.-Partner, 2 Counsel, 9 Associates

Schwerpunkte: ESG-Beratung aus dem Öffentl. Recht heraus. Umweltrecht: insbes. Produkt- u. Abfallrecht, viel Know-how im Zshg. mit Kreislaufwirtschaft, umweltrechtl. Fragen bei Transaktionen, auch im Rahmen von ESG Due Diligence.

Mandate: Land Niedersachsen in Klimaklage der Dt. Umwelthilfe gg. Klimaschutzstrategie des Landes; Niedersächs. Landesbetrieb für Wasserwirtschaft, Küsten- u. Naturschutz in Planfeststellungsverf. zu gepl. LNG-Terminal in Wilhelmshaven; Onlinehändler zu Einführung von globalem Rücknahmesystem; H&M zum LkSG.

POHLMANN & COMPANY
ESG ★★★

Bewertung: Anders als z.B. PSWP kombiniert Pohlmann in der ESG-Beratung ihre Kompetenz im öffentl. Wirtschaftsrecht mit der tiefen u. langj. Erfahrung ihrer Compliance-Spezialisten, die weit in den Bereich der Unternehmensführung hineinreicht. Beratung zu ESG-Compliance wird auch hier v.a. ausgehend von den zentralen Unternehmensorganen u. deren regulator. Pflichten u. Haftungsrisiken gedacht. Das umweltrechtl. Know-how der Praxis reicht von der anerkannten Erfahrung im Emissionshandel nicht zuletzt im Luftverkehrsbereich, der Produktregulierung bis hin zum Infrastrukturgenehmigungsrecht – alles Bereiche, die im ESG-Kontext an Relevanz gewinnen.

Stärken: Marktweit anerkannte Schnittstelle zur Compliance-Beratung.

Team: 4 Eq.-Partner, 1 Counsel

Schwerpunkte: Umweltrechtl. Beratung u.a. zu Altlastensanierungen sowie Produktregulierung, Abfallrecht u. Recycling; u.a. auch Modern Slavery Act, LkSG u. Emissionshandel als Teil der Compliance-Beratung regelm. im Kontext von Compliance-Risiken für die Unternehmensführung; Luftverkehrsspezialisierung.

Mandate: Anbieter zur Kompensation von CO_2-Emissionen zur finanzaufsichtsrechtl. konformen Ausgestaltung u. Abwicklung ihres Geschäftsmodells ggü. der BaFin; Hersteller von E-Kerosin zu Emissionshandel; Chemieunternehmen wg. Rückforderung von 150.000 t CO_2 im EU-Emissionshandel; Recyclingunternehmen bei der Gestaltung der gruppenweiten Governance-Strukturen in Hinblick auf Compliance-Maßnahmen, -Prozesse u. Berichtslinien u. Prüfung der Reichweite abfallrechtl. Zertifikate; div. Unternehmen, u.a. Private-Equity-Fonds u. Bauprodukteherstelller, zu LkSG wg. ganzheitl. Risikoanalyse.

POSSER SPIETH WOLFERS & PARTNERS
ESG ★★

Bewertung: Als öffentl.-rechtl. Boutique bleiben PSWP bei ESG-Themen nur begrenzte Erweiterungsmöglichkeiten. Mandate wie die von VW zu Klimaklagen der Dt. Umwelthilfe u. RWE gg. die Klage eines peruan. Andenbewohners belegen jedoch die Erfahrung, die die Sozietät in diesem wachsenden Bereich aufgebaut hat. Industrie- u. Dienstleistungsmandanten wie ein Kreuzfahrtschiffbetreiber trauen dem Team nicht zuletzt wg. seiner tiefen Kenntnis regulator. Kernthemen insbes. im Umweltrecht, aber auch im völkerrechtl. Fragen zu, ihre Klima-Policies auch rechtl.-strateg. umzusetzen.

Team: 6 Eq.-Partner, 1 Counsel, 13 Associates

Schwerpunkte: Gr. Erfahrung mit strateg. Beratung von Transformationsprojekten auf Vorstandsebene; Spezialisierung auf den öffentl.-rechtl. Teil sog. Klimaklagen; hier ausgehend von tiefer Kenntnis des nationalen u. internat. Regulierungsrechts: Umwelt-, Planungs- u. Produktrecht mit allen dazugehörigen Rechtsmaterien (u.a. Bodenschutz-, Wasser-, Naturschutz-, Altlasten-, UVP-Recht, Störfall-, Immissions-, Atomrecht, UN ECE, REACH). Sektorexpertise: ▷*Verkehrssektor*, ▷*Energiewirtschaft* u. produzierende Industrie.

Mandate: VW, u.a. zu Klimaklagen in Dtl. gg. Dt. Umwelthilfe sowie zum CO_2-Pooling; Kreuzfahrtschiffbetreiber strateg., u.a. zum Klimaschutz; RWE strateg. zu Braunkohleausstieg u. Klage eines peruan. Andenbewohners (mit Freshfields).

REDEKER SELLNER DAHS
ESG ★★

Bewertung: Aus ihrer Kompetenz im Öffentl. Wirtschaftsrecht heraus entwickelt RSD den ESG-Bereich, den sie bisher unter dem Stichwort nachhaltige Finanzierung zusammenfasst. Erste Mandate, wie das des österr. Wirtschaftsministeriums zur Taxonomie-VO belegen, dass Mandanten ihr auch ohne kapitalmarktrechtl. Kompetenz zutrauen, zentrale Fragen des neuen Regelwerks u.a. zur Nachhaltigkeit von einzelnen Techniken zu beantworten. Nicht unerhebl. für die weitere Entwicklung der Praxis sind auch produktregulator. Mandate sowie die Arbeit der öffentl.-rechtl. u. zunehmend zivilrechtl. geprägten Compliance-Gruppe für Industrieunternehmen.

Stärken: Sehr breit aufgestellte Regulierungspraxis.

Team: 10 Eq.-Partner, 3 Sal.-Partner (Kernteam)

Schwerpunkte: ESG-Beratung ausgehend vom ▷*Öffentl. Wirtschaftsrecht*, u.a. zu Taxonomie-VO, zunehmend allerdings auch in der Compliance-Beratung vernetzt mit weiteren Praxisgruppen, wie etwa Vertriebs- u. Vertragsspezialisten; sehr gutes Regulierungsverständnis insbes. in sämtl. Bereichen des klass. Umweltrecht auch produktbezogen an der Schnittstelle zu Compliance; starke Verfassungs-, EU-, Beihilfe- u. Völkerrechtspraxis; grds. gr. Affinität für wissenschaftl. Auseinandersetzung mit Beratungsthemen.

Mandate: Österr. Umweltministerium gutachterl. zur Frage, ob Atomenergie nachhaltig ist, u. zu Taxonomie-VO; Bundesverband zur Umsetzung von Kennzeichnungspflichten aus der EU-Einwegkunststoff-RL; Chemieparkbetreiber zu LkSG-Compliance; Kfz-Zulieferer umf. zur Implementierung einer Beschaffungs- u. Vertragsstruktur sowie von Compliance-Mechanismen in Umsetzung des LkSG; H2Global Advisory umf. zur Gründung.

WHITE & CASE
ESG ★★

Bewertung: Anders als ihre Wettbewerber spielt W&C trotz bester Voraussetzungen bei der ESG-Beratung noch nicht ihr gesamtes Repertoire aus. Vorherrschend sind ESG-Finanzierungen insbes. von Projekten im Energiesektor. Die starke Praxis im Öffentl. Wirtschaftsrecht, die hervorragende Kontakte zu Kfz-Herstellern pflegt, ist punktuell mit ESG-Compliance- u. ESG-Litigation-Themen befasst, bleibt Belege für die Nutzung des Vernetzungspotenzials, die dieser Bereich insbes. zur gesellschaftsrechtl. geprägten Compliance- u. Transformationsberatung bietet, aber noch weitgehend schuldig.

Oft empfohlen: Dr. Henning Berger, Prof. Dr. Norbert Wimmer

Team: 4 Eq.-Partner, 2 Counsel (Kernteam)

Schwerpunkte: ESG-Beratung im Kontext von Finanzierungen, insbes. Projektfinanzierung im Bereich erneuerbare Energien; viel Kompetenz im öffentl. Wirtschaftsrecht, v.a. auch klass. Umwelt- u. Planungsrecht, immissionsschutzrechtl. Genehmigung von Anlagen, zudem Altlastensanierung u. verwaltungsrechtl. Litigation. Im Aufbau: produktbez. Umweltrecht, u.a. auch im Compliance-Kontext. Beratung bei Transaktionen. ▷*Öffentl. Recht*.

Mandate: Hapag-Lloyd bei Emission einer Sustainability-Linked-Unternehmensanleihe (€300 Mio); Luxusgüterkonzern kreislaufwirtschaftsrechtl. zu Gesetzesnovelle; Daimler lfd., u.a. zu regulator. Fragen des Verbrauchs- u. Emissionsverhaltens von Fahrzeugen u. in Klimaklage (beides marktbekannt); InfraServ zu Altlastensanierung (marktbekannt).

Medizinische Versorgungszentren im ambulanten ärztlichen Markt

Von Dr. Sarah Gersch-Souvignet und Dr. Maren Trautmann, Ebner Stolz, Köln

Dr. Sarah Gersch-Souvignet

Dr. Sarah Gersch-Souvignet ist Rechtsanwältin, Fachanwältin für Medizinrecht und als Partnerin bei Ebner Stolz im Bereich Health Care/Medizinrecht in Köln tätig.

Dr. Maren Trautmann

Dr. Maren Trautmann ist Rechtsanwältin und als Associate bei Ebner Stolz im Bereich Health Care/Medizinrecht in Köln tätig.

Ebner Stolz ist eine der größten unabhängigen mittelständischen Prüfungs- und Beratungsgesellschaften in Deutschland und gehört zu den Top Ten der Branche. Das Unternehmen verfügt über jahrzehntelange fundierte Erfahrung in Wirtschaftsprüfung, Steuerberatung, Rechtsberatung und Unternehmensberatung. Dieses breite Spektrum bieten 1.900 Mitarbeiter in dem für sie typischen multidisziplinären Ansatz in allen wesentlichen deutschen Großstädten und Wirtschaftszentren an. Als Marktführer im Mittelstand betreut das Unternehmen überwiegend mittelständische Industrie-, Handels- und Dienstleistungsunternehmen aller Branchen und Größenordnungen.

Kontakt
RAin Dr. Sarah Gersch-Souvignet
Ebner Stolz
Holzmarkt 1
50676 Köln
Tel. +49 221 20643-642
Sarah.Gersch-Souvignet@ebnerstolz.de
www.ebnerstolz.de

Weitere Informationen zur Kanzlei in der Anzeige auf Seite 17, 148

Konzipiert wurde das Medizinische Versorgungszentrum (MVZ) im Jahr 2003 mit dem GKV-Modernisierungsgesetz in Anlehnung an die Polikliniken der DDR als fachübergreifende ärztliche Einrichtung zur Verbesserung der Patientenversorgung durch die Versorgung aus einer Hand. Ein zentrales Anliegen des Gesetzgebers war hierbei auch der Erhalt der Attraktivität der ambulanten ärztlichen Tätigkeit mit Blick auf die Vereinbarkeit von Beruf, Familie und Privatleben. Mit dem Wandel der ärztlichen Tätigkeit hin zu größeren Strukturen und dem Bedürfnis junger (Zahn-)Ärzt:innen nach Flexibilisierung und Reduzierung der Arbeitszeit ist die Organisationsform MVZ damit gerade heute als moderne Versorgungsform zu betrachten, die nicht zuletzt zur Bindung des ärztlichen Nachwuchses beiträgt. In der öffentlichen Berichterstattung entwickelt sich das MVZ aktuell jedoch bedauerlicherweise zum schwarzen Schaf in der Familie der Versorgungsformen. Der Gesetzgeber ist aufgerufen nachzujustieren.

Die Entwicklung des MVZ – Ein Rückblick

Die ambulante ärztliche Versorgung gesetzlich versicherter Patient:innen, sogenannte vertragsärztliche Versorgung, ist in Deutschland an bestimmte Voraussetzungen und Formen geknüpft. Es bedarf hierzu einer Zulassung oder Ermächtigung. Neben Ärzt:innen oder Zahnärzt:innen können auch Medizinische Versorgungszentren gemäß §95 Abs. 1 Satz 2 SGB V, beispielsweise in der Rechtsform einer GmbH, Inhaber einer Zulassung sein. Ein MVZ ist eine Einrichtung, in der Ärzt:innen im System der Gesetzlichen Krankenversicherung angestellt oder selbständig unter ärztlicher Leitung tätig sind. Wer Gesellschafter einer MVZ-Trägergesellschaft sein darf, ist abschließend geregelt. Aktuell kommen hierfür z.B. zugelassene (Zahn-)Ärzt:innen und Krankenhäuser, Erbringer nichtärztlicher Dialyseleistungen oder Kommunen in Betracht. Ein zur Behandlung gesetzlich versicherter Patienten zugelassenes Krankenhaus kann wiederum von Private Equity-Investoren erworben werden.

Im Jahr 2015 wurde mit dem GKV-Versorgungsstärkungsgesetz die Gründung von fachgruppengleichen MVZ, sog. Mono-MVZ, zugelassen, die den Grundstein für die Bildung von Monostrukturen, beispielsweise in der Zahnheilkunde, der Radiologie oder der Augenheilkunde, legte. Hierdurch kam es zwischen 2015 und 2018 zu einem Anstieg der MVZ-Gründungen um 47% (Quelle: Medizinische Versorgungszentren: Statistische Informationen, KBV). Dies veranlasste den Gesetzgeber im Jahr 2019 mit dem Terminservice- und Versorgungsgesetz, die Möglichkeiten der MVZ-Gründung in den Bereichen Dialyse und Zahnheilkunde zu begrenzen.

Seit 2018 besteht zunehmend ein öffentlicher Diskurs über die Beteiligung von Finanzinvestoren an der Gründung von MVZ. Hierbei wird kritisiert und angenommen, dass von einem Krankenhaus-MVZ, bei dem die Krankenhausträgergesellschaft von einem Finanzinvestor betrieben wird, sog. investorenbetriebene MVZ, eine Gefahr für die Versorgungsqualität ausgehe. Aus diesem Grund hat das Bundesministerium für Gesundheit im Februar 2020 Gesundheitsexperten mit der Erstellung eines Gutachtens beauftragt. Dies haben auch andere Institutionen wie zum Beispiel die Kassenzahnärztliche Bundesvereinigung zum Anlass genommen, den Stand und mögliche Weiterentwicklungen von gesetzlichen Regelungen zu MVZ zu untersuchen.

Stand aktueller Gutachten und Studien

Fünf von acht den Autorinnen bekannte Gutachten/Studien kommen zu dem Ergebnis, dass von investorenbetriebenen MVZ keine Gefahren für die Versorgungsqualität ausgehen, so auch das vom Bundesministerium für Gesundheit beauftragte Gutachten der Professoren Ladurner, Walter und Jochimsen, die Einschränkungen der MVZ-Gründungsbefugnisse ablehnen. Das Gutachten des Instituts für Gesundheitsökonomik (ifG) stellte u.a. fest, dass sich eine hohe Qualität der medizinischen Versorgung und Patientenzufriedenheit in investorenbetriebenen MVZ belegen lasse. Das Gutachten des Forschungs- und Beratungsinstituts für Infrastruktur- und Gesundheitsfragen (iGES) verwies u.a. auf eine gleichermaßen gezielte Renditeoptimierung in MVZ ohne Investorenbeteiligung. Daneben gibt es eine Studie aus dem Bereich der akkreditierten Labore von der WIG2 GmbH/figus GmbH und eine aus dem Bereich zahnärztlicher MVZ mit Investorenbeteiligung von der WifOR Institute GmbH.

Drei der Gutachten/Studien hingegen sehen eine Gefährdungslage. Im zahnärztlichen Bereich kommt Prof. Sodan in dem von der Kassenzahnärztlichen Bundesvereinigung in Auftrag gegebenen Gutachten u.a. zu dem Ergebnis, dass in zahnärztlichen Investoren-MVZ eine renditeorientierte Behandlung der Versicherten erfolge. Die von der Kassenärztlichen Vereinigung Bayern am 07.04.22 veröffentlichte Studie des iGES-Instituts kommt u.a. zu dem Ergebnis, dass in MVZ höhere Behandlungskosten abgerechnet würden als in Einzelpraxen. Die Studie hat jedoch erhebliche Kritik erfahren: Der Bundesverband der Betreiber medizinischer Versorgungszentren (BBMV) moniert insbesondere, dass die Zuordnungskriterien zu den investorenbetriebenen MVZ nicht offengelegt werden. Der Bundesverband Medizinische Versorgungszentren – Gesundheitszentren – Integrierte Versorgung (BMVZ) beanstandet, dass die Analyse methodische Fragen aufwerfe. In einem zweiten, von der Kassenärztlichen Vereinigung Bayern bei Prof. Sodan in Auftrag gegebenen Gutachten nimmt dieser an, dass von der MVZ-Gründungsbefugnis der Krankenhäuser insgesamt eine Gefahr ausgehe.

Festzuhalten bleibt: Aus allen oben genannten Gutachten/Studien gingen Empfehlungen hervor, welche mehr Transparenz fordern, weshalb unter anderem die Einführung eines MVZ-Registers sowie eine Kennzeichnung der investorenbetriebenen MVZ durch eine Schilderpflicht vorgeschlagen wurde.

Eine Sonder-Gesundheitsministerkonferenz beschloss am 30.09.21 die Notwendigkeit dahingehender Regelungen und forderte darüber hinaus regionale Beschränkungen der Zulassungen.

Bestehende Prüfmechanismen zur Sicherung einer unabhängigen (zahn-)ärztlichen Versorgung

Über den Erwerb eines zugelassenen Krankenhauses kann ein Finanzinvestor an den Einnahmen aus dem Betrieb eines Medizinischen Versorgungszentrums partizipieren. Dies jedoch nur im Rahmen der bestehenden regulatorischen Grenzen.

Die Zulassungsausschüsse prüfen im Rahmen der MVZ-Gründung in der Regel etwaige Gewinnabführungsverträge. Beherrschungsverträge werden als generell unzulässig bewertet und stehen einer MVZ-Zulassung entgegen. Daneben prüfen die Zulassungsausschüsse vor Erteilung einer erforderlichen Anstellungsgenehmigung zu Gunsten einer MVZ-Trägergesellschaft die abgeschlossenen Anstellungsverträge.

Zur Vermeidung einer renditeorientierten Behandlung und einer Abrechnung medizinisch nicht notwendiger Leistungen löst eine auffällig häufige Abrechnung bestimmter Leistungen im Vergleich zum Fachgruppendurchschnitt eine sogenannte Wirtschaftlichkeitsprüfung (§106 SGB V) mit möglichen Honorarrückforderungen in der Praxis aus, weil dies als Indiz für eine Abrechnung medizinisch nicht notwendiger Leistungen bewertet wird.

Die regelmäßige Überschreitung der im GKV-System genehmigten Arbeitszeiten, die im Rahmen der Abrechnung aufgrund der im Einheitlichen Bewertungsmaßstab (EBM) hinterlegten Zeiten für einzelne Leistungen überprüft wird, führt zu einer sogenannten Plausibilitätsprüfung (§106d SGB V) und möglichen Honorarrückforderungen, weil hierbei die Annahme besteht, dass obligate Leistungsinhalte einer Gebührenordnungsposition nicht erbracht worden sind.

Schwarze Schafe erkennen – Mehr Transparenz und Stärkung der Ärzteschaft

Mit Blick auf die Ergebnisse der Gutachten zur Behandlungstätigkeit in MVZ sollten eine MVZ-Schilderpflicht sowie ein MVZ-Register zur Stärkung der freien Arztwahl der Patient:innen seitens des Gesetzgebers nun zügig umgesetzt werden.

Mehr Transparenz bedarf es jedoch auch bei der Analyse der Gefährdungslage. Wie hoch der Versorgungsanteil durch Krankenhaus-MVZ in den einzelnen Arztgruppen ist, bei denen das Krankenhaus sich im Eigentum eines Finanzinvestors befindet, ist aktuell völlig unklar. Der Anteil der Ärzte, die in MVZ tätig sind, betrug im Jahr 2021 etwa 15% (Quelle: Statistische Informationen aus dem Bundesarztregister, KBV). Davon ausgehend, dass es sich nicht bei all diesen MVZ um investorenbetriebene MVZ handelt (nur 1.725 von insgesamt 3.846 MVZ waren im Jahr 2020 Krankenhaus-MVZ; Quelle: Statistische Informationen aus dem Bundesarztregister, KBV), dürfte der Versorgungsanteil investorenbetriebener MVZ aktuell insgesamt vermutlich unter 10% liegen. Die Kassenärztliche Bundesvereinigung sollte mit Hilfe der Kassenärztlichen Vereinigungen hierzu Zahlen veröffentlichen und die Gefährdungslage quantifizieren, bevor Zulassungsbeschränkungen diskutiert werden.

Zur weiteren Absicherung der (zahn-)ärztlichen Unabhängigkeit könnte eine Pflicht zur Vorlage von Zielvereinbarungen bei den (Zahn-)Ärztekammern geregelt werden. Es könnten Empfehlungen zur Gestaltung erarbeitet werden, wie dies bereits für Chefärzt:innen in Krankenhäusern erfolgte, vgl. §135c SGB V.

Schließlich sollte zur Stärkung der Ärzteschaft eine Klarstellung des Gesetzgebers bezüglich der Übernahme von Geschäftsanteilen von Gründerärzten und nicht-ärztlichen Gründern an einer MVZ-Trägergesellschaft durch angestellte Ärzt:innen gemäß §95 Abs. 6 Satz 5 SGB V erfolgen. Aktuell ist die Übernahme von Geschäftsanteilen an einer MVZ-Trägergesellschaft durch neu angestellte Ärzt:innen nur erschwert möglich. Die diesbezügliche amtliche Begründung der Regelung steht im Widerspruch zu der gewünschten Förderung und Stärkung des ärztlichen Nachwuchses und der gewünschten Trägervielfalt. ∎

KERNAUSSAGEN

- Es fehlt im Rahmen der MVZ-Versorgung an Transparenz in Bezug auf (i) Informationen für Patienten, welches MVZ, einer/welcher Gruppe angehört und (ii) Zahlen zur Versorgungs- und Gefährdungslage in und durch MVZ.
- Zur Vermeidung der Abrechnung medizinisch nicht notwendiger Leistungen erfolgt im GKV-System eine regelmäßige Abrechnungskontrolle im Rahmen von Wirtschaftlichkeitsprüfungen.
- Das Ziel des Gesetzgebers, mit der Versorgungsform MVZ die Attraktivität der ambulanten ärztlichen Tätigkeit mit Blick auf die Vereinbarkeit von Beruf, Familie und Privatleben zu erhalten, kann in größeren Strukturen einfacher gelingen. Diese tragen nicht zuletzt zur Bindung des ärztlichen Nachwuchses bei.

Gesundheitswesen

Digitalisierung ist nicht zu bremsen

Die Corona-Pandemie dauert an – und coronabezogene Themen bescheren den auf die Gesundheitsbranche spezialisierten Anwälten nach wie vor viel Arbeit, etwa bei der Beratung von krisengebeutelten Krankenhäusern. Ein anderes Beispiel sind die sogenannten Pandemiebereitschaftsverträge für knapp drei Milliarden Euro, die der Bund mit fünf Unternehmen geschlossen hat. **Clifford Chance** hat die anspruchsvollen Verträge für den Bund entworfen und mit den Bietern verhandelt. Auf der Gegenseite standen **Baker McKenzie** und **Noerr**. Auch **Gleiss Lutz** war umfassend für das Bundesgesundheitsministerium tätig, zum Beispiel bei der Koordination von Schadensersatzforderungen wegen Impfschäden.

Zudem hat die Pandemie den Megatrend der Gesundheitsbranche, die Digitalisierung, weiter befeuert. Auch wenn das E-Rezept zuletzt erneut ins Stocken geraten ist und das BGH-Urteil zur Werbung für digitale Arztbesuche die Aufbruchsstimmung im Markt für Telemedizin bremst, ist die Digitalisierung die Zukunft. Die Kompetenz der Berater bei Schnittstellenthemen wie Datenschutz ist immer häufiger gefragt, egal, ob es um den weltweiten Vertrieb einer Robotiklösung für komplexe, invasive Behandlungen ohne Vor-Ort-Präsenz des operierenden Arztes geht oder um Fragen eines globalen Cloud-Anbieters zur Datenverarbeitung durch Krankenhäuser und Krankenkassen. Zunehmend beraten die Gesundheitsrechtler auch Internetplattformen oder Techkonzerne.

Hogan Lovells, **Clifford** oder **Baker**, die regulatorische Tiefe mitbringen und gleichzeitig mit großen Teams viele Rechtsgebiete abdecken können, sind für große grenzüberschreitende Digitalprojekte ihrer Mandanten hervorragend aufgestellt. Aber auch kleinere Einheiten wie **Covington & Burling**, sind bei Digitalthemen sehr umtriebig: Die Praxis berät zwei große Industrieverbände zu den EU-Rechtsvorhaben ‚Data Act' und ‚European Health Data Space'. Auch tief spezialisierte Boutiquen wie **GND Geiger Nitz Daunderer** oder **Dierks+Company** sind aufgrund ihrer Spezialkompetenz und tiefen Erfahrung bei Digitalisierungsprojekten regelmäßig gesetzt.

Investoreninteresse bleibt hoch

So bleibt die Branche attraktiv für strategische und Finanzinvestoren. **CMS Hasche Sigle** hat die Otto Group bei der Übernahme von Medgate sowie dem gleichzeitigen Erwerb von BetterDoc beraten – und damit beim Einstieg in die Digital-Health-Branche. Insgesamt zeigt sich der Sektor krisenfest und wurde erneut zum Schauplatz mehrerer hochvolumiger Deals: **Gleiss Lutz** etwa begleitete Roche bei der Übernahme der TIB Molbiol Group, **Latham & Watkins** stand Astorg beim Kauf von Corden Pharma zur Seite und **Möller & Partner** beriet mehrere Augenzentren beim Verkauf an die Klinikkette Sanoptis. Viel Arbeit bescherten den Anwälten zudem Biotech-/Lizenztransaktionen. An dieser Schnittstelle hat **Freshfields Bruckhaus Deringer** mit Dr. Jochen Dieselhorst einen sehr erfahrenen Partner verloren. Hier wie auch in vielen anderen Praxen wird sich erst noch zeigen, wer die Lücken schließt, die die großen Namen zweifellos hinterlassen werden.

Die Bewertungen behandeln Kanzleien, die die Gesundheitsbranche in diversen Rechtsgebieten beraten. Im Fokus steht die regulatorische, sozial- und wettbewerbsrechtliche Arbeit für Arzneimittel- und Medizinprodukthersteller. Auch ▷Patent-, ▷Kartell- und ▷Vergaberecht spielen eine Rolle. Kanzleien, die über Erfahrung mit Transaktionen in der Pharmabranche verfügen, sind in einer gesonderten tabellarischen Übersicht dargestellt. Das dritte Ranking erfasst Kanzleien, die v.a. Kliniken, Medizinische Versorgungszentren (MVZ) oder Apotheken beraten. Spezialisten für Produkthaftung finden sich im Kapitel ▷Konfliktlösung.

JUVE KANZLEI DES JAHRES FÜR GESUNDHEITSWESEN

GND GEIGER NITZ DAUNDERER

Die erst fünf Jahre alte Gesundheitsboutique entwickelt sich zunehmend zur Rundumberaterin der Branche. Ihren traditionellen Schwerpunkten Marktzugang und AMNOG-Verhandlungen sowie Compliance, bei denen Mandanten wie Novartis oder Astellas auf sie setzen, hat sie sukzessive und strategisch klug neue Kompetenzen zugefügt. Seit der Aufnahme dreier renommierter Medizinstrafrechtler im Jahr 2019 berät die Kanzlei ihre Mandanten mittlerweile nicht mehr nur präventiv, sondern verteidigt sie im Ernstfall auch. Ein Beispiel dafür ist die Vertretung des Geschäftsführers eines bundesweit agierenden Pflegedienstes, dem Abrechnungsbetrug vorgeworfen wird. Auch beim anschließenden Zugang eines Vertragsarztrechtlers bewies GND ein gutes Händchen: Er begleitete dieses Jahr mehrere der nach wie vor boomenden MVZ-Deals regulatorisch, etwa die Gründer der Smile-Eyes-Gruppe beim Investment von Trilantic Europe.

Anfang des Jahres hat sie ein weiteres Trendthema prominent besetzt: Vom Health Innovation Hub des Gesundheitsministeriums kam **Dr. Philipp Kircher**, der genau wie mehrere andere GND-Partner sein Handwerk bei der hoch angesehenen Einheit Dierks + Bohle, heute D+B Rechtsanwälte, gelernt hat. Der Datenschutzexperte bringt tiefes Wissen der digitalen Gesundheitsszene mit, zum Beispiel beim Thema Digitale Gesundheitsanwendungen (DiGA). Dadurch ergeben sich exzellente Anknüpfungspunkte zur Arbeit der anderen Partner. So hat etwa der von Mandanten und Wettbewerbern gleichermaßen hoch gelobte **Dr. Gerhard Nitz** zuletzt die ersten Preisverhandlungen für eine DiGA begleitet und vor der Schiedsstelle vertreten.

Pharma- und Medizinprodukterecht

★★★★★	
Baker McKenzie	Frankfurt, München, Berlin
Clifford Chance	Düsseldorf
Hogan Lovells	München, Hamburg, Düsseldorf

★★★★	
CMS Hasche Sigle	Berlin, Hamburg, Stuttgart
Covington & Burling	Frankfurt, Brüssel
Dierks+Company	Berlin
Novacos	Düsseldorf
Sträter	Bonn

★★★	
Ehlers Ehlers & Partner	München, Berlin
Freshfields Bruckhaus Deringer	Berlin, Düsseldorf, Frankfurt, Hamburg
Gleiss Lutz	Berlin, Düsseldorf, Stuttgart
GND Geiger Nitz Daunderer	Berlin, München
Kozianka & Weidner	Hamburg
Möhrle Happ Luther	Hamburg
Preu Bohlig & Partner	München
Taylor Wessing	München

★★	
D+B Rechtsanwälte	Berlin, Brüssel, Düsseldorf
EY Law	Stuttgart
Fieldfisher	Hamburg, München
Hengeler Mueller	Berlin, Düsseldorf, Frankfurt
King & Spalding	Frankfurt
Latham & Watkins	Hamburg
McDermott Will & Emery	München
Meisterernst	München
Noerr	Berlin, Dresden, München
Schultz-Süchting	Hamburg
Wachenhausen	Lübeck

★	
von Boetticher	München, Berlin
Harmsen Utescher	Hamburg
Hees	Hamburg
Kaltwasser	München
Mazars	Berlin
Oppenländer	Stuttgart
Sander & Krüger	Frankfurt
Wigge	Münster, Hamburg
Wuerterberger	Stuttgart

Die Auswahl von Kanzleien und Personen in Rankings und tabellarischen Übersichten ist das Ergebnis umfangreicher Recherchen der JUVE-Redaktion. Sie ist in 2erlei Hinsicht subjektiv: Die Aussagen der befragten Quellen sind subjektiv u. spiegeln deren Erfahrungen u. Einschätzungen. Die JUVE-Redaktion wiederum analysiert die Rechercheergebnisse unter Einbeziehung ihrer eigenen Marktkenntnis. Der JUVE Verlag beabsichtigt keine allgemeingültige oder objektiv nachprüfbare Bewertung. Es ist möglich, dass eine andere Recherchemethode zu anderen Ergebnissen führt. Innerhalb einzelner Gruppen in Rankings und tabellarischen Übersichten sind Kanzleien und Personen alphabetisch sortiert.

BAKER MCKENZIE

Pharma- und Medizinprodukterecht ★★★★★
Pharmarecht: Transaktionen ★★★★

Bewertung: Die äußerst breit aufgestellte Pharmapraxis verfügt in nahezu allen für die Branche zentralen Bereichen über hoch angesehene Teams u. gehört mit Fug u. Recht zu den angesehensten Einheiten im Markt. Ähnl. wie Clifford, Hogan Lovells oder Freshfields berät BM regelm. bei komplexen internat. Großprojekten u. Transaktionen. Kopf der Praxis ist der exzellent vernetzte u. sehr renommierte Regulierungsexperte Räpple. Seinem Team und ihm vertrauen viele namh. dt. u. internat. Pharmaunternehmen u. Medizinproduktehersteller teils seit Jahren. Dabei stehen regulator. Themen, Kovigilanz- u. Compliance-Fragen genauso im Fokus wie klass. HWG-Prozesse u. Verf. vor den Sozialgerichten. Dem Markttrend entsprechend nimmt die Beratung zu Digitalisierungsprojekten stetig zu. Hier berät die Praxis etwa zur Gestaltung von Apps, DiGAs u. in komplexen datenschutzrechtl. Behördenverfahren. Auch die Schnittstellen zum Kartell- u. Vergaberecht deckt BM dank der äußerst anerkannten Burholt u. Gabriel so gut wie kaum eine andere Einheit ab. Den Weggang der Lizenzexpertin Ulmer-Eilfort hat die Einheit durch die Partnerernennung einer Schweizer IP-Spezialistin aufgefangen, die aus Zürich heraus u.a. dt. Mandanten berät. Eine Stärke von BM ist ihr integrierter, standortübergr. Ansatz. Mit eingespielten Teams kann die Praxis komplexe Projekte u. internat. Transaktionen ausgezeichnet stemmen. Zu den Highlights zählte etwa die Beratung von CureVac zu den Pandemiebereitschaftsverträgen oder von Modag bei der strateg. Zusammenarbeit mit Teva.

Stärken: Regulator. Beratung bei großen internat. Projekten. Branchenbez. ▷Vergabe- u. ▷Kartellrecht.
Oft empfohlen: Dr. Thilo Räpple („überragende Auffassungsgabe", Mandant), Dr. Marc Gabriel (Vergaberecht), Dr. Christian Burholt („exzellent an der Schnittstelle zw. Kartellrecht u. Lifescience", „sehr lösungsorientiert", Mandanten), Dr. Frank Pflüger
Team: 8 Partner, 7 Associates
Partnerwechsel: Dr. Constanze Ulmer-Eilfort (zu Peters Schönberger)
Schwerpunkte: Umf. bei strateg. Projekten, insbes. regulator. Fragen u. Lizenzen sowie ▷M&A-Begleitung. Daneben ▷Compliance, Datenschutz (▷IT u. Datenschutz), Patent und ▷Produkthaftung. ▷Venture-Capital-Praxis mit Biotecherfahrung.
Mandate: CureVac/GSK zu Pandemiebereitschaftsverträgen; Allecra Therapeutics bei Lizenzvereinbarung mit Advanz Pharma; Sino Pharmaceutical bei Kauf von Softhale; Ecolab fusionskontrollrechtl. bei Kauf von Purolite; Modag bei strateg. Kooperation mit Teva; Hexal zu Rabattvertr. u. Lieferausfällen; lfd. internat. Pharmaunternehmen, Medizintechnikhersteller u. Handelsunternehmen zu Beschaffung von Corona-Impfstoffen, Arzneimitteln, Schutzausrüstung u. Schnelltests; austral. Medizintechnikhersteller bei Transaktion.

VON BOETTICHER

Pharma- und Medizinprodukterecht ★

Bewertung: Die Pharmapraxis ist v.a. für ihre Durchsetzungskraft u. langj. Erfahrung in HWG-Prozessen renommiert. Dafür steht in erster Linie Böhm, die zuletzt u.a. auf ihrem Spezialgebiet der Impfstoffe sehr aktiv war u. Neumandantin Bavarian Nordic in mehreren Auseinandersetzungen vertrat. Daneben ist der angesehene Brandi-Dohrn v.a. von Stammmandanten im Vertragsrecht gefragt, etwa von Ever Neuro Pharma bei klin. Studien. Der Abgang von Stöckel, der v.a. an der Schnittstelle zw. Pharma- bzw. Medizinprodukten u. IP-Recht sowie Compliance beriet, hinterlässt eine Lücke in der Partnerschaft, die die Kanzlei schließen muss, um den Anschluss an ihre Wettbewerber nicht zu verlieren.
Stärken: HWG-Prozesse.
Oft empfohlen: Dr. Claudia Böhm („versiert in HWG-Prozessen", Wettbewerber), Dr. Anselm Brandi-Dohrn (Vergaberecht)
Team: 3 Partner, 2 Associates
Partnerwechsel: Dr. Oliver Stöckel (zu SKW Schwarz)
Schwerpunkte: Pharmarecht, branchenspezif. Compliance, IP; ▷IT/Datenschutz für v.a. mittelständ. Arzneimittelindustrie, Medizinproduktehersteller, Biotechunternehmen, Großhandel.

Anwaltszahlen: Angaben der Kanzleien, wie viele Anwälte zu mind. ca. 50% in diesem Gebiet tätig sind. Sie spiegeln nicht zwingend die Gesamtgröße einer Kanzlei wider.

REGULIERUNG GESUNDHEITSWESEN

Mandate: Bavarian Nordic im HWG u. zu Compliance; Ever Neuro Pharma, u.a. bei Aufbau des Parkinson-Geschäfts in Dtl.; Gilead, u.a. im HWG um Produkte für die HIV-Therapie u. Corona-Medikamente sowie zu Compliance; ww. tätiger Pharmakonzern im HWG, u.a. in Auseinandersetzungen um Grippeimpfstoffe; Betterguards vertragsrechtl., u.a. zu Kooperation im Sportschuhbereich; CellAct pharmarechtl. u. bei Verkauf der Core-Technologie; Leo Pharma im HWG u. bei Vertriebsverträgen; Acino, u.a. bei Lizenz- u. Lieferverträgen.

BUSSE & MIESSEN

Krankenhäuser, MVZ und Apotheken ★★★

Bewertung: Die von Bonn u. Berlin aus tätige Medizinrechtspraxis ist mit ihrer Mischung aus regulator. u. Corporate-Know-how gut für die Transaktionsberatung von Leistungserbringern wie Kliniken u. MVZ aufgestellt. Dabei arbeitete sie zuletzt vermehrt für Investoren, z.B. für eine internat. tätige Private-Equity-Gesellschaft beim Aufbau von MVZ-Gruppen. Daneben berät sie Leistungserbringer umf., auch prozessual. So stand z.B. der angesehene Pflugmacher der Uniklinik Münster im Verfahren um die Zulassung als Zentrum für Präimplantationsdiagnostik gg. die Ärztekammer Westfalen-Lippe zur Seite.

Stärken: Umf. medizinrechtl. Beratung von Krankenhäusern u. MVZ; transaktionsbegleitende Beratung von Kliniken, MVZ u. Private-Equity-Investoren.

Oft empfohlen: Dr. Ingo Pflugmacher („pragmat.", „guter Berater, schneller Entscheider", Wettbewerber), Dr. Ronny Hildebrandt („sehr gut", Mandant; „Experte im Vertragsarztrecht, sehr angenehm", Wettbewerber)

Team: 7 Eq.-Partner, 1 Sal.-Partner

Schwerpunkte: MVZ-Transaktionen; Krankenhäuser zu Vergütung; Compliance.

Mandate: MVZ-Gruppe bei bundesw. Zukäufen; Ambulantes Gesundheitszentrum der Charité umf. vertragsarztrechtl.; Delta Dialysepartner zulassungsrechtl. u. bei MVZ-Transaktionen; Private-Equity-Investor bei Aufbau von MVZ-Gruppen im hausärztl. sowie Orthopädiebereich; Uniklinik Münster gg. Ärztekammer Westfalen-Lippe um Zulassung als Zentrum für Präimplantationsdiagnostik.

CAUSACONCILIO

Krankenhäuser, MVZ und Apotheken ★

Bewertung: Die v.a. bei Mandanten in Norddtl. tief verwurzelte Kanzlei berät in erster Linie Leistungserbringer wie Krankenhausträger, Großpraxen, Ärzte u. ihre Berufsverbände. Ihnen steht sie auch bei Transaktionen zur Seite. Regelm. berät die Praxis auch MVZ-Gesellschaften bei regulator. u. zulassungsrechtl. Fragen. Im lfd. Geschäft vertrauen die Stammmandanten der Kanzlei etwa bei Fragen zum Arzthaftungsrecht oder zu Compliance. Insbes. Gerdts ist auch bundesw. angesehen u. erntet viel Lob von Wettbewerbern.

Stärken: Umf. Beratung für Leistungserbringer.

Oft empfohlen: Christian Gerdts („fachl. top, wissenschaftl. engagiert, schnell u. kollegial", Wettbewerber)

Team: 6 Eq.-Partner, 2 Associates, 1 of Counsel

Schwerpunkte: Krankenhausrecht u. -planung, Gesellschaftsrecht der Heilberufe; Zulassung u. Vergütung, Vertragsarztrecht, Arzthaftung. Branchenspezif. Arbeitsrecht. Gr. Mandantenstamm in Norddeutschland.

Mandate: Cardiologicum HH vertrags-, zulassungs- u. arbeitsrechtl.; Nordblick MVZ zulassungsrechtl.;
MVZ-Trägergesellschaft regulator.; 2 Krankenhauskonzerne u. div. Versicherer im Arzthaftungsrecht; div. Pharmaunternehmen u. Krankenhäuser zu Compliance.

CLIFFORD CHANCE

Pharma- und Medizinprodukterecht	★★★★★
Pharmarecht: Transaktionen	★★★★★

Bewertung: Die Gesundheitsrechtspraxis gehört zu den tonangebenden Einheiten im Markt u. zählt seit Jahren zum Kreis der führenden Akteure. Bei komplexen Transaktionen, innovativen Digitalprojekten, aber auch in HWG-Grundsatzverfahren sowie der Compliance-Beratung von Verbänden ist die Praxis gesetzt. Im Fokus steht dabei – ähnl. wie bei den Wettbewerbern Hogan Lovells u. Baker McKenzie – immer stärker die Beratung von komplexen internat. Projekten mit standort- u. praxisgruppenübergreifenden Teams. Dabei übernimmt die dt. Praxis regelm. die Federführung u. spielt als Hub für internat. Mandanten eine Schlüsselrolle im ww. Kanzleigefüge. Prägende Figuren bleiben die aufgrund ihrer tiefen Branchenkenntnis u. regulator. Erfahrung hoch angesehenen Partner Dieners u. Reese: Ihre exzellenten Kontakte schlagen sich regelm. in neuen Mandaten nieder. Zu den Highlights zählte zuletzt die Beratung der Taskforce Impfstoffproduktion der Bundesregierung: CC hat die rechtl. innovativen u. anspruchsvollen Verträge entworfen und mit den Bietern verhandelt. Die ww. Begleitung eines Medizintechnikunternehmen zu neuen telemed. Robotiklösungen zeigt die Kompetenz im Bereich Digital Health. Ein weiteres Mandat, das das hohe Niveau der Anwälte zeigt, ist die Beratung des BVMed bei einem neuen Compliance-Standard für die Medizintechnologiebranche. Zuletzt hat sich das D'dorfer Büro intern mit einem dt. Partner samt Team, der im Zuge der Schließung des russ. Büros wechselte, verstärkt. Den in einigen Jahren anstehenden Generationswechsel bereitet CC mit dem behutsamen Aufbau von Nachwuchsanwälten strateg. geschickt vor. Zentral wird es dabei sein, die umtriebigen Senior Associates tatsächl. langfr. zu binden.

Stärken: Europ. Healthcare-Gruppe, ▷Compliance, enge Verknüpfung mit ▷M&A-Praxis, ▷Private Equ. u. Vent. Capital, Beratung von Medizinprodukteherstellern.

Oft empfohlen: Dr. Peter Dieners („hervorragend vernetzt", „ausgewiesener Branchenkenner", Mandanten), Dr. Ulrich Reese („Top-Experte, auch für schwierige Fälle", „Leuchtturm im HWG", Wettbewerber), Dr. Claudia Nawroth, Dr. Gunnar Sachs („sehr kompetent, hat Weitblick, schnell u. zuverlässig", Mandant)

Team: 5 Partner, 2 Counsel, 10 Associates, 1 of Counsel

Schwerpunkte: HWG, MPG, Compliance, FuE-Verträge, Abgrenzungsfragen, Schnittstelle zum ▷Kartell- u. ▷Vergaberecht, ▷Produkthaftung.

Mandate: Taskforce Impfstoffproduktion im BMWK zu Pandemiebereitschaftsverträgen mit 5 Unternehmen; Medizintechnikunternehmen regulator. zu ww. Vertrieb einer med. Robotiklösung für komplexe, invasive Behandlungen ohne Vor-Ort-Präsenz des operierenden Arztes; Doktor.de zu Fernbehandlungsplattform; dt. Arzneimittelunternehmen in mehrinstanzl. Sozialgerichtsverf. zu Erstattung/Preismoratorium gg. GKV-Spitzenverband; BVMed zu neuem Compliance-Standard für die Medizintechnologiebranche; Bieterkonsortium zu Kauf von Amedes; GlaxoSmithKline zu AMNOG-Verf.; Neuraxpharm bei Erwerb von 2 Produktportfolios von Sanofi; Sanity Group zum Einstieg in den europ. Markt für Cannabis-basierte Produkte; ww. tätiger Onlinehändler zu digitalem Vertriebssystem für Gesundheitsprodukte in Europa; Bundesverband der Arzneimittelindustrie zu Compliance-Pflichten/Lobbyregister; Pharmaunternehmen zu Compliance; Bayer in div. HWG-Verf. (Augenheilkunde); Pfizer umf., u.a. bei Kooperation zu Corona-Impfstoff mit BioNTech u. in div. Prozessen sowie gesellschafts-, datenschutz- u. patentrechtl..

Pharmarecht: Transaktionen

★★★★★	
Clifford Chance	Düsseldorf
Freshfields Bruckhaus Deringer	Berlin, Düsseldorf, Frankfurt, Hamburg
Hogan Lovells	München, Hamburg, Düsseldorf
★★★★	
Baker McKenzie	Frankfurt, München, Berlin
CMS Hasche Sigle	Berlin, Hamburg, Stuttgart
Hengeler Mueller	Berlin, Düsseldorf, Frankfurt
Latham & Watkins	Hamburg
★★★	
Covington & Burling	Frankfurt, Brüssel
Dentons	Berlin, Frankfurt
Gleiss Lutz	Stuttgart, Berlin
McDermott Will & Emery	München
Noerr	Berlin, Dresden, München
Taylor Wessing	München

Die Auswahl von Kanzleien und Personen in Rankings und tabellarischen Übersichten ist das Ergebnis umfangreicher Recherchen der JUVE-Redaktion. Sie ist in 2erlei Hinsicht subjektiv: Die Aussagen der befragten Quellen sind subjektiv u. spiegeln deren Erfahrungen u. Einschätzungen. Die JUVE-Redaktion wiederum analysiert die Rechercheergebnisse unter Einbeziehung ihrer eigenen Marktkenntnis. Der JUVE Verlag beabsichtigt keine allgemeingültige oder objektiv nachprüfbare Bewertung. Es ist möglich, dass eine andere Recherchemethode zu anderen Ergebnissen führt. Innerhalb einzelner Gruppen in Rankings und tabellarischen Übersichten sind Kanzleien und Personen alphabetisch sortiert.

GESUNDHEITSWESEN REGULIERUNG

CMS HASCHE SIGLE

Pharma- und Medizinprodukterecht	★★★★
Pharmarecht: Transaktionen	★★★★
Krankenhäuser, MVZ und Apotheken	★★★★★

Bewertung: Die breit aufgestellte u. sehr angesehene Gesundheitspraxis kombiniert ihre umf. regulator. Kompetenz mit Transaktionserfahrung. Zudem gehört sie bei HWG-Prozessen zu den rührigsten Einheiten in HH. In umfangr. Produkthaftungsfällen setzen Mandanten auf CMS u. profitieren z.B. bei Prozessserien vor versch. Gerichten in ganz Dtl. von deren umfangr. Standortnetz. Auch bei innovativen Fragen zum Thema Digital Health vertrauen Mandanten den Anwälten. So stand das Team der Otto Group beim Einstieg in die Digital-Health-Branche durch die Übernahme von Medgate u. dem gleichzeitigen Kauf von BetterDoc zur Seite. In diesem Mandat spielte die Praxis ihre Erfahrung an der Schnittstelle zum ▷Gesellschaftsrecht| gepaart mit regulator. Kompetenz sowie IP- u. IT-Know-how aus. Zunehmend berät das Team insbes. US-Mandanten bei Produkteinführungen in Europa. Auch die Beratung von Dr. Reddy's bei der Übernahme von Nimbus Health unterstreicht nicht nur die starke Aufstellung der Praxis bei Fragen zu med. Cannabis, sondern auch die immer stärkere Rolle bei internat. Transaktionen.
Stärken: Sehr erfahren in HWG-Prozessen (▷Marken- u. Wettbewerbsrecht)
Oft empfohlen: Dr. Jens Wagner („sehr kompetent bei internat. Vertragsangelegenheit", Wettbewerber), Prof. Dr. Matthias Eck, Dr. Jörn Witt
Team: 14 Partner, 5 Counsel, 25 Associates
Schwerpunkte: Umf. Beratung u. Prozesse, u.a. zu HWG u. MPG, Produkthaftung (Bekämpfung von Parallelimporten u. Produktfälschungen), ▷Konfliktlösung) u. ▷Patenten sowie zu ▷Compliance u. Datenschutz (▷IT u. Datenschutz). ▷M&A, v.a. beim Aufbau von MVZ- u. Laborketten.
Mandate: Otto Group zu Übernahme der Medgate Holding/BetterDoc; Uniphar bei Kauf von CoRRect Medical; Dr. Reddy's bei Kauf von Nimbus Health; Atos Medical bei Kauf von Tracoe Group; Synlab zu div. MVZ-Transaktionen; BMG gg. Maskenanbieter um Abwehr von Zahlungsansprüchen wg. fehlerhafter Masken; GE Healthcare lfd. u. umf.; Aidhere regulator. u. wettbewerbsrechtl. zu DiGA; DePuy Internat. zu Produktrückruf; Managementgesellschaft des Dt. Zentralvereins homöopath. Ärzte zu Selektivverträgen; Bayer Vital u. Pierre Fabre Pharma im HWG; GE Healthcare Buchler zu AMNOG-Nutzenbewertung; Schwanen-Apotheke zu Ausschreibung.

COVINGTON & BURLING

Pharma- und Medizinprodukterecht	★★★★
Pharmarecht: Transaktionen	★★★

Bewertung: Die angesehene Pharmapraxis berät von ihren Büros in ▷Ffm. u. ▷Brüssel aus zahlr. internat. Großmandanten. Neben der ausgeprägten regulator. u. Prozesserfahrung punktet die Praxis insbes. mit Know-how an der Schnittstelle zum IT-Recht. Immer mehr Mandanten, die C&B bei pharma- u. medizinprodukterechtl. Fragen berät, ziehen die Praxis nun auch zu datenschutzrechtl. Themen hinzu. Die enge Verzahnung zw. den Gesundheitsrechtlern u. den IT-Experten kommt u.a. bei der Arbeit für die beiden gr. Industrieverbände MedTech Europe u. EFPIA zu den beiden EU-Rechtsvorhaben ‚Data Act' u. ‚European Health Data Space' zum Tragen. Das Mandat koordiniert der sehr angesehene Anwalt u. Arzt Koyuncu. Ihm ist es auch zu verdanken, dass die Praxis immer mehr dt. Mandanten gewinnt; neu ist z.B. die Vertretung eines Pharmakonzerns in einem Prozess, der an den Schnittstellen zwischen AMG/Pharma-, Infektionsschutz- u. Verwaltungsrecht spielt.
Stärken: Tiefe internat. Branchenkompetenz, insbes. bei Pharmakovigilanz u. klin. Forschung.
Oft empfohlen: Dr. Dr. Adem Koyuncu („große fachl. u. menschl. Kompetenz, guter Teamplayer", Mandant/Gegenseite), Peter Bogaert
Team: 5 Partner, 8 Associates
Schwerpunkte: Regulator. Fragen, Zulassungsverfahren, Kostenerstattungen, klin. Prüfungen, Compliance, Datenschutz (▷IT u. Datenschutz) u. E-Health. Auch Transaktionen, Kartellrecht u. Investitionskontrolle.
Mandate: BioNtech umf. regulator., vertrags-, zulassungs- u. datenschutzrechtl. sowie bei €150-Mio-Kapitalbeteiligung von Pfizer; MedTech Europe & EFPIA zu Verordnung über European Health Data Space; MSD zu Abspaltung von Geschäftsbereichen; Conet zu Datenschutz bei klin. Studien; JenaValve Technology, u.a. zu Complian-

Krankenhäuser, MVZ und Apotheken

★★★★★

CMS Hasche Sigle	Berlin, Hamburg, Stuttgart
D+B Rechtsanwälte	Berlin
Gleiss Lutz	Berlin, Stuttgart
Latham & Watkins	Hamburg
Taylor Wessing	Hamburg, Düsseldorf, Frankfurt

★★★★

Hengeler Mueller	Berlin, Düsseldorf, Frankfurt
Luther	Hannover, Frankfurt, Leipzig
McDermott Will & Emery	München
Raue	Berlin

★★★

Busse & Miessen	Berlin, Bonn
Dentons	Berlin
Mazars	Berlin
Schmidt von der Osten & Huber	Essen
Wuertenberger	Stuttgart

★★

EY Law	Stuttgart
Görg	Hamburg, Köln
Friedrich Graf von Westphalen & Partner	Freiburg, Köln, Frankfurt
Iffland Wischnewski	Darmstadt
Michels pmks	Köln
Möller & Partner	Düsseldorf
Noerr	Berlin, Dresden, München
Novacos	Düsseldorf
Oppenländer	Stuttgart
Preißler Ohlmann & Partner	Fürth
Rehborn	Dortmund
Seufert	München

★

CausaConcilio	Kiel, Hamburg
Lyck+Pätzold	Bad Homburg
Medlegal	Hamburg
Quaas & Partner	Dortmund, Stuttgart
Ratajczak & Partner	Sindelfingen, Freiburg, Essen, München, Berlin, Meißen
Wigge	Hamburg, Münster

Die Auswahl von Kanzleien und Personen in Rankings und tabellarischen Übersichten ist das Ergebnis umfangreicher Recherchen der JUVE-Redaktion. Sie ist in 2erlei Hinsicht subjektiv: Die Aussagen der befragten Quellen sind subjektiv u. spiegeln deren Erfahrungen u. Einschätzungen. Die JUVE-Redaktion wiederum analysiert die Rechercheergebnisse unter Einbeziehung ihrer eigenen Marktkenntnis. Der JUVE Verlag beabsichtigt keine allgemeingültige oder objektiv nachprüfbare Bewertung. Es ist möglich, dass eine andere Recherchemethode zu anderen Ergebnissen führt. Innerhalb einzelner Gruppen in Rankings und tabellarischen Übersichten sind Kanzleien und Personen alphabetisch sortiert.

Anwaltszahlen: Angaben der Kanzleien, wie viele Anwälte zu mind. ca. 50% in diesem Gebiet tätig sind. Sie spiegeln nicht zwingend die Gesamtgröße einer Kanzlei wider.

REGULIERUNG GESUNDHEITSWESEN

Führende Berater im Pharma- und Medizinprodukterecht

Markus Ambrosius
Sträter, Bonn

Henning Anders
Möhrle Happ Luther, Hamburg

Claus Burgardt
Sträter, Bonn

Peter von Czettritz
Preu Bohlig & Partner, München

Dr. Peter Dieners
Clifford Chance, Düsseldorf

Prof. Dr. Dr. Christian Dierks
Dierks+Company, Berlin

Dr. Daniel Geiger
GND Geiger Nitz Daunderer, München

Ulf Grundmann
King & Spalding, Frankfurt

Maria Heil
Novacos, Düsseldorf

Dr. Dr. Adem Koyuncu
Covington & Burling, Frankfurt

Wolfgang Kozianka
Kozianka & Weidner, Hamburg

Dr. Gerhard Nitz
GND Geiger Nitz Daunderer, Berlin

Dr. Thilo Räpple
Baker McKenzie, Frankfurt

Dr. Ulrich Reese
Clifford Chance, Düsseldorf

Dr. Jörg Schickert
Hogan Lovells, München

Bibiane Schulte-Bosse
Sträter, Bonn

Dr. Christian Stallberg
Novacos, Düsseldorf

Arne Thiermann
Hogan Lovells, Hamburg

Dr. Prof. Heike Wachenhausen
Wachenhausen, Lübeck

Michael Weidner
Kozianka & Weidner, Hamburg

Die Auswahl von Kanzleien und Personen in Rankings und tabellarischen Übersichten ist das Ergebnis umfangreicher Recherchen der JUVE-Redaktion. Sie ist in 2erlei Hinsicht subjektiv: Die Aussagen der befragten Quellen sind subjektiv u. spiegeln deren Erfahrungen u. Einschätzungen. Die JUVE-Redaktion wiederum analysiert die Rechercheergebnisse unter Einbeziehung ihrer eigenen Marktkenntnis. Der JUVE Verlag beabsichtigt keine allgemeingültige oder objektiv nachprüfbare Bewertung. Es ist möglich, dass eine andere Recherchemethode zu anderen Ergebnissen führt. Innerhalb einzelner Gruppen in Rankings und tabellarischen Übersichten sind Kanzleien und Personen alphabetisch sortiert.

ce, Verträgen, Medizinprodukterecht u. klin. Prüfungen; internat. Technologiekonzern zu Digital Health u. Corona-Projekten.

D+B RECHTSANWÄLTE
Pharma- und Medizinprodukterecht ★★
Krankenhäuser, MVZ und Apotheken ★★★★★

Bewertung: Die Boutique mit Standorten in Berlin u. D'dorf zählt zu den führenden Einheiten in der Beratung des Gesundheitssektors u. bietet ihren Mandanten tiefes Know-how u. eine breit angelegte Beratung. Äußerst angesehen ist sie v.a. im Krankenhaus-, (Vertrags-)Arzt- u. Apothekenrecht u. stellt ihr regulator. Wissen regelm. bei der Begleitung div. MVZ-Transaktionen unter Beweis, etwa für eine gr. Private-Equity-Gesellschaft im Orthopädiebereich. Aber auch für Mandanten aus der Lifescience-Branche wie Medizinprodukte- u. Pharmaunternehmen ist sie regelm. tätig – ein Gebiet, für das in erster Linie ein neu ernannter Eq.-Partner steht. Sie setzten z.B. bei Fragen zum Marktzugang auf D+B. Zum ersten Mal seit Jahren musste die Kanzlei zuletzt einen Eq.-Partner ziehen lassen. Um seinen Schwerpunkt auf Compliance u. Medizinstrafrecht auszugleichen, nahm sie einen Sal.-Partner auf, der bei der Beratung des Gesundheitssektors jedoch noch an Profil gewinnen muss.

Stärken: Krankenhausrecht, Arzt- u. Apothekenrecht, MVZ-Transaktionen.

Oft empfohlen: Dr. Ulrich Grau („hoch kompetent, sehr erfahren, gut vernetzt u. schnell", „ausgezeichnete rechtl. Beratung u. Vertretung", „langj. gute Zusammenarbeit mit außergewöhnl. Ergebnissen", Mandanten; „spezialisiert u. effizient", Wettbewerber), Dr. Constanze Püschel („brillante Analyse, klar strukturiert, schnelle Problemlösung", „ausgezeichnete rechtl. Kompetenz", Mandanten; „erfahrene, fachl. hervorragende Spezialistin", „gute Branchenkenntnis", Wettbewerber), Dr. Thomas Willaschek („freundl., hervorragender Kenner der Materie", „fachl. top, schnell, gut in der Führung seines Teams, humorvoll", Wettbewerber), Christian Pinnow („kompetent u. mandantenorientiert", Wettbewerber)

Team: 8 Eq.-Partner, 3 Sal.-Partner, 21 Associates

Partnerwechsel: Dr. Sascha Süße (aus eigener Kanzlei); Dr. Maximilian Warntjen (in eigene Kanzlei)

Schwerpunkte: Umf. Beratung von ambulanten u. stationären Leistungserbringern, Verbänden.

Mandate: Gr. Dialyseversorger regulator. bei MVZ-Gründungen, Kooperationen, Verkäufen u. Umstrukturierungen; Private-Equity-Gesellschaft bei MVZ-Transaktionen im Orthopädiebereich; MindDoc Health regulator. u. datenschutzrechtl.; Amedes, u.a. zu Compliance, Zulassungen u. Digital Health; Helios Health, u.a. zu Digital Health, Compliance sowie im Zulassungs- u. Vertragsarztrecht; US-Medizinprodukteunternehmen zum Markteintritt in Europa, u.a. zur Aufnahme in die GKV-Versorgung; Pharmaunternehmen zur Einbindung von Apotheken bei Impfungen; Hersteller von Migräne-App regulator. bei DiGA-Zulassung; Telemedizinanbieter zu Versorgung durch dt. und ausl. Ärzte sowie wettbewerbsrechtlich.

DENTONS
Pharmarecht: Transaktionen ★★★
Krankenhäuser, MVZ und Apotheken ★★★

Bewertung: Die Gesundheitspraxis der internat. Kanzlei berät sowohl Mandanten aus dem Health-

care- als auch aus dem Lifescience-Sektor umf. regulator. u. bei Transaktionen. Für die Beratung der Pharmabranche steht in erster Linie der angesehene Homberg, der mit seinem Team zuletzt mehr als in den Vorjahren in Transaktionen eingebunden war, etwa für einen luxemb.-chin. Investor beim Kauf eines dt. Biotechunternehmens. Aktiver als viele Wettbewerber ist er bei der regulator. Beratung zu med. Cannabis, etwa für mehrere Anbieter bei Fragen zum Import. Zudem begleitet Dentons regelm. Transaktionen im Krankenhaussektor u. stand z.B. Ameos beim Kauf der Sana-Kliniken Ostholstein zur Seite. Neuerdings setzen Krankenhausträger außerdem vermehrt beim Kauf von MVZ u. Großpraxen auf das Know-how des Teams.

Stärken: Transaktionen in der Biotech- u. Krankenhausbranche. Schnittstellen zum ▶Kartell- u. ▶Vergaberecht.

Oft empfohlen: Peter Homberg, Dr. Ilka Mehdorn
Team: 6 Partner, 2 Counsel, 7 Associates

Schwerpunkte: Vertragsgestaltung (u.a. Selektivverträge) sowie sozialrechtl. Gerichts- u. Schiedsverfahren; M&A-Transaktionen; IP-Lizenzen, Kooperationsvereinbarungen u. FuE-Verträge. Compliance im Krankenhaussektor.

Mandate: Ameos bei Übernahme Sana-Kliniken Ostholstein; dt. Anbieter von med. Cannabis regulator. zu Verkehrsfähigkeit CBD-haltiger Produkte, zu Werbung u. Verträgen; luxemb.-chin. Investor beim Kauf eines dt. Biotechunternehmens; BG-Kliniken bei Verkauf Reha-Klinik Falkenstein; Biotech-Start-up im Bereich Nano-Pharmaprodukte zu Lizenz- und Entwicklungs- sowie FuE-Verträgen; 3 Anbieter von med. Cannabis umf., u.a. zu Qualitätsstandards.

DIERKS+COMPANY
Pharma- und Medizinprodukterecht ★★★★

Bewertung: Die auf die Beratung der Gesundheitsbranche spezialisierte Einheit hebt sich durch ihren innovativen u. interdisziplinären Ansatz deutl. von klass. Kanzleien ab. Die auf hohem Niveau erfolgende jurist. Arbeit insbes. zu Market Access, Zulassung, Kostenerstattung u. Kooperationen ergänzt sie mit Beratung zu Strategieentwicklung u. Projektmanagement. Auch das Trendthema Digitalisierung kann die Kanzlei hervorragend bedienen u. berät sowohl klass. Pharmamandanten als auch Kliniken, IT- u. Elektronikunternehmen zu innovativen, telemed. Projekten u. zum Datenschutz. Dominierende Figur der Praxis bleibt der sehr erfahrene Arzt u. Anwalt Dierks, der in Industrie, Verbänden u. Politik exzellent vernetzt ist. Personell indes kommt die erst 5 Jahre alte Einheit nicht zur Ruhe: Nach mehreren Wechseln auf Partner- u. Associate-Ebene in den Vorjahren hat D+C mit Engelke wieder einen angesehenen Partner verloren.

Stärken: AMNOG-Beratung, Digitalisierungsprojekte, telemed. Expertise.

Oft empfohlen: Prof. Dr. Dr. Christian Dierks („hervorragender Teamplayer auch in hochkomplexen Konstellationen u. Top-Berater für IT-Projekte im Pharmasektor, v.a. im Hinblick auf datenschutzrechtl. Aspekte", Mandant), Dr. Katrin Helle („hilft schnell u. kompetent, klar u. pragmat.", Mandant)

Team: 1 Eq.-Partner, 2 Sal.-Partner, 3 Associates
Partnerwechsel: Dr. Steffen Schröder (von Bayer); Dr. Karsten Engelke (zum GKV-Spitzenverband)

GESUNDHEITSWESEN REGULIERUNG

Schwerpunkte: Interdisziplinärer Ansatz, Datenschutz, sozial- u. gesundheitspolit. Beratung.
Mandate: Alexion Pharma zu digitaler Plattform rund um seltene Krankheiten u. in div. AMNOG-Verfahren; globaler Cloud-Anbieter zu Datenverarbeitung durch Krankenhäuser u. -kassen; Uniklinik Tübingen vertragsrechtl. bei Projekt mit Dt. Netzwerk Personalisierte Medizin; Gematik zu Datenverarbeitung der Telematikinfrastruktur; Flatiron Health bei Kooperation mit Uniklinik zu Datenaufbereitung bei onkolog. Erkrankungen; Medgate zu Markteintritt im Bereich Telemedizin; Pfizer zu europ. Gesundheitsplattform; Zur Rose Group zu neuem Geschäftsmodell; Doctorbox zu Corona-Laienschnelltest; Lohmann & Rauscher zu Abgrenzungsfrage; BrainLab datenschutzrechtl. zu neuem Produkt; Apotheke im Elisenpalais regulator. im Zshg. mit AvP-Insolvenz; Samsung Electronic im Medizinprodukterecht bei der Einführung von neuen Produkten in den dt. Markt.

EHLERS EHLERS & PARTNER
Pharma- und Medizinprodukterecht   ★★★

Bewertung: Die Gesundheitsboutique hebt sich von ihren Wettbewerbern in erster Linie durch ihr umf. Know-how bei gesundheitspolit. Fragen im Zshg. mit Gesetzesvorhaben ab. Die Anwälte sind gut vernetzt u. stehen Unternehmen wie Davita, aber auch Ministerien beratend zur Seite. Zudem deckt sie die regulator. Transaktionsbegleitung ab u. beriet etwa ein US-Pharmaunternehmen beim Verkauf seiner dt. Tochter. Daneben hatten Medizinproduktehersteller wie Haemonetics gr. Beratungsbedarf im Zshg. mit der Umstellung auf die MDR bzw. IVDR. Immer besser gelingt es EEP zudem, Mandate an der Schnittstelle zum Datenschutz- u. IT-Recht zu gewinnen u. damit auf einem Gebiet, das die Branche immer mehr umtreibt. Zusätzl. zu den seit Jahren dominierenden Anwälten empfahlen Wettbewerber zuletzt zunehmend einen im Vorjahr ernannten Partner.
Stärken: Gesundheitspolit. Beratung, Schnittstelle zum Arztrecht.
Oft empfohlen: Prof. Dr. Dr. Alexander Ehlers, Dr. Christian Rybak („fachl. unheiml. gut", Wettbewerber)
Team: 5 Partner, 8 Associates, 1 of Counsel
Schwerpunkte: Strateg. Beratung vor der Produktentwicklung, Lobbyarbeit u. Compliance. Fokus auf sozialrechtl. Fragen.
Mandate: Ev. Johannesstift zu mögl. Rückzahlungsansprüchen in Millionenhöhe; Haemonetics bei Umstellung auf MDR/IVDR u. lfd. regulator.; US-Pharmaunternehmen bei Verkauf der dt. Tochter; BMG zu Anwerbung von Pflegefachkräften aus dem Ausland; Davita regulator. u. im Zshg. mit Gesetzgebungsprozessen; DigiMed Bayern regulator., zu Datenschutz u. Compliance bei Diagnose atherosklerot. Erkrankungen; Bonesupport wettbewerbsrechtl. u. bei Zulassung von Medizinprodukten; lfd.: Gilead, CSL Behring, Dt. Gesellschaft für Kardiologie, Ärztenetz Rosenheim, B. Braun.

EY LAW
Pharma- und Medizinprodukterecht   ★★
Krankenhäuser, MVZ u. Apotheken   ★★

Bewertung: Die angesehene Praxis steht sowohl für die Beratung von Pharma- u. Medizinproduktehersteller bei Zulassungsfragen, Entwicklungs- u. Lizenzverträgen oder Transaktionen als auch von Krankenhäusern. Letztere berät sie u.a. zu strukturellen Fragen u. Compliance. Auch die öffentl. Hand fragt regelm. nach, zuletzt etwa beim Thema Förderung von Sprunginnovationen. Kopf der Praxis ist der sehr angesehene Dettling, der als Experte an der Schnittstelle zw. Healthcare u. IT-Recht gilt. Bei für die Branche zentralen Themen wie Digitalisierung von med. Leistungen, dem Aufbau von Datenpools, Datenschutz u. künstl. Intelligenz profitieren große Gesundheitskonzerne zudem von der immer intensiveren interdiszipl. Zusammenarbeit innerhalb des EY-Netzwerks.
Oft empfohlen: Dr. Heinz-Uwe Dettling
Team: 1 Partner, 3 Counsel, 1 Associate
Schwerpunkte: Pharma- u. Medizinprodukterecht inkl. FuE-Verträge, Zulassungen u. Prozesse; Krankenhausrecht; Compliance u. Datenschutz.
Mandate: BMGesundheit zu Spenden u. Verteilung von Beatmungsgeräten, Masken u. Desinfektionsmitteln zur Pandemiebewältigung (marktbekannt); Pharmakonzern zu internat. Lizenzvereinbarung; Pharmaunternehmen in Verf. vor BVerwG (zu Swiss-Invoicing-Problematik); Gesundheitskonzern zu länderübergr. Markteinführung von telemed. u. digitalen Gesundheitsdiensten; klin. Register zu Anonymisierung bzw. Pseudonymisierung von Gesundheitsdaten.

FIELDFISHER
Pharma- und Medizinprodukterecht   ★★

Bewertung: Die etablierte Gesundheitsrechtspraxis ist bei vielen Medizinprodukte-, aber auch Pharma- u. Biotechunternehmen als Beraterin gesetzt. Im Fokus stehen regulator. u. vertriebsrechtl. Themen sowie Lizenzverträge u. Kooperationen. Zuletzt haben sich v.a. die Beziehungen zu US-Mandanten intensiviert: Das Team um den anerkannten Regulierungsexperten Willhöft begleitet zunehmend Biotech- oder Medizinprodukteunternehmen beim Markteintritt in Dtl. u. Europa.
Oft empfohlen: Dr. Cord Willhöft („hoch effizient u. kompetent, starke Branchenkenntnis", Mandant)
Team: 5 Partner, 4 Associates
Schwerpunkte: Pharma- u. Medizinprodukterecht, Wettbewerbs- u. Zulassungsrecht. Schnittstelle zu ▷Kartellrecht u. Datenschutz (▷IT u. Datenschutz).
Mandate: Asahi Kasei Medical u. Asahi Kasei Bioprocess regulator.; Butterfly Networks vertriebsrechtl. u. regulator. beim Markteintritt in Europa; Corvia Medical zu Compliance; Intersect zu Kauf von Fiagon u. MDR-Compliance; Pulmox umf. regulator.; Zoll CMS u. Zoll Medical Corp., u.a. zu Kostenerstattung, Verträgen u. Datenschutz.

FRESHFIELDS BRUCKHAUS DERINGER
Pharma- und Medizinprodukterecht   ★★★
Pharmarecht: Transaktionen   ★★★★★

Bewertung: Die themat. breit aufgestellte u. renommierte Gesundheitsrechtspraxis setzt ihre regulator. u. vertragsrechtl. Erfahrung regelm. bei gr. grenzüberschr. Transaktionen ein. Innerhalb der Gesamtkanzlei spielt das dt. Team häufig eine zentrale Rolle bei internat. Deals. Das globale Selbstverständnis spiegelt sich z.B. in der Arbeit für Thermo Fisher: Für ihre Mandantin koordinieren die dt. Anwälte ww. sämtl. Lifescience-Themen u. haben zuletzt mehrere Transaktionen gesteuert. Auch die regulator. Kompetenz wird häufig bei grenzüberschr. Projekten nachgefragt, etwa von Grünenthal. Nachdem der sehr angesehene Biotech- u. Lizenzexperte Dieselhorst früher als er-

---

Aufsteiger im Gesundheitswesen

Ann-Cathrin Bergstedt
Clifford Chance, Düsseldorf

Dr. Enno Burk
Gleiss Lutz, Berlin

Susanna Dienemann
Wachenhausen, Lübeck

Henrietta Ditzen
Latham & Watkins, Düsseldorf

Carolin Kemmner
Clifford Chance, Düsseldorf

Dr. Hannes Kern
Wuertenberger, Stuttgart

Evelyn Schulz
Noerr, Dresden

Dr. Deniz Tschammler
McDermott Will & Emery, München

Die Auswahl von Kanzleien und Personen in Rankings und tabellarischen Übersichten ist das Ergebnis umfangreicher Recherchen der JUVE-Redaktion. Sie ist in 2erlei Hinsicht subjektiv: Die Aussagen der befragten Quellen sind subjektiv u. spiegeln deren Erfahrungen u. Einschätzungen. Die JUVE-Redaktion wiederum analysiert die Rechercheergebnisse unter Einbeziehung ihrer eigenen Marktkenntnis. Der JUVE Verlag beabsichtigt keine allgemeingültige oder objektiv nachprüfbare Bewertung. Es ist möglich, dass eine andere Recherchemethode zu anderen Ergebnissen führt. Innerhalb einzelner Gruppen in Rankings und tabellarischen Übersichten sind Kanzleien und Personen alphabetisch sortiert.

---

wartet ausgeschieden ist, stellt sich jetzt jedoch konkret die Frage nach seiner Nachfolge. Zwar hat Freshfields neben einem Regulierungsexperten einen weiteren Partner aufgebaut, der auf IP/IT/Commercial spezialisiert ist u. als Nachfolger von Dieselhorst fungiert, an das Renommee des erfahrenen Partners reichen beide jedoch noch nicht heran. Der Raum, sich zu entfalten, ist da, jetzt gilt es, die Chance entsprechend zu nutzen u. eine starke eig. Präsenz aufzubauen.
Stärken: Transaktionen (enge Verknüpfung mit ▷M&A) u. Lizenzdeals.
Oft empfohlen: Prof. Dr. Marcel Kaufmann („hervorragend, ideenreich, rhetor. gut", Mandant; Regulierung), Dr. Frank-Erich Hufnagel (Patentrecht)
Team: 4 Partner, 19 Associates
Partnerwechsel: Dr. Jochen Dieselhorst (in Selbstständigkeit)
Schwerpunkte: Transaktionen, Lizenzverträge, ▷Patentprozesse mit Pharmabezug, Produkthaftung sowie regulator. Fragen. Daneben Zulassungen, strateg. Beratung zur Gesundheitspolitik, ▷Compliance u. Datenschutz (▷IT u. Datenschutz). Gute Vernetzung mit den ▷Kartellrechtlern.
Mandate: Huadong bei strateg. Partnerschaft mit Heidelberg Pharma; CompuGroup Medical bei Kauf von Insight Health; Thermo Fisher bei Kauf PharmaFluidics u. PeproTech; Grünenthal umf., u.a. regulator., vertragsrechtl. u. bei M&A-Projekten; Telemedica zu dig. Patientenbegleiter u. plattformbasierten Produkten; EQT bei Kauf Meine Radiologie Holding u. Blikk; AstraZeneca beim Kauf von Alexion Pharmaceuticals; Novartis zu Patentprozess.

REGULIERUNG GESUNDHEITSWESEN

GLEISS LUTZ
Pharma- und Medizinprodukterecht ★★★
Pharmarecht: Transaktionen ★★★
Krankenhäuser, MVZ und Apotheken ★★★★★

Bewertung: Die Praxis war zuletzt in div. prestigeträchtige Mandate im Gesundheitsbereich eingebunden. Dazu zählte die Beratung des BMGesundheit im Zshg. mit div. Themen rund um die Corona-Pandemie, z.B. bei Spendenverträgen für Impfstoffe u. zu Schadensersatzforderungen wg. Impfschäden. Hinzu kamen erneut eine Reihe hochvol. Transaktionen, etwa die Beratung von Roche beim Kauf von TIB Molbiol. Marktführerin ist Gleiss in der umf. Tätigkeit für div. Krankenkassen u. vertritt z.B. alle Ersatzkassen in den Massenverfahren gg. Krankenhausträger zur Rückforderung von überhöhten Umsatzsteuerabrechnungen. Dabei profitieren Mandanten vom tiefen Wissen an der Schnittstelle von Gesundheits- u. Vergaberecht, für die König u. Neun stehen. Sie vertraten zuletzt Stammmandantin AOK in 3 vielbeachteten Verfahren gg. Pharmaunternehmen um die Einbeziehung von Lieferkettenkriterien in Antibiotikaausschreibungen.

Stärken: Ausschreibungen für Krankenkassen (▷Vergaberecht), Finanzierung u. Transaktionen für Krankenhäuser.

Oft empfohlen: Dr. Reimar Buchner, Dr. Marco König („sehr transaktionserfahren, angenehm u. lösungsorientiert", „konzentriert sich auf die wesentl. Punkte u. setzt diese durch", Wettbewerber), Dr. Andreas Neun („stark im Healthcare-Bereich, stringent u. gleichzeitig angenehm", „seit vielen Jahren führend", Wettbewerber; Vergaberecht)

Team: 9 Eq.-Partner, 4 Counsel, 6 Associates

Schwerpunkte: Schnittstellenberatung zum ▷Kartell-, ▷Patent-, ▷Marken- u. Wettbewerbsrecht sowie ▷M&A.

Mandate: BMGesundheit zu Spendenverträgen für Corona-Impfstoffe, zu Schadensersatzforderungen wg. Impfschäden u. Verträgen mit Pfizer zum Kauf Paxlovid; Roche bei Kauf TIB Molbiol; alle Ersatzkassen gg. div. Krankenhausträger zur Rückforderung von überhöhten Umsatzsteuerabrechnungen für Abgabe von Fertigarzneimitteln; AOK gg. 3 Pharmaunternehmen um Einbeziehung von Lieferkettenkriterien in Antibiotikaausschreibungen (OLG D'dorf); Eurofins medizinprodukterechtl. zu pränatalen Untersuchungen im In-Vitro-Diagnostikum u. Software; Landkreis Calw bei Kauf Sana-Kliniken Bad Wildbad u. anschl. Verschmelzung auf ‚Kreiskliniken Calw gGmbH'; Klinikum Lippe umf. bei Gründung Uniklinik OWL; Mayd Group regulator.; Medatixx bei Kauf Softland.

GND GEIGER NITZ DAUNDERER
Pharma- und Medizinprodukterecht ★★★

Kanzlei des Jahres für Gesundheitswesen

NOMINIERT
JUVE Awards 2022
Kanzlei des Jahres für Regulierung

Bewertung: Die Boutique, die ein Mandant für ihre „kleinen u. hoch spezialisierten Teams u. beste Beratung zu angemessenen Kosten" lobt, ist v.a. für die Beratung beim Thema AMNOG/Marktzugang äußerst angesehen. Insbes. Nitz genießt einen ausgezeichneten Ruf, auch Grotjahn wird zunehmend empfohlen. Durch mehrere Zugänge in den letzten Jahren hat sie ihr Tätigkeitsfeld jedoch deutl. erweitert: So gelang es ihr dank eines im Vorjahr hinzugekommenen Partner, mehrere MVZ-Deals regulator. zu begleiten, etwa die Gründer der Smile-Eyes-Gruppe beim Investment von Trilantic Europe. Anfang 2022 nahm sie einen weiteren Eq.-Partner auf, der schwerpunktmäßig zu Digital Health u. Gesundheitsdatenschutz berät u. u.a. in der DiGA-Szene gut vernetzt ist. Somit kann die Boutique DiGA-Anbieter, für die sie schon zuvor tätig war, noch breiter beraten. Daneben profitieren Mandanten von der guten Aufstellung der Kanzlei im Bereich Compliance u. Medizinstrafrecht. Für Ersteres steht u.a. Geiger, der sich zuletzt beim Thema CME-Zertifizierung einen guten Namen gemacht hat.

Stärken: AMNOG und branchenspezifische Compliance.

Oft empfohlen: Dr. Daniel Geiger („weiß genau, wovon er redet", Mandant; „sehr fundierte Kenntnisse u. schnelle Reaktion", Wettbewerber), Dr. Gerhard Nitz („hervorragender AMNOG-Experte mit viel Verhandlungserfahrung u. sehr gutem Verständnis für wirtschaftl. Zusammenhänge", Mandant; „herausragend", „der Spezialist in Sachen AMNOG, scharfer Denker", Wettbewerber), Dr. Jörn Grotjahn („kreative, pragmat. Lösungsansätze, breites Wissen", Mandant; „gr. Fach- u. Branchenkenntnis", Wettbewerber)

Team: 8 Eq.-Partner, 1 Associate

Partnerwechsel: Dr. Philipp Kircher (vom Health Innovation Hub)

Schwerpunkte: Marktzugang, Sozial- u. Erstattungsrecht, branchenspezifische präventive Compliance u. Strafverteidigung, Vertragsarztrecht u. Gesundheitsdatenschutz.

Mandate: Gründer der Smile-Eyes-Gruppe bei Investment von Trilantic Europe; Pharmaunternehmen gg. Bayer. Landesärztekammer um CME-Zertifizierung (BayVGH); MedEuropa regulator. beim Kauf strahlentherapeut. Zentren; div. Pharmaunternehmen im AMNOG, z.B. Zogenix; Laborkette wg. Abrechnungsbetrug bei PCR-Tests; Docdok.health in Widerspruchsverfahren vor BfArM wegen Nichtaufnahme in das DiGA-Verzeichnis; Kaia Health umf. zu Entwicklung u. Vermarktung einer DiGA; Universitätsklinikum zu Compliance; Zava, u.a. zur Telemedizin; Global Blood Therapeutics im AMNOG; lfd.: Astellas, Bundesverband der Pharmazeutischen Industrie, Novartis.

GÖRG
Krankenhäuser, MVZ und Apotheken ★★

Bewertung: Die breit aufgestellte Gesundheitspraxis fokussiert sich zunehmend auf Transaktionen, wobei sie neben Leistungserbringern vermehrt auch Private-Equity-Investoren bei M&A-Deals u. MVZ-Gründungen unterstützt. Zudem berät die Praxis v.a. Medizinprodukteherstellern regelm. zu regulator. Themen. An den Schnittstellen zum Gesellschafts- u. Datenschutzrecht hat Görg 2 Sal.-Partner ernannt. Das könnte mittelfr. die Marktpräsenz erhöhen. Bislang agiert die Praxis, auch weil fast alle Partner sich nicht ausschl. dem Gesundheitsrecht widmen, trotz ihrer Größe u. themat. Breite vergleichsweise unauffällig.

Stärken: ▷Insolvenznahe Beratung im Klinik- u. Pflegeheimsektor.

Oft empfohlen: Dr. Katja Kuck („vertrauensvoll, sehr gut", Wettbewerber)

Team: 4 Eq.-Partner, 2 Sal.-Partner, 2 Associates

Schwerpunkte: Krankenhaustransaktionen, HWG, Erstattungen, Krankenhaus- u. Heimrecht. Medizinprodukte. Branchenexpertise in Compliance, Datenschutz-, ▷Arbeits- u. ▷Vergaberecht.

Mandate: Altano-Gruppe bei Zukäufen; Heidelberg Pharma bei strateg. Partnerschaft mit Huadong Medicine; div. Klinikverbünde vergabe-, fördermittel- u. IT-rechtl. bei Beschaffungen im Zshg. mit KHZG; Oberbergkliniken umf., u.a. zu Compliance, im Medizin- u. Arbeitsrecht; Endoprothesenregister Dtl. medizinprodukte-, datenschutz- u. sozialrechtl.; LAVG Brandenburg gg. Lunapharm Dtl.; SMH zu Krankenhaustransportrecht; regelm. Hologic-Gruppe.

FRIEDRICH GRAF VON WESTPHALEN & PARTNER
Krankenhäuser, MVZ und Apotheken ★★

Bewertung: Auf die v.a. von Freiburg aus tätige Gesundheitspraxis der Kanzlei um den angesehenen Douglas setzen in erster Linie Apotheken u. ihre Verbände, Pharmaunternehmen u. Medizinproduktehersteller. Der Beratungsbedarf im Zshg. mit der Corona-Pandemie flachte zwar zuletzt wie überall ab, doch beauftragten Apotheken das Team z.B. bei Fragen zu Test- u. Impfangeboten. Hinzu kommen immer mehr Mandate an der Schnittstelle zum IT-Recht, die ein neu ernannter Eq.-Partner besetzt. Dazu zählt z.B. die Beratung eines Pharmagroßhändlers bei der Etablierung einer Onlineplattform. Durch Reformen wie die MDR oder das neue MPDG gewinnt auch das Medizinprodukterecht weiter an Bedeutung, was die Kanzlei zuletzt durch die Ernennung einer weiteren Eq.-Partnerin mit entsprechendem Schwerpunkt unterstrich. Die Abgänge eines Corporate/M&A-Teams zu Advant Beiten gehen auch an der Gesundheitspraxis nicht spurlos vorbei, da insbes. eine Eq.-Partnerin regelm. an Transaktionen in der Branche beteiligt war.

Stärken: Umf. Beratung u. Vertretung von Apotheken.

Oft empfohlen: Dr. Hendrik Thies, Dr. Morton Douglas („einer der besten auf seinem Gebiet", Wettbewerber)

Team: 6 Eq.-Partner, 1 Sal.-Partner, 5 Associates

Schwerpunkte: Regulator. Vertragsrecht, Zulassung, Kooperation, Forschung u. Entwicklung, HWG; branchenbez. ▷M&A, Kartell-, ▷Vertriebs-, ▷Marken- u. Wettbewerbsrecht; in ▷Köln: Produkthaftungs- u. Versicherungsrecht; in Frankfurt: Arbeitsrecht/Restrukturierung für Krankenhäuser.

Mandate: APO Pharma Immun regulator. bei Umsetzung, Bewerbung u. Vertrieb der ‚Immunkarte'; Apothekerkammer Nordrhein umf., u.a. in Verfahren um Vergütungsmodelle von Arzneimittelplattformen u. zu Bonusgewährung von Apotheken (EuGH); Bundesverband Dt. Apothekenrechenzentren gutachterl. zu Haftung bei der Abrechnung über das E-Rezept; Gesellschafter von Dorner regulator. bei Verkauf von Anteilen an GUS Holding; Apotheker in markenrechtl. Verfahren gg. Apodiscounter (EuG); Getinge umf. regulator., u.a. zur MDR u. bei Kauf Irasun; div. Apotheken lfd., z.B. zu Insolvenz der AvP u. Gestaltung von Corona-Impf- u. -Testangeboten.

HARMSEN UTESCHER
Pharma- und Medizinprodukterecht ★

Bewertung: Die solide Pharmapraxis der Hamburger IP-Boutique ist v.a. aufgrund ihrer Erfahrung mit HWG-Prozessen u. angrenzenden wettbewerbsrechtl. Fragen anerkannt. Ein weiterer Schwerpunkt sind Abgrenzungsfragen. Zudem berät das Team re-

gelm. zu Lizenz- u. Vertriebsverträgen u. übernimmt bei Transaktionen die pharmarechtl. Due Diligence. Eine wichtige Kernmandantin der Praxis ist Stada: Die Beziehung zu dem Generikahersteller hat sich nach einer erneuten Ausschreibung des Mandats noch mal intensiviert u. lastet das recht kleine Team stark aus.
Stärken: HWG-Prozesse.
Oft empfohlen: Rainer Kaase („echter HWG-Experte", Wettbewerber)
Team: 2 Partner, 2 Associates
Schwerpunkte: Produkteinführungen u. -werbung, Abgrenzungsfragen zu ▷Lebensmitteln u. Kosmetika. Schnittstelle zum ▷Patent-, ▷Marken- u. Wettbewerbsrecht.
Mandate: Stada umf. zu M&A, IP, Parallelimporten sowie HWG; Sixtus zu Integration nach Verkauf an Neubourg Skin Care; lfd. Astellas; div. Pharmaunternehmen im HWG.

HEES
Pharma- und Medizinprodukterecht ★
Bewertung: Der sehr erfahrene HHer Einzelanwalt ist ein gefragter Berater aufseiten der Parallelimporteure. Bei zahlr. Stammmandanten aus diesem Kreis gilt er als gesetzt u. ist regelm. in Pilotprozesse vor dt. Gerichten u. Grundsatzverfahren bis hin zum EuGH involviert. Zudem berät er auch Pharmaunternehmen regulator., zulassungs- u. vertragsrechtlich. Zuletzt spielte auch die vertrags- u. wettbewerbsrechtl. Beratung im Zusammenhang mit Corona-Projekten eine Rolle.
Stärken: Umfangr. Betreuung von Parallelimporteuren.
Oft empfohlen: Dr. Stephan Hees
Team: 1 Partner
Schwerpunkte: HWG-Verf.; regulator. Beratung zu AMG u. MDR. Zudem Vertragsgestaltung.
Mandate: Div. Parallelimporteure umf., u.a. in Prozessen, vertragsrechtl., zu Marktzugang u. HWG; Pharmaunternehmen umf., u.a. zu Verträgen u. im HWG; Labordienstleister zu Prüfung von Werbematerialien (Corona-Projekte).

HENGELER MUELLER
Pharma- und Medizinprodukterecht ★★
Pharmarecht: Transaktionen ★★★★
Krankenhäuser, MVZ und Apotheken ★★★★
Bewertung: Die Gesundheitsrechtspraxis um die renommierten Öffentl.-Rechtler Spoerr u. Uwer überzeugt durch ihre regulator. Erfahrung u. ihre langj. branchenspezif. Transaktionsstärke. Letztere stellte die Praxis zuletzt erneut als Beraterin bei mehreren gr. Deals aufseiten von Labor- u. Biotechunternehmen, aber auch Private-Equity-Investoren unter Beweis. Gleichzeitig berät HM ihren breiten Mandantenkreis aus Krankenhausbetreibern, Pharma- u. Medizintechnikunternehmen sowie Gesundheitsdienstleistern immer wieder auch in rechtl. anspruchsvollen Grundsatzverf., aktuell etwa zu vertrags- u. zulassungsrechtl. Fragen im Zshg. mit Corona: Durch die ausgeprägte Kompetenz von Spoerr kann HM die Schnittstelle zum Verfassungs- u. Wirtschaftsverwaltungsrecht besser abdecken als viele Wettbewerber. Daneben hat sich das Thema Digital Health wie bei vielen Wettbewerbern auch bei HM zu einem Beratungsschwerpunkt entwickelt. Die Schnittstelle zum Datenschutz verantworten 2 Counsel. Mittelfr. wäre eine interne Partnerernennung sinnvoll, um aufstrebende Anwälte zu halten u. den Generationswechsel vorzu-

bereiten. In der Vergangenheit hatte HM wiederholt Counsel an Wettbewerber verloren.
Stärken: Beratung zu regulator. Fragen, Transaktionen (▷M&A).
Oft empfohlen: Prof. Dr. Wolfgang Spoerr („Koryphäe, gute Durchdringung vieler Rechtsgebiete, denkt ‚out-of-the-box'", Mandant; „langj. Erfahrung u. gute gesundheitspol. Orientierung", Wettbewerber), Dr. Dirk Uwer („sehr gut", Wettbewerber)
Team: 3 Partner, 2 Counsel, 5 Associates
Schwerpunkte: Erstattungs- u. regulator. Fragen; Schnittstelle zu ▷Patent- u. Kartellrecht, ▷Compliance.
Mandate: Amira bei Beteiligung an Sartorius; Flatiron Health datenschutzrechtl. zu Forschungsplattform; Epigenomics zu Vertrag mit New Horizon Health über den Verkauf bestimmter nicht essenzieller Blutproben; TIB Molbiol Syntheselabor bei Verkauf an Roche; Lungpacer Medical datenschutz-, medizinprodukterechtl. u. regulator. zu klin. Studien; Median bei Kauf des AKG Reha-Zentrums Graal-Müritz; Klinik verwaltungsrechtl. wg. willkürl. Eingriffen in die Krankenhausversorgung zur Freihaltung für Corona-Patienten; Apotheke zu Gematik-Zugang (E-Rezept).

HOGAN LOVELLS
Pharma- und Medizinprodukterecht ★★★★★
Pharmarecht: Transaktionen ★★★★★
Bewertung: Die Gesundheitspraxis gehört seit Jahren unbestritten zur Marktspitze. Das Team, das von einem Mandanten für seine „hervorragende Arbeit im gesamten Pharmarecht" gelobt wird, verdankt sein Renommee nicht zuletzt einer gr. Riege angesehener u. – auch internat. – gut vernetzter Partner. Im Zentrum stehen die Regulierungsexperten Schickert u. Thiermann, die regelm. für die gr. Player der Branche tätig sind, zuletzt etwa für Roche Diagnostics. Die Mandantin setzt beim Thema Digital Health auf das regulator., aber auch datenschutz- u. produkthaftungsrechtl. Know-how des Teams. Das Mandat zeigt die sehr gute Vernetzung des Kernteams mit anderen Praxisgruppen, dank der es seine Mandanten auf allen für das Gesundheitswesen relevanten Gebieten beraten kann. Dazu zählen auch Bereiche wie Patentrecht oder Compliance. Daneben spielt das regulator. Know-how des Teams regelm. eine wichtige Rolle bei hochvol. u. teils grenzüberschr. Transaktionen, z.B. bei der Beratung von Adagia Partners bei der Übernahme der Mehrheitsanteile an Schwind Eye-tech-Solutions. Auch in gr. (Schieds-)Verfahren sind die Anwälte regelm. involviert, z.B. die äußerst renommierte Eisenblätter im HWG, wobei zuletzt v.a. Auseinandersetzungen im Zshg. mit Markteintritten eine wichtige Rolle spielten.
Stärken: Regulator. u. Vertragsberatung, ▷Patentprozesse u. ▷Produkthaftung, Transaktionen (enge Verknüpfung mit ▷M&A).
Oft empfohlen: Dr. Jörg Schickert („versetzt sich in die Perspektive der Mandanten u. beantwortet rechtl. Fragen mit einem Blick fürs Praktikable", „sehr professionell u. kompetent, praxisnahe u. flexible Lösungen, intensive Betreuung", Mandanten), Dr. Andreas von Falck, Miriam Gundt („sehr strukturiert, klare u. angenehme Kommunikation, absolute Fachfrau", Wettbewerber; beide Patentrecht), Ina Brock (Produkthaftung), Dr. Tanja Eisenblätter („höchst kompetente Anwältin, die nicht

viel Zeit braucht, die Sachlage zu verstehen, u. jurist. jeden Gegner überragt", „durchsetzungsfähig", „eine der besten Adressen der Republik für Fragen des HWG, strateg. Beratung mit allen Finessen", Mandanten; „unique u. wirkungsvoll", Wettbewerber; HWG), Arne Thiermann („Top-Anwalt, sehr kompetent u. gleichzeitig pragmat.", Mandant)
Team: 15 Partner, 6 Counsel, 23 Associates
Schwerpunkte: ▷Compliance, sozial- u. erstattungsrechtl. Fragen, Biotechnologie, Lizenzverträge, HWG, Schnittstelle zum ▷Marken- u. Wettbewerbs- u. ▷Kartellrecht.
Mandate: Roche Diagnostics regulator., datenschutz- u. produkthaftungsrechtl. beim Thema Digital Health; Moderna bei vertragl., regulator. u. werbl. Fragen u. beim Aufbau des Vertriebs in der EU; Merz Therapeutics bei strateg. Lizenz- u. Kooperationsvereinbarung mit Vensica Therapeutics; BristolMyersSquibb bei FuE-Verträgen für CAR-T-Produkt u. regulator. bei Übertragung aller Aktivitäten im Zshg. mit Sponsoren klin. Studien von einem auf ein anderes EU-Unternehmen; Adagia Partners bei Übernahme der Mehrheitsanteile an Schwind Eye-tech-Solutions von Ardian; Daiichi Sankyo zu regulator. Zulässigkeit eines onkolog. Produkts, im HWG u. erstattungsrechtl.; Merck, u.a. in Patentprozess um ergänzendes Schutzzertifikat für die Wirkstoffkombination Sitagliptin/Metformin; Bracco Imaging sozial-, vergabe- u. erstattungsrechtl. bei Ausschreibungen von Krankenkassen zu Kontrastmitteln; Eli Lilly in Patentverfahren um Krebsmedikament Pemetrexed; ww. tätiges Pharmaunternehmen nach Produktrückrufen in 26 Märkten.

IFFLAND WISCHNEWSKI
Krankenhäuser, MVZ und Apotheken ★★
Bewertung: Die Darmstädter Kanzlei hebt sich von ihren Wettbewerbern durch ihre Spezialisierung im Heim- u. Pflegerecht ab. Dabei berät sie die Sozialwirtschaft umf., inkl. Arbeits- u. Immobilienrecht sowie M&A. Die Boutique verfügt als eine von wenigen auch über Erfahrung mit außerklin. Intensivpflegediensten. Die Corona-Pandemie beschert ihrer Stammmandantschaft anhaltend hohen Beratungsbedarf. Zuletzt war die Kompetenz der spezialisierten Anwälte, die regelm. auch in Grundsatzverfahren mit bundesw. Bedeutung involviert sind, etwa im Zshg. mit der einrichtungsbezogenen Impfpflicht u. mit dem Pflegerettungsschirm, entsprechend stark gefragt.
Oft empfohlen: Sascha Iffland („sehr kompetent, fühle mich bestens vertreten", Mandant), Jörn Bachem („hohe Sachkompetenz im Heim- u. Pflegeversicherungsrecht", Mandant")
Team: 4 Partner, 8 Counsel, 2 Associates, 1 of Counsel
Schwerpunkte: Umf. zu Heim- u. Vertragsrecht, Arbeitsrecht u. M&A für soziale Einrichtungen. Pflegeversicherungsrecht, Zulassungsrecht, Schiedsverfahren nach SGB sowie zunehmend Recht der außerklin. Intensivpflege. Mandanten: v.a. Pflegedienste, Pflegeheime u. Einrichtungen der Behindertenhilfe.
Mandate: Arbeiterwohlfahrt Kreisverband Wiesbaden umf., u.a. zu Umstrukturierung des Pflegeheims; Träger von Pflegeeinrichtungen in 2 Grundsatzverfahren wg. Corona-Erstattungsansprüchen; regelm. Gesellschafter eines Intensivpflegedienstes.

REGULIERUNG GESUNDHEITSWESEN

KALTWASSER
Pharma- und Medizinprodukterecht ★

Bewertung: Die Münchner Boutique ist v.a. für ihre Prozessstärke in HWG-Verfahren hoch angesehen. Aber auch auf anderen Gebieten hat sie sich in den vergangenen Jahren zunehmend etabliert: Zu den Kompetenzen, die sie ihrer Mandantschaft aus teils namh. Pharmaunternehmen u. Mittelständlern bietet, zählen etwa die Beratung zum Marktzugang u. zum Sozialrecht oder Haftungsthemen. Mandanten ziehen das kleine Team oft als ausgelagerte Rechtsabteilung im Alltagsgeschäft hinzu.
Stärken: HWG-Prozesse.
Oft empfohlen: Dr. Jan-Tobias Häser
Team: 2 Partner, 1 of Counsel
Schwerpunkte: HWG, AMG, Erstattungen, Arzneimittelhaftungen, klin. Studien. Mandanten: mittelständ. Arzneimittelhersteller u. Pharmakonzerne.
Mandate: Keine Nennungen.

KING & SPALDING
Pharma- und Medizinprodukterecht ★★

Bewertung: Die kl. Pharmapraxis um den anerkannten Prozessexperten Grundmann arbeitet so integriert mit ihren internat. Kollegen aus Brüssel u. den USA zusammen wie nur wenige Wettbewerber. Häufig berät die Praxis US-Mandanten beim Markteintritt in Dtl. u. bei europarechtl. Fragen. Auch die regulator. Transaktionsbegleitung nahm zuletzt zu. Gleichzeitig ist die Praxis regelm. in Grundsatzverfahren in Dtl. involviert – hierbei kommt ihr die Erfahrung im HWG, bei Abgrenzungsthemen sowie Fragen zu Parallelimporten zugute. Eine langj. Associate wurde zur Counsel ernannt. Sie ist u.a. auf Digitalisierung u. Datenschutz im Gesundheitswesen spezialisiert, ein Feld, das die Praxis seit Längerem aus- u. aufbaut.
Stärken: Prozesse (insbes. im HWG), Abgrenzungsfragen zu Kosmetika, Arznei- u. ▷Lebensmitteln, enge Vernetzung mit US-Kollegen.
Oft empfohlen: Ulf Grundmann
Team: 1 Partner, 1 Counsel
Schwerpunkte: Pharma- u. Medizinprodukterecht; HWG sowie Abgrenzungsfragen. Auch Compliance u. Datenschutz. Zunehmend regulator. Transaktionsbegleitung.
Mandate: Agnovos Healthcare im Medizinprodukte- u. Vertriebsrecht sowie zur Compliance-Struktur; Angelini Pharma Dtl. regulator., im Lebensmittel- u. Arzneimittelrecht, insbes. zu Markteinführung; Biomo Group regelm. regulator.; Chem. Fabrik Kreussler u.a. in Prozessen zu Abgrenzungsfragen; Diagnostic Green u.a. regulator. u. vertriebsrechtl.; Dt. Homöopathie-Union in wettbewerbsrechtl. Verfahren zu homöopath. Arzneimitteln; Novartis Pharma, u.a. in EU-weitem Verfahren gg. Parallelimporteure; Willmar Schwabe in Streitigkeiten im Zshg. mit Gingko-biloba-Extrakt u. Pelargonium; Teva umf. regulator., wettbewerbsrechtl. u. in Prozessen; Wright Medical im Medizinprodukterecht.

KOZIANKA & WEIDNER
Pharma- und Medizinprodukterecht ★★★

Bewertung: Die HHer Pharmaboutique mit langer Tradition ist insbes. aufgrund ihrer Erfahrung in HWG-Prozessen u. ihrer tiefen Spezialisierung bei Abgrenzungsfragen sehr angesehen. Ihre Stammmandantschaft hebt regelm. das ausgeprägte Branchenverständnis der Anwälte hervor u. lobt insbes. auch die gute Kommunikation sowie die reibungslose u. rasche Bearbeitung. Dass Unternehmen, aber auch Interessenvertretungen wie Verbände bei polit. umstrittenen Themen u. Grundsatzverfahren, etwa zum Parallelvertrieb, regelm. auf die Praxis setzen, zeigt, wie gut das Team um die erfahrenen Namenspartner Kozianka u. Weidner vernetzt ist. Immer wieder gewinnt die Praxis so neue Mandanten hinzu, zuletzt neben einer Clearingstelle auch einige Medizinproduktehersteller u. Pharmaunternehmen. Personell hat sich die Kanzlei, die Nachwuchs behutsam u. strateg. aufbaut, mit einem Associate verstärkt.
Stärken: Prozesse u. Beratung zu HWG u. SGB V.
Oft empfohlen: Wolfgang Kozianka („schnell u. kompetent", Mandant; „erfahrener Prozessanwalt, sehr kollegial", Wettbewerber; „perfekt im HWG", Wettbewerber), Michael Weidner („tiefe Kenntnisse, rasche Antwort", Mandant; „gibt nie auf, Kämpfernatur", „pragmat. u. lösungsorientiert", Wettbewerber)
Team: 2 Partner, 4 Associates, 1 of Counsel
Schwerpunkte: HWG, AMG, Erstattungsfragen zum SGB V, zu Nahrungsergänzungsmitteln u. bei Abgrenzungsfragen zu ▷Lebensmitteln.
Mandate: Tilray Dtl. regulator. bei Fusion mit Aphria; Merz Pharma Handel in Prozess um Kennzeichnung parallel vertriebener Arzneimittel (BGH; beide öffentl. bekannt); Medizinproduktehersteller in Wettbewerbsverfahren zur Medizinprodukteigenschaft eines Kompressors; internat. Pharmaunternehmen in HWG-Prozessen im Zshg. mit der Neueinführung eines hormonfreien Kontrazeptivums (verschreibungspflichtig); dt. Pharmaunternehmen umf. regulator., zu AMNOG, IT-Datenschutz u. Compliance; Hersteller eines Gentherapeutikums umf. zu Werbung u. Marktzugang; Hersteller von med. Cannabis im HWG u. zum Vertrieb.

LATHAM & WATKINS
Pharma- und Medizinprodukterecht ★★
Pharmarecht: Transaktionen ★★★★
Krankenhäuser, MVZ und Apotheken ★★★★★

Bewertung: Die Praxis um die beiden sehr erfahrenen Branchenexperten Schneider u. Engeler genießt einen hervorragenden Ruf bei Transaktionen im Gesundheitswesen. Neben Private-Equity-Investoren setzen v.a. auch gr. Krankenhaus- u. Pflegekonzerne auf L&W, sodass die Praxis bei kaum einem hochvol. Deal fehlt. Zuletzt begleitete das Team z.B. Astorg beim milliardenschweren Kauf von Corden Pharma. Daneben deckt die Praxis regulator., arzneimittel- u. medizinprodukterechtl. Fragen ab. Auch die Schnittstellen zu für die Gesundheitsbranche zunehmend wichtigen Feldern wie ▷IT- u. Datenschutz, Kartellrecht sowie ▷Compliance sind gut besetzt u. spielen sowohl in der transaktionsbegleitenden als auch in der Beratung rein regulator. Mandate eine immer größere Rolle.
Stärken: Komplexe, grenzüberschr. Transaktionen mit regulator. Bezug.
Oft empfohlen: Dr. Henning Schneider, Christoph Engeler
Team: 2 Partner, 1 Counsel, 7 Associates
Schwerpunkte: ▷M&A-Transaktionen, oft grenzüberschreitend. Ausgeprägte Schnittstellen zu ▷Private Equ. u. Vent. Capital, ▷Gesellschafts-, ▷Kartell- u. ▷Arbeitsrecht. Regelm. regulator. Beratung im Arzneimittel- u. Medizinprodukterecht (klin. Prüfung, Vertrieb, Marktzugang). Vertragsgestaltung.
Mandate: Astorg bei Übernahme von Corden Pharma; Cheplapharm Arzneimittel bei Börsengang; Hg Capital bei Verkauf von ResMed; Summit Partners bei Verkauf Radioonkologienetzwerk (RON); Convivo bei geplantem Verkauf; Antin Infrastructure Partners beim Verkauf der Mehrheitsbeteiligung an der Amedes-Gruppe; IK Partners bei Verkauf des €1,5 Mrd schweren Portfoliounternehmens Alanta/ZytoService; Trilantic Europe bei Kauf der Smile Eyes Group; Biokema bei Zulassungs- u. Vertriebsfragen; Volk Optical regulator. u. zu Markteintritt; Teladoc Health, DigitalOptometrics u. Essetifin regulator.; SHL Telemedizin zu digit. Versorgungsgesetz u. Telemedizin; Corporate-Health zu Corona-Home-Tests; Lufthansa Technik im Medizinprodukterecht.

LUTHER
Krankenhäuser, MVZ und Apotheken ★★★★

Bewertung: Die große, standortübergr. agierende Praxis zählt zu den anerkanntesten Einheiten bei Krankenhaustransaktionen. Insbes. bei Kommunen, der öffentl. Hand u. Universitätskliniken ist das Team hervorragend vernetzt u. regelm. bei komplexen M&A-Projekten aktiv. Durch ihre langj. Erfahrung kann sich die Praxis zunehmend Mandate mit internat. Bezug erschließen: Zuletzt hat das Team die finn. Gruppe Mehiläinen beim Kauf der Dalberg Klinik Fulda beraten, einen internat. Private-Equity-Investor beim Einstieg in den dt. Markt begleitet u. für eine Mandantin eine Privatklinik in Frankreich gegründet. Zudem berät das breit aufgestellte Team zunehmend zu regulator. Themen, Medizintechnik u. Datenschutz. Auf diesen Feldern ist die Praxis jedoch vergleichsweise unauffällig. Dies ließe sich ändern, wenn die Riege der jüngeren Partner u. Counsel ihre Chance nutzt u. sich entsprechend ausrichtet.
Stärken: Komplexe (Uni-)Kliniktransaktionen (▷Gesellschaftsrecht u. ▷M&A).
Oft empfohlen: Dr. Thomas Gohrke („hervorragende Kenntnis des Gesundheitswesens, zielgerichtete Verhandlungsführung, gute Darstellung komplexer Sachverhalte", Mandant)
Team: 7 Partner, 1 Counsel, 12 Associates, 1 of Counsel
Schwerpunkte: Tiefe Branchenkompetenz im ▷Arbeits-, ▷Kartell-, ▷Vergabe- u. ▷Beihilferecht. Auch Medizintechnik u. Produkthaftung.
Mandate: Mehiläinen Oy bei Übernahme der Dalberg Klinik; Landkreis Oberspreewald-Lausitz bei strukturierten Bieterverfahren zur Suche nach einem strateg. Partner für Klinikum Niederlausitz; EK-Unico bei strateg. Kooperation mit Sana Einkauf & Logistik; Stadt Köln bei Gründung des Universitären Gesundheitsclusters Köln; Berufsverband der Augenärzte Dtl. zu Datenschutz; Corona-Schnelltest-Zentrum bei Vertrag mit CoviMedical; Vesper Medical zu Datenschutz u. MDR; Private-Equity-Investor bei Verkauf einer EU-weit operierenden MVZ-Kette; Beteiligungsgesellschaft regulator. u. gesellschaftsrechtl. bei Gründung einer Privatklinik in Frankreich; radiolog. Praxisgesellschaft bei Käufen.

LYCK+PÄTZOLD
Krankenhäuser, MVZ und Apotheken ★

Bewertung: Die Bad Homburger Gesundheitsboutique ist auf die Beratung von Leistungserbringern wie Großpraxen oder MVZ im ambulanten Bereich spezialisiert. Ihre Mandanten begleitet sie im Zulassungsrecht oder bei Transaktionen, bei Letzterem ist sie auch regelm. auf Käuferseite tätig, z.B. für Investoren. Ein weiterer Schwerpunkt liegt im Medizinprodukterecht, wo L&P z.B. Start-ups bei

Themen wie Marktzugang, Compliance oder Digital Health berät.
Team: 3 Eq.-Partner, 3 Counsel, 1 of Counsel
Schwerpunkte: Beratung ambulanter Leistungserbringer inkl. Arzthaftungs-, Zulassungs- u. Vertragsarztrecht, MVZ-Transaktionen, Medizinprodukterecht, branchenspezif. Arbeits- u. Gesellschaftsrecht.
Mandate: Dr. Özgören Ästhetik marken- u. wettbewerbsrechtl.; gr. MVZ-Gruppe umf., u.a. bei Transaktionen, Verträgen, im Zulassungs- u. Arzthaftungsrecht; Medizinproduktehersteller bei Marktzugang, im HWG u. zu Compliance; Medizinproduktehersteller zu Digital Health u. MDR.

MAZARS
Pharma- und Medizinprodukterecht ★
Krankenhäuser, MVZ und Apotheken ★★★

Bewertung: Im Fokus der Gesundheitspraxis der MDP-Kanzlei steht die Beratung von Krankenhaus- u. Pflegeheimträgern u. Investoren bei M&A-Projekten. Wichtiger Stützpfeiler der Praxis ist daneben die lfd. Beratung von Krankenhäusern. Zuletzt waren die Anwälte u.a. stark mit dem Thema KHZG beschäftigt. Dank ihrer Kenntnisse an den Schnittstellen zw. Fördermittelrecht, Krankenhausfinanzierung u. IT-Sicherheit überzeugte die MDP-Einheit auch neue Mandanten aus dem Kliniksektor von sich. Eine immer stärkere Rolle spielt zudem die Beratung im Medizinprodukterecht u. zu IT/Datenschutz, wie die Eq.-Partner-Ernennung eines auf diese beiden Bereiche spezialisierten Anwalts zeigt. Nach einigen personellen Unruhen hat sich das Team zuletzt stabilisiert.
Team: 4 Eq.-Partner, 3 Counsel, 5 Associates
Schwerpunkte: Krankenhaus-, Pflegeheim- u. MVZ-Transaktionen. Medizinprodukterecht, insbes. Abgrenzungsfragen; auch IT-Sicherheit u. Datenschutz.
Mandate: Halder zu Aufbau einer MVZ-Struktur im Bereich Dermatologie; MedEuropa bei Erwerb der Margarethen-Klinik in Kappeln von Diako; Telemos Capital zu Aufbau einer MVZ-Struktur im Bereich Strahlentherapie u. bei Verkauf von Sanoptis; AWO Landesverband Sachsen-Anhalt bei Verkauf eines Krankenhauses an Medicover; lfd. Ameos-Gruppe (marktbekannt) u. Align Technology; Apothera u. Becton Dickinson regulatorisch.

MCDERMOTT WILL & EMERY
Pharma- und Medizinprodukterecht ★★
Pharmarecht: Transaktionen ★★★
Krankenhäuser, MVZ und Apotheken ★★★★

Bewertung: Die Gesundheitsrechtspraxis der internat. Kanzlei ist bei Transaktionen in der Branche gesetzt. Auch aufgrund ihrer langj. regulator. Erfahrung vertrauen u.a. Private-Equity-Investoren bei Deals im Krankenhaus-, Labor- u. ambulanten Sektor häufig auf MWE. Zu den Highlights zählte zuletzt die Beratung von Apax beim Verkauf der Schweizer Laborkette Unilabs. Zudem stand das Team um den erfahrenen Rau Centrics beim Erwerb von Hausarztpraxen in Dtl. zur Seite. Wie breit die Praxis mittlerw. aufgestellt ist, zeigt die Beratung neuer Mandanten wie Stada oder Doktor.de. Beide berät das Team sowohl zu regulator. Themen als auch bei M&A-Projekten. Der jüngst zum Partner ernannte Dr. Deniz Tschammler bespielt erfolgr. die Schnittstelle zw. Gesundheitsrecht u. Datenschutz. Dieses Know-how ist z.B. bei der Beratung der Axa – ebenfalls eine neue Mandantin – zentral. Personell befindet sich die Praxis nach wiederholten Zu- u. Abgängen auf Partner- u. Counsel-Ebene wieder in ruhigerem Fahrwasser u. hat 2 erfahrene Associates gewonnen.
Stärken: ▷*Private-Equity*-Gesellschaften zu Transaktionen.
Oft empfohlen: Dr. Stephan Rau („viel Branchenerfahrung", „denkt unternehmer.", Wettbewerber)
Team: 3 Partner, 2 Counsel, 3 Associates
Schwerpunkte: Regulator. u. vertragsrechtl. Beratung; Transaktionen, v.a. im Krankenhaus- u. Laborsektor.
Mandate: Apax Capital Partners bei Verkauf von Unilabs; Axa regulator. zu digit. Produkten u. Gesundheitsdatenschutz; Centric Health bei Kauf von Hausarztpraxen in Dtl.; DH Diagnostics zu Marktzugang u. Erstattung von In-Vitro-Diagnostika in Dtl.; Doktor.de regulator. u. vertragsrechtl. bei Markteintritt in Dtl. u. bei Kauf der Praxis-Klinik Bergedorf; GSK zu AMNOG, Erstattungsrecht, Compliance u. IT-Datenschutz; Merck bei Lizenzvereinbarung mit neuroloop; Paion zu Lizenztransaktionen; Stada lfd. regulator. u. vertragsrechtl. sowie bei Kooperation mit Calliditas Therapeutics; Auctus Capital regelm. bei Transaktionen; Ampersand Capital bei Minderheitsbeteiligung an BioEcho.

MEDLEGAL
Krankenhäuser, MVZ und Apotheken ★

Bewertung: Die HHer Medizinrechtskanzlei ist fest bei div. – sowohl ambulanten als auch stationären – Leistungserbringern wie Krankenhäusern, MVZ u. Großpraxen verankert. Ihnen steht sie sowohl im lfd. Geschäft, etwa im Zulassungs- oder Vertragsarztrecht, als auch bei Transaktionen zur Seite. Dabei kann sie kleinere Deals dank einer Mischung aus tiefem regulator. Wissen u. gesellschaftsrechtl. Kenntnissen allein stemmen u. arbeitet bei gr. Transaktionen, z.B. für Investoren, mit Transaktionskanzleien zusammen. Umtriebiger als Wettbewerber wie Busse & Miessen ist die Boutique zudem beim Thema digitale Gesundheit, wozu sie bspw. mehrere Unternehmen der Digital-Health-Plattform Heartbeat Labs lfd. berät.
Stärken: Kombination aus medizin- u. gesellschaftsrechtl. Know-how.
Oft empfohlen: Johannes Kalläne („fachl. und menschl. herausragend", Wettbewerber)
Team: 1 Eq.-Partner, 2 Counsel, 1 Associate, 1 of Counsel
Schwerpunkte: Beratung von Leistungserbringern im ambulanten u. stationären Sektor bei Transaktionen sowie im lfd. Geschäft (z.B. arztrechtl.). Beratung von Unternehmen im Bereich Digital Health, z.B. zum Datenschutz.
Mandate: Div. (Zahn-)Ärzte u. MVZ bei bundesw. Transaktionen (Zu- u. Verkäufe); Privatklinik mit ambulanten Einheiten umf. beim Aufbau; Heartbeat-Labs-Gesellschaften lfd. im Zshg. mit Digital-Health-Themen; Investor in der ambulanten Pflege beim Kauf von 4 ambulanten Pflegediensten; 6 Berufsausübungsgemeinschaften bei gesellschaftsrechtl. Auseinandersetzungen; Universitätsklinikum lfd., u.a. zulassungsrechtl., bei Kooperationen u. Transaktionen.

MEISTERERNST
Pharma- und Medizinprodukterecht ★★

Bewertung: Die Münchner Gesundheitspraxis ruht sich auf ihrem Renommee, das v.a. auf ihrer Tätigkeit im HWG u. Wettbewerbs- sowie Vertragsrecht fußt, nicht aus. Zuletzt gelang es ihr, sich bei sozialrechtl. Themen zu positionieren, u.a., indem sie Amicus in einem AMNOG-Verfahren begleitete. Nun gilt es, weitere Erfahrung zu sammeln, denn bei dem Thema sind Kanzleien wie GND, Möhrle Happ Luther, Novacos u. Sträter marktführend. Daneben beriet die Kanzlei einen Venture-Capital-Investor beim Investment in ein Start-up im Apothekenbereich u. fasste dadurch Fuß bei der regulator. Begleitung von Transaktionen. Bestehende Mandatsbeziehungen verfestigt sie, indem sie Mandanten wie einem internat. Pharmaunternehmen als externe Rechtsabteilung zur Seite steht.
Oft empfohlen: Dr. Christian Tillmanns („exzellent im HWG u. Wettbewerbsrecht", „sehr angenehm", Wettbewerber), Sylvia Braun
Team: 1 Eq.-Partner, 1 Counsel, 4 Associates
Schwerpunkte: HWG, regulator. u. vertragsrechtl. Beratung, zunehmend Compliance.
Mandate: Venture-Capital-Investor regulator. bei Investment in Start-up im Apothekenbereich; Amicus im AMNOG-Verfahren; Lifescan Dtl. umf., neuerdings auch sozial- u. erstattungsrechtl.; internat. Pharma- u. Medizinprodukteunternehmen im HWG u. Wettbewerbsrecht; Miracor Medical zu FuE-Verträgen; internat. Pharmaunternehmen in HWG-Prozess u. lfd. im Vertrags- u. Vertriebsrecht u. zu Compliance; Alnylam umf. regulator., im HWG u. zu Compliance; Orphan-Drug-Hersteller in HWG-Prozess.

MICHELS PMKS
Krankenhäuser, MVZ und Apotheken ★★

Bewertung: Das Team der Kölner Kanzlei bietet Leistungserbringern tiefe Kenntnisse des ambulanten u. stationären Sektors. Zunehmend greifen Mandanten auf eine Kombination dieser Schwerpunkte zurück, etwa Krankenhäuser, die gleichzeitig MVZ betreiben. Für den stationären Sektor steht Schillhorn mit ihrem Know-how im Planungs- u. Finanzierungsrecht. Ihre tiefe Verwurzelung bei zahlr. Krankenhäusern in NRW führte zuletzt dazu, dass sie ihnen v.a. bei Fragen zum neuen Krankenhausplan zur Seite stand. Jahn steht in erster Linie für die Tätigkeit für MVZ u. Großpraxen u. berät diese umf. vertragsarztrechtl., z.B. beim Kauf von Praxen. Bei Transaktionen steht er ihnen auch gesellschaftsrechtl. zur Seite u. arbeitet regelm. eng mit den Arbeitsrechtlern der Kanzlei zusammen.
Stärken: Krankenhausplanung u. -finanzierung sowie Vertragsarztrecht.
Oft empfohlen: Dr. Kerrin Schillhorn („herausragendes Wissen im Krankenhausrecht", „fachl. ausgezeichnet, sehr angenehm", „kompetent, erfahren, umsichtig", „immer zielorientiert u. fachl. brillant", Wettbewerber), Jens-Peter Jahn
Team: 3 Eq.-Partner, 1 Associate
Schwerpunkte: Krankenhausrecht umf., inkl. ▷*Arbeitsrecht* u. zu Kooperationen (auch mit anderen Leistungserbringern); Compliance-Strukturen v.a. für Krankenhauskonzerne; Beratung d. ambulanten Sektors im Zulassungsrecht.
Mandate: Vertragsarztrechtl.: MVZ des Uniklinikums Köln, MVZ St. Vincenz Datteln, MVZ St. Marien, MVZ am St. Marien-Hospital Friesoythe; lfd. krankenhausrechtl.: Krankenhaus Porz, Kreisklinikum Siegen, Kath. Hospitalvereinigung Weser-Egge, Mariengesellschaft Siegen, St. Barbara Klinik Hamm, St. Franziskus-Stiftung Münster, Uniklinik Köln.

REGULIERUNG GESUNDHEITSWESEN

MÖHRLE HAPP LUTHER
Pharma- und Medizinprodukterecht ★★★

Bewertung: Die wichtigsten Säulen der HHer Pharmapraxis sind nach wie vor ihr Know-how bei den Themen AMNOG/Marktzugang u. ihre Prozessstärke im HWG. Im AMNOG ist es v.a. das Renommee von Anders, das der Kanzlei immer wieder neue Kontakte auf diesem für Mandanten wirtschaftl. wichtigen Gebiet verschafft. Im HWG ist es Julia Luther gelungen, sich eine eigene Marktreputation aufzubauen. So setzen namh. Pharmamandanten wie AstraZeneca, Novartis oder Pfizer unverändert regelm. auf die homogene Praxis. Auch bei der Beratung von Digitalisierungsprojekten u. Zukunftsthemen wie DiGAs oder Apothekenplattformen ist MHL vermehrt aktiv. Neben der interdiszipl. Zusammenarbeit mit den ▷Gesellschafts- u. Steuerrechtlern gewinnen zudem die Schnittstellen zum Datenschutz u. Arbeitsrecht immer mehr Bedeutung.

Stärken: AMNOG-Preisverhandlungen u. HWG-Prozesse.

Oft empfohlen: Henning Anders („hervorragende AMNOG-Kompetenz, stets pragmat., sehr businessorientiert, kein typ. Jurist", Mandant), Julia Luther („stets auf dem neuesten Stand, richtet sich klar an den Zielen des Mandanten aus", Mandant)

Team: 1 Eq.-Partner, 2 Sal.-Partner, 5 Associates

Schwerpunkte: Arzneimittelrecht, i.d.R. in allen Stufen der Entwicklung u. Vermarktung.

Mandate: Amgen im HWG; AstraZeneca umf. im HWG, u.a. zu Werbematerialien u. in Prozessen; Novartis u. Pfizer lfd. regulator. u. im HWG; Orphan-Drug-Hersteller zu AMNOG.

MÖLLER & PARTNER
Krankenhäuser, MVZ und Apotheken ★★

Bewertung: Die D'dorfer Medizinrechtsboutique um den renommierten Meschke steht für tiefe Kenntnisse in der Beratung von Leistungserbringern wie Ärzten, Großpraxen oder Krankenhäusern. Neben regulator. Fragen decken die Anwälte dabei auch arbeits- u. gesellschaftsrechtl. Aspekte ab u. stehen ihren Mandanten so sowohl im lfd. Geschäft als auch bei Gründungen, Zusammenschlüssen sowie Zu- u. Verkäufen zur Seite. Bestes Bsp. dafür war zuletzt die Begleitung 3er Augenzentren beim Verkauf an die Sanoptis-Gruppe. Regelm. setzen Mandanten zudem auf die gr. Erfahrung des Teams in Verfahren, z.B. Krankenhausträger bei Vergütungsstreitigkeiten mit Krankenkassen.

Stärken: Allg. Arztrecht.

Oft empfohlen: Dr. Andreas Meschke („absoluter Experte", „kreativ u. pragmat., höchst geschätzter Verhandlungspartner", „fachl. u. menschl. top", „kollegial, kompetent, guter Marktüberblick", Wettbewerber), Dr. Karl-Heinz Möller

Team: 6 Partner, 4 Associates

Schwerpunkte: Ärztl. Gesellschaftsrecht, Vertragsarztrecht, MVZ-Gründungen u. -Beratung.

Mandate: 3 Augenzentren zum Verkauf an Sanoptis; gr. Drogensubstitutionsanbieter in NRW bei Expansion; Laborgruppe medizinrechtl. bei Kauf Humangenetikpraxis in Bremen; psychiatr. Fachklinik medizinrechtl. beim Krankenhauskauf; Zahnpraxiskette bei Zukäufen; div. Krankenhäuser in Vergütungsstreitigkeiten gg. Krankenkassen; lfd.: Limbach-Gruppe, KZV Nordrhein, Berufsverband der Kinder- u. Jugendärzte.

NOERR
Pharma- und Medizinprodukterecht ★★
Pharmarecht: Transaktionen ★★★
Krankenhäuser, MVZ und Apotheken ★★

Bewertung: Die dt. Großkanzlei berät die Gesundheitsbranche mit einem breit aufgestellten, standortübergr. Team. Die Praxis berät regelm. bei Transaktionen im Gesundheitssektor u. hat ihre Kompetenz im branchenbezogenen M&A im Vorjahr durch die Zugänge mehrerer Partner noch einmal gestärkt. Deren teils sehr guten Kontakte zur Branche haben sich bereits in ersten Mandatserfolgen niedergeschlagen, etwa für Cerner. In einer künftigen noch besseren Vernetzung mit der immer aktiveren regulator. Praxis liegt erhebl. Potenzial. So hat die umtriebige Regulierungsexpertin Schulz ein Team gesteuert, das Wacker Biotech im öffentlichkeitswirksamen Ausschreibungsverfahren des Bundes zu den Pandemiebereitschaftsverträgen beraten hat. Den unverändert hohen Beratungsbedarf der Gesundheitsbranche an der Schnittstelle zum Datenschutz kann Noerr durch ihre starke IT-Praxis gut abdecken.

Oft empfohlen: Evelyn Schulz („hervorragend", Wettbewerber), Dr. Fabian Badtke („hervorragend", Wettbewerber)

Team: 6 Eq.-Partner, 2 Sal.-Partner, 3 Associates, 1 of Counsel

Schwerpunkte: Regelm. Gestaltung v. Distributions-, Forschungs- u. Entwicklungsverträgen, klin. Prüfungen sowie zum europ. Marktzugang u. zur Vermarktung. Zudem ▷M&A-Transaktionen, Joint Ventures. Ausgeprägte Schnittstelle zu ▷IT-/Datenschutzrecht. Auch branchenbezogenes ▷Kartell-, ▷Patentrecht, Compliance, Arbeitsrecht sowie IP.

Mandate: Wacker/Corden zu Pandemiebereitschaftsverträgen; Cerner Corp. bei Kauf von Kantar Health; Ada Health zu Datenschutz u. Medizinprodukterecht; Cellex Cell Professionals bei Gründung eines Unternehmens in den USA mit Intellia Therapeutics zur Entwicklung von Gentherapien gg. schwer zu behandelnde Krebserkrankungen; Ergon Capital bei Kauf der Fair-Doctors-Gruppe u. der Sana Klinik Nürnberg; Helios-Kliniken fusionskontrollrechtl. bei Kauf der DRK-Kliniken Nordhessen; Versandapotheke zu Onlineplattform; New Flag zu Import, Vertrieb u. Sonderzulassung von Antigenschnell- u. Antikörpertests.

NOVACOS
Pharma- und Medizinprodukterecht ★★★★
Krankenhäuser, MVZ und Apotheken ★★

Bewertung: Die D'dorfer Boutique hat sich einen exzellenten Ruf erarbeitet. Vor mittlerw. 6 Jahren als Clifford Chance-Spin-off gestartet, hat das Team, das ein Wettbewerber als „umtriebig, sympath. u. erfolgr." beschreibt, seine Kontakte zu zahlr. u. Medizinprodukteunternehmen kontinuierl. erweitert. Sie ziehen die Kanzlei regelm. in wirtschaftl. wichtigen Grundsatzverfahren hinzu, z.B. Bayer Vital gg. die AOK Rheinland-Pfalz. Im Vgl. zu Wettbewerbern wie Sträter sticht Novacos zudem durch ihre gr. Erfahrung bei der regulator. Begleitung von Deals hervor, wobei sie regelm. mit internat. tätigen Transaktionskanzleien wie Kirkland & Ellis zusammenarbeitet. Highlight war zuletzt die Beratung von Envista beim Verkauf von KavoKerr Dental. Sehr renommiert ist sie zudem beim Thema AMNOG/Marktzugang, für das in erster Linie Stallberg steht, der etwa den BAH mit einem Gutachten zum Verhältnis von AMNOG- u. Festbetragssystem unterstützte. Besser als zuvor gelang es ihr zuletzt, Associates langfr. an sich zu binden, was für ein nachhaltiges Zusammenwachsen des Teams essenziell ist.

Stärken: Regulator. Begleitung internat. Transaktionen.

Oft empfohlen: Dr. Christian Stallberg („sehr kompetent", Mandant; „ausgewiesener Berater der Pharmabranche", Wettbewerber; Erstattungsrecht/AMNOG), Maria Heil („Expertin im regulator. Bereich des Medizinrechts", „hervorragende Zusammenarbeit", „fachl. exzellent u. schnell", „sehr schlau, bestens vernetzt, herausragende Anwältin", Wettbewerber; Datenschutz/M&A), Dr. Marc Oeben („sehr geschickt u. erfahren, kluger Stratege", Wettbewerber; Produkthaftung), Christian Hübner („gr. Sachverstand", „hervorragender Stratege, denkt blitzschnell", „versierter Prozessrechtler", Wettbewerber; HWG), Dr. Alexander Natz

Team: 5 Partner, 6 Associates

Schwerpunkte: Kostenerstattung, Marktzugang, HWG, Compliance, Produkthaftung, Datenschutz/E-Health, Vertragsgestaltung.

Mandate: 3M gg. Wettbewerbszentrale um Bedeutung u. Zulässigkeit der Bezeichnung ‚hypoallergen' für Gesundheitsprodukte (BGH); Bayer Vital gg. AOK Rheinland-Pfalz zur Abrechnung von Kontrastmitteln im Sprechstundenbedarf außerhalb von Exklusivverträgen (BSG); Envista regulator. bei Verkauf KavoKerr Dental; div. Herstellerverbände in Schiedsverfahren gg. GKV-Spitzenverband zur Festsetzung einer Rahmenvereinbarung für DiGAs; Bundesverband der Arzneimittel-Hersteller gutachterl. zum Verhältnis von AMNOG- u. Festbetragssystem; Novartis umf. vertrags- u. erstattungsrechtl. bei Einführung Zolgensma in Dtl.; PAI Partners regulator. bei Kauf der Ober Scharrer Gruppe/Veonet.

OPPENLÄNDER
Pharma- und Medizinprodukterecht ★
Krankenhäuser, MVZ und Apotheken ★★

Bewertung: Die etablierte Stuttgarter Gesundheitsrechtspraxis ist v.a. dank ihrer Erfahrung in HWG-Prozessen sowie ihrer regulator. u. apothekenrechtl. Kompetenz anerkannt. Für Letztere steht unverändert Kieser, der zahlr. Apotheken arzneimittel-, berufs- u. strafrechtl. berät. Koppe-Zagouras verkörpert die Erfahrung im HWG, während Köbler sich auf arzneimittel- u. medizinprodukterechtl. Fragen fokussiert. Mitunter agiert die Praxis für ihre Mandanten auch als ausgelagerte Rechtsabteilung. Alle 3 Partner sind im Markt sehr angesehen u. beraten Mandanten bei Themen wie neuen Lieferkonzepten auch gemeinsam. Zuletzt gab es im HWG wieder vermehrten Beratungs- u. Vertretungsbedarf, hier vertrauen namh. Pharmaunternehmen wie GSK seit Jahren auf Oppenländer. Auch zu Abgrenzungsfragen berät die Praxis verstärkt u. konnte auf diesem Feld neue Mandanten gewinnen.

Stärken: Apothekenrecht. Schnittstelle zu IT- u. IP-Recht.

Oft empfohlen: Dr. Timo Kieser („sehr kompetent", Mandant), Dr. Christina Koppe-Zagouras, Dr. Katharina Köbler („professionell u. konstruktiv", Mandant)

Team: 3 Eq.-Partner, 2 Sal.-Partner, 1 Associate

Schwerpunkte: HWG-Prozesse sowie Verfahren im Zshg. mit Herstellung, Zulassung u. Vertrieb von Produkten. Schnittstelle zum ▷Marken- u. Wettbe-

GESUNDHEITSWESEN REGULIERUNG

werbs- u. ▷Kartellrecht. Zudem ▷Vergaberecht. Auch Konfliktlösung.
Mandate: GSK Consumer Healthcare im HWG; Biologische Heilmittel Heel wettbewerbsrechtl.; Phagro Bundesverband zu Verkehrsfähigkeit von Cannabisprodukten; WEPA Apothekenbedarf umf. regulator., u.a. zu Import und Vertrieb von Masken u. Schnelltests; lfd. Accord Dtl., Dr. Falk Pharma, Cadewa; Vapotherm.

PREISSLER OHLMANN & PARTNER
Krankenhäuser, MVZ und Apotheken ★★

Bewertung: Die traditionsr. Fürther Medizinrechtskanzlei ist für ihre bundesw. Tätigkeit für Krankenhäuser, MVZ oder ärztl. Berufsverbände angesehen. Ihnen stand das Team im renommierten Preißler erneut bei div. Transaktionen zur Seite, wobei die Beratung einer gr. Augenklinikkette beim Verkauf an einen Private-Equity-Investor zu den Highlights zählte. Wie andere Boutiquen wie z.B. Möller & Partner bietet die Kanzlei auch gesellschaftsrechtl. Know-how, arbeitet bei hochvol. Transaktionen jedoch zusätzl. mit Großkanzleien zusammen.
Stärken: Beratung von gesellschaftsrechtl. Strukturen bei Heilberufen, Zulassungsrecht.
Oft empfohlen: Reinhold Preißler, Dirk Griebau
Team: 7 Partner, 4 Associates
Schwerpunkte: Ärztl. Zulassungsrecht, Krankenhausrecht u. Compliance. Zudem M&A, Gesellschaftsrecht.
Mandate: 2 gr. Augenzentren bei Verkauf an Investoren; Apotheke bei Restrukturierung als Vorbereitung für Verkauf; Augenklinik bei Restrukturierung; gr. Radiologiepraxis bei Verkauf; Asklepios lfd. krankenhausrechtl.; BDOC u. Ocunet lfd. rechtl., strateg. u. politisch.

PREU BOHLIG & PARTNER
Pharma- und Medizinprodukterecht ★★★

Bewertung: Die Münchner Pharmapraxis steht v.a. für ihre gr. Prozessstärke in komplexen Fällen u. spielt diese regelm. in div. Verfahren aus. So konnte sich für das Pharmaunternehmen MIT Gesundheit in einem Prozess gg. die Bezirksregierung D'dorf um die Anerkennung als Großhandelsbeauftragte durchsetzen. Erfreul. ist für das Team zudem, dass es seine Tätigkeit für Moderna ausweiten konnte u. das Unternehmen nun in mehreren Verfahren vertritt. Privatpersonen verteidigt, die die Genehmigung für den Corona-Impfstoff für nichtig erklären lassen wollen. Daneben überzeugen die Anwälte durch die Zusammenarbeit mit den in HH ansässigen ▷Patent- u. ▷Marken- u. Wettbewerbsrechtlern.
Stärken: Prozesse.
Oft empfohlen: Peter von Czettritz
Team: 2 Eq.-Partner, 2 Counsel, 2 Associates
Schwerpunkte: HWG, Zulassungen u. Erstattungen. Schnittstelle zum ▷Patentrecht, auch ▷Marken- u. Wettbewerbsrecht u. Compliance.
Mandate: Moderna in div. Verfahren gg. Privatpersonen um Nichtigerklärung der Genehmigung für den Corona-Impfstoff sowie zu Vertrieb u. Vermarktung; MIT Gesundheit gg. Bezirksregierung D'dorf um Anerkennung als Großhandelsbeauftragte (OVG NRW); Betapharm gg. Amgen wg. Patentverletzungen bzgl. Cinacalcet; Mimi Health zu Lizenzverträgen im Medizinprodukterecht; Gesundheitsunternehmen datenschutzrechtl. bei Einführung einer Hämophilie-App in 30 Ländern; Technologieunternehmen zu FuE-Verträgen.

QUAAS & PARTNER
Krankenhäuser, MVZ und Apotheken ★

Bewertung: Die medizinrechtl. Praxis mit Standorten in Stuttgart u. Dortmund gehört zu den erfahrensten Beratern von Leistungserbringern im Gesundheitswesen. Sie bietet ihrem Mandantenstamm aus Krankenhäusern u. deren Verbänden, Laboren sowie niedergelassenen Ärzten dabei auch Kompetenz an der Schnittstelle zum Arbeits-, Vergabe- u. Verfassungsrecht. Nach dem Verlust von 3 Partnern im Vorjahr hat sich die Praxis personell stabilisiert, doch mittelfr. wird der Generationswechsel in Stuttgart eine Herausforderung. Aktuell drängt sich noch niemand als Nachfolger für den äußerst renommierten älteren Namenspartner auf. Das Dortmunder Büro ist diesbzgl. stärker aufgestellt, insbes. Thomae ist im Markt etabliert.
Oft empfohlen: Prof. Dr. Michael Quaas („äußerst erfahren", Wettbewerber), Dr. Heike Thomae („sehr fundierte Kennerin des Krankenhausplanungs- u. -finanzierungsrechts", Wettbewerber)
Team: 3 Partner, 3 Associates, 1 of Counsel
Schwerpunkte: Krankenhaus-, Vertragsarzt-, Pflege- u. Heimrecht. Starke Schnittstelle zum Öffentl. Recht.
Mandate: Keine Nennungen.

RATAJCZAK & PARTNER
Krankenhäuser, MVZ und Apotheken ★

Bewertung: Die angesehene Kanzlei berät in erster Linie Leistungserbringer u. steht ihnen im Medizin- u. Medizinstrafrecht sowie auf angrenzenden Gebieten zur Seite. Krankenhäuser zogen sie zuletzt vermehrt bei durch die Verwerfungen der Corona-Pandemie ausgelösten Schließungen oder Umstrukturierungen hinzu. Großpraxen setzen regelm. bei Transaktionen auf das Team – z.B. beim Verkauf an Investoren –, aber auch im lfd. Geschäft, etwa bei datenschutzrechtl. Fragen. Daneben zählen Medizinproduktehersteller u. ihre Verbände zum Mandantenstamm der Kanzlei. Sie wendeten sich erneut mit zahlr. Fragen zur MDR an die Kanzlei, wobei der renommierte Ratajczak sich auch bei der polit. Einflussnahme engagiert.
Oft empfohlen: Prof. Dr. Thomas Ratajczak („erfahrener Medizinrechtler", „lösungsorientiert", Wettbewerber), Peter Schabram
Team: 13 Partner, 3 Counsel, 6 Associates, 2 of Counsel
Schwerpunkte: M&A im Gesundheitswesen, Compliance u. Medizinstrafrecht, Krankenhaus- u. Zulassungsrecht, Medizinprodukterecht, Datenschutz.
Mandate: Keine Nennungen.

RAUE
Krankenhäuser, MVZ und Apotheken ★★★★

Bewertung: Die Berliner Gesundheitsrechtspraxis gilt als Institution im Krankenhausrecht u. ist regelm. überregional aktiv, wie etwa die Arbeit für die Kliniken Nordoberpfalz zeigt. Neben dem sehr erfahrenen Krankenhausrechtler Kuhla hat die Praxis mit Bedau u. Wodarz 2 anerkannte Regulierungsexpertinnen in ihren Reihen, die regelm. namh. Mandanten wie DocMorris oder Sanofi beraten. Auch an der Schnittstelle zw. regulator. Themen u. IT/Datenschutz ist die Gesundheitspraxis gut aufgestellt u. kann auch neue Mandanten wie Deus Health, die zu innovativen Geschäftsmodellen berät, davon überzeugen. Zu den Highlights zählte zuletzt die Beratung des MVZ Trier bei der Kooperation mit Exact Sciences zur Durchführung eines Gentests zur Bestimmung des Rückfallrisikos bei Brustkrebspatientinnen, der bislang nur in den USA angeboten werden konnte. Für die Markteinführung in Dtl. waren umfangr. vertragsarztrechtl. u. abrechnungsrechtl. Änderungen notwendig.
Stärken: Umf. Beratung von Krankenhäusern u. Laboren sowie vertragsärztl. Beratung von Großpraxen. Regulator. Transaktionsbegleitung (▷M&A).
Oft empfohlen: Prof. Dr. Wolfgang Kuhla, Dr. Maren Bedau („fachl. brillant", „kollegial", Wettbewerber), Dr. Katharina Wodarz („gute Juristin, bringt vollen Einsatz", Wettbewerber)
Team: 3 Partner, 2 Counsel, 3 Associates
Schwerpunkte: Krankenhausrecht, Kooperationsverträge, MVZ-Beratung, Schnittstelle zum ▷Arbeitsrecht. Auch Wettbewerbsrecht u. Datenschutz.
Mandate: Deus Health zu innovativem Geschäftsmodell im ambulanten Gesundheitssektor; MVZ Trier zu Kooperationsvertrag mit Exact Sciences betr. OncotypeDX-Test; DocMorris umf. in Prozessen u. zu Gesundheitsplattform; Kliniken Nordoberpfalz medizinrechtl.; Sanofi medizinprodukte- u. sozialrechtl. zu digitaler Gesundheitsanwendung; Ceotra beim Import von Atemschutzmasken aus China; DHZB arbeitsrechtl. nach Joint Venture mit der Charité; lfd. Sonic Healthcare u. MIA Medical Information Analytics.

REHBORN
Krankenhäuser, MVZ und Apotheken ★★

Bewertung: Die Dortmunder Medizinrechtsboutique berät in erster Linie Leistungserbringer u. wird von ihnen für ihr Know-how bei Themen wie dem Krankenhausplanungs- u. -finanzierungs- sowie Arztrecht geschätzt. Neben der Beratung im lfd. Geschäft – z.B. bei Strukturprüfungen oder Abrechnungsthemen – steht das Team um den angesehenen Namenspartner seinen Mandanten bei Transaktionen zur Seite: Zuletzt berieten die Anwälte etwa einen Krankenhausträger zur Verschmelzung 2er MVZ in eine GmbH. Daneben ist die Kanzlei umf. im Arzthaftungsrecht tätig, bspw. für einen Versicherer. Auch auf ihre gr. Erfahrung in Prozessen setzen Mandanten regelm., etwa der Freistaat Sachsen in einem BVerwG-Verfahren um die Krankenhausplanung.
Stärken: Beratung ärztl. Leistungserbringer, Krankenhäuser u. Versicherungen im Arzthaftungsrecht.
Oft empfohlen: Prof. Dr. Martin Rehborn
Team: 2 Eq.-Partner, 9 Sal.-Partner, 6 Associates
Schwerpunkte: Krankenhausrecht, Zulassungsrecht, Ärzte im Gesellschafts-, Haftungs- u. Strafrecht, Vertragsarztrecht, Compliance.
Mandate: Gr. Haftpflichtversicherer von Krankenhäusern in Arzthaftungssachen; Krankenhausträger zur Verschmelzung 2er MVZ in GmbH; Freistaat Sachsen in Verfahren um Krankenhausplanung (BVerwG); Stadt Hamburg in Verfahren um Finanzierung für Kinderklinik (BVerwG); KV gg. div. Krankenkassen um Gesamtvergütung; div. Krankenhäuser lfd., u.a. im Arzthaftungsrecht u. zu Abrechnungsfragen; Asklepios lfd., u.a. zur Krankenhausfinanzierung.

SANDER & KRÜGER
Pharma- und Medizinprodukterecht ★

Bewertung: Die Frankfurter Pharmaboutique hat einen treuen Stamm aus Pharma- u. Medizinprodukteunternehmen, die bspw. bei Fragen im Zulassungs- u. Vertragsrecht auf die Kanzlei setzen. Regelm. spielt zudem das Haftungsrecht eine Rolle,

etwa bei Rückrufen. Zudem ziehen viele Mandanten das Team in HWG-Verfahren hinzu.
Oft empfohlen: Dr. Carsten Krüger („fachl. extrem versiert, immer auf den Punkt", „tiefes Wissen, praxistaugl. Aufbereitung", Wettbewerber), Dr. Axel Sander
Team: 3 Partner, 2 Counsel, 1 of Counsel
Schwerpunkte: Zulassungs- u. Pharmarecht sowie im HWG. Prozesse, zunehmend Compliance.
Mandate: Keine Nennungen.

SCHMIDT VON DER OSTEN & HUBER
Krankenhäuser, MVZ und Apotheken ★★★
Bewertung: Die Gesundheitspraxis der renommierten ▷Ruhrgebietskanzlei zählt dank ihres Knowhows im Krankenhausrecht zu den anerkannten Beratern der Branche. Sehr aktiv ist das Team auch an den Schnittstellen zum ▷Gesellschaftsrecht u. ▷M&A: Regelm. begleiten die Anwälte Investorengruppen u. Großpraxen bei MVZ-Deals u. Kooperationen. Neben der traditionellen Beratung von Leistungserbringern hat SOH sich mit der Arbeit für Krankenkassen ein weiteres Standbein aufgebaut – ein strateg. kluger Schritt, insbes. wenn es wie bei den Krankenhausträgern gelingt, über die regulat. Beratung auch andere Bereiche wie Wettbewerbs-, Arbeits- oder IT-Recht zu erschließen. Verglichen mit den anderen Bereichen ist die Tätigkeit im Pharma- u. Medizinprodukterecht noch jung u. entsprechend ausbaufähig.
Stärken: Gesellsch.recht/M&A bei ärztl. Kooperationen, Arzthaftung.
Oft empfohlen: Prof. Dr. Franz-Josef Dahm, Dr. Stefan Bäune („sehr versiert", „sehr kollegial", Wettbewerber), Dr. Roland Flasbarth
Team: 3 Eq.-Partner, 3 Sal.-Partner, 2 Associates
Schwerpunkte: Krankenhausrecht, HWG, Zulassungen u. Erstattungen, Medizinprodukte sowie Abgrenzung Lebensmittel/Kosmetika. Branchenspezif. Arbeits-, Vergabe-, Marken- und Patentrecht, Compliance u. Datenschutz.
Mandate: aescoLOGIC im Erstattungs- u. Sozialrecht sowie zu Compliance; Bundesverband der Knappschaftsärzte lfd. regulator. u. zu Verträgen zur integrierten Versorgung; Dr. Smile umf. regulator., u.a. im Wettbewerbs- u. Medizinrecht; Lohmann & Rauscher zu Marktzugang u. Erstattung; lfd. im Krankenhausrecht: Alfried-Krupp-Krankenhaus; Klinikum Dortmund; Klinikum Stadt Soest; Private-Equity-Investor beim Kauf einer Fachklinik; Zahnmedizinkette medizinrechtl. bei Kauf neuer Standorte.

SCHULTZ-SÜCHTING
Pharma- und Medizinprodukterecht ★★
Bewertung: Die HHer IP-Boutique zählt zu den renommiertesten Einheiten im HWG. Zuletzt ist die Streitfreudigkeit ihrer Mandanten deutl. gestiegen, sodass die Prozessaktivität ebenfalls angezogen hat. Die Praxis vertritt ihre Mandantschaft, darunter zahlr. namh. Pharmaplayer, aktuell in mehreren gr. Prozessserien. Häufiger fragen die Stammmandanten inzw. auch Beratung zu regulator. Themen wie Zulassungsfragen, Erstattung u. Marktzugang nach. Ihr Wissen auf diesem Gebiet konnte Schultz-Süchting beim Aufbau von Mandatsbeziehungen, etwa zu kleineren Herstellern aus dem Ausland, die in den dt. Markt drängen, nutzen.
Stärken: HWG-Prozesse.
Oft empfohlen: Dr. Dirk Bruhn („einer der Besten im Wettbewerbsrecht", Wettbewerber), Dr. Lars Kröner („kompetent, fair, angenehm", Wettbewerber)

Team: 2 Partner, 1 Counsel, 1 Associate, 1 of Counsel
Schwerpunkte: Prozessvertretung, enge interne Zusammenarbeit mit den Praxen für Patent-, ▷Marken- u. Wettbewerbsrecht.
Mandate: Bayer umf., u.a. zum Streit zu Parallelimporten („Multi-Country-Packs") u. im HWG; GlaxoSmithKline umf. im HWG, u.a. in Serie von Auseinandersetzungen im Bereich von Impfstoffen u. Präparaten zur Behandlung von Atemwegserkrankungen gg. Sanofi; ViiV Healthcare u. im HWG; Gilead um HIV-Präparate; ALK Abelló sozialrechtl. zu Preisfindung, Erstattungsfragen u. Verträgen; Novartis zu digit. Kongressen u. Markteinführungen; lfd. im HWG: Bayer Vital, Jenapharm, Takeda; Medienunternehmen regulator. zu DiGA.

SEUFERT
Krankenhäuser, MVZ und Apotheken ★★
Bewertung: Im Gesundheitswesen steht die ▷Münchner Kanzlei für eine Mischung aus regulator. Kenntnissen – z.B. im Krankenhausfinanzierungs- oder Vertragsarztrecht – u. Transaktions-Knowhow. Dies setzt sie in Mandaten wie der Beratung des Bezirks Unterfranken beim Verkauf der Kinder- u. Jugendpsychiatrie an das Universitätsklinikum Würzburg ein. Zu ihren Mandanten zählen überw. Krankenhausträger untersch. Art, z.B. Kommunen, aber auch Investoren. Da Letztere oft internat. tätig sind, profitieren sie von der guten Vernetzung der Kanzlei im Advoc-Netzwerk. Auch Seufert gewinnt darüber grenzüberschr. Geschäft, zuletzt etwa die Begleitung von Shop Apotheke bei der Übernahme des Schnelllieferdienstes First A.
Stärken: Beratung von Krankenhausträgern.
Oft empfohlen: Dr. Bernhard Lambrecht
Team: 7 Partner, 11 Associates
Schwerpunkte: Krankenhausrecht, inkl. Finanzierung u. Förderung. Medizinrecht, speziell Vertragsarztrecht. Branchenspezif. Arbeits-, Gesellschaftsrecht u. M&A.
Mandate: Landkreis Cuxhaven bei Rückführung Krankenhaus Otterndorf in kommunale Trägerschaft nach Insolvenz; Shop Apotheke bei Kauf First A; Landkreis Kelheim bei strateg. Partnerschaft mit Caritas u. Übertragung von Mehrheit an der Goldberg-Klinik; Landkreis Neuburg-Schrobenhausen bei Bieterverfahren KJF Klinik Sankt Elisabeth; Bezirk Unterfranken bei Verkauf Kinder- u. Jugendpsychiatrie an Uniklinik Würzburg; Rhön-Klinikum u. Uniklinik Gießen u. Marburg, u.a. bei Verhandlungen mit dem Land Hessen über Fördermittel.

STRÄTER
Pharma- und Medizinprodukterecht ★★★★
Bewertung: Die überaus renommierte Bonner Boutique ist bei zahlr. Pharma- u. Medizinprodukteunternehmen fest verankert u. steht ihnen regelm. bei wirtschaftl. wichtigen Fragen zur Seite. Dazu zählt v.a. das Thema Marktzugang/AMNOG, bei dem die Kanzlei enorme Erfahrung vorweisen kann. Zudem wird sie regelm. für die Vertretung in Schiedsverfahren hinzugezogen, zuletzt etwa von 9 DiGA-Herstellerverbänden gg. den Spitzenverband Digitale Gesundheitsversorgung um die Frage ihrer Maßgeblichkeit auf Bundesebene. Das Mandat demonstriert die gute Vernetzung bei DiGA-Herstellern, die auch bei Fragen an der Schnittstelle von Datenschutz- u. Medizinprodukterecht auf das Team setzen. Zusätzl. bietet die Einheit Know-how bei Compliance u. strafrechtl. Themen, ein vglw. seltenes Angebot im Markt. Hier stand sie z.B. einem Pharmaunternehmen in einem Ermittlungsverfahren gg. den Vorwurf des Herstellens von Arzneimitteln ohne Erlaubnis zur Seite.
Stärken: AMNOG.
Oft empfohlen: Markus Ambrosius („tiefe prakt. Erfahrung", „lösungsorientiert u. kooperativ", Wettbewerber), Claus Burgardt („kenntnisreich u. durchsetzungsstark", „einfach gut", „sehr erfahren", Wettbewerber), Bibiane Schulte-Bosse („sehr kollegial, stark in AMNOG", „verteidigt ihre Mandanten heldenhaft u. ist sehr erfolgreich", Wettbewerber)
Team: 2 Eq.-Partner, 6 Sal.-Partner, 1 Counsel, 2 Associates, 1 of Counsel
Schwerpunkte: Ausschl. Medizinrecht, insbes. Unterstützung der Produktentwicklung, oft als Bindeglied zw. den Abteilungen Forschung, Entwicklung u. Marketing, sowie Erstattungsfähigkeit. Bei Problemen mit europarechtl. Bezug u. Vertretung in Zulassungsverfahren.
Mandate: 9 DiGA-Herstellerverbände in Schiedsverfahren gg. den SVDGV um ihre Maßgeblichkeit auf Bundesebene; Pharmaunternehmen arzneimittelstrafrechtl. gg. den Vorwurf des Herstellens von Arzneimitteln ohne Erlaubnis; Pharmaunternehmen zu Abgrenzungsfragen (Medizinprodukt/Arzneimittel); internat. Pharmaunternehmen im AMNOG um Cannabidiol-Präparat zur Epilepsiebehandlung; div. Medizinproduktehersteller in Wettbewerbsstreitigkeiten um Werbung für zertifizierte Zweckbestimmung.

TAYLOR WESSING
Pharma- und Medizinprodukterecht ★★★
Pharmarecht: Transaktionen ★★★
Krankenhäuser, MVZ und Apotheken ★★★★★
Bewertung: Die angesehene u. breit aufgestellte Gesundheitspraxis der Großkanzlei bietet ihrer Mandantschaft eine Kombination aus umf. regulator. u. Transaktions-Know-how. Das Healthcare-Team, das überw. in D'dorf u. HH angesiedelt ist, begleitete seine Mandanten erneut bei großen Transaktionen, v.a. Investoren wie Adiuva Capital. Auch der Beratungsansatz des Münchner Lifescience-Teams ist breit u. umfasst Themen wie klin. Prüfungen, Marktzugang u. Verträge. Unternehmen wie Bayer setzen zudem auf das Know-how an der Schnittstelle zum Produkthaftungsrecht, u. auch mit den Patentrechtlern arbeiten die Anwälte regelm. zusammen. Erneut gelang es der Praxis, sich gemeinsam mit den Datenschutzrechtlern bei Zukunftsthemen der Branche wie Digital Health zu positionieren, z.B. bei der Beratung von Medizintechnik-Start-ups oder zum KHZG. Dabei arbeiten auch junge Anwälte regelm. an innovativen Geschäftsmodellen mit.
Oft empfohlen: Dr. Manja Epping („seit vielen Jahren eine kompetente Verhandlungspartnerin", Wettbewerber), Dr. Wolfgang Rehmann („Experte auf dem Gebiet des Medizinprodukterechts, immer erreichbar, zuverlässige Antworten u. prakt. Lösungen", „kompetent, schnell, gutes Netzwerk an Korrespondenzanwälten", Mandanten), Dr. Henning Moelle („führend im Bereich Lifescience", Wettbewerber; Produkthaftung), Dr. Oliver Klöck („fachl. u. menschl. herausragend", Wettbewerber)
Team: 19 Eq.-Partner, 14 Sal.-Partner, 9 Associates, 1 of Counsel
Schwerpunkte: Lizenzen u. FuE-Kooperationen, Produkthaftung (▷Konfliktlösung), Prozesspraxis

GESUNDHEITSWESEN REGULIERUNG

im HWG u. im ▷*Patentrecht*, ▷*M&A*, branchenspezifische u. ▷*vergaberechtl.* Begleitung.
Mandate: Amedes bei div. Zukäufen, z.B. eines Kinderwunschzentrums; Bayer in Produkthaftungsverfahren um Antibabypille u. im HWG; Sanecum/Adiuva Capital umf. bei div. Transaktionen, z.B. Kauf Dialysezentren; Private-Equity-Gesellschaft bei Kauf div. orthopäd.-sportmed. Zentren; Grünenthal produkthaftungsrechtl. um Contergan; Mylan/Viatris in einstweiligen Verfügungsverfahren gg. Bayer; Softwareentwickler bei Vertrieb Gesundheits-App; Arzneimittelimporteur zum Parallelimport von Medizinprodukten; div. Krankenhäuser zur KHZG-Förderung.

WACHENHAUSEN
Pharma- und Medizinprodukterecht ★★

Bewertung: Die renommierte Lübecker Pharmaboutique berät einen treuen Mandantenstamm, den sie regelm. durch gezielt gesetzte Schwerpunkte erweitert. Hinzu kam zuletzt ein Tierarzneimittelhersteller. Dabei punktet das Team mit einer Kombination aus umfangr. Wissen sowohl zu Medizinprodukten als auch zu Arzneimitteln. Auch ihre Kontakte zu Kliniken hat die Kanzlei weiter vertieft u. berät nun u.a. 2 Universitätskliniken, eine bei klin. Prüfungen u. eine andere bei Forschungskooperationen mit der Industrie. Dabei ist regelm. auch das Thema Gesundheitsdatenschutz gefragt, weshalb der Abgang einer erfahrenen Counsel mit Know-how auf dem Gebiet schmerzhaft ist.
Stärken: Klin. Prüfungen, Medizinprodukterecht.
Oft empfohlen: Dr. Heike Wachenhausen („gr. Fachkompetenz, führend im IVD-Recht", Mandant), Susanna Dienemann
Team: 2 Partner, 3 Associates
Schwerpunkte: Zulassungsrecht u. klin. Prüfungen, zudem Pharmakovigilanz u. regulator. Beratung. Auch HWG, Compliance u. Abgrenzungsfragen.
Mandate: Medizinproduktehersteller wettbewerbsrechtl. u. bei Inverkehrbringen eines Nicht-Medizinproduktes; Tierarzneimittelhersteller umf., u.a. zur neuen Tierarzneimittelverordnung u. Tierarzneimittelgesetz; Pharmaunternehmen umf., u.a. bei klin. Prüfungen mit Arzneimitteln unter Beteiligung von Companion Diagnostics in Europa; Klinikverbund u. Universitätsklinik vertragsrechtl. bei klin. Prüfungen; Klinikum bei Forschungskooperation mit Pharmaunternehmen.

WIGGE
Pharma- und Medizinprodukterecht ★
Krankenhäuser, MVZ und Apotheken ★

Bewertung: Die auf das Medizinrecht spezialisierte Kanzlei gehört zu den Einheiten mit der längsten Tradition u. überzeugt mit ihrer langj. Erfahrung im Sozial- u. Vertragsarztrecht. Insbes. bei der Beratung von Großpraxen u. Krankenhäusern bei Kooperationen u. MVZ-Deals ist das Team sehr erfahren. Zudem vertrauen Verbände u. Krankenversicherungen in regulator. Fragen u. bei Prozessen auf das Team. Zum Mandantenstamm zählen auch einige Pharma- u. Medizinproduktehersteller, die die Praxis v.a. zu Kooperationen mit Ärzten u. Krankenhäusern sowie zum AMNOG berät.
Stärken: Beratung ggü. Behörden zur Erstattungsfähigkeit von Arzneimitteln.
Oft empfohlen: Dr. Peter Wigge („langj. Erfahrung", Wettbewerber), René Steinhäuser („fachl. sehr gut, lösungsorientiert, hoher Servicegedanke", „schnell, pragmat.", Wettbewerber)
Team: 3 Partner, 3 Associates, 1 of Counsel
Schwerpunkte: MVZ-Transaktionen; Sozial-, Pharma- u. Medizinprodukterecht, Markteinführung.
Mandate: Keine Nennungen.

WUERTENBERGER
Pharma- und Medizinprodukterecht ★
Krankenhäuser, MVZ und Apotheken ★★★

Bewertung: Die ▷*Stuttgarter* Medizinrechtspraxis ist zunehmend bei Deals gefragt u. verbreitert ihren Mandantenstamm kontinuierlich. Zuletzt kamen etwa Private-Equity-Häuser wie BIP Capital Partners hinzu, die das Team um den angesehenen Kern für die regulator. Beratung beim Kauf von Wellcosan hinzuzog. Im Markt viel beachtet wurde zudem die Tätigkeit für Douglas beim Kauf der niederl. Versandapotheke Disapo, bei dem die Kanzlei ihre datenschutzrechtl. Kenntnisse ausspielen konnte. Daneben punktet sie mit ihrem Know-how im Kartell-, Gesellschafts- u. Vergaberecht, wobei Letzteres z.B. bei der Begleitung von E-Health-Tec in einem Ausschreibungsverfahren der KV Brandenburg zum Tragen kam. Um das Potenzial, das u.a. die zunehmende Beauftragung bei Digital-Health-Projekten bietet, voll ausschöpfen zu können, ist strateg. kluges personelles Wachstum nach wie vor zentral.
Oft empfohlen: Dr. Hannes Kern („außerordentl. Unterstützung u. vertiefte Marktkenntnis", Mandant; „durchsetzungsstark", „fachl. kompetent", Wettbewerber), Dr. Thomas Würtenberger („sachgerecht u. zielführend", Mandant; „hohe Sachkunde u. Prozesserfahrung im öffentl. Recht, sorgfältige Analyse, umf. jurist. Aufbereitung, gr. Scharfsinn", Wettbewerber)
Team: 4 Partner, 4 Associates
Schwerpunkte: Branchenbez. Gesellschaftsrecht/M&A, Kartell- u. Vergaberecht inkl. regulator. Aspekte. Apothekenrecht.
Mandate: Douglas regulator. u. datenschutzrechtl. bei Kauf von Disapo u. beim Aufbau eines Apothekenmarktplatzes; Merck bei Strukturierung des Arzneimittelvertriebs; BIP Capital Partners bei Kauf Wellcosan; Zur Rose Group gg. Kohlpharma um Ausgleichsansprüche bei Herstellerrabatten (LSG Saarland); BKK VBU zu Digitalisierungsprojekten im Bereich GKV; Fernarztanbieter regulator. zu neuem Geschäftsmodell; E-Health-Tec in Ausschreibungsverfahren der KV Brandenburg; DocMorris lfd. apothekenrechtlich.

REGULIERUNG LEBENSMITTELRECHT

Lebensmittelrecht

Hotspot Gummersbach

Schon im Herbst 2021 war bekannt, dass sich die über Jahre hoch angesehene Kanzlei KWG Rechtsanwälte zu Anfang 2022 aufspalten wird. Nachdem bereits einige Jahre zuvor die Kanzlei **Cibus** als Spin-off von KWG in Gummersbach heimisch geworden war, finden sich in der Stadt nun 3 hoch spezialisierte Einheiten. Aus der aktuellen Abspaltung gingen **Grube Pitzer Konnertz-Häußler** und **Weyland & Koerfer** hervor. Erstere vereint das größere Team und pflegt auch weiter die Kontakte im etablierten internationalen Spezialistennetzwerk. Letztere wird zweifellos weiterhin von ihrem exzellenten Renommee im Fleischsektor zehren können – ein Sektor, in dem vorangegangene Skandale und die Tierwohl-Bewegung weiter für reichlich Beratungsbedarf sorgen werden. Die vor allem bei Produkthaftungsfragen etablierte Kanzlei **Friedrich Graf von Westphalen & Partner** profitierte ebenfalls von der Trennung und nahm in Köln eine erfahrene KWG-Anwältin auf.

Den Branchenumbau mitgestalten

Dass sich der Beratermarkt so weiter diversifiziert, ist kein Nachteil, denn der Beratungsbedarf wird dank europäischer und nationaler gesetzgeberischer Aktivitäten eher zunehmen. So will Brüssel ein Nachhaltigkeitslabel – ein Ansinnen, dem das seit Herbst 2021 von Bündnis 90/Die Grünen geführte Agrarministerium durchaus positiv gegenübersteht. Aber auch die Tendenz, Lebensmittel auf Gesundheit zu trimmen, führt zu immer komplexeren techn. u. rechtl. Fragen. Auf Erzeugerseite wird das Schlagwort Öko-Agrarwende ebenso rechtliche Unsicherheiten bringen, wie sie die Lieferkettenregulierung bereits gebracht hat. Auf diesen Feldern sind die etablierten Teams praktisch alle tätig. Zwar bremste der Ukraine-Krieg viele gesetzgeberische Initiativen aus, doch wird der Prozess aus schlichter Notwendigkeit wieder Fahrt aufnehmen. Gefragt ist von den Anwälten immer mehr international strategisches u. politisches Verständnis, um die Mandanten sicher durch den Umbau zu einer umweltverträglicheren Erzeugung u. Vermarktung zu navigieren. Internat. Vernetzungen u. thematische Breite, wie sie **King & Spalding** oder **CMS Hasche Sigle** bieten, werden wichtiger werden. Doch können auch die Boutiquen einen guten Beitrag leisten, v.a. diejenigen, die sich als Teil der Branche definieren und schon jetzt strategische und internationale Erfahrung haben, darunter etwa **Meyer Rechtsanwälte**, **Gerstberger** oder eben **Grube Pitzer Konnertz-Häußler**. Diejenigen, die sich auf das klass. Lebensmittelrecht u. IP beschränken, werden zwar ihr Auskommen finden, aber im Bewusstsein primär international agierender Unternehmen eher eine Nebenrolle spielen.

Die Bewertungen behandeln Kanzleien, die Lebensmittelhersteller und Handel in wettbewerbsrechtl. Prozessen vertreten oder zu Fragen der Kennzeichnung, Zusammensetzung und des Gesundheitsbezugs sowie zu behördlichen Beanstandungen beraten. Weitere Informationen finden sich auch in den Kapiteln ▷Gesundheitswesen, ▷Vertrieb, Handel und Logistik u. ▷Marken- und Wettbewerbsrecht.

CIBUS
Bewertung: Auf die lebensmittelrechtl. Spezialkanzlei setzen zahlr., teils namh. Dauermandanten sowohl aus Herstellung als auch Handel. Ein gewisser Schwerpunkt liegt nach wie vor bei Fleischerzeugern, Schlachthöfen u. Herstellern tierischer Nebenprodukten, auch wenn das Spektrum deutl. breiter ist. Die Anwälte bedienen die gesamte Palette lebensmittelrechtl. Fragen bis hin zu strateg. Beratung, Krisenbegleitung u. Regress- u. Verwaltungsverfahren. Aufgrund der langj. Erfahrung der Partner, ihres stabilen Mandantenstamms u. ihres Engagements in der Branche dürfte die durch das Zerbrechen von KWG – wo auch die Cibus-Anwälte einst ihr Handwerk lernten – entstehende veränderte Wettbewerbslage kaum Einfluss auf die Kanzlei haben.
Team: 4 Eq.-Partner
Schwerpunkte: Ges. Breite des Lebensmittelrechts; gewisse Schwerpunkte bei Fleisch- u. Alternativprodukten, auch Getränke.
Mandate: Div. Schlachthöfe u.a. tierschutzrechtl. u. in Prozessen; div. Unternehmen der Fleisch- u. Wurstwirtschaft zu tier. Nebenprodukten; Petcycle u. Genossenschaft Dt. Brunnen zu Verpackungen; Gothaer in Regressverf.; Franken Brunnen zu Beschaffenheit; große Handelskette bundesw. zu VIG; Fressnapf futtermittelrechtlich.

CMS HASCHE SIGLE
Bewertung: Die dt. lebensmittelrechtl. Praxis bewahrt sich im großen CMS-Konglomerat ihren eigenständigen Charakter u. Mandanten profitieren zugl. vom Zugang zum Netzwerk. Viele Mandate – nicht nur das der Stammmandantin Barilla – bringen die internat. Seite. CMS-Büros zusammen oder erstrecken sich über vers. Praxisgruppen. Das Mandantenspektrum schließt alle Akteure des Sektors ein. Herumgesprochen hat sich inzw. die Erfahrung mit alternativen Raucherprodukten, hier berät das Team mehrere Hersteller. Auch das Thema Nachhaltigkeit stand früh auf der Agenda, sodass heute entspr. Erfahrung vorhanden ist.
Team: 3 Eq.-Partner, 4 Counsel, 2 Associates
Schwerpunkte: Breite Aufstellung; oft an der Grenze zum ▷Gesundheitswesen; Produktfokus u.a. bei Brauereien.
Mandate: Barilla regelm., u.a. zu Nachhaltigkeit; Bitburger regelm., u.a. zu Novel Food; Melitta, u.a. zu Nachhaltigkeitsaussagen; Niko Liquids u.a. zu UWG; regelm. Unilever, Brown-Forman, Basic, Upfield, Zwergenwiese.

DOMEIER
Bewertung: Die Einzelanwältin ist nicht nur in lebensmittelrechtl. Prozessen sattelfest, sondern auch bestens in der Branche vernetzt. Dabei verfügt sie über Erfahrung mit nahezu allen Playern im Markt, seien es Hersteller, Labore oder auch die Kosmetik- u. Futtermittelbranchen. Krisenmanagement gehört nicht nur in ihrer Kernbranche Getränkeindustrie ebenso zum Repertoire wie Novel Food und Nahrungsergänzung. Aufgr. ihres Engagements in der Getränkebranche war die Anwältin etwa auch mit den Folgen der aktuellen Rechtsprechung zur Vitamin-D-Anreicherung befasst. Selbst internat. sehr gut vernetzt, ist sie auch bei anderen Kanzleien ohne eig. lebensmittelrechtl. Kompetenz gefragt.
Oft empfohlen: Dr. Danja Domeier
Team: 1 Partnerin
Schwerpunkte: Ausgeprägte Prozesserfahrung; breites inhaltl. Spektrum einschl. Kosmetik, IP; Produktschwerpunkt bei Getränken.
Mandate: Regelm. Hersteller von Babynahrung, Fruchtsäften, Mineralwasser u. Milchprodukten.

FORSTMANN & BÜTTNER
Bewertung: Der anerkannte u. langj. erfahrene Lebensmittelrechtler Büttner ist v.a. bei Nahrungsergänzungsmitteln regelm. gefragt und engagiert sich hier auch jenseits anwaltl. Beratung u. Prozessvertretung. Mandanten, die oft seit Langem auch im Wettbewerbsrecht beraten werden, kommen aufgr. der Aufstellung der Kanzlei zudem aus den Branchen Pharma u. Kosmetik.
Oft empfohlen: Dr. Thomas Büttner
Team: 1 Partner
Schwerpunkte: Schnittstelle Lebens-/Arzneimittel, Nahrungsergänzung; auch Handel.
Mandate: Regelm. Home Shopping Europe (öffentl. bekannt).

GERSTBERGER
Bewertung: Die erfahrene Lebensmittelrechtlerin genießt bei Mandanten u. Wettbewerbern einen

LEBENSMITTELRECHT REGULIERUNG

gleichermaßen guten Ruf. Exzellent vernetzt u. internat. erfahren, ist sie regelm. für namh. Mandanten tätig. Im Grenzbereich Lebensmittel, Kosmetik u. Arzneimittel – u.a. besondere med. Zwecke – ist sie ebenso zu Hause wie bei Novel Food, bei Compliance-Themen sowie bei der Produktentwicklung. Mandanten kommen sowohl aus ausl. Konzernen als auch aus dt. Mittelstand, aber auch bei anderen, oft ausl. Kanzleien ist die Kompetenz der Anwältin regelm. gefragt.
Oft empfohlen: Dr. Ina Gerstberger („kenntnisreich u. angenehm im Umgang", Wettbewerber)
Team: 1 Partnerin
Schwerpunkte: Breite inhaltl. Erfahrung mit Abgrenzungsfragen u. Nahrungsmittelergänzung.
Mandate: US-Hersteller zu Lebensmitteln mit bes. med. Zweck; Onlineplattform regelm. zu Kosmetik, Lebensmitteln u. Konsumgütern; internat. Rohstoffhersteller u.a. in Haftungsfall; jap. Großhandelskonzern zu EU-Gentechnikrecht; span. Fischproduktevertrieber wg. mögl. unzulässiger Behandlung; internat. Tabakkonzern zu Tabakerhitzern; Online-Plattform zu Vertrieb toter Eintagsküken als Futtermittel; Start-up zu Palmölersatz; Vertreiber von Nahrungsergänzung u.a. zu Influencer-Verträgen; regelm. Federation of Nutritional Mushroom Distributors, Lohnhersteller von Arznei- u. Lebensmitteln.

GLEISS LUTZ

Bewertung: Aus der ▷IP-Praxis heraus berät ein Team Hersteller u. Handel auch im Lebensmittelrecht. Gewisse Schwerpunkte liegen bei Getränken, auch Alkoholika u. Tabak. Gegenstand der Beratung sind klass. Fragen von Kennzeichnung u. Verpackung, aber auch strateg. Themen im Zshg. etwa mit dem Markteintritt. Zwar bewahrt sich das Team eine gewisse Eigenständigkeit, doch ist die Marktpräsenz geringer, als es die Mandantschaft erwarten lassen würde. Das liegt v.a. daran, dass die Anwälte nicht ausschl. im Lebensmittelrecht beraten u. oft eng in die Mandate anderer Praxen eingebunden sind.
Oft empfohlen: Dr. Andreas Wehlau („ausgezeichnet, exzellenter Stratege, denkt vernetzt", Mandant)
Team: 2 Eq.-Partner, 1 Counsel, 5 Associates
Schwerpunkte: Langj. Erfahrung u.a. im Getränke-, Süßwaren- u. Tabaksektor. Im Übrigen breite Branchenabdeckung, Mandate oft auch in Zusammenarbeit mit anderen Praxen der Kanzlei.
Mandate: Europ. Süßwarenhersteller strateg. zur Entwicklung neuer Produktlinien; asiat. Lebensmittelhersteller zur Herkunftskennzeichnung primärer Zutaten.

GRUBE PITZER KONNERTZ-HÄUSSLER

Bewertung: Die Kanzlei entstand aus der Spaltung von KWG um den hoch angesehenen Grube u. hat sich, wie nicht anders zu erwarten, rasch unter neuem Namen etabliert. Alle Anwälte verfügen über langj. Erfahrung u. sind gut im Markt u. bei Behörden vernetzt. Zum Team gehören auch 2 Wirtschaftsjuristinnen, die u.a. im Markenrecht tätig sind. Die Kanzlei bleibt auch unter neuer Dachmarke ihrem inhaltl. breiten Ansatz treu u. berät eine vielfältige Klientel, die von Herstellern bis zum Handel reicht u. das Krisenmanagement ebenso einschließt wie die Prozessführung, etwa für Oetker. Das Engagement im internat. Netzwerk FLN wird weiterhin von Grube getragen. Der bisher eng mit KWG kooperierende Brüsseler Anwalt schloss sich keiner der Nachfolgekanzleien formell an, doch dürften die Verbindungen zu den EU-Institutionen auch in loserer Kooperation eng bleiben.
Stärken: Breite Erfahrung, etabliertes internat. Netzwerk.
Oft empfohlen: Prof. Dr. Markus Grube, Alexander Pitzer („fundiert, pragmatisch", Mandant)
Team: 3 Eq.-Partner, 1 Counsel
Schwerpunkte: Ausgeprägte branchenbez. nationale u. internat. Vernetzung, konzeptionelle Beratung, Beratung des Handels; Produktschwerpunkte u.a. bei Süßwaren.
Mandate: Dr. Oetker in Prozess um Nährwertinformationen vor BGH (Vorlage EuGH); Süßwarenhersteller vor BVerwG in Streit um Füllmengenkennzeichnung von Sammelpackungen; div. Produzenten beratend u. prozessual zur Zugabe von Vitamin D; Beratung div. Start-ups unter dem niedersächs. Programm Foodhyper; Schutzgemeinschaft Berliner Currywurst wg. geograf. Bezeichnung; großes Labor vor BVerwG in Streit um Meldepflichten; 2 Einzelhandelsketten lfd., u.a. zu Lebensmitteln u. Konsumgütern.

GVW GRAF VON WESTPHALEN

Bewertung: Das in HH angesiedelte Team bleibt seinem Ansatz als Branchenberater im Lebensmittelsektor treu. Klass. Lebensmittelrecht steht, obwohl durchaus breit abgedeckt, so nicht zwingend im Vordergrund, sondern vielmehr Streitigkeiten aller Art u. vertriebsrechtl. Fragen. Entspr. gering ist – trotz namh. Mandanten – die Präsenz im Markt. Wettbewerberin Zenk etwa gelingt es hier deutl. besser, mit profilierten Partnern in Erscheinung zu treten. Ergänzt wird die Arbeit durch IP-rechtl. Kompetenz in Frankfurt.
Team: 5 Eq.-Partner, 1 Sal.-Partner, 2 Associates

Lebensmittelrecht

Kanzlei	Standort
Cibus	Gummersbach
CMS Hasche Sigle	Köln, Hamburg
Domeier	Starnberg
Forstmann & Büttner	Frankfurt
Gerstberger	München
Gleiss Lutz	München, Stuttgart
Grube Pitzer Konnertz-Häußler	Gummersbach
GvW Graf von Westphalen	Hamburg, Frankfurt
Harmsen Utescher	Hamburg
Hogan Lovells	Hamburg, Düsseldorf
Hüttebräuker	Düsseldorf
King & Spalding	Frankfurt
Kozianka & Weidner	Hamburg
Krohn	Hamburg
Meisterernst	München, Frankfurt
Meyer Rechtsanwälte	München
Noerr	Dresden, München
Reinhart	München
Weyland & Koerfer	Gummersbach
Zenk	Hamburg

Die Auswahl von Kanzleien und Personen in Rankings und tabellarischen Übersichten ist das Ergebnis umfangreicher Recherchen der JUVE-Redaktion. Sie ist in 2erlei Hinsicht subjektiv: Die Aussagen der befragten Quellen sind subjektiv u. spiegeln deren Erfahrungen u. Einschätzungen. Die JUVE-Redaktion wiederum analysiert die Rechercheergebnisse unter Einbeziehung ihrer eigenen Marktkenntnis. Der JUVE Verlag beabsichtigt keine allgemeingültige oder objektiv nachprüfbare Bewertung. Es ist möglich, dass eine andere Recherchemethode zu anderen Ergebnissen führt. Innerhalb einzelner Gruppen in Rankings und tabellarischen Übersichten sind Kanzleien und Personen alphabetisch sortiert.

Schwerpunkte: Ansatz als Branchenberater, inkl. ▷Außenwirtschaftsrecht, ▷Presse- u. Äußerungsrecht; Produktschwerpunkte bei Geflügel u. Geflügelprodukten sowie Getreideerzeugnissen, auch Futtermittel u. Saatgut.
Mandate: Bierimporteur wettbewerbsrechtl.; umf. Mymuesli (öffentl. bekannt); Vion Food in Prozessen; Euro-Kosmetik (Sothys) im Zshg. mit Identitätsdiebstahl; regelm. div. Branchenverbände, Carlsberg, Alnatura (u.a. in Streit mit dm).

HARMSEN UTESCHER

Bewertung: Die v.a. im Marken- u. Wettbewerbsrecht anerkannte Kanzlei engagiert sich weiterhin auch im klass. Lebensmittelrecht. Zu Letzterem zählen Fragen im Grenzbereich zu Pharma (▷Gesundheit), aber auch Probleme des Vertriebs oder vereinzelt des Patentrechts sowie seit Jahren, insbes. für Feodora Chocolade, des Kartellrechts. Passend zum Selbstverständnis der IP-Kanzlei widmet sich jedoch kein Anwalt ausschl. dem Lebensmittelrecht, was eine entspr. geringere Marktpräsenz zur Folge hat. Hierin liegt wohl auch der Grund, dass HU eher bei trad., auch streitigen, als bei innovativen Themen gefragt ist.
Team: 3 Eq.-Partner, 2 Associates
Schwerpunkte: Beratung mit oft engem Bezug zum ▷Marken- u. Wettbewerbsrecht.
Mandate: Almdudler umf., u.a. zu Kooperationen; Gunz u.a. zu Beanstandungen u. Kennzeichnung; Newlat u.a. zu Verpackung, Umwelt u. Recycling; Niche Beauty zu Health Claims u. CBD; Feodora kartellrechtl.; Kaffeekapselhersteller patentrechtl.; regelm. Dovgan, Intersnack, Amecke, Eurodor, Columbus Drinks.

HOGAN LOVELLS

Bewertung: HL bleibt ihrem Ansatz, die lebensmittelrechtl. Beratung als Teil einer breit angelegten u.

Anwaltszahlen: Angaben der Kanzleien, wie viele Anwälte zu mind. ca. 50% in diesem Gebiet tätig sind. Sie spiegeln nicht zwingend die Gesamtgröße einer Kanzlei wider.

REGULIERUNG LEBENSMITTELRECHT

oft internat. oder regulator. geprägten Tätigkeit innerh. einer globalen Branchengruppe zu betrachten, treu. Entspr. beriet das Team zuletzt intensiv zum Lieferkettengesetz u. Fragen des internat. Vertriebs. Eine neu ernannte Partnerin legt ihren Schwerpunkt auf grenzüberschr. Mandate, teils aus dem Vertrieb, teils enger regulator. oder strategisch. Gefragt sind die Anwälte national wie internat. gleichermaßen bei Herstellern wie Händlern. Originäre lebensmittelrechtl. Mandate hat das Team primär im Zshg. mit der Einführung neuartiger Produkte.
Team: 6 Eq.-Partner, 2 Counsel, 6 Associates
Schwerpunkte: Grenzüberschreitende Mandate, Beratung oft flankierend zu Mandaten anderer Praxen; starke ▷IP-Praxis.
Mandate: Schwartauer Werke regelm., u.a. bei Produkteinführung, Deklaration (internat.) u. wettbewerbsrechtl.; Getränkehändler zu internat. Vertrieb u. Logistik; US-Getränkehersteller zu internat. Vertrieb u. Regulierung; regelm. Lactalis, Moët Hennessy.

HÜTTEBRÄUKER
Bewertung: Die erfahrene Einzelanwältin ist im Lebensmittelrecht u. angrenzenden Beratungsfeldern langj. erfahren u. etabliert. Eine Vielzahl von Dauermandanten belegt, dass sie es versteht, deren Beratungsbedürfnisse zielgenau zu bedienen. Themat. u. hinsichtl. des Branchenspektrums, das sich auch auf Kosmetik u. Pharma erstreckt, bestehen ohnehin kaum Lücken.
Oft empfohlen: Dr. Astrid Hüttebräuker
Team: 1 Partnerin
Schwerpunkte: Inhaltl. breite Abdeckung, inkl. Kosmetik u. IP, Health u. Beauty Claims.
Mandate: MCM Klosterfrau, Dirk Rossmann lfd. (beides öffentl. bekannt).

KING & SPALDING
Bewertung: Mit langj. Erfahrung, einer etablierten Präsenz in Brüssel u. exzellenter transatlant. Vernetzung überzeugt K&S immer wieder neue Mandanten. Neben Lebensmittel- u. Pharmakonzernen gehören dazu auch Konsumgüterunternehmen, die sowohl der US- als auch der dt. Kompetenz vertrauen. Regelm. stehen Abgrenzungsfragen (▷Gesundheit) auf der Agenda, aber auch bei wettbewerbsrechtl. u. regulator. Problemen ist die Praxis gefragt. Bemerkenswert ist, wie es dem kleinen Team gelingt, sich neben der großen internat. Praxis ein eigenes Profil zu bewahren, noch bemerkenswerter vielleicht, dass bei K&S das Lebensmittelrecht so relevant ist, dass es als Karriereweg taugt: Ein Senior Associate wurde inzw. zum Counsel ernannt.
Oft empfohlen: Ulf Grundmann
Team: 1 Partner, 1 Counsel
Schwerpunkte: Starke US-Praxis u. entspr. Erfahrung der dt. Anwälte mit der grenzüberschr. Beratung internat. Konzerne.
Mandate: Dr. Kade regulator. u. lebensmittelrechtl. zu Nahrungsergänzungsmitteln für Säuglinge u. Kleinkinder; Angelini Pharma Dtl. europaw. regulator. im Lebensmittel- u. Pharmarecht; Chem. Fabrik Kreussler in Streitigkeiten um Chlorhexidrin; DHU in wettbewerbsrechtl. Streit um homöopath. Arzneimittel; SGF in wettbewerbsrechtl. Streitigkeiten, u.a. um verfälschte Säfte; Dr. Wilmar Schwabe in Verf. um Abgrenzung Arznei-/Lebensmittel (u.a. Ginkgo Biloba); GlaxoSmithKline zu OTC-Produkten; VSM Geneesmiddelen in Streit mit EU-Kommission um Health Claims bei Botanicals; regelm. Biomo, Eckes-Granini, Amy's Kitchen.

KOZIANKA & WEIDNER
Bewertung: Ausgangspunkt der lebensmittelrechtl. Arbeit bildet weiterhin das intensive u. langj. Engagement für Pharmaunternehmen u. deren Verbände (▷Gesundheit). V.a. in den Grenzbereichen zwischen Pharma u. Lebensmitteln sind die Anwälte regelm. gefragt. Diese Erfahrung suchen auch immer wieder klass. Vertreter der Lebensmittel- u. Kosmetikbranche bei Themen wie Health Claims u. Abgrenzung. Dabei beschränkt sich die Arbeit nicht auf Dtl., sondern erstreckt sich dank eingespielter Kooperationen auch über die Grenzen.
Oft empfohlen: Michael Weidner („sehr kompetent", „einfach gut", Mandanten)
Team: 1 Eq.-Partner, 3 Associates
Schwerpunkte: Vom Pharmarecht (▷Gesundheit) ausgehend oft Abgrenzungsfragen.
Mandate: Große Handelskette zu Dual Quality in Osteuropa; pharmazeut. Unternehmen regelm. zu Nahrungsergänzungsmitteln, Health Claims, Novel Food; jap. Chemiekonzern europaw. wettbewerbsrechtl. zu Novel Food; Kosmetikhersteller beim Wechsel des Lohnherstellers; Pharmaunternehmen regulator. u. werberechtl., auch vor BGH; frz. Unternehmen europaw. regelm., v.a. zu Probiotik.

KROHN
Bewertung: Die lebensmittelrechtl. orientierte ▷Hamburger Boutique versteht sich als Branchenberater u. berät daher bei Transaktionen genauso selbstverständl., wie sie vor Gericht agiert. In der Konsequenz ist das zu den führenden zählende Team exzellent im Markt vernetzt u. mit praktisch allen Segmenten sowie angrenzenden Branchen wie Pharma oder Pflanzenschutz vertraut. Das Kernteam mit 3 etablierten Partnern bleibt zwar klein, greift aber bei Bedarf auf die Kompetenzen von Gesellschafts-, Arbeits- oder Prozessrechtlern der Kanzlei zurück. Krisennahe Beratung gehört bei alldem seit Jahren zur Kernkompetenz, sei es präventiv zur Lieferkette oder aktuell in den Auseinandersetzungen um Ethyloxid.
Oft empfohlen: Dr. Carl von Jagow, Prof. Dr. Moritz Hagenmeyer, Dr. Tobias Teufer („exzellent u. praxisorientiert", Mandant)
Team: 3 Partner, 1 Counsel
Schwerpunkte: Branchenorientierter Ansatz, der neben klass. Lebensmittelrecht auch Marken- sowie branchenbezogenes Arbeits- u. Gesellschaftsrecht einschließt.
Mandate: Lfd. Zentralverband Bäckerhandwerk (öffentl. bekannt). internat. Lebensmittelkonzern zur Kennzeichnung der Herkunft primärer Zutaten; div. Unternehmen zu Ethylenoxid-Krise, auch prozessual; Hersteller von bilanzierten Diäten zu Einordnung, Vorlage EuGH; internat. Lebensmittelhersteller in wettbewerbsrechtl. Streit wg. Verpackungsnachahmung; Hersteller von Geschirr wg. Verbots sämtl. Produkte aufgrund Zusatzstoff; regelm. internat. Tabakkonzern.

MEISTERERNST
Bewertung: Unangefochten behauptet sich die Kanzlei unter den Marktführern im Lebensmittelrecht. Hersteller, Handel, Investoren sowie etliche Pharma- u. Chemieunternehmen setzen regelm. auf die erfahrenen Anwälte. Dabei deckt das Team das ges. inhaltl. Spektrum ab, stand zuletzt etwa in Zusammenarbeit mit seiner naturwissenschaftl. Schwestergesellschaft erneut einer Reihe von Unternehmen bei Krisen u. in Compliance-Fragen bei. Abgerundet wird das Erfahrungsfeld durch eine Reihe von marken- u. wettbewerbsrechtl. Auseinandersetzungen. Trotz dieser Vielfalt u. dem weitgehend eigenständigen Arbeiten der erfahrenen Associates knüpft sich der exzellente Ruf weiterhin v.a. an die beiden Partner.
Oft empfohlen: Andreas Meisterernst, Christian Ballke („eine Instanz, kombiniert Fachkunde mit Pragmatismus", Mandant)
Team: 2 Eq.-Partner, 9 Associates, 1 of Counsel
Schwerpunkte: Breites inhaltl. Spektrum; naturwissenschaftl. flankiert ebenso Krisenberatung; enger Bezug zur ▷Gesundheitsbranche u. entsprechend regelm. Abgrenzungsfragen.
Mandate: Alnylam regelm. zu Regulierung, Compliance u. Wettbewerbsrecht; Hersteller bei Novel-Food-Fragen zu Curcumin; Lebensmittelhandel zur Öffentlichkeitsinformation; Amicus u.a. zu AMNOG; Getränkevertreiber lfd. zu Vermarktung u. Etikettierung; Süßwarenhersteller zu Kontamination u. Nutri Score; industrieller Mühlenbetrieb in Krisenfall; internat. Lebensmittelkonzern zu Nutri Score; Private-Equity-Unternehmen zu lebensmittelrechtl. Due Diligence; dt. Konzern bei Einführung von Nahrungsergänzungsmitteln; lfd. Lifescan.

MEYER RECHTSANWÄLTE
Bewertung: Die hoch angesehene Spezialkanzlei ist eine der wohl komplettesten Beraterinnen im Markt. In Kooperation mit der naturwissenschaftl. Schwestergesellschaft meyer.science ist das Team nicht nur auf dt. u. europ. Ebene etwa mit Fragen von spez. Inhaltsstoffen befasst, sondern regelm. bei Krisen- u. Compliance-Fällen auch bei namh. Unternehmen gefragt. Vielen Mandanten dienen die Anwälte aber auch als ausgelagerte Rechtsabteilung. Als eine von wenigen Boutiquen ist sie internat. exzellent vernetzt u. auch dank eigener Lobbyarbeit für div. Unternehmen u. Verbände mit dt. u. europ. Behörden vertraut. Personalstärke u. Stabilität erlauben ihr eine hohe Binnenspezialisierung, sodass es kaum eine Branche gibt, die das Team nicht bespielt.
Stärken: Breite inhaltl. Aufstellung, enge Kontakte zu Behörden u. Institutionen.
Oft empfohlen: Prof. Dr. Alfred Meyer („eine Koryphäe", Mandant)
Team: 1 Eq.-Partner, 7 Associates, 1 of Counsel
Schwerpunkte: Breites inhaltl. Spektrum, internat. otientiert; naturwissenschaftl. flankiert regelm. Krisenberatung; regelm. auch Handelskonzerne.
Mandate: Div. Handelsketten lfd. zu Compliance u. im Krisenmanagement; regelm. internat. Fertigprodukthersteller, div. Milchunternehmen, großer Süßwaren- u. großer Babynahrungshersteller sowie div. große Brauereien.

NOERR
Bewertung: Die lebensmittelrechtl. Beratung ist integraler Bestandteil der anerkannten Arbeit bei Produktsicherheit u. -haftung u. (internat.) Vertrieb. So spielen etwa Rückruffälle nach wie vor eine signifikante Rolle in der Gesamtkanzlei, auch im Bereich Lebensmittel u. Konsumgüter. Die teils namh. Mandanten, die sich von Noerr hierzu oder zu anderen geschäftsrelevanten Themen wie Vertrieb

oder Lohnherstellung beraten lassen, greifen jedoch nicht zwingend auf die lebensmittelrechtl. Kompetenz zurück. Grund dafür dürfte allein schon die überschaubare Größe des Dresdner Kernteams sein, das zuletzt einen Associate an ein Unternehmen verlor.
Team: 1 Sal.-Partner, 1 Associate (Kernteam; zzgl. Produkthaftung)
Schwerpunkte: Beratung eingebettet in Praxis für Produktsicherheit u. -haftung (▷*Konfliktlösung*); auch (internat.) ▷*Vertriebsrecht*.
Mandate: Schoko Winterscheidt regelm.; Procter & Gamble im Zshg. mit Rückruf; Importeur zu Verkehrsfähigkeit von u.a. Tabakprodukten; Wonderwaffel bei Expansion; Pharmaunternehmen zu CBD; SPRK Global strateg.; TV-Sender zu Risiken der Nahrungsergänzungswerbung; Kanebo wg. Graumarkthandel; dt. Versandapotheke regelm., u.a. bei Klage wg. Coronatests; Handelskette zu div. IP-Fragen; Zooplus zu Logistikkonzept; regelm. Homeshopping-Sender, Schutzverband ‚Dresdner Stollen'.

REINHART
Bewertung: Während andere lebensmittelrechtl. orientierte Kanzleien das Kosmetiksegment eher als Beifang sehen, steht die kleine Münchner Spezialkanzlei genau für dieses Beratungsfeld. Schon deshalb setzen gleich mehrere große Hersteller von Naturkosmetik, aber auch konventionelle Kosmetikproduzenten auf die Kompetenz der Anwälte. Begrenzen lässt sich das Team darauf jedoch nicht, sondern engagiert sich auch mit großer Erfahrung bei allen Fragen des klass. Lebens- oder Futtermittelrechts.
Oft empfohlen: Dr. Andreas Reinhart
Team: 2 Eq.-Partner, 1 Associate
Schwerpunkte: Kosmetikrecht.
Mandate: Regelm. Anton Hübner, Börlind, Kneipp, Laverana, Life Light, Weleda, St. Leonhardsquelle; Vitrasan u. Extravit im Zshg. mit CBD; u.a. Pets Deli Tonius, Chairos, Animagus futtermittelrechtlich.

WEYLAND & KOERFER
Bewertung: Der personell kleinere Teil von vormals KWG fand sich Anfang 2022 um den hoch angesehenen Weyland zusammen u. etablierte sich rasch mit den bekannten Stärken. Inhaltl. zwar breiter aufgestellt, wird die Kanzlei nun mehr denn je mit der Beratung der Fleischbranche in Verbindung gebracht. Kompetenzen, die durch die Spaltung verloren gingen, kompensierte die Einheit vom Start weg mit Kooperationen: Für IP u. Strafrecht fand sie erfahrene Partnerkanzleien in Köln. Auch wenn weiterhin allein schon aufgr. der langj. Erfahrung umfangr. internat. Kontakte bestehen, fehlt es derzeit allerdings an einem glaubwürdig etablierten Netzwerk.
Stärken: Beratung im Fleischsektor.
Oft empfohlen: Prof. Gerd Weyland
Team: 2 Eq.-Partner, 1 Associate
Schwerpunkte: Langj. breit angelegte Erfahrung in versch. Sparten des Lebensmittelsektors, auch Handel.
Mandate: LSI in sog. Bifi-Fall (inzw. vor EuGH); umf. viele Fleischproduzenten, auch zu alternativen Produkten.

ZENK
Bewertung: Das ▷*Hamburger* Team behauptet sich souverän unter den Marktführenden im Lebensmittelrecht. Ein Grund dafür ist die langj. Erfahrung mit einer Vielzahl von Playern des Sektors u. das daraus resultierende sichere Navigieren bei allen zentralen Themen wie Kennzeichnung, Gesundheits- u. Klima-Claims sowie Innovationen. Wettbewerber bezeichnen die Partner regelm. als „fachl. exzellent" u. blicken mit gewissem Respekt auf die Diversität des Mandantenportfolios. U.a. im Wettbewerbsrecht suchten erneut etliche Mandanten erstmals Rat bei dem Team. Dadurch gehört es auch zu den ersten, die sich in der praktischen Mandatsarbeit intensiv mit Nachhaltigkeits- u. Klimaneutralitätswerbung befassen. Oft gefragt war Zenk auch im Krisenmanagement, u.a. bei Rückrufen, u. hat gemeins. mit ausgewählten Mandanten den Aufbau eines internat. Beratungsnetzwerks in Angriff genommen. Vervollständigt wird das Angebot durch eine IP-Praxis.
Oft empfohlen: Dr. Carsten Oelrichs, Dr. Stefanie Hartwig, Sonja Schulz
Team: 3 Eq.-Partner, 2 Counsel, 4 Associates
Schwerpunkte: Breite Branchenerfahrung bei Einführung u. Abgrenzung; auch etablierte ▷*marken- u. wettbewerbsrechtl.* Praxis.
Mandate: Lycored Sàrl bei Entwicklung u. internat. Vertrieb von Nahrungsergänzungsmitteln; Resínas Sinteticas u.a. zu Novel Food; Socab tabakrechtl.; Schokoladenhersteller regelm., u.a. Nachhaltigkeitswerbung; Gewürzhersteller u.a. zu Compliance u. Krisen; Zuckerhersteller wg. Beanstandung u. bei Krisenmanagement; Regal Springs weiterhin bei Aufstellung in Europa; Carl Kühne wettbewerbsrechtl.; Fresh Five u.a. in Prozess wegen Klimaneutralitätsbehauptung; Marketingagentur zu Werbung u. Kennzeichnung v.a. von CBD-Produkten; Teehersteller u.a. bei Produkteinführung; umf. Bayer. Brauerbund, Axxence Aromatic, Coca-Cola Dtl., Rewe, Garmo, Sanomed, Frostkrone, Like Meat, Iglo, Unilever, Upfield, Verband Aromenindustrie, Wander (insbes. zu Herkunftsbezeichnung).

Das TTDSG ist da – welche Herausforderungen bringt das neue Datenschutzrecht für Telekommunikation und Telemedien?

Von Detlef Klett und Fritz-Ulli Pieper, Taylor Wessing, Düsseldorf

Detlef Klett ist Partner und Fachanwalt für IT-Recht. Er ist auf die rechtliche Beratung in den Bereichen Digitalisierung, Künstliche Intelligenz, Datenschutz, Cyber Security und Telekommunikation spezialisiert. Sein Schwerpunkt liegt in der Begleitung von komplexen IT-Projekten.

Fritz-Ulli Pieper, LL.M., ist Salary Partner und berät als Fachanwalt für IT-Recht nationale und internationale Mandantinnen und Mandanten im IT-, Telekommunikations- und Datenschutzrecht. Er verfügt über besondere Erfahrung zu Rechtsfragen der Digitalisierung und Künstlicher Intelligenz.

Detlef Klett und Fritz-Ulli Pieper sind Teil des Technology, Media & Telecommunication-Teams von **Taylor Wessing**. Mit über 50 Anwältinnen und Anwälten zählt es zu den größten in Deutschland und gilt in diesem Bereich als führend. Das Team ist mit den neuesten digitalen Technologien vertraut und berät internationale Technologieunternehmen ebenso wie führende Industrieunternehmen und die öffentliche Hand.

Kontakt
taylorwessing.com
d.klett@taylorwessing.com
f.pieper@taylorwessing.com

Weitere Informationen zur Kanzlei in der Anzeige auf Seite 256

Das „Gesetz über den Datenschutz und den Schutz der Privatsphäre in der Telekommunikation und bei Telemedien", kurz Telekommunikation-Telemedien-Datenschutz-Gesetz (TTDSG) ist am 01.12.21 in Kraft getreten. Das TTDSG regelt seitdem das Fernmeldegeheimnis und den Datenschutz bei der Nutzung von Telekommunikationsdiensten und Telemedien, teils auch die Privatsphäre. In der Praxis müssen diese Regelungen in ein komplexes Geflecht aus europarechtlichen Vorgaben eingeordnet werden, was besondere rechtliche Herausforderungen mit sich bringt.

Ziele des TTDSG sind gemäß der Gesetzesbegründung vor allem die erforderliche Anpassung der Datenschutzbestimmungen des Telekommunikationsgesetzes (TKG) und des Telemediengesetzes (TMG) an die Datenschutz-Grundverordnung (DSGVO). Ein weiteres Ziel ist die rechtssichere Umsetzung der Regelung zum Schutz der Privatsphäre in Endeinrichtungen gemäß der aktuellsten Datenschutzrichtlinie für elektronische Kommunikation, auch ePrivacy-RL genannt. Hierbei fällt auf: Die DSGVO gilt seit Ende Mai 2018, die einschlägigen Vorschriften der ePrivacy-RL hätten bereits seit Ende Mai 2011 umgesetzt werden müssen. Seit Jahren besteht hinsichtlich des Zusammenspiels sowie der Auslegung und Anwendung der jeweiligen Vorschriften Rechtsunsicherheit. Dass diese durch das TTDSG beseitigt wurde, lässt sich aus Fachkreisen nicht eindeutig entnehmen. Warum ist das so? Hierzu lohnt sich ein Blick auf die Grundlagen des TTDSG sowie auf einige ausgewählte Problemfelder.

Grundlagen des TTDSG

Das TTDSG enthält in zwei Hauptsträngen Regelungen zum Datenschutz und Schutz der Privatsphäre in der Telekommunikation sowie zum Telemediendatenschutz und zum Schutz von Endeinrichtungen. Das ist weit mehr als die Umsetzung von Vorgaben zu Webseiten-Cookies, mit denen das TTDSG häufig vornehmlich in Verbindung gebracht wird. Die telekommunikationsspezifischen Datenschutzvorschriften wurden aus dem TKG alter Fassung (a.F.) gestrichen und weitestgehend identisch oder mit eher geringen Abweichungen im TTDSG übernommen. So finden sich hier nun die maßgeblichen Vorschriften insbesondere für die Vertraulichkeit der Kommunikation, zu Verkehrsdaten und Standortdaten oder Endnutzerverzeichnissen sowie Endnutzerdaten. Die Datenschutzvorschriften des TMG a.F. sind überwiegend entfallen und im TTDSG nur noch in Teilen geregelt. Beispielsweise regelt das TTDSG in diesem Komplex technische und organisatorische Vorkehrungen für Telemedien und zur Auskunftserteilung. Ferner enthält es Vorgaben für Endeinrichtungen, also Einrichtungen zum Aussenden, Verarbeiten oder Empfangen von Nachrichten über öffentliche Telekommunikationsnetze.

Herausforderung: Verhältnis des TTDSG zu anderen Gesetzen

Das TTDSG steht (mindestens) an der Schnittstelle von ePrivacy-RL, DSGVO und deren Öffnungsklauseln sowie dem TKG, deren Verhältnis in Teilen bereits untereinander klärungsbedürftig ist. Das Verhältnis von DSGVO und ePrivacy-RL bestimmt sich vornehmlich nach Art. 95 DSGVO. Die Regelungen der ePrivacy-RL sowie deren Umsetzungsnormen sind hiernach jeweils lex specialis für den Datenschutz in der elektronischen Kommunikation. Selbst wenn hierbei personenbezogene Daten verarbeitet werden, tritt die DSGVO zurück. Dies gilt hinsichtlich nationaler Umsetzungsnormen jedoch nur, wenn sich die nationalen Umsetzungsnormen im Umsetzungsspielraum der ePrivacy-RL bewegen oder es sich um Regelungen im Anwendungsbereich einer Öffnungsklausel der DSGVO handelt. So muss für die Vorschriften des TTDSG grundsätzlich im Einzelfall geprüft werden, ob sie diesen Voraussetzungen entsprechen. Soweit der deutsche Gesetzgeber Änderungen oder Erweiterungen von der ePrivacy-RL statuiert hat, stellt sich die Herausforderung, die Wirksamkeit und Anwendbarkeit der TTDSG-Vorschriften rechtlich einordnen zu müssen.

Herausforderung: Erweiterter Anwendungsbereich für OTT-Dienste

Das TTDSG enthält in diversen Vorschriften Vorgaben für Anbieter oder Erbringer von Telekommunikationsdiensten. Für die Praxis ist insoweit §2 Abs. 1 TTDSG wichtig, da dieser hinsichtlich der Begriffsbestimmung der Telekommunikationsdienste auf das TKG verweist. Dieser Begriff wurde im Rahmen der Überarbeitung des TKG wegen europarechtlicher Vorgaben erheblich erweitert. Nunmehr fallen auch interpersonelle Telekommunikationsdienste nach §3 Nr. 24 TKG darunter, welche die sog. Over-the-top Dienste (OTT-Dienste) umfassen. OTT-Dienste sind vereinfacht gesagt Dienste, die über eine Internetverbindung angeboten werden, ohne dass die Internetanbieter selbst Einfluss auf den Dienst oder deren Kontrolle hätten. Sie sind also entkoppelt von den Infrastrukturanbietern. Dabei handelt es sich beispielsweise um Messenger wie WhatsApp oder Videotelefonie-Dienste wie Skype. Durch die lang ersehnte Klarstellung der Einbeziehung von OTT-Diensten in das TKG-Regime hat sich dementsprechend auch eine Erstreckung der Pflichten von Anbietern von OTT-Diensten auf Grundlage des TTDSG ergeben.

Herausforderung: Informationen in der Endeinrichtung des Endnutzers – Cookies

Prominenter Zankapfel des TTDSG ist §25 zum Schutz der Privatsphäre bei Endeinrichtungen. Zunächst ist hervorzuheben, dass diese Vorschrift nach nunmehr über zehn Jahren die Vorgaben der sog. Cookie-Richtlinie (Richtlinie 2009/136/EG, welche die ePrivacy-RL angepasst hatte) umgesetzt hat. Allerdings handelt es sich hierbei mittlerweile lediglich um eine Klarstellung: Die Cookie-Richtlinie statuierte seit 2009 ein Einwilligungserfordernis für die Speicherung von Informationen in Nutzer-Endeinrichtungen, statt des bis dahin geltenden Widerspruchsvorbehalts. Nach §15 Abs. 3 S. 1 TMG a.F. war jedoch seither geregelt, dass die entsprechende Datenverarbeitung solange zulässig ist, wie der Nutzer nicht widerspricht. Die insoweit stark umstrittene Untätigkeit des Gesetzgebers korrigierte der Bundesgerichtshof schon 2020, indem er den Wortlaut des §15 Abs. 3 S. 1 TMG a.F. im Wege der richtlinienkonformen Auslegung in sein Gegenteil verkehrte, also eine aktive Einwilligung des Betroffenen forderte.

Die echte Herausforderung stellt sich nunmehr eher im Bereich der Auslegung von §25 TTDSG sowie bei der Beurteilung seines Zusammenspiels mit der DSGVO. So muss bei der Speicherung von oder dem Zugriff auf Informationen in der Endeinrichtung des Endnutzers insbesondere geprüft werden, ob eine Einwilligung für den Zugriff erforderlich ist und ob die Informationen personenbezogene Daten enthalten. Keiner Einwilligung für den Zugriff bedarf es, wenn der alleinige Zweck die Durchführung der Übertragung einer Nachricht über ein öffentliches Telekommunikationsnetz ist oder dies unbedingt erforderlich ist, damit der Anbieter eines Telemediendienstes einen vom Nutzer ausdrücklich gewünschten Telemediendienst zur Verfügung stellen kann. Gerade die Frage, wann der Zugriff unbedingt erforderlich ist, ist stark auslegungsfähig und Gegenstand intensiver Diskussionen. Üblicherweise angenommen wird dies für die Speicherung von Cookies zwecks Erfüllung von Webseiten-Funktionen wie Warenkorb, Authentifizierung oder Spracheinstellungen. Fraglich ist dies für diverse Tracking-Mechanismen – und damit insbesondere ein Thema für die schillernde Internet-Werbebranche, aber auch sonst jeden Webseitenbetreiber. Umstritten ist ferner, ob §25 TTDSG eine datenschutzrechtlich abschließende Regelung darstellt oder ob daneben noch weitere Vorgaben der DSGVO einzuhalten sind, sofern personenbezogene Daten verarbeitet werden. Gerichtsentscheidungen existieren hierzu jedoch noch nicht. Der juristischen Literatur und den Aufsichtsbehörden lässt sich kein einheitliches Bild entnehmen. Nicht verwechselt werden darf dies wiederum mit der Frage der datenschutzrechtlichen Zulässigkeit der Weiterverarbeitung personenbezogener Daten, die beim Zugriff auf Endeinrichtungen angefallen sind. Hier gilt lediglich die DSGVO.

Herausforderung in der Zukunft: Umsetzung der Anforderungen der ePrivacy-VO

Ursprünglich war ein gleichzeitiges Inkrafttreten von DSGVO und ePrivacy-VO geplant. Nach dem Willen des europäischen Gesetzgebers sollte es demnach komplexe Abgrenzungsfragen zwischen DSGVO und ePrivacy-RL nicht geben. Das Gesetzgebungsverfahren zur ePrivacy-VO verzögert sich jedoch seither erheblich. In der DSGVO ist in Erwägungsgrund 173 aktuell lediglich vorgesehen, dass die ePrivacy-RL entsprechend geändert werden sollte, um das Verhältnis zwischen der DSGVO und der ePrivacy-RL klarzustellen. Dies ist bislang nicht geschehen und es ist vor dem Hintergrund der anhaltenden Bemühungen um die ePrivacy-VO auch fraglich, ob und wann dies überhaupt der Fall sein wird. Im Hinblick auf das TTDSG bedeutet dies, dass es sich – zumindest bezüglich der Vorschriften, die auf die ePrivacy-RL zurückzuführen sind – nur um eine Übergangslösung handelt. Verpflichtete mussten sich daher gerade erst mit teils neuen oder überarbeiteten Regelungen auseinandersetzen und sich gleichzeitig bereits jetzt mit etwaigen Auswirkungen der ePrivacy-VO befassen. Denn je nach Ausgestaltung der finalen Fassung der ePrivacy-VO sehen sie sich möglicherweise erneut gewichtigen Änderungen gegenüber der Rechtslage unter dem aktuellen TTDSG ausgesetzt. ■

KERNAUSSAGEN

- Das Verhältnis von DSGVO, ePrivacy-RL und nationalen Umsetzungsnormen ist komplex und in Teilen noch immer ungeklärt. Eine abschließende Klärung bringt gegebenenfalls erst die ePrivacy-VO – deren Gesetzgebungsverfahren jedoch mit erheblichen Verzögerungen einhergeht.
- OTT-Dienste sind mit der Erneuerung des TKG explizit als Telekommunikationsdienste eingeordnet worden. Sie fallen damit künftig auch unter das Regelungsregime des TTDSG und müssen beispielsweise das Fernmeldegeheimnis oder Vorgaben zu Verkehrs- und Standortdaten beachten.
- Beim TTDSG handelt es sich – zumindest im Hinblick auf die Vorschriften, die auf die ePrivacy-RL zurückzuführen sind – lediglich um eine Übergangslösung. Verpflichtete sollten sich schon jetzt mit etwaigen Auswirkungen der ePrivacy-VO befassen.

Telekommunikation

Beratungsbedarf en masse

Die Nachfrage nach Rechtsberatung im Telekommunikationssektor ist seit Jahren so stark gestiegen, dass manch ein Mandant bereits feststellt, dass es heute an unabhängigen Spezialisten mangele. Die große Nachfrage resultiert allerdings auch zum Teil aus der stetig wachsenden Mandantenzahl. Seit einigen Jahren bereits suchen etwa auch die deutschen Autohersteller nach TK-Anwälten. Sie beschäftigen sich mit dem Rechtsgebiet, weil ihre Produkte beginnen, über eigene SIM-Karten mit ihrer Umwelt zu kommunizieren. Zu den führenden Praxen in diesem internationalen Geschäft gehören **Baker McKenzie**, **Freshfields Bruckhaus Deringer**, aber auch **GvW Graf von Westphalen**, die hierzu schon seit vielen Jahren in ihrem Netzwerk europaweit einen dt. Branchenprimus berät.

Seit der TK-Novelle von 2021 unterfallen aber auch Anbieter TK-naher Dienste dem TK-Recht sowie dem speziellen TK-Datenschutz. Im Prinzip kann sich kein Software- und App-Anbieter davon frei machen, zumindest TK-rechtliche Compliance-Risiken zu bewerten, zu monitoren und gegebenenfalls auch ihre Sicht der Dinge juristisch zu verteidigen. Marktbekannt ist, dass **Jones Day** u.a. für Google im TK-Recht und **Noerr** seit langer Zeit Microsoft neben dem IT- auch im TK-Recht berät. Aber auch **Bird & Bird**, **Freshfields Bruckhaus Deringer** und **Neuland** helfen in enger Bindung an die eigene IT- und Datenschutzberatung großen und kleinen US-Unternehmen u.a. bei der Markteinführung ihrer Produkte.

Schnelle Netze für die Digitalisierung

Ein großer Treiber der Nachfrage nach tk-rechtlicher Beratung ist auch der Auf- und Ausbau von neuer Netzinfrastruktur. Keineswegs unbedeutend ist in dieser Hinsicht die Arbeit von **Bird & Bird** an der Seite von 450connet. Das Unternehmen entwickelt eine ausfallsichere Plattform zur Digitalisierung der kritischen Infrastrukturen in Deutschland. Auf der Basis eigener Frequenzen wird hier die Grundlage für sichere Kommunikation und Datenübertragung für Energie-, Wasser- und Verkehrsinfrastrukturen geschaffen. Strategische Projekte dieser Art nehmen auch in anderen Bereichen der Wirtschaft zu. **Hogan Lovells** etwa, die als eine von wenigen hier besprochenen Kanzleien über große patentrechtliche Erfahrung im Sektor verfügt, berät zu einem Kommunikationsnetz im Gesundheitssektor. Maßgeblich zur Nachfrage trägt aber auch der Ausbau der Glasfaserinfrastruktur bei, wo neben den bei Infrastrukturfonds und den großen Netzbetreibern etablierten Transaktions- und Finanzierungspraxen auch Einheiten wie **Greenberg Traurig**, **Pinsent Masons** und **Rödl & Partner** etwa kommunale, bei den Stadtwerken angelehnte Glasfasergesellschaften dabei unterstützen, im geförderten Umfeld ihre Netze auszubauen und neue Gesellschaften für das TK-Geschäft aufzustellen.

Neues Funknetz für das Land

Funktionierende Glasfasernetze werden auch für das 5G-Funknetz gebraucht, das die großen Netzbetreiber gerade ausbauen. Eine zentrale Rolle nimmt dabei 1&1 ein, die auf Hochtouren den Aufbau eines eigenen 5G-Funknetzes vorantreibt, das sie zum vierten deutschen Mobilfunknetzbetreiber werden lässt. Die vielen Verträge, die 1&1 dazu mit der Festnetzschwester 1&1 Versatel sowie mit dem von **Baker McKenzie** beratenen japanischen E-Commerce-Unternehmen Rakuten schließen musste, verhandelte das Unternehmen mit **Hengeler Mueller** an seiner Seite. Dazu gehörte auch ein Vertrag, der es 1&1 ermöglicht, bis zum Start des eigenen Netzes als Mobile Virtual Network Operator (MVNO) das von Telefónica mitzunutzen, die sich dazu von **Pinsent Masons** beraten ließ. Beide Kanzleien sind die Aufsteiger im TK-Beratermarkt.

Die Bewertungen behandeln Kanzleien, die die Telekommunikationsbranche in unterschiedlichen Rechtsgebieten beraten. Dazu gehört die Vertretung in Regulierungsverfahren, aber auch die Begleitung bei Transaktionen und bei der Vertragsgestaltung.

BAKER MCKENZIE
Telekommunikation ★★★★

Bewertung: BM stärkt im TK-Sektor ihre bereits hervorragende Marktposition weiter. Dafür steht nicht zuletzt das Mandat des jap. TK-Ausrüsters Rakuten, den die Praxis zur Partnerschaft mit 1&1 beriet. Gegenstand der Partnerschaft zum Aufbau eines 5G-Netzes waren einige tk-rechtl. geprägte Verträge, deren Anfertigung BM genauso beherrscht wie die regulator. Beratung ggü. der BNetzA. Neben der Eminenz im TK-Recht, Scherer, führt die im Markt anerkannte Heinickel, die über tiefes Know-how im klass. TK-Recht verfügt, mittlerw. die Praxis. Regelm. begleitet sie Telefónica zu entgeltregulator. Fragen im Festnetz u. Mobilfunk. Insgesamt ähnelt das Angebot, das von der etablierten Schnittstelle zum ▷*IT- u. Datenschutzrecht* kaum zu trennen ist, dem von Kanzleien wie Bird & Bird, erreicht speziell im dt. Markt aber noch nicht ganz deren Sektordurchdringung.

Oft empfohlen: Caroline Heinickel („gute Expertin in Entgeltverf.", Mandant), Prof. Dr. Joachim Scherer
Team: 3 Partner, 1 Counsel, 3 Associates
Schwerpunkte: Umf. TK-Regulierung, auch Zugangsregulierung u. klass. TK-Dienste; zu tk-nahen Diensten und Produkten, v.a. M2M. Viel Erfahrung in grenzüberschr. Projekten; auch Infrastrukturtransaktionen (▷*Energiesektor*).
Mandate: Rakuten ggü. 1&1 zu Verträgen zum Aufbau eines Cloud-basierten 5G-Netzes; Telefónica lfd., u.a. in Regulierungsverf. u. zu M2M-Diensten; div. Anbieter von Kommunikationsdiensten, Messenger- u. Plattformdiensten zur Umsetzung des EECC; Anbieter von Satellitenfunkdienstleistungen vor BNetzA u. in internat. Frequenzkoordinierungsverf.; Bandwith zu Kauf von Voxbone, regulator. DD in mehr als 40 Ländern u. zum Aufbau von Compliance-System.

BIRD & BIRD
Telekommunikation ★★★★★

Bewertung: Die zu den marktführenden Beratern im TK-Markt gehörende Praxis war zuletzt auch bei Transaktionen gefragt. Für den Durchbruch in diesem Segment, in das sie über ihre Sektorkenntnis vorstößt, steht die Beratung von Antin u. Eurofiber zum Glasfaser-Joint-Venture mit Vattenfall. Neben zahlreichen weiteren Deals u. Projektfinanzierungen der personell wachsenden M&A-Infrastrukturgruppe um Leube gehören auch sog. kommerzielle vertragsrechtl. Großprojekte im regulierten Umfeld zu den Kerndisziplinen der Praxis. Die Beratung von 450connect zum Aufbau eines Kommunikationsnetzes für kritische Infrastrukturen belegt dies überdeutlich und ist ein ähnl. Aushängeschild wie der Netzaufbau bei 1&1. Praxisleiter Heun führt für Telefónica weiterhin das Verwaltungsgerichtsverf. zur 5G-Frequenzver-

TELEKOMMUNIKATION REGULIERUNG

steigerung. Mit gleich 2 weiteren erfahrenen Counsel berät die breit an den Bedürfnissen des TK-Sektors orientierte Praxis darüber hinaus US-Digitech-Unternehmen zu Compliance-Fragen im TK-Sektor sowie ggü. Behörden.

Oft empfohlen: Sven-Erik Heun („erfasst gut und schnell, wo es im Unternehmen drückt", Mandant), Dr. Peter Leube, Dr. Simon Assion („exzellente fachl. Kompetenz, schnelle Bearbeitungszeit, prakt. umsetzbare Lösungen", Mandant)

Team: 2 Partner, 2 Counsel, 3 Associates

Schwerpunkte: TK-Infrastruktur, u.a. Frequenzregulierung, inkl. Vertretung ggü. den Behörden, etwa zu Frequenzversteigerungen; TK-Produkte/-Dienste vertragsrechtl. sowie TK-Compliance u. rege Prozesstätigkeit; Projektfinanzierungen u. Transaktionen.

Mandate: 450connect u.a. zur Frequenzvergabe sowie frequenzregulator. u. kartellrechtl. bei Aufbau eines TK-Dienstleisters für krit. Infrastrukturen; Antin Infrastructure/Eurofiber zu Glasfaser-Joint-Venture mit Vattenfall; Telefónica gg. BNetzA wg. 5G-Frequenzauktion u. regulator., u.a. zu TK-Datenschutz, Netzneutralität u. Roaming; Social-Media-Plattform u.a. zur Ausweitung des TK-Datenschutzrechts auf OTT-Dienste u. zum European Electronic Communications Code; Anbieter von Videokonferenzen zu Diensteinführung in mehreren europ. Ländern; OTT- u. Cloud-Anbieter zu Compliance-Pflichten.

CMS HASCHE SIGLE
Telekommunikation ★★★

Kanzlei des Jahres für Regulierung

Bewertung: CMS geht im TK-Sektor mit einer auch auf IT u. Medien spezialisierten Gruppe in den Markt, die zu regulator. Fragen sowohl im Kontext von Transaktionen, Markteintritten als auch ▷*kartellrechtl.* Litigation berät. Ihren Mandanten kann sie die tk-rechtl. Kompetenz u.a. auch am ▷*Brüsseler* Standort anbieten, wo regulator. Preisanpassungsverf. geführt werden. Die solchen Schiedsverf. zugrunde liegenden kommerziellen Verträge gehören insbes. auch zum Repertoire des Münchner Partners Neitzel, der Vodafone u. EWE Tel zu seinen Mandanten im klass. TK-Recht zählt. Vor allem zum Glasfaserausbau war die Praxis zuletzt u.a. für EWE im Mandat. Wie Bird & Bird oder Baker McKenzie berät die Praxis regelm. auch internat. Unternehmen, die in den sich wandelnden europ. TK-Markt drängen.

Oft empfohlen: Dr. Jens Neitzel

Team: 2 Partner, 1 Counsel, 2 Associates

Schwerpunkte: Umf. Regulierungserfahrung sowie zu TK-Verträgen; breite Aufstellung in Mobilfunk, Festnetz u. Kabel, viel Erfahrung in Transaktionen u. beim Infrastrukturausbau.

Mandate: Kabel Dtl./Vodafone gg. Dt. Telekom im Streit um Kabelmiete (BGH); Energieversorger-JV um Wemag u. weitere bei Gründung, auch fusionskartellrechtl. u. ggü. BNetzA sowie zur Finanzierung u. zu Herstellerverträgen; Avacom Systems zu Glasfaserausbau in Bayern; EWE Tel u.a. zur Umsetzung des europ. TK-Kodex u. in Verhandlungen über Netzbetriebsvereinbarung mit Glasfaser NordWest; Voximplant zu tk-rechtl. Pflichten in Dtl. u. Österreich; ww. tätiger IT-Konzern zu TK-Pflichten als M2M-Anbieter u. zum IT-Sicherheitsgesetz.

Telekommunikation

★★★★★
Bird & Bird	Frankfurt
Noerr	Berlin

★★★★
Baker McKenzie	Frankfurt
Dolde Mayen & Partner	Bonn
Hengeler Mueller	Berlin
Jones Day	Frankfurt
Neuland	Frankfurt

★★★
CMS Hasche Sigle	Köln, München
Freshfields Bruckhaus Deringer	Frankfurt
Greenberg Traurig	Berlin
GvW Graf von Westphalen	Düsseldorf
Juconomy	Düsseldorf
Loschelder	Köln
Pinsent Masons	Düsseldorf, München

★★
Hogan Lovells	Düsseldorf, München
Raue	Berlin
White & Case	Berlin, Hamburg

★
Rödl & Partner	Köln, Nürnberg
Schalast & Partner	Hamburg

Die Auswahl von Kanzleien und Personen in Rankings und tabellarischen Übersichten ist das Ergebnis umfangreicher Recherchen der JUVE-Redaktion. Sie ist in 2erlei Hinsicht subjektiv: Die Aussagen der befragten Quellen sind subjektiv u. spiegeln deren Erfahrungen u. Einschätzungen. Die JUVE-Redaktion wiederum analysiert die Rechercheergebnisse unter Einbeziehung ihrer eigenen Marktkenntnis. Der JUVE Verlag beabsichtigt keine allgemeingültige oder objektiv nachprüfbare Bewertung. Es ist möglich, dass eine andere Recherchemethode zu anderen Ergebnissen führt. Innerhalb einzelner Gruppen in Rankings und tabellarischen Übersichten sind Kanzleien und Personen alphabetisch sortiert.

DOLDE MAYEN & PARTNER
Telekommunikation ★★★★

Bewertung: Die exzellente TK-Regulierungspraxis ist weiterhin für ihre Stammmandantin Dt. Telekom in grundsätzl. Verwaltungs- u. Gerichtsverf. gesetzt. Noch 3 Partner um Anwalts-Koryphäe Mayen machen einen Großteil ihres Geschäfts mit dem Bonner Dax-Konzern. Der Stuttgarter Standort zeigt mit dem Mandat eines dt. Datensammlers im Datenschutzaufsichtsrecht zudem, dass der verwaltungsrechtl. orientierten Boutique weitere Bereiche offenstehen, in die sich auch der Kanzleinachwuchs hineinentwickeln soll. Mit insges. 3 Associates, von denen 2 am Stuttgarter Standort praktizieren, belegt DMP, dass sie nach dem plötzlichen Weggang eines langj. Partners im Vorjahr gewillt ist, in die Zukunft zu investieren.

Oft empfohlen: Prof. Dr. Thomas Mayen, Dr. Barbara Stamm, Dr. Christian Stelter

Team: 3 Eq.-Partner, 2 Associates

Schwerpunkte: TK-Infrastruktur, Frequenzregulierung u. Vorleistungsprodukte; Prozesserfahrung vor dt. u. europ. Gerichten; regulator. Kompetenz auch in angrenzenden Branchen (▷*Energierecht*, ▷*Verkehrssektor*), daneben auch ▷*Öffentl. Recht*.

Mandate: Dt. Telekom lfd., u.a. zu 5G-Frequenzvergabe, National Roaming, Breitbandentgelteneuregelung u. Anschlussvereinbarungen, Mietleitungen u. DigiNetz.

FRESHFIELDS BRUCKHAUS DERINGER
Telekommunikation ★★★

Bewertung: Bei FBD ist die TK-Spezialisierung, wie bei zahlr. Wettbewerbern auch, Teil einer breit aufgestellten TMT-Praxis. Namh. internat. tätige Unternehmen begleitet die Kanzlei u.a. strateg. zu Gesetzgebungsverf. u. ggü. Behörden. Im Zentrum steht regelm., ähnl. wie bei Bird & Bird, Jones Day oder Noerr, die Verteidigung von Geschäftsmodellen oder deren Roll-out in zahlr. nationalen Märkten, zunehmend aber auch der Datenhunger der Strafvollzugsbehörden, der im Zuge von Ermittlungsverf. Fragen zum TK-Datenschutz aufwirft. Aus kernregulator. Sicht bleiben United Internet u. 1&1 Versatel die Ankermandanten der Praxis, die das Team zurzeit u.a. zu Entgeltfragen begleitet, aber auch im ▷*IT- u. Datenschutzrecht* berät, wo Wettbewerber die eigentl. Stärke der Praxis um Werkmeister ausmachen. Losgelöst von ihren sektorregulator. Kapazitäten stärkte FBD zuletzt die Beziehung zur Dt. Telekom in einigen Großprojekten. Den Branchenprimus beriet sie u.a. bei einem transatlant. Doppeldeal zum Ausbau des Einflusses über die US-Tochter T-Mobile u. an der Seite von Noerr zur Finanzierung des Einstiegs von IFM Global Infrastructure bei der Tochter GlasfaserPlus.

Oft empfohlen: Prof. Dr. Norbert Nolte, Dr. Christoph Werkmeister

Team: TMT insges.: 10 Partner, 7 Associates

REGULIERUNG TELEKOMMUNIKATION

Aufsteiger im Telekommunikationsrecht

Dr. Simon Assion
Bird & Bird, Frankfurt

Dr. Christoph Werkmeister
Freshfields Bruckhaus Deringer, Düsseldorf

Die Auswahl von Kanzleien und Personen in Rankings und tabellarischen Übersichten ist das Ergebnis umfangreicher Recherchen der JUVE-Redaktion. Sie ist in 2erlei Hinsicht subjektiv: Die Aussagen der befragten Quellen sind subjektiv u. spiegeln deren Erfahrungen u. Einschätzungen. Die JUVE-Redaktion wiederum analysiert die Rechercheergebnisse unter Einbeziehung ihrer eigenen Marktkenntnis. Der JUVE Verlag beabsichtigt keine allgemeingültige oder objektiv nachprüfbare Bewertung. Es ist möglich, dass eine andere Recherchemethode zu anderen Ergebnissen führt. Innerhalb einzelner Gruppen in Rankings und tabellarischen Übersichten sind Kanzleien und Personen alphabetisch sortiert.

Schwerpunkte: Praxisübergreifender Ansatz an der Schnittstelle zum ▷IT- u. ▷Medienrecht; davon ausgehend ww. Beratung von tk-nahen Diensten u. Produkten zu Geschäftsmodellen; weiterhin klass. TK-Recht, u.a. Infrastruktur u. Vorleistungsprodukte.
Mandate: 1&1 Telecom/1&1 Versatel lfd., u.a. zu Vertrag mit Dt. Telekom zur Nutzung von Festnetzvorleistungen u. zu Entgeltgenehmigungsverf. bei der BNetzA; Dt. Telekom zur Finanzierung des JV GlasfaserPlus; Betreiber von Satellitennetzen zur Übertragung von Frequenzrechten; ww. tätige TK-Unternehmen zur Umsetzung der Vorratsdatenspeicherung; Kfz-Hersteller zu Fragen der Konnektivität; US-Social-Media-Konzern zu tk-regulator. Fragen im Zshg. mit Messengerdiensten; Linode zum Umgang mit dt. Strafverfolgungsbehörden.

GREENBERG TRAURIG
Telekommunikation ★★★
Bewertung: Im TK-Sektor bleibt die integrierte TMT-Praxis die zentrale Adresse der ▷Immobilienwirtschaft. Praxisleiter Enaux berät immer neue kommunale u. private Wohnungsbaugesellschaften wie Gewobag, Vivawest u. Vonovia mit seinem Team regulator., vertragsrechtl. u. auch techn. zur künftigen Mulitmedia- u. Breitbandversorgung (Glasfaser u. 5G) ihres Immobilienbestands. Der Wegfall der Umlagefähigkeit der Kabelversorgungsentgelte ab 2024 sowie der Streit um die Nutzungskosten von Inhouse-Netzinfrastruktur erzeugt dabei eine Menge Beratungsbedarf, zunehmend auch im klass. TK-Recht für Festnetzprodukte u. an den Schnittstellen zum IT-, Medien- u. Zahlungsdienstleisterrecht. Dass die kernregulator. Fähigkeiten der Praxis anerkannt sind, belegen neue Mandate einiger TK-Unternehmen wie willy.tel, aber auch die zuletzt wachsende Einbindung der Kanzlei etwa in Transaktionsprojekte im Sektor.
Oft empfohlen: Dr. Christoph Enaux („exzellente Kenntnisse im TK-Recht", Mandant)
Team: TMT insges.: 6 Partner, 6 Associates
Schwerpunkte: Festnetzregulierung, v.a. Breitbandversorgung Wohnungswirtschaft, zunehmend auch tk-nahe Dienste u. Produkte, auch OTT.
Mandate: Gewobag regulator. u. vergaberechtl. zur Neugestaltung u. Ausschreibung der Multimedia- u. Breitbandversorgung; Bauverein vertrags- u. tk-rechtl. zur Entwicklung eines neuen Mulitmediaversorgungskonzepts; Immomedianet gg. Dt. Telekom zur Mitbenutzung von Inhouse-Infrastruktur; Bauverein Waldshut zur Mitbenutzung von TK-Netzen; Freiburger Stadtbau zu Versorgungsverträgen u. zur Umsetzung der TKG-Novelle; willy.tel u.a. regulator.; lfd.: Dt. Wohnen, Berlinovo, GdW, Gesobau, Howoge, Joyn, Mediabroadcast, Vattenfall Eurofiber, div. Wohnungsbaugesellschaften zu Multimediaversorgungskonzept.

GVW GRAF VON WESTPHALEN
Telekommunikation ★★★
Bewertung: Die Kern-TK-Praxis der Kanzlei macht immer wieder mit Spitzenmandaten auf sich aufmerksam. Den frz. Anbieter von TK-Dienstleistungen Transatel vertrat Praxisleiterin Nacimiento in einem viel beachteten Regulierungsverf. vor der BNetzA, bei dem es um den Zugang zum Mobilfunknetz der Telefónica ging. Bekannt ist insbes. die langj. Arbeit für einen Kfz-Hersteller, den sie europaw. federführend zum Roll-out von Connected-Car-Diensten berät, ein Mandat, das gewöhnl. bei internat. Einheiten wie Freshfields oder Baker McKenzie zu finden ist. Mit Kanzleien wie Noerr u. Jones Day teilt GvW auch Erfahrung bei der Frequenzregulierung von Satelliten, die im TK-Sektor an Bedeutung gewinnt. Durch Zugänge im IT-Recht u. Datenschutz gewachsen, vertrauen Kernmandanten wie 1&1 dem Team mittlerw. auch in vertrags- sowie wettbewerbsrechtl. Fragen u. zivilrechtl. Prozessen. Dennoch bleibt die Kern-TK-Praxis personell ausbaufähig.
Oft empfohlen: Dr. Grace Nacimiento („sehr effizient"; „ausgezeichnete Zusammenarbeit", Mandantin)
Team: 1 Eq.-Partner, 1 Sal.-Partner, 1 Associate
Schwerpunkte: TK-Regulierung, Frequenzen, TK-Überwachung. Auch tk-nahe Dienste, v.a. M2M-Kommunikation; Behördenerfahrung.
Mandate: Transatel gg. Telefónica vor BNetzA wg. Netzzugang; 1&1 Telecom lfd., u.a. zu TKG-Novelle u. zunehmend auch vertragl. u. wettbewerbsrechtl.; Investmentbank Jefferies u.a. zu TKG-Novelle; Kfz-Hersteller lfd. europaw., u.a. zu div. Connected-Car-Themen im Pkw- u. Lkw-Bereich, auch zu tk-rechtl. Einordnung von App-Angeboten; E-Mail-Dienstanbieter u.a. zur TK-Überwachung; internat. Konzern zu Satellitenkommunikationsprojekt.

HENGELER MUELLER
Telekommunikation ★★★★
Bewertung: HM bietet im TK-Sektor ein zur Marktspitze hin konkurrenzfähiges Angebot. Für den Erfolg der jüngeren Vergangenheit steht nicht zuletzt das Team um die im Vorjahr zu Partnerin ernannten Hesse, die 1&1 nun schon im 3. Jahr gemeinsam mit ▷Gesellschafts-, ▷Finanzierungs- u. ▷Konfliktlösungs-Partnern dabei hilft, in Dtl. ein modernes 5G-Mobilfunknetz aufzubauen. Dazu waren zahlreiche langfr. Verträge mit Netzausstattern wie Rakuten sowie mit Telefónica abzuschließen. Im Bereich der kommerziellen Verträge im TK-Sektor hat sich HM zu einer der ersten Adressen im dt. Markt entwickelt. Wettbewerber loben vor allem aber auch den Berliner Teil der Praxis, wo mit Seip ein weiterer Nachwuchsanwalt bereitsteht. Dass HM im TK-Sektor auch bei kernregulator. Themen viel zu bieten hat, belegt das Mandat von Freenet: Den Netzanbieter vertritt Spoerr weiterhin erfolgreich mit takt. Geschick zur Vergabe der 5G-Lizenzen durch die BNetzA.
Oft empfohlen: Prof. Dr. Wolfgang Spoerr, Dr. Katharina Hesse, Fabian Seip („prima TK-Anwalt", Wettbewerber)
Team: 5 Eq.-Partner, 2 Counsel, 7 Associates
Schwerpunkte: Transaktionen, kommerzielle Verträge u. Regulierungsverfahren.
Mandate: 1&1 Mobilfunk umf. zur Gründung eines neuen Mobilfunknetzbetreibers, u.a. Roaming-Vereinbarung mit Telefónica u. Verhandlungen mit Rakuten; Freenet u.a. zu Klage gg. 5G-Frequenzversteigerung wg. Diensteanbieterverpflichtung; Netzbetreiber zu langfr. Vertrag zur Nutzung des Glasfasertransportnetzes sowie Rechenzentruminfrastruktur; Vodafone Kabel Dtl. zu TV-Verbreitungsverträgen.

HOGAN LOVELLS
Telekommunikation ★★
Bewertung: Im TK-Sektor begleitete die breit aufgestellte Praxis zuletzt große strateg. Projekte, u.a. für einen dt. Labordiensteister, der eine Teleberatungsplattform plant. Gefragt ist die Praxis aber auch wieder bei Transaktionen u. Projektfinanzierungen im Glasfaserumfeld gewesen. Mandanten wie Dt. Telekom Capital Partners, Icon Infrastructure oder Goetel setzen regelm. auf den im TK-Bereich versierten Corporate-Partner Rieger u. die Infrastrukturfinanzierungspartnerin Luh. Dank der bes. engen Verzahnung mit der starken Patentrechtspraxis hebt sich die TK-Praxis zudem durch ihre Erfahrung v.a. bei Streitigkeiten um TK-Technologien in relevanten Sektoren ab. Dass sie zugleich ausgeprägtes Wissen im ▷IT- u. Datenschutzrecht mitbringt, macht sie zur gefragten Beraterin bei tk-nahen Produkten.
Team: 12 Partner, 6 Counsel, 20 Associates
Schwerpunkte: Enge Verbindung zum ▷Patentrecht, insbes. Streitigkeiten, wachsende Rolle bei strateg. Projekten, u.a. TK-M&A u. kommerzielle Verträge im regulierten Umfeld; viel Erfahrung im Automobilsektor, v.a. Connected Car.
Mandate: Internat. tätiger Labordienstleister zu Aufbau einer Teleberatungsplattform; Goetel zu Finanzierung für Glasfaserausbau; Icon Infrastructure bei Kauf der Strategic Fiber Networks; NorthC-Gruppe bei Kauf des Rechenzentrenanbieters IP Exchange; UBS Asset Management zu Kauf des Glasfaseranbieters LüneCom; Valeo Telematik u. Akustik in Patentverletzungsverf.; Palo Alto Networks gg. Centripetal wg. Patentverletzungen.

JONES DAY
Telekommunikation ★★★★
Bewertung: Die insbes. in der EU integriert agierende TK-Praxis pflegt weiterhin gute Kontakte zu klass. TK-Unternehmen wie Verizon, die in Dtl. auf die regulator. TK-Kompetenz von Neumann setzen. Vor allem aber bei US-Technologieriesen wie Google, Kyndryl, Five9 u. einigen weiteren ist JD seit der erfolgreichen Vertretung von Google vor dt. u. europ. Gerichten gesetzt. Um ihre Geschäftsmodelle an regulator. Vorgaben in Dtl. u. der EU anzupassen oder deren Roll-out in nationalen Märkten unter Gesichtspunkten der tk-rechtl. Compliance zu begleiten, setzen sie auf die US-Kanzlei, die in Kontinentaleuropa auch im TK-Recht eng vernetzt mit den Standorten Brüssel u. Paris agiert. Für die grenzübergr. Zusammenarbeit steht auch das Mandat des brit. Satellitenbetreibers Immarsat Ventures. Neumann gilt als Fachmann der Satellitenfrequenzregulierung, die u.a. für Flugzeuge u. Schiffe, aber

auch fern der Spezialanwendungen an Bedeutung gewinnt. Immarsat vertrat die Praxis erfolgreich gg. eine Beschwerde der Viasat vor der BNetzA u. dt. Verwaltungsgerichten.
Oft empfohlen: Dr. Holger Neumann („erfahren", Wettbewerber)
Team: 2 Eq.-Partner, 2 Associates
Schwerpunkte: TK-Regulierung, Frequenzen u. Entgelte; Satelliten-, Rund- u. Mobilfunk; Erfahrung mit behördl. Verwaltungsverf. u. vor Gerichten; Mandanten insbes. aus US-Netzwerk der Kanzlei; kartellrechtl. Schnittstelle in ▷Brüssel, gr. TK-Team in Paris; Schiedsverfahren im TK-Sektor u. anderen Regulierten Industrien (▷Verkehrssektor).
Mandate: Five9, ww. führender Anbieter für Callcenter-Software, regulator. in Dtl. u. EU; Anbieter für Konnektivitätssoftware regulator. in Dtl. u. EU, u.a. zu TK-Recht, TK-Datenschutz; Google gg. BNetzA wg. le-rechtl. Meldepflicht von Gmail (OVG Münster), zum europ. Kommunikationskodex (EECC) u. zum neuen dt. TKG, u.a. zu Fragen der TK-Sicherheit; Inmarsat wg. Beschwerde von Viasat (OVG Münster); Verizon, u.a. zu Kauf von Incubed IT u. ggü. BNetzA wg. Entgeltregulierung; ww. führendes IT-Unternehmen EU-weit umf. regulator. zu neuen TK-Diensten.

JUCONOMY
Telekommunikation ★★★
Bewertung: Die Boutique ist im TK-Sektor v.a. bei mittelgr. Netzbetreibern gefragt. U.a. NetCologne, Plusnet u. M-Net setzen in unterschiedl. regulator. geprägten Angelegenheiten auf das breit aufgestellte Team. Zum Schwerpunkt der Praxis gehören Regulierungsverf. u. kommerzielle Verträge, aber auch Mandate an der Schnittstelle zum Medien- u. IT-Recht sind im Repertoire der 3 Partner. Zuletzt suchten zahlr. internat. TK- bzw. IT-Unternehmen den Rat der Kanzlei, die vor dem Hintergrund des neuen TK-Rechts Fragen zum Markteintritt in Dtl. hatten.
Oft empfohlen: Dr. Martin Geppert, Dr. Jens Schulze zur Wiesche
Team: 3 Partner
Schwerpunkte: TK-Regulierungsberatung u. Prozessvertretung in Verwaltungs- (Entgelte- u. Zugangsregulierung) u. Zivilverf.; Vertragsgestaltung u. Datenschutz; zunehmend Glasfaserausbau in Kombination mit Beihilfe- u. Vergaberecht; regulator. Transaktionsbegleitung.
Mandate: NetCologne u.a. bei Abschluss des Commitment-Vertrags mit Dt. Telekom, bei Klagen gg. Fusion Vodafone/Unitymedia (EuG) u. um TV-Einspeiseentgelte gg. ZDF (BGH); Plusnet bei Klage gg. BNetzA wg. Entgelten für Mietleitungen (Carrier-Festverbindungen); internat. TK-Unternehmen zum Markteintritt in Dtl. und der EU; lfd.: Gebietskörperschaften u. Stadtwerke zum DigiNetzG.

LOSCHELDER
Telekommunikation ★★★
Bewertung: Die Praxis ist insbes. für ihre Erfahrung in regulator. Verwaltungsverf. bekannt. Schütz verfügt über ausgeprägte Prozesskompetenz, mit der er seine Mandantin EWE Tel im Streit um die Gültigkeit der 5G-Frequenzversteigerung vor dem BVerwG zu einem großen Erfolg führte. Neben der Neumandatierung durch einen frz. Kommunikations- u. IT-Dienstleister bleiben regulator. Prozessmandate u.a. des Verbands der Wettbewerber der Dt. Telekom (VATM) sowie der Plusnet von Bedeutung. Darüber hinaus ist die Praxis regelm. zu Fragen der Postregulierung für den BIEK Bundesverband Paket & Expresslogistik in polit. bedeut. Musterverf. mandatiert. An der Schnittstelle zum IT- u. Datenschutzrecht baut Schreiber zusammen mit weiteren Anwälten die breitere Digitalisierungsberatung weiter aus.
Oft empfohlen: Dr. Raimund Schütz, Dr. Kristina Schreiber
Team: 2 Eq.-Partner, 1 Associate
Schwerpunkte: TK-Regulierung, Mobilfunk u. Festnetz; prozesserfahren; Breitbandausbau, auch Transaktionsbegleitung; Regulierungserfahrung auch im ▷Energie- u. Postsektor.
Mandate: EWE Tel zu 5G-Frequenzvergabe gg. BNetzA; VATM regelm. bei Klagen gg. die Dt. Telekom, u.a. zu Vorleistungsprodukt u. Entgeltgenehmigung; Bundesverband Paket- und Expresslogistik gg. BNetzA im Streit um Briefportoerhöhungen (BVerwG); Plusnet regulator. u. frz. Kommunikations- u. IT-Dienstleister zu Regulierungsfragen; ARD-Rundfunkanstalten in Verf. sowie lfd. beratend; Kommune zum Breitbandausbau.

NEULAND
Telekommunikation ★★★★
Bewertung: Die Frankfurter Boutique ist im TK-Sektor insbes. durch ihre Arbeit für Vodafone bekannt, die sie seit ihrer Gründung sowohl zu Festnetz- als auch zu Fragen der Frequenzregulierung berät u. in Verfahren vertritt. Wo immer es ohne Interessenkonflikte geht, entwickelt die Praxis ihr Angebot weiter: Zuletzt verhandelte Herrmann für einen neuen Mandanten, den brit. MVNO Lebara Limited, einen Kooperationsvertrag mit Telefónica. Aber auch die Arbeit für einige prominente Kfz-Hersteller zum Thema Maschinenkommunikation konnte Neuland ausbauen. Die Kanzlei, die ihr tk-rechtl. Angebot um IT- u. Datenschutzrecht ergänzt, wird von Mandanten als guter Partner für alle Fragen der Digitalisierung wahrgenommen. Mandate wie u.a. das von Teamviewer belegen das Gespür für die Schnittstellen im Sektor.
Oft empfohlen: Danielle Herrmann („hervorragend in regulator. Schnittstellenbereichen", Wettbewerber)
Team: 3 Eq.-Partner, 2 Associates
Schwerpunkte: TK-Regulierung, Frequenzen u. Festnetz; außerdem tk-nahe Dienste u. Produkte, immer auch im EU-Kontext; Transaktionsbegleitung.
Mandate: Lebara Limited zur Umstellung des Geschäftsmodells auf Full MVNO, inkl. Vertragsschluss mit Telefónica; Vodafone umf. in Mobil- u. Festnetzregulierung u. Glasfaseranschlüssen, u.a. in div. Verfahren vor der BNetzA, auch zu 5G; US-TK-Anbieter zu TK-Regulierung in Dtl.; div. internat. OTT-Anbieter zu regulator. Pflichten in Deutschland.

NOERR
Telekommunikation ★★★★★
Bewertung: Noerr gehört mit ihrer breiten Aufstellung im TK-Sektor zur Marktspitze. Prägend ist die Arbeit für die Großmandantin Dt. Telekom, deren Umfang sie zuletzt durch den Zugang eines erfahrenen Regulierungsspezialisten von Dolde Mayen & Partner beträchtl. im Festnetzbereich stärken konnte. Auf Noerr setzt die Dt. Telekom auch weiterhin bei gr. kommerziellen Projekten. Bei der Suche nach einem Investor für die Funkmastentochter, aber auch bei einem sog. Network-Sharing-Deal mit Vodafone kam die Praxis zum Zuge. Bemerkenswert ist, wie es der Praxis gelingt, weitere internat. Großkonzerne für die regulator. Beratung im TK-Sektor zu gewinnen. Microsoft, die u.a. zu digit. Kommunikationsprodukten wie Skype u. Teams auf die Hilfe von Noerr setzt, sind ein Beleg für diese Fähigkeit der Praxis. Als eine von nur wenigen Einheiten im Markt hält Noerr langj. regulator. u. vertragsrechtl. Erfahrung im Umfeld der Satellitenkommunikation etwa für Immarsat u. SES Germany vor. Der Gewinn eines US-Raumfahrtunternehmens belegt die Bekanntheit der Praxis in diesem an Bedeutung gewinnenden Marktsegment.
Oft empfohlen: Dr. Tobias Bosch, Dr. Tobias Frevert, Dr. Frank Hölscher, Dr. Julian von Lucius („exzellenter Jurist, schnelles Verständnis komplexer Sachverhalte", Wettbewerber)
Team: TMT insges.: 6 Eq.-Partner, 5 Sal.-Partner, 4 Associates, 1 of Counsel
Schwerpunkte: TK-Regulierung, Vorleistungsprodukte sowie tk-nahe Dienste; Erfahrung mit Infrastruktur; Full-Service-Angebot im Sektor: ▷vertriebs-, ▷IT- u. datenschutz- u. ▷kartellrechtl. Beratung. Transaktionen u. Kooperationen sowie kommerzielle Verträge.
Mandate: Dt. Telekom in div. regulator. Verf., vertragsrechtl. zu Projekten wie der Breitbandausbau-Partnerschaft mit IFM Global Infrastructure sowie zu Kooperations- u. Koinvestitionsmodellen u.a. mit regionalen Netzbetreibern; Microsoft regulator., u.a. zu OTT-Produkten wie Teams u. ggü. BNetzA; US-Software- u. -Cloud-Anbieter tk-rechtl. zur Einführung von Produkten; US-Raumfahrt- u. -TK-Unternehmen regulator. zu Satellitentelekommunikation; Immarsat zu Vertrag mit Lufthansa für die Breitbandbereitstellung für Passagiere; SES Germany zu Vertragsgestaltung für Diensteangebote; ww. führender Mischkonzern tk-rechtl. zu Plattformen; Dax-Konzern tk-rechtl. zu M2M-Kommunikation.

PINSENT MASONS
Telekommunikation ★★★
Bewertung: Die TK-Praxis der Kanzlei fiel zuletzt v.a. durch ihre Beratung zum Glasfaserausbau auf. Bei geförderten Projekten jedweder Couleur gehört das aus TK-, Vergabe- u. Beihilferechtlern bestehende Kernteam um Salevic neben Wettbewerbern Rödl & Partner u. Juconomy zu den gefragtesten Einheiten im Markt. Zusätzlich zu den Bestandsmandaten aus dem Stadtwerkeumfeld gelang es PM zuletzt auch, PE-Investoren bei ihrem Eintritt in den Glasfasermarkt zu begleiten. Die Verhandlung eines Vertrags für Telefónica mit 1&1 mündete in ein neues Vertragsverhandlungsmandat. Die aus der IT-Praxis entstandene Beziehung zum Netzbetreiber ist nur ein Beispiel dafür, wie sich die Kombination der Praxen in Mandaten bewährt: Auch neue Mandate in den Bereichen Rechenzentren und Maschinenkommunikation gehen hierauf zurück.
Team: 2 Eq.-Partner, 2 Associates
Oft empfohlen: Dr. Marc Salevic („kennt sich im Detail mit den relevanten Themen rd. um Breitbandnetze u. Netzausbau aus", Mandant)
Schwerpunkte: TK-Regulierung; Beratung zum Breitband- u. Glasfasernetzausbau sowie zu kombinierten TK-Produkten, inkl. Vertragsgestaltung u. -verhandlung.

REGULIERUNG TELEKOMMUNIKATION

Mandate: Telefónica lfd., u.a. bei Glasfaser-JV mit Allianz u. zu Verträgen mit 1&1 sowie mit Lebara (beide marktbekannt); chin. Kfz-Hersteller zu tk-nahen Dienstleistungen; tkrz Stadtwerke in Vertragsverhandlungen zu FTTH-Vorleistungszugang sowie zu TK-Sicherheit; RheinNet in Verhandlungen mit Kooperationsfragen für den geförderten Glasfaserausbau; Lok-Viertel-OS umf. inkl. TK-Recht zur Entwicklung eines smarten City-Quartiers; lfd.: Context Logic, Dt. Glasfaser, Oracle Dtl., div. Stadtwerke u. Gemeinden zu Gigabit-Ausbauprojekten; Energieversorger bei Datenzentrumsbau.

RAUE
Telekommunikation ★★

Bewertung: Die renommierte TK-Praxis der Kanzlei ist auf klass. TK-Regulierung spezialisiert. Präsenz zeigt v.a. Kleinlein, der Vodafone u. Devicon weiterhin in div. Verwaltungsverf., u.a. zu Festnetzentgelten u. Rundfunkfrequenzen, vertritt. Ein weiterer Partner baut an der Schnittstelle zum Kartellrecht seine im Grenzbereich zum ▷*Medienrecht* liegende Praxis aus. Regelm. arbeiten die Regulierungsberater auch mit der ▷*Private-Equity- u. Venture-Capital*-Praxis zusammen. Mit der Ernennung eines Associates zum Counsel, der beide Partner in ihren Mandaten unterstützt, macht Raue einen wichtigen Schritt in Richtung Generationswechsel.
Oft empfohlen: Dr. Kornelius Kleinlein
Team: 2 Partner, 1 Counsel
Schwerpunkte: Umf. Regulierung u. Prozesse, v.a. Entgeltregulierung für Festnetz u. Frequenzen im Rundfunk; Vertragsverhandlungen inkl. Kartellrecht; tk-rechtl. Beratung auch transaktionsbegleitend sowie zunehmend in anderen Sektoren, u.a. ▷*Verkehrs-* u. ▷*Energiesektor*.
Mandate: Divicon Media Holding lfd., u.a. zu DAB+-Multiplex-Ausschreibung sowie in Klageverf. gg. Frequenzvergabe (VG Köln); FPE Flowerpower zum Glasfaserausbau in Neubaugebiet; Vodafone regelm. in div. verwaltungsgerichtl. Verfahren, v.a. im Bereich Festnetzentgelte.; lfd. HD Plus.

RÖDL & PARTNER
Telekommunikation ★

Bewertung: Die TK-Praxis der MDP-Kanzlei berät v.a. Stadtwerke, aber auch Städte u. Gemeinden, die mit priv. Unternehmen gemeinsam TK-Sparten für den Breitband- u. Funknetzausbau gründen u. betreiben. Für die Gestaltung solcher Kooperationsmodelle verbindet sie ihr ▷*gesellschafts-*, vertrags- u. tk-rechtl. Branchen-Know-how. Ähnl. wie Pinsent Masons kombiniert sie etwa bei dem zentralen Thema der Konzessionsvergaben zudem ihre tk-rechtl. mit der vergabe- u. beihilferechtl. Erfahrung. Allerdings ist die Wettbewerberin deutl. breiter im Sektor aufgestellt.
Team: 2 Sal.-Partner, 3 Counsel, 5 Associates
Schwerpunkte: TK-Infrastrukturausbau in Kombination mit Vergabe- u. Beihilferecht; Kooperationen zum Breitbandausbau; Anbindung auch an IT-Recht sowie starke betriebswirtschaftl. u. steuerl. Kompetenz in der MDP-Einheit.
Mandate: Netzgesellschaft zu Ausbau u. Weiterentwicklung einer TK-Sparte, dabei u.a. Umsetzung des Kooperationsprojekts; Stadtwerk zur geplanten Übernahme eines TK-Anbieters; Stadtwerk zu Aufbau u. Weiterentwicklung einer TK-Sparte.

SCHALAST & PARTNER
Telekommunikation ★

Bewertung: Die TK-Praxis der Kanzlei ist trad. auf die klass. regulator. u. vertragsrechtl. Beratung von nationalen u. internat. TK-Unternehmen spezialisiert. Zuletzt durfte sie für ein Stadtwerk TK-Verträge überarbeiten, eine Mandantengruppe, die für die weitere strateg. Entwicklung der Kanzlei auch an der Schnittstelle zum Energierecht von Bedeutung ist. Als Teil eines größeren Kommunikations- u. Infrastrukturteams, das eine eigene Servicegesellschaft betreibt, etabliert die Kanzlei sich zudem bei Rechtsabteilungen v.a. als kostengünstige Anlaufstelle zur Beantwortung von tk-regulator., -vertrags- u. -datenschutzrechtl. Fragen.
Team: 1 Eq.-Partner, 1 Sal.-Partner, 1 Counsel, 2 Associates
Schwerpunkte: TK-Regulierung, u.a. Entgelte, Vorleistungsverträge, TK-Dienstleistungen; Verwaltungsverfahren u. Prozesse.
Mandate: Glasfaser Direkt umf. zum Auf- u. Ausbau; TK-Unternehmen zu OTT-Diensten; internat. TK-Unternehmen zur Anmeldung bei BNetzA; IT- u. TK-Dienstleister vertragsrechtl. u. regulator., u.a. zur Einführung neuer Produkte; BT Germany lfd. regulator.; Telego! tk-rechtl.; HFO Telecom regulator.; Kabelnetzbetreiber zu TK-Datenschutz; TK-Hardwarelieferant zu Fragen der TK-Sicherheit; Stadtwerke zu TK-Verträgen.

WHITE & CASE
Telekommunikation ★★

Bewertung: Die etablierte TK-Praxis bringt viel Erfahrung in der klass. TK- u. Medienregulierung mit. Ihre Erfahrung setzt W&C inzw. gezielt u.a. für Mandanten aus dem internat. Netzwerk ein, die in den dt. Markt etwa mit tk-nahen Diensten einsteigen wollen, darunter ein Infrastrukturfonds. W&C hilft ihren Mandanten ähnl. wie Hogan Lovells bei ihren strateg. Projekten im Sektor. Neben dem Aufbau von Datenzentren u. Serverfarmen gehören tk-nahe, Cloud-basierte Geschäftsmodelle genauso zum Erfahrungsspektrum der Praxis wie kommerzielle Verträge, Kooperationen, Finanzierungen u. Transaktionen im regulierten Umfeld.
Oft empfohlen: Prof. Dr. Norbert Wimmer
Team: 3 Partner, 1 Counsel, 1 Associate
Schwerpunkte: Vermehrt Breitbandinvestitionen in Dtl., auch TK-Kartellrecht; Erfahrung aufseiten der Kabelnetzbetreiber.
Mandate: Bankenkonsortium zur Refinanzierung von Goetel für den weiteren Breitbandausbau; Basalt Infrastructure Partners zum Kauf von Goetel u. der German Network Construction; Colt Technology bei Verkauf von 12 Rechenzentren; ww. tätiger Messengerservice zum Telemediengesetz u. zu Zugriffsmöglichkeiten dt. Sicherheitsbehörden; MEAG zur Finanzierung div. TK-Projekte.

Verkehrssektor

Mobilitäts- statt Verkehrswende

Der Beratermarkt im Verkehrssektor ist weiterhin zersplittert, denn die unterschiedlichen Verkehrsträger prägen die Schwerpunktsetzung in den Kanzleien. Doch sowohl die Verkehrswende als auch die finanziellen Schieflagen im Luft- sowie im Schienenpersonennahverkehr (SPNV) fördern an vielen Stellen ein Zusammenwachsen von Teams und Themen. Das liegt vor allem an den Städten und Kommunen sowie an Kfz-Herstellern, Mietwagen- und Eisenbahnverkehrsunternehmen, die die Verkehrswende zunehmend als Mobilitätswende betrachten. Dennoch zeigt ein Blick in die Spitzengruppe deutlich, dass **BBG und Partner**, **DLA Piper** mit ihrem zusätzlichen Schwerpunkt im Luftverkehr, **Freshfields Bruckhaus Deringer** und **Redeker Sellner Dahs** sich die Spitzenposition im Markt mit relativ unterschiedlichem Leistungsspektrum teilen.

Die Mobilitätswende scheint insbesondere bei den Kommunen und Ländern angekommen. Neben **BBG** sind hier insbesondere **Oppenländer**, **Rödl & Partner** und auch **Raue** bereits mit der Umsetzung solcher neuer integrierter städtischer Mobilitätskonzepte befasst, die immer auch Finanzierungsfragen umfassen. Ebenfalls in diesem Feld tätig ist **EY Law**, die im Vorjahr ihr Team mit Zugängen von **PricewaterhouseCoopers Legal** deutlich ausbauen konnte. Alle mit der Mobilitätswende befassten Kanzleien bieten neben dem Vergaberecht insbesondere auch Beihilferecht an.

Ein Merkmal der Mobilitätswende ist, dass Private näher an die öffentlichen Verkehrsangebote heranwachsen. Mikroverkehre wie E-Roller und Leihfahrräder oder On-Demand-Mobilitätsanbieter wie Moia und Uber, aber auch die Taxiwirtschaft und Mietwagenunternehmen sehen ihre Chance und mandatieren zur Gestaltung des Regelrahmens und Abstimmung mit ihren Geschäftsmodellen Kanzleien wie **Redeker**, **Posser Spieth Wolfers & Partners** oder auch **Noerr**.

So viel Regulierung war noch nie

Noch nicht reguliert ist der entstehende Markt der Ladesäuleninfrastruktur, auf den vor allem Investoren zunehmend blicken. In diesem Feld positionieren sich oft solche Kanzleien, die über starke M&A-Praxen verfügen, so zum Beispiel **CMS Hasche Sigle** und **Noerr**. Beide glänzen wie **DLA Piper**, **Freshfields**, **Gleiss Lutz**, **Posser Spieth Wolfers & Partners**, **Hogan Lovells** und auch **White & Case** mit hervorragenden Kontakten zur Automobilindustrie. Rund um das Großthema Verkehrswende haben sich die Rahmenbedingungen ihrer Geschäftsmodelle bereits gewaltig verändert. Die Verschärfung der Abgasnormen, das beschlossene Ende des Verbrennungsmotors sowie Themen wie E-Mobilität, CO_2-Pooling, das autonome Fahren und das Sammeln von Mobilitätsdaten bieten vor allem spezialisierten Öffentlichrechtlern in diesen Kanzleien neue Chancen.

In den Vorjahren mussten coronabedingt vor allem im Luftverkehr Fluggesellschaften, Flugzeugflotten und Flughäfen umstrukturiert werden. Ähnliche Restrukturierungsfälle sind einige Fernstraßen-ÖPP-Projekte wie die A1 mobil. Aktuell waren die unter anderem von **Bird & Bird** und **Orth Kluth** beratenen privaten Eisenbahnverkehrsunternehmen an der Reihe. Mit den Insolvenzverfahren von Abellio und Keolis und den von **GvW Graf von Westphalen** und **Heuking Kühn Lüer Wojtek** für einige Bundesländer verhandelten Anschlusslösungen sind allerdings nicht alle Fragen ausgeräumt. Abellio Rail sieht die Nahverkehrsverbünde in NRW in der Pflicht, die defizitären Verträge anzupassen. Darauf klagt das Unternehmen mit **Gleiss Lutz**.

Die Bewertungen behandeln Kanzleien, die einen Branchenschwerpunkt im Bereich Verkehr haben. Dies umfasst alle Verkehrsträger mit Ausnahme von Teilen der maritimen Wirtschaft. Regulatorische Fragen prägen die Beratungstätigkeit, besprochen werden jedoch Kanzleien, die Rechtsberatung in mehr als einem Rechtsgebiet anbieten (▷Gesellschaftsrecht, ▷M&A, ▷Bank- und Finanzrecht, ▷Kartellrecht, ▷Öffentlicher Sektor, ▷Öffentliches Wirtschaftsrecht, Projektentwicklung/Anlagenbau, ▷Immobilien- und Baurecht).

ANTWEILERLIEBSCHWAGERNIEBERDING
Verkehrssektor: Regulierung ★

Bewertung: Das Team ist im Verkehrssektor als Vertreter insbes. priv. Busunternehmen in ÖPNV-Vergaben bekannt geworden. Kennzeichnend sind zudem die Erfahrung im europ. Recht u. vor europ. Gerichten. Im 2. Jahr nach der Ausgründung gelingt der Kanzlei mit dem Mandat eines europ. Eisenbahnunternehmens der bemerkenswerte Einstieg in die SPNV-Beratung. Die Arbeit für einen Mobilitätsdienstleister zur Zulassung neuer Mobilitätskonzepte belegt, dass sie auch im öffentl. Genehmigungsrecht erfolgr. Mandanten anspricht.
Oft empfohlen: Dr. Clemens Antweiler
Team: 1 Eq.-Partner, 1 Sal.-Partner, 1 Associate
Schwerpunkte: ▷Vergaberecht, u.a. Angriff von Direktvergaben im ÖPNV für private Busunternehmer; auch Planungsrecht; Personenbeförderungsgesetz.
Mandate: Eisenbahn- u. Busunternehmen lfd. in Vergabeverf. u. zu Grundsatzfragen des ÖPNV; europ. Eisenbahnunternehmen in SPNV-Vergabeverf.; Gesamtverband Verkehrsvergabe Nds. gg. EU-Kommission in beihilferechtl. Angelegenheit; Mobilitätsdienstleister in Verwaltungsverf. wg. Zulassung neuer Mobilitätsmodelle.

ASHURST
Verkehrssektor: Finanzierung ★★★★

Bewertung: Die Praxis berät im Verkehrssektor v.a. Fremdkapitalgeber zu Infrastrukturprojekten. Finanzierungen von Schienenfahrzeugen in dt. SPNV-Netzen u.a. für Versicherer u. Banken sorgen für eine stete Grundauslastung. Zuletzt beriet das Team ein Konsortium bestehend aus der European Investment Bank, der KfW Ipex u. der NordLB bei der Finanzierung von Schienenfahrzeugen im SPNV-Netz Ostbrandenburg. Neu ist auch bei Ashurst im Schienenverkehr die wachsende Bedeutung der Schnittstelle zur Restrukturierungspraxis, die im Zuge der Abellio-Insolvenz gefragt ist. Der Erfolg der Gruppe um die Partner Opitz u. Uibeleisen, zu der auch ein Vergaberechtler gehört, der auf Projektverträge spezialisiert ist, ist auch im ÖPP-Projektgeschäft sichtbar. Auf internat. Bühne war das Team mit einem Mandat zum Kauf eines ÖPP-Projekts in den USA vertreten.
Stärken: Erfahrung mit Projektfinanzierungen in regulierten Branchen.
Oft empfohlen: Derk Opitz, Dr. Maximilian Uibeleisen
Team: 3 Partner, 3 Counsel, 6 Associates
Schwerpunkte: Finanzierung von Fernstraßen-ÖPP-Projekten u. Schienenfahrzeugen; Vergaberecht im Verkehrssektor sowie umf. regulator. Sektorkenntnis; Prozesserfahrung in Entgeltstreitigkeiten im Eisenbahnrecht.
Mandate: Crédit Agricole/EIB/NordLB zu Finanzierung von Schienenfahrzeugen im SPNV-Netz Regensburg-Donautal; EIB/KfW Ipex/NordLB zu Finanzierung von Schienenfahrzeugen im SPNV-Netz Ostbrandenburg; Bieter zu Kauf eines ÖPP-Portfolios von DIF Capital Partners, u.a. Schienenfahrzeuge u. Straßen; Fremdkapitalgeber zu Finanzierung des ÖPP-Projekts B247.

REGULIERUNG VERKEHRSSEKTOR

BBG UND PARTNER

Verkehrssektor: Regulierung ★★★★★

Bewertung: Im Verkehrssektor untermauert die Kanzlei ihre marktführende Position mit einer Reihe von neuen Mandaten. So berät sie etwa die EU-Kommission gemeinsam mit einer brit. Ingenieursgesellschaft zu multimodalen u. digit. Mobilitätsdiensten. Lange Jahre begleitete BBG ihre Mandanten v.a. zur Vergabe ihrer Verkehrsdienstleistungen. Heute vertrauen Städte wie München, Bremen u. Berlin dem Team um Barth, Baumeister u. Struß auch die Konzeption u. Umsetzung ihrer komplexen Mobilitätsthemen an. Regelm. stehen dabei wie im Fall der Nahverkehrsgesellschaft Ba.-Wü. auch Finanzierungs- u. Beihilfefragen im Zentrum. Diese Kombination ist auch im SPNV relevant: Ihre langj. Mandantin, die Bayer. Eisenbahngesellschaft, berät sie aktuell zur mrd.-schweren S-Bahn-Vergabe in München. Hinzu kommen eisenbahnregulator. Mandate u.a. für FlixTrain u. Infrastrukturplanungsmandate zum Ausbau einer Straßenbahnlinie im Rheinland.

Oft empfohlen: Dr. Sibylle Barth, Dr. Hubertus Baumeister („sehr angesehen, sehr gut vernetzt", Wettbewerber), Dr. Lorenz Wachinger („sehr überzeugend, hoch spezialisiert", Mandant), Dr. Malte Linnemeyer, Lothar Fiedler, Dr. Niels Griem, Dieter Marszalek

Team: 7 Eq.-Partner, 3 Sal.-Partner, 15 Associates, 1 of Counsel

Schwerpunkte: ÖPNV- u. SPNV-▷Vergaben; Eisenbahnregulierung, u.a. Entgelte für priv. Eisenbahnunternehmen; genehmigungsrechtl. Fragen zum Thema neue Mobilitätsdienstleister; prozesserfahren im Verwaltungsrecht u. vor EU-Gerichten; Luftverkehrsrecht u. Infrastrukturplanung Straßen u. Häfen auch an der Schnittstelle zum ▷Öffentl. Recht sowie zum Energierecht.

Mandate: Ricardo Energy & Environment im Auftrag der EU-Kommission zur Weiterentwicklung multimodaler, digit. Mobilitätsdienste; Heag mobilo umf., auch beihilferechtl., zur Rolle als integrierter kommunaler Mobilitätsdienstleister; Kommunale Verkehrsges. Lippe umf. zu Entwicklung von Gesellschaft für saubere Fahrzeuge u. Infrastruktur; Nahverkehrsgesellschaft Ba.-Wü. verwaltungs- u. abgabenrechtl. wg. Mobilitätsgarantie u. -pass; Stadt München zu Entwicklung von Carsharing-Strategie; Stadt Bremen zu Free-Floating-Angeboten; Land Berlin gutachterl. zu Steuerung des Gelegenheitsverkehrs; Infraserv eisenbahnrechtl. zu Wasserstofftankstelle; BEG, u.a. zu Vergabe der S-Bahn München inkl. Fahrzeugfinanzierungssystem, als Streithelferin gg. DB Netz u. zu Abwehr einer Klage der Die Länderbahn; Dt. Zentrum für Schienenverkehrsforschung gutachterl. zu intermodalen Reiseketten; norddt. Verkehrsverbund in Insolvenzverf. eines EVU; Regionalbusunternehmen zu Ausschluss aus Verkehrsverbund; FlixTrain zu Trassenrechten.

BIRD & BIRD

Verkehrssektor: Regulierung ★★★
Verkehrssektor: Finanzierung ★★

Bewertung: Die Verkehrspraxis ist stark von den im Markt äußerst angesehenen Partnern im Vergaberecht geprägt. Das unterstreicht besonders sichtbar zuletzt die Arbeit für die insolvente Abellio. Das Münchner Team um Csaki war gefordert, die mit mehreren Bundesländern geschlossenen SPNV-Verträge nachzuverhandeln, darunter NRW u. Niedersachsen. Auch für den D'dorfer Partner Byok standen komplexe Fragen um Verkehrsverträge im Fokus, als er gemeinsam mit einer Gesellschaftsrechtlerin federführend die langj. Mandantin Keolis beim Marktaustritt beriet. Das Ansehen der Praxis basiert neben der großen vertragsrechtl. Erfahrung auch auf der funktionierenden fachübergr. Zusammenarbeit. Das Potenzial ist v.a. an der Schnittstelle zu den technologie- u. datenaffinen Bereichen etwa im Kartell-, Patent- u. IT-Recht groß u. mit Blick u.a. auf E-Mobility im Ansatz auch gehoben. Gerade für jüngere Partner bestehen hier Möglichkeiten, sich weiter im Markt zu positionieren. Immer besser kommt auch die M&A-Praxis in den Infrastruktursektoren in Fahrt. Beim Verkauf des Schweizer Güterwaggonunternehmens Wascosa zeigten sich etwa die langj. Kontakte des Frankfurter Asset-Finanzierungspartners Winter, der zudem immer wieder Investoren bei Finanzierungs- u. Leasingmodellen u.a. für Schienenfahrzeuge berät.

Oft empfohlen: Dr. Jan Byok („kann glasklar argumentieren", Wettbewerber), Dr. Alexander Csaki („wir sind seit Langem zufrieden, hat uns sehr ge-

---

Verkehrssektor: Regulierung

★★★★★

Kanzlei	Standort
BBG und Partner	Bremen
DLA Piper	Köln
Freshfields Bruckhaus Deringer	Berlin, Frankfurt, Düsseldorf
Redeker Sellner Dahs	Berlin, Bonn, Brüssel

★★★★

Kanzlei	Standort
Heuking Kühn Lüer Wojtek	Düsseldorf, Frankfurt
Noerr	München, Berlin, Düsseldorf, Hamburg
Orth Kluth	Berlin, Düsseldorf
Posser Spieth Wolfers & Partners	Berlin, Düsseldorf
Rödl & Partner	Nürnberg, Hamburg

★★★

Kanzlei	Standort
Bird & Bird	Düsseldorf, München, Hamburg
Gleiss Lutz	Berlin, Stuttgart, Düsseldorf
Hengeler Mueller	Düsseldorf, Berlin
Hogan Lovells	München, Hamburg
Taylor Wessing	Düsseldorf, Hamburg
White & Case	Berlin

★★

Kanzlei	Standort
CBH Rechtsanwälte	Köln, Berlin
CMS Hasche Sigle	Köln, Hamburg, Stuttgart
EY Law	Mannheim, Düsseldorf
GvW Graf von Westphalen	Hamburg, München
Jones Day	Frankfurt
Kapellmann und Partner	Berlin, Düsseldorf, Frankfurt, München, Brüssel
Norton Rose Fulbright	Brüssel, München, Hamburg
Oppenländer	Stuttgart
Raue	Berlin
Schumann	Berlin

★

Kanzlei	Standort
AntweilerLiebschwagerNieberding	Düsseldorf
Dentons	Berlin, Düsseldorf, München
K&L Gates	Berlin
McDermott Will & Emery	Düsseldorf
PricewaterhouseCoopers Legal	Berlin

Die Auswahl von Kanzleien und Personen in Rankings und tabellarischen Übersichten ist das Ergebnis umfangreicher Recherchen der JUVE-Redaktion. Sie ist in 2erlei Hinsicht subjektiv: Die Aussagen der befragten Quellen sind subjektiv u. spiegeln deren Erfahrungen u. Einschätzungen. Die JUVE-Redaktion wiederum analysiert die Rechercheergebnisse unter Einbeziehung ihrer eigenen Marktkenntnis. Der JUVE Verlag beabsichtigt keine allgemeingültige oder objektiv nachprüfbare Bewertung. Es ist möglich, dass eine andere Recherchemethode zu anderen Ergebnissen führt. Innerhalb einzelner Gruppen in Rankings und tabellarischen Übersichten sind Kanzleien und Personen alphabetisch sortiert.

holfen", Mandant), Dr. Matthias Winter ("sachkundig u. gut in der Kommunikation", Mandant; Finanzierung), Dr. Alexander Duisberg (IT)
Team: 3 Eq.-Partner, 3 Counsel, 11 Associates
Schwerpunkte: ▷*Vergaberecht* im ÖPNV für die öffentl. Hand, im SPNV auf Bieterseite; fachl. integrierte Beratung, u.a. durch anerkannte Kompetenzen in den Bereichen ▷*IT*.
Mandate: Abellio lfd. vergabe- u. vertragsrechtl. zur Nachverhandlung hochvol. Verkehrsverträge; Keolis/Eurobahn bei Neugestaltung der Verkehrsverträge mit Aufgabenträgern; Keolis S.A. bei Übertragung der dt. Gesellschaften an Noerr/Team Treuhand; Lokomotivhersteller bei Ausschreibungen u. außenwirtschaftsrechtl. zu Beteiligung von chin. Partnern; Hersteller von E-Ladestationen bei zahlr. Ausschreibungen; Schweizer Infrastrukturinvestor bei Finanzierung von Triebwerken für Ersatzteilpool; TomTom, u.a. zu regulator. Fragen im Straßenverkehr; Stellantis bei Kauf von Carsharing-Dienst Share Now; Wascosa bei Verkauf an Vaban.

CBH RECHTSANWÄLTE
Verkehrssektor: Regulierung ★★
Bewertung: Die Verkehrspraxis hat sich bei CBH zu einem Zugpferd entwickelt. Der Gruppe gelingt es gut, vorhandene Stärken der Kanzlei im Öffentl., Vergabe- u. Gesellschaftsrecht zu verknüpfen. Das zeigen etwa die Einbindung für Johann Bunte im Autobahnbau, insbes. aber das wachsende Renommee bei Kommunen im Zshg. mit ÖPNV-Projekten etwa zur Verkehrswende, denn hier beraten CBH-Anwälte auch zur Schaffung der rechtl. Rahmenbedingungen, beihilferechtl. Themen u. Softwarefragen. Ein Mandant lobt, wie sich bei CBH u.a. mit Deuster zunehmend "Berater der nächsten Generation" etablieren. Aushängeschilder sind neben der langj. Begleitung von Wupsi die weiter intensivierten Kontakte in Rh.-Pf. sowie die umf. Beratung der Verkehrsges. Großraum Braunschweig.
Oft empfohlen: Dr. Jan Deuster
Team: 6 Eq.-Partner, 1 Sal.-Partner, 2 Counsel, 6 Associates
Schwerpunkte: ÖPNV-Beratung an zahlr. Schnittstellen, darunter ▷*Vergabe*- u. Beihilferecht; auch strateg. Beratung zum Marktzugang; Infrastrukturplanung (▷*Öffentl. Recht*).
Mandate: Regionalverband Großraum Braunschweig umf., u.a. bei Vergaben, interkommunale Zusammenarbeit u. IT-Beschaffung; kommunale Verkehrsgesellschaft bei Beschaffung von Wasserstoffbussen; Regionalverkehr Köln bei Beschaffung von Betriebshofmanagementsystem, Fahrradgaragen, Wasserstoffbussen; Johann Bunte zu Autobahn ‚Hansalinie'; Interboden zu Generalbetreibervertrag für Car- u. Bikesharing an Ökoimmobilie; kommunaler Verkehrsbetrieb gesellschafts- u. beihilferechtl. bei Projekten u. zu Einnahmenaufteilungsstreit im Verkehrsverbund (LG); Kreis zu landesgrenzenüberschr. Verkehrsangeboten; Stadt Koblenz bei Neugestaltung des Einnahmenaufteilungsverf. im VRM u. gg. priv. Verkehrsunternehmen UVRP; Stadt Köln zu Aufbau von Ladeinfrastruktur; Stadt Offenbach vergabe- u. finanzierungsrechtl. zu öffentl. E-Ladeinfrastruktur; kommunaler Verkehrsbetrieb u.a. zu Beschaffung von Hochflurstraßenbahnen, E-Bussen, E-Ladesäulen; lfd. Wupsi, u.a. zu Beschaffung von E-Bussen, Ladeinfrastruktur, Carsharing-Stellplätzen, Fahrradmietsystem.

Verkehrssektor: Finanzierung
★★★★★
Freshfields Bruckhaus Deringer	Frankfurt
Norton Rose Fulbright	München, Hamburg
White & Case	Hamburg

★★★★
Ashurst	Frankfurt
K&L Gates	Frankfurt

★★★
Gleiss Lutz	Frankfurt, Berlin, Stuttgart

★★
Bird & Bird	Frankfurt
CMS Hasche Sigle	Köln, Hamburg, Stuttgart
DLA Piper	Frankfurt
Heuking Kühn Lüer Wojtek	Düsseldorf, Köln
Hogan Lovells	Frankfurt, Hamburg
Noerr	Frankfurt

Die Auswahl von Kanzleien und Personen in Rankings und tabellarischen Übersichten ist das Ergebnis umfangreicher Recherchen der JUVE-Redaktion. Sie ist in 2erlei Hinsicht subjektiv: Die Aussagen der befragten Quellen sind subjektiv u. spiegeln deren Erfahrungen u. Einschätzungen. Die JUVE-Redaktion wiederum analysiert die Rechercheergebnisse unter Einbeziehung ihrer eigenen Marktkenntnis. Der JUVE Verlag beabsichtigt keine allgemeingültige oder objektiv nachprüfbare Bewertung. Es ist möglich, dass eine andere Recherchemethode zu anderen Ergebnissen führt. Innerhalb einzelner Gruppen in Rankings und tabellarischen Übersichten sind Kanzleien und Personen alphabetisch sortiert.

CMS HASCHE SIGLE
Verkehrssektor: Regulierung ★★
Verkehrssektor: Finanzierung ★★

Kanzlei des Jahres für Regulierung

Bewertung: In gleich mehreren Praxen der Kanzlei haben Partner sich im Rahmen der gewachsenen Bedeutung von Verkehrsfragen positionieren können. Schon lange sind die Öffentl.-Rechtler in Infrastrukturprojekten gefragt, das zeigt allein die langj. Begleitung des norddt. Projekts am Fehmarn-Belt. Als eine von wenigen Kanzleien verfügt CMS zudem in HH über eine gestandene Finanzierungspraxis, in der Riede etwa bei der Finanzierung von Schienenfahrzeugen u. ÖPP-Straßeninfrastruktur einen sehr guten Ruf genießt. Mandate von Infrastrukturfonds wie Equitix u. eines Bankenkonsortiums belegen auch die enge Zusammenarbeit mit einem auf Verkehrsfragen spezialisierten Vergaberechtler, der zu Mautfragen u. zu Projekten des autonomen Fahrens berät. Im Zshg. mit solch innovativen Mobilitätskonzepten haben ausgehend von der gesellschaftsrechtl. Praxis zuletzt auch grenzüberschr. Mandate wie Ionity an Bedeutung gewonnen. Hier macht sich bemerkbar, wie intensiv die Kanzlei in den verg. Jahren die Zusammenarbeit im Verbund mit ihren europ. Partnerkanzleien gestärkt hat.
Oft empfohlen: Dr. Marc Riede (Finanzierung)
Team: 9 Partner, plus Associates
Schwerpunkte: Beratung von Bieterkonsortien bei Straßen- u. Maut-ÖPP-Projekten; Erfahrung mit Finanzierungen (▷*Kredite*) u. ▷*M&A-Transaktionen* im Verkehrssektor; Infrastrukturplanung u. Konzessionsrecht; erfahren im ▷*Beihilfe*- u. ▷*Vergaberecht*. Projekte zu autonomem Fahren u. Elektromobilität.
Mandate: Swarco Traffic Systems als Bieter um digitale Verkehrsleittechnik für Autobahnen; Ionity zu europ. Roll-out von Ladeinfrastruktur; National Express, u.a. arbeits-, kartell- u. datenschutzrechtl. bei Übernahme von Strecken u. Beschäftigten wg. Abellio-Insolvenz; Equitix zu Beteiligung an ÖPP-Projekten, u.a. an Autobahnprojektgesellschaft u. Eisenbahnkonzession Netz West/Schl.-Holst. Bankenkonsortium zur Finanzierung eines ÖPP-Projekts; Stuttgart bei Streit um Vergabe von Software für Projekt ‚Digitale Verkehrsflussoptimierung', inkl. Datenerfassung der Fahrzeugflotte u. Messeinrichtungen; Cargobeamer bei eisenbahnrechtl. Planfeststellung für gepl. Umschlagterminal Kaldenkirchen; CCB Financial Leasing zu Finanzierung von 2 Boeing-Flugzeugen; Femern Bælt A/S umwelt- u. planungsrechtl.; Nextbike bei Verkauf an Tier Mobility.

DENTONS
Verkehrssektor: Regulierung ★
Bewertung: Ausgehend von ihrer fachl. breiten Aufstellung u. ihren langj. Kontakten in der Automobilbranche hat die Kanzlei es geschafft, eine Praxis im Verkehrssektor zu etablieren, die etliche Zukunfts- u. Regulierungsthemen umfasst. So berieten etwa die Kartellrechtler Audi u. VW jew. beim Aufbau von Joint Ventures, mit denen diese Unternehmen sich strateg. positionieren. Ein genehmigungsrechtl. Mandat des Zulieferers Valeo zeigt dabei, wie die Kanzlei ihre internat. Aufstellung nutzt. Das gilt auch bei der Dauermandantin Duisburger Hafen, die etwa im Zshg. mit Fragen der Schienenanbindung beraten wurde. Ein besonderer Erfolg der Vergaberechtler war zudem die Beratung von DB Regio, die den Zuschlag für einen langj. Verkehrsvertrag in Norddtl. gg. Beschwerden des Wettbewerbers verteidigte. In einem noch stärkeren Vernetzen von Fachbereichen liegt für das Team die Chance, seine Marktposition weiter auszubauen.
Team: 11 Partner, plus Associates

REGULIERUNG VERKEHRSSEKTOR

Schwerpunkte: Regulierungsschwerpunkte in den Fachbereichen ▷Vergabe- u. ▷Kartellrecht, inkl. Erfahrung mit Vertragsgestaltungen, IT- u. Datenschutz. Erfahrene ▷Beihilferechtler.

Mandate: Audi u. Lufthansa kartellrechtl. zu Joint Venture A4Nxt/Lufthansa Industry Solutions; DB Regio in SPNV-Nachprüfungsrecht. um 15-jähr. Vertrag für das Elektro- u. Hybrid-Netz ‚Warnow II'; Valeo genehmigungsrechtl. zu Car-Testing in 40 Ländern; VW kartellrechtl. zu Joint Venture für Aufbau von E-Ladenetzwerk in Italien; kanad. Anbieter von Fahrzeugflottenmanagement bei Markteintritt in Europa, u.a. datenschutzrechtl.; Unternehmen verkehrs- u. produkthaftungsrechtl. zu Erprobung selbstfahrender Fahrzeuge; Kfz-Hersteller, u.a. zu Beteiligung an Start-up für automatisiertes Fahren; Anbieter von Simulationssoftware datenschutzrechtl.; Stadler Polska zu Straßenbahnen für Leipz. Verkehrsbetriebe; Duisburger Hafen, u.a. zu Gründung von Dpa Polska Intermodal (Schienenfahrzeuge u. Logistiksoftware), vergabe- u. beihilferechtl. zu Railterminal Greenport Venlo; zudem für Flughafen München, Mercedes-Benz, CO2Auto, E-Mobilio, Microvast.

DLA PIPER

Verkehrssektor: Regulierung	★★★★★
Verkehrssektor: Finanzierung	★★

Bewertung: Das DLA-Team zeichnet sich durch eine fokussierte Beratung im Verkehrssektor aus u. zählt weiterhin zur Marktspitze. Dabei hat sich ein koordinierendes Kernteam etabliert, dessen Mitglieder zugleich individuelle Spezialisierungen herausgebildet haben. Die hervorragende Vernetzung im Luftverkehr ist eine dieser Stärken, auf die auch die Beratung eines Private-Equity-Fonds zum versuchten Kauf von Condor zurückgeht. Ähnl. ist es dem Team in den vergangenen Jahren parallel zur Intensivierung des Regelrahmens für Kfz gelungen, bestehende Kontakte zu Kfz-Herstellern u. -Zulieferern auch im Zusammenspiel mit anderen Praxisgruppen auszubauen. Immer wieder stehen auch Haftungs- u. Versicherungsfragen an, wo DLA über sehr angesehene Praxen verfügt. Namh. Mandanten vertrauen dem Team um den erfahrenen Giesberts auch bei neuen Themen wie autonomes Fahren u. alternative Antriebe. In diesem Segment konnte v.a. der auf die Produktregulierung spezialisierte Kleve u.a. mit dem Mandat eines chin. Kfz-Herstellers sein Profil schärfen. Zur Entwicklung der Gruppe auch mit Blick auf die interne Vernetzung beitragen konnte auch der ÖPP-Spezialist Roth, der bei Infrastrukturprojekten aus den Bereichen Autobahn, Brücken u. Häfen gefragt ist. V.a. bei Themen wie E-Mobilität u. Ladeinfrastruktur nimmt sein Team die beihilferechtl. Erfahrung der Öffentlichrechtler in Anspruch.

Stärken: Im Luftverkehr beste Kontakte zu Airlines, Flughäfen u. Dienstleistern.

Oft empfohlen: Dr. Ludger Giesberts, Dr. Frank Roth („angenehme u. pragmat. Zusammenarbeit", Wettbewerber), Guido Kleve („marktführender Experte auf seinem Gebiet", Wettbewerber).

Team: 3 Partner, 1 Counsel, 7 Associates, 2 of Counsel

Partnerwechsel: Dr. Torsten Pokropp (zu Bryan Cave Leighton Paisner)

Schwerpunkte: Luftfahrtrecht; gute Kontakte zu Kfz-Industrie; Binnen- u. Seehäfen u.a. regulator. sowie praxisübergreifend zu Erweiterungen; ÖPP-Infrastrukturprojekte inkl. Projektfinanzierung regelm. ▷vergaberechtl. für Bieterkonsortien; regulator. Sektorkompetenz insbes. in Zshg. mit ▷Compliance-Untersuchungen, ▷Wirtschaftsstrafrecht u. ▷Konfliktlösung; auch ▷Öffentl. Recht (Umwelt und Planung sowie Produktregulierung).

Mandate: Infrastrukturbetreiber, u.a. vergabe- u. beihilferechtl. zu E-Mobilität u. Schnellladeinfrastruktur; Baukonzern zu Autobahn-ÖPP-Projekt; dt. Leasingunternehmen förderrechtl. zu Elektromobilität u. Kommunikation mit Bundesbehörden; Lkw-Hersteller zur Straßenverkehrsordnung u. autonomem Fahren; chin. Kfz-Hersteller zu produktrechtl. Anforderungen beim autonomen Fahren; US-Unternehmen zu Produktregulierung u. Produktsicherheit hinsichtl. E-Mobilität; PE-Fonds zu versuchter Übernahme von Condor; Flughafen Köln/Bonn u.a. bodenschutz-/luftsicherheitsrechtl. im Zshg. mit Kerosinunfall; Wisag Aviation Service zu Neuvergabe der Bodenabfertigungsdienste; Korean Airlines zu regulator. Folgen in Dtl. nach Fusion; Kommune in NRW vergabe- u. straßenrechtl. zu Carsharing-Flächen; Deltaport lfd. umwelt-, förder- u. finanzierungsrechtl. zu Hafeninfrastrukturen.

EY LAW

Verkehrssektor: Regulierung	★★

Bewertung: Im Verkehrssektor bietet EY Law ihren Mandanten integrierte jurist., steuerl. und betriebswirtschaftl. Beratung zu strateg. Fragen des ÖPNV. Viel Beachtung fand ein Gutachten für das Land Ba.-Wü. zu Instrumenten der Drittnutzerfinanzierung, das das Team um den Mannheimer Partner Wittig erstellte. Auch sonst verlagerte sich der Beratungsschwerpunkt unter dem Eindruck von Corona u. der Abellio-Insolvenz zuletzt deutl. auf Finanzierungsthemen. Die im Vorjahr durch Zugänge von PwC Legal stark gewachsene Gruppe schafft es zudem, u.a. auch im Osten Dtl.s Mandanten wie die städt. Nahverkehrsgesellschaft Suhl zu gewinnen. Nachdem die großen Prozesse um die Direktvergaben im ÖPNV weitgehend abgeschlossen sind, fokussiert sich die für ihre jurist. u. steuerl. Erfahrung in ÖPNV-Vergabeprojekten anerkannte D'dorfer Partnerin Weber auf die bewusster u. die strateg. Themen der Mobilitätswende. Die Qualität der Mandate in diesem wachsenden Feld bleiben jedoch noch hinter denen von u.a. BBG oder Rödl zurück.

Oft empfohlen: Dr. Oliver Wittig, Maren Weber

Team: 2 Eq.-Partner, 1 Counsel, 11 Associates

Schwerpunkte: Vorw. Aufgabenträger umf. zu ÖPNV-Themen, v.a. Wettbewerbs- u. Direktvergaben, dabei viel Prozesserfahrung; auch Rekommunalisierung u. Finanzierungsfragen (inkl. Beihilferecht) in der typischen Vernetzung einer MDP-Kanzlei; Zukunftsthemen wie städt. Mobilität.

Mandate: Stadtwerke-Verkehrsgesellschaft Ffm. zur Finanzierung des ÖPNV; Planungsgesellschaft Nahverkehr Osnabrück, u.a. zur Finanzmitteln aus dem ÖPNV-Rettungsschirm, 360-Euro-Ticket; Stadtwerk zu Emission eines ‚Grünen Schuldscheins' für die Beschaffung von E-Bussen; Rhein-Neckar-Verkehr zu Direktvergabe, auch beihilfe- u. vergaberechtl. wg. Bundeszuwendung; Stadt zu Aufbau von E-Carsharing-System; Stadt Mainz zu ÖPNV-Direktvergabe inkl. steuerrechtl. zu Querverbundfinanzierung; Land Ba.-Wü. zu kommunalen Instrumenten der Drittnutzerfinanzierung (Citymaut, Mobilitätsabgabe); lfd. u.a. MoBiel, Stadtwerke Leipzig, Stadtwerke Brühl, Stadtwerke Rottenburg a. Neckar; Verkehrsgemeinschaft Schl.-Flensburg in Klage gg. Aufgabenträger in Streit um Betriebs- u. Geschäftsgeheimnisse.

FRESHFIELDS BRUCKHAUS DERINGER

Verkehrssektor: Regulierung	★★★★★
Verkehrssektor: Finanzierung	★★★★★

Bewertung: Im Verkehrssektor beeindruckt FBD, wie in anderen regulierten Sektoren, mit ihrem internat. vernetzten Beratungsansatz. Schwerpunktmäßig gehören komplexe Litigation u.a. für die Dt. Bahn oder strateg. rechtl. Beratung zur Geschäftsmodellentwicklung wie für Uber u. VW zu ihren Stärken. Maßgebl. geprägt wird die Praxis von den Öffentlichrechtlern Hilf u. Kaufmann, daneben ist die Finanzierungspraxis zentral. Hier werden Schott u. sein Team sogar als „die Nummer 1 im dt.sprachigen Raum im Bereich Aircraft Finance" gelobt. Mit Dr. Johannes Vogel ernannte die Kanzlei jüngst zudem einen Finanzierungspartner, der viel Erfahrung bei der internat. Restrukturierung von Luftverkehrsgesellschaften hat. Wie gut die interne Vernetzung im Team funktioniert, belegt ein altes Mandat, über das zu Jahresbeginn der EuGH entscheiden musste: Der Insolvenzverwalter von Air Berlin setzt bei der Frage, wie im Insolvenzfall mit Emissionszertifikaten umzugehen ist, auf Luftverkehrsfinanzierungs- u. -regulierungsspezialisten.

Stärken: Transaktionspraxis mit starken u. umtriebigen Öffentlichrechtlern.

Oft empfohlen: Prof. Dr. Marcel Kaufmann („hervorragend", „immer neue Ideen", „sehr gute Rhetorik", Mandanten; Regulierung), Dr. Konrad Schott („freundl., aber durchsetzungsstark", „hohe Kompetenz u. sehr gute Marktkenntnis", Mandanten), Dr. Daniel Reichert-Facilides (beide Finanzierung), Dr. Marcus Emmer (Luftverkehr)

Team: 6 Partner, 1 Counsel, 10 Associates, 2 of Counsel

Schwerpunkte: Weltweite Transaktionen, Finanzierungs-, Restrukturierungs- u. regulator. Risikoberatung im Verkehrssektor (Luftverkehr, Schienen, Personennahverkehr/Mobilität, Automotive; kaum noch ÖPP-Projekte/Maut u. Häfen; Projekt- u. Asset-Finanzierung (▷Kredite u. Akquisitionsfinanzierung inkl. ▷Beihilferecht) v.a. von Flugzeugen u. Schienenfahrzeugen; immer auch Europa- u. Verfassungsrecht (▷Öffentl. Recht); regulator. Entgeltberatung im Schienenverkehrssektor.

Mandate: Kfz-Hersteller, u.a. zu E-Mobilität, im Typengenehmigungsrecht, zu Integration von Office-Anwendungen; Air Berlin lfd. zum Umgang mit regulierten Vermögenswerten; DB Netz u. DB Regio im Streit um Infrastrukturnutzungsentgelte, u.a. gg. Land Sachsen-Anhalt; DB Netz gg. BNetzA wg. Entgeltabrechnung; Lufthansa zu div. Flugzeugfinanzierungen; Antin Infrastructure bei Investment in ERR European Rail Rent; A.P. Moeller Maersk bei Kauf der Senator-International-Gruppe; Malaysia Airlines umf. zu finanzieller Umstrukturierung inkl. internat. luftverkehrsrechtl. Fragen; Bundesreg. gg. poln. Spediteure u. Bundesverband Logistik wg. Berechnung der Lkw-Maut; Uber bei Markteintritt in Dtl. (öffentl. bekannt).

GLEISS LUTZ

Verkehrssektor: Regulierung	★★★
Verkehrssektor: Finanzierung	★★★

Bewertung: Die Kanzlei besticht im Verkehrssektor ähnl. wie Freshfields insbes. durch ihre Stärke an der Schnittstelle Regulierung, Finanzierung u. Restrukturierung. Neben dem langj. Mandat des ÖPP-Fernstraßenbetreibers A1 mobil steht die Neumandatierung durch Abellio Rail zur gerichtl. Durchsetzung eines Vertragsanpassungsanspruchs

exemplar. für die funktionierende Zusammenarbeit der Fachbereiche. Ähnl. gut eingespielt präsentiert sich das Team im Luftverkehrsbereich, wo neben regulator. Themen auf der Seite von Airlines u. Flughäfen insbes. auch das Kartell- u. Beihilferecht gefragt sind. Ihre anhaltend guten Beziehungen zur Kfz-Industrie bestätigten die ▷Verwaltungsrechtler mit dem Gewinn eines Mandats von VW zur Produkt-Compliance von techn. Innovationen, das auch auf das Engagement einer Nachwuchsjuristin zurückgeht. Bei techn. Innovationsthemen setzen Mandanten auch im Mautbereich sowie beim autonomen Fahren u. im ÖPNV auf praxisübergr. Teams.
Stärken: Starke beihilferechtl. Praxis u. hervorragende interne Vernetzung.
Oft empfohlen: Dr. Ulrich Soltész („kompetent, schnell u. sehr praxistauglich", Mandant; Beihilfe), Dr. Eva Reudelhuber („sehr erfahren u. souverän", Mandant; Finanzierung), Dr. Andreas Neun (Vergabe), Dr. Marc Ruttloff (Regulierung)
Team: 9 Eq.-Partner, 1 Counsel, 6 Associates, 2 of Counsel
Schwerpunkte: Luftverkehrs-, Fahrzeuggenehmigungs- u. Personenbeförderungsrecht; sehr gute Verbindungen zur Kfz-Industrie, insbes. mit Blick auf Produktregulierung u. Compliance, zunehmend innovative, digit. Produkte an der Schnittstelle zum IT u. Datenschutz; Finanzierungtransaktionen von Flughäfen u. Rolling Stock, inkl. ▷Beihilferecht u. oft i.V.m. ▷Insolvenzrecht u. Restrukturierung.
Mandate: Abellio Rail gg. Nahverkehrsverbünde wg. Anspruch auf Anpassung der SPNV-Verträge; A1 mobil umf. zu Restrukturierung des ÖPP-Fernstraßenbetreibers; Alpha Trains zu Finanzierung von Zügen für das Netz Ostbrandenburg 2; Mercedes-Benz zu Treibhausgasquoten; VW regulator. zu techn. Neuentwicklungen u. Typengenehmigung; Stellantis gg. A.T.U. u. Carglass hinsichtl. Daten für die Fahrzeugdiagnose (EuGH); Stadt Bietigheim-Bissingen zu Refinanzierung von Mobilitätskonzept; Konsortium (u.a. DB ZugBus) zu ÖPNV-Forschungsprojekt zu autonom fahrenden Busshuttles; E-Fahrzeughersteller zu CO2-Pooling; Telepass/Atlantia als Anbieter von digit. Mautdiensten (EETS) zu Gesetzgebungsverf. ggü. Bund u. EU-Kommission; Stadt Mannheim/Mannheimer Verkehrsbetriebe gg. Dt. Bahn wg. Planfestsellungsbeschluss zur ‚östl. Riedbahn'.

GVW GRAF VON WESTPHALEN
Verkehrssektor: Regulierung ★★
Bewertung: Die Verkehrspraxis, die von Drömann geleitet wird, konnte vor dem Hintergrund der Abellio-Insolvenz zuletzt ihr Vernetzungspotenzial voll ausspielen. Auf der Seite der Länder Sachsen-Anhalt, Sachsen u. Thüringen verhandelten v.a. die Beihilferechtler des Teams die Zukunft der im Risiko stehenden Verkehrsverträge in enger Abstimmung mit den hauseig. Insolvenzrechtlern u. Restrukturierern. Die Verhandlungen beschreiben Teilnehmer als „konstruktiv u. lösungsorientiert". M&A-Mandate bleiben indes. dem Mangelware. Der Anteilserwerb an Unifly als Berater der DFS sowie der Verkauf des Schieneninfrastrukturbetriebs der Osthannoverschen Eisenbahn sind Hinweise auf ein darüber hinaus schlummerndes Potenzial. Unstrittig ist indes, dass die Praxis mit Hösch einen der profiliertesten Luftverkehrsplanungsrechtler in ihren Reihen hat. Mit der Vertretung des Landes Hessen in einem Bund-Länder-Streit zur künftigen Finanzierung von Autobahnprojekten zeigt GvW einmal mehr, wie tief sie im Öffentl. Wirtschaftsrecht u. auch bei öffentl.-rechtl. Mandanten verankert ist.
Oft empfohlen: Dr. Ronald Steiling, Dr. Dietrich Drömann, Prof. Dr. Ulrich Hösch, Dr. Gerd Schwendinger
Team: 4 Eq.-Partner, 2 Sal.-Partner, 5 Associates, 1 of Counsel (Kernteam)
Schwerpunkte: Infrastrukturprojekte über ▷Öffentl. Recht (Umwelt- u. Planungsrecht, Verfassungs- u. Verwaltungsrecht), ▷Immobilien- u. Bausowie ▷Vergaberecht. Viel Erfahrung mit ÖPP-, Maut- bzw. Tunnelprojekten u. deren Finanzierung (inkl. ▷Beihilferecht); luftverkehrsrechtl. Beratung sowie zunehmend im Eisenbahnrecht, SPNV an der Schnittstelle zum Vergaberecht.
Mandate: Nahverkehrsservice Sachsen-Anhalt, u.a. zu Nachverhandlung der SPNV-Verkehrsverträge wg. Abellio-Insolvenz; Osthannoversche Eisenbahn zu Verkauf des Schieneninfrastrukturbetriebs an Land Nds.; Dt. Flugsicherung zu Einstieg bei Unifly; Wirtschaftsministerium Schl.-Holst., u.a. bei Verteidigung des Planfeststellungsbeschlusses zur Fehmarnbeltquerung (BVerwG); Land Hessen gg. BMVerkehr zu Finanzierung der Fernstraßen; Flughafen D'dorf u. HH planungsrechtl.; Flughafen Paderborn/Lippstadt u.a. beihilfe-, vertrags- u. luftverkehrsrechtl.; Flughafen München zu Terminal-1-Erweiterung; Autobahn AG zu Tunnelprojekt Riederwald; lfd.: Hamburg Port Authority.

HENGELER MUELLER
Verkehrssektor: Regulierung ★★★
Bewertung: Im Verkehrssektor war die Kanzlei zuletzt v.a. bei der Restrukturierung von Verkehrsverträgen gefragt. Sowohl für die Abellio-Muttergesellschaft Nederlandse Spoorwegen als auch für Keolis agierten Restrukturierer u. Regulierer gemeinsam. Nach demselben Muster hatte kurz zuvor bereits die Dt. Lufthansa die Kanzlei mandatiert, um ihre Verträge u.a. mit Condor zu rekalibrieren. Komplexe Vertragskonstellationen beschäftigten zuletzt auch ein Team aus Regulierern u. IT-Rechtlern. Die Dt. Bahn mandatierte die Kanzlei für die Konzeption eines komplexen Vertragswerks zur Digitalisierung eines Eisenbahnknotens mit Leit- u. Sicherungstechnik. Neben dem Schienenverkehr kann sie Erfahrung zu neuen Mobilitätskonzepten im städt. Raum auch im Übergang zum autonomen elektr. Luftverkehr vorweisen.
Oft empfohlen: Dr. Jan Bonhage („hervorragender Jurist", Wettbewerber), Prof. Dr. Wolfgang Spoerr („kluger Stratege, gründl. u. fachüberg. versiert, v.a. an der Schnittstelle zum Verwaltungsrecht", Wettbewerber), Prof. Dr. Dirk Uwer („sehr guter Anwalt", Wettbewerber), Dr. Matthias Berberich („herausragender Jurist, dabei äußerst zuverlässig, einsatzfreudig, pragmat. u. kreativ", „insgesamt herausragende rechtliche Unterstützung nahe am Idealbild", Mandanten)
Team: 5 Eq.-Partner, 3 Counsel, zzgl. Associates
Schwerpunkte: Regulierung u.a. Kfz-Motoren, Luftfahrt, Eisenbahn u. Mobilitätskonzepte für Konzerne u. Investoren; daneben Vergabe-, ▷Beihilfe-, Vertragsrecht u. ▷Öffentl. Recht etwa im Rahmen von ÖPP-Projekten im Sektor, u.a. auch Schnittstelle ▷Telekommunikations- u. IT-Recht.
Mandate: Nederlandse Spoorwegen/Abellio zu Restrukturierung div. regionaler SPNV-Verkehrsverträge; Keolis zu Restrukturierung div. Verkehrsverträge; Lufthansa umf. zu Umstrukturierung, u.a. Kündigung eines Zubringervertrags mit Condor; Industriekonzern zu Standortgründung, u.a. eisenbahnrechtl. Vereinbarungen mit Stadt, Land u. Verkehrsverbund; DB Netz/Projekt Stuttgart-Ulm zu Ausschreibung u. Erstellung eines komplexen Vertragswerks zur Digitalisierung von Verkehrsinfrastruktur; Rolls-Royce zu Transaktion; Aena gutachterl.-rechtsvergl. zur Regulierung von Flughafenbetreibern; Start-up zu Mobilitätskonzepten.

HEUKING KÜHN LÜER WOJTEK
Verkehrssektor: Regulierung ★★★★
Verkehrssektor: Finanzierung ★★
Bewertung: Im Verkehrssektor verhandelte HKLW für gleich 2 Bundesländer mit Abellio, die wg. defizitärer SPNV-Verträge Schieflage geraten war. Wg. der vielen Schnittstellen waren neben der seit vielen Jahren für die Bundesländer arbeitenden Vergaberechtler auch die ▷Insolvenz-, arbeits- u. kartellrechtl. Partner der Kanzlei intensiv eingebunden. Federführend betrieb das Mandat Vergaberechtlerin Jasper, die ihrem Ruf als taffe Vertreterin ihrer Mandanten gerecht wurde. Die anerkannte Reputation, die die Kanzlei insbes. bei SPNV-Verträgen aufgebaut hat, bringt ihr immer wieder auch neue vertragsgestaltende Rollen in Pilotprojekten ein – so etwa zum automatisierten Fahren im Schienenverkehr für den Verkehrsverbund Stuttgart sowie den JadeWeserPort. Bei der Beratung div. Häfen sowie dem Großprojekt zur Schleusensanierung zeigt sich eine Kompetenz an der Schnittstelle von Güterverkehr u. Logistik, die beim Team stärker ausgeprägt ist als bei anderen. Eine HHer Partnerin hat sich zuletzt vermehrt in Projektfinanzierungen positionieren können. Beim Thema Fahrzeugfinanzierung parallel zu seinem Spezialthema SPNV-Verträge ist das Team schon länger immer wieder gesetzt.
Oft empfohlen: Dr. Ute Jasper („sehr gute u. stets lösungsorientierte Juristin", „geübte u. wenn nötig auch harte Verhandlerin", Wettbewerber), Ulf Christiani, Dr. Laurence Westen, Dr. Christopher Marx, Dr. Carsten Schrader, Dr. Lutz Keppeler
Team: 13 Eq.-Partner, 6 Sal.-Partner, 10 Associates
Partnerwechsel: Prof. Dr. Isabel Langenbach (zu Hochschule des Bundes für öffentl. Verwaltung)
Schwerpunkte: SPNV-▷Vergaben von Verkehrsverträgen sowie Verkehrsträgerbeschaffung inkl. Finanzierung u. gesellschaftsrechtl. Aspekten, aber auch zunehmend Mobilitäts- u. Digitalisierungsprojekte; Infrastrukturplanung u. regulator./vertragsrechtl. Beratung von (Flug-)Häfen.
Mandate: Aufgabenträger aus NRW u. Ba.-Wü. zu Verkehrsverträgen mit Abellio; Kooperationsgemeinschaft von 8 Aufgabenträgern (u.a. Verkehrsbetrieb Karlsruhe, Saarbahn Netz u. Verkehrsverbund Mittelsachsen) zu Beschaffung von über 200 Tram-Train-Fahrzeugen; Stadt Köln umf. zu Stadtbahnprojekt Ost-West-Achse; ESWE Verkehr zu Beschaffung von E-Bussen; Regiobahn Mettmann zu Verlängerung von S-Bahn-Linie; Stadtwerke München zu U-Bahn-Beschaffung; Verkehrsverb. Stuttgart zu Pilotprojekt für automatisierte S-Bahnen; Stadtwerke Münster zu Einführung von On-Demand-Verkehr; Bundesanstalt für Wasserbau bei Konzept für Schleuseninstandsetzung in lfd. Betrieb u. Schiffsbeschaffungen; JadeWeserPort zu Elektrifizierung von Anschlussgleisen u. Pilotprojekt automatisiertes Rangieren; Niedersachsen Ports zu Instandhaltungsmanagementsoftware für

REGULIERUNG VERKEHRSSEKTOR

Eisenbahnnetz hinsichtl. der 15 Seehäfen; lfd. Duisburger Hafen, u.a. zu Beteiligung an Cargobeamer.

HOGAN LOVELLS

Verkehrssektor: Regulierung	★ ★ ★
Verkehrssektor: Finanzierung	★ ★

Bewertung: Im Verkehrssektor bietet Hogan Lovells eine strateg.-operative Beratung, die Mandanten insbes. für das „hervorragende Projektmanagement" loben. Das Team um Ayad berät zahlr. dt. u. internat. Kfz-Hersteller zu regulator. u. vertragl. Fragen des Markteintritts sowie Entwicklungen die Geschäftsmodelle betreffend. Zentrales Merkmal der von HL auch in anderen Sektoren begleiteten strateg. Projekte ist die Fähigkeit, sehr internat. auch zu regulator. Trendthemen wie dem autonomen Fahren zu beraten. Parallel zur Türöffnerstellung der Gruppe u.a. für die Gesellschafts- u. Kartellrechtler sowie zur engen Zusammenarbeit mit dem Compliance-Team entwickelt sich die Projektfinanzierungspraxis um Luh. Das anerkannte Team steigert seine Sichtbarkeit bei Autobahn-ÖPP-Projekten weiter.
Stärken: Ww. bestens vernetzte Praxis, viel Kfz-Erfahrung.
Oft empfohlen: Dr. Patrick Ayad („der Fachmann im Bereich autonomes Fahren", Mandant), Dr. Florian Unseld, Dr. Thomas Dünchheim, Dr. Carla Luh
Team: 6 Partner (Kernteam)
Schwerpunkte: Regulator.-strateg. Beratung zu unternehmerischen Vorhaben wie Markteinführung, Vertriebskonzepte, u.a. im Bereich Mobilität (▷Vertriebssysteme); Kfz-Regulierung mit Anbindung an produktbezogenes Umweltrecht u. Compliance, zudem starke ▷Patent- u. ▷Energiepraxen; Fernstraßenrecht u. Verfassungsrecht sowie ▷Vergabe- u. ▷Beihilferecht; Projektfinanzierungspraxis ÖPP u. rege M&A-Begleitung.
Mandate: US-Kfz-Hersteller umf. zu Markteintritt in Europa; chin. Kfz-Hersteller umf. zu Markteintritt in Europa; dt. Kfz-Hersteller regulator. zu Zulassung u. Produktsicherheit; europ. Verkehrsinfrastrukturanbieter strateg. zu Verträgen u. regulator. zu Produkten; Genesis Motor Europe zu Markteintritt; Bank zu Vertriebskoop. mit Kfz-Herstellern u. Onlineplattformen; InfraRed Capital zu Anteilskauf an ÖPP-Fernstraßenprojekt; Waymo u.a. zum autonomen Fahren u. regulator. zu Transportdiensten; Kfz-Hersteller zu CO2-Pooling, Typengenehmigung u. weiteren Regulierungsfragen.

JONES DAY

Verkehrssektor: Regulierung	★ ★

Bewertung: Die tiefe regulator. Spezialisierung des Frankfurter Partners Neumann zeigt sich im Verkehrssektor nicht mehr allein im Flugverkehr u. in der Beratung zu Flughafenentgelten, vielmehr ist dieses Know-how zunehmend auch in den aktuellen Mobilitätsthemen gefragt. So beriet er etwa einige internat. Anbieter mit Bezug zu Typenzulassungs- u. anderen regulator. Fragen wie Produktsicherheit. An der Beratung von Inmarsat zeigt sich zudem, wie JD hier auch die Schnittstelle zur Telekommunikation bespielt. Es mehren sich zudem Beispiele für gemeins. Projekte mit der angesehenen Münchner Venture-Capital-Praxis, zuletzt im Zshg. mit E-Ladesäulentechnik.
Oft empfohlen: Dr. Holger Neumann
Team: 2 Eq.-Partner, 2 Associates, 1 of Counsel
Schwerpunkte: Entgeltregulierung für dt. u. internat. Airlines, auch Schnittstelle zum ▷Telekommunikationsrecht; angesehene VC-Praxis (▷Private Equ./Venture Capital); Schiedsgerichtsverfahren.
Mandate: Bundesverband der Dt. Fluggesellschaften in Verwaltungsverf. zur Genehmigung der Flughafenentgelte am BER sowie gutachterl. zu Lärmentgelten; Cenntro Electric bei Kauf von Tropos Motors Europe, insbes. hinsichtl. Typengenehmigung von E-Fahrzeugen; europ. Hersteller von E-Fahrrädern u. Regulierung von Pedelecs, inkl. Verf. beim Kraftfahrt-Bundesamt; Spezialsoftwareanbieter regulator. zu Connected-Car-Themen; E-Ladesäulenhersteller zu Produktsicherheitsanford. in Dtl.; Inmarsat Ventures lfd. hinsichtl. European Aviation Network.

K&L GATES

Verkehrssektor: Regulierung	★
Verkehrssektor: Finanzierung	★ ★ ★ ★

Bewertung: Die Verkehrspraxis hat einen ausgeprägten Trackrecord bei der Finanzierung von SPNV-Projekten u. Beschaffungen, einem Segment, das an Bedeutung gewinnt u. zuletzt auch mehr beihilferechtl. Themen umfasste. Banken u. Infrastrukturinvestoren wie Paribus u. Rock Rail zählen zu den regelm. Mandanten des Frankfurter Asset-Finanzierers Thomas. Nur wenige Praxen beraten sowohl Investoren als auch Aufgabenträger. Ein prominentes Bsp. für Letzteres ist die Beratung eines städt. Busflottenbetreibers bei der Ausschreibung einer Wasserstofftankstelle. Hier verbindet sich die vergaberechtl. Erfahrung von Mutschler-Siebert mit Bezügen zur internat. Praxis, die ebenfalls Projekte zur Wasserstoffanwendung berät.
Stärken: Finanzierung von Verkehrsträgern.
Oft empfohlen: Dr. Frank Thomas, Dr. Annette Mutschler-Siebert („super im Bereich Wasserstoffinfrastruktur", Wettbewerber)
Team: 2 Eq.-Partner, 2 Sal.-Partner, 1 Counsel, 3 Associates
Schwerpunkte: Transport-, Asset- u. Verkehrsträgerfinanzierung, u.a. von Schienenfahrzeugen, zunehmend alternative Antriebe, u. Flugzeugen inkl. Leasing; ▷vergaberechtl. Beratung von Verkehrsgesellschaften u. Nahverkehrsbetreibern.
Mandate: Bayer. Eisenbahngesellschaft zu Beschaffung u. Finanzierungsmodell für Fahrzeuge der S-Bahn München; BayernLB zu Finanzierung von Güterwagen, inkl. Sicherungsrechten; Rock Rail bei div. Ausschreibungen (SPNV-Finanzierung); DIF Dutch Infrastructure Fund bei Investition; DoKaSch Temperature Solutions zu div. Themen; European Locomotive Leasing zu div. Projekten in Dtl. u. Österreich; kommunaler Busflottenbetreiber umf. zu Ausschreibung einer Wasserstofftankstelle u. Wasserstofflieferungsvertrag; Bank zu SPNV-Netz Mittelhessen u. Finanzierung von Schienenfahrzeugen; Landesbank Hessen-Thüringen zu Asset-Finanzierungen, Paribus, Heag Mobilo.

KAPELLMANN UND PARTNER

Verkehrssektor: Regulierung	★ ★

Bewertung: Im Verkehrssektor begleitet die Kanzlei so viele komplexe Tunnel- u. Brückenbauprojekte wie kaum eine Wettbewerberin. Ihre Mandanten sind dabei bauausführende Konzerne ebenso wie Flughäfen, Autobahndirektionen oder Städte. Die interne Aufstellung der Teams nach Projektarten hat bei Kapellmann bereits Tradition. Auch wenn dies eine teils geringere Marktbekanntheit einzelner Anwälte bewirkt: Auf der anderen Seite steht eine hohe Spezialisierung u. die Notwendigkeit zusammenzuarbeiten. Zu einigen Flughäfen haben die Teams im Beihilfe- u. Kartellrecht zudem tragfähige Beziehungen über die Bautätigkeit u. die vergaberechtl. Praxis hinaus aufbauen können. Gerade öffentl.-rechtl. Fragen mit europarechtl. Elementen begründen ein Feld, in dem sich auch ein Nachwuchspartner aus dem versierten ▷Brüsseler Büro mit Themen wie Flughafenentgelte u. Kfz-Regulierung zuletzt vermehrt einen Namen machen konnte, wozu auch das positive Feedback von Mandanten beitrug.
Team: 22 Eq.-Partner, 10 Sal.-Partner, 18 Associates
Schwerpunkte: ▷Bau- u. ▷vergaberechtl. Beratung zu Verkehrsinfrastrukturprojekten, u.a. Spezialisierungen im Tunnel- u. Brückenbau; umf. Beratung von Flughäfen, dabei zunehmende Vernetzung der Praxisgruppen inkl. Compliance u. ▷Kartellrecht; Prozesserfahrung, EU-Recht in ▷Brüssel. Etabliertes jurist. Projektmanagement.
Mandate: Flughafen München u.a. zu S-Bahn-Tunnel Erdinger Ringschluss sowie beihilferechtl. u. regulator., u.a. zu Entgeltfragen; div. Flughäfen lfd. beihilferechtl. u. zu kartellrechtl. Compliance; August Reiners zu Neubau der Hamburger S-Bahn-Linie S4; Argen Arcost, Tunnel Wolframstraße u. Tunnel Feuerbach jew. projektbegl. bei Tunnellosen für Stuttgart21; Autobahngesellschaft zu Neubau der Rheinbrücke Leverkusen; BVG, u.a. bei Vergaben zum Neubau der U5; BMVerkehr zu Pilotprojekten für Anwendung von BIM im Schienenwege- u. Infrastrukturbau; Flughafen D'dorf zu Vertragsfragen, Compliance u. Vergabe von Bodenverkehrsdiensten; Fraport Ausbau Süd zu Terminalneubau; SBEV Projektges. zu Stadtbahn Europaviertel/Ffm.

MCDERMOTT WILL & EMERY

Verkehrssektor: Regulierung	★

Bewertung: Die Beratung im Verkehrssektor ist bei MWE stark durch das Öffentl. Recht geprägt. Das zeigt z.B. die schon länger laufende regelm. Beratung von Tank & Rast bei div. Ausbauvorhaben sowie die dtl. weite Begleitung von Erschließungsprojekten für Logistikimmobilien. Hier zeigt sich eine enge kanzleiinterne Vernetzung, denn etliche Mandanten der anerkannten Immobilienpraxis u. eine Reihe von Investoren in Hafen- oder Logistikzentren setzen auf das Team um eine D'dorfer Partnerin, wenn es darum geht, Schienen- oder Straßenanbindung früh mitzuplanen. Zudem lässt sich ein Mandant der internat. Praxis von dem Team zum mögl. Eintritt in den dt. Mobilitätsmarkt im Bereich Autoverkehr beraten. Stärker als zuvor ist die Praxis, die zuletzt auf Associate-Ebene wuchs, zu Fragen um den Verkehr auf Wasserstraßen im Einsatz.
Team: 1 Eq.-Partner, 1 Counsel, 4 Associates
Schwerpunkte: Fernstraßen- u. Personenbeförderungsrecht bzw. urbane Mobilitätskonzepte; Öffentl. Recht u. enge Anbindung an die ▷Immobilienpraxis; Transaktionsbegleitung.
Mandate: Dt. Logistikkonzern zu öffentl.-rechtl. Fragen um verkehrl. Erschließung über Straße u. Schiene, inkl. Zukunftstechnologien u. städtebaul. Verträge; lfd. Immobilienprojektentwickler zu Verkehrserschließung von Logistikimmobilien, inkl. Wasserstraßen; regelm.: Autobahn Tank & Rast öffentl.-rechtlich, Stadt D'dorf.

VERKEHRSSEKTOR REGULIERUNG

NOERR

Verkehrssektor: Regulierung ★★★★
Verkehrssektor: Finanzierung ★★

Bewertung: Noerr ist im Verkehrssektor insbes. für die Beratung der Kfz-Industrie bekannt. Diese Beziehungen wurden lange durch die marktführenden ▷*Vertriebsrechtler* geprägt. Seit Jahresbeginn wird der namh. Kfz-Bereich auch von Öffentlichrechtler Mayer geführt, den Mandanten als „Experten für Ladeinfrastruktur bei E-Autos" loben. Damit ähnelt die Organisation der Beratung immer mehr der im ▷*Energiesektor*, wo ebenfalls eine starke öffentl. rechtl. u. regulator. Orientierung der Sektorgruppe neben der zivilrechtl. etabliert ist. Der Schritt zur Doppelspitze war überfällig. Seit einiger Zeit bereits tragen die Regulierungsspezialisten der Kanzlei mit hochkarätigen Mandaten zum Erfolg der Gruppe bei. Neben der Arbeit für Kfz-Hersteller wie Saic u. Mazda im CO2-Pooling gehört v.a. auch die Beratung von Moia zu den jüngeren Erfolgen der Praxis. Insbes. bietet das Geschäftsfeld Ladesäulen, in dem Noerr u.a. Allego zur Ausschreibung des Dtl.netzes u. Volta Charging zum Markteinstieg in der EU begleitet, für die Kanzlei vielfältige Möglichkeiten, die auch an der Schnittstelle zu den Mobilitätsdaten regulierte M&A-Geschäft hineinzuwachsen.

Stärken: Beste Kontakte zu Kfz-Herstellern, intern gut vernetzte Verkehrssektorgruppe.

Oft empfohlen: Dr. Peter Bachmann, Christian Mayer („professionell u. unaufgeregt", Wettbewerber), Dr. Tobias Frevert

Team: 5 Eq.-Partner, 3 Sal.-Partner, 1 Counsel, 1 Associate (Kernteam)

Schwerpunkte: Infrastrukturprojekte, Schienenverkehr inkl. ▷*Öffentl. Recht* (Umwelt und Planung) u. Vergaberecht; Kfz-Hersteller zu vertriebsrechtl. Themen, zunehmend an der Schnittstelle zu Regulierung inkl. Datenschutz (▷*IT u. Datenschutz*); ebenfalls neue Mobilitätskonzepte, E-Mobilität u. Mobilitätslösungen u.a. für Quartiere; regelm. rechtl. Begleitforschung; Transaktionen in Regulierten Industrien inkl. ▷*Außenwirtschaftsrecht*.

Mandate: Allego umf. zur Ausschreibung u. Errichtung von Ladeinfrastruktur; Kaufland zu Ladeinfrastruktur; Volta Charging regulator. u. vertragsrechtl. zum Betrieb von Ladeinfrastruktur in EU; Einzelhändler zu E-Ladesäulen inkl. App-Lösung; Moia, u.a. auch zu Umsetzung neuer Genehmigungsmöglichkeiten sowie zu Anforderungen an Mobilitätsdaten; BMWirtschaft, u.a. zu Regulierungskonzepten für neue Mobilitätsangebote u. E-Mobilität; Nationale Leitstelle Ladeinfrastruktur zu regulator. Rahmenbedingungen; Fraktion Bündnis 90/Die Grünen im bayer. Landtag zu Radgesetz; öffentl. Hand zur Behandlung von Free-Floating-Sharing bei Straßengesetz-Novelle; McDonald's zu E-Ladesäulenkooperation; MAN Truck & Bus regulator., u.a. zu Typengenehmigung; Mazda u. Saic zu offenem CO2-Pool mit dt. Kfz-Hersteller; Keolis zu Umstrukturierung der SPNV-Verträge.

NORTON ROSE FULBRIGHT

Verkehrssektor: Regulierung ★★
Verkehrssektor: Finanzierung ★★★★★

Bewertung: Im Verkehrssektor hat NRF den Führungswechsel in ihrer hoch anerkannten Flugzeugfinanzierungspraxis vollzogen. Auch Wettbewerber heben den Übergang auf Radbruch positiv hervor. In der langj. Beratung von ÖPP-Projekten strebt das Team mit dem erfahrenen Trautmann u. dem ▷*Brüsseler* Regulierungsfachmann Werner ebenfalls neue Ziele an. Zunehmende Mandate für Investoren u. Banken belegen, dass die Praxis sich aus ihrer angestammten Rolle als Beraterin des Bundes herausentwickelt. Alte ÖPP-Mandate berät sie aktuell v.a. aus der Restrukturierungsperspektive, was auch den Eisenbahn- u. insbes. Schiffsfinanzierern aktuell sehr viel internat. Geschäft beschert. Im Luftverkehr ist die Internationalität der Beratung ebenfalls hoch – u. längst nicht auf die Finanzierer beschränkt, sondern auch durch Mandate zu Regulierung u. dem Wettbewerb von Luftfahrtinfrastruktur belegt.

Stärken: Anerkannte Finanzierungspraxis, insbes. Flugzeuge u. Rolling Stock.

Oft empfohlen: Dirk Trautmann, Jürgen Werner, Dr. Ralf Springer („kompetent, pragmat.", „genießt einen sehr guten Ruf bei Banken wie Airlines", Mandanten; Flugzeugfinanzierung), Markus Radbruch, Timo Noftz

Team: 6 Partner, 1 Counsel, 9 Associates, 1 of Counsel

Schwerpunkte: Transaktionen im Infrastrukturbereich; viel Erfahrung mit ▷*Finanzierungen* von Flugzeugen u. Rolling Stock sowie Fernstraßenprojekten; Vergabe- u. Beihilferecht sowie Regulierung im Luft-, Eisenbahn- u. Straßenverkehr, insbes. langj. Erfahrung mit Fernstraßen-ÖPP; regelm. auch Prozessführung.

Mandate: BMVerkehr regelm. zu Fernstraßen-ÖPP zu B247, zu mautbasierter Vergütung sowie wg. Schieflage von A1 mobil; Bieter zu Kauf von ÖPP-Portfolio von DIF Capital Partners, u.a. Schienenfahrzeuge u. Straßen; dt. Vermögensverwalter zu Rückführung verleaster Flugzeuge; Luftfahrtkonzern zu Verkauf von rd. 20 Flugzeugen; brit. Leasinggesellschaft zu DD u. zu regulator. Fragen; Autobahnbetreiberin zu Vertragsabwicklung ÖPP-Projekt A6; Investmentbank u. dt. Bank zu Restrukturierung notleid. Schiffsfinanzierung; NTT Leasing zu Finanzierung von 5 Flugzeugen (von Lufthansa betrieben).

OPPENLÄNDER

Verkehrssektor: Regulierung ★★

Bewertung: Das tief mit dem öffentl. Wirtschaftsrecht verbundene Verkehrsteam zeichnet sich durch große ÖPNV-Erfahrung etwa bei Vergaben von Schienen- u. Busverkehren aus. Aber auch bei Vertragsanpassungen, neuen Mobilitätsformen u. alternativen, regelm. beihilferechtl. zu gestaltenden Finanzierungen im ÖPNV kann die Gruppe ihre Arbeit auch bei bestehenden Mandanten wie dem Land Ba.-Wü. ausbauen. Zentrales Mandat war zuletzt allerdings die Beratung der Albtal-Verkehrs-Gesellschaft. Das Karlsruher SPNV-Unternehmen, das zukünftig erstmals SPNV-Dienstleistungen aufgrund einer internen Vergabe erbringt, wird viel beachtet, weil mit Abellio u. Keolis potenzielle Bieter auf SPNV-Verträge aus dem Markt ausgeschieden sind. Sichtbar ist mit Köhler zudem auch ein weiterer Partner, der in der komplexen regulator. Prozessserie der DB Station & Service ggü. privaten Eisenbahnunternehmen erneut vor dem BGH steht. Wettbewerber loben eine „professionelle u. pragmat. Beratung" durch die Kanzlei.

Oft empfohlen: Prof. Dr. Christofer Lenz („fachl. exzellent", „kann hart verhandeln", Wettbewerber), Dr. Corina Jürschik („sehe sie als führende Beraterin für ÖPNV", „versiert an der Schnittstelle von Vergaberecht u. Mobilität", Wettbewerber), Prof. Dr. Markus Köhler

Team: 8 Eq.-Partner, 1 Sal.-Partner, 5 Associates

Schwerpunkte: ÖPNV- u. SPNV-Vergaben (▷*Vergaberecht*), mit bes. Fokus auf dem ▷*Öffentl. Wirtschaftsrecht*, etablierte Schnittstelle zur anerkannten ▷*Kartellrechtspraxis* u. Beihilferecht; regelm. Revisionsverfahren.

Mandate: Albtal Verkehrs-Ges. u. Verkehrsbetr. Karlsruhe umf. zu Verknüpfung von ÖPNV u. SPNV inkl. Verkehrsvertrag; Stadt Garching bei U6-Projekt mit Stadt u. Landkreis München (aus dem Markt bekannt); Beck + Schubert genehmigungsrechtl. zu Haustarif u. Nahverkehrsplan; umf. Bremer Straßenbahn, inkl. Beihilfe-, Gesellschafts-, Arbeitsrecht; DB Station & Service in zahlr. Prozessen um Entgeltfragen nach EisenbahnregulierungsG u. Anwendbarkeit von Kartellrecht (u.a. EuGH, BGH); Donau-Iller-Nahverkehrsverbund zu Neuausrichtung; Verkehrsverbund HNV zu Einnahmenaufteilungsvertrag; Stuttgarter Straßenbahn zu Bundesförderung für alternat. Busantriebe (Ladeinfrastruktur).

ORTH KLUTH

Verkehrssektor: Regulierung ★★★★

Bewertung: Im Verkehrssektor hat sich das Team um den Regulierungs- u. Kartellrechtler Grün sowie den Vergaberechtler Sitsen bei einer Reihe von EVUs fest etabliert. Diese begleitet die Kanzlei nicht nur in Prozessen um regulator. Themen oder in Vergabeverf. für Verkehrsverträge im ÖPNV sowie im SPNV, vielmehr hat sie einen integrierten Sektoransatz etabliert, der insbes. auch Gesellschafts-, Finanzierungs- u. IT-Rechtler einbezieht. Zur Dauermandantin entwickelt sich etwa Mobility Inside, die gemeinsam mit der Gesellschafterin Dt. Bahn für die Konzeption u. rechtl. Umsetzung einer App zum Kauf des 9-Euro-Tickets auf ein praxisgruppenübergr. Team setzte. Mit der Ernennung einer auf energierechtl. Fragen spezialisierten Sal.-Partnerin verstärkt die Gruppe das Schnittstellenthema E-Mobilität, zu dem sie bereits einige vergaberechtl. geprägte Mandate berät.

Oft empfohlen: Dr. Anselm Grün („sehr geschätzt", „erfahren u. versiert", Wettbewerber), Dr. Michael Sitsen („fachl. versiert", Wettbewerber)

Team: 4 Eq.-Partner, 3 Sal.-Partner, 3 Associates, 2 of Counsel

Schwerpunkte: Schienenverkehr, regulator. u. vergaberechtl. Beratung von priv. Eisenbahnunternehmen u. von ÖPNV- u. SPNV-Aufgabenträgern; gute Vernetzung mit anderen Praxisgruppen wie ▷*Gesellschaftsrecht*; Prozessführung.

Mandate: Mobility Inside, u.a. zu App für 9-Euro-Ticket; börsennot. Unternehmen vergaberechtl. zu Ausschreibung von Netzsicherheit am Eisenbahnknoten Stuttgart; Abellio regulator. im Zshg. mit Insolvenz (marktbekannt); regionales EVU zu SPNV-Vergabe; EVU umf. vergaberechtl. u. regulator., einschl. Kartell- u. Immobilienrecht; Busunternehmen zu ÖPNV-Ausschreibung; Ostdt. Eisenbahngesellschaft gg. DB Netz zu Verspätungspönalen; div. Industrieunternehmen zu Werksbahnen u. Anschlüssen an das öffentl. Schienennetz; Ridesharing-Anbieter zu PBefG-Novelle; Captrain u. SBB Cargo International zu Infrastruktur- u. Stornierungsentgelten der BNetzA an Dt. Bahn; lfd.: National Express Rail, Transdev, Nordwestbahn, Rhein-Main-Verkehrsverbund.

REGULIERUNG VERKEHRSSEKTOR

POSSER SPIETH WOLFERS & PARTNERS
Verkehrssektor: Regulierung ★★★★

NOMINIERT
JUVE Awards 2022
Kanzlei des Jahres für Regulierung

Bewertung: Die Praxis überzeugt im regulierten Verkehrssektor immer neue Mandanten von sich. Bemerkenswert ist u.a. die jüngste Ausweitung der Beratung auf den Luftverkehr, wo Wollenschläger mit dem entgelt- u. lärmregulator. Mandat des Flughafens Berlin-Brandenburg den Anfang machte. Dass nun auch der Flughafen Leipzig im speziellen Flughafenplanungsrecht auf PSWP setzt, vergrößert nicht nur die im Verkehrssektor beratende Partnerriege. Die Entwicklung ist auch bemerkenswert, weil PSWP mit dem Mandat in diesen Jahren in den von Dolde Mayen, Taylor Wessing, GvW u. Redeker dominierten Markt drängt. Aber auch die neue Verantwortung für das CO2-Pooling bei VW oder die zunehmende Rolle von plattformregulator. Mandaten dokumentiert den weiter wachsenden Erfolg der Kanzlei. Die Entwicklung wirft allenfalls die Frage auf, ob der überw. öffentl.-rechtl. Fokus der Kanzlei nicht Grenzen der Beratung offenlegt, etwa im Kartellrecht.

Stärken: Strateg. Regulierungsberatung u.a. ggü. Behörden auf allen europ. Ebenen.

Oft empfohlen: Dr. Benedikt Wolfers, Dr. Burkard Wollenschläger („erfahren, gründlich, sicher im Auftritt, gut vernetzt", Wettbewerber über beide), Dr. Herbert Posser, Sebastian Lutz-Bachmann

Team: 6 Partner, 1 Counsel, 13 Associates

Schwerpunkte: Regulierung von Kfz im dt. u. europ. Straßenverkehr, autonomes Fahren u. E-Mobilität; regelm. auch Verhandlungen auf polit. Ebene, exzellente Kontakte zum Kraftfahrt-Bundesamt; Luftverkehrsberatung u.a. zu Entgelten, aber auch im Planungsrecht; umf. Kenntnis u. viel Erfahrung im ▷*Öffentl. Recht* (Verfassungs- und Verwaltungsrecht) als auch EU-Recht.

Mandate: Flughafen Leipzig umf. im Fachplanungs- u. Regulierungsrecht; Flughafen BER, u.a. zu Flughafen- u. Lärmentgelten; Audi, u.a. zum Typengenehmigungsrecht, Testzyklen, Produktsicherheit; VW u.a. zu CO2-Pooling; Audi, VW, Porsche im Genehmigungsverf. zum vollautomatisierten Fahren u. Fortentwicklung des Straßenverkehrsgesetzes; Axel Springer u. Goggo Network polit. u. regulator. zu Einführung von neuem Mobilitätskonzept; ESS zu Einführung neuen Warnlichtsystems für Kfz; Check Robin, Internetplattform zur Vermittlung von Gütertransporten, regulator. u.a. zu Güterverkehrsrecht; Motorradhändler Polaris zu europ. Emissionsrecht; Vay zu internat. regulator. Zulässigkeit des Telefahrens.

PRICEWATERHOUSECOOPERS LEGAL
Verkehrssektor: Regulierung ★

Bewertung: Das Team bietet vielen kommunalen Mandanten, zu denen Verkehrsgesellschaften u. Verkehrsverbünde gehören, eine kombinierte Beratung nicht zuletzt auch im Steuerrecht. Aus Rechtsberatungssicht bilden das Vergabe- u. das Beihilferecht den Sektorzugang, weniger die sektorspezif. Regulierungsthemen. Wie bei einigen Wettbewerbern nehmen Finanzierungsthemen an Bedeutung zu. Sehr präsent ist das Team weiterhin bei Großprojekten des BMVerkehr zu Mautthemen wie dem einheitl. europ. Mautdienst.

Oft empfohlen: Dr. Gerung von Hoff

Team: 3 Sal.-Partner, 1 Associate (Kernteam)

Schwerpunkte: Erfahrung mit ▷*vergaberechtl.* geprägten Großprojekten im Verkehrssektor, insbes. auf der Seite von Behörden; kombinierte vergabe-, ▷*beihilfe-*, vertrags- u. steuerrechtl. ÖPNV-Beratung.

Mandate: Verkehrsgesellschaft Leipzig zu Umsetzung des Saubere-Fahrzeug-Beschaffungs-Gesetzes; dt. Fördergesellschaft zu E-Ladeinfrastruktur; kommunale Verkehrsgesellschaft zu Vergabe von On-Demand-Dienstleistungen; kommunale Verkehrsgesellschaft vergabe- u. beihilferechtl. zu Beschaffung von Subunternehmerleistungen; Eisenbahngesellschaft Potsdam zu Beschaffung von 2 Zweikraftlokomotiven; kommunale Verkehrsgesellschaft zu Vergabe von On-Demand-Dienstleistungen; Verkehrsverbund in Schiedsverf. mit Eisenbahnverkehrsunternehmen um Einnahmenverteilung; BMVerkehr, u.a. zu Umsetzung einer Inhouse-Strategie für Toll Collect u. zu einheitl. europ. Mautdienst; Bundesamt für Güterverkehr zur Zulassung von Unternehmen zum einheitl. europ. Mautdienst.

RAUE
Verkehrssektor: Regulierung ★★

Bewertung: Im Verkehrssektor prägt weiterhin die Arbeit im Luftverkehr auf der Seite von Flughäfen u. Betreibergesellschaften die Praxis. Sie berät ein Partner zu Entgeltstrategien u. Fördervereinbarungen mit Airlines u. vertritt sie ggf. auch vor Gericht. Ein weiteres wichtiges Standbein ist die vielfältige Arbeit für die Berliner Verkehrsbetriebe. Die langj. Mandantin verlässt sich nicht nur bei der Umstellung der Busflotte sowie bei Verhandlungen mit dem Land Berlin wg. finanzierungs- u. beihilferechtl. Fragen auf das Team, das jüngst durch eine Partnererernnung verstärkt wurde, vor allem die umf. Beratung zur Einführung des bedarfsgestützten Rufbus-Sharing-Angebots Berlkönig 2 ist hervorzuheben. Sie verschafft der Praxis viel Erfahrung bei der Umsetzung neuer Mobilitätskonzepte im ÖPNV. Die Aufgabe wird sein, in dem Feld, in dem sich auch BBG, Oppenländer u. Rödl bewegen, neue Mandatsbeziehungen zu entwickeln.

Oft empfohlen: Dr. Wolfram Hertel, Dr. Kornelius Kleinlein

Team: 3 Eq.-Partner, 1 Sal.-Partner, 2 Counsel, 3 Associates

Schwerpunkte: Direktvergaben u. Mobilitätskonzepte im ÖPNV; ÖPP-Projekte bieterseitig; Flughafenentgelte.

Mandate: Berliner Verkehrsbetriebe, u.a. zu Einführung des Rufbusangebots Berlkönig 2, ÖPNV-Verkehrsvertrag, digitalisierten Mobilitätsangeboten u. Umstellung der Busflotte auf E-Mobilität; div. Flughäfen, u.a. zu Entgeltstrategien u. Individualvereinbarungen mit Airlines, Einfluss durch CO2-Regulierung u. Corona; Flughafenbetreiber zu Entgeltstrategie; Kapsch TrafficCom zu Abwicklung des Pkw-Maut-Vertrags ‚Mobile Kontrolle'.

REDEKER SELLNER DAHS
Verkehrssektor: Regulierung ★★★★★

Bewertung: Im Verkehrssektor bietet RSD, die hier weiterhin zu den Spitzeneinheiten gehört, viel öffentl.-rechtl. Kompetenz. Die setzt sie etwa zur Erprobung städt. Verkehrsberuhigungsprogramme oder auf der Seite von Unternehmen zur Absicherung von Geschäftsmodellen ein, die durch Behördenhandeln gefährdet sind. Mit solchen Mandanten auf Unternehmensseite tut sich weiterhin Eckart hervor, der auch zu urbanen Lufttaxen u. zu anderen Bereichen des Luftverkehrsrechts berät. Auf der Grundlage ihrer auch im Luftverkehrsbereich anerkannten herausragenden ▷*umwelt- u. planungsrechtl.* Kompetenz konnte die Kanzlei zuletzt die Beziehung zur Dt. Bahn u. ihrer div. Töchter praxisgruppenübergr. stärken. Z.B. verhalf sie der DB Netz zum Planfeststellungsbeschluss für den Ausbau einer Schlüsselstrecke. Die DB Station & Service vertritt ein auf Netzregulierung spezialisierter Partner bei der kartellrechtl. Überprüfung regulierter Entgelte. Zu seiner Mandantschaft gehören auch Hafengesellschaften, die sich regulator. u. in Verbindung mit Planungsrecht u. auch im ▷*Immobilien- u. Baurecht* beraten lassen.

Stärken: Viel Erfahrung in großen Infrastrukturprojekten, insbes. im Flughafensektor.

Oft empfohlen: Dr. Stephan Gerstner („hoch kompetent, seit vielen Jahren auf Regulierungsrecht spezialisiert", „angenehm im Umgang, hart in der Sache", Wettbewerber), Dr. Tobias Masing („engagiert u. extrem zielorientiert", Mandant), Prof. Dr. Olaf Reidt, Dr. Christian Eckart

Team: 5 Eq.-Partner, 1 Sal.-Partner, 1 Counsel, 6 Associates

Schwerpunkte: Infrastrukturprojekte in den Bereichen Flughäfen, (Wasser-)Straßen u. Schienen; regulator. Beratung im Verkehrssektor (Eisenbahn, Luftverkehr u. Häfen); Prozesse.

Mandate: Carsharing-Anbieter zu Plänen, das Free-Floating-Carsharing zu regulieren; DB Station & Service zu kartellrechtl. Überprüfung von Entgelten; Bundesbehörde zu Rechtsrahmen für Drohnennutzung; Hersteller von Luftfahrzeugen, u.a. zu Genehmigung von Lufttaxen; Dt. Zentrum für Luft- u. Raumfahrt zu Umwidmung eines Regionalflughafens zum Zentrum für unbemannte Luftfahrzeuge; sächs. Binnenhafen eisenbahn- u. planungsrechtl. zu Bau von Terminal; Bezirksamt Pankow gutachterl. zu Erprobung verkehrsberuhigender Maßnahmen; DB Regio wg. SPNV-Verträgen u. in Prozess um Fahrscheinvertrieb; Dt. Bahn planungsrechtl. zu Neubaustrecke Ffm./Mannheim; Fernstraßenbundesamt gutachterl. zu Zuständigkeit für Planungsverf.; Siemens eisenbahnrechtlich.

RÖDL & PARTNER
Verkehrssektor: Regulierung ★★★★

Bewertung: Das Verkehrsteam ist regelm. bei innovativen Mobilitätsprojekten gefragt u. begleitet schon seit einiger Zeit Kreise, Kommunen u. Verkehrsverbünde v.a. konzeptionell. Bekannt ist insbes. Niemann für die tiefe Beschäftigung mit autonomem Fahren. Rödl setzt stark auf ihre interdiszipl. Aufstellung u. arbeitet zudem regelm. mit anderen Dienstleistern zusammen. Teamintern arbeiten bei der Beratung eines Verkehrsverbunds zum Finanzierungskonzept für ein Gebiet aus Großstädten u. ländl. Regionen die Kommunal- u. Mobilitätsexperten eng zusammen. So ist aus der HHer Keimzelle heraus inzw. eine standortübergr. Zusammenarbeit entstanden. Dabei ist die Gruppe, zu der auch ein Nürnberger Partner gehört, der zu SPNV-Entgeltfragen private Eisenbahngesellschaften vertritt, auch in Direktvergabeverf. im ÖPNV für ihre kommunale Mandantschaft involviert. Die Notvergabe u. Neugestaltung der Finanzierung des Betriebs der U-Bahn-Linie 6 an der Seite des Landkreises München belegt eine bemerkenswerte Mandatsqualität.

Oft empfohlen: Jörg Niemann

Team: 6 Sal.-Partner, 4 Associates, 1 of Counsel
Schwerpunkte: PBefG-Novelle u. gutachterl.-wissenschaftl., Mobilitätskonzepte; ÖPNV-Beratung, u.a. allg. Vorschriften, Wettbewerbs- u. Direktvergaben, Finanzierung u. Förderung von Fahrzeugen (inkl. Beihilferecht); grenzüberschr. Beratung von Verkehrsverbünden. Interdiszipl. Beratung.
Mandate: Landkreis München zu Strukturierung u. Finanzierung von gebietsgrenzüberschr. Verkehr für U6; Traffiq zu Verkehrsleistungen mit alternat. Antriebstechniken u. Aufbau von Ladeinfrastruktur, inkl. Verhandlungsverf.; Verkehrsverbund zu Finanzierungskonzept für Gebiet aus Großstädten u. ländl. Regionen; Ilm-Kreis zu mögl. Weiterentwicklung des Mitteldt. Verkehrsverbunds u. neuem Aufgabenträgerverbund; div. Kreise, u.a. Kleve, Aurich u. Wesel, zu Ausgleich von Mindererlösen u. fikt. Klimaticket (allg. Vorschrift); Kreis Barnim in vergaberechtl. Verf. um Dienstleistungskonzessionen im ÖPNV; Cebus zu Gestaltung von ÖPNV-Ladeinfrastruktur; Kreis Siegen-Wittgenst. zu Kommunalisierung von Busunternehmen; Autovermieter bei Zulassung von 25 autonomen Fahrz.; Darmstadt zu Vergabedesign für Carsharing-Leistungen; BMVerkehr zu Förderung von Strukturen für digitalen Vertrieb; Fahrtvermittler SWVL zu Markteintritt in Dtl.; Zusammenführung 3er bad.-württ. Verkehrsverbünde als Zweckverband Ringzug; Zweckverb. Westfalen-Süd zu kreiseigener E-Ladeinfrastrukturgesellschaft.

SCHUMANN
Verkehrssektor: Regulierung ★★
Bewertung: Die Praxis ist im Verkehrssektor auf SPNV-Vergaben u. die Gestaltung von Verkehrsverträgen inkl. der Beschaffung u. Finanzierung von Schienenfahrzeugen spezialisiert. In diesem engen Wettbewerberfeld gehört die Praxis neben Heuking, BBG u. Buse zu den führenden Einheiten. Aktuell sorgt u.a. das Mandat für den Zweckverband für den Nahverkehrsraum Leipzig (ZVNL) u. 4 weitere Aufgabenträger für die notwendige Grundauslastung. Das Team von Stockmann ist regelm. auch mit Nachverhandlungen u. mit wachsender Tendenz auch ggü. den Finanzierern des SPNV-Verkehrs tätig. Für den Streitfall bringt das Team Prozesserfahrung mit. Mit ihrer Kombination aus klass. Vergaberecht u. der Konzeption von Verträgen arbeitet die Praxis weiterhin auch zu ÖPP-Fernstraßenprojekten.
Oft empfohlen: Dr. Thomas Stockmann
Team: 1 Partner, 2 Associates
Schwerpunkte: SPNV-Vergaben u. -Verträge, inkl. Fahrzeugfinanzierung, Prozessvertretung; zunehmend ÖPP-Straßenprojekte.

Mandate: Zweckverband für den Nahverkehrsraum Leipzig (ZVNL) u. 4 weitere Aufgabenträger zu S-Bahn-Vergabe; SPNV-Aufgabenträger zu Aufbau eines Fahrzeugpools; Verkehrsverbund gutachterl. zu Herauslösung von Leistungsteilen aus einem Verkehrsvertrag; div. Bundesländer in Prozessen mit DB Netz wg. Pünktlichkeitsanforderungen in Verkehrsverträgen (u.a. BGH).

TAYLOR WESSING
Verkehrssektor: Regulierung ★★★
Bewertung: Angesichts seiner bemerkenswerten Verankerung im Flughafensektor hat die Einbindung des Teams durch den Insolvenzverwalter für den Flughafen Hahn nicht überrascht. Eine große Zahl von Flughäfen vertraut immer wieder auf TW, auch über den regulator. Kernbereich hinaus. Kämper genießt viel Vertrauen in der regulierungs- u. fachplanerischen Beratung. Wie TW sich in der beihilferechtl. Begleitung des Bieterverf. durch Brüggemann an der Seite des notleidenden Flughafens bewies, unterstreicht zudem die fachl. Breite der Spezialisierung. Auch ein anderer Mandant aus dem Verkehrssektor lobt die gute interne Vernetzung in der Praxis, in seinem Fall mit den Gesellschaftsrechtlern. Teamwork verlangen auch Großprojekte beim SPNV, wo TW in div. Bundesländern vergabe- oder arbeitsrechtl. berät. Das anerkannte HHer Infrastrukturteam gewann hier erneut Mandate hinzu.
Oft empfohlen: Prof. Dr. Norbert Kämper („der Beste für Flughafenplanung", Wettbewerber; Öffentl. Wirtschaftsrecht), Dr. Michael Brüggemann (Vergaberecht)
Team: 3 Eq.-Partner, 2 Sal.-Partner, 6 Associates
Schwerpunkte: Beratung von dt. u. auch ausl. Flughäfen, u.a. im ▷*Öffentl. Recht*, aber auch ▷*Vergabe-* u. ▷*Beihilferecht* im Kontext von Flughafendiensten u. Finanzierungsfragen; regelm. Prozessvertretung; zunehmend Hafenregulierung u. neue Mobilitätskonzepte. Sehr gute Kontakte im Luftfahrtsektor auch in den Fachbereichen ▷*Arbeits-* u. ▷*Versicherungsrecht*.
Mandate: Gebietskörperschaft zu luftrechtl. Genehmigung für Verkehrsflughafen; Flughafen zu Restrukturierung im Zshg. mit Corona-Krise; Regionalflughafen bei Änderungsverfahren für luftrechtl. Genehmigung und Fluglärm; Insolvenzverwalter Flughafen Frankfurt-Hahn (Brinkmann) zu Bieterverfahren u. Beihilferecht; Land Niedersachsen zu Konzession für Bodenabfertigungsdiensten/Flughafen Hannover; Berliner Verkehrsbetriebe lfd. vergaberechtl. zu IT, Microsoft-Lizenzen, B2B-CRM u. gg. Telecom Deutschland; Electrify (Vermietung von Elektrofahrzeugen) gg. ablehnenden BAFA-Bescheid zu Innovationsprämie; Entsorgungsbetrieb Essen förderrechtl. zu Fahrzeugen mit alternat. Antrieben; DKV Mobility bei Beteiligung an PACE Telematics (Mobile-Payment-Plattform); Duisburger Hafen zu div. Themen; EMSA zu Aufbau von Kommunikationsplattform für Seefahrts- und Hafenbehörden; Thyssenkrupp Marine Systems zu div. Projekten.

WHITE & CASE
Verkehrssektor: Regulierung ★★★
Verkehrssektor: Finanzierung ★★★★★
Bewertung: Im Verkehrssektor bietet W&C integrierte Beratung, die v.a. durch den Öffentlichrechtler Wimmer geprägt wird. Für Daimler bearbeitet sein Team – ähnl. wie PSWP für VW – sämtl. regulator. Fragen auf dt., europ. u. völkerrechtl. Ebene. Weitere regulator. Erfahrung bringt die Praxis, aus der ein Counsel zum Partner ernannt wurde, im Bereich Flughafenentgelte sowie bei Straßeninfrastrukturprojekten mit. Wenn sie nicht im Mandatszentrum anzutreffen sind, stehen die Öffentlichrechtler regelm. z.B. an der Seite des HHer ▷*Finanzierungsteams* um Degenhardt, etwa bei Fernstraßenprojekten. Zuletzt war auch – wie bei vielen Wettbewerbern – die Verbindung zur ▷*Restrukturierungsberatung* nachgefragt. Die Finanzierungspraxis steht aber auch für viel Erfahrung bei Projektfinanzierungen im Infrastruktur- u. Asset-Bereich. Das Mandat von Meag zur Refinanzierung des Thameslink-Projekts belegt, dass das Team auch grenzüberschr. tätig ist.
Stärken: Finanzierungsberatung mit hoher regulatorischer Erfahrung.
Oft empfohlen: Prof. Dr. Norbert Wimmer, Florian Degenhardt („sehr gut im Vertragsrecht", Mandant)
Team: 4 Eq.-Partner, 5 Counsel, 6 Associates
Schwerpunkte: Infrastrukturprojekte zunehmend auf Bieter-, Investoren- oder Bankenseite; ▷*Finanzierungen* aus öffentl.-rechtl. Perspektive (Kommunalrecht, Verfassungsrecht, ▷*Beihilferecht*); Finanzierungen von Verkehrsträgern wie Flugzeuge u. transaktionsbegleitendes Regulierungsrecht (Binnenschifffahrtsrecht); Prozesserfahrung.
Mandate: Meag, u.a. zur Refinanzierung des brit. Thameslink-Rolling-Stock-Projekts; Daimler umf. regulator. im Dieselkomplex u. zu regulator. Zukunftsthemen; AirServiceBerlin entgeltregulator.; Investmentmanager, u.a. zu Verkauf u. Rückvermietung von Flugzeugen; Dt. Bank zu Finanzierung u. Projektverträgen A7; UniCredit zu Finanzierung, Projektverträgen sowie Ausstieg eines Sponsors aus der A8-Projektgesellschaft; E-Go regulator.; Land Ba.-Wü. zu Finanzierung von Stuttgart 21; lfd. Aeroméxico.

ESG-Aspekte im Steuerrecht

Von Matthias Hülsmann und Dr. Boris Scholtka, Ernst & Young Law GmbH, Berlin

Matthias Hülsmann ist Steuerberater und Partner bei der EY Wirtschaftsprüfungsgesellschaft in Berlin. Als Tax Sustainability Leader für Deutschland betreut er sowohl globale Konzerne als auch große Familienunternehmen und mittelständische Unternehmen.

Dr. Boris Scholtka ist Rechtsanwalt und Partner bei der EY Law Rechtsanwalts- und Steuerberatungsgesellschaft in Berlin. Als Head of Energy Law verantwortet er in Deutschland den Fachbereich Energierecht. Er betreut seit über 20 Jahren Mandanten aus der Energiewirtschaft, Mittelstand und Industrie sowohl beratend, forensisch und in Schiedsverfahren. Er ist wissenschaftlicher Beirat des Instituts für Energiewirtschaftsrecht der Universität Köln.

Die **Ernst & Young Law GmbH** ist eine eigenständige Rechtsanwaltsgesellschaft und gleichzeitig Teil der globalen Organisation von EY. Mit 13 nationalen Standorten und mehr als 2.400 Mitarbeitern in über 90 Ländern beraten wir Sie umfassend in allen Fragen des Wirtschaftsrechts.

Kontakt
Ernst & Young GmbH
Wirtschaftsprüfungsgesellschaft
Friedrichstraße 140
10117 Berlin
Matthias.Hülsmann@de.ey.com
Boris.Scholtka@de.ey.com
T +49 30 25471 0
www.ey-law.de

Weitere Informationen zur Kanzlei in der Anzeige auf Seite 3, 152

„Environmental", „Social" und „Governance" (ESG) sind die Schlagwort gewordenen Herausforderungen, vor denen Unternehmen im 21. Jahrhundert stehen. Vielfältige Einzelaspekte von der wachsenden Regelungsdichte, Umwelt- und Klimafragen sind Treiber dieser drei Themenbereiche. Sie prägen nicht nur zunehmend rechtliche Strategien von Unternehmen und haben im Bereich von Unternehmenstransaktionen und Finanzierung einen eigenen Stellenwert. Längst spielen sie auch in den Bereich Steuern bisweilen offenkundig, öfter aber auf versteckte Weise hinein. Unternehmen müssen in ihre ESG-Strategie daher zwingend steuerliche Fragestellungen aufnehmen. Eine integrierte ESG-Steuer-Strategie sollte die Anforderungen der nachhaltigen Transformation nicht nur erfüllen, sondern gleichsam Potenziale nutzen, um einen Mehrwert zu schaffen.

Environmental

Eine zentrale Angelegenheit unserer Zeit ist die nachhaltige Gestaltung der Wirtschaft. Längst ist dieses Thema durch diverse Themen aus dem weit gefächerten Bereich Sustainability/Energy/Environmental geradezu uferlos geprägt. Emissionshandel bzw. CO_2-Abgaben, Plastik- und Verpackungssteuern, Umweltsteuern und Steuervorteile für umweltfreundliche Maßnahmen sind auch in den Steuerrechtsordnungen vieler Jurisdiktionen verortet. Weltweit existieren über 2.700 Steuern bzw. Abgaben mit einem umweltfreundlichen Hintergrund. In diesem Zusammenhang ist erkennbar, dass Steuerpolitik neben einem gerechten fiskalischen Rahmen auch zunehmend umweltorientierten Lenkungswirkungen unterliegt. Neben dem direkten steuerlichen Mehraufkommen (z.B. durch die Verpackungssteuer im Vereinigten Königreich) und steuerlichen Entlastungen (z.B. Steuerbefreiung von Elektroautos in einem Fuhrpark) ist der Themenkomplex Umwelt und Steuern an vielen Stellen weniger offenkundig. Auch entlang von Lieferketten oder durch Berücksichtigung von ESG-Maßnahmen im Geschäftsmodell oder Vertrieb können sich steuerliche Fragen (z.B. nach Verrechnungspreisen innerhalb verbundener Unternehmen) stellen, die nicht auf den ersten Blick umweltrelevante Hintergründe haben.

Social

Immer häufiger werden Besteuerungssysteme nicht nach isolierten fiskalischen Gesichtspunkten betrachtet, sondern auch in ihrer sozialen oder soziokulturellen Dimension. Der Themenbereich Steuern korreliert mit der Einhaltung von Menschenrechten dort, wo Steuerwettbewerb, gesetzeswidrige Finanzströme und Korruption dazu führen, dass Nationen zu wenig Investitionsmöglichkeiten in soziale Bereiche (Bildung, Infrastruktur, Gesundheitswesen) oder eine Unabhängigkeit der öffentlichen Verwaltung haben. Gerade in Entwicklungsländern bestehen Risiken, dass sich Steuervermeidung und Schattenwirtschaft negativ auf soziale Strukturen auswirken. Doch auch andere gegenwärtige soziale Fragen nach Diversität und Gleichberechtigung spielen eine zunehmende Rolle für Unternehmen. Die Frage nach Unternehmenskultur und -klima, gesellschaftlichem Engagement und Toleranz spielt auch mit Blick auf den ESG-Themenkomplex eine wichtige Rolle. Wo neue Arbeitsmodelle (remote work, workation usw.) angeboten werden, muss in diesem Zusammenhang auf die Arbeitsbedingungen und -schutz ebenso geachtet werden, wie die Einhaltung des entsprechenden Lohnniveaus gemäß der EU-Entsenderichtlinie.

Governance

Auch die verantwortungsvolle Unternehmensführung rückt aufgrund des breit gefächerten öffentlichen Interesses zunehmend in den Mittelpunkt. Hier sind Unternehmen unverändert darangehalten, geltendes Recht einzuhalten. Das ist jedoch inzwischen angesichts der regulatorischen Gemengelage komplex. Denn nachhaltiges Wachstum ist Gegenstand zweier EU-Verordnungen, der Offenlegungs-Verordnung (EU) 2019/2088 und die Taxonomie-Verordnung (EU) 2020/852, die darauf gerichtet sind, zur Umsetzung der EU-Nachhaltigkeitsinitiative (den sog. European Green Deal) beizutragen.

Auch der zukünftige Carbon Border Adjustment Mechanism (CBAM) fällt in diesen Bereich. Doch sind die international vorgegebenen Regelwerke in Mitgliedstaaten sowie in Drittländern uneinheitlich umgesetzt, was Unternehmen die Minimierung von Rechtsbrüchen erschwert. Der Bereich Governance ist zusätzlich vor allem durch die Bestrebung nach einer steigenden Steuerehrlichkeit und Transparenz gekennzeichnet. Anhand der Meldeverpflichtung grenzüberschreitender Steuergestaltungen (DAC6) oder des Public CbCR (Country-by-Country Reporting), im Rahmen dessen Finanzverwaltungen unterschiedlicher Länder Unternehmensdaten austauschen, ist bereits jetzt die Verstärkung der Regelungsdichte zu erkennen. Doch neben Einzelmaßnahmen rücken auch die steuerliche Aufrichtigkeit insgesamt sowie ein Handeln nach ethischen Maßstäben in den Vordergrund. So ist beispielsweise für die Voraussetzungen für die Inanspruchnahme der inzwischen eingeführten Energiepreishilfen, dass das Unternehmen u.a. bestätigt, dass es keine Steuervermeidung betreibt. Um zu verstehen, wo sich Unternehmen und ihre Wertschöpfungsketten auf der Welt befinden, wie sie arbeiten und wo sie Steuern zahlen, hat die OECD bereits 2018 die Datenbank ADIMA (Analytical Database on Individual Multinationals and Affiliates) installiert. Dieses nutzt eine Reihe offener Big-Data-Quellen wie Jahresabschlussberichte, Nachrichtenagenturen, Internetseiten und Wikidata, sodass Unternehmen mit Fingerspitzengefühl darauf achten müssen, was von ihnen oder über sie publiziert wird.

GRI-Standard 207

ESG-Berichterstattung kann nach verschiedenen Standards erfolgen. Dazu gehören diejenigen der Global Reporting Initiative (GRI), die Principles for Responsible Investment (PRI) sowie die Standards des International Business Council (IBC) des World Economic Forum oder diejenigen der Task Force on Climate-related Financial Disclosures (TFCD). Zu den Kriterien zählen oft auch steuerliche Faktoren. Bei den DAX40-Unternehmen gilt etwa der GRI-Standard 207 Tax mit mehreren Unterpunkten und Anforderungen (z.B. Steuerkonzept, effektives Steuerkontrollsystem, Zusammenarbeit mit Steuerbehörden).

Handlungsansatz

Ziel sollte nicht sein, für ESG-Themen ein paralleles Risikomanagement aufzubauen. Die Herausforderung der drei Themenbereiche besteht vielmehr darin, dass sie in bestehende Strukturen integriert werden müssen. Anhand von drei Stufen lässt sich ein Projektansatz darstellen, der einzelfallbezogen angepasst werden muss:

Schritt 1: Kommunikation

Die Interessengruppen mit Bezug zu einem Unternehmen (Anteilseigner, Investoren, Kunden, Banken) sind nicht erst dann in ESG-Prozesse einzubinden, wenn Probleme bereits aufgetreten sind. Unternehmen sollten Akteure und ihre Erwartungshaltungen konsistent im Blick haben und mit einer Matrix auswerten, mit welchen Gruppen auf welche Art und Weise kommuniziert wird und wie sie in die unternehmenseigene Kommunikationsstrategie eingebunden werden können.

Schritt 2: Datenstruktur für Berichterstattungspflichten

Allein die Feststellung des Status Quo zu unternehmensspezifischen Nachhaltigkeitsthemen kann sich aufgrund von Schwierigkeiten in der Informations- und Datenbeschaffung oder durch Medienbrüche schwierig gestalten. Gerade Unternehmen mit einer dezentralisierten Struktur müssten – exemplarisch nach der Diversität der Beschäftigten in einzelnen Tätigkeitsländern gefragt – zahlreiche einzelne Unternehmensfunktionen und Informationsquellen bemühen, die mitunter manuell die relevanten Daten zusammentragen müssten. Je eher die Notwendigkeit einer solchen Datenbeschaffung erkannt wird, umso zeitiger müssen Zugriffe, Auswertungsmöglichkeit und Plausibilitätsprüfungen organisiert werden. Das Vorliegen strukturierter Daten spart Zeit und Geld, weil hierdurch ein integriertes und aggregiertes Abfragen und Berichten ermöglicht wird. Diese sollten zentral und ohne manuellen Eingabeaufwand zusammenlaufen und gesichert werden, was eine Festlegung von Prozessen, Kontrollinstanzen und Verantwortlichkeiten voraussetzt. Dabei kann auf Erfahrungen und Strukturen bestehender interner Kontrollsysteme zurückgegriffen werden.

Schritt 3: Erweiterung des Risikomanagementsystems

Der allgemeine Risikomanagementprozess muss um ESG-Risiken erweitert werden, ohne Parallelsysteme zu erschaffen. Dafür müssen nicht nur punktuelle und öffentlichkeitswirksame Maßnahmen getroffen, sondern möglichst umfassende Ansätze vorbereitet werden. Für alle etwaigen Einzelfälle, die einem Unternehmen im ESG-Bereich Schwierigkeiten verursachen könnte, sollten Vorkehrungen getroffen werden. Das kann beispielsweise vom Wasserpegel der Transportwege angefangen, über den Plastikanteil der vom Subunternehmen benutzten Verpackungsmaterialien bis hin zur Menschenrechtssituation in einem Marktstaat des Unternehmens reichen. Pro-aktives Vorantreiben der ESG-Themen im Unternehmen, d.h. aktive Identifizierung von Schlüsselthemen und Ermittlung des Handlungsbedarfs sowie der sich hieraus ergebenden Chancen und möglicher Wettbewerbsvorteile. Nach Ermittlung der Dringlichkeit steht die Umsetzung, um so jenseits von einer reinen Risikobetrachtung ggf. bestehende Marktchancen zu realisieren und für eine bessere Unternehmensaufstellung im weiten Feld ESG zu sorgen. Da derartige Einzelfälle nicht im Detail vorbereitet und mit Blaupausen versehen werden können, gilt auch hier, rechtzeitig etwaige Probleme zu identifizieren. Eine planmäßige, zeitgerechte und wiederkehrende Kontrolle von ESG-Risiken kann hier gewissermaßen ein Frühwarnsystem bilden. Das bedarf interner Kapazitäten und wachsender Kompetenzen. ∎

KERNAUSSAGEN

- Die Themen Umwelt, Soziales und Unternehmensführung stehen in einem nie dagewesenen Maße im Blick der Öffentlichkeit und aufgrund des politischen Drucks erhöht sich die Regelungsdichte.
- Der ESG-Themenbereich wirkt dabei nicht oberflächlich und punktuell auf Unternehmen ein, sondern auf breiter Fläche und mitunter in verborgenen und unberücksichtigten Bereichen.
- Steuerthemen werden kontinuierlich aus ESG-Perspektiven getrieben sein, sodass die Steuerfunktion sich reorganisieren muss.
- Die Handlungsstrategie aus Kommunikation, Datenstruktur und Integration in Risikoevaluierungsprozesse verspricht neben einem größtmöglichen Maß der Vorbereitung auch eine Sensibilität für ESG-Risiken.

Steuern – Konzern-, Transaktions-, Finanzsteuerrecht

Ohne geht es nicht

Steuerrechtliche Kompetenz im Umfeld von Unternehmen ist gefragt wie selten. Transaktionen boomen, transaktionsnahes Geschäft wie Umstrukturierungen, Carve-outs, Restrukturierungen und die Begleitung von Joint Ventures ebenso. Zudem nimmt die Arbeit bei Steuerverfahren zu. Egal ob sogenannte Advanced Pricing Agreemets (APA), Schieds- und Verständigungs-, komplexe Finanzgerichtsverfahren oder gar die Beratung an der Schnittstelle zum Steuerstrafrecht: Litigation- und Compliance-Themen erleben einen Aufwind wie lange nicht mehr – nicht zuletzt, weil Finanzverwaltungen, Betriebsprüfung und Staatsanwaltschaften immer genauer hinschauen und der allgemeinen Marktwahrnehmung nach zunehmend aggressiver sind.

Reformeifer schafft Arbeit

Vor allem aber ist es der Gesetzgeber, der immer komplexere Fragen aufwirft. Nationale wie europäische Initiativen sowie die OECD halten die konzernsteuerrechtlichen Berater derzeit auf Trab. An steuerpolitischen Maßnahmen mangelte es in den vergangenen Monaten nicht – und sie setzten an den unterschiedlichsten Ecken an. Teils kamen sie „aus der Mottenkiste", wie ein Steuerberater mit Blick auf die Pflichten zur Offenlegung von IP-Strukturen nach § 49 EStG meint, die vor allem internationale US-Konzerne und Unternehmen aus Asien betrifft.

Anders die Reform der Grunderwerbsteuer, die nicht nur bei Immobiliengesellschaften für viel Beratungsbedarf sorgte, sondern Unternehmen jeglicher Couleur vor schwierige Herausforderungen stellen kann. Immerhin halten auch zahllose Firmen Immobilien, deren Kerngeschäft nicht im Real-Estate-Bereich liegt. Berater sehen die Reform kritisch, denn sie verursacht sowohl in der Finanzverwaltung als auch bei den Unternehmen einen enormen Verwaltungsaufwand. Auf der anderen Seite bescherte sie aber den entsprechend aufgestellten Beratern reichlich Arbeit.

Pillar II wird auch Anwaltsthema

Über allem thronen derzeit aber die im Markt als BEPS 2.0 bekannten Initiativen der OECD zu Pillar I und vor allem Pillar II. Hinter Ersterem steckt das Bemühen um eine fairere Verteilung von Besteuerungsrechten zwischen Ansässigkeitsland und dem Land, in dem Gewinne erwirtschaftet werden. Betroffen sind große multinationale Konzerne mit mehr als 20 Milliarden Euro Umsatz. Ob die Umsetzung noch 2023 klappt, ist derzeit fraglich.

Pillar II wiederum meint eine globale Mindestbesteuerung von Unternehmensgewinnen – und dort liegt deutlich größerer Zündstoff und Beratungsbedarf. Immerhin 800 deutsche Unternehmen sollen unmittelbar von Pillar II betroffen sein. Hinzu kommt der Beratungsbedarf bei ausländischen Unternehmen. Ende Dezember 2021 haben sich 130 Staaten auf Grundregeln geeinigt, die EU arbeitet parallel an Umsetzungsmodalitäten. Prognosen gehen davon aus, dass es 2024 zum Schwur kommen wird.

Konzernsteuerrechtlich engagierte Kanzleien wie **Linklaters**, **Freshfields Bruckhaus Deringer** oder **Hengeler Mueller** werden trotz der Dringlichkeit, die eine Maßnahme wie Pillar II mit sich bringt, kaum damit anfangen, globale Steuererklärungen für ihre Mandanten anzufertigen. Derlei Geschäft bleibt Sache der Big-Four- und – mit Abstrichen – der ihnen folgenden Beratungsgesellschaften.

Die punktuelle Beratung bei komplexen Einzelfragen in Bezug auf internationale Steuerplanungs- und Verfahrensthemen ist allerdings ein Terrain, auf dem sich mittlerweile viele der steuerlich ambitionierten Anwaltskanzleien bewegen. Selbst nahezu ausschließlich auf Transaktionen ausgerichtete Praxen von US-Kanzleien haben zuletzt vermehrt Anfragen von ihren Mandanten bekommen, die über das Geschäft mit Deals hinausgehen und sich stärker mit steuerpolitischen Fragen beschäftigen.

Kommt es zur Hybridgesellschaft?

So ist es auch kaum verwunderlich, dass sich Beratungsgesellschaften selbst in einem Wandel befinden. Während die Steuerberatungsgesellschaft WTS etwa immer mehr auf High-End-Beratung jenseits des klassischen Outsourcings setzt – ohne dabei ihre Kernkompetenzen aus den Augen zu verlieren –, hat die für ihre Erfahrung mit komplexen und komplizierten Sachverhalten bekannte Kanzlei **Flick Gocke Schaumburg** zuletzt auch mit Themen wie Automatisierung, Deklarati-

---

> **Weiterführende Inhalte**
>
> Auf den folgenden Seiten bieten wir Ihnen ausgewählte Rankings sowie Erläuterungen zu aktuellen Entwicklungen im Markt der Steuerrechtsberater.
>
> Detaillierte Analysen und Bewertungen von Kanzleien und Steuerberatungsgesellschaften finden Sie in gewohnter Qualität im gedruckten JUVE-Handbuch Steuern oder unter **www.juve-steuermarkt.de/juve-rankings/berater/**.
>
> Dort finden Sie zudem weitere Rankings, und zwar zu Verrechnungspreisen, Umsatzsteuer, Zoll und Verbrauchssteuern, Personenbezogenen Unternehmenssteuern sowie Prozessvertreter bei Steuerstreitigkeiten und Berater für Vermögende Privatpersonen. Außerdem halten wir Sie auf der Website und mit unserem zweiwöchigen Newsletter mit Nachrichten und Hintergrundberichten auf dem Laufenden.
>
> Die Rankings in diesem Abschnitt entsprechen denen im **JUVE Handbuch Steuern**, das im Frühjahr 2022 erschienen ist.

on und sogar Outsourcing ihr Geld verdient.

In dieses Bild passt auch die Personalie Ellen Birkemeyer: Zunächst mutete ihr Wechsel von KPMG zu **Allen & Overy** überraschend, wenn nicht sogar seltsam an. Die Rechtsanwältin und Steuerberaterin gilt als Fachfrau für Prozessanalysen sowie für die Implementierung und Wartung von TCMS. Passt das zum ansonsten auf steuerjuristisches Hochreck ausgerichtete Geschäft der britischen Top-Kanzlei? Das tut es. Birkemeyer erweitert die Fertigkeiten der Praxis um präventives Know-how, was vor allem bei Prozessanalyse und -neuimplementierung auch unter Einbindung digitaler TCMS-Lösungen zum Tragen kommt. Wenn man so will, könnte die Zukunft des Steuermarktes also in Hybridgesellschaften liegen, die sowohl komplexe Gestaltungsberatung als auch das laufende Geschäft im Portfolio haben – ohne aber zwingend mit der Aufstellung einer MDP-Einheit daherzukommen.

Vorläufig ist es noch nicht soweit, vielmehr teilen sich den anwaltlichen Beratungsmarkt im Wesentlichen hoch spezialisierte Einheiten, MDP-Kanzleien und Großkanzleien mit starken gesellschaftsrechtlichen Praxen.

Transaktionen boomen

Was Transaktionen angeht, war das Jahr zwei der Corona-Pandemie weltweit und in Deutschland ein Jahr der Superlative – sowohl was die Anzahl der Transaktionen als auch das Dealvolumen angeht. Für Beratungsgesellschaften und Kanzleien ist diese Entwicklung Fluch und Segen zugleich.

Viele Steuerpraxen in den transaktionsstarken Kanzleien – die meisten im Vergleich zu den Transaktionsteams eher von moderater Größe – liefen am Limit. Aber nicht nur sie, auch mittelgroße und große Steuerberatungseinheiten berichten von zahlreichen parallelen Mandaten hinter ‚Chinese Walls'.

Ein Grund für die Kauffreude ist, dass nach dem Corona-Jahr 2020 die Kassen von Finanzinvestoren prall gefüllt waren und nach wie vor sind. Laut einer Studie von PricewaterhouseCoopers (PwC) gingen gut 43 Prozent der Deals auf das Konto von Private-Equity-, 57 Prozent auf das strategischer Investoren.

Klare Aufgabenverteilung

Wer welche Tätigkeit bei einem Deal – vor allem bei hochvolumigen – übernimmt, scheint nach wie vor relativ klar zu sein. Während der rechtliche Teil – und damit meist auch die steuerlichen Vertragsklauseln – bei Großkanzleien wie **Freshfields**, **Hengeler** oder **Latham & Watkins** liegt, kümmern sich vor allem die Big-Four-Gesellschaften sehr häufig um die Strukturierung und fast immer um die Tax Due Diligence. Ernst & Young gilt nach wie vor als Maß aller Dinge, wenn es um die Beratung von Private-Equity-Häusern geht. PwC gilt als führende Beraterin für den Immobiliensektor.

Trotzdem sind leichte Verschiebungen durchaus erkennbar. Wirtschaftskanzleien gelingt es immer häufiger, auch die Strukturierung an sich zu reißen. Vor allem bei Private-Equity- und Immobiliendeals sind es nicht mehr nur Big-Four-, Next-Six- oder reine Steuerberatungsgesellschaften, die das Zepter in der Hand halten. Auch Sozietäten wie **Noerr**, **DLA Piper**, **Linklaters**

Konzernsteuern – steuerrechtliche Gestaltungs- und Projektberatung

★★★★★
Flick Gocke Schaumburg	Berlin, Bonn, Düsseldorf, Frankfurt, Hamburg, München, Stuttgart
Freshfields Bruckhaus Deringer	Düsseldorf, Frankfurt, Hamburg, München
Linklaters	Düsseldorf, Frankfurt, München

★★★★
Milbank	München

★★★
Baker McKenzie	Frankfurt, München
Baker Tilly	Berlin, Dortmund, Düsseldorf, Leipzig, München, Nürnberg, Stuttgart
Clifford Chance	Frankfurt
Gleiss Lutz	Frankfurt, Hamburg, Stuttgart
Hengeler Mueller	Frankfurt, München
Noerr	Berlin, Düsseldorf, München

★★
Allen & Overy	Frankfurt, München
CMS Hasche Sigle	Berlin, Düsseldorf, Frankfurt, Hamburg, München, Stuttgart
Dentons	Berlin, Frankfurt
DLA Piper	Frankfurt
Ebner Stolz Mönning Bachem	Hamburg, Köln, Stuttgart
McDermott Will & Emery	Frankfurt, München

★
Advant Beiten	Düsseldorf, Frankfurt
BRL Boege Rohde Luebbehuesen	Hamburg
Eversheds Sutherland	München, Düsseldorf
GLNS	München
GvW Graf von Westphalen	Frankfurt
Heuking Kühn Lüer Wojtek	Düsseldorf, Frankfurt, Hamburg
Rödl & Partner	Hamburg, München, Nürnberg, Stuttgart
SZA Schilling Zutt & Anschütz	Frankfurt, Mannheim

Die Auswahl von Kanzleien und Personen in Rankings und tabellarischen Übersichten ist das Ergebnis umfangreicher Recherchen der JUVE-Redaktion. Sie ist in 2erlei Hinsicht subjektiv: Die Aussagen der befragten Quellen sind subjektiv u. spiegeln deren Erfahrungen u. Einschätzungen. Die JUVE-Redaktion wiederum analysiert die Rechercheergebnisse unter Einbeziehung ihrer eigenen Marktkenntnis. Der JUVE Verlag beabsichtigt keine allgemeingültige oder objektiv nachprüfbare Bewertung. Es ist möglich, dass eine andere Recherchemethode zu anderen Ergebnissen führt. Innerhalb einzelner Gruppen in Rankings und tabellarischen Übersichten sind Kanzleien und Personen alphabetisch sortiert.

Transaktionssteuern – steuerliche Vertragsgestaltung

★★★★★
Freshfields Bruckhaus Deringer	Düsseldorf, Frankfurt, Hamburg, München
Linklaters	Düsseldorf, Frankfurt, München

★★★★
Clifford Chance	Frankfurt
Gleiss Lutz	Frankfurt, Hamburg, Stuttgart
Hengeler Mueller	Frankfurt, München
Milbank	München

★★★
Allen & Overy	Frankfurt
Baker McKenzie	Frankfurt
CMS Hasche Sigle	Berlin, Frankfurt, Hamburg, München, Stuttgart
Flick Gocke Schaumburg	Berlin, Bonn, Frankfurt, Hamburg, München
Hogan Lovells	Düsseldorf, München
Latham & Watkins	München
Noerr	Berlin, München
Poellath	Berlin, München

★★★ (unten)
DLA Piper	Frankfurt
Ebner Stolz Mönning Bachem	Hamburg, Köln, Stuttgart
White & Case	Frankfurt

★★
Baker Tilly	Berlin, Hamburg, Leipzig, München, Stuttgart
BRL Boege Rohde Luebbehuesen	Berlin, Hamburg
Dentons	Berlin, Frankfurt
Heuking Kühn Lüer Wojtek	Düsseldorf, Frankfurt, Hamburg, München
Jones Day	Frankfurt
Luther	Frankfurt, Hannover, München
McDermott Will & Emery	Frankfurt, München
Skadden Arps Slate Meagher & Flom	Frankfurt
Weil Gotshal & Manges	Frankfurt, München
Willkie Farr & Gallagher	Frankfurt
Ypog	Berlin, Hamburg, Köln

★
Advant Beiten	Düsseldorf, Frankfurt
AHB Arends Hofert Bergemann	Hamburg
Cleary Gottlieb Steen & Hamilton	Frankfurt
Eversheds Sutherland	Düsseldorf, München
GLNS	München
Görg	Köln
GSK Stockmann	Frankfurt, München
GvW Graf von Westphalen	Frankfurt
Honert	München
King & Spalding	Frankfurt
Norton Rose Fulbright	Frankfurt
PKF Fasselt	Duisburg, Braunschweig
Renzenbrink & Partner	Hamburg
Rödl & Partner	München, Nürnberg, Stuttgart
Shearman & Sterling	München
SZA Schilling Zutt & Anschütz	Frankfurt, Mannheim

Die Auswahl von Kanzleien und Personen in Rankings und tabellarischen Übersichten ist das Ergebnis umfangreicher Recherchen der JUVE-Redaktion. Sie ist in 2erlei Hinsicht subjektiv: Die Aussagen der befragten Quellen sind subjektiv u. spiegeln deren Erfahrungen u. Einschätzungen. Die JUVE-Redaktion wiederum analysiert die Rechercheergebnisse unter Einbeziehung ihrer eigenen Marktkenntnis. Der JUVE Verlag beabsichtigt keine allgemeingültige oder objektiv nachprüfbare Bewertung. Es ist möglich, dass eine andere Recherchemethode zu anderen Ergebnissen führt. Innerhalb einzelner Gruppen in Rankings und tabellarischen Übersichten sind Kanzleien und Personen alphabetisch sortiert.

---

oder **Heuking Kühn Lüer Wojtek** kommen hier immer häufiger zum Zuge.

Ein weiteres Beispiel in diesem Zusammenhang ist **Gleiss Lutz** – der Kanzlei ist dieses Kunststück zuletzt auch bei Corporate-Deals geglückt. So beriet sie etwa AppLovin beim Kauf von Adjust sowie Deutsche Post/DHL beim Kauf von J.F. Hillebrand nicht nur bei der steuerlichen Vertragsgestaltung, sondern auch bei der Strukturierung, und sie zog hier und da sogar die Tax Due Dilligence an sich – das aber eher im Zusammenhang mit Small- und Mid-Cap-Deals.

Diese Entwicklung tut dem Geschäft von Wirtschaftsprüfungs- und Steuerberatungsgesellschaften insgesamt aber keinen Abbruch, und in einem Punkt herrscht Einigkeit im Markt: Bei grenzüberschreitenden Deals, die viele Jurisdiktionen betreffen, werden die Mandanten für lange Zeit nicht an den Big Four und Co. vorbeikommen.

Finanzsteuern bleiben im Cum-Modus

Kaum Entwicklungen gab es bei den klassischen Wirtschaftskanzleien zuletzt in Bezug auf das Thema Finanzsteuern. Die allermeisten Sozietäten haben an ihrer bewährten Aufstellung nicht gerüttelt – auch weil dafür angesichts ihrer hohen Auslastung kaum Gelegenheit und Notwendigkeit bestand.

Beherrschte die Aufbereitung von Cum-Ex-Strukturen bereits in den vergangenen Jahren die Agenden in Großkanzleien wie **Allen & Overy**, **Clifford Chance** oder **Linklaters**, trat seit dem zweiten Halbjahr 2021 mit Wucht endgültig auch die Cum-Cum-Beratung hervor. Wesentlicher Grund: das Schreiben des Bundesfinanzministeriums vom Sommer 2021, das die kritische Linie vor allem des Finanzgerichts Hessen hinsichtlich der Zurechnung des wirtschaftlichen Eigentums und damit Fragen zum Gestaltungsmissbrauch untermauerte. Seitdem entsteht eine Verhandlungs- und Klagewelle am Markt, in der sich investierte Banken und Finanzinstitute, die Cum-Cum-Produkte verkauft haben, gegenüberstehen. Hinzu kam die Anfrage der BaFin an die Geldhäuser, Cum-Cum-Strukturen offenzulegen, die zu starker Beratungsnachfrage führte.

Fondsgeschäft lastet Steuerrechtler aus

Gleichzeitig haben die genannten Kanzleien, aber auch ausgewiesene Fondssteueradressen wie **Flick Gocke Schaumburg**, **Poellath**, **Ypog** oder das noch immer junge Team von **Noerr** mit der Nachfrage bei Fondsinvestments und -strukturierungen alle Hände voll zu tun, denn der Anlagedruck bei Investoren reißt nicht ab. Das führt zu mehr Co-Investments und zur Auflage von Annex-Fonds, um mehr Investoren beteiligen zu können, sowie zum vermehrten Screening für Fondsgesellschaften und -manager, mit dem Ziel, neue Investitionsplattformen aufzubauen. Die Kanzleien wissen kaum, wie sie die Nachfrage noch bedienen können – was selbst für den Shootingstar unter den Praxen, **Ypog**, gilt, und zwar trotz massiver Aufstockung im personellen Unter- und im Mittelbau.

Tech auf dem Vormarsch

In Sachen IT-Unterstützung ist die steuerliche Arbeit der juristischen auf vielen Ebenen ein gutes Stück voraus, bietet sich dafür aber auch in vielerlei Hinsicht eher an. Das gilt in Unternehmen beim Thema Tax Compliance ebenso wie – in Teilen – Tax Operations.

Es gilt aber auch für die im Steuerkontext beratenden Unternehmen. In der Beratungsdisziplin Tax Tech und Tax Transformation war zuletzt viel Musik drin, wenn auch meist abseits der wirtschaftsberatenden Anwaltskanzleien. Allerdings verstärkte **Flick Gocke Schaumburg** im Frühjahr ihre Techtochter mit Experten von Deloitte und **Rödl & Partner**.

Die wahren Treiber von Tax Tech sind jedoch weiterhin in den WP-Gesellschaften zu finden. Zwei ehemalige Partner von Ernst & Young gründeten mit Greenfield die hierzulande erste ausschließlich auf Tax Technology und Tax Transformation ausgerichtete Boutique. Ernst & Young wiederum hat reagiert und ihre marktführende Service Line für Tax Technology aufgelöst und (zurück) in die fachlichen Service Lines integriert. WTS geht den umgekehrten Weg und hat ein speziell auf die Digitalisierung ausgerichtetes Team geschaffen, das in puncto personeller Schlagkraft mittlerweile locker mit den Big Four mithalten kann.

Hier schließt sich der Kreis, denn auch wenn die Herangehensweisen unterschiedlich sind, sind sich die meisten einig: Die Einhaltung globaler Tax-Compliance-Pflichten, internationale Outsourcing-Projekte und etwa auch komplizierte Umsatzsteuerproblematiken werden ohne digitale Hilfsmittel nicht mehr zu bewältigen sein. Auch wenn die steuerrechtliche Gestaltungsberatung dadurch nicht verschwindet, so ist auch sie zumindest auf derlei Entwicklungen angewiesen.

Konzernsteuern: Das Ranking erfasst Kanzleien, die bei der Gestaltung konzernsteuerrechtlicher Strukturen beraten, etwa durch Umstrukturierungen, ggf. auch vor oder nach einer M&A-Transaktion oder Börsengängen, die Steuerplanung mit Holdinggesellschaften im In- und Ausland sowie die Verlagerung von Unternehmensfunktionen.

Transaktionssteuern: Das Ranking erfasst Kanzleien, die bei der steuerlichen Strukturierung von Transaktionen sowie deren vertraglicher Umsetzung beraten. Zudem finden besondere Kompetenzen bei der Tax Due Diligence und ggf. Financial Advisory Erwähnung. Im Mittelpunkt steht die Beratung bei den gängigen Transaktionstypen.

Finanzsteuern: Das Ranking erfasst Kanzleien, die Finanzdienstleister, Kapitalverwaltungsgesellschaften, Investoren und Unternehmen finanzsteuerlich beraten. Projekte sind u.a. Fondsstrukturierung, die steuerliche Strukturierung von Fondsinvestments, die Begleitung von Emissionen und von Kredit-, Akquisitions- und Projektfinanzierungen. Auch Compliance-Beratung und finanz- und/oder zivilrechtliche Prozesse spielen eine Rolle.

Finanzsteuern – produktfokussierte Beratung der Finanzindustrie

★★★★★	
Clifford Chance	Frankfurt
★★★★	
Allen & Overy	Frankfurt
Linklaters	München
Poellath	Berlin, Frankfurt, München
Ypog	Berlin, Hamburg, Köln
★★★	
Flick Gocke Schaumburg	München
Noerr	Frankfurt, München
★★	
Baker McKenzie	Frankfurt
Freshfields Bruckhaus Deringer	Frankfurt
Hengeler Mueller	Frankfurt
Hogan Lovells	Düsseldorf, München
Jones Day	Frankfurt
WTS	Frankfurt
★	
GSK Stockmann	Frankfurt, München
Simmons & Simmons	Frankfurt
White & Case	Frankfurt

Die Auswahl von Kanzleien und Personen in Rankings und tabellarischen Übersichten ist das Ergebnis umfangreicher Recherchen der JUVE-Redaktion. Sie ist in 2erlei Hinsicht subjektiv: Die Aussagen der befragten Quellen sind subjektiv u. spiegeln deren Erfahrungen u. Einschätzungen. Die JUVE-Redaktion wiederum analysiert die Rechercheergebnisse unter Einbeziehung ihrer eigenen Marktkenntnis. Der JUVE Verlag beabsichtigt keine allgemeingültige oder objektiv nachprüfbare Bewertung. Es ist möglich, dass eine andere Recherchemethode zu anderen Ergebnissen führt. Innerhalb einzelner Gruppen in Rankings und tabellarischen Übersichten sind Kanzleien und Personen alphabetisch sortiert.

Technologie und Medien

872 Informationstechnologie und Datenschutz
885 Medien
897 Presse- und Äußerungsrecht

Die Digitalisierung ist nicht zu stoppen

Deutsche Unternehmen beschäftigen sich mehr denn je mit der Digitalisierung und der Frage, wie sie ihre Daten nutzen können. Dazu zählen Medienunternehmen genauso wie Plattformen mit einem rein digitalen Geschäftsmodell, klassische Industrie- und Finanzunternehmen, der Handel und die öffentliche Hand. Die Beratung zum IT-Recht und Datenschutz genauso wie zum Medienrecht greifen dabei immer häufiger als früher ineinander.

Das hat den Effekt, dass die IT- und Datenschutzrechtler mehr denn je ins Zentrum der Kanzlei rücken. Sie arbeiten mit anderen Praxisgruppen eng zusammen und decken so die Bandbreite in Digitalisierungsprojekten ab. Schon früh lebten die Praxen von **Osborne Clarke**, **CMS Hasche Sigle**, **Bird & Bird**, **Taylor Wessing** oder **DLA Piper** dies vor. Doch auch bei Wettbewerbern gewinnen die IT- und Datenschutzrechtler an Relevanz. Zugenommen haben etwa IT-Vergaben, denn die öffentliche Hand steht unter massivem Digitalisierungsdruck. Präsent sind diesbezüglich die IT-Einheiten, die über starke Öffentlichrechtler verfügen, wie etwa **Redeker Sellner Dahs** und **GvW Graf von Westphalen**. Auch aus Transaktionen sind die IT- und Datenschutzrechtler nicht wegzudenken, weil die technologische Infrastruktur ein immer wichtigeres Asset wird. Traditionell stark treten die transaktionsgetriebenen Einheiten wie **Freshfields Bruckhaus Deringer** und **Latham & Watkins** auf. Letztere ist es auch, die an der Schnittstelle zum Arbeitsrecht, v.a. zum Arbeitnehmerdatenschutz, präsent ist wie keine zweite.

Alles in die Cloud

Nicht wegzudenken aus den Mandatsportfolios der IT-Praxen sind nach wie vor Outsourcings, vor allem in die Cloud. Hier war neben Großkanzleien wie **Noerr**, **CMS**, **Luther** und **White & Case** etwa auch **FPS Fritze Wicke Seelig** eine gefragte Beraterin. Rechtsstreitigkeiten wegen gescheiterter IT-Projekte hingegen meiden Unternehmen. Ganz aus bleiben sie allerdings nicht – Mandanten klopfen bei Kanzleien wie **Bird & Bird**, **von Boetticher** oder **Vogel & Partner** dafür an. Für interne Untersuchungen werden die IT- und Datenschützer gerne von den Compliance-Praxen dazugeholt, wie etwa bei **Oppenhoff & Partner**.

Der Datenschatz

Auf der Grundlage von Daten entstehen neue Geschäftsmodelle, wofür inzwischen sogar Wettbewerber zusammenarbeiten und etwa Joint Ventures gründen. Das gilt für den Gesundheitsbereich, in dem v.a. die IT- und Datenschutzpraxen von **Gleiss Lutz** zuletzt präsent waren, als auch für den Automotive-Sektor, in dem **DLA**, **Baker McKenzie** oder **Hogan Lovells** gut verdrahtet sind. Im Finanzsektor hinterlässt **White & Case** immer wieder tiefe Fußspuren. Zum Brot-und-Butter-Geschäft dagegen gehört inzwischen die Beratung zu Schrems II und zu Datenschutzbußgeldern. Genauso hält das Thema Cybersecurity Unternehmen und Anwälte auf Trab. Ursache dafür sind der Krieg gegen die Ukraine sowie die hohe Zahl der Homeoffice-Beschäftigten. Die Kosten, die durch Cyberangriffe entstehen, sind immens (▶ *Das wird teuer!*).

Erneut brachen die IT- und Datenschutzpraxen Umsatzrekorde. Da ist es kaum verwunderlich, dass verhältnismäßig viele Kanzleien weitere Anwälte in diesem Jahr in ihre Partnerschaft aufnahmen. Spitzenreiter mit gleich drei Partnerernennungen in der TMT-Gruppe ist **CMS**. Personell blieb es ansonsten ruhig: **Waldeck**-Kanzleimitbegründer Thomas Fischer ging im Sommer

---

JUVE KANZLEI DES JAHRES FÜR TECHNOLOGIE UND MEDIEN

CMS HASCHE SIGLE

Kein Wettbewerber positionierte sich so gezielt als Spezialistin für Videodienstanbieter wie CMS. Geschickt bündelt die TMT-Praxis die nötigen Kompetenzen und berät von der Sendelizenz bis zum Rechtemanagement.

Ein Zugpferd ist seit jeher der Kölner Partner **Dr. Pietro Graf Fringuelli**. Auch Wettbewerber finden: „Er ist immer an den neuesten Themen dran." Im boomenden Plattformgeschäft ist Rechtsrat zu Lizenzen und dem digitalen Vertrieb von Inhalten gefragt wie nie und CMS goldrichtig aufgestellt.

Zusätzlich konnte sich die Kanzlei noch einmal verbessern. Durch intensive Zusammenarbeit mit den europäischen CMS-Büros erreicht sie eine führende Position für grenzüberschreitende Mandate: CMS kennt den europäischen Regulierungsrahmen für Content-Anbieter wie ihre Westentasche und macht sich so für internationale Anbieter attraktiv. Ein hervorragendes Beispiel dafür ist etwa BBC, die im Zuge des Brexit umfassend auf CMS vertraute.

Auch die junge Generation ist auf dem Vormarsch: Ein großes Prozessmandat für Branchengröße Adobe zeigt das. Dass CMS den digitalen Medienbereich derart gut abdecken kann, verdankt sie zudem ihren IT- und Datenschutzrechtlern, denen auch Mandanten „Beratung auf höchstem Niveau und mit technischem Sachverstand" bescheinigen. Gleich drei TMT-Partnerernennungen stellen die Weichen für die Zukunft.

TECHNOLOGIE UND MEDIEN

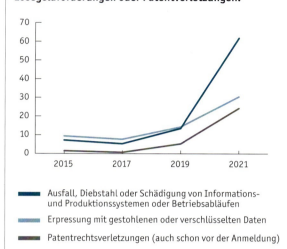

Das wird teuer!
Wer Opfer eines Hackerangriffs wird, muss sich warm anziehen. Es schlagen nicht nur die Kosten für den Ausfall, Diebstahl oder die Schädigung von Informations- und Produktionssystemen zu Buche, sondern auch Lösegeldforderungen oder Patentverletzungen.

- Ausfall, Diebstahl oder Schädigung von Informations- und Produktionssystemen oder Betriebsabläufen
- Erpressung mit gestohlenen oder verschlüsselten Daten
- Patentrechtsverletzungen (auch schon vor der Anmeldung)

Quelle: Bundeslagebild Cybercrime 2021, Bundeskriminalamt

2022 neue Wege und schloss sich **Arnecke Sibeth Dabelstein** an, eine Partnerin von **JBB** ging zu **Osborne Clarke**, ein Counsel von **Hengeler Mueller** wechselte als Partner zu **Baker McKenzie**.

Medien im Sturm der digitalen Regulierung

Die Medienlandschaft lebt es bereits: das digitale Ökosystem. Der Digitalisierungsdruck war früher als in anderen Branchen höher, die Geschwindigkeit, mit der sich die Branche wandelt und weiterentwickelt, nimmt immer noch zu. Inzwischen kommt der Gesetzgeber kaum noch hinterher, die entstandene Landschaft europaweit nachträglich zu regulieren. Kaum ein Berater hierzulande hat sich nicht mit dem Digital Services Act und der Digital-Single-Market-Richtlinie befasst oder dem neuen Medienstaatsvertrag. Dafür brauchen Mandanten wie Meta, Google, Amazon und Co. nicht nur Manpower, sondern vor allem Anwälte, die das große Ganze im Blick haben und dafür Medienregulierer, IT- und Datenschutzrechtler, Urheberrechtsexperten und viele weitere Fachrichtungen an einen Tisch holen. Diese Kompetenz weisen Kanzleien wie **Osborne Clarke**, **CMS**, **SKW Schwarz** oder auch **Freshfields** auf. Sie sind es auch, die an Branchendeals im Mediensektor typischerweise beteiligt sind, zudem **Noerr**, **Hengeler Mueller** oder **DLA**. Letztere stach mit ihrer einzigartigen Stellung für komplexe Fragen an der Schnittstelle von Werbung und Medienregulierung hervor und treibt für gleich vier Sender ein Normenkontrollverfahren gegen die Werbekontrolle der Landesmedienanstalten an.

Content bestimmt den Markt

Doch die besten Plattformen sind ohne Inhalte nur halb so viel wert. Der Wettbewerb unter den Streaminganbietern ist so stark wie nie. Weltweit suchen VoD-Dienste und Produzenten nach gutem Stoff für Serien und Filme, und bei der Produktion stoßen sie dann auf die komplexe deutsche Filmförderlandschaft. Experten in spezialisierten Boutiquen sind gefragt, dazu zählen **Brehm & v. Moers** oder **Unverzagt**. **Lausen** oder **JBB Rechtsanwälte** konnten zuletzt ihre Tätigkeit in dem Bereich nennenswert ausbauen. Neben dem Platzhirsch der deutschen Filmlandschaft, **SKW**, die traditionell neben **Noerr** auch medienpolitisch sehr aktiv ist, können **Greenberg Traurig** oder **Morrison & Foerster** auf ihre Kontakte in die US-Mandantschaft vertrauen. Aber auch branchenfremde Unternehmen fragen urheber- und lizenzrechtliche Beratung nach, oft in Kombination mit digitalen Events oder deren Verwertung. Spezialisten wie **Straßer Ventroni Freytag**, **Frey** oder **Klinkert** sind hier erfahren, Letztere mit einem Schwerpunkt im Sport.

Presserechtler als Einzelgänger

Auch im Presserecht profitieren Berater und somit auch ihre Mandanten von einer engen Anbindung an die digitalen Rechtsthemen, etwa **KNPZ Rechtsanwälte** oder **DLA**, die ihre Verlagsmandanten auch im Digitalisierungsumfeld beraten. Unter den weiteren Verlagsberatern wie **Raue**, **CMS**, **Damm & Mann** oder **Advant Beiten** ist der Kuchen seit jeher verteilt. Von Berichterstattung betroffene Unternehmen und Einzelpersonen pflegen in der Regel langjährige Beziehungen zu ihren Anwälten. Das dadurch sehr auf einzelne Anwaltspersönlichkeiten zulaufende Geschäft stellt viele Berater vor Herausforderungen. Der Markt hat sich in den vergangenen Jahren stark segmentiert, größere Einheiten werden seltener oder befinden sich im Umbruch, wie etwa **Höcker** oder **Prinz**.

Die Bewertungen behandeln Kanzleien, die ihre Mandanten im Kontext von Digitalisierungsprozessen begleiten. Dazu zählen die Beratung im ▷*IT-Recht* auf der technischen Seite und die Beratung im Datenschutz ebenso wie das ▷*Medienrecht* auf der inhaltlichen Seite. Mit der Zulässigkeit der Verbreitung von Presseerzeugnissen befasst sich das ▷*Presse- und Äußerungsrecht*. Durch das Zusammenwachsen von Inhalten und Technologie bestehen inzwischen enge Verbindungen, auch zum ▷*Telekommunikationsrecht*.

Plattformregulierung: Der Digital Services Act und der Digital Markets Act

Von Anna Oberschelp de Meneses und Sam Jungyun Choi, Covington & Burling LLP, Brüssel

Anna Oberschelp de Meneses ist Associate; ihre Praxis konzentriert sich auf Datenschutzrecht, Verbraucherrecht und andere Gesetze, die für digitale Dienstleistungen relevant sind.

Sam Jungyun Choi ist Associate; ihre Praxis konzentriert sich auf Datenschutzrecht und neue Strategien und Rechtsvorschriften in Bezug auf innovative Technologien wie beispielsweise digitale Gesundheit, künstliche Intelligenz und autonomes Fahren.

Covington & Burling LLP ist eine internationale Wirtschaftskanzlei mit mehr als 1.300 Anwälten weltweit, verteilt auf 13 Büros in acht Ländern, u.a. in Brüssel und in Frankfurt. Schwerpunkte beider Büros sind: Gesellschaftsrecht, IT-Recht, Datenschutz, Life Sciences & Healthcare, Wirtschaftsstrafrecht, Litigation, Arbeitsrecht und Kartellrecht.

Kontakt
Covington & Burling LLP (Brüssel)
Anna Oberschelp de Meneses
Sam Jungyun Choi
Av. du Boulevard 21
1210 Brüssel
T + 02 549 52 30
aoberschelpdemeneses@cov.com
jchoi@cov.com

Covington & Burling LLP (Frankfurt)
Dr. Lars Lensdorf
Dr. Moritz Hüsch
Taunusanlage 9-10
60329 Frankfurt am Main
T +49 69 768063-30
llensdorf@cov.com
mhuesch@cov.com

Die Europäische Kommission hat am 15.12.20 Vorschläge für den Digital Services Act (DSA) und den Digital Markets Act (DMA) veröffentlicht. Seitdem wurden beide Verordnungsentwürfe von den EU-Institutionen intensiv diskutiert. Eine vorläufige Einigung in Bezug auf den DMA erfolgte am 24.03.22. Einen Monat später, am 23.04.22, erfolgte eine vorläufige Einigung bzgl. des DSA. Am 05.07.22 hat das EU-Parlament formell beiden Verordnungsentwürfen zugestimmt. Nun muss nur noch der Rat der Europäischen Union formell zustimmen. Der DSA und der DMA werden voraussichtlich Ende 2022 verabschiedet und in Kraft treten, auch wenn sie erst nach Ablauf der in den Verordnungen festgelegten Übergangsfristen praktisch verbindlich und in der Praxis umgesetzt werden.

Beide Verordnungen haben erhebliche Auswirkungen auf die Art und Weise, in der Online-Dienste in den von den Verordnungen erfassten Bereichen betrieben werden dürfen. Beispielsweise wird der DSA gezielte Werbung verbieten, die auf besonderen Kategorien personenbezogener Daten beruht oder sich an Minderjährige richtet. Darüber hinaus werden u. a. Anbieter verpflichtet, Verfahren einzuführen, die es den Nutzern ermöglichen, illegale Inhalte online zu melden und zu entfernen, sowie die Rückverfolgbarkeit von Händlern auf Online-Marktplätzen sicherzustellen. Den vom DMA erfassten Gatekeepern wird es zukünftig verboten sein, während der Nutzung eines Dienstes erhobene personenbezogene Daten für die Zwecke eines anderen vom Gatekeeper angebotenen Dienstes zu kombinieren oder zu verwenden.

Für Unternehmen ist es daher von großem Interesse zu wissen, ob sie in den Anwendungsbereich des DSA oder des DMA fallen. Vor diesem Hintergrund soll nachfolgend der territoriale und materielle Anwendungsbereich der beiden Verordnungen kursorisch aufgezeigt werden, wobei der Schwerpunkt auf der Anwendbarkeit in Bezug auf Websites und Apps liegt.

Die exterritorialen Geltungsbereiche des DSA und des DMA

Sowohl der DSA als auch der DMA gelten für in der EU niedergelassene Dienstleister und, wenn bestimmte Bedingungen erfüllt sind, für außerhalb der EU niedergelassene Dienstleister.

Der DSA gilt für Online-Vermittlungsdienste, die für „Dienstleistungsempfänger angeboten werden, die ihren Niederlassungsort in der Union haben oder dort ansässig sind" (DSA, Artikel 1a.1). Ob ein Dienst Privatpersonen oder Unternehmen in der EU angeboten wird (EU-Nutzer), hängt davon ab, ob die Dienste eine wesentliche Verbindung zur EU haben. Dies ist z. B. der Fall, wenn der Anbieter seine Dienste auf EU-Nutzer ausrichtet (z. B. durch die Sprache oder die Währung, in der der Dienst angeboten wird). Darüber hinaus kann es für die Anwendbarkeit des DSA auch ausreichen, dass ein Dienst eine bedeutende Anzahl von Empfängern in einem oder mehreren Mitgliedstaaten im Verhältnis zur Bevölkerung hat (selbst wenn der Anbieter nicht aktiv auf EU-Nutzer abzielt).

In ähnlicher Weise gilt auch der DMA exterritorial für Kernplattformdienste, die von Gatekeepern erbracht werden, ungeachtet des Ortes der Niederlassung oder des Wohnsitzes der Gatekeeper (DMA, Artikel 1.2). Ein Anbieter ist ein Gatekeeper, wenn er

- erhebliche Auswirkungen auf den Binnenmarkt hat
- einen zentralen Plattformdienst betreibt, der gewerblichen Nutzern als wichtiges Zugangstor zu Endnutzern dient und
- hinsichtlich seiner Tätigkeiten eine gefestigte und dauerhafte Position innehat oder absehbar ist, dass er eine solche Position in naher Zukunft erlangen wird (DMA, Artikel 3.1).

Es wird davon ausgegangen, dass ein Anbieter diese Anforderungen erfüllt, wenn sein Jahresumsatz und die Zahl der aktiven Endnutzer und Geschäftskunden in der EU einen bestimmten Schwellenwert überschreiten.

Dienstleistungen, die dem DSA unterliegen

Der DSA gilt für Online-Vermittlungsdienste, d. h. für einen der folgenden Dienste der Informationsgesellschaft: reine Durchleitungsdienste, Caching-Dienste und Hosting-Dienste.

Beispiele für reine Durchleitungsdienste sind Internet-Austauschpunkte, drahtlose Zugangspunkte, virtuelle private Netze, Top-Level-Domain-Namen-Register, Voice-over-IP und andere interpersonelle Kommunikationsdienste. Zu den Caching-Diensten gehören Content-Delivery-Netze, Reverse-Proxies oder Content-Adaptation-Proxies. Die Kategorie Hosting-Dienste hat sich als schwieriger zu definieren erwiesen.

Der Begriff Hosting-Dienst ist definiert als ein Dienst, dessen Gegenstand es ist, von einem Nutzer bereitgestellte Informationen in dessen Auftrag zu speichern. Beispiele hierfür sind Cloud-Computing-Dienste, Webhosting, Suchmaschinen und bezahlte Referenzierungsdienste. Websites und Apps können auch unter die Kategorie der Hosting-Dienste fallen, wenn sie Informationen speichern, die von ihren EU-Nutzern und auf deren Wunsch hin bereitgestellt werden. Dies ist zum Beispiel bei Online-Marktplätzen und sozialen Netzwerken der Fall. Der Begriff Online-Marktplätze wird im DSA nicht definiert, wohl aber in der kürzlich geänderten Richtlinie über Verbraucherrechte (Richtlinie 2011/83/EU). Diese Richtlinie definiert Online-Marktplatz als einen „Dienst, der es Verbrauchern durch die Verwendung von Software, einschließlich einer Website, eines Teils einer Website oder einer Anwendung, die vom Unternehmer oder im Namen des Unternehmers betrieben wird, ermöglicht, Fernabsatzverträge mit anderen Unternehmern oder Verbrauchern abzuschließen".

Trotz des grundsätzlich weiten Anwendungsbereichs des DSA auf viele Arten von Online-Diensten gibt es einige Dienste, die nicht in den Anwendungsbereich fallen. So fällt beispielsweise die Website oder App eines Unternehmens nicht in den Anwendungsbereich des DSA, wenn über sie nur Informationen über eigene Produkte bereitgestellt werden.

Darüber hinaus enthält der DSA spezifische Verpflichtungen für Online-Plattformen, die eine Unterkategorie von Hosting-Diensten sind. Online-Plattformen hosten nicht nur Informationen, die von ihren Nutzern und auf deren Wunsch bereitgestellt werden, sondern sie verbreiten diese Informationen auch an die Öffentlichkeit, d. h. an eine potenziell unbegrenzte Anzahl von Drittparteien. Dies ist typischerweise bei Online-Marktplätzen und sozialen Netzwerken der Fall.

Der DSA schließt jedoch von der Definition der Online-Plattformen solche Dienste aus, bei denen die Speicherung und Verbreitung von Informationen

- ein untergeordnetes und rein nebensächliches Merkmal oder eine untergeordnete Funktionalität des Hauptdienstes ist,
- die aus objektiven und technischen Gründen nicht ohne den Hauptdienst genutzt werden können und
- die nicht nur in den Hauptdienst integriert wurden, um die Anwendbarkeit des DSA zu umgehen. Der DSA nennt als Beispiel den Kommentarbereich einer E-Zeitung.

Dienstleistungen, die dem DMA unterliegen

Der DMA gilt für Organisationen, die zentrale Plattformdienste anbieten, die als solche definiert sind:

- Online-Vermittlungsdienste
- Online-Suchmaschinen
- Online-Dienste sozialer Netzwerke
- Video-Sharing-Plattform-Dienste
- nummernunabhängige interpersonelle Kommunikationsdienste
- Betriebssysteme
- Web-Browser
- virtuelle Assistenten
- Cloud-Computing-Dienste und
- Werbedienste.

Websites und Apps können unter die Kategorie der Online-Vermittlungsdienste fallen. Trotz der Ähnlichkeit mit dem Begriff Vermittlungsdienst des DSA haben die Begriffe unterschiedliche Bedeutungen. Der Begriff Online-Vermittlungsdienst wird im DMA unter Bezugnahme auf die Platform-to-Business-Verordnung (Verordnung (EU) 2019/1150) definiert als ein Dienst, der „ermöglich[t] es gewerblichen Nutzern, Verbrauchern Waren oder Dienstleistungen anzubieten, indem sie die Einleitung direkter Transaktionen zwischen diesen gewerblichen Nutzern und Verbrauchern vermitteln".

Beispiele für Online-Vermittlungsdienste sind E-Commerce-Marktplätze, App-Stores und Social-Media-Dienste. Der Begriff umfasst keine Unternehmen-Online-Vermittlungsdienste, die nicht für Verbraucher angeboten werden, keine Suchmaschinenoptimierungsdienste und keine Online-Zahlungsdienste.

Ein wichtiger praktischer Punkt ist, dass beide Verordnungen auf dieselben Dienste anwendbar sein können. So werden beispielsweise sowohl der DSA als auch der DMA wahrscheinlich auf E-Commerce-Marktplätze, Social-Media-Dienste und Cloud-Computing-Dienste Anwendung finden. Der Hauptunterschied im Geltungsbereich dieser Gesetze besteht darin, dass der DMA für Gatekeeper gilt, die große Marktteilnehmer auf dem EU-Markt sind.

■

KERNAUSSAGEN

- Sowohl der DSA als auch der DMA gelten für Unternehmen mit Sitz in der EU und außerhalb der EU, die ihre Dienstleistungen für EU-Nutzer anbieten.
- Der DSA hat einen breiteren Anwendungsbereich als der DMA.
- Der DSA gilt für Vermittlungsdienste, zu denen Websites und Apps gehören, die Informationen speichern, die von ihren EU-Nutzern und auf deren Wunsch hin bereitgestellt werden. Der DSA enthält spezifische Bestimmungen für Online-Plattformen, zu denen Websites und Apps gehören, die nicht nur die Informationen der Nutzer speichern, sondern sie auch auf Wunsch der Nutzer an die Öffentlichkeit weitergeben.
- Der DMA gilt für zentrale Plattformdienste, zu denen auch Websites und Apps gehören, die es dritten Gewerbetreibenden ermöglichen, ihre Produkte oder Dienstleistungen an Verbraucher zu verkaufen, und die einen erheblichen Einfluss auf den EU-Binnenmarkt haben. Im Wesentlichen gilt sie für sehr große E-Commerce-Plattformen.

TECHNOLOGIE UND MEDIEN / INFORMATIONSTECHNOLOGIE UND DATENSCHUTZ CO-PUBLISHING/ANZEIGE

Cybercrime und digitale Aufrüstung! Moderne Strategien für eine erfolgreiche Strafverteidigung in Fällen mit starkem IT-Bezug

Von Norbert Pfrenger, Rechtsanwalt, MSc. (IT), Quedenfeld Füllsack & Partner, Stuttgart

Norbert Pfrenger, MSc. (IT) studierte Rechtswissenschaften sowie später Informationstechnik. Er verfügt über mehr als 20 Jahre IT-Praxiserfahrung u.a. in der Softwareentwicklung, Systemadministration und der Realisierung komplexer IT-Projekte.

Nach Abgabe der Geschäftsführung seines IT-Unternehmens an die nächste Generation erfolgte im Jahre 2021 die Wiederzulassung zur Rechtsanwaltschaft.

Seit 2022 verstärkt er als Partner das Team bei **Quedenfeld Füllsack & Partner** Rechtsanwälte in Stuttgart – insbesondere in Fällen mit komplexen IT-Sachverhalten, bei denen neben rechtlichen Spezialkenntnissen IT-Praxiserfahrung sowie fallbezogene Entwicklung von Hard- und Software-Werkzeugen für eine interdisziplinäre und erfolgreiche Strafverteidigung zwingend erforderlich ist.

Kontakt
Quedenfeld Füllsack & Partner
Rechtsanwälte PartG mbB
Kronprinzstraße 30, 70173 Stuttgart
T +49 711 229314-0
F +49 711 229314-10
info@qf-partner.de
www.qf-partner.de

Ansprechpartner:
Norbert Pfrenger
Rechtsanwalt, MSc. (IT)
Dozent am Lehrstuhl für Wirtschaftsinformatik der Dualen Hochschule Baden-Württemberg

Weitere Informationen zur Kanzlei in der Anzeige auf Seite 234

Straftaten im Zusammenhang mit Computern boomen! Finanz- sowie Strafverfolgungsbehörden haben aufgerüstet und arbeiten zwischenzeitlich u.a. mit Computer-Forensik-Software, wie sie auch Nachrichtendienste verwenden. Das hat zu einer digitalen Waffenungleichheit geführt und macht eine erfolgreiche Strafverteidigung von jahrelanger IT-Praxiserfahrung sowie fallbezogener Softwareentwicklung abhängig.

Eigene digitale Präzisionswerkzeuge ermöglichen eine detaillierte Überprüfung von Behördenergebnissen und liefern der Verteidigung dabei punktgenau strategische Ansätze. Die Bereitstellung der behördenseitig beschlagnahmten Daten kann jedoch bereits zu Beginn solide Hard- und Software-Praxiskenntnisse erforderlich machen. Nicht selten werden diese in exotischen Formaten (z.B. xyz.e01), beschädigt oder auf ungeeigneten Datenträgern geliefert; mitunter auf normalerweise PC-intern verbauten, „nackten" 5 ¼ Zoll Festplatten. Dem Recht auf Akteneinsicht genügt das nicht. Am Ende erfordert die auf das Wesentliche reduzierte, einfach nachvollziehbare „analoge Präsentation" der Erkenntnisse erheblichen Aufwand. Umfangreiche Gutachten, die keiner versteht, sind nutzlos! Nachstehende Praxisfälle verdeutlichen die Situation.

IDEA und seine Grenzen

Zum Nachweis von Manipulationen an Computerkassen werden u.a. vermehrt interne Protokolldateien (Logfiles) ausgewertet, die Softwareentwickler für die programminterne Fehlersuche nutzen. Aufbau, Funktion sowie Datenstruktur sind Außenstehenden regelmäßig unbekannt, da es in der Praxis an Dokumentation und Mitwirkung der Hersteller fehlt. So führten in einem Fall aus der Gastronomie summierte Artikelpreise aus einem Druckerprotokoll zu gigantischen Hinzuschätzungen. Bereits „analoge" Plausibilitätsüberlegungen ließen an der Höhe der Hinzuschätzung zweifeln. Eine erste Sichtung des behördenseitig ausgewerteten Druckerprotokolls ergab, dass der Hersteller bei Softwareupdates oft die Datenstruktur der Protokolldatei geändert hatte. Mit der Zeit waren rund 4,5 Millionen Protokollzeilen undokumentierter, chaotischer Daten entstanden. Eine fehlerfreie Auswertung mit relativ starren Standardwerkzeugen wie IDEA erschien daher unwahrscheinlich. Zur Verteidigung im Steuerstrafverfahren und zur Abwehr der Steuerforderungen wurde daher zunächst eine exakt auf den Datenbestand zugeschnittene Software entwickelt, die Änderungen bzw. Auffälligkeiten in der Datenstruktur aufspürte, protokollierte und jeweils Untermengen mit konkreten Beispielsfällen herausfilterte. Damit wurden die Anfangsvermutungen stichprobenartig überprüft und die Erkenntnisse flossen in die Weiterentwicklung der Software ein. Diese konnte nun fehlerfrei mit dem chaotischen Datenbestand umgehen und eine korrekte Summierung durchführen. Erwartungsgemäß wich das Ergebnis erheblich von den ursprünglich bei Gericht präsentierten Zahlen ab. Schließlich wurden einfach nachvollziehbare Rechenfehler automatisiert gesucht und in allgemein verständlicher und leicht überprüfbarer Form präsentiert. Parallel dazu erfolgte die Darstellung des zugehörigen Logikfehlers. Beispielsweise durften bei einem aus mehreren Artikeln bestehenden Frühstücksgedeck zu dessen Gesamtpreis – der ja bereits aus der Summe der enthaltenen Artikel besteht – nicht noch einmal die Einzelpreise aller enthaltenen Artikel hinzuaddiert werden. Die Präsentation aller doppelt vorhandenen (und fälschlicherweise 2x summierten) Einträge war leicht nachvollziehbar, ebenso die Konsequenzen der chaotischen Datenstruktur: Im Druckerprotokoll waren 2 Flaschen Apollinaris mit jeweils Inhalt 0,25 Liter für jeweils € 5,60 als „2X APOLLINARIS 0,255.60" eingetragen. Ein starres Standardwerkzeug kommt hier schnell an seine Grenzen und lässt den Eintrag kurzerhand als 2x € 255,60 in die Summierung einfließen. Ergebnis des Wirkungstreffers: Existenzrettung (Steuer -80% und § 153a StPO).

Die zurückgenommene Anklage

Die wohl älteste Prüfungsmethode bei Manipulationsverdacht besteht im Lückenzählen. Während Lücken früher vornehmlich bei Rechnungsnummern gesucht wurden, gerieten zwischenzeitlich Aufzählungen jedweder Art in den Fokus der Ermittlung. Selten wird zwischen Fiskaldaten und technischen Daten unterschieden. Dabei gilt die Vermutung: „Lücke = Manipulation". Bei einem in der Gastronomie weit verbreiteten Kassensystem „verknüpfte" der Hersteller alle bei einem neuen Gast von der Bestellung bis zur Bezahlung anfallenden Daten mit einer fortlaufenden Kennung, der berühmten „Session ID". Vorgänge wie Umbuchung oder Stornierung – aber auch Manipulation – führten zur Löschung des ursprünglichen Vorgangs samt zugehöriger ID. Als Folge etablierte sich bei Behörden die Anzahl der Sessions-Lücken als Maßeinheit für den Manipulationsumfang. Ohne nähere Prüfung des der Lückenbildung zugrundeliegenden Algorithmus folgten Staatsanwaltschaften und Gerichte jahrelang dieser Praxis. Der Hersteller besserte schließlich nach und die Lücken verschwanden – mit fatalen Folgen. Das „Lücken Update" wurde ausgerechnet zusammen mit einer neuen, als manipulationssicher geltenden Version der Kassensoftware ausgeliefert. Die Behörden sahen die ausbleibenden Lücken als Folge der nunmehr manipulationssicheren Software. Wer also vorher Lücken hatte, musste manipuliert haben! Die Verteidigung sollte nun zeigen, dass alle Lücken im Prüfungszeitraum systembedingt auftraten und auch nach dem Update weiterhin „irgendwo" existierten. Keine leichte Aufgabe – waren im Vorfeld schon 80-seitige Gutachten gescheitert. Zu Beginn wurde eine Software geschrieben, welche Tausende von Vorgängen wie Bestellung, Storno oder Umbuchung etc. bezüglich ihrer Auswirkung auf die Datenbank analysierte. Die tagesgenaue statistische Auswertung deckte auf, dass im Zeitraum vor dem Update Anzahl und Verteilung der Lücken in einem angemessenen Verhältnis zu den entsprechenden Geschäftsvorfällen standen. Mithin der Beweis für systembedingt entstandene Lücken! Blieb noch das Problem der ausbleibenden Lückenbildung nach dem Sicherheitsupdate. Eine Analyse der neuen Datenbankversion ergab, dass anstelle der ID-Löschung nun der zugehörige Vorgang als „nicht mehr benötigt" markiert wurde. Die Lücken waren lediglich „unsichtbar". Durch entsprechende Anpassung der Analyse-Software wurden die Lücken „sichtbar gemacht" und in die Auswertung einbezogen. Erwartungsgemäß zeigte sich auch nach dem Update das gleiche Lückenbild. Das behauptete Ausbleiben der Lücken als Folge der nach dem Update manipulationssicheren Kasse konnte damit widerlegt werden. Mit einer extern beschafften Kasse des gleichen Typs wurden die Analyse-Ergebnisse im praktischen Feldversuch verifiziert. Dazu buchte ein praxiserfahrener Chefkellner typische Alltagsvorgänge über einen repräsentativen Zeitraum. Alle Kassen-Interaktionen wurden zusätzlich gefilmt, um später mittels Timecode präzise Aktion und Wirkung zu analysieren. Der Feldversuch bestätigte am Ende die durch Analyse des Original-Datenbestands gewonnenen Erkenntnisse. Damit war endgültig der Beweis erbracht, dass die beanstandeten Lücken – zumindest in diesem Fall – nicht durch Manipulation entstanden waren. Nach Übersetzen der Ergebnisse von „informatisch auf juristisch" und entsprechender Präsentation wurden die Anklage zum Schöffengericht zurückgezogen, das Verfahren nach § 170 II StPO eingestellt und die geänderten Steuerbescheide aufgehoben.

Die IT-Durchsuchung aus Systemadministrator-Sicht

Ist im Rahmen eines Ermittlungsverfahrens die Auswertung von Datenbeständen vorgesehen, so droht bei der Durchsuchung oft auch die Beschlagnahme unternehmenskritischer Hardware. Die Lage im Mittelstand wird dabei aufgrund komplexer gewordener IT-Infrastrukturen, zunehmend prekärer. In der Praxis kann der physikalische Speicherort ermittlungsrelevanter Daten oft nicht auf die Schnelle festgestellt werden. Speicher für virtualisierte Systeme wird bspw. über Speichernetzwerke (SAN) bereitgestellt, bei denen Datenbestände nach außen zwar logisch strukturiert erscheinen, physikalisch jedoch über eine Unmenge einzelner Festplatten verteilt sind. Dabei machen es hybride Cloud Lösungen und überörtlich vernetzte Systeme nicht gerade einfacher. Die Gefahr der Beschlagnahme einer Hardware-Komponente „am Stück" ist groß. Während lokale Office Anwendungen u.U. cloudbasiert weitergenutzt werden können, sind vollständig cloudbasierte Warenwirtschaftssysteme (ERP) noch selten. Spätestens bei vernetzten Maschinensteuerungen (SPS) in der Produktion ist in der Regel Schluss. Um einen drohenden Betriebsstillstand erfolgreich abzuwenden, hilft IT-Recht allein nicht weiter. Notwendig ist eine praxisorientierte Erfassung des konkreten Ist-Zustandes der IT-Infrastruktur zum Zeitpunkt der Durchsuchung. Danach sorgt ein rechtlich UND technisch fundierter Dialog mit den Ermittlern für die nötige Deeskalation, damit Daten unternehmensschonend herausgegeben werden können. Keine Alternative, jedoch eine sinnvolle Ergänzung können firmeninterne „vorgefertigte Herausgaberichtlinien" (Compliance) sein. Die große Herausforderung besteht allerdings darin, diese permanent an die sich ändernde IT-Infrastruktur anzupassen, damit sich am Ende Richtlinie und Realität decken. Denn Systemadministratoren lösen Hard- und Software-Probleme in der Praxis – insbesondere unter Zeitdruck – gerne „unbürokratisch" und undokumentiert. Gleiches gilt oftmals für die Anpassung von Hardwarekomponenten an kurzfristig gestiegene Anforderungen hinsichtlich Speicher und Rechenleistung. Hinzu kommt, dass für den Erfolg festgelegter Herausgabeabläufe regelmäßig der Ernstfall geprobt werden muss. In der analogen Welt nutzten schließlich auch die besten Verhaltensregeln bei Feueralarm ohne regelmäßige Brandschutzübung wenig. Bei digitalem Feueralarm ohne rechtskundigen sowie IT-Praxis erfahrenen Beistand, allein mit dem Compliance Klemmbrettchen im Server Raum Chaos – und der Ermittler greift durch! ∎

KERNAUSSAGEN

- Cybercrime boomt!
- Behörden haben digital aufgerüstet und arbeiten mit IT-Forensik-Software, wie sie auch Nachrichtendienste verwenden.
- Erfolgreiche IT-Strafverteidigung erfordert technische IT-Praxiserfahrung.
- Erfolgreiche strategische Ansätze, insb. bei Überprüfung der Ergebnisse behördenseitiger Massendaten-Auswertung, erfordern die Entwicklung fallbezogener Software.
- Umfangreiche Gutachten sind regelmäßig nutzlos, da sie besonders in IT-Praxisfällen keiner versteht.
- Der durchschlagende Erfolg einer Verteidigung erfordert maßgeblich, alle Erkenntnisse aus fallbezogen entwickelter Analysesoftware auf das Wesentliche reduziert und punktgenau in „analoger", leicht nachvollziehbarer Form zu präsentieren.

Informationstechnologie und Datenschutz

Informationstechnologie: Verträge/Prozesse

★★★★★
CMS Hasche Sigle	Hamburg, München, Stuttgart, Köln
Noerr	München, Frankfurt, Berlin

★★★★
Baker McKenzie	München, Frankfurt
Bird & Bird	München, Düsseldorf, Frankfurt
DLA Piper	München, Köln
Hogan Lovells	München, Düsseldorf, Frankfurt
Osborne Clarke	Köln, München, Hamburg
Taylor Wessing	Düsseldorf, Frankfurt, München, Hamburg, Berlin
White & Case	Frankfurt, Hamburg

★★★
FPS Fritze Wicke Seelig	Frankfurt, Hamburg, Berlin
Gleiss Lutz	Berlin
GvW Graf von Westphalen	Frankfurt, München
Luther	Hamburg, Köln, Essen, Frankfurt, Stuttgart
Pinsent Masons	München, Düsseldorf
SKW Schwarz	München, Frankfurt

★★
Covington & Burling	Frankfurt
CSW	München
Freshfields Bruckhaus Deringer	Düsseldorf, Frankfurt, Hamburg
Görg	Berlin, Köln, Frankfurt, München
Greenberg Traurig	Berlin
Heuking Kühn Lüer Wojtek	Frankfurt, Köln, Düsseldorf
Heussen	München
Latham & Watkins	Frankfurt, Hamburg
Oppenhoff & Partner	Köln
Vogel & Partner	Karlsruhe, Stuttgart

★
Advant Beiten	Frankfurt, Düsseldorf
Arnecke Sibeth Dabelstein	Frankfurt
Avocado	Frankfurt, Köln
von Boetticher	München, Berlin
JBB Rechtsanwälte	Berlin
McDermott Will & Emery	München
Reed Smith	München, Frankfurt
Schürmann Rosenthal Dreyer	Berlin

Die Auswahl von Kanzleien und Personen in Rankings und tabellarischen Übersichten ist das Ergebnis umfangreicher Recherchen der JUVE-Redaktion. Sie ist in 2erlei Hinsicht subjektiv: Die Aussagen der befragten Quellen sind subjektiv u. spiegeln deren Erfahrungen u. Einschätzungen. Die JUVE-Redaktion wiederum analysiert die Rechercheergebnisse unter Einbeziehung ihrer eigenen Marktkenntnis. Der JUVE Verlag beabsichtigt keine allgemeingültige oder objektiv nachprüfbare Bewertung. Es ist möglich, dass eine andere Recherchemethode zu anderen Ergebnissen führt. Innerhalb einzelner Gruppen in Rankings und tabellarischen Übersichten sind Kanzleien und Personen alphabetisch sortiert.

ADVANT BEITEN
IT: Verträge/Prozesse ★

Bewertung: Die volle Integration der IT-Rechtler in die ▷IP- u. ▷Medienpraxis prägt seit jeher das Geschäft der anerkannten Experten. Mandanten vertrauen auf AB, wenn sie ihre IT-Strukturen erneuern u. einführen. Das Team greift auf langj. Erfahrung im IT-Vertrags- u. Lizenzrecht zurück, bspw. für einen Essenslieferanten, der es für die Einführung eines neuen Dienstes mandatierte. Zuletzt intensivierte AB die Zusammenarbeit mit den ▷Vergaberechtlern u. konnte im Rahmen div. IT-Vergaben Mandanten der öffentl. Hand im Zuge ihrer Digitalisierung begleiten, darunter IT.NRW oder den BKK Dachverband. Die IT-Rechtler beraten regelm. auch datenschutzrechtl., dennoch gelingt es dem Team nach einem Partnerverlust im Vorjahr noch nicht, sich sichtbarer im Markt zu platzieren.

Oft empfohlen: Dr. Andreas Lober („sehr kompetent", Wettbewerber)

Team: TMT insges.: 2 Eq.-Partner, 5 Sal.-Partner, 3 Associates

Partnerwechsel: Laureen Lee (zu Meta)

Schwerpunkte: Vertragsrechtl. Beratung in IT-Projekten; E-Commerce, Softwareverträge, Outsourcing. Auch Datenschutz. Mandanten: viel Mittelstand, Softwarehäuser, Onlineportale, Spieleentwickler u. -Publisher; öffentl. Hand.

Mandate: BKK Dachverband lfd. bei div. EU-Vergabeverf. für IT-Beschaffung; Finstreet IT-vertragsrechtl. für Web-Applikation; IT.NRW bei IT-Neuvergabe des Landesdatennetzes; ProUnix lfd., u.a. bei Umstellung auf SaaS; lfd.: Bundesanstalt f. Digitalfunk der Behörden u. Organisation mit Sicherheitsaufgaben, Charité datenschutzrechtl., lfd.: Citigroup Global Markets Europe, Epic Games, Payback; Essenslieferant IT-rechtl. bei Einführung eines neuen Dienstes; Einkaufsgemeinschaft im Gesundheitssektor bei IT-Projekt für zentrale Materialeinkäufe.

ARNECKE SIBETH DABELSTEIN
IT: Verträge/Prozesse ★
IT: Transaktionen/Outsourcing ★

Bewertung: Die IT-Praxis agierte bisher unter dem Radar der Öffentlichkeit, hat sich aber mit dem Gewinn des anerkannten Waldeck-Gründungspartners Fischer im Sommer 2022 deutl. verstärkt. Dieser trat zuletzt u.a. aufseiten von Bitkom bei Verhandlung mit dem BMInneres zu EVB-IT-Cloud-Verträgen auf. Hinzu kommen langj. Stammmandanten wie Dt. Telekom u. Datev. ASD gehörte in den verg. Jahren zu den Einheiten, die sich mehrfach neu u. auch breiter aufgestellt haben, insofern war es ein kluger Schachzug, nun auch das IT-Recht in Angriff zu nehmen.

Oft empfohlen: Thomas Fischer

Team: 3 Eq.-Partner, 2 Sal.-Partner, 3 Counsel, 3 Associates

Partnerwechsel: Thomas Fischer (von Waldeck)

Schwerpunkte: Outsourcing-Transaktionen u. BPOs, Datenschutz u. IT-Vergabe der öffentl. Hand. Mandanten: v.a. IT-Dienstleister, Anwender im Banken- u. Finanzsektor; Telekommunikationsunternehmen.

Mandate: Bitkom bei Verhandlung mit BMInneres zu EVB-IT-Cloud; Conet zu Outsourcing- u. IT-Verträgen; Datev lfd., u.a. zu Outsourcings; Dt. Telekom lfd., u.a. in EuGH-Verf. gg. Bank Melli, EU-Blocking, mehrere Ausschreibungen für ‚Mehr Breitband für Dtl.'; lfd. Diebold Nixdorf.

AVOCADO
IT: Verträge/Prozesse ★

Bewertung: Die IT-Praxis hat eine ganze Reihe Mandanten, die schon langj. sowohl im IT-Recht als auch im Datenschutz auf das Team um Voß setzen. Dabei arbeitet die Praxis intensiv praxisübergr. zusammen, v.a. mit den Vergaberechtlern: Zu den langj. Stammmandanten zählten noch immer die Dt. Telekom, die sie zur ITK-Beschaffung berät, wie auch Heraeus. Letztere begleitete Avocado bei digitalen Healthcare-Produkten u. beweist damit, dass sie den Weg ihrer Mandanten hin zur Digitalisierung mitgeht. Ihr guter Ruf hat sich im Markt herumgesprochen, sodass sich aufgrund von Empfehlungen u.a. eine Apothekenplattform an Avocado wandte,

INFORMATIONSTECHNOLOGIE UND DATENSCHUTZ TECHNOLOGIE UND MEDIEN

die sich bei der Einführung u. Weiterentwicklung einer App von dem Team begleiten ließ. Im Datenschutz sind einige Wettbewerber zwar präsenter, allerdings hat das Team diesbzgl. Boden gutgemacht: Inzw. sorgen sowohl Mandate zu Datenschutz-Litigation als auch im Bereich Cybercrime für regelm. Geschäft.

Oft empfohlen: Jan Voß

Team: 2 Eq.-Partner, 3 Sal.-Partner, 2 Counsel, 1 Associate

Schwerpunkte: Full-Service-Ansatz mit Schwerpunkt im klass. IT-Recht, v.a. IT-Vertragsrecht, an der Schnittstelle zu TK u. prozessual. BPOs u. Outsourcings. Projektbez. internat. Unternehmen zu Markteintritt, Datenschutz. Auch Transaktionen. Mandanten: Hard- u. Softwarehäuser, IT-Dienstleister, aber v.a. Anwender.

Mandate: Anykey, u.a. zu IT-Service-Rahmenverträgen; Brak bei Projekt zum Vergabeverf. ‚Relaunch Website'; Dt. Telekom umf., auch bei gerichtl. Auseinandersetzung, u.a. zu ITK-Beschaffung; DFL lfd., u.a. zu Bundesligaspielbetrieb im Zshg. mit Corona; DIC Asset lfd., u.a. zu Digitalisierung; Faubel bei Softwareverträgen; Heraeus, u.a. zu digitalen Healthcare-Produkten; Media Frankfurt umf. zu IT-, Datenschutzrecht; Merck, u.a. zu App-Entwicklung; Msg Global Solutions lfd. zu IT-, Datenschutzrecht; TK8 Sports Academy zu Kooperationsverträgen mit Vertriebspartnern.

BAKER MCKENZIE

IT: Verträge/Prozesse	★★★★
IT: Transaktionen/Outsourcing	★★★★
Datenschutz	★★★★

Bewertung: Die IT-Praxis gehört mit ihrer breiten Aufstellung u. ihrem langj. Know-how im Datenschutz stabil zu den prägenden Größen. Ihre Reputation belegt gut die Mandatierung durch Rakuten beim ersten vollständig virtualisierten Mobilfunknetz auf Basis des offenen Standards ‚Open RAN', für das Baker sich in einer Ausschreibung durchsetzte. Hier demonstrierte sie, dass sie sowohl praxis- (u.a. mit der steuerrechtl. u. der ▷Banking-Praxis) als auch länderübergr. (mit dem Büro in Singapur) zu beraten versteht. Daneben holen sich immer wieder Mandanten aus den Bereichen Financial Services, Medical Pharma u. der Kfz-Industrie das Baker-Team an die Seite. Ein Bsp. ist ein Medizinprodukteherstellers, den die Praxis zu digit. Telemedizinlösungen in mehr als 20 Ländern berät. Viel Raum nahmen zuletzt auch Industrieunternehmen wg. Digitalisierungsfragen ein. Gerade dafür ist das Team, nicht zuletzt wg. seiner langj. Erfahrung in Datenschutzfragen, prädestiniert.

Stärken: Internat. Netzwerk.

Oft empfohlen: Dr. Matthias Scholz, Dr. Michael Schmidl, Dr. Holger Lutz („pragmat., guter Verhandler", Wettbewerber)

Team: 3 Eq.-Partner, 2 Sal.-Partner, 2 Counsel, 15 Associates

Partnerwechsel: Patrick Wilkening (von Hengeler Mueller)

Schwerpunkte: Outsourcing u. Unterstützung bei M&A-Transaktionen, stark in ▷Datenschutz, IT-Sicherheit u. IT-Verträgen, oft mit internat. Bezügen, Prozesse. Zudem Schnittstelle zum ▷Vertriebsrecht, Mandanten: namh. Anwender, v.a. Banken u. Automobilindustrie; vermehrt Anbieter, Hard- u. Softwarehersteller.

Mandate: Medizinproduktehersteller zu digit. Telemedizinlösung in mehr als 20 Ländern; Untern. zur

Informationstechnologie: Transaktionen/Outsourcing

★★★★★

Baker McKenzie	München, Frankfurt
CMS Hasche Sigle	Hamburg, München, Stuttgart, Köln
DLA Piper	München, Köln
Noerr	München, Frankfurt, Berlin
White & Case	Frankfurt, Hamburg

★★★★

Bird & Bird	München, Düsseldorf, Frankfurt
Freshfields Bruckhaus Deringer	Düsseldorf, Frankfurt, Hamburg
Gleiss Lutz	Berlin
Hogan Lovells	München, Düsseldorf
Latham & Watkins	Frankfurt, Hamburg
Taylor Wessing	Düsseldorf, Frankfurt, München, Hamburg

★★★

Görg	Berlin, Köln, Frankfurt, München
Oppenhoff & Partner	Köln
Osborne Clarke	Köln, München, Hamburg

★★

Covington & Burling	Frankfurt
Greenberg Traurig	Berlin
Luther	Hamburg, Köln, Essen, Frankfurt, Stuttgart
McDermott Will & Emery	München
Reed Smith	München, Frankfurt

★

Arnecke Sibeth Dabelstein	Frankfurt
FPS Fritze Wicke Seelig	Frankfurt, Hamburg, Berlin
KNPZ Rechtsanwälte	Hamburg

Die Auswahl von Kanzleien und Personen in Rankings und tabellarischen Übersichten ist das Ergebnis umfangreicher Recherchen der JUVE-Redaktion. Sie ist in 2erlei Hinsicht subjektiv: Die Aussagen der befragten Quellen sind subjektiv u. spiegeln deren Erfahrungen u. Einschätzungen. Die JUVE-Redaktion wiederum analysiert die Rechercheergebnisse unter Einbeziehung ihrer eigenen Marktkenntnis. Der JUVE Verlag beabsichtigt keine allgemeingültige oder objektiv nachprüfbare Bewertung. Es ist möglich, dass eine andere Recherchemethode zu anderen Ergebnissen führt. Innerhalb einzelner Gruppen in Rankings und tabellarischen Übersichten sind Kanzleien und Personen alphabetisch sortiert.

Zertifizierung von Produktsicherheit zu Datensicherheit; Kfz-Hersteller zu konzernw. Kfz-Softwareentwicklung; Finanzdienstleister zum Entwurf der EU-Verordnung zu KI u. zur Anwendbarkeit des Entwurfs; Softwarehersteller zur Einführung von Binding Corporate Rules; Kfz-Hersteller zu internat. Datentransfer; Rakuten Mobile bei Aufbau eines virtualisierten Mobilfunknetzes.

BIRD & BIRD

IT: Verträge/Prozesse	★★★★
IT: Transaktionen/Outsourcing	★★★★
Datenschutz	★★★★★

Bewertung: Die Praxis zählt zu den Verfolgern der Marktspitze u. deckt wie nur wenige die ganze themat. Breite im IT-Recht ebenso wie im Datenschutz ab. Dass die Beratung zum Recht an Daten folgerichtig an Relevanz gewann, ist insofern kaum verwunderlich. Ihr Know-how setzte sie zuletzt wieder für Stammmandantin Audi ein, gewann in dem Bereich aber aufgrund ihrer Marktreputation auch andere nennenswerte Mandanten hinzu. Ähnl. wie bei Baker bleibt die Kfz-Industrie somit ein wichtiges Geschäftsfeld. Was sich in den Vorjahren schon abzeichnete, jetzt aber an Relevanz gewann, ist das Thema Cybersecurity, das nicht zuletzt wg. Co-

rona insges. im Markt zu erhöhter Nachfrage führte. Auffällig ist, dass ausgehend von der IT-Praxis Mandanten regelm. den Weg zu anderen Praxisgruppen von B&B finden. Die Kanzlei nahm, wie im Vorjahr, wieder 2 IT-Spezialisten in ihre Partnerriege auf, was im Vgl. zu Wettbewerbern bemerkenswert viel ist.

Stärken: Langj. Know-how in der Technologiebranche.

Oft empfohlen: Dr. Alexander Duisberg, Jörg-Alexander Paul, Dr. Fabian Niemann („für internationale Datenschutzprojekte unschlagbar", Wettbewerber über beide; „pragmat. u. innovativ", Wettbewerber), Dr. Henriette Picot, zunehmend: Dr. Simon Assion („absoluter Experte, pragmat., zielführend", „herausragend guter Jurist mit Weitsicht", Wettbewerber)

Team: 9 Eq.-Partner, 5 Counsel, 22 Associates

Schwerpunkte: Beratung zu Outsourcing, IT-Projekten u. IT-Prozessen, Datenschutz u. -sicherheit, auch Transaktionen; IoT, Open Source, Konvergenzthemen u. E-Commerce an der Schnittstelle zum Urheberrecht, regelm. Schiedsverfahren. Auch ▷Vertriebssysteme. Mandanten: Anwender u. Anbieter, vereinzelt öffentl. Hand, Automobilbranche. Häufig für US- u. brit. Unternehmen.

TECHNOLOGIE UND MEDIEN — INFORMATIONSTECHNOLOGIE UND DATENSCHUTZ

Mandate: Adidas, lfd. u.a. zu internat. Datentransfer u. neuen Softwarelösungen; Aiways zu Markteintritt in Europa inkl. onlinebasiertem Vertriebskonzept; Audi umf., u.a. zu Datenlizenzierungs- u. Plattformverträgen, Datentransfer nach/von China; Kaspersky zu IT-Verträgen; Qlik zu SaaS-Vertrag; SAP zu regulator. Anforderungen an Auslagerung im Finanzsektor; Plattform Industrie 4.0 zur Erprobung von realen Bedingungen; lfd. Dexcom. **Datenschutz:** GIZ zu Datenschutzprojekten; Nordzucker zu GDPR Compliance.

VON BOETTICHER
IT: Verträge/Prozesse ★

Bewertung: Die kl. IT-Praxis verfügt über umfangr. Erfahrung im IT-Vertragsrecht aufseiten von Anbietern. Damit ist sie bei div. Mandanten aus der Softwarebranche gesetzt, um deren Produkte vertragl. u. lizenzrechtl. abzusichern. Darüber hinaus ist insbes. Brandi-Dohrn ein anerkannter Berater bei gescheiterten IT-Projekten, in denen um die Auslegung komplexer Verträge gestritten wird. V.a. in außergerichtl. Vergleichen oder Schiedsverf. setzen namh. Branchengrößen auf das kl. Team. Zunehmend berät vB auch im anschl. Datenschutzrecht, zuletzt etwa im Kontext von Schrems II.
Oft empfohlen: Dr. Anselm Brandi-Dohrn („scharfer Verstand", Wettbewerber), Sven Schlotzhauer („sehr kompetent u. fundiert", Wettbewerber)
Team: 4 Eq.-Partner, 3 Associates
Schwerpunkte: Software- u. -entwicklungsverträge, daneben auch projektbezogen bei Implementierungen, insbes. bei Rechtsstreitigkeiten u. zum Datenschutz. Mandanten: namh. Soft- u. Hardwarehersteller, auch aus der ▷Lifescience-Branche; v.a. Anbieterseite.
Mandate: Hasso-Plattner-Institut für Digital Engineering IT-rechtl.; Stellantis IT-vertragsrechtl.; Jetvision IT-vertragsrechtl.; National Instruments Corporation insbes. zu Softwareverträgen; Elektronikhändler IT-rechtl., u.a. bei B2B-Marketplace; IDG-Gruppe u.a. Internetrecht; lfd.: Verizon Media, Comtrade, Enscape, div. Anbieter von versch. Softwareanwendungen zu Vertriebs- u. Datenschutzrecht; Vermittlungsplattform für Influencer bei Markteintritt in Dtl.; Onlinedating-Portale umfangr. im E-Commerce.

CMS HASCHE SIGLE
IT: Verträge/Prozesse	★★★★★
IT: Transaktionen/Outsourcing	★★★★★
Datenschutz	★★★★

Kanzlei des Jahres für Technologie und Medien

Bewertung: Mit einem der nominell größten Teams zählt die IT- u. Datenschutzpraxis kontinuierl. zu den marktbeherrschenden Playern – nicht zuletzt deswegen, weil sie die IT- u. datenschutzrechtl. Beratung themat. breit gefächert abdeckt. Bsp. Datenschutz: Im Zuge der DSGVO u. dem daraus resultierenden Behördendruck nahmen zuletzt bei CMS umfangr. Mandate zu Schadensersatzforderungen zu, desgleichen der Beratungsbedarf hinsichtl. Cyberattacken. Zu Letzterem verfügt die Praxis über viel Erfahrung, u.a. weil sie bereits langj. u. länderübergr. einen Cyberversicherer im Legal Incident Management berät. Ähnl. sieht es im Kryptogeschäft aus, wo bisher nur eine überschaubare Anzahl Wettbewerber aktiv ist. CMS verfügt diesbzgl. über einen bemerkenswerten Trackrecord, bei dem die Börse Stuttgart nur eine von vielen Mandantinnen ist, die auf CMS u. einen in dem Bereich frisch ernannten Partner vertraut. Die Praxis setzt auch deswg. hier Akzente, weil sie eng mit den Finanzrechtlern zu Regulierungsthemen zusammenarbeitet. Das war ebenso ein Asset bei der Beratung der Bayer. Landesbank, die sich die Praxis für ein umfangr. Projekt zur Banksteuerung an Bord holte. Dass sie auch bei Outsourcings u. BPOs zu den gefragtesten Beraterinnen gehört, ist u.a. Stammmandantin Accenture zu verdanken. Mit insges. 3 Partnerernennungen betont CMS die Relevanz dieses Bereichs in der Kanzlei.
Stärken: Langj. Know-how bei Outsourcings u. in Digitalisierungsfragen.
Oft empfohlen: Dr. Axel Funk, Dr. Malte Grützmacher („erfahren, kompetent, angenehm", Wettbewerber), Dr. Sebastian Cording, Philipp Lotze, Dr. Markus Häuser („langj. Erfahrung, sehr konstruktiv", Wettbewerber), Christian Runte („sehr pragmatisch u. lösungsorientiert", Wettbewerber), Florian Dietrich
Team: TMT insges.: 18 Partner, 8 Counsel, 30 Associates
Schwerpunkte: Outsourcings, daneben große Softwareprojekte, auch zu Schieflagen. Zudem Vertragsgestaltung u. Lizenzierung. Datenschutz, IT-Compliance u. -Sicherheit. Außerdem digitale Vermarktung von ▷Medieninhalten (TV, Film & Entertainment, E-Commerce, E-Mobility, E-Metering). Mandanten: IT- u. auch TK-Unternehmen, Content- u. Serviceprovider. Anwender (u.a. Finanzdienstleister, Medien- u. Automobilunternehmen) u. öffentl. Hand.
Mandate: Accenture lfd., u.a. zu Outsourcing mit VW Financial Services; Airbnb Ireland, u.a. zu Platt-

---

Datenschutz

★★★★★

Bird & Bird	München, Düsseldorf
DLA Piper	München, Köln, Hamburg
Latham & Watkins	Frankfurt
Osborne Clarke	Köln, München, Hamburg
Taylor Wessing	Hamburg, München, Berlin

★★★★

Baker McKenzie	Frankfurt, München
CMS Hasche Sigle	München, Stuttgart, Köln, Hamburg
Freshfields Bruckhaus Deringer	Düsseldorf, Frankfurt, Hamburg
Noerr	München, Frankfurt, Berlin
Oppenhoff & Partner	Köln
White & Case	Frankfurt, Hamburg

★★★

CSW	München
Gleiss Lutz	Berlin, Stuttgart
Hogan Lovells	Düsseldorf, München
Pinsent Masons	München
Reed Smith	München
WilmerHale	Frankfurt

★★

Gierschmann	Hamburg
Greenberg Traurig	Berlin
JBB Rechtsanwälte	Berlin
Jones Day	München, Brüssel
KNPZ Rechtsanwälte	Hamburg
Norton Rose Fulbright	Frankfurt
Redeker Sellner Dahs	Berlin
Schürmann Rosenthal Dreyer	Berlin
SKW Schwarz	München, Frankfurt

★

Eversheds Sutherland	München
Fieldfisher	Hamburg
FPS Fritze Wicke Seelig	Frankfurt, Hamburg, Berlin
Luther	Köln, Essen, Frankfurt, Stuttgart

Die Auswahl von Kanzleien und Personen in Rankings und tabellarischen Übersichten ist das Ergebnis umfangreicher Recherchen der JUVE-Redaktion. Sie ist in 2erlei Hinsicht subjektiv: Die Aussagen der befragten Quellen sind subjektiv u. spiegeln deren Erfahrungen u. Einschätzungen. Die JUVE-Redaktion wiederum analysiert die Rechercheergebnisse unter Einbeziehung ihrer eigenen Marktkenntnis. Der JUVE Verlag beabsichtigt keine allgemeingültige oder objektiv nachprüfbare Bewertung. Es ist möglich, dass eine andere Recherchemethode zu anderen Ergebnissen führt. Innerhalb einzelner Gruppen in Rankings und tabellarischen Übersichten sind Kanzleien und Personen alphabetisch sortiert.

formregulierung; Bayer. Landesbank bei Neuausrichtung der Bankensteuerung; Ebay Marketplaces, u.a. zu Plattformregulierung u. neuen Produkten; Linde bei BPO für zentrale Services für ww. über 100 verbundene Unternehmen; Börse Stuttgart bei Implementierung regulierter Geschäftsmodelle an der Kryptobörse. **Datenschutz:** 21Dx, u.a. bei Anfragen u. Meldungen ggü. Aufsichtsbehörden; Intel lfd., u.a. zu Beschäftigtendatenschutz bei Einführung neuer Anwendungen; Quantrefy zu Markteintritt; Vay Technology, u.a. zu Entwicklung u. Betrieb von Telefahrdiensten; Cyberversicherer zu Legal Incident Management für Versicherungsnehmer bei Datenschutz-/IT-Sicherheitsverletzungen.

COVINGTON & BURLING

IT: Verträge/Prozesse	★★
IT: Transaktionen/Outsourcing	★★

Bewertung: Die IT-Praxis gehört zu den etablierten Einheiten im Markt u. setzte u.a. zum relevanten Thema Cloud Akzente. Ein markantes Bsp. ist die Mandatierung durch ein Fintechunternehmen für Cloud-Projekte, was zudem Beleg dafür ist, dass C&B mehr als in den Vorjahren auf den Radar von Fintechunternehmen gelangt ist. Darüber hinaus nutzt sie wie kaum eine Wettbewerberin ihren starken internat. Schwerpunkt im Healthcare-Bereich, der immer wieder auch in Dtl. Mandate auf die Schreibtische der Anwälte spült. Darunter ist etwa ein internat. tätiges Technologieunternehmen, dem das Team zu Research&Development-Kollaborationen mit der Pharmaindustrie für künftige Produkte zur Seite steht. Schon aus Zeiten, als das Team noch unter Heymann firmierte, stammt sein langj. Know-how zu Outsourcings. Dieser Bereich ist nach wie vor für die Praxis relevant u. sorgt für stabiles Geschäft. Durch die noch immer schmal aufgestellte Associate-Ebene sind ihrer Schlagkraft jedoch Grenzen gesetzt.

Stärken: Langj. Know-how bei Outsourcings.
Oft empfohlen: Dr. Lars Lensdorf („an der Schnittstelle IT/Datenschutz absoluter Experte", „sehr verlässlich", Wettbewerber), Thomas Heymann
Team: 2 Partner, 2 Associates, 1 of Counsel
Schwerpunkte: Outsourcing, v.a. für Anwender, auch Datenschutz. Außerdem Betreuung von Softwarehäusern bei Lizenzverträgen u. an der Schnittstelle zum Gewerbl. Rechtsschutz. Mandanten sind aufgr. der starken Private-Equity-Praxis häufig Banken sowie Industrieunternehmen.
Mandate: Broadridge zu Abschluss von Zusatzvereinbarungen mit Bank- u. Finanzkunden zur Umsetzung der neuen Outsourcing-Anforderungen der Europ. Bankenaufsichtsbehörde; Transportunternehmen bei Neuausschreibung u. Beschaffung von IaaS-Leistungen; ZDF zur Beschaffung von Cloud-basierten IT-Infrastrukturdiensten; Bank bei Nutzungsbedingungen für eine Collaboration-Plattform; Einkaufs- u. Marketingverbund zu Cloud-Lösung für das elektron. Markplatzangebot; Technologieuntern. zu Research&Development-Kollaborationen; Fintechunternehmen, u.a. zu Cloud-Leistungen; US-Hersteller von Medizinprodukten bei Einführung von Cloud-basierten Services; Metro zu IT- u. Datenschutz.

CSW

IT: Verträge/Prozesse	★★
Datenschutz	★★★

Bewertung: Auf die IT- u. Datenschutzboutiquen vertrauen regelm. Mandanten aus der Versicherungsbranche u. der öffentl. Hand, etwa bei IT-vertragsrechtl. Fragen zur digitalen Infrastruktur. Dabei verfügt die Kanzlei über das nötige Know-how insbes. auf Anbieterseite, etwa zum F&E-Softwarevertrieb, wie sie bei einem Softwareanbieter demonstrierte. Das Zugpferd der Praxis bleibt v.a. Conrad, die über ein gutes Renommee verfügt, insbes. im Datenschutz. Oft wählen Mandanten das Team, wenn ein umfangr. klass. Gutachten her muss. Doch gerade bei komplexen Digitalisierungsprojekten, die regelm. internat. Strukturen verlangen, kann die Kanzlei im Wettbewerb mit anderen immer seltener punkten.

Stärken: Langj. Erfahrung im klass. IT-Vertragsrecht u. Datenschutz.
Oft empfohlen: Prof. Dr. Jochen Schneider, Isabell Conrad („erfahrene Praktikerin", „gutes Standing", „Top-Datenschutzrechtlerin", Wettbewerber)
Team: 3 Eq.-Partner, 2 Sal.-Partner, 1 Counsel, 4 Associates, 1 of Counsel
Schwerpunkte: Klass. Softwareprojekte für Anwender u. Anbieter, E-Commerce. Outsourcings u. Umstrukturierungen, F&E-Verträge. Datenschutz u. Datensicherheit, Compliance sowie IT-Vergabe. Mandanten: Anwender wie Anbieter, regelm. international.
Mandate: Lfd.: Küchenhersteller, bayer. Behörde für Vermessungsverwaltung, Händler für Verpackungsmaterial bei umstrittenem IT-Rahmenvertrag; Softwareentwickler für ERP-Software lfd., u.a. zu F&E-Softwarevertrieb u. IT-Vertragsgestaltung; Vorsorgeversicherung lfd., u.a. bei Migrationsprojekt u. Dienstleisterverträgen.

DLA PIPER

IT: Verträge/Prozesse	★★★★
IT: Transaktionen/Outsourcing	★★★★★
Datenschutz	★★★★★

Bewertung: Die Praxis ist im IT u. Datenschutz eine der tonangebenden Einheiten im Markt. Bestens vernetzt in der Kfz-Industrie, konnte sie ihr Mandantenportfolio dort erneut ausbauen u. wurde gleichz. von Stammmandanten – wie bereits im Vorjahr – zu marktrelevanten Themen wie etwa zum autonomen Fahren oder zur Neuvergabe der Private Cloud Operations hinzugezogen. Aber auch in der Technologiebranche sowie bei Versicherern u. Finanzdienstleistern hinterließ die Praxis Fußabdrücke, z.B. beriet sie ein Finanzunternehmen zur Bereitstellung versch. Zahlungsabwicklungsservices im Onlinesegment. Hier kann sie zwar noch nicht mit Wettbewerbern wie White & Case mithalten, zeichnet sich dafür aber durch eine breitere Branchenabdeckung aus. Dass sich immer wieder Mandanten mit Fragen zu neuen Geschäftsmodellen an das Team wenden, ist auch der Tatsache geschuldet, dass die Praxis nicht nur regelm. grenzüberschr., sondern auch eng z.B. mit den ▷*Kartellrechtlern* in Dtl. zusammenarbeitet. Die Datenschutzberatung, zumeist aus HH gesteuert, entwickelt sich darüber hinaus immer mehr zum Steigbügelhalter für Litigation, sodass DLA mittlerw. in einer ganzen Reihe Verfahren auftritt u. auch bei Hackerangriffen, etwa von einem Versicherer im Zshg. mit Ransomware-Attacke, hinzugeholt wird.

Stärken: Fest verwurzelt im internat. Netzwerk; viel Erfahrung im Cloud-Computing.
Oft empfohlen: Dr. Jan Meents, Jan Pohle, Verena Grentzenberg („fachl. exzellente Datenschutzrechtlerin sowie ruhig u. besonnen agierende Krisenmanagerin", Wettbewerber)

Aufsteiger in der Informationstechnologie

Dr. Simon Assion
Bird & Bird, Frankfurt

Dr. Jens Schefzig
Osborne Clarke, Hamburg

Paul Voigt
Taylor Wessing, Berlin

Die Auswahl von Kanzleien und Personen in Rankings und tabellarischen Übersichten ist das Ergebnis umfangreicher Recherchen der JUVE-Redaktion. Sie ist in 2erlei Hinsicht subjektiv: Die Aussagen der befragten Quellen sind subjektiv u. spiegeln deren Erfahrungen u. Einschätzungen. Die JUVE-Redaktion wiederum analysiert die Rechercheergebnisse unter Einbeziehung ihrer eigenen Marktkenntnis. Der JUVE Verlag beabsichtigt keine allgemeingültige oder objektiv nachprüfbare Bewertung. Es ist möglich, dass eine andere Recherchemethode zu anderen Ergebnissen führt. Innerhalb einzelner Gruppen in Rankings und tabellarischen Übersichten sind Kanzleien und Personen alphabetisch sortiert.

Team: 4 Partner, 4 Counsel, 15 Associates, 2 of Counsel
Schwerpunkte: IT-Implementierung, Outsourcing-Verträge, zunehmend grenzüberschreitend, u. Cloud-Computing, Datenschutz, daneben ▷*Compliance*, IT-Sicherheit sowie E-Commerce u. IT-Prozesse. Mandanten: vorwiegend Outsourcing-Dienstleister, auch deren Kunden, zunehmend Anwender u. größerer Mittelstand.
Mandate: Kfz-Hersteller zu Neuvergabe der Private Cloud Operations; Versicherer bei div. Auseinandersetzungen mit IT-Outsourcing-Provider; Heidelberger Druck bei div. IT-Outsourcings; Handelsuntern. beim Roll out einer digit. Plattform; Werkzeughersteller bei ww. Digitalisierungsprojekt; Finanzuntern. bei Bereitstellung verschiedener Zahlungsabwicklungsservices im Onlinesegment; Atos zu div. IT-Projekten u. IT-Litigation. **Datenschutz:** Versicherer in Zshg. mit Ransomware-Attacke; H&M, u.a. bei behördl. Verf.; lfd. Heidelberger Druck, Kosmetikuntern., Telekommunikationsuntern., Chemieuntern. zu Schrems II.

EVERSHEDS SUTHERLAND

Datenschutz	★

Bewertung: Mit ihrem datenschutzrechtl. Knowhow gelingt es der Praxis, sich immer besser für Mandate, in denen es um die Digitalisierung geht, zu empfehlen. Zu diesem Thema, das den Markt beschäftigt wie kein zweites, ist sie bspw. verstärkt für eine Onlineplattform, aber auch für ein Industrieunternehmen tätig. Ihr Mandantenportfolio speist sich einerseits aus Netzwerkmandanten, andererseits gelingt es zunehmend, sich bei Ausschreibungen durchzusetzen. Wie gut die internat. Büros zusammenarbeiten, zeigt sich beim Thema Cybersecurity. Hierzu stand sie einer Fluggesellschaft zur Seite, die Opfer eines Hackerangriffs wurde. Dass sie ihre Associate-Ebene zuletzt erneut ausbaute, belegt den wachsenden Stellenwert der Praxis innerh. der Kanzlei.

Team: 1 Eq.-Partner, 2 Sal.-Partner, 3 Counsel, 8 Associates
Partnerwechsel: Dr. Lutz Schreiber (zu Ypog)
Schwerpunkte: Industrieunternehmen, Finanzdienstleister u. Gesundheitsbranche im Nachgang zur DSGVO, IT-Sicherheit, Beschäftigtendatenschutz; Mandanten: Anbieter wie Anwender.

TECHNOLOGIE UND MEDIEN — INFORMATIONSTECHNOLOGIE UND DATENSCHUTZ

Mandate: Datenschutz: Softwareunternehmen für Cloud-basierte Bausoftware zu DSGVO-Produktaudits von mehr als 30 Softwareprodukten; Coupa Software zu ‚Re-Papering'-Strategie u. Umsetzung im Zshg. mit Standardvertragsklauseln; Onlineplattform datenschutzrechtl. bei Integration eines akquirierten Gaming-Studios; Dax-Untern. aus der Baustoffbranche, u.a. umf. zu Open Source; lfd. Microsoft, u.a. zu Cloud-Computing; Sportbekleidungshersteller zur Einführung einer ww. Shopping-App; Fluggesellschaft, u.a. zu Cyberattacke.

FIELDFISHER

Datenschutz	★

Bewertung: Die datenschutzrechtl. Praxis gilt im Markt als etabliert – nicht zuletzt, weil sie über starke US-Wurzeln verfügt, sodass sie für Unternehmen mit grenzüberschr. Mandaten eine wichtige Anlaufstelle ist. Typ. Mandanten, die diesen US-Wurzeln entstammen, sind Verizon Media u. Smaato. Einen ihrer Schwerpunkte, den Digital- u. Technologiesektor, konnte die Praxis auch zuletzt wieder ausbauen, u.a. durch einen Onlinehändler, den sie zu einer konzerninternen Digitalvermarktungsplattform beriet. Der Marktentwicklung gemäß nahm Datenschutz-Litigation zu, wie das Mandat von Interactive Advertising Bureau demonstriert, die das Team u.a. im Verf. der belg. Datenschutzaufsicht begleitete. Dass Fieldfisher wie viele Wettbewerber eine eigene Legal-Tech-Sparte gründete, macht sich bereits bemerkbar, etwa an der Beratung von TaxFix, der sie bei der Erweiterung des Geschäftsmodells zur Seite stand.
Stärken: Enge Zusammenarbeit mit den US-Büros.
Team: 6 Eq.-Partner, 2 Counsel, 11 Associates
Schwerpunkte: Häufig Technologieunternehmen sowie Gesundheitsbranche im Datenschutz; IT-Sicherheit u. Compliance; Mandanten: vorwiegend US-Mandanten, Anbieter wie Anwender.
Mandate: Datenschutz: Autodesk, u.a. zu DSGVO; Dt. Energie-Agentur bei Aufbau eines digit. Verzeichnisses für Geräte-Identitäten im Energiemarkt Blockchain-basiert; Interactive Advertising Bureau im Verf. der belg. Datenschutzaufsicht; LinkedIn zu div. Verf. im IT- u. Datenschutzrecht; TaxFix strateg. bei Erweiterung des Geschäftsmodells; BMW u. Energie bei Aufbau von Gaia-X; Onlinehändler zu Digitalvermarktungsplattform; lfd.: FlightRight, Expedia, Keylane, Peloton, Samsung, Smaato, Verizon Media.

FPS FRITZE WICKE SEELIG

IT: Verträge/Prozesse	★★★
IT: Transaktionen/Outsourcing	★
Datenschutz	★

Bewertung: Mit ihrer anwender- wie anbieterseitigen Beratung zählt die IT- u. Datenschutzpraxis von FPS zu den etablierten Playern im Markt. Die meisten Mandanten holen sich das Team dabei für die kombinierte Beratung von IT- u. datenschutzrechtl. Fragen an Bord. Das Geschäft basiert zum einen auf Dauermandantin Accenture, die die Praxis als Panel-Kanzlei regelm. u.a. mit Outsourcing- u. Datenschutzprojekten betreut. Aber auch die DekaBank, die zuvor schon auf andere Praxisgruppen vertraute, setzte für ein Outsourcing auf FPS. Zum anderen bleibt der Bereich Tech-M&A eine feste Bank; so beriet die Praxis u.a. Main Incubator bei einer Beteiligung an dem ESG-Start-up Dabbel IT- u. datenschutzrechtlich. Als immer fruchtbarer erweist sich die Zusammenarbeit mit den ▷Vergaberechtlern. Gu-

tes Bsp. ist die Cyberagentur des Bundes, die FPS für ein Projekt zur Cybersicherheit nach einer Ausschreibung auswählte. Das alles zeigt, dass sich die Kanzlei von den größeren Einheiten auch deswegen nicht in die Schranken weisen lässt, weil sie die praxisübergr. Zusammenarbeit gut beherrscht.
Oft empfohlen: Bettina Komarnicki
Team: 7 Eq.-Partner, 3 Sal.-Partner, 5 Associates
Schwerpunkte: Lizenzen u. Softwareerstellung, IT-Verträge, auch Datenschutz u. IT-Compliance, Cloud-Computing. Fragen der Softwarepiraterie u. IT-Vergabe. Zudem Prozesse bei Projektschieflagen. Mandanten: viele Banken, Immobilienunternehmen.
Mandate: Advancis IT-rechtl. u.a. zu Ausbau der internat. Konzern- u. Vertriebsstrukturen; Bundesamt für Sicherheit der nuklearen Entsorgung (BASE) beim Aufbau einer Plattform für Onlinefachkonferenzen; Cyberagentur des Bundes zu Forschungs- u. Entwicklungsprojekt im Bereich der Cybersicherheit; Unzer umf. datenschutzrechtl.; Mainzer Stadtwerke bei 2 Ausschreibungen zur Transformation ihrer ERP-Systemlandschaft; Main Incubator bei Beteiligung an dem ESG-Proptech-Start-up Dabbel; lfd.: Accenture, E-Shelter.

FRESHFIELDS BRUCKHAUS DERINGER

IT: Verträge/Prozesse	★★
IT: Transaktionen/Outsourcing	★★★★
Datenschutz	★★★★

Bewertung: Hinsichtl. Transaktionen u. bei Datenschutz- bzw. Digitalisierungsprojekten ist die IT-Praxis den Marktführern auf den Fersen. Mandanten kommt ihre überaus breite Gesamtaufstellung zugute, da bei FBD wie bei wenigen Wettbewerbern die einzelnen Praxisgruppen wie Zahnräder immer besser ineinandergreifen, sodass die Beratung an Schnittstellen bemerkenswert gut gelingt. Das gilt vordergründig für die Begleitung von Transaktionen, in denen die techn. Komponente in den verg. Jahren stetig gewachsen ist. Stellvertretend steht die Beratung von CompuGroup Medical beim Kauf von Visus Health. Aber auch zu anderen marktrelevanten Themen, etwa zur Cybersecurity, ist die IT- u. Datenschutzpraxis gemeinsam mit anderen Praxen im Einsatz. Bspw. sind an der Seite von Scalable Capital nach Hackerangriff neben der IT-Praxis auch die Compliance- u. die Konfliktlösungspraxis gefragt. Mehr als andere Kanzleien hat sich FBD auch ein Standing im polit. Umfeld erobert, etwa als Beraterin von Experian zum Gesetzgebungsprozess der neuen EU-KI-Verordnung. Hier zu den First Movern zu gehören, dürfte ihr einen Vorsprung für künftige KI-Mandate sichern. Wie schon im Vorjahr ernannte die Kanzlei 3 Anwälte, die allerdings keine reinen IT-Rechtler, sondern im Wesentlichen auf Patentrecht bzw. M&A spezialisiert sind, zu Partnern.
Stärken: Viel Erfahrung bei IT-Outsourcings/Transaktionen u. enge Zusammenarbeit mit der Compliance-Praxis.
Oft empfohlen: Prof. Dr. Norbert Nolte („sehr professionell", Mandant"; „hat ein schlagkräftiges Team aufgebaut, jederzeit kollegial", Wettbewerber), Dr. Torsten Schreier
Team: IP/IT: 18 Partner, 2 Counsel, 24 Associates
Partnerwechsel: Dr. Jochen Dieselhorst (in die Selbstständigkeit)
Schwerpunkte: Outsourcings, BPO u. Offshore. Daneben transaktionsbez. Beratung u. Datenschutz u. ▷Compliance. Zudem klass. IT-Projekte u. Vertrags-

recht. Außerdem an den Schnittstellen IT/▷Kartellrecht u. IT/▷Medien/▷Telekommunikation. Mandanten: große Softwareanbieter, IT-Dienstleister, ebenso Anwender (v.a. Banken u. Industrieunternehmen).
Mandate: Airbus zu IT-Migrationsprojekten im Zshg. mit dem A220-Programm; Verisk Analytics bei Kauf von Actineo; CompuGroup Medical bei Kauf von Visus Health; Sportartikelhersteller bei Outsourcing des Payment Processings für alle eigenen Stores; Kfz-Hersteller umfängl., u.a. zur Integration von App-Stores, Microsoft-Office-Anwendungen, Amazon Alexa, Apple Music u. virtual Reality.
Datenschutz: Exact Sciences Molecular Diagnostics, u.a. zur Umsetzung von ww. Schrems-II-Projekt u. zur Implementierung von Binding Corporate Rules; Experian zum Gesetzgebungsprozess der neuen EU-KI-Verordnung im Bereich Credit Scoring; Juris im Zshg. mit Schadensersatzklage wg. Verstoßes gg. die DSGVO; Scalable Capital zu Hackerangriff.

GIERSCHMANN

Datenschutz	★★

Bewertung: Die Namenspartnerin zählt zu den Datenschutzspezialistinnen hierzulande, die für ihr umfangr. Know-how renommiert sind. Insbes. US-Unternehmen u. Unternehmensgruppen mit ww. Datentransfers setzen für ihre DSGVO-konformen Datenströme auf sie. Dabei entwickelt Gierschmann zunehmend einen datenschutzpolit. Schwerpunkt, der sie immer häufiger auch auf europ. Ebene auftreten lässt. Diese übergeordnete Rolle u. Nähe zu den rechtspolit. Bewegungen sowie ihre schon langj. etablierte Vernetzung zu den dt. Datenschutzbehörden macht sie zur gefragten Beraterin u. auch Gutachterin.
Stärken: Sehr gut vernetzt bei dt. Aufsichtsbehörden.
Oft empfohlen: Prof. Dr. Sibylle Gierschmann („ist einfach gut", „sehr gut vernetzt", Wettbewerber)
Team: 1 Partnerin, 1 Associate
Schwerpunkte: Regelm. zu internat. Datentransfer innerhalb von Unternehmensgruppen, gut vernetzt in die USA. Zunehmend zu Datenpannen.
Mandate: Allgeier lfd. zum konzernweiten Datenschutzmanagement, Datentransfer u. TTDSG; Nagarro lfd., u.a. zu Drittlandtransfer; lfd.: Brambles, Ergo, Giesecke & Devrient, Novartis, PriceHubble; Fahrradverleih zu Beschäftigtendatenschutz; US-Anbieter für Rechenzentren datenschutzrechtlich.

GLEISS LUTZ

IT: Verträge/Prozesse	★★★
IT: Transaktionen/Outsourcing	★★★★
Datenschutz	★★★

Bewertung: Die IT- u. Datenschutzrechtspraxis ist für ihr tiefes Know-how bei komplexen IT-Vertragsfragen renommiert. Dabei wird sie von Mandanten regelm. bei neuartigen Produkten od. Entwicklungen hinzugezogen. Ein Beleg dafür ist bspw. die Arbeit zum Quantencomputing in der Industrie, wo GL inzw. für das gesamte QUTAC-Konsortium mandatiert wurde – urspr. war die Kanzlei nur für Infineon tätig –, um das zukunftsweisende Projekt rechtl. abzusichern. Seit jeher fest verankert ist das Team im Gesundheitssektor, wo es bspw. Ankermandantin AOK umfangr. auf ihrem Weg zur digit. Krankenkasse begleitet. In diesem, aber auch in div. anderen Mandaten stellt die Kanzlei die nötige Verbindung zum Datenschutz

INFORMATIONSTECHNOLOGIE UND DATENSCHUTZ TECHNOLOGIE UND MEDIEN

her. Das Team konnte sich in einer Ausschreibung gg. Wettbewerber durchsetzen u. berät jetzt Hornbach umfangr. zur Datenschutzorganisation. Ein strateg. gelungener Schritt war die Zusammenarbeit mit dem Asien-Desk, woraus eine Mandatierung durch LG zu europ. Datenschutzfragen entstanden ist.

Oft empfohlen: Dr. Stefan Weidert ("sehr geschätzt", "erfahren bei Outsourcings", Wettbewerber)

Team: 6 Partner, 4 Counsel, 12 Associates

Schwerpunkte: M&A-Transaktionen mit Technologiefokus, IT-Outsourcings u. BPOs. Klass. IT-Projekte, forens. zu Schieflagen, Compliance u. IT-Vergaben. Datenschutz in Digitalisierungsprojekten u. regelm. bei Behördenverfahren. Mandanten: Anwender (Finanz-, Automobil- u. Gesundheitsbranche), öffentl. Hand, IT-Dienstleister.

Mandate: QUTAC-Konsortium umfangr. bei Quantencomputingentwicklung im industriellen Umfeld; AOK Bundesverband lfd. IT- u. datenschutzrechtl., u.a. zu elektron. Patientenakte, Telematikinfrastruktur u. Vergabeverf. für zentrale Services; Bundesdruckerei vertragsrechtl., u.a. bei Weiterentwicklung von ID-Dokumenten; Dt. Post/DHL IT-rechtl. bei Kauf von J.F. Hillebrand; Ergo in Streit mit Softwarelizenzgeber, auch kartellrechtl.; lfd.: Bosch, u.a. zu autonomem Fahren, Gelato, Northern Data. **Datenschutz:** Envases Öhringen zu IT-Integration u. ww. Datenaustausch; LG zu EU-Datenschutz; Hornbach zu Datenschutz; Hotjar lfd., u.a. IT-rechtl. bei Verkauf von Contentsquare; VfB Stuttgart im Prozess um Kündigung u. Verantwortlichkeit in Datenschutzorganisation.

GÖRG

| IT: Verträge/Prozesse | ★ ★ |
| IT: Transaktionen/Outsourcing | ★ ★ ★ |

Bewertung: Die IT-Praxis um Schmitz zählt zu den etablierten Einheiten im Markt, nicht zuletzt durch ihre gute Reputation in der Bank- u. Finanzbranche. Ein Bsp. dafür ist das Mandat der Dt. Bank zu div. IT- u. Auslagerungsprojekten. Darüber hinaus nahm zuletzt die TK-Branche, v.a. durch die Dt. Telekom bzw. T-Systems, mehr Raum ein, die bei gößeren IT-Projekten auf das Team setzte. Die standortübergr. Zusammenarbeit trägt zw. Ffm. u. München bei Transaktionen Früchte sowie zw. Ffm. u. Berlin, wenn es um die Schnittstelle zu den Vergaberechtlern geht. Zunehmend beschäftigte die Praxis zudem Datenschutz-Litigation. Die Ernennung einer Partnerin, die auf diesen Bereich spezialisiert ist, zeigt die Relevanz des Themas für die Kanzlei.

Oft empfohlen: Dr. Florian Schmitz, Dr. Axel Czarnetzki

Team: 6 Eq.-Partner, 1 Counsel, 8 Associates

Schwerpunkte: Klass. IT-Geschäft: Softwareprojekte u. -verträge, auch mit internat. Bezug. Outsourcing u. Datenschutz, auch Prozessführung u. ▷Vergabe. Viel Erfahrung in der Finanzbranche, Mandanten der öffentl. Hand.

Mandate: Dt. Bank zu div. IT- u. Auslagerungsprojekten; Dt. Telekom bei Auslagerungsprojekten mit IBM; lfd. Hella zu IT-Verträgen u. -Projekten, u.a. bei Auslagerung von RZ-Leistungen im SAP-Umfeld u. bei Verträgen mit TK- u. Cloud-Anbietern; IRT im Rahmen der Liquidation, mit Bewertung von Softwareentwicklungen u. -verträgen; Samsung Electronics lfd. im Zshg. mit IT-Verträgen u. -Projekten u. zu Samsung Pay.

GREENBERG TRAURIG

IT: Verträge/Prozesse	★ ★
IT: Transaktionen/Outsourcing	★ ★
Datenschutz	★ ★

Bewertung: Die TMT-Praxis ist renommiert für ihre Arbeit an neuen Technologien u. bei der Digitalisierung von Projekten u. Prozessen. Da einige Partner gleicherm. im Medienrecht renommiert sind, liegt ein Schwerpunkt bei Entertainmentunternehmen wie bspw. Amazon. Aber auch wenn andere Mandanten, wie etwa Ateme, einen neuen Dienst u. damit verbundene Geräte auf den Markt bringen, kommt GT vom IT-Vertrag über lizenzrechtl. Fragen bis hin zum Datenschutz ins Spiel. Dass die Kanzlei über US-Beziehungen verfügt, führt zur regelm. Mandatierung durch US-Mandanten in Bezug auf ihre Datenströme nach Europa. Die Rolle als Expertin zur Begutachtung von internat. Datentransfers insbes. nach Schrems II konnte GT festigen. Immer häufiger gelingt es dem Team, sich in Großprojekten zu beweisen; so sind aus der Arbeit für AB Volvo bereits div. IT-Großprojekte entstanden. Dass ein internat. Unternehmen wie Papaya Global die GT-Spezialisten nun erstmals mandatierte, belegt einmal mehr ihr umfangr. Wissen im Zahlungsdienstleistungssektor, worin sie früher als viele Wettbewerber etabliert waren.

Oft empfohlen: Dr. Viola Bensinger ("erfahrene Techanwältin", Wettbewerber)

Team: TMT insges.: 13 Partner, 12 Associates

Schwerpunkte: Outsourcings u. BPOs, auch IT-Sicherheit u. Compliance. Europ. Datenschutz u. internat. Transfer, oft bei Entwicklung intelligenter Systeme; Datenschutz auch in Verbindung mit Arbeitsrecht. Enge Verzahnung mit ▷Medien u. ▷Telekommunikation, ▷Immobilien u. ▷PE, regelm. Transaktionen. Mandanten: Anwender wie Anbieter, Internetplattformen, hier häufig auch an der Schnittstelle zu zahlungsdiensterechtl. Fragestellungen; Wohnungsbaugesellschaften, PE-Häuser, häufig US-Bezug.

Mandate: AB Volvo lfd. bei div. IT-Projekten; Ateme IT-rechtl. bei Software für Videorekorderdienst; Bundesministerium Verkehr u. digitale Infrastruktur IT-vertragsrechtl. bei Kündigung der Betreiberverträge der Pkw-Maut; Foxxum lfd., u.a. zu Platformas-a-Service-Verträgen; lfd.: Atos, Amazon Media u. Amazon Games, CA Immo, Papaya Global, TNIC, Vonovia, Zoom. **Datenschutz:** Digital Turbine bei Kauf von Fyber, u.a. datenschutzrechtl. Due-Diligence; Edge Technologies lfd., u.a. bei Implementierung von Smart-Services u. KI in der Immobilienbranche; Netsurion lfd., u.a. zu EU-Datenschutz; lfd.: Buwog Bauträger, Cyren, Daily Paper Holding, ebay, Netflix, Opswat, Paypal, Rlaxx TV.

GVW GRAF VON WESTPHALEN

| IT: Verträge/Prozesse | ★ ★ ★ |

Bewertung: Die IT-Praxis ist als Expertin für IT-Vertragsrecht etabliert. Zunehmend kann sie sich für gr. IT-rechtl. Vorhaben qualifizieren, etwa für die Mecklenburg. Versicherungsgesellschaft. Besondere Reputation hat sich GvW in den verg. Jahren bei Mandanten der öffentl. Hand erarbeitet. So setzt jetzt z.B. das bad.-württ. Innenministerium auf die Kanzlei bei der Vergabe für eine E-Government-Plattform. Dass mit von Walter im Vorjahr ein Partner mit namh. Mandanten wie dem ADAC zu GvW wechselte u. damit schon Anknüpfungspunkte in der Versicherungsbranche schaffte, gab der Praxis einen Schub. Insbes. die datenschutzrechtl. Kompetenz ist eine wichtige Ergänzung zum schon vorhandenen Know-how. Dass bspw. die Gematik im Datenschutz nun auf GvW setzt, ist ein Bsp. für den Erfolg des Ausbaus. Dennoch bleibt ein Teil des Potenzials für eine engere Zusammenarbeit u. damit gebündeltem Digitalisierungswissen bislang noch ungenutzt.

Team: 10 Eq.-Partner, 5 Associates

Oft empfohlen: Axel von Walter ("hervorragende u. mandantenorientierte Verhandlungsführung", Mandant; "sehr umtriebig, pragmat.", Wettbewerber)

Schwerpunkte: V.a. Systemimplementierungen, Softwarelizenz- u. -entwicklungsverträge; auch Datenschutz u. zu internat. Datentransfer; IT-▷Vergabe der öffentl. Hand, daneben Outsourcings; Mandanten anbieter- wie anwenderseitig.

Mandate: ADAC bei umfangr. Outsourcing der ADAC Versicherung; Mecklenburg. Versicherungsgesellschaft umf. bei IT-rechtl. Vorhaben, u.a. Vergütungsansprüche ggü. Digitalisierungsagentur; Ministerium Inneres u. Digitalisierung Ba.-Wü. bei IT-Vergabe für E-Government-Plattform; lfd.: Infosysy, Schufa, PC-Spieleanbieter; IT-Dienstleister lfd. IT-vertragsrechtl., u.a. bei ww. Standardverträgen; Ministerium zu Digitalisierungsprojekt. **Datenschutz:** Acatech zum Datenraum Mobilität; Werbedienstleister u.a. zu Datenschutzrahmenvereinbarungen; Rechtsschutzversicherung umfangr. bei Digitalisierungsthemen, IT- u. datenschutzrechtl.; Farben- u. Kosmetikhersteller lfd., u.a. zu ww. Datenschutzkonzept; lfd.: ADAC SE, DKB, Gematik.

HEUKING KÜHN LÜER WOJTEK

| IT: Verträge/Prozesse | ★ ★ |

Bewertung: Die IT-Rechtspraxis kommt regelm. ins Spiel, wenn gr. IT-Verträge zw. Anbietern u. Anwendern verhandelt werden; dabei ist sie auf beiden Seiten gleicherm. erfahren. Oft wird das Team auch bei neueren techn. Lösungen mandatiert, etwa für einen On-Demand-Lieferservice. Dass HKLW auch praxisübergr. komplexe Vertragsstrukturen bearbeitet, bewies sie für 1&1 Versatel, wobei es auf einen TK-rechtl. Schwerpunkt ankam. Besonders intensiv war zuletzt die Zusammenarbeit mit der ▷M&A-Praxis: Es gab gleich mehrere Deals, bei denen die IT-Rechtler eine zentrale Rolle spielten, etwa bei BHG. Ein Rückschlag ist der Verlust einer langj. im Markt anerkannten Datenschutzrechtlerin. Damit fällt die Kanzlei auf ihrem Weg, als Expertin für Datenschutzfragen wahrgenommen zu werden, einen Schritt zurück.

Oft empfohlen: Dr. Philip Kempermann ("sehr pragmat., sehr lösungsorientiert u. zielgerichtet", Mandant)

Team: 11 Eq.-Partner, 7 Sal.-Partner, 5 Associates

Partnerwechsel: Britta Hinzpeter (zu Kaiser X Labs)

Schwerpunkte: Implementierung von IT-Projekten, IT-Compliance, auch Datenschutz, Cloud-Computing. Mandanten: anbieter- u. anwenderseitige Beratung, u.a. Softwareentwickler, Banken, TK- u. Medienunternehmen. Enge Zusammenarbeit mit der ▷Vergaberechtspraxis.

Mandate: 1&1 Versatel u.a. bei 5G-Aufbau durch United Internet; BHG bei Anteilskauf an AH-Trading; Evora IT Solutions bei Anteilsverkauf an Allgeier; Pferdewetten.de IT-rechtl. bei neuem Geschäft; RCI Banque bei internat. Softwareprojekt; Denios bei IoT-Plattform; Medienkonzern bei Freelancer- u. Softwaredienstleistungsverträgen; On-Demand-Lieferservice IT-rechtl.; Türen- u. Fensterhersteller bei Neuausschreibung von Managed Services; lfd.: FTI Touristik, SDX, Thalia, Viessmann Werke.

HEUSSEN
IT: Verträge/Prozesse ★★

Bewertung: Die Praxis verfügt über ausgewiesene Experten im klass. IT-Vertragsrecht mit viel Erfahrung zu SaaS-Produkten. So setzen regelm. Mandanten auch bei Entwicklungsverträgen auf das Team, etwa ein Nutzfahrzeughersteller. Bei diesen, aber auch anderen Mandaten konnte sich Heussen vermehrt für Open-Source-Beratung ins Spiel bringen, wofür sie ein Softwareanbieter für autonome Systeme mandatierte. Trad. eng ist die Verbindung zu den ▷Vergaberechtlern, wodurch die Kanzlei für IT-Beschaffungen der öffentl. Hand engagiert wird, darunter durch die Uni Hohenheim. Dass eine praxisübergr. Zusammenarbeit Früchte trägt, zeigt sich auch an der Zusammenarbeit mit den ▷M&A-Anwälten, die bspw. einen Softwareanbieter für Quantencomputing bei ihrem Start-up-Finanzierungszyklus begleiten. Inzw. beraten die IT-Rechtler umfangr. zu Verträgen, auch datenschutzrechtlich.

Oft empfohlen: Dr. Hermann Waldhauser

Team: 1 Eq.-Partner, 5 Sal.-Partner, 4 Associates, 2 of Counsel

Schwerpunkte: Vertragsgestaltung bei Softwareprojekten (verstärkt Embedded-Software-Projekte) u. Outsourcing. Zunehmend Datenschutz u. IT-Compliance im Zshg. mit Cloud-Computing sowie Internet u. E-Commerce, oft Open Source. Eng an der Schnittstelle zu ▷Medien. Mandanten: v.a. Anwender, einige Anbieter.

Mandate: Nutzfahrzeughersteller lfd., u.a. bei Entwicklungsverträgen, Open Source, Datenschutz u. -zugriff; lfd.: Cyando, Max Planck Digital Library, Universität Hohenheim, Kärcher; Softwareanbieter für autonome Systeme, u.a. bei Finanzierungsrunde u. zu Open-Source-Verträgen; Softwareanbieter für Quantencomputing umfangr., u.a. zu IT- u. Entwicklungsverträgen; Aufzughersteller IT-rechtl.; US-Fahrradhersteller IT- u. datenschutzrechtl. bei div. Transaktionen; Familienuntern. zu Datenschutz u. Sicherheit; lfd. datenschutzrechtl. Augustinum.

HOGAN LOVELLS
IT: Verträge/Prozesse ★★★★
IT: Transaktionen/Outsourcing ★★★★
Datenschutz ★★★

Bewertung: Die IT- u. Datenschutzrechtler haben sich insbes. für internat. IT- u. Datenschutzprojekte etabliert. Auch deswg. ist es kein Zufall, dass sie regelm. bei zukunftsweisenden Projekten als Berater hinzugezogen werden. Ein Bsp. ist Catena-X, wo HL in einem vom Bund geförderten Projekt an einem Datenökosystem der Kfz-Industrie mitarbeitet. Zu kniffligen Fragen zur Dateninhaberschaft u. insbes. zum internat. Transfer hat das Team schon früh beraten, wodurch es jetzt, wo immer mehr Mandanten ihre Geschäftsmodelle auf der Grundlage von Daten entwickeln, gefragt ist. Trad. stark ist die Anbindung an die Transaktionspraxis, es machte sich erneut bemerkbar, dass IT- u. datenschutzrechtl. Aspekte in den meisten Deals nicht mehr wegzudenken sind.

Oft empfohlen: Dr. Stefan Schuppert, Dr. Marcus Schreibauer („alle Projekte, auch übergreifende mit Kunden, wurden überaus schnell, präzise u. qualitativ hochwertig bearbeitet", Mandant)

Team: 4 Partner, 4 Counsel, 13 Associates

Schwerpunkte: Outsourcing u. BPOs, ▷Transaktionen mit Technologiebezug. Stark an der Schnittstelle zu IP, IT- u. Datenschutz-▷Compliance. Viel Erfahrung bei internat. Datentransfer u. Datennutzung. Mandanten: Hard- u. Softwareanbieter, Anwender u. Investoren, Banken.

Mandate: Animus bei div. Projekten zur App für Quartiersnetzwerke; Catena-X bei Projekt zum Aufbau europ. Cloud-Strukturen; amerikan. Investmentbank IT- u. datenschutzrechtl., u.a. bei digitaler Plattform u. Vertrieb; Amira Growth bei Beteiligung an Yoummday; PTC bei Kauf von Reflekt. **Datenschutz:** Brainloop lfd., u.a. zu Cloud u. Inhaberschaft von Daten; BVZI lfd., u.a. DSGVO-Compliance; Moderna bei EU-Vertriebsmodell u. datenschutzrechtl. Compliance; Payback, Sopra lfd., u.a. bei Migration auf Cloud-Plattformen; lfd.: Brainlab, Jungheinrich; dt. Kfz-Hersteller lfd., u.a. zu Big-Data-Analysen u. internat. Datentransfer.

JBB RECHTSANWÄLTE
IT: Verträge/Prozesse ★
Datenschutz ★★

Bewertung: Die Techboutique erreicht mit einem kl. Team immer wieder hohe Anerkennung bei Digitalisierungsprojekten ihrer Mandanten. Ihr Steckenpferd ist seit jeher das tiefe Know-how zu Open-Source-Lizenzen, worauf regelm. auch namh. Industriemandanten zurückgreifen, bspw. Bosch. Ein Großteil der Kernmandantschaft stammt aus der Medienbranche, was sich u.a. aus dem Renommee im Urheber- u. Presserecht erklärt. So setzt nicht nur Axel Springer bei strateg. Datenschutz auf das Team im Feldmann, neuerdings vertraut auch Ströer umfangr. auf ihn, bis als externer Datenschutzbeauftragter. Auch im anziehenden Feld von datenschutzrechtl. Behördenverfahren ist JBB aktiv u. bringt hier nicht nur ein gutes Netzwerk, sondern v.a. langj. Know-how über Datenschutzstrukturen mit, worauf bspw. der Spiegel setzt. Der Verlust einer IT-Spezialistin stellt JBB vor eine personelle Herausforderung, die gerade bei einer kl. Praxisgruppe stark zu Buche schlägt.

Oft empfohlen: Thorsten Feldmann („Marktkenner, lösungsorientiert", „sehr gutes Know-how, angenehme Zusammenarbeit", Wettbewerber), Dr. Till Jaeger

Team: 3 Partner, 3 Associates

Partnerwechsel: Dr. Lina Böcker (zu Osborne Clarke)

Schwerpunkte: IT- u. Datenschutzrecht an der Schnittstelle zu ▷Medien- u. Urheberrecht sowie Presserecht u. ▷Gewerbl. Rechtsschutz. Viel Prozessvertretung, auch kl. Transaktionen, E-Commerce. Zudem IT-Verträge u. Spezialisierung im Open-Source-Bereich.

Mandate: Axel Springer lfd. datenschutz- u. IT-rechtl., u.a. zur Outbrain-Kooperation, zu strateg. Datenschutz u. ggü. Aufsichtsbehörden; Bosch u.a. zu Open Source; Juniper Networks bei Outsourcing; Ottobock lfd., u.a. IT-Projekte u. Lizenzverträge; lfd.: Lift Technology, Matrix42 zu Open Source; Ströer Content umfangr., u.a. als ext. Datenschutzbeauftragter; finanzen.de datenschutzrechtl. bei Verkauf von AllianzX an Clark; Der Spiegel gerichtl. u. ggü. Behörden; Smava lfd., u.a. auch datenschutzrechtl. nach Kauf von Finanzcheck; Hotelkette lfd. u.a. zu Datenverarbeitung; Kfz-Hersteller u.a. zu DSGVO-Compliance u. autonom. Fahren.

JONES DAY
Datenschutz ★★

Bewertung: Im Datenschutz ist das Team um von Diemar eine feste Größe. Einer seiner Erfolgsfaktoren sind die ausgeprägten US-Wurzeln, die ähnl. wie bei WilmerHale oder Fieldfisher in vielen Mandaten durchschimmern. Das gilt v.a. u. nachhaltig für US-Mandantin Icann, für die das dt. Büro sämtl. globalen datenschutzrechtl. Beratungsaktivitäten von JD steuert. Aber auch andere US-Mandanten kamen zuletzt hinzu, dazu gehören IBM, Experian u. Thermo Fisher. Erste Schritte machte die Praxis zudem Richtung Fintech, indem sie eng mit Financial Markets zusammenarbeitete. Diesen wachsenden Bereich stärker ins Visier zu nehmen, dürfte sich auch künftig lohnen. Da die Praxis aber gleichz. regelm. im M&A-Geschäft eingebunden ist, setzt ihr ledigl. eine – im Vgl. zu manchem Wettbewerber – dünne Personaldecke Grenzen.

Stärken: Enge Zusammenarbeit mit den US-Büros.

Oft empfohlen: Dr. Undine von Diemar („sehr kompetent", Wettbewerber)

Team: 2 Partner, 5 Associates, 2 of Counsel

Schwerpunkte: Datentransfer ins Ausland; IT-Security u. globale Beratung zu IT-Sicherheitsvorfällen; auch IT-Outsourcing u. Cloud-Computing, häufig grenzüberschr.; Mandanten: Anbieter wie Anwender, vorwiegend US-Mandanten.

Mandate: Datenschutz: BlackBerry zu IT-Endpoint-Security-Management, Verschlüsselung u. Embedded Systems; Cenntro Electric bei Kauf einer Beteiligung an Tropos Motors Europe; Compagnie Plastic Omnium bei Kauf des Geschäftsbereichs Automotive Lighting Systems von Osram; Hilti bei Übernahme von Fieldwire; umf. Icann; Lionbridge Technologies, u.a. zu KI-Anwendungen; New World Hotel Management lfd. zu dt. u. US-Datenschutz; PTT Global Chemical Public bei Akquisition von Allnex; Recorded Future zu grenzüberschr. Datenübermittlung.

KNPZ RECHTSANWÄLTE
IT: Transaktionen/Outsourcing ★
Datenschutz ★★

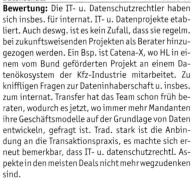

NOMINIERT
JUVE Awards 2022
Kanzlei des Jahres für Technologie und Medien

Bewertung: Es gibt keinen Wettbewerber, der KNPZ ihre Stellung als Expertin in Transaktionen mit datengetriebenen Geschäftsmodellen streitig macht. Insbes. im technikgetriebenen Venture-Capital-Umfeld entscheidet die IT- u. Datenschutz-Compliance nicht selten über den Erfolg eines Unternehmens. Umso zentraler ist die Rolle, die das Team um den anerkannten Plath einnimmt, wenn div. Transaktionskanzleien auf seinen Rat zurückgreifen. Ein Bsp. von vielen ist etwa aufseiten von Bregal Milestone in der Finanzierungsrunde von Productsup. Auch wenn diese Monopolstellung einen Großteil des Mandatsvolumens ausmacht, ist sie in den verg. Jahren deutl. über diesen Fokus hinausgewachsen: Gerade beim Aufbau neuer Plattformen profitieren Mandanten von der Dealerfahrung des Teams, etwa Tel Aviv Air. Dass die Kanzlei schon vor Jahren ein aufsehenerregendes Verfahren bzgl. der datenschutzrechtl. Aspekte von Videoaufzeichnungen für Üstra führte, bescherte ihr jetzt das Vertrauen eines Mobilitätsanbieters – ein weiteres Verfahren mit Grundsatzpotenzial.

Stärken: IT- u. datenschutzrechtl. Due Diligence bei Transaktionen.

Oft empfohlen: Dr. Kai-Uwe Plath („sehr erfahren mit dem nötigen kommerziellen Verständnis u. lö-

INFORMATIONSTECHNOLOGIE UND DATENSCHUTZ · TECHNOLOGIE UND MEDIEN

sungsorientiertem Beratungsansatz", „souveräner Verhandler u. weitsichtiger Berater", „hohe Transaktionskompetenz", „Spezialisierung auf die Begleitung komplexer Transaktionen u. im Bereich IT", Wettbewerber)
Team: 1 Eq.-Partner, 1 Sal.-Partner, 6 Associates
Schwerpunkte: IT- u. datenschutzrechtl. Begleitung (Due Diligence) von Transaktionen. Zunehmend Digitalisierungsprojekte u. zur Einführung neuer Software. Mandanten: Software- u. Medienhäuser, auch Industrieunternehmen. Enge Zusammenarbeit mit der ▷Presse- u. ▷Medienrechtspraxis sowie ▷Vertriebsrecht.
Mandate: Tel Aviv Air, u.a. bei Aufbau Onlineplattform auch datenschutzrecht.; lfd.: Körber, Obi, Zendesk; Medizin- und Sicherheitstechnikhersteller bei Softwarelizenzierung u. Cloud-Saas-Lösungen; div. M&A-Transaktionen insbes. bei datengetriebenen Geschäftsmodellen, bspw. Bregal Milestone in der Finanzierungsrunde von Productsup, insbes. Due Diligence. **Datenschutz:** Axel Springer lfd., u.a. Beratung u. Vertretung an der Schnittstelle von Medien, Vertrieb u. Datenschutz; lfd.: Bauer Media, KeringGroup, Otto, Porsche, Porsche Digital, Payone, Kreuzfahrtgesellschaft; Mobilitätsanbieter in Prozess wg. Herausgabe Videoaufzeichnung datenschutzrechtl. Betroffener.

LATHAM & WATKINS

IT: Verträge/Prozesse	★★
IT: Transaktionen/Outsourcing	★★★★
Datenschutz	★★★★

Bewertung: Beim Thema Arbeitnehmerdatenschutz u. DSGVO-Bußgelder ist kaum eine Praxis so präsent wie die IT- u. datenschutzrechtl. von L&W. Ein Alleinstellungsmerkmal ist die enge Verknüpfung zu den Arbeitsrechtlern, auch weil Wybitul für beide Bereiche gleicherm. steht. Ein typ. Mandat ist die Vertretung von Daimler, u.a. vor dem BGH in einem Verf. wg. des Rechts von Arbeitnehmern um Erteilung von Auskünften. Namh. Mandanten wie Meta, die umfangr. auch datenschutzrechtl. auf L&W setzen, zeigen ebenfalls, dass sich die Kanzlei vorne platzieren konnte, nicht zuletzt weil sie zu den Einheiten gehört, die diesbzgl. über viel Erfahrung verfügt. Darüber hinaus ist die Praxis aber v.a. gefragt, weil in der kanzleieig. Dealmaschinerie kaum eine Transaktion ohne datenschutzrechtl. Beratung auskommt. Originäres Geschäft (wie bspw. Evercore), das ihr Wettbewerber häufig gänzl. absprechen, findet zwar statt, spielt aber tatsächl. nur eine untergeordnete Rolle.
Stärken: Enge Zusammenarbeit mit der ▷M&A-Praxis; langj. Know-how an der Schnittstelle zum Arbeitsrecht.
Oft empfohlen: Tim Wybitul („hohe Sensibilität für betriebswirtschaftl. Rahmenbedingungen", Mandant; „er ist die herrschende Meinung", „sehr visibel", „angenehm im Umgang", „kreativ u. lösungsorientiert", Wettbewerber)
Team: 2 Partner, 3 Counsel, 7 Associates
Schwerpunkte: Komplexe Vertragsgestaltungen, Outsourcings, Datenschutz; insbes. Behördenverfahren u. an der Schnittstelle zum ▷Arbeitsrecht. Transaktionen im IT- u. TK-Bereich. Internat. Beratung an der Schnittstelle zu IP u. Litigation. Mandanten: Anwender (Großunternehmen, Banken, Finanzdienstleister, auch internat.).
Mandate: Evercore lfd. zu regulator. Fragen; Activant Capital im Zshg. mit Serie-A-Finanzierung; Bitly bei Kauf von Egoditor; Triton bei Kauf der Swiss IT Security; Paragon zu Carve-out u. Kauf von KME Special. **Datenschutz:** Kfz-Hersteller, u.a. zu mögl. Bußgeldern wg. DSGVO-Verstößen, Connected Cars, Beschäftigtendatenschutz; Meta ww. bei behördl. Untersuchungen zu Datenschutzverstößen; Prologium zu Vertrag über Technologiepartnerschaft; Daimler vor BAG zu Auskünften u. Datenkopien; MediaMarktSaturn zu immateriellem Schadensersatz unter DSGVO.

LUTHER

IT: Verträge/Prozesse	★★★
IT: Transaktionen/Outsourcing	★★
Datenschutz	★

Bewertung: Die IT- u. Datenschutzrechtler zählen seit jeher zu den etablierten Teams u. greifen auf ein tiefes Know-how im klass. IT-Vertragsrecht zurück. Dabei sind sie als Berater des Mittelstands anerkannt u. begleiten div. Mandanten bei der Implementierung neuer Systeme oder bei Outsourcings. Mittlerw. ist der Anteil an Konzernen, die auf Luther setzen, ein mindestens genauso wichtiger Bestandteil der Praxis. Wenn Rahmenbedingungen für IT festgelegt werden, ist das Team regelm. im Einsatz, bspw. für die BVG. Als DPD IT-Leistungen für ein neues Fulfillment-System implementierte, war Luther mit ihrem Schwerpunkt in der Logistikbranche prädestiniert. Die Datenschutzberatung fokussiert sich zum einen auf den Einsatz als externer Datenschutzbeauftragter – ein Erfolgsmodell insbes. im Mittelstand –, doch auch in datengetriebenen Projekten fasst die Kanzlei zunehmend Fuß. So überzeugte ein junger Partner bei einer Ausschreibung die Charité beim Projekt Codex zur zentralen Datenplattform für Covid-Forschung.
Oft empfohlen: Dr. Michael Rath („brillanter Verhandler; super Jurist; klasse vernetzt", Wettbewerber)
Team: 14 Partner, 1 Counsel, 19 Associates
Schwerpunkte: Klass. IT-Recht, z.B. Service-, Wartungs- u. Lizenzverträge (insbes. auf Anwenderseite), IT-Outsourcings u. IT-▷Vergaben; verstärkt Datenschutz u. IT-Compliance, auch Litigation; häufig als externer Datenschutzbeauftragter. Mandanten: Mittelstand, zunehmend Konzerne, auch Dax-Unternehmen. Viel Erfahrung im ▷Logistiksektor.
Mandate: Arvato/Bertelsmann zu IT-Compliance bei Collaboration-Plattform; DPD Dtl. bei IT-Leistungen für neues Fulfillment-System; BASF Digital Solutions zu Rechenzentruminfrastruktur; BVG u.a. zu EVB-IT-Systemvertrag; Edeka lfd. zu digit. Einkaufswagen; Unsere Grüne Glasfaser (JV von Telefónica u. Allianz Capital) umfangr. bei Aufbau; NVBW zu Digitalisierung Verkehrsinfrastruktur; lfd.: Dt. Bank (Postbank), Dt. Telekom, E.on auch datenschutzrechtlich. **Datenschutz:** Charité beim Projekt Codex zur zentralen Datenplattform für Covid-Forschung; lfd.: Ashfield Healthcare, BWI u.a. zu Schrems II, DEG Dt. Investitions- u. Entwicklungsgemeinschaft, DKMS, Evonik, McKesson, Reemtsma, Stadtwerke München.

McDERMOTT WILL & EMERY

IT: Verträge/Prozesse	★
IT: Transaktionen/Outsourcing	★★

Bewertung: Die kl. IT-Praxis zählt seit Jahren zu den anerkannten Beratern für Outsourcings u. für das klass. IT-Vertragsrecht. Da das Team ähnl. wie bei Greenberg Traurig im Urheber- sowie im Medienrecht renommiert ist, stammen viele Mandanten aus der Medien- u. Entertainmentbranche. Hier gelingt es MWE, im Rahmen der Digitalisierungsbestrebungen zu beraten, zunehmend auch zum Datenschutz. Gerade US-Mandanten nutzen das gute Netzwerk u. suchen über die dt. Praxis Rat, etwa zum internat. Datentransfer. Eine reibungslose Zusammenarbeit mit anderen Praxisgruppen führt regelm. zu breiten Mandatsbeziehungen. Ein Bsp. ist Surftown, die zunächst wg. Technologiethemen auf MWE zukam u. inzw. auch ▷gesellschaftsrechtl. Beteiligungen mit der Kanzlei klären.
Oft empfohlen: Dr. Wolfgang Frhr. Raitz von Frentz, Dr. Ralf Weisser („setzt die Interessen seiner Mandanten durch", „sehr erfahren", Wettbewerber)
Team: 4 Partner, 1 Counsel, 3 Associates
Schwerpunkte: Outsourcing-Transaktionen, Vertragsgestaltung, insbes. bei komplexen Projekten, v.a. an der Schnittstelle zu ▷Medien u. mediennahem TK-Recht. Softwarelizenzverträge, auch Datenschutz u. Prozesse. Mandanten: Systemhäuser, Provider, Soft- u. Hardwarehäuser, Industrieverbände, Medienunternehmen.
Mandate: Orion Engineered Carbons bei SaaS-Vertrag über Industrie-4.0-Software u. Cloud-Lösung; Cataneo IT-rechtl.; Intersnack lfd., u.a. IT- Musterverträge; Surftown Halbergmoos lfd., u.a. bei Technologieeinkauf; Anbieter von Pfandrückgabeautomaten bei Entwicklungsvertrag u. regulator. bei neuer Produktversion; lfd.: Telefónica Dtl., Telekonnekt, Marktforschungsinstitut.

NOERR

IT: Verträge/Prozesse	★★★★★
IT: Transaktionen/Outsourcing	★★★★★
Datenschutz	★★★★

Bewertung: Wenn umfangr. u. rechtl. komplexe Outsourcings od. Prozessmigrationen laufen, dann sind die IT- u. Datenschutzrechtler von Noerr in der Regel nicht weit. Klöckner u. Ergo sind nur 2 Beispiele von vielen. Auch umfangr. IT-Vergabe-Projekte stemmt das Team regelm., zuletzt etwa für Gefa. Die IT- u. Datenschutzrechtler arbeiten zwar voll integriert, bilden dabei aber anders als die meisten Wettbewerber eigenständige Praxisgruppen. Dies tut der Arbeit in umfangr. Digitalisierungsprojekten keinen Abbruch, nachdem Noerr in den verg. Jahren kanzleiweit intensiv an der Vernetzung gearbeitet hat. Ein zentraler Branchenschwerpunkt, den urspr. insbes. die ▷Vertriebsrechtlern pflegten, ist die Kfz-Industrie. Inzw. arbeiten die Teams oft Hand in Hand, etwa beim Vertrieb digitaler Kfz-Produkte oder IT-rechtl. im Kfz-Softwarebereich. Bei Verfahren der Aufsichtsbehörden können die Datenschutzrechtler auf ein gutes Netzwerk zu den Datenschutzbehörden zurückgreifen. So standen sie Europcar im aufsichtsbehördl. Ermittlungsverf. zur Seite u. konnten dies inzw. ohne Bußgeld erfolgr. beenden. U.a. der Gesundheitssektor ist ein Erfolgsbsp., wo die Kanzlei zunehmend zu Datennutzung u. KI-basierter Produktentwicklung berät u. sich so dem dyn. Marktumfeld stellt.
Stärken: Breit aufgestelltes Team, umf. Beratung bei Digitalisierungsprojekten u. Datenschutz.
Oft empfohlen: Dr. Peter Bräutigam („belastbarer Rechtsrat", Mandant), Dr. Thomas Thalhofer („gute, fundierte Beratung, praxisnah", Mandant; „harter Hund", „guter Verhandler", Wettbewerber), Dr. Daniel Rücker („top Datenschutzrechtler", Wettbewerber)
Team: 8 Eq.-Partner, 8 Sal.-Partner, 1 Counsel, 22 Associates
Partnerwechsel: Prof. Dr. Joachim Schrey (in Ruhestand)

Schwerpunkte: Outsourcings u. gr. Implementierungsprojekte, BPO sowie klass. IT-Recht u. Systemimplementierungen, regelm. IT-Vergaben. Außerdem Lizenz- u. Überlassungsverträge, Internetrecht u. E-Commerce, Open Source. Regelm. Datenschutz- u. IT-Compliance, datenschutzrechtl. Behördenverfahren u. Litigation. Prüfung von Datenschutzorganisationen in Konzernen. Regelm. Zusammenarbeit mit ▷M&Alern in Techtransaktionen.
Mandate: Ergo versicherungs- u. IT-rechtl., u.a. bei techn. Migration; Audi lfd., u.a. beim Vertrieb digit. Produke; Klöckner Shared Services bei Outsourcing ww. IT an Accenture; Verbund Bundesländer Gefa lfd. bei Ausschreibung von agilem Programmierungsprojekt; Trustlog bei Aufbau von Bürgschaftsplattform; Fintech Deposit Solutions bei Zusammenschluss mit Raisin; lfd.: Debeka, Bundesministerium Wirtschaft u. Klimaschutz. **Datenschutz:** Europcar bei Datenschutzvorfall; Kfz-Softwarehersteller zu datenschutzrechtl. Anforderungen an Prozesse u. Systeme (Privacy by Design); Kfz-Hersteller zu Datenaufzeichnung beim autonomen Fahren; priv. Klinikbetreiber zur zentralen Datenschutzorganisation; Bundesministerium Wirtschaft u. Klimaschutz zu KI-Einsatz; Bank in Verf. wg. DS-Verstoß; lfd.: Microsoft, McDonald's, Debeka.

NORTON ROSE FULBRIGHT

Datenschutz	★★

Bewertung: Im Datenschutzrecht ist die Praxis eine zunehmend gefragte Beraterin. Das ist zum einen der steigenden Nachfrage im Bereich Hackerangriffe geschuldet, die sie mit ihrer länderübergr. Praxis gut bewältigen kann. Gleichz. schaffte sie es zunehmend, sich bei Ausschreibungen gg. Wettbewerber durchzusetzen, wie etwa bei einem US-Anbieter von Sicherheitssoftware, dem sie umf. u.a. zu Kryptoprodukten zur Seite steht. Die gute Zusammenarbeit mit ihren internat. Büros stellte die Praxis einmal mehr bei Landis+Gyr unter Beweis, für die sie nun erneut, dieses Mal für eine Cloud-Transaktion, tätig war. Einem weiteren Mandatsausbau steht allerdings eine sehr schmal besetzte Associate-Ebene entgegen.
Oft empfohlen: Dr. Christoph Ritzer
Team: 2 Eq.-Partner, 3 Counsel, 1 Associate
Schwerpunkte: Grenzüberschr. Beratung u. Implementierung ww. Datenschutzstrukturen; starke Verbindungen mit den ▷USA u. nach Asien. Eng verbunden mit der ▷Konfliktlösungspraxis, v.a. im Kontext von gerichtl. Informationsanfragen. Auch klass. IT-Recht, Outsourcing, BPOs; IT- u. datenschutzrechtl. bei Transaktionen.
Mandate: AIG Europe datenschutzrechtl.; Landis+Gyr bei Cloud-Transaktion; dt. Tochter eines internat. Telekommunikationsuntern. in Verf. wg. gescheitertem Softwareentwicklungsprojekt; Investmentgesellschaft zu Schrems II; Dienstleistungsuntern. zu Implementierung einer globalen HR-Plattform; US- Anbieter von E-Commerce-Lösungen zu SaaS-Vertrag; Landmaschinenhersteller zu verschiedenen IT-Plattformen; lfd. US-Anbieter von Sicherheitssoftware, kanad. Flugzeughersteller.

OPPENHOFF & PARTNER

IT: Verträge/Prozesse	★★
IT: Transaktionen/Outsourcing	★★★
Datenschutz	★★★★

Bewertung: Im IT-Recht u. noch mehr im Datenschutz zählt Oppenhoff zu den angesehenen Marktteilnehmern. V.a. Hartungs langj. Know-how im Datenschutz hat die Praxis in den verg. Jahren nach vorne gespült u. prädestiniert sie heute für Mandate, in denen die datenschutzrechtl. Komponente zentral ist. Insbes. in der Gesundheits- u. Versicherungsbranche konnte die Praxis zuletzt bemerkenswert zulegen, sei es, wenn es um die Auswertung sensibler Gesundheitsdaten geht, sei es für das Großprojekt einer Versicherung im Bereich Mobility. Hinzu kommen Digitalisierungsmandate für klass. Industriemandanten sowie die Beratung zur Cybersicherheit. Bei Letzterem hat sich die Strategie ausgezahlt, auf die präventive Beratung zu setzen, um im Ernstfall ebenfalls gerufen zu werden.
Stärken: Viel Erfahrung in der Beratung zu Wehrtechnologie.
Oft empfohlen: Dr. Jürgen Hartung („sehr hohes Fachwissen u. lösungsorientiert, sehr kollegial", „sehr guter Datenschutzrechtler", Wettbewerber), Dr. Marc Hilber („hoher techn. Sachverstand, pragmatisch, sehr kollegial", „Top-Anwalt", Wettbewerber)
Team: 3 Eq.-Partner, 1 Sal.-Partner, 6 Associates
Schwerpunkte: Outsourcings, BPOs, Transaktionsbegleitung, Datenschutz, AI, Cybersecurity u. ▷Compliance i.V.m. ▷Gesellsch.recht u. ▷Arbeitsrecht. Mandanten: Anwender, u.a. Versicherungs-, Logistik-, Pharma-, TK- u. Rüstungsunternehmen, WP-Gesellschaften sowie Luft- u. Raumfahrtbranche, auch Anbieter.
Mandate: Logistikunternehmen zu Business Process Outsourcing; Versicherung zu App; lfd. Bergfreunde; Ecolog; Janssen-Cilag, PKV, SMS-Group, VHV. **Datenschutz:** US-Unternehmen zu neuer Social-Media-Plattform ggü. der Datenschutzbehörde; Kfz-Hersteller datenschutzrechtl. vor einem kanad. Gericht im Rahmen einer Class Action; Einzelhandelskette zu DSGVO-Compliance u. zu 2 Verf. gg. Datenschutzbehörden; Finanzinstitut zu elektron. Zahlungsverf. (Tokenisierung, Click to Pay) u. im Zshg. mit aufsichtsrechtl. Verf. der dt. Datenschutzbehörden; Onlineplattform zu Auskunftsrecht in aufsichtsbehördl. Verfahren.

OSBORNE CLARKE

IT: Verträge/Prozesse	★★★★
IT: Transaktionen/Outsourcing	★★★
Datenschutz	★★★★★

Bewertung: Digitalisierung ist das Schlagwort, das die integrierte TMT-Praxis von OC prägt wie keine 2. Sie gehört nominell zu den größten Einheiten u. verfolgt mit visiblen Partnern wie Ewald u. Moos ihren Kurs Richtung Marktspitze. Ihr Erfolg basiert u.a. auf ihrem großen Know-how in Sachen Datenschutz, zu dem sie eine lange Liste namh. Unternehmen schon langj. berät, etwa die im Markt begehrte Mandantin Google, zu der sie ihre Beziehung erneut festigen konnte. Diese langj. Erfahrung sowie ihr Know-how zu Clouds u. Open Source bildet die Basis dafür, dass OC heute zu den Einheiten zählt, die zur strateg. wichtigen Nutzung von Daten von prominenten Unternehmen hinzugezogen werden, z.B. von einem Energieunternehmen oder RTL, die sie zu Smart-Data- u. Big-Data-Analysen beriet. Dabei agiert die TMT-Praxis häufig als Steigbügelhalterin für andere Praxisgruppen, sichtbar etwa an der Beratung der Gesundheitsplattform von Curalie, die das Team zunächst IT- u. datenschutzrechtl. mandatierte, bevor dann weitere Praxisgruppen ins Boot kamen. Dass sie zudem Transaktionen flankiert, etwa die Funke Mediengruppe beim Kauf von Teilen an Musterhaus.net, ergänzt zwar ihr Geschäft, Transaktionsbegleitung steht aber keinesfalls im Mittelpunkt. Mit einer Partnerernennung demonstriert OC einmal mehr die starke Position des Teams im Kanzleigefüge.
Stärken: Eingespieltes Team in enger Zusammenarbeit mit ▷Medien, ▷M&A u. ▷Private Equity.
Oft empfohlen: Konstantin Ewald („pragmat., effizient u. immer geschäfts- u. lösungsorientiert", Mandant; „professioneller, einigungsorientierter Verhandlungspartner, angenehm", Wettbewerber), Dr. Flemming Moos („sehr gut vernetzt", „jahrzehntelange Erfahrung im Datenschutz", „hervorragender Verhandler", Wettbewerber), Ulrich Bäumer („gute Kenntnisse im Lizenzrecht u. Datenschutz", „IT-Outsourcing-Experte", Wettbewerber), Dr. Hendrik Schöttle („gründlich, versteht die Technik", „sehr engagiert", „absoluter Experte im IT-Recht; zielführende Erarbeitung von pragmat. Lösungen, sehr gute Erreichbarkeit", Wettbewerber), Dr. Jens Schefzig („nett u. kompetent", „fachl. sehr stark, v.a. im Bereich Big Data u. künstliche Intelligenz", Wettbewerber)
Team: 11 Partner, 3 Counsel, 24 Associates
Partnerwechsel: Dr. Lina Böcker (von JBB)
Schwerpunkte: Vertragsberatung (Outsourcing, BPO, Cloud-Computing u. Systemverträge), daneben Projektbegleitung, Prozesse, viel IT-Sicherheit. Beratung der Computerspielbranche. Schwerpunkt bei Anbietern. Anwender: v.a. Mittelständler u. Kommunen, auch Konzerne; Datenschutz-Compliance, datengetriebene Geschäftsmodelle u. Datenschutz-Litigation.
Mandate: Internat. Medienunternehmen zu Digitalisierung; BioNTech IT- u. datenschutzrechtl.; Dax-Unternehmen zu Open Source Compliance; CooperVision datenschutzrechtl. u. E-Commerce zum Direktvertrieb; Curalie datenschutz- u. IT-rechtl. zu regulator. Fragen; Funke Mediengruppe bei Kauf von Teilen an Musterhaus.net; Münchener Rück zur Digitalisierung von Geschäftsprozessen; Big 4, u.a. zu Open Source Compliance, Angeboten von Apps u. M&A-Geschäft; lfd. Metro. **Datenschutz:** Energieunternehmen zur Nutzung von Daten aus Windenergieanlagen; Unternehmen der opt. Industrie zu Strukturierung der internat. Konzerndatenströme; RTL zu Smart-Data- u. Big-Data-Analysen, lfd. BASF, Google.

PINSENT MASONS

IT: Verträge/Prozesse	★★★
Datenschutz	★★★

Bewertung: Die IT- u. Datenschutzrechtler haben sich einen besonderen Schwerpunkt im Automotive-Sektor erarbeitet u. beraten v.a. asiat. Hersteller, die in Europa aktiv sind. Mitsubishi oder Honda setzen bei div. technologischen u. datenschutzrechtl. Facetten rund um autonomes Fahren u. Connected Cars auf das Team. Letzteres griff zuletzt auch auf das IT-rechtl. Know-how für ein BPO an Bosch bei einem Roadside-Assistenten zurück. Die dt. Praxis nutzt häufig die starke Achse zu den UK-Partnern, etwa bei namh. Mandanten wie Unilever. Die internat. Zusammenarbeit mit einer US-Kanzlei steht auch bei der Beratung zu Cybersecurity im Vordergrund. So kamen die Datenschutzrechtler etwa bei dt. Aufsichtsbehörden in div. Vorfällen zum Einsatz. Die Kehrseite der ausgeprägten Beratung auf internat. Parkett ist eine geringere Sichtbarkeit der Partner im dt. Markt.

INFORMATIONSTECHNOLOGIE UND DATENSCHUTZ TECHNOLOGIE UND MEDIEN

Oft empfohlen: Dr. Florian von Baum
Team: TMT insges.: 6 Partner, 3 Counsel, 10 Associates
Schwerpunkte: Umf. Beratung im Zshg. von vernetzten Fahrzeugen u. Maschinen, Robotik, dabei intensiv zu Datenschutz u. -nutzung, auch KI; Cloud-Computing, Big Data, E-Commerce sowie Outsourcing u. BPO; auch IT u. Datenschutz-Litigation. Mandanten: Anbieter u. Anwender, v.a. Automobil- u. Zulieferindustrie, Telekommunikationsunternehmen u. Softwarehäuser.
Mandate: Bumble, u.a. zu Providerhaftung; lfd.: Bose; Anbieter von Tankkarten u.a. zu App-basierter Produktentwicklung; Honda Motor Europe lfd., u.a. BPO Roadside-Assistance-Outsourcing an Bosch, auch datenschutzrechtlich. **Datenschutz:** Automotive Cybersecurity Industry Consortium bei Cybersecurity-Survey; Cyclomedia Dtl., u.a. zu gemeinsamer Verantwortlichkeit u. ggü. Behörden; chin. Kfz-Hersteller umf. bei EU-Markteintritt; Honda lfd., u.a. zu BPO von Roadside Assistance u. zu Connected Car; Bose lfd., u.a. bei Kooperationen mit Kfz-Herstellern; Mitsubishi, u.a. zu Connected-Car-Anwendungen in Japan; lfd.: Brose Fahrzeugteile, Telefónica, Unilever, chin. Autohersteller bei Markteintritt in EU/UK, u.a. zu Connected Car.

REDEKER SELLNER DAHS
Datenschutz ★★

NOMINIERT JUVE Awards 2022 Kanzlei des Jahres für Technologie und Medien

Bewertung: Die datenschutzrechtl. Praxis hat sich eine Nische erobert, weil sie wie keine Wettbewerberin eng mit der Praxis für ▷Öffentl. Recht zusammenarbeitet. Die Digitalisierung der Verwaltung, die durch Corona massiv an Fahrt aufgenommen hat, spielt RSD weiterhin in die Karten. So ist es nicht verwunderl., dass sich das Bundesministerium für Gesundheit regelm. das Team um Dr. Cornelius Böllhoff an die Seite holt. Doch ist die Praxis längst auch in der Wirtschaft verdrahtet, nicht zuletzt wenn es um Bußgeldverf. geht. Bspw. flankierte sie Vattenfall ggü. der Datenschutzaufsichtsbehörde HH sowie einen Anbieter einer Gesundheits-App. Einen Erfolg kann die Praxis zudem aufseiten der Krankenkassen reklamieren: Gleich 5 Krankenkassen lassen sich von RSD vor dem Sozialgericht Köln in Sachen elektron. Patientenakte vertreten. Weniger ausgeprägt als bei vielen Wettbewerbern ist bisher die datenschutzrechtl. Begleitung von Transaktionen. Hier könnte sie künftig noch Synergien heben.
Stärken: Enge Zusammenarbeit mit Öffentl.-Rechtlern.
Team: 5 Eq.-Partner, 8 Associates
Schwerpunkte: Datenschutz oft an der Schnittstelle zum Öffentl. Recht; div. Bundes- u. Landesministerien u. Konzerne, auch Vertretung vor Gericht.
Mandate: Datenschutz: Vattenfall im Bußgeldverf. ggü. der Datenschutzaufsichtsbehörde HH; Techniker Krankenkasse, DAK, Barmer, IKK classic, SBK Siemens Betriebskrankenkasse im Verf. gg. den BfDI wg. datenschutzrechtl. Zulässigkeit der elektron. Patientenakte; Init zur Plattform für Überbrückungshilfe; hess. Beauftragter für Datenschutz u. Informationsfreiheit in div. Verf. beim EuGH zu datenschutzrechtl. Grundfragen; Cisco Systems ggü. Berliner Datenschutzaufsicht wg. Schrems II; Charité datenschutzrechtl.; BMWi zu Digitalisierung.

REED SMITH
IT: Verträge/Prozesse ★
IT: Transaktionen/Outsourcing ★★
Datenschutz ★★★

Bewertung: Die US-Kanzlei ist im dt. Markt insbes. für ihre Kompetenz im Datenschutz anerkannt. Oftmals beginnt ein Mandat für die IT- u. Datenschutzrechtler mit einer produktbez. datenschutzrechtl. Beratung, in der Regel für US-Mandanten, die ihre Geschäftsmodelle an den strengen EU-Datenschutz anpassen. Darauf vertraut etwa Garmin od. neuerdings ein E-Commerce-Unternehmen. Darüber hinaus nimmt die IT-rechtl. Beratung einen wichtigen Teil des Geschäfts ein. Ein Erfolg war zuletzt ein Softwareanbieter, der RS für einen großvol. Konzernvertrag mandatierte. Strateg. gezielt baute die Kanzlei die IT- u. datenschutzrechtl. Beratung am Frankfurter Standort auf, wofür zuletzt die Ernennung eines jungen Partners stand.
Stärken: Gute Verbindungen zu US-Büros.
Oft empfohlen: Dr. Andreas Splittgerber („fachl. super, top Adresse in München", Wettbewerber)
Team: 4 Eq.-Partner, 1 Counsel, 5 Associates
Schwerpunkte: Datenschutzrecht insbes. zu Datentransfer, starke US-Wurzeln, regelm. IT-Compliance u. streitige Verfahren; IT-Outsourcings u. BPO; auch klass. IT-Recht wie Systemimplementierungen, Softwarelizenzverträge, E-Commerce, auch Prozesse.
Mandate: FC Bayern München, auch IT-rechtl.; Softwareanbieter IT-vertragsrechtl. bei umfangr. Konzernvertrag; kanad. Buchhändler insbes. zu E-Book-Ökosystem u. bei Verhandlung mit Vertragspartnern in DACH. **Datenschutz:** Kfz-Hersteller bei Ransomware-Attacke; US-E-Commerce-Unternehmen, u.a. zu regulator. Datenschutz; lfd.: Garmin, Scoperty, Sourcepoint Technologies, Tripadvisor, Unilever.

SCHÜRMANN ROSENTHAL DREYER
IT: Verträge/Prozesse ★
Datenschutz ★★

NOMINIERT JUVE Awards 2022 Kanzlei des Jahres für Technologie und Medien

Bewertung: Die Berliner Techboutique zeichnet sich durch technikaffine Anwälte aus, die v.a. für ihre tiefen Kenntnisse im Datenschutzrecht anerkannt sind. So gelingt es der Kanzlei zunehmend, sich als Spezialistin für Datenökosysteme zu positionieren. Oft qualifiziert sie sich über ihre Erfahrung etwa zu Datenfolgeabschätzungen auch für neuartige Projekte ihrer Mandanten, insbes. dann, wenn diese neue Geschäftsmodelle auf Datenbasis vorantreiben. Besonders erfolgr. hat sich SRD bei der Digitalisierung des Gesundheitswesens etabliert u. IT- u. datenschutzrechtl. div. öffentl. Auftraggeber als Mandanten gewonnen. Ein Coup gelang ihr durch das Gematik-Mandat, wo die Kanzlei sich in einer Ausschreibung durchsetzen konnte u. nun zu zentralen Digitalisierungsaktivitäten der dt. Gesundheitsinfrastruktur berät. Dass die Kanzlei nun erstmals einen Eq.-Partner ernannte, belegt den aufstrebenden Kurs der Berliner.
Oft empfohlen: Simone Rosenthal, Kathrin Schürmann („ges. Team ist extrem technikaffin", Wettbewerber)
Team: 4 Eq.-Partner, 2 Sal.-Partner, 18 Associates
Schwerpunkte: Umf. Begleitung von Digitalisierungsprojekten, insbes. auch zum IT-Vertrags-, Wettbewerbs- u. Urheberrecht. Stark bei Kundenbindungsprogrammen u. bei datengetriebenen Geschäftsmodellen, zunehmend KI-getrieben. Auch Prozesse u. Behördenverfahren. Viele Mittelstandsmandanten u. Verbände, auch Konzerne.
Mandate: Gematik umfangr. zur technischen Infrastruktur, u.a. elektron. Patientenakte u. E-Rezept sowie angebundener Apps; RKI lfd. zu div. Projekten zu Datennutzung u. Forschung, auch zur Corona- u. CovPass-App-Fortentwicklung; Ratepay in datenschutzrechtl. Behördenverf. wg. Schadensersatz; Hypoport u. Tochtergesellschaften lfd. zu Datenschutz- u. IT-Recht; Charité lfd., u.a. beim Aufbau einer Datentreuhandstelle mit Berlin Institute of Health; Bundesdruckerei datenschutzrechtl.; lfd.: Zalando, US-E-Mobility-Hersteller datenschutzrechtl.; Versicherung lfd., u.a. bei internem Plattformkonzept u. Einsatz von KI u. Datennutzung; Gebrauchtwagenplattform bei Plattformmodell, u.a. datenschutzrechtl. Verantwortlichkeit; Soziales Netzwerk in datenschutzrechtl. Behördenverfahren.

SKW SCHWARZ
IT: Verträge/Prozesse ★★★
Datenschutz ★★

Bewertung: Unter den IT- u. Datenschutzpraxen hierzulande zählt die von SKW zu den personell stärksten. Kennzeichnend dabei ist v.a. die starke Integration in die große u. breit aufgestellte TMT-Praxis, sodass viele Mandanten gleicherm. auch zum Medien- u. Urheberrecht auf das Team zurückgreifen. Über die starke Verwurzelung in der Entertainmentbranche hat sich auch in der IT- u. datenschutzrechtl. Beratung ein Schwerpunkt insbes. im Plattformgeschäft entwickelt. So konnte sie sich bei der AOK ins Spiel bringen, als diese eine neue Gesundheitsplattform aufbaute. Zuletzt trieb SKW v.a. die Beratung im E-Sport-Sektor voran, wo sie sich früher als manche Wettbewerber auf Trendthemen wie NFT fokussierte. Als langj. Expertin für IT-Verträge kam nun EquensWorldline auf SKW zu: Beim Krisenmanagement in einem Outsourcing-Projekt belegte sie ihr tiefes IT-Vertragswissen auch in problemat. Projekten. Die personelle Stärke des Teams ist Fluch und Segen zugleich. So bleibt es eine Herausforderung, auch jüngere Anwälte neben den seit Jahren etablierten im Markt sichtbarer zu positionieren.
Stärken: Enge Zusammenarbeit mit der ▷Medienpraxis.
Oft empfohlen: Martin Schweinoch, Dr. Matthias Orthwein, Dr. Andreas Peschel-Mehner („sehr erfahren, hat immer den Blick für das Ganze", Wettbewerber), Dr. Oliver Hornung („sehr eloquent, harter, aber fairer Verhandlungspartner", Wettbewerber)
Team: 17 Eq.-Partner, 2 Sal.-Partner, 5 Counsel, 16 Associates, 1 of Counsel
Schwerpunkte: Softwareprojekte u. lfd. Beratung zu Softwarelizenzen u. -verträgen, auch Outsourcings. Stark in E-Business- u. Internetfragen. Daneben IT-Sicherheit u. Datenschutzrecht, auch als externer Datenschutzbeauftragter, Litigation u. Behördenverfahren. Mandanten: Internetunternehmen u. Plattformen, Softwareanbieter, daneben Anwender.
Mandate: AOK Plus bei Aufbau einer Gesundheitsplattform, auch zu Gesundheitsdaten; Bosch lfd., u.a. bei Neuverhandlung Paymentvertrag; EquensWorldline Dtl. bei vertragl. Krisenmanagement in Outsourcing-Proj.; Gesundheit für Dtl. IT- u. datenschutzrechtl.; lfd.: Altersreich, Dt. Bahn, Edelop-

tics; soziales Netzwerk bei Einführung News-Service; Kfz-Hersteller, u.a. bei Vertragsbedingungen für Beschaffung von Software. **Datenschutz:** Grid Esports bei Entwicklung Open-Data-Plattform; Filmstudio u.a. zu Datenschutz bei Filmproduktionen; Kfz-Hersteller datenschutzrechtl. zu Connected Services; Klinikum datenschutzrechtl. u. zur Vorgaben Infektionsschutzgesetz; Messebetreiber zu Onlinemesse; lfd.: LinkedIn, Messe München, Microsoft auch IT-rechtl., Pentax.

TAYLOR WESSING

IT: Verträge/Prozesse	★★★★
IT: Transaktionen/Outsourcing	★★★★
Datenschutz	★★★★★

NOMINIERT
JUVE Awards 2022
Kanzlei des Jahres für Technologie und Medien

Bewertung: Die IT- u. Datenschutzrechtspraxis gehört zu den personell stärksten hierzulande. Nicht nur deshalb ist sie gefragte Beraterin für umfangr. Digitalisierungsprojekte. Mandanten setzen regelm. auf TW, um neuartige Geschäftsmodelle oder Produkte auf IT-vertragl., aber v.a. auch auf der datenschutzrechtl. Seite abgesichert zu wissen. Ein Bsp. dafür ist Douglas. Ein kanzleiweiter Sektorschwerpunkt ist das Gesundheitswesen, worin sich die Techanwälte im dyn. Umfeld von Healthtech etabliert haben. Sie beraten sowohl Kliniken als auch Medizintechnikhersteller. Insbes. am Münchner Standort entwickelte sich zuletzt die Beratung der Kfz-Branche positiv. Div. Hersteller vertrauen auf TW bei der Digitalisierung von Fahrzeugen, v.a. das Thema Fahrzeugdaten u. deren Nutzung steht im Mittelpunkt. Dass nun mit dem renommierten Voigt ein junger Partner die PG-Leitung übernommen hat, ist ein klares Bekenntnis zur nächsten Partnergeneration in der Gruppe.
Stärken: Großes Team mit Fokus auf technologiegetriebene Projektberatung.
Oft empfohlen: Dr. Christian Frank („super Jurist, klasse vernetzt", Wettbewerber), Axel Frhr. von dem Bussche („schlechthin der Experte für den Datenschutz, exzellente Fachkenntnisse sowie Verhandlungsgeschick", Mandant; „fördert auffallend gut Nachwuchs", „angenehmer Kollege", „versiert", „Taktiker", Wettbewerber), Detlef Klett, Paul Voigt („sehr visibel", „erfahren, pragmat.", „Experte für internat. Datentransfers", Wettbewerber)
Team: TMT insges.: 12 Eq.-Partner, 11 Sal.-Partner, 32 Associates
Schwerpunkte: Insbes. IT-Projekte u. Lizenzierungen, Outsourcing u. Transaktionen, auch Cloud-Computing, zudem Internet u. E-Commerce auch an der ▷Medienschnittstelle. Daneben IT-Vergabe (Öffentl. Sektor). Stark im Datenschutz, auch Compliance. Datenschutz-Litigation u. Behördenverfahren, umfangr. in Digitalisierungsprojekten. Mandanten: v.a. Anbieterseite (auch internat.), Gesundheitssektor u. Medienunternehmen.
Mandate: Alliance Automotiv lfd. IT- u. datenschutzrechtl. u. bei Prozessdigitalisierung im Konzern; Genesis Motor Europa bei Markteintritt EU u. zur Vertriebsdigitalisierung; Douglas, u.a. bei neuartigen In-Store-Lösungen; Riese & Müller, u.a. zu Datenschutz-Compliance u. IT-vertragsrechtl. zu Software u. Cloud; Hyundai Motor Europe, u.a. zu Connected-Car-Services; lfd. Springer-Nature. **Datenschutz:** Vodafone Dtl., umfangr. u.a. bei Produkteinführungen; Adobe u.a. zu HR-Datenschutz; Ceconomy u.a. bei Einführung eines Hinweisgebersystems; Ebay umfangr. zu Datenschutzrecht u. -Litigation; E.on Energie Dtl., u.a. zu einheitl. Datenschutzhinweisen; Mazda lfd., u.a. zu Kfz-Datenschutz; Nintendo lfd., u.a. zu Drittlandtransfers u. bei neuen digitalen Dienstleistungen; lfd.: Atos, Berliner Stadtreinigung, BVG, Debeka, Marquard & Bahls, Metro, Valve, Wargaming.

VOGEL & PARTNER

IT: Verträge/Prozesse	★★

Bewertung: Im Südwesten der Republik, aber auch darüber hinaus hat sich die IT-Boutique im Markt etabliert. Ein Thema, das sich zuletzt mehr als bei Wettbewerbern niederschlug, war die Beratung bei streitigen Outsourcing-Projekten, u.a. bei Bank- u. Finanzdienstleistern. Zu nennen sind etwa 2 Genossenschaftsbanken, die das Team um den Namenspartner Vogel im Streit mit IT-Dienstleistern nach einer Ausschreibung mandatierte. Daneben zog die Beratung zur Digitalisierung erneut an: V.a. im Medizinbereich mit Fokus auf Datenschutz konnte sich ein Karlsruher Partner positionieren. Ein Bsp. ist die Beratung des Instituts zur Medizinprodukteberatung. Hier wie auch bei anderen Digitalisierungsmandaten setzt die Kanzlei auf ihr eigenes Legal Lab in Konstanz, mit dem sie sich von Wettbewerbern ihrer Größenordnung nach wie vor abhebt.
Stärken: Langj. Erfahrung in der dt.-frz. Beratung.
Oft empfohlen: Prof. Dr. Rupert Vogel („sehr kompetent", Wettbewerber), Prof. Dr. Marc Strittmatter („erfahren u. pragmat.", Wettbewerber)
Team: 7 Partner, 1 Counsel, 8 Associates, 3 of Counsel
Schwerpunkte: Klass. IT-Recht u. Internetrecht, v.a. Vertragsgestaltung, auch gerichtl., (Patienten-)Datenschutz u. E-Commerce, Urheber- u. Datenbankrecht, Beratung an der Schnittstelle zum Patent- u. Arbeitsrecht, Open Source, kleine Outsourcings. Mandanten: v.a. Softwarehäuser, Multimedia- u. Industrieunternehmen.
Mandate: Bucherer zu ERP-Einführungsprojekt, inkl. Roll out in allen ww. Standorten; Dt. Gesellschaft für Allgemein- u. Viszeralchirurgie zu IT-Vertrag über techn. (Neu-)Entwicklung des dt. Registers zur einrichtungsübergreifenden Qualitätssicherung in der Chirurgie; Institut zur Medizinprodukteberatung zur (Teil-)Automatisierbarkeit der Medizinprodukteberatung; IT-Dienstleister zu Projektschieflage im Bereich Cloud-Angebot in der Versicherungswirtschaft; 2 Genossenschaftsbanken bei Streit mit IT-Dienstleistern; lfd. Nuvisan, Online Software AG, ZKM Zentrum für Kunst und Medien, u.a. zu NFL.

WHITE & CASE

IT: Verträge/Prozesse	★★★★
IT: Transaktionen/Outsourcing	★★★★★
Datenschutz	★★★★

Bewertung: Die IT- u. Datenschutzpraxis ist von der Marktspitze nicht wegzudenken. V.a. in der Finanzindustrie kann ihr kaum eine Wettbewerberin das Wasser reichen, was sie zuletzt wieder beim wichtigen Thema Digitalisierung demonstrierte. Das Team um Kotthoff u. Gabel bietet das dafür notwendige Know-how genauso an wie Erfahrung bei Outsourcings u. eine enge Zusammenarbeit mit den Bankaufsichtsrechtlern, die die notwendige regulator. Seite abdecken. Gerade Letzteres hat sie einigen Wettbewerbern voraus. Auf die Spezialistin der ersten Stunde beim Thema Datenschutz setzen zudem Fintechs u. Start-ups, aktuell häufig zu Schrems II. Dabei kommt den Mandanten das internat. Netzwerk zugute. Wie gut die Praxis das beherrscht, zeigt sich an kaum einer Mandantin so gut wie an Meta, für die die Kanzlei Verf. an 150 Gerichten führt. Ein festes Standbein bleibt, ähnl. wie bei Latham, die Begleitung von Transaktionen, ein Bsp. von vielen ist die Begleitung von Tink bei der Übernahme von FinTecSystems. Die Ernennung einer Counsel zur Local-Partnerin unterstreicht das Renommee der Praxis in der Kanzlei.
Stärken: Starkes internat. Netzwerk.
Oft empfohlen: Dr. Jost Kotthoff („kennt sich aus", Wettbewerber), Dr. Detlev Gabel („umfassendes Know-how", Wettbewerber; „Marktführer", Wettbewerber über beide), Dr. Martin Munz („effizienter Umgang auch bei gerichtl. Auseinandersetzungen", Wettbewerber)
Team: 5 Eq.-Partner, 3 Counsel, 9 Associates
Schwerpunkte: Systemimplementierungen u. Lizenzierung. Datenschutz, auch im Kontext von Transaktionen, regelm. grenzüberschreitend, Digitalisierungsprojekte. Auch an der Schnittstelle zu ▷Medien u. ▷Öffentl. Recht. Mandanten: überw. Anwender wie Banken, Onlineunternehmen u. Softwareanbieter; Social Media u. Messengerdienste.
Mandate: Messengerservice bzgl. der Einhaltung des dt. Medien- u. Telemedienrechts; US-Dienstleister gerichtl. zu Rechtmäßigkeit der App; Attends im Verf. wg. gescheitertem ERP-Softwareprojekt; Dt. Bank bei strateg. Partnerschaft mit Google Cloud; Berufsgenossenschaft bei Vergabeverfahren. **Datenschutz:** Meta bei internat. Verf. u. außergerichtl. Streitigkeiten an mehr als 150 Gerichten (außer USA), u.a. Sammelklagen bzgl. Datenschutz; Battery Ventures bei Kauf des ifp Institut für Produktqualität; Jenoptik bei Kauf der Geschäftsbereiche Medical Applications u. SwissOptic von der Berliner Glas GmbH; Summa Equity beim Kauf von Myneva; Tink bei der Übernahme von FinTecSystems.

WILMERHALE

Datenschutz	★★★

Bewertung: Die datenschutzrechtl. Praxis um den anerkannten Partner Braun ist wie kaum eine Wettbewerberin gefragt in Sachen Datenschutz-Litigation. Für die nach wie vor begehrte Stammmandantin Facebook/Meta tritt Braun gemeins. mit einem Litigation-Partner regelm. vor den höchsten Gerichten auf. Gleichz. lastet das Team v.a. die Pharmabranche aus, in der WH traditionell als bes. gut vernetzt gilt. Auf der Grundlage des langj. Know-hows im Datenschutz dürfte WH künftig gut gerüstet für das Thema Big Data sein, das immer mehr an Relevanz gewinnt – zumal die dt. Praxis diesbzgl. Teil einer internat. Gruppe ist, die eng zusammenarbeitet.
Stärken: US-Wurzeln u. viel Branchen-Know-how in der Pharmaindustrie.
Oft empfohlen: Dr. Martin Braun („absoluter Experte", „sehr erfahren", „fachlich versiert", Wettbewerber)
Team: 5 Eq.-Partner, 3 Counsel, 11 Associates
Schwerpunkte: IT- u. Datenschutz-Litigation, IT-Sicherheit insbes. im internat. Kontext, auch Datensicherheitsvorfälle.
Mandate: Meta Platforms Ireland wg. ‚Fanpages' u. ‚Like-Button' u. im EuGH-Verfahren ‚AppCenter'; WhatsApp in EuGH-Verf. zu Geldbuße wg. mangelnder Transparenz der Nutzungsbedingungen; Pharmauntern. lfd. u.a. zu Schrems II.

Nicht fungible Token (NFT) – eine rechtliche Einordnung

Von Dr. Kerstin Bäcker und Dr. Tim Kraft, Lausen Rechtsanwälte, Köln

Dr. Kerstin Bäcker

Dr. Kerstin Bäcker ist Partnerin und Fachanwältin für Urheber- und Medienrecht bei Lausen Rechtsanwälte. Ihre Schwerpunkte liegen im Urheber-, Lizenz-, Musik- und Wettbewerbsrecht mit besonderem Fokus auf digitalen Geschäftsmodellen und der internationalen kollektiven Rechtewahrnehmung.

Dr. Tim Kraft

Dr. Tim Kraft ist Rechtsanwalt, seine Schwerpunkte liegen im Urheber-, IT-/Datenschutz- und Markenrecht mit besonderem Fokus auf der Schnittstelle von Medien- und Datenrecht.

Lausen Rechtsanwälte ist seit 1997 spezialisiert auf alle für die Welt der Medien wesentlichen Rechtsgebiete. Die derzeit 18 Anwälte betreuen nationale und internationale Mandanten, insbesondere auch in strategischen Fragen im Hinblick auf die Digitalisierung des Mediengeschäfts.

Kontakt
Lausen Rechtsanwälte
Wolfsstraße 16
50667 Köln
T +49 221 272478 0
kanzlei@lausen.com
www.lausen.com

NFT – spätestens seit dem Verkauf der digitalen Bildcollage „Everydays: The first 5000 days" des Künstlers Beeple im März 2021 ist diesem Kürzel scheinbar nicht zu entkommen. Das hat einen guten Grund. Denn hinter diesem Kürzel verbirgt sich nicht weniger als eine neue (digitale) Welt, mit neuen, bislang unbekannten Gestaltungsmöglichkeiten. Nicht überraschend, gehen mit diesen neuen Möglichkeiten auch bislang unbekannte rechtliche Fragestellungen einher. Diese drehen sich regelmäßig vor allem um zwei Fokuspunkte: Einerseits stellen sich Fragen des Kapitalmarktrechts, es geht schließlich um Werte und Wertgegenstände. Andererseits stellen sich Fragen, die sich um die Schaffung, Nutzung und den Handel mit NFTs und der damit verbundenen Assets drehen.

Von Blockchain und Smart Contracts, Tokens und Assets

Basis aller NFTs ist die z.B. von Bitcoins bekannte Blockchain-Technologie. Dabei handelt es sich um eine Datenbank, in der Informationen abgelegt sind. Besonders an dieser Datenbank ist ihr dezentraler Aufbau: Einzelne Blöcke sind über ein peer-to-peer Netzwerk verteilt, bauen in einer Kette aufeinander auf und greifen ineinander. Soll eine in einer Blockchain gespeicherte Information geändert werden, müssen alle Blöcke der Kette geändert werden – was die Blockchain in hohem Maße fälschungssicher macht. In der Blockchain können sog. Smart Contracts angelegt werden. Smart Contracts sind keine Verträge im rechtlichen Sinn, sondern Programme, die ausgewählte Vorgaben ausführen, kontrollieren oder dokumentieren. Zum Beispiel können Transaktionen, die eine Änderung der Blockchain bedingen, an zuvor festgelegte Instanzen gemeldet oder auch verhindert werden.

Was aber ist ein NFT? Ein NFT ist ein auf einer Blockchain mittels eines Smart Contracts hinterlegter, nicht fungibler Token. Ein Token ist eine Wertmarke, er vermittelt also einen Wert. Auch eine Zwei-Euro-Münze ist eine Wertmarke: sie steht für die Kaufkraft, welcher die Allgemeinheit zwei Euro zuerkennt. Diese Münze ist fungibel: der ihr zuerkannte Wert ist austauschbar, sie kann jederzeit gegen jede beliebige andere Zwei-Euro-Münze (oder zwei Ein-Euro-Münzen) eingetauscht werden. Ein nicht fungibler Token jedoch ist nicht beliebig austauschbar. Er ist eine einzigartige, nicht austauschbare Wertmarke, da es den Wert, den er verkörpert, nur einmal gibt.

Für das Verständnis der rechtlichen Fragestellungen von NFTs ist wichtig, zwischen Token und Asset zu unterscheiden. Denn der Token ist nur eine Wertmarke – er ist nicht der Wert an sich. Der Wert, den der Token vermittelt, ist der Asset. Der Asset kann alles sein: etwa, wie im Fall von Beeple, ein digital gespeichertes Bild, aber auch jedes andere digitale Medium wie Ton- und Bildaufnahmen, oder virtuelle Gegenstände, die im Metaverse verwendet werden. Auch körperliche Gegenstände können der einem NFT zugeordnete Asset sein: z.B. stellt der Uhrenhersteller Breitling seinen Kunden auf Wunsch NFTs aus, die als Echtheitszertifikate für Uhren dienen. Und natürlich sind Kombinationen denkbar, also Assets, die aus unterschiedlichen Elementen und sowohl aus digitalen, als auch aus realen Positionen bestehen. Dabei ist der Asset selbst so gut wie nie in der Blockchain hinterlegt. Er befindet sich an einem beliebigen – virtuellen oder realen – Speicherort, zu dem der NFT das exklusive Zugriffsrecht vermittelt.

Zusammengefasst ist ein NFT also eine digitale, in der Blockchain gespeicherte Wertmarke, die ein Zugriffsrecht auf einen spezifischen Asset erlaubt.

Was sind NFTs aus rechtlicher Sicht?

Wie ausgeführt handelt es sich bei einem NFT um nichts anderes als um einen Datensatz. Daten sind, zumindest nach herrschender Ansicht, als solche keine eigenständigen Rechtssubjekte. Insbesondere sind Daten keine Sachen im Sinn von §90 BGB, was eine Eigentumsposition im Sinn von §903 BGB an einem NFT ausschließt. Ebenso wenig kommt ein Schutz aus dem von Typenzwang geprägten Immaterialgüterrecht in Betracht, weder für den NFT selbst, noch für die in ihm verkörperten Informationen. Insbesondere ein urheberrechtlicher Schutz ist nicht einschlägig, ist ein NFT doch lediglich ein Datensatz, der weder einen menschlichen Urheber hat, noch die gemäß §2 Abs. 2 UrhG erforderliche Schöpfungshöhe erreicht.

Da eine direkte Anwendung des Sachen- bzw. Immaterialgüterrechts ausscheidet, wollen zahlreiche Stimmen auf NFTs das Sachenrecht analog anwenden. Hierfür sprechen durchaus sinnvolle Argumente. Dennoch ist fraglich, ob die für eine analoge Anwendung notwendige Regelungslücke besteht. Ob dies der Fall ist, wird für die nahe Zukunft Gegenstand rechtlicher Debatten, Gerichtsverfahren und wahrscheinlich auch weiterer Gesetzgebung bleiben. Nach Dafürhalten der Autoren wird eine analoge Anwendung des Sachenrechts und der dazugehörigen Rechtsfolgen zumindest nicht einfach durchsetzbar sein. Dies insbesondere, da das BGB durchaus Instrumente kennt, die den Umgang mit NFTs ermöglichen: So erklärt §453 Abs. 1 BGB das Kaufrecht auf „Rechte und sonstige Gegenstände" für anwendbar. Ebenso bietet sich eine Einordnung als „sonstiges Recht" im Sinn von §823 Abs. 1 BGB an. Als sonstiges Recht sind solche Rechte zu verstehen, die den in §823 BGB ausdrücklich genannten Rechtsgütern (wie dem Eigentum) aufgrund ihrer Zuordnungs- und Ausschlussfunktion vergleichbar sind. Ein NFT erfüllt diese Funktionen und vermittelt eine absolute, eigentümerähnliche Position: er soll dem Halter den bezogenen Asset zuordnen, ihm Zugriff darauf ermöglichen und Dritten vom Zugriff ausschließen. Dem Halter eines NFTs wird also neben der schuldrechtlichen Position gegenüber seinen Vertragspartnern (etwa innerhalb der Blockchain) zumindest auch ein deliktischer Schutz zustehen.

Welche Rechte werden beim Handel mit NFTs erworben?

Beim Verkauf eines NFTs wird der Erwerber als sein Owner in der Blockchain eingetragen. Diese Transaktion berührt den mit dem NFT verknüpften Asset jedoch nicht unbedingt.

Dies ist insbesondere insofern beachtlich, als das Assets regelmäßig urheberrechtlich geschützte Werke sind, deren rechtmäßige Nutzung die vorherige Einräumung von Nutzungsrechten erfordert. Erfolgt keine ausdrückliche Einräumung, gilt die Zweckübertragungstheorie des §31 Abs. 5 UrhG: die Rechte verbleiben tendenziell beim Urheber, der Umfang der Einräumung von Nutzungsrechten bestimmt sich streng nach dem Vertragszweck. Der Erwerber eines NFTs erwirbt also im Zweifel gerade keine Nutzungsrechte am Asset.

Wie wichtig diese Erkenntnis ist, zeigt folgender Fall: eine unter dem Namen Spice DAO auftretende Investorengruppe hat bei einer Auktion für 3 Mio. US-Dollar einen NFT erworben, der auf das Skript des Filmemachers Alejandro Jodorosky zum Klassiker „Dune" als Asset ausgestellt war. Allerdings erwarben sie mit dem NFT lediglich das Skript als virtuelles Buch, nicht aber Nutzungsrechte an Skript, Storyline oder den Charakteren von „Dune". Anders als geplant, hat der Kauf des NFTs nicht dazu geführt, dass die Investoren eine auf dem Skript basierende Fernsehserie herstellen und auswerten können.

Um ein mit einem NFT verbundenes Asset rechtssicher nutzen zu dürfen, sollte sich der Erwerber des NFTs die gewünschten Nutzungsrechte also ausdrücklich in einem Lizenzvertrag einräumen lassen. Eine solche Lizenz stellt z.B. der Hersteller der Crypto-Kitties – einem auf der Blockchain beruhenden Computerspiel, welches dem Spieler auf Basis von NFTs gestattet, virtuelle Katzen zu erwerben und als NFTs zu veräußern – zur freien Verfügung. Diese Lizenz sieht unter anderem vor, dass der Erwerber des NFTs ein Recht erhält, den mit dem NFT verknüpften Asset – also die grafische Gestaltung der Katze – auch außerhalb des Computerspiels nutzen darf.

Dass mit dem Verkauf eines NFTs nicht automatisch Nutzungsrechte an dem damit verknüpften Asset übertragen werden, zeigt auch umgekehrt Wirkung: Die Veräußerung wird regelmäßig keine urheberrechtlich relevante Nutzungshandlung des Assets darstellen. So sind in der Regel Asset und NFT nur durch eine Verlinkung verbunden, die bei Erstellung des NFTs eingerichtet wird und bei nachfolgenden Transaktionen unverändert bleibt. Der Verkauf des NFTs wird daher insbesondere weder eine Vervielfältigung des Assets darstellen (§16 UrhG), noch eine öffentliche Zugänglichmachung (§19a UrhG). Mit anderen Worten: der Urheber eines Assets wird regelmäßig nicht verhindern können, dass der Halter des darauf bezogenen NFTs den NFT weiterveräußert.

Der Weiterverkauf eines NFTs kann jedoch im Smart Contract berücksichtigt werden. Beispielsweise kann er so programmiert werden, dass der Urheber des Assets und/oder der Ersteller des NFTs im Falle eines Weiterverkaufs des NFTs an der Verkaufssumme automatisch beteiligt wird. Gerade aus Sicht der Urheber kommen daher Smart Contracts beim Handel mit NFTs eine ganz erhebliche Bedeutung zu.

Ausblick

NFTs bieten eine Fülle von bisher unbekannten Möglichkeiten – und zugleich spannenden rechtlichen Herausforderungen. Insbesondere im Bereich der Finanzierung von Projekten, der Monetarisierung digitaler (Kunst-)Gegenstände, im Marketing und zur Kundenbindung lohnt es sich mit dem Thema vertiefter zu beschäftigen.

KERNAUSSAGEN

- NFTs bieten Unternehmen vor allem im Bereich Merchandising, Marketing und Kundenbindung neue Möglichkeiten, sei es für physische (wie Uhren, Sneaker oder Autos) oder digitale Produkte (Musik-/Filmdateien, digitale Kunstwerke, etc.), sog. Assets.
- Die rechtliche Einordnung von NFTs ist ungeklärt.
- NFTs und die damit verbundenen Assets sind rechtlich isoliert zu betrachten.
- Wenn ein NFT Rechte am Asset vermitteln soll, sollte dies ausdrücklich vertraglich geregelt werden.
- Die sorgfältige Vertragsgestaltung ist beim Handel mit NFTs besonders wichtig.

Medien

ADVANT BEITEN
Medien: Vertrags- und Urheberrecht ★ ★

Bewertung: Ein Kennzeichen der seit Jahren anerkannten Praxis für Medienrecht ist eine intensive Tätigkeit im E-Commerce-Sektor. Beispielhaft zeigt sich bei der Beratung eines Kosmetikherstellers, wie die Anwälte gerade im Plattformgeschäft alle nötigen Facetten abdecken. So berät AB die Mandantin von Content-Verträgen u. Kooperationen über Product Placements bis hin zu Lizenzen. Ein weiterer Fokus liegt auf dem Privatradio. Als die langj. Mandantin Antenne Bayern den Privatradiovormarsch in NRW vorantrieb, war entsprechend kein Berater so prädestiniert wie AB. Für alle 11 beteiligten Privatradiosender übernahm die Kanzlei die Gründung der neuen Gesellschaft u. beriet insbes. auch zu den zentralen ▷kartellrechtl. Aspekten. In der Games-Branche schließlich berät Lober mit Mandantin Tencent einen der größten Player. Beim internat. Vorgehen gg. Hacker ist es wichtig, dass er gleichermaßen im ▷IT- u. Datenschutzrecht aktiv ist. Den Verlust eines renommierten Partners konnte die Kanzlei bislang noch nicht ausgleichen, der Wechsel einer Salary-Partnerin zu Meta macht die Aufgabe noch dringlicher.

Stärken: Erfahrung in der Games-Branche.

Oft empfohlen: Dr. Andreas Lober („unbestritten die Nr. 1 im Jugendschutzrecht für Games", Mandant; „starker Games-Anwalt", Wettbewerber), Dr. Holger Weimann („top Beratung", „fachl. hervorragend u. pragmat.", Mandanten) Dr. Marc-Oliver Srocke („fantastisch", Mandant)

Team: 2 Eq.-Partner, 6 Sal.-Partner, 4 Associates, 1 of Counsel

Partnerwechsel: Laureen Lee (zu Meta)

Schwerpunkte: Beratung der Games-Branche, priv. Radiosender u. Verlage (auch presse- u. äußerungsrechtl.). Aktiv im Bereich E-Commerce/Internetportale an der Schnittstelle zum Datenschutzrecht. Auch Branchentransaktionen im ▷Gesellschaftsrecht/▷M&A.

Mandate: Antenne Bayern lfd., u.a. bei Gründung von 11 neuen Privatradioveranstaltern in NRW; Tencent lfd., u.a. bei internat. koordiniertem Vorgehen gg. Hacker u. Betrugssoftware; Kosmetikhersteller lfd., u.a. bei Social-Media-Marketingaktivitäten; lfd.: Epic Games, Quantyoo, Supercell, Zenimax.

BOEHMERT & BOEHMERT
Medien: Vertrags- und Urheberrecht ★

Bewertung: Das Renommee der Medienrechtspraxis fußt insbes. auf Schaefer, der als Spezialist für Musikurheberrechte etabliert ist. Er ist für div. Musiklabels, Künstler u. Verlage immer wieder in Musterprozessen, wie etwa zur Störerhaftung, aktiv. Darüber hinaus berät er die Industrie auch strukturell u. zu Verwertungsrechten. Im Markt bekannt ist insbes. seine langj. Tätigkeit für den Bundesverband der Musikindustrie, v.a. nach der Schaffung der Clearingstelle für Urheberrecht. Als Teil der großen Marken- u. IP-Rechtskanzlei bilden Mandate mit Schnittstellen in diese Bereiche einen weiteren Schwerpunkt der Praxis.

Stärken: Spezialistin für Musikrecht. Langj. Kenntnis im Urheber- sowie ▷Marken- u. Wettbewerbsrecht u. ▷Patentrecht.

Oft empfohlen: Dr. Martin Schaefer („schlauer Kopf", „anspruchsvoller Gegner", Wettbewerber)

Team: 3 Eq.-Partner, 2 Associates

Schwerpunkte: Urheberrechtl. Betreuung von Verwertern u. Urhebern aus den Bereichen Musik, Film, Foto, Bühne u. Verlage, zudem Verwertungsgesellschaften u. Verbände.

Mandate: Lfd.: Olympiastadion Berlin, Bundesverband Musikindustrie (marktbekannt); internat. Musiklabel im Musterprozess zur Störerhaftung des Access Providers.

Medien: Vertrags- und Urheberrecht

★★★★★
CMS Hasche Sigle	Berlin, Köln, Hamburg
SKW Schwarz	München, Frankfurt

★★★★
DLA Piper	Hamburg, Köln
Greenberg Traurig	Berlin
Noerr	München, Berlin
Osborne Clarke	Köln, München, Hamburg, Berlin
Raue	Berlin

★★★
Freshfields Bruckhaus Deringer	Düsseldorf, Hamburg
Hengeler Mueller	Berlin
Lausen	München, Köln
McDermott Will & Emery	München
Morrison & Foerster	Berlin
Nordemann Czychowski & Partner	Berlin, Potsdam
Taylor Wessing	Hamburg, München, Berlin, Düsseldorf

★★
Advant Beiten	München, Berlin, Frankfurt
Brehm & v. Moers	Berlin, Frankfurt, München
Graef	Hamburg
Heussen	München, Berlin
JBB Rechtsanwälte	Berlin
K&L Gates	Berlin
Straßer Ventroni Freytag	München
Unverzagt	Hamburg
White & Case	Berlin, Frankfurt, Hamburg

★
Boehmert & Boehmert	Berlin
CBH Rechtsanwälte	Köln, Hamburg
Frey	Köln
Heuking Kühn Lüer Wojtek	Düsseldorf
Klinkert	Frankfurt
KNPZ Rechtsanwälte	Hamburg
Reed Smith	München
SSB Söder Berlinger	München

Die Auswahl von Kanzleien und Personen in Rankings und tabellarischen Übersichten ist das Ergebnis umfangreicher Recherchen der JUVE-Redaktion. Sie ist in 2erlei Hinsicht subjektiv: Die Aussagen der befragten Quellen sind subjektiv u. spiegeln deren Erfahrungen u. Einschätzungen. Die JUVE-Redaktion wiederum analysiert die Rechercheergebnisse unter Einbeziehung ihrer eigenen Marktkenntnis. Der JUVE Verlag beabsichtigt keine allgemeingültige oder objektiv nachprüfbare Bewertung. Es ist möglich, dass eine andere Recherchemethode zu anderen Ergebnissen führt. Innerhalb einzelner Gruppen in Rankings und tabellarischen Übersichten sind Kanzleien und Personen alphabetisch sortiert.

BREHM & V. MOERS
Medien: Vertrags- und Urheberrecht ★ ★
Medien: Transaktionen und Finanzierung ★ ★

Bewertung: Die Medienboutique zählt zu den ersten Ansprechpartnern für die Rundumberatung der dt. Filmbranche. Seit jeher fest verankert bei der Beratung gr. u. kl. Studios ist es bemerkenswert, wie BvM sich auch im internat. Umfeld positioniert. So wandte sich nun erstmals Branchenriese Paramount nicht nur für den Erwerb dt. Kinofilme an Domnick, sondern vertraute dem Team auch beim

---

Anwaltszahlen: Angaben der Kanzleien, wie viele Anwälte zu mind. ca. 50% in diesem Gebiet tätig sind. Sie spiegeln nicht zwingend die Gesamtgröße einer Kanzlei wider.

TECHNOLOGIE UND MEDIEN — MEDIEN

Aufbau einer Streamingplattform in Deutschland. Als Kennerin der dt. Marktstrukturen ist BvM auch bei weiteren namh. internat. Studios regelm. gesetzt, insbes. bei Filmfinanzierungs- u. -förderfragen sowie dem Rechtevertrieb. Ihr Branchen-Know-how stellte BvM zudem unter Beweis, als sie beim Kauf von Studio Babelsberg für die medienrechtl. Due Diligence aufseiten TPGs an der Seite von Kirkland hinzugezogen wurde. Neben der Filmbranche ist die Beratung im Games-Sektor ein zentraler Treiber der Praxis. Mit Bodensiek verfügt BvM über einen renommierten Experten, der eine ganze Reihe von Publishern seit Jahren umfangr. begleitet.

Stärken: Langj. u. umfassendes Know-how in der Filmbranche, Beratung der ges. Wertschöpfungskette.

Oft empfohlen: Stefan v. Moers, Guido Hettinger („zuverlässig, fachl. top", Mandant), Kai Bodensiek („DER Games-Anwalt mit Rundumblick", Mandant; „Branchenkenner", Wettbewerber), Prof. Dr. Oliver Castendyk, Katharina Domnick („Filmrechtsspezialistin", Mandant)

Team: 10 Eq.-Partner, 3 Associates

Schwerpunkte: Umf. Filmproduktionsberatung sowie Serienproduktionen, insbes. Filmförderung u. Rechtevertrieb in Dtl.; Medienarbeitsrecht bei Produktionen; auch kleinere u. regionale Unternehmen oder Start-ups. Außerdem zu Firmengründungen u. -finanzierungen, Filmfinanzierung (v.a. internat. Co-Produktionen). Umf. Games-Beratung.

Mandate: Paramount Global bei dt. Produktionen u. Aufbau neuer Streamingplattform in Dtl.; Paramount Pictures Internat. lizenz-, urheber- u. förderrechtl. bei Kauf dt. Kinofilmproduktionen; TPG Real Estate Partners bei Due Diligence beim Kauf von Studio Babelsberg; HessenFilm & Medien lfd., u.a. zu neuen Filmförderrichtlinien; Btf Bild u. Tonfabrik medienarbeitsrechtl.; Dt. Columbia Pictures Filmproduktion lfd., u.a. bei Entwicklungsprojekten u. Auswertungskooperationen mit Streamingplattformen; Pantaleon Films lfd., u.a. zu Netflix-Produktionen; lfd.: Sony Pictures Dtl., Stratosphere Games, barefoot films, handy-games.com, Divimove, DZ Bank (Filmfinanzierungen), FFP New Media, Game Verband, gamigo, Guaranteed Completions, Neue Bioskop Film, div. Filmstudios medienarbeitsrechtlich.

CBH RECHTSANWÄLTE

Medien: Vertrags- und Urheberrecht ★

Bewertung: Die medienrechtl. Beratung der Kanzlei ist fest in der Verlagswelt verankert, Kernmandantin dabei das Kölner Haus DuMont. Auch branchenfremde Unternehmen vertrauen immer wieder auf die Medienpraxis, wenn sie sich urheber- und lizenzrechtl. Streitigkeiten ausgesetzt sehen. Darüber hinaus verfügt Medienrechtler Ruttig über breite Kenntnisse im Glücksspielsektor. Während das Zentrum der Medienpraxis am Kölner Standort liegt, agiert ein Medien- u. Presserechtler in Hamburg weitestgehend autark.

Oft empfohlen: Prof. Dr. Markus Ruttig
Team: 3 Partner, 1 Associate, 1 of Counsel
Schwerpunkte: Verträge u. Urheberrecht. Häufig Betreuung von Werbeaktivitäten u. Lizenzvereinbarungen, auch bei digitalen Verwertungsformen. Ausgeprägt glücksspielrechtl. Prozesse für staatl. Anbieter. Mandanten: überw. Verlagshäuser u. Entertainmentunternehmen. Enge Zusammenarbeit mit Praxis für ▷Marken- u. Wettbewerbsrecht, auch Presse- u. Äußerungsrecht.

Mandate: ClimatePartner äußerungs- u. medienrechtl. zu Klimaschutzzertifikaten; Mediengruppe DuMont lfd., u.a. gg. Focus+ wg. urheberrechtl. Nutzungsrechte; lfd.: Bastei Lübbe, Bundesamt für Seeschifffahrt und Hydrographie, Bundesministerium der Verteidigung, DVGW, IronMaxx, K+S Kali u. Salz, Ufa Show & Factual, WWF.

Medien: Regulierung

★★★★★
DLA Piper	Hamburg, Köln
Freshfields Bruckhaus Deringer	Düsseldorf, Berlin
Hengeler Mueller	Berlin
Noerr	München, Berlin

★★★★
| CMS Hasche Sigle | Köln, Hamburg, Berlin |
| McDermott Will & Emery | München |

★★★
Greenberg Traurig	Berlin
Morrison & Foerster	Berlin
Redeker Sellner Dahs	Bonn
White & Case	Berlin, München

★★
| Heuking Kühn Lüer Wojtek | Düsseldorf |
| Osborne Clarke | Köln |

Die Auswahl von Kanzleien und Personen in Rankings und tabellarischen Übersichten ist das Ergebnis umfangreicher Recherchen der JUVE-Redaktion. Sie ist in 2erlei Hinsicht subjektiv: Die Aussagen der befragten Quellen sind subjektiv u. spiegeln deren Erfahrungen u. Einschätzungen. Die JUVE-Redaktion wiederum analysiert die Rechercheergebnisse unter Einbeziehung ihrer eigenen Marktkenntnis. Der JUVE Verlag beabsichtigt keine allgemeingültige oder objektiv nachprüfbare Bewertung. Es ist möglich, dass eine andere Recherchemethode zu anderen Ergebnissen führt. Innerhalb einzelner Gruppen in Rankings und tabellarischen Übersichten sind Kanzleien und Personen alphabetisch sortiert.

CMS HASCHE SIGLE

Medien: Vertrags- und Urheberrecht ★★★★★
Medien: Regulierung ★★★★
Medien: Transaktionen und Finanzierung ★★★★

Kanzlei des Jahres für Technologie und Medien

Bewertung: Die Medienrechtler zählen zu den Marktführern hierzulande u. verteidigen mit einer enormen Weitsicht für neue Themen immer wieder diese Position. So war das Team um Fringuelli Vorreiter in der E-Sports-Branche. Jetzt kann es sich mühelos neuen Trendthemen, wie zuletzt den NFTs, die insbes. in der Games-Branche gefragt sind, widmen. V.a. die hier nötige Kooperation mit den ▷Technologieanwälten ist bei CMS selbstverständlich. Ausbauen konnte die Kanzlei zuletzt ihre Tätigkeit im Plattformgeschäft. Dort ist das Team beim wichtigen internat. Rechtemanagement aktiv. Auch ihr medienregulator. Know-how ist gefragt, etwa bei Mandantin BBC/ITV, als sie nach dem Brexit ihr VoD-Angebot nach Dtl. verlegte. Das gr. Team verfügt über viele Spezialisten im Lizenz- u. Urheberrecht, die immer wieder auch bei Transaktionen gefragt sind, etwa als Videociety Maxdome übernahm. Dass Branchenriesen wie Adobe auf das Team setzen, insbes. auch wenn es streitig wird, belegt einmal mehr die Position im Markt. Mit gleich 3 neu ernannten TMT-Partnern setzt CMS entsprechend auch ein klares Zeichen für die Zukunft.

Stärken: Viel Know-how im Bereich Digitalisierung.

Oft empfohlen: Dr. Heike Blank („sehr kompetent u. zuverlässig", Mandant), Dr. Pietro Graf Fringuelli („umtriebig, immer an den neuesten Themen dran", Wettbewerber), Prof. Dr. Winfried Bullinger („sehr erfahren", Wettbewerber), Dr. Ole Jani

Team: TMT ges.: 22 Partner, 8 Counsel, 33 Associates

Schwerpunkte: Digitale Verbreitung, insbes. audiovisuelle Inhalte. Umf. Beratung von Plattformen, Lizenzierung u. Regulierung von Sendern u. Sendeformaten. Klärung von Rechten, viel VoD u. E-Commerce. Oft auch branchenfremde Unternehmen zu Medienthemen. Außerdem Sport-, ▷Presse- u. ▷Kartellrecht. Enge Verbindung zum ▷IT- u. Datenschutzrecht.

Mandate: BBC/ITV bei VoD-Aufbau in Dtl.; Videociety bei Kauf von Maxdome-Plattform von Joyn; Adobe u.a. bei gerichtl. Streit mit Lizenzgeber sowie Neustrukturierung der AGBs; Uefa u.a. medienregulator. zu Werbung, Medienstaatsvertrag u. bei Lizenzverträgen für Euro 2024; ESL lfd., u.a. bei Weltliga-Gründung im E-Sports; World Esports Association lfd., u.a. bei NFT-Lizenzvereinbarungen; Eyeo gg. Axel Springer wg. urheberrechtl. Zulässigkeit von Adblockern (vor LG bestätigt); Studiocanal zu Vertrieb in Dtl.; Mubi bei Kauf von The Match; lfd.: BDZV im Zshg. mit neuen Schutzrechten, Axel Springer bei Stellungnahmen an USCO, Börsenverein des dt. Buchhandels, 1. FC Köln.

DLA PIPER

Medien: Vertrags- und Urheberrecht ★★★★
Medien: Regulierung ★★★★★
Medien: Transaktionen und Finanzierung ★★★★

Bewertung: Die renommierte Medienrechtspraxis zählt viele gr. Medienhäuser zu ihren Mandanten,

MEDIEN TECHNOLOGIE UND MEDIEN

die sie intensiv über die gesamte Bandbreite des Medien- u. Urheberrechts berät. Ihr Markenzeichen ist dabei die besondere Nähe zum Wettbewerbs- u. Werberecht. Auf genau dieses Know-how setzte etwa die langj. Mandantin Axel Springer, als es um die Einbindung von Wahlwerbesendungen ging. Kaum eine Kanzlei verfügt über so umfangr. Wissen in der Medienregulierung u. klärt dabei oft grundsätzl. Fragen: So vertritt die Kanzlei gleich 4 Medienhäuser in Normenkontrollverfahren zur neuen Werbesatzung der Landesmedienanstalten. In Transaktionen hat sich insbes. die enge Verzahnung mit den HHer ▷M&A-Experten bewährt. Dies zeigt sich insbes. im zuletzt boomenden E-Sports-Sektor: Dort beriet das Medienteam an der Seite der Transaktionsanwälte u.a. Rewe bei ihrer Beteiligung an SK Gaming.
Oft empfohlen: Dr. Michael Stulz-Herrnstadt („top Medienregulierer", Wettbewerber), Prof. Dr. Stefan Engels („sehr erfahren u. breit aufgestellt", Wettbewerber), Dr. Kai Tumbrägel
Team: 4 Partner, 5 Counsel, 12 Associates, 1 of Counsel
Schwerpunkte: Beratung von TV-Sendern, Film- u. Musikproduktionsfirmen, Rechteverwerter. Beratung u. Prozesse zu medienregulator. Themen, insbes. auch im Glücksspielsektor. Häufig an der Schnittstelle zum ▷Marken- u. Wettbewerbsrecht sowie ▷IT- u. Datenschutzrecht, verstärkt Onlinemedien, regelm. ▷Presse- u. Äußerungsrecht für Verlage, Sender u. Krisenkommunikation für Unternehmen.
Mandate: Axel Springer/Welt24/Bild urheber- u. wettbewerbsrechtl. gg. ARD-Anstalten/ZDF wg. Einbindung von Elementen der Wahlsendungen 2021; Discovery Communications, ProSieben/SevenOne, RTL, WeltN24 in Normenkontrollverfahren gg. neue Werbesatzung der Landesmedienanstalten; Rewe bei Beteiligung an SK Gaming; Helios-Kliniken zu TV-Produktion mit EndemolShine; Seven.One Entertainment Group gg. Mabb in jugendschutzrechtl. Verfahren vor OVG Berlin-Brandenburg; dpa picture Alliance in urheberrechtl. Verfahren; Bauer Verlag in wettbewerbsrechtl. Verfahren gg. Burda Senator Verlag (OLG München); lfd.: Jochen Schweizer, Lego System, Readly, Twitch Interactive, Zenimax.

FRESHFIELDS BRUCKHAUS DERINGER
Medien: Vertrags- und Urheberrecht	★★★
Medien: Regulierung	★★★★★
Medien: Transaktionen und Finanzierung	★★★★★

Bewertung: Für gr. Transaktionen im Mediensektor bleibt FBD – gemeinsam mit Hengeler Mueller – die erste Adresse. Das Team um Kartellrechtler Röhling ist regelm. eingeschaltet, wobei die Transaktionen dank des jungen US-Westküstenbüros zunehmend internationaler werden. Das zeigen u.a. die Mandate von Axel Springer u. Private-Equity-Häusern wie Permira. Merkmal der Kanzlei bleibt es zudem, zentrale Mandanten an die Kanzlei zu binden, indem sie Beziehungen strateg. auf eine neue Partnergeneration überträgt: Das zeigt sich in der Beratung von CME ebenso wie bei der marktbekannten medienregulator. Arbeit für Meta (ehem. Facebook): Wettbewerber loben dort den Einsatz einer Senior Associate.
Stärken: Enge Zusammenarbeit mit ▷M&A, Kartellrecht.
Oft empfohlen: Dr. Frank Röhling (Kartellrecht), Dr. Theresa Ehlen („konstruktive u. pragmat., zielorientierte Zusammenarbeit", Wettbewerber; IP)

Medien: Transaktionen und Finanzierung

★★★★★
Freshfields Bruckhaus Deringer	Hamburg, Düsseldorf
Hengeler Mueller	Berlin
Noerr	München, Berlin

★★★★
DLA Piper	Köln
Greenberg Traurig	Berlin
Morrison & Foerster	Berlin
Osborne Clarke	Köln

★★★
CMS Hasche Sigle	Köln, München, Berlin
McDermott Will & Emery	München
SKW Schwarz	München, Berlin, Frankfurt
Taylor Wessing	München, Düsseldorf, Berlin, Hamburg
White & Case	Berlin, München

★★
Brehm & v. Moers	München, Berlin, Frankfurt
Heussen	München
K&L Gates	Berlin
Straßer Ventroni Freytag	München
Unverzagt	Hamburg

Die Auswahl von Kanzleien und Personen in Rankings und tabellarischen Übersichten ist das Ergebnis umfangreicher Recherchen der JUVE-Redaktion. Sie ist in 2erlei Hinsicht subjektiv: Die Aussagen der befragten Quellen sind subjektiv u. spiegeln deren Erfahrungen u. Einschätzungen. Die JUVE-Redaktion wiederum analysiert die Rechercheergebnisse unter Einbeziehung ihrer eigenen Marktkenntnis. Der JUVE Verlag beabsichtigt keine allgemeingültige oder objektiv nachprüfbare Bewertung. Es ist möglich, dass eine andere Recherchemethode zu anderen Ergebnissen führt. Innerhalb einzelner Gruppen in Rankings und tabellarischen Übersichten sind Kanzleien und Personen alphabetisch sortiert.

Team: 6 Partner, 25 Associates
Schwerpunkte: V.a. Transaktionsbegleitung; häufig im ▷Kartellrecht u. an der Schnittstelle zu ▷Telekommunikation, auch medienregulator.; für den TV-Sektor relevante Themen (Öffentl. Medienrecht, auch im Ausland). Zudem Urheberrecht, Lizenzen, Vermarktung, E-Commerce sowie ▷IT u. Datenschutz.
Mandate: Permira fusionskontrollrechtl. bei Investition in Adevinta; Axel Springer fusionskontrollrechtl. bei Kauf von Politico u. der News-Website Protocol; Cazoo bei Kauf div. Autoonlinehändler; lfd.: CME, Springer Nature, Juris, Meta (marktbekannt).

FREY
Medien: Vertrags- und Urheberrecht	★

Bewertung: Die kl. Kölner Kanzlei ist auf die Beratung an der Schnittstelle von Medien- u. Sportrecht spezialisiert. Ihre Mandanten sind regelm. nicht originär aus der Medienbranche u. wenden sich an die Boutique bei lizenz- u. urheberrechtl. Themen. Durch die Fokussierung auf das Sportrecht u. die Erfahrung von Lizenz- u. Vertragsgestaltung im Veranstaltungsbereich ist Frey prädestiniert für Mandate aus dem Sport- u. E-Sports-Eventbereich, etwa wenn Sportveranstalter in die TV- oder Streamingübertragung wechseln. Da Frey über besondere Erfahrung mit den Mechanismen der Verwertungsgesellschaften verfügt, deckt sie das gesamte medienrechtl. Spektrum solcher Formate ab.
Team: 2 Partner, 3 Associates, 2 of Counsel
Schwerpunkte: Im Sportsektor viel Rechteerwerb u. Lizenzfragen, auch Rundfunkrecht. Erfahrung mit der Beratung von Verwertungsgesellschaften. Zudem Äußerungsrecht.
Mandate: Lfd.: 1. FC Köln, Dt. Bahn urheberrechtl., Dt. Telekom, ekz Bibliotheksservice, Heinrich-Heine-Universität D'dorf, Henkel, MateCrate, Omnicom Mediagroup, Splendid Medien, Sporttotal, Ströer.

GRAEF
Medien: Vertrags- und Urheberrecht	★★

Bewertung: Die HHer Medienkanzlei ist in der Filmproduktions- u. der Verlagsbranche fest verankert. Für zahlr. dt. u. ausl. Produktionsfirmen deckt sie die filmrechtl. Beratungskette ab, neben finanzierungs- u. förderrechtl. Themen v.a. auch Drehbuchprüfungen. Insbes. bei Letzterem ist die enge Anbindung zum ▷Presserecht sinnvoll, etwa wenn Persönlichkeitsrechte geprüft werden müssen. Neben wenigen Wettbewerbern im Markt ist Rauda als Games-Experte etabliert u. berät v.a. dt. Marktplayer wie Inno-Games umf., auch zum IT- u. Datenschutzrecht. Regelm. wird das Wissen auch im Transaktionsgeschäft gefragt, ein gutes Bsp. ist die langj. Mandatin Daedalic Entertainment, die Graef nun bei einem Anteilsverkauf beriet.
Stärken: Viel Erfahrung mit TV- u. Filmproduktionen, Drehbuchprüfungen.
Oft empfohlen: Dr. Christian Rauda („er schafft es, die komplexesten Fragen immer verständl. zu erklären u. eine praktikable Lösung anzubieten", Mandant), Dr. Ralph Graef
Team: 2 Partner, 6 Associates, 1 of Counsel
Schwerpunkte: Beratung von Film- u. TV-Unternehmen, Verlagen u. der Games-Branche. Urheber-

TECHNOLOGIE UND MEDIEN MEDIEN

Medienkartellrecht

Dentons (Berlin)
Dr. Jörg Karenfort

Freshfields Bruckhaus Deringer (Berlin)
Dr. Frank Röhling

Glade Michel Wirtz (Düsseldorf)
Dr. Markus Wirtz

Gleiss Lutz (Stuttgart)
Dr. Moritz Holm-Hadulla

Greenberg Traurig (Berlin)
Dr. Christoph Enaux

Hausfeld (Berlin)
Prof. Dr. Thomas Höppner

Hengeler Mueller (Düsseldorf)
Dr. Christoph Stadler

Latham & Watkins (Düsseldorf)
Dr. Michael Esser

Morrison & Foerster (Berlin)
Dr. Andreas Grünwald

Noerr (München, Berlin)
Dr. Alexander Birnstiel, Dr. Kathrin Westermann

Oppenländer (Stuttgart)
Dr. Ulrich Klumpp

Die Auswahl von Kanzleien und Personen in Rankings und tabellarischen Übersichten ist das Ergebnis umfangreicher Recherchen der JUVE-Redaktion. Sie ist in 2erlei Hinsicht subjektiv: Die Aussagen der befragten Quellen sind subjektiv u. spiegeln deren Erfahrungen u. Einschätzungen. Die JUVE-Redaktion wiederum analysiert die Rechercheergebnisse unter Einbeziehung ihrer eigenen Marktkenntnis. Der JUVE Verlag beabsichtigt keine allgemeingültige oder objektiv nachprüfbare Bewertung. Es ist möglich, dass eine andere Recherchemethode zu anderen Ergebnissen führt. Innerhalb einzelner Gruppen in Rankings und tabellarischen Übersichten sind Kanzleien und Personen alphabetisch sortiert.

recht, Lizenzen. Künstler u. Rechteinhaber im Urheberrecht, auch in Prozessen. Auch ▷Presserecht.
Mandate: InnoGames umf. im Games-Recht; a&o Buero Filmproduktion filmrecht. bei div. Projekten; Nachlass Michael Ende zu Neuverfilmungsrechten; Daedalic Entertainment lfd., u.a. umf. im Games-Recht u. bei Anteilsverkauf an Nacon; The Astrid Lindgren Company umf. zu internat. urheberrechtl. Musterverfahren wg. div. Verfilmungsverträge u. Filmmusik; lfd.: BeamNG, brave new work filmproductions, BytroLabs, East Side Games, Docdays Productions, Filmförderung HH Schleswig-Holstein, Giants Software, MindPeak, Network Movie, Nordmedia, Quantumfrog, Sviper, Verlagsgruppe Oetinger; britische Filmproduktion u. -vermarktung bei Filmprojekten; US-Filmstudio bei Kinoproduktion.

GREENBERG TRAURIG

Medien: Vertrags- und Urheberrecht	★★★★
Medien: Regulierung	★★★
Medien: Transaktionen und Finanzierung	★★★★

Bewertung: Die Berliner Praxis ist tief verwurzelt in der internat. Filmbranche u. häufig gr. US-Studios mit Produktionen in Dtl. zu ihren Mandanten. V.a. die hierzulande komplexen Fördermodelle sind es, die GT für etliche Mandanten erschließt, inkl. der Finanzierungsfragen. Die Erfahrung in klass. Vertriebs-, Produktions- u. Lizenzthemen setzt GT auch für Projekte mit neuen digitalen Formaten ein, wie die Tätigkeiten für Joyn oder Rlaxx TV zeigen. Immer häufiger wird die von GT bediente Schnittstelle zwischen Technologie u. Medien relevant. Gerade Mandanten, die in diesem Sektor neue Produkte einführen, vertrauen auf die enge Einbindung der Medienrechtler in die TMT-Gruppe.
Oft empfohlen: Dr. Stefan Lütje, Dr. Viola Bensinger („herausragende Prozessanwältin", Mandant), Dr. Christoph Enaux
Team: TMT insges.: 12 Partner, 9 Associates
Schwerpunkte: (Film-)Finanzierungsberatung u. Beratung von dt. u. internat. Filmproduktionen, u.a. zu Lizenzen u. Vertrieb in der Film-, TV- u. Musikbranche. Kabelweitersendethemen, im Filmbereich regelm. an der Schnittstelle zu öffentl.-rechtl. Themen; Onlineplattformen u. Digitalisierungsprojekte. Aktiv an der Schnittstelle zu ▷TK. Zudem enge Verbindung zu ▷IT- u. Datenschutzrecht, bes. starke Schnittstelle zur ▷Immobilienpraxis.
Mandate: Yorck Kino urheberrechtl. u. regulator. zum Start von ,Yorck On Demand'; Ateme zu Ausgestaltung der Software für einen Internetvideorekorderdienst; lfd.: GdW, Joyn, Malao Film, Mediabroadcast, Paramount Pictures, Focus Features, Rlaxx TV; Rise Filmproduktion, Sophisticated Film, Studio71; Ehrlich Entertainment; OneOf.

HENGELER MUELLER

Medien: Vertrags- und Urheberrecht	★★★
Medien: Regulierung	★★★★★
Medien: Transaktionen und Finanzierung	★★★★

Bewertung: Die Medienrechtspraxis verfügt über ausgewiesene Experten für komplexe, auch regulierungsrechtl. Fragen. Für zentrale Marktteilnehmer wie Google ist sie u.a. umfassend für die neuen Regeln zum Leistungsschutzrecht für Presseverleger im Einsatz, wobei sowohl HMs tiefes Know-how im kollektiven Urheber- u. Wahrnehmungsrecht als auch eine reibungslose Verbindung zu kartellrechtl. Themen zentral sind. Mit ihrer Branchenerfahrung im Zusammenspiel mit dem renommierten M&A-Team punktet die Kanzlei ähnl. wie Wettbewerbin Freshfields regelm. in Transaktionen. Oft gelingt es dem Team, langlaufende Mandate zu vertiefen u. zu verbreitern. So verhandelte sie zuletzt für Vodafone den neuen Kooperationsvertrag mit Sky. Zudem ist Hengeler u.a. bei der Umsetzung der DSM-Richtlinie gefragt u. berät div. Betreiber von Plattformen urheberrechtlich. Mit Conrad wechselt ein für diese Themen zentraler Berater in das Londoner Büro mit dem Ziel, die Kontakte zu Mandanten mit GB-Präsenz auszubauen.
Stärken: Viel Know-how zu Verbreitungsfragen.
Oft empfohlen: Prof. Dr. Wolfgang Spoerr („kluger Stratege, fachübergreifend versiert, v.a. an der Schnittstelle zum Verwaltungsrecht", Wettbewerber), Dr. Albrecht Conrad
Team: TMT insges.: 7 Eq.-Partner, 3 Counsel, 5 Associates
Schwerpunkte: Begleitung großvol. Transaktionen, stark im ▷Kartellrecht. Erfahrung im kollektiven Urheberrecht (v.a. auf der Seite von Internetplattformen) sowie regelm. auch an Gesamtvertragsverfahren.
Mandate: Google lfd., u.a. umfangr. im Zshg. mit Leistungsschutz für Presseverleger; Krautreporter zu Förderrichtlinien für Presse/Medienunternehmen; Vodafone lfd., u.a. bei Neuverhandlung von TV-Verbreitungsverträgen u. bei Kooperation mit Sky; Bundesvereinigung der Musikveranstalter bei Gema-Verhandlungen, u.a. zu Struktur u. Gesamtvertrag; Bitkom in Gema-Verhandlungen; lfd.: CTS Eventim, PYüR (ehem. Tele Columbus).

HEUKING KÜHN LÜER WOJTEK

Medien: Vertrags- und Urheberrecht	★
Medien: Regulierung	★★

Bewertung: Die in das TMT-Team integrierte Medienpraxis verfügt über langj. Erfahrung im klass. Urheberrecht u. mit Sendefragen in Hörfunk u. TV. Im Zuge fortschreitender Digitalisierung sind dabei regelm. auch ▷IT- u. datenschutzrechtl. Fragen zu klären. Div. Verlagshäuser greifen daher auf HKLW im Zuge ihrer Digitalisierungsstrategien zurück. Hierbei kommt immer wieder auch die ▷markenrechtl. Kompetenz der Kanzlei zum Zuge, etwa bei Webanwendungen oder der Plattformvermarktung. Wegen seiner Kenntnis im Zweitverwertungsrecht u. bei Verbreitungsfragen wird das Team auch von internat. agierenden Akteuren zurate gezogen, die im dt. Markt Fuß fassen wollen.
Oft empfohlen: Michael Schmittmann
Team: TMT ges.: 12 Eq.-Partner, 5 Sal.-Partner, 6 Associates
Schwerpunkte: Satelliten- u. Kabelverbreitung von TV-Programmen. Auch ▷Kartellrecht u. ▷IT. Regelm. zu Konvergenzthemen (z.B. IPTV), zunehmend urheberrechtl. Onlineportale sowie urheberrechtl. Haftung bei Satelliteneinspeisung. Auch Telekommunikationsrecht u. Glücksspielrecht.
Mandate: Münchenstift zu Signal- u. TV-Verbreitung in Pflegeheimen; NHK World Japan urheberrechtl.; pferdewetten.de medienrechtl.; Vertragsgemeinschaft Television (u.a. Al Jazeera, Bibel TV, Euro News) urheberrechtl.; lfd.: M7Group/Eviso, Zattoo.

HEUSSEN

Medien: Vertrags- und Urheberrecht	★★
Medien: Transaktionen und Finanzierung	★★

Bewertung: Das Markenzeichen der Medienrechtspraxis ist die umf. Beratung von teils branchenfremden Unternehmen zu allen Facetten des E-Commerce-Geschäfts. Auf diese Kompetenz vertrauen u.a. Kärcher, Warsteiner und ein bayer. Klinikum. Agenturverträge oder medienregulator. Kennzeichnungspflichten gehören zum festen Repertoire von Heussen, darüber hinaus berät sie immer wieder in angrenzenden Bereichen wie Wettbewerbs- oder ▷IT- u. Datenschutzrecht. Insbes. für Letzteres steht der Münchner Partner Waldhauser. Mit dem Grundsatzverfahren für Mandantin Cyando trägt die Kanzlei zudem zur branchenrelevanten Klärung der Haftung von Intermediären bei, nach dem EuGH wurde zuletzt wieder am BGH verhandelt.
Oft empfohlen: Dr. Hermann Waldhauser („gute Zusammenarbeit, verlässl.", Mandant), Marcus Hotze („positiv bis brillant", Mandant)
Team: TMT insges.: 1 Eq.-Partner, 5 Sal.-Partner, 4 Associates, 2 of Counsel
Schwerpunkte: Beratung von Internetportalen, zunehmend außerhalb der klass. Medienbranche u. in Social Media; Medienregulierung (Verbreitungsfragen, Medienkonzentrationsrecht), auch Urheber- u. Vertragsrecht für Sender, Film, Hörfunk u. Verbände, zunehmend auch für Eventveranstalter u. Immobilienwirtschaft; außerdem Presse- u. Äußerungsrecht.
Mandate: Brandarena lfd., u.a. event- u. medienrechtl.; Cyando lfd., u.a. zur Intermediärhaftung (BGH); Schalk & Friends lfd., u.a. zu Onlinemarke-

MEDIEN TECHNOLOGIE UND MEDIEN

ting u. Agenturverträgen; Weka Media u.a. zu Verlags- u. Urheberrecht; lfd.: Braindogs Entertainment, GWI Media Technologies, Kärcher, RRP Media, Warsteiner Brauerei Haus Cramer, bayer. Klinikum zu Social-Media-Recht; Verlagshaus lfd., u.a. zu Lizenzen u. Titelschutz; div. Verbände u. Genossenschaften der Immobilienbranche u.a. zu urheber- u. wahrnehmungsrechtl. Themen.

JBB RECHTSANWÄLTE
Medien: Vertrags- und Urheberrecht ★ ★

Bewertung: Die kl. Berliner Boutique beweist sich immer wieder als echter Allrounder für Digitalisierungsfragen mit besonderem Know-how in der Medienbranche. Es ist v.a. der renommierte Feldmann, der diese Entwicklung stetig vorantreibt u. die nötigen Verbindungen zum IT- u. Datenschutzrecht wie selbstverständl. herstellt. Sowohl Axel Springer als auch der Spiegel vertrauen in div. Fragen zur Digitalisierung ihrer Geschäftsmodelle auf dieses Wissen. Zuletzt entwickelte sich die Beratung im Entertainmentbereich positiv. Ein gutes Bsp. ist die Arbeit für Content Factory, die JBB bei der Produktion der Bushido-Serie umfangr. unterstützte. Hier punktete die Kanzlei mit ihrer Erfahrung im Presse- u. Äußerungsrecht u. sicherte die Persönlichkeitsrechte der Produktion ab.

Oft empfohlen: Thorsten Feldmann („ausgewiesener Experte im Presserecht; wir arbeiten seit vielen Jahren sehr gut mit ihm zusammen u. schätzen nicht nur seine Professionalität, sondern auch den sehr angenehmen, persönl. Kontakt", Mandant)

Team: 1 Partner, 2 Associates

Schwerpunkte: Beratung von Verlagen – auch presse- u. äußerungsrechtl., Urheberrecht u. ▷*Marken- u. Wettbewerbsrecht*. Zudem an der Schnittstelle zu ▷*IT- u. Datenschutz*, insbes. bei Digitalisierungsaktivitäten; auch bei kl. Transaktionen.

Mandate: Axel Springer lfd., u.a. operativ medienrechtl., auch bei Agentur- u. Lizenzverträgen; Content Factory bei Produktion von ‚Unzensiert – Bushidos Wahrheit', u.a. bei Verhandlung mit Hauptprotagonist, auch persönlichkeitsrechtl.; MusicMonster.fm prozessual zu Fragen der öffentl. Wiedergabe (nach BGH jetzt OLG); Spiegel lfd., u.a. beim Digitalgeschäft z.B. App-Nutzung; lfd.: Dt. Fachverlag dtv, Bahn Fachverlag, Correctiv u.a. bei Arte-Filmproduktion, GUD Berlin, Celebrity News, Übermedien, Wikimedia.

K&L GATES
Medien: Vertrags- und Urheberrecht ★ ★
Medien: Transaktionen und Finanzierung ★ ★

Bewertung: Die medienrechtl. Praxis der Kanzlei ruht auf 2 Säulen: Zum einen fokussiert sich K&L Gates deutlicher als viele andere auf die Vertretung der Interessen priv. Rundfunkanbieter, deren Verband Vaunet u. auf Verwertungsgesellschaften. So vertraut Corint Media seit Jahren strateg. u. in Prozessen auf das erfahrene Team aus Berlin. Das Know-how digitaler Geschäftsmodelle, über das die medienrechtl. Praxis als Teil der TMT-Praxis verfügt, setzt das Team gekonnt bei der Beratung gr. und internat. Unternehmen, die Video- u. Musik-on-Demand-Formate anbieten, ein. Die 2. Säule bilden Mandate aus der Kunstszene, bei denen Urheberrechte im Verlagsrecht oder bei Lizenzierungen von Medieninhalten im Fokus stehen.

Stärken: Tiefes urheberrechtl. Know-how für Verwertungsgesellschaften, insbes. Musikrecht.

Oft empfohlen: Dr. Martin von Albrecht

Team: 2 Partner, 2 Counsel, 4 Associates

Schwerpunkte: Recht der Verwertungsgesellschaften u. im Bereich der Kabelweitersendung (v.a. urheber-, TK- u. kartellrechtl.). Dabei umf. Beratung div. Unternehmen im Bereich Film u. TV, insbes. Sender u. Verlage, auch Start-ups u. mehrere Verbände. Musikrecht.

Mandate: Corint Media umf., u.a. vor LG Ffm. wg. Weitersendung von TV-Programmen in Mehrparteienanlagen; Corint Media/Seven.One Entertainment vor LG Köln zu Senderbeteiligung an Leermedienabgabe; Vaunet umf. urheberrechtl., u.a. zu Gesamtverträgen mit Gema u. RTL interactive umf., u.a. zu Musiknutzung online u. Lizenzierung RTL+; Profisportliga bei Vorgehen gg. illegales Streamingportal; priv. Rundfunksender u.a. urheberrechtl. zu Trailer-/Werbemusik; lfd.: Joyn, Kinowelt, Klassik Radio, RTL Radio, Walt Disney lizenz- u. urheberrechtl.; Viacom urheber- u. medienrechtlich.

KLINKERT
Medien: Vertrags- und Urheberrecht ★

Bewertung: Die Medienpraxis ist spezialisiert auf die urheberrechtl. Beratung im Sportsektor. Mit dem DFB, der DFL u. der Fifa vertrauen echte Branchengrößen auf das Know-how des Teams um Bubenzer, wenn es um die Lizenzierung der Ausstrahlungsrechte u. die Verwertung u. Verteidigung ihrer Inhalte geht. Mit dem Zugang eines ehem. Sky-Inhouse-Juristen baute die Kanzlei diesen Fokus noch aus. So setzt die im Aufbau befindliche Sport-Streamingplattform von Ex-DFL-Chef Seifert u. Axel Springer bei der Akquise von Sportrechten auf das Team. Klinkert ist zudem prädestiniert für Mandate, die alle Facetten der Auswertung von Inhalten betreffen, insbes. auch bei Live-Veranstaltungen. Ein gutes Bsp. dafür ist etwa die documenta-Ausstellung. Die langj. Kontakte in die Musikbranche bilden des 2. Standbein der Kanzlei, wie die Arbeit für Deezer u. Napster im Urheber-, Vertrags- u. Datenschutzrecht zeigt.

Oft empfohlen: Piet Bubenzer („einsatzfreudig, fachl. hervorragend, pragmat.", „außerordentl. gut", Mandanten; „Spezialist für Urheberrechte u. Verwertung", Wettbewerber)

Team: 1 Eq.-Partner, 3 Associates, 2 Counsel

Schwerpunkte: Lizenzierung von Inhalten, insbes. im Musikbereich. Starke Schnittstelle zum Sport- u. Wettbewerbsrecht.

Mandate: DFB lfd., u.a. bei Spielzeitenausschreibung bis 2026, auch urheberrechtl. Musterverträge; im Aufbau befindliches Gemeinschaftsunternehmen von Springer/Seifert bei Kauf von Sportrechten; DFL lfd., u.a. bei Verwertungsverträgen; Fifa gg. Tui Cruises im Streit um Free-TV-Übertragungen (Vergleich); documenta u. Museum Fridericianum umf. urheber-, vertrags- u. markenrechtl. bei Ausstellung 2022; Tales of Tomorrow u.a. bei Muster-Buy-out-Verträgen u. Drehbuchautorenverträge; lfd.: Dt. Grammophon, dfv Mediengruppe, Napster, Universal Music.

KNPZ RECHTSANWÄLTE
Medien: Vertrags- und Urheberrecht ★

NOMINIERT – JUVE Awards 2022 – Kanzlei des Jahres für Technologie und Medien

Bewertung: Die Medienrechtspraxis der HHer Kanzlei ist trad. eng angebunden an die Beratung im Presse- u. Äußerungsrecht, wofür der Partner Neben renommiert ist. So steht er für seine Stammmandanten der Verlagsbranche auch für klass. urheberrechtl. Streitigkeiten ein, zuletzt etwa für Axel Springer bis vor das BVerfG u. den BGH. Diese prozessuale Erfahrung ist längst auch bei anderen komplexen Fallstrukturen gefragt. Mit den Onlineaktivitäten der Mandanten u. im Plattformgeschäft ist die anschließende Beratung an den Schnittstellen zum IT- u. Datenschutz nahezu unumgänglich. KNPZ hat diese Verbindung intensiviert u. berät Hand in Hand, etwa für die FAZ u. Axel Springer.

Oft empfohlen: Dr. Gerald Neben („sehr erfahren, versiert", Wettbewerber)

Team: 2 Partner, 4 Associates

Schwerpunkte: Umf. Verlagsberatung hinsichtl. Urheber-, Wettbewerbs- u. ▷*Presserecht*; stark an der Schnittstelle zum ▷*IT- u. Datenschutzrecht*.

Mandate: Axel Springer lfd., u.a. gg. Google-Bildersuche wg. Pflicht zur Löschung beanstandeter Onlineinhalte (BVerfG), gg. Medien-Monitoring-Unternehmen wg. öffentl. Zugänglichmachung von Zeitungsartikeln (BGH); FAZ u. Axel Springer im Streit an Schnittstelle zw. Medien- u. Datenschutzrecht; Media Pioneer medienrechtl.; Bepro Europe gg. die Ligen wg. Verwertung von Fußballaufzeichnungen.

LAUSEN
Medien: Vertrags- und Urheberrecht ★ ★ ★

Bewertung: Im Kampf gg. die Verletzung von Urheberrechten im Internet ist die Medienboutique wie keine 2. aufseiten der Rechteverwerter etabliert. Da nahezu alle Anwälte über immense Prozesser-

---

Führende Berater im Urheberrecht

Prof. Dr. Winfried Bullinger
CMS Hasche Sigle, Berlin

Dr. Martin Diesbach
SKW Schwarz, München

Prof. Dr. Jan Hegemann
Raue, Berlin

Prof. Dr. Johannes Kreile
Noerr, München

Dr. Matthias Lausen
Lausen, München

Prof. Dr. Jan Nordemann
Nordemann Czychowski & Partner, Berlin

Prof. Dr. Mathias Schwarz
SKW Schwarz, München

Dr. Stefan Ventroni
Straßer Ventroni Freytag, München

Jörg Wimmers
Taylor Wessing, Hamburg

Die Auswahl von Kanzleien und Personen in Rankings und tabellarischen Übersichten ist das Ergebnis umfangreicher Recherchen der JUVE-Redaktion. Sie ist in 2erlei Hinsicht subjektiv: Die Aussagen der befragten Quellen sind subjektiv u. spiegeln deren Erfahrungen u. Einschätzungen. Die JUVE-Redaktion wiederum analysiert die Rechercheergebnisse unter Einbeziehung ihrer eigenen Marktkenntnis. Der JUVE Verlag beabsichtigt keine allgemeingültige oder objektiv nachprüfbare Bewertung. Es ist möglich, dass eine andere Recherchemethode zu anderen Ergebnissen führt. Innerhalb einzelner Gruppen in Rankings und tabellarischen Übersichten sind Kanzleien und Personen alphabetisch sortiert.

LEGAL Operations Konferenz

Rechtsabteilungen effizient und erfolgreich steuern

15. - 16. Juni 2023 | Frankfurt/M.

SAVE THE DATE

Der Energie-Kick für alle Legal Teams

▲ Erfahrungsberichte und Handlungsleitfäden
▲ Austausch mit Legal Operations Experten
▲ Lösungsansätze von führenden IT-Anbietern

Termin 2022 verpasst?

Dann sichern Sie sich jetzt die Aufzeichnung der Fachvorträge:

www.legal-ops.de/aufzeichnung

www.legal-ops.de

Veranstalter

MEDIEN TECHNOLOGIE UND MEDIEN

fahrung verfügen, ziehen Mandanten mit Lausen an der Seite regelm. bis vor die obersten Gerichte. Ein Bsp. ist das wegweisende EuGH-Urteil für Elsevier gg. Uploaded zur Plattformhaftung. Im Kontext sich wandelnder EU-Regulierung begleitet die Kanzlei Rechteinhaber regelm. auch strukturell, etwa bei Verhandlungen mit Plattformen. Mit zunehmender Beratung von TV- und Filmproduktionen erschloss sich Lausen zuletzt ein neueres Beratungsfeld. Div. Produzenten greifen inzw. auf ihr umfangr. Know-how zu Vertrieb u. Lizenzierung auch im internat. Kontext zurück. Mit der Ernennung eines Partners mit einem Schwerpunkt im Medienarbeitsrecht begegnet die Kanzlei einer zunehmenden Nachfrage insbes. im Produktionsumfeld.

Stärken: Tiefes Know-how aufseiten der Rechteverwerter bei Internetpiraterie.

Oft empfohlen: Dr. Matthias Lausen („Experte für Wahrnehmungsfragen", „sehr angenehm, toller Jurist", Wettbewerber), Dr. Martin Schippan („kämpferisch, trotzdem offener Blick", Wettbewerber), Dr. Kerstin Bäcker („top Anwältin", Wettbewerber)

Team: 7 Eq.-Partner, 2 Sal.-Partner, 8 Associates, 1 of Counsel

Schwerpunkte: Zu Internetpiraterie aufseiten der Rechteverwerter, strateg. Beratung zu Rechtemanagement, regelm. im internat. Kontext u. Lobbyarbeit. Beratung von Filmrechtehändlern u. -verleihern bei Lizenzierung von Film- u. TV-Produktionen. Auch Produktionsfirmen, Service- u. Content-Anbieter sowie Softwarehäuser u. Verlage im Urheber-(Lizenz-) sowie im ▷Presserecht. Zudem Arbeitsrecht.

Mandate: Elsevier gg. Sharehosting-Plattform ‚Uploaded' wg. Plattformhaftung (EuGH); Coalition for responsible sharing gg. Social Science Network wg. systemat. Urheberrechtsverletzung; NFT-Plattform bei Markteintritt; Constantin Film lfd., u.a. zu produktionsbez. Verträgen; Thinypool TV lfd., insbes. rundfunk-, urheber- u. vertragsrechtl. für Live-Sport-Sendungen; lfd.: Boxine u. lizenzrechtl., Suisa Digital Licensing; Streamingplattform lfd., u.a. zu Umsetzung Medienstaatsvertrag; Verlagsgruppe lfd., u.a. zu konzernübergreifenden Lizenzverträgen; TV-Produktion zu internat. Distributions- u. Lizenzverträgen; Handelspartner für Verlagsinhalte bei digitaler Content-Verbreitung.

MCDERMOTT WILL & EMERY

Medien: Vertrags- und Urheberrecht	★ ★ ★
Medien: Regulierung	★ ★ ★ ★
Medien: Transaktionen und Finanzierung	★ ★ ★

Bewertung: Das Team ist Teil der TMT-Gruppe u. steht sowohl privaten TV-Sendern als auch der Verwertungsgesellschaft Corint Media zur Seite. Kennzeichnend ist die umfangr. Tätigkeit in Regulierungsfragen. MWE begleitet schon seit Langem beim Wandel vom linearen TV zum Onlineanbieter. Diese Erfahrung kommt Mandanten zugute, bei denen Datentechnologien ins Zentrum rücken u. die Grenzen zwischen IT u. Medien verschwimmen. So setzt inzw. auch ein US-Filmstudio beim Aufbau einer Streamingplattform auf die erfahrenen Medienrechtler.

Stärken: Tiefe Branchenkenntnisse, Grundsatzverfahren. Verbreitungsfragen.

Oft empfohlen: Dr. Wolfgang Freiherr Raitz von Frentz („absoluter Branchenkenner", „kommt zum Zuge, wenn's komplex wird", Wettbewerber), Dr. Ralf Weisser („erfahren u. durchsetzungsstark", Wettbewerber), Dr. Christian Masch

Team: 4 Eq.-Partner, 1 Counsel, 3 Associates

Schwerpunkte: Urheberrecht im Umfeld der Digitalisierung, Regulierung, Lizenzen, Vermarktung. Regelm. Grundsatzverfahren. Zudem häufig an der Schnittstelle zum ▷IT-Recht. Insbes. bei Verbreitungsfragen im Mediensektor viel Erfahrung im TK-Recht.

Mandate: ProSiebenSat.1 lfd., u.a. vor EuGH wegen regionaler Werbung; Constantin Medien zu Produktionsvereinbarungen für TV-Sportproduktionen; Corint Media u. Vodafone lfd., u.a. im Rechtsstreit gg. EWE Tel wg. Anwendbarkeit eines Tarifs für Verbreitung IPTV, gg. Berliner Seniorenresidenz wg. Verbreitung von Free-TV; RTL lfd., u.a. gg. Net Cologne (OLG München) zu Verbreitung von IPTV; lfd.: Cataneo, RTL2, US-Studio zu Betrieb u. Gestaltung eines Streamingdienstes.

MORRISON & FOERSTER

Medien: Vertrags- und Urheberrecht	★ ★ ★
Medien: Regulierung	★ ★ ★
Medien: Transaktionen und Finanzierung	★ ★ ★ ★

Bewertung: Filmstudios aus dem In- u. Ausland vertrauen auf das Berliner Team der US-Kanzlei. Dabei berät M&F nicht nur bei Entwicklung, Herstellung u. Vertrieb klass. Film- u. Serienproduktionen, sondern stellt immer wieder auch ihre gr. Techerfahrung unter Beweis, u.a. in der regelm. Beratung von VoD-Anbietern. Ebenfalls techniklastig sind die medienregulator. Mandate, in denen M&F v.a. für Streamingplattformen wie Twitch tätig ist. Durch die enge Anbindung an die US-Büros ist das dt. Büro zudem bei internat. Mandaten gefragt, u.a. verhandelte sie für die NFL die Sportrechte für deren Markteintritt in Deutschland. Dass das Team sich inhaltl. immer breiter aufstellt, zeigt sich auch personell: 2 neu ernannte Counsel übernehmen zunehmend die Federführung in div. Mandaten.

Stärken: Sektorbezogene gesellschafts-, kartell- u. medienrechtl. Beratung.

Oft empfohlen: Dr. Christoph Wagner, Dr. Andreas Grünwald, Christiane Stützle

Team: 4 Eq.-Partner, 3 Counsel, 3 Associates

Schwerpunkte: Beratung privater TV-Sender (auch Radio) inkl. Rundfunkrecht sowie Filmstudios u. -produzenten, insbes. auch bei ▷Transaktionen u. Filmfinanzierung, auch Content-Anbieter u. VoD-Plattformen. Schnittstelle zum Kartellrecht.

Mandate: SoundCloud lfd., u.a. bei Kauf von Musiio; Majid Al Futtaim Cinemas zu Entwicklung, Produktion u. Vertrieb von lokalem Content; NFL zu Vergabe von Sportrechten in Dtl.; internat. Spielwarenunternehmen vertrags- u. urheberrechtl.; lfd.: Axel Springer zum Live-Videoangebot der Bildzeitung, Tele Columbus, Twitch, Fachverband Rundfunk- u. Breitbandkommunikation, Radio NRJ.

NOERR

Medien: Vertrags- und Urheberrecht	★ ★ ★ ★
Medien: Regulierung	★ ★ ★ ★ ★
Medien: Transaktionen und Finanzierung	★ ★ ★ ★

Bewertung: Die Medienpraxis besetzt traditionell eine zentrale Rolle in der medienpolit. Landschaft. So begleitet sie mit Kreile als Zugpferd richtungsweisende Entscheidungen in der dt. Filmproduktion, insbes. dank seiner langj. Verbindung zur Allianz Dt. Produzenten, wo er für TV- u. Auftragsproduktionen zuständig ist. Gegenstand der Arbeit sind z.B. umfangr. Tarifverhandlungen, Rahmenbedingungen u. die Rolle der Rundfunkanstalten. Dass das Team seit jeher großvol. Filmproduktionen auch mit internat. Einschlag berät, prädestiniert es für komplexe Fragen, nicht selten auch Streitigkeiten, in diesem Spannungsfeld. Ein gutes Bsp. ist etwa die Klage Leonines, die aufgrund der Beteiligung des US-Investors KKR EU-Fördergelder zurückzahlen soll – eine bislang noch nicht dagewesene Konstellation. Ähnl. wie bei Wettbewerberin Freshfields spielt das Transaktionsgeschäft eine wesentl. Rolle in der Medienpraxis. Noerr zeichnet sich durch div. Branchenexperten im ▷M&A-Team aus, die v.a. bei Filmproduktionen wie für LionsGate, Sony Pictures oder Bavaria Fiction immer wieder sowohl Finanzierungs- als auch gesellschafts- u. steuerrechtl. Themen Hand in Hand mit dem Medienteam beraten.

Stärken: Ausgesprochen stark an der Schnittstelle zum ▷Kartellrecht u. in Medientransaktionen, langj. Erfahrung in der Filmbranche.

Oft empfohlen: Prof. Dr. Johannes Kreile („gestaltet die Medienlandschaft maßgebl. mit", Wettbewerber), Dr. Hans Radau, Prof. Dr. Ulrich Michel, Dr. Kathrin Westermann (Medienkartellrecht)

Team: 7 Eq.-Partner, 1 Sal.-Partner, 1 Associate, 1 of Counsel

Schwerpunkte: Beratung im Filmsektor (Filmfinanzierung, Filmförderung). Auch Verwertungsgesellschaften. Medienpolit. aktiv, insbes. aufseiten der Produzenten. Stark im Kartellrecht.

Mandate: Leonine lfd., u.a. bei Klage gg. Rückforderung von Förderungen aus EU-Mediaprogramm; ZDF lfd., u.a. gg. DNMG wg. Einspeiseentgelten; Bavaria Fiction medienrechtl.; Medien.Bayern u.a. bei Mustervertrag für Produktion des Bayer. Fernsehpreises; lfd.: Allianz Deutscher Produzenten – Film & Fernsehen, Ziegler Film, LionsGate u.a. förder-, gesellschafts- u. steuerrechtl., Sony Pictures Entertainment u.a. bei mögl. Kauf von Filmproduktionsgesellschaften, Gema, Sport1; Gesundheitsplattform bei Aufbau.

NORDEMANN CZYCHOWSKI & PARTNER

| Medien: Vertrags- und Urheberrecht | ★ ★ ★ |

Bewertung: 2 Jahre nach ihrer Gründung hat die Boutique die medienrechtl. Beratung auf ein neues Level gehoben. An der Seite von Mandanten wie der kürzl. entstandenen Clearingstelle für Urheberrecht im Internet erstreitet sie prozessual Entscheidungen von nationaler Tragweite. Mit der Beratung der DFL zum Digital Services Act u. der Providerhaftung stemmt sie ein weiteres Großprojekt. Ebenso vertrauen gr. Presseverlage wie die Madsack-Gruppe u. div. Hollywoodstudios auf die Kenntnisse der renommierten Medienrechtler, wenn es um den Urheberrechtsschutz gr. Kino- u. Filmproduktionen im Internet geht. Die klare Kompetenz im Urheberrecht, die Nordemann auch immer wieder in streitigen Verfahren von grundsätzl. Charakter unter Beweis stellt, führt zu einer hohen Akzeptanz im Markt.

Stärken: Langj. Kenntnis im Urheber- sowie ▷Marken- u. Wettbewerbsrecht.

Oft empfohlen: Prof. Dr. Jan Nordemann („Koryphäe im dt. u. internat. IP-Recht", Wettbewerber), Prof. Dr. Christian Czychowski („herausragend kompetent", „führend im IT- u. Urheberrecht", Wettbewerber), Dr. Anke Nordemann-Schiffel („sehr kompetent im IP", Mandant)

Team: 7 Partner, 8 Associates, 2 of Counsel

Schwerpunkte: Urheberrechtl. Betreuung von Verwertern u. Urhebern aus den Bereichen Musik, Film, Foto, Bühne u. Verlage. Verfolgung von

TECHNOLOGIE UND MEDIEN — MEDIEN

Rechtsverletzungen im Internet, u.a. auch für gr. US-Filmstudios. Zudem Verwertungsgesellschaften u. Verbände.

Mandate: Clearingstelle Urheberrecht im Internet zu Sperren von Webseiten mit urheberrechtl. illegal. Material; DFL umf. u.a. zu Providerhaftung u. bei Verfolgung illegaler Livestreams von Fußballspielen; Elsevier, Springer Nature bei Musterverfahren gg. Internetprovider zum Schutz wissenschaftl. Veröffentlichungen; TK-Anbieter in urheberrechtl. Verfahren zu KI-Sprachsystemen; priv. TV-Sender zu DSM-Richtlinie; div. Presseverleger zu Presseverlegerleistungsschutzgesetz u. mögl. Lizenzierung an Google; lfd.: Nintendo, Universal Pictures, Eurovision Songcontest, Dt. Kinemathek, Internat. Federation of Phonogram Producers (IFPI), VG Bild-Kunst, Otto Group.

OSBORNE CLARKE

Medien: Vertrags- und Urheberrecht ★★★★
Medien: Regulierung ★★
Medien: Transaktionen und Finanzierung ★★★

Bewertung: Nur wenige Medienpraxen begleiten ihre Mandanten die Digitalisierungsinitiativen so umfangr. wie OC. Dafür bringen die Spezialisten nicht nur die nötige personelle Schlagkraft mit, die Dickschiffe wie Facebook oder Google bei gr. Projekten erwarten, sondern auch das Know-how insbes. im dyn. EU-Regulierungsumfeld. Dass die Medienrechtler zugleich voll integriert in die gr. TMT-Praxis sind, ist bei den oft nicht abzugrenzenden IT- u. datenschutzrechtl. Aspekten unumgänglich. Neben dem stark gewachsenen Plattformgeschäft begleitet OC langj. Mandanten der Verlagswelt bei ihrem schon weiter fortgeschrittenen digitalen Umbau. Ein Bsp. ist Funke, die u.a. mit dem Kauf von musterhaus.net ihr Portfolio digitaler gestaltet u. dabei auf OC setzt. Dass der Urheberrechtsexperte Soppe für den VDZ u. BDZV ein Gutachten zur neuen anlasslosen Auskunftspflicht von Presseverlegern erstellte, untermauert einmal mehr seine Stellung in der Branche. Der internationaler werdende Games-Sektor ist ein weiteres wichtiges Standbein der Praxis insbes. um den Kölner Partner Ewald. Im jetzt schärfer regulierten Verbraucher- u. Jugendschutz setzten langj. Mandanten wie Sony od. EA bei umfangr. Projekten auf die Kanzlei.

Stärken: Bestes Netzwerk in der Games-Branche, enge Kooperation mit den Technologieanwälten.

Oft empfohlen: Konstantin Ewald („behält im legislativen Verbraucherschutzsturm den Überblick", Mandant; „umtriebig", „immer bei den neuesten Entwicklungen dabei", „hat ein tolles Team", Wettbewerber), Dr. Martin Soppe („langj. Zusammenarbeit, absoluter Spezialist", Mandant)

Team: TMT insges.: 9 Partner, 2 Counsel, 5 Associates

Schwerpunkte: Inhalteanbieter, Games Publisher u. -entwickler. Vertragsrechtl. Fragen im Jugendschutz sowie bei Finanzierungen. Vermehrt in Prozessen, auch Presserecht. Umfangr. medienregulator. insbes. im Plattformgeschäft. Häufig in Schulterschluss mit ▷IT- u. Datenschutzrecht u. ▷Private Equity u. Venture Capital tätig, regelm. bei digitaler Transformation.

Mandate: Funke Mediengruppe bei Anteilskauf von Musterhaus.net; build a rocket bei Verkauf an Sportfive, ContextLogic lfd., u.a. zu plattformspez. Urheberrecht; IMG Media gg. Tui Cruises im Streit um Free-TV-Übertragungen (Vergleich); Spielehersteller lfd., u.a. zu New-Deal-RL; Vorwerk bei Einführung von Recipe-Sharing-Plattform in div. EU-Ländern; lfd.: Electronic Arts, Facebook, Game-Verband, Google, Sony Interactive Entertainment, Take2 Interactive, Gruner + Jahr.

RAUE

Medien: Vertrags- und Urheberrecht ★★★★

Bewertung: Wenn es um Kernfragen medienrechtl. Auseinandersetzungen geht, ist Raue gefragt: So ist die Kanzlei regelm. aufseiten der Medienanstalt Berlin-Brandenburg zu sehen, zuletzt u.a. beim Streit um die Untersagung der Sendung der russ. RT Deutschland. Dass mit der Medienanstalt Hamburg Schleswig-Holstein, die Raue in einem medienrechtl. Grundsatzverfahren vertritt, eine weitere Landesmedienanstalt als Mandantin hinzugekommen ist, zeigt die gr. Anerkennung auf diesem Gebiet. Die Berliner Medienrechtler verfügen zudem über umf. Erfahrung mit der Beratung von Verwertungsgesellschaften – das Team aus Berlin zählt u.a. Corint Media, GVL u. GEMA zu seinen Mandanten. Ein im Vorjahr ernannter Partner hat sich derweil dem Trendthema NFT verschrieben – inzw. suchen einige Plattformbetreiber hierzu Rat bei Raue –, und auch in der urheberrechtl. Beratung gelang ihm mit Sony der Gewinn einer namh. Mandantin.

Stärken: Langj. Erfahrung bei der Verteidigung von Inhalten, insbes. verlagsseitig; hohes Renommee im Presserecht.

Oft empfohlen: Prof. Dr. Jan Hegemann („fachl. bester Vertreter auf Verlagsseite", „erfahren, hoch kompetent", Wettbewerber), Dr. Robert Heine, Prof. Dr. Peter Raue

Team: 5 Eq.-Partner, 2 Sal.-Partner, 3 Associates

Schwerpunkte: Urheberrechtl. Beratung, ▷Presse- u. Rundfunkrecht, Titelschutzrecht, Medienkartellrecht, v.a. auf Verlagsseite, auch für Onlinemedien. Zudem Künstler u. Kulturverbände. Mandanten: Verlage, Fernsehsender u. Internetunternehmen, Künstler, Filmproduktionen. Zudem polit. Engagement im Zshg. mit dem Leistungsschutzrecht für Verlage.

Mandate: Erzbistum Berlin im Streit um urheberrechtl. Umgestaltung St.-Hedwigs-Kathedrale Berlin; Medienanstalt Berlin-Brandenburg lfd., u.a. bei Untersagung der Sendung der russ. RT Deutschland; Medienanstalt Schleswig-Holstein in medienrechtl. Verfahren; Sony Music gerichtl. u. außergerichtl. urheberrechtl.; HRP Bild & Ton urheber- u. persönlichkeitsrechtl. bei TV-Produktionen; Zeitsprung Pictures u. Looks Film lfd., u.a. zur Verfilmung zeithistor. Stoffe; lfd.: Axel Springer u. WeltN24, Global Media Registry, Corint Media, Ebay Dtl., Gema, GVL, ZPÜ.

REDEKER SELLNER DAHS

Medien: Regulierung ★★★

NOMINIERT — JUVE Awards 2022 — Kanzlei des Jahres für Technologie und Medien

Bewertung: Im Spannungsfeld zwischen Staat, Medienaufsicht u. öffentl.-rechtl. Rundfunkanstalten ist die Medienpraxis erste Ansprechpartnerin. Neben dem erfahrenen Lehr ist Mensching für genau dieses Wissen u. die Medienregulierung inzw. gleichermaßen respektiert. So überzeugte RSD bei der Ausschreibung des wichtigen 3-Stufen-Tests zum Telemedienänderungsgesetz den WDR-Rundfunkrat. Knifflige Fragen auch prozessual durchzusetzen, ist dabei eine Spezialität. Das beweist das Team etwa im Saarland, wo es einen grundsätzl. Streit zur Wahl des Direktors der Landesmedienanstalt führt oder für die Landesmedienanstalt NRW im Kampf gg. Pornografie von ausl. Anbietern. Dass beide Partner gleichermaßen im ▷Presse- u. Äußerungsrecht erfahren sind, erweist sich insbes. bei Mandaten wie das der Stadt Dortmund als hilfreich.

Stärken: Medienregulierung.

Oft empfohlen: Gernot Lehr („beste Unterstützung, sehr sachkundig", Mandant; „hartnäckig, innovativ, fachl. bestens informiert", „sehr angenehm u. hoch kompetent", Wettbewerber), Christian Mensching („geschätzt, empfehlen wir im Konfliktfall gerne weiter", „schlauer Kopf", Wettbewerber; „fachl. absolut top, in allen Situationen souverän", Wettbewerber über beide)

Team: 3 Eq.-Partner, 4 Associates

Schwerpunkte: Grundsatzverfahren im öffentl. Medienrecht, Medienregulierung, u.a. zu Drittsendezeiten u. Kabeleinspeisung u. zu Befugnissen öffentl.-rechtl. Sender im Netz. Schnittstelle zum ▷Beihilfe-, ▷Öffentl. Recht. 2. Standbein der Praxis ist das ▷Presserecht. Vermehrt auch Verbindung zum ▷IT- u. Datenschutz.

Mandate: Rundfunkrat WDR bei 3-Stufen-Test zum Telemedienänderungskonzept; LfM NRW u.a. jugendschutzrechtl. gg. Betreiber pornograf. Angebote im Internet aus dem Ausland (OVG); Ministerium Wirtschaft u. Klimaschutz zu Microtargeting auf Facebook; Saarland vor BVerfG zu abstrakter Normenkontrolle wg. Direktorenwahl Landesmedienanstalt; Stadt Dortmund zur Zulässigkeit des Internetangebots von dortmund.de (BGH); lfd.: Charité.

REED SMITH

Medien: Vertrags- und Urheberrecht ★

Bewertung: Das etablierte Medienrechtsteam berät u.a. die Filmbranche. Inzw. steht sie vermehrt auch aufseiten von Streaminganbietern, die sich bspw. mit Fragen zu einem Spezialgebiet von RS, den Kennzeichnungspflichten, an das Team wenden. Dank enger Zusammenarbeit mit den IT-Rechtlern finden auch div. Plattformbetreiber bei der Konzeption oder Verteidigung ihrer Angebote kompetenten Rat. Dass RD zudem Mandate aus dem Bereich Virtual Reality in den Fokus nimmt, zeigt u.a. die Arbeit für eine Softwareplattform, die in Flugzeugen zum Einsatz kommt.

Stärken: Ausgeprägtes US-Netzwerk.

Oft empfohlen: Dr. Alexander Klett

Team: 5 Partner, 1 Counsel, 7 Associates

Schwerpunkte: Beratung ausl. TV-Sender (Sendergründung, regulator. Beratung, Content-Verbreitung) sowie zu urheberrechtl. Geräteabgaben. Häufig an der Schnittstelle zu ▷IT u. Datenschutz sowie IP.

Mandate: Inflight VR umf. zu Metaverse u. Virtual Reality sowie zu Ansprüchen gg. asiat. Airline u. einen Telecom-Provider aus Technologietransfer; Anbieter von Unternehmenskommunikationslösungen zu e-Privacy u. Vertriebsstrategie; Verified Clinical Trials zu globalen Kundenverträgen u. Verhandlung von Cloud-Verträgen; lfd.: US-Filmstudio.

SKW SCHWARZ

Medien: Vertrags- und Urheberrecht ★★★★★
Medien: Transaktionen und Finanzierung ★★★

Bewertung: Die zu den Marktführern zählende Medienpraxis ist breit aufgestellt. Im regen EU-Regulierungsumfeld erkennt sie neue Bedingungen für Marktteilnehmer im Handumdrehen. Sie behält Branchenentwicklungen konsequent u. akribisch im Blick u. integriert dabei v.a. auch die jungen Anwälte. Ein Bsp. der jüngeren Zeit ist ihr Einstieg in die E-Sports-Beratung, wo sie etwa für B&M Marketing tätig ist. SKW bringt beim Aufbau von Ligen oder der Entwicklung neuer Formate alle Facetten des Medien- u. ▷Technologierechts ein. Genau diese Schnittstelle ist es, die sie ähnl. wie Wettbewerberin CMS erfolgreich besetzt u. dadurch auch zu Trendthemen wie NFTs div. Mandanten begleitet, bspw. Krautpack Entertainment. Dabei lässt SKW ihre Herkunft, die dt. Filmproduktionsberatung, keineswegs hinter sich. Mit Amazon Studios, Sky Dtl., Sony Pictures Entertainment und Disney wächst die Gruppe der Branchendickschiffe, die auf das umfangr. Wissen der SKW-Spezialisten vertrauen, stetig. Von der Finanzierung über produktionsspezif. ▷Transaktionen bis hin zur Verwertung von Content berät die Kanzlei umfassend, zuletzt standen insbes. Verwertungsfragen u. Transparenzpflichten bei div. Mandanten im Vordergrund. Die enge Verbindung zu angrenzenden Bereichen wie dem ▷Marken- u. Wettbewerbsrecht unterstreicht ein zuletzt neu ernannter Partner, der genau an dieser Schnittstelle tätig ist.

Stärken: Umf. Filmproduktionsberatung.
Oft empfohlen: Prof. Dr. Mathias Schwarz („Experte zum Filmförderungsgesetz", top Urheberrechtler", Mandant), Dr. Andreas Peschel-Mehner, Dr. Konstantin Wegner („sehr gute, realitätsnahe Beratung, tolles Team, hoch professionelle Partner", „absoluter Verlagsinsider mit Pragmatismus u. Risikobereitschaft", Mandanten), Georg Wallraf, Dr. Martin Diesbach („sehr gut", Mandant; „branchenerfahren, hervorragend vernetzt", Wettbewerber), Dr. Johann Heyde
Team: 17 Eq.-Partner, 2 Sal.-Partner, 5 Counsel, 9 Associates, 2 of Counsel
Schwerpunkte: Beratung von Filmproduktionen, Filmfinanzierungsfragen. Etabliert bei Werbe- u. Multimediaagenturen sowie in der Verlagsszene u. bei IT-Unternehmen. Auch Kartellrecht. Daneben Musik (u.a. Produzenten, Künstler u. Orchester), Internetplattformen. Regelm. medienpolit. aktiv, v.a. durch Tätigkeit bei der Produzentenallianz im Bereich Kinofilm.
Mandate: Allianz Dt. Produzenten u.a. zu Verhandlungen gemeinsamer Vergütungsregeln (Kinofilme); ApolloMedia zu Film-Litigation; Krautpack Entertainment bei NFT-Gegenständen aus Film ‚Snowden'; Freaks 4U Gaming u.a. zu Vertragsgestaltung; Scott Free Productions; Telecommunications Enterprise Telekom Srbija u. MTEL u. bei internat. Verfolgung von Rechtsverletzungen auf Onlineplattformen; lfd.: Amazon Studios, Apple, Sky Dtl., B&M Marketing, Dt. Columbia Pictures Filmproduktion, Sony Pictures Entertainment Dtl., Walt Disney Dtl., Studio Hamburg Enterprises, G Esports Holding, Komplizen Film, X-Filme, Pandora Filmproduktion, Red Bull Media House; Learnfield u.a. musikrechtl.; Konzertveranstalter u.a. bei Geltendmachung von Vergütungsansprüchen aus Sendung von Konzertaufnahmen.

SSB SÖDER BERLINGER
Medien: Vertrags- und Urheberrecht ★

Bewertung: Die Medienpraxis ist für ihre umfangr. Arbeit für den Burda-Konzern im Markt respektiert. Aus der Vielzahl der Aktivitäten insbes. im Verlagsrecht u. zu Urheberrechten hat sich die Kanzlei als Expertin etabliert. Zwar setzen vereinzelt auch Mandanten außerhalb Burdas auf SSB, etwa ein TV-Sender bei Eigenproduktionen, doch die Kanzleistrategie, die sich nahezu ausschl. auf Ankermandant Burda konzentriert, bringt gerade abseits der prozessualen Tätigkeiten Herausforderungen mit sich. So verließ eine erst kürzlich zur Partnerin ernannte Anwältin die Kanzlei in ein Unternehmen. Sie sollte insbes. im Digitalisierungsumfeld datenschutzrechtl. Themen vorantreiben – doch u.a. dafür baut Burda Kapazitäten in der eigenen Rechtsabteilung auf. Immerhin kam es SSB zugute, dass Jameda bei dem Verkauf den Burda-Konzern verließ u. als Teil einer ausl. Gruppe weiterhin umf. auf das Know-how der Münchner Kanzlei etwa bei Fake-Bewertungen setzt.

Oft empfohlen: Dr. Stefan Söder („schreibt die besten Gutachten", „scharfer Verstand", Wettbewerber)
Team: 2 Eq.-Partner, 1 Sal.-Partner, 6 Associates
Partnerwechsel: Dr. Anne Hahn (zu Holidu)
Schwerpunkte: Umf. Beratung der Burda-Gesellschaften zu medienrechtl. Fragen, insbes. zu Plattformen, ▷Presse- u. Äußerungsrecht. Zudem Prozessvertretung, Verwaltung u. Verteidigung der Burda-Marken.
Mandate: Lfd. Burda-Konzern: u.a. BCN, Bunte, Burda Hearst Publishing, Burda Forward u.a. nach Fusion mit Chip Digital, Focus Magazin, Holiday Check u.a. bei Agenturverträgen u. Streitigkeiten bzgl. Fake-Bewertungen, MIG Medien Innovation; Jameda lfd. in Bezug auf Streitigkeiten um Arztbewertungen; Bavaria Film medienrechtl.; TV-Sender bei Eigenproduktion.

STRASSER VENTRONI FREYTAG
Medien: Vertrags- und Urheberrecht ★★
Medien: Transaktionen und Finanzierung ★★

Bewertung: Die Medienpraxis ist insbes. für ihr umfangr. Know-how zu Lizenzrecht. Themen in all seinen Facetten bekannt. Zuletzt standen div. Filmproduktionen u. der Rechtevertrieb im Mittelpunkt, etwa für Mandantin Bildfest bei einer Auftragsproduktion für Sky. Das besondere Markenzeichen von SVF ist jedoch, dieses Wissen für branchenfremde Mandanten anzuwenden. Bestes Bsp. ist etwa ein Automobilhersteller, den die Kanzlei zu einer Werbefilmproduktion beriet. Dabei lag ein Fokus auf den musikrechtl. Lizenzthemen – ein Themenfeld, das die Münchner zuletzt stark ausbauen konnten. Dies ist der erfolgr. Integration eines of Counsels mit einem starken Netzwerk zu verdanken. Auf die langj. Erfahrung u.a. bei Kooperations- u. oft damit verbundenen Lizenzverträgen setzen regelm. namh. Mandanten wie die Dt. Telekom oder Condé Nast, Letztere auch in Verbindung mit Live-Events.

Stärken: Urheberrecht, insbes. zur Rechteverwertung.
Oft empfohlen: Dr. Stefan Ventroni („Spitzen-Zusammenarbeit, Experte für Urheberrecht im VoD-Service", Mandant), Dr. Stefan Freytag
Team: 8 Partner, 2 Associates, 2 of Counsel
Schwerpunkte: Auswertung von Musik- u. Filmrechten (inkl. Lizenzierung), oft bzgl. digitaler Medien. Internat. Filmfinanzierung, Vertriebs- u. Lizenzrecht auch für branchenfremde Unternehmen.
Mandate: Autovio umfangr. bei Aufbau Onlinemarktplatz; Bilderfest bei Auftragsproduktions- u. Vertriebsvertrag mit Sky; Condé Nast Dtl. lfd. im Urheber- u. Verlagsrecht, auch bei Umsetzung von Digital- u. Live-Events; Dt. Telekom lfd., u.a. bei Lizenz- u. Kooperationsverträgen; Rechtevertrieb u. Verwertung eines Filmproduzenten lfd. urheber- u. lizenzrechtl.; Automobilhersteller u.a. musikrechtl. bei Werbefilmproduktion; Mediengruppe lfd., u.a. bei Lizenz- u. Kooperationsverträgen; lfd.: FC Bayern München, Flixbus, Leonine, ProSiebenSat.1, Wolters Kluwer Dtl., Sony Music Entertainment, Senderunternehmen musikrechtlich.

TAYLOR WESSING
Medien: Vertrags- und Urheberrecht ★★★
Medien: Transaktionen und Finanzierung ★★★

NOMINIERT
JUVE Awards 2022
Kanzlei des Jahres für Technologie und Medien

Bewertung: Als voll integrierter Teil der gr. TMT-Praxis sind die Medienrechtler insbes. für ihre umfangr. Beratung im Plattformgeschäft anerkannt. In ihrer tägl. Arbeit verbinden sie das Urheber-, E-Commerce-, Wettbewerbs- u. Datenschutzrecht regelmäßig. Gerade bei neuen Produkten u. den damit verbundenen Onlineaktivitäten setzen Mandanten wie Douglas auf das Team. Im Spannungsfeld von Urheberrecht, Haftungsfragen u. der Rolle von Onlineplattformen ist v.a. die Arbeit des HHer Partners Wimmers für den Branchenriesen Google/YouTube prestigeträchtig. TW gehört auch zur kl. Gruppe der Games-Experten hierzulande u. ist seit Jahren für Nintendo u. Wargaming aktiv. In jüngerer Vergangenheit entwickelte sich die Arbeit jedoch insges. stärker zu den Technologiethemen. In Berlin ist die Verbindung zum ▷Venture-Capital-Geschäft eng u. die TMT-Anwälte sind regelm. in technologiegetriebene Deals eingebunden.

Stärken: Tief verwurzelt in der Technologiebranche.
Oft empfohlen: Jörg Wimmers („sehr prozesserfahren", Wettbewerber), Dr. Gregor Schmid („sehr geschätzt", Wettbewerber)
Team: TMT insges.: 12 Eq.-Partner, 11 Sal.-Partner, 32 Associates
Schwerpunkte: Onlineplattformen; eng an den Schnittstellen zu IP (▷Marken- u. Wettbewerbsrecht), Äußerungsrecht, ▷Technologie- u. Datenschutzrecht. Besonderes Know-how im Games-Sektor. Zusammenarbeit mit der Venture-Capital-Praxis, verstärkt in Berlin, bei der Beratung von Start-ups, v.a. auf Investorenseite.
Mandate: Douglas lfd., u.a. bei Produkteinführungen, neuer Digitalplattform, auch zum Marketplace; Condé Nast lfd. urheberrechtl. u. zu internat. Lizenzverträgen; Nintendo lfd., u.a. bei der Umsetzung div. EU-Richtlinien u. bei Einführung Onlineshop; Roald Dahl Story Company bei umf. Lizenz- u. Character-Merchandising-Vertrag für ‚Tonies'; Riese & Müller u.a. bei App-Entwicklung u. Digitale-Inhalte-Richtlinie; Etsy lfd. zu plattformspezif. Fragen, u. Shop-Compliance; Thalia Bücher zu Buchpreisbindung; Google u. YouTube lfd. prozessual zu Fragen um die Plattformhaftung (marktbekannt); lfd.: Hasbro, Infarm Indoor Urban Farming, SoundCloud, Valve, Wargaming.

UNVERZAGT
Medien: Vertrags- und Urheberrecht ★★
Medien: Transaktionen und Finanzierung ★★

Bewertung: In der dt. Filmlandschaft ist die Medienpraxis seit jeher zu Hause. Ihre umfangr. Tätigkeit für div. Filmproduktionen umfasst regelm. die gesamte Palette vom dt. Filmförderungsrecht, der Finanzierung bis hin zur Verwertung. Die Jahrzehnte dauernde Mandatsbeziehung zu Studio Babelsberg überdauerte auch den Verkauf an einen US-Investor

TECHNOLOGIE UND MEDIEN MEDIEN

– Unverzagt bleibt gesetzt für die Projekte vor Ort. Im angespannten Content-Markt begleitet die Kanzlei inzw. nicht mehr nur rein dt. Produktionen – ein gutes Bsp. ist Augenschein, für die die Kanzlei regelm. auch die grenzüberschr. Strukturierung u. Finanzierung von internat. Verträgen übernimmt.
Stärken: Bestens vernetzt in der Filmbranche.
Oft empfohlen: Dr. Andreas Pense („fantast., kompetent, super", Mandant; „absoluter Experte für Filmproduktionen", „sehr erfahren", Wettbewerber)
Team: 7 Partner, 3 Associates, 3 of Counsel
Schwerpunkte: Beratung von Filmproduzenten aus der Kino-, TV-, Film- u. Musikbranche, insbes. zu Entwicklung, Strukturierung, Produktion u. Verwertung von Filmprojekten, auch Finanzierung. Weitere Mandantschaft: Werbeagenturen u. TV-Sender zu Vertragsgestaltung u. im Wettbewerbs-, Urheberrecht.
Mandate: Studio Babelsberg lfd., u.a. bei internat. Film- u. Serienproduktionen mit US-Majors; Commerzbank lfd., u.a. zu Zwischenfinanzierung von Fördermitteln; Dt. Film Versicherungsgemeinschaft lfd., u.a. zu Filmversicherungen u. Schadensfällen; Wim Wenders Stiftung lfd. bei Strukturierung u. Rechtekatalog; lfd.: Augenschein Filmproduktion, Dark Wavs, Florida Film, Kinescope Film, Lago Film, Pantaleon Films.

WHITE & CASE

Medien: Vertrags- und Urheberrecht	★★
Medien: Regulierung	★★★
Medien: Transaktionen und Finanzierung	★★★

Bewertung: Die engen US-Kontakte der Kanzlei strahlen auch in die Medienpraxis aus, die div. Plattformen, u.a. aus Kalifornien, zu ihren Mandanten zählt. Bestes Bsp. ist die langj. Beziehung zu Meta, die W&C besonders in regulator. Fragen berät. Dass sich die Kanzlei in diesem Bereich auch künftig stark engagieren will, zeigt die Ernennung eines auf digitale Plattformen fokussierten Partners. Daneben suchen aber auch nationale Medienunternehmen bzw. Verbände wie der BDZV Rat. Dank der tiefen Kenntnisse im Plattformbereich hat sich das Team zudem bei branchenfremden Mandanten etabliert, die ihr digitales Angebot ausbauen wollen, darunter Mercedes-Benz.
Stärken: Viel Erfahrung an der Schnittstelle zu Telekommunikation u. medienregulator. Fragen.
Oft empfohlen: Prof. Dr. Norbert Wimmer
Team: 5 Eq.-Partner, 3 Counsel, 5 Associates
Schwerpunkte: Regulierungsthemen u. Auseinandersetzungen (zu Kabelverbreitung u. Vergütung von Senderechten, Einspeiseentgelten), Medienaufsichtsrecht, auch ▷*Compliance*. Eng an der Schnittstelle zu TK, ▷*IT* u. *Datenschutz* sowie Kartellrecht. Häufig medienpolit. geprägte Arbeit.
Mandate: BDZV wettbewerbs-, rundfunk- u. beihilferechtl.; Messengerservice bzgl. Einhaltung Verpflichtung zu Zugriffsrechten dt. Sicherheitsbehörden; Meta lfd. urheberrechtl., regulator., wettbewerbs- u. prozessrechtl., u.a. zu Medienstaatsvertrag; Spotify u. Mercedes-Benz umf. medienrechtlich.

Anzeige

Sind Kommunikationsfachleute die besseren Medienrechtsanwälte?

Von Tanja Irion, Tanja Irion Law, Hamburg

Tanja Irion
Foto: Fritz Jan Thaddaeus Brinckmann, Faceland.com

Tanja Irion ist Rechtsanwältin mit eigener Kanzlei in Hamburg, Fachanwältin für Urheber- und Medienrecht und zertifizierte Litigation PR-Managerin.

Seit vielen Jahren berät sie Unternehmen vom Mittelständler bis zu DAX 30 und private Persönlichkeiten im Bereich des Medienrechtes, bei wichtigen Rechtsstreitigkeiten und sonstigen Reputationskrisen.

Kontakt
Tanja Irion Law
Tanja Irion
Seilerstraße 18
D-20359 Hamburg
T +49 40 450 00 434
mail@tanja-irion.law
www.tanja-irion.law

Um das Ergebnis vorwegzunehmen: natürlich nicht. Aber Rechtsanwälte sind per se auch nicht die besseren Kommunikatoren.[1] So überrascht es etwa nicht, wenn ein auf M&A spezialisierter Rechtsanwalt bei einer spektakulären Übernahmetransaktion meint, er könne für den Mandanten gegenüber Medien kommunizieren, und das dann oft nach hinten losgeht. Aber wie ist es mit Medienrechtsanwälten? Können sie die besseren Kommunikatoren sein?

PR-Agenturen und Medienrechtsanwälte vertreten die Interessen ihrer Mandanten. Beide wollen, dass das Bild, das die Öffentlichkeit und Medien von ihren Mandanten haben, diesen gerecht wird. Soweit die Gemeinsamkeiten. Aber es gibt auch Unterschiede. Wenn PR an ihre Grenzen gerät, übernehmen in der Praxis oftmals Medienrechtsanwälte. Sie sind auch deshalb in der Wahrnehmung oft diejenigen, die dann unter Bezug auf geltendes Recht und nötigenfalls unter Anrufung der Gerichte die Interessen der Mandanten durchsetzen. Aber stimmt dieses Bild immer mit der Wirklichkeit überein? Und ist diese Aufteilung der Aufgaben überhaupt sinnvoll? Im Folgenden wird diese Frage näher untersucht.

PR-Verantwortliche und Medienrechtsanwälte sind im besten Sinne Anwälte ihrer Mandanten. Beide wollen in einer Krisensituation professionell kommunizieren, um die Interessen des Mandanten optimal zu vertreten, sei es vor Gericht, in den Medien oder bei anderen Stakeholdern. Gleiches gilt für alle anderen, die – aus welchen Gründen auch immer – ins Schlaglicht der Öffentlichkeit geraten, z.B. Prominente. Beide, PR-Profis und Medienrechtsanwälte, wissen aber auch, dass es auf lange Sicht nicht hilft, der Öffentlichkeit ein falsches beziehungsweise ein nichtzutreffendes Bild zu vermitteln.

Die Beispiele dafür, wie schmerzhaft falsche oder verzerrende Berichterstattung für Unternehmen und ihre Vertreter sein kann, sind Legion. Wenn etwa zu Unrecht der Eindruck entsteht, Produkte seien nicht so nachhaltig wie von der PR vermittelt, ein Vorstand habe sich vielleicht strafbar gemacht oder es habe einen Datenschutzskandal gegeben, kann das für alle Beteiligten sehr teuer werden. Unter Umständen muss das Management persönliche Konsequenzen ziehen und es dauert Jahre, die verloren gegangene Reputation wieder aufzubauen.

Berichterstattung fast in Echtzeit

Das gilt umso mehr in einer Zeit, in der soziale und klassische Medien, seien es Print, TV, Rundfunk oder Online, nahezu in Echtzeit berichten. Dazu kommt, dass auch Betroffene ihre Sicht und ihre Eindrücke über Streaming-Plattformen, über TikTok, über Twitter und LinkedIn und andere Kanäle unmittelbar und ungefiltert kommunizieren können.

PR-Verantwortliche arbeiten mit großem Engagement daran, dass etwa entstandene Wahrnehmungsdefizite oder -lücken schnell geschlossen werden, besser noch, dass sie gar nicht erst entstehen. Aber sie und Medienrechtsanwälte wissen auch, dass dies nicht immer gelingt. Und da stellt sich dann doch noch die Frage, ob beispielsweise Vertreter aus PR-Agenturen die besseren Medienrechtsanwälte oder Medienrechtsanwälte die besseren PR-Professionals sind. Die grundsätzliche Antwort lautet, es kommt auf den Einzelfall an.

Medienrechtsanwälte frühzeitig einschalten

Eine wichtige Erkenntnis ist, dass es immer besser gewesen wäre, den Medienrechtsanwalt von Beginn an hinzuzuziehen. Denn rechtzeitig in die Kommunikationsstrategie einbezogen, können Medienrechtsanwälte ein Gegengewicht zu kritischen Medienanfragen mit (zu) kurzen Fristen sein. Sie können sogar verhindern, dass ein Schaden, eine Belastung von Ansehen und Reputation überhaupt entsteht. Denn wo Kommunikatoren nur bitten oder appellieren können, können Medienrechtsanwälte auf dem Boden der Rechtsprechung bestimmter auftreten.

Eines der wichtigsten Praxisbeispiele dafür ist wohl die ordnungsgemäße Konfrontation[2] bereits im Vorfeld einer (Verdachts-)Berichterstattung. Frühzeitig involviert, erkennen Medienrechtsanwälte Probleme, die PR-Verantwortliche vielleicht noch nicht sehen. Und das kann sehr wertvoll sein, weil

TECHNOLOGIE UND MEDIEN / PRESSE- UND ÄUSSERUNGSRECHT CO-PUBLISHING/ANZEIGE

es die Reputation des Mandanten schützt, die Handelnden auch persönlich absichert und einen Zeit- und Wissensvorsprung bringt.

Medienrechtsanwälte können aber auch dann tätig werden, wenn PR-Verantwortliche schon im Vorfeld von Berichterstattung erkennen, dass Medien den eigenen, schützenswerten Interessen möglicherweise nicht gerecht werden. Die Vorteile liegen auf der Hand. Das Schwert der Medienrechtler ist scharf, und wenn sie es einsetzen, belastet das nicht unmittelbar die Beziehung zwischen PR-Verantwortlichen und Medien. Dazu noch ein Wort: Wenn Journalisten die Einschaltung von Medienrechtsanwälten als Affront begreifen sollten, mag dies subjektiv verständlich sein, es spiegelt aber nicht die Rechtslage, der sich auch ihre Profession stellen muss.

Respekt und Kommunikation auf Augenhöhe

Gute Medienrechtsanwälte haben Drohgebärden nicht nötig, greifen Redakteure nicht persönlich an und haben kein Interesse an einer ausufernden Konfrontation, aber sie legen Medien die Rechtslage dar, und das mit dem nötigen Nachdruck. Denn sie wissen: Wie immer im Leben geht es hier um Beziehungen, wenn auch mit gegensätzlichen Interessen. Hier ist Nachhaltigkeit gefragt. Das ist nicht einfach nur „nett", damit lassen sich auch die besseren Ergebnisse erzielen. Respektvolle Kommunikation können eben nicht nur PR-Profis, sondern auch erfolgreiche Medienrechtsanwälte. Der gelegentlich gehörten Forderung nach „verbrannter Erde" ist deshalb eine konsequente Absage zu erteilen.

Rechte auch durchsetzen

Spätestens dann, wenn Dritte bewusst oder vielleicht auch nur unbewusst in der Öffentlichkeit ein unzutreffendes oder verzerrtes Bild von ihren Mandanten zeichnen, geraten PR-Verantwortliche, wie bereits gesagt, schneller an Grenzen als Medienrechtsanwälte. PR kann dann appellieren, kann versuchen, die eigene Sicht der Dinge noch intensiver und überzeugender zu schildern. Aber wenn die Gegenseite – und zu der sind Medien aus der Sicht des Mandanten dann zumindest de facto geworden – sich nicht bewegt, haben sie ihr Pulver verschossen. Dies selbst dann, wenn die eigene Seite zusätzlichen Share of Voice bekommt, wenn ihre O-Töne abgedruckt, sie aber sogleich, und sogar zu Unrecht, wieder relativiert werden. Dann schlägt die Stunde der Medienrechtsanwälte.

Auch sie appellieren, aber sie haben, anders als PR-Agenturen, die Mittel zur Hand, das Recht des Mandanten durchzusetzen. Mit anderen Worten, wenn Dritte schützenswerte Interessen des Mandanten verletzen, können Medienrechtsanwälte den Schutz der Persönlichkeitsrechte und/oder des Unternehmenspersönlichkeitsrechtes nicht nur einfordern, sie können ihn durchsetzen. Sie können auf diesem Weg Satisfaktion erreichen, aber eine Beschädigung von Ansehen und Reputation der Mandantschaft ist dann unter Umständen schon eingetreten. Das kostet Geld. Gerade und immer dann, wenn die eigene Kommunikation nicht wasserdicht war, kommt es in der Regel teurer, als wenn ein umsichtiger Medienrechtsanwalt schon im Vorfeld mitwirkt. Denn dann wäre es im Idealfall gar nicht erst zu einem beklagenswerten Zustand gekommen.

Heißt das nun also im Umkehrschluss, dass Medienrechtsanwälte die besseren PR-Verantwortlichen wären? Die ehrliche Antwort ist: Das kann, muss aber nicht so sein. Denn ob es so ist, hängt ganz entscheidend von der Expertise des Medienrechtsanwalts ab. Gute Medienrechtsanwälte haben ein Portfolio aus bereits erfolgreich gemanagten juristischen Fällen und Krisen. Sie sind im ständigen Austausch mit Kollegen und PR-Profis, bilden sich systematisch in beiden Bereichen weiter. So haben sie das „Ohr auf der Schiene" und wissen, was sich aktuell in der Medienbranche tut. All das erlaubt es ihnen, mögliche Angriffspunkte frühzeitig zu erkennen und folgerichtig ihr Entstehen zu vermeiden.

Vertrauensvolle Zusammenarbeit

Aber mindestens genauso wichtig ist eine von Vertrauen geprägte Zusammenarbeit des Medienrechtsanwalts mit dem Mandanten, seinen PR-Verantwortlichen und seinen (In-house-) Anwälten auf der einen Seite, und mit den Journalisten und den Rechtsabteilungen ihrer Medienhäuser auf der anderen Seite. Sind diese Voraussetzungen gegeben, können renommierte Medienrechtsanwälte leichter einen Konsens der Beteiligten herstellen, die Anrufung von Gerichten vermeiden und schnelle, einvernehmliche Lösungen erreichen, die die Beziehungen zwischen Mandanten und Medien nicht mehr belasten müssen als der Sache wegen unbedingt nötig. ∎

---

[1] Mit der männlichen Form sind auch Rechtsanwältinnen, Kommunikatorinnen, Mandantinnen und Redakteurinnen gemeint. Die Autorin schätzt die Vision einer gut lesbaren, geschlechtergerechten Sprache, priorisiert aber in diesem Beitrag den Lesefluss.

[2] Einer betroffenen Person, auch einer juristischen Person, muss vor der Veröffentlichung Gelegenheit zur Stellungnahme gegeben werden, und zwar mit hinreichend konkreten Fragen.

KERNAUSSAGEN

- Medienrechtsanwälte werden oft als die gesehen, die dann, wenn PR an ihre Grenzen gerät, die Interessen des Mandanten durchsetzen. Ist das Kind dann einmal in den Brunnen gefallen, werden Medienrechtsanwälte hinzugezogen, sie sollen es richten.
- Früher involviert, können sie aber viel mehr, sie können verhindern, dass eine Belastung von Ansehen und Reputation entstehen muss. Ob es so ist, darüber entscheidet zum einen ihre medienrechtliche Erfahrung, zum anderen ihre Expertise in Fragen der Kommunikation.
- Medienrechtsanwälte haben ein größeres Portfolio als Kommunikationsexperten, können im Streitfall stärker auftreten. Aber oft erzielt das Team aus beiden Professionen die besten Ergebnisse und erweitert die Handlungsspielräume der Mandantschaft.
- Am Ende des Tages ist eben nur ein guter Medienrechtsanwalt ein im besten Wortsinn guter Anwalt seines Mandanten.

Presse- und Äußerungsrecht

ADVANT BEITEN
Presse- und Äußerungsrecht ★★★

Bewertung: Die Praxis für Presse- u. Äußerungsrecht trägt durch ihre umfangr. Tätigkeit für die Spiegel-Gruppe maßgebl. dazu bei, die hart umkämpften Grenzen zwischen Pressefreiheit u. Persönlichkeitsrecht auszuloten. Als Gegner zollen Wettbewerber dem renommierten Srocke Respekt u. stellen sich auf eine „Auseinandersetzung am jurist. Hochreck" ein. Die Vielzahl an grundsätzl. Verfahren lassen den HHer Partner regelm. vor div. OLGen und dem BGH auftreten, ein prominenter Fall war zuletzt etwa die Auseinandersetzung mit dem ehem. Bild-Chefredakteur. Wie die meisten Wettbewerber in größeren Kanzleien agiert der Presserechtler vorwiegend autark, wobei er aber an die größere Medienrechtspraxis angebunden ist. Erste Verbindungen zur dort trad. beratenen Zeitschriftenbranche gibt es bereits.

Oft empfohlen: Dr. Marc-Oliver Srocke („fantastisch", Mandant; „ein hartnäckiger, sehr versierter, kämpferischer Gegner", Wettbewerber)

Team: 1 Eq.-Partner, 1 Sal.-Partner

Schwerpunkte: Verlagsvertretung, häufig in Grundsatzverfahren; enge Verbindung mit ▷Medienrechtspraxis.

Mandate: Spiegel-Gruppe (Spiegel, Spiegel Online, Manager Magazin) umfassend, u.a. gg. ehem. Bild-Chefredakteur Reichelt wg. identifizierender Verdachtsberichterstattung (OLG) u. gg. ehem. VW-Manager Hatz wg. presserechtl. Anhörungspflicht (BGH); lfd.: Bildungshaus Schulbuchverlage Westermann, div. Lokal- u. Abendzeitungen.

CMS HASCHE SIGLE
Presse- und Äußerungsrecht ★★★★

Bewertung: Die renommierte Praxis für Presse- u. Äußerungsrecht, die Teil der großen ▷TMT-Gruppe ist, steht regelm. aufseiten gr. Verlage, deren Digitaltöchtern u. den öffentl.-rechtl. Rundfunkanstalten. Bei der Verteidigung ihrer Berichterstattung vertrauen Mandanten CMS dabei immer wieder in der presserechtl. Aufarbeitung aufsehenerregender Wirtschaftsskandale wie Cum-Ex. Zuletzt war das Team um Fricke mit der presserechtl. Vertretung eines Corona-Testzentrums zudem in aktuelle Fragen rund um die Pandemie eingebunden. Dieses Know-how sucht auf der anderen Seite eine wachsende Zahl betroffener Unternehmen, wie zuletzt die Bildagentur Getty, die sich wg. drohender oder bereits erfolgter Berichterstattung an das erfahrene Team wandte.

Oft empfohlen: Michael Fricke („versiert"; „sehr erfahren"; „fachl. top", Wettbewerber)

Team: TMT insges.: 22 Partner, 8 Counsel, 33 Associates

Schwerpunkte: Presserechtl. Vertretung von Verlagen u. Sendeanstalten, äußerungsrechtl. betroffene Unternehmen.

Mandate: 21Dx im Streit gg. gr. Zeitungsverlag wg. Berichterstattung über Vergabeverfahren zur Einrichtung von Corona-Testzentren; NDR, u.a. zu Verdachtsberichterstattung über Cum-Ex; lfd. presserechtl.: Gruner + Jahr, ARD-Rundfunkanstalten, insbes. NDR, WDR, SWR, MDR, auch bundesw. Prozessvertretung; lfd. äußerungsrechtl.: Alles Gute Verlag, Morgenpost Verlag, Melitta Europa, Getty Images, August Storck.

DAMM & MANN
Presse- und Äußerungsrecht ★★★★

Bewertung: Im Presse- u. Äußerungsrecht zählt die Kanzlei zu den fest etablierten Beraterinnen insbes. auf Verlagsseite. Mit dem renommierten Partner Mann setzen div. Medienhäuser, darunter das Handelsblatt oder die NZZ, auf einen anerkannten Spezialisten auch für Grundsätzliches. Im Streit um die Kohl-Memoiren erstritt er zuletzt etwa vor dem BGH die Unvererblichkeit von Geldentschädigungsansprüchen für Penguin Random House. Zugleich nutzt das kleine Team immer wieder auf Betroffenenseite seine langj. Erfahrung. Auf sie setzen etwa Aida Cruises od. Sixt.

Oft empfohlen: Prof. Dr. Roger Mann („einer der Besten, strateg. versiert, fachl. top kompetent", „hohe Kompetenz, bestens informiert, hohe Durchsetzungskraft", „geschätzt, empfehlen wir im Konfliktfall gerne weiter", Wettbewerber)

Team: 3 Eq.-Partner, 1 Associate, 1 of Counsel

Schwerpunkte: Verlagsvertretung.

Mandate: Handelsblatt lfd. bei div. Verfahren, u.a. wg. Schadensliquidation von Rechtsverfolgungskosten bei viraler Verbreitung durch Dritte; Center of Internat. Policy u. ‚Rettet den Regenwald' lfd. presse- u. äußerungsrechtl.; CNN lfd. bei Berichterstattung in Dtl.; Penguin Random House Verlag gg. Kohl-Richter, u.a. wg. Unvererblichkeit von Geldentschädigungsansprüchen (BGH); kath. Erzbistum im Zshg. mit Bericht über Missbrauchsaufarbeitung; lfd.: AIDA Cruises, BBC, NZZ, Nordwest-Zeitung Verlagsgesellschaft, Sixt, Stiftung Warentest zu div. Streitigkeiten zu Warentests.

Presse- und Äußerungsrecht

★★★★★
DLA Piper	Hamburg
KNPZ Rechtsanwälte	Hamburg
Raue	Berlin

★★★★
CMS Hasche Sigle	Hamburg
Damm & Mann	Hamburg
Nesselhauf	Hamburg
Redeker Sellner Dahs	Bonn, Berlin
Schertz Bergmann	Berlin

★★★
Advant Beiten	Hamburg, München
Höcker	Köln
Irle Moser	Berlin

★★
Dünnwald	Hamburg
Lausen	München
Prinz	Hamburg, Berlin
Romatka	München
SSB Söder Berlinger	München

★
Graef	Hamburg
GvW Graf von Westphalen	Hamburg
Tanja Irion	Hamburg
Jonas	Köln
Sven Krüger	Hamburg
Media Kanzlei	Frankfurt
Schultz-Süchting	Hamburg
SKW Schwarz	München

Die Auswahl von Kanzleien und Personen in Rankings und tabellarischen Übersichten ist das Ergebnis umfangreicher Recherchen der JUVE-Redaktion. Sie ist in 2erlei Hinsicht subjektiv: Die Aussagen der befragten Quellen sind subjektiv u. spiegeln deren Erfahrungen u. Einschätzungen. Die JUVE-Redaktion wiederum analysiert die Rechercheergebnisse unter Einbeziehung ihrer eigenen Marktkenntnis. Der JUVE Verlag beabsichtigt keine allgemeingültige oder objektiv nachprüfbare Bewertung. Es ist möglich, dass eine andere Recherchemethode zu anderen Ergebnissen führt. Innerhalb einzelner Gruppen in Rankings und tabellarischen Übersichten sind Kanzleien und Personen alphabetisch sortiert.

Anwaltszahlen: Angaben der Kanzleien, wie viele Anwälte zu mind. ca. 50% in diesem Gebiet tätig sind. Sie spiegeln nicht zwingend die Gesamtgröße einer Kanzlei wider.

TECHNOLOGIE UND MEDIEN — PRESSE- UND ÄUSSERUNGSRECHT

DLA PIPER
Presse- und Äußerungsrecht ★★★★★
Bewertung: Die zu den Marktführern zählende Praxis für Presse- u. Äußerungsrecht ist eng mit den Teams für ▷Medien- u. ▷Marken- u. Wettbewerbsrecht verbunden. Sie gilt v.a. für eine Vielzahl der HHer Verfahren von Axel Springer als gesetzt u. ist zudem in Prozessen mit grundsätzl. Charakter im Einsatz. Mit dem Spiegel setzt aber auch ein weiteres gr. Verlagshaus auf das Wissen des Teams, insbes. an der Schnittstelle zum Verwaltungsrecht: So zog der Verlag mit DLA gg. das Bundeskanzleramt vor das BVerwG wg. Informationszugangsrechten in der „Spiegel-Affäre". Zweifelsohne genießt Praxisgruppenleiter Engels eine hohe Reputation im Markt – die Verbreiterung der Partnerschaft ist allerdings bislang nicht gelungen, mit der Folge, dass eine erfahrene u. im Prozessualen anerkannte Counsel die Kanzlei verlassen hat.
Oft empfohlen: Prof. Dr. Stefan Engels („hervorragend vernetzt u. verfügt über sehr tiefe Kenntnisse der Medienbranche", Mandant)
Team: Medien insges.: 4 Eq.-Partner, 5 Counsel, 12 Associates, 1 of Counsel
Schwerpunkte: Vertretung von Verlagen, auch Unternehmen zur Krisenkommunikation u. vor Berichterstattung.
Mandate: Heidelberger Druckmaschinen äußerungsrechtl.; Spiegel Verlag vor BVerwG gg. Bundeskanzleramt wg. Informationszugangsrechten; Dt. Telekom äußerungsrechtl.; lfd.: Ströer Digital Publishing, Pro7Sat.1, Bauer Media, dpa, Welt, Freizeitwoche Verlag.

DÜNNWALD
Presse- und Äußerungsrecht ★★
Bewertung: Die kl. HHer Einheit ist im Presse- u. Äußerungsrecht aufseiten von Betroffenen anerkannt. Dünnwald wird regelm. von Unternehmen zur äußerungsrechtl. Prüfung von Veröffentlichungen u. zum Umgang damit zurate gezogen. Er gilt als erfahrener Partner für die Vorbereitung, aber auch im Ernstfall einer medialen Krise. Die Arbeit ist von langj. Mandatsbeziehungen geprägt. Das Spektrum, in dem die Kanzlei berät, ist breit über alle Branchen gefächert. Dass sich das Team zuletzt um eine erfahrene Associate erweiterte, belegt einen stetigen Ausbau im hart umkämpften Beratermarkt aufseiten Betroffener.
Oft empfohlen: Prof. Dr. Dirk Dünnwald („sehr erfahren", „weiß, worauf es ankommt", Wettbewerber)
Team: 1 Partner, 2 Associates
Schwerpunkte: Vertretung betroffener Unternehmen, Krisenkommunikation u. Reputationsschutz.
Mandate: Lfd.: BayWa, Dt. Aktieninstitut, Ferring Arzneimittel, Galeria Karstadt Kaufhof, Ärzteverband, Hasso-Plattner-Institut f. Digital Engineering, Hauck & Aufhäuser Privatbankiers, HSV Fußball, Roland Berger Unternehmensberatung, SAP, Signal Iduna, Verband der Privaten Krankenversicherung.

GRAEF
Presse- und Äußerungsrecht ★
Bewertung: Nur wenige Kanzleien sind so umfangr. bei Buch- u. Drehbuchprüfungen aktiv. Namenspartner Graef nutzt dafür geschickt seine Kontakte in die dt. u. ausl. Filmproduzentenbranche. Diese greifen tlw. schon seit Jahren im ▷Medienrecht auf das Know-how der Kanzlei zurück. Ein Bsp. ist Kamphausen, die zuletzt das Projekt der Monsanto-Affäre presserechtl. prüfen ließ. Darüber hinaus ist die Kanzlei stetig sowohl aufseiten betroffener Unternehmen als auch für Verlage bei klass. presserechtl. Streitigkeiten im Einsatz, so etwa für die New York Times gg. Tennisprofi Zverev.
Team: Medien insges.: 2 Partner, 6 Associates
Schwerpunkte: Verlags- u. Betroffenenberatung.
Mandate: Cambridge University Press lfd. presserechtl.; New York Times presserechtl. gg. Alexander Zverev; Kamphausen Media bei presserechtl. Buchprüfung; Stadtentwicklungsprojekt presserechtl. u. bei Kooperationsverträgen; Oxford University Press zu div. presserechtl. Buchprüfungen; Penguin Random House bei div. Manuskriptprüfungen; Hersteller von Naturkosmetik bei Streit mit Recherchenetzwerk Deutschland.

GVW GRAF VON WESTPHALEN
Presse- und Äußerungsrecht ★
Bewertung: Im Presse- u. Äußerungsrecht ist die HHer Praxis die Anlaufstelle für betroffene Verbände u. Unternehmen. Mandanten, die etwa durch Veröffentlichungen von Investigativjournalisten oder Aktivisten betroffen sind, wenden sich regelm. an GvW. Auch dadurch hat sich ein besonderer Schwerpunkt bei Unternehmen aus der Landwirtschaft u. der Lebensmittelproduktion entwickelt, die häufig von kritischer Berichterstattung betroffen sind.
Team: 4 Eq.-Partner, 1 Associate
Schwerpunkte: Presse- u. Äußerungsrecht auf Betroffenenseite, insbes. ▷Lebensmittelsektor/Landwirtschaft.
Mandate: Lfd.: Sana Kliniken, DRK Landesverband HH-Harburg, Bundesverband Rind u. Schwein, Dt. Frühstücksei, Dt. Bauernverband, Zentralverband der Dt. Geflügelwirtschaft.

HÖCKER
Presse- und Äußerungsrecht ★★★
Bewertung: Als Betroffenenberaterin im Presse- u. Äußerungsrecht ist die Kölner Kanzlei keine Vertreterin der leisen Töne: Nicht nur Einzelpersonen, sondern auch Unternehmen schätzen diesen energischen Auftritt. Dass Namenspartner Höcker polarisiert, tut seinem Renommee wenig Abbruch, wie eine Reihe von hochkarätigen Mandaten zeigt. In der medialen Krise vertritt das Team auch immer wieder öffentl. umstrittene Fälle aufseiten der Betroffenen – so kam die Kanzlei u.a. für das Erzbistum Köln im Zshg. mit dem Missbrauchsgutachten zum Einsatz. Allerdings durchlebt die Kanzlei seit einiger Zeit personell unruhige Zeiten: Erneut verließ ein Sal.-Partner die Kanzlei. Bis die Verstärkung durch 2 Berufseinsteiger den ohnehin geschwächten Mittelbau ersetzen kann, wird es noch eine Weile dauern.
Oft empfohlen: Prof. Dr. Ralf Höcker („gut vernetzt", „in streitigen presserechtl. Angelegenheiten hervorragend", Wettbewerber)
Team: 5 Eq.-Partner, 10 Associates
Partnerwechsel: Ruben Engel (zu Engel Law)
Schwerpunkte: Vertretung betroffener Einzelpersonen u. Unternehmen, Politiker u. Parteien.
Mandate: Erzbistum Köln, Papst Benedikt XVI. umf. presse- u. äußerungsrechtl., u.a. im Zshg. mit Missbrauchsgutachten; Dt. Polizeigewerkschaft lfd. äußerungsrechtl., auch vor BVerfG; Cannamedical Pharma lfd., u.a. gg. Kununu wg. unzulässiger Bewertungen; lfd. presserechtl.: Culture4life, Eismann Beteiligungen, Flexx Fitness, JAB Holding, Sunshine Smile, Kölner Verkehrsbetriebe, Securitas Holding, Spark Networks, div. Krankenhäuser, div. polit. Parteien (darunter CDU u. Werteunion).

TANJA IRION
Presse- und Äußerungsrecht ★
Bewertung: Irion agiert im Presse- u. Äußerungsrecht als überzeugende Beraterin für betroffene Unternehmen. Sie berät v.a. langj. Mandanten nah am Tagesgeschäft, darunter die Dt. Bank. Beim Reputationsmanagement arbeitet sie oft als Expertin für Rechtsfragen mit PR-Agenturen zusammen. Enge Kooperationen mit anderen Kanzleien ermöglichen gemeinsame Mandate, etwa an Schnittstellen zum IP- oder Datenschutzrecht.
Oft empfohlen: Tanja Irion („exzellente jurist. Kompetenz u. große Erfahrung mit der Kommunikation in Krisensituationen", Mandant)
Team: 1 Partnerin
Schwerpunkte: Vertretung von betroffenen Unternehmen u. Politikern, insbes. Reputationsschutz, auch Kommunikationsstrategie.
Mandate: Grünenthal umf. medienrechtl., lfd.: DocMorris, Dt. Bank, HHer Leuchtfeuer Hospiz, Hoschke u. Consorten, Energieunternehmen; Unternehmen für Nahrungsergänzungsmittel, u.a. zu Beiträgen in Social Media; Wirtschaftsverband in Streit mit TV-Sender wg. Interview.

IRLE MOSER
Presse- und Äußerungsrecht ★★★
Bewertung: Die Kanzlei ist im Presse- u. Äußerungsrecht klar aufseiten betroffener Unternehmen u. Einzelpersonen etabliert. Wie die meisten Wettbewerber pflegt auch IM meist langj. Man-

---

Presserecht: Führende Berater in der Vertretung geschädigter Unternehmen

Dr. Till Dunckel
Nesselhauf, Hamburg

Prof. Dr. Gero Himmelsbach
Romatka, München

Prof. Dr. Ralf Höcker
Höcker, Köln

Gernot Lehr
Redeker Sellner Dahs, Bonn

Prof. Dr. Matthias Prinz
Prinz, Hamburg

Prof. Dr. Christian Schertz
Schertz Bergmann, Berlin

Dr. Stephanie Vendt
Nesselhauf, Hamburg

Die Auswahl von Kanzleien und Personen in Rankings und tabellarischen Übersichten ist das Ergebnis umfangreicher Recherchen der JUVE-Redaktion. Sie ist in 2erlei Hinsicht subjektiv: Die Aussagen der befragten Quellen sind subjektiv u. spiegeln deren Erfahrungen u. Einschätzungen. Die JUVE-Redaktion wiederum analysiert die Rechercheergebnisse unter Einbeziehung ihrer eigenen Marktkenntnis. Der JUVE Verlag beabsichtigt keine allgemeingültige oder objektiv nachprüfbare Bewertung. Es ist möglich, dass eine andere Recherchemethode zu anderen Ergebnissen führt. Innerhalb einzelner Gruppen in Rankings und tabellarischen Übersichten sind Kanzleien und Personen alphabetisch sortiert.

datsbeziehungen u. schreitet immer wieder zur Abwehr von Presseberichten oder in der Krise zur Tat. Diese Beratung baute sie insbes. im Bankenumfeld deutl. aus u. beriet einige neue Mandanten zum Reputationsmanagement. Für eine Religionsgemeinschaft erstritt die Kanzlei zuletzt die Löschung einer Dokumentation aus der Mediathek. Inzw. setzen auch div. Verlage auf IM, insbesondere aus Österreich u. der Schweiz bei Fällen mit Bezug nach Deutschland.

Oft empfohlen: Christian-Oliver Moser („erfahren, pragmat. Lösungen", Wettbewerber), Dr. Ben Irle („schlauer Kopf", „sehr gut vernetzt", Wettbewerber)
Team: 2 Eq.-Partner, 2 Sal.-Partner, 6 Associates
Schwerpunkte: Vertretung von Unternehmen u. polit. Organen zur Krisenkommunikation u. von Einzelpersonen.
Mandate: Ernst & Young presserechtl. im Zshg. mit Wirecard; Ado Properties lfd., u.a. presse- u. kommunikationsrechtl. bzgl. geplantem Zusammenschluss mit Adler u. Consus Real Estate, inzw. Adler-Gruppe lfd.; Getir Dtl. presse- u. äußerungsrechtl., u.a. im Zshg. mit Betriebsratsgründung u. kritischer Berichterstattung; lfd.: Amnesty International, Bundesverband der Mittelständ. Wirtschaft, Dennree, Dt. Ladenentwicklung, Hello Fresh, Imago TV, Kein & Aber Verlag, Land Berlin, Payback; NeXenio in Zshg. mit Luca-App-Berichterstattung; DJ Digitale Medien presserechtl. mit Dtl.bezug; Religionsgemeinschaft äußerungsrechtl. gg. TV-Sender wg. TV-Dokumentation u. Podcast.

JONAS
Presse- und Äußerungsrecht ★

Bewertung: Das kl. Kölner Team ist für seine presse- u. äußerungsrechtl. Beratung aufseiten betroffener Unternehmen anerkannt. Die enge Verbindung zum ▷Marken- u. Wettbewerbsrecht der beiden Partner entspricht regelm. den Anforderungen von Mandanten, u.a. einem Veranstalter von Sportevents. Der ganzheitl. Ansatz ist es auch, der Jonas für die rechtl. u. nicht selten auch strateg. Kommunikationsberatung ins Spiel bringt, schon bevor es zu einer Berichterstattung kommt.

Oft empfohlen: Karl Hamacher („Profi", Wettbewerber), Dr. Markus Robak („kompetent, direkt, unkompliziert", Wettbewerber)
Team: 3 Eq.-Partner, 1 Associate
Schwerpunkte: Vertretung von Unternehmen zur Krisenkommunikation.
Mandate: Sportveranstalter gg. unautorisierte Herstellung u. Veröffentlichung von Videoaufnahmen von Events; lfd. presserechtl.: Getränkehersteller True Fruits, WDR, Hilfsorganisation, Kfz-Hersteller, Versicherungsgruppe, Lebensmitteleinzelhändler.

KNPZ RECHTSANWÄLTE
Presse- und Äußerungsrecht ★★★★★

NOMINIERT
JUVE Awards 2022
Kanzlei des Jahres für Technologie und Medien

Bewertung: Die Praxis für Presse- u. Äußerungsrecht zählt seit Jahren zur oberen Liga der dt. Verlagsvertreter. Für seine Stammmandanten Axel Springer u. Bauer ist der erfahrene Neben regelm. im Einsatz, auch vor den höchsten Instanzen hierzulande. Bemerkenswert hat KNPZ zuletzt ihre Tätigkeit für die FAZ ausgebaut, u.a. im Streit mit dem Prinzen von Preußen. Die Beratung zum grenzüberschr. Presserecht hat die Kanzlei, ähnl. wie Wettbewerberin Raue, in den vergangenen Jahren sukzessive erweitert u. sich als Ansprechpartner für ausl. Medien in Dtl. einen Namen gemacht, neuerdings auch für Telegraph Media. Dass von Berichterstattung betroffene Unternehmen ebenfalls auf KNPZ setzen, ist einmal mehr ein Beleg für die Akzeptanz des Teams in Auseinandersetzungen zw. Presse u. Betroffenen.

Oft empfohlen: Dr. Gerald Neben („sehr erfahren, versiert", „enorme Schlagkraft", Wettbewerber)
Team: 2 Partner, 4 Associates
Schwerpunkte: Verlagsvertretung, zunehmend Krisenkommunikation betroffener Unternehmen.
Mandate: Bauer Media lfd., u.a. gg. Luke Mockridge wg. Berichterstattung über Beziehungsleben (BGH); Axel Springer lfd., u.a. gg. Woelki wg. Berichterstattung; Telegraph Media zu grenzüberschr. Presserecht; FAZ lfd., u.a. gg. Prinz v. Preußen wg. Berichterstattung über Restitutionsforderungen (u.a. vor OLG u. KG); lfd. Freizeitwoche Verlag; lfd. zu PR u. Krisenkommunikation: VW, Big-Four-Wirtschaftsprüfungsgesellschaft, Axel Springer, Lebensmittelkonzern.

SVEN KRÜGER
Presse- und Äußerungsrecht ★

Bewertung: Die HHer Kanzlei steht im Presse- u. Äußerungsrecht besonders für das presserechtl. Lektorat u. die regelm. Vertretung von Buchverlagen. Zudem vertrauen mehrere Medien des Oberauer Verlags in lfd. presserechtl. Themen auf die Kanzlei. Darüber hinaus greifen Unternehmen oder polit. Einheiten zunehmend auch in Krisensituationen auf den Experten zurück. Zwar bleibt das Team klein, ist aber immer wieder in Grundsatzfragen an der Seite von namh. Mandanten zu sehen.

Oft empfohlen: Dr. Sven Krüger („sehr erfahren", Wettbewerber)
Team: 1 Partner, 1 Associate
Schwerpunkte: Beratung von Buchverlagen, insbes. zu Lektoraten.
Mandate: Lfd. Johann Oberauer, u.a. Kress pro, Westend Verlag, Ullstein Buchverlage, Kiepenheuer & Witsch v.a. zu Lektoraten; lfd.: Bonnier Media, Otto Bock.

LAUSEN
Presse- und Äußerungsrecht ★★

Bewertung: Im Presserecht zieht die Kanzlei regelm. die Aufmerksamkeit auf sich, indem sie aufseiten von Verlagen grundsätzl. Entscheidungen vorantreibt. So gewann Schippan in den vergangenen Jahren an der Seite der SZ merkl. an Präsenz. Durch die enge Anbindung an die ▷Medienrechtspraxis hebt Lausen regelm. Synergien. Mandanten profitieren von dem Rundumwissen in der Branche, etwa bei presserechtl. Lektoraten im TV- u. Filmproduktionsprozess oder auch bei Fragestellungen an der Schnittstelle von Verlags- u. Presserecht.

Oft empfohlen: Dr. Martin Schippan („kämpferisch, trotzdem offener Blick", Wettbewerber)
Team: 1 Partner, 1 Associate
Schwerpunkte: Vertretung von Verlagen.
Mandate: Südwestdeutsche Medienholding lfd., insbes. Süddeutsche Zeitung, u.a. gg. Olearius wg. Verwendung von Auszügen aus beschlagnahmtem Tagebuch (OLG HH) u. gg. Königreich Marokko wg. Aktivlegitimation eines ausl. Staates; Constantin Film lfd., u.a. zu produktionsbezogenen Persönlichkeitsrechten; Zeitungsverlag gg. Bundeskanzleramt wg. IFG-Anspruch bzgl. Protokollen des Corona-Expertenrats; Landtagsfraktion u.a. äußerungsrechtl.

MEDIA KANZLEI
Presse- und Äußerungsrecht ★

Bewertung: Die Frankfurter Kanzlei für Presse- u. Äußerungsrecht legt als Betroffenenberater einen besonderen Fokus auf die Abwehr von Falschbewertungen u. Hassreden im Internet. Im Rahmen ihrer umfangr. Tätigkeit für Betroffene kämpft sich das Team um Namenspartner Riemenschneider auch bis vor die obersten Gerichte. Zuletzt war sie etwa mit einer Verfassungsbeschwerde im Künast-Fall erfolgreich.

Oft empfohlen: Dr. Severin Riemenschneider („oft gefragter Presserechtler, hart in der Sache, kollegial im Umgang", Wettbewerber)
Team: 1 Eq.-Partner, 1 Sal.-Partner, 1 Counsel, 4 Associates, 1 of Counsel
Schwerpunkte: Vertretung betroffener Einzelpersonen u. Unternehmen, Politiker u. polit. Parteien.
Mandate: HateAid lfd. bei Durchsetzung von Persönlichkeitsrechten im Internet, zuletzt vor BVerfG für Künast wg. Hasskommentare; Nürnberg Vertriebs- u. Service GmbH in div. persönlichkeitsrechtl. Verfahren; Bündnis 90/Die Grünen gg. Facebook wg. gemeinsamer Verantwortlichkeit von Fanseitenbetreibern; lfd.: AWO Frankfurt, Cytotools, DRK Fulda, FFI Verlag, Staatstheater Darmstadt, Vetro, Betreiber eines Comedy-Podcast, Betriebsrat eines Flughafenbetreibers.

NESSELHAUF
Presse- und Äußerungsrecht ★★★★

Bewertung: Wettbewerber loben die Kanzlei, die sich im Presse- u. Äußerungsrecht auf die Beratung betroffener Unternehmen u. Einzelpersonen spezi-

---

Presserecht: Führende Berater in der Verlagsvertretung

Prof. Dr. Stefan Engels
DLA Piper, Hamburg

Michael Fricke
CMS Hasche Sigle, Hamburg

Prof. Dr. Jan Hegemann
Raue, Berlin

Prof. Dr. Roger Mann
Damm & Mann, Hamburg

Dr. Gerald Neben
KNPZ Rechtsanwälte, Hamburg

Dr. Stefan Söder
SSB Söder Berlinger, München

Dr. Marc-Oliver Srocke
Advant Beiten, Hamburg

Die Auswahl von Kanzleien und Personen in Rankings und tabellarischen Übersichten ist das Ergebnis umfangreicher Recherchen der JUVE-Redaktion. Sie ist in 2erlei Hinsicht subjektiv: Die Aussagen der befragten Quellen sind subjektiv u. spiegeln deren Erfahrungen u. Einschätzungen. Die JUVE-Redaktion wiederum analysiert die Rechercheergebnisse unter Einbeziehung ihrer eigenen Marktkenntnis. Der JUVE Verlag beabsichtigt keine allgemeingültige oder objektiv nachprüfbare Bewertung. Es ist möglich, dass eine andere Recherchemethode zu anderen Ergebnissen führt. Innerhalb einzelner Gruppen in Rankings und tabellarischen Übersichten sind Kanzleien und Personen alphabetisch sortiert.

TECHNOLOGIE UND MEDIEN PRESSE- UND ÄUSSERUNGSRECHT

alisiert hat, als „1. Adresse in Hamburg". Diskreter als manch andere vertritt sie ihre Mandanten, u.a. in Wirtschaftsskandalen wie dem Wirecard-Komplex. Nicht nur für Einzelpersonen, sondern auch für Unternehmen steht sie bei der Klärung grundsätzl. Fragen hoch im Kurs: So vertrat Nesselhauf u.a. das Meinungsforschungsinstitut Forsa in der Frage der Rechtmäßigkeit der Sonntagsfrage unter Briefwählern vor dem hess. Verwaltungsgericht.

Oft empfohlen: Dr. Stephanie Vendt („erfahrene Spezialistin", „gute Wahl für Persönlichkeitsrecht", „schnell, präzise, juristisch perfekt", „fachl. oberste Liga", Wettbewerber), Dr. Till Dunckel („exzellente Kenntnisse des Medienrechts; gute Empfehlungen im Umgang mit der Öffentlichkeit", Mandant; „zählt zu den Besten", Wettbewerber)

Team: 3 Partner, 1 Counsel, 2 Associates

Schwerpunkte: Vertretung von betroffenen Unternehmen, Krisenkommunikation u. Beratung vor Veröffentlichung, auch Einzelpersonen.

Mandate: Forsa im Streit vor dem Hess. VerwG gg. BRD/Bundeswahlleiter wg. Sonntagsfrage; Ex-Wirecard-Vorstandschef Markus Braun presserechtl. (aus dem Markt bekannt); lfd. presserechtl.: Kliniken u. Pflegeeinrichtungen, Pharmaunternehmen, Fußballvereine, Versicherungen, Werbeagenturen, Banken.

PRINZ
Presse- und Äußerungsrecht ★★

Bewertung: Die Kanzlei zählt zu den etablierten Beraterinnen von Betroffenen im Presse- u. Äußerungsrecht. Basis sind die langj. Mandatsbeziehungen von Namenspartner Prinz. Seine Bekanntheit für die Beratung prominenter Einzelpersonen führt immer wieder zu neuen Mandaten – auch von Unternehmen, etwa Hotels, aber auch Banken oder Kliniken. Seit Anfang 2022 geht die Presserechtskanzlei ungewöhnl. Wege: Sie unterhält nun eine Repräsentanz in New York. Eine HHer Partnerin ist für US-Mandanten, die Beratung zu Berichterstattung in Dtl. suchen, zeitweise vor Ort. Weiterhin verstärkte sich Prinz mit einem auf Marken- u. Urheberecht spezialisierten Partner, der u.a. für Labels u. Künstler in der Musikindustrie tätig ist.

Oft empfohlen: Prof. Dr. Matthias Prinz

Team: 3 Eq.-Partner, 3 Associates, 1 of Counsel

Partnerwechsel: Stephan Mathé (von Poppe)

Schwerpunkte: Vertretung von betroffenen Unternehmen u. Einzelpersonen, auch in Fragen der Krisenkommunikation u. Reputationsschutz.

Mandate: Funke-Gruppe äußerungsrechtl.; lfd. presserechtl.: Helios Klinikum Bad Saarow, DRK, AOK Baden-Württemberg, Berenberg Bank, Dt. Bank, Home24, Hotel Adlon, Kempinksi, Meggle Group, Knorr-Bremse, Quiris Healthcare, Osram, Porsche, VW.

RAUE
Presse- und Äußerungsrecht ★★★★★

Bewertung: Die presserechtl. Praxis gehört zu den führenden Teams, und begleitet immer wieder Mandate mit grundsätzl. Charakter: So ist sie weiterhin beim Springer Verlag gesetzt, u. da oft für komplexe Fälle – zuletzt u.a. gg. Russia Today. Neben einer klaren Positionierung auf Verlagsseite zeichnet sich die Praxis durch die umf. Erfahrung in der persönlichkeitsrechtl. Beratung von Filmproduktionsfirmen aus u. ist zudem als Teil der ▷Medienpraxis erfolgr. bei Drehbuchprüfungen. Schmerzl. in personeller Hinsicht war der Abgang eines erfahrenen u. von Wettbewerbern gelobten Counsels, der in div. Verfahren – von Springer bis Bloomberg – an Hegemanns Seite stand.

Oft empfohlen: Prof. Dr. Jan Hegemann („fachl. bester Vertreter auf Verlagsseite, hohe Qualität der Schriftsätze", Wettbewerber)

Team: 5 Eq.-Partner, 2 Sal.-Partner, 3 Associates

Schwerpunkte: Vertretung von Verlagen.

Mandate: Axel Springer lfd. äußerungsrechtl., u.a. vor OLG Frankfurt gg. RT Media wg. Abwehr Unterlassungsanspruch; lfd. zu Persönlichkeitsrechten bei TV- oder Filmproduktionen: Zeitsprung Pictures, HRP Bild & Ton, Looks Film; lfd. äußerungsrechtl.: Bloomberg, Buzzfeed.

REDEKER SELLNER DAHS
Presse- und Äußerungsrecht ★★★★

NOMINIERT
JUVE Awards 2022
Kanzlei des Jahres für Technologie und Medien

Bewertung: Die Praxis für Presse- u. Äußerungsrecht ist regelm. die erste Anlaufstelle für Mandanten der öffentl. Hand. Dabei ist es bemerkenswert, wie das Team um Mensching u. Lehr sowohl aufseiten von Medien wie dem ZDF als auch aufseiten Betroffener etabliert ist. So vertrauen eine ganze Reihe Behörden u. Ministerien in IFG-Fragen auf RSD – für den Bundestag zog sie nun bis vor den BGH. Als Teil der voll integrierten ▷Medienpraxis funktioniert die Verbindung in komplexeren Mandaten seit jeher ruckelfrei. Dies gelang nun einmal mehr auch mit anderen Rechtsbereichen. So wandte sich Currenta nach dem Explosionsunfall an die Kanzlei, die in einem gr. Team, u.a. bestehend aus Compliance-Experten u. Öffentlichrechtlern, berieten u. worin die Presserechtler die Krisenkommunikation übernahmen.

Oft empfohlen: Gernot Lehr („beste Unterstützung, sehr sachkundig", Mandant; „hartnäckig, innovativ, fachl. bestens informiert", „sehr angenehm u. hoch kompetent", Wettbewerber), Dr. Christian Mensching („geschätzt, empfehlen wir im Konfliktfall gerne weiter", „schlauer Kopf", Wettbewerber; „fachl. absolut top, in allen Situationen souverän", Wettbewerber über beide)

Team: 4 Eq.-Partner, 4 Associates

Schwerpunkte: Betroffenenberatung, öffentl. Hand.

Mandate: Currenta äußerungsrechtl. im Zshg. mit Explosion; Dt. Bundestag in IFG-Verfahren wg. ‚BDS-Beschluss' (vor OVG); ZDF lfd. äußerungsrechtl., u.a. zu Zulässigkeit rückblickender Berichterstattung u. Opferschutz (BGH); Stadt Dortmund zu Grenzen kommunaler Öffentlichkeitsarbeit u. zur Zulässigkeit des Internetangebots dortmund.de (BGH); lfd.: Ströer, Tui, Dt. Bahn, Dtl.radio, Krankenversicherung, Seniorenresidenz, div. Ministerien Behörden u. Institutionen auf Bund-, Länder- u. kommunaler Ebene zu IFG-Fragen.

ROMATKA
Presse- und Äußerungsrecht ★★

Bewertung: Die Kanzlei zählt seit Jahren zu den festen Größen im Presse- u. Äußerungsrecht mit einem regionalen Schwerpunkt im südd. Raum. V.a. Himmelsbach ist sowohl aufseiten der Verlage als auch aufseiten Betroffener renommiert. Dabei ist er immer wieder an der Klärung von grundsätzl. Fragen beteiligt, zuletzt etwa für das Städteportal muenchen.de, das als Nächstes vor dem BGH die Abgrenzung zu Presseerzeugnissen klärt. In den langj. gepflegten Mandatsbeziehungen wartet die Kanzlei regelm. mit Know-how in angrenzenden Rechtsfragen auf, so etwa im Medienarbeits- oder IP-Recht.

Oft empfohlen: Prof. Dr. Gero Himmelsbach („sehr gute Zusammenarbeit", Mandant)

Team: 2 Eq.-Partner, 1 Sal.-Partner, 2 Associates

Schwerpunkte: Äußerungsrecht. Vertretung von Verlagen u. Unternehmen zur Krisenkommunikation.

Mandate: Bayer. Rundfunk lfd. äußerungsrechtl., auch bei IFG-Verfahren; Portal München vor BGH gg. Münchner Verlage (Merkur, Augsburger Zeitung, SZ) wg. Zulässigkeit von Städteportalen; lfd.: Bayer. Landeszentrale für neue Medien, Ringier u. Ringier Axel Springer Schweiz, Funke Zeitschriften, Paul Parey Verlag, Stadtsparkasse München, Verbraucherzentrale Bayern; Lebensversicherung bei Presseanfragen.

SCHERTZ BERGMANN
Presse- und Äußerungsrecht ★★★★

Bewertung: Im Presse- u. Äußerungsrecht ist die Kanzlei aufseiten von betroffenen Unternehmen u. Einzelpersonen fest etabliert. Ihr Renommee entsteht dabei durch ihren nachdrückl. Auftritt, den viele Mandanten im Falle einer medialen Krise suchen. Als Experte im Reputationsmanagement steht immer wieder insbes. Namenpartner Schertz im Vordergrund. Wie die meisten Wettbewerber pflegt die Kanzlei langj. u. vertrauensvolle Mandatsbeziehungen zu einer ganzen Reihe an Unternehmen, für die sie regelm. im Streit mit den großen Medienhäusern auftritt. SB versteht sich in aller Regel als ganzheitl. Kommunikationsberater, weshalb die präventive Beratung u. Fälle außerhalb des Gerichtsaals inzw. einen erhebl. Anteil der Arbeit ausmachen.

Oft empfohlen: Prof. Dr. Christian Schertz („presserechtl. Top-Anwalt", Wettbewerber)

Team: 3 Partner, 2 Sal.-Partner, 1 Counsel, 2 Associates, 1 of Counsel

Schwerpunkte: Vertretung von betroffenen Unternehmen u. Einzelpersonen in Fragen der Krisenkommunikation u. Reputationsmanagement.

Mandate: Lfd.: 1. FC Union Berlin, Beta Film, Direktvertrieb Tiefkühlkost, BCG, Bündnis 90/Die Grünen, CSU, DFB, div. DRK-Kliniken, div. Sparkassen, DOSB, Galeria Karstadt Kaufhof, Helios Kliniken, Mercedes-Benz, Signa, SPD, Tönnies, UFA Fiction, Zalando; Kronzeuge im Cum-Ex-Komplex (marktbekannt).

SCHULTZ-SÜCHTING
Presse- und Äußerungsrecht ★

Bewertung: Die HHer Kanzlei hat weiterhin ihren Platz in der presse- u. äußerungsrechtl. Beratung, auch wenn sich die Verlagsberatung nach dem Verlust des maßgebl. Partners vor rund 2 Jahren deutl. reduziert hat. Dem kleinen Team ist es jedoch inzwischen gelungen, die Erfahrung in der äußerungsrechtl. Beratung von Medienhäusern auf der Betroffenenseite einzubringen. Beraten werden einige Unternehmen im Rahmen von Krisenkommunikation. Im hart umkämpften u. teils bereits stark abgesteckten Markt ist es jedoch eine Herausforderung, ggü. Wettbewerbern signifikant Boden gutzumachen.

Team: 2 Eq.-Partner

Schwerpunkte: Verlagsberatung; Vertretung von Unternehmen zur Krisenkommunikation u. von Einzelpersonen.

Mandate: Computer Bild gg. Böhmermann wg. Bildrechtsverletzung; Spiegel wg. Verdachtsberichterstattung, nach BVerfGE ‚Chefjustiziar' jetzt vor BGH; Medienhaus gg. Produktanbieter wg. Produkttest (BVerFG); div. Betroffene Unternehmen, u.a. Pharmakonzern, Modehaus u. Mobilitätsanbieter zu Krisenkommunikation.

SKW SCHWARZ
Presse- und Äußerungsrecht ★

Bewertung: Die Münchner Praxis ist im Presse- u. Äußerungsrecht als Verlagsvertreterin erfahren. Aus ihrem Ursprung der klass. Verlagsvertretung heraus ist sie regelm. auch für das jurist. Lektorat gesetzt. Zudem bündelt sie erfolgreich das Verlagsmit dem Presserecht, insbes. bei Streitigkeiten. Durch die enge Verbindung zur Medienpraxis, die wie nur wenige Wettbewerber im dt. u. internat. Filmgeschäft verankert ist, nimmt die Prüfung von Persönlichkeitsrechten in Drehbüchern stets zu, etwa für Handwritten Filmproduktion.
Oft empfohlen: Dr. Konstantin Wegner
Team: 3 Eq.-Partner, 2 Counsel, 1 Associate, 1 of Counsel
Schwerpunkte: Verlagsberatung; enge Verbindung mit ▷*Medienrechtspraxis*.
Mandate: DDV Mediengruppe äußerungsrechtl.; Handwritten Filmproduktion, u.a. zu Persönlichkeitsrecht bei Serienproduktion; lfd.: Wort & Bild Verlag, Münchner Verlagsgruppe, Dt. Landwirtschaftsverlag, dtv Verlagsgesellschaft, Europa Verlage, Penguin Random House Verlagsgruppe, Piper Verlag; Schufa u.a. zu Krisenkommunikation; div. Regionalzeitungen bei äußerungsrechtl. u. gerichtl. Streitigkeiten.

SSB SÖDER BERLINGER
Presse- und Äußerungsrecht ★★

Bewertung: Nur wenige Verlagsvertreterinnen sind so erfahren im Presse- u. Äußerungsrecht wie die Münchner Kanzlei. Dass sie für das gesamte Zeitschriftenportfolio von Branchenriese Burda in presse- u. äußerungsrechtl. Streitigkeiten gesetzt ist, ist Fluch u. Segen zugleich. Zum einen rührt auch aus den zahlr. Grundsatzentscheidungen, die insbes. Söder im Laufe der Jahre vorangebracht hat, die tiefe Erfahrung im Presserecht; stetiges Geschäft ist garantiert. Zum anderen steht die Kanzlei aber vor der Herausforderung, sich unabhängig von Burda Geschäft aufzubauen – insbes. seit deren Rechtsabteilung stetig wächst. Dies gelingt bedingt, bspw. mit einem Privatsender. Dass eine erst kürzl. zur Partnerin ernannte Anwältin SSB nun wieder verlassen hat, rückt offene Fragen nach Ausrichtung u. Zukunftsstrategie der Kanzlei erneut in den Mittelpunkt.
Oft empfohlen: Dr. Stefan Söder („äußerst erfahren", „top Jurist", Wettbewerber)
Team: Medien ges.: 2 Eq.-Partner, 1 Sal.-Partner, 6 Associates
Partnerwechsel: Dr. Anne Hahn (zu Holidu)
Schwerpunkte: Verlagsberatung, enge Verbindung mit der ▷*Medienrechtspraxis*.
Mandate: Burda umf., darunter Bunte, Burda Forward, Fit for Fun, Focus Magazin, TV Spielfilm; Jameda in Streitigkeiten wg. Fake-Bewertungen; Presse-Druck- u. Verlags-GmbH äußerungsrechtl.; Privatsender in presserechtl. Streitigkeiten.

Versicherungsrecht

903 Versicherungsvertragsrecht: Prozessvertretung und Beratung
910 Unternehmensbezogene Beratung von Versicherern

Krise jagt Krise

Wie erwartet, entpuppte sich 2021 als das für die Versicherer teuerste Naturkatastrophenjahr aller Zeiten. **BLD Bach Langheid Dallmayr** streitet in Sachen Flut gegen die öffentliche Hand, Verhandlungen zwischen Erst- und Rückversicherern laufen. Die zahllosen Streitereien um coronabedingte Betriebsschließungen sind hingegen zu einem Teil erledigt. **Clyde & Co**, die im Übrigen ihre Neuzugänge aus dem Vorjahr rasch auch international integrierte, erstritt vor dem Bundesgerichtshof das erste versicherungsfreundliche Urteil. Es bleiben jedoch genügend Fälle, in denen es sich zu streiten lohnt.

Mehr Aufwind denn je haben Cyberversicherungen, denn der Ukraine-Krieg vertieft die Angst vor Angriffen. Neben den führenden Kanzleien tummeln sich hier auch **DLA Piper** oder **Noerr**, doch mit zunehmender Relevanz erweitert sich der Kreis. Es zeichnet sich eine Entwicklung ab wie bei D&O oder Berufsträgerhaftung: Beides gehört inzwischen zum Repertoire nahezu jeder spezialisierten Kanzlei. Im Fall Scalable sprach zudem erstmals ein Gericht nach einem Datenleck einen Immaterialschadensersatz zu. Versicherungsrechtler sehen hier im Verbund mit neuen Masseklagemodellen viel Streit auf die Versicherer zukommen. Gerade Cyberfälle verlangen längst glaubwürdige internationale Beratungskapazitäten, die **Clyde** oder **DLA** qua Aufstellung haben. **BLD** zog nun nach und rückte demonstrativ enger mit der langjährigen Kooperationspartnerin **DAC Beachcroft** zusammen.

Personell blieb es relativ ruhig. Dass sich zwei Associates von **Wilhelm** entschlossen, ihre eigene Kanzlei zu gründen, passt zur großen Nachfrage, beeinträchtigt die etablierte Boutique jedoch nicht.

Branche strukturiert sich um

Auch strukturelle Veränderungen generierten hohen Beratungsbedarf. Dazu zählen die angekündigten großen Run-off-Transaktionen bei den Versicherern Zurich und Axa, die gleich mehrere sektorerfahrene Teams bei Kanzleien wie **Freshfields Bruckhaus Deringer**, **Allen & Overy**, **Linklaters** und **Hengeler Mueller** beschäftigen. Nicht zu übersehen ist außerdem eine ganze Reihe kleiner und mittelgroßer Deals mit Maklern, Schadenabwicklern und Insurtechs sowie grenzüberschreitende Transaktionen.

Erheblicher wirtschaftlicher und aufsichtsrechtlicher Druck lastet unvermindert auf Einrichtungen der betrieblichen Altersvorsorge, Pensionskassen und Versorgungswerken. Verschiedene Teams, darunter von **DLA Piper** und **Noerr**, beraten die Häuser gegenüber der BaFin und in gerichtlichen Auseinandersetzungen. Mit all diesen Trends stoßen die Versicherer sowie Industrie- und Dienstleistungsunternehmen auf einen sehr überschaubaren Markt an Spezialberatern. Deshalb sind Großkanzleien in Bieterverfahren teilweise mit getrennten Teams unterwegs. Neu eingestiegen in den deutschen Markt ist die internationale Großkanzlei **Herbert Smith Freehills**. Sie ist außerhalb Deutschlands als Beraterin von Versicherern renommiert und baut in Düsseldorf eine Praxis auf mit zwei Partnern, die im Herbst von **DLA Piper** kamen. Auch **Norton Rose Fulbright** versucht mit einem neuen Team in Düsseldorf in der Beratung von Versicherern erneut Fuß zu fassen.

Die Bewertungen in den folgenden beiden Kapiteln behandeln Kanzleien, die Versicherer und Industrieunternehmen rund um den Versicherungsschutz und die Gestaltung von Versicherungsprodukten beraten bzw. daraus resultierende Prozesse führen (▷Prozessvertretung u. Beratung). Im Kapitel ▷Unternehmensbezogene Beratung von Versicherern steht die Beratung von Versicherern im Geschäftsaufbau, bei Transaktionen und Umstrukturierungen sowie im relevanten Aufsichtsrecht im Vordergrund. Kanzleien, die hinsichtlich Finanzprodukten der Branche oder der Strukturierung von Finanzierungen beraten, werden im ▷Bank- und Finanzrecht vorgestellt. Spezialisten für D&O-Prozesse finden sich auch im Kapitel ▷Konfliktlösung.

JUVE KANZLEI DES JAHRES FÜR VERSICHERUNGSRECHT

ALLEN & OVERY

Aus der seit Jahren hoch angesehenen Beratung von Versicherungsunternehmen hat die Praxis eine Drehscheibe entwickelt, die weit stärker als bei Wettbewerbern auf andere Rechtsgebiete ausstrahlt.

Ausgehend von einem starken aufsichtsrechtlichen und transaktionellen Kern mit Mandaten wie dem Verkauf des Lebensversicherungsportfolios durch Zurich sorgt die sektorspezifische Tätigkeit in einer ganzen Reihe anderer Praxisgruppen für Auslastung, darunter Arbeitsrecht, Kartell- und Wettbewerbsrecht sowie Datenschutz. Die Basis dafür bildet ein Kernteam, in dem die sehr präsenten Partner **Dr. Jan Schröder** und **Dr. Hans Diekmann** hervorragend etabliert sind. Das erlaubt es der Praxis als einer der wenigen im Markt, in Transaktionen mit getrennten Teams aktiv zu sein. Zudem kommt sie immer wieder bei internationalen Deals zum Zug wie beim Erwerb der griechischen European Reliance durch Allianz.

Wie vorausschauend und zielgerichtet die Praxis im Markt agiert, zeigt die Beratung zur betrieblichen Altersvorsorge: In der Branche sorgen deren Risiken seit Jahren für Kopfzerbrechen. Die Versicherungsrechtler griffen das Thema frühzeitig auf, inzwischen ernannte die Kanzlei einen Partner im Arbeitsrecht, der für bAV-Fragen mit zuständig ist.

Versicherungsvertragsrecht: Prozessvertretung und Beratung

ALLEN & OVERY
Versicherungsrecht: Prozesse ★★

Kanzlei des Jahres für Versicherungsrecht

NOMINIERT
JUVE Awards 2022
Kanzlei des Jahres für Regulierung

Bewertung: Kernkompetenz der versicherungsrechtl. Praxis ist die Beratung zu Managerhaftung u. die Abwehr von Haftungsansprüchen gg. StB- u. WP-Gesellschaften. Dabei ist sie auf keine Beteiligtenseite festgelegt u. verfügt über ein entspr. breites Erfahrungsspektrum bei streitigen Auseinandersetzungen u. in der Beratung. Mit der Aufstellung der Gesamtkanzlei korrespondierend ist das Team, das zur Litigation-Praxis gehört, immer wieder mit grenzüberschr. Sachverhalten befasst, sei es im Schulterschluss mit den eigenen Standorten, sei es mit Kooperationspartnern. Die Ernennung einer Counsel, die sich auf Streitigkeiten aus dem Restrukturierungs- u. Insolvenzumfeld ausrichtet, ist eine konsequente Fortentwicklung des Engagements bei Haftungsfällen.
Stärken: Managerhaftungsfälle im Finanzsektor/Berufshaftungsfälle bei WP-Gesellschaften.
Oft empfohlen: Dr. Marc Zimmerling
Team: 2 Partner, 6 Associates
Schwerpunkte: Auseinandersetzungen um Haftung von Führungskräften, oft mit D&O-Bezügen. Hier langj. Beziehungen zu D&O- u. Berufshaftpflichtversicherern. Haftungsabwehr bei Freiberuflern (RAe/WP/StB). Strukturelle Verzahnung mit der ▷Konfliktlösungspraxis, oft internat. Fälle. Zudem starke Praxis für ▷Unternehmensbezogene Versicherungsberatung.
Mandate: Managerhaftung: EY wg. mögl. Haftungsklagen im Wirecard-Komplex (öffentl. bekannt); internat. Versicherung einer Onlinebestellplattform wg. mögl. Haftungsansprüche gg. Organe einer austral. Tochter; D&O-Versicherer/kommunale Verbände wg. mögl. Haftungsansprüche gg. ehem. u. aktuelle Geschäftsführer wg. Derivategeschäften; D&O-Versicherer/Bank in Haftungsstreit mit ehem. Organen wg. Cum-Ex-Deals. **Haftpflicht:** WP-Gesellschaften regelm. zu Berufshaftung, u.a. KPMG wg. €700-Mio-Schadensersatzklagen von Insolvenzverwalter u. Ex-Gesellschafter P+S-Werften; österr. Investmentgruppe in Post-M&A-Streit unter Beteiligung des W&I-Versicherers.

BLD BACH LANGHEID DALLMAYR
Versicherungsrecht: Prozesse ★★★★★
Versicherungsrecht: Produktberatung ★★★★★
Bewertung: Die Kanzlei behauptet ihre Position an der Marktspitze seit Jahren souverän. Wettbewerber loben ihre „Top-Qualität" u. „gute Vernetzung", während Mandanten neben der Qualität auch die Kundenorientierung u. die schnellen Rückmeldezeiten hervorheben. Inhaltl. deckt das Team die gesamte Themenpalette ab u. ist entspr. regelm. dabei, wenn sich Massenphänomene entwickeln, wie etwa in der Lebens- u. Krankenversicherung, oder Sonderereignisse wie die Flut die Branche fordern. In zentralen u. komplexen Streitfragen ist sie häufig dabei, wie aktuell etwa beim Streit um den D&O-Vgl. bei VW, aber auch gutachterlich. Die Beratung des Justizministeriums bei der Auflegung des Reiseversicherungsfonds zeigt einmal mehr die Akzeptanz der Praxis bei neuen Problemen. Dank der Personalstärke u. langj. Erfahrung ist BLD bei all dem in der Lage, trotz einer eher behutsamen Herangehensweise bei der techn. Unterstützung, auch große Mandatskomplexe effizient abzuwickeln. Mit der Eröffnung in Dortmund u. einem engeren Schulterschluss mit der brit. Partnerkanzlei DAC Beachcroft geht BLD zudem weiter in die Fläche, ein Prozess, der noch nicht abgeschlossen ist. Allerdings fehlt beiden Kanzleien eine eigene US-Präsenz – hier ist Clyde im Vorteil, auch wenn die internat. Kooperation gerade bei Produkthaftung u. Cyberfällen routiniert ist. BLD treibt hierzulande aber ihre personelle Entwicklung weiter voran. Mit der Ernennung von gleich 5 Partnern, 4 davon im Haftpflichtbereich, unterstreicht sie, dass sie weiterhin auf einen konsequenten Aufbau von innen setzt.

Versicherungsrecht: Prozesse

★★★★★	
BLD Bach Langheid Dallmayr	Köln, München, Frankfurt, Berlin, Karlsruhe
Clyde & Co	Düsseldorf, Hamburg, München
★★★★	
DLA Piper	Köln, München
★★★	
Bock Legal	Frankfurt
CMS Hasche Sigle	Köln, Hamburg, Frankfurt
Heuking Kühn Lüer Wojtek	Köln, Düsseldorf, Hamburg
Noerr	Düsseldorf, München
Remé	Hamburg
White & Case	Berlin, Frankfurt
Wilhelm	Düsseldorf
★★	
Allen & Overy	Frankfurt
Dr. Eick & Partner	Erfurt, Hamm, Bochum u.a.
Fiedler Cryns-Moll FCM	Köln
Friedrich Graf von Westphalen & Partner	Köln
Segger	Köln
Taylor Wessing	Düsseldorf, München, Frankfurt
Thümmel Schütze & Partner	Stuttgart, Dresden
★	
Eisenmann Wahle Birk & Weidner	Stuttgart
Dr. Kirsten Völckers Kirsten Dr. Fitzau	Hamburg
Patzina Lotz	Frankfurt
Sprenger	Regensburg
Wirtz & Kraneis	Köln

Die Auswahl von Kanzleien und Personen in Rankings und tabellarischen Übersichten ist das Ergebnis umfangreicher Recherchen der JUVE-Redaktion. Sie ist in 2erlei Hinsicht subjektiv: Die Aussagen der befragten Quellen sind subjektiv u. spiegeln deren Erfahrungen u. Einschätzungen. Die JUVE-Redaktion wiederum analysiert die Rechercheergebnisse unter Einbeziehung ihrer eigenen Marktkenntnis. Der JUVE Verlag beabsichtigt keine allgemeingültige oder objektiv nachprüfbare Bewertung. Es ist möglich, dass eine andere Recherchemethode zu anderen Ergebnissen führt. Innerhalb einzelner Gruppen in Rankings und tabellarischen Übersichten sind Kanzleien und Personen alphabetisch sortiert.

Oft empfohlen: Björn Seitz („hervorragende Kenntnisse" Wettbewerber), Bastian Finkel („vertiefte Kenntnisse, präzise Mandatsbearbeitung", Mandant), Dr. Joachim Grote („findet mit tiefem Verständnis für den Versicherungsbetrieb optimale Lösungen", Mandant; „exzellent", Wettbewerber), Dr. Martin Alexander, Dr. Franz König, Dr. Martin Schaaf („exzellent", Wettbewerber), Dr. Rainer Büsken
Team: 48 Partner, 20 Counsel, 119 Associates
Partnerwechsel: Dr. Jürgen Veith (in Ruhestand)
Schwerpunkte: Prozesse bei Schadenfällen, u.a. D&O-, E&O-, Kranken-, Sachversicherung u. Haftpflicht sowie Produkthaftung (▷Konfliktlösung). Zudem zur Gründung von Pensionskassen u. Beratung zu bAV; Lebensversicherungs- u. D&O-Produkte. Regelm. aufsichtsrechtl. Themen in der ▷Unternehmensbez. Versichererberatung. Mitglied der internat. Versicherungskanzleiallianz Legalign Global.
Mandate: Managerhaftung: AGCS als Streithelferin in Verf. gg. Ex-Aufsichtsräte von Sal. Oppen-

VERSICHERUNGSRECHT VERSICHERUNGSVERTRAGSRECHT: PROZESSVERTRETUNG UND BERATUNG

heim; AGCS u. AIG in Streit mit Thyssenkrupp um Übernahme von Kartellbußen; Versicherer bei Klage gg. Vergleich bei VW (beides marktbekannt); internat. Versicherungskonsortium zu D&O im Zshg. mit Insolvenz einer Bank; div. Industrieversicherer zu Wirecard-Insolvenz; Versicherer in Auseinandersetzung bei Gelita. **Haftpflicht:** internat. Industrieversicherer, u.a. zu Rückrufschaden eines Kfz-Zulieferers; div. Händler wg. Ethylenoxid-belasteten Lebensmitteln. **Sachversicherung:** div. Versicherer lfd. zu Rückrufen bei Aufzügen, Fahrtreppen u. Industrieanlagen; dt. Versicherer zu Flut- u. Starkregenschäden, inkl. Regress gg. öffentl. Hand; dt. Versicherer in internat. Regress gg. Hersteller von Rotorblättern von Windkraftanlagen. **Produktberatung:** div. Versicherer zu Policen für (internat.) Großprojekte; Insurtechs bei Digitalisierungsprojekten u. Produktideen. **Andere:** div. Industrieversicherer zu Cyber- und Datenschutzfällen; div. Versicherer zu Betriebsschließungs- u. Veranstaltungsausfallversicherung sowie Supply-Chain-Unterbrechungen im Zshg. mit Corona; div. Krankenversicherer in Klagen um Beitragsanpassung.

Versicherungsrecht: Produktberatung

★★★★★
BLD Bach Langheid Dallmayr	Köln, München, Frankfurt, Berlin, Karlsruhe
CMS Hasche Sigle	Köln
DLA Piper	Köln, München

★★★★
Clyde & Co	Düsseldorf, Hamburg, München
White & Case	Berlin

★★★
Heuking Kühn Lüer Wojtek	Köln, Düsseldorf
Taylor Wessing	Düsseldorf, München

Die Auswahl von Kanzleien und Personen in Rankings und tabellarischen Übersichten ist das Ergebnis umfangreicher Recherchen der JUVE-Redaktion. Sie ist in 2erlei Hinsicht subjektiv: Die Aussagen der befragten Quellen sind subjektiv u. spiegeln deren Erfahrungen u. Einschätzungen. Die JUVE-Redaktion wiederum analysiert die Rechercheergebnisse unter Einbeziehung ihrer eigenen Marktkenntnis. Der JUVE Verlag beabsichtigt keine allgemeingültige oder objektiv nachprüfbare Bewertung. Es ist möglich, dass eine andere Recherchemethode zu anderen Ergebnissen führt. Innerhalb einzelner Gruppen in Rankings und tabellarischen Übersichten sind Kanzleien und Personen alphabetisch sortiert.

BOCK LEGAL
Versicherungsrecht: Prozesse ★★★

Bewertung: Im Kontext von D&O- u. E&O-Versicherungen ist die Kanzlei in allen Rollen sehr erfahren u. entspr. gefragt. Regelm. ist sie in großvol., oft prominenten Verfahren zu sehen, sei es als Monitoring oder Defence Counsel oder deckungsrechtlich. Immer wieder bearbeiten die Anwälte dabei, wie bei Wirecard, Mandate mit Insolvenzbezug. Darunter ist auch der großvol. Dauerbrenner Sal. Oppenheim, bei dem Bock durch die Allianz mandatiert ist, die der Kanzlei regelm. D&O-Fälle anvertraut. Nicht minder prominent sind eine Reihe von Mandaten aus der Beraterhaftung. Hier vertrauen, auch dank ausgeprägter steuerrechtl. Kompetenz, sowohl WP als auch Rechtsanwälte auf die Kanzlei. Die Fülle komplexer Verfahren lässt den Aufbau eines stärkeren anwaltl. Unterbaus drängender werden.

Stärken: Berufshaftpflicht u. D&O-Haftung.

Oft empfohlen: Stefan Bank („präzise Mandatsbearbeitung; zielführende u. erfolgr. Interessenvertretung als Monitoring Counsel; angenehme Zusammenarbeit", „sehr professionelle Zusammenarbeit, ausgewogene rechtl. Einschätzung", Mandanten; „beeindruckende Präsenz bei Insolvenzverwalterhaftung u. D&O", Wettbewerber), Dr. Dirk Schmitz („fachl. hervorragend, guter Verhandler", Wettbewerber).

Team: 3 Eq.-Partner, 1 Sal.-Partner, 1 Counsel, 3 Associates

Partnerwechsel: Dr. Matthias Achenbach (zu Avocado)

Schwerpunkte: Prozesse u. Beratung in D&O- u. Beraterhaftung, oft im Zshg. mit Insolvenzen oder nach gescheiterten Transaktionen. Regelm. für Versicherer bei Regressen u. Haftungsabwehr (v.a. WP, RAe, Insolvenzverwalter, Notare, auch Organe von Banken u. Finanzdienstleistern). Gestaltung von Versicherungsbedingungen.

Mandate: Managerhaftung: Alexander von Knoop, ehem. Wirecard-CFO, haftungsrechtl. gg. Schadensersatzansprüche; Versicherer als Monitoring Counsel bei Greensill; Allianz, u.a. als Monitoring Counsel bei Insolvenzverschleppung, im Sal.-Oppenheim-Komplex, zu Inanspruchnahme von ehem. GF u. Vorstandsmitgl. der Marseille-Kliniken u. von KTG-Agrar- u. KTG-Energie-Managern; Versicherer im Zshg. mit Organhaftung bei Awo Wiesbaden; Versicherer zu Inanspruchnahme von vPE Wertpapierhandelsbank; Dual, Hiscox, Newline u. VOV zu D&O-/E&O-Fällen. **Haftpflicht:** div. WP-Gesellschaften, u.a. BDO als Arcandor-Abschlussprüferin in Streit mit Insolvenzverwalter um Verlustausgleich u. Insolvenzreife; Berater wg. Cum-Ex-Schäden; D'dorfer Großkanzlei bei Inanspruchnahme als Sicherheitentreuhänder; Kanzlei gg. P&R-Insolvenzverwalter (Berufung); Kanzlei wg. Fehlern bei Baugenehmigungen; Wirtschaftskanzlei wg. Fristversäumung bei gr. Bauprojekt; lfd.: Ergo, Gothaer, HDI, VSW zu Beraterhaftung.

CLYDE & CO
Versicherungsrecht: Prozesse ★★★★★
Versicherungsrecht: Produktberatung ★★★★

Bewertung: Die Versicherungspraxis hat ihren Platz an der Marktspitze souverän behauptet u. ihr Ziel, sich zur Rundumberaterin zu entwickeln, weitgehend erreicht. Das liegt u.a. an der raschen auch internat. Integration des im Vorjahr hinzugekommenen Münchner Teams, das neben Corporate-Beratung insbes. W&I-Fälle abdeckt. Strateg. trifft Clyde auch weiter ihre Personalentscheidungen: So besetzt sie mit einem Quereinsteiger die Schnittstelle Cybercrime/Datenschutz u. ernannte in HH einen Partner, der sich an der Grenze von maritimem Wirtschafts- u. Versicherungsrecht bewegt. Zudem ernannte sie 3 Counsel. Auffällig ist, wie es dem personalstarken Team gelingt, komplexe Mandate aus oder mit dem Ausland zu betreuen, ohne das dt.-zentrierte Geschäft zu vernachlässigen. Bei Mandaten wie der Vertretung im Zshg. mit der Flut im Ahrtal treffen beide Stränge nahtlos aufeinander. Inhaltl. prägten daneben weiterhin Haftungsfälle aus prominenten Insolvenzen wie Wirecard sowie eine Fülle von Cyber- u. Corona-Verfahren die Arbeit. Die Kompetenz bei Ersteren wurde noch einmal personell auf Senior-Associate-Ebene erweitert. Die Corona-Fälle wiederum stehen dank der Praxis wohl zu einem erhebl. Teil vor dem Aus, erstritt das Team doch – neben den BGH-Vertretern – für Axa ein positives Urteil. Doch auch aktuelle Fragen lagen auf dem Tisch, sei es das Thema Immaterialschäden aus Datenschutzverstößen oder Probleme bei Warenkreditversicherungen aufgr. des Ukraine-Krieges.

Oft empfohlen: Dr. Henning Schaloske („sehr vielseitig, einer der führenden dt. Berater", „zuverlässig, sehr kompetent, zeitlich sehr flexibel u. bei internat. Cyberfällen eine hervorragende Unterstützung", Mandanten), Dr. Tanja Schramm, Dr. Daniel Kassing („exzellent", „ausgezeichnete Aufbereitung des Sachverhalts, souveräne Umsetzung in (vor-)gerichtl. Streitigkeiten", Mandanten), Dr. Sven Förster („strateg. u. prozesstaktisch herausragend", Mandant), Dr. Volker Lücke, Dr. Tim Schommer

Team: 12 Eq.-Partner, 6 Counsel, 36 Associates

Partnerwechsel: Jan Spittka (von DLA Piper)

Schwerpunkte: Prozesse u. Schiedsverfahren bei Haftungsfällen, u.a. aus D&O- u. Berufshaftung, Anlagenbau u. maritimer Wirtschaft/Logistik; Beratung zu Deckungslösungen u. Produkten. Dabei große Bandbreite an Sparten, inkl. W&I, Cyber- u. Berufshaftpflicht. Auch Rückversicherungsstreitigkeiten u. ▷*Unternehmensbez. Versichererberatung*. Die brit./irische Präsenz wurde mit einer Fusion noch einmal deutl. erweitert.

Mandate: Managerhaftung: Versicherer als Monitoring Counsel in D&O-Schadensfall unter israel. Police wg. europ. Kartellermittlungen in der Pharmaindustrie; Liberty bei VW-Vergleich; Versicherer als Monitoring Counsel wg. Inanspruchnahme ehem. CFO wg. unzureichender Bilanzerstellung u. Untreue; internat. Versicherer deckungs- u. haftungsrechtl. im Zshg. mit Greensill-Insolvenz; internat. Versicherer bei Einleitung eines Schiedsverfahrens im Zshg. mit Geltendmachung von Abwehrkosten unter einer E&O-Versicherung wg. Prospekthaftung; Versicherer als Monitoring Counsel wg. Inanspruchnahmen ehem. Manager im Wirecard-Komplex; internat. Versicherer als Monitoring Counsel wg. Ermittlungen gg. Mitarbeiter einer brit. Bank wg. Cum-Ex-Geschäften; Versicherer in Streit mit Nachversicherer um Subsidiarität. **Haftpflicht:** Versicherer wg. Ansprüchen im Zshg. mit Verkauf ausl. Tochterunternehmen des VN; Versicherer als Coverage Counsel in komplexem Rückruf-/Produkthaftungsschaden in Lieferkette für ICE4; internat. Großkanzlei gg. Inanspruchnahme eines Insolvenzverwalters wg. fehlerhafter steuerrechtl. Beratung bei M&A-Deal; internat.

Großkanzlei gg. Inanspruchnahme durch Finanzinvestor wg. Beratung bei Finanztransaktion; Versicherer als Monitoring Counsel für US-Klagen gg. dt. Pharmaunternehmen aus Übernahme eines US-Unternehmens; Versicherer wg. Einsturz Stadtarchiv Köln; div. Versicherer als Monitoring u. Coverage Counsel bei W&I-Ansprüchen u. zu -Produkten; Versicherer wg. div. Regresse aufgrund mangelhafter Zulieferteile; internat. Kfz-Hersteller bei Abwehr von Produkthaftungsansprüchen. **Sachversicherung:** Versicherer zu Betriebsunterbrechung nach Geräteausfall in Kanada; Sachversicherer bei Absturz eines Windenergierotors; P&I-Versicherer wg. Kollision; Rückversicherer im Zshg. mit Schäden bei Kraftwerksbau; Versicherer wg. Inanspruchnahme aus Flutschäden. **Produktberatung:** Versicherer umf. zu Vertragsbeziehung mit internat. Kfz-Zulieferer; Versicherer zur Optimierung der Warentransportpolice für gr. Einzelhändler; Krankenversicherer zu IT-basierten Zusatzangebot; frz. Versicherer zu Produkten unter dt. Recht; Versicherer zu Vertrieb u. Rückversicherung der Restschuldversicherung unter Berücksichtigung des Provisionsdeckels. **Andere:** div. Versicherer, u.a. Axa (bis BGH), haftungs- u. deckungsrechtl. zur Corona-Pandemie (Event- u. Betriebsausfälle); Versicherer als Monitoring u. Coverage Counsel bei Cyberangriff gg. internat. IT-Sicherheitsunternehmen; div. Versicherer als Monitoring u. Coverage Counsel bei Cybererpressung, u.a. gg. dt. Handelskonzern; Versicherer als Coverage Counsel im Zshg. mit DSGVO-Verstoß; lfd.: Swiss Re, CNA Insurance, Dual, Markel, Versicherungskammer Bayern, Westfäl. Provinzial, Tokio Marine Kiln, Awac, Axa, Liberty, Parametrix.

CMS HASCHE SIGLE
Versicherungsrecht: Prozesse ★★★
Versicherungsrecht: Produktberatung ★★★★★
Bewertung: Die Kölner Kernpraxis ist v.a. dann gefragt, wenn es um komplexes Monitoring, etwa für den Exzedentenversicherer bei Wirecard, u. die Gestaltung u. Überprüfung von Versicherungsprodukten geht. Anders als bei Wettbewerbern ist die Haftpflichtabwehr hingegen häufiger in der Konfliktlösungspraxis angesiedelt, unterstützt durch Kölner Know-how, während das HHer Büro sich Versicherungsthemen im Transport- u. maritimen Sektor annimmt. Die deckungsrechtl. Kompetenz des Kölner Teams, das auch intensiv mit der Greensill-Insolvenz beschäftigt ist, ist bei einer Reihe großer Versicherer wie der Huk regelm. gefragt. Ausgeprägt ist daneben das internat. Engagement, sei es an der Seite europ. Versicherer oder bei Lloyds-Syndikaten als Corona-Rückversicherer oder in der Managerhaftung. Entspr. eingespielt ist die Zusammenarbeit mit der internat. CMS-Standorte. Große Erfahrung weist die Kanzlei dank Dauerberatungen darüber hinaus bei Onlineversicherern u. Insurtechs auf. Immer wieder suchen Start-ups den Rat des Teams.
Stärken: Langj. Erfahrung bei der Begleitung ausl. Versicherer.
Oft empfohlen: Dr. Winfried Schnepp („kompetent u. sympathisch", Wettbewerber)
Team: 1 Partner, 2 Counsel, 5 Associates
Schwerpunkte: Aufsichts- u. versicherungsrechtl. Produktberatung, inkl. regelm. ▷Unternehmensbez. u. vertriebsrechtl. Fragen, insbes. Onlinevertrieb. Mandanten: dt. u. ausl. Versicherer, Makler u. gewerbl. Versicherungsnehmer, ausl. Rückversicherer. Außerdem Prozesse mit Spartenschwerpunkten in Industrie- u. Sachversicherung, Haftpflicht, Umwelthaftung u. D&O-/Managerhaftung (▷Konfliktlösung). In Hamburg Transport- u. Schifffahrtsversicherung.
Mandate: Produktberatung: internat. Versicherer zu Rückversicherungsprogramm für dt. Erstversicherer; Axa Partners lfd. zu div. Themen; Octium Life regelm. zu Lebensversicherungsprodukten inkl. Steuerrecht; lfd.: Albatros Versicherungsdienste, Delvag (u.a. zu Corona-Themen der Dt. Lufthansa), Marsh, MSIG Insurance Europe. **Managerhaftung:** Exzedentenversicherer zu Wirecard-D&O (mit CMS GB); Greensill in lfd. Insolvenz zu D&O u. Kreditversicherung; Lloyds-Syndikat regelm. zu D&O-Fällen; E. Himmelseher lfd. u.a. zu D&O. **Haftpflicht:** Versicherungskonsortium zur Vermögensschadenhaftpflicht in der Finanzbranche. **Andere:** HDI zu Betriebsausfallversicherung in der Gastronomie; internat. Versicherer zu coronabedingtem Ausfall, v.a. in der Veranstaltungsbranche; dt. Niederlassung eines EU-Versicherers zu Neuregelung der Vertriebsvergütung bei Restschuldversicherungen; Kfz-Hersteller u.a. versicherungssteuerrechtl. zu Mobilitätsgarantie; lfd. Munich Re (auch internat.), Lemonade u. Community Life, Porsche, Huk-Coburg u.a. zu Vertrieb.

DLA PIPER
Versicherungsrecht: Prozesse ★★★★
Versicherungsrecht: Produktberatung ★★★★★
Bewertung: Die Versicherungspraxis ist insbes. als Spezialistin für D&O-Fälle hoch angesehen. Gerade dabei zeigt sich auch immer wieder, wie gut die Zusammenarbeit etwa mit Steuer-, Straf- u. Gesellschaftsrechtlern sowie den ▷Restrukturierern funktioniert. Ein weiteres Merkmal ist der häufige internat. Bezug, insbes. nach GB oder in die USA. Grenzüberschr. Kooperation war u.a. bei der Beratung zum Umgang mit internat. Programmen im Licht der Russland-Sanktionen gefragt. Über eine ähnl. internat. Orientierung verfügt nur noch White & Case, wobei die DLA-Praxis im Markt wesentl. stärker als eigenständige Einheit wahrgenommen wird. Gefragt sind die Anwälte sowohl bei Erst- u. Rückversicherungen auch regelm. bei der (internat.) Produktgestaltung, zuletzt u.a. zu Cyberversicherungen. Wie auch bei vielen Wettbewerbern hat daneben die Bearbeitung konkreter Cyberfälle deutl. zugenommen. Erneut ernannte die Kanzlei 2 Counsel, doch nachdem im Vorjahr schon einige Associates ausgeschieden waren, verließen nun mehrere Counsel die Kanzlei. Zwar entstanden dadurch keine inhaltl. Lücken, doch wäre gerade auf dieser Ebene mehr Stabilität wünschenswert, um eine nachhaltige Weiterentwicklung sicherzustellen. Ein Partnerweggang traf zudem den Bereich der unternehmensbez. Beratung.
Stärken: Deckungsrechtl. Beratung von Unternehmen in D&O-Fällen.
Oft empfohlen: Dr. Thomas Gädtke („sehr guter Dogmatiker", Wettbewerber), Dr. Gunne Bähr („unschlagbar im Aufsichtsrecht", „hat viel Erfahrung", Wettbewerber), Dr. Christian Schneider („immer auf dem neuesten Stand", „exzellente Branchenkenntnis u. beeindruckendes Netzwerk", „hervorragendes Monitoring, fachl., persönl. und verhandlungstechn. top", Wettbewerber), Manuel Baroch-Castellvi
Team: 3 Eq.-Partner, 7 Counsel, 10 Associates, 1 of Counsel

D&O-Beratung

BLD Bach Langheid Dallmayr (Köln)
Bastian Finkel, Björn Seitz

Clyde & Co (Düsseldorf)
Dr. Henning Schaloske

DLA Piper (München)
Dr. Thomas Gädtke

Fiedler Cryns-Moll FCM (Köln)
Björn Fiedler

Friedrich Graf von Westphalen & Partner (Köln)
Prof. Dr. Tobias Lenz

Noerr (Düsseldorf)
Dr. Oliver Sieg

Thümmel Schütze & Partner (Stuttgart)
Prof. Dr. Roderich Thümmel

Die Auswahl von Kanzleien und Personen in Rankings und tabellarischen Übersichten ist das Ergebnis umfangreicher Recherchen der JUVE-Redaktion. Sie ist in 2erlei Hinsicht subjektiv: Die Aussagen der befragten Quellen sind subjektiv u. spiegeln deren Erfahrungen u. Einschätzungen. Die JUVE-Redaktion wiederum analysiert die Rechercheergebnisse unter Einbeziehung ihrer eigenen Marktkenntnis. Der JUVE Verlag beabsichtigt keine allgemeingültige oder objektiv nachprüfbare Bewertung. Es ist möglich, dass eine andere Recherchemethode zu anderen Ergebnissen führt. Innerhalb einzelner Gruppen in Rankings und tabellarischen Übersichten sind Kanzleien und Personen alphabetisch sortiert.

Schwerpunkte: Deckungsrechtl. Streitigkeiten um D&O-Fälle, aber auch Haftungsprozesse, Schnittstelle zu ▷Konfliktlösung u. ▷Wirtschaftsstrafrecht. Auch Berufshaftpflicht-, Vertrauensschadens-, Rechtsschutz- u. Personenversicherung sowie Regresse für Versicherer. Produktgestaltung für Erst- wie Rückversicherer, hier häufig mit aufsichtsrechtl. Komponente; auch ▷Unternehmensbez. Versichererberatung u. Vertrieb. Schiedspraxis für Streitigkeiten zw. Erst- u. Rückversicherer.
Mandate: Managerhaftung: internat. Versicherer in Haftungsfällen im Zshg. mit Industrieanlage in Nordamerika u. Breitbandausbau in Dtl.; MDax-Unternehmen wg. Fake-CEO-Fall; Zurich bei Vergleich mit VW; Unterhaltungskonzern bei Prozess um D&O-Haftung CFO; Automotive-Unternehmen bei Klage gg. ehem. GF zu Haftungsansprüchen wg. nicht abgeführter Sozialversicherungsbeiträge u. Steuern; BayernLB bei Klagen gg. ehem. Vorstands- u. Aufsichtsratsmitglieder; Versicherer eines insolv. Kfz-Zulieferers (Schadensvol. €180 Mio); lfd.: Vov. **Haftpflicht:** Zurich als Nebenintervenient beim Streit mit Lixil wg. W&I-Inanspruchnahme im Zshg. mit Grohe-Deal; DRS im Zshg. mit Thomas-Cook-Insolvenz (beides öffentl. bekannt); internat. Versicherer bei W&I-Schiedsverfahren; internat. Versicherer deckungsrechtl. zu Haftpflicht u.a. für Cyberschäden u. zu Schadensrisiken mit Blick auf US-Prozesse; US-Versicherer in Schadensfall bei einer Schweizer Bank; brit. Spezialversicherers in Massenschadenfall aus Anlagehaftung. **Produktberatung:** dt. Versicherer zu betriebl. Pflegezusatzversicherung; Versicherer zu Russland-Sanktionen; regelm. Zurich. **Andere:** internat. Versicherer deckungsrechtl., u.a. zu Cyberschäden; div. Versicherer deckungsrechtl. im Zshg. mit Betriebsschließungsversicherung; Kölner Pensionskasse VVaG zu versicherungsrechtl. Fragen bei Leistungskürzungen.

VERSICHERUNGSRECHT VERSICHERUNGSVERTRAGSRECHT: PROZESSVERTRETUNG UND BERATUNG

DR. EICK & PARTNER
Versicherungsrecht: Prozesse ★★

Bewertung: Kaum eine andere Kanzlei wird so stark mit einem spezif. Tätigkeitsfeld assoziiert wie Eick: die Beratung u. Vertretung auf kommunaler Ebene – sei es für den KSA, sei es für andere Versicherer. Entspr. umfangr. ist die Erfahrung mit (Amts-)Haftpflichtfällen jeglicher Couleur. Dazu gehören Mandate aus dem Medizinbereich, bei denen ein Inhouse-erfahrener Mediziner sein Know-how beisteuert. Zudem bietet die Kanzlei flankierende Kompetenz u.a. im Bau- oder Verkehrsrecht. Dank Ersterem legte auch die Arbeit bei Haftungsfällen am Bau weiter zu. Abseits davon hat sich ein langj. beratener Versicherer auch entschlossen, erste D&O-Fälle in die Hand der Kanzlei zu legen. Etwas ausgedünnt wurden inzw. die ostdt. Standorte: Nach der Schließung in Rostock im Vorjahr verzichtet die Kanzlei nun, nachdem ein Partner sich in den Ruhestand verabschiedete, auch auf das Büro in Brandenburg u. konzentriert die Kapazitäten am personell kleinen Standort Berlin.
Stärken: Erfahrung mit Haftungsfällen im kommunalen Umfeld.
Oft empfohlen: Dr. Rainer Heß, Dr. Michael Burmann, Peter Kempmann
Team: 21 Partner, 46 Associates, 3 of Counsel
Partnerwechsel: Uwe Böhrensen (in Ruhestand)
Schwerpunkte: Prozessual ausgerichtet, insbes. bei Personen-, Sach- u. Schadensversicherung. Zudem Kfz-Haftpflicht u. allg. Haftpflicht, Arzt- u. Staatshaftung. Besonders angesehen im Bau- u. Architektenbereich. Nur für Versicherer tätig.
Mandate: Haftpflicht: div. Kommunen bei Abwehr von Amtshaftungsansprüchen, u.a. Schadensersatz wg. abgelehnter Genehmigungen für Baugroßprojekte; Versicherer wg. Anspruch auf Hinterbliebenengeld bei Arbeitsunfall u. haftungsprivileg. Schädiger; Versicherer wg. Brand in Pharmawerk; Versicherer wg. Tiefgaragenbrand u. Regress Gebäudeversicherer. **Produktberatung:** Versicherer zu Betriebshaftpflichtbedingungen im Arzneimittelsektor. **Andere:** Versicherer zu coronabedingter Betriebsschließung im Krankenhaussektor.

EISENMANN WAHLE BIRK & WEIDNER
Versicherungsrecht: Prozesse ★

Bewertung: Die Stuttgarter Versicherungspraxis ist v.a. im südwestdt. Markt sehr gut vernetzt u. vertritt div. Versicherer lfd. zu Deckungs- u. Regressfällen um Großschäden, Produkthaftung, Freiberuflerhaftung u. D&O. Bei Bedarf kooperieren die Versicherungsexperten dabei eng mit den Strafrechtlern. Gut positioniert ist die Kanzlei auch bei Gebietskörperschaften, die sie zwar primär im klass. Öffentl. Recht zur Seite steht, woraus sich aber immer wieder Mandate ergeben, die auch die Versicherungsspezialisten fordern. Insges. agiert die Kanzlei jenseits der Großregion um Stuttgart jedoch eher unauffällig. Selbst das Ausscheiden 2er Partner blieb weitgehend ohne Echo.
Stärken: Viel Prozesserfahrung in Berufshaftpflicht- u. Sachversicherungsfällen.
Oft empfohlen: Dr. Tilo Wiech („sehr kompetent, besonnen, menschl. angenehm", Wettbewerber), Prof. Dr. Wolfgang Winkelbauer, Dr. Stefan Mühlbauer, Carl Grommelt
Team: 7 Partner
Partnerwechsel: Udo Waldsauer (unbekannt), Gerolf Waldsauer (zu Dürr)

Schwerpunkte: Prozesse, insbes. in den Sparten Rechtsanwalts- u. StB-Haftungsfälle, Produkthaftung (Kfz- u. Konsumgüterbranche), D&O (Schnittstelle zu Wirtschaftsstrafrecht u. Compliance), Sachversicherung, Arzthaftung u. Kfz-Haftung. Regresse für Versicherer.
Mandate: Sach-/Haftpflichtversicherung: div. Versicherer u.a. bei Bauschäden; Württembergische in Regress gg. Kfz-Zulieferer wg. Rückrufkosten; jurist. Treuhänder für Hallesche KV. **Managerhaftung:** Allianz regelm. in Berufshaftpflicht- u. D&O-Fällen. **Andere:** 2 Versicherer zu coronabedingten Betriebsschließungen.

FIEDLER CRYNS-MOLL FCM
Versicherungsrecht: Prozesse ★★

Bewertung: Die Kölner Versicherungsboutique überzeugt weiterhin v.a. mit ihrer Spezialisierung im D&O-Segment. Nicht nur dabei ist sie immer wieder von verschiedenen Versicherern bei Fällen mit Insolvenzbezug gefragt. Unabh. davon entwickeln sich Mandate rund um Prospekthaftung u. Vertrauensschäden zu veritablen Tätigkeitsfeldern. Auffällig ist die gute internat. Vernetzung, die den Anwälten immer wieder Mandate beschert. Besonders intensiv ist der Bezug nach Frankreich u. in die USA, doch reichen Mandate u. insbes. das Kooperationsnetzwerk der Einheit darüber hinaus. Eine Erweiterung der personellen Kapazitäten würde es erlauben, die daraus resultierenden Möglichkeiten für die zahlr. Dauermandanten – u. relativ neue (internat.) Mandanten, die bereits Folgeaufträge an die Anwälte gegeben haben – noch besser auszuschöpfen.
Stärken: D&O-Fälle.
Oft empfohlen: Björn Fiedler („engagiert u. kollegial", Wettbewerber), Dr. Anna Cryns-Moll („konstruktiv, pragmat.", Wettbewerber)
Team: 2 Partner, 1 Counsel, 3 Associates
Schwerpunkte: Beratung u. Prozessvertretung von D&O-Fällen. Überwiegend auf Versichererseite. Auch Schadensmonitoring bei umfangr. Haftungskomplexen. Auch Prospekthaftung, Vertrauensschäden.
Mandate: Managerhaftung: AIG zu D&O bei Klage gg. ehem. GF von Neckermann (öffentl. bekannt); lfd.: AIG, Zurich, Axa, Allianz, Chubb, Vov, HDI.

FRIEDRICH GRAF VON WESTPHALEN & PARTNER
Versicherungsrecht: Prozesse ★★

Bewertung: Die versicherungsrechtl. Praxis in Köln zählt v.a. für D&O- u. Managerhaftungsfälle seit Langem zu den etablierten Adressen. Dazu steuert insbes. Laschet in Personalunion gesellschaftsrechtl. Erfahrung bei. Kaum weniger intensiv ist das Engagement bei der Schadensregulierung bei großvol. Bauprojekten u. bei (internat.) Produkthaftung, wo das Team bei Versicherern ebenso gefragt ist wie bei Herstellern. Letzteres wurde auch personell noch einmal mit einer Anwältin verstärkt, die langj. Erfahrung aus der inzw. zerbrochenen führenden Lebensmittelrechtskanzlei KWG mitbrachte. Sie fügt sich mit dieser Kompetenz nahtlos in das Team ein, das dank seiner techn. Erfahrung auch regelm. in Sach- u. Haftpflichtfällen rund um Bau u. Immobilien gefragt ist. Auch die Ernennung 2er Eq.-Partner, darunter der bereits im Markt anerkannte Weitzel, zeigt die gute Marktdurchdringung des Teams, zu dessen Mandantenportfolio zahlr. große Versicherungen gehören.

Stärken: Langj. Zusammenarbeit des Teams, v.a. in D&O- u. Produkthaftungsfällen.
Oft empfohlen: Carsten Laschet („sehr gute Zusammenarbeit", Mandant), Prof. Dr. Tobias Lenz („großes Verhandlungsgeschick", Wettbewerber), Mike Weitzel
Team: 4 Eq.-Partner, 1 Sal.-Partner, 7 Associates
Partnerwechsel: Hildegard Schöllmann (von KWG)
Schwerpunkte: Streitige Auseinandersetzungen u. Prozesse, insbes. D&O-Versicherung, Managerhaftung, auch mit Insolvenzbezug. Daneben Regresse. Spezialisierung auf Umwelthaftpflicht. Weiter tätig in der Produkthaftung (▷Konfliktlösung).
Mandate: Managerhaftung: Allianz regelm. in D&O-Schadensfällen; Versicherer wg. vermeintl. falscher Kapitalmarktinformationen bei Bayer/Monsanto-Deal; Anbieter von Gebäudetechnik zu D&O-Versicherung; Versicherer als Monitoring Counsel in Sachen Stadtwerke Hildesheim; Versicherer in D&O-Schadenfall im Zshg. mit Falschetikettierungen von Fleischexporten; Exzedentenversicherer wg. Wirecard; Fondsgesellschaft zu D&O-Schadensfall u. CFO-Fraud; Versicherer haftungs- und deckungsrechtl. zu Inanspruchnahmen von Managern nach Unternehmensinsolvenz. **Haftpflicht:** Versicherer bei Haftpflichtschaden im Tiefbau; Versicherer bei Regress nach Verunreinigung von Lebensmitteln bei US-Versicherungsnehmer; Versicherer wg. Wasserschäden bei Bauprojekt in Frankfurt; Versicherer wg. Inanspruchnahme der VN wg. fehlerhafter Zulieferteile; Sicherheitsunternehmen im Zshg. mit Diebstahl aus Grünem Gewölbe; Importeur zu Rückruf von Plasmaschneidern; gr. Lokomotivhersteller zu Produkthaftung; AIG regelm. in Produkthaftpflicht u. deckungsrechtl. **Sachversicherung:** Versicherer zu Regress nach Großbrand in Luxushotel; Gebäudeversicherer bei Großschadensfall nach Explosion in Chemiebetrieb; Kabelhersteller zu Flutschäden. **Anderes:** Thermalbad zu Betriebsschließung wg. Corona.

HEUKING KÜHN LÜER WOJTEK
Versicherungsrecht: Prozesse ★★★
Versicherungsrecht: Produktberatung ★★★

Bewertung: Die versicherungsrechtl. Praxis deckt insbes. von Köln u. München aus eine breites themat. Spektrum ab. Ähnl. breit ist das Mandantenportfolio, das in- u. ausl. (Rück-)Versicherer ebenso einschließt wie immer wieder Versicherungsnehmer. Letztere stehen etwa bei Auseinandersetzungen um coronabedingte Betriebsschließungen im Fokus. Hier gehört HKLW zu den Kanzleien, die auch nach der BGH-Entscheidung noch eine Reihe von Fällen mit Sonderkonditionen vorweisen. Daneben wird die Arbeit weiter von der Abwehr von Anlegeransprüchen u. von Berufshaftpflichtfällen geprägt, sei es im Umfeld der Insolvenzverwaltung, sei es im Zshg. mit Testamentsvollstreckungen. Hier wie auch bei Cyberfällen profitiert das Team u. mit ihm die Mandanten von der Full-Service-Aufstellung der Kanzlei, stehen doch bei Bedarf erfahrene ▷Insolvenz- oder ▷IT-Rechtler zur Verfügung. Von D'dorf aus werden zudem eine Reihe ausl. Versicherer beraten, doch drehen sich die Mandate eher um unternehmensbez. Themen.
Stärken: Versicherungsspezif. Branchenerfahrung. D&O-Fälle u. Schiedsverfahren (▷Konfliktlösung).
Oft empfohlen: Rüdiger Schnug („sehr sachkundig, oft in großen Haftungsfällen zu sehen", Wettbewerber), Dr. Stefan Jöster, Dr. Michael Lauterbach, Dr. Tobias Plath

VERSICHERUNGSVERTRAGSRECHT: PROZESSVERTRETUNG UND BERATUNG VERSICHERUNGSRECHT

Team: 7 Eq.-Partner, 6 Sal.-Partner, 7 Associates
Partnerwechsel: Dr. Jürgen Wolters (zu Wilhelm)
Schwerpunkte: Prozesse in den Sparten Haftpflicht, Transport- u. Sachversicherung, Freiberuflerhaftung sowie D&O-Fälle. Aktive Schiedspraxis. Auch ▷Vertriebs- u. Vertreterrecht. Mandanten: in- u. ausl. Versicherer, v.a. in Köln auch im ▷Arbeits- u. ▷Marken- u. Wettbewerbsrecht. Daneben Banken, Industrieunternehmen, Makler, Agenten u. Versicherungsnehmer. Kooperation in spezialisiertem Kanzleinetzwerk Insuralex. Auch unternehmensbezogene Beratung von Versicherern.
Mandate: Haftpflicht: Versicherer bei Abwehr von Ansprüchen aus Zusammenbruch eines Anbieters von Direktinvestments; WP-Gesellschaft wg. Abwehr von Schadensersatzansprüchen div. Anleger; Industrieunternehmen wg. Regress nach Kraftwerksbrand in den USA; Chiphersteller wg. defekter Bausteine für Pkw u.a. in den USA u. China; Windparkbetreiber u. Versicherer gg. div. Baubeteiligte wg. Schäden u. Betriebsausfall; Anwalt bei Abwehr von Schadensersatzansprüchen im Rahmen einer Insolvenzverwaltertätigkeit. **Produktberatung:** lfd. div. Autovermieter zu Flottenversicherungen. **Andere:** VRR u.a. versicherungsrechtl. nach Insolvenz Abelio; div. Gastronomie-, Hotel-, Klinikbetriebe sowie Freizeit- u. Wohlfahrtseinrichtungen zu Betriebsschließungsversicherungen; Versicherungsverband lfd., v.a. zu Regress gg. andere Versicherer; frz. Konzernmakler zu internat. Vertrieb.

DR. KIRSTEN VÖLCKERS KIRSTEN DR. FITZAU
Versicherungsrecht: Prozesse ★

Bewertung: Die HHer Kanzlei ist im norddt. Markt fest etabliert u. sehr gut in der Versicherungswirtschaft vernetzt. Konsequent vertritt sie in Streitigkeiten die Versichererseite, wobei Lebens-, Unfall- u. Krankenversicherung im Fokus stehen. Entspr. inhaltl. sinnvoll ist ergänzende Erfahrung im Medizinrecht. Immer wieder streitet das Team v.a. gg. Verbraucherschützer, auch um grds. Fragen. Gerade nach der Pandemie stellten sich in der Personenversicherung neue Themen, etwa hinsichtl. Berufsunfähigkeit, zu denen das Team beriet. Produktberatung stand ebenfalls tlw. im Zshg. mit Corona, erstreckt sich aber u.a. auch auf Lebens- u. Tierhaftpflichtversicherungen. Zwar hat im Vorjahr eine Partnerin die Kanzlei verlassen, doch gelang trotzdem eine deutl. personelle Erweiterung. U.a. kam ein auch Inhouse-erfahrener, eher auf Sachversicherungen ausgerichteter Anwalt hinzu. Die Aufnahme eines Berufseinsteigers wiederum lässt Interesse an einem langfr. Personalaufbau erkennen u. war auch dringend nötig, da die Kanzlei eine Reihe neuer Mandanten von sich überzeugte.
Stärken: Personenversicherungsrecht.
Oft empfohlen: Dr. Konstantin Kirsten, Christian Völckers, Dr. Christian Fitzau
Team: 6 Partner, 2 Counsel, 3 Associate
Schwerpunkte: Prozesse ausschl. für Versicherungsunternehmen, insbes. in den Sparten Leben, Berufsunfähigkeit, BUZ, Unfall- u. Krankenversicherung. Zudem auch allg. Haftpflicht u. aufsichtsrechtl. Themen bei Produktgestaltung.
Mandate: Direktversicherer zu Klagen einer Verbraucherzentrale wg. Wirksamkeit der Ausschlussklausel in der Pandemiereiseversicherung; Versicherer in Streitigkeit zur Berufsunfähigkeitsversicherung; Versicherer lfd. in Prozessen zu bAV u. Lebensversicherung; div. Lebensversicherer dtl.weit in Prozessen; Krankenversicherer in Massenklageverf. um Beitragsanpassung Private Krankenversicherung; Lebensversicherer in Klage der Verbraucherzentrale Bundesverband wg. jährl. Vertragsinformation; Generali im Personenversicherungsrecht; Ergo lfd. in Prozessen um Rückabwicklung von Lebensversicherungen (beides öffentl. bekannt); Versicherer in Streitigkeiten um med. Notwendigkeit von Behandlungen u. um BUZ; Rechtsschutzversicherer dtl.weit in Prozessen. **Produktberatung:** Lebensversicherer zu Produktentwicklung.

NOERR
Versicherungsrecht: Prozesse ★★★

Bewertung: Eingebettet in die Konfliktlösungspraxis engagiert sich aus Versicherungsrecht. Team auch aufseiten der Versicherungsnehmer. Hoch angesehen ist seit Langem etwa die Kompetenz bei D&O-Fällen – vor allem hier auch versicherungsseitig – u. bei Produkthaftung. Mandanten, darunter auch vereinzelt betroffene Organe selbst, kommen dabei entspr. der Ausrichtung der Gesamtkanzlei überw. aus der Industrie. Derzeit intensiv eingebunden ist Noerr an der Seite von Rückversicherern zudem in Betriebsschließungsstreitigkeiten, nicht nur hierbei auch in größerem Umfang in Schiedsverfahren. Auch ein früher Fall zur Absicherung polit. Risiken, der aus den aktuellen Russland-Sanktionen resultiert, landete auf dem Tisch der Anwälte. Eingespielt ist bei Bedarf die Zusammenarbeit mit anderen Praxen, sei es aus anderen Bereichen der Konfliktlösung, seien es Corporate- oder Bankrechtsspezialisten. Auch grenzüberschr. Mandate sind an der Tagesordnung, nicht nur im Rückversicherungsbereich, wie die Arbeit bei Cybervorfällen oder Schadensfällen mit US-Bezug zeigen.
Oft empfohlen: Dr. Oliver Sieg („enorme Erfahrung bei D&O", Wettbewerber), Dr. Thomas Heitzer, Helmut Katschthaler
Team: 3 Eq.-Partner, 2 Sal.-Partner, 2 Counsel, 7 Associates
Schwerpunkte: Versicherungsrechtl. komplexe Großschäden, oft an der Schnittstelle von Versicherungs- u. Gesellschafts-/Bankrecht, inkl. D&O-Fälle; tätig auf Unternehmens- u. Versichererseite. In München v.a. komplexe Prozesse aus Produkthaftung (▷Konfliktlösung), Rückversicherung. Bei Aufsichtsthemen auch unternehmensbez. Beratung von Versicherern.
Mandate: Managerhaftung: Aufsichtsratsvorsitzender in Deckungsstreit mit Versicherer; D&O-Versicherer wg. gescheitertem Klinikneubau; Versicherer zu D&O-Schadensfall im Zshg. mit steuerl. Gestaltungsmodellen; Versicherer haftungs- u. deckungsrechtl. zu Schadenfall bei Kassenärztl. Vereinigung wg. Compliance-Verstoß; Arzneimittelimporteur wg. mögl. Haftung aus alten Rabattverträgen; Ex-Vorstand eines Solarunternehmens wg. Zahlung nach Insolvenzreife; Patentverwerter nach Schadensfall in Luxemburg. **Haftpflicht:** Aktuar wg. Ansprüchen von Pensionskassen wg. angebl. Fehlberatung; Armaturenhersteller zu W&I-Versicherung in DIS-Schiedsverfahren; US-Tochter eines dt. Bauunternehmens zu Versicherungsschutz für US-Sturmschäden; internat. Anwaltskanzlei zu Berufshaftung aus DIS-Verf.; Medizinprodukteersteller deckungsrechtl. wg. Serienschaden bei Mangelverdacht; div. Autozulieferer zu Rückrufkostenregress. **Sachversicherung:** Versicherer zu Erst- und Rückversicherungsdeckung eines Serienschadens bei Offshorewindpark. **Produktberatung:** Finanzdienstleister u. GF eines internat. Industrieunternehmens zu D&O-Verträgen. **Andere:** Industrieunternehmen, Energiehändler u. Beratungsgesellschaft deckungsrechtl. zu internat. Cyberversicherung u. -attacken; div. Rückversicherer zu coronabedingten Ansprüchen.

PATZINA LOTZ
Versicherungsrecht: Prozesse ★

Bewertung: Die Frankfurter Kanzlei engagiert sich v.a. in der Vertretung von Berufsträgern, insbes. Steuerberatern, in Haftungsfällen. In derartigen Fällen wird sie auch von einer Reihe von Versicherungen empfohlen, nicht zuletzt aufgr. des insges. breiten Prozessführungs-Know-hows u. der steuer- u. gesellschaftsrechtl. Kompetenz. Die Haftungskonstellationen sind vielfältig u. oft komplex, etwa bei Klagen durch Insolvenzverwalter. Beschränken lässt sich die Kanzlei darauf jedoch nicht, ist auch in D&O-relevanten Verfahren gefragt. Personell gab es einen Einschnitt, da Namenspartner Patzina sich in den Ruhestand verabschiedete. Seine Mandate wurden durch die anderen Partner mit Unterstützung eines erfahrenen Associates aufgefangen.
Stärken: Steuerrechtl. Know-how.
Oft empfohlen: Thorsten Lotz, Dr. René Matz
Team: 2 Partner, 2 Associates
Partnerwechsel: Dr. Reinhard Patzina (in Ruhestand)
Schwerpunkte: Beratung u. Prozesse in steuer- u. gesellschaftsrechtl. Fällen, viel Berufshaftpflicht (RAe, Notare, StB, WP, Insolvenzverwalter), aber auch Post-M&A-Streitigkeiten u. D&O. Auch IP-Prozesse.
Mandate: Haftpflicht: div. Berufshaftpflichtversicherer bei Regressfällen der Anwalts- u. StB-Haftung, u.a. bei Nachforderung von Sozialversicherungsbeiträgen für Gesellschafter-Geschäftsführer; MDP-Kanzlei wg. fehlerhafter Vertragsberatung; StB-Kanzlei wg. Insolvenzverschleppungshaftung; Berufsträgerhaftungsfälle über Nürnberger Versicherung; WP/StB wegen fehlerhafter Durchführung einer körperschaftsteuerl. Organschaft; Insolvenzverwalter bei Abwehr von Rentenversicherungsforderungen; lfd.: HDI, Versicherungsstelle Wiesbaden, Ergo, Allianz, Zurich.

REMÉ
Versicherungsrecht: Prozesse ★★★

Bewertung: Die ▷HHer Kanzlei untermauert bei aktuellen Fragen ihren exzellenten Ruf im See- u. Transportbereich: So beriet sie gleich mehrere Versicherer im Zshg. mit den gerade auch im Seeverkehr gestörten Lieferketten, ein Thema, das erst allmähl. Fahrt aufnimmt. Grund für das Vertrauen, das Mandanten in sie setzen, sind neben der fachl. Erfahrung „schneller Service" u. „klare u. verständl. Antworten". Entspr. der Branche ist das Team regelm. internat. gefragt u. berät neben dt. eine Vielzahl internat. Versicherer, inkl. Lloyds-Syndikate. Die Anwälte stehen jedoch allen relevanten Gruppen zur Seite, seien es Erst- u. Rückversicherer, Assekuradeure oder Versicherungsnehmer. Dabei erstreckt sich die Erfahrung auch auf die spezif. Produktberatung. Konsequent arbeitet die Kanzlei zugleich daran, jüngere Anwälte stärker ins Licht zu rücken, u. ernannte erneut einen Partner. Der Weggang eines im Arbeitsrecht engagierten Partners blieb ohne signifikante Auswirkungen auf die Kanzlei.

Stärken: See- u. Transportversicherung.
Oft empfohlen: Ingo Gercke („sehr angenehm u. kompetent", Wettbewerber), Jobst von Werder („großer Erfahrungsschatz u. bereit, diesen zu teilen", „uneingeschränkt für umfangr. gerichtl. Streitigkeiten u. Schiedsverfahren zu empfehlen", Mandanten)
Team: 6 Eq.-Partner, 1 Counsel, 6 Associates
Partnerwechsel: Carl-Christian Ziehm (zu Brook)
Schwerpunkte: Regresse u. Deckungsstreitigkeiten, insbes. für Transport- u. Verkehrshaftpflichtversicherer, Assekuradeure in Deckungsfragen bei Großschäden. Transportunternehmen u. Reeder auch im Risikomanagement. Produkthaftpflicht, häufig an der Schnittstelle zu techn. Versicherungen. Daneben lfd. transport- u. seeversicherungsrechtl. Klauselgestaltung u. regelm. in Schiedsverfahren. Etablierte Kontakte zu Londoner Kanzleien.
Mandate: Haftpflicht: div. Transportversicherer im Zshg. mit Deckungsfragen für coronabedingten Stillstand der Logistikkette; weiterhin div. Versicherer wg. Havarie der ,Ever Given'; öffentl. Hand zu Havarie der ,Mumbai Maersk' vor Wangerooge; lfd. Eisenbahnhaftpflichtversicherer. **Sachversicherung:** Versicherer eines Luftfahrtkonzerns wg. vermutl. transportbedingtem Triebwerksschaden; öffentl. Hand regelm. bei Havarien u. Kollisionen; internat. Konsortium zu Feuer auf dem Autotransporter ,Felicity Ace'; Transportversicherer zu Deckungsfragen coronabedingter Vermögensschäden. **Produktberatung:** Rückversicherer zur Auslegung von Maklerversicherungsbedingungen aus dem Schienenkaskobereich.

SEGGER
Versicherungsrecht: Prozesse ★★
Bewertung: Die Versicherungsrechtsboutique behauptet ihre Position u. zeigt sich nur wenige Jahre nach dem Start mit der Eröffnung eines Büros in München expansiv. V.a. Namenspartner Segger genießt einen hervorragenden Ruf. Er unterhält enge Verbindungen in die Versicherungswirtschaft, aber auch gute Kontakte zu anderen Kanzleien im In- u. Ausland. Letzteres erlaubt nicht nur eine grenzüberschr. Beratung, sondern führt auch immer wieder internat. Versicherer in die Kanzlei. Das Beratungsspektrum ist breit, reicht von Deckungsstreitigkeiten unterschiedl. Couleur bis zur Produktberatung. Der junge Münchner Standort, der derzeit mit einer Counsel besetzt ist, bietet Potenzial für weitere Expansion, zumal dort nur wenige Boutiquen ansässig sind.
Oft empfohlen: Dr. Stefan Segger („fachl. top, sehr angenehmer Umgang, lösungsorientiert u. effizient", Wettbewerber)
Team: 1 Partner, 4 Counsel
Schwerpunkte: Monitoring u. Beratung zu komplexen Haftungs- u. Deckungsfällen. Schadenfälle mit Fokus auf Industrieversicherung. Beratung zu Vertriebs- u. Vermittlerfragen.
Mandate: Managerhaftung: Exedentenversicherer zu Claims Monitoring im VW-Dieselskandal. **Haftpflicht:** internat. Versicherer in steuerl. Haftungsfall; internat. Versicherer wg. Vertrauensschadenfall bei internat. Großbank; Druckunternehmen bei Anspruchsdurchsetzung nach Brand. **Sachversicherung:** techn. Versicherer bei Deckungsstreit um Infrastrukturprojekt; div. Versicherungsgruppen zu Deckungsfragen coronabedingter Betriebsschließung; internat. Versicherer bei Deckungsprozess zu Windturbinenschäden. **Andere:**

Compliance-Funktion für Digitalversicherer; Versicherungsgruppe in Handelsvertreterstreitigkeiten; regelm. HDI, Axa, Gothaer, Zurich bei Schadensfällen.

SPRENGER
Versicherungsrecht: Prozesse ★
Bewertung: Die versicherungsrechtl. Beratung der Regensburger Kanzlei überzeugt mit einer intimen Branchenkenntnis, für die neben den Namenspartnern auch die beiden of Counsel stehen. Profiliert ist das Team aber insbes. bei der Beratung von Verbänden u. Wohlfahrtsorganisationen, denen sie in ganz unterschiedl. Szenarien mit Versicherungsbezug zur Seite steht. Zur breiten Aufstellung gehört auch die regelm. vertriebsrechtl. Beratung von Versicherungsmaklern. Dass sie auch bei ausl. Versicherern Vertrauen genießt, belegt die mehrj. Vertretung österr. Versicherer in einem Streit mit der BaFin, der mit einem Rückzieher der Aufsichtsbehörde endete. Neben streitig angelegten Mandaten ist das Team auch immer wieder in der Produktberatung gefragt u. steigt allmählich in die Compliance-Beratung ein. Gerade bei diesen beiden Feldern kann sie ihre internat. Erfahrung einbringen, gestützt auch auf einige Kooperationspartner im europ. Ausland.
Stärken: Hohes Branchenverständnis.
Team: 1 Eq.-Partner, 1 Sal.-Partner, 1 Counsel, 2 Associates, 2 of Counsel
Schwerpunkte: Grenzüberschr. Produkt- u. Policengestaltung für Industrieunternehmen. Für Versicherer Prozesse u. aufsichtsrechtl. Beratung. Für Unternehmen auch Unterstützung bei Geltendmachung von Versicherungsleistungen.
Mandate: Managerhaftung/D&O: Aufsichtsrat eines jap. Konzerns zu D&O. **Sachversicherung:** Awo Oberbayern lfd., spez. Sachschäden; Gemeinschaftspraxis nach Wasserschaden. **Produktberatung:** div. Verbände zu versicherungsrechtl. Fragen, u.a. Caritasverband Wuppertal-Solingen; Produktentwicklung einer Versicherungsgesellschaft für internat. Warenkreditgeschäfte; Industrieunternehmen bei Prüfung des Versicherungsportfolios. **Andere:** div. Versicherungsmakler vertriebs- u. versicherungsrechtl.; Institution der Wohlfahrt in Streit mit Rechtsschutzversicherer wg. div. Ermittlungsverfahren gg. Geschäftsleitung.

TAYLOR WESSING
Versicherungsrecht: Prozesse ★★
Versicherungsrecht: Produktberatung ★★★
Bewertung: Das Beratungsangebot der Praxis ist breit gefächert, doch lässt sich dank Dauermandantin Provinzial u. der Arbeit für den KSA eine gewisse Affinität zu Sparkassen nicht leugnen. Weitere Schwerpunkte der weit überw. auf Versicherungsseite tätigen Anwälte liegen im Vertrieb u. bei Rückversicherungsfragen. Bei Letzteren sind auch nach dem BGH-Urteil durchaus noch Fragen zur coronabedingten Betriebsschließung zu klären. Im klass. Versicherungsrecht, sei es deckungsrechtl. oder im Monitoring, stehen immer wieder Sach- u. Haftpflichtversicherungen im Fokus, oft mit (bau-)techn. Bezug. Doch auch das Thema Cyberschäden ist auf der Agenda. Hier wie auch in der Produktberatung ist nicht nur die Zusammenarbeit innerh. der Praxis, sondern auch die mit anderen Teams wie IT eingespielt u. flüssig. Die Erfahrung im D&O-Sektor lässt sich u.a. daran ablesen, dass ein im Insolvenzumfeld tätiger Anwalt von versicherungsrechtl. Wettbewerbern gelobt wird.

Stärken: Erfahrung mit techn. Großschäden. Internat. vernetzte Praxis, u.a. London, China.
Oft empfohlen: Dr. Gunbritt Kammerer-Galahn („exzellente Betreuung u. Fachwissen", Mandant), Claus Knufinke, Franz Janssen
Team: 5 Eq.-Partner, 3 Sal.-Partner, 5 Associates
Schwerpunkte: Begleitung von Versicherern in Prozessen, u.a. Haftpflicht-, Sach-, Bauleistungs-, Transportversicherung u. Produkthaftung. Zudem ausgeprägte Produktberatung, u.a. Cybercrime-, D&O-, Post-M&A-Policen, betriebl. Altersvorsorge. Daneben auch ▷Unternehmensbez. Beratung von Versicherern mit Schwerpunkten im Run-off-Geschäft u. Beratung für Rückversicherer.
Mandate: Haftpflicht: Chubb u.a. bei internat. Produkthaftpflichtfällen; KSA regelmäßig. **Sachversicherung:** Sportartikelhersteller nach Überspannungsschaden; 25hours Hotel regelm., u.a. nach Großbrand; Versicherer nach Wasserschaden in einem ausl. Kaufhaus. **Produktberatung:** Crédit Agricole Assurances bei Überarbeitung Produktinformationsblatt u. IDD-Anpassung; Fidelis zu Kreditversicherungen. **Andere:** Enterprise Rent-A-Car zu Versicherungsvertrieb; Ergo zu Vertrieb; Hans-Pesch-Haus zu coronabedingter Betriebsschließung; u.a. Munich Re, R+V Re u. Axa rückversicherungsrechtl.; lfd. Provinzial, Proxalto Leben.

THÜMMEL SCHÜTZE & PARTNER
Versicherungsrecht: Prozesse ★★
Bewertung: Aus der versicherungsseitigen D&O-Beratung ist die Kanzlei nicht wegzudenken. An relevanten u. großvol. Fällen ist sie in aller Regel beteiligt, ggf. im Schulterschluss mit den Finanzrechtsspezialisten der Kanzlei. Eher untyp. Fallkonstellationen, sei es das Vorgehen gg. Aufsichtsräte oder Vorwürfe mit steuerl. Hintergrund, stehen dabei ebenso auf der Agenda wie Mandate mit insolvenzrechtl. Einschlag. Daneben engagiert sich das Team auch bei Vertrauensschadenversicherungen u., insbes. von Dresden aus, in der Berufshaftpflicht. Die Verbreiterung der Associate-Ebene ist die Kanzlei inzw. angegangen – mit Blick auf zu erwartende Haftungsfälle aus Pandemiezeiten keine Sekunde zu früh.
Stärken: Monitoring Counsel in D&O-Fällen.
Oft empfohlen: Prof. Dr. Roderich Thümmel („hervorragende Kenntnisse", Wettbewerber), Dr. Franck Schmidt-Husson („hoch kompetent", Wettbewerber), Dr. Jörg Henzler („sehr gewissenhaft", Wettbewerber über beide)
Team: 5 Eq.-Partner, 1 Sal.-Partner, 3 Associates
Schwerpunkte: Außergerichtl. Beratung in deckungsrechtl. Streitigkeiten u. Prozesse bei Managerhaftungsfällen, häufig Monitoring Counsel. Im Haftungsprozess über Versicherer auch als Organvertreter tätig. Zudem Berufs- u. Produkthaftpflicht. Schnittstellen zu Gesellschafts- u. Bankrecht.
Mandate: Managerhaftung: Versicherer zu Organhaftungsfällen im Zshg. mit Fehlkalkulation u. Compliance-Verstößen; Versicherer zu Wirecard-Komplex (Monitoring u. deckungsrechtl.); D&O-Versicherer, u.a. im Zshg. mit German-Pellets-Insolvenz, Cum-Ex-Deals, VW-Dieselaffäre (Monitoring u. deckungsrechtl.); Versicherer deckungsrechtl. im Zshg. mit Haftungsfällen bei Dt. Bank; Ex-Aufsichtsräte von Gelita in Streit mit bes. Vertreter; regelm. Monitoring: AIG, Chubb, Zurich, Vov. **Sachversicherung:** Versicherer bei Durchsetzung von Regressansprüchen gg. Schädiger nach Brand auf Betriebsgelände.

WHITE & CASE
Versicherungsrecht: Prozesse ★★★
Versicherungsrecht: Produktberatung ★★★★
Bewertung: Ein Kennzeichen der versicherungsrechtl. Praxis ist die enge Kooperation mit anderen Fachbereichen u. ww. Standorten der Kanzlei. Regelm. behandeln Mandate grenzüberschr. Sachverhalte, die das in die Konfliktlösungspraxis eingebettete Team sowohl für (Rück-)Versicherer als auch Versicherungsnehmer klärt. Das gilt beim weiterhin virulenten Thema Betriebsausfall ebenso wie etwa bei Kreditversicherungen u. anderen globalen Versicherungsstrukturen. In der Managerhaftung erregen v.a. die Mandate Aufmerksamkeit, die aus der Insolvenzpraxis heraus entstehen, darunter Großinsolvenzen wie German Pellets. Darauf beschränkt sich die Tätigkeit auf diesem Feld aber nicht. Beim Thema Cybersicherheit ist W&C primär als Beraterin von Unternehmen gefragt, die ihre Sicherheitsarchitektur optimieren wollen. Die insges. enge Einbindung des kleinen Teams in die Gesamtkanzlei entspricht der Kanzleistrategie u. bringt immer wieder hochkomplexe Mandate, sorgt aber zugleich dafür, dass die Partner zwar anerkannt sind, das Profil des Teams jedoch eher diffus bleibt.
Stärken: Kanzleiinterne Synergien mit Prozesspraxis (▷*Konfliktlösung*), ▷*Bankrecht u. -aufsicht* u. ▷*M&A*.
Oft empfohlen: Christian Wirth („inhaltl. sehr gut u. umgänglich, beauftrage ich immer wahnsinnig gern", Mandant; „harter, aber immer fairer Verhandler", Wettbewerber), Sara Vanetta („sehr kompetent, Rising Star", Wettbewerber)
Team: 3 Eq.-Partner, 1 Associate (Kernteam)
Schwerpunkte: Erfahrung in Betrugsfällen u. bei Großschäden, Kreditausfall- u. Betriebsunterbrechungsversicherung. Daneben gutachterl. tätig, v.a. in rechtl. Grundsatzfragen. Für Industriemandanten Entwicklung von Versicherungsschutzkonzepten. Enge Zusammenarbeit mit W&C-Büros in CEE-Region, in Bankenfällen auch mit New York.
Mandate: Sachversicherung: Allianz bei ww. Durchsetzung von Ansprüchen aus Betriebsschließungs- u. Veranstaltungsausfallversicherung gg. div. Retrozessionäre. **Produktberatung:** Schweizer Krankenversicherer zu grenzüberschr. Fragen des Versicherungsvertragsrechts.

WILHELM
Versicherungsrecht: Prozesse ★★★
Bewertung: Die Versicherungsboutique steht regelm. an der Seite von Versicherungsnehmern u. erntet von diesen viel Lob. Entspr. intensiv nachgefragt waren die Anwälte bei ihren Paradedisziplinen von Konzernen u. vom Mittelstand. Dazu gehören großvol. Schadenfälle aus dem Anlagenbau u. D&O-Verfahren, aber auch die strateg. Beratung. Letzteres fordert auch die ergänzenden Kompetenzen der Kanzlei im Gesellschafts- oder Strafrecht. Hier dürfte sich auch der neue of Counsel Dr. Jürgen Wolters einfügen, der Erfahrung im Haftpflichtbereich auf Versichererseite u. Managementerfahrung aus der Branche mitbringt. Ärgerlich war vor dem Hintergrund der exzellenten Auslastung, auch dank Sondersituationen wie der Flut, der Weggang 2er erfahrener Associates, die ihre eigene Kanzlei gründeten. Die umgehende Einstellung von Berufseinsteigern kann dies nur bedingt kompensieren. Dennoch arbeitet die Kanzlei weiter an ihrer Expansion: Inhaltl. streckt sie in der Produktberatung erfolgr. die Fühler nach Fintechs aus. Personell hat sie den Ausbau eines Münchner Büros begonnen.
Stärken: Versicherungsspezif. u. D&O-Beratung von Industriemandanten.
Oft empfohlen: Dr. Mark Wilhelm („hält die Fäden in der Hand; extrem schnelle Auffassungsgabe, hervorragende Kompetenz, pragmat.", Mandant), Lars Winkler („sehr guter ‚Übersetzer' für das Gericht", Wettbewerber), Dr. Andreas Shell, Dr. Fabian Herdter („kompetent, unkompliziert, pragmat.", Mandant; „fachl. sehr gut", Wettbewerber)
Team: 3 Eq.-Partner, 11 Associates, 2 of Counsel
Schwerpunkte: Bei Prozessen v.a. D&O-, Industrie-, Bau- u. Sachversicherung. Daneben Stärken bei Produkthaftpflicht. Aufsichtsrechtl. u. krisenbedingte Beratung. Integrierte strafrechtl. Beratung. Tätig für Banken, öffentl. Hand, mittelständ. Unternehmen u. Verbände. Internat. Kooperation mit div. europ. u. US-Kanzleien.
Mandate: Haftpflicht: Bau-Arge zu Großschaden aus Tunnelprojekt (3-stell. Mio.-€-Betrag); Kfz-Zulieferer zur Durchsetzungswahrscheinlichkeit von Ansprüchen gg. Produkthaftpflichtversicherer. **Sachversicherung:** Entsorger bei außergerichtl. Regulierung mehrerer Großbrände; Raffinerie bei Verhandlungen mit Versicherer nach Großexplosion; Betreiber zum Regress gg. Versicherungsmakler nach Maschinenschaden an Biogasanlage u. anschl. Betriebsunterbrechung; Maklerhaus u. dessen gewerbl. Kunden bei Auseinandersetzung mit Versicherer nach Flut im Ahrtal; Munitionshersteller nach Explosion einer Produktionsanlage mit Ertragsausfallschaden; Energiekonzern zu Deckung von Schäden an Offshorewindpark in der irischen See; Viehzuchtbetrieb nach Brandschaden. **Managerhaftung:** Sportclub bei Ansprüchen gg. Ex-GF; Ex-Wirecard-Managerin bei Anspruchsdurchsetzung gg. D&O-Versicherer; Eileen Funke als Witwe des ehem. HRE-Vorstands Georg Funke bei Abwehr von Organhaftungsansprüchen; Kfz-Zulieferer zu D&O-Fragen u. Ansprüchen gg. ehem. Organmitglieder. **Produktberatung:** Dax-Unternehmen zu internat. Versicherungsschutz, insbes. D&O u. Cyber. **Andere:** Chemiekonzern nach Ransomware-Angriff; Finanzunternehmen in Auseinandersetzung mit Industriestrafrechtsschutzversicherer; div. Gastronomiebetriebe, Hotels u. Raststättenbetreiber zu coronabedingter Betriebsschließungsversicherung.

WIRTZ & KRANEIS
Versicherungsrecht: Prozesse ★
Bewertung: Die Stärken des Kölner Versicherungsteams sind komplexe D&O-Fälle u. die Haftung im Umfeld von Steuerberatung u. Wirtschaftsprüfung. Dabei sind die versicherungsrechtl. Kompetenzen eng, teils in Personalunion, mit denen im Steuer- u. Gesellschaftsrecht verknüpft. Auf diesen Feldern bestehen wiederum gute Kontakte zu Unternehmern. Bei D&O-Fällen aus dem Bankenumfeld kooperieren die Anwälte bei Bedarf eng mit den Bank- u. Finanzrechtlern. Regelm. ist das Team aber auch bei anderen Streitigkeiten gefragt, etwa hinsichtl. insolvenzbezogener Haftung.
Stärken: Prozesserfahrung, D&O.
Oft empfohlen: Dr. Thomas Klein („hervorragende Kenntnisse, sehr sachl.", Wettbewerber)
Team: 4 Partner, 4 Associates
Schwerpunkte: Deckungs- u. Haftungsstreitigkeiten in den Sparten Berufshaftpflicht (RAe, StB, Notare, WP), Vermögensschadenshaftpflicht u. D&O. Mandanten: überwiegend regionale u. große dt. Versicherer, auch Unternehmen u. versicherte Organe.
Mandate: Managerhaftung: D&O-Versicherer bei Monitoring komplexer D&O-Fälle; GF bei Regressabwehr wg. mögl. Insolvenzverschleppung.

VERSICHERUNGSRECHT UNTERNEHMENSBEZOGENE BERATUNG VON VERSICHERERN

Unternehmensbezogene Beratung von Versicherern

ALLEN & OVERY
Unternehmensbezogene Beratung ★★★★★

JUVE AWARDS 2022
Kanzlei des Jahres für Versicherungsrecht

NOMINIERT
JUVE Awards 2022
Kanzlei des Jahres für Regulierung

Bewertung: In der Versicherungswirtschaft gehört die Praxis zu den bestens etablierten Teams, auf die Branchengrößen bei strateg. bedeutsamen Transaktionen u. Strukturangelegenheiten setzen. Den Versicherer Zurich beriet das Team etwa beim Verkauf seiner Lebenssparte an Viridium. Ein weiteres Bsp. für diese starke Marktstellung ist die Arbeit für die Dt. Betriebsrenten Holding, die für Industrie- u. Dienstleistungsunternehmen Pensionsverpflichtungen u. damit Risiken übernehmen kann. Diesen Bereich stärkte die Kanzlei zuletzt mit der Ernennung eines Partners, der u.a. auf betriebl. Altersvorsorge u. versichererbez. ▷Arbeitsrecht spezialisiert ist. Das Mandat illustriert zugleich, dass es den Beratern gelingt, andere Praxisgruppen wie das Steuer- u. das ▷Immobilienrecht in die Arbeit für Versicherer einzubeziehen, etwa für die Frankfurter Leben bei einer Transaktion. Beispiele für die Beratung zu zukunftsträchtigen Entwicklungen sind die Mandate des Insurtechs Moinsure u. eines internat. Versicherers zur EU-Nachhaltigkeitsregulierung. Allerdings verlor die Kanzlei im Herbst 2022 die anerkannte Counsel Anne Fischer, die zum Gründungsteam von Norton Rose Fulbright in Düsseldorf gehörte.

Stärken: Erfahrene Partnerriege mit exzellentem Branchen-Know-how.
Oft empfohlen: Dr. Jan Schröder („brillanter Jurist, kreativer Gestalter", „wir waren sehr zufrieden", Mandanten), Dr. Hans Diekmann (Gesellschaftsrecht).
Team: 6 Partner, 3 Counsel, 5 Associates, 2 of Counsel
Schwerpunkte: Aufsichtsrechtl. Themen, auch mit kapitalmarktrechtl. Bezug. Lfd. ▷Gesellschaftsrecht u. ▷M&A. Umfangr. Erfahrung im Run-off-Geschäft, Implementierung von CTA, versicherungsrechtl. Streitigkeiten. Auch ▷Compliance, Steuer-, Datenschutz- u. ▷Arbeitsrecht inkl. bAV.
Mandate: Allianz bei Mehrheitsbeteiligung an European Reliance; Zurich bei Verkauf der Sparte Leben an Viridium/Cinven; Athora beim Kauf des DWL-Portfolios von Axa; Cyberversicherungsmakler Erichsen bei Verkauf an Finlex; dt. Rückversicherer bei Neustrukturierung des Handelsfinanzierungsgeschäfts; außereurop. Versicherer zu ESG-Regulierung; Markel bei Investitionen in Finanzchef24; InsurTech, u.a. zu Vertriebskooperationen; Bridgepoint Advisers bei Verkauf von Actineo an Verisk Analytics; Aegon bei Verkauf der Beteiligung an Auxmoney; Swiss Life bei Kauf von Ness Risan & Partners; Frankfurter Leben bei Kauf von 2 Wohnimmobilien- u. eines Immobilienkreditportfolios sowie zu Immobilienfonds inkl. Asset-Management- u. Advisory-Verträgen; Iqvia bei Kauf von Davaso; AdÖR bei Planung u. Gestaltung einer Versorgungsordnung; lfd.: Dt. Betriebsrenten Holding, Moinsure.

Versicherungsrecht: Unternehmensbezogene Beratung

★★★★★
Allen & Overy	Düsseldorf, Frankfurt
Freshfields Bruckhaus Deringer	München, Frankfurt

★★★★
Hengeler Mueller	Düsseldorf, Frankfurt
Hogan Lovells	Düsseldorf, Frankfurt, München
Linklaters	Frankfurt, München, Düsseldorf

★★★
BLD Bach Langheid Dallmayr	Köln, München
DLA Piper	Köln, Frankfurt, München
Gleiss Lutz	Stuttgart, München, Frankfurt

★★★
Clifford Chance	Frankfurt, München
Clyde & Co	Düsseldorf, München

★★
CMS Hasche Sigle	Köln
Noerr	Düsseldorf, München, Frankfurt
Oppenhoff & Partner	Köln
Taylor Wessing	Düsseldorf, Hamburg, München

Die Auswahl von Kanzleien und Personen in Rankings und tabellarischen Übersichten ist das Ergebnis umfangreicher Recherchen der JUVE-Redaktion. Sie ist in 2erlei Hinsicht subjektiv: Die Aussagen der befragten Quellen sind subjektiv u. spiegeln deren Erfahrungen u. Einschätzungen. Die JUVE-Redaktion wiederum analysiert die Rechercheergebnisse unter Einbeziehung ihrer eigenen Marktkenntnis. Der JUVE Verlag beabsichtigt keine allgemeingültige oder objektiv nachprüfbare Bewertung. Es ist möglich, dass eine andere Recherchemethode zu anderen Ergebnissen führt. Innerhalb einzelner Gruppen in Rankings und tabellarischen Übersichten sind Kanzleien und Personen alphabetisch sortiert.

BLD BACH LANGHEID DALLMAYR
Unternehmensbezogene Beratung ★★★

Bewertung: Aus ihrer Stärke in der prozessualen Vertretung von Versicherern heraus betreibt die Praxis ein hochgradig auf die Branche spezialisiertes Beratungsgeschäft. Dieses umfasste u.a. Rückversicherungslösungen in der Sparte Leben als Folge des jahrelangen Zinstiefs inkl. der Vertretung ggü. der BaFin; für die steuerl. Klärung arbeitete die Kanzlei mit Flick Gocke Schaumburg zusammen. Neben der IT- u. datenschutzrechtl. Beratung, insbes. im Vertrieb u. in der Bestandsverwaltung, haben sich inzwischen Wettbewerbsrecht u. Compliance zu einem weiteren wichtigen Schwerpunkt entwickelt. Das große Know-how in der Prozessführung macht die Praxis auch zu einer renommierten Adresse für branchenrelevante Verfahren, etwa zu Beitragsanpassungen in der priv. Krankenversicherung u. zu Kündigungen von Unfall-Kombirenten-Verträgen.

Stärken: Marktführende Position im prozessualen ▷Versicherungsvertragsrecht u. in der -produktberatung, daraus tiefes Verständnis der Branche.
Oft empfohlen: Dr. Joachim Grote, Dr. Martin Schaaf (Aufsichtsrecht)
Team: 17 Partner, 6 Counsel, 43 Associates, 2 of Counsel
Schwerpunkte: Aufsichtsrechtl. Konzernstrukturierung, Rückstellungen u. Rückversicherungsfragen, Kapitalausstattung, Versicherungskartellrecht, Compliance, bAV- u. vertriebsrechtl. Themen, Produktentwicklung. Regelm. Vorstände ggü. der BaFin. Kooperation mit Deloitte u. internat. Legal-align-Partnern, insbes. **DAC Beachcroft**.
Mandate: Sachversicherer gutachterl. zu Deckung unter Starkregenklausel inkl. Vertretung in BaFin-Beschwerdeverf.; Sachversicherer bei erst- u. rückversicherungrechtl. Deckungsprüfungen von Starkregen- u. Hochwasserschäden; Unfallversicherer, u.a. in Verbandsklagen u. ggü. BaFin zur Kündigung von Unfall-Kombirenten-Verträgen; Krankenversicherer in div. Verf. um PKV-Beitragsanpassungen; Lebensversicherer, Pensionseinrichtungen u. öffentl. Zusatzversorgungskassen zu Niedrigzinsumfeld (mit Flick Gocke Schaumburg); div. Versicherer u. Insurtechs zu Digitalisierungsprojekten; Assekuradeure zu Geschäftsmodell bzgl. aufsichtsrechtl. Änderungen; div. Restschuldversicherer u. Banken zu Provisionsdeckel; Ministerium, u.a. aufsichtsrechtl. bei Gründung des Dt. Reisesicherungsfonds; Versicherungskonsortium zu Insolvenz einer internat. Bank.

CLIFFORD CHANCE
Unternehmensbezogene Beratung ★★★

Bewertung: Den Kern der Versichererberatung bilden in Dtl. derzeit Mandate zur Kapitalanlage in Immobilien u. andere alternative Anlageklassen. Hier punktet die Kanzlei mit dem anerkannten Know-how, der Schlagkraft u. der internat. exzellenten

UNTERNEHMENSBEZOGENE BERATUNG VON VERSICHERERN VERSICHERUNGSRECHT

Einbindung ihrer Immobilien(finanzierungs-) u. ihrer Investmentfondspraxen. Gute Beispiele für diese Arbeit sind die Private-Equity-Investitionen, bei denen das Münchner Fondsteam Axa-Töchter beriet. In der gesellschaftsrechtl. u. transaktionellen Beratung von Versicherern besteht eine starke Achse zur Londoner Praxis u. zu den dt. Aufsichtsrechtsspezialisten. Ein herausragendes Mandat war hier zuletzt die Beratung des BdB im mrd-schweren Insolvenzverf. der Greensill Bank, deren Versicherungsvereinbarungen für die Krise ursächlich waren.

Stärken: Kapitalanlagen, insbes. Immobilien u. Infrastruktur; enge Verbindung zu den Londoner u. Luxemburger Büros.

Oft empfohlen: Dr. Thomas Krecek („ein Spaß, mit ihm zu arbeiten", Mandant), Dr. Christian Keilich (Immobilien), Marco Simonis („bietet bei Zweifelsfragen überzeugende Lösungsmöglichkeiten an", Mandant; Investment-/Steuerrecht)

Team: 7 Eq.-Partner, 7 Associates

Schwerpunkte: Beratung zu sämtl. unternehmensbezogenen Fragen von Versicherern, insbes. enge Zusammenarbeit mit den ▷Immobilien-, ▷Investment-, ▷Aufsichts- u. Steuerrechtlern. Auch ▷M&A u. ▷Kredite.

Mandate: Axa-Töchter bei div. Private-Equity-Investitionen; Generali Real Estate bei Kauf eines Teils der Berliner Gloria-Galerie; BdB in Insolvenz der Greensill Bank, u.a. zu deren Versicherungsvereinbarungen; Axa IM Alts, Omers Infrastructure u. Goldman Sachs Asset Management bei Kauf der Amedes-Gruppe; div. Versicherer steuerl. zu Kapitalanlagen für Versicherer; Domestic & General Insurance bei Brexit-bedingter Reorganisation des Europa-Geschäfts; Bank of America Europe bei Emission von €1-Mrd-Anleihe der Münchner Rück; Citigroup Global Markets bei Emission von €1,25-Mrd-Nachranganleihe; internat. Versicherer zu Nachhaltigkeitsberichterstattung nach EU-Taxonomie; global. Kreditversicherer, u.a. zu regulator. Zulässigkeit von Financial-Interest-Versicherung.

CLYDE & CO

Unternehmensbezogene Beratung ★★★

Bewertung: Die Praxis für die Beratung von Versicherungsunternehmen hat Schwerpunkte in dem sich konsolidierenden Maklersektor u. in der Beratung zu IT- u. Insurtechlösungen für die Branche. Den noch jungen Standort in München sehen etliche Wettbewerber als echte Verstärkung für die transaktionsbezogene Arbeit: „Damit haben sie sich einen Gefallen getan", so eine Stimme. Ein Beispielmandat war zuletzt der Kauf des Spezialmaklers für Cyberversicherungen Erichsen durch den Wettbewerber Finlex, den ein Team um die Münchner Partner Barbosa, Börner sowie den IT-Rechtspartner Spittka beriet. Der Zusammenschluss der Gesamtkanzlei mit der brit. Wettbewerberin BLM stellt v.a. auf die Prozessführungspraxis ab. Im internat. Geschäft könnte er jedoch durchaus dazu beitragen, Mandatsbeziehungen weiter zu vertiefen.

Stärken: Internat. herausragende Marktstellung; umf. Branchenkompetenz u. enge Zusammenarbeit mit ausl. Standorten.

Oft empfohlen: Dr. Henning Schaloske („exzellenter Versicherungsexperte", Mandant), Dr. Tanja Schramm, Eva-Maria Barbosa

Team: 4 Eq.-Partner, 3 Counsel, 5 Associates

Schwerpunkte: Beratung u. ▷Vertretung in Schadensfällen, oft im Bereich D&O, Produkthaftung u. Regress. Versicherer u. Versicherungsmakler zum Aufsichts-, Vertriebs- u. Steuerrecht. Produktentwicklung.

Mandate: Parametrics Solutions zu Gründung u. Lizensierung von dt. Vermittler sowie zu EU-Markteintritt; Finlex bei Kauf des Cyberversicherungsmaklers Erichsen (öffentl. bekannt); div. Versicherer zu Aggregierung von coronabedingten Schadensfällen unter Rückversicherungsverträgen; niederl. Versicherer bei dt. Markteintritt; ausl. Versicherer in Verfahren um Handelsvertreterausgleich u. aufsichtsrechtl. zu Schadenbearbeitung in Strafrechtsschutzfällen; frz. Versicherer, u.a. vertriebs- u. aufsichtsrechtl. zu Gruppenversicherung für Reifenpannen; Versicherer zu Zusammenarbeit mit Industrieunternehmen bei Marketing für Garantien; Onlineplattform regulator. zu Einstufung von Produkten als Versicherungsgeschäft; Managing General Underwriter bei Abschluss von Kooperationen mit dt. Maklern; internat. Krankenversicherer zu IT-basiertem Zusatzangebot für Versicherte; internat. Versicherer europaweit zu Vorgaben für IT-Dienstleister (mit 28 externen Kanzleien); dt. Versicherer zu Registrierung von Tochter in Tansania; Versicherungsgruppe vertriebs- u. rückversicherungsrechtl. zu Provisionsdeckel in der Restschuldversicherung sowie bei Restrukturierung eines Geschäftsteils in 11 Ländern; Softwarehersteller zu Maklerwechsel; lfd.: Rückversicherer zu ESG-Regulatorik.

CMS HASCHE SIGLE

Unternehmensbezogene Beratung ★★

Bewertung: Das Aufsichts- u. das Vertriebsrecht bilden für die Praxis das Fundament der Beratung von Versicherern. Ein herausragendes Bsp. dafür ist die Beratung eines dt. Unternehmens bei der Kooperation einer Vermittlertochter mit einem unabh. Vertreter. Hier punktet das Team um den erfahrenen Schnepp mit seinem Know-how, das auch ins branchenspezif. Steuerrecht reicht. Zu den wichtigen Neumandaten zählt die Greensill Bank, für die die Versicherungsrechtler im Insolvenzverf. tätig sind. Das Mandat zeigt, dass die Praxis innerh. der Kanzlei gut in bedeutende Angelegenheiten eingebunden ist. Ein Ausbau des Teams erscheint angesichts der Auslastung u. der Strahlkraft in andere Praxen, darunter M&A, deshalb sinnvoll.

Stärken: Erfahrung mit internat. Versicherern.

Oft empfohlen: Dr. Winfried Schnepp („sehr zufrieden mit seinen Leistungen", Mandant)

Team: 1 Partner, 2 Counsel, 4 Associates

Schwerpunkte: Lfd. aufsichts- u. steuerrechtl. sowie marktbezogene Beratung. ▷M&A, ▷Immobilien u. Outsourcing-Projekte, hier Schnittstelle zur anerkannten ▷IT-Praxis, insbes. Datenschutz u. Cyberrisiken. Ausl. Versicherer zu Markteintritt. Anschluss an fachbereichsübergr. ▷Compliance.

Mandate: Dt. Versicherer zu Kooperation des hauseigenen Vermittlers mit Mehrfirmenvertreter; Greensill Bank im Insolvenzverf. kreditversicherungsrechtl. sowie zu D&O-Schutz; Coya bei Zusammenschluss mit Luko; Allianz Real Estate aufsichtsrechtl. zu div. Immobilieninvestments; Uniphar Europe versicherungsrechtl. bei dt. Markteintritt durch Kauf von Correct Medical.; lfd.: Münchener Rück, Lemonade, Huk-Coburg vertriebsrechtl., Albatros Versicherungsdienste aufsichts- u. vermittlerrechtl., Delvag, Axa Partners (Dtl.), Community Life, Erwin Himmelseher Assekuranz-Vermittlung, Inter Partner Assistance, MSIG Insurance, Octium Life, Porsche.

DLA PIPER

Unternehmensbezogene Beratung ★★★

Bewertung: Die anerkannten Spezialisten für die Belange der Versicherungswirtschaft behielten ihre ausgewiesene aufsichtsrechtl. Ausrichtung bei. Dafür steht vor allem Bähr, der zu strukturellen regulator. Fragen ebenso berät wie zu produktbezogenen. Dass der branchenweit renommierte Counsel Baroch Castellvi nach wenigen Monaten bei Luther seit Frühsommer wieder zurück ist, festigt das Know-how in der Sparte Leben. Eine Stärke der Praxis ist die Zusammenarbeit mit den Teams in angrenzenden Rechtsgebieten, etwa im IT-Recht u. bei M&A-Transaktionen. Hier musste sie jedoch einige empfindliche Weggänge hinnehmen, darunter den Wechsel des M&A-Partners Eltzschig u. einer erfahrenen, auf die Beratung zu Kapitalanlagen spezialisierten Counsel (beide zu Herbert Smith). Zudem wechselte ein Counsel aus dem IT-Recht zu Clyde & Co. Damit klafft bei der bestens eingeführten Praxis in der für die Versicherer derzeit wichtigen transaktionellen Beratung eine Lücke.

Stärken: Aufsichtsrecht mit sehr enger Anbindung an Gesellschaftsrechts-, IT-, Datenschutz- u. Prozesspraxen (▷Konfliktlösung) sowie an internat. Kanzleistandorte.

Oft empfohlen: Dr. Gunne Bähr („sehr professionelle u. zuverlässige Beratung mit Fingerspitzengefühl", Mandant, Aufsichtsrecht), Jan Pohle („fantastische Fachkenntnis, sehr gutes Team", Mandant, IT-Recht), Manuel Baroch Castellvi

Team: 6 Partner, 8 Counsel, 7 Associates, 2 of Counsel

Partnerwechsel: Jan Eltzschig (zu Herbert Smith Freehills)

Versicherungsaufsichtsrecht

Allen & Overy (Düsseldorf)
Dr. Jan Schröder

BLD Bach Langheid Dallmayr (Köln)
Dr. Joachim Grote

CMS Hasche Sigle (Köln)
Dr. Winfried Schnepp

DLA Piper (Köln)
Dr. Gunne Bähr

Freshfields Bruckhaus Deringer (München)
Dr. Wessel Heukamp

Hogan Lovells (Düsseldorf)
Dr. Christoph Küppers

Linklaters (Frankfurt)
Dr. Frederik Winter

Die Auswahl von Kanzleien und Personen in Rankings und tabellarischen Übersichten ist das Ergebnis umfangreicher Recherchen der JUVE-Redaktion. Sie ist in 2erlei Hinsicht subjektiv: Die Aussagen der befragten Quellen sind subjektiv u. spiegeln deren Erfahrungen u. Einschätzungen. Die JUVE-Redaktion wiederum analysiert die Rechercheergebnisse unter Einbeziehung ihrer eigenen Marktkenntnis. Der JUVE Verlag beabsichtigt keine allgemeingültige oder objektiv nachprüfbare Bewertung. Es ist möglich, dass eine andere Recherchemethode zu anderen Ergebnissen führt. Innerhalb einzelner Gruppen in Rankings und tabellarischen Übersichten sind Kanzleien und Personen alphabetisch sortiert.

VERSICHERUNGSRECHT UNTERNEHMENSBEZOGENE BERATUNG VON VERSICHERERN

Schwerpunkte: Lfd. aufsichtsrechtl. u. marktbezogene Beratung, ▷*Versicherungsvertrags-* u. Vermittlerrecht, transaktionsbegleitend (auch Run-off) u. bei Umstrukturierungen (▷*Gesellsch.recht*, ▷*IT u. Datenschutz*). Produktspez. häufig mit Steuerrecht integriert; BaFin-Themen, ▷*Compliance* u. Organhaftung. Kapitalanlageberatung.
Mandate: Run-off-Plattform aufsichtsrechtl. u. ggü. BaFin zu behördl. Maßnahmen; Spezialversicherer, u.a. zu Schadensrisiken im Hinblick auf US-Gerichtsverf.; Erstversicherer u. aufsichtsrechtl. zu IT-Outsourcing; internat. Insurtech zu Kooperation mit Onlineplattform; internat. Rückversicherer insolvenzrechtl. zu Beteiligung an Vermittler; Lebensversicherer zu aufsichtsrechtl. Solvenzanforderungen u. zu Rückversicherungsvertrag zur Übertragung des Risikos beim Zinszusatzreserveaufbau; Krankenversicherer zu betriebl. Pflegesatzversicherung; lfd.: Berkshire Hathaway European Insurance, Zurich Insurance u. Zurich Beteiligung, Europatochter eines internat. Versicherers.

FRESHFIELDS BRUCKHAUS DERINGER
Unternehmensbezogene Beratung ★★★★★
Bewertung: Bei bedeutenden Transaktionen in der Versicherungsbranche gehört die Praxis zum kleinen Kreis der renommierten, spezialisierten Berater. Das zeigt sich zuvorderst in der Arbeit für Bieter wie Viridium in der aktuellen mrd-schweren Run-off-Transaktion in der Lebensparte von Zurich. Die Praxis war zudem in mehrere Deals im Zshg. mit der Digitalisierung der Branche eingebunden, etwa bei der €40-Mio-Beteiligung des portugies. Versicherers Fidelidade bei einem liechtenstein. Insurtech, u. berät Versicherer lfd. zur Produktregulierung. Ein Beleg für die hochkarätige streitige Arbeit ist das zivilgerichtl. Verf. der Zurich Insurance Deutschland als Kundengeldabsicherer der insolventen Thomas-Cook-Gruppe gg. die Bundesrepublik. Für das IP-/IT-Recht ist innerh. der Praxis nun Schreier zuständig, nachdem Dieselhorst im Frühsommer aus der Partnerschaft ausschied.
Stärken: Ausgeprägte fachübergr. u. internat. Zusammenarbeit.
Oft empfohlen: Dr. Wessel Heukamp
Team: 7 Partner, 1 Counsel, 13 Associates
Partnerwechsel: Dr. Jochen Dieselhorst (in Ruhestand)
Schwerpunkte: ▷*M&A* u. ▷*Gesellsch.recht*, oft grenzüberschr. Sachverhalte sowie aufsichts- u. vertragsrechtl. Beratung; Strukturierung von Kapitalanlagen für Versicherer. Auch ▷*Compliance*, Pensions- (▷*Arbeitsrecht*) u. Embargothemen.
Mandate: Zurich Insurance (Dtl.) als Kundengeldabsicherer im Zshg. mit der Insolvenz von Thomas Cook, insbes. in Zivilverf. gg. dt. Regierung; Cinven/Viridium lfd. zu Folgefragen aus Erwerb von Generali Leben, bei Kauf von Run-off-Portfolio der Zurich-Sparte Leben sowie als Bieterin für DWL-Portfolio der Axa; Run-off-Plattform zu Kauf eines dt. Rückversicherers; Fidelidade bei Mehrheitsbeteiligung an The Prosperity Group; Verisk Analytics bei Erwerb von Actineo u. bei Investition in Rocket Enterprise; Goldman Sachs, u.a. regulator. bei Übernahme von NN Investment Partners; Finanzdienstleister versicherungsaufsichtsrechtl. u. zu Provisionsdeckel; AIG, Lloyd's, internat. Rückversicherer u. internat. Versicherungsmakler lfd. zu Brexit-Folgen für Europa-Geschäft; Servicebetrieb bei Übertragung von Pensionsverbindlichkeiten an Dienstleister; Energieversorger zu Gründung eines Pensionsfonds; Bank zu Vermittlerlizenz u. -erlaubnis für Italien u. Spanien.

GLEISS LUTZ
Unternehmensbezogene Beratung ★★★
Bewertung: Der Nukleus der versichererbez. Arbeit sind die gesellschafts- u. aufsichtsrechtl. Beratung der Branchengrößen Münchener Rück, Ergo u. Talanx. Schritt für Schritt arbeitet sich das Kernteam um den Inhouse-erfahrenen Partner Harzenetter in transaktionelle Mandate vor. Inhaltl. Treiber der M&A-Aktivitäten ist immer wieder die Suche nach Effizienz mithilfe von digitalen Lösungen. Gleichz. ist die Praxis sehr gut in die Gesamtkanzlei eingebunden. Das belegt die Beratung der Aufsichtsräte von Volkswagen, Audi u. Porsche zu den beachtl. hohen Vergleichszahlungen von Vorständen u. ihren D&O-Versicherern im Dieselskandal. In die Verhandlungen waren die Versicherungsrechtler an zentraler Stelle eingebunden. Zusätzl. untermauert das Mandat auch das Know-how der Praxis in Vorstands- u. Compliance-Beratung. Eine starke Präsenz hat die Kanzlei zudem seit Jahren in der Beratung von gesetzl. Krankenversicherern.
Stärken: Partner aus versch. Fachgebieten mit Branchenkenntnis.
Oft empfohlen: Dr. Tobias Harzenetter, Dr. Hansjörg Scheel (Gesellschaftsrecht), Dr. Maximilian von Rom (Aufsichtsrecht), Dr. Ingo Brinker (Kartellrecht)
Team: 10 Eq.-Partner, rd. 20 Associates
Schwerpunkte: Aufsichtsrecht u. ▷*Compliance*, ▷*Gesellschaftsrecht*, Umstrukturierungen, ▷*M&A*. Regelm. im ▷*Kartell-*, ▷*Beihilferecht* u. bei Prozessen (▷*Konfliktlösung*) sowie Schnittstellen zum ▷*Gesundheitsrecht* u. Notariat. Fokus auch auf Beratung gesetzl. Krankenversicherer.
Mandate: Aufsichtsräte von Volkswagen, Audi u. Porsche bei Vergleichen mit D&O-Versicherern früherer Vorstände; Verband der Ersatzkassen u. alle Mitglieder zu Rückforderung von überhöhten Umsatzsteuerabrechnungen von Krankenhäusern; AOK-Bundesverband zu zentraler IT-Plattform AOK Mein Leben inkl. elektron. Patientenakte; lfd.: Ergo, Talanx, Versicherungskammer Bayern im Gesellschafts- u. Aufsichtsrecht, ADAC zu Gesellschafts- u. versicherungsaufsichtrechtl. Compliance, Münchener Rück zu HV 2022 u. zu Gesellschafts- u. Kapitalmarktrecht.

HENGELER MUELLER
Unternehmensbezogene Beratung ★★★★
Bewertung: In der Beratung von Versicherungsunternehmen durchläuft die hoch angesehene Praxis eine Zeitenwende, denn ihre Galionsfigur Dr. Daniel Wilm zog sich Anfang 2022 von der aktiven Partnerarbeit zurück, bleibt aber für einige langwierige Angelegenheiten wie Spruchverf. an Bord. Damit liegt die Verantwortung nun bei Partner Eberlein, der sich in den Augen von Wettbewerbern inzwischen gut etabliert hat. Dies untermauern hochkarätige Mandate, an denen die Anwälte unvermindert arbeiten: etwa verschiedene Projekte innerh. des neu geschaffenen Provinzial-Konzerns u. der Verkauf eines Lebenportfolios durch Axa. Auch die Mandatierung durch einen dt. Versicherer bei der finanziellen Restrukturierung der Lebensparte u. der Rückversicherung der Zinszusatzreserve belegt, dass die Praxis tief in der Branche verwurzelt ist.
Stärken: Hervorragendes Verständnis im Aufsichts- u. Gesellschaftsrecht.
Oft empfohlen: Dr. Carl-Philipp Eberlein, Dr. Daniel Wilm
Team: 12 Partner, 1 Counsel, plus Associates
Schwerpunkte: ▷*Gesellschaftsrecht*, ▷*M&A*, ▷*Investmentrecht* sowie aufsichtsrechtl. Themen. Regelm. ▷*Kartellrecht*.
Mandate: Axa bei Verkauf des DWL-Portfolios an Athora; Provinzial-Konzern u.a. bei Verschmelzung der Sachversicherer Provinzial Rheinland Versicherung u. Westfälische Provinzial Versicherung; Allianz bei RT1-Anleihe mit 2 Tranchen über $1,25 Mrd u. €1,25 Mrd sowie zu US-Verf. um Structured Alpha Fonds; Talanx bei Green Bond Framework u. €500-Mio-Anleihe; Wüstenrot & Württembergische u.a. bei Tier-2-Emission; Ottonova bei Serie-E-Finanzierungsrunde; Versicherer zu finanz. Restrukturierung der Lebentochter inkl. Rückversicherung der Zinszusatzreserve; Generali Dtl. zu Partnerschaft mit Viridium i.S. Lebensversicherung; brit. Versicherer je bei Run-off u. Bestandsübertragung im Brexit-Nachgang; Assicurazioni Generali, Axa, Continentale, u.a. lfd. in Spruchverf.; lfd.: Allianz u. VHV gesellschafts-, aufsichts- u. kartellrechtl. sowie in gerichtl. Auseinandersetzungen, R+V kartellrechtl., Talanx, Hannover Rück, Rheinland Versicherung, Protektor aufsichtsrechtlich.

HOGAN LOVELLS
Unternehmensbezogene Beratung ★★★★
Bewertung: Bei wichtigen Unternehmen aus der Versicherungswirtschaft gehört das Team aus erfahrenen Gesellschafts-, Aufsichts- u. Steuerrechtlern zu den zentralen Beratern. Dass die 3 Partner des Kernteams in der Branche bestens vernetzt sind, zeigt die laufende Tätigkeit für Gesellschaften wie Generali, Talanx u. Gothaer. Diese umfasst M&A-Transaktionen mit Versicherungsgesellschaften, insbes. grenzüberschr., ebenso wie Deals im Kapitalanlagegeschäft der Unternehmen. Exemplar. steht hierfür die Thyssengas-Transaktion, bei der die Versicherungskammer Bayern nach dem erfolgr. Kauf der Ferngas-Gruppe als Bieterin erneut auf ein Team der Kanzlei setzte.
Stärken: Steuerrechtl. Know-how, gute internat. Vernetzung.
Oft empfohlen: Birgit Reese, Dr. Christoph Louven („empfehlenswert bei Reorganisationsthemen", „beeindruckende Kenntnis des dt. Gesellschaftsrechts", Mandanten; beide Gesellschaftsrecht), Dr. Christoph Küppers („wertvolle Erfahrung u. Fachkompetenz", Mandant)
Team: 10 Partner, 4 Counsel, 4 Associates
Schwerpunkte: ▷*Gesellschafts-* u. aufsichtsrechtl. sowie steuerrechtl. Beratung, insbes. bei Umstrukturierungen. Eigenkapitalfragen, Rückstellungen u. betriebl. Altersversorgung inkl. CTA; auch Outsourcing u. Asset-Management.
Mandate: Generali Real Estate bei Kauf von Bürogebäude in Hamburg; Versicherungskammer Bayern bei gepl. Kauf von Thyssengas u. bei €720-Mio-Kauf der Ferngas-Gruppe; lfd.: Generali Deutschland u. Ergo gesellschafts- u. aufsichtsrechtl., Gothaer u. Talanx im Gesellschafts- u. Aufsichtsrecht sowie bei Transaktionen.

LINKLATERS
Unternehmensbezogene Beratung ★★★★
Bewertung: Das auf transaktionelle u. aufsichtsrechtl. Angelegenheiten bei Versicherern ausge-

UNTERNEHMENSBEZOGENE BERATUNG VON VERSICHERERN VERSICHERUNGSRECHT

richtete Team machte durch mehrere Insurtech-transaktionen auf sich aufmerksam, mit deren Hilfe sich der Partner Broichhausen weiter im Markt etablieren konnte. Das beste Bsp. dafür ist der Kauf von Finanzen.de durch die Mandantin Clark, an der sich im Gegenzug Allianz X beteiligte. Wie Allen & Overy u. Freshfields gehört die Praxis zu dem kleinen Kreis renommierter Berater, die bei branchenrelevanten Großtransaktionen das Vertrauen von Mandanten genießen. Das zeigt sich u.a. daran, dass sie mit mehreren Teams Bieterinnen im Rennen um die Lebensversicherungsportfolios von Zurich und Axa beriet. Im Aufsichtsrecht vertritt Winter einerseits ggü. den dt. u. europ. Regulatoren, andererseits berät er etwa internat. Asset-Manager zu Produkten, die sich an Versicherer richten, u. schlägt so den Bogen zu dem renommierten ▷Fondsteam. Ein zukunftsträchtiges Beratungsfeld stellt zudem die ▷betriebl. Altersvorsorge. Mandanten loben in diesem Bereich einen renommierten Arbeitsrechtspartner, der im Frühjahr 2021 zu Linklaters kam.

Stärken: Transaktionen im Versicherungsumfeld, Aufsichtsrecht (▷Bank- u. Bankaufsichtsrecht).

Oft empfohlen: Dr. Wolfgang Krauel („großer Erfahrungsschatz u. Dienstleistungsorientierung in Perfektion", Mandant), Dr. Frederik Winter („großes, praxisnahes Know-how", Mandant; Aufsichtsrecht), Peter Waltz

Team: 8 Partner, 1 Counsel, 15 Associates

Schwerpunkte: Branchenspezif. ▷Gesellschaftsrecht, M&A, Vertrieb, Kapitalanlagen, Rückversicherung. Kapitalmarktrecht u. Eigenkapitalanforderungen (▷Anleihen, ▷Börseneinführ. u. Kapitalerhöhung), ▷Investmentfonds.

Mandate: Clark bei Kauf von Finanzen.de u. bei Beteiligung durch Allianz X sowie bei Umwandlungen in Aktienges. u. Societas Europaea; Element Insurance lfd. bei Finanzierungsrunden; Athora u. Frankfurter Leben je als Bieterin für Zurich-Lebensversicherungsportfolio; Lebensversicherer zu Rückversicherungsstruktur; internat. Versicherer zu Konsolidierung eines Geschäftsbereichs; südafrikan. Versicherer zu strateg. Partnerschaft mit europ. Versicherer; europ. Versicherer aufsichtsrechtl. zur Nutzung alternat. Investments; div. Asset-Manager regulator. zu Erwerbbarkeit von Fondsanteilen; Finanzkonzern bei Rückversicherungstransaktion bzgl. belg. Lebenportfolio; europ. Vermittler lfd. zu IDD-Governance; US-Versicherer zu Auf- u. Ausbau des Europa-Geschäfts; dt. Unternehmen zur regulator. Klassifikation, u.a. ggü. BaFin.

NOERR

Unternehmensbezogene Beratung ★★

Bewertung: Die Praxis deckt eine breite Palette an bedeutsamen Beratungsfeldern ab, die vom Aufsichtsrecht bis zu alternativen Kapitalanlagen reicht. Dazu zieht das Kernteam lfd. Spezialisten aus den notwendigen Rechtsgebieten hinzu. Hervorzuheben ist unter diesen Feldern die Beratung zu Geschäftsmodellen u. Erlaubnispflichten, die sich beim Eintritt in den dt. Versicherungsmarkt, bei Onlineplattformen u. bei Dienstleistungsunternehmen immer wieder stellen. Auch IT-Projekte im Kernbereich des Versicherungsgeschäfts wie bei der Debeka u. anderen, tlw. internat. Versicherern zeichnen die Arbeit des Teams aus. Belege für das transaktionelle Know-how sind die Mandate eines ausl. Spezialversicherers, der sein Dtl.-Geschäft abgibt, u. die €55-Mio-Erweiterung einer Finanzierungsrunde bei Getsafe. Dass die Praxisgruppe auch in Krisensituationen versiert ist, zeigen die Mandate einer in Nöte geratenen Versorgungskasse u. der Vgl. über Schadensersatzansprüche, bei dem sie eine Aktuarsgesellschaft beriet. Der Erfolg des Kernteams spiegelt sich in der Ernennung einer Sal.-Partnerin Anfang 2022 wider, die bereits erste positive Rückmeldungen aus dem Markt bekommt.

Oft empfohlen: Dr. Thomas Heitzer

Team: 10 Eq.-Partner, 2 Sal.-Partner, 4 Associates

Schwerpunkte: Lfd. Beratung im ▷Gesellschafts- u. Aufsichtsrecht sowie ▷M&A u. Kapitalanlage. Zudem Finanz- u. ▷Kartellrecht, IT-Outsourcing, Datenschutz, ▷Arbeitsrecht, bAV sowie ▷Vertriebsrecht u. ▷Konfliktlösung.

Mandate: Debeka bei Erneuerung der Kern-IT-Landschaft in der Krankenversicherung u. angrenzenden Systemen; Immobilienunternehmen ggü. BaFin bzgl. Erlaubnispflicht des Geschäftsmodells; internat. Spezialversicherer zu geplant. Verkauf des Dtl.-Geschäfts; Getsafe bei €55-Mio-Erweiterung der Serie-B-Finanzierung; Erstversicherer bei Übertragung eines UBR-Bestandes im Run-off u. Rückversicherungsverträgen; Erstversicherer aufsichts- u. gesellschaftsrechtl. zu Beteiligung an poln. Tochter; Heycar-Gruppe bei Einstieg durch Allianz X; Onlineplattform aufsichtsrechtl. zu Kfz-Garantie- u. Versicherungsgeschäfts; Versicherer aufsichts- u. kapitalmarktrechtl. zu nachrangig. Tier-1-Schuldverschreibungen; LVM bei Verkauf der AAB-Leasingsparte an PEAC (Germany); internat Technologiekonzern bei Gründung eines Vermittlers in Dtl.; Versorgungskasse bei Bestandsübertragung u. gepl. Liquidation; Aktuarsgesellschaft bei Vergleich über Schadensersatzansprüche aus Schieflage einer Pensionskasse; lfd.: 6 Krankenversicherer zu gemeinsamen Leistungsmanagement, Kfz-Versicherer als Koordinatorin der datenschutzrechtl. Beratung im Ausland; BVK zu AIF-Investments.

OPPENHOFF & PARTNER

Unternehmensbezogene Beratung ★★

Bewertung: Die versichererbez. Arbeit der Praxis fußt auf der transaktionellen u. aufsichtsrechtl. Beratung. Davon ausgehend verbreitete die Kanzlei ihr Spektrum zunächst Richtung IT- u. datenschutzrechtl. Beratung, etwa für den PKV. Inzwischen sind auch arbeits- u. kartellrechtl. Themen einbezogen. Beispiele für diesen Ausbau sind der Kauf des ital. Sachversicherers Val Piave durch VHV u. interne Strukturüberlegungen eines dt. Versicherers, denn beide Angelegenheiten reichen inhaltl. über das Kerngebiet hinaus. Dass dieser rechtsgebietsübergr. Ansatz erfolgr. ist, zeigen wiederkehrende Mandatierungen, u.a. von Roland Rechtsschutz, u. das Großprojekt eines dt. Versicherers zu einer neuen App u. zugehöriger datenschutzrechtl. Anforderungen innerh. der Gruppe.

Stärken: Enge Zusammenarbeit mit anerkannter ▷IT-Praxis.

Oft empfohlen: Dr. Peter Etzbach, Christof Gaudig

Team: 6 Eq.-Partner, 3 Sal.-Partner, 3 Associates

Schwerpunkte: ▷M&A (auch Run-off u. W&I in Transaktionen) sowie lfd. ▷gesellsch.rechtl. u. aufsichtsrechtl. Mandate. Beratung zu Produktgestaltung, Vertrieb, Kapitalanlagen, Outsourcing, Datenschutz (▷IT u. Datenschutz) u. ▷Compliance. Auch Prozesse u. Schiedsverfahren.

Mandate: VHV, u.a. bei Aufbau der Geschäftseinheit VHV Internat., bei 91%-Beteiligung an Val Piave u. bei Kauf von InterEurope-Gruppe; global. Maschinenhersteller zu Garantieleistungen; dt. Versicherer zu App in den Bereichen Mobility u. Services; dt. Versicherungsgruppe datenschutzrechtl.; Zurich Dtl., u.a. zu Post-M&A-Themen bei Kauf von Dentolo; lfd.: Allianz Global Life zu Maklervertrieb u. zu Betriebsrentenprodukten, Generali Dtl. bei Kapitalanlagen, Arch Insurance (Dtl.) regulator., CyberDirect/Cari, Donau Versicherung, Forte Versicherungs-Vermittlung, FVV Ford Versicherungs-Vermittlung, Mirascon, Verband der Privaten Krankenversicherung, Rheinland Versicherungen aufsichtsrechtl., Roland Rechtsschutz, Smava aufsichtsrechtl. zu Versicherungsvermittlung, Hannover Rück.

TAYLOR WESSING

Unternehmensbezogene Beratung ★★

Bewertung: Die Praxisgruppe ist anerkannt für ihr Know-how in rückversicherungs- u. vertriebsrechtl. Angelegenheiten, darunter auch im Streitigen. Das zeigt sich in branchenweit beachteten Verf. zwischen Erst- u. Rückversicherern u. langj. Mandatsbeziehungen im Vertriebsrecht, etwa zur Ergo-Gruppe. Aus dieser Position heraus gelang es den Beratern zuletzt auch, ausl. Versicherer mit Interesse an einem Einstieg in den dt. Markt als Mandanten zu gewinnen. Eine weitere Stärke ist die Zusammenarbeit mit den Bereichen Gesundheits- u. IT-Recht, die in der Arbeit für die Gothaer u. die Partner Re zum Tragen kamen. M&A-Transaktionen wie der Zusammenschluss zur On Service Group oder der Finanzierungsrunde bei Finlex spielen in der Praxis dagegen eine untergeordnete Rolle.

Stärken: Erfahrung mit Rückversicherungs- u. Vertriebsverträgen.

Oft empfohlen: Dr. Gunbritt Kammerer-Galahn („exzellente Betreuung u. Fachwissen", Mandant)

Team: 6 Eq.-Partner, 3 Sal.-Partner, 5 Associates

Schwerpunkte: Vertriebsrecht, Compliance u. Risikomanagement (insbes. vor dem Hintergrund von IDD u. Datenschutz (▷IT u. Datenschutz), Produktgestaltung u. Rückversicherung. Auch ▷M&A u. D&O-Prozesse, Gesellschaftsrechtl. Streitigk. (▷Versicherungsprozesse). Gesetzl. Krankenkassenrecht.

Mandate: Gothaer Finanzholding/Gothaer Krankenversicherung zu Gesundheits-App; Münchner Rück/New Reinsurance zu Kumulschäden in div. Versicherungssparten; Partner Re Europe (Zürich) regulat. zu DSGVO-Anforderungen; On Service bei Zusammenschluss mit fpb; Axa Versicherung zu Run-off des passiven Rückversicherungsportfolios inkl. gerichtl. Streitigkeiten; Crédit Agricole Assurance, u.a. zu Vertriebskooperationen mit CreditPlus Bank u. FCA Bank; ING-DiBa bei Vertriebskooperation mit Axa in Dtl.; Finlex bei €12-Mio-Serie-A-Finanzierungsrunde durch Blackfin. Lfd.: Chubb, Ergo-Gruppe versicherungsvertriebsrechtl., Debeka, R+V Re, gesetzl. Krankenkasse regulatorisch.

VERTRIEB, HANDEL UND LOGISTIK CO-PUBLISHING/ANZEIGE

Lieferkettensorgfaltspflichtengesetz: Wie werden Unternehmen ihrer Verantwortung für ihre internationale Lieferketten gerecht?

Von Felix Heckmann und Lothar Köhl, Hoffmann Liebs, Düsseldorf

Lothar Köhl

Die Schwerpunkte der Tätigkeit von Rechtsanwalt **Lothar Köhl** liegen in der nationalen und internationalen vertriebs-, handels- und gesellschaftsrechtlichen Beratung von Unternehmen einschließlich der Beratung im Wettbewerbsrecht sowie im Anlagenbau und bei Projektgeschäften.

Felix Heckmann

Rechtsanwalt **Felix Heckmann** berät Mandanten im Handels- und Gesellschaftsrecht, im Vertriebsrecht, im Recht der Allgemeinen Geschäftsbedingungen sowie im Wettbewerbsrecht.

Hoffmann Liebs ist mit mehr als 60 Rechtsanwältinnen und Rechtsanwälten am Standort Düsseldorf tätig. Die Kanzlei berät seit 1979 mittelständische Unternehmen und internationale Konzerne ebenso wie die öffentliche Hand bei komplexen und anspruchsvollen wirtschaftsrechtlichen Mandaten.

Kontakt
Hoffmann Liebs
Kaiserswerther Straße 119
40474 Düsseldorf

Lothar Köhl
lothar.koehl@hoffmannliebs.de

Felix Heckmann
felix.heckmann@hoffmannliebs.de

www.hoffmannliebs.de

Weitere Informationen zur Kanzlei in der Anzeige auf Seite 46

Mit zunehmender Globalisierung der Wirtschaft und den damit einhergehenden Auswirkungen auf das soziale Miteinander innerhalb der Weltgemeinschaft, als auch auf die Umwelt wird für Unternehmen das Thema Corporate Social Responsiblity (CSR) immer wichtiger. Unter CSR ist die gesellschaftliche Verantwortung von Unternehmen im Sinne eines nachhaltigen Wirtschaftens zu verstehen. Hiervon erfasst werden soziale, ökologische und ökonomische Aspekte. Mit Verabschiedung des Gesetzes über die unternehmerischen Sorgfaltspflichten in Lieferketten (kurz Lieferkettensorgfaltspflichtengesetz – LkSG) wird die Verantwortung von Unternehmen in Deutschland für die Achtung von Menschenrechten und den Umweltschutz in globalen Lieferketten erstmals verbindlich geregelt. Das LkSG wird am 01.01.23 in Kraft treten. Durch das LkSG sollen Menschenrechte und Umweltbelange in den Lieferketten geschützt und gestärkt werden, indem den Unternehmen die Einhaltung bestimmter Sorgfaltspflichten auferlegt werden.

Unmittelbarer Anwendungsbereich des LkSG

Das LkSG ist auf alle Unternehmen anzuwenden,
- die ihre Hauptverwaltung, ihre Hauptniederlassung, ihren Verwaltungssitz oder ihren satzungsmäßigen Sitz im Inland, d.h. in Deutschland haben
- und in der Regel mindestens 3.000 Arbeitnehmer im Inland beschäftigen. Dieser Schwellenwert gilt für Unternehmen ab dem 01.01.23. Ab dem 01.01.24 wird dieser Schwellenwert auf 1.000 Arbeitnehmer gesenkt.

Die Rechtsform des Unternehmens (z.B. GmbH, AG) ist unerheblich. Innerhalb von verbundenen Unternehmen (Konzernen) kann die deutsche Obergesellschaft (Konzernmutter) auch dann in den Anwendungsbereich des LkSG fallen, wenn sie allein die maßgeblichen Schwellenwerte nicht erreicht. Die Konzernmutter muss sich die im Inland beschäftigten Arbeitnehmer sämtlicher konzernangehöriger Gesellschaften bei der Berechnung der Arbeitnehmerzahl zurechnen lassen. Erreicht die Konzernmutter auf diesem Weg die maßgeblichen Schwellenwerte, ist das LkSG auf die Konzernmutter anzuwenden. Eine ausländische Muttergesellschaft wird nicht vom LkSG erfasst. Unmittelbar betroffen von dem LkSG sind ab 2023 ca. 950 Unternehmen und ab 2024 ca. 5.000 Unternehmen.

Mittelbarere Betroffenheit für kleine und mittlere Unternehmen

Das LkSG ist ebenso für Unternehmen von Bedeutung, die die maßgeblichen Schwellenwerte nicht erreichen und damit nicht in den unmittelbaren Anwendungsbereich des LkSG fallen. Es ist bereits jetzt festzustellen, dass diese Unternehmen mittelbar betroffen sein werden. Sind diese Unternehmen bspw. Zulieferer oder sonstiger Lieferanten eines unmittelbar in der gesetzlichen Verantwortung des LkSG stehenden Unternehmens, wird dieses unmittelbar betroffene Unternehmen seine nachstehenden Verpflichtungen nach dem LkSG vertraglich (über Einkaufsbedingungen oder angepasste Lieferverträge bzw. einen angepassten Code of Conduct) auf das kleine oder mittlere Unternehmen übertragen bzw. weiterreichen. Über diesen Umweg werden auch viele kleine und mittlere Unternehmen, die eigentlich nicht dem LkSG unterfallen, mittelbar zur Erfüllung der nachstehenden Anforderungen über die Lieferkette verpflichtet.

EU-Lieferkettengesetz

Bereits jetzt sollte berücksichtigt werden, dass die EU-Kommission am 23.02.22 einen Vorschlag für ein eigenes EU-Lieferkettengesetz vorgelegt hat. Der Entwurf sieht vor, dass das EU-Gesetz schon für Unternehmen ab 500 bzw. 250 Arbeitnehmer (in besonders gefährlichen Branchen, z.B. Textilbranche) gelten soll. Anders als beim deutschen LkSG sollen EU-Unternehmen nach dem EU-Lieferkettengesetz auch zivilrechtlich haftbar gemacht werden, wenn von einem Zulieferer der Verstoß gegen Menschenrechte oder Umweltschutz begangen wurde. Sollte das EU-Lieferkettengesetz in seiner derzeitigen Form verabschiedet werden, müsste daher das LkSG noch einmal angepasst und verschärft werden.

Verpflichtung für Unternehmen nach dem LkSG

Das LkSG verpflichtet die unter den Anwen-

CO-PUBLISHING/ANZEIGE **VERTRIEB, HANDEL UND LOGISTIK**

dungsbereich fallenden Unternehmen, in ihren Lieferketten die nachstehenden menschenrechtlichen und umweltbezogenen Sorgfaltspflichten in angemessener Weise zu beachten:

Risikomanagement, Risikoanalyse und Beauftragter

Gefordert wird die Einrichtung eines angemessenen und wirksamen Risikomanagements. Dies erfordert solche Maßnahmen, die es ermöglichen, menschenrechtliche und umweltbezogene Risiken zu erkennen, Verletzungen geschützter Rechtspositionen oder umweltbezogener Pflichten vorzubeugen, sie zu beenden oder sie zu minimieren, wenn das Unternehmen diese Risiken oder Verletzungen innerhalb der Lieferkette verursacht oder dazu beigetragen hat. Ferner muss eine zuständige Person – z. B. ein Menschrechtsbeauftragter – ernannt werden. Im Rahmen dieses Risikomanagements hat das Unternehmen eine angemessene Risikoanalyse durchzuführen, um die menschenrechtlichen und umweltbezogenen Risiken im eigenen Geschäftsbereich sowie bei seinen unmittelbaren Zulieferern zu ermitteln.

Grundsatzerklärung und Präventionsmaßnahmen

Sofern ein Unternehmen im Rahmen einer Risikoanalyse ein Risiko feststellt, hat es unverzüglich angemessene Präventionsmaßnahmen zu ergreifen. Zudem muss eine Grundsatzerklärung über die Menschenrechtstrategie des Unternehmens verabschiedet werden. Das Unternehmen muss ebenfalls angemessene Präventionsmaßnahmen gegenüber einem unmittelbaren Zulieferer verankern, hierzu zählen z. B. Entwicklung und Implementierung geeigneter Beschaffungsstrategien und Einkaufspraktiken, die Durchführung von Schulungen sowie die Durchführung von Kontrollmaßnahmen.

Abhilfemaßnahmen und Beschwerdeverfahren

Stellt das Unternehmen fest, dass die Verletzung einer geschützten Rechtsposition oder einer umweltbezogenen Pflicht in seinem eigenen Geschäftsbereich oder bei einem unmittelbaren Zulieferer bereits eingetreten ist oder unmittelbar bevorsteht, hat es unverzüglich angemessene Abhilfemaßnahmen zu ergreifen. Sofern dies nicht in absehbarer Zeit möglich ist, muss unverzüglich ein Konzept zur Minimierung erstellt und umgesetzt werden. Zu derartigen Maßnahmen im Rahmen des Konzepts gehören ein gemeinsamer Plan, Brancheninitiativen oder sogar die temporäre Aussetzung der Geschäftsbeziehung. Allerdings ist ein Abbruch der Geschäftsbeziehung nur dann geboten, wenn es sich um eine schwerwiegende Verletzung handelt, das Konzept keine Abhilfe schafft und dem Unternehmen keine milderen Mittel zur Verfügung stehen. Im Unternehmen muss ein internes Beschwerdeverfahren eingerichtet werden für unmittelbar betroffene Personen und Personen, die Kenntnis von möglichen Verletzungen haben. Es muss eine Verfahrensordnung geschaffen werden und Informationen zum Beschwerdeverfahren müssen öffentlich zugänglich sein.

Mittelbare Zulieferer

Sofern das Unternehmen substantiierte Kenntnis über eine mögliche Verletzung einer geschützten Rechtsposition oder einer umweltbezogenen Pflicht bei mittelbaren Zulieferern erlangt, so hat das Unternehmen anlassbezogen unverzüglich eine Risikoanalyse durchzuführen und unter anderem angemessene Präventionsmaßnahmen gegenüber dem Verursacher zu ergreifen. Bereits bei Entstehung des Gesetzes wurde kritisiert, was genau substantiierte Kenntnis (ein Wertungsbegriff) sein soll.

Dokumentation und Berichtspflicht

Das Gesetz verlangt eine fortlaufende Dokumentation über die Maßnahmen zur Erfüllung der Sorgfaltspflichten. Zudem muss das Unternehmen jährlich einen Bericht über die Erfüllung seiner Sorgfaltspflichten im vergangenen Geschäftsjahr erstellen. Dieser Bericht muss spätestens vier Monate nach dem Schluss des Geschäftsjahres auf der Internetseite des Unternehmens für einen Zeitraum von sieben Jahren kostenfrei öffentlich zugänglich gemacht werden.

Behördliche Kontrolle, Durchsetzung und Sanktionen

Das Bundesamt für Wirtschaft und Ausfuhrkontrolle (BAFA) ist die für das LkSG zuständige Behörde. Die Behörde kann von Amts wegen und auf Antrag betroffener Personen tätig werden und geeignete und erforderliche Anordnungen und Maßnahmen treffen (z. B. Ladung von Personen, Plan zur Behebung der Missstände anfordern, konkrete Handlungen werden aufgegeben). Sofern Pflichten nach dem LkSG verletzt werden, sind Ordnungswidrigkeiten/Bußgelder von bis zu 800.000 Euro für natürliche Personen und von bis zu 8 Mio. Euro für juristische Personen vorgesehen. Bei Unternehmen mit durchschnittlichem Jahresumsatz von mehr als 400 Mio. Euro sind Geldbußen von bis zu 2% des durchschnittlichen Jahresumsatzes möglich. Hinzu kommt der Ausschluss von der Vergabe öffentlicher Aufträge bei einem festgestellten Verstoß ab einer gewissen Schwere.

Folgen für unmittelbar betroffene Unternehmen

Unternehmen, die unmittelbar vom LkSG betroffen sind, sollten folgende Punkte umsetzen:

- eine Risikoanalyse durchführen
- Lieferantenverträge ggf. anpassen bzw. ändern
- die Compliance-Organisation um Aspekte der Menschenrechte sowie Umweltschutz/Nachhaltigkeit ergänzen
- ein Beschwerdesystem einrichten
- einen Kodex für Lieferanten erstellen bzw. anpassen
- bestehende D&O-Versicherungen abstimmen, um etwaige Deckungslücken zu vermeiden
- interne Zuständigkeiten klären und einen Beauftragten ernennen

Folgen für mittelbar betroffene Unternehmen

Das mittelbar betroffene Unternehmen sollte die zu erwartenden Anpassungen der Verträge mit unmittelbar betroffenen Unternehmen äußerst sorgsam prüfen und ggf. wiederum den eigenen Lieferanten vertraglich die ihm auferlegten Verpflichtungen weiterreichen. ■

KERNAUSSAGEN

- Unternehmen sollten sorgfältig prüfen, ob sie in den unmittelbaren Anwendungsbereich des LkSG fallen.
- Auch wenn das LkSG nicht unmittelbar zur Anwendung kommt, müssen kleine und mittlere Unternehmen beachten, dass sie mittelbar betroffen sein werden, z.B. als Zulieferer eines in der gesetzlichen Verantwortung des LkSG stehenden Unternehmens. Dieses Unternehmen wird seine Verpflichtungen nach dem LkSG an die kleinen und mittleren Unternehmen durch vertragliche Regelungen weiterreichen.
- Unmittelbar betroffene Unternehmen werden unter anderem ihre Vertragsunterlagen (Lieferantenverträge, AGB, Kodex für Lieferanten) anpassen müssen.
- Kleine und mittlere Unternehmen sollten äußerst sorgsam etwaige Änderungen ihrer Verträge mit unmittelbar betroffenen Unternehmen prüfen und auch Verpflichtungen an die eigenen Zulieferer weiterreichen.

Vertrieb, Handel und Logistik

Vertrieb im Krisenmodus

Es begann mit der Corona-Pandemie. Es folgten Engpässe und Lieferkettenunterbrechungen bei wichtigen Produkten. Als wäre das noch nicht genug, brach Anfang 2022 der Ukraine-Krieg aus. Die Wirtschaft kommt aus dem Krisenmodus nicht mehr heraus. Unternehmen, die sich gerade von diversen Lockdowns und Corona-Beschränkungen erholt hatten, brachen nach dem Einmarsch russischer Truppen in die Ukraine kurzentschlossen ihre Zelte in Russland ab, und Vertriebsrechtler, die kurz zuvor noch zu Force-majeure-Klauseln und Betriebsschließungen im Zusammenhang mit der Pandemie berieten, mussten nun Wege finden, die vereinbarten Vertriebs- und Kooperationsverträge mit russischen Geschäftspartnern zu beenden. Als Folge davon erwarten Experten für die kommenden Jahre eine Welle an Klagen, die aus fristlosen Kündigungen und nicht erfüllten Liefervereinbarungen resultieren. Dann dürfte die Stunde für Kanzleien wie **Luther**, **CMS Hasche Sigle** oder **Freshfields Bruckhaus Deringer** schlagen, die Erfahrung mit internationalen Schiedsverfahren haben, die in grenzüberschreitenden Streitigkeiten oft das Mittel der Wahl sind.

Konfliktpotenzial gab es bereits zuvor reichlich durch die Auswirkungen der Pandemie und die Engpässe bei zahlreichen Rohstoffen, die ihrerseits zu Lieferverzögerungen und Preisanstiegen bei vielen Produkten führten. Bei den daraus entstehenden Auseinandersetzungen um Vertragsanpassungen kommen Einheiten mit ausgeprägter Vernetzung zwischen Vertriebsrecht und Konfliktlösung wie **Gleiss Lutz** und **Bird & Bird** zum Zuge. Kaum verwunderlich, dass beide die konfliktnahe Beratung im Vertriebsrecht mit Counseln verstärken. Sie sind ähnlich wie **Haver & Mailänder** und **Clifford Chance** auch stark mit Produkthaftungsfragen befasst, die seit Einführung der neuen Marktüberwachungsverordnung 2021 an Bedeutung zunehmen.

Seit Inkrafttreten der neuen Vertikalen Gruppenfreistellungsverordnung im Mai 2022 häufen sich bei den Unternehmen zudem wieder kartellrechtliche Fragen beim Direkt- und Selektivvertrieb. Dabei positionieren sich Praxen mit einer starken Anbindung an das Kartellrecht, etwa **Heuking Kühn Lüer Wojtek**, aber auch kleine Boutiquen wie **Harmsen Utescher**.

Außerdem müssen Verträge und AGBs an das seit Anfang 2022 geltende neue Kaufrecht angepasst werden, mit dem Deutschland die EU-Warenkaufrichtlinie umsetzt. Es umfasst neben digitalen Produkten und Dienstleistungen auch sämtliche Waren mit digitalen Elementen und beinhaltet haftungsrelevante Änderungen, die bei Verstoß teuer für die Unternehmen werden können. Wer bei der Vertragsanpassung auf Legal Tech setzt, wie **Clifford Chance** oder **Baker McKenzie**, kann diese und andere Gesetzesänderungen schnell umsetzen.

Sicher eine der wichtigsten Entwicklungen markierte das neue Lieferkettensorgfaltspflichtengesetz (LkSG), das ab 2023 in Kraft tritt und Unternehmen dazu verpflichtet, in ihrer Lieferkette Mindestanforderungen für Sozial- und Umweltstandards einzuhalten. Früh hat sich hierzu **Baker McKenzie** positioniert. Während sie das Thema aus der Compliance- und Außenwirtschaftspraxis heraus berät, bauen Wettbewerber hierzu Kompetenzen in den Vertriebsrechtsteams auf. Besonders engagiert zeigen sich dabei **CMS Hasche Sigle**, **Taylor Wessing** und **Noerr**.

In Zeiten unsicherer Lieferketten rücken die Themen Transport und Logistik in den Vordergrund. Während viele Kanzleien zur Gestaltung von Logistikverträgen beraten, weisen nur wenige ausgewiesene Kompetenzen im Transportrecht auf, darunter **GvW Graf von Westphalen** und **SKW Schwarz**.

Die Bewertungen behandeln Kanzleien, die zu Fragen rund um Vertrieb, Handel und Logistik beraten. Gegenstand der Mandate sind Vereinbarungen innerhalb (internationaler) Lieferketten und anderer unternehmerischer Kooperationen, etwa Handelsvertreter-, Vertragshändler-, Direkt-, Strukturvertriebs-, Vertriebskartell- u. Lizenzrecht sowie Franchising. Spezialisten für streitige und Schiedsverfahren finden sich im Kapitel ▷Konfliktlösung.

JUVE KANZLEI DES JAHRES FÜR VERTRIEB, HANDEL UND LOGISTIK

CMS HASCHE SIGLE

Kaum eine andere Vertriebsrechtspraxis kann in Sachen Personalstärke und fachlicher Breite mit CMS mithalten. Dadurch schafft es das Team immer wieder, in marktprägenden Themen wie der Digitalisierung des Handels und der E-Mobilität präsent zu sein. Zugleich kann es auch schnell auf neue Herausforderungen reagieren. Zuletzt gelang das etwa bei notwendigen Preisanpassungen aufgrund von Lieferengpässen bei Rohstoffen und der daraus resultierenden Abwehr von Lieferansprüchen.

Doch die Praxis ist mehr als nur die Summe ihrer Teile: Das demonstriert sie mittlerweile regelmäßig bei komplexen internationalen Vertriebsprojekten, wie zum Beispiel Ionity. Dabei glänzt CMS mit einer reibungslosen Verzahnung verschiedener Praxisgruppen und der immer besser funktionierenden internationalen Vernetzung innerhalb des Kanzleiverbundes. Auch die konsequente Fokussierung auf einzelne Sektoren zahlt sich nun aus und bescherte dem Team hochvolumige Projektarbeit für Mandanten aus Schlüsselbranchen wie Automotive, Energie und Medizin.

Dank eines sorgsam vorbereiteten Generationswechsels kann die Praxis das altersbedingte Ausscheiden von gleich 3 Seniorpartnern gut verkraften. Zugleich bleibt Raum für jüngere Partner, Trendthemen wie das LkSG in Angriff zu nehmen, das CMS gezielt aus dem Vertriebsrecht heraus aufbaut und zu dem die Kanzlei bereits einige namhafte Mandanten berät.

VERTRIEB, HANDEL UND LOGISTIK

BAKER MCKENZIE
Vertriebssysteme ★★★★

Bewertung: Die Praxis berät v.a. langj. Mandanten umf. zum Vertriebs-, Vertrags- u. Kartellrecht. Das breite Know-how zu sämtl. Themen des Vertriebsrechts setzt sie regelm. bei internat. Großprojekten für namh. Konzerne wie Daimler u. Amer Sports ein. Dabei koordiniert das Team erfolgr. die Zusammenarbeit mit anderen Fachgebieten u. den ww. Büros u. spielt seine Branchenkenntnis insbes. in Automobil-, Konsumgüter- u. Pharmasektor aus. Ein Bsp. ist CureVac, die die Vertriebsrechtler mit der renommierten ▷Gesundheits- u. der ▷Vergaberechtspraxis im Zshg. mit Lieferungen von Corona-Impfstoffen bei Verhandlungen mit Regierungen div. Staaten berät. Auch bei neuen Rechtsfragen, etwa dem Kaufrecht oder dem LkSG, spielt BM trad. an vorderster Front. So treten Mandanten zunehmend im Zshg. mit der Implementierung von ESG-Richtlinien in der Lieferkette an die Kanzlei heran u. profitieren dabei von der gr. Erfahrung einer renommierten ▷Außenwirtschaftsrechtlerin in der Beratung zu Menschenrechten u. Umweltschutz. Gleichz. vertritt das Team regelm. Mandanten in Prozessen. So erzielte Spenner für Asics einen Erfolg im Streit um Schadensersatz gg. einen Sportartikelhändler, der nun beim BGH anhängig ist.

Stärken: Grenzüberschr. u. globale Großprojekte.

Oft empfohlen: Dr. Ulf Wauschkuhn („pragmat. u. gut vernetzt", Wettbewerber), Katharina Spenner („sehr praxisorientiert u. pragmatisch, exzellente Fachkenntnisse in Kartellrecht u. Industrie, schnelle Reaktionszeit", Mandant; „echte Expertin", Wettbewerber), Dr. Johannes Teichmann („pragmatischer Verhandler", „kann auch dicke Bretter bohren", Wettbewerber)

Team: 1 Eq.-Partner, 2 Sal.-Partner, 2 Counsel, 3 Associates

Schwerpunkte: Umf. vertriebsrechtl. Beratung. Vertragshändler-, Handelsvertreter- u. Kommissionärsvertragsrecht, Aufbau u. Restrukturierung von meist internat. Systemen. Gestaltung von Lager-, Logistik- sowie Anlagenbauverträgen. Vertriebskartellrecht, auch Franchise. Regelm. an der Schnittstelle zum Steuer-, ▷Kartell- sowie ▷Marken- u. ▷IT-Recht (E-Commerce u. Digitalisierung).

Mandate: Vertriebssysteme: Amer Sports umf. u.a. zu Vertriebsverträgen für versch. Marken in div. Ländern; CureVac im Zshg. mit Lieferung von Corona-Impfstoffen in div. Ländern; Rakuten zu Aufbau von 5G-Mobilfunknetz für 1&1 in Dtl.; Daimler, u.a. zu Standardvertriebsverträgen in div. Ländern; lfd.: GEA, Giesecke Devrient, Karl Storz, VF Corp., Schülke & Mayr. **Prozesse:** Asics im Streit mit Händler um Selektivvertrieb (aktuell vor BGH). **Logistik:** Werkzeughersteller zu internat. Logistikverträgen.

BIRD & BIRD
Vertriebssysteme ★★★

Bewertung: Im Vertriebsrecht liegt die Kernkompetenz der Kanzlei auf der Beratung u. Prozessvertretung der Kfz-Zulieferbranche u. des Energiesektors. Diese Schwerpunkte im Blick, baute B&B das Team zuletzt deutl. aus u. vollzog dabei einen Generationswechsel. Nachdem der renommierte Dr. Christian Kessel die Kanzlei verließ, steht nun der junge ▷Konfliktlösungspartner Egler v.a. für die prozessnahe Beratung etwa zu Haftungs- u. Gewährleistungsfragen, während der ▷D'dorfer Partner Spilker neben seiner ebenfalls regen Prozesstätigkeit auch zur Gestaltung von Vertriebs- u. Logistikverträgen berät. Gleichzeitig verstärkte sich die Praxis in ▷Frankfurt u. ▷München mit 2 Counseln, die Erfahrung in Konfliktlösung mitbringen. Mit den Zugängen, auch auf Associate-Ebene, erhöht B&B ihre Schlagkraft für die Beratung, v.a. aber auch Auseinandersetzungen in den Kernsektoren Automobil, Energie u. Technologie, die in Zukunft im Zshg. mit Lieferengpässen bei div. Rohstoffen u. Unterbrechungen der Lieferkette weiter zunehmen dürften. Gleichz. stärkte B&B die vertragsrechtl. Beratung mit der Ernennung eines jungen Partners in HH, wo bisher Lars Kyrberg v.a. zu ▷Energieprojekten berät. Damit unterstreicht die Kanzlei ihr Engagement, im Vertriebsrecht auch in der Fläche zu wachsen.

Stärken: Erfahrung in der Kfz-Branche u. bei erneuerbaren Energien.

Oft empfohlen: Dr. Philipp Egler, Dr. Matthias Spilker

Vertriebssysteme

★★★★★
Hogan Lovells	Hamburg, München, Düsseldorf
Noerr	Berlin, München, Frankfurt, Brüssel, Hamburg

★★★★
Baker McKenzie	München, Frankfurt, Düsseldorf
CMS Hasche Sigle	Köln, Stuttgart, München, Brüssel, Hamburg
DLA Piper	München, Köln, Hamburg
Luther	Düsseldorf, Essen, Köln, Stuttgart, Brüssel
Osborne Clarke	Köln, Hamburg, München
Taylor Wessing	München, Hamburg, Frankfurt

★★★
Clifford Chance	Düsseldorf, Frankfurt, München
Eversheds Sutherland	München
Freshfields Bruckhaus Deringer	Frankfurt, Düsseldorf, Hamburg u.a.
Gleiss Lutz	Stuttgart, Frankfurt, München
Heuking Kühn Lüer Wojtek	Köln, München, Hamburg

★★★
Bird & Bird	Frankfurt, Düsseldorf, München, Hamburg, Brüssel
Görg	Berlin, Köln
Küstner v. Manteuffel	Göttingen
Schindler	Düsseldorf

★★
Evers	Bremen
Fieldfisher	Hamburg
Friedrich Graf von Westphalen & Partner	Köln, Freiburg
GvW Graf von Westphalen	Hamburg, Berlin, München
Haver & Mailänder	Stuttgart
Lutz Abel	Stuttgart, München
SKW Schwarz	Hamburg, Berlin

★
Brandi	Gütersloh, Bielefeld u.a.
Creutzig & Creutzig	Köln
Harmsen Utescher	Hamburg
Jonas	Köln
KNPZ Rechtsanwälte	Hamburg
Lubberger Lehment	Berlin
Pöhlmann Früchtl Oppermann	München
Rödl & Partner	Eschborn, Stuttgart, München, Nürnberg
Schiedermair	Frankfurt
Tradeo	Düsseldorf
Dr. Vogels	Köln

Die Auswahl von Kanzleien und Personen in Rankings und tabellarischen Übersichten ist das Ergebnis umfangreicher Recherchen der JUVE-Redaktion. Sie ist in 2erlei Hinsicht subjektiv: Die Aussagen der befragten Quellen sind subjektiv u. spiegeln deren Erfahrungen u. Einschätzungen. Die JUVE-Redaktion wiederum analysiert die Rechercheergebnisse unter Einbeziehung ihrer eigenen Marktkenntnis. Der JUVE Verlag beabsichtigt keine allgemeingültige oder objektiv nachprüfbare Bewertung. Es ist möglich, dass eine andere Recherchemethode zu anderen Ergebnissen führt. Innerhalb einzelner Gruppen in Rankings und tabellarischen Übersichten sind Kanzleien und Personen alphabetisch sortiert.

VERTRIEB, HANDEL UND LOGISTIK

Team: 5 Eq.-Partner, 4 Counsel, 9 Associates, 1 of Counsel
Partnerwechsel: Dr. Christian Kessel (in eigene Beratungsfirma)
Schwerpunkte: Branchenorientierte, umf. Beratung inkl. Vertriebs- u. Vertragsrecht, einschl. Streitfälle u. Rückrufaktionen. Schnittstelle zu ▷Konfliktlösung u. ▷Energierecht sowie zu ▷IT u. ▷Marken- u. Wettbewerbsrecht, z.B. zu Lizenz- u. zu Handelsvertreter- u. Vertragshändlerverträgen.
Mandate: Vertriebssysteme: Transnet u. Tennet zu Projektverträgen für SuedLink; Oechsler zu Gewährleistung; ZF zu Haftung im Zshg. mit Halbleiterkrise; JDR Cable Systems zu Verträgen im Zshg. mit EPC-Projekt; Industrieunternehmen im Zshg. mit Einrichtung einer Biogasanlage; div. Kfz-Zulieferer zu Haftung u. Preisanpassungen im Zshg. mit ww. Halbleiterkrise. **Prozesse:** div. Kfz-Zulieferer gg. OEMs zur Abwehr von Produkthaftungsansprüchen u. zu Geltendmachung von Gewährleistungsansprüchen.

BRANDI
Vertriebssysteme ★
Bewertung: Die Kanzlei ist fest im ostwestfäl. Mittelstand verankert. Zu den Mandanten gehören tlw. hochkarätige Hersteller aus Maschinen- u. Anlagenbau, Konsumgüterindustrie u. Automotive, die v.a. bei Fragen zu Vertragshändler- u. Handelsvertreterrecht sowie AGB u. Produkthaftung, insbes. im internat. Kontext, auf das Vertriebsteam setzen. So berät Jaenicke z.B. einen Hersteller von Messgeräten zur Ortung von Lecks in Gas- u. Wasserleitungen bei Rahmenverträgen mit Zulieferern aus den USA u. den Vertriebsbeziehungen mit ww. Vertriebsmittlern. Dabei spielt die Kanzlei ihren Full-Service-Ansatz mit der starken Vernetzung zw. den Praxisgruppen aus, etwa an den Schnittstellen zu Kartell-, IT- u. Gesellschaftsrecht. Auch bei Streitigkeiten vertrauen dt. wie internat. Unternehmen regelm. auf Brandi, etwa ein frz. Medizinproduktehersteller gg. einen dt. Hersteller um Ausgleichsanspruch wg. Kündigung. Dabei profitieren Mandanten von den etablierten Kontakten innerh. des ww. Netzwerks Pangea. Zuletzt gelang auch der dringend benötigte Ausbau auf Associate-Ebene, zudem unterstützt ein im Vorjahr zu Brandi gekommener IP- u. IT-Rechtler die Vertriebsrechtspraxis bei Fragen zu E-Commerce.
Oft empfohlen: Dr. Birgit Jaenicke, Dr. Sörren Kiene
Team: 3 Partner, 3 Associates, 1 of Counsel
Schwerpunkte: Gestaltung von internat. Lieferbeziehungen. Regelm. Vertretung in Prozessen. Etablierte Kooperation im Netzwerk Pangea.
Mandate: Vertriebssysteme: Haushaltsgerätehersteller zu vertriebsrechtl. Due Diligence bei Kauf von Anteilen an Grillhersteller; Kfz-Zulieferer zu Rahmenvertrag mit Vertragspartner. Lfd.: Claas-Gruppe, Flötotto, Arvato (alle öffentl. bekannt). **Prozesse:** frz. Medizinproduktehersteller gg. einen dt. Hersteller um Ausgleichsanspruch wg. Kündigung; ital. Unternehmen der Automotive-Branche gg. dt. Handelsvertreter (LG Bielefeld).

BUSE
Franchiserecht ★★
Bewertung: Die Kanzlei ist im Vertriebsrecht v.a. für die Beratung u. Prozessvertretung von Franchisegebern bekannt. So zählt die HHer Partnerin Waldzus ww. agierende Branchengrößen wie Subway zu ihren Stammmandanten, die sie zuletzt etwa zur Umstrukturierung u. Neugestaltung der Franchiseverträge begleitete. Regelm. ist die Kanzlei auch internat. tätig, etwa für einen südeurop. Pharmavertragshändler, den sie erfolgr. gg. einen dt. Zwischenhändler im Streit um Ausgleichsansprüche u. ausstehende Lieferungen vertrat. Oft finden diese Mandanten über Partnerkanzleien aus den ww. Netzwerken zu Buse.
Oft empfohlen: Dr. Dagmar Waldzus
Team: 6 Eq.-Partner, 2 Counsel
Schwerpunkte: Franchiserecht.
Mandate: Franchiserecht: Subway, u.a. zu Umstrukturierung, Neugestaltung der Franchiseverträge; österr. Busreiseanbieter zu Expansion in Dtl.; US-Modelabel zu Onlinevertrieb u. Bestellung per WhatsApp. Lfd.: Costconsult, Dreadfactory, Schlecks. **Vertriebssysteme:** Verlag bei Aufbau eines Onlineshops. Lfd.: BullGuard, Capcom. **Prozesse:** dt. Tochter eines jap. Softwareanbieters wg. Ausgleichsansprüche eines span. Wiederverkäufers; griech. Pharmavertragshändler gg. dt. Zwischenhändler wg. Ausgleichs-/Schadensersatzansprüchen.

BUSSE & MIESSEN
Franchiserecht ★★★★
Bewertung: Die Bonner Kanzlei ist v.a. für die Beratung von Franchisegebern u. gr. Franchisenehmern gesetzt. Regelm. vertrauen die häufig in der Gastronomie u. Fitnessbranche angesiedelten Mandanten beim Auf- u. Ausbau von Team, das für Stammmandanten auch als ausgelagerte Rechtsabteilung fungiert. Dabei spielt B&M seine fachübergr. Kooperation insbes. mit den IP-, Arbeits- u. Immobilienrechtlern aus, etwa für Tank & Rast, die die Kanzlei im Zshg. mit Franchise- u. Pachtverträgen berät. Im Zuge des wachsenden Onlinehandels, der auch in Franchisesystemen um sich greift, ist das Team zunehmend prozessnah tätig, etwa bei Auseinandersetzungen um Gebietsabgrenzung zw. Franchisenehmern u. -gebern. Mit einem jungen Anwalt von Görg verstärkte sich B&M in Berlin mit einem Partner. Er soll u.a. die Franchiseberatung auf die dort angesiedelte Start-up-Szene ausweiten.
Stärken: Gr. Know-how bei Gastronomie- u. Fitnesssystemen.
Oft empfohlen: Dr. Patrick Giesler, Dr. Volker Güntzel
Team: 6 Partner
Partnerwechsel: Dr. Nils Willich (von Görg)
Schwerpunkte: Umf. strateg. Beratung von Franchisegebern bei (internat.) Expansion u. Markteintritten. Große operative Erfahrung; häufig als ausgelagerte Rechtsabteilung tätig.
Mandate: Franchiserecht: Vapiano bei internat. Expansion; Tank & Rast zu Franchise- u. Pachtverträgen; Gastronomiesystem bei Übernahme eines Wettbewerbers. Lfd.: AmRest-Gruppe, Clever Fit, Hairfree, Life Fit. **Prozesse:** dt. Telekommunikationsunternehmen ggü. Handelsvertretern zu Ausgleichsansprüchen u. Provision.

CLIFFORD CHANCE
Vertriebssysteme ★★★
Bewertung: Im Vertriebsrecht setzt die Kanzlei ähnl. wie DLA u. Baker McKenzie u. fachübergr. Beratung gr. Projekte in ausgewählten Branchen, häufig im Zshg. mit komplexen M&A-Transaktionen. Bes. aktiv ist die Praxis für Mandanten aus dem Gesundheitssektor. Branchengrößen wie Pfizer vertrauen seit Jahren auf das vertriebsrechtl. u. regulator. Know-how des Teams um den ▷D'dorfer Partner Sachs, das z.T. personell deckungsgleich mit der marktführenden ▷Gesundheitspraxis ist. CC positioniert sich dabei zunehmend in der Beratung zu neuartigen Konzepten, etwa dem digitalen Vertrieb von Arzneimitteln, Gesundheitsapps oder dem Einsatz von künstl. Intelligenz. Bsph. hierfür steht die Begleitung eines Medizinprodukteherstellers beim ww. Vertrieb einer

---

Franchiserecht

★★★★★
Noerr	Berlin, Hamburg, München
Schiedermair	Frankfurt

★★★★
Busse & Miessen	Bonn
Eversheds Sutherland	München

★★★
CMS Hasche Sigle	Stuttgart, Köln, München
SKN von Geyso	Hamburg

★★
Buse	Hamburg
LADM Liesegang Aymans Decker Mittelstaedt & Partner	Wuppertal

★
Jacobsen + Confurius	Hamburg, Berlin
TCI Rechtsanwälte	München

Die Auswahl von Kanzleien und Personen in Rankings und tabellarischen Übersichten ist das Ergebnis umfangreicher Recherchen der JUVE-Redaktion. Sie ist in 2erlei Hinsicht subjektiv: Die Aussagen der befragten Quellen sind subjektiv u. spiegeln deren Erfahrungen u. Einschätzungen. Die JUVE-Redaktion wiederum analysiert die Rechercheergebnisse unter Einbeziehung ihrer eigenen Marktkenntnis. Der JUVE Verlag beabsichtigt keine allgemeingültige oder objektiv nachprüfbare Bewertung. Es ist möglich, dass eine andere Recherchemethode zu anderen Ergebnissen führt. Innerhalb einzelner Gruppen in Rankings und tabellarischen Übersichten sind Kanzleien und Personen alphabetisch sortiert.

VERTRIEB, HANDEL UND LOGISTIK

Robotiklösung für Behandlungen aus der Ferne, bei der CC auch arbeits-, IT-, IP-rechtl. u. regulator. Themen abdeckt. Trad. bes. eng vernetzt sind die Vertriebsrechtler mit der ▷Kartellrechtspraxis, über die regelm. vertriebskartellrechtl. Mandate etwa im Zshg. mit der Digitalisierung im Handel herangetragen werden. Auf dieses Know-how setzen auch namh. Mandanten aus Hotellerie, Industrie u. Einzelhandel, wie etwa Real.

Stärken: Vertriebskartellrecht; Branchen-Knowhow im ▷Gesundheitssektor, Lifescience, Energie.

Oft empfohlen: Marc Besen, („exzellent", „gibt klaren u. umsetzbaren Rat", Mandanten), Dr. Gunnar Sachs, („sehr kompetent, mit Weitblick, schnell u. zuverlässig", Mandant) Dr. Joachim Schütze

Team: 9 Partner, 3 Counsel, 12 Associates, 1 of Counsel

Schwerpunkte: Industrieorientierte Beratung, vertriebskartellrechtl. Fragen bei der Gestaltung selektiver Vertriebssysteme; Beratung zu E-Commerce, Lizenz-, Direkt- u. Strukturvertrieb, meist im Hinblick auf branchenspezif. regulator. Vorgaben, zunehmend auch zu Datenschutz. Ausgeprägte Schnittstelle zu ▷Kartellrecht, ▷Gesundheitswesen u. ▷Compliance. Prozessführung, u.a. bei ▷Haftungsfragen u. Ausgleichsansprüchen, auch Schiedsverfahren.

Mandate: Vertriebssysteme: Real zu neuen Einkaufs-, Liefer- u. Vertriebsstrukturen im Zshg. mit Ausgründungen u. Übertragung an Wettbewerber; Cinven zu neuen Vertriebskanälen im Zshg. mit Kauf von Bayer Environmental Science; Medizinprodukteherstellers beim ww. Vertrieb einer Robotiklösung; Internetunternehmen, Einzelhändler u. Maschinenbauer zu ESG u. Compliance in der Lieferkette; div. Unternehmen aus Gesundheits-, Konsumgüter- u. Finanzsektor zu Vertrieb von Cannabis-basierten Produkten; Anbieter von Lebensmittelinhaltsstoffen zur Restrukturierung der Vertriebssysteme in 120 Ländern. Lfd.: Pfizer, Roche.

CMS HASCHE SIGLE

Vertriebssysteme	★★★★
Franchiserecht	★★★

Kanzlei des Jahres für Vertrieb, Handel und Logistik

Bewertung: Mit ihrem umf. Beratungsangebot, einer im Markt einzigartigen Teamstärke u. der immer selbstverständlicheren Vernetzung mit anderen Praxisgruppen positioniert sich die Vertriebsrechtspraxis zunehmend für gr. internat. Projekte. Das kommt auch bei Mandanten gut an, wie das Bsp. Ionity zeigt. Die Mandantin setzt beim Aufbau eines Schnellladenetzwerks für E-Autos in über 20 Ländern auf ein fachübergr. u. internat. CMS-Team aus Vertriebs-, ▷Gesellschafts-, ▷IT- u. ▷Immobilienrechtlern. Das Mandat zeigt auch den Erfolg des gezielten Branchenfokus, den CMS zunehmend verfolgt. So berät das Team mittlerw. div. Kfz-Hersteller u. Zulieferer sowie Mineralölkonzerne u.a. zu Elektromobilität u. Ladeinfrastruktur. Zusätzl. zu den trad. Schwerpunkten auf der Konsumgüterindustrie u. dem Gesundheitssektor bildet das Team mit der Beratung von Fußballklubs wie Stammmandant 1. FC Köln, etwa zu Sponsoren- u. Vermarktungsverträgen, zudem eine zusätzliche Spezialisierung aus. So setzen nun weitere Vereine wie Werder Bremen u. der HSV in Auseinandersetzungen mit Spielervermittlern auf die Prozesskompetenz der Vertriebsrechtler. Wie flexibel die Praxis auf den sich wandelnden Beratungsbedarf der Mandanten reagiert, zeigt auch das zuletzt aufgebaute Know-how zu ESG in der Lieferkette. Div. Konzerne aus den Sektoren Lebensmittel, Pharma, Bauwirtschaft u. Kfz berät das Team in enger Kooperation mit der ▷Compliance-Praxis zur Umsetzung des LkSG. Wie schon bei umf. Vertriebssystemen u. großvol. Vertragsprojekten profitieren Mandanten dabei von der stetigen Entwicklung entspr. Legal-Tech-Tools, etwa im Zshg. mit Vertragsanalyse u. -standardisierungen.

Stärken: Große Praxis; Know-how in der Konsumgüterbranche; Produktsicherheit u. -haftung.

Oft empfohlen: Dr. Robert Budde („hervorragend", Mandant) Dr. Gerald Gräfe („fundierte Kenntnisse im Kfz-Sektor, pragmat. u. angenehm", Mandant; „kompetenter u. fairer Verhandlungspartner", „kennt sich aus", „vertrauenswürdig", Wettbewerber), Peter Endres, Dr. Tobias Bomsdorf, Dirk Loycke („exzellent u. stets erreichbar", Mandant)

Team: 28 Partner, 13 Counsel, 34 Associates, 1 of Counsel

Partnerwechsel: Dr. Thomas Manderla (in Ruhestand)

Schwerpunkte: Umf. Beratung von Herstellern, u.a. zu Vertriebs-, Liefer-, Einkaufs-, Service- u. Rahmenverträgen, dabei v.a. auch zu Standardisierung, Logistikvereinbarungen, ▷Compliance, ebenso Vertragshändler- u. Handelsvertreterrecht. Prozessführung u. Beratung im Produktsicherheitsfall an der Schnittstelle zur Produkthaftung (▷Konfliktlösung). Berührung zum ▷Marken- u. Wettbewerbsrecht, ▷Kartellrecht u. Pharma- u. Medizinprodukterecht (▷Gesundheitswesen).

Mandate: Vertriebssysteme: Ionity zu Einführung eines Schnellladenetzwerk für E-Autos in 24 Ländern; Gardena umf. zu Kooperation mit Elektrogeräteherstellern im Zshg. mit Batterieplattform u. Lieferungen von Akkus; Eppendorf zu Muster-Handelsvertretervertrag für ausl. Ges.; Samson zu Rahmenliefervertrag mit BASF für Ventile in Industrieanlagen in China; Safiro zu Digitalisierung, u.a. elektron. Signaturen; Bitburger zu Produkteinführung. div. Mineralöl- u. Energieunternehmen, u.a. zu Ladenetzen für Elektrofahrzeuge u. Vertrieb von Wasserstoff; div. Konzerne zu LkSG. Lfd.: Alnatura, Alfred Kärcher, Coherent, Electrochaea, Ebay, Erwin Hymer, Hermes Arzneimittel, Porsche, Sennheiser, Segafredo Zanetti. **Prozesse:** Porsche, u.a. wg. Außenseiterverkäufen des Modells Taycan u. Ausgleichsansprüchen wg. Vertragskündigung; Vodafone im Zshg. mit Missbrauch im Onlinebanking; BRD gg. Zahlungsansprüche eines Anbieters med. Masken; Werder Bremen u. HSV gg. Spielervermittler um Provisionsansprüche.

CREUTZIG & CREUTZIG

Vertriebssysteme	★

Bewertung: Die Kölner Boutique ist v.a. für ihre Prozessarbeit im Kfz- u. Nutzfahrzeugsektor bekannt. Das Duo ist klar aufseiten von Vertragshändlern u. Händlerverbänden für Kfz u. Nutzfahrzeuge positioniert, die es z.B. bei Vertragskündigungen in Auseinandersetzungen um Ausgleichs-, Auskunfts- oder Schadensersatzansprüchen sowie in kartellrechtl. Fragen vertritt. Auf dieses Know-how setzten auch Unternehmen aus anderen Branchen, etwa der Chemieindustrie u. dem Verlagswesen. Daneben berät das Duo zur Vertragsgestaltung in Dtl. u. dem EU-Ausland.

Team: 2 Partner

Schwerpunkte: Kfz-Händler u. -Verbände in Streitigkeiten.

Führende Berater im Vertriebsrecht

Dr. Patrick Ayad
Hogan Lovells, München

Uwe Brossette
Osborne Clarke, Köln

Dr. Robert Budde
CMS Hasche Sigle, Köln

Dr. Raimond Emde
GvW Graf von Westphalen, Hamburg

Dr. Steffen Gaber
Luther, Stuttgart

Dr. Gerald Gräfe
CMS Hasche Sigle, Stuttgart

Klaus Littau
Schindler, Düsseldorf

Kurt-Georg von Manteuffel
Küstner v. Manteuffel, Göttingen

Prof. Dr. Karsten Metzlaff
Noerr, Hamburg

Dr. Martin Rothermel
Taylor Wessing, München

Dr. Albin Ströbl
Noerr, Frankfurt

Dr. Ulf Wauschkuhn
Baker McKenzie, München

Anne Wegner
Luther, Düsseldorf

Dr. Dominik Wendel
Noerr, Brüssel

Die Auswahl von Kanzleien und Personen in Rankings und tabellarischen Übersichten ist das Ergebnis umfangreicher Recherchen der JUVE-Redaktion. Sie ist in 2erlei Hinsicht subjektiv: Die Aussagen der befragten Quellen sind subjektiv u. spiegeln deren Erfahrungen u. Einschätzungen. Die JUVE-Redaktion wiederum analysiert die Rechercheergebnisse unter Einbeziehung ihrer eigenen Marktkenntnis. Der JUVE Verlag beabsichtigt keine allgemeingültige oder objektiv nachprüfbare Bewertung. Es ist möglich, dass eine andere Recherchemethode zu anderen Ergebnissen führt. Innerhalb einzelner Gruppen in Rankings und tabellarischen Übersichten sind Kanzleien und Personen alphabetisch sortiert.

Mandate: Vertriebssysteme: Caravanhändler u. Händler von Elektrofahrzeugen zu Aufbau von Vertriebssystemen in der Schweiz u. div. EU-Ländern; Kfz-Zulieferer aus Europa zu Verträgen mit einem dt. Zulieferer; Verbundgruppe der Lebensmittelbranche zu Einkaufskooperation. **Prozesse:** div. Nutzfahrzeughändler wg. Einstellung des Geschäftsmodells durch den Hersteller/Importeur; div. Händler der Chemiebranche v.a. kartellrechtl. im Zshg. mit vermuteten Preisabsprachen u. Marktabschottung der Hersteller; Handelsvertreter gg. Verlag wg. Kündigung.

DLA PIPER

Vertriebssysteme	★★★★

Bewertung: Eine ausgeprägte fachübergr. u. internat. Vernetzung ist das Markenzeichen der Vertriebsrechtspraxis. Damit ist sie ähnl. wie Clifford u. Taylor Wessing gut aufgestellt für die umf. Bera-

---

Anwaltszahlen: Angaben der Kanzleien, wie viele Anwälte zu mind. ca. 50% in diesem Gebiet tätig sind. Sie spiegeln nicht zwingend die Gesamtgröße einer Kanzlei wider.

VERTRIEB, HANDEL UND LOGISTIK

tung komplexer u. grenzüberschr. Projekte, etwa für die Neu- u. Umstrukturierung von Vertriebssystemen oder die Markteinführung neuer Produkte. Immer häufiger landet sie damit auf der Mandatierungsliste gr. Konzerne. So setzt z.B. BorgWarner auf das Team um Ebersberger u. von Bodungen, das den US-Automobilzulieferer u.a. zu Liefer- u. Dienstleistungsverträgen im Zshg. mit Kooperationen berät. Ihre tiefe Kenntnis der Automobilbranche setzen die ▷Münchner Partner insbes. bei zukunftsweisenden Projekten zur Transformation der Mobilität ein. Damit überzeugen die Vertriebsrechtler zahlr. neue Akteure wie den US-Kfz-Hersteller Lucid u. die israel. REE Automotive in Mandatsausschreibungen. Regelm. spielt das Team dabei die etablierte fachübergr. Kooperation aus, insbes. mit der ▷IT-, der ▷IP-Praxis u. den ▷Kartellrechtlern. Auch jenseits der Kfz-Branche vertrauen Mandanten bei der Umsetzung innovativer u. digitaler Konzepte auf die techn. Kompetenz von DLA, etwa im Zshg. mit dem Internet of Things bei Smart Farming u. Smart Buildings oder beim E-Commerce. Damit hat sich die Praxis erfolgr. ein eigenes Profil als umf. Berater beim technolog. Wandel insbes. der Branchen Kfz, Chemie, Konsumgüter u. Immobilien geschaffen. Um das zunehmende Mandatsaufkommen zu bewältigen, verstärkte sich das Team zuletzt auf Associate-Ebene u. ernannte einen Counsel.
Stärken: Internat. Netzwerk u. projektbezogene u. fachbereichsübergr. Beratung.
Oft empfohlen: Dr. Thilo von Bodungen, Sylvia Ebersberger
Team: 5 Eq.-Partner, 6 Counsel, 5 Associates
Schwerpunkte: Projektbezogene u. fachbereichsübergr. Beratung, insbes. im Kontext von gr. internat. Transaktionen (▷M&A). Branchenschwerpunkte: Industrie, Automotive, Konsumgüter.
Mandate: Vertriebssysteme: BorgWarner umf., u.a. zu Vertriebskooperationen u. Liefer- u. Dienstleistungsverträgen; Bosch BASF umf. vertriebsrechtl. im Zshg. mit Smart-Farming-Projekt; Hersteller für E- u. Wasserstoff-getriebene Kfz zu Markteintritt in Dtl. u. NL; Heidelberger Druckmaschinen zu Kooperation mit Munich Re im Zshg. mit Subskriptionsmodell; REE Automotive zu Serviceverträgen mit div. Kooperationspartnern in 8 Ländern; Traton umf. bei JV für Ladenetz für E-Lkw u. Reisebusse in Europa; Anbieter von CO2-neutraler Lkw zu Pay-per-Use-Modell mit Speditionen; Waldaschaff Automotive, u.a. zu Neuausrichtung der Geschäftsbeziehungen mit OEMs u. Kfz-Zulieferern; chin. E-Auto-Hersteller zu Markteintritt in Europa. Lfd.: Active Nutrition, Allane, Lucid Motors, Wittur. **Prozesse:** Medizinprodukthersteller gg. Ansprüche aus gekündigtem Handelsvertreterverzag.

EVERS
Vertriebssysteme ★★

Bewertung: Die Bremer Vertriebsrechtsboutique steht v.a. für die Beratung u. Vertretung im Handelsvertreter- u. Vertragshändlerrecht. Zu den oft langj. Mandanten zählen dt. u. europ. Versicherungs- u. Finanzdienstleister sowie Vertriebsvermittler, Makler u. Handelsvertreter. Zunehmend berät das Team zudem Banken zu Lösungen für den Multichannel-Vertrieb. Dabei profitieren Mandanten von dem tiefen Know-how des Namenspartners, der sich schon früh mit digitalen Vertriebsmodellen u. angrenzenden Themen wie z.B. Datenschutz befasst hat. Daneben bietet die Kanzlei div. eigene digitale Dienstleistungen, etwa ein Onlinetool zur Berechnung von Ausgleichsansprüchen. Außerdem erstellte Evers einen umf. Onlinekommentar zum Vertriebsrecht, der kontinuierl. erweitert u. mithilfe einer KI weiterentwickelt wird.
Stärken: Handelsvertreterrecht; spezielle Branchenkenntnisse bei Banken u. Versicherern.
Oft empfohlen: Jürgen Evers („weiß, was er tut", Wettbewerber)
Team: 1 Partner, 5 Associates
Schwerpunkte: V.a. Handelsvertreter-, Direkt- u. Strukturvertriebsrecht. Vertragshändlerrecht u. Vermittlerhaftung.
Mandate: Vertriebssysteme: 4 Verbände der Versicherungsvermittlung zu Code of Conduct für digitale Kommunikation; Versicherer zu Konzept zur Einbindung digitaler Maklerdienstleistungen in den Exklusivvertrieb; Finanzinstitut zu Kombination aus Filial- u. mobilem Vertrieb; Textilhändler im Zshg. mit Corona-Maßnahmen. **Prozesse:** Handelsvertreter zu Ausgleichsansprüchen für vermittelte Immobilienkredite; Handelsvertreter zu Vergütung von Sonderleistungen.

EVERSHEDS SUTHERLAND
Vertriebssysteme ★★★
Franchiserecht ★★★★

Bewertung: Die Praxis berät zu sämtl. Fragen des Vertriebs- u. Franchiserechts u. zeichnet sich dabei v.a. durch ihre internat. Ausrichtung aus. Diese breite Aufstellung überzeugt neben den oft ausl. Mandanten aus dem ww. Kanzleinetzwerk zunehmend dt. Unternehmen, die die Praxis für die Beratung zu ww. Vertriebssystemen mandatieren. Dabei kommen die Vertriebsrechtler ihrem Ziel, zunehmend zu gr. Projekten zu beraten, spürbar näher, wie die Arbeit für einen dt. Sportartikelhersteller zeigt, den das Team bei der Umstellung der ww. Beschaffung begleitet. Dass die dt. Vertriebsrechtler bei diesen Mandanten immer häufiger die internat. Koordination übernehmen, unterstreicht die starke Rolle, die die Praxis im ww. Netzwerk spielt. Daneben ist die prozessnahe Beratung u. Vertretung in Auseinandersetzungen ein weiterer Schwerpunkt, die zuletzt etwa bei ww. Lieferengpässen u. den daraus resultierenden Preisanpassungen für Mandanten der Automobilindustrie u. des Gesundheitssektors gefragt war.
Stärken: Operativ ausgerichtete Beratung von US- u. europ. Unternehmen in Dtl. u. Europa; Franchise.
Oft empfohlen: Dr. Joos Hellert, Martin Bechtold (Kartellrecht)
Team: 2 Eq.-Partner, 5 Sal.-Partner, 6 Counsel, 7 Associates
Schwerpunkte: Beratung zu dt. u. internat. Vertriebssystemen, v.a. Franchise- u. Direktvertrieb; Schnittstellen zum Kartell-, ▷Marken- u. Wettbewerbs- u. IT-Recht. Prozesse (▷Konfliktlösung) u. Compliance.
Mandate: Vertriebssysteme: Ineos zu Lieferung von Desinfektionsmitteln an NHS; Ooni zu Vertrieb in Europa; Kfz-Zulieferer zu Engpässen in der Lieferkette; div. Unternehmen zu Preisanpassungen; Multimediaproduktehersteller zu Logistikvertrag. Lfd.: Adidas, Avis, Kering, Otsuka, Resysta, Veoneer. **Prozesse:** Cor gg. Reuter, u.a. um Schadensersatz im Zshg. mit Kündigung; Kfz-Zulieferer wg. Preisanstieg im Zshg. mit Halbleitermangel. **Franchiserecht:** lfd.: Burger King, Superdry.

FIELDFISHER
Vertriebssysteme ★★

Bewertung: Die Vertriebsrechtspraxis der Full-Service-Kanzlei gewinnt zunehmend an Profil, weil der einst lose Verbund von Anwälten versch. Fachbereiche, die an der Schnittstelle zum Vertriebsrecht agieren (z.B. ▷Gesellschaftsrecht u. Beratung im ▷Gesundheitssektor) immer mehr zu einer etablierten Praxis zusammenwächst. Der Schwerpunkt liegt bei der Gestaltung zu Liefer- u. Vertriebsverträgen sowie auf dem Vertragshändler- u. Handelsvertreterrecht, für das v.a. Bandehzadeh steht. Gleichz. pflegt das Team weiter die enge Verknüpfung zum ▷Kartell- u. ▷IP-Recht sowie zu regulator. Themen, die v.a. bei der Beratung des Medizinproduktesektors zum Tragen kommen, in dem Fieldfisher trad. stark ist. Die breite Aufstellung u. fachübergr. Kooperation überzeugt regelm. neue Mandanten.
Oft empfohlen: Michael Adam, Sara Bandehzadeh, Dr. Christian Bahr (Kartellrecht)
Team: 5 Eq.-Partner, 1 Counsel, plus Associates
Schwerpunkte: Gestaltung von Vertriebs- u. Lieferverträgen. Erfahrene ▷Kartellrechtspartner u. Beratung von Unternehmen im ▷Gesundheitssektor. Viele etablierte Kontakte bei mittelgroßen Anbietern, auch regulator. Beratung.
Mandate: Vertriebssysteme: US-Hersteller von Fitnessfahrrädern vertriebsrechtl. u. regulator. zu Expansion in Dtl.; Medizinproduktehersteller zu Verträgen mit Krankenhäusern; Drogeriemarktkette zu Einkaufsgemeinsch., Molkereiunternehmen zu AGBs u. digitalen Signaturen. Lfd.: Edding, Jebsen & Jessen, Levi Strauss, Olympus, Rapiscan, Rieckermann, Uberall, Zapf Creation. **Prozesse:** Software-as-a-Service-Anbieter gg. Telekommunikationsunternehmen wg. Reseller-Vertrag; Anlagenbauer zu Kündigung eines Handelsvertretervertrages u. Provisionsansprüchen, pakistan. Denim-Hersteller zu Vergleich mit Handelsvertreter um Ausgleichsanspruch.

FRESHFIELDS BRUCKHAUS DERINGER
Vertriebssysteme ★★★

Bewertung: Die Kanzlei steht im Vertriebsrecht trad. v.a. für die prozessnahe Beratung von Kfz-Herstellern, die von einer engen Verknüpfung zw. vertriebsrechtl. Beratung mit der ▷Kartellrechts- u. der ▷Konfliktlösungspraxis geprägt ist. So war das Team neben der Aufarbeitung des VW-Dieselskandals, die nach wie vor viel Raum einnimmt, zuletzt wieder verstärkt in Auseinandersetzungen um Kündigungen mit Vertriebspartnern sowie um Produkthaftung aktiv, wobei auch Schiedsverfahren eine gr. Rolle spielen. Neben dem streitigen Geschäft gelingt es FBD zunehmend, ihren Fußabdruck in klass. Beratungsmandaten, etwa zur Vertragsgestaltung in der ww. Lieferkette, zu verbreitern. Damit spricht das Team auch Mandanten aus dem Konsumgütersektor, der Lifescience- u. IT-Branche an. Auch sie profitieren von dem fachübergr. Ansatz, bei dem Partner aus den Bereichen ▷IP/▷IT, ▷Gesellschaftsrecht oder Regulierung eng an der Schnittstelle zu vertriebsrechtl. Themen agieren, bspw. ein asiat. Kfz-Hersteller, den FBD umf. zum Markteintritt in Europa berät.
Stärken: Beratung der Kfz-Branche. Starke Prozesspraxis (▷Konfliktlösung), Schieds- u. Grundsatzverfahren.
Oft empfohlen: Dr. Andrea Lensing-Kramer
Team: 5 Partner, 1 Counsel, plus Associates
Partnerwechsel: Klaus Beucher (zu Beucher Legal)

VERTRIEB, HANDEL UND LOGISTIK

Schwerpunkte: Branchenbez. vertriebsrechtl. Beratung internat. Herstellerunternehmen, v.a. Kfz, auch Zulieferer, ▷Gesundheit, Konsumgüter u. ▷IT. Auch strateg. Beratung auf internat. Ebene (z.B. Produkteinführungen) u. zu Lizenzverträgen (▷Marken u. Wettbewerb).
Mandate: Vertriebssysteme: VW zu ww. Umsetzung einer Anschlussgarantie; Ahlers, u.a. Exklusivvertrieb; Worldwide Brands bei Neustrukturierung des ww. Lizenzgeschäfts; Lackhersteller zu Lieferengpässen wg. Rohstoffmangels; Softwarehersteller zu mehrstufigem Vertriebssystem; asiat. Kfz-Hersteller bei Markteintritt in Europa, u.a. zu Import-, Vertriebs- u. After-Sales-Verträgen mit dt. Vertriebspartnern; Industrieunternehmen zu Preisklauseln in Kundenverträgen; div. Automobilhersteller, u.a. zur Elektromobilität u. Umweltprämie. **Prozesse:** Papierhersteller zu Rückzahlungsansprüchen aus Messeabsage wg. Corona; VW zu Dieselaffäre.

GLEISS LUTZ
Vertriebssysteme ★★★
Bewertung: Die Vertriebspraxis ist trad. tief im ▷Kartellrecht verwurzelt, nutzt aber auch an zahlr. anderen Schnittstellen die kanzleiweit vorangetriebene fachübergr. Vernetzung, insbes. zur ▷IT- u. ▷IP-Praxis. Damit positioniert sich GL zunehmend in komplexeren Mandaten, etwa dem Projekt zur Belieferung der Bundesregierung mit Corona-Impfstoffen inkl. der Beschaffungsverträge u. Haftungsthemen, wobei die Praxis eng mit der ▷Gesundheitspraxis kooperierte. Parallel treibt das Team um Wagner die Beratung rund um das Thema Produkt-Compliance erfolgr. voran. In enger Kooperation mit der marktführenden ▷Compliance- u. der ▷Konfliktlösungspraxis beraten die Vertriebsrechtler zu Produkthaftung u. koordinieren Rückrufaktionen. Diese Spezialisierung unterstrich GL zuletzt mit der Ernennung einer darauf spezialisierten Counsel. Mit dieser fachübergr. Zusammenarbeit ist das Team gut aufgestellt für die Beratung zum LkSG u. ESG-Anforderungen in der Lieferkette, wo sie von einem Wettbewerber bereits als „sehr präsent" beschrieben wird. So überrascht es kaum, dass sich die trad. aus den Sektoren Automotive, Elektronik, Konsumgüter u. Gesundheit stammenden Mandanten zunehmend zu Fragen der Sorgfaltspflichten in internat. Lieferketten an das Team wenden.
Stärken: Selektivvertrieb mit kartellrechtl. u. europ. Bezug. Produkt-Compliance inkl. Produkthaftung, -rückrufe u. regulator. Fragen.
Oft empfohlen: Dr. Ulrich Denzel, Dr. Matthias Karl, Dr. Eric Wagner („weitsichtig, erfahren u. schnell", Wettbewerber), Dr. Marc Ruttloff („lösungsorientiert u. kompetent", Wettbewerber)
Team: 6 Partner, 4 Counsel, plus Associates, 1 of Counsel
Schwerpunkte: Ausschl. auf Herstellerseite, Beratung u.a. in Fragen des selekt. Vertriebs u. der Umstellung von Vertriebssystemen. In Prozessen Bezüge zur ▷marken- u. wettbewerbsrechtl. Praxis. Auch ▷Zoll- u. Außenwirtschaftsrecht.
Mandate: Vertriebssysteme: Bundesregierung zu Beschaffung u. Spenden von Corona-Impfstoff; Dt. Post DHL vertriebs- u. logistikrechtl. im Zshg. mit Kauf von J.F. Hillebrandt; Advent vertriebsrechtl. bei Kauf des Brennstoffzellenherstellers SerEnergy von Fischer; Mercedes zu Verkauf von Treibhausgasquoten; Bosch zu Kooperation mit VW; Adolf Würth, Basalt, BayWa, Ernst Klett, Kronos, Proctor & Gamble zu LkSG; J&S Automotive zu Lieferengpässen. **Prozesse:** Abellio gg. Nahverkehrsverbünde wg. Vertragsanpassungen im Zshg. mit Kostensteigerungen; Freudenberg gg. Zulieferer wg. Belieferungsanspruch für seltene Rohstoffe.

GÖRG
Vertriebssysteme ★★★
Bewertung: Die Vertriebsrechtspraxis ist für ihre oft mittelständ. Mandanten trad. Anlaufstelle für die Gestaltung von Vertriebs- u. Lieferverträgen, häufig im internat. Kontext. Neben Handelsvertreter- u. Vertragshändlerrecht stehen dabei auch lizenzrechtl. u. Haftungsfragen im Mittelpunkt. Regelm. ist der ▷Berliner Partner Spieker für seine Mandanten zudem in Auseinandersetzungen zu sehen. So vertritt er z.B. Stammmandantin TrekStore gg. die Gema-Tochter ZPÜ im Streit um Geräteabgaben, bei dem u.a. vertriebskartellrechtl. Themen eine Rolle spielen. Im Zshg. mit der zunehmenden Digitalisierung des Handels verstetigte sich in den Vorjahren die Verknüpfung zur ▷IT-Praxis, u. der ▷Frankfurter Partner Dr. Florian Schmitz berät Technologieunternehmen wie Samsung u. div. IT-Dienstleister verstärkt an der Schnittstelle zum Vertriebsrecht, etwa zum Vertrieb von IT- und Beratungsleistungen sowie im Datenschutzrecht im Zshg. mit E-Commerce. Auch die ▷Corporate-Praxis greift regelm. bei der Neuverhandlung von Vertriebsverträgen im Zshg. mit ▷Private-Equity-Transaktionen auf das Know-how der Vertriebsrechtler zurück.
Stärken: Internat. Beratung von Herstellern u. Händlern.
Oft empfohlen: Dr. Oliver Spieker
Team: 6 Partner, 1 Counsel, 6 Associates
Schwerpunkte: Vertriebssysteme u. Lizenzverträge, vielfach grenzüberschreitend. Auch Selektivvertrieb, Logistik-, Liefer- u. Produktionsverträge. Beratung häufig mit Berührung zum Lizenz-, Marken- u. Wettbewerbsrecht, ebenfalls zu Produkthaftung sowie Versicherungs- u. Kartellrecht.
Mandate: Vertriebssysteme: Notino, u.a. vertriebskartellrechtl. zu Selektivvertrieb; Interlink zu ww. Vertrieb; Degode, u.a. zu Entwicklungsverträgen u. Kennzeichnungspflichten; Hubei Tobacco zu Vertrieb in Europa; Akzente zu Selektivverträgen mit Markenherstellern; Samsung zu Vertriebsverträgen; CIP Chinese Intelligent Procurement zu Vertriebs- u. Kooperationsverträgen; Voi zu Kooperationen mit Mobilitätsplattformen u. ÖPNV; Victrex Europa u. Greencom Networks zu Vertrieb von IT- und Beratungsleistungen; lfd.: Johnson Matthey. **Prozesse:** Akzente zu Plattformverbot (BGH); TrekStore gg. ZPÜ/Gema wg. Geräteabgaben.

FRIEDRICH GRAF VON WESTPHALEN & PARTNER
Vertriebssysteme ★★
Bewertung: Trad. tief in der prozessnahen Beratung u. Vertretung von Kfz-Händlern verwurzelt, hat die Vertriebsrechtspraxis ihr Profil in den vergangenen Jahren auch in anderen Branchen geschärft. Neben zahlr. namh. Kfz-Händlerverbänden profitieren nun auch die Händlerbeiräte der Linde Material Handling sowie von Unimog bei den Verhandlungen mit dem jew. Prinzipal bei der Neugestaltung des Vertriebssystems vom tiefen Knowhow des Kölner Partners Köhnen. Gleichz. berät der Freiburger Thies regelm. Unternehmen aus dem IT- sowie dem Medizinprodukte- u. Lifescience-Sektor u. schöpft dabei aus seiner regulator. Erfahrung u. engen Anbindung an die ▷Gesundheitspraxis. Das macht zunehmend internat. Mandanten, insbes. aus Europa, auf die Praxis aufmerksam, wie die schwed. Getinge-Gruppe oder der Schweizer Möbelfabrikant Vitra. Dem gestiegenen Mandatsaufkommen begegnet FGvW mit einer Verstärkung der Praxis auf Associate-Ebene u. einer Partnerernennung.
Stärken: Vertragshändlerrecht im Kfz-Sektor, Vertrieb von Medizinprodukten.
Oft empfohlen: Dr. Stefan Zipse („fair u. nie unnötig konfrontativ", „sachl. u. lösungsorientiert", „konstruktiv", Wettbewerber), Sven Köhnen, Dr. Hendrik Thies
Team: 7 Eq.-Partner, 1 Sal.-Partner, 10 Associates
Schwerpunkte: V.a. in Köln umf. Beratung auf Händlerseite im Vertragshändler- u. Handelsvertreterrecht sowie Prozessvertretung von Kfz-Händlern u. deren Verbänden. Mit Schnittstelle zum ▷Gesellschaftsrecht u. Kartellrecht. In Freiburg v.a. Beratung von Herstellern u. mittelständ. Mandanten auch zu internat. Vertrieb, Branchenfokus im ▷Gesundheitswesen.
Mandate: Vertriebssysteme: Igedos zu neuem Opel-Service-Partner-Vertrag; Händlerbeiräte von Unimog u. Linde Material Handling bei Verhandlungen zur Neugestaltung der Verträge, u.a. zu Kommissionsagentenmodell u. Vertriebsnetz in den USA u. Asien; Getinge-Gruppe, u.a. zu Muster-Fachhandels- u. ww. Vertriebsvertrag; Ghost Bikes zu neuem europaw. Vertriebs- u. Lohnherstellungsvertrag; lfd.: Essilor, Fastlane Marketing, Huhtamaki, Berry, Ghost Bikes, Otto Ganter, Nagel-Gruppe, Propan Rheingas. **Prozesse:** Autohaus am Westbahnhof gg. Mitsubishi um Ausgleichsansprüche; Industriepumpenhersteller zu Auflösung der Händlerverträge in NL u. Belgien, inkl. Prozessvertretung. Lfd.: Händlerverbände, u.a. Citroën, Hyundai, Honda, Kia, Iveco, Mercedes Benz, Volvo.

GVW GRAF VON WESTPHALEN
Vertriebssysteme ★★
Bewertung: Die Vertriebsrechtspraxis der Full-Service-Kanzlei genießt insbes. für ihre Beratung im Handelsvertreter- u. Vertragshändlerrecht einen ausgez. Ruf. Dafür steht Emde, der sowohl Unternehmen als auch Vertriebsmittler berät u. vor Gericht vertritt. So vertrauen seit Jahren namh. Versicherer bei Auseinandersetzungen um Auskunfts- oder Provisionsforderungen von Versicherungsvertretern auf ihn. Gleichz. vertrat er zuletzt div. Handelsvertreter bei Fragen im Zshg. mit dem Vertrieb von med. Masken u. Corona-Schnelltests. Er verfügt zudem über langj. Kontakte zu Caravanherstellern, die jüngst v.a. wg. Streitigkeiten rund um Lieferengpässe Rat bei GvW suchten. Das ▷Münchner Team berät zudem zum Franchiserecht u. Direktvertrieb, erreicht für seine Spezialisierung im Markt aber längst nicht die Visibilität wie Emde. Mit dem Zugang eines Transportrechtlers im Vorjahr, der namh. Mandanten aus LEH u. Konsumgüterindustrie berät, positioniert sich GvW zudem bei Logistikfragen – ein Beratungsfeld, das an Bedeutung zunimmt.
Oft empfohlen: Dr. Raimond Emde („ausgewiesener Experte", „stark im Handelsvertreterrecht", Wettbewerber)
Team: 3 Eq.-Partner, 2 Sal.-Partner, 4 Associates
Schwerpunkte: Handelsvertreter-, Vertragshändler- u. Versicherungsvertriebsrecht sowie Direktvertrieb, internat. Schiedsverfahren.
Mandate: Vertriebssysteme: Alfred Kärcher zu Vertriebs- u. FuE-Verträgen mit OEM. Lfd.: Stada, Hansgrohe, Kessel, Caravanhersteller, Kfz-Zuliefe-

VERTRIEB, HANDEL UND LOGISTIK

rer, Franchisegeber aus der Systemgastronomie. **Prozesse:** div. Versicherer, u.a. zu Änderung der Provisionsbestimmungen u. in Prozessen gg. Buchauszugsklagen u. Ausgleichsforderungen; div. Handelshäuser, u.a. zu Schiedsklagen auf Provisionszahlung eines Handelsvertreters. **Transport/Logistik:** div. Unternehmen der Lebensmittel- u. Konsumgüterbranche sowie Spediteure zu Transport- u. Lagerverträgen.

HARMSEN UTESCHER
Vertriebssysteme ★

Bewertung: Die HHer Kanzlei berät im Vertriebsrecht trad. eng an der Schnittstelle zum ▷Marken- u. Wettbewerbs- sowie zum Kartellrecht. Zu den oft langj. Mandanten gehören v.a. Marken- u. Luxushersteller, die das Team etwa zu Fragen des Direkt- u. Selektivvertriebs oder zu Lizenz- u. Handelsvertreterrecht mandatieren. Entwicklungspotenzial für die Ausweitung der Mandantenbasis birgt die zuletzt verstärkte Anbindung an die ▷Gesundheitspraxis durch eine auf Medizinrecht spezialisierte Partnerin, die zunehmend auch vertriebsrechtl. berät. Erste Schritte in diese Richtung ging HU mit der Beratung des Pflege- u. Medizinprodukteherstellers Sixtus, den das Team nach dem Verkauf an Neubourg Skin Care u.a. zu Vertrieb, IP, Heilmittelwerbegesetz u. Kennzeichnung beriet.
Stärken: Stark im ▷Marken- u. Wettbewerbsrecht.
Oft empfohlen: Dr. Matthias Wolter, Dr. Martin Kefferpütz
Team: 2 Eq.-Partner, 1 Sal.-Partnerin, 1 Associate
Schwerpunkte: Strukturierung von Vertriebssystemen u. Beratung bei Vertriebsstreitigkeiten, Internetvertrieb u. Kartellrecht. Vertretung im Rahmen der IP-, Lebensmittel- u. Pharmarechtspraxen, v.a. bei Verstößen gg. die selektive Vertriebsbindung.
Mandate: Vertriebssysteme: Sixtus u.a. vertriebsrechtl. nach Verkauf an Neubourg Skin Care; Großhändler für Kosmetik- u. Wellnessprodukte zu Selektivvertrieb; Stahlproduktehersteller zu Verträgen mit Händlern; Tabakgroßhändler zu Vertrieb in Europa. Lfd.: Intersnack, Sky Dtl., Wladimir Klitschko, Jack Wolfskin, Wellensteyn International. **Prozesse:** Feodora in Schadensersatzklage gg. Einzelhändler (LG Hannover u. LG Stuttgart).

HAVER & MAILÄNDER
Vertriebssysteme ★★

Bewertung: Die ▷Stuttgarter Kanzlei berät umf. zu Vertriebssystemen, ist aber v.a. für die prozessnahe Beratung u. Vertretung bekannt, wo sie regelm. in internat. Schiedsverfahren agiert. Für die häufig mittelständ. Mandanten stehen dabei oft Produkthaftungs- u. Gewährleistungsansprüche sowie Schadensersatzforderungen im Mittelpunkt. Von der engen Verknüpfung zur ▷Konfliktlösungspraxis profitierten sie zuletzt insbes. bei Fragen zu den Auswirkungen der Corona-Maßnahmen sowie von Engpässen in internat. Lieferketten. So vertritt das Team um den jungen Partner Aufdermauer etwa Hotels u. Gastronomie in Streits im Zshg. mit Betriebsschließungsversicherungen. Neben der Automobil-, Elektronik- u. Konsumgüterindustrie weitete H&M in den Vorjahren die Mandantenbasis um Medizinproduktehersteller aus u. spielt dafür die enge Vernetzung zum ▷Vergaberecht aus.
Stärken: Prozessnahe Beratung u. Prozessführung zu Haftung u. Gewährleistung.
Oft empfohlen: Christian Aufdermauer, Dr. Rolf Winkler, Dr. Alexander Hübner
Team: 4 Eq.-Partner, 3 Sal.-Partner, 1 Counsel
Schwerpunkte: Klass. vertriebsrechtl. Beratung, oft grenzüberschreitend. Enge Verbindung zum Kartellrecht, in Brüssel EU-Kartellrecht. An der Schnittstelle zum Öffentl. Recht Beratung u.a. zu Chemikalien, Umwelt- u. ▷Vergaberecht. Ausgeprägte prozessuale Tätigkeit.
Mandate: Vertriebssysteme: Hersteller von E-Ladezubehör zu Vertrieb von Ladestationen für E-Bikes; Produzent von OP-Einrichtungen zu neuen Vertragshändlerverträgen in der EU; Chemieunternehmen u. div. Kfz-Zulieferer zu Lieferschwierigkeiten; Medizinprodukteunternehmen zu EU-weiten Vertragshändlerverträgen u. Abgrenzung zum Handelsvertreterrecht; Hotelkette zu Betriebsschließungsversicherung wg. Corona; lfd.: Amann & Söhne, MTD Products. **Prozesse:** Elastomer-Produzent gg. Zulieferer wg. Mängel an Produktionswerkzeugen; Unternehmensberatung zu Honorarforderungen; Hotelgruppe bei Geltendmachung von Betriebsschließungsschäden.

HEUKING KÜHN LÜER WOJTEK
Vertriebssysteme ★★★

Bewertung: Die Vertriebsrechtspraxis wird v.a. für ihre Arbeit für namh. Kfz-Hersteller wahrgenommen, darunter Stammmandanten wie Audi u. Renault, die sie umf. zur digitalen Transformation u. zur Erschließung neuer Geschäftsfelder berät. Yamaha etwa vertraut bei der Gestaltung eines Vertriebs- u. Servicesystems für E-Bikes in Dtl. auf das Team. Daneben nimmt die strateg. Gestaltung neuer Vertriebsstrukturen, oft im internat. Kontext, großen Raum ein. Insbes. bei Themen zum dualen Vertrieb profitieren Mandanten von dem tiefen vertriebskartellrechtl. Know-how des ▷Münchner Partners Siegert, der hierzu auch regelm. in Auseinandersetzungen aktiv ist. Neben den oft mittelständ. Mandanten aus Konsumgüterindustrie u. Maschinenbau gelang es HKLW zuletzt, neue Mandanten aus der Gastronomie für die Franchiseberatung zu gewinnen; allerdings sind ihr Wettbewerber wie Eversheds u. Taylor Wessing hier noch mehr als einen Schritt voraus. Die Vertriebsrechtspraxis gehört zu den Teams der Kanzlei, die an versch. Schnittstellen intensiv die Vernetzung zu anderen Praxen nutzen. So ist neben der Verknüpfung mit der ▷Kartellrechtspraxis auch die Kooperation mit den ▷IT-Rechtlern z.B. in Mandaten mit Technologiebezug oder im Zshg. mit E-Commerce gut etabliert. Daneben gehen sie auch neue Themen wie etwa die Beratung zum LkSG, der Produkt-Compliance oder Finanzierung u. Leasing von Großanlagen mit Experten angrenzender Rechtsgebiete an. Die zunehmende Bedeutung sämtl. Themen rund um das Vertriebsrecht unterstrich HKLW zuletzt mit der Ernennung eines Eq.-Partners, der regelm. Kfz-Hersteller bei Streitigkeiten mit Händlern vertritt u. zu Produkthaftung berät.
Stärken: Umf. Betreuung der Kfz- u. Maschinenbranchen, auch in Prozessen.
Oft empfohlen: Prof. Dr. Martin Reufels, Dr. Reinhard Siegert, Dr. Stefan Bretthauer
Team: 8 Eq.-Partner, 2 Sal.-Partner, 5 Associates
Schwerpunkte: Allg. Vertriebs- u. Franchiserecht. Langj. Beratung v.a. von Kfz- u. Nutzfahrzeugherstellern. Daneben vertriebsrechtl. Themen im Maschinenbau u. Retail (Nahrungsmittel). Häufig Reorganisation von Vertriebsstrukturen. Beratung zu internat. Vertriebs-Joint-Ventures sowie Liefer- u. Konsortialverträgen. Internat. Vertriebsrecht auch in Schiedsverfahren (▷Konfliktlösung). Starke Bezüge zum ▷Kartellrecht.
Mandate: Vertriebssysteme: Yamaha zu Vertriebs- u. Servicesystem für E-Bikes in Dtl.; Arlo Technologies, u.a. zu Produktsicherheit; Bundesverband zu Haftungsrisiken; NKT Cables zu Vertriebskooperationen u. Projektverträgen; Seatti zu Standardverträgen. Lfd.: Agco, Audi, Biotec Verpackungen, Jungheinrich, Ningbo Lehui, NKT Cables, Renault, Rheinmetall, Swift Navigation, Schuberth. **Prozesse:** Anbieter med. Atemschutzmasken gg. BRD im Zshg. mit Lieferung von FFP2/KN95-Schutzmasken.
Franchiserecht: Getir bei Markteintritt in Dtl. u. Aufbau eines Franchisesystems.

HOGAN LOVELLS
Vertriebssysteme ★★★★★

Bewertung: Souverän behauptet die Kanzlei im Vertriebsrecht seit Jahren ihre Position an der Marktspitze. Wie keiner Wettbewerbern gelingt es HL, die zuletzt weiter gestärkte länder- u. fachübergr. Vernetzung mit einem umf. Beratungsangebot u. einem tiefen Branchen-Know-how zu verknüpfen. Die Schlagkraft dieser Kombination beweist sie in zahlr. transatlant. Großprojekten, wobei die dt. Praxis regelm. die Koordination übernimmt. Insbes. die gr. Kompetenz im Automobilsektor bescherte der Praxis zuletzt wieder neue Mandate. Mercedes-Benz beriet der renommierte ▷Münchner Partner Ayad etwa bei einer strateg. Partnerschaft mit dem taiwan. Produzenten von Feststoffbatterien Prologium. Auf sein Branchen-Know-how vertrauen auch immer mehr neue Player am Markt, wie die asiat. Automobilunternehmen VinFast u. Genesis oder ein Hersteller von E-Sportwagen, den Ayad beim Markteintritt begleitet.
Gleichz. zählt die Praxis namh. Konsumgüterhersteller wie Moët Hennessy u. Pharmaunternehmen wie Bristol-Myers Squibb zu ihren Stammmandanten, die sie umf. zum ww. Vertrieb oder zum Markteintritt in Dtl. u. Europa berät. Dabei spielt HL bes. die trad. starke regulator. Kompetenz aus, die zur DNA des Teams gehört. Damit gelang es dem Team zuletzt, auch im Bank- u. Finanzsektor Fuß zu fassen u. neue Mandanten wie LexisNexis Risk Solutions für die vertriebsrechtl. Beratung zu gewinnen. Mit der Ernennung einer Partnerin u. einer Counsel treibt HL den Ausbau der Praxis weiter voran.
Stärken: Umf. Beratung von ww. Großprojekten, v.a. für internat. tätige Konzerne. Prozessvertretung.
Oft empfohlen: Dr. Patrick Ayad, Dr. Florian Unseld, Thomas Salomon, Dr. Jörg Schickert, Arne Thiermann
Team: 6 Partner, 3 Counsel, plus Associates
Schwerpunkte: Umf. Beratung in dt. wie internat. Vertriebsrecht, auch prozessuale Abwehr bzw. Durchsetzung von Ansprüchen. Oft an den Schnittstellen zum ▷Öffentl. Recht u. den ▷Konfliktlösungs- u. ▷IT-Praxen. Enge Verbindung zum ▷Kartellrecht.
Mandate: Vertriebssysteme: VinFast u. Genesis zu Markteintritt in Europa; Mercedes-Benz zu Entwicklungskooperation mit ProLogium; Mitsubishi zu europaw. Vertriebsprojekt; Eli Lilly zu Rahmenvertrag mit EU-Kommission für europaw. Beschaffung für Antikörperpräparat gg. Corona; Merz zu Lizenz- u. Kooperationsvereinbarung mit Vensica Therapeutics; Moderna zu europaw. Vertrieb von Coronaimpfstoff; Regeneron zu europ. Markteinführung eines Biotechprodukts. Lfd.: Bristol-Myers Squibb, Hyundai, Fifth Generation, Flix Mobility, Moët Hen-

VERTRIEB, HANDEL UND LOGISTIK

nessy, Lactalis, LexisNexis, Lockheed Martin, Lürssen, Schwartau, Wacker, ZF. **Prozesse:** Walcher Logistik zu Vertragskündigung gg. Getränkehersteller. **Transport/Logistik:** dt. Flughafen zu Aufbau von Logistikzentrum; Onlinehändler zu Kooperation mit Logistikdienstleister.

JACOBSEN + CONFURIUS
Franchiserecht ★

Bewertung: Die HHer Kanzlei ist auf die Franchiseberatung spezialisiert. Dafür steht insbes. der renommierte Jacobsen, der Franchisegeber div. Branchen umf. berät. Seltener tritt er auch für Franchisenehmer in Erscheinung. In Streitfällen begleitet er Mandanten beider Seiten regelm. in Mediations- u. Schlichtungsverfahren u. agiert auch als Schiedsrichter. Die Vertretung in Prozessen übernimmt zunehmend ein jüngerer Partner, der neben dem Schwerpunkt auf Franchiserecht auch im Handelsvertreterrecht berät. Damit treibt Jacobsen, der seit Anfang 2022 als of Counsel tätig ist, den Generationswechsel in der Praxis erfolgr. voran, u. die Kanzlei verbreitert die vertriebsrechtl. Beratung auch jenseits des Franchiserechts. Zudem flankiert ein weiterer Partner die vertriebsrechtl. Beratung mit Know-how im Transport- u. Logistikrecht, etwa zu Lagerhaltung von Franchisegebern oder Franchisesystemen im Transportsektor.
Oft empfohlen: Dr. Kay Jacobsen („kreativ u. lösungsorientiert", Wettbewerber)
Team: 2 Partner, 1 of Counsel
Schwerpunkte: Franchisegeber, v.a. bei Auflegung neuer Systeme.
Mandate: Franchiserecht: lfd.: Franchisesysteme, v.a. aus Gastronomie, Sicherheitstechnik, Transport u. Lagerung, Lebensmittelhändler, Fachhandel für Haustiere, Personalvermittlung u. Immobilienvertrieb.

JONAS
Vertriebssysteme ★

Bewertung: Die Vertriebsrechtler der kl. Kölner Kanzlei sind auch im angrenzenden ▷Marken- u. Wettbewerbsrecht tätig. Damit stehen sie wie Lubberger Lehment naturgemäß aufseiten der Markenhersteller, sind jedoch nicht so oft in Prozessen zu sehen wie die Wettbewerberin. In erster Linie vertrauen Unternehmen aus dem Kosmetik- u. dem Lebensmittelsektor sowie Franchisegeber im Zshg. mit Direkt- u. Selektivvertrieb auf das Team. Ein weiterer Schwerpunkt liegt auf der Beratung von Versicherungen, die etwa zu handelsvertreterrechtl. Fragen an Jonas herantreten. Die Kanzlei berät u. vertritt ihre Mandanten auch in Prozessen.
Oft empfohlen: Dr. Markus Robak („Top-Qualität u. angenehm", Mandant)
Team: 1 Eq.-Partner, 1 Sal.-Partner, plus Associates
Schwerpunkte: Hersteller an der Schnittstelle zum Marken- u. Wettbewerbsrecht.
Mandate: Vertriebssysteme: Direktversicherer zu Onlineversicherungsportal inkl. UWG u. Datenschutz; Kfz-Unternehmen bei Aufbau einer E-Commerce-Plattform; Süßwarenvertriebsunternehmen, u.a. zum Vertrieb über Onlineplattform u. zu Umstrukturierung des Vertriebsnetzes; Berufsbekleidungshersteller, u.a. vertriebskartellrechtl. bei Umstrukturierung des Onlineshops; Kosmetikunternehmen zu AGB. Lfd.: Truefruits, u.a. in Streitigkeiten mit dem LEH, Forum Institut. **Prozesse:** div. Versicherungen gg. Makler zu Ausgleichsansprüchen.

KNPZ RECHTSANWÄLTE
Vertriebssysteme ★

Bewertung: Die HHer Kanzlei berät im Vertriebsrecht trad. in Transaktionen an der Seite von M&A-Kanzleien, insbes. zu vertriebskartellrechtl. Fragen oder Handelsvertreterverträgen u. mögl. Ausgleichsansprüchen – so zuletzt etwa mit King & Wood an der Seite von Star Capital beim Kauf der Rüstungssparte Vincorion von Jenoptik. Dabei pflegt KNPZ eine starke Verknüpfung zum ▷Marken- u. Wettbewerbs- sowie Datenschutzrecht (▷IT u. Datenschutz), die auch Mandanten zugutekommt, die im Zshg. mit der zunehmenden Digitalisierung von Vertriebsstrukturen auf die Kanzlei setzen. Hier setzt KNPZ v.a. Akzente bei Plattform- u. Direktvertrieb, Blockchain-basiertem Vertrieb u. Open-Source-Lizenzierung, etwa für den Kryptowährungsanbieter Worldcoin. Zunehmend vertrauen Mandanten dem Team auch bei Auseinandersetzungen, z.B. dem Spielesoftwareanbieter ChessBase im Streit um Open-Source-Lizenzen. Zuletzt verstärkte sich das Team mit einem Associate, der vertragsrechtl. Erfahrung mitbringt.
Team: 1 Eq.-Partner, 1 Sal.-Partner, 4 Associates
Schwerpunkte: Online- u. Softwarevertrieb.
Mandate: Vertriebssysteme: Worldcoin zu Vertrieb von Kryptowährung; Module Works zu Vertrieb von Software; Tel Aviv Air zu Vertrieb von Flugreisen; Talpasolutions zu Vertrieb von digitalen Lösungen für sog. Mining Solutions; Baumarktkette zu Cross-Channel-Vertrieb; Carsharinganbieter zu Smart-Mobility-Vertrieb; Star Capital u. Bain Capital bei M&A-Deals; lfd.: Alstria, Axel Springer u. FAZ, Bauer Media Group, Chronext, Dänisches Bettenlager, Semasio, Sprylab, Wunder Car Mobility Solution, Üstra. **Prozesse:** ChessBase gg. Open-Source-Entwickler um Lizenzen (aus dem Markt bekannt).

KÜSTNER V. MANTEUFFEL
Vertriebssysteme ★★★

Bewertung: Die Göttinger Spezialkanzlei für Vertriebsrecht ist bes. bekannt für die prozessnahe Beratung u. Vertretung in Handelsvertreter- u. Vertragshändlerstreitigkeiten. Dabei positioniert sich die Boutique bewusst nicht nur auf Unternehmensseite, sondern vertritt etwa bei Ausgleichsansprüchen oder bei Auseinandersetzungen um Buchauszüge auch Handelsvertreter. Ein Schwerpunkt liegt dabei im Finanzdienstleistungs- u. Versicherungssektor, wo die Kanzlei zuletzt eine gr. Bank als Mandantin hinzugewinnen konnte. Doch konnte das Team die Mandatsbasis in den vergangenen Jahren auch in Richtung Telekommunikation ausbauen. Mit dem Ausscheiden von von Manteuffel u. Wurdack aus der Partnerriege u. der Ernennung eines jüngeren Partners leitet die Kanzlei nun einen Generationswechsel ein, den die ehem. Seniorpartner als of Counsel weiter begleiten.
Stärken: Handelsvertreter- u. Versicherungsvermittlerrecht. Anerkannte Prozesserfahrung.
Oft empfohlen: Kurt-Georg von Manteuffel („durchsetzungsstark", Mandant), Dr. Michael Wurdack, Dr. Michael Hallermann-Christoph („angenehm u. kompetent", Mandant)
Team: 2 Partner, 4 Associates, 2 of Counsel
Schwerpunkte: Umf. zu Vertriebsstrukturen, Verträgen u. Streitigkeiten, insbes. Makler-, Finanzdienstleister-, Versicherungsvermittler-, Handelsvertreter- u. Vertragshändlerrecht. Sowohl auf Hersteller- als auch auf Makler- bzw. Händlerseite tätig.
Mandate: Vertriebssysteme: Energieversorger, u.a. zu Optimierung des Vertriebssystems; dt. Bausparkasse zu Vertriebsgestaltung; Finanzdienstleister zu Berechnung des Ausgleichsanspruchs; Modehändler zu Vertriebsverträgen. **Prozesse:** Telekommunikationsanbieter u. Kabelgesellschaften zu Handelsvertreterausgleich; TV-Anbieter zu Provisionsrückforderungen; Direktvertriebsunternehmen gg. Sozialversicherungsträger im Streit um Scheinselbstständigkeit. **Franchiserecht:** Betreuungsanbieter zu Aufbau eines Franchisesystems.

LADM LIESEGANG AYMANS DECKER MITTELSTAEDT & PARTNER
Franchiserecht ★★

Bewertung: Die MDP-Kanzlei legt im Vertriebsrecht einen Schwerpunkt auf die Beratung von Franchisegebern beim Aus- u. Aufbau ihrer Systeme. Hier vertrauen eine Reihe namh. Systeme wie Fressnapf oder Trinkgut seit Jahren auf LADM. Daneben setzen v.a. regionale Mittelständler bei klass. vertriebsrechtl. Themen auf das Team, wobei die Kanzlei diese regelm. mit miet- u. arbeitsrechtl. Aspekten verknüpft. Nach dem renommierten Franchisespezialisten Dr. Eckhard Flohr zieht sich nun auch der Namenspartner Dr. Helmut Liesegang langsam aus dem aktiven Geschäft zurück. Seine Position füllt zunehmend sein Sohn aus. Der junge Partner bringt auch das kartellrechtl. Know-how mit, das für die sich häufende Beratung zur Umstellung von Vertriebs- u. Franchisesystemen auf den Onlinehandel unerlässlich ist.
Stärken: Franchiserecht.
Oft empfohlen: Dr. Henning Liesegang
Team: 2 Partner, 2 Associates, 1 of Counsel
Schwerpunkte: Konzeption von Franchisesystemen v.a. in Handel, Dienstleistung u. Produktion, Gastronomie. Zudem Vertragshändler-, Kommissionärsvertreter- u. Handelsvertreterrecht. Auch Marken- u. Wettbewerbsrecht.
Mandate: Franchiserecht: Lfd.: Equiva, Fressnapf, Trinkgut, Oil & Vinegar, Plameco, ZGS Schülerhilfe. **Vertriebssysteme:** lfd. Nölle.

LUBBERGER LEHMENT
Vertriebssysteme ★

Bewertung: Die Berliner IP-Boutique verknüpft ähnl. wie Harmsen Utescher die vertriebsrechtl. Beratung eng mit ihrem Know-how im ▷Marken- u. Wettbewerbsrecht. Entspr. konzentriert sich LL auf Fragen des Selektiv- u. Direktvertriebs von Luxus- u. Markenherstellern. So begleitet das Team um Namenspartner Lubberger den norweg. Sportartikelhersteller Brav zum Selektivvertrieb für div. Marken u. Vertriebskanäle. Zugleich ist die Kanzlei stark in Prozessen aktiv u. erstritt an der Seite von Stammmandantin Coty einige Grundsatzurteile, etwa gg. Amazon zum Plattformverbot u. Parallelimporten oder gg. div. Drogeriemärkte u. Aldi zum selektiven Vertrieb. Aktuell ist das Team in einer weiteren Musterklage um die Frage zur fehlenden Zustimmung von Markeninhabern zu sog. Graumarktverkäufen für die langj. Mandantin Maria Galland tätig (LG München).

Zu kartellrechtl. Themen, die bei selektiven Vertriebssystemen u. diesbzgl. Auseinandersetzungen eine gr. Rolle spielen, unterstützt ein weiterer Partner das Team.
Oft empfohlen: Dr. Andreas Lubberger („ausgewiesener Experte im Selektivvertrieb", Mandantin; „sehr geschätzt", Wettbewerber)

VERTRIEB, HANDEL UND LOGISTIK

Team: 2 Partner, 1 Associate
Schwerpunkte: Beratung zu selektiven Vertriebssystemen, häufig an der Schnittstelle zu ▷*Marken- u. Wettbewerbsrecht*.
Mandate: Vertriebssysteme: Brav zum Selektivvertrieb; Annemarie Börlind zu Überarbeitung des Vertriebsvertrags; frz. Kosmetikhersteller u.a. zu Neufassung des europ. Depotvertrags. Lfd. Ortlieb.
Prozesse: Maria Galland wg. fehlender Zustimmung zum Graumarktvertrieb (LG München); ghd gg. ehem. Kunden um Schadensersatz wg. Vorwurf der Preisbindung, Gebietsbeschränkung u. Plattformverbot (LG Stuttgart); Coty gg. Amazon bei Auseinandersetzung um erschöpfte Ware (BGH) u. gg. div. Einzelhändler im ‚Drogeriekartell' (OLG Frankfurt).

LUTHER

Vertriebssysteme ★★★★

Bewertung: Ausgestattet mit einem der breitesten Beratungsangebote im Markt neben CMS u. Noerr ist die Vertriebsrechtspraxis trad. bei gr. Mittelständlern die Kanzlei der Wahl. Dabei setzte das Team zuletzt gezielter Akzente, indem es sein Profil im Automobil- u. Gesundheitssektor schärfte u. so neue Mandanten gewann. Viele von ihnen profitierten jüngst v.a. im Zshg. mit den ww. Lieferengpässen bei div. Rohstoffen u. daraus resultierenden Verzögerungen u. Preissteigerungen in bes. Maße von der engen Anbindung der Vertriebsrechtler an die ▷*Konfliktlösungspraxis* u. dem tiefen Know-how von Gaber u. Steimle zu Haftungs- u. Gewährleistungsfragen. Diese Ausrichtung auf die prozessnahe Beratung unterstrich Luther zuletzt auch mit 2 Partnerernennungen. Im Zshg. mit der zunehmenden Digitalisierung in Handel u. Industrie agiert zudem der Essener Partner Dorndorf eng an der Schnittstelle zur ▷*IT-Praxis* u. setzt diese Spezialisierung auch erfolgr. bei gr. Logistikprojekten ein. Exempl. dafür steht die Beratung der DPD beim Einstieg in das Fulfillment-Geschäft. Erste Erfolge zeigt auch die Gründung eines internat. Netzwerks, mit dem Luther die Sichtbarkeit bei ausl. Mandanten steigern will. So berät das Team mit der frz. Partnerkanzlei Fidal z.B. einen Sportartikelhersteller aus Lyon zur Beendigung des Vertrags mit einem dt. Händler. Bis Luther bei internat. Mandanten so visibel ist wie CMS oder Noerr, ist es aber noch ein weiter Weg.
Stärken: Beratung des Mittelstands. Prozessführung. Logistikprojekte.
Oft empfohlen: Dr. Maximilian Dorndorf, Volker Steimle, Anne Wegner („sehr präsent", Wettbewerber; v.a. Vertriebskartellrecht), Dr. Steffen Gaber
Team: 15 Partner, 5 Counsel, 18 Associates
Schwerpunkte: Umf. Beratung im Vertriebs-, Vertrags- u. Handelsrecht, häufig mit Berührungspunkten zu Produkthaftung (▷*Konfliktlösung*), ▷*Kartell*- u. Exportkontrollrecht (▷*Außenwirtschaft*). Auch prozessuale Abwehr bzw. Durchsetzung von Ansprüchen.
Mandate: Vertriebssysteme: DPD bei Eintritt in das Fulfillment-Geschäft; Dr. Hinz Dental zu Kooperations- u. Vertriebsvertrag; Elfzwomed zu Produkthaftung; ACPS Automotive zu Einkaufsvertrag; Warsteiner zu internat. Vertriebsverträgen; Berliner Verkehrsbetriebe, u.a., zu Dienstleistungsverträgen; Burgmaier Technologies zu Ansprüchen von Lieferanten im Zshg. mit Preisanpassungen; Harley-Davidson zu Ende eines Händlervertrags u. Bonusprogramm; Karcher im Zshg. mit Zulassung beim Kraftfahrbundesamt; Natsana zu Mustervertrags-händlervertrag u. internat. Vertriebsvertrag; 2 Metalllieferer zu Rahmenlieferverträgen für seltene Erden. Lfd.: Amazon, Festo, Heckler & Koch, Joysonquin, Preh, Knapp AG. **Prozesse:** Festo gg. Handelsvertreter wg. Auskunft u. Schadensersatz; Natsana gg. Lohnhersteller im Streit um Abnahme von verspäteter Lieferung; Rembrandtin Coatings bei Vorbereitung eines Schiedsverfahrens.
Transport/Logistik: Best Secret bei Neustrukturierung der Logistik; Marcegaglia Carbon Steel u.a. zu Konsignationslagerverträgen; Ontruck zu Onlineplattform für Transportvermittlung; Zarges zu Ansprüchen aus Logistik- und Lagervertrag.

LUTZ ABEL

Vertriebssysteme ★★

Bewertung: Die Praxis hat sich in wenigen Jahren in der Beratung zu sämtl. Fragen des Vertriebsrechts positioniert. Bes. aktiv ist das Team um den jungen ▷*Stuttgarter* Partner Mann in der prozessnahen Beratung u. Vertretung, wobei er eng an der Schnittstelle zur ▷*Konfliktlösungspraxis* agiert u. auch in Schiedsverfahren tätig ist. So war LA für viele ihrer zumeist mittelständ. Mandanten die erste Adresse bei Fragen zu Preisanpassungen u. Haftungsfragen im Zshg. mit Lieferengpässen bei zahlr. Rohstoffen. Damit ist die junge Praxisgruppe ähnl. aufgestellt wie Haver & Mailänder, stärker als beim Wettbewerber gelingt es jedoch, auch internat. Mandanten zu gewinnen, z.B. die Anlagenbauer Chart Industries aus den USA oder Syrah Resources aus Australien. Neben der Kfz-Branche, in der die Kanzlei trad. viele dt. u. internat. Zulieferer berät, weitet die Vertriebsrechtspraxis ihren Wirkungskreis langsam auf weitere Sektoren aus. So setzen u.a. IT-Unternehmen wie IBM u. All for One auf das vertriebsrechtl. Know-how von LA. Daneben setzt die Praxis eigene Akzente, etwa bei der Beratung zu Logistikverträgen u. zum Franchiserecht.
Stärken: Prozessnahe Beratung von Kfz-Zulieferern, auch grenzüberschr. in Schiedsverfahren.
Oft empfohlen: Dr. Marius Mann („durchsetzungsstark u. fair", Wettbewerber)
Team: 1 Eq.-Partner, 1 Sal.-Partner, 6 Associates
Schwerpunkte: Beratung u. Prozessvertretung zu Gewährleistungsansprüchen u. Produkthaftung sowie zu Vertragshändler- u. Handelsvertreterrecht. Branchenfokus auf Kfz, Konsumgüter u. Logistik.
Mandate: Vertriebssysteme: Holoplot, u.a. zu Händlerverträgen in Europa u. USA; Implenia zu Rahmenlieferverträgen für Betriebsstoffe; Infermedica zu Lizenz- u. Vertriebsverträgen mit Klinikverbänden u. Krankenkassen. Dural, u.a. zu Produkthaftung. Lfd.: IBM, ABL Technic, All for one, Erfurt & Sohn, Franco Fresco, Haworth, Milena Holding, Nanogate, Occhio, One Logic, Spirex Sarco, TUMint Energy Research. **Prozesse:** Govecs gg. österr. Händler wg. Ausgleich u. Schadensersatz; Grandeco Wallfashion wg. Streitigkeiten im Zshg. mit Umstrukturierung des internat. Vertriebs; Lithofin in Streit mit IT-Dienstleister. Kanad. Kfz-Zulieferer zu Regressforderungen u. Produkthaftung. Lfd.: Healthfood24, Highways Management, Hirschvogel, Implenia, Nanogate, Optima Packaging, Putzmeister, Pyrolyx, RPN Food Technologies, Selecta Klemm, Strassacker, VfR Aalen, ZKW Group.
Franchisesysteme: DD Management bei Expansion von Dean & David in Dtl.; Frischepost zu Franchisesystem; lfd.: Nearcut. **Transport/Logistik:** Raffinerie Heide zu transport- u. speditionsrechtl. Fragen. Lfd. C.E. Noerpel.

NOERR

Vertriebssysteme ★★★★★
Franchiserecht ★★★★★

Bewertung: Die Kanzlei gehört mit ihrer breiten Aufstellung u. der ganzheitl. Beratung im Vertriebs- u. Franchiserecht seit Jahren zur Marktspitze. Das macht die Praxis bei neuen Herausforderungen, etwa im Zshg. mit den Auswirkungen der Lieferengpässe oder dem LkSG, zu einer sicheren Bank für ihre Mandanten. Regelm. untermauert das Team seine herausragende Stellung mit seiner internat. Arbeit u. großvol. Projekten, insbes. im Zshg. mit der digitalen Transformation in Handel u. Industrie, für die es an allen relevanten Schnittstellen die gut geölte Kooperation mit anderen Fachgruppen nutzt. Darauf setzen seit Jahren zahlr. namh. Automobilhersteller wie z.B. Audi, die bei der europaw. Einführung digitaler Produkte das Team um den Kfz-Spezialisten Ströbl mandatiert. Ähnl. wie Hogan Lovells nutzt Noerr dabei ihre ausgeprägte Kompetenz in Regulierungsfragen, etwa im Zshg. mit Umweltprämien u. Ladeinfrastruktur bei E-Mobilität. Diese regulator. Kompetenz kommt auch Mandanten in anderen Branchen zugute, etwa bei Fragen zu Kennzeichnungspflichten, Produktsicherheit u. Datenschutz sowie zunehmend im Zshg. mit neuartigen Zahlungsmodellen. Zuletzt baute das Team zudem Know-how zum LkSG auf u. berät hierzu div. Mandanten aus der Konsumgüterbranche. Regelm. ist die Praxis in vertriebsrechtl. Auseinandersetzungen aktiv, die z.T. Grundsatzfragen betreffen. So vertritt Noerr z.B. die Berliner Sparkasse gg. den Verbraucherschutzverband VZBV in einer Musterfeststellungsklage um den AGB-Änderungsmechanismus.
Stärken: Viel Erfahrung auf Kfz-Herstellerseite, Franchising.
Oft empfohlen: Prof. Dr. Karsten Metzlaff („schnell, kompetent, mit Blick für wirtschaftl. Ziele u. Grenzen", Wettbewerber), Dr. Dominik Wendel, Dr. Albin Ströbl („sehr positive Erfahrungen", Mandant; „kompromissfähig", „arbeitet sorgfältig u. wissenschaftl.", „exzellenter Kenner der Automobilbranche", Wettbewerber), Dr. Tom Billing („pragmat. u. inhaltl. überzeugend", Mandant), Dr. Felix Muhl („schnell, auf den Punkt mit gutem Praxisverständnis", Mandant)
Team: 6 Eq.-Partner, 5 Sal.-Partner, 1 Counsel, 13 Associates
Schwerpunkte: Automotive u. Mobilität sowie Hersteller u. Franchisegeber in allen vertriebsrechtl. Fragen, insbes. bei Gestaltung u. Umstrukturierung von Vertriebssystemen, Vertragshändler- u. Handelsvertreterrecht, Einkaufs-, Transport- u. Logistikverträgen. Regelm. ▷*kartellrechtl.* Aspekte. Praxisgruppe Digital Business an der Schnittstelle zu ▷*IT-*, ▷*IP-* u. ▷*Medienrecht*, zunehmend ▷*Bank- u. Finanzrecht*. Starke ▷*Außenhandelspraxis*.
Mandate: Vertriebssysteme: Auto.de bei Umstrukturierung der AGBs u. Musterverträge nach neuem Kaufrecht; Audi zu Vertrieb, u.a. von MyAudi-App in Europa; Dt. Sparkassen- u. Giroverband zu Zinspreisanpassungsklausel; Klarna Bank zu Verbraucherdarlehensrecht; Rädlinger Primus zu Vertriebskooperation mit Interflow in Australien u. NZ; Saic Motors zu Markteinführung von E-Fahrzeugen in Europa. Lfd.: Daimler Truck, Ferrari, Kia Motors, Seat Motors, Triumph, Volkswagen, Skoda, Peugeot, Opel. **Prozesse:** Berliner Sparkasse gg. VZBV in Musterfeststellungsklage um AGB-Änderungsmechanismus; Dominos Pizza in Mediationsverfahren mit Fran-

chisenehmern zu regionaler Abgrenzung; Opel gg. Händlerverband u. Leasinggesellschaft um Leasinggeschäft; Kfz-Hersteller um die Weitergabe von Wartungs- u. Reparaturinformationen (EuGH). **Franchisesysteme:** Backwerk zu Neufassung der Verträge u. vertriebskartellrechtl.; Kosmetikkette zu Franchisesystem in Italien u. Frankreich; Gold's Gym zu Franchiseverträgen für McFit. Lfd.: Kieser Training, McDonald's, Med Plast, Obi.

OSBORNE CLARKE
Vertriebssysteme ★★★★

Bewertung: Wie kaum eine Wettbewerberin steht die Vertriebsrechtspraxis für die umfangr. Vertretung der Kfz-Händlerverbände. Das Team um Brossette versammelt nahezu alle namh. Verbände um sich u. begleitet sie bei den lfd. Umstrukturierungen der Kfz-Vertriebssysteme im Zuge der Digitalisierung u. Transformation zu E-Mobilität. Neben der stark ausgeprägten Prozessvertretung steht dabei zunehmend die aktive Gestaltung im Mittelpunkt der Beratung, etwa zu neuen Vergütungs- u. Margensystemen oder neuartigen Abo-Modellen. Dabei spielt OC immer wieder ihre gr. Kompetenz in der Beratung zukunftsweisender Technologien u. die fachübergr. Vernetzung aus u. überzeugt so immer wieder neue Player am Markt – bspw. den brit. E-Mobilitätsanbieter WeVee, den die Praxis gemeins. mit der ▷IP-, ▷Energie- u. Bankaufsichtsrechtlern zu einem Plattformkonzept berät. Ihr Know-how in der digitalen Transformation von Vertriebssystemen setzt OC auch erfolgr. für Hersteller anderer Branchen ein. Damit gewann sie neue Mandanten wie etwa den Plattformbetreiber Choco Communications.

Stärken: Vertretung von Kfz-Vertragshändlern. In die Kanzlei integriertes Team.

Oft empfohlen: Uwe Brossette („stark in der Verhandlungsführung, sehr gut vorbereitet", „leistungsstark im Kfz-Sektor", „praxisorientiert u. schnell", Wettbewerber), Christoph Boeminghaus („fachl. exzellent, sehr pragmatisch, lösungsorientiert", Wettbewerber), Carsten Dau („ausgezeichnet", Mandant), Dr. Thomas Grünvogel („fachl. hoch kompetent u. pragmatisch", „starke Beratung gepaart mit hervorragender Branchenkenntnis und strategischem Blick", Mandant)

Team: 6 Eq.-Partner, 2 Counsel, 10 Associates

Schwerpunkte: In der Kfz-Branche bei Vertragshändlern, Importeuren u. Verbänden sowie Zulieferern. Sonst ausschl. für Hersteller (v.a. Mode, Elektronik, Nahrungsmittel, u.a. Einzelhandel) bei Entwicklung klass. Vertriebs- u. Franchisesysteme tätig, häufig mit Bezügen zu ▷Marken u. Wettbewerb, E-Commerce/Internetvertrieb (▷IT u. Datenschutz) u. ▷Kartellrecht.

Mandate: Vertriebssysteme: Rewe umf., u.a. zu Lieferanten- u. Einkaufsverträgen; Bose zu Umstrukturierung des Händlernetzes u. Anpassung der europaw. Musterverträge; Choco Communications zu Liefer-, Logistik- u. Kooperationsverträgen; Sony zu Vertrieb von Playstation; WeVee zu Vertriebsplattform u. E-Mobilität; Volvo-Händlergruppe zu Polestar-Space-Operator-Vertrag inkl. Bonus- u. Fleetvereinbarung; VW u. Audi Partnerverband, u.a. zu Agenturvertrag für E-Fahrzeuge u. Abo-Modellen; Mercedes-Benz-Händlerverband zu Agenturvertrag u. Lieferengpässen wg. Halbleiterkrise u. Ukraine-Krieg. Lfd.: Douglas; Daikin Airconditioning; Händlerverbände: Hyundai, Mercedes-Benz, Jaguar Land Rover, Volvo Car. **Prozesse:** Khadi bei Trennung von frz. Alleinvertriebspartner; Snipes im Zshg. mit Absage von Sponsoring; Superdry gg. ital. Großhändler um Schadensersatz; Verband der Jaguar-Land-Rover-Händler gg. Hersteller um geplantes Abo-Modell, Margenkürzungen u. Zielanpassungen wg. Corona.

PÖHLMANN FRÜCHTL OPPERMANN
Vertriebssysteme ★

Bewertung: Im Vertriebsrecht ist die Münchner Praxis v.a. für ihre Prozessvertretung ihrer Stammmandantin BMW bekannt. Daneben berät das kl. Team oft langj. Mandanten div. Branchen umf. zu vertriebsrechtl. Sachverhalten, u.a. Produkthaftungsfällen. Dabei agiert es auch regelm. an der Schnittstelle zum Marken- u. Wettbewerbsrecht.

Oft empfohlen: Christian Früchtl

Team: 2 Partner

Schwerpunkte: Selektiver Vertrieb, Vertragshändlerrecht.

Mandate: Prozesse: Lfd.: BMW Group, Autec u. Osram, u.a. in Vertriebsstreitigkeiten (öffentl. bekannt).

RÖDL & PARTNER
Vertriebssysteme ★

Bewertung: Markenzeichen der MDP-Kanzlei ist ihre internat. Ausrichtung. Regelm. begleiten die Vertriebsrechtler ihre oft mittelständ. Mandanten bei grenzüberschr. Vertragsgestaltungen u. Umstrukturierungen von Vertriebssystemen. Dabei spielen Fragen zur Produkthaftung eine immer größere Rolle, etwa bei der Beratung eines Discounters zum Produkteinkauf inkl. Anforderungen an Produkt-Compliance für Import u. Verkauf in Dtl. u. 8 EU-Ländern. Zuletzt trieb das Team zudem die Vernetzung mit der Konfliktlösungspraxis voran, wovon Mandanten bei den häufigen Auseinandersetzungen im Zshg. mit gekündigten Vertriebs- u. Handelsvertreterverträgen profitieren. Mit Blick auf den Trend zu mehr Direktvertrieb, der häufig Streitigkeiten mit bisherigen Vertriebspartnern nach sich zieht, ist dies ein sinnvoller Schritt. Zudem intensivierte die Praxis zuletzt ihre Arbeit für Fintechunternehmen, wobei neben der IT-Praxis ein im Vorjahr gekommener Bank- u. Finanzrechtler das Team unterstützt.

Team: 1 Eq.-Partner, 1 Sal.-Partner, 4 Counsel, 2 Associates

Schwerpunkte: Multidiszipl. Beratung zu grenzüberschr. Vertrieb, v.a. in Kombination von Steuer-, IT- u. IP-Recht.

Mandate: Vertriebssysteme: Ponnath zu Vertriebsverträgen u. internat. FuE-Kooperationen für Vegan Food; Discounter zu Einkauf u. Produkt-Compliance; dt. Biotechunternehmen zu Vertrieb in div. Ländern; Kfz-Zulieferer für Elektro zu Störungen der Lieferkette; Kfz-Zulieferer für Oberflächenbeschichtung im Zshg. mit Joint Venture u. Vertriebsstruktur in Korea, China, den USA u. der EU; Stahlhändler u. div. Fintechanbieter zu Aufbau des Vertriebs in Dtl.; Anbieter von E-Einkaufslösungen zu Umstrukturierung der Vertriebsplattform; jap. Kfz-Zulieferer zu AGB, Einkaufsbedingungen u. Produkthaftung; Hersteller von Monitoring-Software zu Optimierung von IOT-Infrastrukturen; lfd.: Dennert Poraver, Pfleiderer, Sumitomo Demag Plastic Machinery, Zoo24. **Prozesse:** Oltrogge wg. Beendigung einer exklusiven Vertriebsvereinbarung; jap. Kfz-Zulieferer gg. frz. OEM wg. Umstrukturierung des Vertrags, dt.-jap. Maschinenbauer gg. tschech. Vertragspartner um Abwehr von Ansprüchen.

SCHIEDERMAIR
Vertriebssysteme ★
Franchiserecht ★★★★★

Bewertung: Innerh. weniger Jahre hat sich die Kanzlei in der Beratung von Franchisesystemen an die Marktspitze katapultiert. Dafür steht v.a. Hero, der namh. Franchisegeber wie Bodystreet u. L'Osteria langj. berät u. zuletzt zahlr. neue Systeme wie z.B. Hans im Glück als Mandanten gewinnen konnte. Kaum ein Wettbewerber kann es in Bezug auf Anzahl, Internationalität u. Vielfalt der Franchisemandanten mit Schiedermair aufnehmen, die neben Systemgebern aus Gastronomie u. Fitness auch Unternehmen aus Mode, Kfz, Baugewerbe u. Kosmetik zu ihren z.T. langj. Mandanten zählt. Ein bes. Schwerpunkt liegt dabei auf US-Systemen, die das Team regelm. beim Markteintritt in Europa begleitet. Folgerichtig verstärkte die Kanzlei ihre Franchiseberatung auch personell, sodass aktuell 4 Partner u. 2 Associates in diesem Spezialthema aktiv sind. Daneben agiert Schiedermair im Vertriebsrecht trad. an der Schnittstelle zum ▷Marken- u. Wettbewerbsrecht. Hier berät sie div. Markenunternehmen wie BoConcept, Varta u. Tom Tailor, etwa im Handelsvertreter- u. Vertragshändlerrecht u. bindet bei Prozessen die Konfliktlösungspraxis ein.

Stärken: Franchiseberatung an der Schnittstelle zum ▷Marken- u. Wettbewerbsrecht.

Oft empfohlen: Dr. Ulf Heil („sehr schnelle Reaktion u. hervorragende fachl. Zusammenarbeit", Mandant), Dr. Swen Vykydal („kompetent, schnell u. pragmatisch", Mandant), Marco Hero („hervorragende Fachkompetenz im Franchising", Mandant)

Team: 5 Eq.-Partner, 3 Sal.-Partner, 1 Counsel, 2 Associates

Schwerpunkte: Franchise-, Handelsvertreter- u. Lizenzrecht. Beratung ausschl. auf Geberseite. Prozessvertretung von Franchisesystemen.

Mandate: Vertriebssysteme: Nydec Sys zu ww. Vertriebsverträgen; CAP/CaPlast umf. vertriebsrechtl.; Dorner bei Umstellung von Handelsvertreter- auf Vertragshändlerverträge; Sfara zu Softwarelizenzierung; GW Cosmetics bei Aufbau der dt. Vertriebstochter inkl. AGB u. Markenrecht. Lfd.: AVI Spl; Hertz, PMG Holding, Snapon. **Franchiserecht:** Chunks by KoRo, Pottsalat, Soenneken u. Mmaah zu Aufbau eines Franchisesystems; Hans im Glück umf. franchiserechtl.; Katzentempel zu neuer Franchisestruktur u. Expansion; Logiscool zu ww. Master-Franchiseprogramm; Signal 88 u. Mondofix bei Einführung von Fix-Auto in Dtl.; US-Autohersteller zu Aufbau Franchisesystem für Kfz-Reparaturservice; US-Tanzschule bei Markteintritt in Dtl. via Franchise. Lfd.: Apollo-Optik, BoConcept, Bodystreet, Ocean Basket, L'Osteria, Mattel, Varta.

SCHINDLER
Vertriebssysteme ★★★

Bewertung: Die D'dorfer Boutique ist auf die Beratung u. prozessnahe Vertretung im Automobilsektor spezialisiert. Zu den oft langj. Mandanten gehören insbes. dt. Tochterunternehmen namh. ausl. Kfz-Hersteller u. -Importeure, die Schindler regelm. bei Auseinandersetzungen gg. Händlerverbände vertritt. Gleichz. begleitet die Kanzlei ihre Mandanten umf. bei der Umsetzung zukunftsweisender Themen, etwa der zunehmenden Digitalisierung des Sektors, die sich v.a. im Trend zu Direkt-/Onlinevertrieb u. neuartigen Mobilitätskonzepten niederschlägt. Auf die umf. Beratung, die datenschutzrechtl. u. kartellrechtl. Fragen einschließt,

VERTRIEB, HANDEL UND LOGISTIK

setzen nun auch Anbieter aus der E-Mobility wie Polestar. Dass Schindler auch die junge Generation aktiv fördert, zeigt eine junge Anwältin, die an der Seite des Urgesteins Littau in immer mehr Mandaten visibel ist u. von Wettbewerbern als „Nachwuchstalent" gelobt wird.

Stärken: Kfz-Branche, auch an Schnittstellen, z.B. zum IT-Recht, insbes. Datenschutz.
Oft empfohlen: Klaus Littau, Christoph Schlenger, Michael Intveen, Ole Hinrichs
Team: 8 Eq.-Partner, 4 Associates
Schwerpunkte: Beratung u. Vertretung v.a. von Herstellern u. Importeuren der Kfz- u. Motorradbranche in vertriebsrechtl. (Händlerverträge, Vertriebssysteme, Prozesse) u. vertriebskartellrechtl. Fragen (z.B. branchentyp. GVOen) sowie im Haftungs- u. Gewährleistungsrecht. Direkt- u. Strukturvertriebsrecht, Handelsvertreter- u. Lizenzrecht. Daneben IT-/Datenschutzrecht.
Mandate: Vertriebssysteme: Polestar zu Markteintritt in Dtl.; Ford, u.a. zu Neustrukturierung der Vergütung im Ersatzteileverkauf u. des Servicewerkstattnetzes. Lfd.: L'tur. **Prozesse:** Jaguar Land Rover in Verbandsklagen; Kfz-Hersteller zu Schadensersatzklagen im Zshg. mit Dieselproblematik; lfd.: Volvo Car Dtl., Chrysler Europe, Fiat Dtl., Hyundai Motors Dtl., Ford-Werke, Kia Motors Dtl. u. Europa, u.a. in Prozess um Herausgabe von Rohdaten Ersatzteilekatalog, Stellantis, Mazda Dtl., Scania Dtl., Toyota Dtl., Yamaha Motors Deutschland.

SKN VON GEYSO
Franchiserecht ★★★

Bewertung: Die HHer Kanzlei ist auf die Beratung im Franchiserecht spezialisiert u. berät sowohl Systemgeber als auch Franchisenehmer. Dafür steht v.a. Lindhorst, der regelm. Franchisegeber zum Aufbau neuer Systeme u. Vertriebskonzepte berät, wie aktuell etwa New York Pizza u. Mr. Cannabis, die er beim Eintritt im dt. Markt begleitet. Oft profitieren Mandanten dabei von dem Full-Service-Ansatz der Kanzlei, die auch zu arbeits-, steuer- u. mietrechtl. Themen berät. Regelm. wird SKN zudem in Auseinandersetzungen tätig, etwa für einen ehem. Franchisenehmer von Hairfree, den sie gg. den Systeminhaber des Haarentfernungsfranchise vertritt.
Stärken: Franchiserecht.
Oft empfohlen: Dr. Hermann Lindhorst, Günter Erdmann
Team: 1 Eq.-Partner, 1 Sal.-Partner, 2 Associates, 1 of Counsel
Schwerpunkte: Neben klass. Franchiserecht im sog. Softfranchising u. Lizenzvertragsbereich tätig. Zunehmend auch im franchisebezogenen Datenschutz. Erfahren im Vertriebskartellrecht.
Mandate: Franchiserecht: New York Pizza u. Mr. Cannabis bei Aufbau von Franchisesystemen in Dtl.; Fußkundig, ASMO, Family Fairway zu Franchisevertrag; lfd.: Hol ab, Schweinske, rehaConsult, Comgatus/Gartenzauberwerk, Janny's Eis. **Prozesse:** ehem. Franchisenehmer von Hairfree gg. Systeminhaber (LG Darmstadt); Reha Consult/Elithera gg. ehem. Franchisenehmer wg. Wechsel zu einem Konkurrenzunternehmen.

SKW SCHWARZ
Vertriebssysteme ★★

Bewertung: Die Vertriebsrechtpraxis ist v.a. für die prozessnahe Beratung u. Vertretung, insbes. in grenzüberschr. Auseinandersetzungen gesetzt. So begleitet der HHer Partner Korte z.B. einen dt. Großhändler im Streit gg. tschech. Lieferanten wg. Mängeln an Maskenlieferungen. Ebenso berät SKW ihre zunehmend auch ausl. Mandanten regelm. bei der Gestaltung ww. Vertriebs- u. Lieferverträge u. nutzt hier die standort- u. praxisübergr. Kooperation, bspw. für den ital. Motorradhersteller Ducati, den die Vertriebsrechtler mit der ▷*Gesellschaftsrechtspraxis* umf. zur Umstrukturierung seines Vertriebssystems berieten. Überzeugender als viele Wettbewerber besetzt SKW das an Bedeutung gewinnende Thema Transport u. Logistik. Ein Transportrechtler berät zahlr. Spediteure, Versicherer u. Handelsunternehmen umf. zu Logistikverträgen u. im Zshg. mit Schäden bei Lagerung u. Transport.
Stärken: Beratung v.a. auf Herstellerseite, auch grenzüberschreitend. Enge Verknüpfung zu Transport- u. Logistikrecht.
Oft empfohlen: Oliver Korte („äußerst kompetent, fachl. versiert, angenehm u. sehr vertrauensvolle Zusammenarbeit", Mandant; „sehr engagiert", Wettbewerber)
Team: Kernteam: 2 Eq.-Partner, 1 Sal.-Partner, 2 Associates
Partnerwechsel: Dr. Jürgen Sparr (in Ruhestand)
Schwerpunkte: Aufbau u. Gestaltung von Vertriebssystemen; klass. Handelsvertreterrecht, auch grenzüberschreitend. Schnittstellen zu ▷*Marken- u. Wettbewerbsrecht* u. ▷*IT*, Prozessberatung u. -vertretung, zunehmend Außenhandels-/Zollrecht sowie Logistik.
Mandate: Vertriebssysteme: Ducati zu Umgestaltung des Vertriebssystems inkl. Kündigung u. Neuverhandlung der Händlerverträge; Möbelhaus, u.a. zu Rahmenvertrag mit asiat. Lieferanten. Lfd.: VKR Holding, Eurofins. **Prozesse:** dt. Großhändler im Streit gg. tschech. Lieferanten wg. Mängeln an Maskenlieferungen; Fluglinie aus den VAE gg. span. u. dt. Handelsvertreter um Schadensersatz u. Ausgleichsansprüche; jap. Lebensmittelhersteller gg. frz. Distributor um Schadensersatz wg. Nichtbelieferung; mexikan. Handelsvertreter gg. dt. Prinzipal nach Kündigung. **Transport/Logistik:** Anlagenbauer bei Implementierung von Logistikverträgen mit Spediteuren; Anlagenbauer für Sicherheitstechnik gg. Bundesministerium bei Durchsetzung von Mehrkosten wg. coronabedingter Zwischenlagerung; dt. Bierbrauer zu neuen Transport- u. Logistikverträgen.

TAYLOR WESSING
Vertriebssysteme ★★★★

Bewertung: Ihre Kompetenz in der grenzüberschr. Beratung ist das Markenzeichen der Vertriebsrechtspraxis, die dafür vielfach auf ihre starken Auslandsbüros zurückgreifen kann. Zuletzt entwickelte sich das breit aufgestellte Team sehr dynamisch u. baute bei div. Zukunftsthemen gezielt Kompetenzen auf u. aus. So gehört TW zu den Kanzleien, die die Beratung zum LkSG überzeugend angegangen sind u. dieses konsequent aus der Vertriebsrechtspraxis entwickeln. Mandanten schätzen das, u. so vertrauen div. z.T. namh. Unternehmen u. Konzerne aus den Branchen Mode, Konsumgüter, Pharma u. Kfz auf Rothermel u. einen jungen D'dorfer Anwalt, der sich das Thema früh auf die Fahne schrieb. Dass er damit jüngst zum Sal.-Partner aufstieg, unterstreicht die Bedeutung, die TW dem Thema beimisst. Mit der Beratung zur Produkt-Compliance besetzt zudem Rohrßen einen weiteren zukunftsträchtigen Beratungszweig, der vor dem Hintergrund der Digitalisierung insbes. im Zshg. mit Smart Products u. E-Mobility immer wichtiger wird. In der Beratung zu Franchisesystemen baut TW ebenfalls kontinuierl. den Mandantenstamm aus, insbes. im Konsumgütersektor. Die Visibilität von Wettbewerbern wie Eversheds oder CMS erreicht die Praxis hier aber noch nicht. Auch der Ausbau des Teams in ▷*Ffm*. zeigt Erfolge, ein junger Sal.-Partner berät div. namh. Konzerne sowie Unternehmen mit innovativen Konzepten wie z.B. den US-Fitnessgeräteanbieter Peloton. Ein anderer Partner unterstützt mit seinem Know-how bei rechtl. Fragen im Transport- u. Logistiksektor.
Stärken: Grenzüberschr. Beratung zu Vertriebssystemen, starke Verbindungen auch nach Südamerika u. Südostasien.
Oft empfohlen: Dr. Peter Hofbauer („sorgfältig, effizient u. lösungsorientiert", „sehr fair", Wettbewerber), Dr. Martin Rothermel („inhaltl. gut", Mandant; „kompetenter Verhandlungsgegner", „stark im internat. Vertriebsrecht", Wettbewerber), Dr. Philipp Behrendt, Dr. Benedikt Rohrßen, („vorausschauend und sehr kompetent, Rat auf den Punkt", Mandant), Dr. Michael Kieffer („sehr kompetent u. fachkundig", Mandant)
Team: 8 Eq.-Partner, 7 Sal.-Partner, 8 Associates, 2 of Counsel
Schwerpunkte: Beratung von Herstellern u. Importeuren mit Bezügen zum ▷*Kartell-*, ▷*Arbeits-* u. ▷*Gesellsch.recht*. V.a. für ausl. Unternehmen Aufbau von Vertriebssystemen, häufig an der Schnittstelle zum ▷*Marken- u. Wettbewerbsrecht* u. ▷*IT* u. strateg. Beratung, auch Franchisegeber. Beratung zum Sorgfaltspflichtengesetz u. ESG in der Lieferkette. Prozessführung, zudem Mediation (▷*Konfliktlösung*).
Mandate: Vertriebssysteme: NKD zu E-Commerce; Panasonic zu Vertriebssystem in Italien; TÜV Süd zu Webshop; W.L. Gore zu Vertriebssystem in Italien u. Südamerika; Recaro Gaming, u.a. zu Einkaufsvertrag; DoorDash zu Lieferdienst u. Onlineplattform. Div. Unternehmen zu LkSG. Lfd.: Boehringer Ingelheim, Calida, Deutz AG, Enterprise Rent-a-Car, Essity, FC Bayern München, Haier, Kawasaki, Peloton, Toyota, Wilde Group, Wonderland Nurserygoods, Zeppelin. **Prozesse:** US-Hersteller von Stärkeprodukten gg. Logistikdienstleister wg. verweigerter Leistung. **Transport/Logistik:** Hasbro zu Mustertransportvertrag; Develey u. Recaro Gaming zu Kontraktlogistik u. Transport. **Franchiserecht:** Calzedonia, u.a. zu Franchisesystem u. Onlinevertrieb.

TCI RECHTSANWÄLTE
Franchiserecht ★

Bewertung: Die Kanzlei konzentriert sich bei ihrer vertriebsrechtl. Beratung ähnl. wie SKN von Geyso auf Franchiserecht, wobei Dünisch vorw. als Einzelkämpferin agiert. Regelm. berät sie insbes. Franchisegeber zum Auf- u. Ausbau ihrer Systeme u. vertritt sie in Prozessen. Der Trend zum Onlinevertrieb, der u.a. wegen Corona auch bei Franchisesystemen um sich greift, sorgte zuletzt für neues Geschäft. Dabei zieht Dünisch andere Praxisgruppen hinzu – bspw. bei der Vertretung eines österr. Anbieters für E-Learning, den sie im Streit um Internetvertrieb im Spannungsfeld zwischen Territorialprinzip u. Markenrecht mit einem IP-Rechtler der Kanzlei begleitet.
Oft empfohlen: Ruth Dünisch
Team: 1 Partnerin
Schwerpunkte: Beratung von Franchisegebern, v.a. Dienstleistungs- und Handelsbranche.

VERTRIEB, HANDEL UND LOGISTIK

Mandate: Franchiserecht: Franchisegeber aus der Heilmittelbranche zum Relaunch des Systems; Gastrounternehmen bei Aufbau eines Ghost-Kitchen-Konzepts. **Prozesse:** österr. E-Learning-Anbieter im Streit um Territorialprinzip im Zshg. mit Onlinevertrieb. **Vertriebsrecht:** Energieanbieter zu Vertriebsvertrag für Ladeparks.

TRADEO
Vertriebssysteme ★

Bewertung: Die D'dorfer Kanzlei ist auf die Beratung zu ww. Vertriebssystemen spezialisiert. Insbes. mittelständ. Mandanten aus den Branchen Kfz, Anlagen- u. Maschinenbau, Konsumgüterindustrie u. Transport setzen regelm. bei neuen Vertriebs- u. Beschaffungsverträgen sowie der Gestaltung der Lieferkette auf Breckheimer. Dabei profitieren sie von den guten Kontakten zu ausl. Partnerkanzleien u. der Rundumberatung, die auch Gesellschafts-, Kartell- u. Datenschutzrecht umfasst. So begleitet Tradeo z.B. den Kfz-Zulieferer Mubea bei Einführung eines Lasten-Pedelecs für die Logistik auf der letzten Meile. Gleichz. berät das Team zunehmend prozessnah im Zshg. mit Schadensersatz oder Produkthaftung. Diese Kombination aus Vertragsgestaltung u. konfliktnaher Beratung setzte Tradeo zuletzt v.a. in der Beratung der meist mittelständ. Mandanten zu den Auswirkungen von Lieferengpässen u. den daraus resultierenden Preisanpassungen ein.

Oft empfohlen: Dr. Fabian Breckheimer
Team: 3 Eq.-Partner, 1 Sal.-Partner, 1 Counsel, 2 Associates
Schwerpunkte: V.a. mittelständische Mandanten zu internat. Vertriebskonstellationen.
Mandate: Vertriebssysteme: New Vector im Zshg. mit dem Vertrieb von Bw Messenger; We Fresh zu Aufbau eines Vertriebssystems; Mubea bei Markteinführung eines Lasten-Pedelecs für Last-Mile-Belieferung; dt. Kosmetikhersteller zu Umstrukturierung des Vertriebs; dt. Spezialdrahthersteller u.a. zu Rahmeneinkaufsvertrag mit finn. Kranhersteller; Anlagenbauer für Kfz-Industrie grenzüberschr. zu Projektverträgen; Vertical-Farming-Anbieter umf. zu Vertriebs- u. Beschaffungsverträgen. Lfd.: PLT Automation, TGC Group, Vallourec, Vennskap, Viega. **Prozesse:** dt. Anbieter digitaler Geschäftsprozesse gg. Kunden um Vergütungsansprüche; Edelstahlproduzent zu Schadensersatz im Zshg. mit einem Chemieunfall; estn. Logistikunternehmen gg. dt. Spediteur um Schadensersatz; österr. Kfz-Zulieferer zu Schadensersatz gg. Vertragspartner wg. Kündigung. **Transport/Logistik:** Behältermanagement-Dienstleister zu Logistikverträgen in Mexiko u. China.

DR. VOGELS
Vertriebssysteme ★

Bewertung: Der Ruf der kl. Kölner Kanzlei wurzelt in ihrer Arbeit für div. Kfz-Händlerverbände, die Vogels regelm. bei Auseinandersetzungen mit Herstellern vertritt. Dabei stehen oft Kündigungen u. Forderungen von Ausgleichsansprüchen im Mittelpunkt, zudem berät er die Händler aber bei Verträgen mit OEMs im Zshg. mit neuartigen Vertriebsmodellen für digitale Features. So setzte er z.B. für die Vertragshändler von Mazda u. VW eine Beteiligung an zubuchbaren Leistungen durch. Auf Vogels tiefes Know-how in der Kfz-Branche setzen neuerdings auch der Verband der Dt. Skoda-Vertragspartner sowie Verbände in den Sektoren Landmaschinen u. Lkw, wo dieselben Fragen auftreten wie bei Kfz.
Oft empfohlen: Prof. Dr. Tim Vogels („äußerst sachkundig, kennt die Kfz-Branche bestens", Wettbewerber)
Team: 1 Eq.-Partner, 1 Associate
Schwerpunkte: Kfz-Branche auf Händlerseite, v.a. zu Serviceverträgen.
Mandate: Vertriebssysteme: Mazda-Händlerverband zu neuen Verträgen im Zshg. mit zubuchbaren Leistungen; Verein der John-Deere-Händler zu Aufbau von Vertriebssystemen; div. Stellantis-Händler zu Kündigung der Händlerverträge; Iveco-Vertragspartnerverband, u.a. zu Produkthaftung. Lfd.: Verband der Kia-Händler u. Kia-Servicepartner. **Prozesse:** Fiat-Händlerverband um Erstattung von Bearbeitungsgebühren der FCA Bank; div. Opel-Händler bei Klage zu Abschluss eines Werkstattvertrags. Lfd.: DAF-Vertragspartnerverband, Iveco-Vertragspartnerverband.

Anzeige

Anwaltszahlen: Angaben der Kanzleien, wie viele Anwälte zu mind. ca. 50% in diesem Gebiet tätig sind. Sie spiegeln nicht zwingend die Gesamtgröße einer Kanzlei wider.

WIRTSCHAFTS- UND STEUERSTRAFRECHT CO-PUBLISHING/ANZEIGE

Cum/ex-Geschäfte und ihre strafrechtlichen Folgen – droht mit cum/cum-Geschäften eine zweite Welle?

Von Björn Krug und Kai Peters, Ignor & Partner, Frankfurt und Berlin

Björn Krug

Rechtsanwalt **Björn Krug**, LL.M. (Wirtschaftsstrafrecht), ist Partner der Sozietät Ignor & Partner GbR am Standort Frankfurt am Main. Er ist als Fachanwalt für Strafrecht und Fachanwalt für Steuerrecht schwerpunktmäßig im Steuerstrafrecht – dort häufig in sog. cum/ex-Verfahren und sonstigen Umfangsverfahren im Unternehmenskontext sowie bei steuerlichen Selbstanzeigen – tätig und veröffentlicht hierzu in Kommentaren zur Abgabenordnung und in Fachzeitschriften regelmäßig.

Kai Peters

Rechtsanwalt **Kai Peters** ist Partner der Sozietät Ignor & Partner GbR am Standort Berlin. Als Autor eines Standardwerks zur Vermögensabschöpfung im Strafverfahren ist er schwerpunktmäßig mit Themen der sog. Einziehung bei Unternehmen und Privatpersonen befasst. Hinzu kommt ein weiterer Tätigkeitsschwerpunkt im internationalen Strafrecht, speziell bei Fragen der Auslieferung und Vollstreckung.

Die Sozietät **Ignor & Partner** ist eine bundesweit ausschließlich im Wirtschafts- und Steuerstrafrecht tätige Kanzlei mit Standorten in Berlin und Frankfurt am Main.

Kontakt
Rechtsanwalt Björn Krug,
LL.M. (Wirtschaftsstrafrecht)
Ignor & Partner GbR
Kaiserhofstraße 7 in 60313 Frankfurt a.M.
T +49 (0)69 76 89 - 12 00
F +49 (0)69 76 89 - 11 99
M +49 (0)160 753 75 43
b.krug@ignor-partner.de
www.ignor-partner.de

Bis mindestens ins Jahr 2011 konnten mit sog. cum/ex-Geschäften mehrere Steuerbescheinigungen für vom Aktienemittenten einmal gezahlte Kapitalertragsteuer erlangt werden, um Anrechnungen oder Erstattungen geltend zu machen. Hintergrund war, dass der Abzug und die Bescheinigung der Kapitalertragsteuer bei Dividendenausschüttungen in unterschiedlichen Händen lagen. Der Emittent der Aktien behielt die anfallende Kapitalertragsteuer ein. Die Steuerbescheinigung stellte die Depotbank des Aktieninhabers aus. Dieses Auseinanderfallen nutzten die Akteure, um durch einen Leerverkauf eine weitere Steuerbescheinigung von der Depotbank des Leerkäufers zu erwirken. Der Gesetzgeber wollte dem durch das Jahressteuergesetz 2007 mit einer zusätzlichen Pflicht zur Einbehaltung in derartigen Fällen für inländische Depotbanken entgegentreten. Ab der Gesetzesänderung konnte das System indes unter Einbindung ausländischer Depotbanken fortgeführt werden. Neben der Verfolgung dieser zumeist weit zurückliegenden cum/ex-Sachverhalte droht inzwischen auch der steuerliche und strafrechtliche Aufgriff sog. cum/cum-Geschäfte.

Früher vertretene Sichtweisen
Voraussetzungen für die Steueranrechnung sind die Vorlage einer Steuerbescheinigung, der Zufluss einer Dividende oder Dividendenkompensationszahlung und die Erhebung von Einkommensteuer hierauf durch Steuerabzug. Teils wurde vertreten, schon die Steuerbescheinigung berechtige zur Steueranrechnung. Es wurde auch angenommen, der cum/ex-Erwerber sei sog. wirtschaftlicher Eigentümer, sodass ihm die Dividende bzw. Dividendenkompensationszahlung zufließe und es auf die Erhebung der Steuer hierauf nicht ankomme. Der Gesetzgeber habe gewusst, dass ein ausländischer Verkäufer nicht zum Einbehalt und zur Abführung von Steuern verpflichtet werden könne. Da er sehenden Auges eine Gesetzeslücke geschaffen habe, sei es rechtmäßig gewesen, diese auszunutzen.

Entscheidung des Bundesgerichtshofs im Jahr 2021
Nachdem vom Landgericht Bonn im ersten cum/ex-Strafverfahren zwei geständige Angeklagte zu Bewährungsstrafen verurteilt wurden, hatte der Bundesgerichtshof die – mit Spannung erwartete – Gelegenheit, erstmals zum Thema Stellung zu nehmen. Er ist mit Urteil vom 28.07.21 der Auffassung, cum/ex-Geschäfte seien legal, entschieden entgegengetreten. Kern seiner Erwägungen ist der wenig überraschende Standpunkt, dass eine Steueranrechnung eine Steuererhebung voraussetzt. Die Steuerbescheinigung stelle lediglich eine zusätzliche Anrechnungsvoraussetzung dar. Aus ihr allein folge kein von der tatsächlichen Steuererhebung unabhängiger, fiktiver Steueranrechnungsanspruch. Dass an den Leerkäufer eine Kompensationszahlung lediglich in Höhe der Nettodividende geleistet werde, bedeute nicht, dass Kapitalertragsteuer erhoben worden sei. Vielmehr fehle es bei cum/ex-Geschäften am tatsächlichen Einbehalt. Auch eine Zurechnung bzw. eine Verdopplung des Steuerabzugs auf die von dem Emittenten der Aktien ausgeschüttete Dividende auf das Steuerschuldverhältnis des Leerkäufers sei nicht möglich. Denn Eigentümer der Aktien und damit Gläubiger der Kapitalerträge sei zum Zeitpunkt des Gewinnverteilungsbeschlusses nicht der Leerkäufer, sondern der ursprüngliche Eigentümer. Der Leerkäufer stehe einzig in Verbindung zum Leerverkäufer. Mangels einer rechtlichen Beziehung zum ursprünglichen Eigentümer könne der Leerkäufer zum Zeitpunkt des Gewinnverteilungsbeschlusses keinerlei Einwirkungs- und Nutzungsmöglichkeiten an den Aktien für sich beanspruchen.

Entscheidung des Bundesfinanzhofs im Jahr 2022
Der Bundesfinanzhof teilt mit seiner Entscheidung vom 02.02.22 die Wertungen des Bundesgerichtshofs, geht aber einen Schritt weiter. Er versagt die Steueranrechnung damit, dass der cum/ex-Erwerber aufgrund des modellhaft ausgelegten Gesamtvertragskonzepts zu keiner Zeit wirtschaftlicher Eigentümer werde. Er verneint das wirtschaftliche

Eigentum des cum/ex-Erwerbers mithin nicht nur zum Zeitpunkt des Gewinnverteilungsbeschlusses und nicht nur, weil es ihm als Leerkäufer an einer rechtlichen Beziehung zum ursprünglichen Eigentümer fehlt. Vielmehr negiert er im Fall eines modellhaft ausgelegten Gesamtvertragskonzepts das wirtschaftliche Eigentum des cum/ex-Erwerbers zeitlich unbeschränkt, auch dann, wenn jener die Aktie nicht von einem Leerverkäufer erwirbt. Mangels wirtschaftlichen Eigentums fehle es bereits an einem steuerpflichtigen Sachverhalt zu Lasten des cum/ex-Käufers, der zu einer Steuererstattung zu seinen Gunsten führen könne. Denn Gläubiger von Kapitalerträgen sei – egal ob es um die Dividende oder die Dividendenkompensationszahlung geht – ausschließlich der wirtschaftliche Eigentümer.

Folgerungen für die Verteidigung

An der objektiven Strafbarkeit von cum/ex-Geschäften ist nach diesen Entscheidungen kaum mehr zu rütteln. Verteidigungsgründe sind deshalb insb. im subjektiven Tatbestand zu suchen – und zu finden. Auf einen Irrtum über Tatsachen, der den Vorsatz entfallen lässt, können sich – je nach Sachverhaltskonstellation – insbesondere all diejenigen berufen, die weder die Geschäftsabläufe konzipierten, noch die nicht marktgerecht bepreisten Absicherungsgeschäfte hinterfragten. Hierzu zählen insbesondere auch Investoren, die Anlageempfehlungen gefolgt sind, ohne sich eingehend mit der Anlageform- bzw. Strategie zu befassen. Aber auch diejenigen, die das Geschäftsmodell überblicken, können sich auf einen vorsatzausschließenden Tatbestandsirrtum berufen, sofern sie irrig von der rechtlichen Zulässigkeit der Geschäfte ausgingen. Ein solcher Irrtum unterfiele zwar bei anderen Delikten der Kategorie des Verbotsirrtums, bei dem es auf die Vermeidbarkeit ankommt. Bei der Steuerhinterziehung liegt es aber so, dass der Irrtum nach der Steueranspruchstheorie des Bundesgerichtshofs als vorsatzausschließender Tatbestandsirrtum behandelt wird. Dies gilt unabhängig davon, ob der Irrtum auf tatsächlichen oder rechtlichen Fehlvorstellungen beruht. Denn es gehöre es zum Vorsatz der Steuerhinterziehung, dass der Täter den Steueranspruch dem Grunde und der Höhe nach kennt oder zumindest für möglich hält und ihn auch verkürzen will bzw. das Nicht-Bestehen des Steueranrechnungsanspruchs kennt oder zumindest für möglich hält. Vielen Beschuldigten in cum/ex-Verfahren ist nicht abzusprechen, sich auf die Beratung und/oder die Rechtsgutachten zum Teil namhafter Kanzleien verlassen zu haben, ausweislich derer die Geschäfte bzw. die damit einhergehende Steueranrechnungen rechtmäßig waren. Ob die Gutachten den zutreffenden Sachverhalt schildern, die dort getroffenen Annahmen in der Praxis umgesetzt wurden und eine hinreichende Sicherheit in ihren Aussagen bieten konnten, ist eine Frage des Einzelfalls.

Fragen der Einziehung

Auch im Bereich der Einziehung bieten sich vielfältige Verteidigungsansätze. Dies gilt insbesondere für juristische Personen, die die Steuererstattungen nicht selbst geltend gemacht, sondern lediglich von den Absicherungsgeschäften profitiert haben. Bei juristischen Personen als Dritten im Sinne des Einziehungsrechts kommt eine Einziehung – Übertragungen vom Täter auf die juristische Person ausgenommen – nur in Betracht, wenn die juristische Person etwas durch die Tat erlangt hat. Für die Tat Erlangtes ermöglicht demgegenüber keine Einziehung bei juristischen Personen. Durch die Tat erlangt sind nach der Rechtsprechung des Bundesgerichtshofs nur die Taterträge, die dem Empfänger während des Tatablaufs unmittelbar aus der Tatbestandsverwirklichung zufließen. Das ist bei der Gewinnverteilung an diejenigen Akteure eines cum/ex-Geschäfts, die selbst keine Steueranrechnung geltend machen, ggf. nicht der Fall. Denn sie erhalten ihren Anteil lange vor der tatbestandlichen, unberechtigten Steueranrechnung. Das Fell des Bären wird sprichwörtlich verteilt, bevor er erlegt ist.

cum/cum-Geschäfte im Fokus

Spätestens mit der Entscheidung des Bundesfinanzhofs können auch cum/cum-Geschäfte aus zwei Gesichtspunkten zunehmend in den strafrechtlichen Fokus geraten. Zum einen lassen sie sich – was vielfach geschehen ist – mit cum/ex-Geschäften kombinieren. Beispielsweise, wenn der cum/cum-Erwerber zunächst das steuervermeidende cum/cum-Geschäft durchführt und anschließend zum sog. Stückgeber eines cum/ex-Geschäfts wird, indem er nach dem Dividendenstichtag einem cum/ex-Leerverkäufer die aus dem cum/cum-Geschäft stammenden Aktien zur Belieferung eines cum/ex-Leerkäufers zur Verfügung stellt. Zum anderen hatte vor dem Bundesfinanzhof schon das Hessische Finanzgericht mit Urteil vom 28.01.20 entschieden, dass das Gesamtvertragskonzept eines cum/cum-Geschäfts dem Übergang des für die Steueranrechnung erforderlichen wirtschaftlichen Eigentums auf den cum/cum-Erwerber entgegenstehen kann. Dies sei der Fall, wenn der cum/cum-Erwerber die Aktienerträge nicht wirtschaftlich erhält, keinen Liquiditätsvorteil erlangt, keinen erkennbaren Willen zur Ausübung der Stimmrechte aufweist und die Kursrisiken und -chancen nicht auf ihn übergehen. Anknüpfend hieran können es die Ermittlungsbehörden als unrichtige bzw. unvollständige Angabe über steuerlich erhebliche Tatsachen bewerten, wenn der die Steueranrechnung begehrende cum/cum-Erwerber ein solches Gesamtvertragskonzept in seiner Steuererklärung nicht offenlegt. ∎

KERNAUSSAGEN

- Nach den Entscheidungen von BGH und BFH ist an der Rechtswidrigkeit von cum/ex-Geschäften kaum mehr zu rütteln.
- Gleichwohl lassen sich gegen den Tatvorwurf Verteidigungsansätze aus den Besonderheiten der tatsächlichen Abläufe und Verantwortlichkeiten im Einzelfall entwickeln und häufig auch mit subjektiven Fehlvorstellungen der Beschuldigten argumentieren.
- Die Einziehung von Erträgen aus cum/ex-Geschäften bei juristischen Personen, die selbst keine Steueranrechnung erhielten, sondern nur von den vorangegangenen Transaktionen profitierten, steht weiter zur Diskussion.
- Künftig ist neben den cum/ex-Verfahren mit Verfahren wegen des Vorwurfs der Steuerhinterziehung in Zusammenhang mit cum/cum-Geschäften zu rechnen – die lex cum/ex wird mithin auch zur lex cum/cum.

Wirtschafts- und Steuerstrafrecht

Am Rand der Belastungsgrenze

Seit knapp einem Jahr haben die Ermittlungsbehörden ihre coronabedingte Zurückhaltung aufgegeben und durchsuchen wieder häufiger und es ist, als habe sich während der Pandemie die Stimmung geändert: Bundesweit beobachten Verteidiger eine neu entflammte Anklagefreude und abnehmende Gesprächsbereitschaft bei den Staatsanwaltschaften. Zugleich führen die Gerichte aber ihre Zwischenverfahren kritischer. Zudem nutzen immer mehr Behörden die Möglichkeit, die Unternehmen selbst zu beschuldigen, oder knöpfen sich deren Berater vor. Schon zu Beginn dieses Jahres verbrachten Anwälte vor allem aus den Boutiquen viel Zeit in Gerichtssälen. Die ganz dicken Brocken wie Cum-Ex – zu deren Strafbarkeit der BGH inzwischen ein Machtwort gesprochen hat – oder Wirecard hatten noch nicht einmal richtig begonnen. Die nächsten Ermittlungskomplexe im Steuerstrafrecht mit potenziell sehr vielen Beschuldigten laufen bereits. So überrascht es nicht, dass sich die Suche nach Nachwuchsanwälten noch einmal intensivierte – für die meisten Kanzleien ohne allzu großen Erfolg, nur einigen wenigen wie **Verte** gelang ein signifikanter Ausbau.

Dabei wird die Auslastung weiter zunehmen: Der Start der Europäischen Staatsanwaltschaft, Hinweisgeberschutz, das Lieferkettengesetz, verschärfte Geldwäsche- und Einziehungsregeln, eine bissigere BaFin und eine erhöhte Sensibilität für ESG-Themen werden eher früher als später Strafverfahren nach sich ziehen. Und es werden Verfahren höherer Komplexität u. Internationalität sein als frühere. Gerade bei Letzterem haben die meisten Strafrechtskanzleien Defizite. Erfahrung und Vernetzung, wie sie etwa **Prof. Dr. Holger Matt**, **Dr. Kai Hart-Hönig**, **Stetter** oder **Pfordte Bosbach** aufweisen, sind rar.

Derzeit beflügelt die Gemengelage aber dennoch die Boutiquen, denn die Hauptverhandlungserfahrung wird wichtiger. Das scheinen inzwischen auch die Kanzleien begriffen zu haben, die bislang kaum strafrechtliches Engagement zeigten. Vor allem US-Kanzleien bemühen sich um Quereinsteiger mit, so ein erfahrener Strafrechtler, „unanständigen Angeboten".

Trennung und Neuanfang

Für Schlagzeilen sorgten allerdings mehr die Trennungen: So gehen Dr. Florian Ufer und Prof. Dr. Christoph Knauer zum Jahreswechsel 2022/23 getrennte Wege. Kanzleinamen und wer sich von den angestellten Anwälten wem anschließt, war zum Redaktionsschluss noch nicht bekannt. Auch das Strafrechtsteam von **Klinkert**, das ebenso zum Jahresende ausscheidet, entscheidet sich für die Selbstständigkeit. Und das waren nicht alle: Zuletzt taten sich zwei hoch angesehene jüngere Partner von **Feigen Graf** und **Kempf Schilling + Partner** als **Reichling Corsten** in Frankfurt zusammen. In München gründeten zwei bereits empfohlene Anwälte von **Eckstein & Kollegen Fröba Dominok**. Junge Kanzleien wie **Kraft Rechtsanwälte** oder **Dr. Velke** haben inzwischen ihren Platz erobert, andere wie **Pannenborg & Pesenacker**, **schirach law**, aber auch die schon länger etablierte Einheit **DMS Rechtsanwälte** positionieren sich bei der aktuell hohen Nachfrage immer besser. Gerade die jüngere Generation, die ihr Handwerk meist bei etablierten Einheiten gelernt hat, ist dabei exzellent untereinander und mit Zivilkanzleien vernetzt. Das nützt den Mandanten in umfangreichen Verfahren und fängt den chronischen Mangel eines anwaltlichen Unterbaus ab, schafft aber auch eine neue Marktkultur. „Akquise per LinkedIn", nennt das ein älterer Verteidiger, halb ironisch, halb bewundernd.

Die Bewertungen behandeln Kanzleien, die im Wirtschafts- und/oder Steuerstrafrecht beraten. Die Mandatsbeschreibungen beziehen sich in aller Regel auf zum Zeitpunkt des Redaktionsschlusses nicht rechtskräftig festgestellte Vorwürfe. Die tabellarischen Übersichten unterscheiden zwischen Individualverteidigung u. der Vertretung von geschädigten oder betroffenen Unternehmen insbes. gegenüber Behörden und Justiz in konkreten Verfahren (siehe auch ▷Compliance-Untersuchungen, ▷Konfliktlösung und ▷Öffentlicher Sektor). Hinzu kommt eine Übersicht über ausgewiesene Steuerstrafrechtler.

JUVE KANZLEI DES JAHRES FÜR WIRTSCHAFTS- UND STEUERSTRAFRECHT

PFORDTE BOSBACH

Strategisch alles richtig gemacht – so lassen sich die Entscheidungen der Kanzlei zusammenfassen. Der Abspaltung von Brehm & v. Moers Anfang 2020 folgte ein beachtlicher Gewinn an Akzeptanz. Binnen kürzester Zeit gelang es dem Team, sich bei Zivilkanzleien zu empfehlen und – nicht nur dadurch – deutlich häufiger von Unternehmen mandatiert zu werden als früher. Gerade im Münchner Markt ist das ein beachtlicher Erfolg, weil die Auswahl an Strafrechtlern dort doch vergleichsweise groß ist.

Bemerkenswert ist zudem, wie exzellent sich vor allem der jüngere Partner **Dr. Jens Bosbach** positioniert hat. Er hat sein Engagement vor allem im Steuerstrafrecht noch einmal erweitert und ist als einer von wenigen Strafverteidigern über die Landesgrenzen hinaus gut vernetzt. Die Mandatierung in einem der ersten Verfahren der Europäischen Staatsanwaltschaft belegt dies eindrucksvoll und bringt die Kanzlei so in eine Pole-Position für künftige Verfahren. Doch damit nicht genug: Die frisch zur Partnerin ernannte **Ulrike Thole-Groll** positioniert sich immer besser im Markt und macht mit der Vertretung der Dt. Bahn und diversen steuerstrafrechtlichen Mandanten auf sich aufmerksam.

WIRTSCHAFTS- UND STEUERSTRAFRECHT

ADICK LINKE
Steuerstrafrecht ★

Bewertung: Knapp 3 Jahre nach Eröffnung hat sich der inhaltl. Fokus der Boutique ein wenig verschoben: Zwar sind die v.a. im Steuerstrafrecht etablierten Namenspartner nach wie vor in Cum-Ex-Verf. involviert, aber andere steuerstrafrechtl. Fragen wie z.B. zur Nacherklärung oder zur Zolltarifizierung für Geschäft nahmen zuletzt wesentl. mehr Raum ein. Den wesentl. Entwicklungsschritt tat AL jedoch in der Finanzbranche, wo sie vermehrt nicht nur steuerstrafrechtl. – etwa im Rahmen von steuerl. Korrekturen im Zshg. mit Stiftungen – im Einsatz war, sondern auch wirtschaftsstrafrechtl. z.B. im OWi-Verf. der BaFin wg. Verstoß gg. das Kreditwesengesetz.

Oft empfohlen: Dr. Markus Adick („kompetent u. pragmat.", „kollegial u. rechtl. fundiert", „fachl. sehr gut u. angenehm im Umgang", „top Steuerstrafrechtler", „schnell, starker Verhandlungspartner", „zuverlässig", Wettbewerber)

Team: 2 Eq.-Partner, 1 Associate

Schwerpunkte: Individual- ebenso wie Unternehmensverteidigung; Steuerstrafrecht.

Mandate: Individuen: GF eines Bauuntern. wg. Korruption; GF eines Immobilienuntern. wg. Steuerdelikt im Zshg. mit Mitarbeitervergütung; Landrat im Zshg. mit Überflutung im Sommer 2021; Steuerchef einer Bank wg. Cum-Ex; Vorstand Sparkasse wg. Beihilfe zur Steuerhinterziehung; CEO eines Private-Equity-Hauses wg. Cum-Ex. **Unternehmen:** Bank wg. steuerl. Korrektur im Zshg. mit einer Stiftung; Bank wg. Verstoß gg. Kreditwesengesetz; Kosmetikhersteller wg. Korrekturen bei Zolltarifierung; Entwicklungsgesellschaft im Immobiliensektor wg. Untreue durch GF; Sportartikelhersteller zu Compliance-System.

BAKER TILLY
Steuerstrafrecht ★★

Bewertung: Im Steuerstrafrecht zählt die Praxis zu den fest im Markt etablierten Einheiten, nicht zuletzt durch den anerkannten Partner Bielefeld. Als Praxis innerh. einer multidiszipl. Kanzlei arbeiten die Steuerstrafrechtler von BT ähnl. wie die von Flick Gocke regelm. mit anderen Praxisgruppen zusammen, häufig an der Schnittstelle zum Steuerstreit. Ihrem Schwerpunkt, den Fondsthemen, bleibt BT zwar treu, sie darauf zu reduzieren, wird ihr allerdings nicht gerecht. Neben dem Einzelhandel sucht mittlerw. – wenn auch nicht in dem Ausmaß wie bei Redeker – die öffentl. Hand häufiger Rat, was die Mandatierung durch Kliniken, Forschungseinrichtungen, Bundesbehörden u. die Abfallwirtschaft beweist. Auch (grenzüberschr.) Fragen zur Lohn- u. Gewerbesteuer nahmen v.a. bei ihrer mittelständ. Klientel zuletzt mehr Raum ein. Dass die Kanzlei eine Strafrechtlerin in die Partnerschaft aufnahm, untermauert den Status der Praxis. Es war auch deswegen wichtig, weil das Potenzial, das im Netzwerk liegt, mit einer One-Man-Show bisher kaum gehoben werden konnte.

Stärken: Enge Anbindung an die Steuerpraxis u. an der Schnittstelle zu Compliance.

Oft empfohlen: Dr. Franz Bielefeld („klug u. verlässl.", „Experte im Steuerstrafrecht", Wettbewerber)

Team: 2 Partner, 3 Associates

Schwerpunkte: Ausgewogenes Verhältnis von Individual- u. Unternehmensverteidigung. Selbstanzeigen, Steuerfahndungssachen, Strafverfahren im Nachgang zu Betriebsprüfungen, regelm. auch Analyse steuerstrafrechtl. Risiken u. Unterstützung bei Tax-Compliance-Systemen. Kernklientel: wohlhabende Familien u. gehobener Mittelstand.

Mandate: Individuen: Abteilungsleiter einer Bank zu Cum-Ex; Privatperson zu Umwandlung nach Gestaltungs- u. Erklärungsfehler. **Unternehmen:** Gebietskörperschaft zu Nacherklärung; Industrieuntern. zu Lohnsteuer; Verkehrsuntern. wg. unzulässiger Arbeitnehmerüberlassung.

BEUKELMANN MÜLLER PARTNER
Wirtschaftsstrafrecht: Individuen ★
Steuerstrafrecht ★★

Bewertung: Im Jahr 2 nach der Neuaufstellung im Zuge des Generationswechsels hat sich die Münchner Strafrechtsboutique im Steuer- u. Wirtschaftsstrafrecht im Markt behauptet. Dafür sorgen u.a. die Vertretung der Macquarie Bank im Cum-Ex-Verf. u. eines Audi-Entwicklers im Dieselprozess. Doch obwohl diese beiden Großverf. verhältnismäßig viel Raum einnehmen, gelang es BMP, ihr Mandatsportfolio zu erweitern. So zeigt sie etwa im Steuerstrafverf. eines Beschuldigten in der Maskenaffäre genauso Flagge wie verstärkt im Industriesektor, der im Zuge des Krieges gg. die Ukraine, aber auch schon im Vorfeld bzgl. Embargoverstößen auf die Einheit setzt.

Oft empfohlen: Dr. Stephan Beukelmann („fachl. versiert u. hervorragend vernetzt", „sehr angenehm u. präzise", „kluger Stratege", „gutes Verständnis für komplexe Sachverhalte", „jurist. kreativ, professionell", „bestens vernetzt, eine Bank", „absolut diskret", Wettbewerber), Maximilian Müller („in Großverf. sehr präsent", „hervorragend vernetzt, ein klasse Teamplayer", „hoch angesehen", Wettbewerber), Prof. Dr. Eckhart Müller

Team: 2 Eq.-Partner, 2 Sal.-Partner, 3 Associates, 2 of Counsel

---

Wirtschaftsstrafrecht: Individualverteidigung

★★★★★
Dierlamm	Wiesbaden
Feigen Graf	Frankfurt, Köln
Gercke Wollschläger	Köln
Krause & Kollegen	Berlin
Thomas Deckers Wehnert Elsner	Düsseldorf

★★★★★
Dr. Dörr & Kollegen	Frankfurt
Kempf Schilling + Partner	Frankfurt
Park	Dortmund
VBB Rechtsanwälte	Düsseldorf, Essen, Karlsruhe
Wessing & Partner	Düsseldorf

★★★★
HammPartner	Frankfurt
Verte	Köln

★★★
Grub Brugger	München, Frankfurt
Ignor & Partner	Berlin, Frankfurt
Otmar Kury	Hamburg
Langrock Voß & Soyka	Hamburg
Leitner & Kollegen	München
Pfordte Bosbach	München
Roxin	München, Hamburg, Augsburg
Ufer Knauer	München, Berlin, Frankfurt
Wannemacher & Partner	München

★★
FS-PP Berlin	Berlin
Knierim & Kollegen	Mainz
Redeker Sellner Dahs	Bonn
Trüg Habetha	Freiburg

★★
Freyschmidt Frings Pananis Venn	Berlin
Klinkert	Frankfurt
Rosinus Partner	Frankfurt
Stetter	München

Fortsetzung nächste Seite

WIRTSCHAFTS- UND STEUERSTRAFRECHT

Schwerpunkte: Individual- u. Unternehmensverteidigung, häufig bei Untreue u. in steuerstrafrechtl. Delikten, zunehmend internat. Bezüge.
Mandate: Individuen: Audi-Entwickler in Dieselskandal; Beschuld. im Steuerstrafverf. im Zshg. mit Maskenaffäre; ehem. Mitarbeiter der Barclays-Bank zu Cum-Ex; HVB-Vorstand wg. Cum-Ex; ltd. Mitarbeiter eines Kfz-Herstellers in Dieselskandal; GC von Wirecard als Zeugenbeistand. **Unternehmen:** Macquarie Bank im Cum-Ex-Verfahren; Media-Saturn wg. Bestechlichkeit eines Mitarbeiters; Nutzfahrzeughersteller zu interner Untersuchung, u.a. wg. Untreue; lfd. Nutzfahrzeughersteller, Siemens.

CKSS CARLÉ KORN STAHL STRAHL
Steuerstrafrecht ★★★★
Bewertung: Die Kölner Kanzlei gilt schon lange als stabile Größe im Markt, die das Steuerstrafrecht in engem Schulterschluss mit den Praxen für Steuerstreit sowie der materiellen Steuerberatung anbietet. Die meist mittelständ. Mandanten setzen oft langj. auf das eingespielte Team, v.a. wenn sich aus Betriebsprüfungen steuerstrafrechtl. relevante Sachverhalte ergeben – ein Trend, der bereits seit einigen Jahren anhält. Bei ckss ging es dabei zuletzt oft um überbewertete Rückstellungen. Lohnsteuer- genauso wie umsatzsteuerrechtl. Themen sorgen darüber hinaus für konstantes Geschäft. Vermehrt geraten dabei auch Steuerberater selbst ins Visier der Behörden, die dann ckss zur Verteidigung ins Boot holen. Cum-Ex spielt in der Praxis zwar auch eine konstante Rolle, aber nicht in dem Maße wie bei den Wettbewerbern. Da die Individualverteidigung aber insges. erneut zunahm, kann ckss das verschmerzen.
Oft empfohlen: Rudolf Stahl
Team: 1 Eq.-Partner, 3 Sal.-Partner, 2 Associates, 1 of Counsel
Schwerpunkte: Individualverteidigung, aber auch Beratung u. Vertretung von Unternehmen inkl. Steuer-Compliance.
Mandate: Individuen: Beschuld. in Cum-Ex-Ermittlungen; Bankvorstände in Haftungsfragen zu Cum-Ex; div. Steuerberater wg. Beihilfe zur Steuerhinterziehung. **Unternehmen:** Bank wg. Cum-Cum (Einspruchsverfahren).

CLIFFORD CHANCE
Wirtschaftsstrafrecht: Unternehmen ★★★
Bewertung: Als Dreh- u. Angelpunkt steht die wirtschaftsstrafrechtl. Praxis um Hugger im Zentrum der Compliance-Beratung. Diesbzgl. ähnl. aufgestellt wie White & Case vertritt sie eine Reihe von Mandanten in umfangr. Verf., die ihre themat. breite Aufstellung widerspiegeln. Dazu zählen Pharma- u. Medienunternehmen genauso wie Finanzinstitute zu aktuellen Themen wie Sanktionen, ESG u. Geldwäsche. Gerade für die Finanzinstitute ist die Praxis noch stärker als im Vorjahr in Verf. wg. Cum-Ex eingebunden. Das ist bemerkenswert, weil zwar die Zahl der Beschuldigten kontinuierl. wächst, aber die meisten der an Cum-Ex beteiligten Finanzinstitute längst ihren festen Verteidigerstamm an ihrer Seite haben. Werden künftig noch weitere Banken beschuldigt, steht CC jedenfalls in der Pole-Position der Verteidigerriege. Für die Vielzahl der kommenden Prozesse ist sie auch gut gerüstet, weil sich mittlerw. jüngere Anwälte wie Pasewaldt u. Baedorff im Markt etablieren konnten.
Oft empfohlen: Dr. Heiner Hugger („hohe fachl. Kompetenz", „strateg. stark", „ganz vorne mit dabei", „sehr gut, einer der erfahrensten am Markt", Wettbewerber), Dr. David Pasewaldt („ruhig, gut, professionell", „hohe fachl. Kompetenz", „kompetent u. sehr angenehm", Wettbewerber), zunehmend: Dr. Julia Baedorff („kollegial u. souverän", „sehr angenehm, professionell, macht einen starken Eindruck", Wettbewerber; „kluge Köpfe" Wettbewerber über alle)
Team: 2 Eq.-Partner, 2 Counsel, 6 Associates
Schwerpunkte: Wahrnehmung von Unternehmensinteressen in Strafverfahren u. Vorfeldberatung (u.a. Gesundheits-, Finanzsektor). Fachübergr. ▷Compliance-Beratung; regelm. Mandate mit internat. Bezügen.
Mandate: Unternehmen: BNY Mellon Service, Fondsgesellschaften der Société Générale, internat. Vermögensverwalter, US-Bank, skand. Bank, europ. Banken, dt. Bank wg. Cum-Ex; Pharmakonzern wg. Steuerhinterziehung; Medienkonzern wg. Steuerhinterziehung u. Vorenthaltens u. Veruntreuens von Arbeitsentgelt; Energiekonzern wg. Umsatzsteuerhinterziehung im Zshg. mit Handel von CO2-Emissionszertifikaten; Bank wg. Bestechlichkeit u. Bestechung gg. früheren Mitarbeiter; Bank wg. Geldwäsche im Zshg. mit Darlehen; Kfz-Hersteller wg. Vermögensabschöpfung. **Individuen:** Inhouse-Juristin wg. Steuerhinterziehung.

DIERLAMM
Wirtschaftsstrafrecht: Individuen ★★★★★
Wirtschaftsstrafrecht: Unternehmen ★★★
Bewertung: Die wirtschaftsstrafrechtl. Spezialkanzlei behauptet ihre Position an der Marktspitze souverän u. ist bei Zivilkanzleien ebenso angesehen wie bei strafrechtl. Wettbewerbern. Fast schon chronisch an der Belastungsgrenze tätig, hat sie sich personell in einem ihrer Paradefelder, der Vertretung von WP-Gesellschaften, verstärkt: Der ehem. Leiter Litigation bei PwC u. eine Juristin von EY stießen als Counsel hinzu. Diese Erweiterung war dringend geboten, mandatieren doch div. WP-Gesellschaften die Kanzlei regelmäßig. Neue Mandate kamen inzw. auch im großen Cum-Ex-Komplex, nachdem die früh verfolgte Verteidigungsstrategie inzw. mehrheitsfähig ist. Obwohl die Kanzlei nominell solide aufgestellt ist, bleiben die Personaldecke u. die ausgeprägte Konzentration auf den Namenspartner die größten Handicaps.
Stärken: Hohes Ansehen, auch bei Zivilkanzleien.
Oft empfohlen: Prof. Dr. Alfred Dierlamm („durchsetzungsstark", „exzellenter Koordinator von Umfangsverf.", Wettbewerber)
Team: 3 Eq.-Partner, 2 Sal.-Partner, 3 Counsel, 3 Associates
Schwerpunkte: Ges. Breite des Wirtschafts- u. Steuerstrafrechts. Individualverteidigung u. regelm. Unternehmen, tlw. in Dauerberatung, straf- u. aufsichtsrechtl. Beratung von WP-Gesellschaften.
Mandate: Individuen: Wirecard-CEO wg. Marktmanipulation; Beschuld. in VW-Abgasskandal; Beschuld. im Verf. Maple Bank; beschuld. Hauptzeuge im Cum-Ex-Verf. Köln; 2 GF North Channel Bank wg. Cum-Ex; Ex-CEO der EWE AG wg. Untreue (aus dem Markt bekannt); WP in Verf. Luhns; Beschuld. im Verf. um Porsche-Betriebsratsvergütung; Gründer von Lombardium wg. Betrug (beides marktbekannt). **Unternehmen:** Prüfungsverband in Sachen Eventus; div. Kliniken in arzt- u. medizinstrafrechtl. Verf.; Vitesco im Dieselkomplex um Continental;

Wirtschaftsstrafrecht: Individualverteidigung Fortsetzung

Beukelmann Müller Partner	München
Gazeas Nepomuck	Köln
Heuking Kühn Lüer Wojtek	Düsseldorf, Hamburg
Kipper + Durth	Darmstadt
Livonius van Rienen	Frankfurt
Meyer-Lohkamp & Pragal	Hamburg
MGR Rechtsanwälte	Frankfurt
Noerr	München, Berlin
Quedenfeld Füllsack & Partner	Stuttgart
Rettenmaier	Frankfurt

Eckstein & Kollegen	München
Kraft Rechtsanwälte	Mönchengladbach
von Máriássy Dr. von Stetten	München
Schiller & Kollegen	Frankfurt
Schneider Schultehinrichs	Frankfurt
Schork Kauffmann Wache	Stuttgart, Karlsruhe
Strate und Ventzke	Hamburg
SvS Sidhu von Saucken	München
Tsambikakis & Partner	Köln, Frankfurt, Berlin u.a.
Dr. Velke	Frankfurt, Köln
Widmaier Norouzi	Berlin

Die Auswahl von Kanzleien und Personen in Rankings und tabellarischen Übersichten ist das Ergebnis umfangreicher Recherchen der JUVE-Redaktion. Sie ist in 2erlei Hinsicht subjektiv: Die Aussagen der befragten Quellen sind subjektiv u. spiegeln deren Erfahrungen u. Einschätzungen. Die JUVE-Redaktion wiederum analysiert die Rechercheergebnisse unter Einbeziehung ihrer eigenen Marktkenntnis. Der JUVE Verlag beabsichtigt keine allgemeingültige oder objektiv nachprüfbare Bewertung. Es ist möglich, dass eine andere Recherchemethode zu anderen Ergebnissen führt. Innerhalb einzelner Gruppen in Rankings und tabellarischen Übersichten sind Kanzleien und Personen alphabetisch sortiert.

WIRTSCHAFTS- UND STEUERSTRAFRECHT

lfd.: Netto, Edeka, Bilfinger, EY, PwC (Letztere auch in Verf. wg. Steuerhinterziehung, alle marktbekannt).

DLA PIPER
Wirtschaftsstrafrecht: Unternehmen ★★★★

Bewertung: Als integraler Bestandteil der Compliance-Praxis gelingt es dem wirtschaftsstrafrechtl. Team, sich ein eigenes Profil zu bewahren. Geschuldet ist dies dem langj. Engagement, aber auch der Tatsache, dass Compliance-Mandate regelm. durch die Strafrechtspartner geführt werden oder mit einer Unternehmensverteidigung verbunden sind. Trad. in der Industrie gefragt, finden inzw. auch immer wieder Mandate aus dem Finanzsektor den Weg in die Praxis, doch sind andere Einheiten diesbzgl. deutl. aktiver. Die Industriestärke zeigt sich jedoch in der inhaltl. Breite u. Internationalität der Mandate, etwa bei Korruptions-, Lieferketten- u. Geldwäschefällen. Marktentspr. zogen auch arbeitsstrafrechtl. Fragen u. die Beratung nach Cyberattacken an. Mandate aus dem weiten Feld ESG sind hingegen oft bei den Regulierungsexperten aufgehängt, während die Strafrechtler sie flankieren. Auch wenn strafrechtsbetonte Mandate sich inzw. auf mehr Schultern verteilen, ist der Wechsel eines erfahrenen Associates zu White & Case ärgerlich, da er die direkte Wettbewerberin in Ffm. stärkt.

Stärken: Beratung von Industrieunternehmen; auch Verteidigererfahrung.

Oft empfohlen: Dr. Christian Schoop („hoch kompetent, versteht es, komplexe Verteidigungen mit Beschuldigten aus versch. Unternehmen zu leiten", Mandant; „durchsetzungsstark, organisiert, zuverlässig, kompetent", Wettbewerber), Emanuel Ballo („reaktionsschnell, präzise u. kollegial", Wettbewerber), Prof. Dr. Jürgen Taschke

Team: 2 Eq.-Partner, 6 Associates, 1 of Counsel

Schwerpunkte: Beratung von Unternehmen, sowohl präventiv als auch in Ermittlungsverfahren. Breit gefächertes Themenspektrum. ▷Compliance-Beratung u. grenzüberschr. Arbeit.

Mandate: Unternehmen: börsennot. Energietechnikkonzern straf- u. geldwäscherechtl. im Zshg. mit Kraftwerksbau in Hochrisikoland; dt. Versicherer nach Cyberangriff u.a. strafrechtl.; Entsorger als Korruptionsgeschäd., inkl. Untersuchung; Anbieter von Arztsoftware nach Cyberangriff strafrechtl. u. hinsichtl. Kommunikation; Cloud-Anbieter bei steuerl. Untersuchung u. Selbstanzeige; Forstwirtschaftsuntern. bei Untersuchung in den USA; jap. Pharmakonzern arbeitsstrafrechtl.; Industriekomponentenhersteller zu Offenlegung lohnsteuerrechtl. Vorgänge ggü. Finanzbehörden; Abfalluntern. u.a. wg. Korruption; Untern. der Flugzeugwartung wg. Betrugs durch GF; Munitionshersteller wg. Ermittlungen gg. Mitarbeiter; internat. Kfz-Hersteller nach Hinweis auf Untreue u. Mobbing.

DR. DÖRR & KOLLEGEN
Wirtschaftsstrafrecht: Individuen ★★★★★

Bewertung: Die angesehene Wirtschaftsstrafrechtskanzlei ist u.a. wg. etlicher Individual- u. Unternehmensmandate im Cum-Ex-Komplex intensiv im Bankensektor gefragt. Auch im Abgasskandal tritt inzw. neben die prominente Verteidigung Winterkorns ein neues Unternehmensmandat. Letzteres liegt in den Händen der jüngeren Partner, was zeigt, dass es immer besser gelingt, die Aufmerksamkeit vom Namenspartner auf seine Mit-Partner zu lenken. Diese Entwicklung ist entscheidend, um der Kanzlei langfr. Stabilität zu verleihen. Dazu beitragen soll auch der Eintritt des erfahrenen u. im Markt empfohlenen Dr. Tobias Groscurth, der von v. Pelchrzim kommend zunächst als Associate einstieg.

Oft empfohlen: Dr. Felix Dörr („zielorientiert, durchsetzungsstark", Wettbewerber), Christian Schubert, Christian Graßie („takt. versiert, durchsetzungsstark", „zielstrebig; viel Erfahrung, insbes. auch als früherer Staatsanwalt", „guter Analytiker", Wettbewerber)

Team: 3 Eq.-Partner, 2 Associates

Schwerpunkte: Umf. im Wirtschaftsstrafrecht, insbes. Bilanz- u. Steuerstrafrecht, Arzneimittelstrafrecht, Abrechnungsbetrug sowie Zoll- u. Außenhandelsdelikte. Vertretung von RAen, WP. Unternehmen als Geschädigte u. präventiv.

Mandate: Individuen: Ex-VW-Chef Winterkorn wg. Dieselaffäre; Ex-Aufsichtsrat u. leitender WP-Mitarbeiter in Wirecard-Komplex; Ex-CFO einer Bank wg. Cum-Ex; Vorstand eines Luftfahrtuntern. wg. Geheimnisverrat; Aktionär div. zypriot. Finanzdienstleister wg. Betrug (Forex-Plattformen); Verteidigung im Verf. um Currenta-Explosion; CEO eines ausl. Pharmauntern. wg. Betrug; Kuratoriumsmitglied einer Stiftung wg. mio-schwerer Untreue; Leiter Steuern einer Bank wg. Cum-Ex. **Unternehmen:** internat. Kfz-Hersteller wg. Abgasmanipulation; Gebäudeausrüster wg. Kartellverstoß; regelm. börsennot. Energieversorger; regelm. börsennot. Untern. u.a. zu Produktstrafrecht;

Wirtschaftsstrafrecht: Beratung von Unternehmen

★★★★★
Feigen Graf	Köln, Frankfurt
Freshfields Bruckhaus Deringer	Düsseldorf
VBB Rechtsanwälte	Düsseldorf, Essen, Karlsruhe
Wessing & Partner	Düsseldorf

★★★★
DLA Piper	Frankfurt
Dr. Kai Hart-Hönig	Frankfurt
Park	Dortmund

★★★
Clifford Chance	Frankfurt
Dierlamm	Wiesbaden
Krause & Kollegen	Berlin
Ufer Knauer	München, Frankfurt
White & Case	Berlin, Frankfurt

★★
FS-PP Berlin	Berlin
Gercke Wollschläger	Köln
Hengeler Mueller	Berlin, Düsseldorf
Heuking Kühn Lüer Wojtek	Düsseldorf, Hamburg
Kempf Schilling + Partner	Frankfurt
Knierim & Kollegen	Mainz
Prof. Dr. Holger Matt	Frankfurt
Redeker Sellner Dahs	Bonn
Rosinus Partner	Frankfurt
Roxin	Hamburg
Thomas Deckers Wehnert Elsner	Düsseldorf
Tsambikakis & Partner	Köln, Frankfurt, Berlin u.a.
Verte	Köln

★
Freyschmidt Frings Pananis Venn	Berlin
Langrock Voß & Soyka	Hamburg
Meyer-Lohkamp & Pragal	Hamburg
MGR Rechtsanwälte	Frankfurt
Noerr	München, Frankfurt, Berlin
Stetter	München

Die Auswahl von Kanzleien und Personen in Rankings und tabellarischen Übersichten ist das Ergebnis umfangreicher Recherchen der JUVE-Redaktion. Sie ist in 2erlei Hinsicht subjektiv: Die Aussagen der befragten Quellen sind subjektiv u. spiegeln deren Erfahrungen u. Einschätzungen. Die JUVE-Redaktion wiederum analysiert die Rechercheergebnisse unter Einbeziehung ihrer eigenen Marktkenntnis. Der JUVE Verlag beabsichtigt keine allgemeingültige oder objektiv nachprüfbare Bewertung. Es ist möglich, dass eine andere Recherchemethode zu anderen Ergebnissen führt. Innerhalb einzelner Gruppen in Rankings und tabellarischen Übersichten sind Kanzleien und Personen alphabetisch sortiert.

Anwaltszahlen: Angaben der Kanzleien, wie viele Anwälte zu mind. ca. 50% in diesem Gebiet tätig sind. Sie spiegeln nicht zwingend die Gesamtgröße einer Kanzlei wider.

WIRTSCHAFTS- UND STEUERSTRAFRECHT

Privatbank als Geschädigte von Geheimnisverrat; dt. Privatbank u. internat. Bank wg. Cum-Ex; dt. Gesellschaft eines Nahost-Investors als Geschädigte eines Prozessbetrugs durch Ex-GF; regionaler Energieversorger bei Neuausrichtung der Compliance-Abteilung.

ECKSTEIN & KOLLEGEN

Wirtschaftsstrafrecht: Individuen ★

Bewertung: Individualverteidigungen bleiben die Domäne der Münchner Kanzlei. Das gilt umso mehr nach dem Ausscheiden der beiden Sal.-Partner, die nicht nur im Markt gut vernetzt u. anerkannt sind, sondern sich allmähl. die Unternehmensvertretung erschlossen. In den Vorstandsetagen war u. ist v.a. der Namenspartner stärker gefragt, wobei viele Mandate zu zweit bearbeitet wurden. Das Mandantenspektrum ist breit, reicht von vermögenden Privatpersonen – u.a. bei steuerl. Vorwürfen – bis zu Ex-Vorständen wie Knirsch u. Marsalek. Ähnl. breit gefächert ist die materiellrechtl. Erfahrung.

Oft empfohlen: Frank Eckstein („sehr erfahren", Wettbewerber)

Team: 1 Eq.-Partner, 1 Associate

Schwerpunkte: Vorw. Individuen, u.a. Insolvenzdelikte, Banken(untreue)- u. Korruptionsverfahren u. Steuerstrafverfahren.

Mandate: Individuen: Wirecard-Vorstand Marsalek wg. Marktmanipulation; Ex-Audi-Vorstand Knirsch wg. Dieselaffäre; Ex-Aufsichtsrat Hymer wg. Betrug; hochrangiger Manager in Continental-Komplex; R. Koch in Steuerstrafverf. DFB; Ex-Vorstand einer brit. Investmentbank u. HVB-Mitarbeiter wg. Cum-Ex.

FEIGEN GRAF

Wirtschaftsstrafrecht: Individuen ★★★★★
Wirtschaftsstrafrecht: Unternehmen ★★★★★
Steuerstrafrecht ★★★★

Bewertung: Im Wirtschafts- u. Steuerstrafrecht ist die Kanzlei von der Marktspitze nicht wegzudenken. Ihre Pole-Position in Cum-Ex-Fällen u. namh. Unternehmen, die ihr dauerhaft vertrauen, verbunden mit einer sehr hohen Akzeptanz bei Zivil- u. Strafkanzleien sind Garanten dafür, dass das auch vorerst so bleibt. Bemerkenswert ist, wie gut es der Kanzlei gelingt, junge Anwälte vglw. früh an den Markt heranzuführen; so früh, dass inzw. bereits die jüngere Generation einen gewissen Ruf genießt. Die Ernennung Langes zum Partner, aber auch der selbstbewusste Abschied 2er jüngerer Anwälte in die Selbstständigkeit sind die logische Folge. V.a. das Ausscheiden des hoch angesehenen u. gut vernetzten jüngeren Reichling ist ein echter Verlust. Das Mandatsportfolio bleibt jedoch vielfältig wie gewohnt: Zahlr. Banken, aber auch Unternehmen der Realwirtschaft bauen ebenso auf das Team wie Vorstände u. Berufsträger. So gibt es kaum einen aktuellen Ermittlungsprozess, in dem die Kanzlei nicht präsent wäre.

Stärken: Vorstands- u. Unternehmensverteidigung.

Oft empfohlen: Hanns Feigen, Dr. Walther Graf („kompetent, pragmat., Klartexter, in der Sache erfolgreich", „setzt Maßstäbe in der Unternehmensvertretung", „einer der Besten, angenehm in der Zusammenarbeit", Wettbewerber), Dr. Bernd Groß („mehr u. mehr der Platzhirsch", „ausgezeichnetes Fachwissen, Teamplayer", „gutes Judiz, sehr strateg.", „bestens vernetzt, fachl. herausragend", Wettbewerber), Dr. Matthias Sartorius („immer extrem präzise, er sticht heraus", „rechtl. fundiert, pragmat.", „umsichtig, unaufgeregt", „guter Stratege, unprätentiös", Wettbewerber), Dr. Moritz Lange („sehr gut bei Cum-Ex, angenehm", „tiefe Durchdringung des Mandats, kommunikationsstark", Wettbewerber)

Team: 5 Eq.-Partner, 2 Sal.-Partner, 5 Associates

Partnerwechsel: Dr. Tilman Reichling (zu Reichling Corsten)

Schwerpunkte: Dauerhafte Beratung von Unternehmen, auch in frühen Stadien des Verfahrens oder bei der Risikobewertung; Individualverteidigung.

Mandate: Individuen: Ex-DFB-Schatzmeister H. Schmidt u. weiterer DFB-Funktionär wg. Steuerhinterziehung; VW-Entwicklungsingenieur u. weitere leitende Mitarbeiter aus Kfz-Konzernen wg. Diesel; ausl. Untern. wg. Handel mit binären Optionen u. Forex-CFD-Trading; CEO eines Lebensmittelkonzerns wg. Corona-Ausbruch; Beschuld. in Verf. um Currenta-Explosion (aus dem Markt bekannt); GF Solaruntern. wg. Zolldelikt; Brauerei-GF wg. Bierkartell; Aufsichtsrat eines Handelskonzerns wg. Insiderhandel; Managing-Partner einer Großkanzlei zu Tax Compliance; AOK-Vorstand wg. Untreue. **Unternehmen:** div. dt. u. ausl. Banken zu Cum-Ex; große Privatbank als Wirecard-Geschäd.; Medizinproduktehändler im Zshg. mit Maskenskandal; Landesbehörde im Zshg. mit Corona-Beihilfebetrug; Rhein. Baustoffwerke, RWE Power wg. Flutkatastrophe; Industriekonzern bei internat. Untersuchung wg. Korruption; regelm. Aristo Pharma, Axa, Klinik, Carglass, Gothaer, Strabag, Dt. Bank, Dt. Bahn, Flughafen Köln/Bonn.

Steuerstrafrecht

★★★★★

Flick Gocke Schaumburg	Bonn, Stuttgart, Wien, Zürich
Kantenwein Zimmermann Spatscheck & Partner	München
Leisner Steckel Engler	München, Zürich
Wannemacher & Partner	München

★★★★

CKSS Carlé Korn Stahl Strahl	Köln
Feigen Graf	Frankfurt, Köln
Streck Mack Schwedhelm	Köln, Berlin

★★★

Heuking Kühn Lüer Wojtek	Düsseldorf, Zürich
Krause & Kollegen	Berlin
LHP Luxem Heuel Prowatke	Köln
Noerr	München
Ufer Knauer	München, Frankfurt

★★

Baker Tilly	München
Beukelmann Müller Partner	München
Frick + Partner	Stuttgart
Dr. Kai Hart-Hönig	Frankfurt
Kullen Müller Zinser	Sindelfingen
Langrock Voß & Soyka	Hamburg
Quedenfeld Füllsack & Partner	Stuttgart
Roxin	Hamburg, München
Seitz	Köln
Ulrich Sorgenfrei	Frankfurt
Tsambikakis & Partner	Köln, Frankfurt, Stuttgart
Wessing & Partner	Düsseldorf

★

Adick Linke	Bonn
Kipper + Durth	Darmstadt
Pfordte Bosbach	München
Rosinus Partner	Frankfurt
Schneider Schultehinrichs	Frankfurt
VBB Rechtsanwälte	Düsseldorf

Die Auswahl von Kanzleien und Personen in Rankings und tabellarischen Übersichten ist das Ergebnis umfangreicher Recherchen der JUVE-Redaktion. Sie ist in 2erlei Hinsicht subjektiv: Die Aussagen der befragten Quellen sind subjektiv u. spiegeln deren Erfahrungen u. Einschätzungen. Die JUVE-Redaktion wiederum analysiert die Rechercheergebnisse unter Einbeziehung ihrer eigenen Marktkenntnis. Der JUVE Verlag beabsichtigt keine allgemeingültige oder objektiv nachprüfbare Bewertung. Es ist möglich, dass eine andere Recherchemethode zu anderen Ergebnissen führt. Innerhalb einzelner Gruppen in Rankings und tabellarischen Übersichten sind Kanzleien und Personen alphabetisch sortiert.

WIRTSCHAFTS- UND STEUERSTRAFRECHT

FLICK GOCKE SCHAUMBURG
Steuerstrafrecht ★★★★★

Bewertung: Die steuerzentrierte Kanzlei gehört im Steuerstrafrecht schon lange zu den tonangebenden Playern. Das verdankt sie ihrem hohen Ansehen hinsichtl. des materiellen Steuerrechts, das den Kern ihrer steuerstrafrechtl. Beratung bildet u. es so ermöglicht, die relevanten Themen sehr breit abzudecken. Fragen zur Umsatzsteuer beschäftigen die Praxis gleichbleibend auf hohem Niveau, nicht zuletzt, weil die Finanzbehörden diesbzgl. schärfer agieren als früher. Lohnsteuerl. Themen, immer mehr auch präventiv, sind in ihrem Mandatsportfolio ein Klassiker, zugenommen haben zuletzt Mandate von Sportlern u. Finanzinvestoren. In den Cum-Ex-Verf. steht sie, ähnl. wie Feigen Graf oder Clifford Chance, an der Seite von Banken. Zum wirtschaftsrechtl. Strafrecht berät FGS zwar auch, z.B. zu Betrug od. Untreue, jedoch bei Weitem nicht in vergleichbarem Umfang. Hier dürfte das größte Ausbaupotenzial liegen, denn bspw. ist sie an den Schnittstellen zum Kartell- oder Datenschutzrecht bisher wenig engagiert. Das ließe sich ändern, wenn sich die jüngeren Anwälte, die bei FGS relativ reelle Aufstiegschancen haben, darauf spezialisieren.

Stärken: Tax Compliance, enge Einbindung in die Gesamtkanzlei zu Schnittstellenthemen.

Oft empfohlen: Dr. Jörg Schauf, Dr. Karsten Randt („fachl. ausgezeichnet, hervorragend vernetzt, sehr kollegial, überaus erfahren in Unternehmensmandaten", Wettbewerber), Jesco Idler (WP/StB)

Team: 5 Eq.-Partner, 5 Sal.-Partner, 17 Associates, 1 of Counsel

Schwerpunkte: Umf. steuerstrafrechtl. Beratung im Nachgang von Betriebsprüfungen; Vertretung von Unternehmen u. Einzelpersonen.

Mandate: Individuen: Bundesligaspieler im Ermittlungsverf.; Anwalt wg. Steuerhinterziehung; Influencerin wg. steuerstrafrechtl. Risiken bei Wegzug; div. Individuen wg. Cum-Ex. **Unternehmen:** Privatbank M.M. Warburg u. Warburg Invest im Cum-Ex-Verf. (LG Bonn); Kfz-Zulieferer wg. Kartellabsprachen; Bundesligaverein wg. Vorenthaltens von Arbeitsentgelt; Bundesministerium wg. umsatzsteuerl. Behandlung innergemeinschaftl. Erwerbe; Chemieuntern. wg. Lohnsteuerverkürzung; Genossenschaftsbank wg. Ex-Ex-Belieferung; Hilfsorganisation wg. Arbeitnehmerüberlassung; Elektrouniuntern. wg. Umsatzsteuerhinterziehung; Modeuntern. zu Einführung Tax-Compliance-System.

FRESHFIELDS BRUCKHAUS DERINGER
Wirtschaftsstrafrecht: Unternehmen ★★★★★

Bewertung: Das wirtschaftsstrafrechtl. Team setzt seinen Erfolgskurs ungebremst fort, was sich inzw. mit der Partnerernennung von Travers auch nach außen manifestiert. Eine Vielzahl neuer Unternehmensmandate, teils im Grenzbereich zu Compliance, teils eher der klass. Verteidigung zuzuordnen, belegen die Akzeptanz des Teams. Darunter sind neben Geldwäsche- u. inzw. vermehrt Steuerverf. u. Cyberdelikten auch erneut Mandate aus dem MeToo-Bereich. Bei Letzteren setzte u.a. Wettbewerberin Orrick auf die Erfahrung von Kämpfer. Prägend bleiben jedoch die präventive u. verteidigende Arbeit für Unternehmen u. einer größeren Zahl von Individuen bei klass. Wirtschaftsdelikten. Gerade die Bereitschaft zur Individualvertretung, wie zuletzt etwa bei Currenta, u. die damit einhergehende Einstellung zur Verteidigung insges. sind auch ein Grund für die ungebrochene Akzeptanz in der klass. Verteidigerszene. Das wiederum nutzt auch der Arbeit auf Unternehmensseite. Dass ein aufstrebender Associate, der seinerzeit mit Kämpfer in die Kanzlei kam, zu einer HHer Boutique wechselte, ist ein kleiner personalstrateg. Dämpfer.

Stärken: Umfangr. Erfahrung mit Compliance-Untersuchungen; Verteidigererfahrung.

Oft empfohlen: Dr. Simone Kämpfer („hat sich zu Recht einen Platz ganz oben erobert", „ausgezeichnete u. sorgfältige Juristin; durchsetzungsstark, immer auf den Punkt", Wettbewerber), Dr. Daniel Travers

Team: 6 Eq.-/Sal.-Partner, 2 Counsel, 10 Associates (inkl. Steuern)

Schwerpunkte: Beratung von Unternehmen, fachübergr. ▷Compliance-Mandate; auch Individualverteidigung.

Mandate: Individuen: Vertretung im Verf. um Currenta-Explosion (marktbekannt); General Counsel einer ausl. Bank wg. Betrugs; Zeugenbeistand für Dax-Vorstand wg. Geldwäsche; Beschuld. in Verf. um BEV-Insolvenz; 2 Manager eines internat. Anbieters med. Geräte wg. Betrugs; GF eines großen mittelständ. Betriebs wg. Steuerhinterziehung. **Unternehmen:** EY im Zshg. mit Wirecard-Skandal; Autoticket zu Herausgabeersuchen u. Zeugenvernehmungen im Mautuntersuchungsausschuss; Orrick bei Untersuchung von MeToo-Verdacht; Kfz-Hersteller wg. Diebstahl/Hehlerei von Motoren; Zahlungsdienstleister im Zshg. mit Ebay-Betrug; TK-Untern. zum Umgang mit Whistleblower; Versicherer wg. Geschäftsgeheimnisverrat u. zu Compliance-Optimierung; Automatisierungsuntern. wg. Fehlverhaltens von Führungskräften ggü. Mitarbeitern; Banken-Holding wg. MeToo-Vorwürfen; börsennot. Wohnungsuntern. wg. Steuerdelikt; internat. Chemieuntern. wg. Betrug/Korruption bei Dienstleister; Chemieuntern. wg. gefälschter Covid-Impfzertifikate; Investor zu Risiken gepl. Transaktion; Geschäftsbank zu KYC-Anforderungen.

FREYSCHMIDT FRINGS PANANIS VENN
Wirtschaftsstrafrecht: Individuen ★★
Wirtschaftsstrafrecht: Unternehmen ★

Bewertung: Die Berliner Strafrechtsboutique konzentriert sich trad. auf Individualverteidigung, zeigte zuletzt aber auch bei der Verteidigung von Unternehmen deutl. Engagement. Prominentes Bsp. für Ersteres ist die Vertretung von Wirtschaftsminister Habeck wg. Corona-Sonderzahlungen. Weiterhin gehört sie – neben Krause – zu den Berliner Kanzleien, die immer wieder als Zeugenbeistand in Untersuchungsausschüssen gefragt sind, wie etwa an der Seite des Polizisten im Fall Lüdge. Die Verteidigung wg. Verstößen gg. die DSGVO hat sich mittlerw. als stabiles Standbein etabliert: Nachdem sich die Dt. Wohnen die Kanzlei an ihre Seite holte, setzen nun auch 1&1, Notebooksbilliger.de und ein Berliner Start-up auf sie. Diese Marktpräsenz hat zur Folge, dass sie nun auch präventiv diesbzgl. von meist mittelständ. Unternehmen hinzugezogen wird. Von ihrer themat. Breite zeugen ebenso steuerstrafrechtl. Mandanten, u.a. zu Cum-Ex. In Verf. wg. Steuerhinterziehung ist sie mittlerw. ebenso regelm. gefragt.

Oft empfohlen: Nikolai Venn („rechtl. herausragend, extrem kollegial", „klug u. umgänglich", „messerscharfer Stratege, mittlerw. DER Strafrechtler Berlins", „Weltklasse", Wettbewerber), Dr.

Aufsteiger im Wirtschafts- und Steuerstrafrecht

Dr. Johannes Corsten Reichling Corsten, Frankfurt	
Christian Graßie Dr. Dörr & Kollegen, Frankfurt	
Dr. Moritz Lange Feigen Graf, Frankfurt	
Dr. Alexander Paradissis Verte, Köln	
Dr. Tilman Reichling Reichling Corsten, Frankfurt	
Dr. Matthias Sartorius Feigen Graf, Frankfurt	
Dr. Max Schwerdtfeger Meyer-Lohkamp & Pragal, Hamburg	
Dr. Kerstin Stirner Gercke Wollschläger, Köln	
Christoph Tute Kempf Schilling + Partner, Frankfurt	

Die Auswahl von Kanzleien und Personen in Rankings und tabellarischen Übersichten ist das Ergebnis umfangreicher Recherchen der JUVE-Redaktion. Sie ist in 2erlei Hinsicht subjektiv: Die Aussagen der befragten Quellen sind subjektiv u. spiegeln deren Erfahrungen u. Einschätzungen. Die JUVE-Redaktion wiederum analysiert die Rechercheergebnisse unter Einbeziehung ihrer eigenen Marktkenntnis. Der JUVE Verlag beabsichtigt keine allgemeingültige oder objektiv nachprüfbare Bewertung. Es ist möglich, dass eine andere Recherchemethode zu anderen Ergebnissen führt. Innerhalb einzelner Gruppen in Rankings und tabellarischen Übersichten sind Kanzleien und Personen alphabetisch sortiert.

Panos Pananis („tiefgründig u. kreativ", Wettbewerber), Uwe Freyschmidt („Pragmatiker u. Stratege", „ausgezeichnetes Fachwissen, guter Teamplayer", „reaktionsschnell, versiert", Wettbewerber), Guido Frings („fachl. hervorragend, schnell, angenehm", Wettbewerber)

Team: 5 Partner, 2 Counsel, 3 Associates

Schwerpunkte: Vorw. Individualverteidigung im Wirtschaftsstrafrecht u. zunehmend auch im Steuerstrafrecht; Arbeits- u. Medizinstrafrecht.

Mandate: Individuen: Polizeibeamter a.D. in NRW als Zeugenbeistand in Untersuchungsausschuss zum Fall Lüdge; Beschuld. von VW wg. Abgasmanipulation; GF einer Corona-Teststation wg. Abrechnung von Tests; 2 GF eines Tief- u. Straßenbauuntern. wg. Steuerhinterziehung; Bundeswirtschaftsminister Habeck wg. Corona-Sonderzahlungen. **Unternehmen:** Dt. Wohnen wg. DSGVO-Bußgeld; Hertha BSC lfd. auch bei Individualverteidigung von Spielern; Im- u. Exporthandel wg. gewerbsmäß. Steuerhinterziehung; 1&1 u. Notebooksbilliger.de, Berliner Start-up wg. DSGVO-Verstoß; dt. Tochter eines Energieuntern. wg. Energiesteuerhinterziehung; WP-Gesellschaft in berufsrechtl. Verfahren.

FRICK + PARTNER
Steuerstrafrecht ★★

Bewertung: Im Steuerstrafrecht ist die Boutique v.a. im Stuttgarter Raum eine feste Bank sowohl für die Individual- als auch für die Unternehmensverteidigung. Umsatzsteuerfragen beschäftigten das

WIRTSCHAFTS- UND STEUERSTRAFRECHT

kleine Team auf gleichbleibend hohem Niveau, zuletzt etwa aufseiten eines Geschäftsführers der Logistikbranche vor dem LG Stuttgart. Auch Selbstanzeigen mit umsatzsteuerl. Hintergrund nahmen zuletzt – wie bei einigen Wettbewerbern – wieder zu. Zu Zollfragen, die ebenfalls regelm. auf den Schreibtischen landen, verfasste die Kanzlei ein Gutachten für ein Unternehmen der Modebranche. Als Beweis ihrer Reputation kann gewertet werden, dass sie regelm. von Steuerberatungskanzleien ins Boot geholt wird, deren Mandanten steuerstrafrechtl. Probleme haben. Cum-Ex hingegen nimmt bei Frick weniger Raum ein, was auch daran liegen kann, dass die Stuttgarter Staatsanwaltschaft das Thema nicht so stark vorantreibt.
Team: 3 Partner, 2 Associates, 1 of Counsel
Schwerpunkte: Individualverteidigung u. Unternehmensbetreuung. Auch Steuerstreitverfahren. Selbstanzeigen, Zollstrafrecht u. Compliance-Fragen.
Mandate: Individuen: div. Privatpersonen wg. Selbstanzeige; div. Steuerberater wg. Beihilfe zur Steuerhinterziehung; ehem. GF eines Konzerns wg. Steuerhinterziehung; ehem. GF u. Aufsichtsratsmitglied wg. Betrugs; Beschuld. im Dieselkomplex; GF der Logistikbranche wg. Umsatzsteuerhinterziehung LG Stuttgart (marktbekannt). **Unternehmen:** mittelständ. Untern. in Zollstrafverfahren; IT- u. Engineering-Dienstleister zu interner Untersuchung; Modekonzern gutachterl. zur Notwendigkeit einer Nacherklärung in Zollangelegenheiten; Systemdienstleister für Banken zu Nacherklärung.

FS-PP BERLIN

Wirtschaftsstrafrecht: Individuen ★★
Wirtschaftsstrafrecht: Unternehmen ★★
Bewertung: Die Berliner Kanzlei ist dank zahlr. Dauermandanten im klass. Wirtschaftsstrafrecht regelm. gefragt. Ihre intensive Ombudstätigkeit, gepaart mit umfangr. Erfahrung in Geldwäschefragen, bildet die Basis für die solide Marktposition. Zuletzt deutete sich mit der Vertretung der Bundestagsfraktionen im Wirecard-Komplex zudem eine wachsende Akzeptanz im polit. Raum an, trad. eine Domäne v.a. von Ignor & Partner. Das Kompetenzspektrum ist generell breit, umfasst Individual- wie Unternehmensverteidigung. Ersteres nutzen neben Verantwortlichen aus der priv. u. öffentl. Wirtschaft insbes. etliche Mediziner u. Kliniken. Bemerkbar macht sich zudem die wachsende Erfahrung u. der sorgsame Aufbau der jüngeren Partner. Diese erarbeiten sich zwar allmähl. einen Ruf im Markt, doch sind andere Kanzleien hier deutl. weiter.
Oft empfohlen: Dr. Niklas Auffermann („pragmat., zielorientiert u. persönl. sehr angenehm", Wettbewerber), Dr. Rainer Frank
Team: 4 Eq.-Partner, 8 Associates
Schwerpunkte: Breit angelegte strafrechtl. Beratung, einschl. Ombudstätigkeit u. ▷Compliance-Beratung. Auch Revisionen, Verfassungsbeschwerden.
Mandate: Individuen: Abteilungsleiter Handel HSH Nordbank wg. Cum-Ex; Ex-VW-Personalleiter R. wg. u.a. Untreue (Freispruch, Revision); Berliner Notar wg. Geldwäsche; GF eines Beratungs- u. eines Handelsuntern. wg. Betrug für Corona-Hilfen. **Unternehmen:** Fraktionen des Bundestags wg. Wirecard-Untersuchungsausschuss (BGH); Industrieuntern. wg. Verrats von Geschäftsgeheimnissen, Urkundenfälschung u. Verstoß gg. UrhG durch Ex-GF; Bauuntern. wg. Arbeitsschutzdelikten; Onlinemöbelhändler als durch Mitarbeiter Geschädigter; lfd.: u.a. Charité, Gasag, FBB, MVV, Scout24, Toll Collect, Dt. Wohnen.

GAZEAS NEPOMUCK

Wirtschaftsstrafrecht: Individuen ★
Bewertung: Aus der wirtschaftsstrafrechtl. Individualvertretung ist die noch junge Einheit schon jetzt nicht mehr wegzudenken. Das gilt insbes. für Fälle mit internat. Bezug u. Auslieferungsangelegenheiten. Erstmals bringt die Kanzlei diese Stärke nun prominent bei einem Unternehmensmandanten ein: Für Siemens koordiniert sie das Berufungsverf. in Griechenland, einem Korruptionsaltlast, u. verteidigt dort zugleich. Beschränken lässt sich das strafrechtl. Engagement auf derartige Fälle jedoch nicht. Immer wieder arbeitet v.a. Gazeas nah an der Politik, zuletzt etwa bei der Anzeige gg. Putin. Beide Partner bedienen daneben die gesamte Palette wirtschaftsstrafrechtl. Vorwürfe. Allmähl. nimmt auch die Arbeit für Unternehmen Fahrt auf, wobei diese aber bisher deutl. hinter der Individualvertretung zurücksteht. Das Siemens-Mandat zeigt einen strateg. Weg, auf vorhandene Kompetenzen aufzubauen, zumal internat. Erfahrung abseits der Großkanzleien nach wie vor rar gesät ist. Wettbewerberin Stetter hat gezeigt, wie sich dieser Vorsprung nutzen lässt.
Stärken: Rechtshilfe, Auslieferung
Oft empfohlen: Dr. Nikolaos Gazeas („absoluter Teamplayer, bundesw. herausragend im Rechtshilferecht", „extrem gut vernetzt, (auch) in internat. Fragen 1a", „enormes Fachwissen, trotzdem pragmat.", Wettbewerber), Dr. Lutz Nepomuck („fachl. u. menschl. top", Wettbewerber)
Team: 2 Eq.-Partner, 2 Associates
Schwerpunkte: Individualverteidigung, zunehmend Unternehmensvertretung.
Mandate: Individuen: ehem. FDP-Bundesminister bei Anzeige gg. Putin wg. Kriegsverbrechen; Hanno Berger wg. Auslieferung aus der Schweiz im Zshg. mit Cum-Ex; A. Nawalny im Zshg. mit polit. Verfolgung in Russland; GF eines Pflegeheimbetreibers wg. fahrl. Tötung durch Corona-Ausbruch; FDP-Abgeordnete bei Verfassungsbeschwerde gg. Staatstrojaner; EY-Prüfer in Wirecard-Verf.; ltd. Angestellter der Dt. Bank, Trader u. Ex-GF eines Finanzdienstleisters wg. Cum-Ex; Zeugenbeistandschaften wg. Currenta-Explosion. **Unternehmen:** Koordination des griech. Korruptionsverfahrens gg. Siemens-Manager (Berufung); gr. Einzelhändler arbeitsstrafrechtl.; Schweizer Rohstoffuntern. als Betrugsgeschäd. in div. Ländern; Bauwens, Stadtwerke Köln als Ombudsmann; internat. Brandschutztechnikkonzern als Betrugsgeschäd.; Stadt in NRW wg. Ermittlungen gg. Bürgermeister.

GERCKE WOLLSCHLÄGER

Wirtschaftsstrafrecht: Individuen ★★★★★
Wirtschaftsstrafrecht: Unternehmen ★★
Bewertung: Die Kölner Kanzlei gehört in der Individualverteidigung zu den Marktführern u. zeigt Flagge in nahezu allen wesentl. Verfahrenskomplexen. Dazu gehören Mandate im Dieselverf. genauso wie das Mandat von EY im Wirecard-Verf., zuletzt um die Geheimhaltung des Wambach-Berichts. Die Begleitung von Jens Spahn im bayer. Untersuchungsausschuss zur Maskenaffäre bescherte der Kanzlei viel Aufmerksamkeit u. sorgte dafür, dass sie ihre polit. Präsenz weiter ausbauen konnte, bspw. auch als Vertreterin des Bundesamtes für Bevölkerungsschutz vor dem rheinl.-pfälz. Untersuchungsausschuss zur Flutkatastrophe. Den größten Fortschritt erzielte GW jedoch auf dem steuerstrafrechtl. Feld, auf dem sie mittlerw. eine ganze Reihe Beschuldigte zu Cum-Ex berät – ein Ausfluss der überaus aktiven Kölner Staatsanwaltschaft. Zuletzt kam u.a. der ehem. Vorstand der Commerzbank dazu. Dass sich mittlerw. nicht nur die Namenspartner, sondern v.a. auch Stirner einen guten Ruf im Markt erarbeitet hat, belegt eine erfolgr. Nachwuchspolitik.
Oft empfohlen: Prof. Dr. Björn Gercke („etabliert in der Champions-League", „sehr angenehm u. kompetent", „dynamisch u. klar nach vorne gerichtet", „sehr souverän", Wettbewerber), Dr. Kerstin Stirner („sehr zuverlässig, schnelle Reaktionszeit mit zielführenden u. weiterbringenden Antworten, ausgezeichnete Kommunikation", Mandant über beide; „wahnsinnig klug", „hervorragende Sockelverteidigerin, denkt mit, stimmt sich stets ab", „fachl. u. menschl. top", Wettbewerber), Dr. Sebastian Wollschläger („ruhig u. souverän, lösungsorientiert in der Auseinandersetzung", Wettbewerber)
Team: 5 Eq.-Partner, 1 Counsel, 4 Associates, 1 of Counsel
Schwerpunkte: Umf. Wirtschaftsstrafrecht mit Schwerpunkt in der Individualverteidigung.
Mandate: Individuen: Alexander Falk in Revision wg. versuchter Anstiftung zum Mord; Gründer Dt. Lichtmiete wg. Anlagebetrug; CFO Metalluntern. wg. Betrug u. Bilanzfälschung; Ex-Vorstand Commerzbank, ehem. Abteilungsleiter HSBC, Vorstand Maple Securities, Vorstand Versicherungskonzern, Ex-Vorstand der Varengold Bank, Hedgefondsmanager, Partner einer internat. Großkanzlei, Sanjay Shah wg. Cum-Ex; Hauptbeschuldigter in Hawala-Banking-Verf.; Jens Spahn im parlamentar. U-Ausschuss der Bayer. Landtags wg. Maskenaffäre; Abteilungsleiter von Daimler u. VW sowie Porsche-Entwicklungschef Steiner wg. Dieselaffäre. **Unternehmen:** EY im Wirecard-Verf. um Geheimhaltung des Wambach-Berichts; Zentralrat der Juden wg. Missbrauchsvorwürfen in div. Einrichtungen; Unternehmerfamilie wg. Selbstanzeige; Vertretung des Bundesamtes für Bevölkerungsschutz vor dem parlamentar. U-Ausschuss wg. Flutkatastrophe in Rheinland-Pfalz; Bundesministerium für Gesundheit in Maskenaffäre; regelm. Bauwens zu Straf- u. Ordnungswidrigkeitenrecht; regelm. Klosterfrau, Stadt Köln u. Töchter.

GRUB BRUGGER

Wirtschaftsstrafrecht: Individuen ★★★
Bewertung: Die wirtschaftsstrafrechtl. Praxis der Münchner Kanzlei fokussiert sich auf die Individualverteidigung. Sie hebt sich insofern von den Wettbewerbern ab, weil sie eng mit den Insolvenzrechtlern kooperiert, sodass immer wieder Synergien entstehen. Dabei verfügt sie über ein breites Mandatsportfolio: So holen sich regelm. Manager, wie etwa der CFO von Wirecard, das Team um den angesehenen Scharf an die Seite, genauso wie ein MdB wg. Bestechlichkeit, aber auch vermögende Privatleute. Steuerstrafrechtl. Fragen spielen – gerade bei Letzteren – häufig eine Rolle. Die Relevanz der Praxis innerh. der Kanzlei unterstreicht die Ernennung eines Eq.-Partners.
Stärken: Individualverteidigung von Managern.
Oft empfohlen: Dr. Norbert Scharf („sehr erfahren u. angenehm", „seit Jahren eine feste Größe, er-

WIRTSCHAFTS- UND STEUERSTRAFRECHT

fahren u. klug", „strateg. stark", „extrem qualifiziert, sachl., berät auf hohem Niveau", Wettbewerber), zunehmend: Dr. Andreas Weitzell („klug, sehr fleißig, zuverlässig", „besonnen, kollegial", Wettbewerber)
Team: 4 Eq.-Partner, 2 Sal.-Partner, 1 Counsel, 3 Associates
Schwerpunkte: Individualverteidigung im Wirtschaftsstrafrecht, auch Steuerstrafrecht. V.a. für Führungskräfte tätig, auch an der Schnittstelle zu zivilrechtl. Haftung u. Berufsrecht.
Mandate: Individuen: Aufsichtsrat Dax-Konzern in Kapitalmarktstrafverf.; Privatperson wg. Beihilfe zur Bilanzfälschung; div. ltd. Bankangestellte wg. Cum-Ex; div. GF wg. Insolvenzverschleppung, Bankrott od. Bilanzdelikten; ehem. Aufsichtsratsmitglied wg. Insolvenzverschleppung; Ex-CFO von Wirecard wg. Bilanzskandal (aus dem Markt bekannt); Gesellschafter einer Private-Equity-Gesellschaft wg. Beihilfe zur Steuerhinterziehung; MdB wg. Bestechlichkeit; Privatperson wg. Bitcoin/Krypto-Sachverhalt. **Unternehmen:** ausl. Kapitalgesellschaften in steuerstrafrechtl. Ermittlungen; Klinik regelm.; Investmentgesellschaft wg. Cum-Ex.

HAMMPARTNER
Wirtschaftsstrafrecht: Individuen ★★★★
Bewertung: Die wirtschaftsstrafrechtl. Boutique ist nicht nur im Frankfurter Markt fest etabliert, auch wenn es seit einiger Zeit um die Anwälte, die sich trad. auch rechtswissenschaftl. engagieren, etwas ruhiger ist. Immer stärker konzentriert sich die Aufmerksamkeit des Marktes inzw. auf die Richter, in Folge auch des allg. Generationswechsels in der Szene. Während er u.a. Akzente im Kapitalmarktstrafrecht setzt, wird Michalke weiterhin v.a. mit ihrer umweltstrafrechtl. Erfahrung verbunden. Letzteres könnte sich auszahlen, da die vielen ungeklärten Fragen rund um Nachhaltigkeit u. Klimaschutz künftig auch strafrechtl. beantwortet werden müssen. Eine neue Associate bringt Kompetenzen im BtM-Bereich mit, ein Feld, das an der Schnittstelle zum Arzneimittelrecht neue Relevanz gewinnt.
Stärken: Langj. Erfahrung, auch mit Revisionen.
Oft empfohlen: Dr. Thomas Richter („kompetent u. sehr angenehm, verlässl.", „clever u. einsatzfreudig", Wettbewerber), Dr. Regina Michalke, Jürgen Pauly
Team: 4 Partner, 2 Associates, 1 of Counsel
Schwerpunkte: Umf. Wirtschaftsstrafrecht, einschl. Verfassungsbeschwerden u. Revisionen sowie Umweltstrafrecht.
Mandate: Individuen: Verteidigung im Cum-Ex-Komplex Maple Bank; Vertretung in Verf. um Betriebsspionage, Untreue bei einer Stiftung u. um Marktmanipulation. **Unternehmen:** Salzgitter Gas in Flüssiggaskartell; Beratung Sanofi-Aventis (alle öffentl. bekannt).

DR. KAI HART-HÖNIG
Wirtschaftsstrafrecht: Unternehmen ★★★★
Steuerstrafrecht ★★
Bewertung: Wie ein Fels in der Brandung steht der angesehene Namenspartner als feste Größe im Steuerstrafrecht. Ablesbar ist das u.a. an seinen Verteidigungsmandaten von mehreren Banken in Sachen Cum-Ex u. Cum-Cum, die an sich schon einige Kapazitäten binden. Darüber gerät im Markt mitunter in Vergessenheit, dass er auch zu anderen steuerstrafrechtl. Bereichen ein gefragter Berater ist. Dazu zählten zuletzt verstärkt Mandate mit umsatzsteuerrechtl. Hintergrund, Fragen zu Betriebsstätten, Selbstanzeigen u. zur Lohnsteuer bei grenzüberschr. Tätigkeit. Die regelm. Kooperation mit Großkanzleien für größere Mandate, bei denen Hart-Hönig oft die Projektsteuerung übernimmt, ist eingespielt bei wie wenigen Wettbewerbern.
Stärken: Langj. Erfahrung im (internat.) strafrechtl. Risikomanagement.
Oft empfohlen: Dr. Kai Hart-Hönig („fachl. hervorragend", „hohe Kompetenz", „Grandseigneur", „unglaubl. Erfahrung in Großverf. mit internat. Bezug", Wettbewerber)
Team: 1 Partner, 2 Associates
Schwerpunkte: Prävention u. Management straf- u. kartellrechtl. Risiken, insbes. im internat. Kontext, Asset Recovery. Compliance-Beratung. Auch Verteidigung.
Mandate: Individuen: Aufsichtsratsvorsitzender der Maple Bank wg. Cum-Ex-Geschäften. **Unternehmen:** europ. Bank wg. Cum-Ex u. Cum-Cum; dt. Tochter einer US-Bank gg. Inhaftungnahme wg. Funktion als Depotbank auf Käuferseite; Immobilienkonzern wg. Umsatzsteuer u. Aufbau Tax-Compliance-System.

HENGELER MUELLER
Wirtschaftsstrafrecht: Unternehmen ★★
Bewertung: Die wirtschaftsstrafrechtl. Praxis wartet mit einer Fülle neuer Unternehmensverteidigungen auf. Zwar ist die Beratung oft Teil breiter angelegter Compliance-Mandate, doch stehen daneben immer mehr originäre Verteidigungen u. Geschädigtenvertretungen. Der im Markt anerkannte Lauterwein, der vereinzelt auch Individuen vertritt, scheint insoweit bei HM genau das richtige Umfeld gefunden zu haben. Das zeigt sich insbes. daran, dass bei Weitem nicht alle Mandate aus dem Mandantenstamm der Kanzlei oder ihrer Best-Friend-Kanzleien kommen. Aber auch der stets regulierungsnah arbeitende Spoerr hat sich einen festen Platz unter den Strafrechtlern erobert. Noch ist HM dennoch eher in der Verfolgerposition, was v.a. an der fehlenden strafrechtl. Tradition liegt, die u.a. dazu führt, dass internat. Beziehungen weniger gefestigt erscheinen als etwa bei Gleiss Lutz.
Stärken: Beratung von Unternehmen.
Oft empfohlen: Dr. Constantin Lauterwein („perfekte Koordination komplexer Sachverhalte", Wettbewerber), Prof. Dr. Wolfgang Spoerr („kluger Stratege, gründl. u. fachübergr. versiert, v.a. an der Schnittstelle zum Verwaltungsrecht", Wettbewerber)
Team: 3 Eq.-Partner, 8 Associates
Schwerpunkte: Unternehmensberatung (präventiv u. in Ermittlungen) u. -verteidigung; oft eng verbunden mit ▷Compliance-Mandaten.
Mandate: Individuen: GF wg. Insolvenzverschleppung; Unternehmer zu Vorwürfen in den Medien; GF wg. Steuerdelikt u. Untreue; Ex-Bankvorstand wg. Cum-Ex; Zeugenbeistand für Notar in Verf. gg. RA Fromm. **Unternehmen:** Industriekonzern im Zshg. mit Produktsicherheit in ca. 20 Jurisdiktionen; Grenke im Zshg. mit Shortseller-Attacke; börsennot. Untern. wg. Korruption (DoJ-Ermittlungen); Geschäftsbank wg. Marktmissbrauch; Fortune500-Untern. zu Steuerpflichten in Dtl.; Internetuntern. in DSGVO-Verf.; weiterhin Bosch wg. Diesel; Industrieuntern. zu Korruption in Asien; ausl. Bank zu Kapitalmarktrisiken; Versicherer in Zollverfahren; ausl. Bank in Einziehungsverf. nach Steuerdelikt; ambulanter Versorger wg. Herausgabe von Covid-Diagnosedaten in Verf. um vorsätzl. Infektion.

HEUKING KÜHN LÜER WOJTEK
Wirtschaftsstrafrecht: Individuen ★
Wirtschaftsstrafrecht: Unternehmen ★★
Steuerstrafrecht ★★★
Bewertung: Die wirtschafts- u. steuerstrafrechtl. Praxis um Szesny bildet, ähnl. wie bei White & Case, den Nukleus der Compliance-Beratung, sodass interne Untersuchungen u. strafrechtl. Verfahren aus einer Praxisgruppe heraus bearbeitet werden. Bekannt ist HKLW v.a. für die Unternehmensvertretung, wo sie inzw. regelm. sowohl mit anderen Praxisgruppen als auch standortübergr. arbeitet. Ein Bsp. ist die Mandatierung durch ein Private-Equity-Haus, die das Team gemeinsam mit den Gesellschafts- u. Umweltrechtlern stemmt. Mehr als in anderen Großkanzleien zeigt die Praxis zudem in der Individualvertretung Flagge – nicht zuletzt in maßgebl. Verf. gg. einen Marsalek-Vertrauten im Wirecard-Komplex u. durch die Vertretung eines Beschuldigten bei der Ahrtalkatastrophe. Dass die Kanzlei hier weiteres Potenzial sieht, zeigt eine frisch ernannte Eq.-Partnerin, die sich auf die Individualverteidigung konzentriert u. die zugleich für das organ. Wachstum der Praxis steht.
Stärken: Steuerstrafrecht.
Oft empfohlen: Dr. André-Marcel Szesny („sehr erfahren, klug, gut vernetzt", „jurist. kreativ, professionell", „strateg. denkender Teamplayer", „großartige Kompetenz u. dabei sehr kollegialer Umgang", „guter Unternehmensverteidiger", Wettbewerber)
Team: 5 Eq.-Partner, 5 Sal.-Partner, 1 Counsel, 2 Associates
Partnerwechsel: Dr. Dieter Bohnert (in Ruhestand)
Schwerpunkte: Ganze Breite des Wirtschafts- u. Steuerstrafrechts; auch ▷Compliance.
Mandate: Individuen: GF einer Energieunternehmenstochter wg. Flutkatastrophe in Ahrtal; Geschäftsführender Gesellschafter wg. Subventionsbetrug; Hochschullehrer wg. Untreue im Zshg. mit Fördergeldern; Ex-WestLB-Vorstand u. Börsenhändler wg. Cum-Ex; Marsalek-Vertrauter im Wirecard-Komplex; div. Bankmitarbeiter wg. Cum-Ex. **Unternehmen:** Private-Equity-Haus wg. umweltstrafrechtl. Verstöße; Ministerium wg. Betruges im Vergabeverf. zur Beschaffung von Masken; DFB in straf- u. arbeitsgerichtl. Verf. gg. Angestellten wg. Geheimnisverrats; Healthcare-Untern. wg. Darlehensvertragsabschlüssen; Textiluntern. wg. Geheimnisverrats eines GF; Edelstahlwerk wg. Korruption in Indien u. Malaysia.

IGNOR & PARTNER
Wirtschaftsstrafrecht: Individuen ★★★
Bewertung: Die Berliner Kanzlei ist immer wieder bei Verf. mit bundespolit. Umfeld gefragt. Lange war v.a. der Namenspartner die zentrale Anlaufstelle für die Vertretung in Untersuchungsausschüssen. Zwar engagiert sich das Team auf diesem Feld nach wie vor, doch beherrscht es das nicht mehr so souverän, da Wettbewerber v.a. im Wirecard-Verf. nachgezogen haben. Im Markt besser vernetzt als das Berliner Team ist der in Ffm. ansässige Krug. Endlich ist es auch gelungen, Verstärkung für das Büro zu finden: Der als Sal.-Partner hinzugekommene Püschel war vor seiner Zeit beim BKA wie auch Krug bei Knierim. Allein schon mit Blick auf die zahlr. Cum-Ex-Vertretungen bringt er willkommene Entlastung.
Stärken: Verfahren im polit. Raum.
Oft empfohlen: Prof. Dr. Dr. Alexander Ignor („intelligent", „der letzte Universalgelehrte", Wettbe-

WIRTSCHAFTS- UND STEUERSTRAFRECHT

werber), Björn Krug („standhaft u. ausschl. am Mandanteninteresse orientiert", „guter Prozesstaktiker, hohes wirtschaftl. Verständnis", Wettbewerber), Kai Peters
Team: 4 Eq.-Partner, 2 Sal.-Partner, 2 Associates, 3 of Counsel
Partnerwechsel: David Püschel (vom BKA)
Schwerpunkte: Ges. Breite der Wirtschaftsdelikte, insbes. Arztstrafrecht u. Verfassungsbeschwerden. Individualverteidigung ebenso wie Beratung von Unternehmen.
Mandate: Individuen: Zeugenbeistand in BER-Untersuchungsausschuss; EY-Prüfer vor Wirecard-Untersuchungsausschuss u. Aufsicht; RA wg. Sozialversicherungsbetrug; GF wg. Aufzugsuntern. wg. Korruption; Einsatzleiter SEK wg. Volksverhetzung; Ex-GF einer dt. Bank u. Maple Bank sowie div. Mitarbeiter ausl. Banken u. Broker wg. Cum-Ex; Audi-, Porsche-, VW- u. Daimler-Mitarbeiter wg. Diesel; RA einer Großkanzlei wg. Prozessbetrug. **Unternehmen:** Schlachterei wg. Verstoß gg. Tierschutz; Ingenieurbüro bei Aufarbeitung arbeitsstrafrechtl. Vorfälle; internat. Airline u. Untern. der erneuerbaren Energien lfd. zu Compliance-Fragen; Wohlfahrtsverband bei interner Untersuchung.

KANTENWEIN ZIMMERMANN SPATSCHECK & PARTNER
Steuerstrafrecht ★★★★★
Bewertung: Die Münchner Einheit zählt mittlerw. zu den Marktführern, was sie v.a. ihrem überaus angesehenen Partner Spatscheck verdankt, der im Zentrum der strafrechtl. Praxis steht u. gleichz. Themen im Steuerstreit abdeckt. Öffentl. bekannt ist etwa die Vertretung des Ex-Aufsichtsratsvorsitzenden von Wirecard sowie die Vertretung eines Goldhandelsunternehmens wegen Steuer- u. Zolldelikten. Letzteres ist auch ein Bsp. dafür, dass Zolldelikte zuletzt mehr Raum einnahmen. Cum-Cum- u. Cum-Ex-Fälle sind bei KZSP ebenso zu finden wie Insolvenzdelikte. Insofern ist es auch nicht verwunderl., dass an Spatschecks Tür vermehrt Private-Equity-Häuser sowie Steuerberater, Wirtschaftsprüfer u. Anwälte klopfen, die die Münchner Steuerfahndung seit einiger Zeit ins Visier nimmt.
Oft empfohlen: Dr. Rainer Spatscheck („klug, dynamisch, analytisch, flexibel u. durchsetzungsstark", „einer der Besten überhaupt", „dogmat., hoch kompetent, angenehm, glänzender Verhandlungsführer", Wettbewerber)
Team: 1 Eq.-Partner, 2 Sal.-Partner, 1 Counsel, 3 Associates
Schwerpunkte: Steuerstrafrecht, v.a. Individual- u. Unternehmensverteidigung, auch Präventionsberatung, interne Untersuchungen.
Mandate: Individuen: Ex-Aufsichtsratsvorsitzender Wirecard (öffentl. bekannt). **Unternehmen:** Goldhandelsuntern. wg. Steuer- u. Zolldelikten; Konzerngesellschaft eines Versicherers zu Cum-Cum u. strukturierten Wertpapierleihegeschäften; div. Banken wg. Cum-Cum u. Cum-Ex.

KEMPF SCHILLING + PARTNER
Wirtschaftsstrafrecht: Individuen ★★★★★
Wirtschaftsstrafrecht: Unternehmen ★★
Bewertung: Die hoch angesehene Strafrechtskanzlei überzeugt Wettbewerber mit „einem gelungenem Mix an Erfahrung u. Dynamik" u. „hoher Kompetenz". Zivilkanzleien setzen ebenso regelm. auf das Team wie zahlr. Unternehmen, die immer wieder den Rat der Anwälte suchen. Ein Dämpfer beim bisher sehr erfolgr. Aufbau junger Anwälte war das Ausscheiden des hoch angesehenen Corsten, der sich für die Selbstständigkeit entschied. Über den Generationswechsel muss sich KSP dennoch keine Sorgen machen, denn mit dem frisch zum Partner ernannten Tute erobert sich ein weiterer junger Anwalt seinen Platz im Markt. Inhaltl. ist KSP mit allen Facetten strafrechtl. Beratung u. Vertretung vertraut. Scheinbar mühelos gelingt ihr auch die kulturelle Symbiose von Compliance-Beratung u. klass. Verteidigung, ohne bei dem ein oder anderen Glaubwürdigkeit zu verlieren.
Stärken: Langj. Verteidigererfahrung, gute Vernetzung.
Oft empfohlen: Eberhard Kempf, Dr. Hellen Schilling („sehr überlegt, erfahren, absolut kollegial", „strateg. überragend", „intelligent, analytisch", „Koryphäe für komplexe Sachverhalte", „eine der Besten", Wettbewerber), Christoph Tute („hoch qualifiziert, schnelle Reaktionszeit, erfahren, lösungsorientiert", „schnelle Auffassungsgabe", „top in der neuen Generation", Wettbewerber)
Team: 3 Eq.-Partner, 2 Associates
Partnerwechsel: Dr. Johannes Corsten (zu Reichling Corsten)
Schwerpunkte: Umf. inkl. Revision, Rechtshilfe- u. Auslieferungsverfahren; Beratung von Unternehmen präventiv u. in Ermittlungen.
Mandate: Individuen: Ex-VW-CEO Müller wg. Marktmanipulation (öffentl. bekannt); beschuld. brit. Banker u. div. weitere Beschuld. (u.a. ltd. Steuerspezialist einer Großbank) in Cum-Ex-Verf., auch Revision; Ex-CEO eines Finanzdienstleisters im Zshg. mit Wirecard-Verf.; Aufsichtsratsmitglied eines Industriekonzerns lfd. zu Governance/Compliance; CEO eines Maschinenbauers wg. Steuerdelikt; Bausachverständiger wg. Korruption. **Unternehmen:** Porsche regelm. (öffentl. bekannt); Klinikbetreiber wg. Korruption; Biotechuntern. als Betrugsgeschäd.; dt. Privatbank wg. Betrugs durch Mitarbeiter; interne Untersuchung für Aufsichtsrat einer Großbank. Untreueermittlungen; internat. Internetplattform wg. USt.-Hinterziehung.

KIPPER + DURTH
Wirtschaftsstrafrecht: Individuen ★
Steuerstrafrecht ★
Bewertung: Die Darmstädter Boutique hat sich mit ihren 3 angesehenen Partnern im Markt für die Individualverteidigung u. im Steuerstrafrecht festgesetzt. Viel Raum nimmt nach wie vor Cum-Ex ein, sichtbar etwa in der Verteidigung eines Bankmitarbeiters der Maple Bank vor dem LG Frankfurt. Wie bei zahlr. Wettbewerbern auch wuchs die Zahl der Mandanten zu dieser Thematik erneut. Auch Verf. zur Umsatzsteuer sorgen für ein stabiles Geschäft. Mehr als vergleichbare Wettbewerber dieser Größenordnung ist K+D internat. gefragt, u.a. weil sie regelm. von dem Londoner Büro einer Großkanzlei strafrechtl. hinzugezogen wird.
Oft empfohlen: Dr. Oliver Kipper („internat. bestens vernetzt", „jurist. versiert", „absolut fundiert u. umfassend", „kollegialer Teamplayer", „engagiert, weitsichtig", „klug", „versierter Taktiker, prozessstark", Wettbewerber), Dr. Hanno Durth („sehr kompetent u. teamfähig", „fachl. sorgfältig u. fundiert", Wettbewerber), Stefanie Schott („wenn ich ein Problem hätte, wäre sie meine erste Wahl", „engagiert, sehr kollegial", „sehr qualifiziert u. umsichtig", Wettbewerber)
Team: 3 Partner, 1 Associate
Schwerpunkte: Individual- u. Unternehmensverteidigung, ges. Breite des Wirtschafts- u. Steuerstrafrechts.
Mandate: Individuen: COO eines Fahrzeugherstellers wg. Betrug; Unternehmer im Zshg. mit Insolvenz der Greensill Bank; GF einer Autohauskette wg. Geldwäsche u. Steuerhinterziehung; brit. Unternehmer wg. Betrug u. Beihilfe zur Untreue; Asset-Manager, Mitarbeiter der Maple Bank, GF einer Kanzlei eines Brokerhauses wg. ehem. Rechtsabteilungsleiter eines Zentralverwahrers Cum-Ex; Ingenieur eines Kfz-Herstellers zu Dieselskandal. **Unternehmen:** Betreiber einer Onlineplattform, u.a. wg. Geldwäsche u. Steuerhinterziehung; Privatbank grenzüberschr. wg. Cum-Ex; lfd.: Energieversorger.

KLINKERT
Wirtschaftsstrafrecht: Individuen ★★
Bewertung: Die anerkannten Partner verfügen über langj. Erfahrungen im Wirtschaftsstrafrecht. Zum Jahreswechsel wird sich das Team, das sowohl in der Individual- als auch in der Unternehmensvertretung tätig ist, aus der Kanzlei Klinkert lösen und unter dem Namen Kayßer weitermachen. Da inhaltl. kaum noch Verbindungen zu den anderen Praxen bestehen, wird die Trennung kaum für Renommee u. Arbeit haben. Einzig die Möglichkeit, bei Kapazitätsengpässen auf fachfremde Associates zurückzugreifen, besteht nicht mehr. Das könnte wie auch von Wettbewerbern zu einer Herausforderung werden, weil die Hauptverhandlungen wieder Fahrt aufnehmen. Dies gilt umso mehr, als dass 2 erfahrene Associates zu Counsel ernannt wurden u. eigene Mandate betreuen. Das Team, das sich u.a. durch recht geräuschlose Mandatsarbeit auszeichnet, dürfte dank der internat. Erfahrung von Kirsch zudem künftig stärker gefragt sein, wenn die Europ. Staatsanwaltschaft aktiver wird.
Oft empfohlen: Dr. Marijon Kayßer, Prof. Dr. Stefan Kirsch
Team: 2 Eq.-Partner, 2 Counsel, 1 Associate
Schwerpunkte: Individualverteidigung, auch Revisionen u. internat. Strafrecht.
Mandate: Individuen: Ex-VW-Vorstandschef Winterkorn u. Ex-Vorstand Continental wg. Diesel; Angeklagter u. weiterer Manager in Cum-Ex-Verf. um Warburg u. Vertretung in div. weiteren Cum-Ex-Komplexen; Ex-GF eines Start-ups wg. Insolvenzverschleppung; Sportfunktionär in DSGVO-Verf.; CFO eines Flughafens wg. Steuerdelikt; Gründer eines Zahlungsdienstleisters wg. Geldwäsche; Aufsichtsrat in Wirecard-Komplex; geschäd. Anleger bei Wiederbeschaffung in der Schweiz. **Unternehmen:** Industriekonzern bei Anzeige wg. Know-how-Diebstahl; Begleitung einer Körperschaft in parlamentar. Untersuchungsausschuss; Medizinproduktehersteller in DSGVO-Verfahren; Handelsuntern. zu Sponsoring; mittelständ. Untern. bei Aufklärung von Compliance-Verstößen.

KNIERIM & KOLLEGEN
Wirtschaftsstrafrecht: Individuen ★★
Wirtschaftsstrafrecht: Unternehmen ★★
Bewertung: Die Mainzer Boutique bleibt ihrem Konzept, an der Schnittstelle von Wirtschaftsstrafrecht u. Compliance zu beraten, treu. Zudem wird das Team bereits seit Jahren von WP-Gesellschaften mandatiert, auf die die Ermittlungsbehörden inzw. ein auf-

WIRTSCHAFTS- UND STEUERSTRAFRECHT

merksames Auge werfen – mit entspr. Mandatsanfall. Die sich im Vorjahr abzeichnende positive Entwicklung bei der Positionierung weiterer Anwälte neben dem Namenspartner hat sich jedoch nicht fortgesetzt, u. auch die Verbreiterung der Associate-Riege war nur von kurzer Dauer. Letzteres ist mit Blick auf eine Reihe von Dauerberatungen, die neben Großmandanten wie EY Kapazitäten binden, ärgerlich.

Oft empfohlen: Thomas Knierim („tiefes unternehmer. Verständnis u. umf. Erfahrung mit Internal Investigations", „sattelfest bei komplexen Unternehmensstrukturen", „engagiert u. sehr erfahren im Umgang mit Mandanten der öffentl. Hand", Wettbewerber)

Team: 4 Eq.-Partner, 2 Associates

Schwerpunkte: Neben Individualverteidigung auch Compliance-Beratung (mit unternehmensberatend orientierter Schwestergesellschaft). Haftung von WP.

Mandate: Individuen: Mitarbeiter eines öffentl. Trägers wg. Korruption; Manager wg. MPG-Verstoß; Verteidigung in Verf. um tödl. Betriebsunfall (aus dem Markt bekannt). **Unternehmen:** EY im Zshg. mit Wirecard; regelm. Entsorger; mittelständ. Technologieuntern., u.a. als Geschäd. durch Geheimnisverrat; öffentl. Körperschaft im Zshg. mit Untreue; Ombudsmann bei ZDF u. EnBW.

KRAFT RECHTSANWÄLTE

Wirtschaftsstrafrecht: Individuen ★

Bewertung: Die erst im Frühjahr 2021 an den Start gegangene Mönchengladbacher Wirtschaftsstrafrechtskanzlei hat sich rasch etabliert. Grund dafür ist die langj. Erfahrung des Namenspartners, der wie die zum Jahresanfang 2022 gewechselte Veit zuvor bei Kapellmann tätig war. Auf diese Erfahrung setzen neben anderen strafrechtl. Boutiquen inzw. auch etl. Zivilkanzleien, die über keine eigene strafrechtl. Kompetenz verfügen. So entstand auch ein loses Netzwerk junger Kanzleien. Schwerpunkt des Teams ist die Individualverteidigung mit dem derzeitigen Renommiermandat im Wirecard-Komplex, doch lassen sich auch eine ganze Reihe von Unternehmen regelm. von dem Team beraten.

Stärken: Langj. Verteidigererfahrung.

Oft empfohlen: Dr. Oliver Kraft („fachl. u. menschl. top", Wettbewerber), Dr. Vivien Veit („Top-Verteidigerin", Wettbewerber)

Team: 1 Eq.-Partner, 1 Sal.-Partner, 1 Associate

Schwerpunkte: Individualverteidigung; Beratung von Unternehmen v.a. in Ermittlungen.

Mandate: Individuen: GF von EY in APAS-Verf. um Wirecard; Zeugenbeistand für Mitarbeiter der Dt. Börse wg. Cum-Ex; mittelständ. GF wg. Korruption; GF einer Bauträgertochter wg. Umweltdelikt; GF Systemgastronomie wg. Steuerhinterziehung; ltd. Angestellter einer Ersatzkasse wg. Rightcoding; Bankmitarbeiter wg. Cum-Ex; Klinikmitarbeiter wg. Abrechnungsbetrug; Aufsichtsrat eines Fleischhandels wg. Untreue. **Unternehmen:** Personaldienstleister wg. Einschleusens; Handelskette als Betrugsgeschädigte; regelm. Flughafen Düsseldorf, Santander Consumer Bank; Mineralölkonzern wg. Betrug u. Steuerdelikt.

KRAUSE & KOLLEGEN

Wirtschaftsstrafrecht: Individuen	★★★★★
Wirtschaftsstrafrecht: Unternehmen	★★★
Steuerstrafrecht	★★★

Bewertung: Die Berliner Kanzlei zählt in der Individualverteidigung unangefochten zu den Marktführern u. ist in nahezu allen marktprägenden Verfahren präsent. Dazu gehören die Prozesse gg. Gerhard Fromm u. den Konzertveranstalter im Rolling-Stones-Komplex genauso wie gg. die Vorstände von Wirecard u. der Dt. Bank. Auf Tuchfühlung zur Marktspitze agiert das Team um den Namenspartner Krause bei der Vertretung von Unternehmen, nicht zuletzt durch VW, Porsche u. die Verf. zur Maskenaffäre. Dazu kommen die Vertretungen von div. Behörden vor Untersuchungsausschüssen, wo Krause zu den prägendsten Köpfen zählt. Wegner dagegen steht mittlerw. v.a. für steuerstrafrechtl. Verteidigung. Das Wachstum speist sich hier allerdings nur zum Teil aus Cum-Ex. Vielmehr bestimmen weiterhin vermehrt Bauunternehmer das Mandatsportfolio, auch Geldwäschethemen nahmen zu. Zudem ziehen regelm. StB die Praxis hinzu, wenn sie strafrechtl. Know-how brauchen. Ähnl. wie Wessing verfügt die Kanzlei über gleich mehrere anerkannte Partner. Ein Wettbewerber lobt die Einheit als „exzellente Strafrechtsboutique mit ausgeprägtem Verständnis für wirtschaftl. Zusammenhänge". Die Ernennung von 2 Associates zu Counsel zeigt, dass die Kanzlei dem Nachwuchs reelle Aufstiegschancen bietet.

Stärken: Ausgeprägte Spezialisierung (u.a. Steuerstrafrecht).

Oft empfohlen: Dr. Daniel Krause („ausgezeichnetes Fachwissen", „für mich der Beste", „exzellent", Wettbewerber), Alexandra Wagner („kompetent, zuverlässig, gut vernetzt", „sehr erfahren", Wettbewerber über beide), Dr. Patrick Teubner („fachl. u. taktisch herausragend", „branchenerfahren", „versiert", „höchste Qualität", Wettbewerber), Dr. Philipp Gehrmann („hoch kompetent, erfahren, zielorientiert", „sehr kenntnisreich, taktisch brillant", „immer überlegt, guter Stratege", „jurist. absolut top", Wettbewerber), Prof. Dr. Carsten Wegner („kompetent u. kollegial", Wettbewerber)

Team: 5 Partner, 2 Counsel, 4 Associates

Schwerpunkte: Individualverteidigung u. strafrechtl. Unternehmensberatung nahezu gleichwertig, auch präventive Beratung. Erfahrung mit Untersuchungsausschüssen.

Mandate: Individuen: Gerhard Fromm wg. Untreue; Vorstand Wirecard wg. Bilanzdelikten u. Marktmanipulation; Vorstand Dt. Bank wg. Cum-Ex; VW-Ingenieur wg. Beschuld. im Dieselverf.; Vorstand eines Labors wg. Abrechnungs- u. Sozialversicherungsbetrug; CDU-Bundestagsabgeordneter im Zshg. mit Maskenaffäre; Pharmazeut i. Zshg. mit Betrug bei Zytostatika-Herstellung; Konzertveranstalter im Rolling-Stones-Verf. wg. Korruption; Vorstand Varengold Bank wg. Cum-Ex; GF wg. Hawala-Banking; div. Bauunternehmer wg. Sozialversicherungsbetrug; Wirtschaftsprüfer div. WP-Gesellschaften vor WPK u. APAS; russ. Banker wg. Untreue u. Geldwäsche; **Unternehmen:** VW in Dieselaffäre, zu Kapitalmarktthemen u. zu überhöhter Bezahlung v. Betriebsräten; Porsche zu Kapitalmarktthemen; BMVg wg. Berateraffäre; BMVI wg. Pkw-Maut; Pharmauntern. im Zshg. mit Produkthaftung; Medizintechnikuntern. wg. Korruption; Ärzteverbände wg. Umsatzsteuervorwürfen; asiat. Immobilieninvestor wg. Betrug u. Untreue; div. internat. Finanzdienstleister zu CFD- u. Kryptohandel.

KULLEN MÜLLER ZINSER

Steuerstrafrecht ★★

Bewertung: Die Sindelfinger Kanzlei zählt v.a. im Südwesten zu den etablierten Einheiten im Steuerstrafrecht. Sie zeichnet sich dadurch aus, dass sie sich früh für einen interdiszipl. Beratungsansatz entschied u. über eine Reihe von Industrieunternehmen in ihrem Mandantenportfolio verfügt, die immer wieder auf die Kanzlei setzen. Dabei deckt sie die steuerstrafrechtl. Themen breit ab – so geht es um Doppelbesteuerung genauso wie um Steuersparmodelle mittels gegenläufiger Zertifikate oder auch um Cum-Ex. Gerade bei Letzterem gehört KMZ zu den Einheiten, die noch weitere Mandanten gewannen, z.B. einen Bankmitarbeiter. Dennoch erreicht die Kanzlei nicht die Präsenz früherer Zeiten. So ist es bisher nicht gelungen, die Lücke wieder zu schließen, die der Weggang 2er Partner hinterließ – zumal zuletzt ein Counsel ebenfalls ging.

Stärken: Bundesweite Vernetzung mit StB-Kanzleien.

Oft empfohlen: Ulrike Paul

Team: 3 Eq.-Partner, 2 Associate

Schwerpunkte: Themat. breit im Steuerstrafrecht, sowohl auf Individual- als auch Unternehmensseite; oft Anbindung an die Arbeitsrechtspraxis (Lohnsteuerbetrug).

Mandate: Individuen: Bankmitarbeiter, Cum-Ex-Initiator wg. Cum-Ex; GF eines Bauuntern. wg. Abrechnungsbetrug; GF aus der Eventbranche wg. Steuerhinterziehung; GF eines chin. Konzerns wg. Steuerhinterziehung; div. Mitarbeiter von Kfz-Untern. wg. Schummelsoftware; Steuerberater wg. Falschberatung bei Wegzug in die Schweiz; div. UHNI u. HNI wg. Steuerhinterziehung. **Unternehmen:** Kfz-Zulieferer wg. Untreue u. Betrug; Kfz-Zulieferer wg. Steuerhinterziehung u. Sozialversicherungsbetrug; Mineralöluntern. wg. Energiesteuer; Zahnarzt wg. Betriebsprüfung u. Selbstanzeige.

OTMAR KURY

Wirtschaftsstrafrecht: Individuen ★★★

Bewertung: Der Wirtschaftsstrafrechtler gehört aufgr. seiner langj. Erfahrung nach wie vor zu den etablierten Strafverteidigern in HH. Gerade im norddt. Raum ist sein Ruf exzellent, u. es geht kein relevantes Verfahren an ihm vorüber. Bundesw. erreicht er jedoch nicht mehr ganz die Präsenz wie vor einigen Jahren, da zentrale Mandate mit breiter Verteidigerriege inzw. innerh. der jüngeren Generationen besetzt werden.

Stärken: Langj. Erfahrung in der Individualverteidigung.

Oft empfohlen: Otmar Kury („hoch kompetent u. kollegial", Wettbewerber)

Team: 1 Partner

Schwerpunkte: Wirtschaftsstrafrecht u. Arztstrafsachen; Verteidigung von Vorständen u. Führungskräften ebenso wie Beratung von Unternehmen.

Mandate: Individuen: Vertretung in Rickmers-Verf. wg. ‚Beaching' (marktbekannt); Vertretung in Daimler-Dieselaffäre; Vertretung in Verf. um Korruption bei Hafenbaubetrieb (aus dem Markt bekannt); Vorstand im Gorch-Fock-Verfahren; Beschuld. aus einem Baukonzern wg. Umweltdelikt (aus dem Markt bekannt); Vorstände WestLB, Varengold, Warburg Bank, u.a. wg. Cum-Ex. **Unternehmen:** Großkanzleien in Berufsrechtsverfahren; regelm. Bauer- u. Spiegel-Verlag, Kliniken (alle öffentl. bekannt).

LANGROCK VOSS & SOYKA

Wirtschaftsstrafrecht: Individuen	★★★
Wirtschaftsstrafrecht: Unternehmen	★
Steuerstrafrecht	★★

Bewertung: Die Hamburger Boutique genießt v.a in der Individualverteidigung, mittlerw. aber auch in

WIRTSCHAFTS- UND STEUERSTRAFRECHT

der Unternehmensverteidigung u. im Steuerstrafrecht einen guten Ruf u. gilt bei Wettbewerbern als „kompetent u. kollegial". Im Wirtschaftsstrafrecht war sie zuletzt u.a. in Verf. tätig, die den Norden der Republik beschäftigten, wie etwa das Rolling-Stones-Verf. oder auch im Prozess gg. einen Reeder wg. illegaler Abfallverbringung. Aber auch im VW-Prozess zeigt sie Flagge, ebenso bei Cum-Ex aufseiten der Finanzinstitute. Das Steuerstrafrecht ist es auch, das LVS zuletzt erneut ausbauen konnte, bspw. wandten sich vermehrt Individuen wegen Selbstanzeigen an die Kanzlei. Ein Bereich, mit dem sich die Boutique vom Markt der Steuerstrafrechtler abhebt, ist das Revisionsrecht, für das Partner Langrock steht. Vor dem Hintergrund scheint eine weitere Vergrößerung der Associate-Ebene sinnvoll.
Stärken: Gute Positionierung bei Zivilkanzleien.
Oft empfohlen: Dr. Marko Voß („kühler, analyt. Kopf", Wettbewerber), Dr. Marc Langrock, Dr. Till Soyka („hohe fachl. Kompetenz", „sehr kompetent, gründlich, reaktionsschnell, kreativ", „exzellenter Stratege", „Teamplayer", „allererste Wahl", „pragmatisch, sehr engagiert u. sympathisch", Wettbewerber)
Team: 3 Eq.-Partner, 2 Associates
Schwerpunkte: Individualverteidigung. Themat. breites Spektrum, inkl. Steuerstrafrecht, Compliance-Mandaten u. Revisionen.
Mandate: Individuen: Bankmitarbeiter im Cum-Ex-Komplex; Beschuldigter der Maple Bank im Cum-Ex-Komplex; Beschuldigter im Rolling-Stones-Verf. (LG Hamburg); Ex-GF einer Onlineplattform wg. Umsatzsteuerhinterziehung; VW-Mitarbeiter wg. bandenmäßigen Betrugs (LG Braunschweig); Ärzte wg. Beihilfe zur besonders schweren Untreue u. wg. Datenschutzverstößen; Reeder wg. illegaler Abfallverbringung. **Unternehmen:** dt. Kapitalgesellschaft wg. Umsatzsteuerkarussell; Medizinprodukteherstellers wg. Nichtabführung von Umsatzsteuer; Modeuntern. wg. Beschaffung von Produkten in China.

LEISNER STECKEL ENGLER
Steuerstrafrecht ★★★★★
Bewertung: Die Münchner Steuerstrafrechtsboutique gehört zu den präsentesten Einheiten im Markt. Zuletzt trug dazu die Vertretung einer Investmentgesellschaft im Fonds-Feeder-Verf. wg. der Hinterziehung von Kapitalertragsteuer zugunsten ausländischer Investoren bei, was ähnl. gelagerte weitere Mandatierungen durch Private-Equity-Häuser zur Folge hatte. Hier profitiert LSE auch von ihrem Standort, weil es v.a. die Münchner Steuerfahnder sind, die die dort ansässigen Private-Equity-Firmen ins Visier nehmen. Gleichz. vertritt das Team um den renommierten Leisner mit Icap den größten Broker, der in nahezu sämtl. Cum-Ex-Verf. involviert ist, u. den DFB, womit 2 starke Dauermandaten für nachhaltige Auslastung sorgen. Für die stärkere Nachfrage bei Zollfragen gründete LSE eine eigene Einheit u. hebt sich somit von den Wettbewerbern ab.
Stärken: Interne Aufklärung, Selbstanzeigen, Strafverfahren im Anschluss an Betriebsprüfungen.
Oft empfohlen: Olaf Leisner („kompetent u. kollegial", „hoch geschätzt", „grandios in Umfangsverfahren", Wettbewerber), Dr. Sebastian Engler („sehr dogmat. u. daher tolle Ergänzung zum Steuerstreit", Wettbewerber)
Team: 3 Partner, 4 Associates

Schwerpunkte: Individualverteidigung u. Unternehmensverteidigung, Selbstanzeigen, regelm. auch Compliance (präventiv u. Verteidigung).
Mandate: Individuen: Investmentgesellschaft u. Individuen wg. Hinterziehung von Kapitalertragsteuern zugunsten ausl. Gesellschaften; Vorstand eines Kfz-Herstellers wg. Steuerhinterziehung/Betriebsratsvergütung. **Unternehmen:** Icap wg. Cum-Ex; DFB wg. Zahlungen an Fifa rund um Vergabe der WM 2006 u. wg. Bandenwerbung bei Spielen der Nationalmannschaft; DHL Express zu Aufbau Zoll- u. Steuer-Compliance u. Einzelverfahren; Private-Equity-Untern. bei interner Untersuchung u. Vertretung wg. Steuerhinterziehung bei Beteiligung ausl. Investoren an inl. Private-Equity-Fonds; Private-Equity-Untern. zu interner Untersuchung wg. mögl. Steuerpflichten.

LEITNER & KOLLEGEN
Wirtschaftsstrafrecht: Individuen ★★★
Bewertung: Im Münchner Markt der Wirtschaftsstrafrechtler bleibt die Kanzlei ein fester Anlaufpunkt für viele Manager u. Unternehmen. Ein Grund ist die langj. Erfahrung des Namenspartners, ein anderer dessen trad. guten Kontakte zu den Ermittlungsbehörden. Immer wieder ist die Kanzlei bei grenzüberschr. Sachverhalten gefragt, etwa mit Bezug zu Liechtenstein oder bei den ersten europ. Ermittlungsanordnungen.
Oft empfohlen: Prof. Dr. Werner Leitner („ausgezeichneter Verteidiger, reaktionsschnell", Wettbewerber)
Team: 1 Partner, 2 Associates
Schwerpunkte: Ursprung in der Individualverteidigung, inzw. breites Engagement für Unternehmen.
Mandate: Individuen: Ex-Partner von Freshfields wg. Cum-Ex-Beratung; Ex-CEO einer ausl. Bank wg. Cum-Ex; P&R-Gründer wg. Betrug; div. Künstler u. Musiker wg. Steuerdelikten. **Unternehmen:** Audi in Dieselaffäre; div. Kliniken u. Pflegeheime im Arbeitsstrafrecht; Untern. wg. Erpressungsversuch durch Whistleblower; Solaruntern. wg. Zoll (Schweiz); regelm. FC Bayern München (alle marktbekannt).

LHP LUXEM HEUEL PROWATKE
Steuerstrafrecht ★★★
Bewertung: Die Kölner Kanzlei gehört zu den Einheiten, die Steuerstrafrecht u. Steuerstreit gleichermaßen bedienen. Auf das Radar einer breiteren Öffentlichkeit gelangte Heuel durch die Vertretung eines Bankvorstands vor dem LG Bonn in Sachen Cum-Ex, der kurz vor knapp gestand, was das Strafmaß deutl. reduzierte. Das Verf. entpuppte sich als Türöffner für weitere Cum-Ex-Mandanten aufseiten von Investoren u. Banken. In diesem Zshg. gewann zudem die Beratung zu Geldwäschethemen an Relevanz. Ähnl. wie bei Wettbewerbern nahmen auch Selbstanzeigen ein weiteres Mal zu genauso wie Fragen zur Umsatzsteuerhinterziehung. Eher eine Nische bleibt die Beratung zu steuerstrafrechtl. Aspekten von Kryptowährungen, v.a. zu NFTs.
Stärken: Vertretung von Beratern bei Selbstanzeigen.
Oft empfohlen: Dr. Ingo Heuel
Team: 4 Eq.-Partner, 5 Associates
Schwerpunkte: Steuerstrafrecht, flankierend auch Steuergestaltung u. internat. Steuerrecht.
Mandate: Individuen: Ex-GF von Warburg Invest wg. Cum-Ex (LG Bonn); ehem. Bankvorstände wg. Cum-Ex; mehrere Familienstämme der Hauptgesellschafter eines Konzerns wg. Nacherklärung; Informatikergruppe zur steuerl. Bereinigung wg. Kryptowährung; Steuerreferent eines Sportbundes wg. Steuerhinterziehung. **Unternehmen:** Dienstleister wg. Sozialversicherungsbeiträgen u. Steuerhinterziehung; Kfz-Untern. wg. Umsatzsteuerkarussell; Untern. der Unterhaltungsbranche zu Umsatz- u. Ertragsteuer; Onlineversicherung wg. Folgen von Reverse-Charge-Verfahren bei Umsatzsteuer; Energietechnikuntern. gg. GF wg. Umsatzsteuer; Logistikuntern., u.a. wg. Veruntreuung von Arbeitsentgelt.

LIVONIUS VAN RIENEN
Wirtschaftsstrafrecht: Individuen ★
Bewertung: Die kleine Frankfurter Strafrechtsboutique verdankt ihre gute Positionierung nach wie vor v.a. der Erfahrung der Namenspartnerin im Finanzumfeld. Dies bestätigte sich zuletzt durch die Mandatierung im Greensill-Komplex. Es zeigt aber auch, dass sich die Einheit darauf längst nicht mehr reduzieren lässt. So vertritt die Namenspartnerin auch ein Vorstandsmitglied im Conti-Verf., u. der als gut im Markt vernetzt geltende van Rienen, der inzw. Vollpartner ist, ist bei teils grenzüberschr. Verf. in der Realwirtschaft gefragt. Ungeachtet dessen bleibt der Fokus auf der Individualverteidigung.
Oft empfohlen: Dr. Barbara Livonius („zuverlässig, kompetent, kollegial", Wettbewerber), zunehmend: Dr. Rafael van Rienen („jurist. herausragend", „ein Aktenfresser", Wettbewerber)
Team: 2 Eq.-Partner
Schwerpunkte: Individualverteidigung, oft im Bankenumfeld.
Mandate: Individuen: Ex-Vorstand Greensill wg. Bilanzfälschung; Leitungsmitarbeiter eines US-not. Industrieuntern. wg. Korruption; Ex-Vorstand Continental u. VW-Mitarbeiter wg. (Diesel-)Betrugs; GF der ausl. Tochter eines Pharmazulieferers wg. Steuerdelikt u. Korruption; Beschuld. in Goldfinger-Komplex; Zeugenbeistandschaft in Wirecard-Untersuchungsausschuss; Ex-Vorstand Maple Bank Wolfgang S. in Cum-Ex-Verf. (marktbekannt). **Unternehmen:** regelm. Pharmauntern., großer Logistiker, regionaler Energieversorger.

VON MÁRIÁSSY DR. VON STETTEN
Wirtschaftsstrafrecht: Individuen ★
Bewertung: Das kleine Team der Münchner Boutique fokussiert sich auf die Individualverteidigung. Bemerkenswert dabei ist, dass es in nahezu alle wichtigen Verfahrenskomplexe involviert ist: So ist es von leitenden Wirecard-Mitarbeitern genauso mandatiert wie von Audi- u. Continental-Mitarbeitern in Sachen Diesel u. von Geschäftsbereichsleitern zu Cum-Ex. Als Schwerpunkt hat sich mittlerw. durch Empfehlungen auch die öffentl. Hand in Süddtl. erwiesen, zuletzt sichtbar bei der Verteidigung des Oberbürgermeisters der Stadt Bamberg. Dass sich das Team um einen Associate verstärkte, kam vor dem Hintergrund der zahlr. Mandate mit Hauptverhandlungspotenzial genau richtig.
Team: 4 Eq.-Partner, 1 Associate
Schwerpunkte: Individualverteidigung u. zunehmend Unternehmensverteidigung, Steuerstrafrecht, regelm. auch Compliance, Funktion als Ombudsmann.
Mandate: Individuen: ltd. Wirecard-Mitarbeiter (Treasury) u. GF Wirecard UK u. Irland; ltd. Mitarbei-

WIRTSCHAFTS- UND STEUERSTRAFRECHT

ter Macquarie wg. Cum-Ex; Geschäftsbereichsleiter Depotbank wg. Cum-Ex; ltd. Mitarbeiter Audi wg. Betrug; Oberbürgermeister von Bamberg wg. Untreue; ltd. Mitarbeiter von Continental; ltd. Mitarbeiter eines Münzhändlers wg. Umsatzsteuerkarussell; GF eines Flugzeugbauunternehmens wg. Verstoßes gg. das Kriegswaffenkontrollgesetz.

PROF. DR. HOLGER MATT
Wirtschaftsstrafrecht: Unternehmen ★★

Bewertung: Der Frankfurter Einzelanwalt lässt sich kaum auf Wirtschaftsstrafverf. festlegen, doch kommt genau dabei seine internat. Vernetzung immer wieder zum Tragen. Sein langj. Engagement auf europ. Ebene dürfte sich künftig bei den Ermittlungen der Europ. Staatsanwaltschaft als Vorteil erweisen. Im Markt gehört er zu den Verteidigern, die den dezenten Auftritt bevorzugen, was dazu beiträgt, dass Zivilkanzleien ihn immer wieder bei heiklen Situationen hinzuziehen.
Oft empfohlen: Prof. Dr. Holger Matt („dogmat. stark", Wettbewerber)
Team: 1 Partner
Schwerpunkte: Korruption u. Betreuung von Unternehmen (u.a. Bilanzdelikte, Untreue). In größerem Umfang internat. Mandate.
Mandate: Individuen: Ex-Aufsichtsratschef von Wirecard, Wulf M.; Beschuld. in Cum-Ex-Verf.; GF Immobilienuntern. wg. Betrugs u. Bankrott (alle öffentl. bekannt). **Unternehmen:** Begleitung div. Untern. in Zivilverf. mit Blick auf strafrechtl. Risiken.

MEYER-LOHKAMP & PRAGAL
Wirtschaftsstrafrecht: Individuen ★
Wirtschaftsstrafrecht: Unternehmen ★

Bewertung: Die HHer Wirtschaftsstrafrechtsboutique ist im Norden fest etabliert, was die Freisprüche für die Mitarbeiter der Veranstaltungsagentur im sog. Rolling-Stones-Komplex noch unterstützen dürften. Bundesw. zwar weniger gut vernetzt als viele ihrer Wettbewerber, sind die Anwälte doch an großen Verfahrenskomplexen beteiligt. So geht ohnehin kaum ein relevantes Verf. an ihnen vorbei, was auch an den etablierten Verbindungen zu lokalen Kanzleien wie Esche Schümann Commichau liegt. Überreg. könnte die Einheit mittelfristig von den Kontakten ihres Neuzugangs profitieren: Aus dem angesehenen Düsseldorfer Freshfields-Team stieß im Sommer der bereits im Markt empfohlene Schwerdtfeger als Sal.-Partner zu der Einheit.
Oft empfohlen: Jes Meyer-Lohkamp („gut vernetzt im Norden", Wettbewerber), Dr. Oliver Pragal („kompetent, kollegial", Wettbewerber)
Team: 2 Eq.-Partner, 1 Sal.-Partner, 1 Associate
Partnerwechsel: Dr. Max Schwerdtfeger (von Freshfields Bruckhaus Deringer)
Schwerpunkte: Individualverteidigung, aber auch immer wieder Unternehmensvertretung.
Mandate: Individuen: Investor G. Kofler wg. Betrug im Zshg. mit Investment; Unternehmer wg. Geldwäsche im Cum-Ex-Komplex der Maple Bank; mehrere Vertretungen im Dieselkomplex; Ex-GF eines Industrieuntern. u. Mitarbeiter eines Rüstungsunternehmens wg. Korruption im Ausland; Beschuld. in Großverf. um Betrug mit Covid-Subventionen; Hauptbeschuld. in Verf. um Einsturz eines Baugerüsts; Ex-GF wg. Untreue. **Unternehmen:** FKP Scorpio im Rolling-Stones-Verf.; Biotechuntern. präventiv u. bei Anzeige gg. Ex-Vorstand; Rüstungskonzern u.a. wg. Urkundenfälschung;

Gemeinschaftspraxis wg. Fälschung von Impfzertifikaten; regelm. HHer Wasserwerke; div. Reedereien wg. sog. Beachings; regelm. versch. Verlage, Johnson & Johnson Medical, Münchner Sicherheitskonferenz.

MGR RECHTSANWÄLTE
Wirtschaftsstrafrecht: Individuen ★
Wirtschaftsstrafrecht: Unternehmen ★

Bewertung: Immer wieder ist Partnerin Greeve in wirtschaftsstrafrechtl. Großverf. gefragt. Im Markt gilt sie nicht nur als Spezialistin für die Probleme der Bauwirtschaft, sondern v.a. als akribische u. jurist. hoch kompetente Verteidigerin u. Zeugenbeiständin. Nicht zuletzt die hochrangigen Mandanten bei Cum-Ex u. im Vorjahr im Wirecard-Untersuchungsausschuss belegen ihre Akzeptanz auch in Vorstandsetagen. Das Engagement für Unternehmen ist vielfältig u. keineswegs auf die Baubranche beschränkt.
Oft empfohlen: Dr. Gina Greeve („sehr gewissenhaft u. präzise; überaus kollegial u. teamfähig", „unglaubl. gründlich, kennt die Akten bis ins Detail", Wettbewerber)
Team: 2 Partner
Schwerpunkte: Gefragter Zeugenbeistand bei internen Untersuchungen; Individualverteidigung ebenso wie Unternehmensvertretung (oft ▷Bauwirtschaft).
Mandate: Individuen: Zeugenbeistand für (Ex-) Mitarbeiter von Audi u. Daimler wg. Dieselskandal; 2 Vorstandschefs von Finanzhäusern wg. Cum-Ex; Konzernmitarbeiter in internat. Korruptionsverf.; GF eines Pharmaunternehmens wg. Steuerdelikt. **Unternehmen:** internat. Konzern wg. Verstoß gg. EU-Blocking-VO/AWG; Finanzinstitut zu strafrechtl. Risiken; div. Bau- u. andere Konzerne bzgl. Arbeitsunfällen, Korruption, Umwelt- u. Betrugsverf., auch zu Arbeitsschutz.

NOERR
Wirtschaftsstrafrecht: Individuen ★
Wirtschaftsstrafrecht: Unternehmen ★
Steuerstrafrecht ★★★

Bewertung: Die Praxis gehört zu denjenigen, die die wirtschafts- u. steuerstrafrechtl. Beratung schon langj. anbieten, oft – ähnl. wie bei Clifford Chance – in Kombination mit internen Untersuchungen. Ein aktuelles Bsp. ist die Vertretung eines Textilunternehmens wg. Korruptionsvorwürfen im Zshg. mit Maskengeschäften. Langj. arbeitet die Praxis mit der Praxis für Produkthaftung zusammen; die Arbeits- u. IT-Rechtler sind dann gefragt, wenn es etwa um Arbeitnehmerüberlassung geht oder um Lösegeldforderungen nach einer Cyberattacke. Das Steuerstrafrecht deckt Noerr ebenfalls breit ab, bspw. bei Cum-Ex oder aufseiten von Steuerberatern, die ins Visier der Behörden geraten sind. Ein Rückschlag bedeutete allerdings die Niederlegung des Mandats bei Continental. Die Arbeit dort brachte ihr Kritik im Markt ein u. somit auch einen gewissen Reputationsverlust. Der Weggang des etablierten Schorn hinterließ zudem eine deutl. Lücke.
Oft empfohlen: Dr. Christian Pelz („erfahren, klug u. sehr angenehm in der Zusammenarbeit", „reaktionsschnell, versiert, strateg. stark", Wettbewerber)
Team: 1 Eq.-Partner, 2 Sal.-Partner, 1 Counsel, 5 Associates
Partnerwechsel: Dr. Martin Schorn (zu Pohlmann & Company)

Schwerpunkte: Beratung von Unternehmen, sowohl verteidigend wie als Geschädigte; auch Individualverteidigungen. Zudem anerkannt für ▷Compliance u. ▷Außenwirtschaftsrecht.
Mandate: Individuen: Mitarbeiter eines Investment Advisors wg. Cum-Ex; ltd. Angestellter einer ausl. Bank wg. Cum-Ex; Vorstand eines Internetuntern. wg. Untreue; Steuerberater wg. Beihilfe zur Steuerhinterziehung; GF einer Fluggesellschaft wg. Subventionsbetrugs; GF eines Energieunternehmens wg. Insolvenzdelikten. **Unternehmen:** Textilhandelsuntern. bei interner Untersuchung u. Ermittlungsverf. wg. Maskengeschäften; Touristikuntern. im Zshg. mit Lösegeldforderungen wg. einer Cyberattacke; dt. Großbank in Bußgeldverf. gg. BaFin u. verspäteter Abgabe von Verdachtsmeldungen; Finanzinstitut u.a. wg. Geldwäsche; Maschinenbauuntern. im Verf. gg. ehem. Mitarbeiter wg. Verrats von Geschäftsgeheimnissen; Handelsuntern. wg. unrechtmäßiger Subventionen; Bekleidungshersteller wg. schadstoffbelasteter Produkte.

PARK
Wirtschaftsstrafrecht: Individuen ★★★★★
Wirtschaftsstrafrecht: Unternehmen ★★★★

Bewertung: Mit ihrer Strategie, den wirtschaftsstrafrechtl. Beratungsbedarf in ganzer Breite u. auf hohem Niveau zu bedienen, ist die Dortmunder Kanzlei ausgespr. erfolgreich. Auch Wettbewerber zollen dem „super Aufbau" Respekt. Der spiegelt sich nicht nur in der Qualität der Mandate – darunter mehrere, die über das internat. Netzwerk kamen, sondern auch in der Akzeptanz für die einzelnen Anwälte; v.a. fassen die jüngeren, darunter ein weiterer Steuerstrafrechtler, immer besser Fuß. Bemerkenswert ist neben einem wachsenden Engagement im Steuerstrafrecht u. an der Seite von WP v.a. die vielfältige Arbeit auf Unternehmensseite. Hier dürfte sich in der klass. Unternehmensverteidigung auch auszahlen, dass sich die Kanzlei bei Compliance-Themen auskennt u. bspw. über die erforderl. Technik verfügt, auch in Großverf. effizient zu handeln. Dass daneben die Individualverteidigung für Top-Manager ungebrochen stark ist, versteht sich fast von selbst.
Oft empfohlen: Prof. Dr. Tido Park („strateg., kompetent, kollegial", „erfahren, umsichtig", Wettbewerber), Dr. Tobias Eggers („fachl. 1a, menschl. angenehm", „findet kreative Lösungen abseits des Mainstreams", Wettbewerber), Ulf Reuker („fachl. hervorragend, lösungsorientiert", Wettbewerber), Dr. Malte Cordes („zielstrebig, umsichtig", „Zuverlässigkeit u. Kompetenz in Person", Wettbewerber)
Team: 4 Eq.-Partner, 1 Sal.-Partner, 7 Associates, 1 of Counsel
Schwerpunkte: Individualverteidigung u. Beratung von Unternehmen, auch präventiv u. zu ▷Compliance-Strukturen; anerkannt insbes. im Kapitalmarktstrafrecht. Zudem Revisionen.
Mandate: Individuen: beschuld. Berater u. Kronzeuge in Kölner Cum-Ex-Verf.; Prüfer von EY in Wirecard-Verf.; GF eines Papierherstellers wg. AWG-Verstoß; GF Kfz-Zulieferer wg. Steuerdelikt; Verteidigung Hauptbeschuldigter im Korruptionsverfahren Uni Duisburg; Vorstand Krankenkasse wg. Untreue; Zeugenbeistandschaft im Dieselkomplex bei Continental. **Unternehmen:** Vodafone, Lufthansa, Westfleisch, Veka, Industrieversicherer regelm.; US-Maschinenbauer wg. Patentverletzung (mit US-Kanzlei); Bezirksreg. Arnsberg wg. Flutka-

WIRTSCHAFTS- UND STEUERSTRAFRECHT

tastrophe; dt. Tochter eines US-Baukonzerns wg. wettbewerbsrechtl. Vorwürfe (parallel zu DoJ-Verf.); Verpackungshersteller u. Privatbank zu Geldwäsche; Kapitalverwaltungsgesellschaft (Aufsichtsrat) wg. Cum-Ex.

PFORDTE BOSBACH

Wirtschaftsstrafrecht: Individuen ★★★
Steuerstrafrecht ★

Bewertung: Im Wirtschafts- u. Steuerstrafrecht erobert sich die Münchner Boutique seit ihrer Gründung vor knapp 3 Jahren immer mehr Marktanteile auf beiden wie Unternehmensseite. Letztere berät sie teils dauerhaft. Insbes. Bosbach ist zudem intensiv im Steuerstrafrecht tätig – eine Ausrichtung, die auch dazu führte, dass er an einem der ersten Verf. der Europ. Staatsanwaltschaft beteiligt ist. Er gehört zudem zu den wenigen Strafrechtlern, die sich auf europ. Ebene engagieren, sodass er über ein Netzwerk verfügt, das gerade bei den zu erwartenden europ. Ermittlungen zum Einsatz kommen kann. Seit der Aufstellung als Boutique ist es dem Team hierzulande gelungen, sich bei einer Reihe von Zivilkanzleien zu empfehlen, die die Anwälte bei Bedarf mit ins Boot holen – gerade im dicht besetzten Münchner Markt keine Selbstverständlichkeit. Zudem gelingt es der Kanzlei, anwaltl. Nachwuchs von sich zu überzeugen. In Zeiten zunehmender Hauptverhandlungen verschafft ihr das einen nicht zu unterschätzenden Vorteil.

Oft empfohlen: Thilo Pfordte („reaktionsschnell, versiert, strateg. stark", Wettbewerber), Dr. Jens Bosbach („strateg. stark u. selbst als Gegner angenehm", „schnell, hoch professionell", Wettbewerber; „super kollegial, zuverlässig, sehr klug", Wettbewerber über beide), Ulrike Thole-Groll („schnell im Denken, kollegial", „pragmatisch", Wettbewerber)
Team: 2 Eq.-Partner, 1 Sal.-Partner, 5 Associates
Schwerpunkte: Individualverteidigungen. Daneben Beratung von Unternehmen, sowohl abwehrend als auch als Geschädigte. Auch Revisionen.
Mandate: Individuen: Ex-Audi-CEO Stadler in Dieselaffäre; div. RAe u. StB wg. Geldwäsche u. Steuerdelikten; GF eines Biodieselherstellers wg. Zoll- u. Steuerdelikten (Verf. der Europ. StA); Ex-Angestellter DFB wg. Betrug; Ex-Vorstandsvorsitzender von Macquarie u. div. weitere Beteiligte wg. Cum-Ex; Ex-GF Siemens Russland wg. Verstoß gg. Krim-Embargo; GF Pflegeheimbetreiber wg. Sozialversicherungsbetrug; niederl. Vertreiber von Cannabissamen wg. BtM-Verstoß; Aufsichtsrat einer Bank wg. Untreue; Bundestagsabgeord. wg. Untreue; internat. Modedesigner u. Notar wg. Steuerdelikt. **Unternehmen:** Arbeiterverband u. Präsidium wg. Untreue; Dt. Bahn wg. Unfall; internat. Großkanzlei wg. Verstoß gg. Arbeitszeitgesetz; Möbelhersteller bei steuerl. Selbstanzeige; Kfz-Zulieferer wg. Vorenthaltens von Arbeitsentgelt.

QUEDENFELD FÜLLSACK & PARTNER

Wirtschaftsstrafrecht: Individuen ★
Steuerstrafrecht ★★

Bewertung: Im Südwesten der Republik gilt die Boutique als etabliert – v.a. für die Beratung von Individuen, aber auch im Steuerstrafrecht. Der Zugang 2er Partner aus dem Vorjahr schlug sich v.a. in Mandaten aus der Gastronomiebranche nieder, die nun deutl. zunehmen. Dabei profitiert die Einheit auch von dem neuesten Zugang, der sich auf das IT-Recht fokussiert hat u. nun etwa zu Fragen rund um die Manipulation von Registrierkassen im Einsatz ist. Dass Quedenfeld auch bei aktuellen Themen wie zum Kriegswaffenkontrollgesetz u. im Verf. der Münchner Staatsanwaltschaft bzgl. gegenläufiger Zertifikate involviert ist, zeigt, dass die Kanzlei zu aktuellen Themen im Boot ist.

Oft empfohlen: Dr. Dietrich Quedenfeld, Prof. Dr. Markus Füllsack
Team: 5 Partner
Partnerwechsel: Norbert Pfrenger (aus eig. Kanzlei)
Schwerpunkte: Themat. breite strafrechtl. Beratung u. Vertretung. Auch WP u. StB u. berufsrechtl. Verfahren. Ergänzend zivilrechtl. Kompetenz.
Mandate: Individuen: GF mehrerer ausl. Konzerne wg. Umsatzsteuerhinterziehung; Händler von Luxusuhren wg. Umsatzsteuerhinterziehung; Versicherungsmakler wg. Betruges; ausl. Immobilieninvestor wg. Steuerhinterziehung u. Vermögensarrest; Waffenhändler wg. Kriegswaffenkontrollgesetz; GF eines Konzerns im Dieselskandal wg. Verletzung der Aufsichtspflicht; Beteiligter im Stuttgarter Klinikskandal als Verteidiger u. als Zeugenbeistand; Wirtschaftsprüfer/Steuerberater wg. Cum-Ex. **Unternehmen:** Energieversorger im Steuerstrafverf. gg. Vorstände wg. Verbandsgeldbuße; div. Gastronomen, Brauerei wg. Kassenmanipulation; mehrere Gerüstbauuntern. wg. Steuerhinterziehung u. Vermögensarrest; Fahrzeughändler wg. Vorsteuererstattung; Taxiuntern. wg. Steuerhinterziehung; Spielhallenbetreiber wg. Steuerhinterziehung u. Vermögensarrest.

REDEKER SELLNER DAHS

Wirtschaftsstrafrecht: Individuen ★★
Wirtschaftsstrafrecht: Unternehmen ★★

Bewertung: Die Kanzlei verfügt unter den breit aufgestellten Einheiten über die wohl längste wirtschaftsstrafrechtl. Tradition. Bemerkenswert ist, wie es gelingt, dieser Tradition Rechnung zu tragen u. zugleich die fachübergr. Compliance-Beratung voranzutreiben. Letztere war zuletzt zwar stark durch die Arbeit für Currenta geprägt, doch behauptet das Team trotz dieses personalintensiven Mandats seine Position in der Individual- wie Unternehmensverteidigung. Ein Grund dafür ist der exzellente Zugang zur öffentl. Hand u. ihren Aktivitäten. Doch lässt sich RSD darauf nicht beschränken, wie sich u.a. bei Mandaten aus dem Cyberbereich oder im Steuerstrafrecht zeigt. Derartiges Engagement ließe sich zweifelsohne erweitern, wenn sie stärker in der Verteidigerszene vernetzt wäre, denn an der fachl. Kompetenz der Partner gab es noch nie Zweifel.

Stärken: Kombination der strafrechtl. Kompetenz mit ▷Verwaltungs- u. ▷Presserecht.
Oft empfohlen: Prof. Dr. Bernd Müssig („ausgezeichnete Schriftsätze; sehr gutes Backoffice für rechtsgebietsübergreifende Fragen", Mandant, „dogmat. brillant, guter Individualverteidiger", Wettbewerber), Prof. Dr. Heiko Lesch („hoch kompetent, starkes Backoffice", Wettbewerber), Dr. Daniel Neuhöfer („sehr stark in Unternehmensvertretungen u. der Koordination der Beteiligten", „hoch kompetent, pragmat. Lösungsansätze", Wettbewerber)
Team: 3 Eq.-Partner, 3 Associates, 2 of Counsel
Schwerpunkte: Umf. Verteidigung von Unternehmen u. Individuen sowie präventive Beratung u. Revisionen.
Mandate: Individuen: Ingenieur u. Vorstand eines Kfz-Herstellers wg. Dieselaffäre; Zeugenbeistand in div. Untersuchungsausschüssen, u.a. Wirecard; Verteidigung in Munitionsaffäre beim KSK; ltd. Mitarbeiter einer Krankenkasse wg. Betrug im Zshg. mit „Rightcoding"; ltd. Mitarbeiter einer Bank wg. Geldwäsche im Zshg. mit Cum-Ex; Bürgermeister wg. Flutkatastrophe; Leistungssportler vor Sportgericht (Grundsatzverf.); Ex-GF einer Privatschule wg. Betrug bei Finanzierung. **Unternehmen:** Currenta wg. Explosion; Atlas Elektronik wg. Korruption (aus dem Markt bekannt); CFP Brands wg. Zshg. mit Süßwarenkartell; kommunaler Entsorger wg. Bilanzfehlern; internat. Kfz-Hersteller wg. Betrug u. unerlaubter Werbung; Kfz-Zulieferer wg. Erpressung/Datendelikt eines Wettbewerbers; Sportwettenanbieter wg. Verstoß gg. Glücksspielstaatsvertrag; Vattenfall in DSGVO-Verf.; Landkreis wg. mögl. Freiheitsberaubung durch Absonderungsanordnung (Covid); regelm. Dt. Post, Debeka (Datenschutz), Infrastruktur- u. Chemieuntern., u.a. zu Umweltstrafrecht.

RETTENMAIER

Wirtschaftsstrafrecht: Individuen ★

Bewertung: Die Frankfurter Wirtschaftsrechtskanzlei hat sich v.a. in der Individualverteidigung fest etabliert u. ist erneut personell gewachsen. Zwar ist die Zahl der beratenen Unternehmen bei schon länger etablierten Boutiquen deutl. größer, doch erweitert sich das Portfolio allmählich. Zugenommen haben auch Mandate mit internat. Bezug, die das internat. Netzwerk der Kanzlei wachsen lassen. Beachtl. ist aber v.a. die hohe Akzeptanz, die der Namenspartner in Vorstandsetagen insbes. im Finanzsektor genießt. Dies, verbunden mit prozessualer Erfahrung, dürfte das Team gerade mit Blick auf die Anklagefreudigkeit der Ermittlungsbehörden auch weiter zu einer gefragten Adresse machen.

Stärken: Individualverteidigung.
Oft empfohlen: Felix Rettenmaier („hervorragender Strafverteidiger u. starker Teamplayer", Wettbewerber)
Team: 2 Eq.-Partner, 2 Sal.-Partner, 2 Associates
Schwerpunkte: Verteidigung von Individuen, auch Beratung u. Vertretung von Unternehmen.
Mandate: Individuen: CEO u. CFO von Finanzdienstleistern im Zshg. mit BaFin-Ermittlungen; Ex-Vorstand US-Konzern wg. Steuerdelikten in Dtl., der Schweiz u. den USA; Manager Privatbank wg. Insiderhandel; Ex-Bankmanager u. Anwalt wg. Cum-Ex; Ex-Manager von Wirecard wg. div. Vorwürfen; Ex-Vorstand eines Automobilkonzerns u. Ingenieur von VW wg. Diesel; Ex-CFO von Hess, u.a. wg. Untreue u. Bilanzdelikten; Hauptbeschuldigter in Korruptionsaffäre um BT-Abgeord. Held. **Unternehmen:** Untern. der Digitalwirtschaft lfd. strafrechtl. zu Subventionen; Handelsuntern. wg. USt-Hinterziehung; internat. Nahrungsmittelkonzern lfd. zu Compliance u. Strafrecht; Investmentgesellschaft als Einziehungsbeteiligte in Verf. um Insiderhandel.

WIRTSCHAFTS- UND STEUERSTRAFRECHT

ROSINUS PARTNER
Wirtschaftsstrafrecht: Individuen ★★
Wirtschaftsstrafrecht: Unternehmen ★★
Steuerstrafrecht ★

Bewertung: Die Frankfurter Kanzlei bleibt ihrem Konzept treu, sich im Grenzbereich zw. Wirtschafts- bzw. Steuerstrafrecht u. Compliance zu bewegen. Diese Strategie hat sich als goldrichtig erwiesen, denn sie ist sowohl bei Individuen als auch Unternehmen gefragter denn je. Erstere suchen auch regelm. in Steuerstrafverf. Unterstützung. Hinzu kommt, dass die strateg. u. prakt. Herangehensweise – u.a. ein professionelles Projektmanagement – von Namenspartner Rosinus bei Zivilkanzleien viel Anklang findet. Mit Blick auf das sich stetig vergrößernde Mandatsportfolio war das überraschende Ausscheiden der Gründungspartnerin ein herber Schlag. Als Reaktion wurde der erst im Vorjahr gekommene Grzesiek Eq.-Partner – ein Schritt, der im Markt positiv bewertet wurde, da der jüngere Anwalt sich bereits einen Namen macht u. mit seiner Ausrichtung auf IT-nahe Mandate ein Zukunftsthema besetzt. Mit Blick darauf scheint es dringend geboten, den anwaltl. Unterbau weiter zu verstärken.
Stärken: Compliance-Beratung.
Oft empfohlen: Dr. Christian Rosinus („kenntnisreich, flexibel, beruhigend", Mandant; „guter Koordinator größerer Verfahren", „lösungsorientiert, pragmat., fachl. breit aufgestellt, kollegial", Wettbewerber), Dr. Mathias Grzesiek („fachl. herausragend, sehr geschickt, Top-Verteidiger der nächsten Generation", Wettbewerber).
Team: 2 Eq.-Partner, 2 Associates, 1 of Counsel
Partnerwechsel: Michelle Wiesner-Lameth (zu Act AC Tischendorf)
Schwerpunkte: Unternehmensvertretung, inkl. Compliance-Beratung. Auch Individualverteidigung.
Mandate: Individuen: div. Beschuld. in Cum-Ex-Verf.; div. Mediziner wg. Abrechnungsbetrug; brit. Banker wg. Geldwäsche; Ex-GF eines Mobilfunkuntern. wg. Bilanzfälschung u. Insolvenz; GF einer Private-Equity-Gesellschaft u. eines internat. TK-Untern. wg. Steuerdelikt; Mitarbeiter eines Energiekonzerns in Korruptionsskandal; div. Unternehmer wg. Sozialversicherungsbetrug u. Steuerdelikten; Unternehmer wg. Ermittlungen zu Untreue u. Geldwäsche im Ausland. **Unternehmen:** Schweizer Beteiligungsgesellschaft als Untreuegeschäd.; US-Technologiekonzern bei Abwehr u. Aufarbeitung von Cyberangriff; Logistiker wg. Sanktionen; börsennot. US-Technologiekonzern wg. AWG-Verstoß; österr. Bank als Betrugsgeschäd., inkl. Rückgewinnung; Bank, KAG wg. Cum-Ex; Private-Equity-Gesellschaft im Zshg. mit Ermittlungen der BaFin als Geschädete von Anlagebetrug; Kryptotauschbörse zu GwG.

ROXIN
Wirtschaftsstrafrecht: Individuen ★★★
Wirtschaftsstrafrecht: Unternehmen ★★
Steuerstrafrecht ★★

Bewertung: Die Hamburger Einheit ist für ihre Individual-, aber auch Unternehmensvertretung im Wirtschaftsstrafrecht über die Stadtgrenzen hinaus anerkannt. Das zeigt sich auch im Steuerstrafrecht, wo sie sowohl Banken als auch Bankvorstände wegen Cum-Ex auf gleichbleibend hohem Niveau vertritt. Doch auch an der Schnittstelle zu Compliance, an der Roxin sehr aktiv ist, spielen steuerstrafrechtl. Aspekte immer wieder eine Rolle, bspw. bei der Vertretung einer Spedition wg. Korruption u. Steuerhinterziehung. Eines ihrer wichtigsten Kernmandate bleibt die Vertretung von Airbus Defence, die sie erneut ausbauen konnte u. das beispielhaft für die Vertretung von Unternehmen im Münchner Büro steht, während das Hamburger Standort eher an der Seite von Individuen wiederfindet. Im Wirtschaftsstrafrecht gewann das Hamburger Büro zuletzt Präsenz durch die Vertretung des Vorstands von Continental wg. Organisationsverschuldens im Zshg. mit der Dieselthematik.
Oft empfohlen: Dr. Oliver Sahan („großer Stratege", „zuverlässig u. kollegial", „kompetent", „beendigt Ermittlungsverf. effizient, ohne es zu mündl. Verhandlungen kommen zu lassen", „unheiml. gut vernetzt", „absoluter Experte", „einfallsreich", Wettbewerber), Dr. Johannes Altenburg („kreativ, geschickt, furchtlos", Wettbewerber), Andreas Minkoff („brillanter Unternehmensverteidiger", „fachl. sehr gut, extrem gut erreichbar", „sehr bewandert, sehr gut organisiert", „schneller Kopf", Wettbewerber)
Team: 3 Eq.-Partner, 2 Sal.-Partner, 11 Associates, 2 of Counsel
Partnerwechsel: Michael Reinhart (in eigene Kanzlei)
Schwerpunkte: Verteidigung im Wirtschafts- u. Steuerstrafrecht, sowohl auf Individual- als auch auf Unternehmensseite tätig.
Mandate: Individuen: EWE-Vorstand wg. Untreue; Vorstand von Continental wg. Organisationsverschuldens im Zshg. mit Dieselthematik; Bankvorstand wg. Cum-Ex; Leiter einer Klinikgruppe wg. Abrechnungsbetrugs; div. Bankmitarbeiter wg. Cum-Ex. **Unternehmen:** Airbus Defence and Space bei Unternehmensvertretung u. interner Untersuchung; Bistum bei interner Untersuchung u. Unternehmensvertretung wg. Pflichtverletzung von Leitungspersonen; Vermögensverwalter als Sockelverteidiger in Ermittlungsverf.; Spedition wg. Korruption, Untreue u. Steuerhinterziehung; internat. Zahlungsdienstleister wg. Kryptowährungsbetrug.

SCHILLER & KOLLEGEN
Wirtschaftsstrafrecht: Individuen ★

Bewertung: Auch wenn die kleine wirtschaftsstrafrechtl. Kanzlei mit dem Tod des Namenspartners ihre Galionsfigur verloren hat, bleibt sie im Frankfurter Markt dank guter Vernetzung etabliert. Deutl. geschwächt ist allerdings die Reputation für die Arbeit an der Schnittstelle zu D&O-Themen, auch wenn eine Partnerin hier Erfahrung vorweisen kann u. weiterhin AIG vertreten wird. In der Individualvertretung sind die Partner an der Seite des Top-Managements regelm. zu sehen u. bei den zentralen Verfahrenskomplexen mit dabei. Die Ausrichtung auf Datenschutz u. IT-Strafrecht ist zwar zukunftsträchtig, schlägt sich aber bisher nur begrenzt in Mandaten nieder.
Oft empfohlen: Dr. Saleh Ihwas („zunehmend präsenter, verlässlich, gut im IT-Strafrecht", Wettbewerber)
Team: 2 Eq.-Partner, 2 Associates
Schwerpunkte: Individualverteidigung, einige Unternehmen u. Führungskräfte auch in ständiger Beratung.
Mandate: Individuen: Ex-GF der Maple Bank wg. Cum-Ex; Angeklagter im Verf. um Schneeballsystem von Pim Gold; GF mehrerer Energieversorger wg. illegal gekündigter Lieferverträge; Ex-GF eines Pharmauntern. wg. Steuerhinterziehung; Vorstand erneuerbare Energien wg. Betrug; Mitarbeiter einer WP-Gesellschaft wg. Wirecard; Statiker eines Bauuntern. wg. fahrl. Tötung; Ex-GF eines Medienuntern. wg. unerlaubter Bildaufnahmen. **Unternehmen:** Aufsichtsrat eines städt. Energieversorgers bei Aufarbeitung von Betrug; Bank wg. Cum-Ex; Berufsgenossenschaft bei Anzeigerstattung u. Folgeverf.; regelm. AIG (aus dem Markt bekannt).

SCHNEIDER SCHULTEHINRICHS
Wirtschaftsstrafrecht: Individuen ★
Steuerstrafrecht ★

Bewertung: Die Kanzlei ist wie kaum eine 2. klar positioniert mit der Vertretung von Bankmitarbeitern zu Cum-Ex, Cum-Cum u. ähnl. Steuergestaltungen. Gleichwohl bespielt sie das Steuerstrafrecht breiter: So gehören Selbstanzeigen, z.B. zu Fragen von Schenkungsteuer bei Erbschaften oder verdeckte Gewinnausschüttungen, ebenso zu den Themen, die die beiden Namenspartner abdecken, wie Fragen zur Umsatzsteuer. Die Beratung im Wirtschaftsstrafrecht ist nach wie vor geprägt durch die Vertretung von Kfz.-Mitarbeitern in den Dieselverf. sowie – der Marktentwicklung gemäß – u.a. von Mandanten, die wegen Subventionsbetrug bei Corona-Hilfen Rat suchen.
Oft empfohlen: Dr. Friedrich Schultehinrichs („sehr gut", „sehr zuverlässig u. diszipliniert, guter prozessualer Stratege", „sehr versiert", „hervorragend, besonnen, sehr kollegial", Wettbewerber), Dr. Thomas Schneider („präzise, fleißig, kollegial", „sehr gute Schriftsätze", Wettbewerber)
Team: 3 Eq.-Partner, 1 Associate
Schwerpunkte: Individualverteidigung, insbes. im Steuerstrafrecht.
Mandate: Individuen: Bankmitarbeiter wg. Geldwäsche u. Steuerhinterziehung; Gastronom wg. Steuerdelikt; Gastronom wg. Veruntreuung von Sozialabgaben; Mitarbeiter div. Kfz-Hersteller wg. Dieselskandal; Mitarbeiter div. Großbanken wg. Cum-Ex; Unternehmer wg. Betrug im Bereich Cybercrime; div. Individuen wg. Subventionsbetrug im Zshg. mit Corona-Hilfen; Wirtschaftsprüfer wg. Wirecard. **Unternehmen:** Gesundheitsuntern. wg. Umsatzsteuerhinterziehung; div. Kliniken zu Medizinstrafrecht.

SCHORK KAUFFMANN WACHE
Wirtschaftsstrafrecht: Individuen ★

Bewertung: Die Wirtschaftsstrafrechtler der inzw. inhaltl. breiter aufgestellten Stuttgarter Kanzlei sind bei einer Vielzahl von teils großen Mittelständlern in der weiteren Region gefragt, aber auch immer wieder bundesweit in großen Mandatskomplexen tätig. Der Fokus liegt weiterhin auf der Individualverteidigung, wobei gerade bei der Vertretung von Inhabern auch Unternehmensinteressen eine Rolle spielen. Deutl. Zulauf bekam das Team im Steuerstrafrecht, wo längst nicht nur Cum-Ex-Fälle betreut werden. Mit der Aufnahme eines Revisionsspezialisten erschließt sich die Kanzlei nun eine weitere Facette.
Oft empfohlen: Dr. Alexander Schork („verlässl., kooperativ mit sehr hohem fachl. Niveau u. pragmat. Lösungsansätzen", Wettbewerber)
Team: 2 Eq.-Partner, 1 Counsel, 2 Associates
Schwerpunkte: Individualverteidigung, Unternehmensvertretung meist mit regionalem Einschlag.
Mandate: Individuen: Abteilungsleiter div. Ban-

WIRTSCHAFTS- UND STEUERSTRAFRECHT

ken, Familienunternehmer sowie Manager der Maple Bank wg. Cum-Ex; div. Beschuld. in Dieselaffäre (VW, Audi, Iveco); Alno-Managerin wg. Insolvenzdelikt; Zeugenbeistand in PwC-Steuerverf.; Bauunternehmer wg. fahrl. Tötung (Leuzetunnel); Betriebsprüfer wg. Strafvereitelung u. Beihilfe zur Steuerhinterziehung; Verteidigung im En-Storage-Folgeprozess wg. Scheinrechnungen; Inhaber Eisfabrik wg. Steuerdelikt; Windreich-Gründer W. Balz in Strafverfahren. **Unternehmen:** Bauuntern. wg. Betrug; Stadt u. Klinik Stuttgart in Korruptionsverf. (Kuwait/Libyen); regelm. Hollerbach, US-Energiedienstleister, Kösem; Wirth regelm. zu Haftung.

SEITZ
Steuerstrafrecht ★★

Bewertung: Die steuerstrafrechtl. Praxis um den visibelsten Kopf Kröber gilt als feste Bank im Markt, die Individuen u. Unternehmen gleichermaßen vertritt, auch wenn sie sich weder in die Boutiquen- noch in die Großkanzleienriege einordnen lässt. Sie hat innerh. der Kanzlei eine Sonderstellung, weil Steuerrecht, Arbeits- u. Gesellschaftsrecht die eigentl. tragenden Säulen der Kanzlei darstellen u. auch steuerstrafrechtl. Mandate flankieren. So sind die Arbeitsrechtler typischerweise bei Fragen zu Sozialversicherungssteuern mit an Bord. Die steuerstrafrechtl. Praxis war lange personell übersichtl., hat zuletzt aber auf Associate-Ebene nachgerüstet. Das war auch desw. nötig, weil das Mandatsportfolio bemerkenswert zunahm, auch durch so prominente Verf. wie das gg. den Boxer Felix Sturm. Wie anerkannt Kröber ist, zeigt sich darin, dass er zuletzt auch in immer mehr Verhandlungen sichtbar war, weil er häufiger als früher von Strafrechtlern hinzugeholt wird, wenn die Verf. schon fortgeschritten sind u. steuerstrafrechtl. Know-how fehlt.
Stärken: Integrierte Praxis aus RAen u. StB, enge Einbindung in die Gesamtkanzlei.
Oft empfohlen: Nils Kröber („serviceorientiert, immer erreichbar, unkomplizierte Zusammenarbeit", Wettbewerber)
Team: 1 Eq.-Partner, 4 Sal.-Partner, 1 Counsel, 7 Associates, 1 of Counsel
Schwerpunkte: Umf. steuerstrafrechtl. Vertretung; Steuerverfahren aus Betriebsprüfungen u. breite Steuerpraxis.
Mandate: Individuen: MdB wg. Bestechlichkeit u. Steuerhinterziehung; Felix Sturm wg. Steuerhinterziehung (Revision); Gesellschafter eines Finanzdienstleisters wg. Beteiligungsstrukturen; Immobilienunternehmer im Bereich ‚Goldfinger'; Vorstand eines Klinikkonzerns wg. Vorenthaltens von Arbeitsentgelten **Unternehmen:** Kfz-Zulieferer bei Betriebsprüfung im Zshg. mit Nachfolgegestaltung; Immobilienuntern. zu steuerstrafrechtl. Compliance; Fleischereibetrieb wg. Steuerhinterziehung; Klinik wg. Berichtigungsmeldung bzgl. Ertrags u. Umsatzsteuern; Hersteller von E-Zigaretten zu Ertragsteuern u. Offenlegung intransparenter Beteiligungsstrukturen.

ULRICH SORGENFREI
Steuerstrafrecht ★★

Bewertung: Sorgenfrei nimmt schon lange als Einzelkämpfer eine Sonderposition im Markt ein. Da er über viel Know-how im Kapitalmarktrecht verfügt, ist er in Sachen Cum-Ex naturgem. ein gefragter Berater. Darüber hinaus beschäftigen ihn weiterhin die Themen Managementbeteiligung u. zuletzt verstärkt Schenkungsteuer bei Ehegatten-Oder-Konten. Ähnl. wie Hart-Hönig kooperiert Sorgenfrei regelm. mit Netzwerkkanzleien, die sich wechselseitig ins Mandat holen, wenn Verstärkung gebraucht wird.
Oft empfohlen: Ulrich Sorgenfrei
Team: 1 Eq.-Partner
Schwerpunkte: Steuerabwehrberatung, einschl. Steuerstreit u. Steuerstrafverteidigung, Bilanzdelikte, Marktmanipulationen u. Insiderdelikte.
Mandate: Individuen: Div. Beschuld. zu Cum-Ex.; Unternehmensberater wg. Schenkungsteuer bei Ehegatten-Oder-Konto u. Güterstandsschaukel.

STETTER
Wirtschaftsstrafrecht: Individuen ★★
Wirtschaftsstrafrecht: Unternehmen ★

Bewertung: Die Münchner Boutique hat sich im Wirtschaftsstrafrecht v.a. für ihre Individual-, aber auch für die Unternehmensvertretung eine hohe Reputation erarbeitet. Das kleine Team rund um die Namenspartnerin ist in bemerkenswert vielen Verfahren präsent, die den Markt derzeit beschäftigen, etwa Cum-Ex, Diesel, Wirecard u. in der Maskenaffäre. Dabei weisen die Mandate von Stetter auffallend viele internat. Bezüge auf, etwa für einen US-Manager, der wegen Bestechung u. Steuerhinterziehung ein chin. High-Speed-Train-Projekt durch Empfehlung in die Kanzlei kam. Mit einem so guten internat. Netzwerk können kaum Boutiquen dieser Größenordnung aufwarten.
Oft empfohlen: Dr. Sabine Stetter („fachl. versiert, Teamplayerin", „ausgeprägte internat. Vernetzung", „sehr angenehm u. fachl. top", „vermittelt den Mandanten große Sicherheit", „hervorragend positionierte Boutique mit sehr versierter Kanzleigründerin", Wettbewerber)
Team: 1 Eq.-Partner, 3 Associates
Schwerpunkte: Gleichermaßen Individual- u. Unternehmensvertretung; oft Mandate mit internat. Bezügen.
Mandate: Individuen: Ex-Audi-Vorstand Hackenberg in Dieselaffäre; div. Beschuld. in Wirecard-Verf. (marktbekannt); Unternehmer wg. Schutzmasken; US-Manager wg. Bestechung u. Steuerhinterziehung bei chin. High-Speed-Train-Projekt; ehem. Dax-Vorstand als Zeugenbeistand wg. AWG-Verstößen; Ex-Betriebsrat wg. Untreue; brit. Mandant u. div. Angestellte eines Finanzkonzerns wg. Cum-Ex; Investor im ‚CoInvest-Verfahren'; Compliance-Beauftragter eines Bistums wg. Steuerhinterziehung. **Unternehmen:** Kfz-Hersteller wg. Dieselskandal; Kanzlei wg. Cum-Ex; dt. Tochter eines jap. Chemiekonzerns zu strafrechtl. Compliance; Hosting-Untern. wg. Cum-Ex; Untern. für techn. Dokumentation wg. Betrug.

STRATE UND VENTZKE
Wirtschaftsstrafrecht: Individuen ★

Bewertung: Auch wenn Namenspartner Strate sich nicht als Wirtschaftsstrafrechtler definiert, ist er immer wieder in prominente Verf. im Wirtschaftsumfeld involviert. Grund dafür ist seine große Hauptverhandlungserfahrung u. sein Blick fürs Machbare. Sein Rollenverständnis als streitbarer Verteidiger führt ihn aber auch immer wieder auf Kollisionskurs mit Politik u. Justiz. So machte seine – letztl. erfolglose – Strafanzeige gg. Olaf Scholz wegen der Cum-Ex-Geschäfte der HHer Warburg-Bank Schlagzeilen. Weniger öffentlichkeitswirksam, aber rechtl. womögl. relevanter, ist der Streit um die Verwertbarkeit in Frankreich erhobener Daten aufgr. einer europ. Ermittlungsanordnung.
Oft empfohlen: Dr. Gerhard Strate („außergewöhnl. erfahren u. umsichtig", Wettbewerber), Klaus-Ulrich Ventzke („erfahren u. teamorientiert", Wettbewerber)
Team: 1 Eq.-Partner, 1 Sal.-Partner, 1 Associate
Schwerpunkte: Individualverteidigung, immer wieder auch Wiederaufnahmeverfahren.
Mandate: Individuen: Gründer der German Property Group wg. Betrug; Richter wg. Rechtsbeugung (Maskenurteil); Verteidigung in einer BtM-Sache mit Streit um Verwertung sog. Encrochat-Daten (BGH, BVerfG); Vertretung in Verf. um Abrechnungsbetrug; Vertretung in Streit um Einziehung eines Mio.-€-Betrags. **Unternehmen:** WMP bei Strafanzeige gg. Ex-Unternehmenschef wg. Untreue (alle öffentl. bekannt).

STRECK MACK SCHWEDHELM
Steuerstrafrecht ★★★★

Bewertung: Im Steuerstrafrecht gehört die Kanzlei zu den Verfolgern der Marktspitze. Basis ihres Erfolges sind mehrere angesehene Partner, die gleichermaßen zu steuerrechtl. als auch steuerstrafrechtl. Fragen in ganzer Breite beraten bzw. verteidigen. V.a. durch die immer größer werdende Zahl von Cum-Ex-Beschuld. der StA Köln finden weiterhin Banken u. Individuen den Weg zu SMS. Angezogen hat zudem der Beratungsbedarf hinsichtl. Versicherungs- u. Umsatzsteuern, auch wenn bei Letzterem Karussellgeschäfte weniger geworden sind. Durch einen im Vorjahr gewonnenen Partner haben auch strafrechtl. Mandate jenseits des Steuerrechts an Relevanz gewonnen, v.a. mit kartellstrafrechtl. Komponente. Ein festes Standbein bleibt Tax Compliance, zu der die Kanzlei auch regelm. präventiv im Einsatz ist.
Stärken: Große Erfahrung in Individual- u. Unternehmensbegleitung, enge Anbindung an die Steuerpraxis; Tax Compliance.
Oft empfohlen: Dr. Jörg Alvermann, Dr. Martin Wulf („fachl. gut, präzise im Umgang mit Mandanten u. Kollegen; kollegial u. verlässl. in Sockelverteidigungen", Wettbewerber), Prof. Dr. Burkhard Binnewies („schnell, konstruktiv, angenehm", „hoch qualifiziert", Wettbewerber)
Team: 13 Partner, 4 Counsel, 13 Associates
Schwerpunkte: Individualverteidigung u. Unternehmensberatung. Regelm. auch Compliance (präventiv u. Verteidigung).
Mandate: Individuen: div. vermögende Privatpersonen wg. schwerer Steuerhinterziehung durch gegenläufige Zertifikate; Berater in Geldwäscheverfahren; div. Steuerberater u. Anleger wg. ‚Goldfinger'; div. Privatpersonen wg. inl. Ansässigkeit; div. Beschuld. in Cum-Ex- u. Panama-Papers-Verfahren. **Unternehmen:** Bauuntern. wg. Steuerstrafverfahren in Serbien; Vorstände u. Banken wg. Cum-Cum u. Cum-Ex; Untern. wg. Ort der Geschäftsleitung im Zshg. mit Verrechnungspreisen; div. Untern. wg. Subventionsbetrugsverf. zur Corona-Hilfe; div. Untern. wg. Umsatzsteuer.

SVS SIDHU VON SAUCKEN
Wirtschaftsstrafrecht: Individuen ★

Bewertung: Im Münchner Markt der Wirtschafts- u. Steuerstrafrechtler ist die Kanzlei v.a. für Individualverteidigung bekannt. Unternehmensvertretungen haben zwar zugenommen, doch muss sich die Einheit insoweit erst noch gegen die starke lokale

WIRTSCHAFTS- UND STEUERSTRAFRECHT

Konkurrenz durchsetzen. Einen Vorteil könnte dabei das internat., auf Compliance ausgerichtete Netzwerk Concilium darstellen. Hier besteht allerdings noch Potenzial. Inzw. haben die beiden Partner auch Verstärkung geholt – mit Blick auf die zunehmende Zahl der Unternehmensmandate keinen Moment zu früh.
Oft empfohlen: Dr. Karl Sidhu, Dr. Alexander von Saucken („fachl. versiert, kommt zum Punkt", Wettbewerber)
Team: 2 Eq.-Partner, 1 Associate
Schwerpunkte: Individualverteidigung, daneben auch Vertretung u. Beratung von Unternehmen.
Mandate: Individuen: Dax-Vorstand wg. Dieselaffäre; GF einer Bank u. weitere Beschuldigte in div. Verf. wg. Cum-Ex; GF eines Kfz-Zulieferers wg. Korruption; Leiter einer Hotelkette wg. Steuerhinterziehung; Hauptbeschuld. in Verf. um Korruption bei internat. Rüstungsdeal; Beschuld. in Verf. um Ausfuhr von Spionagesoftware; GF einer Forschungsanstalt wg. Steuerhinterziehung. **Unternehmen:** Dax-Untern. wg. AÜG-Verstoß; Stadt u. Medizinprodukteherseller wg. Korruption; Untern. als Geschäd. durch Geschäftsgeheimnisverrat.

THOMAS DECKERS WEHNERT ELSNER

Wirtschaftsstrafrecht: Individuen ★★★★★
Wirtschaftsstrafrecht: Unternehmen ★★

Bewertung: Das Pensum, das die Kanzlei im Wirtschafts- u. Steuerstrafrecht meist recht geräuschlos bewältigt, ist beachtlich. Neben etl. Unternehmen unterschiedlichster Branchen – viele davon in Dauerberatung – verteidigen die Anwälte in einer Fülle teils komplexer Verf. Einzelpersonen. Gerade für betroffene Individuen ist die D'dorfer Kanzlei, die Wettbewerber insges. als „super Laden" loben, weiterhin eine der ersten Adressen bundesweit. Für die Partner, die fast alle in wirtschaftsnahen Angelegenheiten einen exzellenten Ruf genießen, ist Teamarbeit eher die Ausnahme. Vor diesem Hintergrund ist beachtl., dass es immer wieder gelingt, jüngere Anwälte zu fördern. So wird ein Associate, der erst seit gut 2 Jahren tätig ist, schon jetzt vereinzelt empfohlen. Mit Dr. Rüdiger Deckers, zuletzt of Counsel u. ohnehin weniger in Wirtschaftssachen bekannt, verließ Anfang 2022 ein weiterer Namenspartner die Kanzlei. Er macht in einer kleineren Einheit weiter.
Stärken: Große Routine in Hauptverhandlungen.
Oft empfohlen: Dr. Anne Wehnert („gelassen u. mit großer Übersicht", „eine der Klügsten überhaupt", Wettbewerber), Dr. Marcus Mosiek („souverän, erfahren, angenehm", „exzellenter Stratege", Wettbewerber), Johannes Zimmermann („große Hauptverhandlungserfahrung, durchsetzungsstark", Wettbewerber), Christoph Lepper („angenehm, überlegt, klug", Wettbewerber), Udo Wackernagel („kollegial, zuverlässig u. rechtl. brillant", „sehr tiefe Durchdringung des Verfahrensstoffs", „schnell u. schlau", Wettbewerber)
Team: 7 Partner, 2 Associates
Schwerpunkte: Individualverteidigung in der ganzen Breite des Wirtschaftsstrafrechts. Zudem Beratung von Unternehmen.
Mandate: Individuen: GF eines Maschinenbauers wg. Embargo- u. AWG-Verstößen; div. Mitarbeiter u. Vorstände in div. Verf. wg. ausl. Banken wg. Cum-Ex; Ex-GF eines Mittelständlers wg. Bilanzmanipulation u. Betrug; Ex-GF eines Lebensmittelunternehmens wg. Steuerdelikt; Ex-GF eines Kompressorenherstellers wg. Korruption; ehem. ltd. Mitarbeiter eines Private-Equity-Hauses wg. Betrug; Ex-Sparkassenvorstand wg. Untreue; stv. Bauleiter Tagebau im Zshg. mit Flutkatastrophe; GF IT-Dienstleister wg. Geldwäsche; GF eines Straßenbauers wg. Kartell; Chirurg wg. Beihilfe zur Tötung (Högel); Mitarbeiter Airbus wg. Teilnahme an Geheimnisverrat; Zeugenbeistand in Verf. um Currenta-Explosion; Mitarbeiter Fintech wg. Betrug; RA wg. Parteiverrat. **Unternehmen:** Technologiekonzern zum Export militär. Güter; internat. Bank zu Cum-Ex; regelm. Uniklinik D'dorf, börsennot. Zulieferer zu Embargo/AWG, dt. Tochter eines Luxusgüterherstellers, Textilhandelskette, Private-Equity-Haus, Anlagenbauer, dt. Industriedienstleister, Pharmaunternehmen, gr. Pflegeheimbetreiber, Mittelstandsbank, div. WP-Gesellschaften u. Family Offices, Medizinuntern., Fußballbundesligist, Tönnies.

TRÜG HABETHA

Wirtschaftsstrafrecht: Individuen ★★

Bewertung: V.a. dank Namenspartner Trüg ist die Freiburger Kanzlei im Wirtschaftsstrafrecht bundesw. anerkannt. Regelm. ist er an den relevanten Verfahrenskomplexen beteiligt, was in Anbetracht des vglw. abgelegenen Standorts keine Selbstverständlichkeit ist. Das Erfahrungsspektrum ist sowohl auf Unternehmens- wie auf Individuenseite breit. Es schließt auch Steuerstrafrecht ein, auch wenn zuletzt Mandate auf diesem Feld weniger spektakulär ausfielen. Dafür gewann die Kanzlei, die zeitweise durch die Hauptverhandlung gg. Hatz stark gebunden war, anderweitig neue Mandanten, u.a. aus dem Bausektor.
Oft empfohlen: Prof. Dr. Gerson Trüg („fachl. herausragend", „schnell, pragmat., angenehm", Wettbewerber)
Team: 2 Eq.-Partner, 1 Counsel, 4 Associates
Schwerpunkte: Breit angelegtes wirtschaftsstrafrechtl. Engagement, umfangr. Erfahrung mit Hauptverhandlungen u. Revisionen; Unternehmensvertretung u. Ombudstätigkeit.
Mandate: Individuen: AR-Vorsitzender wg. WpÜG-Verstoß; Direktor von Wirecard GB u. Betroffene im Zshg. mit interner Untersuchung bei Wirecard; Ex-Aufsichtsratsvorsitzender wg. Untreue; Hochschulpräsident wg. Untreue; GF wg. Verstoß MedizinprodukteG; GF wg. Umweltdelikt; GF wg. Zolldelikt; Ex-Porsche-Vorstand Wolfgang Hatz in Dieselaffäre; Klinik-GF wg. fahrl. Tötung; Beschuld. eines Rüstungsuntern. wg. Wettbewerbsverstoß. **Unternehmen:** Dax-Untern. wg. Compliance-Vorfall; Netze BW wg. tödl. Arbeitsunfall; div. Bauuntern. regelm., auch bei Aufbau Compliance-System, teils als Ombudsmann; Baukonzern wg. illegaler Abfallbeseitigung; regelm. EnBW, Uniklinik Freiburg.

TSAMBIKAKIS & PARTNER

Wirtschaftsstrafrecht: Individuen ★
Wirtschaftsstrafrecht: Unternehmen ★★
Steuerstrafrecht ★★

Bewertung: Kaum ein Wettbewerber ist so für sein Know-how im Medizinstrafrecht anerkannt wie T&P. Dadurch erreichen die Kanzlei mit schöner Regelmäßigkeit Mandate von Ärzten u. Kliniken zu Themen der ganzen medizinstrafrechtl. Bandbreite. Allerdings gerät mitunter aus dem Blick, dass sie sich mittlerw. deutl. diversifiziert hat – und zwar sowohl unternehmensseitig, zuletzt aber v.a. bei der Individualverteidigung. Da ist etwa die steuerstrafrechtl. Beratung zu nennen, die nicht zuletzt wg. Cum-Ex erneut anzog. U.a. vertritt sie nun den ehem. Leiter Compliance einer Bank. Aber auch Fragen zur Umsatzsteuer nahmen mehr Raum ein. Aktiver wurde T&P zudem im polit. Kontext, so vertrat sie eine NRW-Politikerin vor dem Untersuchungsausschuss des Landtages. Zudem baute die Kanzlei mit der Aufnahme einer auf das IT-Strafrecht fokussierten Anwältin einen Bereich auf, den sie bisher nicht abdecken konnte – in Zeiten zunehmender Cybercrimefälle ein gerade noch rechtzeitiger strateg. Gewinn.
Stärken: Straf- u. steuerstrafrechtl. Beratung der Medizinbranche, inkl. Compliance.
Oft empfohlen: Prof. Dr. Michael Tsambikakis („fachl. sehr gut u. zuverlässig", „erfahren, fundierte Beratung", „sehr gut vernetzt, wissenschaftl. u. prakt. fundiert ", „sehr gutes Legal Management in Umfangsverfahren", Wettbewerber), Ole Mückenberger („kompetent u. angenehm", Wettbewerber)
Team: 6 Eq.-Partner, 9 Associates, 3 of Counsel
Partnerwechsel: Diana Nadeborn (aus eigener Kanzlei)
Schwerpunkte: Individualverteidigung u. Unternehmensbetreuung im Wirtschafts- u. Steuerstrafrecht. Zudem Compliance (Optimierung der Organisation u. interne Untersuchungen), v.a. für Kliniken. Besondere Erfahrung im Medizinstrafrecht.
Mandate: Individuen: div. (Chef-)Ärzte, Behandler wg. Abrechnungsbetrugs; ehem. Banker wg. des Verdachts der Marktmanipulation in Form von ‚Scalping'; ehem. GF wg. Insolvenzverschleppung, Untreue, Betrug, Kreditbetrug, Bankrott; ehem. Leiter Compliance einer GB-Bank, Manager einer schwed. Bank u. ehem. Leiter einer dt. Depotbank wg. Cum-Ex; Fondsmanager einer brit. Investmentgesellschaft wg. Cum-Ex; ltd. Angestellter eines Entsorgers wg. Explosion; ltd. Angestellter einer Unternehmensberatung wg. Bilanzfälschung. **Unternehmen:** zypriot. Handelsplattform/KAG wg. Kapitalanlagebetrugs; Industrieuntern. wg. Verstoß gg. AWG; schwed. Sicherheitsuntern. wg. Steuerhinterziehung.

UFER KNAUER

Wirtschaftsstrafrecht: Individuen ★★★
Wirtschaftsstrafrecht: Unternehmen ★★★
Steuerstrafrecht ★★★

Bewertung: Die Münchner Strafrechtsboutique zählte im Wirtschaftsstrafrecht langjährig zur erweiterten Marktspitze, besteht in dieser Konstellation aber nur noch bis zum Jahreswechsel 2022/23. Ab 2023 gehen die beiden renommierten Namenspartner getrennte Wege: Ufer wird die Kanzlei in München u. Frankfurt fortführen, Knauer wird mit Sören Schomburg in München, Frankfurt und Berlin eine neue Einheit gründen. Wer sich von den übrigen Anwälten wem anschließt, war zum Redaktionsschluss noch nicht bekannt. UK sorgte 2021 für Aufmerksamkeit durch die Vertretung von Continental im Dieselkomplex, ein Mandat, dass UK nach Kritik an Noerr übernahm. Gleichz. war das Team an nahezu sämtl. maßgebl. Verfahrenskomplexen beteiligt, dazu gehört im Steuerstrafrecht u.a. die Vertretung zu Cum-Ex, sowohl unternehmensseitig – Dt. Börse, Commerzbank, Hamburger Commercial Bank – als auch aufseiten von Bankmanagern. Auch Private-Equity-Fonds, die von der Münchner Steuerfahndung angegangen werden, suchten hier Rat. Als Erfolg dürfte auch die Mandatierung durch den FC Bayern im Verf. um Mindestlöhne verbucht wer-

WIRTSCHAFTS- UND STEUERSTRAFRECHT

den – ein Fall, mit dem UK in das typ. Terrain von Wettbewerber Leitner vorstößt.
Oft empfohlen: Prof. Dr. Christoph Knauer („sehr gut", „kompetent u. kollegial", „fachl. u. rhetor. brillant", „extrem stark, hervorragende Führung komplexer Mandate", „starker Stratege", „große Erfahrung", „gut vernetzt", Wettbewerber), Dr. Florian Ufer („kompetent u. umsichtig, Teamplayer", „hoch professionell", „gutes Gespür für problemat. Situationen, sehr freundlich", „top Verteidiger", „hervorragend", Wettbewerber)
Team: 3 Eq.-Partner, 4 Sal.-Partner, 2 Counsel, 7 Associates, 3 of Counsel
Schwerpunkte: Verteidigung von Managern. Vertretung von Unternehmen, auch präventiv u. bei der Koordination interner Ermittlungen. Auch Ombudsfunktion.
Mandate: Individuen: Unternehmer u. MdB in Maskenaffäre um Bestechung eines MdB; Beschuld. wg. Ibiza-Video; Anshu Jain wg. Cum-Ex; Aufsichtsratsmitglied der Wirecard Bank; Vorstand Wirecard Bank vor Untersuchungsausschuss des Bundestages; Betroffene bei Verfassungsbeschwerde gg. das Gesetz zur Strafbarkeit der geschäftsmäßigen Förderung der Selbsttötung einem. Fondsmanager wg. Insiderhandel; div. Vorstände u. Leitungspersonen von Banken wg. Cum-Ex; div. Partner einer WP-Gesellschaft in Steuerstrafverfahren. **Unternehmen:** Freshfields wg. Cum-Ex; Commerzbank wg. Cum-Cum u. Cum-Ex; Continental u. Daimler wg. Dieselskandal; Dt. Börse u. Hamburger Commercial Bank wg. Cum-Ex; FC Bayern München wg. Mindestlohn; Fintech-Start-up wg. Betrug.

VBB RECHTSANWÄLTE

Wirtschaftsstrafrecht: Individuen	★★★★★
Wirtschaftsstrafrecht: Unternehmen	★★★★★
Steuerstrafrecht	★

Bewertung: Dank ihrer Personalstärke bietet diese im Wirtschafts- u. Steuerstrafrecht hoch angesehene Kanzlei Kapazitäten, die sie auch bei der derzeitigen Zunahme an Hauptverhandlungen nicht so schnell ins Schlingern kommen lassen. Zudem hat sie einen Spezialisierungsgrad, den kleinere Einheiten kaum bieten können. Das erklärt u.a., dass es recht schnell gelungen ist, sich bei steuerl. getriebenen Verf. einen festen Platz zu erobern. Das inhaltl. Spektrum ist insges. breit u. schließt in beachtl. Maß auch Compliance-orientierte Mandate ein. Die exzellente Marktposition ruht neben fachl. Kompetenz auch darauf, dass die Anwälte aufgr. ihrer Teamfähigkeit regelm. in großen Verfahrenskomplexen gefragt sind. Dass die Kanzlei auf diesen kulturellen Aspekt großen Wert legt, zeigt sich auch darin, dass sie mit Diener einen Sal.-Partner ernannte, der dieselben Qualitäten mitbringt. Noch immer aber schöpft VBB das Potenzial, das im Essener Standort liegt, nicht gänzl. aus, und auch Karlsruhe bedarf für eine Weiterentwicklung personeller Verstärkung. Beide Standorte liegen in wirtschaftl. attraktiven, aber strafrechtl. vglw. dünn besetzten Regionen u. bieten gute Chancen.
Stärken: Strafrechtl. Beratung/Krisenmanagement u. Vertretung von Unternehmen.
Oft empfohlen: Renate Verjans („hoch kompetente Teamplayerin", Wettbewerber), Dr. Marcus Böttger („durchsetzungsstark", „zielorientiert, erfahren", Wettbewerber), Dr. Hjalmar Mahn („bewahrt die Ruhe, fachl. u. kollegial top", Wettbewerber), Dr. Matthias Brockhaus („sehr erfahren, professionelles Mandantenhandling" Wettbewerber), Dr. Sebastian Beckschäfer („fachl. sehr gut, umsichtiger Taktiker", „angenehmer Mitverteidiger", „spricht die Sprache der Mandanten", Wettbewerber), zunehmend: Sven Diener („fachl. u. menschl. super", „der nächste starke Mann bei VBB", Wettbewerber)
Team: 5 Eq.-Partner, 1 Sal.-Partner, 7 Associates, 1 of Counsel
Schwerpunkte: Alle Aspekte des Wirtschaftsstrafrechts, inkl. Wettbewerbs- u. Kartelldelikte sowie Steuerstrafrecht; zudem straf- u. steuerrechtl. Compliance-Beratung, inkl. Ombudstätigkeit.
Mandate: Individuen: WP (Zeuge) wg. Bankeninsolvenz; CEO eines Finanzuntern. wg. interner Untersuchung; Ex-Chefarzt wg. Steuerdelikt; Ex-CFO dt. Großbank u. Ex-Vorstand Privatbank wg. Cum-Ex; GF wg. Schenkungsteuer; GF Privatschule wg. Subventionsbetrug; GF Chemieuntern. wg. AWG-Verstoß; Vertretung in Verf. um Flughafen Hahn. **Unternehmen:** Bauuntern. bei Compliance-Prüfung nach GF-Wechsel; Hochschule bei Strafanzeigenerstattung; Bekleidungsuntern. wg. Datendiebstahl; Hersteller Solarmodule in Zollverf.; börsennot. Chemiekonzern zu Tax Compliance; TK-Untern. zu Geschäftspartnerrisiken; Energieuntern. in Bußgeldverf.; internat. Kfz-Leasinguntern. wg. GWG-Verstoß; internat. Textiluntern. wg. Betriebsunfall; Biotechgroßhandel bei Compliance-Audit; WP-Gesellschaft u.a. steuerstrafrechtl.; Banktochter bei interner Untersuchung; Energieversorger bei USt-Selbstanzeige; regelm. Fußballbundesligist, Technologiekonzern, Immobilien- u. Wohnbauuntern., Kliniken.

DR. VELKE

Wirtschaftsstrafrecht: Individuen	★

Bewertung: Die kleine Wirtschaftsstrafrechtskanzlei hat sich im Markt immer weiter nach vorn gearbeitet. Dass dies gelungen ist, obwohl die Namenspartnerin bis vor wenigen Monaten als Einzelanwältin tätig war, ist mit Blick auf den gerade in Ffm. engen Markt u. die zunehmende Komplexität wirtschaftsstrafrechtl. Mandate durchaus beachtlich. Die gute Vernetzung bei Zivil- wie Strafkanzleien hat ihren Teil dazu beigetragen. So kam etwa das ein oder andere Mandat auf Vorstandsebene über Zivilkanzleien zustande. Die Verstärkung im Frühjahr war vor diesem Hintergrund nur folgerichtig: Die frühere PwC-Legal-Kollegin, die Velke als Partnerin in die Kanzlei holte u. die nun von Köln aus tätig ist, bringt viel Erfahrung mit.
Oft empfohlen: Dr. Anouschka Velke („kommt gut bei Mandanten an, erfahren", „verlässl. u. kooperativ, hohes fachl. Niveau u. pragmat. Lösungsansätze", „sehr gut, auch in Steuerstrafsachen", Wettbewerber)
Team: 2 Eq.-Partnerinnen
Partnerwechsel: Myra-Anne Bücher (von PwC Legal)
Schwerpunkte: Individualverteidigung, inzw. auch einige Unternehmensvertretungen.
Mandate: Individuen: div. ltd. Bankmitarbeiter zu Cum-Ex; Beschuld. in Audi- u. VW-Dieselverf.; GF eines Flughafenuntern. wg. Vorenthaltens von Arbeitsentgelt; Zeugenbeistand für Ingenieur in Verf. um eingestürzte Brücke; Landrat wg. Verstoß gg. Corona-VO; Mitarbeiterin eines Flugzeugherstellers wg. Korruption u. Datenschutzverstoß; Vorstandsvorsitzende wg. treuwidriger Kreditvergabe (Wirecard-Komplex). **Unternehmen:** Vorstand einer AG zu steuerl. Konsequenzen einer Untreue durch Mitarbeiter; Klinik zu Straftaten durch Mitarbeiter.

VERTE

Wirtschaftsstrafrecht: Individuen	★★★★
Wirtschaftsstrafrecht: Unternehmen	★★

Bewertung: Die Kölner Spezialkanzlei gehört inzw. zu den personalstärksten Einheiten bundesweit. Ähnl. wie VBB erlaubt ihr dies eine ausgeprägte Binnenspezialisierung. Ihr zentrales Asset ist u. bleibt jedoch die Verteidigererfahrung, die gerade in Zeiten wachsender Anklagefreude der Ermittlungsbehörden auch bei Unternehmen wieder stärker gefragt ist. Auch deswegen steigt daher die Zahl der Organisationen, die regelm. auf die Anwälte zurückgreifen, vereinzelt auch bei internen Untersuchungen. Die Verbreiterung der Associate-Riege – Verte ist eine der wenigen Kanzleien, die gleich mehrere Junganwälte gewann – u. die Aufnahme von Paradissis in die Eq.-Partnerschaft waren vor diesem Hintergrund dringend geboten. In der Individualverteidigung suchen mittlerw. regelm. teils auf Anraten von Zivilkanzleien, Vorstände u. GF oder andere zentrale Akteure in Verfahrenskomplexen wie Wirecard Rat. Die im Markt immer wieder angemerkte Stilvielfalt innerh. der Kanzlei dürfte ein Grund sein, warum etl. Zivilkanzleien immer wieder Mandanten in Krisenfällen an die Einheit verweisen.
Oft empfohlen: Dr. Christian Schmitz („weiß immer eine Lösung", „verlässl., kompetent, behält den Überblick", „engagiert, reaktionsschnell, gründl., hartnäckig", Wettbewerber), Christof Püschel („bürstet auch mal gegen den Strich", „souverän, klug", „strateg. u. rechtl. top", Wettbewerber), Dirk Petri („kompetent, engagiert", Wettbewerber), Dr. Alexander Paradissis („schlau, starker Verteidiger, guter Teamplayer", „hoch kompetent", „schnell, immer erreichbar", Wettbewerber)
Team: 5 Eq.-Partner, 1 Sal.-Partner, 2 Counsel, 6 Associates
Schwerpunkte: Individual- ebenso wie zunehmend Unternehmensverteidigung u. Beratung in Compliance-Fragen, inkl. Untersuchungen. Spezialisierungen u.a. im Arbeits- u. Insolvenzstrafrecht.
Mandate: Individuen: Hauptbeschuld. im Wirecard-Verf.; ehem. Freshfields-Partner u. Cum-Ex-Beratung u. weitere Beschuld. in anderen Cum-Ex-Verf.; Betriebsleiter wg. Currenta-Explosion; Beschuld. in div. Dieselverf., auch Continental; Rennfahrer wg. Betrug u. Insolvenzverschleppung; Betriebsleiter Kieswerk wg. Flutkatastrophe; GF Recyclinguntern. wg. USt-Hinterziehung; Parteifunktionär wg. Hackerangriff auf CDU; StB einer internat. Wirtschaftskanzlei wg. Steuerhinterziehung durch Markenbewertung. **Unternehmen:** Vermögensberater wg. GWG; Dt. Eishockey-Bund bei interner Untersuchung zu Vorwürfen gg. Präsidenten; Bundesgesellschaft präventiv zu Durchsuchung/Beschlagnahme; Kranuntern. wg. tödl. Unfall; Streamingportal in Streit mit Investor; regelm. btf series, gr. Versicherer, großes Handelshaus, internat. Papierwarenhersteller, Lebensmittelkonzern, großes Maklerhaus, Mobilitätsdienstleister, Ölkonzern, Buchungsportal, div. Kliniken.

WANNEMACHER & PARTNER

Wirtschaftsstrafrecht: Individuen	★★★
Steuerstrafrecht	★★★★★

Bewertung: Die Münchner Strafrechtsboutique zählt im Steuerstrafrecht zu den Marktführern mit gleich mehreren angesehenen Partnern, die das Thema in seiner ganzen Breite bespielen. Bspw. setzten erneut Private-Equity-Unternehmen wg. Fondstrukturen auf das Team. Hauptsächl. auf der

Vertriebsseite berät W&P bei einem Steuersparmodell mit gegenläufigen Zertifikaten – ein Thema, das v.a. in München hohe Wellen schlug. Für ein regelm. Grundrauschen sorgen nach wie vor die Gastronomieszene, Umsatzsteuerkarusselle sowie Fragen zu Gewerbesteuer u. Corona-Soforthilfe. Im Wirtschaftsstrafrecht konnte sie es zwar als Erfolg verbuchen, dass die Anklage gg. ihren Mandanten, einen Porsche-Manager, in Sachen Diesel fallengelassen wurde, insges. bleibt sie jenseits des Steuerstrafrechts jedoch eher unauffällig.

Oft empfohlen: Dr. Leonard Walischewski („hohe fachl. Kompetenz", Wettbewerber), Jan Andrejtschitsch („dogmat. brillant, ausgezeichneter Verhandler", „kluger Kopf", „schnelle Reaktionszeit, hoch professionell", „sehr fokussiert, beherrscht das Schweigen", Wettbewerber), Dr. Markus Gotzens („super", „strateg. stark", „hervorragend", Wettbewerber), Kurt Kürzinger

Team: 8 Eq.-Partner, 1 Sal.-Partner, 4 Associates
Schwerpunkte: Steuerstrafrecht, v.a. Individualverteidigung, aber auch beratend tätig. Wirtschaftsstrafrecht umf., einschl. Kartellverfahren.
Mandate: Individuen: Porsche-Manager in Dieselaffäre; Beschuldigter im Continental-Diesel-Verfahren; GF Lebensmittelunternehmen wg. Körperschaft-/Gewerbesteuer; Bauleiter im Stadtarchiv-Verfahren; GF eines Küchenherstellers wg. Gewerbesteuer; GF Immofondsuntern. wg. Kapitalertragsteuer/Gewerbesteuerhinterziehung; Vorstand Private-Equity-Unternehmen wg. Einkommen-, Körperschaft- u. Gewerbesteuer/Umsatzsteuer; GF UK-Beratungsuntern. wg. verdeckter Gewinnausschüttung, Körperschaft u. Gewerbesteuer; **Unternehmen:** Bauträger wg. Hinterziehung Grunderwerbsteuer; Brauerei, Hotelbetreiber, Energieversorger AG, internationale Investmentbank/Immo-Fonds in Compliance-Fragen; gemeinnütziger Verein wg. Subventionsbetrug u. Hinterziehung von Sozialversicherungsbeiträgen; div. Private-Equity-Unternehmen präventiv wg. Kapitalertrag-/Gewerbesteuer bei Onshore/Offshoregestaltung; Großkanzlei wegen Bußgeldverf. u. GWG-Verstoß.

WESSING & PARTNER

Wirtschaftsstrafrecht: Individuen	★★★★★
Wirtschaftsstrafrecht: Unternehmen	★★★★★
Steuerstrafrecht	★★

Bewertung: Die D'dorfer Kanzlei ist eine der Marktführerinnen u. behauptet sich im Wirtschaftsstrafrecht nachhaltig erfolgr. mit einem breit aufgestellten Team. Auch die Beratung zum Steuerstrafrecht hat sich mittlerw. zu einem soliden Geschäftsfeld entwickelt. U.a. landen der Marktentwicklung gemäß wieder mehr Selbstanzeigen auf den Schreibtischen der Anwälte, u.a. zu Einfuhrumsatzsteuer u. Zollabgaben. Gleichz. ist sie ähnl. wie Roxin an der Schnittstelle zu Compliance aktiv, etwa für eine Bank bei einer internen Untersuchung wg. Kreditvergabe. W&P gehört auch zu den Einheiten, die sich zuletzt stärker für eine Spezialisierung – auch auf Ebene der jüngeren Anwälte – einsetzte. Dass das ein bewährtes Konzept ist, zeigt sich etwa im immer stärker nachgefragten IT-Strafrecht, in dem die Kanzlei früh mit Basar einen mittlerw. präsenten Partner an Bord hatte. Auf Personalebene gab es allerdings verhältnismäßig viele Änderungen: So verließen 2 Sal.-Partner die Kanzlei Richtung Mandanten, dafür nahm die Kanzlei 3 neue Associates auf. Eine Konsolidierung wird sich anschließen müssen, sonst läuft die Kanzlei Gefahr, dass ihre bis dato gesunde Alterspyramide bröckelt.

Oft empfohlen: Prof. Dr. Jürgen Wessing („ein noch immer sehr alertes Urgestein", Wettbewerber), Prof. Dr. Heiko Ahlbrecht („sehr viel Erfahrung in komplexen Mandaten mit internat. Bezügen", „sachl., nüchtern, klug", „exzellent, genießt zu recht einen sehr guten Ruf", Wettbewerber), Dr. Matthias Dann („enorm schnelle Auffassungsgabe", „exzellent strateg. Beratung u. Verhandlung", Mandanten; „sehr kluger Kopf, guter Stratege, exzellenter Teamplayer", „hohe Beratungsqualität", „fachl. u. kollegial, behält immer den Überblick", „top Medizinrechtler, agiert sehr besonnen", „liefert hohe Qualität", Wettbewerber), Dr. Eren Basar („einfach ein Experte", „hohe Beratungsqualität", „exzellent", „besonders gut im Datenschutzstrafrecht", „liefert hohe Qualität", „sehr gut, hervorragend vernetzt", „extrem schlau", Wettbewerber)

Team: 6 Eq.-Partner, 1 Sal.-Partner, 1 Counsel, 9 Associates
Partnerwechsel: Dr. Katharina Anna Schomm (zu Vodafone), Dr. Maximilian Janssen (zu Gea)
Schwerpunkte: Themat. breite Praxis, Mandate teils mit internat. Bezug. Individualverteidigung ebenso wie Unternehmensvertretung, einschl. strafrechtl. Compliance.
Mandate: Individuen: div. Individuen in Cum-Ex- u. Cum-Cum-Komplex (Köln, Frankfurt); div. BaFin-Mitarbeiter als Zeugenbeistand im Wirecard-Untersuchungsausschuss; GF Importuntern. zu Selbstanzeige wg. Einfuhrumsatzsteuer u. Zollabgaben; ltd. Mitarbeiter eines Kfz-Unternehmens wg. Diesel; Vorstand eines Energiedienstleisters zu Einkommensteuer wg. Beteiligung an Steuersparmodell. **Unternehmen:** US-Konzern wg. Selbstanzeige; EU-Behörde wg. unrichtiger Budgetausgaben; Dienstleister wg. Abrechnungsbetrug im Zshg. mit Corona-Testzentren; Telemedienanbieter wg. Auskunftsansprüchen im Bereich digitale Beweisgewinnung; Gesundheitsuntern. präventiv zu Compliance; Gesundheitsuntern. wg. Unternehmenskauf u. rechtswidriger Aktivitäten auf Verkäuferseite, einschl. Geldwäscheprüfung; Bank bei interner Untersuchung wg. Kreditvergabe u. präventiv zu Compliance.

WHITE & CASE

Wirtschaftsstrafrecht: Unternehmen	★★★

Bewertung: Wirtschaftsstrafrecht u. Compliance bietet W&C mit dem Team um Xylander aus einer Hand an, womit die Kanzlei ein ähnl. Konzept verfolgt wie Clifford Chance. Herzstück der Beratung bleibt die Finanzbranche, in der die Kanzlei einen überaus guten Ruf genießt. Während der Cum-Ex-Komplex, zu dem die Praxis folgerichtig eine Reihe von Banken vertritt, auf gleichbleibend hohem Niveau spielt, sind Fragen zu Geldwäsche u. Russland-Sanktionen der Marktentwicklung gemäß mehr geworden. Neben der Finanzindustrie haben auch Mandate von Onlineplattformen erneut angezogen. Als Gewinn kann W&C den Zugang von Zapf verbuchen. Für die Kanzlei ist es wichtig, dass er mit seiner Erfahrung im Finanzmarkt strafrechtl. das Frankfurter Büro verstärkt, das nach Weggängen in den Vorjahren personell schwächlich aufgestellt war.

Stärken: Strafrechtl. Beratung u. Unternehmensverteidigung, v.a. Banken.
Oft empfohlen: Prof. Dr. Nils Clemm, Karl-Jörg Xylander
Team: 5 Eq.-Partner, 1 Sal.-Partner, 5 Associates
Partnerwechsel: Dr. Daniel Zapf (von DLA Piper)
Schwerpunkte: Ganze Bandbreite des Wirtschaftsstrafrechts; vorwiegend Unternehmensmandate, oft grenzüberschreitend (u.a. USA).
Mandate: Unternehmen: div. Banken umf. im Cum-Ex- u. Cum-Cum-Komplex; Bank wg. Bußgeldverf. betr. Geldwäscheprävention; Technologieuntern. wg. Bestechung von Amtsträgern; Facebook regelm.; Asset-Manager wg. Third Party Compliance; Industrieuntern. wg. Abwicklung Russland-Geschäft; Industrieuntern. wg. Cyberangriff; Pharmakonzern wg. Hinweisgebersystem; Technologiekonzern zu DOJ und SEC Ermittlungen in USA; LBBW in div. Aspekten. **Individuen:** Gründer eines Start-ups wg. Nötigung u. Bestechung; wirtschaftl. Berechtigte von US- Pensionsfonds wg. Cum-Ex (alle marktbekannt).

WIDMAIER NOROUZI

Wirtschaftsstrafrecht: Individuen	★

Bewertung: Der Berliner Anwalt Norouzi gilt in Dtl. unangefochten als der Revisionsspezialist überhaupt. Immer wieder ist er deswegen in Verf. präsent, die den Markt elektrisieren – zuletzt etwa durch die Vertretung des ehem. Oberbauleiters des Kölner Stadtarchivs vor dem BGH. Auch die M.M. Warburg setzte bei ihrer Revision auf ihn.

Oft empfohlen: Dr. Ali Norouzi („brillante Revisionsbegründungen", „im Revisionsrecht herausragend", „sehr angenehm in der Zusammenarbeit", Wettbewerber)
Team: 1 Eq.-Partner
Schwerpunkte: Revisionen.
Mandate: Individuen: ehemaligen Oberbauleiter des Kölner Stadtarchivs in Revision vor dem BGH; Bauunternehmer wg. Beitragsvorenthaltung in Revision vor dem BGH. **Unternehmen:** M.M. Warburg in Revision vor BGH wg. Cum-Ex (alle aus dem Markt bekannt).

JUVE Handbuch
2022 | 2023

INDEX

INDEX PERSONEN

A

Abdelghany, Tarek 814
Abel, Dr. Nico 373, 376, 554, 667, 667, 675, 676, 376
Abel, Dr. Stefan 701
Abel, Dr. Wolfgang 430, 588
Abraham, Dr. Henning 475
Abrar, Dr. Kamyar 382, 687, 802
Abrar, Dr. Sascha 702
Ache, Bernd 383
Achenbach, Dr. Matthias 371, 904
Achilles, Frank 468
Ackermann, Dr. Brunhilde 646
Ackermann, Dr. Markus 395
Adam, Michael 920
Adams, Charles 84
Aderhold, Dr. Lutz 346, 347, 541
Adick, Dr. Markus 931
Adler, Dr. Lars 434, 592
Adler, Dr. Yannick 381
Adolff, Prof. Dr. Johannes 505, 554, 555, 675
Ahlborn, Christian 447
Ahlbrecht, Prof. Dr. Heiko 947
Ahrens, Dr. Börries 617
Albach, Dr. Wulf 382
Albers-Mohlitz, Dr. Kerstin 479
Alberts, Dr. Martin 543
Albrecht, Dr. Carsten 698
Albrecht, Dr. Martin von 889
Albrecht, Prof. Dr. Philipp 292
Aldag, Stefan 727
Aldejohann, Dr. Matthias 322, 323, 557
Aldenhoff, Dr. Hans-Hermann 340
Aleth, Dr. Franz 671
Alexander, Dr. Martin 641, 903
Alexander-Huhle, Nicole 555
Alfes, Dr. Holger 499, 511, 560, 680
Alscher, Britta 477
Alte, Dr. Timo 554
Altenburg, Dr. Dorothee 707
Altenburg, Dr. Johannes 943
Altenburg, Stephan 464
Altenschmidt, Dr. Stefan 750, 814
Althaus, Christian 473
Altrock, Dr. Martin 807
Alvermann, Dr. Jörg 944
Amann, Dr. Karsten 400
Ambrosius, Markus 830, 838
Amelung, Steffen 759
Amory, Bernard 448
Ampferl, Dr. Hubert 602
Andelewski, Dr. Utz 472
Anders, Henning 283, 830, 836
Andreae, Dr. Jacob von 486, 811
Andrejtschitsch, Jan 947
Andres, Dr. Dirk 602, 603
Angerer, Dr. Lutz 555, 676
Angersbach, Dr. Carsten 376, 553, 727
Anker, Dr. Axel 434, 592
Annacker, Dr. Claudia 548
Annuß, Prof. Dr. Georg 462, 470, 471, 477, 479
Antweiler, Dr. Clemens 851, 756, 756
Anuschek, Birgit 325
Apel, Dr. Katharina 620
Apfelbacher, Dr. Gabriele 373, 667
Apitzsch, Wolfgang 467
Appel, Dr. Markus 742, 749, 750
Arends, Dr. Volker 275
Arhold, Christoph 450, 734
Armah, Dr. Henrik 581, 673
Arndt, Dr. Tim 669
Arndt, Dr. Volker 293
Arnold, Prof. Dr. Christian 89, 469, 471
Arnold, Prof. Dr. Michael 89
Arnsperger, Jost 685
Arteaga, Dr. Marco 469, 475, 100
Arts, Dirk 445
Artzinger-Bolten, Jochen 501
Aschenbrenner, Dr. Mark 787
Ascherfeld, Dr. Nicolaus 78, 663, 663
Asendorf, Dr. Joachim 287
Asmus, Thomas 318, 650
Asmuß, Martin 376, 673
Asschenfeldt, Kathrin 639
Assion, Dr. Simon 847, 848, 873, 875
Assmann, Dr. Lukas 804, 806
Attenberger, Michel 480
Atzler, Christian 80, 544, 665, 667, 788
Au, Dr. Michael 435
Aubel, Dr. Stephan 509, 552, 672
Auerbach-Hohl, Dr. Patrick 314, 789
Aufdermauer, Christian 922
Aufenanger, Martin 699
Auffermann, Dr. Niklas 532, 936
Augsten, Ursula 710
Aulbert, Dr. Imke 336
Austmann, Dr. Andreas 554, 555
Austmann, Thomas 333
Ayad, Dr. Patrick 96, 856, 919, 922, 922

B

Baars, Alf 681, 798
Baars, Dr. Wiebke 696, 707
Baars-Schilling, Myriam 104, 680
Bachem, Jörn 383, 833
Bachmann, Dr. Peter 750, 857
Bachner, Dr. Michael 468
Bachour, Rafique 447
Bach, Prof. Dr. Albrecht 619, 630
Backhaus, Dr. Jan 279
Backhaus, Dr. Michael 325
Baden, Alexander 286, 592, 592
Bader, Dr. Klaus 680, 814
Bader, Thomas 475
Badtke, Dr. Fabian 629, 836
Baeck, Prof. Dr. Ulrich 469
Bäcker, Dr. Kerstin 891
Baedorff, Dr. Julia 530, 932
Bähr, Dr. Biner 603, 613
Bähr, Dr. Gunne 905, 911
Bälz, Dr. Henning 642, 648, 811
Bärenz, Dr. Christian 606
Bärenz, Uwe 516
Bärwaldt, Roman 730
Bäsler, Wencke 581
Bäumer, Bernd 377
Bäumer, Ulrich 880
Bäune, Dr. Stefan 351, 838
Bagh, Dr. Markus 702
Bahner, Dr. Andreas 579
Bahner, Dr. Hanna 761
Bahnsen, Dr. Volker 284
Bahr, Dr. Christian 622, 920
Balandina-Luke, Olga 801
Balke, Dr. Michaela 397, 686
Ballhaus, Hannes 399
Ballke, Christian 842
Ballmann, Alexander 602
Ballo, Emanuel 531, 933
Balssen, Dr. Jan 662, 672, 793
Balthasar, Dr. Helmut 606
Baltus, Marc 812
Balzer, Dr. Peter 340
Bandehzadeh, Sara 920
Bank, Stefan 904
Bank, Dr. Stephan 802
Banke, Klaus 97, 377, 380, 556, 676, 685
Barbosa, Eva-Maria 911
Bardenz, Dr. Alexander 346
Baroch Castellvi, Manuel 905, 911
Barth, Christoph 627, 628
Barth, Dr. Jan 76, 395, 397, 541, 553, 663, 673
Barth, Dr. Marcel 291, 292
Barth, Peter 653
Barth, Dr. Sibylle 852
Barthel, Dr. Thomas 463
Bartholl, Carsten 686, 818
Bartosch, Dr. Andreas 732
Bartz, Dr. Alexander 480
Basar, Dr. Eren 947
Basty, Dr. Gregor 725
Báthory, Gábor 617
Battke, Jörg-Dieter 321
Bauer, Andreas 707
Bauer, Dr. Andreas 553, 674
Bauer, Dr. Jan 110, 668, 685, 800
Bauer, Dr. Markus 684
Bauer, Dr. Michael 446, 619, 620, 621, 732
Bauer, Dr. Stephan 549, 280
Baukelmann, Dr. Peter 646
Baum, Dr. Florian von 106, 881
Baum, Dr. Marcus 393
Baumann, Prof. Dr. Antje 639, 644
Baumbach, Antje 811
Baumeister, Dr. Hubertus 852
Baus, Dr. Christoph 650
Bausch, Dr. Stephan 651
Beauvais, Dr. Ernst-Albrecht von 686, 801
Bechtold, Martin 920
Beck, Dr. Charlotte 465
Beck, Steffen 611
Becker, Barbara 89
Becker, Dr. Christian 673
Becker, David 565, 686, 801
Becker, Dr. Florian 680
Becker, Jan-Ove 472, 480
Becker, Dr. Moritz 645
Becker, Dr. Sönke 337, 554, 675, 675
Becker, Dr. Tim 383
Becker, Dr. Torsten 291
Beckhaus, Dr. Gesa 729
Beckmann, Dr. Bernd 816
Beckmann-Petey, Dr. Monika 288
Beckschäfer, Dr. Sebastian 946
Bedau, Dr. Maren 837
Beddies, Dr. Dirk 291, 727
Behler, Frank 468
Behr, Dr. Nicolai 530
Behrendt, Dr. Philipp 656, 926
Behrendt, Markulf 464
Behrens, Dr. Alexander 501
Behrens, Dr. Detlev 293
Behrens, Dr. Tim 573, 589
Beil, Dr. Johannes 729
Beinert, Dr. Stefanie 713
Beisheim, Carsten 337
Beisken, Thomas 588
Bellinghausen, Dr. Rupert 650
Bender, Dr. Gregor 547
Beneke, Dr. Christine 345
Beninca, Dr. Jürgen 486, 627
Benkendorff, Dr. Andrea 321, 322
Benkert, Dr. Daniel 378
Bens, Daniel 423, 575, 757
Bensinger, Dr. Viola 877, 888
Benzing, Dr. Markus 88, 503
Benzler, Dr. Marc 502, 503
Berberich, Dr. Matthias 855
Berendsen, Dr. Sara 553
Berg, Dr. Werner 445, 618
Bergemann, Dr. Henrik 275
Berger, Dr. Christian 370, 371
Berger, Dr. Henning 507, 754, 823
Berger, Prof. Dr. Klaus 644
Berger, Dr. Lucina 546, 554, 822
Berger, Matthias 697
Berger, Dr. Victoria 397
Bergerhoff, Wolfgang 325
Berghäuser, Dr. Klaus 382
Bergjan, Dr. Ralf 799
Bergmann, Dr. Bettina 619
Bergmann, Dr. Helmut 619, 623
Bergmann, Dr. Michael 816
Bergmann, Dr. Tina 760
Bergstedt, Ann-Cathrin 831
Bergweiler, Alexander 401
Bergwelt, Dr. Alexander von 547, 669
Berjasevic, Dr. Nefail 680, 681
Berlit, Prof. Dr. Wolfgang 282
Berndt, Dr. Markus 536
Berner, Dr. Olaf 333, 545
Bernhardt, Dr. Michael 102, 680, 797
Berninger, Dr. Axel 292
Bernsau, Dr. Georg 97
Bernuth, Dr. Wolf von 647
Berrar, Dr. Carsten 381, 382, 509, 511, 564, 565, 668, 685
Bertelsmann, Dr. Klaus 467
Bertram, Dr. Oliver 479
Besen, Marc 620, 619, 919
Besgen, Dr. Nicolai 350
Besse, Dr. Dirk 319
Betz-Rehm, Christian 469, 470, 475
Beucher, Klaus 920
Beuchert, Dr. Tobias 427, 711
Beukelmann, Dr. Stephan 931
Beutelmann, Dr. Martin 390
Beyer, Dr. Oliver 103, 433, 589
Bezani, Dr. Thomas 470
Bezler, Rudolf 559, 715
Bickel, Dr. Johannes 399
Bicker, Dr. Eike 530, 532
Bieber, Tobias 399
Biedermann, Dr. Felix 380, 500
Bieg, Dr. Thorsten 602, 606

PERSONEN INDEX

Bielefeld, Dr. Franz 931
Bielefeld, Jörg 76
Bieniek, Georg-Wilhelm 580
Bierbach, Axel 603, 610
Biere, Benjamin 467
Biere, Sebastian 701
Bierly, Jennifer 674
Biermann, Heinz 467
Bierwirth, Frank 505
Biesalski, Dr. Florian 578
Biester-Junker, Dr. Frauke 471, 472
Bihn, Dr. Corinna 478
Billing, Dr. Tom 924
Binder, Dr. Justus 432, 800
Binder, Dr. Ulrike 559
Bindl, Dr. Elmar 709
Binge, Dr. Christoph 547, 669
Bingel, Dr. Adrian 546, 551, 552
Binnewies, Prof. Dr. Burkhard 944
Binz, Prof. Dr. Mark 390, 711
Birke, Dr. Kai 496
Birkemeyer, Ellen 529, 862, 863
Birkhahn, Dr. Alexander 401
Birkholz, Dr. Matthias 318
Birmanns, Dr. Stephanie 450, 631
Birnbach, Dr. Adrian 591
Birnkraut, Ulrich 590
Birnstiel, Dr. Alexander 629, 733, 888
Bischke, Dr. Alf-Henrik 626
Bischoff, Dr. Achim 347, 348
Bismarck, Prof. Dr. Alexandra von 697
Bismarck, Kolja von 432, 602, 612
Bismarck, Philipp von 381, 802
Bissel, Dr. Carsten 435
Bissels, Dr. Alexander 466, 471
Bister, Dr. Jeremy 462
Bitsch, Caroline 473
Blank, Dr. Heike 695, 886
Blanke, Dr. Gernot 287
Blaue, Julia 290
Blaum, Dr. Matthias 648, 713
Blechinger, Dennis 577
Bleier, Helmut 485, 382
Bliesener, Dr. Dirk 497, 503, 505, 554
Blobel, Felix 794, 798
Blöcker, Dr. Katlen 520
Blömer, Dr. Dirk 282
Blümle, Holger 611
Blum, Dr. Christian 711
Blumensaat, Henning von der 285
Blumenthal, Wolfram von 807
Blunck, Boris 378, 476
Blunk, Dr. Andreas 679
Blusz, Pawel 718
Boche, Dr. Mirjam 332, 664
Bochmann, Dr. Christian 550, 671
Bock, Dr. Andreas 694, 696
Bock, Dr. Patrick 446, 620
Bock, Sebastian 522
Bock, Volker 589
Bockenheimer, Hendrik 472
Boddenberg, Dr. Mark 605
Boddien, Dr. Thomas 704
Bode, Andreas 372
Bodenbach, Horst-Walter 400, 402
Bodenhausen, Dr. Eckard Frhr. von 278
Bodensiek, Kai 886
Bodenstedt, Dr. Kai 86
Bodenstein, Dr. Ines 624
Bodungen, Dr. Thilo von 920
Boecken, Dr. Tobias 811

Böckenholt, Dr. Rudolf 694
Böcker, Dr. Lina 878, 880
Bödefeld, Dr. Axel 717
Bödeker, Dr. Annette 91
Böge, Dr. Wolfram 818
Böhm, Dr. Carsten 679, 797
Böhm, Dr. Claudia 425, 827
Böhm, Dr. Fabian 577
Böhm, Dr. Nicolas 675, 810, 811
Böhm, Rainer 697
Böhme, Dr. Markus 809, 818
Boehme, Dr. Matthias 288
Böhn, Markus 726
Böhner, Pascal 692
Böhrensen, Uwe 906
Böllhoff, Dr. Cornelius 881
Boeminghaus, Christoph 925
Böning, Dr. Daniela 520
Böning, Dr. Ina-Maria 347, 348, 673
Böning, Dr. Jochen 286
Bönker, Dr. Christian 582, 584
Börner, Dr. Andreas 911
Boesen, Arnold 759
Böttcher, Dr. Leif 728
Böttcher, Dr. Oliver 675
Böttger, Dr. Marcus 946
Bogaert, Peter 447, 829
Bogati, Michael 469
Bogen, Anke 591
Boghossian, Jean-Olivier 401
Bohlken, Dr. Lars 283
Bohnau, Dr. Markus 473
Bohne, Marc 375, 580
Bohnert, Dr. Dieter 533, 937
Boldt, Prof. Dr. Antje 370, 379, 573, 575, 589, 590, 757
Bomhard, Dr. Roland 579, 583
Bomsdorf, Dr. Tobias 643, 919
Bonhage, Dr. Jan 486, 733, 748, 855
Bonin, Dr. Gregor von 671
Bonke, Dr. Jörg 348
Boos, Dr. Andreas 619
Boos, Dr. Philipp 808
Booth, John 289
Borchardt, Peter-Alexander 611
Bormann, Guido 758
Bormann, Dr. Michael 100, 558, 559, 678, 814
Born, Dr. Felix 561, 681
Born, Dr. Werner 718
Bornemann, Eike 382
Bornheimer, Dr. Jörg 606
Borris, Dr. Christian 641, 644
Bosbach, Dr. Jens 930, 942
Bosch, Dr. Tobias 849
Bosch, Dr. Wolfgang 90, 624, 619
Boss, Dr. Hendrik 612
Bossel, Dr. Alexander von 695
Bothe, Andreas 695, 700
Bott, Dr. Kristofer 699
Bottermann, Dr. Christoph 291, 292
Bottmann, Ute 382
Bouazza, Miriam 377
Bourguignon, Hendrik 465
Bozenhardt, Dr. Friedrich 390
Bracher, Dr. Christian-Dietrich 753
Braeckeler-Kogel, Verena 477
Bräuer, Dr. Gregor 608
Bräutigam, Dr. Benedikt 314
Bräutigam, Prof. Dr. Peter 879
Brakalova, Dr. Maria 483, 486
Brammer, Dr. Felix 279

Brandes, Dr. Stephan 565
Brandes, Dr. Thomas 290
Brandi, Dr. Tim 505, 555, 556
Brandi-Dohrn, Dr. Anselm 827, 874
Brandner, Dr. Gert 392, 644, 647, 648
Brandt, Dr. Pierre-André 581
Brandt, Dr. Sven 497
Brauer, Dr. Ulrich 676
Braun, Axel 475
Braun, Dr. Christian 759
Braun, Dr. Ellen 617, 619
Braun, Dr. Hendrik 430
Braun, Julia 80, 544, 546, 788
Braun, Dr. Martin 382, 537, 882
Braun, Dr. Peter 760
Braun, Sylvia 835
Braunschweig, Philipp von 682, 792, 799
Brecht, Dr. Constantin 697
Breckheimer, Dr. Fabian 927
Bredow, Dr. Hartwig Frhr. von 808
Breier, Andreas 811
Brellochs, Dr. Michael 102, 546, 560, 680, 822
Brem, Dr. Florian 279
Bremer, Andreas 817
Bremer, Carsten 577
Bremer, Dr. Christof 670
Bremme, Christopher 813
Brenner, Dr. Christoph 431, 681, 792, 798
Brenner, Ralf 428
Brenzinger, Christoph 573, 589
Bressler, Dr. Stefan 687
Bretthauer, Dr. Stefan 626, 812, 922
Breuer, Dr. Daniel 815
Brexl, Oliver 701
Breyer, Dr. Wolfgang 576, 582
Brickwedde, Dr. Werner 670, 809, 810
Bringewat, Dr. Jörn 808
Bringmann, Carsten 339, 752
Brinker, Dr. Ingo 619, 624, 912
Brinkhaus, Dr. Josef 512
Brinkmann, Andreas 290
Brinkmann, Berthold 603
Brinkmann, Dr. Thomas 289
Brion, Anne 345
Brockdorff, Christian Graf 320, 602
Brock, Ina 649, 833
Brock, Dr. Markus 707
Brock, Dr. Patrick 591
Brock, Dr. Rüdiger 277, 546
Brocker, Dr. Till 506
Brockhaus, Dr. Matthias 946
Brockmeier, Dr. Dirk 279
Brodersen, Heike 467
Bröcker, Dr. Norbert 337, 555
Brödermann, Prof. Dr. Eckart 278
Bröker, Jörn 582
Broich, Josef 546, 547
Broich, Stefan von 462, 479
Broichhausen, Dr. Thomas 913
Broichmann, Dr. Alice 638
Brombach, Dr. Florian 675
Bron, Prof. Dr. Jan 713
Brors, Dr. Tobias 477
Brosende, Dr. David 589
Brossette, Uwe 919, 925
Brouwer, Onno 447
Brox, Georges 698
Bruckner, Dr. Volkmar 787, 789
Brübach, Dr. Thomas 402

Brück, Johann 626
Brückmann, Jan 467
Brückner, Dr. Dirk 579, 581
Brückner, Michael 756
Brüggehagen, Dr. Ferdinand 291, 466
Brüggemann, Dr. Michael 486, 734, 768, 859
Bruhn, Dr. Dirk 696, 707, 838
Bruhns, Dr. Malte 668
Brunn, Dr. Thomas 339, 817
Bruse, Dr. Matthias 562, 682
Brust, Dr. Dirk 348
Bryant, Dr. Jennifer 653
Bubenzer, Piet 889
Buchner, Dr. Reimar 832
Buchta, Arell 322
Buchwaldt, Justus von 602
Bucka, Sibille 382
Bucksch, Wolfgang 337
Budde, Dr. Matthias 381
Budde, Dr. Robert 919
Buddenbrock, Christian Frhr. von 463, 469
Budelmann, Eckart 275
Bücher, Myra-Anne 946
Bücker, Dr. Thomas 550
Büdenbender, Prof. Dr. Ulrich 817
Bühler, Dr. Christoph 397
Bürger, Dr. Andreas 726
Bürgers, Dr. Tobias 560, 561, 709, 715
Büsken, Dr. Rainer 641, 903
Büssemaker, Dr. Arnold 608
Büteröwe, Dr. Volker 613
Büttner, Dr. Thomas 840
Bufalica, Andreas 467
Bugus, Bettina-Axenia 478
Bujotzek, Dr. Peter 516
Bulling, Dr. Nils 287
Bullinger, Prof. Dr. Winfried 886, 889
Buntscheck, Dr. Martin 619
Bunz, Dr. Thomas 556
Burchard, Dr. Friedrich von 809
Burdinski, Dr. Michael 576
Burgardt, Claus 830, 838
Burger, Maximilian 429
Burghardt, Marion 467
Burholt, Dr. Christian 618, 827
Burian, Dr. Michael 672
Burianski, Dr. Markus 656, 657
Burk, Dr. Enno 831
Burkhardt, Prof. Dr. Emanuel 394
Burkhardt, Stefanie 655
Burmann, Dr. Michael 906
Burmeister, Dr. Frank 728
Burmeister, Thomas 807, 818
Buschbaum, Dr. Jörg 372, 380
Busch, Dr. Dirk 510
Busch, Dr. Jochen 710
Busch, Dr. Ralf 429
Busch, Dr. Stephan 547
Bussche, Dr. Axel Frhr. von dem 882
Busse, Dr. Daniel 641, 642, 644
Busse, Mark-Bernhard von 287, 288, 545
Bussian, Dr. Wolf 78, 638
Butt, Dr. Mark 746
Butz, Dr. Andreas 476
Butzmann, Martin 591
Byers, Dr. Philipp 466, 471, 472, 480
Byok, Dr. Jan 758, 758, 852

INDEX PERSONEN

C

Camesasca, Dr. Peter 447
Cappel, Dr. Alexander 535
Cappellari, Silvio 450, 631
Carbonare, Dr. Marco 511, 558
Carl, Steffen 551, 552
Carli, Winfried 432, 493, 519
Carlin, Fiona 445
Carlson, Dr. Sandra 467
Carstens, Dr. Christoph 677
Carstens, Dr. Nis 678, 797
Cascante, Dr. Christian 89, 552, 667, 672, 793
Castendyk, Prof. Dr. Oliver 886
Cavaillès, Dr. Philip 686
Certa, Dr. Patrick 399, 684
Cesarano, Gerhard 467
Chatzinerantzis, Alexandros 650, 813
Chatziparaskewas, Stefan 468
Christiani, Ulf 763, 855
Christians, Bendix 584
Christiansen-Geiss, Dr. Petra 343
Christopeit, Iring 717
Christoph, Dr. Fabian 681
Chwalisz, Dr. Patrizia 467, 471
Cichy, Dr. Patrick 550
Cieslarczyk, Michael 809
Clasen, Dr. Gerrit 543
Classen, Dr. Dirk 341
Clauss, Dr. Annika 675
Claußen, Dr. Simone 282
Clemenz, Dr. Susanne 479
Clemm, Prof. Dr. Nils 57, 947
Clostermeyer, Dr. Maximilian 588
Clouth, Dr. Gundel 642
Clouth, Dr. Peter 642
Cohen, Joel 89
Cole, Miranda 447, 449
Compes, Dr. Achim 90, 673, 811, 811
Confurius, Manfred 472
Conrad, Dr. Albrecht 94, 888
Conrad, Isabell 875
Conrad, Dr. Sebastian 763
Conradi, Dr. Johannes 579, 580
Conrads, Constantin 432
Conrady, Dr. Jan 642
Cordes, Dr. Malte 941
Cording, Dr. Sebastian 874
Cornelius, Dr. Claus 293
Cornett, Dr. Christian 377
Corsten, Dr. Johannes 935, 938
Cotta, Philipp 617
Crailsheim, Dr. Bernulph Frhr. von 380, 517
Crass, Dr. Normen 591
Criegern, Dr. Andreas von 280, 644
Crones, Dr. Christian 382
Cross, Anthony 670
Cryns-Moll, Dr. Anna 906
Csaki, Dr. Alexander 758, 852
Cutura, Vladimir 394, 559, 679
Czajka, Dr. Lorenz 581
Czarnetzki, Dr. Axel 877
Czarske, Stefan 382
Czerniecki, Krystian 500
Czettritz, Peter von 830, 837
Cziesla, Dr. Michael 679, 797
Czychowski, Prof. Dr. Christian 320, 704, 891

D

Dästner, Dr. Moritz 339
Däuper, Dr. Olaf 807
Daghles, Dr. Murad 687
Daghles, Dr. Natalie 102, 680
Dahm, Prof. Dr. Franz-Josef 347, 838
Dallmann, Dr. Michael 631
Damerius, Dr. Oliver 602
Dammann de Chapto, Dr. Jana 627
Daniel, Dirk 348
Danielewsky, Mike 374, 576, 577, 604, 809
Dann, Dr. Matthias 947
Dannecker, Dr. Achim 711, 713
Dau, Carsten 925
Daub, Dr. Falko 477
Davila Cano, Javier 467
Dazert, Dr. Andreas 402
de Boer, Dr. Anne 497, 510, 555, 675
de Bruyn-Ouboter, Stephanie 740
de Lind van Wijngaarden, Dr. Martina 645
de Raet, Dr. Tobias 318, 650
de Sousa, Dr. Octávio 379, 682, 683, 800
Debald, Dr. Dirk 580, 583
Debus, Dr. Stefan 610
Decker, Dr. Pascal 712
Deckers, Dr. Rüdiger 945
Defren, Dr. Ralf 381
Degenhardt, Florian 114, 523, 818, 859
Degenhardt, Sven 600
Deger, Gordian 345
Dehghanian, Daniel 555
Dehio, Andreas 506
Dehn, Dr. Frank 702
Dehne, Dr. Bodo 555
Deiß, Dr. Johannes 283, 652
Deller, Dr. Frank 402
Demisch, Dominik 277, 545
Demuth, Dr. Björn 711, 712
Denkhaus, Stefan 277, 602, 603
Denso, Tina 278
Denzel, Dr. Ulrich 624, 621, 921
Derenne, Jacques 450
Derksen, Dr. Nils 344
Derlien, Ulrich 437
Desch, Dr. Wolfram 607
Deselaers, Dr. Wolfgang 342, 619, 620, 641
Deters, Sven 280
Dethof, Dr. Sascha 622
Dettling, Dr. Heinz-Uwe 831
Dettmar, Dr. Jasmin 382
Deuerling, Nicolas 575
Deuster, Dr. Jan 81, 732, 853
Deutsch, Askan 698
Deutsch, Dr. Markus 742, 744
Devey, Matthew 474
Didschun, Jens 468
Dieckmann, Dr. Martin 280, 761
Diederichsen, Almut 400
Diehl, Dr. Alexandra 656
Diehl, Thilo 512
Diehn, Dr. Thomas 729
Diekgräf, Dr. Robert 729
Diekmann, Dr. Hans 542, 545, 663, 902, 910
Diemar, Dr. Undine Frfr. von 96, 878
Dienemann, Susanna 831, 839
Diener, Sven 946
Dieners, Dr. Peter 81, 84, 530, 828, 830

Diepold, Dr. Markus 467
Dierks, Prof. Dr. Christian 830
Dierlamm, Prof. Dr. Alfred 382, 932
Diesbach, Dr. Martin 889, 893
Dieselhorst, Dr. Jochen 280, 826, 831, 876, 912
Dietl, Andreas 543, 664
Dietlmeier, Dr. Stefan 433
Dietmann, Rainer 563
Dietrich, Alexander 591
Dietrich, Florian 874
Dietrich, Dr. Hartmut 281
Dietrich, Dr. Michael 620
Dietz, Philipp 679
Dietze, Jan 286
Dietze, Dr. Philipp von 278
Dietz-Polte, Dr. Claire 809
Dietz-Vellmer, Dr. Fabian 432, 564, 655
Diller, Prof. Dr. Martin 469
Dimigen, Dr. Klaus 280
Dingemann, Kathrin 744
Dippel, Prof. Dr. Martin 347, 742
Dirksmeier, Henrik 699
Dissmann, Dr. Richard 693, 695
Distler, Matthias 651
Distler, Dr. Wolfram 809
Ditfurth, Dr. Hoimar von 713
Dittmann, Dr. Hans-Martin 814
Dittmann, Dr. Jan 429, 583
Dittrich, Dr. Kurt 99, 100, 499
Ditzen, Henrietta 831
Dölle, Ulrich 343
Dömkes, Andreas 395
Döring, Dr. Reinhard 693, 694
Döring, Dr. René 462, 469, 471, 472, 474
Dörmer, Dr. Thomas 809
Dörr, Dr. Felix 933
Dolde, Prof. Dr. Klaus-Peter 742, 744
Doll, Dr. Natascha 671, 793
Dollmann, Dr. Michael 392
Dombert, Prof. Dr. Matthias 320
Dombrowsky, Anja 476
Domeier, Dr. Danja 840
Domić, Dr. Zoran 286, 566
Domnick, Dr. Katharina 885, 886
Donat, Christoph von 733
Donhauser, Christoph 764
Dorndorf, Dr. Maximilian 703, 924
Douglas, Dr. Morton 698, 699, 832
Draheim, Yvonne 700
Drebes, Dr. Ralph 99, 678, 796
Dreher, Oliver 496
Dreyer, Dr. Jan 276, 622
Drinhausen, Prof. Dr. Florian 78, 79
Drinkuth, Dr. Henrik 547
Driver-Polke, Oliver 475
Drömann, Dr. Dietrich 93, 855
Drosdeck, Dr. Thomas 463
Drossart, Jeannine 275
Droste, Dr. Wilhelm 727
Drygalski, Dr. Andrea von 682, 792, 799
du Mont, Dr. Ivo 627
Dudenbostel, Antje 468
Düchs, Uwe 655
Dünchheim, Dr. Thomas 96, 748, 856
Dünisch, Ruth 926
Dünnwald, Prof. Dr. Dirk 898
Dürr, Boris 675, 795

Dürr, Dr. Simon 562
Dürrschmidt, Dr. Armin 642, 643
Düsing, Dr. Torben 706
Duhnkrack, Dr. Stefan 675
Duisberg, Dr. Alexander 853, 873
Dunckel, Dr. Till 898, 900
Durst, Dr. Matthias 589
Durth, Dr. Hanno 383, 938
Dux-Wenzel, Dr. Borbála 651
Duys, Dr. Oliver 339, 561, 562, 681
Dzida, Dr. Boris 469

E

Ebbing, Dr. Frank 435
Ebbinghaus, Dr. Felix 344
Eberhard, Jochen 402
Eberhardt, Dr. Julian 697
Eberl, Dr. Walter 648
Eberlein, Dr. Carl-Philipp 912
Ebersberger, Holger 798
Ebersberger, Sylvia 920
Ebert-Weidenfeller, Dr. Andreas 697
Eble, Sebastian 695
Eck, Prof. Dr. Matthias 695, 829
Eck, Dr. Stefan 701
Eckart, Dr. Christian 753, 858
Eckert, Dr. Rainer 603, 605
Eckhartt, Claus 692
Eckhold, Dr. Thomas 340
Eckl, Dr. Petra 514
Eckstein, Frank 934
Eckstein, Dr. Patrik 401
Edelmann, Prof. Dr. Hervé 394
Ege, Andreas 465
Ege, Dr. Reinhard 428
Eggers, Dr. Christofer 380, 707
Eggers, Jan 280, 617, 756, 761
Eggers, Dr. Tobias 536, 941
Eggersberger, Dr. Michael 579, 581
Eggert, André 794, 801
Eggert, Dr. Matthias 496
Egler, Dr. Philipp 640, 917
Ego, Dr. Alexander 792
Ehlen, Dr. Theresa 887
Ehlers, Prof. Dr. Alexander 831
Ehret, Daniel 377
Ehrhard, Thorsten 549, 562
Ehrich, Dr. Mirko 587
Ehrmann, Dr. Markus 742, 744
Eichhorn, Dr. Peter 745
Eichler, Dr. Jochen 755, 760, 761
Eichner, Dr. Christian 542, 546, 663
Eickemeier, Dominik 700
Eickhoff, Dr. Andreas 347, 543
Eickmann, Dr. Marco 430, 794, 797
Eiff, Dr. Christoph von 547
Eikel, Dr. Constantin 693
Eimer, Dr. Martin 431, 432, 638, 639, 654
Einbeck, Dr. Jürgen 339
Einem, Prof. Dr. Christoph von 542, 543, 664
Einem, Mauritz von 788
Einfeldt, Eva 342
Eisen, Dr. Mathias 102
Eisenbeis, Ernst 466
Eisenbeis, Martin 462
Eisenblätter, Dr. Tanja 649, 833
Eisenlohr, Dr. Manteo 465
Eisenlohr, Verena 397, 399, 563, 684
Eix, Ulrich 588
Elgeti, Dr. Till 754

Elixmann, Dr. Robert 584
Elser, Matthias 562, 681
Elsing, Prof. Dr. Siegfried 339, 642, 644, 654
Elsner, Dr. Timo 579
Elspas, Dr. Maximilian 811
Elspaß, Dr. Mathias 808
Eltzschig, Jan 337, 342, 548, 554, 669, 675, 911
Emde, Dr. Raimond 919, 921
Emmer, Dr. Marcus 854
Emory, Rebecca 512
Empting, Dr. Anke 733
Enaux, Dr. Christoph 848, 888
Ende, Dr. Lothar 675
Enders, Dr. Björn 485
Enderstein, Christoph 103, 496, 500
Endler, Dr. Jan 733, 749, 750
Endres, Peter 919
Engel, Ruben 898
Engeler, Christoph 834
Engelhardt, Dr. Timo 678
Engelhoven, Dr. Philipp 280, 644
Engelke, Dr. Karsten 830
Engels, Gabriele 696
Engels, Dr. Sebastian 694
Engels, Prof. Dr. Stefan 696, 887, 898, 899
Engelstädter, Dr. Regina 379
Engesser Means, Nicole 84, 470, 478
Engler, Dr. Sebastian 940
Englisch, Dr. Lutz 551, 672
Englisch, Dr. Nicole 667
Enzberg, Donata Freiin von 656
Epping, Dr. Manja 838
Erbe, Katharina 789, 790
Erdmann, Günter 926
Erdmann, Roja 468
Erffa, Hubertus Frhr. von 321
Erhardt, Dr. Martin 679, 680
Erkens, Dr. Michael 550, 671
Erne, Dr. Roland 337
Ernst, Dr. Reinhold 509, 510, 554
Esch, Dr. Oliver 761
Eschenbruch, Prof. Dr. Klaus 582, 584
Eschenfelder, Dr. Christina 399, 563
Eschenlohr, Daniela 505
Escher, Prof. Dr. Jens 719
Escher, Dr. Markus 505
Escher, Mirjan 655
Esser, Dr. Michael 619, 627, 888
Esser, Dr. Patrick 478
Eßers, Claus 337, 555
Essing, Danny 335, 336
Eßwein, Dr. Kilian 651
Ettinger, Dr. Jochen 427, 548, 669, 711
Etzbach, Dr. Peter 681, 913
Evenkamp, Dr. Gregor 495
Evers, Dr. Frank 673
Evers, Jürgen 920
Evers, Dr. Malte 471
Ewald, Konstantin 880, 892
Ewer, Prof. Dr. Wolfgang 293, 754
Exner, Joachim 435, 602, 603
Eyben, Robin 681, 799
Eyring, Reinhard 79, 543

F

Faas, Thomas 474
Faber, Christian 400
Faber, Dr. Tobias 812
Fabian, Roland 577
Fabritius, Burkhard 470
Fabritius, Christoph 810
Fabritius, Dr. Andreas 550, 671, 672, 810
Fabry, Dr. Beatrice 559, 766
Fackler, Nikolaus 436
Faeser, Nancy 375
Falck, Dr. Andreas von 833
Fallak, Dr. Thomas 613
Fammler, Dr. Michael 692, 695
Farhadian, Kian Amin 383
Farkas, Dr. Thomas 697
Faulhaber, Dr. Karsten 654
Favoccia, Dr. Daniela 554, 555, 675
Fechner, Georg 697
Fecker, Dr. Jörg 390
Federle, Anne 446, 619
Federwisch, Christof 750, 814
Fedke, Dr. Tibor 560, 814
Fehr, Till 472
Fehrenbach, Dr. Thomas 591
Feick, Dr. Martin 719
Feigen, Hanns 934
Feigen, Dr. Jan 670, 792
Feiler, Dr. Harald 504, 505
Fein, Johannes 720
Feitsch, Dr. Frank 714
Feld, Dr. Ina vom 337
Feldges, Dr. Joachim 423
Feldhaus, Dr. Heiner 428, 553, 674
Feldmann, Henning 759, 761
Feldmann, Thorsten 878, 889
Felleisen, Felix 335, 547, 669
Fellenberg, Dr. Frank 742, 753, 816
Felsch, Andreas 673
Felsenstein, Oliver 98, 677, 678
Fenck, Dr. Tobias 90, 673, 674, 793
Fenge, Dr. Anja 591
Ferbeck, Arne 339
Ferme, Marco 468
Fesenmair, Dr. Joseph 693
Fett, Dr. Torsten 507, 535, 560
Feuerriegel, Dr. Stefan 103, 589
Fiebig, Martin 690, 703
Fiebig, Sylvia 613
Fiedler, Dr. Björn 905, 906
Fiedler, Lothar 852
Fietz, Eike 547, 548, 669, 681
Figgen, Markus 740, 757
Filippi, Dr. Stefan 465
Filippitsch, Christian 449
Findeisen, Dr. Maximilian 103, 335, 549, 561, 670, 680, 810
Fingerle, Sonja 390
Fink, Dr. Paul 606
Fink, Dr. Stefan 86, 76, 423
Finke, Eckhard 400
Finkel, Bastian 641, 903, 905
Fischer, Anne 680, 910
Fischer, Erika 468
Fischer, Felix 808
Fischer, Frank 381
Fischer, Henning 345, 817
Fischer, Dr. Jochen 810
Fischer, Dr. Julian 497
Fischer, Dr. Klaus 727
Fischer, Dr. Marion 700
Fischer, Dr. Roderich 391, 548, 670
Fischer, Schekib 467
Fischer, Stefan 473
Fischer, Thomas 370, 866, 872

Fissenewert, Prof. Dr. Peter 315
Fitzau, Dr. Christian 907
Flasbarth, Dr. Roland 838
Flaßhoff, Carsten 679
Flatten, Dr. Thomas 523, 592
Fleck, Dr. Thilo 333, 545
Fleckenstein, Dr. Martin 750
Flege, Dr. Ulrich 588
Fleischmann, Michael 468
Fleischmann, Dr. Oliver 818
Flöther, Prof. Dr. Lucas 322, 325, 603, 605
Flohr, Prof. Dr. Eckhard 923
Floren, Dr. Timo 351
Florian, Dr. Ulrich 338
Fluck, Dr. Bernd 651
Flüh, John 728
Förster, Dr. Christoph 287
Förster, Oliver 281
Förster, Dr. Sven 904
Foitzik, Dr. Frederik 644
Fontaine, Dr. Nicolas 291
Fontane, Dr. Gabriele 681, 798
Fortun, Dr. Steffen 393
Frahm, Dr. Sebastian 468, 471
Franck, Dr. Sebastian 725
Frank, Dr. Christian 882
Frank, Dr. Rainer 532, 936
Frank, Dr. Tom 282
Franke, Anja 699
Franke, Dr. Johannes 613
Franßen, Gregor 744
Franz, Dr. Birgit 579, 582
Franzmann, Armin 467
Frechen, Fabian 343
Freckmann, Dr. Anke 477
Frege, Dr. Michael 502, 604
Freitag, Dr. Andreas 698
Frenz, Hansjörg 559
Freudenberg, Dr. Christian 708
Freudenberg, Prof. Dr. Götz 390, 711
Freund, Dr. Matthias 383
Freund, Stephan 583
Frevert, Dr. Tobias 849, 857
Frey, Alexander 437
Frey, Peter 501
Freyling, Till 344
Freyschmidt, Uwe 935
Freytag, Dr. Stefan 893
Fricke, Michael 897, 899
Fridgen, Dr. Alexander 424
Friedl, Dr. Sven 436
Friedrich, Gisela 434
Friedrich, Jérôme 375
Friedrich, Dr. Wolf-Henrik 379
Friedrichsen, Dr. Sönke 285
Friel, Dr. Arne 604, 669
Friemel, Dr. Kilian 479
Friese, Dr. Arne 427, 669
Friese-Dormann, Dr. Ulrike 559, 560
Frings, Guido 935
Fringuelli, Dr. Pietro Graf 866, 886
Friske, Dr. Lars 378
Friton, Dr. Pascal 485, 758
Fritsche, Sven 429, 556
Fritz, Bernhard 395
Fritz, Daniel 604
Fritzsche, Dr. Alexander 624
Fritzsche, Dr. Steffen 322
Frodermann, Dr. Jürgen 547
Froesch, Daniel 642, 648, 649
Frohnmayer, Dr. Thomas 392, 714

Fromholzer, Dr. Ferdinand 89, 550, 551, 672
Frowein, Dr. Georg 94, 554, 555
Früchtl, Christian 925
Frühmorgen, Dr. Michael 392
Fuchs, Arne 651, 652
Fuchs, Prof. Dr. Heiko 582, 584
Fuchs, Markus von 707
Fuchsbrunner, Susanna 377
Füchsel, Andreas 548, 669, 791
Fügen, Michael 694
Führmeyer, Dr. Burkhard 696
Fülbier, Dr. Ulrich 470
Füllsack, Prof. Dr. Markus 942
Fünten, Dr. Jörg aus der 795
Fuerst, Dr. Stefanie 590
Fullenkamp, Dr. Josef 290
Funk, Dr. Axel 874
Funke, Dr. Sabine 727
Funke, Dr. Thomas 630

G

Gabel, Dr. Detlev 537, 882
Gaber, Dr. Steffen 389, 919, 924
Gabler, Dr. Andreas 337, 812
Gabriel, Dr. Marc 757, 758, 827
Gabrysch, Nicolas 562, 681, 794, 799
Gaede, Dr. Bertold 715
Gädtke, Dr. Thomas 643, 905
Gärtner, Christine 81, 642, 642
Gärtner, Dr. Olaf 649
Galla, Dr. Stefan 558, 728
Ganssauge, Dr. Niklas 809
Gantenberg, Ulrike 642, 644, 645
Garbe, Dr. Sebastian 549
Gaßner, Prof. Hartmut 745
Gaßner, Katrin 621, 623
Gast, Dr. Arendt 467
Gaudig, Christof 681, 913
Gaul, Prof. Dr. Björn 466, 470
Gauss, Dr. Holger 699
Gayk, Dr. Thorsten 552
Gazeas, Dr. Nikolaos 936
Gebele, Dr. Alexander 729
Gebhardt, Dr. Martin 434
Geck, Dr. Reinhard 291
Geerds, Dr. Detlev 289
Geerling, Tobias 433
Gehlich, Jens 322
Gehring, Gitta 542
Gehrlein, Martin 291
Gehrmann, Dr. Philipp 939
Geiger, Dr. Andreas 746
Geiger, Dr. Daniel 830, 832
Geiger, Dr. Martin 497
Geipel, Dr. Martin 809, 814
Geiser, Dr. Gordon 606
Geißler, Dr. Dennis 371, 543, 664
Geißler, Karl 479
Geißler, Thomas 279
Geitel, Dr. Oskar 759
Geiwitz, Arndt 602, 612
Gemmeke, Dr. Thomas 424, 544, 665
Gennen, Prof. Klaus 344
Gent, Prof. Dr. Kai 807, 817
Georg, Dr. Eva 558
Georg, Ralf 400
Geppert, Dr. Martin 849
Gerber, Dr. Olaf 727
Gercke, Prof. Dr. Björn 936
Gercke, Ingo 908
Gerdes, Ingo 612
Gerdts, Christian 828

INDEX PERSONEN

Gerhard, Dr. Torsten 752
Gerhold, Dr. Thomas 740, 742
Gerlach, Dr. Leopold von 700
Gerloff, Dr. Christian 603, 606
Gerns, Ronald 727
Gersdorff, Dr. Friedrich-Carl Frhr. von 281
Gerstberger, Dr. Ina 841
Gerstenmaier, Dr. Klaus-Albrecht 644, 647, 648
Gerstner, Jutta 468
Gerstner, Dr. Stephan 816, 858
Gesell, Dr. Harald 104, 561
Geßner, Janko 320
Gesterkamp, Dr. Stefan 757
Gey, Dr. Peter 632
Geyrhalter, Dr. Volker 555, 676, 795
Gibhardt, Dr. Ulf 729
Gierschmann, Prof. Dr. Sibylle 876
Gierthmühlen, Stephan 293
Giesberts, Dr. Ludger 486, 743, 854
Giese, Katja 472
Giesecke, Dr. Christian 749
Giesecke, Gernot 437
Giesecke, Dr. Susanne 468
Gieseler, Dr. Norbert 436
Giesler, Dr. Patrick 348, 918
Gillert, Olaf 707
Gilles, Dr. Thomas 665
Gillessen, Dr. Benedikt 511
Gimmy, Marc 479
Girkens, Hans-Peter 351
Girnth, Dr. Kirsten 684
Gisewski, Dr. Martin 677
Glaab, Sebastian 501
Glade, Dr. Achim 336, 551, 672
Glaesmann, Thomas 466
Glahs, Dr. Heike 767
Glander, Dr. Harald 517
Glasauer, Carola 687
Glawe, Dr. Robert 764, 766
Gleske, Dr. Christoph 496, 509
Glienke, Tobias 376, 553, 647
Glinke, Dr. Anna 700
Glock, Philipp 323
Glöckle, Daniela 390
Glöckle, Dr. Thomas 390
Glos, Dr. Alexander 503
Glück, Dr. Oliver 505, 514
Gniadek, Dr. Thomas 433, 777
Gniechwitz, Dr. Arne 733
Godefroid, Dr. Christoph 336
Godron, Dr. Axel 711, 712
Goebel, Dr. Burkhart 695, 700
Göcke, Dr. Katja 487
Göcke, Dr. Torsten 549, 670
Gödeke, Dr. Sönke 815
Göge, Marc-Stefan 812
Göpfert, Dr. Burkard 470, 471
Göppert, Arnt 553
Göppert, Britta 467
Görgens, Dr. Sönke 583
Goertz, Dr. Alexander 550
Goetker, Dr. Uwe 559, 610
Götz, Dr. Wolfgang 701
Gohrke, Dr. Thomas 587, 834
Goj, Dr. Philip 430, 796
Goldmann, Dr. Michael 695, 699
Goldschmidt, Jens 436
Gollan, Dr. Katharina 717
Golücke, Kai 475
González-Díaz, Enrique 446
Goossens, Johannes 381

Gores, Dr. Joachim 347
Gosejacob, Ulf 522
Gotsche, Dr. Heiko 557, 677
Gottgetreu, Dr. Stefan 545, 789
Gotzens, Dr. Markus 947
Grabbe, Dr. Jan 512
Gräbener, Dr. Richard 651
Grädler, Prof. Dr. Thomas 429, 556
Gräfe, Dr. Gerald 919
Graef, Dr. Ralph 887, 898
Grätz, Horst 563
Graf, Roland 431
Graf, Thomas 446
Graf, Dr. Walther 934
Grafunder, Dr. René 621, 622
Granetzny, Dr. Thomas 469, 472
Graßie, Christian 933, 935
Graßl, Dr. Bernd 552
Graßmann, Dr. Nils 807, 808
Grau, Dr. Timon 471, 472, 474
Grau, Dr. Ulrich 830
Grauke, Britta 381
Grave, Dr. Carsten 628
Greb, Dr. Klaus 757
Greeve, Dr. Gina 941
Gregor, Dr. Nikolas 695
Greinacher, Dr. Dominik 811
Greiner-Mai, Carola 467
Grell, Frank 557, 602, 609
Grentzenberg, Verena 875
Grenzebach, Dr. Philipp 559
Greßlin, Dr. Martin 819
Greth, Alexander 478
Greulich, Dr. Sven 339, 561, 562, 681, 798
Grevesmühl, Dr. Götz 274, 287
Grewe, Dr. Daniel 345
Grewlich, Anne 518, 519
Griebau, Dirk 837
Griebe, Dr. Thomas 480
Griem, Dr. Niels 852, 758
Gries, Anna 589, 590
Griesbach, Annette 590
Grieser, Dr. Simon 379
Grießenbeck, Dr. Armin Frhr. von 322, 583
Grigoleit, Dr. Annett 790
Grimm, Dr. Detlef 344, 474
Grimm, Dr. Susanne 394
Grobecker, Dr. Wolfgang 430, 558
Gröblinghoff, Dr. Stefan 340
Gröner, Udo 401
Groll, Peter 465
Grommelt, Carl 906
Gromotke, Dr. Carsten 627
Gronau, Dr. Wolf-Dieter von 432
Groneberg, Dr. Simon 805
Gronemeyer, Dr. Nils 742
Grosch, Dr. Marcus 397, 654
Groscurth, Dr. Tobias 933
Groß, Dr. Bernd 934
Gross, Dr. Detlev 289
Groß, Peter 325, 694
Groß, Stefan 431
Groß, Dr. Wolfgang 510
Großerichter, Dr. Helge 432, 507, 655
Gross-Langenhoff, Dr. Martin 111, 686
Grossmann, Dr. Klaus 111, 686
Grote, Dr. Joachim 903, 910, 911
Grothaus, Dr. Achim 549
Grothaus, Dr. Julia 99
Grotjahn, Jörn 832
Grub, Dr. Maximilian 547, 668

Grube, Prof. Dr. Markus 841
Grün, Dr. Anselm 857
Gründahl, Olaf 287
Gründel, Dr. Mirko 322
Gründig-Schnelle, Dr. Kerstin 706
Grüner, Dr. Michael 435
Grünvogel, Dr. Thomas 925
Grünwald, Dr. Andreas 888, 891
Grünwald, Dr. Michael 423, 424, 589, 590
Grützmacher, Dr. Malte 874
Grützner, Dr. Thomas 534, 650
Grundmann, Ulf 830, 834, 842
Grzesiek, Dr. Mathias 943
Gschwandtner, Dr. Karsten 679
Gubalke, Dr. Karla 727
Gubitz, Dr. Daniel 428, 672, 793, 794
Günther, Elmar 729
Günther, Dr. Jens 469, 471
Güntzel, Dr. Volker 348, 918
Gütt, Dr. Tilmann 428
Gulich, Dr. Joachim 290
Gundermann, Peter 656
Gundt, Miriam 833
Gussone, Michael-Carl 350
Gustafsson, Jette 282
Gutermuth, Axel 445
Guttau, Dr. Thomas 293
Gyo, Dr. Christoph 382

H

Haack, Dr. Kalina 561
Haag, Eckart 705
Haag, Dr. Hendrik 497
Haak, Andreas 732, 760
Haarmann, Dr. Carl-Richard 694
Haas, Dr. Gabriele 809
Haas, Dr. Hermann 280
Haas, Dr. Holger 375
Haas, Rudolf 377
Haas, Tobias 289
Haas, Dr. Wolfgang 821
Haase, Helwig 591
Haase, Dr. Martin 583
Habbe, Dr. Sophia 535
Haberstock, Otto 799
Haberstroh, Dr. Roland 559
Habighorst, Dr. Oliver 730
Hack, Dr. Sebastian 630
Hackbarth, Dr. Christina 691
Hackbarth, Dr. Ralf 695, 701
Hackel, Dr. Stefan 430, 714
Hackenberg, Dr. Ulf 339
Hacker, Dr. Maximilian 604
Hacket, Dr. George 508
Hadding, Dr. Matthias 643
Haellmigk, Dr. Christian 621, 809
Haellmigk, Prof. Dr. Philip 487
Hänisch, Dirk 669
Hänle, Dr. Florian 423, 589, 590
Hänsel, Dr. Tobias 322, 323
Härtl, Peter 436
Häser, Dr. Jan-Tobias 834
Häuser, Dr. Markus 874
Häusler, Rudolf 745
Haffa, Dietmar 611
Hafner, Dr. Ralf 638
Hagebusch, Alfred 613
Hagelskamp, Thomas 348
Hagelüken, Alexandra 519, 521
Hagemann, Dr. Frank 698
Hagenberg, Jasper 315
Hagenmeyer, Prof. Dr. Moritz 281, 842

Haggeney, Dr. Markus 347, 543
Hagmann, Dr. Joachim 741
Hahn, Dr. Andreas 619, 630, 814
Hahn, Dr. Anne 893, 901
Hahn, Dr. Frank 392, 473
Haibt, Dr. Henryk 727
Haines, Dr. Alexander 727
Hainz, Dr. Josef 622, 809
Halász, Dr. Christian 606
Halberkamp, Dr. Thomas 291
Halfpap, Dr. Frank 325
Halfpap, Dr. Patrick 549
Hall, Dr. Reiner 646
Haller, Dr. Heiko 639, 642, 806
Haller, Dr. Martin 578
Hallermann-Christoph, Dr. Michael 923
Halm, Dr. Dirk 563, 684
Hamacher, Karl 701, 899
Hamer, Dr. Martin 581
Hammer, Manfred 704
Hammerstein, Christian von 753, 807, 816
Hammerstein, Dr. Fritz Frhr. von 742, 743, 809
Hampel, Dr. Christian 810
Handke, Sabrina 583
Hanefeld, Dr. Inka 644, 647
Hanfland, Dr. Philipp 648
Hangst, Dr. Matthias 744, 745
Hannes, Prof. Dr. Frank 711, 713
Hansen, Dr. Hauke 374
Hanten, Dr. Mathias 503
Happ, Daniel 476
Happ, Dr. Richard 489, 642, 651, 814
Harbst, Dr. Ragnar 639
Hard, Claudia 581
Harder, Dr. Florian 432, 684, 800
Hardraht, Klaus 324
Hardt, Dr. Alexander 288
Hardung, Dr. Philipp 340, 499, 507, 655
Harings, Dr. Lothar 485, 487
Harms, Rüdiger 342, 620, 641
Harnischmacher, Dr. Christoph 348
Harnischmacher, Dr. Nils 348
Harte-Bavendamm, Prof. Dr. Henning 695, 696, 699
Hart-Hönig, Dr. Kai 937
Hartl, Dr. Florian 291, 552
Hartl, Thomas 423, 589, 590
Hartmann, Dr. Alexander 91, 673
Hartmann, Daniel 468
Hartmann, Jan 671
Hartmann, Marcus 707
Hartmann, Dr. Nina 466
Hartmann, Dr. Uwe 381, 566
Hartmann-Rüppel, Dr. Marco 631
Hartung, Andreas 382
Hartung, Dr. Jürgen 104, 535, 880
Hartwich, Dr. Fabian 588
Hartwig, Dr. Henning 692
Hartwig, Dr. Stefanie 286, 708, 843
Harzenetter, Dr. Tobias 552, 912
Hase, Dr. Karl von 100, 338, 611
Haselier, Markus 323
Hass, Dr. Detlef 649
Hasselbach, Dr. Kai 550, 671, 793
Hasselblatt, Prof. Dr. Gordian 695
Hasselbrink, Prof. Dr. Hagen 730
Hauch, Dr. Alexander 706
Hauck, Dr. Hans-Christian 582

PERSONEN INDEX

Haupt, Andreas 81, 759
Haupt, Dr. Ulrich 291, 552, 727
Haus, Dr. Florian 622
Hausbeck, Dr. Thomas 110, 546, 547, 564
Hauschild, Dr. Armin 728
Hauser, Dr. Marc 563, 684
Hauser, Dr. Max 627
Hausmann, Annika 478
Hausmann, Dr. Friedrich 762
Hausmanns, Dr. Jens 618
Hausner, Gudrun 691
Hauss, Dr. Thomas 652
Haußmann, Dr. Katrin 469
Havers, Prof. Dr. Martin 584
Hebeis, Norbert 699
Hecht, Markus 692
Hecht, Tillmann 476
Hechtel, Dr. Felix 434
Heck, Maximilian 725
Heckschen, Prof. Dr. Heribert 728
Heerma, Dr. Per 606
Heerspink, Dr. Frank 343
Hees, Dr. Stephan 833
Hegemann, Prof. Dr. Jan 889, 892, 899, 900
Heggemann, Ignatz 467
Heidel, Dr. Thomas 347, 350, 652
Heidelbach, Dr. Michael 392
Heidenreich, Dr. Jan Peter 706
Heider, Dr. Karsten 547, 548
Heider, Dr. Markus 580
Heidrich, Dr. Martin 612
Heigl, Dr. Ilka 375
Heil, Maria 830, 836
Heil, Dr. Ulf 380, 706, 925
Heim, Dr. Sebastian 102, 679, 680, 797
Heimann, Dr. Elena 466
Heimann, Dr. Till 472, 473
Heimberg, Dr. Dominik 285
Heine, Dr. Robert 892
Heinemann, Dr. Patrick 396
Heinemann, Stephan 565
Heinichen, Dr. Christian 617
Heinickel, Caroline 846
Heinisch, Oliver 450
Heinlein, Dr. Björn 808, 810
Heinrich, Dr. Barbara 380
Heinrich, Dr. Tobias 540, 566, 687
Heins, Dr. Jan-Christian 281
Heinz, Dr. Annette 283, 588
Heinz, Dr. Carsten 709
Heinz, Silke 625
Heise, Dietmar 475
Heiser, Dr. Kristian 284
Heisrath, Dr. Wolfgang 702
Heisse, Dr. Matthias 549
Heitling, Dr. Tim 669, 809
Heitzer, Dr. Thomas 907, 913
Helck, Dr. Thomas 537
Held, Dr. Cornelius 436
Held, Dr. Simeon 746
Hell, Dr. Jochen 401
Helle, Dr. Katrin 830
Heller, Dr. Hans 816
Hellermann, Niclas 739, 744, 752, 816
Hellert, Dr. Joos 644, 920
Hellich, Dr. Peter 686
Hellmann, Hans-Joachim 111, 392, 397, 619, 631
Hellriegel, Dr. Mathias 742, 744, 748
Helm, Dr. Andreas 592

Helm, Dr. Rüdiger 467
Helm, Ulrich 101
Helmke, Dr. Mathias 468
Helmreich, Dr. Kilian 794
Helms, Dr. Arne 729
Helms, Dr. Dietmar 497
Hempel, Dr. Rolf 621, 809
Henkel, Frank 561, 680
Henkelmann, Dr. Stefan 494
Henle, Dr. Walter 686
Henne, Dr. Alexander 393
Hennecke, Rudolf 641
Hennerkes, Prof. Dr. Brun-Hagen 711
Hennig, Dr. Bettina 808
Henninger, Dr. Hartmut 487
Hennrich, Dr. Stephan 79, 664
Henrich, Dr. Kerstin 336, 337, 670, 676, 810, 813,
Henriksen, Dr. Axel 276, 545
Hens, Dr. Jörg-Rainer 291
Henschen, Horst 373, 486
Hensel, Dr. Christian 435
Hentschel, Dr. Jochen 742
Hentschke, Dr. Helmar 320
Hentzen, Dr. Matthias 554, 555, 675
Henze, Dr. Marc 561
Henzler, Dr. Jörg 394, 908
Heppner, Heiko 643
Herb, Dr. Anja 550
Herbertz, Dr. Achim 351
Herbold, Thoralf 90, 811
Herbst, Dr. Christoph 601
Herchen, Dr. Hilke 546, 547
Herda, Alfred 665
Herding, Dr. Franz-Bernhard 601
Herdter, Dr. Fabian 909
Herfert, Dirk 467
Herfs, Dr. Achim 430, 556
Herget, Gunnar 467
Hergeth, Dr. Armin 427, 548, 711
Hermann, Ottmar 608
Hermanni, Katharina von 589
Hermanns, Dr. Marc 728
Hermes, Dr. Jan 672
Hermes, Dr. Nadim 279
Herms, Dr. Sascha 477
Hero, Marco 925
Herper, Daniel 374
Herr, Jochen 424
Herring, Frank 501
Herrler, Sebastian 730
Herrlinger, Dr. Justus 279, 285, 622, 632
Herrmann, Danielle 849
Herrmann, Dr. Rajko 480
Herrmann, Volker 319, 654, 656
Herschlein, Dr. Rainer 555, 675
Hertel, Dr. Wolfram 753, 858
Hertfelder, Dr. Johannes 624
Hertwig, Prof. Dr. Stefan 81, 732, 758, 759
Hertz-Eichenrode, Christian 698
Hertzfeld, Dr. Herbert 474
Herwig, Dr. Jörg 676
Herz, Dr. Steffen 808
Hesdahl, Dr. Ralf 499
Hess, Dr. Alexander 434
Heß, Prof. Dr. Rainer 906
Hesse, Burc 98, 677, 678, 796
Hesse, Dr. Katharina 94, 554, 848
Hettinger, Guido 886
Hettler, Dr. Steffen 584
Heuber, Dr. Martin 101

Heuel, Dr. Carsten 286
Heuel, Dr. Ingo 940
Heuer, Prof. Dr. Carl-Heinz 711, 712, 714
Heuer, Dr. Dennis 497, 500, 501
Heukamp, Dr. Wessel 550, 671, 672, 792, 793, 911, 912
Heun, Sven-Erik 846, 847
Heuser, Andrea 81, 667
Hexel, Christoph 472
Hey, Thomas 465
Heydasch, Ines 279
Heyde, Dr. Johann 893
Heyer, Jan-Peter 314
Heyers, Prof. Dr. Johannes 618
Heymann, Thomas 373, 875
Heyn, Judith 477
Hidalgo, Martina 466, 470
Hilber, Dr. Marc 880
Hildebrandt, Dr. Burghard 732, 742, 745, 811
Hildebrandt, Dr. Ronny 828
Hildebrandt, Dr. Thomas 586, 587
Hildebrandt, Prof. Dr. Ulrich 695, 700
Hilf, Dr. Juliane 486, 742, 744, 821, 854
Hilgenstock, Dr. Christopher 466
Hilgers, Prof. Dr. Marc 587
Hillemann, Dennis 87, 280, 810
Hilmes, Dr. Christian 574
Himmelsbach, Prof. Dr. Gero 898, 900
Himmelsdorfer, Tanja 468
Hinden, Dr. Michael von 729
Hinrichs, Dr. Lars 467
Hinrichs, Ole 926
Hinsch, Dr. Andreas 287
Hintze, Dr. Robert 286
Hinzpeter, Britta 877
Hiort, Dr. Malte 93
Hirsch, Dr. Alexander 680, 681
Hirsch, Dr. Hendrik 668, 790
Hirsch, Dr. Magnus 707
Hirschberger, Dr. Helge 283, 610
Hirschmann, Florian 432, 672, 673, 682, 793, 794, 800
Hirschmann, Matthias 555, 676, 810, 812
Hitzer, Martin 552
Hjort, Jens 467
Hladjk, Dr. Jörg 448
Hobbelen, Hein 446
Hoche, Dr. Angelika 425
Hochstadt, Dr. Steffen 585
Höch, Dr. Thomas 807, 812
Höcker, Prof. Dr. Ralf 898
Höder, Dr. Andreas 432, 564, 655
Höfer, Silvio 601
Höfler, Prof. Dr. Heiko 758, 766
Höflich, Klaus 591
Hoefs, Dr. Christian 471, 472
Höft, Dr. Jan 627, 628
Höllwarth, Kurt 467
Hölscher, Dr. Frank 849
Hölzle, Prof. Dr. Gerrit 602, 606
Hoene, Dr. Verena 700
Höpfner, Dr. Alexander 600
Höppner, Prof. Dr. Thomas 616, 625, 888
Hörmann, Jens 682, 799
Hörmann, Prof. Dr. Martin 601
Hösch, Prof. Dr. Ulrich 742, 746, 855
Hofbauer, Dr. Peter 926

Hofert von Weiss, Dr. Sebastian 275
Hoff, Dr. Alexander 395
Hoff, Dr. Gerung von 858
Hoffmann, Dr. Jürgen 350
Hoffmann, Stefan 112
Hoffmann, Sven 392
Hoffmann, Dr. Thomas 560, 602, 610, 680
Hoffmann-Theinert, Dr. Roland 552
Hofmann, Dr. Heiko 762
Hofmann, Johanna 591
Hofmann, Dr. Ruben 700
Hofmeister, Dr. Holger 685
Hofschroer, Dr. Josef 553, 581
Hofstetter, Nikolaus 381, 802
Hog, Dr. Dennis 581
Hohaus, Dr. Benedikt 799
Hohenstatt, Prof. Dr. Klaus-Stefan 469, 470
Hoh-Malewski, Dr. Peter 375, 758
Hohmann, Dr. Harald 383, 487, 488
Hohmann, Dr. Sabine 392
Holatka, Steffen 370, 379, 575, 589, 590
Holland, Dr. Björn 432, 685
Holle, Holger 670
Hollenhorst, Thomas 818
Holler, Dr. Lorenz 285
Hollinderbäumer, Dr. Jens 813
Hollmann, Hugh 445
Holm-Hadulla, Dr. Moritz 624, 621, 888
Holst, Philipp von 373, 374, 668
Holstein, Dr. Christoph 547, 667, 669
Holtmann, Dr. Clemens 449, 734
Holzbach, Dr. Christoph 698
Holzhäuser, Dr. Michael 618
Holzhüter, Dr. Andreas 274, 287
Holzhüter, Claus 287
Homann, Jürgen 290
Hombeck, Jörn 647
Homberg, Peter 830
Homborg, Eva 549
Honert, Dr. Jürgen 429, 556
Honrath, Dr. Alexander 549
Honzen, Dr. Johannes 378, 588
Hoos, Dr. Jan-Philipp 613
Hopfe, Dr. Rüdiger 471, 472
Hopp, Dr. Wolfgang 286
Hoppe, Dr. Christian 468
Hoppenberg, Michael 754
Hoppmann, Dr. Carsten 290
Horbach, Dr. Matthias 564, 685
Horcher, Dirk 558
Horn, Dr. Christian 728
Horn, Prof. Dr. Lutz 762
Horn, Dr. Matthias 663
Hornung, Marc-Philippe 612
Hornung, Dr. Oliver 881
Hornung, Uwe 642
Horstkotte, Christian 621, 629
Horstkotte, Jens 425
Hospach, Dr. Frank 392
Hottgenroth, Dr. Ralf 470
Hotze, Marcus 888
Huber, Michael 467
Huber, Dr. Norbert 763
Huber, Peter 555, 676, 795
Hubertus, Oliver 424
Hübner, Christian 836
Hübner, Dr. Alexander 392, 762, 922

INDEX PERSONEN

Hueck, Dr. Tobias 709
Hückel, Dr. Jan 679
Hünermann, Rolf 379, 530, 531, 559, 563, 682
Hünnekens, Dr. Georg 741
Hürten, Dr. Björn 681
Hüther, Dr. Mario 519
Hüting, Dr. Ralf 286, 754
Hüttebräuker, Dr. Astrid 842
Hüttig, Ina 383
Hützen, Peter 476
Hufnagel, Dr. Frank-Erich 831
Hug, Dr. Herald 695
Hugger, Dr. Heiner 530, 932
Huizinga, Dr. Michiel 788
Hummel, Berthold 80, 665, 667, 788
Hummel, Dieter 467
Hummel, Philipp 582, 590
Humrich, Dr. Henrik 548, 644
Hund, Dr. Daniel 463, 471
Hundertmark, Dr. Stephanie 671, 792, 793
Hunger, Prof. Dr. Kai-Uwe 582, 584
Huppertz, Peter 337
Huth, Dr. Mark-Alexander 285
Huttenlauch, Dr. Anna 619, 621
Hutter, Dr. Stephan 500, 509, 511

I

Idler, Jesco 935
Iffland, Sascha 383, 833
Ignor, Prof. Dr. Alexander 937
Ihrig, Dr. Hans-Christoph 556
Ihwas, Dr. Saleh 943
Ilina, Ksenia 678
Illert, Staffan 546, 557, 558, 668, 678
Illhardt, Dr. Daniel 675
Imhof, Dr. Martin 675
Immoor, Heinrich 287
Impelmann, Dr. Norbert 577
Ingenhoven, Dr. Thomas 519, 521
Ingerl, Prof. Dr. Reinhard 695, 703
Ingerowski, Dr. Jan 280
Inhester, Dr. Michael 562, 682, 799
Insam, Dr. Alexander 471
Intveen, Michael 926
Irion, Tanja 898
Irle, Dr. Ben 899
Irriger, Dr. Ulrich 347, 728
Isele, Dr. Jan-Felix 696
Isenhardt, Dr. Tilman 476
Israel, Alexander 446
Ittenbach, Dr. Hans 401
Ittmann, Dr. Benjamin 474
Itzen, Dr. Uta 621, 623
Iversen, Dr. Holger 590
Izzo-Wagner, Dr. Anna 501

J

Jackermeier, Dr. Siegfried 695, 703
Jacob, Kai 377
Jacob, Dr. Marc 374, 643
Jacob, Marion 693
Jacobi, Dr. Philipp 279
Jacobs, Dr. Christian 281
Jacobs, Dr. Georg 700
Jacobs, Dr. Nikolaus von 679, 797
Jacobs, Prof. Dr. Rainer 700
Jacobsen, Dr. Kay 923

Jäckle, Dr. Christof 667, 675, 795
Jaecks, Dr. Jörg 562, 682, 800
Jaeger, Dr. Carsten 351, 564
Jaeger, Dr. Georg 465, 479
Jaeger, Dr. Gerold 577
Jäger, Klaus 668
Jaeger, Dr. Kristina 577
Jaeger, Dr. Till 878
Jäger, Dr. Uwe 553, 674
Jäger, Dr. Wolfgang 643
Jaeger-Lenz, Dr. Andrea 699
Jäkel, Dr. Burkhard 520
Jäkel, Dr. Heiko 725
Jänecke, Dr. Alexander 589
Jaenicke, Dr. Birgit 918
Jaffé, Dr. Michael 603, 608
Jagersberger, Dr. Barbara 433, 686, 801
Jagfeld-Emmerich, Heike 549
Jagow, Dr. Carl von 281, 842
Jaguttis, Dr. Malte 746
Jahn, Andreas 350
Jahn, Dr. Christian 521
Jahn, Dr. David 702
Jahn, Jens-Peter 835
Jahn, Dr. Maximilian 584
Jakob, Dr. Holger 374, 671
Jakoby, Dr. Markus 584
Jaletzke, Dr. Matthias 676, 795
Jani, Dr. Michael 581
Jani, Dr. Ole 886
Janjuah, Riaz-Karim 114
Janka, Dr. Sebastian 628
Janko, Dr. Markus 473
Jansen, Dr. Guido 814
Jansen, Dr. Justus 647
Janßen, Dieter 288
Janßen, Dr. Dirk 342, 548, 670
Janssen, Dr. Dirk 686, 801
Janssen, Franz 908
Janssen, Dr. Helmut 449, 489, 619, 628, 733
Janssen, Dr. Maximilian 947
Janssens, Thomas 447
Jaschinski, Dr. Martin 696, 701
Jasper, Dr. Ute 733, 758, 763, 855
Jauch, Niels 397
Jawad, Dr. Friederike 463
Jawansky, Dr. Martin 604
Jebens, Dr. Philipp 579, 584
Jehle, Dr. Claudia 283, 588
Jehle, Dr. Philipp 283
Jeinsen, Prof. Dr. Ulrich von 291
Jelitte, Dr. Thomas 584
Jellinghaus, Dr. Lorenz 282, 283
Jentgens, Andreas 669
Jessen, Lars 379, 799
Jetter, Dr. Jann 432, 800
Jochums, Dr. Dominik 475
Jörgens, Dr. Stefan 678, 797
Jöster, Dr. Stefan 906
Johannsen-Roth, Dr. Tim 546, 547, 678
Johansson, Dr. Pär 555, 675, 795
Johlen, Dr. Markus 749
Joly-Müller, Véronique 808
Jonescheit, Jan 397
Jonetzki, Johann 729
Jonski, Dagmar 591
Joppich, Dr. Tim 472
Jordan, Dr. Malte 565, 686, 810, 818
Josenhans, Dr. Michael 519
Jüchser, Dr. Alexander 609
Jüngst, Stephan 374, 579

Jürgens, Frederic 397, 398, 581
Jürgensmann, Birgit 485
Jürschik, Dr. Corina 857
Juli, Sebastian 480
Jung, Dr. Ingo 695
Jung, Prof. Dr. Martin 584
Jung, Dr. Mathias 584
Jung, Dr. Robert 351
Jung, Dr. Tilo 395
Junge, Dr. Ulf 281
Junghänel, Peter 375, 579, 580
Jungkind, Dr. Vera 486, 742
Junk, Dr. Daniel 588
Justen, Silke 641

K

Kaase, Rainer 695, 699, 833
Kachel, Dr. Markus 807
Kämper, Prof. Dr. Norbert 753, 859
Kämpfer, Dr. Marcus 728
Kämpfer, Dr. Simone 531, 935
Käpplinger, Dr. Markus 375, 514, 793, 794
Kästle, Dr. Florian 665
Kaetzler, Dr. Joachim 502, 530, 820
Kaffiné, Dr. Patrick 793
Kafka, Axel 807
Kahlenberg, Dr. Harald 619, 621
Kairies, Dr. Oliver 291
Kaiser, Daniel-Sebastian 337
Kaiser, Georg 402
Kaiser, Dr. Martin 494
Kalb, Dr. Sebastian 344
Kalf, Wolfgang 395
Kalläne, Johannes 835
Kallmayer, Dr. Axel 627
Kallweit, Beate 325
Kalusa, Christian 541, 663, 788
Kamann, Prof. Dr. Hans-Georg 382, 632, 657, 734, 742, 754
Kamann, Dr. Jannis 476
Kaminski, Dr. Ralf 740
Kaminsky, Stephan 587
Kamiyar-Müller, Dr. Tara 369
Kamke, Dr. Daniel 87, 334, 336, 547, 549, 604, 671
Kamlah, Dr. Klaus 549
Kamm, Dr. Sebastian 280
Kammerbauer, Manfred 435
Kammerer-Galahn, Dr. Gunbritt 908, 913
Kampe, Dr. Sebastian-Alexander 291
Kamper, Sandra-Christiane 676
Kampshoff, Dr. Matthias 559, 610
Kania, Prof. Dr. Thomas 345, 478
Kantenwein, Dr. Thomas 430, 714
Kapoor, Dr. Arun 653
Kappel, Dr. Jan 529, 530
Kappel-Gnirs, Julia 608
Kappes, Dr. Christiane 743, 744
Karbaum, Dr. Christian 623
Karenfort, Dr. Jörg 619, 622, 888
Karl, Dr. Matthias 624, 921
Karow, Susanne 387
Karpenstein, Andreas 669
Karpenstein, Dr. Ulrich 734, 742, 753, 816
Karrer, Dr. Götz 675
Kasolowsky, Dr. Boris 642, 645
Kaspers, Dr. Jens 480
Kassing, Dr. Daniel 904
Kast, Dr. Matthias 480
Kasten, Dr. Roman 663

Katins, Carlos 725
Katschinski, Dr. Ralf 729
Katschthaler, Helmut 653, 907
Kauffeld, Dr. Hans-Georg 392, 648
Kaufmann, Dr. Christian 611
Kaufmann, Prof. Dr. Marcel 742, 744, 745, 831, 854
Kaufmann, Dr. Sebastian 585
Kaulamo, Dr. Katja 379
Kaut, Dr. Daniel 435, 677
Kaut, Dr. Matthias 557
Kautenburger-Behr, Dr. Daniel 342
Kautzsch, Dr. Christof 669
Kayßer, Dr. Marijon 938
Kebekus, Dr. Frank 603, 608
Kefferpütz, Dr. Martin 699, 922
Kehrberg, Prof. Dr. Jan 581
Keienburg, Dr. Bettina 749
Keil, Dr. Barbara 671
Keilich, Dr. Christian 577, 579, 911
Keilich, Dr. Jochen 471, 472
Keller, Dr. Erhard 696, 700
Keller, Dr. Moritz 81, 642
Keller, Thomas 473
Kellett, Christopher 678, 797
Kelp, Dr. Ulla 705
Kemcke, Tom 712
Kemmner, Carolin 831
Kemper, Ralf 582
Kempermann, Dr. Philip 877
Kempf, Eberhard 938
Kempf, Gunnar 289
Kempf, Dr. Tillman 513
Kempmann, Peter 906
Keppeler, Dr. Lutz 855
Kerger, Dr. Kai 545
Kermel, Dr. Cornelia 807, 814
Kern, Dr. Hannes 395, 831, 839
Kern, Dr. Konrad 435, 436
Kern, Dr. Oliver 755, 761
Kersting, Dr. Andreas 741, 742, 757
Kersting, Dr. Mark 504
Kessel, Dr. Christian 640, 807, 917, 918
Kessler, Dr. Alexander 552
Kessler, Eva 699
Kessler, Dr. Nicholas 654
Keßler, Nora 702
Kessler, Thomas 583
Keussler, Johann von 383
Kewe, Marvin 656
Kieferle, Oliver 480
Kieffer, Dr. Michael 926
Kiefner, Dr. Alexander 540, 566
Kiem, Prof. Dr. Roger 540, 566, 687
Kiene, Dr. Sören 918
Kiermeier, Lothar 322, 323
Kieselmann, René 767
Kieser, Dr. Timo 705, 836
Kiesewetter, Dr. Matthias 687
Kindermann, Jochen 517
Kinkeldey, Prof. Dr. Maximilian 695, 699
Kinzl, Dr. Ulrich-Peter 390
Kipper, Dr. Oliver 383, 938
Kirchberg, Prof. Dr. Christian 743
Kirchdörfer, Prof. Rainer 392, 711, 714
Kircher, Dr. Philipp 826, 832
Kirchfeld, Achim 678
Kirchhain, Dr. Christian 713
Kirchner, Christian 507, 653
Kirchner, Dr. Jens 467
Kirchner, Jens 728
Kirsch, Prof. Dr. Stefan 938

PERSONEN INDEX

Kirschner, Dr. Lars 284
Kirschner, Dr. Oliver 686
Kirsten, Dr. Konstantin 907
Kjølbye, Lars 448
Klaaßen-Kaiser, Kristina 100, 558
Kläger, Dr. Roland 392, 647, 648
Kläsener, Amy 649
Kläsener, Boris 556
Klaft, Dr. Gary 589
Klanten, Thomas 340, 507
Klasse, Dr. Max 619, 621, 732
Klawitter, Prof. Christian 702
Kleber, Stephan 423, 575
Kleeberg, Dr. Christian 375
Kleefass, Jakob 549
Kleemann, Stephan 655
Kleespies, Dr. Mathias 708
Kleffmann, Anne 382, 474
Kleiber, Dr. Michael 762
Klein, Dr. Benjamin 755, 761
Klein, Dr. Thomas 345, 909
Klein, Dr. Walter 587
Kleine, Dr. Maxim 625
Kleinlein, Dr. Kornelius 850, 858
Kleinschmidt, Dr. Andreas 613
Kleinstück, Dr. Till 728
Kleiser, Dr. Matthias 729
Klemm, Bernd 472
Klenk, Gregor 375, 672, 673, 793, 794
Klepsch, Dr. Michael 325
Klesy, Vanessa 475
Klett, Dr. Alexander 432, 892
Klett, Detlef 882
Kleve, Guido 854
Klie, Dr. Marcus 432
Kliemt, Prof. Dr. Michael 465, 470, 471
Klindt, Prof. Dr. Thomas 653
Klingberg, Britta 277, 697
Klinger, Thorsten 700
Klingmann, Dr. Jörg 399
Klockenbrink, Dr. Ulrich 609
Klöck, Dr. Oliver 838
Klöckner, Philipp 84, 378, 508, 546, 547, 548, 559
Klötzel, Dr. Thomas 394
Kloos, Joachim 324
Klose, Dr. Tobias 619, 623
Kloth, Dr. Matthias 705
Klotz, Robert 450
Kloyer, Dr. Andreas 558, 679
Klüwer, Dr. Arne 496, 497
Klumpp, Dr. Axel 559
Klumpp, Dr. Ulrich 629, 630, 888
Klusmann, Dr. Martin 619, 623
Knapp, Dr. Marvin 605
Knauer, Prof. Dr. Christoph 930, 945, 946
Kneisel, Dr. Sebastian 641
Knesebeck, Dr. Dirk von dem 429
Knief, Dr. Inken 649
Knierim, Thomas 402, 939
Knies, Dr. Volker 704
Knipp, Bernd 582, 583
Knitter, Margret 707
Knobelsdorff, Gilbert von 284
Knodel, Dr. Oliver 347
Knopf, Rüdiger 377
Knorr, Benjamin 541
Knüpfer, Dr. Thomas 383
Knüppel, Dr. Norbert 548
Knüppel, Thomas 289
Knütel, Dr. Christian 812
Knufinke, Claus 908

Kobes, Dr. Stefan 750, 814
Koch, Dr. Bastian 293
Koch, Dr. Benjamin 690, 703
Koch, Dr. Detlef 541
Koch, Matthias 698
Koch, Dr. Matthias 646
Koch, Dr. Maximilian 549
Koch, Dr. Peer 289
Koch, Dr. Stefan 114, 687, 686, 802
Koch, Dr. Stephan 816
Kochta, Jan 324
Kock, Dr. Stephan 375, 580
Köbler, Dr. Katharina 836
Köckritz, Dr. Christian von 447, 624, 732
Köhler, Hajo 468
Köhler, Prof. Dr. Markus 705, 814, 857
Köhnen, Sven 921
Kölling, Dr. Lars 340, 591
Köllmann, Thomas 474
Koenen, Karl 381
König, Dr. Franz 903
König, Dr. Kai-Michael 561, 681
König, Dr. Marco 832, 762
König, Steffen 671
König, Dr. Stephan 680, 681
König, Dr. Thomas 684, 800
Körber, Stefanie 708
Körner, Boris 561, 681
Körner, Dr. Markus 693
Köster, Dr. Malte 613
Koffka, Dr. Nils 268
Kogge, Dr. Ralph 671, 672, 810
Kohl, Michael 318, 506
Kohlmann, Dr. Ingrid 479
Kohls, Dr. Malte 741, 742
Kokew, Dr. Christian 430, 765
Kolb, Dr. Franz-Josef 380
Kolberg, Andreas 293
Kolbinger, Dr. Martin 686
Kolster, Dr. Hubertus 84
Komarnicki, Bettina 876
Konrad, Dr. Sabine 642, 652
Kopka, Olga 565, 686
Koponen, Jonas 447, 448, 449
Kopp, Dr. Kerstin 678, 797
Kopp, Moritz 638, 663
Kopp-Assenmacher, Stefan 744, 752
Koppe-Zagouras, Dr. Christina 705, 836
Korn, Dr. Thilo 322
Kornbichler, Dr. Hendrik 472
Korndörfer, Robert 560
Korte, Oliver 926
Korten, Dieter 546, 667
Kortmann, Ulrich 476
Kortz, Dr. Helge 520
Kotthoff, Dr. Jost 882
Kottmann, Dr. Matthias 744, 753
Kotyrba, Marc-Holger 284
Kowalewski, Dr. Jörn 602, 609
Kowanz, Dr. Rolf 468
Koyuncu, Adem 373, 447, 829, 830
Kozianka, Wolfgang 830, 834
Koziczinski, Dr. Christine 726
Kraack, Jörg-Peter 283, 560
Krämer, Christin 399
Krämer, Dr. Lutz 512, 566
Krämer, Matthias 613
Kraffel, Dr. Jörg 566, 687, 818
Kraft, Dr. Holger 84, 668, 669, 790, 808, 809, 810

Kraft, Dr. Oliver 939
Krage, Dr. Carsten 293
Krahnefeld, Dr. Lutz 749
Krampe, Stephan 577
Kranz, Dr. Christopher 380
Kratz, Felix 467
Krauel, Dr. Wolfgang 99, 558, 913
Kraus, Martin 565
Kraus, Dr. Philipp 764
Kraus, Dr. Steffen 293
Krause, Dr. Daniel 939
Krause, Dr. Hartmut 542, 663, 667
Krause, Martin 578
Krause, Dr. Martin 103, 377, 378, 516
Krause, Dr. Nils 669, 712, 791
Krause, Dr. Rainer 94, 554
Krauss, Dr. Stefan 497
Krebs, Thomas 467
Krebühl, Peter 467
Krecek, Dr. Thomas 547, 667, 669, 789, 911
Kredel, Dr. Nicolas 80, 618
Kreile, Prof. Dr. Johannes 889, 891
Kreindler, Prof. Dr. Richard 641
Krekeler, Jan 788
Kremer, Dr. Johannes 519, 522
Kremer, Dr. Matthias-Gabriel 550
Kremer, Dr. Michael 642
Kremp, Pascal 467
Kreppel, Ulf 498
Kress, Dr. Daniel 582, 675
Kretschmar, Paul 708
Kreuzer, Elisabeth 94
Kreuzkamp, Markus 705
Krieger, Dr. Hubert 423
Krieger, Dr. Steffen 469, 471
Krienke, Dr. Nikolaus 480
Krisch, Dr. Matthias 293
Krist, Dr. Matthias 402, 764
Kröber, Nils 345, 718, 944
Kröck, Dr. Alexander 430, 644, 649
Kröger, Dr. Nicoletta 279
Kröll, Prof. Dr. Stefan 644
Krömer, Martin 477
Krömker, Dr. Michael 809
Kröner, Dr. Lars 696, 707, 838
Kröninger, Prof. Dr. Holger 402, 403
Kröpelin, Dr. Andrea 283
Krohn, Dr. Wolfram 758, 760
Krohs, Christian 629
Krolop, Dr. Ines 319
Kronat, Dr. Oliver 495, 497
Kruchen, Dr. Carsten 560
Krüger, Dr. Astrid 663, 788
Krüger, Dr. Carsten 838
Krüger, Dr. Guido 663, 710, 712
Krüger, Dr. Markus 503, 505
Krüger, Dr. Martin 276
Krüger, Dr. Sven 899
Krüger, Wolfram 586, 587
Krüll, Dr. Frederick 812
Krug, Björn 937, 938
Krug, Dr. Tobias 494
Kruis, Dr. Ferdinand 432, 507, 655
Krupa-Soltane, Janine 479
Kruhl, Dr. Klaas 749
Kruse, Dr. Kevin 347, 694
Kruska, Dr. Christian 393, 588
Kucera, Dr. Stefan 585
Kuchler, Prof. Dr. Ferdinand 745
Kuck, Dr. Katja 832
Kuckuk, Dr. Meike 468

Kübler, Dr. Johanna 619, 621
Kühl, Dr. Christophe 345
Kühl, Dr. Sebastian 281
Kühnelt, Andreas 293
Kühnle, Karsten 680
Kühnlein, Martin 435
Kühnreich, Dr. Mathias 333
Külz, Philipp 342
Künstner, Dr. Kim 631
Künzel, Markus 463
Küper, Michael 809, 816
Küpperfahrenberg, Dr. Jan 480
Küppers, Dr. Christoph 911, 912
Kürzinger, Kurt 947
Kues, Jarl-Hendrik 587, 765
Kugelberg, Dr. Bernd 324
Kuhla, Prof. Dr. Wolfgang 742, 753, 837
Kuhli-Spatscheck, Dr. Annett 429, 430, 644, 649, 714
Kuhlmann, Dr. Jens-Michael 394
Kuhn, Jörn 476
Kuhn, Dr. Philipp 471
Kuhn, Dr. Tilman 621, 632
Kuhnke, Dr. Michael 478
Kuhnle, Dr. Thomas 678, 679
Kulenkamp, Dr. Sabrina 88, 546, 550
Kulenkampff, Stephan 287
Kullmann, Volker 432, 800
Kummert, Nils 467
Kunz, Dr. Jens 507
Kurkowski, Filip 575
Kurreck, Dr. Johann 434
Kursawe, Dr. Stefan 465, 468
Kurt, Gabriel 485
Kurth, Marc-Oliver 511, 565
Kurtz, Dr. Constantin 701
Kury, Otmar 939
Kus, Dr. Alexander 764
Kuß, Dr. Matthias 578
Kuthe, Dr. Thorsten 510, 555
Kutschke, Dr. Philipe 692
Kyrberg, Lars 807, 917

L

Laas, Dr. Bernhard 581
Lach, Dr. Sebastian 528, 530, 533, 649
Ladenburger, Dr. Clemens 397
Ladenburger, Dr. Felix 397
Ladwig, Dr. Peter 675
Laer, Dr. Carl von 338, 678
Lagoni, Dr. Nicolai 553, 581, 673
Lahme, Prof. Dr. Rüdiger 654
Lahrtz, Dr. Fritz 433
Lakenberg, Dr. Thomas 468, 550
Lamb, Dr. Jochen 809
Lamberts, Christof 549, 670
Lambertz, Gregor 401
Lambrecht, Dr. Arne 699
Lambrecht, Dr. Bernhard 432, 838
Lambrecht, Martin 609
Lambsdorff, Konstantin Graf 796
Lamla, Gregor 343
Lammel, Dr. Stefan 673
Lampel, Till 699
Lampert, Dr. Stephen 765
Land, Dr. Volker 560, 680
Landauer, Dr. Martin 479
Landry, Johannes 332, 543
Lang, Andreas 653
Lang, Dr. Jörg 588, 729
Lang, Dr. Matthias 807
Lange, Dr. Björn 399

INDEX PERSONEN

Lange, Carsten 348
Lange, Dirk 340
Lange, Jakob 468
Lange, Dr. Markus 372
Lange, Dr. Martin 351
Lange, Dr. Moritz 934, 935
Lange, Reinhart 380, 707
Lange, Dr. Sven 641
Langen, Markus 657
Langen, Prof. Dr. Werner 582, 584
Langenbach, Prof. Dr. Isabel 344, 855
Langer, Heiko 337
Langner, Dirk 383
Langrock, Dr. Marc 940
Lappe, Dr. Thomas 556, 676
Larisch, Dr. Tobias 98, 557, 677, 813
Laschet, Carsten 91, 646, 906
Laskawy, Dirk 321
Laubenstein, Wiegand 817
Laudenbach, Dr. Hans-Jörg 383
Laudenklos, Dr. Frank 88, 519
Lauer, Barbara 499
Lauer, Dr. Jürgen 587
Lauer, Dr. Markus 382, 687
Lausen, Dr. Matthias 889, 891
Lauterbach, Dr. Michael 906
Lauterwein, Dr. Constantin 533, 937
Lebek, Dr. Stefan 579, 589
Leder, Dr. Tobias 474
Lee, Laureen 691, 872, 885
Legerlotz, Christoph 344
Lehleiter, Dr. Gunther 346
Lehmann, Dr. Daniel 714
Lehmann, Georg 335, 547, 669
Lehmann, Dr. Jochen 350
Lehment, Dr. Cornelis 703
Lehnen, Annabel 477
Lehner, Dr. Dieter 434
Lehnhardt, Joachim 654
Lehr, Gernot 347, 753, 892, 898, 900
Leichtle, Dr. Holger 90, 606
Leidinger, Prof. Dr. Tobias 750
Leifeld, Ralf 467
Leinekugel, Dr. Rolf 561, 681
Leinemann, Dr. Eva-Dorothee 765
Leinemann, Prof. Dr. Ralf 586, 587, 758, 765
Leisbrock, Dr. Thorsten 472
Leisner, Jan 940
Leißner, Mario 515, 585
Leister, Dr. Thomas 477
Leithaus, Dr. Rolf 604
Leitner, Prof. Dr. Werner 940
Lembke, Prof. Dr. Mark 376, 465, 470, 471
Lemmer, Dr. Marcel 710
Lemor, Dr. Julian 101, 559, 679, 729
Lenkaitis, Prof. Dr. Karlheinz 347
Lennarz, Dr. Thomas 637
Lennert, Dr. Silvia 728
Lensdorf, Dr. Lars 373, 875
Lensing-Kramer, Dr. Andrea 698, 920
Lenthe, Dr. Christian von 85, 547, 668, 809, 803
Lenz, Prof. Dr. Christofer 742, 752, 857
Lenz, Dr. Susanne 101, 377, 378, 379
Lenz, Prof. Dr. Tobias 646, 905, 906

Lenz, Dr. Uwe 287
Leo, Hubertus 282
Lepique, Elisabeth 100
Lepper, Christoph 945
Lercara, Angelo 426
Lesch, Prof. Dr. Heiko 347, 942
Leske, Dr. Sascha 680, 798
Lesser, Thomas 378, 500
Leßmann, Dr. Jochen 478
Leube, Dr. Peter 665, 789, 846, 847
Leue, Jan 325
Leuering, Prof. Dr. Dieter 550, 671
Leufgen, Dr. Andrea 646
Leuthe, Dr. Klaus 437
Ley, Dr. Christian 473
Leyendecker, Dr. Benjamin 430, 546, 556, 677, 792, 796
Leykam, Dr. Rüdiger 286
Lieb, Dr. Christopher 435
Liebau, Till 680, 681, 798
Liebaug, Andreas 403
Liebscher, Prof. Dr. Thomas 565, 656, 657
Liebschwager, Dr. Pascale 756
Lieckfeld, Dr. Malte 700
Lienau, Carsten 467
Liening, Dr. Gerhard 289
Liepe, Jan 507
Liersch, Dr. Oliver 290
Liese, Dr. Jens 680
Liesegang, Dr. Helmuth 923
Liesegang, Dr. Henning 923
Lieser, Jens 430, 609
Lindbach, Dr. Jochen 320
Linde, Georg 382, 686, 687, 802
Lindemann, Dr. Christian 400
Lindemann, Dr. Harald 429, 556
Lindemann, Dr. Thomas 506
Lindhorst, Dr. Hermann 926
Lindner, Georg 428, 672, 793
Lindner-Figura, Jan 580, 727
Lindt, Peter 642
Lingemann, Dr. Stefan 469
Link, Dr. Simon 546, 554
Linnebacher, Dr. Bernd 400
Linnemeyer, Dr. Malte 852, 758
Linnertz, Jörn 286
Linsmeier, Dr. Petra 619, 624
Lipinski, Dr. Wolfgang 463, 471
Lips, Dr. Jörg 313, 322, 668, 669
Lischka, Andreas 523
Lissner, Dr. Benjamin 643
Littau, Klaus 919, 926
Livonius, Dr. Barbara 940
Lober, Dr. Andreas 872, 885
Lochner, Dr. Daniel 350, 652
Lochner, Dr. Stefan 463
Lodde, Dr. Stephan 434, 435, 436
Löbbe, Dr. Marc 546, 547, 656, 686
Löffel, Oliver 702
Löhner, Dr. Anne 650
Löhr, Dr. Christian 557, 728
Lörcher, Dr. Torsten 391, 642, 643, 644
Löser, Dr. Arne 402
Lötters, Frank 339
Loetz, Ulrich 423, 589, 590, 817
Loges, Dr. Rainer 672
Lohmann, Dr. Eberhard 287
Lohner, Dr. Andreas 530, 544

Lohse, Dr. Martin 427, 548, 711
Loll, Dr. Carsten 98, 100, 430, 587
Lomb, Manuel 573
Longino, Dr. Marcus 319
Longrée, Dr. Sebastian 677
Lonquich, Christian 86, 374, 577, 578
Looks, Nicole 484
Lorenz, Dr. Alexander 477
Lorenz, Dr. Frank 468
Lorenzen, Dr. Birte 697
Lorscheider, Dr. Steffen 351, 564
Lorys, Dr. Jakub 544, 665
Lorz, Prof. Dr. Rainer 392, 711, 714
Lotz, Thorsten 907
Lotze, Dr. Andreas 618, 347
Lotze, Philipp 874
Louven, Dr. Christoph 555, 676, 912
Loycke, Dirk 919
Lubberger, Dr. Andreas 690, 695, 703, 923
Lubberich, Dr. Finn 727
Lucius, Dr. Julian von 849
Ludgen, Dr. Martin 591
Ludwig, Rüdiger 283
Ludwig, Sven 370, 575
Lübbig, Dr. Thomas 623, 732, 745
Lück, Dr. Dominik 766
Lücke, Dr. Volker 904
Lüders, Dr. Jürgen 347, 682
Lüft, Stefan 695
Lüger, Matthias 377, 338
Lühe, Christian von der 400, 402
Lührmann, Prof. Dr. Christian 584
Lüken, Dr. Uwe 693
Lünenbürger, Dr. Simone 449, 734
Lürken, Sacha 430, 609
Lüßmann, Dr. Lars-Gerrit 565
Lütcke, Niklas 604
Lüthge, Henrik 473
Lüthi, Thomas 536
Lütje, Dr. Stefan 888
Lüttgau, Dr. Thomas 749
Luft, Manuela 379, 589, 590
Luh, Dr. Carla 520, 812, 848, 856
Lungerich, Robert 474
Lupp, Dr. Matthias 678, 797
Luther, Julia 836
Lutz, Dr. Carsten 398
Lutz, Dr. Holger 873
Lutz, Dr. Reinhard 430, 651
Lutz-Bachmann, Sebastian 858
Lux, Dr. Jochen 313
Luxenhofer, Lara 581

M

Maaß, Dr. Oliver 549
Maaß, Dr. Roland 509, 548
Maaßen, Claudia 646
Maaßen, Dr. Stefan 703
MacLennan, Jacquelyn 450
Mäder, Dr. Detlef 703
Mäger, Dr. Thorsten 619, 625
Maerker, Sebastian 495, 496
Mätzig, Dr. Thorsten 351, 564
Mäurer, Dr. Kirsten 284
Mävers, Dr. Gunther 476
Mager, Dr. Stefan 765
Magers, Jens 684
Maguin, Edward 282
Mahler, Dr. Florian 808
Mahn, Dr. Hjalmar 946
Mahnhold, Dr. Thilo 473
Maier, Dr. Niels 800

Maierhofer, Bernhard 425
Maier-Reimer, Dr. Georg 561, 717
Maierski, Eva 690, 703
Mailänder, Dr. Peter 392, 554
Mainx, Markus 704
Maiß, Dr. Sebastian 476
Malauun, Dr. Rüdiger 496, 498
Malitz, Dr. Michael 612
Mallach, Esther 276
Mallick, Dr. Rani 690, 703
Mallmann, Dr. Roman 645
Maluch, Bernhard 378
Malz, Dr. Christina 631
Manderla, Dr. Thomas 695, 919
Mandler, Dr. Gudrun 325
Mangoldt, Dr. Maximilian von 605
Mann, Dr. Claudius 281
Mann, Dr. Marius 393, 651, 924
Mann, Prof. Dr. Roger 897, 899
Manner, Dr. Simon 644, 651
Manteuffel, Kurt-Georg von 919, 923
Manthey, Dr. Nikolaus 557
Mantler, Dr. Mathias 430, 765
Manz, Gerhard 76, 91, 397, 541, 543, 552, 663, 673
Marhewka, Daniel 671, 810
Maritzen, Dr. Lars 339
Markgraf, Dr. Jochen 336, 551, 672
Markus, Prof. Dr. Jochen 584
Maron, Dr. Christian 479
Marquardt, Dr. Cornelia 475
Marschollek, Daniel 705
Marszalek, Dieter 852
Martel, Dominik 816
Martens, Dr. Frank 293
Martens, Dr. Jan 673
Martin-Ehlers, Dr. Andrés 536
Martini, Dr. Ottmar 402
Martini, Dr. Torsten 90, 317, 606
Martius, Dr. Alexander 351
Marwedel, Niklas 611
Marx, Dr. Christopher 855
Marx, Joseph 382
Masch, Dr. Christian 891
Maschke, Dr. Clemens 669
Masek, Mirko 810
Maser, Dr. Peter 503
Masing, Dr. Tobias 742, 753, 858
Masser, Anna 638
Masuch, Dr. Andreas 398
Mathé, Stephan 900
Matt, Prof. Dr. Holger 941
Matthaei, Dr. Lorenzo 605
Matthes, Dr. Jens 691
Matthey, Dr. Guido 476
Matthey, Dr. Philip 533
Matthiessen, Dr. Michael 463
Matussek, Sascha 720
Matz, Dr. René 907
Maußner, Melanie 467
Mayen, Prof. Dr. Thomas 742, 744, 847
Mayer, Dr. Barbara 76, 91, 395, 397, 541, 543, 552, 663, 673
Mayer, Dr. Bernd 537, 564
Mayer, Christian 857
Mayer, Prof. Dr. Dieter 729
Mayer, Eric 532
Mayer, Dr. Gerd 390, 711
Mayer-Gießen, Christian 554
Mayer-Trautmann, Barbara 102, 518, 519, 521
McCorkle, Dr. Alena 650

PERSONEN INDEX

Meckes, Frank 656
Meckmann, Laurenz 565
Meding, Wolfgang 555, 667
Meents, Dr. Jan 875
Mehdorn, Dr. Ilka 830
Mehlitz, Dr. Uwe 591
Mehrbrey, Dr. Kim 649
Meichssner, Philip 562, 681
Meier, Achim 582, 587
Meier, Dr. Anke 642, 644, 653
Meier, Dr. Markus 644, 648
Meilicke, Dr. Wienand 350
Meinel, Dr. Gernod 477
Meinel, Dr. Johannes 314
Meinhardt, Johannes 435, 436
Meininger, Dr. Frank 394, 766
Meinzenbach, Dr. Jörg 811
Meisen, Dr. Olaf 574, 580
Meißner, Dr. Jörg 680, 798
Meisterernst, Andreas 842
Meixner, Lars-Alexander 393
Mekat, Dr. Martin 645
Melber, Dr. Oliver 396
Melcher, Markus 339
Melchior, Ole-Jochen 489
Mellert, Christofer 335
Melms, Dr. Christopher 463, 470
Mels, Dr. Philipp 705
Melzer, Philipp 509
Memminger, Dr. Peter 787
Menebröcker, Dr. Carsten 695
Mengel, Prof. Dr. Anja 470, 471
Menke, Dr. Johan-Michel 472
Menke, Dr. Matthias 552
Menke, Dr. Thomas 662, 672
Mennemeyer, Dr. Siegfried 646
Mensching, Dr. Christian 892, 900
Mense, Dr. Christian 549
Meola, Carmen 394
Merkelbach, Dr. Matthias 550
Merkner, Dr. Andreas 336, 546, 551
Mertens, Dr. Kai 319, 564, 565
Mertens, Dr. Susanne 757
Mertgen, Bettina 485
Merz, Stephen 291
Merzhäuser, Michael 468
Meschke, Dr. Andreas 836
Messenzehl, Eric 675
Messerschmidt, Prof. Dr. Burkhard 589, 590
Metz, Andrea 546, 667
Metzlaff, Prof. Dr. Karsten 629, 919, 924
Meurer, Thomas 667, 675
Meuten, Dr. Ludger 321
Meven, Wolfram 485
Meyer, Prof. Dr. Alfred 842
Meyer, Dr. Andreas 555, 676
Meyer, Dr. Cedric 750
Meyer, Dr. Christian 561
Meyer, Dr. Daniel 338
Meyer, Dr. Holger 477, 478
Meyer, Dr. Lars 671
Meyer, Dr. Peter 340, 422, 433, 777
Meyer, Stefan 603, 611
Meyer, Dr. Thomas 711
Meyer im Hagen, Dr. Andreas 287
Meyer-Hetling, Astrid 807
Meyer-Hofmann, Dr. Bettina 762
Meyer-Lindemann, Prof. Dr. Jürgen 630
Meyer-Lohkamp, Jes 941

Meyer-Rehfueß, Dr. Maximiliane 729
Meyer-Wyk, Claus 322
Meyring, Dr. Bernd 448, 628
Mezger, Dr. Götz 592
Michaelis, Jana 817
Michalke, Dr. Regina 937
Michel, Dr. Arndt 336
Michel, Prof. Dr. Ulrich 891
Michels, Dr. Marcus 476
Middendorf, Dr. Stefan 338
Migdal, Benedikt 561, 681
Milatz, Jürgen 712
Milde, Dr. Sarah 625, 626
Minkoff, Andreas 943
Minuth, Dr. Klaus 726
Mirbach, Dr. Niklas 281
Mirza Khanian, Dr. Frederic 562
Missling, Stefan 807
Mitchell, Kevin 565, 686
Mittag, Dr. Jochen 378, 500
Mittelstein, Marlen 700
Mitterer, Dr. Lorenz 480
Mitterhuber, Richard 547
Mittländer, Silvia 468
Mittmann, Dr. Patrick 575
Mitzkait, Dr. Anika 581
Modlich, Dr. Joachim 559
Möhlenkamp, Dr. Karen 485
Möhrle, Dr. Florian 729
Möhrle, Dr. Frauke 283
Möhrle, Dr. Tobias 283
Moelle, Dr. Henning 656, 838
Möller, Prof. Dr. Karl-Heinz 836
Möller, Dr. Matthias 380
Möller, Dr. Ralf 697
Möller, Dr. Reinhard 395
Möller, Dr. Silke 336, 621, 623
Möllmann, Dr. Peter 799
Mönks, Dr. Martin 347
Möritz, Dr. Daniel 94, 675
Moers, Stefan von 886
Moesta, Georg 402
Mogck, Dr. Joachim 516
Mohaupt-Schneider, Dr. Jessica 547
Mohr, Dr. Randolf 345
Mohrmann, Jan 378, 717
Molitoris, Michael 111, 642, 655, 656
Montag, Dr. Frank 447, 619, 623
Monticelli, Christina 279, 808
Moog, Dr. Tobias 383
Moos, Dr. Flemming 880
Moraht, Dr. Jens 519
Morgen, Dr. Christoph 603
Morgenroth, Dr. Sascha 380, 478
Morsch, Dr. Stephan 685
Morshäuser, Dr. Ralf 662, 672, 673, 793
Moser, Christian-Oliver 899
Mosiek, Dr. Marcus 945
Mossler, Dr. Patrick 672
Mosterz, Philip 516
Moufang, Prof. Dr. Oliver 581, 582
Mucha, Martin 599, 603, 607
Mücke, Matthias 467
Mückenberger, Ole 945
Mückl, Dr. Patrick 476
Mühe, Dr. Christiane 727
Mühl, Dr. Axel 389
Mühl, Frederik 787, 789
Mühlbach, Dr. Tatjana 619
Mühlbauer, Dr. Stefan 906
Mühlen, Fabian 578, 580

Mühlendahl, Prof. Dr. Alexander von 692
Mühlhaus, Dr. Gunter 714
Mühl-Jäckel, Dr. Margarete 320
Müller, Andreas 468, 678, 796, 797
Müller, Prof. Dr. Eckhart 931
Müller, Frank 501, 516, 588
Müller, Dr. Jan 759
Müller, Dr. Knut 465, 467
Müller, Dr. Matthias 369, 600
Müller, Maximilian 931
Müller, Stefan-Ulrich 790, 794
Müller, Stephan 485, 487, 489, 535
Müller, Thomas 579, 582, 795
Müller, Dr. Tim 529, 638
Müller, Dr. Tobias 707
Müller-Bonanni, Dr. Thomas 469
Müller-Broich, Dr. Jan 694
Müller-Eising, Axel 291, 552, 727
Müller-Etienne, Dr. Daniel 381, 802
Müller-Ibold, Dr. Till 446
Müller-Knapp, Klaus 467
Müller-Mergenthaler, Maren 339, 705
Müller-Wrede, Malte 758, 766
Mülsch, Hanns-William 577, 579
Münch, Mark 392
Münch, Sibylle 521
Münch, Stefan 666
Münchbach, Dr. Birgit 395, 397, 541, 543, 663, 673
München, Andrea 502
Münkel, Dr. Thomas 401
Müssig, Prof. Dr. Bernd 347, 942
Muhl, Dr. Felix 924
Muhs, Markus 102, 680, 797
Mulansky, Thomas 324
Munding, Dr. Christoph-David 753
Munz, Dr. Martin 882
Murach, Dr. Jens-Olrik 450
Murken, Benedikt 583
Muschalle, Dr. Volker 607
Muschter, Dr. Liane 575, 580
Mussaeus, Peter 339, 816
Mutschler-Siebert, Dr. Annette 97, 764, 856
Mutter, Dr. Stefan 560

N

Naber, Dr. Sebastian 283
Nacimiento, Dr. Grace 848
Nacimiento, Dr. Patricia 376, 642, 648
Nacke, Dr. Henrik 286
Nadeborn, Diana 945
Nägele, Prof. Dr. Stefan 465
Nagel, Stephan 631
Narr, Patrick 589
Nartowska, Dr. Urszula 676
Nase, Dr. Eva 562, 682
Natz, Dr. Alexander 836
Nauheim, Dr. Markus 551
Naujoks, Andreas 522, 589
Naumann, Dr. Anja 313
Naumann, Dr. Christoph 96, 112, 376, 555, 556, 565, 566, 676, 686, 801
Nawroth, Dr. Christoph 337, 554, 675, 676
Nawroth, Dr. Claudia 828
Nawroth, Marianne 545, 665
Nebel, Dr. Thomas 643
Neben, Dr. Gerald 702, 889, 899
Nebendahl, Prof. Dr. Mathias 293

Nedden, Heiner 642, 644, 647
Nehlep, Hans-Thomas 584
Neighbour, Dr. Kerstin 472
Neises, Michael 520, 555
Neitzel, Dr. Jens 847
Nelle, Prof. Dr. Andreas 562, 682, 794, 800
Nepomuck, Dr. Lutz 936
Nerbel, Lars 400
Netzer, Axel von 478
Neubauer, Stefan 814
Neubaum, Thomas 517
Neufeld, Tobias 332, 465, 469, 471
Neuhaus, Kai 446, 485, 620, 621
Neuhaus, Dr. Martin 102, 560, 561, 680
Neuhöfer, Dr. Daniel 537, 942
Neumann, Dr. Holger 848, 849, 856
Neumann, Janosch 746
Neumayer, Dr. Jochen 429, 556
Neun, Dr. Andreas 832, 745, 811, 855, 761, 762, 758
Neunzig, Corinna 626
Neuß, Dr. Frank 351
Neussel, Dr. Walther 402
Neuwald, Dr. Philipp 703
Nickel, Dr. Jörg 342
Niebel, Dr. Rembert 692
Nieder, Dr. Michael 701
Niedermaier, Dr. Tilman 642, 643
Nieding, Klaus 652, 653
Niedner, Clemens 522
Niejahr, Dr. Nina 445
Niemann, Dr. Fabian 873
Niemann, Jörg 858
Niemeyer, Dr. Christoph 90, 673
Niemeyer, Dr. Hans-Jörg 447, 626, 733
Niemöller, Prof. Christian 590, 591
Nienerza, Dr. Michael 606
Nienkemper, Christian 333, 545
Niering, Dr. Christoph 610
Nießen, Dr. Thomas 558
Niestedt, Marian 485, 487
Niewerth, Dr. Johannes 580
Niggemann, Dr. Peter 623
Niklas, Thomas 471, 472
Nikoleyczik, Dr. Tobias 428, 552
Nilgen, Oliver 704
Nimphius, Michael 348
Nitsche, Christina 431
Nitschke, Volker 585
Nitz, Dr. Gerhard 826, 830, 832
Nitzsche, Dr. Dagobert 542
Nitzsche, Thomas 467
Nobel, Oliver 90, 606
Nölle, Dr. Jens-Uwe 288
Noftz, Timo 857
Nohlen, Dr. Nicolas 79, 638
Nolden, Dr. Christoph 111, 686
Nollmann, Dr. Jan 288
Nolte, Dr. Alexander 675, 795
Nolte, Prof. Dr. Norbert 530, 531, 847, 876
Nolting, Dr. Ekkehard 321
Nolting-Hauff, Dr. Wilhelm 339, 561, 562
Norda, Dr. Henriette 467
Nordemann, Prof. Dr. Axel 704
Nordemann, Prof. Dr. Jan 320, 704, 891, 889
Nordemann-Schiffel, Dr. Anke 704, 891
Nordholtz, Dr. Christian 677

INDEX PERSONEN

Nordlander, Kristina 445
Nordmann, Dr. Matthias 622, 732
Noreisch, Dr. Bernhard 430, 794, 797
Norouzi, Dr. Ali 947
Nottbusch, Dr. Claudia 286
Notthoff, Prof. Dr. Martin 291
Nottrott, Dr. Stephanie 433
Notz, Dr. Andreas 399
Nowak, Jamie 653
Nunn, Dr. Christian 583
Nussbaum, Dr. Peter 102, 680, 797
Nusser, Dr. Jens 744
Nüsser, Stefan 343
Nuthmann, Thomas 701

O

O, Semin 622
Ober, Dr. Boris 345
Oberbracht, Dr. Dirk 672, 793
Oberthür, Dr. Nathalie 467
Oberwinter, Dr. Jens-Wilhelm 376, 471
Odendahl, Dr. Tim 342, 548, 670
Oeben, Dr. Marc 836
Oelrichs, Dr. Carsten 286, 843
Oerder, Dr. Michael 749
Oertzen, Dr. Christian von 711, 713
Oest, Isabel 621
Oexle, Dr. Anno 742, 752
Özdemir, Gönül 341
Ohlhoff, Dr. Stefan 632, 657
Ohmann-Sauer, Dr. Ingrid 472
Ohnleiter, Harald 729
Ohrtmann, Dr. Nicola 346, 347, 758
Oldag, Attila 430, 677, 796
Olgemöller, Dr. Udo 740
Olk, Dr. Sebastian 428, 553, 674, 794
Olthoff, Merit 447, 623
Oltmanns, Dr. Martin 550, 792
Oltmanns, Dr. Michael 394, 559, 679
Opitz, Derk 518, 575, 805, 851
Opitz, Dr. Marc 758, 764
Oppen, Dr. Andreas von 368, 376, 553, 673
Oppen, Matthias von 508, 543, 788
Oppenheim, Dr. Robert 318, 506
Oppenhoff, Stephan 558, 678
Oppenländer, Dr. Steffen 668, 680, 792, 797
Oppolzer, Sebastian 630
Ortenburg, Friedrich Graf zu 292
Orth, Dr. Hermann 427, 548
Orth, Dr. Robert 561, 681
Orthmann, Dr. Sebastian 578
Orthwein, Dr. Matthias 881
Ortmanns, Dr. Jens 587, 588, 797
Ortner, Dr. Martina 556, 676
Osseforth, Tobias 100, 430, 765
Osten-Sacken, Wedig Baron von der 700
Osterloh, Dr. Falk 560, 680
Ostermaier, Dr. Christian 433
Oswald, Dr. Sven 283
Ott, Dr. Hendrik 290
Ott, Dr. Martin 766
Ott, Dr. Michael 698
Ott, Dr. Nicolas 397, 565
Otter, Jan 734
Otting, Dr. Olaf 767
Otto, Dr. Alexander 334
Otto, Dr. Andreas 578
Otto, Dr. Björn 466
Otto, Dr. Caroline 434
Ovie, Dr. Talke 348, 485

P

Pallinger, Dr. Kerstin 337
Pananis, Dr. Panos 935
Panknin, Jens 807
Pansch, Dr. Rüdiger 706
Panzer, Dr. Ralph 465
Panzer-Heemeier, Dr. Andrea 332, 465, 471
Pap, Dr. Michael 396
Pape, Dieter 339
Pape, Ulf-Dieter 733, 765
Pappalardo, Federico 426, 668, 669, 790
Paradissis, Dr. Alexander 935, 946
Parameswaran, Dr. Benjamin 86, 548, 549, 669
Park, Prof. Dr. Tido 347, 941
Parzinger, Dr. Josef 430
Paschos, Dr. Nikolaos 557, 558, 677
Pasewaldt, Dr. David 530, 932
Passarge, Dr. Malte 281
Patzelt, Dr. Wolfgang 423, 589, 590, 817
Patzina, Dr. Reinhard 907
Paudtke, Dr. Bernt 90, 552, 673, 674
Pauken, Thomas 339
Paukstadt, Maik 717
Paul, Dr. Carsten 338
Paul, Jörg-Alexander 873
Paul, Dr. Markus 792, 793
Paul, Dr. Thomas 648, 675
Paul, Ulrike 939
Pauli, Dirk 397
Pauls, Sonya 512, 789
Pauly, Jürgen 937
Pauly, Dr. Markus 752
Paura, Dr. Jörg 548, 669
Pautke, Dr. Stephanie 619, 621
Pawlytta, Mark 715
Pechan, Dr. Lambert 708
Pechartscheck, Dr. Ulf 602
Peiffer, Dr. Max 804, 806
Peisert, Marc 339
Peitsmeyer, Dr. Philip 428
Peltzer, Dr. Oliver 276
Pelz, Dr. Christian 535, 941
Pelzer, Dr. Sebastian 474
Penner, Dr. Nicolas 292
Pense, Dr. Andreas 894
Pentz, Prof. Dr. Andreas 563
Penzlin, Dr. Dietmar 284, 611
Perz, Dr. Markus 725, 729
Peschel-Mehner, Dr. Andreas 881, 893
Peschke, Dr. Thomas 106, 681
Peter, Dr. Christoph 631
Peterka, Thomas 485
Peters, Dr. Ingo 383
Peters, Kai 938
Peters, Dr. Wolfgang 339
Petersdorff-Campen, Stephan von 706
Petersen, Dr. Bjarne 284
Petersen, Dr. Julia 669
Petersen, Dr. Nikolaus 322, 324
Petersenn, Dr. Morten 700
Petrasincu, Dr. Alex 616, 621, 625, 647
Petri, Dirk 946

Petri, Knuth 383
Petry, Jens 707
Petsch, Tom 656
Petzold, Heiko 284
Peukert, Dr. Matthias 283
Pfaff, Dr. Markus 519
Pfalzgraf, Dr. Patrick 466
Pfeifer, Dr. Tillmann 686, 818
Pfeil, Dr. Julia 483, 486
Pfisterer, Dr. Benedikt 729
Pfisterer, Claus 287
Pflüger, Dr. Daniel 423, 589, 590
Pflüger, Dr. Frank 827
Pflugmacher, Dr. Ingo 828, 348
Pfordte, Thilo 942
Pfrenger, Norbert 942
Pfüller, Markus 565
Philipp, Dr. Christoph 717
Philippi, Dr. Ulrich 679
Pickenpack, Dr. Vanessa 653
Pickrahn, Dr. Günter 639, 642
Picot, Dr. Henriette 873
Pielka, Dr. Hendrik 507
Pielorz, Dr. Michael 336
Pietzcker, Dr. Søren 700
Piezynski, Joachim 468
Pinnow, Christian 830
Pintsch, Dr. Tanja 433
Pirpamer, Bernd 468
Pitsch, Johannes 340
Pitz, Sebastian 540, 566, 687
Pitzer, Alexander 841
Plagemann, Nikolaus 341, 565
Plank, Dr. Leo 430, 602, 609
Plassmeier, Dr. Guido 351
Plate, Dr. John-Christian 699
Plath, Dr. Kai-Uwe 702, 878
Plath, Dr. Tobias 906
Plathner, Dr. Markus 603
Platt, Oliver 585
Plehwe, Dr. Thomas von 646
Pleister, Prof. Dr. Christian 560, 610, 667, 680, 798
Plepelits, Marc 494, 508
Pleßke, Dr. Claudia 563
Pleul, Konradin 92, 92
Plitt, Dr. David 477
Plog, Dr. Philipp 87, 697
Pluta, Michael 611
Pochhammer, Dr. Janina 818
Podehl, Dr. Jörg 337
Pöllath, Prof. Dr. Reinhard 711, 712
Pörnbacher, Karl 642, 644, 649, 812
Pörtge, Dr. Jochen 536, 537
Pötters, Dr. Stephan 478
Pofahl, Mario 678
Pohl, Marc-Sebastian 434
Pohle, Jan 875, 911
Pohlmann, Dr. Andreas 530, 536
Pokropp, Dr. Torsten 374, 576, 577, 809, 854
Polley, Prof. Dr. Romina 342, 619, 620
Ponath, Dr. Gerrit 710
Ponseck, Joachim 544
Porsch, Dr. Winfried 744, 809
Posluschny, Ivo 676, 795
Pospich, Annette 573, 588, 589
Posser, Dr. Herbert 739, 742, 752, 816, 858
Potinecke, Dr. Harald 530
Pott, Dr. Hans-Michael 340
Potthast, Dr. Walter 753

Powell, Mark 450
Pragal, Dr. Oliver 941
Prall, Dr. Ursula 807
Prange, Hans 708
Prauser, Christian 436
Preedy, Dr. Kara 92, 470
Preisenberger, Dr. Simon 686, 801
Preißler, Reinhold 435, 837
Pres, Dr. Sascha 707
Prieß, Dr. Hans-Joachim 485
Prigge, Thorsten 600
Prinz, Prof. Dr. Matthias 898, 900
Prittwitz und Gaffron, Adrian von 553, 674
Pröpper, Dr. Martin 468
Prokoph, Torsten 392
Prosteder, Dr. Dorothee 610
Prothmann, Dr. Martin 397, 581
Prüfer, Dr. Sven 601
Prüßner, Dr. Michael 103, 431, 549, 561, 670, 680
Pruggmayer, Steffen 322, 324
Prusko, Dr. Wolfram 609
Püschel, Christof 946
Püschel, Dr. Constanze 830
Püschel, David 937, 938
Pütz, Achim 516
Puff, Dr. Alexandra 691
Puffe, Dr. Thomas 463
Purps, Dr. Thorsten 320
Pusch, Dr. Tobias 470, 471

Q

Quaas, Prof. Dr. Michael 837
Quack, Dr. Christian 333
Quack, Ulrich 632, 754, 818
Quardt, Gabriele 733
Quass, Dr. Guido 559
Quedenfeld, Dr. Dietrich 942
Queisner, Dr. Georg 759
Quinke, Dr. David 642, 646

R

Raab, Thomas 707
Raabe, Prof. Dr. Marius 293
Radau, Dr. Hans 560, 891
Radbruch, Markus 857
Raddatz, Dr. Anselm 547, 667, 669, 787, 789, 792, 808
Rademacher, Dr. Ulf 350
Rademacher, Klaus-Peter 591
Rädler, Dr. Peter 646
Räpple, Dr. Thilo 827, 830
Raible, Dr. Martin 624, 811
Raitz von Frentz, Dr. Wolfgang Frhr. 879, 891
Rajani, Dr. Ritesh 93, 674
Rakob, Sebastian 642
Ramsauer, Prof. Dr. Ulrich 745
Randt, Dr. Karsten 935
Ranft, Michael-Florian 565
Rang, Alexander 510
Rappen, Stefan 742
Raschke, Dr. Thorsten 284
Rasmussen-Bonne, Prof. Dr. Hans-Eric 802
Rasner, Dr. Andreas 378
Rasner, Dr. Markus 680, 681, 798
Raßmann, Dr. Christian 703
Ratajczak, Prof. Dr. Thomas 837
Rath, David 510
Rath, Dr. Michael 879
Rath, Peter 434, 435
Rath, Dr. Regina 103, 378
Rathke, Dr. Carola 86, 320, 517

PERSONEN INDEX

Ratjen, Dr. Eckhard 694
Rau, Dr. Stephan 559, 679, 797, 835
Rauda, Dr. Christian 887
Raue, Prof. Dr. Peter 892
Rauh, Dr. Theo 339
Rauls, Dr. Henning 291, 552
Rauscher, Oliver 701
Raven, Rudolf von 324
Rawe, Dr. Luca 477
Rawert, Prof. Dr. Peter 729
Rebel, Felix 394, 559, 679
Rebell-Houben, Hanja 398
Rebmann, Dr. Volker 727
Rechberger, Dr. Clemens 381, 511
Rechten, Stephan 756
Recktenwald, Dr. Claus 351
Redeker, Sandra 707
Reeg, Dr. Axel 399
Reese, Birgit 676, 912
Reese, Dr. Jan 293
Reese, Dr. Ulrich 828, 830
Regelin, Dr. Frank 511, 561
Reger, Dr. Gerald 560, 561, 680
Rehaag, Dr. Constantin 696
Rehart, Nikolaus 696
Rehberg, Eva 485
Rehborn, Prof. Dr. Martin 837
Reher, Dr. Tim 619, 621
Rehmann, Dr. Wolfgang 838
Reich, Dr. Dietmar 732
Reich, Dr. Michael 630
Reiche, Dr. Felix 275
Reichel, Dr. Christian 465, 469
Reichert, Prof. Dr. Jochem 397, 545, 565, 642, 656, 686
Reichert, Dr. Ronald 753
Reichert-Clauß, Dr. Andrea 314
Reichert-Facilides, Dr. Daniel 854
Reichling, Dr. Ingrid 762
Reichling, Dr. Tilman 934, 935
Reidenbach, Dr. Dirk 468, 550, 671, 678
Reidt, Prof. Dr. Olaf 743, 753, 767, 858, 816
Reil, Dr. Stephanny 580
Reimann, Oliver 283
Reimann, Sabine 583
Reimer, Dr. Richard 505
Rein, Dr. Thorben 282
Reinhard, Dr. Barbara 470, 471
Reinhard, Dr. Thorsten 560, 680, 729
Reinhard, Dr. Tim 705
Reinhardt, Dr. Wilhelm 550, 551, 672, 793
Reinhardt-Kasperek, Dr. Sarah 463
Reinhart, Dr. Andreas 843
Reinhart, Michael 943
Reinhuber, Dr. Nikolaus 665
Reinschmidt, Bastian 314
Reischauer, Thomas 577, 726
Reiter, Dr. Christian 713
Reith, Prof. Dr. Thomas 394
Reitz, Dr. Henning 473
Rempp, Ansgar 97, 556, 667, 676
Rentsch, Dr. Klaus 289
Renzenbrink, Dr. Ulf 284, 683, 684, 800
Reschucha, Boris 314
Reski, Dr. Marcus 728
Restorff, Henning von 397
Retsch, Dr. Alexander 551
Rettenbeck, Dr. Stephan 425
Rettenmaier, Felix 942

Reubekeul, Lars 578
Reudelhuber, Dr. Eva 519, 520, 855
Reufels, Prof. Dr. Martin 472, 922
Reuker, Ulf 941
Reus, Alexander 601
Reymann-Brauer, Martin 435
Rhiel, Dr. Jörg 667, 669, 787, 789
Richardi, Dr. Jörg 392
Richter, Dr. Andreas 712, 713
Richter, Dr. Ann-Christin 616, 625
Richter, Dr. Bernd 293
Richter, Clemens 429, 555
Richter, Dr. Hanns-Uwe 399
Richter, Dr. Marcus 470, 471
Richter, Dr. Thilo 348, 807, 813
Richter, Thomas 423, 575
Richter, Dr. Thomas 937
Richter, Wolfgang 424, 544, 710
Richter, Dr. Wolfgang 287
Richthofen, Dr. Valerian Frhr. von 106, 815
Richtscheid, Steffen 325
Rickauer, Jan 277
Rieckers, Dr. Oliver 554
Riede, Dr. Marc 519, 853
Riedel, Andreas 382
Riedel, Dr. Hannspeter 431, 717
Riedemann, Nicole 602, 605
Rieder, Dr. Markus 89, 645
Rief-Drewes, Dr. Fabian 319
Rieg, Dr. Jürgen 393
Riegen, Dr. Arend von 88, 550, 671, 672, 793
Rieger, Dr. Alexander 676, 812, 848
Rieger, Dr. Norbert 102, 545, 559, 560, 667, 679, 797
Rieken, Dr. Christoph 704
Riemenschneider, Dr. Jakob 565
Riemenschneider, Dr. Severin 899
Riemer, Dr. Jens-Berghe 435
Riemer, Dr. Konrad 813
Riese, Dr. Christoph 745, 811
Rietdorf, Dr. Marco 753
Riethmüller, Dr. Arno 656
Riggert, Dr. Rainer 611
Rindfleisch, Corinna 285
Rindfleisch, Dr. Stefan 280
Ringle, Andrea 277
Rinkler, Axel 646
Rinne, Dr. Alexander 620, 629
Rintelen, Dr. Claus von 584
Risse, Prof. Dr. Jörg 639, 642, 644, 806
Ristelhuber, Johannes 546
Ritter, Dr. Jörg 431, 561
Ritter, Dr. Thomas 466
Rittscher, Dr. Hauke 280
Ritvay, Dr. Alexander 560, 667, 680
Ritz, Christian 626
Ritz, Dr. Sebastian 84, 342
Ritzer, Dr. Christoph 880
Ritzmann, Dr. Katy 553, 794
Robak, Dr. Markus 701, 899, 923
Robles y Zepf, Carlos 101, 374, 377, 548, 559, 669, 679
Rodewoldt, Dr. Dirk 743
Rodin, Dr. Andreas 107, 513, 516, 517, 802
Röbke, Dr. Marc 765
Röchert, Dr. Norman 794, 801
Röckrath, Dr. Luidger 646
Rödder, Prof. Dr. Thomas 347

Röder, Dr. Daniel 376, 553, 647, 673
Röder, Prof. Dr. Gerhard 469
Rödl, Prof. Dr. Christian 108, 435, 563, 564
Röger, Hendrik 480
Röh, Dr. Lars 318, 506, 650
Röhling, Dr. Frank 486, 623, 887, 888
Röhrborn, Dr. Stefan 465, 480
Röhricht, Dr. Hendrik 542
Röhrig, Dr. Markus 447, 626
Röller, Jürgen 474
Rölz, Annette 470
Römermann, Dr. Martin 478
Rösch, Dr. Florian 581
Rösner, Verena 750
Röwekamp, Dr. Hendrik 758, 764
Rohde, Heinrich 402
Rohde, Thilo 277, 545
Rohls, Dr. Michael 645
Rohnke, Prof. Dr. Christian 646
Rohrer, Dr. Sebastian 541, 811
Rohrßen, Dr. Benedikt 926
Rollin, Dr. Philippe 284
Rom, Ferdinand von 546
Rom, Dr. Maximilian von 503, 912
Romba, Eric 318, 506
Rombach, Dr. Paul 730
Roos, Dr. Michael 377, 677, 796
Roquette, Dr. Andreas 578
Rose, Dr. Matthias 351
Rosenberg, Dr. Oliver von 675, 795
Rosenboom, Dr. Torsten 96, 112, 376, 555, 556, 565, 566, 676, 686, 818
Rosenfeld, Dr. Andreas 449, 620, 631, 734
Rosenfeld, Dr. Friedrich 647
Rosengarten, Dr. Joachim 675
Rosenkötter, Dr. Annette 758, 761
Rosenthal, Dr. Michael 450
Rosenthal, Simone 881
Rosin, Dr. Peter 807, 817
Rosinus, Dr. Christian 943
Roßkopf, Dr. Gabriele 552
Roßkopf, Dr. Stefan 402
Roßner, Lars 334
Roth, Dr. Frank 643, 760, 854
Roth, Prof. Dr. Wolfgang 753
Rothenburg, Dr. Vera 551, 552
Rothenfußer, Dr. Christoph 559, 560, 680
Rothermel, Dr. Martin 919, 926
Rothfuchs, Dr. Hermann 807
Roth-Neuschild, Birgit 396
Rousseau, Dr. Marc-André 684
Rubin, Hannah 755
Ruby, Dr. Peter 519
Ruckteschler, Dr. Dorothee 644
Rudersdorf, Jost 559, 679
Rudnau, Michael 393
Rudo, Joachim 290
Rudolph, Jan 477, 479
Rücker, Dr. Daniel 879
Rückert, Dr. Susanne 549
Rüden, Dr. Michael von 335, 547, 669
Rüdiger de Erice, Pablo 796
Rühland, Bernd 336
Ruess, Prof. Dr. Peter 692
Rütz, Dr. Eva 472, 475
Rützel, Dr. Stefan 642, 644, 646
Ruge, Jan 465, 477
Ruhl, Dr. Hans-Jürgen 696

Ruland, Dr. Yorick 504
Rumetsch, Johann 581
Rummel, Dr. Leonard Frhr. von 485
Runkel, Kai 700
Runte, Christian 874
Runte, Dr. Julia 280
Runte, Dr. René 589
Rupp, Andreas 548
Rupp, Ulla 475
Ruppel, Conrad 370
Ruppelt, Dr. Daniel 318
Russ, Prof. Dr. Christian 382
Ruttig, Prof. Dr. Markus 695, 742, 886
Ruttkamp, Silke 467
Ruttloff, Dr. Marc 90, 745, 744, 745, 811, 855, 921
Rybak, Dr. Christian 831

S

Sacher, Dr. Thomas 79, 543, 664
Sachs, Dr. Bärbel 485, 487, 488, 489
Sachs, Dr. Gunnar 828, 918, 919
Sachs, Prof. Dr. Klaus 85, 643, 644
Sachslehner, Dr. Markus 675, 794
Sack, Manuel 603
Sacré, Marcus 705
Sälzer, Marc 383
Sättele, Dr. Annette 399
Sahan, Dr. Oliver 943
Sailer-Coceani, Dr. Viola 554, 648
Salamon, Dr. Erwin 468
Salder, Dr. Christian 485
Salevic, Dr. Marc 849
Salger, Dr. Carsten 642
Salomon, Thomas 922
Sambuc, Prof. Dr. Thomas 706
Sammer, Dietrich 374, 579
Samson-Himmelstjerna, Dr. Fabian von 422, 433, 685, 800
Sandberg, Dr. Karin 699
Sander, Dr. Axel 838
Sander, Dr. Charlotte 669
Sandkuhl, Dr. Heide 320
Sandmann, Dr. Hendrik 374
Sanner, Dr. Julian 620
Santelmann, Dr. Matthias 547, 726, 791, 809
Santüns, Thomas 726
Sappa, Ingo 477, 479
Sapunov, Dr. Constantin 546
Sartorius, Dr. Matthias 934, 935
Sasse, Dr. Stefan 325
Saucken, Dr. Alexander von 945
Sauer, Dr. Jörg 712
Sauer, Dr. Knut 508
Saur, Till-Manuel 799
Sausmekat, Alexandra 807
Sawang, Dr. Judith 638
Sax, Dr. Stefan 84, 602, 604
Schaaf, Dr. Martin 903, 910
Schaaf, Rainer 437
Schabenberger, Dr. Andreas 700
Schabram, Dirk 468
Schabram, Peter 837
Schacker, Dr. Bertram 347, 351
Schackmann, Dr. Markus 335, 669
Schade, Friedemann 603
Schade, Dr. Stephan 516
Schäckel, Dr. Thorsten 348
Schäfer, Dr. Achim 393
Schäfer, Amelie 466, 472
Schäfer, Prof. Dr. Frank 340, 495, 503, 507, 655

INDEX PERSONEN

Schaefer, Dr. Franz 676
Schäfer, Dr. Helge 542, 663, 788
Schäfer, Jan 642, 644, 649, 650
Schaefer, Dr. Martin 885
Schäfer, Dr. Michael 577
Schäfer, Dr. Ralf 817
Schäfer, Simone 708
Schäfer, Dr. Thiemo 341
Schäfer, Dr. Ulrike 340
Schäfer, Volker 505, 650
Schäffer, Dr. Rebecca 740, 757
Schäffler, Dr. Frank 394, 607
Schäuble, Dr. Marina 423, 589, 590
Schäuble, Dr. Philipp 476
Schaffner, Dr. Klaus 679
Schalast, Prof. Dr. Christoph 379
Schalle, Dr. Heidrun 807
Schaloske, Dr. Henning 904, 905, 911
Schaper, Dr. Martin 802
Schapmann, Dr. Carsten 554, 555
Scharf, Dr. Jan 762
Scharf, Dr. Norbert 936
Scharnke, Martin 494
Schartl, Oliver 610
Schatz, Christian 514
Schaub, Dr. Bernhard 730
Schauf, Dr. Jörg 935
Schauhoff, Prof. Dr. Stephan 712, 713
Schede, Dr. Christian 579, 581, 673
Scheel, Dr. Hansjörg 912
Scheer-Hennings, Reinhard 577, 579
Schefzig, Dr. Jens 875, 880
Scheicht, Katrin 477
Scheidle, Andreas 428
Schellberg, Dr. Margret 348, 813
Schellenberg, Dr. Martin 763
Schelling, Dr. Wolfgang 476
Schellscheidt, Sabine 280, 549, 670
Schemann, Jürgen 346, 541
Schenk, Dr. Hans 599, 607
Scherer, Dr. Christian 743, 760
Scherer, Prof. Dr. Joachim 846
Scherer, Prof. Dr. Stephan 711, 712
Scherl, Dr. Georg 727
Scherp, Dr. Dirk 532
Scherrer, Dr. Sebastian 291, 552
Schertz, Prof. Dr. Christian 898, 900
Scheuer, Dr. Steffen 465
Scheunemann, Dr. Marc 675
Schickert, Dr. Jörg 830, 833, 922
Schiemann, Axel 505
Schiepel, André 475
Schiessl, Dr. Maximilian 667, 675, 792, 795
Schiffer, Rebekka 695
Schiffer, Dr. Tassilo 742
Schiffers, Dr. Gregor 627
Schildt, Dr. Charlotte 604
Schiller, Dr. Gernot 743, 816
Schillhorn, Dr. Kerrin 835
Schilling, Angela 369, 380, 463
Schilling, Dr. Hellen 938
Schilmar, Boris 338, 557
Schimmelpfennig, Dr. Hans-Christoph 476
Schindele, Friedrich 468
Schindler, Dr. Gösta 279
Schindler, Jürgen 445, 617

Schink, Prof. Dr. Alexander 753
Schinköth, Dr. Jan 672, 673, 793, 794
Schipp, Dr. Johannes 479
Schippan, Dr. Martin 891, 899
Schirmer, Heinrich 578
Schlabrendorff, Dr. Fabian von 644
Schläfke, Dr. Henner 102, 653
Schlee, Dr. Alexander 499, 510, 511
Schleich, Dr. Sascha 401
Schlemminger, Dr. Horst 536
Schlenger, Christoph 926
Schlieper, Dr. Patrick 708
Schließner, Ursula 448
Schlingmann, Dr. Matthias 643
Schlitt, Prof. Dr. Michael 509, 510, 555
Schlobach, Frank 520
Schlösser, Sarah 292
Schlösser, Dr. Tim 320
Schlottmann, Dr. Dennis 684, 800
Schlotzhauer, Sven 425, 874
Schluck-Amend, Dr. Alexandra 604
Schmädicke, Dr. Axel 464
Schmechel, Dr. Olaf 581
Schmeisser, Dr. Fabian 396
Schmelt, Jens 679
Schmid, Dr. Eckhard 465, 466
Schmid, Dr. Gregor 707, 893
Schmid, Sebastian 578
Schmid, Dr. Thomas 431, 681, 798
Schmidkonz, Ralph 322
Schmidl, Prof. Dr. Michael 873
Schmid-Sperber, Reinhold 293, 611
Schmidt, Dr. Barbara 322
Schmidt, Prof. Dr. Gerhard 381, 433, 566, 667, 686, 792, 801
Schmidt, Dr. Jens 449, 629
Schmidt, Dr. Konrad 398
Schmidt, Prof. Dr. Marlene 467, 470
Schmidt, Dr. Martin 531, 727
Schmidt, Dr. Oliver 391, 548, 670
Schmidt, Dr. Peter 795
Schmidt, Dr. Philip 559
Schmidt-Ahrendts, Dr. Nils 642, 645, 647
Schmidt-Bleker, Dr. Roland 753
Schmidt-Hern, Dr. Kai 703
Schmidt-Hollburg, Dr. Hartwig 282
Schmidt-Husson, Dr. Franck 394, 908
Schmidt-Jortzig, Dr. Edzard 284
Schmidt-Ott, Dr. Justus 562, 682
Schmidt-Sauerhöfer, Florian 701
Schmidt-Versteyl, Dr. Michael 340
Schmidt-Volkmar, Dr. Florian 630
Schmidt-Vollmer, Dr. Bastian 286
Schmiedeknecht, Nils 383
Schmies, Dr. Christian 515
Schmitt, Christian 706
Schmitt, Dr. Christian 650
Schmitt, Dr. Oliver 684
Schmitt, Prof. Dr. Ralph 646
Schmitt, Dr. Thomas 402
Schmittmann, Michael 888
Schmitz, Dr. Bernd-Wilhelm 655
Schmitz, Dr. Christian 946
Schmitz, Dr. Claus 585
Schmitz, Dr. Dirk 904
Schmitz, Dr. Florian 877, 921
Schmitz, Heike 337, 554
Schmitz, Dr. Holger 750, 814

Schmitz, Dr. Nicolás 699
Schmitz, Thomas 351, 701
Schmitz-Fohrmann, Dr. Volker 694
Schmitz-Schunken, Christoph 348
Schmoll, Dr. Andrea 705
Schmuck, Dr. Thomas 669
Schnabl, Dr. Daniel 645
Schneevogl, Dr. Kai-Uwe 758, 762
Schneider, Dr. Carmen 808
Schneider, Carsten 106
Schneider, Dr. Christian 643, 905
Schneider, Dr. Christof 543
Schneider, Claudia 678
Schneider, Dr. Georg 798
Schneider, Dr. Henning 98, 557, 558, 677, 834
Schneider, Dr. Ingo 287
Schneider, Prof. Dr. Jochen 875
Schneider, Dr. Johan 608
Schneider, Kristina 675
Schneider, Michael 547
Schneider, Dr. Moritz 728
Schneider, Olaf 528
Schneider, Dr. Sebastian 428, 552, 811
Schneider, Dr. Thomas 943
Schneider, Dr. Tobias 668, 790
Schnelle, Prof. Dr. Ulrich 392
Schnepp, Dr. Winfried 905, 911
Schniepp, Dr. Steffen 86, 394, 549, 550, 562, 670, 671
Schnigula, Carolin 434, 480
Schnitker, Dr. Elmar 469
Schnittker, Dr. Helder 320
Schnitzler, Kristof 379
Schnorbus, Dr. York 381, 564, 685
Schnug, Rüdiger 906
Schnurre, Sebastian 804, 806
Schockenhoff, Dr. Martin 713
Schöler, Dr. Karolina 699
Schöllmann, Hildegard 646, 699, 906
Schönberger, Christopher 431, 717
Schoene, Dr. Volker 703
Schönemann, Dr. Clemens 573
Schöner, Dr. Markus 620, 621, 695
Schönfeld, Prof. Dr. Jens 713
Schönfeld, Julia 288
Schönhaar, Dr. Tobias 802
Schöning, Dr. Anne 283
Schöning, Dr. Falk 448, 488, 626
Schönnenbeck, Philipp 578
Schöttle, Dr. Hendrik 880
Schoknecht, Beate 467
Scholderer, Dr. Frank 547
Scholl, Dr. Patrick 497, 499, 506
Scholl, Tobias 392
Scholl, Dr. Wolfgang 542
Scholten, Ralf 467
Scholtka, Dr. Boris 807, 810
Scholz, Dr. Jochen 396
Scholz, Dr. Kai-Steffen 554, 713
Scholz, Dr. Matthias 873
Scholz, Dr. Richard 599, 607, 613
Scholz, Dr. Ulrich 623, 807, 810
Scholz, Dr. Uwe 348
Scholz, Dr. Uwe 350
Scholz-Recht, Nicola 435, 436
Schomaker, Sabine 522
Schomburg, Sören 945
Schomm, Dr. Katharina Anna 947
Schommer, Dr. Tim 904
Schommer, Dr. Tobias 464
Schoneweg, Dr. Hans 663
Schoofs, Oliver 587

Schoop, Dr. Christian 530, 531, 933
Schoppen, Claudia 740
Schorisch, Henning 608
Schork, Dr. Alexander 943
Schorlemer, Dr. Benedikt Frhr. von 79, 664, 666
Schorling, Dr. Peter 553, 580, 581, 673
Schorn, Dr. Martin 102, 431, 535, 536, 941
Schott, Dr. Konrad 514, 854
Schott, Stefanie 383, 938
Schrade, Silvia 382
Schrader, Dr. Carsten 855
Schrader, Dr. Leif 796
Schrader, Dr. Nikolaus 678
Schrader, Dr. Peter 291
Schramm, Katja 739, 744
Schramm, Dr. Lennart 727
Schramm, Dr. Nils 471, 472
Schramm, Dr. Stefan 103, 522, 589
Schramm, Dr. Tanja 904, 911
Schreibauer, Dr. Marcus 878
Schreiber, Dr. Kristina 813, 849
Schreiber, Dr. Lutz 86, 875
Schreiber, Tim 642
Schreier, Dr. Torsten 876, 912
Schreiner, Paul 475
Schrell, Thomas 520
Schrey, Dr. Andreas 725
Schrey, Prof. Dr. Joachim 879
Schreyvogel, Maurus 63
Schröder, Dr. Christian 339
Schröder, Prof. Dr. Dirk 342, 620
Schroeder, Dr. Hans-Patrick 645
Schröder, Dr. Hubertus 275
Schröder, Dr. Jan 542, 663, 902, 910, 911
Schröder, Jörg 396
Schröder, Dr. Mathias 555, 675
Schröder, Dr. Matthias 704
Schröder, Dr. Oliver 686
Schröder, Dr. Stefan 812
Schröder, Dr. Steffen 830
Schrotz, Dr. Jan-Oliver 275
Schubert, Christian 933
Schubert, Sascha 447
Schubert, Thomas 669
Schuck, Dr. Frank 709, 715
Schüler, Dr. Wolfgang 345
Schürer, Dr. Sebastian 337
Schürmann, Jan 818
Schürmann, Kathrin 881
Schürmann, Vanessa 523
Schürmann-Bratz, Petra 383
Schütte, Nina 277
Schütte, Prof. Dr. Peter 741, 742
Schütte, Reinhard 468
Schütz, Dr. Bernhard 730
Schütz, Dr. Raimund 344, 813, 849
Schütz, Dr. Robert 712
Schütze, Dr. Joachim 620, 919
Schugardt, Björn 289
Schulenburg, Dr. Friedrich 551, 672
Schuler, Dr. Ulf 727
Schult, Dr. Ludger 428, 672, 793
Schulte, Dr. Norbert 559, 679
Schulte-Beckhausen, Dr. Thomas 344, 696, 703
Schulte-Bosse, Bibiane 830, 838
Schultehinrichs, Dr. Friedrich 943
Schulten, Tobias 577
Schultz, Dr. Detlef von 695

PERSONEN INDEX

Schultze, Dr. Jörg-Martin 621
Schultze, Dr. Thilo 607
Schultze-Moderow, Dr. Lukas 646
Schultz-Süchting, Dr. Niko 579, 580
Schulz, Dr. Andreas 701
Schulz, Axel 450, 632
Schulz, Dr. Dietmar 604
Schulz, Evelyn 831, 836
Schulz, Dr. Guido 584
Schulz, Sonja 286, 843
Schulz, Thomas 810, 813
Schulz, Dr. Thomas 680, 798
Schulze, Dr. Jörn-Christian 332, 664, 666
Schulze, Marc-Oliver 467
Schulze Steinen, Dr. Mathias 669, 791
Schulze Zumkley, Dr. Kathrin 479
Schulze zur Wiesche, Dr. Jens 849
Schulz-Gardyan, Dr. Olaf 285, 817
Schumacher, Dr. Jan 706
Schumacher, Sibylle 654
Schumacher, Dr. Wibke 90, 811
Schumann, Dr. Christoph 699
Schumann, Gerald 669, 86
Schunke, Dr. Maximilian 291, 698, 698
Schuppert, Dr. Stefan 878
Schuran, Stephan 340
Schuster, Dr. Doris-Maria 469
Schuster, Dr. Gunnar 88, 503
Schuster, Dr. Michael 608
Schwab, Dr. Martin 730
Schwab, Dr. Maximilian 382, 687, 802
Schwabe, Angelika 583, 763
Schwalb, Susanne 643
Schwampe, Prof. Dr. Dieter 276
Schwander, Dr. Anna 556
Schwandtner, Dr. Christian 668, 675, 795
Schwartzkopff, Michael 344
Schwarz, Dr. Alexander 89, 672
Schwarz, Dr. Benno 89, 532, 551
Schwarz, Dr. Eckard 472
Schwarz, Prof. Dr. Mathias 889, 893
Schwarz, Oliver 756
Schwarz, Dr. Simon 546, 550
Schwarzburg, Tim 402
Schweda, Dr. Marc 626, 733, 763
Schwedt, Kirstin 650
Schwegler, Dr. Michael 468, 471
Schweibert, Dr. Ulrike 470, 471, 478
Schweinoch, Martin 881
Schwem, Frank 374, 576, 577
Schwendinger, Dr. Gerd 487, 733, 855
Schweneke, Sven 103, 431, 549, 561, 670, 671, 680, 798
Schwerdtfeger, Dr. Max 935, 941
Schwertmann, Dr. Malte 436
Schwertner, Dr. Inga 749
Schwilden, Dr. Stephan 463
Seagon, Christopher 613
Sedlitz, Jochen 394, 599, 607
Seebacher, Krikor 468
Seeger, Börge 283
Seeger, Kirsten 283
Seel, Dr. Philip 351
Seele, Dr. Sébastien 592
Seelig, Dr. Geert-Johann 703
Seeliger, Prof. Dr. Daniela 620, 628

Seeling, Prof. Dr. Rolf 437
Seelmann-Eggebert, Dr. Sebastian 643, 650
Segger, Dr. Stefan 908
Seibt, Prof. Dr. Christoph 88, 550, 551, 671, 821
Seibt, Daniel 580
Seidel, Sören 279
Seidel, Dr. Thorsten 665
Seidenfus, Valentin 292
Seidl, Dr. Christoph 423, 428
Seidler, Christoph 472, 473
Seifert, Dr. Konstantin 630
Seiffert, Dr. Marc 393
Seikel, Dr. Gregor 561
Seiler, Dr. Dirk 376, 533, 648
Seiler, Dr. Oliver 509, 510
Seip, Fabian 848
Seith, Dr. Sebastian 396
Seitz, Björn 641, 903, 905
Seitz, Dr. Jochen 497, 503, 505
Seitz, Dr. Stefan 345, 465, 470, 471, 478
Seitz, Dr. Theodor 436
Sellmann, Julia 671
Selter, Dr. Wolfgang 564
Selzner, Dr. Harald 560, 680, 681
Semmler, Dr. Jörg 646
Senff, Dr. Thomas 93
Sengpiel, Dr. Markus 100
Senninger, Dr. Alexander 612
Serth, Volker 374
Sessler, Dr. Anke 655
Seulen, Dr. Günter 561
Seyfarth, Dr. Georg 554, 675
Sharma, Dr. Daniel 643
Shell, Dr. Andreas 909
Sickinger, Dr. Mirko 555
Sidhu, Dr. Karl 945
Siebenhaar, Tina 577, 726
Sieber, Dr. Henning-Wolfgang 581
Sieberg, Dr. Christoph 813, 348
Siebert, Dr. Arvid 288
Siebert, Dr. Jacob 668, 790
Siebert, Jens 474
Siebertz, Nadja 695
Siebler, Dr. Felix 768
Sieg, Dr. Oliver 653, 905, 907
Siegburg, Prof. Frank 343
Siegels, Dr. Jörg 378
Siegemund, Rouven 799
Siegert, Dr. Reinhard 626, 922
Siegmann, Prof. Dr. Matthias 646
Siemers, Jürgen 466
Siemers, Lothar 717
Sienz, Christian 585
Siepelt, Prof. Dr. Stefan 344
Siepmann, Dr. Hildrun 581
Sigel, Dr. Peter 393, 728
Silberberger, Dr. Uwe 468, 470
Sill, Dr. Torsten 695
Simon, Dr. Gesa 706
Simon, Dr. Oliver 466
Simonis, Marco 512, 911
Simonot, Damian 431
Sippel, Dr. Florian 378, 798
Sitsen, Dr. Michael 857
Sittard, Dr. Ulrich 469, 472
Sitter, Dr. Julia 540
Sitzenfrei, Dr. Wolfram 392
Skala, Felix 621
Skoupil, Dr. Christoph 532
Slabschi, Dr. Peter 281
Slobodenjuk, Dr. Dimitri 486, 620
Smok, Dr. Robin 383

Smolarek, Jan-Eric 289
Smousavi, Shaghayegh 809
Snelders, Robbert 446
Sobotta, Jan 730
Socher, Dr. Oliver 518
Söder, Dr. Stefan 893, 899, 901
Söffing, Prof. Dr. Andreas 711, 713
Söhnchen, Markus 553
Sohbi, Hassan 686, 801
Sokolov, Nikolai 96
Soltau, Christoff 621
Soltész, Dr. Ulrich 447, 624, 732, 743, 745, 855
Soltwedel, Stefanie 651
Sonder, Dr. Nicolas 394
Sonntag, Dr. Matthias 698
Sopp, Michaela 422, 433
Soppe, Dr. Martin 892
Sorg, Dr. Martin 390, 711
Sorgenfrei, Ulrich 944
Sormann, Sascha 433
Soudry, Dr. Daniel 768
Soyka, Dr. Till 940
Späth, Alexander 702
Spahlinger, Dr. Andreas 552, 602, 606
Spangenberg, Dr. Jan 645, 651
Sparr, Dr. Jürgen 564, 685, 926
Spatscheck, Dr. Rainer 430, 649, 938
Specovius, Detlef 602, 611
Spehl, Dr. Stephan 639
Spellerberg, Dr. Andrea 589
Spenner, Katharina 917
Spiegelhalder, Dr. Torsten 707
Spieker, Dr. Oliver 921
Spiekermann, Dr. Kristin 817
Spielberger, Dr. Marc 465, 467
Spiering, Dr. Christoph 814
Spies, Stephan 402
Spießhofer, Dr. Birgit 821
Spieth, Dr. Wolf 739, 743, 752, 816
Spilker, Dr. Matthias 917
Spilok, Dr. Stephan 392
Spintig, Christian 700
Spittka, Jan 904, 911
Spitz, René 802
Splittgerber, Dr. Andreas 432, 881
Spoerr, Prof. Dr. Wolfgang 533, 743, 745, 833, 848, 855, 888, 937
Springer, Dr. Ralf 857
Srocke, Dr. Marc-Oliver 885, 897, 899
Staab, Günter 402, 403
Stadler, Dr. Christoph 620, 625, 888
Stähler, Lukas 476
Stahl, Rudolf 932
Stahl, Dr. Ulrich 282
Stahlberg, Dr. Dirk 423
Stallberg, Dr. Christian 830, 836
Stamm, Dr. Barbara 847
Stamm, Hans 426
Stang, Dr. Harald 290, 291, 547, 669
Stangl, Dr. Ingo 713
Stangl, Martin 285, 817
Stappert, Dr. Holger 628, 807, 813, 814
Stark, Dr. Eva 464
Starke, Dr. Klaus 286
Stassen, Prof. Dr. Dieter 591
Staudacher, Peter 465, 479
Stauder, Dr. Susanne 533
Stauder, Dr. Tobias 382

Steck, Andreas 100, 503, 506
Steding, Prof. Dr. Ralf 584
Steets, Miriam 382, 802
Steger, Udo 501
Steiff, Dr. Jakob 760
Steiger, Andreas 433
Steiling, Dr. Ronald 743, 746, 855
Steimle, Volker 924
Stein, Dr. Edgar 347, 351
Stein, Dr. Roland 485, 487, 758
Steinau-Steinrück, Prof. Dr. Robert von 470, 471, 475
Steinbarth, Dr. Sebastian 449, 631
Steinborn, Dominic 402
Steinbrecher, Dr. Alexander 110
Steinbrück, Katharina 479
Steiner, Regina 468
Steinhäuser, René 839
Steinhauer, Dr. Bettina 518, 519
Steinhauser, Dr. Rut 469
Steinheimer, Jörg 435
Steinke, Christian 727
Steinkemper, Dr. Ursula 743
Steinle, Dr. Christian 620, 624
Steinmeyer, Dr. Roland 319, 535
Steinvorth, Dr. Till 629
Stelter, Dr. Christian 809, 847
Stelzenmüller, Dr. Ursula 708
Stempfle, Christian 431, 432
Stenneken, Dr. Christian 347, 740
Stenslik, Dr. Bastian-Peter 347
Stephanblome, Dr. Markus 546, 547
Stetter, Dr. Sabine 944
Stickler, Dr. Thomas 590, 767
Stieß, Dr. Katrin 561, 680
Stirner, Dr. Kerstin 935, 936
Stobbe, Dr. Michael 674
Stock, Dr. Stefan 344, 587
Stockburger, Dr. Jochen 394
Stockhausen, Dr. Martin 606
Stockmann, Dr. Rainer 553
Stockmann, Dr. Thomas 859
Stöckel, Dr. Oliver 425, 433, 707, 827
Stoecker, Detlev 586, 587, 729
Stoecker, Dr. Philipp 577, 581
Stölting, Dr. Maren 589
Stötzel, Ralf 291
Stoevesandt, Dr. Martin 288
Stoll, Dr. Andreas 284, 684
Stoll, Heiko 514, 515, 577
Stolz, Dr. Ekkehard 708
Stolzenburg-Wiemer, Dr. Sandra 701
Storck, Dr. Christian 497, 499
Stoye, Dr. Jörg 763
Strasburger, Dr. Jörg 281
Straßheim, Thorsten 383
Strassner, Thomas 547
Strate, Dr. Gerhard 944
Straub, Dr. Wolfgang 701
Straube, Dr. Gunnar 291, 470
Strauss, Dr. Ingo 557, 677, 678
Streer, Dr. Jan 101, 559
Strehle, Dr. Emanuel 675, 792, 795
Streit, Prof. Dr. Georg 555, 608
Streit, Dr. Thilo 486
Strenge, Dr. Nikolas von 749
Stretz, Dr. Christian 644
Streyl, Dr. Annedore 670, 810
Strittmatter, Prof. Dr. Marc 882
Stroborn, Hendrik 395
Ströbl, Dr. Albin 919, 924
Strohkirch, Eckhard 288

INDEX PERSONEN

Strotmann, Gerrit 401, 402
Strubenhoff, Dr. Dieter 649
Struckmann, Kai 450, 632
Strübing, Kathrin 610
Strumpf, Stephan 605
Struß, Dr. Jantje 852
Struys, Michel 448
Stüber, Dr. Katharina 369, 371, 544
Stückrad, Christian 325
Stühler, Dominik 426, 790
Stützer, Felix 797
Stützle, Christiane 891
Stulz-Herrnstadt, Dr. Michael 743, 887
Sturm, Adriane 676
Sturm, Dr. Christian 432
Sturm, Wolfgang 282, 338, 546, 547, 558
Stuttmann, Dr. Hubertus 338, 678
Suchan, Dr. Stefan 377, 557
Sudbrink, Dr. Holger 288
Süß, Dr. Frank 554
Süße, Dr. Sascha 830
Suh, Dr. Raphael 424, 544, 665
Sunderdiek, Stephen 468
Sundermann, Dr. Martin 562
Sura, Dr. Martin 620, 626
Sustmann, Dr. Marco 336, 551
Sutter, Dr. Oliver 522
Sydow, Christian von 559, 679
Szesny, Dr. André-Marcel 533, 937

T

Tacou, Dr. Theofanis 471, 504, 505
Tamke, Dr. Maren 622
Tappeiner, Dr. Christian 381, 686, 801
Taschke, Prof. Dr. Jürgen 531, 933
Tasma, Dr. Martin 607, 675
Technau, Dr. Konstantin 381, 685
Tegtmeyer, Dr. Sonja 591
Teichmann, Dr. Johannes 917
Teicke, Dr. Tobias 531
Teigelkötter, Volker 476
Teller, Jörg 591
Tenkhoff, Dr. Christian 707
Tepper, Dr. Franz 347
Terlau, Dr. Matthias 504
Tervooren, Dr. Michael 485
Teschemacher, Dr. Andrea 433
Teubner, Dr. Patrick 939
Teufer, Dr. Tobias 281, 842
Teworte-Vey, Dr. Marie-Christine 706
Thaler, Cornelia 382
Thalhofer, Dr. Thomas 879
Thalmann, Bernd 542
Thamm, Dr. Florian 575
Theiss, Dr. Wolfram 709, 711, 715
Theissen, Dr. Robert 93, 581
Theobald, Prof. Dr. Christian 807
Theobald, Dr. Wolfgang 383
Thiäner, Dr. Frank 682, 792, 799
Thiel, Dr. Carlo 289
Thiele, Dr. Christian 590
Thiemann, Dr. Stephan 611
Thieme, Dr. Hinrich 579, 583
Thierau, Prof. Thomas 589, 590
Thiering, Dr. Frederik 693
Thiermann, Arne 830, 833, 922
Thiery, Claus 643
Thies, Dr. Hendrik 91, 673, 832, 921
Thies, Dr. Tjark 611

Thilow, Dr. Hauke 293, 666
Thole-Groll, Ulrike 930, 942
Thomae, Dr. Heike 837
Thomale, Dr. Hans-Christoph 814
Thomas, Dr. Frank 856
Thomas, Dr. Holger 477
Thomas, Patrick 763
Thoms, Anahita 80, 484, 487, 530, 820
Thonemann-Micker, Susanne 717
Thümmel, Prof. Dr. Roderich 645, 394, 905, 908
Thünken, Dr. Alexander 708
Thür, Franz 468
Thum, Dr. Rainer 475
Thurn, Dr. Oliver 668
Tiedemann, Dr. Andrea 278
Tielmann, Dr. Jörgen 558
Tietje, Dr. Teemu 288
Tietze, Steffen 322
Tieves, Dr. Johannes 519, 520, 607
Tillmanns, Dr. Christian 835
Tintelnot, Dr. Albrecht 322
Tischendorf, Dr. Sven 369, 463, 600
Titarenko, Olga 748
Tödtmann, Prof. Dr. Ulrich 563
Tönies, Christian 107, 682, 799
Tomat, Dr. Oliver 277, 545
Topf, Dr. Cornelia 662, 672, 673, 793, 811
Torka, Dr. Nico 284
Toussaint, Dr. Guido 646
Towara, Jörg 468
Traichel, Dr. Christian 565
Trappehl, Dr. Bernhard 465
Traugott, Dr. Rainer 557, 677, 678, 792, 796
Traut, Dr. Johannes 478
Trautmann, Dirk 522, 857
Travers, Dr. Daniel 935
Trebeck, Dr. Joachim 462, 479
Treitz, Dr. Patrick 399
Tresselt, Dr. Matthias 606
Tretter, Norbert 646
Triebe, Dr. Christian 699
Trinkaus, Marc 519, 521
Trittmann, Prof. Dr. Rolf 645, 654
Trölitzsch, Dr. Thomas 561, 681
Trost, Dr. Johannes 282
Trüg, Prof. Dr. Gerson 945
Tsambikakis, Prof. Dr. Michael 945
Tschammler, Dr. Deniz 831, 835
Tschauner, Dr. Heiko 608
Tschentscher, Frank 547
Tüngler, Dr. Stefan 813
Tüxen, Andreas 729
Tumbrägel, Dr. Kai 696, 887
Tusch, Michael 436
Tute, Christoph 935, 938
Tyczewski, Thomas 754
Tyrolt, Dr. Jochen 672, 673

U

Ubber, Thomas 462, 464, 470
Uebelhoer, Dr. Walter 517, 601
Ueckert, André 466
Ufer, Dr. Florian 930, 945, 946
Uhl, Dr. Matthias 399, 563, 684
Uhl, Dr. Nikolaus 802
Uhlendorf, Jens 555, 676
Uibeleisen, Dr. Maximilian 805, 851
Ulbrich, Dr. Martin 94, 675
Ulbricht, Dr. Carsten 394

Ullrich, Dr. Benjamin 320, 802
Ulmer, Dr. Michael 372, 373, 667
Ulmer-Eilfort, Dr. Constanze 424, 431, 827
Ulrich, Dr. Alexander 473
Ulrich, Dr. Stephan 340, 685
Ulshöfer, Dr. Matthias 629, 630, 766
Umbeck, Dr. Elke 649
Undritz, Dr. Sven-Holger 603, 613
Unland, Dr. André 741
Unseld, Dr. Florian 856, 922
Upleger, Martin 768
Urban, Dr. Andreas 555, 675
Urlaub, Dr. Jasmin 394, 607
Uwer, Prof. Dr. Dirk 743, 745, 811, 833, 855

V

Vahsen, Natalie 801
Valentin, Dr. Florian 808
Valgolio, Damiano 467, 472
Vallone, Dr. Angelo 813, 814
van Aerssen, Rick 496, 509, 550, 671
van Bevern, Marcus 430, 649
van de Loo, Dr. Oswald 728
van de Sande, Dr. Carsten 643, 648
van der Hout, Prof. Dr. Robin 448, 627, 733
van Dyk, Dr. Jan 286
van Jeger, Dr. Torsten 753
van Kann, Dr. Jürgen 375
van Rienen, Dr. Rafael 940
Vanetta, Sara 657, 909
Varadinek, Dr. Brigitta 318
Vehling, Dr. Karl-Heinz 292
Veit, Dr. Annekatrin 100, 475
Veit, Dr. Vivien 534, 939
Veith, Dr. Alexander 542, 663
Veith, Amos 516
Veith, Dr. Jürgen 903
Velke, Dr. Anouschka 946
Velte, Dr. Rainer 626
Vendt, Dr. Stephanie 898, 900
Venn, Nikolai 935
Vennemann, Frank 322
Ventroni, Dr. Stefan 889, 893
Ventzke, Klaus-Ulrich 944
Veranneman, Dr. Peter 80, 665
Verjans, Renate 946
Versteegen, Dr. Peter 280, 550, 671
Versteyl, Prof. Dr. Andrea 753
Vetter, Dr. Andrea 760
Vetter, Dr. Eberhard 558
Vetter, Prof. Dr. Jochen 554, 555, 648
Viefhues, Dr. Martin 701
Vieten, Dr. Nikolaus 519, 520
Vilgertshofer, Michael 599, 607
Vins, Dr. Benjamin 728
Vischer, Simon 484
Viskorf, Dr. Stephan 711, 712
Vocke, Dr. Christian 80, 544, 664, 665
Vocke, Dr. Peter 583
Voegeli-Wenzl, Dr. Julia 705
Völcker, Prof. Dr. Sven 448, 620, 627
Völckers, Christian 907
Völker, Dr. Stefan 695, 698
Völlink, Uwe-Carsten 429, 763
Vogel, Dr. Christian 546, 547
Vogel, Dr. Frank 794, 801

Vogel, Prof. Dr. Hans-Josef 541
Vogel, Dr. Jörg 396
Vogel, Dr. Johannes 514, 854
Vogel, Martin 320
Vogel, Dr. Olrik 582, 585
Vogel, Prof. Dr. Rupert 882
Vogel, Simon 791
Vogels, Prof. Dr. Tim 927
Vogelsang, Dr. Martin 580
Vogt, Alexander 515
Vogt, Dr. Daniel 513
Vogt, Dr. Hans-Christoph 285
Voigt, Dr. Daniel 513
Voigt, Dr. Hans-Christoph 285
Voigt, Paul 111, 875, 882,
Voigtländer, Dr. René 807
Voland, Dr. Thomas 743, 820
Volhard, Patricia 373, 374, 513
Vollprecht, Jens 807
Vollrath, Dr. Hans-Joachim 730
Vollstädt, Dr. Oliver 473
Volz, Fabian 644
Volz, Dr. Thorsten 112
von Bonin, Dr. Andreas 447, 623, 732
von Bremen, Anna 809, 816
Vormbaum-Heinemann, Irma-Maria 468
Vorndran, Dr. Alexander 402
Vorsmann, Dr. Martin 84
Vorwerk, Dr. Sabine 609
Vorwerk, Prof. Dr. Volkert 646
Vosberg, Till 321, 322
Voss, Dirk-Reiner 578
Voß, Jan 371, 872, 873
Voß, Dr. Marko 940
Voss, Nikolaus 484
Voß, Dr. Rainer 749
Vossen, Kathrin 476
Vykydal, Dr. Swen 380, 706, 925

W

Wach, Dr. Karl 645, 656
Wachenhausen, Prof. Dr. Heike 293, 830, 839
Wachinger, Dr. Lorenz 852
Wacker, Gerhard 562, 682, 794, 799
Wackernagel, Udo 945
Wagener, Dr. Dominique 620, 621
Wagner, Dr. Achim 626
Wagner, Alexandra 939
Wagner, Dr. Christian 448
Wagner, Dr. Christoph 319, 891
Wagner, Eckart 631
Wagner, Prof. Dr. Eric 90, 645, 646, 921
Wagner, Gernot 501
Wagner, Dr. Jens 695, 829
Wagner, Michael 437
Wagner, Dr. Volkmar 760
Wagner-Cardenal, Kersten 745, 762
Wahl, Dr. Axel 687, 802
Wahl, Tobias 601
Wahlers, Dr. Henning 344
Wahlers, Dr. Ulrich 469
Wahlig, Thomas 477
Waiblinger, Dr. Julian 704
Waitz, Dr. Benjamin 275
Waitz, Dr. Clemens 794, 801
Waitz, Dr. Johannes 291, 552
Waldhausen, Dr. Stephan 88, 550, 551, 671
Waldhauser, Dr. Hermann 429, 878, 888

PERSONEN INDEX

Waldsauer, Gerolf 906
Waldsauer, Udo 906
Waldzus, Dr. Dagmar 279, 918
Walek, Titus 675, 794
Walischewski, Dr. Leonard 947
Walle, Dr. Andreas 472
Wallraf, Georg 893
Wallwitz, Dr. Sebastian Graf von 685
Walter, Prof. Dr. Andreas 379
Walter, Dr. Axel von 877
Walther, Michael 623
Waltz, Peter 496, 499, 913
Walz, Christian 396
Walz, Dr. Robert 730
Wambach, Dr. Thomas 648, 649
Wand, Dr. Peter 544
Warneke, Dr. Nikolai 522
Warntjen, Dr. Maximilian 830
Wasmann, Dr. Dirk 552
Wasner, Peter 548
Wassermann, Prof. Dr. Bernd 340
Waßmuth, Dr. Guido 650
Wauschkuhn, Dr. Ulf 917, 919
Weber, Dr. Ludwig 289
Weber, Maren 854
Weber, Dr. Nils 701
Weber, Philipp 374, 792
Weber, Dr. Robert 547
Weber, Dr. Tim 579, 580
Weber-Blank, Michael 290
Wedell, Gregor 379
Weder, Jürgen 468
Wegerich, Ingo 499
Wegmann, Frank 430, 651
Wegmann, Dr. Till 350
Wegner, Anne 628, 919, 924
Wegner, Prof. Dr. Carsten 939
Wegner, Dr. Konstantin 893, 901
Wegner, Mario 319
Wehlau, Dr. Andreas 698, 841
Wehler, Dr. Philipp 337
Wehner, Peter 464
Wehnert, Dr. Anne 945
Wehrhahn, Dr. Torsten 522
Weichbrodt, Dr. Johannes 629
Weichhaus, Dr. Bernd 703
Weidenbach, Dr. Georg 621, 623
Weidert, Dr. Stefan 698, 877
Weidlich, Thomas 558
Weidner, Dr. Cristina 604
Weidner, Michael 830, 834, 842
Weiers, Maria 801
Weigel, Dr. Michael 103, 653
Weigle, Dr. Knut 293
Weiler, Dr. Simon 730
Weimann, Dr. Holger 691, 885
Weinand, Dr. Armin 390
Weinheimer, Christian 583
Weinkauf, Dr. Holger 290
Weiser, Dr. Benedikt 380, 517
Weiser, Jan 708
Weisner, Dr. Arnd 285
Weiss, Daniel 504
Weiß, Dr. Daniel 520
Weiss, Gunther 376, 553, 673
Weiß, Dr. Harald 733
Weiß, Dr. Holger 588
Weiss, Simon 382
Weisser, Dr. Johannes 371, 543, 664
Weisser, Dr. Ralf 879, 891
Weissinger, Dr. Matthias 493, 518
Weisskopf, Dr. Wolfgang 325
Weitkamp, Thomas 521

Weitnauer, Dr. Wolfgang 802
Weitner, Dr. Malte 814
Weitzel, Mike 646, 906
Weitzell, Dr. Andreas 937
Welkerling, Kai 698
Wellens, Dr. Cornelia 742
Wellensiek, Tobias 398
Weller, Bernd 472
Weller, Prof. Dr. Wolfgang 400
Wellhöner, Astrid 472
Wellmann, Uwe 76, 617, 663
Welscher, Christoph 467
Wende, David 581
Wende, Dr. Peter 637, 643
Wendel, Dr. Dominik 449, 919, 924
Wendler, Dr. Jan-Sebastian 382
Wendt, Dr. Fred 550, 671, 792
Wendt, Martin 403
Wentrup, Dr. Christian 554
Wenz, Dr. Gerrit 730
Wenzel, Dr. Axel 561, 717
Wenzel, Dr. Frank 761
Wenzel, Dr. Jens 675, 795
Werder, Dr. Alexander 713
Werder, Jobst von 908
Werkmeister, Dr. Christoph 847, 848
Werner, Jürgen 449, 733, 857
Werner, Marc 579, 583
Werner, Dr. Marc 345, 478
Werner, Philipp 448, 627, 733
Wermers, Jörg 889, 893
Werth, Jörg 468
Werther, Rolf 287
Werum, Dr. Rainer 579, 581
Wesche, Dr. Florian-Alexander 809
Wessel, Dr. Wilhelm 548
Wessely, Dr. Thomas 447, 623
Wessing, Prof. Dr. Jürgen 947
Westen, Dr. Laurence 733, 763, 855
Westermann, Dr. Kathrin 620, 629, 888, 891
Westkamp, Dr. Mike 90
Westpfahl, Dr. Lars 602, 605
Wettich, Dr. Carsten 333, 545
Wettner, Dr. Florian 378, 652
Wettner, Dr. Vanessa 382, 657
Wexler-Uhlich, Dr. Roman 390
Weyland, Prof. Gerd 843
Whitener, Robert 317
Wicke, Dr. Hartmut 730
Wicker, Dr. Christian 730
Wickert, Ralf 401
Widder, Dr. Stefan 557, 677, 678, 796
Widmayer, Dr. Gerhard 430
Wiech, Dr. Tilo 906
Wieddekind, Dr. Dirk 707
Wiedemann, Prof. Dr. Andreas 392, 714
Wiedemann, Dr. Dirk 703
Wiegand, Dr. Daniel 675, 793, 795
Wiegand, Dr. Nicolas 637, 643
Wiegreffe, Dr. Andreas 480
Wiehe, Dr. Henning 475
Wiehl, Michael 435, 684
Wieland, Thomas 427, 548, 669
Wieland, Thorsten 700
Wieler, Anne-Christine 765
Wiemer, Dr. Frederik 626
Wiemer, Dr. Julia 627
Wienberg, Rüdiger 608
Wieneke, Dr. Laurenz 511, 560
Wienhues, Dr. Sigrid 93, 746
Wiesner, Florian 374, 579

Wiesner, Dr. Florian 622
Wiesner-Lameth, Dr. Michelle 369, 943
Wigge, Prof. Dr. Peter 839
Wijnmalen, Ingrid 687
Wildhirth, Dr. Jan 87
Wilhelm, Ernst 583
Wilhelm, Dr. Kerstin 535, 650
Wilhelm, Dr. Marco 559, 679
Wilhelm, Dr. Mark 909
Wilke, Andrea 470
Wilke, Dr. Frank 470
Wilke, Rainer 560
Wilkening, Patrick 873
Wilkens, Jochen 374, 605
Willaschek, Dr. Thomas 830
Willemsen, Dr. Alexander 472, 476
Willheim, Dr. Johannes 97, 649, 812, 813
Willhöft, Dr. Cord 831
Willich, Dr. Nils 317, 918
Willms, Nicole 536
Wilm, Dr. Daniel 554, 912
Wilmanns, Max 581, 674
Wilsing, Prof. Dr. Hans-Ulrich 99, 535, 557, 558
Wilske, Dr. Stephan 643, 645, 646
Wimber, Dr. Ansgar 381, 686, 801
Wimmer, Prof. Dr. Norbert 754, 823, 850, 859, 894
Wimmers, Jörg 889, 893
Winckler, Antoine 446
Windthorst, Jan 638
Winheller, Stefan 712, 713, 720
Winkelbauer, Prof. Dr. Wolfgang 906
Winkeler, Dr. Thilo 796
Winkelmüller, Dr. Michael 537
Winkler, Dr. Christoph 391, 670
Winkler, Lars 909
Winkler, Dr. Rolf 922
Winstel, Dr. Marc 395
Winter, Dr. Frederik 506, 911, 913
Winter, Dr. Matthias 852, 853
Winter, Dr. Thomas 646
Winters, Fabian 759, 765
Winzer, Dr. Thomas 469
Wirbel, Dr. Bernd 675
Wirth, Christian 657, 909
Wirth, Johanna 648
Wirtz, Dr. Markus 336, 620, 623, 888
Wirtz, Dr. Martin 694
Wisotzki, Jörg 291
Wisskirchen, Dr. Gerlind 466, 470
Wißmann, Dr. Tim 471, 472
Wistinghausen, Dr. Christian von 541
Witt, Dr. Jörn 829
Witt, Dr. Jörn-Ahrend 281
Witte, Dr. Andreas 282
Witte, Dr. Jürgen 649
Witte, Prof. Dr. Peter 485
Wittek, Dr. Nicolas 498
Wittgens, Dr. Jonas 542, 663
Wittig, Arne 502, 503
Wittig, Dr. Oliver 854
Witting, Dr. Jörg 619
Wittinghofer, Dr. Mathias 643, 648
Wittinghofer, Sandra 495
Wittschen, Dr. Matthias 282
Wittuhn, Dr. Georg 281
Wodarz, Dr. Katharina 837
Wöckener, Karsten 496, 501
Wöhlert, Dr. Helge-Torsten 675

Wörle, Martin 473
Woesch, Philippe 575
Wohlfarth, Hans-Dieter 468
Wohlgemuth, Larissa 345
Wolf, Dr. Alexander 546
Wolf, Dr. Christian 552, 606
Wolf, Dr. Florian 758
Wolf, Dr. Holger 592
Wolf, Dr. Jens 794, 801
Wolf, Dr. Manfred 432, 655
Wolfers, Dr. Benedikt 739, 743, 752, 858
Wolff, Dr. Alexander 465
Wolff, Dr. Andreas 480
Wolff, Dr. Christopher 379, 799
Wolff, Dr. Nikolai 344, 587
Wolff, Dr. Patrick 432, 684
Wolff, Ulrich 558, 678
Wolff-Rojczyk, Dr. Oliver 698
Wolffgang, Prof. Dr. Hans-Michael 485
Wolfgramm, Dr. Oliver 668
Wolfgramm, Yvonne 466
Wollburg, Dr. Ralph 99, 545, 557, 558, 678
Wollenhaupt, Markus 515
Wollenschläger, Dr. Burkard 739, 752, 858
Wollschläger, Dr. Sebastian 936
Wolter, Dr. Gerhard 400
Wolter, Dr. Matthias 695, 696, 699, 922
Woltering, Dr. Tobias 812
Wolters, Dr. Jan 729
Wolters, Dr. Jürgen 909, 910
Wortberg, Dr. Sven 582, 583
Wrangell, Dr. Nikolas von 290, 291
Wronna, Dr. Alexander 585
Wüllenweber, Thomas 467
Wüllrich, Dr. Michael 351
Wünschmann, Dr. Christoph 621, 626
Würfel, Dr. Wolfgang 746
Würtenberger, Dr. Gert 704
Würtenberger, Dr. Thomas 395, 839
Wulf, Dr. Martin 944
Wulff, Anja 700, 703
Wulff, Dr. Jakob 563
Wunderlich, Tino 485
Wunsch, Dr. Oliver 285
Wurdack, Dr. Michael 923
Wurll, Guido 468
Wurth, Dr. Gilbert 476
Wurzberger, Sebastian 549
Wybitul, Tim 98, 474, 534, 879
Wyen, Dr. Jan-Henning 548, 644, 792

X

Xylander, Karl-Jörg 537, 947

Y

Yamaguchi, Dr. Shigeo 332, 543, 664
Ysewyn, Johan 447

Z

Zäh, Dr. Jonas 467
Zätzsch, Dr. Jörg 790, 794
Zagrosek, Dr. Roman 625
Zanner, Dr. Andreas 509
Zanner, Prof. Christian 587
Zapf, Dr. Daniel 381, 537, 947

INDEX PERSONEN / KANZLEIEN

Zeidler, Dr. Finn 645
Zenke, Prof. Dr. Ines 807
Zentis, Sascha 514, 581
Zeppenfeld, Dr. Guido 466, 475
Zerbe, Dr. Götz 351
Zerr, Dr. Volker 578
Zerwell, Julia 379, 589, 590
Ziche, Dr. Christian 324
Ziegenhagen, Andreas 547, 602, 604, 669
Ziegenhahn, Dr. Dominik 284
Ziegenhain, Prof. Dr. Hans-Jörg 667, 675, 793, 795

Ziegler, Dr. Andreas 389, 402
Ziegler, Florian 432, 523
Ziehm, Carl-Christian 908
Zielke, Astrid 279
Zieren, Dr. York 278
Zieres, Dr. Matthias 401
Ziervogel, Dr. Klaas 293
Zietsch, Dr. Udo 371
Zimmer, Dr. Daniel 626, 648, 811
Zimmer, Dr. Lutz 665
Zimmerling, Dr. Marc 638, 903
Zimmermann, Dr. André 339
Zimmermann, Axel 697

Zimmermann, Christian 550
Zimmermann, Gernot 383
Zimmermann, Johannes 945
Zimmermann, Marc 504
Zimmermann, Prof. Dr. Norbert 728
Zingel, Dr. Frank 506
Zinger, Christoph 759, 767
Zintler, Dr. Mathias 702
Zipse, Dr. Stefan 921
Zirngibl, Dr. Nikolas 96, 555, 556, 668, 676
Zöllter-Petzoldt, Dr. Irka 550
Zöttl, Dr. Johannes 627

Zoller, Dr. Michael 430, 637, 651
Zschocke, Dr. Christian 378
Zuber, Stephan 424, 544, 665
Zuleger, Dr. Christian 432, 685, 800
Zwarg, Dr. Andrea 560, 610, 680
Zwecker, Prof. Dr. Kai-Thorsten 395
Zwirlein-Forschner, Dr. Susanne 432, 655
Zwissler, Dr. Thomas 434

INDEX KANZLEIEN

3n Berlin
Notariat 725, 726

Dr. Brunhilde Ackermann
Region: Südwesten
Baden-Württemberg 398
Konfliktlösung – Dispute Resolution 646

act AC Tischendorf
Region: Frankfurt und Hessen 368
Frankfurt 369
Arbeitsrecht 463, 464
Gesellschaftsrecht 541, 544
Insolvenz und Restrukturierung 600

Acuris
Region: Süden
München 423, 424

Addleshaw Goddard
Region: Norden
Hamburg 275, 276

Aderhold
Region: Osten 313
Sachsen 321, 322
Region: Westen
Düsseldorf 334
Nordrhein-Westfalen 346, 347
Gesellschaftsrecht 541, 543
Insolvenz und Restrukturierung 600
M&A 663, 666
Anzeige 117

Adick Linke
Region: Westen
Nordrhein-Westfalen 349
Wirtschafts- und Steuerstrafrecht 931, 934

Adjuga
Region: Südwesten
Baden-Württemberg 395, 396
Anzeige 405

Prof. Dr. Axel Adrian Florian Kroier
Notariat 725

Advant Beiten
JUVE Top 50 76
Region: Norden
Hamburg 277
Region: Osten
Berlin 314
Region: Westen
Düsseldorf 332, 333
Region: Frankfurt und Hessen
Frankfurt 369, 370
Region: Südwesten 389
Baden-Württemberg 395, 396, 397
Region: Süden
München 423
Brüssel 446
Arbeitsrecht 463, 470, 471
Außenwirtschaftsrecht 485, 486
Gesellschaftsrecht 540, 541, 542
Immobilien- und Baurecht 578
Kartellrecht 617, 618
Konfliktlösung – Dispute Resolution 638, 639, 640
M&A 662, 663, 664
Marken- und Wettbewerbsrecht 691, 693
Nachfolge/Vermögen/Stiftungen 710, 712
Öffentlicher Sektor
Beihilferecht 732
Vergaberecht 756
Private Equity und Venture Capital 788, 791
Steuern – Konzern-, Transaktions-, Finanzsteuerrecht 863, 864
Technologie und Medien 867
Informationstechnologie und Datenschutz 872
Medien 885
Presse- und Äußerungsrecht 897, 899
Anzeige 118

AfA Rechtsanwälte
Region: Süden
Bayern 436

AGS Acker Schmalz
Region: Frankfurt und Hessen
Frankfurt 371
Compliance-Untersuchungen 529, 530

AHB Arends Hofert Bergemann
Region: Norden
Hamburg 275, 276
Steuern – Konzern-, Transaktions-, Finanzsteuerrecht 864
Anzeige 295

Ahlers & Vogel
Region: Norden 274
Hamburg 277
Bremen 286
Immobilien- und Baurecht 574, 576
Anzeige 296

Allen & Overy
JUVE Awards 2022 72, 73
JUVE Top 50 76, 78
Region: Norden 274
Hamburg 275
Region: Westen
Düsseldorf 332
Region: Frankfurt und Hessen
Frankfurt 369
Region: Süden
München 423
Brüssel 444, 445
Arbeitsrecht 462, 463, 470
Bank- und Finanzrecht 492
Anleihen und Strukturierte Finanzierung 494, 495
Bank- und Bankaufsichtsrecht 501, 502
Börseneinführungen und Kapitalerhöhungen 508
Kredite und Akquisitionsfinanzierung 517, 518
Compliance-Untersuchungen 528, 529
Gesellschaftsrecht 540, 541, 542, 545, 546
Immobilien- und Baurecht 574, 580
Insolvenz und Restrukturierung 599, 600, 601
Kartellrecht 617, 619
Konfliktlösung – Dispute Resolution 637, 638, 640
M&A 663, 667
Marken- und Wettbewerbsrecht 691, 692, 694
Öffentlicher Sektor
Öffentliches Wirtschaftsrecht 740
Patentrecht 779, 780
Private Equity und Venture Capital 788, 789
Regulierung
Energiewirtschaftsrecht 805, 806
Steuern – Konzern-, Transaktions-, Finanzsteuerrecht 863, 864, 865
Versicherungsrecht 902
Unternehmensbezogene Beratung von Versicherern 910, 911
Versicherungsvertragsrecht: Prozessvertretung und Beratung 903
Anzeige 119

Alpmann Fröhlich
Region: Westen
Nordrhein-Westfalen 346

Altenburg
Region: Norden
Hamburg 277
Region: Osten
Berlin 315
Region: Süden
München 425
Arbeitsrecht 463, 464
Anzeige 120

Ampersand
Region: Süden
München 425
Patentrecht 780

Anchor
Region: Norden
Niedersachsen 292
Region: Südwesten
Baden-Württemberg 398
Region: Süden
München 425
Bayern 436
Insolvenz und Restrukturierung 600, 601
Co-Publishing 593/594
Anzeige 19, 121

Andersen
Region: Westen
Köln 341, 342

KANZLEIEN INDEX

Gesellschaftsrecht 542, 544
Anzeige U2

Andrejewski Honke
Region: Westen
Nordrhein-Westfalen 349
Patentrecht 778

AndresPartner
Region: Westen
Düsseldorf 334
Insolvenz und Restrukturierung 601, 602, 603

Annerton
Region: Osten
Berlin 315
Region: Frankfurt und Hessen
Frankfurt 371
Region: Süden
München 425
Bank- und Finanzrecht 492
Bank- und Bankaufsichtsrecht 501, 502

AntweilerLiebschwagerNieberding
Region: Westen
Düsseldorf 334
Öffentlicher Sektor
Vergaberecht 756
Regulierung
Verkehrssektor 851, 852

Apitzsch Schmidt Klebe
Region: Frankfurt und Hessen
Frankfurt 371

Appelhagen
Region: Norden
Niedersachsen 290

Arnecke Sibeth Dabelstein
Region: Norden
Hamburg 275, 276
Region: Osten
Berlin 315
Region: Frankfurt und Hessen 368
Frankfurt 370, 371
Region: Süden 422
München 423, 424
Gesellschaftsrecht 542, 544
Immobilien- und Baurecht 573, 574, 575, 576
Kartellrecht
Öffentlicher Sektor
Vergaberecht 757
Technologie und Medien 867
Informationstechnologie und Datenschutz 872, 873

Arnold & Porter Kaye Scholer
Brüssel 445

Arnold Ruess
Region: Westen
Düsseldorf 334
Marken- und Wettbewerbsrecht 691, 692, 694
Patentrecht 778, 779, 780
Anzeige 122

Arqis
Region: Westen
Düsseldorf 332
Region: Süden
München 425
Arbeitsrecht 463, 465, 471
Gesellschaftsrecht 542, 545
M&A 664, 666
Private Equity und Venture Capital 788, 790, 791

Ashurst
JUVE Top 50 76, 78
Region: Frankfurt und Hessen
Frankfurt 369, 370
Region: Süden
München 423, 424
Bank- und Finanzrecht 493
Anleihen und Strukturierte Finanzierung 494, 495
Börseneinführungen und Kapitalerhöhungen 508
Kredite und Akquisitionsfinanzierung 518, 519
Gesellschaftsrecht 541, 543
Immobilien- und Baurecht 574, 575, 580
Insolvenz und Restrukturierung 600, 602
Kartellrecht 618, 619
Konfliktlösung – Dispute Resolution 637, 638, 640
M&A 664, 666
Private Equity und Venture Capital 788, 790
Regulierung
Energiewirtschaftsrecht 804, 805, 806
Verkehrssektor 851, 853

AssmannPeiffer
JUVE Awards 2022 72, 73
Region: Osten
Berlin 315
Region: Süden
München 425
Regulierung
Energiewirtschaftsrecht 804, 805, 806

Atlantik Advisors
Anzeige 40

Aulinger
Region: Westen
Nordrhein-Westfalen 346, 347
Gesellschaftsrecht 543, 545
Kartellrecht 618, 619
M&A 664, 666
Öffentlicher Sektor
Öffentliches Wirtschaftsrecht 740, 741
Anzeige 123

Austmann & Partner
Region: Westen
Düsseldorf 332, 333

Avocado
Region: Westen
Köln 343
Region: Frankfurt und Hessen 368
Frankfurt 370
Compliance-Untersuchungen 531
Gesellschaftsrecht 543, 545
M&A 664, 666
Öffentlicher Sektor
Öffentliches Wirtschaftsrecht 740, 741, 742

Vergaberecht 755, 757
Technologie und Medien
Informationstechnologie und Datenschutz 872

AWB Rechtsanwälte
Region: Norden
Hamburg 277
Region: Westen
Nordrhein-Westfalen 349
Region: Süden
München 425
Außenwirtschaftsrecht 483, 484, 485

Baker McKenzie
Trends und Entwicklungen 58, 59
JUVE Top 50 76, 80
Region: Osten
Berlin 314
Region: Westen
Düsseldorf 332, 333
Region: Frankfurt und Hessen
Frankfurt 369, 371
Region: Süden
München 423, 424
Brüssel 445
Arbeitsrecht 463, 465
Außenwirtschaftsrecht 483, 484, 485, 486, 487
Bank- und Finanzrecht
Anleihen und Strukturierte Finanzierung 495
Kredite und Akquisitionsfinanzierung 518
Compliance-Untersuchungen 528, 529, 530
Gesellschaftsrecht 541, 544
Immobilien- und Baurecht 574, 575
Kartellrecht 617, 618
Konfliktlösung – Dispute Resolution 638, 639, 640, 641, 642, 644
M&A 663, 664
Marken- und Wettbewerbsrecht 691, 692, 693, 695
Öffentlicher Sektor
Beihilferecht 732
Vergaberecht 755, 756, 757, 758
Private Equity und Venture Capital 788, 790
Regulierung 803
Energiewirtschaftsrecht 805, 806, 809
ESG – Umwelt, Soziales, Unternehmensführung 820
Gesundheitswesen 826, 827, 828, 830
Telekommunikation 846, 847
Steuern – Konzern-, Transaktions-, Finanzsteuerrecht 863, 864, 865
Technologie und Medien 866, 867
Informationstechnologie und Datenschutz 872, 873, 874
Vertrieb, Handel und Logistik 916, 917, 919
Anzeige Lesezeichen, 124/125

Baker Tilly
Region: Norden 274
Hamburg 276
Region: Frankfurt und Hessen 368
Frankfurt 370, 371
Region: Südwesten

Stuttgart 391
Region: Süden
München 423, 424
Gesellschaftsrecht 544, 546
M&A 665, 667
Nachfolge/Vermögen/Stiftungen 710
Regulierung
Energiewirtschaftsrecht 805, 807
Steuern – Konzern-, Transaktions-, Finanzsteuerrecht 863, 864
Wirtschafts- und Steuerstrafrecht 931, 934

Bardehle Pagenberg
Region: Westen
Düsseldorf 334
Region: Süden
München 425
Marken- und Wettbewerbsrecht 691, 692, 693
Patentrecht 778, 780

Dr. Andreas Bartosch
Brüssel 446
Öffentlicher Sektor
Beihilferecht 732

Bartsch
Region: Südwesten
Baden-Württemberg 395, 396

Dr. Basty und Dr. Franck
Region: Süden
München 425
Notariat 725, 726

Battke Grünberg
Region: Osten 313
Sachsen 321, 322

Baukelmann Tretter
Region: Südwesten
Baden-Württemberg 398
Konfliktlösung – Dispute Resolution 646

Baumann Resolving Disputes
Region: Norden
Hamburg 277
Konfliktlösung – Dispute Resolution 639, 640, 644

Baumeister
Region: Westen
Nordrhein-Westfalen 349
Öffentlicher Sektor
Öffentliches Wirtschaftsrecht 739, 740, 741, 742
Vergaberecht 757

BBG und Partner
Region: Norden
Bremen 287
Öffentlicher Sektor 731
Öffentliches Wirtschaftsrecht 739, 741
Vergaberecht 755, 756, 758
Regulierung
Verkehrssektor 851, 852

BBL Brockdorff
Region: Osten
Berlin 315
Land Brandenburg 320

INDEX KANZLEIEN

Region: Westen
Düsseldorf 334
Region: Frankfurt und Hessen
Frankfurt 371
Region: Süden
München 425
Insolvenz und Restrukturierung 601, 602

Dr. Beck & Partner
Region: Süden
München 425
Bayern 435, 436
Insolvenz und Restrukturierung 601, 602, 603
Anzeige 126

Becker Büttner Held
Region: Norden
Hamburg 277
Region: Osten
Berlin 315
Region: Westen
Köln 343
Region: Südwesten
Stuttgart 391
Region: Süden
München 425
Brüssel 446
Außenwirtschaftsrecht 485
Regulierung
Energiewirtschaftsrecht 804, 805, 806, 807

Beinert & Partner
Region: Südwesten
Baden-Württemberg 395, 396

Beisse & Rath
Region: Süden
Bayern 434, 435

Bendel & Partner
Region: Süden
Bayern 434

Bender Harrer Krevet
Region: Südwesten
Baden-Württemberg 396

Bergerhoff
Region: Osten
Thüringen/Sachsen-Anhalt 325

Berghäuser Albach Landzettel Wieland Berg Schiweck
Region: Frankfurt und Hessen
Hessen 382

Bergmann
Kartellrecht 619

Berner Fleck Wettich
Region: Westen
Düsseldorf 333
Gesellschaftsrecht 544, 546

Bertelsmann und Gäbert
Region: Norden
Hamburg 277

Bette Westenberger Brink
Region: Osten
Thüringen/Sachsen-Anhalt 325
Region: Südwesten 389

Rheinland-Pfalz/Saarland 400, 401, 402

Betten & Resch
Patentrecht 778

Beukelmann Müller Partner
Region: Süden
München 426
Wirtschafts- und Steuerstrafrecht 931, 932, 934

bhp Bögner Hensel & Partner
Region: Frankfurt und Hessen
Frankfurt 371
Notariat 725, 726
Co-Publishing 721/722
Anzeige 385

Binz & Partner
Region: Südwesten
Stuttgart 390
Bank- und Finanzrecht
Anleihen und Strukturierte Finanzierung 497
Gesellschaftsrecht 545, 546
Nachfolge/Vermögen/Stiftungen 710, 711
Anzeige 127

Bird & Bird
JUVE Top 50 76, 80
Region: Norden
Hamburg 277
Region: Westen
Düsseldorf 332, 333
Region: Frankfurt und Hessen
Frankfurt 370, 372
Region: Süden
München 423, 424
Brüssel 445, 446
Arbeitsrecht 463, 464
Gesellschaftsrecht 545, 546
Kartellrecht 616, 617, 618
Konfliktlösung – Dispute Resolution 637, 640, 641
M&A 663, 665
Marken- und Wettbewerbsrecht 690, 691, 693, 695
Öffentlicher Sektor
Vergaberecht 755, 756, 758
Patentrecht 778, 779, 780
Private Equity und Venture Capital 789, 790, 791
Regulierung
Energiewirtschaftsrecht 805, 806, 807
Telekommunikation 846, 847, 848
Verkehrssektor 851, 852, 853
Technologie und Medien 866
Informationstechnologie und Datenschutz 872, 873, 874, 875
Vertrieb, Handel und Logistik 916, 917
Anzeige 37, 128

Dr. Kai Bischoff und Dr. Andreas Bürger
Region: Westen
Köln 343
Notariat 726

Bissel + Partner
Region: Süden

Bayern 434, 435
Anzeige 439

Blanke Meier Evers
Region: Norden
Bremen 286, 287

Blaum Dettmers Rabstein
JUVE Awards 2022 72, 73
Region: Norden 274
Hamburg 276
Bremen 286, 287
Gesellschaftsrecht 545, 546
M&A 666, 668
Anzeige 297

BLD Bach Langheid Dallmayr
Region: Osten
Berlin 315
Region: Westen
Köln 343
Region: Frankfurt und Hessen
Frankfurt 371
Region: Südwesten
Baden-Württemberg 398
Region: Süden
München 425
Konfliktlösung – Dispute Resolution 640, 641
Versicherungsrecht 902
Unternehmensbezogene Beratung von Versicherern 910, 911
Versicherungsvertragsrecht:
Prozessvertretung und Beratung 903, 904, 905

Helmut Bleier
Region: Frankfurt und Hessen
Hessen 382
Außenwirtschaftsrecht 484, 485

Blomstein
JUVE Awards 2022 72
Region: Osten
Berlin 315
Außenwirtschaftsrecht 483, 484, 485, 486, 487
Kartellrecht 617, 619, 621
Öffentlicher Sektor
Beihilferecht 732
Vergaberecht 755, 756, 758

Bluedex
JUVE Awards 2022 72
Region: Frankfurt und Hessen
Frankfurt 371
Arbeitsrecht 463, 464
Co-Publishing 452/453
Anzeige 33

BMH Bräutigam & Partner
Region: Osten 313
Berlin 314
Immobilien- und Baurecht 575, 576
M&A 666, 668
Private Equity und Venture Capital 789, 790, 791, 794

Bock Legal
Region: Frankfurt und Hessen
Frankfurt 371
Marken- und Wettbewerbsrecht 691, 693, 696
Versicherungsrecht

Versicherungsvertragsrecht:
Prozessvertretung und Beratung 903, 904
Anzeige 386

Boehmert & Boehmert
Region: Norden
Bremen 287
Region: Osten
Berlin 315
Land Brandenburg 320
Region: Süden
München 425
Marken- und Wettbewerbsrecht 691, 694, 695
Patentrecht 778, 780
Technologie und Medien
Medien 885
Co-Publishing 688/689
Anzeige 129

Börgers
Region: Norden
Hamburg 277
Region: Osten
Berlin 315
Region: Südwesten
Stuttgart 391
Immobilien- und Baurecht 576

Boesen
Region: Westen
Nordrhein-Westfalen 349
Öffentlicher Sektor
Vergaberecht 756, 759
Anzeige 130

von Boetticher
Region: Osten
Berlin 315
Region: Süden
München 424, 425
Gesellschaftsrecht 545, 546
M&A 666, 668
Regulierung
Gesundheitswesen 827
Technologie und Medien 866
Informationstechnologie und Datenschutz 872, 874
Anzeige 131

Boos Hummel & Wegerich
Region: Osten
Berlin 315
Region: Westen
Köln 343
Regulierung
Energiewirtschaftsrecht 805, 807

Borris Hennecke Kneisel
Region: Westen
Köln 343
Konfliktlösung – Dispute Resolution 639, 640, 641, 644

Bosch Jehle
Region: Süden
München 425
Patentrecht 778

Brandi
Region: Norden
Niedersachsen 290
Region: Westen 331
Nordrhein-Westfalen 346, 347

Gesellschaftsrecht 545, 546
M&A 666, 668
Marken- und Wettbewerbsrecht 692, 694, 695
Öffentlicher Sektor
Öffentliches Wirtschaftsrecht 741, 742
Vertrieb, Handel und Logistik 917, 918

Braun & Zwetkow
Region: Osten
Sachsen 323
Öffentlicher Sektor
Vergaberecht 757, 759

Braun-Dullaeus Pannen Emmerling
Region: Westen
Düsseldorf 334
Region: Süden
München 425
Patentrecht 778
Anzeige 132

von Bredow Valentin Herz
Region: Osten
Berlin 315
Regulierung
Energiewirtschaftsrecht 804, 805, 808

Brehm & v. Moers
Region: Osten
Berlin 315
Region: Frankfurt und Hessen
Frankfurt 371
Region: Süden
München 425
Technologie und Medien 867
Medien 885, 887

Breidenbach
JUVE Awards 2022 72
Region: Westen
Nordrhein-Westfalen 346, 347
Co-Publishing 658/659

Breyer
Region: Frankfurt und Hessen
Frankfurt 371
Region: Südwesten
Stuttgart 391
Immobilien- und Baurecht 576, 582

Brinkhof
Patentrecht 779

Brinkmann & Partner
Region: Norden
Hamburg 277
Insolvenz und Restrukturierung 600, 601, 603
Anzeige 133

Brinkmann Weinkauf
Region: Norden
Niedersachsen 290, 291
Anzeige 44, 298

BRL Boege Rohde Luebbehuesen
Region: Norden 274
Hamburg 275, 277
Region: Osten
Berlin 315

Gesellschaftsrecht 545, 546
Insolvenz und Restrukturierung 600, 601, 602, 603
M&A 666, 668
Steuern – Konzern-, Transaktions-, Finanzsteuerrecht 863, 864
Anzeige 299

Brock Müller Ziegenbein
Region: Norden
Schleswig-Holstein 293
M&A 666

Brödermann Jahn
Region: Norden
Hamburg 276, 278
Gesellschaftsrecht 546, 547
Anzeige 300

Broich
Region: Frankfurt und Hessen
Frankfurt 371
Gesellschaftsrecht 541, 546, 547

Brook
Anzeige 301

BRP Renaud und Partner
Region: Südwesten
Stuttgart 390
Anzeige 406

Brüggehagen
Region: Norden
Niedersachsen 291, 292
Arbeitsrecht 464, 466

Brügmann
Region: Norden
Mecklenburg-Vorpommern 289

Bryan Cave Leighton Paisner
Region: Osten
Berlin 315
Region: Frankfurt und Hessen 368
Frankfurt 371
Immobilien- und Baurecht 573, 574, 575, 577, 579
Notariat 726, 727

Bub Memminger & Partner
Private Equity und Venture Capital 787

Buchalik Brömmekamp
Region: Westen
Düsseldorf 334
Insolvenz und Restrukturierung 601, 603

Büsing Müffelmann & Theye
Region: Norden 274
Anzeige 134

Buntscheck
Kartellrecht 616, 617, 619
Co-Publishing 614/615
Anzeige 440

Buschlinger Claus & Partner
Region: Frankfurt und Hessen
Hessen 382

Buse
Region: Norden 274

Hamburg 276, 279
Region: Osten
Berlin 314, 315
Region: Westen
Düsseldorf 333
Region: Südwesten
Stuttgart 391
Gesellschaftsrecht 546, 547
M&A 666, 667
Regulierung
Energiewirtschaftsrecht 806, 808
Vertrieb, Handel und Logistik 918

Busse & Miessen
Region: Osten
Berlin 315
Region: Westen
Nordrhein-Westfalen 346, 347
Regulierung
Gesundheitswesen 828, 829
Vertrieb, Handel und Logistik 918

Busse Disputes
Region: Frankfurt und Hessen
Frankfurt 371
Konfliktlösung – Dispute Resolution 637, 640, 641, 642, 644

Caemmerer Lenz
Region: Südwesten
Baden-Württemberg 396

Capstone
Immobilien- und Baurecht 581

Dr. Caspers Mock & Partner
Region: Südwesten
Rheinland-Pfalz/Saarland 400, 401, 402

Castringius
Region: Norden
Bremen 286, 287

CausaConcilio
Region: Norden
Hamburg 277
Schleswig-Holstein 293
Regulierung
Gesundheitswesen 828, 829

CBH Rechtsanwälte
JUVE Top 50 76, 81
Region: Norden
Hamburg 277
Region: Osten
Berlin 315
Region: Westen
Köln 341, 342
Region: Süden
München 425
Brüssel 446
Arbeitsrecht 464, 466
Gesellschaftsrecht 546, 547
Immobilien- und Baurecht 575, 576, 577
M&A 667, 668
Marken- und Wettbewerbsrecht 690, 691, 693, 694
Öffentlicher Sektor
Beihilferecht 732
Öffentliches Wirtschaftsrecht 740, 741, 742
Vergaberecht 756, 758, 759
Patentrecht 780

Regulierung
Verkehrssektor 852, 853
Technologie und Medien
Medien 885, 886
Anzeige 135

Chatham Partners
Region: Norden
Hamburg 277
Immobilien- und Baurecht 575, 577
Regulierung
Energiewirtschaftsrecht 805, 808

Cibus
Region: Westen
Nordrhein-Westfalen 349
Regulierung
Lebensmittelrecht 840, 841

ckss Carlé Korn Stahl Strahl
Region: Westen
Köln 343
Wirtschafts- und Steuerstrafrecht 932, 934

Classen Fuhrmanns & Partner
Region: Westen
Köln 341, 342
M&A 667, 669

Classreaction
Konfliktlösung – Dispute Resolution 637

Clayston
Anzeige 302

Cleary Gottlieb Steen & Hamilton
Trends und Entwicklungen 64, 65
Region: Westen
Köln 341, 342
Region: Frankfurt und Hessen 368
Frankfurt 370, 372
Brüssel 444, 445, 446
Gesellschaftsrecht 544, 546
Kartellrecht 616, 617, 619, 620
Konfliktlösung – Dispute Resolution 639, 640, 641
M&A 662, 667, 669
Steuern – Konzern-, Transaktions-, Finanzsteuerrecht 864
Anzeige 136

Clifford Chance
Trends und Entwicklungen 57, 58
JUVE Awards 2022 72
JUVE Top 50 76, 81
Region: Westen
Düsseldorf 332, 334
Region: Frankfurt und Hessen 368
Frankfurt 369, 373
Region: Süden
München 423, 425
Brüssel 444, 446
Arbeitsrecht 470
Außenwirtschaftsrecht 483, 486
Bank- und Finanzrecht 493
Anleihen und Strukturierte Finanzierung 494, 495, 496, 497
Bank- und Bankaufsichtsrecht 502, 503
Börseneinführungen und Kapitalerhöhungen 508
Investmentfonds 512, 513

INDEX KANZLEIEN

Kredite und
Akquisitionsfinanzierung 518, 519
Compliance-Untersuchungen 529, 530
Gesellschaftsrecht 540, 541, 546
Immobilien- und Baurecht 573, 574, 575, 577, 579, 581
Insolvenz und Restrukturierung 600, 602, 604
Kartellrecht 616, 617, 619, 620
Konfliktlösung – Dispute Resolution 637, 638, 640, 642
M&A 663, 667, 668, 669
Notariat 726, 727
Öffentlicher Sektor 731
Öffentliches Wirtschaftsrecht 739, 740, 741, 742
Vergaberecht 755, 756, 759
Private Equity und Venture Capital 787, 788, 789, 792
Regulierung Energiewirtschaftsrecht 805, 806, 808, 810
ESG – Umwelt, Soziales, Unternehmensführung 819, 820
Gesundheitswesen 826, 827, 828, 830, 831
Steuern – Konzern-, Transaktions-, Finanzsteuerrecht 863, 864, 865
Versicherungsrecht Unternehmensbezogene Beratung von Versicherern 910
Vertrieb, Handel und Logistik 916, 917, 918
Wirtschafts- und Steuerstrafrecht 932, 933

Clouth & Partner
Region: Frankfurt und Hessen
Frankfurt 371
Konfliktlösung – Dispute Resolution 642, 643

Clyde & Co
Trends und Entwicklungen 59
Region: Norden
Hamburg 277
Region: Westen
Düsseldorf 334
Region: Süden
München 425
Versicherungsrecht 902
Unternehmensbezogene Beratung von Versicherern 910, 911
Versicherungsvertragsrecht: Prozessvertretung und Beratung 903, 904, 905

CMS Hasche Sigle
Trends und Entwicklungen 62, 63
JUVE Awards 2022 70, 72, 73
JUVE Top 50 76, 84
Region: Norden 274
Hamburg 275, 279
Region: Osten 313
Berlin 314, 315
Sachsen 321, 322
Region: Westen
Düsseldorf 332, 334
Köln 342
Region: Frankfurt und Hessen
Frankfurt 369, 373
Region: Südwesten
Stuttgart 390
Region: Süden
München 423, 425
Brüssel 444, 445, 446
Arbeitsrecht 462, 463, 466, 470, 471, 472
Außenwirtschaftsrecht 483, 484, 485, 486
Bank- und Finanzrecht 492
Bank- und Bankaufsichtsrecht 502
Börseneinführungen und Kapitalerhöhungen 508, 509
Investmentfonds 512, 513
Kredite und Akquisitionsfinanzierung 518, 519
Compliance-Untersuchungen 529, 530
Gesellschaftsrecht 540, 541, 545, 546, 547
Immobilien- und Baurecht 573, 574, 575, 576, 577
Insolvenz und Restrukturierung 599, 600, 601, 604
Kartellrecht 616, 617, 619, 620, 621
Konfliktlösung – Dispute Resolution 637, 638, 640, 641, 642, 644
M&A 663, 668
Marken- und Wettbewerbsrecht 690, 691, 693, 695
Nachfolge/Vermögen/Stiftungen 709, 710, 711, 712
Öffentlicher Sektor Beihilferecht 731, 732
Öffentliches Wirtschaftsrecht 739, 740, 741, 742, 743, 744
Vergaberecht 756, 759
Patentrecht 780
Private Equity und Venture Capital 787, 789, 790, 791, 794
Regulierung 803
Energiewirtschaftsrecht 804, 805, 806, 807, 808, 810
ESG – Umwelt, Soziales, Unternehmensführung 819, 820
Gesundheitswesen 826, 827, 828, 829
Lebensmittelrecht 840, 841
Telekommunikation 847
Verkehrssektor 851, 852, 853
Steuern – Konzern-, Transaktions-, Finanzsteuerrecht 863, 864
Technologie und Medien 866, 867
Informationstechnologie und Datenschutz 872, 873, 874
Medien 885, 886, 887, 889
Presse- und Äußerungsrecht 897, 899
Versicherungsrecht Unternehmensbezogene Beratung von Versicherern 910, 911
Versicherungsvertragsrecht: Prozessvertretung und Beratung 903, 904, 905
Vertrieb, Handel und Logistik 916, 917, 918, 919

CNH Anwälte
Region: Westen
Nordrhein-Westfalen 349

Cohausz & Florack
Region: Westen
Düsseldorf 334
Marken- und Wettbewerbsrecht 692, 695, 696
Patentrecht 778, 779
Anzeige 137

Comfield Legal
JUVE Awards 2022 72
Region: Osten
Berlin 315
Compliance-Untersuchungen 529, 531

Comindis
Anzeige 353

Commeo
Kartellrecht 616, 617, 619, 620, 621

Cooley
Brüssel 444, 445, 446

Cornelius + Krage
Region: Norden
Schleswig-Holstein 293

Corvel
Region: Norden 274
Hamburg 276, 279
M&A 668, 669

Covington & Burling
Region: Frankfurt und Hessen
Frankfurt 373, 374
Brüssel 444, 445, 447
Außenwirtschaftsrecht 486
Gesellschaftsrecht 547, 548
M&A 668, 669
Regulierung Gesundheitswesen 826, 827, 828, 829, 830
Technologie und Medien Informationstechnologie und Datenschutz 872, 873, 875
Co-Publishing 868/869

Creutzig & Creutzig
Region: Westen
Köln 343
Vertrieb, Handel und Logistik 917, 919

CSW
Region: Süden
München 425
Technologie und Medien Informationstechnologie und Datenschutz 872, 874, 875
Anzeige 138

d h & k
Region: Westen
Nordrhein-Westfalen 346, 348
Anzeige 354

D+B Rechtsanwälte
Region: Osten
Berlin 315
Region: Westen
Düsseldorf 334
Regulierung Gesundheitswesen 827, 829, 830

DAC Beachcroft
Versicherungsrecht 902
Unternehmensbezogene Beratung von Versicherern 910

Damm & Mann
Region: Norden
Hamburg 277
Technologie und Medien 867
Presse- und Äußerungsrecht 897, 899

Danckelmann und Kerst
Marken- und Wettbewerbsrecht 693, 696
Anzeige 140/141

de Faria & Partner
Region: Frankfurt und Hessen
Hessen 382

Debevoise & Plimpton
Region: Frankfurt und Hessen
Frankfurt 370, 373
Bank- und Finanzrecht
Investmentfonds 512, 513
M&A 668, 669

Dechert
Region: Süden
München 424, 426
Bank- und Finanzrecht
Investmentfonds 512, 513
M&A 668, 670
Private Equity und Venture Capital 790, 791

Deloitte
Außenwirtschaftsrecht 485

Deloitte Legal
Region: Norden
Hamburg 277
Niedersachsen 290, 291
Region: Osten
Berlin 315
Region: Westen
Düsseldorf 332, 334
Köln 343
Region: Frankfurt und Hessen
Frankfurt 371
Region: Südwesten
Stuttgart 391
Region: Süden
München 425
Arbeitsrecht 464, 466
Bank- und Finanzrecht
Bank- und Bankaufsichtsrecht 502
Gesellschaftsrecht 547, 548
Kartellrecht 621, 622
Konfliktlösung – Dispute Resolution 637
M&A 669, 670
Private Equity und Venture Capital 790
Anzeige Vorsatz, 139

Dentons
Trends und Entwicklungen 58
JUVE Awards 2022 73
JUVE Top 50 76, 85
Region: Osten 313
Berlin 314, 316
Region: Westen
Düsseldorf 333, 335
Region: Frankfurt und Hessen
Frankfurt 374, 375
Region: Süden
München 424, 426
Brüssel 446

KANZLEIEN INDEX

Arbeitsrecht 464, 467
Außenwirtschaftsrecht 483, 484, 486
Bank- und Finanzrecht
Anleihen und Strukturierte Finanzierung 494, 495, 497
Gesellschaftsrecht 540, 547, 548
Immobilien- und Baurecht 574, 578
Insolvenz und Restrukturierung 600, 602, 604
Kartellrecht 616, 617, 619, 621, 622
Konfliktlösung – Dispute Resolution 639, 640, 643
M&A 669, 670
Marken- und Wettbewerbsrecht 692, 696, 697
Notariat 726, 727
Öffentlicher Sektor
Beihilferecht 731, 732
Vergaberecht 755, 756, 758, 760
Private Equity und Venture Capital 790, 791
Regulierung
Energiewirtschaftsrecht 804, 805, 806, 809
ESG – Umwelt, Soziales, Unternehmensführung 819, 820, 821
Gesundheitswesen 828, 829, 830
Verkehrssektor 852, 853
Steuern – Konzern-, Transaktions-, Finanzsteuerrecht 863, 864
Technologie und Medien
Medien 888
Anzeige 142

Deubner & Kirchberg
Region: Südwesten
Baden-Württemberg 398
Öffentlicher Sektor
Öffentliches Wirtschaftsrecht 740, 743

df-mp Dörries Frank-Molnia & Pohlman
Region: Süden
München 425
Patentrecht 778, 779

Dierks+Company
Region: Osten
Berlin 315
Regulierung
Gesundheitswesen 826, 827, 830

Dierlamm
Region: Frankfurt und Hessen
Hessen 382
Wirtschafts- und Steuerstrafrecht 931, 932, 933

Dissmann Orth
Region: Süden
München 423, 427
Gesellschaftsrecht 541, 548
M&A 669, 670
Nachfolge/Vermögen/Stiftungen 710, 711

dka Rechtsanwälte
Region: Osten
Berlin 315
Arbeitsrecht 472

dkm Rechtsanwälte
Region: Süden
München 425

DLA Piper
JUVE Awards 2022 72
JUVE Top 50 76, 85
Region: Norden 274
Hamburg 275, 279
Region: Westen
Köln 342
Region: Frankfurt und Hessen 368
Frankfurt 369, 374
Region: Süden
München 423, 427
Brüssel 446
Arbeitsrecht 462, 463, 467, 470
Außenwirtschaftsrecht 483, 484, 485, 486
Bank- und Finanzrecht
Börseneinführungen und Kapitalerhöhungen 508, 509
Investmentfonds 513, 514
Compliance-Untersuchungen 529, 530, 531
Gesellschaftsrecht 540, 541, 548
Immobilien- und Baurecht 573, 574, 575, 578, 580
Insolvenz und Restrukturierung 600, 604
Kartellrecht 617, 622
Konfliktlösung – Dispute Resolution 638, 640, 643
M&A 663, 669, 670
Marken- und Wettbewerbsrecht 691, 693, 696
Nachfolge/Vermögen/Stiftungen 710, 712
Öffentlicher Sektor 731
Öffentliches Wirtschaftsrecht 739, 740, 743
Vergaberecht 756, 760
Patentrecht 780
Private Equity und Venture Capital 789, 791
Regulierung 803
Energiewirtschaftsrecht 804, 805, 806, 809
ESG – Umwelt, Soziales, Unternehmensführung 819, 820, 821
Verkehrssektor 851, 852, 853, 854
Steuern – Konzern-, Transaktions-, Finanzsteuerrecht 863, 864
Technologie und Medien 866, 867
Informationstechnologie und Datenschutz 872, 873, 874, 875
Medien 885, 886, 887
Presse- und Äußerungsrecht 897, 898, 899
Versicherungsrecht 902
Unternehmensbezogene Beratung von Versicherern 910, 911
Versicherungsvertragsrecht: Prozessvertretung und Beratung 903, 904, 905
Vertrieb, Handel und Logistik 917, 919
Wirtschafts- und Steuerstrafrecht 933
Anzeige 143

DMR Moser Degenhart Ressmann
Region: Süden 422

DMS Rechtsanwälte
Wirtschafts- und Steuerstrafrecht 930

Dr. Dörr & Kollegen
Region: Frankfurt und Hessen
Frankfurt 371
Wirtschafts- und Steuerstrafrecht 931, 933, 935

Dolde Mayen & Partner
Region: Westen
Nordrhein-Westfalen 349
Region: Südwesten
Stuttgart 391
Öffentlicher Sektor
Öffentliches Wirtschaftsrecht 740, 741, 742, 744
Vergaberecht 757, 760
Regulierung
Energiewirtschaftsrecht 805, 809
Telekommunikation 847
Anzeige 144

Dombert
Region: Osten
Land Brandenburg 320
Öffentlicher Sektor
Öffentliches Wirtschaftsrecht 739, 740, 741, 744
Anzeige 327

Domeier
Region: Süden
Bayern 436
Regulierung
Lebensmittelrecht 840, 841

Dompatent von Kreisler Selting Werner
Region: Westen
Köln 343
Patentrecht 778

Dornbach
Region: Südwesten
Rheinland-Pfalz/Saarland 401

Dreiss
Region: Südwesten
Stuttgart 391
Patentrecht 778
Anzeige 145

Dr. Wilhelm Droste und Dr. Henryk Haibt
Region: Westen
Düsseldorf 334
Notariat 726, 727

dtb Decker + Schmidt-Thomé
Nachfolge/Vermögen/Stiftungen 710, 712

DTS Schnekenbühl und Partner
Anzeige 146

Dünnwald
Region: Norden
Hamburg 277
Technologie und Medien
Presse- und Äußerungsrecht 897, 898

DWF
Region: Osten
Berlin 315
Region: Westen
Düsseldorf 334
Gesellschaftsrecht 548, 549
M&A 670, 671
Anzeige 147

Ebner Stolz Mönning Bachem
Region: Norden
Bremen 287
Niedersachsen 292
Region: Westen
Köln 342
Region: Frankfurt und Hessen
Frankfurt 371
Region: Südwesten
Stuttgart 390, 391
Außenwirtschaftsrecht 485
Gesellschaftsrecht 548, 549
Insolvenz und Restrukturierung 600, 604
M&A 670, 671
Nachfolge/Vermögen/Stiftungen 710, 712
Steuern – Konzern-, Transaktions-, Finanzsteuerrecht 863, 864
Co-Publishing 824/825
Anzeige 17, 148

Eckert
Region: Norden
Niedersachsen 292
Region: Westen
Köln 343
Insolvenz und Restrukturierung 601, 603, 605

Eckstein & Kollegen
Region: Süden
München 425
Wirtschafts- und Steuerstrafrecht 930, 934, 935

Ego Humrich Wyen
Region: Süden
München 425
Gesellschaftsrecht 548, 549
Konfliktlösung – Dispute Resolution 644, 645
Private Equity und Venture Capital 789, 790

Ehler Ermer & Partner
Region: Norden
Schleswig-Holstein 293

Ehlermann Rindfleisch Gadow
Region: Norden
Hamburg 276, 280

Ehlers Ehlers & Partner
Region: Osten
Berlin 315
Region: Süden
München 425
Regulierung
Gesundheitswesen 827, 831

EHZ Rechtsanwälte
Region: Südwesten
Baden-Württemberg 398

INDEX KANZLEIEN

Eichler Kern Klein
JUVE Awards 2022 73
Region: Osten
Berlin 315
Öffentlicher Sektor
Vergaberecht 755, 756, 760

Dr. Eick & Partner
Region: Osten
Berlin 315
Sachsen 323
Thüringen/Sachsen-Anhalt 325
Region: Westen
Nordrhein-Westfalen 349
Versicherungsrecht
Versicherungsvertragsrecht:
Prozessvertretung und Beratung
903, 904

Eifler Grandpierre Weber
Region: Frankfurt und Hessen
Frankfurt 370, 374
Gesellschaftsrecht 549, 550
M&A 670, 671

v. Einem & Partner
Region: Norden
Bremen 286, 287

EIP
Region: Westen
Düsseldorf 334
Patentrecht 780
Anzeige 149

Eisenführ Speiser
JUVE Awards 2022 72
Region: Norden
Hamburg 277
Bremen 287
Region: Süden
München 425
Marken- und Wettbewerbsrecht
691, 696
Patentrecht 778, 780

Eisenmann Wahle Birk & Weidner
Region: Osten
Sachsen 323
Region: Südwesten
Stuttgart 391
Versicherungsrecht
Versicherungsvertragsrecht:
Prozessvertretung und Beratung
903, 906

Elsässer
Region: Süden
München 425
Insolvenz und Restrukturierung
600, 605

Engel & Rinkler
Region: Südwesten
Baden-Württemberg 398
Konfliktlösung – Dispute
Resolution 646

Prof Englert + Partner
Region: Süden
Bayern 436
Immobilien- und Baurecht 578

Esch Bahner Lisch
Region: Westen
Köln 343
Öffentlicher Sektor
Vergaberecht 756, 759, 761

Esche Schümann Commichau
Region: Norden 274
Hamburg 275, 280
Arbeitsrecht 464, 467, 471
Gesellschaftsrecht 542, 549
Konfliktlösung – Dispute
Resolution 644, 645
M&A 670, 671
Marken- und Wettbewerbsrecht
692, 697, 698
Nachfolge/Vermögen/Stiftungen
710, 712
Öffentlicher Sektor
Vergaberecht 756, 761
Anzeige 150

Eureos
Region: Osten 313
Sachsen 321, 322

Evers
Region: Norden
Bremen 287
Vertrieb, Handel und Logistik 917, 920

Eversheds Sutherland
JUVE Top 50 76, 86
Region: Norden
Hamburg 277
Region: Osten
Berlin 315
Region: Westen
Düsseldorf 333, 335
Region: Süden
München 423, 427
Arbeitsrecht 462, 463, 468
Gesellschaftsrecht 541, 549
Immobilien- und Baurecht 575, 578
Konfliktlösung – Dispute
Resolution 644, 645
M&A 670, 671
Marken- und Wettbewerbsrecht
691, 693, 697
Regulierung
Energiewirtschaftsrecht 804, 806, 809
Steuern – Konzern-, Transaktions-, Finanzsteuerrecht 863, 864
Technologie und Medien
Informationstechnologie und
Datenschutz 874, 875
Vertrieb, Handel und Logistik 917, 918, 920
Anzeige 151

EY Law
Trends und Entwicklungen 63
Region: Norden
Hamburg 277
Region: Osten
Berlin 315
Region: Westen
Düsseldorf 333, 335
Köln 343
Region: Frankfurt und Hessen
Frankfurt 371
Region: Südwesten
Stuttgart 391
Baden-Württemberg 398
Region: Süden
München 425
Bank- und Finanzrecht
Bank- und Bankaufsichtsrecht
502, 503
Gesellschaftsrecht 540, 549, 550
M&A 670, 671
Nachfolge/Vermögen/Stiftungen
709, 710, 712
Private Equity und Venture Capital
789, 790
Regulierung
Energiewirtschaftsrecht 804, 805, 806, 807, 810
Gesundheitswesen 827, 829, 831
Verkehrssektor 851, 852, 854
Co-Publishing 860/861
Anzeige 3, 152

Faust Gerber Haines
Region: Frankfurt und Hessen
Frankfurt 371
Notariat 726, 727

Fechner
Region: Norden
Hamburg 277
Marken- und Wettbewerbsrecht
692, 697, 698

Feigen Graf
Region: Westen
Köln 343
Region: Frankfurt und Hessen
Frankfurt 371
Wirtschafts- und Steuerstrafrecht
930, 931, 933, 934, 935

Ferox
Region: Frankfurt und Hessen
368

Fiedler Cryns-Moll FCM
Region: Westen
Köln 343
Versicherungsrecht
Versicherungsvertragsrecht:
Prozessvertretung und Beratung
903, 905, 906
Anzeige 153

Fieldfisher
Trends und Entwicklungen 64
JUVE Top 50 76, 87
Region: Norden
Hamburg 276, 280
Region: Westen
Düsseldorf 333, 336
Region: Süden
München 425
Compliance-Untersuchungen 531
Gesellschaftsrecht 549, 550
Kartellrecht 617, 622
Konfliktlösung – Dispute
Resolution 637
M&A 670, 672
Marken- und Wettbewerbsrecht
691, 693, 697
Regulierung
Energiewirtschaftsrecht 804, 806, 810
Gesundheitswesen 827, 831
Technologie und Medien
Informationstechnologie und
Datenschutz 874, 876
Vertrieb, Handel und Logistik 917, 920
Anzeige 154

Finkenhof
Insolvenz und Restrukturierung
600, 605

Flick Gocke Schaumburg
JUVE Top 50 76, 87
Region: Norden
Hamburg 277
Region: Osten 313
Berlin 314, 316
Region: Westen
Düsseldorf 334
Nordrhein-Westfalen 346, 347, 348
Region: Frankfurt und Hessen
Frankfurt 370, 371, 374
Region: Südwesten 389
Stuttgart 391
Region: Süden
München 425
Arbeitsrecht 464, 468
Bank- und Finanzrecht 493
Investmentfonds 512, 513, 514
Compliance-Untersuchungen 531
Gesellschaftsrecht 541, 550
Kartellrecht 622, 623
M&A 671, 672
Nachfolge/Vermögen/Stiftungen
709, 710, 711, 712, 713
Notariat 725, 726, 727
Private Equity und Venture Capital
790, 791, 792
Steuern – Konzern-, Transaktions-, Finanzsteuerrecht 862, 863, 864, 865
Wirtschafts- und Steuerstrafrecht
934, 935
Anzeige 28/29, 155

Flöther & Wissing
Region: Osten
Sachsen 322, 323
Thüringen/Sachsen-Anhalt 325
Insolvenz und Restrukturierung
601, 603, 605

Fontaine Götze
Region: Norden
Niedersachsen 290, 291
Anzeige 303

Forstmann & Büttner
Region: Frankfurt und Hessen
Frankfurt 371
Regulierung
Lebensmittelrecht 840, 841

FPS Fritze Wicke Seelig
Region: Norden
Hamburg 277
Region: Osten
Berlin 315
Region: Frankfurt und Hessen 368
Frankfurt 369, 374
Gesellschaftsrecht 544, 550
Immobilien- und Baurecht 574, 576, 577
M&A 671, 672
Marken- und Wettbewerbsrecht
691, 693, 697
Öffentlicher Sektor

Vergaberecht 755, 756, 758, 761
Private Equity und Venture Capital 791, 792
Technologie und Medien 866
Informationstechnologie und Datenschutz 872, 873, 874, 876
Anzeige 156

Frahm Kuckuk Hahn
Region: Osten
Berlin 315
Region: Südwesten
Stuttgart 391
Arbeitsrecht 464, 468, 471
Co-Publishing 454/455
Anzeige 407

Franßen & Nusser
Region: Osten
Berlin 315
Öffentlicher Sektor
Öffentliches Wirtschaftsrecht 741, 744
Regulierung
ESG – Umwelt, Soziales, Unternehmensführung 819, 820, 821

Franz + Partner
Region: Westen
Köln 343
Immobilien- und Baurecht 576, 579, 582

Franzmann Geilen Brückmann
Region: Frankfurt und Hessen
Frankfurt 371

Freshfields Bruckhaus Deringer
Trends und Entwicklungen 57, 59, 64
JUVE Awards 2022 72
JUVE Top 50 76, 88
Region: Norden 274
Hamburg 275, 280
Region: Osten
Berlin 314, 316
Region: Westen 331
Düsseldorf 332, 336
Region: Frankfurt und Hessen 368
Frankfurt 369, 374
Region: Süden
München 423, 428
Brüssel 444, 445, 447
Arbeitsrecht 462, 463, 468, 470, 472
Außenwirtschaftsrecht 483, 486
Bank- und Finanzrecht 492
Anleihen und Strukturierte Finanzierung 494, 495, 496
Bank- und Bankaufsichtsrecht 502, 503
Börseneinführungen und Kapitalerhöhungen 508, 509
Investmentfonds 513, 514
Kredite und Akquisitionsfinanzierung 518, 519
Compliance-Untersuchungen 528, 529, 530, 531
Gesellschaftsrecht 540, 541, 545, 546, 550
Immobilien- und Baurecht 573, 574, 575, 579, 580
Insolvenz und Restrukturierung 599, 600, 602, 605
Kartellrecht 616, 617, 619, 621, 623
Konfliktlösung – Dispute Resolution 637, 638, 640, 641, 642, 644
M&A 663, 667, 671, 672
Marken- und Wettbewerbsrecht 690, 691, 693, 698
Öffentlicher Sektor 731
Beihilferecht 731, 732
Öffentliches Wirtschaftsrecht 739, 740, 741, 742, 744
Patentrecht 778, 779, 780
Private Equity und Venture Capital 787, 788, 789, 791, 792
Regulierung 803
Energiewirtschaftsrecht 804, 805, 806, 807, 810
ESG – Umwelt, Soziales, Unternehmensführung 819, 820, 821
Gesundheitswesen 826, 827, 828, 831
Telekommunikation 846, 847, 848
Verkehrssektor 851, 852, 853, 854
Steuern – Konzern-, Transaktions-, Finanzsteuerrecht 862, 863, 864, 865
Technologie und Medien 866, 867
Informationstechnologie und Datenschutz 872, 873, 874, 876
Medien 885, 886, 887, 888
Versicherungsrecht 902
Unternehmensbezogene Beratung von Versicherern 910, 911, 912
Vertrieb, Handel und Logistik 916, 917, 920
Wirtschafts- und Steuerstrafrecht 933, 935
Anzeige 157

Frey
Region: Westen
Köln 343
Technologie und Medien 867
Medien 885, 887

Freyschmidt Frings Pananis Venn
Region: Osten
Berlin 315
Wirtschafts- und Steuerstrafrecht 931, 933, 935
Anzeige 158

FRH Fink Rinckens Heerma
Region: Norden
Hamburg 277
Region: Westen
Düsseldorf 334
Insolvenz und Restrukturierung 601, 606

Frick + Partner
Region: Südwesten
Stuttgart 391
Wirtschafts- und Steuerstrafrecht 934, 935
Anzeige 159

Fried Frank Harris Shriver & Jacobson
Region: Frankfurt und Hessen
Frankfurt 370, 375
M&A 672, 673
Anzeige 160/161

Fries
Region: Süden
Bayern 434, 435

Frings Partners
Region: Westen
Düsseldorf 334
Arbeitsrecht 462, 464, 469

Fröba Dominok
Region: Süden 422
Wirtschafts- und Steuerstrafrecht 930

Fromm
Region: Südwesten
Rheinland-Pfalz/Saarland 403
Nachfolge/Vermögen/Stiftungen 710, 713

Frommer
Konfliktlösung – Dispute Resolution 637

FS-PP Berlin
Region: Osten
Berlin 315
Compliance-Untersuchungen 528, 529, 532
Wirtschafts- und Steuerstrafrecht 931, 933, 936

Fuhrmann Wallenfels
Region: Frankfurt und Hessen
Hessen 382

Funke Mühe
Region: Frankfurt und Hessen
Frankfurt 371
Notariat 725, 726, 727

Gaidies Heggemann und Partner
Region: Norden
Hamburg 277

Dr. Gantefüher Marquardt & Partner
Region: Westen
Düsseldorf 333, 336

Ganten Hünecke Bieniek & Partner
Region: Norden 274
Bremen 287
Immobilien- und Baurecht 576, 577
Anzeige 304

Gantenberg
Region: Westen
Düsseldorf 334
Konfliktlösung – Dispute Resolution 637, 640, 642, 644, 645

Gaßner Groth Siederer & Coll.
Region: Osten
Berlin 315
Region: Süden
Bayern 436
Öffentlicher Sektor
Öffentliches Wirtschaftsrecht 740, 741, 745
Vergaberecht 756, 761
Regulierung
Energiewirtschaftsrecht 805, 810

Gazeas Nepomuck
Region: Westen
Köln 343
Wirtschafts- und Steuerstrafrecht 936, 937

Geiersberger Glas & Partner
Region: Norden
Mecklenburg-Vorpommern 289

Gercke Wollschläger
Region: Westen
Köln 343
Wirtschafts- und Steuerstrafrecht 931, 933, 935, 936

Gerloff Liebler
Region: Süden
München 425
Insolvenz und Restrukturierung 599, 601, 603, 606

Gerns & Partner
Region: Frankfurt und Hessen
Frankfurt 371
Notariat 725, 726, 727
Anzeige 162

Gerstberger
Region: Süden
München 425
Regulierung
Lebensmittelrecht 840, 841

Gibson Dunn & Crutcher
JUVE Awards 2022 72
JUVE Top 50 76, 89
Region: Frankfurt und Hessen
Frankfurt 375, 376
Region: Süden
München 423, 428
Compliance-Untersuchungen 529, 532
Gesellschaftsrecht 541, 550
Kartellrecht 617, 621, 623
Konfliktlösung – Dispute Resolution 637, 638, 645
M&A 672, 673
Private Equity und Venture Capital 788, 789, 793
Regulierung
ESG – Umwelt, Soziales, Unternehmensführung 819
Anzeige 163

Gierschmann
Region: Norden
Hamburg 277
Technologie und Medien
Informationstechnologie und Datenschutz 874, 876

Glade Michel Wirtz
JUVE Awards 2022 72
Region: Westen
Düsseldorf 332, 336
Compliance-Untersuchungen 531
Gesellschaftsrecht 541, 545, 546, 551
Kartellrecht 617, 620, 621, 623
M&A 672, 673
Technologie und Medien
Medien 888

INDEX KANZLEIEN

Glawe Delfs Moll
Region: Norden
Hamburg 277
Region: Südwesten
Stuttgart 391
Patentrecht 778

Gleiss Lutz
Trends und Entwicklungen 58, 64, 65
JUVE Awards 2022 72
JUVE Top 50 76, 89
Region: Norden
Hamburg 276, 280
Region: Osten 313
Berlin 314, 316
Region: Westen
Düsseldorf 332, 336
Region: Frankfurt und Hessen
Frankfurt 369, 375
Region: Südwesten
Stuttgart 390, 391
Region: Süden
München 423, 428
Brüssel 444, 445, 447
Arbeitsrecht 463, 469, 470, 471
Außenwirtschaftsrecht 483, 484, 486
Bank- und Finanzrecht
Anleihen und Strukturierte Finanzierung 494, 495, 496
Bank- und Bankaufsichtsrecht 502, 503
Börseneinführungen und Kapitalerhöhungen 508, 509
Kredite und Akquisitionsfinanzierung 518, 519
Compliance-Untersuchungen 529, 530, 532
Gesellschaftsrecht 540, 541, 545, 546, 551
Immobilien- und Baurecht 574, 579, 580
Insolvenz und Restrukturierung 600, 602, 606
Kartellrecht 616, 617, 619, 620, 621, 624
Konfliktlösung – Dispute Resolution 637, 638, 640, 641, 642, 643, 644, 645
M&A 662, 663, 667, 668, 672, 673
Marken- und Wettbewerbsrecht 691, 693, 695, 698
Nachfolge/Vermögen/Stiftungen 710, 711, 713
Notariat 725, 726, 727
Öffentlicher Sektor
Beihilferecht 732
Öffentliches Wirtschaftsrecht 739, 740, 741, 742, 743, 744, 745
Vergaberecht 755, 756, 757, 758, 761
Patentrecht 779, 780
Private Equity und Venture Capital 788, 789, 791, 792, 793
Regulierung 803
Energiewirtschaftsrecht 804, 805, 806, 811
ESG – Umwelt, Soziales, Unternehmensführung 819, 820, 821
Gesundheitswesen 826, 827, 828, 829, 831, 832
Lebensmittelrecht 841
Verkehrssektor 851, 852, 853, 854
Steuern – Konzern-, Transaktions-, Finanzsteuerrecht 863, 864
Technologie und Medien 866
Informationstechnologie und Datenschutz 872, 873, 874, 876
Medien 888
Versicherungsrecht
Unternehmensbezogene Beratung von Versicherern 910, 912
Vertrieb, Handel und Logistik 916, 917, 921
Anzeige 164

GLNS
Region: Süden 422
München 423, 428
Gesellschaftsrecht 541, 542
M&A 672, 673
Private Equity und Venture Capital 790, 791, 793, 794
Steuern – Konzern-, Transaktions-, Finanzsteuerrecht 863, 864

Glock Liphart Probst & Partner
Region: Süden
München 425
Öffentlicher Sektor
Öffentliches Wirtschaftsrecht 741, 745
Co-Publishing 735/736
Anzeige 441

GND Geiger Nitz Daunderer
JUVE Awards 2022 72, 73
Region: Osten
Berlin 315
Region: Süden
München 425
Compliance-Untersuchungen 531
Regulierung
Gesundheitswesen 826, 827, 830, 832

Godefroid & Pielorz
Region: Westen
Düsseldorf 333, 336
Gesellschaftsrecht 544, 552
Anzeige 355

Göhmann
Region: Norden
Bremen 286, 288
Niedersachsen 290, 291
Region: Osten
Berlin 315
Thüringen/Sachsen-Anhalt 325
Region: Frankfurt und Hessen
Frankfurt 371, 376
Arbeitsrecht 464, 469
Gesellschaftsrecht 543, 552
M&A 672, 673
Marken- und Wettbewerbsrecht 691, 694, 698
Notariat 727, 728
Anzeige 165

Görg
JUVE Top 50 76, 90
Region: Norden
Hamburg 275, 280
Region: Osten 313
Berlin 314, 317
Region: Westen
Köln 342, 343
Nordrhein-Westfalen 349
Region: Frankfurt und Hessen
Frankfurt 375, 376
Region: Südwesten
Stuttgart 391
Region: Süden
München 424, 428
Arbeitsrecht 462, 463, 470, 471
Bank- und Finanzrecht
Bank- und Bankaufsichtsrecht 502, 504
Kredite und Akquisitionsfinanzierung 518, 520
Gesellschaftsrecht 540, 542, 552
Immobilien- und Baurecht 574, 575, 580, 581
Insolvenz und Restrukturierung 599, 600, 601, 602, 606
Kartellrecht 618, 625
Konfliktlösung – Dispute Resolution 637, 646, 647
M&A 673, 674
Notariat 727, 728
Öffentlicher Sektor
Öffentliches Wirtschaftsrecht 741, 745
Vergaberecht 756, 758, 759, 762
Private Equity und Venture Capital 790, 791, 793
Regulierung
Energiewirtschaftsrecht 805, 806, 811
Gesundheitswesen 829, 832
Steuern – Konzern-, Transaktions-, Finanzsteuerrecht 864
Technologie und Medien
Informationstechnologie und Datenschutz 872, 873, 877
Vertrieb, Handel und Logistik 917, 921
Co-Publishing 490/491
Anzeige 166

Göring Schmiegelt & Fischer
Region: Frankfurt und Hessen
Frankfurt 371
Notariat 727, 728

Götze
Region: Osten
Sachsen 323
Öffentlicher Sektor
Öffentliches Wirtschaftsrecht 741, 746

Goodwin Procter
JUVE Awards 2022 72
Region: Frankfurt und Hessen 368
Frankfurt 370, 375
Region: Süden 422
Bank- und Finanzrecht 493
Investmentfonds 512, 513, 514
Kredite und Akquisitionsfinanzierung 519
Immobilien- und Baurecht 574, 579, 580
M&A 672, 674
Private Equity und Venture Capital 787, 789, 791, 793

Graef
Region: Norden
Hamburg 277
Technologie und Medien
Medien 885, 887
Presse- und Äußerungsrecht 897, 898

Friedrich Graf von Westphalen & Partner
JUVE Top 50 76, 91
Region: Osten
Berlin 315
Region: Westen
Köln 342, 343
Region: Frankfurt und Hessen
Frankfurt 370, 371, 375
Region: Südwesten 389
Baden-Württemberg 396, 397
Arbeitsrecht 464, 470
Gesellschaftsrecht 542, 552
Konfliktlösung – Dispute Resolution 641, 646
M&A 662, 673, 674
Marken- und Wettbewerbsrecht 691, 693, 698
Regulierung
Gesundheitswesen 829, 832
Lebensmittelrecht 840
Versicherungsrecht
Versicherungsvertragsrecht: Prozessvertretung und Beratung 903, 905, 906
Vertrieb, Handel und Logistik 917, 921
Anzeige 38, 167

Greenberg Traurig
JUVE Awards 2022 72
JUVE Top 50 76, 92
Region: Osten 313
Berlin 314, 317
Arbeitsrecht 464, 470
Gesellschaftsrecht 543, 553
Immobilien- und Baurecht 573, 574, 575, 579, 580, 581
Insolvenz und Restrukturierung 600, 606
M&A 673, 674
Private Equity und Venture Capital 790, 791, 794
Regulierung
Telekommunikation 846, 847, 848
Technologie und Medien 867
Informationstechnologie und Datenschutz 872, 873, 874, 877
Medien 885, 886, 887, 888

Greenfort
JUVE Awards 2022 73
Region: Frankfurt und Hessen 368
Frankfurt 369, 375
Arbeitsrecht 462, 463, 470, 471
Gesellschaftsrecht 543, 553
Konfliktlösung – Dispute Resolution 647, 648
M&A 673, 674
Notariat 727, 728

GreenGate
Region: Süden 422
Private Equity und Venture Capital 787
Anzeige 168

Grub Brugger
JUVE Awards 2022 73
Region: Frankfurt und Hessen
Frankfurt 371
Region: Südwesten 389
Stuttgart 391
Region: Süden
München 425

KANZLEIEN INDEX

Insolvenz und Restrukturierung
599, 600, 601, 603, 607
Wirtschafts- und Steuerstrafrecht
931, 936
Co-Publishing 595/596
Anzeige 35

Grube Pitzer Konnertz-Häußler
Regulierung
Lebensmittelrecht 840, 841

Gruendelpartner
Region: Osten 313
Sachsen 321, 322
Thüringen/Sachsen-Anhalt 325
Anzeige 328

Grünecker
Region: Osten
Berlin 315
Region: Westen
Köln 343
Region: Süden
München 425
Marken- und Wettbewerbsrecht
691, 693, 695, 699
Patentrecht 778, 780

Grüter
Region: Westen
Nordrhein-Westfalen 346, 347, 348
Gesellschaftsrecht 542, 553
M&A 673, 674
Anzeige 356

GSK Stockmann
Trends und Entwicklungen 63
JUVE Top 50 76, 92
Region: Norden
Hamburg 276, 280
Region: Osten 313
Berlin 314, 317
Region: Frankfurt und Hessen
Frankfurt 369, 376
Region: Südwesten 389
Baden-Württemberg 396, 397
Region: Süden
München 423, 428
Arbeitsrecht 470, 471
Bank- und Finanzrecht 493
Bank- und Bankaufsichtsrecht
502, 504
Investmentfonds 512, 513, 514
Compliance-Untersuchungen 529, 532
Gesellschaftsrecht 541, 553
Immobilien- und Baurecht 573, 574, 575, 576, 579, 581, 582
Insolvenz und Restrukturierung
599, 600, 607
Konfliktlösung – Dispute
Resolution 639, 640, 647
M&A 664, 674
Notariat 727, 728
Öffentlicher Sektor
Beihilferecht 732, 733
Öffentliches Wirtschaftsrecht 739, 740, 741, 746
Vergaberecht 756, 762
Private Equity und Venture Capital
790, 791, 794
Steuern – Konzern-, Transaktions-, Finanzsteuerrecht 864, 865
Co-Publishing 567/568
Anzeige 169

GTW Rechtsanwälte
Region: Westen
Düsseldorf 334
Nordrhein-Westfalen 349
Immobilien- und Baurecht 578

Gütt Olk Feldhaus
Region: Süden 422
München 423, 428
Gesellschaftsrecht 553, 554
M&A 674, 675
Private Equity und Venture Capital
789, 791, 794

Gulde & Partner
Region: Osten
Berlin 315
Region: Süden
München 425
Patentrecht 778

GvW Graf von Westphalen
JUVE Awards 2022 72
JUVE Top 50 76, 93
Region: Norden
Hamburg 275, 281
Region: Osten
Berlin 314, 317
Region: Westen
Düsseldorf 333, 337
Region: Frankfurt und Hessen
Frankfurt 376, 377
Region: Süden
München 424, 429
Arbeitsrecht 464, 471
Außenwirtschaftsrecht 483, 484, 485, 486, 487
Compliance-Untersuchungen 531
Gesellschaftsrecht 542, 543
Immobilien- und Baurecht 575, 576, 581, 582
Insolvenz und Restrukturierung
600, 607
M&A 664, 674
Marken- und Wettbewerbsrecht
692, 694, 699
Öffentlicher Sektor
Beihilferecht 731, 732, 733
Öffentliches Wirtschaftsrecht 739, 740, 741, 742, 743, 746
Vergaberecht 755, 756, 762
Patentrecht 780
Private Equity und Venture Capital
790, 791, 794
Regulierung
Energiewirtschaftsrecht 804, 805, 811
Lebensmittelrecht 841
Telekommunikation 846, 847, 848
Verkehrssektor 851, 852, 855
Steuern – Konzern-, Transaktions-, Finanzsteuerrecht 863, 864
Technologie und Medien 866
Informationstechnologie und Datenschutz 872, 877
Presse- und Äußerungsrecht 897, 898
Vertrieb, Handel und Logistik 916, 917, 919, 921
Anzeige 170

Haellmigk
Region: Süden
München 425
Außenwirtschaftsrecht 484, 487

Dr. Reiner Hall
Konfliktlösung – Dispute
Resolution 646

Hamm & Wittkopp
Region: Norden
Hamburg 277
Patentrecht 778

HammPartner
Region: Frankfurt und Hessen
Frankfurt 371
Wirtschafts- und Steuerstrafrecht
931, 937

Hanefeld
Region: Norden
Hamburg 277
Konfliktlösung – Dispute
Resolution 640, 642, 644, 645, 647

Harmsen Utescher
Region: Norden
Hamburg 277
Marken- und Wettbewerbsrecht
691, 693, 695, 696, 699
Patentrecht 780
Regulierung
Gesundheitswesen 827, 832
Lebensmittelrecht 841
Vertrieb, Handel und Logistik 916, 917, 922

Harnischmacher Löer Wensing
Region: Westen
Nordrhein-Westfalen 346, 348
Außenwirtschaftsrecht 483, 484, 485, 487
Anzeige 357

Harte-Bavendamm
Region: Norden
Hamburg 277
Marken- und Wettbewerbsrecht
691, 693, 695, 696, 699

Dr. Kai Hart-Hönig
Region: Frankfurt und Hessen
Frankfurt 371
Compliance-Untersuchungen 531
Wirtschafts- und Steuerstrafrecht
930, 933, 934, 937

HauckSchuchardt
Region: Frankfurt und Hessen
Frankfurt 371
Immobilien- und Baurecht 574, 582
Anzeige 171, 387

Hauschild Böttcher
Region: Westen
Düsseldorf 334
Notariat 726, 728

Hausfeld
Trends und Entwicklungen 59
JUVE Awards 2022 72
Region: Osten
Berlin 316
Region: Westen
Düsseldorf 334
Kartellrecht 616, 617, 621, 625
Konfliktlösung – Dispute

Resolution 638, 647
Technologie und Medien
Medien 888

Haver & Mailänder
Region: Südwesten
Stuttgart 390, 392
Gesellschaftsrecht 543, 554
Konfliktlösung – Dispute
Resolution 639, 640, 644, 647
Öffentlicher Sektor
Vergaberecht 757, 762
Vertrieb, Handel und Logistik 916, 917, 922
Anzeige 408

Hecker Werner Himmelreich
Region: Osten
Sachsen 323
Region: Westen
Düsseldorf 334
Köln 342, 343
Region: Südwesten
Stuttgart 391
Immobilien- und Baurecht 576, 577

Heckschen & van de Loo
Region: Osten
Sachsen 323
Notariat 726, 728

Hees
Region: Norden
Hamburg 277
Regulierung
Gesundheitswesen 827, 833
Anzeige 172

Heimes & Müller
Region: Südwesten
Rheinland-Pfalz/Saarland 401

Heinemann & Partner
Region: Westen
Nordrhein-Westfalen 349
Immobilien- und Baurecht 576, 577
Öffentlicher Sektor
Öffentliches Wirtschaftsrecht 741, 746

Heinz & Zagrosek
Kartellrecht 616, 625, 626

Held Jaguttis
Außenwirtschaftsrecht 483, 486
Öffentlicher Sektor
Öffentliches Wirtschaftsrecht
740, 746

Hellriegel
Region: Osten
Berlin 316
Öffentlicher Sektor
Öffentliches Wirtschaftsrecht 741, 742, 744

Hengeler Mueller
Trends und Entwicklungen 58, 63
JUVE Top 50 76, 93
Region: Osten 313
Berlin 314, 317
Region: Westen
Düsseldorf 332, 337

INDEX KANZLEIEN

Region: Frankfurt und Hessen
Frankfurt 369, 376
Region: Süden
München 423, 429
Brüssel 444, 445, 447
Arbeitsrecht 463, 464
Außenwirtschaftsrecht 486
Bank- und Finanzrecht 492
Anleihen und Strukturierte
Finanzierung 494, 495, 496, 497
Bank- und Bankaufsichtsrecht 502, 503, 505
Börseneinführungen und
Kapitalerhöhungen 508, 509, 510
Investmentfonds 513, 515
Kredite und
Akquisitionsfinanzierung 518, 519, 520
Compliance-Untersuchungen 529, 533
Gesellschaftsrecht 540, 541, 545, 546, 547
Immobilien- und Baurecht 574, 579, 582
Insolvenz und Restrukturierung 599, 600, 607
Kartellrecht 616, 617, 619, 620, 625
Konfliktlösung – Dispute
Resolution 638, 640, 641, 642, 643, 644, 648
M&A 663, 667, 668, 675
Nachfolge/Vermögen/Stiftungen 709, 710, 713
Notariat 726, 728
Öffentlicher Sektor
Beihilferecht 731, 732, 733
Öffentliches Wirtschaftsrecht 739, 740, 741, 742, 743, 745
Patentrecht 779, 780
Private Equity und Venture Capital 787, 788, 789, 791, 792, 793, 795
Regulierung 803
Energiewirtschaftsrecht 805, 806, 810, 811
ESG – Umwelt, Soziales, Unternehmensführung 819, 820, 822
Gesundheitswesen 827, 828, 829, 833
Telekommunikation 846, 847, 848
Verkehrssektor 852, 855
Steuern – Konzern-, Transaktions-, Finanzsteuerrecht 862, 863, 864, 865
Technologie und Medien 867
Medien 885, 886, 887, 888
Versicherungsrecht 902
Unternehmensbezogene Beratung von Versicherern 910, 912
Wirtschafts- und Steuerstrafrecht 933, 937
Anzeige 56, 173

Hennerkes Kirchdörfer & Lorz
Region: Südwesten
Stuttgart 390, 392
Gesellschaftsrecht 554, 555
Nachfolge/Vermögen/Stiftungen 709, 710, 711, 714

Herbert Smith Freehills
Region: Westen
Düsseldorf 333, 337
Region: Frankfurt und Hessen 368
Frankfurt 369, 376
Compliance-Untersuchungen 529, 533
Gesellschaftsrecht 554, 555
Immobilien- und Baurecht 574, 582
Konfliktlösung – Dispute
Resolution 640, 642, 643, 648
M&A 662, 664, 675
Patentrecht 780
Private Equity und Venture Capital 790, 795
Versicherungsrecht 902

Dr. Hermanns & Dr. Schumacher
Region: Westen
Köln 343
Notariat 726, 728

Hermanns Wagner Brück
Kartellrecht 616, 617, 618

Heuer Busch & Partner
Region: Frankfurt und Hessen
Frankfurt 371
Nachfolge/Vermögen/Stiftungen 710, 711, 712, 714

Heuking Kühn Lüer Wojtek
Trends und Entwicklungen 58
JUVE Top 50 76, 94
Region: Norden
Hamburg 275, 281
Region: Osten
Berlin 314, 317
Sachsen 321, 322
Region: Westen
Düsseldorf 332, 337
Köln 342, 344
Region: Frankfurt und Hessen
Frankfurt 369, 376
Region: Südwesten
Stuttgart 390, 392
Region: Süden
München 423, 429
Arbeitsrecht 471, 472
Außenwirtschaftsrecht 485
Bank- und Finanzrecht
Anleihen und Strukturierte
Finanzierung 494, 497
Börseneinführungen und
Kapitalerhöhungen 508, 510
Investmentfonds 512, 513, 515
Kredite und
Akquisitionsfinanzierung 518, 520
Compliance-Untersuchungen 528, 529, 533
Gesellschaftsrecht 541, 542
Immobilien- und Baurecht 574, 576, 577
Insolvenz und Restrukturierung 600, 607
Kartellrecht 617, 618
Konfliktlösung – Dispute
Resolution 638, 640, 642, 648
M&A 663, 675
Marken- und Wettbewerbsrecht 691, 693, 700
Nachfolge/Vermögen/Stiftungen 710, 714
Öffentlicher Sektor
Beihilferecht 732, 733
Vergaberecht 755, 756, 758, 763
Patentrecht 780
Private Equity und Venture Capital 789, 791, 795
Regulierung
Energiewirtschaftsrecht 805, 806, 812
Verkehrssektor 851, 852, 853, 855
Steuern – Konzern-, Transaktions-, Finanzsteuerrecht 863, 864
Technologie und Medien
Informationstechnologie und Datenschutz 872, 877
Medien 885, 886, 888
Versicherungsrecht
Versicherungsvertragsrecht: Prozessvertretung und Beratung 903, 904, 906
Vertrieb, Handel und Logistik 916, 917, 922
Wirtschafts- und Steuerstrafrecht 932, 933, 934, 937
Anzeige 174

Heussen
Region: Osten
Berlin 316
Region: Frankfurt und Hessen
Frankfurt 371
Region: Südwesten
Stuttgart 390, 392
Region: Süden
München 423, 424
Gesellschaftsrecht 544, 555
Immobilien- und Baurecht 575, 576
Nachfolge/Vermögen/Stiftungen 710, 714
Öffentlicher Sektor
Vergaberecht 755, 756, 763
Technologie und Medien
Informationstechnologie und Datenschutz 872, 878
Medien 885, 887, 888
Co-Publishing 569/570
Anzeige 175

HFK Heiermann Franke Knipp und Partner
Region: Norden
Hamburg 277
Region: Osten
Berlin 316
Region: Frankfurt und Hessen
Frankfurt 371
Region: Süden
München 425
Immobilien- und Baurecht 576, 582, 583
Öffentlicher Sektor
Öffentliches Wirtschaftsrecht 741, 742
Vergaberecht 756, 763

Hildebrandt
Marken- und Wettbewerbsrecht 692, 695, 700

Höch und Partner
Region: Osten
Berlin 316
Region: Westen
Nordrhein-Westfalen 349
Regulierung
Energiewirtschaftsrecht 805, 807, 812

Höcker
Region: Westen
Köln 343
Technologie und Medien 867
Presse- und Äußerungsrecht 897, 898

Hoffmann Eitle
Region: Norden
Hamburg 277
Region: Westen
Düsseldorf 334
Region: Süden
München 426
Marken- und Wettbewerbsrecht 692, 700
Patentrecht 778, 780

Hoffmann Liebs
Region: Westen
Düsseldorf 332, 337
Arbeitsrecht 471, 472
Gesellschaftsrecht 543, 555
M&A 666, 676
Öffentlicher Sektor
Öffentliches Wirtschaftsrecht 741, 742
Regulierung
Energiewirtschaftsrecht 804, 805, 812
Co-Publishing 571/572, 914/915
Anzeige 46

Hogan Lovells
Trends und Entwicklungen 58, 63, 64
JUVE Awards 2022 72
JUVE Top 50 76, 96
Region: Norden
Hamburg 275, 281
Region: Westen
Düsseldorf 332, 337
Region: Frankfurt und Hessen 368
Frankfurt 369, 376
Region: Süden
München 423, 429
Brüssel 444, 447, 448
Arbeitsrecht 463, 472
Außenwirtschaftsrecht 483, 484, 486, 488
Bank- und Finanzrecht
Anleihen und Strukturierte
Finanzierung 494, 495, 497
Bank- und Bankaufsichtsrecht 502, 503, 505
Börseneinführungen und
Kapitalerhöhungen 508, 509, 510
Kredite und
Akquisitionsfinanzierung 518, 520
Compliance-Untersuchungen 528, 529, 530, 533
Gesellschaftsrecht 540, 541, 555, 556
Immobilien- und Baurecht 574, 575, 579, 580, 581, 583
Insolvenz und Restrukturierung 600, 608
Kartellrecht 616, 617, 620, 621, 626
Konfliktlösung – Dispute
Resolution 637, 638, 640, 641, 642, 644, 649
M&A 663, 668, 676
Marken- und Wettbewerbsrecht 690, 691, 693, 695, 696, 700
Öffentlicher Sektor
Beihilferecht 732, 733

Öffentliches Wirtschaftsrecht 739, 740, 741, 742
Vergaberecht 756, 763
Patentrecht 778, 779, 780
Private Equity und Venture Capital 787, 789, 791, 795
Regulierung 803
Energiewirtschaftsrecht 804, 805, 806, 810, 812
ESG – Umwelt, Soziales, Unternehmensführung 819, 820, 822
Gesundheitswesen 826, 827, 828, 830, 833
Lebensmittelrecht 841
Telekommunikation 846, 847, 848
Verkehrssektor 851, 852, 853, 856
Steuern – Konzern-, Transaktions-, Finanzsteuerrecht 864, 865
Technologie und Medien 866
Informationstechnologie und Datenschutz 872, 873, 874, 878
Versicherungsrecht Unternehmensbezogene Beratung von Versicherern 910, 911, 912
Vertrieb, Handel und Logistik 917, 919, 922
Anzeige 176/177

Hohmann
Region: Frankfurt und Hessen
Hessen 383
Außenwirtschaftsrecht 484, 487, 488
Anzeige 178

Honert
Region: Norden 274
Hamburg 276, 281
Region: Süden
München 423, 424
Gesellschaftsrecht 542, 555
M&A 676, 677
Steuern – Konzern-, Transaktions-, Finanzsteuerrecht 864
Anzeige 179

Hoyng ROKH Monegier
Region: Westen
Düsseldorf 334
Region: Südwesten
Baden-Württemberg 398
Region: Süden
München 426
Marken- und Wettbewerbsrecht 691, 693, 701
Patentrecht 779, 780
Anzeige 180

HSA Hentschke & Partner
Region: Osten
Land Brandenburg 320

Hümmerich & Partner
Region: Osten
Thüringen/Sachsen-Anhalt 325

Hüttebräuker
Region: Westen
Düsseldorf 334
Regulierung
Lebensmittelrecht 841, 842

Huth Dietrich Hahn
Region: Norden 274
Hamburg 276, 281
Gesellschaftsrecht 544, 556
Immobilien- und Baurecht 583, 584
Anzeige 181

hww Hermann Wienberg Wilhelm
Region: Norden
Hamburg 277
Region: Osten
Berlin 316
Region: Westen
Düsseldorf 334
Insolvenz und Restrukturierung 601, 608

Hyazinth
Notariat 725

Iffland Wischnewski
Region: Frankfurt und Hessen
Hessen 383
Regulierung
Gesundheitswesen 829, 833

Ignor & Partner
Region: Osten
Berlin 316
Region: Frankfurt und Hessen
Frankfurt 371
Wirtschafts- und Steuerstrafrecht 931, 937
Co-Publishing 928/929

Ihrig & Anderson
Region: Südwesten
Baden-Württemberg 398
Gesellschaftsrecht 543, 556

Insquare
Region: Südwesten
Baden-Württemberg 396, 397
Anzeige 409

Tanja Irion
Region: Norden
Hamburg 277
Technologie und Medien
Presse- und Äußerungsrecht 897, 898
Co-Publishing 895/896

Irle Moser
Region: Osten
Berlin 316
Technologie und Medien
Presse- und Äußerungsrecht 897, 898

Irmler
Region: Norden
Mecklenburg-Vorpommern 289

Isenbruck Bösl Hörschler
Region: Süden 422
Patentrecht 780

Jacobsen + Confurius
Region: Norden
Hamburg 277
Region: Osten
Berlin 316
Arbeitsrecht 464, 472
Vertrieb, Handel und Logistik 918, 923

Jaffé
Region: Süden
München 426
Insolvenz und Restrukturierung 601, 603, 608

Jahn Hettler
Region: Frankfurt und Hessen
Frankfurt 372
Region: Süden
München 426
Immobilien- und Baurecht 576, 577

Jakoby
Region: Osten
Berlin 316
Immobilien- und Baurecht 576, 577
Anzeige 329

JBB Rechtsanwälte
Region: Osten
Berlin 316
Marken- und Wettbewerbsrecht 693, 696, 701
Technologie und Medien 867
Informationstechnologie und Datenschutz 872, 874, 878
Medien 885, 889

Jebens Mensching
Region: Norden
Hamburg 277
Immobilien- und Baurecht 574, 579, 584
Anzeige 182

Johlke Niethammer & Partner
Anzeige 183

Jonas
Region: Westen
Köln 343
Marken- und Wettbewerbsrecht 690, 691, 693, 701
Technologie und Medien
Presse- und Äußerungsrecht 897, 899
Vertrieb, Handel und Logistik 917, 923

Jones Day
JUVE Top 50 76, 96
Region: Westen
Düsseldorf 332, 337
Region: Frankfurt und Hessen
Frankfurt 369, 376
Region: Süden
München 423, 429
Brüssel 444, 445, 448
Außenwirtschaftsrecht 486
Bank- und Finanzrecht
Anleihen und Strukturierte Finanzierung 495, 498
Compliance-Untersuchungen 528
Gesellschaftsrecht 541, 542
Kartellrecht 617, 618
Konfliktlösung – Dispute Resolution 637, 639, 640, 649
M&A 663, 676, 677
Öffentlicher Sektor
Beihilferecht 732, 733
Patentrecht 778, 780
Private Equity und Venture Capital 789, 791, 795
Regulierung
Energiewirtschaftsrecht 806, 812
Telekommunikation 846, 847, 848
Verkehrssektor 852, 856
Steuern – Konzern-, Transaktions-, Finanzsteuerrecht 864, 865
Technologie und Medien
Informationstechnologie und Datenschutz 874, 878
Anzeige 184, U4

Juconomy
Region: Westen
Düsseldorf 334
Regulierung
Telekommunikation 847, 849

Jung & Schleicher
Region: Osten
Berlin 316
Immobilien- und Baurecht 574, 584

Justem
Region: Frankfurt und Hessen
Frankfurt 372
Arbeitsrecht 463, 472
Anzeige 185

K&L Gates
JUVE Awards 2022 72
JUVE Top 50 76, 97
Region: Osten
Berlin 314, 318
Region: Frankfurt und Hessen
Frankfurt 377, 378
Region: Süden
München 426
Gesellschaftsrecht 543, 556
Immobilien- und Baurecht 574, 585
M&A 676, 677
Öffentlicher Sektor
Vergaberecht 756, 764
Private Equity und Venture Capital 791, 796
Regulierung
Verkehrssektor 852, 853, 856
Technologie und Medien
Medien 885, 887, 889
Anzeige 22, 186

Dr. Marcus Kämpfer und Andrea Bergermann
Region: Westen
Düsseldorf 334
Notariat 728, 729

Kallan
Region: Osten
Berlin 316
Region: Frankfurt und Hessen
Frankfurt 372
M&A 676, 677

Kaltwasser
Region: Süden
München 426
Regulierung
Gesundheitswesen 827, 834

Kantenwein Zimmermann Spatscheck & Partner
Region: Süden
München 424, 429

INDEX KANZLEIEN

Konfliktlösung – Dispute
Resolution 639, 640, 644, 649
Nachfolge/Vermögen/Stiftungen
710, 714
Wirtschafts- und Steuerstrafrecht
934, 938
Co-Publishing 633/634
Anzeige 187

Kapellmann und Partner
JUVE Top 50 76, 97
Region: Norden
Hamburg 277
Region: Osten
Berlin 316
Region: Westen
Düsseldorf 332, 337
Nordrhein-Westfalen 349
Region: Frankfurt und Hessen
Frankfurt 372
Region: Süden
München 426
Brüssel 444, 445, 448
Compliance-Untersuchungen 529, 534
Gesellschaftsrecht 556, 557
Immobilien- und Baurecht 575, 576, 582, 584
Kartellrecht 616, 617, 618
M&A 666, 677
Öffentlicher Sektor
Beihilferecht 732, 733
Vergaberecht 756, 758, 759, 764
Regulierung
Verkehrssektor 852, 856
Anzeige 188

Kapp Ebeling & Partner
Region: Norden
Niedersachsen 291, 292
Nachfolge/Vermögen/Stiftungen
710, 715

Kasper Knacke
Region: Südwesten
Stuttgart 390, 392
Arbeitsrecht 464, 473
Immobilien- und Baurecht 576, 577

Kather Augenstein
Patentrecht 780

KDU Krist Deller & Partner
Region: Südwesten
Rheinland-Pfalz/Saarland 402, 403
Öffentlicher Sektor
Vergaberecht 757, 764

Kebekus et Zimmermann
Region: Westen
Düsseldorf 334
Insolvenz und Restrukturierung
599, 601, 603, 608
Anzeige 358

Keller Menz
Region: Süden
München 426
Arbeitsrecht 462, 464, 473

Kemper
Immobilien- und Baurecht 582

Kempf Schilling + Partner
Region: Frankfurt und Hessen
Frankfurt 372
Wirtschafts- und Steuerstrafrecht
930, 931, 933, 935, 938

Kessler
Region: Norden
Bremen 286, 288

v. Keussler
Region: Frankfurt und Hessen
Hessen 383

KHH Kropp Haag Hübinger
Region: Südwesten
Rheinland-Pfalz/Saarland 401

Kiermeier Haselier Grosse
Region: Osten 313
Sachsen 321, 322, 323

King & Spalding
Region: Frankfurt und Hessen
Frankfurt 372
Bank- und Finanzrecht
Investmentfonds 512, 513, 515
Immobilien- und Baurecht 574, 585
Konfliktlösung – Dispute
Resolution 640, 642, 644, 649
Private Equity und Venture Capital
787
Regulierung
Gesundheitswesen 827, 830, 834
Lebensmittelrecht 840, 841, 842
Steuern – Konzern-, Transaktions-, Finanzsteuerrecht 864
Anzeige 189

King & Wood Mallesons
Region: Frankfurt und Hessen
Frankfurt 370, 372, 377
Gesellschaftsrecht 556, 557
M&A 665, 677
Private Equity und Venture Capital
789, 790

Kipper + Durth
Region: Frankfurt und Hessen
Hessen 383
Wirtschafts- und Steuerstrafrecht
932, 934, 938

Jens Kirchner Prof. Thomas Reich
Region: Süden
München 426
Notariat 728, 729

Kirkland & Ellis
Region: Süden 422
München 423, 430
Brüssel 444
Gesellschaftsrecht 542, 546, 556
Insolvenz und Restrukturierung
600, 602, 608
M&A 665, 677
Private Equity und Venture Capital
788, 790, 792, 796

Klaka
Region: Süden
München 426
Marken- und Wettbewerbsrecht
691, 693, 695, 701

Patentrecht 780
Anzeige 190

Kleber Knüpfer Collegen
Region: Frankfurt und Hessen
Hessen 383

Kleiner
Region: Westen
Düsseldorf 334
Marken- und Wettbewerbsrecht
692, 694, 702
Anzeige 191

Dr. Till Kleinstück und Dr. Marcus Reski
Notariat 728, 729

Kleymann Karpenstein & Partner
Region: Frankfurt und Hessen
Hessen 383

Kliemt
Region: Norden
Hamburg 278
Region: Osten
Berlin 316
Region: Westen
Düsseldorf 334
Region: Frankfurt und Hessen
Frankfurt 372
Region: Süden
München 426
Arbeitsrecht 463, 470, 472, 473
Co-Publishing 456/457
Anzeige 192

Klinkert
Region: Frankfurt und Hessen
Frankfurt 372
Marken- und Wettbewerbsrecht
692, 694, 702
Technologie und Medien 867
Medien 885, 889
Wirtschafts- und Steuerstrafrecht
930, 931, 938

Klopsch & Partner
Region: Norden
Mecklenburg-Vorpommern 289

KMLZ
Außenwirtschaftsrecht 485

Knarr & Knopp Milde Netuschil Zimmer
Region: Frankfurt und Hessen
Hessen 383

KNH Rechtsanwälte
Region: Osten
Berlin 316
Region: Frankfurt und Hessen
Frankfurt 372
Immobilien- und Baurecht 576, 577

Knierim & Kollegen
Region: Südwesten
Rheinland-Pfalz/Saarland 402, 403
Compliance-Untersuchungen 531
Wirtschafts- und Steuerstrafrecht
931, 933, 938
Anzeige 193

Prof. Dr. Rolf Kniffka
Immobilien- und Baurecht 578

KNPZ Rechtsanwälte
JUVE Awards 2022 72
Region: Norden
Hamburg 278
Compliance-Untersuchungen 531
Marken- und Wettbewerbsrecht
691, 693, 702
Technologie und Medien 867
Informationstechnologie und Datenschutz 873, 874, 878
Medien 885, 889
Presse- und Äußerungsrecht 897, 899
Vertrieb, Handel und Logistik 917, 923
Anzeige 194

Koch
Konfliktlösung – Dispute
Resolution 646

Koeble Fuhrmann Locher Zahn Hüttinger
Region: Südwesten
Baden-Württemberg 398
Immobilien- und Baurecht 578

Köchling & Krahnefeld
Region: Norden
Hamburg 278
Öffentlicher Sektor
Öffentliches Wirtschaftsrecht 741, 742, 744

König
Region: Südwesten
Rheinland-Pfalz/Saarland 401, 402
Anzeige 410

König Szynka Tilmann von Renesse
Region: Westen
Düsseldorf 334
Region: Süden
München 426
Patentrecht 778

Korn & Letzas
Region: Osten
Sachsen 322

Kozianka & Weidner
Region: Norden
Hamburg 278
Regulierung
Gesundheitswesen 827, 830, 834
Lebensmittelrecht 841, 842
Anzeige 305

KPMG
Außenwirtschaftsrecht 485

KPMG Law
Region: Norden
Hamburg 278
Niedersachsen 292
Region: Osten
Berlin 314, 318
Sachsen 321, 322, 323
Region: Westen 331
Düsseldorf 333, 338

KANZLEIEN INDEX

Region: Frankfurt und Hessen
Frankfurt 370, 377
Region: Südwesten
Stuttgart 390, 393
Region: Süden
München 426
Bayern 434, 435
Gesellschaftsrecht 542, 543
M&A 665, 677
Nachfolge/Vermögen/Stiftungen 709, 710, 715
Öffentlicher Sektor
Vergaberecht 756, 764
Co-Publishing 481/482
Anzeige 195

Kraft Rechtsanwälte
Region: Westen
Nordrhein-Westfalen 349
Wirtschafts- und Steuerstrafrecht 930, 939, 940

Kraus Donhauser
Region: Süden
München 426
Öffentlicher Sektor
Vergaberecht 757, 764

Kraus Sienz & Partner
Region: Süden
München 426
Immobilien- und Baurecht 576, 582, 585

Krause & Kollegen
Region: Osten
Berlin 316
Wirtschafts- und Steuerstrafrecht 931, 933, 934, 939

Krieger Mes & Graf v. der Groeben
Region: Westen
Düsseldorf 334
Patentrecht 780
Anzeige 196

Krohn
Region: Norden
Hamburg 276, 281
Regulierung
Lebensmittelrecht 841, 842

Sven Krüger
Region: Norden
Hamburg 278
Technologie und Medien
Presse- und Äußerungsrecht 897, 899
Anzeige 197

Kruhl von Strenge
Region: Norden
Hamburg 278
Öffentlicher Sektor
Öffentliches Wirtschaftsrecht 741, 742

KSB Intax
Region: Norden
Niedersachsen 290, 291
M&A 677, 678

Kucera
Region: Frankfurt und Hessen
Frankfurt 372

Immobilien- und Baurecht 574, 585
Anzeige 198

Kümmerlein
Region: Westen
Nordrhein-Westfalen 346, 347, 348
Arbeitsrecht 464, 473
Gesellschaftsrecht 542, 543
M&A 677, 678
Notariat 728, 729
Öffentlicher Sektor
Öffentliches Wirtschaftsrecht 741, 742
Anzeige 199

Küstner v. Manteuffel
Region: Norden
Niedersachsen 292
Vertrieb, Handel und Logistik 917, 919, 923

Küttner
Region: Westen
Köln 343
Arbeitsrecht 463, 471, 473
Anzeige 200/201

Kuhn Carl Norden Baum
Region: Südwesten
Stuttgart 390, 393
Co-Publishing 524/525
Anzeige 411

Kullen Müller Zinser
Region: Südwesten
Baden-Württemberg 398
Wirtschafts- und Steuerstrafrecht 934, 939

Kunz
Region: Südwesten 389
Rheinland-Pfalz/Saarland 401, 402
Anzeige 202

Otmar Kury
Region: Norden
Hamburg 278
Wirtschafts- und Steuerstrafrecht 931, 939

Laborius Schrader Siebert Thoms Klagges
Region: Norden
Niedersachsen 291, 292
Arbeitsrecht 463, 464

Ladenburger
Region: Südwesten
Baden-Württemberg 396, 397

LADM Liesegang Aymans Decker Mittelstaedt & Partner
Region: Westen
Nordrhein-Westfalen 349
Vertrieb, Handel und Logistik 918, 923

Lambrecht
Region: Westen
Düsseldorf 334
Insolvenz und Restrukturierung 600, 609

Lambsdorff
Region: Osten
Berlin 314, 318
Private Equity und Venture Capital 791, 796
Anzeige 42, 203

Langrock Voß & Soyka
Region: Norden
Hamburg 278
Wirtschafts- und Steuerstrafrecht 931, 933, 934, 939

Latham & Watkins
JUVE Awards 2022 72
JUVE Top 50 76, 98
Region: Norden
Hamburg 275, 282
Region: Westen
Düsseldorf 332, 338
Region: Frankfurt und Hessen
Frankfurt 369, 377
Region: Süden 422
München 423, 430
Brüssel 445, 448
Arbeitsrecht 463, 464
Bank- und Finanzrecht
Anleihen und Strukturierte Finanzierung 494, 495, 496, 498
Bank- und Bankaufsichtsrecht 502, 503, 505
Börseneinführungen und Kapitalerhöhungen 508, 509, 510
Kredite und Akquisitionsfinanzierung 518, 519, 521
Compliance-Untersuchungen 529, 534
Gesellschaftsrecht 541, 545, 557
Immobilien- und Baurecht 573, 580
Insolvenz und Restrukturierung 600, 602, 609
Kartellrecht 616, 617, 619, 620, 627
Konfliktlösung – Dispute Resolution 638, 640, 643, 650
M&A 663, 667, 668, 677, 678
Öffentlicher Sektor 731
Private Equity und Venture Capital 787, 788, 789, 792, 796
Regulierung
Energiewirtschaftsrecht 806, 813
Gesundheitswesen 826, 827, 828, 829, 831, 834
Steuern – Konzern-, Transaktions-, Finanzsteuerrecht 864,
Technologie und Medien 866
Informationstechnologie und Datenschutz 872, 873, 874, 879
Medien 888
Anzeige 5, 204

Lauprecht
Region: Norden
Schleswig-Holstein 293

Lausen
Region: Westen
Köln 343
Region: Süden
München 426
Technologie und Medien 867
Medien 885, 889

Presse- und Äußerungsrecht 897, 899
Co-Publishing 883/884

Lawentus
Gesellschaftsrecht 557, 558

Lebuhn & Puchta
Region: Norden
Hamburg 276, 282

Lederer & Keller
Region: Süden
München 426
Patentrecht 778

Lehmann Neunhoeffer Sigel Schäfer
Region: Südwesten
Stuttgart 390, 393
Notariat 728, 729
Anzeige 412

Leinemann & Partner
Region: Norden
Hamburg 278
Region: Osten
Berlin 316
Region: Westen
Düsseldorf 334
Köln 343
Region: Frankfurt und Hessen
Frankfurt 372
Immobilien- und Baurecht 575, 576, 582, 585, 586
Öffentlicher Sektor 731
Vergaberecht 756, 758, 765

Leisner Steckel Engler
Region: Süden
München 426
Wirtschafts- und Steuerstrafrecht 934, 940

Leitfeld
Region: Westen
Köln 343
Regulierung
Energiewirtschaftsrecht 804, 805, 807, 813
Anzeige 205

Leitner & Kollegen
Region: Süden
München 426
Wirtschafts- und Steuerstrafrecht 931, 940
Anzeige 206

Lennert Schneider & Partner
Region: Frankfurt und Hessen
Frankfurt 372
Notariat 725, 728, 729

Lenz und Johlen
Region: Westen
Köln 343
Öffentlicher Sektor
Öffentliches Wirtschaftsrecht 741, 742

Leo Schmidt-Hollburg Witte & Frank
Region: Norden
Hamburg 276, 282

INDEX KANZLEIEN

Gesellschaftsrecht 557, 558
M&A 666, 678
Anzeige 207

Prof. Stefan Leupertz
Region: Westen
Nordrhein-Westfalen 349
Immobilien- und Baurecht 578

Lexton
Region: Osten
Berlin 316
Öffentlicher Sektor
Vergaberecht 757, 759, 765

LHP Luxem Heuel Prowatke
Region: Westen
Köln 343
Wirtschafts- und Steuerstrafrecht 934, 940

Lichtenstein Körner und Partner
Region: Südwesten 389

Lieb
Region: Süden
Bayern 434, 435
Anzeige 442

Lieser
Region: Südwesten
Rheinland-Pfalz/Saarland 402, 403
Insolvenz und Restrukturierung 599, 601, 609
Co-Publishing 597/598

Lindenpartners
Region: Osten 313
Berlin 314, 318
Bank- und Finanzrecht 492
Bank- und Bankaufsichtsrecht 502, 505
Compliance-Untersuchungen 531
Gesellschaftsrecht 557, 558
Konfliktlösung – Dispute Resolution 639, 650
M&A 666, 678
Regulierung
ESG – Umwelt, Soziales, Unternehmensführung 820, 822
Anzeige 208

Linklaters
Trends und Entwicklungen 58, 59
JUVE Top 50 76, 98
Region: Norden
Hamburg 276, 282
Region: Osten
Berlin 314, 318
Region: Westen
Düsseldorf 332, 338
Region: Frankfurt und Hessen
Frankfurt 369, 377
Region: Süden 422
München 423, 430
Brüssel 444, 445, 448
Arbeitsrecht 462, 463, 471, 472
Außenwirtschaftsrecht 483, 486
Bank- und Finanzrecht 492
Anleihen und Strukturierte Finanzierung 494, 495, 496, 497, 499
Bank- und Bankaufsichtsrecht 502, 503, 506

Börseneinführungen und Kapitalerhöhungen 508, 510
Investmentfonds 512, 513, 515
Kredite und Akquisitionsfinanzierung 518, 519, 521
Compliance-Untersuchungen 529, 534
Gesellschaftsrecht 540, 541, 545, 546, 557
Immobilien- und Baurecht 573, 574, 586, 587
Insolvenz und Restrukturierung 600, 609
Kartellrecht 617, 620, 627
Konfliktlösung – Dispute Resolution 637, 638, 640, 641, 650
M&A 662, 663, 667, 668, 678
Öffentlicher Sektor
Beihilferecht 731, 732, 733
Öffentliches Wirtschaftsrecht 739, 740, 741, 742, 749
Patentrecht 780
Private Equity und Venture Capital 788, 789, 792, 796
Regulierung
Energiewirtschaftsrecht 806, 810, 813
ESG – Umwelt, Soziales, Unternehmensführung 820, 822
Steuern – Konzern-, Transaktions-, Finanzsteuerrecht 862, 863, 864, 865
Versicherungsrecht 902
Unternehmensbezogene Beratung von Versicherern 910, 911, 912

Livonius van Rienen
Region: Frankfurt und Hessen
Frankfurt 372
Wirtschafts- und Steuerstrafrecht 940, 941

LLR Legerlotz Laschet und Partner
Region: Westen
Köln 342, 344
Gesellschaftsrecht 544, 558
Immobilien- und Baurecht 575, 587
Marken- und Wettbewerbsrecht 692, 694, 702
Anzeige 209

LMPS von Laer Meyer Paul Stuttmann
JUVE Awards 2022 70, 72
Region: Westen
Düsseldorf 333, 334, 338
Gesellschaftsrecht 542, 543
M&A 662, 678, 679

LNS Rechtsanwälte
Region: Westen
Nordrhein-Westfalen 349

Löffel Abrar
Region: Westen
Düsseldorf 334
Marken- und Wettbewerbsrecht 692, 694, 702

Lorenz Seidler Gossel
Region: Süden
München 426

Marken- und Wettbewerbsrecht 691, 693, 695, 702
Patentrecht 778

Loschelder
JUVE Awards 2022 70, 72, 73
Region: Westen 331
Köln 342, 344
Arbeitsrecht 464, 474
Gesellschaftsrecht 558, 559
Immobilien- und Baurecht 574, 575, 576, 587
M&A 678, 679
Marken- und Wettbewerbsrecht 692, 693, 696, 703
Öffentlicher Sektor
Öffentliches Wirtschaftsrecht 741, 742
Regulierung
Energiewirtschaftsrecht 805, 813
Telekommunikation 847, 849
Anzeige 359

Loyfort
Region: Norden 274
Bremen 286, 288
Anzeige 306

LSP Lindemann Schwennicke & Partner
Region: Osten
Berlin 316
Bank- und Finanzrecht
Bank- und Bankaufsichtsrecht 502, 506

LTS Rechtsanwälte Wirtschaftsprüfer Steuerberater
Region: Westen
Nordrhein-Westfalen 346, 349

Lubberger Lehment
JUVE Awards 2022 72, 73
Region: Norden
Hamburg 278
Region: Osten
Berlin 316
Region: Süden
München 426
Marken- und Wettbewerbsrecht 690, 691, 693, 695, 696, 703
Vertrieb, Handel und Logistik 917, 923

Lupp + Partner
JUVE Awards 2022 72
Region: Norden
Hamburg 278
M&A 678, 679
Private Equity und Venture Capital 787, 789, 791, 797

Luther
JUVE Awards 2022 72, 73
JUVE Top 50 76, 100
Region: Norden
Hamburg 275, 282
Niedersachsen 290, 291, 292
Region: Osten 313
Berlin 314, 318
Sachsen 321, 322, 323
Region: Westen
Düsseldorf 332, 338
Köln 342, 344
Nordrhein-Westfalen 346, 349

Region: Frankfurt und Hessen
Frankfurt 370, 377
Region: Südwesten 389
Stuttgart 390, 393
Region: Süden
München 424, 430
Brüssel 445, 449
Arbeitsrecht 463, 470, 472, 475
Außenwirtschaftsrecht 484, 486, 487
Bank- und Finanzrecht
Anleihen und Strukturierte Finanzierung 494, 495, 499
Investmentfonds 512, 513, 515
Gesellschaftsrecht 541, 558
Immobilien- und Baurecht 574, 575, 576, 582, 587
Kartellrecht 617, 619, 628
Konfliktlösung – Dispute Resolution 637, 638, 640, 641, 642, 651
M&A 678, 679
Marken- und Wettbewerbsrecht 691, 693, 703
Notariat 728, 729
Öffentlicher Sektor
Beihilferecht 732, 733
Öffentliches Wirtschaftsrecht 739, 740, 741, 742
Vergaberecht 756, 765
Regulierung
Energiewirtschaftsrecht 804, 805, 806, 807, 813
Gesundheitswesen 829, 834
Steuern – Konzern-, Transaktions-, Finanzsteuerrecht 864
Technologie und Medien 866
Informationstechnologie und Datenschutz 872, 873, 874, 879
Vertrieb, Handel und Logistik 916, 917, 919, 924
Anzeige 210

Lutz Abel
JUVE Awards 2022 72
Region: Norden
Hamburg 276, 282
Region: Osten
Berlin 316
Region: Südwesten
Stuttgart 390, 393
Region: Süden
München 423, 430
Arbeitsrecht 464, 475
Gesellschaftsrecht 558, 559
Immobilien- und Baurecht 576, 588
Konfliktlösung – Dispute Resolution 637, 638, 651
Öffentlicher Sektor
Vergaberecht 756, 765
Private Equity und Venture Capital 791, 794, 797
Vertrieb, Handel und Logistik 917, 924
Anzeige 211

Lyck+Pätzold
Regulierung
Gesundheitswesen 829, 834

Maat
Region: Frankfurt und Hessen
Frankfurt 372
Region: Süden

KANZLEIEN INDEX

München 426
Arbeitsrecht 463, 464

Maikowski & Ninnemann
Region: Osten
Berlin 316
Sachsen 323
Region: Süden
München 426
Patentrecht 778, 779, 780
Anzeige 212

Mainwerk
Region: Frankfurt und Hessen
Frankfurt 372
Region: Südwesten
Baden-Württemberg 398
Arbeitsrecht 464, 475

Maiwald
Region: Westen
Düsseldorf 334
Region: Süden
München 426
Patentrecht 778, 780
Co-Publishing 769/770

Manner Spangenberg
Region: Norden
Hamburg 278
Konfliktlösung – Dispute
Resolution 640, 644, 645, 651
Anzeige 213

Manske & Partner
Region: Süden
Bayern 436

von Máriássy Dr. von Stetten
Region: Süden
München 426
Wirtschafts- und Steuerstrafrecht 940, 942

Martini Mogg Vogt
Region: Südwesten
Rheinland-Pfalz/Saarland 401, 402
Anzeige 413

Martius
Region: Süden 422
München 424, 430
Gesellschaftsrecht 542, 558
M&A 662

Massing Werner
Region: Süden 422

Prof. Dr. Holger Matt
Region: Frankfurt und Hessen
Frankfurt 372
Wirtschafts- und Steuerstrafrecht 930, 933, 941

May und Partner
Immobilien- und Baurecht 578

Prof. Dr. Dieter Mayer
Region: Süden
München 426
Notariat 726, 729

Mayer Brown
JUVE Top 50 76, 100
Region: Westen

Düsseldorf 333, 338
Region: Frankfurt und Hessen
Frankfurt 369, 377
Arbeitsrecht 462, 464, 475
Bank- und Finanzrecht 493
Anleihen und Strukturierte
Finanzierung 494, 495, 499
Bank- und Bankaufsichtsrecht 502, 506
Kredite und
Akquisitionsfinanzierung 518, 521
Gesellschaftsrecht 543, 559
Immobilien- und Baurecht 587, 588
Insolvenz und Restrukturierung 600, 609
Kartellrecht 618, 621, 629
M&A 664, 665
Notariat 726, 729
Private Equity und Venture Capital 789, 797

Mazars
Region: Osten
Berlin 314, 318
Sachsen 321, 323
Region: Frankfurt und Hessen
Frankfurt 372
Außenwirtschaftsrecht 485
Öffentlicher Sektor
Vergaberecht 755
Regulierung
Energiewirtschaftsrecht 804, 805, 814
Gesundheitswesen 827, 829, 835

MBN
Region: Norden
Niedersachsen 290, 291, 292

McDermott Will & Emery
Trends und Entwicklungen 62
JUVE Top 50 76, 101
Region: Westen
Düsseldorf 332, 338
Köln 342, 345
Region: Frankfurt und Hessen
Frankfurt 377, 378
Region: Süden
München 423, 431
Arbeitsrecht 464, 475
Bank- und Finanzrecht 493
Investmentfonds 512, 513, 516
Compliance-Untersuchungen 528, 530
Gesellschaftsrecht 540, 541, 542
Immobilien- und Baurecht 573, 574, 575, 580, 581, 588
Insolvenz und Restrukturierung 600, 610
Kartellrecht 618, 629
Konfliktlösung – Dispute
Resolution 639, 640, 641, 651
M&A 663, 664
Öffentlicher Sektor
Öffentliches Wirtschaftsrecht 740, 741
Patentrecht 780
Private Equity und Venture Capital 789, 797
Regulierung
Gesundheitswesen 827, 828, 829, 831, 835
Verkehrssektor 852, 856
Steuern – Konzern-, Transaktions-,

Finanzsteuerrecht 863, 864
Technologie und Medien
Informationstechnologie und
Datenschutz 872, 873, 879
Medien 885, 886, 887, 891
Co-Publishing 660/661
Anzeige 214

Media Kanzlei
Region: Frankfurt und Hessen
Frankfurt 372
Technologie und Medien
Presse- und Äußerungsrecht 897, 899

Medlegal
Region: Norden
Hamburg 278
Regulierung
Gesundheitswesen 829, 835

Meilicke Hoffmann & Partner
Region: Westen
Nordrhein-Westfalen 346, 347, 349
Gesellschaftsrecht 544, 559
Konfliktlösung – Dispute
Resolution 652, 653
Nachfolge/Vermögen/Stiftungen 710, 715

Meincke Bienmüller
Region: Osten
Berlin 316
Immobilien- und Baurecht 578

Meinhardt Gieseler & Partner
Region: Süden
Bayern 434, 435
Anzeige 443

Meissner Bolte
Region: Westen
Düsseldorf 334
Region: Süden
München 426
Bayern 436
Marken- und Wettbewerbsrecht 692, 704
Patentrecht 778, 780

Meisterernst
Region: Frankfurt und Hessen
Frankfurt 372
Region: Süden
München 426
Regulierung
Gesundheitswesen 827, 835
Lebensmittelrecht 841, 842

Melchers
Region: Osten
Berlin 316
Region: Frankfurt und Hessen
Frankfurt 372
Region: Südwesten
Baden-Württemberg 396, 397
Gesellschaftsrecht 559, 560
Anzeige 414

Mennemeyer & Rädler
Region: Südwesten
Baden-Württemberg 398
Konfliktlösung – Dispute
Resolution 646

Menold Bezler
Region: Südwesten 389
Stuttgart 390, 393
Gesellschaftsrecht 542, 559
Insolvenz und Restrukturierung 599
M&A 679, 680
Marken- und Wettbewerbsrecht 692, 693, 704
Nachfolge/Vermögen/Stiftungen 710, 715
Öffentlicher Sektor
Öffentliches Wirtschaftsrecht 741, 742
Vergaberecht 756, 766

Metis
Region: Frankfurt und Hessen
Frankfurt 378, 379
Konfliktlösung – Dispute
Resolution 639, 652
M&A 679, 680

Meyer Rechtsanwälte
Region: Süden
München 426
Regulierung
Lebensmittelrecht 840, 841, 842

Meyerhuber
Region: Süden
Bayern 434, 435

Meyer-Köring
Region: Westen 331
Nordrhein-Westfalen 346, 350
Immobilien- und Baurecht 582

Meyer-Lohkamp & Pragal
Region: Norden
Hamburg 278
Wirtschafts- und Steuerstrafrecht 932, 933, 935, 941

MFG Meyer-Wildhagen Meggle-Freund Gerhard
Region: Süden
München 426
Patentrecht 778

MGR Rechtsanwälte
Region: Frankfurt und Hessen
Frankfurt 372
Immobilien- und Baurecht 578
Wirtschafts- und Steuerstrafrecht 932, 933, 941

Michalski Hüttermann & Partner
Region: Westen
Düsseldorf 334
Region: Süden
München 426
Patentrecht 778

Michels pmks
Region: Westen
Köln 343
Arbeitsrecht 464, 476
Regulierung
Gesundheitswesen 829, 835

Milbank
JUVE Top 50 76, 101
Region: Frankfurt und Hessen
Frankfurt 378, 379

INDEX KANZLEIEN

Region: Süden
München 423, 431
Bank- und Finanzrecht 492
Kredite und
Akquisitionsfinanzierung 518,
519, 521
Gesellschaftsrecht 541, 559, 560
Insolvenz und Restrukturierung
599
Kartellrecht 617, 620, 629
M&A 663, 667, 679, 680
Private Equity und Venture Capital
787, 788, 789, 791, 792, 797
Steuern – Konzern-, Transaktions-,
Finanzsteuerrecht 863, 864
Anzeige 49, 215

Mitscherlich
Region: Süden
München 426
Patentrecht 778

Möhrle Happ Luther
Region: Norden 274
Hamburg 275, 283
Gesellschaftsrecht 542, 543
Insolvenz und Restrukturierung
600, 610
Regulierung
Gesundheitswesen 827, 830, 836
Anzeige 307

Möller & Partner
Region: Westen
Düsseldorf 335
Regulierung
Gesundheitswesen 826, 829, 836

Möller Theobald Jung Zenger
Region: Frankfurt und Hessen
Hessen 383

Momentum Gold Wied Heilmeier
Region: Süden 422

Moog
Region: Frankfurt und Hessen
Hessen 383

Morgan Lewis & Bockius
Region: Frankfurt und Hessen
Frankfurt 378, 379
Gesellschaftsrecht 544, 560
Konfliktlösung – Dispute
Resolution 637, 640, 642, 652
M&A 665, 680
Co-Publishing 635/636

Morrison & Foerster
Region: Osten
Berlin 314, 319
Compliance-Untersuchungen 529, 530
Gesellschaftsrecht 544, 560
M&A 665, 680
Private Equity und Venture Capital
791, 798
Technologie und Medien 867
Medien 885, 886, 887, 888, 891

Müller-Heydenreich Bierbach & Kollegen
Region: Süden
München 426
Bayern 436

Insolvenz und Restrukturierung
601, 603, 610

Müller-Knapp Hjort Wulff
Region: Norden
Hamburg 278

Müller-Wrede & Partner
Region: Osten
Berlin 316
Öffentlicher Sektor
Beihilferecht 731, 732, 733
Vergaberecht 756, 758, 766

Münzel & Böhm
Region: Norden
Hamburg 278
Region: Osten
Berlin 316
Insolvenz und Restrukturierung
601, 610

Mulansky + Kollegen
Region: Osten
Sachsen 321, 324

Muth & Partner
Region: Frankfurt und Hessen
Hessen 383

Mutter & Kruchen
Region: Westen
Düsseldorf 335
Gesellschaftsrecht 544, 560

Nesselhauf
Region: Norden
Hamburg 278
Marken- und Wettbewerbsrecht
692, 694, 704
Technologie und Medien
Presse- und Äußerungsrecht 897, 898, 899

Neuland
Region: Frankfurt und Hessen
Frankfurt 372
Regulierung
Telekommunikation 846, 847, 849

Neussel KPA
Region: Südwesten 389
Rheinland-Pfalz/Saarland 401, 402
Anzeige 415

Neuwerk
Region: Norden 274
Hamburg 276, 283
Immobilien- und Baurecht 587, 588
Konfliktlösung – Dispute
Resolution 639, 652

Nieding + Barth
Region: Frankfurt und Hessen
Frankfurt 372
Konfliktlösung – Dispute
Resolution 637, 639, 652
Co-Publishing 538/539

Niering Stock Tömp
Region: Westen
Köln 343
Nordrhein-Westfalen 349

Insolvenz und Restrukturierung
601, 610

Nölle & Stoevesandt
Region: Norden
Bremen 286, 288
Anzeige 308

Noerr
Trends und Entwicklungen 58
JUVE Awards 2022 72, 73
JUVE Top 50 76, 102
Region: Norden
Hamburg 275, 283
Region: Osten 313
Berlin 314, 319
Sachsen 321, 322, 324
Region: Westen
Düsseldorf 332, 338
Region: Frankfurt und Hessen
Frankfurt 369, 378
Region: Süden
München 423, 431
Brüssel 444, 445, 449
Arbeitsrecht 462, 463, 476
Außenwirtschaftsrecht 483, 484, 485, 486, 487, 488
Bank- und Finanzrecht
Anleihen und Strukturierte
Finanzierung 494, 499
Bank- und Bankaufsichtsrecht
502, 506
Börseneinführungen und
Kapitalerhöhungen 508, 511
Kredite und
Akquisitionsfinanzierung 518, 522
Compliance-Untersuchungen 528, 529, 530
Gesellschaftsrecht 541, 545, 546, 560
Immobilien- und Baurecht 573, 574, 575, 580, 588
Insolvenz und Restrukturierung
600, 602, 610
Kartellrecht 616, 617, 620, 629
Konfliktlösung – Dispute
Resolution 637, 638, 640, 641, 642, 644, 653
M&A 663, 667, 668, 680
Marken- und Wettbewerbsrecht
691, 693, 704
Nachfolge/Vermögen/Stiftungen
709, 710, 711, 715
Notariat 726, 729
Öffentlicher Sektor
Beihilferecht 732, 733
Öffentliches Wirtschaftsrecht 740, 741, 742
Patentrecht 780
Private Equity und Venture Capital
788, 789, 791, 794, 798
Regulierung
Energiewirtschaftsrecht 804, 805, 806, 807, 809, 814
ESG – Umwelt, Soziales,
Unternehmensführung 819, 820, 822
Gesundheitswesen 826, 827, 828, 829, 831, 836
Lebensmittelrecht 841, 842
Telekommunikation 846, 847, 849
Verkehrssektor 851, 852, 853, 857
Steuern – Konzern-, Transaktions-,
Finanzsteuerrecht 863, 864, 865
Technologie und Medien 866, 867

Informationstechnologie und
Datenschutz 872, 873, 874, 879
Medien 885, 886, 887, 888, 889, 891
Versicherungsrecht 902
Unternehmensbezogene Beratung
von Versicherern 910, 913
Versicherungsvertragsrecht:
Prozessvertretung und Beratung
903, 905, 907
Vertrieb, Handel und Logistik 916, 917, 918, 919, 924
Wirtschafts- und Steuerstrafrecht
932, 933, 934, 941
Anzeige 216/217

Nonnenmacher
Region: Südwesten
Baden-Württemberg 396, 398
Anzeige 416

Nordemann Czychowski & Partner
Region: Osten
Berlin 316
Land Brandenburg 320
Marken- und Wettbewerbsrecht
691, 693, 704
Technologie und Medien
Medien 885, 889, 891

Norton Rose Fulbright
JUVE Top 50 76, 103
Region: Norden
Hamburg 275, 283
Region: Frankfurt und Hessen
Frankfurt 370, 378
Region: Süden 422
München 423, 424
Brüssel 445, 449
Bank- und Finanzrecht
Anleihen und Strukturierte
Finanzierung 494, 496, 500
Börseneinführungen und
Kapitalerhöhungen 508, 511
Investmentfonds 513, 516
Kredite und
Akquisitionsfinanzierung 518, 522
Compliance-Untersuchungen 529, 535
Gesellschaftsrecht 540, 542, 560
Immobilien- und Baurecht 574, 575, 589
Konfliktlösung – Dispute
Resolution 639, 653
M&A 680, 681
Marken- und Wettbewerbsrecht
692, 694, 704
Öffentlicher Sektor
Beihilferecht 732, 733
Private Equity und Venture Capital
789, 790
Regulierung
Energiewirtschaftsrecht 806, 814
Verkehrssektor 852, 853, 857
Steuern – Konzern-, Transaktions-,
Finanzsteuerrecht 864
Technologie und Medien
Informationstechnologie und
Datenschutz 874, 880
Versicherungsrecht 902
Co-Publishing 771/772
Anzeige 218/219

Notare am Alstertor
Region: Norden

Hamburg 278
Notariat 729, 730

Notare am Gänsemarkt
Notariat 725

Notare an den Alsterarkaden
Region: Norden
Hamburg 278
Notariat 725, 729, 730

Notariat Ballindamm
Region: Norden
Hamburg 278
Notariat 729, 730

Notariat Bergstraße
Region: Norden
Hamburg 278
Notariat 729, 730

Notos
Region: Frankfurt und Hessen
Frankfurt 372
Marken- und Wettbewerbsrecht 692, 705
Anzeige 220

Novacos
Region: Westen
Düsseldorf 335
Regulierung
Gesundheitswesen 827, 829, 830, 836

Oexle Kopp-Assenmacher Lück
Region: Osten
Berlin 316
Region: Westen
Köln 343
Öffentlicher Sektor
Öffentliches Wirtschaftsrecht 741, 742, 752
Vergaberecht 757, 766
Regulierung
ESG – Umwelt, Soziales, Unternehmensführung 819, 820, 823

Ohnleiter Hillebrand und Dr. Sünner
Notariat 729, 730

Olbricht Buchhold Keulertz
Region: Norden
Hamburg 278
Patentrecht 778

OMF Otto Mittag & Partner
Region: Frankfurt und Hessen
Frankfurt 370, 378
Bank- und Finanzrecht
Anleihen und Strukturierte Finanzierung 495, 500
Anzeige 221

OMX
Notariat 725

Oppenhoff & Partner
Trends und Entwicklungen 58
JUVE Top 50 76, 103
Region: Norden
Hamburg 278
Region: Westen

Köln 342, 345
Region: Frankfurt und Hessen
Frankfurt 370, 378
Arbeitsrecht 464, 472, 476
Außenwirtschaftsrecht 484, 485, 486, 487, 489
Compliance-Untersuchungen 529, 535
Gesellschaftsrecht 541, 542
Konfliktlösung – Dispute Resolution 653, 654
M&A 680, 681
Nachfolge/Vermögen/Stiftungen 710, 711
Öffentlicher Sektor
Vergaberecht 755, 756, 758, 766
Private Equity und Venture Capital 789, 791, 798
Technologie und Medien 866
Informationstechnologie und Datenschutz 872, 873, 874, 880
Versicherungsrecht
Unternehmensbezogene Beratung von Versicherern 910, 913
Anzeige 222

Oppenländer
JUVE Top 50 76, 104
Region: Südwesten
Stuttgart 390, 394
Gesellschaftsrecht 542, 543
Kartellrecht 617, 619, 630
M&A 665, 681
Marken- und Wettbewerbsrecht 691, 693, 705
Öffentlicher Sektor 731
Öffentliches Wirtschaftsrecht 740, 741, 742, 752
Vergaberecht 756, 766
Regulierung
Energiewirtschaftsrecht 805, 814
Gesundheitswesen 827, 829, 836
Verkehrssektor 851, 852, 857
Technologie und Medien
Medien 888
Anzeige 224/225

Oppolzer Seifert
Region: Norden
Hamburg 278
Kartellrecht 618, 619

Orbit
JUVE Awards 2022 72
Region: Osten
Berlin 316
Bank- und Finanzrecht 493
Investmentfonds 512, 513, 516
Anzeige 223

Orrick Herrington & Sutcliffe
Region: Westen
Düsseldorf 332, 339
Region: Süden
München 423, 424
Gesellschaftsrecht 561, 562
Konfliktlösung – Dispute Resolution 638, 640, 642, 644, 645
M&A 664, 665
Private Equity und Venture Capital 787, 789, 791, 792, 794, 798
Anzeige 54, 226

Orth Kluth
JUVE Awards 2022 72

JUVE Top 50 76, 104
Region: Osten
Berlin 316
Region: Westen
Düsseldorf 332, 339
Arbeitsrecht 463, 464
Compliance-Untersuchungen 529, 530
Gesellschaftsrecht 561, 562
Immobilien- und Baurecht 576, 589
Konfliktlösung – Dispute Resolution 639, 654
M&A 665, 681
Marken- und Wettbewerbsrecht 692, 694, 705
Regulierung
Verkehrssektor 851, 852, 857
Anzeige 11, 227

Osborne Clarke
Trends und Entwicklungen 58
JUVE Awards 2022 72
JUVE Top 50 76, 105
Region: Norden
Hamburg 276, 283
Region: Osten
Berlin 316
Region: Westen
Köln 342, 345
Region: Süden
München 423, 424
Arbeitsrecht 462, 464, 477
Gesellschaftsrecht 543, 561
Kartellrecht 616, 617, 618
M&A 664, 681
Marken- und Wettbewerbsrecht 690, 691, 693, 705
Private Equity und Venture Capital 787, 791, 794, 799
Regulierung
Energiewirtschaftsrecht 804, 805, 806, 815
Technologie und Medien 866, 867
Informationstechnologie und Datenschutz 872, 873, 874, 875, 880
Medien 885, 886, 887, 892
Vertrieb, Handel und Logistik 917, 919, 925
Anzeige 228

Otting Zinger
Öffentlicher Sektor
Vergaberecht 756, 759, 767

Pannenborg & Pesenacker
Wirtschafts- und Steuerstrafrecht 930

Park
Region: Westen
Nordrhein-Westfalen 347, 349
Compliance-Untersuchungen 529, 530
Wirtschafts- und Steuerstrafrecht 931, 933, 941

Patzina Lotz
Region: Frankfurt und Hessen
Frankfurt 372
Versicherungsrecht
Versicherungsvertragsrecht: Prozessvertretung und Beratung 903, 907

Paul Hastings
Region: Frankfurt und Hessen 368
Frankfurt 369, 379
M&A 681, 682
Private Equity und Venture Capital 788, 789, 799

Paulus Westerwelle
Region: Frankfurt und Hessen
Hessen 383

Pauly
Region: Westen
Köln 343
Öffentlicher Sektor
Öffentliches Wirtschaftsrecht 741, 752

Peterka
Außenwirtschaftsrecht 485

Peterreins Schley
Region: Süden
München 426
Patentrecht 780

Peters
Region: Westen
Düsseldorf 333, 339
Anzeige 360

Peters Schönberger & Partner
Region: Süden
München 423, 424
Gesellschaftsrecht 544, 562
Nachfolge/Vermögen/Stiftungen 710, 711
Anzeige 229

Petersen Hardraht Pruggmayer
Region: Osten 313
Sachsen 321, 322, 324
Anzeige 330

Petri & Puvogel
Region: Frankfurt und Hessen
Hessen 383

Pfisterer & Döbereiner
Notariat 729, 730

Pfitzner
Konfliktlösung – Dispute Resolution 644

Pfordte Bosbach
JUVE Awards 2022 72, 73
Region: Süden
München 426
Wirtschafts- und Steuerstrafrecht 930, 931, 934, 942

Pinsent Masons
JUVE Top 50 76, 106
Region: Westen
Düsseldorf 333, 339
Region: Frankfurt und Hessen
Frankfurt 370, 379
Region: Süden
München 423, 431
Bank- und Finanzrecht 493
Compliance-Untersuchungen 529, 530
Gesellschaftsrecht 543, 562
Immobilien- und Baurecht 588, 589

INDEX KANZLEIEN

Kartellrecht 618, 619
Konfliktlösung – Dispute Resolution 637, 654, 655
M&A 664, 681
Öffentlicher Sektor
Beihilferecht 732, 733
Regulierung
Energiewirtschaftsrecht 804, 805, 815
Telekommunikation 846, 847, 849
Technologie und Medien
Informationstechnologie und Datenschutz 872, 874, 880

PKF Fasselt
Region: Westen
Nordrhein-Westfalen 346, 350
Außenwirtschaftsrecht 485
Steuern – Konzern-, Transaktions-, Finanzsteuerrecht 864

Dr. Thomas von Plehwe
Konfliktlösung – Dispute Resolution 646

Pluta
Region: Norden
Niedersachsen 292
Region: Osten
Berlin 316
Region: Südwesten
Stuttgart 391
Baden-Württemberg 398
Region: Süden
München 426
Bayern 436
Insolvenz und Restrukturierung 601, 603, 611

Pöhlmann Früchtl Oppermann
Region: Süden
München 426
Vertrieb, Handel und Logistik 917, 925

Poellath
JUVE Top 50 76, 107
Region: Osten
Berlin 314, 319
Region: Frankfurt und Hessen
Frankfurt 372
Region: Süden
München 423, 432
Bank- und Finanzrecht
Investmentfonds 512, 513, 516
Gesellschaftsrecht 542, 543
Immobilien- und Baurecht 574, 579, 589
M&A 664, 682
Nachfolge/Vermögen/Stiftungen 709, 710, 711, 712, 713
Private Equity und Venture Capital 789, 791, 792, 794, 799
Steuern – Konzern-, Transaktions-, Finanzsteuerrecht 864, 865
Co-Publishing 783/784, 785/786
Anzeige 230/231, U3

Pohlmann & Company
Region: Frankfurt und Hessen
Frankfurt 372
Region: Süden
München 426
Compliance-Untersuchungen 529, 530, 536

Regulierung
ESG – Umwelt, Soziales, Unternehmensführung 819, 820, 823

Polaris
Region: Norden
Mecklenburg-Vorpommern 289

Posser Spieth Wolfers & Partners
JUVE Awards 2022 72, 73
Region: Osten
Berlin 316
Region: Westen
Düsseldorf 335
Öffentlicher Sektor
Öffentliches Wirtschaftsrecht 739, 740, 741, 742, 743, 744, 752
Regulierung
Energiewirtschaftsrecht 805, 816
ESG – Umwelt, Soziales, Unternehmensführung 819, 820, 823
Verkehrssektor 851, 852, 858

PPR & Partner Pape Rauh
Region: Westen
Düsseldorf 333, 339
M&A 666, 682

Preißler Ohlmann & Partner
Region: Süden
Bayern 435, 436
Regulierung
Gesundheitswesen 829, 837

Preu Bohlig & Partner
Region: Norden
Hamburg 278
Region: Osten
Berlin 316
Region: Westen
Düsseldorf 335
Region: Süden
München 426
Marken- und Wettbewerbsrecht 692, 693, 705
Patentrecht 780
Regulierung
Gesundheitswesen 827, 830, 837

PricewaterhouseCoopers
Außenwirtschaftsrecht 485

PricewaterhouseCoopers Legal
Region: Norden
Hamburg 278
Region: Osten
Berlin 316
Region: Westen
Düsseldorf 333, 339
Region: Frankfurt und Hessen
Frankfurt 372
Region: Südwesten
Stuttgart 390, 394
Region: Süden
München 426
Bayern 436
Gesellschaftsrecht 540, 541, 562
M&A 665, 682
Nachfolge/Vermögen/Stiftungen 709, 710, 711
Öffentlicher Sektor
Beihilferecht 732, 734
Vergaberecht 756, 759, 767

Private Equity und Venture Capital 790, 791, 794, 799
Regulierung
Energiewirtschaftsrecht 804, 805, 809, 816
Verkehrssektor 851, 852, 858
Anzeige 232

Prinz
Region: Norden
Hamburg 278
Region: Osten
Berlin 316
Technologie und Medien 867
Presse- und Äußerungsrecht 897, 898, 900

Prinz & Partner
Region: Osten
Berlin 316
Region: Süden
München 426
Patentrecht 778

Prüfer & Partner
Patentrecht 778
Co-Publishing 773/774
Anzeige 233

Dr. Burkhard Pünder & Dr. Gerrit Wenz
Region: Westen
Düsseldorf 335
Notariat 726, 730

Pusch Wahlig
Region: Norden
Hamburg 278
Region: Osten
Berlin 316
Region: Westen
Düsseldorf 335
Köln 343
Region: Frankfurt und Hessen
Frankfurt 372
Region: Süden
München 427
Arbeitsrecht 462, 463, 470, 471, 472
Co-Publishing 458/459

PXR Legal
Region: Osten
Berlin 316
Private Equity und Venture Capital 791, 799

Qivive
Region: Westen
Köln 342, 345

Quaas & Partner
Region: Westen
Nordrhein-Westfalen 349
Region: Südwesten
Stuttgart 391
Regulierung
Gesundheitswesen 829, 837

Quedenfeld Füllsack & Partner
Region: Südwesten
Stuttgart 391
Wirtschafts- und Steuerstrafrecht 932, 934, 942
Co-Publishing 870/871
Anzeige 234

Quinn Emanuel Urquhart & Sullivan
Trends und Entwicklungen 59
Region: Norden
Hamburg 278
Region: Südwesten
Stuttgart 391
Baden-Württemberg 397, 398
Region: Süden
München 427
Konfliktlösung – Dispute Resolution 638, 654
Patentrecht 778, 779, 780

Rapräger Hoffmann und Partner
Region: Südwesten
Rheinland-Pfalz/Saarland 401, 402, 403

Raschke von Knobelsdorff Heiser
Region: Norden
Hamburg 276, 284
Gesellschaftsrecht 562, 563
M&A 682, 683

Ratajczak & Partner
Region: Osten
Berlin 316
Sachsen 323
Region: Westen
Nordrhein-Westfalen 349
Region: Süden
München 427
Regulierung
Gesundheitswesen 829, 837
Co-Publishing 737/738

Rath
Region: Frankfurt und Hessen
Frankfurt 372
Immobilien- und Baurecht 578

Raue
JUVE Top 50 76, 107
Region: Osten
Berlin 314, 319
Arbeitsrecht 464, 477
Gesellschaftsrecht 562, 563
M&A 682, 683
Öffentlicher Sektor 731
Öffentliches Wirtschaftsrecht 740, 741, 742, 753
Private Equity und Venture Capital 790, 791, 799, 800
Regulierung
Energiewirtschaftsrecht 805, 807, 809, 816
Gesundheitswesen 829, 837
Telekommunikation 847, 850
Verkehrssektor 851, 852, 858
Technologie und Medien 867
Medien 885, 889, 892
Presse- und Äußerungsrecht 897, 899, 900
Anzeige 235

Redeker Sellner Dahs
JUVE Awards 2022 72
JUVE Top 50 76, 108
Region: Osten
Berlin 314, 319
Sachsen 321, 324
Region: Westen
Nordrhein-Westfalen 346, 347, 350

KANZLEIEN INDEX

Region: Süden
München 427
Brüssel 444, 445, 449
Compliance-Untersuchungen 529, 530
Gesellschaftsrecht 562, 563
Immobilien- und Baurecht 575, 576, 582, 590
Kartellrecht 617, 620, 631
M&A 682, 683
Öffentlicher Sektor 731
Beihilferecht 732, 734
Öffentliches Wirtschaftsrecht 739, 740, 741, 742, 743, 744, 753
Vergaberecht 756, 767
Regulierung
Energiewirtschaftsrecht 805, 816
ESG – Umwelt, Soziales, Unternehmensführung 820, 823
Verkehrssektor 851, 852, 858
Technologie und Medien 866
Informationstechnologie und Datenschutz 874, 881
Medien 886, 892
Presse- und Äußerungsrecht 897, 898, 900
Wirtschafts- und Steuerstrafrecht 931, 933, 942

Reed Smith
Region: Frankfurt und Hessen
Frankfurt 370, 379
Region: Süden
München 423, 424
Brüssel 449, 450
Gesellschaftsrecht 544, 563
M&A 682, 683
Private Equity und Venture Capital 790, 791, 800
Technologie und Medien
Informationstechnologie und Datenschutz 872, 873, 874, 881
Medien 885, 892

Reeg
Region: Südwesten
Baden-Württemberg 396, 398

Rehborn
Region: Westen
Nordrhein-Westfalen 349
Regulierung
Gesundheitswesen 829, 837

Reichling Corsten
Wirtschafts- und Steuerstrafrecht 930, 935

Reimer
Region: Norden
Hamburg 278
Schleswig-Holstein 293
Region: Frankfurt und Hessen
Frankfurt 372
Insolvenz und Restrukturierung 601, 611

Reinhart
Region: Süden
München 427
Regulierung
Lebensmittelrecht 841, 843

Reith Leisle Gabor
Region: Südwesten
Stuttgart 390, 394
Nachfolge/Vermögen/Stiftungen 710, 711
Anzeige 417

Reius
JUVE Awards 2022 72
Region: Norden
Hamburg 278
Immobilien- und Baurecht 589, 590

RellermeyerPartner
Region: Westen
Düsseldorf 333, 340
Anzeige 361

Rembert
Region: Norden
Hamburg 278
Immobilien- und Baurecht 576, 590

Remé
Region: Norden
Hamburg 278
Versicherungsrecht
Versicherungsvertragsrecht: Prozessvertretung und Beratung 903, 907

Renzenbrink & Partner
Region: Norden 274
Hamburg 275, 284
Gesellschaftsrecht 544, 563
M&A 664, 684
Private Equity und Venture Capital 787, 789, 800
Steuern – Konzern-, Transaktions-, Finanzsteuerrecht 864

Rettenmaier
Region: Frankfurt und Hessen
Frankfurt 372
Wirtschafts- und Steuerstrafrecht 942, 943

Ritter Gent Collegen
Region: Norden
Niedersachsen 292
Regulierung
Energiewirtschaftsrecht 804, 805, 807, 817

Rittershaus
Region: Frankfurt und Hessen 368
Frankfurt 370, 379
Region: Südwesten
Baden-Württemberg 396, 397, 399
Region: Süden 422
München 427
Gesellschaftsrecht 543, 563
Immobilien- und Baurecht 573, 576, 590
M&A 683, 684
Nachfolge/Vermögen/Stiftungen 709, 710, 711
Regulierung
Energiewirtschaftsrecht 805, 817
Anzeige 236

Riverside
Region: Norden
Hamburg 276, 284
Anzeige 237

Rödl & Partner
JUVE Top 50 76, 108
Region: Norden
Hamburg 278
Region: Osten
Berlin 316
Region: Westen
Köln 342, 345
Region: Südwesten
Stuttgart 390, 394
Region: Süden
München 424, 432
Bayern 434, 435, 436
Außenwirtschaftsrecht 485
Compliance-Untersuchungen 531
Gesellschaftsrecht 540, 563, 564
Immobilien- und Baurecht 578
M&A 683, 684
Nachfolge/Vermögen/Stiftungen 710, 711
Regulierung
Energiewirtschaftsrecht 805, 817
Telekommunikation 847, 850
Verkehrssektor 851, 852, 858
Steuern – Konzern-, Transaktions-, Finanzsteuerrecht 863, 864, 865
Vertrieb, Handel und Logistik 917, 925

Rohnke Winter
Region: Südwesten
Baden-Württemberg 398
Konfliktlösung – Dispute Resolution 646

Romatka
Region: Süden
München 427
Technologie und Medien
Presse- und Äußerungsrecht 897, 898, 900

Dr. Paul Rombach Dr. Claudie Rombach
Notariat 726, 730

Rosin Büdenbender
JUVE Awards 2022 72
Region: Westen
Nordrhein-Westfalen 349
Regulierung
Energiewirtschaftsrecht 805, 807, 817

Rosinus Partner
Region: Frankfurt und Hessen
Frankfurt 372
Wirtschafts- und Steuerstrafrecht 931, 933, 934, 943

Rospatt Osten Pross
Region: Westen
Düsseldorf 335
Region: Südwesten
Baden-Württemberg 398
Marken- und Wettbewerbsrecht 691, 693, 706
Patentrecht 779, 780
Anzeige 238

Rothorn
Region: Frankfurt und Hessen
Frankfurt 372
Konfliktlösung – Dispute Resolution 637, 640, 645, 654

Rotthege
Region: Westen
Düsseldorf 333, 340
Gesellschaftsrecht 563, 564
Immobilien- und Baurecht 575, 576
Anzeige 362

Rowedder Zimmermann Hass
Region: Südwesten
Baden-Württemberg 398
Gesellschaftsrecht 563, 564

Roxin
Region: Norden
Hamburg 278
Region: Süden
München 427
Bayern 436
Compliance-Untersuchungen 531
Wirtschafts- und Steuerstrafrecht 931, 933, 934, 943
Anzeige 239

RPM Dres. Ruge Purrucker Makowski
Region: Norden
Schleswig-Holstein 293

RPO Ruttkamp Oberthür
Region: Westen
Köln 343
Anzeige 363

Dr. Dorothee Ruckteschler
Konfliktlösung – Dispute Resolution 644

Ruge Krömer
Region: Norden
Hamburg 278
Arbeitsrecht 463, 464

Ruhmann Peters Altmeyer
Region: Frankfurt und Hessen
Hessen 383

RWT
Region: Südwesten 389

S2H Ströver Strohkirch Hardt
Region: Norden
Bremen 286, 288

Samson & Partner
Region: Süden
München 427
Patentrecht 778

Sander & Krüger
Region: Frankfurt und Hessen
Frankfurt 372
Regulierung
Gesundheitswesen 827, 837

Sandkuhl Bellinghausen
Region: Osten
Land Brandenburg 320

Dr. Schackow & Partner
Region: Norden
Hamburg 278
Bremen 286, 288
Gesellschaftsrecht 563, 564
Anzeige 309

INDEX KANZLEIEN

Schalast & Partner
Region: Norden
Hamburg 278
Region: Frankfurt und Hessen 368
Frankfurt 370, 379
Region: Südwesten 389
Stuttgart 391
Gesellschaftsrecht 563, 564
M&A 665, 684
Marken- und Wettbewerbsrecht 692, 694, 706
Regulierung
Telekommunikation 847, 850

Dr. Bernhard Schaub
Region: Süden
München 427
Notariat 726, 730

Scheidle & Partner
Region: Süden
Bayern 434, 436

Schertz Bergmann
Region: Osten
Berlin 317
Technologie und Medien
Presse- und Äußerungsrecht 897, 898, 900

Schicker Thies
Region: Osten
Thüringen/Sachsen-Anhalt 325

Schiedermair
Region: Frankfurt und Hessen
Frankfurt 370, 380
Marken- und Wettbewerbsrecht 692, 693, 706
Vertrieb, Handel und Logistik 917, 918, 925

Schiller & Kollegen
Region: Frankfurt und Hessen
Frankfurt 372
Wirtschafts- und Steuerstrafrecht 943, 944

Schindhelm
Region: Norden
Niedersachsen 290, 291, 292

Schindler
Region: Westen
Düsseldorf 335
Vertrieb, Handel und Logistik 917, 919, 925
Anzeige 364

schirach law
Wirtschafts- und Steuerstrafrecht 930

Schlatter
Region: Südwesten
Baden-Württemberg 396, 399
Anzeige 418

Schlüter Graf
Region: Westen
Nordrhein-Westfalen 346, 350

Schmidt von der Osten & Huber
JUVE Awards 2022 72
Region: Westen
Nordrhein-Westfalen 346, 347, 350
Gesellschaftsrecht 563, 564
M&A 665, 684
Nachfolge/Vermögen/Stiftungen 709, 710, 711
Regulierung
Gesundheitswesen 829, 838
Anzeige 365

Schmidt-Jortzig Petersen Penzlin
Region: Norden
Hamburg 276, 284
Insolvenz und Restrukturierung 601, 611
Anzeige 310

Schmitt Teworte-Vey Simon & Schumacher
Region: Westen
Köln 343
Marken- und Wettbewerbsrecht 692, 694, 706

Schmitz & Partner
Region: Frankfurt und Hessen
Frankfurt 373
Konfliktlösung – Dispute Resolution 639, 655

Schmitz Knoth
Region: Westen
Nordrhein-Westfalen 346, 351
Anzeige 366

Schneider Schultehinrichs
Region: Frankfurt und Hessen
Frankfurt 373
Wirtschafts- und Steuerstrafrecht 932, 934, 943

Schork Kauffmann Wache
Region: Südwesten
Stuttgart 391
Wirtschafts- und Steuerstrafrecht 932, 943

Schramm Meyer Kuhnke
Region: Norden
Hamburg 279
Arbeitsrecht 463, 471, 472

Schürmann Rosenthal Dreyer
JUVE Awards 2022 72
Region: Osten
Berlin 317
Technologie und Medien
Informationstechnologie und Datenschutz 872, 874, 881

Schulte
Kartellrecht 616, 618, 619

Schultze & Braun
Region: Norden
Bremen 286, 289
Region: Südwesten
Baden-Württemberg 398
Region: Süden
Bayern 436
Insolvenz und Restrukturierung 600, 601, 602, 611
Anzeige 240

Schultz-Süchting
Region: Norden
Hamburg 279
Marken- und Wettbewerbsrecht 690, 691, 693, 696, 707
Regulierung
Gesundheitswesen 827, 838
Technologie und Medien
Presse- und Äußerungsrecht 897, 900
Anzeige 241

Schulz Noack Bärwinkel
Region: Norden
Hamburg 276, 285
Regulierung
Energiewirtschaftsrecht 805, 817

Schumann
Region: Osten
Berlin 317
Regulierung
Verkehrssektor 852, 859

Dr. Martin T. Schwab Dr. Simon Weiler
Notariat 726, 730

Schwegler
Region: Norden
Niedersachsen 292
Region: Osten
Berlin 317
Region: Westen
Düsseldorf 335
Köln 343
Region: Frankfurt und Hessen
Frankfurt 373
Arbeitsrecht 471

Schweibert Leßmann & Partner
Region: Osten
Berlin 317
Region: Frankfurt und Hessen
Frankfurt 373
Arbeitsrecht 463, 470, 471, 472

Seebacher Fleischmann Müller
Region: Süden
München 427

Segger
Region: Westen
Köln 343
Versicherungsrecht
Versicherungsvertragsrecht: Prozessvertretung und Beratung 903, 908

Seitz
Region: Westen
Köln 342, 345
Arbeitsrecht 463, 470, 471
M&A 666, 684
Nachfolge/Vermögen/Stiftungen 710, 711
Private Equity und Venture Capital 791, 800
Wirtschafts- und Steuerstrafrecht 934, 944
Anzeige 242

Seitz Weckbach Fackler & Partner
Region: Süden
Bayern 434, 436

Dr. Jörg Semmler
Region: Südwesten
Baden-Württemberg 398
Konfliktlösung – Dispute Resolution 646

Sernetz Schäfer
JUVE Awards 2022 72
Region: Westen
Düsseldorf 333, 340
Region: Süden
München 423, 432
Bank- und Finanzrecht
Bank- und Bankaufsichtsrecht 502, 503, 507
Compliance-Untersuchungen 531
Gesellschaftsrecht 542, 563
Konfliktlösung – Dispute Resolution 637, 638, 640, 655
Anzeige 243

Seufert
Region: Süden
München 424, 432
Regulierung
Gesundheitswesen 829, 838
Anzeige 244

SGP Schneider Geiwitz & Partner
Region: Norden
Hamburg 279
Region: Südwesten
Baden-Württemberg 398
Region: Süden
München 427
Bayern 436
Insolvenz und Restrukturierung 601, 602, 612
Anzeige 245

Shearman & Sterling
Trends und Entwicklungen 57
Region: Frankfurt und Hessen 368
Region: Süden 422
München 424, 432
Bank- und Finanzrecht 493
Gesellschaftsrecht 544, 564
M&A 665, 684
Private Equity und Venture Capital 789, 790
Steuern – Konzern-, Transaktions-, Finanzsteuerrecht 864
Anzeige 31, 246

Sheppard Mullin Richter & Hampton
Brüssel 445, 450

Sidley Austin
Region: Süden
München 424, 432
Insolvenz und Restrukturierung 600, 602, 612
M&A 684, 685
Private Equity und Venture Capital 789, 800
Anzeige 247

Dr. Matthias Siegmann
Region: Südwesten
Baden-Württemberg 398
Konfliktlösung – Dispute Resolution 646

KANZLEIEN INDEX

Silberberger Lorenz
Region: Westen
Düsseldorf 335
Arbeitsrecht 470

Simmons & Simmons
Trends und Entwicklungen 58
JUVE Awards 2022 72, 73
Region: Westen
Düsseldorf 333, 340
Region: Frankfurt und Hessen
Frankfurt 370, 380
Region: Süden 422
München 424, 433
Arbeitsrecht 464, 478
Bank- und Finanzrecht
Anleihen und Strukturierte
Finanzierung 494, 500
Investmentfonds 512, 513, 517
M&A 684, 685
Patentrecht 777, 780
Private Equity und Venture Capital 789, 790
Steuern – Konzern-, Transaktions-, Finanzsteuerrecht 865

Skadden Arps Slate Meagher & Flom
JUVE Top 50 76, 110
Region: Frankfurt und Hessen
Frankfurt 369, 380
Region: Süden
München 427
Bank- und Finanzrecht
Anleihen und Strukturierte
Finanzierung 494, 500
Börseneinführungen und
Kapitalerhöhungen 508, 509, 511
Kredite und
Akquisitionsfinanzierung 518, 519, 522
Compliance-Untersuchungen 529, 530
Gesellschaftsrecht 542, 543
Konfliktlösung – Dispute
Resolution 639, 640, 655
M&A 664, 684, 685
Private Equity und Venture Capital 788, 789, 792, 800
Steuern – Konzern-, Transaktions-, Finanzsteuerrecht 864

SKN von Geyso
Region: Norden
Hamburg 279
Vertrieb, Handel und Logistik 918, 926

SKW Schwarz
Trends und Entwicklungen 63
JUVE Top 50 76, 110
Region: Norden
Hamburg 279
Region: Osten
Berlin 317
Region: Westen
Düsseldorf 335
Region: Frankfurt und Hessen
Frankfurt 370, 380
Region: Süden
München 423, 433
Arbeitsrecht 464, 478
Gesellschaftsrecht 544, 564
M&A 665, 685
Marken- und Wettbewerbsrecht 690, 691, 693, 707
Nachfolge/Vermögen/Stiftungen 709, 710, 711
Öffentlicher Sektor
Vergaberecht 755, 756, 767
Technologie und Medien 867
Informationstechnologie und
Datenschutz 872, 874, 881
Medien 885, 887, 889, 892
Presse- und Äußerungsrecht 897, 901
Vertrieb, Handel und Logistik 916, 917, 926
Anzeige 248

SMNG
Region: Westen
Köln 343
Region: Frankfurt und Hessen
Frankfurt 373
Immobilien- und Baurecht 575, 576, 590, 591
Anzeige 249

SNP Schlawien
Region: Süden
München 424, 433

Sobotta Meidrodt
Region: Frankfurt und Hessen
Frankfurt 373
Notariat 726, 730

Sonntag & Partner
Region: Süden
Bayern 434, 435, 436
Nachfolge/Vermögen/Stiftungen 710, 711

Ulrich Sorgenfrei
Region: Frankfurt und Hessen
Frankfurt 373
Wirtschafts- und Steuerstrafrecht 934, 944

Soudry & Soudry
Region: Osten
Berlin 317
Öffentlicher Sektor
Vergaberecht 757, 767

Spieker & Jaeger
Region: Westen
Nordrhein-Westfalen 346, 351
Gesellschaftsrecht 564, 565

Sprenger
Region: Süden
Bayern 436
Versicherungsrecht
Versicherungsvertragsrecht:
Prozessvertretung und Beratung 903, 908

Squire Patton Boggs
Region: Osten 313
Berlin 314, 319
Region: Frankfurt und Hessen
Frankfurt 370, 380
Region: Südwesten
Baden-Württemberg 398
Gesellschaftsrecht 564, 565
Konfliktlösung – Dispute
Resolution 639, 655
M&A 665, 685

Marken- und Wettbewerbsrecht 692, 694, 707
Anzeige 250

SSB Söder Berlinger
Region: Süden
München 427
Technologie und Medien
Medien 885, 893
Presse- und Äußerungsrecht 897, 899, 901

SSP-Law
Region: Westen
Düsseldorf 333, 340
M&A 666, 685
Anzeige 367

Staab & Kollegen
Region: Südwesten
Rheinland-Pfalz/Saarland 401, 402, 403

Stassen
Region: Osten
Berlin 317
Immobilien- und Baurecht 576, 591
Anzeige 251

Stather Dr. Helmke Döther Hausmann Evisen Boger Schuhmacher
Region: Südwesten
Baden-Württemberg 398
Rheinland-Pfalz/Saarland 403

Staudacher
Region: Süden
München 427
Arbeitsrecht 464, 479

Stein & Partner
Region: Westen
Nordrhein-Westfalen 346, 347, 351

Steiner Mittländer Fischer
Region: Frankfurt und Hessen
Frankfurt 373

Stetter
Region: Süden
München 427
Wirtschafts- und Steuerstrafrecht 930, 931, 933, 944
Anzeige 252

Sträter
Region: Westen
Nordrhein-Westfalen 349
Regulierung
Gesundheitswesen 827, 830, 838

Straßer Ventroni Freytag
Region: Süden
München 427
Technologie und Medien 867
Medien 885, 887, 889, 893

Strate und Ventzke
Region: Norden
Hamburg 279
Wirtschafts- und Steuerstrafrecht 932, 944

Streck Mack Schwedhelm
Region: Osten
Berlin 317
Region: Westen
Köln 343
Wirtschafts- und Steuerstrafrecht 934, 944
Anzeige 254/255

Streitbörger
Region: Osten
Land Brandenburg 320
Region: Westen
Nordrhein-Westfalen 346, 347, 351
Co-Publishing 460/461
Anzeige 253

Studio Legal
Region: Osten
Berlin 317
Private Equity und Venture Capital 791, 794, 801

Suffel & Kollegen
Region: Osten
Thüringen/Sachsen-Anhalt 325

Sullivan & Cromwell
Region: Frankfurt und Hessen 368
Frankfurt 369, 380
Brüssel 445, 450
Bank- und Finanzrecht 493
Anleihen und Strukturierte
Finanzierung 494, 500
Börseneinführungen und
Kapitalerhöhungen 508, 509, 511
Gesellschaftsrecht 541, 564, 565
M&A 663, 668, 685

SvS Sidhu von Saucken
Region: Süden
München 427
Wirtschafts- und Steuerstrafrecht 932, 944

SWP Rechtsanwälte
Region: Westen
Düsseldorf 335

SZA Schilling Zutt & Anschütz
JUVE Top 50 76, 111
Region: Frankfurt und Hessen
Frankfurt 369, 381
Region: Südwesten 389
Baden-Württemberg 396, 397, 399
Region: Süden
München 427
Brüssel 445, 450
Arbeitsrecht 464, 479
Compliance-Untersuchungen 531
Gesellschaftsrecht 540, 541, 545, 546, 547
Insolvenz und Restrukturierung 599, 600, 612
Kartellrecht 617, 619, 631
Konfliktlösung – Dispute
Resolution 637, 638, 640, 642, 655
M&A 685, 686
Nachfolge/Vermögen/Stiftungen 710, 711, 712
Steuern – Konzern-, Transaktions-, Finanzsteuerrecht 863, 864
Anzeige Rückseite Vorsatz, 388

INDEX KANZLEIEN

Taliens
Region: Süden
München 427
Marken- und Wettbewerbsrecht 692, 707
Patentrecht 780

Taylor Wessing
JUVE Awards 2022 72
JUVE Top 50 76, 111
Region: Norden
Hamburg 275, 285
Region: Osten 313
Berlin 314, 319
Region: Westen
Düsseldorf 332, 341
Region: Frankfurt und Hessen
Frankfurt 369, 381
Region: Süden
München 423, 433
Arbeitsrecht 463, 479
Außenwirtschaftsrecht 486
Bank- und Finanzrecht
Bank- und Bankaufsichtsrecht 503
Börseneinführungen und Kapitalerhöhungen 508, 511
Kredite und Akquisitionsfinanzierung 518, 522
Compliance-Untersuchungen 531
Gesellschaftsrecht 541, 542
Immobilien- und Baurecht 573, 574, 575, 591
Insolvenz und Restrukturierung 600, 612
Kartellrecht 617, 618
Konfliktlösung – Dispute Resolution 639, 640, 641, 656
M&A 663, 686
Marken- und Wettbewerbsrecht 691, 693, 696, 707
Nachfolge/Vermögen/Stiftungen 710, 711, 712
Notariat 726, 730
Öffentlicher Sektor
Beihilferecht 731, 732, 734
Öffentliches Wirtschaftsrecht 741, 753
Vergaberecht 755, 756, 768
Patentrecht 779, 780
Private Equity und Venture Capital 790, 791, 794, 801
Regulierung
Energiewirtschaftsrecht 805, 806, 809, 818
Gesundheitswesen 827, 828, 829, 838
Verkehrssektor 852, 859
Technologie und Medien 866
Informationstechnologie und Datenschutz 872, 873, 874, 875, 882
Medien 885, 887, 889, 893
Versicherungsrecht
Unternehmensbezogene Beratung von Versicherern 910, 913
Versicherungsvertragsrecht: Prozessvertretung und Beratung 903, 904, 908
Vertrieb, Handel und Logistik 916, 917, 919, 926
Co-Publishing 526/527, 844/845
Anzeige 256

TCI Rechtsanwälte
Region: Süden
München 427
Vertrieb, Handel und Logistik 918, 926

Ter Meer Steinmeister & Partner
Region: Westen
Nordrhein-Westfalen 349
Region: Süden
München 427
Patentrecht 778

Theopark
Region: Süden
Bayern 434, 437

Thomas Deckers Wehnert Elsner
Region: Westen
Düsseldorf 335
Wirtschafts- und Steuerstrafrecht 931, 933, 945
Anzeige 257

Thorwart
Region: Süden
Bayern 434, 437

Thümmel Schütze & Partner
Region: Osten
Sachsen 323
Region: Südwesten
Stuttgart 390, 394
Konfliktlösung – Dispute Resolution 645
Versicherungsrecht
Versicherungsvertragsrecht: Prozessvertretung und Beratung 903, 905, 908

Thür Werner Sontag
Region: Westen
Köln 344

Thum & Partner
Patentrecht 778

Tiefenbacher
Region: Südwesten
Baden-Württemberg 396, 399

Tigges
Region: Westen
Düsseldorf 333, 341

Tilp
Region: Südwesten
Baden-Württemberg 398
Konfliktlösung – Dispute Resolution 637, 639, 656

Toussaint & Schmitt
Region: Südwesten
Baden-Württemberg 398
Konfliktlösung – Dispute Resolution 646

Tradeo
Region: Westen
Düsseldorf 335
Vertrieb, Handel und Logistik 917, 927

Trebeck & von Broich
JUVE Awards 2022 72
Arbeitsrecht 462, 464, 479

Treuhand Weser-Ems
Anzeige 311

Trüg Habetha
Region: Südwesten
Baden-Württemberg 398
Wirtschafts- und Steuerstrafrecht 931, 945

Trûon
Region: Norden
Hamburg 279
Immobilien- und Baurecht 590, 591

Tsambikakis & Partner
Region: Osten
Berlin 317
Region: Westen
Köln 344
Nordrhein-Westfalen 349
Region: Frankfurt und Hessen
Frankfurt 373
Region: Südwesten
Stuttgart 391
Compliance-Untersuchungen 531
Wirtschafts- und Steuerstrafrecht 932, 933, 934, 945

TSC Schipp & Partner
Region: Westen
Nordrhein-Westfalen 349
Arbeitsrecht 464, 479
Anzeige 258

TSP Theißen Stollhoff & Partner
Region: Osten
Berlin 317
Immobilien- und Baurecht 576, 591

Uexküll & Stolberg
Region: Norden
Hamburg 279
Region: Süden
München 427
Marken- und Wettbewerbsrecht 692, 708
Patentrecht 778
Co-Publishing 775/776
Anzeige 259

Ufer Knauer
Region: Osten
Berlin 317
Region: Frankfurt und Hessen
Frankfurt 373
Region: Süden
München 427
Wirtschafts- und Steuerstrafrecht 931, 933, 934, 945

Uhlenbruch
Region: Westen
Köln 344

Unit 4 IP
Region: Südwesten
Stuttgart 391
Marken- und Wettbewerbsrecht 692, 708

Unützer Wagner Werding
Region: Frankfurt und Hessen
Hessen 383

Unverzagt
Region: Norden
Hamburg 279
Technologie und Medien 867
Medien 885, 887, 893

Upleger & Quast
Öffentlicher Sektor
Vergaberecht 757, 768

Vangard
Region: Norden
Hamburg 279
Region: Osten
Berlin 317
Region: Westen
Düsseldorf 335
Region: Frankfurt und Hessen
Frankfurt 373
Region: Süden
München 427
Arbeitsrecht 462, 463, 471, 472, 480

VBB Rechtsanwälte
Region: Westen
Düsseldorf 335
Nordrhein-Westfalen 349
Region: Südwesten
Baden-Württemberg 398
Compliance-Untersuchungen 531
Wirtschafts- und Steuerstrafrecht 931, 933, 934, 946

Dr. Velke
Region: Westen
Köln 344
Region: Frankfurt und Hessen
Frankfurt 373
Wirtschafts- und Steuerstrafrecht 930, 932, 946

Andrea Versteyl
Region: Osten
Berlin 317
Region: Süden
München 427
Öffentlicher Sektor
Öffentliches Wirtschaftsrecht 741, 753

Verte
Region: Westen
Köln 344
Wirtschafts- und Steuerstrafrecht 930, 931, 933, 935, 946
Anzeige 260

Vesthaus
Region: Norden 274

Viering Jentschura & Partner
Region: Osten
Sachsen 323
Region: Westen
Düsseldorf 335
Region: Süden
München 427
Patentrecht 778

Dr. Kirsten Völckers Kirsten Dr. Fitzau
Region: Norden
Hamburg 278
Versicherungsrecht

KANZLEIEN INDEX

Versicherungsvertragsrecht: Prozessvertretung und Beratung 903, 907

Voelker & Partner
Region: Südwesten
Baden-Württemberg 396, 400

Vogel & Partner
Region: Südwesten
Stuttgart 391
Baden-Württemberg 398
Technologie und Medien 866
Informationstechnologie und Datenschutz 872, 882
Anzeige 419

Vogel Heerma Waitz
Region: Osten
Berlin 317
Private Equity und Venture Capital 787, 791, 794, 801

Dr. Vogels
Vertrieb, Handel und Logistik 917, 927

Voigt Salus
Region: Osten
Berlin 317
Sachsen 323
Insolvenz und Restrukturierung 601, 612
Anzeige 261

Voigt Wunsch Holler
Region: Norden
Hamburg 276, 285
Gesellschaftsrecht 565, 566
M&A 666, 686
Nachfolge/Vermögen/Stiftungen 710, 711

Vorwerk
Region: Südwesten
Baden-Württemberg 398
Konfliktlösung – Dispute Resolution 646

Vossius & Partner
Region: Westen
Düsseldorf 335
Region: Süden
München 427
Marken- und Wettbewerbsrecht 691, 708
Patentrecht 778, 779, 780

Wach und Meckes und Partner
Region: Süden
München 427
Konfliktlösung – Dispute Resolution 638, 640, 645, 656

Wachenhausen
Region: Norden
Schleswig-Holstein 293
Regulierung
Gesundheitswesen 827, 830, 831, 839

Wagensonner
Region: Süden
München 427
Immobilien- und Baurecht 574, 591

Wagner Legal
Region: Norden
Hamburg 279
Kartellrecht 618, 619

Waldeck
Region: Frankfurt und Hessen 368
Bank- und Finanzrecht
Bank- und Bankaufsichtsrecht 502, 507
Gesellschaftsrecht 565, 566
Anzeige 262

Wallinger Ricker Schlotter Tostmann
Region: Süden
München 427
Patentrecht 778

Dr. Robert Walz Dr. Hans-Joachim Vollrath
Region: Süden
München 427
Notariat 726, 730

Wannemacher & Partner
Region: Süden
München 427
Wirtschafts- und Steuerstrafrecht 931, 934, 946

Watson Farley & Williams
JUVE Top 50 76, 112
Region: Norden 274
Hamburg 275, 285
Region: Frankfurt und Hessen 368
Frankfurt 373
Region: Süden
München 424, 433
Arbeitsrecht 463, 471, 472
Gesellschaftsrecht 565, 566
M&A 664, 665
Öffentlicher Sektor
Vergaberecht 757, 768
Private Equity und Venture Capital 787, 789, 801
Regulierung
Energiewirtschaftsrecht 804, 805, 806, 810, 818

WBH Wachenhausen
Region: Süden
München 427
Patentrecht 778

Ulrich Weber & Partner
Region: Westen
Köln 344
Region: Frankfurt und Hessen
Frankfurt 373

Weber & Sauberschwarz
Region: Westen
Düsseldorf 335
Marken- und Wettbewerbsrecht 693, 708
Anzeige 51

Wegnerpartner
Region: Osten
Berlin 314, 319

Weickmann & Weickmann
Region: Süden
München 427

Patentrecht 778

Weidinger Richtscheid
Region: Osten
Sachsen 321, 325

Weidmann Wahl Amin & Partner
Region: Frankfurt und Hessen
Hessen 383

Weil Gotshal & Manges
Region: Frankfurt und Hessen
Frankfurt 369, 381
Region: Süden
München 424, 433
Brüssel 444
Gesellschaftsrecht 543, 566
Insolvenz und Restrukturierung 600, 613
M&A 664, 667, 686
Private Equity und Venture Capital 788, 789, 792, 801
Steuern – Konzern-, Transaktions-, Finanzsteuerrecht 864
Anzeige 263

Weisner Partner
Region: Norden
Hamburg 276, 285
Anzeige 312

Weisskopf
Region: Osten
Thüringen/Sachsen-Anhalt 325

Weissleder Ewer
Region: Norden
Schleswig-Holstein 293
Öffentlicher Sektor
Öffentliches Wirtschaftsrecht 740, 754

Weitnauer
Region: Süden 422
Private Equity und Venture Capital 787, 801, 802
Anzeige 264

Wellensiek
Region: Westen
Düsseldorf 335
Region: Südwesten
Baden-Württemberg 398
Region: Süden
München 427
Insolvenz und Restrukturierung 600, 601, 613

Wendelstein
Region: Frankfurt und Hessen
Frankfurt 369, 381
M&A 666, 686
Private Equity und Venture Capital 790, 802

Wessing & Partner
Region: Westen
Düsseldorf 335
Compliance-Untersuchungen 531
Wirtschafts- und Steuerstrafrecht 931, 933, 934, 947

Weyland & Koerfer
Regulierung
Lebensmittelrecht 840, 841, 843

White & Case
Trends und Entwicklungen 57, 58
JUVE Awards 2022 72, 73
JUVE Top 50 76, 112
Region: Norden 274
Hamburg 275, 285
Region: Osten
Berlin 314, 320
Region: Westen
Düsseldorf 333, 341
Region: Frankfurt und Hessen
Frankfurt 369, 381
Brüssel 445, 450
Arbeitsrecht 463, 464
Bank- und Finanzrecht 492, 493
Anleihen und Strukturierte Finanzierung 494, 495, 496, 497, 500
Bank- und Bankaufsichtsrecht 502, 507
Börseneinführungen und Kapitalerhöhungen 508, 512
Kredite und Akquisitionsfinanzierung 518, 523
Compliance-Untersuchungen 529, 537
Gesellschaftsrecht 540, 541, 542
Immobilien- und Baurecht 591, 592
Insolvenz und Restrukturierung 600, 601, 603, 613
Kartellrecht 617, 621, 632
Konfliktlösung – Dispute Resolution 638, 640, 656
M&A 663, 687
Notariat 726, 730
Öffentlicher Sektor
Beihilferecht 732, 734
Öffentliches Wirtschaftsrecht 739, 740, 741, 754
Private Equity und Venture Capital 788, 789, 792, 802
Regulierung
Energiewirtschaftsrecht 804, 805, 806, 807, 818
ESG – Umwelt, Soziales, Unternehmensführung 819, 820, 823
Telekommunikation 847, 850
Verkehrssektor 851, 852, 853, 859
Steuern – Konzern-, Transaktions-, Finanzsteuerrecht 864, 865
Technologie und Medien 866
Informationstechnologie und Datenschutz 872, 873, 874, 882
Medien 885, 886, 887, 894
Versicherungsrecht
Versicherungsvertragsrecht: Prozessvertretung und Beratung 903, 904, 905
Wirtschafts- und Steuerstrafrecht 933, 947

Wicke Herrler
Region: Süden
München 427
Notariat 726, 730

Wicker Schütz
Region: Frankfurt und Hessen
Frankfurt 373
Notariat 726, 730,

Widmaier Norouzi
Region: Osten

INDEX KANZLEIEN

Berlin 317
Wirtschafts- und Steuerstrafrecht 932, 947

Wigge
Region: Norden
Hamburg 279
Region: Westen
Nordrhein-Westfalen 349
Regulierung
Gesundheitswesen 827, 829, 839

Wildanger Kehrwald Graf v. Schwerin & Partner
Region: Westen
Düsseldorf 335
Patentrecht 778, 779, 780
Anzeige 265

Wilhelm
Region: Westen
Düsseldorf 335
Versicherungsrecht 902
Versicherungsvertragsrecht: Prozessvertretung und Beratung 903, 909

Willkie Farr & Gallagher
JUVE Awards 2022 72
Region: Frankfurt und Hessen 368
Frankfurt 369, 382
Region: Süden 422
Brüssel 444, 445, 450
Bank- und Finanzrecht 493
Kredite und Akquisitionsfinanzierung 518, 523
Gesellschaftsrecht 543, 566
M&A 664, 686, 687
Private Equity und Venture Capital 788, 789, 791, 802
Steuern – Konzern-, Transaktions-, Finanzsteuerrecht 864
Anzeige 15, 266

Willmer Köster
Region: Norden
Hamburg 279
Bremen 287
Niedersachsen 292
Region: Westen
Nordrhein-Westfalen 349
Insolvenz und Restrukturierung 601, 613

WilmerHale
Region: Frankfurt und Hessen
Frankfurt 370, 382
Brüssel 446
Compliance-Untersuchungen 529, 537
Gesellschaftsrecht 544, 566
Kartellrecht 617, 618
Konfliktlösung – Dispute Resolution 638, 657
M&A 666, 687
Öffentlicher Sektor
Beihilferecht 732, 734
Öffentliches Wirtschaftsrecht 740, 742, 754
Regulierung
Energiewirtschaftsrecht 805, 818
Technologie und Medien
Informationstechnologie und Datenschutz 874, 882
Anzeige 267

Winheller
Region: Osten
Berlin 317
Region: Frankfurt und Hessen
Frankfurt 373
Nachfolge/Vermögen/Stiftungen 709, 710, 712, 713

Wirsing Hass Zoller
Konfliktlösung – Dispute Resolution 637

Wirtz & Kraneis
Region: Westen
Köln 342, 345
Versicherungsrecht
Versicherungsvertragsrecht: Prozessvertretung und Beratung 903, 909
Anzeige 268

Witte Weller & Partner
Region: Südwesten
Stuttgart 391
Patentrecht 778
Anzeige 420

Wohlfarth Dr. Gutmann Pitterle Zeller Behl
Region: Südwesten
Stuttgart 391

Wolff Schultze Kieferle
Region: Süden
München 427
Arbeitsrecht 464, 480

Wolter Hoppenberg
Region: Norden
Niedersachsen 292
Region: Osten
Berlin 317
Region: Westen
Nordrhein-Westfalen 349
Öffentlicher Sektor
Öffentliches Wirtschaftsrecht 741, 754

WTS
Außenwirtschaftsrecht 485
Steuern – Konzern-, Transaktions-, Finanzsteuerrecht 865

WTS Legal
Region: Westen
Düsseldorf 335
Köln 344
Regulierung
Energiewirtschaftsrecht 805, 818

Wuertenberger
Region: Südwesten
Stuttgart 390, 395
Regulierung
Gesundheitswesen 827, 829, 831, 839

Wuesthoff & Wuesthoff
Region: Süden
München 427
Patentrecht 778

Wurll + Kollegen
Region: Westen
Düsseldorf 335

Ypog
Region: Norden
Hamburg 279
Region: Osten 313
Berlin 314, 320
Region: Westen
Köln 344
Bank- und Finanzrecht
Investmentfonds 512, 513, 517
Private Equity und Venture Capital 787, 790, 791, 794, 802
Steuern – Konzern-, Transaktions-, Finanzsteuerrecht 864, 865
Co-Publishing 723/724
Anzeige 7, 269

Zenk
Region: Norden
Hamburg 275, 286
Region: Osten
Berlin 317
Gesellschaftsrecht 544, 566
Immobilien- und Baurecht 591, 592
Marken- und Wettbewerbsrecht 692, 694, 708
Öffentlicher Sektor
Öffentliches Wirtschaftsrecht 741, 754
Regulierung
Lebensmittelrecht 841, 843
Anzeige 270

Zimmermann & Partner
Region: Osten
Berlin 317
Region: Süden
München 427
Bayern 436
Patentrecht 778
Anzeige 271

Zimmermann Smok
Region: Frankfurt und Hessen
Hessen 383

ZinnBöcker
Region: Südwesten
Baden-Württemberg 396, 400
Anzeige 421

Zirngibl
Region: Osten
Berlin 317
Region: Süden
München 433, 434
Arbeitsrecht 464, 480
Immobilien- und Baurecht 576, 592

25

Wir gratulieren Juve
zum 25-jährigen Bestehen!

Übrigens, wir feiern in diesem Jahr auch unser 25-jähriges Bestehen.